# LE ROBERT JUNIOR

## ILLUSTRÉ

DICTIONNAIRES LE ROBERT - PARIS

ISBN 2-85036-212-3

**RÉDACTION**
Christine de BELLEFONDS
Sophie CHANTREAU
Laurence LAPORTE

**ILLUSTRATION** sous la direction artistique d'Annick HERSIENNE, avec la collaboration de Sophie CHANTREAU. Documentation iconographique : Éliane WEILL. Secrétariat : Marylène TRICHET

**ILLUSTRATEURS :** M. BELLAN, M. BORDES, S. DESVERGNES, B. DUHEM, Ch.-E. GOGNY, HÉLIADORE, P. de HUGO, Y. LARVOR, N. LOCOSTE, P. MAISONNAT, F. MERLIER, S. MONTMOULINEIX, F. MULLER, F. PICHON, J.-M. PARISELLE, N. RAZUMIEFF, C. de SEABRA, J.-C. SENÉE, S. SURBER, D.-C. THIBAULT

**LECTURE-CORRECTION :** Françoise BUISSON, Cécile CHALANDON, Justine de LAGAUSIE, Anne-Marie LENTAIGNE, Nadine NOËL-LEFORT, Françoise MARÉCHAL, Brigitte ORCEL

**COUVERTURE :** CAUMON

**MAQUETTE :** Gonzague RAYNAUD

# Avant-propos

Le **Robert Junior** est un véritable dictionnaire de la langue française prioritairement destiné aux élèves du cycle des approfondissements (CE 2, CM 1, CM 2).

Il peut encore rendre d'éminents services à ceux qui entrent au collège sans avoir une maîtrise suffisante de la lecture et de l'aisance dans l'expression écrite.

Il fait progresser l'enfant dans l'acquisition du vocabulaire de base (20 000 mots à la nomenclature) pour lui permettre de mieux lire et écrire, de mieux comprendre et se faire comprendre.

Il est aujourd'hui acquis que la maîtrise de la langue est la clé de tous les apprentissages fondamentaux et ne ressortit pas au seul enseignement du « français ».

À cet égard, il est utile de rappeler que les programmes officiels pour l'enseignement élémentaire recommandent l'usage du dictionnaire dès le cours élémentaire et sa pratique habituelle au cours moyen.

Seul le passage progressif à l'abstraction fait du mot un outil que l'enfant apprendra à utiliser avec pertinence dans des contextes différents. Seule la fréquentation continue par celui-ci d'un grand nombre de mots, de leurs dérivés, des mots voisins ou d'antonymes lui permettra d'entendre avec acuité, de lire avec intelligence et d'acquérir le plaisir d'une langue partagée.

En opposition avec l'habitude actuelle qui consiste à définir un mot par un exemple, le **Robert Junior** a choisi de donner pour chaque mot, chaque sens, une **vraie définition.** Aucun exemple-définition ne permet d'accéder au sens exact d'un mot, car il particularise son emploi, alors que la définition, qui généralise, est le seul moyen de comprendre tous les sens d'un mot ou d'employer ce mot dans toutes les phrases possibles.

La définition est suivie d'**exemples** choisis avec soin et un grand souci pédagogique, de manière à montrer clairement la place, la forme et les emplois du mot dans la phrase.

En outre, le **Robert Junior** donne de nombreuses informations utiles, comme **les pluriels difficiles, les féminins des noms et des adjectifs, les synonymes et les contraires, les homonymes et la**

**transcription phonétique** de certains mots (qui ne se prononcent pas comme ils s'écrivent). À chaque verbe, **un numéro de conjugaison** renvoie aux tableaux des formes conjuguées, à la fin du dictionnaire.

Les mots sont regroupés par **familles,** le mot chef de famille étant suivi de ses dérivés, sans bousculer l'ordre alphabétique. Un renvoi est fait à la fin du dernier dérivé aux autres mots de la famille situés ailleurs dans l'ordre alphabétique.

Comme dans les autres dictionnaires Robert, une place significative est faite à l'**analogie.** De nombreux renvois analogiques permettent, chaque fois que besoin est, de trouver à partir d'un mot d'autres mots du même champ sémantique.

Enfin, le **Robert Junior** est abondamment illustré par 650 vignettes et 36 pages de planches réparties dans le corps du texte. **L'illustration** en couleurs n'a pas seulement une fonction esthétique, mais elle a aussi un rôle pédagogique évident. L'image, aide précieuse à la définition, donne immédiatement à voir et à comprendre de quoi il s'agit. **Les vignettes** illustrent des mots représentant des objets concrets (animaux, plantes, objets familiers ou plus techniques) que l'élève apprend à connaître par l'image ou aime reconnaître en feuilletant son dictionnaire. En outre, l'originalité du **Robert Junior** est d'illustrer simultanément sur la même vignette les divers sens d'un mot (voir par exemple *antenne*). **Les planches thématiques,** placées au plus près du mot-thème abordé, montrent des séries, des classes d'objets, par exemple les arbres ou les félins. Des renvois du texte aux planches ont été ménagés chaque fois qu'il a paru utile de le faire.

Il nous a semblé pertinent d'inclure dans l'ouvrage un atlas mondial de 18 pages, de lecture facile pour un enfant qui n'est pas encore rompu à la géographie physique et politique. Il faut apprendre dès l'école à situer la France dans le continent européen et savoir où se trouvent dans le monde les régions qui sont évoquées dans le cadre de la classe ou dont le nom est rendu familier par l'actualité.

Dans le même esprit, nous avons dressé la liste des noms d'habitants des pays, régions, villes les plus importants.

Le **Robert Junior** a ainsi pour ambition d'amener l'enfant à mieux maîtriser la langue française et à mieux connaître le monde qui l'entoure.

L'éditeur

# abréviations

| | | | |
|---|---|---|---|
| adj. | adjectif | km | kilomètre |
| adv. | adverbe | m. | masculin |
| conjug. | conjugaison | m | mètre |
| f. | féminin | $m^2$ | mètre carré |
| fam. | familier | masc. | masculin |
| fém. | féminin | n. | nom |
| h | heure | pl. | pluriel |
| interj. | interjection | prép. | préposition |
| inv. | invariable | v. | verbe |

**chêne** n. m. Grand arbre dont le bois est très dur et qui peut vivre plus de cinq cents ans. → aussi **gland.** *Une table en chêne.* ⤜ planche Arbres. ◊ homonyme : chaîne.

En consultant l'article *gland*, on apprendra des choses sur le *chêne*

Les homonymes

▸ **chêne-liège** n. m. Chêne dont l'écorce fournit le liège. — Au pl. *Des chênes-lièges.*

Attention à la prononciation. Pour comprendre les signes phonétiques, voir le tableau en début du dictionnaire

**chewing-gum** [ʃwiŋgɔm] n. m. Ce mot vient de l'anglais. Pâte que l'on mâche. — Au pl. *Des chewing-gums.*

Ce mot est emprunté à une langue étrangère

Les pluriels difficiles ou irréguliers

① **chiche** adj. 1. *Il est chiche de compliments,* il n'en fait pas beaucoup. → **avare.** 2. *Les portions de frites étaient un peu chiches,* peu abondantes. ‖ contr. **généreux** ‖.

Les synonymes

Les contraires

▸ **chichement** adv. En dépensant le moins possible d'argent. *Ils vivent chichement.* → **pauvrement.**

**chicon** n. m. Ce mot est employé en Belgique. Endive.

Ce mot est utilisé hors de France

**chicorée** n. f. 1. Plante dont on mange les feuilles en salade. 2. Boisson qui ressemble au café, faite à partir de la racine de chicorée.

La catégorie grammaticale

chicorée

Ce mot est illustré

**chicot** n. m. Familier. Morceau qui reste d'une dent cassée.

Attention ! ce mot est familier

Les homonymes qui ont la même orthographe

① **cor** **n. m.** Instrument de musique à vent, en cuivre, formé d'un long tube enroulé sur lui-même. *Un cor de chasse.* ↠ planche Instruments de musique. ◊ homonyme : corps.

② **cor** **n. m.** *Elle a un cor au pied,* une petite boule de peau dure qui s'est formée sur un orteil.

Tous les pluriels difficiles ou irréguliers

Des définitions

**corail** **n. m.** [pl. *coraux*] **1.** Petit animal recouvert de calcaire, qui vit dans les mers chaudes en colonies formant des rochers. **2.** Matière calcaire qui recouvre ces animaux et dont on fait des bijoux. *Un collier de corail.*

Comment se conjugue ce verbe? Le numéro renvoie aux tableaux de conjugaison à la fin du livre

Les mots qui constituent une même famille traités à l'ordre alphabétique

Les autres mots qui constituent la famille

① **coucher** **v.** (conjug. 1) **1.** Mettre au lit. *Elle couche ses enfants à 9 heures. — Flora s'est couchée tard hier soir.* ‖ contr. se **lever** ‖ **2.** Passer la nuit. *Julie et sa sœur couchent dans la même chambre.* → **dormir.** **3.** Rapprocher de l'horizontale. *Le vent couche les blés.* **4.** *Le soleil se couche à l'ouest,* il descend vers l'horizon. - → aussi **couchant.**

▸ ② **coucher** **n. m.** *Yves aime regarder les couchers de soleil sur la mer,* le moment où le soleil se couche. ‖ contr. ② **lever** ‖.

▸ **couchette** **n. f.** Lit étroit dans un train, un bateau. ▷ COUCHAGE, COUCHANT, RECOUCHER.

Ce mot a plusieurs sens

Ce mot est illustré dans une planche qui porte ce titre

Des exemples

**coucou** **n. m.** [pl. *coucous*] **1.** Oiseau gris rayé de noir, gros comme un pigeon, dont le cri ressemble à « coucou ». *La femelle du coucou pond dans le nid d'autres oiseaux.* ↠ planche Oiseaux. **2.** Pendule dont la sonnerie ressemble au cri du coucou. **3.** Primevère sauvage à fleurs jaunes qui fleurit au début du printemps. *Un bouquet de coucous.*

# l'alphabet phonétique

## voyelles

| | |
|---|---|
| [i] | *il, vie, lyre* |
| [e] | *blé, jouer* |
| [ɛ] | *lait, jouet, merci* |
| [a] | *plat, patte* |
| [ɑ] | *bas, pâte* |
| [ɔ] | *mort, donner* |
| [o] | *mot, dôme, eau, gauche* |
| [u] | *genou, roue* |
| [y] | *rue, vêtu* |
| [ø] | *peu, deux, chanteuse* |
| [œ] | *peur, meuble* |
| [ə] | *le, premier* |
| [ɛ̃] | *matin, plein, main* |
| [ɑ̃] | *sans, vent* |
| [ɔ̃] | *bon, ombre* |
| [œ̃] | *lundi, brun* |

## semi-consonnes

| | |
|---|---|
| [j] | *yeux, paille, pied* |
| [w] | *oui, nouer* |
| [ɥ] | *huile, lui* |

## consonnes

| | |
|---|---|
| [p] | *père, soupe* |
| [t] | *terre, vite* |
| [k] | *cou, qui, sac, képi* |
| [b] | *bon, robe* |
| [d] | *dans, aide* |
| [g] | *gare, bague* |
| [f] | *feu, neuf, photo* |
| [s] | *sale, celui, ça, dessous, tasse, nation, penser* |
| [ʃ] | *chat, tache* |
| [v] | *vous, rêve* |
| [z] | *zéro, maison, rose* |
| [ʒ] | *je, gilet, geôle* |
| [l] | *lent, sol* |
| [ʀ] | *rue, venir* |
| [m] | *main, femme* |
| [n] | *nous, tonne, animal* |
| [ɲ] | *agneau, vigne* |
| [ŋ] | *camping* (mot empruntés à l'anglais) |
| [x] | *jota* (mots empruntés à l'espagnol) |
| [h] | *hop !* (exclamatif) |
| ['] | *haricot* (pas de liaison) |

# DICTIONNAIRE DE LA LANGUE FRANÇAISE

# A

**à** prép. **1.** Indique le lieu. *Il habite à Paris. Elle a mal aux reins. Alex est allé au Canada.* **2.** Indique le moment. *Elle se lève à sept heures.* **3.** Indique l'appartenance. *Ce stylo est à Julie.* **4.** Indique le moyen. *Yves se promène à bicyclette.* **5.** *Une tasse à thé* est faite pour contenir du thé. **6.** Introduit un complément indirect. *Anne plaît à tout le monde. Yves écrit à Julie.*

**abaisser** v. (conjug. 1) **1.** Faire baisser, diminuer. *On abaisse le niveau d'eau du lac en ouvrant le barrage.* || contr. **relever, remonter** || **2.** *S'abaisser,* perdre sa fierté. *Elle ne s'est pas abaissée à lui demander pardon.* → s'**humilier.**

**abandonner** v. (conjug. 1) **1.** Quitter une personne ou un animal dont on devrait s'occuper. *En partant en vacances, ils ont abandonné leur chien.* **2.** Renoncer à une action. *Le coureur a abandonné la course.*

▶ **abandonné** adj. *Des bêtes abandonnées.*

▶ **abandon** n. m. **1.** *Les départs en vacances provoquent parfois des abandons d'animaux.* **2.** *Les abandons ont été nombreux dans la dernière étape,* des coureurs ont abandonné la course. **3.** *Un jardin à l'abandon,* dont on ne s'occupe plus.

**abasourdi** [abazurdi] adj. Très étonné. → **ahuri, stupéfait.** *Anne était abasourdie.*

**abat-jour** n. m. inv. Enveloppe de tissu ou de papier qui évite d'être ébloui par l'ampoule d'une lampe. — Au pl. *Des abat-jour.*

**abats** n. m. pl. Organes des animaux de boucherie, que l'on mange. *Le foie et les rognons sont des abats.*

**abattage** n. m. **1.** *L'abattage d'un arbre,* c'est l'action de le faire tomber. **2.** *L'abattage d'un animal,* c'est le fait de le tuer.

**abattant** n. m. Panneau que l'on peut relever ou abaisser. *Une table à abattant.*

**abattement** n. m. **1.** Grande tristesse qui fatigue. *Un profond abattement.* **2.** Réduction. *Un abattement d'impôts.*

**abattis** **n. m. pl.** La tête, le cou, les ailerons, les pattes, le foie, le gésier d'une volaille.

**abattoir** **n. m.** Bâtiment où l'on abat les animaux de boucherie.

**abattre** **v.** (conjug. 41) **1.** Faire tomber par terre une chose verticale. *Les bûcherons abattent des arbres.* — *S'abattre,* tomber tout d'un coup. *Les sauterelles se sont abattues sur les récoltes.* **2.** Tuer. *Les policiers ont abattu le gangster.* **3.** Rendre faible. *Cette grippe a abattu Luc.* → **fatiguer.** *La perte de son chat a beaucoup abattu Julie.* → **accabler, déprimer.**

► **abattu** **adj.** Triste, découragé. *Julie est très abattue parce que son chat a disparu.* ▷ ABAT-JOUR, ABATTAGE, ABATTANT, ABATTEMENT, ABATTOIR, RABAT, RABAT-JOIE, RABATTRE.

**abbé** **n. m. 1.** Prêtre catholique. **2.** Moine dirigeant une abbaye. — La religieuse qui dirige une abbaye est *une abbesse.*

► **abbaye** [abei] **n. f.** Lieu, bâtiment où vivent des moines ou des religieuses.

**abc** [abese] **n. m. inv.** *L'abc d'un métier,* c'est ce qu'il faut au moins en savoir.

**abcès** **n. m.** Pus qui s'accumule dans un endroit du corps. *Un abcès dentaire.*

**abdiquer** **v.** (conjug. 1) Abandonner le pouvoir, quand on est roi ou empereur. *Le roi Louis-Philippe abdiqua en 1848.*

► **abdication** **n. f.** Abandon du pouvoir. *Après son abdication, le roi s'exila.*

**abdomen** [abdɔmɛn] **n. m.** Partie du corps où se trouvent l'estomac, le foie, les intestins. → **ventre.**

► **abdominal** **adj.** Qui concerne l'abdomen. *Des douleurs abdominales.* — **N. m. pl.** *Les abdominaux,* les muscles du ventre.

**abeille** **n. f.** Insecte jaune et noir qui fait le miel et la cire en butinant les fleurs. → aussi **apiculture.**

abeille

**aberrant** **adj.** Contraire à la raison. *C'est aberrant cette histoire !* → **insensé.**

**abîme** **n. m.** Trou immense et profond. → **gouffre, précipice.**

**abîmer** **v.** (conjug. 1) Mettre en mauvais état. → **détériorer, endommager ;** fam. **esquinter.** *Luc abîme vite ses affaires.* — *Ces fruits vont s'abîmer.* → se **gâter, pourrir.**

**abject** **adj.** Qui mérite le mépris. → **ignoble, méprisable, répugnant.** *Une attitude abjecte.*

**abjurer** **v.** (conjug. 1) Renoncer à sa religion. *Henri IV abjura le protestantisme en 1593.*

**ablation** **n. f.** Action d'enlever une partie du corps. *L'ablation d'un rein.*

**ablutions** **n. f. pl.** *Faire ses ablutions,* se laver.

**aboiement** **n. m.** Cri du chien. → aussi **jappement.**

aux **abois** **adj.** *Un cerf aux abois,* poursuivi et entouré par les chiens de chasse. *Être aux abois,* dans une situation désespérée.

**abolir** v. (conjug. 2) Faire disparaître. → **supprimer.** *L'esclavage a été aboli en France en 1848.*

▶ **abolition** n. f. Suppression. *L'abolition de la peine de mort.*

**abominable** adj. **1.** Qui fait horreur. *Un crime abominable.* → **affreux, horrible. 2.** Très mauvais. *Un temps abominable.* → **exécrable.**

**abonder** v. (conjug. 1) Être en grande quantité. *Les pommes abondent sur le marché.*

▶ **abondance** n. f. **1.** Grande quantité. *Il y a des provisions en abondance dans le réfrigérateur.* **2.** *Vivre dans l'abondance,* dans le luxe, la richesse. → **opulence.**

▶ **abondant** adj. Qui est en grande quantité. || contr. **insuffisant, rare** || *Une récolte abondante.*

▶ **abondamment** adv. En grande quantité. → **beaucoup, largement.** ▷ SURABONDANCE, SURABONDANT.

**abonner** v. (conjug. 1) **1.** *Abonner une personne à un journal,* c'est payer à l'avance pour qu'elle le reçoive par la poste. — *Flora s'est abonnée à plusieurs revues.* **2.** *Ils sont abonnés au téléphone et à l'électricité,* ils ont signé un contrat et payent pour pouvoir avoir le téléphone et l'électricité.

▶ **abonné** n. m., **abonnée** n. f. Personne qui est abonnée. *Les abonnés au téléphone.*

▶ **abonnement** n. m. *Votre abonnement est terminé.*

**abord** n. m. **1.** *Anne est d'un abord facile,* on peut facilement s'adresser à elle, l'aborder. **2.** *Au premier abord,* à première vue. **3.** *Les abords de la gare sont bruyants,* les alentours, les environs.

**d'abord** adv. En premier lieu, pour commencer. || contr. **après, ensuite** || *Julie mange d'abord le jaune de son œuf dur.*

① **aborder** v. (conjug. 1) **1.** Arriver au rivage, en venant de la mer. → **accoster.** *Le navire aborda dans une île déserte.* **2.** *Aborder quelqu'un,* c'est l'arrêter pour lui parler, lui demander quelque chose. **3.** *Aborder un problème,* c'est commencer à en parler.

▶ **abordable** adj. Pas trop cher. *En cette saison, les fraises sont abordables.* || contr. **cher, inabordable** ||.

② **aborder** v. (conjug. 1) *Les pirates abordèrent le navire,* le prirent à l'abordage.

▶ **abordage** n. m. Assaut donné à un navire en s'amarrant bord à bord avec lui. *À l'abordage !*

**aboutir** v. (conjug. 2) **1.** Se terminer quelque part. *La route aboutit à la mer.* || contr. **commencer, partir** || **2.** Donner un résultat. *L'enquête n'a pas encore abouti.*

▶ **aboutissement** n. m. Résultat. → **couronnement.** *Cette récompense est l'aboutissement de sa carrière.*

**aboyer** v. (conjug. 8) *Le chien aboie,* il pousse son cri. ▷ ABOIEMENT, aux ABOIS.

**abracadabrant** adj. Invraisemblable. *Des histoires abracadabrantes.* → **farfelu.**

**abréger** v. (conjug. 3 et 6) Rendre plus court. → **écourter, raccourcir.** *Abrège ton histoire !*

▶ **abrégé** n. m. **1.** Texte qui ne dit que le plus important. → **résumé. 2.**

*Écrire en abrégé,* c'est écrire sans mettre toutes les lettres du mot. *Madame s'écrit « Mme » en abrégé.* → aussi **abréviation.**

s'**abreuver** **v.** (conjug. 1) Boire. *Les vaches se sont abreuvées dans la rivière.*

▶ **abreuvoir** **n. m.** Grand bac dans lequel on fait boire les animaux.

**abréviation** **n. f.** *« Télé » est l'abréviation de « télévision ». « Mme » est l'abréviation de « Madame ».* → aussi **abrégé.**

**abri** **n. m.** Endroit où l'on est protégé du mauvais temps ou du danger. *La grotte leur a servi d'abri. Ils se sont mis à l'abri de la pluie,* ils s'en sont protégés.

▶ **abribus** **n. m.** Marque déposée. Petit abri pour les voyageurs, à un arrêt d'autobus. ▷ ABRITÉ, ABRITER, SANS-ABRI.

abribus

**abricot** **n. m.** Petit fruit à noyau, de couleur orange, dont la peau est très douce.

▶ **abricotier** **n. m.** Arbre fruitier sur lequel poussent les abricots.

**abriter** **v.** (conjug. 1) **1.** Mettre à l'abri. → **protéger.** *Yves abrite Julie sous son parapluie. — Les enfants se sont abrités dans une grotte.* **2.** *Cet immeuble abrite plusieurs familles,* plusieurs familles vivent dedans.

▶ **abrité** **adj.** À l'abri du vent. *Une terrasse bien abritée.*

**abrupt** **adj.** **1.** En pente très raide. → **escarpé.** *La face la plus abrupte de la montagne.* **2.** Sec et brutal. *Une réponse abrupte.*

**abrutir** **v.** (conjug. 2) Diminuer les réactions, fatiguer. *La chaleur nous a abrutis.*

▶ **abruti** **adj.** Stupide, sans intelligence. → **idiot.** *Elle est complètement abrutie.* — **N.** *Quelle abrutie !*

▶ **abrutissant** **adj.** Qui abrutit. *Un travail abrutissant.* → **fatigant.**

▶ **abrutissement** **n. m.** Action de rendre stupide, état d'une personne abrutie.

**abscisse** **n. f.** Coordonnée horizontale qui sert, avec l'ordonnée, à repérer la position d'un point dans un plan.

**absent** **adj.** Qui n'est pas dans le lieu où il devrait être. ǁ contr. **présent** ǁ *Flora sera absente de chez elle demain.* — **N.** *Il y a beaucoup d'absents à l'école en hiver.*

▶ **absence** **n. f.** **1.** Le fait de ne pas être là. ǁ contr. **présence** ǁ *L'absence d'Anne a été remarquée.* **2.** Manque. *Quelle absence d'humour !*

▶ s'**absenter** **v.** (conjug. 1) S'éloigner pour un certain temps d'un lieu où l'on est normalement. *Les parents de Flora se sont absentés.*

**absolu** **adj.** Complet, sans limite. → **total.** *Il a une confiance absolue en* *son médecin. Louis XIV était un roi absolu,* il était seul à avoir le pouvoir.

▸ **absolument** adv. *C'est absolument faux.* → **complètement, totalement.**

**absorber** v. (conjug. 1) 1. *Absorber un liquide,* le laisser pénétrer et le retenir. *L'éponge a absorbé l'eau.* 2. Boire, manger. → **avaler.** *Le malade n'a rien absorbé depuis ce matin.* 3. Occuper complètement. *Ce travail l'absorbe.*

▸ **absorbant** adj. 1. *Un papier absorbant,* qui laisse pénétrer les liquides. 2. *Un travail absorbant,* qui occupe entièrement.

s'**abstenir** v. (conjug. 22) 1. Éviter de faire quelque chose volontairement. → s'**empêcher,** se **garder.** *Prière de s'abstenir de fumer.* 2. Ne pas voter. *De nombreux électeurs se sont abstenus.*

▸ **abstention** n. f. Absence de vote d'un électeur. *Il y a eu 20 % d'abstentions.*

**abstrait** adj. 1. *Un mot abstrait,* c'est un mot qui désigne une idée, une qualité. ‖ contr. **concret** ‖ *« Liberté » est un mot abstrait.* 2. *L'art abstrait,* c'est une forme d'art qui n'essaye pas de représenter ce que l'on voit. ‖ contr. **figuratif** ‖.

**absurde** adj. Contraire au bon sens. → **fou, insensé, stupide.** *Une réponse absurde.* ‖ contr. **sensé** ‖.

▸ **absurdité** n. f. Chose contraire au bon sens. → **sottise.** *Il n'a dit que des absurdités.*

**abuser** v. (conjug. 1) *Abuser d'une chose,* c'est en consommer exagérément. *Il ne faut pas abuser des sucreries.*

▸ **abus** n. m. Excès. *L'abus d'alcool est dangereux.*

▸ **abusif** adj. Exagéré. → **excessif.** *L'usage abusif du tabac nuit à la santé.* — Au fém. *abusive.*

**acabit** n. m. Genre, espèce. → **nature.** *Je me méfie des individus de cet acabit.*

**acacia** n. m. Arbre à fleurs blanches qui pendent en grappes. *Une avenue bordée d'acacias.*

**académie** n. f. 1. Société d'écrivains, de savants ou d'artistes. *L'Académie française est constituée de quarante écrivains.* 2. Région regroupant des écoles, des collèges, des lycées et des universités. *L'Académie de Paris.*

▸ **académicien** n. m., **académicienne** n. f. Membre d'une académie, en particulier de l'Académie française.

**acajou** n. m. [pl. *acajou*] Bois précieux brun-rouge, tiré d'un arbre tropical. *Ils ont acheté une table en acajou.*

**acariâtre** adj. D'un caractère désagréable. → **hargneux.**

**accabler** v. (conjug. 1) Faire supporter à quelqu'un quelque chose de pénible, d'excessif. → **surcharger.** *Certains seigneurs accablaient leurs serfs d'impôts. Elle est accablée de travail.*

▸ **accablant** adj. *Une chaleur accablante,* très forte. → **écrasant.**

**accalmie** n. f. Moment de calme pendant une tempête, un orage. *Attendons une accalmie pour sortir.*

**accaparer** v. (conjug. 1) Prendre pour soi tout seul. *Julie a accaparé la salle de bains pendant une heure. Alex accapare l'attention des gens qui l'entourent.*

**accéder** v. (conjug. 6) 1. *Accéder à un lieu,* c'est y avoir accès, y entrer. *On accède à la ferme par un chemin de terre.* 2. *Le père de Flora a accédé à un poste important,* il y est parvenu.

**accélérer** v. (conjug. 6) **1.** Rendre plus rapide. *On a accéléré la construction de l'immeuble.* || contr. **ralentir** || — *Les battements du cœur s'accélèrent quand on court,* ils vont plus vite. **2.** Augmenter la vitesse. *Il faut accélérer quand on double une voiture.* || contr. **freiner** ||.

▶ **accélérateur** n. m. Mécanisme qui permet d'augmenter la vitesse. *L'automobiliste appuya sur l'accélérateur.*

▶ **accélération** n. f. Augmentation de vitesse. *L'accélération des battements du cœur.*

**accent** n. m. **1.** Façon de parler, de prononcer une langue, qui est particulière à un groupe de personnes. *Il a l'accent du Midi.* **2.** *L'instituteur a mis l'accent sur les difficultés des enfants en orthographe,* il a insisté sur ce point. **3.** Signe que l'on place sur certaines voyelles. *Les* **e** *de « bébé » portent un accent aigu. Le* **a** *de « voilà », le* **u** *de « où » et le* **e** *de « accès » portent un accent grave. Le* **a** *de « âne », le* **u** *de « flûte », le* **o** *de « tôt » et le* **e** *de « tête » portent un accent circonflexe.*

▶ **accentuer** v. (conjug. 1) **1.** Faire ressortir. *Cette couleur accentue sa mauvaise mine.* → **souligner.** **2.** *La douleur s'est accentuée,* elle a augmenté.

**accepter** v. (conjug. 1) **1.** Prendre ce qui est offert. *J'accepte ton aide.* || contr. **refuser** || *Il a accepté de venir,* il a bien voulu venir. **2.** *Accepter quelqu'un,* c'est l'admettre. *Le nouveau a été bien accepté dans notre équipe.* || contr. **rejeter** ||.

▶ **acceptable** adj. **1.** Que l'on peut accepter. *Une demande acceptable.* || contr. **inacceptable** || **2.** Passable, assez bon. *Ton devoir est acceptable.*

▶ **acceptation** n. f. Consentement. || contr. **refus** || ▷ INACCEPTABLE.

① **accès** n. m. *Un accès de fièvre,* c'est une fièvre brusque et forte. → **poussée.**

② **accès** n. m. **1.** Possibilité d'aller dans un lieu. *L'accès du parc est interdit la nuit.* → **entrée.** *Seuls les ouvriers ont accès au chantier,* peuvent y aller, y accéder. **2.** *Cette région est d'un accès difficile,* difficile à atteindre.

▶ **accessible** adj. Facile à atteindre. || contr. **inaccessible** || *Range ces livres dans un endroit accessible.* ▷ INACCESSIBLE.

① **accessoire** adj. Peu important. → **secondaire.** || contr. **essentiel, primordial** || *Une remarque accessoire.*

② **accessoire** n. m. *Les sacoches et le porte-bagages sont les accessoires d'une bicyclette,* les objets qui s'ajoutent à la bicyclette mais qui ne sont pas indispensables.

**accident** n. m. Événement malheureux qui entraîne des dégâts. *Il y a beaucoup d'accidents de la route.*

▶ **accidenté** adj. *Une voiture accidentée,* qui a eu un accident.

▶ **accidentel** adj. *Une mort accidentelle,* due à un accident.

▶ **accidentellement** adv. Par accident. *Il est mort accidentellement.*

**acclamer** v. (conjug. 1) Accueillir par des cris d'enthousiasme. *Le public acclama le vainqueur.* || contr. **huer** ||.

▶ **acclamation** n. f. Cri de joie poussé par une foule. *Le chanteur salua sous les acclamations du public.*

**acclimater** v. (conjug. 1) Adapter à un nouveau climat. *Le fermier va essayer d'acclimater des fruits exotiques.*

▸ **acclimatation** n. f. *Un jardin d'acclimatation,* où l'on trouve des animaux des pays lointains.

**accolade** n. f. 1. *Donner l'accolade à quelqu'un,* c'est le serrer dans ses bras pour le féliciter. 2. Petit signe qui réunit plusieurs lignes ({).

**accommoder** v. (conjug. 1) 1. Préparer les aliments pour les manger. *Elle a l'art d'accommoder les restes.* 2. *S'accommoder de quelque chose,* c'est s'en arranger. → se **contenter.**

▸ **accommodant** adj. Arrangeant, conciliant. *Une personne très accommodante.*

**accompagner** v. (conjug. 1) 1. Aller avec quelqu'un quelque part. *Luc accompagne sa mère au marché.* 2. *La viande est accompagnée de légumes,* est servie avec des légumes. 3. *Le pianiste accompagne la chanteuse,* il joue en même temps qu'elle chante.

▸ **accompagnateur** n. m., **accompagnatrice** n. f. 1. Personne qui accompagne un groupe. *L'accompagnatrice d'un groupe de touristes.* 2. *L'accompagnateur d'un chanteur,* le musicien qui joue l'accompagnement.

▸ **accompagnement** n. m. Musique que l'on joue en même temps que quelqu'un chante. ▷ RACCOMPAGNER.

**accomplir** v. (conjug. 2) Faire, exécuter complètement. *Ce jeune homme n'a pas encore accompli son service militaire. — Mon vœu s'est accompli,* s'est réalisé.

▸ **accompli** adj. 1. *Une pianiste accomplie,* très bonne. 2. *Il a été mis devant le fait accompli,* devant ce qui était déjà fait, sans pouvoir rien y changer.

▸ **accomplissement** n. m. Réalisation. *L'accomplissement d'un travail.*

**accord** n. m. 1. Arrangement entre plusieurs personnes. ‖ contr. **désaccord** ‖ *Les deux adversaires ont conclu un accord.* 2. *Être d'accord,* c'est être du même avis. → **approuver.** *D'accord!* Oui, je veux bien. 3. *On fait l'accord du verbe avec le sujet,* on accorde le verbe avec le sujet. 4. Ensemble de notes jouées ensemble.

**accordéon** n. m. Instrument de musique à soufflet et à touches.

accordéon

**accorder** v. (conjug. 1) 1. Régler le son d'un instrument de musique. *Il a accordé son violon.* 2. *Accorder un mot avec un autre,* c'est lui donner la forme qui convient d'après le mot dont il dépend. 3. *Ces couleurs s'accordent bien,* elles vont bien ensemble. 4. Donner. *Ses parents lui ont accordé la permission d'y aller.* ‖ contr. **refuser** ‖ ▷ ACCORD, DÉSACCORD, DÉSACCORDÉ.

**accoster** v. (conjug. 1) 1. *Le paquebot accoste,* il se range le long du quai. 2. Aborder quelqu'un sans le connaître.

*Yves accosta un passant pour demander son chemin.*

**accotement** **n. m.** Bord d'une route, d'une voie de chemin de fer.

**accoucher** **v.** (conjug. 1) Donner naissance à son enfant. *Elle a accouché d'une fille. La sage-femme l'a accouchée,* l'a aidée à accoucher.

▶ **accouchement** **n. m.** Sortie d'un enfant hors du ventre de sa mère. → **naissance.**

s'**accouder** **v.** (conjug. 1) S'appuyer sur les coudes. *Elle s'est accoudée à la table.*

▶ **accoudoir** **n. m.** Appui sur lequel on pose les coudes. *Les accoudoirs d'un fauteuil.*

s'**accoupler** **v.** (conjug. 1) *Les animaux s'accouplent à la saison des amours,* ils s'unissent pour avoir des petits.

**accourir** **v.** (conjug. 11) Arriver en courant. *Ils sont tous accourus au bruit.*

**accoutré** **adj.** Bizarrement habillé. → **affublé.** *Elle était accoutrée d'un vieux manteau démodé.*

▶ **accoutrement** **n. m.** Habillement étrange ou ridicule. *Quel drôle d'accoutrement !*

s'**accoutumer** **v.** (conjug. 1) S'habituer. *Ils se sont accoutumés à leur nouvelle vie.*

▶ à l'**accoutumée** **adv.** D'habitude, d'ordinaire. *Anne s'est levée à 7 heures, comme à l'accoutumée.*

▶ **accoutumance** **n. f.** Le fait que le corps s'habitue. *L'accoutumance à l'alcool.*

**accrocher** **v.** (conjug. 1) **1.** Suspendre à un crochet. *Les tableaux sont accrochés au mur.* || contr. **décrocher** || **2.** Heurter. *Le camion a accroché la voiture.* **3.** *S'accrocher,* c'est s'agripper, se cramponner. *Les bébés singes s'accrochent au ventre de leur mère. Mon pull s'est accroché aux branches,* a été retenu par elles.

▶ **accroc** **n. m.** Petite déchirure. *Yves a fait un accroc à sa veste.*

▶ **accrochage** **n. m.** **1.** Fait de suspendre à un crochet. *L'accrochage d'un tableau.* **2.** Petit accident de voiture. ▷ RACCROCHER.

**accroître** **v.** (conjug. 55) Rendre plus grand, plus important. → **augmenter.** *Le coureur a accru son avance. — Le chômage s'est accru.* || contr. **décroître, diminuer** ||.

▶ **accroissement** **n. m.** Augmentation, développement.

s'**accroupir** **v.** (conjug. 2) Se baisser en s'asseyant sur les talons. *Les enfants se sont accroupis pour regarder la fourmilière.*

**accueillir** **v.** (conjug. 12) Recevoir. *Elle accueille ses invités. La nouvelle a été bien accueillie.*

▶ **accueil** **n. m.** Façon de recevoir quelqu'un ou quelque chose. *Un accueil très chaleureux.*

▶ **accueillant** **adj.** Hospitalier. *Des gens très accueillants. — Une maison accueillante,* dont l'aspect est agréable.

**accumuler** **v.** (conjug. 1) Mettre ensemble, petit à petit, un grand nombre de choses. → **amasser, entasser.** *Ils ont accumulé les vieux journaux. — Les lettres se sont accumulées sur son bureau.*

▶ **accumulation** **n. f.** *Une accumulation de mensonges,* des mensonges ajoutés les uns aux autres.

**accus** **n. m. pl.** Appareil qui accumule de l'électricité et la rend sous forme de courant. *Les accus de la voiture sont à plat.* → **batterie.**

**accuser** v. (conjug. 1) **1.** Dire que quelqu'un est coupable. *On l'a accusé de vol.* **2.** Rendre plus visible. → **souligner.** *Cette robe accuse sa minceur.* **3.** *Accuser réception d'une lettre,* c'est déclarer qu'on l'a reçue.

▶ **accusateur** adj. Qui accuse. *Il lui lança un regard accusateur.* — Au fém. *accusatrice.*

▶ **accusation** n. f. *Porter une accusation contre quelqu'un,* l'accuser.

▶ **accusé** n. m., **accusée** n. f. Personne que l'on accuse d'un délit. → aussi **prévenu.** *L'accusée a été acquittée par le tribunal.*

**acéré** adj. Dur et pointu. *Les griffes acérées des chats.*

**achalandé** adj. *Une boutique bien achalandée,* où il y a un grand choix de marchandises.

s'**acharner** v. (conjug. 1) *Le vautour s'acharne sur sa proie,* il la déchire avec fureur. *Anne s'est acharnée à essayer de convaincre Luc,* elle a fait beaucoup d'efforts. → s'**escrimer,** s'**évertuer.**

▶ **acharné** adj. *Une lutte acharnée,* très violente.

▶ **acharnement** n. m. Obstination, ténacité. *Les soldats ont combattu avec acharnement.*

**achat** n. m. **1.** *Yves a fait l'achat d'un stylo,* il l'a acheté. → **acquisition.** **2.** Ce qu'on a acheté. *Montre-moi tes achats.*

▷ RACHAT.

**acheminer** v. (conjug. 1) *La poste achemine le courrier,* elle le fait parvenir à destination.

**acheter** v. (conjug. 5) Obtenir en payant. *Ils ont acheté une maison.* ‖ contr. **vendre** ‖.

▶ **acheteur** n. m., **acheteuse** n. f. Personne qui achète. → **client, consommateur.** ‖ contr. **vendeur** ‖ ▷ RACHETER.

**achever** v. (conjug. 5) **1.** Finir complètement. → **terminer.** *Anne achève son devoir.* **2.** Tuer un animal pour mettre fin à ses souffrances. *On achève les chevaux blessés.*

▶ **achèvement** n. m. Fin. *Le magasin est fermé jusqu'à l'achèvement des travaux.* ▷ INACHEVÉ, PARACHEVER.

**acide** adj. Piquant au goût. *Le citron est acide.* — N. m. *Un acide,* c'est un produit chimique qui attaque certaines matières en les rongeant.

▶ **acidité** n. f. Goût acide. *Flora n'aime pas l'acidité du citron.*

▶ **acidulé** adj. *Julie aime les bonbons acidulés,* au goût légèrement acide.

**acier** n. m. Métal très dur formé de fer et de carbone. *Elle utilise un couteau en acier inoxydable.*

▶ **aciérie** n. f. Usine où l'on fabrique de l'acier.

**acné** n. f. Maladie de la peau des adolescents qui se manifeste par de petits boutons sur le visage.

**acolyte** n. m. Compagnon, complice. *Le bandit est suivi de son acolyte.*

**acompte** n. m. Somme d'argent qui représente une partie de ce que l'on doit payer et que l'on donne d'avance. *Il a versé un acompte en commandant sa nouvelle voiture.*

**à-côté** **n. m.** Ce qui est secondaire. *Cette situation a des à-côtés désagréables.*

**à-coup** **n. m.** Secousse, irrégularité dans la marche d'une machine. *Le moteur a des à-coups. — Yves travaille par à-coups,* irrégulièrement.

**acoustique** **n. f.** *Cette salle de concert a une bonne acoustique,* on y entend bien.

**acquérir** **v.** (conjug. 21) **1.** *Les parents de Luc ont acquis une maison de campagne,* ils l'ont achetée. → aussi **acquisition. 2.** *Ce terrain a acquis beaucoup de valeur,* il a pris une plus grande valeur.

▶ **acquéreur** **n. m.** Personne qui devient propriétaire de quelque chose en l'achetant. → **acheteur.** *La villa à vendre n'a pas encore trouvé d'acquéreur.*

▶ **acquisition** **n. f. 1.** Achat. *Ils ont fait l'acquisition d'une maison.* **2.** Objet acheté. *Voici ma dernière acquisition.* → **achat.**

**acquiescer** **v.** (conjug. 3) Dire oui, donner son accord. *Il acquiesça d'un signe de tête.* → **approuver.**

**acquisition** → **acquérir**

**acquit** **n. m.** *Par acquit de conscience,* pour n'avoir rien à se reprocher.

**acquitter** **v.** (conjug. 1) **1.** Déclarer non coupable. *Le tribunal a acquitté l'accusé.* **2.** *S'acquitter d'une dette,* la payer.

▶ **acquittement** **n. m.** *Le tribunal a prononcé l'acquittement de l'accusé,* il l'a acquitté. || contr. **condamnation** || ▷ ACQUIT.

**âcre** **adj.** Qui pique, irrite la gorge. *Une odeur âcre.* || contr. **doux** ||.

▶ **âcreté** **n. f.** Odeur âcre. *L'âcreté de la fumée.*

**acrobate** **n. m.** et **f.** Artiste de cirque qui fait des exercices d'équilibre et de gymnastique dangereux. *Les équilibristes, les funambules et les trapézistes sont des acrobates.*

▶ **acrobatie** [akrɔbasi] **n. f.** Exercice que fait l'acrobate. *Les sauts périlleux sont des acrobaties. L'acrobatie aérienne,* c'est l'ensemble des exercices d'adresse exécutés par un avion.

▶ **acrobatique** **adj.** *Un exercice acrobatique,* c'est un exercice qui demande de l'adresse. *Les exercices acrobatiques de l'écuyère de cirque.*

**acrylique** **n. m.** Matière artificielle dont on fait des tissus. *Un pull-over en acrylique.*

① **acte** **n. m.** Document officiel qui constate un fait. *L'acte de vente a été signé chez le notaire.*

② **acte** **n. m. 1.** Ce que l'on fait. *Un acte courageux.* → ① **action. 2.** Partie d'une pièce de théâtre. *Une comédie en cinq actes.*

**acteur** **n. m.**, **actrice** **n. f.** Personne qui joue dans une pièce de théâtre ou dans un film. → **comédien, interprète.** *Les acteurs de théâtre, de cinéma. Une actrice très célèbre.* → **star, vedette.**

**actif** **adj. 1.** Qui aime l'action, fait beaucoup de choses. *Une femme très active.* → **dynamique. 2.** Qui fait beaucoup d'effet. → **efficace.** *Ce sirop est très actif contre la toux.* ▷ ACTIVEMENT, ACTIVER, ACTIVITÉ, INACTIF, RADIOACTIF, RADIOACTIVITÉ.

① **action** **n. f. 1.** Ce que fait quelqu'un. → ② **acte.** *Yves a fait une*

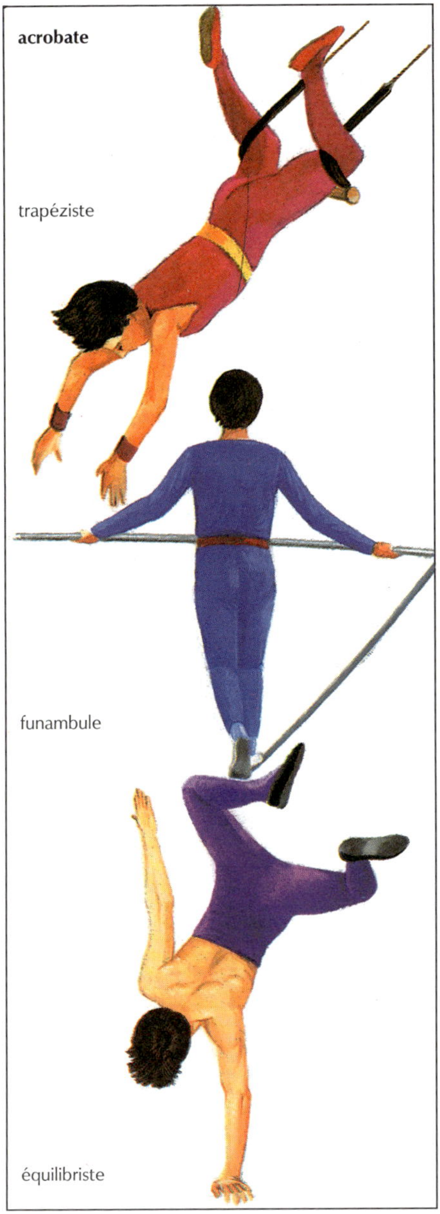


*bonne action. Mentir est une mauvaise action. Il est temps de passer à l'action,* de commencer à agir. **2.** Effet produit par quelque chose. *L'action de ces pilules est très rapide.* **3.** *L'action du roman se passe à Rome,* ce qui se passe dans le roman. — *Luc aime les films d'action,* où il se passe beaucoup de choses.

► **actionner** **v.** (conjug. 1) Mettre en marche, faire fonctionner. *Un voyageur a actionné le signal d'alarme.*
▷ CUTIRÉACTION, INACTION, RÉACTION, RÉACTIONNAIRE.

② **action** **n. f.** Part du capital d'une société qui donne le droit de toucher des bénéfices. *Il a vendu toutes ses actions.*

► **actionnaire** **n. m.** et **f.** Personne qui possède des actions. *Elle est actionnaire d'un grand magasin.*

**activement** **adv.** D'une manière active, énergique. *Elle s'occupe activement de la fête de l'école.*

**activer** **v.** (conjug. 1) Rendre plus rapide. → **accélérer.** ‖ contr. **ralentir** ‖ *Il faut activer les travaux.* — *S'activer,* se dépêcher. → s'**affairer.** *Les serveurs s'activent dans la salle de restaurant.*

**activité** **n. f. 1.** Dynamisme, énergie. *Il est d'une activité débordante.* **2.** Occupation. *Julie a de nombreuses activités.*

**actualité** **n. f. 1.** *L'actualité,* c'est ce qui se passe en ce moment dans le monde. *Un problème d'actualité,* important en ce moment. **2.** *Les actualités régionales,* c'est une émission de télévision qui donne les nouvelles de la région.

**actuel** **adj. 1.** Qui se passe au moment où l'on parle. *L'époque actuelle,* celle d'aujourd'hui. → **contemporain.** *À* *l'heure actuelle,* en ce moment, actuellement. **2.** *Un problème très actuel,* qui concerne notre époque.

▸ **actuellement** **adv.** En ce moment. *Ils sont actuellement en voyage.*

**acuponcture** **n. f.** Manière de soigner un malade en piquant des aiguilles en certains points de son corps.

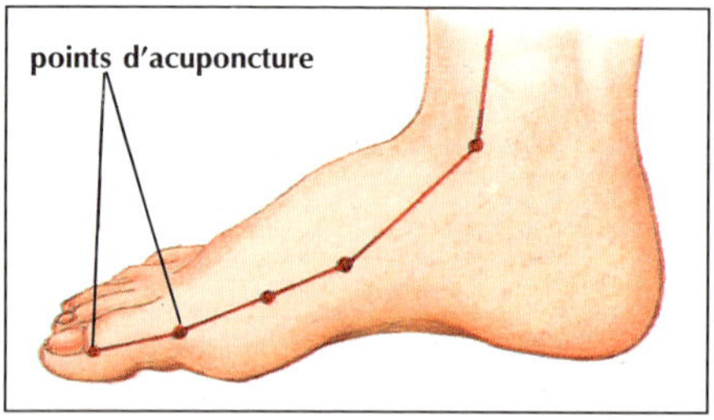


**adapter** **v.** (conjug. 1) **1.** Fixer ensemble des objets qui étaient séparés. → **ajuster.** *Le jardinier adapte le tuyau d'arrosage au robinet. — Le tuyau ne s'adapte pas au robinet.* **2.** *Adapter un roman pour le cinéma,* c'est le transformer pour en faire un film. **3.** *Flora a eu du mal à s'adapter à sa nouvelle école,* à s'y habituer.

▸ **adaptation** **n. f. 1.** Fait de s'habituer. *Ce travail demande une période d'adaptation.* **2.** Film réalisé d'après un roman ou une pièce de théâtre. *Ils ont regardé l'adaptation télévisée d'un roman célèbre.*

**addition** **n. f. 1.** Opération qui consiste à ajouter des nombres les uns aux autres. ‖ contr. **soustraction** ‖ *Yves fait des additions.* **2.** Papier qui indique le total à payer, dans un restaurant, un café. → **note.** *Garçon, l'addition, s'il vous plaît !*

▸ **additionner** **v.** (conjug. 1) Faire le total de plusieurs nombres. ‖ contr. **soustraire** ‖.

▸ **additionné** **adj.** *De l'eau additionnée de sirop,* c'est de l'eau à laquelle on a ajouté du sirop.

**adepte** **n. m.** et **f.** Fidèle d'une religion, partisan de quelque chose. ‖ contr. **adversaire** ‖ *Les adeptes d'une secte.*

**adéquat** [adekwa] **adj.** Qui convient tout à fait. → **approprié.** *Il lui a donné la réponse adéquate.*

① **adhérer** **v.** (conjug. 6) Tenir fortement sur une surface. *L'autocollant adhère au pare-brise.* → **coller.**

▸ **adhérence** **n. f.** *Les pneus neufs ont une bonne adhérence,* ils tiennent bien sur la route.

② **adhérer** **v.** (conjug. 6) S'inscrire comme membre d'un groupe. *Luc a adhéré à un club d'échecs.*

▸ **adhérent** **n. m.,** **adhérente** **n. f.** Membre d'un groupe. *Les adhérents d'un parti politique.*

**adhésif** **adj.** Spécialement préparé pour coller, adhérer. *Julie ferme le colis avec du ruban adhésif.* — **Au fém.** *adhésive.*

**adhésion** **n. f.** Inscription à un groupe, à une organisation. *Luc a rempli son bulletin d'adhésion.*

**adieu** **interj.** et **n. m. 1. interj.** Mot que l'on dit à quelqu'un que l'on quitte pour longtemps ou pour toujours. *Adieu ! nous ne nous verrons plus.* **2. n. m.** *Je viens vous faire mes adieux,* vous dire au revoir.

**adjacent** **adj.** Qui est situé à côté d'autre chose. → **contigu, voisin.** *Il habite dans une rue adjacente.*

**adjectif** n. m. Mot qui accompagne un nom, s'accorde avec lui et n'est pas un article. *« Grand » est un adjectif qualificatif, « mon » un adjectif possessif.*

**adjoint** n. m., **adjointe** n. f. Personne qui aide quelqu'un dans son travail et qui peut le remplacer. *Elle est adjointe au maire.*

**adjudant** n. m. Sous-officier chargé de la discipline.

**adjuger** v. (conjug. 3) Donner en récompense. → **attribuer.** *Le jury a adjugé le premier prix à Alex.*

**admettre** v. (conjug. 56) **1.** Accepter quelqu'un. *Julie a été admise en sixième.* **2.** Accepter une idée, être d'accord. *Le professeur n'admet pas les retards à son cours. Admettons que tu aies raison !* ▷ ADMISSIBLE, ADMISSION, INADMISSIBLE.

① **administrer** v. (conjug. 1) S'occuper de quelque chose en dirigeant, en organisant. *Le maire administre la commune.*

▶ **administrateur** n. m., **administratrice** n. f. Personne qui dirige, organise. *Les administrateurs de l'entreprise se sont réunis.*

▶ **administration** n. f. **1.** Direction, organisation d'une société. → **gestion.** *Le conseil d'administration d'une entreprise,* c'est l'ensemble de ses administrateurs. **2.** *L'Administration,* c'est l'ensemble des services où travaillent les fonctionnaires.

▶ **administratif** adj. *Des démarches administratives,* auprès de l'Administration.

▶ **administré** n. m. *Le maire et ses administrés,* les gens de la commune qu'il dirige.

② **administrer** v. (conjug. 1) Donner, faire prendre un médicament. *L'infirmière a administré un calmant au malade.*

**admirer** v. (conjug. 1) **1.** Trouver très beau. *Anne admire la robe de Julie.* **2.** Trouver remarquable. *Luc admire beaucoup son père.* ‖ contr. **mépriser** ‖.

▶ **admirable** adj. Merveilleux, remarquable. *Un paysage admirable.*

▶ **admirablement** adv. Très bien. *Elle danse admirablement.* → **merveilleusement, remarquablement.**

▶ **admirateur** n. m., **admiratrice** n. f. Personne qui admire quelqu'un. *Ce chanteur a de nombreuses admiratrices.*

▶ **admiratif** adj. Qui exprime de l'admiration. *Un air admiratif. Admirative, elle regardait le tableau,* pleine d'admiration.

▶ **admiration** n. f. Sentiment que l'on éprouve devant quelque chose de beau ou de remarquable. *Luc est plein d'admiration pour son père.* ‖ contr. **mépris** ‖.

**admissible** adj. **1.** Que l'on peut accepter, tolérer. ‖ contr. **inadmissible** ‖ **2.** *Un candidat admissible,* c'est un candidat qui est admis à passer l'oral d'un examen. ‖ contr. **recalé** ‖.

**admission** n. f. *Le jury a décidé l'admission du candidat,* il a décidé de l'admettre.

**adolescent** n. m., **adolescente** n. f. Personne qui n'est pas un enfant et pas encore un adulte.

▶ **adolescence** n. f. Période de la vie qui suit l'enfance et précède l'âge adulte (entre 13 et 18 ans environ).

**s'adonner** v. (conjug. 1) *Pendant leurs vacances, ils se sont adonnés au sport,* ils s'y sont consacrés.

**adopter** v. (conjug. 1) **1.** *Ils ont adopté un enfant,* ils l'ont pris chez eux et l'ont élevé comme le leur. **2.** *Julie adopte un air indifférent,* elle le prend. **3.** *Les députés ont adopté une nouvelle loi,* ils l'ont votée.

▶ **adoptif** adj. *C'est leur fille adoptive,* qui a été adoptée par eux. *Ce sont les parents adoptifs d'Alex,* les parents qui ont adopté Alex.

▶ **adoption** n. f. **1.** *L'adoption d'un enfant,* c'est le fait de l'élever comme le sien en lui donnant son nom. **2.** *L'adoption d'une loi,* c'est le fait de la voter.

**adorer** v. (conjug. 1) **1.** Prier et vénérer. *Les Incas adoraient le Soleil.* **2.** Aimer beaucoup. *Julie adore les chats.* || contr. **détester** ||.

▶ **adorable** adj. Charmant. *Julie est une petite fille adorable.*

▶ **adorateur** n. m., **adoratrice** n. f. *Les Incas étaient des adorateurs du Soleil,* ils le vénéraient comme un dieu.

▶ **adoration** n. f. Amour très vif et admiration. *Ils sont en adoration devant leur petite-fille.*

s'**adosser** v. (conjug. 1) Appuyer son dos contre quelque chose. *Elle s'est adossée à la porte.*

**adoucir** v. (conjug. 2) Rendre plus doux. *Cette crème adoucit la peau.* — *Sa voix s'est adoucie,* elle est devenue plus douce. → aussi se **radoucir.**

▶ **adoucissant** adj. *Une crème adoucissante,* qui adoucit la peau.

▶ **adoucissement** n. m. *L'adoucissement de la température,* c'est son réchauffement.

① **adresse** n. f. Qualité de celui qui est adroit. → **dextérité, habileté.** *Il renvoya la balle avec adresse.* ▷ MALADRESSE.

② **adresse** n. f. **1.** Indication de l'endroit où habite quelqu'un. *Ils ont échangé leurs adresses.* **2.** *Le professeur a fait une remarque à l'adresse de Julie,* à son intention.

**adresser** v. (conjug. 1) **1.** *Adresser une lettre à quelqu'un,* c'est la lui envoyer. **2.** *Adresser la parole à quelqu'un,* c'est lui parler. **3.** *S'adresser à quelqu'un,* c'est lui parler ou avoir recours à lui. *C'est à toi que je m'adresse.* — *Ce livre s'adresse aux enfants,* il leur est destiné. ▷ ② ADRESSE.

**adroit** adj. Qui est habile de ses mains, a de l'adresse. || contr. **gauche, maladroit** || *Un artisan très adroit.* — *Une personne adroite,* c'est une personne qui sait se tirer de situations difficiles.

▶ **adroitement** adv. Avec adresse, habileté. → **habilement.** *Anne a adroitement saisi le ballon.* || contr. **maladroitement** || ▷ MALADROIT, MALADROITEMENT.

**adulte** n. m. et f. Personne, animal qui a fini de grandir. *C'est un adulte.* — Adj. *L'âge adulte* va de la fin de l'adolescence au début de la vieillesse.

**adultère** n. m. Fait de tromper son mari ou sa femme.

**advenir** v. (conjug. 22) Arriver, se produire. *Je t'aiderai quoi qu'il advienne.*

**adverbe** n. m. Mot qui accompagne un autre mot (verbe, adjectif, adverbe) ou une phrase, dont il modifie le sens. *Les adverbes sont invariables.*

**adverse** adj. Opposé, contraire. *Nous avons battu l'équipe adverse.*

▶ **adversaire** n. m. et f. Personne opposée à une autre dans un combat, une compétition. || contr. **partenaire** || *Le* *boxeur a envoyé son adversaire au tapis.* **2.** Personne hostile à une idée. || contr. **partisan** || *Les adversaires de la peine de mort.*

**aérer** **v.** (conjug. 6) *Aérer une pièce,* c'est y faire entrer de l'air frais.

▶ **aéré** **adj.** *Une pièce bien aérée.* — *Un centre aéré,* où l'on accueille les enfants en plein air.

▶ **aération** **n. f.** Circulation de l'air dans un endroit fermé. *L'air arrive dans le tunnel par les bouches d'aération.*

**aérien** **adj.** **1.** Qui est à l'air libre, en plein air. *Le métro aérien.* **2.** *Le trafic aérien,* les transports par avion. *Une photo aérienne,* prise d'avion.

**aérodrome** **n. m.** Terrain aménagé pour le décollage et l'atterrissage des avions.

**aérodynamique** **adj.** *Cet avion a une forme aérodynamique,* qui offre peu de résistance à l'air.

**aérogare** **n. f.** Ensemble des bâtiments d'un aéroport, réservés aux voyageurs et aux marchandises. *Les boutiques de l'aérogare.*

**aéroglisseur** **n. m.** Sorte de bateau qui se déplace sur coussin d'air.

**aéroglisseur**

**aéronautique** **n. f.** et **adj.** **1. n. f.** *L'aéronautique,* c'est la technique de la construction des avions et des fusées. **2. adj.** *L'industrie aéronautique* s'occupe d'améliorer la construction des avions et la navigation aérienne.

**aéroport** **n. m.** Ensemble des pistes et des bâtiments qui servent au transport aérien des voyageurs et des marchandises.

▶ **aéroporté** **adj.** *Les troupes aéroportées* sont transportées par avion.

**aérosol** **n. m.** Appareil qui projette un liquide mélangé à un gaz sous forme de gouttelettes très fines. → aussi **atomiseur.** *Un insecticide en aérosol.* — **Adj. inv.** *Des bombes aérosol.*

**aérosol**

**affable** **adj.** Très aimable et bienveillant. → **avenant, courtois.** *Son père est un homme très affable.*

**affaiblir** **v.** (conjug. 2) Rendre faible. *Cette grippe l'a affaibli.* → **fatiguer.** — *La vue s'affaiblit avec l'âge.* → **baisser.**

▶ **affaiblissement** **n. m.** État d'une personne affaiblie. *L'affaiblissement du malade inquiète le médecin.*

**affaire** **n. f.** **1.** Ce que quelqu'un a à faire, ce qui le concerne. *Laissez cela,* *c'est mon affaire. Occupe-toi de tes affaires !* de ce qui te regarde. **2.** Problème, question. *Nous avons parlé de cette affaire. — C'est toute une affaire,* c'est très compliqué. **3.** Marché conclu avec quelqu'un. *J'ai fait une bonne affaire en achetant cette voiture.* **4.** *Ce vieux chiffon fera l'affaire,* conviendra. **5.** *Avoir affaire à quelqu'un,* c'est avoir à discuter, à traiter avec quelqu'un. *Ne recommence pas ou tu auras affaire à moi !*

► s'**affairer** **v.** (conjug. 1) Faire quelque chose en se dépêchant, en étant très actif. → s'**activer.** *Elle s'affairait dans la cuisine.*

► **affairé** **adj.** *Un air affairé,* occupé.

**affaires** **n. f. pl. 1.** *Il est dans les affaires,* dans le commerce ou l'industrie. *C'est un homme d'affaires. Il est en voyage d'affaires.* **2.** Objets qui appartiennent à une personne. *Yves range ses affaires de gymnastique.*

s'**affaisser** **v.** (conjug. 1) S'enfoncer. *Le toit de la maison s'est affaissé par endroits.* → s'**écrouler,** s'**effondrer.**

► **affaissement** **n. m.** *L'inondation a provoqué un affaissement de terrain,* un effondrement.

s'**affaler** **v.** (conjug. 1) Se laisser tomber lourdement. *Anne s'est affalée sur son lit.*

**affamé** **adj.** Qui a très faim. *Flora est affamée, ce matin.* ‖ contr. **rassasié, repu** ‖.

① **affecter** **v.** (conjug. 1) **1.** Faire semblant d'éprouver un sentiment. → **feindre, simuler.** *Malgré sa déception, Julie affectait la bonne humeur.* **2.** Toucher, émouvoir. *Cette triste nouvelle nous a beaucoup affectés.* → **affliger, attrister, peiner.**

► **affecté** **adj.** Peu naturel. *Une attitude affectée.* → **maniéré.** ‖ contr. **naturel, simple** ‖.

► ① **affectation** **n. f.** Manque de naturel. *Elle riait avec affectation.*

② **affecter** **v.** (conjug. 1) **1.** *Il a été affecté à ce poste,* nommé. **2.** Destiner, réserver à un usage particulier. *Cette pièce est affectée aux réunions.*

► ② **affectation** **n. f.** Nomination à un poste. *Il a reçu sa nouvelle affectation.* ▷ DÉSAFFECTÉ.

**affectif** **adj.** Qui est du domaine des sentiments. *La vie affective.* → **sentimental.**

① **affection** **n. f.** Maladie. *Les affections de la peau.*

② **affection** **n. f.** Sentiment tendre qui attache à quelqu'un. → **attachement, tendresse.** ‖ contr. **aversion** ‖ *J'ai beaucoup d'affection pour lui.*

► **affectionner** **v.** (conjug. 1) Aimer beaucoup. *Luc affectionne le bleu.* ‖ contr. **détester** ‖.

**affectueux** **adj.** Qui fait preuve d'affection, d'attachement. *Une petite fille très affectueuse. Un geste affectueux.*

► **affectueusement** **adv.** Tendrement. *Yves embrasse affectueusement sa mère.*

**affermir** **v.** (conjug. 2) Rendre plus ferme, plus fort. *L'orateur affermit le ton de sa voix.*

**afficher** **v.** (conjug. 1) **1.** Annoncer par une affiche. *Les horaires des cours sont affichés sur le mur de la classe.* → **placarder.** **2.** Bien montrer. *Alex affiche sa joie de partir en voyage.*

▸ **affiche** n. f. Grande feuille de papier, portant un texte ou une image, placée sur un mur ou un panneau spécial et servant à annoncer quelque chose ou à faire de la publicité. *Une affiche publicitaire. — Ce film est resté un an à l'affiche,* il a été joué pendant un an.

▸ **affichage** n. m. *Un tableau d'affichage* sert à afficher.

d'**affilée** adv. À la suite, sans s'arrêter. *Il a dormi dix heures d'affilée.*

s'**affilier** v. (conjug. 7) Adhérer à un groupe. *Elle s'est affiliée à un club sportif.*

**affinité** n. f. Accord, sympathie que l'on éprouve pour quelqu'un à cause de ressemblances ou de goûts communs. *Il y a beaucoup d'affinités entre eux.*

**affirmer** v. (conjug. 1) Dire avec assurance. → **assurer, soutenir.** || contr. **nier** || *Je vous affirme que c'est la vérité.*

▸ **affirmatif** adj. *Faire une réponse affirmative,* c'est répondre oui. || contr. **négatif** ||.

▸ **affirmation** n. f. Parole par laquelle on soutient qu'une chose est vraie ou possible. → **déclaration.** *Votre affirmation est très discutable.*

**affleurer** v. (conjug. 1) Apparaître à la surface du sol, de l'eau. *Les rochers affleurent à la surface de la mer.*

**affliction** n. f. Grand chagrin, grande peine.

**affliger** v. (conjug. 3) **1.** Attrister, affecter. *Cette nouvelle l'a beaucoup affligée.* **2.** *Il était affligé d'une verrue sur le nez,* il devait la supporter.

▸ **affligeant** adj. Qui rend triste. → **désolant.** *Ils ont reçu une nouvelle affligeante.*

**affluer** v. (conjug. 1) Arriver en grand nombre. *Les voyageurs affluaient vers la gare.*

▸ **affluence** n. f. Réunion d'une foule de gens allant au même endroit. *Le métro est bondé aux heures d'affluence.* → **pointe.**

▸ **affluent** n. m. Cours d'eau qui se jette dans un autre. *L'Oise est un affluent de la Seine.*

▸ **afflux** [afly] n. m. Arrivée en grand nombre. → **affluence.** *Un afflux de voyageurs descendait du train.*

**affoler** v. (conjug. 1) Faire peur au point de ne plus savoir ce que l'on fait. → **effrayer, paniquer.** *Le bruit de l'orage affole le chien. — À la vue de l'araignée, Flora s'est affolée.*

▶ **affolé** adj. *Un air affolé.*

▶ **affolant** adj. Inquiétant, effrayant. *Des prix affolants.*

▶ **affolement** n. m. Panique qui fait perdre la tête. *Dans son affolement, Anne a oublié son sac.*

① **affranchir** v. (conjug. 2) Rendre libre un esclave, un serf. || contr. **asservir** || *Dans l'Antiquité, le maître pouvait affranchir ses esclaves.* → **émanciper.**

② **affranchir** v. (conjug. 2) *Affranchir une lettre,* c'est mettre dessus le timbre qui convient.

▶ **affranchissement** n. m. *L'affranchissement de ce colis est insuffisant,* il n'y a pas assez de timbres dessus.

**affreux** adj. **1.** Très laid. → **hideux, horrible.** *Elle est affreuse avec ce chapeau.* || contr. **beau** || **2.** Très désagréable. *Il fait un temps affreux.* **3.** Qui fait peur. *Yves a fait d'affreux cauchemars.* → **abominable, effrayant.**

▶ **affreusement** adv. Horriblement. *Il a été affreusement défiguré dans l'accident.*

**affront** n. m. Acte par lequel on fait ou on dit en public à quelqu'un quelque chose qui montre que l'on a du mépris pour lui. → **insulte, offense, outrage.** *Il m'a fait un affront en refusant de me serrer la main.*

**affronter** v. (conjug. 1) Aller courageusement se battre, faire face à un danger. *Il affronta courageusement ses adversaires. — Les deux équipes s'affronteront demain.*

▶ **affrontement** n. m. Combat. *Les discussions ont échoué, l'affrontement paraît inévitable.*

**affublé** adj. Habillé de manière bizarre. → **accoutré.** *Elle était affublée d'un drôle de chapeau.*

à l'**affût** adv. *Le chasseur est à l'affût,* caché pour attendre le gibier. → aux **aguets.** *Le journaliste est à l'affût des nouvelles,* il les attend, les guette.

**affûter** v. (conjug. 1) Rendre plus tranchant. → **aiguiser.** *Le boucher affûte la lame de son couteau.*

**afin de** prép., **afin que** conjonction. Pour. *Alex prend son élan afin de sauter plus haut. Parlez plus fort afin qu'elle vous entende !*

**agacer** v. (conjug. 3) Énerver, irriter. *Tu m'agaces, avec toutes tes questions !* → **exaspérer.**

▶ **agaçant** adj. Qui agace. → **exaspérant, énervant, irritant.** *C'est agaçant ce bruit !*

▶ **agacement** n. m. Irritation. *Elle réprima un geste d'agacement.*

**agate** n. f. Pierre fine qui sert à faire des bijoux et des objets précieux. — *Les billes d'agate* sont en verre coloré imitant l'agate.

**agave** n. m. Grande plante décorative, d'origine mexicaine, aux feuilles longues et épaisses.

**âge** n. m. **1.** Nombre d'années écoulées depuis la naissance de quelqu'un. *Quel âge as-tu ? Anne et Julie ont le même âge. C'est une personne d'un certain âge,* plus très jeune. *Les personnes du troisième âge,* qui ont plus de 65 ans. **2.** *L'âge de la pierre, l'âge du bronze et l'âge du fer* sont des périodes de la préhistoire.

▶ **âgé** adj. Vieux. *La grand-mère d'Alex est une dame âgée. — Anne est âgée de 10 ans,* elle a 10 ans. ▷ MOYEN ÂGE, MOYENÂGEUX.

**agence** n. f. Bureau qui, pour de l'argent, rend certains services. *Une*

**agave**

*agence de voyages* organise des voyages. *Une agence immobilière* aide les gens à louer ou à acheter un appartement, une maison.

**agenda** [aʒɛ̃da] **n. m.** Carnet où l'on peut noter, jour par jour, ses rendez-vous et tout ce que l'on a à faire. — **Au pl.** *Des agendas.*

s'**agenouiller** **v.** (conjug. 1) Se mettre à genoux. *Ils se sont agenouillés sur le sol.*

① **agent** **n. m.** *Le complément d'agent,* c'est le complément d'un verbe à la voix passive introduit par *de* ou *par. Dans la phrase « le couvert a été mis par Julie », « Julie » est complément d'agent.*

② **agent** **n. m.** *Un agent de police* est une personne qui règle la circulation. *L'agent a fait traverser les enfants.*

s'**agglomérer** **v.** (conjug. 6) Se mélanger en une masse, un bloc. → s'**amalgamer.** *La farine s'est agglomérée en grumeaux.*

► **agglomération** **n. f.** Groupe d'habitations formant un village ou une ville. *On ralentit à l'approche d'une agglomération.*

► **aggloméré** **n. m.** Matière obtenue à partir de menus morceaux de bois réunis et collés ensemble. *Des panneaux en aggloméré.*

s'**agglutiner** **v.** (conjug. 1) Se réunir de manière à former un groupe compact. → se **rassembler.** *Les guêpes se sont agglutinées autour du pot de miel.*

**aggraver** **v.** (conjug. 1) **1.** Rendre plus grave, plus important. *En mentant, elle a aggravé sa faute.* **2.** *Sa maladie s'est aggravée,* elle est devenue plus grave. → **empirer.** || contr. s'**améliorer** ||.

► **aggravation** **n. f.** *Les médecins ont constaté une aggravation de son état de santé.* || contr. **amélioration** ||.

**agile** **adj.** Qui exécute des mouvements facilement et rapidement. → **leste, souple.** *L'acrobate est agile.* || contr. **maladroit** ||.

► **agilité** **n. f.** Souplesse. *Le chat a sauté avec agilité.*

**agir** **v.** (conjug. 2) **1.** Faire quelque chose. *Réfléchis avant d'agir !* **2.** Se conduire. *Il a mal agi envers son frère.* **3.** Être efficace. *Le médicament a agi très vite.*

► **agissements** **n. m. pl.** Actes malhonnêtes. *Les agissements d'un escroc.* ▷ RÉAGIR.

s'**agir** **v.** (conjug. 2) **1.** *Dans ce livre, il s'agit d'animaux,* il en est question. **2.**

*Il s'agit de se dépêcher,* il faut se dépêcher.

**agiter** **v.** (conjug. 1) Remuer dans tous les sens. *Agitez la bouteille avant de l'ouvrir,* secouez-la. — *Cet enfant est très énervé, il s'agite beaucoup.*

▶ **agitateur** **n. m.**, **agitatrice** **n. f.** Personne qui pousse les autres à manifester.

▶ **agitation** **n. f. 1.** Ensemble des mouvements de personnes qui vont et viennent rapidement en tous sens. *Quelle agitation pendant la récréation !* → **effervescence, remue-ménage.** || contr. **calme** || **2.** *L'agitation sociale,* c'est l'ensemble des manifestations et des grèves que font les gens parce qu'ils sont mécontents.

▶ **agité** **adj.** *Par mauvais temps, la mer est agitée,* il y a de grosses vagues. → **houleux.**

**agneau** **n. m.** Jeune mouton. *Une brebis et ses agneaux.* — *Alex a mangé des côtelettes d'agneau.*

**agonie** **n. f.** Moment où quelqu'un qui va mourir lutte contre la mort.

▶ **agoniser** **v.** (conjug. 1) Être en train de mourir.

**agrafe** **n. f. 1.** Petit crochet qui sert à fermer un vêtement. **2.** Petit fil de métal qui sert à fixer ensemble plusieurs feuilles de papier. → aussi **agrafeuse. 3.** Petite lame qui sert à fermer une plaie.

▶ **agrafer** **v.** (conjug. 1) **1.** Fermer un vêtement avec une agrafe. *Elle a agrafé sa jupe.* || contr. **dégrafer** || **2.** *Agrafer deux feuilles de papier,* c'est les attacher avec une agrafe.

▶ **agrafeuse** **n. f.** Appareil qui sert à fixer des agrafes dans du papier ou du tissu.

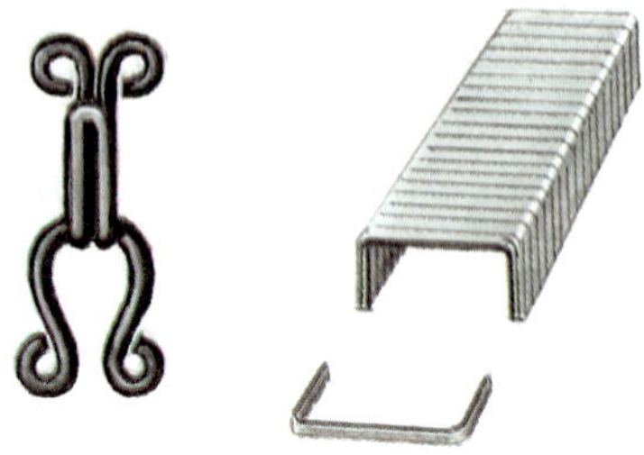

agrafe

**agraire** **adj.** *Une réforme agraire,* qui concerne les terres cultivées, les exploitations agricoles.

**agrandir** **v.** (conjug. 2) Rendre plus grand, en augmentant les dimensions. *Ils ont agrandi le magasin. Julie a fait agrandir une photo.* — *La famille s'est agrandie.*

▶ **agrandissement** **n. m.** Reproduction en plus grand d'une photo.

**agréable** **adj. 1.** *Quelque chose d'agréable,* qui fait plaisir. **2.** *Les parents d'Yves sont des gens très agréables,* gentils, sympathiques. || contr. **déplaisant, désagréable** ||.

**agréer** **v.** (conjug. 1) **1.** À la fin d'une lettre, dans une formule de politesse. *Veuillez agréer, Monsieur, mes salutations distinguées,* veuillez les accepter. **2.** *Un téléphone agréé par les PTT,* c'est un téléphone dont l'utilisation est autorisée par les PTT.

① **agrément** **n. m.** Accord, autorisation. *Il a fait des travaux dans l'appartement avec l'agrément du propriétaire.* || contr. **refus** ||.

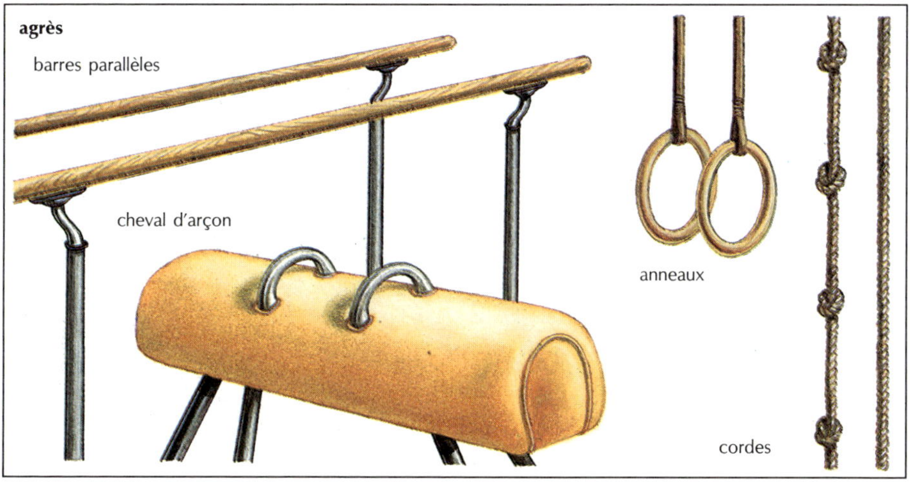


② **agrément** **n. m.** *Une ville pleine d'agrément,* très agréable. → **charme.** || contr. **désagrément** || *Un voyage d'agrément,* que l'on fait pour son plaisir || contr. voyage d'**affaires** ||.

► **agrémenter** **v.** (conjug. 1) Rendre plus agréable en ajoutant quelque chose. *Il a agrémenté son discours de quelques histoires amusantes.*

**agrès** [agʀɛ] **n. m. pl.** *Les anneaux, la barre fixe et les cordes sont des agrès,* des appareils de gymnastique. *Yves fait des exercices aux agrès.*

**agresser** **v.** (conjug. 1) Attaquer. *Des voyous l'ont agressée pour lui voler son sac.*

► **agresseur** **n. m.** Personne qui attaque quelqu'un. *La victime a reconnu son agresseur.*

► **agression** **n. f.** Attaque contre une personne. *Elle a été victime d'une agression.*

► **agressif** **adj.** *Une personne agressive,* qui attaque les autres par des gestes ou des paroles, même quand on ne lui a rien fait. *Il lui a répondu sur un ton agressif.* → **menaçant.** || contr. **doux** ||.

► **agressivité** **n. f.** Nervosité et hostilité d'une personne agressive. || contr. **bienveillance, douceur** ||. *Il manifeste son agressivité par des insultes.*

**agricole** **adj.** *Le labourage, les semailles, la moisson sont des travaux agricoles,* qui concernent l'agriculture. *Le tracteur et la faucheuse sont des machines agricoles. Une exploitation agricole,* c'est une ferme avec des champs autour.

**agriculteur** **n. m.**, **agricultrice** **n. f.** Personne qui cultive la terre, élève des bêtes. → **cultivateur, fermier, paysan.**

**agriculture** **n. f.** Ensemble des travaux qui servent à produire les végétaux et à élever les animaux utiles à l'homme. → **culture, élevage.** *L'agriculture d'un pays.*

**agripper** **v.** (conjug. 1) Saisir quelque chose en le serrant pour s'accrocher. *Anne a agrippé le bras de son père.* ‖ contr. **lâcher** ‖ — *Elle s'est agrippée à son bras.* → se **cramponner.**

**agrumes** **n. m. pl.** *Les citrons, les oranges, les pamplemousses et les mandarines sont des agrumes.*

**agrumes**

s'**aguerrir** **v.** (conjug. 2) S'habituer à supporter les choses pénibles. *Ils se sont aguerris contre le froid.* → s'**endurcir.**

aux **aguets** **adv.** *Le chasseur est aux aguets,* il reste immobile et surveille autour de lui. → à l'**affût.**

**ah !** **interj.** Mot qui sert à exprimer la joie, la douleur, l'admiration, l'impatience, la surprise. *Ah ! les voilà ! Ah ! ça suffit ! Ah ! oui ?*

**ahuri** **adj.** Étonné, distrait au point de paraître stupide. → **stupéfait.** *Elle a l'air complètement ahuri.* → **abruti, hébété.** — **N.** *Espèce d'ahuri !*

► **ahurissant** **adj.** Très étonnant. *Une histoire ahurissante.* → **invraisemblable, stupéfiant.**

**aider** **v.** (conjug. 1) *Aider quelqu'un,* c'est joindre ses efforts aux siens. *Il a aidé sa mère à faire la vaisselle. — Elle s'est aidée de ses mains pour grimper.*

► ① **aide** **n. f.** Appui, soutien. *J'ai besoin de ton aide. Ils leur sont venus en aide. — Il a creusé un trou à l'aide d'une pelle.* → au **moyen** de.

► ② **aide** **n. m.** et **f.** Personne qui en aide une autre. *Un aide-comptable. Une aide familiale.* ▷ ENTRAIDE, S'ENTRAIDER.

**aïe !** [aj] **interj.** Mot qui sert à exprimer qu'on a très mal. → **ouille.** *Aïe ! mon pied !* ◊ homonyme : ail.

**aïeul** **n. m.,** **aïeule** **n. f.** **1.** *L'aïeul de quelqu'un,* son grand-père, *l'aïeule,* sa grand-mère. **2.** *Les aïeux de quelqu'un,* ce sont ses ancêtres.

**aigle** **n. m.** Grand oiseau de proie qui vit le jour. → aussi **rapace.** *Les nids d'aigle sont construits sur de hautes montagnes. L'aigle tient un mouton dans ses serres.* ⋙ planche Oiseaux.

► **aiglon** **n. m.** Petit de l'aigle.

**aigre** **adj. 1.** Acide et désagréable au goût et à l'odeur. *Le lait tourné est aigre.* **2.** *Des paroles aigres,* méchantes. — **N. m.** *La discussion tourne à l'aigre,* les personnes qui discutent se disent soudain des paroles désagréables.

► **aigreur** **n. f. 1.** Goût aigre. → **acidité.** **2.** *Il a des aigreurs d'estomac,* il a mal à l'estomac. **3.** Méchanceté. *Elle lui a fait une réponse pleine d'aigreur.*

▸ s'**aigrir** **v.** (conjug. 2) **1.** Devenir aigre. *Le vin s'aigrit si la bouteille reste ouverte.* **2.** Devenir méchant et irritable. *Elle s'est aigrie en vieillissant.* ▷ VINAIGRE, VINAIGRETTE.

**aigrette** **n. f.** Groupe de plumes sur la tête de certains oiseaux.

**aigu** **adj. m.**, **aiguë** **adj. f.** **1.** Très haut, perçant. *Il pousse des cris aigus.* → **perçant.** *Julie a une voix aiguë et Alex une voix grave.* **2.** Violent. *Elle ressent une douleur aiguë.* **3.** *Un angle aigu,* c'est un angle plus petit qu'un angle droit. → aussi ① **obtus.** ▷ AIGUILLE, AIGUILLON, AIGUISER, SURAIGU.

**aiguille** **n. f.** **1.** Petite tige d'acier avec laquelle on pique. *Elle enfile une aiguille pour coudre.* → aussi **chas.** *L'infirmière adapte l'aiguille sur la seringue.* **2.** Tige étroite qui se déplace sur le cadran d'une montre. *La petite aiguille indique les heures.* **3.** Feuille très fine, dure et pointue de certains arbres. *Des aiguilles de pin.* **4.** Sommet très pointu d'une montagne. *L'aiguille du Midi.* → **pic.**

**aiguiller** **v.** (conjug. 1) **1.** Diriger un train d'une voie sur une autre. **2.** Orienter quelqu'un. *Son professeur veut l'aiguiller vers une carrière d'ingénieur.*

▸ **aiguillage** **n. m.** Appareil qui permet de faire changer un train de voie. *Un poste d'aiguillage.*

▸ **aiguilleur** **n. m.** **1.** Personne dont le métier est de manœuvrer un aiguillage. **2.** *Les aiguilleurs du ciel,* ce sont des techniciens qui guident les avions en vol.

**aiguillon** **n. m.** Dard des guêpes, des abeilles, des scorpions.

**aiguiser** **v.** (conjug. 1) Rendre plus coupant. → **affûter.** *Le rémouleur aiguise les couteaux.*

**aïkido** **n. m.** Sport japonais de combat.

**ail** [aj] **n. m.** [pl. *ails* ou *aulx*] Plante à odeur forte et à goût piquant avec laquelle on assaisonne les aliments. *Une gousse d'ail.* ◊ homonyme : aïe.

**aile** **n. f.** **1.** Chacune des parties du corps des oiseaux et de certains insectes qui leur sert à voler. *Le pigeon a battu des ailes et s'est envolé. — Anne a mangé une aile de poulet et Yves une*

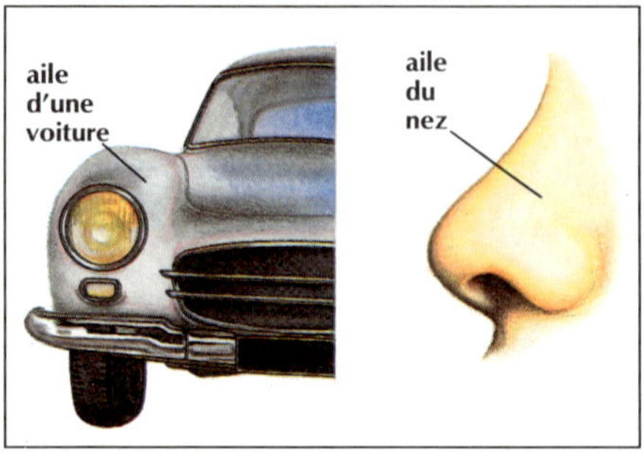


*cuisse.* 2. Chacune des deux parties planes et allongées d'un avion qui lui sert à se maintenir en l'air. 3. Chacune des parties mobiles situées à l'extérieur d'un moulin à vent. 4. *L'aile d'un bâtiment,* c'est la partie qui se trouve sur l'un des côtés. 5. *Les ailes d'une voiture,* ce sont les parties de la carrosserie au-dessus des roues. 6. *Les ailes du nez,* ce sont les parties, de chaque côté du nez, qui recouvrent les narines. 7. *L'aile gauche ou l'aile droite,* ce sont les extrémités de la ligne d'attaque d'une équipe de football, de hand-ball, de rugby. ◊ homonyme : elle.

▸ **ailé** adj. *Les fourmis volantes sont ailées,* elles ont des ailes.

▸ **aileron** n. m. 1. Extrémité de l'aile d'un oiseau. 2. *Les ailerons d'un requin,* ses nageoires.

▸ **ailier** n. m. Avant d'une équipe de football, de hand-ball ou de rugby, qui joue à l'extrême droite ou gauche. ▹ À TIRE D'AILE.

**ailleurs** adv. 1. À un autre endroit. *Il y a trop de bruit ici, je vais ailleurs.* 2. *Rentre, tu as assez joué, d'ailleurs la nuit tombe,* du reste, de plus.

**aimable** adj. *Une personne aimable,* qui cherche à faire plaisir. → **affable, courtois, gentil, poli.** ‖ contr. **désagréable, hargneux** ‖ → aussi **amabilité.**

**aimant** n. m. Morceau d'acier qui attire le fer.

▸ **aimanté** adj. *Un objet aimanté,* c'est un objet qui attire le fer.

**aimer** v. (conjug. 1) 1. Éprouver de l'amour pour quelqu'un. *Il aime sa femme,* il est amoureux d'elle. — *Ils se sont mariés parce qu'ils s'aimaient.* 2. Avoir de l'amitié, de l'affection, de la sympathie pour quelqu'un. *Yves aime bien Julie.* 3. Avoir du plaisir à faire quelque chose, trouver une chose agréable. *Anne aime beaucoup les frites. Alex aime dessiner. J'aimerais mieux rester ici,* je préférerais. ▹ AIMABLE, BIEN-AIMÉ.

**aine** n. f. Partie du corps entre le haut de la cuisse et le bas du ventre. ◊ homonyme : haine.

**aîné** n. m., **aînée** n. f. *L'aîné des enfants,* le plus âgé. → aussi **benjamin, cadet.** *Elle est son aînée de six ans,* elle a six ans de plus que lui. — Adj. *Le fils aîné.*

**ainsi** adv. 1. De cette façon. *Ne me regarde pas ainsi.* 2. *Pour ainsi dire,* presque. 3. *Ainsi que,* de même que. *Yves ainsi que Julie sont en CM2.* → **et.** *Il pleut ainsi que l'a annoncé la météo.* → **comme.**

① **air** n. m. 1. Mélange d'oxygène, d'azote et de divers gaz qui constitue l'atmosphère et que respirent les êtres vivants. *Dans les grandes villes, l'air est pollué ; à la campagne, on respire de l'air pur. Il est sorti prendre l'air,* se promener. *L'orchestre joue en plein air,* dehors. 2. *Anne regarde en l'air,* en haut, vers le ciel. ◊ homonymes : aire, ère.

② **air** n. m. 1. Apparence du visage d'une personne. → **expression, mine.** *Il a* *un drôle d'air.* **2.** *Avoir l'air,* sembler, paraître. *Cette tarte a l'air bonne.*

③ **air** **n. m.** Mélodie, musique d'une chanson. *Chante-moi l'air de cette chanson même si tu en as oublié les paroles.*

**aire** **n. f. 1.** Surface. *L'aire de ce rectangle est de 6 m$^2$.* → **superficie. 2.** Grand endroit plat. *Une aire de jeu. L'avion se pose sur l'aire d'atterrissage.* **3.** *L'aire d'un aigle,* son nid. ◊ homonymes : air, ère.

**airelle** **n. f.** Petite baie rouge au goût acide. → **myrtille.**

**aise** **n. f.** *Être à l'aise,* ne pas se sentir gêné. *Es-tu à l'aise dans ce pantalon ? Anne est mal à l'aise avec les grandes personnes,* elle est intimidée. — *Mettez-vous à l'aise,* enlevez votre manteau et installez-vous confortablement.

▶ **aisance** **n. f. 1.** Facilité à faire quelque chose. *Elle parle en public avec aisance.* **2.** Richesse assez grande pour vivre sans difficulté. *Ils vivent dans l'aisance.* → aussi **aisé.**

▶ **aisé** **adj. 1.** *Une personne aisée,* qui a suffisamment d'argent pour vivre sans difficulté. ‖ contr. **pauvre** ‖ **2.** Facile. → **enfantin, simple.** ‖ contr. **difficile** ‖.

▶ **aisément** **adv.** Facilement. ‖ contr. **difficilement** ‖ ▷ MALAISE, MALAISÉ.

**aisselle** **n. f.** Creux sous le bras, à l'endroit où il rejoint l'épaule. *Elle s'épile les aisselles.*

**ajonc** [aʒɔ̃] **n. m.** Arbuste épineux à fleurs jaunes. → aussi **genêt.**

**ajourner** **v.** (conjug. 1) Remettre à un autre jour. *Elle a dû ajourner son voyage en raison des grèves.* → **différer.**

**ajouter** **v.** (conjug. 1) **1.** Mettre en plus. *Ajoute du sel dans la sauce. Si j'ajoute 3 à 8, j'obtiens 11.* → **additionner.** ‖ contr. **enlever, ôter, retrancher** ‖ **2.** Dire en plus. *Je n'ai rien à ajouter.* ▷ RAJOUTER.

**ajuster** **v.** (conjug. 1) Mettre ensemble deux choses de façon qu'elles s'emboîtent. → **adapter.** *Il essaie d'ajuster un nouveau manche à la pioche. — Le couvercle s'ajuste mal à la théière.*

▶ **ajusté** **adj.** *Une veste ajustée,* qui serre le corps de près. → **moulant.**

▶ **ajusteur** **n. m.** Ouvrier qui fabrique des pièces mécaniques.

**alambic** **n. m.** Appareil servant à fabriquer de l'alcool par distillation.

alambic

**alambiqué** **adj.** *Une réponse alambiquée,* très compliquée.

**alarme** **n. f.** Sonnerie qui avertit du danger. *L'alarme s'est déclenchée au moment où les cambrioleurs ont ouvert la porte. — Le guetteur a donné l'alarme,* il a averti du danger. → donner l'**alerte.**

► **s'alarmer** v. (conjug. 1) S'inquiéter. *Elle s'est alarmée en entendant les cris de sa fille.*

► **alarmant** adj. Inquiétant. *L'état du blessé est alarmant.* || contr. **rassurant** ||.

**albatros** n. m. Grand oiseau de mer blanc et gris, au bec crochu. ⤜ planche Oiseaux.

**album** [albɔm] n. m. 1. Sorte de livre dont les pages ne sont pas imprimées et dans lequel on classe des photos, des timbres. 2. Livre où il y a beaucoup de dessins. *Un album de bandes dessinées.*

**alchimiste** n. m. Savant qui, au Moyen Âge, essayait, en secret, de transformer les métaux en or.

**alcool** n. m. 1. Liquide incolore très fort qui se trouve dans certaines boissons. *Un apéritif sans alcool.* 2. Boisson très forte où il y a beaucoup d'alcool. *Le conducteur d'une voiture ne doit pas boire d'alcool.* 3. *L'alcool à 90°* sert à désinfecter.

► **alcoolique** adj. *Elle est alcoolique,* elle boit régulièrement beaucoup d'alcool. — N. *Les alcooliques sont intoxiqués par l'alcool.*

► **alcoolisé** adj. *Une boisson alcoolisée,* qui contient de l'alcool.

► **alcoolisme** n. m. Maladie des gens qui boivent trop d'alcool.

► **alcootest** n. m. Sorte de ballon dans lequel on fait souffler le conducteur d'une voiture pour savoir s'il a bu trop d'alcool.

**aléatoire** adj. Qui dépend du hasard, qui est incertain. *Son succès est aléatoire.* || contr. **certain** ||.

**alentours** n. m. pl. 1. Lieux qui sont autour de quelque chose. *Les alentours de Paris.* → **environs.** 2. *Ce livre coûte aux alentours de 50 francs,* environ 50 francs.

① **alerte** adj. *Ma grand-mère est encore alerte pour son âge,* elle a des mouvements vifs et rapides.

② **alerte** n. f. Signal qui avertit d'un danger. *Les pompiers se sont précipités sur les lieux à la première alerte. Entendant un bruit suspect, le gardien a donné l'alerte,* il a prévenu d'un danger. → donner l'**alarme.**

► **alerter** v. (conjug. 1) Avertir en cas de danger. *Il a alerté les pompiers.* → **prévenir.**

**alèse** n. f. Tissu imperméable que l'on met sous le drap pour protéger le matelas. — On écrit aussi *alaise.*

**alevin** n. m. Jeune poisson que l'on met dans les rivières et les lacs pour les repeupler.

**alexandrin** n. m. Vers français de douze syllabes.

**algèbre** n. m. Forme de calcul où certains nombres sont remplacés par des lettres.

**algue** n. f. Plante qui pousse au fond de la mer, des rivières et des lacs. → **goémon, varech.**

algue

**alibi** n. m. Preuve que l'on n'était pas là au moment d'un vol, d'un crime. *Le suspect a pu fournir un alibi.*

**aliéné** **n. m.**, **aliénée** **n. f.** Malade mental. → **dément, fou.**

**aligner** **v.** (conjug. 1) Ranger en ligne droite. *Ils ont aligné les chaises devant l'estrade.*

▶ **alignement** **n. m.** Ligne droite formée par des objets. *L'alignement des immeubles dans la rue.*

**aliment** **n. m.** Produit qui sert à nourrir les hommes, les animaux ou les plantes. → **nourriture.** *Des aliments pour bébés.*

▶ **alimentaire** **adj.** *Les produits alimentaires,* ce sont les produits qui servent à nourrir.

▶ s'**alimenter** **v.** (conjug. 1) Se nourrir. → **manger.** *Le malade ne s'alimente plus depuis deux jours.*

▶ **alimentation** **n. f.** Manière de nourrir quelqu'un ou de se nourrir. *Elle donne à ses enfants une alimentation variée.* → **nourriture.** — *Les épiceries, les boucheries sont des magasins d'alimentation,* qui vendent des aliments. ▷ SOUS-ALIMENTÉ.

**alinéa** **n. m.** Paragraphe. *La phrase est au deuxième alinéa.*

s'**aliter** **v.** (conjug. 1) Se mettre au lit lorsqu'on est malade. → se **coucher.** *Flora avait de la fièvre, elle s'est alitée.*

**allaiter** **v.** (conjug. 1) Nourrir son bébé de son lait. *La mère allaite son enfant,* elle lui donne le sein.

▶ **allaitement** **n. m.** Alimentation d'un bébé avec le lait de sa mère.

**allécher** **v.** (conjug. 6) *Allécher une personne,* c'est l'attirer en lui faisant espérer quelque chose d'agréable. → **appâter.** *L'odeur qui venait de la cuisine les alléchait.*

▶ **alléchant** **adj.** *Une odeur alléchante,* appétissante, tentante.

**allée** **n. f.** Chemin bordé d'arbres ou de verdure. ◊ homonymes : aller, hâlé, hâler.

**allées et venues** **n. f. pl.** Déplacements de personnes qui vont et viennent. *Les allées et venues des clients dans le hall de l'hôtel.*

**alléger** **v.** (conjug. 3 et 6) *Luc allège son sac en enlevant un livre,* il le rend moins lourd. ‖ contr. **alourdir** ‖.

▶ **allégé** **adj.** *Une confiture allégée,* qui contient peu de sucre.

**allègre** **adj.** Plein d'une vivacité qui exprime la bonne humeur. *Yves marchait d'un pas allègre.* → **alerte.**

▶ **allégresse** **n. f.** Joie très vive. ‖ contr. **tristesse** ‖.

① **aller** **v.** (conjug. 9) **1.** Se rendre quelque part. *Je vais à Lyon. Elles sont allées chez le pharmacien.* **2.** *S'en aller,* partir. *Il s'en ira demain.* **3.** Être sur le point de. *Anne va arriver d'un instant à l'autre. Il va pleuvoir.* **4.** *Comment allez-vous ? je vais bien,* je me porte bien, je me sens bien. *Ça va ?* tu es content ? **5.** Convenir. *Ces bottes te vont bien.* ◊ homonymes : allée, hâlé, hâler.

▶ ② **aller** **n. m. 1.** Trajet pour aller dans un endroit. *Ils ont pris le bateau à l'aller et l'avion au retour.* **2.** Billet (de train, d'avion, etc.) pour aller dans un endroit. *Deux allers pour Paris.* ▷ ALLÉE, ALLÉES ET VENUES, ALLURE, CONTRE-ALLÉE, LAISSER-ALLER, PIS-ALLER, à la VA-VITE, VA-ET-VIENT, VA-NU-PIEDS, VA-TOUT.

**allergie** **n. f.** Réaction qu'a le corps à certains aliments ou à certains produits et qui le rend malade. *Il a une allergie au pollen.*

▶ **allergique** **adj.** *Il est allergique au pollen,* il ne le supporte pas.

**alliage** n. m. Métal obtenu en fondant ensemble plusieurs métaux. *Le bronze est un alliage de cuivre et d'étain.*

▸ s'**allier** v. (conjug. 7) S'unir par une alliance. *Pendant la guerre, la France et la Grande-Bretagne se sont alliées contre l'Allemagne.*

▸ **alliance** n. f. 1. *Ces deux pays ont conclu une alliance.* → **accord, coalition, pacte.** 2. Anneau porté par les gens mariés.

▸ **allié** n. m., **alliée** n. f. Personne qui en aide une autre. *Pendant la guerre, les Anglais étaient les alliés des Français.*

**alligator** n. m. Reptile d'Amérique du Nord qui ressemble au crocodile.

alligator

**allô !** interj. Premier mot que l'on dit quand on commence une conversation au téléphone. *Allô ! c'est toi Flora ?* ◊ homonyme : halo.

**allocation** n. f. Somme d'argent versée régulièrement à quelqu'un. *Les allocations familiales sont versées par l'État aux personnes qui ont des enfants.*

**allocution** n. f. Petit discours. *Le président de la République a prononcé une allocution.*

**allonger** v. (conjug. 3) 1. *On a allongé le blessé sur une civière,* on l'a étendu. → **coucher.** — *Elle s'est allongée sur une chaise longue.* 2. Étendre une partie du corps. *Julie allonge ses jambes sur la banquette.*

**allumer** v. (conjug. 1) 1. *Il allume une cigarette,* il l'enflamme. ‖ contr. **éteindre** ‖ 2. *Il fait sombre, allume la lampe,* mets-la en marche pour qu'elle éclaire. *Allume la télévision.* — *Les enseignes s'allument et s'éteignent.*

▸ **allumage** n. m. *L'allumage d'un moteur,* c'est le système qui met le feu au mélange d'air et d'essence. → aussi **bougie.**

▸ **allumette** n. f. Brin de bois ou de carton dont un bout est recouvert d'un produit qui s'enflamme quand on le frotte. *Il gratte une allumette.*
▷ RALLUMER.

**allure** n. f. 1. Vitesse. *La moto roulait à toute allure,* très vite. 2. Air, aspect. *Cet homme a une drôle d'allure,* un air bizarre, un peu ridicule.

**allusion** n. f. *Faire allusion à une chose,* c'est en parler indirectement, par sous-entendus. → **insinuation.**

**alluvions** n. f. pl. Graviers, boue et débris déposés par les cours d'eau. → **sédiment.** *Les alluvions fertilisent la terre.*

**almanach** [almana] n. m. Livre qui paraît tous les ans et contient un calendrier et des renseignements de toutes sortes. — Au pl. *Des almanachs.*

**alors** adv. 1. À ce moment-là. *Le pays était alors en guerre.* 2. Dans ce cas. *Tu es d'accord ? Alors, n'en parlons plus.*

▸ **alors que** conjonction. 1. Bien que. *Yves est allé à la piscine alors qu'il était enrhumé.* 2. *Ils sont arrivés alors que j'allais sortir,* au moment où j'allais sortir.

**alouette** n. f. Petit oiseau au plumage brun ou gris qui vit dans les champs.

**alourdir** v. (conjug. 2) Rendre plus lourd. *Ces billes alourdissent mes poches.* || contr. **alléger** ||.

**alpage** n. m. Pâturage de haute montagne.

**alphabet** n. m. Ensemble des lettres d'une langue classées dans un certain ordre. *En français, l'alphabet compte 26 lettres.*
► **alphabétique** adj. *L'ordre alphabétique,* l'ordre des lettres de l'alphabet.
► **alphabétisation** n. f. Enseignement de la lecture et de l'écriture aux adultes qui ne savent ni lire ni écrire.
▷ ANALPHABÈTE.

**alpinisme** n. m. Sport qui consiste à escalader les montagnes, les parois rocheuses. → aussi **varappe.**
► **alpiniste** n. m. et f. Personne qui fait de l'alpinisme.

**altercation** n. f. Dispute violente. *Une altercation entre deux automobilistes.*

① **altérer** v. (conjug. 6) Abîmer. → **détériorer.** *Le soleil a altéré les couleurs du papier peint. — Les couleurs se sont altérées.*

② **altérer** v. (conjug. 6) Donner soif. *Cette longue marche nous a altérés.*
▷ DÉSALTÉRANT, DÉSALTÉRER.

**alterner** v. (conjug. 1) Se succéder et revenir toujours dans le même ordre. *Les saisons alternent.*
► **alternance** n. f. Succession de choses qui reviennent toujours dans le même ordre. *L'alternance du jour et de la nuit.*
► **alternatif** adj. *Un mouvement alternatif* va dans un sens puis dans l'autre, avec régularité. — Au fém. *alternative.*
► **alternative** n. f. Situation dans laquelle on se trouve quand on doit choisir entre deux solutions. *L'alternative est claire : soit tu restes ici, soit tu viens avec nous.*
► **alternativement** adv. Tour à tour.

**altesse** n. f. Titre donné aux princes et aux princesses.

**altier** adj. Fier. → **hautain.** *Une attitude altière.*

**altitude** n. f. Hauteur mesurée à partir du niveau de la mer. *L'Everest a 8 848 mètres d'altitude. Mexico est en altitude,* à une altitude élevée.

**alto** n. m. Violon au son grave.
⤜ planche Instruments de musique.

**altruiste** n. m. et f. Personne qui se soucie des autres. || contr. **égoïste** ||.

**aluminium** n. m. Métal léger de couleur gris clair.

**alunir** v. (conjug. 2) Se poser sur la Lune. *Les cosmonautes ont aluni.*
► **alunissage** n. m. *Ce sont les Américains qui ont effectué le premier alunissage.*

**alvéole** n. f. Petite cavité en cire que font les abeilles dans la ruche pour y déposer leurs œufs et leur miel.

alvéole

**amabilité** **n. f.** Qualité de ceux qui sont aimables, qui cherchent à faire plaisir. → **gentillesse.** — *Ils se sont dit des amabilités,* des paroles aimables.

**amadouer** **v.** (conjug. 1) *Amadouer quelqu'un,* c'est l'amener à faire ce que l'on veut en lui disant des paroles gentilles ou en lui donnant des choses qui lui font plaisir.

**amaigri** **adj.** Devenu maigre. *Il a le visage amaigri.*

▸ **amaigrissant** **adj.** *Un régime amaigrissant,* qui fait maigrir.

▸ **amaigrissement** **n. m.** *Une cure d'amaigrissement,* où l'on maigrit.

**amalgame** **n. m.** Mélange de choses qui ne vont pas ensemble.

▸ s'**amalgamer** **v.** (conjug. 1) Se mélanger.

**amande** **n. f.** Fruit ovale à coque très dure dont on mange la graine qui est à l'intérieur. — *Des yeux en amande,* de forme allongée. ◊ homonyme : amende.

▸ **amandier** **n. m.** Arbre dont le fruit est l'amande.

**amanite** **n. f.** Champignon dont certaines espèces sont vénéneuses. ⋙ planche Champignons.

**amant** **n. m.** *Elle a un amant,* elle a des relations sexuelles avec un homme qui n'est pas son mari. → aussi **maîtresse.**

**amarrer** **v.** (conjug. 1) *Amarrer un bateau,* l'attacher avec des amarres.

▸ **amarre** **n. f.** Câble ou cordage servant à attacher un bateau à un point fixe.

**amasser** **v.** (conjug. 1) Entasser peu à peu. *L'avare a amassé des pièces d'or.*

▸ **amas** **n. m.** Tas qui s'est formé petit à petit. *Il y a un amas de poussière sous le lit.*

**amateur** **n. m. 1.** Personne qui aime beaucoup une chose. *Sa mère est un amateur de peinture.* **2.** *Un cycliste amateur* fait des courses cyclistes pour son plaisir sans que ce soit son métier.

**ambassade** **n. f.** Bâtiment où travaillent l'ambassadeur et ses services. *Il est allé demander un visa à l'ambassade.*

▸ **ambassadeur** **n. m.** Personne dont le métier est de représenter son pays dans un pays étranger. *Elle est ambassadeur de France à Rome.* → aussi **consul, diplomate.** — *L'ambassadrice* est la femme de l'ambassadeur.

**ambiance** **n. f.** Atmosphère agréable ou désagréable qu'il y a dans un endroit. *À la fête de l'école, l'ambiance était très gaie. — Il y a de l'ambiance ici,* cette réunion est très animée.

**ambigu** adj. m., **ambiguë** adj. f. *Une réponse ambiguë* peut être comprise de plusieurs façons parce qu'elle a plusieurs sens. → **équivoque.** ‖ contr. **clair** ‖.

▶ **ambiguïté** n. f. *L'ambiguïté de sa réponse,* le manque de netteté. *Il a répondu sans ambiguïté,* clairement, sans équivoque.

**ambitieux** adj. 1. *Une personne ambitieuse,* c'est une personne qui veut devenir quelqu'un d'important. → aussi **ambition.** — N. *Les ambitieux travaillent beaucoup.* 2. *Un projet ambitieux,* c'est un projet difficile à réaliser car il dépasse les possibilités que l'on a.

**ambition** n. f. 1. Désir de réussite. *Elle a de l'ambition.* 2. Souhait, désir profond. → **objectif.** *Son ambition est de s'installer à la campagne.*

**ambre** n. m. *L'ambre jaune,* c'est de la résine d'arbres de l'époque préhistorique qui est devenue dure, jaune et transparente.

ambre

**ambulance** n. f. Voiture aménagée pour transporter les malades et les blessés. *L'ambulance a son gyrophare allumé.*

▶ **ambulancier** n. m., **ambulancière** n. f. Personne qui conduit une ambulance. *L'ambulancier a mis la sirène de l'ambulance.*

**ambulant** adj. *Un marchand ambulant* se déplace d'un endroit à un autre pour vendre sa marchandise. *Les musiciens et les comédiens ambulants jouent dans les rues.*

**âme** n. f. Partie de l'être humain qui pense et qui éprouve des sentiments, par opposition au corps. *Lorsque l'on croit en Dieu, on considère que l'âme est immortelle. — Il a rendu l'âme,* il est mort. *Il lui est dévoué corps et âme,* entièrement. *Elle a pris cette décision en son âme et conscience,* en toute honnêteté.

**améliorer** v. (conjug. 1) Changer quelque chose en mieux. *Il a amélioré son score,* il l'a rendu meilleur. — *Le temps ne s'améliore pas.* ‖ contr. se **gâter** ‖.

▶ **amélioration** n. f. Progrès. ‖ contr. **aggravation** ‖. *Le médecin a constaté une amélioration de l'état du malade,* il a constaté que le malade allait mieux.

**aménager** v. (conjug. 3) Arranger, installer. *On a aménagé le grenier en chambre d'amis.*

▶ **aménagement** n. m. Modification, transformation. *Elle a fait des aménagements dans la maison.*

**amende** n. f. Somme d'argent que l'on paye lorsque l'on n'a pas observé la loi. *Il a eu une amende parce qu'il roulait trop vite.* → **contravention.** ◊ homonyme : amande.

**amener** v. (conjug. 5) 1. Faire venir quelqu'un avec soi. *Il est venu dîner* *hier soir et il a amené son frère.* **2.** Transporter. *Un canal d'irrigation amène l'eau dans les champs.* **3.** Entraîner. *Le vent amène la pluie. Cela risque de t'amener des ennuis.* → **attirer. 4.** *Je vais être amenée à vous punir,* je vais être forcée de le faire.

s'**amenuiser** **v.** (conjug. 1) Devenir plus petit. *Ses chances de survivre s'amenuisent d'heure en heure.* → **diminuer.**

**amer** [amɛʀ] **adj. 1.** *L'écorce de citron et les endives sont amères,* elles ont un goût spécial que certains trouvent désagréable. ‖ contr. **doux** ‖ **2.** Pénible, douloureux. *Cet échec fut pour elle une amère déception.*

► **amèrement** **adv.** Avec tristesse, amertume. *Elle regrette amèrement d'être venue.* ▷ AMERTUME.

**amerrir** **v.** (conjug. 2) Se poser à la surface de l'eau. *L'hydravion a amerri dans l'océan Indien.*

► **amerrissage** **n. m.** *L'hydravion a réussi son amerrissage.*

**amertume** **n. f. 1.** Goût amer. *L'amertume des endives.* **2.** Tristesse causée par la déception. *Elle pense avec amertume à son échec.*

**améthyste** **n. f.** Pierre précieuse de couleur violette. ⤜ planche Minéraux.

**ameublement** **n. m.** *L'ameublement d'une pièce,* l'ensemble des meubles et de la décoration.

**ameuter** **v.** (conjug. 1) Provoquer un attroupement. *Ses cris ont ameuté les passants.*

**ami** **n. m.**, **amie** **n. f.** Personne que l'on aime bien voir, pour qui on a de la sympathie. *Anne est ma meilleure amie. Ce sont des amis d'enfance.* ‖ contr. **ennemi, rival** ‖ ▷ AMICAL, AMICALEMENT, AMITIÉ.

à l'**amiable** **adv.** *Ils ont fait un arrangement à l'amiable,* ils se sont entendus, sans se faire de procès.

**amiante** **n. m.** Matière brillante qui ne prend pas feu. *Les pompiers ont une combinaison d'amiante.*

**amical** **adj.** *Il m'a envoyé une lettre très amicale,* pleine d'amitié. ‖ contr. **haineux, hostile** ‖. — **Au masc. pl.** *amicaux.*

► **amicalement** **adv.** *Il nous a répondu très amicalement,* avec amitié.

**amidon** **n. m.** Matière que l'on trouve dans les plantes sous forme de très petits grains qui donnent une sorte de colle quand on les écrase dans l'eau chaude. *L'amidon qui est dans la farine fait épaissir la sauce.*

**amincir** **v.** (conjug. 2) Faire paraître plus mince. *Cette robe noire l'amincit.* ‖ contr. **grossir** ‖. — *Sa taille s'est amincie,* est devenue plus mince.

► **amincissant** **adj.** *Une robe amincissante* fait paraître plus mince. — *Un régime amincissant* fait maigrir. → **amaigrissant.**

**amiral** **n. m.** [pl. *amiraux*] Officier du plus haut grade dans la marine nationale.

**amitié** **n. f.** Sentiment que l'on a pour quelqu'un que l'on aime beaucoup.

**amnésie** **n. f.** *Depuis son accident, elle souffre d'amnésie,* de pertes de mémoire.

► **amnésique** **adj.** *Elle est amnésique,* elle a oublié tous ses souvenirs.

**amnistie** **n. f.** *Le président de la République a décrété une amnistie,* il a ordonné la suppression des peines et

prison et des amendes pour ceux qui y étaient condamnés.

**amoindrir** **v.** (conjug. 2) Diminuer la force de quelqu'un. *La maladie l'a beaucoup amoindri.*

**s'amollir** **v.** (conjug. 2) Devenir mou. *Le beurre s'amollit sous l'effet de la chaleur.* → **ramollir.** || contr. **durcir** ||.

**s'amonceler** **v.** (conjug. 4) Former un tas. *Les livres s'amoncellent sur la table.* → s'**accumuler,** s'**amasser,** s'**entasser.**

▸ **amoncellement** **n. m.** Accumulation, entassement. *Un amoncellement de nuages dans le ciel.*

**amont** **n. m.** *L'amont,* la partie d'un cours d'eau qui est comprise entre l'endroit où l'on est et la source. || contr. **aval** || *Tours est en amont d'Angers,* plus près de la source de la Loire.

**amorcer** **v.** (conjug. 3) **1.** *Pour attirer le poisson le pêcheur amorce avec un asticot,* il utilise un asticot comme appât. → **appâter.** **2.** *Amorcer une bombe,* mettre dedans un système qui déclenchera l'explosion. **3.** *La voiture amorce son virage,* commence à le prendre.

▸ **amorce** **n. f.** **1.** Ce que l'on jette dans l'eau pour attirer le poisson. → **appât.** *Le pêcheur utilise des asticots comme amorce.* **2.** Dispositif qui déclenche l'explosion. *Il met une amorce sur la grenade.* **3.** Petite rondelle de papier qui contient de la poudre et qui explose. *Un pistolet à amorces.* **4.** Commencement, début. *La rencontre des deux chefs d'État est l'amorce d'un rapprochement entre les pays.* ▷ DÉSAMORCER.

**amorphe** **adj.** Sans énergie, sans réaction. → **mou.** || contr. **dynamique, énergique** ||.

**amortir** **v.** (conjug. 2) Rendre moins violent, moins fort. → **atténuer.** *La moquette amortit le bruit des pas.*

▸ **amortisseur** **n. m.** Système qui permet de diminuer les secousses dans une voiture. → aussi **suspension.**

**amour** **n. m.** **1.** Sentiment très fort que l'on éprouve pour une personne que l'on a beaucoup de plaisir à voir et par qui on est attiré. *Il éprouve de l'amour pour elle,* il est amoureux d'elle, il l'aime. **2.** Sentiment d'affection, de tendresse entre les personnes d'une même famille. *L'amour maternel,* ce qu'éprouve une mère pour ses enfants. **3.** Goût, attachement très fort que l'on a pour quelque chose. *Elle s'occupe de son jardin avec amour,* avec soin.

▸ **amoureux** **adj. 1.** *Flora est amoureuse d'Yves,* elle l'aime. — **N.** *Les amoureux s'embrassent.* **2.** *Ils sont amoureux de la nature,* ils ont un goût profond pour elle.

▸ **amour-propre** **n. m.** Sentiment très vif que l'on a de sa dignité et de sa valeur. → **fierté.** *Elle a beaucoup d'amour-propre.*

**amovible** **adj.** *Une capuche amovible,* qui peut être enlevée et remise.
▷ INAMOVIBLE.

**amphibie** **adj. 1.** *Un véhicule amphibie* peut aller sur terre et dans l'eau. **2.** *Un animal amphibie* peut vivre dans l'air et dans l'eau.

**amphithéâtre** **n. m.** Grand théâtre à gradins en forme de cercle, sans toit, que construisaient les Romains et les Grecs.

**amphore** **n. f.** Vase en terre cuite à deux anses que l'on utilisait dans l'Antiquité.

**ample** **adj.** *Un vêtement ample,* large. || contr. **ajusté, serré, collant** ||.

▸ **amplement** **adv.** *500 francs pour ce voyage, c'est amplement suffisant,* cela suffit largement.

▸ **ampleur** **n. f. 1.** *Donner de l'ampleur à un vêtement,* l'élargir. **2.** *Les pompiers ont constaté l'ampleur des dégâts,* leur importance.

▸ **amplifier** **v.** (conjug. 7) *Amplifier un son,* le rendre plus fort. || contr. **atténuer** || — *Plus on s'approche de la fête, plus le bruit s'amplifie,* augmente.

▸ **amplificateur** **n. m.** Appareil qui sert à rendre un son plus fort. *Il a mis un amplificateur à sa guitare.* — On dit familièrement *un ampli.*

**ampoule** **n. f. 1.** Petite boule de verre qui sert à éclairer. *L'ampoule est grillée, il faut la changer.* **2.** Petit tube de verre rempli d'un médicament liquide. *Une ampoule de fortifiant.* **3.** Petite poche de liquide qui se forme sous la peau. → **cloque.** *J'ai une ampoule au pied.*

**amputer** **v.** (conjug. 1) *Amputer quelqu'un,* c'est lui couper un membre. *On l'a amputé d'un bras.*

▸ **amputation** **n. f.** Opération qui consiste à couper un membre.

**amuser** **v.** (conjug. 1) Distraire agréablement. *Est-ce que cela t'amuserait d'aller au zoo ?* || contr. **ennuyer** || — *Elle s'amuse avec le chien. Elle s'amuse à lancer une balle.*

amphore

▶ **amusant** adj. Drôle, plaisant, réjouissant. *Il raconte des histoires amusantes.* || contr. **ennuyeux** ||.

▶ **amusement** n. m. Distraction. *Son plus grand amusement est de jouer aux cartes.*

▶ **amuse-gueule** n. m. inv. Petit sandwich, biscuit salé que l'on mange pour l'apéritif. — Au pl. *Des amuse-gueule.*

**amygdale** [amidal] n. f. *Les amygdales,* les organes en forme de petites boules situés au fond de la gorge. *Quand les amygdales s'infectent, elles empêchent d'avaler et de respirer.*

**an** n. m. Période de douze mois. → **année.** *Ils sont mariés depuis dix ans. Anne a huit ans. — Le Premier de l'an, on se souhaite une bonne année,* le 1er janvier. On dit aussi *le Jour de l'an.* ◊ homonyme : en. ▷ ANNALES, ANNÉE, ANNIVERSAIRE, ANNUEL, ANNUELLEMENT, d'ANTAN, SURANNÉ.

**anachronisme** n. m. Erreur qui consiste à montrer une chose à une époque où elle n'existe pas. *Une montre au poignet d'un Gaulois, c'est un anachronisme.*

▶ **anachronique** adj. *Un avion piloté par Jeanne d'Arc, ce serait anachronique.*

**anaconda** n. m. Grand boa d'Amérique du Sud qui vit en partie dans l'eau.

anaconda

**anagramme** n. f. Mot que l'on obtient en changeant l'ordre des lettres d'un autre mot. *« Marie » est l'anagramme d'« aimer ».*

**analogie** n. f. Ressemblance, point commun entre deux choses. *Il y a une analogie entre l'âne et le cheval.*

▶ **analogue** adj. Semblable, comparable. *Ces deux livres racontent une histoire analogue.* || contr. **différent** ||.

**analphabète** n. m. et f. Personne adulte qui ne sait ni lire ni écrire.

**analyse** n. f. Recherche des différentes parties qui forment une chose. *Une analyse de sang. — L'analyse d'une phrase,* son découpage en propositions ou en groupes de mots.

▶ **analyser** v. (conjug. 1) Faire une analyse. *Ils ont analysé l'eau du lac.* ▷ PSYCHANALYSE, PSYCHANALYSER, PSYCHANALYSTE.

**ananas** [anana] n. m. Gros fruit à pulpe jaune, sucrée et parfumée, qui pousse dans les pays chauds.

**anarchie** n. f. Désordre dû à l'absence d'autorité.

▶ **anarchiste** n. m. et f. Partisan d'un système politique où il n'y a plus de gouvernement et où les individus s'organisent eux-mêmes pour prendre les décisions.

**anatomie** n. f. Science qui étudie le corps des êtres vivants. *Au cours d'anatomie, on dissèque des organes.*

**ancêtre** n. m. 1. *Les ancêtres de quelqu'un,* ce sont les personnes de sa famille qui vivaient il y a longtemps, avant ses grands-parents. → **aïeul.** 2. *Nos ancêtres,* ce sont les hommes et les femmes qui ont vécu longtemps avant nous.

► **ancestral** adj. *Une coutume ancestrale,* très ancienne, qui vient des ancêtres. — Au masc. pl. *ancestraux.*

**anchois** n. m. Petit poisson que l'on pêche dans la mer Méditerranée. *Des filets d'anchois à l'huile.*

**ancien** adj. 1. Qui existe depuis longtemps. → **vieux.** *Ils ont des meubles anciens.* ‖ contr. **moderne, neuf, récent** ‖ 2. *Notre voisine est plus ancienne que nous dans l'immeuble,* elle y habite depuis plus longtemps. 3. *Son ancienne voiture était rouge,* celle qu'il avait avant. ‖ contr. **nouveau** ‖.

► **anciennement** adv. Autrefois. *La France s'appelait anciennement la Gaule.*

► **ancienneté** n. f. *La maîtresse a dix ans d'ancienneté dans l'enseignement,* cela fait dix ans qu'elle travaille comme professeur.

**ancre** n. f. Lourde pièce d'acier suspendue à une chaîne que l'on jette au fond de l'eau pour qu'elle s'y fixe et retienne le bateau. *Le navire a jeté l'ancre dans le port. Les marins lèvent l'ancre.* ◊ homonyme : encre.

**andouille** n. f. Charcuterie faite d'un morceau d'intestin de porc rempli d'autres morceaux d'intestin.

► **andouillette** n. f. Petite andouille que l'on mange grillée.

**andouiller** n. m. Ramification des bois du cerf, du daim et du chevreuil. *Le nombre d'andouillers permet de connaître l'âge des animaux.*

**âne** n. m. 1. Animal qui ressemble à un petit cheval, avec de longues oreilles et un poil généralement gris. *L'âne brait. — Yves est têtu comme un âne,* très têtu. 2. Personne sotte et ignorante. *Tu n'es qu'un âne !* ▷ ÂNERIE, ÂNESSE, ÂNON, DOS-D'ÂNE.

**anéantir** v. (conjug. 2) 1. *La ville a été anéantie par un tremblement de terre,* elle a été détruite au point qu'il n'en reste rien. 2. *La douleur nous a anéantis,* nous a enlevé notre énergie et notre joie.

► **anéantissement** n. m. Destruction complète. *L'anéantissement d'une ville.*

**anecdote** n. f. Petite histoire curieuse ou amusante, sans importance.

► **anecdotique** adj. *Le récit de son voyage est anecdotique,* il ne raconte que de petites histoires et ne fait pas de descriptions importantes.

**anémie** n. f. Manque de globules rouges dans le sang, qui affaiblit le malade.

► **anémique** adj. *Alex est pâle et fatigué, il doit être anémique,* il doit souffrir d'anémie.

**anémone** n. f. Plante à fleurs rouges, roses, violettes ou blanches avec un cœur noir.

**ânerie** n. f. Bêtise. *Tu dis des âneries.* → **sottise.**

**ânesse** n. f. Femelle de l'âne. *L'ânesse et son ânon.*

**anesthésie** n. f. *L'anesthésie* consiste à faire prendre certains médicaments à quelqu'un qu'on va opérer pour le rendre insensible à la douleur. *Avant d'arracher une dent, le dentiste fait une anesthésie locale,* il insensibilise la dent. *Avant d'opérer un malade, on lui fait une anesthésie générale,* on l'endort complètement.

▶ **anesthésier** v. (conjug. 7) *Anesthésier quelqu'un,* c'est l'endormir pour qu'il ne sente pas la douleur. → **insensibiliser.**

▶ **anesthésiste** n. m. et f. Médecin qui fait les anesthésies.

**anfractuosité** n. f. Creux profond et irrégulier de la roche. → **cavité, creux.**

**ange** n. m. 1. Dans certaines religions, être qui sert d'intermédiaire entre Dieu et les hommes. — *Il a une patience d'ange,* une très grande patience. *Dès qu'elle voit son père, elle est aux anges,* très heureuse. 2. Personne très gentille. *Sois un ange, aide-moi à ouvrir la porte.*

**angélique** adj. Digne d'un ange. *Une patience angélique.*

**angine** n. f. Maladie de la gorge.

**angle** n. m. 1. Figure formée par deux droites qui se coupent. *Les angles se mesurent en degrés.* ⤜ planche Géométrie. 2. Coin. *L'école est à l'angle de la rue Thiers et de la rue Férou.* ▷ RECTANGLE, TRIANGLE.

**angoisse** n. f. Très grande inquiétude. → **anxiété, peur.**

▶ **angoissant** adj. *C'est angoissant de traverser une forêt la nuit,* cela fait peur.

▶ **angoissé** adj. *Flora est angoissée quand elle est seule dans le noir,* elle est inquiète, anxieuse. ‖ contr. **tranquille** ‖.

**angora** adj. *Les chats, les lapins, les chèvres angoras* ont des poils longs et très doux. *Une chatte angora.*

**anguille** n. f. Poisson d'eau douce qui a une forme très allongée comme un serpent et la peau glissante. ⤜ planche Poissons.

**anguleux** adj. *Un visage anguleux* est maigre et osseux. — Au fém. *anguleuse.*

**anicroche** n. f. Petite difficulté. *Tout s'est passé sans anicroche.*

**animal** n. m. [pl. *animaux*] 1. Être vivant capable de se déplacer seul. *L'homme, le lion et la mouche sont des animaux. Les animaux et les végétaux.* 2. Être vivant qui n'est ni une plante ni un être humain. → **bête.** *Le chien est un animal domestique.* — Adj. *Il y a plus d'un million d'espèces animales,* d'espèces de bêtes. → aussi **faune.**

**animer** v. (conjug. 1) 1. Donner un mouvement à une chose qui semble alors vivante. *On anime la marionnette en bougeant les fils.* 2. Diriger une discussion ou un spectacle. *Un journaliste anime le débat télévisé.* 3. Pousser à agir. *L'assassin était animé par la haine.* 4. *S'animer,* devenir vivant. *La rue s'anime les jours de marché.*

▶ **animateur** n. m., **animatrice** n. f. 1. Personne qui présente un spectacle, une émission. *Un animateur de télévision.* **2.** Personne qui organise des activités pour un groupe. *Les animateurs d'un club de vacances.*

▶ **animation** **n. f.** Vie, mouvement. *Il y a beaucoup d'animation dans le quartier. Ils discutent avec animation.*

▶ **animé** **adj. 1.** *Les plantes sont des êtres animés,* des êtres vivants. **2.** Plein de vie, de mouvement. *Tout le monde parlait, la discussion était très animée.*

▷ INANIMÉ, RANIMER, RÉANIMATION.

**animosité** **n. f.** Sentiment qui pousse à nuire à quelqu'un, à lui faire du tort. *Il a prononcé des paroles pleines d'animosité.* → **malveillance.**

**anis** [ani ou anis] **n. m.** Plante dont on utilise les graines pour parfumer les bonbons ou les boissons.

**anis**

**ankylosé** **adj.** *Il était ankylosé,* il avait du mal à bouger parce qu'il était resté trop longtemps immobile. → **raide.**

**annales** **n. f. pl.** Histoire des événements de toute une période. *Ce match de tennis restera dans les annales.*

**anneau** **n. m. 1.** Cercle de bois ou de métal qui sert à retenir. *Des anneaux de rideau.* **2.** Petit cercle de métal ou de pierre précieuse que l'on porte au doigt. → **bague.** *Un anneau de jade.* → aussi **alliance. 3.** Chacun des cercles qui forment le corps de certains animaux. *Le ver de terre avance en dépliant ses anneaux.*

**année** **n. f. 1.** Période de douze mois qui commence le 1er janvier et finit le 31 décembre. → **an.** *Bonne année!* **2.** Période de douze mois qui se succèdent à partir de n'importe quelle date. *Il a vécu quelques années à l'étranger.* **3.** *L'année scolaire,* c'est la période qui va de la rentrée aux grandes vacances.

**annexe** **n. f.** Bâtiment supplémentaire construit à côté du bâtiment principal. *L'hôtel était plein, ils ont couché à l'annexe.* — **Adj.** *Voici un peu d'argent pour les dépenses annexes,* qui vont s'ajouter aux dépenses principales.

▶ **annexer** **v.** (conjug. 1) Faire passer sous son autorité. *La France a annexé la Savoie en 1860.*

▶ **annexion** **n. f.** Rattachement. *Depuis son annexion, la Savoie fait partie de la France.*

**annihiler** **v.** (conjug. 1) Réduire à rien. → **anéantir, détruire.** *Un événement inattendu a annihilé tous nos efforts.*

**anniversaire** **n. m.** Jour où l'on fête un événement qui s'est produit le même jour d'une autre année. *Ils célèbrent leur cinquantième anniversaire de mariage. Demain, c'est mon anniversaire,* l'anniversaire de ma naissance.

**annoncer** **v.** (conjug. 3) **1.** Apprendre, faire savoir. *Il m'a annoncé son arrivée.* **2.** Être le signe de quelque chose qui va arriver. *Les hirondelles annoncent le printemps. — Ce voyage s'annonce bien,* il commence bien.

▶ **annonce** **n. f. 1.** Nouvelle. *Ils ont applaudi à l'annonce de son succès.* **2.** Texte que l'on fait publier dans un journal pour demander ou offrir quelque chose. *Il a passé une annonce pour vendre sa voiture.*

**annoter** **v.** (conjug. 1) *Annoter un texte,* écrire des remarques en marge.

▶ **annotation** **n. f.** Remarque.

**annuaire** **n. m.** Livre publié tous les ans et qui contient des renseignements divers. *L'annuaire du téléphone.*

**annuel** **adj.** Qui a lieu tous les ans, revient chaque année. *Une fête annuelle.*

▶ **annuellement** **adv.** Chaque année.

**annulaire** **n. m.** Quatrième doigt de la main à partir du pouce. *Il porte son alliance à l'annulaire gauche.*

**annuler** **v.** (conjug. 1) **1.** Déclarer ou rendre nul. *On a annulé les élections.* **2.** Supprimer. *Ils ont annulé leur voyage.*

▶ **annulation** **n. f.** *L'annulation d'un rendez-vous.*

**anoblir** **v.** (conjug. 2) Donner un titre de noblesse. *Le roi a anobli son écuyer.*

**anodin** **adj.** Sans danger ou sans importance. *Une blessure anodine.* || contr. **grave** ||.

**anomalie** **n. f.** Chose anormale. → **bizarrerie.**

**ânon** **n. m.** Petit de l'âne et de l'ânesse.

**ânonner** **v.** (conjug. 1) Lire, parler ou réciter d'une manière hésitante.

**anonyme** **adj.** *La personne est restée anonyme,* elle n'a pas fait connaître son nom.

▶ **anonymat** **n. m.** *Il veut garder l'anonymat,* il souhaite que l'on ne sache pas son nom. → aussi **incognito.**

**anorak** **n. m.** Veste imperméable très chaude, à capuchon, resserrée aux hanches et aux poignets.

**anormal** **adj. 1.** *Des bruits anormaux* sont différents de ceux que l'on entend d'habitude. → **bizarre, inhabituel.** **2.** *Un enfant anormal,* c'est un enfant dont le corps ou l'esprit ne sont pas comme ils devraient être, à son âge. → **arriéré.** || contr. **normal** ||.

**anse** **n. f. 1.** Partie recourbée d'un ustensile qui permet de le saisir. *L'anse d'une tasse.* **2.** Renfoncement du rivage, de forme arrondie. → **baie, crique.**

**antagonisme** **n. m.** Opposition qui existe entre des personnes ou des idées différentes. → **conflit, rivalité.**

**d'antan** **adv.** D'autrefois, du passé. *Nos souvenirs d'antan.*

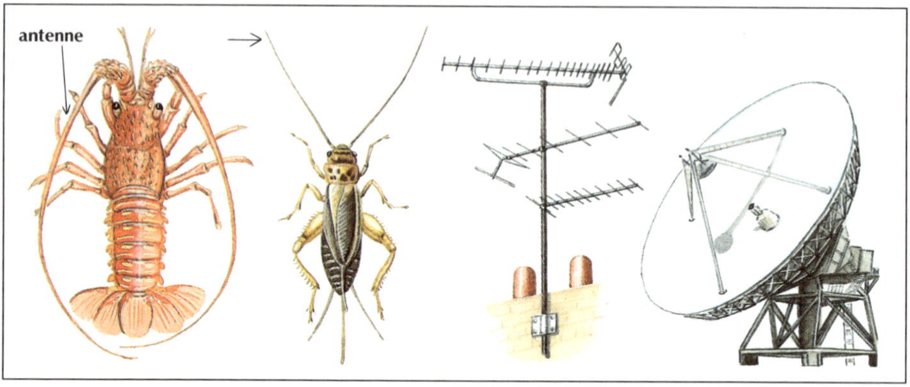


**antarctique** adj. *La région antarctique,* située autour du pôle Sud. → **austral** et aussi **arctique.**

**antécédent** n. m. 1. Mot représenté par le pronom relatif qui le reprend. *Dans « Le train qui va à Lyon part à 5 heures », « train » est l'antécédent du pronom relatif « qui ».* 2. *Les antécédents d'un accusé,* ce sont ses actes passés bons ou mauvais.

**antenne** n. f. 1. Longue tige très mobile que portent certains insectes et crustacés à l'avant de la tête. *Les antennes servent à toucher et à sentir.* 2. Dispositif qui capte les ondes. *Une antenne de radio. Une antenne de télévision.*

**antérieur** adj. 1. Qui s'est passé avant. *Cette invention est antérieure à l'année de ta naissance.* || contr. **postérieur** || 2. *Les pattes antérieures du chat,* ses pattes de devant. || contr. **postérieur** ||.

**anthologie** n. f. Livre qui contient les plus beaux textes en prose ou les plus beaux poèmes écrits dans une langue. — On dit aussi *morceaux choisis.*

**anthracite** n. m. Charbon qui brûle lentement en dégageant beaucoup de chaleur. — Adj. inv. Gris foncé. *Des pantalons anthracite.*

**anthropophage** adj. Qui mange de la chair humaine. *Une tribu anthropophage.* — N. *Un anthropophage, une anthropophage.*

**antibiotique** n. m. Médicament puissant qui lutte contre les infections. *La pénicilline est l'antibiotique le plus connu.*

**antichambre** n. f. Pièce où l'on fait attendre les visiteurs, dans certains bureaux.

**anticiper** v. (conjug. 1) Faire comme si ce qui devait arriver s'était déjà produit. *Je sais que le film se termine bien, mais n'anticipons pas !*

► **anticipation** n. f. *Un film, un roman d'anticipation,* dont l'action se passe dans le futur. → **science-fiction.**

**anticonformiste** adj. *Une personne anticonformiste,* qui s'oppose aux actions et aux idées habituelles.

**anticyclone** **n. m.** Centre de hautes pressions atmosphériques, cause de beau temps. *L'anticyclone des Açores.*

**antidote** **n. m.** Contrepoison.

**antigel** **n. m.** Produit qui empêche l'eau de geler. *Il a mis de l'antigel dans le radiateur de sa voiture.*

**antilope** **n. f.** Animal d'Afrique aux cornes creuses et aux longues pattes fines qui court très vite. *Un troupeau d'antilopes.* → aussi **gazelle.**

**antimite** **n. m.** Produit qui protège le linge, les vêtements contre les mites.

**antipathie** **n. f.** Dégoût que l'on ressent pour une personne qui ne nous plaît pas. ‖ contr. **sympathie** ‖ *Anne a de l'antipathie pour Luc.*

▶ **antipathique** **adj.** *Anne trouve Luc antipathique,* Luc lui déplaît. ‖ contr. **sympathique** ‖.

**antipodes** **n. m. pl.** *La Nouvelle-Zélande est aux antipodes de la France,* elle est située exactement à l'opposé sur le globe terrestre. — *Son caractère est aux antipodes de celui de sa sœur,* il est très différent.

**antipoison** **adj.** *Un centre antipoison* est un centre où l'on soigne les gens qui ont avalé du poison.

**antique** **adj.** Qui appartient aux plus anciennes civilisations. *Les ruines antiques du Forum, à Rome.*

▶ **antiquaire** **n. m.** et **f.** Marchand de meubles et d'objets anciens.

▶ **antiquité** **n. f. 1.** *L'Antiquité,* l'époque des civilisations les plus anciennes. **2.** *Une antiquité,* c'est un objet ancien qui a de la valeur. *Un marchand d'antiquités.* → **antiquaire.**

**antisémite** **n. m.** et **f.** Personne hostile aux Juifs. — **Adj.** *Des paroles antisémites,* ce sont des paroles racistes dites contre les Juifs.

▶ **antisémitisme** **n. m.** Racisme contre les Juifs.

**antiseptique** **n. m.** Produit qui tue les microbes. → **désinfectant.** *L'alcool et l'éther sont des antiseptiques.*

**antitétanique** **adj.** Qui protège du tétanos. *On lui a fait un vaccin antitétanique.*

**antivol** **n. m.** Objet qui empêche que l'on vole un véhicule. *Il a accroché un antivol à son vélo.*

**antre** **n. m.** Caverne qui sert d'abri à une bête sauvage. *L'antre d'un ours.*

**anus** [anys] **n. m.** Petite ouverture entre les fesses, correspondant à la sortie de l'intestin.

**anxiété** **n. f.** Très grande inquiétude. → **angoisse.** *On les attendait dans l'anxiété ; allaient-ils revenir ?* ‖ contr. **calme, sérénité** ‖.

**anxieux** **adj.** Très inquiet. → **angoissé.** *Yves est en retard, sa mère est anxieuse.*

**aorte** **n. f.** Artère qui part du cœur et donne naissance aux autres artères.

**août** [u ou ut] **n. m.** Huitième mois de l'année, qui a 31 jours.

**apaiser** **v.** (conjug. 1) Calmer. *Ce médicament apaise la douleur. Elle a apaisé son bébé qui pleurait en le berçant.* — *La tempête s'est apaisée.*

▶ **apaisant** **adj.** *Des paroles apaisantes,* qui calment, qui tranquillisent.

▶ **apaisement** **n. m.** Retour au calme.

en **aparté** adv. *Il m'a parlé de ses projets en aparté,* sans que personne ne l'entende.

**apartheid** [apaʀtɛd] n. m. Séparation des Noirs d'avec les Blancs (dans les écoles, les magasins, les transports) organisée par le gouvernement en Afrique du Sud. *L'apartheid a été supprimé en 1991.*

**apathique** adj. Qui manque d'énergie. → **mou, indolent.** || contr. **vif** ||.

**apatride** adj. *Des réfugiés apatrides,* qui n'ont pas de patrie.

**apercevoir** v. (conjug. 28) **1.** Commencer à voir. *On aperçoit la côte au loin.* **2.** *S'apercevoir,* c'est se rendre compte. → **remarquer.** *Il s'est aperçu qu'il avait perdu ses gants. Elle ne s'est aperçue de rien.*

▶ **aperçu** n. m. Connaissance rapide. → **idée.** *Cet exposé vous a donné un aperçu de la situation.*

**apéritif** n. m. Boisson souvent alcoolisée que l'on sert avant le repas. *Elle vient prendre l'apéritif à la maison.*

**apesanteur** n. f. Absence de pesanteur. *Dans la fusée, le cosmonaute est en état d'apesanteur.*

**à peu près** → **près**

**apeuré** adj. Pris de peur. → **effrayé.** *Les antilopes apeurées ont pris la fuite.*

**aphone** adj. *Une personne aphone* a une extinction de voix.

**aphte** n. m. Petite plaie dans la bouche.

**à-pic** n. m. inv. Pente très raide, verticale. — Au pl. *Des à-pic.*

**apiculteur** n. m., **apicultrice** n. f. Personne qui élève des abeilles.

**apiculture** n. f. Élevage des abeilles servant à la production du miel et de la cire.

**apitoyer** v. (conjug. 8) Faire éprouver de la pitié. → **attendrir.** *Elle cherche à apitoyer son père en pleurant. — Ils se sont apitoyés sur le sort des réfugiés.*

▶ **apitoiement** n. m. Compassion. → **pitié.**

**aplanir** v. (conjug. 2) **1.** Rendre uni, plan. → **égaliser.** *Le court de tennis a été aplani au rouleau.* **2.** *Aplanir une difficulté,* c'est la faire disparaître.

**aplatir** v. (conjug. 2) Rendre plat. *Le boucher a aplati les escalopes.*

**aplomb** n. m. **1.** *D'aplomb,* en équilibre stable. *Il se tient bien d'aplomb sur ses jambes.* **2.** Grande confiance en soi, même si l'on a tort. *Il ment avec aplomb.*

**apocalypse** n. f. Catastrophe qui fait penser à la fin du monde. *C'était une vision d'apocalypse,* de fin du monde.

▶ **apocalyptique** adj. Effrayant, terrifiant. *Ils ont fait une description apocalyptique de l'accident.*

**apogée** n. m. Le point le plus élevé, le plus haut degré. *Il est à l'apogée de sa carrière.* → **sommet.**

**a posteriori** adv. Après avoir fait l'expérience. || contr. **a priori** || *Je pensais qu'il avait raison, mais j'ai constaté a posteriori qu'il avait tort.*

**apostolat** n. m. Travail qui demande beaucoup de dévouement. *Le métier d'infirmière est un véritable apostolat.*

① **apostrophe** n. f. Parole brusque, impolie, que l'on adresse à quelqu'un. *Les automobilistes se lançaient des apostrophes.*

▶ **apostropher** v. (conjug. 1) Adresser la parole à quelqu'un brusquement, sans politesse. → **interpeller.** *Le piéton a apostrophé l'automobiliste.*

② **apostrophe** n. f. Signe en forme de virgule, placé à droite et en haut d'une consonne, qui marque l'élision d'une voyelle. *Dans « l'arc », il y a une apostrophe entre le* **l** *et le* **a.**

**apothéose** n. f. Moment le plus réussi, le plus beau. *La fête s'est terminée en apothéose avec le feu d'artifice.*

**apothicaire** n. m. *Des comptes d'apothicaire,* longs et compliqués.

**apôtre** n. m. 1. *Les douze apôtres,* les disciples de Jésus. 2. *Gandhi était l'apôtre de la non-violence,* il l'enseignait et la défendait.

**apparaître** v. (conjug. 57) 1. Se montrer tout à coup. → **surgir.** || contr. **disparaître** || *Le clocher apparut au détour du chemin.* 2. Commencer à exister. *Le téléphone est apparu à la fin du 19^e^ siècle.* 3. Sembler, paraître. *Cette affaire apparaît très compliquée.*

**appareil** n. m. 1. Machine qui sert à faire un travail. *Un aspirateur est un appareil ménager. On lui a offert un appareil photo. — Un appareil dentaire* sert à redresser les dents. 2. *Qui est à l'appareil ?* au téléphone. 3. Avion. *L'appareil vient d'atterrir.* 4. Ensemble des organes du corps qui remplissent la même fonction. *L'appareil respiratoire.*

① **appareillage** n. m. Ensemble d'appareils. *L'appareillage électrique d'une cuisine.*

**appareiller** v. (conjug. 1) *Le cargo appareille,* il lève l'ancre, il se prépare à partir.

▶ ② **appareillage** n. m. *Les matelots se préparent à l'appareillage.*

**apparent** adj. 1. Qui se voit clairement. → **visible.** *Une cicatrice très apparente.* 2. *Sous un calme apparent, c'est un grand nerveux,* il a l'air calme, mais en réalité, il est très nerveux.

▶ **apparemment** adv. D'après ce que l'on peut voir. *Apparemment, il est sorti.*

▶ **apparence** n. f. 1. Aspect extérieur. *La maison a belle apparence.* 2. Ce que l'on voit et qui est différent de la réalité. *Il ne faut pas se fier aux apparences !*

**apparenté** adj. De la même famille. *Ces deux personnes sont apparentées.*

**apparition** n. f. 1. *Le soleil a fait son apparition à 6 heures,* il s'est montré tout à coup. 2. *Avoir une apparition,* voir quelqu'un ou quelque chose invisible en temps normal. ▷ RÉAPPARITION.

**appartement** **n. m.** Habitation comprenant plusieurs pièces dans un immeuble.

**appartenir** **v.** (conjug. 22) **1.** *Ce livre appartient à Flora,* il est à elle. **2.** *Le chat appartient à la même famille que le lion,* il en fait partie.
▶ **appartenance** **n. f.** *Elle ne paie pas l'entrée en raison de son appartenance au club,* parce qu'elle fait partie du club.

**appât** **n. m. 1.** Nourriture servant à attirer un animal pour l'attraper. *Le pêcheur accroche un appât à l'hameçon.* → **amorce. 2.** *L'appât du gain,* c'est l'envie de gagner beaucoup d'argent.
▶ **appâter** **v.** (conjug. 1) **1.** *Appâter un animal,* c'est l'attirer avec un appât. **2.** *Appâter quelqu'un,* l'attirer en lui promettant quelque chose. → **allécher.** *Il s'est laissé appâter par de belles promesses.*

**appauvrir** **v.** (conjug. 2) Rendre pauvre. → **ruiner.** *La guerre a appauvri le pays.* ‖ contr. **enrichir** ‖.

**appeau** **n. m.** Sifflet avec lequel on imite le cri des oiseaux pour les attirer dans un piège. *Le chasseur utilise des appeaux.*

appeau

**appeler** **v.** (conjug. 4) **1.** Dire quelque chose à quelqu'un ou faire un geste pour le faire venir. → **héler, interpeller.** *Yves appelle Luc.* **2.** Téléphoner. *Je vous appellerai demain.* **3.** Donner un nom. → **nommer.** *Elle a appelé son chat Tibère. — Comment s'appelle cette fleur ?*
▶ **appel** **n. m. 1.** *Le navire en détresse a lancé un appel au secours,* il a appelé au secours. **2.** *Il y a eu deux appels pour toi,* deux coups de téléphone. **3.** *La maîtresse fait l'appel,* elle appelle un par un les élèves de la classe pour savoir s'ils sont présents. **4.** *Faire appel à quelqu'un,* c'est lui demander une aide, un service.
▶ **appellation** **n. f.** Nom que l'on donne à une chose. *Un objet peut avoir des appellations différentes selon les régions.* ▷ RAPPEL, RAPPELER.

**appendice** **n. m.** Petit prolongement du gros intestin.
▶ **appendicite** **n. f.** Maladie due à une inflammation de l'appendice.

**appentis** **n. m.** Petit bâtiment avec un toit à une seule pente, adossé à un mur.

s'**appesantir** **v.** (conjug. 2) *S'appesantir sur un sujet,* c'est en parler trop longuement, insister dessus.

**appétit** **n. m.** Envie de manger. *Il a bon appétit. Cela m'a coupé l'appétit.*
▶ **appétissant** **adj.** *Cette tarte est appétissante,* elle donne envie de la manger.

**applaudir** **v.** (conjug. 2) Taper dans ses mains pour montrer que l'on est content. *Les spectateurs applaudissent et crient « bravo ! ».*
▶ **applaudissement** **n. m.** Battement des mains.

**appliquer** **v.** (conjug. 1) **1.** Mettre une chose sur une autre de façon à la recouvrir. *Il applique une couche de peinture sur le mur.* → **étendre.** **2.** *Le gendarme applique le règlement,* il le met en pratique. **3.** *S'appliquer,* c'est travailler avec soin.

▸ **application** **n. f.** **1.** *Laissez sécher le vernis après l'application,* après l'avoir appliqué. **2.** *Elle a mis son idée en application,* en pratique. **3.** *Flora travaille avec application,* en s'appliquant. → **soin.**

**appoint** **n. m.** **1.** *Faire l'appoint,* donner la somme exacte en petite monnaie. **2.** *Ce radiateur électrique sert de chauffage d'appoint,* de chauffage supplémentaire.

**appointements** **n. m. pl.** Argent que gagne régulièrement un employé. → **salaire.**

**apporter** **v.** (conjug. 1) **1.** *Apporter quelque chose à quelqu'un,* c'est porter quelque chose dans le lieu où se trouve quelqu'un et le lui donner. *Yves a apporté des fleurs à sa mère.* **2.** *Luc apporte beaucoup de soin à son travail,* il y met beaucoup de soin. **3.** *Cette découverte a apporté de grands changements dans la vie de tous les jours,* elle en a été la cause. → **entraîner, produire.**

▸ **apport** **n. m.** Contribution. *Les travaux de Pasteur sont un apport considérable pour la médecine.*

**apposer** **v.** (conjug. 1) *Il a apposé sa signature au bas de la lettre,* il a signé.

**apposition** **n. f.** *Dans « Vénus, l'étoile du berger », le groupe de mots « l'étoile du berger » est en apposition à « Vénus »,* placé à côté pour en préciser le sens.

**apprécier** **v.** (conjug. 7) **1.** Aimer, trouver bien. *Il n'a pas apprécié la plaisanterie.* **2.** Déterminer. *Pour freiner à temps, l'automobiliste doit apprécier les distances.* → **évaluer.**

▸ **appréciable** **adj.** Intéressant, précieux. *Avoir un grand jardin en ville, c'est appréciable.*

▸ **appréciation** **n. f.** Observation, remarque. *La maîtresse écrit ses appréciations en marge sur les cahiers.*

▷ INAPPRÉCIABLE.

**appréhender** **v.** (conjug. 1) **1.** *La police a appréhendé le malfaiteur,* elle l'a arrêté. **2.** *Yves appréhende cet examen,* il s'en inquiète à l'avance. → **redouter.**

**appréhension** **n. f.** Crainte que l'on éprouve à l'avance. *Elle a un peu d'appréhension avant son examen.* → **anxiété.**

**apprendre** **v.** (conjug. 58) **1.** Faire savoir. → **annoncer.** *Il nous a appris ton arrivée.* **2.** Enseigner. *Le moniteur nous apprend à faire du ski.* **3.** Être informé de quelque chose. *J'ai appris la nouvelle par la radio.* **4.** S'exercer à savoir. *Julie apprend l'anglais.*

**apprenti** **n. m.,** **apprentie** **n. f.** Personne qui apprend un métier en travaillant chez un artisan ou un commerçant. *Elle travaille comme apprentie chez un coiffeur.*

▸ **apprentissage** **n. m.** *Elle est en apprentissage chez un coiffeur,* elle est apprentie.

s'**apprêter** **v.** (conjug. 1) *Il s'apprêtait à partir quand le téléphone a sonné,* il se préparait à partir. → se **disposer.**

**apprivoiser** **v.** (conjug. 1) *Alex a apprivoisé un écureuil,* il l'a habitué à vivre en compagnie des hommes. → **domestiquer.**

▸ **apprivoisé** **adj.** *Un animal apprivoisé.* || contr. **sauvage** ||.

**approbateur** adj. *Un sourire approbateur,* qui montre que l'on est d'accord. ▷ DÉSAPPROBATEUR.

**approbation** n. f. Accord, consentement. *Ils ont donné leur approbation au projet du maire.* ▷ DÉSAPPROBATION.

**approcher** v. (conjug. 1) **1.** Mettre plus près. *Approche ta chaise de la table.* → **rapprocher.** ‖ contr. **éloigner** ‖ **2.** Être sur le point d'arriver. *L'heure du départ approche,* elle est proche. **3.** *Tu approches du but,* tu es tout près.

▸ s'**approcher** v. *Ne t'approche pas du lion,* ne va pas trop près de lui.

▸ **approchant** adj. *Il s'appelle Dulac ou quelque chose d'approchant,* de ressemblant, de comparable.

▸ **approche** n. f. *Flora est tout excitée à l'approche des vacances,* quand les vacances approchent.

**approfondir** v. (conjug. 2) **1.** Creuser plus profond. *On a approfondi le canal.* **2.** Étudier plus à fond. *Il faut approfondir les recherches.*

**approprié** adj. *Pour réparer sa moto Alex a les outils appropriés,* qui conviennent à ce travail. → **adéquat.**

s'**approprier** v. (conjug. 7) *Julie s'est approprié la valise de sa mère,* elle l'a prise pour elle.

**approuver** v. (conjug. 1) Être d'accord avec quelqu'un ou avec ce qu'il fait. *J'approuve ta décision. Je t'approuve d'avoir décidé de partir.* ▷ DÉSAPPROUVER.

**approvisionner** v. (conjug. 1) Fournir les provisions nécessaires. *La centrale nucléaire approvisionne la région en électricité. — À l'escale, l'avion s'approvisionne en carburant.*

▸ **approvisionné** adj. *Un compte en banque approvisionné,* sur lequel il y a de l'argent.

▸ **approvisionnement** n. m. Achat des provisions nécessaires. → **ravitaillement.**

**approximatif** adj. *Une date approximative,* qui n'est pas précise. ‖ contr. **exact, précis** ‖.

▸ **approximativement** adv. À peu près, environ. *Ce livre coûte approximativement 50 francs.* ‖ contr. **exactement** ‖.

**approximation** n. f. Chiffre qui correspond à peu près au chiffre réel. → **estimation, évaluation.**

**appui** n. m. **1.** Objet qui sert à soutenir. *Sa canne lui sert d'appui pour marcher.* **2.** Aide. *J'ai besoin de ton appui pour réussir.* → **soutien. 3.** *Il a démontré son innocence preuves à l'appui,* avec des preuves qui confirmaient ce qu'il disait.

▸ **appui-tête** n. m. Coussin fixé au sommet du dossier des sièges d'une voiture, où l'on appuie sa tête. — **Au pl.** *Des appuis-tête.*

**appuyer** v. (conjug. 8) **1.** Placer une chose contre une autre qui la soutient. *Il appuie l'échelle contre le mur. — Appuyez-vous sur mon bras.* **2.** Presser. *Appuie sur le bouton.* **3.** Apporter son aide. *Je vous appuierai auprès du directeur.* → **soutenir. 4.** Insister. *Il a beaucoup appuyé sur l'importance de ce problème.* ▷ APPUI, APPUI-TÊTE.

**âpre** adj. **1.** *Ces fruits sont âpres,* ils ont un goût désagréable, ils raclent la langue. **2.** *Ils ont eu une âpre discussion,* dure, pénible.

**après** **prép.** et **adv.** **1.** *Le printemps vient après l'hiver,* à la suite de l'hiver. || contr. ① **avant** || — *Cela s'est passé deux ans après.* **2.** *Prenez la première rue à gauche après le feu rouge,* plus loin que le feu rouge. **3.** *Le chat court après la souris,* derrière la souris. **4.** *Après tout,* en définitive, finalement. *Après tout, cela ne me regarde pas.* **5.** *D'après,* selon, suivant. *Il a peint son portrait d'après une photo. D'après la météo, il fera beau demain.*

▶ **après-demain** **adv.** Le jour qui suivra demain. → aussi **surlendemain.**

▶ **après-midi** **n. m.** ou **f. inv.** Partie de la journée qui va de midi jusqu'au soir. *Un* ou *une après-midi.* — **Au pl.** *Des après-midi.*

**a priori** **adv.** Au premier abord, avant d'avoir pu vérifier. || contr. **a posteriori** || *A priori, l'idée était bonne.*

**à-propos** **n. m.** *Elle a réagi avec à-propos,* au bon moment et comme il faut.

**apte** **adj.** Capable de faire une chose. *Il a été déclaré apte au service militaire.* || contr. **inapte** ||

▶ **aptitude** **n. f.** Don que l'on a pour faire quelque chose sans l'avoir appris. *Elle a des aptitudes pour le dessin.* ▷ ADAPTATION, ADAPTER, INADAPTÉ, INAPTE, INAPTITUDE, se RÉADAPTER.

**aquarelle** **n. f.** Peinture à l'eau sur papier, donnant des couleurs claires. *Elle fait de l'aquarelle.* — *J'ai mis une aquarelle dans ma chambre,* un tableau peint à l'aquarelle.

**aquarium** [akwaʀjɔm] **n. m.** Récipient en verre que l'on remplit d'eau pour y faire vivre des poissons. — **Au pl.** *Des aquariums.*

**aquatique** **adj.** *Les plantes aquatiques* poussent dans l'eau ou au bord de l'eau.

**aqueduc** **n. m.** Canal qui conduit l'eau d'un endroit à un autre. → aussi **gazoduc, oléoduc, pipeline.**

**arabesque** **n. f.** Ligne sinueuse qui s'enroule avec grâce. *La queue du cerf-volant décrit des arabesques dans le ciel.*

**arachide** **n. f.** Graine d'une plante tropicale dont on extrait de l'huile ou que l'on mange grillée. → **cacahuète.**

**araignée** **n. f.** Animal à huit pattes qui fabrique une toile et sécrète un venin afin d'immobiliser les insectes dont il se nourrit. *Une toile d'araignée.*

**arbalète** **n. f.** Arme du Moyen Âge composée d'un arc fixé à un manche de bois sur lequel se trouve un mécanisme qui permet de tendre la corde.

**arbitraire** **adj.** *Une décision arbitraire* n'est pas prise pour une raison profonde mais dépend de la seule volonté, du caprice de celui qui décide.

**arbitre** **n. m.** **1.** Personne qui fait respecter les règles du jeu dans un match, une compétition sportive. *L'arbitre a sifflé la fin de la première mi-temps.* **2.** Personne qui détermine qui a tort et qui a raison. *Ils ont pris Yves comme arbitre pour les départager.*

▶ **arbitrer** **v.** (conjug. 1) **1.** *Arbitrer un match de boxe,* c'est contrôler qu'il se déroule dans les règles. **2.** *Arbitrer une dispute,* c'est déterminer qui a tort et qui a raison.

▶ **arbitrage** **n. m.** **1.** Jugement de l'arbitre. *Une erreur d'arbitrage.* **2.** *Ils* *se sont soumis à l'arbitrage de leur frère,* à sa décision.

**arborer** **v.** (conjug. 1) Porter sur soi quelque chose avec le désir d'être regardé. *Elle arborait sa nouvelle robe avec fierté.*

**arborescent** **adj.** En forme d'arbre, avec des ramifications. *Une fougère arborescente.*

**arboriculture** **n. f.** Culture des arbres fruitiers ou d'ornement.

**arbre** **n. m. 1.** Plante de grande taille dont la tige porte des branches à partir d'une certaine hauteur. *Un arbre a des racines, un tronc, des branches et des feuilles.* **2.** *Il a fait l'arbre généalogique de sa famille,* le schéma montrant les liens de parenté entre les membres de toute sa famille. **3.** Tige de métal qui transmet un mouvement en tournant sur elle-même. *L'arbre de transmission d'une voiture.*

► **arbrisseau** **n. m.** Petit arbre. *Le lilas et le sureau sont des arbrisseaux.*

► **arbuste** **n. m.** Petit arbrisseau.

**arc** **n. m. 1.** Arme formée d'une tige souple que l'on courbe au moyen d'une corde attachée aux deux extrémités pour lancer des flèches. *Les Indiens tiraient des flèches avec leurs arcs. Le tir à l'arc est aujourd'hui un sport.* **2.** Portion de cercle. *Un arc de 90° égale un quart de cercle.* **3.** Courbure d'une voûte. *Les arcs des cathédrales gothiques sont en ogive.* **4.** *Un arc de triomphe,* c'est un monument percé d'une ouverture en forme d'arc.

► **arcade** **n. f. 1.** Galerie couverte le long d'une rue, dont les ouvertures sont en forme d'arc. *Il se sont promenés sous les arcades.* **2.** *L'arcade sourcilière,* c'est la partie du visage en forme d'arc, au-dessus de l'œil, où se trouve le sourcil.

► **arc-boutant** **n. m.** Construction en forme d'arc qui soutient de l'extérieur une voûte, un mur. — **Au pl.** *Des arcs-boutants.*

arc-boutant

► s'**arc-bouter** **v.** (conjug. 1) *Il s'arc-bouta contre la porte,* il s'appuya contre elle en prenant appui sur ses pieds pour pousser.

► **arc-en-ciel** **n. m.** Arc multicolore qui apparaît dans le ciel quand le soleil rencontre des gouttes de pluie. — **Au pl.** *Des arcs-en-ciel.* ▷ ARQUÉ.

**archaïque** [aʀkaik] **adj.** Qui ne s'utilise plus dans le monde moderne. *Des outils archaïques.* || contr. **moderne** ||.

**arche** **n. f.** Voûte d'un pont qui a une forme d'arc.

**archéologie** [aʀkeɔlɔʒi] **n. f.** Étude des civilisations anciennes d'après les monuments, les objets et les textes qu'elles ont laissés.

► **archéologique** **adj.** *Les fouilles archéologiques,* les recherches que l'on fait dans le sol.

► **archéologue** **n. m.** et **f.** Personne qui s'occupe d'archéologie.

**archer** **n. m.** Tireur à l'arc.

**archet** **n. m.** Baguette avec laquelle le violoniste et le violoncelliste font vibrer les cordes du violon et du violoncelle.

**archevêque** **n. m.** Évêque qui dirige plusieurs diocèses.

**archi...** Préfixe qui signifie *extrêmement, très, au plus haut point* et qui se place devant des adjectifs pour en renforcer le sens (ex. : *une histoire archiconnue*).

**archipel** **n. m.** Groupe d'îles.

**architecte** **n. m.** et **f.** Personne dont le métier est de dessiner les plans des maisons et de diriger les personnes qui les construisent.

▶ **architecture** **n. f.** Art de construire des édifices. *Elle a suivi des études d'architecture.* — *Manière dont est construit un bâtiment. L'architecture de cet immeuble est très moderne.*

**archives** **n. f. pl.** Documents anciens qui sont conservés et classés.

**arctique** **adj.** *La région arctique,* qui se trouve autour du pôle Nord. → **boréal.** ▷ ANTARCTIQUE.

**ardent** **adj. 1.** Très chaud, brûlant. *Au mois d'août, à midi, le soleil est ardent.* **2.** Très vif, très fort. *Il avait un ardent désir de réussir.*

▶ **ardemment** **adv.** Avec force. → **vivement.**

**ardeur** **n. f.** Énergie et entrain. *Elle travaille avec ardeur.*

**ardoise** **n. f. 1.** Pierre gris foncé qui sert à couvrir les toits des maisons. *En Bretagne, beaucoup de maisons ont des toits d'ardoises.* **2.** Tablette faite avec cette pierre. *Les écoliers écrivent parfois sur des ardoises.*

**ardu** **adj.** Très difficile. *Une tâche ardue.* || contr. **aisé, facile** ||.

**are** **n. m.** Unité de mesure de superficie que l'on utilise pour mesurer les terrains. *Un are vaut 100 m².* ◊ homonymes : arrhes, art. ▷ HECTARE.

**arène** **n. f.** Piste de sable qui est au centre d'un amphithéâtre. *Le taureau est entré dans l'arène.* — *Les arènes,* c'est l'amphithéâtre où ont lieu les corridas.

**arête** **n. f. 1.** Petit os mince et pointu du squelette de la plupart des poissons. **2.** Ligne où se rejoignent deux surfaces qui forment un angle. *Un dé a six faces et douze arêtes.*

**argent** **n. m. 1.** Métal précieux blanc et brillant. *Une bague en argent.* **2.** Pièces de monnaie, billets de banque qui servent à payer. *Elle gagne beaucoup d'argent.*

▶ **argenté** **adj. 1.** Recouvert d'une couche d'argent. *Une cuillère en métal argenté.* **2.** Qui a la couleur, l'éclat de l'argent. *Des cheveux blancs aux reflets argentés.*

▶ **argenterie** **n. f.** Vaisselle, couverts en argent.

**argile** **n. f.** Terre molle et grasse qui, imbibée d'eau, devient comme une pâte et sert à fabriquer des poteries et des briques. → **glaise.**

▶ **argileux** **adj.** *Une terre argileuse,* qui contient de l'argile.

**argot** **n. m.** *L'argot* est un ensemble de mots très familiers. *Dans l'argot des lycéens, « un pion » veut dire « un surveillant ».*

# ARBRES

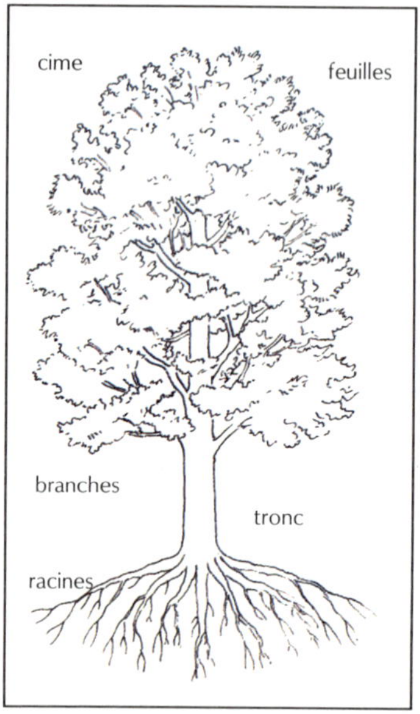

## FEUILLUS

sapin pectiné
pin parasol
mélèze
pin sylvestre
cyprès méditerranéen
pin maritime
pin laricio
épicéa
sapin de Douglas
cèdre

## CONIFÈRES

**argument** **n. m.** Ce que l'on dit pour essayer de prouver quelque chose. → **raison.** *Elle a donné un bon argument pour ne pas sortir.*

▶ **argumentation** **n. f.** Raisonnement. *Son argumentation est convaincante.*

**aride** **adj.** *Une région aride,* très sèche, où il ne pousse aucune plante. || contr. **fertile, humide** ||.

**aristocratie** **n. f.** *L'aristocratie,* c'est l'ensemble des nobles. → **noblesse.**

▶ **aristocrate** **n. m.** et **f.** Personne de l'aristocratie. → **noble.**

▶ **aristocratique** **adj.** Élégant, raffiné. *Il a des manières aristocratiques.*

**arithmétique** **n. f.** Partie des mathématiques qui étudie les nombres. → **calcul.**

**armateur** **n. m.** Personne qui possède des navires de pêche ou de commerce et vit avec l'argent qu'ils rapportent.

**armature** **n. f.** Ensemble de tiges ou de tubes rigides qui servent à soutenir ou à consolider quelque chose. *La tente de camping a une armature métallique.*

**arme** **n. f.** **1.** Instrument qui sert à blesser ou à tuer. *L'assassin braquait son arme sur le policier. — Les rebelles ont pris les armes,* ils se sont préparés au combat. *Les ennemis ont rendu les armes,* ils se sont rendus. **2.** Moyen d'agir contre un adversaire. *La patience est une meilleure arme que la colère.* **3.** *Les armes,* le dessin d'un animal ou d'un objet qui est l'emblème d'une famille ou d'une ville. → aussi **armoiries, blason.** ▷ ARMATEUR, ARMATURE, ARMÉE, ARMEMENT, ARMER, ARMURE, ARMURIER, DÉSARMANT, DÉSARMEMENT, DÉSARMER, GENDARME, se GENDARMER, GENDARMERIE.

**armée** **n. f.** **1.** *L'armée,* l'ensemble des soldats d'un pays. *Il est dans l'armée,* il est militaire. *L'armée de l'air,* l'aviation militaire. *L'armée de terre,* l'infanterie. **2.** *Les armées ennemies ont franchi la frontière,* les troupes assemblées pour combattre. **3.** Grand nombre. *Une armée d'hôtesses guidait les visiteurs.* → **multitude.**

**armer** **v.** (conjug. 1) **1.** Donner des armes. *On a armé les soldats avant le combat.* || contr. **désarmer** || **2.** *Armer un navire,* l'équiper pour qu'il puisse prendre la mer. **3.** *Armer un fusil,* le mettre en position de tir. **4.** *Armer un appareil photo,* remonter le mécanisme de déclenchement pour qu'il soit prêt à fonctionner.

▶ s'**armer** **v.** *S'armer de quelque chose,* le prendre comme arme. *Elle s'est armée d'un balai pour déloger une araignée. — Il faut s'armer de patience car l'attente sera longue,* être prêt à avoir beaucoup de patience.

▶ **armé** **adj.** **1.** Qui porte une arme. *Des hommes armés. Une attaque à main armée,* faite par des hommes armés. → **hold-up.** **2.** *Du béton armé,* garni d'une armature en acier.

▶ **armement** **n. m.** Ensemble des armes d'un soldat, d'un pays. *L'armement nucléaire.*

**armistice** **n. m.** Accord pour cesser les combats conclu entre deux pays en guerre. *Après l'armistice on signe la paix.*

**armoire** **n. f.** Meuble haut et fermé dans lequel on range du linge, des vêtements, des provisions. *Une armoire de toilette.*

**armoiries** **n. f. pl.** Emblème d'une famille noble ou d'une ville. *Les armoiries du duc,* ses armes. → **blason.**

armoiries

**armure** **n. f.** Vêtement fait de plaques de métal que portaient autrefois les guerriers pour se protéger pendant le combat.

**armurier** **n. m.** Personne qui fabrique ou vend des armes.

**aromate** **n. m.** Plante que l'on met dans un plat pour lui donner du goût. *Le thym, le laurier sont des aromates.* → aussi **condiment, épice.**

▶ **aromatique** **adj.** *L'estragon est une plante aromatique,* qui sert d'aromate.

▶ **aromatisé** **adj.** Parfumé. *Des yaourts aromatisés au chocolat.*

**arôme** **n. m.** Odeur agréable qui se dégage d'un aliment, d'une fleur. → **parfum.** *L'arôme du café.* ▷ AROMATE, AROMATIQUE, AROMATISÉ.

**arpenter** **v.** (conjug. 1) Parcourir un lieu de long en large à grands pas. *Il arpente sa chambre en réfléchissant.*

**arqué** **adj.** Courbé en forme d'arc. *Elle a les jambes arquées.*

d'**arrache-pied** **adv.** *Il travaille d'arrache-pied,* avec acharnement et sans s'arrêter.

**arracher** **v.** (conjug. 1) **1.** Enlever, détacher quelque chose en tirant dessus. *Le jardinier arrache les mauvaises herbes. Le dentiste m'a arraché une dent.* **2.** Obtenir avec peine. *La maîtresse a fini par arracher une réponse à Julie.* → **extorquer.** **3.** Faire sortir malgré une résistance. *La sonnerie du réveil l'a brutalement arraché au sommeil.*

▶ **arrachage** **n. m.** *L'arrachage des pommes de terre peut se faire à la machine.*

▶ **arracheur** **n. m.** *Il ment comme un arracheur de dents,* sans en avoir honte (comme les mauvais dentistes qui promettaient de ne pas faire mal).
▷ d'ARRACHE-PIED.

**arranger** **v.** (conjug. 3) **1.** Placer une chose comme il faut ou comme l'on préfère. → **disposer.** *Elle arrange des fleurs dans un vase.* **2.** Remettre en bon état. → **réparer.** *Il faut arranger cette serrure qui ferme mal.* **3.** Être pratique. *Venez plutôt demain, cela m'arrange.* → **convenir.**

▶ s'**arranger** **v. 1.** *Anne s'est arrangée pour être assise au premier rang,* elle a fait ce qu'il fallait pour cela. → se **débrouiller.** **2.** Se mettre d'accord avec quelqu'un. → s'**entendre.** *Elle s'est arrangée avec la voisine pour nourrir le chat.* **3.** *Tout finit par s'arranger,* par aller mieux.

▶ **arrangeant** **adj.** *Une personne arrangeante* comprend les difficultés des autres et essaie de les supprimer. → **accommodant, conciliant.**

▶ **arrangement** **n. m. 1.** Installation. *L'arrangement de cette maison est très* *réussi.* **2.** Accord. *Un arrangement a mis fin à leur dispute.*

**arrestation** **n. f.** Action d'arrêter quelqu'un. *L'arrestation d'un assassin.*

**arrêter** **v.** (conjug. 1) **1.** Faire en sorte qu'une chose ne fonctionne plus. *Il a arrêté sa voiture devant la poste. Arrête la télévision !* **2.** Interrompre ce que l'on était en train de faire. *Flora n'arrête pas de pleurer depuis ce matin.* **3.** Fixer. *Ils ont arrêté la date de la réunion.* **4.** Faire prisonnier. *La police a arrêté le coupable.*

► s'**arrêter** **v. 1.** Faire halte. *Arrêtons-nous ici pour déjeuner.* **2.** Cesser, s'interrompre. *Elle s'est arrêtée de lire.*

► **arrêt** **n. m. 1.** *Il ne faut pas descendre avant l'arrêt du train,* avant qu'il ne s'arrête. **2.** *Un arrêt d'autobus,* c'est un endroit où les autobus s'arrêtent pour laisser descendre et monter les voyageurs. → aussi **abribus. 3.** *Il crie sans arrêt,* sans interruption.

► ① **arrêté** **adj.** *Il a des idées arrêtées sur la question,* qui ne changeront pas. → **définitif.**

② **arrêté** **n. m.** Décision prise par un ministre, un préfet, un maire. *Un arrêté ministériel.*

**arrhes** **n. f. pl.** Partie du prix d'un objet payée à l'avance. *Il a versé des arrhes en commandant sa nouvelle voiture.* → **acompte, avance.** ◊ homonymes : are, art.

**arrière** **n. m., adj. inv.** et **adv. 1. n. m.** Partie qui est derrière. *L'arrière de la voiture est enfoncé.* ‖ contr. ② **avant** ‖ *Yves se met à l'arrière du bateau pour pêcher.* **2. adj. inv.** *Les feux arrière des voitures sont rouges.* **3. adv.** *En arrière,* loin derrière les autres, à la traîne. *Avance, ne reste pas tout seul en arrière !* ▷ ARRIÉRÉ, ARRIÈRE-BOUTIQUE, ARRIÈRE-GARDE, ARRIÈRE-GOÛT, ARRIÈRE-PAYS, ARRIÈRE-PENSÉE, ARRIÈRE-PLAN, ARRIÈRE-SAISON, ARRIÈRE-TRAIN.

**arriéré** **adj. 1.** *Un enfant arriéré* est en retard pour son âge, il n'est pas développé normalement. **2.** *Il a des idées arriérées,* dépassées, qui ne sont pas modernes. ‖ contr. **avancé** ‖.

**arrière-boutique** **n. f.** Pièce située au fond d'un magasin. — **Au pl.** *Des arrière-boutiques.*

**arrière-garde** **n. f.** Troupe de soldats qui marchent derrière une armée pour la protéger. — **Au pl.** *Des arrière-gardes.*

**arrière-goût** **n. m.** *Cette soupe a un arrière-goût,* un goût désagréable qui reste dans la bouche après avoir mangé. — **Au pl.** *Des arrière-goûts.*

**arrière-grand-mère** **n. f.** Mère de la grand-mère ou du grand-père. — **Au pl.** *Des arrière-grand-mères.*

**arrière-grand-père** **n. m.** Père du grand-père ou de la grand-mère. — **Au pl.** *Des arrière-grands-pères.*

**arrière-grands-parents** **n. m. pl.** Parents des grands-parents. *Il a encore tous ses arrière-grands-parents.*

**arrière-pays** **n. m. inv.** Partie d'une région située à plusieurs kilomètres de la côte. *Ils ont une maison dans l'arrière-pays.*

**arrière-pensée** **n. f.** Pensée que l'on cache, que l'on ne dit pas. *Elle avait des arrière-pensées.*

**arrière-plan** **n. m.** *Sur cette photo, au premier plan on voit la maison et à* *l'arrière-plan on aperçoit la mer,* dans la partie de la photo qui est la plus éloignée. — **Au pl.** *Des arrière-plans.*

**arrière-saison** **n. f.** Automne. *Nous avons eu de belles arrière-saisons.*

**arrière-train** **n. m.** *L'arrière-train d'un animal à quatre pattes,* l'arrière de son corps. — **Au pl.** *Des arrière-trains.*

**arriver** **v.** (conjug. 1) **1.** Être dans un endroit après s'être déplacé. *Nous arriverons à Paris demain.* || contr. **partir** || — *Le premier arrivé attend les autres.* **2.** Atteindre un certain niveau. *Anne m'arrive à l'épaule.* **3.** Réussir. *Elle est arrivée à ouvrir la porte.* **4.** Avoir lieu, se produire. *Il lui arrive de se tromper. Cela ne m'est jamais arrivé.*

▶ **arrivage** **n. m.** *Il y a eu un arrivage d'ananas au marché,* une livraison.

▶ **arrivée** **n. f.** *Il attend l'arrivée du train,* que le train arrive. || contr. **départ** ||.

▶ **arriviste** **n. m.** et **f.** Personne qui veut à tout prix réussir dans la vie. *Les arrivistes n'ont aucun scrupule.*

**arrogant** **adj.** *Une personne arrogante* est très fière, méprise les autres et se montre insolente. → **hautain.**

**arrondir** **v.** (conjug. 2) **1.** Rendre rond. *La mer arrondit les galets. — Elle a grossi, son visage s'est arrondi.* **2.** *Arrondir une somme,* c'est donner le chiffre rond, plus grand ou plus petit, le plus proche de cette somme. *J'arrondis 11,8 à 12.*

**arrondissement** **n. m.** *Les départements et certaines grandes villes sont divisés en arrondissements,* en divisions administratives. *Il habite dans le 11e arrondissement, à Paris.*

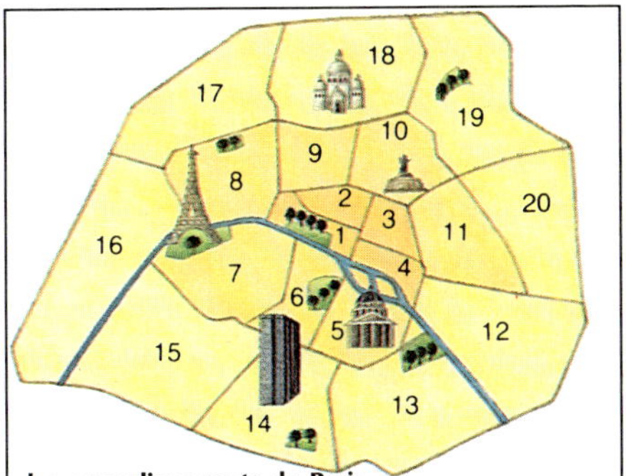

les arrondissements de Paris

**arroser** **v.** (conjug. 1) *Elle arrose les plantes,* elle verse de l'eau dessus.

▶ **arrosage** **n. m.** *Un tuyau d'arrosage* sert à arroser.

▶ **arrosoir** **n. m.** Récipient qui sert à arroser. → aussi **pomme** d'arrosoir.

**arsenal** **n. m.** [pl. *arsenaux*] **1.** Dépôt d'armes et de munitions. **2.** Endroit où l'on construit et répare les navires de guerre.

**arsenic** **n. m.** Poison très violent.

**art** **n. m. 1.** L'*art,* c'est l'ensemble des activités humaines qui consistent à créer de belles choses. *La peinture, la photographie sont des arts. Une œuvre d'art,* un tableau, une sculpture. **2.** *La maîtresse a l'art de se faire obéir par ses élèves sans crier,* elle sait comment faire. → **talent. 3.** *L'art culinaire,* les techniques pour faire la cuisine. ◊ homonymes : are, arrhes. ▷ ARTISTE, ARTISTIQUE, BEAUX-ARTS.

**artère** **n. f. 1.** Vaisseau sanguin dans lequel circule le sang qui part du cœur. → aussi **veine. 2.** Grande rue d'une ville.

► **artériel** **adj.** Des artères. *La tension artérielle.*

**artichaut** **n. m.** Légume dont on ne mange que la base des feuilles et le fond. *Des fonds d'artichauts à la vinaigrette.*

**article** **n. m. 1.** Dans un journal, texte sur un sujet donné. *Il lit un article sur le sida.* **2.** Chacun des paragraphes d'un texte officiel. *Un article de loi.* **3.** Objet en vente dans un magasin. *Cette boutique vend des articles de sport.* **4.** *« Le », « la », « les » sont des articles définis ; « un », « une », « des » sont des articles indéfinis.*

**articuler** **v.** (conjug. 1) **1.** Prononcer distinctement. *Articule mieux, je ne comprends pas ce que tu dis !* **2.** *S'articuler,* former une articulation. *La main s'articule à l'avant-bras.*

► **articulation** **n. f. 1.** Prononciation. **2.** Endroit où s'emboîtent deux os. *Le genou est une articulation.*

► **articulé** **adj.** *Une poupée articulée,* dont on peut faire bouger les jambes, les bras et la tête.

► **articulaire** **adj.** Qui concerne les articulations. *Des rhumatismes articulaires.*

feu d'**artifice** → **feu d'artifice**

**artificiel** **adj.** Fabriqué par l'homme. || contr. **naturel** || *Des fleurs artificielles. Un lac artificiel.*

**artillerie** **n. f. 1.** Ensemble des canons d'une armée. *L'artillerie ennemie a bombardé le village.* **2.** Partie de l'armée qui combat avec des canons. *L'artillerie est intervenue pour soutenir l'infanterie.*

**artisan** **n. m.** Personne qui fait un travail manuel et qui est son propre patron. *Les potiers, les cordonniers sont des artisans.*

► **artisanal** **adj.** Fait par des artisans. || contr. **industriel** || *Un tapis artisanal.* — **Au masc. pl.** *artisanaux.*

► **artisanat** **n. m.** Activité des artisans. *Les produits de l'artisanat de la région sont en vente au marché.*

**artiste** **n. m.** et **f. 1.** Personne qui fait des œuvres d'art. *Un peintre, un sculpteur, un musicien sont des artistes.* **2.** Personne dont le métier est de jouer la comédie, de chanter, de jouer de la musique. → **acteur, chanteur, comédien, musicien.**

► **artistique** **adj.** Fait avec art. *Une photographie artistique.*

**as** **n. m. 1.** Carte à jouer qui a un seul signe. *L'as de pique.* **2.** Personne qui réussit très bien dans une activité. → **champion.** *Luc est un as du ski.*

as

① **ascendant** **n. m.** Parent dont on descend. → **ancêtre.** *Flora a des ascendants turcs.* || contr. **descendant** ||.

► **ascendance** **n. f.** Origine familiale. *Flora est d'ascendance turque.* || contr. **descendance** ||.

② **ascendant** **adj.** Qui va vers le haut. || contr. **descendant** || *Sa courbe de température est ascendante,* il a de la fièvre.

③ **ascendant** n. m. Grande influence. *Yves a de l'ascendant sur sa petite sœur.*

**ascenseur** n. m. Appareil transportant les personnes d'un étage à un autre. *Prenez donc l'ascenseur.* → aussi **monte-charge.**

**ascension** n. f. *Faire l'ascension d'une montagne,* la gravir jusqu'à son sommet. → **escalade** et aussi **alpinisme.**

**ascète** n. m. Personne qui vit dans une grande pauvreté pour faire pénitence. *Il mena une vie d'ascète.*

**aseptiser** v. (conjug. 1) Nettoyer en tuant les microbes. → **désinfecter.** *La salle d'opération a été aseptisée.*

**asile** n. m. **1.** Endroit où l'on est à l'abri. *Les victimes de l'inondation ont trouvé asile dans l'école.* → **refuge.** **2.** Établissement accueillant certaines personnes. *Le clochard a dormi dans un asile de nuit.*

**aspect** [aspɛ] n. m. Façon dont une personne ou une chose se présente aux yeux. → **air, apparence.** *Il faut envisager le problème sous tous ses aspects,* sous tous ses angles.

**asperge** n. f. Plante dont on mange les pousses en forme de longues tiges pointues. *Des asperges à la vinaigrette.*

**asperger** v. (conjug. 3) Projeter un liquide. → **arroser.** *La voiture nous a aspergés en roulant dans une flaque.*

**aspérité** n. f. Partie qui dépasse, sur une surface. *Les aspérités d'un rocher.*

**asphalte** n. m. Préparation noirâtre qui recouvre les routes et les trottoirs. → **bitume, goudron.**

**asphyxie** n. f. Arrêt de la respiration. → **étouffement.** *Il est mort par asphyxie.*

► **asphyxier** v. (conjug. 7) *Il a été asphyxié par une fuite de gaz,* il est mort étouffé.

**aspic** n. m. Serpent de la famille de la vipère.

**aspirer** v. (conjug. 1) **1.** Faire entrer l'air dans les poumons. → **inspirer.** *Pour respirer, on aspire puis on expire l'air.* **2.** *Il est si fatigué qu'il n'aspire qu'au repos,* il souhaite se reposer.

► **aspiré** adj. *Un h aspiré* au début d'un mot empêche de faire la liaison. *Le* **h** *de « hérisson » est aspiré, on dit et on écrit « le hérisson »* [ləeʀisɔ̃].

► **aspirateur** n. m. Appareil qui aspire la poussière. *Alex a passé l'aspirateur dans sa chambre.*

► **aspiration** n. f. Souhait. → **désir, goût.** *Il a trouvé un appartement conforme à ses aspirations.*

**aspirine** n. f. Médicament qui combat la douleur et la fièvre. *J'ai pris un comprimé d'aspirine.*

s'**assagir** v. (conjug. 2) Devenir plus sage. *Elle s'est assagie en vieillissant.*

**assaillir** v. (conjug. 13) Attaquer brusquement. *La vieille dame a été assaillie par deux voyous.* → **agresser.**

► **assaillant** n. m. *La vieille dame a reconnu ses assaillants,* les personnes qui l'ont attaquée. → **agresseur.**

**assainir** v. (conjug. 2) Rendre plus sain, meilleur pour la santé. → **purifier.** *Il faut assainir la rivière.* ‖ contr. **polluer** ‖.

► **assainissement** n. m. *Des travaux d'assainissement ont eu lieu dans les marais,* des travaux pour rendre propres les marais.

**assaisonner** v. (conjug. 1) Mettre dans la nourriture du sel, des épices, ou d'autres ingrédients qui donnent du goût. *Il assaisonne la salade.*

▶ **assaisonnement** n. m. Tout ce qui sert à donner du goût aux aliments. *L'assaisonnement de la salade est trop salé.* → aussi **aromate, condiment, épice.**

**assassin** n. m. Personne qui tue volontairement une autre personne. → **criminel, meurtrier.**

▶ **assassinat** n. m. Meurtre. *Cet homme a commis plusieurs assassinats.* → **crime.**

▶ **assassiner** v. (conjug. 1) Tuer volontairement. *Il a assassiné trois personnes.*

**assaut** n. m. Attaque. *L'ennemi est monté à l'assaut du village.*

**assécher** v. (conjug. 6) Enlever l'eau du sol pour le rendre sec. *On a asséché le marécage.*

▶ **assèchement** n. m. Opération qui consiste à rendre sec. *L'assèchement du marécage.* → **assainissement.**

**assembler** v. (conjug. 1) **1.** Faire tenir ensemble. → **réunir.** *Luc assemble les pièces de son puzzle.* **2.** *Les gens se sont assemblés sur la place du village.* → se **rassembler.**

▶ **assemblage** n. m. *Un cahier est un assemblage de feuilles.* → **ensemble, réunion.**

▶ **assemblée** n. f. Groupe de personnes réunies. *L'Assemblée nationale est constituée de l'ensemble des députés.* ▷ RASSEMBLEMENT, RASSEMBLER.

**assener** [asene] v. (conjug. 5) *Il assena un coup de poing à son adversaire,* il lui donna un coup violent.

**assentiment** n. m. Accord. → **approbation.** *Il a obtenu l'assentiment de ses parents.* ‖ contr. **refus** ‖.

s'**asseoir** v. (conjug. 26) Poser ses fesses sur un siège ou par terre. *Flora s'est assise sur la table.* ▷ ASSIS.

**asservir** v. (conjug. 2) Soumettre à son autorité. *Les Romains ont asservi de nombreux peuples.*

**assez** adv. **1.** En quantité suffisante. *Luc n'a pas assez travaillé.* → **suffisamment. 2.** Plutôt. *Ma grand-mère est en assez bonne santé.* **3.** *J'en ai assez de ces cris,* je ne peux plus les supporter.

**assidu** adj. Qui fait bien et régulièrement ce qu'il faut faire. *Anne est une élève assidue.*

▶ **assiduité** n. f. Régularité. *Anne travaille avec assiduité.*

▶ **assidûment** adv. *Anne travaille assidûment.*

**assiéger** v. (conjug. 3 et 6) Faire le siège. *Les ennemis ont assiégé la ville,* ils l'ont encerclée.

**assiette** n. f. **1.** Récipient pour une personne, dans lequel on met de la nourriture. *Une assiette plate. Des assiettes à soupe. Des assiettes à dessert.* **2.** Familier. *Elle n'est pas dans son assiette,* elle ne se sent pas bien.

▶ **assiettée** n. f. Contenu d'une assiette. *Yves a avalé trois assiettées de soupe.* ▷ PIQUE-ASSIETTE.

**assimiler** v. (conjug. 1) **1.** Considérer comme semblable. *On ne peut assimiler l'homme à un robot.* **2.** *Le corps assimile les aliments,* il les transforme et s'en nourrit. **3.** *Anne assimile bien ce qu'elle apprend,* elle le comprend et le retient.

▶ **assimilation** n. f. **1.** Transformation des aliments dans le corps. *L'as-*

*similation des aliments suit la digestion.* **2.** *L'assimilation des connaissances,* le fait de comprendre et de retenir ce qu'on apprend.

**assis** **adj.** *Il y a cent places assises dans ce wagon,* des places où l'on peut s'asseoir. || contr. **debout** ||.

**assises** **n. f. pl.** *La cour d'assises,* le tribunal qui juge les criminels.

**assister** **v.** (conjug. 1) **1.** *Assister à quelque chose,* être présent pour voir ou entendre quelque chose. *Yves a assisté à un spectacle de danse. J'ai assisté à leur dispute,* j'en ai été témoin. **2.** *Assister quelqu'un,* être auprès de lui pour l'aider. *Le médecin était assisté de deux infirmières.*

▶ **assistance** **n. f. 1.** Public. → **auditoire.** *Le maire a fait son discours devant une nombreuse assistance.* **2.** Secours. *On a immédiatement prêté assistance au blessé.* → **aide.**

▶ **assistant** **n. m.,** **assistante** **n. f.** Personne qui en aide une autre dans son métier. *L'assistant du metteur en scène.* → **adjoint.** *Une assistante sociale* aide et informe des personnes dans le besoin ou malades.

**associer** **v.** (conjug. 7) **1.** Faire participer. *Il a associé son frère à son commerce. — Ils se sont associés.* **2.** *S'associer à la peine de quelqu'un,* y prendre part. → **partager.**

▶ **association** **n. f.** Groupement de personnes unies par les mêmes intérêts. *L'association des parents d'élèves.*

▶ **associé** **n. m.,** **associée** **n. f.** Personne qui travaille avec une autre et partage les bénéfices. *L'entreprise est dirigée par trois associés.*

**assoiffé** **adj.** Qui a soif. *Les lionnes étaient assoiffées.*

**assombrir** **v.** (conjug. 2) **1.** Rendre sombre. || contr. **éclaircir** || *Cette peinture foncée assombrit la pièce.* → **obscurcir.** *— Le ciel s'assombrit, il va pleuvoir.* **2.** Rendre triste et inquiet. *Cette mauvaise nouvelle nous a assombris.*

**assommer** **v.** (conjug. 1) **1.** *Le voleur a assommé le gardien de nuit,* il l'a frappé sur la tête pour lui faire perdre connaissance. **2.** Ennuyer. *Tu nous assommes avec tes histoires.*

▶ **assommant** **adj.** Ennuyeux. *Ce livre est assommant.*

**assortir** **v.** (conjug. 2) Mettre ensemble des choses qui vont bien ensemble. *Il assortit toujours ses chaussettes à son pull.*

▶ **assortiment** **n. m.** *Un assortiment de fromages,* c'est plusieurs fromages différents présentés ensemble.

**s'assoupir** **v.** (conjug. 2) S'endormir à moitié. *Ma grand-mère s'est assoupie dans son fauteuil.* → **somnoler.**

**assouplir** **v.** (conjug. 2) **1.** Rendre plus souple. *Ce produit assouplit le cuir. — Anne fait du yoga pour s'assouplir,* pour devenir plus souple. **2.** Rendre moins sévère. *Le règlement de l'école a été assoupli.*

▶ **assouplissement** **n. m.** *Anne fait des exercices d'assouplissement,* des exercices pour s'assouplir.

**assourdir** **v.** (conjug. 2) **1.** Rendre comme sourd en étourdissant. *Le bruit des camions nous assourdit.* **2.** Rendre moins sonore. *La moquette assourdit le bruit des pas.* → **amortir.**

▶ **assourdissant** **adj.** *Les marteaux-piqueurs font un bruit assourdissant,* un bruit très fort.

**assouvir** v. (conjug. 2) *Luc a assouvi sa faim,* il l'a calmée en mangeant. → **satisfaire.**

**assujettir** v. (conjug. 2) Soumettre. *Les Romains ont assujetti de nombreux peuples,* ils en ont fait leurs sujets. → **asservir.** *Nous sommes assujettis à l'impôt,* nous devons le payer.

**assumer** v. (conjug. 1) Prendre en charge. *Il faut assumer ses responsabilités.*

① **assurer** v. (conjug. 1) **1.** Affirmer quelque chose, de manière sûre. *Je t'assure que c'est vrai.* → **certifier, garantir, soutenir. 2.** *Assurez-vous que vous n'avez rien oublié,* vérifiez-le bien. **3.** *Ce train assure la liaison entre les deux villes,* il la fait.

▶ ① **assurance** n. f. **1.** Garantie, promesse. *Je vous donne l'assurance que je viendrai,* je vous le promets. **2.** Confiance en soi. || contr. **timidité** || *Julie a beaucoup d'assurance pour son âge.* → **aplomb.**

▶ **assuré** adj. Sûr de soi. *Elle répondit d'un air assuré.*

▶ **assurément** adv. Certainement, sûrement.

② **assurer** v. (conjug. 1) *Faire assurer sa voiture ou son appartement,* c'est payer une certaine somme pour être remboursé en cas de vol ou d'accident. — *Ils se sont assurés contre le vol.*

▶ ② **assurance** n. f. Contrat qui garantit le remboursement des frais en cas de vol ou d'accident. *Les compagnies d'assurances font des contrats d'assurance.*

▶ **assureur** n. m. Personne qui établit des contrats d'assurance.

**astérisque** n. m. Petit signe en forme d'étoile (*) qui se place à côté d'un mot pour le signaler.

**asthme** n. m. Maladie qui empêche de respirer normalement. *Luc a des crises d'asthme.*

▶ **asthmatique** adj. *Luc est asthmatique,* il a de l'asthme.

**asticot** n. m. Larve de la mouche en forme de petit ver blanc que les pêcheurs mettent au bout de l'hameçon pour attirer le poisson.

**asticoter** v. (conjug. 1) Familier. Agacer quelqu'un pour de petites choses. *Alex asticote sans arrêt son petit frère.*

**astigmate** adj. *Yves est astigmate,* il a un défaut de la courbure de l'œil qui l'empêche de voir nettement les choses.

**astiquer** v. (conjug. 1) Faire briller en frottant. *Alex astique ses chaussures avec énergie.*

**astre** n. m. Étoile, planète. *On observe les astres au télescope.*

**astreindre** v. (conjug. 52) Obliger, forcer. → **contraindre.** *Son état de santé l'a astreinte à un régime sévère.*

▶ **astreignant** adj. *Des horaires astreignants* ne laissent pas beaucoup de liberté.

**astrologie** n. f. *L'astrologie* étudie l'influence des astres sur le caractère et l'avenir des gens.

▶ **astrologique** adj. *Les signes astrologiques* sont les signes du zodiaque.

▶ **astrologue** n. m. et f. Personne qui fait de l'astrologie.

**astronaute** **n. m.** et **f.** Personne qui se déplace dans l'espace à bord d'un engin spatial. → **cosmonaute.** *Les astronautes sont montés dans le vaisseau spatial.*

▸ **astronautique** **n. f.** Science de la navigation dans l'espace.

**astronomie** **n. f.** Étude des astres, de l'univers.

▸ **astronome** **n. m.** et **f.** Spécialiste de l'étude des astres. *Les astronomes travaillent dans des observatoires.*

▸ **astronomique** **adj. 1.** *Une lunette astronomique* est un instrument qui permet d'observer les astres. **2.** *Un prix astronomique,* très élevé.

**astuce** **n. f. 1.** Moyen habile. → **ruse, truc** ; fam. **combine.** *Alex a trouvé une astuce pour aller aux États-Unis.* **2.** Plaisanterie. *Il fait sans arrêt des astuces.*

▸ **astucieux** **adj.** Ingénieux, malin. *Voilà une façon astucieuse de résoudre la difficulté.*

▸ **astucieusement** **adv.** D'une manière ingénieuse. *Il a astucieusement résolu le problème.*

**asymétrique** **adj.** *Un objet asymétrique* n'a pas la même forme des deux côtés. → **dissymétrique.** ‖ contr. **symétrique** ‖ *Des barres asymétriques,* ce sont des barres parallèles dont l'une est plus basse que l'autre.

**atelier** **n. m.** Endroit où travaille un artisan ou un ouvrier. — *Un atelier d'artiste,* c'est un atelier où travaille un peintre, un sculpteur.

**athée** **n. m.** et **f.** Personne qui ne croit pas en Dieu. → **incroyant.** — **Adj.** *Ils sont athées.*

**athlète** **n. m.** et **f.** Personne qui pratique des sports comme la gymnastique, le saut, la course ou le lancer de poids. *Les athlètes des Jeux olympiques.*

▸ **athlétique** **adj.** *Une personne athlétique* a un corps très musclé.

▸ **athlétisme** **n. m.** *L'athlétisme* comprend la gymnastique, le saut, la course et le lancer du poids, du disque ou du javelot. *Un championnat d'athlétisme.*

**atlas** [atlas] **n. m.** Livre de cartes de géographie. *Julie regarde dans l'atlas où se trouve l'Australie.*

**atmosphère** **n. f. 1.** Couche de gaz qui entoure la Terre et certains astres. **2.** *Il régnait dans la maison une atmosphère de joie,* une ambiance, un climat de joie.

▸ **atmosphérique** **adj.** *Les phénomènes atmosphériques,* ce sont les choses qui se passent dans l'atmosphère et qui font le beau ou le mauvais temps. → aussi **météorologie.**

**atoll** **n. m.** Île en forme d'anneau, faite de coraux. *Les atolls de l'océan Pacifique.*

**atome** **n. m.** Élément minuscule de la matière. *Un atome est formé d'un noyau et d'électrons.*

▸ **atomique** **adj.** *L'énergie atomique,* c'est l'énergie produite par le noyau de l'atome quand on le fait exploser. → **nucléaire.** *Les centrales atomiques utilisent l'énergie atomique.*

**atomiseur** **n. m.** Petit flacon qui projette un liquide en fines gouttelettes

quand on appuie sur le bouchon. *Un atomiseur à parfum.* → **vaporisateur.**

**atours** **n. m. pl.** *Peau d'Âne mit ses plus beaux atours,* ses plus beaux habits et ses plus beaux bijoux.

**atout** **n. m. 1.** Aux cartes, couleur qui vaut plus que les autres. **2.** *Sa bonne connaissance des langues étrangères est son meilleur atout,* elle lui permet de mieux réussir, lui donne un avantage sur les autres.

**âtre** **n. m.** Partie de la cheminée où l'on fait le feu. *Des bûches brûlaient dans l'âtre.* → **foyer.**

**atroce** **adj. 1.** Très cruel. *Un crime atroce a été commis.* → **abominable, épouvantable, monstrueux. 2.** Insupportable. *Il ressentit soudain une atroce douleur.* → **horrible, pénible.**

▸ **atrocement** **adv.** Horriblement. *Il souffrait atrocement.*

▸ **atrocité** **n. f.** *Des atrocités,* des actes d'une grande cruauté. *Ce film montre les atrocités de la guerre.*

**s'attabler** **v.** (conjug. 1) Se mettre à table. *La famille s'est attablée pour dîner.*

**attaché-case** [ataʃekɛz] **n. m.** Petite mallette dans laquelle on met des documents. — **Au pl.** *Des attaché-cases.*

**attacher** **v.** (conjug. 1) **1.** Faire tenir une chose, un animal ou une personne par un lien. || contr. **détacher** || *Le cavalier a attaché son cheval à la barrière. Julie attache ses cheveux avec une barrette.* **2.** Joindre les deux parties d'une chose. *Yves attache sa ceinture de sécurité.* → **boucler. 3.** *S'attacher à quelqu'un,* se mettre à l'aimer beaucoup. *Elle s'était très vite attachée à lui.* **4.** *Attacher de l'importance à une chose,* penser que cette chose est importante.

▸ **attachant** **adj.** Attirant, sympathique. *Julie est une enfant attachante.*

▸ **attaché** **adj.** *Luc est très attaché à ses amis,* il les aime beaucoup.

▸ **attache** **n. f. 1.** Ce qui sert à attacher des objets ensemble. *Les liens et les agrafes sont des attaches.* **2.** *Les attaches,* ce sont les rapports que l'on garde avec une personne ou un endroit. *Ils ont gardé des attaches avec leur pays natal.*

▸ **attachement** **adj.** Sentiment qui unit aux gens que l'on aime. → **affection, amitié, amour.** *J'ai gardé beaucoup d'attachement pour elle.* ▷ RATTACHEMENT, RATTACHER.

**attaquer** **v.** (conjug. 1) **1.** Commencer le combat. *Les ennemis ont attaqué la forteresse.* **2.** *Attaquer quelqu'un,* s'élancer sur lui pour le voler ou le tuer. → **agresser. 3.** Critiquer. *Le journal attaque le gouvernement.* **4.** *Attaquer un travail,* c'est le commencer. — *Flora s'est attaquée à sa rédaction.* **5.** Détruire, ronger. *La rouille attaque le fer.*

▸ **attaquant** **n. m.,** **attaquante** **n. f.** Personne qui commence le combat. → **assaillant.** || contr. **défenseur** || *Les attaquants arrivaient par milliers.*

▸ **attaque** **n. f. 1.** Fait de commencer le combat. → **assaut, offensive.** *L'at-*

*taque ennemie a été très violente.* **2.** Critique violente. *Il a répondu aux attaques de ses adversaires.* ▷ CONTRE-ATTAQUE, CONTRE-ATTAQUER, INATTAQUABLE.

s'**attarder** **v.** (conjug. 1) Faire quelque chose qui met en retard. *Julie s'est attardée en route.*

**atteindre** **v.** (conjug. 52) **1.** *Atteindre un lieu,* y arriver. *Alex a atteint l'île à la nage.* **2.** *Atteindre une chose,* c'est arriver à la toucher. *Je n'arrive pas à atteindre ce livre sur l'étagère.* **3.** Toucher, blesser avec une arme. *Le chasseur a atteint le faisan.* ‖ contr. **manquer, rater** ‖.

► **atteinte** **n. f. 1.** *Ce livre est hors d'atteinte,* impossible à attraper. **2.** *Ces critiques portent atteinte à sa réputation,* nuisent à sa réputation.

**atteler** **v.** (conjug. 4) Attacher un animal à un véhicule pour le tirer. *Les Esquimaux attellent des chiens à leurs traîneaux.* ‖ contr. **dételer** ‖.

► **attelage** **n. m.** Groupe de bêtes qui tirent un véhicule. *Un attelage de chevaux blancs tirait le carrosse.*

**attelle** **n. f.** Petite planchette qui sert à maintenir un os fracturé.

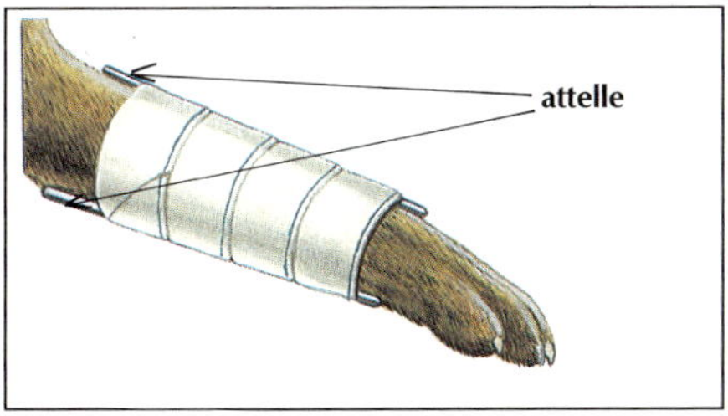


**attendre** **v.** (conjug. 41) **1.** Rester au même endroit jusqu'à ce que quelqu'un ou quelque chose arrive. *Anne a attendu Julie devant l'école.* **2.** Ne rien faire avant qu'une chose n'arrive. *Flora attendit que le feu soit rouge et traversa.* **3.** *Elle attend un enfant,* elle est enceinte. **4.** *Je ne m'attendais pas à cela,* je ne pensais pas que cela arriverait. ▷ ATTENTE, INATTENDU.

**attendrir** **v.** (conjug. 2) Émouvoir, toucher. ‖ contr. **endurcir** ‖ *Ses larmes ont attendri tout le monde. — Elle s'attendrissait sur son sort,* elle s'apitoyait.

► **attendri** **adj.** *Des airs attendris,* émus.

► **attendrissant** **adj.** Émouvant, touchant. *Ces chatons sont attendrissants.*

► **attendrissement** **n. m.** Émotion. *Ils se regardaient avec attendrissement.*

**attentat** **n. m.** Action violente, agression contre des personnes, commise pour des raisons politiques. *Le chef de l'État a échappé à un attentat.*

**attente** **n. f. 1.** Temps passé à attendre. *L'attente lui parut interminable.* **2.** Désir, espoir. *Le résultat ne répondait pas à son attente,* à ce qu'il espérait.

**attenter** **v.** (conjug. 1) *Attenter à la vie de quelqu'un,* c'est chercher à le tuer.

**attentif** **adj.** *Flora est très attentive en classe,* elle écoute, suit avec attention. ‖ contr. **distrait, étourdi** ‖ ▷ ATTENTIVEMENT, INATTENTIF.

**attention** **n. f. 1.** Attitude de quelqu'un qui écoute et regarde soigneusement, sans s'intéresser à autre chose. *Flora écoute la maîtresse avec attention. Fais attention en traversant,* prends garde. **2.** Action gentille qui montre l'intérêt que l'on porte à une personne. → **égard, prévenance.** *Luc est plein d'attentions pour sa grand-mère.*

▶ **attentionné** adj. Gentil, prêt à faire plaisir. *Elle est très attentionnée.* → **prévenant.** ▷ INATTENTION.

**attentivement** adv. Avec attention. *Écoutez attentivement les explications.*

**atténuer** v. (conjug. 1) Rendre moins fort. → **diminuer.** *Les médicaments ont atténué la douleur.* || contr. **augmenter** ||.

▶ **atténuant** adj. *Les circonstances atténuantes,* les faits qui diminuent l'importance d'une faute. *L'accusé a bénéficié des circonstances atténuantes.*

**atterrer** v. (conjug. 1) Plonger dans l'étonnement et la tristesse. *Cette nouvelle nous a atterrés.* → **accabler, consterner.**

**atterrir** v. (conjug. 2) Se poser à terre. *L'avion en provenance de Berlin atterrira à 18 h 56.* || contr. **décoller** ||.

▶ **atterrissage** n. m. Moment où l'avion touche terre. *Attachez vos ceintures avant l'atterrissage.*

**attester** v. (conjug. 1) Donner la preuve qu'une chose est vraie. → **certifier, garantir.** *Les témoins ont attesté l'innocence de l'accusé.*

▶ **attestation** n. f. Papier qui donne la preuve d'une chose. *Pour s'inscrire à la bibliothèque, il faut une attestation de domicile.* → **certificat.**

**attirail** n. m. [pl. *attirails*] Matériel dont on se sert dans une activité. *Alex a rangé ses lignes, ses hameçons, tout son attirail de pêche.*

**attirer** v. (conjug. 1) 1. Faire venir à soi. *L'aimant attire le fer.* || contr. **repousser** || 2. Inciter à venir. *La lumière attire les papillons de nuit.* || contr. **écarter, éloigner** || 3. Inspirer du goût, de la sympathie. *Le métier de pilote attire Alex. Flora est attirée par Luc.*

▶ **attirant** adj. Attrayant, séduisant. *Un métier attirant. Une femme attirante.* || contr. **repoussant** ||.

▶ **attirance** n. f. Force qui pousse vers une personne ou une chose. *Flora éprouve de l'attirance pour Luc.* || contr. **dégoût, répulsion** ||.

**attiser** v. (conjug. 1) *Attiser le feu,* le faire brûler plus fort.

**attitude** n. f. 1. Manière de se tenir. *Elle avait une attitude gracieuse sur la photo.* → **pose, posture.** 2. Manière de faire, de réagir. *Ce n'est pas une attitude très courageuse.* → **comportement.**

**attraction** n. f. 1. Force qui attire. *L'attraction terrestre nous retient au sol.* 2. Jeu, amusement d'une fête foraine. *Les manèges et les autos tamponneuses sont les attractions préférées des enfants.*

**attrait** n. m. Ce qui attire, séduit. *L'attrait de la nouveauté.*

**attraper** v. (conjug. 1) 1. Réussir à prendre, à saisir. *Le chat a attrapé une souris.* 2. *Ma farce a réussi, tu es bien attrapé,* surpris et trompé. 3. *Julie a attrapé un rhume,* elle l'a eu par contagion.

▶ **attrape** n. f. Objet qui sert à faire une farce. *Yves a acheté des boules puantes chez le marchand de farces et attrapes.*

▶ **attrape-nigaud** n. m. Chose qui sert à tromper les gens naïfs. *Cette publicité n'est qu'un attrape-nigaud !* — Au pl. *Des attrape-nigauds.*

**attrayant** adj. Qui attire, plaît. → **attirant, séduisant.** *Ce livre a des illustrations attrayantes.*

**attribuer** v. (conjug. 1) **1.** Donner à quelqu'un, dans une distribution. *Le premier prix du concours a été attribué à Yves.* → **décerner. 2.** *On attribue ce tableau à Raphaël,* on pense que Raphaël en est l'auteur.

▸ **attribution** n. f. **1.** Le fait de donner quelque chose à quelqu'un. *Le directeur a décidé l'attribution d'une prime à tout le personnel de l'usine.* **2.** *Les attributions de quelqu'un,* ce qu'il est chargé de faire.

**attribut** n. m. *Un adjectif attribut* est relié au sujet par les verbes être, sembler, paraître. *Dans la phrase « la mer est bleue », « bleue » est attribut du sujet « la mer ».* → aussi **épithète.**

**attrister** v. (conjug. 1) Rendre triste. *Son départ m'a attristée.* → **chagriner, désoler.** ‖ contr. **réjouir** ‖.

s'**attrouper** v. (conjug. 1) Se rassembler pour regarder quelque chose dans la rue. *Les passants se sont attroupés devant l'accident.*

▸ **attroupement** n. m. Rassemblement de personnes. *L'agent a dispersé l'attroupement.*

**au** → **à** et **le**

**aubade** n. f. Concert que l'on donne sous les fenêtres d'une personne, tôt le matin. *Le prince charmant donne l'aubade à sa belle.*

**aubaine** n. f. Chance inattendue. *Julie a retrouvé 50 francs dans sa poche, quelle aubaine !* ‖ contr. **malchance** ‖.

① **aube** n. f. Moment où il commence à faire clair, juste avant le lever du soleil. → aussi **aurore.**

② **aube** n. f. *La roue à aubes du vieux moulin,* la roue avec des pales qui tourne dans l'eau.

**aubépine** n. f. Arbuste épineux à fleurs blanches ou roses. *Une haie d'aubépines.*

aubépine

**auberge** n. f. Hôtel-restaurant, à la campagne.

**aubergine** n. f. Légume de forme allongée, à peau lisse et violette.

**aubette** n. f. *Ce mot est employé en Belgique.* Abribus.

**aucun** adj. et pronom **1.** adj. Pas un seul. *Je n'ai aucune nouvelle de lui.* **2.** pronom Pas une seule personne, pas une seule chose. ‖ contr. **tous** ‖ *De tous ses amis, je n'en connais aucun.*

**audace** n. f. Hardiesse, courage devant le danger, les difficultés. *Il faut de l'audace pour être cascadeur.*

▸ **audacieux** adj. Qui ose faire des choses dangereuses et difficiles. → **courageux, hardi.** *Julie est bien audacieuse de plonger de si haut.* ‖ contr. **lâche, peureux, poltron** ‖ — *Un projet audacieux,* c'est un projet qui demande de la hardiesse.

**au-delà** **adv., prép.** et **n. m. 1. adv.** et **prép.** Plus loin. *Tu peux nager jusqu'aux rochers, au-delà, c'est dangereux. La frontière est au-delà de la colline.* || contr. **en deçà** || **2. n. m.** *L'au-delà,* le monde après la mort.

**audible** **adj.** *Monte le son de la radio, c'est à peine audible,* on peut à peine entendre. ▷ INAUDIBLE.

**audience** **n. f. 1.** Entrevue, entretien. *Le président a accordé une audience à l'ambassadeur.* **2.** Séance du tribunal où l'on écoute les témoins, les avocats. *Le juge a suspendu l'audience.*

**audiovisuel** **adj.** *Julie apprend l'anglais par une méthode audiovisuelle,* qui utilise le son et l'image.

**auditeur** **n. m.,** **auditrice** **n. f.** Personne qui écoute la radio. *Les auditeurs d'une station de radio.*

**auditif** **adj.** De l'oreille, de l'ouïe. *Les sourds ont des troubles auditifs. Le nerf auditif,* qui sert à entendre. — **Au fém.** *auditive.*

**audition** **n. f. 1.** Fait d'entendre, de percevoir les sons. *Les gens âgés ont souvent une mauvaise audition,* ils entendent mal. **2.** *Le chanteur a passé une audition,* il a chanté devant un jury qui le jugeait.

**auditoire** **n. m.** Ensemble des personnes qui écoutent quelqu'un. *La pianiste a joué devant un auditoire nombreux.* → **public.**

**auditorium** **n. m.** Salle aménagée spécialement pour l'enregistrement de concerts. — **Au pl.** *Des auditoriums.*

**au fur et à mesure** → **fur**

**auge** **n. f.** Bassin dans lequel on donne à boire et à manger aux cochons.

**augmenter** **v.** (conjug. 1) **1.** Rendre plus grand, plus élevé. → **accroître.** *On a augmenté le prix de l'essence.* || contr. **baisser, diminuer** || **2.** Devenir plus grand. *Le nombre des chômeurs augmente.* **3.** Devenir plus cher. *Le prix du pain augmentera bientôt.*

▶ **augmentation** **n. f. 1.** Hausse, accroissement. *Les prix ont subi une sensible augmentation.* || contr. **baisse, diminution** || **2.** *Elle a obtenu une augmentation,* un salaire plus élevé.

**augure** **n. m.** *Elle a l'air souriant, c'est de bon augure,* c'est bon signe. *Un oiseau de mauvais augure,* c'est une personne qui annonce de mauvaises nouvelles.

**aujourd'hui** **adv. 1.** Le jour où nous sommes. *C'est aujourd'hui mercredi.* → aussi **demain, hier. 2.** De nos jours, à l'époque actuelle. → **maintenant.** *Aujourd'hui, il n'y a plus de trains à vapeur.* || contr. **autrefois** ||.

**aulne** [on] **n. m.** Arbre qui pousse près des rivières. *Les aulnes vivent cent ans.*

**aumône** **n. f.** Argent donné à un mendiant. *Il demande l'aumône,* il mendie.

**aumônier** **n. m.** Prêtre dans un lycée, un hôpital, une prison.

**auparavant** **adv.** Avant cela, d'abord. || contr. **après** || *Julie va se coucher, mais auparavant elle embrasse ses parents.*

**auprès de** **prép.** À côté de. → **près.** *Elle est restée auprès de lui toute la soirée.*

**auquel,** **m. sing.,** **à laquelle** **f. sing.,** **auxquels** **m. pl.,** **auxquelles** **f. pl. pronoms**

**relatifs ou interrogatifs.** → aussi **lequel. 1. Pronom relatif.** *Le garçon auquel j'ai prêté mon livre n'est pas là.* **2. Pronom interrogatif.** *À laquelle des deux veux-tu parler ?*

**auréole** **n. f. 1.** Cercle lumineux qui entoure la tête de Jésus et des saints dans les tableaux. **2.** Marque arrondie laissée sur un tissu par une tache qui a été nettoyée. *Ce détachant laisse des auréoles.*

**auréole**

**auriculaire** **n. m.** Petit doigt de la main.

**aurore** **n. f.** Moment où le soleil se lève. → aussi **aube.** *À l'aurore, le ciel devient rose.*

**ausculter** **v.** (conjug. 1) *Le docteur ausculte Julie,* il écoute le bruit de son cœur et de sa respiration.

**auspices** **n. m. pl.** *Le voyage avait commencé sous les meilleurs auspices,* avec les meilleures chances de réussite.

**aussi** **adv.** et **conjonction. 1. adv.** De la même façon, autant. *Flora est partie et Julie aussi.* → **également.** *Anne est aussi grande que Luc.* — En plus. *Yves aime les chiens et aussi les chats.* **2. conjonction.** Pour cette raison. *Cette voiture est très belle, aussi est-elle très chère.*
▷ AUSSITÔT.

**aussitôt** **adv. 1.** Tout de suite, sans attendre. *Tu m'as appelée et je suis venue aussitôt.* **2.** *Aussitôt que,* dès que. *Flora fait ses devoirs aussitôt qu'elle est rentrée de l'école.*

**austère** **adj. 1.** *Une personne austère,* c'est une personne qui est sérieuse et n'aime pas les plaisirs de la vie. ‖ contr. **gai** ‖ **2.** Triste et sans ornement. → **sévère.** *La façade du collège est austère.*
► **austérité** **n. f.** *Les moines mènent une vie d'austérité,* de privations très dures.

**austral** **adj.** Du pôle Sud. ‖ contr. **boréal** ‖ *L'hémisphère austral,* l'hémisphère Sud. *Les terres australes,* ce sont les terres qui se trouvent près du pôle Sud. — **Au masc. pl.** *australs.*

**autant** **adv. 1.** Le même nombre, la même quantité. *Il y a autant de tasses que de soucoupes. Je n'ai jamais vu autant de livres dans une maison,* une si grande quantité. *Julie travaille bien, fais-en autant, Anne !* **2.** *Il fait très froid d'autant plus qu'il y a du vent,* il fait encore plus froid à cause du vent.

**autel** **n. m.** Dans une église, table sur laquelle on célèbre la messe. *Le prêtre a posé le calice sur l'autel.* ◊ homonyme : hôtel.

**auteur** **n. m. 1.** Personne qui est la cause de quelque chose. *L'auteur du crime a été arrêté.* **2.** Personne qui écrit un livre, fait une œuvre d'art. *Jules Verne est un auteur célèbre.* → **écrivain.**

**authentique** **adj. 1.** *Ce tableau est un Picasso authentique,* il a été réellement peint par Picasso, ce n'est pas une copie. || contr. **faux** || **2.** *Cette histoire est authentique,* ce qu'elle raconte est vrai. → **véridique.**

▸ **authenticité** **n. f.** *Les experts ont reconnu l'authenticité du tableau,* les experts ont reconnu qu'il était vrai.

**auto** **n. f.** Automobile, voiture. ▷ AUTO-ÉCOLE, AUTORADIO, AUTORAIL, AUTOROUTE, AUTO-STOP, AUTO-STOPPEUR.

**autobiographie** **n. f.** Histoire de la vie d'un auteur écrite par lui-même.

**autobus** **n. m.** Grand véhicule transportant un grand nombre de personnes dans les villes. → **bus.** *Les passagers montent et descendent aux arrêts d'autobus.*

**autocar** **n. m.** Grand véhicule transportant beaucoup de personnes sur d'assez longs parcours. → **car.** *Les parents de Luc ont visité la Turquie en autocar.*

**autocassable** **adj.** *Une ampoule autocassable,* c'est une ampoule qui peut être ouverte sans l'aide d'une lime.

**autochtone** [ɔtɔktɔn] **n. m.** et **f.** Personne qui est née dans le pays où elle vit. → **indigène.**

**autocollant** **adj.** et **n. m. 1. adj.** *Les enveloppes autocollantes,* qui collent d'elles-mêmes, sans avoir besoin d'être mouillées. **2. n. m.** Image qui colle d'elle-même. *Il a mis des autocollants sur le pare-brise de sa voiture.*

**autocuiseur** **n. m.** Récipient qui permet de cuire des aliments sous pression.

**autodéfense** **n. f.** Fait de se défendre tout seul, sans l'aide de la police, quand on est attaqué. *Ils sont partisans de l'autodéfense.*

**autodidacte** **n. m.** et **f.** Personne qui a appris ce qu'elle sait toute seule, sans professeur.

**auto-école** **n. f.** École où l'on apprend à conduire une voiture. *Son père est moniteur d'auto-école.* — **Au pl.** *Des auto-écoles.*

**autographe** **n. m.** Signature d'une personne célèbre, parfois accompagnée de quelques mots. *Alex a demandé un autographe à son chanteur favori.*

**automate** **n. m.** Machine qui a l'aspect d'un homme ou d'un animal et imite certains mouvements grâce à un mécanisme. *Chez l'antiquaire, il y a un automate qui joue de la flûte.*

▸ **automatique** **adj. 1.** *Dans les trains, l'ouverture des portes est automatique,* elle se fait toute seule, grâce à un mécanisme. **2.** *Il remit les clés dans sa poche d'un geste automatique,* sans penser à ce qu'il faisait.

▸ **automatiquement** **adv.** *Les portes s'ouvrent automatiquement,* toutes seules, grâce à un mécanisme.

**automne** **n. m.** Saison de l'année qui vient après l'été et avant l'hiver. *Les feuilles jaunissent et tombent en automne.*

**automobile** **n. f.** Voiture à moteur. → **auto.** — **Adj.** *Une course automobile,* c'est une course de voitures.

▸ **automobiliste** **n. m.** et **f.** Personne qui conduit une automobile. → **conducteur.** *Les automobilistes doivent respecter le code de la route.*

**autonome** **adj.** *Un pays autonome,* c'est un pays qui se gouverne tout seul. *Un enfant autonome,* c'est un enfant qui se débrouille tout seul, sans l'aide de personne.

▶ **autonomie** n. f. 1. *Cette région réclame son autonomie,* elle veut se gouverner elle-même. 2. *L'avion a 8 heures d'autonomie,* il peut voler 8 heures sans prendre de carburant.

▶ **autonomiste** n. m. et f. Personne qui réclame l'autonomie de sa région.

**autopsie** n. f. Examen médical d'un cadavre pour connaître la cause de sa mort. *Le commissaire a demandé l'autopsie de la victime.*

**autoradio** n. m. Poste de radio installé dans une voiture. — Au pl. *Des autoradios.*

**autorail** n. m. [pl. *autorails*] Voiture de chemin de fer à moteur Diesel.

**autoriser** v. (conjug. 1) Donner la permission. → **permettre.** || contr. **interdire** || *Les parents de Flora l'ont autorisée à aller au cinéma avec Yves.*

▶ **autorisation** n. f. Permission. || contr. **interdiction** || *Les élèves n'ont pas l'autorisation de sortir de l'école avant la fin de la classe.*

**autorité** n. f. 1. *Les employés travaillent sous l'autorité du chef,* sous ses ordres. 2. *Il a beaucoup d'autorité sur ses enfants,* il sait se faire obéir d'eux. 3. *Les autorités,* les personnes qui ont le pouvoir.

▶ **autoritaire** adj. *Une personne autoritaire* force les autres à lui obéir.

**autoroute** n. f. Large route où l'on peut circuler vite et dont les deux sens sont séparés par un terre-plein. *Une autoroute à quatre voies.*

**auto-stop** n. m. *Jules fait souvent de l'auto-stop,* il fait signe aux voitures pour qu'elles le prennent à leur bord. → fam. **stop.**

▶ **auto-stoppeur** n. m., **auto-stoppeuse** n. f. Personne qui fait de l'auto-stop. — Au pl. *Des auto-stoppeurs.*

**autour** adv. *Les enfants ont construit un château de sable et creusé un fossé autour,* un fossé qui l'entoure. — *La Terre tourne autour du Soleil,* elle en fait le tour.

**autre** adj. et pronom. 1. adj. Différent. *Alex est plus grand que les autres garçons de son âge. J'ai une autre idée.* — Supplémentaire, nouveau. *Julie a pris une autre part de gâteau.* 2. pronom. *Quand j'aurai fini ce livre, j'en lirai un autre,* un différent. *Les autres sont partis. L'un est blond, l'autre brun.*

▶ **autrefois** adv. Dans le temps passé. → **jadis.** || contr. **actuellement, aujourd'hui** || *Autrefois, il y avait des loups dans les bois.*

▶ **autrement** adv. 1. D'une autre manière. *Si tu t'y prenais autrement, tu y arriverais.* → **différemment.** 2. Dans le cas contraire. *Dépêche-toi, autrement nous allons être en retard.* → **sinon.** ▷ AUTRUI.

**autruche** n. f. Très grand oiseau à longues jambes, qui court très vite. ⋙ planche Oiseaux. *Les œufs d'autruche sont très gros.*

**autrui** pronom. Les autres personnes. *Il est plus facile de voir les défauts d'autrui que les siens.*

**auvent** n. m. Petit toit qui s'avance au-dessus d'une porte.

**aux** → **à** et **le**

**auxiliaire** [oksiljɛʀ] adj., n. m. et f. 1. adj. Qui aide, n'est pas indispensable. *Un* *moteur auxiliaire,* c'est un moteur de secours. **2. n. m.** et **f.** Personne qui en aide une autre dans son métier. → **assistant.** *Sa secrétaire est une auxiliaire précieuse.* **3. n. m.** Verbe utilisé pour former les temps composés. *« Avoir » et « être » sont des auxiliaires.*

**auxquels** → **auquel**

**avachi** **adj.** *Il portait de vieilles chaussures avachies,* vieilles et déformées.

**aval** **n. m.** [pl. *avals*] Côté vers lequel descend un cours d'eau. || contr. **amont** || *Bordeaux est en aval de Toulouse, sur la Garonne,* Bordeaux se trouve plus loin de la source que Toulouse.

**avalanche** **n. f.** Masse de neige qui se détache du flanc d'une montagne en emportant tout sur son passage.

**avaler** **v.** (conjug. 1) **1.** Faire descendre dans le gosier. → **absorber, ingurgiter.** *On avale la nourriture après l'avoir mâchée.* **2.** Croire, admettre. *Tu ne me feras pas avaler cette histoire.* ▷ ② RAVALER.

**avancer** **v.** (conjug. 3) **1.** Pousser, déplacer vers l'avant. *Il avança une chaise à son invité.* → **approcher.** || contr. **reculer** || **2.** Aller en avant. → **progresser.** *Les explorateurs avançaient lentement au milieu des lianes. Je n'avance pas dans ce travail. — Elle s'est avancée dans son travail,* elle a pris de l'avance. **3.** *Il a avancé son départ,* il est parti plus tôt que prévu. || contr. **différer** || **4.** *Peux-tu m'avancer 100 francs ?* peux-tu me les prêter ? **5.** *Cette montre avance d'une minute,* elle est en avance d'une minute. || contr. **retarder** ||.

► **avance** **n. f. 1.** Marche, progression. *Il faut arrêter l'avance de l'ennemi.* **2.** *Le coureur a pris de l'avance sur les autres,* il est devant. **3.** *Il est arrivé en avance,* avant l'heure prévue. || contr. en **retard** || *Il faut s'y prendre longtemps à l'avance,* avant le moment fixé. **4.** Somme d'argent donnée avant le moment prévu. *Il a demandé une avance à son patron.* **5.** *Il a fait des avances à sa voisine de table,* il a essayé de lui parler.

► **avancé** **adj. 1.** *Il est rentré à une heure avancée,* très tard. → **tardif. 2.** En avance sur les autres. → **précoce.** *Julie est avancée pour son âge.* **3.** *Il a des idées avancées,* très modernes.

► **avancement** **n. m. 1.** *Il a eu de l'avancement,* un poste plus important. → **promotion. 2.** Progrès. *Il surveille l'avancement des travaux.*

① **avant** **prép.** et **adv. 1. prép.** *Yves est arrivé avant Luc,* plus tôt que Luc. || contr. **après** || *Réfléchis avant de te décider. Dépêchons-nous de rentrer avant qu'il ne pleuve.* **2. adv.** Plus tôt. *Il habite Paris, mais avant il vivait à Marseille.* → **auparavant.** — *Tu vois le bois, la maison est juste avant. — Il s'est penché en avant et il est tombé.* || contr. en **arrière** || *En avant, marche !* ▷ AUPARAVANT, AVANCÉ, AVANCEMENT, AVANCER, ② AVANT, AVANT-BRAS, AVANT-CENTRE, AVANT-DERNIER, AVANT-GARDE, AVANT-GOÛT, AVANT-HIER, AVANT-PROPOS, AVANT-VEILLE.

② **avant** **n. m. 1.** *L'avant d'un bateau,* la partie qui est devant. || contr. **arrière** || — **Adj. inv.** *Les roues avant d'une voiture.* **2.** *Les avants d'une équipe de football,* ce sont les joueurs placés devant.

**avantage** **n. m. 1.** Ce qui donne une supériorité à une personne ou à une chose. *Il a l'avantage de parler plusieurs langues.* || contr. **handicap** || *Cet appartement a l'avantage d'être bien exposé.* || contr. **désavantage, inconvénient** ||

2. Supériorité dans un combat, une lutte. *Notre équipe a pris l'avantage sur l'équipe adverse par 3 buts à 1.*

▶ **avantager** v. (conjug. 3) 1. Donner un avantage. *Sa connaissance des langues l'avantage.* || contr. **désavantager** || 2. Embellir. *Cette nouvelle coiffure l'avantage.*

▶ **avantageux** adj. *Un prix avantageux,* intéressant. *La grande boîte est plus avantageuse.* → **économique.**

▶ **avantageusement** adv. *Cette nouvelle machine a avantageusement remplacé l'ancienne,* elle la remplace en mieux. ▷ DAVANTAGE, DÉSAVANTAGE, DÉSAVANTAGER, DÉSAVANTAGEUX.

**avant-bras** n. m. inv. Partie du bras qui va du coude au poignet. *Il a les avant-bras bronzés.*

**avant-centre** n. m. Joueur de football qui joue au centre de la ligne d'attaque. — Au pl. *Des avant-centres.*

**avant-dernier** adj. *C'est l'avant-dernière semaine de classe,* c'est la semaine qui est avant la dernière. — Au masc. pl. *avant-derniers.*

**avant-garde** n. f. 1. *L'avant-garde d'une armée,* la partie qui est envoyée en avant. — Au pl. *Des avant-gardes.* 2. *La peinture d'avant-garde,* très moderne.

**avant-goût** n. m. Aperçu que l'on a de quelque chose qui va se produire. *Ce week-end a donné aux enfants un avant-goût des vacances.* — Au pl. *Des avant-goûts.*

**avant-hier** adv. Le jour qui a précédé hier. *Nous nous sommes vus hier et avant-hier.* → aussi **avant-veille.**

**avant-propos** n. m. inv. Introduction au début d'un livre. → **préface.** — Au pl. *Des avant-propos.*

**avant-veille** n. f. Jour qui précède la veille du jour dont on parle. *Je l'ai vu l'avant-veille de son départ.* — Au pl. *Des avant-veilles.*

**avare** adj. 1. Qui a de l'argent et refuse de le dépenser. *Elle est très avare.* || contr. **dépensier, généreux** || — N. *C'est une avare.* 2. *Luc est avare de conseils,* il n'en donne pas beaucoup.

▶ **avarice** n. f. Refus de dépenser de l'argent. *Il se prive de tout par avarice.*

**avarie** n. f. Dégât qui touche un bateau. *La tempête a causé des avaries au navire.*

▶ **avarié** adj. *De la nourriture avariée,* c'est de la nourriture qui s'est abîmée parce qu'on l'a gardée trop longtemps. → **abîmé, pourri.**

**avatar** n. m. Aventure malheureuse. *Nous avons eu de nombreux avatars au cours de notre voyage.*

**avec** prép. 1. *Luc est avec sa sœur,* en sa compagnie. || contr. **sans** || 2. *Yves s'est battu avec un voyou,* contre un voyou. 3. *Ils ont loué une maison avec piscine,* qui possède une piscine. 4. *Avec ce temps, on ne peut pas sortir,* à cause de ce temps. 5. *Enfonce le clou avec un marteau,* à l'aide d'un marteau. 6. *Il nous a aidés avec gentillesse,* d'une manière gentille.

**avenant** adj. Aimable. → **accueillant.** *La boulangère est très avenante.*

**avènement** n. m. Arrivée au pouvoir. *L'avènement du roi François Ier eut lieu en 1515.*

**avenir** n. m. 1. Le temps à venir. → **futur.** *Les voyantes prédisent l'avenir,* ce qui va arriver. *À l'avenir, soyez* *plus prudents*, à partir de maintenant. → **désormais, dorénavant.** 2. Situation future. *Flora songe à son avenir.*

**aventure** n. f. 1. Ce qui arrive d'imprévu, de suprenant. *Les pirates trouvèrent le trésor après bien des aventures.* 2. Action qui comporte des risques. *Luc n'a pas le goût de l'aventure. Nous avons marché à l'aventure,* sans but précis. → au **hasard.** 3. *Une bohémienne m'a dit la bonne aventure,* m'a prédit mon avenir.

▶ s'**aventurer** v. (conjug. 1) Prendre le risque d'aller dans un endroit dangereux. → se **risquer.** *Je ne m'aventurerais pas dans la forêt la nuit.*

▶ **aventureux** adj. 1. Plein d'aventures. *Flora aimerait mener une vie aventureuse.* 2. Plein de risques. *Ce projet est trop aventureux.* → **hasardeux.**

▶ **aventurier** n. m., **aventurière** n. f. Personne qui recherche l'aventure.

▷ MÉSAVENTURE.

**avenue** n. f. Large rue souvent bordée d'arbres. → **boulevard.**

s'**avérer** v. (conjug. 6) Se révéler. *Cette pommade s'est avérée efficace contre les démangeaisons.*

**averse** n. f. Forte pluie de courte durée. *Anne et Flora sont sorties entre deux averses. Une averse de grêle.*

**aversion** n. f. Sentiment de mépris, de dégoût. → **antipathie, répulsion.** || contr. **amour, sympathie** || *Il a de l'aversion pour son voisin.*

**avertir** v. (conjug. 2) *Avertir quelqu'un d'un danger,* c'est l'en informer pour qu'il y fasse attention. → **prévenir.**

▶ **avertissement** n. m. Mise en garde, appel à l'attention, à la prudence. → **conseil, recommandation.** *Écoutez bien mes avertissements.*

▶ **avertisseur** n. m. Appareil destiné à avertir. *Les ambulances ont des avertisseurs sonores.* → **klaxon.**

**aveu** n. m. 1. *Je vais vous faire un aveu,* vous dire une chose difficile ou pénible. 2. *L'accusé est passé aux aveux,* il a reconnu qu'il était coupable. → aussi **avouer.**

**aveugle** adj. 1. Qui ne voit pas. *Il est né aveugle.* — N. *Anne a aidé une aveugle à traverser la rue.* → aussi **cécité.** 2. Incapable de voir la réalité. *On dit que l'amour rend aveugle. — Il a une confiance aveugle en ses amis,* il a une entière confiance dans ses amis. → **absolu, total.**

▶ **aveuglément** adv. Sans réfléchir. *Il suit ses amis aveuglément.*

▶ **aveugler** v. (conjug. 1) Gêner la vue par une lumière trop vive. → **éblouir.** *Les phares de la voiture nous ont aveuglés.*

▶ **aveuglant** adj. Qui est très lumineux au point d'éblouir. *La lumière de ces phares est aveuglante.*

▶ **aveuglement** n. m. Trop grande confiance. || contr. **clairvoyance, lucidité** || *Son aveuglement le perdra.*

▶ à l'**aveuglette** adv. 1. Sans y voir. *Ils avançaient dans le tunnel à l'aveuglette.* 2. Au hasard. *Il ne faut pas prendre une décision à l'aveuglette.*

**aviateur** n. m., **aviatrice** n. f. Personne qui pilote un avion ou qui fait partie de l'équipage. *Hélène Boucher fut une grande aviatrice.*

**aviation** n. f. 1. Tout ce qui concerne les avions. *Les avions décollent et atterrissent sur un terrain d'aviation.* 2. Ensemble des avions. *Pendant la guerre, il a combattu dans l'aviation.*

avocat

**avide** adj. Qui désire quelque chose avec force. *Napoléon était avide de gloire.*
▶ **avidité** n. f. Désir très fort. → **convoitise.**

s'**avilir** v. (conjug. 2) Devenir méprisable, vil. *Elle s'est avilie en acceptant ce marché.*

**avion** n. m. Appareil volant qui a un moteur et des ailes. *Julie a pris l'avion pour aller en Espagne.* ▷ HYDRAVION, PORTE-AVIONS.

**aviron** n. m. Rame. *Sers-toi des avirons pour faire avancer la barque.*

**avis** n. m. 1. Opinion. *Donne-moi ton avis sur ce problème. Il change tout le temps d'avis.* 2. Texte qui informe sur un sujet précis. *Avis au public : les chiens sont interdits sur cette plage.*
▶ **aviser** v. (conjug. 1) 1. Avertir. *Luc nous a avisés de sa décision.* 2. *Flora s'est avisée trop tard de son oubli,* elle s'en est aperçue trop tard. 3. *Ne t'avise pas de recommencer,* n'essaie pas. ▷ PRÉAVIS.

① **avocat** n. m., **avocate** n. f. Personne dont le métier est d'aider les gens à comprendre la loi et à se défendre devant un tribunal. *Maître Dupont, avocat à la cour.*

② **avocat** n. m. Fruit vert ou marron, à gros noyau, de la forme et de la taille d'une poire. *Les avocats poussent dans les pays chauds.*

**avoine** n. f. Plante dont le grain sert de nourriture aux chevaux et aux volailles. *On fait des bouillies avec des flocons d'avoine.*

① **avoir** v. (conjug. 34) 1. Posséder. *Luc a les yeux bleus. Flora a une sœur. Je n'ai pas de voiture.* 2. Obtenir. *Il a eu son bac à 18 ans.* 3. Ressentir. *Yves avait mal au cœur.* 4. *Julie a sa leçon à apprendre,* elle doit apprendre sa leçon. 5. *Il y a,* il existe. *Il n'y a plus de beurre. Il y a huit jours qu'il est parti,* cela fait huit jours. 6. **Auxiliaire.** *Je n'ai pas gagné. Il avait fini ses devoirs.*
▶ ② **avoir** n. m. Ce que l'on possède. *Il a gaspillé tout son avoir.* ▷ NAGUÈRE.

**avoisinant** adj. *Il y a des chats abandonnés dans les rues avoisinantes,* qui sont tout près. → **proche, voisin.**

**avorter** v. (conjug. 1) 1. Donner naissance à un enfant ou à un petit pas assez développé pour qu'il puisse vivre. *Ma chienne a avorté.* 2. Échouer. *Son projet a avorté.*
▶ **avortement** n. m. Interruption précoce d'une grossesse.

**avouer** v. (conjug. 1) *Yves a avoué avoir copié sur son voisin,* il a reconnu que c'était vrai. ‖ contr. **nier** ‖ *L'accusé a fini par avouer,* il a reconnu qu'il était coupable. → aussi **aveu.**
▶ **avouable** adj. Que l'on peut dire sans honte. *Ses intentions sont avouables.* ▷ DÉSAVOUER, INAVOUABLE.

# AVIONS

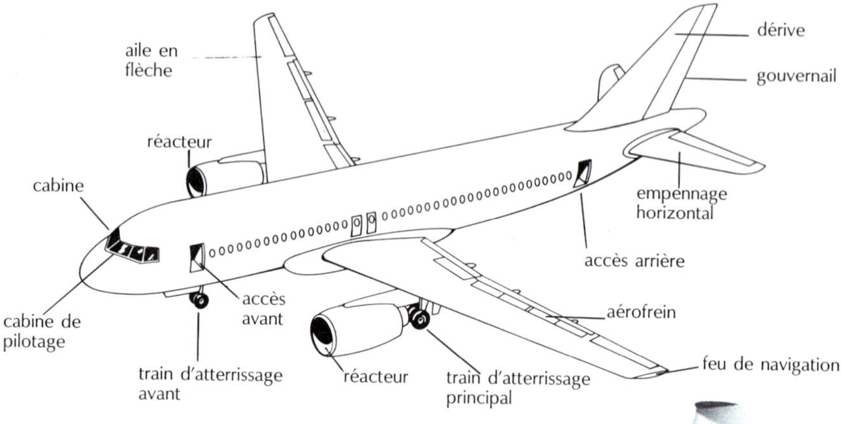


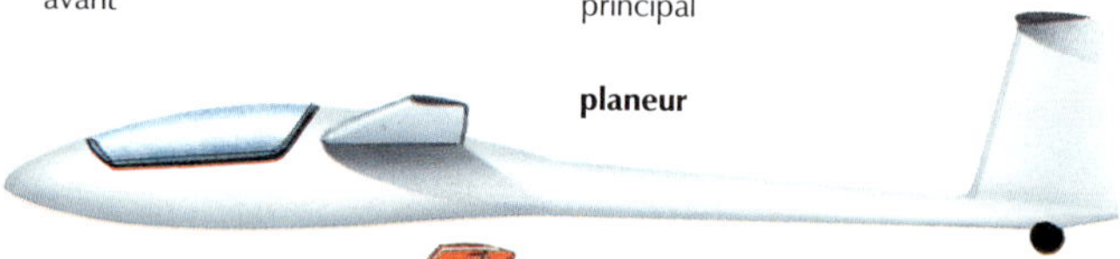

**planeur**

**SIFA GTR 300**

**hydravion**

**hélicoptère léger P 120 L**

**Canadair**

**Super Puma**

**Transall C 160**

ATR 42

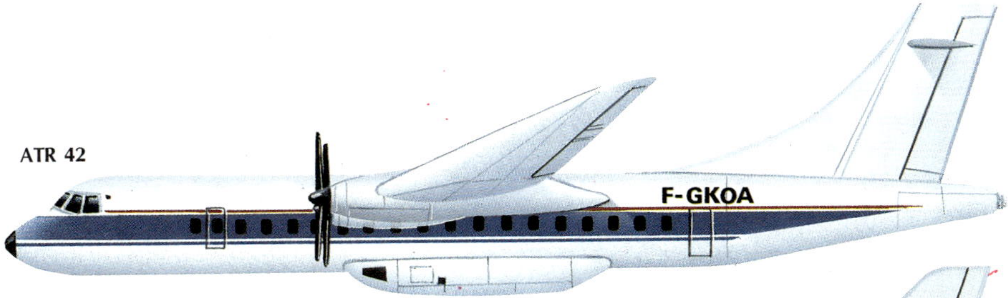


Falcon 900

Concorde

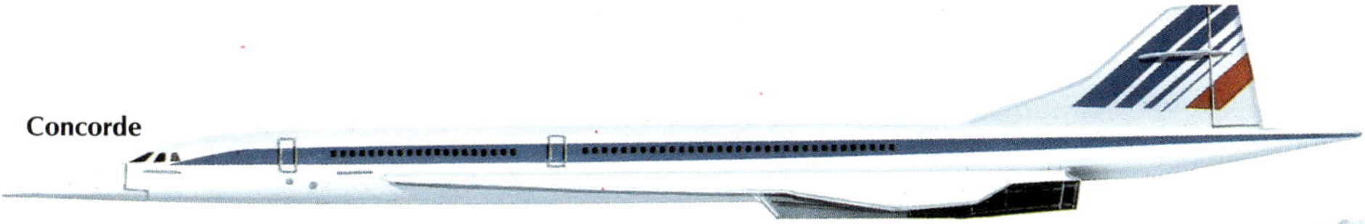

Boeing 747

Airbus 340

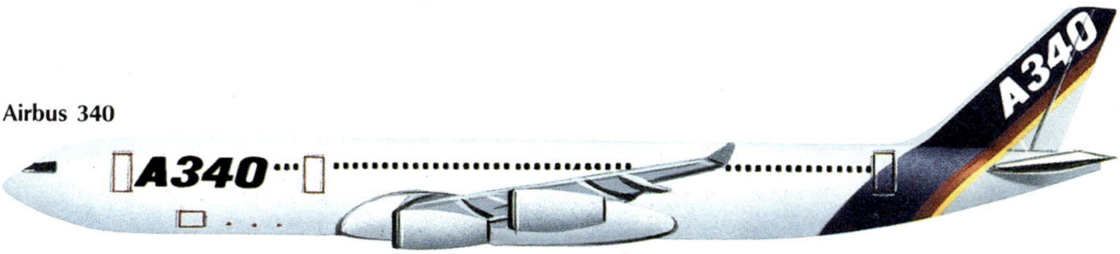

**avril** n. m. Quatrième mois de l'année, qui a 30 jours. *Le 1er avril, les gens se font des farces.*

**axe** n. m. 1. Ligne qui passe au milieu de quelque chose. *Une ligne blanche marque l'axe de la route.* 2. *L'axe d'une roue,* la tige qui permet à la roue de tourner sur elle-même. 3. *Les grands axes de circulation,* les grandes routes qui traversent un pays.

**azalée** n. f. Arbuste qui donne de très belles fleurs. *Une azalée en pot.*

**azimut** n. m. Familier. *Les élèves sont partis dans tous les azimuts,* dans toutes les directions.

azalée

**azote** n. m. Gaz qui constitue les quatre cinquièmes de l'air.

**azur** n. m. Couleur bleue du ciel et de la mer. *Luc a des yeux d'azur.*

# B

**baba** n. m. Gâteau arrosé de rhum.

**babiller** v. (conjug. 1) *Le bébé babille,* il fait entendre des bruits qui ne sont pas encore des mots. → **gazouiller**.

**babines** n. f. pl. 1. Lèvres de certains animaux. *Le chien grogne en retroussant les babines.* 2. *En pensant au gâteau qu'il va manger, Yves se lèche les babines,* il se réjouit de le manger.

**babiole** n. f. 1. Petit objet sans valeur. → **bricole.** 2. Chose sans importance. *Ils se sont fâchés pour des babioles.* → **bêtise**.

**bâbord** n. m. Côté gauche d'un bateau, quand on regarde vers l'avant. → aussi **tribord.** *Il y a des rochers à bâbord.*

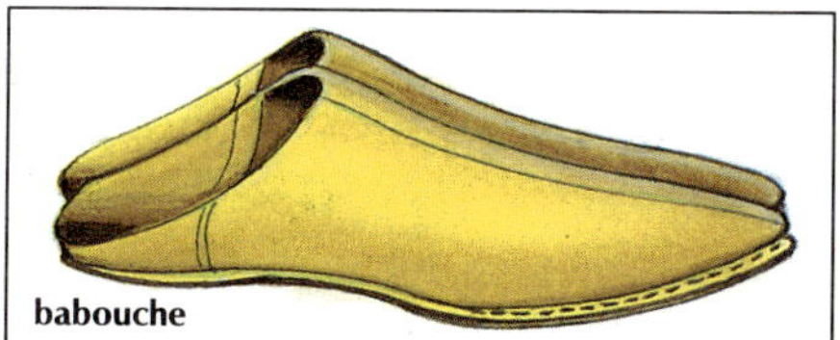

babouche

**babouche** n. f. Chaussure de cuir plate et souple qui laisse le talon libre. *Dans les pays arabes, on porte des babouches.*

**babouin** n. m. Singe au museau allongé et aux lèvres proéminentes. *Les babouins vivent en Afrique.*

babouin

**baby-foot** [babifut] n. m. inv. Ce mot vient de l'anglais. Table de jeu sur laquelle on joue au football en faisant bouger des joueurs en bois à l'aide de manettes. — **Au pl.** *Des baby-foot.*

**baby-sitter** [babisitœr] **n. m.** et **f.** Ce mot vient de l'anglais. Personne qui garde les enfants quand les parents sont sortis. *Les baby-sitters sont souvent des étudiants.*

① **bac** **n. m.** Bateau qui sert à transporter des personnes et des véhicules d'une rive à l'autre d'un fleuve ou d'un bras de mer.

② **bac** **n. m.** Récipient. *Des bacs à fleurs. Les bacs à glace du réfrigérateur servent à faire des glaçons.* ▷ BAQUET.

③ **bac** **n. m.** Baccalauréat → **bachot.**

**baccalauréat** **n. m.** Examen que l'on passe à la fin des études secondaires. → ③ **bac, bachot,** et aussi **bachelier.**

**bâche** **n. f.** Grande couverture en tissu imperméable. *La voiture est recouverte d'une bâche.*

**bachelier** **n. m., bachelière** **n. f.** Personne qui a obtenu le baccalauréat.

**bachot** **n. m.** Baccalauréat. → ③ **bac.**

**bacille** **n. m.** Microbe de très petite taille en forme de petit bâton, composé d'une seule cellule. → aussi **bactérie.** *Certains bacilles donnent des maladies.*

**bâcler** **v.** (conjug. 1) *Bâcler un travail,* le faire trop vite et sans s'appliquer. ‖ contr. **fignoler** ‖ *Ce devoir est bâclé.*

**bactérie** **n. f.** Être vivant de très petite taille formé d'une seule cellule. → aussi **bacille.**

**badaud** **n. m.** Personne curieuse qui s'arrête dans la rue pour regarder ce qui se passe. *Une foule de badauds regardait l'accident.*

**badge** **n. m.** Insigne portant une inscription ou une image que l'on épingle sur ses vêtements. → aussi **pin's.** — **Au pl.** *Des badges.*

**badigeon** **n. m.** Peinture faite avec de l'eau, de la chaux et un colorant, avec laquelle on peint les murs extérieurs. *On a passé un coup de badigeon sur les murs du garage.*

▶ **badigeonner** **v.** (conjug. 1) Enduire d'une couche de badigeon. *Le peintre a badigeonné la façade. — Les genoux de Flora sont badigeonnés de mercurochrome,* ils sont enduits de mercurochrome.

**baffle** **n. m.** Ce mot vient de l'anglais. Haut-parleur d'une chaîne stéréo. *Les deux baffles sont de chaque côté du canapé.*

**bafouer** **v.** (conjug. 1) Traiter avec mépris. *Il a été bafoué devant tout le monde.* → **outrager.**

**bafouiller** **v.** (conjug. 1) Parler d'une manière embrouillée, en cherchant ses mots et en n'articulant pas bien. → **balbutier, bredouiller.** *Il bafouilla d'émotion.*

**bagage** **n. m. 1.** *Les bagages,* ce sont les valises, les paquets que l'on emporte avec soi en voyage. *Ils ont fait enregistrer leurs bagages avant de prendre l'avion. — Ils ont plié bagage,* ils sont partis. **2.** *Il a un important bagage en histoire,* il a beaucoup de connaissances en histoire. ▷ PORTE-BAGAGES.

**bagarre** **n. f.** Échange de coups. → **bataille.** *Il va y avoir de la bagarre.*

▶ se **bagarrer** **v.** (conjug. 1) Se battre. *Yves et Alex se bagarrent souvent.*

▶ **bagarreur** **adj.** *Yves est très bagarreur,* il aime se battre. → **batailleur.**

**bagne** n. m. **1.** Lieu où l'on envoyait autrefois les criminels condamnés aux travaux forcés. **2.** *C'est le bagne, ici !* les conditions de travail sont très dures.

▶ **bagnard** n. m. Criminel qui était emprisonné dans un bagne. *Les bagnards portaient des habits rayés noir et blanc.* → aussi **forçat.**

**bagout** ou **bagou** n. m. Familier. *Ce vendeur a beaucoup de bagout,* il parle beaucoup et est très persuasif.

**bague** n. f. Anneau que l'on porte au doigt et qui est parfois orné d'une pierre précieuse.

**baguette** n. f. **1.** Petit bâton mince. *La baguette du chef d'orchestre. Les Asiatiques mangent avec des baguettes.* **2.** Pain long et mince.

**baguette**

**bah !** interj. Mot qui sert à exprimer l'indifférence, l'insouciance. *Bah ! Cela n'a pas d'importance.* → **tant** pis.

**bahut** n. m. Buffet large et bas. *Un bahut breton.*

① **baie** n. f. Partie de la côte où la mer rentre dans la terre. → **anse, crique** et aussi **golfe.** *La baie de Douarnenez.*

② **baie** n. f. Grande fenêtre. *Des baies vitrées donnent sur le jardin.*

③ **baie** n. f. Petit fruit juteux contenant des pépins. *Les groseilles, les mûres et les myrtilles sont des baies.*

**baigner** v. (conjug. 1) *La maman baigne son bébé,* elle lui donne un bain. — *Yves aime se baigner dans la mer,* se mettre dans la mer pour le plaisir, pour nager. **2.** *L'Atlantique et la Manche baignent la Bretagne,* ils l'entourent. **3.** *La viande baignait dans la sauce,* trempait dedans.

▶ **baignade** n. f. Bain dans la mer, la rivière ou la piscine. *Cette plage est dangereuse, la baignade y est interdite.*

▶ **baigneur** n. m., **baigneuse** n. f. **1.** Personne qui se baigne dans la mer, la rivière ou la piscine. *Les baigneurs sont nombreux aujourd'hui.* **2.** n. m. Poupée représentant un bébé. *Julie joue avec son baigneur.*

▶ **baignoire** n. f. Grand récipient dans lequel on prend des bains pour se laver.

**bail** n. m. [pl. *baux*] Contrat que l'on signe quand on loue un appartement, un magasin, etc. *Ils ont signé un bail de trois ans.*

**bâiller** v. (conjug. 1) Ouvrir très grand la bouche sans le faire exprès en inspirant. *Julie bâille de sommeil.*

▶ **bâillement** n. m. *Des bâillements d'ennui.* ▷ BÂILLON, BÂILLONNER, ENTREBÂILLEMENT, ENTREBÂILLER.

**bâillon** n. m. Morceau de tissu que l'on met sur la bouche de quelqu'un pour l'empêcher de parler ou de crier.

▶ **bâillonner** v. (conjug. 1) *Le voleur a bâillonné sa victime,* il lui a mis un bâillon.

**bain** n. m. *Julie prend un bain chaque soir,* elle se met dans la baignoire pour se laver. → aussi **douche.** *Pour se baigner dans la mer ou dans une piscine, on met un maillot de bain.* — *Elle prend un bain de soleil,* elle se met au soleil pour bronzer.

▸ **bain-marie** n. m. *Cette sauce se fait au bain-marie,* dans un récipient qui trempe dans de l'eau chaude. — Au pl. *Des bains-marie.*

**baïonnette** n. f. **1.** Lame pointue qui se fixait au bout d'un fusil de guerre. **2.** *Une ampoule à baïonnette* se fixe sur la douille à l'aide de deux petites tiges. *Il y a des ampoules à baïonnette et des ampoules à vis.*

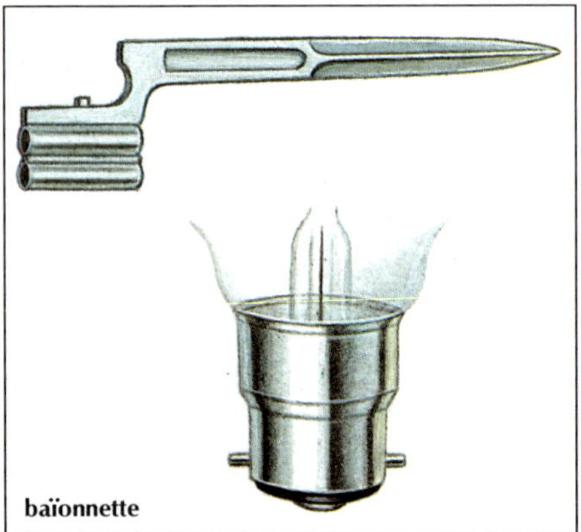
baïonnette

① **baiser** v. (conjug. 1) *Les messieurs distingués baisent la main des dames pour les saluer,* ils effleurent de leurs lèvres le dos de la main des dames.

▸ **baisemain** n. m. Geste de politesse qui consiste, pour un homme, à embrasser la main d'une dame. *Ce vieux monsieur pratique le baisemain.*

▸ ② **baiser** n. m. *Donne-moi un baiser,* embrasse-moi. → ② **bise.**

**baisser** v. (conjug. 1) Mettre plus bas, faire descendre. *Baisse la vitre de la voiture.* → **abaisser.** ‖ contr. **lever, relever** ‖ **2.** *Anne baisse la tête,* elle la penche. → **courber, incliner.** — *Il faut se baisser pour entrer dans la grotte.* **3.** Rendre moins fort, diminuer. *Baisse un peu le son, c'est trop fort.* ‖ contr. **monter** ‖ **4.** Devenir moins haut. *Le niveau des rivières baisse en été.* → **descendre.** *Les prix ont baissé.* ‖ contr. **augmenter, monter** ‖ **5.** *Quand on vieillit, la vue baisse,* elle devient moins bonne.

▸ **baisse** n. f. Diminution. *La météo a prévu une baisse de la température.* ‖ contr. **hausse** ‖ ▷ ABAISSER, RABAIS, RABAISSER.

**bajoue** n. f. Joue qui pend, chez une personne grosse ou vieille.

**bal** n. m. [pl. *bals*] Fête où les gens dansent. *Le 14 juillet, il y a de nombreux bals dans toute la France.* ◊ homonyme : balle.

se **balader** v. (conjug. 1) Familier. Se promener. *Ils se sont baladés dans la forêt.*

▸ **balade** n. f. Familier. Promenade. *Ils ont fait une grande balade.* ◊ homonyme : ballade.

▸ **baladeur** n. m. Petit magnétophone à cassettes muni d'un casque très léger, qui sert à écouter de la musique, et que l'on peut porter sur soi. → **walkman.**

**balafre** n. f. Longue coupure faite par un objet tranchant, ou cicatrice d'une blessure. *Il s'est fait une balafre à la joue en se rasant.* → **estafilade.**

▸ **balafré** adj. *Un visage balafré* est marqué d'une longue cicatrice.

**balai** n. m. Brosse souple à long manche, que l'on passe sur le sol pour enlever la poussière, les ordures. *Il faut donner un coup de balai sous la table pour enlever les miettes.* ◊ homonyme : ballet. ▷ BALAYAGE, BALAYER, BALAYETTE, BALAYEUR.

**balance** **n. f.** Instrument qui sert à peser des objets ou des personnes. → **bascule, pèse-personne.** *Julie monte sur la balance et l'aiguille indique 30 kilos.*

▶ **balancer** **v.** (conjug. 3) Faire aller d'un côté puis de l'autre plusieurs fois. *Yves balance les bras en marchant. — Anne se balançait sur sa chaise.*

▶ **balancement** **n. m.** Mouvement de va-et-vient. *Le balancement du bateau sur l'eau m'a rendu malade.*

▶ **balancier** **n. m.** Tige de métal qui va d'un côté et de l'autre, dans les horloges.

▶ **balançoire** **n. f.** Petit siège suspendu à deux cordes sur lequel on s'amuse à se balancer. *Julie fait de la balançoire.* ▷ CONTREBALANCER.

**balayer** **v.** (conjug. 8) **1.** Enlever la poussière, les ordures qui sont par terre, avec un balai. **2.** *Le vent balaie les nuages,* les pousse, les chasse.

▶ **balayage** **n. m.** *Le balayage de la cuisine est terminé.*

▶ **balayeur** **n. m.** Employé chargé de balayer les rues et les lieux publics. *Les balayeurs balaient les quais du métro.*

▶ **balayette** **n. f.** Petit balai.

**balbutier** **v.** (conjug. 7) Dire à voix basse en articulant mal. *Il a balbutié une phrase que personne n'a comprise.* → **bafouiller, bredouiller.**

▶ **balbutiement** **n. m. 1.** Parole mal articulée que l'on n'entend pas bien. *L'enfant timide a répondu par des balbutiements.* **2.** *Les balbutiements d'une science, d'une technique nouvelle,* ce sont ses débuts pleins de maladresse.

**balcon** **n. m.** Petite plate-forme munie d'une balustrade qui surplombe la façade et communique avec une pièce par une porte-fenêtre. → aussi **terrasse.** *Il y a des bacs à fleurs sur le balcon.*

**baldaquin** **n. m.** Petit toit de tissu placé au-dessus d'un lit. *Dans les châteaux, il y a souvent des lits à baldaquin.*

baldaquin

**baleine** **n. f. 1.** Très grand animal qui vit dans la mer. → **cétacé.** *Une baleine peut peser 150 tonnes .* ⤖ planche Mammifères. **2.** *Les baleines de parapluie,* ce sont les tiges de métal sur lesquelles le tissu est tendu.

▶ **baleinier** **n. m.** Bateau qui sert à pêcher la baleine.

**balise** **n. f.** Signal qui indique les endroits dangereux, qui montre le chemin. *Des balises guident le navigateur à l'entrée du port.*

► **baliser** **v.** (conjug. 1) *La piste d'atterrissage est balisée,* elle est signalée par des lumières.

► **balisage** **n. m.** *Le balisage d'une voie ferrée.*

**balivernes** **n. f. pl.** Histoires sans intérêt ou sans importance. → **sornettes.** *Cesse de dire des balivernes !*

**ballade** **n. f.** Poème de plusieurs strophes. *Victor Hugo a écrit des ballades.* ◊ homonyme : balade.

**ballant** **adj.** *Il reste là, les bras ballants,* les bras qui pendent, sans rien faire.

**ballast** **n. m.** Couche de pierres sur laquelle sont posés les rails d'une voie ferrée.

**balle** **n. f. 1.** Petit objet rond avec lequel on joue. *Anne lance la balle à Julie qui l'attrape.* **2.** Petit morceau de métal envoyé par un fusil ou un pistolet et qui peut blesser ou tuer. *Il a reçu une balle en plein cœur et il est mort sur le coup.* ◊ homonyme : bal. ▷ BALLON, BALLONNÉ, PARE-BALLES.

**ballerine** **n. f. 1.** Danseuse de ballet. *Les ballerines portent des tutus.* **2.** Chaussure de femme, très plate, qui ressemble à un chausson de danse. *Flora a des ballerines bleues.*

**ballet** **n. m.** Danse exécutée par des danseurs et des danseuses sur la scène d'un théâtre. *Julie est allée à l'Opéra voir un ballet.* ◊ homonyme : balai.

**ballon** **n. m. 1.** Grosse balle. *Le ballon de football est rond, le ballon de rugby est ovale.* **2.** Mince enveloppe de caoutchouc que l'on gonfle avec un gaz plus léger que l'air et que l'on tient à la main par une ficelle. *Flora lâcha son ballon qui s'envola aussitôt.* **3.** Grosse boule gonflée avec un gaz léger, à laquelle est attachée une nacelle, qui peut voler et transporter des gens. → aussi **dirigeable, montgolfière.** *Autrefois, les hommes voyageaient en ballon.*

► **ballonné** **adj.** *Julie a le ventre ballonné,* gonflé comme un ballon.

**ballot** **n. m.** Paquet. *Un ballot de linge sale.*

**ballottage** **n. m.** *Aux élections, il y a eu ballottage,* aucun des candidats n'a eu assez de voix pour être élu au premier tour.

**ballotter** **v.** (conjug. 1) Secouer dans tous les sens. → **remuer.** *Les passagers du bateau étaient ballottés pendant la tempête.*

**ball-trap** [baltʀap] **n. m.** Ce mot vient de l'anglais. Appareil qui lance des cibles que le joueur doit toucher en tirant avec une carabine. — **Au pl.** *Des ball-traps.*

**balluchon** **n. m.** Petit paquet enveloppé d'un morceau de tissu.

**balnéaire** **adj.** *Une station balnéaire,* c'est une ville située au bord de la mer, où l'on peut se baigner.

**balourd** **adj.** Maladroit et sans délicatesse. → **lourdaud.** — **N. m.** *Quel balourd !*

**balustrade** **n. f.** Barrière qui empêche de tomber dans le vide quand on est sur un balcon, une terrasse ou un pont. → **garde-fou, parapet, rambarde.** *Yves s'appuie à la balustrade.*

**bambin** **n. m.** Petit enfant.

**bambou** **n. m.** [pl. *bambous*] Plante des pays chauds à très haute tige creuse qui est employée pour fabriquer toutes sortes d'objets. *Un fauteuil en bambou.*

**ban** **n. m. 1.** *Publier les bans,* c'est afficher l'annonce d'un mariage. **2.** Applaudissement en cadence. *Un ban pour le vainqueur de la course !* ◊ homonyme : banc.

**banal** **adj.** Ordinaire, qui n'étonne personne. → **commun, courant.** || contr. **bizarre, curieux, étonnant, extraordinaire, original** || *Des faits banals,* sans originalité.

▶ **banalisé** **adj.** *Une voiture banalisée,* une voiture de police que rien ne distingue d'une autre voiture.

▶ **banalité** **n. f.** Chose sans intérêt. *Il ne dit que des banalités.*

**banane** **n. f.** Fruit allongé à grosse peau jaune. *Un régime de bananes.*

▶ **bananier** **n. m.** Plante des pays chauds dont le fruit est la banane.

**banc** **n. m. 1.** Siège avec ou sans dossier, pour plusieurs personnes. **2.** *Un banc de poissons,* une grande quantité de poissons qui se déplacent ensemble. *Un banc de sardines.* ◊ homonyme : ban. ▷ BANQUETTE.

**bancaire** **adj.** *Un chèque bancaire,* c'est un chèque que l'on peut toucher dans une banque.

**bancal** **adj.** *Une table bancale,* dont les pieds n'ont pas tous la même hauteur. || contr. **stable** || *Des meubles bancals.* → **branlant.**

**bandage** **n. m.** Pansement fait avec une bande de tissu. *Il avait un bandage autour de la cheville.*

① **bande** **n. f.** Groupe de personnes qui sont ensemble. *Une bande de jeunes.* ▷ DÉBANDADE.

② **bande** **n. f. 1.** Morceau de tissu, de papier, long et étroit. *Une bande de papier adhésif.* **2.** *Une bande dessinée,* une suite de dessins qui racontent une histoire. *Luc a beaucoup d'albums de bandes dessinées.* — On dit aussi *B.D.* **3.** Long ruban sur lequel sont enregistrés des sons ou des images. *La bande magnétique d'une cassette.*

▶ **bandeau** **n. m.** Bande de tissu qui tient les cheveux. — **Au pl.** *Des bandeaux.*

▶ **bander** **v.** (conjug. 1) Entourer d'une bande. *On lui a bandé la cheville. — L'otage avait les yeux bandés.*

▶ **banderole** **n. f.** Bande de tissu tendue entre deux bâtons, qui porte une inscription. *Les manifestants brandissent des banderoles.* ▷ BANDAGE, PLATE-BANDE.

**bandit** **n. m.** Malfaiteur → **voleur.** *La police a arrêté les bandits.* → **gangster.**

▶ **banditisme** **n. m.** L'activité des bandits. *La police lutte contre le banditisme.*

**bandoulière** **n. f.** *Anne porte son sac en bandoulière,* en mettant la courroie du sac sur son épaule.

**banjo** [bɑ̃dʒo] **n. m.** Instrument de musique qui ressemble à une petite guitare ronde. — **Au pl.** *Des banjos.*

**banlieue** **n. f.** Ensemble des communes qui entourent une grande ville. *Ils habitent dans la banlieue de Paris.*

▶ **banlieusard** **n. m.**, **banlieusarde** **n. f.** Personne qui habite en banlieue.

**bannière** **n. f.** Drapeau.

**bannir** **v.** (conjug. 2) **1.** *Bannir quelqu'un,* c'est le chasser de son pays. → **exiler, expulser.** 2. *Il a banni le sucre de son alimentation.* → **supprimer.**

**banque** n. f. Établissement où l'on peut déposer de l'argent et en emprunter. *Elle a un compte en banque.* ▷ BANCAIRE, BANQUIER.

**banquet** n. m. Repas de fête auquel assistent de nombreuses personnes.

**banquette** n. f. Banc rembourré. *En voiture, les enfants sont assis sur la banquette arrière.*

**banquier** n. m. Personne qui dirige une banque.

**banquise** n. f. Étendue de glace flottant dans les mers polaires. → aussi **iceberg.**

**baobab** n. m. Très gros arbre d'Afrique tropicale.

baobab

**baptême** [batɛm] n. m. 1. Cérémonie au cours de laquelle on devient chrétien. → aussi **baptiser.** 2. *Le baptême de l'air,* le premier vol que l'on fait en avion.

**baptiser** [batize] v. (conjug. 1) 1. Donner le baptême. *Ils ont fait baptiser leurs enfants.* 2. Donner un nom. → **appeler.** *Julie a baptisé son chat Tibère.*

**baquet** n. m. Grande cuve en bois.

① **bar** n. m. 1. Endroit où des clients viennent boire. → **café.** 2. Comptoir d'un bar, d'un café. *Il a pris son café au bar.* ◊ homonyme : barre. ▷ BARMAN.

② **bar** n. m. Poisson de mer à chair délicieuse. → **loup.** *Ils ont mangé du bar au fenouil.*

**baragouiner** v. (conjug. 1) Parler très mal, en faisant des fautes. *Luc baragouine quelques mots d'allemand.*

**baraque** n. f. Petite maison en bois, peu solide. → **cabane.**
► **baraquement** n. m. Maison provisoire, destinée à loger des ouvriers près de leur chantier ou des réfugiés.

**baratin** n. m. Familier. Discours mensonger qu'il ne faut pas croire. *C'est du baratin !*

**barbant** adj. Ennuyeux. *Un livre barbant.*

**barbare** n. m. et f. Personne cruelle. → **brute.** *Les bandits se sont comportés comme des barbares.* — Adj. *Ces procédés sont barbares.* → **sauvage.**
► **barbarie** n. f. Grande cruauté. *Torturer est un acte de barbarie.*

**barbe** n. f. 1. Poils qui poussent sur la figure d'un homme. *Il s'est laissé* *pousser la barbe et la moustache.* **2.** Chose ennuyeuse. *Quelle barbe de devoir se lever tôt !* quelle corvée ! ▷ BARBANT, BARBELÉ, BARBER, BARBICHE, BARBU, BARBUE.

**barbecue** [baʀbəkju] **n. m.** Gril au charbon de bois installé en plein air. *Ils ont fait griller des brochettes sur le barbecue.*

**barbelé** **adj.** *Du fil de fer barbelé,* garni de pointes de fer. — **N. m.** *Le champ est entouré de barbelés.*

**barber** **v.** (conjug. 1) **Familier.** Ennuyer. *Cela me barbe de faire ce devoir. — Elle s'est barbée toute la journée,* elle s'est ennuyée.

**barbiche** **n. f.** Petite touffe de barbe sur le menton. → **bouc.**

**barboter** **v.** (conjug. 1) S'agiter dans l'eau. *Les enfants barbotaient dans la piscine.*

**barbouiller** **v.** (conjug. 1) Salir. *Flora a barbouillé le mur avec de la confiture.*
▸ **barbouillage** **n. m.** Dessin fait vite et mal. → **gribouillage.**
▸ **barbouillé** **adj.** *Se sentir barbouillé, avoir l'estomac barbouillé,* avoir mal au cœur, envie de vomir. ▷ se DÉBARBOUILLER.

**barbu** **adj.** Qui a une barbe. *Un jeune homme barbu et moustachu.* ‖ contr. **imberbe** ‖ — **N. m.** *Un barbu.*

**barbue** **n. f.** Poisson de mer, à la chair délicieuse, qui a une sorte de petite barbe. *Des filets de barbue à l'oseille.*

**barde** **n. f.** Mince tranche de lard gras. *Le boucher entoure le rôti d'une barde.*
▸ **barder** **v.** (conjug. 1) Envelopper d'une barde. *Le boucher barde le rosbif.*

**barbue**

**barème** **n. m.** Liste de calculs déjà faits. *Le barème des impôts.*

**baril** **n. m.** Petit tonneau. *Un baril de lessive.*
▸ **barillet** **n. m.** Cylindre dans lequel on met les cartouches d'un revolver.

**bariolé** **adj.** De plusieurs couleurs vives mélangées. *Une écharpe bariolée.*

**barman** [baʀman] **n. m.** Ce mot vient de l'anglais. Homme qui sert des boissons alcoolisées, des cocktails, derrière le bar d'un hôtel, d'une boîte de nuit, etc. — **Au pl.** *Des barmans* ou *des barmen.*

**baromètre** **n. m.** Appareil servant à mesurer la pression de l'air et à prévoir le temps qu'il va faire. *Le baromètre monte, il va faire beau.*

**baron** **n. m.**, **baronne** **n. f.** Personne noble dont le titre est entre celui de chevalier et celui de vicomte.

**baroque** **adj.** **1.** *Le style baroque* est un style du 17^e^ siècle, très orné, avec des sculptures peintes ou dorées. **2.** Bizarre. *Julie a souvent des idées baroques.* → **extravagant.**

**barque** n. f. Petit bateau.

▶ **barquette** n. f. Petite tarte en forme de barque. *Une barquette aux fraises.* ▷ DÉBARCADÈRE, DÉBARQUEMENT, DÉBARQUER, EMBARCADÈRE, EMBARCATION, EMBARQUEMENT, EMBARQUER, REMBARQUER.

**barrage** n. m. 1. *La police a établi des barrages sur toutes les routes*, elle a barré les routes. 2. Grand mur construit en travers d'une rivière pour retenir l'eau. *Il y a une centrale hydroélectrique à côté du barrage. Un lac de barrage.*

**barre** n. f. 1. Morceau de bois, de métal ou de plastique, allongé et droit. *Il a assommé le gardien avec une barre de fer. Dans le gymnase, on peut faire des exercices aux barres parallèles et à la barre fixe.* 2. Trait allongé. *La barre du **t**.* 3. Levier qui sert à manœuvrer le gouvernail d'un bateau. *Le capitaine est à la barre.* 4. Petite barrière placée devant les juges, dans un tribunal. *Le témoin est appelé à la barre.* 5. Zone de hautes vagues. *Le nageur n'arrive pas à franchir la barre.* ◇ homonymes : ① et ② bar.

▶ **barreau** n. m. 1. Petite barre. *Les fenêtres des prisons sont munies de barreaux.* 2. *Être inscrit au barreau*, être avocat. ▷ BARRAGE, BARRER, BARRETTE, BARREUR, BARRIÈRE, GARDE-BARRIÈRE.

**barrer** v. (conjug. 1) 1. *Les ouvriers ont barré la route*, ils en empêchent l'accès. → **boucher.** 2. Diriger un bateau en tenant la barre. *C'est le capitaine qui barre son bateau.* 3. Supprimer ce qui est écrit en faisant un trait dessus. → **biffer, raturer, rayer.** *Son nom a été barré sur la liste.*

**barrette** n. f. Pince qui sert à tenir les cheveux. *Une barrette en écaille.*

**barreur** n. m. Personne qui tient la barre sur un bateau.

**barricade** n. f. Barrage construit en travers d'une rue avec des pavés et divers objets. *Les manifestants ont élevé des barricades.*

▶ **barricader** v. (conjug. 1) 1. *Barricader une porte*, la fermer avec une barre, mettre des meubles devant pour que l'on ne puisse pas l'ouvrir de l'extérieur. 2. *La vieille dame s'est barricadée chez elle*, elle a fermé solidement toutes les ouvertures. → s'**enfermer.**

**barrière** n. f. Assemblage de morceaux de bois ou de métal qui ferme un passage, sert de clôture. *La barrière d'un jardin. Les barrières du passage à niveau sont baissées : le train arrive.* → aussi **garde-barrière.**

**barrique** n. f. Tonneau qui contient 200 litres. *Une barrique de vin rouge.*

**barrir** v. (conjug. 2) *L'éléphant barrit*, il pousse son cri.

▶ **barrissement** n. m. Cri de l'éléphant.

**baryton** n. m. Chanteur dont la voix se situe entre la voix haute du ténor et la voix grave de la basse.

① **bas** adj., adv. et n. m.

▭ **adj.** 1. Qui a peu de hauteur, est près du sol. ‖ contr. **haut** ‖ *Une table basse.* 2. Penché vers le sol. *Luc avait tellement honte qu'il marchait la tête basse*, la tête baissée. 3. *Parler à voix basse*, doucement. 4. Dont le chiffre n'est pas élevé. *Dans ce magasin, les prix sont très bas.* ‖ contr. **cher, élevé** ‖ *Ils ont des enfants en bas âge*, très jeunes. 5. De mauvaise qualité. *Le boucher donne les bas morceaux à son chien,* les morceaux de viande les moins bons. *Elle a la vue basse*, elle ne voit pas bien. **6.** Méprisable. *C'est une basse vengeance.* → **ignoble, vil.**

▭ **adv. 1.** À une faible hauteur, près du sol. *Les hirondelles volent bas.* || contr. **haut** || **2.** Doucement. *Nous parlions tout bas*, à mi-voix. || contr. **fort** || **3.** *La malade est bien bas*, elle est dans un mauvais état physique. **4.** *La vache a mis bas*, elle a donné naissance à son petit.

▭ **n. m. 1.** La partie inférieure. || contr. **haut** || *Signez au bas de la page. Luc n'est pas monté, il est resté en bas.* **2.** *Dans la vie, il y a des hauts et des bas*, des moments où cela va bien et des moments où cela va mal. **3.** *À bas la guerre !* nous sommes contre la guerre, nous n'en voulons pas. || contr. **vive !** || ▷ BAS-CÔTÉ, BASE, BASER, BAS-FOND, BAS-RELIEF, BASSE, BASSE-COUR, BASSEMENT, BASSESSE, BASSET, BASSON, BAS-VENTRE, BRANLE-BAS, en CONTREBAS, CONTREBASSE, SOUBASSEMENT.

② **bas** **n. m.** Vêtement de matière souple, qui couvre le pied et la jambe jusqu'en haut de la cuisse. *Des bas en nylon.* → aussi **collant.**

**basalte** **n. m.** Roche volcanique très dure. *Le basalte sort des volcans à l'état liquide et devient solide ensuite.*

**basané** **adj.** *Un teint basané*, c'est un teint naturellement très bronzé. → **brun.** || contr. **clair, pâle** || *Les Mexicains ont la peau basanée.*

**bas-côté** **n. m.** Côté qui borde une route. *Le camion est garé sur le bas-côté.* — **Au pl.** *Des bas-côtés.*

**bascule** **n. f. 1.** *Un fauteuil à bascule*, c'est un fauteuil sur lequel on peut se balancer d'avant en arrière. → **rocking-chair.** **2.** Balance qui sert à peser des objets lourds ou encombrants.

▶ **basculer** **v.** (conjug. 1) Se renverser de façon que le haut ou le côté soit en bas. *Le car a basculé dans le ravin.*

**base** **n. f. 1.** Partie inférieure. → ① **bas.** *La base de la montagne.* → **pied.** || contr. **haut, sommet** || **2.** *La base d'un triangle*, c'est le côté opposé à l'angle pris pour sommet. **3.** Endroit où sont installés des militaires et leur matériel. *Une base aérienne. Une base navale.* **4.** *Cette sauce est à base de beurre*, il y a surtout du beurre dedans. **5.** *Anne manque de bases en solfège*, elle ne connaît pas les choses les plus importantes. → **rudiment.**

▶ **baser** **v.** (conjug. 1) **1.** *Ce sous-marin est basé à Toulon*, sa base est à Toulon. **2.** Prendre pour élément principal, dans un raisonnement. *Il faut baser une accusation sur des preuves. — Elle s'est basée sur ce qu'elle a vu.* → se **fonder.**

**bas-fond** **n. m.** Endroit de la mer où l'eau n'est pas très profonde mais où l'on peut naviguer sans danger. → aussi **haut-fond.** — **Au pl.** *Des bas-fonds.*

**basilic** **n. m.** Plante aromatique. *Des tomates au basilic.* ◊ homonyme : basilique.

**basilic**

**basilique** n. f. Très grande église. *La basilique du Sacré-Cœur, à Paris.* ◊ homonyme : basilic.

① **basket** n. f. Chaussure de sport montante, à semelle de caoutchouc. *Elle a mis ses baskets.*

② **basket** ou **basket-ball** [baskɛt bol] n. m. Ce mot vient de l'anglais. Jeu entre deux équipes de cinq joueurs qui doivent lancer le ballon dans le panier de l'autre équipe. *Un match de basket.*

► **basketteur** n. m., **basketteuse** n. f. Personne qui joue au basket.

**bas-relief** n. m. Sculpture faite sur un fond dont elle se détache à peine. — Au pl. *Des bas-reliefs.*

bas-relief

**basse** n. f. 1. *Une voix de basse*, c'est la plus grave des voix d'homme. || contr. **ténor** || 2. *Les basses*, ce sont les sons les plus graves d'un instrument de musique. 3. Contrebasse.

**basse-cour** n. f. Cour de ferme où l'on élève des volailles. — Au pl. *Des basses-cours.*

**bassement** adv. De façon méprisable. *Il ne s'intéresse qu'à des détails bassement matériels.*

**bassesse** n. f. Acte bas, méprisable. *Elle est prête à toutes les bassesses pour parvenir à ses fins.*

**basset** n. m. Chien aux pattes très courtes.

**bassin** n. m. 1. Construction remplie d'eau. *Le bassin du jardin des Tuileries à Paris.* 2. Partie d'un port où sont les bateaux. 3. Grande plaine en forme de cuvette. *Le Bassin parisien.* 4. Région arrosée par un fleuve et ses affluents. *Le bassin du Rhône.* 5. Ensemble des os au bas de la colonne vertébrale, où s'attachent les os des cuisses. *Une fracture du bassin.*

► **bassine** n. f. Récipient à anses qui sert pour le ménage. *Elle fait tremper du linge dans une bassine.* → aussi **cuvette.**

**basson** n. f. Instrument de musique à vent, en bois, qui a un son grave. ➳ planche Instruments de musique.

**bastingage** n. m. Barrière qui borde le pont d'un bateau. *Des passagers s'appuyaient au bastingage.*

**bastion** n. m. Construction qui dépasse d'une fortification.

**bas-ventre** n. m. Partie du ventre en-dessous du nombril. — Au pl. *Des bas-ventres.*

**bataille** n. f. 1. Combat. *Les deux armées se sont livré bataille*, se sont battues. *La bataille d'Iéna.* 2. *Il avait les cheveux en bataille*, en désordre.

► **batailler** v. (conjug. 1) S'acharner pour obtenir une chose difficile. → **lutter.** *Il a fallu batailler pour la faire changer d'avis.*

► **batailleur** adj. *Une personne batailleuse*, c'est une personne qui aime se battre. → **bagarreur.**

► **bataillon** n. m. Troupe de soldats qui réunit plusieurs compagnies.

**bâtard** adj. et n. m. 1. adj. *Un chien bâtard* a un père et une mère de races différentes. — N. *Cette chienne est une bâtarde de cocker et d'épagneul.* **2. n. m.** Pain de 250 grammes, plus court que la baguette.

**batavia** **n. f.** Salade de la famille de la laitue.

**bateau** **n. m.** Construction faite pour flotter, naviguer, transporter sur l'eau des personnes et des marchandises. → **navire, vaisseau** et aussi **barque, bâtiment, hors-bord, paquebot, péniche, voilier, yacht.** *Des bateaux de pêche.* **2.** *Les voitures ne doivent pas stationner devant un bateau*, la partie la plus basse d'un trottoir, à la sortie d'un garage.

▶ **batelier** **n. m.**, **batelière** **n. f.** Personne dont le métier est de conduire un bateau sur les rivières et les canaux. → **marinier.**

**bâtir** **v.** (conjug. 2) **1.** Construire. → **édifier.** *La ville a été bâtie sur une colline.* || contr. **démolir, détruire** || **2.** Coudre à grands points. *La robe n'est pas finie, elle est juste bâtie.*

▶ **bâti** **adj.** *Une personne bien bâtie* a un corps bien fait et des muscles solides.

▶ **bâtiment** **n. m. 1.** Construction. → **édifice.** *Ils habitent le bâtiment B, au fond de la cour.* → **immeuble. 2.** *Il travaille dans le bâtiment*, l'ensemble des industries de la construction. **3.** Grand bateau. *Un bâtiment de guerre.*

▶ **bâtisse** **n. f.** Grand bâtiment. *Une bâtisse en béton.* ▷ REBÂTIR.

**bâton** **n. m. 1.** Long morceau de bois que l'on peut tenir à la main. *Le berger marche en s'appuyant sur un bâton.* → **canne.** *Guignol donne des coups de bâton au gendarme.* **2.** Objet long et mince. *Un bâton de rouge à lèvres.*

▶ **bâtonnet** **n. m.** Petit bâton. *Le bâtonnet d'un esquimau.*

**batracien** **n. m.** Animal qui vit sur terre et dans l'eau. *La grenouille, le crapaud sont des batraciens.*

**battage** **n. m.** *Le battage du blé*, la séparation des grains de l'épi, en battant le blé.

① **battant** **n. m. 1.** Bâton de métal suspendu à l'intérieur d'une cloche et qui frappe la paroi de la cloche quand on la sonne. **2.** *Une porte à double battant*, qui s'ouvre en deux parties.

② **battant** **adj.** *Une pluie battante*, très forte. *Luc avait le cœur battant en attendant les résultats de son examen*, son cœur battait très fort.

**battement** **n. m. 1.** Série de coups. *Les battements du cœur.* **2.** Intervalle de temps libre. *Il y a un quart d'heure de battement entre les deux cours.*

**batterie** **n. f. 1.** Ensemble des instruments sur lesquels on tape, dans un orchestre. *Les cymbales, la grosse caisse font partie de la batterie.* → aussi **percussion. 2.** *Une batterie de casseroles*, une série de casseroles. **3.** Ensemble d'éléments qui fournissent de l'électricité. *Il faut recharger la batterie de la voiture.* → **accus.**

**batteur** **n. m. 1.** Personne qui tient la batterie dans un orchestre. **2.** Ustensile de cuisine qui sert à battre ou mélanger. → **fouet.** *Un batteur électrique.*

**battre** **v.** (conjug. 41) **1.** Donner des coups. *Le chasseur a battu son chien qui s'était échappé. — Luc et Yves se sont battus.* → se **bagarrer. 2.** Remporter une victoire. → **vaincre.** *Charles Martel battit les Arabes à Poitiers en 732.* **3.** *Battre le blé*, séparer les grains des épis. **4.** Mélanger. *Il faut battre les œufs pour faire une omelette.* **5.** Par-

# BATEAUX

voilier

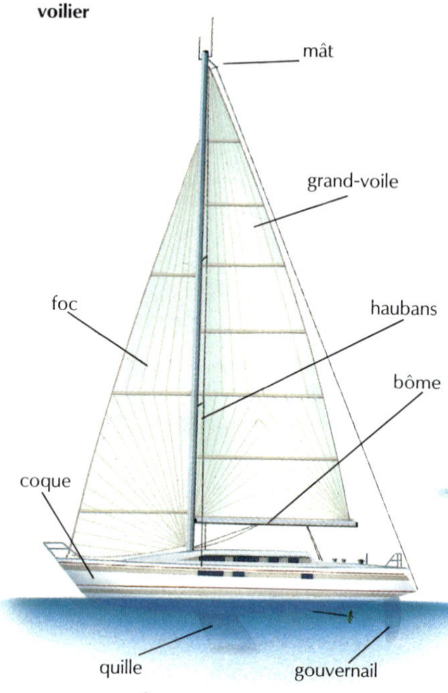


barque

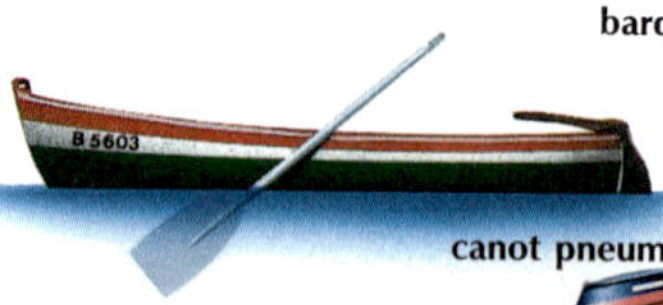


canot pneumatique

kayak

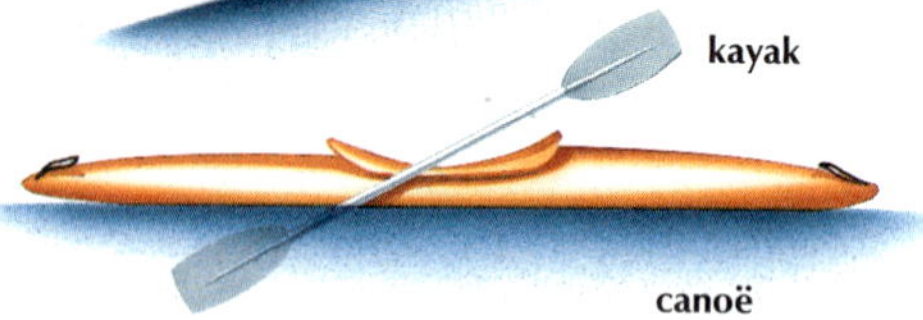

canoë

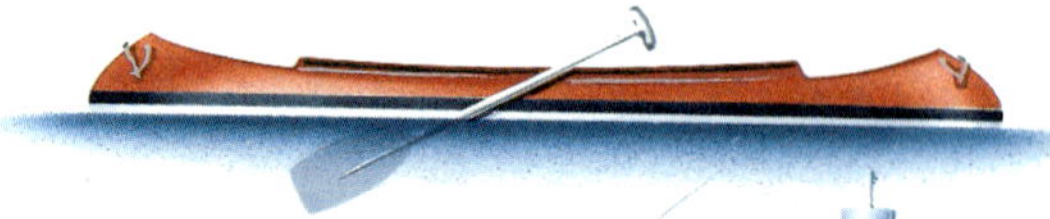

vedette à moteur

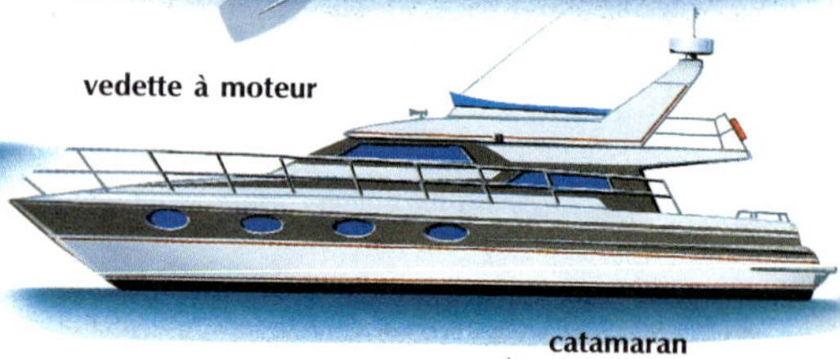

trois-mâts

catamaran

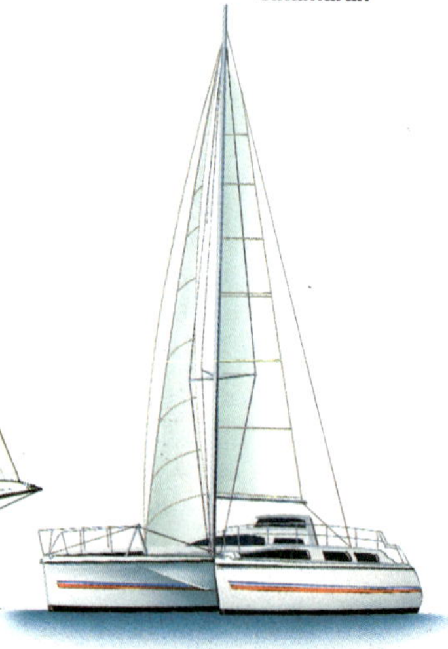

thonier

remorqueur

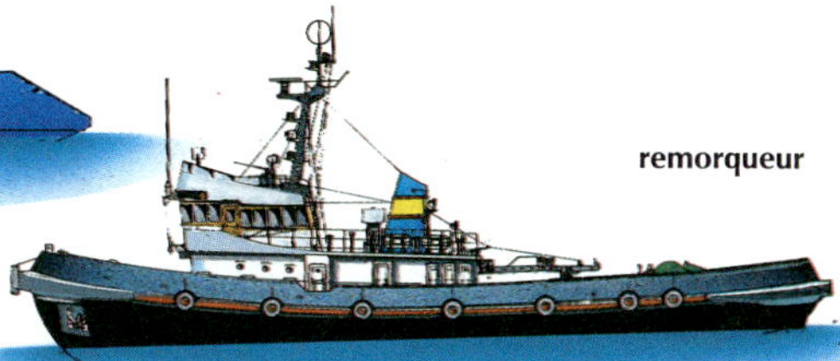

péniche

sous-marin

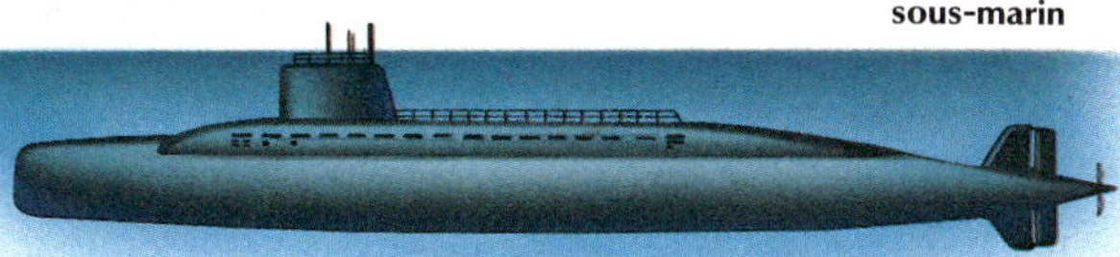

ferry

paquebot

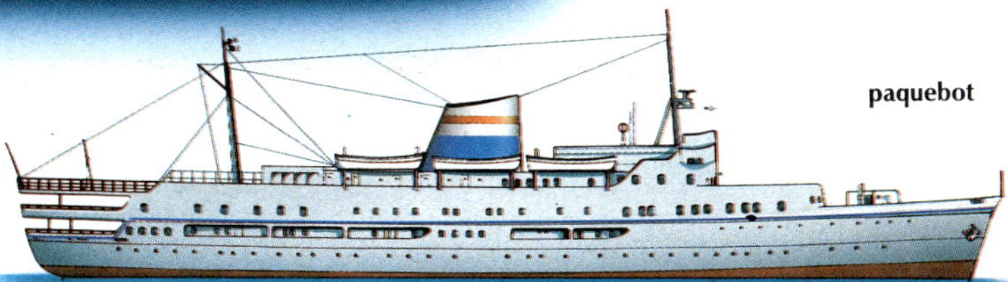

pétrolier

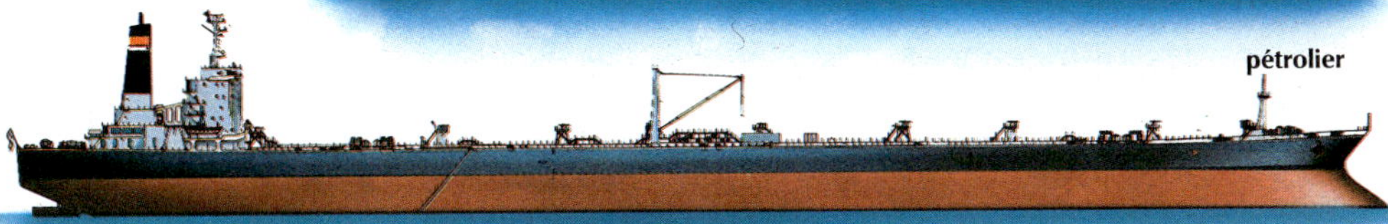

courir en cherchant. *Les pompiers battent la forêt pour retrouver le lion qui s'est échappé du cirque.* **6.** *Battre la mesure*, indiquer le rythme de la musique. **7.** Taper de façon régulière. *Son cœur battait fort tellement il avait peur.* **8.** Taper contre quelque chose. *La pluie bat contre les carreaux.*

► **battu** **adj. 1.** *Luc a les yeux battus*, fatigués. → **cerné. 2.** *Un sol en terre battue*, en terre tassée et durcie.

► **battue** **n. f.** *Faire une battue dans une forêt*, parcourir la forêt en tous sens, en battant les buissons. ▷ BATAILLE, BATTAGE, ① et ② BATTANT, BATTEMENT, BATTERIE, BATTEUR, COMBATTRE, DÉBATTRE, IMBATTABLE, REBATTRE.

**baudet** **n. m.** Âne.

**baudruche** **n. f.** Caoutchouc très fin. *Un ballon de baudruche.*

**baume** **n. m.** Pommade qui calme la douleur ◊ homonyme : bôme. ▷ EMBAUMER.

**bauxite** **n. f.** Roche rouge qui sert à la préparation de l'aluminium.

**bavard** **adj.** *Julie est très bavarde*, elle parle beaucoup et sans arrêt. ‖ contr. **silencieux** ‖ — **N.** *Quelle bavarde !*

► **bavarder** **v.** (conjug. 1) Parler de choses sans importance. → **papoter.** *Yves et Julie bavardent au lieu d'écouter la maîtresse.* ‖ contr. se **taire** ‖.

► **bavardage** **n. m.** *Yves et Julie ont été punis pour bavardage*, parce qu'ils bavardaient.

**bave** **n. f. 1.** Salive qui coule de la bouche. *Il essuie la bave de son bébé.* **2.** *La bave de l'escargot, de la limace*, le liquide gluant produit par ces animaux.

► **baver** **v.** (conjug. 1) Laisser couler de la bave. *Le bébé bavait.*

► **baveux** **adj.** *Une omelette baveuse*, pas très cuite, encore un peu liquide.

► **bavoir** **n. m.** Serviette de table pour bébé, que l'on attache autour du cou.

► **bavure** **n. f. 1.** Trace laissée par l'encre, la peinture qui a coulé, a débordé. **2.** Erreur ou action illégale au cours d'une opération de police. ▷ BAVARD, BAVARDAGE, BAVARDER.

**bazar** **n. m. 1.** Magasin où l'on vend toutes sortes de choses. **2.** Familier. Grand désordre. *Quel bazar dans ta chambre !* → **fouillis.**

**bazooka** [bazuka] **n. m.** Arme en forme de long tube qui sert à lancer de petits obus. — **Au pl.** *Des bazookas.*

**B. D.** → ② **bande**

**béant** **adj.** Grand ouvert. *Un gouffre béant.*

**béat** **adj.** *Un air béat*, exprimant une satisfaction exagérée et un peu bête.

**beau** **adj. m., adv.** et **n. m.,** **belle** **adj. f.**
▭ **adj. 1.** Agréable à voir ou à entendre. → **joli, magnifique, superbe.** ‖ contr. **affreux, laid, moche, vilain** ‖ *Cette actrice est très belle. Luc a une belle voix. C'est un bel homme.* **2.** Digne d'admiration. *Yves a eu un beau geste en ne dénonçant pas ses camarades.* **3.** Très réussi. *Quel beau voyage ! Il fait très beau.* ‖ contr. **mauvais** ‖ **4.** *Il est revenu un beau matin*, un certain matin. **5.** Important. *Une belle part de tarte.* → **gros. 6.** Mauvais. *Une belle angine.*
▭ **adv. 1.** *J'ai eu beau lui expliquer, il n'a rien compris*, bien que je lui aie expliqué, il n'a rien compris. **2.** *Il pleut de plus belle*, encore plus fort. **3.** *Elle s'est bel et bien trompée*, réellement.
▭ **n. m.** *Le chien fait le beau*, il se tient debout sur ses pattes arrière. ▷ BEAUTÉ, BEAUX-ARTS, EMBELLIR.

**beaucoup** **adv. 1.** Un grand nombre. || contr. **peu** || *Il y avait beaucoup de touristes sur la place.* **2.** *J'ai beaucoup à faire,* de nombreuses choses à faire. *Beaucoup le pensent,* de nombreuses personnes le pensent. **3.** Énormément. *Flora aime beaucoup aller au cinéma.* **4.** *De beaucoup*, avec une grande différence. *Il est de beaucoup le meilleur.*

**beau-fils** **n. m. 1.** Mari de la fille. → **gendre. 2.** Fils que son mari ou sa femme a eu d'un autre mariage. *Il a deux beaux-fils et une belle-fille.*

**beau-frère** **n. m. 1.** Frère du mari ou de la femme. *Elle a deux beaux-frères et une belle-sœur.* **2.** Mari de la sœur ou de la belle-sœur.

**beaujolais** **n. m.** Vin rouge d'une région proche de la Bourgogne.

**beau-père** **n. m. 1.** Père de la femme ou du mari. *Mon beau-père et ma belle-mère.* → aussi **beaux-parents. 2.** Mari de la mère, sans être le père. — **Au pl.** *Des beaux-pères.*

**beauté** **n. f.** Qualité de ce qui est beau. || contr. **laideur** || *Cette femme est d'une grande beauté.*

**beaux-arts** **n. m. pl.** *Les beaux-arts*, l'architecture, la gravure, la peinture et la sculpture. *Il a étudié les beaux-arts à Paris.*

**beaux-parents** **n. m. pl.** Les parents du mari ou de la femme. *Je vous présente mes beaux-parents.*

**bébé** **n. m. 1.** Enfant très jeune. → **nourrisson.** *Elle vient d'avoir un bébé.* **2.** Très jeune animal. *Un bébé tigre.*

**bec** **n. m. 1.** Bouche des oiseaux formée de deux parties dures. **2.** Partie en pointe d'un récipient, qui sert à verser. *Le bec d'une théière.*

**Différents types de becs**

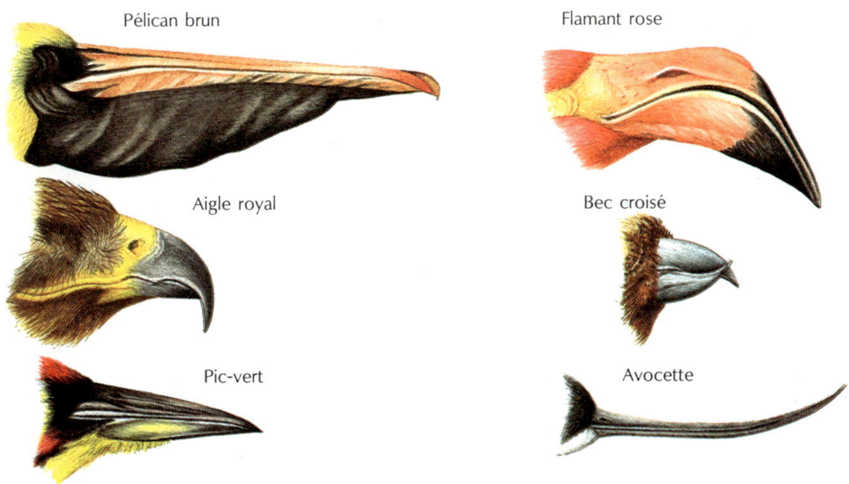

► **bec-de-lièvre** n. m. Malformation de la lèvre supérieure. — Au pl. *Des becs-de-lièvre.*

► **bécasse** n. f. 1. Oiseau qui a un long bec et des pattes courtes. 2. Familier. Personne sotte. *Quelle bécasse !* ▷ BECQUÉE.

**béchamel** n. f. Sauce blanche à base de lait. *Des endives à la béchamel.*

**bêche** n. f. Outil de jardinage en forme de pelle plate.

► **bêcher** v. (conjug. 1) Retourner la terre avec une bêche. *Le jardinier bêche le jardin.*

**becquée** n. f. *L'oiseau donne la becquée à ses petits,* il leur donne de la nourriture avec son bec.

**bedonnant** adj. *Une personne bedonnante* a un gros ventre. → **ventru.**

**bée** adj. f. *Luc est resté bouche bée devant son cadeau,* la bouche ouverte d'admiration ou d'étonnement.

**beffroi** n. m. Tour située généralement près de l'hôtel de ville, contenant une cloche. *Il y a des beffrois dans le nord de la France et en Belgique.*

**bégayer** v. (conjug. 8) Parler avec peine, en répétant les syllabes. « *Bon..., bon..., bonjour* », *bégaya-t-il.*

► **bégaiement** n. m. Défaut de prononciation d'une personne qui répète les syllabes. → aussi **bègue.**

**bégonia** n. m. Plante à fleurs rouges, jaunes ou blanches, à feuilles brillantes et aux tiges cassantes. — Au pl. *Des bégonias.*

**bègue** n. m. et f. Personne qui parle difficilement en répétant plusieurs fois la même syllabe. — Adj. *Ils sont bègues.* ▷ BÉGAIEMENT, BÉGAYER.

**beige** adj. Brun très clair. *Des chaussures beiges.* — N. m. *Le beige est une couleur pastel.*

**beignet** n. m. Pâte cuite dans la friture. *Des beignets de langoustines.*

**bel** → **beau**

**bêler** v. (conjug. 1) *Le mouton bêle,* il pousse son cri.

► **bêlement** n. m. Cri des moutons et des chèvres.

**belette** n. f. Petit animal au corps allongé, aux pattes courtes et à la fourrure fauve. *Les belettes mangent des souris.*

belette

**bélier** n. m. 1. Mouton mâle. 2. Machine de guerre faite d'une poutre qui servait à enfoncer les portes des châteaux forts ou des villes.

**belle** → **beau**

**belle-fille** n. f. 1. Épouse du fils. → **bru.** 2. Fille que son mari ou sa femme a eue d'un mariage précédent. *Il a deux belles-filles et un beau-fils.*

**belle-mère** n. f. 1. Mère du mari ou de la femme. 2. Épouse du père sans être la mère. — Au pl. *Des belles-mères.*

**belle-sœur** n. f. 1. Sœur de la femme ou du mari. *Elle a deux belles-sœurs et un beau-frère.* 2. Femme du frère ou du beau-frère.

**belligérant** adj. *Des États belligérants,* ce sont des États en guerre.

**belliqueux** adj. Qui aime faire la guerre. → **guerrier.** *Des nations belliqueuses.* || contr. **pacifique** ||.

**belote** n. f. Jeu de cartes qui se joue avec 32 cartes.

**bémol** n. m. Signe (♭) de musique qui baisse la note d'un demi-ton. — Adj. *Des mi bémols.* → aussi **dièse.**

**bénédiction** n. f. 1. *Le pape a donné sa bénédiction aux fidèles,* il les a bénis. 2. Chose heureuse qui se produit quand il faut. *Son arrivée a été une bénédiction.* || contr. **malédiction** ||.

**bénéfice** n. m. Gain que l'on réalise lorsque l'on revend plus cher ce que l'on a acheté. *Ce commerçant a fait du bénéfice.* || contr. **perte** ||.

▸ **bénéficier** v. (conjug. 7) Profiter. *L'accusé a bénéficié de l'indulgence du tribunal,* il en a tiré avantage.

**bénéfique** adj. Qui fait du bien. *Le climat de la montagne est bénéfique.*

**bénévole** n. m. et f. Personne qui fait un travail sans y être obligée et sans être payée. *Nous avons besoin de bénévoles pour soigner les blessés.* — Adj. *Une infirmière bénévole.*

**bénin** adj. m., **bénigne** adj. f. Pas grave. *Un rhume est une maladie bénigne.*

**bénir** v. (conjug. 2) 1. Mettre sous la protection de Dieu. *Le pape bénit les fidèles.* 2. Rendre saint au cours d'une cérémonie. *Le prêtre a béni l'eau.*

▸ **bénit** adj. Qui a été béni par un prêtre. *De l'eau bénite.*

▸ **bénitier** n. m. Petit bassin contenant de l'eau bénite, à l'entrée d'une église.

**benjamin** n. m. **benjamine** n. f. Personne la plus jeune d'un groupe, d'une famille. *C'est la benjamine de la classe.* → aussi **aîné, cadet.**

**benne** n. f. Partie arrière d'un camion, où l'on charge des matériaux et qui peut basculer. *Une benne à ordures.*

**béquille** n. f. 1. Canne de forme spéciale sur laquelle on s'appuie pour marcher. *Il s'est cassé la jambe, il marche avec des béquilles.* 2. Support qui maintient debout un vélomoteur, une moto lorsqu'ils sont arrêtés.

**bercail** n. m. [pl. *bercails*] *Rentrer au bercail,* chez soi, dans sa famille.

**bercer** v. (conjug. 3) Balancer doucement dans ses bras ou dans un berceau. *Il berçait son bébé pour qu'il s'endorme.*

▸ **berceau** n. m. Petit lit de bébé que l'on peut balancer. — Au pl. *Des berceaux.*

▸ **bercement** n. m. Mouvement de balancement doux et régulier. *Le bercement des vagues.*

▸ **berceuse** n. f. Chanson douce que l'on chante pour endormir un enfant.

**béret** n. m. Coiffure ronde, souple et plate en tissu de laine. *Un béret basque.*

**berge** n. f. Bord d'un cours d'eau, d'un canal. *Les pêcheurs sont installés sur la berge.*

**berger** n. m., **bergère** n. f. 1. Personne qui garde les moutons et les chèvres. 2. n. m. *Un berger*, un chien qui garde les troupeaux. *Un berger allemand.* ⤜ planche Chiens.

▶ **bergerie** n. f. Bâtiment où l'on enferme les moutons et les chèvres.

**berline** n. f. Voiture fermée, à quatre portes. ⤜ planche Voitures.

**berlingot** n. m. Bonbon en forme de petite pyramide.

**berlue** n. f. *Elle ne croyait pas ce qu'elle voyait, elle pensait avoir la berlue*, avoir des visions. ▷ ÉBERLUÉ.

**bermuda** n. m. Short étroit qui descend jusqu'aux genoux.

**bernard-l'ermite** n. m. inv. Petit crustacé qui habite dans des coquilles vides. — Au pl. *Des bernard-l'ermite.*

bernard-l'ermite

en **berne** adv. *Un drapeau en berne*, c'est un drapeau serré contre sa hampe, qui ne flotte pas. *Les drapeaux sont mis en berne en signe de deuil.*

**berner** v. (conjug. 1) Tromper en se moquant. → **duper.** *Même les plus malins s'étaient laissé berner par cet escroc.*

**besace** n. f. Sac de toile à deux poches que l'on porte en bandoulière. *Le chasseur met le gibier dans sa besace.* → aussi **gibecière.**

**besogne** n. f. Travail que l'on est obligé de faire. → **tâche.** *Il faut ranger la bibliothèque ; c'est Yves qui est chargé de cette besogne.*

**besoin** n. m. 1. Chose absolument nécessaire. *Dormir est un besoin.* → **nécessité.** *Les plantes ont besoin de lumière*, il leur faut de la lumière. *Yves avait besoin de boire après cette longue marche.* → **envie.** 2. *Le chien a fait ses besoins devant la porte*, il a laissé ses excréments. 3. *Une personne dans le besoin*, c'est une personne qui manque du nécessaire. → **gêne.**

**bestial** adj. *Un air bestial*, un air brutal comme celui d'une bête. — Au masc. pl. *bestiaux.*

**bestiaux** n. m. pl. Gros animaux élevés à la ferme. → **bétail.** *Le marché aux bestiaux.*

**bestiole** n. f. Petite bête. *Je me suis fait piquer par une bestiole.*

**best-seller** [bɛstsɛlœʀ] n. m. Ce mot vient de l'anglais. Livre qui a un grand succès. — Au pl. *Des best-sellers.*

**bétail** n. m. Ensemble des gros animaux élevés à la ferme. → **bestiaux.**

① **bête** n. f. Animal. *Les vaches sont des bêtes à cornes. Les lions sont des bêtes féroces.* ▷ BÉTAIL.

② **bête** **adj.** Qui n'est pas intelligent. → **idiot, imbécile, sot, stupide.** *Il est bête comme ses pieds,* très bête.

▸ **bêtement** **adv.** D'une manière bête. *L'accident est arrivé bêtement.*

▸ **bêtifier** **v.** (conjug. 7) Faire l'enfant, dire des bêtises. *Les grands-parents bêtifiaient devant le bébé.*

▸ **bêtise** **n. f. 1.** Manque d'intelligence. → **stupidité.** *Il est d'une grande bêtise.* **2.** Chose qu'il ne faut pas faire, pas dire. → **sottise.** *Julie a encore fait une bêtise.* ▷ PENSE-BÊTE.

**béton** **n. m.** Matériau dur et résistant, fait d'un mélange de sable, de gravier, de ciment et d'eau. *Un mur en béton.*

▸ **bétonnière** **n. f.** Cuve tournante servant à fabriquer le béton.

**betterave** **n. f.** Plante cultivée pour sa grosse racine. *On extrait du sucre de la betterave à sucre. On mange les betteraves rouges en salade.*

**betterave rouge - betterave à sucre**

**beugler** **v.** (conjug. 1) *La vache beugle,* elle pousse son cri. → **meugler, mugir.**

▸ **beuglement** **n. m.** Cri de la vache. → **meuglement, mugissement.**

**beur** **n. m.** et **f.** Familier. Personne née en France de parents arabes. — **Au pl.** *Des beurs.* ◊ homonyme : beurre.

**beurre** **n. m.** Matière grasse obtenue en battant la crème du lait. *Un croissant au beurre.* ◊ homonyme : beur.

▸ **beurrer** **v.** (conjug. 1) Recouvrir de beurre. *Yves beurre du pain. — Une tartine beurrée.*

▸ **beurrier** **n. m.** Récipient dans lequel on met le beurre. ▷ PETIT-BEURRE.

**beuverie** **n. f.** Réunion où les gens boivent trop et sont ivres.

**bévue** **n. f.** Erreur due à l'ignorance ou à la maladresse. *Il a commis une bévue.*

**biais** **n. m. 1.** *Anne a trouvé un biais pour expliquer son retard,* elle a trouvé un moyen détourné. **2.** *Luc a traversé la rue en biais,* en diagonale, en oblique.

▸ **biaiser** **v.** (conjug. 1) Employer des moyens détournés pour faire quelque chose. *Il a réussi à biaiser et n'a pas répondu à ma question.*

**bibelot** **n. m.** Petit objet que l'on place sur un meuble ou dans une vitrine pour décorer.

**biberon** **n. m.** Petite bouteille munie d'une tétine avec laquelle on donne à boire aux bébés. *Le bébé a fini son biberon,* il a bu tout son contenu.

**bible** **n. f. 1.** *La Bible,* le livre saint des juifs *(Ancien Testament)* et des chrétiens *(Ancien et Nouveau Testament).* **2.** *Ce livre sur les plantes est ma bible,* c'est dans ce livre que je trouve toujours ce que je cherche. ▷ BIBLIQUE.

**bibliobus** **n. m.** Bus qui sert de bibliothèque où l'on peut emprunter des livres.

**bibliothèque** **n. f. 1.** Meuble où l'on range les livres. *Une bibliothèque vitrée.* **2.** Salle ou bâtiment où l'on peut consulter ou emprunter des livres. *La bibliothèque municipale.*

► **bibliothécaire** **n. m.** et **f.** Personne qui s'occupe de classer et prêter les livres, dans une bibliothèque.

**biblique** **adj.** *Adam et Ève sont des personnages bibliques,* de la Bible.

**biceps** [bisɛps] **n. m.** Muscle du bras.
➳ planche Corps humain.

**biche** **n. f.** Femelle du cerf. *Une biche et son faon.*

biche

**bichonner** **v.** (conjug. 1) *Elle aime bichonner sa voiture,* elle s'en occupe avec beaucoup de soin pour qu'elle soit propre et belle.

**bicolore** **adj.** De deux couleurs. *Les bonbons au réglisse et à la menthe sont bicolores.*

**bicoque** **n. f.** *Ils habitent une bicoque,* une petite maison qui n'est pas très belle.

**bicyclette** **n. f.** Véhicule à deux roues avec un guidon et deux pédales. → **vélo.** *Flora est venue à bicyclette.*

**bidet** **n. m.** Cuvette ovale et basse servant à se laver. *Dans la salle de bains, il y a un lavabo, une baignoire et un bidet.*

**bidon** **n. m.** Récipient en métal ou en plastique fermé par un bouchon. *Il a toujours un bidon d'huile dans le coffre de sa voiture.* → aussi **jerrican.**

► **bidonville** **n. m.** Quartier formé de baraques faites de planches, de tôles, de vieux bidons, où habitent des gens très pauvres.

**bielle** **n. f.** Tige de métal rigide articulée aux deux bouts. *Dans un moteur de voiture, les bielles transmettent au vilebrequin le mouvement de va-et-vient des pistons.*

**bien** **adv., adj. inv.** et **n. m.**

▭ **adv. 1.** D'une manière satisfaisante. || contr. **mal** || *Elle conduit bien.* **2.** Très. *Ils étaient bien contents d'avoir fini. Elle est bien jeune pour voyager seule.* → **trop.** — *Il l'aime bien.* → **beaucoup. 3.** Au moins. *Cela fait bien trois jours qu'il est parti.* **4.** Vraiment. *C'est bien elle qui parlait.* **5.** Forcément. *Il va bien finir par arriver.*

▭ **adj. inv. 1.** Satisfaisant. *Ce que vous ferez sera très bien.* → **parfait.** *Elle est bien en ce moment,* en bonne santé. **2.** *Elle est très bien avec ses voisins,* en bons termes.

▭ **n. m. 1.** Ce qui est agréable, utile. *Les médicaments lui ont fait du bien. C'est pour ton bien,* dans ton intérêt. **2.** Ce qui est juste, honnête. *Il faut distinguer le bien du mal.* **3.** *Il a beaucoup de biens,* il possède beaucoup d'argent, de propriétés. ▷ BIEN-AIMÉ,

BIEN-ÊTRE, BIENFAISANCE, BIENFAISANT, BIENFAIT, BIENFAITEUR, BIENHEUREUX, BIEN QUE, BIENSÉANCE, BIENTÔT, BIENVEILLANCE, BIENVEILLANT, BIENVENU, BIENVENUE.

**bien-aimé** **adj.** Qui est aimé tendrement. *Sa fille bien-aimée.*

**bien-être** **n. m.** Plaisir que l'on ressent quand on est content ou heureux. *Une sensation de bien-être l'envahit après son bain.*

**bienfaisant** **adj.** Qui fait du bien. || contr. **nuisible** || *Cette cure a eu une action bienfaisante sur ma santé.* → **salutaire.**

▶ **bienfaisance** **n. f.** *Une association de bienfaisance* aide les personnes qui n'ont pas beaucoup d'argent.

**bienfait** **n. m.** *Je ressens les bienfaits de ma cure,* que ma cure m'a fait du bien. || contr. **méfait** ||.

▶ **bienfaiteur** **n. m.,** **bienfaitrice** **n. f.** Personne qui fait du bien, apporte une aide généreuse.

**bienheureux** **adj.** Très heureux. *Il a eu la bienheureuse idée de venir nous voir.* || contr. **malheureux** || — **N.** *Il dort comme un bienheureux.*

**bien que** **conjonction** Quoique. *Ma grand-mère est encore alerte bien qu'elle ne soit plus très jeune.*

**bienséance** **n. f.** Respect des règles de la politesse, de la bonne éducation. *La bienséance exige que l'on ne dise pas de mots grossiers en classe.*

**bientôt** **adv.** Dans peu de temps. *Au revoir et à bientôt !*

**bienveillant** **adj.** Gentil et indulgent. *Elle a toujours été bienveillante envers nous.* || contr. **hostile, malveillant, méchant** ||.

▶ **bienveillance** **n. f.** Gentillesse et indulgence. *Il nous a regardés avec bienveillance.* || contr. **hostilité, malveillance, méchanceté** ||.

**bienvenu** **adj.** Qui vient au bon moment. *Vos conseils sont bienvenus,* ils sont reçus avec plaisir. — **N.** *Tu seras toujours la bienvenue chez nous,* tu seras toujours accueillie avec plaisir.

▶ **bienvenue** **n. f.** *Souhaiter la bienvenue à quelqu'un,* lui dire que l'on est content de le recevoir.

① **bière** **n. f.** Boisson gazeuse alcoolisée faite avec de l'orge et du houblon.

② **bière** **n. f.** Cercueil. *On a mis le mort en bière.*

**biffer** **v.** (conjug. 1) *Elle a biffé plusieurs mots dans sa rédaction,* elle les a rayés pour les supprimer. → **barrer.**

**bifteck** **n. m.** Tranche de viande de bœuf. → **steak.** *Un bifteck haché.*

**bifurquer** **v.** (conjug. 1) **1.** *La route bifurque à la sortie du village,* elle se divise en deux et forme une fourche. **2.** *Au croisement, la voiture a bifurqué vers la droite,* elle a pris la route de droite.

▶ **bifurcation** **n. f.** Division d'une route en deux branches. → **embranchement, fourche.**

**bigame** **adj.** Qui a deux femmes ou deux maris en même temps. → aussi **monogame, polygame.**

**bigarré** **adj.** Qui a des couleurs vives et variées. → **bariolé.** *Une robe bigarrée.*

**bigarreau** **n. m.** Cerise rouge et blanche à chair ferme. *Nous avons mangé des bigarreaux.*

**bigorneau** **n. m.** Petit coquillage à coquille grise ou noire à spirale, qui ressemble à un escargot. *Ils ont ramassé des bigorneaux.* ➳ planche Crustacés et coquillages.

**bigoudi** **n. m.** Petit rouleau autour duquel on enroule chaque mèche de cheveux pour la friser. — **Au pl.** *Des bigoudis.*

**bijou** **n. m.** [pl. *bijoux*] Petit objet, souvent précieux, que l'on porte sur soi comme ornement. *Elle a beaucoup de bijoux.*

▶ **bijouterie** **n. f.** Magasin où l'on vend des bijoux.

▶ **bijoutier** **n. m.**, **bijoutière** **n. f.** Personne qui fabrique ou vend des bijoux. → aussi **joaillier, orfèvre.**

**bilan** **n. m. 1.** Tableau des comptes qu'une entreprise fait tous les ans. *Le comptable de l'usine fait le bilan annuel. Déposer son bilan,* faire faillite. **2.** Résultat d'ensemble. *Le bilan du tremblement de terre est très lourd,* il y a eu de gros dégâts et de nombreuses victimes.

**bilatéral** **adj.** *Dans cette rue, le stationnement bilatéral est autorisé,* on peut stationner des deux côtés de la rue. → aussi **unilatéral.** — **Au masc. pl.** *bilatéraux.*

**bile** **n. f.** Liquide amer fabriqué par le foie, qui aide à la digestion. → aussi **fiel.**

▶ **biliaire** **adj.** Qui contient de la bile. *La vésicule biliaire.*

**bilingue** **adj.** *Une personne bilingue* est une personne qui parle deux langues.

① **bille** **n. f. 1.** Petite boule. *Les enfants aiment jouer aux billes.* → aussi ① **calot.** *Les billes de billard sont rouges et blanches.* **2.** *Un stylo à bille,* dont l'extrémité est formée d'une petite boule en métal qui, en roulant sur le papier, laisse sortir l'encre.

▶ **billard** **n. m.** Jeu consistant à faire rouler des billes sur une table spéciale, appelée aussi *billard.*

② **bille** **n. f.** Gros morceau de bois obtenu en découpant un tronc d'arbre. *Une bille de chêne.* ▷ BILLOT.

**billet** **n. m. 1.** *Un billet* ou *un billet de banque,* c'est un rectangle de papier qui représente une certaine somme d'argent. *Un billet de 100 francs.* **2.** Rectangle de papier permettant de faire différentes choses. *Un billet de train,* pour prendre le train. → **ticket.** *Un billet de tombola,* pour participer à une tombola.

▶ **billetterie** **n. f.** Distributeur automatique qui permet de retirer de l'argent ou de prendre des billets de train, etc., en présentant une carte de crédit.

**billot** **n. m.** Gros bloc de bois dont le dessus est plat. *Il a fendu à la hache la bûche posée sur le billot.*

**bimensuel** **adj.** Qui paraît deux fois par mois. *Une revue bimensuelle.*

**bimoteur** **n. m.** Avion qui a deux moteurs.

**binaire** **adj.** Composé de deux éléments. *Un rythme binaire,* à deux temps.

**biner** **v.** (conjug. 1) Remuer la terre en surface autour des plantes. *Le jardinier bine ses salades.*

▶ **binette** **n. f.** Outil de jardinage qui sert à biner.

**biniou** **n. m.** [pl. *binious*] Instrument de musique à vent, composé d'un sac de cuir et de trois tuyaux. → aussi **cornemuse.** *Les Bretons jouent du biniou.*

**biographie** **n. f.** Livre qui raconte la vie de quelqu'un. *Luc a lu une biographie de Mozart.* ▷ AUTOBIOGRAPHIE.

**biologie** **n. f.** Science qui étudie les êtres vivants.

**bipède** **n. m.** Être qui marche sur deux pieds ou deux pattes. *Les êtres humains et les oiseaux sont des bipèdes.*

**biplan** **n. m.** Avion qui avait deux ailes superposées.

**bique** **n. f.** Familier. Chèvre.

① **bis** [bi] **adj.** Gris-brun. *Le pain bis contient du son. Un torchon de toile bise.*

② **bis** [bis] **adj.** et **interj. 1. adj.** Indique la répétition. *Nous sommes tous voisins : elle habite au 15, moi au 15 bis et lui au 17.* **2. interj.** *Les spectateurs criaient : « Bis ! bis ! »,* ils voulaient que l'artiste refasse son numéro.

**biscornu** **adj.** Familier. Compliqué. *Yves a souvent des idées biscornues.* → **bizarre.**

**biscotte** **n. f.** Tranche de pain de mie séchée au four. *Un paquet de biscottes.*

**biscuit** **n. m.** Gâteau sec. *Un paquet de biscuits.*

① **bise** **n. f.** Vent froid et sec qui souffle du nord, en hiver et au printemps.

② **bise** **n. f.** Familier. Baiser. *Flora a fait la bise à Luc,* elle l'a embrassé.

**biseau** **n. m.** *Cette glace est taillée en biseau,* ses bords sont taillés en oblique.

► **biseauté** **adj.** *Une glace biseautée* est taillée en biseau.

**bison** **n. m.** Bœuf sauvage au front large et bombé, armé de cornes courtes, aux épaules plus élevées que la croupe et à la tête ornée d'une épaisse crinière. *Les bisons ont une bosse sur le cou.*

bison

**bissectrice** **n. f.** Droite qui divise un angle en deux angles égaux. *Tracez la bissectrice de l'angle A.*

**bissextile** **adj.** *Une année bissextile* est une année de 366 jours parce que le mois de février a 29 jours au lieu de 28. *Il y a une année bissextile tous les quatre ans.*

**bistouri** **n. m.** Petit couteau à lame pointue et très tranchante, utilisé par les chirurgiens. → **scalpel.**

**bistre** **adj. inv.** Brun noirâtre. *L'humidité a fait des taches bistre sur le mur.*

**bistrot** ou **bistro** **n. m.** Familier. Café. *Ils ont pris un verre au bistrot.*

**bitume** **n. m.** Pâte noirâtre et visqueuse, à odeur très forte, dont on recouvre les routes et les trottoirs. → **asphalte, goudron.**

**bivouac** **n. m.** Campement provisoire. *Les alpinistes avaient établi leur bivouac au pied d'une paroi rocheuse.*
► **bivouaquer** **v.** (conjug. 1) S'installer dans un campement provisoire. → **camper.**

**bizarre** **adj. 1.** Qui n'est pas habituel. → **curieux, étrange, extraordinaire, insolite, singulier.** || contr. **banal, normal** || *Luc a souvent des idées bizarres.* → **saugrenu.** *Un objet bizarre.* **2.** Dont la manière d'être est spéciale, extravagante. *Elle est vraiment bizarre.* → **original.**
► **bizarrement** **adv.** D'une manière bizarre. *Elle était bizarrement habillée.*
► **bizarrerie** **n. f.** Chose étrange, inhabituelle ou anormale. *Il y a bien des bizarreries dans l'orthographe française.*

**blafard** **adj.** Pâle et sans éclat. → **blême.** *Le malade avait le teint blafard.* → **cireux, livide.** *Une lumière blafarde.*

① **blague** **n. f.** *Une blague à tabac,* un petit sac destiné à recevoir du tabac.

② **blague** **n. f.** Familier. **1.** Histoire imaginée que l'on essaie de faire passer pour vraie. *Luc raconte souvent des blagues.* **2.** Farce. *Flora nous a fait une bonne blague pour le 1er avril.*

**blaireau** **n. m. 1.** Petit animal bas sur pattes, au pelage clair sur le dos, foncé sous le ventre, qui se nourrit de racines, de miel et de petits animaux. — **Au pl.** *Des blaireaux.* **2.** Petite brosse servant à faire mousser le savon à barbe.

blaireau

**blâmer** **v.** (conjug. 1) Critiquer, désapprouver, condamner. || contr. **féliciter** || *Tous ses amis l'ont blâmé d'avoir agi ainsi.*
► **blâme** **n. m.** Réprimande que l'on fait à quelqu'un qui a commis une faute grave. || contr. **éloge** || *Le conseil de discipline a infligé un blâme aux élèves qui avaient copié.*
► **blâmable** **adj.** *Une action blâmable,* c'est une action qui mérite d'être punie. → **condamnable, répréhensible.** || contr. **louable** ||.

**blanc** **adj.** et **n. m.**, **blanche** **adj.** et **n. f.**
▭ **adj. 1.** De la couleur la plus claire qui existe. *La neige est blanche.* **2.** D'une couleur très pâle. *Un homme aux cheveux blancs. Il boit du vin blanc.* **3.** *De nombreux électeurs ont mis un bulletin blanc dans l'urne,* un bulletin sur lequel il n'y avait rien d'écrit. **4.** *J'ai passé une nuit blanche,* sans sommeil. **5.** Qui appartient à la race des gens à peau très claire. *Une femme blanche.*
▭ **n. m. 1.** Couleur blanche. *La mariée était habillée en blanc. Des photos en noir et blanc.* **2.** *Le blanc du poulet,* la chair du dos et des ailes du poulet. **3.**

*Le blanc d'œuf,* la partie incolore et visqueuse de l'œuf. *Elle a fait monter des blancs en neige.* **4.** Vin blanc. *Une bouteille de blanc sec.* **5.** *Laisse des blancs entre les mots quand tu écris,* laisse des espaces. **6.** *Les policiers ont tiré à blanc,* ont tiré des cartouches sans balles.

▭ **n. m.** et **f.** Personne de race blanche. *En Europe, il y a surtout des Blancs et en Afrique surtout des Noirs.*

▶ **blanchâtre** **adj.** D'une couleur plus ou moins blanche, pas très belle. *Le ciel était blanchâtre.*

▶ **blanche** **n. f.** Note de musique qui vaut deux noires.

▶ **blancheur** **n. f.** Couleur blanche. *Ces draps sont d'une blancheur éclatante.*

▶ **blanchir** **v.** (conjug. 2) **1.** Rendre blanc. *La neige blanchit les sommets.* **2.** Devenir blanc. *Les cheveux de mon grand-père ont blanchi.*

▶ **blanchissage** **n. m.** Lavage du linge. *Il a envoyé ses chemises au blanchissage.*

▶ **blanchisserie** **n. f.** Magasin où l'on donne son linge à laver. → aussi **teinturerie.**

▶ **blanchisseur** **n. m.**, **blanchisseuse** **n. f.** Personne dont le métier est de laver le linge. → aussi **teinturier.**

▶ **blanquette** **n. f.** Ragoût de viande blanche dans une sauce blanche. *De la blanquette de veau.*

**blasé** **adj.** *Une personne blasée* est une personne qui manque d'enthousiasme, à qui rien ne fait plus plaisir.

**blason** **n. m.** Dessin, emblème particulier à une famille noble, à une ville. → **armoiries.**

**blasphème** **n. m.** Parole qui insulte la religion.

▶ **blasphémer** **v.** (conjug. 6) Dire des blasphèmes.

**blatte** **n. f.** Insecte marron au corps aplati. → ① **cafard.**

**blazer** [blazɛʀ] **n. m.** Veste croisée ou droite. *Des blazers bleu marine.*

**blé** **n. m.** Céréale dont le grain écrasé sert à faire de la farine, de la semoule. → **froment.** *Un champ de blé.*

**bled** **n. m.** **1.** La campagne, en Afrique du Nord. **2.** Familier. Petit village isolé. → fam. **patelin.**

**blême** **adj.** Très pâle. *Yves était blême de colère.* → **livide.** *Une lueur blême.* → **blafard.**

**blesser** **v.** (conjug. 1) **1.** Donner un coup qui provoque une plaie, une meurtrissure. *Il a été blessé dans l'accident. — Flora s'est blessée à la main.* **2.** Faire de la peine, offenser. → **vexer.** *Ta remarque l'a blessé.*

▶ **blessé** **adj.** et **n. m.**, **blessée** **adj.** et **n. f.** **1. adj.** Qui a reçu une blessure. *Il y a eu trois personnes grièvement blessées dans l'accident.* **2. n.** Personne blessée. *L'ambulance transporte les blessés à l'hôpital.*

▶ **blessant** **adj.** *Des paroles blessantes* sont des paroles qui font de la peine. → **désobligeant, méchant, vexant.**

▶ **blessure** **n. f.** Dégât fait à une partie du corps. → **plaie.** *Il faut mettre du désinfectant sur ta blessure.*

**blet** **adj.** *Ces poires sont blettes,* elles sont trop mûres, leur chair s'est ramollie.

**bleu** **adj.** et **n. m.**

▭ **adj.** **1.** Qui est de la même couleur qu'un ciel sans nuages. *Yves a les yeux bleus. Des pulls bleu clair.* **2.** *Luc mange son bifteck bleu,* très saignant, à peine cuit. **3.** *J'ai eu une peur bleue,* une peur très forte.

▭ **n. m. 1.** Couleur bleue. *Sa robe est d'un beau bleu.* **2.** Marque bleue sur la peau, due à un coup. → **ecchymose, hématome.** *Il était couvert de bleus.* **3.** Fromage de lait de vache qui contient des moisissures. *Du bleu d'Auvergne.* **4.** Combinaison de travail en toile très solide. *Un bleu de mécanicien.*

▶ **bleuâtre** **adj.** D'une couleur presque bleue. *On apercevait au loin une fumée bleuâtre.*

▶ **bleuet** **n. m.** Fleur des champs de couleur bleue.

▶ **bleuir** **v.** (conjug. 2) **1.** Devenir bleu. *L'horizon bleuit au lever du jour.* **2.** Rendre bleu. *Le froid bleuit les mains.*

▶ **bleuté** **adj.** D'une couleur légèrement bleue. *Le miroir a des reflets bleutés.*

**blindé** **adj.** Recouvert d'une plaque de métal qui protège. *Une porte blindée.* — **N. m.** *Un blindé,* un véhicule militaire blindé (char d'assaut, automitrailleuse, etc.).

**blizzard** **n. m.** Vent glacial qui souffle au Canada et dans le Nord des États-Unis, souvent accompagné de tempêtes de neige.

**bloc** **n. m. 1.** Gros morceau. *Des blocs de pierre se sont détachés de la falaise.* **2.** Ensemble de feuilles de papier détachables, de même dimension, collées ensemble sur un côté. *Un bloc de papier à lettres.* **3.** *Ils ont fait bloc contre l'agresseur,* ils ont formé un groupe uni. **4.** *Ils ont refusé sa proposition en bloc,* en totalité. **5.** *Les pneus sont gonflés à bloc,* à fond, complètement. ▷ BLOCAGE, BLOQUER, DÉBLOCAGE, DÉBLOQUER.

**blocage** **n. m.** *Le blocage des prix,* c'est le fait de les empêcher de monter.

**blocus** **n. m.** *Faire le blocus d'un pays,* c'est le priver de relations commerciales avec les autres pays en l'empêchant d'importer ou d'exporter des marchandises. → aussi **embargo.**

**blond** **adj. 1.** *Anne a les cheveux blonds,* de la couleur la plus claire, proche du jaune. — **N.** *Anne est une blonde.* **2.** *Des cigarettes blondes,* faites avec du tabac d'un jaune orangé. || contr. **brun** ||.

**bloquer** **v.** (conjug. 1) **1.** Empêcher de bouger, de se mouvoir. *Le goal a bloqué le ballon. La voiture est bloquée dans les embouteillages.* → **coincer. 2.** Boucher, obstruer. *Des travaux bloquent la rue.* **3.** *Le gouvernement a bloqué les prix,* a interdit qu'ils augmentent. || contr. **débloquer** ||.

se **blottir** **v.** (conjug. 2) Se replier sur soi-même de manière à occuper le moins de place possible. *Elle s'est blottie sous les couvertures.* → se **pelotonner.**

**blouse** **n. f.** Vêtement long que l'on met par-dessus les autres pour les protéger quand on travaille. *Le dentiste porte une blouse blanche.*

▶ **blouson** **n. m.** Veste courte serrée aux hanches. *Un blouson de cuir.*

**bluff** [blœf] **n. m.** Attitude qui a pour but de tromper les gens en exagérant. *Il dit qu'il a escaladé cette montagne, mais c'est du bluff.*

▶ **bluffer** **v.** (conjug. 1) Essayer de tromper. → se **vanter.**

**boa** **n. m.** Gros serpent d'Amérique du Sud, sans venin, qui étouffe sa proie dans ses anneaux. → aussi **anaconda.**

**bobine** n. f. Petit cylindre sur lequel est enroulé du fil ou un film. *Une bobine de fil.*

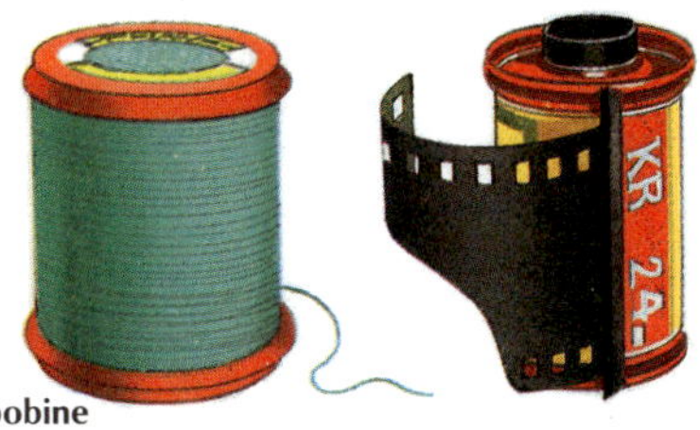


bobine

**bocage** n. m. Région où les prés et les champs sont fermés par des haies et des arbres. *Le bocage normand.*

**bocal** n. m. [pl. *bocaux*] 1. Récipient en verre, à ouverture assez large, dans lequel on conserve les aliments. *Des bocaux de cornichons.* 2. Aquarium en forme de globe. *Les poissons rouges tournent dans leur bocal.*

**bœuf** n. m. 1. Taureau que l'on a rendu incapable de faire des petits. *Les bœufs paissent dans le pré.* → aussi **bovin.** 2. Viande de bœuf ou de vache. *Un rôti de bœuf.* — On dit *un bœuf* [bœf], *des bœufs* [bø]. ▷ ŒIL-DE-BŒUF.

**bohème** n. m. et f. Personne qui vit comme elle en a envie, sans souci du lendemain. *Les artistes mènent souvent une vie de bohème.* — **Adj.** *Elle est un peu bohème.*

**bohémien** n. m., **bohémienne** n. f. Nomade qui vit dans une roulotte. → **gitan, romanichel.**

**boire** v. (conjug. 53) 1. Avaler un liquide. *Julie boit du lait.* 2. *Boire les paroles de quelqu'un,* écouter ce qu'il dit avec attention et admiration. 3. Absorber beaucoup d'alcool. *Si tu bois trop, tu vas être ivre.* 4. Absorber un liquide. *Le buvard boit l'encre.* ▷ BOISSON, BUVABLE, BUVETTE, BUVEUR, IMBU, IMBUVABLE, POURBOIRE.

**bois** n. m. 1. Terrain couvert d'arbres. → **forêt.** *Elle se promène dans les bois avec son chien.* 2. Matière dont est fait un arbre. *Cette table est en bois blanc.* 3. *Les bois d'un cerf, d'un élan ou d'un renne,* leurs cornes. → aussi **andouiller.**

▶ **boisé** adj. Couvert de bois. *Une colline boisée.*

▶ **boiserie** n. f. Panneau décoratif en bois. *Les murs du salon sont recouverts de boiseries.* ▷ DÉBOISEMENT, DÉBOISER, REBOISEMENT, REBOISER, SOUS-BOIS.

**boisson** n. f. Liquide qui se boit. *En hiver, on apprécie les boissons chaudes.*

**boîte** n. f. 1. Récipient, généralement muni d'un couvercle, qui se transporte facilement. *Une boîte à chaussures. Des boîtes de conserve.* 2. *Une boîte aux lettres,* c'est une boîte, sur la voie publique, dans laquelle on met le courrier que l'on poste ; c'est aussi une boîte privée, dans une maison, un immeuble, où le facteur dépose le courrier. 3. *Une boîte de nuit,* c'est un établissement ouvert la nuit où l'on boit et l'on danse.
▷ BOÎTIER, ② DÉBOÎTER, EMBOÎTER, OUVRE-BOÎTE.

**boiter** v. (conjug. 1) Marcher en penchant le corps d'un côté plus que de l'autre.

▶ **boiteux** adj. *Une personne boiteuse,* qui boite.

**boîtier** n. m. *Un boîtier de montre,* c'est la partie métallique de la montre qui renferme le mécanisme. *Le boîtier d'une lampe de poche,* c'est la partie qui renferme la pile.

**bol** n. m. Petit récipient rond dans lequel on boit. *Luc verse le café dans des bols. — Anne boit un bol de lait,* le contenu d'un bol de lait.

**boléro** n. m. Petite veste sans manches qui ne se boutonne pas et s'arrête au-dessus de la taille.

**bolet** n. m. Champignon dont certaines espèces sont comestibles. → **cèpe.** ⋙ planche Champignons.

**bolide** n. m. Voiture très rapide.

**bombe** n. f. 1. Engin qui détruit en explosant. *Les terroristes avaient caché une bombe à retardement dans une valise. La bombe atomique utilise l'énergie nucléaire. — La nouvelle de sa mort a fait l'effet d'une bombe,* a provoqué une grande surprise. 2. *Une bombe d'insecticide,* un petit bidon qui vaporise ce produit. 3. Casquette rigide de forme arrondie que l'on porte pour monter à cheval.

▶ **bombarder** v. (conjug. 1) Lancer des bombes. *L'avion a bombardé la ville.*

▶ **bombardement** n. m. *La gare a été détruite par un bombardement.*

▶ **bombardier** n. m. Avion équipé pour lancer des bombes.

**bombé** adj. Renflé, arrondi. *Il a le front bombé.*

**bôme** n. f. Barre horizontale sur laquelle est attachée la grand-voile d'un bateau. ◊ homonyme : baume.

① **bon** adj., adv. et interj.

▭ adj. 1. Agréable à boire, à manger, à sentir. *Papa a fait un bon gâteau.* → **délicieux, succulent.** ‖ contr. **mauvais** ‖ 2. Agréable, réussi. *Bonnes vacances ! J'ai vu un bon film.* 3. *Le sport est bon pour la santé,* il fait du bien. → **bénéfique.** 4. *Ce vieux pantalon est bon à jeter,* il mérite d'être jeté. 5. Exact, juste. *Vous avez pris la bonne direction.* ‖ contr. **mauvais** ‖ 6. Qui fait bien ce qu'il doit faire. *Flora est bonne en histoire.* 7. Qui fait du bien aux autres. → **généreux.** ‖ contr. **méchant** ‖ *C'est un homme très bon. Il a bon cœur.* 8. *Il y a encore une bonne dizaine de kilomètres jusqu'au village,* plus d'une dizaine.

▭ adv. 1. *Ces roses sentent bon,* leur odeur est agréable. 2. *Il fait bon,* la température est agréable.

▭ interj. *Bon !* indique la satisfaction, la surprise ou le mécontentement. *C'est fini ? Bon ! alors on s'en va.*

▶ ② **bon** n. m. Papier qui donne droit à quelque chose. *Un bon de réduction.* ◊ homonyme : bond.

▶ **bonbon** n. m. Friandise à base de sucre parfumé qui se suce ou se croque. *Des bonbons à la menthe.*

▶ **bonbonnière** n. f. Boîte à bonbons, souvent en matière précieuse.

▷ BONHOMME, BONIFIER, BONJOUR, BON MARCHÉ, BONNE, BONNE FEMME, BONSOIR, BONTÉ, BON VIVANT, EMBONPOINT.

**bonbonne** n. f. Grosse bouteille. *Une bonbonne de butane.*

**bond** n. m. 1. Action de s'élever de terre par un mouvement brusque. → **saut.** *Le kangourou avance par bonds.* 2. *Les prix ont fait un bond,* ils ont brusquement augmenté. ◊ homonymes : ① et ② bon.

**bonde** n. f. Trou rond par lequel se vide l'eau du lavabo, de la baignoire.

**bondé** adj. Complètement plein. → **comble.** *Au moment des départs en vacances les trains sont bondés.*

**bondir** v. (conjug. 2) 1. S'élever brusquement en l'air par un saut. → **sauter.**

*Le tigre bondit sur sa proie.* **2.** Se précipiter. → **courir.** *Julie a bondi sur le téléphone à la première sonnerie.* ▷ BOND, REBOND, REBONDIR, REBONDISSEMENT.

**bonheur** **n. m. 1.** État dans lequel on se trouve quand on est tout à fait content. ‖ contr. **malheur** ‖ *Le maire a souhaité beaucoup de bonheur aux jeunes mariés.* **2.** Chance. *On dit que les trèfles à quatre feuilles portent bonheur. Par bonheur il n'a pas plu,* par chance. ▷ PORTE-BONHEUR.

**bonhomme** [bɔnɔm] **n. m.** Familier. Homme, monsieur. → **type.** *Il y a deux bonshommes et une bonne femme devant la maison. Les enfants ont fait un bonhomme de neige.* — **Au pl.** *Des bonshommes* [bɔ̃zɔm].

se **bonifier** **v.** (conjug. 7) Devenir meilleur. *Le vin se bonifie en vieillissant.*

**boniment** **n. m.** *Ne crois pas ce qu'il raconte, c'est du boniment,* des mensonges faits pour essayer de convaincre. → fam. **baratin.**

**bonjour** **n. m.** *Bonjour* se dit pour saluer quelqu'un que l'on rencontre pour la première fois de la journée. ‖ contr. au **revoir** ‖ *Il m'a dit bonjour. Bonjour, madame. C'est simple comme bonjour,* c'est très simple.

**bon marché** **adj. inv.** Pas cher. *Ces chaussures sont bon marché.*

**bonne** **n. f.** Employée de maison. → **domestique.**

**bonne femme** **n. f.** Familier. Femme. → aussi **bonhomme.** *J'ai rencontré deux bonnes femmes.*

**bonnet** **n. m.** Coiffure souple sans bord. *Un bonnet de laine.*

▸ **bonneterie** **n. f.** *La lingerie, les collants, les chaussettes sont des articles de bonneterie,* des vêtements fabriqués avec des tissus à mailles.

**bonsoir** **n. m.** *Bonsoir* se dit pour saluer quelqu'un le soir, quand on le rencontre ou quand on le quitte.

**bonté** **n. f.** Qualité d'une personne bonne pour les autres, gentille et indulgente. ‖ contr. **méchanceté** ‖ *Elle est d'une grande bonté. Auriez-vous la bonté de m'aider à porter cette caisse ?* auriez-vous l'amabilité, la gentillesse de le faire ?

**bon vivant** **adj. m.** *Elle est très bon vivant,* elle est d'humeur joyeuse et aime bien boire et bien manger.

**boomerang** [bumʀɑ̃g] **n. m.** Morceau de bois dur recourbé qui revient vers celui qui l'a lancé si le but n'est pas atteint.

**boomerang**

① **bord** **n. m. 1.** *Il a rempli son verre jusqu'au bord,* jusqu'en haut. *Des coquelicots poussent au bord de la route,* sur le côté de la route. *Elle passe ses vacances au bord de la mer,* dans une région qui est le long de la mer. **2.**

*Flora est au bord des larmes,* elle est tout près de pleurer.

▶ **border** v. (conjug. 1) **1.** *Des platanes bordent la route,* il y a des platanes tout le long de la route. — *Un mouchoir bordé de dentelle,* qui a de la dentelle sur les bords. **2.** *Il borde son lit,* il replie le bord des draps et des couvertures sous le matelas. *Maman, viens me border !*

▶ **bordier** n. m. Ce mot est employé en Suisse. Riverain.

▶ **bordure** n. f. *La pelouse est entourée d'une bordure de fleurs,* il y a des fleurs autour, le long du bord. *La maison est en bordure de la forêt,* tout près de la forêt. ▷ ABORD, ABORDABLE, ① ABORDER, DÉBORDÉ, DÉBORDER, INABORDABLE, REBORD.

② **bord** n. m. *Les passagers sont montés à bord,* dans le bateau, l'avion ou la voiture. ▷ ABORDAGE, ② ABORDER, BÂBORD, HORS-BORD, TRIBORD.

**bordeaux** n. m. et adj. **1.** n. m. Vin rouge ou blanc de la région de Bordeaux. **2.** adj. Rouge foncé. *Une jupe bordeaux.*

**boréal** adj. *Les mers boréales,* qui sont près du pôle Nord. → **arctique.** ‖ contr. **austral** ‖ — Au masc. pl. *boréaux.*

**borgne** adj. *Elle est borgne,* elle ne voit plus que d'un œil. → aussi **aveugle.** ▷ ÉBORGNER.

**borne** n. f. **1.** Bloc de pierre ou de ciment qui indique la fin d'un terrain ou sert à le mesurer. *Il y a des bornes kilométriques tous les kilomètres, au bord des routes.* **2.** *Les bornes,* les limites. *Ma patience a des bornes !*

▶ se **borner** v. (conjug. 1) *Il n'a pas lu le livre entièrement, il s'est borné à regarder la première et la dernière page,* il a seulement regardé la première et la dernière page.

▶ **borné** adj. *Cette femme est bornée,* elle a l'esprit étroit, elle ne comprend pas les idées qui ne sont pas les mêmes que les siennes. ‖ contr. **intelligent, ouvert** ‖.

**bosquet** n. m. Petit groupe d'arbres ou d'arbustes.

**bosse** n. f. **1.** Boule qui se forme sous la peau après un choc. *Il s'est fait une bosse au front en se cognant.* **2.** Grosseur dans le dos. → aussi **bossu. 3.** Petite partie arrondie en relief sur le dos d'un animal. *Le chameau a deux bosses.* **4.** Partie bombée d'un terrain. *La route est pleine de creux et de bosses.* **5.** Familier. *Yves a la bosse des maths,* il est doué en maths.

▶ **bossu** adj. *Elle est bossue,* ses os sont mal formés, elle a une bosse dans le dos. — N. *Un bossu, une bossue.* ▷ CABOSSÉ.

**botanique** n. f. et adj. **1.** n. f. *La botanique,* la science qui étudie les végétaux. **2.** adj. *Un jardin botanique,* c'est un jardin où l'on cultive de nombreuses espèces de plantes et d'arbres.

① **botte** n. f. Assemblage de légumes dont les tiges sont liées ensemble. *Une botte de poireaux.*

② **botte** n. f. Chaussure montante qui couvre la jambe. *Des bottes en caoutchouc.*

▶ **botté** adj. Qui porte des bottes. *Le Chat botté.*

▶ **bottillon** n. m. Botte courte. *Des bottillons fourrés.*

▶ **bottine** n. f. Chaussure montante qui serre la cheville. *Elle porte des bottines à lacets.*

**bouc** **n. m. 1.** Mâle de la chèvre. **2.** Petite barbe à la pointe du menton. → **barbiche.**

**bouche** **n. f. 1.** Ouverture dans le bas du visage. *Il a mis le gâteau tout entier dans sa bouche.* — *Faire la fine bouche,* se montrer difficile. **2.** *Une bouche d'égout,* c'est l'ouverture d'un égout sur le trottoir.

▶ **bouchée** **n. f. 1.** Quantité d'aliment que l'on met dans la bouche en une seule fois. *Flora mange de petites bouchées de viande.* — *Ils ont acheté cette maison pour une bouchée de pain,* pour très peu d'argent, pour presque rien. *Pour finir à temps ce travail, il va falloir mettre les bouchées doubles,* aller plus vite. **2.** *Une bouchée au chocolat,* c'est un gros bonbon au chocolat. ◊ homonymes : ① et ② boucher.

▷ DÉBOUCHÉ, ① DÉBOUCHER, EMBOUCHURE.

① **boucher** **n. m.**, **bouchère** **n. f.** Personne qui vend de la viande. *Il va chez le boucher acheter un rôti.* ◊ homonyme : bouchée.

▶ **boucherie** **n. f.** Magasin où l'on vend de la viande.

② **boucher** **v.** (conjug. 1) **1.** *Boucher un trou,* le remplir pour le fermer. → **combler. 2.** *Boucher une bouteille,* la fermer avec un bouchon. **3.** *Yves se bouche le nez car le fromage sent mauvais,* il se pince le nez avec les doigts. **4.** *Un embouteillage bouche la rue,* empêche que l'on puisse circuler. → **bloquer** et aussi **bouchon.**

▶ **bouché** **adj.** *Le lavabo est bouché,* quelque chose empêche l'eau de s'écouler.

▶ **bouche-trou** **n. m.** Personne ou chose qui remplit une place vide à un moment où l'on ne trouve rien de mieux. *Cette émission sert de bouche-trou entre les informations et le match.* — **Au pl.** *Des bouche-trous.*

▶ **bouchon** **n. m. 1.** Objet qui sert à fermer un récipient. *Il remet le bouchon du réservoir d'essence.* **2.** Encombrement de voitures. → **embouteillage.** *Il y a un bouchon sur l'autoroute.*

① DÉBOUCHER, REBOUCHER, TIRE-BOUCHON.

**boucle** **n. f. 1.** Anneau qui sert à fermer une ceinture. *Il attache la boucle de sa ceinture.* **2.** *Des boucles d'oreilles,* ce sont des bijoux qui s'accrochent aux oreilles. **3.** Ligne courbe. *La rivière fait des boucles.* → **méandre. 4.** Mèche de cheveux enroulée sur elle-même. *Flora a des boucles blondes.*

▶ **boucler** **v.** (conjug. 1) **1.** Attacher au moyen d'une boucle. *Il boucle sa ceinture de sécurité.* **2.** Fermer. *La police a bouclé le quartier.* **3.** *Ses cheveux bouclent naturellement,* ils font des boucles. → **friser.**

**bouclier** **n. m.** Plaque ronde ou rectangulaire que le combattant porte au bras gauche pour se protéger.

**bouddhisme** **n. m.** Religion d'Asie fondée par Bouddha.

**bouder** **v.** (conjug. 1) Montrer que l'on est fâché en prenant un air mécontent et en refusant de parler.

▶ **boudeur** **adj.** *Un visage boudeur,* qui a l'air mécontent.

**boudin** **n. m.** Boyau rempli de sang et de graisse de porc, cuits et assaisonnés. *Il mange du boudin grillé.*

▶ **boudiné** **adj.** Familier. Serré dans un vêtement trop petit. *Elle est boudinée dans son pantalon.*

**boue** **n. f.** Terre mouillée par la pluie. ◊ homonyme : bout.

▶ **boueux** **adj.** Plein de boue. *Des chaussures boueuses.*

▷ ÉBOUEUR, GARDE-BOUE.

**bouée** n. f. 1. Objet flottant qui sert de signal pour les bateaux. → aussi **balise.** 2. Anneau gonflé d'air que l'on passe autour de la taille pour flotter. *Une bouée de sauvetage.*

**bouffant** adj. *Cette robe a des manches bouffantes,* qui semblent gonflées.

**bouffée** n. f. 1. Petite quantité d'air que l'on aspire ou que l'on rejette brusquement par la bouche. *Il tire des bouffées de sa pipe.* 2. Souffle d'air que l'on sent tout à coup. *Une bouffée d'air frais.*

**bouffi** adj. Gonflé, enflé. *Ce matin, Alex a les yeux bouffis.*

**bouffon** n. m. et adj. 1. n. m Personne qui était à la cour du roi pour le distraire. → **fou.** 2. adj. Très drôle et un peu fou. *Une histoire bouffonne.*

**bougeoir** n. m. Petit support pour les bougies. → **chandelier.**

**bouger** v. (conjug. 3) Faire un mouvement. → **remuer.** *Vous avez bougé, la photo est ratée. — Yves a un plâtre qui l'empêche de bouger le bras,* de le déplacer.

▸ **bougeotte** n. f. Familier. *Il a la bougeotte,* il se déplace tout le temps, il ne peut pas rester tranquille.

**bougie** n. f. 1. Bâton de cire ou de paraffine contenant une mèche, que l'on fait brûler. → **chandelle.** *Il allume les bougies du gâteau d'anniversaire.* 2. Petite pièce qui produit des étincelles dans un moteur à essence. → aussi **allumage.** ▷ BOUGEOIR.

**bougon** adj. De mauvaise humeur. → **grognon.**

▸ **bougonner** v. (conjug. 1) Parler bas, tout seul, parce qu'on est de mauvaise humeur. → **grommeler, ronchonner.**

**bouillabaisse** n. f. Plat provençal fait de plusieurs sortes de poissons servis dans une soupe épicée.

**bouillant** adj. 1. En train de bouillir. *Elle met les pâtes dans l'eau bouillante.* 2. Très chaud. *Ce café est bouillant.* → **brûlant.** 3. *Il est bouillant d'impatience,* il ne tient plus en place tellement il est impatient.

**bouillie** n. f. 1. Aliment fait de lait et de farine cuits ensemble. *Le bébé* *mange de la bouillie.* **2.** *Les pommes de terre sont trop cuites, elles sont en bouillie,* complètement écrasées.

**bouillir** **v.** (conjug. 15) **1.** *L'eau bout à 100 degrés,* elle s'agite en formant des bulles sous l'effet de la chaleur. → aussi **ébullition.** **2.** Cuire dans un liquide qui bout. *La viande du pot-au-feu a bouilli plusieurs heures.* **3.** *Yves bout d'impatience,* il est très impatient. → aussi **bouillant.**

▸ **bouilloire** **n. f.** Récipient qui sert à faire bouillir l'eau.

▸ **bouillon** **n. m.** **1.** Potage fait avec le liquide dans lequel les aliments ont bouilli. *Un bouillon de légumes.* **2.** *L'eau bout à gros bouillons,* très fort.

▸ **bouillonner** **v.** (conjug. 1) *L'eau du fleuve bouillonne,* elle remue en formant de grosses bulles.

▸ **bouillotte** **n. f.** Récipient que l'on remplit d'eau très chaude pour se chauffer dans un lit. ▷ BOUILLABAISSE, BOUILLANT, BOUILLIE, COURT-BOUILLON, ÉBOUILLANTER.

**boulanger** **n. m.,** **boulangère** **n. f.** Personne qui fait et vend du pain. *Il achète des croissants chez le boulanger.*

▸ **boulangerie** **n. f.** Magasin où l'on vend du pain. *Alex va à la boulangerie.*

**boule** **n. f.** Objet tout rond. *La Terre a la forme d'une boule. Ils font une bataille de boules de neige. Ils jouent aux boules.* → **pétanque.** *Le chat est roulé en boule près de la cheminée.* ▷ BOULET, BOULETTE, BOULOT, DÉBOULER.

**bouleau** **n. m.** Arbre à écorce blanche et à petites feuilles légères. *Une forêt de bouleaux.* ⋙ planche Arbres. ◊ homonymes : ① et ② boulot.

**bouledogue** **n. m.** Chien de garde à grosse tête et à mâchoires saillantes.

**boulet** **n. m.** **1.** Grosse boule de métal que lançaient les canons, autrefois. **2.** Boule de métal très lourde que l'on attachait au pied de certains condamnés pour les empêcher de fuir. *Le bagnard a scié la chaîne de son boulet.*

**boulette** **n. f.** Petite boule faite à la main. *Des boulettes de pain.*

**boulevard** **n. m.** Rue très large souvent bordée d'arbres. → **avenue.**

**bouleverser** **v.** (conjug. 1) **1.** Provoquer une émotion très violente. *La mort de sa mère l'a bouleversé.* **2.** Changer complètement et brutalement. *Cette rencontre a bouleversé sa vie.*

▸ **bouleversant** **adj.** Très émouvant. *Une histoire bouleversante.*

▸ **bouleversement** **n. m.** Grand changement. *La guerre a causé un grand bouleversement dans le pays.*

**boulon** **n. m.** Morceau de métal allongé que l'on visse dans un écrou pour fixer des pièces les unes aux autres.

① **boulot** **adj.** Petit et gros. *Une femme boulotte.* ◊ homonyme : bouleau.

② **boulot** **n. m.** Familier. Travail.

**bouquet** **n. m.** **1.** *Un bouquet de fleurs,* ce sont des fleurs coupées rassemblées. **2.** *Le bouquet d'un feu d'artifice,* ce sont les plus belles fusées qui explosent à la fin. **3.** *Ce vin a du bouquet,* il a du parfum.

**bouquin** **n. m.** Familier. Livre.

▸ **bouquiner** **v.** (conjug. 1) Familier. Lire.

▸ **bouquiniste** **n. m.** et **f.** Marchand de livres d'occasions. *Il y a des bou-*

*quinistes sur les quais de la Seine, à Paris.*

**bourbier** **n. m.** Endroit plein de boue. *Dès qu'il pleut, ce chemin devient un vrai bourbier.*

**bourdon** **n. m.** Insecte qui ressemble à une grosse abeille couverte de poils et vole en faisant un bruit grave.

bourdon

▶ **bourdonner** **v.** (conjug. 1) Faire un bruit sourd comme un ronflement continu. *Les guêpes bourdonnent autour du pot de miel.*

▶ **bourdonnement** **n. m.** Bruit sourd et continu. *Le bourdonnement d'une mouche. — Des bourdonnements d'oreille.*

**bourg** **n. m.** Gros village.

▶ **bourgade** **n. f.** Village. *Ils habitent une petite bourgade.* ▷ FAUBOURG.

**bourgeois** **n. m.** et **adj.**, **bourgeoise** **n. f.** et **adj.**

▭ **n. 1.** Au Moyen Âge, personne riche qui habitait la ville. ‖ contr. **paysan** ‖ **2.** De nos jours, personne qui ne travaille pas de ses mains et gagne suffisamment d'argent pour vivre facilement. ‖ contr. **ouvrier, paysan** ‖ *Les banquiers, les industriels sont des grands bourgeois. Les employés, les commerçants sont des petits bourgeois.*

▭ **adj.** *Un quartier bourgeois,* un quartier riche. ‖ contr. **populaire** ‖.

▶ **bourgeoisie** **n. f.** Ensemble des bourgeois (sens 2). *La petite et la grande bourgeoisie.*

**bourgeon** **n. m.** Petite pousse d'un arbre qui donnera les feuilles ou les fleurs. *Les bourgeons éclatent au printemps.*

▶ **bourgeonner** **v.** (conjug. 1) *Les arbres bourgeonnent,* les arbres se couvrent de bourgeons.

**bourgmestre** **n. m.** Ce mot est employé en Belgique. Maire.

**bourgogne** **n. m.** Vin rouge ou blanc de la région de Bourgogne.

**bourrade** **n. f.** Coup amical que l'on donne avec le poing, le coude ou l'épaule.

**bourrasque** **n. f.** Coup de vent très fort qui dure peu de temps. → **tornade.**

**bourratif** **adj.** *Cette tarte est bourrative,* elle bourre l'estomac, elle est difficile à digérer. ‖ contr. **léger** ‖.

**bourreau** **n. m. 1.** Celui qui exécute les condamnés à mort. **2.** Personne qui maltraite, qui martyrise quelqu'un. *Des bourreaux d'enfants.*

**bourrée** **n. f.** Danse folklorique d'Auvergne. ◊ homonyme : bourrer.

**bourrelet** **n. m. 1.** Bande de mousse de caoutchouc que l'on fixe aux bords des portes et des fenêtres pour empêcher l'air de passer. **2.** Pli de graisse que les personnes trop grosses ont sur le corps.

**bourrer** **v.** (conjug. 1) **1.** Remplir en tassant. *Il bourre sa pipe. Ta valise est bourrée de choses inutiles.* **2.** Donner à manger quelque chose en très grande quantité. *Elle bourre ses enfants de vitamines.* → **gaver.** — *Ne te bourre pas de pain.* → se **goinfrer.** ◊ homonyme : bourrée. ▷ BOURRATIF, REMBOURRER.

**bourriche** **n. f.** Grand panier sans anse. *Une bourriche d'huîtres.*

**bourrique** **n. f.** Âne ou ânesse.

**bourru** **adj.** Peu aimable. *Elle est un peu bourrue.*

① **bourse** **n. f.** **1.** Petit sac arrondi, fermé par des cordons, dans lequel on met les pièces de monnaie. → **porte-monnaie.** **2.** Somme d'argent versée régulièrement par l'État à un élève ou un étudiant pour l'aider à payer ses études. *Il a obtenu une bourse.*

► ① **boursier** **n. m.**, **boursière** **n. f.** Élève, étudiant qui a une bourse pour faire ses études. — **Adj.** *Elle est boursière.* ▷ DÉBOURSER, REMBOURSEMENT, REMBOURSER.

② **Bourse** **n. f.** Bâtiment où les financiers se réunissent pour acheter et vendre des actions, des valeurs immobilières.

► ② **boursier** **adj.** *Il fait des opérations boursières,* en Bourse.

**boursouflé** **adj.** Gonflé par endroits. → **bouffi, enflé.** *Elle a un visage boursouflé.*

**bousculer** **v.** (conjug. 1) **1.** Pousser, heurter. *Yves a bousculé ses camarades pour sortir le premier du car.* **2.** Obliger quelqu'un à se dépêcher. *Elle n'aime pas qu'on la bouscule.* → **brusquer.**

► **bousculade** **n. f.** Mouvement désordonné d'une foule. *Pendant la semaine de Noël, c'est la bousculade dans les magasins.* → **cohue.**

**bouse** **n. f.** Excrément des vaches, des bœufs, des taureaux et des veaux.

**boussole** **n. f.** Instrument d'orientation comportant un cadran muni d'une aiguille aimantée qui indique le nord.

**boussole**

**bout** **n. m.** **1.** Morceau. *Elle a recouvert un coussin avec des bouts de tissu.* **2.** Partie qui termine une chose. *Il a le bout du nez tout froid.* → **extrémité.** *Sa chambre est au bout du couloir.* **3.** Fin d'une durée. *Il a regardé l'émission jusqu'au bout. Elle s'est endormie au bout de cinq minutes. Le coureur est à bout de forces,* il n'a plus de forces. ◊ homonyme : boue. ▷ ABOUTIR, ABOUTISSEMENT, EMBOUT.

**boutade** **n. f.** *Ce n'est pas sérieux, ce n'est qu'une boutade,* ce n'est qu'une plaisanterie.

**boute-en-train** **n. m. inv.** Personne qui met de la gaieté autour d'elle. — **Au pl.** *Des boute-en-train.*

**bouteille** n. f. 1. Récipient à goulot étroit destiné à contenir un liquide. *Une bouteille d'huile.* 2. Contenu d'une bouteille. *Ils ont bu deux bouteilles de champagne.* 3. Récipient en métal contenant du gaz sous pression ou de l'air liquide. *Des bouteilles d'oxygène.* ▷ EMBOUTEILLAGE, EMBOUTEILLER.

**boutique** n. f. Local dans lequel un commerçant vend sa marchandise. → **magasin.** ▷ ARRIÈRE-BOUTIQUE.

**bouton** n. m. 1. Bourgeon qui donnera naissance à une fleur. *Un bouton de rose.* 2. Petit objet, généralement rond, qui sert à fermer un vêtement. *Elle recoud un bouton.* 3. Partie que l'on pousse ou que l'on tourne pour déclencher un mécanisme. *Appuie sur le bouton de la sonnette !* 4. Petite grosseur à la surface de la peau. → **pustule.** *Il a des boutons sur la joue.*

▶ **boutonner** v. (conjug. 1) *Boutonne ton manteau !* ferme-le en attachant les boutons.

▶ **boutonneux** adj. Qui a des boutons sur le visage. *Une adolescente boutonneuse.*

▶ **boutonnière** n. f. Petite fente d'un vêtement dans laquelle on passe un bouton. ▷ DÉBOUTONNER.

**bouture** n. f. Pousse détachée d'une plante que l'on met dans la terre pour qu'elle forme une nouvelle plante. *Il fait des boutures de géranium.*

**bouvreuil** n. m. Petit oiseau qui a un plumage rouge sur la poitrine.

**bovidé** n. m. Animal mammifère ruminant. *Le bœuf, la chèvre, le mouton et l'antilope sont des bovidés.*

**bovin** adj. et n. m. 1. adj. *La race bovine,* ce sont des animaux de l'espèce du bœuf. 2. n. m. *Les vaches, les veaux et les taureaux sont des bovins,* ce sont des animaux de la famille du bœuf.

bouvreuil

**bowling** [buliŋ] n. m. Ce mot vient de l'anglais. Salle où l'on joue aux quilles avec de grosses boules. — Ce jeu. *Julie est allée faire un bowling.*

**box** n. m. [pl. *boxes*] 1. Endroit servant à loger un seul cheval. 2. Compartiment délimité par deux cloisons. *Il reste des boxes à louer dans le garage. Le box des accusés,* c'est la partie de la salle du tribunal où se tient l'accusé pendant son procès. ◊ homonyme : boxe.

**boxe** n. f. Sport qui oppose deux adversaires qui se frappent avec leurs poings munis de gants. *Les combats de boxe ont lieu sur le ring.* ◊ homonyme : box.

▶ **boxer** v. (conjug. 1) Pratiquer la boxe.

▶ **boxeur** n. m. Personne qui fait de la boxe.

**boyau** n. m. 1. Intestin d'un animal. 2. Pneu fin et léger des vélos de course. — Au pl. *Des boyaux.*

**boycotter** [bɔjkɔte] v. (conjug. 1) *Les étudiants ont boycotté la réunion,* ils ont refusé d'y participer pour montrer qu'ils n'étaient pas d'accord.

boxeur

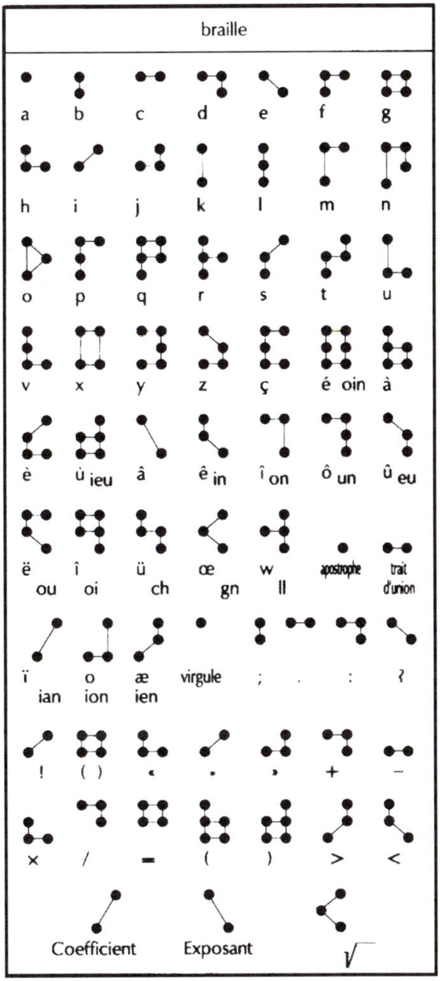


**bracelet** n. m. **1.** Bijou qui se porte autour du poignet. *Un bracelet en or.* **2.** *Le bracelet d'une montre,* les deux parties qui servent à l'attacher autour du poignet.

**braconner** v. (conjug. 1) Chasser ou pêcher sans en avoir le droit.
▶ **braconnier** n. m. Personne qui braconne.

**brader** v. (conjug. 1) Vendre à bas prix. → **liquider, solder.** *À la fin de la saison les commerçants bradent les articles qu'ils n'ont pas vendus.*
▶ **braderie** n. f. Vente à bas prix.

**braguette** n. f. Ouverture verticale sur le devant d'un pantalon, d'un slip.

**braille** n. m. Écriture en relief utilisée par les aveugles. *On lit le braille avec les doigts.*

**brailler** v. (conjug. 1) Familier. Parler ou crier très fort. *Ce bébé braille depuis une heure.*
▶ **braillard** adj. Familier. *Une petite fille braillarde.*

**braire** v. (conjug. 50) *L'âne brait,* il pousse son cri.

**braise** n. f. *Il fait griller un poisson sur la braise,* sur des petits morceaux de bois rougis par le feu et qui brûlent sans flamme.

▶ **braisé** adj. Cuit à feu doux dans un récipient fermé. *Manger des endives braisées.*

**bramer** v. (conjug. 1) *Le cerf brame,* il pousse son cri.

**brancard** n. m. 1. Sorte de lit sans pieds formé d'une toile tendue entre deux barres et porté par deux personnes. → **civière.** *Le blessé est emmené sur un brancard.* 2. *Il a attelé l'âne aux brancards de la charrette,* aux deux longues barres de bois qui la prolongent.

▶ **brancardier** n. m., **brancardière** n. f. Personne qui porte un brancard.

**branche** n. f. 1. Ramification qui part du tronc d'un arbre. *En hiver, les branches sont dénudées.* 2. *Elle a cassé une des branches de ses lunettes,* l'une des deux tiges qui reposent sur les oreilles. 3. *Une branche de ma famille vit en Allemagne,* une partie de ma famille y vit. → aussi **arbre** généalogique.

▶ **branchages** n. m. pl. *Il a construit une cabane avec des branchages,* des branches coupées. ▷ EMBRANCHEMENT.

**brancher** v. (conjug. 1) *Brancher un appareil électrique,* le relier au courant électrique en mettant sa fiche dans une prise.

▶ **branchement** n. m. *Faire le branchement d'un téléphone,* raccorder la ligne de téléphone au réseau. ▷ DÉBRANCHER.

**branchie** n. f. *Les poissons, les grenouilles, les crabes, les huîtres respirent avec leurs branchies.* ⤜ planche Poissons.

**brandir** v. (conjug. 2) *Il brandit un bâton d'un air menaçant,* il l'agite en le tenant en l'air.

**branler** v. (conjug. 1) *Branler la tête,* la remuer d'avant en arrière. → **hocher.**

▶ **branlant** adj. *Cette table est un peu branlante,* elle n'est pas stable. → **bancal.**

▶ **branle-bas** n. m. inv. Remue-ménage. ▷ ÉBRANLER, INÉBRANLABLE.

**braque** n. m. Chien de chasse à poil ras et oreilles pendantes.

braque

**braquer** v. (conjug. 1) 1. Diriger une arme, un instrument dans une direction. *Le gangster braque son pistolet sur le caissier. — Tous les regards étaient braqués sur elle,* fixés sur elle. 2. Changer la direction des roues en tournant le volant. *L'automobiliste braqua à gauche.* 3. *Se braquer,* se buter, s'entêter. → se **buter.**

**bras** n. m. 1. Membre supérieur des êtres humains qui s'attache à l'épaule par une articulation et se termine par la main. *Il serre son enfant dans ses bras. — Elle lui tape dessus à tour de bras, à bras raccourcis,* de toutes ses *forces. Il peut t'aider, il a le bras long,* il a beaucoup d'influence. *Découragé, il a fini par baisser les bras,* par renoncer à lutter. *Les bras m'en tombent,* je suis stupéfait. **2.** *Elle est le bras droit du directeur,* la personne qui l'aide le plus dans son travail et en qui il a toute confiance. **3.** *Le bras d'un fauteuil,* l'accoudoir. **4.** *Un bras de mer,* c'est une étroite étendue de mer entre deux terres. → **détroit.**

▷ AVANT-BRAS, BRACELET, à BRAS-LE-CORPS, BRASSARD, BRASSE, BRASSÉE, BRASSIÈRE, EMBRASSADE, EMBRASSER.

**brasier** **n. m.** Masse d'objets en train de brûler pendant un incendie. *La forêt n'est plus qu'un brasier.*

à **bras-le-corps** **adv.** *Le lutteur a saisi son adversaire à bras-le-corps,* par le milieu du corps avec ses deux bras.

**brassard** **n. m.** Bande d'étoffe que l'on porte autour du bras et qui sert d'insigne. *Un brassard de secouriste.*

**brasse** **n. f.** Nage sur le ventre, où l'on avance en rassemblant puis en écartant les bras et les jambes.

**brassée** **n. f.** Ce que les bras peuvent contenir. *Une brassée de fleurs.* ◊ homonymes : ① et ② brasser.

① **brasser** **v.** (conjug. 1) *Brasser la bière,* c'est la fabriquer. ◊ homonyme : brassée.

► **brasserie** **n. f. 1.** Usine où l'on fabrique la bière. **2.** Grand café-restaurant.

► **brasseur** **n. m.**, **brasseuse** **n. f.** Personne qui fabrique de la bière.

② **brasser** **v.** (conjug. 1) **1.** Remuer en mélangeant. *La machine à laver brasse le linge.* **2.** *Les banquiers brassent de grosses sommes d'argent,* ils disposent de beaucoup d'argent avec lequel ils font de nombreuses affaires.

**brassière** **n. f.** Petite chemise de bébé, courte, ouverte dans le dos, à manches longues.

**brave** **adj. 1.** Courageux devant un ennemi. *Il a été brave pendant la guerre.* ‖ contr. **lâche** ‖ **2.** Honnête et bon. *C'est une brave femme.*

► **bravement** **adv.** *Les soldats ont bravement défendu la ville,* ils l'ont défendue courageusement. → **vaillamment.**

► **braver** **v.** (conjug. 1) **1.** Affronter courageusement quelque chose de dangereux. *Ce cascadeur a bravé la mort plus d'une fois.* **2.** S'opposer à quelque chose en montrant que l'on n'a pas peur. *Personne n'ose braver les ordres du directeur.* ▷ BRAVOURE.

**bravo** **interj.** Mot que l'on dit pour féliciter quelqu'un. *Bravo ! tu as gagné !* → **félicitation.**

**bravoure** **n. f.** Courage. *Il a été d'une grande bravoure pendant la guerre.* ‖ contr. **lâcheté** ‖.

**break** [bʀɛk] **n. m.** Ce mot vient de l'anglais. Voiture en forme de fourgonnette dont l'arrière est vitré. — **Au pl.** *Des breaks.*

**brebis** **n. f.** Mouton femelle. → aussi **agneau, bélier.**

**brèche** **n. f.** Trou dans un mur ou une clôture. *Les ouvriers ont colmaté la brèche.* ▷ ÉBRÉCHER.

**bréchet** **n. m.** Os saillant qui se trouve sur la poitrine des oiseaux.

**bredouille** **adj.** *Le chasseur est rentré bredouille,* sans rapporter de gibier.

**bredouiller** **v.** (conjug. 1) Parler d'une façon incompréhensible en articulant mal. → **bafouiller.** *Il bredouilla quelques excuses.* → **balbutier.**

**bref** **adj.** Qui ne dure pas longtemps. *Sa visite a été brève.* → **court.** || contr. **long** || *Sois bref quand tu répondras à la question,* ne parle pas trop longtemps. ▷ ABRÉVIATION.

**breloque** **n. f.** Petit bijou qui est attaché à un bracelet, à une chaîne.

**bretelle** **n. f. 1.** Bande de tissu qui passe sur l'épaule et sert à maintenir un vêtement. *Il attache les bretelles de son pantalon.* **2.** *La bretelle d'un fusil,* la courroie que l'on passe sur l'épaule pour le porter. **3.** *Une bretelle d'autoroute,* une route qui relie l'autoroute à une autre route.

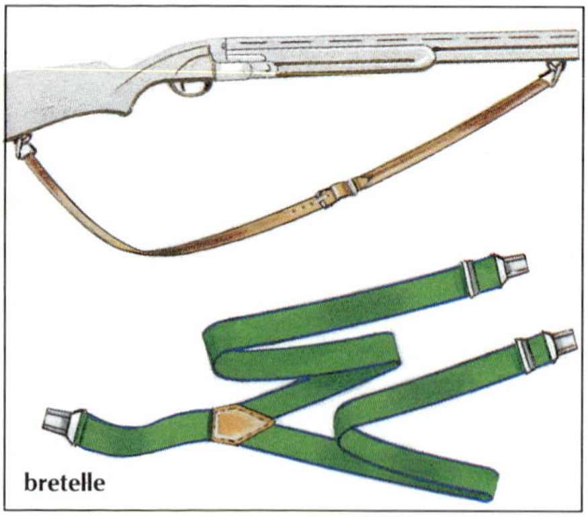
bretelle

**breuvage** **n. m.** Boisson au goût bizarre.

**brevet** **n. m. 1.** *Il a passé son brevet de pilotage,* il a passé l'examen pour être pilote et a obtenu le diplôme. **2.** *Un brevet d'invention,* c'est un papier officiel qui assure qu'une personne est l'auteur d'une invention pour que l'on ne puisse pas la copier.

► **breveter** **v.** (conjug. 4) Protéger une invention par un brevet d'invention.

**bréviaire** **n. m.** Livre contenant des prières. *Le curé lit son bréviaire.*

**bribes** **n. f. pl.** *Il entendait des bribes de conversation venant de la pièce à côté,* de petits bouts de conversation, quelques mots de temps en temps.

**bric-à-brac** **n. m. inv.** Amas de vieux objets de toutes sortes. *Quel bric-à-brac dans le grenier !*

**bricole** **n. f.** Familier. **1.** Petit objet qui n'a pas de valeur. *Il lui a offert une petite bricole.* → **babiole. 2.** *Ils se disputent souvent pour des bricoles,* des choses sans importance. → **bêtise.**

**bricoler** **v.** (conjug. 1) **1.** Faire de petits travaux manuels dans la maison. *Il aime beaucoup bricoler.* **2.** *Il a bricolé le moteur de sa moto,* il l'a transformé.

► **bricolage** **n. m.** *Le dimanche, il fait du bricolage,* de petits travaux manuels dans la maison.

► **bricoleur** **n. m.,** **bricoleuse** **n. f.** Personne qui aime bricoler (sens 1). *C'est un grand bricoleur.* — **Adj.** *Elle est très bricoleuse.*

**bride** **n. f. 1.** Courroie attachée au mors qui sert à diriger un cheval. → **rêne.** *Le cavalier tient son cheval par la bride.* **2.** Petit anneau de tissu ou de fil qui sert à attacher quelque chose. *La bride d'un torchon.* ▷ BRIDER, DÉBRIDÉ.

**bridé** **adj.** *Les Japonais ont les yeux bridés,* des yeux dont les paupières semblent tirées sur le côté.

**brider** **v.** (conjug. 1) *Brider un cheval,* lui mettre la bride.

① **bridge** **n. m.** Jeu de cartes qui se joue à quatre.

② **bridge** **n. m.** Appareil qui sert à tenir une fausse dent en s'appuyant sur des dents solides. → aussi **couronne, prothèse.**

**brie** **n. m.** Fromage à pâte molle.

**brièvement** **adv.** En peu de mots. *Dis-moi brièvement ce qui s'est passé.*

**brièveté** **n. f.** *Sa lettre est d'une grande brièveté,* elle est très courte. ‖ contr. **longueur** ‖.

**brigade** **n. f.** *Une brigade de gendarmerie,* un groupe de gendarmes.
▶ **brigadier** **n. m.** Chef d'une brigade de gendarmes. ▷ EMBRIGADER.

**brigand** **n. m.** Homme qui, autrefois, attaquait les voyageurs pour les voler. *La diligence a été attaquée par des brigands.* → **bandit, voleur.** — *Ce commerçant est un brigand,* c'est un homme malhonnête.
▶ **brigandage** **n. m.** Vol, pillage fait avec violence par des gens armés.

**briller** **v.** (conjug. 1) **1.** Émettre une lumière tres vive. → **étinceler, luire, scintiller.** *Les étoiles brillent. Ses yeux brillent de plaisir quand on lui fait un compliment.* **2.** *Il a brillé à son examen,* il s'est fait remarquer par son intelligence.
▶ ① **brillant** **adj. 1.** *Le parquet est bien ciré, il est brillant,* il reluit. ‖ contr. **terne** ‖ **2.** *Elle a fait une brillante carrière,* elle a très bien réussi dans son métier. → **remarquable.** ‖ contr. **médiocre** ‖.
▶ **brillamment** **adv.** *Yves a brillamment réussi son examen.*
▶ ② **brillant** **n. m.** Petit diamant. *Elle porte une alliance en brillants.*

**brimer** **v.** (conjug. 1) *Flora se sent brimée dès qu'on lui refuse quelque chose,* elle trouve qu'on la maltraite en limitant sa liberté.
▶ **brimade** **n. f.** Vexation que l'on fait subir à quelqu'un.

**brin** **n. m. 1.** Fil. *Une corde est faite de plusieurs brins.* **2.** Tige, petite pousse d'une plante. *Un brin d'herbe.* **3.** Petite quantité de quelque chose. *Il n'y a pas un brin de vent aujourd'hui.*

**brindille** **n. f.** Petite branche morte. *Il a ramassé des brindilles pour allumer le feu.*

**brio** **n. m.** *Le pianiste a joué ce concerto avec brio,* il l'a joué avec habileté et aisance. → **virtuosité.**

**brioche** **n. f.** Pâtisserie légère souvent en forme de boule surmontée d'une autre boule plus petite. *Il mange des brioches et des croissants au petit déjeuner.*

brioche

**brique** **n. f.** Bloc rectangulaire de terre cuite rouge ou jaune, utilisé pour construire les maisons. *Un mur de briques.*

**briquet** **n. m.** Petit appareil qui produit une flamme. *Il allume sa cigarette avec un briquet.*

**brise** **n. f.** Vent léger et doux. *Une petite brise faisait gonfler la voile du bateau.*

▷ PARE-BRISE.

**briser** **v.** (conjug. 1) **1.** Casser, mettre en morceaux. *Il a brisé la vitre pour entrer dans la maison.* **2.** Détruire. *Cet accident a brisé sa carrière.* **3.** *Les vagues se brisent sur les rochers,* elles déferlent.

▶ **brise-glace** **n. m. inv.** Bateau renforcé à l'avant, que l'on utilise pour naviguer dans les mers froides où il peut briser la glace. *Des brise-glace ont ouvert un chemin dans la banquise.*

**broc** [bʀo] **n. m.** Récipient haut, muni d'une anse et d'un bec verseur.

**brocante** **n. f.** Foire où l'on vend toutes sortes de vieux objets.

▶ **brocanteur** **n. m.** **brocanteuse** **n. f.** Marchand de vieux objets. → **antiquaire.** *Elle a acheté ces vieux fauteuils chez un brocanteur.*

**broche** **n. f.** **1.** Tige de fer pointue que l'on passe dans un morceau de viande pour le faire cuire en le faisant tourner au-dessus du feu ou dans un four. *Il fait cuire un poulet à la broche.* **2.** Bijou que l'on épingle sur les vêtements. *Elle porte une broche sur le revers de sa veste.* → aussi **pin's.**

▶ **brochette** **n. f.** Petite tige de métal sur laquelle on enfile des morceaux de viande, de légumes, pour les faire cuire. — *Julie a mangé une brochette d'agneau,* les morceaux de viande enfilés sur cette tige. ▷ EMBROCHER.

**broché** **adj.** *Un livre broché,* c'est un livre dont la couverture n'est pas rigide. || contr. **relié** ||.

▶ **brochure** **n. f.** Petit livre broché qui a peu de pages. *Il consulte une brochure touristique.*

**brochet** **n. m.** Grand poisson d'eau douce, très vorace. ⤜ planche Poissons.

**broder** **v.** (conjug. 1) **1.** *Broder une nappe,* la décorer de dessins faits avec des points de couture. **2.** Inventer des détails pour rendre un récit intéressant. *Quand il raconte une histoire, il brode toujours.*

▶ **broderie** **n. f.** Dessin fait avec des points de couture sur un tissu pour le décorer. *Elle porte un chemisier orné de broderies.*

**bronche** **n. f.** *Les bronches* sont les deux conduits qui vont de la trachée-artère aux poumons.

▶ **bronchite** **n. f.** Maladie des bronches qui fait tousser et gêne la respiration.

**broncher** **v.** (conjug. 1) *Il a obéi sans broncher,* sans montrer de mécontentement, sans protester.

**bronze** **n. m.** Métal brun, lourd et dur, fait d'un mélange de cuivre et d'étain. *Les cloches de l'église sont en bronze.*

**bronzer** **v.** (conjug. 1) Devenir brun au soleil. → **brunir.** *Elle a bronzé en faisant du jardinage.* — *Elle est toute bronzée.* → **hâlé.**

▶ **bronzage** **n. m.** Hâle. *Elle a un beau bronzage.*

**brosse** **n. f.** Assemblage de poils ou de fibres montés sur un support, qui sert à nettoyer, à frotter. *Une brosse* *à dents. Une brosse à cheveux. Une brosse à habits.*

▶ **brosser** v. (conjug. 1) Nettoyer, frotter avec une brosse. *Il brosse ses chaussures pour les faire briller. Elle se brosse les dents deux fois par jour.*

**brouette** n. f. Petit chariot à une roue que l'on pousse devant soi. *Le jardinier transporte les feuilles mortes dans une brouette.*

**brouhaha** n. m. Bruit confus que font plusieurs personnes qui parlent en même temps. *On entend le brouhaha des conversations.*

**brouillard** n. m. Air humide formé par des gouttes d'eau très petites qui flottent près du sol. → **brume.** *On ne voit pas loin devant soi quand il y a du brouillard.*

**brouiller** v. (conjug. 1) **1.** *L'assassin a brouillé les pistes,* a fait en sorte que l'on perde sa trace. **2.** *Les larmes lui brouillent la vue,* la rendent trouble. *Des parasites brouillent l'émission de radio,* l'empêchent d'être nette. **3.** *Ils se sont brouillés pour une histoire d'argent,* ils se sont fâchés.

▶ **brouille** n. f. Mésentente entre des amis. *Leur brouille n'a pas duré.*

▶ ① **brouillon** adj. Désordonné. *Elle est très brouillonne.*

▶ ② **brouillon** n. m. Premier texte que l'on va corriger et recopier proprement après. *Il fait sa rédaction d'abord au brouillon.* ▷ BROUILLARD, DÉBROUILLARD, DÉBROUILLER, EMBROUILLÉ, EMBROUILLER.

**broussaille** n. f. **1.** Ensemble d'arbustes, de ronces et de buissons qui poussent tout seuls sur les terrains que l'on ne cultive pas. *Le chemin est envahi par les broussailles.* **2.** *Il a les cheveux en broussaille,* emmêlés, mal coiffés. ▷ DÉBROUSSAILLER.

**brousse** n. f. Terrain, dans les pays chauds, où il ne pousse que des arbustes et des buissons. → aussi **savane, steppe.**

**brouter** v. (conjug. 1) *Les vaches, les moutons broutent l'herbe,* ils l'arrachent et la mangent. → **paître.**

**broutille** n. f. Petit détail sans importance. *Ils se sont fâchés pour des broutilles.*

**broyer** v. (conjug. 8) *Les molaires broient les aliments,* les réduisent en très petits morceaux en les écrasant.

**bru** n. f. *Il dit bonjour à sa bru,* à la femme de son fils. → **belle-fille** et aussi **gendre.**

**brugnon** n. m. Sorte de pêche à la peau lisse.

brugnon

**bruine** n. f. Pluie fine. → **crachin.** *Il tombe de la bruine.*

**bruissement** n. m. Bruit faible et continu. *Le bruissement des feuilles.*

**bruit** n. m. **1.** Son. *Il a entendu le bruit du moteur. Vous faites trop de bruit.* → **chahut, vacarme.** || contr. **silence** ||

2. *La boulangère va se marier, c'est un bruit qui court,* une nouvelle peu sûre → **rumeur.**

► **bruitage** **n. m.** *Réaliser le bruitage d'un film,* c'est reproduire artificiellement les sons qui accompagnent l'action. ▷ BRUYAMMENT, BRUYANT, ÉBRUITER.

à **brûle-pourpoint** **adv.** *Il m'a posé la question à brûle-pourpoint,* brusquement, sans que je ne m'y attende.

**brûler** **v.** (conjug. 1) **1.** Être en feu, en flammes. *La maison brûle.* → **flamber.** — *Le gâteau a brûlé,* il a trop cuit. **2.** Détruire par le feu. *Le jardinier brûle les feuilles mortes.* **3.** Abîmer ou blesser par le feu, la chaleur. *Elle a brûlé la nappe avec sa cigarette. Ce café est trop chaud, je me suis brûlé la langue.* **4.** Faire mal comme une brûlure. *Quand on met de l'alcool sur une plaie, cela brûle.* **5.** Passer sans s'arrêter. *Il a brûlé un feu rouge.* **6.** *Il brûle d'impatience de la revoir,* il est très impatient de la revoir.

► **brûlant** **adj.** Très chaud. *Attention, l'assiette est brûlante !*

► **brûlé** **n. m. 1.** Odeur d'une chose qui brûle. *Ça sent le brûlé !* **2.** Personne qui souffre de brûlures très graves. *Les grands brûlés.*

► **brûleur** **n. m.** Partie d'une cuisinière, d'un réchaud, d'une chaudière d'où sort la flamme.

► **brûlure** **n. f.** Blessure causée par une flamme ou une chose trop chaude. *Il a une brûlure à la main.*

**brume** **n. f.** Brouillard léger. *La montagne est dans la brume.*

► **brumeux** **adj.** *Le temps est brumeux,* il y a de la brume. ‖ contr. **clair** ‖. — **Au fém.** *brumeuse.*

**brun** **adj.** De couleur sombre, entre le roux et le noir. *Les châtaignes mûres sont brunes.* → **marron.** *Il fume du tabac brun.* ‖ contr. **blond** ‖ *Julie a les cheveux bruns. Cette femme est brune,* elle a les cheveux bruns. — **N.** *Les blonds et les bruns.*

► **brunir** **v.** (conjug. 2) **1.** Rendre brun. *Le soleil brunit la peau.* **2.** Devenir brun. *Yves a bruni pendant les vacances.* → **bronzer** ▷ se REMBRUNIR.

**brusque** **adj. 1.** *Une personne brusque,* qui agit brutalement et de manière imprévisible. → **brutal, violent.** ‖ contr. **doux** ‖ **2.** *Il a fait un mouvement brusque et a renversé son verre,* un mouvement vif et soudain.

► **brusquement** **adv.** D'une manière brutale et inattendue. *Il a brusquement changé d'avis.* → **soudainement.**

► **brusquer** **v.** (conjug. 1) **1.** *Elle a tort de brusquer cet enfant,* de le traiter durement. **2.** *Il a brusqué son départ,* il est parti plus vite que prévu. → **hâter, précipiter.**

► **brusquerie** **n. f.** *Elle traite cet enfant avec brusquerie,* avec dureté. ‖ contr. **douceur** ‖.

**brut** [bʀyt] **adj. 1.** Qui est à l'état naturel, n'a pas encore été transformé par l'homme. *Un diamant brut,* non taillé. *Du pétrole brut,* c'est du pétrole non raffiné. **2.** *Le poids brut d'un objet,* c'est le poids de cet objet avec son emballage. ‖ contr. **net** ‖. ◊ homonyme : brute.

**brute** **n. f.** Homme brutal, violent, cruel. ◊ homonyme : brut.

► **brutal** **adj. 1.** Violent. *Ce sont des hommes brutaux.* → **brusque.** *Une fille brutale.* ‖ contr. **doux** ‖ **2.** *Le choc a été brutal,* brusque et violent.

► **brutalement** **adv. 1.** *Il a frappé son frère brutalement,* violemment. **2.** *Sa température est montée brutalement,* brusquement.

▶ **brutaliser** v. (conjug. 1) *Arrête de brutaliser ton petit frère,* de le maltraiter.

▶ **brutalité** n. f. *Il l'a frappé avec brutalité,* avec violence.

**bruyant** [bʀyijɑ̃] adj. 1. Qui fait beaucoup de bruit. *Ces enfants sont très bruyants.* || contr. **silencieux** || 2. Où il y a beaucoup de bruit. *Une rue bruyante.* || contr. **tranquille** ||.

▶ **bruyamment** adv. En faisant beaucoup de bruit. *Elle se mouche bruyamment.* || contr. **silencieusement** ||.

**bruyère** n. f. Plante sauvage à petites fleurs mauves ou roses. *La lande est couverte de bruyère.*

**buccal** adj. De la bouche. *Prendre ce médicament par voie buccale,* par la bouche. — Au masc. pl. *buccaux.*

**bûche** n. f. 1. Gros morceau de bois de chauffage. *Le feu s'éteint, remets une bûche dans la cheminée.* 2. *La bûche de Noël,* c'est un gâteau en forme de bûche.

▶ **bûcher** n. m. Tas de bois sur lequel on brûle les morts ou certains condamnés à mort. *On brûlait les sorcières sur des bûchers.*

▶ **bûcheron** n. m., **bûcheronne** n. f. Personne dont le métier est d'abattre des arbres dans une forêt.

**budget** n. m. *Le budget d'une famille,* c'est l'ensemble de l'argent qu'elle gagne et de l'argent qu'elle dépense. *Un budget est équilibré quand les recettes sont égales aux dépenses.*

**buée** n. f. Vapeur qui se dépose en fines gouttelettes sur une surface froide. *En hiver, les vitres sont couvertes de buée.* ▷ EMBUER.

**buffet** n. m. 1. Meuble dans lequel on range la vaisselle. *Il y a un buffet dans la salle à manger.* 2. Table où l'on dispose des plats et des boissons dans une réception. *Les invités se pressent autour du buffet.* 3. *Le buffet de la gare,* le café-restaurant installé dans la gare.

**buffle** n. m. Gros animal ruminant d'Asie et d'Afrique qui ressemble au bœuf.

buffle

**buis** n. m. Arbuste à petites feuilles vert foncé. *Une haie de buis.*

**buisson** n. m. Groupe serré de petits arbres sauvages. → aussi **fourré, taillis.**

**buissonnière** adj. f. *Faire l'école buissonnière,* c'est aller se promener au lieu d'aller en classe.

**bulbe** n. m. Partie arrondie d'une plante qui se trouve sous terre et qui est remplie de réserves de nourriture grâce auxquelles la plante repousse tous les ans. *Des bulbes de tulipes.* → **oignon.**

**bulldozer** [buldozœʀ] n. m. Ce mot vient de l'anglais. Machine montée sur des chenilles, qui sert à déplacer de grandes quantités de terre ou de pierres. — Au pl. *Des bulldozers.*

**bulle** n. f. 1. Petite boule remplie d'air ou de gaz qui s'élève à la surface d'un liquide. *Il y a des bulles dans l'eau gazeuse.* 2. Dans une bande dessinée, espace délimité par un trait où sont écrites les paroles des personnages.

**bulletin** n. m. 1. *Chaque électeur met son bulletin de vote dans l'urne,* le papier sur lequel est écrit le nom du candidat pour lequel il vote. 2. *Le bulletin scolaire,* c'est le papier sur lequel sont inscrites les notes d'un élève. 3. *Il écoute le bulletin météorologique,* les informations sur le temps.

**bungalow** [bœ̃galo] n. m. Petite maison de vacances très simple qui n'a pas d'étage. *Le club de vacances est formé de bungalows au bord de la plage.*

**buraliste** n. m. et f. Personne qui tient un bureau de tabac. *Les buralistes vendent des cigarettes, des timbres, des stylos et des cartes postales.*

**bureau** n. m. 1. Table sur laquelle on écrit, on travaille. *Ces bureaux ont des tiroirs de chaque côté.* 2. Pièce où se trouve une table de travail et des objets pour travailler. *La directrice de l'école a convoqué Julie dans son bureau.* 3. Endroit où travaillent les employés d'une entreprise ou d'une administration. *Le père de Luc va au bureau tous les matins.* 4. *Un bureau de tabac* est l'endroit où l'on peut acheter des cigarettes et des timbres. ▷ BURALISTE.

**burette** n. f. Petit récipient dont le goulot est un tube très fin. *Yves a pris la burette d'huile pour graisser son vélo.*

**burin** n. m. Outil formé d'un morceau d'acier allongé, qui sert à couper des métaux ou à faire de la gravure.

▸ **buriné** adj. *Un visage buriné,* marqué de rides très profondes.

**burlesque** adj. Drôle et extravagant. *Charlie Chaplin a joué dans des films burlesques.*

**burnous** n. m. Grande cape de laine à capuchon, comme en portent les Arabes.

**bus** [bys] n. m. Autobus. *Flora prend le bus pour aller à l'école.* ▷ ABRIBUS, BIBLIOBUS.

**buse** n. f. Oiseau rapace qui vit le jour et se nourrit de petits rongeurs et d'oiseaux. *La buse a un bec recourbé.* ➳ planche Oiseaux.

**buste** n. m. 1. Partie du corps humain qui va du cou à la ceinture. → **poitrine, torse, tronc.** 2. Sculpture représentant la tête et le haut de la poitrine de quelqu'un. *Sur la cheminée, il y avait un buste de Napoléon.*

**but** [by] ou [byt] n. m. 1. Endroit que l'on vise, qu'il faut atteindre. *La flèche d'Yves a atteint son but.* → **cible.** 2. Endroit précis où l'on veut aller. *La rivière est un bon but de promenade.* 3. *Mon but est de vous aider,* ce que je veux faire c'est vous aider. → **intention.** 4. *Le but d'un terrain de football,* c'est l'espace à l'arrière du terrain, limité par des poteaux et dans lequel il faut faire entrer le ballon. *Le ballon est sorti du but.* 5. *Notre équipe a marqué un but,* un point. ◊ homonyme : butte.

**butane** n. m. Gaz vendu en bouteilles de métal, que l'on utilise pour chauffer. *Ce réchaud marche au butane.*

**buter** **v.** (conjug. 1) **1.** *Luc a buté sur une pierre,* il l'a heurtée. → **trébucher. 2.** *Anne bute sur son problème,* elle n'arrive pas à le faire. **3.** *Se buter,* s'entêter. *Il se bute et refuse de comprendre.*

▶ **buté** **adj.** Entêté. *Il ne veut rien comprendre, il est complètement buté.*

▷ BUTOIR.

**butin** **n. m.** Ce que l'on a volé. *Les voleurs ont partagé leur butin.*

**butiner** **v.** (conjug. 1) *Les abeilles butinent,* elles vont de fleur en fleur récolter le pollen et le nectar.

**butoir** **n. m.** Obstacle placé à l'extrémité d'une voie ferrée, pour empêcher les trains d'aller trop loin. *Le train s'est arrêté juste devant le butoir.*

**butte** **n. f. 1.** Petite colline. *La maison est bâtie sur une butte.* → **monticule. 2.** *Il est en butte aux critiques de tout le monde,* tout le monde le critique. ◊ homonyme : but.

**buvable** **adj.** *Ce vin est à peine buvable,* on peut à peine le boire. ‖ contr. **imbuvable** ‖.

**buvard** **n. m.** Papier qui boit l'encre.

**buvette** **n. f.** Petite salle, petit comptoir où l'on sert à boire. *La buvette de la gare.*

**buveur** **n. m.**, **buveuse** **n. f.** *Les Anglais sont des buveurs de thé,* ils boivent beaucoup de thé.

# C

**c'** → **ce**

**ça** **pronom démonstratif.** Familier. Ceci, cela. *Comment ça va ? Ça, alors, c'est incroyable !* ◊ homonymes : çà, sa.

**çà** **adv.** *Çà et là,* un peu partout. *Les affaires de Julie sont étalées çà et là dans la chambre.* ◊ homonymes : ça, sa. ▷ EN DEÇÀ.

**cabalistique** **adj.** *Des signes cabalistiques,* que l'on ne peut pas comprendre facilement.

**caban** **n. m.** Veste longue, en tissu de laine. *Les marins portent des cabans bleu marine.*

**cabane** **n. f.** Petite maison en bois. *Yves et Luc ont construit une cabane dans le jardin.*

**cabaret** **n. m.** Endroit où l'on va le soir voir un spectacle, danser, boire.

**cabas** [kaba] **n. m.** Sac à provisions avec deux anses. *Elle va faire son marché avec son cabas.*

**cabestan** **n. m.** Appareil autour duquel on enroule un câble pour tirer de lourdes charges. → **treuil.** *Sur un navire, le cabestan sert à lever l'ancre.*

**cabillaud** **n. m.** Morue fraîche.

**cabine** **n. f. 1.** Chambre dans un bateau. *Les passagers dorment dans leur cabine.* **2.** *Il s'est arrêté dans une cabine téléphonique,* un petit local où l'on téléphone. **3.** *Une cabine de bain,* l'endroit où l'on se déshabille pour se baigner dans la mer ou dans une piscine. **4.** *Une cabine spatiale,* l'endroit où est l'équipage d'un engin spatial.

▸ **cabinet** **n. m. 1.** *Cabinet de toilette,* petite pièce où il y a un lavabo. **2.** Bureau d'un avocat, d'un médecin, d'un dentiste. *Le médecin donne ses consultations dans son cabinet.* **3.** *Les cabinets,* l'endroit où l'on fait ses besoins. → **toilettes, waters, W.-C.** *Les cabinets sont au fond du couloir.* **4.** *Le cabinet d'un ministre,* c'est l'ensemble des gens qui travaillent avec lui. ▷ TÉLÉCABINE.

**câble** **n. m. 1.** Grosse corde. *La cabine du téléphérique est suspendue par des câbles d'acier.* **2.** *Les câbles électriques* sont de gros fils de métal qui transportent l'électricité. **3.** *La télévision par câble* ou *le câble,* c'est une télévision qui diffuse des programmes spéciaux à des abonnés. *Ils sont abonnés au câble.*

**cabossé** **adj.** Défoncé, couvert de bosses. *La voiture est toute cabossée.*

**caboteur** **n. m.** Bateau qui navigue sans s'éloigner des côtes. *Des caboteurs apportent des marchandises sur l'île.*

**cabotin** **n. m.,** **cabotine** **n. f.** Personne qui fait des manières pour qu'on la remarque, l'admire. *Cet acteur est un cabotin.* — **Adj.** *Elle est un peu cabotine.*

se **cabrer** **v.** (conjug. 1) *Le cheval prit peur et se cabra,* il se dressa sur ses pattes de derrière.

**cabri** **n. m.** Petit de la chèvre. → **chevreau.** *Les cabris sautent en suivant leur mère.*

**cabriole** **n. f.** *Faire des cabrioles,* c'est sauter gaiement, se rouler par terre. *Flora et Anne font des cabrioles dans l'herbe.* → **galipette.**

**cabriolet** **n. m.** Voiture décapotable.
➽ planche Voitures.

**caca** **n. m.** Excrément. *Le bébé a fait caca dans sa couche.*

**cacahuète** ou **cacahouète** **n. f.** Graine de l'arachide, qui se mange grillée. *Un paquet de cacahuètes salées.*

**cacao** **n. m.** Graine dont on se sert pour fabriquer le chocolat. *Le cacao pur est très amer.*

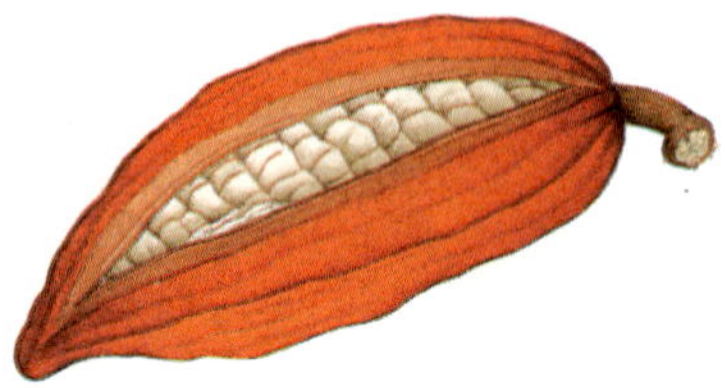

cacao

**cacatoès** [kakatɔɛs] **n. m.** Perroquet à gros bec portant une huppe sur la tête. *Les cacatoès s'apprivoisent facilement.*

**cachalot** **n. m.** Gros animal qui vit dans la mer, a la taille de la baleine et possède des dents. *Le cachalot est un mammifère.*

**cache-cache** **n. m. inv.** Jeu où l'un des joueurs doit trouver les autres, qui se sont cachés. *Julie et ses amis jouent à cache-cache dans le jardin.*

**cachemire** **n. m.** Tissu ou tricot en poil de chèvre très fin et doux. *Une écharpe de cachemire.*

**cache-nez** **n. m. inv.** Écharpe que l'on se met autour du cou. *Flora a mis un cache-nez pour ne pas attraper froid.* — **Au pl.** *Des cache-nez.*

**cacher** **v.** (conjug. 1) **1.** *Cacher un objet,* c'est le mettre dans un endroit où il est difficile de le trouver. → **dissimuler.** *Yves a caché les lunettes de Luc.* — *Julie s'est cachée derrière le rideau.* **2.** Empêcher de voir. *De gros nuages noirs cachent le soleil.* **3.** Ne pas montrer, ne pas dire. || contr. **dévoiler, exprimer, montrer** || *Flora ne pouvait cacher ses larmes.* ▷ CACHE-CACHE, CACHE-NEZ, CACHETTE, CACHOTTERIE, CACHOTTIER.

**cachet** n. m. 1. Médicament qui a une forme de pastille et que l'on avale. → **comprimé.** *Un cachet d'aspirine.* 2. Marque que l'on imprime avec un tampon. *Le cachet de la poste indique la date et le lieu d'envoi d'une lettre.* 3. Argent gagné par un chanteur, un acteur. *Il a touché un gros cachet pour ce film.*

▶ **cacheter** v. (conjug. 4) *Alex cachette sa lettre avant de la poster,* il la ferme en collant l'enveloppe. ‖ contr. **décacheter** ‖.

**cachette** n. f. 1. Endroit où l'on peut cacher quelque chose ou se cacher. *Le chat a trouvé une bonne cachette sous le lit.* 2. *Julie a mangé tous les bonbons en cachette,* en se cachant, en secret.

**cachot** n. m. Cellule de prison petite et obscure. *Le prisonnier a été mis au cachot.*

**cachotterie** n. f. Petit secret sans importance. *Tu me fais des cachotteries,* tu me caches des choses.

▶ **cachottier** n. m., **cachottière** n. f. *C'est une petite cachottière, elle ne m'a pas tout dit.*

**cacophonie** n. f. Ensemble de sons déplaisants, qui sonnent faux ou ne vont pas ensemble. *Les musiciens jouaient chacun de leur côté, quelle cacophonie !*

**cactus** [kaktys] n. m. Plante grasse des pays chauds, couverte de piquants. ⋙ planche Plantes.

**c.-à-d.** → **c'est-à-dire**

**cadastre** n. m. Registre composé des plans de tous les terrains et de toutes les constructions d'une commune avec leur superficie et le nom de leur propriétaire.

**cadavérique** adj. *Le malade a un teint cadavérique,* il est pâle comme un mort, un cadavre.

**cadavre** n. m. Corps d'une personne morte, d'un animal mort. *Le cadavre du noyé est à la morgue.*

**caddie** n. m. Ce mot vient de l'anglais. Marque déposée. Petit chariot métallique que l'on trouve dans les supermarchés, les gares et les aéroports. — Au pl. *Des caddies.*

**cadeau** n. m. Objet que l'on offre à quelqu'un. *Anne a eu de beaux cadeaux pour Noël. Garde ce livre, je t'en fais cadeau,* je te le donne.

**cadenas** [kadna] n. m. Petite serrure portative munie d'un anneau, servant à fermer une porte, une malle, etc. *On a perdu la clé du cadenas.*

▶ **cadenasser** v. (conjug. 1) Fermer avec un cadenas. *La porte de la cave est cadenassée.*

**cadence** n. f. Rythme régulier. → **allure, vitesse.** *C'est difficile de travailler à cette cadence. Les enfants frappent des mains en cadence,* en rythme.

▶ **cadencé** adj. *Les soldats marchent au pas cadencé,* en faisant des pas réguliers tous en même temps.

**cadet** n. m., **cadette** n. f. 1. *C'est la cadette de la famille,* la plus jeune. ‖ contr. **aîné** ‖ → aussi **benjamin.** 2. *Yves est mon cadet d'un an,* il est plus jeune que moi d'un an.

**cadran** n. m. 1. Partie d'une pendule, d'une montre où l'on peut lire l'heure. *Les aiguilles se déplacent sur le cadran.* 2. *Un cadran solaire* indique l'heure sur un mur grâce à une tige dont l'ombre est projetée par le Soleil qui tourne.

**cadre** n. m. **1.** Bordure qui entoure une glace, un tableau, une photo. *Le cadre de ce tableau est en bois doré.* **2.** Paysage qui entoure une maison. *La ferme est située dans un très joli cadre.* → **décor, site. 3.** *Cela sort du cadre du sujet,* des limites du sujet. **4.** Personne qui a des responsabilités dans un service, dans une entreprise. *Elle est cadre dans une usine.* **5.** *Le cadre d'un vélo,* c'est la partie métallique qui supporte la selle, le guidon, les roues et les pédales.

▶ **cadré** adj. *Cette photo est mal cadrée,* le sujet n'est pas placé comme il faudrait dans l'image.

▶ **cadrer** v. (conjug. 1) *Ce qu'il dit aujourd'hui ne cadre pas avec ce qu'il disait hier,* cela ne correspond pas, ne va pas avec ce qu'il disait hier.

▶ **cadreur** n. m. Personne dont le métier est de filmer avec une caméra. *Il est cadreur à la télévision.* → **caméraman.** ▷ ENCADRÉ, ENCADREMENT, ENCADRER.

**caduc** adj. *Un arbre à feuilles caduques,* c'est un arbre dont les feuilles tombent à l'automne et repoussent au printemps. ‖ contr. **persistant** ‖.

① **cafard** n. m. Petit insecte brun qui vit dans les maisons et sort la nuit. → **blatte.**

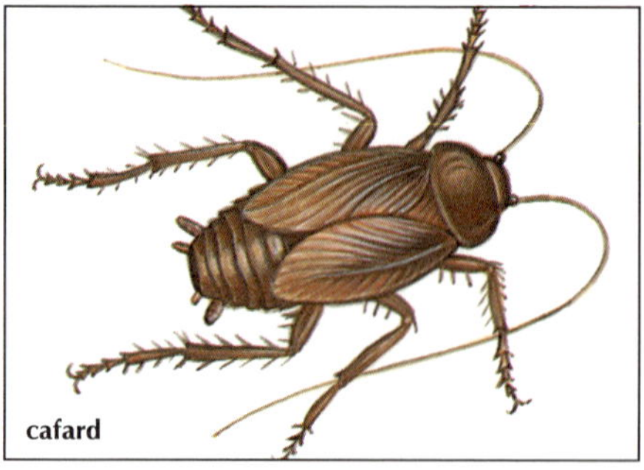

cafard

② **cafard** n. m. *Avoir le cafard,* c'est être triste et déprimé.

▶ **cafardeux** adj. Triste et mélancolique. → **déprimé.** *Elle se sentait un peu cafardeuse.*

**café** n. m. **1.** Graine d'un arbuste des pays chauds que l'on fait griller et que l'on moud pour faire une boisson. *On peut acheter du café en grains ou du café moulu. — Il a bu un grand bol de café,* de la boisson faite avec ces graines. **2.** Lieu où l'on peut consommer des boissons. → **bar** et aussi **buvette.** *Il fait beau et il y a du monde à la terrasse des cafés.*

▶ **cafétéria** n. f. Lieu où l'on consomme des boissons, des sandwichs, des plats simples. *La cafétéria d'un supermarché.*

▶ **cafetière** n. f. Appareil servant à faire le café. *Une cafetière électrique.* ▷ DÉCAFÉINÉ.

**cafouiller** v. (conjug. 1) Familier. S'embrouiller en faisant quelque chose. *Le devoir était difficile, et Anne a cafouillé dans ses calculs.*

**cage** n. f. **1.** Abri fermé par un grillage ou par des barreaux, où l'on enferme des animaux vivants. *Les lions du zoo dorment dans leur cage.* **2.** *La cage d'escalier,* l'espace où l'escalier est installé, dans un immeuble, une maison.

▶ **cageot** n. m Caisse légère servant à transporter des fruits, des légumes.

▶ **cagibi** n. m. Petite pièce qui sert de débarras et où souvent il n'y a pas de fenêtre.

**cagnotte** n. f. Argent mis en commun par plusieurs personnes. *Tout le monde a mis 10 francs dans la cagnotte.*

**cagoule** **n. f.** **1.** Capuchon qui recouvre la tête et le visage, avec des trous pour les yeux. *Les malfaiteurs avaient le visage caché par une cagoule.* **2.** Bonnet de tricot qui s'enfile et passe sous le menton. → **passe-montagne.** *Quand il fait froid, Julie porte une cagoule rouge.*

**cahier** **n. m.** Ensemble de feuilles de papier réunies par le côté et protégées par une couverture. ◊ homonyme : cailler.

**cahin-caha** **adv.** Tant bien que mal, péniblement. *La charrette avançait cahin-caha sur le chemin.*

**cahot** **n. m.** Secousse d'une voiture sur un mauvais terrain. *Les passagers de la voiture étaient secoués par les cahots.* ◊ homonymes : chaos, K.-O.

▶ **cahotant** **adj.** *Une charrette cahotante,* secouée par les cahots.

▶ **cahoter** **v.** (conjug. 1) *La voiture cahote sur les pierres du chemin,* elle est secouée par les cahots.

▶ **cahoteux** **adj.** *Une piste cahoteuse* secoue les voitures à cause des creux et des bosses.

**cahute** **n. f.** Petite cabane. *Les outils sont rangés dans une cahute au fond du jardin.*

**caille** **n. f.** Petit oiseau à queue courte, qui ressemble à la perdrix.

**cailler** **v.** (conjug. 1) *Le lait a caillé,* il est devenu presque solide. → **coaguler.** ◊ homonyme : cahier.

▶ **caillot** **n. m.** *Un caillot de sang,* c'est du sang qui a formé une petite boule presque solide.

**caillou** **n. m.** [pl. *cailloux*] Petite pierre. *L'allée est recouverte de petits cailloux blancs.*

▶ **caillouteux** **adj.** *Cette terre est caillouteuse,* pleine de cailloux. → **pierreux.**

**caïman** **n. m.** Crocodile d'Amérique du Sud. → aussi **alligator.**

**caisse** **n. f.** **1.** Grande boîte servant à transporter des marchandises, des objets. *Une caisse en bois.* **2.** Coffre, tiroir où se trouve l'argent d'un commerçant. *Les malfaiteurs ont vidé la caisse de l'épicier.* **3.** Endroit d'un magasin où l'on paie. *Dans un supermarché, il y a plusieurs caisses.* **4.** Guichet d'une banque où l'on délivre de l'argent. **5.** *Grosse caisse,* sorte de gros tambour. *Il joue de la grosse caisse et des cymbales.* ↠ planche Instruments de musique.

▶ **caissette** **n. f.** Petite caisse.

▶ **caissier** **n. m.**, **caissière** **n. f.** Personne qui est à la caisse, qui prend ou donne de l'argent. *Les caissières d'un grand magasin.* ▷ ENCAISSER, TIROIR-CAISSE.

**cajoler** **v.** (conjug. 1) *Julie cajole son chat,* elle est affectueuse avec lui. → **câliner, dorloter.** ‖ contr. **rudoyer** ‖.

**cake** [kɛk] **n. m.** Ce mot vient de l'anglais. Gâteau garni de raisins secs et de fruits confits. *Une tranche de cake.* — **Au pl.** *Des cakes.*

**calamar** ou **calmar** **n. m.** Mollusque marin dont la tête est pourvue de huit pieds et deux tentacules. → aussi **seiche.** *Des beignets de calamar.*

**calamité** **n. f.** Grand malheur qui atteint beaucoup de gens. → **cataclysme, catastrophe, désastre, fléau.** *Les guerres, les famines et les épidémies sont des calamités.*

**calandre** n. f. Partie métallique sur le devant du radiateur d'une voiture.

**calanque** n. f. Endroit où la mer pénètre dans les rochers, sur les côtes de la Méditerranée. → **crique.**

**calcaire** n. m. et adj. 1. n. m. Matière de certaines roches, blanche ou colorée, que l'on peut chauffer pour faire de la chaux. *On trouve souvent des fossiles dans le calcaire.* 2. adj. *La craie et le marbre sont des roches calcaires.*

**calciné** adj. Complètement brûlé, carbonisé. *Après l'incendie de l'immeuble, il ne restait que des débris calcinés.*

**calcium** n. m. Métal blanc que l'on trouve dans de nombreux éléments qui composent la terre ainsi que dans les organismes vivants. *Les produits laitiers contiennent du calcium.*

① **calcul** n. m. Petit caillou qui peut se former dans la vésicule ou dans les reins et rendre malade.

② **calcul** n. m. 1. Compte, opération. *Il faut faire des calculs très compliqués.* 2. *Yves est très bon en calcul,* en arithmétique. 3. Raisonnement, réflexion. *J'ai fait un mauvais calcul en pensant qu'il viendrait.*

▸ **calculer** v. (conjug. 1) 1. Chercher en faisant des opérations, des comptes. *Calculez la surface totale de la maison. Une machine à calculer sert à faire des calculs.* 2. *Il a bien calculé son coup,* il l'a bien prévu comme il fallait, bien combiné.

▸ **calculateur** adj. *Une personne calculatrice,* c'est une personne habile à combiner des plans, des projets.

▸ **calculatrice** n. f. Machine électronique que l'on utilise pour faire des calculs très rapidement.

▸ **calculette** n. f. Calculatrice de poche. ▷ INCALCULABLE.

① **cale** n. f. 1. Partie située à l'intérieur d'un bateau, sous le pont. *Les marchandises sont entreposées dans la cale.* 2. *Le bateau est en cale sèche,* il est hors de l'eau, dans un bassin aménagé pour la réparation.

② **cale** n. f. Ce que l'on met sous un objet qui manque d'équilibre pour le remettre d'aplomb. *On a glissé une cale sous un pied de la table bancale.* ▷ CALE-PIED, CALER, DÉCALAGE, DÉCALER.

**calé** adj. Familier. *Il est calé en histoire,* il est bon, fort.

**calèche** n. f. Voiture à cheval à quatre roues, que l'on peut couvrir avec une capote.

calèche

**caleçon** n. m. 1. Short très léger que portent les hommes comme sous-vêtement. *Il préfère les caleçons aux slips.* 2. Pantalon de femme très collant.

**calembour** n. m. Plaisanterie faite avec des mots qui se prononcent de la même façon mais qui n'ont pas le même sens. *« Sois gai, ris donc (guéridon) » est un calembour.*

**calendrier** n. m. Tableau où sont inscrits les mois et les jours d'une année. *Julie regarde la date sur le calendrier de la classe.*

**calepin** **n. m.** Petit carnet. *Il a noté le rendez-vous sur son calepin.*

**caler** **v.** (conjug. 1) **1.** *On a calé la table bancale,* on l'a empêchée de bouger en mettant une cale. **2.** *La voiture a calé,* le moteur s'est arrêté brusquement.

▶ **cale-pied** **n. m. inv.** Petite pièce de métal fixée sur la pédale d'une bicyclette pour maintenir le pied. — **Au pl.** *Des cale-pied.*

**calfeutrer** **v.** (conjug. 1) *Ils ont calfeutré les fenêtres pour empêcher l'air froid de passer,* ils ont bouché toutes les fentes. — *Elle s'est calfeutrée chez elle et ne veut voir personne,* elle s'est enfermée.

**calibre** **n. m. 1.** Diamètre intérieur du canon d'une arme. *Ce pistolet a un gros calibre.* **2.** Taille, grosseur. *Le marchand a mis ensemble les fruits de même calibre.*

**calice** **n. m. 1.** *Le calice d'une fleur,* la partie qui l'enveloppe quand elle est en bouton, et qui reste à la base des pétales quand elle a fleuri. *Les sépales forment le calice.* ⋙ planche Fleurs. **2.** Vase dans lequel le prêtre met le vin de messe.

**calife** **n. m.** Autrefois, chef religieux et souverain, dans les pays musulmans. *Les califes étaient les successeurs de Mahomet.*

à **califourchon** **adv.** *Le cavalier est à califourchon sur son cheval,* il est assis une jambe de chaque côté du cheval.

**câlin** **adj.** et **n. m. 1. adj.** *Flora est très câline,* elle aime les caresses, les baisers. **2. n. m.** *Julie fait des câlins à son chat,* elle le caresse, l'embrasse et lui dit des choses gentilles. → aussi **cajoler.**

**calleux** **adj.** *Des mains calleuses,* ce sont des mains dont la peau est durcie dans la paume et où de la corne s'est formée.

**calmant** **n. m.** Médicament qui calme la douleur ou l'angoisse. *Il a pris un calmant pour l'aider à dormir.*

**calmar** → **calamar**

**calme** **n. m.** et **adj.**

▭ **n. m. 1.** Absence de bruit et d'agitation. *J'apprécie le calme de la campagne.* **2.** État d'une personne qui n'est ni agitée ni inquiète. ǁ contr. **agitation, nervosité** ǁ *Il garde son calme au milieu de toutes les difficultés.* → **sang-froid.**

▭ **adj.** Qui n'est pas agité. *Cet endroit est très calme,* il n'y a pas de bruit. → **tranquille.** ǁ contr. **bruyant** ǁ *Flora est une enfant calme.* ǁ contr. **agité, nerveux** ǁ.

▶ **calmement** **adv.** Avec calme. *Il lui répondit calmement,* sans s'énerver.

▶ **calmer** **v.** (conjug. 1) **1.** Rendre calme. *La maman calme son bébé qui pleure.* **2.** Apaiser. *Ce médicament calme la douleur.* — *Ne t'énerve pas, voyons ! Calme-toi !* reprends ton calme. ▷ ACCALMIE, CALMANT.

**calomnie** **n. f.** Chose fausse et méchante que l'on dit au sujet de quelqu'un. → aussi **médisance.**

▶ **calomnier** **v.** (conjug. 7) *Elle aime calomnier les autres,* dire des choses fausses sur eux pour leur faire du tort. → **diffamer.**

**calorie** **n. f.** Unité servant à mesurer la quantité d'énergie fournie par les aliments. *Un homme adulte a besoin de 2 400 calories par jour.*

① **calot** n. m. Grosse bille.

② **calot** n. m. Chapeau allongé que portent certains militaires. *Les soldats de l'armée de l'air portent des calots.*

**calotte** n. f. 1. Petit bonnet rond qui ne couvre que le sommet de la tête. *Le pape porte une calotte blanche.* 2. *La calotte glaciaire,* c'est l'étendue de glace qui recouvre le pôle Nord et le pôle Sud de la Terre. ▷ ② CALOT.

**calque** n. m. Dessin copié directement à l'aide d'un papier transparent. — *Le papier-calque,* c'est le papier qui sert à faire des calques. ▷ DÉCALCOMANIE, DÉCALQUER.

**calumet** n. m. Pipe à long tuyau que fumaient les Indiens. *Les deux chefs indiens ont fumé le calumet de la paix.*

**calvaire** n. m. 1. Croix qui rappelle la mort de Jésus. *En Bretagne, il y a souvent des calvaires aux carrefours.* 2. Longue suite de souffrances. *Sa maladie a été un calvaire.*

**calvitie** [kalvisi] n. f. Absence de cheveux. → aussi **chauve.**

**camarade** n. m. et f. Personne qui partage les mêmes occupations que soi et que l'on aime bien. → **copain.** *Luc et Yves sont des camarades de classe.*
▶ **camaraderie** n. f. Relations que l'on a entre camarades. *Il y a un esprit de bonne camaraderie dans la classe,* tout le monde s'entend bien.

**cambouis** n. m. Graisse noire. *Le mécanicien a les mains tachées de cambouis.*

**cambré** adj. *Il a le dos trop cambré,* trop creusé, pas assez droit.

**cambrioler** v. (conjug. 1) Voler après être entré de force dans un endroit. *Les gangsters ont cambriolé la pharmacie.* → **dévaliser.**
▶ **cambriolage** n. m. Vol dans une maison, un magasin, une banque. *Il y a eu un cambriolage cette nuit dans l'immeuble.*
▶ **cambrioleur** n. m., **cambrioleuse** n. f. Personne qui fait un cambriolage. *Les cambrioleurs ont dévalisé la banque.*

**caméléon** n. m. Sorte de lézard d'Afrique et d'Asie qui change de couleur pour se cacher, selon l'endroit où il se trouve.

caméléon

**camélia** n. m. Arbuste toujours vert, à feuilles luisantes et à fleurs ressemblant un peu aux roses.

**camelot** n. m. Marchand qui vend dans la rue des objets bon marché.

**camelote** n. f. Familier. Marchandise de mauvaise qualité. *Ce stylo s'est cassé tout de suite, c'est de la camelote.*

**camembert** n. m. Fromage rond à croûte blanche et à pâte molle, fait avec du lait de vache. *Les camemberts sont fabriqués en Normandie.*

**caméra** n. f. Appareil qui sert à faire des films. → aussi **caméscope.**
▶ **caméraman** [kameʀaman] n. m. Ce mot vient de l'anglais. Personne dont

le métier est de faire fonctionner une caméra. → **cadreur.** *Les caméramans travaillent pour le cinéma ou la télévision.*

▶ **caméscope** n. m. Marque déposée. Petite caméra portative avec laquelle on peut faire des films vidéo.

caméscope

**camion** n. m. Gros véhicule transportant des marchandises. → **poids lourd.** *Un camion de déménagement bloque la rue.*

▶ **camionnette** n. f. Petit camion.

▶ **camionneur** n. m. Personne dont le métier est de conduire un camion. → **routier.**

**camomille** n. f. Plante qui sent très bon et dont on fait des tisanes.

**camoufler** v. (conjug. 1) *Les soldats ont camouflé leurs chars,* ils les ont peints d'une couleur qui les fait passer inaperçus, les ont recouverts de branchages, etc. — *Le caméléon se camoufle en changeant de couleur.*

▶ **camouflage** n. m. *La tenue de camouflage,* c'est une tenue militaire, de la couleur du sol et des feuilles, qui permet aux soldats de ne pas être repérés par l'ennemi.

**camp** n. m. **1.** Terrain où sont installés des baraquements, des tentes. *Les soldats ont installé leur camp.* → **bivouac, campement. 2.** Groupe opposé à un autre. *Les joueurs sont séparés en deux camps.* ◊ homonyme : quand. ▷ CAMPEMENT, CAMPER, CAMPEUR, DÉCAMPER.

① **campagne** n. f. Lieu éloigné des villes, où il y a de la verdure, des champs, des bois. *Ils ont acheté une maison à la campagne.*

▶ **campagnard** n. m., **campagnarde** n. f. Personne qui vit à la campagne. ‖ contr. **citadin** ‖ ▷ CAMPAGNOL.

② **campagne** n. f. **1.** Opération de guerre. *L'Empereur Napoléon a fait de nombreuses campagnes.* **2.** Ensemble de moyens employés pour faire connaître quelque chose. *Les candidats aux élections exposent leur programme pendant la campagne électorale.*

**campagnol** n. m. Petit rongeur de la taille d'une souris, qui vit dans les champs.

**campanule** n. f. Plante à fleurs bleues ou violettes, en forme de clochettes.

**camper** v. (conjug. 1) Vivre en plein air sous une tente ou dans une caravane. *Ils ont campé au bord de la mer.* → aussi **camping.**

▶ **campement** n. m. Camp. *Les Indiens ont installé leur campement dans la vallée.*

▶ **campeur** n. m., **campeuse** n. f. Personne qui campe.

se **camper** v. (conjug. 1) *Elle s'est campée devant moi pour m'empêcher de passer,* elle s'est tenue devant moi sans bouger.

**camping** n. m. *Faire du camping,* camper, vivre sous la tente. — *Un ter-*

*rain de camping* est aménagé spécialement pour les campeurs.

**canadienne** n. f. Grosse veste longue doublée de peau de mouton.

**canaille** n. f. Personne malhonnête, qui fait du mal aux autres et qui mérite le mépris. → **crapule, fripouille.**

**canal** n. m. [pl. *canaux*] Cours d'eau creusé par l'homme. *Certains canaux servent à la navigation, d'autres à l'irrigation des terres.*

► **canaliser** v. (conjug. 1) *On a canalisé la rivière,* on l'a aménagée pour que les bateaux puissent y naviguer.

► **canalisation** n. f. Tuyau où passe un liquide ou un gaz. *L'eau a gelé dans les canalisations.*

**canapé** n. m. **1.** Long siège à dossier, confortable, sur lequel plusieurs personnes peuvent s'asseoir. *Ils ont un canapé-lit dans leur salon,* un canapé qui peut se transformer en lit. **2.** Petite tranche de pain sur laquelle on a mis des morceaux de fromage, d'anchois, de saumon, etc. *Il y avait même des canapés au caviar.*

**canard** n. m. Oiseau au large bec aplati et aux pattes palmées, qui nage très bien. *Les canards nagent dans l'étang.* → aussi **cane** et **caneton.** ⤜ planche Oiseaux.

**canari** n. m. Petit oiseau jaune. *Les canaris chantent dans leur cage.*

**cancan** n. m. Familier. *N'écoute pas les cancans,* les histoires méchantes que l'on raconte sur les gens. → **commérage, potin, ragot.**

**cancer** [kɑ̃sɛʀ] n. m. Maladie très grave provoquée par des tumeurs qui détruisent le corps. *On peut maintenant guérir certains cancers.*

► **cancéreux** adj. Atteint d'un cancer. *La malade est cancéreuse.*

► **cancérigène** adj. *Le tabac est cancérigène,* il peut provoquer un cancer.

**cancre** n. m. Familier. Mauvais élève paresseux.

**candélabre** n. m. Grand chandelier à plusieurs branches.

candélabre

**candeur** n. f. Naïveté et innocence. *Elle avait un air plein de candeur.* → aussi **candide.**

**candi** adj. m. inv. *Du sucre candi,* c'est du sucre lisse et transparent en morceaux de taille irrégulière.

**candidat** n. m., **candidate** n. f. Personne qui veut obtenir un travail, passe un examen ou se présente à une élection. *Il y a beaucoup de candidats pour ce poste.*

► **candidature** n. f. *Il a posé sa candidature aux élections,* il a annoncé qu'il était candidat.

**candide** adj. *Un air candide,* innocent et naïf. → aussi **candeur.** || contr. **faux, fourbe** ||.

**cane** n. f. Femelle du canard. ◊ homonyme : canne.

► **caneton** n. m. Petit de la cane et du canard.

**canette** n. f. 1. Bobine qui reçoit le fil de dessous, sur une machine à coudre. 2. Petite boîte de métal contenant une boisson. *Son père a bu une canette de bière.*

canette

**canevas** n. m. Grosse toile dure aux fils très espacés sur laquelle on fait de la tapisserie. *Flora fait du canevas.*

**caniche** n. m. Petit chien à poil frisé. ⤜ planche Chiens.

**canicule** n. f. Période de grande chaleur. *L'été dernier, il y a eu une canicule terrible.*

**canif** n. m. Petit couteau de poche dont la lame se replie dans le manche. *Yves taille un morceau de bois avec son canif.*

**canin** adj. *Julie a visité une exposition canine,* une exposition de chiens. *La race canine,* les chiens.

**canine** n. f. Dent pointue située entre les prémolaires et les incisives. *L'homme a quatre canines.*

**caniveau** n. m. Rigole dans laquelle coulent les eaux d'une rue, le long du trottoir. *En ville, les chiens doivent faire leurs besoins dans le caniveau.* — Au pl. *Des caniveaux.*

**canne** n. f. 1. Bâton sur lequel on s'appuie en marchant. *Le vieux monsieur marche avec une canne.* 2. *Une canne à pêche,* c'est un long bâton au bout duquel on attache un fil pour pêcher. 3. *La canne à sucre,* c'est une plante à grande tige dont on extrait du sucre. ◊ homonyme : cane.

**cannelle** n. f. Poudre marron clair très parfumée, tirée de l'écorce d'un arbre des pays chauds, et que l'on met dans certains plats pour donner du goût. *On met de la cannelle dans la compote de pommes.*

**cannibale** n. m. Personne qui mange de la chair humaine. → **anthropophage.** — Adj. *Certaines tribus indiennes d'Amérique du Sud sont cannibales.*

**canoë** [kanɔe] n. m. Petit bateau léger et fin que l'on peut porter et que l'on fait avancer avec une pagaie. → aussi **kayak.** *Ils ont descendu la rivière en canoë.* ⤜ planche Bateaux.

① **canon** n. m. 1. Arme en forme de gros tube très lourd qui sert à lancer des obus. *Les canons ont bombardé l'armée ennemie.* 2. Tube de métal d'où partent les balles, dans une arme à feu. *Le canon d'un revolver.* ▷ CANONNADE.

② **canon** n. m. Chant dans lequel on reprend le même air, décalé, à plusieurs voix. *Alex et Luc chantent « Frère Jacques » en canon.*

**cañon** ou **canyon** [kanjɔ̃n] n. m. Ravin étroit et profond, creusé par un cours d'eau. *Le Grand Canyon du Colorado, aux États-Unis.*

**canonnade** **n. f.** *La canonnade a duré longtemps,* le tir des canons.

**canot** **n. m.** Petit bateau ouvert sur le dessus. → **barque.** *Les naufragés ont tous embarqué dans les canots de sauvetage.*

▶ **canoter** **v.** (conjug. 1) Se promener en barque. *Des vacanciers canotaient sur le lac.*

▶ **canotage** **n. m.** *Alex aime faire du canotage,* des promenades en canot, en barque.

**canotier** **n. m.** Chapeau de paille rond, à fond plat, porté par les hommes. *Maurice Chevalier portait un canotier.*

**cantal** **n. m.** [pl. *cantals*] Fromage à pâte jaune très ferme, fait avec du lait de vache, dans le Cantal.

**cantate** **n. f.** Morceau de musique joué par un orchestre et comportant des parties chantées. *Bach a écrit de nombreuses cantates.*

**cantatrice** **n. f.** Chanteuse d'opéra. *La Callas fut une célèbre cantatrice.*

**cantine** **n. f.** **1.** Endroit où l'on sert des repas, dans une école, sur un lieu de travail. *Presque tous les enfants de la classe déjeunent à la cantine.* **2.** Grosse malle en métal ou en bois. *Au grenier, il y a une cantine remplie de vieux vêtements.*

**cantique** **n. m.** Chant religieux. *On chante des cantiques à la messe.*

**canton** **n. m.** **1.** Partie d'un département, plus petite que l'arrondissement. *Il y a plusieurs communes dans un canton. La ville principale d'un canton est le chef-lieu de canton.* **2.** *La Suisse est formée de 23 cantons,* de 23 États.

▶ **cantonal** **adj.** *Aux élections cantonales, on élit les conseillers généraux de chaque canton.* — **Au masc. pl.** *cantonaux.*

à la **cantonade** **adv.** *Yves dit bonjour à la cantonade,* à tout le monde en même temps.

**cantonner** **v.** (conjug. 1) *Les soldats ont été cantonnés dans des maisons inhabitées,* on les y a logés provisoirement.

▶ **cantonnement** **n. m.** Endroit où sont logés les soldats provisoirement.

**cantonnier** **n. m.** Personne dont le métier est d'entretenir les routes, les chemins.

**canyon** → **cañon**

**caoutchouc** [kautʃu] **n. m.** Matière élastique et imperméable qui provenait autrefois de la sève de certains arbres et qui est aujourd'hui fabriquée artificiellement. ⋙ planche Plantes. *Quand il pleut, Julie met des bottes en caoutchouc.* → aussi **hévéa** et **latex.**

▶ **caoutchouteux** **adj.** *Cette viande est caoutchouteuse,* elle est comme du caoutchouc.

**cap** **n. m.** **1.** Pointe de terre qui s'avance dans la mer. *Le cap Horn est au sud de l'Amérique.* **2.** Direction que suit un bateau ou un avion. *Le bateau a mis le cap sur Toulon.* ◊ homonyme : cape.

**capable** **adj.** **1.** *Alex est capable de courir très vite,* il peut courir très vite. ‖ contr. **incapable** ‖ **2.** *C'est un ouvrier très* *capable,* habile, compétent || contr. **incompétent** ||.

**capacité** n. f. 1. *Il a de grandes capacités de travail,* il peut travailler beaucoup. → **aptitude.** 2. *Cette bouteille a une capacité d'un litre,* elle peut contenir un litre. → **contenance.** ▷ INCAPACITÉ.

**caparaçonné** adj. *Au Moyen Âge, dans les tournois, les chevaux étaient caparaçonnés,* recouverts d'une armure.

**cape** n. f. Manteau sans manches qui couvre le corps et les bras. *Les mousquetaires avaient des capes et des épées.* ◊ homonyme : cap.

cape

**capillaire** adj. 1. *Une lotion capillaire,* c'est une lotion pour les cheveux. 2. *Les vaisseaux capillaires* sont des vaisseaux sanguins aussi fins que des cheveux.

**capitaine** n. m. 1. Officier qui est à la tête d'une compagnie. *Le capitaine porte trois galons.* 2. Officier qui commande un navire de commerce. *Le capitaine a donné l'ordre de lever l'ancre.* 3. Chef. *Le capitaine d'une équipe de football.*

① **capital** adj. 1. Très important. *C'est un problème capital.* → **essentiel, primordial.** 2. *L'assassin fut condamné à la peine capitale,* à la peine de mort. — Au masc. pl. *capitaux.*

② **capital** n. m. [pl. *capitaux*] 1. Somme d'argent que l'on place et qui rapporte des intérêts. *Les hommes d'affaires placent leurs capitaux dans des banques ou des entreprises.* 2. Ensemble des richesses que possède une personne. → **fortune, patrimoine.** *Son capital est constitué d'immeubles et de tableaux.*

► **capitalisme** n. m. Organisation d'un pays où la plupart des terres, des usines et des richesses appartiennent à des personnes et non à l'État. *Les communistes sont contre le capitalisme.*

► **capitaliste** adj. *Les États-Unis et le Japon sont des pays capitalistes.* — N. *Les gros capitalistes possèdent beaucoup d'argent.*

**capitale** n. f. 1. Ville où se trouve le gouvernement d'un pays. *Paris est la capitale de la France.* 2. Lettre majuscule. *Julie écrit son nom en capitales.*

**capitonné** adj. *Un fauteuil capitonné,* c'est un fauteuil qu'on a rembourré et recouvert de tissu en piquant par endroits.

**capituler** v. (conjug. 1) Cesser de se battre. *Vercingétorix a capitulé à Alésia.* → se **rendre.**

► **capitulation** n. f. *La capitulation de l'ennemi a été rapide,* l'ennemi s'est rendu très vite.

**caporal** n. m. [pl. *caporaux*] Celui qui a le grade le moins élevé dans l'armée. *Le caporal commande quatre ou cinq hommes.*

**capot** n. m. Ce qui recouvre le moteur d'une voiture. *Le pompiste soulève le capot pour vérifier le niveau d'huile.*

**capote** n. f. 1. Grand manteau militaire. *Les soldats portent des capotes kaki.* 2. Toit pliant en tissu imperméable, sur les voitures décapotables.
▷ DÉCAPOTABLE.

**capoter** v. (conjug. 1) *La voiture a capoté,* elle s'est retournée et s'est retrouvée sur le toit.

**câpre** n. f. Bouton d'un arbuste que l'on conserve dans du vinaigre et que l'on met dans certains plats. *Au menu d'aujourd'hui, il y a de la raie aux câpres.*

**caprice** n. m. *Julie fait souvent des caprices,* elle se met en colère pour obtenir ce qu'elle veut.
► **capricieux** adj. *C'est une enfant très capricieuse,* qui fait des caprices.

**capsule** n. f. 1. Bouchon en métal qui sert à fermer certaines bouteilles. *La capsule d'une bouteille de bière.* 2. *Les cosmonautes ont pris place dans la capsule spatiale,* dans la partie habitable de la fusée. → **cabine.** ▷ DÉCAPSULER, DÉCAPSULEUR.

**capter** v. (conjug. 1) 1. *On a capté l'eau de la rivière,* on l'a recueillie au moyen de canaux ou de tuyaux. 2. *L'orateur a réussi très vite à capter l'attention de la salle,* à retenir l'attention de la salle. 3. *La télévision par câble permet de capter de nombreuses chaînes,* de recevoir leurs émissions.

**captif** n. m., **captive** n. f. Prisonnier de guerre. *Les captifs enchaînés marchaient derrière le vainqueur.* — Adj. *Des soldats captifs.*

► **captivité** n. f. Absence de liberté. *Certains animaux supportent mal la captivité.* || contr. **liberté** || *Son grand-père a passé deux ans en captivité,* il a été prisonnier de guerre pendant deux ans.

**captiver** v. (conjug. 1) *Cette histoire a captivé Anne,* l'a beaucoup intéressée.
→ **passionner.**
► **captivant** adj. Passionnant. *Ce roman raconte une captivante chasse au trésor.*

**capture** n. f. *Les pêcheurs ont attrapé un énorme poisson, ils sont fiers de leur capture,* de ce qu'ils ont pêché.
→ **prise.**
► **capturer** v. (conjug. 1) Attraper vivant. *Les chasseurs ont capturé un lion.*

**capuche** n. f. Large bonnet attaché à un vêtement et que l'on peut rabattre sur la tête. *Julie a un imperméable à capuche.*
► **capuchon** n. m. 1. Capuche. *Le capuchon d'un manteau.* 2. Bouchon de stylo. *Ce stylo a perdu son capuchon.*

**capucine** n. f. Plante à feuilles rondes et à fleurs orangées, jaunes ou rouges.

**caqueter** v. (conjug. 4) *Les poules caquettent quand elles pondent,* elles poussent de petits cris.
► **caquet** n. m. Bavardage désagréable. *Nous allons lui rabaisser le caquet, à cet insupportable bavard !* nous allons le faire taire.

① **car** conjonction. Parce que. *Flora porte des lunettes, car elle est myope.*
◊ homonymes : carre, quart.

② **car** n. m. Autocar. *Un car de touristes est garé devant l'hôtel.*

**carabine** n. f. Fusil léger. *Dans les fêtes foraines, il y a des stands de tir à la carabine.*

**caracoler** v. (conjug. 1) *Le cheval caracole,* il fait des sauts.

**caractère** n. m. **1.** Lettre d'imprimerie. *Ce livre est écrit en gros caractères.* **2.** Manière d'être, de se comporter. *Anne est gaie, c'est dans son caractère. Julie a mauvais caractère,* elle est souvent de mauvaise humeur. **3.** Particularité. *Cette maladie présente tous les caractères de la rougeole.* → **caractéristique.**

▸ **caractériser** v. (conjug. 1) Constituer une particularité. *C'est leur poil frisé qui caractérise les caniches,* qui les distingue, les rend différents des autres chiens.

▸ **caractéristique** n. f. Ce qui caractérise. *Le brouillard est une caractéristique du climat de Londres,* une chose spéciale, particulière. → **caractère, particularité.** — Adj. *L'odeur de l'éther est caractéristique,* particulière.

**carafe** n. f. Large bouteille de verre, resserrée en haut. *Le serveur a posé une carafe d'eau sur la table.*

carafe

**carambolage** n. m. Série d'accidents de voiture provoqués les uns par les autres. *Il y a eu un terrible carambolage sur l'autoroute : dix voitures se sont tamponnées.*

**caramel** n. m. **1.** Sucre cuit avec de l'eau et qui est devenu brun, collant et parfumé. *Luc mange une glace au caramel.* **2.** Bonbon au caramel. *Julie a acheté des caramels à la confiserie.*

▸ **caramélisé** adj. *Comme dessert, il y a des pommes cuites au four et caramélisées,* recouvertes de caramel.

**carapace** n. f. Partie dure du corps de certains animaux, qui les enveloppe et les protège. *La tortue effrayée a rentré sa tête et ses pattes sous sa carapace.*

**caravane** n. f. **1.** Groupe de personnes qui traversent une région difficile à franchir. *Une caravane de nomades traverse le désert à dos de dromadaire.* **2.** Roulotte de camping tirée par une voiture. *Ils sont partis en vacances en caravane.*

**caravelle** n. f. Bateau à voiles triangulaires, utilisé aux 15^e^ et 16^e^ siècles. *Christophe Colomb partit avec trois caravelles.*

**carbone** n. m. Matière très répandue, que l'on trouve dans la terre et dans tous les organismes vivants. *Le charbon et le pétrole contiennent du carbone.*

▸ **carbonique** adj. *Le gaz carbonique,* c'est un mélange de carbone et d'oxygène.

▸ **carbonisé** adj. *Le rôti est resté trop longtemps au four, il est carbonisé,* complètement brûlé. → **calciné.**

**carburant** n. m. Matière liquide qui sert à faire fonctionner un moteur.

*L'essence, le gazole et le kérosène sont des carburants.*

► **carburateur** **n. m.** Partie du moteur où le carburant se mélange à l'air. *Le garagiste nettoie le carburateur de la voiture.* ▷ SUPERCARBURANT.

**carcan** **n. m.** Collier de fer fixé à un poteau en plein air où l'on attachait autrefois un condamné par le cou.

**carcasse** **n. f.** Squelette d'un animal mort. *On a mangé les ailes, les cuisses et tout le blanc du poulet, il ne reste que la carcasse,* les os.

**cardiaque** **adj. 1.** Qui concerne le cœur. *Il a une maladie cardiaque,* du cœur. **2.** *Il est cardiaque,* il a une maladie de cœur. — **N.** *Un, une cardiaque,* une personne malade du cœur.

**cardigan** **n. m.** Veste de laine tricotée, à manches longues, qui se boutonne devant. → **gilet.**

① **cardinal** **n. m.** [pl. *cardinaux*] Dans l'Église catholique, prêtre de rang élevé. *Les cardinaux élisent le pape et le conseillent.*

② **cardinal** **adj. 1.** *Trois est un nombre cardinal,* qui indique une quantité. → aussi **ordinal. 2.** *Le nord, le sud, l'est et l'ouest sont les quatre points cardinaux.*

**cardiologue** **n. m.** et **f.** Médecin spécialiste des maladies du cœur.

**carême** **n. m.** Période de quarante-six jours qui va de Mardi gras au jour de Pâques. ▷ MI-CARÊME.

**carence** **n. f.** Insuffisance. *Anne souffre d'une carence en vitamines.* → **manque.**

**caresse** **n. f.** *Yves fait une caresse au chat,* il passe doucement la main sur son corps pour lui montrer qu'il l'aime bien.

► **caresser** **v.** (conjug. 1) *Les chats aiment bien qu'on les caresse,* qu'on leur fasse des caresses.

**cargaison** **n. f.** Ensemble des marchandises transportées par un bateau, un avion, un camion. *Le bateau s'est amarré au quai pour décharger sa cargaison.*

**cargo** **n. m.** Gros bateau qui transporte des marchandises.

**caribou** **n. m.** [pl. *caribous*] Renne du Canada.

**caribou**

**caricature** **n. f.** Dessin amusant qui insiste sur les défauts d'une personne. *Alex a fait une caricature très réussie du professeur.*

► **caricaturer** **v.** (conjug. 1) Dessiner en exagérant les côtés ridicules. *Les dessinateurs humoristiques des journaux caricaturent les hommes politiques.*

**carie** **n. f.** Maladie qui détruit l'émail et l'ivoire d'une dent en formant un trou. *Pour ne pas avoir de carie, il faut se brosser les dents après chaque repas.*

► **carié** adj. *Le dentiste a soigné la dent cariée,* la dent qui avait une carie.

**carillon** n. m. 1. Ensemble de cloches qui sonnent en même temps avec des sons différents. *Le carillon de l'église vient de sonner midi.* 2. Horloge qui joue un air tous les quarts d'heure. → aussi **coucou.**

► **carillonner** v. (conjug. 1) *Les cloches de l'église carillonnent,* elles sonnent ensemble.

**carlingue** n. f. Partie d'un avion où se trouvent l'équipage et les passagers.

**carmin** n. m. Rouge vif. *Une robe d'un beau carmin.* → aussi **vermillon.** — Adj. inv. *Des ballerines carmin.*

**carnage** n. m. Massacre. *La bataille a été un vrai carnage, il y a eu des milliers de morts.*

**carnassier** n. m. Animal qui chasse et se nourrit de viande crue. *Le tigre et le lion sont des carnassiers.* → aussi **carnivore.** — Adj. *Une bête carnassière.*

**carnaval** n. m. [pl. *carnavals*] Grande fête où l'on se déguise et où il y a des défilés. *Le carnaval de Rio est très célèbre.*

**carnet** n. m. 1. Petit cahier. → **calepin.** *J'ai noté les adresses et les numéros de téléphone de mes amis sur mon carnet d'adresses.* 2. *Luc a acheté un carnet de timbres,* une série de timbres vendus ensemble. *Elle paye avec son carnet de chèques.* → **chéquier.**

**carnivore** n. m. et f. Animal ou personne qui mange de la viande. *Le chien, le lion, l'homme sont des carnivores.* → aussi **carnassier.** — Adj. *Le requin est un animal carnivore.*

**carotte** n. f. Plante dont on mange la racine rouge orangé crue ou cuite. *Il y avait de la purée de carottes avec le rôti.*

**carpe** n. f. Gros poisson d'eau douce. *Les carpes vivent très longtemps.* ⋙ planche Poissons.

**carpette** n. f. Petit tapis. *Il y a une carpette à côté du lit.*

**carquois** n. m. Étui à flèches. *Les tireurs à l'arc mettent leurs flèches dans un carquois.*

**carre** n. f. *Les carres d'un ski,* ce sont les baguettes d'acier qui bordent la semelle du ski. ◊ homonymes : car, quart.

**carré** n. m. et adj.

▭ n. m. 1. Figure géométrique qui a ses 4 côtés égaux et ses 4 angles droits. *Ce carré a 10 centimètres de côté.* ⋙ planche Géométrie. 2. *Le carré d'un nombre,* c'est ce nombre multiplié par lui-même. *16 est le carré de 4. Porter un nombre au carré,* c'est le multiplier par lui-même. *4 au carré égale 16.* On écrit $4^2 = 16$.

▭ adj. 1. *Cette table est carrée,* elle a la forme d'un carré. 2. *Un mètre carré,* c'est la surface d'un carré qui a 1 mètre de côté. *Cette pièce mesure 12 mètres carrés ($12\ m^2$).* ▷ CARREAU, CARRELAGE, CARRELÉ, CARRÉMENT, CARRURE.

**carreau** n. m. 1. *Le sol et les murs de la salle de bains sont recouverts de carreaux de faïence,* de petites dalles plates. → aussi **carrelage.** 2. Vitre d'une fenêtre. *Le vitrier a remplacé le carreau cassé.* 3. *Julie porte une jupe à* *carreaux,* une jupe dont le tissu forme de petits carrés de couleur. **4.** L'une des 4 couleurs, dans un jeu de cartes, dont la marque est un losange rouge. *Dans son jeu, il a l'as de carreau.*

**carrefour** **n. m.** Endroit où se croisent plusieurs rues ou plusieurs routes. → **croisement.** *Prenez à gauche au prochain carrefour.*

**carrelage** **n. m.** Sol d'une pièce recouvert de carreaux. *Le carrelage de la salle de bains est blanc.*

**carrelé** **adj.** *Le sol et les murs de la cuisine sont carrelés,* ils sont recouverts de carreaux.

**carrément** **adj.** Franchement. *Je lui ai dit carrément ce que je pensais.*

① **carrière** **n. f.** Lieu d'où l'on extrait du sable ou des pierres.

② **carrière** **n. f.** Métier dans lequel on progresse. *Il a fait une belle carrière, il est devenu directeur de l'usine.*

**carriole** **n. f.** Petite charrette, tirée par un cheval ou par un âne.

**carrossable** **adj.** *Ce chemin est carrossable,* les voitures peuvent y rouler sans difficulté. → **praticable.**

**carrosse** **n. m.** Autrefois, voiture luxueuse à quatre roues, tirée par des chevaux. *Le carrosse du roi était tiré par quatre chevaux blancs.*

**carrosserie** **n. f.** Partie en tôle d'une voiture. *Les ailes, les portières, le toit et le capot forment la carrosserie.*

**carrure** **n. f.** *Jules a une carrure d'athlète,* il a le dos large et musclé.

**cartable** **n. m.** Sac d'écolier à bretelles ou à poignée. *Anne a rangé ses livres et ses cahiers dans son cartable.*

① **carte** **n. f. 1.** Petit carton rectangulaire portant des figures et des dessins, et faisant partie d'un jeu. *Anne et Luc font une partie de cartes. Un jeu de cartes comprend 32 ou 52 cartes.* **2.** Liste des plats dans un restaurant. → aussi **menu.** *Le maître d'hôtel apporte la carte aux clients.* **3.** *Une carte postale,* c'est un carton rectangulaire illustré d'une photo sur une face et dont l'autre face sert à écrire. *Pendant les vacances, Julie envoie toujours des cartes postales à ses amis.* **4.** *La carte d'identité,* c'est un papier qui permet de prouver qui on est. **5.** *Une carte de crédit,* c'est un petit rectangle de plastique qui permet de payer dans les magasins ou les restaurants et de retirer de l'argent dans les billetteries. **6.** *Une carte de visite,* c'est un petit carton sur lequel on fait imprimer son nom et souvent son adresse. ◇ homonyme : kart. ▷ PORTE-CARTES.

② **carte** **n. f.** Dessin représentant un pays, une partie du monde, une ville, etc. *Yves regarde où est Marseille sur la carte de France.* → aussi **atlas.**

**cartilage** **n. m.** Os souple et élastique. *Les ailes du nez sont formées de cartilage.*

► **cartilagineux** **adj.** *L'oreille est cartilagineuse,* elle est formée de cartilage.

**cartomancienne** **n. f.** Femme qui prédit l'avenir à l'aide d'un jeu de cartes.

**carton** **n. m. 1.** Papier dur et épais. *La couverture de ce livre est en carton.*

2. Boîte en carton. *J'ai rangé toutes mes affaires dans un carton.*

▸ **cartonné** adj. *Ce livre a une couverture cartonnée,* en carton.

**cartouche** n. f. 1. Petit tube rempli de poudre ou de plombs que l'on met dans une arme à feu. *Le chasseur a mis une cartouche dans son fusil.* 2. *Anne a changé la cartouche de son stylo,* le petit tube qui contient l'encre. → **recharge.** 3. *Une cartouche de cigarettes,* c'est un étui contenant dix paquets de cigarettes.

▸ **cartouchière** n. f. Étui où le chasseur range ses cartouches.

**cas** n. m. 1. Ce qui arrive. → **circonstance.** *La naissance de triplés est un cas assez rare,* un événement assez rare. *En cas de problème, n'hésitez pas à m'appeler,* si vous avez un problème. *Au cas où je serais en retard, appelle-moi,* si je suis en retard. *Je ne sais pas si tu restes, en tout cas, moi je pars,* de toute façon, moi je pars. 2. *Il n'a fait aucun cas de mes remarques,* il n'en a pas tenu compte. ▷ le cas ÉCHÉANT, EN-CAS, OCCASION, OCCASIONNEL, OCCASIONNELLEMENT, OCCASIONNER.

**casanier** adj. *Elle est très casanière,* elle aime rester à la maison. → fam. **pantouflard.**

**casaque** n. f. Veste de jockey.

**cascade** n. f. Chute d'eau.

**cascadeur** n. m., **cascadeuse** n. f. Acrobate qui tourne les scènes dangereuses dans un film. *C'est un cascadeur qui conduisait la voiture, dans la scène de l'accident.*

① **case** n. f. Maison très simple, dans les villages d'Afrique noire. → aussi **hutte, paillote.**

case

② **case** n. f. 1. *Les épingles sont rangées dans une case de la boîte à couture,* dans une partie séparée. 2. Chaque carré d'un échiquier, d'un jeu de dames, d'un jeu de l'oie, d'une grille de mots-croisés. *Un échiquier a 64 cases.* ▷ CASIER.

**caser** v. (conjug. 1) Familier. Mettre dans une place qui suffit. → **placer.** *Je n'ai pas pu caser cette valise dans le coffre de la voiture.*

**caserne** n. f. Bâtiment où vivent les soldats.

**casier** n. m. 1. Meuble composé de compartiments, de cases. *Il range le vin dans un casier à bouteilles.* 2. *Un casier judiciaire,* c'est un document sur lequel on inscrit les condamnations prononcées contre quelqu'un.

**casino** n. m. Établissement où l'on joue de l'argent. *Ils sont allés jouer à la roulette au casino.*

**casque** n. m. Objet dur et solide qui couvre la tête et la protège des chocs.

*Alex porte un casque pour faire de la moto.*

▶ **casqué** adj. Qui a la tête couverte d'un casque. *Les motards doivent être casqués.*

▶ **casquette** n. f. Coiffure plate en tissu, garnie d'une visière.

**cassant** adj. Qui se casse facilement. *La fonte est un métal cassant.*

**casse** n. f. 1. *Quand Alex fait la vaisselle, il y a souvent de la casse,* des objets cassés. 2. *Il a mis sa voiture à la casse,* dans un endroit où on la casse et où on récupère les pièces qui sont encore bonnes.

**casse-cou** n. m. et f. inv. *Julie est une casse-cou,* elle fait des choses dangereuses sans réfléchir. → **imprudent.** — Au pl. *Des casse-cou.*

**casse-croûte** n. m. inv. Repas rapide et léger. — Au pl. *Des casse-croûte.*

**casse-noix** n. m. inv. Instrument qui sert à casser la coquille des noix, des noisettes ou des amandes. — Au pl. *Des casse-noix.*

**casser** v. (conjug. 1) 1. Mettre en morceaux. → **briser.** *Elle a cassé un verre.* 2. *Elle s'est cassé la jambe en faisant du ski,* elle s'est rompu l'os de la jambe. → **fracturer.** 3. Endommager quelque chose au point de l'empêcher de marcher. *Yves a cassé sa montre.* 4. *Casser les prix,* c'est les faire diminuer brusquement. ▷ AUTOCASSABLE, CASSANT, CASSE, CASSE-COU, CASSE-CROÛTE, CASSE-NOIX, CASSE-TÊTE, CASSURE, CONCASSER, INCASSABLE.

**casserole** n. f. Récipient en métal muni d'un manche, qui sert à faire cuire les aliments.

**casse-tête** n. m. *Ce problème de maths est un vrai casse-tête,* c'est un travail très difficile et très compliqué. — Au pl. *Des casse-têtes.*

**cassette** n. f. 1. Étui en matière plastique qui contient une bande magnétique enroulée sur des bobines. *Il écoute une cassette des Beatles. Elle met une cassette vidéo dans son magnétoscope.* 2. *Autrefois on rangeait ses bijoux ou son argent dans une cassette,* dans un petit coffre. ▷ VIDÉOCASSETTE.

① **cassis** [kasis] n. m. Petit fruit noir qui ressemble à la groseille, avec lequel on fait de la confiture, du sirop, de la liqueur.

② **cassis** [kasi ou kasis] n. m. Creux en travers d'une route.

**cassoulet** n. m. Ragoût composé de haricots blancs et de diverses viandes (oie, canard, porc, mouton).

**cassure** n. f. Endroit où un objet est cassé. → aussi **fêlure.**

**castagnettes** n. f. pl. Petit instrument composé de deux morceaux de bois réunis par un cordon et que l'on fait claquer l'un contre l'autre dans sa main pour accompagner certaines danses espagnoles. *Elle joue des castagnettes.*

**caste** n. f. Groupe de gens qui ne se mêlent pas au reste de la société parce qu'ils se jugent supérieurs aux autres. → **clan.**

**castor** n. m. Petit animal rongeur des pays froids à large queue plate et aux pattes palmées.

**castrer** v. (conjug. 1) *Castrer un animal,* c'est lui faire une opération qui l'empêche d'avoir des petits. → **châtrer.** *Un bœuf est un taureau qu'on a castré.*

castor

**cataclysme** **n. m.** *Les tremblements de terre, les raz-de-marée sont des cataclysmes,* des catastrophes naturelles qui bouleversent la surface de la Terre.

**catacombes** **n. f. pl.** *Les premiers chrétiens enterraient les morts dans des catacombes,* des souterrains.

**catalogue** **n. m.** Sorte de livre contenant la liste détaillée d'objets à vendre. *Elle choisit des draps dans un catalogue de vente par correspondance.*

**catamaran** **n. m.** Voilier à deux coques. → aussi **trimaran.** ⤜ planche Bateaux.

**cataplasme** **n. m.** Bouillie épaisse, chaude, que l'on mettait autrefois sur la peau pour soigner une inflammation.

**catapulte** **n. f.** Machine de guerre utilisée autrefois pour lancer des pierres ou des flèches.

catapulte

**cataracte** **n. f.** Très grande chute d'eau. → aussi **cascade.**

**catastrophe** **n. f.** Malheur terrible et brutal. → **cataclysme, désastre.** *La catastrophe aérienne a fait deux cents morts.*

▸ **catastrophique** **adj.** *La sécheresse a eu des conséquences catastrophiques pour le pays,* des conséquences très graves. → **désastreux, épouvantable.**

**catch** **n. m.** Lutte où presque tous les coups sont permis. *Les matchs de catch ont lieu sur un ring.*

▸ **catcheur** **n. m.**, **catcheuse** **n. f.** Personne qui fait du catch.

**catéchisme** **n. m.** Cours d'instruction religieuse pour les chrétiens.

**catégorie** **n. f.** Groupe dans lequel on range des choses du même genre. → **classe, espèce, série.** *Une viande de première catégorie.*

**catégorique** **adj.** *Sa réponse a été catégorique,* nette, claire et sans réplique. ‖ contr. **confus, évasif** ‖.

**cathédrale** **n. f.** Grande église qui dépend d'un évêque. *La cathédrale de Chartres.*

**catholique** **n. m.** et **f.** *Les catholiques sont des chrétiens qui obéissent au pape.* — **Adj.** *Yves et Flora sont catholiques.*

▸ **catholicisme** **n. m.** Religion des catholiques.

en **catimini** **adv.** *Elle est sortie de la pièce en catimini,* en cachette, discrètement. → en **tapinois.**

**cauchemar** **n. m.** Rêve qui fait peur. *J'ai fait un cauchemar cette nuit.*

▸ **cauchemardesque** **adj.** Qui ressemble à un mauvais rêve. *Le voyage a été cauchemardesque.* → **horrible.**

**cause** n. f. 1. Ce qui fait qu'un événement se produit. → **motif, raison.** *La police enquête sur les causes de l'accident.* 2. *Je suis arrivé en retard à cause des embouteillages,* parce qu'il y avait des embouteillages. → en **raison** de. 3. *Tous les élèves ont plaidé la cause de Julie auprès de la maîtresse,* ils l'ont défendue. 4. *Cela remet en cause ma décision,* cela m'oblige à réfléchir de nouveau à ma décision, et peut-être à en changer.

▸ ① **causer** v. (conjug. 1) Être la cause de quelque chose. → **provoquer.** *C'est une panne de réacteur qui a causé l'accident.*

② **causer** v. (conjug. 1) Parler tranquillement avec quelqu'un. → **bavarder.** *Ils causent ensemble depuis une heure.*

**caustique** adj. 1. Qui brûle la peau, troue les vêtements. *La chaux est un produit caustique.* 2. Qui blesse par des phrases moqueuses. *Il a l'esprit caustique.* → **mordant.**

**caution** n. f. Somme d'argent qui sert de garantie quand on loue quelque chose et qui est rendue à la fin de la location. *Quand il a loué ses skis, il a dû laisser une caution.*

**cavalcade** n. f. Course désordonnée et bruyante. *Les enfants font une cavalcade dans l'escalier.*

**cavalerie** n. f. *La cavalerie,* ce sont les troupes qui combattaient à cheval.

① **cavalier** n. m., **cavalière** n. f. 1. Personne qui est à cheval. *C'est une excellente cavalière,* elle monte bien à cheval. 2. Personne avec qui on forme un couple dans une cérémonie, un bal. *Au milieu de la danse, les hommes doivent changer de cavalière.*

② **cavalier** adj. Désinvolte. *Il ne s'est même pas excusé, c'est un peu cavalier.* ‖ contr. **respectueux** ‖ — **Au fém.** *cavalière.*

▸ **cavalièrement** adv. *Il m'a répondu cavalièrement,* d'une manière insouciante et impolie.

**cave** n. f. Partie souterraine d'un bâtiment. *Il est descendu chercher du vin à la cave.* → aussi **cellier.**

▸ **caveau** n. m. Petite construction souterraine qui sert de tombe, dans un cimetière. *Des caveaux de famille.*

**caverne** n. f. Creux dans un rocher. → **grotte.** *L'ours s'installe dans une caverne pour hiberner.*

▸ **caverneux** adj. *Une voix caverneuse,* grave et sourde.

**caviar** n. m. Petits œufs noirs de l'esturgeon que l'on mange crus.

**cavité** n. f. Creux, trou. *Le crabe est entré dans une cavité du rocher.*

① **ce** (**cet** devant une voyelle ou un *h* muet) **m. sing.**, **cette** **f. sing.**, **ces** **m.** et **f. pl.** **Adjectifs démonstratifs.** *Ce livre est amusant. Cet animal dort. Cette coiffure va bien à Flora. Ces nuages annoncent la pluie. Ces fleurs sont jolies.* ◊ homonymes : se ; sept ; ses. ▷ CECI, CELA.

② **ce** (**c'** devant une voyelle) **pronom démonstratif.** *Ce* ne s'emploie qu'avec le verbe être et sert à désigner une personne ou une chose. *Qui est là ? C'est Julie. Ce serait bien d'aller à la plage.* ▷ CEPENDANT, C'EST-À-DIRE, EST-CE QUE, N'EST-CE PAS, PARCE QUE.

**ceci** **pronom démonstratif.** *Comment s'appelle ceci ?* cette chose qui est proche. → **cela.** *Tu peux l'ouvrir comme ceci.* → fam. **ça.**

**cécité** n. f. État d'une personne qui est aveugle. *Ce vieux monsieur ne voit plus bien, sa cécité est presque totale.*

**céder** v. (conjug. 6) 1. Laisser à quelqu'un une chose que l'on avait. *Il lui a cédé sa place.* 2. *Il a cédé à sa sœur,* il a fait ce qu'elle voulait. → **obéir.** 3. *La chaise a cédé sous le poids de la grosse dame,* elle s'est cassée. || contr. **résister** ||.

**cédille** n. f. Petit signe que l'on place sous le *c* quand il est suivi d'un *a*, d'un *o* ou d'un *u* et qui indique que ce *ç* se prononce [s]. *Il y a un c cédille dans façade, soupçon, gerçure.*

**cèdre** n. m. Grand arbre de la famille du sapin aux branches très étalées et presque horizontales. ⋙ planche Arbres.

**ceinture** n. f. Bande de tissu ou de cuir que l'on met autour de la taille. *Il met une ceinture pour tenir son pantalon.* — *Se serrer la ceinture,* c'est se priver pour faire des économies. 2. *Une ceinture de sécurité,* c'est une courroie qui, dans une voiture ou un avion, maintient les passagers contre leur siège. 3. *Yves a de l'eau jusqu'à la ceinture,* jusqu'à la taille.

▸ **ceinturer** v. (conjug. 1) *Les policiers ont ceinturé le voleur,* ils l'ont attrapé en lui entourant la taille avec les bras.

▸ **ceinturon** n. m. Ceinture large.

**cela** pronom démonstratif. *Comment s'appelle cela ?* cette chose qui est éloignée. → **ceci.** *Cela n'est pas grave.* → **ça.**

**célèbre** adj. Très connu. *Une actrice célèbre.*

▸ **célébrité** n. f. Renommée. *La célébrité de Tintin est mondiale.*

**célébrer** v. (conjug. 6) 1. Fêter un événement. *Le 11 novembre, on célèbre l'armistice de 1918.* 2. Accomplir solennellement. *Leur mariage a été célébré dans une église de campagne.*

**céleri** n. m. Légume dont on mange les tiges, les feuilles ou la racine.

**céleste** adj. Du ciel. *La voûte céleste est étoilée.*

**célibat** n. m. Situation d'une personne qui n'est pas mariée. *Les prêtres catholiques doivent vivre dans le célibat.*

▸ **célibataire** adj. *Il est célibataire,* il n'est pas marié. — N. *C'est un célibataire endurci.*

**celle, celle-ci, celle-là** → **celui**

**cellier** n. m. Endroit frais aménagé pour conserver du vin et des provisions. → aussi **cave.** ◊ homonyme : sellier.

**cellophane** n. f. Marque déposée. Fine feuille de matière transparente qui sert à emballer.

① **cellule** n. f. Élément très petit qui compose les organismes vivants. *Les cellules contiennent un noyau.*

② **cellule** n. f. Petite pièce. *Les prisonniers sont enfermés dans des cellules.*

**cellulite** n. f. Couche anormale de graisse et d'eau qui se trouve sous la peau. *Elle a de la cellulite sur les cuisses.*

**celui** m. sing., **celle** f. sing., **ceux** m. pl., **celles** f. pl. Pronoms démonstratifs. *J'ai oublié mon livre, je vais emprunter celui d'Yves. Ma chambre est celle qui donne sur la cour. Les éléphants d'Afrique sont plus grands que ceux d'Asie. Que celles qui savent la* *réponse lèvent le doigt ! — Celui-ci* désigne ce qui est plus près, *celui-là* désigne ce qui est plus éloigné. ◊ homonymes de celle : sel, selle.

**cendre** n. f. Ce qui reste de quelque chose qui a brûlé. *Une cendre de cigarette.*

▶ **cendrier** n. m. Récipient où l'on met les cendres et les mégots de cigarettes.

**censé** adj. *Julie est censée avoir appris ses leçons,* il serait normal qu'elle l'ait fait. ◊ homonyme : sensé.

**censeur** n. m. 1. Personne qui est chargée de faire respecter la discipline dans un lycée. 2. Personne qui est chargée par le gouvernement de juger si la sortie d'un livre, d'un film peut être autorisée. → aussi **censure.**

**censure** n. f. *Ce film a été interdit aux moins de 18 ans par la censure,* par la réunion des censeurs.

▶ **censurer** v. (conjug. 1) Supprimer. *Une scène du film qui était très violente a été censurée.*

**cent** adj. 1. Dix fois dix (100). *Il y a cent habitants dans ce village. — Cent* prend un *s* au pluriel sauf quand il est suivi d'un autre nombre : 500 s'écrit *cinq cents* mais 501 s'écrit *cinq cent un.* 2. *Pour cent* exprime une proportion par rapport à cent. *Ce fromage contient quarante pour cent* (40 %) *de matière grasse.* ◊ homonymes : sang, sans.

▶ **centaine** n. f. 1. *Dans 400, 4 est le chiffre des centaines.* 2. Groupe d'environ cent personnes ou cent choses semblables. *Le facteur a des centaines de lettres à distribuer.* ▷ CENTENAIRE, CENTIÈME, CENTIME, CENTUPLE, POURCENTAGE.

**centaure** n. m. Être imaginaire, moitié homme et moitié cheval. *Le centaure a la tête et le buste d'un homme et le corps d'un cheval.*

centaure

**centenaire** adj. et n. m. et f. 1. adj. Qui a au moins cent ans. *Il y a des chênes centenaires dans la forêt.* — N. *Un centenaire, une centenaire,* c'est une personne qui a cent ans ou plus. 2. n. m. Centième anniversaire. *En 1950, on a célébré le centenaire de la mort de Balzac.*

**centième** n. m. et adj. 1. n. m. Partie d'un tout qui est divisé en cent parties égales. *Un centimètre, c'est un centième de mètre.* 2. adj. Qui a le numéro cent. *Le coureur cycliste a abandonné au centième kilomètre.*

**centigramme** n. m. La centième partie d'un gramme.

**centilitre** n. m. La centième partie d'un litre.

**centime** n. m. La centième partie d'un franc. *Une pièce de 50 centimes.*

**centimètre** n. m. 1. La centième partie d'un mètre. *La table a soixante centimètres* (60 cm) *de haut.* 2. Ruban qui a une marque tous les centimètres et qui sert à prendre des mesures. *La couturière mesure le tissu avec son centimètre.*

**central** adj. et n. m. 1. adj. Situé au centre. *Il habite dans un quartier central.* || contr. **périphérique** || *Le Massif central est au centre de la France.* 2. n. m. *Un central téléphonique,* c'est un lieu où arrivent tous les fils d'un même réseau. — Au pl. *Des centraux.*

**centrale** n. f. Usine qui produit de l'électricité. *Une centrale nucléaire.*

**centraliser** v. (conjug. 1) Grouper dans un seul endroit. → **concentrer.** *En France, les pouvoirs sont centralisés à Paris,* la plupart des décisions sont prises à Paris. || contr. **décentraliser** ||.

**centre** n. m. 1. Point qui est au milieu. *Elle a mis un bouquet de fleurs au centre de la table.* 2. Endroit où sont regroupées des activités. *Elle fait ses courses dans le centre commercial.* ▷ AVANT-CENTRE, CENTRAL, CENTRALE, CENTRALISER, CONCENTRATION, CONCENTRÉ, CONCENTRER, CONCENTRIQUE, DÉCENTRALISER, EXCENTRICITÉ, EXCENTRIQUE.

**centrifuge** adj. *Une force centrifuge,* c'est une force qui repousse les objets vers l'extérieur.

**centuple** n. m. Nombre qui est cent fois plus grand. *Mille est le centuple de dix.*

**cep** n. m. Pied de vigne. *Le viticulteur taille les ceps.* ◊ homonyme : cèpe.

**cèpe** n. m. Gros champignon comestible, à chapeau brun et à chair blanche. → **bolet.** *Nous avons mangé une omelette aux cèpes.* ⤜ planche Champignons. ◊ homonyme : cep.

**cependant** adv. et conjonction. Pourtant. *Elle mange beaucoup et cependant elle reste mince.* → **néanmoins.**

**céramique** n. f. Matière à base d'argile avec laquelle on fabrique des objets de poterie en terre cuite, en faïence, en porcelaine. *Des carreaux de céramique ornent les murs de la salle de bains.*

**cerceau** n. m. Cercle de bois, de plastique. *Autrefois, les enfants jouaient au cerceau,* ils faisaient rouler un cerceau en le poussant avec un bâton. — Au pl. *Des cerceaux.*

**cercle** n. m. 1. Figure formée par une courbe fermée sur elle-même dont tous les points sont à égale distance d'un point fixe (le centre). → **rond.** *On peut calculer la circonférence, le diamètre, la surface d'un cercle.* ⤜ planche Géométrie. 2. Ensemble de personnes ou d'objets placés en rond. *Les admirateurs formaient un cercle autour du chanteur.* 3. *Il aimerait faire partie de notre cercle d'amis,* de notre groupe d'amis.

► **cerclé** adj. Entouré d'un cercle. *Il porte des lunettes cerclées d'écaille.* ▷ ENCERCLEMENT, ENCERCLER.

**cercueil** n. m. Caisse dans laquelle on met le corps d'un mort pour l'enterrer.

**céréale** n. f. 1. Plante dont les grains servent à nourrir l'homme et les animaux. *Le blé, l'avoine, le maïs, le riz sont des céréales.* 2. Flocons d'avoine, de riz, de maïs, etc. que l'on mange avec du lait froid. *Luc prend des céréales au petit déjeuner.*

**cérébral** adj. Du cerveau. *Il a eu une congestion cérébrale.* — Au masc. pl. *cérébraux.*

**cérémonie** n. f. 1. Célébration solennelle. *Pour le baptême d'Yves, il y a eu* *un déjeuner après la cérémonie.* **2.** *Venez dîner ce soir sans cérémonie,* en toute simplicité.

► **cérémonieux** **adj.** *Elle est très cérémonieuse avec ses invités,* elle est trop polie, elle leur montre trop de respect. || contr. **simple** ||.

**cerf** [sɛʀ] **n. m.** Grand animal mâle qui porte des bois sur la tête. → **biche, faon** et aussi **chevreuil.** *Le cerf brame.* ◊ homonymes : serf, serre, serres.

**cerfeuil** **n. m.** Plante au goût agréable que l'on met dans certains plats. *Le cerfeuil et le persil sont des fines herbes.*

**cerf-volant** [sɛʀvɔlɑ̃] **n. m.** Jouet fait de tissu ou de papier tendu sur des baguettes, que l'on tire avec une ficelle pour le faire voler dans le vent. — **Au pl.** *Des cerfs-volants.*

**cerf-volant**

**cerise** **n. f.** Petit fruit rouge, rond et charnu, qui a un noyau et une longue queue.

► **cerisier** **n. m.** Arbre fruitier à fleurs blanches qui produit des cerises.

**cerne** **n. m.** Marque arrondie bleuâtre sous l'œil. *Quand elle est fatiguée, elle a des cernes sous les yeux.*

► **cerné** **adj.** *Elle a les yeux cernés,* marqués par des cernes.

**cerner** **v.** (conjug. 1) Entourer, encercler. *Tout le quartier a été cerné par la police.*

**certain** **adj.** et **pronom.**

▭ **adj. 1.** Sûr. *Elle est certaine d'avoir raison,* elle en a la certitude. → **convaincu. 2.** Assuré. *Son succès est maintenant certain.* || contr. **douteux** || **3.** *Il y a encore un certain nombre de places vides,* un nombre imprécis. *Une certaine Mme Faure est venue,* une personne qui s'appelle Mme Faure et que l'on ne connaît pas. *C'est une dame d'un certain âge,* qui n'est plus toute jeune.

▭ **pronom.** *Certains,* quelques personnes. *Certains préfèrent les chiens, d'autres les chats.*

► **certainement** **adv.** Sûrement, d'une manière sûre. *Il va certainement pleuvoir.* || contr. **peut-être** || ▷ INCERTAIN.

**certes** **adv.** Bien sûr. *Il ne fait pas beau, certes, mais la promenade est tout de même agréable.*

**certifier** **v.** (conjug. 7) Affirmer, assurer. *Il m'a certifié qu'il reviendrait demain.*

► **certificat** **n. m.** Document officiel qui certifie quelque chose. *Un certifi-*

*cat de travail indique le travail que l'on a fait et pendant combien de temps.*

**certitude** n. f. 1. Chose certaine. *Ce chien est malade, c'est une certitude,* c'est sûr. 2. *J'ai la certitude qu'il reviendra,* j'en suis sûr. ▷ INCERTITUDE.

**cérumen** [serymɛn] n. m. Matière jaune et poisseuse comme de la cire qui se forme dans l'oreille.

**cerveau** n. m. Organe qui se trouve dans le crâne. *Le cerveau est le siège des centres nerveux et de la pensée.* → aussi **cérébral.**

▶ **cervelet** n. m. Petit organe situé à l'arrière du cerveau.

▶ **cervelle** n. f. Cerveau des animaux, que l'on peut manger. *Des cervelles d'agneau au beurre.* ▷ ÉCERVELÉ.

**cervelas** [sɛʀvəla] n. m. Saucisson cuit, gros et court, assez épicé.

**cervical** adj. De la région du cou. *Les vertèbres cervicales.* — Au masc. pl. *cervicaux.*

**ces** → ① **ce**

**cesser** v. (conjug. 1) Arrêter. *Flora ne cesse pas de pleurer. Le vent a cessé.*

▶ **cesse** n. f. *Sans cesse,* sans arrêt. *Il pleut sans cesse depuis deux jours.* → **continuellement.**

▶ **cessez-le-feu** n. m. inv. Arrêt des combats. *Le cessez-le-feu a été proclamé.* — Au pl. *Des cessez-le-feu.* ▷ INCESSAMMENT, INCESSANT.

**c'est-à-dire** conjonction. *C'est-à-dire* annonce une explication, une précision. *Il est trois heures de l'après-midi, c'est-à-dire quinze heures.*

**cet, cette** → ① **ce**

**cétacé** n. m. *Les baleines, les dauphins, les cachalots sont des cétacés,* des mammifères qui vivent dans la mer.

**ceux, ceux-ci, ceux-là** → **celui**

**chacal** n. m. [pl. *chacals*] Animal sauvage qui ressemble au loup et au renard. *Les chacals se nourrissent de cadavres d'animaux.* → aussi **coyote.**

**chacun** pronom indéfini m., **chacune** pronom indéfini f. Chaque personne, chaque chose. *Ces bonbons coûtent 2 francs chacun. Elles sont parties chacune de leur côté.*

**chagrin** n. m. Grande peine. *Flora pleure parce qu'elle a du chagrin.*

▶ **chagriner** v. (conjug. 1) Faire de la peine. → **attrister, peiner.** *Son départ me chagrine.*

**chahut** n. m. Agitation bruyante. *Les enfants font du chahut.*

▶ **chahuter** v. (conjug. 1) Faire du bruit en s'agitant. *Quand la maîtresse est entrée dans la classe, les enfants chahutaient.*

▶ **chahuteur** adj. *Des filles chahuteuses,* qui chahutent.

**chaîne** n. f. 1. Suite d'anneaux de métal entrelacés. *Le chien est attaché à sa niche par une grosse chaîne. La chaîne d'un vélo transmet le mouvement du pédalier à la roue arrière.* 2. *Une chaîne de montagnes,* c'est une suite de montagnes. *La chaîne des Alpes.* 3. Ensemble composé d'une platine, d'un amplificateur et de deux baffles et qui sert à écouter des disques. *Il s'est acheté une nouvelle chaîne.* 4. Émetteur de télévision. *Ce film passe sur la deuxième chaîne.* 5. *Dans cette usine, les ouvriers travaillent à la chaîne,* chaque ouvrier répète toute la journée les mêmes gestes pour fabriquer des objets en série. ◊ homonyme : chêne.

▶ **chaînette** **n. f.** Petite chaîne.

▶ **chaînon** **n. m.** Anneau d'une chaîne. → **maillon.** ▷ DÉCHAÎNER, ENCHAÎNEMENT, ENCHAÎNER.

**chair** **n. f. 1.** Matière molle du corps de l'homme et des animaux. *La chair du veau est blanche.* → **viande.** — *J'ai vu le pape en chair et en os,* en personne. *J'ai la chair de poule,* j'ai la peau qui se hérisse, à cause de la peur ou du froid. **2.** Partie tendre des fruits. *Ces poires ont une chair parfumée.* ◊ homonymes : chaire, cher, chère.

**chaire** **n. f.** Tribune élevée, dans une église. *Le prêtre monte en chaire pour faire son sermon.* ◊ homonymes : chair, cher, chère.

**chaise** **n. f.** Siège avec un dossier et sans bras pour une seule personne. — *Une chaise longue,* c'est un siège de toile pliant sur lequel on peut s'allonger. → **transat.**

**chaland** **n. m.** Bateau à fond plat qui sert à transporter des marchandises sur les fleuves et les canaux. → **péniche.**

**châle** **n. m.** Grand morceau de tissu ou de laine tricotée que l'on porte sur les épaules.

**chalet** **n. m.** Maison de bois, dans la montagne. ⋙ planche Habitations.

**chaleur** **n. f. 1.** Température élevée. *Il fait une chaleur étouffante,* il fait très chaud. || contr. **fraîcheur** || **2.** Animation, enthousiasme. *Elle accueille ses amis avec chaleur.* || contr. **froideur** ||.

▶ **chaleureux** **adj.** Plein d'enthousiasme, de chaleur. *Un accueil chaleureux.* || contr. **froid** || — **Au fém.** *chaleureuse.*

**chaloupe** **n. f.** Grand canot. *Les chaloupes de sauvetage.*

**chalumeau** **n. m.** Appareil qui produit un jet de gaz enflammé. *Le garagiste fait une soudure au chalumeau.*

**chalut** **n. m.** Grand filet en forme d'entonnoir qui est attaché à l'arrière d'un chalutier. *Les marins pêcheurs pêchent le hareng au chalut.*

▶ **chalutier** **n. m.** Bateau de pêche d'où l'on pêche avec un chalut.

se **chamailler** **v.** (conjug. 1) Familier. Se disputer pour des raisons sans importance. *Flora et Anne se sont encore chamaillées.*

**chamarré** **adj.** *Une étoffe chamarrée,* c'est une étoffe décorée d'ornements aux couleurs très vives.

**chambellan** **n. m.** Noble qui s'occupait de la chambre du roi ou de l'empereur et de sa garde-robe. *Le grand chambellan présentait au roi sa chemise quand il s'habillait.*

**chambranle** **n. m.** Cadre fixé au mur qui entoure une porte ou une fenêtre.

**chambre** **n. f. 1.** Pièce où l'on dort. *Il y a des lits superposés dans la chambre d'Yves.* **2.** Pièce aménagée dans un but particulier. *Le boucher a accroché la viande dans la chambre froide.* **3.** *La Chambre des députés,* c'est l'ensemble des députés. → **parlement.** *La Chambre discute et vote les projets de loi.* — On dit maintenant *l'Assemblée nationale.* **4.** *La chambre à air d'un vélo,* c'est le tube de caoutchouc gonflé d'air qui est à l'intérieur du pneu. ▷ ANTICHAMBRE.

**chameau** **n. m.** Grand animal d'Asie qui a deux bosses sur le dos. → aussi **dromadaire.** *Le chameau boit peu, mange peu et résiste très bien à la fatigue. Des caravanes de chameaux traversent le désert.*

▶ **chamelier** **n. m.** Homme qui conduit les chameaux et s'occupe d'eux.

▶ **chamelle** **n. f.** Femelle du chameau.

**chamois** **n. m.** Animal très agile à cornes lisses et recourbées qui vit dans les montagnes.

**champ** **n. m.** **1.** Étendue de terre cultivée. *L'agriculteur laboure son champ.* **2.** Terrain. *Il est mort sur le champ de bataille,* sur le lieu du combat. *Un champ de courses,* c'est un hippodrome. **3.** *Cette entreprise de publicité a élargi son champ d'action,* le domaine où elle agit. **4.** *Julie interrompt à tout bout de champ la conversation,* elle l'interrompt à tout moment, sans arrêt. ◊ homonyme : chant. ▷ CHAMPÊTRE, GARDE-CHAMPÊTRE, SUR-LE-CHAMP.

**champagne** **n. m.** Vin mousseux blanc ou rosé, fabriqué en Champagne.

**champêtre** **adj.** *Elle aime la vie champêtre,* la vie des champs, de la campagne.

**champignon** **n. m.** Petite plante sans feuilles, formée d'un pied surmonté d'un chapeau. *Certains champignons sont comestibles, d'autres vénéneux.* ⋙ planche p. 159.

**champion** **n. m.**, **championne** **n. f.** *Elle est championne de France de tennis,* c'est la meilleure sportive française en tennis.

▶ **championnat** **n. m.** Épreuve sportive officielle dont le vainqueur est déclaré champion. *L'équipe de football participera au championnat de France.*

**chance** **n. f.** **1.** *Anne a gagné le concours, elle a de la chance,* elle est favorisée par le sort. → fam. **veine.** ‖ contr. **malchance** ‖ **2.** *Il y a des chances pour qu'il rentre demain,* cela est probable. → **possibilité.** ▷ MALCHANCE, MALCHANCEUX.

**chanceler** **v.** (conjug. 4) Pencher d'un côté puis de l'autre, comme si on allait tomber. → **tituber, vaciller.** *Elle chancelle de fatigue.*

▶ **chancelant** **adj.** Qui manque d'équilibre. *Une démarche chancelante.*

**chandail** **n. m.** [pl. *chandails*] Pull-over. → **tricot.** *Alex porte un chandail à col roulé.*

**chandelle** **n. f.** **1.** Bâton de suif, contenant une mèche que l'on faisait brûler. → **bougie.** *Autrefois, on s'éclairait à la chandelle.* **2.** *L'avion est monté en chandelle,* tout droit, verticalement.

▶ **chandelier** **n. m.** Support sur lequel on met des chandelles, des bougies. → **bougeoir, candélabre.**

**changer** **v.** (conjug. 3) **1.** Rendre différent. → **modifier, transformer.** *Cette rencontre a changé sa vie. — À minuit, le carrosse se changera en citrouille.* **2.** *Elle a changé sa roue,* elle l'a remplacée par une autre roue. **3.** *Il a changé les meubles de place,* il les a mis ailleurs. → **déplacer.** **4.** Devenir différent, se modifier. *Tu as beaucoup grandi, comme tu as changé ! Le temps change, il va pleuvoir.* **5.** *Il aimerait changer d'appartement,* en habiter un autre. **6.** *Il change son bébé,* il lui met une couche propre. — *Elle s'est changée pour le dîner,* elle a mis d'autres vêtements. **7.** *Il a changé ses francs contre des dollars,* il a donné des francs et a reçu des dollars en échange.

▶ **change** **n. m. 1.** *Un bureau de change,* c'est un endroit où l'on change de l'argent. **2.** *Perdre au change,* c'est faire un échange désavantageux.

▶ **changeant** **adj.** *Le temps est très changeant ces jours-ci,* il change beaucoup. → **instable, variable.**

▶ **changement** **n. m.** Modification, transformation. *La météo annonce un changement de temps pour demain. Nous avons signalé à la poste notre changement d'adresse.* ▷ ÉCHANGE, ÉCHANGER, ÉCHANGEUR, INTERCHANGEABLE, de RECHANGE.

**chanson** **n. f.** Suite de paroles qui se chante sur un air. → **chant.** *Une chanson d'amour.*

**chant** **n. m. 1.** Chanson. → **mélodie.** *La Marseillaise est un chant patriotique.* **2.** Art de chanter. *Un professeur de chant.* **3.** *Il écoute le chant des oiseaux,* le bruit agréable qu'ils font. ◊ homonyme : champ.

**chanter** **v.** (conjug. 1) **1.** Former avec la voix des sons musicaux. *Il chante à tue-tête. Elle a chanté une très belle chanson.* **2.** *Les oiseaux chantent,* ils poussent leur cri. → **gazouiller, siffler. 3.** *Faire chanter quelqu'un,* c'est essayer d'obtenir quelque chose de lui par des menaces. → aussi **chantage, maître chanteur.**

▶ **chantage** **n. m.** *Il lui fait du chantage,* il la menace de révéler une chose qu'il sait sur elle pour obtenir de l'argent ou un autre avantage.

▶ **chanteur** **n. m., chanteuse** **n. f.** Personne dont le métier est de chanter. *Elle écoute un disque de son chanteur préféré.* → aussi **cantatrice.** ▷ CHANT, CHANTONNER, DÉCHANTER, MAÎTRE CHANTEUR.

**chantier** **n. m.** Endroit où des ouvriers travaillent ensemble pour construire un immeuble, un bâtiment, un pont, etc. *Le port du casque est obligatoire sur les chantiers.*

**chantonner** **v.** (conjug. 1) Chanter à mi-voix, très doucement. *Elle chantonne une berceuse.*

**chanvre** **n. m.** Plante à feuilles en forme de palmes. *Le chanvre sert à fabriquer de la corde.*

**chaos** [kao] **n. m.** Grand désordre. *La guerre a plongé le pays dans le chaos.* → **confusion.** ◊ homonymes : cahot, K.-O.

▶ **chaotique** **adj.** Qui est très en désordre. *Un amas chaotique de carcasses de voitures.*

**chaparder** **v.** (conjug. 1) Familier. Voler des choses peu importantes. *Le chien a chapardé un morceau de viande.*

**chapeau** **n. m. 1.** Coiffure d'homme ou de femme, assez rigide. *Elle abrite son visage du soleil sous un grand chapeau de paille.* **2.** *Le chapeau d'un champignon,* c'est la partie plate qui forme le dessus. **3.** Familier. *Il a pris son virage sur les chapeaux de roues,* très vite. ▷ CHAPELIER.

**chapelet** **n. m.** Objet formé de petites boules enfilées comme un collier, que l'on fait glisser entre ses doigts en récitant des prières. *Le curé de la paroisse dit son chapelet tous les jours.*

**chapelier** **n. m., chapelière** **n. f.** Personne qui fait ou vend des chapeaux d'hommes. → aussi **modiste.**

**chapelle** **n. f. 1.** Petite église. *Une chapelle romane domine la colline*

# CHAMPIGNONS

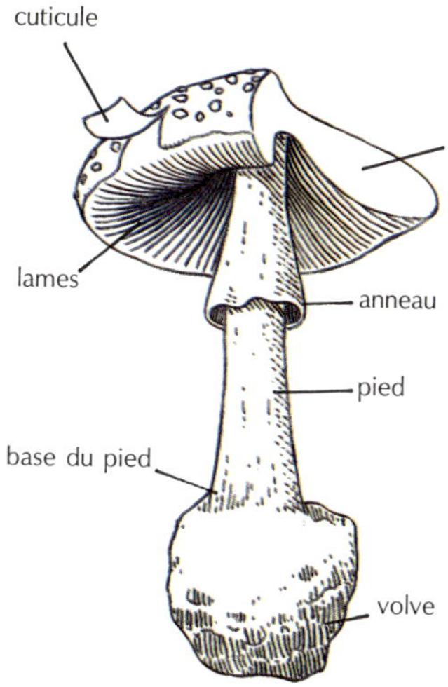

**cèpe de Bordeaux (bolet)**

**champignon de Paris**

**amanite rougissante**

**girolle**

**trompette de la mort**

**morille comestible**

**coulemelle**

**lactaire délicieux**

**volvaire soyeuse**

**pleurote en huître**

**mousseron d'automne**

**truffe d'été**

2. Partie d'une église à l'écart de la partie centrale, qui possède un autel. *Il a brûlé un cierge dans la chapelle de la Vierge.*

**chapelure** **n. f.** Pain sec râpé ou biscotte écrasée. *Les escalopes panées sont passées dans la chapelure.*

**chapiteau** **n. m. 1.** Partie qui s'élargit en haut d'une colonne. — **Au pl.** *Des chapiteaux.* 2. *Le chapiteau d'un cirque,* c'est la tente sous laquelle a lieu le spectacle.

**chapiteau**

**chapitre** **n. m.** Chacune des parties d'un livre qui porte un numéro et parfois un titre.

**chapon** **n. m.** Jeune coq castré que l'on a engraissé pour le manger.

**chaque** **adj. indéfini singulier.** *Chaque* s'emploie quand on veut parler en particulier d'une personne ou d'une chose qui fait partie d'un groupe. *Chaque jour le soleil se lève.* ▷ CHACUN.

**char** **n. m. 1.** Dans l'Antiquité, voiture à deux roues tirée par un ou plusieurs chevaux. *Ben Hur a remporté la course de chars.* 2. Grande voiture décorée transportant des personnages déguisés ou masqués. *Nous avons regardé le défilé de chars fleuris.* 3. Véhicule blindé monté sur chenilles et armé d'un canon. → **tank.** ▷ CHARIOT, CHARRETTE, CHARRETIER, CHARRUE.

**charabia** **n. m.** Familier. Langage incorrect et difficile à comprendre. *Qu'est-ce que c'est que ce charabia ?* → **galimatias.**

**charade** **n. f.** Énigme où l'on doit deviner un mot de plusieurs syllabes, décomposé en plusieurs parties, dont chacune forme un mot, le plus souvent d'une seule syllabe, et dont on donne la définition. *Connais-tu cette charade ? : mon premier est un animal* (chat), *mon deuxième n'est pas beau* (laid) *et mon tout est une habitation* (chalet).

**charbon** **n. m.** Matière noire que l'on tire du sol et que l'on brûle pour produire de l'énergie. → **houille.**

► **charbonnier** **n. m.** Marchand de charbon.

**charcutier** **n. m.**, **charcutière** **n. f.** Personne qui prépare et vend des produits fabriqués avec de la viande de porc, et souvent des plats tout prêts. *Elle a acheté du jambon et du saucisson chez le charcutier.*

► **charcuterie** **n. f. 1.** Produit fabriqué avec de la viande de porc. *Il mange souvent de la charcuterie.* 2. Magasin du charcutier. *Il est allé à la charcuterie acheter du pâté.*

**chardon** **n. m.** Plante à épines dont la fleur mauve devient piquante quand elle sèche.

**chardonneret** **n. m.** Petit oiseau chanteur à la tête rouge, noire et blanche, aux ailes noires et jaunes.

**charger** **v.** (conjug. 3) **1.** *Ils ont chargé le camion,* ils ont mis dedans des

chardon

choses à transporter. || contr. **décharger** || — *Cette valise est trop chargée, je n'arrive pas à la fermer.* **2.** Mettre de la poudre, des balles dans une arme à feu. *Attention, ce fusil est chargé.* **3.** *Il m'a chargé de vous remettre cette lettre,* il m'a confié cette mission. **4.** *L'éléphant a chargé les touristes,* il les a attaqués en fonçant sur eux.

▶ **charge** n. f. **1.** Poids à transporter. → **fardeau.** *L'âne transportait une lourde charge sur son dos.* **2.** Quantité de poudre, de munitions qu'une arme à feu peut contenir. *Les obus sont remplis d'une charge d'explosif.* **3.** Travail à faire, tâche. *Mon voisin a la charge de nourrir le chat dimanche.* **4.** *Ce malade est à la charge de sa famille,* il est nourri par elle. **5.** *Les charges de l'immeuble ne sont pas comprises dans le loyer,* les frais d'entretien sont à payer en plus. **6.** *De lourdes charges pèsent sur l'accusé,* il y a des accusations, des preuves contre lui. **7.** Attaque brusque et violente. *Une charge de police a fait reculer les manifestants.*

▶ **chargement** n. m. *Ce camion a un lourd chargement,* il transporte des marchandises très lourdes. → **cargaison.**

▶ **chargeur** n. m. *Le chargeur d'un pistolet,* c'est l'endroit où l'on met les balles. ▷ DÉCHARGE, DÉCHARGEMENT, DÉCHARGER, MONTE-CHARGE, RECHARGE, RECHARGEABLE, RECHARGER, SURCHARGE, SURCHARGER.

**chariot** n. m. Petite voiture à quatre roues que l'on utilise pour transporter quelque chose. *Il a mis ses valises sur un chariot à bagages.*

**charité** n. f. **1.** Amour et générosité envers les autres. **2.** *La vieille dame a fait la charité à un mendiant,* elle lui a donné de l'argent.

▶ **charitable** adj. Bon et généreux envers les autres. *C'est une personne charitable.* || contr. **égoïste** ||.

**charivari** n. m. Grand bruit, agitation. → **chahut, tapage.**

**charlatan** n. m. *Un charlatan,* c'est quelqu'un qui trompe les gens en leur faisant croire qu'il peut les guérir.

① **charme** n. m. Arbre à bois blanc et dur.

② **charme** n. m. *Avoir du charme,* c'est être agréable à regarder et à entendre, être séduisant. *Faire du charme à quelqu'un,* c'est essayer de lui plaire, de le séduire.

▶ **charmant** adj. Très agréable. *Une femme charmante. Une charmante soirée.*

▶ **charmer** v. (conjug. 1) Séduire par son charme. *Elle a charmé tous les invités.*

▶ **charmeur** adj. Qui séduit. *Un sourire charmeur.* — Au fém. *charmeuse.*

**charnière** n. f. Pièce de métal articulée qui permet d'ouvrir et de fermer une porte, un couvercle. → **gond.**

**charnu** adj. Qui est formé de chair. *Il a des lèvres charnues. — Cette pêche* *est très charnue,* elle a beaucoup de chair, elle est grosse.

**charogne** **n. f.** Cadavre d'animal en train de pourrir. *Les hyènes se nourrissent de charognes.*

▶ **charognard** **n. m.** Animal qui se nourrit de cadavres. *Les vautours sont des charognards.*

**charpente** **n. f.** Assemblage de pièces de bois ou de métal qui soutient le toit d'une maison. *La charpente de la ferme est en bois.* → aussi **poutre.**

▶ **charpentier** **n. m.** Personne qui fabrique des charpentes.

**charpie** **n. f.** *Mettre une chose en charpie,* c'est la déchirer. ▷ ÉCHARPER.

**charrette** **n. f.** Voiture à deux roues tirée par un cheval.

▶ **charretier** **n. m.** Personne qui conduit une charrette.

**charrier** **v.** (conjug. 7) *La rivière charrie des glaçons,* elle les entraîne dans son cours.

**charrue** **n. f.** Machine agricole qui creuse des sillons dans la terre. — *Mettre la charrue avant les bœufs,* c'est commencer par faire ce qui devrait être fait après.

**charte** **n. f.** Document qui contient le règlement d'une organisation. *La Charte des Nations unies fut signée en 1945 par cinquante et un pays.*

**charter** [ʃaʀtɛʀ] **n. m.** Ce mot vient de l'anglais. Avion dont les places sont vendues à prix réduit. *Il a pris un charter pour partir en vacances.*

**chas** [ʃa] **n. m.** *Le chas de l'aiguille,* c'est le trou de l'aiguille. ◊ homonyme : chat.

**chasse** **n. f. 1.** Action de poursuivre des animaux pour les tuer. *Il est allé à la chasse.* **2.** Période où l'on a le droit de chasser. *L'ouverture de la chasse a lieu demain.* **3.** Endroit où l'on chasse. *Chasse gardée.* **4.** *La chasse d'eau,* c'est, dans les toilettes, le mécanisme qui envoie un jet d'eau très fort. *Tire la chasse !*

**chasse-neige** **n. m. inv.** Véhicule qui enlève la neige sur les routes. — **Au pl.** *Des chasse-neige.*

**chasser** **v.** (conjug. 1) **1.** Poursuivre des animaux pour les tuer ou les attraper. *Il aime bien chasser.* **2.** Faire partir de force. *Le vent a chassé les nuages.*

▶ **chasseur** **n. m. 1.** Personne qui chasse. *Les chasseurs sont rentrés bredouilles.* **2.** *Un chasseur alpin,* c'est un soldat spécialisé dans les exercices de montagne. ▷ CHASSE, CHASSE-NEIGE, GARDE-CHASSE, POURCHASSER.

**châssis** **n. m.** *Le châssis d'une voiture,* c'est l'armature sur laquelle est fixée la carrosserie.

**chasteté** **n. f.** Qualité d'une personne qui décide de ne pas avoir de relations sexuelles. *Les prêtres catholiques font vœu de chasteté.*

**chat** **n. m.,** **chatte** **n. f.** Petit animal domestique à poil doux. *Le chat miaule quand il a faim et ronronne quand on le caresse.* → aussi **matou ;** fam. **minet.** ⤞ planche Félins. — *Il n'y a pas un chat ici,* il n'y a personne ici. ◊ homonyme : chas. ▷ CHAT-HUANT, ① CHATON.

**châtaigne** **n. f.** Fruit du châtaignier que l'on mange grillé ou bouilli. → **marron.**

châtaigne

▸ **châtaignier** **n. m.** Grand arbre des régions tempérées, à feuilles longues et à écorce rougeâtre. ⋙ planche Arbres.

**châtain** **adj. m.** *Alex a les cheveux châtains,* brun clair.

**château** **n. m. 1.** Grande et belle habitation. → **palais.** *Nous avons visité les châteaux de la Loire.* **2.** *Un château fort,* c'est un château fortifié du Moyen Âge. — **Au pl.** *Des châteaux forts.* **3.** *Un château d'eau,* c'est un grand réservoir qui fournit l'eau aux habitants d'une région. — **Au pl.** *Des châteaux d'eau.*

▸ **châtelain** **n. m., châtelaine** **n. f.** Personne qui possède un château.

**chat-huant** **n. m.** Oiseau de proie qui a deux touffes de plumes semblables à des oreilles de chat. *Les chats-huants chassent pendant la nuit.* → aussi **chouette, hibou.**

**châtier** **v.** (conjug. 7) Punir. *Ils ont châtié les coupables.*

▸ **châtiment** **n. m.** Punition sévère.

① **chaton** **n. m.** Petit du chat.

② **chaton** **n. m.** Fleur en épi de certains arbres. *Les noisetiers, les saules et les peupliers ont des chatons.*

**chatouiller** **v.** (conjug. 1) Toucher quelqu'un à des endroits sensibles du corps de manière à le faire rire. *Julie chatouille sa sœur.*

▸ **chatouille** **n. f.** Familier. *Julie fait des chatouilles à sa sœur,* elle la chatouille.

▸ **chatouilleux** **adj.** *Flora est très chatouilleuse,* elle est très sensible aux chatouilles.

**chatoyer** **v.** (conjug. 8) Changer de couleur avec la lumière. *Sa robe chatoie au soleil.*

▸ **chatoyant** **adj.** Qui a des reflets changeants. *Le satin est une étoffe chatoyante.*

**châtrer** **v.** (conjug. 1) Enlever les organes sexuels d'un animal. → **castrer.** *Le chapon est un coq que l'on a châtré.*

**chatte** → **chat**

**chaud** **adj.** et **n. m.**

▭ **adj. 1.** Qui est à une température élevée. *L'eau du bain est trop chaude.* ‖ contr. **froid** ‖ **2.** Qui réchauffe. *Il a mis des vêtements chauds pour aller skier.* **3.** *Une chaude discussion,* c'est une discussion animée, passionnée. → **vif.**

▭ **n. m. 1.** *Yves est malade, il doit rester au chaud,* dans un endroit chaud. **2.** *J'ai trop chaud avec ce pull. Il fait chaud, ouvre la fenêtre !* ◊ homonyme : chaux.

▸ **chaudement** **adv. 1.** De manière à avoir chaud. *Il est habillé chaudement.* **2.** Vivement. *Ils l'ont chaudement félicité.*

► **chaudière** n. f. Appareil qui produit de la chaleur pour le chauffage central. *Une chaudière à mazout.*

► **chaudron** n. m. Récipient en métal avec une anse, que l'on suspendait autrefois au-dessus du feu, dans une cheminée. ▷ ÉCHAUDÉ.

chaudron

**chauffage** n. m. Installation qui produit de la chaleur dans un appartement, une maison. *Le chauffage est en panne. Le chauffage central,* c'est un système qui permet de chauffer plusieurs pièces à partir d'une seule chaudière.

**chauffard** n. m. Mauvais conducteur.

**chauffe-eau** n. m. inv. Appareil qui chauffe l'eau. *Des chauffe-eau à gaz.*

**chauffer** v. (conjug. 1) **1.** Rendre chaud. *Un radiateur suffit pour chauffer la chambre.* **2.** Devenir chaud. *La soupe est en train de chauffer.* ‖ contr. **refroidir** ‖ **3.** *Se chauffer,* se réchauffer. *Le chat se chauffe au soleil.* ▷ CHAUFFAGE, CHAUFFE-EAU, ÉCHAUFFEMENT, ÉCHAUFFER, RÉCHAUD, RÉCHAUFFEMENT, RÉCHAUFFER, se RÉCHAUFFER, SURCHAUFFÉ, SURCHAUFFER.

**chauffeur** n. m. Personne dont le métier est de conduire un véhicule. → **conducteur.** *Un chauffeur de taxi.*

**chaume** n. m. **1.** *Quand le blé a été coupé dans un champ, il ne reste plus que les chaumes,* le bas de la tige des céréales. **2.** Paille qui recouvre certains toits. *Des toits de chaume.*

► **chaumière** n. f. Petite maison à toit de chaume.

**chaussée** n. f. Partie de la rue, de la route où circulent les voitures. *Monte sur le trottoir, ne reste pas sur la chaussée !* ▷ REZ-DE-CHAUSSÉE.

**chausser** v. (conjug. 1) **1.** *Yves chausse du 30,* il porte des chaussures de taille 30. **2.** *La petite fille s'est chaussée toute seule,* elle a mis ses chaussures elle-même.

► **chaussette** n. f. Vêtement qui couvre le pied et une partie de la jambe. *Des chaussettes de laine.*

► **chausson** n. m. **1.** Pantoufle qui tient chaud. *À la maison, elle reste en chaussons.* **2.** Chaussure souple. *Des chaussons de danse.* **3.** *Un chausson aux pommes,* c'est une pâtisserie faite de pâte feuilletée et remplie de compote de pommes.

► **chaussure** n. f. Ce que l'on met aux pieds pour marcher et qui a une semelle. → **soulier** et aussi **ballerine,** ① **basket, botte, escarpin, mocassin, sandale, tennis.** *Anne a mis des chaussures vernies.* ▷ DÉCHAUSSER.

**chausse-trape** n. f. Trou recouvert cachant un piège pour prendre les animaux sauvages. — **Au pl.** *Des chausses-trapes* ou *des chausse-trapes.*

**chauve** adj. Qui n'a pas de cheveux.

**chauve-souris** n. f. Petit animal nocturne qui ressemble à une souris et qui a des ailes. — **Au pl.** *Des chauves-souris.*

**chauvin** **adj.** *Elle est très chauvine,* elle a une admiration exagérée pour son pays et trouve que tout est moins bien à l'étranger.

▸ **chauvinisme** **n. m.** Attitude d'une personne chauvine.

**chaux** **n. f.** Matière blanche obtenue quand on chauffe du calcaire. *Les murs de la maison sont blanchis à la chaux.* ◊ homonyme : chaud.

**chavirer** **v.** (conjug. 1) *La barque a chaviré,* elle s'est retournée complètement.

**chef** **n. m.** Personne qui commande, qui dirige. *Un chef d'État. Un chef d'entreprise.* → **patron.** *C'est le chef de la bande.*

**chef-d'œuvre** [ʃɛdœvʀ] **n. m.** *Ce tableau est un chef-d'œuvre,* c'est une œuvre parfaite. — **Au pl.** *Des chefs-d'œuvre.*

**chef-lieu** [ʃɛfljø] **n. m.** Ville principale d'un département ou d'un canton. *Marseille est le chef-lieu des Bouches-du-Rhône.* — **Au pl.** *Des chefs-lieux.*

**cheikh** [ʃɛk] **n. m.** Chef de tribu chez les Arabes du désert. — **Au pl.** *Des cheikhs.* ◊ homonyme : chèque.

**chemin** **n. m. 1.** Petite route qui n'est pas goudronnée. *Un chemin mène à la ferme.* → aussi **sentier. 2.** Distance que l'on a à parcourir. *Tu as fait la moitié du chemin.* → **parcours, trajet. 3.** Direction que l'on doit prendre. *Un étranger nous a demandé son chemin.*

▸ **chemin de fer** **n. m.** Moyen de transport qui utilise la voie ferrée. → **train.** ▷ ACHEMINER, CHEMINER, CHEMINOT, à MI-CHEMIN.

**cheminée** **n. f. 1.** Endroit où l'on fait du feu dans une maison. → **âtre, foyer.** *Les bûches brûlent dans la cheminée.* **2.** Partie extérieure du conduit qui sert à évacuer la fumée. *On voit fumer les cheminées sur les toits.*

**cheminer** **v.** (conjug. 1) Avancer lentement et péniblement. *La caravane de nomades cheminait à travers le désert.*

**cheminot** **n. m.** Personne qui travaille dans les chemins de fer.

**chemise** **n. f. 1.** Vêtement boutonné devant qui couvre le torse. *Il porte une chemise rayée.* **2.** *Une chemise de nuit,* c'est une sorte de robe que l'on porte pour dormir. **3.** Grande feuille cartonnée pliée en deux dans laquelle on range des papiers. *Elle range ses factures dans une chemise verte.*

▸ **chemisette** **n. f.** Chemise à manches courtes.

▸ **chemisier** **n. m.** Chemise de femme. → **corsage.** *Elle s'est acheté un chemisier en soie.*

**chenal** **n. m.** [pl. *chenaux*] Passage où les eaux sont assez profondes pour que les bateaux puissent y naviguer.

**chenapan** **n. m.** Enfant insupportable. → **galopin.**

**chêne** **n. m.** Grand arbre dont le bois est très dur et qui peut vivre plus de cinq cents ans. → aussi **gland.** *Une table en chêne.* ⤔ planche Arbres. ◊ homonyme : chaîne.

▸ **chêne-liège** **n. m.** Chêne dont l'écorce fournit le liège. — **Au pl.** *Des chênes-lièges.*

**chenet** **n. m.** *Les chenets,* ce sont les supports de métal sur lesquels on pose les bûches dans une cheminée.

**chenil** **n. m.** Endroit ou l'on élève et où l'on garde des chiens.

**chenille** **n. f. 1.** Larve du papillon, au corps allongé et mou, divisé en anneaux, et souvent recouvert de poils. **2.** Bande formée de plaques de métal articulées qui s'enroulent autour des roues d'un tank, d'un bulldozer.

chenille

**cheptel** [ʃtɛl ou ʃɛptɛl] **n. m.** Ensemble des animaux que l'on élève. *Cet agriculteur a un beau cheptel,* il a de nombreux bestiaux.

**chèque** **n. m.** Papier fabriqué par une banque sur lequel on inscrit une somme d'argent et qui sert à payer quelqu'un. *Il préfère payer par chèque plutôt qu'en espèces.* ◊ homonyme : cheikh.

▸ **chéquier** **n. m.** Carnet de chèques.

① **cher** **adj. 1.** Que l'on aime beaucoup. *Une amie très chère.* **2.** Formule de politesse. « *Mes chers amis, bonjour.* » ◊ homonymes : chair, chaire, chère. ▷ CHÉRI, CHÉRIR.

② **cher** **adj.** Qui coûte beaucoup d'argent. *Cette robe est très chère.* ǁ contr. **bon marché** ǁ — **Adv.** *Ces voitures coûtent cher.* ▷ ENCHÈRE, SURENCHÈRE.

**chercher** **v.** (conjug. 1) **1.** Essayer de trouver, de découvrir. *Elle cherche ses lunettes partout. Ils cherchent du travail.* **2.** Essayer de faire quelque chose. *Le prisonnier cherche à s'échapper.* **3.** *Il est allé chercher sa fille à l'école,* il l'a rejointe pour l'emmener avec lui.

▸ **chercheur** **n. m.,** **chercheuse** **n. f.** **1.** Personne dont le métier est de faire de la recherche scientifique. **2.** *Un chercheur d'or* cherche de l'or dans le sol, les rivières. ▷ RECHERCHE, RECHERCHER.

**chère** **n. f.** *Faire bonne chère,* c'est bien manger. ◊ homonymes : chair, chaire, ① et ② cher.

**chérir** **v.** (conjug. 2) Aimer tendrement. *Elle chérit ses enfants.*

▸ **chéri** **n. m.,** **chérie** **n. f.** *Mon chéri, ma chérie,* se dit à une personne que l'on aime. — **Adj.** *Mes petits enfants chéris,* que j'aime beaucoup.

**chérubin** **n. m.** Enfant mignon et très sage.

**chétif** **adj.** Petit, faible, de santé fragile. *Une petite fille chétive.* → **malingre.** ǁ contr. **robuste, vigoureux** ǁ.

**cheval** **n. m.** [pl. *chevaux*] **1.** Grand animal domestique à crinière, qui peut porter de lourdes charges sur son dos et tirer des charrettes. → aussi **jument, poulain.** *Le cheval est rentré à l'écurie. Les chevaux hennissent.* **2.** *Faire du cheval,* c'est faire de l'équitation. → aussi **poney.** **3.** *Alex est à cheval sur le mur,* assis, une jambe de chaque côté du mur. → à **califourchon.** **4.** *La directrice est montée sur ses grands chevaux,* elle s'est mise en colère.

▶ **chevalier** **n. m.** Seigneur du Moyen Âge qui combattait à cheval. → aussi **chevalerie.** *Il a été armé chevalier.*

▶ **chevaleresque** **adj.** *Il a eu une conduite chevaleresque,* noble et généreuse, digne d'un chevalier.

▶ **chevalerie** **n. f.** Ordre propre à la noblesse, au Moyen Âge. *Les règles de la chevalerie étaient la bravoure, la courtoisie, la loyauté, la protection des faibles.*

▶ **chevalière** **n. f.** Bague dont la partie aplatie porte des armoiries ou des initiales gravées.

▶ **chevalin** **adj.** *Une boucherie chevaline,* c'est une boucherie où l'on vend de la viande de cheval.

▶ **chevaucher** **v.** (conjug. 1) **1.** Aller à cheval. *Les cow-boys chevauchaient dans la plaine.* **2.** *Il a deux dents qui se chevauchent,* qui se recouvrent en partie.

▶ **chevauchée** **n. f.** Longue promenade à cheval.

**chevalet** **n. m.** Support de bois sur lequel un peintre pose sa toile pour peindre.

**chevelu** **adj.** *Des garçons chevelus,* qui ont beaucoup de cheveux ou qui ont les cheveux longs.

**chevelure** **n. f.** Ensemble des cheveux. *Anne a une belle chevelure blonde.*

**chevet** **n. m.** **1.** *Le chevet d'un lit,* c'est l'endroit où l'on pose la tête. *Une lampe de chevet,* c'est une lampe posée à la tête du lit. *C'est mon livre de chevet,* mon livre préféré, que je lis souvent. **2.** *L'infirmière est restée au chevet du malade,* près de lui pour le soigner.

**cheveu** **n. m.** Poil qui pousse sur le crâne d'un être humain. *Julie a les cheveux roux.* — *Cette histoire nous a fait dresser les cheveux sur la tête,* nous a terrifiés. — Familier. *Ton explication est un peu tirée par les cheveux,* elle est compliquée et peu vraisemblable. *Couper les cheveux en quatre,* c'est compliquer les choses en entrant trop dans le détail. ▷ CHEVELU, CHEVELURE, ÉCHEVELÉ, SÈCHE-CHEVEUX.

**cheville** **n. f.** **1.** Petit morceau de bois que l'on enfonce dans un trou pour assembler les parties d'un meuble. **2.** Articulation située entre la jambe et le pied. *Alex s'est foulé la cheville.*

**chèvre** **n. f.** Animal ruminant à cornes recourbées, au poil épais, capable de grimper et de sauter. → **bique** et aussi **bouc.** *La chèvre bêle. Avec le lait de chèvre, on fait du fromage de chèvre.*

▶ **chevreau** **n. m.** Petit de la chèvre. → **cabri.** — **Au pl.** *Des chevreaux.* ▷ CHÈVREFEUILLE, CHEVREUIL, CHEVRIER, CHEVROTANT.

**chèvrefeuille** **n. m.** Plante grimpante à fleurs très parfumées.

**chèvrefeuille**

**chevreuil** **n. m.** Animal de la famille du cerf, assez petit, à la robe fauve et au ventre blanchâtre. → aussi **faon.** *Le chevreuil brame.*

**chevrier** n. m., **chevrière** n. f. Personne qui garde les chèvres.

**chevron** n. m. 1. Pièce de bois inclinée dans le sens de la pente du toit qui s'appuie sur les poutres et forme la charpente. 2. Ruban cousu sur les manches des uniformes militaires, formant un V renversé. 3. Dessin décoratif en forme de zigzag. *Un tissu à chevrons.*

**chevronné** adj. Expérimenté. *C'est une conductrice chevronnée.*

**chevrotant** adj. *Une voix chevrotante,* c'est une voix qui tremble légèrement comme un bêlement de chèvre.

**chewing-gum** [ʃwiŋgɔm] n. m. Ce mot vient de l'anglais. Pâte que l'on mâche. — Au pl. *Des chewing-gums.*

**chez** prép. 1. *Je vais chez moi,* dans la maison où j'habite. 2. *C'est une tradition, chez les Anglais, de boire du thé,* en Angleterre.

**chic** adj. inv., n. m. et interj.
▭ adj. inv. 1. Élégant, bien habillé. *Elles sont toujours très chic pour sortir.* 2. Sympathique, serviable. → **généreux.** *Flora est une chic fille.*
▭ n. m. 1. Élégance. *Sa robe a beaucoup de chic.* → **allure.** 2. Facilité à faire quelque chose. *Luc a le chic pour renverser son verre.*
▭ interj. *Chic* exprime la satisfaction, la joie. → ② **chouette.** *Chic ! ce soir nous allons au cinéma !*

**chicane** n. f. 1. Dispute au sujet d'une chose sans importance. *Il cherche chicane à tout le monde.* → **querelle.** 2. Passage en zigzag sur une route.

① **chiche** adj. 1. *Il est chiche de compliments,* il n'en fait pas beaucoup. → **avare.** 2. *Les portions de frites étaient un peu chiches,* peu abondantes. ǁ contr. **généreux** ǁ.
► **chichement** adv. En dépensant le moins possible d'argent. *Ils vivent chichement.* → **pauvrement.**

② **chiche** adj. *Pois chiche.* → **pois.**

③ **chiche** interj. Familier. *Chiche* exprime le défi. *« Tu n'oseras pas le faire. — Chiche ! »,* j'en suis capable !

**chicon** n. m. Ce mot est employé en Belgique. Endive.

**chicorée** n. f. 1. Plante dont on mange les feuilles en salade. 2. Boisson qui ressemble au café, faite à partir de la racine de chicorée.

chicorée

**chicot** n. m. Familier. Morceau qui reste d'une dent cassée.

**chien** n. m., **chienne** n. f. 1. Animal domestique carnivore. *Le chien aboie.* — *Les adversaires se regardaient en chiens de faïence,* sans se parler, avec un air hostile. *Il fait un temps de* *chien,* un très mauvais temps. *Il est d'une humeur de chien,* de très mauvaise humeur. *Entre chien et loup,* quand la nuit commence à tomber. → **crépuscule. 2. n. m.** Pièce coudée d'un fusil ou d'un pistolet. *Anne est couchée en chien de fusil,* sur le côté, les genoux repliés. ▷ CHIENDENT, CHIEN-LOUP.

**chiendent** **n. m.** Mauvaise herbe dont les racines sont très développées. *Le jardinier arrache le chiendent dans le potager. Une brosse en chiendent,* faite avec les racines séchées de cette herbe.

**chien-loup** **n. m.** Grand chien qui ressemble à un loup, appelé aussi *berger allemand.* — **Au pl.** *Des chiens-loups.*

**chiffon** **n. m.** Vieux morceau de tissu. *Luc fait briller ses chaussures avec un chiffon.*

► **chiffonné** **adj.** Froissé. → **fripé.** *Ta jupe est toute chiffonnée.*

► **chiffonnier** **n. m.,** **chiffonnière** **n. f.** Personne qui ramasse les vieux vêtements et les vieux objets pour les vendre. — *Luc et Yves se battaient comme des chiffonniers,* très violemment.

① **chiffre** **n. m. 1.** Signe qui sert à écrire un nombre. *Écrivez la somme en chiffres et en lettres. 3 et 5 sont des chiffres arabes, III et V des chiffres romains.* **2.** Somme. *À quel chiffre s'élèvent les dégâts ?* quel est le montant des dégâts ?

► **chiffrer** **v.** (conjug. 1) Évaluer le prix. *Le peintre a chiffré les travaux à 10 000 francs.* → **estimer.**

② **chiffre** **n. m.** Ensemble de signes qui servent à correspondre secrètement. → **code.** *Le chiffre d'un message secret.*

► **chiffré** **adj.** *Un message chiffré.*

▷ DÉCHIFFRER, INDÉCHIFFRABLE.

**chignole** **n. f.** Outil qui sert à percer des trous. → **perceuse.**

chignole

**chignon** **n. m.** Coiffure dans laquelle les cheveux longs sont roulés et attachés derrière la tête ou sur la tête. *Elle s'est fait un chignon.*

**chimère** **n. f. 1.** Monstre imaginaire à tête de lion, à corps de chèvre, à queue de dragon, qui crache des flammes. **2.** Rêve impossible à réaliser. → **illusion.** *Une des chimères de Luc est d'aller sur la Lune.*

► **chimérique** **adj.** *Un projet chimérique,* qui n'est pas réalisable. ‖ contr. **raisonnable** ‖.

**chimie** **n. f.** Science qui étudie comment sont faits les éléments de la nature, la manière dont ils se combinent, se transforment et réagissent entre eux. *Les élèves font des expériences de chimie au laboratoire.*

# CHIENS

yorkshire terrier
chihuahua
teckel à poil ras
fox-terrier
cocker
husky
boxer
sloughi
(lévrier)
chow-chow

caniche
colley
berger allemand
setter
gordon
saint-bernard
dobermann

► **chimique** adj. *L'analyse chimique de l'air montre de quels éléments il est formé. Les produits chimiques sont fabriqués par l'industrie chimique.*

► **chimiste** n. m. et f. Personne qui étudie et pratique la chimie. *Un ingénieur chimiste.*

**chimpanzé** n. m. Grand singe intelligent qui vit en petits groupes dans les arbres des forêts humides d'Afrique.

**chinchilla** n. m. Petit rongeur d'Amérique du Sud. *La fourrure du chinchilla est gris clair.*

chinchilla

**chiné** adj. *Un tissu chiné* est fait de fils de couleurs différentes, alternés de façon irrégulière. *Une veste chinée.*

**chiot** n. m. Très jeune chien. *Une chienne et ses chiots.*

**chiper** v. (conjug. 1) Familier. Voler, prendre en cachette. → fam. **piquer.** *On lui a chipé sa gomme.*

**chipie** n. f. Familier. Fille, femme méchante. *C'est une vieille chipie.*

**chipoter** v. (conjug. 1) **1.** Manger par petits morceaux, sans plaisir. **2.** Faire des histoires pour rien. *Ne chipotons pas sur les détails.*

**chips** n. f. pl. Tranches très fines de pommes de terre frites. *Un paquet de chips.*

**chique** n. f. Tabac que l'on mâche.

► **chiquer** v. (conjug. 1) Mâcher du tabac. *Un paquet de tabac à chiquer.*

**chiquenaude** n. f. Coup donné par un doigt replié sur l'intérieur du pouce que l'on détend brusquement. *D'une chiquenaude, Yves a poussé la bille.*

**chirurgie** n. f. Partie de la médecine qui s'occupe des opérations. *Il a été hospitalisé dans le service de chirurgie,* où sont les médecins et les installations nécessaires aux opérations.

► **chirurgical** adj. *Une intervention chirurgicale* est une opération à l'intérieur du corps. *Le chirurgien se sert d'instruments chirurgicaux.*

► **chirurgien** n. m. Médecin qui opère les malades et les blessés. *Elle est chirurgien.*

**chlore** n. m. Gaz jaune verdâtre, à l'odeur désagréable. *L'eau de Javel contient du chlore.*

► **chloroforme** n. m. Liquide incolore qui endort quand on le respire. *Le malade a été endormi au chloroforme.*

**chlorophylle** n. f. Substance verte des plantes, qui se forme à la lumière.

**choc** n. m. **1.** Rencontre brutale de deux choses. *Cette montre résiste aux chocs.* → **coup. 2.** Émotion brutale. *La mort de son chien a été un choc pour lui.* ▷ CHOQUANT, CHOQUER, ENTRECHOQUER, PARE-CHOCS.

**chocolat** n. m. Mélange de cacao et de sucre. *Flora aime beaucoup le gâ-*

*teau au chocolat. Luc boit un chocolat chaud,* du chocolat délayé dans du lait.

① **choeur** **n. m. 1.** Groupe de chanteurs qui chantent ensemble. → aussi **chorale.** *Les chœurs de l'Opéra de Paris.* **2.** *En chœur,* ensemble. *Les élèves ont répondu en chœur à la question de l'institutrice.* ◊ homonyme : cœur.

② **chœur** **n. m.** Partie de l'église où se trouve l'autel. *Les enfants de chœur assistent le prêtre pendant la messe.*

**choir** **v.** (présent : *je chois ;* futur : *je choirai* ou *je cherrai ;* participe passé : *chu*) *Choir* se disait autrefois pour *tomber. Elle a laissé choir ses amis.* ▷ CHUTE, CHUTER, DÉCHÉANCE, DÉCHOIR, DÉCHU, ÉCHÉANCE, ÉCHÉANT, PARACHUTE, PARACHUTER, PARACHUTISME, PARACHUTISTE, RECHUTE, RECHUTER.

**choisir** **v.** (conjug. 2) *Choisir une chose,* c'est la prendre de préférence à une autre. *Choisis le gâteau que tu veux.*

▸ **choix** **n. m. 1.** Possibilité que l'on a de choisir. *As-tu fait ton choix ? Il a le choix entre trois solutions.* **2.** Ce que l'on a choisi. *Es-tu content de ton choix ?* **3.** Ensemble de choses parmi lesquelles on peut choisir. *Il y a un grand choix de robes dans ce magasin.* **4.** *Le caviar est un mets de choix,* de qualité.

**choléra** [kɔleʀa] **n. m.** Grave maladie contagieuse dont on peut mourir. *Le choléra provoque des vomissements, des diarrhées, des crampes et une grande soif.*

**cholestérol** [kɔlɛsteʀɔl] **n. m.** Graisse qui se trouve dans le sang. *C'est dangereux pour la santé d'avoir trop de cholestérol.*

**chômer** **v.** (conjug. 1) *Aujourd'hui, je n'ai pas chômé,* j'ai beaucoup travaillé.

▸ **chômage** **n. m.** *Il est au chômage,* il n'a pas de travail et n'en trouve pas.

▸ **chômeur** **n. m.,** **chômeuse** **n. f.** Personne qui n'a pas de travail.

**chope** **n. f.** Grand verre épais muni d'une anse. *Une chope de bière.*

chope

**choquer** **v.** (conjug. 1) Déplaire en causant une impression désagréable. *Certaines scènes de ce film d'horreur risquent de choquer les personnes sensibles.* → aussi **choc.** *Elle a été choquée par leur conduite.*

▸ **choquant** **adj.** Contraire aux bonnes manières, à la bonne éducation. *Il m'a répondu d'une façon choquante.*

**chorale** [kɔʀal] **n. f.** Groupe de personnes qui chantent ensemble. → aussi ① **chœur.** *Flora fait partie de la chorale de l'école.*

**chorégraphie** [kɔʀegʀafi] **n. f.** Ensemble des pas de danse d'un ballet.

**choriste** [kɔʀist] **n. m.** et **f.** Personne qui chante dans une chorale ou dans un chœur.

**chose** n. f. 1. Objet. *Dans un supermarché, on trouve toutes sortes de choses.* 2. Fait, événement. *J'ai beaucoup de choses à vous raconter.* ▷ GRAND-CHOSE, QUELQUE CHOSE.

**chou** n. m. [pl. *choux*] 1. Plante qui a des feuilles arrondies qui se recouvrent les unes les autres, formant une grosse boule dure. *Il y a plusieurs sortes de choux : le chou blanc, le chou vert, le chou rouge. Un gratin de choux de Bruxelles.* 2. *Un chou à la crème,* c'est un gâteau en forme de boule, rempli de crème. ▷ CHOU-FLEUR.

**chouchou** n. m., **chouchoute** n. f. Enfant que l'on préfère. *Son fils aîné a toujours été son chouchou.* — Au masc. pl. *Des chouchous.*

▶ **chouchouter** v. (conjug. 1) Dorloter. → **choyer.** *Il chouchoute ses petits-enfants.* → **gâter.**

**choucroute** n. f. Plat composé de chou coupé en fins rubans que l'on a fait fermenter, et de charcuterie. *Nous avons mangé de la choucroute.*

① **chouette** n. f. Oiseau rapace à grosse tête et aux yeux ronds, qui chasse la nuit. → aussi **effraie.** *La chouette hulule.*

chouette

② **chouette** adj. et interj. Familier. 1. adj. Agréable, beau. *Sa nouvelle maison est très chouette.* 2. interj. *Chouette !* exprime la satisfaction. → **chic.** *Chouette ! aujourd'hui, il fait beau.*

**chou-fleur** n. m. Chou dont on mange les fleurs blanches qui forment une grosse boule. *Le rôti est accompagné de chou-fleur au gratin.* — Au pl. *Des choux-fleurs.*

**choyer** v. (conjug. 8) Dorloter, donner beaucoup de tendresse. *Ses grands-parents l'ont beaucoup choyé.* → **chouchouter.**

**chrétien** n. m., **chrétienne** n. f. Personne qui croit en Jésus-Christ. *Les catholiques, les orthodoxes et les protestants sont des chrétiens.* — Adj. *L'ère chrétienne commence à la naissance de Jésus-Christ.*

▶ **chrétienté** n. f. *La chrétienté,* c'est l'ensemble de tous les chrétiens et des pays où le christianisme est la religion la plus importante.

**christianisme** n. m. Religion des chrétiens.

**chrome** [kʀom] n. m. 1. Métal gris, brillant et dur. 2. Pièce d'une voiture, d'une bicyclette en acier chromé. *Il astique les chromes de sa voiture.*

▶ **chromé** adj. *De l'acier chromé,* recouvert de chrome. ▷ MERCUROCHROME.

① **chronique** [kʀɔnik] adj. *Une maladie chronique,* c'est une maladie qui dure longtemps et revient souvent. ‖ contr. **aigu** ‖ *Il est d'une mauvaise humeur chronique,* habituelle, fréquente.

② **chronique** n. f. Partie d'un journal où l'on parle d'un sujet particulier. *Elle lit d'abord la chronique sportive.*

**chronologie** [kʀɔnɔlɔʒi] **n. f.** *La chronologie des événements,* c'est l'ordre dans lequel ils se succèdent.

▶ **chronologique** **adj.** *Racontez-nous ce qui est arrivé, dans l'ordre chronologique,* dans l'ordre où les choses se sont passées.

**chronomètre** [kʀɔnɔmɛtʀ] **n. m.** Montre très précise qui permet de mesurer les centièmes de seconde. *L'arbitre regarde son chronomètre avant de siffler la fin du match.*

▶ **chronométrer** **v.** (conjug. 6) Mesurer une durée avec un chronomètre. *L'arbitre chronomètre la course.*

**chrysalide** [kʀizalid] **n. f.** État intermédiaire par lequel passe la chenille avant de devenir un papillon. → **cocon.**

**chrysanthème** [kʀizɑ̃tɛm] **n. m.** Fleur à pétales fins et nombreux d'une plante qui fleurit en automne. *Alex a déposé un pot de chrysanthèmes sur la tombe de son grand-père.*

**chuchoter** **v.** (conjug. 1) Parler tout bas. *Flora chuchote quelques mots à l'oreille de Julie.*

▶ **chuchotement** **n. m.** Bruit de voix très faible. *On entendait des chuchotements dans le fond de la classe.*

**chut** [ʃyt] **interj.** *Chut !* s'emploie pour demander le silence. *Chut ! taisez-vous !* ◊ homonyme : chute.

**chute** **n. f. 1.** *Julie a fait une chute dans l'escalier,* elle est tombée. *Des chutes de neige sont à prévoir,* il risque de neiger. *Il utilise une lotion contre la chute des cheveux,* pour que ses cheveux ne tombent pas. **2.** *Une chute d'eau,* c'est l'eau d'un torrent qui tombe d'une grande hauteur → **cascade, cataracte.** *Les chutes du Niagara.* **3.** *La Révolution française a provoqué la chute de la monarchie,* le renversement de la monarchie. ◊ homonyme : chut.

▶ **chuter** **v.** (conjug. 1) Diminuer beaucoup. *Il est rare que les prix chutent.* → **baisser.**

① **ci** **adv. 1.** *Ci,* devant un adjectif ou un adverbe, veut dire *ici. Vous trouverez ci-joint la photocopie de ma lettre. Relisez le passage ci-dessus.* **2.** *Ci,* après un nom ou un pronom démonstratif, apporte une précision. *Il doit venir ces jours-ci. Préfères-tu celles-ci ou celles-là ?* ◊ homonymes : scie, si, six.

② **ci** **pronom démonstratif.** Ceci. *Comment allez-vous ? Comme ci comme ça !* pas très bien.

**cible** **n. f.** Objet que l'on vise avec une carabine ou des flèches. *Le centre de la cible.*

**ciboulette** **n. f.** Plante dont les longues feuilles cylindriques et creuses à léger goût d'oignon sont utilisées pour aromatiser. *La ciboulette, l'estragon et le persil sont des fines herbes.*

**cicatrice** **n. f.** Marque laissée sur la peau par une blessure ou une opération. *Yves a une cicatrice sur le ventre depuis son opération.*

▶ **cicatriser** **v.** (conjug. 1) *La plaie a cicatrisé* (ou *s'est cicatrisée*), elle a guéri et il ne reste qu'une marque sur la peau.

**cidre** **n. m.** Jus de pomme fermenté pétillant.

**ciel** **n. m. 1.** [pl. *ciels* ou *cieux*] Espace que l'on voit au-dessus de nos têtes et au loin jusqu'à l'horizon. → **firmament.**

*Ce soir, le ciel est étoilé.* **2.** [pl. *cieux*] Paradis. || contr. **enfer** || *Le royaume des cieux.* ▷ ARC-EN-CIEL, GRATTE-CIEL.

**cierge** **n. m.** Bougie longue et fine que l'on fait brûler dans une église.

**cigale** **n. f.** Insecte à quatre ailes, au cri strident, qui vit dans les régions méditerranéennes. → aussi **grillon.** ⤜ planche Insectes.

**cigare** **n. m.** Rouleau de feuilles de tabac. *Il fume un petit cigare.*
▶ **cigarette** **n. f.** Petit rouleau de tabac haché et enveloppé dans un papier très fin. *Un paquet de cigarettes.*

**ci-gît** → **gésir**

**cigogne** **n. f.** Grand oiseau blanc échassier, qui a le bout des ailes noir, de longues pattes rouges et un bec rouge long et droit. *Les cigognes sont des oiseaux migrateurs.* ⤜ planche Oiseaux.

**cil** **n. m.** *Les cils,* ce sont les poils qui bordent les paupières.

**cime** **n. f.** Sommet pointu. → **faîte.** *Les cimes des montagnes disparaissaient dans les nuages.*

**ciment** **n. m.** Poudre à base de calcaire ou de chaux que l'on mélange avec de l'eau, qui durcit en séchant et qui sert de matériau de construction. *Le sol du garage est en ciment.* → aussi **mortier.**
▶ **cimenter** **v.** (conjug. 1) Recouvrir de ciment, lier avec du ciment. *Le maçon cimente les briques.*

**cimeterre** **n. m.** Sabre à lame large et recourbée, qui était utilisé autrefois par les Turcs.

cimeterre

**cimetière** **n. m.** Lieu où l'on enterre les morts.

**cinéaste** **n. m.** et **f.** Personne qui fait des films. → **réalisateur.**

**ciné-club** **n. m.** Groupe de personnes qui aiment le cinéma et organisent des projections de films. — **Au pl.** *Des ciné-clubs.*

**cinéma** **n. m. 1.** Ensemble des techniques qui permettent de filmer et de projeter des images en mouvement. *Une actrice de cinéma.* **2.** Salle où l'on projette des films. *Ce soir, nous allons au cinéma voir un film d'espionnage.*
▶ **cinématographique** **adj.** Qui concerne le cinéma. *L'art cinématographique.*

**cingler** **v.** (conjug. 1) *La pluie cinglait son visage,* elle le frappait comme un fouet.
▶ **cinglant** **adj.** Très méchant. → **blessant, vexant.** *Un ton cinglant. Des remarques cinglantes.*

**cinq** **adj. inv.** Quatre plus un (5). *Les cinq doigts de la main.* — **N. m. inv.** *Il habite au 5 de la rue Férou.*
▶ **cinquième** **adj.** et **n. m. 1. adj.** Qui suit le quatrième. *Ils habitent au cinquième étage.* **2. n. m.** Partie d'un tout

qui est divisé en cinq parties égales. *Les trois cinquièmes des élèves sont arrivés en retard.*

▸ **cinquante** adj. inv. Dix fois cinq (50). *Il vient d'avoir cinquante ans.* → aussi **quinquagénaire.** — N. m. inv. *Elle habite au 50 de l'avenue de Paris.*

▸ **cinquantième** adj. et n. m. **1.** adj. *Il est arrivé cinquantième à l'épreuve de course à pied.* **2.** n. m. Partie d'un tout qui est divisé en cinquante parties égales. *10 est le cinquantième de 500.*

▸ **cinquantaine** n. f. *Il y avait une cinquantaine de personnes,* environ cinquante personnes. *Il approche de la cinquantaine,* il va bientôt avoir 50 ans.

**cintre** n. m. Barre courbée qui a un crochet et qui sert à suspendre les habits. *Mets ton manteau sur un cintre.*

**cintré** adj. *Une veste cintrée,* un peu serrée à la taille.

**cirage** n. m. Produit qui sert à entretenir et faire briller le cuir. *Du cirage noir.*

**circoncision** n. f. Opération qui consiste à enlever un peu de la peau qui recouvre l'extrémité du sexe du petit garçon. *La circoncision est un rite de la religion juive et de la religion musulmane.*

**circonférence** n. f. Ligne qui forme le périmètre d'un cercle. → **rond.** *Calculez la circonférence d'un cercle de 3 centimètres de rayon.*

**circonflexe** adj. *Un accent circonflexe,* un accent en forme de petit chapeau pointu qui se place au-dessus de certaines voyelles. *Hôpital s'écrit avec un **o** accent circonflexe.*

**circonscription** n. f. Partie d'un pays découpé pour des raisons administratives. *Le député visite sa circonscription,* la partie du département où il a été élu et dont il s'occupe.

**circonspect** [siʀkɔ̃spɛ] adj. *Une personne circonspecte* fait attention à ce qu'elle dit et à ce qu'elle fait. → **prudent.**

**circonstance** n. f. **1.** Ce qui se passe. *Étant donné les circonstances, il n'y aura pas de fête cette année.* → **situation.** **2.** *On ne sait pas encore dans quelles circonstances l'immeuble a pris feu,* on ne sait pas dans quelles conditions, ni comment ni pourquoi.

▸ **circonstanciel** adj. *Un complément circonstanciel* indique dans quelles circonstances se passe une action. *Il y a des compléments circonstanciels de lieu, de temps, de manière, etc.* — Au fém. *circonstancielle.*

**circuit** n. m. **1.** Parcours qui ramène à son point de départ. *De nombreux touristes font le circuit des châteaux de la Loire.* **2.** *Un circuit électrique,* c'est l'ensemble des fils électriques par où passe le courant. ▷ COURT-CIRCUIT.

① **circulaire** adj. En forme de cercle. → **rond.** *La piste d'un cirque est circulaire.*

② **circulaire** n. f. Lettre identique envoyée à plusieurs personnes en même temps. *Les parents d'élèves ont reçu une circulaire au sujet de la classe de neige.*

**circuler** v. (conjug. 1) **1.** Se déplacer. *Les voitures circulent mal ce soir, il y a des embouteillages.* **2.** *Le sang circule dans le corps,* il coule dans les veines et les artères et revient au cœur.

▸ **circulation** n. f. **1.** *La circulation est souvent difficile à Paris,* on se déplace difficilement. **2.** *La circulation* *du sang,* c'est le mouvement du sang dans le corps.

▶ **circulatoire** adj. *L'appareil circulatoire,* c'est l'ensemble formé par le cœur, les veines et les artères, par où passe le sang.

**cire** n. f. **1.** Matière molle et jaune que produisent les abeilles, servant à fabriquer des bougies. **2.** Produit à base de cire d'abeille, utilisé pour l'entretien des parquets et des meubles en bois. ◊ homonyme : sire.

▶ **cirer** v. (conjug. 1) **1.** Mettre de la cire. *Il a ciré le buffet.* **2.** Mettre du cirage. *Tu devrais cirer tes chaussures.*

▶ ① **ciré** adj. *On risque de glisser dans les escaliers cirés,* où l'on a passé de la cire. *Des chaussures bien cirées,* où l'on a passé du cirage. ▷ CIRAGE, CIREUX.

② **ciré** adj. et n. m. **1.** adj. *Il y a une toile cirée sur la table de la cuisine,* une toile recouverte d'un produit qui la rend imperméable. **2.** n. m. *Quand il pleut, Flora met son ciré,* un imperméable en toile cirée ou en plastique.

**cireux** adj. *Le malade a le teint cireux,* jaune comme de la cire. — Au fém. *cireuse.*

**cirque** n. m. **1.** Lieu de spectacle formé d'une piste ronde entourée de gradins, couvert d'une tente où des clowns, des acrobates, des dompteurs présentent leurs numéros. → aussi **chapiteau.** **2.** Montagnes disposées en cercle ou en demi-cercle. *Le cirque de Gavarnie, dans les Pyrénées.*

**cirrhose** n. f. Maladie du foie.

**cisaille** n. f. ou **cisailles** n. f. pl. Gros ciseaux qui servent à couper le métal ou de petites branches. *Le jardinier coupe les ronces avec sa cisaille.* → **sécateur.**

**ciseau** n. m. Outil d'acier qui sert à tailler le bois, la pierre, le métal. *Le sculpteur utilise un ciseau.*

▶ **ciseaux** n. m. pl. Instrument formé de deux branches tranchantes. *Une paire de ciseaux. Des ciseaux à ongles,* pour se couper les ongles.

▶ **ciseler** v. (conjug. 5) Sculpter avec un ciseau.

**citadelle** n. f. Forteresse qui domine et protège une ville.

**citadin** n. m., **citadine** n. f. Personne qui habite dans une ville. ‖ contr. **campagnard** ‖.

**citation** n. f. Phrase écrite ou dite par un personnage célèbre, que l'on cite. *La maîtresse a écrit au tableau une citation de Victor Hugo.*

**cité** n. f. **1.** Ville. *Paris est une grande cité.* **2.** Groupement d'immeubles. *Une cité universitaire est habitée par des étudiants.* ▷ CITADELLE, CITADIN, CITOYEN, CONCITOYEN.

**citer** v. (conjug. 1) **1.** Rapporter exactement ce qu'a écrit ou dit quelqu'un. *Le maître a cité un vers de Victor Hugo.* **2.** *Les élèves doivent citer les cinq principales villes françaises,* doivent donner leurs noms. → **nommer.** ▷ CITATION.

**citerne** n. f. Grand réservoir. *Les eaux de pluie sont recueillies dans une citerne.*

**citoyen** n. m., **citoyenne** n. f. *Un citoyen français* est une personne de nationalité française. → aussi **concitoyen.**

**citron** n. m. Fruit jaune de forme ovale, au goût acide. *Il met une ron-*

*delle de citron dans son thé.* ⤏ illustration Agrumes. — **Adj. inv.** *Une jupe jaune citron,* d'un jaune vif.

▶ **citronnade** **n. f.** Boisson faite avec du jus de citron, de l'eau et du sucre.

▶ **citronnier** **n. m.** Arbre à fleurs blanches cultivé dans les pays chauds, qui donne des citrons. ▷ PRESSE-CITRON.

**citrouille** **n. f.** Gros fruit rond, jaune orangé. → **potiron.**

**civet** **n. m.** *Un civet de lièvre,* c'est du lièvre cuit longuement dans du vin.

**civière** **n. f.** Sorte de lit formé d'une toile tendue entre des barres et qui sert à transporter des malades, des blessés. → **brancard.**

**civil** **adj.** et **n. m.**

▭ **adj. 1.** Qui concerne tous les citoyens. *Une guerre civile vient d'éclater,* une guerre entre tous les citoyens. **2.** Qui n'est pas religieux. *Le mariage civil a lieu à la mairie.* **3.** Qui n'est pas militaire. *Le général avait mis des habits civils.*

▭ **n. m. 1.** *Les civils,* ce sont ceux qui ne sont pas militaires. *Il y a des civils parmi les victimes du bombardement.* **2.** *Le général est venu habillé en civil,* en habits civils. ‖ contr. en **uniforme** ‖.

**civilisation** **n. f. 1.** Manière de vivre et de penser d'un peuple. *La civilisation égyptienne était très avancée.* **2.** Ensemble des progrès qu'une société a faits et qu'elle fait encore. *Les bienfaits de la civilisation.*

**civiliser** **v.** (conjug. 1) *Civiliser un peuple,* c'est lui apporter une manière de vivre considérée comme plus évoluée, permettant de faire des progrès dans tous les domaines. ▷ CIVILISATION.

**civique** **adj.** *Les droits et les devoirs civiques,* ce sont les droits et les devoirs des citoyens. *Voter est un devoir civique.*

**clafoutis** **n. m.** Gâteau à base de lait, d'œufs et de fruits. *Un clafoutis aux pruneaux.*

**clair** **adj., n. m.** et **adv.**

▭ **adj. 1.** Qui reçoit beaucoup de lumière. *Leur maison est très claire.* ‖ contr. **obscur, sombre** ‖ **2.** Qui n'est pas foncé. *Yves a les yeux clairs.* **3.** Pur. *L'eau de la source est claire.* → **limpide, transparent.** ‖ contr. **trouble** ‖ **4.** Qui est facile à comprendre. *Ses explications sont claires.*

▭ **n. m.** *Les enquêteurs veulent tirer cette affaire au clair,* la comprendre, l'expliquer.

▭ **adv.** *Il ne fait pas clair,* il n'y a pas de lumière. ‖ contr. **sombre** ‖ *La vieille dame ne voyait plus très clair,* elle ne voyait pas bien. *J'aimerais y voir plus clair,* comprendre. ◇ homonyme : clerc.

▶ **clairement** **adv.** *Le maître a expliqué clairement la règle de trois,* il l'a expliquée d'une manière claire.

▶ **claire-voie** **n. f.** *Un volet à claire-voie,* c'est un volet qui a des ouvertures qui laissent passer la lumière.

▶ **clairière** **n. f.** Endroit d'une forêt où il n'y a pas d'arbres et où il fait plus clair. ▷ CLAIRSEMÉ, CLAIRVOYANT, ① ÉCLAIR, ÉCLAIRAGE, ÉCLAIRCIE, ÉCLAIRCIR, ÉCLAIRCISSEMENT, ÉCLAIRER.

**clairon** **n. m.** Instrument de musique à vent en cuivre, utilisé dans l'armée. *Les soldats sont réveillés par une sonnerie de clairon.*

▶ **claironner** **v.** (conjug. 1) Annoncer d'une manière bruyante, sans discrétion. *Il a claironné partout qu'il était premier en géographie.*

**clairsemé** **adj.** Réparti d'une manière espacée, peu serrée. || contr. **dru** || *Il a les cheveux clairsemés,* il n'a pas beaucoup de cheveux.

**clairvoyant** **adj.** *Une personne clairvoyante* a un jugement sûr, une vue claire des choses.

**clamer** **v.** (conjug. 1) Faire savoir en criant. *L'accusé clamait son innocence.* → **proclamer.**
► **clameur** **n. f.** Cris poussés par plusieurs personnes en même temps. *Une clameur s'élevait du stade.*

**clan** **n. m.** Groupe de personnes qui ont les mêmes goûts, les mêmes idées et s'opposent aux autres. *La classe est divisée en deux clans.* → **camp.**

**clandestin** **adj.** **1.** Qui se fait en cachette. → **secret.** *Les terroristes tenaient une réunion clandestine.* **2.** *On a trouvé un passager clandestin à bord du bateau,* un passager qui n'avait pas de billet et se cachait.
► **clandestinité** **n. f.** *Vivre dans la clandestinité,* c'est vivre en se cachant parce que l'on est recherché.

**clapier** **n. m.** Cage où l'on élève des lapins.

**clapoter** **v.** (conjug. 1) *L'eau clapote,* elle est agitée de petites vagues qui font un bruit léger.
► **clapotis** **n. m.** Mouvement et bruit que font de petites vagues qui s'entrechoquent.

**claquer** **v.** (conjug. 1) **1.** Faire un bruit sec et fort. *Le volet claque contre le mur.* → **battre.** **2.** *Il est parti en claquant la porte,* il a refermé la porte bruyamment. **3.** *Le coureur s'est claqué un muscle,* il s'est déchiré un muscle.
► **claquage** **n. m.** *Le joueur de tennis s'est fait un claquage musculaire à la cuisse,* il s'est déchiré un muscle.
► **claque** **n. f.** Coup donné avec le plat de la main. → **gifle, tape.** *Sa mère lui a donné une paire de claques.*
► **claquement** **n. m.** Bruit que fait quelque chose qui claque. *On entendit le claquement d'une portière de voiture.*
► **claquettes** **n. f. pl.** *Faire des claquettes,* c'est danser en faisant un bruit sec avec des chaussures munies de lames de métal, pour marquer le rythme.

**clarifier** **v.** (conjug. 7) Rendre plus clair, plus facile à comprendre. → **éclaircir.** *Lis ce livre, cela te clarifiera les idées.* || contr. **compliquer, embrouiller** ||.

**clarinette** **n. f.** Instrument de musique à vent, long et étroit. ⋙ planche Instruments de musique.

**clarté** **n. f.** **1.** Lumière. *La lune répand une douce clarté.* → **lueur.** || contr. **obscurité** || **2.** *Tes explications manquent de clarté,* de précision, de netteté, elles ne sont pas claires. || contr. **confusion** ||.

① **classe** **n. f.** **1.** Groupe de personnes qui ont le même genre d'activités, le même genre de vie. *Les différentes classes sociales forment la société.* **2.** Catégorie. *Dans le train, il voyage en première classe.* **3.** Valeur. *Nous avons assisté à un spectacle de grande classe,* de qualité. *Cet homme a beaucoup de classe,* il a de l'allure.
▷ CLASSEMENT, CLASSER, CLASSEUR, DÉCLASSER, RECLASSER, SURCLASSER.

② **classe** **n. f.** **1.** Groupe d'élèves qui suivent ensemble les mêmes cours. « *En quelle classe es-tu ? — En CM1.* »

*Il y a 25 élèves dans ma classe.* **2.** *Faire la classe à des élèves,* c'est enseigner. **3.** Salle où ont lieu les cours. *Sa classe est au premier étage.* **4.** *Aller en classe,* à l'école, au collège ou au lycée. ▷ CLASSIQUE.

**classer** **v.** (conjug. 1) **1.** Ranger dans un certain ordre. *Elle a classé ses fiches par ordre alphabétique.* || contr. **déclasser** || **2.** *Yves s'est classé cinquième en histoire,* il a eu la cinquième place.

▶ **classement** **n. m.** **1.** *Il a fait du classement dans ses papiers,* il a rangé ses papiers. **2.** Place d'une personne dans une compétition.

▶ **classeur** **n. m.** Chemise en carton dans laquelle on range des papiers.

**classique** **adj.** **1.** *Les auteurs classiques* sont ceux que l'on considère comme des modèles et que l'on étudie en classe. *La Fontaine et Victor Hugo sont des auteurs classiques.* **2.** *Elle porte toujours des vêtements classiques,* sans fantaisie.

**clause** **n. f.** Condition particulière d'un contrat, d'un accord, d'une loi.

**claustrophobe** **adj.** *Une personne claustrophobe* ne supporte pas d'être dans une pièce fermée.

**clavecin** **n. m.** Instrument de musique à claviers et à cordes pincées, ressemblant à un petit piano à queue.

**clavicule** **n. f.** Os en forme d'S très allongé, qui constitue une partie de l'épaule. *L'os du bras s'articule sur la clavicule.* ⋙ planche Corps humain.

**clavier** **n. m.** **1.** Ensemble des touches d'un instrument de musique, sur lesquelles on appuie pour obtenir un son. *Le clavier du piano.* **2.** Ensemble des touches d'une machine à écrire, d'un ordinateur.

clavecin

**clé** **n. f.** **1.** Instrument de métal qui sert à ouvrir et fermer une serrure. *La porte est fermée à clé. Les médicaments sont sous clé,* dans un meuble fermé à clé. **2.** Outil qui sert à serrer et démonter des écrous, des boulons. *Une clé anglaise. Une clé à molette.* **3.** *Personne n'a trouvé la clé du mystère,* ce qui permet de comprendre, la solution. **4.** Signe placé au début d'une portée musicale pour indiquer la tonalité. *Clé de sol. Clé de fa.* — On peut écrire aussi *clef* [kle]. ▷ PORTE-CLÉS.

**clématite** **n. f.** Plante à fleurs blanches, bleues, violettes ou jaunes, disposées en bouquets, qui grimpe le long des troncs, des murs.

**clément** **adj.** **1.** Qui pardonne, ne punit pas sévèrement. → **indulgent.** *La directrice a été clémente envers les élèves coupables.* || contr. **sévère** || **2.** *L'hiver a été très clément,* il a été doux. || contr. **rude** ||.

▶ **clémence** **n. f.** Indulgence. *La directrice a fait preuve de clémence.* || contr. **rigueur, sévérité** ||.

**clémentine** n. f. Sorte de petite mandarine à peau fine, souvent sans pépins.

**clerc** [klɛʀ] n. m. *Un clerc de notaire,* c'est un des principaux employés d'un notaire. ◊ homonyme : clair.

**clergé** n. m. Ensemble des prêtres et des religieux. *Les moines, les religieuses, les évêques font partie du clergé.*

**cliché** n. m. 1. Photographie. *Ce cliché est flou.* 2. Idée banale, expression trop souvent utilisée. *Évitez les clichés dans vos rédactions.*

**client** n. m., **cliente** n. f. Personne qui achète quelque chose ou paie pour un service. *Le magasin était rempli de clients.*

► **clientèle** n. f. Ensemble des clients. *Ce boucher a une clientèle importante,* de nombreux clients.

**cligner** v. (conjug. 1) *Le soleil me fait cligner les yeux,* me fait fermer et ouvrir les yeux rapidement.

► **clignoter** v. (conjug. 1) S'allumer et s'éteindre rapidement plusieurs fois de suite. *Les lumières du passage à niveau clignotent.*

► **clignotant** n. m. Lumière qui s'allume et s'éteint sur une voiture, indiquant qu'on va changer de direction. *L'automobiliste a mis son clignotant à droite.* ▷ CLIN D'ŒIL.

**climat** n. m. Temps qu'il fait dans un pays, une région. *La France a un climat tempéré.*

► **climatique** adj. *Les conditions climatiques d'une région,* son climat.

► **climatisation** n. f. *Un appareil de climatisation* permet de maintenir la même température dans un endroit fermé.

► **climatisé** adj. *Une pièce climatisée,* c'est une pièce où il y a la climatisation, l'air conditionné. ▷ ACCLIMATER.

**clin d'œil** n. m. 1. Mouvement rapide de la paupière pour faire signe. *Il lui a fait un clin d'œil.* — **Au pl.** *Des clins d'œil* ou *des clins d'yeux.* 2. *Il a fait la vaisselle en un clin d'œil,* très rapidement.

**clinique** n. f. Établissement médical où l'on soigne et l'on opère les malades et les blessés. → aussi **hôpital.** *Elle a accouché dans une clinique.*

**clinquant** adj. Très voyant et de mauvais goût. *Elle aime les bijoux clinquants.*

**clip** n. m. Petit film. *Flora regarde les clips à la télévision.*

**clique** n. f. Groupe de personnes que l'on n'aime pas. *Il est venu avec toute sa clique.* → ① **bande.**

**cliqueter** v. (conjug. 4) *Ses clés cliquettent dans sa poche,* elles font des bruits secs en se heurtant entre elles.

► **cliquetis** n. m. Bruit que font des objets qui s'entrechoquent. *On entend un cliquetis de verres et d'assiettes.*

**cloaque** n. m. Endroit boueux, malpropre. *Après l'orage, le chemin était un cloaque.*

**clochard** n. m., **clocharde** n. f. Personne pauvre et souvent alcoolique, qui vit sans travail ni maison, dans les grandes villes. → **vagabond.**

**cloche** n. f. 1. Objet creux en métal contenant un battant suspendu qui produit un son en frappant la paroi. *Les cloches de l'église sonnaient à toute volée.* 2. Objet creux qui protège. *Une cloche à fromage.*

▶ **clocher** **n. m.** Partie d'une église, plus haute que le toit, où se trouvent les cloches.

▶ **clochette** **n. f.** Petite cloche. *On entend les clochettes des vaches dans la montagne.*

à **cloche-pied** **adv.** *Julie marche à cloche-pied,* sur un pied, en tenant l'autre en l'air.

**cloison** **n. f.** Mur intérieur qui sert de séparation entre des pièces. *La cloison entre ces deux pièces a été abattue.*

▶ **cloisonner** **v.** (conjug. 1) Mettre une cloison. *La grande pièce a été cloisonnée pour faire deux pièces séparées.*

**cloître** **n. m.** Galerie à colonnes qui entoure une cour ou un jardin, dans un couvent.

▶ se **cloîtrer** **v.** (conjug. 1) S'enfermer, se retirer dans un endroit où l'on ne voit personne. *Elle s'est cloîtrée dans sa chambre pour lire.*

**clopin-clopant** **adv.** Familier. *Il marche clopin-clopant,* avec difficulté, en boitant un peu.

**cloque** **n. f.** Petite poche sous la peau provoquée par une brûlure, un frottement, et remplie de liquide. → **ampoule.**

**clore** **v.** (conjug. 45) *Clore une discussion,* c'est la terminer.

▶ **clos** **adj. 1.** Fermé. *La maison a les volets clos, il n'y a personne.* **2.** Fini, terminé. *L'incident est clos, n'en parlons plus.* — **Au fém.** *close.*

▶ **clôture** **n. f. 1.** Ce qui entoure un lieu en plein air pour le fermer. *La clôture du jardin est blanche.* **2.** Fin. *C'est demain la clôture des inscriptions.*

▶ **clôturer** **v.** (conjug. 1) **1.** Fermer par une clôture. *Le jardin est clôturé.* **2.** *Le maire a clôturé la séance par un discours,* il a déclaré qu'elle était finie. ▷ ÉCLORE, ÉCLOSION, ENCLORE, ENCLOS.

**clou** **n. m.** [pl. *clous*] **1.** Petite tige pointue en métal, qui sert à fixer ou suspendre quelque chose. *Il a planté un clou dans le mur avec un marteau.* **2.** Familier. *Le clou d'un spectacle,* c'est le moment le plus réussi.

▶ **clouer** **v.** (conjug. 1) Fixer avec des clous. *Il a cloué une affiche au mur.*

▶ **clouté** **adj. 1.** Garni de clous. *Pour rouler dans la neige, on équipe les voitures de pneus cloutés.* **2.** *Traverse la rue au passage clouté !* à l'endroit de la chaussée marqué par des têtes de gros clous ou par des bandes blanches. ▷ DÉCLOUER.

**clown** [klun] **n. m.** Ce mot vient de l'anglais. Artiste de cirque qui fait rire par son costume, ses répliques, ses grimaces. *Les enfants ont bien aimé le numéro des clowns.*

▶ **clownerie** [klunʀi] **n. f.** *Faire des clowneries,* c'est faire des farces, des grimaces comme en font les clowns. → **pitrerie.**

**club** [klœb] **n. m.** Groupe de gens qui se réunissent régulièrement. → **association.** *La mère d'Alex appartient à un club de bridge.* ▷ CINÉ-CLUB.

**coaguler** **v.** (conjug. 1) *À l'air, le sang coagule* (ou *se coagule*), il devient solide. → **cailler.** ‖ contr. se **liquéfier** ‖.

se **coaliser** **v.** (conjug. 1) S'allier pour combattre un même adversaire. *L'Angleterre, la Russie et l'Autriche s'étaient coalisées contre Napoléon.*

▶ **coalition** **n. f.** Alliance contre un ennemi commun. *Napoléon fut* *vaincu par la coalition de ses ennemis.*

**coasser** v. (conjug. 1) *La grenouille et le crapaud coassent,* ils poussent leur cri.

▶ **coassement** n. m. *On entend les coassements des grenouilles,* leurs cris.

**cobaye** [kɔbaj] n. m. Petit rongeur qui ressemble au rat, à pattes courtes et sans queue, appelé aussi *cochon d'Inde. On utilise souvent des cobayes pour faire des expériences scientifiques.*

**cobra** n. m. Grand serpent venimeux qui porte sur le cou un dessin en forme de lunettes, appelé aussi *serpent à lunettes. Les cobras vivent en Afrique et en Inde.*

**cocagne** n. f. **1.** *Un pays de cocagne,* c'est un pays imaginaire où l'on a tout ce qu'on veut. **2.** *Un mât de cocagne,* c'est un mât enduit de savon, au sommet duquel sont accrochés des cadeaux que gagnent ceux qui arrivent à les attraper.

**cocaïne** n. f. Drogue tirée d'un petit arbre d'Amérique.

**cocarde** n. f. Insigne rond portant les couleurs du drapeau d'un pays. *Une cocarde tricolore.*

cocarde

**cocasse** adj. Très drôle et étonnant. *Il lui est arrivé une histoire cocasse.*

**coccinelle** [kɔksinɛl] n. f. Petit insecte rouge, de forme arrondie, portant des points noirs sur les ailes, appelé aussi *bête à bon Dieu. Les coccinelles se nourrissent de pucerons.*

**coccyx** [kɔksis] n. m. Petit os triangulaire situé en bas de la colonne vertébrale.

**coche** n. m. Grande voiture tirée par des chevaux, qui servait au transport des voyageurs. → **diligence.**

▶ ① **cocher** n. m. Personne qui conduisait une voiture tirée par un cheval. → ① **postillon.** ▷ COCHÈRE.

② **cocher** v. (conjug. 1) Marquer d'un signe. *Il a coché mon nom sur la liste.*

**cochère** adj. f. *Anne s'abrite de la pluie sous une porte cochère,* une porte d'entrée d'immeuble assez grande pour laisser passer une voiture.

**cochon** n. m. **1.** Porc. *Les cochons sont dans la porcherie. — Il fait un temps de cochon,* très mauvais temps. **2.** *Un cochon d'Inde.* → **cobaye. 3.** Personne sale. *Tu es un cochon, va te laver les mains ! —* Au fém. *C'est une cochonne.*

▶ **cochonnerie** n. f. Saleté. *Luc a fait des cochonneries dans son cahier.*

**cochonnet** n. m. Petite boule qui sert de but aux joueurs de boules. *Il a lancé le cochonnet.*

**cocker** [kɔkɛʀ] n. m. Petit chien de chasse à poil long et doux, qui a de grandes oreilles pendantes. ⤜ planche Chiens.

**cockpit** [kɔkpit] n. m. Cabine d'un avion où se tient le pilote.

**cocktail** [kɔktɛl] **n. m.** [pl. *cocktails*] **1.** Boisson obtenue par le mélange d'alcools et de sirops. *Le barman a préparé un cocktail dont il a le secret.* **2.** Réception de fin d'après-midi. *Ils sont invités à un cocktail.*

**coco** **n. m.** *La noix de coco,* c'est le fruit du cocotier. ⤜ planche Fruits exotiques. ▷ COCOTIER.

**cocon** **n. m.** Enveloppe qui contient la chrysalide du ver à soie. *Le ver file son cocon.*

**cocotier** **n. m.** Grand palmier au tronc assez fin surmonté de longues feuilles, qui produit les noix de coco. *La plage est bordée de cocotiers.*

① **cocotte** **n. f.** *Les enfants appellent les poules des cocottes. Faire une cocotte en papier,* c'est plier un morceau de papier en forme d'oiseau.

② **cocotte** **n. f.** Marmite. *Le lapin cuit dans une cocotte en fonte.*

**code** **n. m. 1.** Ensemble de lois, de règlements. *On doit savoir le code de la route pour passer son permis de conduire.* ⤜ planche Signalisation routière. **2.** Langage secret. *L'espion a envoyé un message en code.* → aussi ② **chiffre. 3.** *Le code postal,* c'est le nombre de cinq chiffres qui correspond à une commune. **4.** *Les codes d'une voiture,* ce sont les feux de croisement, moins éblouissants que les phares. *L'automobiliste a allumé ses codes.*

▶ **codé** **adj.** Écrit en code. *L'espion a envoyé un message codé.* ▷ DÉCODER, DÉCODEUR.

**coefficient** **n. m.** *Pour cet examen, les mathématiques ont le coefficient 4,* on multiplie la note par 4.

**cœlacanthe** [selakɑ̃t] **n. m.** Grand poisson de mer pouvant mesurer 1,75 mètre de long et peser 80 kilos. *Les cœlacanthes existaient déjà il y a trois cents millions d'années.*

**coéquipier** **n. m.**, **coéquipière** **n. f.** *Yves et Luc jouent au football, ils sont même coéquipiers,* ils jouent dans la même équipe.

**cœur** **n. m. 1.** Organe situé dans la poitrine, entre les deux poumons, qui reçoit le sang apporté par les veines et le renvoie dans les artères. → aussi **cardiaque.** *Le médecin écoute les battements du cœur.* **2.** Estomac. *Flora a mal au cœur,* elle a envie de vomir. **3.** *Yves avait le cœur gros,* il était triste. *Anne a bon cœur,* elle est généreuse. *Je t'aime de tout mon cœur,* de toutes mes forces. **4.** *Julie sait sa poésie par cœur,* sans rien oublier et sans se tromper. **5.** Partie qui se trouve au milieu. *L'île de la Cité est au cœur de Paris.* **6.** L'une des quatre couleurs d'un jeu de cartes. *L'as de cœur.* ◊ homonymes : ① et ② chœur. ▷ à CONTRECŒUR, ÉCŒURANT, ÉCŒURER, HAUT-LE-CŒUR.

**coffre** **n. m. 1.** Caisse munie d'un couvercle. *Un coffre à jouets.* **2.** *La valise est dans le coffre de la voiture,* dans l'espace, à l'arrière ou parfois à l'avant d'une voiture, aménagé pour mettre les bagages.

▶ **coffre-fort** **n. m.** Armoire en métal, très solide, fermée par une serrure spéciale, où l'on garde de l'argent et des objets précieux. — **Au pl.** *Des coffres-forts.*

▶ **coffret** **n. m.** Petit coffre. *Un coffret à bijoux.*

**cognac** **n. m.** Eau-de-vie de raisin produite dans la région de Cognac, en Charente.

**cognée** **n. f.** Grosse hache. *Les bûcherons d'autrefois se servaient de cognées.*

se **cogner** **v.** (conjug. 1) *Elle s'est cognée contre le mur,* elle l'a heurté.

**cohabiter** **v.** (conjug. 1) Partager un logement avec quelqu'un. *Elle cohabite avec une amie.*

**cohérent** **adj.** Logique. *Il a des idées cohérentes,* qui s'enchaînent entre elles. ▷ INCOHÉRENCE, INCOHÉRENT.

**cohorte** **n. f.** Groupe de personnes. *Anne a une cohorte d'admirateurs.*

**cohue** **n. f.** Foule de personnes qui se bousculent. *Quelle cohue dans les grands magasins juste avant Noël !*

**coiffer** **v.** (conjug. 1) **1.** *La dame était coiffée d'un chapeau blanc,* elle avait un chapeau blanc sur la tête. **2.** Arranger les cheveux. → **peigner.** *Flora coiffe sa poupée. — Elle s'est coiffée devant la glace.*

▸ **coiffe** **n. f.** Bonnet de tissu, de dentelle que portent les femmes en costume folklorique. *Les coiffes bretonnes.*

▸ **coiffeur** **n. m.**, **coiffeuse** **n. f.** Personne dont le métier est de coiffer, de couper les cheveux. *Luc est allé chez le coiffeur.*

▸ **coiffure** **n. f. 1.** Ce qui sert à couvrir la tête. *Un béret, une casquette sont des coiffures.* **2.** Façon dont les cheveux sont arrangés. *Cette nouvelle coiffure vous va très bien.* ▷ DÉCOIFFER, RECOIFFER.

**coin** **n. m. 1.** *Le coin d'une table,* c'est l'angle que font entre eux les deux bords. **2.** *On a mis un lampadaire dans un coin du salon,* dans un angle formé par deux murs. → **encoignure. 3.** *Nous nous sommes rencontrés au coin de la rue,* à l'endroit où se croisent deux rues. **4.** Endroit. *Il passe ses vacances dans un coin tranquille.* ◊ homonyme : coing. ▷ RECOIN.

**coincer** **v.** (conjug. 3) **1.** Empêcher de bouger. → **bloquer.** *Le tiroir est coincé,* on ne peut ni l'ouvrir ni le fermer. **2.** *Julie s'est coincé le doigt dans la porte,* elle s'est pincé le doigt.

**coïncider** [kɔɛ̃side] **v.** (conjug. 1) Arriver, se produire en même temps. *Sa fête coïncide avec mon anniversaire,* sa fête et mon anniversaire ont lieu le même jour.

▸ **coïncidence** **n. f.** Concours de circonstances qui fait que deux événements se produisent en même temps. → **hasard.** *Nous sommes arrivés par le même train, quelle coïncidence !*

**coing** **n. m.** Fruit jaune de la forme et de la taille d'une poire, au goût un peu âcre. *De la confiture de coing.* ◊ homonyme : coin.

coing

**col** **n. m. 1.** Partie du vêtement qui entoure le cou. *Un pull-over à col roulé.* **2.** *Le col du fémur,* la partie la plus étroite du fémur. **3.** Passage entre deux sommets montagneux. *Les coureurs cyclistes ont passé le col du Tourmalet.* ◊ homonyme : colle. ▷ ACCOLADE, COLLET, COLLIER, DÉCOLLETÉ, ENCOLURE, TORTICOLIS.

**coléoptère** n. m. Insecte qui a des ailes dures au-dessus de ses ailes légères. *Le hanneton et la coccinelle sont des coléoptères.*

**colère** n. f. *Luc est en colère,* il est mécontent et le montre avec violence. → **fureur.**

▶ **coléreux** adj. Qui se met facilement en colère. *Julie est une petite fille coléreuse.* ▷ DÉCOLÉRER.

**colibri** n. m. Oiseau d'Amérique de très petite taille, au bec long et au plumage éclatant, appelé aussi *oiseau-mouche. Les colibris peuvent voler dans tous les sens, même à reculons.* ⋙ planche Oiseaux.

**colimaçon** n. m. *L'escalier qui mène en haut du phare est en colimaçon,* en spirale.

**colin** n. m. Poisson de mer, de la même famille que la morue.

**colin-maillard** n. m. Jeu où l'un des joueurs, les yeux bandés, doit chercher les autres à tâtons, en attraper un et le reconnaître.

**colique** n. f. Diarrhée. *Julie a mangé trop de pommes vertes, maintenant elle a la colique.*

**colis** n. m. Paquet que l'on expédie à quelqu'un. *Anne a reçu un colis.*

**collaborer** v. (conjug. 1) Travailler avec d'autres personnes. → **coopérer, participer.** *De nombreuses personnes ont collaboré à cet ouvrage.*

▶ **collaborateur** n. m., **collaboratrice** n. f. Personne qui travaille avec d'autres.

▶ **collaboration** n. f. Travail que l'on fait à plusieurs. → **concours, participation.** *Sa collaboration nous a été précieuse.*

**collage** n. m. *Yves fait un collage avec des bouts de papier et de tissu,* il les colle ensemble pour faire un tableau.

**collant** adj. et n. m.

▭ adj. 1. *Alex fixe une affiche au mur avec du papier collant,* du papier qui est fait pour coller. → **adhésif.** 2. Poisseux. *Après avoir mangé sa sucette, Julie avait les mains collantes.* 3. *Anne portait un jean collant,* très serré. → **moulant.**

▭ n. m. Vêtement qui réunit en une seule pièce une culotte et des bas. *Flora a mis un collant en laine.*

**collation** n. f. Petit repas léger. *Nous avons pris une légère collation avant de partir.*

**colle** n. f. Produit épais, plus ou moins visqueux, gluant, qui permet de faire tenir ensemble, de faire adhérer deux objets. *Un tube de colle.* ◇ homonyme : col. ▷ AUTOCOLLANT, COLLAGE, COLLANT, COLLER, COLLEUR, ② DÉCOLLER, RECOLLER.

**collecte** n. f. *On a organisé une collecte de vêtements pour une œuvre de bienfaisance,* on a rassemblé des vêtements donnés. → aussi **quête.**

**collectif** adj. *Un travail collectif,* c'est un travail que l'on fait à plusieurs, en groupe. ‖ contr. **individuel** ‖. — **Au fém.** *collective.*

▶ **collectivement** adv. Ensemble, à plusieurs. *Les élèves ont préparé collectivement la fête de l'école.* ‖ contr. **individuellement, séparément** ‖.

▶ **collectivité** n. f. Ensemble de personnes qui ont des activités communes, des intérêts communs. → **communauté, groupe.** *Une colonie de vacances est une collectivité.*

**collection** n. f. Ensemble d'objets que l'on garde parce qu'on les trouve intéressants. *Flora fait collection de boîtes de thé.*
▶ **collectionner** v. (conjug. 1) Réunir et garder des objets pour en faire collection. *Yves collectionne les papillons.*
▶ **collectionneur** n. m., **collectionneuse** n. f. Personne qui fait une collection. *Luc est un collectionneur de timbres.*

**collège** n. m. Établissement d'enseignement secondaire, entre l'école primaire et le lycée.
▶ **collégien** n. m., **collégienne** n. f. Élève d'un collège.

**collègue** n. m. et f. Personne qui travaille dans la même entreprise ou le même établissement qu'une autre. *Elle a déjeuné avec une de ses collègues.* → aussi **confrère.**

**coller** v. (conjug. 1) **1.** Faire tenir deux choses ensemble avec de la colle. *Colle le timbre sur l'enveloppe !* ‖ contr. ② **décoller** ‖ **2.** *La sueur a collé ses cheveux,* elle les a fait tenir ensemble. → **agglutiner.**

**collet** n. m. Piège formé d'un nœud coulant servant à prendre certains animaux au cou. *Un lièvre a été pris au collet.*

**colleur** n. m., **colleuse** n. f. *Un colleur d'affiches,* c'est une personne dont le métier est de coller des affiches.

**collier** n. m. **1.** Bijou que l'on porte autour du cou. *Un collier de perles.* **2.** Bande de cuir, chaîne de métal que l'on met autour du cou de certains animaux. *Mon chien a son nom inscrit sur son collier.* **3.** *Il a donné un coup de collier avant son examen,* il a beaucoup travaillé, il a fourni un gros effort.

**collimateur** n. m. Partie d'un fusil, d'un canon, etc., qui permet de viser. — Familier. *Avoir quelqu'un dans le collimateur,* le surveiller de près en se préparant à l'attaquer.

**colline** n. f. Petite hauteur de forme arrondie. → **butte.** *Le village est au pied de la colline.*

**collision** n. f. Choc entre deux véhicules. → **heurt.** *Les deux voitures sont entrées en collision au carrefour.*

**colloque** n. m. Réunion, débat entre des spécialistes. *Un colloque de médecins.* → aussi **congrès.**

**colmater** v. (conjug. 1) Fermer un trou, une ouverture étroite. → **boucher.** *Le maçon a colmaté une fissure du mur avec du plâtre.*

**colombage** n. m. *Une maison à colombage,* c'est une maison dont on voit la charpente en bois.

colombage

**colombe** n. f. Pigeon blanc, considéré comme le symbole de la paix.

**colon** n. m. Personne qui s'est installée dans une colonie (sens 1). *Les pre-*

*miers colons d'Amérique du Nord furent surtout des Anglais.* ▷ COLONIAL, COLONIALISME, COLONIE, COLONISATION, COLONISER.

**colonel** **n. m.** Officier qui commande un régiment. ▷ LIEUTENANT-COLONEL.

**colonie** **n. f.** **1.** Pays occupé par un autre pays plus fort et plus développé qui en tire profit. *L'Algérie, Madagascar furent des colonies françaises.* **2.** *Yves est parti en colonie de vacances,* avec un groupe d'enfants qui passent leurs vacances sans leurs parents. **3.** Groupe d'animaux vivant ensemble. *Les abeilles et les fourmis vivent en colonie.*

▶ **colonial** **adj.** *L'Indochine et l'Algérie appartenaient à l'empire colonial français,* à l'empire formé par les colonies. — **Au masc. pl.** *coloniaux.*

▶ **colonialisme** **n. m.** Politique d'un pays qui cherche à conquérir des pays plus faibles pour en faire des colonies.

▶ **coloniser** **v.** (conjug. 1) *La France a colonisé l'Algérie au 19e siècle,* elle en a fait une colonie.

▶ **colonisation** **n. f.** *La colonisation de l'Afrique par les pays européens eut lieu au 19e siècle.*

**colonne** **n. f.** **1.** Support vertical d'un bâtiment. → **pilier, poteau.** *Les temples grecs étaient soutenus par des colonnes.* **2.** Monument formé d'une seule colonne. *La colonne Vendôme, à Paris.* **3.** *La colonne vertébrale,* c'est la partie centrale du squelette formée de l'ensemble des vertèbres. **4.** File de personnes, de véhicules se déplaçant les uns derrière les autres. *Les élèves marchaient en colonne par deux.* **5.** Division verticale d'une page de journal. *L'article occupait deux colonnes de la deuxième page.* **6.** Ensemble de chiffres disposés les uns sous les autres. *La colonne des unités est à droite de celle des dizaines.*

▶ **colonnade** **n. f.** Alignement de colonnes. *La colonnade du Louvre.*

**colorer** **v.** (conjug. 1) Donner une couleur. → **teindre, teinter.** *Le bon air a coloré ses joues.* || contr. **décolorer** ||.

▶ **colorant** **n. m.** Produit qui sert à faire changer de couleur une matière. *Ces bonbons ne contiennent pas de colorant.*

▶ **coloration** **n. f.** *Elle s'est fait faire une coloration chez le coiffeur,* elle a fait changer la couleur de ses cheveux.

▶ **coloré** **adj.** Qui a une couleur, des couleurs. || contr. **incolore** || *L'encre est un liquide coloré.* ▷ DÉCOLORÉ, DÉCOLORER.

**colorier** **v.** (conjug. 7) Mettre des couleurs sur un dessin. *Coloriez les feuilles en vert foncé.*

▶ **coloriage** **n. m.** Dessin à colorier. *Un album de coloriages.*

**coloris** **n. m.** Couleur. → **teinte.** *Cette robe existe en différents coloris.*

**colosse** **n. m.** Homme de très grande taille et très fort. → **géant.** *L'ogre était un colosse de 200 kilos.*

▶ **colossal** **adj.** Très grand. → **énorme, gigantesque.** *Il a une force colossale.* → **herculéen.** *Ils ont fait des efforts colossaux.*

**colporter** **v.** (conjug. 1) *Qui a colporté la nouvelle?* qui l'a répandue, l'a dite à tout le monde?

**colza** **n. m.** Plante à fleurs jaunes dont les graines sont utilisées pour faire de l'huile.

**coma** **n. m.** *Être dans le coma,* c'est avoir perdu conscience, ne plus se rendre compte de rien.

**combattre** **v.** (conjug. 41) **1.** Se battre contre un ennemi. *Les Gaulois ont combattu les Romains.* **2.** Lutter contre un danger, une maladie. *Les antibiotiques combattent l'infection.*

▶ **combat** **n. m. 1.** Bataille entre des ennemis armés. → **affrontement.** *Il y a eu de violents combats dans la ville.* **2.** Lutte organisée entre des adversaires. *Un combat de boxe.* → **match.**

▶ **combatif** **adj.** Qui aime lutter. *Notre équipe de football est très combative.*

▶ **combattant** **n. m.** Personne qui se bat, participe à un combat. *Les anciens combattants sont les personnes qui ont fait la guerre.*

**combien** **adv.** *Combien êtes-vous ?* quel nombre ? *Combien coûte cette montre ?* quel est son prix ? *Combien de kilomètres y a-t-il jusqu'à la mer ?* quelle distance y a-t-il ? *Combien de kilos pesez-vous ?* quel poids faites-vous ?

① **combinaison** **n. f.** Vêtement formé d'un haut et d'un pantalon, d'une seule pièce. *Une combinaison de ski.*

② **combinaison** **n. f. 1.** Façon de mettre plusieurs choses ensemble, de les combiner. *En mettant trois chiffres différents côte à côte, on peut faire six combinaisons.* **2.** Moyen habile pour réussir quelque chose. → **manœuvre.** *Il a trouvé une combinaison pour se sortir d'affaire.* → fam. **combine.**

**combiner** **v.** (conjug. 1) **1.** Réunir plusieurs choses en les arrangeant d'une certaine façon. *En combinant plusieurs chiffres, on obtient de nombreux nombres différents.* **2.** Organiser. *Flora et Julie ont tout combiné pour être assises à côté l'une de l'autre.*

▶ **combine** **n. f.** Familier. Moyen astucieux souvent malhonnête. *Il a une combine pour entrer sans payer.* → ② **combinaison.**

▶ **combiné** **n. m.** Partie d'un téléphone comprenant l'écouteur et le micro. *Il décrocha le combiné et dit : « Allô ! ».* ▷ ② COMBINAISON.

① **comble** **n. m. 1.** *Être au comble du bonheur,* c'est ne pas pouvoir être plus heureux. *Il a tort et il m'accuse, c'est le comble !* il ne manquait plus que cela. **2.** *Une chambre est aménagée sous les combles,* au dernier étage, juste sous le toit. → **grenier. 3.** *Il a fouillé l'armoire de fond en comble,* complètement.

② **comble** **adj.** Rempli de monde. → **plein.** *La salle de cinéma était comble.*

**combler** **v.** (conjug. 1) **1.** Remplir un vide. *Les ouvriers ont comblé le trou creusé dans la rue.* → **boucher. 2.** *Anne a été comblée de cadeaux pour Noël,* elle en a eu beaucoup. ▷ ② COMBLE.

**combustible** **n. m.** Matière que l'on fait brûler pour produire de la chaleur. *Le charbon et le mazout sont des combustibles.* — **Adj.** *Le bois est combustible,* il peut brûler.

**combustion** **n. f.** *La combustion du bois produit de la chaleur,* le bois qui brûle produit de la chaleur.

**comédie** **n. f. 1.** Pièce de théâtre qui fait rire. *« L'Avare » est une comédie de Molière.* **2.** *Julie dit qu'elle a mal au ventre pour ne pas aller en classe, mais c'est de la comédie,* elle fait semblant d'avoir mal.

▶ **comédien** **n. m.**, **comédienne** **n. f.** **1.** Personne qui joue des pièces de théâtre, tourne des films. → **acteur.** *Les comédiens sont en répétition.* **2.** Personne qui fait semblant. *Cette Julie, quelle comédienne ! Elle nous ferait croire n'importe quoi !*

**comestible** **adj.** *Les groseilles sont de petites baies rouges comestibles,* que l'on peut manger.

**comète** **n. f.** Astre qui forme une traînée lumineuse quand il passe dans le ciel. *Certaines comètes réapparaissent régulièrement dans le ciel.*

**comique** **adj.** Qui fait rire. → **drôle.** *Luc aime bien les films comiques.* || contr. **sérieux, triste** ||. — **N.** Artiste qui fait rire. → **fantaisiste.**

**comité** **n. m.** Petit groupe de personnes qui se réunissent pour s'occuper de certaines affaires. *Il s'occupe du comité des fêtes de la commune.*

**commandant** **n. m.** **1.** Officier qui commande un bataillon. *À vos ordres, mon commandant !* **2.** Officier qui commande un navire. *Le commandant est sur la passerelle.* **3.** *Le commandant de bord* pilote un avion.

**commande** **n. f.** **1.** *J'ai passé une commande de livres chez le libraire,* je lui ai demandé de me procurer certains livres qu'il n'avait pas dans sa boutique. **2.** *Les commandes de l'avion sont dans la cabine de pilotage,* les appareils qui servent à faire marcher l'avion.

**commandement** **n. m.** *Le général a pris le commandement de l'armée,* il a pris la tête, la direction de l'armée.

**commander** **v.** (conjug. 1) **1.** *César commandait l'armée romaine,* il en était le chef. **2.** *Au restaurant, il a commandé une choucroute,* il a demandé une choucroute. **3.** *Cette pédale commande le frein,* elle le fait fonctionner. ▷ COMMANDANT, COMMANDE, COMMANDEMENT, COMMANDO, DÉCOMMANDER, TÉLÉCOMMANDE, TÉLÉCOMMANDÉ, TÉLÉCOMMANDER.

**commando** **n. m.** Petit groupe de soldats spécialement entraînés pour des combats rapides. *Des commandos de parachutistes ont attaqué le village.*

**comme** **conjonction** et **adv.** **1.** *Yves est têtu comme une mule,* aussi têtu qu'une mule. **2.** *Ne te balance pas comme cela, tu vas tomber,* ne te balance pas ainsi, de cette façon. **3.** *Comme il était en retard, il a fallu l'attendre,* puisqu'il était en retard. **4.** *Elle travaille comme secrétaire chez un médecin,* en tant que secrétaire. **5.** *Comme c'est beau, ce paysage !* que c'est beau !

**commémorer** **v.** (conjug. 1). *Le défilé du 14 Juillet commémore la prise de la Bastille,* en rappelle le souvenir.

▶ **commémoratif** **adj.** *Un monument commémoratif,* c'est un monument qui rappelle le souvenir d'un événement ou d'une personne. — **Au fém.** *commémorative.*

▶ **commémoration** **n. f.** *Des cérémonies ont marqué la commémoration de la victoire,* le souvenir de la victoire.

**commencer** **v.** (conjug. 3) **1.** *Julie a commencé son devoir,* elle s'est mise à le faire. *Elle a commencé à faire son devoir.* || contr. **finir, terminer** || **2.** *L'année commence le 1er janvier,* elle débute le 1er janvier.

▸ **commencement** **n. m.** Début. *J'ai manqué le commencement du film.* || contr. **fin** || ▷ RECOMMENCER.

**comment** **adv. 1.** De quelle façon. *Comment as-tu fait pour casser ce vase ? Je ne sais pas comment j'ai fait.* **2.** *Comment !* quoi ! *Comment, tu n'es pas encore prête !*

**commenter** **v.** (conjug. 1) *Un journaliste sportif commente le match de tennis à la télévision,* il fait des remarques, donne des explications à son sujet.

▸ **commentaire** **n. m.** Remarque, observation. *Quelques spectateurs faisaient des commentaires pendant le film.*

▸ **commentateur** **n. m.** *Les commentateurs sportifs,* ce sont les journalistes qui font des remarques, à la télévision ou à la radio, sur les événements sportifs.

**commérage** **n. m.** *Faire des commérages,* c'est raconter des choses indiscrètes et méchantes sur les autres. → **cancan, potin, racontar, ragot.**

**commerce** **n. m. 1.** *Faire du commerce,* c'est acheter ou vendre des marchandises. **2.** *Il y a beaucoup de commerces dans cette rue,* il y a beaucoup de boutiques, de magasins.

▸ **commerçant** **n. m.** et **adj.**, **commerçante** **n. f.** et **adj. 1. n.** Personne qui fait du commerce. → **marchand.** *Le boucher, l'épicier et le boulanger sont des commerçants.* **2. adj.** *Cette rue est très commerçante,* il y a beaucoup de magasins.

▸ **commercial** **adj.** *Une entreprise commerciale* s'occupe d'acheter ou de vendre des marchandises. — *Un centre commercial* est un endroit où sont regroupés de nombreux magasins. — **Au masc. pl.** *commerciaux.*

▸ **commercialiser** **v.** (conjug. 1) Mettre en vente dans les magasins. *Ce nouveau modèle de voiture sera commercialisé à l'automne.*

**commère** **n. f.** Femme curieuse qui passe son temps à raconter des histoires sur les autres. ▷ COMMÉRAGE.

**commettre** **v.** (conjug. 56) Faire quelque chose de mal. *L'assassin avait déjà commis plusieurs meurtres.*

**commis** **n. m.** Employé de magasin ou de bureau qui fait des livraisons et des rangements. *Le boucher a fait livrer la viande par son commis.*

**commissaire** **n. m.** *Un commissaire de police* dirige les policiers d'un quartier. *Le commissaire mène l'enquête.*

▸ **commissaire-priseur** **n. m.** Personne dont le métier est de faire des ventes aux enchères. *Le commissaire-priseur dit « Adjugé, vendu » quand un objet a trouvé un acheteur.* — **Au pl.** *Des commissaires-priseurs.*

▸ **commissariat** **n. m.** Endroit où se trouvent les bureaux du commissaire de police. *Le malfaiteur a été conduit au commissariat par deux agents.*

① **commission** **n. f. 1.** Message que quelqu'un est chargé de transmettre. *Julie m'a chargé de te faire une commission.* **2.** *Il est allé faire les commissions,* les courses. **3.** *L'agence immobilière a touché une commission sur la vente de l'appartement,* une somme d'argent proportionnelle au prix de vente de l'appartement.

▸ **commissionnaire** **n. m.** et **f.** Personne dont le métier est de porter des messages ou des paquets. → **coursier.** *Le commissionnaire a apporté un colis.*

② **commission** n. f. Réunion de personnes choisies pour étudier une affaire. → **bureau, comité.** *La commission se réunira demain pour prendre une décision.*

**commissure** n. f. *Luc a une gerçure à la commissure des lèvres,* au coin des lèvres.

① **commode** n. f. Meuble à tiroirs, de la hauteur d'une table, qui sert à ranger du linge, des vêtements.

commode

② **commode** adj. 1. Facile à utiliser. → **pratique.** *Ce sac est très commode pour le voyage.* 2. Facile. *Ce mot n'est pas commode à expliquer.* 3. *Il n'est pas toujours commode et se met parfois en colère,* il n'a pas un caractère très facile.

▸ **commodément** adv. Confortablement. *Installez-vous commodément,* à votre aise.

▸ **commodité** n. f. 1. Facilité. *Pour plus de commodité, les livres sont rangés par ordre alphabétique.* 2. *Cet appartement a toutes les commodités,* toutes les installations qui le rendent confortable. ▷ ACCOMMODANT, ACCOMMODER, INCOMMODE, INCOMMODER.

**commotion** n. f. Grand choc qui n'entraîne pas de blessures apparentes. *Il ne peut plus parler depuis sa commotion cérébrale.*

▸ **commotionné** adj. *Il a été commotionné au cours de cet accident,* il a été choqué.

**commun** adj. 1. *Anne et sa sœur ont une chambre commune,* une chambre qu'elles partagent. ‖ contr. **individuel, particulier** ‖ 2. *L'intérêt commun,* c'est l'intérêt de tous. → **général.** ‖ contr. **particulier** ‖ 3. *Ils ont mis tout ce qu'ils ont en commun,* à la disposition de chacun. 4. *« Chat » est un nom commun, « Julie » est un nom propre.* 5. Banal, courant. *Le nom de Martin est assez commun en France. Il est d'une force peu commune,* peu ordinaire, très grande.

▸ **communauté** n. f. *Les gens égoïstes n'ont pas le sens de la communauté,* de l'intérêt de tout le monde. → **collectivité.**

▸ **communautaire** adj. *Les moines mènent une vie communautaire,* en groupe, en collectivité.

**commune** n. f. Ville, village. *La commune est administrée par le maire et le conseil municipal.*

▸ **communal** adj. *Julie et Alex vont à l'école communale,* de la commune. — Au masc. pl. *communaux.*

**communicatif** adj. 1. *Julie a un rire communicatif,* qui se communique facilement. → **contagieux.** 2. *C'est une femme communicative,* qui aime parler, dire ce qu'elle pense. → **expansif.** ‖ contr. ① **renfermé, secret, taciturne** ‖.

**communication** n. f. 1. *Le maire a une communication importante à faire,* il a quelque chose d'important à annoncer. 2. *Combien a coûté cette communication téléphonique?* ce coup de téléphone. 3. *La radio, la télévision et le téléphone sont des moyens de communication.* 4. *Les routes et les voies ferrées sont des voies de communication.* 5. *Il y a une porte de communication entre les deux chambres,* une porte qui permet de faire communiquer les deux chambres.

**communier** v. (conjug. 7) Recevoir la communion. *Il a communié le jour de Pâques.*

▶ **communiant** n. m., **communiante** n. f. Personne qui communie. *Les premiers communiants reçoivent la communion pour la première fois.*

▶ **communion** n. f. Chez les chrétiens, sacrement en souvenir de Jésus-Christ. → **eucharistie.**

**communiquer** v. (conjug. 1) 1. Faire savoir, faire connaître. *Il nous a communiqué ses projets.* 2. Échanger des informations en parlant, en se faisant des signes. *Les sourds-muets communiquent par gestes.* 3. *Le rire de Julie se communiqua à toute la classe,* il se transmit à toute la classe. 4. *Le salon communique avec la salle à manger,* on peut passer directement du salon à la salle à manger.

▶ **communiqué** n. m. Avis, déclaration que l'on fait pour le public. *Le président de la République fera un communiqué ce soir, à la télévision.*
▷ COMMUNICATIF, COMMUNICATION, TÉLÉCOMMUNICATION.

**communisme** n. m. Organisation d'un pays où les terres, les usines et toutes les richesses appartiennent à l'État. → aussi **socialisme.** || contr. **capitalisme** ||.

▶ **communiste** adj. *Le parti communiste* est le parti de ceux qui défendent le communisme. — N. *Les communistes réclament le partage des richesses.*

**compact** adj. 1. Très épais, très serré. *La brume était très compacte.* → **dense.** 2. *Un disque compact,* c'est un disque lu par un rayon laser. — On dit aussi *un compact* ou *un C. D.*

**compagne** n. f. *Flora joue avec ses compagnes de classe,* avec ses camarades de classe. → aussi **compagnon.**

**compagnie** n. f. 1. *Luc aime la compagnie d'Anne,* il aime être avec elle. *Julie est allée à la piscine en compagnie d'une amie,* avec une amie. *Je vais te tenir compagnie,* rester avec toi. 2. *Il travaille dans une compagnie d'assurances,* dans une société qui s'occupe d'assurances. 3. *Le capitaine commande une compagnie,* une troupe de 120 à 180 soldats.

**compagnon** n. m. *Il a fait ses adieux à ses compagnons de voyage,* à ceux qui voyageaient avec lui → aussi **compagne.**

**comparaître** v. (conjug. 57) *L'accusé a comparu devant le juge,* il s'est présenté devant lui.

**comparer** v. (conjug. 1) 1. *Compare ces deux photos,* examine leurs ressemblances et leurs différences. 2. *Le poète compare la neige qui recouvre les prés à un manteau d'hermine,* il dit que la couche de neige ressemble à un manteau d'hermine.

▶ **comparable** adj. *Ces deux tissus sont de qualité comparable,* de même qualité. || contr. **différent** ||.

▶ **comparaison** n. f. 1. *Il n'y a pas de comparaison possible entre un petit village et une grande capitale,* on ne peut pas comparer les deux. **2.** « *Il est aimable comme une porte de prison* » *est une comparaison.*

▶ **comparatif** **n. m.** *Le comparatif* est la forme que prend l'adjectif dans une comparaison. « *Plus vieux* » *est le comparatif de supériorité de vieux,* « *aussi vieux* » *le comparatif d'égalité et* « *moins vieux* » *le comparatif d'infériorité.*

**comparse** **n. m** et **f.** *La police a arrêté le malfaiteur et ses comparses,* ses complices qui ne jouent pas de rôle très important.

**compartiment** **n. m.** **1.** Division dans une boîte, un tiroir, un casier. → ② **case.** *Les compartiments d'un coffret à bijoux.* **2.** Partie d'une voiture de chemin de fer séparée par une cloison. *Il y avait six personnes dans le compartiment.*

**compas** **n. m.** **1.** Instrument à deux branches qui s'écartent, avec lequel on trace des cercles. **2.** Boussole des marins et des aviateurs. *Le compas indique la route à suivre.*

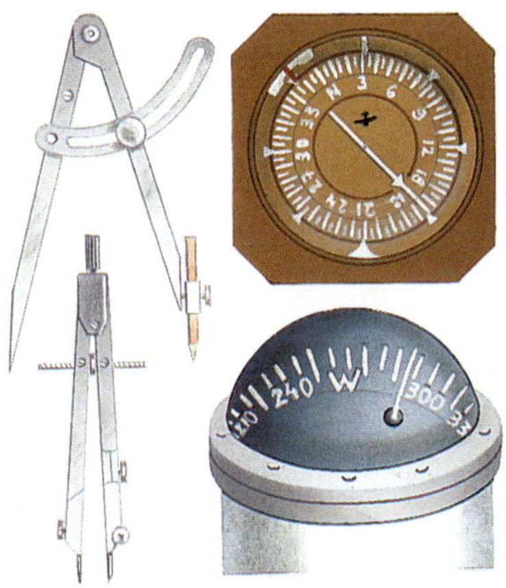

compas

**compassion** **n. f.** Sentiment qui fait partager les peines des autres. → **pitié.** *Il éprouve de la compassion pour les malheureux.* → aussi **compatir.**

**compatible** **adj.** *Ce magnétoscope est compatible avec le téléviseur,* il s'adapte sur le téléviseur. ‖ contr. **incompatible** ‖. ▷ INCOMPATIBLE.

**compatir** **v.** (conjug. 2) *Je compatis à votre peine,* je la partage.

**compatriote** **n. m.** et **f.** Personne qui a la même patrie, est du même pays qu'une autre. *En Italie, nous avons rencontré quelques compatriotes.* ‖ contr. **étranger** ‖.

**compenser** **v.** (conjug. 1) Équilibrer, contrebalancer. *Les avantages de cette maison compensent largement ses inconvénients.*

▶ **compensation** **n. f.** *Il gagne peu d'argent, mais, en compensation, il a beaucoup de temps libre,* en contrepartie.

**compère** **n. m.** *Le prestidigitateur n'a pas choisi un spectateur au hasard, il a désigné son compère,* son complice.

**compétent** **adj.** *C'est une femme très compétente,* qui fait très bien son métier. → **capable.**

▶ **compétence** **n. f.** *La compétence de ce médecin est très grande,* sa capacité à bien faire son métier est grande. ▷ INCOMPÉTENCE, INCOMPÉTENT.

**compétitif** **adj.** *Le prix de cette voiture est très compétitif,* très intéressant par rapport à celui des autres voitures du même genre, il peut leur faire concurrence. — **Au fém.** *compétitive.*

**compétition** **n. f.** Épreuve sportive dans laquelle on cherche à gagner. → **course, épreuve, match.** *Alex a gagné une compétition de natation.*

**complainte** **n. f.** Chanson triste au ton plaintif.

se **complaire** **v.** (conjug. 54) *Il se complaît dans le malheur,* il se plaît à être malheureux, il y trouve du plaisir.

► **complaisant** **adj.** Toujours prêt à rendre service aux autres. → **serviable.** *Anne est très complaisante.*

► **complaisance** **n. f.** *Il est d'une grande complaisance,* il essaie toujours de rendre service. → **obligeance.**

**complément** **n. m. 1.** Ce qui s'ajoute à une chose pour la compléter. *Il a versé un acompte pour l'achat de sa voiture, il paiera le complément le mois prochain.* **2.** Mot ou groupe de mots qui dépend d'un autre mot. *Dans « Julie a invité Flora », « Flora » est le complément du verbe « inviter ».*

► **complémentaire** **adj.** Qui apporte un complément. *Pour tout renseignement complémentaire, écrivez à cette adresse.*

① **complet** **adj. 1.** Où il ne manque rien. *Yves a la collection complète des albums de Tintin.* → **entier.** || contr. **incomplet** || **2.** *Au mois d'août, les hôtels sont complets,* ils sont pleins. || contr. **vide** || **3.** *Ne descendez pas du train avant l'arrêt complet,* avant que le train ne soit complètement arrêté. → **total.**

► **complètement** **adv.** Entièrement. *Luc a complètement démonté son vélo.* → **totalement.**

► **compléter** **v.** (conjug. 6) Ajouter ce qui manque, rendre plus complet. *Complétez chaque phrase par le mot qui manque.* ▷ INCOMPLET.

② **complet** **n. m.** Costume d'homme dont la veste et le pantalon sont du même tissu et de la même couleur. → **costume.** *Il portait un complet bleu marine.*

① **complexe** **adj.** Qui est composé de plusieurs éléments qui s'entremêlent. *Le phénomène des marées est très complexe.* → **compliqué.** || contr. **simple** ||.

► **complexité** **n. f.** *C'est une affaire d'une grande complexité,* d'une grande complication. || contr. **simplicité** ||.

② **complexe** **n. m.** *Il a des complexes à cause de sa petite taille,* il manque de confiance en lui.

► **complexé** **adj.** *Elle est complexée parce qu'elle est trop grosse,* elle se sent moins bien que les autres, manque de confiance en elle.

**complication** **n. f. 1.** *Le mécanisme de cette machine est d'une grande complication,* est très compliqué. → **complexité.** **2.** *Elle n'aime pas les complications,* les difficultés qui apparaissent dans une situation.

**complice** **n. m.** et **f.** Personne qui en aide une autre à faire quelque chose de mal. *L'un des complices du cambrioleur a réussi à s'enfuir.* — **Adj.** *Les cambrioleurs et le gardien étaient complices.*

► **complicité** **n. f.** *Il a été accusé de complicité de vol,* d'être complice d'un vol.

**compliment** **n. m.** *La maîtresse lui a fait des compliments,* lui a dit que c'était bien, l'a félicité. → **éloge, félicitation.**

▶ **complimenter** **v.** (conjug. 1) Dire à quelqu'un que ce qu'il a fait est bien. *Les invités complimentent la maîtresse de maison pour ce dîner très réussi.* → **féliciter.**

**compliquer** **v.** (conjug. 1) Rendre difficile. *Il complique toujours tout.* || contr. **simplifier** || — *Les choses se compliquent,* elles deviennent plus difficiles.

▶ **compliqué** **adj.** Difficile à faire, à comprendre. *Pour aller à la poste, ce n'est pas compliqué, vous prenez la première à droite.* || contr. **simple** ||.

**complot** **n. m.** Projet secret préparé par plusieurs personnes contre une autre. *Le complot contre le président a échoué.*

▶ **comploter** **v.** (conjug. 1) Préparer secrètement une action contre quelqu'un. *Des révolutionnaires comploterent pour renverser le roi.* → **conspirer.**

① **comporter** **v.** (conjug. 1) *Cet immeuble comporte dix étages,* il a dix étages.

② se **comporter** **v.** (conjug. 1) Se conduire. *Les enfants se sont bien comportés, ils ont été très sages.*

▶ **comportement** **n. m.** Façon de se conduire. → **attitude, conduite.** *Ce savant étudie le comportement des fourmis.*

**composer** **v.** (conjug. 1) **1.** Faire. *Julie a composé un ravissant bouquet.* **2.** Écrire une œuvre musicale. *Mozart a composé de nombreux opéras.* **3.** *Il composa le numéro de téléphone,* il forma les chiffres sur le clavier. **4.** *La maison se compose de six pièces,* elle a six pièces.

▶ **composant** **n. m.** *L'hydrogène et l'oxygène sont les composants de l'eau,* les éléments qui forment l'eau.

▶ **composé** **adj.** **1.** *« Oiseau-mouche » est un mot composé,* un mot formé de plusieurs mots. **2.** *Le passé composé est un temps composé,* un temps conjugué avec un verbe auxiliaire et le participe passé du verbe conjugué.

▶ **compositeur** **n. m.** Personne qui compose de la musique. — **Au fém.,** on dit parfois *une compositrice.*

▶ **composition** **n. f.** **1.** *La composition de ce produit figure sur l'emballage,* ce qui compose ce produit y est indiqué. **2.** Devoir fait en classe qui compte pour passer dans la classe supérieure. *Les élèves attendent les résultats de la composition d'histoire.*
▷ DÉCOMPOSER, DÉCOMPOSITION.

**composter** **v.** (conjug. 1) *Les voyageurs compostent leur billet avant de monter dans le train,* ils le mettent dans une machine qui le perfore et écrit des lettres et des chiffres dessus.

**compote** **n. f.** Dessert fait avec des fruits cuits dans de l'eau et du sucre. *Anne aime la compote de pommes parfumée à la cannelle.*

▶ **compotier** **n. m.** Plat creux dans lequel on sert de la compote, des fruits.

**compréhensible** **adj.** Que l'on peut comprendre facilement. *Vos explications sont très compréhensibles.* ▷ INCOMPRÉHENSIBLE.

**compréhensif** **adj.** *Sa mère est très compréhensive,* elle comprend et accepte les actions, les attitudes des autres. → **indulgent, tolérant.**

**compréhension** **n. f.** **1.** Fait de comprendre. *La ponctuation est utile* *à la compréhension de ce texte.* → **clarté.** **2.** *Je vous remercie de votre compréhension,* de votre indulgence envers moi. ▷ INCOMPRÉHENSION.

① **comprendre** **v.** (conjug. 58) **1.** *Comprendre une chose,* c'est avoir une idée claire de ce qu'elle veut dire. *Je n'ai rien compris à tes explications.* **2.** Connaître les raisons, les causes de quelque chose. *On ne comprend pas comment l'accident a pu se produire.* **3.** *Certains enfants trouvent que leurs parents ne les comprennent pas,* qu'ils ne sont pas compréhensifs, tolérants envers eux.

② **comprendre** **v.** (conjug. 58) *La semaine comprend sept jours,* a sept jours → **comporter.** ▷ COMPRIS.

**compresse** **n. f.** Morceau de tissu fin replié en plusieurs épaisseurs que l'on met sur une blessure. *L'infirmière a posé une compresse sur la brûlure.* → aussi **gaze.**

**compressible** **adj.** *Les gaz sont compressibles,* on peut les comprimer, diminuer leur volume.

**compression** **n. f.** **1.** *On gonfle un pneu par compression de l'air dans la chambre à air,* en comprimant l'air. **2.** *Il y a eu une compression de personnel dans l'entreprise,* une diminution de personnel. → aussi **licenciement.**

**comprimer** **v.** (conjug. 1) **1.** *L'infirmière comprime le bras du patient pour faire ressortir la veine,* elle serre le bras en appuyant très fort.

► ① **comprimé** **adj.** *De l'air comprimé,* c'est de l'air dont on a diminué le volume.

► ② **comprimé** **n. m.** Médicament en forme de pastille, fait de poudre pressée. → **cachet.** *Un comprimé d'aspirine.*

**compris** **adj.** *Dans ce restaurant, le service est compris,* compté dans la somme à payer.

**compromettre** **v.** (conjug. 56) **1.** *Le maire de la ville s'est compromis dans une affaire louche,* il s'est déshonoré, a perdu sa réputation. **2.** *Le mauvais temps compromet notre excursion,* risque de la faire échouer.

► **compromis** **n. m.** Arrangement qui aboutit à un accord entre plusieurs personnes. *Les deux adversaires sont arrivés à un compromis.*

**comptabilité** **n. f.** Compte des recettes et des dépenses. *Elle tient la comptabilité du magasin.*

**comptable** **n. m.** et **f.** Personne qui s'occupe de la comptabilité. *La comptable fait le bilan annuel de l'entreprise.*

**comptant** **adv.** *Il a payé comptant sa nouvelle voiture,* il l'a payée entièrement au moment où il l'a achetée. ‖ contr. à **crédit** ‖ ◊ homonyme : content.

**compte** **n. m.** **1.** *Julie fait le compte du nombre de jours qui restent avant les vacances,* elle les compte. → **calcul.** **2.** *Le boucher fait ses comptes chaque jour,* il calcule ce qu'il a dépensé et gagné. **3.** *Il a un compte en banque,* son argent est déposé à la banque. **4.** *En fin de compte, ils ne sont pas partis en voyage,* finalement. **4.** *Le boulanger travaille à son compte,* il travaille pour lui et non pour un patron. **5.** *On raconte beaucoup de choses sur son compte,* sur lui. **6.** *La maîtresse a tenu compte des efforts de Flora,* elle y a attaché de l'importance, elle les a re-

**remarqués. 7.** *Je n'ai pas de comptes à te rendre,* d'explications à te donner sur ce que je fais. **8.** *Anne s'est rendu compte qu'elle s'était trompée de chemin,* elle s'en est aperçue. ◊ homonymes : comte, conte.

**compte-gouttes** **n. m. inv.** Petit tube en verre à capuchon souple, qui sert à verser un liquide goutte à goutte. — **Au pl.** *Des compte-gouttes.*

compte-gouttes

**compter** **v.** (conjug. 1) **1.** *Tous les enfants de cette classe savent compter,* dire les chiffres dans l'ordre. **2.** Trouver une quantité en se servant des chiffres. → **calculer.** *Anne compte l'argent qui lui reste.* **3.** *La caissière a oublié de compter les cafés dans l'addition,* elle a oublié de mettre leur prix dans le total. **4.** *Je compte partir demain,* j'en ai l'intention. **5.** *Son avis compte beaucoup pour moi,* il a beaucoup d'importance pour moi. → **importer. 6.** *On peut compter sur elle,* on peut avoir confiance en elle. ◊ homonymes : comté, conter. ▷ ACOMPTE, COMPTABILITÉ, COMPTABLE, COMPTANT, COMPTE, COMPTE-GOUTTES, COMPTE RENDU, COMPTEUR, COMPTINE, COMPTOIR.

**compte rendu** **n. m.** Récit d'un événement fait par une personne qui l'a vécu. *Il nous a fait un compte rendu enthousiaste de son voyage.* — **Au pl.** *Des comptes rendus.*

**compteur** **n. m.** Appareil qui sert à compter, à mesurer quelque chose. *Dans un taxi, le prix de la course est inscrit au compteur.* ◊ homonyme : conteur.

**comptine** **n. f.** Petite poésie chantée ou parlée.

**comptoir** **n. m.** Longue table haute et étroite sur laquelle le marchand présente les marchandises, reçoit l'argent et rend la monnaie. *Le patron du café sert les consommations sur le comptoir.*

**comte** **n. m.**, **comtesse** **n. f.** Titre de noblesse, entre le vicomte et le marquis. *Le comte a une couronne dans ses armoiries.* ◊ homonymes : compte, conte.

▶ **comté** **n. m.** Domaine possédé autrefois par un comte. ◊ homonymes : compter, conter. ▷ VICOMTE.

**concasser** **v.** (conjug. 1) *Cette machine concasse les cailloux,* elle les broie en petits morceaux.

**concave** **adj.** Arrondi en creux. *Un miroir concave.* ‖ contr. **convexe** ‖.

**concentrer** **v.** (conjug. 1) **1.** Rassembler dans un seul endroit. *Toutes les boutiques de chaussures sont concentrées dans cette rue.* ‖ contr. **disperser** ‖ **2.** *Je n'arrive pas à me concentrer,* à fixer mon attention sur ce que je fais.

▶ **concentré** **adj.** *Julie met du lait concentré dans son thé,* du lait dont on a enlevé une grande partie de l'eau. — **N. m.** *Du concentré de tomate.*

▶ **concentration** **n. f.** **1.** *Le jeu d'échecs demande une grande concentration,* une grande attention. **2.** *Les camps de concentration,* ce sont des endroits où sont rassemblés des prisonniers qui sont traités de façon très dure.

**concentrique** adj. *Deux cercles concentriques,* ce sont deux cercles qui ont le même centre.

**conception** n. f. *Je n'ai pas la même conception de la vie que toi,* la même idée de la vie que toi.

**concerner** v. (conjug. 1) *Cette loi concerne tous les citoyens,* s'applique à tous les citoyens.

**concert** n. m. Séance de musique. *L'orchestre donnera un concert demain.* ▷ CONCERTO.

se **concerter** v. (conjug. 1) S'entendre pour faire quelque chose. *Ils se sont concertés avant de prendre une décision.*

**concerto** n. m. Œuvre musicale dans laquelle alternent l'orchestre et un ou deux instruments. *Des concertos pour piano.*

**concession** n. f. *Pour s'entendre bien avec quelqu'un, il faut parfois faire des concessions,* renoncer à certaines choses pour arriver à se mettre d'accord avec lui.

**concessionnaire** n. m. *Un concessionnaire automobile,* c'est quelqu'un qui vend des voitures d'une seule marque exclusivement.

**concevoir** v. (conjug. 28) *C'est lui seul qui a conçu ce projet,* qui en a eu l'idée, qui l'a imaginé. → aussi **conception.** ▷ INCONCEVABLE, PRÉCONÇU.

**concierge** n. m. et f. Personne qui a la garde d'un immeuble. → **gardien.** *La concierge passe l'aspirateur dans le hall de l'immeuble.*

**concile** n. m. Assemblée d'évêques de l'Église catholique.

**conciliabule** n. m. Conversation secrète, à voix basse. *Julie et Anne ont tenu un conciliabule dans un coin de la cour de récréation.*

**concilier** v. (conjug. 7) *C'est difficile de concilier des choses si différentes,* de les mettre en accord. ‖ contr. **opposer** ‖.

► **conciliant** adj. *Une personne conciliante,* c'est une personne qui cherche à arranger les choses avec les autres, fait des concessions.

► **conciliation** n. f. *Après bien des discussions, les adversaires sont arrivés à une conciliation,* à un arrangement. ▷ RÉCONCILIATION, RÉCONCILIER.

**concis** adj. *Il écrit d'une manière très concise,* il écrit ce qu'il a à dire en peu de mots.

► **concision** n. f. *Il nous a exposé l'affaire avec concision,* en peu de mots.

**concitoyen** n. m., **concitoyenne** n. f. *Le maire s'est adressé à ses concitoyens,* aux habitants de sa ville.

**conclave** n. m. Assemblée de cardinaux réunis pour élire un nouveau pape.

**conclure** v. (conjug. 35) **1.** *Les deux pays ennemis ont conclu la paix,* ils se sont mis d'accord pour signer la paix. **2.** Terminer ce qu'on dit ou ce qu'on écrit. *Le Président a conclu son discours en disant : « Vive la France ! »* **3.** Juger après avoir réfléchi. *Ne le voyant pas arriver, j'en ai conclu qu'il n'avait pas pu venir.* → **déduire.**

► **concluant** adj. *L'expérience n'est pas très concluante, il faudra la refaire,* elle ne donne pas un résultat clair, qui prouve quelque chose. → **probant.**

▶ **conclusion** **n. f. 1.** Partie qui termine un texte ou un discours. || contr. **introduction** || *La conclusion de ce roman est vraiment inattendue.* → **dénouement, fin. 2.** *De ses observations, Galilée tira la conclusion que la Terre tournait autour du Soleil,* il l'a compris après avoir fait un raisonnement.

**concombre** **n. m.** Légume de forme allongée et de couleur verte, à peau lisse, qui se mange le plus souvent cru, en hors-d'œuvre. *Une salade de concombres.*

concombre

**concorde** **n. f.** Bonne entente. *La concorde règne dans cette famille.* || contr. **discorde** ||.

**concorder** **v.** (conjug. 1) Être en accord. *Tous les témoignages concordent : un homme vêtu de sombre est sorti de l'immeuble à 9 heures.*

**concourir** **v.** (conjug. 11) Participer à un concours, à une compétition. *De nombreux pays ont concouru pour le championnat du monde.*

▶ **concours** **n. m. 1.** Épreuve, compétition où le nombre des gagnants est fixé à l'avance. *Luc a gagné le concours de photo.* **2.** Aide, collaboration. *La fête a été un succès grâce au concours de tous.* **3.** *Un concours de circonstances,* c'est un ensemble de choses qui se produisent en même temps par hasard. → **coïncidence.** *Un malheureux concours de circonstances a provoqué la catastrophe.*

**concret** **adj.** *Une chose concrète,* c'est une chose que l'on peut voir ou toucher. || contr. **abstrait** || *Un crayon est une chose concrète, la liberté, une chose abstraite.*

**concubinage** **n. m.** *Cet homme et cette femme vivent en concubinage,* ils vivent ensemble sans être mariés.

**concurrent** **n. m.**, **concurrente** **n. f. 1.** Personne qui participe à une compétition, à un jeu. → **participant.** *Il a battu tous ses concurrents.* **2.** *Ce commerçant vend moins cher que son concurrent,* qu'un autre commerçant qui vend les mêmes produits.

▶ **concurrence** **n. f.** Rivalité entre plusieurs personnes, plusieurs entreprises. *Ces deux commerçants se font une concurrence acharnée,* chacun essaie de vendre meilleur marché que l'autre pour attirer les clients.

▶ **concurrencer** **v.** (conjug. 3) *Les supermarchés concurrencent les petits commerçants,* ils leur font concurrence, leur prennent leur clientèle.

**condamner** [kɔ̃dane] **v.** (conjug. 1) **1.** *Condamner quelqu'un,* c'est lui faire subir une peine parce qu'il a été reconnu coupable. *L'assassin a été condamné à vingt ans de prison.* || contr. **acquitter** || **2.** Obliger, forcer. *Nous sommes condamnés à rester à la maison, car il pleut à verse.* **3.** Désapprouver. *Les pacifistes condamnent la* *guerre.* **4.** *Cette porte a été condamnée,* fermée pour qu'on ne puisse plus l'utiliser.

▶ **condamnable** **adj.** *Son attitude est condamnable,* elle mérite d'être condamnée. → **blâmable.** || contr. **louable** ||.

▶ **condamnation** **n. f.** Peine infligée par un tribunal. *L'assassin a eu une lourde condamnation.* || contr. **acquittement** ||.

▶ **condamné** **n. m.,** **condamnée** **n. f.** Personne qui a été condamnée. *Le condamné a été libéré.*

**condenser** **v.** (conjug. 1) **1.** Résumer. *Quand on condense une histoire, on ne raconte que l'essentiel.* **2.** *La vapeur d'eau s'est condensée sur la vitre,* elle s'est transformée en gouttelettes d'eau.

▶ **condensation** **n. f.** Transformation de vapeur d'eau en eau. *Quand il fait froid dehors et très chaud à l'intérieur d'une maison, il y a de la condensation sur les vitres.* → **buée.**

**condiment** **n. m.** Produit qui donne plus de goût aux aliments. → **aromate.** *Le sel et le poivre, le thym, les cornichons et la moutarde sont des condiments.*

**condition** **n. f.** **1.** Chose nécessaire qui est exigée. *Il y a certaines conditions à remplir pour s'inscrire à ce concours.* **2.** *Alex est en bonne condition physique,* en bonne forme. **3.** *Nous avons voyagé dans de très bonnes conditions,* tout a contribué à rendre le voyage agréable. **4.** *Sa famille est de condition modeste,* a un rang peu élevé dans la société. **5.** *Nous ferons une excursion à condition qu'il fasse beau,* s'il fait beau.

▶ **conditionné** **adj.** *L'air conditionné,* c'est un système qui maintient une température fraîche dans une pièce. → aussi **climatisation.**

▶ **conditionnel** **n. m.** Mode du verbe qui indique que l'action exprimée par le verbe dépend d'une condition. *Dans la phrase : « Je le ferais si tu me le demandais », le verbe « faire » est au conditionnel.* ▷ INCONDITIONNEL.

**condoléances** **n. f. pl.** *Présenter ses condoléances à quelqu'un,* c'est lui dire qu'on partage sa peine quand une personne de sa famille est morte.

**condor** **n. m.** Grand oiseau rapace de la famille du vautour. *Il y a des condors en Amérique du Sud, dans les Andes.*

condor

**conducteur** **n. m.,** **conductrice** **n. f.** Personne qui conduit un véhicule. → **chauffeur.** *Un conducteur de train. Une conductrice d'autobus.*

**conduire** **v.** (conjug. 38) **1.** Accompagner. *Elle a conduit son petit frère à l'école.* → **emmener.** **2.** Diriger un véhicule. *Il conduit trop vite.* **3.** Mener quelque part. *Ce chemin conduit à la ferme.* **4.** *Se conduire,* se comporter. *Il s'est très mal conduit envers moi.*

► **conduit** **n. m.** Tuyau dans lequel passe un liquide ou un gaz. *Un gazoduc est un conduit.*

► **conduite** **n. f. 1.** *Il prend des leçons de conduite,* il apprend à conduire. **2.** Façon de se comporter, d'agir. → **comportement, tenue.** *Cet élève a été récompensé pour sa bonne conduite.* **3.** *Une conduite d'eau,* c'est un tuyau qui sert à transporter l'eau. → **canalisation.** ▷ CONDUCTEUR, RECONDUIRE.

**cône** **n. m.** Objet dont la base est ronde et le sommet pointu. ⋙ planche Géométrie. *Un cornet de glace a la forme d'un cône.* ▷ CONIFÈRE, CONIQUE.

**confection** **n. f. 1.** Préparation, fabrication. *La confection de ce plat est longue.* **2.** *La confection,* c'est l'industrie du vêtement.

► **confectionner** **v.** (conjug. 1) Préparer. *Julie a confectionné un gâteau au chocolat.*

**confédération** **n. f.** Groupement de plusieurs États. *La Confédération helvétique est le groupement de plusieurs cantons.* → **fédération.**

**confédéré** **n. m.**, **confédérée** **n. f.** Ce mot est utilisé en Suisse. Personne qui habite un autre canton.

**conférence** **n. f. 1.** Réunion de travail. *Le directeur est en conférence.* **2.** Réunion où quelqu'un parle d'un sujet en public. *Nous avons assisté à une conférence sur l'Antarctique. Une conférence de presse,* c'est une réunion où une personne s'adresse aux journalistes et répond à leurs questions.

► **conférencier** **n. m.**, **conférencière** **n. f.** Personne qui fait une conférence. *Le conférencier a parlé pendant deux heures.*

**confesser** **v.** (conjug. 1) **1.** Avouer. *Je confesse que j'ai eu tort.* **2.** *Se confesser,* c'est avouer ses péchés à un prêtre.

► **confesseur** **n. m.** Prêtre à qui l'on se confesse.

► **confession** **n. f.** Déclaration de ses péchés à un prêtre. *Le prêtre a entendu Yves en confession.*

► **confessionnal** **n. m.** [pl. *confessionnaux*] Dans une église, cabine de bois séparée en deux par une grille de chaque côté de laquelle prennent place le prêtre et la personne qui se confesse.

**confetti** **n. m.** Petite rondelle de papier de couleur que l'on lance par poignées dans une fête. *Un sac de confettis.*

**confiance** **n. f. 1.** Sentiment que l'on éprouve quand on sait qu'on ne sera pas déçu, pas trompé. ‖ contr. **défiance, méfiance** ‖ *Il lui fait confiance,* il sait qu'il peut compter sur elle, se fier à elle. **2.** *Anne manque de confiance en elle,* elle n'est pas sûre d'elle, elle est timide.

► **confiant** **adj.** *Julie est une petite fille confiante,* elle fait confiance à tout le monde. ‖ contr. **méfiant** ‖.

**confidence** **n. f.** *Flora a fait une confidence à son amie,* elle lui a dit un secret qui la concernait.

► **confident** **n. m.**, **confidente** **n. f.** Personne à qui l'on se confie. *Julie est la confidente de Flora.*

► **confidentiel** **adj.** *Voici une lettre confidentielle,* qui ne doit être ouverte et lue que par son destinataire.

**confier** **v.** (conjug. 7) **1.** Laisser en garde. *J'ai confié mes clés à la gardienne de l'immeuble.* **2.** *Se confier à* *quelqu'un,* c'est lui dire ses pensées secrètes. *Flora s'est confiée à Julie.*

**confiné** adj. *Ouvre la fenêtre, l'air est confiné,* il n'a pas été renouvelé.

**confins** n. m. pl. *Le Tchad est aux confins du Sahara,* à la limite, à la frontière du Sahara.

**confirmer** v. (conjug. 1) Rendre certain ce qu'on a déjà annoncé. *Il a téléphoné à son père pour lui confirmer l'heure d'arrivée de son train. On nous a confirmé que le spectacle était annulé.*
▶ **confirmation** n. f. *Nous attendons la confirmation de la nouvelle,* que la nouvelle soit certaine.

**confiserie** n. f. **1.** Magasin où l'on vend des bonbons. *Anne a acheté des chocolats dans une confiserie.* **2.** Bonbon, sucrerie. *Les caramels et les sucres d'orge sont des confiseries.*
▶ **confiseur** n. m., **confiseuse** n. f. Personne qui fabrique et vend des confiseries.

**confisquer** v. (conjug. 1) Prendre un objet à quelqu'un pour le punir. *La maîtresse a confisqué à Julie le livre qu'elle lisait pendant le cours.*

**confit** adj. *Les fruits confits,* ce sont des fruits que l'on a trempés dans un sirop de sucre. — Au fém. *confite.*

**confiture** n. f. Fruits que l'on a fait cuire longtemps dans du sucre. *De la confiture de fraises. Un pot de confiture.* → aussi **gelée, marmelade.**

**conflit** n. m. Lutte entre des pays ou des personnes. *Les deux guerres mondiales ont été de grands conflits internationaux. Il est en conflit avec son patron.* → **désaccord.**

**confluent** n. m. Endroit où se rejoignent deux cours d'eau. *Lyon est au confluent de la Saône et du Rhône.*

**confondre** v. (conjug. 41) Prendre une personne pour une autre, une chose pour une autre. *On confond souvent Luc et son frère tellement ils se ressemblent.* → aussi **confusion.**

se **confondre** v. (conjug. 41) *Il s'aperçut qu'il s'était trompé et se confondit en excuses,* il s'excusa plusieurs fois de suite.

**conforme** adj. *Ce modèle de voiture est conforme aux normes de sécurité,* en accord avec les normes de sécurité.
▶ **conformément** adv. *Tout se passa conformément au plan prévu,* selon, d'après le plan prévu. ‖ contr. **contrairement** ‖.
▶ se **conformer** v. (conjug. 1) *Il faut se conformer aux règles du jeu,* les respecter.
▶ **conformiste** adj. *Elle est très conformiste, elle ne fait jamais rien d'original,* elle essaie toujours de faire comme tout le monde.
▶ **conformité** n. f. *Il a agi en conformité avec le règlement,* selon le règlement, en accord avec le règlement. ▷ ANTICONFORMISTE, NON-CONFORMISTE.

**confort** n. m. *Le confort,* c'est ce qui rend la vie matérielle plus facile et plus agréable. *Cet appartement est bien installé, rien n'y manque, il y a tout le confort.*
▶ **confortable** adj. *Ce fauteuil est très confortable,* on y est très bien. ‖ contr. **inconfortable** ‖.
▶ **confortablement** adv. *Elle est confortablement assise sur le canapé.* ▷ INCONFORTABLE.

**confrère** n. m. Personne qui exerce le même métier qu'une autre. → **col-**

**lègue.** *Le chirurgien a demandé l'avis d'un de ses confrères sur ce cas difficile.* — Si c'est une femme, on dit *une consœur.*

**confronter** **v.** (conjug. 1) **1.** *On a confronté les témoins du drame,* on les a réunis pour comparer ce qu'ils disaient. **2.** *Les policiers sont confrontés à un problème difficile,* ils sont en face d'un problème difficile.

► **confrontation** **n. f.** *La confrontation des témoins aura lieu demain au commissariat,* la rencontre des témoins.

**confus** **adj.** **1.** *Ses explications étaient si confuses que je n'ai rien compris,* si difficiles à comprendre. → **embrouillé.** ‖ contr. **clair** ‖ **2.** *Je suis confus d'arriver en retard,* je suis gêné, honteux.

► **confusion** **n. f.** **1.** Manque de clarté. *Quelle confusion dans ses explications, je n'y comprends rien!* **2.** *Flora fait parfois la confusion entre le « b » et le « d »,* elle confond le « b » et le « d ». **3.** Embarras, gêne que l'on manifeste quand on est confus. *S'apercevant de son erreur, il rougit de confusion.*

**congé** **n. m.** **1.** *Il est en congé,* en vacances. **2.** *Le patron a donné son congé à un de ses employés,* il l'a renvoyé. → aussi **congédier.** **3.** *Ils ont pris congé de leurs amis,* ils leur ont dit au revoir.

► **congédier** **v.** (conjug. 7) *Le patron du café a congédié un serveur,* il l'a renvoyé. → **licencier.**

**congeler** **v.** (conjug. 5) *On congèle les aliments pour les conserver,* on les met à $-18^0$. → aussi **surgelé.** ‖ contr. **décongeler** ‖.

► **congélateur** **n. m.** Appareil qui congèle les aliments.

**congère** **n. f.** Amas de neige entassée par le vent. *Une congère bloquait la route.*

**congestion** **n. f.** *Une congestion cérébrale,* c'est une maladie provoquée par une trop grande quantité de sang dans le cerveau.

► **congestionné** **adj.** *Il avait le visage congestionné,* rouge.

**congratuler** **v.** (conjug. 1) Féliciter. *Tout le monde congratula l'heureux gagnant.*

**congre** **n. m.** Poisson de mer au corps cylindrique et sans écailles, ressemblant à une grande anguille.

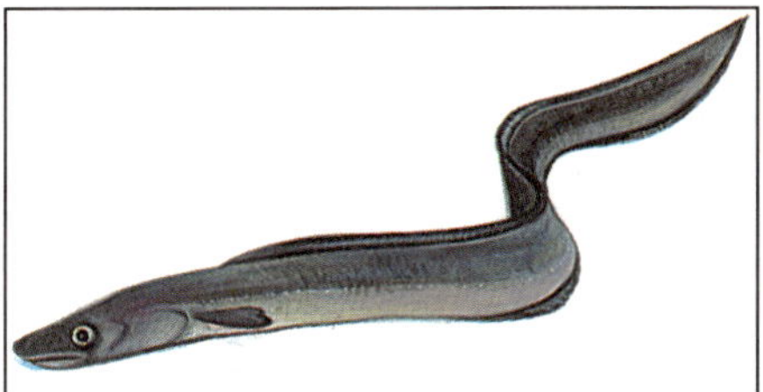

congre

**congrès** **n. m.** Réunion de personnes qui se rassemblent pour échanger leurs idées. → **colloque.** *Un congrès de médecins.*

► **congressiste** **n. m.** et **f.** Personne qui participe à un congrès.

**conifère** **n. m.** Arbre qui porte des aiguilles, produit de la résine et dont les fruits sont en forme de cônes. → **résineux.** *Le pin, le sapin, le cèdre et le cyprès sont des conifères.* ⤔ planche Arbres.

**conique** **adj.** Qui a la forme d'un cône. *Les pommes de pin sont coniques.*

**conjecture** **n. f.** Supposition. → **hypothèse.** *Comme rien n'est sûr, on ne peut faire que des conjectures.*

**conjoint** **n. m.** *Ce papier doit être signé par les deux conjoints,* les deux époux doivent le signer.

**conjonction** **n. f.** *« Mais » et « car » sont des conjonctions de coordination,* des mots qui relient deux mots ou deux propositions qui ont la même fonction. *« Puisque » et « comme » sont des conjonctions de subordination,* des mots qui relient une proposition subordonnée à la principale.

**conjoncture** **n. f.** Situation. *Quand il y a peu de chômage et que la production industrielle augmente, on peut dire que la conjoncture économique est bonne.*

**conjugaison** **n. f.** *La conjugaison,* c'est l'ensemble des formes que peut prendre un verbe. *Le verbe « parler » a une conjugaison régulière et le verbe « aller » une conjugaison irrégulière.*

**conjugal** **adj.** *L'amour conjugal,* c'est l'amour qu'éprouvent l'un pour l'autre un mari et sa femme. — **Au masc. pl.** *conjugaux.*

**conjuguer** **v.** (conjug. 1) **1.** *Conjuguer un verbe,* c'est réciter ou écrire toutes les formes de ce verbe. *Conjuguez au futur le verbe aller.* **2.** *Ils ont conjugué leurs efforts,* ils ont uni leurs efforts. ▷ CONJUGAISON.

**conjuré** **n. m.**, **conjurée** **n. f.** Conspirateur. *Les conjurés ont préparé un attentat contre le tyran.*

▸ **conjuration** **n. f.** Complot, conspiration. *La conjuration a été découverte.*

**connaître** **v.** (conjug. 57) **1.** Savoir. *Je connais le nom de cet arbre. Connaissez-vous la nouvelle ?* || contr. **ignorer** ||. — *Il s'y connaît en mécanique,* il est très compétent. **2.** *Julie connaît l'Amérique,* elle y est déjà allée. **3.** *Je connais sa sœur,* j'ai des relations avec elle. — *Ces deux femmes se connaissent,* elles se sont déjà vues. **4.** *Ce film a connu un grand succès,* il a eu beaucoup de succès.

▸ **connaissance** **n. f.** **1.** *Il a une bonne connaissance de l'allemand,* il sait bien l'allemand. *Elle a beaucoup de connaissances en histoire,* elle sait beaucoup de choses en histoire. **2.** *Il a pris connaissance de cette lettre,* il l'a lue pour savoir ce qu'elle contenait. **3.** *À ce dîner, j'ai rencontré une connaissance,* quelqu'un que je connais mais qui n'est pas un ami. **4.** *Le malade a perdu connaissance,* il s'est évanoui. → **conscience.** **5.** *Nous avons fait connaissance l'été dernier,* nous nous sommes rencontrés pour la première fois.

▸ **connaisseur** **n. m.** Personne compétente, qui s'y connaît. *C'est un connaisseur en vins.*

▸ **connu** **adj.** *« Le Petit Prince » est un livre très connu,* un livre que tout le monde connaît. → **célèbre.** ▷ INCONNU, MÉCONNAISSABLE, MÉCONNAÎTRE, MÉCONNU, RECONNAISSABLE, RECONNAISSANCE, RECONNAISSANT, RECONNAÎTRE.

**connecter** **v.** (conjug. 1) *Connecter deux appareils électriques,* c'est les relier ensemble. *Le magnétoscope est connecté au téléviseur.* ▷ DÉCONNECTER.

**connivence** **n. f.** *Le gardien de l'immeuble était de connivence avec les cambrioleurs,* il était d'accord en secret avec eux. → aussi **complice.**

**conquérir** **v.** (conjug. 21) *Conquérir un pays,* c'est l'occuper avec des soldats et le soumettre. *Les Romains ont conquis la Gaule.* → aussi **conquête.**

▶ **conquérant** **n. m.**, **conquérante** **n. f.** Personne qui fait des conquêtes en combattant. *Napoléon fut un grand conquérant.*

**conquête** **n. f.** *Les Romains ont fait la conquête de la Gaule,* ils ont conquis la Gaule. ▷ RECONQUÊTE.

**consacrer** **v.** (conjug. 1) **1.** *Consacrer une église,* c'est en faire un lieu sacré. *Cette église est consacrée à la Sainte Vierge,* elle est dédiée à la Sainte Vierge. **2.** *Pasteur a consacré sa vie à la science,* il l'a employée entièrement au service de la science.

**conscient** **adj.** **1.** *Le blessé est resté conscient,* il ne s'est pas évanoui. || contr. **inconscient** ||. **2.** *Il était conscient du danger,* il s'en rendait compte.

▶ **consciemment** **adv.** En sachant ce que l'on fait. *Il fait du mal consciemment.* → **sciemment, volontairement.** || contr. **inconsciemment** ||.

▶ **conscience** **n. f.** **1.** *Le malade a perdu conscience,* il s'est évanoui. → **connaissance.** **2.** *Il avait conscience du danger,* il s'en rendait compte. **3.** *La conscience,* c'est ce qui permet de juger si quelque chose est bien ou mal. *Yves a fait une bêtise, il n'a pas la conscience tranquille,* il a l'impression d'avoir mal agi. **4.** *Flora travaille avec conscience,* avec application, aussi bien qu'elle peut.

▶ **consciencieux** **adj.** *C'est une élève consciencieuse,* qui fait son travail en s'appliquant. → **travailleur.**

▶ **consciencieusement** **adv.** *Flora fait consciencieusement ses devoirs,* elle les fait avec soin, en s'appliquant.

▷ INCONSCIEMMENT, INCONSCIENCE, INCONSCIENT, OBJECTEUR DE CONSCIENCE.

**conscrit** **n. m.** Soldat qui vient d'être recruté pour le service militaire.

**consécration** **n. f.** *Ce jeune acteur a reçu un prix qui a été la consécration de son talent,* qui a fait reconnaître son talent par tous.

**consécutif** **adj.** *Il n'a pas dormi pendant deux nuits consécutives,* deux nuits de suite.

**conseil** **n. m.** **1.** Réunion de personnes qui discutent, donnent leur avis sur un problème. → **assemblée.** *Le conseil général s'occupe des affaires du département, le conseil municipal de celles de la commune.* **2.** Opinion donnée à quelqu'un sur ce qu'il doit faire. → **avis, recommandation.** *Il m'a donné d'excellents conseils.*

▶ ① **conseiller** **n. m.**, **conseillère** **n. f.** **1.** Personne qui fait partie d'un conseil. *Elle est conseillère municipale,* elle fait partie du conseil municipal. **2.** Personne qui donne des conseils. *Un bon conseiller.*

▶ ② **conseiller** **v.** (conjug. 1) **1.** *Il nous a conseillé d'attendre jusqu'à demain,* il nous a recommandé d'attendre jusqu'à demain. || contr. **déconseiller** ||. **2.** *Elle s'est fait conseiller par un avocat,* un avocat lui a dit ce qu'elle devait faire. ▷ DÉCONSEILLER.

**consentir** **v.** (conjug. 16) *Il a consenti à nous prêter sa voiture,* il a accepté de nous la prêter. || contr. **refuser** ||.

▶ **consentement** **n. m.** Accord. *Les mineurs ne peuvent pas se marier sans le consentement de leurs parents.* → **autorisation.** || contr. **refus** ||.

**conséquent** **adj.** *C'est un homme conséquent dans ce qu'il fait,* il est logique. || contr. **inconséquent** ||.

▶ par **conséquent** **adv.** Donc, ainsi, comme suite logique. *Il pleut, par* *conséquent nous ne ferons pas de pique-nique.*

▶ **conséquence** **n. f.** Effet, résultat. *La sécheresse a eu de graves conséquences sur les récoltes.* ▷ INCONSÉQUENT.

**conservatoire** **n. m.** École qui forme des musiciens, des comédiens. *Anne suit des cours de piano au conservatoire.*

**conserver** **v.** (conjug. 1) **1.** Garder en bon état. *On conserve les aliments dans le réfrigérateur.* **2.** Ne pas jeter, garder. *Elle conserve toutes les lettres de ses amies.* **3.** Garder. *J'ai conservé un excellent souvenir de ces vacances.*

▶ **conservateur** **n. m. 1.** Personne chargée de diriger un musée. *Elle est conservateur au musée du Louvre.* **2.** Personne qui, en politique, veut garder les choses telles qu'elles sont. *Les conservateurs sont contre le changement.* — **Adj.** *Il a des idées très conservatrices.* → aussi **réactionnaire. 3.** Produit que l'on met dans les aliments pour les conserver. *Ce pain est garanti sans conservateur ni colorant.*

▶ **conservation** **n. f.** *Le froid permet la conservation des aliments,* permet de les conserver.

▶ **conserve** **n. f.** Aliment conservé dans une boîte de métal ou un bocal. *Des boîtes de conserve. Des petits pois en conserve,* dans une boîte de conserve.

**considérer** **v.** (conjug. 6) **1.** Examiner, observer attentivement. *Julie considéra l'inconnu avec curiosité.* **2.** *Je le considère comme un homme intelligent,* j'estime, je trouve qu'il est intelligent. *Je considère que tu as raison.*

▶ **considérable** **adj.** Très grand, très important. *Une somme considérable.* || contr. **faible, petit** ||.

▶ **considération** **n. f. 1.** *Toutes les remarques seront prises en considération,* il en sera tenu compte. **2.** *Il jouit de la considération de ses supérieurs,* de leur estime. || contr. **mépris** ||. ▷ DÉCONSIDÉRER, INCONSIDÉRÉ.

**consigner** **v.** (conjug. 1) **1.** *Toute la classe a été consignée samedi après-midi,* elle n'a pas eu la permission de sortir de l'école. **2.** *Cette bouteille ne doit pas être jetée, elle est consignée,* elle est remboursée quand on la rapporte vide. **3.** *Le commandant consigne dans son journal de bord tout ce qui se passe sur le bateau,* il le note par écrit.

▶ **consigne** **n. f. 1.** Instruction, ordre de faire quelque chose. *Les consignes de sécurité en cas d'incendie sont inscrites sur la porte.* **2.** Punition consistant à retenir un élève à l'école ou à l'obliger à y revenir. *Julie a eu deux heures de consigne.* → **retenue. 3.** Endroit où l'on peut laisser ses bagages dans une gare, un aéroport. *Il a mis sa valise à la consigne.* **4.** Prix d'un emballage qui sera remboursé si on le rapporte. *Le litre de limonade coûte 4 francs, plus 1 franc de consigne.*

**consistant** **adj.** Épais, presque solide. *Cette sauce est trop consistante.* || contr. **liquide** ||.

▶ **consistance** **n. f.** *Quand il sort du réfrigérateur, le beurre a une consistance ferme, quand il est resté au soleil, il a une consistance molle.* ▷ INCONSISTANT.

**consister** **v.** (conjug. 1) **1.** *Le travail d'un médecin consiste à soigner les* *gens,* son travail est de soigner les gens. **2.** *Le repas consistait en un plat et un dessert,* il se composait d'un plat et d'un dessert.

**consolant, consolateur, consolation** → **consoler**

**console** **n. f. 1.** Petite table appuyée contre un mur. *Il y a un bouquet de fleurs sur la console de l'entrée.* **2.** *Une console d'ordinateur,* c'est le clavier et l'écran reliés à un ordinateur plus gros. → ② **terminal.**

**console**

**consoler** **v.** (conjug. 1) *Luc a consolé Flora qui pleurait,* il a calmé son chagrin. → **apaiser, réconforter.**

▶ **consolant** **adj.** *Des paroles consolantes,* qui consolent, réconfortent.

▶ **consolateur** **adj.** *Il a prononcé des paroles consolatrices,* qui consolent, réconfortent.

▶ **consolation** **n. f.** Soulagement apporté au chagrin de quelqu'un. *Il lui a dit quelques mots de consolation.* → **réconfort.** ▷ INCONSOLABLE.

**consolider** **v.** (conjug. 1) Rendre plus solide. *Le maçon a consolidé le mur avec du ciment.* → **renforcer.**

**consommé** **n. m.** Bouillon de viande. *Un consommé de poulet.*

**consommer** **v.** (conjug. 1) **1.** Absorber pour se nourrir. *Les Français consomment beaucoup de fromage.* **2.** *Cette voiture consomme très peu d'essence,* elle en utilise très peu pour fonctionner.

▶ **consommateur** **n. m., consommatrice** **n. f. 1.** Personne qui achète et utilise les produits vendus dans les magasins. → **acheteur, client.** *Les commerçants cherchent à satisfaire les besoins des consommateurs.* **2.** Personne qui boit quelque chose dans un café. *À cette heure tardive, il y avait peu de consommateurs dans le café.*

▶ **consommation** **n. f. 1.** *Julie fait une grande consommation de bonbons,* elle en mange beaucoup. **2.** Boisson que l'on boit dans un café. *Le garçon de café a pris la commande des consommations.*

**consonne** **n. f.** Lettre qui représente un bruit produit par le passage de l'air dans la gorge et dans la bouche. *Dans le mot « mer » il y a deux consonnes,* ***m*** *et* ***r****, et une voyelle* **e.**

**conspirer** **v.** (conjug. 1) *Les révolutionnaires conspiraient pour renverser le roi,* ils s'entendaient en secret pour renverser le roi. → **comploter.**

▶ **conspirateur** **n. m., conspiratrice** **n. f.** Personne qui conspire. *Les conspirateurs tenaient une réunion secrète.* → **conjuré.**

▶ **conspiration** **n. f.** Accord secret entre plusieurs personnes pour renverser quelqu'un qui est au pouvoir. *La conspiration a échoué.* → **complot.**

**conspuer** **v.** (conjug. 1) *La foule des spectateurs conspuait l'arbitre qui* *s'était trompé,* elle lui criait des injures. → **huer.** || contr. **acclamer, applaudir** ||.

**constant** **adj.** **1.** Qui ne s'arrête jamais. *Il y a un bruit constant dans la rue.* → **continuel, incessant, permanent.** **2.** Qui ne change pas. *Grâce au thermostat du radiateur, la température de la pièce reste constante.* || contr. **variable** ||.

► **constamment** **adv.** Sans cesse, tout le temps. *Il est constamment de mauvaise humeur.*

► **constance** **n. f.** Persévérance, patience. *Il a travaillé avec constance pour réussir.* ▷ INCONSTANT.

**constater** **v.** (conjug. 1) *La maîtresse a constaté l'absence d'Alex,* elle s'en est rendu compte. → **observer, remarquer.**

► **constat** **n. m.** *Après l'accident, les deux automobilistes ont fait un constat,* ils ont indiqué par écrit comment s'était passé l'accident.

► **constatation** **n. f.** *Il nous a fait part de ses constatations,* de ce qu'il avait constaté. → **observation, remarque.**

**constellation** **n. f.** Groupe d'étoiles qui forment un dessin particulier dans le ciel. *La Grande Ourse, la Petite Ourse et la Balance sont des constellations.*

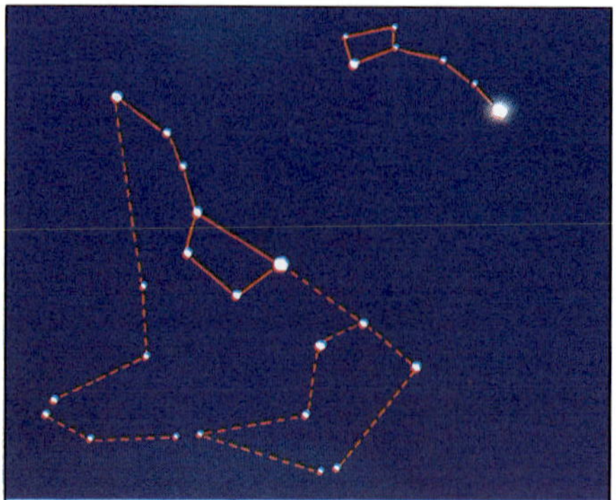
constellation

**consterner** **v.** (conjug. 1) Causer une très mauvaise surprise. *Cette mauvaise nouvelle nous a consternés.* → **désoler, navrer.** || contr. **réjouir** ||.

► **consternant** **adj.** *Cet échec est consternant,* désolant, navrant.

► **consternation** **n. f.** Tristesse, accablement. *Cette triste nouvelle plongea tout le monde dans la consternation.* || contr. **joie** ||.

**constipé** **adj.** *Yves a mangé trop de chocolat, il est constipé,* il a du mal à faire ses besoins.

► **constipation** **n. f.** *Les pruneaux sont efficaces contre la constipation.* || contr. **colique, diarrhée** ||.

**constituer** **v.** (conjug. 1) **1.** Composer, former. *La table est constituée d'une planche et de quatre pieds.* **2.** Organiser, mettre sur pied. *Les joueurs ont constitué les équipes.*

► **constitué** **adj.** *Ce nouveau-né est robuste et bien constitué,* bien formé.

► **constituant** **adj.** **1.** *L'oxygène et l'azote sont des éléments constituants de l'air,* des éléments qui composent l'air. — **N. m.** *L'oxygène est un des constituants de l'eau.* **2.** *Une assemblée constituante,* c'est un groupe de personnes chargé de mettre au point la constitution d'un pays.

► **constitution** **n. f.** **1.** Manière dont une chose est composée. *Nous étudierons aujourd'hui la constitution de l'air.* **2.** *Il a participé à la constitution de notre club sportif,* à son organisation. **3.** *Ce bébé a une robuste constitution,* il est bien développé. **4.** *La constitution d'un pays,* c'est l'ensemble des lois qui disent comment ce pays doit être gouverné.

▸ **constitutionnel** adj. *Cette loi n'est pas constitutionnelle,* elle n'est pas en accord avec la constitution du pays. ▷ RECONSTITUER, RECONSTITUTION.

**construire** v. (conjug. 38) 1. Bâtir. → **édifier.** *La maison a été construite il y a deux ans.* ‖ contr. **démolir, détruire** ‖ 2. Tracer. *Construis un triangle isocèle.* 3. *Construire une phrase,* c'est mettre les mots dans le bon ordre.

▸ **constructeur** n. m., **constructrice** n. f. Personne, groupe de personnes qui construit, fabrique. *Les grands constructeurs d'automobiles.*

▸ **constructif** adj. Qui propose des solutions pour améliorer les choses, ne critique pas sans cesse. → **positif.** *Alex a fait des remarques constructives.* ‖ contr. **négatif** ‖.

▸ **construction** n. f. 1. Action de bâtir. *La construction de la maison a été longue.* → **édification.** ‖ contr. **démolition, destruction** ‖ 2. Maison, immeuble. *Il y a beaucoup de constructions neuves dans le quartier.* 3. *Flora a fait une faute de construction dans sa rédaction,* elle n'a pas mis les mots dans le bon ordre. ▷ RECONSTRUIRE.

**consul** n. m. 1. *La république romaine était gouvernée par deux consuls.* 2. Personne chargée, à l'étranger, de défendre les intérêts de ses compatriotes. *Elle est consul de France en Espagne.* → aussi **ambassadeur.**

▸ **consulat** n. m. Endroit où travaille un consul. *Le consulat des États-Unis à Paris.*

**consulter** v. (conjug. 1) 1. Demander un avis, un conseil. *Elle a consulté un médecin,* elle s'est fait examiner par un médecin. 2. Regarder quelque chose pour se renseigner. *J'ai consulté l'horaire des trains.*

▸ **consultation** n. f. *Le médecin est en consultation,* il reçoit des malades et les examine.

se **consumer** v. (conjug. 1) Brûler et devenir de la cendre. *La cigarette s'est consumée lentement dans le cendrier.*

**contact** n. m. 1. *Flora s'est brûlée au contact du radiateur,* en touchant le radiateur. *Alex a des verres de contact.* → **verre** et aussi **lentille.** 2. *Mettre le contact,* c'est, dans une voiture, permettre au courant électrique de passer de la batterie au démarreur afin que le moteur se mette en marche. *Elle mit le contact et s'en alla.* 3. *Elle a pris contact avec nous,* elle est entrée en relation avec nous.

▸ **contacter** v. (conjug. 1) *Il a contacté son avocat,* il est entré en relation avec lui. → **joindre, rencontrer, toucher.**

**contagion** n. f. Transmission d'une maladie. *Les enfants qui ont la varicelle ne vont pas à l'école pour éviter la contagion,* pour éviter de passer leur maladie aux autres. → aussi **contaminer.**

▸ **contagieux** adj. 1. *La rougeole est une maladie contagieuse,* qui s'attrape facilement. 2. *Le malade est encore contagieux,* il peut encore transmettre sa maladie.

**contaminer** v. (conjug. 1) Transmettre une maladie. *Le malade a contaminé ses camarades.* → aussi **contagion.**

**conte** n. m. Histoire inventée qui raconte des histoires merveilleuses. *Le Chat botté et Cendrillon sont des contes de Perrault.* ◊ homonymes : compte, comte.

**contempler** v. (conjug. 1) Regarder attentivement pendant longtemps, en admirant. *Les touristes contemplent le paysage.*

▸ **contemplation** n. f. *Il était en contemplation devant le coucher de soleil.* → **extase.**

**contemporain** adj. 1. *Jeanne d'Arc et Charles VII étaient contemporains,* ils vivaient à la même époque. 2. Actuel. → **moderne.** *Une exposition de peinture contemporaine.* || contr. **ancien** ||.

**contenir** v. (conjug. 22) 1. *Les fruits contiennent des vitamines.* → **renfermer.** 2. *Cette bouteille contient un litre,* elle a une capacité d'un litre. 3. Empêcher d'avancer. *La police contenait la foule.* 4. *Se contenir,* se retenir, se dominer. *Essaie de ne pas rire, contiens-toi !*

▸ **contenance** n. f. 1. Quantité qu'un récipient peut contenir. *Cette bouteille a une contenance de deux litres.* → **capacité.** 2. Manière de se tenir, attitude. *Elle a perdu contenance devant l'examinateur,* elle s'est troublée. → aussi **décontenancer.**

▸ **contenant** n. m. Ce qui peut contenir quelque chose. *Une valise, une bouteille sont des contenants.*

**content** adj. 1. Satisfait. *Alex est content de son nouveau vélo.* → **enchanté, ravi.** || contr. **mécontent** || *La maîtresse est contente de ses élèves.* 2. Gai, joyeux. → **heureux.** *Flora est toute contente d'aller en classe de neige.* ◊ homonyme : comptant.

▸ **contenter** v. (conjug. 1) 1. Rendre quelqu'un content en lui donnant ce qu'il désire. → **satisfaire.** *Nous nous efforçons de contenter tous nos clients.* || contr. **mécontenter** || 2. *Se contenter de quelque chose,* c'est n'avoir besoin de rien de plus. *Elle s'est contentée d'un yaourt pour son dîner.*

▸ **contentement** n. m. Satisfaction. *Son contentement se lit sur son visage.* ▷ MÉCONTENT, MÉCONTENTEMENT, MÉCONTENTER.

**contenu** n. m. 1. Ce qu'il y a dans quelque chose. *Yves a bu tout le contenu de son verre.* 2. *Je ne me souviens plus du contenu de ce livre,* de ce qui est écrit dedans.

**conter** v. (conjug. 1) Raconter. *La vieille dame nous conta l'histoire de la Belle au bois dormant.* ◊ homonymes : compter, comté. ▷ CONTE, CONTEUR, RACONTAR, RACONTER.

**contester** v. (conjug. 1) Refuser d'admettre. *Je conteste ce que tu dis,* je ne suis pas d'accord avec ce que tu dis. || contr. **approuver** ||.

▸ **contestable** adj. *Ta décision est contestable,* on peut la contester. → **discutable.** || contr. **incontestable** ||.

▸ **contestataire** n. m. et f. Personne qui n'est pas d'accord et le dit bien fort. *Une contestataire.* — Adj. *Des étudiants contestataires ont organisé une grève.*

▸ **contestation** n. f. *Sa décision n'a pas soulevé de contestation,* personne n'a contesté. → **protestation.** ▷ INCONTESTABLE.

**conteur** n. m., **conteuse** n. f. Personne qui dit des contes, raconte des histoires. *C'est un excellent conteur.* ◊ homonyme : compteur.

**contexte** n. m. Texte qui entoure un mot ou une phrase. *Il faut voir le contexte pour savoir ce que veut dire « voler ».*

**contigu** adj. *Deux pièces contiguës* sont situées l'une à côté de l'autre.

**continent** n. m. Grande étendue de terre comprise entre deux océans.

*L'Europe, l'Asie, l'Afrique, l'Amérique, l'Océanie et l'Antarctique sont les six continents.*

▶ **continental** **adj.** Qui concerne les continents. *Le climat continental,* c'est le climat des régions éloignées de la mer. — **Au masc. pl.** *continentaux.*

**contingent** **n. m.** Ensemble des jeunes gens qui font leur service militaire en même temps. *Les soldats du contingent.*

**continu** **adj.** Qui ne s'arrête pas. *Il y a eu une pluie continue toute la journée.* → **interrompu.** || contr. **intermittent** || *On ne doit pas doubler quand il y a une ligne blanche continue au milieu de la route.* || contr. **discontinu** ||.

▶ **continuel** **adj.** Qui ne s'arrête pas ou se répète régulièrement. → **incessant.** *Il lui fait des critiques continuelles.*

▶ **continuellement** **adv.** Sans arrêt. → **constamment.** *Elle se plaint continuellement.*

▶ **continuer** **v.** (conjug. 1) **1.** Ne pas arrêter de faire quelque chose. *Elle a continué de travailler jusqu'à minuit.* — On peut dire aussi : *elle a continué à travailler.* **2.** Ne pas s'arrêter. *Le chemin continue après la ferme,* il va plus loin. → se **poursuivre,** se **prolonger.** ▷ DISCONTINU, sans DISCONTINUER.

**contondant** **adj.** *Un bâton, une matraque sont des armes contondantes,* qui blessent sans couper.

**contorsion** **n. f.** *Faire des contorsions,* c'est se tordre dans tous les sens.

**contour** **n. m.** Ligne qui fait le tour. *Le dessinateur commence le portrait en dessinant le contour du visage.*

**contourner** **v.** (conjug. 1) *L'autoroute contourne la ville,* elle l'évite en faisant le tour.

**contraception** **n. f.** Ensemble des moyens utilisés si on ne veut pas d'enfant. → aussi **pilule, préservatif.**

① **contracter** **v.** (conjug. 1) *Contracter une assurance,* c'est prendre une assurance, signer un contrat d'assurance. → aussi **contrat.**

② **contracter** **v.** (conjug. 1) **1.** *Yves a contracté la grippe,* il l'a attrapée. **2.** *Anne a contracté l'habitude de se lever tôt,* elle a pris cette habitude.

③ **contracter** **v.** (conjug. 1) *Yves contracte ses muscles,* il les raidit, les tend. — *Ses muscles se contractent sous l'effort.*

▶ **contracté** **adj.** *Les candidats sont très contractés,* tendus, nerveux. || contr. **décontracté** ||.

▶ **contraction** **n. f.** Le fait de se contracter. *On voit qu'il souffre à la contraction de son visage.*

▷ DÉCONTRACTÉ, se DÉCONTRACTER, DÉCONTRACTION.

**contractuel** **n. m.**, **contractuelle** **n. f.** Personne chargée par la police de mettre des contraventions aux automobilistes en stationnement interdit.

**contradiction** **n. f. 1.** *Luc a l'esprit de contradiction,* il aime bien dire le contraire de ce qui vient d'être dit. → aussi **contredire. 2.** Opposition entre deux choses que l'on affirme en même temps. *Il y a une contradiction entre « il fait froid » et « il fait chaud ».*

▶ **contradictoire** **adj.** *Des affirmations contradictoires,* qui se contredisent, s'opposent.

**contraindre** **v.** (conjug. 52) Obliger. *Le mauvais temps nous a contraints à rester chez nous.*

▶ **contrainte** **n. f.** **1.** *Le caissier a donné l'argent sous la contrainte,* en y étant forcé. **2.** *Chaque métier a des contraintes,* des aspects ennuyeux. → **devoir, obligation.**

**contraire** **adj.** et **n. m.**

▭ **adj.** Opposé. *« Oui » et « non » sont des mots de sens contraire.* || contr. **même, pareil, semblable** || *C'est contraire à ses habitudes.*

▭ **n. m.** **1.** *Le contraire d'une chose,* c'est ce qui lui est opposé. *Julie fait toujours le contraire de ce qu'on lui demande de faire. Luc n'est pas méchant, au contraire il est très gentil.* **2.** Mot de sens opposé. *« Grand » est le contraire de « petit ».*

▶ **contrairement** **adv.** D'une manière contraire. *Contrairement à ce que l'on pourrait penser, Julie est bonne élève.* || contr. **conformément** ||.

**contrarier** **v.** (conjug. 7) **1.** Empêcher la réalisation d'une chose. *Le mauvais temps a contrarié nos projets.* || contr. **aider, favoriser** || **2.** Rendre mécontent. *Son départ me contrarie.*

▶ **contrariant** **adj.** Gênant. → **fâcheux.** *Ce retard est vraiment contrariant.*

▶ **contrarié** **adj.** Mécontent. *Alex avait l'air contrarié.* || contr. **content** ||.

▶ **contrariété** **n. f.** Mécontentement causé par quelque chose ou quelqu'un qui s'oppose à ce que l'on veut faire. *Elle a eu beaucoup de contrariétés dans sa vie.* || contr. **satisfaction** ||.

**contraste** **n. m.** **1.** Grande différence très visible. *Quel contraste entre ces villas luxueuses et ces baraquements !* **2.** *Il règle le contraste de l'image de la télévision,* la différence de lumière entre les parties claires et les parties sombres.

▶ **contraster** **v.** (conjug. 1) S'opposer de façon frappante. *Sa méchanceté contraste avec la gentillesse de sa sœur.*

**contrat** **n. m.** Accord entre plusieurs personnes fixant les droits et les devoirs de chacun. *Les futurs mariés ont signé leur contrat de mariage.*

**contravention** **n. f.** Amende. *Il a eu une contravention pour excès de vitesse.* → **procès-verbal.**

**contre** **prép.**, **adv.** et **n. m.**

▭ **prép.** **1.** *Il a poussé le lit contre le mur,* tout près du mur jusqu'à ce qu'il le touche. **2.** *Contre* indique l'idée d'opposition. *Anne est en colère contre son frère. Alex nage dans la rivière contre le courant.* **3.** *Luc a échangé une sucette contre une bille,* il a donné une sucette en échange d'une bille.

▭ **adv.** *Par contre,* en revanche, au contraire. *Il est très brun, par contre sa sœur est blonde.*

▭ **n. m.** *Avant de prendre une décision, il faut peser le pour et le contre,* les avantages et les inconvénients.

▷ CONTRAIRE, CONTRAIREMENT, CONTRARIANT, CONTRARIÉ, CONTRARIER, CONTRARIÉTÉ, CONTRASTE, CONTRASTER, CONTRER, à L'ENCONTRE de, MALENCONTREUX, RENCONTRE, RENCONTRER.

**contre-allée** **n. f.** Allée qui longe une avenue. *Les contre-allées de l'avenue Foch, à Paris.*

**contre-attaque** **n. f.** Attaque lancée alors qu'on est attaqué. — **Au pl.** *Des contre-attaques.*

▶ **contre-attaquer** **v.** (conjug. 1) *L'armée ennemie a contre-attaqué,* elle a fait une contre-attaque.

**contrebalancer** v. (conjug. 3) Équilibrer. → **compenser.** *Les avantages contrebalancent les inconvénients.*

**contrebande** n. f. *Faire de la contrebande,* c'est passer en fraude des marchandises d'un pays dans un autre, sans payer les droits de douane.

▸ **contrebandier** n. m. Personne qui fait de la contrebande.

en **contrebas** adv. *La route passe en contrebas,* plus bas, en-dessous.

**contrebasse** n. f. Grand instrument de musique à quatre cordes, qui donne un son très grave. ⋙ planche Instruments de musique.

**contrecarrer** v. (conjug. 1) *Sa venue a contrecarré mes projets,* les a empêchés de se réaliser. → **contrarier.** || contr. **favoriser** ||.

à **contrecœur** adv. En se forçant, de mauvaise grâce. *Elle a accepté de venir, à contrecœur.* || contr. de bon **cœur, volontiers** ||.

**contrecoup** n. m. Événement qui est provoqué par un autre. → **conséquence.** *L'usine subit les contrecoups de la crise.*

**contredire** v. (conjug. 37 ; mais *vous contredisez*). Dire le contraire. *Yves contredit sans arrêt sa mère.* → aussi **contradiction.** — *Anne s'est contredite,* elle a dit le contraire de ce qu'elle avait dit auparavant.

**contrée** n. f. Pays, région. *La Normandie est une belle contrée.* ◊ homonyme : contrer.

**contrefaçon** n. f. Imitation faite pour tromper. *La contrefaçon des billets de banque est un délit très grave.*

**contrefaire** v. (conjug. 60) Imiter une chose avec une intention malhonnête. *Le voleur avait contrefait ma signature sur mes chèques. Le ravisseur a contrefait sa voix au téléphone.* → **déguiser.**

▸ **contrefait** adj. *Une personne contrefaite,* c'est une personne dont le corps n'a pas une forme normale. → **difforme.**

**contrefort** n. m. **1.** Mur servant d'appui à un autre mur, à un pilier. *Les contreforts d'un pont.* **2.** *Les contreforts d'une chaîne de montagnes,* ses premières pentes.

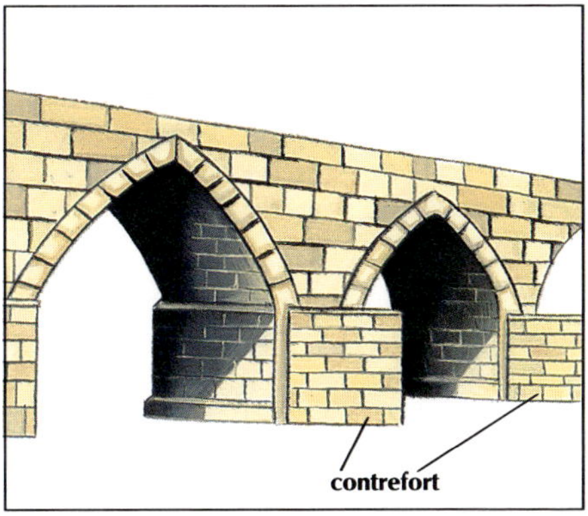


à **contre-jour** adv. *Je ne l'ai pas reconnu, car il était à contre-jour,* il était devant une lumière qui l'éclairait par derrière.

**contremaître** n. m., **contremaîtresse** n. f. Personne qui dirige une équipe d'ouvriers.

en **contrepartie** adv. En échange de ce que l'on donne, du service que l'on rend. *Ils logent une jeune fille qui, en contrepartie, garde leur bébé le soir.*

**contre-pied** n. m. *Yves prend toujours le contre-pied de ce que dit sa sœur,* il dit toujours le contraire.

**contre-plaqué** n. m. *Alex fait une maquette d'avion en contre-plaqué,* en bois formé de plaques minces collées les unes aux autres.

**contrepoids** n. m. Poids qui fait équilibre à un autre poids. *Le contrepoids de l'ascenseur descend quand l'ascenseur monte.*

**contrepoison** n. m. Produit qui agit contre un poison. → **antidote.**

**contrer** v. (conjug. 1) *Notre équipe de football a contré l'attaque de l'équipe adverse,* elle s'y est opposée avec succès. ◊ homonyme : contrée.

**contresens** n. m. *Elle a fait plusieurs contresens dans sa version,* elle s'est trompée sur le sens de plusieurs mots.

**à contresens** adv. Dans la direction contraire à la direction normale. *Le semi-remorque a pris l'autoroute à contresens.*

**contretemps** n. m. Événement inattendu qui retarde, complique ce que l'on a prévu de faire. *Un contretemps fâcheux lui a fait rater son train.*

**contribuer** v. (conjug. 1) Participer. *De nombreuses personnes ont contribué à l'organisation de la fête.* → **aider, collaborer, coopérer.**

► **contribuable** n. m. et f. Personne qui paye des impôts.

► **contribution** n. f. 1. Part que l'on prend à la réalisation de quelque chose. → **aide, concours, participation.** *Nous vous remercions de votre contribution.* 2. *Les contributions,* les impôts.

**contrôle** n. m. 1. Examen, vérification. *Les douaniers sont chargés du contrôle des passeports.* 2. *Le chauffard a perdu le contrôle de sa voiture,* il n'a plus pu la diriger.

► **contrôler** v. (conjug. 1) S'assurer qu'une chose est en règle. → **inspecter, vérifier.** *Le policier a contrôlé nos papiers d'identité.*

► **contrôleur** n. m., **contrôleuse** n. f. Personne dont le métier est de faire des contrôles. *Montre ton billet de train au contrôleur.*

**contrordre** ou **contre-ordre** n. m. Ordre qui ordonne le contraire d'un ordre déjà donné. *Il y a contrordre, vous ne partirez que demain.* — Au pl. *Des contrordres* ou *des contre-ordres.*

**controverse** n. f. Discussion qui oppose ceux qui y participent. *L'existence des soucoupes volantes provoque de vives controverses.*

**contusion** n. f. Blessure légère faite par un choc, sans saignement. *Il s'est sorti de son accident avec seulement quelques contusions.*

**convaincre** v. (conjug. 42) *L'accusé a convaincu le juge de son innocence,* il l'en a persuadé, il l'a amené à le croire. → aussi **conviction.**

► **convaincant** adj. Qui convainc. *Des arguments convaincants.*

**convalescent** adj. *Julie est convalescente,* elle vient d'être malade et va mieux, tout en étant encore faible.

► **convalescence** n. f. Temps de repos après une maladie. *Pendant sa convalescence, Julie a lu des bandes dessinées.*

**convenir** v. (conjug. 22) 1. Reconnaître. → **admettre.** *Anne a convenu de* *son erreur.* **2.** Se mettre d'accord. *Ils ont convenu de s'écrire toutes les semaines.* **3.** Être approprié, aller bien. *Le judo est un sport qui convient à Luc.* **4.** *Il convient de les remercier,* il faut les remercier.

▶ **convenable** **adj.** **1.** Assez bon, suffisant. → **acceptable, correct.** *Son salaire est tout à fait convenable.* **2.** Conforme aux règles de la politesse, aux usages. *Ce n'est pas convenable de dire des gros mots.* ‖ contr. **inconvenant, incorrect** ‖.

▶ **convenablement** **adv.** *Tenez-vous convenablement à table !* comme il faut.

▶ **convenance** **n. f. 1.** *Flora a trouvé une robe à sa convenance,* qui lui plaît, à son goût. **2.** *Les convenances,* ce sont les règles de la politesse. *Il faudrait toujours respecter les convenances.* ▷ INCONVENANT, INCONVÉNIENT.

**convention** **n. f. 1.** *Les deux pays ont signé une convention commerciale,* ils ont signé un accord. → **entente.** **2.** *Les conventions,* les règles qu'il est d'usage de respecter. *Elle est très attachée aux conventions sociales.* → aussi **convenance.**

**converger** **v.** (conjug. 3) **1.** Aller vers le même point. *Plusieurs routes convergent vers le village.* **2.** *Nos idées convergent,* elles aboutissent au même résultat. ‖ contr. **diverger** ‖.

**converser** **v.** (conjug. 1) Parler avec quelqu'un → s'**entretenir.** *Ils ont conversé un long moment.* → **bavarder.**

▶ **conversation** **n. f.** Échange de paroles entre des personnes. *Nous avons eu une longue conversation.* → **discussion, entretien.**

**conversion** **n. f. 1.** Le fait de changer de religion. *La conversion de Clovis au christianisme eut lieu en 496.* → aussi se **convertir.** **2.** Passage d'une mesure en d'autres unités. *Le maître a fait faire des conversions de kilomètres en centimètres.* ▷ RECONVERSION.

**convertir** **v.** (conjug. 2) **1.** *Se convertir,* c'est adopter une religion ou en changer. *Henri IV s'est converti au catholicisme.* **2.** Transformer en une autre unité. *Flora a appris à convertir les heures en secondes.* ▷ RECONVERTIR.

**convexe** **adj.** Arrondi en dehors, vers l'extérieur. → **bombé.** *Un miroir convexe.* ‖ contr. **concave** ‖.

**conviction** **n. f. 1.** Certitude. *J'ai la conviction qu'il viendra,* j'en suis sûr. **2.** Opinion. *Ils n'ont pas les mêmes convictions politiques.*

**convier** **v.** (conjug. 7) Inviter. *Les parents de Luc ont convié le maire à dîner.*

**convive** **n. m.** et **f.** Personne invitée à un repas. → **invité.**

**convocation** **n. f.** Lettre obligeant quelqu'un à venir. *Le frère d'Anne a reçu sa convocation au baccalauréat.* → aussi **convoquer.**

**convoi** **n. m.** Groupe de véhicules, de personnes qui font route ensemble. *Un convoi militaire a traversé la ville.*

**convoiter** **v.** (conjug. 1) Désirer. *Il convoite le poste de directeur.*

▶ **convoitise** **n. f.** Très grand désir. → **avidité.** *Les enfants regardent la vitrine de la pâtisserie avec convoitise.*

**convoquer** **v.** (conjug. 1) Faire venir. *Le directeur a convoqué deux élèves dans son bureau.* ▷ CONVOCATION.

**convulsion** n. f. Contraction violente et involontaire des muscles. *La fièvre peut provoquer des convulsions.*

**coopérer** v. (conjug. 6) Travailler avec quelqu'un à la même chose. → **collaborer.** *Plusieurs ingénieurs ont coopéré à la construction de l'usine.*

▶ **coopérant** n. m. Spécialiste qui travaille dans un pays en voie de développement. *Ce médecin a fait son service militaire comme coopérant en Afrique.*

▶ **coopération** n. f. 1. Participation. → **aide.** *Nous vous remercions de votre coopération.* 2. Aide apportée à un pays en voie de développement.

▶ **coopératif** adj. Qui apporte son aide. *Flora s'est montrée coopérative.*

▶ **coopérative** n. f. Association de personnes unies pour vendre, acheter ou produire. *Le fermier vend son lait à une coopérative.*

**coordination** n. f. Organisation de plusieurs choses pour atteindre un but. *Il y a une bonne coordination entre les membres de l'équipe.*

**coordonnée** n. f. 1. *L'abscisse et l'ordonnée sont les coordonnées d'un point,* ce sont les éléments permettant de situer un point sur un plan. 2. *Donne-nous tes coordonnées,* ton adresse et ton numéro de téléphone.

**coordonner** v. (conjug. 1) Organiser pour faire marcher ensemble. → **harmoniser.** *Les pompiers et les sauveteurs ont coordonné leurs efforts.* → aussi **coordination.**

**copain** n. m., **copine** n. f. Familier. Ami. → **camarade.** *Alex est sorti avec une bande de copains.*

**copeau** n. m. Déchet, en forme de ruban, obtenu en égalisant une pièce de bois ou de métal. *Il y a un tas de copeaux de bois dans l'atelier.*

**copie** n. f. 1. Feuille volante sur laquelle les élèves font leurs devoirs. *Une copie double à petits carreaux.* 2. Ce qui est copié, reproduit. → **reproduction.** *Ce tableau n'est pas l'original, c'est une copie.* → **imitation.** *Il a gardé une copie de sa lettre.* → **double.**

▶ **copier** v. (conjug. 7) 1. Reproduire. *Luc copie le résumé de la leçon sur son cahier.* → **recopier.** 2. *Anne a copié sur son voisin,* elle a regardé ce qu'il écrivait et a écrit la même chose. ▷ PHOTOCOPIE, PHOTOCOPIER, PHOTOCOPIEUR, RECOPIER.

**copieux** adj. Abondant. *Un repas copieux.* — **Au fém.** *copieuse.*

**copilote** n. m. et f. Second pilote d'un avion qui peut remplacer le pilote.

**copine** → **copain**

**copropriété** n. f. *Un immeuble en copropriété* appartient à plusieurs propriétaires.

▶ **copropriétaire** n. m. et f. *Les copropriétaires d'un immeuble,* ce sont toutes les personnes qui possèdent un appartement dans cet immeuble.

**coq** n. m. Mâle de la poule. *Le chant du coq nous a réveillés.* ◇ homonyme : coque. ▷ ① COCOTTE.

**coque** n. f. 1. Enveloppe rigide de certains fruits. → **coquille.** *Une coque de noix.* 2. *Julie aime les œufs à la coque,* les œufs cuits avec leur coquille dans l'eau bouillante sans qu'ils soient durs. 3. *La coque d'un bateau,* c'est la partie d'un bateau formée du fond et des côtés, sur laquelle on construit le pont. 4. Petit coquillage arrondi dont la coquille est en deux parties, qui vit dans le sable. ◊ homonyme : coq. ▷ COQUETIER.

**coquelicot** n. m. Fleur rouge vif qui pousse dans les champs en été.

coquelicot

**coqueluche** n. f. Maladie contagieuse qui fait tousser. *Le bébé a été vacciné contre la coqueluche.*

**coquet** adj. Qui aime plaire par son élégance, sa façon de s'habiller. *Flora est très coquette.*

▸ **coquetterie** n. f. Désir de plaire, en étant élégant et soigné.

**coquetier** n. m. Petite coupe dans laquelle on met un œuf à la coque pour le manger.

**coquille** n. f. 1. Enveloppe dure qui recouvre le corps de certains animaux. → **coquillage** et aussi **carapace.** *L'escargot est rentré dans sa coquille.* 2. *Une coquille Saint-Jacques,* c'est un mollusque comestible qui est dans une grande coquille plate et striée. ⋙ planche Crustacés et coquillages. 3. Enveloppe de l'œuf des oiseaux. *Le poussin est sorti de sa coquille.* 4. Enveloppe dure de certains fruits. → **coque.** *Les noisettes ont une coquille très dure.*

▸ **coquillage** n. m. Animal marin dont le corps est protégé par une coquille. *Yves ramasse des coquillages dans les rochers.* → aussi **mollusque.**

**coquin** n. m., **coquine** n. f. Personne malicieuse et taquine. *Tu es une petite coquine !* — Adj. *Julie est très coquine.* → **espiègle.**

① **cor** n. m. Instrument de musique à vent, en cuivre, formé d'un long tube enroulé sur lui-même. ⋙ planche Instruments de musique. *Il joue du cor de chasse.* ◊ homonyme : corps.

② **cor** n. m. *Elle a un cor au pied,* une petite boule de peau dure qui s'est formée sur un orteil.

**corail** n. m. [pl. *coraux*] 1. Petit animal recouvert de calcaire, qui vit dans les mers chaudes en colonies formant des rochers. 2. Matière calcaire qui recouvre ces animaux et dont on fait des bijoux. *Un collier de corail.*

**corbeau** n. m. Oiseau au plumage noir ou gris, au grand bec courbe. *Les corbeaux croassent.*

**corbeille** n. f. Panier léger sans anse. *Le serveur a apporté une corbeille de fruits sur la table.*

**corbillard** n. m. Voiture qui sert à transporter un cercueil jusqu'au cimetière. *La famille du défunt suivait le corbillard.*

**corde** n. f. 1. Grosse ficelle. *La chèvre est attachée au piquet avec une corde.* 2. Fil très solide. *Une corde à* *linge*, c'est une corde sur laquelle on étend le linge mouillé. **3.** Fil de métal ou de boyau servant à produire des sons sur certains instruments de musique. *Le violon, la guitare sont des instruments à cordes.* **4.** *Les cordes vocales* sont des membranes situées dans le fond de la gorge qui vibrent quand on parle.

▶ **cordage** **n. m.** Grosse corde. → aussi **câble.** *Le bateau est amarré avec des cordages.*

▶ **cordée** **n. f.** Groupe d'alpinistes reliés les uns aux autres par une corde. *Une cordée a fait l'ascension du Mont-Blanc.*

▶ **cordelette** **n. f.** Corde fine. ▷ CORDON, S'ENCORDER.

**cordial** **adj.** Qui vient du cœur. → **chaleureux.** *Ils nous ont réservé un accueil très cordial.* || contr. **froid, hostile** || — **Au masc. pl.** *cordiaux.*

▶ **cordialement** **adv.** Amicalement et chaleureusement. *Tu es cordialement invité à notre fête de fin d'année.*

▶ **cordialité** **n. f.** *Ils nous ont accueillis avec cordialité.* → **chaleur, sympathie.** || contr. **froideur** ||.

**cordon** **n. m.** **1.** Petite corde. *Son tablier s'attache derrière avec des cordons.* **2.** Rangée de personnes alignées. → **file, ligne.** *Un cordon de policiers empêchait la foule d'avancer.*

**cordon-bleu** **n. m.** Personne qui fait très bien la cuisine. *Cette cuisinière est un fin cordon-bleu.* — **Au pl.** *Des cordons-bleus.*

**cordonnier** **n. m.** Personne qui répare les chaussures. *Mes chaussures ont été ressemelées par le cordonnier.*

**coriace** **adj.** *Cette viande est coriace,* elle est très dure. || contr. **tendre** ||.

**cormoran** **n. m.** Oiseau de mer au plumage sombre, dont les pattes sont palmées.

**corne** **n. f.** **1.** Chacune des deux pointes dures qui ornent la tête de certains animaux. *Le taureau a blessé le torero d'un coup de corne.* **2.** Matière constituant certaines parties dures du corps des animaux. *Les sabots des chevaux sont en corne.* **3.** Pli fait au coin d'une feuille de papier. *Anne a fait une corne à la page où elle a arrêté sa lecture.* ▷ ① CORNER, CORNET, CORNU, LICORNE, RACORNI.

**cornée** **n. f.** Partie transparente du globe de l'œil. ◊ homonyme : ① corner.

**corneille** **n. f.** Oiseau noir plus petit que le corbeau. *Les corneilles mangent des hannetons.*

**cornemuse** **n. f.** Instrument de musique formé d'un sac de cuir et de plusieurs tuyaux. → aussi **biniou.** *Les soldats écossais marchaient au son de la cornemuse.*

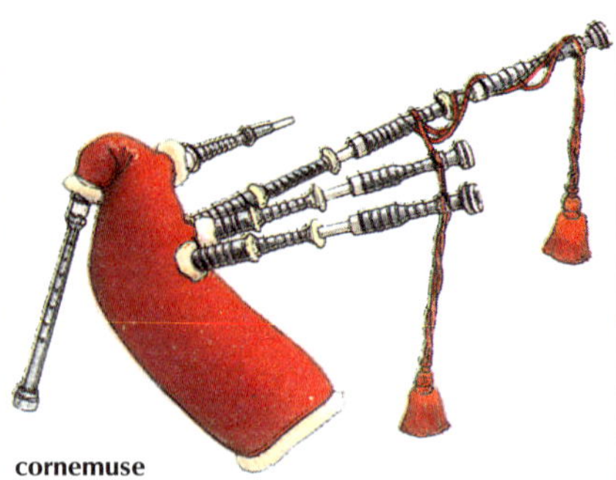
cornemuse

① **corner** **v.** (conjug. 1) Plier un coin d'une feuille de papier, faire une corne. *Flora corne les pages de son livre.* ◇ homonyme : cornée.

② **corner** [kɔʀnɛʀ] **n. m.** Ce mot vient de l'anglais. Faute commise par un joueur de football qui a envoyé le ballon derrière la ligne de but de son équipe.

**cornet** **n. m.** **1.** Objet en forme de cône. *Alex s'est acheté une glace en cornet. Un cornet de frites,* ce sont des frites dans un cône en papier. **2.** En Suisse. Sac en papier ou en plastique dans lequel on met ce qu'on achète dans un magasin.

**corniche** **n. f.** **1.** Partie située en haut d'un mur ou d'un meuble, et qui dépasse. *Les corniches protègent les murs de la pluie.* **2.** *Une route en corniche,* c'est une route aménagée sur la pente d'une montagne, surplombant la mer.

**cornichon** **n. m.** Sorte de petit concombre conservé dans du vinaigre. *Flora mange des cornichons avec la viande froide.*

**cornu** **adj.** Qui a des cornes. *Le bouc est cornu.* ◇ homonyme : cornue.

**cornue** **n. f.** Récipient à col étroit, long et recourbé, utilisé par les chimistes. ◇ homonyme : cornu.

**corolle** **n. f.** Ensemble des pétales d'une fleur. ⋙ planche Fleurs. *Les coquelicots ont une corolle rouge.*

**corporation** **n. f.** Ensemble des personnes qui exercent le même métier. *Une corporation de menuisiers.*

**corporel** **adj.** Qui concerne le corps. → **physique.** *Il faut avoir une bonne hygiène corporelle.*

**corps** **n. m.** **1.** Partie matérielle des personnes et des animaux. *Il a un corps d'athlète. On a retrouvé le corps de la victime,* son cadavre. **2.** Objet matériel, substance minérale, végétale ou animale. *Les astres sont des corps célestes. L'eau est un corps composé d'oxygène et d'hydrogène.* **3.** Groupe organisé de personnes. *Les instituteurs font partie du corps enseignant.* ◇ homonymes : ① et ② cor.

▶ **corpulent** **adj.** *Une personne corpulente,* c'est une personne large et grosse. ‖ contr. **mince, fluet** ‖.

▶ **corpulence** **n. f.** Taille et grosseur du corps. *Les deux frères n'ont pas la même corpulence.*

▶ **corpuscule** **n. m.** Très petite parcelle d'un corps, d'une substance. ▷ à BRAS-LE-CORPS, HAUT-LE-CORPS, JUSTAUCORPS.

**correct** **adj.** **1.** Qui ne présente pas d'erreur. *Cette phrase est correcte,* elle ne comporte pas de faute. ‖ contr. **incorrect** ‖ **2.** Qui a de bonnes manières, respecte les règles. → **convenable.** *Ce n'est pas correct de passer devant les autres.* → **poli.**

▶ **correctement** **adv.** **1.** Sans erreur, sans faute. *Il parle correctement l'anglais.* → **bien.** **2.** Convenablement. *Luc se tient correctement à table.*

▶ **correction** **n. f.** **1.** Action de corriger des devoirs. *La maîtresse a fait la correction de la dictée. — Les corrections sont en rouge dans la marge,* les fautes corrigées. **2.** *Il a donné une correction à son fils,* il lui a donné des coups pour le punir. **3.** Attitude d'une personne qui se tient convenablement, a une bonne éducation. *C'est un homme d'une parfaite correction.*

▶ **correcteur** **n. m.**, **correctrice** **n. f.** **1.** Personne qui corrige les épreuves écrites d'un examen. *Les correcteurs du baccalauréat.* **2.** Personne dont le métier est de relire et de corriger les

# CORPS HUMAIN

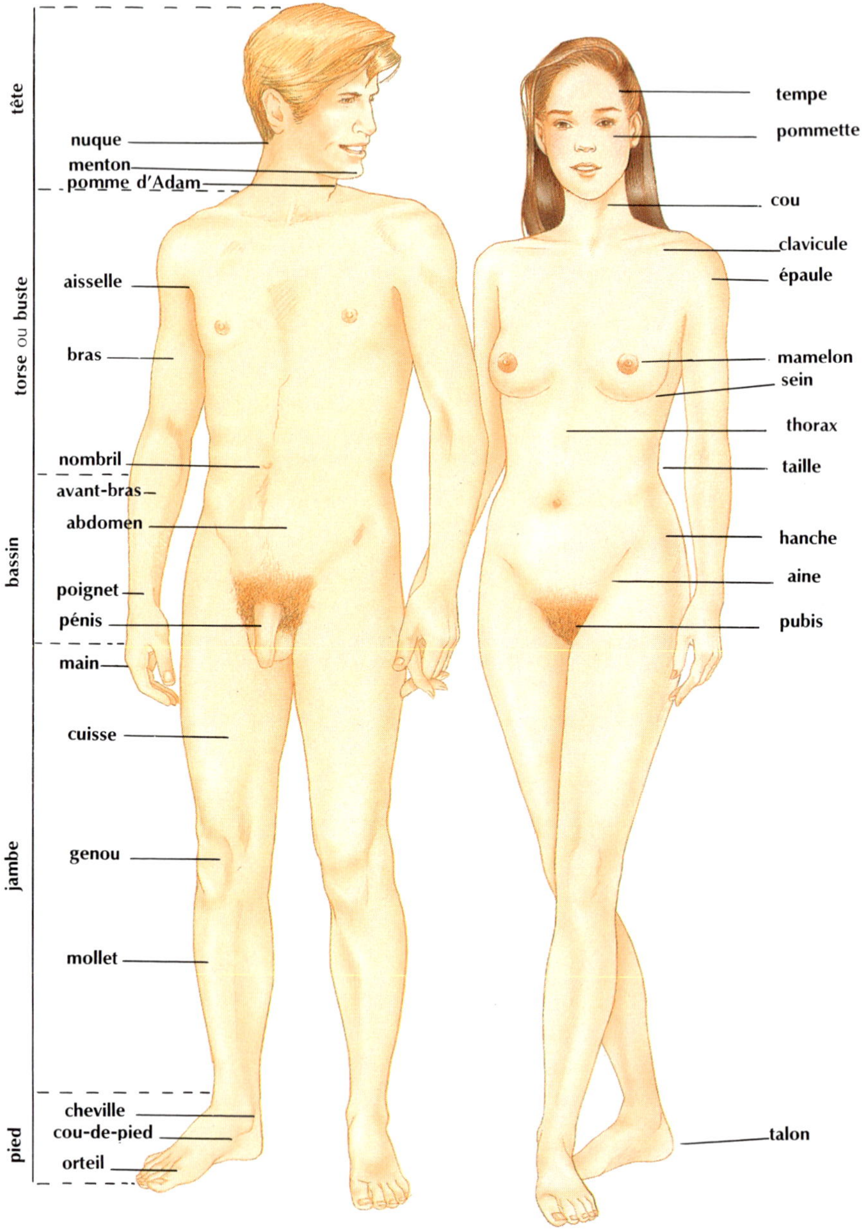

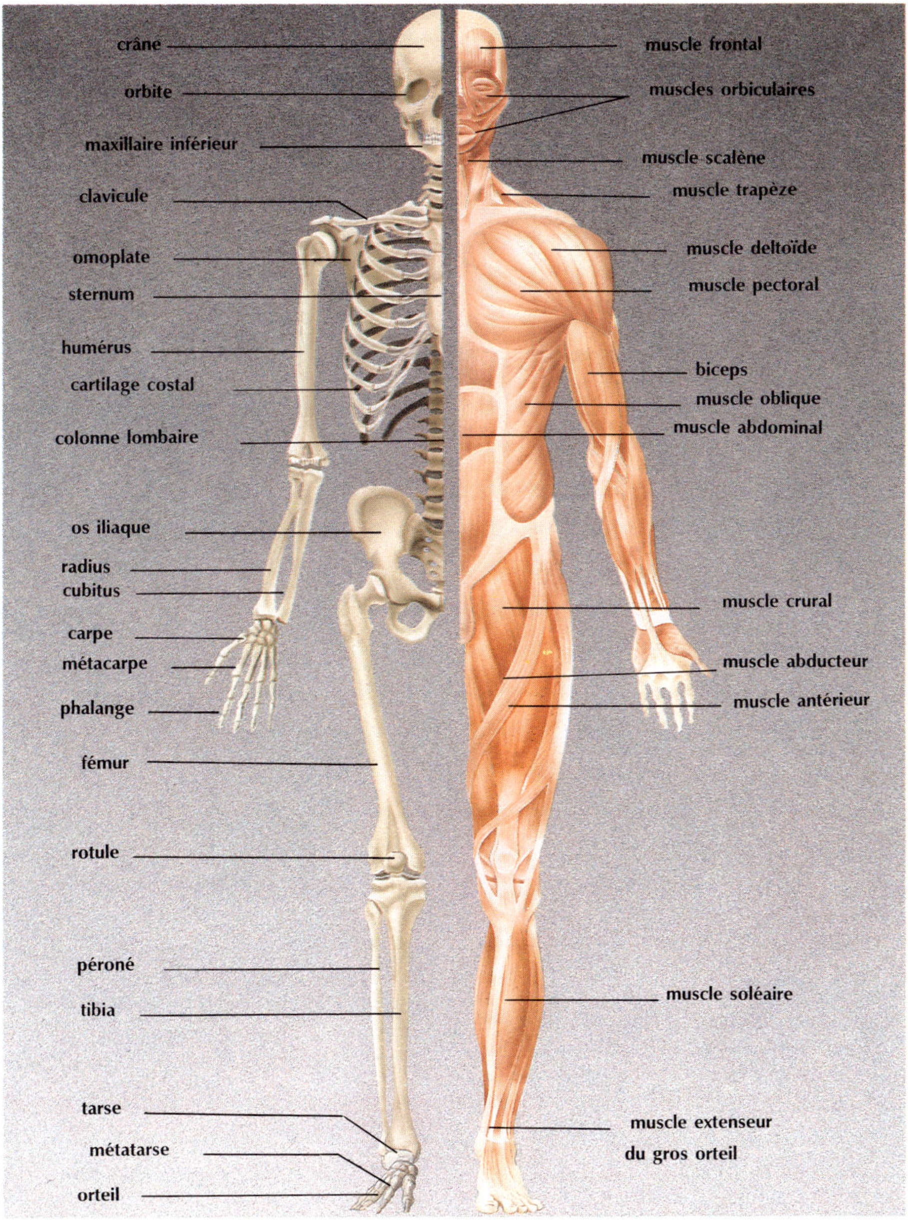
crâne
orbite
maxillaire inférieur
clavicule
omoplate
sternum
humérus
cartilage costal
colonne lombaire
os iliaque
radius
cubitus
carpe
métacarpe
phalange
fémur
rotule
péroné
tibia
tarse
métatarse
orteil
muscle frontal
muscles orbiculaires
muscle scalène
muscle trapèze
muscle deltoïde
muscle pectoral
biceps
muscle oblique
muscle abdominal
muscle crural
muscle abducteur
muscle antérieur
muscle soléaire
muscle extenseur
du gros orteil

textes à imprimer. *Elle est correctrice dans un journal.* ▷ INCORRECT, INCORRECTION.

**correspondre** **v.** (conjug. 41) **1.** Être en accord. *Ce qu'il raconte ne correspond pas à la réalité.* → **concorder. 2.** Échanger des lettres. *Pendant les vacances, Anne et Flora correspondent régulièrement,* elles s'écrivent.

► **correspondance** **n. f. 1.** Relation entre deux choses. *Il y a une correspondance entre la taille et le poids d'une personne.* **2.** *Une navette assure la correspondance entre les deux aérogares,* elle en assure la liaison. **3.** Échange de lettres. *Flora est en correspondance avec Anne,* elles s'écrivent. **4.** Lettres. *Il reçoit une abondante correspondance.* → **courrier.**

► **correspondant** **n. m.**, **correspondante** **n. f.** Personne avec qui on échange des lettres. *La sœur de Julie a une correspondante anglaise.*

**corrida** **n. f.** Spectacle au cours duquel un torero combat contre un taureau et le tue. *Ils ont assisté à une corrida dans les arènes de Séville.* — On dit aussi *une course de taureaux.*

**corridor** **n. m.** Couloir étroit. *Les chambres donnent sur le corridor.*

**corriger** **v.** (conjug. 3) **1.** *Corriger des fautes,* c'est les supprimer en indiquant ce qu'il faut écrire ou dire à la place. *La maîtresse a corrigé les dictées,* elle a relevé les fautes et mis des notes. **2.** Donner des coups pour punir. → **battre.** *Le petit garçon s'est fait corriger par son père.* → aussi **correction.** ▷ INCORRIGIBLE.

**corrompre** **v.** (conjug. 41) *Corrompre une personne,* c'est lui faire faire quelque chose de malhonnête en lui donnant de l'argent ou des avantages en échange. *Le témoin avait été corrompu.* → **acheter, soudoyer**, et aussi **corruption.**

**corrosif** **adj.** *Les acides sont des produits corrosifs,* qui détruisent lentement en brûlant, en rongeant. — **Au fém.** *corrosive.*

**corruption** **n. f.** Moyens employés pour faire agir quelqu'un malhonnêtement. *Il a été condamné pour corruption de fonctionnaire,* pour avoir corrompu un fonctionnaire.

**corsage** **n. m.** Vêtement de femme qui couvre le buste. → **chemisier.** *Elle porte un corsage en soie.*

**corsaire** **n. m.** Capitaine de navire qui avait le droit d'attaquer et de piller les navires ennemis. *Surcouf fut un corsaire célèbre.* → aussi **pirate.**

**corsé** **adj.** *Un café corsé,* c'est un café très fort, qui a beaucoup de goût.

**corset** **n. m.** Sous-vêtement rigide qui serre le buste et le ventre. → aussi **gaine.**

**cortège** **n. m.** Ensemble de personnes qui marchent les unes derrière les autres. *Un cortège de manifestants s'est dirigé vers la mairie.*

**corvée** **n. f. 1.** Chose pénible et ennuyeuse que l'on est obligé de faire. *Faire la vaisselle, quelle corvée !* ‖ contr. **plaisir** ‖ **2.** Travail obligatoire et non payé que les paysans devaient à leur seigneur, au Moyen Âge.

**cosaque** **n. m.** Cavalier qui servait dans l'armée russe.

**cosmétique** **n. m.** Produit de beauté. *Elle va à la parfumerie pour* *acheter des cosmétiques.* — Adj. *Des produits cosmétiques.*

**cosmique** adj. Qui est dans l'espace, loin de la Terre et de son atmosphère. *Faire un voyage cosmique.* → **interplanétaire, spatial** et aussi **cosmos.**

**cosmonaute** n. m. et f. Personne qui voyage dans l'espace, dans un vaisseau spatial. → **astronaute.** *Gagarine fut le premier cosmonaute.*

**cosmopolite** adj. *Une ville cosmopolite,* c'est une ville où l'on rencontre beaucoup d'étrangers.

**cosmos** [kɔsmos] n. m. Espace immense, hors de l'atmosphère terrestre, où se trouvent la Lune, le Soleil, les étoiles, les planètes. ▷ COSMIQUE, COSMONAUTE.

**cosse** n. f. 1. Enveloppe allongée qui contient les graines de certains légumes. *Des cosses de petits pois, de haricots.* 2. Anneau de métal à l'extrémité d'un câble que l'on fixe sur une batterie de voiture. ▷ ÉCOSSER.

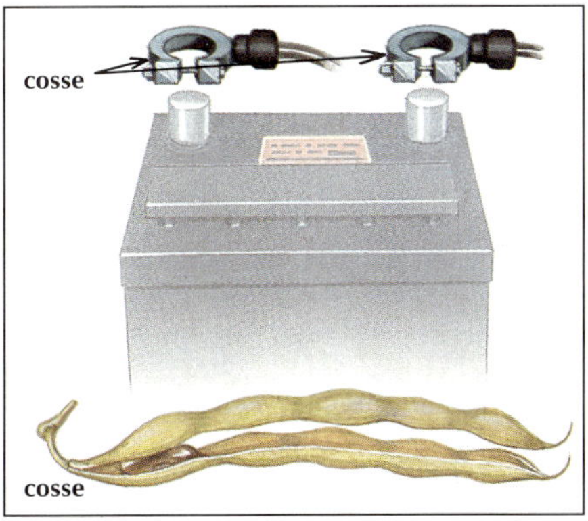


**cossu** adj. Riche, qui montre que l'on est riche. *Ils habitent une maison cossue.* → **aisé.**

**costaud** adj. Familier. Fort et résistant. *Alex est un garçon costaud.* — Au fém. *costaude* ou *costaud.*

**costume** n. m. 1. Vêtement d'homme composé d'un pantalon, d'une veste et parfois d'un gilet. → ② **complet.** 2. Vêtement mis pour se déguiser ou jouer la comédie. *Yves a un costume de cow-boy.* → **déguisement.**

► **costumé** adj. *Un bal costumé,* c'est un bal où tout le monde est déguisé.

**cote** n. f. 1. Estimation de la popularité de quelqu'un. *La cote du ministre a baissé.* 2. Chiffre qui exprime les dimensions sur un plan. ◊ homonyme : cotte.

► **coté** adj. 1. Estimé, renommé. *Cet avocat est bien coté dans sa profession.* 2. *Voici le plan coté de la maison,* le plan avec l'indication des dimensions.

① **côte** n. f. 1. *Les êtres humains ont douze paires de côtes,* d'os longs et courbes situés dans le thorax. 2. *Flora et Anne sont assises côte à côte,* l'une à côté de l'autre. 3. Rayure en relief d'un tissu, d'un tricot. *Un pull à grosses côtes.* ▷ CÔTELÉ, CÔTELETTE, ENTRECÔTE.

② **côte** n. f. Route qui monte. → **pente.** *Yves a monté la côte à bicyclette.* → **montée.** || contr. **descente** || ▷ COTEAU.

③ **côte** n. f. Le bord de la mer. *Ils ont passé leurs vacances sur la côte d'Azur.* ▷ CÔTIER.

**côté** n. m. 1. Partie du corps qui va de l'épaule à la hanche. → **flanc.** *Le boxeur a reçu un coup au côté droit.* 2. Partie gauche ou droite. *On peut stationner des deux côtés de la rue.* 3. Direction. *De quel côté est-il parti ? Anne* *se promène du côté du zoo.* **4.** *Flora est assise à côté de Julie,* tout près de Julie. *Luc habite à côté de l'école,* près de l'école. **5.** *Ils mettent de l'argent de côté pour leurs vacances,* ils le mettent en réserve. *Laissons cette affaire de côté,* ne nous en occupons pas. **6.** Ligne. *Un carré a quatre côtés.* — Surface. *Un cube a six côtés.* → **face.** **7.** Aspect. *Son métier a des côtés très agréables. Yves est coléreux, c'est son mauvais côté,* c'est son défaut. ▷ ACCOTEMENT, À-CÔTÉ, BAS-CÔTÉ, CÔTOYER.

**coteau** **n. m.** Pente d'une colline. → **versant.** *La vigne pousse bien sur les coteaux ensoleillés.*

**côtelé** **adj.** *Luc a un pantalon en velours côtelé,* en velours à côtes.

**côtelette** **n. f.** Côte d'un animal de taille moyenne, découpée avec la viande qui l'entoure. *Ces côtelettes d'agneau sont très tendres.*

**côtier** **adj.** Qui est au bord de la mer. *Une route côtière suit la plage.*

**cotiser** **v.** (conjug. 1) **1.** Donner régulièrement de l'argent à un groupe pour en faire partie, pour bénéficier d'avantages. *Les gens qui travaillent cotisent à la Sécurité sociale.* **2.** *Tous les élèves se sont cotisés pour faire un cadeau à la maîtresse,* ils ont tous donné de l'argent.

▶ **cotisation** **n. f.** Somme d'argent que l'on donne régulièrement pour faire partie d'une association, bénéficier des avantages procurés par un organisme. *Luc a envoyé sa cotisation à l'association sportive.*

**coton** **n. m.** **1.** Matière textile fournie par les graines d'une plante des pays chauds. *Yves a des chaussettes en coton.* **2.** *Le coton hydrophile,* c'est une matière non tissée, qui sert à absorber les liquides. → **ouate.** *Luc a nettoyé sa plaie avec un morceau de coton imbibé d'alcool.*

▶ **cotonnade** **n. f.** Tissu de coton. *Flora porte une robe en cotonnade.*

▶ **cotonneux** **adj.** Qui a la consistance du coton. *Ces pêches ne sont pas bonnes, elles sont cotonneuses.*

**côtoyer** **v.** (conjug. 8) *Côtoyer quelqu'un,* c'est être souvent avec lui. → **fréquenter.** *Les journalistes côtoient de nombreuses personnalités.*

**cotte** **n. f.** *Les soldats du Moyen Âge portaient une cotte de mailles,* une tunique en fils de métal. ◊ homonyme : cote.

**cotte de mailles**

**cou** **n. m.** [pl. *cous*] Partie du corps qui unit la tête au tronc. *La girafe a un long cou.* ◊ homonymes : coup, coût. ▷ CASSE-COU, COU-DE-PIED.

**couchage** **n. m.** *Les campeurs ont dormi dans leur sac de couchage,* dans une sorte de grand sac garni de duvet. → aussi **duvet.**

**couchant** **adj.** et **n. m.** **1. adj.** *Julie admire la montagne au soleil couchant,* au moment où le soleil se couche.

|| contr. **levant** || **2. n. m.** *Le ciel est rose au couchant,* du côté de l'horizon où le soleil se couche. → aussi **ouest.**

**couche** **n. f. 1.** *Le peintre a passé deux couches de peinture sur le mur,* il a étalé de la peinture deux fois. *Il y avait une épaisse couche de poussière sur la table,* une épaisseur de poussière. **2.** Morceau de tissu ou de matière absorbante que l'on place entre les jambes d'un bébé. *Il change la couche de sa fille.*

① **coucher** **v.** (conjug. 1) **1.** Mettre au lit. *Elle couche ses enfants à 9 heures. — Flora s'est couchée tard hier soir.* || contr. se **lever** || **2.** Passer la nuit. *Julie et sa sœur couchent dans la même chambre.* → **dormir. 3.** Rapprocher de l'horizontale. *Le vent couche les blés.* **4.** *Le soleil se couche à l'ouest,* il descend vers l'horizon. → aussi **couchant.**

► ② **coucher** **n. m.** *Yves aime regarder les couchers de soleil sur la mer,* le moment où le soleil se couche. || contr. ② **lever** ||.

► **couchette** **n. f.** Lit étroit dans un train, un bateau. ▷ COUCHAGE, COUCHANT, RECOUCHER.

**coucou** **n. m.** [pl. *coucous*] **1.** Oiseau gris rayé de noir, gros comme un pigeon, dont le cri ressemble à « coucou ». ⋙ planche Oiseaux. *La femelle du coucou pond dans le nid d'autres oiseaux.* **2.** Pendule dont la sonnerie ressemble au cri du coucou. **3.** Primevère sauvage à fleurs jaunes qui fleurit au début du printemps. *Elle a cueilli un bouquet de coucous.*

**coude** **n. m. 1.** Articulation qui permet de plier le bras. *Quand on mange, on ne doit pas poser les coudes sur la table.* **2.** Partie de la manche d'un vêtement qui recouvre le coude. *Les coudes de son pull sont usés.* **3.** Angle courbe. *Le chemin fait un coude.*

► **coudé** **adj.** Qui fait un coude. *Le tuyau est coudé, l'eau ne peut pas passer.*

► **coudoyer** **v.** (conjug. 8) *Dans le métro, on coudoie des centaines de personnes,* on passe tout près d'elles. ▷ S'ACCOUDER, ACCOUDOIR.

**cou-de-pied** **n. m.** Partie bombée du dessus du pied, entre la cheville et le milieu du pied. *Alex a le cou-de-pied un peu fort.* — **Au pl.** *Des cous-de-pied.* ◊ homonyme : coup de pied.

**coudre** **v.** (conjug. 48) Fixer au moyen d'un fil passé dans une aiguille. || contr. **découdre** || *Elle doit coudre l'ourlet de sa jupe. Anne ne sait pas coudre. Elle coud à la machine.* → **piquer.** ▷ COUSU, COUTURE, COUTURIER, COUTURIÈRE, DÉCOUDRE, DÉCOUSU, RECOUDRE.

**coudrier** **n. m.** Noisetier.

**couenne** [kwan] **n. f.** Peau de porc qui recouvre le lard et le jambon.

① **couette** **n. f.** Édredon que l'on met dans une housse et qui sert de drap de dessus et de couverture. *Luc dort sous une couette.*

② **couette** **n. f.** *Anne s'est fait des couettes,* elle a retenu ses cheveux des deux côtés de la tête avec des barrettes, des rubans ou des élastiques.

**coulant** **adj.** *Un nœud coulant,* c'est un nœud formant une boucle qui se resserre quand on tire.

**coulée** **n. f.** Écoulement. *Une coulée de lave s'échappait du volcan en éruption,* il en sortait de la lave liquide.

**couler** **v.** (conjug. 1) **1.** *La rivière coule d'est en ouest,* elle se déplace. *Le sang* *coule dans les veines.* → **circuler.** 2. Laisser échapper un liquide. *Mon stylo coule.* → **fuir.** *Yves est enrhumé, il a le nez qui coule.* 3. *Le sculpteur coule du bronze,* il verse du bronze liquide dans un moule. 4. S'enfoncer dans l'eau par accident. ‖ contr. **flotter** ‖ *Pendant la tempête, un bateau a coulé.* → **sombrer.** 5. *Le sous-marin a coulé un navire ennemi,* il l'a fait s'enfoncer dans l'eau. ▷ COULANT, COULÉE, DÉCOULER, ÉCOULEMENT, ÉCOULER, S'ÉCOULER.

**couleur** **n. f.** 1. Teinte. *L'arc-en-ciel est composé de sept couleurs : violet, indigo, bleu, vert, jaune, orangé, rouge.* 2. *Le capitaine du bateau a fait hisser les couleurs,* le drapeau. 3. Chacune des marques dans un jeu de cartes. *Trèfle, carreau, cœur et pique sont les quatre couleurs des cartes.* 4. Apparence de la peau. *Flora a pris de belles couleurs,* elle a bonne mine. *C'est un homme de couleur,* qui n'est pas de race blanche. 5. Toute couleur autre que noir, blanc ou gris. *Des photos en couleurs et des photos en noir et blanc.*

**couleuvre** **n. f.** Serpent non venimeux qui peut atteindre 1,70 mètre de long et se nourrit de petits rongeurs. *La couleuvre a une tête arrondie.*

couleuvre

**coulisse** **n. f.** 1. Rainure le long de laquelle glisse une porte, une fenêtre. *Le salon est séparé de la salle à manger par une porte à coulisse.* 2. Ourlet dans lequel on fait passer un cordon. *Les paquets de coton sont fermés par une coulisse.* ◊ homonyme : coulisses.

► **coulisser** **v.** (conjug. 1) Glisser sur une coulisse. *Il y a une porte qui coulisse entre les deux pièces.*

**coulisses** **n. f. pl.** Dans un théâtre, partie située sur les côtés et en arrière de la scène, que le spectateur ne peut pas voir. *Les comédiens attendent dans les coulisses avant d'entrer en scène.* ◊ homonyme : coulisse.

**couloir** **n. m.** 1. Long passage que l'on emprunte pour aller d'une pièce à une autre. → **corridor.** *Les chambres donnent sur un long couloir.* 2. Passage réservé à certains véhicules. *Les taxis peuvent emprunter les couloirs réservés aux autobus.* 3. *Un couloir d'avalanches,* c'est la pente de la montagne par où passent des avalanches.

**coup** **n. m.** 1. Mouvement fait en tapant, en heurtant. *Luc enfonce le clou à coups de marteau.* 2. Mouvement d'une partie du corps. *Jette un coup d'œil par la fenêtre,* regarde rapidement. *As-tu besoin d'un coup de main ?* as-tu besoin d'aide? *Le footballeur donne un coup de pied dans le ballon.* 3. Décharge d'une arme à feu. *Un coup de pistolet.* 4. Mouvement rapide que l'on fait faire à un objet. *Alex donne un coup de balai dans la cuisine.* 5. Bruit que font certains appareils. *Flora a entendu un coup de sonnette à la porte. Yves attend un coup de téléphone,* un appel téléphonique. 6. Émotion. *Cette nouvelle m'a fait un coup.* → **choc.** 7. Action soudaine ou violente. *Un coup de vent l'a décoiffé. Anne a attrapé un coup de soleil sur le* *nez,* une brûlure. **8.** Fois. *Il a réussi du premier coup.* **9.** Action hasardeuse. *Les bandits préparaient un mauvais coup.* **10.** Action rapide, faite en une seule fois. *Julie a eu deux rhumes coup sur coup,* l'un après l'autre. *Il s'est mis à pleuvoir tout d'un coup, tout à coup,* brusquement. ◊ homonymes : cou, coût. ▷ À-COUP, CONTRECOUP.

**coupable** adj. *Une personne coupable,* c'est une personne qui a commis une faute. *Le cambrioleur est coupable de vol.* — N. *La police a arrêté les coupables.* ‖ contr. **innocent** ‖ → aussi **culpabilité.**

**coupant** adj. Qui coupe. *Ce couteau est très coupant.* → **tranchant.**

① **coupe** n. f. **1.** Verre à pied, peu profond et très large. *Une coupe à champagne en cristal.* **2.** Vase que l'on remet comme récompense au vainqueur d'une compétition sportive. *Notre équipe de football a remporté la coupe.* — La compétition qui permet de remporter une coupe. *Notre équipe a participé à la coupe de France.* ▷ COUPOLE, SOUCOUPE.

coupe

② **coupe** n. f. **1.** Façon dont les cheveux sont coupés. *Anne a une nouvelle coupe qui lui va très bien.* **2.** Manière dont on coupe le tissu, le cuir pour faire des vêtements. *Ce manteau est d'une coupe élégante.* **3.** Dessin qui représente un objet comme s'il était coupé en deux. *Pour expliquer la circulation du sang, la maîtresse a dessiné une coupe du cœur au tableau.*

**coupe-papier** n. m. inv. Sorte de couteau qui sert à couper le papier plié. *Alex ouvre l'enveloppe avec un coupe-papier* — Au pl. *Des coupe-papier.*

**couper** v. (conjug. 1) **1.** Diviser, séparer avec un objet tranchant. *Yves coupe du pain.* **2.** Rendre plus court en enlevant une partie. *Luc s'est fait couper les cheveux. Anne s'est coupé les ongles.* **3.** Faire une entaille. *Yves s'est coupé le doigt avec ses ciseaux.* — *Il s'est coupé en se rasant.* **4.** Être tranchant. *Ce couteau coupe bien.* **5.** Interrompre. *Ne me coupe pas la parole ! L'eau a été coupée toute la matinée,* la distribution d'eau a été arrêtée. **6.** Croiser. *Le chemin coupe la route nationale.* — *Les deux routes se coupent à angle droit.* **7.** Prendre un chemin plus court. *Nous avons coupé à travers champs.*

▸ **coupe-vent** n. m. inv. Vêtement imperméable qui protège du vent. — Au pl. *Des coupe-vent.* ▷ COUPANT, ② COUPE, COUPE-PAPIER, COUPON, COUPURE, DÉCOUPAGE, DÉCOUPÉ, DÉCOUPER, ENTRECOUPER, RECOUPEMENT, RECOUPER.

**couple** n. m. **1.** Un homme et une femme ensemble. *Ses parents forment un beau couple.* **2.** Un mâle et une femelle ensemble. *Un couple d'hirondelles.* ▷ ACCOUPLEMENT, S'ACCOUPLER.

**couplet** n. m. Chacune des parties d'une chanson qui sont séparées par le refrain. → **strophe.** « *La Marseillaise* » *a sept couplets.*

**coupole** n. f. Toit en forme de demi-sphère → **dôme.** *Le palais de l'Institut à Paris, qui abrite l'Académie française, est surmonté d'une coupole.*

coupole

**coupon** n. m. Reste d'une pièce de tissu. *Elle s'est fait une jupe dans un coupon de soie.*

**coupure** n. f. 1. Blessure faite par un instrument tranchant. → **entaille.** *Mets de l'alcool sur ta coupure !* 2. Interruption. *Il y a eu une coupure d'électricité ce matin en raison des travaux.* 3. Billet de banque. *Les ravisseurs ont exigé une rançon en petites coupures.* 4. *Des coupures de journaux,* ce sont des articles découpés dans des journaux.

① **cour** n. f. Espace découvert situé entre des bâtiments. *Les enfants jouent dans la cour de récréation.*
◊ homonymes : cours, court. ▷ BASSE-COUR.

② **cour** n. f. 1. Résidence d'un roi et ensemble des personnes qui vivent auprès de lui. *Louis XIV installa la cour à Versailles.* → aussi **courtisan.** 2. *Il fait la cour à ma cousine,* il cherche à lui plaire, à la séduire. → aussi **courtiser.** 3. Tribunal. *Le témoin jure devant la cour de dire la vérité.* → aussi cour d'**assises.**

**courage** n. m. 1. Ardeur. → **énergie.** *Yves n'a pas eu le courage de se lever très tôt pour aller à la pêche.* 2. *Avoir du courage,* c'est ne pas avoir peur du danger. → fam. ② **cran.** *Notre pays a gagné la guerre grâce au courage de nos soldats.*

► **courageux** adj. Qui agit malgré le danger. → **brave.** *Les pompiers sont des hommes courageux.* ‖ contr. **lâche, peureux** ‖. — Au fém. *courageuse.*

► **courageusement** adv. Avec courage. *Les sauveteurs sont entrés courageusement dans la maison en feu.*
▷ DÉCOURAGEANT, DÉCOURAGEMENT, DÉCOURAGER, ENCOURAGEANT, ENCOURAGEMENT, ENCOURAGER.

① **courant** adj. 1. *Autrefois, peu de maisons avaient l'eau courante,* l'eau qui arrive directement par des tuyaux. 2. Que l'on utilise, qui se produit fréquemment. → **commun, fréquent, habituel, ordinaire.** « *Manger* » *est un mot très courant.* ‖ contr. **rare** ‖.

► **couramment** adv. 1. Bien, avec facilité. *Il parle couramment l'anglais.* 2. D'une façon habituelle. → **fréquemment, souvent.** *Luc arrive couramment en retard à l'école.* ‖ contr. **rarement** ‖.

② **courant** n. m. 1. Mouvement de l'eau. *Le nageur a été emporté par le courant.* 2. *La fenêtre est mal fermée, on sent un courant d'air,* de l'air froid qui passe par la fenêtre. 3. Électricité qui passe dans les câbles. *Il y a eu une coupure de courant en raison des travaux.* 4. *Luc passera nous voir dans le courant du mois d'août,* pendant le mois d'août. → ① **cours.** 5. *Es-tu au courant de la nouvelle ?* en es-tu informé ?

**courbatu** **adj.** Qui a des courbatures. *Après sa première journée de ski, Anne était toute courbatue.*

▶ **courbature** **n. f.** Douleur que l'on sent dans un muscle après un effort ou quand on est malade. *Anne a des courbatures dans tout le corps.*

**courbe** **adj.** et **n. f.**

▭ **adj.** Qui change de direction sans former d'angles, qui est arrondi. *La surface de la Terre est courbe.* ‖ contr. **droit, rectiligne** ‖.

▭ **n. f. 1.** Ligne courbe. *La route suit les courbes de la rivière.* **2.** Ligne, graphique qui donne la valeur de quelque chose à différents moments. *L'infirmière trace la courbe de température du malade.*

▶ **courber** **v.** (conjug. 1) **1.** Rendre courbe quelque chose qui était droit. *Le poids des fruits courbe les branches de l'arbre. — La branche s'est courbée.* **2.** Pencher quelque chose vers le bas. → **incliner.** *Luc courbe la tête pour lire.* ‖ contr. **redresser** ‖ **3.** Devenir courbe, pencher vers le bas. *La branche courbe sous le poids des fruits.* → **ployer.**

▶ **courbette** **n. f.** *Les courtisans faisaient des courbettes devant le roi,* ils s'inclinaient exagérément devant lui pour le saluer. → **révérence.**

▶ **courbure** **n. f.** Forme d'un objet courbe. → **galbe.** *La courbure de la Terre.* ▷ RECOURBER.

**coureur** **n. m.**, **coureuse** **n. f.** Personne qui participe à une course. *Des coureurs cyclistes.*

**courge** **n. f.** Plante potagère dont le fruit est la citrouille. *Les courges ont de très longues tiges qui poussent à ras de terre.*

▶ **courgette** **n. f.** Fruit vert, allongé, à peau mate. *Un gratin de courgettes.*

**courir** **v.** (conjug. 11) **1.** Se déplacer rapidement, en portant le poids du corps sur une jambe puis sur l'autre, de telle sorte qu'à un moment aucun des pieds ne touche terre. *Yves court vite.* **2.** *La rivière court entre deux rangées d'arbres,* elle coule. **3.** Circuler. → se **répandre.** *Le bruit court que le directeur va démissionner.* **4.** Participer à une course. *Luc court un cent mètres avec Yves.* **5.** *Les pompiers courent de grands dangers,* ils y sont exposés. *Les concurrents ont couru leur chance,* ils l'ont tentée. **6.** Aller dans de nombreux endroits. *Juste avant Noël, les gens courent les magasins.* ▷ ACCOURIR, COURAMMENT, ① et ② COURANT, COUREUR, ① COURS, COURSE, COURSIER.

**couronne** **n. f. 1.** Cercle de métal que l'on met autour de la tête comme marque d'autorité. *Les rois et les reines portent des couronnes.* → **diadème.** **2.** *Elle a déposé une couronne sur la tombe de sa tante,* elle y a mis un cercle de fleurs et de feuilles. **3.** Capsule dont on entoure une dent malade. *Le dentiste lui a posé une couronne en or.*

▶ **couronner** **v.** (conjug. 1) **1.** *Couronner quelqu'un,* c'est faire de lui un souverain en lui donnant une couronne. *Charlemagne fut couronné empereur en l'an 800.* → **sacrer.** **2.** Récompenser. *Ses efforts ont été couronnés de succès.*

▶ **couronnement** **n. m.** Cérémonie au cours de laquelle on couronne un souverain. *Le couronnement de Napoléon Ier.* → **sacre.**

**courrier** **n. m.** Ensemble des lettres et des journaux envoyés par la poste. *Le facteur distribue le courrier.*

**courroie** **n. f.** Longue bande étroite d'une matière souple et résistante, qui sert à attacher. → **lanière, sangle.** *On attache les patins à roulettes avec des courroies.*

**courroux** n. m. Colère, fureur. *Le roi entra dans un grand courroux.*

▶ **courroucer** v. (conjug. 3) Mettre en colère. *Son attitude nous a tous courroucés.*

① **cours** n. m. 1. Mouvement de l'eau qui s'écoule. *Les torrents ont un cours rapide. — Les fleuves, les rivières, les torrents, les ruisseaux sont des cours d'eau.* 2. Suite dans le temps. *La maladie suit son cours,* elle évolue normalement. *Le gymnase est en cours d'aménagement,* en train d'être aménagé. *Yves passera nous voir au cours de l'année prochaine.* → **courant.** *Il s'est soudain levé au cours de la conversation.* → **durant, pendant.** 3. Prix d'une marchandise qui change tous les jours. *Le cours du cacao est en hausse.* ◊ homonymes : cour, court.

② **cours** n. m. 1. Leçon sur une matière. *Ce matin, les élèves ont eu un cours d'histoire.* 2. Chacune des classes de l'enseignement primaire. *Le cours préparatoire, le cours élémentaire, le cours moyen.* 3. École privée. *Il est en terminale au cours Charlemagne.*

**course** n. f. 1. Action de courir. *Flora est partie au pas de course,* en courant. 2. Épreuve sportive où l'on essaye d'aller le plus vite possible pour arriver le premier. *Il a participé à une course de motos.* 3. Marche, randonnée. → **excursion.** *Ils ont fait une course en montagne.* 4. *Julie est descendue faire une course,* un achat. *Ils ont fait leurs courses au supermarché.* → **commission.**

▶ **coursier** n. m., **coursière** n. f. Personne qui fait certaines courses dans une entreprise, qui va chercher et apporte des lettres, des paquets. *Un coursier passera prendre le paquet vers 5 heures.*

① **court** adj. et adv.

▭ adj. 1. Qui a peu de longueur. *Julie a les cheveux courts.* || contr. **long** || 2. Qui dure peu de temps. → **bref.** *En hiver, les jours sont plus courts qu'en été.*

▭ adv. 1. De manière courte. *Julie a les cheveux coupés court. Leur projet a tourné court,* il n'a pas abouti. 2. *Son prénom est Marie tout court,* sans rien d'autre. 3. *L'avocat était à court d'arguments,* il n'en avait plus, en manquait. *Il n'a pas eu le temps de vous prévenir, il a été pris de court,* il n'a pas eu assez de temps. ◊ homonymes : cour, cours. ▷ COURT-BOUILLON, COURT-CIRCUIT, ÉCOURTER, RACCOURCI, RACCOURCIR.

② **court** n. m. *Un court de tennis,* c'est un terrain aménagé pour jouer au tennis. *Ils jouent sur le court n° 3.*

**court-bouillon** n. m. Bouillon assaisonné dans lequel on fait cuire du poisson. *Elle fait cuire le turbot au court-bouillon.* — Au pl. *Des courts-bouillons.*

**court-circuit** n. m. Interruption du circuit électrique quand deux fils électriques se touchent. *L'incendie a été provoqué par un court-circuit.* — Au pl. *Des courts-circuits.*

**courtisan** n. m. Homme qui vivait à la cour, dans l'entourage du roi. *Les courtisans étaient des nobles.*

**courtiser** v. (conjug. 1) Faire la cour. *Il courtise toutes les femmes,* il cherche à leur plaire.

**courtois** adj. Très poli, aimable. *C'est une femme courtoise.* || contr. **grossier, impoli** ||.

▶ **courtoisie** n. f. Politesse, amabilité. *C'est une femme d'une grande courtoisie.* || contr. **grossièreté** ||.

**couscous** [kuskus] n. m. Plat d'Afrique du Nord fait de semoule servie avec de la viande, des légumes et de la sauce piquante.

① **cousin** n. m., **cousine** n. f. *Des cousins,* ce sont des personnes de la même famille, qui ont des ancêtres communs. *Je vous présente mon cousin.* → aussi **germain.**

② **cousin** n. m. Gros moustique aux pattes très longues. ⋙ planche Insectes. *Un cousin m'a piqué.*

**coussin** n. m. 1. Sac d'une matière souple, rembourré, sur lequel on s'assied, on s'appuie. *Il y a plusieurs coussins sur le canapé.* 2. *L'aéroglisseur avance sur coussin d'air,* sur de l'air comprimé qui sert de support.

**cousu** adj. Attaché par des points de couture. *Elle a des gants cousus main,* faits à la main, non à la machine.

**coût** n. m. Prix que coûte une chose. *Le coût de la vie augmente,* le prix de toutes les choses que l'on achète, tout ce que l'on doit dépenser pour vivre. ◊ homonymes : cou, coup.

**coûtant** adj. *Dans ce magasin, on vend les fours à prix coûtant,* sans bénéfice.

**couteau** n. m. 1. Instrument composé d'un manche et d'une lame servant à couper. *Luc a un couteau de poche.* → **canif.** 2. Coquillage fait de deux coquilles très longues. ⋙ planche Crustacés et coquillages. *On trouve des couteaux dans le sable, sur la plage.*

**coutelas** n. m. Grand couteau à lame large. *Le boucher découpe la viande avec un coutelas.*

**coutellerie** n. f. Boutique où l'on vend des couteaux, des ciseaux, des rasoirs.

**coûter** v. (conjug. 1) 1. Valoir un certain prix. *Ce stylo coûte 50 francs. Cette voiture coûte cher,* elle a un prix élevé. 2. *Ce travail nous a coûté bien des efforts,* il a été la cause d'efforts. *Le pilote a fait une erreur qui a failli lui coûter la vie,* causer sa mort. *Yves veut gagner la course, coûte que coûte,* quels que soient les efforts à fournir, à tout prix.

▶ **coûteux** adj. Qui coûte cher. *Cette voiture est coûteuse.* || contr. **bon marché** || ▷ COÛT, COÛTANT.

**coutume** n. f. Habitude, tradition d'un pays, d'un groupe de personnes. → **usage.** *On offre des dragées pour un baptême, c'est la coutume.* ▷ ACCOUTUMANCE, ACCOUTUMÉ, à l'ACCOUTUMÉE, s'ACCOUTUMER, INACCOUTUMÉ.

**couture** n. f. 1. *Elle fait de la couture,* elle coud. 2. Suite de points que l'on fait avec du fil et une aiguille. *La couture de sa robe a craqué.*

▶ **couturier** n. m. Personne qui crée des vêtements de luxe. *Cette robe est un modèle de grand couturier.*

▶ **couturière** n. f. Femme dont le métier est de coudre, de faire des vêtements de femme. *Elle s'est fait faire une robe par sa couturière.* → aussi **tailleur.**

**couvée** n. f. Ensemble des petits oiseaux qui viennent de sortir des œufs qui ont été couvés ensemble. → **nichée.** *La cane est suivie de sa couvée.*

**couvent** n. m. Maison où vivent en communauté des religieuses ou des moines. → **monastère.** *Elle est entrée au couvent.*

**couver** v. (conjug. 1) **1.** *Les oiseaux couvent leurs œufs,* ils restent un certain temps sur leurs œufs pour les faire éclore. **2.** *Elle couve ses enfants,* elle les protège trop. **3.** *Luc couvait la rougeole,* il était sur le point de l'avoir. **4.** *Le feu couve sous la cendre,* il brûle sans qu'on le voie. ▷ COUVÉE, COUVEUSE.

couver

**couvercle** n. m. Ce qui sert à fermer l'ouverture d'un récipient. *Mets un couvercle sur la casserole.*

① **couvert** n. m. Ensemble des objets que l'on met sur la table pour le repas. *Anne a mis le couvert.* — *Les couverts,* ce sont les couteaux, les cuillères et les fourchettes.

② **couvert** adj. **1.** Qui a un vêtement chaud. *Julie a pris froid parce qu'elle n'était pas assez couverte.* **2.** Qui a quelque chose sur lui, au-dessus de lui. *En hiver, Anne va à la piscine couverte. Le ciel est couvert,* il y a des nuages.

à **couvert** adv. Dans un lieu où l'on est couvert, protégé. → à l'**abri.** *Les enfants se sont mis à couvert dès que l'orage a éclaté.* || contr. à **découvert** ||.

**couverture** n. f. **1.** Pièce de tissu qui sert à couvrir, à tenir chaud. *Julie met deux couvertures sur son lit.* **2.** Ce qui recouvre l'ensemble des pages d'un livre, d'un cahier. *Ce livre a une couverture verte.* **3.** Toit. *Leur maison a une couverture en ardoise.*

**couveuse** n. f. Appareil utilisé pour faire éclore les œufs qui ne sont pas couvés.

**couvre-feu** n. m. En temps de guerre, heure à partir de laquelle on n'a plus le droit de circuler dans les rues. *Rentrez vite avant le couvre-feu.* — **Au pl.** *Des couvre-feux.*

**couvre-lit** n. m. Tissu recouvrant un lit, par-dessus les draps et les couvertures. → **dessus-de-lit.** *Un couvre-lit de satin.* — **Au pl.** *Des couvre-lits.*

**couvreur** n. m. Ouvrier qui fait ou répare les toitures.

**couvrir** v. (conjug. 18) **1.** *Couvrir une chose,* c'est placer quelque chose sur elle. *Anne a couvert ses livres de classe.* → **recouvrir.** *Couvre la casserole pendant que l'eau chauffe.* **2.** Être placé sur quelque chose. *Une jolie nappe couvre la table.* **3.** *Des voyous ont couvert le mur d'inscriptions,* ils en ont mis beaucoup. *Les feuilles couvrent le sol.* → **joncher.** *Il couvre sa femme de cadeaux.* → **combler.** **4.** Protéger. *Il couvre toujours ses employés,* il les défend et prend la responsabilité de ce qu'ils font. **5.** *Il n'arrive pas à couvrir ses dépenses,* à en assurer le paiement. **6.** Parcourir. *Les coureurs ont couvert la distance en trois heures.*

► se **couvrir** v. **1.** Mettre des vêtements chauds. *Couvre-toi bien, il* *neige !* || contr. se **découvrir** || **2.** *Le ciel se couvre,* il se remplit de nuages. ▷ COUVERCLE, ① et ② COUVERT, à COUVERT, COUVERTURE, COUVRE-FEU, COUVRE-LIT, COUVREUR, à DÉCOUVERT, DÉCOUVERTE, DÉCOUVRIR, se DÉCOUVRIR, RECOUVRIR.

**cow-boy** [kɔbɔj] **n. m.** Ce mot vient de l'anglais. Celui qui garde de grands troupeaux dans l'ouest des États-Unis. *Yves adore les films de cow-boys.* → aussi **western.**

**coyote** **n. m.** Animal sauvage d'Amérique, à la fourrure fauve, qui ressemble au loup et au chacal. *Les coyotes se nourrissent surtout d'animaux morts.*

**crabe** **n. m.** Animal marin à carapace, qui a huit pattes et deux pinces. ⋙ planche Crustacés et coquillages. *Elle mange du crabe à la mayonnaise.*

**cracher** **v.** (conjug. 1) **1.** Projeter de la salive, des crachats hors de la bouche. *Défense de cracher.* **2.** Projeter hors de la bouche. *Luc a craché son chewing-gum avant d'entrer en classe.*

▸ **crachat** **n. m.** Salive ou matière plus épaisse et gluante que l'on rejette par la bouche.

▸ **crachin** **n. m.** Pluie fine et serrée. → **bruine.**

**craie** **n. f. 1.** Roche blanche calcaire qui s'effrite facilement. *Les falaises d'Étretat sont en craie.* **2.** Petit bâton fait à partir de cette roche réduite en poudre, qui sert à écrire au tableau et sur des ardoises. *La maîtresse utilise des craies blanches et des craies de couleur.* ▷ CRAYEUX.

**craindre** **v.** (conjug. 52) **1.** Avoir peur. → **appréhender, redouter.** *Ne craignez rien, le chien n'est pas méchant.* **2.** Mal supporter. *Je crains les courants d'air. Cette plante craint le gel.* || contr. **aimer** ||.

▸ **crainte** **n. f.** Peur. *Elle ferme sa porte à clé par crainte des voleurs.* → **appréhension.**

▸ **craintif** **adj.** Peureux. *C'est une petite fille craintive,* qui a tendance à avoir peur de tout.

**cramoisi** **adj.** Rouge foncé presque violet. *Une étoffe cramoisie.*

**crampe** **n. f.** Douleur brusque et passagère qui survient quand un muscle se contracte involontairement et plus qu'il ne le devrait. *Yves a eu une crampe au mollet.*

**crampon** **n. m.** *Les alpinistes ont des chaussures à crampons,* des chaussures dont la semelle est garnie de petites pointes.

crampon

▸ se **cramponner** **v.** (conjug. 1) S'accrocher fermement. → s'**agripper,** se **retenir.** *Anne s'est cramponnée à son père pour traverser le ruisseau.*

① **cran** **n. m. 1.** Entaille que l'on fait dans quelque chose de dur, qui sert à accrocher, à retenir. → **encoche.** *Il a baissé l'étagère de deux crans.* **2.** Trou qui permet de régler une ceinture, une courroie. *Alex a desserré sa ceinture d'un cran.*

② **cran** **n. m.** Familier. Courage, audace. *Luc a eu le cran de répondre au directeur.*

**crâne** **n. m. 1.** Ensemble des os de la tête. *Il s'est fait une fracture du crâne dans un accident de voiture.* **2.** Sommet de la tête. *Il a le crâne chauve.*
▶ **crânien** **adj.** Du crâne. *Les os du crâne forment la boîte crânienne.*

**crâner** **v.** (conjug. 1) Familier. Prendre un air supérieur. *Yves crâne depuis qu'il a eu une bonne note en français.*
▶ **crâneur** **n. m.**, **crâneuse** **n. f.** Familier. Personne prétentieuse. *Quel crâneur !*

**crapaud** **n. m.** Petit animal au corps massif, aux pattes arrière courtes et à la peau rugueuse, qui appartient à la même famille que la grenouille. *L'hiver, les crapauds s'enfouissent sous terre.*

**crapule** **n. f.** Personne très malhonnête. → **bandit, canaille** ; fam. **fripouille.** *Cette crapule devrait être en prison.*

**craquelé** **adj.** Couvert de petites fentes, fendillé. *La terre est sèche, elle est toute craquelée.*

**craquer** **v.** (conjug. 1) **1.** Produire un bruit sec. *Le parquet craquait sous ses pas.* **2.** Se déchirer, se casser en faisant un bruit sec. *Sa jupe a craqué quand elle s'est assise. Le cinéma est plein à craquer,* il est complètement plein. **3.** Familier. Ne plus résister. → s'**effondrer.** *Le candidat a craqué à la troisième série d'épreuves.*
▶ **craquement** **n. m.** Bruit sec. *La branche est tombée avec un grand craquement.*

**crasse** **n. f.** Couche de saleté sur la peau, le linge, les objets. *On voit la crasse sur les poignets de sa chemise.*
▶ **crasseux** **adj.** Couvert de crasse, très sale. *Sa chemise est crasseuse.*
▷ DÉCRASSER, ENCRASSER.

**cratère** **n. m.** Ouverture évasée d'un volcan. *De la lave en fusion s'écoulait du cratère.*

cratère

**cravache** **n. f.** Baguette flexible dont se sert le cavalier pour stimuler son cheval. *Il fait avancer son cheval à coups de cravache.*

**cravate** **n. f.** Bande de tissu que les hommes passent sous le col de leur chemise et nouent devant.

**crawl** [krol] **n. m.** Ce mot vient de l'anglais. Nage sur le ventre, consistant à battre des jambes et tirer les bras en avant tour à tour. *Yves n'aime pas nager le crawl, il préfère la brasse.*

**crayeux** **adj.** Formé de craie. *Les falaises d'Étretat sont crayeuses.*

**crayon** **n. m.** Petite baguette de bois contenant une longue mine, qui sert à écrire, à dessiner. *Faites votre brouil-*

*lon au crayon noir. Anne a une petite boîte de crayons de couleur.*

▸ **crayonner** v. (conjug. 1) Dessiner, écrire au crayon sans y apporter beaucoup de soin. *Alex a crayonné son numéro de téléphone sur un bout de papier.* ▷ TAILLE-CRAYON.

**créancier** n. m., **créancière** n. f. Personne à qui l'on doit de l'argent. *Il n'a pas encore remboursé ses créanciers.* ‖ contr. **débiteur** ‖.

**créateur** n. m., **créatrice** n. f. Auteur d'une chose nouvelle, qui l'a créée. *On dit que Dieu est le créateur du monde.* — Adj. *L'entreprise a besoin de personnes créatrices.* → **créatif.**

**créatif** adj. Qui crée, invente, a des idées nouvelles. → **imaginatif, inventif.** *Anne a un esprit créatif. Elle est créative.*

**création** n. f. 1. Action de faire une chose qui n'existait pas encore. *La Bible raconte la création du monde. Il est dans cette entreprise depuis sa création,* depuis qu'elle existe. ‖ contr. **suppression** ‖ 2. Nouveau modèle. *Voici les dernières créations de ce grand couturier.*

**créativité** n. f. *La maîtresse organise des activités qui stimulent la créativité des enfants,* leurs possibilités de créer. → **imagination.**

**créature** n. f. Être humain. → **personne.** *Les films de science-fiction nous montrent souvent des créatures d'un autre monde.*

**crécelle** n. f. Petit instrument en bois, formé d'une petite planche qui tourne autour d'un axe en faisant du bruit. *Elle a une voix de crécelle,* une voix aiguë et désagréable.

**crèche** n. f. 1. Représentation de la naissance de Jésus dans une étable. *On installe la crèche à Noël.* 2. Établissement qui reçoit dans la journée les très jeunes enfants dont les parents travaillent. → **pouponnière** et aussi **garderie.**

**crédible** adj. Que l'on peut croire. → **croyable, vraisemblable.** *Ce qu'il dit n'est pas crédible.*

**crédit** n. m. 1. Somme d'argent prêtée. → **prêt.** *La banque lui a accordé un crédit sur cinq ans,* elle lui a prêté une somme d'argent qu'il doit rembourser avec les intérêts en cinq ans. — *Il a acheté sa maison à crédit,* sans que la somme soit à payer immédiatement. ‖ contr. **comptant** ‖ *Le boucher ne fait pas crédit,* on doit le payer tout de suite. 2. Somme d'argent destinée à un usage particulier. *L'école a obtenu des crédits pour repeindre les salles de classe.* 3. Argent disponible sur un compte en banque. *Vous avez 3 000 francs à votre crédit.* ‖ contr. **débit** ‖ 4. *Elle a du crédit auprès de son chef,* elle a une grande influence sur lui grâce à la confiance qu'il lui fait.

▸ **créditer** v. (conjug. 1) Verser une somme d'argent sur un compte en banque. *Il a crédité son compte de 2 000 francs.* ‖ contr. **débiter** ‖ ▷ DISCRÉDITER.

**crédule** adj. Qui croit tout ce qu'il entend ou lit. → **naïf.** *Elle est trop crédule.* ‖ contr. **incrédule** ‖.

▸ **crédulité** n. f. Grande facilité à croire n'importe quoi. → **naïveté.** *Elle l'écoute avec crédulité.* ‖ contr. **incrédulité, méfiance** ‖ ▷ INCRÉDULE, INCRÉDULITÉ.

**créer** v. (conjug. 1) 1. Faire que quelque chose existe. *On dit que Dieu créa l'homme et l'univers. Cette entreprise a* *été créée il y a 10 ans.* → **fonder.** **2.** Inventer. *Il a créé cet objet il y a longtemps.* **3.** Causer. → **provoquer.** *Nous ne voudrions pas vous créer des ennuis.* → **occasionner.** ▷ CRÉATEUR, CRÉATIF, CRÉATION, CRÉATIVITÉ, CRÉATURE, PROCRÉATION.

**crémaillère** **n. f.** Tige de fer à crans pendue dans une cheminée. *La marmite est accrochée à la crémaillère. — Ils ont pendu la crémaillère,* ils ont fêté leur installation dans un nouveau logement.

**crématoire** **adj.** *Un four crématoire,* c'est un four dans lequel on brûle le corps des morts.

**crème** **n. f. 1.** Matière grasse du lait avec laquelle on fait le beurre. *Flora mange des concombres avec de la crème fraîche.* **2.** Plat sucré fait avec du lait et des œufs. *Pour le dessert, il y a de la crème au chocolat.* **3.** Produit doux au toucher que l'on utilise pour les soins de la peau. *Elle se met de la crème de nuit sur le visage avant de se coucher.* — **Adj. inv.** D'une couleur blanche légèrement teintée de jaune. → **beige.** *Des gants crème.*

► **crémeux** **adj.** Qui contient beaucoup de crème. *La sauce était très crémeuse.*

► **crémerie** [kʀɛmʀi] **n. f.** Boutique, rayon d'un magasin où l'on vend des produits laitiers et des œufs.

► **crémier** **n. m.**, **crémière** **n. f.** Personne qui tient une crémerie. ▷ ÉCRÉMÉ.

**créneau** **n. m. 1.** Ouverture rectangulaire en haut d'un rempart qui servait à la défense. → aussi **meurtrière.** *Une pluie de flèches tombait des créneaux de la tour.* **2.** Espace assez grand pour se garer entre deux voitures en stationnement. *L'automobiliste a fait un créneau,* il a garé sa voiture.

créneau

**créole** **n. m.** et **f. 1.** Blanc né aux Antilles. *L'impératrice Joséphine était une créole.* — **Adj.** *Elle était créole.* **2. n. m.** Langue parlée par les habitants des Antilles. *Il ne parle pas le créole.*

① **crêpe** **n. f.** Mince couche d'une pâte faite avec de la farine, du lait et des œufs, cuite à la poêle ou sur une plaque ronde. → **galette.** *Il nous a fait des crêpes pour le goûter.*

► **crêperie** **n. f.** Lieu où l'on vend et où l'on mange des crêpes.

② **crêpe** **n. m. 1.** Tissu léger de soie ou de laine, à l'aspect granuleux. *Une robe longue en crêpe vert.* **2.** Caoutchouc qui ne glisse pas. *Des chaussures à semelles de crêpe.*

**crépi** **n. m.** *Un mur en crépi,* c'est un mur recouvert d'une couche granuleuse de plâtre ou de ciment.

**crépiter** **v.** (conjug. 1) Faire entendre des bruits secs et répétés. *Le feu crépitait dans la cheminée.*

► **crépitement** **n. m.** Bruit sec et répété. *On entendait au loin le crépitement des mitraillettes.*

**crépu** **adj.** *Il a des cheveux crépus,* frisés et très serrés. || contr. **lisse, raide** ||.

**crépuscule** **n. m.** Lumière du jour qui s'affaiblit, juste après le coucher du soleil.

**cresson** n. m. Plante qui pousse dans l'eau douce, dont on mange les feuilles arrondies vert foncé. *Elle a acheté une botte de cresson.*

**crête** n. f. 1. Morceau de chair rouge dentelé, situé au-dessus de la tête de certains oiseaux. *Le coq a une crête plus grosse que celle de la poule.* 2. Ligne fermée par le sommet d'une montagne, d'un toit, d'une vague. *Le ramoneur marchait sur la crête du toit.*

**crétin** n. m., **crétine** n. f. Personne stupide. → **idiot, imbécile.** *Quel crétin !*

**creuser** v. (conjug. 1) 1. Rendre creux en enlevant quelque chose. *Alex creuse une citrouille pour se faire un masque.* → **évider.** 2. *On a creusé ce puits au siècle dernier,* on l'a fabriqué en faisant un trou dans la terre. ‖ contr. **combler** ‖ 3. *Elle se creuse la tête pour trouver une idée,* elle réfléchit beaucoup.

**creuset** n. m. Récipient dans lequel on fait fondre des métaux.

**creux** adj. et n. m.

▭ adj. 1. Vide. *La cloison est en briques creuses.* 2. *La soupe est servie dans une assiette creuse,* qui peut contenir un liquide. ‖ contr. **plat** ‖ 3. Sans valeur. *Il n'a dit que des paroles creuses,* sans intérêt. 4. *Il prend le métro aux heures creuses,* aux heures où les activités sont ralenties.

▭ n. m. 1. Partie vide, enfoncée. *Yves a trouvé un crabe dans un creux de rocher.* → **cavité, trou.** *Luc a des billes dans le creux de la main.* → **paume.** 2. Familier. *Alex a un creux à l'estomac,* il a faim. ▷ CREUSER, CREUSET.

**crevaison** n. f. Ouverture brutale et accidentelle, qui se produit dans un objet gonflé ou tendu. *La crevaison d'un pneu l'a obligé à changer la roue.*

**crevant** adj. Familier. 1. Qui fatigue beaucoup. → **épuisant, exténuant, tuant.** *Ce travail est crevant.* 2. Qui fait beaucoup rire. *Le clown était crevant avec son petit chapeau !*

**crevasse** n. f. 1. Fente profonde dans la terre, dans la glace. *Des crevasses s'étaient formées dans la terre desséchée.* 2. Petite fente qui se forme dans la peau à cause du froid. → **gerçure.**

**crever** v. (conjug. 5) 1. S'ouvrir brutalement en éclatant. *Le ballon a crevé.* 2. Faire éclater une chose gonflée ou tendue. *Il a crevé un pneu en roulant sur un clou. Anne a failli se crever un œil avec son bâton de ski.* 3. Familier. Mourir. *La plante crèvera si tu ne l'arroses pas.*

▶ **crevé** adj. 1. Qui a éclaté. *Elle a donné à réparer un pneu crevé.* 2. Familier. Mort. *On a trouvé des rats crevés dans la cave.* 3. Familier. Très fatigué. *Anne était trop crevée pour venir.*

▷ CREVAISON, CREVANT, CREVASSE.

**crevette** n. f. Petit crustacé qui vit dans la mer. ⋙ planche Crustacés et coquillages. *Nous pêchons des crevettes grises.*

**cri** n. m. 1. Son perçant produit par la voix. *Effrayée, Julie a poussé un cri.* 2. Son que font les animaux. *Le cri du chat est le miaulement.*

**criant** adj. Qui fait protester. *Cette punition est d'une injustice criante.* → **révoltant.**

**criard** adj. 1. Aigu et désagréable. *La voisine a une voix criarde.* 2. Désagréable à voir. *Une couleur criarde,* trop vive. → **voyant.**

**crible** n. m. Instrument percé de trous qui sert à trier des objets de différente grosseur. → **passoire, tamis.** — *Le commissaire a passé au crible tous les témoignages,* il les a examinés avec soin, pour distinguer le vrai du faux.

▶ **criblé** adj. Percé de nombreux trous. *La palombe est tombée, criblée de balles.* — *Le pauvre homme est criblé de dettes,* il en a beaucoup.

**cric** n. m. Appareil à manivelle qui sert à soulever des choses très lourdes. *Le garagiste place le cric sous la voiture pour changer la roue.* ◊ homonyme : crique.

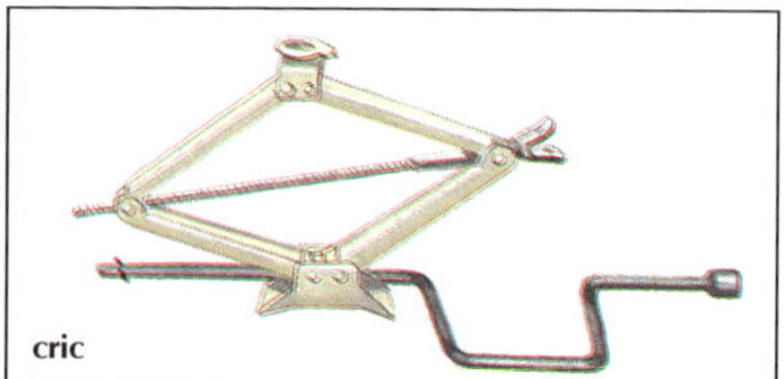
cric

**crier** v. (conjug. 7) **1.** Faire entendre un ou plusieurs cris. *Julie a crié tellement elle avait peur.* **2.** Parler très fort. → **hurler.** *Ne crie pas, je t'entends très bien !* ▷ CRI, CRIANT, CRIARD, S'ÉCRIER, se RÉCRIER.

**crime** n. m. **1.** Faute très grave punie par la loi. *Il est jugé pour crime contre la sûreté de l'État.* **2.** Assassinat, meurtre. *L'auteur du crime a été arrêté par la police.*

**criminel** n. m., **criminelle** n. f. Personne coupable d'un crime. → **assassin.** *Le criminel sera jugé en cour d'assises.* — Adj. *L'incendie était criminel,* il a été provoqué par un criminel.

**crin** n. m. Poil long et rude qui pousse sur le cou, la queue et le bas des pattes du cheval. *Elle se frictionne avec un gant de crin.*

▶ **crinière** n. f. Ensemble des poils qui poussent sur le cou de certains animaux. *Le cheval secoue sa crinière.*

**crique** n. f. Partie du rivage où la mer s'enfonce dans la terre en formant un abri. → **anse, baie.** *Ils se sont baignés dans une crique.* ◊ homonyme : cric.

**criquet** n. m. Insecte des pays chauds, très vorace, qui peut voler et sauter. → aussi **sauterelle.** *Une nuée de criquets s'est abattue sur les cultures et a tout dévoré en quelques minutes.*

**crise** n. f. **1.** *Il est mort d'une crise cardiaque,* d'un accident survenu au cœur. *Yves a parfois des crises d'asthme,* son asthme se réveille. **2.** *Flora a eu une crise de larmes,* elle s'est mise à pleurer d'une manière soudaine. **3.** Période difficile. *Le pays souffre de la crise économique,* des difficultés de l'économie.

**crisper** v. (conjug. 1) **1.** Contracter les muscles d'une partie du corps. *La douleur lui crispait le visage.* **2.** Familier. Irriter. *Le ton dont elle me parle a le don de me crisper.* → **énerver.**

**crisser** v. (conjug. 1) Faire un bruit grinçant de frottement. *Le gravier crisse sous les pas.*

**cristal** n. m. [pl. *cristaux*] **1.** Verre que l'on a rendu plus transparent et plus lourd que du verre ordinaire et qui donne un joli son quand on le frappe légèrement. *Une coupe à champagne en cristal taillé.* **2.** *Le quartz est du cristal de roche,* c'est une roche transparente et dure. **3.** Petit élément de forme géométrique. *Les cristaux de neige sont en étoile.*

▶ **cristallin** **adj.** et **n. m.** **1. adj.** Clair, transparent comme le cristal. *L'eau de la source est cristalline. — Une voix cristalline,* très pure. **2. n. m.** Partie transparente de l'œil, en forme de lentille, à l'arrière de la pupille.

▶ **cristallisé** **adj.** *Du sucre cristallisé,* formé de petits cristaux.

**critère** **n. m.** Ce qui permet de juger. *Sur quels critères vous basez-vous pour faire votre choix ?*

① **critique** **adj.** *Ils sont dans une situation critique,* difficile et qui peut avoir des conséquences fâcheuses. → **alarmant, préoccupant.**

② **critique** **n. m.** et **f.**

▭ **n. f. 1.** Ce que l'on dit en bien ou en mal d'une œuvre. *La critique de son dernier livre est très bonne. Il garde toutes les critiques des films qu'il a réalisés,* les articles de journaux qui parlent de ses films. → **compte rendu. 2.** Jugement défavorable. → **reproche.** *Julie ne supporte pas qu'on lui fasse des critiques.* || contr. **louange** ||.

▭ **n. m.** Personne dont le métier est de juger les livres ou les spectacles. *Il est critique de cinéma à la télévision.*

▶ **critiquer** **v.** (conjug. 1) Donner son appréciation, son jugement, en faisant ressortir les défauts. → **blâmer, condamner.** || contr. **approuver, louer** || *Elle critique tout le monde.*

**croasser** **v.** (conjug. 1) *Le corbeau et la corneille croassent,* ils poussent leur cri.

▶ **croassement** **n. m.** Cri du corbeau et de la corneille.

**croc** [kʀo] **n. m.** **1.** Dent pointue de certains animaux. → **canine.** *Le chien montre ses crocs.* **2.** Tige de métal pointue et recourbée servant à suspendre quelque chose. *Le boucher suspend la viande à des crocs.*

▶ **croc-en-jambe** [kʀɔkɑ̃ʒɑ̃b] **n. m.** Manière de faire tomber quelqu'un en accrochant sa jambe avec le pied. → **croche-pied.** *Julie a fait un croc-en-jambe à Luc.* — **Au pl.** *Des crocs-en-jambe.*

**croche** **n. f.** Note de musique qui vaut la moitié d'une noire. *La queue de la croche porte un crochet.*

**croche-pied** **n. m.** Manière de faire tomber quelqu'un en accrochant sa jambe avec le pied. → **croc-en-jambe.** *Il lui a fait un croche-pied.* — **Au pl.** *Des croche-pieds.*

**crochet** **n. m.** **1.** Pièce de métal recourbée pour pendre ou retenir quelque chose. *Le tableau est suspendu à un crochet.* **2.** Aiguille dont l'extrémité recourbée retient le fil qui doit passer dans la maille. *Anne apprend à faire du crochet,* à faire du tricot avec un crochet. **3.** Détour qui allonge la route suivie. *Ils ont fait un crochet par la plage.* **4.** Sorte de parenthèse dont les extrémités sont en angle droit. *Les mots écrits en phonétique sont entre crochets* [ ].

▶ **crocheter** **v.** (conjug. 5) *Les cambrioleurs ont crocheté la serrure,* ils l'ont ouverte avec un instrument à l'extrémité recourbée.

**crochu** **adj.** Recourbé. *L'aigle a un bec crochu.*

**crocodile** **n. m.** **1.** Reptile carnivore vivant dans les fleuves des pays chauds, au corps massif recouvert d'écailles et aux pattes courtes, qui respire aussi bien dans l'air que dans l'eau. *Le crocodile noie sa proie avant de la dévorer.* → aussi **alligator, caïman. 2.** Peau du crocodile utilisée pour faire des sacs, des chaussures, des ceintures, des portefeuilles. *Une ceinture en crocodile.*

**crocus** [kʀɔkys] **n. m.** Plante à bulbe, à tige courte, qui fleurit très tôt au printemps.

crocus

**croire** **v.** (conjug. 44) **1.** *Croire quelque chose,* c'est penser que c'est vrai. *Anne croit tout ce qu'on lui raconte.* **2.** *Croire quelqu'un,* c'est penser que ce qu'il dit est vrai. *Je ne te crois plus, tu es trop menteur !* **3.** Considérer comme vraisemblable, sans en être sûr. → **estimer, juger, penser, supposer.** *Flora croyait être seule. Je crois qu'il va venir. Yves croyait à la victoire de son équipe. — Flora se croyait perdue,* elle s'imaginait qu'elle était perdue. **4.** *Il croit en Dieu,* il est convaincu que Dieu existe. ▷ CROYABLE, CROYANCE, CROYANT, INCROYABLE, INCROYANT.

**croisé** **n. m.** Chevalier chrétien qui prenait les armes pour chasser les musulmans de Terre sainte. *Les croisés avaient une croix cousue sur leurs vêtements.*

► **croisade** **n. f. 1.** Expédition militaire menée par les chrétiens contre les musulmans de Terre sainte, au Moyen Âge. *La première croisade.* **2.** Lutte. *Ils mènent une croisade contre le tabac.*

**croiser** **v.** (conjug. 1) **1.** *Flora s'est assise et a croisé les jambes,* elle les a mises l'une sur l'autre. **2.** *La voie ferrée croise la route,* elle la traverse. → **couper.** — *Les deux routes se croisent à la sortie du village.* **3.** Rencontrer en allant en sens contraire. *Yves a croisé Julie dans la rue. — Les deux trains se croiseront à 14 h 17.* **4.** Naviguer en allant et venant dans les mêmes parages. *Le navire croisait au large de la Bretagne.*

► **croisée** **n. f. 1.** Carrefour. *Ils se sont rencontrés à la croisée des chemins.* **2.** Fenêtre. *Ouvre la croisée.*

► **croisement** **n. m. 1.** *Les feux de croisement,* ce sont, sur un véhicule, les lumières qui n'éblouissent pas le conducteur que l'on croise. → **code. 2.** Intersection de routes. → **carrefour.** *Prenez à droite au prochain croisement.*

► **croiseur** **n. m.** Grand navire de guerre.

► **croisière** **n. f.** Voyage touristique en bateau. *Ils ont fait une croisière en Méditerranée.*

**croissance** **n. f. 1.** Le fait de grandir, de croître. → **développement.** *À dix ans, on est en pleine croissance.* **2.** Progression. *La croissance de la production a été faible cette année.* → **expansion.** || contr. **déclin, régression** ||.

① **croissant** **n. m. 1.** *Un croissant de lune,* c'est la partie visible de la Lune quand elle n'est pas éclairée tout entière. **2.** Petite pâtisserie recourbée, en forme de croissant. *Elle aime les croissants au beurre.*

② **croissant** **adj.** Qui croît, s'accroît. *Les enfants se sont rangés par ordre croissant de taille,* du plus petit au plus grand. ‖ contr. **décroissant** ‖.

**croître** **v.** (conjug. 55) **1.** *Les mauvaises herbes croissent vite,* elles grandissent vite. → **pousser.** **2.** *Les jours croissent au printemps,* ils deviennent plus longs. ‖ contr. **diminuer** ‖ *Le nombre des naissances a cru,* les naissances sont devenues plus nombreuses. → s'**accroître, augmenter.** ‖ contr. **décroître** ‖ ▷ ACCROISSEMENT, ACCROÎTRE, CROISSANCE, ① et ② CROISSANT, ① CRU, CRUE, DÉCROISSANT, DÉCROÎTRE, DÉCRUE, EXCROISSANCE, SURCROÎT.

**croix** **n. f. 1.** Instrument de supplice fait de deux poteaux de bois qui se croisent à angle droit, sur lequel on attachait les condamnés pour les faire mourir. *Jésus est mort sur la croix.* → aussi **crucifix.** **2.** Marque formée par deux traits qui se croisent. *Cochez la bonne réponse d'une croix.* **3.** Décoration en forme de croix. *Il a reçu la croix de guerre.* ▷ CROISADE, CROISÉ, CROISÉE, CROISEMENT, CROISER, CROISEUR, CROISIÈRE, ENTRECROISER.

**croquant** **adj.** Qui croque sous la dent. *Une pomme bien croquante.*

**croque-monsieur** **n. m. inv.** Sandwich chaud fait de pain de mie, de jambon et de fromage. — **Au pl.** *Des croque-monsieur.*

**croque-mort** **n. m.** Familier. Employé des pompes funèbres. *Les croque-morts ont déposé le cercueil dans le corbillard.*

**croquer** **v.** (conjug. 1) **1.** Faire un bruit sec. → **craquer** et aussi **croustiller.** *La pomme croquait sous la dent.* **2.** Réduire en petits morceaux avec les dents. *Luc croque un bonbon.* — *Flora croque dans une pomme.* → **mordre.**

► **croquette** **n. f. 1.** Boulette de pâte, de hachis, frite dans l'huile. *Des croquettes de pommes de terre.* **2.** Boulette sèche que l'on donne à manger aux chats ou aux chiens. ▷ CROQUANT, CROQUE-MONSIEUR, CROQUE-MORT.

**croquet** **n. m.** Jeu consistant à faire passer des boules sous des arceaux au moyen d'un maillet. *Ils font une partie de croquet dans le jardin.*

**croquis** **n. m.** Dessin rapide. → **esquisse.** *Il a fait un croquis des lieux où s'est produit l'accident.*

**cross** **n. m.** Ce mot vient de l'anglais. Course à pied sur différentes sortes de terrains, dans la nature. *Luc et Alex ont fait un cross dans la forêt.* ◊ homonyme : crosse. ▷ CYCLO-CROSS, MOTO-CROSS.

**crosse** **n. f. 1.** Bâton recourbé. *La crosse d'un évêque.* **2.** Partie d'un fusil que l'on appuie sur l'épaule. ◊ homonyme : cross.

**crotale** **n. m.** Serpent très venimeux qui fait du bruit avec sa queue quand il se déplace, appelé aussi *serpent à sonnette. Les crotales vivent en Amérique.*

**crotte** **n. f. 1.** Excrément. *Le chien a fait une crotte dans le caniveau.* **2.** *Une boîte de crottes en chocolat,* c'est une boîte de bonbons au chocolat.

► **crottin** **n. m. 1.** Excréments du cheval. *Le crottin est un bon engrais pour les fleurs.* **2.** Petit fromage de chèvre. *Une salade au crottin chaud.*

**crotté** **adj.** Couvert de boue. *Ses chaussures étaient toutes crottées.*

**crouler** v. (conjug. 1) Tomber en pliant sous l'effet du poids. → **s'écrouler, s'effondrer.** *Le vieux mur croule.* ▷ ÉCROULEMENT, S'ÉCROULER.

**croupe** n. f. Partie arrière arrondie du corps de certains animaux. → **derrière, fesse.** *Le cavalier donne un coup de cravache sur la croupe de son cheval.*

▶ **croupion** n. m. Partie arrière du corps des oiseaux, qui porte les plumes de la queue. ⋙ planche Oiseaux. *Le croupion du poulet.* ▷ S'ACCROUPIR.

**croupir** v. (conjug. 2) **1.** *De l'eau qui croupit,* c'est de l'eau qui devient mauvaise parce qu'elle reste immobile, ne s'écoule pas. → **stagner. 2.** Rester dans un endroit sans en sortir. *Il a croupi en prison de nombreuses années.*

**croustiller** v. (conjug. 1) Croquer sous la dent. *Ces biscuits croustillent.*

▶ **croustillant** adj. *La croûte du pain frais est croustillante,* elle croustille.

**croûte** n. f. **1.** Partie extérieure. *Alex mange la croûte du pain et laisse la mie. Flora enlève la croûte du camembert.* **2.** Plaque dure qui se forme sur une plaie. *N'arrache pas la croûte, ta plaie cicatrisera plus vite.*

▶ **croûton** n. m. **1.** Extrémité du pain. *Les croûtons d'une baguette.* **2.** Morceau de pain frit. *Une salade avec des lardons et des croûtons.*

**croyable** adj. *Une chose croyable,* que l'on peut croire. → **crédible, imaginable, pensable, possible.** *Cette histoire est à peine croyable.* ‖ contr. **incroyable** ‖.

**croyant** adj. Qui croit en Dieu. *Elle est très croyante.* ‖ contr. **athée, incroyant** ‖ — N. *C'est une croyante.*

▶ **croyance** n. f. Ce que l'on croit. *Ils n'ont pas les mêmes croyances,* les mêmes convictions religieuses.

① **cru** n. m. Vignoble. *La France est réputée pour ses grands crus.* ◊ homonyme : crue.

② **cru** adj. **1.** Qui n'est pas cuit. *Flora aime les carottes crues.* ‖ contr. **cuit** ‖ **2.** *La lumière crue fait mal aux yeux,* la lumière vive et violente. **3.** *Des mots crus,* ce sont des mots grossiers. ▷ CRUDITÉS.

**cruauté** n. f. Méchanceté des personnes cruelles, qui prennent du plaisir à faire souffrir. *Il est d'une grande cruauté envers les animaux.*

**cruche** n. f. **1.** Pot, étroit du haut, muni d'un bec et d'une anse. *Une cruche à eau.* **2.** Familier. Personne bête. → **imbécile.** *Quelle cruche !* → **gourde.**

**crucial** adj. Très important. *Voici le moment crucial.* → **décisif.** *La faim dans le monde est une question cruciale.* → **essentiel.** — Au masc. pl. *cruciaux.*

**crucifier** v. (conjug. 7) *Les Romains crucifièrent Jésus,* ils le clouèrent sur une croix afin qu'il meure.

▶ **crucifix** [kʀysifi] n. m. Croix sur laquelle est représenté Jésus. *Elle a accroché un crucifix au-dessus de son lit.*

**crudités** n. f. pl. Légumes que l'on mange crus. *On nous a servi une assiette de crudités en hors-d'œuvre.*

**crue** n. f. Montée des eaux d'un cours d'eau. *La rivière est en crue,* ses eaux montent. ◊ homonyme : cru.

**cruel** adj. **1.** Qui aime faire souffrir. → **féroce, méchant.** *Il est cruel envers les* *animaux.* **2.** Qui fait souffrir. *Sa mort est pour nous une perte cruelle.*

▸ **cruellement** **adv. 1.** Avec cruauté. *Il traite cruellement les animaux.* **2.** D'une façon douloureuse. *Ses rhumatismes le font cruellement souffrir.*

**crustacé** **n. m.** Animal recouvert d'une carapace, muni de pattes articulées, de branchies et d'antennes, qui vit dans l'eau et qui est bon à manger. *La crevette, le crabe, la langouste sont des crustacés.* ⋙ planche p. 247.

**crypte** **n. f.** Partie souterraine d'une église. *La crypte de la cathédrale.*

**cube** **n. m. 1.** Corps dont les six faces sont six carrés égaux. *Un dé à jouer est un cube.* ⋙ planche Géométrie. **2.** *Le cube d'un nombre,* c'est ce nombre multiplié par lui-même deux fois de suite. *Le cube de 4 est 64. 4 au cube égale 64.* — On écrit $4^3$ et on peut dire aussi *4 puissance 3.* **3.** *Un mètre cube,* c'est le volume d'un cube d'un mètre de côté. *Trois mètres cubes (3 $m^3$).*

▸ **cubique** **adj.** Qui a la forme d'un cube. *Une boîte cubique.*

**cubitus** **n. m.** Os de l'avant-bras. ⋙ planche Corps humain.

**cueillir** **v.** (conjug. 12) *Cueillir une fleur,* c'est la ramasser en coupant la tige, en la détachant de la plante qui la porte. *Cueillir des fruits ou des légumes,* c'est les récolter.

▸ **cueillette** **n. f.** Récolte. *La cueillette des aubergines se fait en été.*

**cuillère** ou **cuiller** [kyijɛʀ] **n. f.** Couvert composé d'un manche et d'une partie creuse dont on se sert pour manger ou faire la cuisine. *N'oublie pas de mettre des cuillères à soupe et des petites cuillères sur la table.*

▸ **cuillerée** **n. f.** Contenu d'une cuillère. *Ajoutez une cuillerée de crème dans la sauce.*

**cuir** **n. m. 1.** Peau d'un animal sans son poil, avec laquelle on fait des sacs, des chaussures, des vêtements, des ceintures. *Alex a un blouson de cuir.* **2.** *Le cuir chevelu,* c'est la peau du crâne.
◊ homonyme : cuire.

**cuirasse** **n. f. 1.** Armure recouvrant la poitrine, le ventre et le dos. **2.** Revêtement d'acier protégeant les navires de guerre.

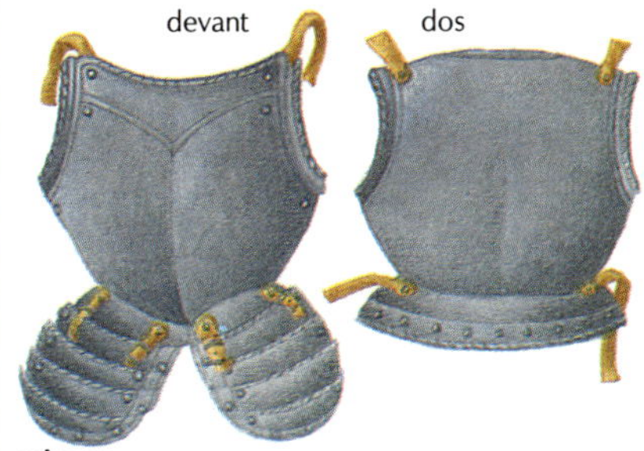

**cuirasse**

▸ **cuirassé** **n. m.** Navire de guerre blindé.

▸ **cuirassier** **n. m.** Soldat revêtu d'une cuirasse, qui combattait à cheval.

**cuire** **v.** (conjug. 38) **1.** Devenir bon à manger sous l'action de la chaleur. *Le poulet cuit dans le four. Le cuisinier fait cuire les pommes de terre dans une cocotte.* **2.** *Le potier cuit les objets qu'il fabrique,* il les fait devenir durs en les chauffant. **3.** Brûler, faire mal. *Ce coup de soleil dans le dos me cuit.*
◊ homonyme : cuir.

▸ **cuisant** **adj.** Qui fait mal. → **douloureux.** *Son échec a été cuisant.* ▷ AUTO-

CUISEUR, BISCUIT, CUISINE, CUISINÉ, CUISINER, CUISINIER, CUISINIÈRE, CUISSON, CUIT.

**cuisine** **n. f. 1.** Pièce où l'on prépare les repas. *Leur cuisine est grande.* **2.** Préparation de la nourriture. *Il fait bien la cuisine. Elle a un livre de recettes de cuisine.* → aussi **culinaire.**

▶ **cuisiner** **v.** (conjug. 1) Faire la cuisine. *Il cuisine très bien.*

▶ **cuisiné** **adj.** *Il a acheté des plats cuisinés,* déjà préparés.

▶ **cuisinier** **n. m.**, **cuisinière** **n. f. 1.** Personne dont le métier est de faire la cuisine. *Il est cuisinier dans un grand restaurant.* **2.** Personne qui fait la cuisine. *C'est une bonne cuisinière.*

▶ **cuisinière** **n. f.** Appareil qui sert à faire cuire les aliments. *Elle a commandé une nouvelle cuisinière à gaz.*

**cuisse** **n. f.** Partie de la jambe entre la hanche et le genou. *Alex a les cuisses musclées.*

**cuisson** **n. f.** Préparation des aliments par l'action de la chaleur ; durée pendant laquelle on fait cuire la nourriture. *Le poulet demande une heure de cuisson.*

**cuit** **adj.** Que l'on a fait cuire. *Le rôti n'est pas assez cuit.* ‖ contr. ② **cru** ‖.

**cuivre** **n. m. 1.** Métal rouge assez mou. *Les fils électriques sont en cuivre.* **2.** *Les cuivres,* ce sont les objets en cuivre. **3.** *La trompette et le trombone sont des cuivres,* des instruments de musique à vent en cuivre.

**cul** **n. m. 1.** Le derrière, les fesses. *Il est tombé sur le cul.* — Ce mot est grossier. **2.** *Le cul d'une bouteille,* c'est le fond d'une bouteille. ▷ CUL-DE-JATTE, CUL-DE-SAC, CULOTTE.

**culbute** **n. f.** Tour que l'on fait sur soi-même en faisant passer les jambes par-dessus la tête. → **cabriole, galipette.** *Yves a fait une culbute dans l'escalier,* il est tombé.

▶ **culbuter** **v.** (conjug. 1) Renverser. *Elle s'est fait culbuter par une moto.*

**cul-de-jatte** **n. m.** et **f.** Personne qui n'a plus de jambes. — **Au pl.** *Des culs-de-jatte.*

**cul-de-sac** **n. m.** Rue, chemin, passage sans issue. → **impasse.** — **Au pl.** *Des culs-de-sac.*

**culinaire** **adj.** Qui concerne la cuisine, la préparation des aliments. *Les cuisiniers ont appris l'art culinaire.*

**culminant** **adj.** *Le point culminant,* c'est l'endroit le plus élevé. *Le mont Blanc est le point culminant de la France.*

**culot** **n. m.** Familier. Audace. → **toupet.** *Il a eu le culot de venir alors qu'il n'était pas invité. Quel culot !* → **aplomb.**

▶ **culotté** **adj.** Familier. Qui a du culot. *Julie est culottée,* elle exagère. → **effronté.** ‖ contr. **timide** ‖.

**culotte** **n. f. 1.** Pantalon d'homme. *Yves est en culotte courte.* → **short. 2.** Vêtement féminin de dessous, couvrant le bas du ventre et du dos. → **slip.** *Une culotte en coton.*

**culpabilité** **n. f.** Le fait d'être coupable. *L'enquête a prouvé la culpabilité de l'accusé.* ‖ contr. **innocence** ‖.

**culte** **n. m. 1.** *Les Égyptiens rendaient un culte au dieu Amon,* ils lui rendaient hommage et lui témoignaient leur respect. **2.** Cérémonie religieuse protestante. *Le pasteur célèbre le culte.*

**cultiver** **v.** (conjug. 1) **1.** *Cultiver la terre,* c'est la travailler pour qu'elle

# CRUSTACÉS ET COQUILLAGES

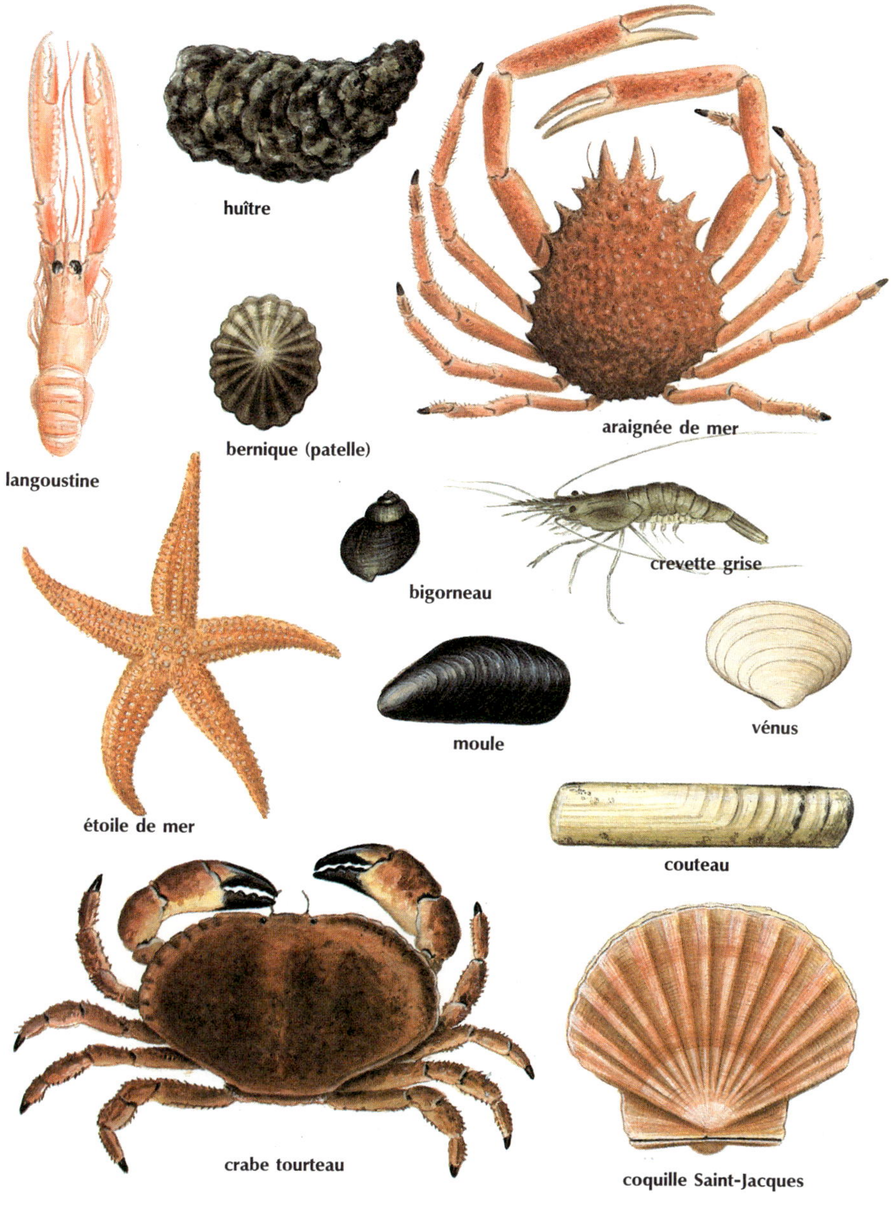

produise des plantes. **2.** *Cultiver des plantes*, c'est les faire pousser. *Dans ce champ, on cultive du maïs.*

▶ **cultivateur** **n. m.**, **cultivatrice** **n. f.** Personne qui cultive la terre. → **agriculteur, paysan.**

se **cultiver** **v.** (conjug. 1) S'instruire, enrichir son esprit. *Elle s'est cultivée en lisant beaucoup.*

▶ **cultivé** **adj.** Qui sait beaucoup de choses, est instruit. *C'est une femme très cultivée.* || contr. **ignare, ignorant, ② inculte** ||.

① **culture** **n. f.** **1.** Le fait de travailler la terre. *Cette région est spécialisée dans la culture des betteraves.* **2.** *Les cultures*, ce sont les terres cultivées. *Les cultures occupent 35 % du sol français.* ▷ AGRICULTURE, APICULTURE, ARBORICULTURE, HORTICULTURE, OSTRÉICULTURE, POLYCULTURE, SYLVICULTURE, VITICULTURE.

② **culture** **n. f.** **1.** Les connaissances que l'on a. → **instruction.** *Elle a une solide culture générale.* **2.** Les traditions, les connaissances propres à un pays. → **civilisation.** *Il est de culture orientale.* **3.** *La mère de Julie fait de la culture physique tous les matins*, des exercices pour maintenir son corps en bonne forme. → **gymnastique.**

▶ **culturel** **adj.** Qui permet de se cultiver. *L'instituteur a organisé des activités culturelles pour ses élèves.*

**cumuler** **v.** (conjug. 1) *Cumuler des fonctions*, c'est exercer plusieurs fonctions en même temps. *Le député-maire cumule les fonctions de député et de maire.*

▶ **cumulus** **n. m.** Gros nuage arrondi. *Les cumulus annoncent l'orage.*

**cupide** **adj.** *Une personne cupide* est avide d'argent, en veut toujours plus. || contr. **désintéressé** ||.

① **cure** **n. f.** Traitement médical qui dure un certain temps. *Flora a fait une cure de vitamines. Il doit faire une cure dans une station thermale*, y faire un séjour pour sa santé. ▷ CURISTE.

② **cure** **n. f.** Maison du curé. → **presbytère.**

▶ **curé** **n. m.** Prêtre catholique responsable d'une paroisse. ◊ homonyme : curer.

**curer** **v.** (conjug. 1) Nettoyer en raclant. *Il faut curer la citerne.* — *Anne se cure les ongles*, elle enlève la saleté sous les ongles. ◊ homonyme : curé.

▶ **cure-dent** ou **cure-dents** **n. m.** Bâtonnet pointu servant à se curer les dents. — **Au pl.** *Des cure-dents.*

**curieux** **adj.** **1.** Qui veut voir, savoir quelque chose. *Je serais curieuse de savoir où ils sont allés*, j'aimerais bien le savoir. **2.** Qui cherche à savoir ce qui ne le regarde pas. → **indiscret.** *Flora est trop curieuse.* || contr. **discret** ||. — **N.** Personne qui veut voir ou savoir sans raison particulière. *Les policiers ont dispersé les curieux.* → **badaud.** **3.** Bizarre, étonnant. → **étrange.** *Elle a une curieuse façon de s'habiller.* → **singulier.** || contr. **banal, ordinaire** ||.

▶ **curieusement** **adv.** Bizarrement. *Curieusement, nous nous sommes rencontrés dans le métro.*

▶ **curiosité** **n. f.** **1.** Envie d'apprendre, de connaître des choses nouvelles. *Luc a acheté un livre sur les escargots pour satisfaire sa curiosité.* || contr. **indifférence** || **2.** Envie de connaître les secrets de quelqu'un. → **indiscrétion.** *La curiosité est un vilain défaut !* || contr. **discrétion** || **3.** Chose intéressante parce qu'elle sort de l'ordinaire. *Un geyser est une curiosité de la nature.*

**curiste** **n. m.** et **f.** Personne qui fait une cure thermale.

**curry** **n. m.** Poudre jaune foncé composée de nombreuses épices, utilisée dans la cuisine indienne. *Du poulet au curry.* — On dit aussi *cary* ou *carri.*

**cutané** **adj.** *L'eczéma est une maladie cutanée,* une maladie de la peau. ▷ SOUS-CUTANÉ.

**cutiréaction** ou **cuti-réaction** **n. f.** Petite griffure que l'on fait généralement sur le bras, dans laquelle on introduit un liquide permettant de voir si le vaccin contre la tuberculose a pris. — **Au pl.** *Des cutiréactions* ou *des cuti-réactions.* — On dit aussi *une cuti.*

**cuve** **n. f.** Grand récipient. *Une cuve à mazout.* → **réservoir.**

▶ **cuvée** **n. f.** Vin produit par une vigne. *La cuvée de cette année est excellente.*

▶ **cuvette** **n. f. 1.** Récipient large, peu profond, dans lequel on met de l'eau. → **bassine.** *Elle a mis les chaussettes à tremper dans une cuvette.* **2.** Partie d'un terrain plus basse que ce qui l'entoure. → **bassin.** *Le Bassin parisien est une vaste cuvette.*

**cyanure** **n. m.** Poison chimique très dangereux. *L'espion s'est suicidé en avalant du cyanure.*

**cyclamen** [siklamɛn] **n. m.** Petite plante à fleurs mauves, roses ou blanches portées par des tiges à queue recourbée en forme de crosse. *Il lui a offert un pot de cyclamens.*

cyclamen

① **cycle** **n. m.** Suite d'événements qui se répètent sans arrêt, toujours dans le même ordre. *Le cycle des saisons.*

▶ **cyclique** **adj.** *Un phénomène cyclique,* qui se reproduit régulièrement, en suivant les mêmes étapes. ▷ RECYCLAGE, RECYCLER.

② **cycle** **n. m.** Véhicule à deux ou trois roues, sans carrosserie.

▶ **cyclable** **adj.** *Une piste cyclable,* c'est la partie d'une route réservée aux bicyclettes et aux cyclomoteurs.

▶ **cyclisme** **n. m.** Sport qui consiste à faire de la bicyclette.

▶ **cycliste** **n. m.** et **f.** et **adj. 1. n. m. et f.** Personne qui fait du vélo. *L'automobiliste a failli renverser un cycliste.* **2. adj.** *Un champion cycliste,* c'est un champion de course à vélo. *Une course cycliste,* c'est une course de vélos. ▷ BICYCLETTE, MOTOCYCLETTE, MOTOCYCLISTE, TRICYCLE.

**cyclo-cross** **n. m. inv.** *Alex aime faire du cyclo-cross,* du vélo en dehors des routes et des chemins, sur des terrains difficiles. — **Au pl.** *Des cyclo-cross.*

**cyclomoteur** **n. m.** Vélo à moteur de faible puissance. → **vélomoteur.** *On peut conduire un cyclomoteur à partir de l'âge de 14 ans.*

**cyclone** **n. m.** Forte tempête avec un vent très violent. *Les cyclones se produisent surtout dans les pays tropicaux.* → **ouragan, tornade, typhon.** ▷ ANTICYCLONE.

**cygne** **n. m.** Grand oiseau aux pattes palmées, au plumage généralement blanc et au cou long et souple. *Des cygnes nageaient sur le lac.* ◊ homonyme : signe.

**cylindre** **n. m. 1.** Objet en forme de rouleau dont les deux extrémités sont deux cercles égaux. ⋙ planche Géométrie. *Un rouleau à pâtisserie, un tambour sont des cylindres.* **2.** Partie d'un moteur dans laquelle bouge le piston. *Cette voiture a un moteur de six cylindres.*

► **cylindrée** **n. f.** Volume des cylindres d'un moteur. *Cette voiture a une cylindrée de 1 000 $cm^3$.*

► **cylindrique** **adj.** Qui a la forme d'un cylindre. *Les boîtes de conserve sont généralement cylindriques.*

**cymbale** **n. f.** *Les cymbales,* ce sont deux disques en cuivre ou en bronze, qui composent un instrument de musique. ⋙ planche Instruments de musique. *Il a frappé un coup de cymbales.*

**cynique** **adj.** *Une personne cynique,* qui se moque durement de tout sans peur de choquer, d'être désagréable.

**cyprès** **n. m.** Arbre droit et élancé qui ne perd jamais son feuillage vert sombre. *Le cyprès est un conifère.*

# D

**dactylo** n. m. et f. Personne dont le métier est de taper des textes à la machine à écrire. *Le manuscrit de son livre a été tapé par plusieurs dactylos.*

▶ **dactylographie** n. f. *Il a appris la dactylographie,* à taper à la machine.

▶ **dactylographier** v. (conjug. 7) *Dactylographier un texte,* c'est le taper à la machine. ▷ STÉNODACTYLO.

**dada** n. m. Familier. *Luc raconte toujours des histoires d'animaux, c'est son dada,* son sujet préféré. → **marotte.**

**dadais** n. m. *C'est un grand dadais,* c'est un garçon à l'air un peu bête, maladroit.

**dague** n. f. Épée courte.

**dahlia** n. m. Grosse fleur ronde, très décorative. *Un bouquet de dahlias de toutes les couleurs.*

**daigner** v. (conjug. 1) *Daigner faire quelque chose,* c'est bien vouloir le faire, s'abaisser à le faire. → **condescendre.** *Elle n'a pas daigné répondre à mon invitation.* ▷ DÉDAIGNER, DÉDAIGNEUX, DÉDAIN.

**daim** n. m. **1.** Animal de la même famille que le cerf, qui a une robe tachetée de blanc et des bois reliés entre eux comme des palmes. *Les daims sont des ruminants.* **2.** Cuir fin, doux au toucher, ressemblant à la peau de daim tannée. *Un pantalon de daim.*

daim

**dalle** n. f. Plaque de pierre ou de ciment dont on recouvre le sol. *Le sol de l'entrée est recouvert de dalles de marbre.*

▸ **dallé** **adj.** Recouvert de dalles. *L'entrée est dallée de marbre.*

▸ **dallage** **n. m.** Ensemble des dalles qui recouvrent un sol. → **carrelage.** *Le dallage de la terrasse est en céramique.*

① **dame** **n. f. 1.** Femme. *Il y a un monsieur et une dame qui vous demandent.* **2.** Carte à jouer représentant une reine. *La dame de trèfle.* ▷ MADAME.

② **dame** **n. f.** *Le jeu de dames,* c'est un jeu qui se joue à deux, avec des pions noirs et des pions blancs sur un damier. *Flora joue aux dames avec sa grand-mère.*

▸ **damier** **n. m.** Plateau carré divisé en 100 carreaux blancs et noirs, sur lequel on joue aux dames. → aussi **échiquier.**

**damer** **v.** (conjug. 1) *Damer la neige,* c'est la tasser. *Les pistes de ski ont été damées.*

**damné** [dane] **adj.** Condamné à aller en enfer après sa mort. *Les catholiques pensent que s'ils meurent en état de péché, ils seront damnés.*

▸ **damnation** **n. f.** Condamnation à aller en enfer après la mort.

se **dandiner** **v.** (conjug. 1) Balancer le corps d'une jambe sur l'autre, d'une patte sur l'autre. *Les canards se dandinent en marchant.*

**danger** **n. m.** Ce qui fait courir un risque. → **péril.** *Les pompiers affrontent le danger avec courage. Le blessé est hors de danger,* il est sauvé.

▸ **dangereux** **adj.** Qui peut faire du mal, fait courir un risque. → **périlleux.** *Attention, ce croisement est très dangereux.* — **Au fém.** *dangereuse.*

▸ **dangereusement** **adv.** D'une manière dangereuse. *Ce chauffard conduit dangereusement.*

**dans** **prép. 1.** *Julie est dans sa chambre,* à l'intérieur de sa chambre. **2.** *Dans sa jeunesse, elle aimait danser,* quand elle était jeune. *Il doit revenir dans la semaine,* au cours de la semaine. *Il sera là dans deux jours,* d'ici deux jours. **3.** *Cette voiture doit coûter dans les 60 000 francs,* environ 60 000 francs. ◊ homonyme : dent. ▷ DEDANS.

**danse** **n. f.** Suite de mouvements, de pas que l'on fait au rythme de la musique. *Julie fait de la danse classique. La valse, le tango, le rock sont des danses.* ◊ homonyme : dense.

▸ **danser** **v.** (conjug. 1) Faire des pas de danse. *Yves a invité Flora à danser. Alex danse très bien le rock.*

▸ **danseur** **n. m.,** **danseuse** **n. f. 1.** Personne dont le métier est de danser. *Il est danseur à l'Opéra de Paris.* **2.** Personne qui danse. *Des couples de danseurs évoluaient sur la piste.*

**dard** **n. m.** Petite pointe que certains animaux ont à l'arrière de l'abdomen, avec laquelle ils piquent et introduisent leur venin. → **aiguillon.** *Les guêpes et les abeilles ont un dard.*

**dartre** **n. f.** Plaque de peau desséchée, rugueuse et légèrement rosée. *Quand il fait très froid, Anne a des dartres sur le visage.*

**date** **n. f. 1.** Indication du jour, du mois, de l'année. *Le 15 août 1769 est la date de naissance de Napoléon Ier.* **2.** Époque où un événement s'est produit. *Ils se connaissent de longue date,* depuis longtemps. ◊ homonyme : datte.

▸ **dater** v. (conjug. 1) **1.** Mettre la date. *Il a oublié de dater son chèque.* **2.** *L'église du village date du 12^e^ siècle,* elle existe depuis le 12^e^ siècle. → **remonter.**

**datte** n. f. Petit fruit brun allongé, très sucré, qui pousse en grappes sur le dattier. *On mange les dattes fraîches ou sèches.* ⤞ planche Fruits exotiques. ◊ homonyme : date.

▸ **dattier** n. m. Grand palmier d'Afrique du Nord et du Moyen-Orient, qui donne des dattes.

① **dauphin** n. m. Animal marin qui peut atteindre 5 mètres de long et a un museau allongé en forme de bec muni de nombreuses dents pointues. *Les dauphins sont des mammifères. Les dauphins vivent en groupe et communiquent entre eux en émettant des sons jouant le rôle d'un langage.*

dauphin

② **Dauphin** n. m. Autrefois, fils aîné du roi de France.

**daurade** ou **dorade** n. f. Poisson de mer aux reflets dorés ou argentés. *La chair de la daurade est très savoureuse.*

**davantage** adv. **1.** Plus. *Yves doit travailler davantage s'il veut réussir ses examens.* **2.** Plus longtemps. *Je n'attendrai pas davantage.*

① **de** prép. **1.** Indique le lieu d'où l'on vient. *Julie sort de sa chambre. Il revient des États-Unis.* **2.** Indique le temps. *Anne part en vacances du 1^er^ au 12 avril,* à partir du 1^er^ avril. *Il a voyagé de nuit,* pendant la nuit. **3.** Indique la cause, le moyen, la manière. *Flora tremble de froid.* **4.** Indique la mesure. *Ma montre retarde de 5 minutes. Cet arbre fait 3 mètres de haut.* **5.** Indique l'appartenance. *Le stylo d'Anne est cassé.* **6.** Indique la matière. *Alex a une veste de cuir.* → **en.** **7.** Indique le genre. *Yves aime les films d'horreur.* **8.** Indique le contenu. *Julie a bu un verre d'eau.* **9.** Introduit des compléments. *Elle se souvient de moi. Les enfants jouent dans la cour de récréation.* ▷ AU-DELÀ, EN DEÇÀ, DEDANS, DEHORS, DEPUIS, DESSOUS, PAR-DELÀ.

② **de** article partitif S'emploie devant des noms de choses que l'on ne compte pas ou que l'on ne peut pas compter. *Voulez-vous du vin ou de la bière ? Il n'a pas d'argent. Il a mangé des pâtes.*

③ **de** article indéfini S'emploie à la place de *des* devant un adjectif. *Anne a de longs cheveux blonds. Yves a fait d'affreux cauchemars.* → aussi ② **des.**

① **dé** n. m. Petit cube qui porte une marque de un à six points sur chacune de ses faces. *Yves et Luc jouent aux dés.*

② **dé** n. m. *Un dé à coudre,* c'est un petit étui dans lequel on met le bout du doigt qui pousse l'aiguille quand on coud. *Elle coud toujours avec un dé.*

**déambuler** v. (conjug. 1) Marcher sans but précis. → **errer.** *Les promeneurs déambulaient dans les rues.*

**débâcle** n. f. Fuite précipitée. → **débandade.** *La retraite des soldats s'est achevée en débâcle.* → **déroute.**

**déballer** v. (conjug. 1) Sortir de son emballage. *Flora déballe son cadeau.* ‖ contr. **emballer** ‖.

► **déballage** n. m. *Les manutentionnaires ont procédé au déballage de la marchandise,* ils l'ont déballée. ‖ contr. **emballage** ‖.

**débandade** n. f. Fuite désordonnée en tous sens. *Dès qu'il s'est mis à pleuvoir, cela a été la débandade.*

se **débarbouiller** v. (conjug. 1) Se laver le visage. *Julie s'est débarbouillée avant de passer à table.*

**débarcadère** n. m. Lieu aménagé pour le débarquement des voyageurs et des marchandises qui sont dans un navire. → **quai** et aussi **embarcadère.**

**débardeur** n. m. **1.** Personne qui charge et décharge un navire. → **docker.** **2.** Maillot de corps sans manches ni col, très échancré. *L'été, Anne met souvent des débardeurs.*

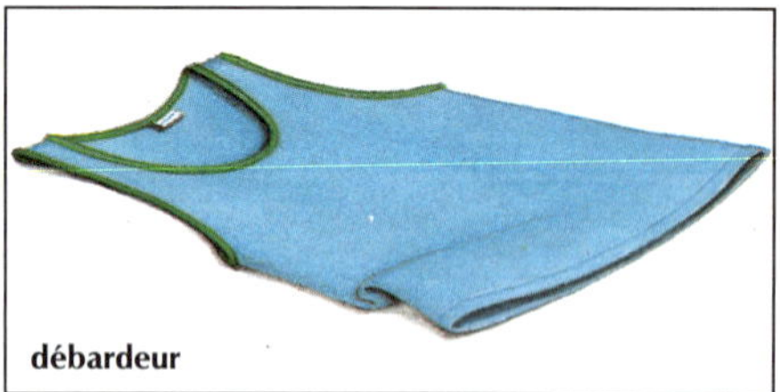
débardeur

**débarquer** v. (conjug. 1) **1.** Quitter un navire, un avion. *Les passagers ont débarqué.* **2.** Faire sortir d'un navire. *Les passagers attendent que l'on débarque leurs bagages.* ‖ contr. **embarquer** ‖.

► **débarquement** n. m. *Le débarquement des troupes alliées eut lieu en Normandie le 6 juin 1944,* les troupes alliées ont débarqué ce jour-là. ‖ contr. **embarquement** ‖.

**débarrasser** v. (conjug. 1) Enlever ce qui encombre, ce qui embarrasse. *Yves débarrasse sa chambre pour qu'on pose de la moquette. — Flora s'est débarrassée de ses habits trop petits.*

► **débarras** n. m. **1.** Endroit où l'on range les objets qui encombrent. *Les vieux outils sont dans le débarras.* **2.** Familier. *Il est parti ! Bon débarras !* quel soulagement !

**débattre** v. (conjug. 41) **1.** *L'acheteur a débattu du prix de l'appartement avec le vendeur,* il en a discuté. **2.** *Le poisson se débattait au bout de la ligne du pêcheur,* il faisait des efforts, s'agitait pour se dégager.

► **débat** n. m. Discussion. *Le ministre a participé à un débat télévisé sur l'éducation.*

**débauche** n. f. *L'empereur romain Néron vivait dans la débauche,* il abusait des plaisirs, satisfaisait ses vices.

► **débauché** adj. *Une personne débauchée* mène une vie de débauche. — N. *C'est un débauché.*

**débaucher** v. (conjug. 1) *L'entreprise a débauché dix employés,* elle les a renvoyés parce qu'il n'y avait plus assez de travail. → **congédier, licencier.** ‖ contr. **embaucher** ‖.

**débile** n. m. et f. Personne dont l'intelligence ne s'est pas développée normalement. *Un débile ne dépasse pas le niveau mental d'un enfant de six ans.* — **Adj.** *Un enfant débile.* → **arriéré.**

① **débit** **n. m.** Partie d'un compte où sont inscrites les sommes que l'on doit. || contr. **crédit** || ▷ ① DÉBITER, DÉBITEUR.

② **débit** **n. m. 1.** *Les cafés et les bars sont des débits de boissons,* des endroits où l'on vend des boissons. **2.** Quantité de liquide qui s'écoule en un temps donné. *Ce robinet a un débit très faible.* **3.** Vitesse à laquelle on parle. *Il a un débit très rapide,* il parle très vite.

① **débiter** **v.** (conjug. 1) *Débiter une somme d'un compte,* c'est l'enlever. || contr. **créditer** || → aussi ① **débit.**

② **débiter** **v.** (conjug. 1) **1.** *Le charcutier débite le jambon tranche par tranche,* il le vend au détail. **2.** Faire s'écouler régulièrement du liquide. *La Loire débite 850 mètres cubes d'eau par seconde.* **3.** Dire d'une voix morne. *Flora a débité sa poésie à toute allure.* ▷ ② DÉBIT.

**débiteur** **n. m.,** **débitrice** **n. f.** *Il est votre débiteur,* il vous doit de l'argent. || contr. **créancier** ||.

**déblayer** **v.** (conjug. 8) Débarrasser de ce qui encombre. *Il déblaie le terrain pour planter des arbres.* || contr. **remblayer** ||.

▶ **déblais** **n. m. pl.** Terre, débris que l'on enlève quand on déblaie.

**débloquer** **v.** (conjug. 1) **1.** Remettre en marche une chose qui était bloquée. *Le serrurier a débloqué la serrure.* || contr. **bloquer** || **2.** *Le maire a débloqué des crédits pour les travaux de l'école,* il a donné de l'argent.

▶ **déblocage** **n. m.** *Le déblocage des crédits a été difficile à obtenir.*

**déboires** **n. m. pl.** Ennuis. *Elle a eu de nombreux déboires avec son ordinateur.*

**déboiser** **v.** (conjug. 1) Abattre les arbres qui poussent sur un terrain. *Avant de construire l'autoroute, on a déboisé de nombreuses surfaces.*

▶ **déboisement** **n. m.** *Le déboisement de la région a été rapide.*

① **déboîter** **v.** (conjug. 1) Sortir d'une file de voitures. *L'automobiliste a mis son clignotant et a déboîté.*

② **déboîter** **v.** (conjug. 1) *Anne s'est déboîté l'épaule en tombant,* l'os est sorti de l'articulation. → **démettre, luxer.**

**déborder** **v.** (conjug. 1) **1.** Se répandre, passer par-dessus bord. *Le lait a débordé en bouillant. — La baignoire va déborder,* l'eau va passer par-dessus bord. **2.** *Julie déborde de joie,* elle est très joyeuse.

▶ **débordé** **adj.** *Elle est débordée,* elle a trop de travail et n'arrive pas à s'en sortir.

① **déboucher** **v.** (conjug. 1) **1.** Débarrasser de ce qui bouche. *Le plombier a débouché le lavabo.* **2.** Enlever le bouchon. *Il a débouché la bouteille avec un tire-bouchon.* → **ouvrir.** || contr. **boucher** ||.

② **déboucher** **v.** (conjug. 1) **1.** Aboutir à une place, à une rue plus large. *La rue débouche sur une avenue.* **2.** Aboutir, mener à quelque chose. *Ces études ne débouchent sur aucune profession.*

▶ **débouché** **n. m. 1.** *Cet industriel a trouvé de nouveaux débouchés à l'étranger,* de nouveaux endroits où vendre ses produits. **2.** *Ces études offrent de nombreux débouchés,* des métiers, des situations.

**débouler** **v.** (conjug. 1) Familier. Descendre à grande vitesse. *Il a raté une marche et a déboulé l'escalier jusqu'en bas.* → **dégringoler.**

**débourser** **v.** (conjug. 1) Verser de l'argent. → **dépenser, payer.** *Nous n'avons pas déboursé un centime.*

**debout** **adv.** **1.** Sur ses pieds. *Elle a dû voyager debout.* || contr. **assis** || **2.** Levé. *Anne n'est pas encore debout.* || contr. **couché** || **3.** Posé verticalement. *Alex range ses cassettes debout.* **4.** *Cette histoire ne tient pas debout,* elle n'est pas vraisemblable.

**déboutonner** **v.** (conjug. 1) Ouvrir un vêtement en défaisant les boutons. *Il a déboutonné sa veste.* || contr. **boutonner** ||.

**débraillé** **adj.** *Luc était débraillé,* ses vêtements étaient en désordre.

**débrancher** **v.** (conjug. 1) *Elle débranche le fer à repasser,* elle enlève la fiche de la prise de courant. || contr. **brancher** ||.

**débrayer** **v.** (conjug. 8) Interrompre la liaison entre le moteur et les roues d'un véhicule. *Il débraya et passa à la vitesse supérieure.* || contr. **embrayer** ||.

▶ **débrayage** **n. m.** *La pédale de débrayage est celle de gauche,* la pédale qui sert à débrayer. || contr. **embrayage** ||.

**débridé** **adj.** *Luc a une imagination débridée,* très libre, sans bornes.

**débris** **n. m.** *Des débris de verre sont éparpillés sur le sol,* des morceaux, des fragments de verre.

**débrouiller** **v.** (conjug. 1) **1.** Rendre clair, compréhensible. *La police a réussi à débrouiller cette mystérieuse affaire.* → **démêler, éclaircir.** || contr. **embrouiller** || **2.** *Julie s'est bien débrouillée pour être au premier rang,* elle a bien su s'arranger.

▶ **débrouillard** **adj.** Familier. Capable de se tirer facilement d'affaire. → **dégourdi.** *Anne est une petite fille très débrouillarde.* || contr. **empoté** ||.

**débroussailler** **v.** (conjug. 1) *On a débroussaillé le jardin,* on en a enlevé les broussailles.

**début** **n. m.** **1.** Commencement. *Yves a manqué le début du film. Ils partent en vacances au début du mois d'août.* || contr. **fin** || **2.** *Ce jeune acteur fait ses débuts au théâtre,* il commence à jouer. → aussi **débuter.**

▶ **débuter** **v.** (conjug. 1) **1.** Commencer. *Les cours débutent à 9 heures.* || contr. **finir** || **2.** *Il a débuté comme simple employé,* il a commencé sa carrière comme simple employé.

▶ **débutant** **n. m.**, **débutante** **n. f.** Personne qui commence à apprendre quelque chose. *Flora ne joue pas bien au tennis, c'est encore une débutante.*

en **deçà** **adv.** et **prép.** **1. adv.** *Le pont s'étant écroulé, le car a dû s'arrêter en deçà,* avant le pont. **2. prép.** *Les soldats sont restés en deçà de la frontière,* ils n'ont pas franchi la frontière. || contr. **au-delà** ||.

**décacheter** **v.** (conjug. 4) Ouvrir ce qui est cacheté. *Il décachette la lettre qu'il vient de recevoir.* || contr. **cacheter** ||.

**décade** **n. f.** Période de dix jours. *Pendant la Révolution, la décade a remplacé la semaine.*

**décadence** n. f. *C'est avec les invasions barbares que commença la décadence de l'Empire romain,* son affaiblissement. → **chute, déclin, ruine.**

**décaféiné** adj. *Du café décaféiné,* c'est du café dont on a enlevé les produits qui peuvent énerver.

**décalage** n. m. Écart, différence. *Quand il est midi en France, il est onze heures en Grande-Bretagne, il y a un décalage horaire d'une heure entre les deux pays.*

**décalcomanie** n. f. Image que l'on détache du papier sur lequel elle est collée, pour la fixer ailleurs. *Yves a collé des décalcomanies sur son vélo.*

**décaler** v. (conjug. 1) Déplacer. *Son voyage a été décalé d'une semaine.*

**décalitre** n. m. *Un décalitre équivaut à dix litres.*

**décalquer** v. (conjug. 1) Reproduire un dessin à l'aide d'un papier transparent. → aussi **calque.** *Yves décalque une carte de l'Europe.*

**décamètre** n. m. *Un décamètre équivaut à dix mètres.*

**décamper** v. (conjug. 1) Familier. S'en aller à toute vitesse. *Surpris pendant leur cambriolage, les voleurs ont décampé sans rien emporter.* → **déguerpir,** s'**enfuir.**

**décanter** v. (conjug. 1) *On décante le vin en le versant dans une carafe,* on le débarrasse de ses impuretés. → **filtrer.**

**décaper** v. (conjug. 1) *Le peintre décape la porte avant de la repeindre,* il enlève les dépôts de vieille peinture, de rouille.

**décapiter** v. (conjug. 1) Trancher la tête de quelqu'un. → **guillotiner.** *Louis XVI a été décapité en 1793.*

**décapotable** adj. *Une voiture décapotable,* c'est une voiture dont la capote se replie.

**décapsuler** v. (conjug. 1) Enlever la capsule d'une bouteille. *Julie décapsule la bouteille de limonade.* → **ouvrir.**
► **décapsuleur** n. m. Objet servant à décapsuler les bouteilles.

**décapsuleur**

**décathlon** [dekatlɔ̃] n. m. Compétition d'athlétisme comportant dix épreuves.

**décéder** v. (conjug. 6) Mourir. *Le grand-père d'Alex est décédé l'année dernière.* → aussi **décès.**

**déceler** v. (conjug. 5) Découvrir, trouver. *Le plombier a décelé l'origine de la fuite.* → **détecter.**

**décembre** n. m. Douzième et dernier mois de l'année. *Noël est le 25 décembre.*

**décennie** n. f. Durée de dix ans. *On ne s'éclaire plus au pétrole depuis des décennies,* depuis longtemps.

**décent** adj. Convenable, correct. *Dans les églises, il faut avoir une tenue décente.* || contr. **indécent** ||.
► **décemment** adv. D'une manière décente. *Elle était habillée très décem-*

*ment, avec un chemisier à col fermé et à manches longues.* → **convenablement, correctement.**

▶ **décence** **n. f.** Respect de ce qu'il convient de faire. *Elle s'habille avec décence.*

**décentraliser** **v.** (conjug. 1) *Cette entreprise vient d'être décentralisée,* d'être installée loin d'un grand centre industriel, loin d'une grande ville.

**déception** **n. f.** Tristesse que l'on éprouve lorsque l'on n'a pas eu ce que l'on espérait avoir. *Cet échec lui a causé une grosse déception.* → aussi **décevoir.**

**décerner** **v.** (conjug. 1) *Le premier prix de dessin a été décerné à Luc,* lui a été donné. → **attribuer.**

**décès** [desɛ] **n. m.** Mort d'une personne. *Le médecin a constaté le décès.* → aussi **décéder.**

**décevoir** **v.** (conjug. 28) Causer une déception, une désillusion. *Ce voyage nous a beaucoup déçus.* || contr. **satisfaire** ||.

▶ **décevant** **adj.** *Cette pièce de théâtre est très décevante,* elle ne correspond pas à ce qu'on attendait. ▷ DÉÇU.

**déchaîner** **v.** (conjug. 1) **1.** Provoquer. *Les mimiques du clown déchaînèrent les rires des enfants.* → **déclencher. 2.** *La tempête s'est soudain déchaînée,* elle est devenue violente.

**déchanter** **v.** (conjug. 1) Perdre ses illusions. *Quand il a vu qu'aucun de ses projets ne marchait, il a vite déchanté.*

**décharger** **v.** (conjug. 3) **1.** *Les dockers ont déchargé le cargo,* ils l'ont débarrassé de son chargement. || contr. **charger** || **2.** *Son assistante le décharge d'une partie de son travail,* elle fait une partie du travail à sa place. **3.** *Le chasseur a déchargé son fusil sur le chevreuil,* il a vidé son fusil en tirant toutes ses cartouches.

▶ **décharge** **n. f. 1.** *Une décharge publique,* c'est un terrain où l'on jette les ordures. **2.** *Le lapin a reçu une décharge de plombs,* un coup de fusil. **3.** *Si on touche un fil électrique dénudé, on risque de recevoir une décharge électrique,* une secousse désagréable provoquée par le passage du courant.

▶ **déchargement** **n. m.** *Le déchargement des marchandises a pris la matinée.* || contr. **chargement** ||.

**décharné** **adj.** Très maigre. *Le malade a le visage décharné.*

se **déchausser** **v.** (conjug. 1) Enlever ses chaussures. *Les musulmans se déchaussent avant d'entrer dans une mosquée.* || contr. se **chausser** ||.

**déchéance** **n. f.** Situation beaucoup plus mauvaise que celle où l'on était. → aussi **déchoir.** *En arriver là, quelle déchéance !*

**déchet** **n. m.** *Les cochons mangent des déchets de nourriture,* les restes qu'on ne peut pas utiliser. → **résidu.**

**déchiffrer** **v.** (conjug. 1) **1.** *L'espion a réussi à déchiffrer le code secret de ses ennemis,* à comprendre tous les signes de ce code. **2.** *Tu écris trop mal, je n'arrive pas à déchiffrer ton écriture,* à la lire. **3.** *Luc a déchiffré une nouvelle partition,* il a réussi à en lire les notes.

**déchiqueter** **v.** (conjug. 4) Déchirer en petits morceaux, mettre en pièces. *Julie déchiquette la feuille de papier en menus morceaux.*

**déchirer** v. (conjug. 1) **1.** Mettre en morceaux. *Le chien a déchiré une page de mon livre.* **2.** *Yves a déchiré son pantalon,* il y a fait un accroc. — *Sa robe s'est déchirée.* **3.** *Cette nouvelle m'a déchiré le cœur,* m'a fait beaucoup de peine.

▶ **déchirant** adj. *Ils se sont fait des adieux déchirants,* douloureux.

▶ **déchirement** n. m. Grande peine. *C'est toujours un déchirement de se quitter.*

▶ **déchirure** n. f. *Anne a une déchirure à sa robe,* sa robe a un accroc.

**déchoir** v. (conjug. 25) Tomber dans une situation plus mauvaise que celle où l'on était. → aussi **déchéance.** *Il avait l'impression de déchoir en acceptant ce travail.* → s'**abaisser.**

▶ **déchu** adj. Privé de son pouvoir, de son rang. *Abandonné de tous, le roi déchu prit le chemin de l'exil.*

**décibel** n. m. Unité de puissance d'un son.

**décider** v. (conjug. 1) *Ils ont décidé de s'installer en province,* ils ont choisi de le faire, ils en ont pris la décision. — *Elle s'est décidée à apprendre à conduire.* → se **résoudre.**

▶ **décidé** adj. **1.** *Julie est une petite fille décidée,* qui sait ce qu'elle veut. || contr. **hésitant, indécis** || **2.** *Nous partirons en août, c'est décidé,* c'est réglé, fixé.

▶ **décidément** adv. D'une manière certaine, définitive. *Décidément, il est toujours en retard !*

**décigramme** n. m. Unité de poids valant le dixième du gramme. *10 décigrammes (10 dg) valent 1 gramme.*

**décilitre** n. m. Mesure de capacité valant le dixième du litre. *Il faut 10 décilitres (10 dl) pour faire 1 litre.*

**décimal** adj. m., **décimale** adj. f. et n. f. **1.** adj. *Un nombre décimal,* c'est un nombre qui a des chiffres placés à droite de la virgule. *6,25 et 2,50 sont des nombres décimaux.* **2.** n. f. *Une décimale,* c'est un chiffre placé à droite de la virgule, dans un nombre décimal. *5 et 0 sont les décimales de 2,50.*

**décimer** v. (conjug. 1) Faire mourir une grande quantité d'êtres vivants. *L'épidémie a décimé une grande partie de la population.*

**décimètre** n. m. **1.** Unité de longueur correspondant à la dixième partie du mètre. *Il faut 10 décimètres (10 dm) pour faire 1 mètre.* **2.** *Un double décimètre,* c'est une règle graduée mesurant deux décimètres (= 20 cm).

**décisif** adj. *L'équipe a remporté une victoire décisive,* très importante. → **capital.**

**décision** n. f. **1.** Résolution. *Il a pris la décision de vivre à la campagne,* il l'a décidé. **2.** Qualité d'une personne qui décide sans hésitation. *Il a su montrer beaucoup de décision.* → **fermeté, initiative.** || contr. **indécision** ||.

**déclamer** v. (conjug. 1) Dire d'une voix solennelle, en rythmant les phrases. *La comédienne déclama des alexandrins et fut très applaudie.*

▶ **déclamatoire** adj. *Un ton déclamatoire,* très solennel. → **emphatique, pompeux.**

**déclarer** v. (conjug. 1) **1.** Faire savoir, annoncer. → **révéler.** *Le Président a déclaré son intention de remanier le gouvernement. Ils ont déclaré qu'ils n'étaient pas d'accord.* **2.** *Tous les ans, il faut déclarer ses revenus au service* *des impôts,* il faut dire combien on a gagné dans l'année. **3.** *Un incendie s'est déclaré dans la cale du cargo,* il a commencé dans la cale.

▶ **déclaration** **n. f.** **1.** *Le ministre a fait une déclaration à la télévision,* il a déclaré, dit quelque chose. **2.** *En février, il faut faire sa déclaration de revenus,* déclarer l'argent que l'on a gagné.

**déclasser** **v.** (conjug. 1) Déranger, mettre en désordre des objets qui étaient classés, rangés. *Tous ces livres ont été déclassés.* ‖ contr. **classer** ‖.

**déclencher** **v.** (conjug. 1) **1.** Mettre en marche. *Ce bouton déclenche l'ouverture de la porte. — L'alarme s'est déclenchée toute seule.* **2.** Provoquer. *Cette aventure déclencha un fou rire général.* → **déchaîner.**

▶ **déclenchement** **n. m.** *Le déclenchement de l'alarme se produit automatiquement,* l'alarme se déclenche automatiquement.

**déclic** **n. m.** **1.** Mécanisme qui déclenche quelque chose. *Le déclic d'un appareil photo.* **2.** Bruit sec que fait un mécanisme en se déclenchant. *La photo a été prise, j'ai entendu le déclic.*

① **décliner** **v.** (conjug. 1) **1.** *Le jour décline,* il tombe. → **baisser.** **2.** *Les forces du malade déclinent rapidement,* elles baissent rapidement. → **décroître.**

▶ **déclin** **n. m.** **1.** *Le déclin du jour,* c'est le moment où il tombe. **2.** *Le déclin d'une civilisation,* c'est la diminution de son importance, de sa puissance. → **affaiblissement, décadence.**

② **décliner** **v.** (conjug. 1) **1.** *Ils ont décliné notre invitation,* ils l'ont refusée. ‖ contr. **accepter** ‖ **2.** *L'inspecteur de police a demandé au témoin de décliner son identité,* de donner son nom.

**déclouer** **v.** (conjug. 1) Arracher, enlever des clous. *Il a décloué la caisse de vin.* ‖ contr. **clouer** ‖.

**décocher** **v.** (conjug. 1) *Le tireur à l'arc décoche une flèche,* il la lance.

**décoder** **v.** (conjug. 1) *L'espion a décodé le message envoyé par l'ennemi,* il a déchiffré le code secret du message.

▶ **décodeur** **n. m.** Appareil qui sert à voir clairement des émissions sur une chaîne de télévision qui est brouillée.

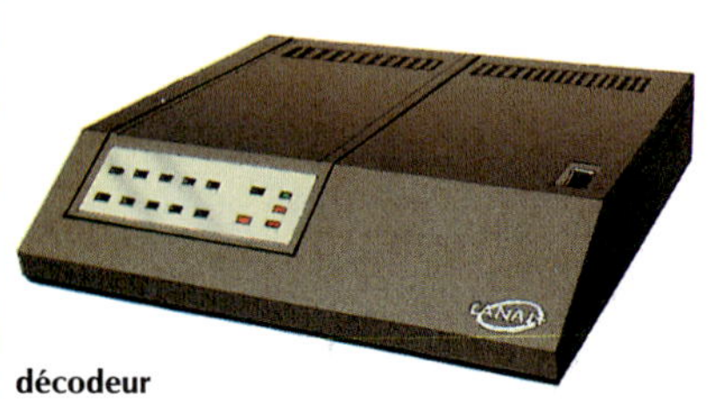
**décodeur**

**décoiffer** **v.** (conjug. 1) Dépeigner. *Le vent l'a décoiffé.* ‖ contr. **coiffer** ‖.

**décolérer** **v.** (conjug. 6) *Il n'a pas décoléré depuis hier,* il n'a pas cessé d'être en colère.

① **décoller** **v.** (conjug. 1) *L'avion a décollé,* il a quitté le sol.

▶ **décollage** **n. m.** *Les passagers doivent attacher leur ceinture pendant le décollage,* pendant que l'avion décolle. ‖ contr. **atterrissage** ‖.

② **décoller** **v.** (conjug. 1) Détacher quelque chose qui était collé. *Yves décolle le timbre de l'enveloppe.* ‖ contr. **coller** ‖ — *L'affiche s'est décollée.*

**décolleté** adj. et n. m. **1.** adj. *Elle portait une robe noire décolletée,* une robe qui laissait voir le cou et une partie de la poitrine ou du dos. → **échancré. 2.** n. m. *Sa robe avait un décolleté arrondi,* la partie de la robe qui dégageait le cou était arrondie.

**décolorer** v. (conjug. 1) Rendre plus claire la couleur de quelque chose. *Le soleil a décoloré les rideaux.* ‖ contr. **colorer** ‖.

▶ **décoloré** adj. *Le tissu est tout décoloré,* il a perdu sa couleur.

**décombres** n. m. pl. Débris, gravats, qui restent d'un bâtiment détruit. *On a retrouvé les victimes de l'explosion sous les décombres.* → aussi **ruine.**

**décommander** v. (conjug. 1) **1.** Annuler une commande. *Elle a décommandé les produits qu'elle avait fait mettre de côté par téléphone.* ‖ contr. **commander** ‖ **2.** *Les invités se sont tous décommandés,* ils ont prévenu qu'ils ne viendraient pas.

**décomposer** v. (conjug. 1) **1.** Analyser, séparer les différentes parties d'un ensemble. *Le professeur de danse décompose le mouvement pour bien l'expliquer à ses élèves.* **2.** *La viande commençait à se décomposer,* à pourrir.

▶ **décomposition** n. f. *Le cadavre de l'oiseau était en décomposition,* en train de pourrir.

**déconcerter** v. (conjug. 1) Troubler, embarrasser. *La question du professeur déconcerta Flora qui ne sut pas répondre.* → **désarçonner, décontenancer.**

▶ **déconcertant** adj. *Une attitude déconcertante,* c'est une attitude que l'on n'arrive pas à comprendre.

**déconfit** adj. Déçu et honteux. *Yves était tout déconfit d'avoir perdu la course.* → **dépité.** ‖ contr. **triomphant** ‖.

▶ **déconfiture** n. f. Défaite, échec. *Notre équipe n'a pas gagné un seul match, quelle déconfiture !*

**décongeler** v. (conjug. 5) *Décongeler des aliments,* c'est les sortir du congélateur pour que leur température dépasse zéro degré. *Elle a décongelé la tarte au four à micro-ondes.* ‖ contr. **congeler** ‖.

**déconnecter** v. (conjug. 1) *Les fils électriques sont déconnectés,* débranchés. ‖ contr. **connecter** ‖.

**déconseiller** v. (conjug. 1) *Le médecin a déconseillé à Luc les sports violents,* il lui a conseillé de ne pas en faire. ‖ contr. **conseiller** ‖.

**déconsidérer** v. (conjug. 6) *Sa méchanceté l'a déconsidéré auprès de tout le monde,* a fait que les gens ne l'estimaient plus. → **discréditer.**

**décontenancer** v. (conjug. 3) *Flora a été décontenancée par la question du professeur,* elle a perdu contenance, elle a été surprise. → **déconcerter.**

se **décontracter** v. (conjug. 1) Se détendre, se relaxer. *Il est très nerveux et a du mal à se décontracter.*

▶ **décontracté** adj. Insouciant, détendu. *Julie est très décontractée, personne ne l'intimide.*

▶ **décontraction** n. f. Relâchement des muscles, détente du corps. *Le yoga aide à la décontraction du corps.* ‖ contr. **contraction** ‖.

**déconvenue** n. f. Déception. *Alex voulait voir ce film mais il ne restait plus de places, quelle déconvenue !*

**décorer** v. (conjug. 1) **1.** Orner de manière à rendre plus beau. *Yves a décoré les murs de sa chambre avec des affiches de films.* **2.** *Il a été décoré de la Légion d'honneur,* on lui a donné une décoration, la Légion d'honneur.

► **décor** n. m. **1.** *Les décors,* c'est ce qui représente l'endroit où se passe l'action, sur une scène de théâtre, un plateau de cinéma ou de télévision. *Entre chaque acte de la pièce, on change les décors.* **2.** Endroit où l'on vit, cadre de vie. *Ils vivent dans un décor très agréable.*

► **décorateur** n. m., **décoratrice** n. f. Personne dont le métier est de faire des décors de théâtre, de cinéma, ou de décorer des maisons.

► **décoratif** adj. *Cette lampe est très décorative,* elle décore bien, fait un joli effet dans la pièce.

► **décoration** n. f. **1.** *Julie a changé la décoration de sa chambre,* la façon dont sa chambre est décorée. **2.** Insigne que l'on donne à une personne pour la récompenser d'avoir fait quelque chose de bien. *La Légion d'honneur et la médaille du Travail sont des décorations.*

**décortiquer** v. (conjug. 1) Enlever l'enveloppe dure ou la coquille de quelque chose qui se mange. *Anne décortique des langoustines.*

**découdre** v. (conjug. 48) Défaire ce qui était cousu. ‖ contr. **coudre** ‖ *Elle découd l'ourlet de son pantalon.* — *La jupe de Julie s'est décousue.*

**découler** v. (conjug. 1) Être la conséquence, le résultat. *Son échec à l'examen découle d'un manque de travail.* → **provenir, résulter.**

**découper** v. (conjug. 1) **1.** Couper en morceaux. *Il découpe le poulet.* **2.** Couper en suivant un tracé. *Découpez suivant le pointillé.* **3.** *Les montagnes se découpent sur le ciel,* elles se détachent sur le ciel.

► **découpé** adj. *Les feuilles du platane sont découpées,* elles sont en dents de scie.

► **découpage** n. m. *Anne fait des découpages,* elle découpe des images. — *Un album de découpages,* d'images à découper.

**décourager** v. (conjug. 3) *Son échec ne l'a pas découragé,* ne lui a pas enlevé son courage. → **abattre, démoraliser.** ‖ contr. **encourager, stimuler** ‖ — *Malgré les difficultés, elles ne se sont pas découragées,* elles n'ont pas perdu courage.

► **décourageant** adj. *Cette mauvaise volonté est vraiment décourageante,* elle décourage, démoralise.

► **découragement** n. m. Sentiment d'abattement, de tristesse, que l'on éprouve quand on a perdu courage. *Ne vous laissez pas aller au découragement, réagissez !*

**décousu** adj. **1.** *La poche de ma veste est décousue,* les coutures se sont défaites. **2.** *Dans son sommeil, il prononçait des mots décousus,* des mots sans suite, incohérents.

à **découvert** adv. **1.** Dans un lieu où l'on n'est pas couvert, pas protégé. *Les cow-boys, qui chevauchaient à découvert, ont été attaqués par des Indiens.* **2.** *Son compte en banque est à découvert,* il n'y a plus d'argent dessus.

**découverte** n. f. *Faire une découverte,* c'est découvrir, trouver quelque chose de caché ou d'inconnu. *Alex a fait une drôle de découverte dans le grenier.* — *Les aventuriers sont partis* *à la découverte d'un trésor,* à sa recherche.

**découvrir** **v.** (conjug. 18) **1.** Trouver, arriver à connaître une chose cachée ou inconnue. *C'est Pasteur qui a découvert le vaccin contre la rage.* → **inventer.** **2.** Apercevoir. *Du haut de la colline, on découvre la mer.* **3.** *Le bébé s'est découvert en dormant,* il a repoussé ses couvertures. **4.** *Les hommes se découvrent en entrant dans une église,* ils enlèvent leur chapeau. **5.** Devenir moins couvert, plus dégagé. *Après l'orage, le ciel s'est découvert.*

**décrasser** **v.** (conjug. 1) Débarrasser de la crasse. → **laver, nettoyer.** *Il faut faire bouillir ces torchons sales pour les décrasser.*

**décret** **n. m.** Décision écrite du gouvernement. *Le gouvernement a publié un décret.*

▶ **décréter** **v.** (conjug. 6) Décider fermement. *Julie a décrété qu'elle ne voulait plus faire de piano.*

**décrié** **adj.** *Cet écrivain est injustement décrié,* injustement critiqué, dénigré.

**décrire** **v.** (conjug. 39) **1.** *Décrivez l'endroit où vous avez passé vos vacances,* dites comment il était, quel était son aspect. → aussi **description.** **2.** *Le fleuve décrit des méandres,* il forme des méandres. → **tracer.**

**décrocher** **v.** (conjug. 1) **1.** Détacher une chose qui était accrochée. *Après Noël, on a décroché toutes les guirlandes du sapin.* ‖ contr. **accrocher** ‖ **2.** Soulever le combiné du téléphone. *Julie décroche et dit : « Allô ! »* ‖ contr. **raccrocher** ‖.

**décroître** **v.** (conjug. 55) Diminuer petit à petit. *En vieillissant, la vue décroît.* → s'**affaiblir, baisser.** ‖ contr. s'**accroître, croître** ‖.

▶ **décroissant** **adj.** *10, 8 et 6 sont classés dans l'ordre décroissant,* ils vont du plus grand au plus petit. ‖ contr. ② **croissant** ‖.

▶ **décrue** **n. f.** Baisse du niveau d'un fleuve ou d'une rivière après une crue. ‖ contr. **crue** ‖.

**déçu** **adj.** *Flora était très déçue de ne pas avoir gagné le concours,* elle était désappointée, triste de ne pas avoir gagné comme elle l'espérait. → aussi **décevoir.**

**décupler** **v.** (conjug. 1) Devenir dix fois plus grand. *Le prix des terrains a décuplé en quelques années.*

**dédaigner** **v.** (conjug. 1) *Il a dédaigné notre aide,* il n'en a pas voulu. → **mépriser.** *Quelques jours de vacances, ce n'est pas à dédaigner !* à négliger.

▶ **dédaigneux** **adj.** *Il regarde tout le monde d'un air dédaigneux,* qui montre du mépris. → **fier, hautain, méprisant.** — **Au fém.** *dédaigneuse.*

▶ **dédain** **n. m.** Mépris que l'on éprouve pour une personne ou une chose que l'on ne trouve pas assez intéressante. *Il considérait tout le monde avec le plus grand dédain.* ‖ contr. **estime** ‖.

**dédale** **n. m.** Lieu où l'on risque de se perdre. → **labyrinthe.** *Les rues du village forment un vrai dédale.*

**dedans** **adv.** et **n. m.** **1.** **adv.** À l'intérieur. ‖ contr. **dehors** ‖ *Il a ouvert la penderie et rangé ses vêtements dedans.* **2.** **n. m.** *Le dedans,* c'est l'intérieur. *Le bruit venait du dedans de la maison.*

**dédicace** **n. f.** Phrase qu'une personne célèbre écrit sur son livre, son disque ou sa photo pour un admirateur. *Julie a demandé une dédicace à son chanteur favori.* → aussi **autographe.**

► **dédicacer** v. (conjug. 3) Mettre une dédicace. *Le célèbre comédien a dédicacé le programme de la pièce à ses jeunes admiratrices.*

**dédier** v. (conjug. 7) *L'auteur a dédié son livre à sa femme,* il a fait imprimer « à ma femme » au début de son livre, en signe de reconnaissance.

se **dédire** v. (conjug. 37) Ne pas tenir sa parole. *Il m'a fait une promesse puis il s'est dédit.*

**dédommager** v. (conjug. 3) *Dédommager quelqu'un,* c'est le payer pour réparer un dégât. *Les victimes de l'accident ont été dédommagées par l'assurance.* → **indemniser.**

► **dédommagement** n. m. Ce que l'on obtient pour remplacer une chose qui a été abîmée ou perdue. *L'assurance a versé des dédommagements aux victimes de la catastrophe.*

**dédoubler** v. (conjug. 1) *Comme les élèves étaient trop nombreux, on a dédoublé la classe,* on a fait deux classes.

**déduire** v. (conjug. 38) **1.** Enlever une certaine somme d'un total à payer. *Je déduis du total les 10 francs que tu me devais.* → **soustraire.** || contr. **ajouter** || **2.** Trouver en raisonnant. → **conclure.** *En voyant l'air penaud d'Alex, la maîtresse en a déduit qu'il n'avait pas appris sa leçon.*

► **déduction** n. f. **1.** *L'hôtelier fait la déduction de la somme que lui a déjà versée son client,* il la déduit, la soustrait du total. **2.** Raisonnement. *D'après les déductions du commissaire, les malfaiteurs ont commis le vol avant minuit.*

**déesse** n. f. Divinité de sexe féminin. *Vénus était la déesse romaine de l'amour.* → aussi **dieu.**

déesse

**défaillir** v. (conjug. 13) Se trouver mal, s'évanouir. *Flora se sent défaillir dès qu'elle voit du sang.*

► **défaillance** n. f. Moment de faiblesse physique. *Le chauffeur du car a eu une défaillance au volant.*

► **défaillant** adj. *Ma mémoire est défaillante,* elle est mauvaise, fonctionne mal.

**défaire** v. (conjug. 60) **1.** *Le voyageur défait sa valise en arrivant à l'hôtel,* il la vide. || contr. **faire** || **2.** *La natte de Flora s'est défaite,* elle s'est dénouée. **3.** *Il faudrait qu'il se défasse de ces mauvaises habitudes,* qu'il s'en débarrasse.

► **défait** adj. **1.** *Alex est parti en classe en laissant son lit défait,* en désordre. **2.** *Il avait le visage défait par le chagrin,* très marqué par le chagrin.

▶ **défaite** **n. f.** Perte d'une bataille, d'une guerre. || contr. **victoire** || *Napoléon a subi une grave défaite à Waterloo.*

▶ **défaitiste** **adj.** *Une personne défaitiste,* c'est une personne qui ne croit pas à la victoire, qui veut abandonner la lutte. *Ne sois pas défaitiste, on peut encore gagner le match !*

**défaut** **n. m.** **1.** *Un défaut,* c'est ce qui n'est pas bien, est imparfait chez quelqu'un. || contr. **qualité** || *L'égoïsme est un vilain défaut.* **2.** *Cette jupe a un défaut,* elle a une partie mal faite, mal cousue. → **imperfection.** **3.** *Le courage commençait à lui faire défaut,* à lui manquer. **4.** *À défaut de café, nous boirons du thé,* faute de café, pour remplacer le café qui manque.

**défavorable** **adj.** *Le directeur est défavorable à nos projets,* il s'y oppose. || contr. **favorable** ||.

**défavorisé** **adj.** *Au basket, les petits sont défavorisés par rapport aux grands,* ils sont désavantagés. || contr. **privilégié** ||.

**défection** **n. f.** *De nombreuses personnes qui s'étaient inscrites pour la visite ont fait défection,* ne sont pas venues.

**défectueux** **adj.** *L'aspirateur que je viens d'acheter a une pièce défectueuse,* une pièce qui a un défaut.

① **défendre** **v.** (conjug. 41) **1.** Protéger contre une attaque en se battant. *Alex défend toujours les plus faibles.* || contr. **attaquer** || — *Il sait très bien se défendre tout seul.* **2.** Se battre pour. *Il défendit son idée avec énergie.*

▶ ① **défense** **n. f.** **1.** Protection contre une attaque. *Un pont-levis assurait la défense du château. Luc prend toujours la défense de sa petite sœur,* il la défend toujours. **2.** Dent très longue de certains animaux, qui leur sert à se défendre. *Les défenses de l'éléphant sont en ivoire.*

▶ **défenseur** **n. m.** Personne qui défend quelqu'un ou quelque chose contre une attaque. *L'accusé a choisi pour défenseur un avocat célèbre.*

▶ **défensif** **adj.** *Les armes défensives,* ce sont les armes qui servent à se défendre. || contr. **offensif** ||.

▶ **défensive** **n. f.** *Il est toujours sur la défensive,* prêt à se défendre. ▷ AUTODÉFENSE, INDÉFENDABLE.

② **défendre** **v.** (conjug. 41) Interdire. *Dans un avion, il est défendu de fumer pendant le décollage et l'atterrissage.* || contr. **autoriser, permettre** ||.

▶ ② **défense** **n. f.** Interdiction. *Défense de marcher sur les pelouses.*

**déférence** **n. f.** Respect. *Il s'adresse à ses supérieurs avec déférence.*

**déferler** **v.** (conjug. 1) *Les vagues déferlent sur la plage,* elles retombent en roulant et en formant de l'écume.

**défi** **n. m.** *Lancer un défi à quelqu'un,* c'est le provoquer en lui disant qu'il est incapable de faire quelque chose. → aussi **défier.** *Yves a mis Alex au défi de sauter aussi haut que lui.*

**défiance** **n. f.** Sentiment d'une personne qui n'a pas confiance. → **méfiance.** || contr. **confiance** || *Il est tellement menteur que, même si ce qu'il dit paraît vrai, on éprouve toujours une certaine défiance quand il parle.*

**déficient** adj. *Cet enfant a une santé déficiente,* mauvaise, fragile.

▸ **déficience** n. f. Faiblesse, insuffisance. *Cet enfant souffre de déficience mentale,* son développement mental n'a pas atteint un niveau satisfaisant.

**déficit** [defisit] n. m. Somme d'argent qui manque quand les dépenses sont plus importantes que les recettes. ‖ contr. **bénéfice** ‖ *L'entreprise a un déficit de plusieurs millions.*

▸ **déficitaire** adj. *Le budget de la société est déficitaire,* il y a plus de dépenses que de recettes.

**défier** v. (conjug. 7) *Yves a défié Alex de sauter du grand plongeoir,* il l'a provoqué en lui disant qu'il était incapable de le faire. ▹ DÉFI.

se **défier** v. (conjug. 7) *Il sentait qu'on se défiait de lui,* qu'on n'avait pas confiance en lui. → se **méfier.** ▹ DÉFIANCE.

**défigurer** v. (conjug. 1) Enlaidir. *Une grosse verrue sur le nez la défigurait.*

**défiler** v. (conjug. 1) **1.** Marcher en file, en rangs. *Les soldats défilent le 14 Juillet.* **2.** Se suivre sans interruption. *Les voitures défilaient à toute allure sur l'autoroute.*

▸ **défilé** n. m. **1.** Passage étroit entre deux montagnes. *Les Indiens ont attaqué les cow-boys à la sortie du défilé.* **2.** Marche de personnes, de véhicules en file. *Le défilé du 14 Juillet commencera à 10 heures.*

**définir** v. (conjug. 2) *Définir un mot,* c'est expliquer ce qu'il veut dire. → aussi **définition.**

▸ **défini** adj. *Ce jeu a des règles bien définies,* bien précises. ▹ DÉFINITION, INDÉFINI.

**définitif** adj. **1.** Qui ne changera pas. *Nous venons d'avoir les résultats définitifs des élections.* ‖ contr. **provisoire** ‖ — **Au fém.** *définitive.* **2.** *En définitive,* finalement. *En définitive, il n'est pas parti.*

▸ **définitivement** adv. Pour toujours. *Cette famille portugaise s'est installée définitivement en France.*

**définition** n. f. Explication du sens d'un mot, d'une expression. *La maîtresse a demandé aux élèves la définition du mot « grange ».*

**déflagration** n. f. Explosion. *La déflagration a fait sauter toutes les vitres.*

**défoncer** v. (conjug. 3) **1.** *Pour pénétrer dans la maison, la police a dû défoncer la porte,* la casser en l'enfonçant. **2.** *Les ouvriers défoncent le trottoir avec leurs marteaux-piqueurs,* ils le creusent.

▸ **défoncé** adj. Qui a des trous et des bosses. *Ce chemin de terre est mauvais et tout défoncé.*

**déformer** v. (conjug. 1) Changer la forme. *Cette glace déforme les traits du visage. — Ces chaussures se sont déformées.*

▸ **déformant** adj. *Un miroir déformant* déforme les traits du visage ou la silhouette.

▸ **déformation** n. f. Changement de forme. *Certains rhumatismes provoquent des déformations des doigts.*

se **défouler** v. (conjug. 1) Familier. Se soulager, se libérer en faisant ce que l'on a envie de faire. *Elle s'est défoulée en dansant toute la nuit.*

**défraîchi** adj. Qui n'a plus un aspect neuf, qui a perdu sa fraîcheur. *Cette robe est un peu défraîchie.*

**défrayer** v. (conjug. 8) **1.** *La société qui l'emploie l'a défrayé de son voyage,* elle a payé les frais de son voyage. **2.** *Ce scandale défraie la chronique,* on ne parle que de cela.

**défricher** v. (conjug. 1) Préparer une terre pour la culture en enlevant les plantes sauvages et les arbres. *Une partie de la forêt a été défrichée, puis cultivée.*

**défunt** n. m., **défunte** n. f. Personne morte. *Le prêtre dit une prière pour les défunts.*

**dégager** v. (conjug. 3) **1.** *« Dégagez le passage », dit l'agent aux automobilistes,* cessez d'encombrer le passage. — *Le ciel s'est dégagé peu à peu,* les nuages sont partis. **2.** Laisser échapper. *Ces roses dégagent un merveilleux parfum. — Une épaisse fumée se dégageait du bâtiment en feu.* **3.** *Le footballeur a dégagé,* il a envoyé le ballon très loin.

▶ **dégagé** adj. *Le ciel est dégagé ce matin,* il est sans nuages. || contr. **couvert** ||.

▶ **dégagement** n. m. **1.** *Il a fallu attendre longtemps le dégagement de la rue encombrée,* que la rue ne soit plus encombrée. **2.** *Le gardien de but a fait un dégagement,* il a envoyé le ballon très loin.

**dégaine** n. f. Familier. *Habillé comme cela, il a vraiment une drôle de dégaine,* d'allure.

**dégainer** v. (conjug. 1) Tirer une arme de son étui. *Le gangster a dégainé son revolver.*

**dégarnir** v. (conjug. 2) **1.** *Après les fêtes, on a dégarni le sapin de Noël,* on a enlevé les décorations qui le garnissaient. **2.** *Ses tempes se dégarnissent,* il perd ses cheveux sur les tempes.

**dégât** n. m. Dommage, destruction causée par un accident, une catastrophe. *La grêle a fait de gros dégâts dans les champs.*

**dégel** n. m. Fonte de la neige et de la glace quand le temps devient plus chaud. || contr. **gel** || *Le débit des torrents augmente au moment du dégel.*

▶ **dégeler** v. (conjug. 5) Cesser d'être gelé, fondre. || contr. **geler** || *Au printemps, le lac dégèle.*

**dégénérer** v. (conjug. 6) Se transformer en quelque chose de mauvais. *Les disputes d'Yves et d'Alex dégénèrent toujours en bagarre.*

**dégivrer** v. (conjug. 1) Enlever le givre. *Une soufflerie dégivre la vitre arrière et le pare-brise de la voiture.*

**dégonfler** v. (conjug. 1) *Yves a dégonflé son ballon,* il a laissé échapper l'air qui le gonflait. — *Un pneu de la voiture s'est dégonflé.*

**dégouliner** v. (conjug. 1) Couler lentement. *Alex a chaud, la sueur dégouline sur son front.*

**dégourdir** v. (conjug. 2) **1.** *Marchons un peu pour nous dégourdir les jambes,* les remuer après être resté longtemps dans la même position. **2.** *Flora s'est dégourdie au contact de ses camarades de classe,* elle est devenue moins timide, plus entreprenante.

▶ **dégourdi** adj. Qui sait se débrouiller tout seul. → fam. **débrouillard.** *Cette petite fille est dégourdie pour son âge.*

**dégoûter** v. (conjug. 1) Inspirer du dégoût. → **répugner.** *La viande rouge me dégoûte.*

▸ **dégoût** n. m. Impression désagréable que l'on a devant quelqu'un ou quelque chose. *Anne éprouve du dégoût pour les araignées.*

▸ **dégoûtant** adj. Très sale. *Yves a les mains dégoûtantes, il ferait bien de se les laver.*

▸ **dégoûté** adj. *Julie prend un air dégoûté devant un plat de tripes,* un air qui exprime le dégoût.

**dégradé** n. m. Couleur qui passe peu à peu du foncé au clair. *Elle était habillée dans un dégradé de bleus.*

dégradé

**dégrader** v. (conjug. 1) **1.** Abîmer. *Des voyous ont dégradé les murs avec des inscriptions.* → **détériorer.** — *Cette maison inhabitée se dégrade peu à peu.* **2.** Faire perdre sa dignité. *La misère et l'alcoolisme l'ont dégradé.* **3.** Priver un officier de son grade. *Le capitaine a été dégradé.*

▸ **dégradant** adj. Qui dégrade, fait perdre la dignité. *Il vivait dans une misère dégradante.* → **humiliant.**

▸ **dégradation** n. f. Dégât, détérioration. *Ce vieux château a subi de nombreuses dégradations au cours des siècles.*

**dégrafer** v. (conjug. 1) Détacher ce qui est agrafé. *Elle dégrafe sa jupe.* ‖ contr. **agrafer** ‖ — *Sa robe s'est dégrafée.*

**degré** n. m. **1.** Unité qui sert à mesurer la température. *L'eau bout à 100 degrés (100°).* **2.** Unité qui sert à mesurer les angles. *Un angle de 90 degrés (90°) est un angle droit.* **3.** Unité qui sert à mesurer l'alcool contenu dans un liquide. *Ce vin fait 12 degrés (12°).* **4.** Échelon. *Il était parvenu au plus haut degré de la réussite.* → **niveau, stade.**

**dégressif** adj. Qui va en diminuant. *Si on achète cette lessive en grande quantité, on bénéficie d'un tarif dégressif,* on paie le kilo de moins en moins cher. — Au fém. *dégressive.*

**dégringoler** v. (conjug. 1) **1.** Tomber de haut. *Après l'orage, l'eau dégringole du toit.* **2.** *Julie dégringole l'escalier,* elle le descend très vite. → **dévaler.**

▸ **dégringolade** n. f. Familier. Chute. *Yves est tombé de l'échelle, quelle dégringolade !*

**dégrossir** v. (conjug. 2) *Le sculpteur dégrossit un bloc de marbre,* il le taille grossièrement pour lui donner une forme générale.

**déguenillé** adj. Vêtu de guenilles, de vieux vêtements. *Une clocharde déguenillée demandait la charité.*

**déguerpir** v. (conjug. 2) Se sauver à toute allure. → **détaler, filer.** *Quand les cambrioleurs ont entendu du bruit, ils ont aussitôt déguerpi.*

**déguiser** v. (conjug. 1) **1.** *Se déguiser,* c'est s'amuser à mettre des vêtements qui donnent l'apparence d'un personnage, d'un animal. *Julie s'est déguisée* *en fée pour le goûter costumé.* → se **travestir.** **2.** Transformer pour tromper. *Pour faire des farces au téléphone, Yves déguise sa voix,* il la change. → **contrefaire.**

▶ **déguisement** **n. m.** Habits avec lesquels on se déguise. *Anne essaie un déguisement de princesse.*

**déguster** **v.** (conjug. 1) Apprécier par le goût un aliment, une boisson. *Nous avons dégusté des huîtres et du champagne.* → **goûter, savourer.**

▶ **dégustation** **n. f.** Consommation d'aliments, de boissons, pour les goûter. *Le viticulteur a offert aux visiteurs une dégustation des vins de sa propriété.*

**dehors** **adv.** et **n. m.**

▭ **adv.** À l'extérieur. *Flora joue dehors,* hors de la maison. || contr. **dedans** || — *La balle est tombée en dehors du terrain,* à l'extérieur du terrain.

▭ **n. m. 1.** *Le dehors,* c'est l'extérieur. *Le bruit semble venir du dehors.* **2.** *Les dehors,* l'apparence, ce que l'on voit d'abord. *Sous des dehors un peu brusques, il est très gentil.*

**déjà** **adv. 1.** Dès ce moment. *À cinq ans, la petite sœur de Luc sait déjà lire.* **2.** Avant. *Alex a déjà pris l'avion plusieurs fois.* ▷ D'ORES ET DÉJÀ.

① **déjeuner** **v.** (conjug. 1) **1.** Prendre le repas de midi. *Julie et Anne déjeunent à la cantine de l'école.* **2.** Prendre le petit déjeuner. *Ce matin, Luc s'est levé en retard et n'a pas eu le temps de déjeuner.*

▶ ② **déjeuner** **n. m. 1.** Repas de midi. *Flora rentre chez elle à l'heure du déjeuner.* **2.** *Le petit déjeuner,* c'est le repas du matin. *Yves prend du chocolat et des toasts beurrés pour son petit déjeuner.*

**déjouer** **v.** (conjug. 1) *Déjouer les plans de quelqu'un,* c'est empêcher qu'ils réussissent. *Les espions ont déjoué les plans de leurs adversaires.*

**delà** → **au-delà, par-delà**

se **délabrer** **v.** (conjug. 1) S'abîmer, se détériorer. *Le toit de la maison se délabre, il faudrait le refaire.*

▶ **délabré** **adj.** Abîmé, en mauvais état. *Cette maison est tellement délabrée que c'est presque une ruine.*

▶ **délabrement** **n. m.** *Le toit de la grange est dans un état de délabrement avancé,* il est en très mauvais état.

**délacer** **v.** (conjug. 3) Desserrer ou défaire des lacets. || contr. **lacer** || *Luc délace ses chaussures, puis les enlève.*
◊ homonyme : délasser.

**délai** **n. m.** Temps limité que l'on a pour faire quelque chose. *Nous aurons fini ce travail dans le délai prévu. J'ai répondu à sa lettre sans délai,* sans attendre, immédiatement.

**délaisser** **v.** (conjug. 1) **1.** *Délaisser quelqu'un,* c'est ne plus s'en occuper, l'abandonner. *Julie a délaissé ses anciennes amies ; elle s'en est fait de nouvelles cette année.* **2.** *Délaisser quelque chose,* c'est ne plus s'y intéresser. *Alex a délaissé le tennis pour le judo.*

**délasser** **v.** (conjug. 1) Faire disparaître l'ennui, la fatigue. *C'est un spectacle qui délasse,* qui distrait. — *Pour se délasser, elle a pris un bain chaud.*
◊ homonyme : délacer.

▶ **délassement** **n. m.** Détente. *Pour Yves, la lecture de romans d'aventures est un bon délassement.* → **distraction.**

**délateur** **n. m.,** **délatrice** **n. f.** Personne qui dénonce quelqu'un pour en tirer profit ou pour se venger. → **dénonciateur** ; fam. **mouchard.**

**délation** n. f. *La délation est une mauvaise action,* le fait de dénoncer les autres est mal.

**délavé** adj. Décoloré par l'eau, l'eau de Javel ou les nombreux lavages. *Julie portait un jean bleu tout délavé.*

**délayer** v. (conjug. 8) *Délayer une substance,* c'est la mélanger avec un liquide. *Yves délaie du cacao dans du lait.*

se **délecter** v. (conjug. 1) *Luc se délecte en regardant des dessins animés,* il y prend beaucoup de plaisir. → se **régaler.**

**déléguer** v. (conjug. 6) Charger d'une mission. *Chaque pays a délégué des représentants pour cette réunion.* → **envoyer.**

▸ **délégué** n. m., **déléguée** n. f. Personne qui est chargée d'une mission. *Elle est déléguée du personnel de son entreprise.* → **représentant.**

▸ **délégation** n. f. Groupe de délégués, de représentants. *Le ministre a reçu une délégation de syndicalistes.*

**délester** v. (conjug. 1) Rendre moins lourd en enlevant un chargement. → **alléger.** *On a délesté le navire de sa cargaison.* || contr. **lester** ||.

**délibérer** v. (conjug. 6) Réfléchir et discuter ensemble avant de prendre une décision commune. *Le jury s'est réuni pour délibérer.*

▸ **délibération** n. f. Discussion avant de prendre une décision. *Le conseil municipal est en pleine délibération.* → **débat.**

▸ **délibéré** adj. Volontaire, réfléchi. *Sa méchanceté est délibérée.* || contr. **involontaire** ||.

▸ **délibérément** adv. Volontairement, exprès. *Il m'a délibérément tourné le dos.*

**délicat** adj. **1.** Agréable et fin. *Ces roses ont un parfum délicat.* **2.** Fragile. *Luc a une santé délicate.* || contr. **robuste** || **3.** Difficile, embarrassant. *La situation devenait délicate.* **4.** Qui fait attention aux autres. *Sous des dehors un peu brusques, c'est quelqu'un de très délicat.* || contr. **grossier** || *Une attention délicate,* qui fait plaisir, qui touche.

▸ **délicatement** adv. **1.** Finement. *Un savon délicatement parfumé.* **2.** Doucement, avec précaution. *Ces verres sont fragiles, il faut les manier délicatement.* || contr. **brutalement** ||.

▸ **délicatesse** n. f. Finesse. *La délicatesse d'une nuance.* **2.** Discrétion. *Je n'ai pas insisté, par délicatesse.* → **tact.** || contr. **grossièreté** ||.

**délice** n. m. **1.** Plaisir vif et délicat. *Quel délice de faire la grasse matinée !* **2.** Régal. *Cette tarte est un vrai délice.*

▸ **délicieux** adj. Très bon, très agréable. *Cette glace est délicieuse.* → **exquis.** *Quelle femme délicieuse !* → **charmant.**

**délier** v. (conjug. 7) Enlever des liens. *On a délié le prisonnier.* || contr. **lier** ||.

**délimiter** v. (conjug. 1) Fixer les limites. *Les passages pour piétons sont délimités par des bandes blanches.*

**délinquant** n. m., **délinquante** n. f. Personne qui a commis un délit, une faute punie par la loi. *Les jeunes délinquants ont été emmenés au poste de police.*

► **délinquance** n. f. *On déplore dans les grandes villes une importante délinquance,* un ensemble important de délits.

**délire** n. m. 1. État provoqué par une forte fièvre, dans lequel on dit des choses qui n'ont pas de sens. *Dans son délire, le malade disait des mots sans suite.* 2. Enthousiasme très grand. *La foule en délire applaudissait avec frénésie.*

► **délirer** v. (conjug. 1) Avoir le délire. *Le malade a déliré toute la nuit.*

► **délirant** adj. Extravagant. → **fou.** *Elle a une imagination délirante.*

**délit** n. m. Acte puni par la loi. *Le vol est un délit. Le cambrioleur a été pris en flagrant délit,* sur le fait. → aussi **délinquant.**

**délivrer** v. (conjug. 1) 1. Remettre en liberté. → **libérer.** *Le prisonnier a été délivré par un complice.* 2. Débarrasser. *Flora a pris des cours de natation qui l'ont délivrée de sa peur de l'eau.* 3. Donner un document, un papier officiel qui sert de garantie. *La mairie lui a délivré une fiche d'état civil.*

► **délivrance** n. f. 1. Libération. *Le prisonnier attend sa délivrance.* 2. Soulagement. *Elle éprouva soudain un sentiment de délivrance.*

**déloger** v. (conjug. 3) *Déloger quelqu'un,* c'est le faire partir de la place qu'il occupait. *Le coucou déloge les autres oiseaux de leur nid et y pond ses œufs.*

**déloyal** adj. Qui n'est pas honnête, ne respecte pas ses promesses. || contr. **franc, loyal** || *C'est déloyal de tricher. Elle a été déloyale.* — Au masc. pl. *déloyaux.*

**delta** n. m. Embouchure d'un fleuve qui se divise en plusieurs bras. *Le delta du Rhône.*

**deltaplane** n. m. Marque déposée. Planeur très léger formé d'une toile tendue sur des tubes de métal. → aussi **parapente.**

deltaplane

**déluge** n. m. 1. *Le Déluge,* c'est, dans la Bible, l'inondation qui recouvrit la Terre et noya presque tous ses habitants. *Seule l'arche de Noë échappa au Déluge.* 2. Très forte pluie. *Il se mit à tomber un véritable déluge.* 3. Très grande quantité. *Elle se mit à verser un déluge de larmes.* → **torrent.**

**déluré** adj. Malin, vif. *Julie est une petite fille délurée.* → **dégourdi.** || contr. **empoté** ||.

**démagogique** adj. Fait pour flatter un très grand nombre de gens, éventuellement en les trompant. *Le candidat aux élections tient des discours démagogiques pour se faire élire.*

**demain** adv. Le jour qui suit celui où l'on parle. *Aujourd'hui nous sommes dimanche et demain, c'est lundi. Au revoir, à demain !* ▷ APRÈS-DEMAIN, LENDEMAIN, SURLENDEMAIN.

**demander** v. (conjug. 1) **1.** Faire savoir ce que l'on veut obtenir. → **réclamer.** *Anne a demandé de l'argent à sa mère pour s'acheter des bonbons. Je vous demande de vous taire.* **2.** Essayer de savoir en interrogeant. *Il a demandé son chemin à un passant. — Je me demande quelle heure il peut bien être.* **3.** Avoir besoin d'une personne. *On demande une vendeuse expérimentée.* **4.** Réclamer, nécessiter. *Ce travail demande beaucoup d'attention.*

▸ **demande** n. f. Réclamation. *Sa demande n'a pas été acceptée.*

**démanger** v. (conjug. 3) Provoquer un picotement qui donne envie de se gratter. *Les piqûres de moustiques le démangeaient.*

▸ **démangeaison** n. f. Picotement sur la peau qui donne envie de se gratter. *L'urticaire provoque des démangeaisons.*

**démanteler** v. (conjug. 5) Démolir des murailles. *La forteresse a été démantelée.*

**démantibulé** adj. Familier. Mis en pièces, démoli. *Un vieux vélo tout démantibulé.*

se **démaquiller** v. (conjug. 1) Enlever son maquillage. *Elle se démaquille soigneusement chaque soir.*

▸ **démaquillant** n. m. Produit pour se démaquiller. *Un flacon de démaquillant.*

**démarcation** n. f. *Une ligne de démarcation,* c'est une ligne qui sépare deux régions, deux territoires. *Pendant la Deuxième Guerre mondiale, en France, une ligne de démarcation séparait la zone occupée par les Allemands de la zone libre.*

**démarche** n. f. **1.** Façon de marcher. → **allure, pas.** *Il a une démarche souple et silencieuse.* **2.** *Il a dû faire de nombreuses démarches à la mairie pour obtenir ces papiers,* il a dû se déranger et demander à la mairie.

**démarquer** v. (conjug. 1) **1.** Changer la marque, l'étiquette d'un objet. *Le commerçant a démarqué ces vêtements pour les vendre en solde.* **2.** *Se démarquer de quelqu'un,* c'est agir de façon différente pour ne pas être confondu avec lui.

**démarrer** v. (conjug. 1) Se mettre à fonctionner, se mettre en marche. *Le moteur a démarré du premier coup. La voiture démarra brusquement,* elle commença à rouler. ‖ contr. s'**arrêter, stopper.** ‖

▸ **démarrage** n. m. *Le moteur a calé au démarrage,* en démarrant.

▸ **démarreur** n. m. Mécanisme qui sert à mettre un moteur en marche. *Il tourna la clé du démarreur et le moteur se mit à vrombir.*

**démasquer** v. (conjug. 1) *Démasquer quelqu'un,* c'est l'identifier, le reconnaître. *Le malfaiteur a été démasqué par les policiers.*

**démêlé** n. m. *Avoir des démêlés avec quelqu'un,* c'est avoir des difficultés, des ennuis avec lui. *Il a un caractère difficile et a des démêlés avec tous ses voisins.*

**démêler** v. (conjug. 1) **1.** Séparer des choses qui étaient emmêlées. *Julie démêle ses cheveux avec un peigne.* ‖ contr. **emmêler** ‖ **2.** Débrouiller, éclaircir une chose compliquée. *C'est diffi-*

*cile de démêler le vrai du faux dans ce qu'il dit.*

**déménager** v. (conjug. 3) 1. Changer de logement, aller habiter ailleurs. ‖ contr. **emménager** ‖ *Ils ont trouvé un appartement plus grand et déménagent le mois prochain.* 2. Transporter des objets d'un endroit dans un autre. *Il m'a aidé à déménager tous mes livres.*

▸ **déménagement** n. m. *Tout est prêt et emballé pour le déménagement,* pour déménager. *Un camion de déménagement,* un camion qui sert à transporter les meubles et les objets, quand on déménage.

▸ **déménageur** n. m. Homme dont le métier est de faire des déménagements. *Les déménageurs portent les meubles et les caisses dans le camion.*

se **démener** v. (conjug. 5) 1. S'agiter dans tous les sens, se débattre. *Le voleur se démenait pour échapper aux policiers.* 2. Se donner du mal. *Elle s'est beaucoup démenée pour trouver ce travail.*

**dément** n. m., **démente** n. f. Personne folle. → **fou.** *Le crime a été commis par un dément.*

▸ **démence** n. f. Folie. *Une crise de démence.*

▸ **démentiel** adj. Insensé, déraisonnable. *Des idées démentielles.*

**démentir** v. (conjug. 16) *Démentir une nouvelle,* c'est déclarer qu'elle est fausse. *Le bruit a couru que le ministre allait démissionner, mais la nouvelle a été aussitôt démentie.*

▸ **démenti** n. m. *Le Président a opposé un démenti aux accusations portées contre lui,* il a déclaré qu'elles étaient fausses.

**démesuré** adj. Très grand, qui dépasse la mesure. → **colossal, gigantesque.** *Une taille démesurée. Un orgueil démesuré.* → **excessif.**

**démettre** v. (conjug. 56) 1. *Il a été démis de son poste,* renvoyé, congédié. → **destituer.** — *Il a commis une grave erreur dans son travail et s'est démis de ses fonctions.* → aussi **démission.** 2. *Yves s'est démis l'épaule en tombant,* il s'est déplacé l'articulation de l'os. → ② **déboîter, luxer.**

**demeurer** v. (conjug. 1) Rester, continuer à être dans un état, une situation. *Il demeurait complètement immobile.*

▸ **demeure** n. f. 1. *Mettre une personne en demeure de faire quelque chose,* c'est lui en donner l'ordre. *Il l'a mise en demeure de se taire.* 2. *À demeure,* en permanence, d'une manière stable. *Il vit à demeure à la campagne.* 3. *Une demeure,* une belle et grande maison. → **résidence.** *Une vieille et majestueuse demeure.*

**demi** adj., adv. et n. m., **demie** adj. et n. f.

▭ adj. *Il est dix heures et demie,* dix heures et la moitié d'une heure. *Je voudrais un demi-litre de lait et une demi-livre de beurre,* la moitié d'un litre de lait et la moitié d'une livre de beurre. — Quand *demi* est après le nom, il s'accorde avec lui. Quand il est avant, il est suivi d'un trait d'union et reste invariable.

▭ adv. 1. *À demi,* à moitié. *Les petits oiseaux étaient à demi morts de froid.* 2. *La bouteille est demi-pleine,* à moitié pleine.

▭ n. m. 1. La moitié de l'unité. *Un demi et un demi font un.* 2. Verre de bière. *Garçon, deux demis, s'il vous plaît !* 3. Joueur de rugby ou de football, entre les avants et les arrières. *Le demi d'ouverture a lancé le ballon.*

▭ n. f. 1. *Voulez-vous une pomme en-*

*tière ou une demie ?* ou la moitié. **2.** *La demie vient de sonner,* la fin de la demi-heure. ▷ DEMI-FINALE, DEMI-FRÈRE, DEMI-HEURE, DEMI-MAL, DEMI-MESURE, à DEMI-MOT, DEMI-PENSION, DEMI-PENSIONNAIRE, DEMI-SŒUR, DEMI-TARIF, DEMI-TOUR.

**demi-finale** **n. f.** Avant-dernière épreuve d'une compétition. *L'équipe a été sélectionnée pour la demi-finale de la Coupe d'Europe.* — **Au pl.** *Des demi-finales.*

**demi-frère** **n. m.** Frère par l'un des parents seulement. → aussi **demi-sœur.** *Ses parents se sont remariés chacun de leur côté : il a deux demi-frères du côté de sa mère et une demi-sœur du côté de son père.*

**demi-heure** **n. f.** Moitié d'une heure. *Il y a un train toutes les demi-heures,* toutes les trente minutes.

**demi-mal** **n. m.** Accident moins grave que ce que l'on prévoyait. *Julie s'est démis le poignet en tombant, ce n'est qu'un demi-mal, elle aurait pu se casser le bras.* — *Demi-mal* ne s'emploie pas au pluriel.

**demi-mesure** **n. f.** Moyen insuffisant pour atteindre un but. *Il n'est pas du genre à se contenter de demi-mesures, il va jusqu'au bout.*

à **demi-mot** **adv.** Sans avoir besoin de tout expliquer. *Ils se sont compris à demi-mot.*

**demi-pension** **n. f. 1.** *À l'hôtel, ils étaient en demi-pension,* ils y dormaient et n'y prenaient qu'un repas par jour. — **Au pl.** *Des demi-pensions.* **2.** *Anne est en demi-pension à l'école,* elle y déjeune.

▶ **demi-pensionnaire** **n. m.** et **f.** Élève qui déjeune à la cantine de l'école. *La moitié des élèves de la classe sont demi-pensionnaires.*

**demi-sœur** **n. f.** Sœur par l'un des parents seulement. → aussi **demi-frère.** *Son père s'est remarié et elle a deux demi-sœurs.*

**démission** **n. f.** *Donner sa démission,* c'est quitter son travail, ses fonctions. *Il a trouvé un travail plus intéressant et il a donné sa démission.* → aussi se **démettre.**

▶ **démissionner** **v.** (conjug. 1) Donner sa démission, se démettre de son poste. *Elle a démissionné car elle a trouvé un travail mieux payé.*

**demi-tarif** **n. m.** Tarif qui est la moitié du tarif normal. — **Au pl.** *Des demi-tarifs.*

**demi-tour** **n. m.** *Faire demi-tour,* c'est se retourner de façon à se retrouver dans l'autre sens. *La voiture fit demi-tour et repartit en sens inverse.* — **Au pl.** *Des demi-tours.*

**démobiliser** **v.** (conjug. 1) *À la fin de la guerre, les troupes ont été démobilisées,* elles ont été rendues à la vie civile. ‖ contr. **mobiliser** ‖.

▶ **démobilisation** **n. f.** *La démobilisation des soldats aura lieu bientôt,* les soldats seront bientôt démobilisés. ‖ contr. **mobilisation** ‖.

**démocratie** **n. f. 1.** Forme de gouvernement dans laquelle le pouvoir appartient à des personnes élues par les citoyens. ‖ contr. **dictature** ‖ **2.** Pays dans lequel existe cette forme de gouvernement. *La France est une démocratie.*

▶ **démocrate** **n. m.** et **f.** Personne qui est adepte de la démocratie.

▶ **démocratique** **adj.** *Un pays démocratique,* c'est un pays où règne la démocratie. *Des élections démocratiques,* où l'on peut voter librement.

▶ **démocratiser** v. (conjug. 1) Rendre quelque chose accessible à tous. *On a démocratisé l'enseignement. — Ce pays s'est démocratisé,* il est devenu plus libre, plus démocratique.

**démodé** adj. Qui n'est plus à la mode. *Cette robe est démodée.*

▶ se **démoder** v. (conjug. 1) Passer de mode, devenir démodé. *Cette jupe est très classique, elle ne se démodera pas.*

**démographie** n. f. Étude de la population. *La démographie permet de connaître le nombre d'habitants d'un pays, le nombre de naissances et de morts par an.*

**demoiselle** n. f. 1. Jeune fille. *Les dames et les demoiselles.* 2. Femme qui ne s'est jamais mariée. *Deux vieilles demoiselles.* 3. *Une demoiselle d'honneur,* c'est une petite fille ou une jeune fille qui accompagne la mariée pendant la cérémonie. *Julie a été demoiselle d'honneur au mariage de sa tante.* ▷ MADEMOISELLE.

**démolir** v. (conjug. 2) Détruire. *On a démoli ces vieilles maisons pour construire un immeuble à leur place.* → **abattre, raser.** || contr. **bâtir, construire** ||.

▶ **démolisseur** n. m. Homme qui détruit des bâtiments. *Les démolisseurs ont abattu les murs avec un bulldozer.*

▶ **démolition** n. f. Destruction. || contr. **construction** || *La démolition d'un vieil immeuble.*

**démon** n. m. 1. *Le démon,* c'est le diable, qui pousse les hommes à faire le mal. *Dans la religion chrétienne, le démon est aussi appelé Satan ou Lucifer.* 2. Enfant turbulent, insupportable. *Cet enfant est un vrai démon.* → **diable.**

▶ **démoniaque** adj. Digne du démon. → **diabolique, infernal, satanique.** *Des projets démoniaques.*

**démonstrateur** n. m, **démonstratrice** n. f. Personne qui montre comment fonctionne un appareil avant de le vendre. *Elle est démonstratrice d'appareils ménagers dans un grand magasin.*

**démonstratif** adj. 1. *Une personne démonstrative* manifeste beaucoup ses sentiments. → **expansif.** || contr. **renfermé** || 2. *Les adjectifs et les pronoms démonstratifs* désignent une personne ou une chose dont on a déjà parlé ou que l'on montre. *« Ce », « cet », « cette » et « ces » sont des adjectifs démonstratifs ; « ce », « ceci », « cela » et « celui » sont des pronoms démonstratifs.*

**démonstration** n. f. 1. Manifestation de ses sentiments. *Le chien accueille son maître avec des démonstrations de joie.* 2. Raisonnement qui montre comment on arrive à un résultat. *Ta démonstration ne m'a pas entièrement convaincu,* les preuves que tu donnes. 3. *Le vendeur fait une démonstration aux acheteurs d'appareils ménagers,* il leur montre comment marchent les appareils ménagers qu'il vend. → aussi **démonstrateur.**

**démonté** adj. *Il y a de la tempête, la mer est démontée,* très agitée.

**démonter** v. (conjug. 1) 1. *Yves a démonté son réveil,* il a séparé toutes les pièces dont il est fait. 2. *Julie a répondu à la question sans se démonter,* sans se troubler.

▸ **démontable** **adj.** Qui peut être démonté. *Une canne à pêche démontable.*

▸ **démontage** **n. m.** *Le démontage du moteur a pris deux heures.*

**démontrer** **v.** (conjug. 1) Prouver. *L'avocat a démontré l'innocence de l'accusé.* → aussi **démonstration.**

**démoraliser** **v.** (conjug. 1) Faire perdre le moral, décourager. → **déprimer.** *Son échec l'a beaucoup démoralisé.*

**démordre** **v.** (conjug. 41) *Ne pas démordre d'une idée,* c'est ne pas en changer. *Quand Yves a une idée derrière la tête, il n'en démord pas !*

**démouler** **v.** (conjug. 1) Retirer du moule. *Elle a retiré la tarte du four, puis l'a démoulée.*

se **démunir** **v.** (conjug. 2) *Elle s'est démunie de toute sa monnaie,* elle n'en a pas gardé. → se **dessaisir.**

**dénaturer** **v.** (conjug. 1) *Il a dénaturé tout ce que j'ai dit,* il en a changé le sens.

**déneiger** **v.** (conjug. 3) Enlever la neige. *Le chasse-neige a déneigé les routes.*

**dénicher** **v.** (conjug. 1) Enlever du nid. *Alex a déniché des œufs de pigeon.* **2.** Familier. Trouver. *Ils ont déniché cette table rustique chez un antiquaire.*

**dénigrer** **v.** (conjug. 1) Critiquer, mépriser. *Elle dénigre tout ce que font les autres.* ‖ contr. ① **louer, vanter** ‖.

**dénivellation** **n. f.** Différence de niveau, d'altitude. *Il y a 1 500 mètres de dénivellation entre le village et le sommet de la montagne.*

**dénombrer** **v.** (conjug. 1) Faire le compte. → **compter.** *La maîtresse dénombre les élèves chaque matin.*

**dénominateur** **n. m.** Nombre d'une fraction placé sous la barre, indiquant en combien de parties l'unité a été divisée. *Le numérateur et le dénominateur.*

**dénommer** **v.** (conjug. 1) Donner un nom. → **appeler.** *Les habitants de Paris sont dénommés les Parisiens.*

▸ **dénommé** **adj.** *On cherchait partout le dénommé Durand,* celui qui s'appelait Durand.

**dénoncer** **v.** (conjug. 3) **1.** Désigner comme coupable ou responsable. *Le cambrioleur a dénoncé ses complices à la police.* **2.** Signaler, faire connaître. *Le scandale a été dénoncé.*

▸ **dénonciateur** **n. m.**, **dénonciatrice** **n. f.** Personne qui en dénonce une autre. → **délateur ;** fam. **mouchard.**

▸ **dénonciation** **n. f.** *La police a reçu une lettre de dénonciation,* qui dénonçait quelqu'un. → **délation.**

**dénoter** **v.** (conjug. 1) Indiquer, montrer. *Sa remarque dénotait un grand bon sens.*

**dénouer** **v.** (conjug. 1) Défaire un nœud. *Il dénoue son nœud de cravate. — Les lacets de ses chaussures se sont dénoués.* **2.** *L'intrigue se dénoue au dernier chapitre du livre,* se résout, s'éclaircit.

▸ **dénouement** **n. m.** Façon dont se termine une histoire. *Le dénouement d'une pièce.*

**dénoyauter** **v.** (conjug. 1) Enlever le noyau. *Il dénoyaute des olives.*

**denrée** **n. f.** Produit alimentaire. → **aliment.** *Les fruits sont des denrées périssables.*

**dense** **adj.** **1.** Épais, compact. *Un brouillard très dense. Une foule dense,* nombreuse et serrée. **2.** *L'eau est plus dense que l'air,* à volume égal, l'eau est plus lourde que l'air. ◊ homonyme : danse.

▸ **densité** **n. f.** **1.** Épaisseur. *La densité de la fumée rendait l'air irrespirable.* **2.** *La densité de la population,* c'est le nombre d'habitants par kilomètre carré. **3.** *La densité d'un corps,* c'est le rapport entre le volume et le poids. *La densité de l'or est plus forte que celle du plomb.* ▷ CONDENSATION, CONDENSER.

**dent** **n. f.** **1.** Ce qui, dans la bouche, est planté dans les gencives et qui sert à mordre et à mâcher. → **canine, incisive, molaire, prémolaire.** *Julie se lave les dents matin et soir. Luc a mal aux dents.* — *Il a une dent contre moi,* il m'en veut. *Il n'a pas desserré les dents de la soirée,* il n'a pas dit un mot. **2.** Chacune des parties pointues de certains objets. *Les dents d'un peigne.* ◊ homonyme : dans.

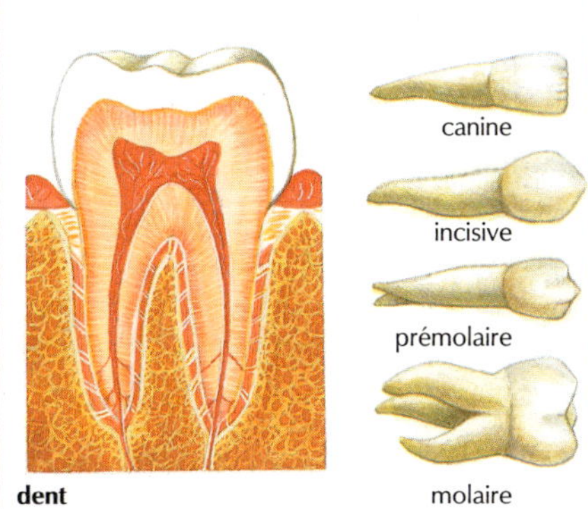

**dent**

▸ **dentaire** **adj.** Qui concerne les dents. *Un abcès dentaire. Un appareil dentaire,* pour redresser les dents.

▸ **denté** **adj.** *Une roue dentée,* dont le bord présente des entailles.

▸ **dentelé** **adj.** Qui présente de petites dents. *Les feuilles d'orties sont dentelées.* ▷ CHIENDENT, CURE-DENT, DENTIER, DENTIFRICE, DENTISTE, DENTITION, ÉDENTÉ.

**dentelle** **n. f.** Tissu comprenant des jours qui forment des dessins. *Un napperon en dentelle.*

**dentier** **n. m.** Appareil composé de fausses dents. → **râtelier.** *Elle porte un dentier.*

**dentifrice** **n. m.** Pâte qui sert à laver les dents. *Un tube de dentifrice.*

**dentiste** **n. m.** et **f.** Personne dont le métier est de soigner les dents. *Luc est allé chez le dentiste.*

**dentition** **n. f.** Ensemble des dents. *Yves a une bonne dentition.*

**dénuder** **v.** (conjug. 1) Mettre à nu. *L'électricien a dénudé les fils électriques,* il a retiré l'enveloppe en plastique qui les recouvre. — *Les baigneurs se sont dénudés,* ils se sont mis presque nus.

**dénué** **adj.** *Ce livre est dénué d'intérêt,* il n'en a aucun. → **dépourvu.**

▸ **dénuement** **n. m.** *Ils vivent dans le plus complet dénuement,* sans avoir le nécessaire pour vivre. → **misère.**

**déodorant** **n. m.** Produit qui enlève les odeurs de transpiration. *Il met du déodorant sous les bras.*

**dépanner** **v.** (conjug. 1) *Le garagiste a dépanné ma voiture,* il a réparé ma voiture qui était en panne.

▸ **dépannage** **n. m.** Réparation de quelque chose qui est en panne. *Pou-*

*vez-vous venir rapidement pour un dépannage ?*

▸ **dépanneur** **n. m.** Personne dont le métier est de dépanner. *Le dépanneur doit venir réparer la machine à laver.*

▸ **dépanneuse** **n. f.** Véhicule qui remorque des voitures en panne.

**dépaqueter** **v.** (conjug. 4) Défaire un paquet. *Anne dépaquette ses cadeaux d'anniversaire.* ‖ contr. **empaqueter** ‖.

**dépareillé** **adj.** Qui n'est pas pareil à un autre objet du même genre. *Luc a mis des chaussettes dépareillées,* qui ne forment pas une paire. *Ces verres sont dépareillés,* ils ne font pas partie du même service. ‖ contr. **assorti** ‖.

**déparer** **v.** (conjug. 1) Enlaidir. *L'autoroute dépare le paysage.*

**départ** **n. m.** **1.** *Luc prépare son départ,* il se prépare à partir. ‖ contr. **arrivée** ‖ **2.** Commencement. *Il s'en doutait dès le départ.* → **début.**

**départager** **v.** (conjug. 3) *Une question subsidiaire départagera les concurrents,* permettra de désigner le vainqueur parmi les concurrents à égalité.

**département** **n. m.** Partie du territoire français placée sous l'autorité d'un préfet. *Il y a 96 départements en France métropolitaine.*

▸ **départemental** **adj.** Qui appartient au département, en dépend. *Une route départementale.* — **Au masc. pl.** *départementaux.*

se **départir** **v.** (conjug. 16 ; ne s'emploie qu'à l'inf., au p.p. *départi* et aux temps composés). *Elle ne s'est jamais départie de son calme,* elle n'a jamais abandonné son calme.

**dépasser** **v.** (conjug. 1) **1.** Passer devant. *La voiture a dépassé le camion.* → **doubler.** **2.** Aller plus loin, en dimensions. *Il dépasse son frère de 10 centimètres,* il mesure 10 centimètres de plus. **3.** Aller au-delà de certaines limites. *Ils dépassent la mesure,* ils exagèrent. — *Flora s'est dépassée pour arriver la première.* → se **surpasser.** **4.** *Elle est dépassée par les événements,* elle ne les comprend plus, elle ne peut y faire face.

▸ **dépassé** **adj.** Démodé. *Il a des idées dépassées sur l'éducation.*

▸ **dépassement** **n. m.** Le fait de dépasser un véhicule. *Attention, dépassement interdit !*

**dépayser** [depeize] **v.** (conjug. 1) Changer les habitudes, troubler en changeant de pays, d'endroit. *Ce voyage en Afrique les a dépaysés.*

▸ **dépaysement** **n. m.** Changement qui intervient quand on est dans un autre pays. *En vacances, ils recherchent le dépaysement.*

**dépecer** **v.** (conjug. 5) *Le boucher dépèce un mouton,* il le découpe en morceaux.

**dépêcher** **v.** (conjug. 1) *Le roi a dépêché un messager,* il a envoyé un messager.

▸ **dépêche** **n. f.** Message transmis rapidement. *Les journalistes reçoivent des dépêches du monde entier.* → aussi **télégramme.**

se **dépêcher** **v.** (conjug. 1) Faire vite. → se **hâter,** se **presser.** *Anne s'est dépêchée de finir ses devoirs pour pouvoir aller jouer.*

**dépeigner** **v.** (conjug. 1) Décoiffer. *Le vent nous a dépeignés.*

**dépeindre** v. (conjug. 52) Décrire. *Anne nous a dépeint la maison de ses grands-parents.*

① **dépendre** v. (conjug. 41) **1.** Exister en fonction de quelque chose d'autre. *Luc ne sait pas s'il viendra demain, cela dépendra du temps.* **2.** Être sous l'autorité. *Les enfants mineurs dépendent de leurs parents.*

▶ **dépendance** n. f. **1.** *La France n'a plus de colonies sous sa dépendance,* sous son autorité. **2.** *Les écuries et le pavillon de chasse sont des dépendances du château,* des bâtiments annexes qui en font partie.

▶ **dépendant** adj. Qui est sous l'autorité de quelqu'un. *Les esclaves étaient dépendants de leurs maîtres.*
▷ INDÉPENDANCE, INDÉPENDANT.

② **dépendre** v. (conjug. 41) Retirer ce qui est pendu. → **décrocher.** *On a dépendu les rideaux.*

aux **dépens** prép. **1.** *Elle vit aux dépens de sa sœur,* à sa charge. **2.** *Tout le monde a ri à ses dépens,* a ri de lui. → au **détriment.**

**dépense** n. f. **1.** Somme d'argent consacrée à un achat, un paiement. *Elle a eu de grosses dépenses à cause de sa voiture.* → **frais.** ‖ contr. **gain, recette, revenu** ‖ **2.** *Tous ces déplacements sont une grande dépense de temps,* prennent beaucoup de temps.

▶ **dépenser** v. (conjug. 1) **1.** Employer de l'argent. *Anne a dépensé tout son argent de poche.* **2.** Consommer. *Ils dépensent beaucoup d'électricité.* **3.** *Les enfants se sont dépensés à la piscine,* ils ont fait des efforts physiques.

▶ **dépensier** adj. Qui dépense trop d'argent. *Elle est très dépensière.* ‖ contr. **avare, économe** ‖.

**déperdition** n. f. Perte. *La fenêtre ferme mal, cela fait une déperdition de chaleur.*

**dépérir** v. (conjug. 2) S'affaiblir peu à peu. *Les plantes dépérissent si on ne les arrose pas.*

se **dépêtrer** v. (conjug. 1) Se dégager. *Yves s'est pris les pieds dans la chaîne de son vélo et ne peut plus s'en dépêtrer.*

**dépeupler** v. (conjug. 1) Faire perdre des habitants. *Au Moyen Âge, la peste dépeuplait des régions entières. — Les campagnes se sont dépeuplées au profit des villes,* elles ont perdu de nombreux habitants.

**dépister** v. (conjug. 1) **1.** Trouver en suivant une trace. *Les chiens ont dépisté un cerf.* **2.** *Les médecins ont dépisté une méningite,* ils ont reconnu que c'était une méningite.

**dépit** n. m. Chagrin mêlé de colère ou de déception. *Son refus lui causa un grand dépit.*

▶ **dépité** adj. *Elle était dépitée,* elle éprouvait du dépit. → **déçu.**

en **dépit** de prép. Malgré. *Il a accepté en dépit de nos conseils,* sans en tenir compte.

**déplacer** v. (conjug. 3) **1.** Changer de place. *Anne a déplacé son lit.* **2.** Faire changer de poste. *Ce fonctionnaire doit être déplacé en province.* → **muter.** **3.** *Se déplacer,* c'est aller d'un endroit à un autre. *Son métier l'oblige à se déplacer,* à voyager.

▶ **déplacé** adj. Inconvenant, de mauvais goût. *Une plaisanterie déplacée.*

▶ **déplacement** n. m. **1.** Action de faire changer de place. *Le déplace-*

*ment d'une armoire.* **2.** Voyage que l'on fait pour son travail. *Il est en déplacement.*

**déplaire** v. (conjug. 54) **1.** Ne pas plaire. *Dès que je l'ai vu, il m'a déplu,* il m'a été antipathique. — *Ils se sont déplu.* **2.** *Elle se déplaisait en province,* elle ne s'y trouvait pas bien, n'aimait pas y vivre.

▶ **déplaisant** adj. Qui déplaît. *Cette femme est déplaisante.* → **désagréable.** || contr. **plaisant** ||.

**déplier** v. (conjug. 7) Défaire les plis, étendre ce qui est plié. *Elle déplie la carte routière.* → **déployer.** || contr. **plier, replier** ||.

▶ **dépliant** n. m. Feuille de papier imprimée et pliée. *Un dépliant publicitaire.* → **prospectus.**

**dépliant**

**déploiement** n. m. *Les bandits n'ont pas pu s'échapper grâce au déploiement des policiers,* au grand nombre de policiers déployés.

**déplorer** v. (conjug. 1) Regretter beaucoup. *Je déplore qu'il n'ait pas pu venir. On déplore de nombreuses victimes,* on constate avec tristesse qu'il y a de nombreuses victimes.

▶ **déplorable** adj. Qui donne envie de pleurer. *La maison était dans un état déplorable.* → **lamentable.** *Yves a eu des résultats déplorables,* très mauvais.

**déployer** v. (conjug. 8) **1.** Déplier complètement. *L'oiseau déploie ses ailes et s'envole.* **2.** *Les policiers se sont déployés et ont bouclé le quartier,* ils se sont disposés sur une grande étendue. → aussi **déploiement.** **3.** Montrer. *Les naufragés déployèrent une grande énergie pour survivre.*

**dépoli** adj. *La vitre est en verre dépoli,* dans un verre qui laisse passer la lumière sans être transparent. → **translucide.**

**déporter** v. (conjug. 1) **1.** *Pendant la Deuxième Guerre mondiale, de nombreux juifs et résistants furent déportés par les nazis,* envoyés dans des camps de concentration. **2.** Faire changer de direction. *Le vent déportait la voiture vers la gauche.*

▶ **déportation** n. f. Emprisonnement dans un camp de concentration. *Ses arrière-grands-parents sont morts en déportation.*

▶ **déporté** n. m., **déportée** n. f. Personne envoyée dans un camp de concentration.

**déposer** v. (conjug. 1) **1.** Poser une chose que l'on portait. *Déposez votre parapluie à l'entrée.* **2.** *Il a déposé sa fille devant l'école,* il l'a conduite en voiture et l'a laissée devant l'école. **3.** Mettre dans un endroit sûr. *Elle dépose son argent à la banque.* → aussi **dépôt.** **4.** *De la poussière s'est déposée sur le piano,* est retombée dessus. **5.** Témoigner. *Le témoin a déposé contre l'accusé.* **6.** Renverser. *Des révolutionnaires ont déposé le Président.*

► **dépositaire** **n. m.** et **f.** Personne à qui on confie quelque chose. *Le dépositaire d'une lettre.*

► **déposition** **n. f.** Déclaration faite par un témoin dans une enquête, un procès. → **témoignage.** *L'inspecteur de police a recueilli les dépositions des témoins. Signez votre déposition.*

**déposséder** **v.** (conjug. 6). *On l'a dépossédé de ses biens,* on les lui a enlevés, on l'en a privé. → **dépouiller.**

**dépôt** **n. m. 1.** *Il a fait un dépôt à la banque,* il a déposé de l'argent à la banque. **2.** Endroit où l'on dépose du matériel, où on le range. → **entrepôt.** *Les autobus rentrent au dépôt.* **3.** Matière qui se dépose au fond d'un liquide. *Il y a du dépôt au fond de la bouteille de vin.* → **lie.**

► **dépotoir** **n. m.** Endroit où l'on met les choses dont on veut se débarrasser. *Le grenier sert de dépotoir.*

**dépouiller** **v.** (conjug. 1) **1.** *Le chasseur dépouille le lièvre,* il lui enlève la peau. **2.** *Les bandits ont dépouillé les passagers de la diligence,* ils leur ont pris ce qu'ils avaient sur eux. **3.** *Elle dépouille son courrier,* elle l'ouvre et elle le lit.

► **dépouille** **n. f.** *Le Président s'est recueilli devant les dépouilles des victimes,* devant le corps des morts.

► **dépouillement** **n. m.** *Le dépouillement des bulletins de vote,* c'est l'ouverture des enveloppes, le compte et le classement des bulletins.

**dépourvu** **adj.** *Elle est dépourvue d'humour,* elle n'a pas d'humour. *Ce livre est dépourvu d'intérêt.* → **dénué.**

► au **dépourvu** **adv.** Sans que l'on soit averti, préparé. *La question m'a pris au dépourvu.*

**déprécier** **v.** (conjug. 7) **1.** Ne pas apprécier à sa juste valeur. → **critiquer, dénigrer.** *Il déprécie tout ce que font ses collègues.* || contr. **louer, vanter** || **2.** *Se déprécier,* c'est perdre de sa valeur. *Une voiture se déprécie rapidement.*

**déprédation** **n. f.** Dégât matériel. → **dégradation.** *Les manifestants n'ont commis aucune déprédation.*

**dépressif** **adj.** *Une personne dépressive,* c'est une personne qui est souvent déprimée, triste et abattue.

**dépression** **n. f. 1.** *Il a eu une dépression nerveuse,* il a eu une maladie se manifestant par un grand abattement, un grand découragement et une grande fatigue. → aussi **dépressif, déprimer. 2.** *Une dépression de terrain,* c'est un endroit où le terrain forme un creux. || contr. **éminence, hauteur** || **3.** Baisse de la pression de l'air qui donne du mauvais temps. *Une dépression est actuellement centrée sur l'Irlande.*

**déprimer** **v.** (conjug. 1) Décourager, rendre triste et sans énergie. → **abattre, démoraliser.** *Son échec l'a beaucoup déprimé. — Elle est souvent très déprimée depuis qu'elle ne travaille plus.* → aussi **dépressif, dépression.**

► **déprimant** **adj.** *Ce temps est déprimant,* il rend triste et sans énergie. *Toutes ces nouvelles sont vraiment déprimantes.*

**depuis** **prép.** et **adv. 1.** *Il est là depuis cinq minutes,* il y a cinq minutes qu'il est là. *Il a plu depuis son arrivée,* à partir de son arrivée. *Je l'ai rencontré avant-hier et je ne l'ai pas revu depuis. — Elle a beaucoup changé depuis que je la connais.* **2.** *Le chien nous suit depuis la ferme,* à partir de la ferme.

**député** n. m. Personne élue pour faire partie de l'Assemblée nationale. *Les députés votent les lois.* → aussi **parlementaire** et **sénateur.**

**déraciner** v. (conjug. 1) Arracher ce qui tient au sol par des racines. *L'orage a déraciné plusieurs arbres.*

**dérailler** v. (conjug. 1) Sortir des rails. *Le train a déraillé à cause d'une erreur d'aiguillage.*

▸ **déraillement** n. m. *Le déraillement du train n'a pas fait de victimes.*

▸ **dérailleur** n. m. *Le dérailleur d'une bicyclette,* c'est ce qui permet de changer de vitesse en faisant passer la chaîne d'un pignon sur un autre.

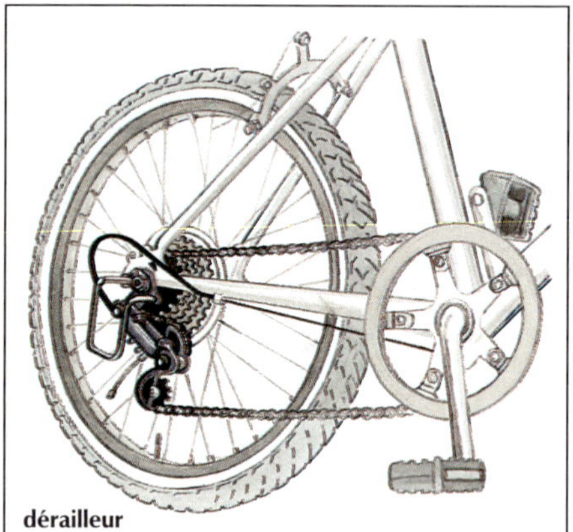

dérailleur

**déraisonner** v. (conjug. 1) Dire des choses qui n'ont aucun sens. → **divaguer.** *Il déraisonne !*

**déranger** v. (conjug. 3) **1.** *Déranger des objets,* c'est les mettre en désordre, à une place qui n'est pas la leur. *Luc a dérangé les affaires de sa sœur.* **2.** *Déranger quelqu'un,* c'est le gêner dans ce qu'il fait. *Excusez-moi de vous déranger.* **3.** *Se déranger,* c'est quitter l'endroit où l'on est. *Elle s'est dérangée pour venir me voir.*

▸ **dérangé** adj. *Il a l'esprit dérangé,* il est un peu fou.

▸ **dérangement** n. m. **1.** *Le téléphone est en dérangement,* il est en panne, il ne fonctionne pas. **2.** *Je ne voudrais pas vous causer du dérangement,* vous déranger, vous causer de la gêne.

**déraper** v. (conjug. 1) Glisser sur le sol. *Le vélo a dérapé sur le gravier et Julie est tombée.*

▸ **dérapage** n. m. *Le pilote de course fait des dérapages contrôlés,* il fait exprès de faire déraper sa voiture.

**dérégler** v. (conjug. 6) Faire qu'une chose ne soit plus bien réglée, changer les réglages. *Mon petit frère a déréglé la télévision en touchant à tous les boutons.*

**dérider** v. (conjug. 1) Rendre moins triste, faire sourire. *Flora raconte une histoire drôle à son père pour le dérider.* → **égayer.**

**dérision** n. f. Moquerie. *Yves tourne tout en dérision,* il se moque de tout, ne prend rien au sérieux.

**dérisoire** adj. Tellement insuffisant que c'est ridicule. *Ce bijou coûte un prix dérisoire,* son prix est très bas.

① **dériver** v. (conjug. 1) **1.** *Dériver un cours d'eau,* c'est le faire aller dans une autre direction. → **dévier.** **2.** *Le bateau dérive,* il s'écarte de son chemin, à cause du vent ou du courant.

▸ **dérivatif** n. m. Occupation qui permet d'oublier ses soucis, son chagrin. → **distraction.** *La lecture est un bon dérivatif.*

▶ **dérive** n. f. 1. *Le matelas pneumatique est parti à la dérive,* il est parti sur l'eau, entraîné par le vent et le courant, sans être guidé. 2. Partie d'un bateau qui s'enfonce profondément dans l'eau, que l'on peut relever, et qui permet de diriger le bateau. → aussi **quille.** *Les petits voiliers ont une dérive.*

▶ **dériveur** n. m. Bateau à voile muni d'une dérive. *Les enfants ont fait du dériveur sur le lac.*

② **dériver** v. (conjug. 1) *Le mot « chaudement » dérive de l'adjectif « chaud »,* il en vient.

▶ **dérivé** n. m. 1. Produit provenant d'un autre produit. *Le plastique est un dérivé du pétrole.* 2. Mot venant d'un autre mot. *« Beauté » est un dérivé de « beau ».*

**dernier** adj. 1. Qui vient après tous les autres. ‖ contr. **premier** ‖ *Le 31 décembre est le dernier jour de l'année. C'est la dernière fois que je te le dis. Faisons un dernier effort.* → **ultime.** *Julie est arrivée dernière.* — N. *Alex est le dernier de la classe.* 2. Le plus bas, le pire. *C'est le dernier de mes soucis,* cela m'est égal. 3. Qui est le plus proche du moment présent. *C'était l'année dernière,* l'an passé. ‖ contr. **prochain** ‖ *Flora est habillée à la dernière mode,* à la mode la plus récente. *Quel est le dernier livre que tu as lu ?* le livre que tu as lu le plus récemment.

▶ **dernièrement** adv. Ces derniers temps. → **récemment.** *Je l'ai rencontré dernièrement,* il n'y a pas longtemps.

▷ AVANT-DERNIER.

**dérober** v. (conjug. 1) Prendre en cachette quelque chose qui appartient à quelqu'un d'autre. → **subtiliser, voler.** *On lui a dérobé son portefeuille dans le métro.* — *Une porte dérobée,* c'est une porte qui permet d'entrer et de sortir d'une maison sans être vu.

▶ se **dérober** v. 1. *Il aimerait se dérober à ses responsabilités,* y échapper, s'y soustraire. 2. *Le sol se déroba sous ses pas,* s'effondra.

▶ à la **dérobée** adv. En cachette, d'une manière furtive. *Il observait ses voisins à la dérobée,* sans se faire voir.

**dérogation** n. f. Autorisation spéciale, exceptionnelle. → **dispense.** *Il a obtenu une dérogation pour que son fils saute une classe.*

**dérouler** v. (conjug. 1) 1. Étendre ce qui est roulé. *Il déroule le tapis.* ‖ contr. **enrouler, rouler** ‖ 2. *Se dérouler,* c'est se passer, prendre place dans le temps. *L'action du film se déroule à Marseille. La manifestation s'est déroulée dans le calme.*

▶ **déroulement** n. m. Façon dont les choses se passent, les unes à la suite des autres. *Voici le déroulement des opérations.*

**dérouter** v. (conjug. 1) 1. Faire changer de route, de destination. *Les pirates de l'air ont dérouté l'avion de Rio vers Cuba.* → **détourner.** 2. Rendre incapable de réagir, de se conduire comme il faudrait. → **déconcerter, décontenancer, désorienter.** *La question l'a dérouté et il n'a su que répondre.* → **embarrasser.**

▶ **déroute** n. f. Fuite désordonnée de troupes de soldats vaincus. → **débâcle, débandade.** *L'armée ennemie est en déroute.*

**derrick** n. m. Échafaudage métallique monté au-dessus d'un puits de pétrole.

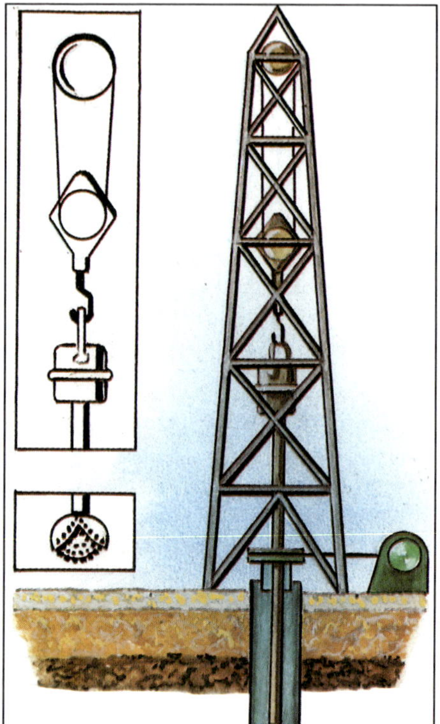
derrick

**derrière** adv., prép. et n. m.

▭ adv. et prép. 1. En arrière. ‖ contr. **devant** ‖ *La caravane est accrochée derrière la voiture. Cette robe se ferme derrière,* dans le dos. 2. À la suite. *Flora et Anne marchent l'une derrière l'autre.* → **après.** *Julie va arriver, elle est derrière.*

▭ n. m. 1. Le côté qui est placé derrière, la partie postérieure. → **arrière.** *Le chien s'est mis debout sur ses pattes de derrière.* 2. Familier. Les fesses. *Luc est tombé sur le derrière.*

① **des** → ① **de** et ② **de**

② **des** article indéfini. *Des* est le pluriel de *un, une. Achète-moi des crayons et des gommes.*

**dès** prép. À partir de. *Il est debout dès le lever du soleil. Je vous en remercie dès à présent,* tout de suite. *Dès que Julie et Anne seront là, nous commencerons.* → **aussitôt** que, **sitôt** que.

**désabusé** adj. Qui a perdu ses illusions. → **déçu, désenchanté.** *Il a l'air désabusé.*

**désaccord** n. m. Le fait de n'être pas d'accord. *Ils sont en désaccord au sujet des vacances.*

**désaccordé** adj. *La guitare est désaccordée,* elle n'est plus accordée.

**désaffecté** adj. Qui n'est plus utilisé comme on l'avait prévu au départ. *L'usine est désaffectée.*

**désagréable** adj. 1. Qui déplaît. → **déplaisant, pénible.** *Le réveil fait un bruit désagréable.* ‖ contr. **agréable** ‖ 2. Dont le comportement blesse. *Cette femme a été très désagréable avec moi.* → **odieux.**
▸ **désagréablement** adv. D'une manière désagréable. *Il a été désagréablement surpris.* ‖ contr. **agréablement** ‖.

**désagréger** v. (conjug. 3 et 6) Séparer les différents éléments qui étaient unis. *La pluie, le vent et le gel ont désagrégé la falaise. — Le sucre se désagrège dans le café.* → se **dissoudre.**

**désagrément** n. m. Chose désagréable, qui contrarie. → **ennui, souci.**

*Cette situation nous a causé bien des désagréments.* || contr. **agrément, plaisir** ||.

**désaltérer** v. (conjug. 6) Calmer la soif. *L'eau fraîche désaltère bien.* — *Flora s'est désaltérée en buvant de l'eau.*

▶ **désaltérant** adj. Qui apaise la soif. *Une boisson désaltérante.*

**désamorcer** v. (conjug. 3) Enlever le détonateur qui fait exploser une bombe, un obus, une grenade. *La bombe a été désamorcée.* || contr. **amorcer** ||.

**désappointé** adj. Qui n'a pas obtenu ce qu'il attendait et en est déçu. → **dépité.** *Anne est toute désappointée que Luc ne puisse pas venir.*

▶ **désappointement** n. m. Déception. *Elle n'a pas pu cacher son désappointement.*

**désapprobateur** adj. Qui montre que l'on n'est pas d'accord, que l'on désapprouve. *Il avait un air désapprobateur.* || contr. **approbateur** ||.

**désapprobation** n. f. Mécontentement qui montre que l'on n'est pas d'accord, que l'on désapprouve. *Il a exprimé sa désapprobation en partant.* || contr. **approbation** ||.

**désapprouver** v. (conjug. 1) Trouver mauvais. → **condamner, critiquer.** *Luc et Yves désapprouvent la conduite de certains élèves.* → **blâmer.** || contr. **approuver** ||.

**désarçonner** v. (conjug. 1) **1.** *Le cheval a désarçonné son cavalier,* il l'a fait tomber de la selle. **2.** *Cette question l'a désarçonné,* l'a surpris et lui a fait perdre son assurance. → **déconcerter.**

**désarmer** v. (conjug. 1) **1.** *Le policier a désarmé le gangster,* il lui a enlevé son arme. || contr. **armer** || **2.** *On doit désarmer ce navire,* retirer son matériel et son équipement. **3.** *Le sourire de Julie désarme toujours son père,* fait cesser sa colère, le rend moins sévère.

▶ **désarmant** adj. Qui fait cesser la colère. *Julie est souvent désarmante.*

▶ **désarmement** n. m. *Des conférences sur le désarmement qui réunissent les grandes puissances,* ce sont des conférences destinées à réduire ou supprimer les armements.

**désarroi** n. m. Grand trouble qui empêche de savoir ce qu'il faut faire. *L'assassinat du Président a jeté le pays dans le désarroi.*

**désastre** n. m. Grand malheur. → **catastrophe.** *Ces inondations sont un désastre pour les agriculteurs.*

▶ **désastreux** adj. Très mauvais. → **catastrophique.** *Il fait un temps désastreux.* — Au fém. *désastreuse.*

**désavantage** n. m. Ce qui rend inférieur, moins bon. → **inconvénient.** || contr. **avantage** || *Être grand quand on veut être jockey, c'est un désavantage.* → **handicap.**

▶ **désavantager** v. (conjug. 3) Mettre dans un état d'infériorité. || contr. **avantager** || *Sa timidité le désavantage.* → **handicaper.**

▶ **désavantageux** adj. Qui n'avantage pas. → **défavorable.** *Un contrat désavantageux.* || contr. **avantageux** || — Au fém. *désavantageuse.*

**désavouer** v. (conjug. 1) Dire que l'on n'est pas d'accord avec quelqu'un ou avec ce qu'il fait. *Il a désavoué la conduite de son fils.* || contr. **approuver** ||.

**desceller** v. (conjug. 1) Arracher, détacher ce qui est fixé dans la pierre. *Le* *prisonnier essaie de desceller les barreaux de la fenêtre.*

① **descendant** **n. m.**, **descendante** **n. f.** *Cette femme est une descendante de Victor Hugo,* elle a Victor Hugo comme ancêtre. ‖ contr. **ascendant** ‖.

▶ **descendance** **n. f.** Ensemble des personnes qui descendent du même ancêtre. *Les grands-parents ont réuni pour leurs noces d'or leur nombreuse descendance.* ‖ contr. **ascendance** ‖.

② **descendant** **adj.** Qui descend. *Yves a ramassé des coquillages à marée descendante.* ‖ contr. **montant** ‖.

**descendre** **v.** (conjug. 41) **1.** Aller du haut vers le bas. ‖ contr. **monter** ‖ *Descends de là, tu vas tomber ! Il est descendu à la cave chercher du vin.* **2.** Sortir d'une voiture, d'un train. *Nous descendons à la prochaine station.* **3.** Aller en pente. *Le sentier descend à pic vers la mer.* **4.** Diminuer de niveau. → **baisser.** *La mer descend. Le thermomètre est descendu au-dessous de zéro.* **5.** Avoir comme ancêtre. → aussi ① **descendant.** *Elle descend de Victor Hugo.* **6.** Aller vers le bas de quelque chose. *Il a descendu l'escalier quatre à quatre.* **7.** Porter de haut en bas. *Les déménageurs descendent les meubles du camion.*

▶ **descente** **n. f. 1.** Action d'aller d'un lieu élevé vers un autre plus bas. *Il attend sa fille à la descente du train.* **2.** Chemin par lequel on descend. *Freinez dans la descente.* → **pente.** ‖ contr. **montée** ‖ **3.** *Une descente de lit,* c'est un petit tapis sur lequel on pose les pieds en descendant de son lit. → **carpette.**

▷ DESCENDANCE, ① et ② DESCENDANT, REDESCENDRE.

**description** **n. f.** *Flora fait la description de sa chambre,* elle dit ou écrit comment est sa chambre. → aussi **décrire.**

**désemparé** **adj.** Qui ne sait plus que dire ou que faire, se sent perdu. *Elle était complètement désemparée.*

sans **désemparer** **adv.** Sans s'arrêter. *Ils ont travaillé toute la journée sans désemparer.*

**désenchanté** **adj.** Qui a perdu son enthousiasme, ses illusions. → **déçu, désabusé.** *Luc avait l'air désenchanté.*

**déséquilibre** **n. m.** Absence d'équilibre. *Les livres étaient en déséquilibre et ils sont tombés.* ‖ contr. **équilibre** ‖.

▶ **déséquilibrer** **v.** (conjug. 1) Faire perdre l'équilibre. *Le catcheur a déséquilibré son adversaire.*

▶ **déséquilibré** **n. m.**, **déséquilibrée** **n. f.** Personne folle. *Le crime a été commis par un déséquilibré.*

① **désert** **adj. 1.** Sans habitants. *Les naufragés ont pu atteindre une île déserte.* → **inhabité. 2.** Qui a perdu ses occupants pour quelque temps. *Il est tard, les rues sont désertes.*

▶ **déserter** **v.** (conjug. 1) **1.** Abandonner un lieu où l'on était installé. → **quitter.** *Les jeunes ont déserté le village.* **2.** Quitter l'armée sans permission. *Des soldats ont déserté avant la bataille.*

▶ **déserteur** **n. m.** Soldat qui a déserté.

▶ **désertion** **n. f.** *Il a été jugé pour désertion,* pour avoir quitté l'armée sans permission.

② **désert** **n. m.** Région très sèche, sans végétation et très peu peuplée. *Le Sahara est le plus grand des déserts.*

▶ **désertique** **adj.** *Une région désertique,* c'est une région très sèche, sans végétation et très peu peuplée.

**désespérer** v. (conjug. 6) **1.** Cesser d'espérer. *Je désespère de retrouver mes clés.* **2.** Décevoir profondément. *L'étourderie de ses élèves la désespère.* → **décourager.** **3.** *Se désespérer,* c'est perdre l'espoir, se désoler. *Ne te désespère pas !*

▶ **désespérant** adj. Qui fait perdre espoir. *Il refait toujours les mêmes erreurs, c'est désespérant.* ‖ contr. **encourageant** ‖.

▶ **désespéré** adj. **1.** Extrême. *Alex faisait des efforts désespérés pour se sortir d'affaire,* il faisait de très grands efforts. **2.** Qui ne laisse aucun espoir. *Le blessé est dans un état désespéré.*

**désespoir** n. m. **1.** Très grande tristesse. → **chagrin.** *Elle a eu tant de malheurs qu'elle a cédé au désespoir.* ‖ contr. **espoir** ‖ **2.** *Faire quelque chose en désespoir de cause,* c'est le faire parce que rien d'autre n'a réussi et sans qu'on soit sûr que cela ait du succès. *En désespoir de cause, il a demandé son chemin à un passant.*

**déshabiller** v. (conjug. 1) Enlever les vêtements. *Flora déshabille son petit frère. — Anne s'est déshabillée dans sa chambre.* ‖ contr. s'**habiller** ‖.

**désherber** v. (conjug. 1) Enlever les mauvaises herbes. → **sarcler.** *Le jardinier désherbe les allées du parc.*

**déshériter** v. (conjug. 1) *Il voulait déshériter ses enfants,* les priver de l'héritage auquel ils avaient droit.

▶ **déshérité** adj. *Les personnes déshéritées,* ce sont les personnes pauvres qui ont le moins de chances d'améliorer leur sort. — **N.** *Les organisations humanitaires viennent en aide aux déshérités.*

**déshonorer** v. (conjug. 1) Faire perdre son honneur, sa bonne réputation à quelqu'un. → **salir.** *Ce voyou déshonore sa famille. — Elle s'est déshonorée en nous mentant.*

▶ **déshonorant** adj. *Il a eu une conduite déshonorante,* qui déshonore. → **honteux.**

**déshydraté** adj. Privé de son eau. *Les légumes déshydratés se conservent longtemps.*

**désigner** v. (conjug. 1) **1.** Indiquer par un signe. → **montrer.** *Luc désigne du doigt le gâteau qu'il a choisi.* **2.** Représenter. *Le mot « bébé » désigne un enfant très jeune.* **3.** Choisir. *Flora a été désignée pour remettre le cadeau à la maîtresse.*

▶ **désignation** n. f. Choix. *On attend la désignation de son successeur.* → **nomination.**

**désillusion** n. f. Déception provoquée par la perte d'une illusion. *Quelle désillusion !*

**désinfecter** v. (conjug. 1) Nettoyer en tuant les microbes. *Désinfecte ta plaie avec de l'alcool avant de mettre un pansement.*

▶ **désinfectant** n. m. Produit qui nettoie en tuant les microbes. *L'eau de Javel est un désinfectant.* — **Adj.** *Une lotion désinfectante.*

▶ **désinfection** n. f. Nettoyage qui débarrasse des microbes. *La désinfection d'une chambre d'hôpital.*

**désintégrer** v. (conjug. 6) Détruire en faisant éclater en morceaux. *L'explosion a désintégré l'immeuble. — La fusée s'est désintégrée dans l'espace.*

▶ **désintégration** n. f. Transformation des atomes d'un élément qu'on désintègre. *La désintégration de l'uranium produit de l'énergie nucléaire.*

**désintéressé** **adj.** *Elle est désintéressée,* elle n'agit pas par intérêt personnel, elle ne recherche pas d'avantages pour elle-même. → **généreux.** || contr. **intéressé** ||.

▶ **désintéressement** **n. m.** Qualité d'une personne qui agit sans se soucier de son intérêt personnel. → **générosité.**

se **désintéresser** **v.** (conjug. 1) Ne pas porter intérêt. → **négliger.** *Julie s'est désintéressée de son travail.* || contr. s'**intéresser** ||.

**désintoxiquer** **v.** (conjug. 1) *Ici, les alcooliques peuvent se faire désintoxiquer,* ils peuvent suivre un traitement pour s'arrêter de boire.

▶ **désintoxication** **n. f.** Traitement suivi par une personne alcoolique ou droguée pour se faire désintoxiquer. *Une cure de désintoxication.*

**désinvolte** **adj.** *Anne a répondu d'un ton désinvolte,* en montrant de l'insouciance et de l'insolence.

▶ **désinvolture** **n. f.** *Il a agi avec désinvolture,* avec sans-gêne ou négligence. || contr. **respect, sérieux** ||.

**désirer** **v.** (conjug. 1) **1.** Vouloir, avoir envie de quelque chose. → **souhaiter.** *« Que désirez-vous ? » demande la vendeuse. Le directeur désire vous parler.* **2.** *Le travail d'Alex laisse à désirer,* il est mauvais, imparfait.

▶ **désir** **n. m.** Envie d'avoir, de faire quelque chose. → **souhait.** *Sa grand-mère satisfait tous ses désirs.*

▶ **désirable** **adj.** *Il a toutes les qualités désirables pour cet emploi,* il a toutes les qualités que l'on peut désirer. → **souhaitable.**

▶ **désireux** **adj.** *Elle est désireuse de vous connaître,* elle aimerait vous connaître. ▷ INDÉSIRABLE.

se **désister** **v.** (conjug. 1) *Elle s'est désistée,* elle a renoncé à se présenter au deuxième tour de l'élection.

**désobéir** **v.** (conjug. 2) Ne pas faire ce qui est ordonné. *Yves a désobéi à ses parents.* || contr. **obéir** ||.

▶ **désobéissance** **n. f.** *Elle sera punie pour sa désobéissance,* parce qu'elle n'a pas obéi. || contr. **obéissance** ||.

▶ **désobéissant** **adj.** *Luc est souvent désobéissant en classe.* → **indiscipliné.** || contr. **obéissant** ||.

**désobligeant** **adj.** Peu aimable et vexant. → **désagréable.** *Des réflexions désobligeantes.*

**désodorisant** **n. m.** Produit qui chasse les mauvaises odeurs. *Il a mis une bombe de désodorisant dans les toilettes.* → aussi **déodorant.**

**désœuvré** **adj.** *Une personne désœuvrée,* c'est une personne qui n'a rien à faire. → aussi **oisif.**

▶ **désœuvrement** **n. m.** Manque d'occupation. → **inaction, oisiveté.** *Ils ont erré dans les rues par désœuvrement,* pour passer le temps.

① **désolé** **adj.** Inhabitable et triste. *Un endroit désolé.*

**désoler** **v.** (conjug. 1) Faire de la peine. *Son échec nous désole.* → **contrarier.** || contr. **réjouir** ||.

▶ **désolant** **adj.** Qui rend triste. *Cette nouvelle est désolante.*

▶ **désolation** **n. f.** Grande tristesse. → **consternation.**

▶ ② **désolé** **adj.** *Je suis désolé de vous avoir dérangé,* je le regrette.

se **désolidariser** **v.** (conjug. 1) Ne plus soutenir les personnes dont on était solidaire. *Ils se sont désolidarisés de leurs camarades.*

**désopilant** adj. Très drôle. *Une histoire désopilante.*

**désordonné** adj. Qui ne range pas ses affaires, manque d'ordre. *Anne est très désordonnée, elle ne retrouve jamais ses affaires.*

**désordre** n. m. Absence d'ordre. *Sa chambre est en désordre,* elle n'est pas rangée.

**désorganiser** v. (conjug. 1) Détruire l'organisation. → **déranger.** *La pluie a désorganisé notre journée.* || contr. **organiser** ||.

▸ **désorganisation** n. f. *La désorganisation d'un service.* || contr. **organisation** ||.

**désorienter** v. (conjug. 1) Rendre hésitant. → **déconcerter.** *Sa question m'a désorienté.*

**désormais** adv. À partir de maintenant. → **dorénavant.** *Désormais, on ne les verra plus ensemble.*

**désosser** v. (conjug. 1) Enlever les os. *Le charcutier désosse le rôti de porc.*

**despote** n. m. Souverain qui a un pouvoir absolu. → **tyran.**

▸ **despotique** adj. Très autoritaire. → **tyrannique.** *Un patron despotique.*

**desquels, desquelles** → **duquel, lequel**

se **dessaisir** v. (conjug. 2) *Flora s'est dessaisie de ses dînettes,* elle s'en est séparée. → se **démunir.** || contr. **garder** ||.

**dessaler** v. (conjug. 1) Enlever le sel, complètement ou en partie. *Le cuisinier fait tremper la morue pour la dessaler.*

**dessécher** v. (conjug. 6) 1. Rendre sec. *Le froid dessèche la peau. — La terre s'est desséchée,* elle est devenue sèche. 2. Rendre insensible. *La jalousie a desséché son cœur.*

▸ **dessèchement** n. m. *Cette crème combat le dessèchement de la peau.*

**dessein** n. m. Intention, but. *Il a le dessein d'aller en Grèce.* → **projet.** — *C'est à dessein que je n'ai pas répondu,* c'est exprès. ◊ homonyme : dessin.

**desserrer** v. (conjug. 1) Relâcher ce qui est serré. *N'oublie pas de desserrer le frein à main.* || contr. **serrer** || *Luc n'a pas desserré les dents de la soirée,* il n'a pas parlé du tout.

**dessert** n. m. Plat que l'on sert à la fin d'un repas, après le fromage. *Elle a fait une tarte aux fraises pour le dessert.*

**desservir** v. (conjug. 14) 1. *Plusieurs trains desservent la ville,* s'y arrêtent. 2. *Le serveur dessert la table,* il enlève les plats et les couverts. → **débarrasser.** 3. *Sa timidité le dessert,* ne lui rend pas service. → **nuire.** || contr. **aider** ||.

**dessin** n. m. 1. Représentation d'un objet par des traits que l'on trace. *Anne a fait un dessin pour son grand-père.* 2. L'art de dessiner. *Il est professeur de dessin.* 3. *Un dessin animé,* c'est un film composé de dessins qui s'enchaînent. *Yves a regardé des dessins animés à la télévision.* ◊ homonyme : dessein.

▸ **dessiner** v. (conjug. 1) 1. Faire un dessin. *Luc dessine son chien.* 2. *Se dessiner,* c'est apparaître avec un contour net. *On voyait la colline se dessiner au loin.* → se **détacher.**

▸ **dessinateur** n. m., **dessinatrice** n. f. Personne dont le métier est de dessiner. *Un dessinateur industriel.*

**dessous** **adv., prép.** et **n. m.**
▭ **adv.** et **prép.** À la partie inférieure, sous quelque chose. ‖ contr. **dessus** ‖ *Le prix du vase est dessous. Anne est passée par-dessous les fils de fer barbelés. Que fais-tu là-dessous ? Sa jupe lui arrive au-dessous du genou. Le nom des gagnants est écrit ci-dessous,* sous ce que l'on vient d'écrire.
▭ **n. m. 1.** Ce qui est sous quelque chose. *Le bruit vient de l'étage du dessous.* ‖ contr. **dessus** ‖ **2.** *Yves s'est battu mais il a eu le dessous,* il a perdu. **3.** *Flora a des dessous en coton,* des sous-vêtements en coton.

► **dessous-de-plat** **n. m. inv.** Objet que l'on met sur une table pour poser les plats chauds. *Des dessous-de-plat en bois.*

**dessus** **adv., prép.** et **n. m.**
▭ **adv.** et **prép.** À la face supérieure, sur quelque chose. ‖ contr. **dessous** ‖ *La chaise est cassée, ne vous asseyez pas dessus ! Alex a sauté par-dessus la barrière. Je ne peux pas attraper les noisettes qui sont au-dessus. Monte là-dessus,* sur cela. *Là-dessus, il est parti,* sur ce. *Regardez ci-dessus,* ce qui est écrit plus haut.
▭ **n. m. 1.** Ce qui est sur quelque chose, partie supérieure de quelque chose. ‖ contr. **dessous** ‖ *Les voisins du dessus sont bruyants.* **2.** *Notre équipe a eu le dessus,* elle a gagné.

► **dessus-de-lit** **n. m. inv.** Tissu qui recouvre un lit. → **couvre-lit.** *Des dessus-de-lit de coton blanc.* ▷ PARDESSUS.

**déstabiliser** **v.** (conjug. 1) Ébranler. *Les manifestations ont déstabilisé le gouvernement.*

**destiner** **v.** (conjug. 1) **1.** Décider à l'avance de ce que l'on va faire de quelque chose. *Je destine cet argent à l'achat d'une voiture. Cette lettre t'est destinée,* elle est pour toi. **2.** *Se destiner,* se préparer à un emploi. *Luc se destine à la médecine.*

► **destin** **n. m.** Ensemble des événements qui composent la vie et contre lesquels on ne peut rien faire. → **sort** et aussi **fatalité.** *Il a eu un destin tragique.*

► **destinée** **n. f.** Destin.

► **destinataire** **n. m.** et **f.** Personne à qui est envoyé quelque chose. *Qui est la destinataire de cette lettre ?* ‖ contr. **expéditeur** ‖.

► **destination** **n. f.** Lieu où l'on va. *Le train à destination de Lille va partir.*

**destituer** **v.** (conjug. 1) Chasser de son poste. → **licencier, renvoyer.** *Ce ministre a été destitué.*

**destructeur** **adj.** Qui détruit. *La tempête a été très destructrice.*

**destruction** **n. f. 1.** Action de défaire entièrement un bâtiment. → **démolition** et aussi **détruire.** *Le conseil municipal a voté la destruction de vieux immeubles.* ‖ contr. **construction, édification** ‖ **2.** Action de faire disparaître. → **élimination.** *Ce produit est radical pour la destruction des insectes.* → **extermination.**

**désuet** **adj.** Qui fait ancien, démodé. → **suranné, vieillot.** *Une gravure ancienne d'un charme désuet.* ‖ contr. **moderne** ‖ — **Au fém.** *désuète.*

**désunir** **v.** (conjug. 2) Séparer. → **brouiller.** *Cette dispute les a désunis.* ‖ contr. **unir** ‖.

► **désunion** **n. f.** Désaccord entre des personnes qui étaient unies. → **division.** *La désunion de ses enfants l'attriste.* ‖ contr. **union** ‖.

**détachant** **n. m.** Produit qui enlève les taches. *Un détachant liquide.* → aussi ② **détacher.**

① **détacher** **v.** (conjug. 1) **1.** Dégager de ce qui tenait attaché. *Il a détaché son chien.* ‖ contr. **attacher** ‖ *Détachez le coupon en suivant le pointillé.* → **séparer.** — *Des pommes se sont détachées de l'arbre,* elles sont tombées. **2.** *Le commandant a détaché des éclaireurs,* il les a fait partir avant les autres. **3.** *Le village se détache au loin,* il apparaît nettement. → se **découper,** se **dessiner, ressortir. 4.** *Elle s'est détachée de ses amis,* elle a perdu l'affection, l'amitié qu'elle avait pour eux.

▶ **détaché** **adj.** *Des pièces détachées,* ce sont des pièces vendues séparément pour remplacer les pièces usées d'un moteur, d'une machine.

▶ **détachement** **n. m. 1.** Petit groupe de soldats qui est envoyé en mission. **2.** Indifférence. *Yves a parlé de ses mauvais résultats scolaires avec détachement.*

② **détacher** **v.** (conjug. 1) Enlever des taches. *Anne détache son tee-shirt.* → aussi **détachant.**

**détailler** **v.** (conjug. 1) **1.** Examiner en détail, avec précision, *Julie a détaillé le nouvel arrivant des pieds à la tête.* **2.** Donner tous les détails à propos de quelque chose. *Le général détaille son plan aux officiers.*

▶ **détail** **n. m.** [pl. *détails*] **1.** *Vendre au détail,* c'est vendre à la pièce, par petites quantités. ‖ contr. en **gros** ‖ *Ces verres sont vendus au détail,* un par un. **2.** Élément peu important dont on pourrait se passer. *Alex raconte ce qui lui est arrivé, en donnant tous les détails.* **3.** *L'inspecteur examine les lieux en détail,* avec précision, sans rien laisser de côté.

▶ **détaillant** **n. m., détaillante** **n. f.** Commerçant qui vend au détail. ‖ contr. **grossiste** ‖.

**détaler** **v.** (conjug. 1) Partir subitement en courant. → **déguerpir, filer.** *Le voleur a détalé comme un lapin.*

**détartrer** **v.** (conjug. 1) Enlever le tartre. *Elle s'est fait détartrer les dents par le dentiste.* ‖ contr. **entartrer** ‖.

**détaxer** **v.** (conjug. 1) Supprimer ou diminuer une taxe. *Dans les avions, le parfum, les cigarettes et les alcools sont moins chers car ils sont détaxés.* ‖ contr. **taxer** ‖.

**détecter** **v.** (conjug. 1) Découvrir la présence de quelque chose de caché. *Le plombier a détecté une fuite de gaz.*

▶ **détection** **n. f.** *Le radar permet la détection des avions,* il permet de déceler la présence d'avions.

**détective** **n. m.** Personne qui fait des enquêtes policières pour un client. *Il a fait surveiller la personne qu'il soupçonnait de vol par un détective.*

**déteindre** **v.** (conjug. 52) **1.** Perdre sa couleur. *Son tee-shirt bleu a déteint au lavage.* → se **décolorer. 2.** Donner un peu de sa couleur. *Les chaussettes rouges risquent de déteindre sur la chemise blanche.*

**dételer** **v.** (conjug. 4) *Le cocher dételle les chevaux,* il les détache. ‖ contr. **atteler** ‖.

**détendre** **v.** (conjug. 41) **1.** Rendre moins tendu. *Le guitariste détend les cordes de sa guitare.* — *L'élastique s'est détendu.* **2.** Supprimer la fatigue. → **délasser.** *Un bain chaud vous détendrait.* — *Elle s'est détendue en écoutant de la musique.* → se **décontracter.**

► **détendu** **adj.** Calme. → **décontracté.** *Il avait l'air détendu.* || contr. **nerveux, tendu** ||.

**détenir** **v.** (conjug. 22) **1.** Posséder. *Ce musée détient de magnifiques statues. Le record du monde du 100 mètres est détenu par un Américain.* **2.** Retenir prisonnier. *Le criminel est détenu en prison depuis un an.* → aussi **détenu.**

**détente** **n. f. 1.** Mouvement rapide que l'on fait en projetant son corps ou une partie de son corps en avant, comme un ressort qui se détend. **2.** Pièce d'une arme à feu qui sert à faire partir le coup. *Le policier a appuyé sur la détente.* → aussi **gâchette. 3.** Repos. → **délassement.** *J'ai besoin d'un moment de détente.* **4.** *Le gouvernement mène une politique de détente,* qui vise à diminuer les tensions et les risques de guerre.

**détenteur** **n. m., détentrice** **n. f.** Personne à qui appartient quelque chose. *Il est le détenteur du record du monde du 100 mètres.* → aussi **détenir.**

**détention** **n. f.** Le fait d'être en prison. → **emprisonnement.** *Il est resté dix ans en détention.* → **réclusion.**

**détenu** **n. m., détenue** **n. f.** Personne en prison. → **prisonnier.**

**détergent** **n. m.** Produit nettoyant qui dissout les saletés. *La lessive est un détergent.*

**détériorer** **v.** (conjug. 1) **1.** Mettre en mauvais état. → **abîmer, endommager.** *L'humidité détériore les livres.* **2.** *Leurs relations se sont détériorées,* elles sont devenues mauvaises. || contr. s'**améliorer** ||.

► **détérioration** **n. f.** Le fait d'être abîmé, détérioré. *La détérioration de leurs relations.* || contr. **amélioration** ||.

**déterminer** **v.** (conjug. 1) **1.** Établir avec précision. *L'enquête permettra de déterminer les causes de l'accident.* **2.** Pousser à agir d'une certaine façon. → **décider.** *Tous ses ennuis l'ont déterminé à partir. — Elle s'est déterminée à accepter.*

► **déterminé** **adj.** Décidé, résolu. *Luc avait l'air déterminé.*

► **déterminant** **adj.** et **n. m. 1. adj.** Qui amène à agir de telle ou telle façon. *Le goût des voyages a été déterminant dans le choix de son métier.* **2. n. m.** Mot qui précède le nom et s'accorde avec lui, mais qui n'est pas un adjectif qualificatif. *Les articles, les adjectifs possessifs, démonstratifs, numéraux et indéfinis sont des déterminants.*

► **détermination** **n. f.** Manière dont se comporte une personne décidée, qui sait ce qu'elle veut. *Il a agi avec détermination.* ▷ INDÉTERMINÉ.

**déterrer** **v.** (conjug. 1) Sortir de terre ce qui était enfoui. *Le chien a déterré un os.* || contr. **enterrer** ||.

**détester** **v.** (conjug. 1) Ne pas aimer du tout. → **haïr.** *Anne déteste son professeur de piano.* || contr. **adorer** || *Julie déteste le fromage. Je déteste être dérangé quand je travaille.*

► **détestable** **adj.** Très désagréable, très mauvais. → **exécrable.** *Yves était d'une humeur détestable.* → **abominable.**

**détonateur** **n. m.** Ce qui sert à provoquer une explosion. *Le soldat appuie sur le détonateur de la bombe.*

**détonation** **n. f.** Bruit soudain et violent de ce qui explose. *Les voisins ont entendu des détonations,* des coups de feu.

**détour** **n. m. 1.** *La route fait des détours,* elle ne suit pas une ligne droite.

*Le chasseur a vu un sanglier au détour du chemin,* à l'endroit où tourne le chemin. → **tournant.** **2.** *Nous ne sommes pas venus directement, nous avons fait un détour par le village,* nous avons parcouru un chemin plus long. → **crochet.**

**détourner** v. (conjug. 1) **1.** Changer la direction. *Les pirates de l'air ont détourné l'avion.* → aussi **détournement.** **2.** *Ne détourne pas la conversation,* ne parle pas d'un autre sujet. → **dévier.** **3.** Tourner d'un autre côté. *Anne détourne la tête pour cacher ses larmes.* **4.** *Le comptable a détourné de l'argent,* il l'a pris pour lui d'une façon malhonnête. → **voler.**

▶ **détourné** adj. *Elle m'a parlé de ses ennuis d'une façon détournée,* pas directement.

▶ **détournement** n. m. *Les pirates de l'air ont été jugés pour détournement d'avion,* parce qu'ils avaient contraint l'équipage de l'avion à changer de destination.

**détracteur** n. m. Personne qui critique, cherche à rabaisser. *Le Président a répondu à tous ses détracteurs.*

**détraquer** v. (conjug. 1) Abîmer, détériorer. *Julie a détraqué la télévision.* → **dérégler.**

**détremper** v. (conjug. 1) Rendre mou en mélangeant avec un liquide. *La pluie a détrempé les chemins.*

**détresse** n. f. **1.** Situation très pénible. → **malheur, misère.** *La détresse de ces pauvres gens nous a beaucoup émus.* **2.** Situation dangereuse. *L'avion était en détresse au-dessus de l'Atlantique.*

au **détriment** de prép. *La caissière s'est trompée en rendant la monnaie à mon détriment,* à mon désavantage. || contr. **avantage** ||.

**détritus** [detʀitys] n. m. Restes sales ou inutilisables. → **ordure.** *Alex a jeté tous les détritus à la poubelle.*

**détroit** n. m. Bras de mer entre deux terres rapprochées, qui fait communiquer deux mers. *Le détroit de Gibraltar sépare l'Europe de l'Afrique et fait communiquer la Méditerranée et l'océan Atlantique.*

**détromper** v. (conjug. 1) *Alex n'ose pas détromper la maîtresse,* lui dire qu'elle se trompe. — *Détrompez-vous !* n'en croyez rien.

**détrôner** v. (conjug. 1) **1.** *La Révolution de 1848 détrôna le roi Louis-Philippe,* le chassa du trône, lui enleva son pouvoir. **2.** Faire passer au second rang. → **éclipser, supplanter.** *La machine à laver a détrôné la lessiveuse,* elle l'a remplacée.

**détruire** v. (conjug. 38) **1.** Défaire complètement une construction. → **abattre, démolir.** || contr. **construire** || *Des immeubles insalubres ont été détruits.* → **raser.** **2.** Faire disparaître. *Le meurtrier a détruit toutes les preuves. Ce produit détruit les cafards,* il les tue. → **anéantir, exterminer** et aussi **destruction.**

**dette** n. f. Somme d'argent qu'une personne doit à une autre. *Elle n'a pas encore remboursé ses dettes.* ▷ ENDETTEMENT, S'ENDETTER.

**deuil** n. m. Mort d'une personne de la famille ou d'un ami. *Il y a eu plusieurs deuils dans sa famille cette année. Ils sont en deuil,* ils sont habillés en noir en signe de tristesse.

**deux** adj. **1.** Un plus un (2). *Ils ont deux enfants. Ouvrez votre livre page deux.* — N. m. Le nombre deux. *Un et un font deux. Mettez-vous en rangs par deux.* **2.** *Attends-moi, j'en ai pour deux minutes,* pour quelques minutes.

► **deuxième** adj. Qui succède au premier. *Le bureau de la directrice est au deuxième étage.* → **second.**

► **deuxièmement** adv. En deuxième lieu. *Premièrement asseyez-vous, deuxièmement taisez-vous !*

► **deux-pièces** n. m. Maillot de bain de femme, formé de deux parties, un slip et un soutien-gorge. *Elle a plusieurs deux-pièces.*

► **deux-roues** n. m. Véhicule à deux roues. *Une bicyclette et une moto sont des deux-roues.*

**dévaler** v. (conjug. 1) Descendre très rapidement. *Le skieur a dévalé la pente en trois minutes.*

**dévaliser** v. (conjug. 1) *Des cambrioleurs ont dévalisé la bijouterie,* ils ont volé tout ce qu'ils y ont trouvé. *Elle s'est fait dévaliser dans le métro,* on lui a pris de force tout ce qu'elle avait.

**dévaloriser** v. (conjug. 1) Faire perdre sa valeur, diminuer la valeur. *Le gouvernement a dévalorisé la monnaie.* → **dévaluer.** — *Le dollar s'est dévalorisé ces dernières années,* il a perdu de sa valeur.

**dévaluer** v. (conjug. 1) Dévaloriser. *Le gouvernement a dévalué le franc,* il a diminué sa valeur par rapport aux monnaies des autres pays. — *La monnaie de ce pays s'est dévaluée,* elle a perdu de sa valeur.

► **dévaluation** n. f. Diminution de la valeur d'une monnaie par rapport aux monnaies des autres pays. *La dévaluation du franc.*

**devancer** v. (conjug. 3) **1.** *Devancer quelqu'un,* c'est être devant lui, le laisser derrière soi. *Yves a gagné la course, il a devancé tous les concurrents,* il est arrivé avant eux. ‖ contr. **suivre** ‖ **2.** *Son mari devance toujours ses désirs,* il les devine et va au-devant d'eux. *Tu as devancé ma question,* tu y as répondu avant que je ne te la pose.

**devant** adv., prép. et n. m.

▭ adv. et prép. **1.** En avant. *Yves est passé devant Luc. Sa chemise se boutonne devant,* sur la poitrine. ‖ contr. **derrière** ‖ **2.** *Je t'attends devant l'église,* en face de l'église. **3.** *Il l'a dit devant moi,* en ma présence. **4.** *Flora a couru au-devant de son père,* à sa rencontre. **5.** *Elle a de l'argent devant elle,* en réserve.

▭ n. m. **1.** Partie qui est placée devant. *Il y a de la vigne vierge sur le devant de la maison.* ‖ contr. **arrière, derrière** ‖ **2.** *Prendre les devants,* c'est agir le premier, à la place de quelqu'un d'autre ou pour empêcher quelque chose d'arriver.

► **devanture** n. f. Partie d'un magasin où les marchandises sont montrées. → **vitrine.** *La robe qui est en devanture lui plaît beaucoup.* ▷ DEVANCER.

**dévaster** v. (conjug. 1) *L'ouragan a dévasté l'île,* il a tout détruit. → **ravager, ruiner.**

**déveine** n. f. Familier. Malchance. *Il pleut le jour du pique-nique ; quelle déveine !* ‖ contr. **chance, veine** ‖.

**développer** v. (conjug. 1) **1.** Faire grandir, augmenter. *La natation développe les muscles.* — *Les plantes se sont bien développées au soleil.* **2.** *Dé-*

*veloppez votre idée,* expliquez-la, donnez plus de détails. **3.** *Le photographe développe la pellicule,* il fait apparaître les images fixées sur la pellicule par des procédés chimiques.

▶ **développement** **n. m. 1.** Croissance. *Cette industrie est en plein développement* → **essor.** *C'est un pays en voie de développement,* un pays dont l'économie est en train de se développer. **2.** Texte où l'on développe une idée. *Une rédaction se compose d'une introduction, d'un développement et d'une conclusion.* **3.** Opération consistant à faire apparaître les images fixées sur une pellicule photographique. *Le développement se fait dans une chambre noire.* ▷ SOUS-DÉVELOPPÉ.

**devenir** **v.** (conjug. 22) Commencer à être. *Anne a eu si peur qu'elle est devenue toute pâle. La chenille devient papillon.*

**déverser** **v.** (conjug. 1) **1.** Laisser tomber, déposer. *Le camion a déversé son chargement dans la cour.* **2.** *Les eaux usées se déversent dans les égouts,* elles se jettent dedans.

**dévêtir** **v.** (conjug. 20) Déshabiller. *Julie dévêt sa poupée.* ‖ contr. **habiller** ‖ — Flora s'est dévêtue avant de prendre son bain.

**dévier** **v.** (conjug. 7) **1.** Faire changer de direction. → **détourner.** *On a dévié la circulation en raison des travaux.* **2.** S'écarter de la bonne direction. *Le vent a fait dévier la balle.*

▶ **déviation** **n. f. 1.** Chemin que l'on prend quand la circulation est déviée. *Empruntez la déviation.* **2.** Déformation. *Il a une déviation de la colonne vertébrale.*

**devin** **n. m.** Personne qui prétend prédire l'avenir. *Je ne sais pas s'il fera beau demain, je ne suis pas devin !* → ① **voyant.**

▶ **deviner** **v.** (conjug. 1) Trouver, par déduction ou par supposition, ce que l'on ne savait pas. *Devine ce que j'ai dans mon sac.*

▶ **devinette** **n. f.** Question amusante dont il faut deviner la réponse. *Luc nous a posé une devinette.* → aussi **charade.**

**devis** [dəvi] **n. m.** Estimation du prix que doivent coûter des travaux. *Il a fait faire un devis par le peintre avant de faire repeindre sa maison.*

**dévisager** **v.** (conjug. 3) Regarder le visage de quelqu'un avec insistance. *Anne dévisageait l'inconnu assis en face d'elle.* → **fixer.**

① **devise** **n. f.** Phrase, le plus souvent courte, qui exprime un idéal. *« Liberté, égalité, fraternité » est la devise de la France.*

② **devise** **n. f.** Monnaie étrangère. *Il est allé chercher des devises à la banque.*

**dévisser** **v.** (conjug. 1) **1.** Défaire ce qui est vissé. *Flora dévisse le bouchon du tube de dentifrice.* ‖ contr. **visser** ‖ **2.** *L'alpiniste a dévissé,* il a lâché prise et il est tombé.

**dévoiler** **v.** (conjug. 1) **1.** Enlever le voile qui cache quelque chose ou quelqu'un. *Le maire a dévoilé la statue après son discours.* **2.** Révéler ce que l'on cachait. *Il ne lui a pas encore dévoilé ses sentiments.*

① **devoir** **v.** (conjug. 28) **1.** Être obligé de faire quelque chose. *Anne a dû se lever tôt pour arriver à l'heure.* **2.** Avoir l'intention de faire quelque chose, être supposé faire quelque chose. *Flora doit passer une semaine chez sa grand-mère.* **3.** Être redevable de quelque chose. *Luc doit 20 francs à Yves.* **4.** *Vous avez dû vous tromper,* vous vous êtes probablement trompés. *Cela devait arriver.* **5.** *Comme il se doit, le maire présidera la réunion,* comme il le faut, comme cela est normal.

▸ ② **devoir** **n. m. 1.** Ce que l'on doit faire. *Voter, c'est accomplir son devoir de citoyen.* **2.** Exercice écrit donné à un élève par un enseignant. *Julie a des devoirs à faire et des leçons à apprendre pour demain.* ▷ DÛ, INDU, REDEVABLE, REDEVANCE.

**dévorer** **v.** (conjug. 1) **1.** Manger en déchirant avec ses dents. *Le lion a dévoré la gazelle.* **2.** Faire disparaître complètement. *Les flammes dévoraient l'immeuble.*

**dévot** **adj.** Qui est très attaché à sa religion. *Elle est très dévote.*

▸ **dévotion** **n. f.** Attachement à la religion. *Elle est pleine de dévotion.*

se **dévouer** **v.** (conjug. 1) Faire quelque chose de pénible pour rendre service à quelqu'un. → se **sacrifier.** *Elle s'est dévouée pour faire la vaisselle.*

▸ **dévoué** **adj.** Toujours prêt à rendre service. *Sa secrétaire est très dévouée.* → **serviable.**

▸ **dévouement** **n. m.** Qualité d'une personne qui fait des efforts pour rendre service aux autres. *Il a soigné sa mère avec beaucoup de dévouement.*

**dextérité** **n. f.** Adresse, habileté. *Alex a recollé le vase cassé avec une grande dextérité.* || contr. **gaucherie** ||.

**diabète** **n. m.** Maladie causée par l'impossibilité pour le corps de transformer les sucres. *Il a du diabète.*

▸ **diabétique** **adj.** Qui a du diabète. *Elle est diabétique.* — **N.** *Les diabétiques suivent un régime strict.*

**diable** **n. m. 1.** Esprit qui représente le mal pour les chrétiens. → **démon.** *On s'imagine le diable avec des cornes, des pieds fourchus et une longue queue.* — *Ils tirent le diable par la queue,* ils ont du mal à vivre parce qu'ils n'ont pas assez d'argent. *Ils habitent au diable,* très loin. **2.** Enfant espiègle, turbulent. → **diablotin.** *C'est un vrai diable !* **3.** *C'est un pauvre diable,* c'est un homme malheureux qui fait pitié. **4.** Petit chariot à deux roues qui sert à transporter des caisses ou des objets lourds.

▸ **diablement** **adv.** Familier. Très. *Il fait diablement chaud.*

▸ **diablerie** **n. f.** Petite farce. → **espièglerie.** *Yves ne sait plus quelles diableries inventer !*

▸ **diablotin** **n. m.** Enfant turbulent. → **diable.** ▷ ENDIABLÉ.

**diabolique** **adj.** Très méchant, digne du diable. → **démoniaque, satanique.** *Leur projet était diabolique.*

**diadème** **n. m.** Bijou en forme de couronne que l'on pose sur les cheveux.

**diagnostic** **n. m.** *Le médecin a fait son diagnostic,* il a dit le nom de la maladie.

▸ **diagnostiquer** **v.** (conjug. 1) Reconnaître une maladie d'après les symptômes. *Le médecin a diagnostiqué une hépatite.*

**diagonale** **n. f. 1.** Ligne droite qui relie deux angles opposés dans une figure géométrique qui a au moins quatre côtés. *Les deux diagonales d'un carré.* ⤜ planche Géométrie. **2.** *Il a traversé la rue en diagonale,* en biais.

**dialecte** **n. m.** Langue particulière parlée dans une région. → **patois.** *Le dialecte picard.*

**dialogue** **n. m. 1.** Conversation entre deux personnes. **2.** Paroles qu'échangent les personnages d'un livre, d'une pièce de théâtre, d'un film. *Les dialogues de ce film sont très drôles.*
▶ **dialoguer** **v.** (conjug. 1) *Anne et Flora ont dialogué un long moment,* elles se sont parlé longtemps.

**diamant** **n. m.** Pierre précieuse très brillante et très dure. *Une bague ornée d'un diamant.* → ② **brillant.**

**diamètre** **n. m.** Ligne droite qui passe par le centre d'un cercle et coupe le cercle en deux demi-cercles. *Le rayon est la moitié du diamètre.* ⤜ planche Géométrie.
▶ **diamétralement** **adv.** *Leurs idées sont diamétralement opposées,* elles sont tout à fait opposées.

**diapason** **n. m.** Petit instrument qui donne la note « la » quand on le fait vibrer.

diapason

**diaphragme** **n. m. 1.** Muscle large et mince qui sépare la poitrine du ventre. **2.** Ouverture réglable qui laisse passer plus ou moins de lumière dans un appareil photo. *On règle le diaphragme avant de prendre une photo.*

**diapositive** **n. f.** Photo que l'on projette sur un écran. *Le professeur nous a passé des diapositives.*

**diarrhée** **n. f.** *Avoir la diarrhée,* c'est avoir des selles fréquentes et liquides. → **colique.**

**dictateur** **n. m.** Homme qui gouverne seul, sans être contrôlé par personne. *Hitler était un dictateur.*

**dictatorial** **adj.** Imposé par un dictateur. *Hitler avait des pouvoirs dictatoriaux.* ‖ contr. **démocratique** ‖.

**dictature** **n. f.** Régime politique dans lequel une seule personne ou un petit groupe de personnes a tous les pouvoirs pour gouverner.

**dicter** **v.** (conjug. 1) **1.** Dire un texte à haute voix pour que quelqu'un l'écrive. *La maîtresse dicte un poème à ses élèves.* **2.** *Les pirates de l'air ont dicté leurs conditions,* les ont imposées.
▶ **dictée** **n. f.** Exercice qui consiste à écrire un texte que quelqu'un lit à haute voix. *Flora a fait deux fautes d'orthographe dans sa dictée.*

**diction** **n. f.** Façon de prononcer. *Pour être comédien, il faut avoir une bonne diction.*

**dictionnaire** **n. m.** Livre où l'on trouve l'orthographe et le sens des mots ou leur traduction dans une autre langue. *Dans un dictionnaire, les mots sont classés par ordre alphabétique.*

**dicton** **n. m.** Proverbe qui parle de la vie quotidienne ou du temps qu'il fait.

*« En avril, ne te découvre pas d'un fil » est un dicton.*

**dièse** **n. m.** Signe (#) de musique qui fait monter une note d'un demi-ton. → aussi **bémol.** — **Adj.** *Des fa dièses.*

**diesel** **n. m.** Moteur qui marche au gas-oil. *Les camions sont souvent équipés de diesels.* — On dit aussi *des moteurs Diesel.*

**diète** **n. f.** Traitement médical qui prescrit de manger très peu pendant quelques jours. *Le médecin a mis Julie à la diète.*

▶ **diététique** **n. f.** Étude de ce qu'il faut manger pour être en bonne santé. — **Adj.** *Des aliments diététiques,* des aliments de régime.

▶ **diététicien** **n. m.,** **diététicienne** **n. f.** Spécialiste de l'alimentation. *La diététicienne lui a donné un régime alimentaire pour maigrir.*

**dieu** **n. m. 1.** Être unique, pur esprit tout-puissant et éternel qui a créé le monde. *Les chrétiens croient en Dieu. Allah est le dieu des musulmans et Yahvé celui des juifs.* **2.** Être supérieur aux hommes, qui gouverne le monde. → **divinité** et aussi **déesse.** *Dans l'Antiquité grecque et romaine, les dieux avaient chacun un rôle particulier.* ▷ ADIEU, PRIE-DIEU.

**diffamer** **v.** (conjug. 1) *Diffamer quelqu'un,* c'est dire des choses fausses sur lui pour lui faire une mauvaise réputation. → **calomnier.**

▶ **diffamation** **n. f.** Chose fausse que l'on dit ou l'on écrit sur quelqu'un. → **calomnie.**

**différence** **n. f. 1.** Ce qui distingue une chose d'une autre, un être d'un autre. *Il y a beaucoup de différences entre le nord et le sud du pays.* || contr. **ressemblance** || **2.** Écart. *Flora et sa sœur ont deux ans de différence.*

▶ **différencier** **v.** (conjug. 7) Faire une différence entre deux choses, deux personnes. → **distinguer.** *Il est difficile de différencier ces deux jumeaux.*

**différend** **n. m.** Désaccord dû à une différence d'opinion. → **dispute.** *Ils ont eu un différend à propos de l'éducation des enfants.* ◊ homonyme : différent.

**différent** **adj. 1.** Qui n'est pas semblable. *Flora et sa sœur n'ont pas le même caractère, elles sont très différentes.* || contr. **identique, semblable** || **2.** Plusieurs. *La vendeuse nous a montré différents modèles de chaussures.* → **divers.** ◊ homonyme : différend.

▶ **différemment** **adv.** D'une manière différente. → **autrement.**

**différer** **v.** (conjug. 6) **1.** Remettre à plus tard. → **ajourner, repousser, retarder.** *Elle a différé son départ.* || contr. **avancer** || **2.** Être différent. *Elle n'est pas du même avis que son mari, leurs opinions diffèrent.* → **diverger,** s'**opposer.**

▶ **différé** **n. m.** *Le match a été retransmis en différé,* après qu'il a eu lieu. || contr. **direct** || ▷ DIFFÉREMMENT, DIFFÉRENCE, DIFFÉRENCIER, DIFFÉREND, DIFFÉRENT, INDIFFÉREMMENT, INDIFFÉRENCE, INDIFFÉRENT.

**difficile** **adj. 1.** Qui demande un effort. → **ardu, dur.** *Ce mot est difficile à prononcer.* || contr. **facile** || **2.** *Julie est difficile à contenter,* il est rare qu'elle soit contente de ce que l'on fait pour elle. *Il n'est pas difficile, il mange de tout.*

▶ **difficilement** **adv.** Avec peine, avec difficulté. *Elle marche difficilement depuis son accident de ski.* || contr. **facilement** ||.

**difficulté** **n. f. 1.** Peine. *Luc a trouvé la maison sans difficulté. Elle a de la* *difficulté à marcher.* **2.** Chose difficile. *Il y a plusieurs difficultés grammaticales dans cet exercice.* **3.** Embarras, problème. *Anne a des difficultés en français.* || contr. **facilité** ||.

**difforme** **adj.** Qui n'a pas la forme qu'il devrait avoir normalement. → **contrefait.** *Un corps difforme.*

**diffuser** **v.** (conjug. 1) **1.** Transmettre par la radio ou la télévision. *La première chaîne diffuse un feuilleton.* → **retransmettre. 2.** Faire connaître au public. *Tous les journaux ont diffusé la nouvelle.*

▶ **diffusion** **n. f. 1.** Transmission. *La diffusion du film est interrompue par des spots publicitaires.* **2.** Vente d'un livre, d'un journal. *Les albums de Tintin ont une grande diffusion dans le monde entier.* ▷ RADIODIFFUSÉ, RADIODIFFUSION.

**digérer** **v.** (conjug. 6) Transformer dans son corps les aliments qu'on a mangés. *Ce repas était trop lourd, j'ai du mal à le digérer.* → aussi **digestion.**

**digeste** **adj.** Qui peut être facilement digéré. → **léger.** *Les légumes cuits sont très digestes.* || contr. **indigeste** ||.

▶ **digestif** **adj.** et **n. m. 1. adj.** Qui sert à la digestion. *Le foie, l'estomac et l'intestin sont des organes de l'appareil digestif.* — **Au fém.** *digestive.* **2. n. m.** *Un digestif,* c'est un alcool, une liqueur que l'on boit après le repas.

▶ **digestion** **n. f.** Transformation des aliments dans l'appareil digestif. *La digestion dure plusieurs heures.* ▷ INDIGESTE, INDIGESTION.

**digital** **adj.** *Les empreintes digitales,* ce sont les empreintes laissées par les doigts. — **Au masc. pl.** *digitaux.*

▶ **digitale** **n. f.** Plante portant une longue grappe de fleurs rouges, jaunes ou blanches en forme de doigt de gant. *Les digitales poussent dans les clairières.*

**digitale**

**digne** **adj. 1.** *Ces sauveteurs sont dignes d'admiration,* ils méritent d'être admirés. || contr. **indigne** || **2.** *Cette façon de se comporter n'est pas digne de toi,* n'est pas en accord avec ton caractère. **3.** *Luc est monté sur l'estrade d'un air digne,* d'un air grave et sérieux.

▶ **dignement** **adv.** Avec dignité. *La mère de l'accusée s'est avancée dignement à la barre des témoins.*

▶ **dignité** **n. f. 1.** Attitude calme et retenue qui montre que l'on éprouve du respect pour soi-même. → **amour-propre, fierté.** *Arrête de te plaindre, un peu de dignité !* **2.** Distinction honorifique. *L'évêque a été élevé à la dignité de cardinal.* ▷ INDIGNE.

**digression** **n. f.** *Faire une digression,* c'est, dans une conversation ou dans un écrit, parler de quelque chose qui n'a rien à voir avec le sujet.

**digue** **n. f.** Sorte de long mur qui empêche l'eau de passer. → **jetée,**

**môle.** *Les vagues se brisent contre la digue.* ▷ ENDIGUER.

**dilapider** **v.** (conjug. 1) Dépenser beaucoup d'argent en faisant n'importe quoi. → **gaspiller.** *Ce riche héritier a dilapidé sa fortune en jouant au casino.*

**dilater** **v.** (conjug. 1) *La chaleur dilate le mercure contenu dans le thermomètre,* elle fait augmenter son volume. ‖ contr. **comprimer** ‖ — *Les veines se dilatent quand il fait chaud,* elles gonflent.

▶ **dilatation** **n. f.** Augmentation de volume. *La dilatation du mercure permet de mesurer la température.* ‖ contr. **compression** ‖.

**dilemme** **n. m.** Choix difficile que l'on a à faire entre deux solutions. → **alternative.** *Il ne savait pas s'il devait partir ou rester, quel dilemme !*

**dilettante** **n. m.** et **f.** Personne qui s'occupe de quelque chose sans le faire sérieusement. *Il fait des études en dilettante.* → **amateur.**

**diligence** **n. f.** Voiture à chevaux qui servait à transporter des voyageurs.

**diluer** **v.** (conjug. 1) Mélanger avec du liquide. → **délayer.** *Elle dilue le sirop dans de l'eau.*

**dimanche** **n. m.** Jour de la semaine, entre le samedi et le lundi, souvent consacré au repos. *Je fais la grasse matinée tous les dimanches.* ▷ S'ENDIMANCHER.

**dîme** **n. f.** Impôt sur les récoltes que les paysans devaient autrefois à l'Église catholique.

**dimension** **n. f.** Grandeur de quelque chose. → **mesure** et aussi **taille.** *Quelles sont les dimensions de cette table ?* ce sont sa longueur, sa largeur et sa hauteur.

**diminuer** **v.** (conjug. 1) **1.** Rendre plus petit. → **réduire.** *Il essaie de diminuer sa consommation de cigarettes.* ‖ contr. **augmenter** ‖ **2.** Devenir moins grand. → **baisser, décroître.** *En automne, les jours diminuent,* ils raccourcissent.

▶ **diminutif** **n. m.** Mot formé sur un autre mot pour désigner quelque chose de plus petit. *« Clochette » est le diminutif de « cloche ».*

▶ **diminution** **n. f.** Baisse, réduction. *La diminution du prix des fraises.* ‖ contr. **augmentation, hausse** ‖.

**dinde** **n. f.** Femelle du dindon. *À Noël, on mange de la dinde aux marrons.*

▶ **dindon** **n. m.** Grand oiseau de basse-cour dont la tête et le cou sont recouverts d'une membrane rouge violacé. *Le dindon est le mâle de la dinde.*

▶ **dindonneau** **n. m.** Petit de la dinde. — **Au pl.** *Des dindonneaux.*

① **dîner** **v.** (conjug. 1) **1.** Prendre le repas du soir. *Elle nous a invités à dîner.* **2.** En Suisse. Prendre le repas de midi. → ① **déjeuner.**

▶ ② **dîner** **n. m. 1.** Repas du soir. *Le dîner est prêt.* **2.** En Suisse. Repas de midi. → ② **déjeuner.**

▶ **dînette** **n. f. 1.** *Les enfants jouent à la dînette,* ils font semblant de prendre un repas. **2.** Service de table miniature qui sert de jouet.

**dinosaure** **n. m.** Animal préhistorique de très grande taille.

**diocèse** **n. m.** *L'évêque a réuni tous les prêtres de son diocèse,* de la région dont il est responsable.

**diphtérie** **n. f.** Grave maladie contagieuse qui provoque des étouffements.

**diplodocus** **n. m.** Grand reptile préhistorique.

**diplodocus**

**diplomate** **n. m.** et **f.** et **adj.** **1. n. m.** et **f.** Personne chargée par le gouvernement de représenter son pays dans un pays étranger. *Les ambassadeurs sont des diplomates.* **2. adj.** Qui résout les problèmes entre les gens avec habileté et délicatesse. *Elle a su les réconcilier car elle est très diplomate.*

▶ **diplomatie** **n. f.** **1.** Métier du diplomate. *Elle fait carrière dans la diplomatie,* elle est diplomate. **2.** Habileté, tact. *Elle a mis fin à leur dispute avec diplomatie.*

▶ **diplomatique** **adj.** *Ces deux pays ont rompu leurs relations diplomatiques,* ils ne veulent plus négocier entre eux aucun accord.

**diplôme** **n. m.** Document qui prouve que l'on a réussi un examen. *Elle a un diplôme d'ingénieur.*

▶ **diplômé** **adj.** *Elle est diplômée d'histoire,* elle a un diplôme d'histoire.

**dire** **v.** (conjug. 37) **1.** Faire connaître une chose à une personne par la parole. *Luc m'a dit son nom de famille. Ils ont dit qu'il ferait beau demain.* → **affirmer, annoncer.** — *Je me suis dit que cela allait s'arranger,* j'ai pensé. **2.** Ordonner. *La maîtresse leur a dit de se taire.* **3.** *On dirait qu'il va pleuvoir,* on croirait. *Qu'est-ce que c'est que ce fruit, on dirait une orange,* cela ressemble à une orange. **4.** *Vouloir dire,* signifier. *Ces deux mots ne veulent pas dire la même chose.* ▷ C'EST-À-DIRE, CONTREDIRE, se DÉDIRE, ÉDIT, LIEU-DIT, MAUDIRE, MAUDIT, MÉDIRE, MÉDISANCE, ON-DIT, OUÏ-DIRE, PRÉDIRE, QU'EN-DIRA-T-ON, REDIRE, REDITE, SOI-DISANT.

**direct** **adj.** et **n. m.**

▭ **adj.** **1.** Qui est en ligne droite, qui ne fait pas de détours. *Il a pris le chemin direct pour aller à la ferme.* **2.** Sans intermédiaire. *Il est en contact direct avec le Président. Au bureau, il a une ligne directe,* une ligne téléphonique qui ne passe pas par le standard. **3.** Qui ne s'arrête pas ou peu. *Il a pris un train direct pour Lyon.*

▭ **n. m.** *Le match est retransmis en direct,* au moment où il a lieu. ‖ contr. **différé** ‖.

▶ **directement** **adv.** **1.** Sans faire de détours. *Flora est rentrée directement de l'école.* **2.** Sans intermédiaire. *Il achète son vin directement chez le viticulteur.* ▷ INDIRECT, INDIRECTEMENT.

**directeur** **n. m.**, **directrice** **n. f.** Personne qui commande, qui dirige. → **chef, dirigeant, patron,** et aussi **président.** *Le directeur de l'école est très sévère.*

**direction** **n. f.** **1.** Action de diriger. *On lui a confié la direction de l'usine.* **2.** *Adressez-vous à la direction,* au directeur. **3.** *La girouette indique la direction du vent,* dans quel sens souffle le vent. *Il est parti en direction de la gare,* vers la gare.

**directives** **n. f. pl.** Indications données par une personne qui dirige. → **instruction, ordre.** *Le chef nous a donné des directives.*

**dirigeable** **n. m.** Ballon dirigé par un pilote.

**diriger** **v.** (conjug. 3) **1.** Être le chef, le responsable. → aussi **direction.** *Il dirige l'usine depuis dix ans.* **2.** Guider vers un endroit. → **conduire.** *Le capitaine dirige son bateau vers le port. — La fusée se dirige vers la Lune,* elle va vers la Lune. **3.** Orienter dans une certaine direction. → **braquer.** *Le cambrioleur a dirigé sa lampe de poche vers le coffre-fort.*

**dirigeant** **n. m.,** **dirigeante** **n. f.** Personne qui dirige. → **chef.** *Les dirigeants d'un parti politique.*

**discerner** **v.** (conjug. 1) **1.** Arriver à apercevoir ce qui est difficilement visible. *On discernait à peine la côte en raison du brouillard.* → **distinguer. 2.** *Le commissaire a du mal à discerner le vrai du faux dans les déclarations des suspects,* à faire la distinction entre le vrai et le faux. → **démêler.** ‖ contr. **confondre** ‖.

▶ **discernement** **n. m.** Capacité de porter un jugement exact. → bon **sens.** *Tu as agi sans discernement et tu t'es trompé.*

**disciple** **n. m.** et **f.** Personne qui reçoit l'enseignement d'un maître et continue la même recherche que lui. *Ce grand philosophe a de nombreux disciples.*

▶ **discipline** **n. f. 1.** Matière que l'on apprend à l'école ou à l'université. *La chimie est une discipline scientifique.* **2.** Règlement que l'on doit respecter pour que l'ordre règne. *La discipline du lycée est très sévère.*

▶ **discipliné** **adj.** Qui respecte le règlement. → **obéissant.** *Flora est une élève disciplinée.* ▷ INDISCIPLINE, INDISCIPLINÉ.

**discontinu** **adj.** Qui s'arrête puis reprend. *Le téléphone a une sonnerie discontinue.* ‖ contr. **continu** ‖.

▶ sans **discontinuer** **adv.** Sans arrêt. *Il a plu toute la semaine sans discontinuer.*

**discorde** **n. f.** Désaccord. → **dispute.** *La politique est un sujet de discorde entre eux.* ‖ contr. **concorde** ‖.

▶ **discordant** **adj.** Qui ne s'accorde pas. *Des couleurs discordantes.* ‖ contr. **harmonieux** ‖.

**discothèque** **n. f. 1.** Collection de disques. *Elle a une grande discothèque.* **2.** Boîte de nuit où l'on passe des disques. *Ils sont allés danser dans une discothèque.*

**discourir** **v.** (conjug. 11) Parler trop longuement et de façon peu intéressante de quelque chose. *Ils ont discouru pendant des heures sur cette affaire au lieu de prendre une décision.*

▶ **discours** **n. m.** Paroles que l'on dit en public pour une occasion solennelle. *Ce soir le président de la République fait un discours à la télévision.*

**discréditer** **v.** (conjug. 1) *Cette erreur l'a discrédité auprès de son patron,* lui a fait perdre la confiance que son patron avait en lui.

**discret** **adj. 1.** Qui ne se mêle pas des affaires des autres. *Elle ne lui a pas posé de questions embarrassantes, elle a été très discrète.* ‖ contr. **indiscret** ‖ **2.** Qui sait garder un secret. *Ne répète pas ce que je t'ai dit, sois discrète !* || contr. **bavard** || 3. Qui n'attire pas l'attention. *Elle aime les bijoux discrets.* || contr. **voyant** ||.

▸ **discrètement** adv. *Elle est sortie discrètement de la pièce,* sans se faire remarquer.

▸ **discrétion** n. f. 1. Délicatesse. → **tact.** *Par discrétion, elle n'a posé aucune question.* || contr. **indiscrétion** || 2. Qualité de quelqu'un qui sait garder un secret. *Je compte sur votre discrétion.* 3. *À discrétion,* autant que l'on veut. → à **volonté.** *Vin à discrétion.* ▷ INDISCRET, INDISCRÉTION.

**discrimination** n. f. *La loi s'applique à tous sans discrimination,* sans distinction.

se **disculper** v. (conjug. 1) *L'accusé essaie de se disculper,* de prouver son innocence.

**discussion** n. f. 1. Conversation où chacun donne son avis. → aussi **discuter.** *Nous avons eu une discussion au sujet des vacances.* 2. Le fait de s'opposer à une décision. → **protestation.** *Obéissez, et pas de discussion !*

**discuter** v. (conjug. 1) 1. Parler avec quelqu'un. → aussi **discussion.** *Ils ont discuté de politique pendant toute la soirée.* 2. Protester. *Julie est allée se coucher sans discuter.*

▸ **discutable** adj. Que l'on peut mettre en doute. → **contestable.** *Ce que tu dis là est très discutable.* ▷ INDISCUTABLE.

**disette** n. f. Manque de nourriture. → **famine.**

**disgrâce** n. f. *Il est en disgrâce depuis quelque temps,* il n'est plus favorisé par ses supérieurs.

**disgracieux** adj. Qui manque d'élégance. *Une démarche disgracieuse.* || contr. **gracieux** ||.

**disjoindre** v. (conjug. 49) *Le gel a disjoint les pierres du mur,* les a écartées les unes des autres.

▸ **disjoint** adj. *Des pierres disjointes,* ce sont des pierres qui ne se touchent plus.

**disjoncteur** n. m. Interrupteur automatique de courant électrique. *Le disjoncteur saute en cas de court-circuit.* → aussi **fusible, plomb.**

**disloquer** v. (conjug. 1) *Le vent était si violent qu'il a disloqué la cabane,* il en a séparé les parties. → **démolir.** — *Le cortège s'est disloqué après la manifestation,* s'est séparé.

**disparaître** v. (conjug. 57) 1. Cesser d'être visible. *Le soleil disparaît derrière la montagne.* || contr. **apparaître** || *Mes lunettes ont disparu,* elles ne sont plus là, je ne les trouve plus. → aussi **disparition.** 2. Cesser d'exister. *Les mammouths ont disparu depuis très longtemps. Cette tache disparaîtra au lavage.* → **partir.**

**disparate** adj. *Les meubles du salon sont disparates,* ils ne vont pas bien ensemble. → **hétéroclite.**

**disparition** n. f. 1. *On vient d'annoncer à la radio la disparition d'un enfant de six ans,* son absence impossible à expliquer. 2. *On protège les ours car ils sont en voie de disparition,* bientôt ils ne vont plus exister. → **extinction.**

**disparu** n. m., **disparue** n. f. Personne que l'on n'a retrouvée ni vivante ni morte. *Il y a eu trois morts et* *deux disparus.* — **Adj.** *Des marins ont été portés disparus.*

**dispensaire** **n. m.** Endroit où l'on peut consulter un médecin et recevoir des soins pour très peu d'argent. *Elle s'est fait vacciner au dispensaire.*

**dispenser** **v.** (conjug. 1) **1.** *Cet élève est dispensé de gymnastique,* il est autorisé à ne pas y aller alors que c'est obligatoire. **2.** *La boulangère dispense des sourires à tous ses clients,* elle les distribue avec générosité.

▶ **dispense** **n. f.** Autorisation spéciale. → **dérogation.** *On lui a accordé une dispense.* ▷ DISPENSAIRE, INDISPENSABLE.

**disperser** **v.** (conjug. 1) **1.** Faire aller dans plusieurs directions. → **éparpiller.** *Un courant d'air a dispersé les copies qui étaient sur le bureau de la maîtresse.* ‖ contr. **rassembler** ‖ — *La foule s'est dispersée à la fin du spectacle.* **2.** *Disperser son attention,* c'est ne pas se concentrer sur une seule chose.

▶ **dispersion** **n. f.** *La dispersion des manifestants s'est faite sans incident,* leur départ chacun de leur côté.

**disponible** **adj.** Que l'on peut utiliser. *Le train est complet, il ne reste plus de places disponibles.* → **libre.**

**dispos** **adj.** *Luc est frais et dispos,* en forme. ‖ contr. **fatigué** ‖. — **Au fém.** *dispose.*

**disposer** **v.** (conjug. 1) **1.** Placer d'une certaine façon. *Elle a disposé les chaises en rond.* **2.** *Il se disposait à partir quand le téléphone a sonné,* il était prêt à partir. **3.** *Il dispose d'un avion privé pour ses déplacements,* il peut s'en servir.

▶ **disposé** **adj. 1.** *Il est bien disposé à mon égard,* il me veut du bien. **2.** *La directrice est disposée à vous recevoir,* elle est prête à le faire.

▶ **dispositif** **n. m.** Mécanisme. *Un dispositif de sûreté empêche d'ouvrir la porte quand le train est en marche.*

▶ **disposition** **n. f. 1.** Façon dont les choses sont disposées. *Il a changé la disposition des meubles de sa chambre.* **2.** *Il aura une voiture à sa disposition à l'aéroport,* une voiture qu'il pourra utiliser. **3.** *Elle a pris des dispositions pour partir en vacances sans fermer son magasin,* elle a fait tout ce qu'il fallait pour cela. **4.** *Il a des dispositions pour le piano,* des dons. **5.** *Il est dans de bonnes dispositions envers moi,* il me veut du bien. ▷ DISPOS, INDISPOSER, INDISPOSITION, PRÉDISPOSER.

**disproportion** **n. f.** Trop grande différence entre deux choses. *Il y a une grande disproportion entre le salaire de sa femme et le sien.*

▶ **disproportionné** **adj.** *Il a des oreilles disproportionnées,* bien trop grandes par rapport à son visage.

**disputer** **v.** (conjug. 1) **1.** *Les deux équipes disputeront un match de football,* y participeront pour gagner. **2.** *Elle se dispute avec son frère,* elle se querelle. → **fam.** se **chamailler.**

▶ **dispute** **n. f.** Échange de paroles violentes et désagréables. → **querelle.** *Une dispute a éclaté à propos du chien.*

**disqualifier** **v.** (conjug. 7) *Le coureur a été disqualifié,* éliminé de la course parce qu'il avait commis une faute.

▶ **disqualification** **n. f.** Élimination.

**disque** **n. m. 1.** Objet plat et rond qu'un athlète doit lancer le plus loin possible. *On lance le disque d'une seule main en pivotant sur soi-même.* **2.** Plaque ronde sur laquelle sont enregistrés des sons. *Il met un disque* *compact sur sa platine. Elle a de nombreux disques de jazz.*

▶ **disquaire** **n. m.** et **f.** Personne qui vend des disques.

▶ **disquette** **n. f.** Plaque souple utilisé en informatique. ▷ TOURNE-DISQUE.

**disquette**

**dissection** **n. f.** Action de découper un cadavre pour l'observer et l'étudier. → aussi **disséquer.** *Dans le laboratoire de sciences, les élèves font des dissections.*

**disséminer** **v.** (conjug. 1) Disperser. *Tes affaires sont disséminées dans tout l'appartement.* → **éparpiller.** || contr. **rassembler** ||.

**dissension** **n. f.** Désaccord important. *Des dissensions familiales.*

**disséquer** **v.** (conjug. 6) Séparer les parties d'un corps mort pour l'étudier. → aussi **dissection.** *Le professeur de sciences a disséqué une souris.*

**dissident** **n. m.**, **dissidente** **n. f.** Personne qui se sépare d'un groupe dont elle faisait partie. *Les dissidents ont fondé un nouveau parti.*

**dissimuler** **v.** (conjug. 1) **1.** Cacher ce que l'on ressent ou ce que l'on sait. *Elle détourna la tête pour dissimuler son envie de rire.* || contr. **montrer** || **2.** Tenir à l'abri du regard. → **cacher.** *Le coffre-fort est dissimulé derrière un tableau.*

▶ **dissimulation** **n. f.** Hypocrisie. *Il a agi avec dissimulation.* || contr. **franchise** ||.

**dissiper** **v.** (conjug. 1) **1.** Faire disparaître quelque chose en le dispersant. *Le soleil a dissipé la brume.* → **chasser.** *Il faut dissiper ce malentendu. — Le brouillard s'est dissipé. Ses craintes se sont dissipées.* **2.** Distraire une personne qui était attentive. *Alex dissipe ses camarades en faisant des grimaces.*

▶ **dissipé** **adj.** Inattentif et turbulent. *Ces élèves sont très dissipés.* || contr. **sage** ||.

▶ **dissipation** **n. f.** *Il fera beau demain après dissipation des brumes matinales,* quand elles auront disparu.

**dissocier** **v.** (conjug. 7) *Il faut dissocier ces deux problèmes,* les séparer pour les examiner. || contr. **associer** ||.

**dissolution** **n. f.** **1.** *Le président de la République a prononcé la dissolution de l'Assemblée nationale,* il a mis fin à son existence légale. **2.** *La dissolution du sucre dans l'eau est rapide,* le sucre fond rapidement. → aussi **dissoudre.**

**dissolvant** **n. m.** Produit qui sert à enlever le vernis à ongles.

**dissoudre** **v.** (conjug. 51) **1.** *Le président de la République a dissous l'Assemblée nationale,* il a mis fin à son existence. **2.** *Le sucre se dissout dans l'eau,* il fond. → aussi **soluble.**

**dissuader** v. (conjug. 1) *Il m'a dissuadé de partir,* il m'a amené à y renoncer. → **décourager.** || contr. **persuader** ||.

► **dissuasion** n. f. *Les armes atomiques sont une force de dissuasion,* elles servent à convaincre l'adversaire de ne pas attaquer.

**dissymétrique** adj. *Il a un visage dissymétrique,* dont les deux moitiés ne sont pas semblables. → **asymétrique.** || contr. **symétrique** ||.

objet à forme dissymétrique

**distant** adj. **1.** Séparé par un intervalle. *La Terre et la Lune sont distantes d'environ 350 000 kilomètres.* → **éloigné. 2.** *Cette jeune femme est très distante,* elle ne se lie pas facilement avec les autres. → **froid, réservé.**

► **distance** n. f. **1.** Longueur qui sépare deux choses. → **éloignement.** *Quelle distance y a-t-il entre Paris et Rome ? Ces deux magasins sont à égale distance de chez toi.* **2.** Écart entre deux moments. → **intervalle.** *Les deux coureurs ont franchi la ligne d'arrivée à une minute de distance.*

► **distancer** v. (conjug. 3) Dépasser d'une certaine longueur. *Il a très vite distancé les autres nageurs.* ▷ ÉQUIDISTANT.

**distiller** v. (conjug. 1) Chauffer un liquide pour en extraire un autre liquide. *On distille du vin blanc pour faire du cognac.*

► **distillation** n. f. *On obtient du cognac par distillation du vin,* en le distillant.

► **distillerie** n. f. *Une distillerie de cognac,* c'est un endroit où l'on fabrique du cognac par distillation.

**distinct** adj. **1.** Différent. *Les deux sœurs ont des caractères bien distincts.* **2.** Qui se voit ou s'entend bien. *Parlez d'une voix distincte !*

► **distinctement** adv. Nettement, clairement. *On voit distinctement des traces de pas sur la neige.* ▷ INDISTINCT.

**distinctif** adj. Qui permet de distinguer, de faire une différence. → **caractéristique.** *Les organisateurs portent un badge comme signe distinctif.* — **Au fém.** *distinctive.*

**distinction** n. f. **1.** Différence. *Il ne fait pas la distinction entre les ajoncs et les genêts.* → aussi **distinguer.** *Il a félicité tout le monde, sans distinction,* sans faire de différence entre les uns et les autres. **2.** Élégance, délicatesse et réserve dans la tenue et les manières. → **raffinement.** *Cette femme a beaucoup de distinction.* || contr. **vulgarité** ||.

**distinguer** v. (conjug. 1) **1.** Permettre de reconnaître, être un signe caractéristique. *Le langage distingue l'homme des animaux.* **2.** Faire une différence entre plusieurs personnes ou plusieurs choses. → **différencier.** *Il est difficile de distinguer ces deux jumeaux l'un de l'autre.* **3.** Voir, entendre ou sentir. *On distinguait le bruit d'un moteur dans le lointain.* **4.** *Se distinguer,* c'est être au-dessus des autres, se faire remarquer. *Elle s'est distinguée par son courage.*

▸ **distingué** **adj.** Élégant et réservé. *Cette femme est très distinguée.* → aussi **distinction.** || contr. **vulgaire** ||.

**distraction** **n. f. 1.** Manque d'attention à ce que l'on fait, parce que l'on pense à autre chose. → **inattention.** *Il a mis du sel dans son café par distraction.* → aussi **distrait. 2.** Occupation qui change les idées, qui permet de se distraire. → **amusement, divertissement, passe-temps.** *Sa distraction préférée est d'aller au cinéma.*

**distraire** **v.** (conjug. 50) **1.** *Ce coup de téléphone m'a distrait de mon travail,* a détourné mon attention. → **déranger. 2.** *Se distraire,* c'est faire passer agréablement le temps. → se **divertir.** *Il est allé au cinéma pour se distraire.*

▸ **distrait** **adj.** Qui ne pense pas à ce qu'il fait, à ce qu'on lui dit. → **étourdi.** *Julie n'écoute pas en classe, elle est très distraite.* || contr. **attentif** ||.

▸ **distrayant** **adj.** Qui distrait, amuse. → **amusant, divertissant.** *Cette émission de télévision est très distrayante.* || contr. **ennuyeux** ||.

**distribuer** **v.** (conjug. 1) Donner à chaque personne une partie de quelque chose. → **partager, répartir.** *Alex distribue les cartes. La maîtresse a distribué du travail à chaque élève.*

▸ **distributeur** **n. m.** Machine qui sert à distribuer des objets, des boissons, etc. *Elle a mis une pièce de monnaie dans le distributeur pour avoir un café.*

▸ **distribution** **n. f.** *Le facteur s'occupe de la distribution du courrier,* il l'apporte dans chaque immeuble.

**district** **n. m.** Groupe de plusieurs communes, de plusieurs villes. *Le district du grand Paris comprend Paris et les villes de la banlieue.*

**diurne** **adj.** Qui se montre le jour. *Les faucons sont des rapaces diurnes.* || contr. **nocturne** ||.

**divaguer** **v.** (conjug. 1) Dire des choses qui n'ont pas de sens. → **déraisonner.** *Il a beaucoup de fièvre, il divague.* → **délirer.**

**divan** **n. m.** Long siège sans bras ni dossier, qui peut servir de lit. → aussi **canapé, sofa.**

**diverger** **v.** (conjug. 3) **1.** S'écarter l'un de l'autre. *À partir de là, nos chemins divergent.* || contr. **converger** || **2.** Être en désaccord. → s'**opposer.** *Leurs opinions divergent.*

▸ **divergence** **n. f.** Désaccord, différence. *Il y a divergence d'opinions entre eux.*

▸ **divergent** **adj. 1.** *Nos chemins sont divergents,* ils partent chacun d'un côté. **2.** *Leurs opinions sont divergentes,* elles sont différentes.

**divers** **adj. 1.** *Il a des billes de couleurs diverses,* différentes, variées. **2.** *Diverses personnes m'ont parlé de ce livre,* plusieurs personnes, quelques personnes m'en ont parlé. **3.** *Les faits divers,* ce sont les articles d'un journal qui racontent les incidents du jour comme les vols ou les crimes.

▸ **diversifier** **v.** (conjug. 7) Varier. *Ce fabricant de chaussures veut diversifier sa production,* fabriquer d'autres sortes de produits en plus des chaussures.

▸ **diversité** **n. f.** Variété. *Il y a une grande diversité de fruits dans ce magasin.*

**diversion** **n. f.** *La maîtresse était en train de nous gronder, l'arrivée du nouveau a fait diversion,* elle a détourné l'attention.

**divertir** v. (conjug. 2) Distraire, amuser. *Ce film nous a bien divertis. — Nous nous sommes bien divertis.*

▶ **divertissant** adj. Distrayant, amusant. *Ce film était très divertissant.*

▶ **divertissement** n. m. Distraction. → **amusement.** *La lecture est son divertissement favori.*

**divin** adj. 1. *Elle implore la bonté divine,* la bonté de Dieu. 2. *Il fait un temps divin,* merveilleux. *Ce repas est divin,* excellent.

▶ **divinité** n. f. *Les Grecs croyaient en de nombreuses divinités,* en de nombreux dieux.

**divination** n. f. *Pratiquer la divination,* c'est deviner l'avenir ou des choses cachées par des moyens magiques. → aussi **devin.**

**diviser** v. (conjug. 1) 1. Séparer en plusieurs parties. → **fractionner, partager.** *Elle a divisé la tarte en huit. — Au carrefour, la route se divise,* elle bifurque. 2. Calculer combien de fois une quantité est contenue dans une autre. *Divisez 172 par 4. 172 divisé par 4 égale 43.* ‖ contr. **multiplier** ‖ 3. *Le groupe est divisé sur la décision à prendre,* tout le monde n'est pas du même avis.

▶ **diviseur** n. m. Nombre par lequel on en divise un autre.

▶ **divisible** adj. Qui peut être divisé exactement. *9 est divisible par 3.*

▶ **division** n. f. 1. Opération qui consiste à calculer combien de fois un nombre est contenu dans un autre. ‖ contr. **multiplication** ‖ *Une division à deux chiffres.* 2. Trait qui divise. *Un thermomètre a des divisions.* → **graduation.** 3. Désaccord. *Il y a des divisions au sein de notre groupe.* 4. Partie de l'armée composée de plusieurs régiments. *Son oncle est un général de division.* 5. *Cette équipe de football joue en première division,* dans le premier groupe d'équipes, le plus fort. ▷ SUBDIVISER, SUBDIVISION.

**divorce** n. m. Rupture légale d'un mariage. *Elle a demandé le divorce.*

▶ **divorcer** v. (conjug. 3) Se séparer légalement de son mari ou de sa femme. *Les parents d'Alex ont divorcé.*

**divulguer** v. (conjug. 1) Faire savoir à tout le monde quelque chose qui était connu par peu de personnes. → **dévoiler, ébruiter, proclamer, révéler.** *Les journaux ont divulgué la nouvelle.* ‖ contr. **cacher, taire** ‖.

**dix** adj. Neuf plus un (10). *Nous sommes dix à table. Il est 10 heures. —* N. Le nombre dix. *Il a eu 10 à sa dictée.*

▶ **dixième** adj. et n. m. 1. adj. Qui suit le neuvième. *Elle habite au dixième étage.* 2. n. m. Partie d'un tout qui est divisé en dix parts égales. *Il a mangé les neuf dixièmes du gâteau.*

▶ **dizaine** n. f. 1. Groupe de dix unités. *Le chiffre des dizaines s'écrit à gauche de celui des unités.* 2. Groupe d'environ dix personnes ou dix choses. *Elle a invité une dizaine d'amis.* ▷ SOIXANTE-DIX, QUATRE-VINGT-DIX.

**do** n. m. inv. Note de musique. → **ut.** *La gamme de do commence par un do.* ◊ homonyme : dos.

**docile** adj. Qui obéit facilement. *Ce chien est très docile.* ‖ contr. **rétif** ‖.

▶ **docilité** n. f. Caractère de celui qui est obéissant. → **soumission.** *Anne est d'une grande docilité.*

**docks** **n. m. pl.** *Les docks,* ce sont les hangars où l'on entrepose les marchandises, dans un port. → **entrepôt.**

▸ **docker** [dɔkɛʀ] **n. m.** Ouvrier qui charge et décharge les bateaux. → **débardeur.**

**docte** **adj.** Pédant, prétentieux. *Il parle d'un ton docte.*

**docteur** **n. m. 1.** Personne qui a le plus haut diplôme de l'université. *Elle est docteur en histoire.* **2.** Médecin. *Il est allé chez le docteur.*

▸ **doctorat** **n. m.** Diplôme de l'université qui donne droit au titre de docteur. *Pour passer un doctorat il faut soutenir une thèse.*

**doctrine** **n. f.** *La doctrine politique d'un parti,* c'est l'ensemble des grandes idées qu'il défend.

**document** **n. m.** *Il cherche des documents sur les kangourous,* des livres, des articles de journaux, des dessins, des photos qui peuvent le renseigner.

▸ **documentaliste** **n. m.** et **f.** Personne dont le métier est de réunir des documents et de les conserver.

▸ **documentaire** **n. m.** Film qui donne des renseignements sur quelque chose. *Un documentaire sur le Japon passe à la télévision.*

▸ se **documenter** **v.** (conjug. 1) Se renseigner en regardant des documents. *Il se documente sur l'Auvergne.*

▸ **documentation** **n. f.** Ensemble de documents. *Il a réuni une documentation sur les baleines et les dauphins.* ▷ PORTE-DOCUMENTS.

**dodeliner** **v.** (conjug. 1) *Dodeliner de la tête,* c'est balancer doucement la tête.

**dodu** **adj.** Bien gras. *Ces oies sont bien dodues.* ‖ contr. **maigre** ‖.

**dogme** **n. m.** *Les dogmes d'une religion,* c'est ce que cette religion enseigne et qu'il faut croire.

▸ **dogmatique** **adj.** *Il parle d'un ton dogmatique,* d'un ton très autoritaire, auquel on ne peut rien répliquer. → **péremptoire.**

**dogue** **n. m.** Chien de garde à grosse tête et au museau écrasé. → aussi **bouledogue.**

**doigt** **n. m. 1.** Chacune des cinq parties qui terminent la main. → **annulaire, auriculaire, index, majeur, pouce** et aussi **orteil.** *Flora compte sur ses doigts. Il sait sa leçon sur le bout des doigts,* il la sait parfaitement. **2.** *Il était à deux doigts de réussir,* il allait réussir.

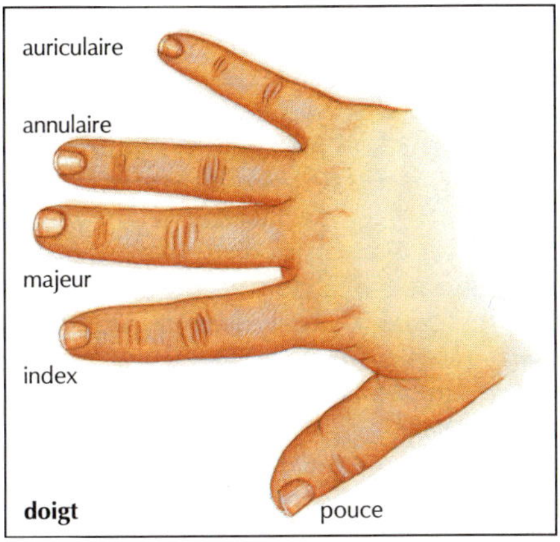

**doigt**

▸ **doigté** **n. m. 1.** *Ce pianiste a un bon doigté,* il utilise ses doigts avec habileté. **2.** *Pour résoudre cette affaire, il faut du doigté,* de l'habileté, du tact.

**dollar** **n. m.** Monnaie des États-Unis d'Amérique et de quelques autres pays (Canada, Australie, etc.).

**dolmen** [dɔlmɛn] **n. m.** Monument préhistorique fait de grosses pierres disposées en forme de table. → aussi **menhir.**

**domaine** **n. m. 1.** Grande propriété à la campagne, avec des forêts, une ferme, etc. **2.** Lieu où l'on se considère comme chez soi. *Sa chambre, c'est son domaine.* **3.** *Le domaine public,* c'est l'ensemble des biens qui appartiennent à l'État. *Les routes font partie du domaine public.*

▶ **domanial** **adj.** *Les forêts domaniales,* qui appartiennent au domaine public, à l'État. — **Au masc. pl.** *domaniaux.*

**dôme** **n. m.** Toit arrondi de certains édifices. → **coupole.** *Le dôme de la basilique Saint-Pierre, à Rome.*

**domestique** **adj., n. m.** et **f.**

▭ **adj. 1.** Qui concerne la maison, la famille. *Elle n'aime pas les travaux domestiques.* → **ménager. 2.** *Le chien et le chat sont des animaux domestiques,* qui vivent près de l'homme.

▭ **n. m.** et **f.** Personne dont le métier est d'être au service de quelqu'un. *Autrefois les gens riches avaient de nombreux domestiques.* — Maintenant on a *une femme de ménage, un employé de maison.*

▶ **domestiquer** **v.** (conjug. 1) Rendre domestique un animal sauvage. → **apprivoiser.** *Le cheval a été domestiqué il y a très longtemps.*

**domicile** **n. m.** Logement dans lequel on habite. *Téléphonez-moi à mon domicile,* à la maison, chez moi.

▶ **domicilié** **adj.** *Elle est domiciliée 8, rue des Granges,* elle y habite.

**dominer** **v.** (conjug. 1) **1.** Avoir au-dessous de soi. *Le château domine le village.* → **surplomber. 2.** Maîtriser. *Il ne réussit pas à dominer sa colère. — Il ne sait pas se dominer.* → se **contrôler. 3.** Être plus fort. *Les Australiens ont dominé l'équipe adverse.*

▶ **dominant** **adj.** Qui est le plus important, le plus fort. *Dans ce tableau, la couleur dominante est le bleu.*

▶ **dominateur** **adj.** Autoritaire. *Elle a souvent un air dominateur.* — **Au fém.** *dominatrice.*

▶ **domination** **n. f.** Autorité. *Les esclaves vivaient sous la domination de leurs maîtres.* ▷ PRÉDOMINER.

**dominical** **adj.** Du dimanche. *Il fait sa promenade dominicale.* — **Au masc. pl.** *dominicaux.*

**domino** **n. m.** Petite plaque rectangulaire marquée de points noirs avec laquelle on joue. *Elle joue aux dominos avec sa sœur.*

**dommage** **n. m. 1.** Dégât subi par quelque chose. *L'inondation a causé de graves dommages.* **2.** Chose triste. *Il ne peut pas venir, quel dommage ! C'est dommage qu'il pleuve.* → **regrettable.** ▷ DÉDOMMAGEMENT, DÉDOMMAGER, ENDOMMAGER.

**dompter** **v.** (conjug. 1) *Dompter un animal,* c'est se faire obéir par lui. → ② **dresser.** *Il dompte des fauves.*

▶ **dompteur** **n. m.**, **dompteuse** **n. f.** Personne dont le métier est de dompter des animaux. ▷ INDOMPTABLE.

**don** **n. m. 1.** Chose, argent que l'on donne. *Pour aider à lutter contre le cancer, envoyez vos dons à cette adresse. Il a fait don de sa collection de tableaux au musée,* il la lui a donnée. **2.** *Elle a un don pour le dessin,* elle est douée pour le dessin. ◊ homonymes : donc, dont.

**donc** **conjonction.** **1.** Par conséquent, en conclusion. *Le téléphone ne répond pas, ils sont donc sortis.* **2.** S'emploie pour renforcer ce que l'on dit. *Venez donc dîner ce soir !* **3.** Exprime la surprise. *C'était donc toi qui essayais d'entrer !* ◊ homonymes : don, dont.

**donjon** **n. m.** Tour la plus haute d'un château fort.

**donner** **v.** (conjug. 1) **1.** Offrir. *Il lui a donné un livre pour son anniversaire.* || contr. **recevoir** || **2.** Fournir. *Donnez-moi un kilo de pommes.* → **vendre.** **3.** Confier. *J'ai donné mes chaussures à ressemeler.* **4.** Provoquer. *Cette marche m'a donné soif.* **5.** Indiquer, communiquer. *Il lui a donné son adresse. Donne de tes nouvelles !* **6.** Accorder. *Elle lui a donné la permission de sortir ce soir.* **7.** *Flora a donné une gifle à son frère,* elle l'a giflé. *Il s'est donné un coup de peigne,* il s'est coiffé. **8.** *Ma chambre donne sur le jardin,* elle a vue sur le jardin.

▸ **donné** **adj.** **1.** Déterminé, précis. *À un moment donné, elle se leva et partit.* **2.** *Étant donné qu'il est malade, il n'ira pas en classe,* puisqu'il est malade.

▸ **donneur** **n. m.,** **donneuse** **n. f.** *Il est donneur de sang,* il donne son sang. ▷ S'ADONNER, DON, REDONNER.

**dont** **pronom relatif.** *Voici l'ami dont je t'ai parlé,* de qui je t'ai parlé. *Quelle est cette plante dont les fleurs sont bleues ?* qui a des fleurs bleues. ◊ homonymes : don, donc.

**doper** **v.** (conjug. 1) Donner un médicament, une drogue qui augmente les forces. *Le jockey avait dopé son cheval. — Le coureur cycliste a été disqualifié parce qu'il s'était dopé.*

▸ **dopage** **n. m.** Utilisation de médicaments qui stimulent. *Le dopage est interdit parce qu'il est dangereux pour la santé.*

**dorade** → **daurade**

**dorénavant** **adv.** À partir de maintenant, à l'avenir. → **désormais.** *Dorénavant, le magasin sera ouvert le dimanche.*

**dorer** **v.** (conjug. 1) **1.** Recouvrir d'une mince couche d'or. *Le relieur a doré la tranche du livre.* **2.** Prendre une couleur dorée. *Le poulet dore dans le four.*

▸ **doré** **adj.** **1.** *Un livre doré sur tranche,* c'est un livre dont la tranche est recouverte d'une mince couche d'or. **2.** Qui a la couleur de l'or. *Des ballerines dorées. Elle est rentrée de vacances toute dorée,* toute bronzée.

**dorloter** **v.** (conjug. 1) *Elle dorlote son fils quand il est malade,* elle s'occupe de lui avec beaucoup de tendresse. → **cajoler.**

**dormir** **v.** (conjug. 16) **1.** Être en état de sommeil. *Il dort à poings fermés, il ne faut pas le réveiller.* **2.** Rester inactif. *Ce n'est pas le moment de dormir, il faut s'en aller.*

▸ **dormant** **adj.** *De l'eau dormante,* qui n'est agitée par aucun courant. → **stagnant.**

▸ **dormeur** **n. m.,** **dormeuse** **n. f.** Personne qui dort. *Un dormeur ronflait dans la chambre à côté.* ▷ DORTOIR, ENDORMANT, ENDORMI, ENDORMIR, se RENDORMIR.

**dorsal** **adj.** Du dos. *Les muscles dorsaux.*

**dortoir** **n. m.** Grande salle où dorment plusieurs personnes.

**dorure** **n. f.** Mince couche d'or. *La dorure du cadre de ce tableau est abîmée.*

**doryphore** **n. m.** Insecte jaune à rayures noires qui dévore les feuilles des plants de pommes de terre.

doryphore

**dos** **n. m. 1.** Partie du corps qui s'étend du cou aux reins. → aussi **dorsal.** *Il est couché sur le dos.* || contr. à plat **ventre** ||. *Flora a fait une promenade à dos de poney,* sur son dos. *De dos, elle ressemble à un garçon,* vue du côté du dos. || contr. de **face** || *Elle cache un cadeau derrière son dos. Yves et Alex se sont mis dos à dos pour voir lequel était le plus grand,* ils se sont mis dos contre dos. *Dès que la maîtresse a le dos tourné, les élèves bavardent,* dès qu'elle s'éloigne. *Il n'a jamais de temps, son travail a bon dos,* son travail est un mauvais prétexte. **2.** *Le dos d'une cuillère,* c'est sa partie convexe. **3.** *Le dos d'une feuille de papier,* c'est l'envers. → **verso.** *Elle écrit son adresse au dos de l'enveloppe.* ◊ homonyme : do.

► **dos-d'âne** **n. m. inv.** Bosse sur une route. → aussi ② **cassis.** — **Au pl.** *Des dos-d'âne.* ▷ S'ADOSSER, DOSSARD, ① DOSSIER, ENDOSSER.

**dose** **n. f.** Quantité que l'on doit prendre en une fois. *Quand on prend un médicament, il ne faut pas dépasser la dose prescrite par le médecin.*

► **doser** **v.** (conjug. 1) Mesurer la bonne dose, pour faire un mélange. *Elle dose la farine et le sucre pour faire le gâteau.*

► **dosage** **n. m.** Proportion de produits à mélanger. ▷ OVERDOSE.

**dossard** **n. m.** Carré de tissu portant un numéro qu'un coureur a sur le dos.

dossard

① **dossier** **n. m.** Partie d'un siège sur laquelle on appuie son dos. *Le dossier d'un fauteuil.*

② **dossier** **n. m.** Ensemble de documents sur un sujet. *Le commissaire a établi un dossier sur le crime de la rue Blanche.*

**dot** [dɔt] **n. f.** Argent, biens qu'une jeune fille apportait autrefois en se mariant.

► **doter** **v.** (conjug. 1) **1.** Donner une dot. *Il a doté sa fille.* **2.** Équiper. *Cette usine est dotée d'un matériel très perfectionné.* **3.** *Il est doté d'une grande intelligence,* il possède une grande intelligence.

**douane** **n. f.** Service chargé de contrôler le passage des marchandises à la frontière d'un pays. *Il n'a rien à déclarer à la douane.*

▸ **douanier** **n. m.** et **adj.** **1. n. m.** Employé de la douane. *Les douaniers ont fouillé ses bagages.* **2. adj.** De la douane. *Les contrôles douaniers sont renforcés en raison de la contrebande.* — **Au fém.** *douanière.*

**doublage** **n. m.** *Le doublage d'un film,* c'est le remplacement de la voix des comédiens par la voix d'autres comédiens qui parlent une autre langue.

**double** **adj.** et **n. m.**

▭ **adj.** **1.** Qui est répété deux fois ou qui est formé de deux choses semblables. *Il a fait un double nœud à ses lacets. La rue est à double sens.* ‖ contr. **unique** ‖ *J'ai ce disque en double exemplaire,* j'ai deux fois le même. **2.** Qui a deux aspects dont l'un est caché. *Elle mène une double vie.*

▭ **n. m.** **1.** Quantité qui équivaut à deux fois une autre. *Dix est le double de cinq.* ‖ contr. **moitié** ‖ **2.** Chose semblable à une autre. *J'ai un double du document.* → **copie, duplicata.** *Il a fait faire un double de sa clé.*

▸ **doublement** **adv.** Pour deux raisons. *Elle est arrivée en retard et n'avait pas appris sa leçon, elle est doublement fautive.*

▸ **doubler** **v.** (conjug. 1) **1.** Multiplier par deux. *Cela double le prix du voyage.* **2.** *Il a doublé un camion,* il l'a dépassé avec sa voiture. **3.** *Son blouson est doublé de fourrure,* il est garni à l'intérieur avec de la fourrure. → aussi **doublure.** **4.** *Dans cette scène dangereuse, l'acteur est doublé par un cascadeur,* il est remplacé. **5.** *Ce film américain est doublé en français,* les paroles sont en français. → aussi **doublage.**

▸ **doublure** **n. f.** **1.** Tissu ou fourrure à l'intérieur d'un vêtement. *La doublure de sa veste est décousue.* **2.** Comédien qui en remplace un autre. ▷ DÉDOUBLER, DOUBLAGE, REDOUBLANT, REDOUBLEMENT, REDOUBLER.

en **douce** **adv.** Familier. Sans bruit, discrètement. *Il est sorti en douce de la classe.*

**douceâtre** **adj.** Qui est d'une douceur fade et écœurante. *Ce sirop a un goût douceâtre.*

**doucement** **adv.** *La voiture roulait doucement,* lentement. ‖ contr. **rapidement** ‖ *Elle a fermé tout doucement la porte,* sans faire de bruit. ‖ contr. **violemment** ‖.

**douceur** **n. f.** **1.** Qualité de ce qui est doux et agréable. *La douceur du pelage d'un chat. La douceur du climat breton.* **2.** Gentillesse. *Elle parle à ses petits-enfants avec douceur.* **3.** *L'avion a atterri en douceur,* doucement. **4.** *Des douceurs,* ce sont des bonbons, des friandises.

▸ **doucereux** **adj.** Doux et hypocrite. *Une voix doucereuse.* → **mielleux.**

**douche** **n. f.** Projection d'eau en pluie qui arrose le corps. *Tous les matins, Julie prend une douche.* → aussi **bain.**

▸ se **doucher** **v.** (conjug. 1) Prendre une douche. *Flora s'est douchée.*

**doudoune** **n. f.** Familier. Grosse veste en duvet.

**doué** **adj.** *Elle est douée pour les mathématiques,* elle est capable de les comprendre vite et de les faire bien. → aussi **don.**

**douille** **n. f.** **1.** Pièce de métal rattachée au fil électrique dans laquelle on fixe l'ampoule d'une lampe. **2.** Cylindre qui contient la poudre d'une cartouche.

**douillet** adj. 1. Trop sensible aux petites douleurs physiques. *Elle a peur des piqûres, elle est très douillette.* 2. Doux et confortable. *Un lit douillet.*

**douleur** n. f. 1. *Flora a ressenti une grande douleur au ventre,* elle a eu très mal au ventre. 2. *Il a eu la douleur de perdre sa mère,* il a eu beaucoup de chagrin, il a beaucoup souffert. → **peine.** || contr. **bonheur** ||.

▶ **douloureux** adj. *Cette brûlure est douloureuse,* elle fait mal. || contr. **indolore** || ▷ SOUFFRE-DOULEUR.

**doute** n. m. *J'ai des doutes sur son honnêteté,* je ne suis pas sûr qu'il soit honnête. *C'est bien lui que j'ai aperçu, il n'y a pas de doute,* c'est certain. *Elle arrivera sans doute demain,* probablement.

▶ **douter** v. (conjug. 1) 1. *Le magasin est peut-être ouvert aujourd'hui, mais j'en doute,* mais je pense qu'il ne l'est pas. 2. *Elle croit qu'elle court plus vite que nous, elle ne doute de rien,* elle se fait des illusions. 3. *Se douter de quelque chose,* c'est l'imaginer, le soupçonner. *Elle ne s'est pas doutée qu'on lui avait fait une farce.* → **deviner.**

▶ **douteux** adj. 1. Qui n'est pas certain, est peu probable. *Est-ce que tu crois qu'il va venir ? Cela me paraît douteux.* || contr. **évident, sûr** || 2. Qui n'est pas très propre. *Cette assiette est douteuse.*

**douve** n. f. Fossé rempli d'eau qui entoure un château fort.

**doux** adj. et adv.

▭ adj. 1. Agréable à toucher. *La fourrure de ce chat est très douce.* || contr. **rêche, rugueux** || 2. *L'eau douce,* c'est l'eau non salée des lacs et des rivières. 3. Qui n'est pas très fort. *Elle fait réchauffer la soupe à feu doux.* 4. Gentil et patient. *Elle est très douce avec les enfants.* || contr. **dur, sévère** ||.

▭ adv. 1. *Il fait doux,* ni trop chaud, ni trop froid. 2. Familier. *Filer doux,* c'est obéir sans discuter. ▷ ADOUCIR, ADOUCISSANT, ADOUCISSEMENT, ADOUCISSEUR, en DOUCE, DOUCEÂTRE, DOUCEMENT, DOUCEREUX, DOUCEUR, DOUDOUNE, se RADOUCIR, RADOUCISSEMENT, REDOUX.

**douze** adj. inv. Dix plus deux (12). *Les douze mois de l'année.* — N. m. inv. Le nombre douze. *Trois fois quatre font douze.*

▶ **douzaine** n. f. 1. *Elle a acheté une douzaine d'œufs,* douze œufs. 2. Groupe d'environ douze personnes ou douze choses semblables. *La plage est à une douzaine de kilomètres d'ici.*

▶ **douzième** adj. et n. m. 1. adj. Qui succède au onzième. *Décembre est le douzième mois de l'année.* 2. n. m. Partie d'un tout divisé en douze parts égales. *Les trois douzièmes du gâteau.*

**doyen** n. m., **doyenne** n. f. La personne la plus âgée. *Le doyen du village a 103 ans.*

**drache** n. f. Ce mot est employé en Belgique. Averse.

**draconien** adj. *La discipline du collège est draconienne,* elle est très sévère. → **rigoureux.**

**dragée** n. f. Bonbon fait d'une amande recouverte de sucre durci. *On offre des dragées pour le baptême d'un enfant.*

**dragon** n. m. Animal imaginaire qui a des ailes, des griffes et une queue de serpent.

**dragonne** n. f. Courroie d'un bâton de ski, d'un parapluie, que l'on passe à son poignet pour ne pas le perdre.

**draguer** v. (conjug. 1) Nettoyer le fond d'une rivière ou d'un port en enlevant la vase et le sable qui s'y sont accumulés.

**drain** n. m. Tube souple, ouvert aux deux bouts, qui permet au sang et au pus de s'écouler hors d'une plaie.

▶ **drainer** v. (conjug. 1) Enlever l'eau d'un sol trop humide. → **assécher.**

▶ **drainage** n. m. *On effectue le drainage du marais,* on y fait des travaux pour l'assécher.

**drakkar** n. m. Navire à voile carrée et à rames utilisé autrefois par les Vikings.

drakkar

**drame** n. m. 1. Pièce de théâtre où il se passe des choses graves et tristes. *Un drame de Victor Hugo.* → aussi **comédie, tragédie.** 2. Événement grave, terrible. → **tragédie.** *La mort de son mari a été un drame pour toute la famille.*

▶ **dramatique** adj. Très grave, terrible. → **tragique.** *Ces enfants sont dans une situation dramatique à cause de la famine.*

▶ **dramatiquement** adv. D'une manière tragique. *L'histoire s'est terminée dramatiquement.* → **tragiquement.**

▶ **dramatiser** v. (conjug. 1) *Cela n'est pas si grave, il ne faut pas dramatiser,* il ne faut pas exagérer la gravité de la situation. ▷ MÉLODRAMATIQUE, MÉLODRAME.

**drap** n. m. *Les draps,* ce sont les grands morceaux de toile que l'on met dans le lit entre le matelas et la couverture et dans lesquels on dort.

▶ **drapeau** n. m. Morceau d'étoffe fixé sur un manche, qui porte les couleurs d'un pays et le représente. *Le drapeau français est bleu, blanc, rouge.* → aussi **hampe.** — Au pl. *Des drapeaux.*

▶ se **draper** v. (conjug. 1) S'envelopper dans un tissu en faisant de grands plis. *Elle s'est drapée dans son châle.*

▶ **draperie** n. f. Morceau de tissu qui forme de grands plis.

① **dresser** v. (conjug. 1) 1. Tenir droit et vertical. *Le chien dresse les oreilles.* || contr. **baisser** || 2. Faire tenir droit. *Les campeurs ont dressé leur tente près de la rivière.* 3. *Se dresser,* c'est s'élever tout droit. *La montagne se dresse à l'horizon.* 4. *La maîtresse a dressé la liste des absents,* elle l'a établie. ▷ REDRESSEMENT, REDRESSER, REDRESSEUR.

② **dresser** v. (conjug. 1) *Dresser un animal,* c'est l'habituer à faire docilement et régulièrement quelque chose. → **dompter.** *Ce chien est bien dressé.*

▶ **dressage** n. m. *Le dressage des fauves est difficile et dangereux.*

**drève** n. f. Ce mot est employé en Belgique. Allée bordée d'arbres.

**dribbler** v. (conjug. 1) Au football, courir en poussant devant soi le ballon à petits coups de pied sans en perdre le contrôle.

**drogue** n. f. 1. Produit qui agit sur le cerveau en procurant des sensations bizarres et qui est extrêmement mauvais pour la santé. → **stupéfiant.** *Le trafic de drogue est très sévèrement puni par la loi.* **2.** Médicament inutile ou qui fait du mal. *Elle prend des drogues pour dormir.*

► **drogué** **n. m.,** **droguée** **n. f.** Personne qui prend régulièrement de la drogue et ne peut plus s'en passer. *À l'hôpital on accueille les drogués qui viennent faire une cure de désintoxication.* → **toxicomane.**

► **droguer** **v.** (conjug. 1) **1.** *Droguer quelqu'un,* c'est lui donner beaucoup de calmants ou de somnifères. *Les ravisseurs ont drogué leur victime.* **2.** *Se droguer,* c'est prendre de la drogue.

**droguerie** **n. f.** Magasin où l'on vend des produits d'entretien.

► **droguiste** **n. m.** et **f.** Commerçant qui tient une droguerie.

① **droit** **adj.** et **adv.**

▭ **adj. 1.** Qui est sans déviation, sans courbure d'un bout à l'autre. *Il a doublé le camion dans la ligne droite.* || contr. **courbe** || **2.** Vertical. *Tiens ton verre bien droit !* || contr. **oblique, penché** || **3.** *Un angle droit,* c'est un angle de 90 degrés. **4.** Franc et honnête. *C'est un homme très droit.* || contr. **fourbe** ||.

▭ **adv.** En ligne droite. *C'est droit devant vous.*

► ① **droite** **n. f.** Ligne qui est comme un fil parfaitement tendu. || contr. **courbe** ||. ⋙ planche Géométrie.

► **droiture** **n. f.** Qualité d'une personne franche et honnête. → **loyauté.**

② **droit** **adj.** Du côté opposé à celui du cœur. *Flora écrit de la main droite.* — *Le côté droit d'une chose,* c'est le côté qui est du côté de la main droite. || contr. **gauche** ||.

► ② **droite** **n. f. 1.** Le côté droit. *Tournez d'abord à droite, puis à gauche.* **2.** *La droite,* c'est l'ensemble des personnes qui ont des idées conservatrices en politique et dans la société. || contr. ② **gauche** ||.

► **droitier** **adj.** Qui se sert de sa main droite pour écrire. *Flora est droitière.* || contr. **gaucher** ||.

③ **droit** **n. m. 1.** Autorisation, permission. *Elle n'a pas le droit de sortir seule le soir.* **2.** *J'étais dans mon droit,* j'avais raison, j'étais en règle. || contr. **tort** ||. **3.** Ensemble des lois qui règlent les rapports des hommes entre eux. *Il fait des études de droit.* **4.** Somme d'argent à payer. *Des droits de douane.* → **taxe.** ▷ PASSE-DROIT.

**drôle** **adj. 1.** Qui fait rire. → **amusant.** *Ce film est très drôle.* → **comique.** || contr. **triste** || **2.** Anormal, étonnant. *J'ai entendu un drôle de bruit.* → **bizarre, étrange.** **3.** Familier. *Elle a fait de drôles de progrès,* beaucoup de progrès.

► **drôlement** **adv. 1.** D'une façon anormale, étonnante. → **bizarrement.** *Elle est drôlement accoutrée.* **2.** Familier. Très. *Elle est drôlement sévère.*

► **drôlerie** **n. f.** *Yves est d'une drôlerie incroyable,* il est très drôle.

**dromadaire**

**dromadaire** **n. m.** Animal qui ressemble au chameau mais n'a qu'une seule bosse. *Les dromadaires vivent dans le désert en Afrique et en Inde.*

**dru** **adj.** Qui pousse épais et serré. *L'herbe est haute et drue.* → **touffu.** || contr. **clairsemé** ||.

**druide** **n. m.** Prêtre gaulois. *Chaque année les druides coupaient le gui sacré sur les chênes.*

**du** **article.** Forme contractée de *de* + *le.* **1.** Article défini masculin singulier. → ① **de.** *Il vient du Portugal. C'est le fils du notaire. Il tape du pied,* avec son pied. **2.** Article partitif masculin singulier. → ② **de.** *Il mange du fromage,* un peu de fromage. ◊ homonyme : dû.

**dû** **adj. 1.** *Il a payé la somme due,* qu'il devait. — **N. m.** *Il vient réclamer son dû,* ce qu'on lui doit. **2.** *Le retard de l'avion est dû au brouillard,* est causé par le brouillard. *Ses nombreux échecs sont dus à la malchance.* ◊ homonyme : du.

**dubitatif** **adj.** *Elle le regarda d'un air dubitatif,* d'un air qui montrait qu'elle doutait de ce qu'il lui disait, qu'elle ne le croyait pas. *Elle était dubitative.*

**duc** **n. m.,** **duchesse** **n. f.** Personne qui porte le titre de noblesse le plus élevé après celui de prince ou de princesse.

► **duché** **n. m.** Territoire gouverné par un duc.

**duel** **n. m.** Combat, à armes égales, entre deux personnes dont l'une a provoqué l'autre en l'injuriant ou en blessant son honneur. *Autrefois les nobles se battaient en duel à l'épée ou au pistolet.*

**duffel-coat** ou **duffle-coat** [dœfœlkot] **n. m.** Ce mot vient de l'anglais. Manteau court à capuchon, en gros tissu de laine. — **Au pl.** *Des duffel-coats, des duffle-coats.*

**dune** **n. f.** Colline de sable fin formée par le vent le long de la mer ou dans le désert.

**duo** **n. m.** Air de musique pour deux voix ou deux instruments. *Elles chantent en duo.* — **Au pl.** *Des duos.*

**dupe** **adj.** *Tu me dis des mensonges, mais je ne suis pas dupe,* je ne me laisse pas tromper, je m'en rends compte.

► **duper** **v.** (conjug. 1) Tromper. → **berner.** *Il s'est fait duper par un escroc.*

► **duperie** **n. f.** Tromperie.

**duplex** **n. m.** Appartement sur deux étages.

**duplicata** **n. m. inv.** Copie exacte d'un document important. → **double.** || contr. **original** || — **Au pl.** *Des duplicata.*

**duplicité** **n. f.** Caractère d'une personne qui dit une chose et qui en fait une autre. → **hypocrisie.** || contr. **franchise** ||.

**duquel** **m. sing.,** **de laquelle** **f. sing.,** **desquels** **m. pl.,** **desquelles** **f. pl.** Pronoms relatifs et interrogatifs. *J'ai acheté deux gâteaux, duquel as-tu envie ?* → aussi **lequel.**

**dur** **adj.** et **adv.**

▭ **adj. 1.** Qui résiste quand on appuie, qui ne se laisse pas entamer facilement. *Cette viande est dure comme du bois.* || contr. **mou, tendre** || **2.** Difficile. *Cette dictée est très dure.* || contr. **facile** || **3.** Pénible à supporter. *La mort de sa mère a été une dure épreuve.* → **rude. 4.** Insensible, inflexible. *La directrice est* *souvent dure envers les élèves.* → **sévère.** || contr. **indulgent** ||.

▭ **adv.** Fort, beaucoup. *Il travaille dur pour gagner sa vie.* ▷ DURCIR, DURCISSEMENT, DUREMENT, DURETÉ, DURILLON, ENDURANCE, ENDURANT, ENDURCI, ENDURCIR, ENDURER.

**durable** **adj.** Qui va durer longtemps. *Il gardera de ces vacances un souvenir durable.* || contr. **passager** ||.

**durant** **prép.** **1.** Pendant. *Ils se sont rencontrés durant les vacances.* **2.** *Il a plu trois jours durant,* trois jours de suite.

**durcir** **v.** (conjug. 2) **1.** Devenir dur. *Le ciment durcit très vite.* || contr. **ramollir** || **2.** *Son ton s'est durci,* est devenu plus sévère, plus dur. || contr. se **radoucir** || **3.** *Les adversaires ont durci leur position,* sont devenus plus intransigeants.

► **durcissement** **n. m.** **1.** *Le durcissement du plâtre est très rapide,* le plâtre durcit très vite. **2.** *On constate un certain durcissement dans le conflit,* le conflit devient plus dur.

**durement** **adv.** Brutalement, sévèrement. *Il lui a parlé très durement.* || contr. **doucement, gentiment** ||.

**durer** **v.** (conjug. 1) **1.** Se dérouler pendant un certain temps. *Ce film dure deux heures.* **2.** Résister à la destruction, à l'usure. *Ces chaussures ont duré trois ans.*

► **durée** **n. f.** Temps qui s'écoule entre le début et la fin de quelque chose. *Le magasin est fermé pour la durée des vacances.* ▷ DURABLE, DURANT.

**dureté** **n. f.** **1.** Caractère de ce qui est dur, résistant et ne se laisse pas entamer facilement. *La dureté du marbre.* **2.** Manque de sensibilité, de cœur. *Ils traitent leurs enfants avec dureté.* → **sévérité.** || contr. **douceur, gentillesse** ||.

**durillon** **n. m.** Endroit où la peau a durci. *Il a un durillon sous un orteil.* → ② **cor.**

**duvet** **n. m.** **1.** Petites plumes douces et légères qui recouvrent le corps des oisillons et que l'on trouve sur le ventre et le dessous des ailes des oiseaux adultes. *Le duvet des poussins.* **2.** Sac de couchage garni de duvet ou d'une autre matière semblable. *Les campeurs dorment dans un duvet.* **3.** Poils fins et doux chez certains animaux et certaines plantes. *Les pêches sont recouvertes de duvet.*

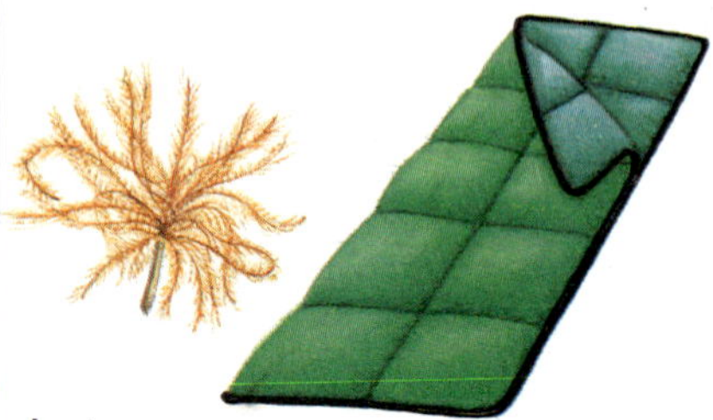
duvet

**dynamique** **adj.** Qui est actif, a beaucoup d'entrain et d'énergie. *Une femme dynamique.*

► **dynamisme** **n. m.** Caractère d'une personne dynamique. → **vitalité.**

**dynamite** **n. f.** Explosif très puissant. *Les bandits ont fait sauter le pont à la dynamite.*

► **dynamiter** **v.** (conjug. 1) Faire sauter à la dynamite. *Ils ont dynamité un train.*

**dynamo** **n. f.** Petit appareil qui produit du courant électrique. *La dynamo fait marcher le phare du vélo.*

**dynastie** **n. f.** Famille de rois qui ont régné les uns à la suite des autres. *La* *dynastie des Capétiens a régné en France de 987 à 1328.*

**dysenterie** n. f. Maladie grave qui donne très mal au ventre et provoque des diarrhées. *On peut attraper la dysenterie en buvant de l'eau polluée, dans les pays chauds.*

**dyslexique** adj. *Un enfant dyslexique,* c'est un enfant qui a des troubles de la lecture. — N. *Les dyslexiques confondent certaines lettres et intervertissent les syllabes.*

# E

**eau** n. f. **1.** Liquide naturel sans odeur, sans goût, sans couleur et transparent quand il est pur. *L'eau de pluie est douce, l'eau de mer est salée. Les enfants jouent au bord de l'eau.* — *Son projet est tombé à l'eau,* il ne s'est pas réalisé. → **échouer. 2.** *La Bourboule est une ville d'eaux,* où il y a des sources d'eaux qui aident à soigner certaines maladies. → station **thermale. 3.** *L'eau de Cologne,* c'est un liquide parfumé qui sert à la toilette. **4.** *L'eau de Javel,* c'est un liquide jaunâtre qui sert à désinfecter et à décolorer. **5.** *La vue des gâteaux dans la vitrine de la pâtisserie lui met l'eau à la bouche,* elle le fait saliver. ◊ homonymes : au, haut, oh.

▶ **eau-de-vie** n. f. Boisson faite à partir du jus fermenté des fruits, qui contient beaucoup d'alcool. *Des eaux-de-vie de prune. Des cerises à l'eau-de-vie.*

**ébahir** v. (conjug. 2) Étonner, stupéfier. *La nouvelle les a tous ébahis.*

▶ **ébahi** adj. Très étonné. *Flora est restée tout ébahie de la réponse de Luc.* → **abasourdi, ahuri, éberlué, stupéfait.**

s'**ébattre** v. (conjug. 41) Bouger, s'agiter dans tous les sens pour s'amuser. → **batifoler, folâtrer.** *Les nageurs s'ébattent dans la piscine.*

▶ **ébats** n. m. pl. *Dans le square, les mamans surveillent les ébats de leurs enfants,* leurs mouvements, leurs jeux.

**ébaucher** v. (conjug. 1) **1.** Commencer à faire quelque chose ; donner la première forme à un objet que l'on fabrique. *Le peintre a ébauché un tableau mais ne l'a pas achevé.* → **esquisser. 2.** Commencer quelque chose sans aller jusqu'au bout. *À travers ses larmes, il ébaucha un sourire.*

▶ **ébauche** n. f. **1.** Première forme donnée à quelque chose. → **esquisse.** *Le tableau est encore à l'état d'ébauche.* **2.** Commencement, début. *L'ébauche d'un sourire.*

**ébène** n. f. Bois noir très dur et lisse. *L'ébène est un bois précieux.*

▶ **ébéniste** n. m. Artisan qui fabrique de beaux meubles. → aussi **menuisier.**

▶ **ébénisterie** n. f. Fabrication de beaux meubles.

**éberlué** **adj.** Très étonné. → **ébahi, stupéfait.** *Un air éberlué.*

**éblouir** **v.** (conjug. 2) **1.** Troubler la vue par une lumière trop forte. → **aveugler.** *L'éclat du soleil l'éblouissait.* **2.** Émerveiller, fasciner. *Les facéties du clown éblouissent les enfants.*

▶ **éblouissant** **adj. 1.** Qui éblouit. → **éclatant.** *La blancheur éblouissante de la neige.* **2.** Merveilleux, fascinant. *Elle était éblouissante de beauté.*

▶ **éblouissement** **n. m. 1.** Trouble de la vue accompagné de vertige. *Il a eu un éblouissement et s'est évanoui.* **2.** Enchantement, émerveillement. *Ce spectacle est un éblouissement.*

**éborgner** **v.** (conjug. 1) Rendre borgne, crever un œil à quelqu'un.

**éboueur** **n. m.** Personne dont le travail est de ramasser les ordures. *Les éboueurs vident les poubelles dans le camion.*

**ébouillanter** **v.** (conjug. 1) **1.** Passer à l'eau bouillante. *On ébouillante la théière avant de faire le thé.* **2.** *Julie s'est ébouillantée avec du lait brûlant,* elle s'est brûlée.

s'**ébouler** **v.** (conjug. 1) Tomber par morceaux en s'affaissant. *Le talus s'est éboulé.*

▶ **éboulement** **n. m.** Chute de terre, de pierres. *Un éboulement a bloqué la route.*

▶ **éboulis** **n. m.** Tas de pierres, de matériaux éboulés. *Des éboulis de roches.*

**ébouriffer** **v.** (conjug. 1) *Le vent ébouriffe les cheveux de Flora,* il les met en désordre.

**ébranler** **v.** (conjug. 1) **1.** Faire trembler, faire vibrer par un choc. → **secouer.** *La détonation a ébranlé les vitres.* **2.** Affaiblir, mettre en danger. → **déstabiliser.** *La crise a ébranlé le gouvernement.* || contr. **affermir, consolider** || **3.** *Le cortège s'ébranla,* se mit en marche.

**ébrécher** **v.** (conjug. 6) Abîmer en cassant le bord. *Elle a ébréché un bol en le heurtant contre l'évier.*

▶ **ébréché** **adj.** *Des assiettes ébréchées,* dont le bord est cassé.

**ébriété** **n. f.** État d'une personne qui a trop bu d'alcool. → **ivresse.** *Il est interdit de conduire en état d'ébriété.*

s'**ébrouer** **v.** (conjug. 1) Souffler en secouant son corps. *Le chien s'ébroue en sortant de l'eau.*

**ébruiter** **v.** (conjug. 1) Faire connaître à de nombreuses personnes une nouvelle qui était secrète. → **divulguer.** *Il ne faut pas ébruiter nos projets.*

**ébullition** **n. f.** *Un liquide en ébullition,* c'est un liquide qui bout. *L'eau entre en ébullition à 100 degrés.*

**écaille** **n. f. 1.** Chacune des petites plaques dures qui recouvrent le corps des poissons et des reptiles. *Des écailles de serpent, de lézard, de tortue. Les écailles argentées des sardines.* **2.** Matière qui recouvre la carapace des tortues de mer et dont on fait des objets. *Un peigne en écaille.*

▶ **écailler** **v.** (conjug. 1) **1.** *Elle écaille le poisson avant de le faire cuire,* elle lui enlève ses écailles. **2.** *La peinture du mur s'est écaillée,* elle est partie par petites plaques.

**écarlate** **adj.** D'un rouge très vif. *Des rubans écarlates. Elle est devenue écarlate,* toute rouge. → **cramoisi.**

**écarquiller** **v.** (conjug. 1) *Écarquiller les yeux,* c'est les ouvrir très grand.

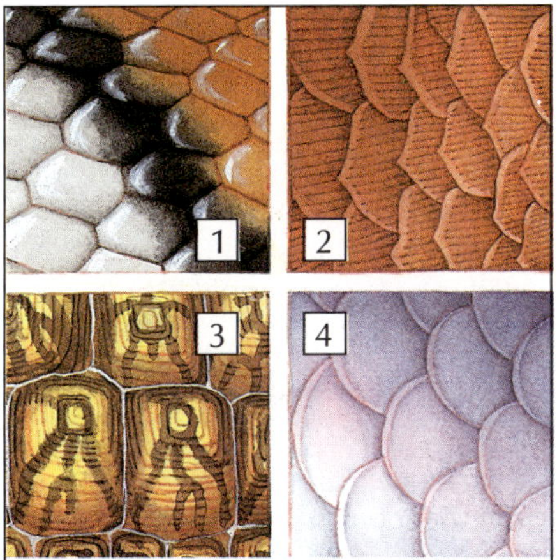

**écaille** de : 1 serpent, 2 pangolin, 3 tortue, 4 poisson

**écarteler** v. (conjug. 5). *Autrefois, on écartelait certains condamnés à mort,* on les déchirait en quatre en faisant tirer leurs membres par quatre chevaux.

**écarter** v. (conjug. 1) Mettre plusieurs choses à une certaine distance les unes des autres. *Écartez les bras. Il faut écarter la table du mur.* → **éloigner.** || contr. **rapprocher** ||.

▸ **écart** n. m. **1.** *Faire le grand écart,* c'est écarter les jambes au maximum de façon à les avoir à l'horizontale. **2.** Différence. *Dans le désert, il y a de grands écarts de température entre le jour et la nuit.* → **variation. 3.** *Le cheval a fait un écart,* un mouvement brusque sur le côté. **4.** *À l'écart,* à une certaine distance. *Il se tient toujours à l'écart. La ferme est à l'écart de la route.*

▸ **écartement** n. m. Espace qui sépare une chose d'une autre. → **distance.** *L'écartement des rails de chemin de fer.*

**ecchymose** [ekimoz] n. f. Tache bleue laissée sur la peau par un coup. → **bleu, hématome.** *Il avait le corps couvert d'ecchymoses.*

**ecclésiastique** n. m. Membre du clergé. → **pasteur, prêtre.** *Le pape et les religieux sont des ecclésiastiques.*

**écervelé** adj. Étourdi, sans cervelle. *Julie est un peu écervelée.* — N. *C'est une écervelée.*

**échafaud** n. m. Estrade où montaient le condamné à mort et le bourreau qui lui coupait la tête. *Le 21 janvier 1793, Louis XVI monta sur l'échafaud.* → aussi **guillotine.**

**échafauder** v. (conjug. 1) *Échafauder un plan,* c'est l'imaginer, le combiner. *Yves a échafaudé un plan pour manquer l'école demain.*

▸ **échafaudage** n. m. Plate-forme démontable que l'on installe pour construire ou réparer un bâtiment et que l'on enlève après. *Les ouvriers ont dressé un échafaudage pour ravaler la façade de l'immeuble.*

**échalas** [eʃala] n. m. **1.** Pieu qui soutient une plante grimpante ou un cep de vigne. **2.** *Un grand échalas,* c'est une personne grande et maigre. → **escogriffe.**

**échalote** n. f. Plante dont on utilise le bulbe, cru ou cuit, dans les assaisonnements et les sauces. *Elle prépare une sauce à l'échalote.*

**échancré** adj. Creusé en arrondi ou en pointe. *Elle porte une robe échancrée dans le dos.* → **décolleté.**

▸ **échancrure** n. f. Partie échancrée, ouverte. *L'échancrure d'un col.*

**échanger** v. (conjug. 3) **1.** *Échanger une chose contre une autre,* c'est la donner à quelqu'un et recevoir autre chose à la place. *Yves a échangé trois* *billes contre un calot.* → **troquer. 2.** Donner et recevoir en retour. *En se croisant, ils ont échangé un sourire.*

▸ **échange** n. m. *Luc et Yves ont fait un échange de cassettes,* ils ont échangé des cassettes.

▸ **échangeur** n. m. Ensemble de routes qui se croisent à des niveaux différents. *Il est sorti de l'autoroute et a pris l'échangeur pour faire demi-tour.*

**échantillon** n. m. Petite quantité d'un produit qui permet au client de se faire une idée de la marchandise. *La vendeuse lui a donné des échantillons de parfum.*

**échapper** v. (conjug. 1) **1.** *Échapper à quelqu'un,* c'est ne pas être attrapé, pris par lui. *Le fugitif a échappé à ses poursuivants.* **2.** Ne pas être vu, remarqué ou compris. *C'est un détail qui m'avait échappé. Le prénom de sa sœur m'échappe,* je ne m'en souviens pas. **3.** Glisser, tomber. *Le verre lui échappa des mains.* **4.** *Il a échappé de justesse à l'accident,* il a failli avoir un accident. *Il l'a échappé belle,* il a évité de peu le danger.

▸ s'**échapper** v. **1.** S'enfuir, se sauver. → aussi s'**évader.** *Un lion s'est échappé du zoo.* **2.** Sortir. *La fumée s'échappe par la cheminée.*

▸ **échappatoire** n. f. Moyen de se tirer d'embarras. *Il cherchait une échappatoire pour refuser cette invitation qui l'ennuyait.*

▸ **échappement** n. m. Sortie des gaz du moteur. *Les gaz sortent par le pot d'échappement.* ▷ RÉCHAPPER.

**écharde** n. f. Petit morceau de bois ou épine qui a pénétré sous la peau par accident. *Flora a une écharde sous le pied.*

**écharpe** n. f. **1.** Longue bande de tissu ou de tricot que l'on porte autour du cou. → **cache-nez.** *Julie met une écharpe de laine jaune quand il fait froid.* **2.** Large bande de tissu qui sert d'insigne. *Le maire porte une écharpe tricolore.* **3.** *Luc a un bras en écharpe,* son bras est soutenu par un bandage passé par-dessus une épaule.

**écharper** v. (conjug. 1) Massacrer, mettre en charpie. *Furieux, les spectateurs du match voulaient écharper l'arbitre.*

**échasses** n. f. pl. Longs bâtons munis d'un support pour le pied, utilisés pour se déplacer dans les marécages. *Les bergers des Landes utilisaient des échasses.*

échasses

▸ **échassier** n. m. Oiseau des marais à longues pattes. *La cigogne et la bécasse sont des échassiers.*

s'**échauffer** **v.** (conjug. 1) *Les danseurs s'échauffent au début de chaque répétition,* ils exercent leurs muscles.

▶ **échauffement** **n. m.** *Le cours de gymnastique commence par des exercices d'échauffement,* qui permettent d'entraîner ses muscles.

**échauffourée** **n. f.** Bagarre de courte durée. *Il y a eu une échauffourée entre des voyous.*

**échéance** **n. f. 1.** Date à laquelle on doit payer quelque chose. *L'échéance de la facture est le 30.* **2.** *Un projet à longue échéance,* qui doit se réaliser dans un avenir lointain. *À brève échéance,* bientôt, dans peu de temps.

le cas **échéant** **adv.** À l'occasion, éventuellement. *Vous pouvez lui téléphoner et, le cas échéant, aller le voir.*

**échec** **n. m.** Le fait d'échouer, de ne pas réussir. ‖ contr. **réussite, succès** ‖ *Il a subi un échec au baccalauréat.*

**échecs** **n. m. pl.** Jeu qui se joue à deux, avec des pièces que l'on bouge sur un échiquier. *Alex et Luc font une partie d'échecs.* ▷ ÉCHIQUIER.

**échelle** **n. f. 1.** Objet formé de deux longues barres verticales, réunies par des barreaux transversaux qui servent de marches. *Il est monté sur une échelle pour monter sur le toit. — Faire la courte échelle à quelqu'un,* c'est lui offrir ses mains et ses épaules comme points d'appui pour qu'il puisse grimper. **2.** *L'échelle d'un plan ou d'une carte,* c'est le rapport entre la dimension réelle et sa représentation sur le plan ou la carte. *Sur une carte à l'échelle de 1/100, 1 mètre est représenté par 1 centimètre.*

▶ **échelon** **n. m. 1.** Barreau d'une échelle. **2.** Degré, niveau. *Il a gravi peu à peu tous les échelons et est devenu directeur de la société.*

▶ **échelonner** **v.** (conjug. 1) Répartir régulièrement dans le temps. *Les paiements sont échelonnés sur deux ans.*

**écheveau** **n. m.** Masse de fils repliés et réunis par un fil. *Des écheveaux de laine.*

**échevelé** **adj.** Qui a les cheveux en désordre, décoiffés. *Flora est complètement échevelée.*

**échevin** **n. m.** Ce mot est employé en Belgique. Conseiller municipal.

**échine** **n. f. 1.** Colonne vertébrale, dos. **2.** *L'échine de porc,* c'est la viande du dos du porc.

**échiquier** **n. m.** Plateau divisé en 64 cases noires et blanches, sur lequel on joue aux échecs. → aussi **damier.** *Les deux joueurs disposent leurs pièces sur l'échiquier.*

**écho** [eko] **n. m. 1.** Répétition d'un son renvoyé par un obstacle. *En montagne, il y a souvent de l'écho.* **2.** Ce qui est répété par quelqu'un. *Avez-vous des échos de ce qui s'est passé ?* → **information, nouvelle.**

▶ **échographie** [ekogʀafi] **n. f.** Méthode qui permet de voir sur un écran une partie du corps en utilisant des ondes sonores très faibles. *On fait des échographies aux femmes enceintes.*

**échoppe** **n. f.** Petite boutique. *L'échoppe du cordonnier.*

**échouer** **v.** (conjug. 1) **1.** *Le bateau a échoué,* il a touché le fond par accident et ne peut plus avancer. — On dit aussi *le bateau s'est échoué.* **2.** Ne pas réussir. *Il a échoué à son examen. Tous ses projets ont échoué.* || contr. **marcher, réussir** ||.

**éclabousser** v. (conjug. 1) Mouiller en projetant du liquide. → **arroser, asperger.** *La voiture a éclaboussé les passants en roulant dans une flaque d'eau.*

► **éclaboussure** n. f. Liquide que l'on projette quand on éclabousse. *Il était couvert d'éclaboussures.*

① **éclair** n. m. **1.** Lumière très forte et très brève, qui forme une ligne en zigzag, pendant un orage. *Le ciel était sillonné d'éclairs.* **2.** Lumière très vive qui dure très peu de temps. *L'éclair du flash d'un appareil photo. Un éclair de malice passa dans ses yeux.* → **lueur. 3.** *En un éclair,* très vite. *En un éclair, il comprit tout.*

② **éclair** n. m. Petit gâteau allongé, fourré de crème au café ou au chocolat et glacé sur le dessus. *Des éclairs au chocolat.*

**éclaircir** v. (conjug. 2) **1.** Rendre plus clair. *La peinture blanche éclaircit la pièce.* || contr. **assombrir** || — *Le temps s'éclaircit,* il devient plus clair. **2.** Rendre claire une affaire embrouillée. → **débrouiller, élucider.** *L'inspecteur de police a éclairci cette mystérieuse affaire.* || contr. **embrouiller, obscurcir** ||.

► **éclaircie** n. f. Moment où le ciel s'éclaircit et où la pluie cesse. *Profitons de cette éclaircie entre deux averses pour sortir un peu.*

► **éclaircissement** n. m. Explication, renseignement sur une chose obscure. *Comme il ne comprenait pas, il m'a demandé des éclaircissements.*

**éclairer** v. (conjug. 1) **1.** Donner de la lumière. *Cette lampe éclaire très bien.* **2.** Faire comprendre une chose à quelqu'un. *Ces explications m'ont éclairé.*

► **s'éclairer** v. **1.** *Autrefois, on s'éclairait à la bougie,* on utilisait la bougie pour se procurer de la lumière. **2.** *Son visage s'éclaira,* il devint joyeux. **3.** *Après les explications de la maîtresse, tout s'est éclairé pour Yves,* tout est devenu clair, facile à comprendre.

► **éclairage** n. m. Manière d'éclairer, lumière. *Cette pièce a un éclairage insuffisant,* elle est mal éclairée.

**éclaireur** n. m. Soldat que l'on envoie devant les autres pour reconnaître le terrain ou observer l'ennemi.

① **éclat** n. m. **1.** Force, intensité d'une lumière ou d'une couleur. → **luminosité.** *L'éclat du soleil.* **2.** *Cette réception avait beaucoup d'éclat,* elle était très brillante, magnifique.

► **éclatant** adj. **1.** Qui brille avec éclat. *Une couleur éclatante.* → **vif. 2.** Remarquable. *Un succès éclatant.* → **triomphal.**

**éclater** v. (conjug. 1) **1.** Se briser avec violence et avec bruit en s'ouvrant, en projetant des morceaux. → **exploser.** *Le pneu de la voiture a éclaté.* **2.** Faire un bruit violent et brusque. *À la fin du spectacle, les applaudissements éclatèrent. Yves a éclaté de rire,* il s'est mis à rire brusquement. **3.** Commencer brutalement. *La guerre vient d'éclater dans ce pays.* **4.** Apparaître de façon claire. *La vérité a finalement éclaté.*

► ② **éclat** n. m. **1.** Morceau d'un objet qui éclate, que l'on casse. *Julie s'est coupé le doigt avec un éclat de verre.* **2.** *On entend des éclats de rire,* le bruit que fait une personne qui rit.

▸ **éclatement** **n. m.** Rupture brutale d'un objet, explosion. *L'éclatement du pneu aurait pu provoquer un accident.*

**éclipse** **n. f.** *Une éclipse de Soleil* se produit lorsque le Soleil disparaît pendant quelques minutes, caché par la Lune.

▸ **éclipser** **v.** (conjug. 1) **1.** *Éclipser quelqu'un,* c'est se montrer plus brillant que lui. → **surpasser.** *Dans ce film, ce jeune comédien éclipse tous les autres acteurs.* **2.** *S'éclipser,* c'est s'en aller discrètement. → s'**esquiver.** *Il s'éclipsa rapidement avant la fin de la réunion.*

**éclopé** **adj.** Qui boite ou marche difficilement, à cause d'une blessure. *Il est revenu éclopé des sports d'hiver.*

**éclore** **v.** (conjug. 45) S'ouvrir. *L'œuf éclôt et le poussin en sort. Les roses en bouton ont éclos.*

▸ **éclosion** **n. f.** **1.** Moment où un œuf éclôt. *Les oiseaux couvent leurs œufs jusqu'à l'éclosion.* **2.** *L'éclosion des bourgeons a lieu au printemps,* les bourgeons s'ouvrent au printemps.

**écluse** **n. f.** Partie d'une rivière ou d'un canal limitée par deux portes, dans laquelle on fait changer la hauteur de l'eau de sorte que les bateaux puissent passer d'un niveau à l'autre. *La péniche franchit l'écluse sur le canal.*

▸ **éclusier** **n. m.,** **éclusière** **n. f.** Personne dont le travail est de manœuvrer une écluse.

**écœurer** **v.** (conjug. 1) **1.** Dégoûter au point de donner envie de vomir. *Cette crème m'écœure, elle est trop sucrée.* **2.** Inspirer du mépris, de l'indignation. → **dégoûter, répugner.** *Toutes ces combines l'écœuraient.*

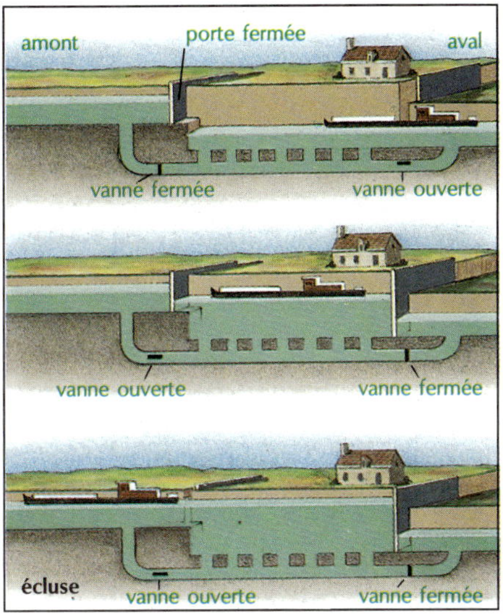


écluse

▸ **écœurant** **adj.** **1.** Qui donne envie de vomir. *Cette mousse au chocolat est écœurante.* **2.** Répugnant, révoltant. *C'est d'une injustice écœurante.*

**école** **n. f.** **1.** Endroit où est donné un enseignement à des groupes de personnes. *Yves est à l'école primaire, en $CM_2$. Chaque matin, les enfants vont à l'école,* en classe. *Le père de Luc a suivi les cours d'une école d'ingénieurs.* **2.** Ensemble des élèves et des enseignants d'une école. *Toute l'école a participé à la fête.*

▸ **écolier** **n. m.,** **écolière** **n. f.** Enfant qui va à l'école primaire. → **élève.** *Les écoliers apprennent à lire au cours préparatoire.* ▷ AUTO-ÉCOLE.

**écologie** **n. f.** Science qui étudie le milieu naturel, dans son rapport avec les êtres vivants.

▸ **écologique** **adj.** Qui concerne l'écologie. *La pollution est un problème écologique.*

▸ **écologiste** **n. m.** et **f.** Personne qui veut protéger la nature. *Les écologistes protègent les animaux en voie de disparition.*

**économe** **adj., n. m.** et **f.** **1. adj.** Qui dépense peu d'argent. || contr. **dépensier** || *Elle est très économe.* **2. n. m.** et **f.** Personne dont le métier est de s'occuper de l'argent reçu et dépensé dans un couvent, un hôpital, un collège. → **intendant.**

▸ **économie** **n. f. 1.** Ce que l'on évite de dépenser. *L'avion permet une économie de temps.* → **gain.** || contr. **perte** || *Il a mis ses économies à la Caisse d'épargne.* **2.** *L'économie d'un pays,* c'est la façon dont sont organisés son agriculture, son industrie et son commerce. *L'économie de ce pays est en expansion.*

▸ **économique** **adj. 1.** Qui permet de moins dépenser, de faire des économies. *Le chauffage au gaz est économique.* → **avantageux.** || contr. **coûteux** || **2.** *Ce pays a des difficultés économiques,* son économie ne marche pas très bien.

▸ **économiser** **v.** (conjug. 1) **1.** Dépenser peu, ne pas trop consommer. || contr. **gaspiller** || *Il faut apprendre à économiser l'énergie.* **2.** Mettre de l'argent de côté, ne pas le dépenser. *Il économise un peu chaque mois.* → **épargner.** || contr. **dépenser** ||.

▸ **économiste** **n. m.** et **f.** Spécialiste de l'économie.

**écoper** **v.** (conjug. 1) Vider l'eau qui s'est introduite dans un bateau. *Il y a une fuite à bord, il va falloir écoper.*

**écorce** **n. f. 1.** Partie de l'arbre qui entoure le tronc et les branches et qui protège la sève. *L'écorce des bouleaux est blanche.* **2.** Enveloppe dure de certains fruits. *L'écorce de l'orange.* → **peau. 3.** *L'écorce terrestre,* c'est la partie solide qui entoure la Terre. *L'écorce terrestre a une épaisseur d'environ 30 kilomètres.*

**écorcher** **v.** (conjug. 1) **1.** Enlever la peau d'un animal mort. *On écorche un lapin avant de le faire cuire.* → **dépouiller. 2.** *Julie s'est écorché les jambes dans la forêt,* elle s'est déchiré légèrement la peau. → s'**égratigner. 3.** *Écorcher un mot,* c'est le déformer en le prononçant mal. *Les enfants écorchent souvent les mots quand ils commencent à parler.*

▸ **écorchure** **n. f.** Déchirure légère de la peau. → **égratignure.** *Yves est tombé de vélo, il a des écorchures sur les genoux.*

**écossais** **adj.** *Un tissu écossais* est tissé de fils de plusieurs couleurs qui se croisent en formant des rayures et des carreaux. *Une jupe écossaise.*

**écosser** **v.** (conjug. 1) *Écosser des petits pois,* c'est les retirer de leur cosse.

**écouler** **v.** (conjug. 1) Vendre complètement une marchandise. *L'épicier a écoulé tout son stock de lait.* || contr. **stocker** ||.

▸ s'**écouler** **v. 1.** Couler hors d'un endroit. *La pluie s'écoule par la gouttière.* **2.** *Dix ans se sont écoulés depuis leur dernière rencontre,* dix ans ont passé.

▸ **écoulement** **n. m.** *Le tout-à-l'égout assure l'écoulement des eaux usées,* il assure leur sortie. → **évacuation.**

**écourter** **v.** (conjug. 1) Rendre plus court en durée. → **abréger.** *Ils ont écourté leurs vacances de quelques jours.* || contr. **allonger** ||.

**écouter** **v.** (conjug. 1) **1.** Faire attention à des bruits, des sons, des paroles. *Flora écoute de la musique. J'ai essayé d'écouter ce qu'ils disaient mais je n'entendais pas.* **2.** *Écouter quelqu'un,* c'est suivre ses conseils, ses ordres. → **obéir.** *Si tu m'avais écouté, tu n'en serais pas là !*

▶ **écoute** **n. f.** *Être à l'écoute,* c'est écouter. *Restez à l'écoute de notre émission !* continuez à l'écouter !

▶ **écouteur** **n. m.** Partie d'un téléphone ou d'un casque que l'on applique sur l'oreille pour écouter. *Les écouteurs d'un baladeur.*

**écoutille** **n. f.** Ouverture rectangulaire dans le pont d'un navire qui permet de descendre à l'intérieur.

**écran** **n. m.** **1.** Ce qui cache ou qui protège. *Les arbres forment un écran contre le vent.* **2.** Surface sur laquelle on projette un film ou des photos. *Au cinéma, Julie aime bien être assez loin de l'écran. Le petit écran,* c'est la télévision.

**écraser** **v.** (conjug. 1) **1.** Aplatir et déformer en comprimant très fort. → **broyer.** *Anne écrase des pommes de terre pour faire de la purée. — L'avion s'est écrasé au sol.* **2.** Tuer en aplatissant. *Le chat a été écrasé par une voiture.* **3.** *Elle est écrasée de travail,* elle en a beaucoup. → **accabler, surcharger.** **4.** Vaincre. *Notre équipe a écrasé le camp adverse.*

▶ **écrasant** **adj.** Très lourd. → **accablant.** *Des soucis écrasants. Une chaleur écrasante,* très forte.

▶ **écrasement** **n. m.** Destruction complète des forces d'un adversaire. → **anéantissement.** *Les soldats ont combattu jusqu'à l'écrasement de l'armée ennemie.*

**écrémé** **adj.** *Du lait écrémé,* c'est du lait dont on a enlevé la crème, la matière grasse.

**écrevisse** **n. f.** Petit animal d'eau douce qui a cinq paires de pattes dont la première a de fortes pinces. *L'écrevisse est un crustacé. — Luc est devenu rouge comme une écrevisse,* tout rouge, comme l'écrevisse quand elle est cuite.

écrevisse

**s'écrier** **v.** (conjug. 7) Dire d'une voix forte. → **s'exclamer.** « *Tiens, le voilà !* » *s'écria-t-il.*

**écrin** **n. m.** Boîte dans laquelle on range des bijoux, des objets précieux. *L'argenterie est rangée dans un écrin.*

**écrire** **v.** (conjug. 39) **1.** Tracer des lettres, des signes d'écriture. *Les enfants apprennent à lire et à écrire au cours préparatoire. Luc écrit bien,* il a une jolie écriture. *Julie a écrit son nom sur son cahier.* → **inscrire.** **2.** *Je ne sais pas comment s'écrit ce mot,* quelle est son orthographe. **3.** Faire une lettre. *Flora m'a écrit une carte postale. — Anne et son amie Lucie s'écrivent très souvent,* elles s'envoient des lettres. → **correspondre.** **4.** Faire un livre, une œuvre musicale. → **composer.** *Mozart a écrit de nombreux opéras.*

▶ **écrit** **n. m.** **1.** Texte écrit. *Les écrits de Victor Hugo. Pour obtenir ce papier, il faut faire une demande par écrit,* en écrivant. ‖ contr. **oralement** ‖ **2.** Épreuve écrite d'un examen. *Il a été meilleur à l'écrit qu'à l'oral.*

▶ **écriteau** **n. m.** Panneau qui porte une inscription. → **pancarte.** *Sur l'écriteau, on pouvait lire : « Propriété privée, défense d'entrer ».* — **Au pl.** *Des écriteaux.*

▶ **écriture** **n. f.** **1.** Ensemble de signes que l'on utilise pour noter le langage parlé. *Champollion a déchiffré l'écriture des anciens Égyptiens.* **2.** Manière qu'une personne a de former les lettres. *Je n'arrive pas à déchiffrer ton écriture.*

▶ **écrivain** **n. m.** Personne qui écrit des livres. → **auteur.** *La comtesse de Ségur est un écrivain du 19e siècle.*

**écrou** **n. m.** [pl. *écrous*] Pièce percée d'un trou, qui maintient une vis ou un boulon. *Alex serre les écrous des freins de son vélo.*

▶ **écrouer** **v.** (conjug. 1) Emprisonner, incarcérer. *Le malfaiteur a été écroué.* ‖ contr. **libérer, relâcher** ‖.

s'**écrouler** **v.** (conjug. 1) Tomber tout d'un coup de tout son poids. → s'**affaisser,** s'**effondrer.** *Plusieurs maisons se sont écroulées pendant le tremblement de terre.*

▶ **écroulement** **n. m.** Effondrement, destruction. *L'explosion a provoqué l'écroulement du pont.*

**écru** **adj.** *Julie portait un pull de laine écrue,* de laine qui n'a pas été blanchie, préparée, et garde une teinte naturelle. *Un pull écru,* beige très clair, comme la laine écrue.

① **écu** **n. m.** **1.** Ancienne monnaie française. *Des écus d'or.* **2.** Bouclier du Moyen Âge.

② **écu** **n. m.** Monnaie européenne.

**écueil** [ekœj] **n. m.** **1.** Rocher à ras de l'eau. → **récif.** *La carte signale les écueils le long de la côte.* **2.** Difficulté, obstacle. *Attention, cette dictée est pleine d'écueils.* → **piège.**

**écuelle** **n. f.** Petite assiette creuse, sans rebord. *Le chat mange sa pâtée dans une écuelle.*

**écume** **n. f.** Mousse blanchâtre qui se forme à la surface des vagues ou sur les liquides en train de cuire ou de fermenter. *Les vagues se brisent et l'écume bouillonne.*

▶ **écumer** **v.** (conjug. 1) **1.** Enlever l'écume qui s'est formée à la surface d'un liquide. *Mamie écume la confiture.* **2.** *Il écumait de rage,* il était au comble de la fureur. **3.** *Autrefois, les pirates écumaient les mers,* ils couraient les mers pour piller les navires.

▶ **écumoire** **n. f.** Instrument formé d'un manche et d'une partie plate, arrondie et percée de trous, qui sert à écumer le bouillon, la confiture.

**écureuil** **n. m.** Petit animal au pelage roux, à longue queue touffue, très agile, qui vit dans les arbres. *L'écureuil est un rongeur qui se nourrit de glands et de noisettes.*

**écurie** **n. f.** **1.** Bâtiment où on loge les chevaux. → aussi **box.** *Les chevaux sont tous à l'écurie.* **2.** *Une écurie de course,* c'est l'ensemble des chevaux appartenant à un même propriétaire, et aussi l'ensemble des voitures de course d'une même marque.

**écusson** n. m. Insigne en tissu cousu sur un vêtement et montrant l'appartenance à un groupe. *Les militaires portent des écussons sur leur uniforme.*

**écuyer** n. m., **écuyère** n. f. 1. n. m. Au Moyen Âge, gentilhomme qui était au service d'un chevalier. 2. Personne qui, dans un cirque, fait un numéro d'acrobatie à cheval. *L'écuyère était debout sur le dos de son cheval.*

**eczéma** [ɛgzemɑ] n. m. Maladie caractérisée par des plaques rouges sur la peau. *Luc a parfois de l'eczéma.*

**edelweiss** [edɛlvajs] ou [edɛlvɛs] n. m. Ce mot vient de l'allemand. Fleur blanche couverte de duvet qui pousse en haute montagne. — Au pl. *Des edelweiss.*

edelweiss

**édenté** adj. Qui a perdu ses dents. *Une mâchoire édentée. Un peigne édenté.*

① **édifier** v. (conjug. 7) Bâtir un édifice, un monument. → **construire, élever.** *La cathédrale a été édifiée au 13ᵉ siècle.*

▶ **édification** n. f. Construction. *L'édification de ce monument a duré plusieurs dizaines d'années.*

▶ **édifice** n. m. Grand bâtiment. *Cet édifice contient un musée et une bibliothèque.*

② **édifier** v. (conjug. 7) Donner un bon exemple. ‖ contr. **scandaliser** ‖ *La comtesse de Ségur a écrit ses romans pour édifier ses jeunes lecteurs.*

▶ **édifiant** adj. *Une histoire édifiante,* c'est une histoire très morale, qui montre l'exemple à suivre.

**édit** n. m. Autrefois, loi promulguée par le roi de France. *L'édit de Nantes fut promulgué en 1598 par Henri IV et mit fin aux guerres de Religion.*

**éditer** v. (conjug. 1) *Éditer un livre,* c'est le fabriquer, l'imprimer et le mettre en vente. → **publier.**

▶ **éditeur** n. m., **éditrice** n. f. Personne ou société qui édite des livres. *Un éditeur d'ouvrages scolaires.*

▶ **édition** n. f. 1. *Une maison d'édition,* c'est une entreprise qui édite, publie des livres. 2. Série d'exemplaires d'un livre édités en une fois. *Il y a eu plusieurs éditions des « Misérables ».* 3. Ensemble des exemplaires d'un journal imprimés en une seule fois. *Un événement très important peut donner lieu à une édition spéciale.* ▷ INÉDIT.

**éditorial** n. m. [pl. *éditoriaux*] Article dans lequel la direction d'un journal donne son avis sur un événement important. *Dans un quotidien, l'éditorial est généralement en première page.*

**édredon** **n. m.** Grande enveloppe garnie de duvet qui se met sur un lit. → aussi **couette.** *L'hiver, Flora dort bien au chaud sous son gros édredon.*

**éduquer** **v.** (conjug. 1) *Éduquer un enfant,* c'est l'élever en cherchant à développer toutes ses qualités. *Ils éduquent très bien leurs enfants.*

► **éducateur** **n. m.,** **éducatrice** **n. f.** Personne chargée de s'occuper de l'éducation et de l'instruction des enfants. *Les enseignants sont des éducateurs.*

► **éducatif** **adj.** Qui développe l'intelligence et l'habileté. *Des jeux éducatifs.* — **Au fém.** *éducative.*

► **éducation** **n. f. 1.** Formation, instruction. *Les parents s'occupent de l'éducation de leurs enfants.* **2.** *Avoir de l'éducation,* c'est être bien élevé. *C'est un homme grossier, qui n'a aucune éducation,* qui est mal élevé. ▷ RÉÉDUCATION.

**effacer** **v.** (conjug. 3) **1.** Faire disparaître ce qui est écrit. *Anne efface le tableau avec un chiffon.* — *Les traces de pas se sont effacées,* elles ont disparu. **2.** Faire oublier. *Le temps efface les mauvais souvenirs.* **3.** *Il s'est effacé pour la laisser passer,* il s'est mis de côté.

► **effacé** **adj.** *C'est une personne effacée,* très discrète, qui évite de se mettre en avant.

► **effacement** **n. m.** Discrétion. *Elle a vécu dans l'effacement.*

**effaré** **adj.** Effrayé, affolé. *Il avait un air effaré.*

► **effarant** **adj.** Qui étonne en indignant ou en faisant peur. *La moto roulait à une vitesse effarante.* → **effrayant.**

► **effarement** **n. m.** Frayeur, stupeur. *Il la regarda avec effarement.*

**effaroucher** **v.** (conjug. 1) Faire peur, effrayer. *Le bruit a effarouché les oiseaux, qui se sont envolés.*

① **effectif** **n. m.** Nombre de personnes qui forment un groupe. *L'effectif de cette classe est de 25 élèves.*

② **effectif** **adj.** Qui produit un effet, un résultat. *Il nous a apporté une aide effective.*

► **effectivement** **adv.** En effet. *Effectivement, tu avais raison.*

**effectuer** **v.** (conjug. 1) Faire, exécuter. *Yves a des divisions et des multiplications à effectuer pour demain.*

**efféminé** **adj.** *Un homme efféminé,* c'est un homme qui a quelque chose de féminin dans les manières. ‖ contr. **viril** ‖.

**effervescence** **n. f. 1.** Bouillonnement d'un liquide produit par un dégagement de gaz qui forme des bulles. *La chaux vive entre en effervescence au contact de l'eau.* **2.** Agitation. *À l'approche de la fête, toute la ville est en effervescence.*

► **effervescent** **adj.** *Il a pris un comprimé effervescent de vitamine C,* un comprimé qui fond dans l'eau en faisant des bulles.

**effet** **n. m. 1.** *Un effet,* c'est ce qui est produit par une cause. → **résultat.** *L'effet de ce médicament est rapide.* **2.** *Julie a dit des méchancetés à Flora sous l'effet de la colère,* sous l'action de la colère. **3.** Impression. *Cette tenue débraillée fait très mauvais effet.* **4.** *En ef-*

*fet* sert à introduire une explication. *Elle va nager tous les mardis soir, en effet la piscine ne ferme qu'à 22 heures ce jour-là.* → **car, effectivement.**

**effeuiller** **v.** (conjug. 1) Enlever les feuilles d'un arbre ou les pétales d'une fleur. *Le vent effeuille les arbres. Luc effeuille une marguerite.*

**efficace** **adj.** **1.** Qui produit l'effet qu'on attend. *Ce sirop est efficace contre la toux.* → **actif.** **2.** *Une personne efficace,* c'est une personne qui fait ce qu'il faut quand il le faut.

▸ **efficacement** **adv.** D'une manière efficace. *Anne aide efficacement sa mère.*

▸ **efficacité** **n. f.** Caractère d'une chose, d'une personne efficace. *Ce médicament a une grande efficacité.*

▹ INEFFICACE, INEFFICACITÉ.

**effigie** **n. f.** Portrait d'une personne sur une médaille, une pièce de monnaie. *On lui a donné une ancienne pièce de monnaie à l'effigie de Napoléon.*

effigie

**effilé** **adj.** Mince et allongé. *Elle a des doigts effilés.*

**s'effilocher** **v.** (conjug. 1) *Un tissu qui s'effiloche,* c'est un tissu dont les fils se défont. *Ce vieux torchon est tout effiloché par l'usure.*

**efflanqué** **adj.** *Un chien efflanqué,* c'est un chien très maigre, dont les flancs sont creux.

**effleurer** **v.** (conjug. 1) **1.** Toucher légèrement. → **frôler.** *Il effleura sa joue d'un baiser.* **2.** *Cette idée ne l'avait pas effleuré,* elle ne lui était pas venue à l'esprit.

**effluve** **n. m.** Odeur qui se dégage. → **parfum.** *On sent les effluves parfumés des roses.*

**s'effondrer** **v.** (conjug. 1) **1.** S'écrouler. *Le pont s'est effondré.* **2.** Ne plus tenir, ne plus résister. *Elle s'effondra en larmes dans ses bras.*

▸ **effondré** **adj.** Très abattu. *Elle paraissait effondrée à cette nouvelle.*

▸ **effondrement** **n. m.** Écroulement. *L'effondrement de l'immeuble a fait plusieurs victimes.*

**s'efforcer** **v.** (conjug. 3) *S'efforcer de faire quelque chose,* c'est faire tout ce qu'on peut pour y arriver. *Flora s'efforçait de sourire à travers ses larmes.* → **essayer, tâcher.**

▸ **effort** **n. m.** Mal que l'on se donne pour faire quelque chose. → **peine.** *Yves fit tous ses efforts pour gagner la course.*

**effraction** **n. f.** *Entrer quelque part par effraction,* c'est y entrer en cassant la porte, la fenêtre ou la serrure. *Les cambrioleurs ont pénétré dans la maison par effraction.*

**effraie** n. f. Chouette au plumage roux et gris clair. *L'effraie se nourrit de petits rongeurs et d'insectes.*

effraie

**effrayer** v. (conjug. 8) Faire peur. *Le bruit strident a effrayé le chat, qui s'est sauvé.* → **terrifier, terroriser.**

► **effrayé** adj. *Un air effrayé,* qui montre une grande peur.

► **effrayant** adj. Qui fait peur. → **effroyable, terrible.** *Anne a fait des cauchemars effrayants cette nuit. Quelle histoire effrayante !*

**effréné** adj. Sans frein, très rapide. *Alex et Yves font une course effrénée.*

s'**effriter** v. (conjug. 1) Tomber en petits morceaux, en poussière. *La paroi de rocher s'effritait dangereusement sous les pieds de l'alpiniste.* → se **désagréger.**

**effroi** n. m. Grande peur. → **épouvante, frayeur, terreur** et aussi **effroyable.** *Ses yeux étaient remplis d'effroi.*

**effronté** adj. Très insolent. *Julie est quelquefois très effrontée.* || contr. **réservé, respectueux** ||.

► **effronterie** n. f. Grande insolence.

**effroyable** adj. Très effrayant. → **terrifiant.** *On entendit soudain un vacarme effroyable.* → **épouvantable.**

**effusion** n. f. 1. *Il nous a remerciés avec effusion,* en montrant qu'il était content d'une manière exubérante. || contr. **froideur** || 2. *La bagarre s'est terminée sans effusion de sang,* sans que le sang ne coule.

**égal** adj. 1. *Des choses égales,* ce sont des choses de même dimension. *Il faut couper la tarte en huit parts égales.* → **identique, semblable.** || contr. **inégal** || 2. *Tous les hommes sont égaux,* ils ont tous les mêmes droits et les mêmes devoirs. 3. Qui est toujours le même, qui ne change pas. → **constant, régulier.** *Luc est d'un caractère égal.* 4. *Cela m'est égal,* cela m'est indifférent.

► **également** adv. 1. D'une manière égale. *La distribution de jouets a été faite également entre tous les enfants.* || contr. **inégalement** || 2. De même, aussi. *Anne passera voir Julie, et Flora également.*

► **égaler** v. (conjug. 1) 1. Être égal par la quantité ou la valeur. *Deux plus deux égalent quatre* (2 + 2 = 4). — On écrit aussi *deux plus deux égale quatre.* 2. *Le champion a égalé le record du monde,* il a fait aussi bien que le record.

► **égaliser** v. (conjug. 1) 1. Rendre égal. *Le coiffeur égalise les cheveux de Julie.* 2. Obtenir le même nombre de points que l'adversaire. *Les deux équipes ont égalisé 1 à 1.*

► **égalisation** n. f. *Ce but a permis l'égalisation,* il a permis d'égaliser, d'obtenir le même nombre de points dans chaque équipe.

▶ **égalité** **n. f. 1.** *À la mi-temps, les deux équipes étaient à égalité,* elles avaient le même nombre de points. **2.** *Il y a égalité entre tous les hommes,* tous les hommes sont égaux. *« Liberté, Égalité, Fraternité » est la devise de la République française.* **3.** *Il montre toujours une grande égalité d'humeur,* il est toujours de la même humeur.

▶ **égalitaire** **adj.** Qui est fait pour établir l'égalité entre tous. *Une loi égalitaire a été votée.* ▷ INÉGAL, INÉGALABLE, INÉGALEMENT, INÉGALITÉ.

**égard** **n. m. 1.** *Flora est très gentille à l'égard de ses petits frères,* envers, vis-à-vis de ses petits frères. **2.** Marque de respect. *Le roi a été reçu à l'étranger avec les plus grands égards.*

**égarer** **v.** (conjug. 1) **1.** *Avoir égaré une chose,* c'est ne plus la retrouver, l'avoir perdue momentanément. *Yves a égaré ses lunettes.* **2.** *S'égarer,* c'est se perdre. *Les enfants s'étaient égarés dans la forêt.*

▶ **égarement** **n. m.** *Un moment d'égarement,* c'est un moment où l'on ne sait plus ce que l'on fait, un moment de folie. *Dans un moment d'égarement, il a menacé de la tuer.*

**égayer** **v.** (conjug. 8) Rendre gai. *Les plaisanteries d'Alex ont égayé ses amis.*

**églantine** **n. f.** Rose sauvage, d'un blanc rosé, qui fleurit de mai à juillet. *L'églantine fleurit dans les haies et les buissons.*

**églefin** **n. m.** Poisson de mer qui ressemble à la morue et porte une tache noire sur le flanc. *Le haddock est de l'églefin fumé.*

**église** **n. f. 1.** *L'Église,* c'est l'ensemble des chrétiens. *Le pape est le chef de l'Église catholique.* **2.** Bâtiment où les fidèles des religions catholique et orthodoxe se rassemblent pour prier. → **basilique, cathédrale, chapelle.** *Les cloches de l'église sonnent pour annoncer la messe.*

**égoïsme** **n. m.** Trop grand attachement qu'une personne a pour elle-même, qui lui fait chercher son seul plaisir ou son seul intérêt et ne jamais s'occuper de ceux des autres. ‖ contr. **générosité** ‖.

▶ **égoïste** **adj.** Qui montre de l'égoïsme. *Julie est un peu égoïste et n'aime pas beaucoup partager.* ‖ contr. **généreux** ‖ — **N.** *C'est une égoïste.*

**égorger** **v.** (conjug. 3) Tuer en coupant la gorge. *Les prêtres romains égorgeaient les animaux qu'ils sacrifiaient à leurs dieux.*

s'**égosiller** **v.** (conjug. 1) Se fatiguer la gorge à force de crier. *Les spectateurs du match s'égosillaient pour encourager les joueurs.*

**égoutter** **v.** (conjug. 1) *Elle égoutte les pâtes dans la passoire,* elle leur fait perdre goutte à goutte l'eau qu'elles contiennent. — *Le linge s'égoutte sur le séchoir, au-dessus de la baignoire.*

▶ **égout** **n. m.** Canalisation sous la terre qui sert à évacuer les eaux sales. *L'eau du caniveau se déverse dans l'égout.*

▶ **égoutier** **n. m.** Personne qui travaille à l'entretien des égouts. *Les égoutiers portent de grandes bottes.*

▶ **égouttoir** **n. m.** Instrument dans lequel on fait égoutter la vaisselle. ▷ TOUT-À-L'ÉGOUT.

**égratigner** **v.** (conjug. 1) Écorcher en déchirant la peau très légèrement. →

**érafler.** *Les ronces lui ont égratigné les jambes. — Elle s'est égratignée dans les buissons.*

▶ **égratignure** **n. f.** Petite déchirure de la peau, très légère. *Les jambes de Julie sont couvertes d'égratignures.* → **écorchure, éraflure.**

**égrener** **v.** (conjug. 5) **1.** Détacher les grains d'un épi, d'une cosse ou d'une grappe. *Elle égrène des groseilles.* **2.** *Égrener son chapelet,* c'est faire passer chaque grain du chapelet entre ses doigts en changeant de grain à chaque prière.

**éhonté** **adj.** *C'est un menteur éhonté,* qui n'a pas honte de mentir.

**éjecter** **v.** (conjug. 1) Projeter au-dehors avec violence. *Le conducteur a été éjecté de sa voiture au moment du choc.*

▶ **éjectable** **adj.** *Un siège éjectable,* c'est un siège qui peut être projeté hors de l'avion, avec son occupant, en cas d'accident.

**élaborer** **v.** (conjug. 1) *Élaborer quelque chose,* c'est le mettre au point, le préparer avec soin. → **combiner.** *Les prisonniers ont élaboré un plan d'évasion.*

▶ **élaboration** **n. f.** *L'élaboration de son projet a été rapide.*

**élaguer** **v.** (conjug. 1) **1.** *Élaguer un arbre,* c'est lui couper certaines branches. → **tailler.** *Les jardiniers ont élagué les marronniers de l'avenue.* **2.** *Élaguer un texte,* c'est lui enlever ce qu'il a de trop long. → **raccourcir.**

① **élan** **n. m.** Grand cerf des pays du Nord, qui a une grosse tête et des bois aplatis.

s'**élancer** **v.** (conjug. 3) Se lancer en avant avec force. *La panthère s'est élancée sur sa proie.*

▶ ② **élan** **n. m.** **1.** Mouvement rapide vers l'avant. *Yves a pris son élan et a sauté.* **2.** Mouvement vif et soudain, provoqué par un sentiment très fort. *Dans un élan de générosité, Alex a donné toutes ses billes à son frère.* → **impulsion.**

▶ **élancé** **adj.** Grand, mince et souple. *Une silhouette élancée.* ‖ contr. **massif, trapu** ‖.

**élancer** **v.** (conjug. 3) Causer des douleurs brusques et fortes. *Sa blessure l'élançait.*

**élargir** **v.** (conjug. 2) Rendre plus large. *Les ouvriers élargissent la route. — Ce pull s'est élargi au lavage,* il est devenu plus large. ‖ contr. **rétrécir** ‖.

▶ **élargissement** **n. m.** *Les travaux d'élargissement de la chaussée ont commencé,* on a commencé à élargir la chaussée.

**élasticité** **n. f.** Souplesse de certaines matières qui peuvent se déformer et reprendre leur forme. *L'élasticité du caoutchouc.*

**élastique** **adj.** et **n. m.** **1. adj.** Qui peut se déformer et reprendre sa forme. → **extensible.** *Julie a une ceinture élastique à sa jupe.* **2. n. m.** Ruban de caoutchouc. *Il a roulé l'affiche et mis un élastique autour.*

**électeur** **n. m.**, **électrice** **n. f.** Personne qui a le droit de vote dans une élection. *Les électeurs ont mis leur bulletin de vote dans l'urne.*

**élection** **n. f.** Vote qui a pour résultat d'élire une ou plusieurs personnes. *Il s'est présenté aux élections municipales et a été élu.*

**électoral** adj. Qui concerne une élection. *Les électeurs s'inscrivent sur une liste électorale.* — Au masc. pl. *électoraux.*

**électricité** n. f. Forme d'énergie qui permet de s'éclairer, de se chauffer, de faire fonctionner des moteurs et que l'on utilise dans l'industrie et dans les habitations. *Cette cuisinière marche au gaz et à l'électricité.*

▶ **électricien** n. m. Personne qui installe ou répare le matériel et les installations électriques. *L'électricien a refait l'installation électrique de la maison.*

**électrifier** v. (conjug. 7) *Les lignes de chemin de fer sont électrifiées,* elles fonctionnent à l'électricité.

**électrique** adj. 1. Qui est produit par l'électricité. *Le courant électrique.* 2. Qui fonctionne à l'électricité. *Un rasoir électrique.* ▷ ÉLECTRICITÉ, ÉLECTRICIEN, HYDROÉLECTRIQUE.

**électriser** v. (conjug. 1) Exciter. *L'orateur a électrisé la foule.* → **enflammer, galvaniser.**

s'**électrocuter** v. (conjug. 1) Être tué par une décharge électrique. *Il s'est électrocuté en touchant le câble électrique.*

▶ **électrocution** n. f. *Il est mort par électrocution,* en s'électrocutant.

**électroménager** adj. m. *Les appareils électroménagers,* ce sont les appareils qui marchent à l'électricité et dont on se sert dans la maison. *L'aspirateur, le réfrigérateur et le fer à repasser sont des appareils électroménagers.*

**électron** n. m. Partie de l'atome chargée d'électricité. *Les électrons tournent autour du noyau.*

▶ **électronique** adj. et n. f. 1. adj. *Un appareil électronique,* c'est un appareil qui fonctionne grâce à certaines propriétés des électrons. *Les ordinateurs sont des appareils électroniques.* 2. n. f. *L'électronique,* c'est une science qui fait partie de la physique et qui étudie les électrons. *Un ingénieur en électronique.*

▶ **électronicien** n. m., **électronicienne** n. f. Spécialiste de l'électronique.

**électrophone** n. m. Appareil électrique qui permet d'écouter des disques. → **tourne-disques,** et aussi **chaîne, platine.**

**élégant** adj. 1. De bon goût. *Une robe élégante.* → **chic.** *Une femme élégante,* qui s'habille bien, avec goût. 2. Qui montre de la délicatesse pour les autres. *C'est la solution la plus élégante.*

▶ **élégamment** adv. Avec élégance. *Il était très élégamment habillé.*

▶ **élégance** n. f. 1. Bon goût pour s'habiller. *Elle est toujours d'une grande élégance.* 2. Délicatesse. *Sa façon d'agir manque d'élégance.*

**élément** n. m. 1. Chacune des choses qui forment un tout, un ensemble. *La bibliothèque est vendue par éléments.* 2. *Les éléments d'une science,* ce sont les premières choses à savoir, les bases de cette science. → **notion, principe, rudiment.** *Il connaît quelques éléments d'informatique.* 3. *Les éléments,* ce sont les forces qui agitent la terre, la mer, le ciel. *Au milieu de la tempête, le bateau luttait contre les éléments déchaînés.* 4. Milieu dans lequel on se sent à l'aise. *À la ferme, Yves est dans son élément.*

▶ **élémentaire** adj. 1. Très simple, très facile. *Ce livre donne quelques notions élémentaires de mécanique.* → **rudimentaire.** 2. *Le cours élémentaire,* c'est le cours qui vient après le cours préparatoire et avant le cours moyen.

**éléphant** n. m. Très grand animal d'Afrique et d'Asie, qui a une peau rugueuse, de grandes oreilles plates, un nez allongé en trompe et de très longues incisives supérieures, les défenses. *L'éléphant est un herbivore.* ⋙ planche Mammifères.

**élevage** n. m. *Le Charolais est une région d'élevage,* une région où on élève du bétail.

**élévateur** n. m. Appareil qui sert à soulever et à monter des choses lourdes. *Les grues sont des élévateurs.* — Adj. *Un chariot élévateur.*

**élévation** n. f. Augmentation, hausse. *Une forte élévation de la température.* ‖ contr. **baisse, diminution** ‖.

**élève** n. m. et f. Jeune personne qui reçoit l'enseignement d'un établissement scolaire. → aussi **collégien, écolier, lycéen.** *La classe compte 24 élèves. Flora est une bonne élève,* elle travaille bien.

**élever** v. (conjug. 5) **1.** Construire en hauteur. *On a élevé un grand mur autour de la propriété.* **2.** S'occuper d'un enfant jusqu'à ce qu'il devienne adulte. *Il a été élevé par ses grands-parents.* **3.** Nourrir et soigner des animaux. *Le fermier élève des vaches, des porcs et des poules.* → aussi **élevage.**

▸ **s'élever** v. **1.** Monter. *L'avion s'élève dans le ciel. La température s'est élevée de 5 degrés.* ‖ contr. **baisser** ‖ **2.** Se dresser. *Le château s'élevait en haut de la colline.* **3.** Atteindre. *La facture s'élève à 5000 francs.* **4.** *S'élever contre une chose,* c'est s'opposer à elle, la combattre. *De nombreuses personnes se sont élevées contre cette décision.*

▸ **élevé** adj. **1.** Haut. *Cette montagne est très élevée.* **2.** *Une personne bien élevée,* c'est une personne qui a reçu une bonne éducation, qui est polie. *Des enfants mal élevés.*

▸ **éleveur** n. m., **éleveuse** n. f. Personne qui élève des animaux. *Ils ont rencontré un éleveur de chiens.*

**elfe** n. m. Génie de l'air, du feu ou de la terre, dans les légendes des pays du Nord.

**éligible** adj. Qui peut être élu. *Elle est éligible dans sa circonscription.*

**élimé** adj. Usé par le frottement. *Elle portait une vieille veste élimée aux coudes.* → **râpé.**

**éliminer** v. (conjug. 1) **1.** Écarter, rejeter d'une compétition, d'un jeu. *Le joueur qui n'a plus de cartes est éliminé.* **2.** Rejeter. *La transpiration permet au corps d'éliminer des substances nuisibles.*

▸ **élimination** n. f. *Les spectateurs ont protesté contre l'élimination d'un joueur par l'arbitre,* contre le fait qu'un joueur soit éliminé.

▸ **éliminatoire** adj. et n. f. **1.** adj. *Une note éliminatoire,* c'est une note qui élimine un candidat, quelles que soient ses autres notes. *Il a eu une note éliminatoire en français et il doit repasser l'examen.* **2.** n. f. *Les éliminatoires,* ce sont les épreuves que les joueurs doivent réussir pour se qualifier. *Ce champion a gagné les éliminatoires et s'est qualifié pour la finale.*

**élire** v. (conjug. 43) *Élire quelqu'un,* c'est le nommer à une place en votant pour lui. *Dimanche, les électeurs éli-*

*ront leurs députés.* → aussi **élection.**
▷ ÉLU, RÉÉLIRE.

**élision** **n. f.** Remplacement par une apostrophe de la voyelle finale d'un mot devant un autre mot commençant par une voyelle ou un *H* muet. *Dans « l'ami », il y a élision du « e » de l'article « le ».*

**élite** **n. f. 1.** Ensemble des personnes considérées comme les plus remarquables d'un groupe. *L'élite d'un pays.* **2.** *Un tireur d'élite,* c'est un très bon tireur.

**élixir** **n. m.** Médicament liquide à base de sirop. *Dans les contes, l'élixir est souvent une boisson magique.*

**elle** **pronom personnel f.** Pronom personnel féminin de la troisième personne, sujet ou complément. *Elle est partie. Voici une photo d'elle. Elles sont sœurs. Je me suis assis entre elles.* → aussi **il.**

① **ellipse** **n. f.** Omission volontaire d'un mot dans une phrase. *Dans la phrase « Julie a 9 ans et sa sœur 12, il y a ellipse de " a " »,* on ne répète pas « a » après « sa sœur ».

▶ ① **elliptique** **adj.** *Une phrase elliptique,* c'est une phrase où un ou plusieurs mots ne sont pas exprimés.

② **ellipse** **n. f.** Figure géométrique qui a la forme d'une courbe ovale fermée. *La Terre décrit une ellipse en tournant autour du Soleil.* ⤜ planche Géométrie.

▶ ② **elliptique** **adj.** En forme d'ellipse. *Une courbe elliptique.*

**élocution** **n. f.** *Il a une bonne élocution,* il parle clairement, en articulant.

**éloge** **n. m.** *La maîtresse a fait l'éloge de Flora,* elle a dit du bien d'elle. → aussi **louange.** || contr. **critique** ||.

▶ **élogieux** **adj.** Qui contient des compliments, des félicitations. *Des paroles élogieuses.* → **flatteur.**

**éloigner** **v.** (conjug. 1) Mettre plus loin. *Éloigne un peu la table du mur.* → **écarter.** || contr. **rapprocher** || — *Le bateau s'est éloigné de la côte,* il est allé loin de la côte.

▶ **éloigné** **adj.** *Ce quartier est éloigné du centre de la ville,* il est loin du centre de la ville. || contr. **proche** ||.

▶ **éloignement** **n. m.** Grande distance qui sépare. *Malgré l'éloignement, ils sont restés très amis,* bien qu'ils soient loin l'un de l'autre. || contr. **proximité** ||.

**éloquent** **adj. 1.** Qui parle bien et arrive à convaincre ceux qui écoutent. *C'est un avocat éloquent.* **2.** *Un regard éloquent,* qui dit bien ce qu'il veut dire. → **expressif, significatif.**

▶ **éloquence** **n. f.** Facilité à bien parler. *Le maire s'est adressé à ses concitoyens avec éloquence.*

**élu** **n. m.**, **élue** **n. f.** Personne qui a été choisie par un vote. *Les nouveaux élus se réuniront demain.* — **Adj.** *Les députés élus.*

**élucider** **v.** (conjug. 1) Éclaircir, expliquer. *L'affaire n'a pas encore été élucidée.*

**élucubration** **n. f.** Idée bizarre et compliquée. *Il ne faut pas prendre au sérieux les élucubrations d'Alex.*

**éluder** **v.** (conjug. 1) *Éluder une question,* c'est s'arranger pour éviter d'y répondre. *Il a éludé la question qui l'embarrassait.*

**élytre** **n. f.** Aile dure d'un insecte qui recouvre l'aile transparente. *Les élytres du hanneton.*

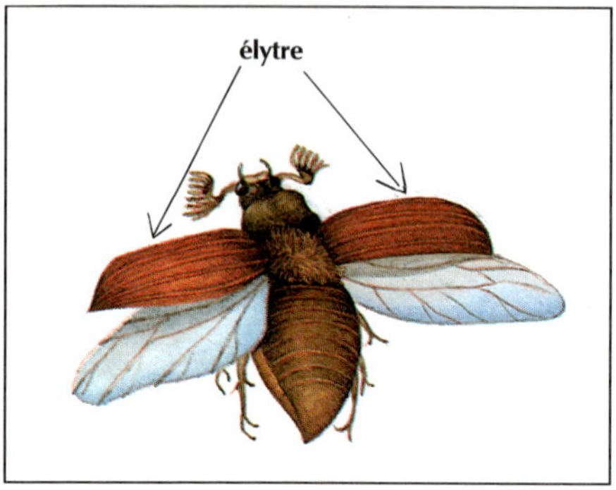


**émacié** **adj.** Très maigre. *Un visage émacié.* || contr. **empâté** ||.

**émail** **n. m.** [pl. *émaux*] **1.** Vernis dur et brillant. *Les baignoires sont recouvertes d'émail.* **2.** Matière dure et blanche qui recouvre l'ivoire des dents. *L'émail protège les dents.* **3.** *Des émaux,* ce sont des objets d'art, des bijoux recouverts d'émail. *Les enfants ont fait des émaux pour la fête des mères.*

▸ **émaillé** **adj.** Recouvert d'émail. *Un plat en fonte émaillée.*

**émanciper** **v.** (conjug. 1) Rendre libre. *À Rome, certains maîtres émancipaient leurs esclaves.* → ① **affranchir, libérer.** || contr. **asservir, soumettre** ||.

▸ **émancipation** **n. f.** Libération. *Ce pays a lutté pour obtenir son émancipation.* → **indépendance.**

**émaner** **v.** (conjug. 1) *Cette décision émane du gouvernement,* elle en vient.

▸ **émanation** **n. f.** Odeur, vapeur qui se dégage. *Des émanations de gaz proviennent de cette canalisation.*

① **emballer** **v.** (conjug. 1) Envelopper, faire un paquet. → **empaqueter.** *La vendeuse a emballé soigneusement le vase.* || contr. **déballer** ||.

▸ **emballage** **n. m.** *Les déménageurs se chargent de l'emballage de la vaisselle,* de l'emballer. || contr. **déballage** || *Le papier d'emballage* sert à emballer, à faire des paquets.

② **emballer** **v.** (conjug. 1) **1.** Familier. Enthousiasmer. *Ils ont été emballés par leur voyage.* **2.** *Le cheval s'emballe,* se met à galoper, sans obéir à son cavalier.

▸ **emballement** **n. m.** Enthousiasme brusque. *Julie a des emballements de courte durée pour de nouveaux amis.* → **engouement.**

**embarcadère** **n. m.** Endroit aménagé, dans un port, sur une rivière, pour l'embarquement des personnes ou des marchandises. → aussi **débarcadère.** *Les passagers du bateau achètent leur billet à l'embarcadère.*

**embarcation** **n. f.** Petit bateau. → **barque, canot.**

**embardée** **n. f.** Changement de direction brusque et dangereux que fait un bateau, une voiture. → aussi **écart.** *Le camion a fait une embardée sur le verglas.*

**embargo** **n. m.** Interdiction faite à un pays d'exporter ou d'importer un produit. *Le gouvernement a mis l'embargo sur les armes.* → aussi **blocus.**

**embarquer** **v.** (conjug. 1) **1.** Faire monter des passagers, des marchandises dans un bateau, un avion. *On embarque les valises dans la soute.* || contr. **débarquer** || **2.** Monter à bord d'un bateau, d'un avion. *Les passagers vont* *embarquer.* — On peut dire aussi *Ils vont s'embarquer.* 3. Familier. Entraîner. *Il nous a embarqués dans une aventure incroyable.* — *Elle s'est embarquée dans des travaux trop coûteux.*

▶ **embarquement** n. m. *Les passagers pour Oslo sont appelés porte 12 : embarquement immédiat !* ‖ contr. **débarquement** ‖.

**embarrasser** v. (conjug. 1) 1. Encombrer et gêner. *Les jouets de Flora embarrassent le couloir.* — *Elle s'est embarrassée d'un grand sac.* ‖ contr. se **débarrasser** ‖ 2. Mettre dans une situation difficile. → **troubler.** *Sa question m'a embarrassé, je n'ai su que répondre.* → **déconcerter.**

▶ **embarras** n. m. 1. Situation difficile. *Votre question l'a mis dans l'embarras,* l'a gêné. 2. *Anne ne sait pas quel tee-shirt mettre, elle a l'embarras du choix,* elle a de nombreuses possibilités de choix.

▶ **embarrassant** adj. 1. Qui encombre, prend trop de place. *Un paquet embarrassant.* → **encombrant.** 2. Qui met dans une situation délicate. *Une question embarrassante.* → **gênant.**

▶ **embarrassé** adj. Qui est dans une situation difficile. *Il ne sait plus quoi dire, il est bien embarrassé.*

**embaucher** v. (conjug. 1) Engager pour un travail. *Il a embauché une secrétaire.* → **recruter.** ‖ contr. **congédier, débaucher, licencier, renvoyer** ‖.

▶ **embauche** n. f. *Dans cette usine, il y a de l'embauche,* on engage des ouvriers.

**embaumer** v. (conjug. 1) 1. *Embaumer un cadavre,* c'est le remplir de substances qui le conservent. 2. Remplir d'une odeur agréable. → **parfumer.** *Le lilas embaume le salon.* ‖ contr. **empester** ‖.

**embellir** v. (conjug. 2) 1. Rendre plus beau. *Cette coiffure l'embellit.* ‖ contr. **enlaidir** ‖ *Yves embellissait l'histoire en la racontant.* → **enjoliver.** 2. Devenir plus beau. *Flora embellit de jour en jour.*

**embêter** v. (conjug. 1) Familier. 1. Agacer. *Arrête d'embêter ton frère !* → **ennuyer.** 2. *S'embêter,* s'ennuyer, trouver le temps long. *Anne s'est embêtée toute la journée.*

▶ **embêtant** adj. Familier. Qui cause du souci. → **contrariant, ennuyeux.** *C'est embêtant que Julie soit tombée malade le jour des vacances.*

▶ **embêtement** n. m. Familier. Chose qui donne du souci. → **contrariété, ennui, tracas.** *Il a des tas d'embêtements.*

d'**emblée** adv. Tout de suite. *Notre équipe a marqué un but d'emblée.* → **immédiatement.**

**emblème** n. m. Objet qui représente une idée, un parti, un métier, une autorité. *La fleur de lys est l'emblème de la monarchie française.*

**emboîter** v. (conjug. 1) 1. *Julie emboîte des cubes,* elle les met les uns dans les autres. — *Les tuyaux se sont emboîtés facilement.* 2. *Ces chaussures vous emboîtent bien le pied,* enveloppent votre pied comme une boîte. 3. *Flora lui a emboîté le pas,* elle l'a suivi en marchant juste derrière lui.

**embolie** n. f. Fermeture d'une veine par un caillot de sang. *Une embolie pulmonaire.*

**embonpoint** n. m. *Il a pris de l'embonpoint,* il a grossi, il a pris du poids.

**embouché** **adj.** *Une personne mal embouchée,* c'est une personne qui dit des grossièretés.

**embouchure** **n. f. 1.** Partie d'un instrument de musique que l'on met contre les lèvres pour jouer. *L'embouchure d'une trompette.* **2.** Endroit où un fleuve se jette dans la mer ou dans un lac. *L'embouchure de la Garonne.* → aussi **delta, estuaire.**

s'**embourber** **v.** (conjug. 1) S'enfoncer dans la boue. → s'**enliser.** *La voiture s'est embourbée.*

**embout** **n. m.** Morceau de métal ou de caoutchouc qui se place au bout d'un objet. *L'embout en caoutchouc d'une canne.*

**embouteiller** **v.** (conjug. 1) *La rue est embouteillée,* elle est encombrée, la circulation y est difficile.

▶ **embouteillage** **n. m.** Encombrement qui arrête la circulation. → **bouchon.** *Elle est arrivée en retard à cause des embouteillages.*

**emboutir** **v.** (conjug. 2) Enfoncer avec violence. *Un camion a embouti l'arrière de ma voiture.*

**embranchement** **n. m.** Endroit où une route se divise en deux ou plusieurs routes. → **bifurcation.** *Prenez à droite à l'embranchement.*

**embraser** **v.** (conjug. 1) **1.** Enflammer. *Une cigarette mal éteinte a embrasé la forêt,* a mis le feu à la forêt. **2.** Illuminer vivement. *Le feu d'artifice embrasait le ciel.*

**embrasser** **v.** (conjug. 1) **1.** Donner un baiser en prenant ou non dans ses bras. *Yves embrasse Flora sur la joue. — Julie et Anne se sont embrassées en arrivant.* **2.** *Du haut de la colline, on embrasse du regard toute la région,* on la voit dans toute son étendue. **3.** *Il a embrassé la carrière militaire,* il l'a choisie.

▶ **embrassade** **n. f.** Action de mettre les bras autour du cou et de donner des baisers amicaux. *Que d'embrassades le jour de l'An !*

**embrasure** **n. f.** Ouverture dans un mur correspondant à une porte ou une fenêtre. *Alex se tenait dans l'embrasure de la porte.*

**embrayer** **v.** (conjug. 8) Commander le mécanisme qui permet au moteur d'un véhicule d'entraîner les roues. *Il changea de vitesse et embraya.* || contr. **débrayer** ||.

▶ **embrayage** **n. m.** Mécanisme qui permet d'embrayer. || contr. **débrayage** || *La pédale d'embrayage.*

**embrigader** **v.** (conjug. 1) *Embrigader une personne,* c'est l'entraîner et la faire participer à une action de groupe.

**embrocher** **v.** (conjug. 1) Enfiler sur une broche pour faire rôtir. *Le cuisinier embroche le poulet.*

**embrouiller** **v.** (conjug. 1) **1.** *Embrouiller des fils,* c'est les emmêler. || contr. **débrouiller, démêler** || **2.** Rendre difficile à comprendre. → **compliquer.** *Ce nouveau meurtre embrouille l'enquête de la police.* || contr. **éclaircir** || **3.** *Elle s'est embrouillée dans ses explications,* elle a donné des explications confuses sans s'y retrouver elle-même. → s'**empêtrer.**

▶ **embrouillé** **adj.** Très compliqué et confus. *Une affaire policière très embrouillée.* || contr. **clair** ||.

**embruns** n. m. pl. Fines gouttelettes formées par les vagues et emportées par le vent.

**embryon** n. m. Être vivant qui commence à se développer dans un œuf ou dans le ventre de sa mère. → aussi **fœtus.**

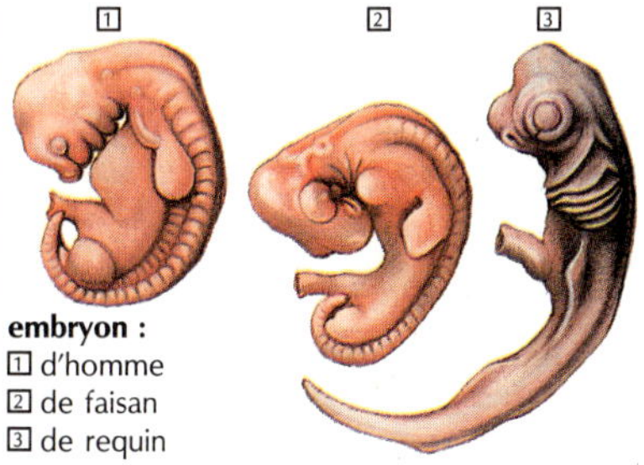


**embryon :**
1 d'homme
2 de faisan
3 de requin

**embûches** n. f. pl. Difficultés. → **piège.** *La dictée était remplie d'embûches.*

**embuer** v. (conjug. 1) Couvrir de buée. *Les vitres de la salle de bains sont embuées.*

s'**embusquer** v. (conjug. 1) Se cacher pour surprendre un ennemi. *Les Indiens s'étaient embusqués derrière un rocher.*
▸ **embuscade** n. f. Piège tendu à quelqu'un pour l'attaquer par surprise. → **guet-apens.** *Les cow-boys sont tombés dans une embuscade.*

**éméché** adj. Familier. Un peu ivre. → **gai.** *Elle était éméchée.*

**émeraude** n. f. et adj. inv. 1. n. f. Pierre précieuse verte. *Un collier d'émeraudes.* 2. adj. inv. D'un vert qui rappelle la couleur de l'émeraude. *La mer avait des reflets émeraude.*

**émerger** v. (conjug. 3) Apparaître hors de l'eau. *Les rochers émergent à marée basse ; à marée haute, ils sont immergés.*

**émerveiller** v. (conjug. 1) Remplir d'admiration. → **éblouir.** *Le feu d'artifice a émerveillé les enfants. — Elle s'est émerveillée des progrès de son petit-fils,* elle a trouvé cela merveilleux.
▸ **émerveillement** n. m. Grande admiration. → **enchantement.** *Anne regarde ses cadeaux avec émerveillement.*

**émettre** v. (conjug. 56) 1. Faire sortir de soi. → **produire.** *Un instrument de musique émet des sons, une lampe émet de la lumière.* 2. Envoyer des sons, des images par le moyen des ondes. *Cette station de radio émet 24 heures sur 24.* → aussi **émission.** 3. Exprimer. *Ils ont émis des avis différents.* 4. *On vient d'émettre une nouvelle pièce de monnaie,* de la mettre en circulation.
▸ **émetteur** n. m. Appareil qui produit des ondes capables de transmettre des sons, des images. *Nos émissions sont interrompues en raison d'une panne d'émetteur.* — Adj. *Un poste émetteur.*

**émeute** n. f. Mouvement de révolte violent d'une foule. → **soulèvement.** *La manifestation a tourné à l'émeute.*

**émietter** v. (conjug. 1) Réduire en miettes. *Flora émiette du pain dur pour les oiseaux.*

**émigrer** v. (conjug. 1) Quitter son pays pour s'installer ailleurs. → s'**exiler,** s'**expatrier.** *Pendant la Révolution fran-*

*çaise, de nombreux nobles émigrèrent en Angleterre.* → aussi **immigrer.**

▶ **émigrant** n. m., **émigrante** n. f. Personne qui quitte son pays pour vivre ailleurs.

▶ **émigration** n. f. Départ définitif de personnes vers un autre pays. *La guerre les a poussés à l'émigration.* → **exil** et aussi **immigration.**

▶ **émigré** n. m., **émigrée** n. f. Personne qui a quitté définitivement son pays. *Des émigrés politiques.* → **réfugié** et aussi **immigré.**

**éminence** n. f. 1. Petite élévation de terrain. → **butte, colline, hauteur, tertre.** *L'observatoire a été construit sur une éminence.* 2. Titre donné à un cardinal.

▶ **éminent** adj. Très important. *Il joue un rôle éminent dans notre société.*

**émir** n. m. Souverain d'un pays musulman. *L'émir du Koweït.*

▶ **émirat** n. m. État gouverné par un émir. *Les Émirats du golfe Persique.*

**émissaire** n. m. Personne chargée d'une mission officielle. *Un émissaire du gouvernement a commencé à négocier.*

**émission** n. f. Partie d'un programme de radio, de télévision. *Flora a regardé à la télévision une émission sur les animaux.* → aussi **émettre.**

**emmagasiner** v. (conjug. 1) 1. Mettre de côté et garder. → **accumuler, amasser, entreposer.** *L'écureuil emmagasine des provisions pour l'hiver.* 2. Garder dans sa mémoire. *Il a emmagasiné beaucoup de connaissances.*

**emmailloter** v. (conjug. 1) *Autrefois, on emmaillotait les bébés,* on les enveloppait dans des langes. → **langer.**

**emmancher** v. (conjug. 1) *Emmancher un balai,* le fixer à un manche.

**emmanchure** n. f. Endroit d'un vêtement où est cousue la manche.

**emmêler** v. (conjug. 1) Mêler de manière désordonnée. → **embrouiller, enchevêtrer.** *Elle a emmêlé tous les fils électriques.* ‖ contr. **démêler** ‖ — *Ses cheveux se sont emmêlés.*

**emménager** v. (conjug. 3) S'installer dans un nouveau logement. *Ils ont emménagé dans un grand appartement.* ‖ contr. **déménager** ‖.

▶ **emménagement** n. m. Installation dans un nouveau logement. ‖ contr. **déménagement** ‖.

**emmener** v. (conjug. 5) Mener avec soi en allant d'un lieu dans un autre. *Il emmène sa fille chez le dentiste.* → **conduire.**

s'**emmitoufler** v. (conjug. 1) S'envelopper dans des vêtements chauds. *Anne s'est emmitouflée dans un châle.*

**emmurer** v. (conjug. 1) Enfermer derrière des murs, des amas de pierres. *Un éboulement a emmuré les mineurs.*

**émoi** n. m. Agitation due à l'inquiétude. *Quand la poste a brûlé, tout le quartier était en émoi.*

**émotif** adj. Très sensible, qui se trouble facilement. *Flora est très émotive.* → **impressionnable.**

**émotion** n. f. Trouble dans lequel on est quand on éprouve une grande joie, une grande tristesse ou une grande peur. → aussi **émouvoir.** *Luc a rougi d'émotion quand on l'a félicité.* || contr. **froideur** ||.

**émousser** **v.** (conjug. 1) **1.** Rendre moins coupant, moins pointu. *La lame du couteau est émoussée.* || contr. **aiguiser** || **2.** Rendre moins vif, moins douloureux. *Le temps émoussera sa peine.* → **atténuer.**

**émoustiller** **v.** (conjug. 1) Familier. Rendre gai, mettre de bonne humeur. → **égayer, exciter, réjouir.** *Partir seule en avion émoustillait Flora.*

**émouvoir** **v.** (conjug. 27) **1.** Troubler, bouleverser. *Sa peine a ému tout le monde.* → **toucher. 2.** *Luc a répondu sans s'émouvoir,* sans se troubler, sans s'inquiéter.

▶ **émouvant** **adj.** Qui fait réagir en troublant. → **attendrissant, pathétique, poignant.** *Une histoire émouvante.* → aussi **émotion.** ▷ ÉMU.

**empailler** **v.** (conjug. 1) Bourrer de paille la peau d'animaux morts que l'on veut conserver. *Le chasseur a fait empailler un renard.* → ② **naturaliser** et aussi **taxidermiste.**

**empaqueter** **v.** (conjug. 4). Faire un paquet. → **emballer.** *Elle empaquette de vieux vêtements à donner.*

s'**emparer** **v.** (conjug. 1) Prendre de force ou sans en avoir le droit. *Le tyran s'est emparé du pouvoir.* → **usurper.**

**empâté** **adj.** Devenu épais. *Son visage est empâté.* || contr. **émacié** ||.

**empêcher** **v.** (conjug. 1) **1.** Rendre impossible. *Le bruit l'empêche de dormir.* **2.** *Son petit frère l'empêche de travailler,* fait en sorte qu'il ne puisse pas travailler. || contr. **laisser** || **3.** *Alex ne peut s'empêcher de se moquer de ses professeurs,* il ne peut pas se retenir.

▶ **empêchement** **n. m.** Ce qui empêche de faire ce que l'on voudrait ou devrait faire. *Elle n'a pas pu venir, elle a eu un empêchement de dernière minute.*

**empereur** **n. m.** Chef d'un empire. *L'empereur et l'impératrice.*

**empeser** **v.** (conjug. 5) *Empeser un col de chemise,* c'est le durcir avec de l'amidon. → **amidonner.**

**empester** **v.** (conjug. 1) Dégager une très mauvaise odeur. → **puer.** *La poubelle empeste. La salle empestait le tabac.* || contr. **embaumer** ||.

s'**empêtrer** **v.** (conjug. 1) Ne pas pouvoir se dégager. *Julie s'est empêtrée dans ses explications.* → s'**embrouiller.**

**emphase** **n. m.** Ton prétentieux et solennel. *Le directeur s'est adressé à ses employés avec emphase.* || contr. **simplicité** ||.

▶ **emphatique** **adj.** *Un discours emphatique,* dit sur un ton prétentieux et solennel. → **grandiloquent, pompeux.** || contr. **simple** ||.

**empierrer** **v.** (conjug. 1) Couvrir de cailloux, de pierres. *On a empierré le sentier.*

**empiéter** **v.** (conjug. 6) *La terrasse du café empiète sur le trottoir,* elle déborde sur le trottoir.

s'**empiffrer** **v.** (conjug. 1) Familier. Manger énormément. → se **bourrer,** se **gaver,** se **goinfrer.** *Julie s'est empiffrée de bonbons.*

**empiler** **v.** (conjug. 1) Mettre en pile. *Yves empile ses livres sur son bureau.*

— *Les journaux s'empilent dans le salon,* ils forment un tas. → s' **accumuler,** s'**entasser.**

**empire** n. m. **1.** Ensemble de pays qui sont gouvernés par un empereur ou une impératrice. *Napoléon Ier régna sur un vaste empire.* **2.** *Autrefois, la France possédait un empire colonial,* un ensemble de colonies. **3.** Très grand pouvoir. *Elle a giflé son fils sous l'empire de la colère.*

**empirer** v. (conjug. 1) Devenir plus grave, pire. → s' **aggraver.** *L'état du malade a empiré.* ‖ contr. s'**améliorer** ‖.

**empirique** adj. *Une méthode empirique,* c'est une méthode qui s'appuie sur les expériences pratiques, sur des essais que l'on fait en tâtonnant. ‖ contr. **scientifique** ‖.

**emplacement** n. m. Endroit choisi pour faire ou installer quelque chose. → **place.** *Les campeurs ont trouvé l'emplacement idéal pour planter leur tente.*

**emplette** n. f. Achat. *Il fait ses emplettes au supermarché,* il y fait ses courses. → **commission.**

**emplir** v. (conjug. 2) Remplir. *Cette nouvelle m'emplit de joie.* — *Ses yeux se sont emplis de larmes.* ▷ REMPLIR, REMPLISSAGE.

**emploi** n. m. **1.** Façon d'utiliser quelque chose. → **usage, utilisation.** *Cette peinture est prête à l'emploi. Lis bien le mode d'emploi.* **2.** *Elle a un emploi du temps chargé,* un ensemble de choses à faire à des moments précis. **3.** Travail que l'on fait pour gagner sa vie. → **place, situation.** *Il a perdu son emploi.*

**employer** v. (conjug. 8) **1.** Utiliser. → se **servir.** *Ils ont dû employer les grands moyens pour se tirer d'affaire.* — *Ce mot ne s'emploie pas beaucoup,* on ne le dit pas souvent. **2.** *L'usine emploie 2 000 personnes,* elle les fait travailler en les payant. **3.** *Anne s'est employée à ranger sa chambre,* elle s'en est occupée activement.

► **employé** n. m., **employée** n. f. Personne qui fait un travail non manuel pour un patron. *Un employé de bureau.*

► **employeur** n. m. Personne ou entreprise qui emploie un personnel salarié. → **patron.** ▷ EMPLOI.

**empocher** v. (conjug. 1) Recevoir de l'argent. *Il a empoché une grosse somme.* → **toucher.**

**empoigner** v. (conjug. 1) **1.** Prendre en serrant fort dans la main. *Le bûcheron empoigne sa hache.* **2.** *Les deux adversaires se sont empoignés,* ils se sont battus.

► **empoignade** n. f. Discussion violente. → **dispute.**

**empoisonner** v. (conjug. 1) Faire mourir ou rendre malade avec du poison. → **intoxiquer.** *Toute la famille a été empoisonnée par des champignons vénéneux.*

► **empoisonnement** n. m. *Il a été victime d'un empoisonnement,* il a été empoisonné. → **intoxication.**

**emporter** v. (conjug. 1) **1.** Prendre avec soi quand on s'en va. *Flora a emporté son ours en peluche.* **2.** Entraîner avec force. *Le cyclone a tout emporté sur son passage.* **3.** *Yves l'a emporté sur*

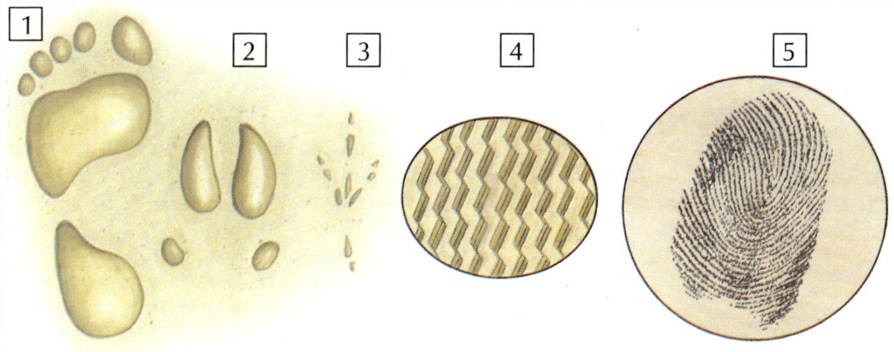


**empreintes** de :
1 pied d'homme, 2 sanglier, 3 oiseau, 4 pneu, 5 doigt

*Luc,* il a gagné, il a eu le dessus. **4.** *Elle s'emporte facilement,* elle se met en colère facilement.

► **emportement** **n. m.** Violent mouvement de colère. *Il a giflé sa fille dans un moment d'emportement.*

**empoté** **adj.** Familier. Maladroit, peu dégourdi. *Elle est très empotée.* ‖ contr. **débrouillard, déluré** ‖.

s'**empourprer** **v.** (conjug. 1) Devenir rouge, pourpre. → **rougir.**

**empreint** **adj.** *Un visage empreint de bonté* est un visage qui exprime la bonté, est marqué par la bonté.

**empreinte** **n. f.** Marque laissée en creux ou en relief. → **trace.** *On a relevé des empreintes de renard près du poulailler.*

s'**empresser** **v.** (conjug. 1) Se dépêcher. *Flora s'est empressée de le dire à Luc,* elle l'a fait sans attendre. → se **hâter.**

► **empressé** **adj.** *Le maître d'hôtel est très empressé auprès de ses clients,* il s'occupe d'eux avec beaucoup de soin et de zèle.

► **empressement** **n. m.** *Il s'occupe de ses clients avec empressement.* → **ardeur, zèle.**

**emprise** **n. f.** *Il a tout cassé sous l'emprise de la colère,* sous l'effet de la colère.

**emprisonner** **v.** (conjug. 1) Mettre en prison ou dans un endroit fermé. *L'accusé a été emprisonné.* → **incarcérer.**

► **emprisonnement** **n. m.** *Le meurtrier a été condamné à l'emprisonnement à vie,* à la prison à vie. → **détention, réclusion.**

**emprunter** **v.** (conjug. 1) **1.** Obtenir en prêt. *Il a emprunté de l'argent à la banque pour acheter une maison.* **2.** *Empruntez le passage clouté pour traverser la rue,* passez par là. → **prendre.**

► **emprunt** **n. m. 1.** *Il a fait un emprunt à la banque,* il s'est fait prêter de l'argent qu'il remboursera plus tard. → aussi ② **prêt. 2.** *Ce chanteur a un nom d'emprunt,* un nom qu'il a choisi, qui n'est pas son vrai nom mais un pseudonyme.

▶ **emprunté** **adj.** Qui manque de naturel. → **gauche.** *Anne se sentait empruntée dans sa robe neuve,* elle se sentait mal à l'aise.

**ému** **adj.** Rempli d'émotion. *Un souvenir ému,* qui bouleverse.

**émule** **n. m.** et **f.** Personne qui essaie de faire aussi bien ou mieux qu'une autre.

▶ **émulation** **n. f.** Envie qui pousse à faire aussi bien ou mieux qu'un autre. *Il y a une certaine émulation entre les élèves de la classe.*

**émulsion** **n. f.** Mélange formé d'un liquide et d'un produit huileux réparti en fines gouttelettes. *La vinaigrette est une émulsion.*

① **en** **prép.** et **adv.** **1.** Indique le lieu où l'on est. *Les enfants sont en classe.* → aussi **dans.** **2.** Indique le lieu où l'on va. *Nous irons en Italie.* **3.** Pendant. *Quelqu'un est venu en votre absence. Elle est née en 1990.* **4.** Indique la matière. *Une montre en or.* → ① **de.** **5.** Indique l'état dans lequel on est. *Yves était en larmes. Julie est en pantalon.* **6.** De là. *Vas-tu à la boulangerie ? Non, j'en viens.* **7.** *Le peintre siffle en travaillant,* pendant qu'il travaille. *Luc s'est fait mal en tombant,* parce qu'il est tombé. ◇ homonyme : an. ▷ ARC-EN-CIEL, CROC-EN-JAMBE, EN-CAS, à l'ENCONTRE de, en DEÇÀ, ENFIN, ENJEU, ENSUITE, EN-TÊTE, ENTRAIN, LENDEMAIN, MALENCONTREUX, RENCONTRE, RENCONTRER, SURLENDEMAIN.

② **en** **pronom personnel** *Je n'en ai plus,* je n'ai plus de cette chose. *Il s'en souviendra longtemps,* il se souviendra de cela. *Ses enfants, elle en est très fière,* elle est fière d'eux. ▷ QU'EN-DIRA-T-ON.

**encablure** **n. f.** Unité de mesure de longueur utilisée autrefois dans la marine, valant environ 200 mètres. *Le port n'est plus qu'à quelques encablures.*

**encadrer** **v.** (conjug. 1) **1.** Mettre dans un cadre. *Elle a fait encadrer une photo.* **2.** *Plusieurs moniteurs encadrent les enfants en classe de neige,* les surveillent et sont responsables d'eux.

▶ **encadré** **n. m.** Texte entouré d'un trait.

▶ **encadrement** **n. m.** **1.** Ce qui entoure un tableau. → **cadre.** *L'encadrement du tableau est en bois.* **2.** Ensemble des personnes responsables d'un groupe, du personnel d'une entreprise.

**encaissé** **adj.** Resserré entre deux pentes. *Les gorges du Tarn sont encaissées.*

**encaisser** **v.** (conjug. 1) Recevoir de l'argent. *La serveuse encaisse le montant de l'addition.*

**en-cas** **n. m. inv.** Repas léger préparé au cas où l'on aurait faim. *Des en-cas sont dans les sacoches de son vélo.* → **casse-croûte.**

**encastrer** **v.** (conjug. 1) *L'installateur de cuisine a encastré le four dans le mur,* il l'a fait entrer dans un trou de même dimension.

**encaustique** **n. f.** Produit fait de cire et d'essence que l'on utilise pour faire briller le bois.

▶ **encaustiquer** **v.** (conjug. 1) Passer à l'encaustique. *Il a encaustiqué son bureau.* → **cirer.**

① **enceinte** **n. f.** **1.** Muraille fortifiée défendant l'accès d'un lieu. *L'enceinte* *d'une ville.* → aussi **rempart.** **2.** Ensemble des haut-parleurs d'une chaîne haute-fidélité. → aussi **baffle.**

② **enceinte** **adj. f.** Qui attend un bébé. *Elle est enceinte de six mois.*

**encens** [ɑ̃sɑ̃] **n. m.** Résine provenant de certains arbres, répandant une odeur agréable en brûlant. *Des bâtonnets d'encens.*

▶ **encenser** **v.** (conjug. 1) **1.** *Le prêtre encense le cercueil,* il agite l'encensoir au-dessus du cercueil. **2.** Faire l'éloge, chanter les louanges de quelqu'un. → **louer.** *Ses admirateurs l'ont encensé.*

▶ **encensoir** **n. m.** Petit récipient, suspendu à des chaînettes, dans lequel on fait brûler de l'encens.

encensoir

**encercler** **v.** (conjug. 1) Entourer de tous côtés. *L'ennemi a encerclé la ville.*

▶ **encerclement** **n. m.** *L'ennemi a commencé une manœuvre d'encerclement.*

**enchaîner** **v.** (conjug. 1) **1.** Attacher avec une chaîne. *Le prisonnier était enchaîné dans sa cellule.* **2.** *S'enchaîner,* se suivre avec logique. *Les événements se sont enchaînés rapidement.* → se **succéder.**

▶ **enchaînement** **n. m.** Liaison de choses qui se succèdent. *Un enchaînement de circonstances malheureuses l'a empêché de venir.* → **succession, suite.**

**enchanter** **v.** (conjug. 1) Plaire beaucoup. → **enthousiasmer.** *Ce roman m'a enchanté.*

▶ **enchanté** **adj.** **1.** Magique. *Le monde enchanté des contes de fées.* **2.** Très content. → **ravi.** *Enchanté de faire votre connaissance !*

▶ **enchantement** **n. m.** **1.** Résultat d'une opération magique. *Mes lunettes ont disparu comme par enchantement.* → **magie.** **2.** Chose qui fait un grand plaisir. → **délice.** *Ces deux jours à la campagne ont été un enchantement.*

▶ **enchanteur** **n. m.** et **adj.**, **enchanteresse** **n. f.** et **adj.** **1. n.** Personne qui fait de la magie. → **magicien.** *Merlin l'Enchanteur et la fée Viviane vivaient dans la forêt de Brocéliande.* **2. adj.** Très beau et très agréable. → **charmant, ravissant.** *Un paysage enchanteur.* ▷ DÉSENCHANTÉ.

**enchère** **n. f.** *Une vente aux enchères,* c'est une vente publique où chaque chose est vendue à la personne qui offre la plus grosse somme d'argent. → aussi **commissaire-priseur.**

s'**enchevêtrer** **v.** (conjug. 1) S'emmêler. *Les fils électriques se sont enchevêtrés.*

▶ **enchevêtrement** **n. m.** *Il est impossible de s'y retrouver dans cet enchevêtrement de fils.*

**enclave** **n. f.** Terrain, territoire entouré par un autre terrain ou territoire. *Le Vatican est une enclave dans la ville de Rome.*

**enclencher** v. (conjug. 1) Faire fonctionner un mécanisme. *Le conducteur enclenche la troisième vitesse,* il la passe.

**enclin** adj. *Être enclin à faire quelque chose,* c'est être porté à le faire, avoir tendance à le faire. *Je ne suis pas très encline à te croire.*

**enclore** v. (conjug. 45) Entourer d'une clôture. → **clôturer.** *Il a enclos son jardin.*
▶ **enclos** n. m. Terrain entouré d'une clôture. *Les brebis paissent dans l'enclos.*

**enclume** n. f. Masse de métal sur laquelle on forge les métaux.

**encoche** n. f. Petite entaille. *Le menuisier scie la planche à la hauteur de l'encoche.*

**encoignure** [ɑ̃kɔɲyʀ] ou [ɑ̃kwaɲyʀ] n. f. Angle intérieur formé par deux murs. → **coin.**

**encolure** n. f. 1. *L'encolure du cheval,* c'est la partie de son corps qui s'étend entre la tête et les épaules. 2. Ouverture d'un vêtement par où passe la tête. *Un pull-over à encolure en V.* → **col.**

**encombrer** v. (conjug. 1) Gêner en occupant trop de place. → **embarrasser.** *Les valises encombrent le couloir.*
▶ sans **encombre** adv. Sans ennui, sans rencontrer d'obstacle. *Le voyage s'est passé sans encombre.*
▶ **encombrant** adj. Qui prend trop de place et gêne. → **embarrassant.** *Ce sac n'est pas lourd mais encombrant.*
▶ **encombrement** n. m. Grande quantité de véhicules qui gênent la circulation. → **embouteillage.** *Elle est arrivée en retard à cause des encombrements.*

à l'**encontre** de prép. À l'opposé de. *Votre demande va à l'encontre du but recherché.* → **contre.**

s'**encorder** v. (conjug. 1) S'attacher avec une corde. *Les alpinistes se sont encordés pour l'ascension du pic.*

**encore** adv. 1. Indique qu'une action, un état continue. *Il s'est couché tard et il dort encore. Si tu es encore malade demain, je ferai venir le médecin.* → **toujours.** ‖ contr. **déjà** ‖ 2. Indique une idée de répétition. *J'ai encore oublié son nom.* → de **nouveau.** 3. Indique une idée de supplément. *Veux-tu encore du gâteau? Il est encore plus grand que son frère.*

**encourager** v. (conjug. 3) 1. Donner du courage. *Les spectateurs encourageaient leur équipe.* ‖ contr. **décourager** ‖ *Elle encourage son fils à travailler.* → **inciter.** 2. Aider. → **favoriser.** *Le maire encourage les sports dans sa commune.*
▶ **encourageant** adj. Qui encourage. → **prometteur.** *Ces résultats sont encourageants.* ‖ contr. **décourageant** ‖.
▶ **encouragement** n. m. *Les encouragements de ses amis l'ont aidé à gagner la course,* leurs paroles et leurs cris qui le soutenaient.

**encourir** v. (conjug. 11) *Encourir quelque chose,* c'est s'exposer à quelque chose de désagréable. *Il encourt un retrait de permis de conduire.*

**encrasser** v. (conjug. 1) Salir en empêchant le bon fonctionnement. *La poussière a encrassé le moteur. — Le moteur s'est encrassé.*

**encre** n. f. Liquide coloré utilisé pour écrire. *Un stylo à encre.* ◊ homonyme : ancre.

▶ **encrier** n. m. Petit récipient dans lequel on met de l'encre. *Il trempa sa plume dans l'encrier.*

**encyclopédie** n. f. Livre qui traite de tous les sujets dans tous les domaines ou qui traite un domaine spécial. *Une encyclopédie d'architecture.*

▶ **encyclopédique** adj. 1. *Un dictionnaire encyclopédique* donne des renseignements sur les mots et sur les choses qu'ils désignent. 2. *Il a des connaissances encyclopédiques,* très étendues et sur de nombreux sujets.

s'**endetter** v. (conjug. 1) *Elle s'est beaucoup endettée pour acheter sa maison,* elle a emprunté beaucoup d'argent qu'elle va devoir rembourser. → aussi **dette.**

▶ **endettement** n. m. *Son endettement est important,* ses dettes.

**endiablé** adj. Très rapide. *Un rythme endiablé.*

**endiguer** v. (conjug. 1) 1. Retenir au moyen d'une digue. *On a endigué le fleuve.* 2. Empêcher d'aller plus loin. → **contenir, retenir.** *Les policiers ont endigué les manifestants.*

s'**endimancher** v. (conjug. 1) Mettre des vêtements plus soignés que d'habitude dans lesquels on n'est pas à l'aise. *Les enfants se sont endimanchés pour la fête de l'école.*

**endive** n. f. Plante à feuilles blanches, qui pousse à l'abri de la lumière, et que l'on mange crue ou cuite. *Une salade d'endives.*

**endolori** adj. Qui fait mal, est envahi par la douleur. → **douloureux.** *Le boxeur avait les jambes endolories.*

**endommager** v. (conjug. 3) Causer des dégâts, du dommage, mettre en mauvais état. → **abîmer, détériorer.** *La grêle a endommagé les récoltes.* ‖ contr. **arranger, réparer** ‖.

**endormir** v. (conjug. 16) 1. Faire dormir, amener au sommeil. *Elle endort son bébé en le berçant.* ‖ contr. **éveiller, réveiller** ‖ *On a endormi le malade avant de l'opérer.* → **anesthésier.** — *Anne s'est endormie devant la télévision.* 2. Faire disparaître, rendre moins fort. → **calmer.** *Cette pommade endormira la douleur.*

▶ **endormant** adj. Qui ennuie et donne envie de dormir. *Un discours endormant.*

▶ **endormi** adj. Qui est en train de dormir. *On a retrouvé Anne endormie dans le fauteuil.* ‖ contr. **éveillé** ‖.

**endosser** v. (conjug. 1) 1. *Il a endossé son pardessus,* il l'a mis sur son dos. → **revêtir.** 2. *Elle endosse la responsabilité du service,* elle en prend la responsabilité. → **assumer.** 3. *Endosser un chèque,* c'est le signer au dos avant de le remettre à la banque.

① **endroit** n. m. 1. Partie d'un espace, d'une chose, du corps. *Ils ont trouvé un endroit où camper.* → **emplacement, lieu, place.** *Signez à l'endroit marqué d'une croix. À quel endroit as-tu mal ?* 2. *Des mauvaises herbes poussent par endroits,* çà et là.

② **endroit** n. m. Côté destiné à être vu. *Elle repasse sa jupe sur l'endroit.* ‖ contr. **envers** ‖ *Flora remet son pull à l'endroit,* du bon côté. → aussi **recto.**

**enduire** v. (conjug. 38) Recouvrir d'une couche de produit liquide ou pâteux. *Elle s'est enduit le visage de crème solaire.*

▶ **enduit** **n. m.** Produit que l'on applique sur un mur pour égaliser sa surface avant de le peindre.

**endurance** **n. f.** Force que l'on possède pour résister à la fatigue, à la souffrance. → **résistance.** *Le coureur manquait d'endurance, il a abandonné la course.*

▶ **endurant** **adj.** Qui résiste bien à la fatigue, à la souffrance. → **résistant.** *Un sportif endurant.* || contr. **délicat, fragile** ||.

**endurcir** **v.** (conjug. 2) Rendre plus dur, moins sensible. *Tous ses malheurs l'avaient endurci.* || contr. **attendrir** || — *Elle s'est endurcie en vieillissant.*

**endurer** **v.** (conjug. 1) Supporter avec patience. → **subir.** *Il a enduré de nombreuses épreuves.*

**énergie** **n. f. 1.** Force et volonté qui rendent capable de faire des choses très difficiles. → **dynamisme.** *Elle travaille avec énergie.* || contr. **mollesse** || **2.** *Le charbon, le pétrole, le vent sont des sources d'énergie,* ils dégagent une force capable de produire du travail, de la chaleur, du mouvement. *L'énergie nucléaire.*

▶ **énergique** **adj. 1.** Très actif, efficace. *Un sirop énergique contre la toux.* **2.** Qui a de la force et de la volonté. → **dynamique, ferme, résolu.** *C'est une femme énergique.* || contr. **mou** ||.

▶ **énergiquement** **adv.** Avec force et détermination. → **fermement.** *Je proteste énergiquement.*

**énergumène** **n. m.** Personne qui s'agite beaucoup pour manifester son enthousiasme, sa joie ou sa fureur. *Une bande d'énergumènes.*

**énerver** **v.** (conjug. 1) Exciter, faire perdre son calme. → **crisper, excéder, irriter.** *Les enfants qui crient l'énervent.* || contr. **calmer** || *Tais-toi, tu m'énerves !* → **agacer.**

▶ **énervant** **adj.** Qui provoque une excitation désagréable. → **agaçant, pénible.** *Comme c'est énervant d'attendre !*

▶ **énervé** **adj.** Qui est agité, dans un état d'excitation inhabituelle. → **nerveux.** *La veille des vacances, les enfants étaient très énervés.*

▶ **énervement** **n. m.** État d'une personne énervée. *Julie ne pouvait cacher son énervement.* → **nervosité.**

**enfant** **n. m.** et **f. 1.** Être humain dans les premières années de sa vie, de la naissance à l'adolescence. *Julie est une enfant turbulente.* **2.** Être humain considéré par rapport à ses parents. → **fille, fils.** *Ils ont trois enfants.*

▶ **enfance** **n. f.** Période de la vie où l'on est enfant. *Il a eu une enfance malheureuse.*

▶ **enfantillage** **n. m.** Manière de se conduire qui ressemble à celle des enfants. *Sois sérieux, cesse tes enfantillages !*

▶ **enfantin** **adj. 1.** *Une voix enfantine,* une voix d'enfant. → aussi **infantile, puéril. 2.** Très facile, très simple. → **élémentaire.** *Le problème était d'une simplicité enfantine.* ▷ PETITS-ENFANTS.

**enfer** **n. m. 1.** Endroit où les chrétiens pensent que vont les âmes de ceux qui ont beaucoup péché, après leur mort. || contr. **paradis** || — *La voiture roulait à un train d'enfer,* très vite. **2.** Situation insupportable, chose très pénible. *Sa vie est un enfer.* → aussi **infernal.**

**enfermer** **v.** (conjug. 1) Mettre dans un endroit fermé. *La nuit, on enferme les* *vaches dans l'étable. — Flora s'est enfermée dans sa chambre.*

s'**enferrer** **v.** (conjug. 1) Se mettre dans une situation de plus en plus difficile, rendue encore plus délicate par des explications et des arguments maladroits. → s'**empêtrer,** s'**enfoncer.** *Anne s'est enferrée dans ses mensonges.* → s'**embrouiller.**

**enfilade** **n. f.** *Les chambres sont en enfilade,* les unes à la suite des autres.

**enfiler** **v.** (conjug. 1) **1.** *La couturière enfile une aiguille,* elle fait passer du fil dans le trou d'une aiguille. **2.** *Il a enfilé son manteau,* il l'a mis.

**enfin** **adv. 1.** Marque la fin d'une attente. *Enfin, te voilà !* ‖ contr. **déjà** ‖ **2.** Présente le dernier élément d'une succession. *Nous irons à la boucherie, puis à la boulangerie et enfin chez le marchand de légumes.* ‖ contr. d'**abord** ‖.

**enflammer** **v.** (conjug. 1) **1.** Mettre en flammes. → **allumer.** *Il enflamma une allumette. — L'essence s'enflamme facilement,* elle prend feu facilement. **2.** Remplir d'ardeur, de passion. → **exciter.** *Cette histoire a enflammé l'imagination des enfants.* **3.** *La plaie s'est enflammée,* elle est rouge et fait mal. → aussi **inflammation.**

▸ **enflammé** **adj. 1.** Qui est en flammes. *Une poutre enflammée est tombée du toit.* **2.** Rempli d'ardeur, passionné. *Un discours enflammé.*

**enfler** **v.** (conjug. 1) Augmenter de volume. → **gonfler.** *Julie s'est fait une entorse, sa cheville a enflé.*

▸ **enflure** **n. f.** État d'une partie du corps qui a enflé. → **gonflement.** ▷ RENFLÉ.

**enfoncer** **v.** (conjug. 3) **1.** Faire aller vers le fond, faire pénétrer profondément. *Le fermier enfonce un pieu dans le sol. — Le navire s'enfonçait dans la mer,* il coulait. **2.** Aller vers le fond. *Les roues de la voiture enfoncent dans le sable.* **3.** Briser en poussant, en forçant. *Le policier enfonça la porte d'un coup d'épaule.* → **défoncer.** ▷ RENFONCEMENT.

**enfouir** **v.** (conjug. 2) Mettre dans la terre après avoir creusé. *Le chien a enfoui un os dans le jardin.* → **enterrer.**

**enfourcher** **v.** (conjug. 1) Se mettre à califourchon sur un cheval, un vélo. *Anne enfourche son vélo.*

**enfourner** **v.** (conjug. 1) Mettre dans un four. *Le boulanger enfourne le pain.*

**enfreindre** **v.** (conjug. 52) Ne pas respecter un règlement, une loi. → **transgresser, violer,** et aussi **infraction.** *Ils ont enfreint la loi.*

s'**enfuir** **v.** (conjug. 17) S'en aller très vite, s'éloigner en fuyant. → **déguerpir.** *L'accusée s'est enfuie par le toit.*

**enfumer** **v.** (conjug. 1) Remplir de fumée. *On enfume les ruches pour récolter le miel.*

▸ **enfumé** **adj.** Plein de fumée. *La pièce était enfumée.*

**engager** **v.** (conjug. 3) **1.** Prendre à son service. → **embaucher, recruter.** *Il a engagé une nouvelle secrétaire.* ‖ contr. **licencier, renvoyer** ‖ **2.** Introduire dans un endroit étroit. *Il engagea la clé dans la serrure.* ‖ contr. **dégager, retirer** ‖ **3.** Commencer. → **entamer.** *Elle a engagé la conversation avec lui.*

▸ s'**engager** **v. 1.** *Julie s'est engagée à aider Yves,* elle a promis de le faire. **2.** *Il s'est engagé dans l'armée,* il est entré au service de l'armée sans y être obligé. **3.** *Flora s'est engagée dans un chemin ombragé,* elle y est entrée.

▸ **engageant** **adj.** Qui plaît, attire, pousse à faire quelque chose. → **encourageant.** *Un sourire engageant.*

▸ **engagement** **n. m. 1.** *Respecter son engagement,* c'est faire ce que l'on avait promis de faire. → **promesse. 2.** *Cet acteur a beaucoup d'engagements,* il est souvent engagé pour jouer dans des films ou au théâtre.

**engelure** **n. f.** Boursouflure de la peau provoquée par le froid. *Il avait des engelures aux mains et aux pieds.*

**engendrer** **v.** (conjug. 1) Faire naître, avoir pour effet. → **causer, créer, produire, provoquer.** *L'injustice peut engendrer la révolte.*

**engin** **n. m.** Appareil, instrument, machine. *Les chars sont des engins de guerre, les fusées des engins spatiaux.*

**englober** **v.** (conjug. 1) Réunir en un tout. → ② **comprendre.** *La maîtresse englobait toute la classe dans sa remarque.*

**engloutir** **v.** (conjug. 2) **1.** Avaler rapidement, avec avidité. *Anne a englouti son goûter en cinq minutes.* → **dévorer, engouffrer. 2.** Faire disparaître brusquement. *Le village a été englouti par l'inondation.*

**engoncer** **v.** (conjug. 3) *Flora est engoncée dans ce manteau,* elle est gênée, mal à l'aise, trop à l'étroit.

**engorger** **v.** (conjug. 3) *Les feuilles mortes engorgeaient la gouttière,* elles la bouchaient et empêchaient l'eau de s'écouler. → **obstruer.**

**engouement** **n. m.** Admiration soudaine qui ne dure pas longtemps. → **emballement.** *Depuis quelques semaines, Alex s'est pris d'un engouement extraordinaire pour le judo.*

**engouffrer** **v.** (conjug. 1) **1.** Manger rapidement avec avidité. → **engloutir.** *Yves a engouffré trois éclairs au chocolat.* **2.** *Le vent s'engouffrait dans la cheminée,* il y pénétrait avec violence.

**engourdir** **v.** (conjug. 2) **1.** *Le froid engourdit les doigts,* il les rend insensibles et presque paralysés. ‖ contr. **dégourdir** ‖ **2.** Ôter toute envie de bouger, de réagir. *L'ennui et la chaleur nous ont engourdis.*

▸ **engourdi** **adj.** *Anne avait les mains engourdies,* gourdes, insensibles.

▸ **engourdissement** **n. m.** *L'engourdissement gagnait Anne.* → **torpeur.**

**engrais** **n. m.** Produit que l'on met dans la terre pour que les plantes poussent mieux. *Des engrais chimiques.*

**engraisser** **v.** (conjug. 1) **1.** *Le fermier engraisse ses porcs,* il les fait grossir. **2.** Devenir gros, gras. → **grossir.** *Julie a engraissé.* ‖ contr. **maigrir** ‖.

**engrenage** **n. m.** Système formé de roues dentées qui entrent les unes dans les autres et se transmettent leur mouvement.

s'**enhardir** [sɑ̃aʀdiʀ] (conjug. 2) Devenir plus hardi, prendre de l'assurance. *Anne s'est enhardie depuis l'année dernière.*

**énigme** **n. f.** Chose difficile à comprendre, à expliquer → **mystère.** *Qui a mis le feu à la poste ? C'est à la police de résoudre cette énigme.*

engrenage

► **énigmatique** adj. Obscur, peu clair, difficile à comprendre. *Un sourire énigmatique.*

**enivrer** [ɑ̃nivʀe] (conjug. 1) **1.** Rendre ivre. *Deux verres de vin suffisent à l'enivrer. — Elle s'est enivrée.* → se **soûler.** **2.** Remplir d'excitation. *Il s'est laissé enivrer par la réussite.*

**enjambée** n. f. *Alex marchait à grandes enjambées,* à grands pas.

► **enjamber** v. (conjug. 1) Passer par-dessus un obstacle en étendant la jambe, en faisant un grand pas. *Flora a enjambé le petit ruisseau.*

**enjeu** n. m. **1.** Somme d'argent que l'on met en jeu. → **mise.** *Les joueurs posent les enjeux sur la table.* **2.** Ce que l'on peut gagner ou perdre. *L'enjeu de la course, c'est un baladeur.*

**enjôleur** adj. Qui séduit par des flatteries, de belles paroles. *Méfie-toi d'elle, elle est très enjôleuse. —* N. *C'est une enjôleuse.*

**enjoliver** v. (conjug. 1) Orner, rendre plus joli. *Des roses en sucre enjolivent le gâteau.* ‖ contr. **enlaidir** ‖ *Yves enjolive toujours les histoires qu'il raconte.* → **embellir.**

► **enjoliveur** n. m. Plaque ronde en métal qui cache le milieu d'une roue de voiture.

**enjoué** adj. Qui montre de la bonne humeur, de la gaieté. *Elle répondit d'une voix enjouée.* ‖ contr. **triste** ‖.

**enlacer** v. (conjug. 3) Serrer dans ses bras. *Il enlaça sa fiancée. — Les deux amoureux s'étaient enlacés tendrement.*

**enlaidir** v. (conjug. 2) **1.** Rendre laid. *Sa verrue sur le nez l'enlaidit.* → **défigurer.** ‖ contr. **embellir, enjoliver** ‖ **2.** Devenir laid. *Il a enlaidi en vieillissant.*

**enlever** v. (conjug. 5) **1.** *Enlever une chose,* c'est la changer de place, la mettre ailleurs. → **ôter, retirer.** *Julie a enlevé ses cahiers de la table. Flora enlève son bonnet.* **2.** Faire disparaître. *Je n'arrive pas à enlever cette tache.* ‖ contr. **laisser** ‖ **3.** *Les malfaiteurs ont libéré l'enfant qu'ils avaient enlevé,* qu'ils avaient emmené de force et retenu prisonnier. → **kidnapper, ravir.**

► **enlèvement** n. m. **1.** *L'enlèvement des ordures ménagères se fait très tôt,* les ordures sont enlevées très tôt. **2.** *Il a été condamné pour enlèvement d'enfant,* pour avoir enlevé un enfant. → **rapt.**

s'**enliser** v. (conjug. 1) **1.** *La voiture s'est enlisée dans la boue,* elle s'y est enfoncée. → s'**embourber.** **2.** *L'enquête s'enlise,* elle n'avance pas. → **piétiner.**

**enluminure** n. f. *Les enluminures d'un manuscrit ancien,* ce sont de petits dessins qui l'ornent.

**enneigé** **adj.** Couvert de neige. *Les routes étaient enneigées.*

▸ **enneigement** **n. m.** Hauteur de la couche de neige. *L'enneigement de la station est suffisant pour faire du ski.*

**ennemi** **n. m.**, **ennemie** **n. f. 1.** Personne qui déteste quelqu'un et qui lui veut du mal. *La victime avait-elle des ennemis ?* ‖ contr. **ami** ‖ **2.** Personne qui déteste quelque chose. *Les ennemis du progrès s'opposaient au chemin de fer.* → **adversaire.** ‖ contr. **partisan** ‖ **3.** Pays en guerre. *Pendant la guerre de Cent Ans, l'Angleterre était l'ennemie de la France.* ‖ contr. **allié** ‖ *L'ennemi a attaqué cette nuit.* — **Adj.** *Un avion ennemi,* qui appartient à l'ennemi.

**ennuyer** **v.** (conjug. 8) **1.** Donner du souci. → **contrarier.** *La voiture fait un bruit qui m'ennuie.* → **inquiéter, tracasser. 2.** Déranger. → **importuner.** *Tu m'ennuies avec toutes tes questions.* → **agacer. 3.** Faire trouver le temps long. *Ce film nous a ennuyés.* ‖ contr. **amuser, intéresser** ‖ — *Flora s'est ennuyée pendant sa maladie.* → fam. s'**embêter.**

▸ **ennui** **n. m. 1.** Chose qui donne du souci, du tracas. *Sa grand-mère a des ennuis de santé.* → **problème. 2.** *Le film était à mourir d'ennui,* très ennuyeux. ‖ contr. **intérêt** ‖.

▸ **ennuyeux** **adj. 1.** Qui cause du souci ou qui gêne. → **contrariant.** *Cette panne est bien ennuyeuse.* **2.** Qui n'intéresse pas. *Un livre ennuyeux.* ‖ contr. **intéressant** ‖.

**énoncer** **v.** (conjug. 3) Dire très nettement. *Ce papier énonce la règle du jeu.* → **exposer.**

▸ **énoncé** **n. m.** *L'énoncé du problème,* c'est le texte du problème avec les questions posées.

s'**enorgueillir** [sɑ̃nɔʀgœjiʀ] **v.** (conjug. 2) *Luc s'enorgueillit de ses résultats,* il en est fier, en tire vanité.

**énorme** **adj.** Très grand, très gros. → **gigantesque.** *Ils ont une énorme fortune.* → **immense.** ‖ contr. **minuscule** ‖.

▸ **énormément** **adj.** Vraiment beaucoup. *Luc aime énormément le chocolat.*

▸ **énormité** **n. f.** Très grosse sottise. *Julie a encore dit une énormité.*

s'**enquérir** **v.** (conjug. 21) Chercher à savoir. → se **renseigner.** *Elle s'enquiert de l'heure du train pour Lyon.*

**enquête** **n. f. 1.** Recherche de la vérité. *La police mène une enquête sur le meurtre.* **2.** Étude qui s'appuie sur des témoignages, des réponses à des questions. *On a fait une enquête sur la pollution dans notre quartier.* → aussi **sondage.**

▸ **enquêter** **v.** (conjug. 1) Faire une enquête. *La police enquête sur le meurtre.*

▸ **enquêteur** **n. m.**, **enquêteuse** ou **enquêtrice** **n. f.** Personne qui pose des questions pour une enquête.

**enraciné** **adj.** Profondément, solidement fixé. *C'est une croyance bien enracinée dans les esprits.*

**enrager** **v.** (conjug. 3) Être en rage, très mécontent et énervé. *Luc, cesse de faire enrager ta petite sœur !* de la mettre en colère.

▸ **enragé** **adj. 1.** Atteint de la rage. *Un chien enragé.* **2.** Passionné. *Elle est enragée de moto.* — **N.** *C'est un enragé de photo.*

**enrayer** **v.** (conjug. 8) **1.** Arrêter la progression de quelque chose. *Les médecins ont pu enrayer l'épidémie.* **2.** *Son fusil s'est enrayé,* il s'est coincé.

**enregistrer** v. (conjug. 1) 1. Inscrire sur un registre. *L'acte de vente a été enregistré.* 2. *Les passagers font enregistrer leurs bagages,* ils les confient au service qui assure leur transport. 3. Fixer dans sa mémoire. *Enregistrez bien la leçon !* → **retenir.** 4. *Ce chanteur a enregistré plusieurs disques,* sa voix a été recueillie et gardée sur des disques. 5. Fixer un son, une image sur une bande magnétique. *Un magnétoscope permet d'enregistrer une émission de télévision.*

▶ **enregistrement** n. m. 1. *Le guichet d'enregistrement des bagages,* l'endroit où l'on fait enregistrer ses bagages. 2. *L'enregistrement de ce disque n'est pas bon,* ce disque est mal enregistré.

▶ **enregistreur** adj. Qui enregistre. *Le prix est inscrit sur le ticket délivré par la caisse enregistreuse.*

s'**enrhumer** v. (conjug. 1) Attraper un rhume. *Flora s'est enrhumée à la piscine.*

**enrichir** v. (conjug. 2) Rendre riche, faire gagner beaucoup d'argent. *Le commerce des vins a enrichi la ville de Bordeaux.* || contr. **appauvrir** || — *Elle s'est enrichie grâce à son travail.*

▶ **enrichissement** n. m. *Le pays doit son enrichissement au pétrole.*

**enrober** v. (conjug. 1) *Ces caramels sont enrobés de chocolat,* ils sont recouverts d'une couche de chocolat.

**enrôler** v. (conjug. 1) Engager dans l'armée. *Autrefois, on enrôlait de force les paysans dans les armées du roi.*

**enroué** adj. *Ce matin, Luc était enroué,* il avait la voix rauque, éraillée.

**enrouler** v. (conjug. 1) 1. Disposer autour de quelque chose. *L'infirmière enroule une bande autour de la cheville de Julie. — Du lierre s'est enroulé autour du tronc de l'arbre.* 2. *Anne s'est enroulée dans une couverture,* elle s'est enveloppée dans une couverture qu'elle a roulée autour d'elle.

s'**ensabler** v. (conjug. 1) 1. S'enfoncer dans le sable. → s'**enliser.** *Le camion s'est ensablé sur la plage.* 2. Se remplir de sable. *L'entrée du port s'est ensablée.*

**ensanglanté** adj. Couvert de sang. *Après sa chute de vélo, son pantalon était ensanglanté.*

**enseigne** n. f. Panneau portant une inscription, qui signale un magasin, un café, un cinéma. *Cette croix verte qui clignote est l'enseigne d'une pharmacie.*

enseigne

**enseigner** v. (conjug. 1) 1. *Le professeur nous enseigne l'histoire et la géographie,* il nous apprend l'histoire et la géographie. 2. *Cette expérience lui enseignera la prudence,* lui apprendra à être prudent.

▶ **enseignant** n. m., **enseignante** n. f. Personne dont le métier est d'enseigner. *Les professeurs et les institu-*

*teurs sont des enseignants.* — **Adj.** *La maîtresse fait partie du corps enseignant.*

▸ **enseignement** **n. m.** **1.** Instruction que l'on donne à des élèves. → aussi **éducation.** **2.** Métier de l'enseignant.

① **ensemble** **adv.** **1.** L'un avec l'autre, les uns avec les autres. *Flora, Anne et Julie jouent ensemble.* ‖ contr. **séparément** ‖ *Ces deux couleurs vont bien ensemble.* **2.** En même temps. *Ne parlez pas tous ensemble !*

▸ ② **ensemble** **n. m.** **1.** Groupe. *Une chorale est un ensemble de chanteurs. Un ensemble est composé d'éléments.* **2.** *Sa mère portait un ensemble de lainage bleu,* une veste et une jupe assorties. → **tailleur.** **3.** *Un grand ensemble,* c'est un groupe d'immeubles de la même sorte. **4.** *Dans l'ensemble,* en général. *Dans l'ensemble, nous avons eu beau temps,* en gros.

**ensemencer** **v.** (conjug. 3) Semer des graines. *Le fermier ensemençait le champ de blé.*

**ensevelir** **v.** (conjug. 2) **1.** Mettre au tombeau. *Les pharaons étaient ensevelis dans des pyramides.* → **enterrer, inhumer.** **2.** Recouvrir complètement. *Des skieurs ont été ensevelis par l'avalanche.* → **engloutir.**

**ensoleillé** **adj.** Où il y a beaucoup de soleil. *Le jardin est très ensoleillé.*

**ensommeillé** **adj.** Qui a envie de dormir, est mal réveillé. *Flora était encore tout ensommeillée.*

**ensorceler** **v.** (conjug. 4) Jeter un sort, exercer une influence magique. → **envoûter.** *La méchante fée a ensorcelé la princesse.*

▸ **ensorcellement** **n. m.** État d'une personne sur qui on a jeté un sort.

**ensuite** **adv.** **1.** Après cela, plus tard. → **puis.** *Ils ont déjeuné et ensuite ils se sont promenés.* ‖ contr. **d'abord** ‖ **2.** Derrière en suivant. *Pour le défilé, les petits marcheront devant et les grands viendront ensuite.*

s'**ensuivre** **v.** (conjug. 40 ; ne s'emploie qu'à l'infinitif et à la 3e personne) Venir après cela, être la conséquence de cela. *Le prisonnier fut torturé jusqu'à ce que mort s'ensuive.*

**entaille** **n. f.** Coupure. *Anne s'est fait une entaille dans le doigt. Le bûcheron fait une entaille dans le tronc de l'arbre.* → **encoche.**

▸ **entailler** **v.** (conjug. 1) Faire une entaille. *Le bûcheron entaille le tronc de l'arbre.*

**entamer** **v.** (conjug. 1) **1.** Couper le premier morceau. *Luc entame le saucisson.* **2.** Pénétrer et abîmer. *La rouille entame le fer.* **3.** Commencer à faire. *Les deux pays en guerre vont entamer des négociations de paix.* → **entreprendre.**

**entartrer** **v.** (conjug. 1) Recouvrir de tartre. *L'eau calcaire entartre les tuyaux.* ‖ contr. **détartrer** ‖.

**entasser** **v.** (conjug. 1) **1.** Mettre en tas, sans ordre. *Yves a entassé ses vieux jouets dans le garage.* **2.** *Les vacanciers s'entassent sur les plages,* ils sont serrés les uns contre les autres.

▸ **entassement** **n. m.** Accumulation d'objets mis les uns sur les autres. → **amas, amoncellement, tas.** *Un entassement de vieux vêtements.*

**entendre** v. (conjug. 41) **1.** Percevoir les sons avec les oreilles. *J'ai entendu du bruit dans l'escalier. Sa grand-mère n'entend plus très bien,* elle est un peu sourde. *As-tu entendu parler de son dernier livre ?* **2.** Écouter. *Il est allé entendre un concert de rock.* **3.** Vouloir. *La maîtresse entend se faire obéir.* **4.** Comprendre. *Elle m'a laissé entendre qu'elle était au courant. Anne n'entend rien aux mathématiques. — Alex s'y entend en bricolage,* il s'y connaît. **5.** *Anne et Flora s'entendent bien,* elles sont bien ensemble, elles sont amies.

► **entendu** adj. **1.** *Anne a regardé Julie d'un air entendu,* d'un air complice. **2.** Décidé après accord. *Nous nous retrouverons demain, c'est entendu,* c'est convenu. **3.** *Bien entendu, Luc est arrivé en retard,* bien sûr. → **évidemment.**

► **entente** n. f. **1.** Relations amicales. *Il règne une parfaite entente entre Alex et Anne.* || contr. **mésentente** || **2.** Accord. *Les deux pays sont arrivés à une entente.* ▷ MALENTENDU, MÉSENTENTE, SOUS-ENTENDU.

**enterrer** v. (conjug. 1) **1.** *Enterrer un mort,* c'est mettre son corps dans la terre. → **ensevelir, inhumer.** **2.** Mettre dans la terre. → **enfouir.** *Les voleurs ont enterré leur magot dans le jardin.* || contr. **déterrer** ||.

► **enterrement** n. m. Cérémonie au cours de laquelle on enterre un mort. → **funérailles, inhumation, obsèques.** *Il est allé à un enterrement.*

**en-tête** n. m. *Du papier à en-tête,* c'est du papier à lettres portant une inscription dans le haut indiquant le nom et l'adresse de l'expéditeur.

s'**entêter** v. (conjug. 1) Ne pas céder. → s'**obstiner.** *Luc s'entête à vouloir partir chez son oncle malgré sa fièvre.*

► **entêté** adj. Têtu. *Une petite fille entêtée.*

► **entêtement** n. m. Obstination à persister dans un comportement, une idée malgré les circonstances ou les conseils que l'on reçoit. → **ténacité.** *Il a réussi grâce à son entêtement.*

**enthousiasme** n. m. **1.** Grande admiration. *Anne parle du film qu'elle a vu avec enthousiasme.* **2.** Grande joie. *Luc a accepté notre invitation avec enthousiasme.*

► **enthousiasmer** v. (conjug. 1) Remplir d'admiration ou de joie. → **enchanter.** *Ce roman m'a enthousiasmé,* il m'a beaucoup plu. → fam. ② **emballer.**

► **enthousiasmant** adj. Qui fait plaisir, rend heureux. *Un projet enthousiasmant.*

► **enthousiaste** adj. Très joyeux, plein d'admiration. *Les spectateurs étaient enthousiastes.* || contr. **froid, indifférent** ||.

**entier** adj. **1.** Dans toute son étendue. *Le magasin sera fermé un mois entier,* tout le mois. — N. m. *Anne a appris sa leçon en entier,* complètement. **2.** À quoi il ne manque rien. *Une boîte entière de chocolats.* → ① **complet.** *Le vase est arrivé entier,* il n'était pas cassé. → **intact.** **3.** *613 est un nombre entier,* un nombre qui ne contient pas de virgule. || contr. **décimal** || **4.** Parfait. *J'ai une entière confiance en lui.* → **plein, total.** **5.** Qui n'admet aucune nuance. *Il est entier dans ses opinions,* il a des opinions tranchées.

► **entièrement** adv. Complètement. *L'incendie a entièrement détruit l'immeuble.* → **totalement.** *Tu as entièrement raison.* → ① **tout** à fait.

**entomologie** n. f. Science qui étudie les insectes.

**entonner** v. (conjug. 1) *Luc a entonné un air,* il a commencé à le chanter.

**entonnoir** n. m. Petit instrument creux, en forme de cône terminé par un tube, qui sert à verser un liquide dans un récipient à ouverture étroite.

entonnoir

**entorse** n. f. Blessure que l'on se fait quand on se tord une articulation. *Julie s'est fait une entorse à la cheville en tombant de vélo.*

**entortiller** v. (conjug. 1) Envelopper en tortillant. *Les oranges sont entortillées dans du papier,* elles sont enroulées dans un papier tordu aux deux bouts.

**entourer** v. (conjug. 1) **1.** Mettre autour. *Le fermier a entouré le champ d'une clôture électrique.* **2.** Être autour. *Les soldats entourent la ville.* → **cerner, encercler. 3.** Être habituellement autour de quelqu'un. *Les ministres et les personnes qui les entourent. — Il aime s'entourer de jeunes.* **4.** *Ses petits-enfants l'ont beaucoup entouré,* ils se sont occupés de lui et lui ont montré leur affection.

► **entourage** n. m. Personnes qui entourent habituellement quelqu'un. *Le meurtre a été commis par une personne de son entourage.*

**entracte** n. m. Temps d'arrêt entre deux parties d'un spectacle. *Nous mangerons une glace à l'entracte.*

s'**entraider** v. (conjug. 1) S'aider les uns les autres. *Tous les gens du village se sont entraidés.*

► **entraide** n. f. Aide mutuelle. → **solidarité.** *Un comité d'entraide.*

**entrailles** n. f. pl. Organes contenus dans le ventre. → **boyau, intestin, tripes, viscère.** *Les hyènes ont dévoré les entrailles du zèbre.*

**entrain** n. m. Vivacité, bonne humeur. *Luc travaille avec entrain,* avec enthousiasme.

① **entraîner** v. (conjug. 1) **1.** Emporter au loin. *Le courant entraîne la barque.* **2.** Communiquer son mouvement. *La chaîne du vélo entraîne les roues.* **3.** *Entraîner quelqu'un,* c'est le pousser à faire quelque chose qu'il ne voulait pas faire. *Julie a entraîné Luc à venir jouer dans le parc.* **4.** Causer. *L'accident a entraîné un ralentissement de la circulation.* → **provoquer.**

► **entraînant** adj. Qui entraîne à la gaieté. *Cette musique a un rythme entraînant.*

② **entraîner** v. (conjug. 1) Préparer à une compétition sportive. *Le jockey entraîne son cheval chaque jour. — Les nageuses se sont entraînées pour le championnat.*

► **entraînement** n. m. Préparation à une compétition sportive. *Il faut des heures d'entraînement pour devenir un champion.*

▸ **entraîneur** **n. m.** Personne qui entraîne des sportifs.

**entraver** **v.** (conjug. 1) **1.** *Le maréchal-ferrant entrave le cheval pour le ferrer,* il lui attache les jambes pour l'empêcher de bouger. **2.** Empêcher de se développer, de se réaliser. *Des difficultés imprévues ont entravé son projet.*

▸ **entrave** **n. f.** Ce qui empêche la réalisation de quelque chose. *Il n'y a plus aucune entrave à mon projet.* → **obstacle.**

**entre** **prép.** **1.** Dans l'espace qui sépare. *Les Pyrénées se dressent entre la France et l'Espagne.* **2.** Dans le temps qui sépare. *Je viendrai entre midi et deux heures.* **3.** Parmi. *Il faut choisir entre toutes ces solutions,* parmi toutes ces solutions. *Il y a une grande ressemblance entre un loup et un chien,* quand on les compare. **4.** *Nous serons entre amis,* il n'y aura que des amis. **5.** L'un avec l'autre, les uns avec les autres. *Il y a eu une dispute entre Yves et Alex.* ◊ homonyme : antre.

**entrebâiller** **v.** (conjug. 1) Ouvrir très peu. → **entrouvrir.** *Elle a entrebâillé la fenêtre.*

▸ **entrebâillement** **n. m.** Ouverture laissée par une porte ou une fenêtre entrebâillée. *Luc passe la tête par l'entrebâillement de la porte.*

**entrechoquer** **v.** (conjug. 1) Heurter l'un contre l'autre. *Les invités entrechoquent leurs verres pour trinquer. — Les assiettes se sont entrechoquées.*

**entrecôte** **n. f.** Morceau de viande de bœuf coupée entre les côtes. *Une entrecôte grillée.*

**entrecouper** **v.** (conjug. 1) Interrompre par moments. *Luc entrecoupe son histoire de commentaires.*

**entrecroiser** **v.** (conjug. 1) Croiser ensemble plusieurs fois. → **entrelacer.** *On entrecroise des brins d'osier pour tresser un panier.*

**entrée** **n. f.** **1.** Moment où l'on passe de l'extérieur à l'intérieur. *Les élèves se sont tus à l'entrée de la directrice dans la classe.* → **arrivée.** || contr. **sortie** || **2.** Possibilité ou droit d'entrer. *L'entrée en classe de 6e est difficile. Entrée gratuite pour les enfants.* **3.** Endroit par où l'on rentre. *Le magasin a plusieurs entrées.* || contr. **issue** || **4.** Pièce où donne la porte d'entrée. *L'entrée de l'immeuble.* → **hall.** **5.** Plat qui est servi au début du repas. *Il a servi du saumon fumé en entrée.* → aussi **hors-d'œuvre.**

sur ces **entrefaites** **adv.** À ce moment-là. → **alors.** *Ils sont arrivés sur ces entrefaites.*

**entrefilet** **n. m.** Article très court dans un journal. *Il y a eu un entrefilet sur son exposition.*

**entrelacer** **v.** (conjug. 3) Entrecroiser. *Anne entrelaçait des rubans.* → **tresser.**

**entremêler** **v.** (conjug. 1) Mêler avec soin des choses différentes. *Flora entremêle des rubans bleus et des rubans rouges.*

**entremets** **n. m.** Plat sucré servi après le fromage. *Un soufflé aux framboises est un entremets.* → aussi **dessert.**

**entremise** **n. f.** *Anne a eu l'adresse de Luc par l'entremise de Julie,* par l'intermédiaire de Julie.

**entrepont** **n. m.** Étage entre deux ponts d'un navire.

**entreposer** **v.** (conjug. 1) Déposer pour un certain temps. *Les maçons* *ont entreposé leur matériel dans le garage.*

▶ **entrepôt** **n. m.** Bâtiment qui sert d'abri à des marchandises. → aussi **dépôt, dock, hangar.** *Les entrepôts du grand magasin sont à l'extérieur de la ville.*

**entreprendre** **v.** (conjug. 58) Se mettre à faire une chose longue, difficile ou ennuyeuse. *Alex a entrepris de ranger sa chambre.* → **commencer.** || contr. **achever, finir, terminer** ||.

▶ **entreprenant** **adj.** Qui décide avec audace de faire quelque chose de long ou difficile. *C'est une femme entreprenante.* || contr. **hésitant, timoré** ||.

▶ **entrepreneur** **n. m.** Personne dont le métier est de réaliser les travaux qu'on lui a commandés. *Un entrepreneur de peinture accompagnait l'architecte.*

▶ **entreprise** **n. f. 1.** Ce que l'on veut entreprendre ou que l'on a déjà entrepris. → **projet.** *C'est une entreprise délicate.* **2.** Société qui produit des choses à vendre ou qui offre des services. *Il a fait appel à une entreprise de plomberie pour réparer la fuite. Un chef d'entreprise,* un patron. → aussi **affaire, commerce, établissement, exploitation, industrie.**

**entrer** **v.** (conjug. 1) **1.** Passer de l'extérieur à l'intérieur. → **pénétrer.** *Anne est entrée dans le salon.* || contr. **sortir** || *Le train entre en gare.* **2.** Aller à l'intérieur. *La valise n'entre pas dans le placard.* **3.** Commencer à faire partie d'un groupe, à être quelque part. *Son frère est entré en 4e.* **4.** *Le miel entre dans la composition du nougat,* il en fait partie. **5.** *L'informaticien entre un programme dans la mémoire de l'ordinateur,* il l'introduit. ▷ ENTRÉE, RENTRÉE, RENTRER.

**entresol** **n. m.** Étage situé entre le rez-de-chaussée et le premier étage.

**entre-temps** **adv.** Dans cet intervalle de temps. *Elle s'est absentée une heure ; entre-temps le facteur est passé,* pendant ce temps-là.

**entretenir** **v.** (conjug. 22) **1.** S'occuper d'une chose pour qu'elle reste en bon état. *Il entretient bien sa moto.* **2.** Donner tout ce qu'il faut pour vivre. *Elle entretient ses enfants et ses parents.*

▶ ① **entretien** **n. m.** Soins que l'on donne à une chose pour qu'elle reste en bon état. *Une voiture coûte cher à l'entretien. Les produits d'entretien,* qui servent au ménage.

s'**entretenir** **v.** (conjug. 22) Parler avec quelqu'un de choses importantes. *Le maire s'est entretenu avec son adjoint de l'aménagement du nouveau quartier.*

▶ ② **entretien** **n. m.** Discussion sur un sujet important. → **conversation.** *Il a demandé un entretien à son patron.*

s'**entretuer** **v.** (conjug. 1) Se tuer les uns les autres. *Les rats, affamés, se sont entretués.*

**entrevoir** **v.** (conjug. 30) **1.** Voir très rapidement. → **apercevoir.** *Je l'ai entrevu dans la foule.* **2.** Commencer à trouver. → **pressentir.** *On entrevoit la solution du problème.*

▶ **entrevue** **n. f.** Rencontre préparée d'avance. → ② **entretien.** *Les deux hommes d'État ont parlé de l'Europe au cours de leur entrevue.*

**entrouvrir** **v.** (conjug. 18) Ouvrir très peu. → **entrebâiller.** *Elle a entrouvert la porte.*

**énumérer** v. (conjug. 6) Dire l'un après l'autre. *Elle énumère les départements traversés par la Seine.*

► **énumération** n. f. Liste. *Elle fait l'énumération des cadeaux qu'elle a eus.*

**envahir** v. (conjug. 2) **1.** *Les Romains ont envahi la Gaule,* ils y sont entrés et l'ont occupée de force. → aussi **invasion. 2.** Occuper toute la place. *Les ronces envahissent la haie.* **3.** *Le sommeil m'envahit,* il s'empare de moi. → **gagner.**

► **envahissant** adj. *Ces ronces sont envahissantes,* elles poussent partout en occupant toute la place. *Ils ont des voisins envahissants,* qui viennent trop souvent chez eux.

► **envahisseur** n. m. Ennemi qui occupe un pays, qui l'envahit.

s'**envaser** v. (conjug. 1) **1.** Se remplir de vase. *Le port s'est envasé.* **2.** S'enfoncer dans la vase. → s'**enliser.** *La barque s'est envasée.*

**envelopper** v. (conjug. 1) Entourer et recouvrir complètement. *La vendeuse a enveloppé la boîte dans du papier à fleurs. — Julie s'est enveloppée dans la serviette de bain.*

► **enveloppe** n. f. Pochette de papier dans laquelle on met une lettre. *Il a écrit l'adresse et collé un timbre sur l'enveloppe.*

► **enveloppé** adj. Bien en chair, un peu gros. *La bouchère est bien enveloppée.* || contr. **maigre** ||.

s'**envenimer** v. (conjug. 1) **1.** *Sa plaie s'est envenimée,* elle s'est infectée. **2.** *Le conflit s'est envenimé,* il s'est aggravé.

**envergure** n. f. **1.** *L'envergure d'un oiseau,* c'est l'étendue de ses ailes déployées. **2.** *Un homme de grande envergure,* c'est un homme de grande valeur, capable de comprendre beaucoup de choses.

① **envers** prép. À l'égard de. *Elle est pleine d'indulgence envers les enfants.* → **pour.**

② **envers** n. m. Côté opposé à celui qui doit être vu. *L'endroit et l'envers d'une chaussette. — Il a mis son pull à l'envers,* du mauvais côté, dans le mauvais sens.

**envie** n. f. **1.** Jalousie. *Les voisins regardent ma nouvelle voiture avec envie.* **2.** *Elle a envie d'une nouvelle robe,* elle désire avoir une nouvelle robe. *Il a envie d'acheter une moto. Ce croissant me fait envie,* il me tente. *Il est tard, Yves a envie de dormir.* → **besoin.**

► **envier** v. (conjug. 7) *Je t'envie de partir en vacances,* je souhaiterais être à ta place. *Il est très riche, ses amis l'envient,* le jalousent.

► **enviable** adj. Qui fait envie. *Ce pauvre homme n'a pas un sort enviable.*

► **envieux** adj. Qui est jaloux des autres. *Elle est envieuse et méchante.* || contr. **bienveillant** || — N. *Sa moto fait des envieux,* rend les autres jaloux.

**environ** adv. À peu près. → **approximativement.** *Cette valise pèse environ vingt kilos.* || contr. **exactement** ||.

**environner** v. (conjug. 1) *Le village est environné de forêts,* entouré de forêts.

► **environnant** adj. Qui est autour, dans les environs. *Ils sont allés se promener dans la campagne environnante.*

► **environnement** n. m. Milieu dans lequel on vit, qui nous entoure. De nos jours, on s'efforce de protéger l'environnement. → aussi **écologie.**

**environs** n. m. pl. *Il habite dans les environs,* dans les alentours, près d'ici. ▷ ENVIRONNANT, ENVIRONNEMENT, ENVIRONNER.

**envisager** v. (conjug. 3) **1.** *Elle envisage d'acheter une nouvelle voiture,* elle en a l'intention, le projet. → **penser. 2.** *Avant de se décider, il faut envisager toutes les solutions,* il faut toutes les examiner.

► **envisageable** adj. Possible, imaginable. *Il n'est pas envisageable de la laisser partir seule.*

**envoi** n. m. **1.** Action d'envoyer quelque chose. *L'envoi de ce paquet par la poste a coûté cher. Le footballeur a donné le coup d'envoi,* il a ouvert le jeu en envoyant le ballon. **2.** Ce que l'on a envoyé. *Je vous remercie de votre envoi.*

s'**envoler** v. (conjug. 1) **1.** Partir en volant. *Les moineaux se sont envolés. L'avion s'envole à 3 heures.* → **décoller. 2.** Être emporté par le vent. *Son chapeau s'est envolé.* **3.** Familier. Disparaître. *Où sont mes lunettes ? elles ne se sont pourtant pas envolées.*

► **envol** n. m. *Les oiseaux ont pris leur envol,* ils se sont envolés. *L'avion est sur la piste d'envol,* de décollage.

**envoûter** v. (conjug. 1) **1.** Faire perdre à quelqu'un sa volonté par un effet magique. → **ensorceler.** *Les sorciers ont envoûté cet homme.* **2.** Séduire irrésistiblement. *Les paysages du désert l'ont envoûté.*

► **envoûtant** adj. Très séduisant. → **fascinant.** *Ce pays a un charme envoûtant.*

► **envoûtement** n. m. Ensorcellement. *Le sorcier a prononcé les paroles d'envoûtement.*

**envoyer** v. (conjug. 8) **1.** *Elle a envoyé Flora acheter du pain,* elle lui a demandé d'aller acheter du pain. **2.** *Je t'ai envoyé une carte postale de Bretagne,* je te l'ai fait parvenir. → **adresser.** *Il a envoyé le ballon dans les buts.* → **lancer.**

► **envoyé** n. m., **envoyée** n. f. *Un envoyé spécial,* c'est un journaliste qui est envoyé par son journal pour rendre compte d'un événement particulier.

► **envoyeur** n. m. *Cette lettre a été retournée à l'envoyeur,* à la personne qui l'avait envoyée. → **expéditeur.** ▷ ENVOI, RENVOI, RENVOYER.

**éolienne** n. f. *Une éolienne,* c'est une machine qui utilise l'énergie du vent pour pomper l'eau ou fabriquer de l'électricité.

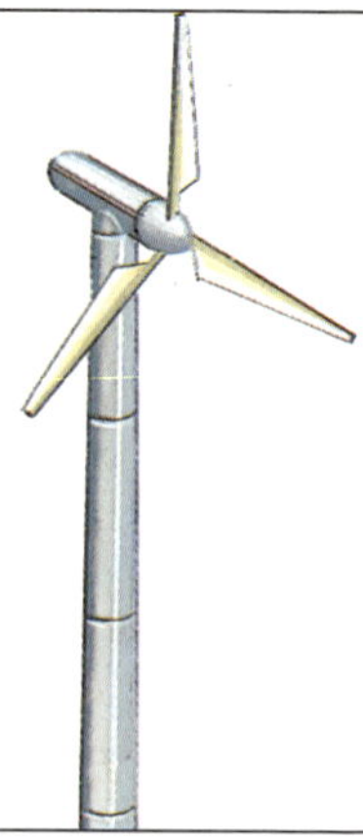
éolienne

**épagneul** n. m., **épagneule** n. f. Chien de chasse à longs poils et à oreilles pendantes. → aussi **cocker.**

**épais** adj. 1. Gros. *Une épaisse couche de neige recouvre le sol.* || contr. **fin, mince** || *Le mur est épais de 50 centimètres.* 2. Consistant, pâteux. *La sauce est trop épaisse.* || contr. **liquide** || 3. *Elle a une chevelure épaisse,* elle a beaucoup de cheveux plantés très serrés. || contr. **clairsemé** || 4. *De la forêt en feu s'élevait une épaisse fumée,* une fumée dense.

▶ **épaisseur** n. f. 1. Grosseur. *Une planche de 5 centimètres d'épaisseur.* 2. Densité. *L'épaisseur du brouillard nous empêchait d'avancer.*

▶ **épaissir** v. (conjug. 2) 1. Devenir épais. *La crème épaissit en cuisant.* 2. Grossir. *Elle a un peu épaissi cette année.* 3. Rendre plus épais. *La farine épaissit la sauce.* 4. *Le brouillard s'est épaissi,* il est devenu plus dense.

s'**épancher** v. (conjug. 1) Faire ses confidences. → se **confier.** *Flora s'est épanchée auprès de sa sœur.*

▶ **épanchement** n. m. Confidence. *À l'arrivée de sa mère, elle a arrêté ses épanchements.*

**épandage** n. m. Opération qui consiste à répandre du fumier, de l'engrais dans les champs pour fertiliser le sol.

s'**épanouir** v. (conjug. 2) 1. *Les roses s'épanouissent dans le vase,* elles ouvrent complètement leurs pétales. 2. *Son visage s'est épanoui quand il a vu son fils,* il a manifesté de la joie. 3. *Cette jeune fille s'est épanouie depuis l'année dernière,* elle s'est développée et a l'air heureux.

▶ **épanouissement** n. m. Développement. *Ces roses sont dans leur plein épanouissement.*

**épargner** v. (conjug. 1) 1. *Il épargne de l'argent pour s'acheter une voiture,* il le met de côté. → **économiser.** || contr. **dépenser, gaspiller** || 2. *Épargner quelque chose à quelqu'un,* c'est faire en sorte qu'il ne le subisse pas. *Tu te serais épargné bien des ennuis en restant chez toi.* 3. *Les otages ont été épargnés,* on ne leur a pas fait de mal, on les a laissés en vie.

▶ **épargne** n. f. Argent que l'on met de côté. → **économie.** *Il a placé son épargne à la banque. La Caisse d'épargne,* c'est une sorte de banque où l'on peut déposer ses économies.

**épars** [epaʀ] adj. *Toutes ses affaires sont éparses dans sa chambre,* dispersées, éparpillées.

▶ **éparpiller** v. (conjug. 1) 1. Disperser. *Le vent a éparpillé la paille dans la cour de la ferme.* || contr. **rassembler** || — *À la récréation, les enfants s'éparpillent dans la cour.* 2. *Alex a du mal à se concentrer, il s'éparpille facilement,* il passe d'une idée à l'autre, d'une occupation à l'autre.

▶ **éparpillement** n. m. *Un éparpillement de papiers sur une table,* des papiers éparpillés.

**épatant** adj. Très agréable, qui plaît beaucoup. *Il a passé des vacances épatantes.* → **formidable.**

**épaté** adj. *Un nez épaté,* c'est un nez court, large et aplati.

**épater** v. (conjug. 1) Familier. *Il nous a épatés par son courage,* il nous a beaucoup étonnés et nous l'avons admiré. → **époustoufler.** ▷ ÉPATANT.

**épaule** n. f. 1. Endroit où le bras s'attache au corps. *Il porte son enfant sur ses épaules. Elle a haussé les épaules,* elle a fait un mouvement des épaules pour dire, « cela m'est égal, je m'en moque ». 2. *Elle fait cuire une épaule d'agneau,* le haut de la patte avant de l'agneau que l'on a découpée pour la manger. → aussi **gigot.**

► **épauler** v. (conjug. 1) 1. Mettre l'extrémité de la crosse du fusil contre l'épaule. *Le chasseur épaula, visa et tira.* 2. *Son père l'épaule dans son travail,* l'aide à réussir.

► **épaulette** n. f. 1. Bande de tissu boutonnée sur l'épaule. *Les galons des militaires sont fixés sur les épaulettes.* 2. Rembourrage cousu dans l'épaule d'une veste, d'un manteau. *Les épaulettes font une carrure plus large.*

**épave** n. f. 1. Bateau naufragé rejeté par la mer ou englouti. *Une épave s'est échouée sur la plage.* 2. *Ce drogué est devenu une épave,* une personne qui ne fait rien et vit dans un état misérable.

**épée** n. f. Arme formée d'une longue lame droite et d'une poignée munie d'une garde. → aussi **fleuret.** *Les mousquetaires se battaient à l'épée.*

**épeler** v. (conjug. 4) *Épeler un mot,* c'est nommer l'une après l'autre les lettres qui le composent.

**épépiner** v. (conjug. 1) Enlever les pépins. *Il épépine les grains de raisin.*

**éperdu** adj. 1. *Anne était éperdue de joie en retrouvant ses parents,* folle de joie. 2. *Le voleur s'est lancé dans une fuite éperdue,* une fuite très rapide et désordonnée.

► **éperdument** adv. Follement. *Il était éperdument amoureux d'elle.* → **passionnément.**

**éperlan** n. m. Petit poisson de mer. *Une friture d'éperlans.*

**éperon** n. m. Petite pointe de métal fixée au talon de la botte du cavalier, qui sert à piquer les flancs du cheval.

► **éperonner** v. (conjug. 1) Donner des coups d'éperon. *Le cow-boy éperonne son cheval qui part aussitôt au galop.*

**épervier** n. m. Oiseau de proie de la taille d'un pigeon. *On dresse les éperviers pour la chasse aux oiseaux.*

**éphémère** adj. Très court, qui ne dure pas. *Ce film a eu un succès éphémère.* → **passager.** || contr. **durable** ||.

**éphéméride** n. f. Calendrier dont on détache chaque jour une feuille.

**épi** n. m. 1. Groupe de grains serrés qui se trouve au bout de la tige de certaines céréales. *Des épis de maïs.* 2. Mèche de cheveux qui se dresse quand on essaie de la coiffer.

**épice** n. f. Plante parfumée ou piquante qui sert à donner du goût aux aliments. → aussi **aromate, condiment.** *La cannelle et le poivre sont des épices.*

► **épicé** adj. Assaisonné d'épices, piquant. *La sauce du couscous est très épicée.*

► **épicerie** n. f. Magasin, ou rayon d'un magasin, où l'on vend des produits alimentaires.

► **épicier** n. m., **épicière** n. f. Personne qui tient une épicerie.

**épicéa** n. m. Grand arbre qui ressemble au sapin. *Une forêt d'épicéas.* ➳ planche Arbres.

**épidémie** n. f. Maladie contagieuse que beaucoup de personnes attrapent en même temps. *Une épidémie de grippe.*

**épiderme** n. m. Couche superficielle de la peau qui est en contact avec l'extérieur. → **peau.**

**épier** v. (conjug. 7) Observer attentivement et secrètement. *Le chat épie les oiseaux.* → **guetter.** *Arrête de m'épier !* → **espionner, surveiller.**

**épieu** n. m. Arme ancienne formée d'un gros bâton à pointe de métal. — Au pl. *Des épieux.*

**épilepsie** n. f. Maladie nerveuse où le malade gesticule et perd parfois connaissance.
▶ **épileptique** adj. Qui a des crises d'épilepsie. *Une femme épileptique.* — N. *Les épileptiques ont des convulsions et des tremblements.*

**épiler** v. (conjug. 1) Arracher les poils d'une partie du corps. *Elle s'est fait épiler les jambes.*
▶ **épilation** n. f. Action d'épiler. *Elle s'est fait faire une épilation chez une esthéticienne.*

**épilogue** n. m. *L'épilogue d'un récit,* c'est sa conclusion. → **dénouement.**
▶ **épiloguer** v. (conjug. 1) *Il ne sert à rien d'épiloguer sur ce qui nous est arrivé,* d'en parler longuement.

**épinard** n. m. *Les épinards,* ce sont les feuilles vertes d'une plante, que l'on mange cuites ou crues.

**épine** n. f. 1. Partie piquante d'une plante. → **piquant.** *La rose a des épines.* 2. *L'épine dorsale,* c'est la colonne vertébrale. → aussi **moelle** épinière.
▶ **épineux** adj. 1. *La rose a une tige épineuse,* couverte d'épines. 2. Difficile, délicat. *Une question épineuse.* → **embarrassant.** ▷ AUBÉPINE.

**épingle** n. f. 1. Petite tige d'acier fine, pointue, munie d'une tête à une extrémité. *Elle a attaché l'ourlet avec des épingles.* — *Être tiré à quatre épingles,* c'est être habillé avec beaucoup de soin. *Tirer son épingle du jeu,* c'est se sortir habilement d'une situation difficile. 2. *Une épingle de nourrice,* c'est une épingle recourbée et munie d'une fermeture. — On dit aussi *une épingle de sûreté* ou *une épingle double.* 3. *Une épingle à cheveux,* c'est une tige très recourbée qui sert à faire tenir les cheveux. — *Un virage en épingle à cheveux,* c'est un virage très serré, en forme de U.
▶ **épingler** v. (conjug. 1) Attacher avec des épingles.

**épique** adj. Qui rappelle une épopée. → **extraordinaire.** *Un voyage épique.*

**épisode** n. m. 1. Moment particulier d'un livre, d'un film. *Dans ce livre, il y a des épisodes très drôles.* → **passage.** 2. *Un feuilleton en dix épisodes,* en dix parties.
▶ **épisodique** adj. *Il vient ici de façon épisodique,* par moments, pas régulièrement. ‖ contr. **constant** ‖.

**épitaphe** n. f. Inscription sur une tombe.

**épithète** adj. et n. f. 1. adj. *Un adjectif épithète* n'est pas relié par un verbe au nom qu'il qualifie. *Dans la phrase : « il a des chaussures neuves », « neuves » est épithète de « chaussures ».* → aussi **attribut.** 2. n. f. Mot qui est un compliment ou une injure. *Il l'a traité d'idiot, de crétin et autres épithètes peu flatteuses.*

**éploré** adj. Qui est en pleurs, a du chagrin. *Elle suivait le cercueil, tout éplorée.*

**éplucher** v. (conjug. 1) *Éplucher des fruits et des légumes,* c'est enlever la peau et tout ce que l'on ne mange pas. → aussi **peler.**
▶ **épluchage** n. m. *L'épluchage des oignons fait pleurer,* le fait de les éplucher fait pleurer.
▶ **épluchure** n. f. Ce que l'on a enlevé en épluchant. → **pelure.** *Des épluchures de pommes de terre.*

**éponge** **n. f. 1.** Animal marin fixé au fond de l'eau. **2.** Objet fait d'une substance souple qui absorbe l'eau et la rejette, et qui sert à laver. *Elle nettoie l'évier avec une éponge.* **3.** *Du tissu éponge,* c'est du tissu épais avec de petites boucles de fil, qui essuie très bien.

▶ **éponger** **v.** (conjug. 3) Absorber avec une éponge ou un chiffon. *Il éponge le lait qu'il a renversé.*

**épopée** **n. f. 1.** Long poème qui raconte les aventures d'un héros. *La « Chanson de Roland » est une épopée du Moyen Âge.* **2.** Suite d'aventures. *Ce voyage, quelle épopée !* → aussi **épique.**

**époque** **n. f.** Période de l'histoire. *Jeanne d'Arc et Napoléon ne vivaient pas à la même époque.*

s'**époumoner** **v.** (conjug. 1) Crier jusqu'à en être essoufflé. *Elle s'époumone à appeler les enfants qui ne veulent pas venir dîner.*

**épouser** **v.** (conjug. 1) **1.** *Il a épousé sa voisine,* il s'est marié avec elle. → aussi **époux. 2.** Adopter, partager. *Elle a épousé mes idées.* **3.** Suivre exactement. *Cette robe épouse bien la forme de son corps.*

**épousseter** **v.** (conjug. 4) Enlever la poussière. *Elle époussette les meubles avec un chiffon.*

**époustoufler** **v.** (conjug. 1) Familier. Étonner beaucoup. → **épater.** *Sa réussite nous a époustouflés.*

**épouvante** **n. f.** Grande peur soudaine. → **terreur.** *Un film d'épouvante,* qui fait très peur.

▶ **épouvantable** **adj. 1.** Qui cause une grande peur. *On entendit des cris épouvantables.* → **effrayant, effroyable, horrible, terrifiant. 2.** Très pénible, très désagréable. *Quel temps épouvantable !* → **affreux.**

▶ **épouvantail** **n. m.** [pl. *épouvantails*] Mannequin habillé de vieux vêtements que l'on met dans un champ pour faire peur aux oiseaux et les empêcher de manger les fruits ou les graines. *Un épouvantail à moineaux.*

▶ **épouvanter** **v.** (conjug. 1) Causer une grande peur. → **effrayer.** *Cette histoire de fantômes nous a épouvantés.* ‖ contr. **rassurer** ‖.

**époux** **n. m.,** **épouse** **n. f.** Personne mariée. → **conjoint.** *Mme Leroy est l'épouse de M. Leroy,* elle est sa femme. *Elle dit au revoir à son époux,* à son mari. ▷ ÉPOUSER.

s'**éprendre** **v.** (conjug. 58) *Il s'est épris de sa cousine,* il est tombé amoureux d'elle.

**épreuve** **n. f. 1.** Partie d'un examen. *Les épreuves écrites et les épreuves orales du baccalauréat.* **2.** Compétition sportive. *Les épreuves de natation des Jeux olympiques.* **3.** *Elle a mis son frère à l'épreuve,* elle lui a fait faire quelque chose de difficile pour voir s'il en était capable. → aussi **éprouver.** *Ces chaussures sont d'une solidité à toute épreuve,* elles sont très solides. **4.** Souffrance, malheur. *La mort de son mari fut une dure épreuve.*

**éprouver** **v.** (conjug. 1) **1.** Mettre à l'épreuve. *Ils ont voulu éprouver son courage.* **2.** Faire de la peine. *Ce deuil l'a beaucoup éprouvé.* **3.** Ressentir. *Il éprouve une grande joie à l'approche des vacances.*

▶ **éprouvant** **adj.** Pénible à supporter. *Une journée éprouvante.* → **fatigant.**

**éprouvette** **n. f.** Tube de verre utilisé dans les expériences de chimie.

**épuiser** **v.** (conjug. 1) **1.** Utiliser jusqu'à ce qu'il ne reste plus rien. *Le tireur a épuisé ses munitions. — Ses économies s'épuisent vite.* **2.** Fatiguer. *Cette marche m'a épuisé.* → **éreinter, exténuer.**

▶ **épuisant** **adj.** Très fatigant. *Un travail épuisant.* → **éreintant, exténuant, harassant.**

▶ **épuisé** **adj.** Très fatigué. *La malade est épuisée par cet effort.* → **harassé.**

▶ **épuisement** **n. m. 1.** *Ils ont tiré jusqu'à épuisement des munitions,* jusqu'à ce qu'il n'y en ait plus. **2.** Grande fatigue. *Il est dans un état d'épuisement extrême.* ▷ INÉPUISABLE.

**épuisette** **n. f.** Petit filet de pêche fixé au bout d'un long manche.

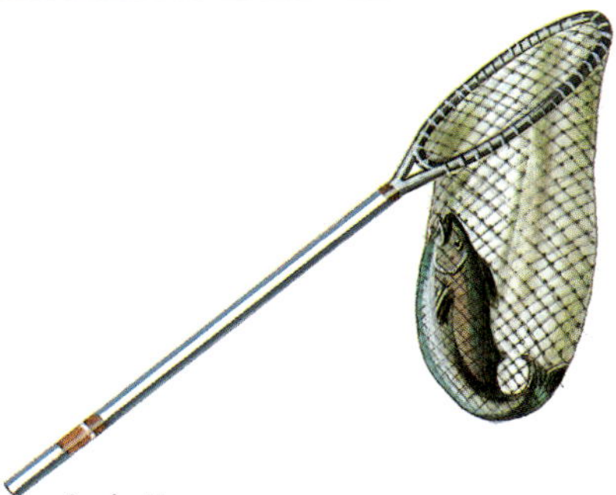

**épuisette**

**épurer** **v.** (conjug. 1) Rendre pur. → **purifier.** *On épure l'eau en la filtrant.*

▶ **épuration** **n. f.** Purification. *Une station d'épuration,* c'est un endroit où l'on purifie l'eau.

**équateur** **n. m.** Cercle imaginaire qui partage la Terre en deux hémisphères. *À l'équateur, les jours sont égaux aux nuits.*

▶ **équatorial** **adj.** De l'équateur. *Le climat équatorial est chaud et humide.* — **Au masc. pl.** *équatoriaux.*

**équerre** **n. f.** Triangle de bois, de métal ou de plastique qui sert à tracer les angles droits.

**équestre** **adj.** *Une statue équestre* représente une personne à cheval.

**équidistant** **adj.** Situé à la même distance. *Ces deux villes sont équidistantes de Paris.*

**équilatéral** **adj.** *Un triangle équilatéral* est un triangle dont les trois côtés sont égaux. ⋙ planche Géométrie. — **Au masc. pl.** *équilatéraux.*

**équilibre** **n. m. 1.** Position qui permet de ne pas tomber. *Le chat est en équilibre sur le mur.* ‖ contr. **déséquilibre** ‖ *Luc a perdu l'équilibre et il est tombé.* **2.** *Les deux plateaux de la balance sont en équilibre,* à la même hauteur. **3.** État d'une personne raisonnable, sensée et calme. *Julie a un bon équilibre.*

▶ **équilibrer** **v.** (conjug. 1) *Pour équilibrer les deux plateaux de la balance, il faut ajouter un poids,* pour qu'ils soient en équilibre.

▶ **équilibré** **adj.** Calme et sensé. *Un enfant équilibré.*

▶ **équilibriste** **n. m.** et **f.** Personne dont le métier est de faire des exercices d'équilibre. → **acrobate, funambule.** ▷ DÉSÉQUILIBRE, DÉSÉQUILIBRÉ, DÉSÉQUILIBRER.

**équinoxe** **n. m.** Moment de l'année où les jours et les nuits ont la même durée. *Il y a deux équinoxes : le 21 mars et le 23 septembre.*

**équipage** **n. m.** Ensemble des personnes qui assurent la manœuvre et le service dans un avion ou sur un bateau. *Le commandant de bord et son équipage vous souhaitent la bienvenue.*

**équipe** **n. f.** Groupe de personnes réunies pour travailler ou jouer ensemble. *Une équipe de rugby.*
▶ **équipier** **n. m.**, **équipière** **n. f.** Personne qui fait partie d'une équipe sportive. ▷ COÉQUIPIER.

**équipée** **n. f.** Aventure. *Ce voyage en Corse, quelle équipée !*

**équiper** **v.** (conjug. 1) *Cette voiture est équipée de vitres teintées*, elle en est munie. — *Il s'est équipé pour aller à la pêche*, il a mis les vêtements qu'il faut et pris le matériel nécessaire.
▶ **équipement** **n. m.** Ensemble des objets, des vêtements, des appareils nécessaires à une activité. *Un équipement de ski.*

**équitable** **adj.** Qui ne favorise ni ne défavorise personne. → **juste.** *Un partage équitable.* || contr. **inégal, injuste** ||.
▶ **équitablement** **adv.** D'une manière juste. *Elle a partagé équitablement les chocolats.*

**équitation** **n. f.** Sport qui consiste à monter à cheval. *Il fait de l'équitation.*

**équité** **n. f.** Respect de ce qui est juste. *Le magistrat a jugé l'affaire avec équité.* → **impartialité, justice.** ▷ ÉQUITABLE, ÉQUITABLEMENT.

**équivaloir** **v.** (conjug. 29) *Une tonne équivaut à 1 000 kilos*, est égale à 1 000 kilos.
▶ **équivalent** **adj.** et **n. m. 1. adj.** *Ces deux appartements ont une surface équivalente*, une surface égale. **2. n. m.** *Je n'ai pas trouvé cette marque de café mais j'ai acheté l'équivalent*, un café semblable.

**équivoque** **adj.** et **n. f. 1. adj.** Dont le sens n'est pas clair, qui peut s'expliquer de plusieurs façons. *Une réponse équivoque.* → **ambigu.** || contr. **clair** || **2. n. f.** Incertitude. *Pour qu'il n'y ait pas d'équivoque, je lui ai dit clairement ce que je voulais.* → **malentendu, quiproquo.**

**érable** **n. m.** Grand arbre à feuilles dentées. *Au Canada, on fait du sucre avec la sève des érables.* ➻ planche Arbres.

**érafler** **v.** (conjug. 1) **1.** Faire une longue écorchure. → **écorcher.** *Les ronces lui ont éraflé les jambes.* → **égratigner. 2.** Entamer la surface en rayant. *Le camion a éraflé l'aile de la voiture.* → **rayer.**
▶ **éraflure** **n. f. 1.** Écorchure. *Elle s'est fait des éraflures aux jambes.* → **égratignure. 2.** Rayure. *Cette voiture a des éraflures sur sa carrosserie.*

**éraillé** **adj.** *Une voix éraillée*, c'est une voix enrouée, rauque.

**ère** **n. f.** Longue période qui commence par un événement à partir duquel on compte les années. *Nous sommes au 20e siècle de l'ère chrétienne.* ◊ homonymes : air, aire.

**érection** **n. f.** Action de construire un monument en hauteur. → aussi **ériger.** *L'érection d'une statue.*

**éreinter** **v.** (conjug. 1) **1.** Causer une grande fatigue physique. *Cette longue marche m'a éreinté.* → **épuiser, exténuer. 2.** Démolir par une violente critique. *Les journalistes ont éreinté ce livre.*
▶ **éreintant** **adj.** Très fatigant. *Un travail éreintant.* → **épuisant, exténuant.**

**ergot** n. m. Pointe recourbée et dure derrière la patte du coq et du chien. — *Se dresser sur ses ergots,* c'est prendre une attitude agressive.

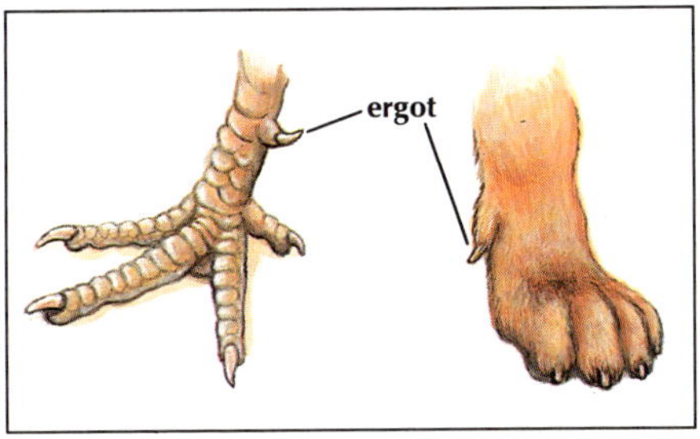


**ergoter** v. (conjug. 1) Discuter sur des détails. → **chicaner, chipoter.** *Tu ne vas pas ergoter pour 2 francs !*

**ériger** v. (conjug. 3) Construire solennellement un monument. → **élever** et aussi **érection.** *On a érigé une statue sur la place.*

**ermite** n. m. Religieux qui vit seul dans un lieu désert.

▶ **ermitage** n. m. Lieu écarté, isolé.

▷ BERNARD-L'ERMITE.

**érosion** n. f. Usure de la surface de la Terre provoquée par les eaux qui coulent, le gel, le vent, etc. *L'érosion transforme le relief.*

**érotique** adj. *Un film érotique,* c'est un film dans lequel il est surtout question de relations sexuelles. → aussi **pornographique.**

**errer** v. (conjug. 1) Aller çà et là, au hasard. *Ils ont longtemps erré avant de trouver la maison.*

▶ **errant** adj. *Ils ont recueilli un chien errant,* un chien perdu.

**erreur** n. f. 1. Action de se tromper, de ne pas faire ce qu'il aurait fallu faire. → **faute.** *Le voleur a commis une erreur en laissant ses empreintes sur le mur. Vous avez pris mon chapeau par erreur.* 2. Faute, inexactitude. *Il a fait une erreur d'addition.*

**erroné** adj. Faux, inexact. *Cette ancienne croyance est erronée.*

**ersatz** [ɛʀzats] n. m. Produit qui en remplace un autre que l'on ne trouve plus ou que l'on ne peut pas utiliser. → **succédané.** *Des ersatz de café.*

**érudit** n. m., **érudite** n. f. Personne qui connaît très bien un sujet parce qu'elle a étudié tous les documents anciens et actuels qui en parlent. → **savant.**

▶ **érudition** n. f. Très grand savoir.

**éruption** n. f. 1. Jaillissement de lave, de cendres et de gaz hors du cratère d'un volcan. *Le volcan est en éruption.* 2. Apparition soudaine d'un grand nombre de boutons sur la peau. *Yves a été piqué par une méduse, il a une éruption de boutons sur le bras.*

**esbroufe** n. f. Familier. *Il fait de l'esbroufe sur sa moto,* il fait l'important en prenant de grands airs. → **bluff.**

**escabeau** n. m. Petite échelle pliante aux marches assez larges. — Au pl. *Des escabeaux.*

**escadre** n. f. Groupe de navires ou d'avions de guerre.

▶ **escadrille** n. f. Groupe d'avions de guerre plus petit qu'une escadre.

▶ **escadron** n. m. Dans la cavalerie, les blindés et la gendarmerie, unité commandée par un capitaine.

**escalade** n. f. 1. *Les alpinistes ont fait l'escalade d'une paroi rocheuse,* ils sont montés tout en haut avec effort. → **ascension.** **2.** Augmentation soudaine. *L'escalade de la violence.*

▸ **escalader** **v.** (conjug. 1) **1.** Passer par-dessus une clôture. *Le voleur a escaladé le mur du jardin.* **2.** Faire l'ascension d'une pente très raide. → **gravir.** *Ils ont escaladé un rocher abrupt.*

**escalator** **n. m.** Escalier mécanique. → escalier **roulant.**

**escale** **n. f.** Arrêt pour prendre du carburant, embarquer ou débarquer des passagers ou des marchandises. *L'avion fait escale à Madrid. Le bateau a fait le trajet Marseille-Naples sans escale.*

**escalier** **n. m.** Suite de marches qui servent à monter et à descendre. *Elle monte l'escalier quatre à quatre. Luc se laisse glisser sur la rampe de l'escalier.*

**escalope** **n. f.** Mince tranche de viande de veau ou de dinde.

**escamoter** **v.** (conjug. 1) Faire disparaître quelque chose sans être vu. *Le prestidigitateur a escamoté une carte.* → **dissimuler.**

▸ **escamotable** **adj.** Qui se replie, se rentre de telle manière qu'on ne le voie plus. *Une antenne de radio escamotable.*

**escampette** **n. f.** Familier. *Prendre la poudre d'escampette,* c'est prendre la fuite. → **décamper, déguerpir.**

**escapade** **n. f.** Petite promenade que l'on fait pour se distraire en se sauvant d'un endroit où l'on est surveillé ou en échappant à ses obligations. *Elles ont fait une escapade pendant la sieste.*

**escarcelle** **n. f.** Petit sac attaché à la ceinture, dans lequel on mettait son argent autrefois. → **bourse.**

**escargot** **n. m.** Petit animal qui porte sur son dos une coquille arrondie enroulée en spirale et se nourrit de végétaux. → aussi **mollusque.** *Les cornes de l'escargot portent les yeux.*

**escargot**

**escarmouche** **n. f.** Bref combat de peu d'importance entre des groupes de soldats isolés.

**escarpé** **adj.** En pente raide. *Un sentier escarpé.* → **abrupt**, à **pic.**

▸ **escarpement** **n. m.** Versant en pente raide. *L'escarpement de la falaise est impressionnant.*

**escarpin** **n. m.** Chaussure de femme très fine, à talons hauts, qui laisse découvert le dessus du pied. *Elle a mis ses escarpins vernis.*

**escarpolette** **n. f.** Siège suspendu par des cordes sur lequel on se balance. → **balançoire.**

à bon **escient** **adv.** Comme il fallait le faire, avec de bonnes raisons. *Il l'a critiqué à bon escient.*

s'**esclaffer** **v.** (conjug. 1) Éclater de rire bruyamment. → **pouffer.** *Ils se sont esclaffés en entendant cette plaisanterie.*

**esclandre** **n. m.** Incident qui consiste à montrer très bruyamment son mécontentement dans un endroit où il y a du monde. *Il a fait un esclandre dans le magasin.* → **scandale.**

**esclave** **n. m.** et **f.** et **adj.** **1.** **n. m.** et **f.** À certaines époques et dans certaines civilisations, personne entièrement privée de liberté qui est achetée par un maître et demeure sous sa domination absolue. *Un esclave devenait un homme libre quand il était affranchi par son maître.* **2. adj.** Soumis à quelque chose qui ne laisse plus de liberté. *Il est esclave de son travail.* → **prisonnier.**

▶ **esclavage** **n. m.** Condition d'esclave. *La France a aboli l'esclavage dans ses colonies, en 1848.*

**escogriffe** **n. m.** *Qui est ce grand escogriffe ?* cet homme de grande taille mal bâti et paraissant un peu maladroit. → **échalas.**

**escompte** **n. m.** Diminution de prix que fait dans certains cas le vendeur à l'acheteur quand celui-ci paie immédiatement. → **rabais, remise.** *Le fabricant fait un escompte de 20 % à un grossiste qui paie comptant.*

**escompter** **v.** (conjug. 1) S'attendre à quelque chose. *Il escomptait être applaudi.* → **compter, espérer.**

**escorte** **n. f.** Groupe de personnes, de véhicules, qui accompagne quelqu'un pour le protéger ou lui faire honneur. *Ils ont vu l'escorte du président de la République.*

▶ **escorter** **v.** (conjug. 1) Accompagner quelqu'un pour le protéger ou lui faire honneur. *Des motards escortaient la voiture du président.*

**escouade** **n. f.** Groupe de quelques hommes. *Une escouade de policiers.*

**escrime** **n. f.** Sport de combat dans lequel deux adversaires s'affrontent au sabre, au fleuret ou à l'épée. *Elle fait de l'escrime.*

s'**escrimer** **v.** (conjug. 1) Déployer de grands efforts pour faire quelque chose. → s'**acharner,** s'**évertuer.** *Je m'escrime à ouvrir cette boîte depuis dix minutes.*

**escroc** [ɛskro] **n. m.** Personne malhonnête qui trompe les gens pour leur prendre de l'argent. *Cet homme d'affaires est un escroc.*

▶ **escroquer** **v.** (conjug. 1) Obtenir malhonnêtement de l'argent de quelqu'un en le trompant. *Il a escroqué une Américaine de plusieurs millions.*

▶ **escroquerie** **n. f.** Vol. *Vendre des fraises des bois aussi cher, c'est de l'escroquerie !*

**espace** **n. m. 1.** Place. *Julie a besoin d'espace pour jouer.* **2.** *Un espace vert,* c'est un endroit, dans une ville, où il y a de la verdure, des arbres. **3.** *L'espace,* c'est le milieu qui se trouve en dehors de l'atmosphère terrestre, là où sont les planètes, les étoiles, le Soleil et la Lune. → **cosmos.** *Les Américains ont envoyé une fusée dans l'espace.* → aussi **spatial. 4.** Distance entre deux objets. *Il y a le même espace entre chaque banc.* → **espacement, intervalle. 5.** *En l'espace de quelques minutes, le ciel est devenu sombre,* en quelques minutes.

▶ **espacement** **n. m.** Distance entre deux choses. *L'espacement des arbres de l'allée est régulier.* → **espace, intervalle.**

▶ **espacer** **v.** (conjug. 3) **1.** Mettre un certain espace entre deux choses. *Il faut espacer ces chaises, elles sont trop rapprochées.* || contr. **rapprocher** || **2.** Séparer par un intervalle de temps. *Maintenant que le malade va mieux, le médecin peut espacer ses visites.*

**espadon** **n. m.** Grand poisson de mer dont la mâchoire supérieure est très longue et pointue.

**espadrille** **n. f.** Chaussure légère de toile à semelle de corde.

**espagnolette** **n. f.** Poignée actionnant une tige métallique, qui permet d'ouvrir ou de fermer une fenêtre.

**espalier** **n. m.** Mur contre lequel on fait pousser des arbres fruitiers. *Il y a des poiriers en espalier dans le potager,* appuyés contre un espalier.

**espèce** **n. f. 1.** Catégorie d'êtres vivants qui ont des caractères communs et peuvent se reproduire entre eux. *Il y a des espèces animales et des espèces végétales. L'espèce humaine,* ce sont les hommes. **2.** Genre, sorte. *Je ne parle pas aux gens de votre espèce,* aux gens comme vous. *Elle a une espèce de pantalon qui ressemble à un pyjama. Espèce d'idiot !* **3.** *Elle a payé en espèces,* en argent liquide.

**espérer** **v.** (conjug. 6) Souhaiter qu'une chose que l'on désire se réalise. *J'espère revenir l'été prochain. J'espère que tu seras là.* || contr. **craindre, redouter** ||.

▶ **espérance** **n. f.** Sentiment d'une personne qui espère. → **espoir.** *Le vert est la couleur de l'espérance. Il vit dans l'espérance que tout ira bien.*
▷ DÉSESPÉRANT, DÉSESPÉRÉ, DÉSESPÉRÉMENT, DÉSESPÉRER, INESPÉRÉ.

**espiègle** **adj.** Vif et malicieux, sans méchanceté. *Anne est espiègle, elle adore faire des farces.*

▶ **espièglerie** **n. f.** Farce.

**espion** **n. m.,** **espionne** **n. f.** Personne qui cherche à connaître les secrets militaires, industriels ou politiques d'un pays étranger pour les transmettre à son propre pays. *Les espions ont souvent une fausse identité pour ne pas être reconnus.*

▶ **espionner** **v.** (conjug. 1) Surveiller quelqu'un en cachette pour connaître un secret. → **épier.** *Il espionne ses voisins.*

▶ **espionnage** **n. m.** Activité des espions. *Il lit des romans d'espionnage.*

**esplanade** **n. f.** Grand terrain plat et dégagé aménagé devant un monument. *L'esplanade des Invalides, à Paris.*

**espoir** **n. m. 1.** Sentiment d'une personne qui souhaite que la chose qu'elle désire arrive. → **espérance.** *Il a le ferme espoir de réussir,* il espère bien réussir. *On a perdu l'espoir de retrouver les naufragés.* **2.** Personne qui a des chances de devenir un grand champion ou un artiste célèbre. *C'est un espoir du ski français.* ▷ DÉSESPOIR.

**esprit** **n. m. 1.** Pensée. *Il me vient une idée à l'esprit. Il a eu la présence d'esprit d'appeler les pompiers,* il a réagi vite et bien en appelant les pompiers. **2.** *Elle a beaucoup d'esprit,* d'humour. **3.** *Il a l'esprit d'équipe,* il est solidaire des membres de son équipe. *Elle a mauvais esprit,* elle est malveillante, elle voit le mal partout. **4.** *Un esprit,* c'est l'âme d'un mort qui revient parmi les vivants. → **fantôme, revenant.** *Esprit, es-tu là ?*

**esquif** **n. m.** Petit bateau léger.

① **Esquimau** **n. m.,** **Esquimaude** **n. f.** Habitant des régions polaires du nord de l'Amérique et du Groenland. *Les Esquimaux habitent dans des igloos.*

② **esquimau** **n. m.** Nom déposé. Glace enrobée que l'on tient comme une sucette, par un bâton. — **Au pl.** *Des esquimaux.*

esquimau

**esquinter** v. (conjug. 1) Familier. Abîmer. *Le chat a esquinté le fauteuil.*

**esquisse** n. f. Dessin rapidement fait, où l'on ne voit que l'essentiel. → **croquis, ébauche.**

▶ **esquisser** v. (conjug. 1) 1. Dessiner rapidement. *Il a esquissé un portrait de la maîtresse.* 2. *Elle esquissa un sourire,* elle le commença sans l'achever. → **ébaucher.**

**esquiver** v. (conjug. 1) 1. *Esquiver un coup,* c'est éviter de le recevoir. 2. *S'esquiver,* c'est s'en aller sans se faire remarquer.

**essai** n. m. 1. *J'ai acheté cette nouvelle marque de café pour faire un essai,* pour en voir les qualités et les défauts. → **expérience.** 2. Tentative. *Au premier essai, il a envoyé la flèche dans la cible.* 3. *Notre équipe a marqué un essai,* un but, au rugby. 4. Livre dans lequel l'auteur dit ce qu'il pense sur un sujet. *Un essai politique.*

**essaim** n. m. Groupe d'insectes en vol ou posés. *Il y a un essaim de guêpes dans le mur.*

▶ **essaimer** v. (conjug. 1) 1. *Les abeilles vont essaimer,* elles vont quitter la ruche en essaim pour aller s'établir ailleurs. 2. *Cette société a essaimé à l'étranger,* elle y a installé des succursales.

**essayer** v. (conjug. 8) 1. Utiliser une chose pour la première fois afin de voir ses qualités et ses défauts. → **expérimenter, tester.** *Il essaie une nouvelle voiture.* 2. Faire des efforts sans être sûr du résultat. *Alex essaie de faire de la planche à voile.* → s'**efforcer, tenter.** 3. *Julie a essayé plusieurs jupes,* elle les a mises sur elle pour voir si elles lui allaient bien.

▶ **essayage** n. m. *Dans les magasins de vêtements, il y a des cabines d'essayage,* des cabines où les clients peuvent essayer les vêtements avant de les acheter. ▷ ESSAI.

**essence** n. f. 1. Carburant tiré du pétrole qui sert à faire marcher les voitures. *Il s'est arrêté pour prendre de l'essence.* → aussi ② **super.** *Elle met de l'essence sans plomb dans sa voiture.* 2. *Dans cette forêt, il y a des essences très variées,* des espèces d'arbres. 3. *L'essence de lavande,* c'est un extrait de cette plante, très concentré.

**essentiel** adj. et n. m. 1. adj. Très utile, très important. *Il manque une pièce essentielle pour faire cette maquette d'avion.* → **indispensable, nécessaire.** 2. n. m. *En voyage, il n'emporte que l'essentiel,* le plus important.

▶ **essentiellement** adv. Surtout, principalement. *C'est un pays essentiellement montagneux.*

**essieu** n. m. Barre de métal qui relie deux roues. — Au pl. *Des essieux.*

**essor** n. m. 1. *L'oiseau prend son essor,* il prend son envol. 2. *Le tourisme est en plein essor dans cette région,* il est en plein développement.

**essorer** v. (conjug. 1) *Essorer du linge,* c'est le tordre pour en faire sortir l'eau.

▶ **essorage** n. m. *Le lave-linge tourne très vite pendant l'essorage.*

**essouffler** v. (conjug. 1) Faire perdre le souffle. *Cette course m'a essoufflé. Je suis tout essoufflé.*

▶ **essoufflement** n. m. Respiration très rapide et malaisée.

① **essuyer** v. (conjug. 8) Sécher ou nettoyer en frottant. *Il essuie la vaisselle. Elle essuie le piano avec un chiffon. — Flora s'essuie en sortant du bain.*

▶ **essuie-glace** n. m. Petit appareil muni d'une lame de caoutchouc qui essuie le pare-brise d'une voiture quand il est mouillé. *Des essuie-glaces à deux vitesses.*

▶ **essuie-main** n. m. Torchon ou serviette qui sert à essuyer les mains. — Au pl. *Des essuie-mains.*

② **essuyer** v. (conjug. 8) Subir une chose désagréable. *Il a essuyé un échec.*

**est** [ɛst] n. m. Un des quatre points cardinaux. *Le soleil se lève à l'est.* → **orient.** *Reims est à l'est de Paris.* — Adj. inv. *Il habite dans la banlieue est,* située à l'est.

**estafilade** n. f. Longue coupure au visage. → **balafre.**

**estampe** n. f. Gravure. *Certains livres anciens sont illustrés de magnifiques estampes.*

**est-ce que** adv. *Est-ce que* sert à poser des questions. *Est-ce que tu viens avec moi ? Où est-ce que nous allons ?*

**esthétique** adj. Beau, décoratif. *Cette vieille poubelle n'est vraiment pas très esthétique.*

▶ **esthéticienne** n. f. Femme qui donne des soins de beauté, fait des maquillages. *L'esthéticienne travaille dans un institut de beauté.*

**estimer** v. (conjug. 1) 1. *L'expert a estimé ce tableau à un million,* il a dit qu'il vaudrait un million si on le vendait. → **évaluer.** 2. Penser, juger. *J'estime que j'ai raison.* 3. Penser du bien de quelqu'un, trouver qu'il a des qualités. *L'inspecteur estime beaucoup la directrice de notre école.* → **apprécier.** ‖ contr. **mépriser** ‖.

▶ **estimable** adj. *C'est une personne très estimable,* une personne qui a beaucoup de qualités.

▶ **estimation** n. f. *Le plombier a fait une estimation du prix des travaux,* il a dit combien cela coûterait. → **évaluation.**

▶ **estime** n. f. Bonne opinion que l'on a d'une personne. *J'ai beaucoup d'estime pour elle.* → **considération.** ‖ contr. **mépris** ‖. ▷ INESTIMABLE, MÉSESTIMER, SOUS-ESTIMER, SURESTIMER.

**estival** adj. D'été. *Malgré la saison, il fait une température estivale.* ‖ contr. **hivernal** ‖ — Au masc. pl. *estivaux.*

**estivant** n. m., **estivante** n. f. *Les premiers estivants arrivent en juin,* les personnes qui viennent passer leurs vacances d'été. → **vacancier.**

**estomac** n. m. Partie de l'appareil digestif située entre l'œsophage et l'intestin et formée d'une poche destinée à recevoir les aliments. *La nourri-*

*ture est broyée et commence à être digérée dans l'estomac.*

**estomper** **v.** (conjug. 1) Rendre moins net. *La brume estompe le paysage.* → **voiler.** *Le temps estompe la douleur.* → **atténuer.** — *Les couleurs du tableau se sont estompées,* elles ont pâli.

**estrade** **n. f.** Plancher surélevé de quelques marches au-dessus du sol. *L'orchestre est installé sur une estrade.*

**estragon** **n. m.** Plante dont on utilise la tige et les feuilles pour parfumer les plats. *L'estragon est un condiment.*

s'**estropier** **v.** (conjug. 7) Se blesser gravement. *Il aurait pu s'estropier en tombant du mur.*

**estuaire** **n. m.** Embouchure vaste et profonde d'un fleuve. *Saint-Nazaire est un port sur l'estuaire de la Loire.*

**esturgeon** **n. m.** Grand poisson qui pond ses œufs dans les fleuves mais vit dans la mer. *Des œufs d'esturgeon.* → **caviar.**

**et** **conjonction.** *Et* sert à relier deux mots ou deux groupes de mots. *Ferme les yeux et ouvre la bouche.*

**étable** **n. f.** Bâtiment où l'on loge les vaches, les bœufs, les veaux. → aussi **bergerie, écurie, porcherie.**

**établi** **n. m.** Grande table très solide sur laquelle on travaille le bois, les pièces métalliques. *Le menuisier ponce une planche sur son établi.*

**établir** **v.** (conjug. 2) **1.** Installer. *Les militaires ont établi leur camp près de l'aéroport.* **2.** Démontrer, prouver. *On a établi que l'accident était dû à une défaillance mécanique.* **3.** *Elle a établi la liste des gagnants,* elle l'a dressée. **4.** *Ces deux pays ont établi des relations diplomatiques,* ils les ont nouées. **5.** *Les Colin se sont établis en Savoie,* ils s'y sont installés.

► **établissement** **n. m.** **1.** Installation. *Je ne les ai pas revus depuis leur établissement en province.* **2.** Bâtiment servant à un usage précis. *Un collège et un lycée sont des établissements scolaires.* ▷ ÉTABLI, RÉTABLIR, RÉTABLISSEMENT.

**étage** **n. m.** **1.** *Les étages d'une maison,* ce sont ses différents niveaux placés les uns au-dessus des autres. *Elle habite au quatrième étage.* **2.** *Le deuxième étage de la fusée s'est détaché,* le deuxième niveau s'est détaché.

► s'**étager** **v.** (conjug. 3) *Les maisons s'étagent sur la colline,* elles sont placées les unes au-dessus des autres sur la colline.

► **étagère** **n. f.** Planche horizontale. *Les livres sont rangés sur l'étagère.*

**étai** **n. m.** Poutre placée obliquement pour soutenir un mur ou une construction peu solide. ▷ ÉTAYER.

**étain** **n. m.** Métal blanc grisâtre, assez mou. *Une théière en étain.*

**étaler** **v.** (conjug. 1) **1.** *Il a étalé des photos sur la table,* ils les a mises les unes à côté des autres en occupant beaucoup de place. → **éparpiller.** || contr. **ramasser** || **2.** Étendre en couche fine. *Il étale du beurre sur sa tartine.* **3.** Montrer quelque chose dont on est très fier. *Il étale ses connaissances.* **4.** Répartir dans le temps. *Il faut étaler les départs en vacances.* **5.** Familier. *Elle s'est étalée de tout son long,* elle est tombée.

▶ **étal** **n. m.** [pl. *étals*] Table où l'on expose les marchandises dans un marché. → **éventaire.**

▶ **étalage** **n. m.** Endroit où l'on expose des marchandises à vendre. *Julie admire les étalages d'un grand magasin.* → **devanture, vitrine.**

▶ **étalagiste** **n. m.** et **f.** Personne dont le métier est de disposer les marchandises dans les vitrines des magasins.

▶ **étale** **adj.** *La mer est étale,* elle a cessé de monter et ne descend pas encore.

▶ **étalement** **n. m.** *L'étalement des départs en vacances évite les bouchons.*

**étalon** **n. m. 1.** Cheval mâle qui peut se reproduire. **2.** Modèle de mesure. *On vérifie une balance avec des poids étalons.*

① **étamine** **n. f.** Étoffe mince, légère. *Un chemisier en étamine de soie.*

② **étamine** **n. f.** Partie d'une fleur qui produit le pollen. ⤜ planche Fleurs. *Les insectes en butinant transportent le pollen des étamines sur le pistil.*

**étancher** **v.** (conjug. 1) *Étancher sa soif,* c'est l'apaiser en buvant.

▶ **étanche** **adj.** Qui ne laisse pas passer l'eau. *Une montre étanche.*

▶ **étanchéité** **n. f.** *On peut aller dans l'eau avec cette montre grâce à son étanchéité.*

**étang** **n. m.** Petit lac peu profond. → aussi **mare.**

**étape** **n. f. 1.** Endroit où l'on s'arrête au cours d'un voyage. → **halte.** *Ils ont fait une étape dans le Midi.* **2.** Distance à parcourir avant de s'arrêter. *Les cyclistes ont parcouru une longue étape.* **3.** Période. *L'adolescence est une étape difficile.* → **moment, phase.**

① **état** **n. m. 1.** *Son état de santé est bon,* il est en bonne santé. *Depuis qu'elle a appris la nouvelle, elle est dans tous ses états,* elle est très agitée, affolée. **2.** *Ce livre est en mauvais état,* il est abîmé. *La voiture est en état de marche,* elle peut marcher. *Le film est encore à l'état de projet,* sous forme de projet. **3.** *Il est pharmacien de son état,* c'est son métier. **4.** *L'état civil d'une personne,* c'est son nom, sa date et son lieu de naissance, sa situation de famille. ▷ ÉTAT-MAJOR.

② **État** **n. m. 1.** *Un État,* c'est un ensemble de personnes qui vivent sur un territoire et obéissent au même gouvernement. → **nation, pays.** *Ce pays est en guerre avec les États voisins.* **2.** *L'État,* c'est l'ensemble des services qui gouvernent un pays. → **administration, gouvernement.** *Plusieurs chefs d'État se sont réunis à Paris. Ce président est un grand homme d'État,* c'est un homme capable de bien gouverner. *Le gouvernement a été renversé par un coup d'État,* par une révolution. → **putsch.**

**état-major** **n. m.** Groupe d'officiers qui commande une armée sous les ordres d'un général. — **Au pl.** *Des états-majors.*

**étau** **n. m.** Instrument composé de deux mâchoires qui maintiennent en le serrant un objet que l'on veut travailler. *Un étau d'établi.* — **Au pl.** *Des étaux.*

**étayer** **v.** (conjug. 8) Consolider un mur, un plafond avec des poutres. → aussi **étai.**

**etc.** [ɛtseteʀa] **adv.** Et ainsi de suite, et le reste. *Une panoplie de cow-boy*

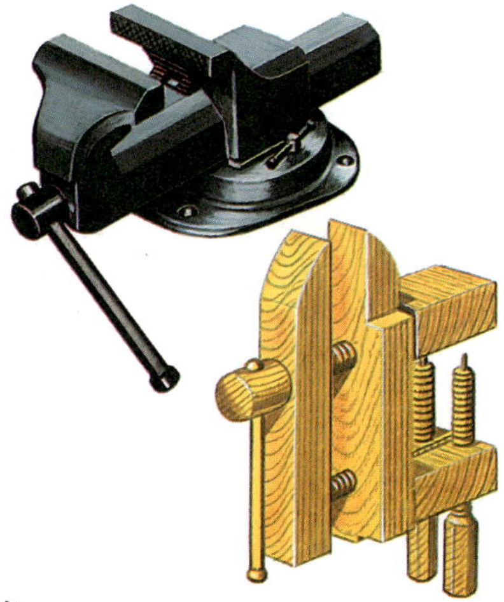
étau

*comporte un chapeau, des bottes, un pistolet, etc.*

**été** **n. m.** Saison la plus chaude de l'année. *Tous les étés, il va en Corse.* → aussi **estival, estivant.**

**éteindre** **v.** (conjug. 52) **1.** Faire cesser de brûler. *Les pompiers ont éteint l'incendie. — Le feu s'est éteint.* **2.** Faire cesser d'éclairer. *Éteins la lumière.* ‖ contr. **allumer** ‖ **3.** *Le malade s'est éteint dans la nuit,* il est mort.

▸ **éteint** **adj.** **1.** Qui ne brûle plus, n'éclaire plus. *La voiture roulait tous feux éteints,* sans aucune lumière allumée. **2.** Faible et triste. *Il parle d'une voix éteinte.*

**étendard** **n. m.** Drapeau. → **bannière.**

**étendre** **v.** (conjug. 41) **1.** Allonger. *On a étendu le blessé.* → **coucher.** **2.** Étaler quelque chose qui était plié. *Elle étend le linge sur le séchoir.* **3.** Diluer, délayer. *Ce sirop doit être étendu d'eau avant d'être bu.* **4.** Rendre plus grand. *Il a étendu ses connaissances en géographie.* → **accroître, augmenter.**

▸ **s'étendre** **v.** **1.** S'allonger, se coucher. *Elle s'est étendue sur son lit.* **2.** Occuper un certain espace. *La plaine s'étend sur des kilomètres.* **3.** Devenir plus grand. *Le mal s'est étendu.*

▸ **étendu** **adj.** Grand, vaste. *D'ici, on a une vue étendue sur la ville. Il a des connaissances très étendues.*

▸ **étendue** **n. f.** **1.** Espace, surface. *Une immense étendue désertique.* **2.** Importance. *Il a constaté l'étendue des dégâts.*

**éternel** **adj.** **1.** Qui a toujours existé et existera toujours. *Les chrétiens croient en un Dieu éternel.* **2.** *Les neiges éternelles,* ce sont des neiges qui ne fondent jamais. **3.** Qui ennuie parce que c'est toujours la même chose. *Ils ont recommencé leurs éternelles discussions politiques.*

▸ **éternellement** **adv.** Sans cesse, continuellement. *Il est éternellement en retard.* → **toujours.**

**s'éterniser** **v.** (conjug. 1) Durer trop longtemps. *Ce repas s'éternise.*

**éternité** **n. f.** **1.** Durée sans commencement ni fin. *Les chrétiens croient que Dieu vit dans l'éternité.* **2.** Temps extrêmement long. *Cela fait une éternité qu'il est parti.*

**éternuer** **v.** (conjug. 1) Rejeter brusquement et avec bruit de l'air par le nez et la bouche.

▸ **éternuement** **n. m.** Passage brutal d'air rejeté par le nez, accompagné d'un bruit. *Le poivre provoque des éternuements.*

**éther** [eteʀ] **n. m.** Liquide incolore qui a une odeur forte, s'évapore très vite et sert à anesthésier et à désinfecter. *Une forte odeur d'éther.*

**ethnie** [ɛtni] **n. f.** Groupe de personnes qui parlent la même langue et ont la même culture. *Un pays peut être composé de plusieurs ethnies.*

**ethnologie** **n. f.** Science qui étudie la vie et les habitudes des peuples.
► **ethnologue** **n. m.** et **f.** Personne qui étudie la façon de vivre des différents peuples.

**étincelle** **n. f. 1.** Minuscule partie brûlante et brillante qui se détache d'un feu. *La bûche crépite et lance des étincelles.* **2.** Petit éclair. *Il y a eu une étincelle dans la prise électrique.*
► **étinceler** **v.** (conjug. 4) Briller vivement. *Les yeux du chat étincellent dans le noir.* → **scintiller.**
► **étincelant** **adj.** *La neige est étincelante de blancheur.*

s'**étioler** **v.** (conjug. 1) *La plante s'étiole,* elle devient rabougrie et décolorée. ‖ contr. s'**épanouir** ‖.

① **étiquette** **n. f.** Morceau de papier placé sur un objet, qui indique son prix, sa composition, sa destination ou son propriétaire. *Elle a mis une étiquette à sa valise.*
► **étiqueter** **v.** (conjug. 4) Mettre une étiquette. *Elle étiquette les bocaux de confiture.*

② **étiquette** **n. f.** Règles que l'on doit observer en présence d'un chef d'État, d'un grand personnage. → **protocole.** *Sous Louis XIV, la Cour respectait l'étiquette.*

**étirer** **v.** (conjug. 1) **1.** Allonger en tirant. *Elle étire un élastique.* **2.** *Le chat s'étire quand il se réveille,* il allonge ses muscles.

**étoffe** **n. f.** Tissu. *Elle a choisi une étoffe rouge pour se faire une jupe.*

**étoffer** **v.** (conjug. 1) Enrichir. *Il faut étoffer ta rédaction de quelques exemples.*

**étoile** **n. f. 1.** Astre. *Les étoiles brillent dans le ciel.* → aussi **constellation.** — *Ils ont dormi à la belle étoile,* en plein air, la nuit. **2.** Ornement à plusieurs branches. *Le général a des étoiles brodées sur son képi.* **3.** *Une étoile de mer,* c'est un animal marin en forme d'étoile à cinq branches. ⋙ planche Crustacés et coquillages. **4.** Artiste très célèbre. → **star, vedette.** *Une danseuse étoile.*
► **étoilé** **adj.** Rempli d'étoiles. *Le ciel était étoilé.*

**étonner** **v.** (conjug. 1) **1.** Causer de la surprise. *Ta question m'a étonné.* → **surprendre.** *Cela m'étonnerait qu'il revienne,* c'est peu probable. **2.** *Je m'étonne de trouver la porte fermée,* je suis surpris.
► **étonnant** **adj.** Qui cause une surprise. *Je viens d'apprendre une chose étonnante.* → **ahurissant, effarant, renversant, surprenant.** ‖ contr. **banal, ordinaire** ‖.
► **étonnamment** **adv.** D'une manière surprenante. *Ils sont étonnamment sages.* → **étrangement.**
► **étonnement** **n. m.** Surprise. *À mon grand étonnement, il est arrivé à l'heure.* → **stupéfaction.**

**étouffer** **v.** (conjug. 1) **1.** Empêcher de respirer. *Serre-moi moins fort, tu m'étouffes.* — *Il a failli s'étouffer en avalant de travers.* → s'**étrangler. 2.** Atténuer. *La moquette étouffe le bruit des pas.* **3.** Avoir du mal à respirer, avoir trop chaud. *Ouvre la fenêtre, on étouffe.*

▸ **étouffant** **adj.** Qui empêche de respirer normalement. *Il fait une chaleur étouffante.* → **accablant.**

▸ **étouffement** **n. m.** Difficulté à respirer. *L'asthme provoque des crises d'étouffement.* → **asphyxie.**

▸ à **l'étouffée** **adv.** *Des endives cuites à l'étouffée,* cuites à la vapeur, dans un récipient fermé. → à l'**étuvée.**

**étourdi** **adj.** Qui ne fait pas attention, oublie tout. → **distrait.** *Anne est très étourdie.* || contr. **attentif** || — **N.** *C'est une étourdie.*

▸ **étourderie** **n. f.** Manque d'attention. *Julie a fait des fautes d'étourderie dans sa dictée.*

**étourdir** **v.** (conjug. 2) **1.** Faire presque perdre connaissance. → **assommer.** *Ce coup sur la tête l'a étourdi.* **2.** Faire mal à la tête. *Ce bruit nous étourdissait.*

▸ **étourdissant** **adj.** Assourdissant. *Un vacarme étourdissant.*

▸ **étourdissement** **n. m.** Vertige. *Il a eu un étourdissement.*

**étourneau** **n. m.** Petit oiseau au plumage sombre tacheté de blanc. → **sansonnet.** — **Au pl.** *Des étourneaux.*

**étourneau**

**étrange** **adj.** Qui étonne. → **bizarre, curieux.** *Cet homme a un air étrange.*

▸ **étrangement** **adv.** Étonnamment. *Il est étrangement silencieux.*

**étranger** **adj.** et **n. m.**, **étrangère** **adj.** et **n. f.**

□ **adj.** **1.** Qui est d'un autre pays. *Il a de nombreux amis étrangers.* **2.** *Nous sommes étrangers à cette affaire,* nous n'y avons pas participé.

□ **n.** **1.** Personne d'un autre pays. *Il a épousé une étrangère.* **2.** **n. m.** *Ils vont en vacances à l'étranger,* dans un pays étranger.

**étrangler** **v.** (conjug. 1) Empêcher de respirer en comprimant le cou. *L'assassin a étranglé sa victime avec une cravate.*

▸ **étranglement** **n. m.** **1.** Endroit resserré. *Le barrage a été construit dans un étranglement de la vallée.* **2.** *Il est mort par étranglement,* étranglé. → **strangulation.**

**étrave** **n. f.** Pièce qui forme la proue d'un navire. *Les vagues se brisent sur l'étrave.*

① **être** **v.** (conjug. 61)

□ **verbe** être. **1.** *Être* marque l'état, la qualité du sujet. *Il est roux. Elle a été courageuse. Les écureuils sont des rongeurs. Le mur est en briques.* **2.** Se trouver. *Les enfants sont en classe.* **3.** Exister. *Il était une fois... Je pense, donc je suis.* **4.** *Cette moto est à lui,* elle lui appartient. **5.** *La maison est à vendre,* elle va être vendue. **6.** *C'est* présente une personne ou une chose. *Ce sont mes amis. C'est une pipe en terre.*

□ **auxiliaire** être. **1.** *Être* sert à former la voix passive. *Le cambrioleur a été arrêté.* **2.** *Être* sert à former le passé composé de certains verbes. *Il est parti. Elle s'est blessée.* ◇ homonyme : hêtre.

▶ ② **être** **n. m.** Créature. *Les êtres vivants.* ▷ BIEN-ÊTRE, C'EST-À-DIRE, EST-CE QUE, N'EST-CE PAS, PEUT-ÊTRE, SOIT.

**étreindre** **v.** (conjug. 52) Entourer et serrer très fort. *Il étreint ses enfants avant de partir.*

▶ **étreinte** **n. f.** *Le catcheur n'est pas décidé à relâcher son étreinte.*

**étrenner** **v.** (conjug. 1) Utiliser pour la première fois. *Elle a étrenné ses nouvelles chaussures aujourd'hui.*

**étrennes** **n. f. pl.** Somme d'argent que l'on donne à l'occasion du 1er janvier. *Il a donné des étrennes au gardien de son immeuble.*

**étrier** **n. m.** Anneau triangulaire qui pend de chaque côté de la selle d'un cheval et dans lequel le cavalier passe ses pieds. ◇ homonyme : étriller.

étrier

**étriller** **v.** (conjug. 1) *Étriller son cheval,* c'est le frotter, le nettoyer. ◇ homonyme : étrier.

**étriqué** **adj.** Trop étroit. *Cette veste est étriquée.* || contr. **ample** ||.

**étroit** **adj.** **1.** Qui n'est pas large. *La route est très étroite.* || contr. **large** || — *Ils déménagent car ils étaient trop à l'étroit dans leur appartement,* ils étaient dans un espace trop petit. **2.** *Il a l'esprit étroit,* il manque d'ouverture. **3.** *Il est en étroite relation avec le maire,* ils se connaissent très bien.

▶ **étroitement** **adv.** De très près. *La police le surveille étroitement.*

▶ **étroitesse** **n. f.** Manque de largeur. *L'étroitesse de la route. Son étroitesse d'esprit m'attriste.*

**étude** **n. f.** **1.** Travail que l'on fait pour apprendre. *Il fait ses études de médecine.* **2.** Ouvrage sur un sujet précis qui a demandé des recherches. *Il lit une étude sur les volcans.* → **essai.** **3.** Temps que les élèves passent à travailler à l'école en dehors des heures de cours. *Il fait ses devoirs pendant l'étude.* **4.** *L'étude d'un notaire,* l'endroit où il travaille.

▶ **étudiant** **n. m.**, **étudiante** **n. f.** Personne qui fait des études à l'université. *Elle est étudiante en médecine.*

▶ **étudier** **v.** (conjug. 7) **1.** Apprendre. *Il étudie l'histoire. Elle étudie le piano,* elle apprend à en jouer. **2.** *Ils ont étudié le projet avant de l'accepter,* ils l'ont examiné avec soin.

▶ **étudié** **adj.** Médité et préparé. *Leur coup était très bien étudié.*

**étui** **n. m.** Boîte ou petite housse qui sert à contenir un objet. *Un étui à lunettes.*

**étuve** **n. f.** Pièce où il fait très chaud, où l'on transpire.

▶ à l'**étuvée** **adv.** *Des carottes cuites à l'étuvée,* cuites dans leur propre vapeur, dans un récipient fermé. → à l'**étouffée.**

**étymologie** **n. f.** Origine d'un mot. *L'étymologie du mot « école » c'est le mot latin « schola ».*

**eucalyptus** **n. m.** Grand arbre des pays chauds dont les feuilles pointues sentent très bon. *On suce des pastilles à l'eucalyptus quand on a mal à la gorge.*

**eucharistie** [økaristi] **n. f.** Sacrement catholique qui rappelle le sacrifice de Jésus-Christ. → **communion.**

**euh !** **interj.** Marque l'embarras, la difficulté à trouver ses mots. *Euh ! je ne sais pas.*

**euphémisme** **n. m.** Façon de parler qui atténue ce que l'on veut dire. *« Disparu » pour « mort » est un euphémisme.*

**euphorie** **n. f.** Impression de bien-être, de grand contentement. *La veille des vacances, c'est l'euphorie générale dans l'école.* || contr. **tristesse** ||.

► **euphorique** **adj.** Qui est très content et le montre. *Anne a l'air euphorique ce matin.*

**eux** **pronom personnel m. pl.** Pluriel de lui. *J'ai reçu une lettre d'eux. Ils l'ont dit eux-mêmes.*

**évacuer** **v.** (conjug. 1) **1.** Quitter un endroit. *Dès que l'alarme a retenti, les habitants ont évacué l'immeuble,* ils sont sortis de l'immeuble. **2.** Faire partir. *Les pompiers évacuent les clients et les employés du magasin en feu.*

► **évacuation** **n. f.** *L'évacuation du magasin a été rapide,* les gens en sont sortis très vite.

s'**évader** **v.** (conjug. 1) S'échapper d'un lieu où l'on est prisonnier. → s'**enfuir,** se **sauver.** *Les prisonniers se sont évadés par les égouts.* → aussi **évasion.**

**évaluer** **v.** (conjug. 1) Donner approximativement un nombre, un prix. *On a évalué à 2000 le nombre des manifestants. Il a fait évaluer sa maison.* → **estimer.**

► **évaluation** **n. f.** Calcul approximatif. → **estimation.** *On va faire l'évaluation du coût des travaux.*

**Évangile** **n. m.** **1.** Enseignement de Jésus-Christ. *Les missionnaires prêchaient l'Évangile pour convertir les païens.* **2.** *Les quatre Évangiles,* ce sont les quatre livres de la Bible qui font partie du Nouveau Testament.

► **évangéliser** **v.** (conjug. 1) *Les missionnaires évangélisaient les foules,* ils leur prêchaient l'Évangile, leur enseignaient la parole de Jésus.

s'**évanouir** **v.** (conjug. 2) **1.** Perdre connaissance, devenir inconscient. *Elle s'est évanouie.* **2.** Disparaître. *Tous ses espoirs se sont évanouis.*

► **évanouissement** **n. m.** Perte de connaissance. → **syncope.** *Les femmes enceintes sont sujettes aux évanouissements.*

s'**évaporer** **v.** (conjug. 1) Se transformer en vapeur. *L'éther s'évapore rapidement.*

► **évaporation** **n. f.** Transformation d'un liquide en vapeur. *L'évaporation de l'eau provoque la formation des nuages.*

**évasé** **adj.** Qui a une forme qui va en s'élargissant. *Une jupe évasée,* serrée à la taille et large en bas.

**évasif** **adj.** Qui ne répond pas clairement, reste dans le vague. *Sa réponse était évasive.* → **vague.**

► **évasivement** **adv.** *Il a répondu évasivement.* || contr. **clairement** ||.

**évasion** **n. f.** Le fait de s'échapper d'un lieu où l'on est prisonnier. *Le prisonnier a fait une tentative d'évasion.* → aussi s'**évader.**

**évêché** **n. m.** **1.** Région dont s'occupe un évêque. → **diocèse.** **2.** Résidence d'un évêque.

**éveiller** v. (conjug. 1) **1.** Faire sortir du sommeil. *L'orage l'a éveillé.* → **réveiller.** — *Anne s'est éveillée très tôt.* || contr. s'**endormir** || **2.** Faire naître. → **provoquer.** *Son absence a éveillé les soupçons.*

▶ **éveillé** adj. **1.** Qui ne dort pas. *Luc est resté éveillé toute la nuit.* || contr. **endormi** || **2.** Plein de vie, de vivacité. *Un bébé très éveillé.* → **dégourdi, vif.** || contr. **abruti, mou** ||.

▶ **éveil** n. m. *Son attitude inhabituelle nous a donné l'éveil,* elle a attiré notre attention, nous a mis sur nos gardes. *Flora a toujours l'esprit en éveil,* elle est toujours attentive.

**événement** n. m. Ce qui arrive et qui a de l'importance. → ② **fait.** *Un événement imprévu m'a empêché de venir.*

**éventail** n. m. [pl. *éventails*] Objet que l'on déplie et que l'on agite pour s'éventer. *Anne a un éventail qu'on lui a rapporté d'Espagne.*

éventail

**éventaire** n. m. Table sur laquelle on expose des marchandises devant un magasin, sur un marché. → **étal.**

**éventer** v. (conjug. 1) **1.** Rafraîchir en agitant l'air. — *Anne s'évente avec un cahier.* **2.** *Le café s'est éventé,* il a perdu son parfum et son goût en restant au contact de l'air.

**éventrer** v. (conjug. 1) Déchirer en ouvrant le ventre. *Le poissonnier éventre la truite pour la vider.*

**éventuel** adj. Qui peut arriver ou non. → **possible.** *Anne est restée chez elle dans l'attente d'une éventuelle visite de Julie.* → **hypothétique.** || contr. **certain, sûr** ||.

▶ **éventuellement** adv. Si l'occasion se présente. → le cas **échéant.** *Éventuellement, je vous téléphonerai pour vous tenir au courant.*

▶ **éventualité** n. f. Chose qui peut arriver. *Il faut envisager toutes les éventualités.*

**évêque** n. m. Prêtre catholique nommé par le pape, et qui est à la tête d'un diocèse. ▷ ARCHEVÊQUE.

s'**évertuer** v. (conjug. 1) Faire tous ses efforts, se donner beaucoup de peine. → s'**acharner,** s'**ingénier.** *La maîtresse s'est évertuée à nous expliquer la règle de trois.* → s'**escrimer.**

**évident** adj. Qui ne fait aucun doute, est tout à fait vrai, réel. → **certain, sûr.** *Il est évident qu'elle a menti.* → **incontestable.** || contr. **douteux, incertain** ||.

▶ **évidemment** adv. Bien sûr. *Évidemment, Anne et Flora se sont assises l'une à côté de l'autre.* → **naturellement.**

▶ **évidence** n. f. **1.** Réalité que l'on ne peut mettre en doute. *Le métier de coureur automobile est dangereux, c'est une évidence. Il faut se rendre à l'évidence,* il faut finir par admettre ce qui est incontestable. **2.** *Elle a mis des photos de sa petite-fille en évidence,* d'une manière visible, pour qu'on les voie immédiatement.

**évider** v. (conjug. 1) Creuser en enlevant un morceau. *Le cuisinier évide les pommes et les remplit de miel.*

**évier** **n. m.** Dans une cuisine, bassin composé d'un ou deux bacs, placé sous un robinet et dans lequel l'eau peut s'écouler.

**évincer** **v.** (conjug. 3) Éliminer, écarter. *Elle a été évincée de sa place.* → **chasser.**

**éviter** **v.** (conjug. 1) **1.** Réussir à ne pas toucher. *Le conducteur a évité le cycliste de justesse.* **2.** Faire en sorte de ne pas rencontrer. *Il est si bête que je l'évite.* **3.** Ne pas faire intentionnellement. *Évite de marcher sur la pelouse.* → s'**abstenir.** **4.** *Nous vous avons évité ce déplacement inutile,* nous avons fait en sorte que vous n'ayez pas à le faire. → **épargner.** ▷ INÉVITABLE.

**évocateur** **adj.** Qui rappelle des souvenirs, fait penser à quelque chose. *Une musique évocatrice.*

**évocation** **n. f.** Rappel d'une chose passée ou oubliée. *L'évocation de sa jeunesse la rend nostalgique.*

**évoluer** **v.** (conjug. 1) **1.** Faire des mouvements variés. *L'avion évoluait dans le ciel en faisant des loopings.* **2.** Changer, se transformer. → **progresser.** *Les ordinateurs ont beaucoup évolué depuis qu'ils existent.* || contr. **stagner** ||.

▶ **évolué** **adj.** *La France est un pays évolué,* civilisé. || contr. **arriéré, rétrograde** ||.

▶ **évolution** **n. f.** **1.** *Les spectateurs admirent les évolutions des patineurs,* les mouvements et les figures qu'ils font. **2.** Changement, développement continu. → **progression, transformation.** *L'évolution des techniques a permis de grands progrès.* || contr. **immobilité, stabilité** ||.

**évoquer** **v.** (conjug. 1) Rappeler à la mémoire. *Les deux vieillards évoquaient leurs souvenirs d'enfance.* ▷ ÉVOCATEUR, ÉVOCATION.

**ex-** Préfixe qui signifie « ancien ». *Son ex-mari,* celui qui a été son mari mais ne l'est plus.

**exacerber** **v.** (conjug. 1) Rendre plus vif, porter à un degré plus élevé. *Ce retard va exacerber son énervement.* || contr. **atténuer, calmer** ||.

**exact** **adj.** **1.** Vrai et précis. *Avez-vous l'heure exacte ?* → **juste.** *Le témoin a dit l'exacte vérité.* || contr. **approximatif, faux, inexact** || **2.** Qui arrive à l'heure. → **ponctuel.** *Elle est toujours exacte à ses rendez-vous.* || contr. en **retard** ||.

▶ **exactement** **adv.** D'une manière exacte. *Il est exactement 14 h 12.* → **précisément.** *Un kilo de plumes et un kilo de plomb pèsent exactement le même poids.* → **strictement.** || contr. **approximativement, environ** ||.

▶ **exactitude** **n. f.** **1.** Caractère d'une chose vraie. *L'exactitude d'un témoignage.* **2.** Qualité d'une personne qui arrive toujours à l'heure. → **ponctualité.** ▷ INEXACT, INEXACTITUDE.

**ex æquo** [ɛgzeko] **adv.** Sur le même rang, à égalité. *Ils sont arrivés tous les deux premiers ex æquo.*

**exagérer** **v.** (conjug. 6) **1.** *Exagérer quelque chose,* c'est lui donner plus d'importance qu'il ne faudrait. → **amplifier, enfler, grossir.** *Il ne faut pas exagérer son rôle dans cette affaire.* || contr. **minimiser** || **2.** En prendre trop à son aise. → **abuser.** *Tu aurais pu prévenir, vraiment tu exagères !* || contr. se **gêner** ||.

▶ **exagération** **n. f.** *Il y a beaucoup d'exagération dans ce que tu dis,* tu exagères. || contr. **mesure, modération** ||.

▶ **exagéré** **adj.** Qui dépasse ce qui est normal. *Ce vélo est d'un prix exa-*

*géré,* trop élevé. → **exorbitant, prohibitif.** || contr. **insuffisant** ||.

▶ **exagérément** **adv.** Avec excès. → **trop.** *Elle était exagérément maquillée.*

**exalter** **v.** (conjug. 1) Remplir d'enthousiasme. *Son discours a exalté l'assistance.* || contr. **abattre, calmer, déprimer** || — *Il s'exaltait en parlant.*

▶ **exaltant** **adj.** Qui remplit d'exaltation. → **enthousiasmant.** *Une lecture exaltante.* || contr. **déprimant** ||.

▶ **exaltation** **n. f.** Grande excitation. → **fièvre.** *L'orateur parlait avec exaltation.* → **enthousiasme.**

**examen** **n. m. 1.** Observation faite avec attention. → aussi **examiner.** *Les policiers font un examen détaillé des pièces à conviction.* **2.** Devoirs surveillés que l'on fait pour obtenir un titre, un diplôme ou pour entrer dans une école. *Il a été reçu à son examen.* → aussi **concours.**

**examiner** **v.** (conjug. 1) Regarder, observer avec attention. → **inspecter.** *La police a examiné le contenu du sac de la victime. Le médecin examine le malade.*

▶ **examinateur** **n. m.,** **examinatrice** **n. f.** Personne qui fait passer un examen.

**exaspérer** **v.** (conjug. 6) Agacer énormément, rendre furieux. → **énerver, excéder.** *Sa lenteur m'exaspère.* → **irriter.**

▶ **exaspération** **n. f.** Très grand agacement. → **énervement.** *Son exaspération était à son comble.*

**exaucer** **v.** (conjug. 3) *Exaucer une prière,* c'est l'accueillir favorablement et faire en sorte qu'elle se réalise.

**excavateur** **n. m.** ou **excavatrice** **n. f.** Machine qui sert à creuser le sol. → **bulldozer.**

excavateur

**excavation** **n. f.** Creux, trou dans un terrain. → **cavité.**

**excéder** **v.** (conjug. 6) **1.** Fatiguer en irritant. → **agacer.** *Je suis excédé par tous ces contretemps.* → **énerver, exaspérer. 2.** Dépasser en nombre, en quantité, en durée. *Son séjour ici n'excédera pas une semaine.*

▶ **excédent** **n. m.** Ce qu'il y a en trop. → **surplus.** *Il y a un supplément à payer pour excédent de bagages en avion.*

▶ **excédentaire** **adj.** Supérieur à ce qu'il faudrait. *Cette année, la récolte de maïs a été excédentaire,* on a récolté trop de maïs.

**exceller** **v.** (conjug. 1) Être très fort, très bon. *Flora excelle en dessin.*

▶ **excellence** **n. f. 1.** *Le prix d'excellence,* c'est le prix décerné au meilleur élève de la classe. **2.** Titre que l'on donne à un évêque, un ambassadeur, un ministre. *Oui, Excellence.*

▶ **excellent** **adj.** Très bon. *C'est une excellente comédienne.* → **admirable,**

**merveilleux, remarquable.** *Ce gâteau était excellent.* → **délicieux, succulent.** ‖ contr. **exécrable, mauvais** ‖.

**excentrique** adj. **1.** Éloigné du centre. → **périphérique.** *Ils habitent dans un quartier excentrique.* ‖ contr. **central** ‖ **2.** Qui n'est pas comme les autres. *Elle porte une robe excentrique.* → **extravagant.** ‖ contr. **banal** ‖.

▸ **excentricité** n. f. Manière de se comporter différente de celle des autres gens. ‖ contr. **banalité** ‖.

**excepté** prép. Sauf. *Le restaurant est ouvert tous les jours, excepté le lundi.* → **hormis.**

▸ **exception** n. f. **1.** Cas particulier. *Certaines règles de grammaire admettent des exceptions.* **2.** *Toute la famille était réunie, sans exception,* sans restriction.

▸ **exceptionnel** adj. Très rare, hors de l'ordinaire. → **extraordinaire.** *Il fait une chaleur exceptionnelle pour un mois de novembre.* ‖ contr. **banal, courant, habituel, normal** ‖.

▸ **exceptionnellement** adv. *Exceptionnellement, la piscine sera fermée mercredi prochain,* pour une fois, elle sera fermée.

**excès** n. m. **1.** Trop grande quantité. *Il a eu une contravention pour excès de vitesse,* parce qu'il dépassait la vitesse autorisée. **2.** *Il ne faut pas faire d'excès, dit le médecin,* il ne faut pas trop boire ni trop manger. → **abus.**

▸ **excessif** adj. *Le chauffard conduisait à une vitesse excessive,* trop élevée. → **exagéré.**

▸ **excessivement** adv. Trop. *Elle est excessivement indulgente avec ses enfants.*

**excipient** n. m. Substance à laquelle on incorpore un médicament. *L'excipient de ce sirop est à la framboise.*

**exciter** v. (conjug. 1) **1.** Faire naître. → **stimuler.** *Tous ces sous-entendus excitent notre curiosité.* → **susciter. 2.** Rendre nerveux. *On excite les taureaux en agitant un tissu rouge devant leurs yeux.*

▸ **excitant** adj. et n. m. **1.** adj. *Un projet excitant,* qui intéresse beaucoup. → **passionnant. 2.** n. m. Produit qui rend nerveux. *Le café est un excitant.*

▸ **excitation** n. f. Énervement, agitation. *Quelle excitation la veille des vacances !* ▷ SUREXCITÉ.

s'**exclamer** v. (conjug. 1) Dire d'une voix forte, en exprimant sa joie, sa colère ou son étonnement. → s'**écrier.** *« Vous ici ! » s'exclama-t-elle.*

▸ **exclamation** n. f. Paroles que l'on dit d'une voix forte. *Les spectateurs poussaient des exclamations de joie. Un point d'exclamation ( !),* c'est un signe de ponctuation qui marque la fin d'une phrase exclamative.

▸ **exclamatif** adj. *« Quelle surprise ! » est une phrase exclamative,* qui exprime une exclamation.

**exclure** v. (conjug. 35) **1.** Renvoyer. → **expulser.** *On exclut du collège les élèves trop indisciplinés.* **2.** Rejeter. → **refuser.** *J'exclus cette éventualité.*

▸ **exclu** adj. Non compris. *Les vacances auront lieu du 1er au 6 exclu.* ‖ contr. **inclus** ‖ — **Au fém.** *exclue.*

▸ **exclusion** n. f. **1.** Renvoi. *Cet élève a mérité son exclusion du collège.* **2.** *Le malade peut manger de tout, à l'exclusion des laitages,* sauf des laitages.

▸ **exclusif** adj. *Ce journal publie le récit exclusif de ses aventures,* un récit que l'on ne peut trouver ailleurs. — **Au fém.** *exclusive.*

► **exclusivement** **adv.** Uniquement. *Les médicaments sont vendus exclusivement en pharmacie.* → **seulement.**

► **exclusivité** **n. f.** *Un film en exclusivité,* c'est un film qui passe dans quelques cinémas seulement.

**excommunier** **v.** (conjug. 7) *Le pape l'a excommunié,* il l'a rejeté de l'Église catholique.

**excrément** **n. m.** Matière solide que les hommes et les animaux rejettent par l'anus après la digestion. → **crotte,** ① **selle,** fam. **caca** ; et aussi **bouse, crottin, fiente.**

**excroissance** **n. f.** Petite grosseur qui se forme sur la peau ou à l'intérieur du corps. *Une verrue est une excroissance.* → **protubérance.**

**excursion** **n. f.** Longue promenade. *Alex et Yves ont fait une excursion en montagne.*

**excuser** **v.** (conjug. 1) **1.** Justifier quelqu'un ou ce qu'a fait quelqu'un. → **défendre, disculper.** *Elle essaie toujours d'excuser ses enfants.* ǁ contr. **accuser** ǁ **2.** Accorder son pardon. → **pardonner.** *Excusez-moi d'arriver en retard,* je vous en demande pardon. **3.** *Julie s'est excusée de son insolence,* elle a présenté ses excuses.

► **excuse** **n. f. 1.** Regret que l'on témoigne à quelqu'un de l'avoir gêné, contrarié. *Il lui a fait ses excuses,* il lui a demandé pardon. **2.** Raison que l'on donne pour se défendre, pour expliquer pourquoi on a commis une faute. *Son retard est sans excuse.* ▷ INEXCUSABLE.

**exécrable** **adj.** Très mauvais. → **abominable, détestable.** *L'huile de foie de morue a un goût exécrable.* → **épouvantable, infect.** ǁ contr. **agréable, bon, excellent** ǁ.

**exécuter** **v.** (conjug. 1) **1.** *Le condamné à mort a été exécuté,* il a été tué après avoir été jugé. **2.** Effectuer. → **faire, réaliser.** *Ils ont fait exécuter des travaux dans la cuisine.* → **accomplir. 3.** *Le pianiste exécute une ballade de Chopin,* il la joue.

► **exécutant** **n. m.,** **exécutante** **n. f. 1.** Personne qui travaille sous les ordres de quelqu'un. *Il n'est pas patron, c'est un simple exécutant.* **2.** *L'orchestre comprend vingt exécutants,* vingt musiciens.

► **exécutif** **adj.** *Le président de la République est à la tête du pouvoir exécutif,* du pouvoir qui fait appliquer les lois. — **Au fém.** *exécutive.*

► **exécution** **n. f. 1.** Mise à mort. *L'exécution d'un condamné.* **2.** Réalisation. *Le projet a été mis à exécution.*

① **exemplaire** **n. m.** Chacun des objets semblables d'une série. *Les journaux sont tirés à plusieurs milliers d'exemplaires.*

② **exemplaire** **adj.** Qui peut servir d'exemple. *Flora a été d'une sagesse exemplaire.*

**exemple** **n. m. 1.** Modèle que l'on peut imiter. *Les enfants obéissants donnent le bon exemple.* **2.** Ce qui prouve, illustre ce que l'on veut démontrer. *Dans un dictionnaire, les exemples montrent comment s'emploie un mot.* **3.** *De nombreuses inventions facilitent la vie, par exemple le téléphone,* notamment, ainsi. ▷ ② EXEMPLAIRE.

**exempt** [ɛgzɑ̃] **adj.** Qui n'est pas soumis à quelque chose. *Un placement exempt d'impôts.* → **exonéré.**

► **exempter** [ɛgzɑ̃tɛ] **v.** (conjug. 1) Autoriser à ne pas faire quelque chose.

→ **dispenser.** *Il a été exempté de service militaire.*

**exercer** **v.** (conjug. 3) **1.** Faire travailler pour développer. *Le calcul mental exerce la mémoire. — Julie et Anne se sont exercées à plonger,* elles s'y sont entraînées. **2.** Pratiquer. *Il exerce le métier d'informaticien.* **3.** *Flora exerce une bonne influence sur ses camarades,* elle a une bonne influence.

▶ **exercice** **n. m. 1.** *Alex fait de l'exercice,* il fait travailler son corps. **2.** Devoir. *Luc a fini ses exercices de grammaire.* **3.** *Elle rencontre du monde dans l'exercice de sa profession,* en faisant son métier.

**exhaler** **v.** (conjug. 1) Dégager. *Les fleurs exhalent un parfum très doux.* → **répandre.**

**exhiber** **v.** (conjug. 1) Faire voir. → **montrer.** *Luc exhibe sa nouvelle trousse.*

**exhorter** **v.** (conjug. 1) Conseiller vivement, encourager fortement. → **inciter, inviter.** *Avant le départ, elle exhorte son mari à la prudence.*

▶ **exhortation** **n. f.** Paroles dites pour exhorter quelqu'un. → **encouragement, incitation, recommandation.**

**exhumer** **v.** (conjug. 1) Retirer de la terre. *Les archéologues ont exhumé un squelette de dinosaure.* → **déterrer.** || contr. **enterrer, inhumer** ||.

**exiger** **v.** (conjug. 3) **1.** Demander avec force et autorité. → **réclamer.** *La maîtresse exige le silence.* → **ordonner. 2.** Rendre indispensable ou obligatoire. *Ce travail exige de la patience.* → **nécessiter, requérir.**

▶ **exigeant** **adj.** *C'est une cliente très exigeante,* qui exige beaucoup, est difficile à satisfaire.

▶ **exigence** **n. f. 1.** Caractère difficile d'une personne exigeante. *Elle est d'une exigence insupportable.* **2.** Chose que l'on exige. *Nous tâcherons de satisfaire vos exigences.*

**exigu** **adj. m., exiguë** **adj. f.** Très petit. → **étroit, minuscule.** *La chambre d'Anne est exiguë.* || contr. **spacieux** ||.

▶ **exiguïté** **n. f.** *L'exiguïté d'un appartement,* sa petitesse.

**exil** **n. m.** Situation d'une personne obligée de vivre hors de son pays. *Il a été contraint à l'exil pour échapper à la police de son pays.*

▶ **exiler** **v.** (conjug. 1) Obliger à vivre hors de son pays. → **bannir, expulser, proscrire.** *Les militaires qui ont pris le pouvoir ont exilé les opposants. — S'exiler,* c'est quitter son pays pour aller vivre ailleurs. → **émigrer,** s'**expatrier.** *Ces révolutionnaires ont dû s'exiler.*

▶ **exilé** **adj.** *Une personne exilée,* c'est quelqu'un qui vit en exil. — **N.** *Des exilés politiques ont demandé asile à notre pays.*

**exister** **v.** (conjug. 1) **1.** Avoir une réalité. *La licorne est un animal imaginaire qui n'a jamais existé. Il existe plusieurs écoles dans le quartier,* il y en a plusieurs. **2.** Avoir de l'importance. *Pour elle, rien n'existe en dehors de la musique.* → **compter.**

▶ **existence** **n. f. 1.** Réalité. *Crois-tu à l'existence des fantômes ?* **2.** Vie. *Ils mènent une existence tranquille en Provence.* ▷ INEXISTANT.

**exode** **n. m.** Fuite, départ en masse de personnes. *L'arrivée de l'armée ennemie a provoqué l'exode de toute la population.*

**exonéré** adj. *Les personnes les plus défavorisées sont exonérées d'impôts,* elles sont dispensées d'en payer. → aussi **exempt.**

**exorbitant** adj. Exagéré, qui dépasse la mesure. → **excessif.** *Une somme exorbitante.* → **prohibitif.**

**exorbité** adj. *Anne le regarde avec des yeux exorbités,* des yeux grands ouverts qui ont l'air de sortir de leurs orbites.

**exotique** adj. Qui vient des pays lointains. *L'ananas et la mangue sont des fruits exotiques.*

▶ **exotisme** n. m. *Flora a le goût de l'exotisme,* elle aime les choses qui viennent de pays lointains.

**expansif** adj. *Julie est expansive,* elle dit facilement et longuement ce qu'elle pense ou ce qu'elle ressent. → **exubérant.** ‖ contr. **renfermé, réservé** ‖.

**expansion** n. f. Croissance, développement, essor. *Cette ville est en pleine expansion.* ‖ contr. **régression** ‖.

s'**expatrier** v. (conjug. 7) Quitter sa patrie pour s'installer dans un autre pays. → **émigrer,** s'**exiler.** *Elle s'est expatriée pour chercher du travail.*

**expédient** n. m. Moyen qui peut tirer d'embarras provisoirement. *Nous trouverons bien un expédient pour nous tirer d'affaire.*

**expédier** v. (conjug. 7) **1.** Envoyer à une adresse. *Il a expédié un colis par la poste à ses parents.* **2.** Faire sans soin et rapidement, pour s'en débarrasser. *Yves a expédié ses devoirs du soir.* → **bâcler.**

▶ **expéditeur** n. m., **expéditrice** n. f. Personne qui envoie une lettre, un paquet. *L'adresse de l'expéditeur est au dos de l'enveloppe.* ‖ contr. **destinataire** ‖.

▶ **expéditif** adj. Rapide, vif. *Elle est expéditive en affaires.*

▶ **expédition** n. f. **1.** Envoi. *Cette employée s'occupe de l'expédition du courrier.* **2.** Voyage d'exploration dans un pays lointain, difficile d'accès. *Les alpinistes ont organisé une expédition dans l'Himalaya.*

**expérience** n. f. **1.** Essai scientifique destiné à étudier un phénomène. *Les expériences en laboratoire font progresser les connaissances.* → aussi **expérimenter.** **2.** Connaissance que l'on a acquise par la pratique. *La maîtresse a une grande expérience des enfants. C'est un homme d'expérience,* qui connaît la vie.

**expérimenter** v. (conjug. 1) Utiliser pour essayer ou étudier. *Le pilote de course expérimente un nouveau modèle de voiture.* → **tester.**

▶ **expérimental** adj. Fondé sur l'expérience. *La physique et la chimie sont des sciences expérimentales.* ‖ contr. **théorique** ‖ — **Au masc. pl.** *expérimentaux.*

▶ **expérimenté** adj. Qui a de l'expérience. → **chevronné.** *C'est un technicien expérimenté.* ‖ contr. **débutant** ‖ ▷ INEXPÉRIMENTÉ.

**expert** adj. et n. m. **1.** adj. Qui est devenu habile grâce à l'expérience. *Le tricot avance vite sous ses doigts experts.* — **Au fém.** *experte.* **2.** n. m. Spécialiste d'une question, d'un domaine, que l'on consulte pour avoir un avis sûr. *L'expert de la compagnie d'assurances examine la voiture accidentée.*

▶ **expertiser** v. (conjug. 1) *Il a fait expertiser ses tableaux,* il a fait estimer leur valeur par un expert.

**expier** v. (conjug. 7) *Le coupable expiera sa faute,* il réparera sa faute en subissant la peine qu'il mérite.

**expirer** v. (conjug. 1) **1.** Rejeter l'air qui se trouve dans les poumons. *On respire en inspirant et en expirant.* **2.** Mourir. *Le blessé a expiré,* il a rendu le dernier soupir. **3.** Ne plus être valable. → **finir.** *Son passeport expire dans six mois.*

► **expiration** n. f. **1.** Mouvement qui fait sortir l'air des poumons. **2.** Moment où se termine un délai. *Le contrat est arrivé à expiration.* → **échéance, terme.**

**explicatif** adj. Qui donne des explications. *La notice explicative d'un appareil,* c'est son mode d'emploi.

**explication** n. f. **1.** Ce qui sert à faire comprendre quelque chose. → **commentaire, éclaircissement.** *La maîtresse a donné des explications très claires.* **2.** Cause, raison. → **motif.** *J'espère que tu as une explication valable à ton retard.* **3.** Discussion au cours de laquelle on s'explique, on justifie sa conduite, son opinion. *Luc et son père ont eu une explication orageuse.*

**explicite** adj. **1.** Très clair, qui ne laisse aucun doute. *Le texte est très explicite.* ǁ contr. **implicite** ǁ **2.** *Il a été explicite,* il s'est exprimé clairement et s'est bien fait comprendre.

**expliquer** v. (conjug. 1) **1.** Faire comprendre. → **montrer.** *La maîtresse nous a expliqué le mouvement de la Terre autour du Soleil.* **2.** Donner la raison, la cause de quelque chose. *Explique-moi pourquoi tu pleures.* **3.** *Anne s'est expliquée avec Luc,* elle s'est justifiée auprès de lui. ▷ EXPLICATIF, EXPLICATION, INEXPLICABLE.

**exploit** n. m. Action remarquable, difficile ou dangereuse. → **prouesse.** *L'alpiniste a réalisé un nouvel exploit.* → **performance.**

**exploiter** v. (conjug. 1) **1.** *Les agriculteurs exploitent la terre,* ils la travaillent pour la mettre en valeur et en tirer profit. **2.** *Elle n'a pas su exploiter sa chance,* en profiter, en tirer avantage. **3.** *Au Moyen Âge, les seigneurs exploitaient les serfs,* ils se servaient d'eux en les faisant travailler dur et en profitant d'eux.

► **exploitant** n. m., **exploitante** n. f. Personne ou société qui fait fonctionner une entreprise. *Son cousin est exploitant agricole.*

► **exploitation** n. f. **1.** *Cette ligne de chemin de fer n'est plus en exploitation,* elle n'est plus en service, elle n'est plus exploitée. **2.** Entreprise que l'on met en valeur. *Une exploitation agricole.* **3.** *Les syndicats ont protesté contre l'exploitation des ouvriers,* contre le fait que les ouvriers étaient exploités, que l'on tirait profit de leur travail.

► **exploiteur** n. m., **exploiteuse** n. f. Personne qui exploite les autres. *Les ouvriers manifestèrent contre leur exploiteur.*

**explorer** v. (conjug. 1) Parcourir une région mal connue en l'étudiant avec soin. *Stanley et Livingstone explorèrent l'Afrique au 19e siècle.*

► **explorateur** n. m., **exploratrice** n. f. Personne qui part dans des régions mal connues. *Savorgnan de Brazza fut un grand explorateur français.*

► **exploration** n. f. *Yves rêve de partir en exploration,* de parcourir des pays inconnus ou mal connus.

**exploser** v. (conjug. 1) **1.** Se rompre tout à coup, éclater violemment. *Une voiture piégée a explosé en démarrant.* **2.** *Sa colère a explosé,* elle s'est manifestée avec violence. → **éclater.**

▶ **explosif** adj. **1.** Qui peut exploser. *Une matière explosive.* — N. m. *Le plastic et la dynamite sont des explosifs,* des produits qui peuvent exploser. **2.** *La situation est devenue explosive,* très tendue.

▶ **explosion** n. f. **1.** Éclatement brusque et violent. → **déflagration.** *L'explosion de la bombe a fait de nombreuses victimes.* **2.** Manifestation soudaine et violente d'un sentiment. *Une explosion de colère.*

**exporter** v. (conjug. 1) Vendre à l'étranger. *La France exporte du vin.* || contr. **importer** ||.

▶ **exportateur** n. m., **exportatrice** n. f. Personne ou pays qui vend des produits à l'étranger. *Le Japon est un grand exportateur de voitures.* || contr. **importateur** ||.

▶ **exportation** n. f. Vente de marchandises à l'étranger. || contr. **importation** ||.

**exposer** v. (conjug. 1) **1.** Montrer, présenter des choses pour qu'on les voie bien. *De nombreux modèles sont exposés en vitrine. Ce peintre expose ses tableaux dans une galerie.* **2.** Faire connaître, présenter. → **décrire.** *Le maire a exposé ses idées aux conseillers municipaux.* **3.** *Ma chambre est exposée à l'ouest,* elle est tournée vers l'ouest. → **orienter.** **4.** *Quand on prend une photo, la pellicule est exposée à la lumière,* elle est soumise à l'action de la lumière. **5.** *Si tu ne travailles pas davantage, tu t'exposes au redoublement,* tu risques de redoubler.

▶ **exposant** n. m., **exposante** n. f. Personne qui expose ses produits. *Les exposants de la Foire de Paris.*

▶ **exposé** n. m. Petit discours sur un sujet précis. *En classe, Flora a fait un exposé sur Vercingétorix.*

▶ **exposition** n. f. **1.** Présentation d'objets que l'on veut montrer. *La maîtresse a organisé une exposition des dessins de ses élèves.* **2.** *Les expositions prolongées au soleil sont déconseillées,* il est déconseillé de rester longtemps au soleil. **3.** *Son appartement a une bonne exposition,* il est bien orienté.

① **exprès** [ɛkspʀɛ] adv. Avec une intention spéciale. → **volontairement.** *C'est exprès que j'ai laissé la porte ouverte.* || contr. par **hasard** || *Il ne l'a pas fait exprès.*

② **exprès** [ɛkspʀɛs] adj. inv. *Le facteur lui a remis une lettre exprès,* il lui a remis une lettre en mains propres avant l'heure de distribution ordinaire du courrier. ◊ homonyme : express.

③ **exprès** [ɛkspʀɛs] adj. m., **expresse** adj. f. *Interdiction expresse de fumer,* interdiction absolue.

▶ **expressément** adv. Nettement, clairement. *Il est expressément défendu d'ouvrir les portières quand le train roule.*

**express** adj. et n. m.

▭ adj. Qui va vite. *Un train express ne s'arrête pas dans toutes les gares. Une voie express,* où l'on va vite.

▭ n. m. **1.** Train qui ne s'arrête que dans quelques gares. *L'express pour Paris partira à 9 h 13.* **2.** Café fait à la vapeur. *Un express et deux croissants, s'il vous plaît !* ◊ homonymes : ② et ③ exprès.

**expressif** adj. Qui exprime bien ce que l'on pense, ce que l'on ressent. *Un geste expressif.* → **éloquent, significatif.** *Un visage expressif,* vivant, mobile. — Au fém. *expressive.*

**expression** n. f. 1. *Le visage de Julie avait une expression joyeuse,* une apparence, un air joyeux. 2. *Le dessin est un moyen d'expression,* c'est un moyen de s'exprimer. 3. Groupe de mots employés ensemble avec un sens particulier. → **locution, tournure.** *« Bête comme ses pieds » est une expression.*

**exprimer** v. (conjug. 1) 1. Faire connaître, laisser voir. *Yves fronça les sourcils, exprimant son mécontentement.* → **montrer.** 2. *S'exprimer,* c'est faire savoir ce que l'on pense par le langage. → **parler.** *Les sourds-muets s'expriment par gestes.*

**exproprier** v. (conjug. 7) *Exproprier quelqu'un,* c'est l'obliger à céder à l'État son terrain, son immeuble contre de l'argent.

**expulser** v. (conjug. 1) Mettre dehors. → **chasser.** *Il a été expulsé du collège.* → **exclure.** *On l'a expulsé de son pays.* → **bannir, exiler.**

▶ **expulsion** n. f. *S'il ne paye pas son loyer, le locataire risque l'expulsion,* il risque d'être expulsé.

**exquis** adj. Très bon, très agréable. → **délicieux.** *Une tarte exquise.* → **succulent.**

**exsangue** [ɛgzɑ̃g] adj. Qui a perdu beaucoup de sang. *Un blessé exsangue vient d'entrer à l'hôpital.*

**extase** n. f. Grande admiration. *Anne est en extase devant son petit frère.*

▶ **s'extasier** v. (conjug. 7) Montrer son admiration, son enthousiasme. → s'**émerveiller.** *Tous ses amis se sont extasiés devant ses tableaux.*

**extensible** adj. Qui peut s'étendre, s'étirer. *Son pantalon de ski est en tissu extensible.* → **élastique.**

**extension** n. f. 1. Mouvement par lequel on étend un membre. *Flexion puis extension du bras.* 2. Augmentation, développement. *Les pompiers ont évité l'extension de l'incendie.*

**exténuer** v. (conjug. 1) Rendre très faible, fatiguer énormément. → **épuiser, éreinter.** *Cette promenade nous a exténués.*

▶ **exténuant** adj. Très fatigant. → **épuisant, éreintant.** *Un travail exténuant.*

**extérieur** adj. et n. m.

▭ adj. 1. Qui est dehors. *Un escalier extérieur.* || contr. **intérieur** || 2. Que l'on voit tout de suite. → **externe.** *Le revêtement extérieur de la casserole est rouge.* 3. *Les boulevards extérieurs d'une ville,* ce sont ceux qui entourent la ville. → **périphérique.** 4. Qui concerne les pays étrangers. *Le pays a changé sa politique extérieure,* sa politique vis-à-vis de l'étranger, ses relations avec les autres pays.

▭ n. m. 1. Ce qui est dehors. *La réserve de bois est à l'extérieur de la maison.* 2. Face externe. *L'extérieur de la boîte est peint à la main.* || contr. **intérieur** ||.

▶ **extérieurement** adv. À l'extérieur, vu de l'extérieur. *Extérieurement, leur maison est très jolie.* || contr. **intérieurement** ||.

**exterminer** v. (conjug. 1) Tuer, massacrer jusqu'au dernier. → **anéantir, détruire, supprimer.** *Certaines tribus d'Indiens d'Amérique ont été exterminées.*

▶ **extermination** n. f. Destruction, massacre systématique. *Ce produit sert à l'extermination des cafards.*

① **externe** **adj.** Qui est situé à l'extérieur. *La face externe d'un verre.* || contr. **interne** ||.

② **externe** **n. m.** et **f.** Élève qui va en classe, sans être en pension et sans déjeuner à la cantine. || contr. **demi-pensionnaire, interne** ||.

**extincteur** **n. m.** Appareil qui sert à éteindre un feu, un incendie.

extincteur

**extinction** **n. f. 1.** Action d'éteindre. *À la pension, l'extinction des feux est à 22 heures,* on éteint la lumière à 22 heures. **2.** Disparition. *Ces animaux sont en voie d'extinction.* **3.** *Luc a une extinction de voix,* il ne peut plus parler d'une voix claire.

**extirper** **v.** (conjug. 1) **1.** Arracher complètement. *Le jardinier extirpe les mauvaises herbes.* **2.** Familier. Faire sortir avec difficulté. *On a toujours du mal à extirper Alex de son lit.*

**extorquer** **v.** (conjug. 1) Prendre par force ou par ruse. → **soutirer.** *Un voyou lui a extorqué ses économies.*

**extra** **n. m. inv.** et **adj. inv.**
□ **n. m. inv. 1.** Chose extraordinaire qu'on ne fait pas d'habitude. *Ils ont fait un extra, ils ont dîné au champagne.* **2.** Serveur que l'on engage pour une grande occasion. *Ils ont pris trois extra pour le dîner de fiançailles.*
□ **adj. inv.** Familier. De très bonne qualité. → **extraordinaire.** *Sa grand-mère fait des confitures extra.*

**extra...** Préfixe, suivi ou non d'un trait d'union, qui signifie « en dehors de », « mieux que », « tout à fait ».

**extraction** **n. f. 1.** Action d'enlever une chose du lieu où elle est enfouie. *L'extraction des minerais.* **2.** Action d'arracher. *L'extraction d'une dent.*

**extra-fin** **adj.** Très fin. *Des petits pois extra-fins. Une aiguille extra-fine.*

**extraire** **v.** (conjug. 50) **1.** *Le médecin a extrait la balle de l'épaule du blessé,* il l'a retirée. **2.** Séparer une substance du corps dont elle fait partie. *On extrait de l'huile du tournesol.* **3.** Tirer un passage d'un livre. *Cette phrase est extraite de « Blancheneige ».*
▶ **extrait** **n. m. 1.** Parfum concentré. *De l'extrait de lavande.* **2.** Passage tiré d'une œuvre. → **morceau.** *Nous avons vu un extrait de ce film à la télévision.* **3.** Copie d'un acte officiel. *Un extrait d'acte de naissance.*

**extra-lucide** **adj.** *Une voyante extra-lucide,* c'est une personne qui prédit l'avenir. — **Au pl.** *extra-lucides.*

**extraordinaire** **adj. 1.** Qui n'est pas habituel, que l'on voit rarement. →

**exceptionnel.** *Les actionnaires sont convoqués pour une réunion extraordinaire.* || contr. **ordinaire** || **2.** Qui étonne, provoque la surprise ou l'admiration. → **curieux, étonnant.** *Il lui est arrivé des aventures extraordinaires.* → **fantastique, merveilleux.** *C'est un homme extraordinaire.* → **remarquable.** || contr. **banal, commun** ||.

▸ **extraordinairement** **adv.** Très. *Il est extraordinairement beau.* → **extrêmement, prodigieusement.**

**extraterrestre** **n. m.** et **f.** Créature qui habiterait une autre planète que la Terre. — **Au pl.** *Des extraterrestres.*

**extravagant** **adj.** Bizarre et un peu fou. *Julie a souvent des idées extravagantes.* → **déraisonnable.** || contr. **raisonnable, sensé** || *Une robe extravagante.* → **excentrique.**

▸ **extravagance** **n. f.** Attitude bizarre. *Ses extravagances nous étonneront toujours.*

**extrême** **adj. 1.** Très grand. *C'est une joie extrême de vous voir.* **2.** Qui est placé tout au bout, le plus loin. → **dernier.** *Ma patience a atteint l'extrême limite.* — **N. m.** *Passer d'un extrême à l'autre,* c'est exagérer dans un sens puis dans l'autre.

▸ **extrêmement** **adv.** À un très haut degré. → **infiniment, très.** *Il est extrêmement riche.* → **extraordinairement, prodigieusement.**

▸ **extrême-onction** **n. f.** Sacrement qu'un prêtre catholique donne à une personne qui est sur le point de mourir. — **Au pl.** *Des extrêmes-onctions.*

▸ **extrémiste** **n. m.** et **f.** Personne qui soutient la doctrine politique la plus violente. || contr. **modéré** ||.

▸ **extrémité** **n. f. 1.** Partie qui se trouve au bout, à la limite. *Yves court jusqu'à l'extrémité de la jetée.* **2.** *Le malade est à la dernière extrémité,* il est dans une situation désespérée.

**exubérant** **adj. 1.** Très abondant. *Dans la jungle, la végétation est exubérante.* → **luxuriant. 2.** Qui manifeste ses sentiments sans retenue. → **démonstratif.** *Une petite fille exubérante.*

**exulter** **v.** (conjug. 1) Éprouver et montrer une joie immense. → **jubiler.** *Les gagnants exultaient.* || contr. se **désoler** ||.

**ex-voto** **n. m. inv.** Plaque portant une formule de remerciement que l'on offre par reconnaissance à un saint, dans une église. — **Au pl.** *Des ex-voto.*

# F

**fa** n. m. inv. Note de musique, la quatrième de la gamme. *Fa est entre mi et sol.* ◊ homonyme : fat.

**fable** n. f. Poésie ou petit récit qui donne un enseignement, fait réfléchir. *« La Cigale et la Fourmi » est une fable de La Fontaine.*

**fabriquer** v. (conjug. 1) Faire. *Il a fabriqué une niche pour son chien.* → **construire, façonner.** *Dans cette usine, on fabrique des meubles.* → **produire.**

▶ **fabricant** n. m., **fabricante** n. f. Personne qui dirige une entreprise qui fabrique des produits.

▶ **fabrication** n. f. *Cet objet est de fabrication artisanale,* il est fabriqué par des artisans.

▶ **fabrique** n. f. Établissement où l'on fabrique les objets en série. → **manufacture, usine.** *Une fabrique de meubles.* ▷ PRÉFABRIQUÉ.

**fabuleux** adj. 1. Qui n'existe que dans les histoires, dans l'imagination. → **imaginaire.** *La licorne est un animal fabuleux.* → **légendaire.** 2. Incroyable mais vrai. → **extraordinaire, fantastique.** *Il est d'une force fabuleuse.* → **prodigieux.**

**fac** → **faculté.**

**face** n. f. 1. Visage. *Il a été blessé à la face.* → **figure.** 2. Côté d'une pièce de monnaie, d'une médaille portant une figure. *Le côté pile et le côté face.* 3. Chacun des côtés d'un objet. *Un cube a six faces égales.* 4. *La boulangerie est en face de l'école,* devant l'école, de l'autre côté de la rue. *Ils se sont assis l'un en face de l'autre.* → en **vis-à-vis.** *La villa est face à la mer,* la façade tournée du côté de la mer. 5. *Il s'est retrouvé face à face avec son ancien directeur,* ils se sont retrouvés l'un en face de l'autre. → **nez** à nez. 6. *Elle n'a pas vu son agresseur de face,* du côté où l'on voit le visage. ‖ contr. de **dos** ‖ 7. *Il a fallu faire face aux difficultés,* les affronter et agir. → faire **front.**

▶ **façade** n. f. 1. Côté d'un bâtiment où se trouve l'entrée. *La façade de l'immeuble est en pierre de taille.* 2. Apparence. *Elle a l'air calme, mais c'est une façade.* ▷ FACETTE, FACIAL, SURFACE, VOLTE-FACE.

**facétie** [fasesi] **n. f.** Plaisanterie. → **blague, farce.** *Julie aime bien faire des facéties.*

► **facétieux adj.** Qui fait des farces. *Une petite fille facétieuse.* → **farceur.**

**facette n. f.** Chacune des petites faces d'un objet qui en a beaucoup. *Un diamant a de nombreuses facettes.*

facette

**fâcher v.** (conjug. 1) **1.** Mettre en colère. → **irriter.** *Cela va sûrement fâcher ton père.* ‖ contr. **réjouir** ‖ — *Elle s'est fâchée contre son fils.* **2.** *Anne s'est fâchée avec tous ses amis,* elle est en mauvais termes avec eux. → se **brouiller.** ‖ contr. se **réconcilier** ‖.

► **fâché adj. 1.** Désolé. → **contrarié, navré.** *Je suis bien fâché de ce qui vous arrive.* ‖ contr. **content** ‖ **2.** *Anne et Julie sont fâchées,* elles sont en mauvais termes.

► **fâcheux adj.** Ennuyeux, regrettable. *Une fâcheuse nouvelle.*

**facial adj.** Qui concerne le visage. *Les nerfs faciaux,* de la face.

**facile adj. 1.** Qui se fait sans effort. → **aisé.** *Une dictée facile.* → **simple.** ‖ contr. **ardu, difficile, dur** ‖ **2.** Agréable. *Yves n'a pas un caractère facile. Flora est facile à vivre.*

► **facilement adv.** Sans effort. → **aisément.** *Ce problème se résout facilement.*

► **facilité n. f. 1.** Qualité de ce qui se fait sans peine. *Ce travail est d'une grande facilité.* ‖ contr. **difficulté** ‖ **2.** Moyen qui permet de faire quelque chose facilement. *Le vendeur lui a accordé des facilités de paiement.*

► **faciliter v.** (conjug. 1) Rendre plus facile. *Vos conseils ont facilité ma décision.* → **aider.** ‖ contr. **gêner** ‖.

**façon n. f. 1.** Manière. *Il y a plusieurs façons de procéder.* → **moyen.** *Elle veut vivre à sa façon,* comme elle l'entend. *Yves n'est jamais content de toute façon,* en tout cas, quoi qu'il arrive. *Flora s'est placée de façon à ce que tout le monde la voie,* pour que tout le monde la voie. **2.** *Je n'aime pas ses façons,* sa manière d'agir, de se comporter. **3.** *Julie fait toujours des façons,* elle a des manières peu naturelles. *Il a accepté sans façon,* simplement. **4.** *La façon d'une robe,* c'est la manière dont elle a été coupée, cousue, sa forme.

► **façonner v.** (conjug. 1) *Le potier façonne l'argile pour en faire un plat,* il travaille l'argile pour lui donner une forme. ▷ CONTREFAÇON.

**fac-similé n. m.** Reproduction exacte d'un écrit, d'un tableau, etc. → **copie.** — **Au pl.** *Des fac-similés.*

① **facteur n. m. 1.** Élément qui contribue à un résultat. *L'énergie et le dynamisme sont des facteurs de réussite.* **2.** Chacun des termes d'une multiplication.

② **facteur n. m.** Personne dont le métier est de distribuer le courrier. → **préposé,** et aussi **postier.** *Le facteur fait sa tournée.*

**factice adj.** Faux, imité. *Les gâteaux en vitrine sont factices.* ‖ contr. **vrai** ‖.

**faction** **n. f.** *Le soldat est en faction devant la porte du palais,* il monte la garde.

**facture** **n. f.** Note à payer. *Le plombier a envoyé sa facture.*

**faculté** **n. f. 1.** Partie d'une université. *La faculté de médecine de Montpellier.* — On dit familièrement *la fac.* **2.** Possibilité. *Vous avez la faculté de choisir.* → **liberté. 3.** *Ce vieillard n'a plus toutes ses facultés,* toute sa raison.

► **facultatif** **adj.** Qui n'est pas obligatoire. *Le grec est une matière facultative en classe de 4ᵉ.*

**fade** **adj. 1.** Qui n'a pas beaucoup de goût. *Cette purée est fade.* → **insipide.** || contr. **épicé** || **2.** Sans éclat. *Une couleur fade.* → **terne.** || contr. **vif** ||.

► **fadeur** **n. f.** *La fadeur d'un plat,* son absence de goût. || contr. **saveur** ||.

**fagot** **n. m.** Petites branches attachées ensemble. *Mets un fagot dans la cheminée pour allumer le feu.*

► **fagoté** **adj.** Familier. *Elle est toujours mal fagotée,* mal habillée.

**faible** **adj.** et **n. m.**

▭ **adj. 1.** Qui manque de force physique. → **délicat, fragile.** *Anne se sent faible ce matin.* || contr. **fort, robuste, vigoureux** || **2.** Qui manque de capacités intellectuelles. *Luc est faible en mathématiques.* → **mauvais, médiocre.** || contr. **bon, doué, fort** || **3.** Qui manque de volonté. *Elle est trop faible avec ses enfants,* elle leur cède facilement. || contr. **dur, ferme, sévère** || **4.** Peu important. *Un vent faible.* → **léger.** || contr. **puissant** ||.

▭ **n. m. 1.** Personne sans volonté. *C'est un faible.* **2.** Goût particulier. → **penchant, préférence.** *Flora a un faible pour le miel.*

► **faiblement** **adv.** *La pièce est faiblement éclairée,* peu éclairée. || contr. **fortement** ||.

► **faiblesse** **n. f. 1.** Manque de force physique. *Le malade est d'une grande faiblesse.* **2.** Manque d'énergie, d'autorité, de fermeté. *Elle a eu la faiblesse de lui pardonner.* || contr. **force** ||.

► **faiblir** **v.** (conjug. 2) Perdre de sa force. *Le vent a faibli.* ▷ AFFAIBLIR, AFFAIBLISSEMENT.

**faïence** **n. f.** Terre cuite recouverte d'émail ou de vernis. *Des assiettes en faïence.* → aussi **porcelaine.**

**faille** **n. f. 1.** Cassure dans l'écorce terrestre. *Les tremblements de terre provoquent des failles.* **2.** Défaut. *Il y a une faille dans ce raisonnement.*

**faillir** **v.** (ne s'emploie qu'à l'infinitif et aux temps composés) **1.** Ne pas faire ce que l'on devrait faire. *Il a failli à ses engagements.* **2.** *Elle a failli tomber,* elle était sur le point de tomber, mais cela ne s'est pas produit. → **manquer.**

► **faillite** **n. f.** Situation d'un commerçant qui ne peut plus payer ses dettes ni tenir ses engagements. *Le boucher a fait faillite.* ▷ DÉFAILLANCE, DÉFAILLIR, INFAILLIBLE.

**faim** **n. f.** Besoin, envie de manger. *Alex a toujours faim,* il est toujours affamé. *Dans de nombreux pays, on souffre de la faim,* du manque de nourriture. → aussi **famine.** ◊ homonymes : ① et ② fin.

**faîne** ou **faine** **n. f.** Fruit du hêtre.

**fainéant** **n. m.,** **fainéante** **n. f.** Personne qui ne veut rien faire. → **paresseux.** *Quelle fainéante !*

**faire** **v.** (conjug. 60) **1.** Fabriquer. *L'oiseau fait son nid.* → **construire. 2.** Effectuer, exécuter. *Julie fait ses devoirs.* **3.** Pratiquer, exercer. *Yves fait du ski.* **4.** Arranger. *Flora a fait son lit.* **5.** Causer, provoquer. *L'explosion a fait du bruit. Anne s'est fait mal. Cette histoire l'a beaucoup fait rire.* **6.** Agir. *Faites comme chez vous.* **7.** Constituer. *Deux et deux font quatre.* → **égaler. 8.** Paraître. *Elle fait jeune pour son âge.* **9.** Parcourir. *Anne et Flora ont fait dix kilomètres à vélo.* **10.** Présenter une certaine mesure, un certain aspect. *Le salon fait quinze mètres carrés.* → **mesurer.** *Quelle taille faites-vous ? Il fera sûrement beau demain.*

▶ se **faire** **v. 1.** Devenir. *Elle se fait vieille,* elle commence à être vieille. *Il se fait tard,* il commence à être tard. **2.** *Je ne peux pas me faire à cette idée,* je ne peux pas m'y habituer. **3.** Avoir. *Elle s'est fait longtemps des illusions. Je me fais du souci. Ne vous en faites pas !* ne vous inquiétez pas ! **4.** Exister. *Cette robe se fait aussi en bleu.* **5.** *Cela ne se fait pas,* il ne faut pas faire cela. **6.** *Il pourrait bien se faire qu'il pleuve ce soir,* cela pourrait bien arriver.

▶ **faire-part** **n. m. inv.** Lettre annonçant une naissance, un mariage, un décès. *Ils ont envoyé des faire-part de mariage.*

▶ **faisable** **adj.** Qui peut être fait. → **possible.** *Ce n'est pas faisable en cinq minutes.* → **réalisable.** ▷ AFFAIRE, S'AFFAIRER, AFFAIRES, BIENFAISANCE, BIENFAISANT, BIENFAIT, BIENFAITEUR, CONTREFAIRE, CONTREFAIT, DÉFAIRE, DÉFAIT, DÉFAITE, DÉFAITISTE, sur ces ENTREFAITES, FAINÉANT, ① et ② FAIT, FAITOUT, INSATISFAIT, MALFAISANT, MALFAITEUR, MÉFAIT, REFAIRE, SATISFAIRE, SATISFAISANT, SATISFAIT, SAVOIR-FAIRE, STUPÉFAIT, SURFAIT.

**faisan** [fəzɑ̃] **n. m.**, **faisane** [fəzan] **n. f.** Oiseau au plumage coloré et à longue queue, de la même famille que la poule. *Un faisan doré.* — **Adj.** *Une poule faisane.*

faisan

▶ **faisandé** **adj.** *De la viande faisandée,* c'est de la viande qui commence à se décomposer, à pourrir.

**faisceau** **n. m. 1.** Ensemble de choses allongées attachées ensemble. *Des faisceaux de brindilles.* **2.** *Le faisceau lumineux d'un phare,* les rayons lumineux qu'il envoie.

① **fait** **adj. 1.** Exécuté, fabriqué. *J'aime le travail bien fait.* **2.** *Le camembert est bien fait,* il est à point pour être mangé. **3.** Maquillé. *Elle a les yeux faits.* **4.** *Une femme bien faite,* qui a un corps harmonieux, bien proportionné. **5.** *Tu as été puni, c'est bien fait,* tu as eu ce que tu méritais.

▶ ② **fait** **n. m. 1.** Action. *Il surveille tous les faits et gestes de ses voisins,* tout ce qu'ils font. *Le cambrioleur a été pris sur le fait,* en train de cambrioler. **2.** Ce qui a eu lieu, qui existe réellement. *Il est venu, c'est un fait,* c'est sûr. *En fait, ils sont frères,* en réalité. *Dans le journal, il lit la rubrique des faits divers,* des événements peu importants. **3.** *Au fait, donne-moi ton adresse !* à propos, pendant que j'y pense.

**faîte** **n. m.** Le point le plus élevé. → **sommet.** *Le faîte d'un arbre.* → **cime.** ◊ homonyme : fête.

**faitout** **n. m.** Grand récipient qui a deux poignées et un couvercle, et qui va sur le feu. → **cocotte, marmite.** — **Au pl.** *Des faitouts.*

**fakir** **n. m.** Homme qui fait des tours de magie et semble être insensible à la douleur. *Le fakir s'est couché sur une planche à clous.*

**falaise** **n. f.** Côte élevée qui tombe à pic dans la mer. *Les falaises d'Étretat.*

**fallacieux** **adj.** Trompeur. *Une promesse fallacieuse.* || contr. **sincère** ||.

① **falloir** **v.** (conjug. 29 ; ne s'emploie qu'à l'infinitif et à la 3e personne du singulier) **1.** Être nécessaire. *Il faut un passeport pour aller aux États-Unis. Il me fallait une valise,* j'avais besoin d'une valise. *Il faudra que tu viennes nous voir.* **2.** *Tiens-toi à table comme il faut,* convenablement.

② s'en **falloir** **v.** (conjug. 29) *Il s'en est fallu de peu qu'il rate son train,* il a failli rater son train.

**falsifier** **v.** (conjug. 7) Changer pour tromper. → **trafiquer.** *On a falsifié la date de ce document.*
► **falsification** **n. f.** *La falsification des chèques est punie par la loi.*

mal **famé** **adj.** *Ces rues sont mal famées,* elles ont mauvaise réputation à cause des gens qui les fréquentent.

**famélique** **adj.** Qui est maigre parce qu'il ne mange pas assez. *Une chatte famélique.*

**fameux** **adj. 1.** Qui a une grande réputation, bonne ou mauvaise. *La région est fameuse pour ses vins.* → **célèbre, connu, renommé. 2.** Remarquable parce que très bon. *Ce repas est fameux.* → **excellent.** || contr. **mauvais** ||.

**familial** **adj.** De la famille. *Une réunion familiale. Ils ont des ennuis familiaux.*

se **familiariser** **v.** (conjug. 1) S'habituer. *Anne s'est familiarisée avec le danger et elle n'a plus peur en bateau.*

**familiarité** **n. f.** Manière familière de se comporter avec quelqu'un. *La directrice de l'école n'aime pas que les élèves lui parlent avec familiarité.*

**familier** **adj. 1.** Que l'on connaît bien. *C'est une voix familière qui a répondu au téléphone.* — **N. m.** Personne qui est considérée comme un membre de la famille, un intime. *L'assassin était certainement un familier de la victime.* **2.** Qui ne témoigne pas de respect. *Ces élèves sont trop familiers avec leur maîtresse.* || contr. **respectueux** || **3.** *Un mot familier,* c'est un mot que l'on évite d'employer quand on parle à quelqu'un que l'on ne connaît pas bien ou quand on écrit. « *Bagnole* » *est un mot familier.*
► **familièrement** **adv.** *Elle l'a pris familièrement par le bras,* avec simplicité.

**famille** **n. f. 1.** Le père, la mère et les enfants. *Il a fait un séjour dans une famille anglaise. — Un père de famille,* c'est un homme qui a des enfants. **2.** Ensemble des personnes liées entre elles par le mariage, la naissance, l'adoption. *Ils passent Noël en famille.* → aussi **parenté. 3.** Classement qui rassemble des groupes d'animaux ou de plantes. *Le mouton et l'antilope font partie de la famille des bovidés.* **4.** *Une* *famille de mots,* c'est l'ensemble des mots qui contiennent un même mot. *« Rougeâtre », « rouge-gorge », « rougir » et « peau-rouge » sont des mots de la famille de « rouge ».*

**famine** **n. f.** Manque de nourriture. *La sécheresse a détruit les récoltes et provoqué la famine dans la région.* → **disette.**

**fanal** **n. m.** [pl. *fanaux*] Grosse lanterne, sur un navire.

**fanatique** **adj. 1.** Qui a une foi absolue, qui croit aveuglément une doctrine ou une personne, et qui est capable de n'importe quoi pour faire triompher ses idées. *Des militants fanatiques.* — **N.** *Un fanatique a assassiné le président.* **2.** Qui a une grande admiration pour quelqu'un ou quelque chose. *Il est fanatique de rock.* → **fou.** — **N.** *C'est un fanatique de football.* → **passionné.** — On dit familièrement *un fan* [fan].

▸ **fanatisme** **n. m.** Comportement de personnes fanatiques.

**faner** **v.** (conjug. 1) **1.** *Les paysans fanent la luzerne,* ils la retournent après l'avoir fauchée pour la faire sécher. → aussi **fenaison. 2.** *La rose s'est fanée,* elle s'est desséchée et elle est morte en perdant sa couleur et sa consistance. → se **flétrir.**

▸ **fané** **adj.** *Jette ces fleurs fanées !* desséchées, mortes.

**fanfare** **n. f.** Orchestre composé d'instruments en cuivre et de tambours. *La fanfare municipale.*

**fanfaron** **n. m., fanfaronne** **n. f.** Personne qui se vante de ses exploits ou de son courage. *Luc fait le fanfaron devant ses amis.*

▸ **fanfaronnade** **n. f.** Ce que fait ou dit un fanfaron. → **vantardise.**

**fanfreluche** **n. f.** Petit ornement inutile. *Il y a trop de fanfreluches sur sa robe.*

**fange** **n. f.** Boue presque liquide.

**fanion** **n. m.** Petit drapeau.

**fanon** **n. m.** Chacune des nombreuses lames en corne fixées dans la bouche de certains cétacés. *Les fanons d'une baleine.*

**fantaisie** **n. f. 1.** Originalité amusante. *Sa vie manque de fantaisie.* **2.** Envie soudaine. → **caprice.** *Tout à coup, il lui a pris la fantaisie de traverser la rivière à la nage.* → **lubie. 3.** *Elle a des bijoux fantaisie,* sans valeur.

▸ **fantaisiste** **adj.** et **n. m.** et **f. 1. adj.** Peu sérieux. *Son explication est un peu fantaisiste.* **2. n. m.** et **f.** Artiste qui chante des chansons amusantes, raconte des histoires drôles, fait des imitations. → **comique.**

**fantasmagorique** **adj.** Qui semble irréel. *Un spectacle fantasmagorique.* → **fantastique, féerique.**

**fantasque** **adj.** Qui change souvent d'avis. → **capricieux.** *Julie a un esprit fantasque.*

**fantassin** **n. m.** Soldat qui combat à pied. → aussi **infanterie.**

**fantastique** **adj. 1.** Qui est créé par l'imagination, qui n'existe pas. → **fabuleux, imaginaire.** *Le dragon est un animal fantastique.* **2.** Qui étonne ou plaît beaucoup. → **étonnant, formidable, sensationnel.** *Il a une chance fantastique.* → **extraordinaire.**

**fantôme** **n. m.** Être imaginaire qui serait l'apparition d'un mort. → **reve-**

**nant,** ① **spectre.** *On dit que ce château est hanté par un fantôme.*

**faon** [fɑ̃] **n. m.** Petit du cerf, du daim ou du chevreuil. *Une biche et son faon.*

**faramineux** **adj.** Familier. *Le loyer de cet appartement est faramineux,* il est beaucoup trop cher. → **exorbitant.** — **Au fém. sing.** *faramineuse.*

**farandole** **n. f.** Danse exécutée par une file de danseurs qui se tiennent par la main. *Ils ont fait la farandole à travers l'appartement.*

① **farce** **n. f. 1.** Tour que l'on joue à quelqu'un. → **plaisanterie ;** fam. **blague.** *Luc et Yves ont fait une farce à Flora.* **2.** Objet qui sert à faire une farce. *Un magasin de farces et attrapes.*

▸ **farceur** **n. m.,** **farceuse** **n. f.** Personne qui aime plaisanter, faire des farces. *Quel farceur !*

② **farce** **n. f.** Mélange d'aliments hachés que l'on met dans une viande, un poisson, des légumes.

▸ **farcir** **v.** (conjug. 2) Remplir avec de la farce. *Le cuisinier farcit la dinde.*

▸ **farci** **adj.** Rempli de farce. *Des tomates farcies.*

**fard** **n. m.** Produit coloré que l'on emploie pour se maquiller. *Du fard à paupières.* ◊ homonyme : phare.

▸ **se farder** **v.** (conjug. 1) Mettre du fard. → se **maquiller.** *Elle s'est trop fardée.*

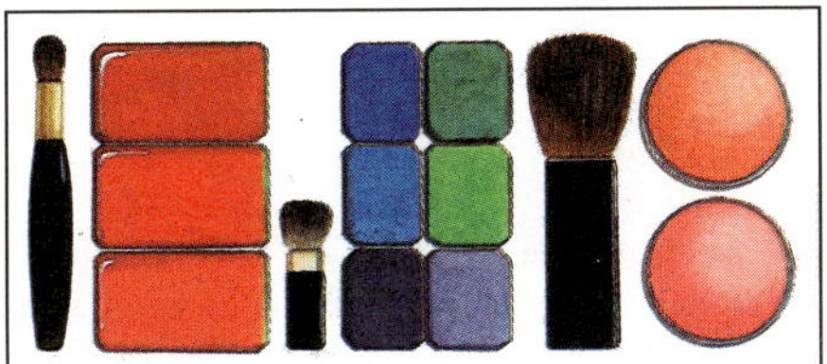

**fard**

**farde** **n. f.** Ce mot est employé en Belgique. Chemise cartonnée.

**fardeau** **n. m.** Chose lourde qu'il faut porter. *L'âne est chargé de lourds fardeaux.*

**farfadet** **n. m.** Lutin agile et malicieux.

**farfelu** **adj.** Un peu fou, bizarre et amusant. *Une histoire farfelue.* → **saugrenu.**

**farine** **n. f.** Poudre obtenue en écrasant les graines de certaines céréales. *On fait des crêpes avec de la farine de blé ou de sarrasin.*

▸ **farineux** **n. m.** et **adj. 1. n. m.** Légume qui peut fournir de la farine ou qui contient de la fécule. → **féculent.** *Les lentilles et les haricots sont des farineux.* **2. adj.** Fade et pâteux. *Une poire farineuse.*

**farouche** **adj. 1.** Qui s'enfuit quand on l'approche. → **craintif, peureux, sauvage.** *Cette biche est venue près de nous, elle n'est pas farouche.* || contr. **familier** || **2.** Qui refuse de se soumettre, violent. *Un farouche adversaire.*

▸ **farouchement** **adv.** Avec violence et détermination. *Ils sont farouchement opposés à ce projet.* ▷ EFFAROUCHER.

**fascicule** **n. m.** Petit livre très plat, comprenant peu de pages, qui représente une partie d'un gros livre. *Cette encyclopédie est vendue chaque semaine par fascicules.*

**fasciner** **v.** (conjug. 1) Éblouir et attirer. → **captiver, émerveiller.** *Le numéro fait par le magicien a fasciné les spectateurs.*

► **fascinant** adj. Qui charme et retient. *Elle est d'une beauté fascinante.*

► **fascination** n. f. Séduction irrésistible. *Ce chanteur exerce une véritable fascination sur les jeunes.*

**fascisme** [faʃism] n. m. Système politique fondé sur un parti unique et un chef tout-puissant qui contrôle tout, n'admet aucune opposition et élimine ses adversaires par la violence. *Mussolini a établi le fascisme en Italie en 1922.* → aussi **nazisme.**

► **fasciste** n. m. et f. Partisan du fascisme. *La lutte contre les fascistes.* — Adj. *Il a des idées fascistes,* il est autoritaire et partisan de la violence.

① **faste** n. m. Grand luxe. → **apparat, éclat, pompe.** *Ils nous ont reçus avec faste.* || contr. **simplicité** || ▷ FASTUEUX.

② **faste** adj. *Aujourd'hui est un jour faste,* un jour heureux, favorable, où tout réussit. ▷ NÉFASTE.

**fastidieux** adj. Qui cause de l'ennui. → **assommant, ennuyeux.** *Cette leçon de géographie est fastidieuse.* || contr. **amusant, distrayant, intéressant** ||.

**fastueux** adj. Plein de luxe. *Le roi menait une vie fastueuse.* || contr. **modeste, simple** ||.

**fat** [fat] ou [fa] adj. Très prétentieux. *Elle est un peu fate.* → **poseur, vaniteux.**
◊ homonyme : fa.

**fatal** adj. 1. Qui doit arriver forcément. → **inéluctable, inévitable.** *Il n'a pas assez travaillé et il va redoubler, c'est fatal.* 2. Qui a des effets catastrophiques. *Les averses de grêle ont été fatales aux récoltes.* 3. Qui provoque la mort. → **mortel.** *Le conducteur a commis une imprudence qui lui a été fatale.* — Au masc. pl. *fatals.*

► **fatalement** adv. D'une façon inévitable. → **forcément, obligatoirement.** *Cela devait fatalement arriver.*

► **fataliste** adj. Qui accepte les événements en pensant qu'ils sont fixés par le destin, qu'ils sont inévitables. *Elle est devenue fataliste en vieillissant.*

► **fatalité** n. f. Coup du destin, hasard malheureux. *Ce n'est pas de ma faute, c'est la fatalité.*

**fatidique** adj. Qui doit fatalement arriver. *Et voici le jour fatidique où sont proclamés les résultats de l'examen !*

**fatiguer** v. (conjug. 1) 1. Causer de la fatigue. → **épuiser, éreinter, exténuer.** *Cette longue marche nous a fatigués.* || contr. **reposer** || *Julie s'est fatigué les yeux en regardant la télévision de trop près.* 2. Ennuyer. *Tu nous fatigues avec tes histoires !* 3. *Se fatiguer de quelque chose,* c'est en avoir assez. → se **lasser.** *Flora s'est vite fatiguée de ses nouveaux jouets.*

► **fatigue** n. f. Grande lassitude. *Anne tombe de fatigue.* → **épuisement.**

► **fatigant** adj. 1. Qui cause de la fatigue. → **épuisant, éreintant, exténuant.** *Une journée très fatigante.* || contr. **reposant** || 2. Qui ennuie. → **lassant** ; fam. **embêtant.** *Tais-toi un peu, tu es vraiment fatigant !*

► **fatigué** adj. Qui ressent de la fatigue. *Tu as l'air très fatigué.* → **épuisé, harassé, las.** ▷ INFATIGABLE.

**fatras** [fatʀa] n. m. Tas d'objets en désordre. *Yves cherche son stylo sous un fatras de livres et de cahiers.*

**faubourg** n. m. Partie d'une ville qui se trouve loin du centre, à la périphérie. *Il habite dans les faubourgs de Marseille.* → **banlieue.**

**fauché** adj. Familier. Qui n'a pas d'argent. → **pauvre.** *Elle est complètement fauchée depuis les vacances.*

① **faucher** v. (conjug. 1) 1. Couper avec une faux ou une faucheuse. *On fauche les blés au mois d'août.* → **moissonner.** 2. Faire tomber. → **renverser.** *La voiture a fauché trois piétons.*

▶ **faucheuse** n. f. Machine agricole qui sert à faucher. *Le fermier conduit la faucheuse.*

▶ **faucheux** n. m. Sorte d'araignée au corps très mince et aux très longues pattes.

② **faucher** v. (conjug. 1) Familier. Voler. *On m'a fauché mon portefeuille.*

**faucille** n. f. Petit instrument formé d'une lame d'acier en demi-cercle au bout d'un manche court et qui sert à faucher l'herbe.

**faucon** n. m. Oiseau de proie au bec court et crochu, qui vit le jour. *Autrefois, on dressait les faucons pour la chasse.*

faucon

**faufiler** v. (conjug. 1) 1. Coudre à grands points et provisoirement. *La couturière faufile l'ourlet.* 2. *Julie et Anne se sont faufilées dans la file d'attente,* elles s'y sont glissées sans se faire remarquer.

**faune** n. f. *La faune d'une région,* c'est l'ensemble des animaux qui vivent dans cette région. *Dans les parcs nationaux, la faune est protégée.* → aussi **flore.**

**faussaire** n. m. et f. Personne qui fait des faux. *Ce faussaire a peint de faux tableaux de Monet.*

**faussement** adv. D'une manière fausse, étudiée, affectée. *Un air faussement gai.*

**fausser** v. (conjug. 1) 1. Rendre faux. *Une erreur de calcul a faussé le résultat.* 2. Déformer. *La serrure ne fonctionne plus, elle a été faussée.* ◊ homonyme : fossé.

**faute** n. f. 1. Erreur. *Flora a fait deux fautes dans sa dictée.* 2. *Il a été pris en faute par sa mère,* elle l'a surpris en train de faire quelque chose de mal. 3. *Julie est en retard ce matin, mais ce n'est pas de sa faute,* elle n'est pas responsable. 4. *Faute de preuves, le suspect a été relâché,* par manque de preuves. 5. *Soyez là demain sans faute à 8 heures,* de manière sûre. ▷ FAUTIF.

**fauteuil** n. m. Siège qui a des bras et un dossier. *On est bien assis dans ce fauteuil. Un fauteuil roulant,* c'est un fauteuil à grandes roues qui permet à un handicapé de se déplacer.

**fautif** adj. 1. Qui est en faute. *Julie se sent fautive de ne pas avoir appris sa leçon de géographie.* → **coupable.** ‖ contr. **innocent** ‖ 2. Qui contient des fautes, des erreurs. *Cette traduction est fautive.* → **erroné, incorrect.** || contr. **exact, juste** ||.

**fauve** **adj. 1.** *Les bêtes fauves,* ce sont les grands mammifères féroces, sauvages. *Les tigres et les lions sont des bêtes fauves.* — **N. m.** *Les fauves du zoo dorment dans leurs cages.* **2.** D'une couleur jaune tirant sur le roux. *Elle avait des bottes fauves.*

▸ **fauvette** **n. f.** Petit oiseau à plumage parfois fauve. *Les fauvettes se nourrissent d'insectes et de petits fruits.*

① **faux** **adj., adv.** et **n. m.**

▭ **adj. 1.** Contraire à la vérité. *Ce que tu dis est faux.* → **inexact.** || contr. **exact, juste, vrai** || *C'est faux, je ne l'ai pas vu,* c'est un mensonge. **2.** Qui semble vrai mais ne l'est pas. *Ces perles sont fausses.* **3.** Hypocrite. *Un air faux et sournois.* **4.** Qui n'est pas justifié. *On a cru qu'il y avait une bombe dans l'avion mais c'était une fausse alerte.* **5.** Qui n'est pas comme il devrait être. *Ce piano est faux,* il ne joue pas juste. *Elle a fait un faux mouvement,* un mouvement maladroit.

▭ **adv.** *Alex chante faux,* il ne chante pas juste.

▭ **n. m. 1.** Ce qui n'est pas vrai. *Avec Yves, c'est toujours difficile de distinguer le vrai du faux.* **2.** Copie que l'on fait passer pour vraie. *Ce tableau est un faux.* ▷ FAUSSAIRE, FAUSSEMENT, FAUSSER, FAUX-MONNAYEUR, en PORTE-À-FAUX.

② **faux** **n. f.** Instrument formé d'un long manche et d'une grande lame qui sert à couper l'herbe. *Le fermier aiguise sa faux.* ▷ FAUCHER, FAUCHEUSE, FAUCILLE.

**faux-fuyant** **n. m.** Moyen que l'on trouve pour ne pas répondre à une question ou ne pas prendre une décision. → **excuse, prétexte** *Il cherche toujours des faux-fuyants pour ne pas avoir à s'expliquer.*

**faux-monnayeur** **n. m.** Personne qui fabrique de la fausse monnaie. *Les faux-monnayeurs ont écoulé de faux billets de 500 francs.*

**faveur** **n. f. 1.** Avantage que l'on accorde à quelqu'un parce qu'on l'aime bien ou qu'on veut lui faire plaisir. *Le roi a accordé une faveur à son protégé.* → **privilège. 2.** Considération. *Cette actrice a la faveur du public,* elle est très populaire. **3.** *Le professeur est intervenu en faveur d'un élève,* dans l'intérêt d'un élève.

**favorable** **adj. 1.** Qui aide à l'accomplissement de quelque chose. *Il faut attendre le moment favorable pour lui parler.* → **propice. 2.** Qui est d'accord avec une décision. *Il est très favorable à ce projet.* || contr. **hostile** || ▷ DÉFAVORABLE.

**favoriser** **v.** (conjug. 1) Donner un avantage. → **aider, avantager.** *La maîtresse ne favorise aucun de ses élèves.*

▸ **favori** **adj.** et **n. m. 1. adj.** Que l'on préfère. *Anne écoute toute la journée le dernier disque de sa chanteuse favorite.* **2. n. m.** *Le favori,* c'est, dans une course, le cheval qui a les meilleures chances de gagner. *Le favori a pris un mauvais départ.* ▷ DÉFAVORISÉ.

**favoritisme** **n. m.** Injustice qui avantage ceux que l'on préfère. *Elle traite ses trois enfants de la même façon, sans faire de favoritisme.*

**fax** **n. m. 1.** Appareil qui permet de transmettre un message écrit immédiatement, en faisant un numéro, comme au téléphone. *Il a un fax dans sa voiture.* **2.** *Il m'a envoyé un fax de Tokyo,* un message écrit transmis par cet appareil.

**fébrile** **adj.** **1.** Qui a de la fièvre. → **fiévreux.** *Ce matin, Luc se sent un peu fébrile.* **2.** *Julie attend son père avec une impatience fébrile,* très grande.

▶ **fébrilité** **n. f.** Excitation, agitation. *Il tournait les pages avec fébrilité pour connaître la fin de l'histoire.*

**fécond** **adj.** **1.** Qui a beaucoup de petits. *Les lapines sont très fécondes.* || contr. **stérile** || **2.** *La journée a été féconde en événements,* il s'est passé beaucoup de choses.

▶ **féconder** **v.** (conjug. 1) *Le taureau a fécondé la vache,* il lui a fait un petit.

▶ **fécondation** **n. f.** Union d'une cellule mâle et d'une cellule femelle aboutissant à la transformation d'un œuf. *Chez certains animaux, la fécondation se fait dans le corps de la femelle, chez d'autres elle se fait à l'extérieur.*

▶ **fécondité** **n. f.** **1.** Possibilité de se reproduire. *La fécondité des lapines est très grande.* || contr. **stérilité** || **2.** Richesse. *Son imagination est d'une fécondité prodigieuse.*

**fécule** **n. f.** Sorte de farine contenue dans certains légumes. *La fécule de pomme de terre.*

▶ **féculent** **n. m.** Légume qui contient de la fécule. *Les haricots et les pommes de terre sont des féculents.* → aussi **farineux.**

**fédéral** **adj.** *Un État fédéral,* c'est un État dirigé à la fois par un gouvernement central et des assemblées locales. *Les États-Unis, le Canada et la Suisse sont des États fédéraux.*

**fédération** **n. f.** **1.** État formé de la réunion de plusieurs États. *Le Canada est une fédération.* **2.** Association. *Une fédération sportive.*

**fée** **n. f.** Femme imaginaire qui a des pouvoirs magiques. *Les fées ont une baguette magique. Les contes de fées,* ce sont des contes où apparaissent des fées.

▶ **féerique** **adj.** D'une beauté irréelle, qui semble sortir d'un conte de fées. *Un décor féerique.*

**feignant** **adj.** Familier. Paresseux. *Julie est très feignante, elle dort jusqu'à midi.*

**feindre** **v.** (conjug. 52) Faire semblant. → ① **affecter, simuler.** *Alex feignit de n'avoir pas entendu qu'on l'appelait.*

▶ **feinte** **n. f.** Coup ou mouvement qui trompe l'adversaire. *Le boxeur fit une feinte et réussit à se dégager.*

**fêler** **v.** (conjug. 1) Fendre sans casser en morceaux. *J'ai fêlé la tasse en la heurtant. — L'assiette s'est fêlée mais ne s'est pas cassée.*

▶ **fêlure** **n. f.** Petite fissure dans une chose. *Ce plat a une légère fêlure.*

**féliciter** **v.** (conjug. 1) **1.** *Féliciter quelqu'un,* c'est lui faire des compliments. *Le maire félicite les jeunes mariés.* → **complimenter.** || contr. **blâmer** || **2.** *Anne s'est félicitée d'avoir pris son parapluie, car il s'est mis à pleuvoir juste après son départ,* elle était contente d'avoir pris son parapluie.

▶ **félicitations** **n. f. pl.** Compliments que l'on adresse à quelqu'un pour lui dire qu'on est content et fier de lui. *Toutes mes félicitations !*

**félin** **n. m.** *Les félins,* ce sont les animaux carnassiers de la même famille que le chat. *Le tigre et la panthère sont des félins.*

# FÉLINS

chat abyssin

chat persan

chat européen

chat chartreux

chat siamois

lynx

chat sauvage

tigre

ocelot
puma
panthère noire
jaguar
léopard
guépard
lion d'Afrique

**femelle** **n. f.** Animal du sexe féminin qui peut former les œufs ou les petits dans son corps. || contr. **mâle** || *La chatte est la femelle du chat.* — **Adj.** *Un kangourou femelle.*

**féminin** **adj. 1.** *C'est une voix féminine qui m'a répondu,* une voix de femme. || contr. **masculin** || **2.** *Les noms féminins,* ce sont les noms qui peuvent être précédés au singulier des articles « la » ou « une ». *« Cigale » et « fourmi » sont des noms féminins.* — **N. m.** *Le féminin de l'adjectif « blanc », c'est « blanche ».* → aussi **masculin.**

**féministe** **n. m.** et **f.** Personne qui défend l'égalité des droits entre les hommes et les femmes.

**féminité** **n. f.** Ensemble des qualités qui appartiennent plutôt aux femmes. *Anne est un vrai garçon manqué, elle n'a aucune féminité.*

**femme** **n. f. 1.** Personne adulte, du sexe féminin. *Il y avait trois femmes et deux hommes.* → **dame.** *C'est une jeune femme charmante.* **2.** *Il nous a présenté sa femme,* celle avec qui il est marié. → **épouse.** **3.** *Une femme de ménage* fait le ménage chez des gens ou dans des bureaux. *Une femme de chambre* fait le ménage dans les chambres d'hôtel. ▷ BONNE FEMME, SAGE-FEMME.

**fémur** **n. m.** Os long à l'intérieur de la cuisse. ➻ planche Corps humain. *La vieille dame s'est cassé le col du fémur.*

**fenaison** **n. f.** Coupe et récolte des foins. *L'époque de la fenaison est l'été.*

se **fendiller** **v.** (conjug. 1) Se couvrir de petites fentes. *La peinture de la fenêtre s'est fendillée. Avec ce froid, mes lèvres se fendillent.*

**fendre** **v.** (conjug. 41) **1.** Couper dans le sens de la longueur. *Le fermier fend du bois avec une hache. — La planche s'est fendue,* une fente s'y est formée. **2.** *Cela me fend le cœur d'entendre ce chien appeler son maître,* cela me fait beaucoup de peine. ▷ se FENDILLER, FENTE.

**fenêtre** **n. f.** Ouverture dans un mur destinée à laisser entrer l'air et la lumière. → **croisée.** *Alex regarde par la fenêtre. Ouvre la fenêtre, il fait trop chaud !* ▷ PORTE-FENÊTRE.

**fennec** [fenɛk] **n. m.** Petit renard des sables à grandes oreilles pointues, qui habite les oasis d'Afrique du Nord. *Le fennec est un carnivore qui chasse la nuit.*

**fenouil** **n. m.** Plante de forme arrondie, aux feuilles vertes et blanches, qui a un goût d'anis. *Le fenouil se mange cru ou cuit.*

**fente** **n. f.** Ouverture étroite et longue. *La fente d'une boîte aux lettres.*

**féodal** **adj.** *La société féodale,* c'est la société du Moyen Âge. → aussi **serf** et **vassal.** *Les seigneurs féodaux vivaient dans des châteaux forts.*

► **féodalité** **n. f.** Manière dont la société du Moyen Âge était organisée. → aussi **fief.**

**fer** **n. m. 1.** Métal gris qui se déforme facilement quand on le chauffe et qui conduit bien la chaleur. → **acier, fonte.** *Du fil de fer barbelé. Une grille en fer forgé. L'âge du fer,* c'est la période où les hommes ont commencé à travailler le fer. **2.** Instrument en fer ou en acier. *Un fer à repasser. Un fer à souder.* **3.** *Un fer à cheval,* c'est un morceau de fer en forme de U que l'on fixe

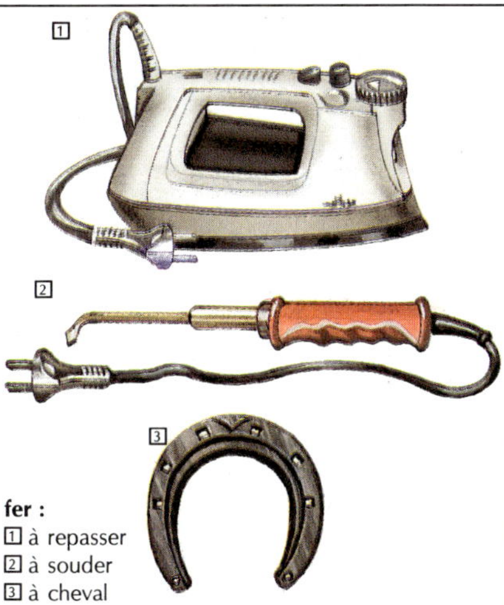

fer :
1 à repasser
2 à souder
3 à cheval

sous les sabots d'un cheval. *Les fers à cheval sont des porte-bonheur.* ▷ CHEMIN DE FER, FERRAILLE, FERRAILLEUR, FERRÉ, FERRER, MARÉCHAL-FERRANT.

**férié** **adj.** *Noël et le 1er Mai sont des jours fériés,* des jours où l'on ne travaille pas. || contr. **ouvrable** ||.

① **ferme** **adj.** **1.** Qui a de la consistance, sans être très dur. *Ces pêches ne sont pas encore mûres, elles sont trop fermes.* || contr. **flasque, mou** || **2.** *L'enfant qui commence à marcher n'est pas encore bien ferme sur ses jambes,* bien solide. **3.** Qui ne change pas d'avis, ne se laisse pas influencer et agit avec autorité. → **déterminé.** *Ces parents sont très fermes avec leurs enfants.* ▷ AFFERMIR, FERMEMENT, FERMETÉ, RAFFERMIR.

② **ferme** **n. f.** Ensemble formé par les bâtiments, la terre et la maison d'un agriculteur. *Dans la Beauce et dans la Brie, il y a de très grandes fermes.* ▷ FERMIER.

**fermé** **adj.** Qui n'est pas ouvert. *La boucherie est fermée le lundi matin.* || contr. **ouvert** ||.

**fermement** **adv.** Avec force. *Il est fermement décidé à refuser cette offre.*

**ferment** **n. m.** Très petit organisme capable de transformer une matière vivante. *Il y a des ferments dans les yaourts et dans certains fromages.*

► **fermenter** **v.** (conjug. 1) Se transformer sous l'action d'organismes microscopiques. *Le vin fermente dans les cuves.*

► **fermenté** **adj.** *Le camembert est un fromage fermenté,* qui a subi une fermentation.

► **fermentation** **n. f.** Transformation d'un produit sous l'action d'organismes microscopiques. *Le vin provient de la fermentation du jus de raisin.*

**fermer** **v.** (conjug. 1) **1.** Boucher un passage, une ouverture. *Ferme la fenêtre, j'ai froid !* || contr. **ouvrir** || — *La porte s'est fermée toute seule.* **2.** Rapprocher pour qu'il n'y ait plus d'ouverture, d'écart. *À la fin du cours, les élèves ferment leurs livres et leurs cahiers.* **3.** *Il a beaucoup neigé, le col est fermé,* on interdit d'y passer. **4.** Interrompre le passage de quelque chose. *Ferme le gaz !* → **couper, éteindre.** **5.** Être fermé. *Le restaurant ferme en août.* **6.** *Alex fermait la marche,* il marchait le dernier. ▷ ENFERMER, FERMÉ, FERMETURE, FERMOIR, REFERMER, ① et ② RENFERMÉ, RENFERMER.

**fermeté** **n. f.** Autorité, énergie que rien n'ébranle. → **détermination, résolution.** || contr. **mollesse** || *Il a refusé cette offre avec la plus grande fermeté.*

**fermeture** **n. f.** **1.** Mécanisme qui sert à fermer. *La fermeture de ce coffre* *est très perfectionnée. Le blouson de Luc a une fermeture Éclair* (marque déposée), une fermeture formée de deux bandes de tissu portant chacune des dents qui s'emboîtent les unes dans les autres. **2.** État de ce qui est fermé. *Nous sommes arrivés après l'heure de fermeture du magasin.* || contr. **ouverture** ||.

**fermier** **n. m.**, **fermière** **n. f.** Personne qui s'occupe d'une ferme. → **agriculteur, cultivateur, paysan.** *La fermière distribue du grain aux poules.*

**fermoir** **n. m.** Attache qui sert à fermer, à tenir fermé. *Le fermoir d'un collier.*

**féroce** **adj.** *Une bête féroce,* c'est une bête sauvage. *Les fauves sont des bêtes féroces.*

► **férocement** **adv.** D'une manière féroce. *Le lion a férocement attaqué la gazelle.*

► **férocité** **n. f.** Grande cruauté. *La férocité du tigre.*

**ferraille** **n. f.** Ensemble de vieux morceaux de fer ou d'objets en fer qui ne peuvent plus servir. *Un tas de ferraille.*

► **ferrailleur** **n. m.** Marchand de ferraille. *Le ferrailleur récupère et vend la ferraille.*

**ferré** **adj. 1.** Garni de fer. *Une canne à bout ferré.* **2.** *La voie ferrée,* c'est la voie de chemin de fer, les rails sur lesquels circulent les trains.

**ferrer** **v.** (conjug. 1) *Le maréchal-ferrant ferre les chevaux,* il garnit leurs sabots d'un fer à cheval.

**ferroviaire** **adj.** Qui concerne les chemins de fer. *Le réseau ferroviaire d'un pays,* c'est l'ensemble de ses lignes de chemin de fer.

**ferry** [feʀi] **n. m.** Ce mot vient de l'anglais. Bateau aménagé pour transporter les trains ou les voitures et leurs passagers. ⤜ planche Bateaux. — **Au pl.** *Des ferries* ou *des ferrys.*

**fertile** **adj. 1.** Où les cultures poussent très bien. *Des terres fertiles.* || contr. **stérile** || **2.** *Un voyage fertile en aventures,* où il est arrivé beaucoup d'aventures. → **fécond, riche.** || contr. **pauvre** ||.

► **fertiliser** **v.** (conjug. 1) Rendre plus fertile. *Les engrais fertilisent le sol.*

► **fertilité** **n. f.** Qualité d'un sol fertile. *Une terre d'une grande fertilité.* || contr. **stérilité** ||.

**féru** **adj.** Passionné. *Elle est férue de musique.*

**fervent** **adj.** Plein d'ardeur, d'enthousiasme. *Cette actrice a de fervents admirateurs.* → **enthousiaste.**

► **ferveur** **n. f.** Très grande ardeur. *Ils priaient avec ferveur.*

**fesse** **n. f.** Chacune des deux parties charnues qui forment le derrière. *Anne s'est fait un bleu à la fesse.*

► **fessée** **n. f.** Coup donné sur les fesses. *Julie a reçu une bonne fessée.*

**festin** **n. m.** Repas de fête copieux et excellent. → **banquet.**

**festival** **n. m.** [pl. *festivals*] Série de concerts, de représentations de théâtre ou de cinéma qui ont lieu dans un endroit spécial pendant une période assez courte. *Le festival de Cannes est un festival de cinéma très connu.*

**festivités** **n. f. pl.** Fêtes, réjouissances. *De nombreuses festivités sont prévues pour le 14 Juillet.*

**fête** **n. f. 1.** Jour destiné à rappeler par des cérémonies le souvenir agréable d'un événement. → **anniversaire.** *Noël et Pâques sont des fêtes religieuses.* **2.** Jour où l'on célèbre un saint et les personnes qui portent son nom. *La Saint-Nicolas est le 6 décembre.* **3.** Réception joyeuse où sont invités des amis, de la famille. *Il a fait une grande fête pour ses 20 ans.* **4.** *Le chien fait fête à son maître quand il rentre,* il l'accueille joyeusement. **5.** *Julie se fait une fête d'aller aux sports d'hiver,* elle s'en réjouit. ◊ homonyme : faîte.

▸ **fêter** (conjug. 1) Célébrer, commémorer. *Aujourd'hui, on fête l'anniversaire de Luc.* ▷ TROUBLE-FÊTE.

**fétiche** **n. m.** Objet qui est supposé porter bonheur. *Son fétiche est un petit ours en peluche.* → **mascotte, porte-bonheur.**

**fétide** **adj.** Qui a une odeur très désagréable. → **nauséabond.** *L'odeur fétide des poubelles.*

**fétu** **n. m.** *Un fétu de paille,* un brin de paille.

**feu** **n. m. 1.** Dégagement de lumière et de chaleur qui se produit quand on brûle quelque chose. *Un grand feu brûle dans la cheminée. Il lit au coin du feu,* près de la cheminée. **2.** Incendie. *Le feu a pris dans la forêt.* **3.** Source de chaleur utilisée pour cuire les aliments. *Elle fait fondre du beurre à feu doux.* **4.** Ce qui sert à allumer le tabac. *Auriez-vous du feu, s'il vous plaît ?* **5.** *Une arme à feu,* c'est une arme qui lance un projectile quand la poudre contenue dans la cartouche s'enflamme. *Le fusil et le pistolet sont des armes à feu.* **6.** *On a entendu un coup de feu,* un coup tiré avec une arme à feu. **7.** *Les bandits ont fait feu sur les policiers,* ils ont tiré sur eux. **8.** Lumière, signal lumineux. *Les piétons traversent au feu rouge. La voiture roulait tous feux éteints.*

▸ **feu d'artifice** **n. m.** Série de fusées lumineuses et colorées que l'on fait exploser en l'air les nuits de fête. *Le 14 Juillet, on tire des feux d'artifice dans toute la France.* ▷ CESSEZ-LE-FEU, COUVRE-FEU, PARE-FEU, POT-AU-FEU.

**feuille** **n. f. 1.** Partie plate et verte d'une plante, qui part de la branche ou de la tige. *Le chêne perd ses feuilles en automne. Le jardinier balaye les feuilles mortes.* **2.** Morceau de papier rectangulaire. *Flora écrit son nom en haut de la feuille blanche.* → ② **page. 3.** Mince plaque de bois, de carton ou de métal. *La coupole est dorée à la feuille d'or.*

▸ **feuillage** **n. m.** Ensemble des feuilles d'un arbre. *Le feuillage jaunit en automne.*

▸ **feuillet** **n. m.** Ensemble des deux pages d'un livre, d'un cahier, qui se trouvent sur la même feuille de papier. *On a arraché un feuillet à ce livre.*

▸ **feuilleté** **adj.** *La pâte feuilletée,* c'est une pâte légère formée de fines feuilles superposées.

▸ **feuilleter** **v.** (conjug. 4) Tourner les pages d'un livre en les regardant rapidement. *Il feuillette distraitement une revue.*

▸ **feuilleton** **n. m.** Histoire racontée en plusieurs épisodes à la radio, à la télévision ou dans un journal. *Flora regarde à la télévision son feuilleton favori.*

▸ **feuillu** **n. m.** Arbre qui porte des feuilles. *Une forêt de feuillus.* ▷ CHÈVREFEUILLE, EFFEUILLER, MILLEFEUILLE, PORTEFEUILLE.

**feutre** **n. m. 1.** Tissu épais fait de laine ou de poils écrasés. *Des pan-*

*toufles à semelles de feutre.* **2.** Chapeau fait dans ce tissu. *Le détective portait un feutre gris.* **3.** Stylo dont la pointe imbibée d'encre est en feutre ou en nylon. *Il écrit au feutre.* — On dit aussi *crayon feutre.*

▸ **feutré** adj. **1.** Qui a l'aspect du feutre. *Ce pull est tout feutré.* **2.** *Le chat marche à pas feutrés,* sans faire de bruit.

▸ **feutrine** n. f. Tissu de laine feutrée.

**fève** n. f. **1.** Graine assez plate, ressemblant à un gros haricot, qui se mange fraîche ou séchée. *On mange des fèves dans les pays méditerranéens.* **2.** Petit objet de porcelaine, de métal ou de plastique caché dans la galette des Rois. *Alex a trouvé la fève, il va choisir sa reine.*

fève

**février** n. m. Deuxième mois de l'année, qui compte 28 jours dans les années ordinaires et 29 dans les années bissextiles. *En février, les jours rallongent.*

**fiable** adj. À quoi on peut se fier, en quoi ou en qui on peut avoir confiance. *Un appareil très fiable.*

**fiacre** n. m. Voiture à cheval que l'on loue. *Ils ont pris un fiacre pour visiter la ville.*

se **fiancer** v. (conjug. 3) Se promettre solennellement de s'épouser. *Ils se sont fiancés et se marieront l'an prochain.*

▸ **fiançailles** n. f. pl. Promesse solennelle de mariage. *Une bague de fiançailles,* c'est une bague que le fiancé offre à sa future femme.

▸ **fiancé** n. m., **fiancée** n. f. Personne fiancée. *Les fiancés se regardaient tendrement.*

**fiasco** n. m. Échec. *Cette pièce de théâtre a été un fiasco.* — Au pl. *Des fiascos.*

**fibre** n. f. Chacun des filaments souples et allongés qui forment une matière. *Les fibres du coton et de la laine servent à fabriquer du tissu. La fibre de verre isole de la chaleur ou du froid.*

**ficelle** n. f. **1.** Lien mince formé de fibres tordues ensemble. *Julie défait la ficelle du colis.* **2.** Petite baguette de pain, très mince.

▸ **ficeler** v. (conjug. 4) Attacher, lier avec une ficelle. *Alex a soigneusement ficelé le paquet.*

① **fiche** v. (conjug. 1 ; sauf à l'infinitif et au participe passé : *fichu*) Familier. **1.** *Ne rien fiche,* ne rien faire. *Il ne fiche rien de la journée.* **2.** *Fichez-moi la paix,* laissez-moi tranquille. **3.** Mettre. *Il nous a fichus à la porte.* → fam. **flanquer. 4.** *Elle se fiche de tout,* elle n'accorde de l'importance à rien. → se **moquer. 5.** *Fiche le camp !* va-t'en ! ▷ ① FICHU.

② **fiche** n. f. Petite feuille de carton sur laquelle on note un renseignement et que l'on classe. *Les fiches sont classées par ordre alphabétique.*

▸ **fichier** n. m. **1.** Ensemble de fiches. *Elle consulte son fichier.* **2.** Boîte où l'on range les fiches.

① **fichu** **adj.** Familier. **1.** Qui ne peut plus servir, que l'on peut jeter. *Ces chaussures sont complètement fichues.* **2.** *Anne est un peu mal fichue aujourd'hui,* elle est un peu malade.

② **fichu** **n. m.** Morceau de tissu coupé ou plié en triangle que l'on met sur la tête ou les épaules. → **châle, foulard.**

**fictif** **adj.** Créé par l'imagination, inventé. → **imaginaire.** *Les personnages des contes de fées sont des créatures fictives.*

**fiction** **n. f.** *Les romans sont des œuvres de fiction,* créées par l'imagination. ▷ SCIENCE-FICTION.

**fidèle** **adj.** et **n. m.** et **f.**

▭ **adj. 1.** Qui est loyal, dévoué à quelqu'un. *Les vassaux devaient être fidèles à leur suzerain.* **2.** *Il est resté fidèle à sa promesse,* il a tenu, respecté sa promesse. || contr. **infidèle** || **3.** Dont les sentiments ne changent pas, restent les mêmes. *Elle a des amis fidèles.* **4.** *Il nous a fait un récit fidèle des événements,* un récit qui dit l'exacte vérité. || contr. **mensonger** ||.

▭ **n. m.** et **f.** *Les fidèles,* ce sont les gens qui appartiennent à une religion. → **croyant.** *Les fidèles assistaient à la messe avec recueillement.*

▸ **fidèlement** **adv.** Exactement. *Ce roman est fidèlement traduit de l'anglais.*

▸ **fidélité** **n. f. 1.** Qualité d'une personne fidèle à une autre. *La fidélité de ses amis l'a beaucoup aidé.* || contr. **trahison** ||. **2.** Qualité d'une chose fidèle à une autre chose. → **exactitude.** *La fidélité d'une reproduction en couleurs.* ▷ HAUTE-FIDÉLITÉ, INFIDÈLE.

**fief** **n. m.** Au Moyen Âge, domaine confié par un seigneur à un vassal en échange de sa fidélité et de certains services. *En échange du fief, le vassal devait assistance à son suzerain.* → aussi **féodalité.**

**fiel** **n. m. 1.** Liquide noir, visqueux et amer, produit par le foie de certains animaux. *Les volailles ont une poche de fiel dans le foie.* **2.** *Une remarque pleine de fiel,* c'est une remarque pleine de haine, de méchanceté.

**fiente** **n. f.** Excrément d'oiseau. *De la fiente de pigeon.*

se **fier** **v.** (conjug. 7). Avoir confiance. *On ne sait plus à qui se fier. Je me fie à votre jugement.* || contr. se **défier,** se **méfier** || ▷ CONFIANCE, CONFIANT, CONFIER, DÉFIANCE, se DÉFIER, MÉFIANCE, MÉFIANT, se MÉFIER.

**fier** [fjɛʀ] **adj. 1.** Qui se croit supérieur aux autres. → **hautain, méprisant.** *Elle est trop fière pour accepter qu'on l'aide.* || contr. **simple** || **2.** Très satisfait. *Il est fier de sa réussite.* || contr. **honteux** ||.

▸ **fièrement** **adv.** Avec fierté, dignité. *Il a fièrement refusé notre aide.*

▸ **fierté** **n. f. 1.** Amour-propre. *Il a refusé toute aide, par fierté.* **2.** Grande satisfaction. *Flora est la première de la classe et elle en éprouve beaucoup de fierté.*

**fièvre** **n. f. 1.** Température du corps trop élevée. *Julie ne se sent pas bien aujourd'hui, elle a un peu de fièvre.* **2.** Très grande agitation. → **excitation.** *Dans la fièvre de la discussion, Yves a dit des choses désagréables à Luc.*

▸ **fiévreux** **adj.** Qui a de la fièvre. → **fébrile.** *Elle se sent un peu fiévreuse, ce matin.*

**fifre** **n. m.** Petite flûte en bois au son aigu. *Des joueurs de fifre.*

fifre

**figer** **v.** (conjug. 3) **1.** Devenir épais. *La sauce a figé dans l'assiette.* → aussi **coaguler.** — *L'huile s'est figée dans la bouteille.* **2.** *Anne était figée de peur,* paralysée, immobilisée.

**fignoler** **v.** (conjug. 1) **Familier.** Finir un travail avec beaucoup de soin. ‖ contr. **bâcler** ‖ *Luc fignole son dessin.*

**figue** **n. f.** Fruit arrondi, à peau verte ou violette et à chair rouge. *Les figues se mangent fraîches ou séchées.*

figue

▸ **figuier** **n. f.** Arbre qui donne les figues.

**figure** **n. f.** **1.** Visage. *Julie a la figure barbouillée de chocolat. Malgré sa déception, Luc a essayé de faire bonne figure,* d'avoir l'air aimable, content. **2.** *Une figure géométrique,* c'est la représentation d'une forme par un dessin. *Le carré, le triangle et le cercle sont des figures géométriques.* **3.** Suite de mouvements précis, de pas, qu'un danseur ou un patineur exécute. *Le couple de patineurs exécutait sur la glace un enchaînement de figures.*

▸ **figurer** **v.** (conjug. 1) **1.** Apparaître. *Le nom des acteurs principaux figure sur l'affiche.* **2.** *Se figurer,* c'est s'imaginer, croire. *Il se figure qu'il va réussir sans effort !*

▸ **figurant** **n. m.**, **figurante** **n. f.** Au théâtre ou au cinéma, personne qui joue un tout petit rôle, souvent muet. *Ce comédien a commencé sa carrière par des rôles de figurants.*

▸ **figuration** **n. f.** *Faire de la figuration,* c'est avoir un rôle de figurant. *Elle a fait de la figuration dans un film.*

▸ **figuré** **adj.** *Le sens figuré d'un mot,* c'est le sens évoqué par une image. *Au sens propre, un ours est un animal, au sens figuré, c'est un homme grincheux qui aime être seul.*

▸ **figurine** **n. f.** Très petite statue. *Les figurines de la crèche.* ▷ DÉFIGURER, PRÉFIGURER, TRANSFIGURER.

**fil** **n. m.** **1.** Brin fait d'une matière textile qui sert à coudre. *Anne prend du fil et une aiguille pour recoudre un bouton.* — *De fil en aiguille,* petit à petit, insensiblement. **2.** Brin de matière textile qui sert à tenir ou à attacher. *Le fil de la canne à pêche s'est cassé.* **3.** *Le maçon utilise un fil à plomb,* un fil au bout duquel pend un morceau de plomb et qui sert à voir si un mur est bien vertical. **4.** *Du fil de fer,* c'est du fer étiré en un long brin très mince.

*Une clôture en fil de fer barbelé.* **5.** Brin de métal entouré d'une matière isolante qui conduit le courant électrique. *L'électricien dénude les fils électriques. Les cambrioleurs ont coupé les fils téléphoniques.* — Familier. *Il a passé un coup de fil,* il a passé un coup de téléphone. **6.** Enchaînement, déroulement. → ① **cours, suite.** *Je n'ai pas suivi le fil de la conversation. J'ai perdu le fil,* je ne sais plus ce que je voulais dire. **7.** Partie coupante d'une lame. *Le fil d'un rasoir.* ◇ homonyme : file.

▶ **filament** n. m. Fil très fin. *Le filament d'une ampoule électrique produit de la lumière.*

▶ **filandreux** adj. *Cette viande est filandreuse,* pleine de fibres dures.

▶ **filature** n. f. **1.** Usine où l'on fabrique le fil. *Dans le nord de la France, il y a de nombreuses filatures.* **2.** *Le policier a pris le suspect en filature,* il le suit sans être vu pour le surveiller. → aussi **filer.** ▷ EFFILÉ, S'EFFILOCHER, ENFILER, FAUFILER, FILER, ①, ② et ③ FILET, FILIÈRE, FILON.

**file** n. f. Suite de personnes ou de choses placées les unes derrière les autres. *Il y a une longue file d'attente devant le cinéma. Ils marchent en file indienne,* les uns derrière les autres, en se suivant. *Yves a mangé trois gâteaux à la file,* à la suite. ◇ homonyme : fil. ▷ d'AFFILÉE, ① et ② DÉFILÉ, DÉFILER, ENFILADE.

**filer** v. (conjug. 1) **1.** Transformer en fil. *On file la laine dans les filatures.* **2.** *Filer quelqu'un,* c'est marcher derrière lui pour le surveiller. *Le détective a filé le suspect toute une journée.* → aussi **filature.** **3.** Aller vite. *Le train filait dans la nuit.*

① **filet** n. m. Petit écoulement continu. *Un filet d'eau coule du robinet.*

② **filet** n. m. **1.** Morceau de viande découpé le long de la colonne vertébrale d'un animal. *Du filet de bœuf grillé.* **2.** Morceau de chair que l'on peut détacher de chaque côté de l'arête centrale d'un poisson. *Des filets de sole.*

③ **filet** n. m. **1.** Ensemble de fils entrelacés, formant un réseau à larges mailles et servant à capturer des animaux. *Un filet de pêche sert à prendre du poisson.* **2.** *Un filet à provisions,* c'est un sac fait de fils entrelacés dans lequel on met ses achats. **3.** Rectangle de fils entrelacés tendu au milieu d'une table de ping-pong ou sur un terrain de sport. *La balle a touché le filet.*

**filial** adj. *Les sentiments filiaux,* ce sont ceux qui unissent les enfants à leurs parents. *L'amour filial,* c'est l'amour que les enfants éprouvent pour leurs parents.

**filiale** n. f. Société qui dépend d'une société plus importante. *Cette entreprise a de nombreuses filiales à l'étranger.*

**filière** n. f. **1.** *Quelle filière faut-il suivre pour faire ce métier?* par quelles étapes faut-il passer? **2.** *L'inspecteur a remonté toute la filière pour retrouver le chef du gang,* il a retrouvé les unes après les autres toutes les personnes qui ont aidé le chef du gang à organiser le coup.

**filiforme** adj. Mince comme un fil. *Les pattes du moustique sont filiformes.*

**filigrane** n. m. Dessin imprimé dans le papier et que l'on voit par transparence. *Les billets de banque ont un filigrane.*

**fille** **n. f. 1.** *La fille de quelqu'un,* c'est son enfant de sexe féminin. *Anne est la fille d'un ingénieur et d'une institutrice. Ils ont eu deux filles et un garçon.* → aussi **fils. 2.** Personne de sexe féminin, très jeune ou assez jeune. *Julie joue avec d'autres filles de son âge. Le bébé est une petite fille. Sa correspondante anglaise est une jeune fille de 15 ans.* **3.** Jeune femme, mariée ou non. *C'est une fille charmante.*

▶ **fillette** **n. f.** Petite fille. *Flora et Julie sont des fillettes.* → aussi **garçonnet.** ▷ BELLE-FILLE, PETITE-FILLE.

**filleul** **n. m., filleule** **n. f.** *Flora est ma filleule,* je suis son parrain (ou sa marraine).

**film** **n. m. 1.** Bande sur laquelle sont enregistrées des images. → **pellicule.** *Il a mis un film dans sa caméra.* **2.** Œuvre cinématographique. *Yves aime bien les films d'aventures.*

▶ **filmer** **v.** (conjug. 1) Enregistrer des images avec une caméra ou un caméscope. *Ils ont filmé tout leur voyage.* ▷ MICROFILM, TÉLÉFILM.

**filon** **n. m.** Couche de minerai dans le sol. *Les chercheurs d'or ont découvert un filon.*

**filou** **n. m.** [pl. *filous*] Homme malhonnête. *Ce commerçant nous a escroqués, c'est un filou.* → **escroc, voleur.**

**fils** [fis] **n. m.** *Le fils de quelqu'un,* c'est son enfant de sexe masculin. → **garçon.** *Alex est le fils d'un médecin. Ils ont eu trois fils et une fille.* ▷ BEAU-FILS, PETIT-FILS.

**filtre** **n. m. 1.** Appareil qui laisse passer un liquide et retient les morceaux, les déchets, les impuretés. *Un filtre à café. Un filtre de machine à laver.* **2.** *Il fume des cigarettes à bout filtre,* dont le bout sert à retenir la nicotine. ◊ homonyme : philtre.

▶ **filtrer** **v.** (conjug. 1) **1.** Faire passer dans un filtre. *On filtre l'eau pour qu'elle soit potable.* **2.** S'écouler lentement. *L'eau filtre à travers le sable.* ▷ INFILTRATION, S'INFILTRER.

① **fin** **n. f. 1.** Moment où quelque chose se termine ou cesse d'exister. *Je suis parti avant la fin du film. Il part en vacances à la fin du mois.* || contr. **commencement, début** || *La réunion a pris fin à 20 heures,* elle s'est terminée à 20 heures. **2.** Chose que l'on veut réaliser. → **but.** *Il est très tenace et arrive toujours à ses fins,* à ce qu'il veut. ◊ homonyme : faim. ▷ AFIN DE, AFIN QUE, CONFINS, ENFIN, FINAL, FINALE, FINALEMENT, FINALISTE, FINI, FINIR, FINITION, INDÉFINIMENT, INFINI, INFINIMENT, INFINITÉ.

② **fin** **adj. 1.** Mince. || contr. **épais** || *Yves a les cheveux fins. Le gâteau est recouvert d'une fine couche de caramel.* **2.** Formé d'éléments très petits. *Une plage de sable fin.* **3.** Élégant, délicat. *Flora a les traits fins.* **4.** De qualité supérieure. *Du chocolat fin.* **5.** Très sensible. *Les chiens ont l'oreille fine.* **6.** Malin, rusé. *Il se croit toujours plus fin que les autres.* → **astucieux.** ▷ EXTRA-FIN, FINEMENT, FINESSE, RAFFINAGE, RAFFINÉ, RAFFINEMENT, RAFFINER, RAFFINERIE.

**final** **adj.** Qui est à la fin. → **dernier.** *La victoire finale a été remportée par les joueurs français. Le point final,* c'est le point qui est à la fin d'un texte. — **Au masc. pl.** *finals* ou *finaux.*

▶ **finale** **n. f.** Dernière épreuve d'un championnat. *L'équipe de football a gagné la finale du championnat.*

▶ **finalement** **adv.** Pour finir, en définitive. *Finalement, ils se sont décidés à partir.* → en fin de **compte.**

▶ **finaliste** **n. m.** et **f.** Concurrent qui participe à une finale. *Les finalistes d'un tournoi de tennis.* ▷ DEMI-FINALE.

**finance** n. f. 1. *Les finances d'une entreprise,* c'est l'argent dont elle dispose et qu'elle doit gérer. *Le ministre des Finances s'occupe des finances de l'État.* 2. *Le monde de la finance,* c'est le monde des grosses affaires d'argent, de la banque.

▶ **financement** n. m. *La municipalité a assuré le financement des travaux,* elle a fourni l'argent nécessaire aux travaux.

▶ **financer** v. (conjug. 3) Fournir l'argent nécessaire. *La commune a financé les travaux du nouveau théâtre.*

▶ **financier** adj. et n. m. 1. adj. Qui concerne l'argent. *Sa mère s'occupe des questions financières,* des questions d'argent. 2. n. m. Personne dont le métier est de s'occuper de grosses affaires d'argent. *Les banquiers sont des financiers.*

**finement** adv. D'une manière fine, délicate. → **délicatement.** ‖ contr. **grossièrement** ‖ *Un bracelet finement ciselé.*

**finesse** n. f. 1. Qualité de ce qui est fin, délicat. *Une broderie d'une grande finesse.* → **délicatesse.** 2. Qualité de ce qui n'est pas épais. *La finesse d'un tissu.* ‖ contr. **épaisseur** ‖ 3. Subtilité qui permet de comprendre les choses les plus délicates. *Une personne d'une grande finesse.* → **intelligence.**

**finir** v. (conjug. 2) 1. Faire tout ce qui est à faire. *Flora a fini ses devoirs.* → **achever, terminer** et aussi ① **fin.** ‖ contr. **commencer** ‖ 2. Ne rien laisser. *Yves a fini le plat,* il a mangé tout ce qui restait. 3. Mettre fin. *Julie et Anne, vous n'avez pas fini de vous disputer ?* → **cesser.** 4. Arriver à sa fin. *Le spectacle finit à minuit.* 5. *Alex, tu vas finir par casser ce verre !* tu vas arriver à le faire. 6. *Il faut en finir avec cette histoire,* il faut y mettre fin. 7. *Ce discours n'en finit plus,* il est beaucoup trop long.

▶ **fini** adj. *Un produit fini,* c'est un objet que l'on fabrique en transformant une matière première. *Le bois est une matière première et les meubles sont des produits finis.*

▶ **finition** n. f. *Les finitions,* ce sont les derniers travaux faits sur un objet. *Cette robe est jolie mais il ne faut pas regarder de trop près les finitions,* les ourlets, les boutonnières, etc.

**fiole** n. f. Petit flacon de verre qui contient surtout des médicaments. *Une fiole de sirop pour la toux.*

**fioritures** n. f. pl. Petits ornements compliqués. *Les fioritures d'un dessin.*

**fioul** n. m. Mazout. *L'immeuble est chauffé au fioul.* — On écrit aussi *fuel* [fjul].

**firmament** n. m. Ciel. *Les étoiles brillent au firmament.*

**firme** n. f. Entreprise industrielle ou commerciale. *Une grosse firme internationale.*

**fisc** n. m. Administration qui s'occupe des impôts. *On doit déclarer ses revenus au fisc.*

▶ **fiscal** adj. Qui concerne les revenus et les impôts. *Il a eu un contrôle fiscal,* un contrôle de ses revenus par le fisc. — Au masc. pl. *fiscaux.*

**fissure** n. f. Petite fente. → **lézarde.** *Il y a des fissures dans ce mur.*

▶ **fissurer** v. (conjug. 1) Provoquer une fissure. → **fendre.** *L'explosion a fissuré la façade. — Le mur s'est fissuré.*

**fixation** n. f. Ce qui sert à fixer, à faire tenir solidement. *Les skis* *tiennent aux pieds grâce aux fixations de sécurité.*

**fixe** adj. 1. Qu'on ne peut pas changer de place. *Dans les jardins publics, les bancs sont fixes.* 2. Qui ne change pas. → **régulier.** *Flora se couche à heure fixe,* toujours à la même heure. *Julie voudrait jouer du piano, c'est une idée fixe,* qui ne peut sortir de sa tête. 3. Durable. *Le temps est au beau fixe,* il va faire beau longtemps. 4. *Elle avait le regard fixe,* elle regardait le même point sans bouger les yeux.

▶ **fixement** adv. Avec un regard fixe. *Elle regarde fixement son frère.*

▶ **fixer** v. (conjug. 1) 1. Attacher solidement. *Le lavabo est fixé au mur.* 2. Regarder fixement. *Le chat la fixait de ses yeux verts.* 3. Décider avec précision. *L'heure de la réunion n'est pas encore fixée.* ▷ FIXATION.

**fjord** [fjɔʀd] n. m. Golfe qui s'enfonce très loin à l'intérieur des terres, dans les pays nordiques. *Il y a de nombreux fjords en Norvège.*

**flacon** n. m. Petite bouteille. *Un flacon de parfum.*

**flageoler** v. (conjug. 1) Trembler de peur, de fatigue ou de faiblesse. *Elle avait tellement peur que ses jambes flageolaient.*

① **flageolet** n. m. Flûte à bec à six trous. → aussi **pipeau.**

② **flageolet** n. m. Petit haricot dont on mange les grains encore verts. *Le gigot était accompagné de haricots verts et de flageolets.*

**flagrant** adj. Évident, que l'on ne peut pas nier. *La ressemblance entre les deux sœurs est flagrante.*

**flairer** v. (conjug. 1) 1. Reconnaître par l'odeur. *Le chien flaire sa pâtée.* → **renifler.** 2. Deviner par intuition. *Sous cette séduisante invitation, il flaira un piège.* → **pressentir, soupçonner.**

▶ **flair** n. m. 1. Faculté de reconnaître, de trouver par l'odeur. → **odorat.** *Les chiens ont un excellent flair.* 2. Intuition. *Il a eu du flair dans cette affaire.*

**flamant** n. m. Grand oiseau au plumage blanc ou rose, à longues pattes et à long cou. *Les flamants sont des échassiers.*

flamant

**flamber** v. (conjug. 1) 1. Brûler très fort, en faisant des flammes. *Un grand feu flambait dans la cheminée.* 2. *Elle a fait flamber des bananes pour le dessert,* elle les a arrosées d'alcool et enflammées.

▶ **flambeau** n. m. Bâton enduit de cire ou de résine que l'on enflamme pour éclairer. → **torche.** *La cour du château était éclairée par des flambeaux.*

▶ **flambée** n. f. 1. Grand feu qui ne dure pas longtemps. *On a fait une* *grande flambée dans la cheminée.* **2.** Augmentation brusque et élevée. *La flambée des prix inquiète le gouvernement.*

▸ **flamboyer** **v.** (conjug. 8) **1.** *Le feu de camp flamboyait dans la nuit,* il jetait des flammes qui donnaient beaucoup de lumière. **2.** *Les yeux d'Yves flamboient de colère,* ils brillent de colère.

▸ **flamboyant** **adj.** Brillant, étincelant. *Un rouge flamboyant,* très vif. *Des yeux flamboyants de haine.*

**flamme** **n. f. 1.** Lumière produite par un feu. *Les flammes dansaient dans la cheminée. La grange était en flammes.* → aussi **flamber. 2.** Animation, enthousiasme. → **fougue.** *L'orateur parlait avec flamme.*

▸ **flammèche** **n. f.** Petite flamme. *Quelques flammèches s'échappaient encore du brasier.* ▷ ENFLAMMÉ, ENFLAMMER, INFLAMMABLE, INFLAMMATION, LANCE-FLAMMES.

**flan** **n. m.** Crème épaisse faite avec du lait, des œufs et de la farine. *Un flan au caramel.* ◊ homonyme : flanc.

**flanc** **n. m. 1.** Côté du corps de l'homme et des grands mammifères. *La vache est couchée sur le flanc.* **2.** Côté de certaines choses. *Le chalet est à flanc de colline,* construit sur un versant de la colline. ◊ homonyme : flan ▷ EFFLANQUÉ, FLANQUÉ, FLANQUER.

**flancher** **v.** (conjug. 1) Familier. Faiblir, céder, lâcher. *Le coureur, épuisé, a flanché avant l'arrivée.*

**flanelle** **n. f.** Tissu de laine léger et doux. *Il portait un pantalon de flanelle grise.*

**flâner** **v.** (conjug. 1) Se promener tranquillement, en regardant ce qui se passe. → **musarder.** *Elle flânait dans la rue, regardant les vitrines et observant les passants.*

▸ **flâneur** **n. m.,** **flâneuse** **n. f.** Personne qui flâne, aime flâner. *Il y avait de nombreux flâneurs dans le jardin public.*

▸ **flânerie** **n. f.** *Le beau temps invite à la flânerie,* à flâner.

**flanqué** **adj.** *Le château est flanqué de deux grosses tours,* il a deux tours sur les côtés. → aussi **flanc.** *Le voleur est arrivé à la prison, flanqué de deux gendarmes,* avec un gendarme de chaque côté.

**flanquer** **v.** (conjug. 1) Familier. Lancer, jeter brutalement et avec force. *Il m'a flanqué une gifle,* il me l'a donnée. *Son patron l'a flanqué à la porte,* il l'a mis à la porte. → ① **fiche.**

**flaque** **n. f.** Petite nappe d'eau sur le sol. → **mare.** *Julie s'amuse à sauter dans les flaques d'eau.*

**flash** **n. m.** Ce mot vient de l'anglais. **1.** Lampe qui produit un éclair de lumière très vive, et que l'on utilise pour prendre des photos. *Une photo prise au flash.* **2.** *L'émission a été interrompue par un flash d'information,* quelques informations, très courtes, à la radio ou à la télévision. — **Au pl.** *Des flashs* ou *des flashes.*

**flasque** **adj.** Mou. *Elle a la peau flasque.* ‖ contr. ① **ferme** ‖.

**flatter** **v.** (conjug. 1) **1.** *Flatter quelqu'un,* c'est lui faire des compliments qu'il ne mérite pas, pour lui plaire. *Il flatte son chef de service pour obtenir une promotion.* **2.** Faire plaisir en rendant fier. *Il a été flatté de recevoir la légion d'honneur,* honoré. **3.** *Flatter un animal,* c'est le caresser avec la main. *Yves flatte son chien.* **4.** Faire paraître plus beau qu'en réalité. *Cette photo le flatte.* **5.** *Il se flatte d'avoir très bien réussi,* il en est fier et il s'en vante.

▶ **flatterie** **n. f.** Parole qui flatte quelqu'un. *Il est très sensible aux flatteries.*

▶ **flatteur** **n. m.** et **adj., flatteuse** **n. f.** et **adj. 1. n.** Personne qui flatte. *N'écoutez jamais les flatteurs.* **2. adj.** Qui flatte. → **élogieux.** *Il lui a fait des remarques flatteuses.*

① **fléau** **n. m. 1.** Instrument formé de deux bâtons attachés bout à bout par une courroie, qui servait autrefois à battre le blé. — **Au pl.** *Des fléaux.* **2.** *Le fléau d'une balance,* c'est la pièce en équilibre sur laquelle sont posés les plateaux.

② **fléau** **n. m.** Catastrophe qui s'abat sur une population. *La guerre, les épidémies, les tremblements de terre sont des fléaux.* → **calamité, désastre.**

**flèche** **n. f. 1.** Arme faite d'une mince tige terminée par une pointe. *On lance les flèches avec un arc. Le skieur est parti comme une flèche,* très vite. **2.** Dessin de flèche qui sert à indiquer un sens. *Suivez la flèche.* **3.** Clocher très pointu. *La flèche d'une cathédrale.* **4.** *Les prix sont montés en flèche,* ils ont augmenté très rapidement.

▶ **fléché** **adj.** *Un parcours fléché,* indiqué par des flèches.

▶ **fléchette** **n. f.** Petite flèche qui se lance à la main contre une cible. *Un jeu de fléchettes.*

**fléchir** **v.** (conjug. 2) **1.** Faire plier. *Fléchissez les jambes !* || contr. **tendre** || **2.** Plier, se courber sous un poids. *La branche du pommier fléchit sous le poids des fruits.* → **ployer** et aussi **flexible.** **3.** Céder. *Julie a réussi une fois de plus à faire fléchir sa mère.* **4.** Baisser. *Les prix fléchissent.*

▶ **fléchissement** **n. m. 1.** État d'une chose que l'on fait plier. → **flexion.** *Le fléchissement des genoux.* **2.** Diminution. → **baisse.** *Le fléchissement des prix.*

**flegme** **n. m.** Caractère d'une personne calme, impassible. → **impassibilité.** || contr. **agitation, émotion** || *Les Britanniques sont réputés pour leur flegme.*

**flétan** **n. m.** Grand poisson plat des mers froides, à chair blanche et délicate. *Le flétan a les deux yeux du même côté.*

**flétrir** **v.** (conjug. 2) **1.** *La chaleur flétrit les plantes,* elle les dessèche et les décolore. — *Les fleurs se flétrissent par manque d'eau,* elles fanent. **2.** *La vieillesse a flétri son visage,* elle l'a ridé.

① **fleur** **n. f. 1.** Partie colorée d'une plante, qui sent souvent bon et qui porte les étamines et le pistil. *Il y a un bouquet de fleurs sur la table. Elle arrose les fleurs du jardin. Les cerisiers sont en fleurs,* ils fleurissent. **2.** Dessin, objet qui représente une fleur. *Anne a mis sa robe à fleurs.* ▷ CHOU-FLEUR, FLEURI, FLEURIR, FLEURISTE.

② à **fleur** de **prép.** *Les rochers à fleur d'eau sont dangereux pour les navires,* les rochers qui sont presque au niveau de l'eau. *Luc a une sensibilité à fleur de peau,* très vive. ▷ AFFLEURER, EFFLEURER.

**fleuret** **n. m.** Épée à lame fine, avec laquelle on fait de l'escrime.

**fleurir** **v.** (conjug. 2) **1.** Produire des fleurs, être en fleurs. *Les arbres frui-*

# FLEURS

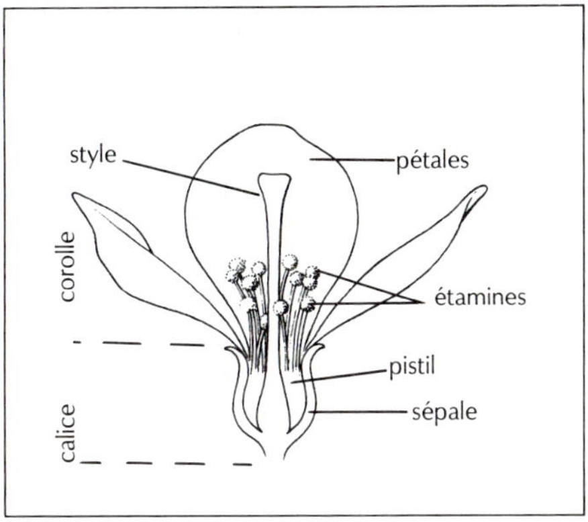

**tournesol**

**muguet**

**pois de senteur**

**iris**

**orchidée**

**arum**

**pivoine**

**tulipe**

**géranium**

**pensée**

**narcisse**

*tiers fleurissent au printemps.* **2.** Décorer avec des fleurs. *Elle a fleuri la tombe de son grand-père.*

▶ **fleuri** **adj. 1.** Couvert de fleurs. *Les pommiers sont fleuris,* en fleurs. **2.** Garni de fleurs. *Toutes les tables du restaurant sont fleuries.*

▶ **fleuriste** **n. m.** et **f.** Personne dont le métier est de vendre des fleurs, des plantes. *Elle s'est acheté un cyclamen en pot chez le fleuriste.*

**fleuve** **n. m.** Cours d'eau qui se jette dans la mer. *La Loire est le plus grand fleuve de France.* → aussi **fluvial** et **rivière.**

**flexible** **adj.** Qui peut être plié, courbé. → **élastique, souple.** *Le roseau a une tige flexible.* ▷ INFLEXIBLE.

**flexion** **n. f.** Mouvement qui consiste à fléchir un membre. → **fléchissement.** *Le gymnaste fait une série de flexions et d'extensions des jambes.*

**flibustier** **n. m.** Pirate qui pillait les navires. *Autrefois, les flibustiers écumaient la mer des Antilles.* → aussi **corsaire.**

**flirt** [flœʀt] **n. m.** Petite aventure amoureuse. *Il n'est pas question qu'ils se marient, c'est juste un flirt.*

▶ **flirter** [flœʀte] **v.** (conjug. 1) *Ils ont flirté cet été,* ils étaient amoureux l'un de l'autre et sortaient ensemble.

**flocon** **n. m. 1.** *Un flocon de neige,* c'est une petite masse de neige qui tombe du ciel. *La neige tombait à gros flocons.* **2.** Lamelle séchée de céréales, de légumes. *Luc prend des flocons d'avoine à son petit déjeuner.*

**flonflons** **n. m. pl.** Musique populaire très bruyante. *Les flonflons du bal du 14 Juillet.*

**floraison** **n. f.** Moment où les plantes, les arbres sont en fleurs. *La floraison des arbres fruitiers a lieu au printemps.*

**floral** **adj.** *Anne a visité une exposition florale,* une exposition de fleurs. *Dans la région, il y a plusieurs parcs floraux,* des parcs où il y a des fleurs.

▶ **floralies** **n. f. pl.** Exposition de fleurs. *Les floralies de Vincennes.*

**flore** **n. f.** Ensemble des plantes d'un pays ou d'une région. → **végétation.** *La flore de la région est très variée.* → aussi **faune.**

**florissant** **adj.** Qui marche bien. *Un commerce florissant.* → **prospère.**

**flot** **n. m. 1.** *Les flots,* ce sont les eaux de la mer. *Le bateau navigue sur les flots.* **2.** Grande quantité. *Elle a versé des flots de larmes.* → **torrent.** *Des flots de voyageurs entraient et sortaient de la gare.* **3.** *Le bateau est à flot,* il flotte.

**flotte** **n. f.** Ensemble des bateaux d'un pays. *La flotte de commerce française.*

▶ **flottille** **n. f.** Ensemble de petits bateaux. *Une flottille de pêche.*

**flotter** **v.** (conjug. 1) **1.** Être porté sur un liquide. → **surnager.** *Des branchages flottent sur la rivière.* || contr. **couler** || **2.** Être suspendu dans les airs. *De la brume flottait au-dessus des prés.* **3.** *Flotter dans un vêtement,* c'est avoir un vêtement trop grand. *Je flotte dans cette robe.* → **nager.**

▶ **flottant** **adj.** Qui flotte sur un liquide. *Les icebergs sont de gros blocs de glace flottants.*

► **flottement** **n. m.** Hésitation, incertitude. *Il y a eu un moment de flottement à l'annonce de la nouvelle.*

► **flotteur** **n. m.** Objet qui flotte et sert à faire flotter autre chose. → aussi **bouée.** *Les filets de pêche sont garnis de flotteurs en liège, en plastique ou en verre creux.*

**flou** **adj. 1.** Qui n'a pas de contours nets. *Cette photo est floue.* || contr. **net** || — **Adv.** *Il voit flou quand il n'a pas ses lunettes.* → **trouble. 2.** Vague, imprécis. *Julie a des souvenirs très flous de son grand-père.* || contr. **clair, précis** ||.

**fluctuation** **n. f.** Changement. *Il suit les fluctuations de la Bourse.*

**fluet** **adj.** Très mince et délicat. *Les jambes de Flora sont fluettes.* → ① **grêle.**

**fluide** **adj.** et **n. m. 1. adj.** Qui coule facilement, n'est ni solide ni épais. *Sa crème de beauté est très fluide. La circulation est fluide, ce soir,* on circule bien, il n'y a pas de bouchon. **2. n. m.** *Un fluide,* c'est un liquide ou un gaz. *L'huile et l'oxygène sont des fluides.* || contr. **solide** ||.

► **fluidité** **n. f.** Caractère de ce qui est fluide. *La fluidité du sang.*

**fluor** **n. m.** Substance chimique. *Anne utilise du dentifrice au fluor.*

**fluorescent** **adj.** Qui semble émettre une lumière. → aussi **phosphorescent.** *Un rose fluorescent.*

**flûte** **n. f. 1.** Instrument de musique fait d'un tuyau percé de trous, dans lequel on souffle. ⋙ planche Instruments de musique. — *Une flûte de Pan,* c'est une flûte à plusieurs tuyaux. **2.** Verre très haut et très étroit. *On boit le champagne dans des flûtes ou dans des coupes.*

flûte flûte de Pan

► **flûtiste** **n. m.** et **f.** Personne qui joue de la flûte. *La flûtiste sort sa flûte de son étui.*

**fluvial** **adj.** Relatif aux fleuves et aux rivières. *La navigation fluviale,* c'est la navigation sur les fleuves. || contr. **maritime** || — **Au masc. pl.** *fluviaux.*

**flux** [fly] **n. m.** Marée montante. *Avec le flux, on ne voit plus les rochers.* ▷ REFLUX.

**foc** **n. m.** Voile triangulaire à l'avant d'un voilier. *Le marin hisse le foc.* ◊ homonyme : phoque.

**foehn** [føn] **n. m. 1.** Vent chaud et sec des Alpes suisses et autrichiennes. **2.** En Suisse. Sèche-cheveux.

**fœtus** [fetys] **n. m.** Enfant ou animal qui est encore dans le ventre de sa mère. → aussi **embryon.**

**foi** **n. f. 1.** *Avoir la foi,* c'est croire en Dieu. *Les gens qui ont la foi sont appelés des croyants.* **2.** *C'est un témoin digne de foi,* que l'on peut croire sur parole. **3.** *Envoyez vos réponses avant lundi à minuit, le cachet de la poste faisant foi,* prouvant la date de l'envoi. **4.** *On ne peut pas discuter avec lui, il est de mauvaise foi,* il est malhonnête, déloyal. ◊ homonymes : foie, fois.

**foie** **n. m.** Organe situé dans le haut de l'abdomen, à droite, et qui joue un rôle très important dans la formation du sang et dans la digestion. → aussi **hépatique.** *La jaunisse est une maladie du foie.* ◊ homonymes : foi, fois.

**foin** **n. m.** Herbe séchée qui sert de nourriture au bétail. → **fourrage.** *Une botte de foin. Le fermier fait les foins chaque été,* il coupe l'herbe et la ramasse une fois séchée. → aussi **fenaison.**

**foire** **n. f. 1.** Grand marché qui a lieu à date fixe, au même endroit, et où les paysans peuvent vendre les produits de la ferme. *Le fermier a acheté un cochon à la foire aux bestiaux.* **2.** Grande exposition qui a lieu dans une ville et où l'on peut voir et acheter toutes sortes d'objets. *La foire de Paris.* **3.** Fête foraine. *Dans les foires, il y a des stands de tir et des autos tamponneuses.*

**fois** **n. f. 1.** *Yves a repris trois fois du dessert,* à trois reprises. **2.** *Ne parlez pas tous à la fois,* tous en même temps. **3.** *Il était une fois un roi qui était très cruel,* il y avait un jour, à une époque passée. **4.** *Trois fois trois égale neuf* (3 x 3 = 9), trois multiplié par trois. ◊ homonymes : foi, foie. ▷ AUTREFOIS, PARFOIS, QUELQUEFOIS, TOUTEFOIS.

à **foison** **adv.** Beaucoup, en grande quantité. *Dans la forêt, il y a des cèpes à foison.* ‖ contr. **peu** ‖.

► **foisonner** **v.** (conjug. 1) *Les champignons foisonnent dans cette région,* il y en a beaucoup. → **pulluler.**

**folâtrer** **v.** (conjug. 1) Sauter, s'agiter dans tous les sens pour s'amuser. *Au printemps, les agneaux folâtrent dans les prés.*

**folie** **n. f. 1.** Maladie dans laquelle les gens ont l'esprit dérangé, disent ou font des choses bizarres, pas normales. → **démence.** *Un accès de folie.* **2.** *C'est de la folie de sortir pieds nus dans la neige,* c'est déraisonnable. **3.** *Une folie,* c'est une dépense excessive. *Tu as fait une folie en m'offrant ce cadeau !* **4.** *Yves aime les gâteaux à la folie,* beaucoup, énormément. → **follement.**

**folklore** **n. m.** Ensemble des traditions, chansons, danses et légendes anciennes d'un pays. *Yves connaît bien le folklore breton.*

► **folklorique** **adj.** Du folklore. *Une danse folklorique.*

**follement** **adv.** D'une manière folle, exagérée. → **passionnément.** *Il est follement amoureux d'elle.* → **très.**

**fomenter** **v.** (conjug. 1) *Des rebelles ont fomenté des troubles dans le sud du pays,* ils ont provoqué, ont fait naître des troubles.

① **foncer** **v.** (conjug. 3) Devenir plus sombre. *Les cheveux d'Anne étaient blonds, mais ils ont foncé.* ‖ contr. s'**éclaircir** ‖.

► **foncé** **adj.** De couleur sombre. ‖ contr. **clair** ‖ *Une jupe bleu foncé.*

② **foncer** **v.** (conjug. 3) Familier. **1.** *Foncer sur quelqu'un,* c'est se précipiter, se jeter sur lui. *Le chien a grogné méchamment et a foncé sur moi.* **2.** Aller très vite. *Au lieu de ralentir au croisement, la voiture a foncé.*

**foncier** adj. *Un propriétaire foncier,* c'est une personne qui possède des terres. — Au fém. *foncière.*

**foncièrement** adv. *Elle est foncièrement méchante,* c'est dans son caractère d'être méchante. → **naturellement, profondément.**

**fonction** n. f. 1. Travail, métier. *Il exerce la fonction de médecin.* 2. *Ses fonctions dans l'entreprise sont très importantes,* ses activités, ses responsabilités. 3. Rôle d'un organe dans le corps. *La fonction du cœur est d'assurer la circulation du sang.* 4. Rôle que joue un mot dans la phrase par rapport aux autres mots. *La fonction du verbe est d'exprimer une action ou un état.*

▸ **fonctionnaire** n. m. et f. Personne employée par l'État. *Les professeurs de lycée, les policiers, les postiers sont des fonctionnaires.*

▸ **fonctionnel** adj. Pratique, commode. *Cette maison est confortable et fonctionnelle.*

▸ **fonctionnement** n. m. Manière dont un appareil ou une machine marche. *Le fonctionnement de cette machine est compliqué.*

▸ **fonctionner** v. (conjug. 1) *L'aspirateur ne fonctionne plus,* il ne marche plus. *La cuisinière fonctionne au gaz et à l'électricité.*

**fond** n. m. 1. Partie la plus basse, la plus profonde d'un objet. *Le fond du verre est sale. Mes clés sont au fond de ma poche.* 2. Partie d'un lieu la plus éloignée de l'entrée. *Les toilettes sont au fond du couloir.* 3. Surface colorée sur laquelle se détache un dessin, un motif. *Elle portait une robe à pois blancs sur fond rouge.* 4. *Je vous remercie du fond du cœur,* sincèrement. 5. *Au fond, ce n'était pas si terrible!* après tout. 6. *Respirez à fond,* complètement, profondément. 7. *Une course de fond* se court sur une très longue distance, pendant longtemps. *Le marathon est une course de fond.* ◊ homonymes : fonds, fonts. ▷ BAS-FOND, HAUT-FOND.

**fondamental** adj. Essentiel. → **capital, primordial.** *Il est fondamental de savoir lire et écrire.* ‖ contr. **secondaire** ‖ — Au masc. pl. *fondamentaux.*

**fondant** adj. Qui fond. *La neige fondante s'est transformée en boue. Des bonbons fondants,* ce sont des bonbons qui fondent dans la bouche.

**fondateur** n. m., **fondatrice** n. f. Personne qui fonde ou qui a fondé quelque chose. *Romulus et Rémus sont les fondateurs de Rome.*

**fondation** n. f. 1. *La fondation d'une ville,* sa création. *La fondation de Marseille remonte à l'an 600 avant Jésus-Christ.* 2. *Les fondations d'une maison,* ce sont les parties qui sont construites directement dans le sol et qui la soutiennent. *Les maçons ont déjà construit les fondations de l'immeuble.*

**fondement** n. m. Fait sur lequel on peut se fonder, s'appuyer. → **motif, raison.** *Cette rumeur n'a aucun fondement.*

**fonder** v. (conjug. 1) 1. Créer. *Notre ville a été fondée par les Romains. Ils ont fondé un foyer,* ils se sont mariés. 2. *Sur quoi vous fondez-vous pour dire cela ?* sur quels arguments vous appuyez-vous ? → se **baser.**

▸ **fondé** adj. Juste, légitime. *Les soupçons du commissaire n'étaient pas fondés, le suspect était innocent.*

|| contr. **gratuit, injustifié** || ▷ FONDATEUR, FONDATION, FONDEMENT.

**fonderie** n. f. Usine où l'on fond le métal. *On fabrique de la fonte dans les fonderies.*

**fondre** v. (conjug. 41) **1.** Devenir liquide. *La neige a fondu au soleil.* **2.** Se dissoudre. *Julie fait fondre du chocolat dans du lait chaud.* **3.** *Pour fabriquer une cloche, il faut faire fondre du bronze,* le faire passer à l'état liquide en le portant à très haute température. **4.** *Brusquement, Flora fondit en larmes,* elle se mit à pleurer. **5.** *Le tigre fond sur la gazelle,* il se jette sur elle. ▷ FONDANT, FONDERIE, FONDUE, FONTE.

**fondrière** n. f. Trou dans le sol, plein d'eau ou de boue. → **crevasse.** *Les fondrières d'un mauvais chemin.* → **ornière.**

**fonds** n. m. **1.** *Ils sont propriétaires de leur fonds de commerce,* de leur magasin. **2.** *Les fonds,* c'est la somme d'argent nécessaire à quelque chose. → **capital.** *Pour faire construire leur maison, ils ont emprunté les fonds à la banque.* ◊ homonymes : fond, fonts.

**fondue** n. f. *La fondue savoyarde,* c'est du fromage fondu avec du vin blanc, dans lequel on trempe des morceaux de pain. *La fondue bourguignonne,* ce sont des morceaux de viande crue que l'on trempe dans de l'huile bouillante et que l'on mange avec différentes sauces.

**fontaine** n. f. Petite construction avec un bassin où coule de l'eau. *Il y a une jolie fontaine sur la place du village.*

fontaine

**fonte** n. f. **1.** *La fonte des neiges a lieu au printemps,* le moment où la neige fond. **2.** Métal très dur obtenu en fondant le fer avec du charbon dans un haut fourneau. *La cocotte en fonte garde bien la chaleur.*

**fonts** n. m. pl. *Les fonts baptismaux,* c'est le bassin contenant l'eau qui sert à baptiser, dans une église. ◊ homonymes : fond, fonds.

**football** [futbol] n. m. Ce mot vient de l'anglais. Sport pratiqué par deux équipes de onze joueurs qui doivent faire pénétrer le ballon rond dans les buts de l'autre équipe, sans utiliser les mains. *Un match de football.* — On dit familièrement *foot* [fut].
► **footballeur** n. m., **footballeuse** n. f. Personne qui joue au football. *Le public applaudit les footballeurs à leur entrée sur le stade.*

**footing** [futiŋ] n. m. Ce mot vient de l'anglais. Marche à pied que l'on pratique pour se promener ou faire de l'exercice. → aussi **jogging.** *Il fait une heure de footing chaque matin.*

**forage** n. m. *Les derricks servent au forage des puits de pétrole,* ils servent à forer, creuser les puits de pétrole.

**forain** adj. 1. *Une fête foraine,* c'est un ensemble de baraques, de manèges et d'attractions installés en plein air, pendant une période assez courte. *Les stands de tir et les autos tamponneuses de la fête foraine.* → aussi **foire.** 2. *Un marchand forain,* c'est un marchand ambulant qui s'installe sur les marchés et les foires. — N. *Les forains ont installé leurs stands sur la place du village.*

**forban** n. m. 1. Pirate qui pillait les navires ennemis sans l'autorisation du roi. → aussi **flibustier.** *Les corsaires, les pirates et les forbans.* 2. Personne sans scrupule, qui exploite les gens. *Ce commerçant est un vrai forban.* → **bandit.**

**forçat** n. m. Criminel condamné aux travaux forcés. *Les forçats étaient envoyés au bagne.* → **bagnard.**

**force** n. f. 1. Capacité à faire de grands efforts physiques. → **vigueur.** *Il a beaucoup de force dans les bras.* → aussi ① **fort.** || contr. **faiblesse** || *Je suis si fatigué que je n'ai plus la force de marcher.* → **énergie.** 2. *La force de caractère,* c'est la volonté, le courage. 3. *Alex et Yves sont de la même force au tennis,* ils sont au même niveau. 4. *Les forces de l'ordre ont dispersé les manifestants,* la police les a dispersés. 5. Contrainte, violence. *Pour faire obéir Julie, il faut parfois employer la force.* || contr. **douceur** || 6. Puissance. *On peut transformer la force des chutes d'eau en électricité.* 7. *On a agi ainsi par la force des choses,* parce qu'on ne pouvait pas faire autrement. 8. *À force de chercher, tu finiras bien par trouver,* en cherchant longtemps.

▶ **forcé** adj. 1. Imposé. *Les bagnards étaient condamnés aux travaux forcés.* 2. Qui n'est pas naturel. *Il lui adressa un sourire forcé.*

▶ **forcément** adv. Nécessairement. *Il n'a pas forcément raison.* ▷ S'EFFORCER, EFFORT, FORCER, RENFORCEMENT, RENFORCER, RENFORT.

**forcené** n. m., **forcenée** n. f. Personne qui a une crise de folie furieuse. *Yves criait comme un forcené.*

**forcer** v. (conjug. 3) 1. *Forcer quelqu'un à faire quelque chose,* c'est l'y obliger. → **contraindre.** *Elle force ses enfants à manger de tout. — Flora se força à sourire à travers ses larmes.* 2. *Le voleur a forcé la serrure,* il a fait céder la serrure par la force. → **fracturer.**

**forer** v. (conjug. 1) Faire un trou profond avec une machine. *Les ouvriers forent le rocher pour faire un tunnel.* ▷ FORAGE, PERFORATION, PERFORER.

**forestier** adj. 1. *Les Vosges et le Jura sont des régions forestières,* où il y a des forêts. 2. *Le garde forestier,* c'est une personne chargée de protéger et d'entretenir la forêt.

**forêt** n. f. Grand terrain couvert d'arbres. → **bois.** *Anne et Julie cherchent des champignons dans la forêt. Alex aime bien marcher en forêt.*

① **forfait** n. m. Prix fixé à l'avance. *Il a payé un forfait pour toutes les leçons de judo qu'il prendra pendant l'année.*

② **forfait** n. m. *Deux coureurs blessés ont déclaré forfait avant la fin de la course,* ils ont abandonné la course.

③ **forfait** **n. m.** Crime énorme. *Il a été condamné pour tous ses forfaits.*

**forger** **v.** (conjug. 3) *On forge les métaux avec un marteau, sur une enclume,* on leur donne une forme en les chauffant à très haute température.

▶ **forge** **n. f.** Atelier où l'on travaille les métaux. *Le maréchal-ferrant surveille le feu de la forge.*

▶ **forgeron** **n. m.** Personne qui travaille le fer au marteau après l'avoir fait chauffer à la forge.

**for intérieur** **n. m. inv.** *Dans son for intérieur, Yves reconnaît qu'il a eu tort,* il l'admet au fond de lui-même, dans son esprit.

se **formaliser** **v.** (conjug. 1) Être choqué par une impolitesse, un manque de savoir-vivre. *Il ne m'a pas reconnu, mais je ne m'en suis pas formalisé.* → s'**offusquer.**

**formalité** **n. f.** *Une formalité,* c'est une démarche administrative obligatoire. *Les voyageurs doivent accomplir toutes les formalités de douane avant de prendre l'avion.*

**format** **n. m.** Dimension, taille. *Le format d'une feuille de papier.*

**forme** **n. f. 1.** Apparence, ensemble des contours d'un objet. → **aspect.** *Flora a un médaillon en forme de cœur. Le projet commence à prendre forme,* à devenir plus précis. → **tournure. 2.** Variété, sorte. *L'énergie nucléaire et l'énergie solaire sont deux formes différentes d'énergie.* **3.** Façon dont se présente un mot ou une phrase. *Le verbe « s'ébattre » n'existe qu'à la forme pronominale.* **4.** *Je lui demanderai l'autorisation pour la forme,* pour respecter les usages. **5.** Condition physique. *Anne n'est pas en forme aujourd'hui,* elle ne se sent pas très bien.

▶ **formation** **n. f. 1.** Manière dont une chose s'est formée. → **constitution, création.** *La formation des montagnes a pris beaucoup de temps.* **2.** Ensemble des connaissances que l'on doit acquérir dans un domaine, un métier. *Il a suivi un stage de formation professionnelle.* → aussi **apprentissage. 3.** Groupement de personnes. *Elle appartient à une formation politique.* → **parti.**

▶ **formel** **adj. 1.** Qu'on ne peut discuter. *Un refus formel.* → **catégorique.** *Des preuves formelles.* → **irréfutable. 2.** Fait uniquement pour la forme, pour l'apparence. *Une politesse formelle.*

▶ **formellement** **adv.** Absolument, totalement. *Il est formellement interdit de fumer dans cette salle.*

▶ **former** **v.** (conjug. 1) **1.** Donner une forme. *Yves forme mal ses lettres, on a du mal à le lire.* **2.** Prendre la forme, l'apparence de quelque chose. *La rivière forme de nombreux méandres. — Un halo s'est formé autour de la lune,* il est apparu. **3.** Créer, faire. *Alex et ses amis ont formé un petit orchestre.* → **constituer. 4.** Instruire, enseigner un métier. *Le boulanger forme lui-même ses apprentis.* ▷ DÉFORMANT, DÉFORMATION, DÉFORMER, DIFFORME, FILIFORME, HAUT-DE-FORME, INFORME, MALFORMATION, PLATE-FORME, RÉFORMATEUR, RÉFORME, ① RÉFORMER, TRANSFORMATEUR, TRANSFORMATION, TRANSFORMER, ① et ② UNIFORME, UNIFORMÉMENT, UNIFORMISER, UNIFORMITÉ.

**formidable** **adj.** Extraordinaire, admirable. → **sensationnel.** *J'ai vu un film formidable. Il est formidable avec ses enfants.*

**formule** **n. f. 1.** Suite de paroles prononcées dans le même ordre, toujours de la même façon. « *S'il vous plaît* » *est une formule de politesse. La sorcière prononça la formule magique.* **2.** *$H_2O$ est la formule chimique de l'eau,* la suite de lettres et de chiffres qui représentent les éléments chimiques qui composent l'eau. **3.** Manière de faire. *J'ai trouvé la bonne formule pour ne pas perdre de temps.* → **méthode.**

▶ **formuler** **v.** (conjug. 1) Exprimer avec précision. *Formulez votre réclamation par écrit.*

▶ **formulaire** **n. m.** Feuille imprimée qui contient des questions auxquelles on doit répondre. *Les passagers de l'avion remplissent leur formulaire de douane.*

① **fort** **adj., adv.** et **n. m.**

▭ **adj. 1.** Qui a beaucoup de force physique. → **robuste, vigoureux.** *Il faut être fort pour être bûcheron ou déménageur.* || contr. **faible, fragile** || **2.** Gros. *Elle se trouve un peu forte et voudrait perdre quelques kilos.* **3.** Bon. *Luc est fort en calcul.* → **doué.** || contr. **faible, nul** || **4.** Violent, intense. *Un vent très fort soufflait sur la plage.* → **puissant.** *Il y a eu une forte averse,* beaucoup de pluie est tombée en une seule fois. *Cet alcool est fort,* très concentré. || contr. **doux, léger** || **5.** *Il a une voix forte,* qu'on entend de loin. → **puissant.** || contr. **doux** || **6.** Difficile à croire ou à supporter. → **exagéré.** *C'est un peu fort !* c'est un comble ! **7. inv.** *Anne se fait fort d'y arriver toute seule,* elle est sûre de pouvoir le faire.

▭ **adv. 1.** Avec de la force physique. *Frappe plus fort !* **2.** Avec violence, intensité. *Le vent souffle très fort.* **3.** Très. *Flora était fort triste, ce soir-là.* → **bien.**

▭ **n. m.** Ce en quoi quelqu'un est fort. *Le calcul, ce n'est pas le fort de Julie !*

▷ COFFRE-FORT, CONTREFORT, FORTEMENT, FORTIFIANT, ① FORTIFIER, MAIN-FORTE, RÉCONFORT, RÉCONFORTANT, RÉCONFORTER.

② **fort** **n. m.** Bâtiment fortifié qui protège une région ou une ville contre les attaques. → **citadelle, forteresse, fortin.** *La garnison est rentrée au fort.*

▷ FORTERESSE, FORTIFICATION, ② FORTIFIER, FORTIN.

**fortement** **adv.** Beaucoup, très. *Le médecin lui a fortement conseillé de ne pas fumer.*

**forteresse** **n. f.** Lieu fortifié qui protège une région ou une ville contre les attaques. → **citadelle,** ② **fort.** *La forteresse est entourée de remparts.*

① **fortifier** **v.** (conjug. 7) Rendre fort, vigoureux. *L'air de la montagne a fortifié les enfants.*

▶ **fortifiant** **n. m.** Médicament qui donne des forces. *Julie a pris des fortifiants pendant sa convalescence.*

② **fortifier** **v.** (conjug. 7) *Fortifier une ville,* c'est y construire des fortifications pour la protéger contre les attaques.

▶ **fortification** **n. f.** *Les fortifications,* ce sont les remparts, les tours qui défendent un lieu contre les attaques.

**fortin** **n. m.** Petit fort.

**fortuit** **adj.** Qui arrive par hasard. *Il a fait une rencontre fortuite.* → **imprévu, inattendu.**

**fortune** **n. f. 1.** Grande richesse. *Elle a une grosse fortune. Les chercheurs d'or voulaient faire fortune,* ils voulaient s'enrichir. **2.** *La bonne fortune,* c'est la chance. *La mauvaise fortune,* c'est la malchance. **3.** *Les réfugiés ont campé dans des installations de fortune,* des installations que l'on a improvisées très vite parce que c'était nécessaire.

▸ **fortuné** **adj.** Très riche. *Elle est d'une famille très fortunée.* || contr. **pauvre** || ▷ INFORTUNE.

**fosse** **n. f. 1.** Grand trou creusé dans le sol. *On a descendu le cercueil dans la fosse.* → **tombe** et aussi **fossoyeur. 2.** *Une fosse sous-marine,* c'est un endroit où la mer est très profonde. **3.** *Les fosses nasales,* c'est l'intérieur des narines.

▸ **fossé** **n. m.** Trou creusé en long dans le sol. *La voiture est tombée dans le fossé.* ◊ homonyme : fausser.

▸ **fossette** **n. f.** Petit creux. *Quand Flora sourit, de petites fossettes se forment sur ses joues.* ▷ FOSSOYEUR.

**fossile** **n. m.** Débris ou empreintes d'animaux et de plantes conservés depuis très longtemps dans les pierres. *Certains fossiles ont plusieurs millions d'années.*

**fossile**

**fossoyeur** **n. m.** Personne qui creuse les tombes dans un cimetière. → aussi **croque-mort.**

**fou** **n. m.** et **adj.**, **folle** **n. f.** et **adj.**

▭ **n. m.** et **f. 1.** Personne qui n'a pas toute sa raison, qui a l'esprit dérangé. → **aliéné** et aussi **folie.** *Les fous sont soignés dans des hôpitaux psychiatriques.* — On dit plutôt *les malades mentaux.* **2.** Personne qui ne se comporte pas d'une manière raisonnable. *Alex roule comme un fou sur son vélo,* très vite. *Cessez de faire les fous !* **3.** Personnage qui était chargé de distraire un roi ou un seigneur. → **bouffon.** *Le fou portait un costume orné de grelots.* **4.** Pièce du jeu d'échecs. *Le fou avance en diagonale.*

▭ **adj. 1.** Qui n'a pas toute sa raison. → **dément.** *Elle est devenue folle.* **2.** Qui agit d'une manière imprudente. *Il faut être fou pour sortir par ce temps.* **3.** Qui aime beaucoup quelque chose. → **fanatique.** *Il est fou de musique.* → **passionné. 4.** *J'ai un travail fou,* j'ai énormément de travail. ▷ AFFOLANT, AFFOLEMENT, AFFOLER, FOLÂTRER, FOLIE, FOLLEMENT, GARDE-FOU, RAFFOLER.

**foudre** **n. f. 1.** Pendant un orage, décharge électrique très forte accompagnée d'un éclair, puis de tonnerre. *La foudre est tombée sur un arbre.* **2.** *Il a eu un coup de foudre pour elle,* il est tombé amoureux d'elle dès qu'il l'a vue.

▸ **foudroyant** **adj.** Rapide et brutal comme la foudre. *Il est mort d'une maladie foudroyante.*

▸ **foudroyer** **v.** (conjug. 8) **1.** Tuer ou détruire par la foudre. *Un arbre a été foudroyé pendant l'orage.* **2.** Tuer brusquement. *Il a été foudroyé par une crise cardiaque.* → **terrasser. 3.** *Elle l'a foudroyé du regard,* elle l'a regardé méchamment.

**fouet** **n. m. 1.** Instrument fait d'une lanière de cuir ou d'une corde attachée à un manche et qui sert à frapper, à battre. *Le dompteur fit claquer son fouet.* — *Ce remontant va lui donner un coup de fouet,* va lui redonner des forces rapidement. *La voiture a* *heurté le camion de plein fouet,* de face. **2.** Appareil qui sert à battre les sauces, les blancs d'œufs. → **batteur.** *Elle utilise un fouet pour faire la mayonnaise.*

▸ **fouetter** **v.** (conjug. 1) **1.** Frapper avec un fouet. *Le cocher fouette le cheval pour le faire aller plus vite. — J'ai d'autres chats à fouetter,* j'ai autre chose à faire. **2.** Battre rapidement. *On fouette les blancs d'œufs pour obtenir des œufs en neige.*

**fougère** **n. f.** Plante verte à longues feuilles très découpées.

**fougère**

**fougue** **n. f.** Élan. → **enthousiasme.** *Il a parlé avec fougue à son équipe.*

▸ **fougueux** **adj.** Très vif. *Une jument fougueuse.*

**fouiller** **v.** (conjug. 1) Explorer soigneusement. → **examiner, inspecter.** *Les douaniers ont fouillé sa valise. Luc déteste que l'on fouille dans ses affaires.* → fam. **fouiner.**

▸ **fouille** **n. f. 1.** Inspection minutieuse. *À la douane, la fouille a été très longue.* **2.** *Les archéologues font des fouilles,* ils creusent le sol pour découvrir les ruines ensevelies d'anciennes civilisations.

▸ **fouillis** **n. m.** Grand désordre. *On ne retrouve rien dans ce fouillis.*

**fouine** **n. f.** Petit animal carnivore au museau allongé.

▸ **fouiner** **v.** (conjug. 1) Familier. Fouiller indiscrètement. *Il est venu fouiner dans mes affaires.*

**foulard** **n. m.** Morceau de tissu carré que l'on porte autour du cou ou sur la tête. → aussi **châle, fichu.** *Il lui a offert un foulard de soie.*

**foule** **n. f. 1.** Grand rassemblement de gens. *La foule applaudit l'arrivée des coureurs.* **2.** *Elle a une foule de projets pour l'année prochaine,* elle a de nombreux projets. → **multitude.**

**foulée** **n. f.** Grand pas que l'on fait en courant. → **enjambée.** *Ce coureur a une belle foulée.*

**fouler** **v.** (conjug. 1) *Julie s'est foulé la cheville en tombant,* elle s'est tordu l'articulation de la cheville.

▸ **foulure** **n. f.** Petite entorse. *Julie a la cheville enflée, elle s'est fait une foulure.*

**four** **n. m. 1.** Appareil ménager fermé par une porte dans lequel on fait cuire des aliments. *Elle a mis le poulet dans le four. Il y a des fours à gaz et des fours électriques. Il a un four à micro-ondes.* **2.** Appareil qui sert à cuire des choses à très forte chaleur. *Les briques, les poteries sont cuites dans des fours.*

**fourbe** **adj.** Qui trompe en faisant semblant d'être honnête. *Cet homme* *a un air fourbe.* → **hypocrite, sournois.** || contr. **franc, loyal** ||.

**fourbu** **adj.** Très fatigué. → **harassé.** *Anne était fourbue.*

**fourche** **n. f. 1.** Instrument formé d'un long manche muni de plusieurs dents. *L'agriculteur pique le foin avec sa fourche.* **2.** *La fourche d'un arbre,* c'est l'endroit où les grosses branches se séparent du tronc. *La fourche d'une bicyclette,* c'est la partie formée de deux tubes entre lesquels passe la roue. **3.** Endroit où un chemin se divise en deux. *À la fourche, prenez à droite.* → **bifurcation, embranchement.**

► **fourchette** **n. f.** Objet formé d'un manche et de plusieurs dents dont on se sert pour piquer les aliments et les porter à sa bouche. *Un couteau et une fourchette.*

► **fourchu** **adj.** En forme de fourche. *La vipère a une langue fourchue.* ▷ à CALIFOURCHON, ENFOURCHER.

**fourgon** **n. m. 1.** Dans un train, wagon qui sert au transport des bagages, du courrier, des colis, des journaux. **2.** *Un fourgon mortuaire,* c'est une camionnette qui emporte le cercueil au cimetière. → **corbillard.**

► **fourgonnette** **n. f.** Camionnette.

**fourmi** **n. f.** Petit insecte noir ou rouge qui vit en colonies nombreuses dans des fourmilières. ⋙ planche Insectes. *Les fourmis rouges piquent.* — *J'ai des fourmis dans les jambes,* des picotements désagréables. → **fourmillement.**

► **fourmilier** **n. m.** Animal à museau très long et à langue visqueuse avec laquelle il attrape les fourmis. → **tamanoir.**

fourmilier

► **fourmilière** **n. f.** Petit monticule de terre creusé de nombreuses galeries où vivent les fourmis.

► **fourmillement** **n. m.** Picotement désagréable. → **fourmi.**

► **fourmiller** **v.** (conjug. 1) *Cette dictée fourmille de fautes,* elle contient beaucoup de fautes.

**fournaise** **n. f.** Endroit où il fait très chaud. *En été, cette chambre sous les toits est une vraie fournaise.*

**fourneau** **n. m. 1.** *Le chef cuisinier est aux fourneaux,* il fait la cuisine. **2.** *Les hauts fourneaux,* ce sont de grands fours dans lesquels on fond le fer.

**fournée** **n. f.** Quantité de pain que l'on peut faire cuire dans le four. *Le boulanger fait trois fournées par jour.*

**fournir** **v.** (conjug. 2) **1.** Donner ce qui est nécessaire. *L'hôtel fournit les serviettes de bain pour la piscine.* → **procurer.** — *Elle se fournit toujours chez le même commerçant.* → s'**approvisionner.**

2. *Anne a fourni un gros effort en classe cette année,* elle a fait un gros effort.

▶ **fournisseur** **n. m.** Personne qui vend des marchandises à un client. *Elle achète toujours sa viande chez le même fournisseur.* → **commerçant, marchand.**

▶ **fourniture** **n. f.** *Les livres, les cahiers, les crayons et les gommes sont des fournitures scolaires,* des objets dont on a besoin pour travailler.

**fourrage** **n. m.** *Le fourrage,* c'est l'ensemble des plantes qui servent de nourriture au bétail.

▶ **fourragère** **adj. f.** *La luzerne, le foin, le trèfle sont des plantes fourragères,* des plantes qui fournissent le fourrage.

**fourre** **n. f.** Ce mot est utilisé en Suisse. **1.** Housse de couette. **2.** Couverture cartonnée dans laquelle on range des papiers. → **chemise.**

① **fourré** **n. m.** Endroit où les arbustes et les broussailles sont très touffus. *Le renard s'est caché dans un fourré.* → aussi **buisson, taillis.**

**fourreau** **n. m.** Étui allongé dans lequel on glisse un objet de même forme pour le protéger quand on ne s'en sert pas. *Le chevalier tira l'épée de son fourreau.* — **Au pl.** *Des fourreaux.*

**fourrer** **v.** (conjug. 1) Familier. **1.** *Julie a fourré ses affaires dans son cartable,* elle les y a fait entrer vite et sans ordre. → **mettre. 2.** *Où ai-je fourré mes lunettes ?* où les ai-je mises ?

▶ ② **fourré** **adj. 1.** Doublé de fourrure ou de lainage chaud. *Des bottes fourrées.* **2.** Dont l'intérieur contient de la crème, de la liqueur ou de la confiture. *Des chocolats fourrés au café.*

▶ **fourreur** **n. m.** Personne qui fabrique et vend des vêtements de fourrure.

▶ **fourre-tout** **n. m. inv.** Familier. Sac, trousse où l'on met des objets pêle-mêle. — **Au pl.** *Des fourre-tout.*

▶ **fourrure** **n. f. 1.** Poil particulièrement beau et épais de certains animaux. *Les chats angoras ont une épaisse fourrure.* **2.** Peau d'animal garnie de ses poils, dont on fait des vêtements. *Un manteau de fourrure.*
▷ FOURRE, FOURREAU.

**fourrière** **n. f. 1.** Lieu où l'on transporte les animaux perdus ou abandonnés. *Ce chien sans collier a été emmené à la fourrière.* **2.** Endroit où la police met les voitures mal garées. *Il faut payer une amende pour récupérer sa voiture quand elle a été mise à la fourrière.*

se **fourvoyer** **v.** (conjug. 8) Se tromper, faire une erreur. *Elle pensait qu'il était honnête, mais elle s'est fourvoyée,* elle avait tort.

**foyer** **n. m. 1.** *Le foyer d'une cheminée,* c'est la partie où brûle le feu. → **âtre. 2.** *Un foyer d'incendie,* c'est un endroit en feu d'où se propage un incendie. **3.** *Une femme au foyer,* c'est une femme qui s'occupe de sa maison et de sa famille et n'a pas un travail rétribué. **4.** Établissement qui accueille et loge certaines personnes. *Elle habite dans un foyer d'étudiants.*

**fracasser** **v.** (conjug. 1) Briser avec violence. *Le coup lui a fracassé la mâchoire. — Le bateau risque de se fracasser contre les rochers.*

▶ **fracas** **n. m.** Bruit violent. *La vitre s'est brisée avec fracas.*

**fraction** **n. f. 1.** Quantité que l'on calcule en divisant une unité en parts égales. *Dans la fraction $\frac{2}{5}$ (deux cinquièmes), 2 est le numérateur et 5 le dénominateur.* **2.** Partie. *Les enfants représentent une fraction importante de la population. Pendant une fraction de seconde,* un très court instant.

▶ **fractionner** **v.** (conjug. 1) Diviser. *L'héritage a été fractionné en trois parts.*

**fracture** **n. f.** *Le blessé a une fracture de la jambe,* il a l'os de la jambe cassé. → **fêlure.**

▶ **fracturer** **v.** (conjug. 1) **1.** *Il s'est fracturé une côte,* il s'est cassé une côte. **2.** *Les cambrioleurs ont fracturé la serrure,* ils l'ont cassée pour l'ouvrir. → aussi **effraction.**

**fragile** **adj. 1.** Qui se casse facilement. *Ces verres sont fragiles.* || contr. **solide** || **2.** Qui tombe facilement malade. *Flora est une enfant fragile.* → **délicat.** || contr. **robuste** ||.

▶ **fragilité** **n. f. 1.** *Ces verres en cristal sont d'une grande fragilité,* ils se cassent facilement. || contr. **solidité** || **2.** *La fragilité de Flora inquiète ses parents,* sa santé qui n'est pas très bonne. || contr. **endurance, résistance** ||.

**fragment** **n. m. 1.** Morceau d'une chose qui a été cassée. *Les archéologues ont trouvé des fragments d'os de mammouth.* → **débris. 2.** *Nous allons étudier un fragment de ce poème,* un extrait, un passage.

▶ **fragmentaire** **adj.** Incomplet, partiel. *Cette documentation est très fragmentaire.* || contr. **complet** ||.

▶ **fragmenter** **v.** (conjug. 1) Partager. → **diviser.** *On a fragmenté le film en plusieurs épisodes.* → **morceler.**

① **frais** **adj., n. m.** et **adv.**

▭ **adj. 1.** Légèrement froid. *En montagne, les nuits sont toujours fraîches.* **2.** Qui a été fabriqué, pêché, cueilli, il y a peu de temps. *Du pain frais.* **3.** Qui n'est ni séché, ni en conserve. *Les légumes frais sont pleins de vitamines.* **4.** Récent, nouveau. *On voit des traces fraîches d'animaux dans la neige.*

▭ **n. m.** *Il est sorti prendre le frais sur le balcon,* respirer l'air frais.

▭ **adv.** *Il fait frais, ce soir,* il fait légèrement froid.

▶ **fraîchement** **adv. 1.** Depuis très peu de temps. *Un mur fraîchement repeint.* → **récemment. 2.** Avec froideur. *Il nous a reçus fraîchement.* → **froidement.** || contr. **chaleureusement** ||.

▶ **fraîcheur** **n. f. 1.** Température fraîche. *Après une journée très chaude, on attend la fraîcheur de la nuit.* || contr. **chaleur** || **2.** *Ce poisson n'est pas de première fraîcheur,* il n'est pas frais. **3.** *Il nous a reçus avec fraîcheur,* sans enthousiasme. → **froideur.**

▶ **fraîchir** **v.** (conjug. 2). Devenir plus frais. *Le temps a fraîchi.* ▷ DÉFRAÎCHI, RAFRAÎCHIR, RAFRAÎCHISSANT, RAFRAÎCHISSEMENT.

② **frais** **n. m. pl. 1.** Dépenses. *Cette réparation va entraîner des frais.* **2.** *C'est nous qui allons faire les frais de sa maladresse,* qui allons en subir les conséquences.

① **fraise** **n. f.** Petit fruit rouge qui pousse sur le fraisier. *Une tarte aux fraises.*

▶ **fraisier** **n. m.** Plante qui produit les fraises.

② **fraise** **n. f.** Roulette du dentiste.

③ **fraise** **n. f.** Collerette plissée que l'on portait au 16e siècle.

**framboise** **n. f.** Petit fruit rouge foncé qui pousse sur le framboisier. *De la confiture de framboises.*

▶ **framboisier** **n. m.** Arbrisseau sur lequel poussent les framboises.

fraise

① **franc** n. m. Monnaie de la France, de la Suisse, de la Belgique, du Luxembourg et de quelques pays d'Afrique. *Ce livre coûte 50 francs.*

② **franc** adj. 1. *Julie est très franche,* elle dit ce qu'elle pense sans mentir et sans rien cacher. → **sincère.** ‖ contr. **hypocrite, menteur** ‖ 2. *Un coup franc,* c'est, au football, un coup tiré par un joueur sans que l'adversaire ait le droit de le gêner. 3. *Elle a expédié un colis franc de port,* pour que celui qui le reçoit n'ait pas à payer les frais d'envoi. → **franco.**

▶ **franchement** adv. 1. Sans rien cacher, sans mentir. *Dis-moi franchement ce que tu penses.* → **sincèrement.** 2. Très. *Ce film est franchement mauvais.* ▷ AFFRANCHI, ① et ② AFFRANCHIR, ① et ② AFFRANCHISSEMENT, FRANCHISE, FRANCO, FRANC-PARLER, FRANC-TIREUR.

**franchir** v. (conjug. 2) 1. Passer par-dessus un obstacle en sautant ou en grimpant. *Le cheval a franchi le ruisseau.* 2. Aller au-delà d'une limite. *Le coureur vient de franchir la ligne d'arrivée.* → **passer.** ▷ INFRANCHISSABLE.

**franchise** n. f. Qualité d'une personne franche. → **sincérité.** *Anne a répondu en toute franchise.*

**franc-maçon** n. m. Personne qui fait partie d'une association, en partie secrète, d'entraide et de solidarité, *la franc-maçonnerie.* — Au pl. *Des francs-maçons.*

**franco** adv. *Ce colis a été expédié franco de port,* les frais de transport ont été payés par l'expéditeur. → ② **franc.**

**francophone** adj. *Les Québécois sont francophones,* ils parlent le français.

**franc-parler** n. m. *Alex a son franc-parler,* il dit ce qu'il pense de façon très libre et très franche.

**franc-tireur** n. m. Personne qui combat un ennemi sans appartenir à une armée régulière. *Un groupe de francs-tireurs a fait sauter le pont.*

**frange** n. f. 1. *Le chat joue avec les franges du tapis,* l'ensemble des fils qui forment la bordure du tapis. 2. *Julie a une grande frange brune,* des cheveux coupés droit qui recouvrent le front sur toute sa largeur.

**frangipane** n. f. Crème aux amandes que l'on met dans des gâteaux.

à la bonne **franquette** adv. *Nous avons dîné chez lui à la bonne franquette,* très simplement, sans cérémonie.

**frapper** v. (conjug. 1) 1. Porter un coup à quelqu'un. *Il l'a frappé à la tête.* 2. Donner un coup contre quelque chose. → **heurter.** *Quelqu'un a frappé à la porte.* 3. *On a frappé une nouvelle pièce de monnaie,* on l'a fabriquée en imprimant dessus un dessin en relief. 4. Atteindre. *La balle l'a frappé en* *plein cœur.* → **toucher.** 5. Impressionner. *J'ai été frappé par sa maigreur.*

▸ **frappant** adj. Qui impressionne. *Leur ressemblance est frappante.*

▸ **frappe** n. f. 1. Action ou manière de taper à la machine. *Il a fait des fautes de frappe.* 2. *La force de frappe d'un pays,* c'est l'ensemble de ses armes nucléaires.

**fraternel** adj. Qui existe entre les frères, entre les sœurs ou entre les frères et sœurs. *Elle défend son frère par affection fraternelle.*

**fraterniser** v. (conjug. 1) S'entendre comme des frères. *Les deux ennemis ont fini par fraterniser.* → **sympathiser.**

**fraternité** n. f. Entente profonde qui existe entre plusieurs personnes. → **solidarité.** *Il existait une grande fraternité dans ce groupe.*

**fraude** n. f. Acte de celui qui triche en essayant de ne pas se soumettre à la loi. *Les contrebandiers passent des marchandises en fraude.*

▸ **frauder** v. (conjug. 1) Commettre une fraude. → **tricher.** *Les personnes qui fraudent le fisc risquent une amende.* → **voler.**

▸ **fraudeur** n. m., **fraudeuse** n. f. Personne qui fraude.

▸ **frauduleux** adj. Contraire à la loi. *Il a employé des méthodes frauduleuses pour s'enrichir.*

**frayer** v. (conjug. 8) 1. *Elle s'est frayé un chemin à travers les fourrés,* elle s'est fait un passage en écartant tout ce qui pouvait la gêner. 2. *Il ne fraie pas avec ses voisins,* il ne les fréquente pas.

**frayeur** n. f. Très grande peur. *Elle poussa un cri de frayeur en voyant l'araignée.* → **effroi.**

**fredonner** v. (conjug. 1) Chanter à mi-voix, sans ouvrir la bouche. → **chantonner.** *Il fredonne une chanson en se rasant.*

**freezer** [fʀizœʀ] n. m. Ce mot vient de l'anglais. Endroit le plus froid d'un réfrigérateur où se forme la glace. *Il a pris des glaçons dans le freezer.*

**frégate** n. f. 1. Bateau de guerre, spécialisé dans la chasse aux sous-marins. 2. Oiseau de mer à grandes ailes fines et à long bec crochu.

**frein** n. m. Système qui sert à ralentir, à arrêter une voiture, une bicyclette. *Ce camion a de bons freins. Elle a donné un coup de frein,* elle a freiné. — *Il a mis un frein à ses dépenses,* il les a ralenties. *Anne a une imagination sans frein,* débordante.

▸ **freiner** v. (conjug. 1) Ralentir en utilisant les freins. *Il freina brutalement.* ‖ contr. **accélérer** ‖.

▸ **freinage** n. m. Action de freiner. *On voit des traces de freinage sur le chemin.*

**frelaté** adj. *Ce vin est frelaté,* il n'est pas pur, il est mélangé à autre chose.

**frêle** adj. Fragile, délicat. *Flora est une petite fille frêle.* ‖ contr. **robuste** ‖.

**frelon** n. m. Grosse guêpe rousse et jaune, au thorax noir. *La piqûre des frelons est très douloureuse.*

**frémir** v. (conjug. 2) Trembler très légèrement. *Les feuilles du bouleau frémissent dans la brise. Cette histoire m'a fait frémir,* elle m'a fait trembler de peur. → **frissonner.**

▸ **frémissement** n. m. Léger tremblement. *Un léger frémissement agitait le feuillage.*

frelon

**frêne** n. m. Arbre à bois clair, très dur. ⋙ planche Arbres. *On fait des manches d'outil avec le bois du frêne.*

**frénésie** n. f. Grande excitation. *Il se mit à travailler avec frénésie.* → **fièvre.**
▸ **frénétique** adj. Très fort. *Le chanteur termina son spectacle sous des applaudissements frénétiques.*

**fréquent** adj. Qui se produit souvent. *En cette saison, les pluies sont fréquentes.* ‖ contr. **rare** ‖.
▸ **fréquemment** adv. Souvent. *Il part fréquemment en voyage.* ‖ contr. **rarement** ‖.
▸ **fréquence** n. f. Caractère de ce qui arrive plusieurs fois. *Il risque d'être puni pour la fréquence de ses retards.* → **répétition.**

**fréquenter** v. (conjug. 1) Voir souvent quelqu'un. *Elle ne fréquente pas ses voisins.*
▸ **fréquenté** adj. *Cet endroit est mal fréquenté,* on y fait de mauvaises rencontres.
▸ **fréquentation** n. f. *Il a de mauvaises fréquentations,* il voit souvent des gens peu estimables.

**frère** n. m. *Yves est le frère de Flora,* il a les mêmes parents qu'elle. → aussi **sœur.** ▷ BEAU-FRÈRE, CONFRÈRE, DEMI-FRÈRE.

**fresque** n. f. *Le chœur de cette église est orné de fresques,* de scènes peintes directement sur le mur.

**fret** [fʀɛt] n. m. **1.** Prix à payer pour le transport de marchandises par bateau ou par avion. **2.** Marchandises que transporte un bateau ou un avion. *Le déchargement du fret.*

**frétiller** v. (conjug. 1) Remuer avec de petits mouvements rapides. *Le chien a la queue qui frétille quand il est content.*

**fretin** n. m. **1.** *Le pêcheur a rejeté le fretin à l'eau,* il a rejeté les petits poissons. **2.** *Il ne fréquente pas le menu fretin,* les gens qu'il considère de peu d'importance.

**friable** adj. Qui s'effrite facilement, se réduit en poudre. *Ces biscuits sont très friables.*

**friand** adj. *Les chats sont friands de poisson,* ils aiment beaucoup le poisson.
▸ **friandise** n. f. Bonbon, petit gâteau. → **sucrerie.** *Yves adore les friandises.*

**friche** n. f. *Ce champ est en friche,* il n'est pas cultivé.

**friction** n. f. *Après son bain, elle s'est fait une friction au gant de crin,* elle s'est frotté le corps.
▸ **frictionner** v. (conjug. 1) Frotter une partie du corps. *Il se frictionne le cuir chevelu.*

**frigidaire** n. m. Marque déposée. Réfrigérateur. *Elle a sorti le lait du frigidaire.* — On dit familièrement *frigo.*

**frigorifier** v. (conjug. 7) *Le boucher frigorifie la viande,* il la met dans un endroit très froid pour la conserver. → aussi **congeler.**

▸ **frigorifié** adj. Familier. *Avec ce vent glacé, je suis frigorifié,* j'ai très froid. → **gelé.**

▸ **frigorifique** adj. *Le boucher conserve la viande dans une armoire frigorifique,* dans une armoire qui produit du froid.

**frileux** adj. *Anne est très frileuse,* elle est très sensible au froid.

**frime** n. f. Familier. *Il n'habite pas dans un château, c'est de la frime,* ce n'est pas vrai, il raconte des histoires.

**frimousse** n. f. Visage d'enfant. *Ce bébé a une jolie frimousse.*

**fringale** n. f. Familier. Très grande envie de manger. *J'ai une de ces fringales !* → **faim.**

**fringant** adj. **1.** *Un cheval fringant,* c'est un cheval très vif et nerveux. **2.** *Elle est toute fringante dans sa nouvelle robe,* elle est très élégante. → **pimpant.**

se **friper** v. (conjug. 1) Devenir froissé, chiffonné. *Ce tissu se fripe facilement.*

▸ **fripé** adj. Froissé. *Ma robe est toute fripée.* → **chiffonné.**

**fripon** n. m., **friponne** n. f. Enfant malicieux. → **coquin, polisson.** *Cette petite friponne a encore caché mes lunettes.*

**fripouille** n. f. Familier. Personne malhonnête. → **canaille, crapule.** *Ce commerçant vole tout le monde, c'est une vraie fripouille.*

**frire** v. (ne s'emploie qu'à l'infinitif et au participe passé : *frit*) Cuire dans de la matière grasse bouillante. *Une poêle à frire. Elle fait frire du poisson. Cette viande a été frite dans de l'huile.* ▷ FRIT, FRITE, FRITEUSE, FRITURE.

**frise** n. f. *Les temples grecs étaient souvent ornés de frises,* de bandes sculptées au-dessus des colonnades.

frise

**friser** v. (conjug. 1) **1.** Boucler. *Ses cheveux frisent naturellement.* **2.** *Il frise la cinquantaine,* il a presque cinquante ans.

▸ **frisé** adj. *Julie a les cheveux frisés,* qui font des boucles. ‖ contr. **raide** ‖.

**frisquet** adj. Familier. Un peu froid. *Il fait frisquet ce matin.* → ① **frais.** — **Au fém.** *frisquette.*

**frisson** n. m. Tremblement passager accompagné d'une sensation de froid. *Anne a des frissons, elle doit avoir de la fièvre. Ton histoire me donne des frissons,* me fait trembler de peur.

▸ **frissonnant** adj. Qui a des frissons. *Elle est frissonnante de fièvre.* → **tremblant.**

▸ **frissonner** v. (conjug. 1) Être secoué de frissons. *Je frissonne de froid.* → **grelotter, trembler.** *Ce que tu me racontes me fait frissonner,* me fait trembler de peur. → **frémir.**

**frit** **adj.** Cuit dans de la matière grasse bouillante. *Alex aime beaucoup les pommes de terre frites.*

▶ **frite** **n. f.** Morceau de pomme de terre long et étroit que l'on mange frit et chaud. *Un cornet de frites.*

▶ **friteuse** **n. f.** Grande bassine dans laquelle on fait frire les aliments. *Une friteuse électrique.*

▶ **friture** **n. f.** **1.** Matière grasse bouillante. *Il plonge les beignets dans la friture.* **2.** Petits poissons frits. *Une friture d'éperlans.*

**frivole** **adj.** Qui n'est pas sérieux. *Une jeune femme frivole.* → **futile, superficiel.**

▶ **frivolité** **n. f.** *Elle perd son temps à des frivolités,* à des occupations peu sérieuses. → **futilité.**

**froid** **adj.** et **n. m.**

▭ **adj.** **1.** Qui est à une température peu élevée. *C'est désagréable de se laver à l'eau froide.* || contr. **chaud** || **2.** Réservé. → **distant.** *La mère de Julie est une personne assez froide.* || contr. **chaleureux** || **3.** *Cela me laisse froid,* cela m'est indifférent.

▭ **n. m.** Température peu élevée. *J'ai froid. Il fait très froid dehors. Anne a pris froid,* elle a attrapé un rhume. — *Yves et Alex sont en froid,* brouillés, fâchés. *Cette nouvelle a jeté un froid,* a provoqué une impression de gêne.

▶ **froidement** **adv.** D'une manière peu aimable. *Il nous a reçus froidement.* || contr. **chaleureusement** ||.

▶ **froideur** **n. f.** Indifférence, manque d'empressement. *Son accueil était d'une grande froideur.* ▷ REFROIDIR, REFROIDISSEMENT, SANG-FROID.

**froisser** **v.** (conjug. 1) **1.** Rendre fripé, chiffonné. *Elle a froissé sa jupe en s'asseyant.* **2.** Vexer. *Ma remarque l'a froissé. — Yves s'est froissé.*

▶ **froissé** **adj.** Chiffonné. → **fripé.** *Ma robe est toute froissée.*

▶ **froissement** **n. m.** *J'entends des froissements de papier,* des bruits de papier que l'on froisse.

**frôler** **v.** (conjug. 1) Toucher à peine ou passer tout près en touchant presque. → **effleurer.** *La flèche a frôlé l'épaule du cow-boy. — Ils ont frôlé la mort,* ils ont failli mourir.

▶ **frôlement** **n. m.** Contact léger et rapide. *Il a senti le frôlement d'un chat contre sa jambe.*

**fromage** **n. m.** Aliment fabriqué avec du lait caillé. *Du fromage de chèvre. Un plateau de fromages.*

**froment** **n. m.** Blé. *La farine de froment sert à faire le pain.*

**fronce** **n. f.** Petit pli rond. *Une jupe à fronces.*

▶ **froncer** **v.** (conjug. 3) **1.** *Froncer un tissu,* c'est y faire de petits plis ronds. — *Une jupe froncée à la taille.* **2.** *Il le regarda d'un air furieux en fronçant les sourcils,* en les plissant.

▶ **froncement** **n. m.** *À son froncement de sourcils, on voyait qu'il était mécontent.*

**fronde** **n. f.** Lance-pierres.

**front** **n. m.** **1.** Partie du visage située entre les sourcils et la racine des cheveux. *Mamie a le front tout ridé.* **2.** *Ce soldat est mort au front,* sur le champ de bataille. **3.** *Il va falloir faire front à ces nouvelles difficultés,* il va falloir y faire face. *Elle mène de front son travail et sa vie de famille,* elle s'occupe des deux en même temps. ▷ AFFRONTEMENT, AFFRONTER, CONFRONTATION, CONFRONTER, FRONTON.

**frontalier** **adj.** Situé près d'une frontière. *Les Pyrénées sont une région* *frontalière.* — N. *Un frontalier, une frontalière,* c'est une personne qui habite tout près d'une frontière.

**frontière** n. f. Limite marquant la séparation de deux pays voisins. *À la frontière, les douaniers contrôlent les passeports.*

**fronton** n. m. Partie triangulaire, ornée de sculptures, au-dessus de l'entrée d'un monument. *Les temples grecs avaient souvent de très beaux frontons.*

**frotter** v. (conjug. 1) **1.** Appuyer une chose contre une autre, en faisant un mouvement de va-et-vient. *Les hommes préhistoriques faisaient du feu en frottant deux silex l'un contre l'autre. Il se frotte les yeux. — Le chat se frotte contre Julie.* **2.** Rendre propre en astiquant. *Elle frotte le parquet.* **3.** *Il vaut mieux ne pas se frotter à ces gens-là,* ne pas les fréquenter.

▸ **frottement** n. m. *Le frottement de la porte a usé la moquette.*

**frousse** n. f. Familier. *J'ai la frousse,* j'ai peur.

▸ **froussard** n. m., **froussarde** n. f. Familier. Peureux. *Quel froussard !* — Adj. *Elle est très froussarde.*

**fructifier** v. (conjug. 7) *Elle a placé son argent pour le faire fructifier,* pour qu'il rapporte des intérêts.

**fructueux** adj. Qui donne de bons résultats. *Son aide a été très fructueuse.* → **profitable, utile.** ▷ INFRUCTUEUX.

**frugal** adj. *Il a fait un repas frugal,* il a mangé légèrement et peu. ‖ contr. **copieux, plantureux** ‖. — Au masc. pl. *frugaux.*

**fruit** n. m. **1.** Ce que produit un arbre après la fleur. *Le gland est le fruit du chêne. La banane et la fraise sont des fruits.* **2.** *Les fruits de mer,* ce sont les crustacés et les coquillages que l'on peut manger. **3.** Résultat. *Cette découverte est le fruit de nombreuses années de recherches.*

▸ **fruitier** adj. Qui donne des fruits qui se mangent. *Le pommier et l'oranger sont des arbres fruitiers.* — Au fém. *fruitière.*

**fruste** adj. *Un homme fruste,* c'est un homme qui n'est pas très délicat ni très cultivé. ‖ contr. **raffiné** ‖.

**frustrer** v. (conjug. 1) *Anne se sent frustrée, elle voulait une glace à la pistache et il n'y en a plus,* elle est triste parce qu'elle est privée de ce qu'elle attendait.

**fuchsia** [fyʃja] n. m. Petit arbre à fleurs rose vif en forme de clochettes. *Une allée de fuchsias.*

**fuel** → **fioul**

**fugace** adj. Qui ne dure pas, disparaît très vite. *Il éprouva une sensation fugace de malaise.* → **fugitif, passager.** ‖ contr. **durable, tenace** ‖.

**fugitif** n. m. et adj., **fugitive** n. f. et adj. **1.** n. Personne qui s'est enfuie. *La police a retrouvé les fugitifs.* **2.** adj. Qui ne dure pas. → **fugace, passager.** *Il a eu l'impression fugitive d'être suivi.* ‖ contr. **durable, tenace** ‖.

**fugue** n. f. *Faire une fugue,* c'est s'enfuir de l'endroit où l'on habite.

▸ **fugueur** adj. *Une petite fille fugueuse,* c'est une petite fille qui fait des fugues.

**fuir** v. (conjug. 17) **1.** Se sauver. → s'**enfuir.** *Le chat a fui à la vue du chien.* **2.** *Ma voisine est si bavarde que je la fuis comme la peste,* je cherche à l'éviter.

# FRUITS EXOTIQUES

3. *Le robinet fuit,* il laisse échapper de l'eau.

▶ **fuite** n. f. 1. *Le voleur a pris la fuite,* il a fui. 2. *Le plombier est venu réparer la fuite d'eau,* l'écoulement d'eau. ▷ S'ENFUIR, FAUX-FUYANT, FUYANT, FUYARD.

**fulgurant** adj. *Une vitesse fulgurante,* rapide comme l'éclair. *Une douleur fulgurante,* très vive et très brève.

**fumer** v. (conjug. 1) 1. Dégager de la fumée. *Les bûches humides fument dans la cheminée.* 2. Aspirer par la bouche la fumée du tabac et la rejeter. *Il fume un cigare. Elle fume trop.*

▶ **fumé** adj. *Du jambon fumé, du saumon fumé,* c'est du jambon ou du saumon qui a été séché à la fumée.

▶ **fumée** n. f. Sorte de nuage produit par quelque chose qui brûle. *Une fumée blanche sort de la cheminée. La fumée de cigarette me pique les yeux.*

▶ **fumet** n. m. Odeur agréable d'une viande en train de cuire. *Ce gigot dégage un fumet appétissant.*

▶ **fumeur** n. m., **fumeuse** n. f. Personne qui a l'habitude de fumer. *Dans un train, il y a des voitures « fumeurs » et « non-fumeurs ».* ▷ ENFUMÉ, ENFUMER, ① FUMISTE.

**fumier** n. m. Mélange de paille et d'excréments de bestiaux qui sert d'engrais. *Il y a un tas de fumier dans la cour de la ferme.*

① **fumiste** n. m. Personne dont le métier est d'entretenir les cheminées et les appareils de chauffage. → aussi **ramoneur.**

② **fumiste** n. m. et f. Familier. Personne qui n'est pas sérieuse, sur qui on ne peut pas compter. *Elle bâcle son travail, c'est une fumiste.*

**funambule** n. m. et f. Acrobate qui marche et danse sur une corde tendue. → **équilibriste.**

**funèbre** adj. Qui concerne les enterrements. *Le maire a prononcé l'éloge funèbre du défunt. Les pompes funèbres.* → ① **pompe.**

**funérailles** n. f. pl. Enterrement. *Il a assisté aux funérailles d'un ami.* → **obsèques.**

**funéraire** adj. Qui concerne les enterrements. → **funèbre.** *Un convoi funéraire passe dans la rue.*

**funeste** adj. Qui peut causer la mort ou un grand malheur. → **fatal.** *Cette décision a eu des conséquences funestes.* → **catastrophique.**

**funiculaire** n. m. Sorte de train tiré par des câbles, installé sur une pente abrupte. *Le funiculaire de Montmartre, à Paris.*

**furet** n. m. Petit animal carnivore au pelage roux et blanc et aux yeux rouges, que l'on utilise parfois pour chasser le lapin.

au **fur et à mesure** adv. En même temps et successivement. *Il regarde les photos et les passe à Julie au fur et à mesure.*

**fureter** v. (conjug. 5) Chercher partout avec curiosité. *Anne furète dans les affaires de sa sœur.* → **fouiller.**

**fureur** n. f. 1. Grande colère. *Son retard m'a mis en fureur.* 2. Grande violence. *Les deux adversaires se battent avec fureur.*

**furibond** adj. Furieux. *La directrice est furibonde.*

**furie** n. f. 1. Fureur. → **rage.** *Cette histoire l'a mis en furie.* 2. *Elle est entrée* *dans le salon comme une furie,* comme une folle furieuse.

**furieux** adj. Très en colère. *Anne est furieuse contre son père.*

**furoncle** n. m. Gros bouton douloureux qui contient du pus. → **abcès.**

**furtif** adj. *Il jeta un coup d'œil furtif à sa montre,* un coup d'œil très discret et rapide. — Au fém. *furtive.*

**fusain** n. m. 1. Petit arbre à feuilles brillantes et à fruits rouges. *Une haie de fusains.* 2. Morceau de charbon de bois de fusain que l'on utilise pour dessiner. *Il a fait un portrait au fusain.*

**fuseau** n. m. 1. Petite toupie allongée qui servait à enrouler le fil lorsque l'on filait à la quenouille. *Autrefois, on se servait d'un fuseau pour filer la laine.* 2. *Un fuseau horaire,* c'est une zone imaginaire, allant d'un pôle à l'autre, à l'intérieur de laquelle l'heure est la même partout. *Il y a 24 fuseaux horaires.* 3. Pantalon étroit en matière élastique dont les jambes sont tendues par une patte qui passe sous le pied. *Un fuseau de ski.*

**fusée** n. f. 1. Tube rempli de poudre qui explose en l'air en faisant des étincelles de couleur. *Les fusées multicolores d'un feu d'artifice.* 2. Véhicule spatial. *La fusée européenne Ariane.*

**fuselage** n. m. Corps d'un avion où sont fixées les ailes. → aussi **carlingue.**

**fuser** v. (conjug. 1) Partir comme une fusée. *Les rires fusèrent des quatre coins de la classe.* → **jaillir.**

**fusible** n. m. Petit fil de plomb placé dans un circuit électrique, qui fond en cas de court-circuit. → **plomb.**

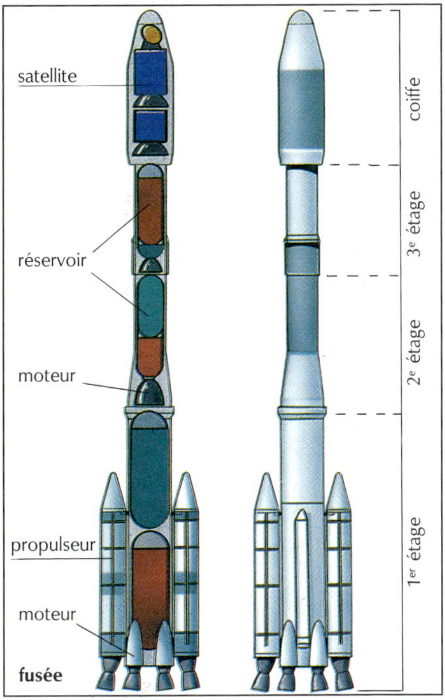

fusée

**fusil** [fyzi] n. m. Arme à feu à long canon. *Il a un fusil de chasse. J'ai entendu un coup de fusil.*

▸ **fusillade** n. f. Combat où s'échangent des coups de feu. *Un policier a été blessé au cours de la fusillade.*

▸ **fusiller** v. (conjug. 1) Tuer à coups de fusil. *Pendant la guerre, on a fusillé des traîtres.*

**fusion** n. f. 1. Passage d'un corps solide à l'état liquide, sous l'action de la chaleur. *La fusion du fer se fait à 1 535 degrés.* 2. Réunion de plusieurs choses en une seule. *La fusion de ces deux entreprises a entraîné des licenciements.*

► **fusionner** v. (conjug. 1) *Ces deux partis politiques ont fusionné,* se sont réunis en un seul parti.

**fût** n. m. 1. Tronc d'un arbre. ⤜ planche Arbres. *Ces arbres ont un fût très haut.* 2. *Le fût d'une colonne,* c'est la partie allongée, entre la base et le chapiteau. 3. Tonneau. *Le vin vieillit dans des fûts.* → **barrique.**

► **futaie** n. f. Forêt de grands arbres. *Une futaie de hêtres.*

**futé** adj. Familier. Malin, rusé. *Julie est très futée.* → **débrouillard.**

**futile** adj. Qui n'est pas très sérieux. *Une conversation futile.* || contr. **grave, important** ||.

► **futilité** n. f. *Il a passé sa journée en futilités,* à faire des choses sans importance.

**futur** adj. et n. m.

▭ adj. *Il est difficile d'imaginer comment on vivra dans les siècles futurs,* dans les siècles qui vont venir après nous. *Il nous a présenté sa future épouse,* celle qui sera sa femme.

▭ n. m. 1. *Le futur,* c'est l'avenir, ce qui va arriver. || contr. **passé** || 2. Temps de l'indicatif qui indique qu'une action se fera plus tard. *Dans « je lui dirai », le verbe « dire » est au futur.*

► **futuriste** adj. *Ce musée a une architecture futuriste,* qui évoque les temps futurs.

**fuyant** adj. *Un regard fuyant,* c'est un regard qui évite celui des autres.

**fuyard** n. m., **fuyarde** n. f. Personne qui s'est enfuie. *Les fuyards n'ont pas tous été rattrapés.* → **fugitif.**

# G

**gabardine** n. f. 1. Tissu de laine ou de coton très serré. *Il a un pantalon en gabardine beige.* 2. Manteau qui protège de la pluie. → **imperméable.** *Quand il pleut, il met sa gabardine et son chapeau.*

**gabarit** n. m. Dimensions d'un objet en hauteur, largeur et longueur. *Ce camion est d'un trop gros gabarit pour passer sous le tunnel.*

**gabegie** n. f. Désordre qui est la conséquence d'une mauvaise organisation. → **gaspillage.**

**gabelle** n. f. Impôt que l'on payait sur le sel avant la Révolution française.

**gâcher** v. (conjug. 1) 1. *Le maçon gâche du plâtre,* il mélange le plâtre en poudre avec de l'eau. 2. Gaspiller. *Ne gâche pas ton argent en achetant n'importe quoi.* 3. *Elle nous a gâché la soirée en arrivant si tard,* elle l'a rendue peu agréable.
► **gâchis** n. m. 1. *Tu as fait un beau gâchis sur la moquette avec tes tubes de peinture,* tu as fait des dégâts. 2. *Ne jette pas cette viande, c'est du gâchis,* c'est du gaspillage.

**gâchette** n. f. Pièce d'un fusil ou d'un pistolet sur laquelle on appuie pour faire partir le coup de feu. *Le doigt sur la gâchette, il visait son adversaire.*

**gadget** [gadʒɛt] n. m. Objet amusant et nouveau qui quelquefois ne sert à rien. *Il s'achète souvent des gadgets.*

**gadoue** n. f. Terre mouillée. *Après la pluie, on patauge dans la gadoue.* → **boue.**

① **gaffe** n. f. Long bâton muni d'une pointe ou d'un crochet. *Le marin a repoussé la barque avec sa gaffe.*

② **gaffe** n. f. Familier. Parole ou action maladroite. *Il a encore fait une gaffe.* → ① **impair.**
► **gaffeur** adj. Qui fait souvent des gaffes. *Julie est très gaffeuse.*

**gag** n. m. Dans un film, événement qui surprend et qui fait rire. *Un film plein de gags irrésistibles.*

**gage** **n. m. 1.** *Comme il n'avait pas d'argent pour payer, il a laissé sa montre en gage,* il l'a laissée comme garantie et elle lui sera rendue quand il paiera. **2.** *Celui qui perd aura un gage,* une sorte de pénitence qu'il devra accomplir.

▶ **gages** **n. m. pl.** *Un tueur à gages,* c'est une personne qui est payée pour tuer. ▷ DÉGAGÉ, DÉGAGEMENT, DÉGAGER, ENGAGEANT, ENGAGEMENT, ENGAGER, S'ENGAGER.

**gageure** [gaʒyʀ] **n. f.** *Vouloir repeindre cet appartement en un jour, c'est une gageure,* une chose qui semble impossible à faire.

**gagner** **v.** (conjug. 1) **1.** *Il gagne beaucoup d'argent,* il en reçoit beaucoup en échange de son travail. → aussi **gain. 2.** Obtenir de l'argent ou un objet, grâce au hasard. *Il a gagné le gros lot à la loterie.* **3.** Être vainqueur dans une compétition. *Les Français ont gagné le match.* → **remporter.** || contr. **perdre** || **4.** *En prenant ce raccourci, vous gagnerez du temps,* vous ferez une économie de temps. **5.** Atteindre un endroit en se déplaçant. *Les passagers ont gagné la sortie.* **6.** Arriver à un endroit. *L'inondation a gagné le premier étage. Le sommeil me gagne,* il s'empare de moi.

▶ **gagnant** **adj.** Qui gagne. *Un billet gagnant.* — **N.** *Flora est une des gagnantes,* une des personnes qui ont gagné. → **vainqueur** || contr. **perdant** ||.

▶ **gagne-pain** **n. m. inv.** Travail qui permet de gagner modestement sa vie. *Entretenir des jardins est son gagne-pain.* — **Au pl.** *Des gagne-pain.* ▷ REGAGNER.

**gai** **adj. 1.** Qui est de bonne humeur et rit souvent. *Anne est toujours très gaie.* → **content, joyeux.** || contr. **morose, triste** || **2.** Qui rend gai. *Le rouge est une couleur gaie.* → **vif.** ◊ homonymes : gué, guet.

▶ **gaiement** **adv.** Avec gaieté. → **joyeusement.** *Les enfants chantaient gaiement.* || contr. **tristement** || — On écrit aussi *gaîment.*

▶ **gaieté** **n. f.** Bonne humeur. *Anne a un peu pleuré puis elle a très vite retrouvé sa gaieté.* || contr. **tristesse** || — On écrit aussi *gaîté.* ▷ ÉGAYER.

**gaillard** **adj.** *Cette vieille dame est encore très gaillarde,* alerte et vive. — **N.** *Alex est un solide gaillard,* un garçon vigoureux et plein d'entrain. ▷ RAGAILLARDIR.

**gain** **n. m. 1.** Argent que l'on gagne. *En vendant sa maison il a fait un gain de plusieurs millions.* **2.** Économie. *Voyager en avion est un gain de temps,* cela fait gagner du temps. || contr. **perte** ||.

**gaine** **n. f. 1.** Enveloppe ayant la forme de l'objet qu'elle protège. *Les fils électriques sont enfermés dans des gaines pour que l'on ne s'électrocute pas en les touchant.* **2.** Sous-vêtement de femme en tissu élastique qui serre les hanches et la taille. → aussi **corset.** ▷ DÉGAINER.

**gala** **n. m.** Grande fête où se rendent des personnalités, organisée pour défendre une cause ou pour célébrer un événement. *Un gala organisé au profit des handicapés.*

**galant** **adj.** Poli et plein d'attentions délicates à l'égard des femmes. *Un homme galant laisse passer les dames devant lui.* || contr. **grossier** ||.

▶ **galanterie** **n. f.** Politesse et bonnes manières à l'égard des femmes.

**galantine** n. f. Sorte de pâté de viande entouré de gelée. *Une tranche de galantine de canard.*

**galaxie** n. f. Immense ensemble d'étoiles qui a la forme d'une spirale. *La Voie lactée est une galaxie.*

**galbe** n. m. Contour harmonieux, de forme arrondie, d'un objet, d'un corps ou d'un visage. → **courbe.** *Le galbe d'un vase.*
▶ **galbé** adj. Qui a de jolies courbes. *Des jambes bien galbées.*

**gale** n. f. Maladie de peau contagieuse provoquée par un parasite. *Ce chien a la gale.* ▷ GALEUX.

**galère** n. f. Grand bateau à rames et à voiles utilisé autrefois.
▶ **galérien** n. m. Homme qui était condamné à ramer sur une galère. → aussi **bagnard, forçat.**

**galerie** n. f. 1. Chemin, passage souterrain. → **tunnel.** *La taupe creuse des galeries.* 2. *Une galerie marchande,* c'est un lieu de passage dans un bâtiment où sont installées de nombreuses boutiques. 3. Magasin où l'on expose et où l'on vend des objets d'art, des tableaux. *Elle tient une galerie, à Lyon.* 4. Porte-bagages métallique fixé sur le toit d'une voiture. *Il a attaché les skis sur la galerie.* 5. *Il dit cela pour amuser la galerie,* pour épater et faire rire ceux qui sont là et écoutent.

**galet** n. m. Caillou arrondi, usé et poli par la mer ou l'eau des torrents. *Une plage de galets.*

**galette** n. f. Gâteau plat et rond fait de farine, de beurre et d'œufs. *La galette des Rois contient une fève.*

**galeux** adj. Qui a la gale. *Les chiens galeux perdent leurs poils.* — Au fém. *galeuse.*

**galimatias** n. m. Langage incompréhensible. → **charabia.**

**galion** n. m. Grand bateau à voiles qu'utilisaient les Espagnols au 17e siècle pour faire du commerce avec l'Amérique.

galion

**galipette** n. f. Tour que l'on fait en mettant sa tête au sol et ses jambes au-dessus, de façon à retomber de l'autre côté en roulant. *Il sait très bien faire les galipettes.* → **culbute.**

**galoche** n. f. Chaussure de cuir à semelle de bois. *Une paire de galoches.* → aussi **sabot.** — *Un menton en galoche,* c'est un menton long et relevé vers l'avant.

**galon** n. m. 1. Ruban épais qui sert à orner. *Il a un galon autour de son chapeau.* 2. Très fin ruban cousu sur l'épaule ou sur la manche de l'uniforme d'un militaire ou sur son képi. *On reconnaît le grade d'un militaire à ses galons.*

**galop** **n. m.** Allure la plus rapide d'un cheval. *Le cheval est parti au galop. Au pas, au trot, au galop !*

► **galoper** **v.** (conjug. 1) **1.** *Les chevaux galopent dans la plaine,* ils vont au galop. **2.** *Les enfants galopent dans le jardin,* ils courent très vite.

► **galopade** **n. f.** Course très rapide. *On entend des galopades dans l'escalier.*

**galopin** **n. m.** Enfant insupportable et farceur. → **chenapan, garnement.**

**galvaniser** **v.** (conjug. 1) **1.** *Cet orateur galvanise les foules,* il enthousiasme les gens et leur donne envie de le suivre. → **électriser, enflammer. 2.** *Galvaniser un fil électrique,* c'est le recouvrir d'une couche de zinc pour qu'il ne rouille pas.

**galvauder** **v.** (conjug. 1) *En jouant dans de mauvais films, ce comédien galvaude son talent,* il le gâche parce qu'il en fait un mauvais usage.

**gambade** **n. f.** Saut joyeux. *Les enfants font des gambades sur le chemin.* → **bond.**

► **gambader** **v.** (conjug. 1) Sauter dans tous les sens en faisant de petits bonds de joie. *Le chien gambade autour de son maître.* → **bondir, sautiller.**

**gamelle** **n. f.** Récipient en métal muni d'un couvercle, dans lequel on met sa nourriture.

**gamin** **n. m.,** **gamine** **n. f.** Familier. Enfant ou adolescent. *Une gamine de onze ans.* → **gosse.**

**gamme** **n. f. 1.** Suite de notes de musique, dans un ordre précis. *Quand on commence à jouer du piano, on fait des gammes.* **2.** Série. *Nous vous proposons toute une gamme de produits solaires.*

**gamme**

**gang** [gɑ̃g] **n. m.** Bande organisée de malfaiteurs. → aussi **gangster.** *La police a arrêté le chef du gang.* ◊ homonyme : gangue.

**ganglion** **n. m.** Organe en forme de petite boule situé sous la peau. *Quand on a une angine, les ganglions du cou sont enflés.*

**gangrène** **n. f.** Maladie très grave qui fait pourrir la chair. *Si une blessure n'est pas bien soignée, on peut avoir la gangrène.*

**gangster** [gɑ̃gstɛʀ] **n. m.** Bandit qui fait partie d'un gang. *Des gangsters masqués ont attaqué la banque.* → **malfaiteur.**

**gangue** **n. f.** Matière qui enveloppe un minerai ou une pierre précieuse quand on les trouve dans les gisements. *Il faut débarrasser un diamant de sa gangue pour le voir briller.* ◊ homonyme : gang.

**gant** **n. m. 1.** Vêtement pour la main qui s'adapte exactement à sa forme et enveloppe chaque doigt séparément. → aussi **moufle.** *En hiver, Flora met des gants de laine. — Cette robe te va comme un gant,* elle te va très bien.

*On a pris des gants pour lui annoncer la mauvaise nouvelle,* on l'a fait avec précaution. **2.** *Un gant de toilette,* c'est une poche en tissu éponge dans laquelle on met sa main et qui sert à se laver.

**garage** **n. m. 1.** Abri couvert et généralement fermé où l'on range les voitures. *Le soir, il rentre sa voiture au garage.* → **box** et aussi **parking. 2.** Entreprise qui s'occupe de l'entretien et de la réparation des voitures. *Sa voiture ne marchait plus, il l'a conduite au garage.* → aussi **station-service.**

▶ **garagiste** **n. m.** et **f.** Personne qui tient un garage. *Le garagiste a fait la vidange de la voiture.*

**garantir** **v.** (conjug. 2) **1.** *Cette montre est garantie un an,* si elle se casse d'ici un an on la réparera gratuitement. **2.** Affirmer, assurer. *Je vous garantis que tout se passera bien.* → **certifier, promettre. 3.** Protéger. *Mon anorak me garantit du froid.*

▶ **garantie** **n. f.** *Ma voiture est sous garantie pendant un an,* elle est garantie un an.

**garçon** **n. m. 1.** Enfant du sexe masculin. *Elle a une fille et un garçon.* → **fils.** *Julie est un garçon manqué,* elle s'habille et se comporte comme un garçon. **2.** Jeune homme. *C'est un garçon très intelligent.* **3.** *Un garçon de café,* c'est un serveur, dans un café.

▶ **garçonnet** **n. m.** Petit garçon. *Un garçonnet de huit ans.*

① **garde** **n. f. 1.** *Elle a confié son chat à la garde des voisins,* elle le leur a confié pour qu'ils en prennent soin. *Après le divorce, c'est la mère qui a eu la garde des enfants.* **2.** *Les sentinelles montent la garde sur les remparts,* elles surveillent. *Les bergers allemands sont de bons chiens de garde.* **3.** Groupe de personnes qui gardent. *La garde d'honneur escortait le président.* **4.** *En garde ! crie le mousquetaire avant de commencer le duel,* mettez-vous en position pour parer les coups. **5.** *Ils nous a mis en garde contre les voleurs,* il nous a prévenus du danger. **6.** *Être sur ses gardes,* c'est se méfier, être prêt à réagir à un danger. **7.** *Prends garde ! il y a une marche,* fais attention ! **8.** *La garde d'une épée,* c'est le rebord placé entre la lame et la poignée, qui sert à protéger la main.

② **garde** **n. m.** Personne qui surveille un lieu. → **gardien.** *Les gardes champêtres surveillent les forêts et les champs d'une commune.*

**garde-à-vous** **n. m. inv.** *Les soldats se mettent au garde-à-vous devant le général,* ils se tiennent droits et immobiles, les talons serrés, prêts à exécuter un ordre. — **Au pl.** *Des garde-à-vous.*

**garde-barrière** **n. m.** et **f.** Personne qui surveille un passage à niveau. — **Au pl.** *Des gardes-barrières.*

**garde-boue** **n. m. inv.** Bande de métal qui recouvre une partie de la roue d'une bicyclette ou d'une moto et qui protège de la boue. — **Au pl.** *Des garde-boue.*

**garde-chasse** **n. m.** Homme qui protège et soigne le gibier, dans une forêt privée, un domaine. *Le garde-chasse n'aime pas les braconniers.* — **Au pl.** *Des gardes-chasse* ou *des gardes-chasses.*

**garde-fou** **n. m.** Barrière qui empêche de tomber. → **balustrade, rambarde.** — **Au pl.** *Des garde-fous.*

**garde-malade** n. m. et f. Personne qui garde les malades et leur donne quelques soins. — Au pl. *Des gardes-malades.*

**garde-manger** n. m. inv. Petite armoire dont le fond est en grillage et donne sur l'extérieur, dans laquelle on conserve les aliments au frais. *En hiver, elle met le fromage dans le garde-manger.* — Au pl. *Des garde-manger.*

**garde-meuble** n. m. Lieu où l'on entrepose des meubles pour un temps limité. *Ils ont mis leur grand canapé au garde-meuble.* — Au pl. *Des garde-meubles.*

**garder** v. (conjug. 1) **1.** Prendre soin d'une personne ou d'un animal. *Une baby-sitter garde les enfants ce soir.* **2.** Empêcher quelqu'un de sortir ou de s'en aller. *Le geôlier garde les prisonniers.* **3.** Rester dans un endroit pour le surveiller ou le défendre. *Le chien garde la ferme.* **4.** *Julie s'est bien gardée de raconter la bêtise qu'elle avait faite,* elle a évité de le faire, elle s'en est abstenue. **5.** Conserver en bon état. *On ne peut pas garder longtemps la salade quand elle est assaisonnée. — Ce gâteau ne se garde pas.* **6.** Conserver pour soi. *Tu peux garder ce livre, je te le donne.* **7.** Conserver sur soi. *Gardez votre manteau, nous repartons tout de suite.* **8.** Ne pas quitter un lieu. *Le malade doit garder la chambre.* **9.** Ne pas dire quelque chose. *Surtout, garde le secret !* **10.** Continuer à avoir. *Il garde un bon souvenir de ce voyage.* **11.** Mettre de côté, réserver. *Si tu arrives le premier, garde-moi une place.* **12.** *Tout le monde a gardé le silence,* s'est tu. **13.** *Il garde ses distances avec ses supérieurs,* il n'est pas trop familier avec eux. ▷ ARRIÈRE-GARDE, AVANT-GARDE, ① et ② GARDE, GARDE-À-VOUS, GARDE-BARRIÈRE, GARDE-BOUE, GARDE-CHASSE, GARDE-FOU, GARDE-MALADE, GARDE-MANGER, GARDE-MEUBLE, GARDERIE, GARDE-ROBE, GARDIEN, par MÉGARDE, SAUVEGARDE, SAUVEGARDER.

**garderie** n. f. Endroit où l'on garde les petits enfants ou les jeunes élèves pendant les heures où il n'y a pas de cours. *Le matin, elle dépose son fils à la garderie.* → **crèche.**

**garde-robe** n. f. Ensemble des vêtements d'une personne. *Quand elle part en vacances, Julie veut emporter toute sa garde-robe.* — Au pl. *Des garde-robes.*

**gardien** n. m., **gardienne** n. f. **1.** Personne qui garde une autre personne, un animal ou un endroit. *Le gardien de l'immeuble distribue le courrier.* → **concierge. 2.** *Le gardien de but,* c'est le joueur qui défend le but au football ou au hockey. → **goal.**

**gardon** n. m. Poisson qui vit dans les rivières et dans les étangs. — *Ce matin, je me sens frais comme un gardon,* je me sens en pleine forme.

① **gare** n. f. **1.** Ensemble des maisons et des installations où s'arrêtent et d'où partent les trains. *Le train entre en gare à 11 h 40. Elle l'attend sur le quai de la gare.* **2.** *Il a pris le car à la gare routière de Sarlat,* à l'endroit où arrivent et d'où partent les cars.

② **gare !** interjection *Gare à toi si tu désobéis !* attention à toi ! *Elle est arrivée sans crier gare,* à l'improviste.

**garenne** n. f. Bois où des lapins vivent en liberté. *Un lapin de garenne.*

**garer** v. (conjug. 1) *Il n'a pas trouvé de place pour garer sa voiture,* pour ranger sa voiture dans un endroit spécialement aménagé. — Familier. *Elle s'est garée en double file*, elle a arrêté sa voiture en double file. → **stationner.** ▷ AÉROGARE, GARAGE, GARAGISTE, ① et ② GARE.

se **gargariser** v. (conjug. 1) Se rincer le fond de la bouche et la gorge avec un liquide spécial.

▶ **gargarisme** n. m. *Anne s'est fait un gargarisme parce qu'elle avait mal à la gorge*, elle s'est gargarisée.

**gargouille** n. f. Gouttière en pierre souvent sculptée en forme d'animal, de démon ou de monstre. *Dans les maisons du Moyen Âge, les eaux de pluie s'écoulaient par des gargouilles.*

gargouille

▶ **gargouiller** v. (conjug. 1) **1.** Faire un bruit d'eau qui coule. *L'eau gargouille en sortant de la fontaine.* **2.** *Mon ventre gargouille quand j'ai faim*, il fait des bruits de bulles d'air qui passent à travers un liquide.

▶ **gargouillement** n. m. **1.** Bruit d'eau qui coule. *Le gargouillement de la fontaine.* **2.** *Mon ventre fait des gargouillements*, il gargouille.

**garnement** n. m. Enfant insupportable qui fait des sottises. → **chenapan, galopin.**

**garnir** v. (conjug. 2) **1.** Munir de quelque chose qui protège ou qui renforce. *Les murs sont garnis de carreaux de faïence.* **2.** Remplir. *Les étagères sont garnies de livres.* **3.** Munir de quelque chose qui s'ajoute. *Le poulet est garni de haricots verts*, il est accompagné de haricots verts.

▶ **garniture** n. f. **1.** Chose qui renforce ou qui orne. *Une garniture de broderies.* **2.** Légumes qui accompagnent un plat. *Pour tout changement de garniture, il faut payer un supplément.* ▷ DÉGARNIR.

**garnison** n. f. Groupe de soldats installé dans une caserne, dans une ville. → aussi **cantonnement, régiment.** *Metz est une ville de garnison*, où se trouve une garnison.

**garrigue** n. f. Terrain aride et sec des régions méditerranéennes où poussent des broussailles, du thym, de la lavande et des chênes verts. → aussi **maquis.**

① **garrot** n. m. Partie du corps qui est juste au-dessus de l'épaule, chez le cheval et les autres grands animaux à quatre pattes. *La taille d'un cheval ou d'un chien se mesure du sol au garrot.*

② **garrot** n. m. Lien servant à serrer très fort un membre pour empêcher une veine ou une artère de saigner.

▶ **garrotter** v. (conjug. 1) *Les cambrioleurs ont garrotté et bâillonné le veilleur de nuit*, ils l'ont attaché très solidement. → **ligoter.**

**gars** [ga] n. m. Familier. Garçon, homme. → **type.** *C'est un gentil petit gars.* ▷ GARÇON, GARÇONNET.

**gas-oil** → **gazole**

**gaspiller** v. (conjug. 1) Dépenser ou utiliser n'importe comment, sans faire attention. *Julie gaspille son argent de poche.* || contr. **économiser** ||.

▶ **gaspillage** **n. m.** *Laisser la lumière allumée quand on n'est pas là, c'est du gaspillage.* → **gâchis.** || contr. **économie** ||.

**gastéropode** **n. m.** Animal au corps mou, qui rampe sur un large pied. *Les escargots et les limaces sont des gastéropodes.* → aussi **mollusque.**

**gastrique** **adj.** De l'estomac. *Il a des douleurs gastriques.*

**gastronome** **n. m.** et **f.** Personne qui aime manger de bonnes choses et sait reconnaître ce qui est bon. → **gourmet.** *Jules est un fin gastronome.*

▶ **gastronomie** **n. f.** *La gastronomie,* c'est l'art de la bonne cuisine.

▶ **gastronomique** **adj.** *Un repas gastronomique,* c'est un très bon repas, avec des plats raffinés et abondants et de bons vins.

**gâteau** **n. m.** Pâtisserie faite généralement avec de la farine, des œufs, du beurre et du sucre. *Des gâteaux au chocolat. Un gâteau d'anniversaire. Un paquet de gâteaux secs.* → **biscuit.**

① **gâter** **v.** (conjug. 1) *Les parents de Julie l'ont trop gâtée,* ils lui ont donné tout ce qu'elle désirait et l'ont laissée faire tout ce qu'elle voulait. *Quel beau cadeau ! vous me gâtez,* vous me donnez trop. → **combler.**

▶ **gâterie** **n. f.** Petit cadeau, friandise. *Mamie aime beaucoup les petites gâteries.*

② **gâter** **v.** (conjug. 1) **1.** Gâcher. *Elle est intelligente et jolie, ce qui ne gâte rien.* **2.** *Se gâter,* devenir mauvais. *Le temps se gâte, il va pleuvoir.*

▶ **gâté** **adj.** Abîmé. *Une dent gâtée,* cariée. *Des fruits gâtés,* pourris.

▶ **gâteux** **adj.** *Cette vieille femme est un peu gâteuse,* sa mémoire et son intelligence sont diminuées par l'âge.
▷ DÉGÂT.

① **gauche** **adj.** **1.** Du côté du cœur. || contr. **droit** || *Luc s'est cassé la jambe gauche.* — **N. f.** *Anne s'est assise à la gauche d'Alex.* || contr. **droite** || *Tournez à gauche au prochain croisement,* du côté gauche. **2.** Maladroit et embarrassé. *C'est un garçon timide et gauche.* || contr. **adroit, habile** ||.

▶ **gaucher** **adj.** Qui se sert de la main gauche pour écrire, manger, etc. *Elle est gauchère.* || contr. **droitier** ||.

▶ **gaucherie** **n. f.** Maladresse. *Des gestes pleins de gaucherie.* || contr. **adresse, dextérité, habileté** ||.

② **gauche** **n. f.** *La gauche,* c'est l'ensemble des personnes qui ont des idées avancées et veulent le progrès en politique et dans la société. || contr. ② **droite** || *Un homme de gauche.*

**gaufre** **n. f.** Pâtisserie faite avec une pâte légère, cuite dans un moule formé de deux plaques dessinant de petits carrés en relief sur la pâte. *Yves mange des gaufres au sucre.*

▶ **gaufrette** **n. f.** Petit gâteau sec rectangulaire, quadrillé comme une gaufre et formé de très fines feuilles de pâte superposées.

▶ **gaufrier** **n. m.** Moule à gaufres.

**gaule** **n. f.** **1.** Bâton long et mince. *On fait tomber les noix de l'arbre avec une gaule.* **2.** Canne à pêche. ◊ homonyme : goal.

▶ **gauler** **v.** (conjug. 1) Frapper les branches des arbres pour en faire tomber les fruits. *On gaule les noix à l'automne.*

**gave** **n. m.** Torrent, dans les Pyrénées. *Le gave de Pau.*

**gaver** **v.** (conjug. 1) **1.** *On gave les oies et les canards pour faire du foie gras,* on les fait manger de force et beaucoup pour les engraisser. **2.** *Anne s'est gavée de chocolats,* elle en a trop mangé.

**gavial** **n. m.** [pl. *gavials*] Grand crocodile, au museau étroit et très allongé, qui vit dans les fleuves de l'Inde. *Les gavials se nourrissent surtout d'animaux morts en train de pourrir.*

gavial

**gaz** **n. m. 1.** Substance qui n'est ni liquide, ni solide. *L'air que nous respirons est un mélange de plusieurs gaz.* **2.** *Le gaz,* c'est un gaz particulier qui peut brûler et que l'on utilise pour le chauffage et la cuisson des aliments. *Elle a une cuisinière à gaz.* **3.** *Le pilote a mis les gaz,* il fait accélérer l'avion. ◇ homonyme : gaze.

▸ **gazeux** **adj. 1.** *La vapeur d'eau, c'est de l'eau à l'état gazeux,* de l'eau transformée en gaz. **2.** Qui contient du gaz. *Une boisson gazeuse est pétillante.*
▷ GAZODUC.

**gaze** **n. f.** Tissu très léger que l'on utilise pour faire des pansements. *Une compresse de gaze.* ◇ homonyme : gaz.

**gazelle** **n. f.** Animal de la famille de l'antilope, aux cornes arquées et aux longues pattes très fines, qui vit en troupeaux dans les déserts d'Afrique et d'Asie. *Les gazelles ont un pelage jaune et de grands yeux doux.*

**gazoduc** **n. m.** Très gros tuyau qui transporte le gaz d'un endroit à un autre sur une longue distance.

**gazole** **n. m.** Carburant utilisé dans les moteurs Diesel. *Le gazole est moins cher que l'essence.* — On dit aussi *gas-oil* [gazɔjl ou gazwal].

**gazon** **n. m.** Herbe courte, fine et serrée que l'on a semée. → **pelouse.** *Une tondeuse à gazon.*

**gazouiller** **v.** (conjug. 1) **1.** *Les oiseaux gazouillent,* ils font un bruit doux et léger. → **chanter, pépier. 2.** *Le bébé gazouille,* il fait entendre des sons qui ne sont pas encore des mots. → **jaser.**

▸ **gazouillis** **n. m.** Bruit léger fait par un oiseau ou un bébé.

**geai** **n. m.** Oiseau de la taille d'un pigeon, au plumage beige, bleu et noir. ⤜ planche Oiseaux. ◇ homonymes : jais, jet.

**géant** **n. m.** et **adj.**, **géante** **n. f.** et **adj. 1. n.** Personne de très grande taille. ‖ contr. **nain** ‖ *Il marche à pas de géant,* en faisant de très grands pas. **2. adj.** Très grand. → **énorme, gigantesque.** *Une sucette géante.* ‖ contr. **minuscule** ‖.

**geindre** **v.** (conjug. 52) Faire entendre des cris faibles et longs. *Le malade a geint toute la nuit.* → **gémir,** se **plaindre.** *Cesse de geindre !* de te lamenter.

▸ **geignard** adj. *Luc parlait d'un ton geignard,* en geignant. → **pleurnichard.**

① **gel** n. m. Passage de l'eau à l'état solide. *Le gel a abîmé la route.* → aussi ② **gelée,** ② **glace.** || contr. **dégel** || ▷ ANTIGEL, CONGÉLATEUR, CONGELER, DÉCONGELER, DÉGEL, DÉGELER, ENGELURE, GELÉ, ① GELÉE, GELER, SURGELÉ, SURGELER.

② **gel** n. m. Crème translucide à base d'huile. *Flora met du gel sur ses cheveux pour les faire tenir.*

▸ **gélatine** n. f. Matière molle et transparente, un peu élastique, obtenue en faisant bouillir des os ou des algues. *On utilise la gélatine pour fabriquer de la colle et des tissus imperméables.*

▸ **gélatineux** adj. Qui ressemble à de la gélatine. *Il a trouvé sur la plage une méduse toute gélatineuse.*

▸ ① **gelée** n. f. **1.** Sauce de viande devenue solide en refroidissant et qui ressemble à de la gélatine. *Du bœuf en gelée,* entouré de gelée. **2.** Confiture faite avec du jus de fruit cuit au sucre. *De la gelée de groseilles.* ▷ GÉLULE.

② **gelée** n. f. Très grand froid qui provoque le passage de l'eau à l'état solide. *La météo prévoit des gelées matinales.*

**geler** v. (conjug. 5) **1.** Se transformer en glace. *L'eau gèle à 0°* . || contr. **dégeler, fondre** || *Cet hiver, le lac a gelé.* **2.** *Cette nuit, il gèlera,* la température descendra en dessous de 0° . **3.** Familier. Avoir très froid. *Ferme la fenêtre, on gèle ici !* → **grelotter.**

▸ **gelé** adj. **1.** Transformé en glace. *Un lac gelé.* **2.** Très abîmé par le froid. *L'alpiniste avait les doigts gelés.* **3.** *Anne n'était pas assez couverte, elle était gelée,* elle avait très froid. → **transi ;** fam. **frigorifié.** *J'ai les pieds gelés.* → **glacé.**

**gélinotte** n. f. Oiseau de la famille de la poule, au dos un peu roux et au ventre blanc taché de brun.

gélinotte

**gélule** n. f. Petite capsule en gélatine qui contient un médicament en poudre, que l'on doit avaler.

**gémir** v. (conjug. 2) Pousser de petits cris pour se plaindre parce que l'on a mal. → **geindre.** *Le chasseur entendait au loin le cerf blessé qui gémissait.*

▸ **gémissement** n. m. Cri faible et plaintif. *Un gémissement de douleur.*

**gemme** n. m. Pierre précieuse.

**gênant** adj. **1.** Qui dérange, empêche que quelque chose se fasse normalement. || contr. **commode, pratique** || *On ne peut pas passer dans le couloir, ce paquet est gênant.* → **encombrant.** *Cette musique est très gênante, je ne peux pas travailler.* **2.** Qui met mal à l'aise. → **embarrassant.** *Il lui a posé une question gênante.*

**gencive** n. f. Chair qui recouvre la base des dents. *Luc a les gencives qui saignent quand il se brosse les dents.*

**gendarme** **n. m.** Militaire chargé de faire respecter la loi et de protéger les gens. *Des gendarmes surveillent la circulation au carrefour.*

▶ se **gendarmer** **v.** (conjug. 1) Parler fort et d'un ton menaçant. *Elle s'est gendarmée pour se faire obéir par ses élèves.*

▶ **gendarmerie** **n. f. 1.** *La gendarmerie nationale,* c'est l'ensemble des gendarmes. **2.** Bâtiment dans lequel se trouvent les bureaux et les logements des gendarmes.

**gendre** **n. m.** Mari de la fille. *Voici notre gendre.* → **beau-fils.**

**gêne** **n. f. 1.** Difficulté que l'on ressent pour faire quelque chose. *En haute montagne, il a de la gêne à respirer,* il a du mal à respirer. **2.** Situation désagréable, embarrassante. *Je veux bien dormir chez vous, mais j'espère que cela ne vous cause aucune gêne.* → **dérangement, ennui.** *Ils vivent dans la gêne,* ils manquent d'argent. **3.** Impression désagréable que l'on éprouve devant quelqu'un quand on est mal à l'aise. → **embarras, trouble.** *Il y a eu un moment de gêne au début de la soirée.* ▷ GÊNANT, GÊNER, GÊNEUR, SANS-GÊNE.

**généalogie** **n. f.** Ensemble des personnes dont on descend. → **ascendance.**

▶ **généalogique** **adj.** *L'arbre généalogique de quelqu'un,* c'est un tableau en forme d'arbre qui représente tous ses ancêtres et ses descendants.

**gêner** **v.** (conjug. 1) **1.** Empêcher que quelque chose se fasse normalement. *Les travaux gênent la circulation.* **2.** Être désagréable. → **déranger.** *La fumée vous gêne-t-elle ?* **3.** Mettre mal à l'aise. → **embarrasser.** *Cela me gêne de vous imposer ma présence. — Ne vous gênez pas, faites comme chez vous.*

① **général** **n. m.** [pl. *généraux*] Officier qui a le grade le plus élevé dans l'armée de terre et dans l'armée de l'air.

② **général** **adj. 1.** Qui s'applique à toutes les personnes, toutes les choses. ‖ contr. **individuel, particulier** ‖ *La directrice a fait des observations générales sur la discipline.* **2.** *Sa proposition a provoqué l'enthousiasme général,* de tout le monde. *Du haut des remparts, on a une vue générale de la région,* une vue qui montre la région tout entière. ‖ contr. **partiel** ‖ **3.** *Il se lève plus tôt, en général,* le plus souvent, d'habitude. → **généralement.**

▶ **généralement** **adv.** Dans la plupart des cas. → en **général, habituellement.** *Généralement, ils passent Noël en famille.* ‖ contr. **exceptionnellement, rarement** ‖.

▶ **généraliser** **v.** (conjug. 1) **1.** Appliquer quelque chose à tout le monde. *On a généralisé le stationnement payant dans les grandes villes.* **2.** *L'infection s'est généralisée,* elle s'est répandue dans tout le corps. **3.** Dire qu'une chose s'applique à tout le monde alors qu'elle ne s'applique qu'à un certain nombre. *Il ne faut pas généraliser trop vite.*

▶ **généraliste** **n. m.** et **f.** Médecin qui s'occupe de soigner l'ensemble du corps. ‖ contr. **spécialiste** ‖ *Elle a consulté un généraliste.*

▶ **généralités** **n. f. pl.** Choses que l'on dit ou que l'on écrit, qui ne sont pas précises et n'expliquent pas en détail. *Il a commencé son exposé par des généralités.*

**générateur** **n. m.,** **génératrice** **n. f.** Machine qui produit de l'électricité.

*La dynamo produisant la lumière sur un vélo est une génératrice.* — **Adj.** *La pile est génératrice d'électricité,* elle produit de l'électricité.

**génération** **n. f.** Groupe de personnes qui ont à peu près le même âge. *Les enfants, les parents et les grands-parents appartiennent à trois générations différentes.*

**généreux** **adj.** Qui donne beaucoup. ‖ contr. **avare, mesquin** ‖ *C'est une femme généreuse.*

▸ **généreusement** **adv.** *Elle l'a servi généreusement de gâteau,* elle lui en a donné beaucoup.

▸ **générosité** **n. f.** Qualité d'une personne qui donne beaucoup, qui donne plus que ce que l'on donne d'habitude. *Nous vous remercions de votre générosité.*

**générique** **n. m.** Liste des noms des acteurs, du metteur en scène, du producteur, des techniciens, de toutes les personnes qui ont collaboré à un film, à une émission de télévision.

**genèse** **n. f.** Manière dont une chose s'est mise à exister. *Dans la Bible, la Genèse est l'histoire de la création du monde.*

**genêt** **n. m.** Petit arbuste sauvage dont les fleurs jaunes sentent très bon. *Le genêt ressemble à l'ajonc, mais n'a pas d'épines.*

**génétique** **adj.** Qui concerne l'hérédité. → **héréditaire.** *Les lois génétiques.*

**gêneur** **n. m.,** **gêneuse** **n. f.** Personne qui empêche de faire ce que l'on veut faire, qui gêne. → **importun.** *Qui me débarrassera de ce gêneur ?*

① **génie** **n. m. 1.** Être imaginaire qui a des pouvoirs magiques. *Le bon génie d'un conte de fées.* **2.** Ensemble des dons exceptionnels de l'esprit qui permettent de créer et d'inventer des choses que les autres n'auraient pas pu trouver. *Ce musicien avait du génie.* **3.** Personne qui a du génie. *Ce mathématicien est un génie.*

▸ **génial** **adj.** Qui a du génie, est inspiré par le génie. *Un écrivain génial. Une invention géniale.* — **Au masc. pl.** *géniaux.* ▷ S'INGÉNIER, INGÉNIEUX, INGÉNIOSITÉ.

② **génie** **n. m.** Ensemble des services chargés de construire les routes, les ponts, les barrages, etc. ▷ INGÉNIEUR.

**genièvre** **n. m.** Petite baie violette ou noire très parfumée. *On met du genièvre dans la choucroute.*

**génisse** **n. f.** Jeune vache qui n'a pas encore eu de veau.

**génital** **adj.** Qui concerne la reproduction, chez les hommes et les animaux. *Les organes génitaux du mâle sont différents de ceux de la femelle.* → **sexuel.**

**génocide** **n. m.** Massacre systématique de tous les hommes d'une même race, d'une même religion ou d'un même pays. *L'extermination des Juifs par les nazis, pendant la Seconde Guerre mondiale, fut un génocide.*

**genou** **n. m.** [pl. *genoux*] Endroit où s'articule la cuisse sur la jambe. *Flora avait de l'eau jusqu'aux genoux. Anne s'est assise sur les genoux de son père. Luc s'est mis à genoux,* les genoux posés à terre. ▷ S'AGENOUILLER.

**genre** **n. m. 1.** Groupe de personnes ou de choses ayant des caractères communs. → **espèce.** *J'aime bien ce genre de chaussures.* → **sorte, type. 2.** Façon de s'habiller, de se comporter.

*Cette fille a mauvais genre. Ce n'est pas mon genre de faire cela,* ce n'est pas dans mes manières, mes habitudes. **3.** *En français, il y a deux genres, le masculin et le féminin,* il y a deux catégories grammaticales. *« Chat » est un mot du genre masculin, « prune » un mot du genre féminin.* → aussi **nombre.**

**gens** **n. m. pl. 1.** Personnes, hommes, femmes ou enfants, dont on ne précise pas le nombre. *J'ai rencontré des gens dans la rue.* — Quand l'adjectif précède *gens,* il se met au féminin. *Des gens vieux* mais *de vieilles gens.* **2.** *Des jeunes gens,* ce sont de jeunes garçons. *Dans cette école, il y a des jeunes filles et des jeunes gens. — Jeunes gens* est le pluriel de *jeune homme.* ▷ GENDARME, se GENDARMER, GENDARMERIE.

**gentiane** **n. f.** Plante à fleurs bleues, violettes ou jaunes qui pousse dans la montagne.

gentiane

**gentil** **adj. 1.** Aimable, serviable. *Anne est très gentille avec son petit frère.* || contr. **méchant** || *Un chien gentil.* → **doux.** *Le maire a eu un mot gentil pour tous ses adjoints.* → **agréable. 2.** Sage et tranquille. *Les enfants sont restés bien gentils toute la journée.* || contr. **désagréable** || **3.** Joli, mignon. *C'est gentil chez vous.*

▸ **gentillesse** **n. f. 1.** *Sa mère est d'une grande gentillesse,* elle est très gentille. *Pourriez-vous avoir la gentillesse de m'aider ?* → **amabilité.** || contr. **dureté, méchanceté** || **2.** *Elle nous a dit des gentillesses,* des paroles gentilles.

▸ **gentiment** **adv.** Avec gentillesse. → **aimablement.** *Il nous a aidés très gentiment.* || contr. **méchamment** ||.

**gentilhomme** [ʒɑ̃tijɔm] **n. m** Autrefois, homme noble. *Ce gentilhomme a été présenté au roi.* — **Au pl.** *Des gentilshommes* [ʒɑ̃tizɔm].

**gentleman** [dʒɑ̃tləman] **n. m.** Ce mot vient de l'anglais. Homme très bien élevé. *Il s'est conduit en parfait gentleman.* — **Au pl.** *Des gentlemen* [dʒɑ̃tləmɛn].

**géographie** **n. f.** Science qui décrit la surface de la Terre, son relief, son climat, sa végétation, son économie, sa population. *Un livre de géographie. Des cartes de géographie.* → aussi **atlas.**

▸ **géographe** **n. m.** et **f.** Spécialiste de géographie.

▸ **géographique** **adj.** De la géographie. *Une carte géographique.*

**geôle** [ʒol] **n. f.** Prison, cachot.

▸ **geôlier** [ʒolje] **n. m.** Gardien de prison. *Le prisonnier était amoureux de la fille du geôlier.*

**géologie** **n. f.** Science qui étudie le sol et le sous-sol de la Terre, la manière dont ils se sont formés et se transforment encore.

# GÉOMÉTRIE

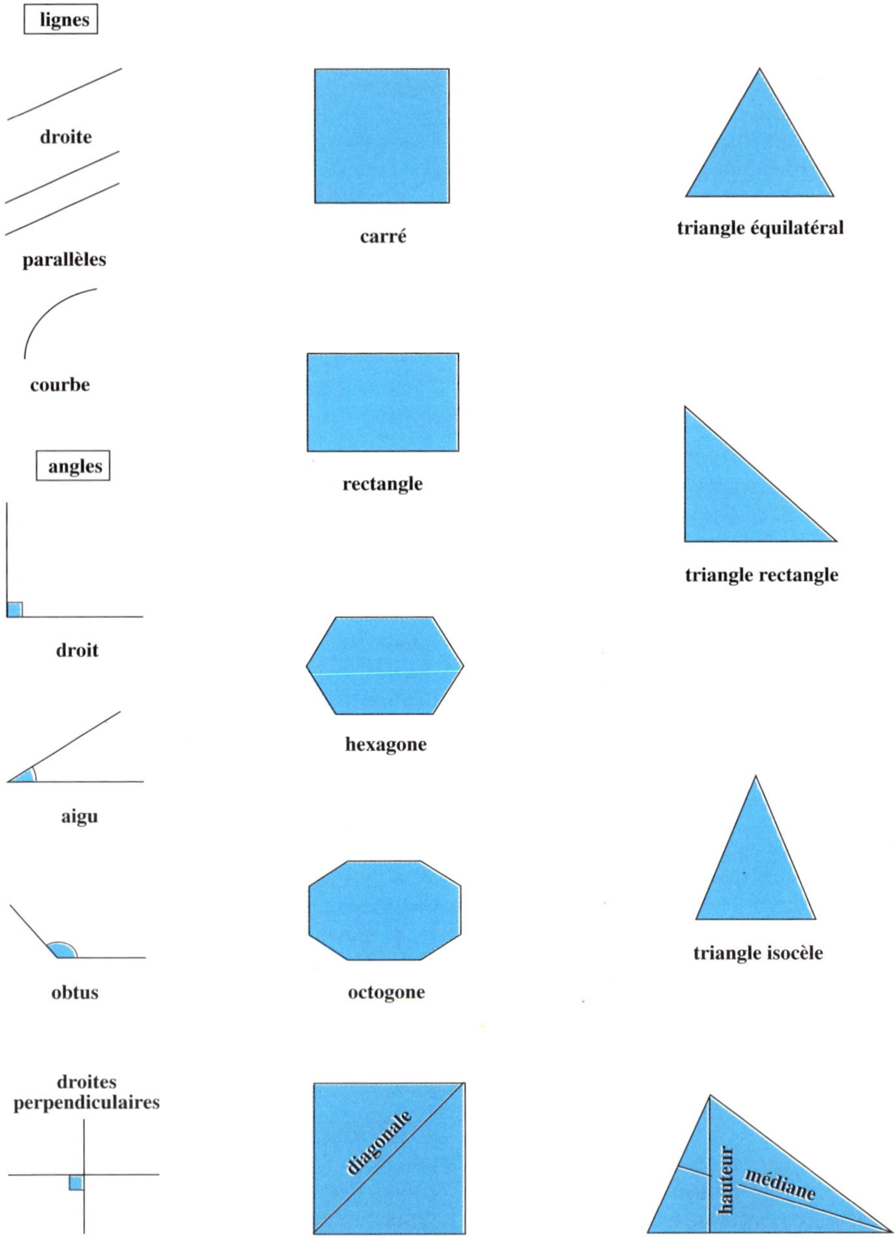
lignes
droite
parallèles
courbe
angles
droit
aigu
obtus
droites perpendiculaires
carré
rectangle
hexagone
octogone
diagonale
triangle équilatéral
triangle rectangle
triangle isocèle
hauteur
médiane

**disque**
(surface du cercle)

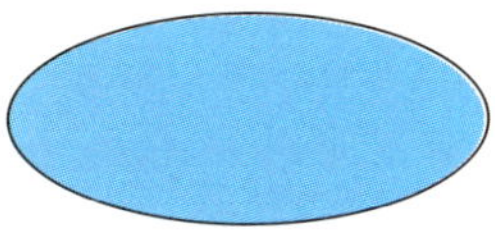

**ellipse**
(forme ovale)

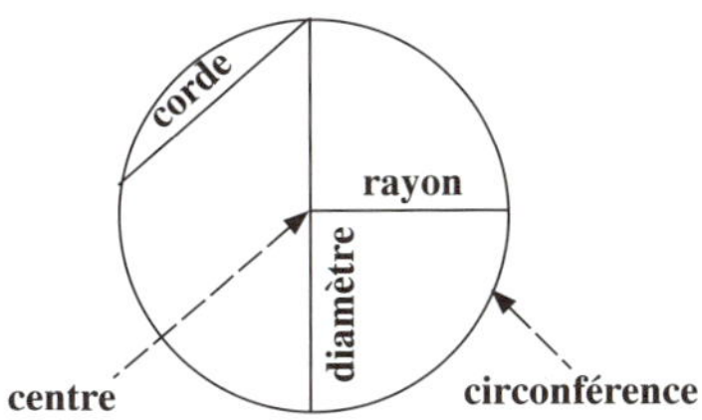


**cercle**

volumes

**sphère**

**cube**

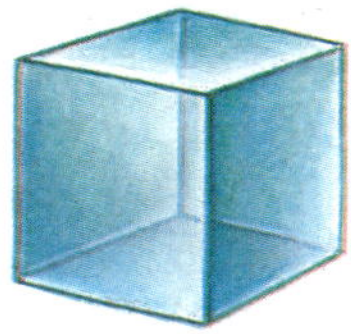

**tétraèdre**

**cylindre**

**cône**

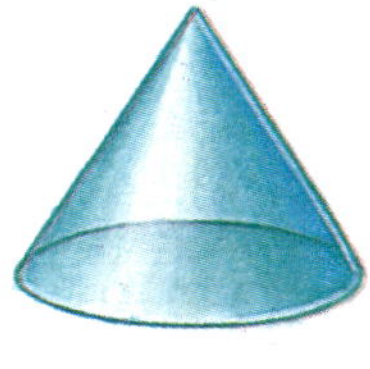

**octaèdre**

**gérer** v. (conjug. 6) S'occuper d'un commerce, d'une entreprise, d'un immeuble. → **administrer, diriger** ; et aussi **gestion.** *Ce magasin a été mal géré.* ▷ GÉRANCE, GÉRANT, INGÉRENCE, S'INGÉRER.

**germain** adj. *Des cousins germains,* ce sont des cousins qui ont le même grand-père ou la même grand-mère. *La fille de mon oncle et de ma tante est ma cousine germaine.*

**germe** n. m. **1.** Toute petite partie d'un œuf ou d'une graine qui, en se développant, donne naissance à un être vivant. → aussi **embryon. 2.** Première pousse qui sort d'une graine. *Une salade de germes de soja.* **3.** Microbe qui provoque une maladie. *L'eau sale contient des germes qui peuvent être dangereux.*

▶ **germer** v. (conjug. 1) **1.** *Les pommes de terre ont germé,* des germes en sont sortis . **2.** *Cette idée a germé dans ma tête,* elle s'y est développée.

▶ **germination** n. f. *Les haricots ont besoin de chaleur et d'humidité pendant leur germination,* pendant la période où sortent leurs germes.

**gésier** n. m. Une des poches de l'estomac des oiseaux où sont broyés les aliments. *Des gésiers d'oies confits.*

**gésir** v. (on emploie seulement *je gis, tu gis, il gît, nous gisons, vous gisez, ils gisent ; je gisais, etc. ; gisant.*) **1.** Être couché, étendu en restant immobile. *Le malade gît sur son lit.* **2.** *Ci-gît Voltaire,* ici est enterré Voltaire. ▷ GISANT, GISEMENT, ① GÎTE.

① **geste** n. f. *La « Chanson de Roland » est une chanson de geste,* un grand poème du Moyen Âge qui raconte les exploits d'un héros.

② **geste** n. m. **1.** Mouvement des bras, des mains, de la tête. *Luc a fait un geste de la main pour dire au revoir.* **2.** *C'est un beau geste de l'avoir aidé,* c'est une bonne action.

▶ **gesticuler** v. (conjug. 1) Faire beaucoup de gestes. *Yves gesticule en parlant.*

**gestion** n. f. Le fait de diriger une affaire. → aussi **gérer.** *Il s'occupe de la gestion de l'usine.*

**geyser** [ʒɛzɛʀ] n. m. Source d'eau chaude qui jaillit par moments. *Il y a de nombreux geysers en Islande.*

**ghetto** [gɛto] n. m. Quartier où des gens vivent séparés du reste de la population. *Les Juifs du ghetto de Varsovie se révoltèrent contre les nazis en 1943 et furent massacrés.*

**gibbon** n. m. Singe d'Asie, sans queue et aux bras très longs.

**gibecière** n. f. Sac dans lequel le chasseur met les bêtes qu'il a tuées.

**gibet** n. m. Assemblage de poutres où l'on pendait les condamnés à mort. → **potence.**

**gibier** n. m. *Le gibier,* c'est l'ensemble des animaux que l'on chasse pour les manger.

**giboulée** n. f. Pluie soudaine qui dure peu de temps, quelquefois accompagnée de vent et de grêle. → **averse.** *Les giboulées sont fréquentes en mars.*

**giboyeux** adj. *Cette forêt est giboyeuse,* il y a beaucoup de gibier dans cette forêt.

**gicler** v. (conjug. 1) Jaillir en éclaboussant. *L'encre a giclé partout.*

▶ **giclée** n. f. Jet. *Alex a envoyé une giclée d'encre sur son cahier.*

**gifle** **n. f.** Coup donné du plat de la main sur la joue de quelqu'un. → **claque.** *Elle a donné une paire de gifles à sa fille.*

▸ **gifler** **v.** (conjug. 1) Donner une gifle. *Julie a giflé Alex.*

**gigantesque** **adj.** Très grand. → **énorme, géant.** *Le mammouth était un animal gigantesque.*

**gigogne** **adj.** *Des tables gigognes,* ce sont des tables de plus en plus petites qui s'emboîtent les unes dans les autres.

**gigot** **n. m.** Cuisse de mouton ou d'agneau coupée pour être mangée. *Du gigot d'agneau.*

**gigoter** **v.** (conjug. 1) Familier. Agiter ses bras et ses jambes. → **remuer.** *Le bébé gigotait dans son berceau.*

**gilet** **n. m. 1.** Vêtement court à boutons, sans manches, qui se porte entre la chemise et le veston. **2.** Tricot avec ou sans manches, boutonné devant. *Un gilet de laine.* → **cardigan. 3.** *Un gilet de sauvetage,* c'est une petite veste sans manches qui permet de flotter si l'on tombe à l'eau.

**gingembre** **n. m.** Grande herbe originaire d'Asie qui ressemble à un roseau et dont la racine séchée est utilisée comme épice. *Des biscuits au gingembre.*

**girafe** **n. f.** Grand mammifère d'Afrique, au cou très long, dont le pelage roux forme des dessins réguliers. *La girafe est le plus grand des animaux terrestres vivant actuellement.*

**giratoire** **adj.** Qui tourne en faisant un cercle. *Sur la place, les voitures suivent le sens giratoire,* le sens dans lequel elles doivent tourner obligatoirement.

**girofle** **n. m.** *Un clou de girofle,* c'est le bouton desséché de la fleur d'un arbre exotique, qui a la forme d'un clou. *On utilise les clous de girofle pour parfumer certains plats.*

▸ **giroflée** **n. f.** Plante à fleurs jaunes ou rousses disposées en grappes.

**girolle** **n. f.** Champignon jaune foncé comestible, dont le chapeau est en forme d'entonnoir. ⋙ planche Champignons.

**girouette** **n. f.** Plaque mince de métal qui tourne sur elle-même et, placée au sommet d'une tour, d'un clocher, indique la direction du vent.

girouette

**gisant** **n. m.** Statue représentant un mort étendu. *On peut voir le gisant de François Ier à la basilique Saint-Denis.* → aussi **gésir.**

**gisement** **n. m.** Grande quantité de fer, de charbon, d'or, de pétrole, etc., dans le sous-sol. → aussi **mine.** *On vient de découvrir un nouveau gisement de pétrole.*

**ci-gît** → **gésir**

**gitan** **n. m.**, **gitane** **n. f.** Nomade qui vient d'Espagne. → **bohémien,** et aussi **romanichel.** *Des gitans habitent dans des roulottes à l'entrée du village.*

① **gîte** **n. m. 1.** Endroit où l'on peut se loger, se coucher. *Les voyageurs cherchaient un gîte pour la nuit.* → **abri, refuge. 2.** Endroit où s'abrite un animal. *Le gîte d'un lièvre.* → **tanière, terrier.**

② **gîte** **n. f.** *Le bateau donne de la gîte,* il penche.

**givre** **n. m.** Couche de glace fine et blanche. *Les vitres étaient recouvertes de givre.*

▸ **givré** **adj.** Couvert de givre. *Les arbres du parc sont givrés ce matin.* ▷ DÉGIVRER.

**glabre** **adj.** *Il a un visage glabre,* sans barbe ni moustache. → aussi **imberbe.** ‖ contr. **barbu, poilu** ‖.

① **glace** **n. f. 1.** Plaque de verre traitée spécialement pour refléter les images. *Julie se regarde dans la glace.* → **miroir. 2.** Vitre d'une voiture. *Le chauffeur relève sa glace.* ▷ ESSUIE-GLACE, LAVE-GLACE.

② **glace** **n. f. 1.** Eau congelée. *Les enfants aiment patiner sur la glace. Voulez-vous un cube de glace dans votre whisky ?* voulez-vous un glaçon ? *Il est resté de glace,* imperturbable. **2.** Crème glacée ou sorbet. *Une glace à la vanille.* → aussi ② **esquimau.**

▸ **glacer** **v.** (conjug. 3) **1.** Donner très froid. *Ferme la fenêtre, ce courant d'air me glace.* **2.** Faire si peur que l'on reste cloué sur place. *Les hurlements du loup nous glacèrent d'horreur.* **3.** Intimider, rendre incapable de réagir. *Son discours nous a glacés.* → **pétrifier.**

▸ **glacé** **adj. 1.** *Une crème glacée,* c'est une glace à base de crème fraîche. **2.** *Des marrons glacés,* ce sont des marrons cuits recouverts d'une fine couche de sucre. **3.** Très froid. *Un verre d'eau glacée. Tu as le bout du nez glacé.* → **gelé.** ‖ contr. **bouillant, brûlant** ‖ **4.** *Ces photos ont été tirées sur papier glacé,* brillant et lisse. ‖ contr. **mat** ‖.

▸ **glaciaire** **adj.** *La période glaciaire,* c'est la période où les glaciers se sont développés sur la Terre. ◊ homonyme : glacière.

▸ **glacial** **adj. 1.** Très froid. *Un vent glacial.* **2.** Qui intimide par sa froideur. *Un accueil glacial.* ‖ contr. **chaleureux** ‖ — **Au masc. pl.** *glacials* ou *glaciaux.*

▸ **glacier** **n. m. 1.** Grand champ de glace en montagne, formé par l'accumulation de couches de neige. → **névé,** et aussi **moraine.** *Le glacier d'Aletsch, dans les Alpes suisses, est le plus grand d'Europe.* **2.** Fabricant ou marchand de glaces et de sorbets.

▸ **glacière** **n. f.** Boîte tapissée d'une matière isolante qui garde au froid. *Les campeurs ont mis le beurre dans la glacière.* ◊ homonyme : glaciaire.

▸ **glaçon** **n. m.** Petit morceau de glace. *Il met des glaçons dans son pastis.* ▷ BRISE-GLACE.

**gladiateur** **n. m.** Homme qui combattait autrefois, chez les Romains, contre une bête féroce ou d'autres hommes, pour distraire les spectateurs. *Les combats de gladiateurs avaient lieu dans l'arène, pendant les jeux du cirque.*

**glaïeul** **n. m.** Plante à feuilles longues et pointues et à grandes fleurs rouges, roses ou blanches disposées en épi d'un seul côté de la tige.

**glaise** **n. f.** Terre grasse qui, imbibée d'eau, devient comme une pâte que l'on peut travailler pour faire des briques, des tuiles, des poteries. → **argile.** *Le potier modèle un vase dans la glaise.* — **Adj.** *De la terre glaise.*

**glaive** **n. m.** Grosse épée courte et large à deux tranchants, utilisée autrefois. *Le glaive d'un soldat romain.*

**gland** **n. m.** Fruit du chêne. *Les cochons et les écureuils mangent des glands.*

**glande** **n. f.** Organe du corps qui produit un liquide, une sécrétion. *Ce sont des glandes qui produisent la salive, la sueur, les larmes.* → aussi **hormone.**

**glaner** **v.** (conjug. 1) **1.** Ramasser dans un champ les épis oubliés par les moissonneurs. *Les pauvres allaient glaner après la moisson.* **2.** Recueillir par-ci par-là des détails, des informations. *L'inspecteur a glané quelques informations sur le suspect en interrogeant ses voisins.*

**glapir** **v.** (conjug. 2) *Le petit chien glapit,* il pousse un cri bref et aigu.
▶ **glapissement** **n. m.** Cri aigu. *Les glapissements d'un chacal.*

**glas** [glɑ] **n. m.** Tintement lent et grave d'une cloche d'église qui sert à annoncer que quelqu'un est mort. *Les cloches sonnaient le glas.*

**glauque** **adj.** D'un vert qui rappelle l'eau de mer. → **verdâtre.** *L'eau du lac est glauque quand il pleut.*

**glisser** **v.** (conjug. 1) **1.** Se déplacer d'un mouvement continu sur une surface lisse en restant en contact avec elle. *Anne a glissé sur une peau de banane. La voiture glisse sur le verglas.* → **déraper. 2.** *Le verre lui a glissé des mains,* lui est tombé des mains. → **échapper. 3.** Ne pas insister. *C'est un problème sur lequel il vaut mieux glisser,* qu'il ne faut pas approfondir. **4.** Faire passer dans un endroit étroit, introduire adroitement ou discrètement. *Le facteur glisse une lettre sous la porte. Je lui ai glissé un mot à l'oreille. — Anne s'est glissée sous les couvertures.*
▶ **glissade** **n. f.** Mouvement que l'on fait en glissant. *Le patineur fait des glissades sur la glace.*
▶ **glissant** **adj.** Où l'on glisse facilement. *Il a plu, la route est glissante.*
▶ **glisse** **n. f.** *Les sports de glisse,* ce sont les sports où l'on glisse (le ski, la planche à voile, etc.).
▶ **glissement** **n. m.** *La pluie a provoqué un glissement de terrain,* le sol a glissé le long d'une pente et s'est effondré.
▶ **glissière** **n. f.** *Le bureau est séparé du salon par une porte à glissière,* une porte qui s'ouvre et se ferme en coulissant le long d'un rail. *L'autoroute est bordée de glissières de sécurité,* de bordures métalliques qui retiennent les voitures en cas d'accident. ▷ AÉROGLISSEUR, HYDROGLISSEUR.

**global** **adj.** Qui recouvre un ensemble. → **total.** *Nous avons une vue globale de la situation.* ‖ contr. **partiel** ‖ — **Au masc. pl.** *globaux.*

**globe** **n. m. 1.** Boule creuse en verre, en cristal, entourant une ampoule électrique ou recouvrant un objet pour le protéger. **2.** Boule. → **sphère.** *L'œil est un globe logé dans une orbite.* **3.** *Le globe terrestre* ou *le globe,* la

Terre. *Il neige actuellement sur une partie du globe.* ▷ GLOBULE, GLOBULEUX.

globe

**globe-trotter** [glɔbtʀɔtœʀ] n. m. Personne qui parcourt le monde entier. *Les reporters sont souvent de vrais globe-trotters.*

**globule** n. m. Petite cellule arrondie que l'on trouve dans certains liquides du corps. *Le sang contient des globules rouges et des globules blancs.*

**globuleux** adj. *Les grenouilles ont des yeux globuleux,* des yeux qui ressortent, qui dépassent de l'orbite. — Au fém. *globuleuse.*

**gloire** n. f. Célébrité et admiration de tous. *Ce film lui a apporté la gloire.* → **renommée.** *Un monument a été élevé à la gloire des soldats morts pour leur patrie,* a été élevé en leur honneur.

**glorieux** adj. Qui donne de la gloire. *Ces soldats ont eu une mort glorieuse.*

se **glorifier** v. (conjug. 7) *Luc se glorifie de passer dans la classe supérieure,* il en tire de la gloire. → se **vanter.**

**gloriole** n. f. Vanité que l'on tire de petites choses. *Jules raconte ses succès avec les femmes par gloriole.*

**glousser** v. (conjug. 1) **1.** *La poule glousse,* elle pousse des cris brefs et répétés. **2.** Rire en poussant de petits cris. *La plaisanterie de Julie fait glousser sa voisine.*

► **gloussement** n. m. **1.** Cri de la poule. **2.** Petit rire. *On entend les gloussements des élèves au fond de la classe.*

**glouton** adj. Qui mange beaucoup et très vite, en engloutissant les aliments. → **goinfre, goulu, vorace.** *Alex est très glouton, il a avalé son sandwich en deux bouchées.* — N. *Quelle gloutonne !*

► **gloutonnerie** n. f. *Yves a mangé son dessert avec gloutonnerie,* en engloutissant très vite de gros morceaux. → **voracité.**

**glu** n. f. Liquide épais et visqueux qui colle très fort. *La glu sert à prendre les oiseaux.*

► **gluant** adj. Visqueux et collant. → **poisseux.** *Le blanc d'œuf est gluant.*

**glycine** n. f. Arbre grimpant dont les fleurs mauves, blanches ou rose pâle, en grappes pendantes, sentent très bon.

**gnome** [gnom] n. m. Petit personnage des contes, souvent laid et difforme. → **lutin, nain.**

**gnou** [gnu] n. m. [pl. *gnous*] Animal d'Afrique du Sud, de la famille de l'antilope, au corps lourd, à l'arrière-train bas, à la tête épaisse munie de cornes recourbées, aux membres grêles et au pelage gris-brun. *Le gnou a une* *barbe, une moustache et des sourcils blancs.*

gnou

**goal** [gol] **n. m.** Gardien de but, au football, au hockey ou au hand-ball. *Le goal a bloqué le ballon.* ◊ homonyme : gaule.

**gobelet** **n. m.** Sorte de verre sans pied, en carton, en plastique ou en métal. → **godet.** *Ils buvaient dans des gobelets en carton.*

**gober** **v.** (conjug. 1) **1.** Avaler brusquement en aspirant, sans mâcher. *Les oiseaux gobent les mouches. Yves a gobé un œuf.* **2.** Familier. Croire naïvement. *Flora gobe tout ce qu'on lui raconte.*

**godet** **n. m.** Sorte de verre large et peu profond, sans pied. → **gobelet.** *Le peintre rince ses pinceaux dans un godet rempli d'eau.*

**godille** **n. f.** Rame unique placée à l'arrière d'un bateau.
▸ **godiller** **v.** (conjug. 1) Manœuvrer à la godille. *Le pêcheur godille.*

**goéland** **n. m.** Oiseau de mer à la tête blanche et au corps gris et blanc, de la taille d'une grosse mouette. *Les goélands vivent en colonies.*

**goélette** **n. f.** Bateau à voiles léger, à deux mâts.

**goémon** **n. m.** *À marée basse, la plage est couverte de goémon,* d'algues rejetées par la mer. → **varech.**

**goguenard** **adj.** Qui a l'air de se moquer gentiment. *Un sourire goguenard.* → **moqueur, narquois, railleur.**

**goinfre** **n. m.** Personne qui mange trop et salement. *Alex mange comme un goinfre.* — **Adj.** *Julie est goinfre.* → **glouton, goulu.**
▸ se **goinfrer** **v.** (conjug. 1) Familier. Manger trop et salement. *Flora s'est goinfrée de bonbons.* → se **bourrer,** se **gaver.**
▸ **goinfrerie** **n. f.** *Alex mange avec goinfrerie.* → **gloutonnerie, voracité.**

**goitre** **n. m.** Déformation de l'avant du cou qui devient très gros. *Il a été opéré d'un goitre.*

**golf** **n. m.** Sport qui consiste à faire entrer une balle dans une série de trous répartis sur un vaste terrain recouvert d'herbe, en la frappant avec une sorte de canne. *Généralement, un terrain de golf comprend dix-huit trous.* ◊ homonyme : golfe.

**golfe** **n. m.** Endroit où la mer avance profondément à l'intérieur des terres et forme un bassin ouvert. → aussi **anse, baie, crique.** *Le golfe de Gascogne.* ◊ homonyme : golf.

**gomme** **n. f.** **1.** Petit bloc de caoutchouc ou de plastique, qui sert à effacer. **2.** Matière collante et transparente qui coule de certains arbres quand on fend l'écorce. *Anne mange une boule de gomme,* un bonbon fait avec cette matière.

gondole

▶ **gommer** v. (conjug. 1) Effacer avec une gomme. *Yves gomme un mot et en barre un autre.*

▶ **gommé** adj. *Du papier gommé,* c'est du papier qui colle quand on le mouille.

▶ **gommette** n. f. *Les enfants décorent leur cahier avec des gommettes,* de petits morceaux de papier gommé.

**gond** n. m. **1.** Pièce métallique sur laquelle tourne une porte ou une fenêtre. *La porte pivote sur ses gonds.* **2.** *La maîtresse est sortie de ses gonds,* elle s'est mise en colère.

**gondole** n. f. Barque longue et plate, aux extrémités relevées et recourbées. *À Venise, les touristes se promènent en gondole sur les canaux.*

▶ **gondolier** n. m. Batelier qui conduit une gondole.

**gondoler** v. (conjug. 1) Se déformer en se bombant à certains endroits et en se creusant à d'autres. *Le papier peint a gondolé. — Les volets de bois se sont gondolés.*

**gonfler** v. (conjug. 1) **1.** Remplir d'air, de gaz. *Flora gonfle un ballon en soufflant dedans.* **2.** Augmenter de volume. → **grossir.** *Anne est tombée, son genou a gonflé.* → **enfler.** *La pâte gonfle dans le four.* → ① **lever.**

▶ **gonflable** adj. Qui doit être rempli d'air pour avoir sa forme. *Un matelas gonflable.* → ② **pneumatique.**

▶ **gonflage** n. m. *L'automobiliste vérifie le gonflage des pneus de sa voiture,* vérifie s'ils sont bien gonflés. → **pression.**

▶ **gonflement** n. m. État de ce qui est gonflé. → **enflure.**

▶ **gonfleur** n. m. Appareil qui sert à envoyer de l'air. *Il gonfle sa bouée avec un gonfleur.* ▷ DÉGONFLER, REGONFLER.

**gong** n. m. Plateau de métal suspendu sur lequel on frappe avec un maillet pour qu'il résonne. *Dans un match de boxe, le coup de gong annonce la fin d'un round.*

**goret** n. m. Jeune cochon. → **porcelet.** *La truie et ses gorets.*

**gorge** n. f. **1.** Intérieur du cou, à partir du fond de la bouche. → aussi **gosier, pharynx.** *Anne doit avoir une angine, elle a mal à la gorge.* **2.** Partie avant du cou. *Le chien policier a sauté à la gorge du malfaiteur.* **3.** Vallée étroite et très encaissée au fond de laquelle coule un cours d'eau. → aussi **cañon, défilé.** *Les gorges du Tarn.*

▶ **gorgée** **n. f.** Petite quantité de liquide que l'on avale d'un seul coup. *Flora a bu une gorgée de champagne.*

▶ se **gorger** **v.** (conjug. 3) *Les enfants se sont gorgés de fraises,* ils en ont mangé beaucoup. → se **gaver.** — *Après ces pluies torrentielles, la terre était gorgée d'eau,* complètement imprégnée d'eau. ▷ ÉGORGER, ENGORGER, REGORGER, se RENGORGER, ROUGE-GORGE.

**gorille** **n. m.** Grand singe d'Afrique équatoriale qui marche à quatre pattes. *Le gorille est le plus grand et le plus fort des singes.* ⋙ planche Mammifères.

**gosier** **n. m.** Partie de la gorge qui contient certains organes de la voix. *Les enfants chantaient à plein gosier,* très fort, à tue-tête.

**gosse** **n. m.** et **f.** Familier. Enfant. → fam. **gamin.** *Ils ont trois gosses.*

**gothique** **adj.** *Le style gothique,* c'est une forme d'architecture qui s'est répandue en Occident après l'art roman, du Moyen Âge à la Renaissance. *Les cathédrales gothiques ont des voûtes en forme d'arc brisé, des fenêtres hautes ornées de vitraux et des clochers pointus.* → aussi **ogive.**

**gouache** **n. f.** Peinture à l'eau, assez épaisse. *Des tubes de gouache.*

**gouailleur** **adj.** Moqueur et un peu vulgaire. *Il parle d'un ton gouailleur.* — **Au fém.** *gouailleuse.*

**goudron** **n. m.** Pâte noire et visqueuse à odeur forte, que l'on utilise pour recouvrir les routes, les trottoirs. → **asphalte, bitume**, et aussi **macadam.**

▶ **goudronner** **v.** (conjug. 1) Recouvrir de goudron. *Des ouvriers goudronnent la nouvelle route.*

**gouffre** **n. m.** **1.** Trou très profond et assez large. → **abîme, précipice.** *Les spéléologues sont descendus avec une corde au fond du gouffre pour l'explorer.* **2.** Ce qui fait dépenser beaucoup d'argent. *Cette vieille voiture est un gouffre !* ▷ ENGOUFFRER.

**goujat** **n. m.** Homme grossier, mal élevé, dont le manque de délicatesse est blessant et choquant. → **malotru, mufle, rustre.** *Ce goujat m'a claqué la porte au nez.*

**goujon** **n. m.** Petit poisson de rivière que l'on mange en friture. *Les goujons sont très voraces.*

**goulet** **n. m.** Passage étroit. *Le port communique avec la mer par un goulet.*

**goulot** **n. m.** Partie la plus étroite d'une bouteille dans laquelle est enfoncé le bouchon. *Yves boit au goulot.*

**goulu** **adj.** Qui se précipite sur la nourriture, mange beaucoup et vite. → **glouton, goinfre.** *Julie est très goulue.*

▶ **goulûment** **adv.** Avec gloutonnerie. *Il mange goulûment,* trop et trop vite.

**goupillon** **n. m.** **1.** Brosse étroite et cylindrique, dont les poils sont au bout d'une longue tige. *On nettoie les biberons avec un goupillon.* **2.** Boule de métal creuse et percée de trous, montée au bout d'un manche, servant à asperger d'eau bénite. *Le prêtre bénit le cercueil avec le goupillon.*

**gourd** **adj.** Engourdi et comme paralysé par le froid. *Flora avait les doigts gourds.* — **Au fém.** *gourde.* ▷ DÉGOURDI, DÉGOURDIR, ENGOURDI, ENGOURDIR, ENGOURDISSEMENT.

① **gourde** **n. f.** Bidon en métal ou en plastique, parfois protégé par une enveloppe de cuir ou de toile, qui sert à transporter la boisson.

gourde

② **gourde** **n. f.** Familier. Personne un peu bête et maladroite. → **idiot.** *Elle ne comprend jamais rien, quelle gourde !* — **Adj.** *Il a l'air gourde.* → **empoté.** ‖ contr. **dégourdi** ‖.

**gourdin** **n. m.** Gros bâton lourd et solide. → **matraque, trique.** *Il a été assommé avec un gourdin.*

**gourmand** **adj.** Qui aime manger de bonnes choses et en mange beaucoup. *Julie est très gourmande.* — **N.** *Un gourmand a fini le gâteau.*

► **gourmandise** **n. f.** Caractère de celui qui est gourmand. *Je n'ai plus faim, mais je vais reprendre du gratin par gourmandise.*

**gourmet** **n. m.** Personne qui reconnaît et apprécie la cuisine raffinée et le bon vin. *C'est un fin gourmet.* → **gastronome.**

**gourmette** **n. f.** Bracelet en forme de chaîne dont les mailles sont aplaties. *Une gourmette en or.*

**gourou** **n. m.** [pl. *gourous*] Personne très écoutée et suivie par les adeptes d'une secte.

**gousse** **n. f. 1.** Enveloppe allongée qui renferme certaines graines. *Les petits pois sont dans une gousse.* → **cosse. 2.** *Une gousse d'ail*, c'est chacune des parties de la tête d'ail recouverte d'une petite peau.

**gousset** **n. m.** Petite poche d'un gilet. *Le vieux monsieur retira sa montre de son gousset.*

**goût** **n. m. 1.** Un des cinq sens, grâce auquel on peut reconnaître la saveur de ce que l'on mange. *La langue et le palais sont les organes du goût.* **2.** *Ces pêches n'ont aucun goût*, elles sont sans saveur. *Cette viande a un mauvais goût.* **3.** *Luc a du goût pour la lecture*, il aime lire. *Alex a le goût du risque*, il aime prendre des risques. **4.** *Julie a bon goût*, elle sait reconnaître ce qui est beau et ce qui est laid. *Cette robe est de mauvais goût.*

► ① **goûter** **v.** (conjug. 1) **1.** Manger ou boire un petit peu d'une chose pour savoir quelle saveur elle a. *Le cuisinier goûte la sauce pour voir si elle est assez salée. Fais-moi goûter à ton gâteau.* **2.** Prendre un repas léger dans l'après-midi. *Les enfants goûtent en rentrant de l'école.* ◊ homonyme : goutter.

► ② **goûter** **n. m.** Repas que l'on prend dans l'après-midi. *Yves a mangé un pain au chocolat et bu un verre de lait pour son goûter.* ▷ ARRIÈRE-GOÛT, AVANT-GOÛT, DÉGOÛT, DÉGOÛTANT, DÉGOÛTÉ, DÉGOÛTER, RAGOÛT, RAGOÛTANT.

**goutte** **n. f. 1.** Très petite quantité de liquide qui prend une forme arrondie. *Il n'est pas tombé une goutte de pluie* *depuis plusieurs mois. Une goutte de sang a taché ma chemise. L'eau coule goutte à goutte,* une goutte après l'autre. **2.** Très petite quantité de boisson. *Il a bu une goutte de cognac.* **3.** *Quand on est enrhumé, on se met des gouttes dans le nez,* un médicament liquide qui se prend sous forme de gouttes.

▶ **gouttelette** **n. f.** Petite goutte. *Les roses étaient recouvertes de gouttelettes de rosée.*

▶ **goutter** **v.** (conjug. 1) Couler goutte à goutte. *Le robinet est mal fermé, il goutte.* ◊ homonymes : ① et ② GOÛTER.

▶ **gouttière** **n. f.** Canal étroit qui borde les toits et recueille les eaux de pluie. ▷ COMPTE-GOUTTES, ÉGOUT, ÉGOUTIER, ÉGOUTTER, ÉGOUTTOIR, TOUT-À-L'ÉGOUT.

**gouvernail** **n. m.** [pl. *gouvernails*] Appareil mobile placé sur un bateau ou un avion, qui sert à le diriger. *La barre du gouvernail.*

**gouvernant** **n. m.** Personne qui dirige un pays, qui est au pouvoir. → **dirigeant.**

**gouvernante** **n. f.** Femme dont le métier est de s'occuper d'enfants, de les garder et de les élever. *De nos jours, il n'y a presque plus de gouvernantes.* → **nurse.**

**gouvernement** **n. m.** Ensemble des personnes qui dirigent un pays. *En France, le gouvernement est constitué par le Premier ministre et les ministres.*

▶ **gouvernemental** **adj.** Du gouvernement. *Il critique la politique gouvernementale.* — **Au masc. pl.** *gouvernementaux.*

**gouverner** **v.** (conjug. 1) **1.** Exercer le pouvoir politique. *C'est une lourde responsabilité de gouverner un pays,* de le diriger. **2.** Diriger un bateau. *Le navigateur gouverne vent arrière.* ▷ GOUVERNAIL, GOUVERNANT, GOUVERNANTE, GOUVERNEMENT, GOUVERNEMENTAL.

**goyave** **n. f.** Fruit tropical de la taille d'une mandarine, très sucré et rafraîchissant. *De la confiture de goyaves.*

**grabat** **n. m.** Lit misérable. *Le clochard dormait sur un grabat.*

▶ **grabataire** **adj.** *Cette vieille dame est grabataire,* elle ne peut plus quitter son lit parce qu'elle est trop faible ou trop malade.

**grâce** **n. f.** **1.** Charme et beauté dans les mouvements d'une personne, dans son attitude. *Flora marche avec grâce et légèreté.* → **élégance.** ‖ contr. **lourdeur** ‖ **2.** Pardon. *Le président de la République a accordé sa grâce au condamné,* il a décidé que le condamné ne ferait pas les années de prison qu'il devait faire. → aussi **gracier.** **3.** *Anne aide ses amis de bonne grâce,* gentiment, en y mettant de la bonne volonté. **4.** *Yves est dans les bonnes grâces de la maîtresse,* il est bien vu par elle. **5.** *Les oiseaux volent grâce à leurs ailes,* parce qu'ils ont des ailes. *J'ai pu le faire grâce à toi,* avec ton aide. ‖ contr. à **cause** de, **malgré** ‖.

▶ **gracier** **v.** (conjug. 7) Accorder son pardon à quelqu'un qui doit subir une peine. *Le condamné a été gracié par le président.*

▶ **gracieux** **adj.** **1.** Charmant, élégant. *Flora est très gracieuse quand elle danse.* **2.** *Elle s'occupe de la bibliothèque à titre gracieux,* sans être payée.

▶ **gracieusement** **adv.** **1.** Avec charme, élégance. *La danseuse s'inclina gracieusement.* **2.** Sans avoir à payer. *Un cadeau sera remis gracieusement à chaque acheteur.* → **gratuitement.** ▷ DISGRÂCE, DISGRACIEUX.

**gracile** adj. Mince et délicat. *Elle a un corps gracile.* || contr. **épais, trapu** ||.

**gradation** n. f. Progression par degrés. *Une gradation de couleurs.*

**grade** n. m. Rang dans le classement militaire. *Le grade de colonel est au-dessus de celui de capitaine. Monter en grade,* c'est avoir de l'avancement.

▶ **gradé** n. m. Militaire qui a un grade inférieur à celui d'officier. *Les caporaux sont de simples gradés.*

**gradin** n. m. *Au cirque, les spectateurs sont assis sur des gradins,* des bancs disposés en étages, comme des marches d'escalier.

**graduer** v. (conjug. 1) **1.** Diviser en mettant des traits. *Le thermomètre est gradué,* il est divisé en degrés. — *Une règle graduée,* c'est une règle où sont indiqués les centimètres et les millimètres. **2.** Augmenter peu à peu. *Les exercices du livre sont gradués,* ils sont de plus en plus difficiles.

▶ **graduation** n. f. Petit trait qui indique les divisions d'un thermomètre, d'une règle.

▶ **graduel** adj. Qui se fait petit à petit, par degrés. → **progressif.** *On observe, depuis plusieurs jours, un réchauffement graduel de la température* — Au fém. *graduelle.*

**graffiti** n. m. Inscription, dessin griffonné sur un mur. *Il est interdit de faire des graffitis dans le métro.* → **tag.**

**graillon** n. m. Mauvaise odeur de graisse frite. *Cela sent le graillon dans ce restaurant.*

**grain** n. m. **1.** Fruit ou graine d'une céréale. *On broie les grains de blé pour faire de la farine.* **2.** Petit fruit de certaines plantes. *Les grains de café sont torréfiés. Flora mange un grain de raisin.* **3.** Toute petite parcelle. *Anne a un grain de sable dans l'œil.* **4.** *Un grain de beauté,* c'est une petite tache brune sur la peau. **5.** *Le grain de ce papier est très fin,* l'aspect de sa surface. **6.** Très petite quantité. *Il faudrait mettre un grain de fantaisie dans ta vie.* → **brin. 7.** Coup de vent violent, soudain et bref, accompagné d'une averse. *Ce n'est qu'un grain, cela ne va pas durer. — Il faut veiller au grain,* faire attention, se tenir sur ses gardes. **8.** Familier. *Elle a un grain,* elle est un peu folle.

▶ **graine** n. f. **1.** Partie d'une plante qui, une fois dans la terre, donne naissance à une autre plante. → **semence.** *Le jardinier sème des graines d'œillets.* **2.** *Ton frère est très bon élève, prends-en de la graine,* suis son exemple, tires-en une leçon.

▶ **grainetier** n. m., **grainetière** n. f. Personne qui vend des graines, des oignons de fleurs, des bulbes.

**graisse** n. f. **1.** Substance grasse qui se trouve sous la peau. *Il a des bourrelets de graisse sur le ventre.* **2.** Matière grasse tirée des animaux ou des végétaux. *Le beurre est une graisse animale, l'huile une graisse végétale. Le cuisinier fait revenir les pommes de terre dans de la graisse d'oie.*

▶ **graisser** v. (conjug. 1) Enduire de graisse. *Le mécanicien graisse le moteur.* → **huiler, lubrifier.**

▶ **graissage** n. m. Action de mettre de la graisse sur les parties d'un moteur ou d'un mécanisme qui bougent. *L'automobiliste fait faire la vidange et le graissage de sa voiture.* ▷ ENGRAISSER.

**graminées**

**graminées** **n. f. pl.** Plantes à tige cylindrique et creuse, dont les fleurs, toutes petites, sont groupées en épis. *Les céréales sont des graminées.*

**grammaire** **n. f.** Ensemble des règles qu'il faut connaître et suivre pour écrire et parler correctement une langue. *Alex a fait une faute de grammaire.*

**grammatical** **adj.** De la grammaire. *Il faut observer les règles grammaticales.* — **Au masc. pl.** *grammaticaux.*

**gramme** **n. m. 1.** Unité de poids. *Un bifteck de deux cents grammes* (200 g). **2.** Très petite quantité. *Il n'a pas un gramme de bon sens.* ▷ CENTIGRAMME, DÉCIGRAMME, KILOGRAMME, MILLIGRAMME.

**grand** **adj., n. m.** et **adv.**, **grande** **adj., n. f.** et **adv.**

▭ **adj. 1.** De haute taille. *Anne est grande pour son âge.* || contr. **petit** || **2.** Adulte. *J'aimerais être pompier quand je serai grand. La maîtresse est une grande personne,* une adulte. **3.** Plus long que ce que l'on voit habituellement. *Alex a de grands pieds et un grand nez. Donne-moi un grand couteau.* **4.** Vaste, étendu. *Ils ont un grand appartement.* **5.** Très intense, très fort. *J'ai entendu un grand bruit.* || contr. **faible** || **6.** Important. *Aujourd'hui, c'est un grand jour.* **7.** Qui a du talent et est célèbre. *Victor Hugo est un grand écrivain français.*

▭ **n.** Enfant plus âgé par rapport à un plus jeune. *Il est passé dans la classe des grands.*

▭ **adv. 1.** *Laisse les fenêtres grandes ouvertes,* ouvertes au maximum. *Il dort les yeux grands ouverts.* **2.** *Il voit grand,* il a de grands projets. ▷ AGRANDIR, AGRANDISSEMENT, GRAND-CHOSE, GRANDEUR, GRANDIR.

**grand-chose** **pronom indéfini.** *Cela ne vaut pas grand-chose,* presque rien. *Je n'ai pas vu grand-chose,* je n'ai presque rien vu.

**grandeur** **n. f. 1.** Dimension, taille. *Anne a des boîtes de toutes les grandeurs. Luc a dessiné une chaussure grandeur nature,* son dessin est aux dimensions réelles d'une chaussure. **2.** Puissance et gloire. *L'Empire romain connut la grandeur puis la décadence.* **3.** *Cet homme a de la grandeur d'âme,* des sentiments nobles.

**grandiloquent** **adj.** *Un discours grandiloquent,* avec de grands mots et de grandes phrases qui font de l'effet. → **emphatique, pompeux.**

**grandiose** **adj.** Qui impressionne par sa grandeur et sa beauté. → **majestueux.** *Un paysage grandiose.*

**grandir** **v.** (conjug. 2) **1.** Devenir plus grand. *Luc a grandi de deux centimètres en un mois.* || contr. **rapetisser** || **2.** Devenir plus fort, plus intense. → **augmenter.** *Le vacarme grandissait.* || contr. **diminuer** || **3.** Faire paraître plus grand. *Le microscope grandit les objets.* → **agrandir.** — *Elle se grandit en mettant des talons hauts.*

**grand-mère** **n. f.** Mère du père ou de la mère. *Anne passe ses vacances chez sa grand-mère.* → **mamie.** — **Au pl.** *Des grand-mères.*

**grand-père** **n. m.** Père du père ou de la mère. *Son grand-père a les cheveux blancs.* → **papi.** — **Au pl.** *Des grands-pères.*

**grands-parents** **n. m. pl.** Les parents des parents. → aussi **grand-mère, grand-père.** *Flora a encore ses quatre grands-parents,* les parents de son père et ceux de sa mère.

**grange** **n. f.** Bâtiment où l'on abrite les récoltes.

grappin

**granit** [gʀanit] **n. m.** Roche très dure dont la surface forme de petits grains. *Les vieilles maisons bretonnes sont en granit.*

► **granitique** **adj.** *Une roche granitique,* c'est une roche qui est en granit, qui contient du granit.

**granulé** **n. m.** Petit grain. *Ce médicament existe sous forme de granulés.*

**granuleux** **adj.** Recouvert de petits grains. *Un papier granuleux.* || contr. **lisse** || → **Au fém.** *granuleuse.*

**graphique** **n. m.** et **adj. 1. n. m.** Dessin formé d'une ligne qui relie des points à différentes hauteurs. *On peut tracer le graphique des températures qu'il fait à Paris tout au long de l'année.* → **courbe. 2. adj.** Représenté par l'écriture. *Les lettres sont des signes graphiques.*

**graphologie** **n. f.** Étude de l'écriture de quelqu'un. *La graphologie permet de déterminer les traits de caractère de la personne qui a écrit.*

**grappe** **n. f.** Ensemble serré de fleurs ou de grains accrochés sur une tige. *Une grappe de raisin. Des grappes de groseilles.*

► **grappiller** **v.** (conjug. 1) Cueillir çà et là de petites quantités. *Les enfants grappillent des mûres sur le chemin.*

**grappin** **n. m.** Crochet à deux ou plusieurs branches, fixé au bout d'un cordage.

**gras** **adj. 1.** Formé de graisse. *Le beurre et l'huile sont des matières grasses.* — **N. m.** *Luc n'a pas mangé le gras de la côtelette,* la partie grasse de la côtelette. **2.** Gros. *La fermière a tué une oie bien grasse.* **3.** Enduit, sali de graisse. *Julie a essuyé ses mains grasses sur son pantalon.* **4.** Épais. *Le titre du chapitre est écrit en caractères gras. J'ai acheté une plante grasse,* aux feuilles épaisses et charnues. **5.** *Le dimanche, Flora fait la grasse matinée,* elle se lève tard.

▶ **grassement** **adv.** *Il est grassement payé,* très bien payé.

▶ **grassouillet** **adj.** Assez gras et potelé. → **dodu.** *Elle est un peu grassouillette.* || contr. **maigrichon** ||.

**gratifier** **v.** (conjug. 7) Donner en récompense, pour remercier. *Le serveur nous gratifia d'un sourire.*

▶ **gratification** **n. f.** Somme d'argent que l'on donne à quelqu'un en plus de ce qu'on lui donne d'habitude. *À la fin de l'année, les ouvriers de l'usine ont eu une gratification.* → ① **prime.**

**gratin** **n. m.** Plat recouvert de fromage râpé ou de chapelure que l'on fait dorer dans le four. *Un gratin de courgettes. Des nouilles au gratin.*

▶ **gratiner** **v.** (conjug. 1) Cuire au gratin. *Le cuisinier fait gratiner la soupe à l'oignon.*

**gratis** [gʀatis] **adv.** Familier. Sans payer. → **gratuitement.** *J'ai eu ce livre gratis.*

**gratitude** **n. f.** Reconnaissance que l'on éprouve envers quelqu'un. *Il lui a manifesté sa gratitude en lui offrant des fleurs.* || contr. **ingratitude** ||.

**gratte-ciel** **n. m. inv.** Immeuble très haut, qui a de très nombreux étages. → ① **tour.** *Les gratte-ciel de New York.*
⋙ planche Habitations.

**gratter** **v.** (conjug. 1) **1.** Frotter avec quelque chose de dur pour enlever un peu de ce qui est à la surface. *Il gratte son bureau avant de le cirer.* → **racler. 2.** Donner des démangeaisons. *Ce pull-over me gratte.* **3.** *Se gratter,* frotter avec ses ongles ou ses griffes un endroit qui démange. *La chienne s'est grattée, elle doit avoir des puces.*

▶ **grattement** **n. m.** Bruit que l'on fait en grattant. *Le chat est sûrement derrière la porte, j'ai entendu un grattement.*

▶ **grattoir** **n. m.** Instrument qui sert à gratter.

**gratuit** **adj. 1.** Que l'on a sans payer. *La parfumeuse m'a donné des échantillons de parfum gratuits.* || contr. **payant** || **2.** Qui est fait sans preuves. *Cette accusation est purement gratuite.* || contr. **fondé** ||.

▶ **gratuité** **n. f.** *Les personnes âgées de ma ville ont obtenu la gratuité des transports en commun,* elles ne payent pas les transports en commun.

▶ **gratuitement** **adv.** Sans payer. *Aujourd'hui, les enfants sont entrés au zoo gratuitement.* → fam. **gratis.**

**gravats** **n. m. pl.** Débris de pierre, de plâtre, de briques, de béton venant d'une construction qui a été démolie. → **décombres.** *Un tas de gravats.*

**grave** **adj. 1.** Qui peut avoir des conséquences ennuyeuses. *Il a eu de graves ennuis. Ne pleure pas, ce n'est pas grave ! Elle a une grave maladie.*

|| contr. **bénin** || **2.** Sérieux. *Le médecin prend un air grave.* **3.** *Il a une voix grave,* qui produit des sons bas. || contr. **aigu** ||.

▸ **gravement** **adv.** **1.** D'une façon importante, dangereuse. *Elle a été gravement blessée.* → **grièvement, sérieusement.** **2.** Avec beaucoup de sérieux. *Les participants au débat parlaient gravement de la faim dans le monde.* ▷ AGGRAVATION, AGGRAVER, ① GRAVITÉ.

**graver** **v.** (conjug. 1) **1.** Tracer quelque chose en creux sur une matière dure avec un instrument pointu. *Flora a gravé ses initiales sur l'écorce d'un arbre.* **2.** Fixer pour toujours dans l'esprit ou dans le cœur. *Ce souvenir est gravé dans ma mémoire.*

▸ **graveur** **n. m.** Personne qui grave des dessins. *Un graveur sur bois, sur pierre, sur métal.* ▷ GRAVURE.

**gravier** **n. m.** Ensemble de petits cailloux qui recouvrent les allées d'un jardin. *Le jardinier ratisse le gravier.*

**gravillon** **n. m.** Gravier très fin. *Du gravillon vient d'être répandu sur la route.*

**gravir** **v.** (conjug. 2) Monter avec effort une pente difficile. → **grimper.** *Les cyclistes gravissaient lentement la côte.*

① **gravité** **n. f.** **1.** *Ne vous inquiétez pas, cette opération est sans gravité,* sans danger. **2.** *Le président a parlé avec gravité de la situation internationale,* il en a parlé avec sérieux.

② **gravité** **n. f.** *Quand on lâche un objet, il tombe, attiré vers le centre de la Terre par la gravité,* par l'attraction terrestre, la force qu'exerce la Terre. → **pesanteur.**

▸ **graviter** **v.** (conjug. 1) Tourner sur son orbite autour d'un astre qui exerce une attraction. *La Terre gravite autour du Soleil, la Lune autour de la Terre.*

**gravure** **n. f.** **1.** Art de graver un dessin sur une plaque que l'on recouvre d'encre et que l'on imprime ensuite sur un papier. *Il fait de la gravure sur cuivre.* **2.** Image que l'on obtient à partir d'une planche gravée. → **estampe.** *Un livre orné de gravures.*

**gré** **n. m.** **1.** *Le menu est-il à votre gré ?* à votre goût. *Luc est venu de son plein gré,* sans y être forcé. *Anne a obéi de bon gré,* avec plaisir. *Julie ira en classe de gré ou de force,* qu'elle le veuille ou non. *Il a accepté bon gré mal gré,* en se résignant. **2.** *Je vous sais gré de ce que vous avez fait pour moi,* je vous en suis reconnaissant. ▷ AGRÉABLE, ① et ② AGRÉMENT, AGRÉMENTER, DÉSAGRÉABLE, DÉSAGRÉABLEMENT, DÉSAGRÉMENT, MALGRÉ, MAUGRÉER.

**gredin** **n. m.,** **gredine** **n. f.** Personne malhonnête. → **canaille, crapule.** *Ces enfants sont de petits gredins.* → **fripon, garnement.**

**gréer** **v.** (conjug. 1) Mettre en place les voiles, les poulies et les cordages sur un bateau. *Ils gréent leur voilier.*

▸ **gréement** [gʀemɑ̃] **n. m.** Ensemble des objets et des appareils nécessaires à un bateau.

① **greffe** **n. m.** Bureau où l'on garde les dossiers des procès, les copies des jugements. *Le greffe du tribunal.*

▸ **greffier** **n. m.** Employé qui s'occupe des dossiers conservés au greffe.

② **greffe** **n. f.** **1.** Opération par laquelle on fixe une pousse ou une branche d'une plante sur une autre. *Le jardinier a fait une greffe sur un* *prunier.* **2.** Opération chirurgicale par laquelle on remplace un organe malade par un organe sain dans le corps d'un être humain ou d'un animal. *On lui a fait une greffe du rein.* → aussi **transplantation.**

▸ **greffer** **v.** (conjug. 1) **1.** *Le jardinier a greffé un rosier,* il a mis une greffe à un rosier. **2.** *On lui a greffé un cœur,* on lui a fait une greffe du cœur. → aussi **transplanter.**

**grégaire** **adj.** *Les moutons ont l'instinct grégaire,* leur instinct les pousse à vivre en groupe et à tout faire comme les autres.

**grège** **adj.** Beige clair un peu gris. *Des chaussures grèges.*

① **grêle** **adj.** **1.** Très long et très mince. → **fluet.** *Les flamants roses ont des pattes grêles.* → **filiforme.** *L'intestin grêle,* c'est la partie longue et mince de l'intestin. **2.** *La vieille dame avait une voix grêle,* aiguë et faible.

② **grêle** **n. f.** Pluie gelée qui tombe sous forme de grains de glace. *Une averse de grêle.* → aussi **grésil.**

▸ **grêler** **v.** (conjug. 1) *Il a grêlé cette nuit,* il est tombé de la grêle.

▸ **grêlon** **n. m.** Grain d'eau congelée qui tombe quand il grêle.

**grelot** **n. m.** Petite clochette en forme de boule. *Le chat a un collier à grelots.*

▸ **grelotter** **v.** (conjug. 1) Trembler de froid, de fièvre ou de peur. *Ferme la fenêtre, on grelotte ici.*

① **grenade** **n. f.** Fruit rond de la taille d'une orange, qui contient de nombreux grains rouges renfermant chacun un pépin. ⋙ planche Fruits exotiques.

▸ ① **grenadier** **n. m.** Petit arbre épineux à fleurs rouges qui donne des grenades.

▸ **grenadine** **n. f.** Sirop rouge fait avec le jus de la grenade.

② **grenade** **n. f.** Petite bombe que l'on lance à la main. *Le terroriste a lancé une grenade sur la voiture du président.*

▸ ② **grenadier** **n. m.** Soldat qui lançait des grenades. *Les grenadiers portaient un très haut bonnet à poils.*

**grenat** **n. m.** Pierre précieuse très dure, d'une belle couleur rouge sombre. — **Adj. inv.** *Des chaussures grenat,* rouge sombre.

**grenier** **n. m.** Partie de la maison qui se trouve juste sous le toit. *On a mis les vieux vêtements dans une malle, au grenier.* → aussi ① **comble.**

**grenouille** **n. f.** Petit animal à la peau lisse, aux pattes de derrière longues et palmées, qui nage et qui saute. → aussi **têtard** et **batracien.** *La grenouille coasse. Les grenouilles vivent à la fois dans l'eau douce des mares et sur la terre.* ▹ HOMME-GRENOUILLE.

**grès** **n. m.** **1.** Roche très dure formée de sable dont les grains sont unis par du ciment. *La cathédrale de Strasbourg est en grès rose.* **2.** Terre glaise mêlée de sable fin avec laquelle on fait des poteries. *Une chope à bière en grès.*

**grésil** **n. m.** Grêle très fine, blanche et dure.

**grésiller** **v.** (conjug. 1) Faire de petits bruits secs et rapides. *Le beurre grésille dans la poêle.* → **crépiter.**

▸ **grésillement** **n. m.** Léger crépitement. *Il y a des grésillements dans le téléphone, je n'entends pas bien.*

① **grève** n. f. Rivage plat, formé de sable et de gravier, au bord de la mer ou d'un fleuve. *La mer rejette des algues et des coquillages sur la grève.* → **plage.**

② **grève** n. f. Arrêt du travail pour obtenir certains avantages ou pour protester contre une injustice. *Les ouvriers de l'usine sont en grève. Le prisonnier fait la grève de la faim,* il refuse de manger.

► **gréviste** n. m. et f. Travailleur qui fait la grève.

**gribouiller** v. (conjug. 1) Écrire de façon illisible ou faire des dessins sans forme. *Il a gribouillé son adresse sur un bout de papier.* → **griffonner.**

► **gribouillis** n. m. Écriture ou dessin sans forme. *Je n'arrive pas à lire ces gribouillis.* → **griffonnage.**

**grief** [gʀijɛf] n. m. *Anne a des griefs contre Yves,* des reproches à lui faire.

**grièvement** adv. *Il a été grièvement blessé,* gravement blessé. || contr. **légèrement** ||.

**griffe** n. f. **1.** Ongle pointu de certains animaux. *Le chat sort ses griffes.* **2.** *Cette émeraude tient à la bague par des griffes,* de petits crochets. **3.** Marque cousue sur un vêtement de luxe et portant le nom du fabricant. *Ce costume porte la griffe d'un grand couturier.*

► **griffer** v. (conjug. 1) Égratigner d'un coup de griffe ou d'ongle. *Julie a griffé Alex.* ▷ GRIFFURE.

**griffonner** v. (conjug. 1) Écrire ou dessiner quelque chose vite et sans soin. *Elle a griffonné un message sur le mur.* → **gribouiller.**

► **griffonnage** n. m. Écriture difficile à lire ou dessin informe. → **gribouillis.**

**griffure** n. f. Égratignure. *Il a les mains couvertes de griffures.* → **écorchure, éraflure.**

**grignoter** v. (conjug. 1) **1.** Manger quelque chose petit à petit, lentement, en rongeant. *La souris grignote le morceau de fromage.* **2.** Manger très peu, du bout des dents. *Elle n'a pas déjeuné, elle a juste grignoté.*

**gril** [gʀil] n. m. Ustensile de cuisine sur lequel on fait griller des aliments. *Des côtelettes cuites au gril.* → aussi **barbecue.**

**grillade** n. f. Viande grillée. *Elle ne mange que des grillades et de la salade pour ne pas grossir.*

**grillage** n. m. Fils de fer entrecroisés de manière à former une sorte de tissage qui laisse passer le jour. *Le poulailler est entouré d'un grillage.*

► **grillager** v. (conjug. 3) Mettre un grillage. *On a grillagé la fenêtre.*

griffe

**grille** n. f. **1.** Ensemble de barreaux parallèles en métal qui entoure un lieu ou sert de porte. *Le jardin public est entouré de grilles.* **2.** *Une grille de mots croisés,* c'est l'ensemble des cases dans lesquelles on écrit les lettres de chaque mot. ▷ GRIL, GRILLADE, GRILLAGE, GRILLAGER, GRILLE-PAIN, GRILLER.

**grille-pain** n. m. inv. Appareil qui sert à griller des tranches de pain. — Au pl. *Des grille-pain.*

**griller** v. (conjug. 1) **1.** Cuire à feu vif sur un gril. *Il fait griller des saucisses au barbecue.* **2.** *Le soleil a grillé la pelouse,* il l'a desséchée. **3.** *L'ampoule est grillée, il faut la changer,* elle ne marche plus. **4.** Familier. *Il a grillé le feu rouge,* il ne s'y est pas arrêté. → **brûler.**

**grillon** n. m. Petit insecte noir qui habite dans les champs et fait un bruit strident. → aussi **cigale.** *Le soir, quand il fait chaud, on entend les grillons.*

grillon

**grimace** n. f. **1.** *Faire une grimace,* c'est tordre son visage dans tous les sens en le déformant pour faire peur, pour faire rire ou parce qu'on a mal. *Ils s'amusent à faire des grimaces.* **2.** *Faire la grimace,* c'est montrer que l'on est mécontent ou dégoûté. *Quand elle a vu ce qu'il y avait à manger, elle a fait la grimace.*

▶ **grimacer** v. (conjug. 3) Faire des grimaces. *Il grimaçait de douleur.*

**grimer** v. (conjug. 1) Maquiller pour le théâtre ou le cinéma. *On a grimé ce comédien pour lui faire jouer le rôle d'un vieil homme. — Le clown se grime avant d'entrer sur la piste.*

**grimoire** n. m. Écrit mystérieux, impossible à lire et à comprendre. *La maison de la sorcière est pleine de vieux grimoires.*

**grimper** v. (conjug. 1) **1.** Monter en s'agrippant. *Les singes grimpent aux arbres.* **2.** S'élever sur une pente très raide. *La voiture a grimpé la côte.* → **gravir.**

▶ **grimpant** adj. Le lierre est une plante grimpante dont la tige s'élève en s'agrippant au mur, au balcon, à un autre arbre.

▶ **grimpeur** n. m., **grimpeuse** n. f. Alpiniste ou cycliste qui monte bien les pentes, les côtes. *Un bon grimpeur.*

**grincer** v. (conjug. 3) **1.** Faire un bruit aigu et désagréable. *La porte grince, il faudrait mettre de l'huile dans les gonds.* **2.** *Grincer des dents,* c'est faire entendre un bruit en serrant les mâchoires et en frottant les dents du bas contre celles du haut.

▶ **grincement** n. m. Bruit fait par quelque chose qui grince. *Le grincement de la fenêtre.*

**grincheux** adj. Mécontent et de mauvaise humeur. *Anne est grincheuse ce matin.* → **bougon.**

**gringalet** n. m. Homme de petite taille et tout maigre.

**griotte** n. f. Cerise dont la queue est courte et dont la chair est molle et très acidulée. *De la confiture de griottes.*

① **grippe** **n. f.** *La maîtresse a pris cet élève en grippe,* elle s'est mise à le détester.

② **grippe** **n. f.** Maladie contagieuse due à un virus. *Flora a la grippe, elle a beaucoup de fièvre.*

▶ **grippé** **adj.** *Elle est grippée,* elle a la grippe.

se **gripper** **v.** (conjug. 1) Se coincer. *La serrure va se gripper si on ne la graisse pas.*

**grippe-sou** **n. m.** Personne avare. — **Au pl.** *Des grippe-sous.*

① **gris** **adj.** et **n. m.** **1. adj.** D'une couleur qui est un mélange de blanc et de noir. *Elle a mis sa jupe grise. Il a les cheveux gris,* il a beaucoup de cheveux blancs dans sa chevelure. *Il fait gris,* le temps est couvert. **2. n. m.** La couleur grise. *Il est habillé en gris.*

▶ **grisaille** **n. f.** Paysage gris et brumeux. *On apercevait les toits rouges dans la grisaille.*

▶ **grisâtre** **adj.** Un peu gris. *Ces murs blancs sont devenus grisâtres.*

▶ **grisonner** **v.** (conjug. 1) *Ses cheveux grisonnent,* ils commencent à devenir gris.

▶ **grisonnant** **adj.** *Il a les tempes grisonnantes,* il a les cheveux qui commencent à devenir gris sur les tempes. ▷ PETIT-GRIS, VERT-DE-GRIS.

② **gris** **adj.** *Après un verre de champagne, elle était déjà grise,* un peu ivre. → **éméché.**

▶ **griser** **v.** (conjug. 1) Exciter, étourdir comme fait le vin. *La réussite l'a grisé.*

▶ **grisant** **adj.** Excitant, étourdissant. *Un parfum grisant.*

▶ **griserie** **n. f.** Excitation. *La griserie de la vitesse.*

**grisou** **n. m.** [pl. *grisous*] Gaz naturel qui se dégage dans les mines de charbon. *Un coup de grisou a tué trois mineurs,* une explosion due au grisou les a tués.

**grive** **n. f.** Oiseau au plumage brun parsemé de noir. *Les grives picorent les raisins dans les vignes.*

grive

**grivois** **adj.** Amusant et un peu osé. *Il fait des plaisanteries grivoises.*

**grizzli** **n. m.** Grand ours gris des montagnes d'Amérique du Nord. — **Au pl.** *Des grizzlis.*

**grog** [gʀɔg] **n. m.** Boisson chaude faite avec de l'eau, du rhum, du sucre et du citron.

**groggy** **adj.** *Le boxeur est resté groggy,* étourdi par les coups, prêt à s'écrouler. *Elle a trop bu, elle est groggy.* — **Au pl.** *groggys.*

**grogner** **v.** (conjug. 1) **1.** *Le cochon et l'ours grognent,* ils poussent leur cri. *Le chien grogne quand quelqu'un s'approche de la maison,* il gronde. **2.** Montrer que l'on n'est pas content en murmurant tout bas. *Luc a obéi à son père en grognant.* → **bougonner, grommeler, ronchonner.**

▸ **grognement** **n. m. 1.** Cri du cochon ou de l'ours. *L'ours poussait des grognements.* **2.** Bruit qui montre que l'on n'est pas content. *Il nous a répondu par des grognements.*

▸ **grognon** **adj.** De mauvaise humeur. → **bougon.** *Julie est grognon.*

**groin** [gʀwɛ̃] **n. m.** Museau du cochon, du sanglier.

**grommeler** **v.** (conjug. 4) Murmurer entre ses dents en se plaignant. *Il a obéi en grommelant.* → **bougonner, grogner.** *Il a grommelé des injures.*

**gronder** **v.** (conjug. 1) **1.** Faire un bruit sourd et menaçant. *Le tonnerre gronde. Le chien gronde quand on s'approche de la ferme.* → **grogner. 2.** *La maîtresse a grondé Julie qui n'avait pas appris sa leçon,* elle lui a fait des reproches.

▸ **grondement** **n. m.** Bruit sourd qui dure un moment. *On entend au loin le grondement du tonnerre.*

**groom** [gʀum] **n. m.** Jeune homme en uniforme, employé dans certains hôtels. — **Au pl.** *Des grooms.*

**gros** **adj., adv.** et **n. m., grosse** **adj.** et **n. f.**

▭ **adj. 1.** Qui occupe beaucoup de place. → **volumineux.** *Il a une grosse voiture.* ‖ contr. **petit** ‖ **2.** Plus large et plus gras que les autres gens en général. → **corpulent, gras, obèse.** *Elle veut maigrir, elle se trouve trop grosse.* ‖ contr. **maigre, mince** ‖ *Il a un gros ventre.* **3.** Abondant, important. *Il a touché une grosse somme d'argent.* **4.** Fort, intense. *Elle a un gros rhume.* **5.** *Arrête de dire des gros mots,* des mots grossiers. **6.** *Anne a le cœur gros,* elle a du chagrin.

▭ **adv. 1.** *Julie écrit gros,* en faisant de grandes lettres. **2.** *Le restaurateur achète sa viande en gros,* en grande quantité. ‖ contr. au **détail** ‖ → aussi **grossiste.** *Dis-moi en gros ce qui s'est passé,* dis-moi à peu près, sans donner de détails. → **grosso modo.**

▭ **n. 1.** Personne grosse. *Une petite grosse m'a marché sur le pied.* **2. n. m.** La plus grande quantité. *Il nous reste encore du travail, mais le plus gros est fait,* l'essentiel, le principal. ▷ DÉGROSSIR, GROSSESSE, GROSSEUR, GROSSIER, GROSSIÈRETÉ, GROSSIR, GROSSISSEMENT, GROSSISTE, GROSSO MODO.

**groseille** **n. f.** Petit fruit rouge ou blanc au goût acide qui pousse en grappes. *De la gelée de groseille.*

groseille

▸ **groseillier** **n. m.** Arbuste sur lequel poussent les groseilles.

**grossesse** **n. f.** *La grossesse dure neuf mois,* la période pendant laquelle une femme attend un bébé, pendant laquelle elle est enceinte.

**grosseur** **n. f. 1.** Dimension, volume. *Ces œufs ne sont pas tous de la même grosseur.* → **taille. 2.** Sorte de petite boule sous la peau, que l'on voit ou que l'on sent quand on touche. *Il a une grosseur dans le cou, c'est sans doute un ganglion.*

**grossier** **adj. 1.** *Les hommes préhistoriques avaient des outils grossiers,* fabriqués de façon rudimentaire. || contr. **perfectionné** || **2.** Énorme, grave. *C'est une grossière erreur d'avoir cru ce qu'il disait.* **3.** Mal élevé, impoli. *Il dit des mots grossiers,* des gros mots.

▶ **grossièreté** **n. f. 1.** Impolitesse, mauvaise éducation. *Il m'a répondu avec grossièreté.* **2.** Mot grossier. *Il dit souvent des grossièretés.*

▶ **grossièrement** **adv.** *Il m'a répondu grossièrement,* d'une manière impolie.

**grossir** **v.** (conjug. 2) **1.** Devenir gros. *Il mange trop, il a encore grossi.* → **engraisser.** || contr. **maigrir** || **2.** Faire paraître plus gros. *Cette robe te grossit. Ce microscope grossit mille fois les objets.* **3.** Exagérer, amplifier. *Cet événement n'était pas important, mais les journaux l'ont grossi.* || contr. **minimiser** ||.

▶ **grossissement** **n. m.** *Ce microscope a un très fort grossissement,* il fait paraître les objets beaucoup plus gros.

**grossiste** **n. m.** et **f.** Marchand qui vend ses marchandises seulement à d'autres marchands et en très grande quantité à la fois. *Le grossiste achète des stocks chez le fabricant et les revend aux détaillants.*

**grosso modo** **adv.** À peu près, sans entrer dans les détails. *Voici, grosso modo, ce que nous allons faire.* → en **gros.**

**grotesque** **adj.** Ridicule. *Elle est grotesque avec ce chapeau.*

**grotte** **n. f.** Cavité de grande taille, dans un rocher ou le flanc d'une montagne. *Les hommes préhistoriques habitaient dans des grottes.* → **caverne** et aussi **spéléologue.**

**grouiller** **v.** (conjug. 1) **1.** Être en très grand nombre et remuer. → **fourmiller.** *La foule grouillait sur la place.* **2.** *La branche grouillait d'insectes,* était pleine d'insectes qui bougeaient.

▶ **grouillant** **adj.** *La rue était grouillante de monde,* pleine de monde.

▶ **grouillement** **n. m.** *Alex observe le grouillement des fourmis.*

**groupe** **n. m. 1.** Ensemble de personnes réunies dans un même lieu. *Un groupe de touristes est entré dans le musée.* **2.** Ensemble de personnes ayant quelque chose en commun. *Il joue de la batterie dans un groupe de rock,* dans un petit orchestre de rock. **3.** Ensemble de choses. *Tournez à gauche après le groupe d'immeubles. Voici notre groupe scolaire,* les bâtiments de notre école. **4.** *Les groupes sanguins* permettent de classer les personnes selon la composition de leur sang. *Quel est ton groupe sanguin, A, B ou O ?*

▶ **grouper** **v.** (conjug. 1) Mettre ensemble. *Il a groupé tous ses livres de classe sur une étagère. — Les touristes se groupent autour du guide,* ils se rassemblent autour de lui.

▶ **groupement** **n. m.** Réunion d'un grand nombre de personnes qui agissent ensemble. → **association.** *Un groupement syndical.* ▷ REGROUPER.

**gruau** **n. m.** Farine très fine. *Du pain de gruau.*

① **grue** **n. f.** Grand oiseau migrateur à longues pattes, qui vole par bandes. *La grue est un échassier.* — *Faire le pied de grue,* c'est attendre longtemps debout au même endroit. ⤞ planche Oiseaux.

② **grue** n. f. Appareil qui sert à soulever des objets très lourds. *Sur le chantier, la grue soulève des blocs de pierre.*

▶ **grutier** n. m. Ouvrier qui manœuvre une grue.

**grumeau** n. m. Petite boule qui n'arrive pas à se mélanger à un liquide. *La farine fait des grumeaux dans le lait.*

**gruyère** [gʀyjɛʀ] n. m. Fromage de lait de vache, à pâte cuite, percé de trous et fabriqué en grosses meules. *Du gruyère râpé.*

**gué** n. m. Endroit d'une rivière où le niveau de l'eau est assez bas pour que l'on puisse passer à pied. *Il traverse la rivière à gué,* à pied. ◊ homonymes : gai, guet.

**guenilles** n. f. pl. Vêtements sales, déchirés. → **haillons, hardes.** *Un clochard en guenilles dort sur le banc.* ▷ DÉGUENILLÉ.

**guenon** n. f. Femelle du singe.

**guépard** n. m. Fauve au pelage roux clair tacheté de noir, ressemblant à la panthère, qui vit en Afrique et en Asie. *Le guépard est le plus rapide des animaux, il peut parcourir 110 kilomètres à l'heure.* ⤞ planche Félins.

**guêpe** n. f. Insecte au corps rayé jaune et noir dont la femelle porte un aiguillon venimeux. → aussi **frelon.** *Il y a un essaim de guêpes dans l'arbre. Anne a été piquée par une guêpe.* ⤞ planche Insectes.

▶ **guêpier** n. m. Nid de guêpes.

**guère** adv. *Ne... guère,* pas beaucoup, pas très. *Le chat de Julie n'a guère plus d'un an. Vous ne venez guère nous voir,* vous ne venez pas souvent. ◊ homonyme : guerre. ▷ NAGUÈRE.

**guéridon** n. m. Petite table ronde avec un pied central.

**guérilla** [geʀija] n. f. Sorte de guerre où les combattants organisent sans cesse de petites attaques contre les soldats ennemis et leur tendent des embuscades sans jamais s'opposer à eux dans une vraie bataille rangée.

▶ **guérillero** [geʀijeʀo] n. m. Combattant d'une guérilla. — **Au pl.** *Des guérilleros.*

**guérir** v. (conjug. 2) **1.** Aller mieux, être à nouveau en bonne santé. *S'il se soigne bien, il guérira vite.* → se **rétablir.** **2.** Délivrer quelqu'un d'une maladie. *Le médecin a guéri Alex.* **3.** Faire cesser une maladie. *Ce médicament guérit le rhume.* **4.** Débarrasser quelqu'un d'une manie, d'un défaut. *Il faudrait guérir Flora de sa timidité.*

▶ **guéri** adj. Rétabli. *Anne a été malade, mais la voilà guérie.*

▶ **guérison** n. f. *Il doit rester au lit jusqu'à sa guérison,* jusqu'à ce qu'il soit guéri. → **rétablissement.**

▶ **guérisseur** n. m., **guérisseuse** n. f. Personne qui n'est pas médecin et qui affirme qu'elle peut guérir les malades par d'autres moyens que les médicaments.

**guérite** n. f. Petite baraque en bois qui sert d'abri à une sentinelle. *À l'entrée du palais, les soldats montent la garde devant leurs guérites.*

**guerre** n. f. **1.** Lutte armée entre des États ou entre des groupes d'hommes.

|| contr. **paix** || *En 1939, la France a déclaré la guerre à l'Allemagne. Ces deux pays sont en guerre depuis plusieurs années,* ils se battent depuis plusieurs années. *Une guerre nucléaire pourrait détruire toute la planète.* **2.** *Sa mère lui fait la guerre pour qu'il range sa chambre,* elle le harcèle jusqu'à ce qu'il le fasse. **3.** *Julie a gagné, mais c'était de bonne guerre,* loyalement, sans hypocrisie ni traîtrise. ◊ homonyme : guère.

▶ **guerrier** **n. m.** et **adj.** **1. n. m.** *Un guerrier,* c'était, autrefois, une personne dont le métier était de faire la guerre. → **soldat.** *Les guerriers gaulois.* **2.** *Un peuple guerrier,* c'est un peuple qui aime faire la guerre. → **belliqueux.** — **Au fém.** *guerrière.*

▶ **guerroyer** **v.** (conjug. 8) Faire la guerre. *Au Moyen Âge, le seigneur guerroyait contre ses vassaux.*

**guet** **n. m.** *Pendant le cambriolage, un des voleurs fait le guet,* surveille pour voir si quelqu'un approche. ◊ homonymes : gai, gué.

**guet-apens** [gɛtapɑ̃] **n. m. inv.** Piège préparé contre quelqu'un pour qu'il y tombe par surprise. *On l'a attiré dans un guet-apens.* — **Au pl.** *Des guet-apens.*

**guêtre** **n. f.** Morceau de tissu ou de cuir qui enveloppe le bas de la jambe et le dessus de la chaussure. *Autrefois, on portait des guêtres.*

**guetter** **v.** (conjug. 1) **1.** Observer en cachette pour surprendre. *Le chat guette la souris.* **2.** Attendre avec impatience quelqu'un ou quelque chose qui doit arriver en faisant attention de ne pas le laisser échapper. *Julie guette l'arrivée du facteur.* **3.** Menacer. *Avec ce froid, le rhume nous guette.* ▷ aux AGUETS, GUET.

**gueule** **n. f.** Bouche des animaux. *Le loup tenait le mouton dans sa gueule.* ▷ AMUSE-GUEULE.

**gui** **n. m.** Plante parasite à boules blanches et à feuilles toujours vertes qui pousse sur les branches de certains arbres (pommiers, peupliers). *On décore les maisons avec du gui et du houx pour la nouvelle année.*

**guichet** **n. m.** Petite ouverture par laquelle on peut parler aux employés d'une poste, d'une gare, d'un théâtre, d'une banque. *Il fait la queue au guichet pour prendre son billet de train.*

**guider** **v.** (conjug. 1) **1.** Accompagner en montrant le chemin. *Une jeune femme guide les visiteurs.* → aussi **guide.** **2.** Diriger. *La fusée est guidée par radio.*

▶ **guide** **n. m.** **1.** Personne qui accompagne pour montrer le chemin, donner des explications. *À la sortie du château, les touristes ont donné un pourboire au guide. Un guide de montagne.* **2.** Livre qui donne des renseignements sur une région, un pays et que l'on utilise quand on voyage. *Ils ont acheté un guide pour visiter la Suisse.*

▶ **guides** **n. f. pl.** Lanières de cuir attachées au mors d'un cheval et servant à le diriger. → **rêne.**

▶ **guidon** **n. m.** Tube de métal muni de poignées qui sert à diriger la roue avant d'une bicyclette, d'une mobylette ou d'une moto. ▷ TÉLÉGUIDÉ, TÉLÉGUIDER.

**guigner** **v.** (conjug. 1) Regarder avec envie, du coin de l'œil. *Le chat guigne le morceau de poulet que Julie a dans son assiette.* → **convoiter, lorgner.**

**guignol** **n. m.** Spectacle de marionnettes où l'on joue des pièces dont Guignol est en général le héros. *Elle a emmené sa fille au guignol.*

guignol

**guillemets** **n. m. pl.** Petits signes (« ») qui servent à mettre en valeur un mot ou à signaler qu'une autre personne que celle qui raconte l'histoire parle. *Il faut mettre les citations entre guillemets.*

**guilleret** **adj.** Vif et gai. *Flora est toute guillerette ce matin.*

**guillotine** **n. f.** Machine qui servait à couper la tête des condamnés à mort. *Pendant la Révolution de 1789, des nobles furent condamnés à la guillotine.*

▸ **guillotiner** **v.** (conjug. 1) Couper la tête à quelqu'un avec une guillotine. → **décapiter.**

**guimauve** **n. f. 1.** Plante à très haute tige et à jolies fleurs en grappes d'un blanc rose. *Les feuilles et les racines de guimauve ont une action adoucissante.* **2.** Pâte molle et sucrée que l'on mange comme bonbon. *Elle mange de la guimauve à l'anis.*

**guindé** **adj.** Raide, digne et sévère. *La directrice a un air guindé.* || contr. **naturel** ||.

de **guingois** **adv.** Familier. De travers. *Cette vieille maison est construite toute de guingois.* || contr. **droit** ||.

**guirlande** **n. f.** Long cordon de feuillage, de fleurs ou de papier découpé que l'on suspend ou que l'on enroule en couronne. *L'arbre de Noël est couvert de guirlandes scintillantes.*

**guise** **n. f. 1.** *Que chacun agisse à sa guise !* comme il veut, à son gré. **2.** *Les Tahitiennes portent un pagne en guise de jupe,* à la place d'une jupe.

**guitare** **n. f.** Instrument de musique à cordes. *Il joue de la guitare électrique,* une guitare branchée sur un amplificateur. ⋙ planche Instruments de musique.

▸ **guitariste** **n. m.** et **f.** Musicien qui joue de la guitare.

**guttural** **adj.** Qui part du fond de la gorge. *Une voix gutturale.* → **rauque.** — **Au masc. pl.** *gutturaux.*

**gymnase** **n. m.** Grande salle aménagée spécialement pour faire de la gymnastique.

**gymnaste** **n. m.** et **f.** Athlète dont la spécialité est la gymnastique. *Cette gymnaste a remporté une médaille d'or.*

**gymnastique** **n. f.** Ensemble d'exercices qui rendent le corps plus musclé et plus souple. *Il fait de la gymnastique tous les matins. Elle est profes-*

*seur de gymnastique*, d'éducation physique. — On dit aussi familièrement *la gym*.

**gynécologue** n. m. et f. Médecin qui soigne les organes génitaux de la femme.

**gypse** n. m. Roche calcaire tendre. *Le gypse sert à fabriquer le plâtre.* ⋙ planche Minéraux.

**gyrophare** n. m. Lumière qui tourne, placée sur le toit d'une voiture de police ou d'une ambulance. *Quand l'ambulance transporte un malade, son gyrophare bleu est allumé.*

# H

**h** **n. m. inv. 1.** *L'heure H,* c'est l'heure fixée pour le début d'une opération importante. **2.** *La bombe H,* c'est la bombe atomique à hydrogène dont la puissance est très grande.

**habile** **adj.** *Ce prestidigitateur est très habile,* il se sert de ses mains d'une manière efficace, rapide et intelligente. → **adroit.** || contr. **malhabile** ||.

▶ **habilement** **adv.** D'une manière adroite. *Le motard s'est habilement faufilé entre les voitures.*

▶ **habileté** **n. f.** Adresse. *Il fait des tours de cartes avec habileté.* ▷ MALHABILE.

**habiliter** **v.** (conjug. 1) *Les contractuelles sont habilitées à mettre des contraventions,* elles sont autorisées par la loi à le faire. ▷ RÉHABILITER.

**habiller** **v.** (conjug. 1) **1.** *Flora habille sa poupée,* elle lui met des vêtements. → **vêtir.** — *Mon frère est trop petit, il ne sait pas s'habiller tout seul.* **2.** *Yves est habillé en cow-boy,* il est déguisé en cow-boy. **3.** *Il s'habille toujours dans le même magasin,* il achète toujours ses vêtements là. **4.** *Elle n'a aucun goût, elle ne sait pas s'habiller,* choisir ses vêtements. **5.** *Ils se sont habillés pour aller au théâtre,* ils ont mis des vêtements chic, élégants.

habit

▶ **habillé** **adj. 1.** Couvert de vêtements. *Il s'est couché tout habillé.*

** h : dans certains mots le h aspiré empêche la liaison et l'élision.*

|| contr. **nu** || **2.** Élégant, chic. *Une robe habillée.*

▶ **habillement** **n. m.** Manière dont une personne est habillée. *Il a un drôle d'habillement aujourd'hui.* → **tenue.** ▷ DÉSHABILLER, RHABILLER.

**habit** **n. m. 1.** *Les habits,* ce sont les vêtements. *Elle a mis des habits d'été.* **2.** Costume noir que portent les hommes pour les cérémonies. *À la soirée de gala, les femmes étaient en robe du soir et les hommes en habit.* ⋙ illustration p. 487.

**habiter** **v.** (conjug. 1) Avoir sa maison. *Luc habite (à) Paris.* → **demeurer, loger, résider, vivre.** *Les lapins habitent dans des terriers.*

▶ **habitable** **adj.** *Ils ont aménagé le grenier pour le rendre habitable,* pour que l'on puisse s'y installer.

▶ **habitant** **n. m.,** **habitante** **n. f.** Personne qui vit habituellement dans un endroit. *Il y a deux millions d'habitants dans cette ville.*

▶ **habitat** **n. m. 1.** Manière dont les hommes se logent. *L'habitat urbain est différent de l'habitat rural.* **2.** Endroit où vit habituellement une espèce d'animaux, une espèce de plantes. *L'habitat des singes, c'est la forêt vierge.*

▶ **habitation** **n. f.** Lieu où l'on habite. *On construit de nouvelles habitations près de chez nous.* → **immeuble, logement, maison, résidence.** ▷ COHABITER, INHABITABLE, INHABITÉ.

**habitude** **n. f. 1.** Chose que l'on fait souvent et régulièrement. *Il a l'habitude de se lever très tôt le matin.* **2.** *Elle a l'habitude des enfants,* elle en a l'expérience, elle les connaît bien. **3.** *En Suisse, on sert le thé dans des verres, c'est l'habitude du pays,* c'est l'usage, la coutume. **4.** *D'habitude, il rentre plus tôt,* ordinairement. *Elle est en retard, comme d'habitude,* comme toujours.

**habituel** **adj.** *Je ne reconnais pas le chemin, tu n'as pas pris la route habituelle,* que tu prends d'habitude.

▶ **habituellement** **adv.** La plupart du temps. → **généralement.** *Habituellement, en cette saison, il pleut.* || contr. **exceptionnellement** || ▷ INHABITUEL.

**habituer** **v.** (conjug. 1) **1.** *Elle a habitué ses enfants à faire leur lit,* elle leur en a donné l'habitude. **2.** *Au bout d'un moment, on s'habitue à l'obscurité,* on s'y accoutume.

▶ **habitué** **n. m.,** **habituée** **n. f.** Personne qui va souvent dans un restaurant ou un café. *Ils prennent toujours la même table, ce sont des habitués.*

***hache** **n. f.** Instrument tranchant à grosse lame et à long manche qui sert à fendre, à couper. *Les bûcherons ont abattu l'arbre à coups de hache.*

▶ **hachette** **n. f.** Petite hache.

***hacher** **v.** (conjug. 1) Couper en très petits morceaux avec un couteau ou un appareil spécial. *Elle hache du persil et des échalotes. — Il mange du bifteck haché.*

▶ ***hachis** **n. m.** *Elle farcit les poivrons avec un hachis de viande,* de la viande hachée.

▶ ***hachoir** **n. m.** Appareil qui sert à hacher la viande, le poisson, etc. *Le boucher met des morceaux de viande dans son hachoir électrique.*

***hachure** **n. f.** *Les hachures,* ce sont de petits traits parallèles ou croisés

** h : dans certains mots le h aspiré empêche la liaison et l'élision.*

# HABITATIONS

qui servent à indiquer les ombres sur un dessin ou certains endroits particuliers sur une carte de géographie.

► ***hachurer** v. (conjug. 1) Couvrir de hachures. *Les parties de la carte hachurées en vert représentent les forêts.*

***haddock** n. m. Églefin fumé. *Le haddock poché est son poisson préféré.*

***hagard** adj. *Un air hagard,* c'est un air effrayé et perdu.

***haie** n. f. 1. Clôture d'arbres ou d'arbustes alignés, qui limite un champ, un jardin, ou les protège contre le vent. *Le jardinier taille les haies.* 2. *Une course de haies,* c'est une course où des chevaux ou des coureurs à pied doivent franchir de fausses haies. *Il a remporté le 110 mètres haies.* 3. Rangée de personnes. *Le chanteur est passé entre deux haies d'admirateurs.*

***haillons** n. m. pl. Vieux vêtements tout déchirés. → **guenilles, hardes.** *Un clochard en haillons.* ◊ homonyme : hayon.

***haine** n. f. Sentiment très fort que l'on éprouve quand on déteste quelqu'un et qu'on lui veut du mal. → aussi **haïr.** *Il éprouve de la haine pour son ancien patron.* → aussi **aversion, répulsion.** ‖ contr. **amitié, amour** ‖ ◊ homonyme : aine.

► ***haineux** adj. Plein de haine. → **méchant.** *Des paroles haineuses.* ‖ contr. **amical** ‖.

***haïr** v. (conjug. 10) Détester. ‖ contr. **aimer** ‖ *Il hait tout le monde, c'est un vieux misanthrope.* → aussi **haine.** *Alex hait le mensonge.*

► ***haïssable** adj. *La guerre est haïssable,* elle est odieuse. → **détestable.**

***halage** n. m. *Un chemin de halage borde le canal,* un chemin qui permettait autrefois de remorquer les péniches à l'aide d'un cordage tiré du rivage par des chevaux. → aussi **haler.**

***hâle** n. m. Couleur brune que prend la peau quand on s'expose au soleil. *En rentrant de vacances, elle avait un joli hâle.* → **bronzage.**

► ***hâlé** adj. Bruni par le soleil. *Elle est hâlée,* bronzée. ◊ homonymes : allée, aller, haler.

**haleine** n. f. 1. Air qui sort des poumons quand on expire. *Les bonbons à la menthe donnent une haleine fraîche. Il a mauvaise haleine,* il sent mauvais de la bouche. 2. Respiration, souffle. *Elle a trop couru, elle est hors d'haleine,* très essoufflée. *Ils rient à perdre haleine,* au point d'avoir du mal à respirer. 3. *Ce film nous tient en haleine jusqu'au bout,* nous intéresse en nous laissant toujours attendre la suite des événements. 4. *Un travail de longue haleine,* c'est un travail très long et qui demande beaucoup d'efforts.

***haler** v. (conjug. 1) *Haler un bateau,* c'est le remorquer avec des cordes tirées du rivage. ◊ homonymes : allée, aller, hâlé. ▷ HALAGE.

***haleter** v. (conjug. 5) Respirer très vite, être essoufflé. *La chienne halète aux pieds de son maître.*

► ***haletant** adj. Essoufflé. *Anne a beaucoup couru, elle est toute haletante.*

** h : dans certains mots le h aspiré empêche la liaison et l'élision.*

*__hall__ ['ol] **n. m.** Ce mot vient de l'anglais. Grande salle par laquelle on entre dans les gares, les hôtels, les immeubles. *Rendez-vous dans le hall de l'hôtel, à midi.* — **Au pl.** *Des halls.*

*__halle__ **n. f. 1.** *Une halle,* c'est un grand bâtiment où l'on vend des marchandises en gros. *La halle aux vins.* **2.** *Les halles,* ce sont les bâtiments qui forment un immense marché où les commerçants d'une grande ville vont s'approvisionner. *Les halles de Rungis, près de Paris.*

*__hallebarde__ **n. f.** Arme ancienne qui ressemble à une lance. — *Il pleut des hallebardes,* il pleut très fort, il pleut à verse, il pleut des cordes.

*__hallucinant__ **adj.** Extraordinaire. *Cet avion vole à une vitesse hallucinante.*

*__hallucination__ **n. f.** Impression de voir ou d'entendre quelque chose qui n'existe pas. *Elle a cru le voir passer mais c'était une hallucination.* → **illusion.**

*__halo__ **n. m.** Cercle de lumière aux contours flous qui entoure un point lumineux. *Le halo de la lune.* ◊ homonyme : allô.

**halogène** **adj.** *Une lampe halogène,* c'est une lampe dont l'ampoule contient un élément chimique spécial donnant un éclairage très puissant qui ressemble à la lumière du jour.

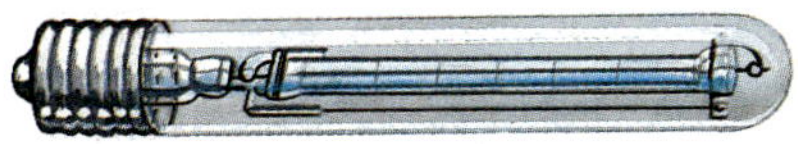

**ampoule halogène**

*__halte__ **n. f.** et **interj. 1. n. f.** Moment d'arrêt pendant une marche ou un voyage. *Ils ont fait une halte pour le déjeuner.* **2. interj.** « *Halte !* », *dirent les policiers en stoppant la voiture,* arrêtez-vous, stop !

**haltère** **n. m. 1.** Instrument de gymnastique fait de deux boules ou de deux disques de métal réunis par une barre. *L'athlète soulève à bout de bras un haltère de 200 kg.* **2.** *Les poids et haltères,* c'est un sport qui consiste à soulever des haltères très lourds en faisant certains mouvements. — On appelle aussi ce sport *l'haltérophilie.*

► **haltérophile** **n. m.** et **f.** Athlète qui fait des poids et haltères.

*__hamac__ **n. m.** Rectangle de toile ou de filet suspendu par ses deux extrémités, dans lequel on s'allonge pour dormir ou se reposer. *Elle a accroché un hamac entre deux arbres, dans le jardin.*

*__hamburger__ ['ɑ̃buʀgœʀ] **n. m.** Ce mot vient de l'anglais. Bifteck haché, cuit, servi à l'intérieur d'un petit pain rond. — **Au pl.** *Des hamburgers.*

*__hameau__ **n. m.** Petit groupe de maisons situé à l'écart du village. *Dans les hameaux, il n'y a généralement pas de magasins.*

**hameçon** **n. m.** Petit crochet de métal placé au bout d'une ligne, sur lequel on fixe un appât pour prendre le poisson. *Le poisson a mordu à l'hameçon.*

** h : dans certains mots le h aspiré empêche la liaison et l'élision.*

***hampe** n. f. Long manche de bois auquel est fixé un drapeau ou le fer d'une lance.

***hamster** ['amstɛʀ] n. m. Petit mammifère rongeur au pelage roux et blanc.

***hanche** n. f. Chacune des deux parties du corps situées sur le côté, juste au-dessous de la taille. *La boulangère discutait devant sa boutique, les mains sur les hanches.*

***hand-ball** ['ɑ̃dbal] n. m. Sport d'équipe qui ressemble au football mais où l'on joue uniquement avec les mains.

***handicap** n. m. Chose qui empêche de réussir. *C'est un sérieux handicap de ne savoir ni lire, ni écrire.* → **désavantage.**

▶ ***handicaper** v. (conjug. 1) Empêcher de réussir. → **désavantager.** *Sa mauvaise orthographe l'a handicapé pour son examen.* || contr. **avantager** ||.

▶ ***handicapé** n. m., **handicapée** n. f. Personne qui est infirme *(handicapé physique)* ou dont le développement du cerveau est anormal *(handicapé mental). La handicapée était dans un fauteuil roulant.*

***hangar** n. m. **1.** Grand bâtiment ouvert formé d'un toit supporté par des poteaux et qui sert à abriter des machines ou des marchandises. *Le tracteur est dans le hangar.* **2.** Grand garage pour avions. *L'avion de chasse est garé dans son hangar.*

***hanneton** n. m. Gros insecte roux à antennes qui vole en faisant beaucoup de bruit. ⋙ planche Insectes.

***hanter** v. (conjug. 1) **1.** Apparaître régulièrement dans un endroit. *On dit qu'un fantôme hante le château.* **2.** Être continuellement présent à l'esprit. → **obséder, tourmenter.** *Ce souvenir me hante.*

▶ ***hantise** n. f. Peur que l'on a tout le temps. *Elle a la hantise de la maladie.*

***happer** v. (conjug. 1) Saisir brusquement dans la bouche, la gueule, le bec. *Le chien a happé le morceau de viande qu'on lui tendait.*

***hara-kiri** n. m. *Au Japon, les samouraïs, condamnés à mort, se faisaient hara-kiri,* se suicidaient en s'ouvrant le ventre avec leur sabre.

***harangue** n. f. Discours solennel prononcé par une personne devant une foule. *Le général adresse une harangue aux soldats.*

▶ ***haranguer** v. (conjug. 1) Prononcer un discours solennel devant une foule. *L'officier harangue ses troupes avant la bataille.*

***haras** ['aʀɑ] n. m. Endroit où l'on élève des chevaux.

***harassant** adj. Très fatigant. *Une journée harassante.* → **épuisant, éreintant.**

***harassé** adj. Très fatigué. *À la fin de la journée, les enfants étaient harassés.* → **épuisé.**

***harceler** v. (conjug. 5) Faire subir à quelqu'un des attaques courtes et sans cesse répétées. *Les moustiques me harcèlent. Les journalistes l'ont harcelé de questions,* ils lui ont posé

** h : dans certains mots le h aspiré empêche la liaison et l'élision.*

beaucoup de questions en l'obligeant à répondre très vite.

▶ ***harcèlement** n. m. *Une guerre de harcèlement*, c'est une guerre faite de petites attaques répétées.

▶ ***harde** n. f. Troupe de bêtes sauvages vivant ensemble. *Une harde de cerfs*. ◊ homonyme : hardes.

***hardes** n. f. pl. Vêtements usés. → **guenilles, haillons.** *Le clochard ramassait de vieilles hardes dans les poubelles*. ◊ homonyme : harde.

***hardi** adj. Qui n'a pas peur du danger, qui prend des risques. *Des alpinistes hardis veulent escalader le glacier*. → **audacieux, aventureux, intrépide.** ǁ contr. **peureux, timoré** ǁ.

▶ ***hardiesse** n. f. Audace, intrépidité. *Ce reporter a fait preuve d'une grande hardiesse*.

▶ ***hardiment** adv. Courageusement. *Les sauveteurs affrontent hardiment le danger*. ▷ S'ENHARDIR.

***harem** ['aʀɛm] n. m. Endroit de la maison où habitent les femmes, chez les musulmans. *Autrefois, le sultan enfermait ses femmes dans le harem*.

***hareng** n. m. Poisson au dos bleu vert et au ventre argenté qui vit dans les mers froides. *Il mange des filets de hareng marinés*. — Familier. *On est serrés comme des harengs, dans ce train*, on est très serrés.

***hargne** n. f. Mauvaise humeur qui fait que l'on est désagréable avec les autres et que l'on dit des paroles méchantes. *Elle a répondu avec hargne à la question qu'on lui posait*. ǁ contr. **amabilité** ǁ.

▶ ***hargneux** adj. *La caissière du café est une femme hargneuse*, elle est toujours de mauvaise humeur. → **désagréable.**

***haricot** n. m. Plante dont on mange les gousses quand elles sont encore vertes *(les haricots verts)* ou dont on mange les graines contenues dans ces gousses quand elles sont mûres *(les haricots blancs)*. → aussi ② **flageolet.**

**harmonica** n. m. Petit instrument de musique que l'on tient dans une main et que l'on fait glisser entre les lèvres en soufflant et en aspirant. *Le cow-boy solitaire jouait de l'harmonica*.

**harmonie** n. f. **1.** Accord qui existe entre plusieurs choses et qui les rend agréables à regarder ou à entendre. *Admirez l'harmonie des couleurs de ce tableau*. **2.** Bonne entente. *L'harmonie règne dans ce couple*. ǁ contr. **désaccord, mésentente** ǁ.

▶ **harmonieux** adj. *Une voix harmonieuse*, agréable à entendre. → **mélodieux.** *Des couleurs harmonieuses*, qui vont bien ensemble.

▶ **harmoniser** v. (conjug. 1) Mettre plusieurs choses en accord, les coordonner. *Le peintre a su harmoniser les couleurs de son tableau. — Le bleu du pull-over de Flora s'harmonise avec ses yeux*, est assorti à ses yeux. ▷ HARMONICA, HARMONIUM.

**harmonium** n. m. Instrument de musique qui ressemble à un piano droit mais produit le même son qu'un orgue. *À l'église, on joue de l'harmonium pendant la messe*.

***harnacher** v. (conjug. 1) *Harnacher un cheval*, c'est lui mettre tout l'équi-

** h : dans certains mots le h aspiré empêche la liaison et l'élision.*

pement qu'il lui faut pour porter un cavalier ou pour tirer une voiture. → aussi **harnais.**

▶ ***harnachement** **n. m. 1.** *Le palefrenier enlève le harnachement du cheval,* son harnais. **2.** *Il est parti à la chasse avec tout son harnachement,* son équipement.

***harnais** **n. m. 1.** Ensemble de l'équipement que l'on met à un cheval pour le monter ou l'atteler : selle, collier, mors, rênes, etc. → **harnachement. 2.** Ensemble de sangles qui entourent le corps d'un alpiniste ou d'un véliplanchiste et l'empêchent de tomber.

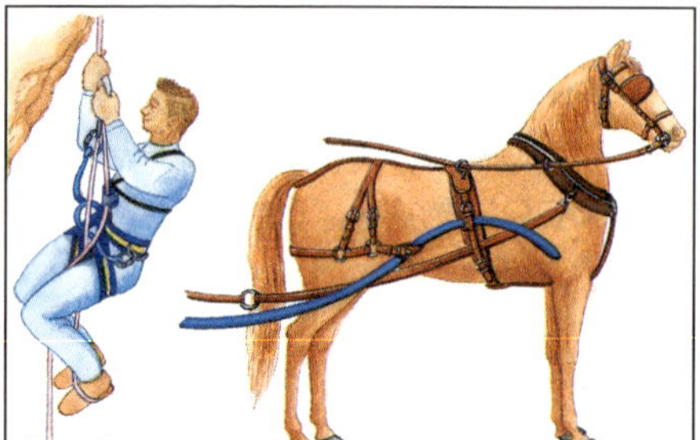
harnais

***harpe** **n. f.** Grand instrument de musique fait d'un cadre en bois qui a la forme d'un triangle sur lequel sont tendues des cordes que l'on pince des deux mains. ⋙ planche Instruments de musique.

▶ ***harpiste** **n. m.** et **f.** Personne qui joue de la harpe. *La harpiste jouait, assise derrière sa harpe.*

***harpon** **n. m.** Instrument ressemblant à une très longue flèche munie d'une corde à l'une de ses extrémités, qui sert à accrocher et tirer les gros poissons. *Ils pêchent au harpon.*

▶ ***harponner** **v.** (conjug. 1) Accrocher avec un harpon. *Les pêcheurs ont harponné une baleine.*

***hasard** **n. m. 1.** *Un hasard,* c'est quelque chose qui arrive et qui n'était pas prévu. *C'est un pur hasard si je me trouve ici aujourd'hui. Un malheureux hasard nous a séparés,* la malchance. **2.** *Il nous a donné ce conseil un peu au hasard,* sans réfléchir. *Prenez mon adresse, à tout hasard,* au cas où cela pourrait vous être utile. *J'ai retrouvé mon cahier par hasard,* sans l'avoir cherché. **3.** *La loterie est un jeu de hasard,* un jeu où l'on n'a pas besoin de réfléchir pour gagner, où il faut seulement avoir de la chance.

▶ ***hasarder** **v.** (conjug. 1) **1.** Faire quelque chose en risquant d'échouer ou de déplaire. *Il a hasardé une question.* **2.** *Il n'est pas prudent de se hasarder dans cette rue, la nuit,* d'y aller car il y a du danger. → s'**aventurer.**

▶ ***hasardeux** **adj.** *Il serait hasardeux de sortir seul à cette heure-là,* ce serait risqué, dangereux. ‖ contr. **sûr** ‖ — **Au fém.** *hasardeuse.*

***haschisch** ['aʃiʃ] **n. m.** Plante dont on fume les feuilles séchées pour se droguer. *La police a arrêté un trafiquant de haschisch.*

***hase** **n. f.** Femelle du lièvre ou du lapin de garenne. *La hase et ses levrauts.*

***hâte** **n. f.** Grande rapidité pour faire quelque chose. *Elle met peu de hâte à s'habiller, ce matin,* elle ne se dépêche pas. *Il a hâte de rentrer chez lui,* il est très pressé de rentrer chez lui. *Le médecin est parti en hâte au*

** h : dans certains mots le h aspiré empêche la liaison et l'élision.*

*chevet d'un malade,* rapidement, sans tarder. *Elle a fait ses devoirs à la hâte,* très vite, sans s'appliquer.

▶ ***hâter** v. (conjug. 1) **1.** *Il a dû hâter son départ,* l'avancer. || contr. **retarder** || **2.** *Il faut hâter le pas si vous voulez arriver à l'heure,* il faut marcher plus vite, vous presser. → **accélérer.** || contr. **ralentir** || **3.** *Hâtez-vous, le film va commencer,* dépêchez-vous.

▶ ***hâtif** adj. **1.** *Une décision hâtive,* c'est une décision prise trop vite. **2.** *Les fraises d'avril sont des fraises hâtives,* mûres avant la saison des fraises. → **précoce.**

***hauban** n. m. *Les haubans,* ce sont les câbles d'acier qui servent à maintenir le mât d'un bateau à voile.

***haubert** n. m. Cotte de mailles.

***hausser** v. (conjug. 1) **1.** *Elle a haussé les épaules,* elle les a soulevées pour montrer son mépris ou son indifférence. **2.** *Elle se hausse sur la pointe des pieds,* elle s'élève, elle se dresse sur la pointe des pieds. **3.** *Il haussa la voix,* il se mit à parler plus fort. **4.** *Les commerçants ont haussé leurs prix,* ils les ont augmentés. || contr. **baisser** ||.

▶ ***hausse** n. f. Augmentation. *Il y a eu une hausse de température.* → **élévation.** || contr. **baisse** || *L'inflation entraîne la hausse des prix.*

***haut** adj., n. m. et adv.

▭ adj. **1.** Grand, dans le sens vertical. → **élevé.** *Les gratte-ciel sont des immeubles très hauts. Ce mur est haut de 2 mètres.* **2.** Dans une position élevée. *Il est midi, le soleil est haut dans le ciel.* || contr. **bas** || **3.** Situé au-dessus. *La confiture est sur l'étagère la plus haute.* **4.** Fort. *Elle a parlé à voix haute pendant son sommeil.* **5.** Supérieur. *Il a une montre de haute précision.*

▭ n. m. **1.** Hauteur. *La tour Eiffel a 320 mètres de haut.* **2.** La partie haute d'une chose. *Yves est assis sur le haut du mur. Le cycliste s'est arrêté en haut de la côte.* || contr. **bas** ||.

▭ adv. **1.** En un point très élevé sur la verticale. *L'avion vole très haut dans le ciel.* **2.** À voix haute. *Dites tout haut ce que vous pensez !* ◊ homonymes : au, eau, oh.

▶ ***hautement** adv. Très. *Elle est hautement qualifiée pour faire ce travail.*

▶ ***hauteur** n. f. **1.** Dimension dans le sens vertical. ⤜ planche Géométrie. *Quelle est la hauteur de cet arbre ?* **2.** Niveau. *Le lit et la table de nuit sont à la même hauteur.* **3.** Lieu élevé. *Le château est sur une hauteur.* **4.** Dédain, mépris. *Elle lui parle avec hauteur.* ▷ HAUSSE, HAUSSER, HAUTAIN, HAUTBOIS, HAUT-DE-FORME, HAUTE-FIDÉLITÉ, HAUT-FOND, HAUT-LE-CŒUR, HAUT-LE-CORPS, HAUT-PARLEUR, REHAUSSER.

***hautain** adj. *Elle est hautaine et distante,* dédaigneuse, arrogante.

***hautbois** n. m. Instrument de musique en bois et en métal, formé d'un long tuyau droit percé de trous dans lequel on souffle. → aussi **clarinette.** ⤜ planche Instruments de musique.

***haut-de-forme** n. m. Chapeau dur, haut et cylindrique, à petits bords, que les hommes portent quelquefois pour les cérémonies. — **Au pl.** *Des hauts-de-forme.*

***haute-fidélité** n. f. *Une chaîne haute-fidélité* c'est une chaîne qui reproduit très exactement les sons enregistrés. — **Au pl.** *Des chaînes haute-fidélité.* — On dit aussi *une chaîne hi-fi.*

***haut-fond** **n. m.** Sommet sous-marin recouvert de très peu d'eau. *Les bateaux doivent faire attention de ne pas s'échouer sur les hauts-fonds.* → aussi **bas-fond.**

***haut-le-cœur** **n. m. inv.** Envie soudaine de vomir provoquée par quelque chose de dégoûtant. → **nausée.** — **Au pl.** *Des haut-le-cœur.*

***haut-le-corps** **n. m. inv.** Mouvement brusque et involontaire du haut du corps qui manifeste la surprise ou l'indignation. — **Au pl.** *Des haut-le-corps.*

***haut-parleur** **n. m.** Appareil qui transforme les courants électriques en sons. *Une chaîne stéréo a deux haut-parleurs.* → **baffle,** ① **enceinte.**

***hayon** ['ajɔ̃] **n. m.** Porte qui s'ouvre de bas en haut à l'arrière de certaines voitures. ◊ homonyme : haillons.

***hé !** **interj.** Mot qui sert à appeler quelqu'un ou à attirer l'attention. *Hé là ! pas si vite !*

***heaume** **n. m.** Grand casque en métal enveloppant toute la tête et le visage, que portaient les combattants, au Moyen Âge.

**hebdomadaire** **adj.** et **n. m. 1. adj.** Qui a lieu chaque semaine. *Mardi est le jour de fermeture hebdomadaire du musée.* **2. n. m.** *Un hebdomadaire,* c'est un journal qui paraît chaque semaine.

**héberger** **v.** (conjug. 3) Faire habiter quelqu'un chez soi pendant un certain temps. *Pouvez-vous nous héberger pour la nuit ?*

**hébété** **adj.** *Un air hébété,* c'est un air ahuri, abruti, dû à la fatigue ou à un grand étonnement.

**hécatombe** **n. f.** Massacre d'un très grand nombre de personnes. *Cette guerre a provoqué une hécatombe.* → **carnage.**

**hectare** **n. m.** Unité que l'on utilise pour mesurer la surface d'une forêt, d'un domaine. *Un hectare vaut 100 ares ou 10 000 m².* *Un parc de 50 hectares (50 ha).*

**hecto...** Préfixe qui signifie « cent » et qui se place devant un nom de mesure. *Un hectogramme (1 hg) de sucre,* c'est 100 grammes de sucre. *Un hectolitre (1 hl) de vin,* c'est 100 litres de vin.

***hein** **interj.** Familier. **1.** *Hein ? qu'est-ce que tu dis ?* comment ? quoi ? **2.** *Tu n'es pas fâché, hein ?* n'est-ce pas ?

***hélas !** **interj.** *Hélas ! les vacances sont finies !* malheureusement.

***héler** **v.** (conjug. 6) Appeler de loin pour faire venir. *Il hèle un taxi.*

**hélice** **n. f.** Appareil formé de deux ou trois ailes fixées sur un axe, qui tourne et sert à faire avancer un bateau, un avion. → aussi **pale.**

**hélicoptère** **n. m.** Appareil d'aviation qui se déplace grâce à une grande hélice horizontale placée au-dessus de son toit. ⤜ planche Avions. *Les hélicoptères décollent et atterrissent à la verticale.*

**héliport** **n. m.** Aéroport pour hélicoptères.

** h : dans certains mots le h aspiré empêche la liaison et l'élision.*

**hématome** **n. m.** Marque bleue ou noire sur le corps, due à un coup qui a fait couler du sang sous la peau. *Il s'est cogné et maintenant il a des hématomes sur la jambe.* → **bleu, ecchymose.**

**hémisphère** **n. m.** Moitié du globe terrestre limitée par l'équateur. *La France et le Canada sont dans l'hémisphère Nord ; le Chili et l'Australie sont dans l'hémisphère Sud.*

**hémorragie** **n. f.** Écoulement du sang hors des vaisseaux. → **saignement.** *Le médecin a arrêté l'hémorragie.*

***henné** **n. m.** Poudre jaune ou rouge utilisée pour se teindre les cheveux. *Un shampooing au henné.*

***hennin** **n. m.** Coiffure faite d'un cône très haut et rigide que les femmes portaient au Moyen Âge.

***hennir** **v.** (conjug. 2) *Le cheval hennit,* il pousse son cri.
► ***hennissement** **n. m.** Cri du cheval. *La jument pousse des hennissements.*

***hep !** **interj.** Mot qui sert à appeler. *Hep ! garçon, l'addition, s'il vous plaît.*

**hépatique** **adj.** Du foie. *Il a une insuffisance hépatique,* son foie ne marche pas bien.

**hépatite** **n. f.** Maladie du foie. *Une hépatite virale.* → aussi **cirrhose, jaunisse.**

***héraut** **n. m.** Au Moyen Âge, personne qui était chargée de transmettre les nouvelles importantes en faisant une proclamation. ◊ homonyme : héros.

**herbage** **n. m.** Prairie dont l'herbe pousse naturellement. *Les vaches paissent dans les herbages.*

**herbe** **n. f. 1.** *L'herbe,* c'est un ensemble de plantes à tiges souples et vertes formant une végétation pas très haute. *Les vaches broutent l'herbe du pré. Nous avons pique-niqué sur l'herbe. Il tond l'herbe devant la maison.* → **gazon, pelouse. 2.** *Le persil, l'estragon, la ciboulette sont des fines herbes,* des plantes aromatiques dont on se sert, en cuisine, pour assaisonner certains plats. **3.** *Il arrache les mauvaises herbes dans son jardin,* les plantes qui poussent toutes seules et qui empêchent les autres de pousser. **4.** *Luc est un pianiste en herbe,* un enfant qui a des dons pour le piano, un futur pianiste. ▷ DÉSHERBER, HERBAGE, HERBIER.

**herbicide** **n. m.** Produit qui détruit les mauvaises herbes.

**herbier** **n. m.** Collection de plantes que l'on fait sécher et que l'on garde aplaties entre deux feuilles de papier. *Yves se constitue un herbier.*

**herbivore** **adj.** *Les vaches et les moutons sont herbivores,* ils se nourrissent uniquement d'herbe ou de feuilles.

**herboriser** **v.** (conjug. 1) Cueillir des plantes là où elles poussent pour les étudier, pour confectionner un herbier ou pour faire des remèdes.

** h : dans certains mots le h aspiré empêche la liaison et l'élision.*

**hercule** **n. m.** Homme extrêmement fort. *Il est bâti en hercule,* il est très grand et très musclé.

▸ **herculéen** **adj.** Très grand. *Il a une force herculéenne.* → **colossal.**

**hérédité** **n. f.** Transmission de certains caractères des parents à leurs enfants. *Julie a les mêmes yeux que son père, cela est dû à l'hérédité.* → aussi **génétique.**

▸ **héréditaire** **adj.** Qui se transmet des parents aux enfants. *Les yeux bleus sont héréditaires dans la famille de Julie.*

**hérésie** **n. f.** Croyance différente des croyances établies comme étant les seules vraies. *L'Église catholique a toujours condamné les hérésies.* → aussi **hérétique.**

**hérétique** **n. m.** et **f.** Personne qui défend une opinion différente de la croyance établie, dans une religion. *Pendant les guerres de Religion, on brûlait les hérétiques.* → aussi **hérésie.**

***hérisser** **v.** (conjug. 1) Dresser ses poils, ses plumes. *Quand un chat a peur, il hérisse ses poils et fait le gros dos. — Dès que le chien est entré, les poils du chat se sont hérissés.*

▸ ***hérissé** **adj.** **1.** *Yves est sorti de son lit, les cheveux hérissés,* dressés sur la tête. **2.** Garni de choses pointues. *Le cactus est hérissé de piquants.*

▸ ***hérisson** **n. m.** Petit animal au corps couvert de piquants. ↠ planche Mammifères. *Le hérisson se roule en boule en cas de danger.*

**hériter** **v.** (conjug. 1) **1.** Recevoir quelque chose d'une personne qui vient de mourir. *Il a hérité de la maison de ses parents.* — On peut dire aussi *il a hérité la maison de ses parents.* **2.** *Julie a hérité des yeux de son père,* elle a les mêmes yeux que lui par hérédité.

▸ **héritage** **n. m.** Bien transmis par une personne qui vient de mourir. *Ils ont fait un héritage,* ils ont hérité.

▸ **héritier** **n. m.,** **héritière** **n. f.** Personne qui doit recevoir ou qui reçoit des biens en héritage. *Une riche héritière.* ▷ DÉSHÉRITÉ, DÉSHÉRITER.

**hermaphrodite** **adj.** Qui a des caractères des deux sexes, est à la fois mâle et femelle. *Les escargots sont hermaphrodites.*

**hermétique** **adj.** **1.** Qui ferme complètement en ne laissant passer ni air ni liquide. *Cette boîte est hermétique.* → aussi **étanche.** **2.** Difficile à comprendre. *Il prononça des paroles hermétiques.* → **énigmatique, sibyllin.** || contr. **clair** ||.

**hermine** **n. f.** Petit animal carnivore très féroce qui ressemble à la belette et dont la fourrure est très recherchée. *Le pelage de l'hermine est brun rouge en été et blanc en hiver, sauf le bout de la queue qui reste noir.*

**hermine**

** h : dans certains mots le h aspiré empêche la liaison et l'élision.*

***hernie** n. f. Grosseur formée par un organe qui est sorti de la cavité où il se trouve normalement. *Quand on porte quelque chose de lourd, on peut se faire une hernie,* la paroi du ventre s'étire trop et une partie de l'intestin se loge dedans en formant une boule.

① **héroïne** n. f. Drogue très dangereuse tirée de la morphine.

② **héroïne** → **héros**

***héron** n. m. Grand oiseau échassier à long cou grêle, à très long bec et à longues pattes. ⋙ planche Oiseaux. *Les hérons vivent en colonies au bord de marécages ou d'étangs.*

***héros** n. m., **héroïne** n. f. 1. Personne très courageuse qui a accompli des exploits. *Il est mort en héros sur le champ de bataille.* 2. Personnage principal d'une histoire. *Tintin est un héros de bande dessinée.* ◊ homonyme : héraut.

▸ **héroïque** adj. Très courageux. *Ce soldat a été décoré pour sa conduite héroïque pendant le bombardement.*

▸ **héroïsme** n. m. Très grand courage. *Il a fait preuve d'héroïsme pendant la guerre.* ‖ contr. **lâcheté** ‖.

***herse** n. f. 1. Instrument agricole muni de dents ou de disques de métal, tiré par un tracteur, qui sert à briser les mottes de terre. 2. Lourde grille munie de grosses pointes orientées vers le bas, suspendue à l'entrée d'un château fort.

**hésiter** v. (conjug. 1) 1. Ne pas arriver à se décider. *J'hésite entre deux solutions.* ‖ contr. **choisir** ‖ *Il a hésité à vous déranger pendant la réunion.* ‖ contr. **se décider** ‖ 2. S'arrêter parce que l'on n'est pas décidé ou parce que l'on ne sait pas. *Le cheval hésita devant l'obstacle.*

▸ **hésitant** adj. 1. Qui a du mal à se décider. → **indécis.** *Julie est hésitante, elle ne sait quelle jupe choisir.* ‖ contr. **décidé, résolu** ‖ 2. Qui manque d'assurance, de fermeté. *Yves récite sa poésie d'une voix hésitante.* ‖ contr. **assuré, ferme** ‖.

▸ **hésitation** n. f. *Flora s'est décidée après bien des hésitations,* après avoir hésité longtemps. *Luc a obéi à son père sans hésitation,* tout de suite.

**hétéroclite** adj. Fait d'un mélange de choses qui ne vont pas ensemble. *La décoration du salon est hétéroclite.*

**hétérogène** adj. Qui est composé de choses ou de personnes très différentes les unes des autres. *La population de ce quartier est très hétérogène.* ‖ contr. **homogène** ‖.

***hêtre** n. m. Très grand arbre à petites feuilles ovales et à l'écorce lisse, fine et grisâtre. ⋙ planche Arbres. *Une forêt de hêtres.* ◊ homonymes : ① et ② être.

***heu !** interj. *Heu !* indique que l'on hésite. *Je ne me rappelle plus son nom, heu !... attendez...* — On peut écrire aussi *euh !*

**heure** n. f. 1. Espace de temps égal à la vingt-quatrième partie de la journée. *Un jour est divisé en 24 heures et une heure en 60 minutes. Yves est arrivé deux heures en retard.* 2. Moment de la journée. *Quelle heure est-il ? Il est quatre heures dix (4 h 10). Ma montre est à l'heure,* elle indique l'heure juste. *C'est l'heure de partir.*

** h : dans certains mots le h aspiré empêche la liaison et l'élision.*

3\. *Flora doit dormir à l'heure qu'il est,* actuellement, en ce moment. *Vous pouvez m'appeler à toute heure,* à tout moment de la journée. *Nous nous reverrons tout à l'heure,* dans un moment proche. *Julie n'aime pas se lever de bonne heure,* tôt. **4.** *À la bonne heure, tu fais des progrès!* c'est très bien. ◊ homonyme : heurt. ▷ DEMI-HEURE, QUART D'HEURE.

**heureux** **adj. 1.** Content, satisfait. *Je suis très heureuse de vous voir bientôt.* || contr. **malheureux, triste** || *Ils ont tout pour être heureux.* → aussi **bonheur. 2.** Qui a de la chance. *Il peut s'estimer heureux de ne pas avoir été blessé dans l'accident.* **3.** Rempli de bonheur. *Nous vous souhaitons un heureux anniversaire.*

► **heureusement** **adv.** Par chance, par bonheur. *Nous avons fait un pique-nique hier, et heureusement il n'a pas plu.* || contr. **malheureusement** || ▷ BIENHEUREUX.

***heurter** **v.** (conjug. 1) **1.** Toucher brutalement. → **cogner.** *La moto a heurté le trottoir.* → **percuter.** — *Les deux voitures se sont heurtées de plein fouet.* **2.** Choquer. *Sa grossièreté me heurte,* me déplaît fortement. **3.** *Ils se sont heurtés à des difficultés,* ils ont rencontré des difficultés.

► ***heurt** ['œʀ] **n. m. 1.** Choc. *Attention aux heurts, ces verres sont fragiles.* **2.** Dispute. *La rencontre s'est passée sans heurt.* ◊ homonyme : heure.

**hévéa** **n. m.** Grand arbre des pays chauds qui renferme un liquide avec lequel on fabrique le caoutchouc. → aussi **latex.** *Une forêt d'hévéas.*

**hexagone** **n. m.** Figure géométrique à six côtés. ↠ planche Géométrie. *On appelle souvent la France l'« Hexagone », à cause de sa forme.*

**hiatus** [jatys] **n. m.** Suite de deux voyelles qui se prononcent à l'intérieur d'un mot (ex. *géant*) ou entre deux mots (ex. *il a été*). — On dit *l'hiatus* ou *le hiatus.*

**hiberner** **v.** (conjug. 1) *Certains animaux, comme les ours, les marmottes, les écureuils, hibernent,* ils passent l'hiver dans un état d'engourdissement.

► **hibernation** **n. f.** État d'engourdissement ou de sommeil dans lequel sont certains animaux pendant l'hiver.

***hibou** **n. m.** [pl. *hiboux*] Oiseau rapace vivant la nuit, qui a une face ronde et aplatie et porte des aigrettes sur la tête. *Les hiboux hululent.*

***hic** **n. m.** Familier. *Voilà le hic,* voilà la difficulté, le problème.

***hideux** **adj.** Très laid, horrible à voir. → **affreux.** *Cette robe de chambre est hideuse.*

**hier** [jɛʀ] **adv.** Le jour qui est juste avant celui où l'on est. *Il est arrivé hier.* → aussi **veille.** ▷ AVANT-HIER.

***hiérarchie** **n. f.** Classement de personnes selon la qualification, l'importance et les responsabilités qu'elles ont dans leur métier. *Le Président-directeur général est au sommet de la hiérarchie de l'entreprise.*

► ***hiérarchique** **adj.** *Les employés obéissent à leur supérieur hiérarchique,* à leur chef.

** h : dans certains mots le h aspiré empêche la liaison et l'élision.*

**hiéroglyphe** n. m. Petit dessin qui servait de signe d'écriture aux anciens Égyptiens. *Les Égyptiens ont écrit avec des hiéroglyphes pendant trois mille ans.*

hiéroglyphe

**hilare** adj. Qui a l'air très content et rit tout le temps. *Les spectateurs étaient hilares en regardant le numéro des clowns.*

► **hilarant** adj. Très drôle. *Une histoire hilarante.*

► **hilarité** n. f. Très grande gaieté se manifestant par des éclats de rire. *Les clowns ont déclenché l'hilarité générale.*

**hindou** n. m. [pl. *hindous*], **hindoue** n. f. Personne qui pratique une religion particulière à l'Inde. *Les hindous pensent que les vaches sont des animaux sacrés.* — Adj. *La religion hindoue.*

**hippique** adj. Qui concerne le cheval et le sport qui consiste à monter à cheval. *Luc a participé à un concours hippique,* un concours entre des personnes qui montent à cheval. → aussi **équitation.**

**hippocampe** n. m. Petit poisson de mer à la queue courbe, dont la tête, rabattue contre la gorge, ressemble à celle du cheval. *L'hippocampe nage en position verticale.*

**hippodrome** n. m. Terrain réservé aux courses de chevaux. *L'hippodrome de Longchamp.* → **champ** de courses.

**hippopotame** n. m. Gros animal herbivore d'Afrique dont le corps massif est recouvert d'une peau très épaisse. *Les hippopotames passent la plus grande partie de leur temps dans l'eau des fleuves.*

**hirondelle** n. f. Petit oiseau migrateur noir et blanc, aux ailes fines et longues et à la queue fourchue. ⋙ planche Oiseaux. *Une hirondelle a fait son nid sous le toit.*

**hirsute** adj. Très mal coiffé ou pas coiffé. → **ébouriffé.** *Julie s'est levée hirsute.*

***hisser** v. (conjug. 1) **1.** Faire monter avec des cordes. *Les matelots ont hissé les voiles.* **2.** *Julie s'est hissée sur le mur,* elle est montée dessus avec effort. → **grimper.**

① **histoire** n. f. **1.** Récit d'événements vrais ou imaginaires. *Il raconte une histoire à sa fille avant qu'elle ne s'endorme. Anne m'a raconté une histoire drôle.* **2.** *Il ne faut pas le croire, ce sont des histoires,* c'est faux. **3.** *Leur voyage s'est déroulé sans histoires,* sans complications, sans ennuis. *Cela a été toute une histoire,* cela a été très compliqué.

② **histoire** n. f. Récit des événements passés importants d'un pays,

** h : dans certains mots le h aspiré empêche la liaison et l'élision.*

d'un peuple. *À l'école, Luc étudie l'histoire de France.* ▷ PRÉHISTOIRE.

**historien** n. m., **historienne** n. f. Personne spécialisée dans l'étude de l'histoire.

**historique** adj. et n. m.
▭ adj. 1. Qui a réellement existé. *Jeanne d'Arc est un personnage historique.* 2. *Le château de Versailles est un monument historique,* un monument important, témoin de l'histoire.
▭ n. m. *Le journaliste a fait l'historique de la situation,* il a raconté tous les faits qui se sont déroulés depuis l'origine et peuvent aider à comprendre la situation. ▷ PRÉHISTORIQUE.

**hiver** n. m. La plus froide des saisons, qui suit l'automne et précède le printemps. *Dans l'hémisphère Nord, l'hiver commence le 22 décembre et finit le 21 mars.*

**hivernal** adj. *Il fait une température hivernale,* d'hiver. — Au masc. pl. *hivernaux.*

**hiverner** v. (conjug. 1) Passer l'hiver à l'abri. *Les vaches hivernent à l'étable.*
► **hivernage** n. m. Séjour du bétail à l'étable, pendant l'hiver.

***H.L.M.** [ˈaʃɛlɛm] n. m. ou f. inv. (abréviation de *Habitation à Loyer Modéré*) Grand immeuble dont les appartements ne coûtent pas cher à louer. *Ils habitent dans un H.L.M.* — Au pl. *Des H.L.M.*

***hocher** v. (conjug. 1) *Hocher la tête,* c'est la remuer de haut en bas pour accepter et de gauche à droite pour refuser.
► ***hochement** n. m. *Alex marqua sa désapprobation par un hochement de tête,* en hochant la tête.
► ***hochet** n. m. Jouet de bébé formé d'un manche et d'une partie qui fait du bruit quand on la secoue.

***hockey** n. m. Sport d'équipe qui consiste à envoyer une balle dans le but adverse en la poussant avec une crosse au bout aplati. *Il joue au hockey sur gazon. Au hockey sur glace, la balle est remplacée par un palet.* ◊ homonyme : hoquet.

***holà !** interj. *Holà !* sert à dire d'aller moins vite ou d'arrêter. *Holà ! calme-toi !* — N. m. *Ses parents ont mis le holà à ses dépenses,* ils y ont mis fin.

***hold-up** [ˈɔldœp] n. m. inv. Ce mot vient de l'anglais. Attaque à main armée d'une banque ou d'un magasin pour y prendre l'argent ou les marchandises. *Le bijoutier a été victime d'un hold-up.* — Au pl. *Des hold-up.*

**holocauste** n. m. 1. Sacrifice religieux que faisaient les Juifs de l'Antiquité, où la victime était brûlée. *Ils offrirent un bélier en holocauste.* 2. Extermination des Juifs par les nazis, pendant la Deuxième Guerre mondiale.

***homard** n. m. Grand crustacé marin dont les pattes avant sont armées

homard

* *h : dans certains mots le h aspiré empêche la liaison et l'élision.*

de grosses pinces. *Le homard est bleu foncé, il devient rouge quand on le fait cuire.*

**homéopathie** n. f. Manière de soigner les malades en leur donnant une très petite quantité de remèdes qui provoqueraient, s'ils étaient donnés à des doses plus fortes, la même maladie que celle que l'on essaie de guérir. *Elle se soigne par homéopathie.*

**homicide** n. m. Acte de celui qui tue un être humain. *Quand on tue quelqu'un par accident, c'est un homicide involontaire. Il est accusé d'homicide volontaire.* → **assassinat, crime, meurtre.**

**hommage** n. m. 1. *Le général a rendu hommage au courage de ses soldats,* il leur a montré son admiration. 2. « *Je vous présente mes hommages* », formule de politesse qu'emploie un homme qui s'adresse à une femme. → **respect.**

**homme** n. m. 1. L'être humain, qu'il soit de sexe masculin ou féminin, enfant ou adulte. *Contrairement à l'animal, l'homme se tient debout, il parle et a une intelligence développée.* 2. Personne adulte de sexe masculin. *Il y a un homme et deux femmes dans le magasin.* → **monsieur.** *C'est encore un jeune homme.* → **garçon.** *Il n'est pas homme à refuser,* ce n'est pas dans son caractère. *Ne pleure pas, sois un homme !* sois courageux. 3. *Un ministre est un homme politique, un écrivain est un homme de lettres, un magistrat est un homme de loi.*

▸ **homme-grenouille** n. m. Plongeur équipé d'un appareil pour respirer sous l'eau. *Des hommes-grenouilles examinent la coque du bateau.* ▷ BONHOMIE, BONHOMME, GENTILHOMME.

**homogène** adj. Qui est composé de choses ou de personnes semblables, qui vont bien ensemble et forment un tout cohérent. || contr. **hétérogène** || *Les élèves de la classe forment un groupe homogène,* ils s'entendent bien et sont du même niveau.

▸ **homogénéité** n. f. Qualité de ce qui est homogène. *Ce parti politique se flatte de son homogénéité.*

**homologue** n. m. et f. Personne qui occupe la même fonction qu'une autre, dans un autre pays, dans une autre entreprise. *Le ministre de l'Industrie a rencontré son homologue espagnol.*

**homologuer** v. (conjug. 1) Approuver quelque chose et l'enregistrer officiellement. *Le record mondial de saut a été homologué par la fédération internationale.*

**homonyme** n. m. *Les mots « pain » et « pin » sont des homonymes,* des mots qui se prononcent de la même façon et ont des sens différents.

**homosexuel** n. m., **homosexuelle** n. f. Personne qui est attirée par les personnes du même sexe qu'elle. *Un couple d'homosexuels.*

**honnête** adj. 1. *Une personne honnête,* c'est une personne qui ne vole pas, ne cherche pas à obtenir des choses en trompant les autres. || contr. **malhonnête** || 2. *La rédaction de Julie est honnête,* d'un niveau moyen. → **honorable, passable.**

► **honnêtement** **adv.** *Il a agi honnêtement en donnant aux gendarmes le portefeuille qu'il a trouvé,* il a agi selon le devoir.

► **honnêteté** **n. f.** Qualité d'une personne honnête. *Il est d'une grande honnêteté.* ▷ MALHONNÊTE, MALHONNÊTETÉ.

**honneur** **n. m. 1.** Sentiment d'être digne d'estime. → **fierté.** *Autrefois, on se battait en duel pour défendre son honneur. Il met un point d'honneur à répondre lui-même à son courrier,* il s'en fait un devoir. **2.** Traitement particulier que l'on fait à quelqu'un pour lui montrer qu'on l'estime. *Vous me faites trop d'honneur. On a donné une fête en l'honneur des vainqueurs de la compétition,* pour eux. **3.** *Le président de la République a été reçu avec tous les honneurs dus à son rang,* avec toutes les marques de respect qu'il mérite.

**honorable** **adj. 1.** Digne d'estime, de respect. → **respectable.** *C'est une femme honorable.* **2.** Pas très bon mais suffisant. *14 sur 20 est une note honorable.* → **convenable, honnête.**

**honoraires** **n. m. pl.** Somme d'argent que l'on donne à un avocat, un notaire, un médecin, pour le payer.

**honorer** **v.** (conjug. 1) *Le président a honoré ce savant en lui remettant la Légion d'honneur,* il lui a rendu hommage, lui a montré son estime. ▷ DÉSHONORANT, DÉSHONORER, HONORABLE.

**honorifique** **adj.** Qui procure de la considération et n'apporte pas d'avantages matériels. *Une décoration militaire est une distinction honorifique.*

***honte** **n. f. 1.** Chose odieuse, scandaleuse. *C'est une honte de maltraiter des enfants.* **2.** Sentiment très désagréable d'être humilié ou ridiculisé devant les autres. *Flora était rouge de honte. Alex a honte d'avoir été grossier,* il n'en est pas fier.

► ***honteux** **adj. 1.** *Anne est honteuse d'avoir mal agi,* elle en a honte. ‖ contr. **fier** ‖ **2.** Odieux, scandaleux, méprisable. *C'est honteux de torturer des animaux.* → **ignoble.** ▷ ÉHONTÉ.

**hop !** **interj.** Mot qui accompagne un geste ou une action brusque et rapide. *Allez, hop ! debout !*

**hôpital** **n. m.** [pl. *hôpitaux*]. Établissement dans lequel on soigne et on opère les malades et les blessés, et où les femmes peuvent accoucher. → aussi **clinique** et ② **hospitalier, hospitaliser.** *Il est à l'hôpital depuis deux jours.*

***hoquet** **n. m.** *Luc a le hoquet,* il est agité de petites secousses et fait avec sa gorge, sans le vouloir, un bruit rauque et répété dû à des contractions du diaphragme. ◊ homonyme : hockey.

**horaire** **adj.** et **n. m.**

▭ **adj. 1.** Correspondant à une durée d'une heure. *La vitesse horaire d'un avion,* c'est le nombre de kilomètres qu'il parcourt en une heure. **2.** *Il y a six heures de décalage horaire entre New York et Paris,* quand il est midi à New York, il est 18 heures à Paris.

▭ **n. m. 1.** Tableau des heures de départ et d'arrivée des trains, des bateaux, des avions, etc. *Je consulte l'horaire des trains pour Pau.* **2.** Emploi du temps. *Il a un horaire chargé.*

** h : dans certains mots le h aspiré empêche la liaison et l'élision.*

***horde** **n. f.** Troupe de personnes ou d'animaux peu rassurants. *Une horde de hyènes s'est abattue sur le cadavre du lion.*

**horizon** **n. m. 1.** Ligne que l'on voit au loin où le ciel et la terre semblent se toucher. *Le soleil se couche à l'horizon.* **2.** *Ce livre m'a ouvert des horizons,* m'a fait découvrir des choses que je ne connaissais pas.

► **horizontal** **adj.** Dans le même sens que la ligne d'horizon. *La fusée s'est mise en position horizontale.* || contr. **debout, oblique, vertical** || — **Au masc. pl.** *horizontaux.*

► **horizontalement** **adv.** En suivant une ligne horizontale. || contr. **verticalement** ||.

**horloge** **n. f.** Grand appareil qui indique l'heure. *Il est 2 heures à l'horloge de la gare.* → aussi ② **pendule.**

► **horloger** **n. m.,** **horlogère** **n. f.** Personne dont le métier est de fabriquer, de réparer ou de vendre des montres, des horloges, des pendules. *Il a acheté un réveil chez un horloger-bijoutier.*

► **horlogerie** **n. f. 1.** Fabrication des objets qui indiquent l'heure. *Il travaille dans l'horlogerie.* **2.** Magasin de l'horloger.

***hormis** **prép.** Excepté, sauf. *Tous les enfants sont arrivés, hormis Flora.* || contr. y **compris** ||.

**hormone** **n. f.** Substance qui est produite par des glandes et qui, transportée par le sang, agit sur certaines parties du corps. *Les hormones qui permettent de grandir s'appellent les hormones de croissance.*

**horoscope** **n. m.** Ensemble des prévisions que font les astrologues sur l'avenir des gens en étudiant l'influence que les astres exercent sur eux depuis le jour de leur naissance. *Anne lit son horoscope dans un magazine.* → aussi **astrologie** et **zodiaque.**

**horreur** **n. f. 1.** Impression violente de répulsion et de peur. *Julie poussa un cri d'horreur en voyant une araignée. Alex aime les films d'horreur,* qui montrent des choses qui font peur. → **épouvante. 2.** *Les chats ont horreur de l'eau,* ils ne l'aiment pas du tout. *J'ai horreur de me lever tôt,* je déteste cela. **3.** Ce qui dégoûte ou fait peur. *Une souris, quelle horreur !* **4.** *Il a dit des horreurs sur toi,* des choses horribles.

**horrible** **adj. 1.** Qui provoque le dégoût ou la peur. → **abominable, effrayant, terrifiant.** *Un monstre horrible.* **2.** Très laid, très mauvais. → **épouvantable, monstrueux.** *Il fait un temps horrible.* || contr. **merveilleux** ||.

► **horriblement** **adv.** Très. *Cela sent horriblement mauvais.* → **terriblement.**

**horrifier** **v.** (conjug. 7) Remplir d'épouvante. *Elle était horrifiée par ce spectacle affreux.*

**horripiler** **v.** (conjug. 1) Exaspérer, agacer. *Ce bruit m'horripile.* → **énerver.**

► **horripilant** **adj.** Qui agace, exaspère. → **énervant.** *Cette fille est horripilante.* → **agaçant.**

***hors** **prép.** *Le poisson sauta hors de l'eau,* à l'extérieur de l'eau. *Nous sommes hors de danger,* à l'abri du danger. *Cette voiture est hors d'usage,*

** h : dans certains mots le h aspiré empêche la liaison et l'élision.*

elle ne peut plus servir. *Les fraises sont hors de prix en cette saison,* trop chères. *Elle était hors d'elle,* très en colère. ◊ homonyme : or. ▷ DEHORS, HORS-BORD, HORS-JEU, HORS-LA-LOI.

***hors-bord** **n. m. inv.** Petit bateau léger, très mobile, dont le moteur est placé en dehors de la coque. *On fait du ski nautique tiré par un hors-bord.* — **Au pl.** *Des hors-bord.*

***hors-d'œuvre** **n. m. inv.** Plat froid servi au début du repas avant les entrées ou le plat principal. *Hors-d'œuvre variés.*

***hors-jeu** **n. m. inv.** Faute d'un joueur de football ou de rugby qui se trouve à un endroit du terrain où il ne devrait pas être. *L'arbitre a sifflé un hors-jeu.* — **Au pl.** *Des hors-jeu.*

***hors-la-loi** **n. m. inv.** Bandit qui vit sans respecter les lois. *Une bande de hors-la-loi.*

hortensia

**hortensia** **n. m.** Petit arbuste dont les fleurs roses, blanches ou bleues sont groupées en grosses boules. *Un massif d'hortensias.*

**horticulteur** **n. m.**, **horticultrice** **n. f.** Personne qui cultive les plantes qui poussent dans les jardins. → **jardinier.**

**horticulture** **n. f.** Culture des légumes, des fruits, des fleurs et des arbres qui poussent dans les jardins.

**hospice** **n. m.** Maison où l'on accueille les personnes âgées qui n'ont pas d'argent. *Il a fini sa vie à l'hospice.*

① **hospitalier** **adj.** Accueillant. *Cette femme est très hospitalière,* sa maison est ouverte à tous. → aussi **hospitalité.**

② **hospitalier** **adj.** Relatif aux hôpitaux, aux cliniques. *Elle a été opérée dans un établissement hospitalier.*

**hospitaliser** **v.** (conjug. 1) *On a dû l'hospitaliser,* le faire entrer à l'hôpital pour le soigner.

**hospitalité** **n. f.** *Des amis m'ont offert l'hospitalité,* ils m'ont reçu et logé chez eux. → aussi ① et ② **hôte.**

**hostie** **n. f.** Petite rondelle de pain sans levain que les catholiques mangent à la messe au moment de la communion. *L'hostie représente le corps du Christ.*

**hostile** **adj. 1.** *Luc regarde Yves d'un air hostile,* malveillant, méchant. → **haineux.** || contr. **amical, bienveillant** || **2.** Opposé. *Les gens du quartier sont hostiles à la construction d'un parking,* ils sont contre. || contr. **favorable** ||.

** h : dans certains mots le h aspiré empêche la liaison et l'élision.*

▶ **hostilité** **n. f. 1.** Haine. *Le chat observait le chien avec hostilité.* || contr. **bienveillance** || **2.** *Les hostilités ont repris dans le nord du pays,* les combats entre ennemis, la guerre.

***hot-dog** **n. m.** Sandwich chaud constitué d'un petit pain contenant une saucisse. *Yves aime beaucoup les hot-dogs.*

① **hôte** **n. m., hôtesse** **n. f.** Personne qui reçoit quelqu'un chez elle, lui donne l'hospitalité. *Nos hôtes nous ont fort bien reçus. C'est une charmante hôtesse.*

▶ ② **hôte** **n. m.** et **f.** Personne qui est reçue chez quelqu'un, qui reçoit l'hospitalité. → **invité.** *Julie a dormi chez les parents de Flora, elle était leur hôte.* ▷ HÔTESSE.

**hôtel** **n. m. 1.** Maison ayant de nombreuses chambres où l'on peut dormir en payant. *Ils ont passé deux nuits à l'hôtel.* **2.** *Ils habitent un hôtel particulier,* une maison ancienne dans une ville. *Il y a un jardin devant l'hôtel de ville,* devant la mairie. **3.** *Le maître d'hôtel a pris notre commande,* celui qui dirige le service de la table dans un restaurant.

▶ **hôtelier** **n. m., hôtelière** **n. f.** Personne qui dirige un hôtel. — **Adj.** *L'école hôtelière,* c'est l'école où l'on apprend à s'occuper d'un hôtel ou d'un restaurant.

▶ **hôtellerie** **n. f.** Métier que font les personnes qui travaillent dans un hôtel ou un restaurant.

**hôtesse** **n. f. 1.** Femme chargée d'accueillir et de renseigner les visiteurs dans un magasin ou une exposition. *Adressez-vous aux hôtesses.* **2.** *Les hôtesses de l'air nous ont apporté des rafraîchissements,* les femmes qui veillent au confort des passagers d'un avion. → aussi **steward.**

***hotte** **n. f. 1.** Grand panier que l'on porte sur son dos à l'aide de bretelles. *La hotte du père Noël est remplie de jouets.* **2.** *L'intérieur de la hotte de la cheminée est noir de suie,* la partie par laquelle s'évacue la fumée. *Il y a une hotte électrique au-dessus de la cuisinière,* un appareil qui aspire la fumée et les odeurs.

***hou !** **interj.** Mot que l'on utilise pour faire peur ou pour se moquer. *Hou ! la menteuse !* ◇ homonymes : houe, houx, ou, où.

***houblon** **n. m.** Plante grimpante dont on utilise les fleurs dans la fabrication de la bière. *Il y a de grands champs de houblon en Alsace.*

***houe** **n. f.** Pioche à large lame. *Le jardinier bine la terre avec sa houe.* ◇ homonymes : hou !, houx, ou, où.

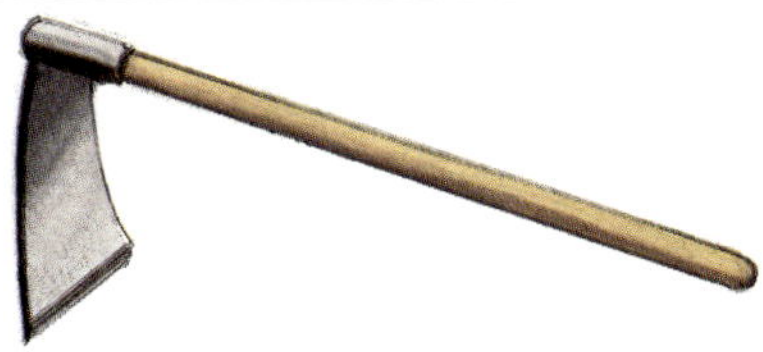
**houe**

***houille** **n. f. 1.** Charbon. *Une mine de houille.* **2.** *Les centrales hydro-électriques produisent de la houille blanche,* de l'électricité. ◇ homonyme : ouille !

** h : dans certains mots le h aspiré empêche la liaison et l'élision.*

▶ ***houiller** adj. Relatif à la houille. *Un bassin houiller,* c'est une région dont le sous-sol contient de la houille. *Il travaille dans l'industrie houillère.*

▶ ***houillère** n. f. Mine de houille.

***houle** n. f. Mouvement qui agite la mer sans faire déferler les vagues. *La barque était balancée par la houle.* → **roulis.**

▶ ***houleux** adj. 1. *La mer était houleuse,* agitée par la houle. 2. *La réunion a été houleuse,* agitée, mouvementée. → **orageux.** || contr. **calme, paisible** ||.

***houppe** n. f. Touffe de cheveux qui se dresse sur la tête. *Tintin a une houppe.*

▶ ***houppette** n. f. Petit tampon arrondi formé de brins de fil ou de duvet. *Elle se met de la poudre avec une houppette en cygne.*

**hourra !** interj. Mot que l'on crie pour acclamer, montrer sa joie. *Hourra ! on a gagné !* — N. m. *Les gagnants poussaient des hourras.*

***houspiller** v. (conjug. 1) *Elle ne cesse de houspiller sa petite sœur,* de lui faire des reproches et des critiques. → **tarabuster.**

***housse** n. f. Enveloppe souple, en tissu, en cuir ou en plastique, dont on recouvre des objets pour les protéger. *Elle a mis son manteau de fourrure dans une housse.*

***houx** n. m. Arbuste à feuilles vertes et luisantes munies de piquants, dont les fruits forment de petites boules rouges. *À Noël, la salle était décorée avec du gui et du houx.* ◊ homonymes : hou !, houe, ou, où.

***hublot** n. m. Petite fenêtre étanche, dans les bateaux, les avions.

***huche** n. f. Coffre de bois à couvercle plat. *Une huche à pain.*

***hue !** interj. Mot que l'on dit pour faire avancer un cheval.

***huées** n. f. pl. Cris poussés par des personnes mécontentes. *Le chanteur a quitté la scène sous les huées du public.*

▶ ***huer** v. (conjug. 1) *Les spectateurs huaient le chanteur,* ils criaient pour lui manifester leur mécontentement. → **conspuer.** || contr. **acclamer, applaudir** || ▷ CHAT-HUANT.

**huile** n. f. 1. Liquide gras, tiré de certains végétaux, dont on se sert pour faire la cuisine. *Elle assaisonne la salade avec de l'huile d'olive et du vinaigre.* 2. Liquide gras utilisé pour graisser les moteurs. *Le garagiste vérifie le niveau d'huile de la voiture.* 3. *Anne s'est enduit le corps d'huile solaire,* d'un liquide gras qui permet de bronzer en protégeant la peau du soleil.

▶ **huiler** v. (conjug. 1) Mettre de l'huile. → **graisser.** *Il faut huiler cette serrure qui grince.*

▶ **huileux** adj. Imbibé ou recouvert d'huile. → **gras.** *Julie avait les mains huileuses.*

**huis** n. m. Porte. *L'assassin a été jugé à huis clos,* toutes les portes étant fermées et sans que le public soit admis.

**huissier** n. m. 1. Personne qui accueille les visiteurs dans un ministère, une mairie, etc. *Donnez votre nom à l'huissier.* 2. Personne qui fait exé-

** h : dans certains mots le h aspiré empêche la liaison et l'élision.*

cuter les décisions de justice. *Si vous ne payez pas vos contraventions, l'huissier viendra saisir vos meubles.*

***huit** adj. inv. Sept plus un (8). *Elle a huit chats. Julie reviendra dans huit jours,* dans une semaine. — N. m. inv. *Il habite au 8 de la rue des Granges.*

► ***huitaine** n. f. Ensemble d'environ huit personnes ou huit choses de même sorte. *Elle restera ici une huitaine de jours,* environ une semaine.

► ***huitante** adj. inv. Ce mot est employé en Suisse. Quatre-vingts (80). → **octante.**

► ***huitième** adj. et n. m. 1. adj. Qui succède au septième. *Flora est arrivée huitième à la course.* 2. n. m. Partie d'un tout divisé en huit parts égales. *Luc a mangé les trois huitièmes de la tarte.*

**huître** n. f. Mollusque à grande coquille qui vit dans la mer. *Il se promène au milieu des parcs à huîtres,* où l'on élève les huîtres. → aussi **ostréiculture.** *Elle a mangé une douzaine d'huîtres.* ➳ planche Crustacés et coquillages.

***hululer** v. (conjug. 1) *La chouette et le hibou hululent,* ils poussent leur cri. — On peut écrire aussi *ululer.*

► ***hululement** n. m. Cri des oiseaux de nuit. — On peut écrire aussi *ululement.*

***hum !** interj. Mot qui sert à exprimer le doute, la méfiance. *Hum ! cela cache sûrement quelque chose.*

**humain** adj. et n. m.

▭ adj. 1. De l'homme. *Les êtres humains ne savent pas voler,* les hommes. *L'espèce humaine est apparue sur la Terre il y a des millions d'années.* → aussi **humanité.** 2. Compréhensif, compatissant. *C'est une femme très humaine.* → **bon.** ‖ contr. **inhumain** ‖.

▭ n. m. *Il y a plus de 5 milliards d'humains sur Terre,* d'hommes et de femmes. ▷ INHUMAIN, SURHUMAIN.

**humanitaire** adj. Qui est fait pour le bien des hommes. *Des organisations humanitaires ont envoyé des secours aux victimes du tremblement de terre.*

**humanité** n. f. 1. L'ensemble des êtres humains. *On s'interroge encore sur les origines de l'humanité.* 2. Bienveillance, bonté. *Les prisonniers ont été traités avec humanité.*

**humble** adj. Qui ne se vante pas, se conduit avec modestie et simplicité. → **modeste.** *Elle est restée humble malgré sa réussite.* ‖ contr. **orgueilleux, prétentieux** ‖.

► **humblement** adv. *Je te demande humblement pardon,* avec humilité.

**humecter** v. (conjug. 1) Mouiller légèrement. *Elle humecte le linge avant de le repasser.* → **humidifier.**

***humer** v. (conjug. 1) Aspirer par le nez. *Flora hume l'air frais du matin. Julie humait la bonne odeur du chocolat chaud,* elle la sentait.

**humérus** n. m. Os du bras, qui va de l'épaule au coude. ➳ planche Corps humain.

**humeur** n. f. 1. Fait de se sentir gai ou triste à un moment donné. *Je ne sais pas si je viendrai, cela dépendra de mon humeur. Julie est de bonne humeur aujourd'hui,* elle est gaie et aimable. *Le père d'Alex était de mauvaise humeur,* il était désagréable, ir-

** h : dans certains mots le h aspiré empêche la liaison et l'élision.*

rité. **2.** *L'humeur vitrée a un aspect gélatineux,* le liquide qui remplit le globe de l'œil.

**humide** **adj.** Légèrement mouillé. *Une serviette humide.* || contr. **sec** || *Une région humide,* où il pleut beaucoup.

▶ **humidifier** **v.** (conjug. 7) Mouiller légèrement. → **humecter.** *Cet appareil humidifie l'air.* || contr. **dessécher, sécher** ||.

▶ **humidité** **n. f.** Vapeur d'eau que contient l'air. *Les murs de la cave sont moisis à cause de l'humidité.*

**humilier** **v.** (conjug. 7) *Autrefois, on humiliait les mauvais élèves en leur mettant un bonnet d'âne sur la tête,* on les vexait pour montrer leur infériorité. → **rabaisser.**

▶ **humiliant** **adj.** Qui blesse l'amour-propre. → **vexant.** *Il a subi un échec humiliant.*

▶ **humiliation** **n. f.** *Giflé devant tout le monde, Yves a rougi d'humiliation,* de honte parce qu'il a été blessé dans son amour-propre.

**humilité** **n. f.** Caractère d'une personne humble. → **modestie.** *Les pèlerins s'agenouillèrent devant le pape en signe d'humilité.* → **soumission.** || contr. **fierté, orgueil, prétention** ||.

**humoriste** **n. m.** et **f.** Personne qui écrit, dessine ou raconte des choses drôles, avec humour. *Une humoriste.*

▶ **humoristique** **adj.** Qui fait rire. → **comique, drôle.** *Des dessins humoristiques.*

**humour** **n. m.** Art de faire rire ou sourire en se moquant des choses désagréables qui vous sont arrivées, sans avoir l'air de s'amuser. *Alex nous a raconté ses mésaventures avec beaucoup d'humour.*

**humus** **n. m.** Terre noire très fertile formée par des végétaux décomposés. → **terreau.**

***huppe** **n. f.** Touffe de plumes que certains oiseaux ont sur la tête. → **aigrette.** *La grue couronnée porte une huppe.*

***hurler** **v.** (conjug. 1) **1.** Pousser des cris prolongés et violents. *Les loups hurlent. Anne hurlait de douleur.* **2.** Parler, crier, chanter de toutes ses forces. *Il y avait tant de bruit qu'il devait hurler pour se faire entendre.*

▶ ***hurlement** **n. m.** Cri aigu et prolongé. *Julie poussa un hurlement de peur.*

**hurluberlu** **n. m.** Personne extravagante qui agit sans réfléchir. → **farfelu.** *Ce sont des hurluberlus.*

***hussard** **n. m.** Soldat de la cavalerie.

***hutte** **n. f.** Cabane faite avec des branches, de la terre séchée, de la paille. *En Afrique, les Pygmées habitent dans des huttes.* → ① **case.**

**hybride** **adj.** *Une espèce hybride,* c'est une espèce qui provient du croisement de deux espèces différentes. — **N. m.** *La mule est un hybride de la jument et de l'âne, ou du cheval et de l'ânesse.*

**hydrater** **v.** (conjug. 1) *Cette crème hydrate la peau,* elle introduit de l'eau dans la peau ou fixe l'eau qu'elle contient. ▷ DÉSHYDRATÉ.

**hydraulique** **adj.** **1.** Qui fonctionne en utilisant la force de l'eau. *Ce mo-*

** h : dans certains mots le h aspiré empêche la liaison et l'élision.*

*teur est actionné par une turbine hydraulique.* **2.** *L'énergie hydraulique,* c'est l'énergie produite par les chutes d'eau, les courants, les marées. → aussi **hydroélectrique.**

**hydravion** **n. m.** Avion construit pour décoller et se poser sur l'eau. *L'hydravion n'a pas encore amerri.*

**hydrocarbure** **n. m.** Corps chimique contenant du carbone et de l'hydrogène. *Le pétrole est un hydrocarbure.*

**hydrocution** **n. f.** *Le baigneur est mort par hydrocution,* à cause du choc causé par de l'eau trop froide.

**hydroélectrique** **adj.** *Des centrales hydroélectriques,* ce sont des usines qui transforment en électricité l'énergie produite par les chutes d'eau. → aussi **hydraulique.** — On peut écrire aussi *hydro-électrique.*

**hydrogène** **n. m.** Gaz incolore et inodore, le plus léger que l'on connaisse. *L'eau est composée d'hydrogène et d'oxygène.*

**hydroglisseur** **n. m.** Bateau à fond plat propulsé par une hélice d'avion. *On peut traverser la Manche en hydroglisseur.*

**hydrographie** **n. f. 1.** Partie de la géographie qui étudie les mers, les lacs et les cours d'eau. **2.** *L'hydrographie d'une région,* c'est l'ensemble de ses cours d'eau et de ses lacs.

**hydrophile** **adj.** Qui absorbe l'eau, le liquide. *Du coton hydrophile.*

**hyène** **n. f.** Animal des plaines sèches d'Afrique et d'Asie, au pelage gris ou fauve, qui se nourrit surtout de charognes. *Les hyènes ont un odorat puissant et une excellente vue.* — On dit *la hyène* ou *l'hyène.* ◊ homonyme : yen.

**hyène***

**hygiène** **n. f.** Ensemble des habitudes de tous les jours et des soins qui permettent d'être en bonne santé. *Se laver et avoir une alimentation saine sont des principes d'hygiène élémentaires.*

▸ **hygiénique** **adj.** Bon pour la santé. → **sain.** *Ils font une promenade hygiénique après le déjeuner.*

**hymne** **n. m.** *Chaque pays a un hymne national,* un chant solennel en l'honneur de la patrie et de ses défenseurs. *« La Marseillaise » est l'hymne national français.*

**hyper...** Préfixe qui signifie « excessivement », « au plus au point », « très grand ».

**hypermarché** **n. m.** Très grand magasin où l'on se sert soi-même. *Il fait ses courses dans un hypermarché.* → aussi **supermarché.**

**hypermétrope** **adj.** Qui ne voit pas bien ce qui est près. → **presbyte.** *Ma*

** h : dans certains mots le h aspiré empêche la liaison et l'élision.*

*grand-mère est devenue hypermétrope en vieillissant.*

**hypnose** **n. f.** Sommeil provoqué par des gestes spéciaux ou par des médicaments. *Il a agi sous hypnose,* en ayant été hypnotisé.

**hypnotiser** **v.** (conjug. 1) *Le magicien a hypnotisé un spectateur,* il l'a endormi en faisant des mouvements de main devant son visage et en le regardant fixement. → aussi **hypnose.**

**hypocrisie** **n. f.** Fait de cacher ce que l'on pense ou ce que l'on ressent et d'exprimer des sentiments que l'on n'a pas. *Faire de grands sourires à quelqu'un que l'on déteste, c'est de l'hypocrisie.* → **duplicité.**

**hypocrite** **adj.** *Elle est hypocrite,* elle dissimule ce qu'elle pense ou ce qu'elle ressent et montre des sentiments qu'elle n'a pas. → **fourbe, sournois.** || contr. **franc, loyal, sincère** || — **N. m.** et **f.** *C'est une hypocrite.*

**hypothèse** **n. f.** Chose que l'on suppose pour expliquer un événement. → **supposition.** *On a émis l'hypothèse que l'incendie a été provoqué par un court-circuit.*

**hypothétique** **adj.** Incertain. → **douteux.** *L'existence des soucoupes volantes est hypothétique.* || contr. **certain, sûr** ||.

**hystérie** **n. f.** Comportement d'une personne très excitée qui ne se contrôle pas. *Cela a été l'hystérie générale quand le chanteur a lancé sa chemise dans le public.*

▸ **hystérique** **adj.** Très excité. *Un rire hystérique.*

** h : dans certains mots le h aspiré empêche la liaison et l'élision.*

# I

**ibis** [ibis] **n. m.** Oiseau échassier à longues pattes et à grand bec mince, qui vit en Afrique et en Amérique. *L'ibis blanc et noir était un animal sacré chez les anciens Égyptiens.*

**iceberg** [isbɛʀg ou ajsbɛʀg] **n. m.** Énorme bloc de glace qui flotte sur les mers polaires après s'être détaché de la banquise.

**ici** **adv. 1.** Dans le lieu où l'on se trouve. *Ici, il fait beau. Viens ici tout de suite !* || contr. **là, là-bas** || **2.** *Flora doit arriver d'ici peu,* dans peu de temps. ▷ CECI, ① CI, VOICI.

icône

**icône** **n. f.** Peinture religieuse faite sur des panneaux de bois. *Une icône russe.*

**idéal** **adj.** et **n. m.**
▭ **adj.** Aussi parfait que l'on puisse imaginer. *Voici une robe idéale pour l'été.* — **Au masc. pl.** *idéaux* ou *idéals.*
▭ **n. m. 1.** *L'idéal, ce serait de pouvoir y aller ensemble,* ce qu'il y aurait de mieux. **2.** *Chacun voudrait réaliser son idéal,* les projets auxquels il tient le plus. — **Au pl.** *Des idéals* ou *des idéaux.*

▸ **idéaliser** **v.** (conjug. 1) Embellir, *Luc idéalise tous ses souvenirs.*

▸ **idéaliste** **n. m.** et **f.** Personne qui ne tient pas compte de la réalité, pense et agit en fonction de son idéal. *C'est une idéaliste.* — **Adj.** *Une jeune fille idéaliste.* || contr. **réaliste** ||.

**idée** **n. f. 1.** Chose que l'on pense et qui correspond à un mot ou à une phrase. *Elle n'a pas bien dormi et ce matin elle n'a pas les idées claires. L'idée de partir en classe de neige réjouit Luc.* → **pensée, perspective. 2.** *La* *maîtresse a donné à ses élèves une idée de ce qu'est le désert,* elle en a donné une notion, un aperçu. **3.** Rêve créé par l'imagination. → **illusion.** *C'est peut-être une idée, mais j'ai l'impression qu'il fait moins froid. Il se fait des idées.* **4.** Projet. *Quelle bonne idée ! Qui a eu cette idée ?* → **initiative. 5.** Façon de juger. *Ils n'ont pas les mêmes idées politiques.* → **opinion. 6.** *J'ai dans l'idée que ce ne sera pas possible,* je pense, j'ai dans l'esprit. ▷ IDÉAL, IDÉALISER, IDÉALISTE.

**identifier** **v.** (conjug. 7) **1.** *On n'a pas pu identifier le cadavre,* on n'a pas réussi à savoir de qui il s'agissait. *Luc a cueilli une fleur qu'il n'arrive pas à identifier,* il n'arrive pas à trouver à quelle espèce elle appartient. **2.** *Julie s'identifie à l'héroïne du livre qu'elle lit,* elle se met à sa place.

▶ **identification** **n. f.** *L'enquête a permis l'identification du meurtrier,* elle a permis de savoir qui était le meurtrier, de connaître son identité.

**identique** **adj.** *Des objets identiques,* ce sont des objets qui ont exactement les mêmes caractéristiques. → **pareil, semblable.** *Ton vélo est identique au mien.* ‖ contr. **différent** ‖.

**identité** **n. f.** *L'identité d'une personne,* c'est ce qui permet de la reconnaître parmi les autres, c'est-à-dire son nom, son âge, son aspect physique. *Le policier m'a demandé ma carte d'identité.*

**idiot** **adj.** Qui manque d'intelligence, de bon sens. → **abruti,** ② **bête, stupide.** *Sa cousine est complètement idiote.* ‖ contr. **intelligent** ‖ *Luc a fait une réflexion idiote.* → **inepte.** — **N.** *Espèce d'idiot !* → **imbécile.**

▶ **idiotie** **n. f. 1.** Manque d'intelligence. → **bêtise, stupidité. 2.** *As-tu fini tes idioties ?* tes actions et tes paroles idiotes. → **bêtise, imbécillité, sottise.**

**idole** **n. f. 1.** Statue, image qui représente un dieu et que l'on adore. **2.** *Ce chanteur est l'idole des jeunes,* c'est un chanteur que les jeunes aiment beaucoup.

**idylle** **n. f.** Petite histoire d'amour. *Y a-t-il une idylle entre eux ?*

**if** **n. m.** Arbre à feuillage toujours vert et à baies rouges, de la famille des conifères. *Des ifs bien taillés forment une haie au fond du jardin.*

**igloo** [iglu] **n. m.** Abri arrondi, construit avec des blocs de glace ou de neige. ⤜ planche Habitations. *Les Esquimaux habitent dans des igloos.*

**ignare** **adj.** Qui ne sait rien. → **ignorant,** ② **inculte.** *Elle est totalement ignare, elle ne sait même pas dans quel pays est Londres !* ‖ contr. **cultivé, instruit, savant** ‖.

**ignifugé** **adj.** *Ces rideaux sont ignifugés,* traités pour ne pas pouvoir brûler.

**ignoble** **adj. 1.** Qui est très laid, très sale ou très mauvais et inspire du dégoût. → **dégoûtant, infect, répugnant.** *La nourriture de ce restaurant est ignoble.* **2.** *C'est ignoble de maltraiter des enfants,* cela fait horreur. → **atroce, honteux, immonde, infâme, odieux.**

**ignominie** **n. f.** Action honteuse, ignoble. → **infamie.** *Il a commis les pires ignominies.* → **turpitude.**

**ignorer** **v.** (conjug. 1) **1.** Ne pas savoir. *Elle ignorait tout de lui, même son nom.* ‖ contr. **connaître** ‖ *J'ignorais qu'il devait venir.* **2.** *Luc a ignoré Julie,* il a fait comme si elle n'existait pas, comme si elle n'était pas là.

▸ **ignorance** **n. f.** Manque de connaissances, de savoir, d'instruction. *Yves reconnaît son ignorance en géographie.* → **incompétence.**

▸ **ignorant** **adj.** Qui ne sait rien, manque d'instruction. → **ignare.** *Ces élèves sont vraiment ignorants.* || contr. **instruit** || — **N.** *C'est une ignorante.*

**iguane** [igwan] **n. m.** Animal d'Amérique tropicale qui ressemble à un gros lézard. *Les iguanes ont une crête d'écailles pointues sur le dos.*

iguane

**il** **pronom personnel m. 1.** Pronom personnel masculin de la troisième personne, sujet. *Il est en voyage. Ils sont venus ici.* → aussi **elle, lui, eux. 2.** Sujet d'un verbe impersonnel. *Il pleut. Il est 8 heures.* ◊ homonyme : île.

**île** **n. f.** Terre entourée d'eau. *La Corse est une île.* → aussi **atoll.** ◊ homonyme : il. ▷ ÎLOT, PRESQU'ÎLE.

**illégal** **adj.** Contraire à la loi. → **illicite.** *Il est entré en France d'une manière illégale.* || contr. **légal** || — **Au masc. pl.** *illégaux.*

▸ **illégalité** **n. f.** *Les trafiquants de drogue vivent dans l'illégalité,* ils n'ont pas le droit de faire ce qu'ils font.

**illégitime** **adj.** Qui n'a pas de raison d'être, est injustifié. *Vos craintes sont illégitimes.* || contr. **légitime** ||.

**illettré** **adj.** *Des personnes illettrées,* ce sont des personnes adultes qui ne savent ni lire ni écrire. → **analphabète.** — **N.** *Elle apprend à lire aux illettrés.*

**illicite** **adj.** Interdit par la loi. *Le trafic de drogue est illicite.* → **illégal.** || contr. **autorisé** ||.

**illimité** **adj. 1.** Qui n'a pas de limites, de bornes. → **immense, infini.** *Les tyrans avaient un pouvoir illimité.* **2.** *Le piano est loué pour une durée illimitée,* qui n'est pas fixée à l'avance. → **indéterminé.**

**illisible** **adj. 1.** Très difficile à lire parce que les lettres sont mal écrites ou mal imprimées. *Sa signature est illisible.* → **indéchiffrable.** || contr. **lisible** || **2.** *Ce livre est illisible,* impossible à lire parce qu'il est trop compliqué ou ennuyeux.

**illogique** **adj.** Qui n'est pas logique. *Un raisonnement illogique.* → **incohérent.**

**illuminer** **v.** (conjug. 1) Éclairer d'une lumière très forte. *Les éclairs illuminent le ciel. Au moment de Noël, les rues sont illuminées.*

▸ **illumination** **n. f. 1.** Éclairage. *Flora aime les illuminations des rues à Noël.* **2.** *J'ai eu soudain une illumination,* une idée subite qui m'a permis de comprendre.

**illusion** **n. f. 1.** Impression fausse. *Un mirage est une illusion d'optique,* une chose que l'on croit voir mais qui n'existe pas. **2.** Idée fausse que l'on veut croire parce qu'elle fait plaisir. *S'il croit que je vais accepter, il se fait des illusions,* il se trompe.

▸ **illusionniste** **n. m.** et **f.** Personne qui fait des tours de magie. → **prestidigitateur.**

▸ **illusoire** **adj.** Qui est faux mais peut sembler vrai, possible. → **trompeur.** *Il est illusoire d'espérer retrouver des rescapés.* ▷ DÉSILLUSION.

**illustration** → **illustrer**

**illustre** **adj.** Célèbre, très connu. → **fameux.** *Victor Hugo est un écrivain français illustre.* || contr. **inconnu** ||.

▸ **s'illustrer** **v.** (conjug. 1) Devenir célèbre, se faire remarquer. → se **distinguer.** *Cette actrice s'est illustrée dans de nombreux films.*

**illustrer** **v.** (conjug. 1) **1.** Décorer avec des images, des dessins, des photos. *Flora découpe des images pour illustrer son cahier de géographie.* **2.** Donner des exemples pour expliquer plus clairement. *Il a dénoncé son camarade, cela illustre bien sa méchanceté.*

▸ **illustré** **n. m.** Revue, journal qui contient surtout des images, des dessins, des photos. *Les enfants aiment bien lire des illustrés.*

▸ **illustration** **n. f.** Image, dessin, photo qui illustre un livre. *Les illustrations de ce livre sont très jolies.*

**îlot** **n. m.** Petite île. *Le naufragé a trouvé refuge sur un îlot.*

**image** **n. f. 1.** Dessin, photographie. *Un livre avec des images.* → **illustration. 2.** Ce qui apparaît dans un miroir. *Je vois mon image dans la glace.* **3.** Ce que l'on voit sur un écran de télévision, de cinéma. *Règle la télévision, l'image est floue.* **4.** *Julie est l'image de son père,* elle lui ressemble beaucoup. → **portrait. 5.** Idée. *Ce documentaire donne une bonne image de ce pays.* → **description. 6.** *« Foudroyer quelqu'un du regard » est une image,* une façon de parler où l'on mélange le sens propre et le sens figuré d'un mot.

▸ **imagé** **adj.** *La maîtresse a un langage imagé,* où elle utilise beaucoup de comparaisons, d'images.

**imaginer** **v.** (conjug. 1) **1.** Se faire une idée de quelque chose. *Flora a du mal à imaginer qu'elle a été un petit bébé. — Julie essaie de s'imaginer à 40 ans.* → se **représenter. 2.** Inventer. *Alex a imaginé une histoire invraisemblable.* **3.** *Anne s'était imaginé qu'elle pouvait réussir sans travailler,* elle l'a cru à tort.

▸ **imaginaire** **adj.** Qui n'est pas réel. → **fictif.** *L'équateur est une ligne imaginaire. Le loup-garou est un être imaginaire.* → **fabuleux, fantastique.**

▸ **imaginatif** **adj.** Qui a beaucoup d'imagination. *Flora est une petite fille très imaginative.* → **créatif.**

▸ **imagination** **n. f.** *Luc a beaucoup d'imagination,* il a beaucoup d'idées, il peut inventer toutes sortes de choses. ▷ INIMAGINABLE.

**imam** [imam] **n. m.** Chef religieux musulman.

**imbattable** **adj.** Très fort, que l'on ne peut pas battre. → **invincible.** *Alex est imbattable aux dominos.*

**imbécile** **n. m.** et **f.** Personne qui n'est pas intelligente. → **crétin, idiot.** *Luc a traité sa sœur d'imbécile.*

▸ **imbécillité** **n. f. 1.** Manque d'intelligence. *Il est d'une imbécillité rare.*

**2.** Action ou parole sotte. → **bêtise, idiotie, sottise.** *Arrête de dire des imbécillités !*

**imberbe** **adj.** Qui n'a pas de barbe. || contr. **barbu** || *Alex est encore imberbe.*

**imbiber** **v.** (conjug. 1) *La pluie a imbibé le sol,* elle l'a pénétré et rempli d'eau. → **imprégner.**

s'**imbriquer** **v.** (conjug. 1) **1.** S'ajuster en se recouvrant en partie. *Les pièces du jeu de construction s'imbriquent les unes dans les autres.* **2.** *Ces deux affaires s'imbriquent,* elles sont liées étroitement.

**imbroglio** [ɛ̃bʀɔljo] **n. m.** Situation très compliquée. *Quel imbroglio !*

**imbu** **adj.** *Elle est très imbue d'elle-même,* elle se croit supérieure aux autres.

**imbuvable** **adj.** Très mauvais à boire. *Ce café est trop amer, il est imbuvable.* || contr. **buvable** ||.

**imiter** **v.** (conjug. 1) **1.** Reproduire. *Yves sait imiter les cris d'animaux.* **2.** Suivre l'exemple de quelqu'un. *Julie est toujours bien habillée, ses amies essaient de l'imiter,* de faire comme elle. → **copier.** **3.** *Cette matière plastique imite parfaitement le cuir,* elle ressemble beaucoup au cuir, produit le même effet que lui.

▸ **imitateur** **n. m.**, **imitatrice** **n. f.** Personne qui arrive à imiter la voix et les manières de quelqu'un. *Souvent, les imitateurs parodient des hommes politiques.*

▸ **imitation** **n. f.** **1.** *Luc fait des imitations très drôles,* il reproduit très bien la voix et les gestes d'autrui. **2.** Objet copié sur un autre. → **reproduction.** *Ce fauteuil n'est pas un vrai fauteuil Louis XVI, c'est une imitation.* → **copie.**

**immaculé** **adj.** Très propre, sans aucune tache. *La table était recouverte d'une nappe blanche immaculée.*

**immangeable** **adj.** Très mauvais à manger. *Cette viande est trop dure, elle est immangeable.* || contr. **mangeable** ||.

**immanquable** **adj.** Qui se produit forcément. → **fatal, inévitable.** *Chaque fois qu'ils se voient, ils se disputent, c'est immanquable.*

**immatriculer** **v.** (conjug. 1) Inscrire sous un certain numéro, sur un registre public. *Sa voiture est immatriculée dans le département des Landes.*

▸ **immatriculation** **n. f.** *Les plaques d'immatriculation d'une voiture,* ce sont les plaques sur lesquelles est inscrit le numéro de la voiture.

**immédiat** **adj.** **1.** Qui a lieu tout de suite. *Sa réponse à la question a été immédiate,* elle ne s'est pas fait attendre. — **N. m.** *Je ne peux rien dire dans l'immédiat,* pour le moment. **2.** Qui est tout proche. *Nous n'avons pas de voisins immédiats.*

▸ **immédiatement** **adv.** Tout de suite. *Rentre immédiatement !*

**immense** **adj.** Très grand. *Le Canada est un pays immense.* || contr. **minuscule, petit** || *Vous me faites un immense plaisir en acceptant.* → **extrême.**

▸ **immensément** **adv.** Très. *Il est immensément riche.* → **extrêmement.**

▸ **immensité** **n. f.** Très grande étendue. *L'immensité de l'espace fait parfois peur.* || contr. **petitesse** ||.

**immerger** **v.** (conjug. 3) Mettre sous l'eau. *On a immergé des câbles dans la* *mer.* — *Le sous-marin s'immerge,* il plonge. || contr. **émerger** ||.

▸ **immergé** **adj.** *La partie immergée d'un iceberg,* c'est la partie qui est sous l'eau.

partie immergée d'un iceberg

**immersion** **n. f.** *Yves a vu l'immersion du sous-marin,* il a vu le sous-marin s'enfoncer dans l'eau.

**immettable** **adj.** *Ma robe bleue est devenue immettable,* je ne peux plus la mettre parce qu'elle est démodée ou qu'elle n'est plus à ma taille. || contr. **mettable** ||.

**immeuble** **n. m.** Grand bâtiment à plusieurs étages. *On construit un immeuble de bureaux.*

**immigrer** **v.** (conjug. 1) Arriver dans un pays étranger pour y vivre. *De nombreux Irlandais ont immigré aux États-Unis.* → aussi **émigrer.**

▸ **immigré** **adj.** Qui est venu s'installer dans un pays étranger. *Il y a de nombreux travailleurs immigrés dans cette région.* — **N.** *Elle donne des cours de français à des immigrés.* → aussi **émigré.**

▸ **immigration** **n. f.** Installation d'étrangers dans un pays. *L'immigration est contrôlée par l'État.* || contr. **émigration** ||.

**imminent** **adj.** Qui doit arriver dans très peu de temps. → **proche.** *On annonce l'arrivée imminente de l'avion en provenance de Madrid.*

s'**immiscer** [simise] **v.** (conjug. 3) Se mêler de quelque chose de manière indiscrète. *Luc s'immisce toujours dans les affaires des autres.* → s'**ingérer.**

**immobile** **adj.** Qui ne bouge pas. *Les enfants ont du mal à rester immobiles longtemps.* → **tranquille.**

**immobilier** **adj.** Qui concerne la construction, la vente et la location d'immeubles et de maisons. *Ils se sont adressés à une agence immobilière pour trouver un appartement à louer.*

**immobiliser** **v.** (conjug. 1) Rendre immobile, empêcher de bouger. *Son opération l'a immobilisé plusieurs semaines.* — *La voiture s'est immobilisée au feu rouge,* elle s'est arrêtée.

**immobilité** **n. f.** État de ce qui reste sans bouger. *Le blessé est condamné à l'immobilité.*

**immoler** **v.** (conjug. 1) *Les Romains immolaient des moutons à leurs dieux,* ils tuaient des moutons qu'ils leur offraient en sacrifice. → **sacrifier.**

**immonde** **adj. 1.** Très sale. → **dégoûtant, répugnant.** *Ils habitent dans un taudis immonde.* **2.** Révoltant. → **ignoble, odieux.** *C'est immonde de dénoncer ses amis.*

► **immondices** **n. f. pl.** Déchets, ordures. → **détritus.** *Défense de déposer des immondices.*

**immoral** **adj.** Contraire à ce que l'on doit faire, à la morale. || contr. **moral** || *Cette histoire où ce sont les méchants qui gagnent est immorale.* — **Au masc. pl.** *immoraux.*

**immortaliser** **v.** (conjug. 1) Rendre immortel dans la mémoire. *Ses films l'ont immortalisé.*

**immortalité** **n. f.** État de ce qui ne meurt jamais. *Les gens qui ont la foi croient à l'immortalité de l'âme.*

**immortel** **adj. 1.** Qui ne meurt pas. *Les dieux sont immortels.* || contr. **mortel** || **2.** Qui reste dans la mémoire. *Victor Hugo a écrit des œuvres immortelles.*

**immuable** **adj.** Qui ne change pas. *Les mois de l'année se succèdent dans un ordre immuable.* → **constant, invariable.** || contr. **changeant, variable** ||.

**immuniser** **v.** (conjug. 1) *Un vaccin immunise contre une maladie,* il empêche de l'attraper. → **préserver.**

**immunité** **n. f.** Capacité de résister à une cause de maladie. *Le vaccin antitétanique donne l'immunité contre le tétanos.*

**impact** **n. m. 1.** *Le point d'impact d'une balle,* c'est l'endroit où elle a frappé. **2.** Effet. → **influence.** *Cette campagne publicitaire a eu un grand impact sur le public.* → **répercussion, retentissement.**

① **impair** **n. m.** Maladresse. *Il a commis un impair en disant qu'il était déjà au courant.* → fam. **gaffe.**

② **impair** **adj.** *Un nombre impair,* c'est un nombre qui, divisé par 2, ne donne pas un nombre entier. *5 et 27 sont des nombres impairs.* || contr. ② **pair** ||.

**imparable** **adj.** Impossible à parer, à éviter. *Le footballeur a fait un tir imparable et a marqué un but.*

**impardonnable** **adj.** Qui ne mérite pas d'être pardonné. → **inexcusable.** *Tu es impardonnable d'avoir oublié. Sa faute est impardonnable.* || contr. **excusable, pardonnable** ||.

① **imparfait** **adj.** Qui présente des défauts, des imperfections. *Sa rédaction est imparfaite.* || contr. **parfait** ||.

② **imparfait** **n. m.** Temps du verbe que l'on emploie pour parler de ce qui est arrivé dans le passé et a duré un certain temps, ou qui s'est répété. *Dans la phrase « Flora aimait la bouillie quand elle était petite », les verbes « aimer » et « être » sont à l'imparfait.*

**impartial** **adj.** *Une personne impartiale,* c'est une personne juste, qui n'a pas de parti pris et ne montre pas ses préférences. → ③ **objectif.** *Les professeurs doivent être impartiaux.* || contr. **partial** ||.

► **impartialité** **n. f.** Qualité d'une personne qui juge sans parti pris, sans tenir compte de ses préférences. → **objectivité.** *L'impartialité est la première qualité d'un arbitre.* || contr. **partialité** ||.

**impasse** **n. f.** Petite rue sans issue, fermée à un bout. → **cul-de-sac.**

**impassible** **adj.** *Anne reste impassible quand son frère la taquine,* elle ne montre aucune émotion, aucun trouble. → **calme, imperturbable.**

▶ **impassibilité** n. f. Caractère d'une personne qui ne manifeste aucune émotion. → **flegme.** *Il ne se départ jamais de son impassibilité.*

**impatient** adj. Qui n'aime pas attendre, est incapable d'attendre tranquillement. *Flora est impatiente d'ouvrir ses cadeaux.* || contr. ① **patient** ||.

▶ **impatience** n. f. État d'une personne qui n'aime pas attendre. *Luc attend son tour avec impatience.* || contr. **patience** ||.

▶ **impatiemment** adv. Avec impatience. *J'attends impatiemment de vos nouvelles.* || contr. **patiemment** ||.

▶ **impatienter** v. (conjug. 1) 1. Faire perdre patience. → **agacer, énerver.** *Les élèves ont impatienté leur professeur.* 2. *Les clients s'impatientaient dans la salle d'attente,* ils perdaient patience, en avaient assez d'attendre. || contr. **patienter** ||.

**impavide** adj. Qui ne montre aucune peur. *Les pompiers sont restés impavides devant le danger.*

**impeccable** adj. 1. Sans défaut. *Son devoir était impeccable.* → **irréprochable.** 2. D'une propreté parfaite. *Ta chemise blanche est impeccable.* → **immaculé.**

**impénétrable** adj. 1. Où l'on ne peut aller, pénétrer. *En Amazonie, il y a des forêts impénétrables.* 2. Mystérieux. *Anne avait un air impénétrable,* qui ne permettait pas de deviner ses pensées.

**impensable** adj. Inimaginable, incroyable. *Ce qu'il a réussi à faire était impensable au siècle dernier.* → **inconcevable.** || contr. **pensable** ||.

**impératif** adj. et n. m. 1. adj. *C'est un ordre impératif,* auquel on doit absolument se soumettre. *Il l'a dit d'une voix impérative.* 2. n. m. Mode du verbe employé pour donner un ordre ou des conseils, ou pour interdire quelque chose à quelqu'un. *Dans la phrase « Range tes affaires », le verbe « ranger » est à l'impératif.*

**impératrice** n. f. 1. Femme d'un empereur. *L'impératrice Joséphine, première femme de Napoléon Ier.* 2. Souveraine d'un empire. *Catherine II, impératrice de Russie.*

**imperceptible** adj. Très difficile à percevoir par les organes des sens. *Un bruit imperceptible.* || contr. **perceptible** ||.

**imperfection** n. f. Défaut. *Ce travail est bien fait, malgré quelques imperfections.*

**impérial** adj. Qui appartient à un empereur ou dépend de son autorité. *La garde impériale de Napoléon.* — Au masc. pl. *impériaux.*

**impérialisme** n. m. Politique d'un pays qui cherche à conquérir ou à dominer d'autres pays.

▶ **impérialiste** adj. *Au 19e siècle, l'Angleterre était un pays impérialiste,* qui pratiquait l'impérialisme.

**impérieux** adj. 1. Très autoritaire. *Elle parle d'une voix impérieuse.* 2. *Je suis très fatigué, j'ai un besoin impérieux de dormir,* j'en ai un besoin urgent. → **irrésistible, pressant.**

**impérissable** adj. Qui ne peut périr, disparaître. *Il a gardé un souvenir impérissable de ce voyage.* → **inoubliable.**

**imperméable** adj. et n. m. 1. adj. Qui ne laisse pas passer l'eau, ni aucun autre liquide. *L'argile est une roche imperméable.* || contr. **perméable, poreux** || 2. *Un* *imperméable,* c'est un vêtement qui protège de la pluie.

**impersonnel** adj. 1. Sans particularité. → **neutre.** *À l'aéroport, une voix impersonnelle annonce l'arrivée des avions.* 2. *Un verbe impersonnel,* c'est un verbe qui ne s'emploie qu'à la troisième personne du singulier et à l'infinitif. *« Falloir » et « pleuvoir » sont des verbes impersonnels.*

**impertinent** adj. Trop familier, impoli. *Anne a répondu à sa mère sur un ton impertinent.* → **insolent.** || contr. **respectueux** ||.

▶ **impertinence** n. f. Attitude d'une personne qui manque de politesse, de respect. *Elle sera punie pour son impertinence.* → **insolence.**

**imperturbable** adj. Que rien ne peut troubler. → **impassible, inébranlable, serein.** *Il est resté imperturbable pendant toute la discussion.* || contr. **énervé** ||.

**impétueux** adj. *Une personne impétueuse,* c'est une personne qui agit avec une grande rapidité et un peu de violence. → **fougueux, vif.**

▶ **impétuosité** n. f. *L'orateur parlait avec impétuosité.* → **ardeur, fougue.**

**impie** adj. *Des paroles impies,* ce sont des paroles qui manquent de respect pour la religion. || contr. **pieux** ||.

**impitoyable** adj. Sans pitié. *Un ennemi impitoyable.* → **cruel, implacable.** *La maîtresse est impitoyable quand elle trouve des fautes d'orthographe,* elle est très sévère, elle ne les laisse pas passer. || contr. **indulgent** ||.

**implacable** adj. 1. *Il lui porte une haine implacable,* que rien ne peut apaiser. → **impitoyable.** 2. *Ton raisonnement est d'une logique implacable,* sans défaut, sans faille.

**implanter** v. (conjug. 1) Installer de façon durable. *Il faut implanter de nouvelles industries dans la région. — Une usine de chaussures s'est implantée dans la banlieue,* elle s'y est établie.

▶ **implantation** n. f. Installation. *L'implantation de cette usine a créé de nouveaux emplois.*

**implicite** adj. Qui n'est pas dit clairement mais qui peut se deviner d'après la situation. *Sa mauvaise humeur manifestait une volonté implicite de nous gâcher la journée.* || contr. **explicite** ||.

**impliquer** v. (conjug. 1) 1. *Le maire a été impliqué dans ce scandale,* il y a été mêlé. 2. *Elle doit être à l'école à 8 heures, cela implique qu'elle parte de chez elle à 7 heures,* par conséquent elle doit partir de chez elle à 7 heures.

**implorer** v. (conjug. 1) Demander en suppliant. *L'avocat implore l'indulgence du jury.*

**impoli** adj. Incorrect, grossier. *Il est impoli de ne pas dire merci.* || contr. **poli** ||.

▶ **impolitesse** n. f. Manque de politesse. *Il ne s'est même pas excusé, quelle impolitesse !* → **grossièreté.**

**impondérable** n. m. *Tout devrait se dérouler comme prévu, mais il peut toujours y avoir des impondérables,* des événements que l'on ne pouvait pas prévoir et qui changent tout.

**impopulaire** adj. Qui déplaît à la plupart des gens. *Une augmentation des impôts est toujours une mesure impopulaire.* || contr. **populaire** ||.

**importance** **n. f.** *Cette décision a beaucoup d'importance pour nous,* c'est une chose très sérieuse et qui a beaucoup d'intérêt. *Laisse, tu finiras demain, cela n'a pas d'importance,* cela ne fait rien, ce n'est pas grave. *Vous attachez trop d'importance à des détails,* certains détails comptent trop pour vous. *C'est un problème d'importance,* très important.

▶ **important** **adj. 1.** Qui compte beaucoup. *Vérifie que tu n'oublies rien d'important !* || contr. **insignifiant, secondaire** || **2.** Gros. *Cet achat nous a fait faire une dépense importante.* → **considérable. 3.** *C'est un homme très important,* qui joue un grand rôle dans la société. → **influent.**

① **importer** **v.** (conjug. 1) **1.** Compter beaucoup. *La seule chose qui m'importe, c'est d'arriver à temps. Viens si tu veux, peu importe !* cela n'a pas d'importance. **2.** *N'importe qui peut en faire autant,* une personne quelconque, tout le monde le peut. *Tu racontes n'importe quoi,* tu dis des choses sans valeur. *Ne pose pas tes affaires n'importe où,* dans un endroit qui n'est pas leur place. *Ce travail a été fait n'importe comment,* sans soin. ▷ IMPORTANCE, IMPORTANT.

② **importer** **v.** (conjug. 1) Faire venir une marchandise d'un pays étranger. *La France importe du pétrole, du coton, du café.* || contr. **exporter** ||.

▶ **importation** **n. f.** Achat de marchandises à un pays étranger. *Les ananas et les bananes sont des produits d'importation,* ils sont venus de l'étranger. || contr. **exportation** ||.

▶ **importateur** **n. m., importatrice** **n. f.** Personne dont le métier est de faire des importations. *Un importateur de riz.* — **Adj.** *Les pays importateurs de pétrole.* || contr. **exportateur** ||.

**importun** **adj.** *Elle craignait d'être importune en arrivant à l'improviste,* elle craignait de déranger, d'être gênante. → **indiscret.** — **N. m.** *C'est parfois difficile de se débarrasser des importuns,* des personnes qui vous dérangent. → **gêneur.**

▶ **importuner** **v.** (conjug. 1) Déranger, ennuyer. *Je m'en vais, je ne veux pas vous importuner plus longtemps.*

① **imposer** **v.** (conjug. 1) **1.** Faire subir, faire accepter de façon autoritaire. *Il leur a imposé ses conditions.* **2.** *Son courage en impose à tous,* impressionne tout le monde.

▶ **s'imposer** **v. 1.** Se faire admettre. *Elle s'est imposée à ce poste par son intelligence.* **2.** Être nécessaire. *Après cette longue route, une petite halte s'impose.*

▶ **imposant** **adj.** Qui impressionne par l'importance, la quantité. *Il a été élu à une imposante majorité.*

② **imposer** **v.** (conjug. 1) *Imposer quelqu'un,* c'est lui faire payer des impôts.

▶ **imposable** **adj.** *Un revenu imposable,* c'est un revenu sur lequel on doit payer des impôts. ▷ IMPÔT.

**impossible** **adj. 1.** *Il est impossible de réparer ce vélo,* on ne peut pas le faire. || contr. **possible** || — **N. m.** *Je ferai l'impossible pour être à l'heure,* je ferai tout ce que je peux faire. **2.** Insupportable. *Ces enfants sont impossibles, aujourd'hui.*

▶ **impossibilité** **n. f.** *Je suis dans l'impossibilité de t'aider,* je ne peux pas le faire. → **incapacité.**

**imposteur** **n. m.** Personne qui trompe les autres en racontant des mensonges ou en se faisant passer pour quelqu'un d'autre. *L'imposteur a été démasqué.*

**imposture** **n. f.** Tromperie d'un imposteur. *L'imposture a été découverte.*

**impôt** **n. m.** Argent que l'on verse à l'État. *Les impôts directs sont ceux que l'on paye sur l'argent que l'on gagne. Les impôts indirects sont des taxes comprises dans le prix des marchandises que l'on achète.* → aussi **fisc.**

**impotent** **adj.** Qui ne peut pas marcher ou qui marche avec difficulté. → **infirme, invalide.** *Une vieille dame impotente.* || contr. **valide** ||.

**impraticable** **adj.** *Il a beaucoup neigé, la route est impraticable,* on ne peut pas y circuler. || contr. **praticable** ||.

**imprécis** **adj.** Vague, incertain. *Je n'ai que des souvenirs imprécis de ce voyage.* → **flou.**

▸ **imprécision** **n. f.** Manque de précision. *Son explication est d'une grande imprécision.* || contr. **précision** ||.

**imprégner** **v.** (conjug. 6) Mouiller complètement. *Près des marais, le sol est imprégné d'eau.* → **imbiber.**

**imprenable** **adj. 1.** Qui ne peut être pris. *Une place forte imprenable.* **2.** *De cette terrasse, nous avons une vue imprenable,* qui ne peut être cachée par de nouvelles constructions.

**imprésario** **n. m.** Personne qui s'occupe de l'organisation d'un spectacle et des engagements d'un artiste. — **Au pl.** *Des imprésarios.*

**impression** **n. f. 1.** Effet produit sur quelqu'un. *Cela nous a fait une drôle d'impression de la revoir après si longtemps.* **2.** Sensation, sentiment. *J'ai l'impression que nous sommes suivis.* **3.** *Il y a des fautes d'impression dans ce livre,* des fautes faites au moment où on l'a imprimé. → aussi **imprimerie.**

▸ **impressionner** **v.** (conjug. 1) *Ce film nous a beaucoup impressionnés,* il a fait sur nous une forte impression. → **frapper.**

▸ **impressionnable** **adj.** Émotif, sensible. *Il ne faut pas aller voir ce film si l'on est impressionnable.*

▸ **impressionnant** **adj.** Étonnant, frappant. *Les trapézistes ont fait un numéro impressionnant.*

▸ **impressionniste** **n. m.** et **f.** *Les impressionnistes,* ce sont les peintres qui, à la fin du 19e siècle, ont cherché à exprimer les impressions données par la lumière et les objets. *Manet, Renoir et Monet sont de grands impressionnistes.*

**imprévisible** **adj.** Qui ne peut être prévu, connu à l'avance. *Cette panne de voiture était imprévisible.* → aussi **imprévu.** || contr. **prévisible** ||.

**imprévoyant** **adj.** *Elle a été bien imprévoyante en ne prenant pas son parapluie,* elle n'a pas pensé à l'avance à ce qui pourrait arriver. || contr. **prévoyant** ||.

▸ **imprévoyance** **n. f.** *C'est de l'imprévoyance de ne pas s'assurer contre le vol.* || contr. **prévoyance** ||.

**imprévu** **adj.** Inattendu. *Il a reçu la visite imprévue de son cousin.* — **N. m.** *Elle n'aime pas beaucoup l'imprévu,* ce qui arrive et qu'on n'attendait pas.

**imprimer** **v.** (conjug. 1) Reproduire un texte, un livre au moyen de l'imprimerie. *Les journaux du matin sont imprimés pendant la nuit.* → aussi **impression.**

▸ **imprimé** **n. m.** Feuille sur laquelle est imprimé un texte. → **formulaire.** *Remplissez très lisiblement cet imprimé.*

▸ **imprimante** **n. f.** Machine qui imprime sur du papier les textes qui sont mis en mémoire dans un ordinateur.

▸ **imprimerie** **n. f. 1.** Technique qui permet d'imprimer des livres et des journaux en très grand nombre. *Au 15ᵉ siècle, Gutenberg perfectionna l'imprimerie en fabriquant des caractères en plomb.* **2.** Atelier, usine où l'on imprime des livres et des journaux. *Le livre n'est pas sorti en librairie, il est encore à l'imprimerie.*

▸ **imprimeur** **n. m.** Personne qui dirige une imprimerie ou qui y travaille.

**improbable** **adj.** Qui a peu de chances de se produire. *La victoire de notre équipe est improbable.* → **douteux.** ‖ contr. **certain, sûr** ‖.

**impromptu** **adj.** Sans préparation. *Elle a fait un dîner impromptu,* un dîner qu'elle a improvisé.

**impropre** **adj. 1.** *Un mot impropre,* c'est un mot qui ne convient pas pour ce que l'on veut dire. ‖ contr. **exact, juste** ‖ **2.** *Cette eau est impropre à la consommation,* elle n'est pas potable. ‖ contr. ② **propre** ‖.

**improviser** **v.** (conjug. 1) Faire quelque chose sans l'avoir préparé. *Il a improvisé un discours. Le pianiste improvise,* il joue une musique qu'il invente au fur et à mesure.

▸ **improvisation** **n. f.** Air improvisé. *Les musiciens de jazz ont joué une improvisation.*

à l'**improviste** **adv.** D'une manière imprévue, au moment où l'on ne s'y attend pas. *Ils sont arrivés à l'improviste.*

**imprudent** **adj.** Qui ne fait pas assez attention à ce qui peut être dangereux. *Elle est quelquefois imprudente au volant.* ‖ contr. **prudent** ‖.

▸ **imprudemment** **adv.** Sans faire attention au danger. *Elle conduit très imprudemment.* ‖ contr. **prudemment** ‖.

▸ **imprudence** **n. f.** Action imprudente. *Au revoir, bonne route et ne faites pas d'imprudences !*

**impuissant** **adj.** *Il restait impuissant devant ce désastre,* il ne pouvait rien faire.

▸ **impuissance** **n. f.** Impossibilité de faire quelque chose. *Il était réduit à l'impuissance devant tant de misère.*

**impulsif** **adj.** *Julie est très impulsive,* elle agit très vite, sans réfléchir.

**impulsion** **n. f. 1.** *Alex donna une impulsion à la boule qui se mit à rouler,* il la poussa légèrement. **2.** *Il ne faut pas céder à toutes ses impulsions,* aux brusques envies que l'on a de faire quelque chose.

**impunément** **adv.** Sans être puni. *Il ne continuera pas à se moquer de nous impunément.*

**impuni** **adj.** Qui ne reçoit pas de punition. *Elle ne restera pas longtemps impunie.*

**impur** **adj.** *Cette eau est impure, on ne peut pas la boire,* elle contient des éléments qui la rendent mauvaise. → **pollué.** ‖ contr. **pur** ‖.

▸ **impureté** **n. f.** *En filtrant l'eau, on élimine ses impuretés,* les éléments qui la rendent mauvaise à boire.

**imputer** v. (conjug. 1) *On lui a imputé cette grave erreur,* on l'en a rendu responsable. → **attribuer.**

**imputrescible** [ɛ̃pytʀesibl] **adj.** *Une matière imputrescible,* c'est une matière qui ne pourrit pas. *L'or est imputrescible.*

**inabordable** **adj.** Dont le prix est trop élevé. *En cette saison, les asperges sont inabordables.* → **cher.** || contr. **abordable** ||.

**inacceptable** **adj.** *Ta conduite est inacceptable,* inadmissible.

**inaccessible** **adj.** **1.** Impossible à atteindre. *Ce village est inaccessible par la route en hiver.* || contr. **accessible** || **2.** *Au moment de la rentrée, la directrice est inaccessible,* on n'arrive pas à la voir, à la rencontrer.

**inaccoutumé** **adj.** *Il y a une agitation inaccoutumée sur la place aujourd'hui,* une agitation inhabituelle. || contr. **habituel** ||.

**inachevé** **adj.** *Le compositeur a laissé sa sonate inachevée,* il ne l'a pas terminée. || contr. **achevé, fini** ||.

**inactif** **adj.** *Elle n'aime pas rester inactive,* sans activité. → **désœuvré, oisif.** || contr. **actif** ||.

**inaction** **n. f.** *Elle a du mal à supporter l'inaction,* elle ne supporte pas de ne rien faire. → **oisiveté.**

**inadapté** **adj.** *Un enfant inadapté,* c'est un enfant qui a des difficultés à s'adapter à la vie scolaire, qui a des problèmes avec les autres.

**inadmissible** **adj.** *Il est inadmissible de déranger les gens si tard,* on ne peut pas l'accepter. → **inacceptable, intolérable.**

par **inadvertance** **adv.** *Julie a pris l'écharpe de Flora par inadvertance,* parce qu'elle n'a pas fait attention. → par **mégarde.**

**inamovible** **adj.** *Certains juges sont inamovibles,* on ne peut pas les faire changer de poste ni les renvoyer.

**inanimé** **adj.** **1.** *Les objets sont inanimés,* ils ne sont pas vivants. **2.** *Une personne inanimée,* c'est une personne morte ou évanouie. *Il est resté inanimé pendant quelques minutes.*

**inanition** **n. f.** *Mourir d'inanition,* c'est mourir de faim.

**inaperçu** **adj.** *Passer inaperçu,* c'est ne pas être remarqué. *Avec ce chapeau, elle ne passe pas inaperçue.*

**inappréciable** **adj.** Qui a beaucoup de valeur. *Cette nouvelle machine rend des services inappréciables.* → **inestimable, précieux.**

**inapte** **adj.** *Il a été déclaré inapte au service militaire,* incapable de le faire. || contr. **apte** ||.

▸ **inaptitude** **n. f.** Incapacité. *Elle a montré son inaptitude à tout exercice physique.* || contr. **aptitude** ||.

**inattaquable** **adj.** *La théorie de ce savant est inattaquable,* on ne peut pas la critiquer.

**inattendu** **adj.** *J'ai reçu hier une visite inattendue,* à laquelle je ne m'attendais pas. → **imprévu, surprenant.**

**inattentif** **adj.** *Julie n'a pas entendu la question parce qu'elle était inattentive,* elle ne faisait pas attention. → **distrait.** || contr. **attentif** ||.

**inattention** **n. f.** Manque d'attention. *Il a eu un moment d'inattention.* → **distraction.** || contr. **attention** ||.

**inaudible** **adj.** *Un son inaudible,* c'est un son que l'on entend très mal ou que l'on n'entend pas du tout.

**inaugurer** **v.** (conjug. 1) Ouvrir officiellement au public un nouveau monument, un nouvel édifice. *Le ministre a inauguré le nouvel hôpital.*
► **inauguration** **n. f.** Cérémonie par laquelle on inaugure un édifice.

**inavouable** **adj.** *Il a commis une faute inavouable,* qu'il n'ose pas avouer tellement il en a honte.

**incalculable** **adj.** Impossible ou difficile à évaluer. *Cet événement a eu des conséquences incalculables.* → **considérable.**

**incandescent** [ɛ̃kɑ̃desɑ̃] **adj.** Rendu rouge par une très forte chaleur. *Les braises sont incandescentes.*
► **incandescence** **n. f.** *Du fer en incandescence,* c'est du fer devenu rouge sous l'effet de la chaleur.

**incapable** **adj.** et **n. m.** et **f. 1. adj.** *Ce bébé est encore incapable de se tenir debout,* il ne peut pas le faire. || contr. **capable** || **2. n. m.** et **f.** *Vous êtes tous des incapables,* des bons à rien.

**incapacité** **n. f. 1.** *Je suis dans l'incapacité de te répondre,* je ne peux pas le faire. → **impossibilité.** || contr. **capacité** || **2.** *Il a reconnu son incapacité,* son incompétence.

**incarcérer** **v.** (conjug. 6) Mettre en prison. *On a incarcéré les malfaiteurs à la prison centrale.* → **emprisonner.**

**incarnat** **adj.** D'un rouge clair et vif. *La princesse portait une robe de soie incarnate.*

**incarner** **v.** (conjug. 1) Représenter un personnage dans un spectacle. *Ce comédien a incarné Napoléon au cinéma.* → **interpréter, jouer.**

**incartade** **n. f.** Faute pas très grave. *À la prochaine incartade, vous serez punis.* → **bêtise.**

**incassable** **adj.** *Des verres de lunettes incassables,* ce sont des verres qui ne se cassent pas.

**incendie** **n. m.** Grand feu qui s'étend en brûlant tout sur son passage. *Les pompiers ont maîtrisé l'incendie. Des incendies de forêt ont ravagé la Corse.*
► **incendiaire** **n. m.** et **f.** Personne qui allume volontairement un incendie. → **pyromane.**
► **incendier** **v.** (conjug. 7) Mettre le feu, faire brûler. *Des bandes de pillards incendiaient tout sur leur passage.*

**incertain** **adj. 1.** *L'heure de son arrivée est incertaine,* peu sûre. || contr. **certain** || **2.** *Le temps est incertain,* on ne sait pas très bien s'il va faire beau ou mauvais.

**incertitude** **n. f.** *Il est dans l'incertitude sur ce qu'il fera l'an prochain,* il n'en sait rien.

**incessant** **adj.** Qui ne cesse pas, ne s'arrête pas. *Il y a eu des averses incessantes.* → **continuel.**
► **incessamment** **adv.** Dans très peu de temps, tout de suite. *Il doit arriver incessamment.*

**inceste** **n. m.** *L'inceste est puni par la loi,* les relations sexuelles entre parents et enfants ou entre frères et sœurs.

**incident** **n. m.** Petite difficulté imprévue qui survient. *Un incident tech-*

*nique a interrompu le programme de télévision.*

**incinérer** v. (conjug. 6) Réduire en cendres. *Certaines personnes veulent se faire incinérer après leur mort,* elles veulent que leur corps soit brûlé après leur mort.

**inciser** v. (conjug. 1) Couper, fendre. *Le médecin a incisé l'abcès.*

▶ **incision** n. f. Fente, entaille. *Il a pratiqué l'incision de l'abcès.*

▶ **incisive** n. f. Dent plate et coupante sur le devant de la mâchoire. *L'homme a huit incisives.*

**inciter** v. (conjug. 1) *Il m'a incité à partir en voyage pour me changer les idées,* il m'a poussé à le faire. → **encourager.**

▶ **incitation** n. f. *Il a été condamné pour incitation à la violence.*

**incliner** v. (conjug. 1) **1.** Pencher. *Elle incline la théière vers la tasse pour verser le thé. — Le comédien salue en s'inclinant profondément,* en penchant le buste en avant. **2.** *Puisque vous pensez avoir raison, je m'incline,* je renonce à lutter, je me résigne.

▶ **inclinaison** n. f. *À cet endroit, l'inclinaison du sol est très forte,* le sol est très en pente.

**inclure** v. (conjug. 35) Mettre dans un ensemble. *Il faut inclure les frais de transport dans le coût du voyage.* || contr. **exclure** ||.

▶ **inclus** adj. Compris dans un ensemble. *Le restaurant est ouvert tous les jours, dimanche inclus.* || contr. **exclu** ||. — **Au fém.** *incluse.*

**incognito** adv. et n. m. **1.** adv. En cherchant à ne pas être reconnu. *La star voyageait incognito.* **2.** n. m. *Il voulait garder l'incognito,* il voulait ne pas être reconnu. → aussi **anonymat.**

**incohérent** adj. *Quand Julie parle pendant son sommeil, elle prononce des paroles incohérentes,* des paroles qui n'ont pas de lien entre elles. → **décousu.** || contr. **cohérent** ||.

▶ **incohérence** n. f. *Ce film est plein d'incohérences,* de choses qui ne sont pas logiques.

**incolore** adj. Sans couleur. *L'eau est incolore, inodore et sans saveur.*

**incomber** v. (conjug. 1) *La gestion de l'école incombe à la directrice,* c'est la directrice qui doit s'en charger.

**incommode** adj. Peu pratique à utiliser. || contr. **commode** || *Cet appareil est d'une manipulation incommode.*

**incommoder** v. (conjug. 1) Gêner, mettre mal à l'aise. *L'odeur de ce fromage m'incommode.*

**incomparable** adj. Très remarquable, exceptionnel. *La princesse était d'une beauté incomparable.*

**incompatible** adj. *Ces deux souhaits sont incompatibles,* ils ne peuvent pas être faits ensemble. → **contradictoire.** || contr. **compatible** ||.

**incompétent** adj. Qui n'a pas les connaissances suffisantes pour juger de quelque chose. *Elle est incompétente en architecture.* || contr. **compétent** ||.

▶ **incompétence** n. f. Ignorance. → **incapacité.** *Elle reconnaît volontiers son incompétence dans ce domaine.* || contr. **compétence** ||.

**incomplet** adj. *Cette réponse est incomplète,* il en manque une partie. || contr. **complet** ||.

**incompréhensible** adj. Impossible à comprendre. || contr. **compréhensible** ||

*Elle marmonnait des mots incompréhensibles. Sa disparition est incompréhensible,* difficile à expliquer. → **mystérieux.**

**incompréhension** **n. f.** Incapacité ou refus de comprendre quelque chose ou quelqu'un. *Ce peintre a souffert de l'incompréhension de ses contemporains.* || contr. **compréhension** ||.

**inconcevable** **adj.** Inimaginable. *Il est d'une bêtise inconcevable.* → **incroyable.**

**inconditionnel** **adj.** Qui ne dépend d'aucune condition. *Vous recevrez une aide inconditionnelle.* → **absolu.**

**inconfortable** **adj.** Peu confortable. *Cette chaise est inconfortable.* || contr. **confortable** ||.

**incongru** **adj.** Contraire aux usages, incorrect. → **déplacé.** *Il a fait une remarque incongrue.*

▶ **incongruité** **n. f.** *Il a dit des incongruités,* des paroles grossières, inconvenantes.

**inconnu** **adj.** Que l'on ne connaît pas. *Il est parti pour une destination inconnue. Elle est née de père inconnu. C'est un acteur encore inconnu.* || contr. **célèbre** ||. — **N.** Personne dont on n'a jamais fait connaissance. *Une inconnue m'a souri .*

**inconscient** **adj.** **1.** Qui a perdu connaissance. *Le blessé est resté inconscient pendant plusieurs minutes.* → **évanoui, inanimé. 2.** Qui ne pense pas aux conséquences de ses actes. *Ce chauffard est complètement inconscient, il traverse le village à 100 à l'heure.*

▶ **inconscience** **n. f.** Manque de réflexion. *Conduire si vite, c'est de l'inconscience.* → **folie.**

▶ **inconsciemment** **adv.** Sans avoir conscience de ce que l'on fait, sans se rendre compte. *Il a fermé la porte à clé inconsciemment.* → **machinalement.**

**inconséquent** **adj.** *Cette femme s'est montrée inconséquente,* elle a agi sans réfléchir aux conséquences de ses actes. → **irresponsable, léger.**

**inconsidéré** **adj.** Qui montre que l'on n'a pas réfléchi aux conséquences. *Il a pris une initiative inconsidérée.* → **imprudent.**

**inconsistant** **adj.** *Une personne inconsistante,* c'est une personne qui manque de caractère, de solidité morale. → **faible.** *Un film inconsistant,* c'est un film qui manque d'intérêt.

**inconsolable** **adj.** *Elle est inconsolable depuis la mort de son fils,* on n'arrive pas à la consoler.

**inconstant** **adj.** Qui change souvent d'opinion, de sentiment ou de conduite. *Julie est inconstante dans ses amitiés.* → **changeant, instable.**

**incontestable** **adj.** *Ce pays est en crise, c'est incontestable,* c'est vrai, on ne peut pas en douter. → **indéniable.**

**inconvenant** **adj.** Contraire aux usages, aux convenances. *Il faisait des sous-entendus inconvenants.* → **grossier.** || contr. **convenable** ||.

**inconvénient** **n. m.** Défaut, désavantage. *Dans chaque situation, il faut voir les avantages et les inconvénients,* les bons et les mauvais côtés.

**incorporer** **v.** (conjug. 1) **1.** *Elle incorpore le jaune d'œuf à la crème,* elle le met dedans et le mélange jusqu'à ce qu'il soit complètement absorbé. **2.** *Il a été incorporé dans un régiment d'infanterie,* il est entré comme soldat dans l'infanterie.

**incorrect** **adj. 1.** *Cette phrase est incorrecte,* elle présente des fautes. || contr. **correct** || **2.** *Alex a été incorrect avec la maîtresse,* il n'a pas été poli. → **grossier.**

▶ **incorrection** **n. f. 1.** Faute de style, de grammaire. *Il y a beaucoup d'incorrections dans sa rédaction.* **2.** Grossièreté. *Alex a été d'une grande incorrection avec la maîtresse.* → **impolitesse.**

**incorrigible** **adj.** *Julie est d'une curiosité incorrigible,* dont elle n'arrive pas à se corriger.

**incorruptible** **adj.** *Le juge était incorruptible,* il agissait selon son devoir, on ne pouvait pas le corrompre. → **intègre.**

**incrédule** **adj.** *Il l'a regardé d'un air incrédule,* avec l'air de ne pas croire ce qu'on lui disait. → **méfiant, sceptique.**

▶ **incrédulité** **n. f.** Doute. *Il a accueilli la nouvelle avec incrédulité.*

**incriminer** **v.** (conjug. 1) Accuser. *On a incriminé à tort un innocent dans cette affaire,* on l'a rendu responsable.

**incroyable** **adj. 1.** Difficile ou impossible à croire. *Ce que tu me dis est incroyable.* → **invraisemblable. 2.** Extraordinaire, peu habituel. *Notre équipe a fait un score incroyable.* → **étonnant.**

**incroyant** **n. m.**, **incroyante** **n. f.** Personne qui ne croit pas en Dieu. → **athée.** || contr. **croyant** ||.

s'**incruster** **v.** (conjug. 1) **1.** S'accrocher. *Les moules s'incrustent dans les rochers.* **2.** *Les voisins se sont incrustés chez nous toute la soirée,* ils s'y sont installés et ne voulaient plus en partir.

▶ **incrusté** **adj.** *Ce poignard a un manche incrusté d'ivoire,* dans lequel sont enfoncés des morceaux d'ivoire.

**incubation** **n. f. 1.** Période pendant laquelle les œufs sont couvés. *Au bout de 21 jours d'incubation, les œufs de poule sont prêts à éclore.* **2.** Temps qui s'écoule entre l'entrée des microbes dans le corps et l'apparition de la maladie. *La durée d'incubation de la varicelle est de 15 jours.*

**inculper** **v.** (conjug. 1) *À la fin de l'enquête, le juge a inculpé le meurtrier,* il lui a attribué officiellement un crime.

▶ **inculpé** **n. m.**, **inculpée** **n. f.** Personne à qui on attribue officiellement un crime. *L'inculpé sera jugé au cours du procès.* → aussi **accusé, prévenu.**

**inculquer** **v.** (conjug. 1) *On lui a inculqué très tôt les bonnes manières,* on les lui a fait entrer dans l'esprit de façon à ce qu'il ne les oublie jamais. → **enseigner.**

① **inculte** **adj.** *Les broussailles envahissent les terres incultes,* les terres qui ne sont pas cultivées. → en **friche.**

② **inculte** **adj.** *Si vous n'apprenez rien à l'école, vous serez incultes,* vous serez sans instruction, sans culture. → **ignare, ignorant.** || contr. **cultivé, instruit** ||.

**incurable** **adj.** Qui ne peut être guéri. *Il a une maladie incurable.*

**incursion** **n. f.** *Des journalistes ont fait une incursion dans la salle,* ils y sont entrés brusquement et n'y sont pas restés longtemps. → **irruption.**

**incurvé** **adj.** Qui a une forme courbe. *Une barre de fer incurvée.*

**indécent** **adj.** *Cette robe décolletée est indécente,* choquante parce qu'elle n'est pas conforme aux convenances. ‖ contr. **convenable, décent** ‖.

**indéchiffrable** **adj.** Impossible à déchiffrer, à lire. *L'adresse, sur cette enveloppe, est indéchiffrable.* → **illisible.**

**indécis** **adj. 1.** Qui n'est pas certain. *La victoire est encore indécise.* → **douteux. 2.** Qui n'a pas encore pris de décision. *Elle ne sait pas quoi choisir, elle est indécise.* → **hésitant.** ‖ contr. **décidé** ‖.

▸ **indécision** **n. f.** Caractère d'une personne qui hésite, qui n'arrive pas à se décider. *Son indécision est irritante.*

**indéfendable** **adj.** *Sa conduite est indéfendable,* inadmissible, inexcusable.

**indéfini** **adj. 1.** Imprécis, vague. *Sa robe est d'une couleur indéfinie, ni bleue, ni grise.* **2.** *« Un » est un article indéfini.* → **article.** *« Chacun », « on » et « rien » sont des pronoms indéfinis.*

**indéfiniment** **adv.** Pendant une durée indéterminée. → **éternellement.** *Nous n'allons pas rester ici indéfiniment.* → **toujours.**

**indélébile** **adj.** Qui ne peut pas s'effacer. *J'ai fait une tache indélébile.*

**indemne** **adj.** Sans blessure. *Elle est sortie indemne de l'accident.* → sain et **sauf.**

**indemniser** **v.** (conjug. 1) *La compagnie d'assurances a indemnisé la boulangère pour sa vitrine brisée,* elle lui a donné une somme d'argent. → **dédommager.**

**indemnité** **n. f. 1.** Somme que l'on verse à quelqu'un pour le dédommager. *Les ouvriers qui ont été renvoyés ont reçu une indemnité de licenciement.* **2.** Somme que l'État ou une entreprise verse à quelqu'un. *Il reçoit une indemnité de transport.* → **allocation, prime.**

**indéniable** **adj.** *Julie a du culot, c'est indéniable,* personne ne peut le nier, personne ne peut dire le contraire. → **incontestable, indiscutable.**

**indépendant** **adj. 1.** Qui ne dépend de personne. *C'est une femme très indépendante,* qui aime être libre. *Un État indépendant,* c'est un État qui n'est pas soumis à l'autorité d'un autre pays. → **autonome. 2.** *Cette décision est indépendante de ma volonté,* ce n'est pas moi qui ai voulu la prendre. **3.** *Ces deux appartements sont indépendants,* ils ont chacun une entrée particulière.

▸ **indépendance** **n. f.** *Elle reste célibataire parce qu'elle tient à son indépendance.* → **liberté.** *Ce pays vient d'acquérir son indépendance,* il ne dépend plus d'un autre pays. → **autonomie.**

**indescriptible** **adj.** Si grand qu'on ne peut le décrire. *Sa chambre est dans un désordre indescriptible.*

**indésirable** **adj.** *Ils ont exclu de leur groupe les éléments indésirables,* les personnes qu'ils ne voulaient plus avoir parmi eux.

**indestructible** **adj.** *Une matière indestructible,* c'est une matière qui semble ne pas pouvoir être détruite. *Une amitié indestructible,* c'est une amitié à toute épreuve, qui dure depuis longtemps.

**indéterminé** adj. *Leur départ a été remis à une date indéterminée,* qui n'est pas encore fixée.

① **index** n. m. Doigt de la main le plus proche du pouce. *Il tenait son cigare entre le pouce et l'index.*

② **index** n. m. Liste alphabétique des noms cités dans un livre. *Il consulte l'index de son atlas.*

**indicateur** n. m., **indicatrice** n. f. 1. Personne qui donne des renseignements aux policiers. — On dit familièrement *un indic.* 2. n. m. *Il consulte l'indicateur des chemins de fer,* le livre donnant les horaires des trains. — Adj. *Vous trouverez des panneaux indicateurs au prochain croisement,* des panneaux portant des indications.

**indicatif** n. m. et adj.

▭ n. m. 1. Morceau de musique très court qui annonce le début ou la fin d'une émission de radio ou de télévision qui passe régulièrement. *L'indicatif du journal télévisé.* 2. Mode du verbe qui indique que la réalisation d'une action ou d'un état est sûre. *« Je parle » est le verbe parler à la première personne du singulier du présent de l'indicatif.*

▭ adj. *Voici quelques prix, à titre indicatif,* pour vous donner une indication. — Au fém. *indicative.*

**indication** n. f. Ce qui est indiqué ou recommandé. *Pour construire sa maquette, il a suivi les indications que donnait le mode d'emploi.*

**indice** n. m. Signe qui indique quelque chose. *L'enquête piétine, la police n'a pas beaucoup d'indices.*

**indicible** adj. Que l'on ne peut dire, exprimer. *Sa joie est indicible.* → **inexprimable.**

**indifférent** adj. 1. *La destinée de ces peuplades m'est indifférente,* elle ne m'intéresse pas. *Que tu partes ou que tu restes, cela m'est indifférent,* cela m'est égal. 2. Qui n'est ému par rien ni personne. *Elle regardait autour d'elle, d'un air indifférent.* → **froid.**

▸ **indifféremment** adv. Sans faire de différence. *Il lit indifféremment des romans en anglais ou en français,* aussi bien en anglais qu'en français.

▸ **indifférence** n. f. Manque d'intérêt. *Elle les regardait se battre avec indifférence.*

**indigène** adj. Qui est né dans le pays dont on parle. → **autochtone.** *Cet étranger trouve que la population indigène est très accueillante.*

**indigent** n. m., **indigente** n. f. Personne très pauvre. *Elle organise une collecte pour les indigents.*

**indigeste** adj. Difficile à digérer. → **lourd.** *Cette cuisine à l'huile est très indigeste.* ‖ contr. **digeste** ‖.

▸ **indigestion** n. f. Malaise dû à une digestion qui se fait mal. *Yves a mangé tellement de mousse au chocolat qu'il a eu une indigestion.*

**indigne** adj. 1. *Cet homme est indigne de notre confiance,* il ne la mérite pas. ‖ contr. **digne** ‖. 2. *Ce travail lui paraissait indigne de lui,* il le trouvait méprisable. 3. *Ils ont commis un acte indigne,* révoltant, odieux.

**indigner** v. (conjug. 1) Révolter. *Ces massacres d'animaux nous ont indignés.* → **scandaliser.** — *Elle s'est indignée devant sa malhonnêteté.*

▸ **indignation** n. f. Colère contre une chose révoltante. *Yves est rempli d'indignation devant ceux qui maltraitent les animaux.*

**indigo** **adj. inv.** Bleu foncé. *Des vestes indigo.*

**indiquer** **v.** (conjug. 1) **1.** Montrer par un geste ou un signal. *Il nous a indiqué la bonne direction.* → **désigner.** *L'horloge indique deux heures.* → **marquer.** **2.** Faire connaître quelque chose. *Elle m'a indiqué l'adresse de son coiffeur.* → **donner.** ▷ INDICATEUR, INDICATIF, INDICATION.

**indirect** **adj. 1.** *Un éclairage indirect,* c'est un éclairage qui ne va pas tout droit sur un objet. ‖ contr. **direct** ‖ *Il l'a accusé d'une manière indirecte de lui avoir perdu son livre,* d'une manière détournée, en ne le disant pas franchement. **2.** *Une phrase au style indirect,* c'est une phrase dans laquelle on rapporte les paroles de quelqu'un sous la forme d'une proposition subordonnée. *Dans la phrase : « il m'a dit qu'il viendrait » on utilise le style indirect ; dans la phrase : « il m'a dit : " je viens " » on utilise le style direct.*

▸ **indirectement** **adv.** *J'ai appris indirectement ton retour,* je l'ai appris par d'autres personnes que toi. ‖ contr. **directement** ‖.

**indiscipline** **n. f.** *Il a été puni pour indiscipline,* pour désobéissance au règlement.

▸ **indiscipliné** **adj.** Désobéissant. *Des élèves indisciplinés.* ‖ contr. **discipliné** ‖.

**indiscret** **adj. 1.** Qui s'occupe de ce qui ne le regarde pas. → **curieux.** *C'est indiscret d'écouter aux portes.* **2.** Qui répète ce qu'il ne devrait pas répéter. *Il ne faut pas lui confier un secret, elle est très indiscrète.* → **bavard.** ‖ contr. **discret** ‖.

▸ **indiscrétion** **n. f. 1.** Manque de discrétion, de réserve. → **curiosité.** *Sans indiscrétion, peut-on savoir où vous habitez ?* **2.** Le fait de révéler un secret. *Elle commet souvent des indiscrétions.*

**indiscutable** **adj.** Évident. *Le talent de ce comédien est indiscutable.* → **incontestable, indéniable.** ‖ contr. **discutable** ‖.

**indispensable** **adj.** Dont on ne peut pas se passer. *Il est indispensable de bien se couvrir quand il fait froid.* → **nécessaire, obligatoire.** ‖ contr. **inutile, superflu** ‖.

**indisposer** **v.** (conjug. 1) **1.** Rendre un peu malade. *L'odeur de la cigarette l'indispose.* **2.** Agacer. *Il indispose tout le monde avec ses jérémiades.* → **importuner.**

▸ **indisposition** **n. f.** Petit ennui de santé. *Elle a une légère indisposition.*

**indistinct** **adj.** Que l'on distingue mal. *On ne voyait qu'un paysage indistinct à travers le brouillard.* → **imprécis, vague.**

**individu** **n. m. 1.** Personne. *Il y a cinq milliards d'individus sur la Terre.* **2.** Personne d'allure bizarre, louche. *De drôles d'individus rôdent dans cette rue, la nuit.*

▸ **individualiste** **adj.** Indépendant et non conformiste. *Elle a des idées bien à elle, elle est très individualiste.*

▸ **individuel** **adj.** Personnel, à soi. *Leurs enfants ont chacun une chambre individuelle.* → **particulier.**

▸ **individuellement** **adv.** Chacun en particulier, à part. *La directrice a reçu dans son bureau chaque professeur individuellement.* ‖ contr. **collectivement** ‖.

**indolent** **adj.** Nonchalant, mou. *Anne est une petite fille indolente.* || contr. **actif, énergique** ||.

▸ **indolence** **n. f.** Nonchalance, mollesse. *Les climats chauds poussent à l'indolence.*

**indolore** **adj.** Qui ne fait pas mal. *Si tu restes calme, la piqûre sera presque indolore.* || contr. **douloureux** ||.

**indomptable** [ɛ̃dɔ̃tabl] **adj.** Dont rien ne peut venir à bout. *Il a fait preuve d'un courage et d'une volonté indomptables.* → **inflexible.**

**indu** **adj.** *Elle est encore rentrée cette nuit à une heure indue,* anormale et très tardive.

**indubitable** **adj.** Certain, dont on ne peut pas douter. *On n'a pas de preuve indubitable de son innocence.* → **indéniable, indiscutable.** || contr. **douteux** ||.

**indulgent** **adj.** Qui pardonne facilement aux autres. *Mamie est indulgente avec ses petits-enfants.* → **bienveillant, compréhensif.** || contr. **sévère** ||.

▸ **indulgence** **n. f.** Facilité à pardonner. *La maîtresse a beaucoup d'indulgence pour ses élèves.* → **bienveillance.** || contr. **sévérité** ||.

**industrie** **n. f. 1.** *L'industrie,* c'est tout ce qui contribue à l'exploitation des sources d'énergie et des richesses du sous-sol et à la transformation des matières premières en produits fabriqués. *La métallurgie est l'industrie qui transforme les métaux.* **2.** *Une industrie,* c'est une usine. *Il y a beaucoup d'industries dans cette région.*

▸ **industriel** **n. m.** et **adj.**, **industrielle** **n. f.** et **adj. 1. adj.** *Le nord de la France est une grande région industrielle,* une région où il y a beaucoup d'industries. **2. n.** Personne qui dirige ou possède une industrie. *Un gros industriel du textile.*

▸ **industrialiser** **v.** (conjug. 1) Équiper en industries, en usines. *Il faudrait industrialiser la région. — Les pays d'Europe se sont industrialisés au 19^e^ siècle.*

**inébranlable** **adj.** Que l'on ne peut faire changer. *Ma décision est inébranlable.* → **ferme.**

**inédit** **adj. 1.** Qui n'a pas encore été édité, publié. *Son roman est encore inédit.* **2.** Nouveau, original. *Voilà un moyen inédit de cirer ses chaussures.*

**ineffable** **adj.** *Une joie ineffable,* c'est une joie trop grande pour être exprimée. → **indicible.**

**inefficace** **adj.** Qui n'a aucun effet. *Ce médicament est totalement inefficace.* || contr. **efficace** ||.

▸ **inefficacité** **n. f.** *L'inefficacité de ce médicament est totale,* ce médicament ne sert à rien. || contr. **efficacité** ||.

**inégal** **adj. 1.** *Elle a coupé la tarte en parts inégales,* en parts qui n'ont pas toutes la même dimension. || contr. **égal** || **2.** *Le combat est inégal,* les adversaires ne sont pas de la même force. **3.** *Un sol inégal,* c'est un sol qui a des creux et des bosses. || contr. **plat** || **4.** *Les films de ce cinéaste sont inégaux,* il y en a de bons et de mauvais.

▸ **inégalement** **adv.** D'une manière inégale. *Elle a partagé le gâteau inégalement.*

**inégalable** **adj.** Sans égal. → **incomparable.** *Le prestidigitateur est d'une adresse inégalable.*

**inégalité** **n. f. 1.** Absence d'égalité. *L'inégalité sociale est grande dans ce* *pays,* la différence entre la vie qu'ont les riches et celle qu'ont les pauvres. **2.** *La voiture roulait lentement à cause des inégalités du terrain,* des creux et des bosses. → **accident.**

**inéluctable** **adj.** Que l'on ne peut pas empêcher. *La mort est inéluctable pour tous les êtres vivants.* → **fatal, inévitable.**

**inepte** **adj.** Stupide, absurde. *Il dit des choses ineptes.*

► **ineptie** [inɛpsi] **n. f.** Parole inepte. *Il raconte des inepties pour se rendre intéressant.* → **bêtise, idiotie.**

**inépuisable** **adj. 1.** *Ce livre est une source inépuisable de renseignements,* que l'on ne peut épuiser. **2.** *Luc est inépuisable sur le chapitre des animaux,* il peut parler des animaux très longtemps. → **intarissable.**

**inerte** **adj.** Qui ne donne aucun signe de vie, ne réagit pas. → **inanimé.** *Le blessé était étendu, inerte.*

► **inertie** [inɛʀsi] **n. f.** Manque d'énergie, d'activité. *Il est difficile de le faire sortir de son inertie.* → **passivité.**

**inespéré** **adj.** *C'est une réussite inespérée,* que l'on n'espérait pas. → **inattendu.**

**inestimable** **adj.** *Il y a des œuvres d'art inestimables dans ce musée,* des œuvres de très grande valeur.

**inévitable** **adj.** Qu'on ne peut pas éviter. *Il y avait trop de brouillard, la catastrophe était inévitable.* → **certain, inéluctable.**

**inexact** **adj.** Qui n'est pas exact. *Cette adresse est inexacte.* → **erroné, faux.** || contr. **juste** ||.

► **inexactitude** **n. f. 1.** Erreur. *Il y a des inexactitudes dans tes calculs.* **2.** *La maîtresse a grondé Yves pour son inexactitude,* parce qu'il arrive toujours en retard. || contr. **exactitude, ponctualité** ||.

**inexcusable** **adj.** *Vous êtes inexcusable d'avoir oublié ce rendez-vous,* vous êtes impardonnable. || contr. **excusable, pardonnable** ||.

**inexistant** **adj.** Sans valeur, sans efficacité. *L'aide qu'il nous apporte est inexistante.* → **nul.**

**inexorable** **adj.** Sans pitié, que l'on ne peut pas fléchir. *Il est resté inexorable à toutes les prières, il n'a pas levé la punition.* → **impitoyable, inflexible.**

**inexpérimenté** **adj.** *C'est une conductrice inexpérimentée,* qui n'a pas d'expérience, de pratique. || contr. **expérimenté** ||.

**inexplicable** **adj.** Impossible à expliquer. *Sa disparition est inexplicable.* → **incompréhensible.**

**inexprimable** **adj.** Impossible ou difficile à exprimer. *Il a éprouvé une joie inexprimable en la voyant.* → **indescriptible, indicible, ineffable.**

**inextinguible** **adj.** Qu'il est impossible d'apaiser. *Il a une soif inextinguible.*

**in extremis** [inɛkstʀemis] **adv.** Au dernier moment. *Il a failli tomber, il s'est rattrapé in extremis.*

**inextricable** **adj.** *En prenant plusieurs rendez-vous à la même heure, il s'est trouvé dans une situation inextricable,* tellement compliquée qu'il ne pouvait plus en sortir.

**infaillible** **adj. 1.** Qui a des résultats assurés. *L'aspirine est un remède in-*

*faillible contre les maux de tête.* **2.** Qui ne peut pas se tromper. *Personne n'est infaillible.*

**infâme** **adj. 1.** Horrible. *Le viol est un acte infâme.* → **ignoble. 2.** Très mauvais. *Cette viande est infâme.* → **infect.**

▶ **infamie** **n. f.** Action honteuse. *Le rapt d'enfants est une infamie.*

**infanterie** **n. f.** Partie d'une armée qui est chargée de conquérir et d'occuper le terrain. *Un régiment d'infanterie.* → aussi **fantassin.**

**infantile** **adj. 1.** *La coqueluche et la varicelle sont des maladies infantiles,* des maladies qui atteignent les enfants. **2.** *Le père d'Alex a souvent des réactions infantiles,* qui sont celles qu'aurait un enfant. → **enfantin, puéril.**

**infarctus** [ɛ̃faʀktys] **n. m.** Grave maladie du cœur qui se produit quand une artère se bouche. *Il a eu un infarctus,* une crise cardiaque.

**infatigable** **adj.** *C'est une skieuse infatigable,* qui ne se fatigue pas facilement.

**infect** **adj. 1.** Très mauvais. *Cette nourriture est infecte.* → **répugnant. 2.** *C'est un type infect,* moralement ignoble.

▶ **s'infecter** **v.** (conjug. 1) Être envahi par des microbes. *La plaie s'est gravement infectée.*

▶ **infection** **n. f. 1.** Chose qui sent très mauvais. *Jette ce vieux fromage, c'est une infection.* **2.** Pénétration et développement de microbes dans le corps. *Il faut désinfecter la plaie pour éviter l'infection.*

▶ **infectieux** **adj.** *La rougeole est une maladie infectieuse,* provoquée par des microbes. ▷ DÉSINFECTANT, DÉSINFECTER, DÉSINFECTION.

**inférieur** **adj.** et **n. m.**, **inférieure** **adj.** et **n. f.**

▭ **adj. 1.** Situé plus bas. *Le bruit vient de l'étage inférieur,* de l'étage au-dessous. **2.** Plus petit. *7 est inférieur à 9.* ‖ contr. **supérieur** ‖. *Il a eu une note inférieure à la moyenne.*

▭ **n.** *Ce chef de service est très désagréable avec ses inférieurs,* avec ceux qui travaillent sous ses ordres.

▶ **infériorité** **n. f.** *Il éprouve un sentiment d'infériorité vis-à-vis de son frère,* il a l'impression d'être moins intelligent, moins beau et moins aimé que lui. ‖ contr. **supériorité** ‖.

**infernal** **adj. 1.** *Ils font un bruit infernal,* si fort qu'il est insupportable. **2.** *Leur fille est infernale,* insupportable. — **Au masc. pl.** *infernaux.*

**infester** **v.** (conjug. 1) Envahir. *La région est infestée de moustiques.*

**infidèle** **adj.** et **n. m.** et **f.**

▭ **adj. 1.** *Elle est infidèle à son mari,* elle a des relations sexuelles avec un autre homme. → aussi **adultère. 2.** *Je ne me souviens plus très bien, ma mémoire est infidèle,* elle n'est pas exacte.

▭ **n. m.** et **f.** Personne qui n'a pas la même religion. *La guerre sainte des musulmans contre les infidèles.*

**s'infiltrer** **v.** (conjug. 1) Pénétrer lentement. *L'eau s'est infiltrée dans le mur.*

▶ **infiltration** **n. f.** *Il y a des infiltrations dans la cave,* de l'eau a pénétré dans le mur de la cave.

**infime** **adj.** Tout petit. *La différence de taille entre Julie et Anne est infime,* si petite qu'elle ne compte pas. → **minime.**

**infini** **adj.** Qui semble sans fin. *On voit dans le ciel un nombre infini d'étoiles.* → **incalculable.** *Elle a une pa-*

*tience infinie.* → **illimité.** — **N. m.** *On pourrait discuter de cela à l'infini,* indéfiniment.

▶ **infiniment** **adv. 1.** *L'espace est infiniment grand,* plus grand que tout ce que l'on connaît. **2.** *Je vous remercie infiniment,* beaucoup.

▶ **infinité** **n. f.** Très grande quantité. *Il y a une infinité de gens qui travaillent pour gagner leur vie.*

**infinitif** **n. m.** Mode du verbe qui ne se conjugue pas. *« Chanter », « finir », « voir » sont des verbes à l'infinitif.*

**infirme** **adj.** *Elle est restée infirme à la suite d'un accident,* elle ne peut plus se servir que d'une partie de son corps. → **handicapé, invalide.** — **N.** *Il poussait une infirme assise dans un fauteuil roulant.*

▶ **infirmerie** **n. f.** Endroit où l'on reçoit et soigne les malades, les blessés, dans une école, une prison. *Luc est allé à l'infirmerie parce qu'il saignait du nez.*

▶ **infirmier** **n. m.**, **infirmière** **n. f.** Personne dont le métier est de prendre soin des malades. *L'infirmière est venue me faire une piqûre.*

▶ **infirmité** **n. f.** *Malgré son infirmité, Beethoven continua à composer des chefs-d'œuvre,* bien qu'il soit infirme.

**inflammable** **adj.** Qui prend feu facilement. *L'essence est un liquide inflammable.*

**inflammation** **n. f.** Gonflement douloureux, accompagné de rougeur. *L'otite est une inflammation de l'oreille.*

**inflation** **n. f.** Hausse des prix accompagnée d'une baisse de la valeur de l'argent. *L'inflation fait baisser le pouvoir d'achat.*

**inflexible** **adj.** *La maîtresse est restée inflexible,* rien n'a pu la faire changer d'avis. → **inébranlable.** || contr. **influençable** ||.

**infliger** **v.** (conjug. 3) **1.** Donner, appliquer. *Le gendarme lui a infligé une amende.* **2.** Faire subir, imposer. *Elle nous a infligé la présence de sa sœur pendant toute la soirée.*

**influer** **v.** (conjug. 1) *La présence des forêts influe sur le climat,* agit sur lui, le modifie.

▶ **influence** **n. f. 1.** *Il a agi sous l'influence de la colère,* poussé par la colère. → **effet, empire, emprise.** **2.** *Elle a beaucoup d'influence sur son frère,* elle exerce une action sur lui. → ③ **ascendant, pouvoir.**

▶ **influencer** **v.** (conjug. 3) *Prenez ce que vous aimez, je ne veux pas vous influencer,* vous amener à faire, à choisir ce que je veux. → **entraîner.**

▶ **influençable** **adj.** *Alex est un garçon très influençable,* qui se soumet facilement à l'avis des autres. || contr. **inflexible** ||.

▶ **influent** **adj.** *C'est une personne très influente,* qui a beaucoup de pouvoir, d'influence. → **important.**

**information** **n. f. 1.** Renseignement. *On m'a donné de nouvelles informations sur ce voyage.* **2.** *Les informations,* ce sont les nouvelles politiques, sportives, etc., que donnent la radio et la télévision tous les jours. *Il écoute les informations à huit heures.*

**informatique** **n. f.** Science et technique qui s'occupent de rassembler des renseignements dans des mé-

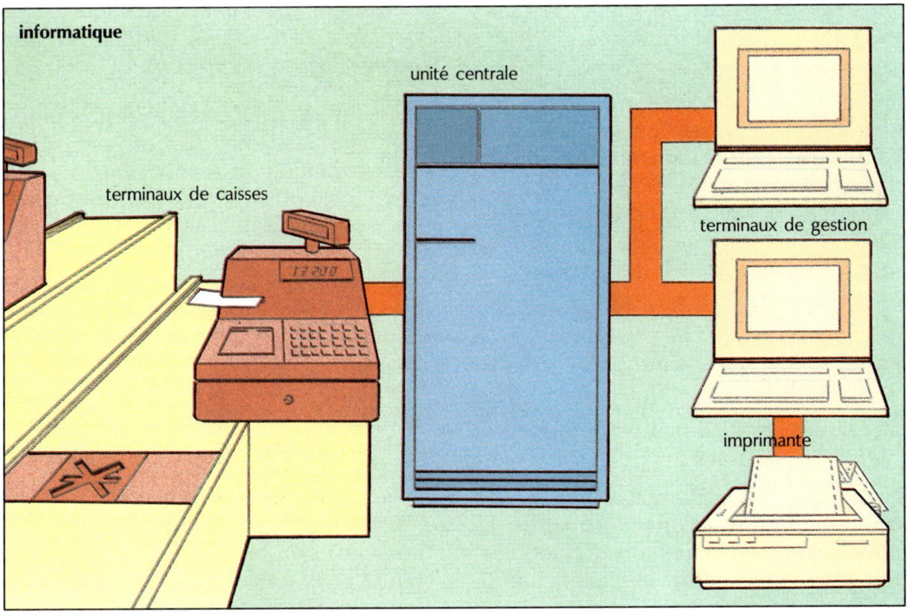


moires d'ordinateur et de les organiser grâce à des moyens automatiques. *La banque se sert de l'informatique pour gérer les comptes de ses clients.*
▶ **informaticien** n. m., **informaticienne** n. f. Personne spécialisée en informatique.

**informe** adj. *Julie a une écriture informe,* on ne reconnaît pas la forme des lettres.

**informer** v. (conjug. 1) **1.** *Il m'a informé de son arrivée,* il m'a mis au courant. → **avertir, prévenir.** *On nous a informés que l'avion avait du retard.* **2.** *Je me suis informé sur la date des vacances,* je me suis mis au courant, j'ai demandé des renseignements. → se **renseigner.** ▷ INFORMATICIEN, INFORMATION, INFORMATIQUE.

**infortune** n. f. Malheur. *L'un des rescapés essayait de réconforter ses compagnons d'infortune,* ceux qui partageaient le même sort malheureux.

**infraction** n. f. Faute commise contre les règlements, punie par la loi. *En garant sa voiture sur le passage pour piétons, il commet une infraction.*

**infranchissable** adj. Impossible à franchir. *Un sommet infranchissable.*

**infrarouge** adj. *Les rayons infrarouges,* ce sont les radiations invisibles qui sont au-delà du rouge dans le spectre solaire. — N. m. *Un chauffage électrique à infrarouges,* c'est un chauffage qui utilise les rayons infrarouges.

**infructueux** adj. Sans résultat. → **inefficace, vain.** *Toutes les recherches* *sont restées infructueuses.* || contr. **fructueux** ||.

**infuser** v. (conjug. 1) *Elle laisse infuser le thé avant de le verser dans les tasses,* elle laisse tremper les feuilles dans l'eau bouillante. → **macérer.**

▶ **infusion** n. f. Boisson chaude faite avec des plantes que l'on a laissées infuser. → **tisane.** *Elle boit souvent une infusion après le dîner.*

**ingambe** adj. *Malgré son grand âge, ce vieux monsieur est encore ingambe,* agile, solide sur ses jambes. → **alerte.**

s'**ingénier** v. (conjug. 7) Faire tout ce que l'on peut. *Il s'ingénie à nous faire plaisir.* → s'**évertuer.**

**ingénieur** n. m. Personne ayant reçu une formation scientifique et technique qui lui permet de diriger certains travaux et de participer à la création de nouveaux produits. *Elle est ingénieur dans l'aviation.*

**ingénieux** adj. 1. *Julie est très ingénieuse,* elle a beaucoup d'idées pour trouver des solutions aux problèmes pratiques. → **habile, inventif.** 2. *Il a trouvé un système ingénieux pour s'éclairer sous sa tente,* un système inventé avec beaucoup d'intelligence. → **astucieux.**

▶ **ingéniosité** n. f. Adresse d'une personne ingénieuse. *Il a fait preuve d'ingéniosité pour mettre au point ce système.* → **habileté.**

**ingénu** adj. Naïf et sans malice. *Il posa une question ingénue.* → **innocent.** || contr. **malicieux** ||.

s'**ingérer** v. (conjug. 6) Intervenir sans en avoir le droit. *Elle n'aime pas qu'on vienne s'ingérer dans son travail.* → s'**immiscer, intervenir.**

▶ **ingérence** n. f. Intervention. *Le chef de l'État refuse toute ingérence étrangère dans les affaires de son pays.*

**ingrat** adj. 1. *Elle s'est toujours montrée ingrate envers ceux qui l'ont aidée,* elle n'a pas eu de reconnaissance, de gratitude pour ce que l'on a fait pour elle. || contr. **reconnaissant** || — N. *C'est une ingrate.* 2. *Faire la vaisselle est un travail ingrat,* qui ne donne pas de satisfaction. → **déplaisant.** 3. *Il a un visage ingrat,* laid, disgracieux. || contr. **agréable** ||.

▶ **ingratitude** n. f. Manque de reconnaissance. *Il fait preuve d'ingratitude envers ceux qui l'ont aidé.* || contr. **gratitude** ||.

**ingrédient** n. m. Élément qui entre dans la composition d'une préparation. *Elle mélange tous les ingrédients dans le saladier pour faire une vinaigrette.*

**ingurgiter** v. (conjug. 1) Avaler rapidement et en très grande quantité. *En un instant, le chien avait ingurgité toute sa pâtée.* → **engloutir.**

**inhabitable** adj. *Cette vieille maison en ruine est inhabitable,* on ne peut pas y habiter. || contr. **habitable** ||.

▶ **inhabité** adj. *Cette région polaire est inhabitée,* sans habitant, déserte.

**inhabituel** adj. *Il y avait dans la rue une animation inhabituelle,* qui n'était pas habituelle. → **inaccoutumé.**

**inhaler** v. (conjug. 1) Absorber par le nez et les poumons. → **aspirer.** *Ils ont inhalé un gaz toxique.*

▶ **inhalation** n. f. Aspiration de vapeurs par le nez. *Pour soigner son* *rhume, il se fait une inhalation à l'eucalyptus.*

inhalation

**inhérent** **adj.** *Ce sont les inconvénients inhérents à ce métier,* qui y sont liés. — **Au fém.** *inhérente.*

**inhospitalier** **adj.** *Cette région semble très inhospitalière,* peu accueillante, hostile.

**inhumain** **adj.** Cruel, barbare. *La torture est une pratique inhumaine.*

**inhumer** **v.** (conjug. 1) Mettre en terre. → **enterrer.** *C'est un médecin qui délivre le permis d'inhumer.*
▶ **inhumation** **n. f.** Enterrement. *L'inhumation aura lieu jeudi.*

**inimaginable** **adj.** Difficile ou impossible à imaginer. *Il y a un désordre inimaginable dans la chambre d'Yves.* → **incroyable.**

**inimitable** **adj.** Difficile ou impossible à imiter. *Il est inimitable dans sa façon de raconter des histoires.*

**inimitié** **n. f.** Hostilité. *J'ai beaucoup d'inimitié pour lui.* ‖ contr. **amitié** ‖.

**inintelligible** **adj.** Difficile ou impossible à comprendre. *Il marmonnait dans son sommeil des mots inintelligibles.* → **incompréhensible.** ‖ contr. **intelligible** ‖.

**inintéressant** **adj.** Sans intérêt. *Un film inintéressant.* ‖ contr. **intéressant** ‖.

**ininterrompu** **adj.** Continu. *Une file ininterrompue de voitures.*

**initial** **adj.** Qui est au commencement. → **originel, premier.** *J'ai oublié la raison initiale de notre dispute.* — **Au masc. pl.** *initiaux.*
▶ **initiale** **n. f.** *Il a écrit ses initiales sur son cahier,* la première lettre de son prénom et de son nom de famille.
▶ **initialement** **adv.** Au début, au commencement. *Initialement, le projet était très différent.*

**initiative** **n. f.** **1.** Action d'une personne qui est la première à proposer ou à faire quelque chose. *Luc a pris l'initiative d'organiser une collecte pour acheter un cadeau à la maîtresse.* **2.** Qualité d'une personne qui propose et entreprend de faire les choses. *Julie a l'esprit d'initiative.*

**initier** **v.** (conjug. 7) *Il a initié son fils à la voile,* il a été le premier à lui apprendre à faire de la voile.
▶ **initié** **n. m.**, **initiée** **n. f.** Personne qui connaît déjà bien le sujet dont on parle. *Ce livre de cuisine est réservé aux initiés.* ‖ contr. **profane** ‖.
▶ **initiation** **n. f.** *Il a suivi des cours d'initiation à l'informatique,* des cours où on lui a enseigné les premières choses à savoir en informatique.

**injecter** **v.** (conjug. 1) Faire entrer un liquide dans le corps avec une seringue. *Avant d'opérer Flora, on lui a injecté un produit pour l'anesthésier.*

▸ **injection** **n. f.** Introduction d'un liquide dans le corps avec une seringue. *Ce vaccin nécessite trois injections.* → **piqûre.**

**injonction** **n. f.** Ordre. *L'automobiliste doit obéir aux injonctions de l'agent de police.*

**injure** **n. f.** Parole blessante. → **insulte.** *Il criait des injures aux passants.*

▸ **injurier** **v.** (conjug. 7) Prononcer des paroles blessantes ou vexantes. → **insulter.** *Quand il est au volant, il ne peut pas s'empêcher d'injurier les autres conducteurs.*

▸ **injurieux** **adj.** Blessant, méchant. *Il a employé des termes injurieux dans sa lettre.* → **insultant, offensant.** || contr. **flatteur** ||. — **Au fém.** *injurieuse.*

**injuste** **adj.** Contraire à la justice. *Cette punition est injuste.* || contr. ② **juste** ||.

▸ **injustement** **adv.** D'une manière injuste. *Yves a été injustement accusé.*

▸ **injustice** **n. f.** Acte ou décision contraire à la justice. *Il cherche le moyen de réparer l'injustice qu'il a commise.*

**injustifié** **adj.** *Ta peur est injustifiée, il n'y a aucun danger,* tu n'as pas de raison d'avoir peur.

**inlassable** **adj.** Infatigable. *Avec une patience inlassable, la maîtresse répète ce qu'elle a déjà dit plusieurs fois.*

▸ **inlassablement** **adv.** Sans cesse, sans se fatiguer. *Elle répète inlassablement les mêmes choses.*

**inné** **adj.** Naturel, possédé dès la naissance. *Anne a un don inné pour le dessin.*

**innocent** **adj. 1.** Qui n'a rien fait de mal. *L'enquête a montré que l'accusée était innocente.* || contr. **coupable** || — **N.** *On allait condamner un innocent.* **2.** Pur. *Flora est innocente comme l'enfant qui vient de naître.* **3.** Naïf, crédule. *Il faut être bien innocent pour croire un mensonge pareil.*

▸ **innocence** **n. f.** État d'une personne qui n'est pas coupable. *L'accusé clame son innocence.* || contr. **culpabilité** ||.

▸ **innocenter** **v.** (conjug. 1) Faire connaître l'innocence de quelqu'un. *La déclaration du témoin a innocenté l'accusé.* → **disculper.**

**innombrable** **adj.** Très nombreux. *Une foule innombrable attendait l'ouverture du musée.*

**innover** **v.** (conjug. 1) Faire une chose qui n'a jamais été faite. *L'architecte a innové en utilisant le caoutchouc dans ses constructions.*

▸ **innovation** **n. f.** Nouveauté, changement. *Elle a fait des innovations dans son appartement.*

**inoccupé** **adj. 1.** Vide, inhabité. *Cette maison est inoccupée depuis plusieurs mois.* **2.** Qui n'a pas d'occupation. *Julie ne reste pas souvent inoccupée.* → **désœuvré.** || contr. **occupé** ||.

**inodore** **adj.** Sans odeur. *L'eau est incolore, inodore et sans saveur.* || contr. **odorant** ||.

**inoffensif** **adj.** Qui n'est pas dangereux, qui ne fait pas de mal. *N'ayez pas peur, cette bête est totalement inoffensive.*

**inonder** **v.** (conjug. 1) Recouvrir d'eau. *En débordant, la rivière a inondé les champs.*

▸ **inondation** **n. f.** Débordement d'eaux qui se mettent à recouvrir un endroit. *De très fortes pluies ont provoqué d'importantes inondations.*

**inopiné** **adj.** Imprévu, inattendu. *Sa venue inopinée a surpris tout le monde.*

**inopportun** **adj.** Mal choisi, déplacé. *Le moment lui sembla inopportun pour s'expliquer.* || contr. **opportun** ||. — **Au fém.** *inopportune.*

**inoubliable** **adj.** Que l'on ne peut pas oublier. → **mémorable.** *Ce voyage leur a laissé des souvenirs inoubliables.*

**inouï** **adj.** Extraordinaire, incroyable. *La tempête était d'une violence inouïe.*

**inoxydable** **adj.** *Un métal inoxydable,* c'est un métal qui ne s'oxyde pas, ne rouille pas. *Des couverts en acier inoxydable.* — On dit souvent *Des couverts en inox.*

**inqualifiable** **adj.** *Une conduite inqualifiable,* tellement scandaleuse qu'il n'y a pas de mot pour la qualifier.

**inquiet** **adj.** Qui se fait du souci. *Anne n'est pas encore rentrée, sa mère est inquiète.* → **anxieux, soucieux.** || contr. **tranquille** ||.

▶ **inquiéter** **v.** (conjug. 6) **1.** Rendre inquiet. *L'état du malade inquiète le médecin.* → **préoccuper. 2.** *S'inquiéter,* c'est se faire du souci. *Je m'inquiétais de ne pas te voir.*

▶ **inquiétant** **adj.** Qui inquiète, préoccupe. → **alarmant, préoccupant.** || contr. **rassurant** || *La fièvre du malade monta d'une façon inquiétante.*

▶ **inquiétude** **n. f.** État pénible dans lequel est une personne qui attend quelque chose avec crainte ou appréhension. *En ne le voyant pas, elle devint folle d'inquiétude.*

**insaisissable** **adj. 1.** Impossible à saisir, à attraper. *L'ennemi paraissait insaisissable, on ne savait jamais où il était.* **2.** *Elle a une personnalité insaisissable,* difficile à saisir, à comprendre.

**insalubre** **adj.** Malsain, mauvais pour la santé. *Un climat insalubre.* || contr. **salubre** ||.

**insanité** **n. f.** Chose ou parole absurde, contraire au bon sens. *Il ne dit que des insanités.* → **absurdité, ineptie.**

**insatiable** **adj. 1.** Jamais rassasié. *Yves a toujours faim, il est insatiable.* **2.** Jamais satisfait. *Elle est d'une curiosité insatiable.*

**insatisfait** **adj.** Qui n'est jamais satisfait, jamais content. *Elle sera éternellement insatisfaite.* → **mécontent.** || contr. **satisfait** ||.

**inscription** **n. f. 1.** Ensemble de mots écrits ou gravés sur un mur, un monument, un panneau ou un écriteau. *Un mur couvert d'inscriptions.* → **graffiti. 2.** *La directrice de l'école a accepté l'inscription d'un élève en cours d'année,* elle a accepté qu'un élève s'inscrive en cours d'année.

**inscrire** **v.** (conjug. 39) **1.** Écrire, noter. *Julie inscrit son nom sur la première page de son cahier.* **2.** *Luc s'est inscrit au club de football de l'école,* il en fait partie, en est membre.

**insecte** **n. m.** Petit animal sans squelette, au corps articulé, qui a trois paires de pattes et souvent des ailes. *Les fourmis, les puces et les moustiques sont des insectes.*

**insecticide** n. m. Produit qui tue les insectes. *Il vaporise de l'insecticide.* — Adj. *De la poudre insecticide.*

**insectivore** adj. Qui mange des insectes. *L'hirondelle est un oiseau insectivore.* — N. m. *Les taupes, les lézards, les grenouilles sont des insectivores.*

**insécurité** n. f. Manque de sécurité. *Seule dans cet endroit désert, elle éprouvait un vague sentiment d'insécurité.* ‖ contr. **sécurité** ‖.

**insémination** n. f. *Cette vache a eu son veau par insémination artificielle,* on a introduit le sperme du taureau dans les voies génitales de la vache sans qu'il y ait d'accouplement.

**insensé** adj. Contraire au bon sens. → **absurde.** *Des idées insensées.* ‖ contr. **raisonnable, sensé** ‖.

**insensible** adj. **1.** Que rien ne touche, n'émeut. *Une personne insensible.* ‖ contr. **sensible** ‖ **2.** Qui ne ressent pas de douleur. *Le dentiste a fait une piqûre à Yves pour rendre sa mâchoire insensible.* → aussi **insensibiliser. 3.** *Entre ces deux jumeaux, la différence est insensible,* presque imperceptible, très peu visible.

▸ **insensibiliser** v. (conjug. 1) Rendre insensible à la douleur. *Le dentiste m'a insensibilisé la mâchoire avant de m'arracher une dent.* → **anesthésier.**

▸ **insensibilité** n. f. **1.** Absence de sentiment, manque de sensibilité. ‖ contr. **sensibilité** ‖ **2.** Absence de sensibilité du corps ou d'une partie du corps. *L'anesthésie générale provoque l'insensibilité à la douleur.*

▸ **insensiblement** adv. De manière insensible, imperceptible. *La route monte insensiblement.*

**inséparable** adj. *Julie et Anne sont inséparables,* elles sont toujours ensemble.

**insérer** v. (conjug. 6) Ajouter, introduire. *Cet article a été inséré dans la dernière édition du journal.*

**insidieux** adj. Trompeur, sournois. *Votre question est insidieuse.*

**insigne** n. m. Signe qui permet de distinguer les membres d'un groupe. → **badge.** *Luc porte sur son blouson l'insigne de son club de football.*

**insignifiant** adj. Sans importance, très petit. *Des détails insignifiants.* → **minime.**

**insinuer** v. (conjug. 1) Laisser entendre une chose, sans la dire franchement. → **suggérer.** *Tu insinues que j'ai menti ?*

▸ **insinuation** n. f. Parole qui laisse entendre quelque chose de façon détournée, sournoise. → **allusion, sous-entendu.** *Je n'aime pas beaucoup vos insinuations.*

**s'insinuer** v. (conjug. 1) S'introduire habilement. *Un traître s'est insinué dans le groupe.*

**insipide** adj. Sans goût. → **fade.** *Cette sauce est insipide.*

**insister** v. (conjug. 1) **1.** *Insister sur quelque chose,* c'est s'arrêter avec force sur une difficulté particulière. → mettre l'**accent.** *La maîtresse insiste sur l'orthographe des mots difficiles.* **2.** Réclamer plusieurs fois, avec obstination. *Elle a insisté pour venir.*

▸ **insistance** n. f. Obstination. *Anne a réclamé avec insistance à sa mère d'aller au cinéma.*

# INSECTES

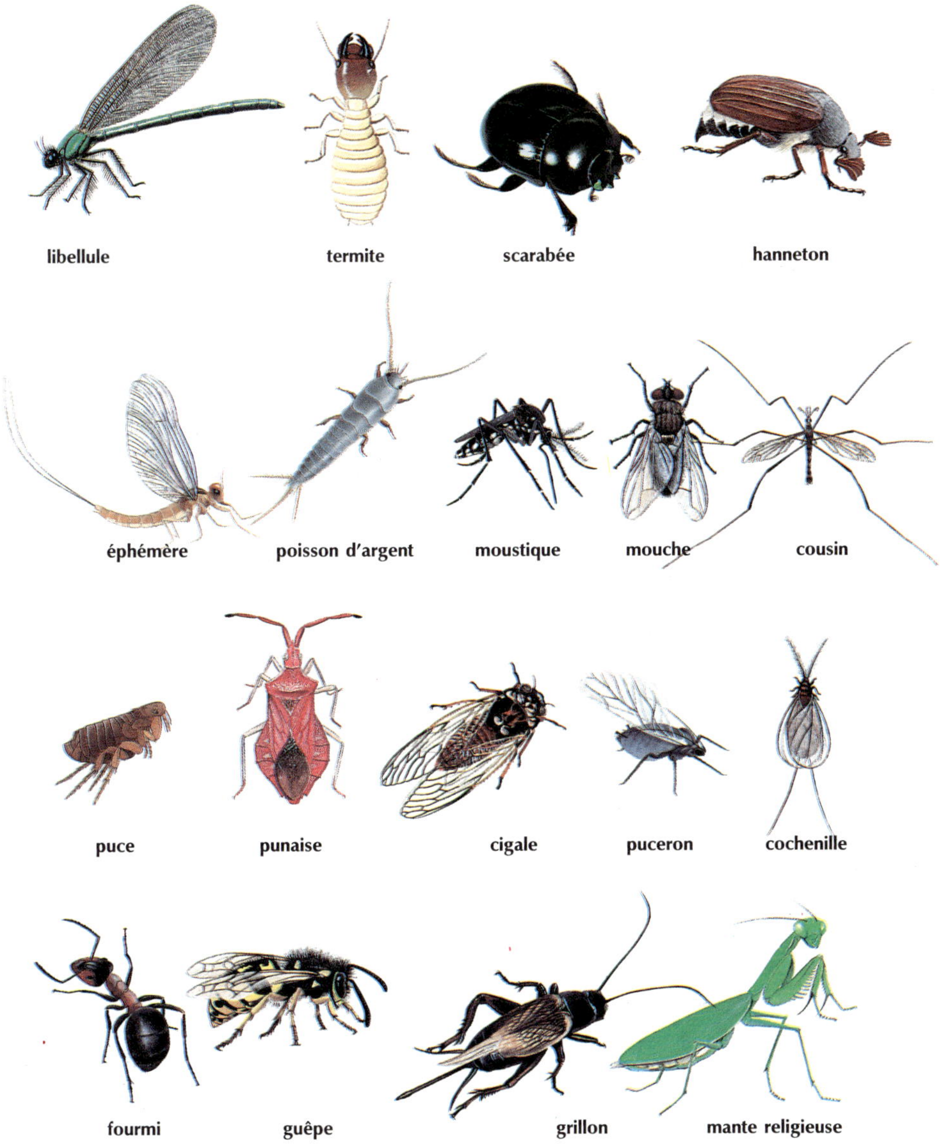
libellule
termite
scarabée
hanneton
éphémère
poisson d'argent
moustique
mouche
cousin
puce
punaise
cigale
puceron
cochenille
fourmi
guêpe
grillon
mante religieuse

**insolation** n. f. Malaise assez grave provoqué par une trop longue exposition au soleil. *Ne reste pas au soleil sans chapeau, tu risques une insolation.*

**insolent** adj. Qui manque de respect envers quelqu'un. → **effronté, impertinent, impoli.** *Julie a été insolente avec la maîtresse.* || contr. **poli, respectueux** ||.
► **insolence** n. f. Manque de respect. → **effronterie, impolitesse.** || contr. **politesse** || *Yves a été puni pour son insolence envers sa mère.*

**insolite** adj. Qui étonne, surprend. → **bizarre, étrange, inhabituel.** *Elle entendit des bruits insolites à l'étage supérieur.* || contr. **familier, habituel, normal** ||.

**insoluble** adj. Que l'on ne peut pas résoudre. *Un problème insoluble,* c'est un problème sans solution.

**insomnie** n. f. Impossibilité de dormir la nuit pendant de longs moments. *La mère de Flora a souvent des insomnies.*

**insondable** adj. 1. Trop profond pour être sondé, mesuré. *Une fosse sous-marine d'une profondeur insondable.* 2. *Un mystère insondable,* trop compliqué pour être expliqué.

**insonoriser** v. (conjug. 1) Rendre moins sonore, plus silencieux. *Toutes les pièces de l'appartement ont été insonorisées,* elles ont été équipées de manière à ce que les bruits ne passent pas.

**insouciant** adj. Qui vit sans se faire de souci, sans s'inquiéter. || contr. **soucieux** || *Elle était gaie et insouciante. Les enfants sont souvent insouciants du danger,* ils n'y font pas attention.
► **insouciance** n. f. Caractère d'une personne qui vit sans se faire de souci. *Ils vivent dans l'insouciance.*

**insoutenable** adj. 1. Que l'on ne peut soutenir, défendre. *Cette théorie est insoutenable.* → **indéfendable.** 2. Que l'on ne peut supporter. *Une douleur insoutenable.* → **insupportable.**

**inspecter** v. (conjug. 1) 1. Contrôler, surveiller. *L'architecte inspecte le travail des maçons.* 2. Examiner avec attention. *Les douaniers ont inspecté les bagages.*
► **inspecteur** n. m., **inspectrice** n. f. Personne dont le métier est de contrôler, de surveiller. *Un inspecteur est venu hier dans la classe assister aux cours. Un inspecteur de police,* c'est un policier en civil, dans un commissariat ou une préfecture de police.
► **inspection** n. f. Examen qui sert à contrôler, vérifier, surveiller. *La maîtresse a fait l'inspection des cahiers.*

**inspirer** v. (conjug. 1) 1. Faire entrer l'air dans les poumons. → **aspirer.** *Inspirez profondément, puis expirez.* 2. Faire naître une idée, un sentiment. *Ce paysage a inspiré de nombreux peintres. Cet individu ne m'inspire aucune confiance,* je n'ai aucune confiance en lui. 3. *S'inspirer de quelque chose,* c'est y trouver des idées. *L'écrivain s'est inspiré d'une histoire vraie pour écrire son roman.*
► **inspiration** n. f. 1. Mouvement qui fait entrer l'air dans les poumons. *L'inspiration précède l'expiration.* 2. Ensemble d'idées qui viennent à l'esprit. *Alex cherche l'inspiration pour rédiger sa rédaction.*

**instable** adj. 1. Qui ne tient pas bien en équilibre. *Ne t'assieds pas sur cette* *chaise, elle est instable.* → **branlant.** || contr. **stable** || **2.** Variable, changeant. *Le temps est instable depuis quelques jours.* **3.** Qui change souvent d'idée, d'humeur. *Un enfant instable.* || contr. **équilibré** ||.

**installer** v. (conjug. 1) **1.** Mettre en place, poser. *Ils ont installé des radiateurs électriques dans toutes les pièces.* **2.** Mettre, placer quelqu'un dans un endroit, d'une certaine façon. *L'infirmière installe le malade dans un fauteuil. — Installez-vous confortablement, faites comme chez vous.* **3.** *Ils se sont installés en Australie,* ils sont allés y habiter. → s'**établir.**

▶ **installateur** n. m., **installatrice** n. f. Personne dont le métier est d'installer des appareils. *Un installateur de chauffage central.*

▶ **installation** n. f. **1.** Mise en place. *Les ouvriers ont terminé l'installation du chauffage dans la maison. L'installation électrique,* c'est l'ensemble des fils, des prises de courant et des compteurs qui permettent de brancher des appareils électriques. **2.** Fait de s'installer, d'aller habiter quelque part. *Ils ont invité des amis pour fêter leur installation dans leur nouvel appartement.*

**instances** n. f. pl. *Il a fini par céder, sur les instances de ses amis,* à la demande pressante de ses amis.

▶ **instamment** adv. Avec force, en insistant. *Il nous a demandé instamment d'arriver à l'heure.*

**instant** n. m. Court moment. *Attendez un instant, s'il vous plaît. Le film va commencer dans un instant,* bientôt. *Elle est sortie à l'instant,* elle vient de sortir. *Le téléphone a sonné à l'instant où j'arrivais,* juste au moment où j'arrivais. *Il change d'avis à chaque instant,* sans arrêt, continuellement. *Pour l'instant, tout est calme,* pour le moment tout est calme.

▶ **instantané** adj. Qui se produit en un instant, très vite. *Certains poisons provoquent une mort instantanée.* → **immédiat.** || contr. **lent, long** ||.

▶ **instantanément** adv. Tout de suite. → **immédiatement.** *Le feu a pris instantanément.*

**instaurer** v. (conjug. 1) Établir pour la première fois. → **fonder, instituer.** *La République française fut instaurée en 1792.* || contr. **abolir, renverser** ||.

**instigateur** n. m., **instigatrice** n. f. Personne qui pousse, incite à faire quelque chose. *Les instigateurs du mouvement ont été arrêtés.* → **meneur.**

**instinct** [ɛ̃stɛ̃] n. m. **1.** Force qui pousse les êtres vivants à accomplir certains actes naturellement, sans les avoir appris. *Cette chatte a un instinct maternel très développé.* **2.** Intuition. *Il se fie toujours à son instinct pour prendre des décisions importantes. D'instinct, je ne lui fais pas confiance,* spontanément.

▶ **instinctif** adj. Qui n'est pas réfléchi. → **spontané.** *Une réaction instinctive. Des gestes instinctifs.* → **automatique, machinal.**

▶ **instinctivement** adv. De manière instinctive. *Instinctivement, elle recula.* → **involontairement, machinalement.**

**instituer** v. (conjug. 1) Établir, mettre en place. *En France, la Ve République a été instituée en 1958 par le général de Gaulle.* → **instaurer.** ▷ ② INSTITUTION.

**institut** n. m. **1.** Endroit destiné à la recherche scientifique. *L'institut Pas-*

*teur fabrique des vaccins.* **2.** *Elle se fait épiler les jambes dans un institut de beauté,* dans un endroit où l'on pratique des soins de beauté.

▶ **instituteur** **n. m.**, **institutrice** **n. f.** Personne qui enseigne dans une école maternelle ou primaire. *Flora a une nouvelle institutrice cette année.* → **maître.**

▶ ① **institution** **n. f.** École privée. *La mère de Julie était élève dans une institution religieuse.*

② **institution** **n. f.** Chose instituée, établie comme règle. *L'école obligatoire jusqu'à 16 ans est une institution française.*

**instruire** **v.** (conjug. 38) **1.** Enseigner, apprendre. *La lecture instruit beaucoup.* **2.** *S'instruire,* c'est apprendre quelque chose. *Les enfants vont à l'école pour s'instruire.* **3.** *Le juge instruit l'affaire,* il fait en sorte qu'elle puisse être jugée.

▶ **instructif** **adj.** Qui instruit, apprend des choses. *C'est une histoire très instructive.*

▶ **instruction** **n. f. 1.** Enseignement. *En France, l'instruction est gratuite et obligatoire.* **2.** *Ils n'ont pas beaucoup d'instruction,* ils ne sont pas très instruits, ne savent pas beaucoup de choses. **3.** *Avant de sortir, elle donne ses instructions à la baby-sitter,* elle lui explique ce qu'elle doit faire. → **directive.**

**instrument** **n. m. 1.** Objet servant à exécuter un travail. → **outil.** *Le couteau et la scie sont des instruments tranchants. La balance est un instrument de mesure.* **2.** *Les instruments de musique,* ce sont des objets fabriqués spécialement pour jouer de la musique. *Le piano, la guitare et la flûte sont des instruments de musique.*

▶ **instrumentiste** **n. m.** et **f.** Personne qui joue d'un instrument de musique, dans un orchestre. → aussi **musicien.**

**à l'insu de** **prép.** Sans que la chose soit sue. *Julie a recueilli un chaton à l'insu de ses parents,* sans qu'ils le sachent. ‖ contr. au **vu** et au su de ‖.

**insubmersible** **adj.** *Les canots de sauvetage sont insubmersibles,* ils ne peuvent pas être recouverts d'eau, ils ne peuvent pas couler.

**insubordination** **n. f.** Refus d'obéir. → **désobéissance, indiscipline.** *Les soldats ont fait preuve d'insubordination.*

**insuccès** **n. m.** Manque de succès. → **échec.** *Ce projet était voué à l'insuccès dès le début.* ‖ contr. **succès** ‖.

**insuffisant** **adj.** Qui ne suffit pas. *Les notes de Flora sont insuffisantes.* → **médiocre.** ‖ contr. **suffisant** ‖.

▶ **insuffisamment** **adv.** Pas assez. *Il s'est insuffisamment préparé à son examen.* ‖ contr. **suffisamment** ‖.

▶ **insuffisance** **n. f. 1.** Caractère de ce qui n'est pas suffisant. *L'insuffisance de leurs moyens ne leur permet aucune dépense.* **2.** Manque. *Yves a des insuffisances en orthographe.* → **lacune.** **3.** Défaut de certains organes du corps. *Il souffre d'insuffisance cardiaque.* → **déficience.**

**insulaire** **adj.** Qui vit dans une île. *Le peuple britannique est un peuple insulaire.* — **N.** *Les Corses sont des insulaires.*

**insulter** **v.** (conjug. 1) Prononcer des paroles vexantes, blessantes envers quelqu'un. → **injurier.** *Il s'est mis soudain à nous insulter.*

▶ **insulte** n. f. Parole blessante, vexante. → **injure.** *« Espèce d'imbécile », « sale abruti » sont des insultes.*

▶ **insultant** adj. Qui insulte, blesse, vexe. *Des paroles insultantes.* → **injurieux.**

**insupportable** adj. Très difficile à supporter. ‖ contr. **supportable** ‖ *Un vacarme insupportable.* → **intolérable.** *Quels enfants insupportables !* → **infernal.** *Une douleur insupportable.* → **insoutenable.**

**s'insurger** v. (conjug. 3) **1.** Se révolter contre une autorité. *Le 14 juillet 1789, le peuple s'est insurgé contre le roi en prenant la Bastille.* → aussi **insurrection. 2.** Protester violemment. *Les habitants de la région se sont insurgés contre la construction d'une usine de produits chimiques.*

**insurmontable** adj. *Anne a une peur insurmontable des rats,* une peur qu'elle ne peut pas surmonter, réprimer.

**insurrection** n. f. Soulèvement, révolte. *L'armée a durement réprimé l'insurrection.* → aussi s'**insurger.**

**intact** adj. Qui n'a pas été endommagé, est resté en bon état. *Après sa chute de vélo, Luc a retrouvé ses lunettes intactes.* ‖ contr. **abîmé** ‖.

**intarissable** adj. *Yves est intarissable sur le football,* il ne peut pas s'arrêter d'en parler.

**intégral** adj. Entier, complet. *Ils n'ont pas encore effectué le remboursement intégral de leur maison.* → **total.** ‖ contr. **partiel** ‖ — **Au masc. pl.** *intégraux.*

▶ **intégralement** adv. D'une manière intégrale, complète. → **complètement, totalement.** *Au bout de dix ans, elle avait intégralement payé son appartement.* ‖ contr. **partiellement** ‖.

▶ **intégralité** n. f. Totalité. *Elle a lu l'intégralité des œuvres de Victor Hugo.*

**intègre** adj. *Une personne intègre,* c'est une personne parfaitement honnête. → **incorruptible.** ‖ contr. **corrompu, malhonnête** ‖.

▶ **intégrité** n. f. Honnêteté parfaite. → **probité.** *C'est un homme d'une grande intégrité.*

**intégrer** v. (conjug. 6) **1.** Faire entrer dans un ensemble. → **inclure, incorporer.** *Un chapitre supplémentaire a été intégré à la nouvelle édition du livre.* **2.** *Au début, le nouvel élève a eu du mal à s'intégrer à la classe,* à en faire vraiment partie. ▷ DÉSINTÉGRATION, DÉSINTÉGRER, RÉINTÉGRER.

**intellectuel** n. m. et adj., **intellectuelle** n. f. et adj. **1. n.** Personne qui, par goût ou par métier, s'intéresse aux idées, aux choses de l'esprit. *Les philosophes sont des intellectuels.* **2. adj.** Qui fait appel à l'intelligence. *Elle fait un travail intellectuel.* ‖ contr. **manuel** ‖.

**intelligent** adj. Qui comprend facilement les choses et s'adapte bien à toutes les situations. *Anne est une petite fille très intelligente.* ‖ contr. **bête, stupide** ‖.

▶ **intelligence** n. f. **1.** Ce qui permet aux gens d'apprendre, de comprendre et de s'adapter. ‖ contr. **bêtise** ‖ *Julie a une intelligence très vive. Il n'a pas fait preuve d'intelligence en réagissant ainsi.* **2.** *Ils vivent en bonne intelligence avec leurs voisins,* ils s'entendent bien avec eux.

▶ **intelligemment** adv. D'une manière intelligente. *Luc a répondu très*

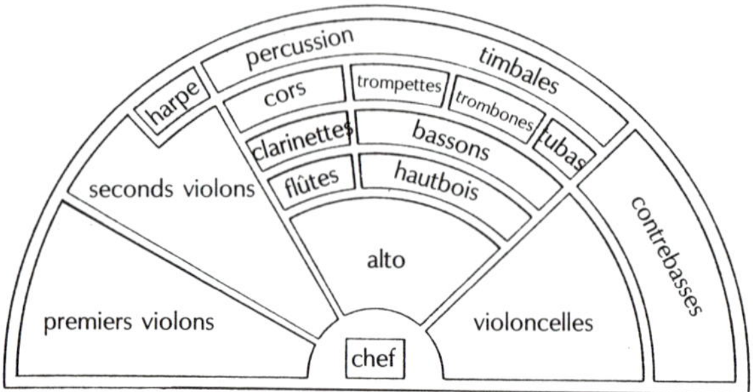

**orchestre symphonique classique**

**tambourin**

**timbales**

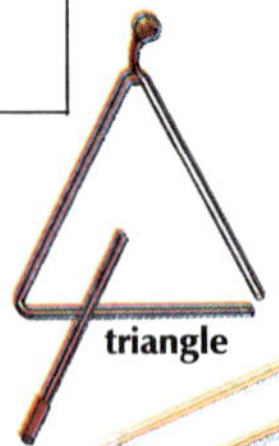
**triangle**

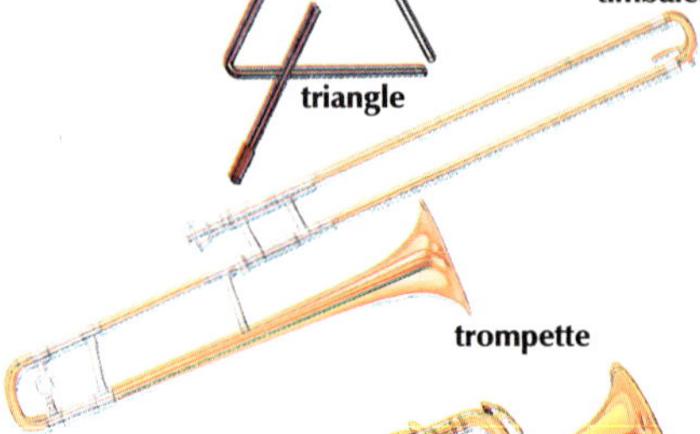
**trompette**

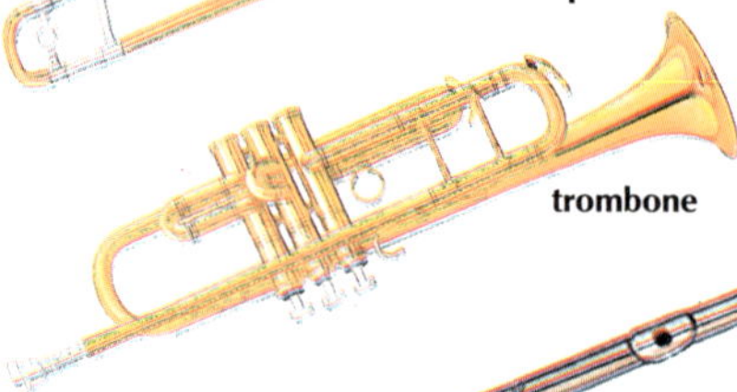
**trombone**

**saxophone**

**cor**

**piano**

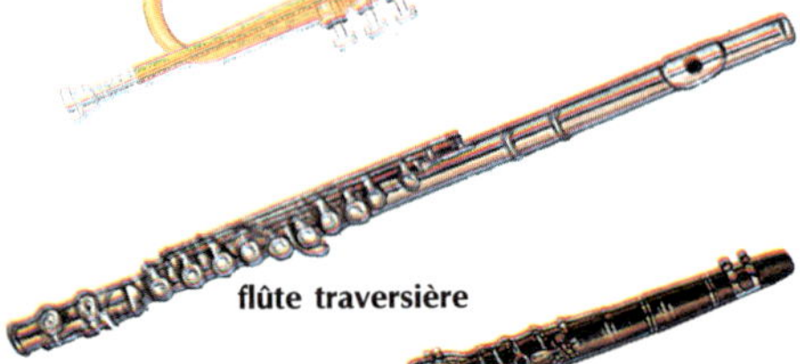
**flûte traversière**

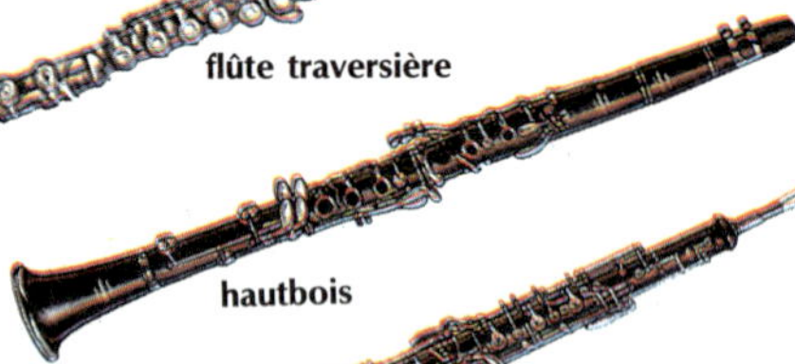
**hautbois**

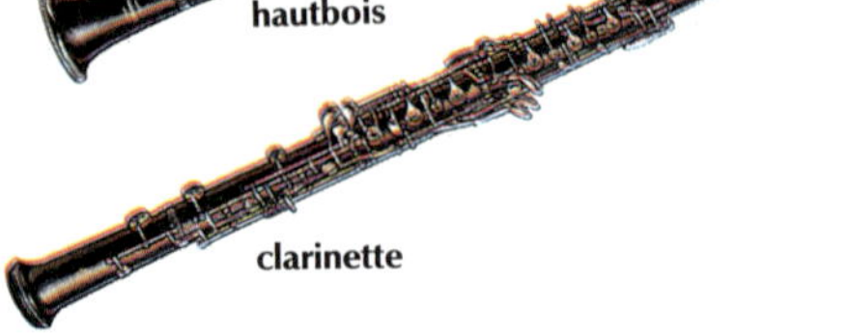
**clarinette**

mandoline

violon

guitare

contrebasse

caisse claire

timbale

grosse caisse

harpe

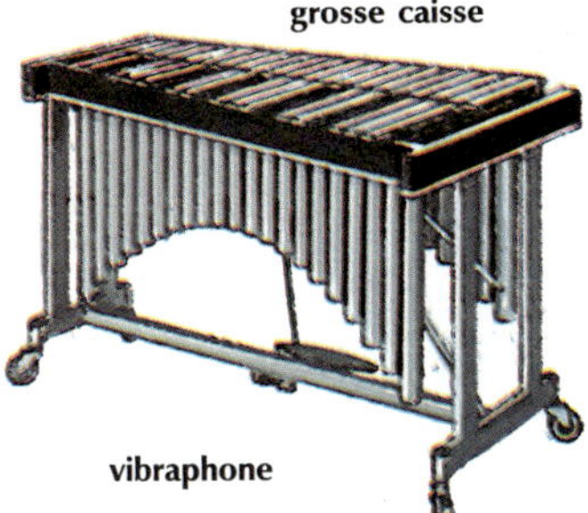
vibraphone

violoncelle

*intelligemment à la question du professeur.*

**intelligible** **adj.** Qui peut être facilement compris. → **clair, compréhensible.** || contr. **incompréhensible** || *Les explications de la maîtresse sont très intelligibles. Parlez à haute et intelligible voix !* ▷ ININTELLIGIBLE.

**intempéries** **n. f. pl.** Mauvais temps. *L'avion n'a pas pu décoller en raison des intempéries.*

**intempestif** **adj.** *Une action intempestive,* c'est une action qui est faite au mauvais moment. → **déplacé, inopportun.** || contr. **opportun** ||.

**intenable** **adj.** Difficile à supporter. → **insupportable.** *Une chaleur intenable.*

**intendance** **n. f.** Service chargé d'acheter les fournitures et d'entretenir le matériel d'une communauté, d'un groupe. *L'institutrice a passé une commande de fournitures à l'intendance de l'école.*

▸ **intendant** **n. m.**, **intendante** **n. f.** Personne chargée de l'intendance dans une collectivité. *L'intendante d'un hôpital.* → **économe.**

**intense** **adj.** Très fort, très puissant. *Un froid intense.* → **vif.** *Un plaisir intense.* → **extrême.** || contr. **faible** ||.

▸ **intensif** **adj.** Qui demande des efforts intenses et prolongés. *Un travail intensif.* — **Au fém.** *intensive.*

▸ **intensité** **n. f.** Grandeur, force. *Un courant électrique de faible intensité.*

**intenter** **v.** (conjug. 1) *Elle a intenté un procès à son voisin,* elle a entrepris un procès contre lui.

**intention** **n. f.** Le fait de se proposer un certain but. → **dessein, projet.** *Ils ont l'intention de déménager. Ce dictionnaire a été fait à l'intention des enfants,* il a été écrit pour eux.

▸ **intentionné** **adj.** *Elle est bien intentionnée,* elle a de bonnes intentions, elle veut bien faire. → aussi **bienveillant.**

▸ **intentionnel** **adj.** Qui est voulu, fait exprès. → **volontaire.** *Sa remarque blessante était intentionnelle.* || contr. **involontaire** || ▷ MALINTENTIONNÉ.

**intercaler** **v.** (conjug. 1) Mettre une chose entre deux autres. *Le journaliste a intercalé des titres entre les paragraphes de son article.*

▸ **intercalaire** **n. m.** Feuille de carton ou de plastique que l'on intercale dans un classeur pour séparer des documents.

**intercéder** **v.** (conjug. 6) Intervenir en faveur de quelqu'un. *Il intercédera pour vous auprès de la direction.*

**intercepter** **v.** (conjug. 1) *Yves a intercepté le ballon au bon moment,* il l'a attrapé au passage.

▸ **interception** **n. f.** *L'interception d'un message ennemi,* le fait de s'en emparer alors qu'il n'était pas pour soi.

**interchangeable** **adj.** *Des objets interchangeables,* ce sont des objets qui peuvent être mis les uns à la place des autres. *Les quatre roues de la voiture sont interchangeables.*

**interdiction** **n. f.** Action d'interdire. *Un panneau d'interdiction de stationner.* → **défense.** *Le malade a l'interdiction de sortir.* || contr. **autorisation** ||.

**interdire** **v.** (conjug. 37) Faire savoir à une personne qu'elle n'a pas le droit de faire quelque chose. → **défendre.**

|| contr. **autoriser, permettre** || *Il lui interdit d'y aller.*

▸ **interdit** **adj.** **1.** Qui n'est pas autorisé. *Le stationnement est interdit dans cette rue.* **2.** Très étonné. *La réponse la laissa interdite.* → **ébahi, stupéfait.**

**intéresser** **v.** (conjug. 1) **1.** Éveiller l'intérêt, retenir l'attention. *Cette histoire les a beaucoup intéressés.* || contr. **ennuyer** || **2.** Avoir de l'importance pour quelqu'un. → **concerner.** *Cette réforme n'intéresse que les classes primaires.* **3.** *Alex s'intéresse aux motos,* il a de l'intérêt pour elles. || contr. se **désintéresser** ||.

▸ **intéressant** **adj.** **1.** Qui présente de l'intérêt, retient l'attention. *Cette histoire est très intéressante.* → **captivant, passionnant.** || contr. **ennuyeux, inintéressant** || *Julie cherche souvent à se rendre intéressante,* à se faire remarquer. **2.** Avantageux. *Ils ont acheté leur maison à un prix intéressant.*

▸ **intéressé** **adj.** *Une personne intéressée,* c'est une personne qui pense d'abord à son intérêt, à ce qu'elle peut gagner, obtenir. || contr. **désintéressé, généreux** ||.

**intérêt** **n. m.** **1.** Attention que l'on porte à quelqu'un ou à quelque chose. *Flora écoutait avec intérêt l'histoire que lui racontait sa grand-mère. La maîtresse sait éveiller l'intérêt de ses élèves.* → **curiosité.** **2.** Qualité de ce qui est intéressant. *Ce film est idiot et ne présente aucun intérêt.* **3.** *Je te dis cela dans ton intérêt,* pour t'être utile, te rendre service. **4.** Recherche de son avantage personnel. *Il agit toujours par intérêt.* → aussi **intéressé.** **5.** Somme que l'on donne à une personne qui prête de l'argent ou qui le dépose sur un compte spécial. *Ce compte rapporte 6 % d'intérêts par an.* ▷ DÉSINTÉRESSÉ, DÉSINTÉRESSEMENT, se DÉSINTÉRESSER, ININTÉRESSANT, INTÉRESSANT, INTÉRESSÉ, INTÉRESSER.

**intérieur** **adj.** et **n. m.**

▭ **adj.** **1.** Qui est dedans et non dehors. *Il range ses clés dans la poche intérieure de sa veste.* || contr. **extérieur** || **2.** *La politique intérieure d'un pays,* c'est ce qui concerne le pays lui-même et ses habitants.

▭ **n. m.** **1.** *L'intérieur d'une chose,* c'est le dedans. *L'intérieur de la voiture est gris.* || contr. **extérieur** || *Il fait froid dehors, attends-moi à l'intérieur,* dans la maison. **2.** Lieu où l'on habite. *Ils ont un intérieur très confortable.* **3.** Espace compris entre les frontières d'un pays. *Le ministre de l'Intérieur s'occupe de l'administration et de la police.*

▸ **intérieurement** **adv.** Au-dedans. *Intérieurement, la maison est en bon état.* || contr. **extérieurement** ||.

**intérim** **n. m.** Remplacement provisoire. *Quand la secrétaire est tombée malade, c'est une de ses collègues qui a assuré l'intérim,* qui l'a remplacée.

▸ **intérimaire** **n. m.** et **f.** Personne qui travaille temporairement dans des entreprises pour y faire des remplacements. — **Adj.** *Un travail intérimaire,* temporaire.

**interjection** **n. f.** Mot invariable qui exprime un sentiment ou une attitude. *« Aïe ! », « bof ! », « bravo ! » et « coucou ! » sont des interjections.* → aussi **onomatopée.**

**interligne** **n. m.** Espace entre deux lignes.

**interlocuteur** **n. m.**, **interlocutrice** **n. f.** Personne qui parle avec une autre.

*Au téléphone, on ne voit pas son interlocuteur.*

**interloqué** adj. Tellement surpris qu'on ne sait plus quoi dire. *En entendant cette remarque, elle est restée complètement interloquée.* → **abasourdi, ébahi, stupéfait.**

**intermède** n. m. Interruption. *Il y a un intermède musical entre les deux parties du film.*

**intermédiaire** adj. et n. m. et f.
▭ adj. Situé entre deux choses. *Le moment intermédiaire entre le jour et la nuit est le crépuscule.*
▭ n. 1. n. m. Moyen. *Il a pris son billet par l'intermédiaire d'une agence de voyages.* → **entremise.** 2. n. m. et f. Personne qui met en relation d'autres personnes. *Je n'ai pas besoin d'intermédiaire pour te dire ce que je pense.*

**interminable** adj. Qui semble ne jamais devoir finir. || contr. **court, bref** || *Un discours interminable,* trop long.

**intermittent** adj. Qui s'arrête puis recommence. *Des pluies intermittentes.* || contr. **continu** ||.
▶ **intermittence** n. f. *Le soleil brillait par intermittence,* par moments.

**internat** n. m. 1. Établissement scolaire dans lequel vivent des élèves qui sont pensionnaires. → **pensionnat** et aussi **interne.** *Elle a fait toutes ses études en internat.* 2. Concours pour devenir interne dans un hôpital. *Il a été brillamment reçu à l'internat.*

**international** adj. *Des championnats internationaux de tennis,* ce sont des championnats qui opposent plusieurs pays. *La politique internationale d'un pays,* c'est la politique qu'elle adopte à l'égard des autres pays. → **étranger, extérieur.** || contr. **intérieur, national** ||.

**interne** adj. et n. m. et f.
▭ adj. Situé à l'intérieur du corps. → **intérieur.** *Le foie est un organe interne.*
▭ n. m. et f. 1. Élève qui mange et dort dans son école. → **pensionnaire.** || contr. **externe** || *Elles sont internes dans un lycée.* 2. Médecin qui peut travailler en permanence dans un hôpital. *On devient interne quand on a réussi l'internat.*
▶ **interner** v. (conjug. 1) Enfermer dans un hôpital psychiatrique. *Certains malades mentaux doivent être internés.* ▷ INTERNAT.

**interpeller** [ɛ̃tɛʀpəle] v. (conjug. 1 ; on laisse les deux *l* à toutes les formes) Adresser la parole brusquement. *L'agent interpella l'automobiliste qui passait au feu rouge.* → **apostropher.**

**interphone** n. m. Téléphone intérieur. *De nombreux immeubles sont équipés d'interphones,* d'appareils qui permettent de parler depuis le hall aux personnes qui habitent dans l'immeuble.

**interplanétaire** adj. Qui a lieu dans l'espace, entre les planètes. *Les cosmonautes sont partis pour un voyage interplanétaire.* → **intersidéral.**

s'**interposer** v. (conjug. 1) Se mettre au milieu. → **intervenir.** *Elle s'est interposée entre les deux enfants qui se battaient.*

**interpréter** v. (conjug. 6) 1. Expliquer, comprendre. *Vous avez mal interprété mes paroles.* 2. Jouer un rôle au théâtre ou au cinéma. → **incarner.** *Cet acteur peut interpréter des rôles très* *différents.* **3.** Exécuter un morceau de musique, chanter une chanson. *Ce pianiste interprète Bach merveilleusement.*

▸ **interprète** **n. m.** et **f.** **1.** Comédien qui joue un rôle, musicien qui joue un morceau de musique, chanteur qui chante une chanson. *Cette flûtiste est une merveilleuse interprète.* **2.** Personne dont le métier est de traduire oralement ce que se disent deux personnes qui ne parlent pas la même langue. *Elle est interprète.* → aussi **traducteur.**

▸ **interprétation** **n. f.** **1.** Façon de comprendre une chose. *Il y a plusieurs interprétations à ce que tu dis.* → **explication.** **2.** Façon de jouer un rôle ou un morceau de musique. *Ce jeune acteur vient d'avoir le prix de la meilleure interprétation pour son dernier film.*

**interroger** **v.** (conjug. 3) Poser des questions. → **questionner.** *La police a interrogé les témoins de l'accident. — Il s'interrogeait sur ce qu'il devait faire,* il se le demandait.

▸ **interrogateur** **adj.** Qui a l'air d'interroger, de poser une question. *Un regard interrogateur.* — **Au fém.** *interrogatrice.*

▸ **interrogatif** **adj.** *Les phrases interrogatives,* ce sont les phrases qui posent une question. « *Veux-tu jouer avec moi ?* », « *Est-ce qu'il reviendra ?* » *sont des phrases interrogatives.*

▸ **interrogation** **n. f.** **1.** *Aujourd'hui, la maîtresse a fait une interrogation écrite,* elle a posé aux élèves des questions auxquelles il fallait répondre par écrit. **2.** *Le point d'interrogation (?),* c'est un signe de ponctuation qui marque la fin d'une phrase interrogative.

▸ **interrogatoire** **n. m.** Ensemble de questions posées pour connaître la vérité dans une affaire policière. *La police a fait subir un interrogatoire au suspect.*

**interrompre** **v.** (conjug. 41) **1.** Arrêter un moment ou définitivement. → aussi **interruption.** *Il a interrompu ses études à 16 ans.* **2.** *Julie a interrompu la maîtresse,* elle lui a coupé la parole. — *Elle s'est interrompue dès qu'il est entré,* elle a cessé de parler.

**interrupteur** **n. m.** Petit appareil qui permet d'arrêter ou de rétablir le courant électrique. *Il appuie sur l'interrupteur pour allumer la lumière.*

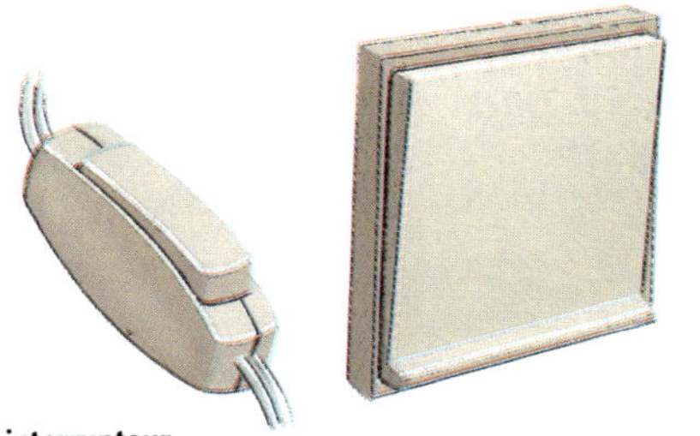
interrupteur

**interruption** **n. f.** Arrêt. *Il y a eu une interruption de courant pendant l'orage.* → **coupure.** *Il a plu toute la journée sans interruption.*

**intersection** **n. f.** Endroit où deux lignes, deux surfaces ou deux volumes se coupent. *Un panneau signale l'intersection des deux routes.*

**intersidéral** **adj.** *Un vol intersidéral,* c'est un vol qui se passe entre les astres. → **interplanétaire.** — **Au masc. pl.** *intersidéraux.*

**interstellaire** **adj.** Situé entre les étoiles. *L'espace interstellaire.*

**interstice** **n. m.** Petit espace vide. → **fente.** *Le jour passe à travers les interstices des volets.*

**intervalle** **n. m. 1.** Distance entre deux choses. → **espace, espacement.** *Les arbres de l'avenue sont plantés à intervalles réguliers.* **2.** Espace de temps qui sépare deux faits. *Les trains se suivent à quelques minutes d'intervalle.*

**intervenir** **v.** (conjug. 22) **1.** Prendre part à ce qui se passe. *Les pompiers sont rapidement intervenus dès le début de l'incendie,* ils sont entrés en action. → aussi **intervention. 2.** Se passer, se produire. *Un accord est intervenu entre les deux camps ennemis.*

**intervention** **n. f. 1.** Action d'intervenir. *L'intervention de la police a été très rapide.* **2.** *Il a subi une intervention chirurgicale,* une opération.

**intervertir** **v.** (conjug. 2) Changer l'ordre en mettant une chose à la place d'une autre. → **inverser.** *La maîtresse intervertit toujours les prénoms de ces deux élèves.* → **confondre.**

**interview** [ɛ̃tɛʀvju] **n. f.** Ce mot vient de l'anglais. Conversation entre un journaliste et une personnalité. → **entretien.** *Le célèbre acteur américain a accordé une interview à un journal français.* — **Au pl.** *Des interviews.*

► **interviewer** [ɛ̃tɛʀvjuve] **v.** (conjug. 1) Poser des questions à une personnalité. *Le journaliste a interviewé le chef de l'État.*

**intestin** **n. m.** Organe de l'appareil digestif constitué d'une sorte de long tuyau enroulé dans le ventre qui va de l'estomac jusqu'à l'anus. *Après leur passage dans l'intestin, les aliments sont rejetés sous forme d'excréments.*

► **intestinal** **adj.** De l'intestin. *Des douleurs intestinales.* — **Au masc. pl.** *intestinaux.*

**intime** **adj. 1.** Personnel, privé. *Mes pensées intimes ne regardent que moi.* **2.** *Julie et Anne sont des amies intimes,* très proches. **3.** *C'était un dîner très intime,* où il y avait peu de gens et seulement des personnes qui se connaissaient bien.

► **intimement** **adv.** *Ils sont intimement liés,* très étroitement liés.

**intimer** **v.** (conjug. 1) *L'agent de police a intimé à l'automobiliste l'ordre de s'arrêter,* il lui en a donné l'ordre avec autorité.

**intimider** **v.** (conjug. 1) Remplir de timidité, de gêne. *Les grandes personnes intimident Flora.* → **impressionner.** || contr. **rassurer** ||.

► **intimidé** **adj.** *Elle se sentait tout intimidée,* toute troublée.

**intimité** **n. f. 1.** *Ils se sont mariés dans l'intimité,* en présence seulement de leur famille et de leurs amis les plus proches. **2.** Relation étroite. *Il y a entre elles une grande intimité,* elles sont très liées.

**intituler** **v.** (conjug. 1) Donner un titre. *Le romancier ne sait pas encore comment intituler son livre.* — *Le conte qui s'intitule « Peau d'Âne » est de Charles Perrault.*

**intolérable** **adj.** Que l'on ne peut pas tolérer, supporter. → **insupportable.** *Il faisait une chaleur intolérable. Cette attitude est intolérable.* → **inadmissible.** || contr. **tolérable** ||.

**intolérance** **n. f.** Fait de ne pas admettre, de ne pas tolérer les idées des autres. || contr. **tolérance** ||.

**intolérant** adj. Qui ne supporte pas et condamne ce qui lui déplaît chez les autres. || contr. **tolérant** || *Elle est très intolérante et ne supporte pas que l'on ait des idées différentes des siennes.*

**intonation** n. f. Ton que l'on prend en parlant, en lisant. *À l'intonation de sa voix, elle sentit qu'il était fâché.* → **accent.**

**intoxiquer** v. (conjug. 1) Empoisonner. *Les ouvriers ont été intoxiqués par des produits chimiques.*

▶ **intoxication** n. f. Empoisonnement. *Si on mange de la viande avariée, on risque une intoxication alimentaire.*

**intraduisible** adj. Que l'on ne peut pas traduire exactement. *Cette expression anglaise est intraduisible en français.*

**intraitable** adj. Qui refuse de céder, de changer d'avis. → **intransigeant.** *La directrice de l'école est intraitable sur la discipline.*

**intramusculaire** adj. *Une piqûre intramusculaire,* c'est une piqûre qui se fait dans l'épaisseur d'un muscle.

**intransigeant** adj. Qui ne cède pas, ne transige pas, ne fait pas de concessions. → **inflexible, intraitable.** *Elle est trop intransigeante avec les autres.* || contr. **accommodant, conciliant** ||.

▶ **intransigeance** n. f. Caractère, attitude d'une personne intransigeante. *Il est entier dans ses opinions et fait souvent preuve d'intransigeance.*

**intransitif** adj. *Un verbe intransitif,* c'est un verbe qui n'a jamais de complément d'objet direct. || contr. **transitif** || *« Marcher » et « naître » sont des verbes intransitifs.* — Au fém. *intransitive.*

**intraveineux** adj. *Une piqûre intraveineuse,* c'est une piqûre qui se fait à l'intérieur d'une veine.

**intrépide** adj. Qui n'a pas peur du danger. → **courageux, hardi.** *Une équipe d'alpinistes intrépides a escaladé ce sommet.* || contr. **craintif, lâche** ||.

▶ **intrépidité** n. f. Qualité d'une personne intrépide. *Les explorateurs ont fait preuve d'intrépidité.* → **courage, hardiesse.**

**intrigue** n. f. **1.** Histoire racontée dans un roman, une pièce de théâtre ou un film. *Anne attend avec impatience le dénouement de l'intrigue.* **2.** Manœuvre secrète et compliquée. → **machination.** *Nous avons déjoué les intrigues de nos adversaires.* → **plan.**

▶ **intriguer** v. (conjug. 1) **1.** Éveiller la curiosité. → **étonner, surprendre.** *Son air bizarre intriguait tout le monde.* **2.** Mener des manœuvres secrètes pour obtenir ce que l'on désire. → **manœuvrer.** *Il a intrigué pour obtenir ce poste.*

▶ **intrigant** n. m., **intrigante** n. f. Personne qui intrigue pour obtenir ce qu'elle veut. *Ce n'est qu'une vulgaire intrigante.* → **arriviste.**

**introduire** v. (conjug. 38) **1.** Mettre dans, faire entrer. *Flora introduit la clé dans la serrure et ouvre la porte.* → **enfoncer. 2.** Faire entrer, conduire. *L'huissier a introduit les visiteurs dans la salle d'attente. — Les cambrioleurs se sont introduits dans la maison,* ils y sont entrés.

▶ **introduction** n. f. **1.** *La secrétaire est chargée de l'introduction des visiteurs,* de les introduire, de les faire entrer. **2.** Début d'un texte, qui le présente et l'explique. *Une rédaction commence par l'introduction et se termine par la conclusion.*

**introuvable** **adj.** Impossible à trouver. *J'ai cherché ce livre partout dans la maison, mais il est introuvable.*

**intrus** **n. m.**, **intruse** **n. f.** Personne qui est entrée dans un endroit sans y être invitée. *Elle se sentait comme une intruse dans ce groupe.*

▸ **intrusion** **n. f.** Arrivée soudaine. *Il a fait intrusion chez le directeur, au milieu de la réunion.*

**intuition** **n. f.** Impression, sentiment de comprendre les choses sans avoir besoin de réfléchir. → **pressentiment.** *Elle se fie souvent à son intuition. J'ai l'intuition qu'il ne viendra pas.*

**inusable** **adj.** Qui ne s'use pas. *Ces chaussures sont inusables,* elles sont très solides.

**inusité** **adj.** *Un mot inusité,* c'est un mot qui ne s'emploie pas. *Le verbe « pleuvoir » est inusité à la 1re personne du singulier.* || contr. **courant, usuel** ||.

**inutile** **adj.** Qui ne sert à rien. *Ne vous encombrez pas d'objets inutiles.* → **superflu.** *Tous ses efforts sont restés inutiles.* → **vain.** || contr. **utile** ||.

▸ **inutilement** **adv.** Pour rien, sans résultat. *Nous avons inutilement essayé de le faire changer d'avis.*

▸ **inutilité** **n. f.** *Elle était convaincue de l'inutilité de ses efforts,* que ses efforts étaient inutiles. || contr. **utilité** ||.

**inutilisable** **adj.** Que l'on ne peut pas utiliser. || contr. **utilisable** || *Le grenier contenait des tas de vieux objets inutilisables.*

**inutilisé** **adj.** *Ces outils sont tout neufs et encore inutilisés,* on ne s'en est jamais servi.

**invalide** **adj.** Qui est infirme ou malade, incapable de travailler. || contr. **valide** || *Il est resté invalide à la suite d'un accident.* — **N.** *Cette place est réservée aux invalides.* → aussi **handicapé.**

▸ **invalidité** **n. f.** État d'une personne invalide. *Depuis la guerre, il a une pension d'invalidité.*

**invariable** **adj.** Qui ne varie pas, ne change pas. → **constant, immuable.** *Les adverbes sont des mots invariables ; ils s'écrivent toujours de la même façon.*

**invasion** **n. f.** Entrée en masse d'une armée dans un pays. *L'invasion des Huns eut lieu au 5e siècle.*

**invectives** **n. f. pl.** Paroles violentes. → **injure.** *Le chauffard lançait des invectives aux autres automobilistes.*

▸ **invectiver** **v.** (conjug. 1) Lancer des injures. *L'ivrogne invective les passants.* → **injurier.**

**inventaire** **n. m.** Liste détaillée du stock d'un commerçant. *Le magasin est fermé car on y fait en ce moment l'inventaire de fin d'année.*

**inventer** **v.** (conjug. 1) **1.** Créer, fabriquer une chose nouvelle pour la première fois. *Les Chinois ont inventé l'imprimerie.* → **découvrir.** **2.** Imaginer. *Yves invente toujours des histoires incroyables.*

▸ **inventeur** **n. m.**, **inventrice** **n. f.** Personne qui invente quelque chose. *Denis Papin est l'inventeur de la machine à vapeur.*

▸ **inventif** **adj.** Qui a beaucoup d'idées, est capable d'inventer. *Julie est très inventive. Elle a l'esprit inventif.* → **créatif.**

▸ **invention** **n. f.** **1.** Chose que l'on a inventée. → **découverte.** *Le téléphone et* *la télévision sont de belles inventions.* **2.** Chose imaginée. *Cette histoire est une pure invention.* → **fiction.**

**inverse** **adj.** et **n. m. 1. adj.** *Le sens inverse,* c'est le sens contraire, opposé. *La voiture a heurté le camion qui venait en sens inverse.* **2. n. m.** *L'inverse,* c'est le contraire. *Ce n'est pas cela qu'il faut faire, c'est l'inverse.*

► **inversement** **adv.** Vice versa, réciproquement. *Alex aide Yves en mathématiques et, inversement, Yves aide Alex en français.*

► **inverser** **v.** (conjug. 1) Mettre en sens inverse. → **intervertir.** *Si on inverse l'ordre de l'alphabet, la première lettre est Z.*

► **inversion** **n. f.** Déplacement d'un mot ou d'un groupe de mots dans la phrase par rapport à sa place habituelle. *Il y a une inversion du sujet dans la phrase : « Où est Luc ? ».*

**invertébré** **n. m.** Animal qui n'a pas de colonne vertébrale. *Les vers et les mollusques sont des invertébrés.* || contr. **vertébré** ||.

**investigation** **n. f.** Recherche longue et soigneuse. *Les investigations de la police n'ont pas donné de résultat.*

**investir** **v.** (conjug. 2) **1.** *Investir de l'argent,* c'est le placer, l'utiliser pour qu'il rapporte. *L'argent que l'on investit s'appelle un capital.* **2.** Assiéger, encercler. *L'ennemi a investi la ville.* **3.** *Cet homme politique a été investi par le gouvernement d'une mission spéciale,* il en a été chargé.

► **investissement** **n. m.** *Faire un investissement,* c'est placer son argent pour qu'il produise des bénéfices. *L'achat d'un appartement est un bon investissement.*

**invétéré** **adj.** *C'est une fumeuse invétérée,* elle fume beaucoup et depuis longtemps. → **incorrigible.**

**invincible** **adj.** Impossible à vaincre. → **imbattable.** *Un héros invincible.*

**invisible** **adj.** Que l'on ne peut pas voir. *On entend l'avion, mais il reste invisible derrière les nuages.*

**inviter** **v.** (conjug. 1) *Julie a invité tous ses amis pour son anniversaire,* elle leur a proposé de venir chez elle. *Il nous ont invités à dîner.*

► **invité** **n. m.,** **invitée** **n. f.** *Elle a placé ses invités autour de la table,* elle a placé les gens qu'elle a invités.

► **invitation** **n. f.** Proposition d'aller chez une personne ou de faire quelque chose avec elle. *J'ai accepté son invitation à déjeuner.*

**invivable** **adj.** *C'est une personne invivable,* avec laquelle il est difficile de vivre, de s'entendre. *La situation était devenue invivable,* insupportable.

**involontaire** **adj.** Qui n'est pas volontaire, que l'on fait sans le vouloir. *Un geste involontaire.* || contr. **volontaire** ||.

**invoquer** **v.** (conjug. 1) **1.** *Invoquer une divinité,* c'est l'appeler à son aide par des prières. *Les Grecs invoquaient leurs dieux avant de partir à la guerre.* **2.** *Il a invoqué tous les prétextes pour ne pas venir,* il les a donnés.

► **invocation** **n. f.** *Une invocation aux dieux,* c'est une prière pour leur demander quelque chose.

**invraisemblable** **adj.** Impossible à croire. → **incroyable.** *Cette histoire est invraisemblable.* || contr. **vraisemblable** ||.

**invraisemblance** **n. f.** Chose que l'on ne peut pas croire. *C'est une his-*

*toire vraie malgré toutes ses invraisemblances.* || contr. **vraisemblance** ||.

**invulnérable** **adj.** Qui ne peut être ni blessé ni tué. *Achille, héros grec, était invulnérable, sauf au talon.* || contr. **vulnérable** ||.

**iode** **n. f.** Matière qui se trouve dans l'eau de mer et dans les algues. *L'iode a une odeur particulière. La teinture d'iode,* c'est un liquide contenant de l'iode, qui sert à désinfecter les plaies.

**irascible** [iʀasibl] **adj.** Qui se met facilement en colère. → **coléreux, irritable.** *Un homme irascible.*

**iris** **n. m.** **1.** Grande fleur bleue, violette, blanche, jaune ou brune, à feuilles pointues. ⋙ planche Fleurs. **2.** Partie arrondie et colorée, au milieu de l'œil. *L'iris peut être brun, bleu, gris ou vert. L'iris présente un petit trou au centre, la pupille.*

**irisé** **adj.** Qui possède toutes les couleurs de l'arc-en-ciel. *Le lac avait des reflets irisés.*

**ironie** **n. f.** Manière de se moquer en disant le contraire de ce qu'on devrait dire. → **moquerie, raillerie.** *Une réflexion pleine d'ironie.*

▸ **ironique** **adj.** Moqueur. *Un sourire ironique.* → **narquois.**

**irradier** **v.** (conjug. 7) Exposer à l'action de rayons radioactifs. *La population a été irradiée à la suite d'un accident dans une centrale nucléaire.*

**irréalisable** **adj.** Qui ne peut pas être réalisé. *Des projets irréalisables.* || contr. **réalisable** ||.

**irrécusable** **adj.** Qui ne peut pas être mis en doute. *Le témoignage de la gardienne est irrécusable.* → **incontestable, irréfutable.**

**irréductible** **adj.** *Un ennemi irréductible,* c'est un ennemi dont on ne peut venir à bout.

**irréel** **adj.** Qui n'existe pas vraiment, n'appartient pas à la réalité. *Sous la neige, le paysage avait un aspect irréel.* || contr. **réel** ||. — **Au fém.** *irréelle.*

**irréfutable** **adj.** Qui ne peut être mis en doute. → **incontestable, irrécusable.** *Nous avons une preuve irréfutable de son innocence.*

**irrégularité** **n. f.** Action ou chose qui n'est pas conforme à la règle, à la loi. *Des irrégularités ont été commises au cours des élections.*

**irrégulier** **adj.** **1.** Qui n'a pas toujours le même aspect, la même forme, le même rythme. *Yves a une écriture irrégulière. Elle a un visage aux traits irréguliers.* || contr. **régulier** || **2.** Qui ne suit pas la règle générale. *Le verbe « aller » est irrégulier,* il ne suit pas la conjugaison normale des verbes. **3.** *Ces passagers sont en situation irrégulière,* dans une situation qui est contraire au règlement, à la loi. → aussi **irrégularité.**

**irrémédiable** **adj.** À quoi l'on ne peut pas remédier, que l'on ne peut pas réparer. *L'incendie a fait des dégâts irrémédiables.* → **irréparable.**

**irremplaçable** **adj.** Qu'on ne peut remplacer. || contr. **remplaçable** || *Son amitié est irremplaçable.*

**irréparable** **adj.** Qui ne peut pas être réparé. || contr. **réparable** || *Ma montre est irréparable.*

**irréprochable** **adj.** Sans reproche. → **parfait.** *Il a eu une conduite irréprochable.* || contr. **condamnable** ||.

**irrésistible** **adj.** À quoi on ne peut résister. *Anne bâille, elle a une irrésistible envie de dormir.*

**irrespirable** adj. Désagréable ou dangereux à respirer. *Dans la pièce enfumée, il régnait une atmosphère irrespirable.*

**irresponsable** adj. Qui ne réfléchit pas aux conséquences de ce qu'il fait, qui agit à la légère. *Les fous sont considérés par la loi comme irresponsables.* || contr. **responsable** ||.

**irréversible** adj. *La marche du temps est irréversible,* elle ne se produit que dans un sens, on ne peut pas revenir en arrière. || contr. **réversible** ||.

**irrévocable** adj. Définitif. *Ma décision est irrévocable.*

**irriguer** v. (conjug. 1) Arroser au moyen de canaux, de tuyaux. *On irrigue les champs pour éviter la sécheresse.* || contr. **drainer** ||.

▶ **irrigation** n. f. Action d'irriguer, d'arroser. *Des canaux d'irrigation arrosent toute la région.*

**irriter** v. (conjug. 1) **1.** Mettre en colère. *Son indécision irritait tout le monde.* → **agacer, énerver. 2.** Faire mal en picotant. *La fumée m'irrite la gorge.*

▶ **irritable** adj. *Elle est très irritable en ce moment,* elle se met facilement en colère. → **irascible.**

▶ **irritant** adj. Agaçant. *Elle est irritante avec ses caprices perpétuels.* → **énervant.**

▶ **irritation** n. f. **1.** Colère. *Son irritation allait en augmentant.* → **agacement. 2.** Légère inflammation. *Une irritation de la gorge.*

▶ **irrité** adj. **1.** En colère. *Il avait l'air très irrité contre elle.* **2.** *J'ai la gorge un peu irritée,* un peu rouge et douloureuse.

**irruption** n. f. *Julie a fait irruption dans le salon,* elle y est entrée brusquement et sans qu'on s'y attende.

**islam** [islam] n. m. Religion des musulmans. *Mahomet a fondé l'islam au 7e siècle.*

▶ **islamique** adj. Musulman. *La religion islamique.*

**isocèle** adj. *Un triangle isocèle,* c'est un triangle qui a deux côtés égaux. ⋙ planche Géométrie.

**isoler** v. (conjug. 1) **1.** Empêcher d'être en contact. → **séparer.** *La tempête a isolé le village.* **2.** *Isoler une maison,* c'est la calfeutrer pour la protéger du froid, de la chaleur ou du bruit. **3.** *Isoler quelqu'un,* c'est l'éloigner d'autres personnes. *On a isolé le malade contagieux. — Comme elle n'avait envie de voir personne, Flora s'est isolée dans sa chambre.*

▶ **isolant** n. m. **1.** Matière qui empêche l'électricité de passer. *Les fils électriques sont recouverts d'un isolant.* **2.** Matière qui isole, protège du froid, de la chaleur ou du bruit. *Le liège, les matières plastiques et l'amiante sont de bons isolants.*

▶ **isolation** n. f. Action d'isoler, de protéger une pièce, une maison, contre le froid, la chaleur ou le bruit. *L'isolation du studio d'enregistrement est excellente.*

▶ **isolé** adj. **1.** Éloigné, à l'écart. *La ferme est isolée.* **2.** Seul, sans famille ni amis. *Il se sentait très isolé dans cette ville inconnue.*

▶ **isolement** n. m. Solitude. *Il vit dans un isolement complet,* sans voir personne.

▶ **isolément** adv. Séparément. *Pris isolément, ces deux enfants sont charmants.*

▶ **isoloir** n. m. Cabine où l'on s'isole pour mettre son bulletin de vote dans une enveloppe. *Chaque électeur va dans l'isoloir pour voter.*

**isotherme** **adj.** Qui garde à la même température. *Elle met les produits surgelés qu'elle vient d'acheter dans un sac isotherme. Il emporte du café dans une bouteille isotherme.* → **thermos.**

**israélite** **n. m.** et **f.** Personne de religion juive. *Les israélites prient dans une synagogue.* → **juif.**

**issu** **adj.** Né. *Elle est issue d'une famille paysanne.* → **originaire.**

**issue** **n. f. 1.** Passage qui permet de sortir. *Une issue de secours. Une voie sans issue,* c'est une impasse. **2.** Possibilité de sortir d'une situation difficile. *La situation semblait sans issue.* → **solution.**

**isthme** [ism] **n. m.** Étroite bande de terre qui sépare deux mers et unit deux terres. *L'isthme de Suez sépare la Méditerranée de la mer Rouge et relie l'Afrique à l'Asie.*

**italique** **n. m.** *Dans ce dictionnaire, les exemples sont en italique,* en lettres d'imprimerie penchées.

**itinéraire** **n. m.** Chemin que l'on suit pour aller d'un endroit à un autre. *Cet itinéraire est très simple.*

**ivoire** **n. f. 1.** Matière blanc jaunâtre très dure dont sont faites les défenses d'éléphant. *Un bracelet en ivoire.* **2.** Matière blanche et dure des dents.

**ivre** **adj. 1.** Qui a l'esprit troublé par l'alcool. → **soûl.** *Après trois verres de champagne, il était un peu ivre.* **2.** *Elle était ivre de rage,* folle de rage.

► **ivresse** **n. f.** État dans lequel se trouve une personne qui a bu trop d'alcool. *Il est interdit de conduire en état d'ivresse.* → **ébriété.**

► **ivrogne** **n. m.** et **f.** Personne qui a l'habitude de boire beaucoup et qui est souvent ivre. *C'est un vieil ivrogne.*

► **ivrognerie** **n. f.** Habitude de boire avec excès et de s'enivrer. → **alcoolisme.** ‖ contr. **sobriété** ‖.

# J K

**j** **n. m. inv.** *Le jour J,* c'est le jour fixé pour quelque chose d'important.

**j'** → **je**

**jabot** **n. m. 1.** Poche située dans le cou des oiseaux, où la nourriture est gardée avant son passage dans l'estomac. *Le jabot est une partie de l'œsophage.* **2.** Cravate de dentelle que portaient les hommes autrefois. *Les courtisans de Louis XIV portaient un pourpoint et une chemise à jabot.*

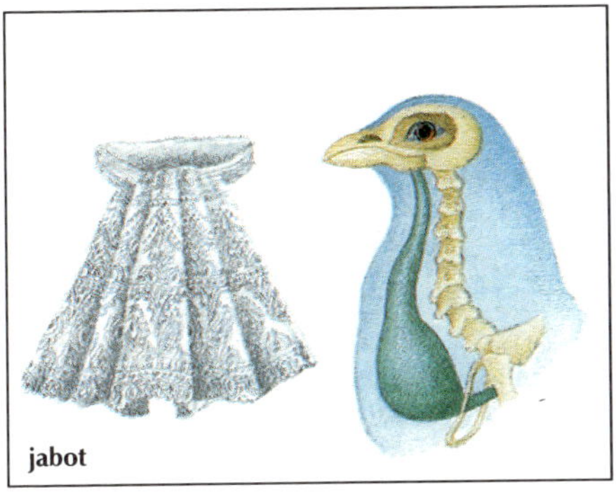

jabot

**jacasser** **v.** (conjug. 1) **1.** *La pie jacasse,* elle pousse son cri. **2.** Familier. *Anne et Julie jacassent au fond de la classe,* elles bavardent sans arrêt.

**jachère** **n. f.** *Une terre en jachère,* c'est une terre que l'on ne cultive pas pendant un certain temps pour la laisser reposer.

**jacinthe** **n. f.** Plante à fleurs en grappes de couleur bleu mauve ou rose vif, à odeur très forte. *Des jacinthes en pot.*

**jade** **n. m.** Pierre fine très dure, de couleur verte. *Un bracelet de jade.*

**jadis** [ʒadis] **adv.** Autrefois, il y a longtemps. *Jadis, les hommes portaient des perruques.*

**jaguar** [ʒagwar] **n. m.** Grand félin d'Amérique du Sud, au pelage beige tacheté de noir, voisin de la panthère. ⋙ planche Félins. *Le jaguar grimpe aux arbres et peut nager.*

**jaillir** **v.** (conjug. 2) *L'eau jaillit avec force de la source,* elle sort brusquement en faisant un grand jet. → **gicler.**
▷ REJAILLIR.

**jais** **n. m.** Matière très dure, d'un noir brillant, dont on fait des bijoux. *Une broche en jais. Anne a les cheveux noirs comme du jais,* très noirs. ◊ homonymes : geai, jet.

**jalon** **n. m.** Piquet de bois ou de métal planté en terre pour servir de repère. *Des jalons marquent les limites du terrain. Poser des jalons,* c'est préparer le terrain pour obtenir ce que l'on veut.

▸ **jalonner** **v.** (conjug. 1) **1.** Planter des jalons. *Chaque terrain a été jalonné.* **2.** Marquer, délimiter. *Des bottes de paille jalonnent le circuit de la course. Sa carrière fut jalonnée de succès,* semée de succès.

**jaloux** **adj. 1.** Qui éprouve de la jalousie, envie ce que les autres ont. → **envieux.** *Elle n'est jamais contente de ce qu'elle a, elle est jalouse de tout le monde.* **2.** *Une personne jalouse,* c'est une personne qui a peur que la personne qu'elle aime ne lui soit pas fidèle. *Son mari est très jaloux.*

▸ **jalouser** **v.** (conjug. 1) Être jaloux, envieux. → **envier.** *Elle jalouse tout le monde.*

▸ **jalousie** **n. f. 1.** Envie de ce que les autres ont et que l'on voudrait pour soi. *Les succès des autres excitent sa jalousie.* **2.** Désir d'avoir la personne que l'on aime tout à soi. *Dès que sa femme parle à un autre homme, il fait une crise de jalousie.*

**jamais** **adv. 1.** À aucun moment, en aucun cas. *Elle ne boit jamais de café.* ‖ contr. **souvent, toujours** ‖ *Es-tu déjà allé au Japon ? — Non, jamais !* **2.** *Si jamais je t'attrape, gare à toi !* si par hasard je t'attrape. *Ils ont quitté leur pays à tout jamais,* pour toujours.

**jambe** **n. f. 1.** Membre inférieur de l'homme, y compris la cuisse. *Elle a de jolies jambes. Luc a mal à une jambe. Il traîne la jambe. Ce chat est toujours dans mes jambes,* il me gêne en restant trop près de moi. — *Yves s'est enfui à toutes jambes,* le plus vite possible. *Quand Julie a vu arriver le médecin, elle a pris ses jambes à son cou,* elle est partie en courant très vite. **2.** *Yves a un accroc à la jambe droite de son pantalon,* à la partie de son pantalon qui recouvre la jambe droite.

▸ **jambage** **n. m.** Trait vertical d'une lettre. *Le « m » a trois jambages, le « n » n'en a que deux.*

▸ **jambon** **n. m.** Cuisse ou épaule de porc préparée pour être conservée et mangée. *Une tranche de jambon.*

▸ **jambonneau** **n. m.** Petit jambon fait avec la partie de la patte du porc située sous le genou. — **Au pl.** *Des jambonneaux.* ▷ CROC-EN-JAMBE, ENJAMBÉE, ENJAMBER, UNIJAMBISTE.

**jante** **n. f.** Cercle de métal d'une roue, sur lequel est monté le pneu. *Il ne faut jamais rouler avec un pneu crevé, cela abîme la jante.*

**janvier** **n. m.** Premier mois de l'année. *L'année commence le 1er janvier.*

**japper** **v.** (conjug. 1) Pousser de petits aboiements aigus. *Le chiot sautille en jappant.*

▸ **jappement** **n. m.** Cri d'un jeune chien qui jappe.

**jaquette** **n. f. 1.** Veste d'homme qui descend derrière jusqu'aux genoux et que l'on porte pour les cérémonies. *Le marié portait une jaquette grise.* **2.** Couverture recouvrant un livre. *Une jolie jaquette colorée attire les regards des acheteurs.*

**jardin** **n. m. 1.** Terrain où l'on fait pousser des légumes, des arbres, des fleurs. *La maison était entourée d'un jardin. Dans un jardin potager, on cultive des légumes. Un jardin public,* c'est un espace vert dans une ville. **2.** *Un jardin d'enfants,* c'était un endroit où étaient gardés les enfants d'au moins 2 ans. *Les jardins d'enfants sont devenus les classes de maternelle des tout-petits.*

▸ **jardiner** **v.** (conjug. 1) Cultiver, entretenir un jardin. *La mère de Julie aime beaucoup jardiner.*

▸ **jardinage** **n. m.** Culture, entretien des jardins. *Elle aime le jardinage. Les outils de jardinage,* ce sont des outils qui servent à jardiner.

▸ **jardinier** **n. m.,** **jardinière** **n. f.** Personne dont le métier est d'entretenir les jardins. → **horticulteur** et aussi **pépiniériste.** *Le jardinier ratisse les feuilles mortes des allées du parc.*

▸ **jardinière** **n. f. 1.** Bac dans lequel on cultive des fleurs. *Le balcon est orné de jardinières de géraniums.* **2.** *Une jardinière de légumes,* c'est un plat composé de légumes du jardin coupés en petits morceaux et cuits ensemble. *Une jardinière de légumes accompagnait la viande.* → aussi **macédoine.**

**jargon** **n. m. 1.** Langage incorrect et difficile à comprendre. → **charabia.** *Qu'est-ce que c'est que ce jargon ?* **2.** Langage particulier à un métier. *Le jargon des sportifs.*

**jarre** **n. f.** Grand vase de terre cuite ou de grès. *Autrefois, on conservait l'eau et l'huile dans des jarres.* ◊ homonyme : jars.

**jarret** **n. m. 1.** Creux situé derrière le genou. *Le pli du jarret.* **2.** *Le jarret de veau,* c'est la partie inférieure de la jambe et de l'épaule du veau. *Du jarret de veau au citron.*

**jars** [ʒaʀ] **n. m.** Mâle de l'oie. ◊ homonyme : jarre.

**jaser** **v.** (conjug. 1) **1.** Faire de petits gazouillis. → **gazouiller.** *Les pies jasent dans les arbres. Le bébé jasait dans son berceau.* **2.** Faire des commentaires malveillants, des critiques sur quelqu'un. *Si on les voit ensemble, cela va faire jaser.*

**jasmin** **n. m.** Arbuste à fleurs jaunes ou blanches, très parfumées. *Du thé au jasmin.*

**jatte** **n. f.** Plat creux et arrondi, sans rebords. *Mélangez les œufs et la farine dans une jatte.* ▷ CUL-DE-JATTE.

**jauge** **n. f. 1.** Baguette graduée servant à mesurer le niveau d'huile ou d'essence d'une voiture. *Le pompiste vérifie le niveau d'huile de la voiture avec la jauge.* **2.** Volume de marchandises que peut contenir un bateau. *La jauge s'exprime en tonneaux.* → **tonnage.**

▸ **jauger** **v.** (conjug. 3) **1.** Mesurer avec une jauge. *L'automobiliste jauge le niveau d'huile avant de partir.* **2.** Juger, estimer. *Il la jaugea au premier coup d'œil.* **3.** *Ce bateau jauge 1 000 tonneaux,* il a une capacité de 1 000 tonneaux. → aussi **tonnage.**

**jaune** **adj., n. m.** et **f.** et **adv.**

▭ **adj. 1.** De la couleur du citron ou de l'or. *Le mimosa a des fleurs jaunes. Luc a un pull jaune pâle.* **2.** Qui est devenu jaune, mais dont la couleur normale est le blanc. *Certains fumeurs ont les dents toutes jaunes.* **3.** Qui a la peau jaune, les yeux bridés et les cheveux noirs et lisses. *Les Asiatiques sont de race jaune.*

▭ **n. 1. n. m.** La couleur jaune. *Julie aime beaucoup le jaune vif.* **2. n. m.** et **f.** *Les Jaunes,* ce sont les personnes de race jaune. *Les Chinois et les Japonais sont des Jaunes.* **3. n. m.** *Le jaune d'œuf,* c'est la partie jaune, à l'intérieur d'un œuf. *Mélangez bien le jaune et le blanc.*

▭ **adv.** *Rire jaune,* c'est rire de façon forcée, sans en avoir envie.

▸ **jaunâtre** **adj.** D'un vilain jaune terne. *Ces vieux rideaux sont devenus jaunâtres.*

▸ **jaunir** **v.** (conjug. 2) **1.** Rendre jaune. *La nicotine jaunit les doigts et les dents.* **2.** Devenir jaune. *Les feuilles jaunissent en automne.*

▸ **jaunisse** **n. f.** Maladie du foie qui donne le teint jaune. → **hépatite.**

**javelot** **n. m.** Sorte de lance que les athlètes envoient le plus loin possible. *Les javelots sont aujourd'hui en métal ou en fibre de verre.*

**jazz** [dʒɑz] **n. m.** Ce mot vient de l'anglais. Musique créée par les musiciens noirs des États-Unis. *Un orchestre de jazz. Une chanteuse de jazz.*

**je** **pronom personnel m.** et **f.** Pronom personnel sujet représentant la première personne du singulier. → aussi **moi.** *Je viens. Qu'est-ce que je t'ai fait ? Comment dirais-je ? J'arrive. J'en veux. J'y vais.*

**jean** [dʒin] **n. m.** Ce mot vient de l'anglais. **1.** Tissu de toile très solide servant à faire des vêtements. *Un blouson en jean.* **2.** Pantalon taillé dans ce tissu. *Julie portait un jean rouge et un tee-shirt blanc.* — **Au pl.** *Des jeans.*

**jeep** [dʒip] **n. f.** Marque déposée. Ce mot vient de l'anglais. Voiture qui roule sur n'importe quel terrain. *Les jeeps sont des voitures très solides.* → aussi **quatre-quatre.**

**jérémiades** **n. f. pl.** Plaintes sans fin qui fatiguent. → **lamentation.** *J'en ai assez d'entendre tes jérémiades.*

**jerrycan** [ʒɛʀikan] **n. m.** Ce mot vient de l'anglais. Bidon rectangulaire, à poignée, contenant environ 20 litres. *Il charge des jerrycans d'essence dans la jeep.*

jerrycan

**jersey** **n. m.** Tissu en tricot très souple. *Une veste en jersey.*

**jet** **n. m. 1.** Distance parcourue par une chose qu'on a lancée. *Le lanceur de javelot a réussi un jet de plus de 95 mètres,* il a jeté son javelot à cette distance. **2.** Liquide ou gaz qui sort brusquement. *Un jet de vapeur s'échappe de la bouilloire,* de la vapeur en jaillit. *Le jet d'eau d'un bassin.* ◊ homonymes : geai, jais.

**jeter** **v.** (conjug. 4) **1.** Lancer. *Yves jette la balle et le chien la lui rapporte.* **2.**

*Alex a jeté ses vieux dessins*, il s'en est débarrassé, les a mis à la poubelle. **3.** *Elle a jeté un coup d'œil dans le salon*, elle a regardé rapidement.

▶ se **jeter** **v. 1.** Sauter, se laisser tomber. *Le désespéré s'est jeté par la fenêtre.* **2.** *Le Rhône se jette dans la mer Méditerranée*, il y déverse ses eaux.

▶ **jetable** **adj.** Que l'on jette après usage. *Un briquet jetable.* || contr. **rechargeable** ||.

▶ **jetée** **n. f.** Mur qui s'avance dans la mer pour protéger le port des vagues. → aussi **digue.** *Il y a des promeneurs sur la jetée.* ▷ JET, ② PROJETER, REJET, REJETER, REJETON.

**jeton** **n. m.** Pièce plate en métal ou en plastique qui représente une certaine valeur. *Pour jouer au casino, on change de l'argent contre des jetons et des plaques.*

**jeu** **n. m. 1.** Activité que l'on pratique pour s'amuser. *Flora aime les jeux calmes.* **2.** *Yves fait souvent des jeux de mots*, des plaisanteries fondées sur la ressemblance de mots avec d'autres. → **calembour. 3.** Ce qui sert à jouer. *Pour jouer à la belote, il faut un jeu de cartes. Il a un jeu de dames en bois. Mamie m'a offert un jeu éducatif.* **4.** *Le jeu*, c'est l'ensemble des jeux où l'on risque de l'argent. *Il a joué gros jeu*, il a misé beaucoup d'argent. **5.** *Il a perdu son jeu de clés*, la série complète de toutes ses clés. **6.** *Luc et Yves ont bien caché leur jeu*, ils ont bien caché ce qu'ils étaient en train de faire. **7.** Défaut dans le serrage des pièces d'un mécanisme. *Il y a du jeu dans l'embrayage.* ▷ ENJEU, HORS-JEU.

**jeudi** **n. m.** Jour de la semaine, entre le mercredi et le vendredi. *Ils vont au cinéma tous les jeudis soir.*

à **jeun** **adv.** *Cette prise de sang doit être faite à jeun*, avant d'avoir mangé.

**jeune** **adj.** et **n. m.** et **f.**

▭ **adj. 1.** Dont l'âge n'est pas avancé. *Un chaton est un jeune chat. Sa mère est une jeune femme.* || contr. **âgé, mûr, vieux** || **2.** *Luc est plus jeune que sa sœur*, il est moins âgé qu'elle. **3.** *Cette vieille dame est jeune de caractère*, elle est gaie et ouverte.

▭ **n. m.** et **f.** Personne jeune. *C'est un film qui plaît aux jeunes.* ▷ JEUNESSE, RAJEUNIR, RAJEUNISSEMENT.

**jeûner** **v.** (conjug. 1) Se priver ou être privé de nourriture. *Le médecin a ordonné au malade de jeûner pendant une journée.*

▶ **jeûne** **n. m.** Privation de toute nourriture. *Pendant le ramadan, les musulmans doivent observer le jeûne.* → aussi **diète.** ▷ ① et ② DÉJEUNER, à JEUN.

**jeunesse** **n. f. 1.** Temps de la vie, entre l'enfance et la maturité. *Il a passé sa jeunesse à l'étranger.* **2.** Les personnes jeunes. *Anne regarde les émissions pour la jeunesse*, destinées aux enfants, aux adolescents.

**joaillier** **n. m.**, **joaillière** **n. f.** Personne qui fabrique et vend des bijoux. → **bijoutier.**

▶ **joaillerie** **n. f. 1.** Art de monter les pierres précieuses pour en faire des joyaux. **2.** Magasin du joaillier. → **bijouterie.**

**jockey** [ʒɔkɛ] **n. m.** Ce mot vient de l'anglais. Cavalier dont le métier est de monter les chevaux dans les courses. *Les jockeys sont pesés avant le départ de la course.*

**jogging** [dʒɔgiŋ] **n. m.** Ce mot vient de l'anglais. **1.** Course que l'on fait sans esprit de compétition, pour faire de l'exercice. → aussi **footing.** *Il fait du jogging le dimanche.* **2.** Survêtement que l'on met pour courir. *Ils ont des joggings bleus.*

jogging

**joie** **n. f.** Sentiment agréable que l'on ressent lorsque l'on est très content et heureux. → aussi **jubilation.** ‖ contr. **peine, tristesse** ‖ *Il a accepté notre offre avec joie.* → **plaisir.** *Quelle joie de vous revoir !* quel bonheur ! ▷ JOYEUSEMENT, JOYEUX, RABAT-JOIE.

**joindre** **v.** (conjug. 49) **1.** *Joindre des choses,* c'est les mettre ensemble de sorte qu'elles se touchent ou tiennent ensemble. → **assembler, attacher.** *Le plombier joint les deux tuyaux bout à bout. Le prêtre joint les mains pour prier,* il les met paume contre paume. **2.** *Il a joint un chèque à sa lettre,* il l'a mis avec. → **ajouter.** **3.** *Joindre quelqu'un,* c'est prendre contact avec lui. *Où peut-on le joindre ?* → **toucher.** **4.** *Mon frère se joint à moi pour vous embrasser,* il s'associe à moi.

▶ ① **joint** **adj. 1.** Mis l'un contre l'autre. *Anne saute à pieds joints.* **2.** Mis avec. *Vous trouverez une photo jointe à ma lettre.*

▶ ② **joint** **n. m.** Pièce de matière souple que l'on met entre deux autres pièces pour que l'ensemble soit étanche. *Le plombier a changé le joint du robinet qui fuyait.*

▶ **jointure** **n. f.** Endroit où les os se joignent. → **articulation.** *Luc fait craquer les jointures de ses doigts.* ▷ ADJOINT, CONJOINT, DISJOINDRE, DISJOINT, REJOINDRE.

**joker** [ʒɔkɛʀ] **n. m.** Carte à jouer qui, dans certains jeux, peut remplacer n'importe quelle autre carte.

**joli** **adj. 1.** Très agréable à voir, à entendre. → **beau.** *Flora est très jolie.* ‖ contr. **affreux, laid, vilain** ‖ *Yves a une jolie voix.* **2.** *Il a gagné une jolie somme à la loterie,* une somme assez importante. → **coquet.**

▶ **joliment** **adv.** D'une manière jolie, agréable. *La chambre de Julie est joliment décorée.* → **bien.** ▷ ENJOLIVER, ENJOLIVEUR.

**jonc** [ʒɔ̃] **n. m.** Plante à hautes tiges droites et flexibles, qui pousse dans les marécages.

**joncher** **v.** (conjug. 1) *Les feuilles mortes jonchent le sol,* elles le recouvrent.

**jonction** **n. f.** Endroit où deux choses se rejoignent, sont mises en contact. *La gare est à la jonction des deux voies ferrées.*

**jongler** **v.** (conjug. 1) Lancer des objets en l'air l'un après l'autre, les rattraper et recommencer. *Le clown jonglait avec six bouteilles.*

▸ **jongleur** n. m., **jongleuse** n. f. Artiste de cirque ou de music-hall qui jongle.

**jonque** n. f. Bateau à voile d'Extrême-Orient, dont les voiles sont cousues sur des lattes en bambou et qui a un fond plat.

jonque

**jonquille** n. f. Fleur jaune à longue tige qui pousse au printemps. → aussi **narcisse.** *Un bouquet de jonquilles.* ➻ planche Fleurs.

**joue** n. f. Partie du visage entre le nez et l'oreille. *Anne embrasse Luc sur les deux joues.* ◊ homonyme : joug. ▷ BAJOUE.

**jouer** v. (conjug. 1) **1.** Faire quelque chose uniquement pour le plaisir. → s'**amuser.** *Les enfants jouent dans le jardin. Julie joue encore à la poupée.* **2.** *Alex joue du piano,* il se sert d'un piano pour faire de la musique. **3.** *Il joue au casino,* il risque de l'argent à des jeux de hasard. **4.** Représenter en public. *On joue « Le Cid » au théâtre de notre ville. Cet acteur joue le rôle d'un alcoolique.* → **interpréter. 5.** *La porte joue,* elle a du jeu, elle ne ferme pas bien.

▸ **jouet** n. m. Objet avec lequel on joue. *À Noël, les enfants reçoivent beaucoup de jouets.* → **jeu, joujou.**

▸ **joueur** n. m., **joueuse** n. f. Personne qui joue à un sport, à un jeu. *Un joueur de tennis. Ce jeu se joue à cinq ou six joueurs.* — **Adj.** Qui aime jouer. *Cette chatte est très joueuse.* ▷ JOUJOU.

**joufflu** adj. *Un bébé joufflu,* qui a de grosses joues.

**joug** n. m. Pièce de bois que l'on met sur la tête des bœufs pour les attacher quand ils tirent une charrette ou une charrue. ◊ homonyme : joue.

**jouir** v. (conjug. 2) *Luc jouit d'une bonne santé,* il a une bonne santé.

▸ **jouissance** n. f. *Les habitants de la résidence ont la jouissance de la piscine,* ils ont le droit de l'utiliser.

**joujou** n. m. [pl. *joujoux*] Ce mot est utilisé par les très jeunes enfants. Jouet. *Le bébé avait tous ses joujoux dans son parc.*

**jour** n. m. **1.** Temps qui se passe entre le lever et le coucher du soleil. → **journée.** *Les jours sont plus longs en été qu'en hiver.* || contr. **nuit** || **2.** Durée de 24 heures qui s'écoule de minuit à minuit. *La semaine compte 7 jours. Quel jour sommes-nous ? Il sera là dans deux jours.* **3.** Lumière que le Soleil donne à la Terre. *Il fait déjà grand jour. Les couleurs sont différentes à la lumière électrique et au jour.* **4.** *Elle vit au jour le jour,* sans projets, sans penser à l'avenir. *De nos jours, on ne s'éclaire plus à la bougie,* on ne le fait plus à notre époque. ▷ ABAT-JOUR, BONJOUR, à CONTRE-JOUR, TOUJOURS.

**journal** **n. m.** [pl. *journaux*] **1.** Cahier où l'on écrit chaque jour ce que l'on a fait et ce que l'on pense. *Julie tient un journal intime.* **2.** Publication qui paraît chaque jour, donnant les informations. → **quotidien.** *Elle lit son journal en prenant son petit déjeuner.* **3.** Magazine. → ① **revue.** *Un journal pour enfants.* **4.** Émission de radio ou de télévision où l'on donne les informations. *Il présente le journal télévisé.*

▶ **journalisme** **n. m.** Métier de journaliste. *Alex aimerait faire du journalisme.*

▶ **journaliste** **n. m.** et **f.** Personne dont le métier est d'écrire dans les journaux et les magazines, de donner les informations à la radio ou à la télévision. → aussi ① **reporter.** *Des journalistes ont interviewé le ministre.*

**journalier** **adj.** Qui se fait chaque jour. → **quotidien.** *Traire les vaches est une des occupations journalières d'un fermier.*

**journée** **n. f.** Temps qui s'écoule entre le lever et le coucher du soleil. → **jour.** *Anne a passé sa journée à jouer.*

**joute** **n. f.** Combat de deux chevaliers armés de lances, au Moyen Âge. → **tournoi.**

**jovial** **adj.** Gai, joyeux et sympathique. → **enjoué.** *C'est une femme très joviale.* || contr. **maussade, morose, triste** || — **Au masc. pl.** *jovials* ou *joviaux.*

**joyau** **n. m.** Bijou très précieux. *Ces diamants sont des joyaux inestimables.* → aussi **joaillier.**

**joyeux** **adj.** Qui éprouve et manifeste de la joie. → **gai, heureux.** *Julie est une enfant très joyeuse.* || contr. **triste** ||.

▶ **joyeusement** **adv.** Avec joie. → **gaiement.** || contr. **tristement** ||.

**jubiler** **v.** (conjug. 1) Être très content. → **exulter,** se **réjouir.** *Les enfants jubilaient à l'idée d'une promenade en mer.* || contr. s'**affliger** ||.

▶ **jubilation** **n. f.** Très grande joie.

**jucher** **v.** (conjug. 1) Mettre très haut. *Il a juché sa fille sur ses épaules. — La mésange s'est juchée sur la plus haute branche du pommier.*

**judaïsme** **n. m.** Religion des juifs. *Le judaïsme se fonde sur l'Ancien Testament.* → aussi **israélite.**

**judas** **n. m.** Petite ouverture dans une porte qui permet de regarder de l'autre côté sans être vu. *Regarde par le judas avant d'ouvrir la porte !*

**judiciaire** **adj.** Qui concerne la justice. *Un innocent a été condamné, c'est une erreur judiciaire,* une erreur faite par la justice.

**judicieux** **adj.** Intelligent, malin. *Flora a fait une remarque judicieuse.* → **pertinent.** || contr. **absurde, stupide** ||.

**judo** **n. m.** Sport de combat d'origine japonaise. *Alex fait du judo.*

▶ **judoka** **n. m.** et **f.** Personne qui fait du judo. — **Au pl.** *Des judokas.*

**juger** **v.** (conjug. 3) **1.** Soumettre à la décision d'un juge qui doit estimer si un accusé est coupable ou non et à quelle peine on doit le condamner. *L'assassin n'a pas encore été jugé.* **2.** *Il n'a pas jugé bon de nous prévenir,* il a pensé que ce n'était pas la peine. → **estimer.** **3.** *Les examinateurs jugent les candidats,* ils donnent leur opinion sur eux.

▶ **juge** **n. m. 1.** Personne dont le métier est de juger des accusés au tribunal. *Le juge a acquitté l'accusé.* **2.** Personne qui doit donner son avis. *Ce* *film est vraiment mauvais, je vous en fais juge.*

▶ **jugement** **n. m. 1.** Décision prise par la justice. *Le jugement sera prononcé demain.* → **sentence, verdict. 2.** Opinion que l'on donne. *Elle porte des jugements sur tout.*

▶ **jugeote** **n. f.** Familier. Bon sens. *Il suffisait d'un peu de jugeote pour ne pas se tromper.* ▷ ADJUGER, PRÉJUGÉ.

**juguler** **v.** (conjug. 1) Arrêter complètement. *Le médecin a jugulé la maladie en donnant des antibiotiques.* → **enrayer.**

**juif** **n. m.**, **juive** **n. f.** Personne d'une religion qui reconnaît un seul dieu et attend la venue du Messie. → **israélite** et aussi **judaïsme.** *Les juifs sont les descendants du peuple hébreu qui vivait en Palestine. Il fait preuve de racisme envers les juifs.* → aussi **antisémitisme.** — **Adj.** *La religion juive.*

**juillet** **n. m.** Septième mois de l'année, entre juin et août, qui a 31 jours. *Ils prennent leurs vacances en juillet.*

**juin** **n. m.** Sixième mois de l'année, entre mai et juillet, qui a 30 jours. *Les examens ont souvent lieu en juin.*

**juke-box** [ʒykbɔks] ou [dʒukbɔks] **n. m.** Ce mot vient de l'anglais. Machine qui fait passer automatiquement le disque demandé une fois que l'on y a introduit des pièces de monnaie. — **Au pl.** *Des juke-boxes.*

**jumeau** **n. m.** et **adj.**, **jumelle** **n. f.** et **adj. 1. n.** *Des jumeaux,* ce sont deux enfants nés en même temps de la même mère. *Pierre et Marie sont des jumeaux. Marie est la jumelle de Pierre.* — **Adj.** *Il a une sœur jumelle.* **2. adj.** *Des lits jumeaux,* ce sont deux lits semblables placés l'un à côté de l'autre.

▶ **jumeler** **v.** (conjug. 4) *Jumeler des villes,* c'est établir des contacts fréquents entre elles, des rencontres entre leurs habitants.

▶ **jumelage** **n. m.** *Le jumelage de deux villes,* leur association.

▶ **jumelles** **n. f. pl.** Appareil formé de deux lunettes qui permet de voir très loin. *Il observe les lions avec ses jumelles.*

**jument** **n. f.** Femelle du cheval. *La jument et son poulain.* → aussi **pouliche.**

**jumelles**

**jungle** [ʒœ̃gl] **n. f.** Dans les pays tropicaux, étendue dont la végétation très épaisse est formée de hautes herbes, de broussailles et d'arbres où vivent les grands fauves. *« Le Livre de la jungle » est un roman de Rudyard Kipling.*

**junior** **n. m.** et **f.** Jeune sportif qui a entre 17 et 21 ans. *Les juniors sont entre les cadets et les seniors.* — **Adj.** *Il joue dans l'équipe junior.*

**jupe** **n. f.** Vêtement féminin qui part de la taille et couvre une partie des jambes. *Julie a mis une jupe très courte aujourd'hui.*

▸ **jupon** **n. m.** Sous-vêtement de tissu léger qui se porte sous une jupe ou sous une robe. ▷ MINIJUPE.

① **jurer** **v.** (conjug. 1) **1.** Promettre par un serment. *Dans un procès, les témoins jurent de dire la vérité.* **2.** Affirmer solennellement, avec force. → **assurer.** *Je te jure que ce n'est pas facile à faire.*

▸ **juré** **n. m.** Membre d'un jury. ▷ ABJURER, CONJURATION, CONJURÉ, JURY, PARJURE.

② **jurer** **v.** (conjug. 1) Dire des injures, des jurons. *Ne jure pas ainsi, c'est très grossier !* ▷ INJURE, INJURIER, INJURIEUX, JURON.

③ **jurer** **v.** (conjug. 1) *Ces deux couleurs jurent,* elles vont mal ensemble.

**juridique** **adj.** Qui se rapporte au droit, aux lois. *Pour être avocat ou notaire, il faut faire des études juridiques.*

**juron** **n. m.** Mot grossier qui sert à injurier, à manifester sa colère, sa contrariété.

**jury** **n. m. 1.** Ensemble de personnes chargées, dans un procès, de décider si un accusé est coupable ou non. → aussi **juré.** *Le jury a conclu à l'innocence de l'accusé.* **2.** Groupe de personnes chargées de juger des candidats à un examen ou un concours. *Ce jury est très sévère.* — **Au pl.** *Des jurys.*

**jus** **n. m. 1.** Liquide contenu dans les fruits et les légumes. *Un jus d'orange.* **2.** Liquide rendu par une viande qui cuit. *Laissez mijoter les carottes dans le jus du rôti.* → **sauce.** ▷ JUTEUX.

**jusque** **prép.** et **conjonction.**

▭ **prép. 1.** Indique la limite d'un endroit que l'on ne dépasse pas. *Ils sont allés jusqu'en Espagne. Anne raccompagne Flora jusque chez elle.* **2.** Indique le moment que l'on ne dépasse pas. *Je ne l'avais jamais vu jusqu'à aujourd'hui.*

▭ **conjonction.** *Alex attendra Julie jusqu'à ce qu'elle vienne,* jusqu'au moment où elle viendra.

**justaucorps** **n. m.** Maillot à manches courtes ou longues, très collant, que l'on met pour faire de la danse ou de la gymnastique.

① **juste** **adj.** et **adv.**

▭ **adj. 1.** Correct. *Ton addition est juste.* → **exact.** ‖ contr. **faux** ‖ **2.** Trop petit. → **étriqué.** *Ces chaussures sont justes, il faudrait prendre la taille au-dessus.* ‖ contr. **large** ‖ **3.** À peine suffisant. *La tarte va être juste pour 10 personnes.*

▭ **adv. 1.** Comme il faut. *Anne chante juste.* ‖ contr. **faux** ‖ **2.** Exactement. *Il est 11 heures juste.* → fam. ③ **pile.** *Luc vient juste de partir.* **3.** En quantité insuffisante. *Elle pensait que 3 mètres de tissu suffiraient, mais elle a calculé trop juste.*

▶ **justement** adv. Précisément. *C'est justement ce qu'il ne fallait pas faire.* → **exactement.**

▶ **justesse** n. f. 1. Caractère d'une chose juste, exacte. → **exactitude.** *La justesse d'un raisonnement.* 2. *Il a eu son train de justesse,* il a failli le rater, il s'en est fallu de peu qu'il ne le rate. ▷ AJUSTÉ, AJUSTER, AJUSTEUR, JUSTAUCORPS, RAJUSTEMENT, RAJUSTER, RÉAJUSTER.

② **juste** adj. Qui ne favorise ni ne défavorise personne. → **équitable.** *La maîtresse s'efforce d'être juste envers tous ses élèves.* ‖ contr. **injuste** ‖.

▶ **justice** n. f. 1. *La maîtresse note les devoirs avec justice,* en ne favorisant personne. → **équité.** *Il n'y a pas de justice,* ce n'est pas juste. 2. *La justice,* c'est l'ensemble des juges. *L'accusé est entre les mains de la justice.* 3. *Saint Louis rendait la justice sous un chêne,* il jugeait les accusés.

▶ **justicier** n. m. Personne qui venge les victimes innocentes et punit les coupables. → **redresseur** de torts. ▷ INJUSTE, INJUSTEMENT, INJUSTICE, REPRIS de JUSTICE.

**justifier** v. (conjug. 7) 1. Trouver une excuse valable. *Anne n'a pu justifier son retard.* 2. Faire reconnaître comme vrai, légitime. *Mes craintes étaient justifiées,* elles étaient fondées. 3. *Se justifier,* c'est prouver son innocence. *Qu'as-tu à dire pour te justifier ?* pour t'excuser.

▶ **justificatif** n. m. Document qui sert à prouver quelque chose. *Une quittance de loyer est un justificatif de domicile.*

▶ **justification** n. f. *Sa mère lui a demandé des justifications,* des explications qui l'excuseraient de ce qu'il a fait. ▷ INJUSTIFIÉ.

**jute** n. m. Plante cultivée en Inde, dont on tire une fibre qui sert à fabriquer du tissu. *De la toile de jute.*

**juteux** adj. *Ces pêches sont juteuses,* elles contiennent beaucoup de jus.

**juvénile** adj. *Elle a l'air juvénile,* elle paraît jeune. ‖ contr. **sénile** ‖.

**juxtaposer** v. (conjug. 1) Mettre des choses côte à côte. *Elle a juxtaposé les photos de tous ses petits-enfants sur le mur de sa chambre.*

# K

① **kaki** n. m. Fruit originaire du Japon, de couleur orange, ressemblant à une tomate. ⋙ planche Fruits exotiques. *Les kakis se mangent crus ou cuits.*

② **kaki** adj. inv. Brun jaunâtre. *Les militaires portent des uniformes kaki.*

**kaléidoscope** [kaleidɔskɔp] n. m. Tube dans lequel sont placés trois miroirs et de petits morceaux de verre coloré qui font des dessins changeants en se réfléchissant sur les miroirs.

**kangourou** n. m. [pl. *kangourous*] Animal herbivore de la famille des marsupiaux, qui se déplace en faisant de grands bonds grâce à ses pattes de derrière très développées, sa queue servant de balancier. ⋙ planche Mammifères. *Les kangourous vivent en Australie.*

**kaolin** n. m. Argile blanche qui sert à faire la porcelaine. ⋙ planche Minéraux.

**kapok** n. m. *Ce coussin est rembourré de kapok,* d'une matière faite des poils fins et soyeux recouvrant les graines d'un arbre exotique.

**karaté** n. m. Sport de combat d'origine japonaise. *Il fait du karaté.*
▶ **karatéka** n. m. et f. Personne qui fait du karaté. — Au pl. *Des karatékas.*

**kart** [kaʀt] n. m. Ce mot vient de l'anglais. Petite voiture à une place, sans carrosserie, ni boîte de vitesses, très rapide. ◊ homonyme : carte.
▶ **karting** n. m. Ce mot vient de l'anglais. Sport qui consiste à faire des courses de karts. *Il fait du karting.*

**kayak** n. m. Petit bateau léger à une ou deux places, que l'on fait avancer avec une pagaie. ↠ planche Bateaux. *Ils ont fait du kayak sur la Dordogne.* → aussi **canoë.**

**képi** n. m. Chapeau militaire rond et rigide, à visière. *L'officier salue en portant la main à son képi.*

**kermesse** n. f. Fête de bienfaisance avec des jeux, des buvettes et des stands. *Tous les ans, nous allons à la kermesse de l'école.*

**kérosène** n. m. Carburant tiré du pétrole. *Le kérosène est utilisé par les avions à réaction.*

**ketchup** [kɛtʃœp] n. m. Ce mot vient de l'anglais. Sauce tomate épicée légèrement sucrée. *Anne met du ketchup sur ses frites.*

**kibboutz** [kibuts] n. m. En Israël, ferme où l'on travaille et l'on vit en communauté.

**kidnapper** v. (conjug. 1) *Des malfaiteurs ont kidnappé un enfant,* ils l'ont enlevé et ne le rendront à sa famille qu'en échange d'une somme d'argent très importante. → aussi **ravisseur.**
▶ **kidnapping** n. m. Enlèvement d'une personne. → **rapt.**

**kilo** n. m. Abréviation de *kilogramme. Anne a acheté deux kilos de bananes. Il pèse 90 kilos.*

**kilogramme** n. m. Unité de poids valant mille grammes. → **kilo.** *Un litre d'eau pèse un kilogramme (1 kg).*

**kilomètre** n. m. Unité de mesure des distances, valant 1 000 mètres. *La ferme est à 3 kilomètres (3 km). La voiture roulait à 120 kilomètres à l'heure (120 km/h).*
▶ **kilométrage** n. m. *Le kilométrage d'une voiture,* c'est le nombre de kilomètres que cette voiture a parcourus.
▶ **kilométrique** adj. *Les bornes kilométriques,* ce sont les bornes qui marquent les kilomètres sur une route.

**kilt** [kilt] n. m. Ce mot vient de l'anglais. Jupe en tissu écossais, courte et plissée, fermée sur le côté. *Le kilt fait partie du costume national des Écossais.*

kilt

**kimono** n. m. Tunique japonaise à larges manches, croisée devant et fermée par une ceinture. *Les judokas portent un kimono.*

**kinésithérapeute** **n. m.** et **f.** Personne qui soigne les gens qui ont des douleurs musculaires, en les massant ou en leur faisant faire des mouvements de gymnastique. → aussi **masseur.**

**kiosque** **n. m. 1.** Pavillon ouvert servant d'abri dans un jardin. *Des musiciens, installés dans le kiosque, donnent un concert gratuit.* **2.** *Un kiosque à journaux,* c'est une petite boutique installée sur le trottoir, où l'on vend des journaux.

**kirsch** **n. m. inv.** Eau-de-vie de cerises. *Une bouteille de kirsch.*

**kit** [kit] **n. m.** Ce mot vient de l'anglais. *Ils ont acheté leurs meubles de cuisine en kit,* en pièces détachées qu'ils ont assemblées eux-mêmes d'après un plan de montage.

**kiwi** **n. m. 1.** Oiseau coureur de Nouvelle-Zélande, qui a un long bec et de petites ailes. ⤜ planche Oiseaux. *Les kiwis ont une mauvaise vue mais une ouïe très fine et un odorat développé.* **2.** Fruit originaire de Chine, à la chair verte et acidulée. ⤜ planche Fruits exotiques.

**klaxon** [klaksɔn] **n. m.** Marque déposée. Avertisseur sonore. *L'automobiliste a donné un coup de klaxon dans le virage.*

▶ **klaxonner** **v.** (conjug. 1) Faire fonctionner un avertisseur sonore. *Il est interdit de klaxonner en ville.*

**K.-O.** [kao] **adj. inv.** Hors de combat. *Le boxeur a été mis K.-O.* ◊ homonymes : cahot, chaos.

**koala** **n. m.** Animal australien de la famille des marsupiaux, qui grimpe aux arbres et se nourrit de feuilles d'eucalyptus. *Les koalas ont un pelage gris très fourni.*

**koala**

**kyrielle** **n. f.** Très grand nombre. *Il lui a adressé une kyrielle de reproches.*

**kyste** **n. m.** Petite grosseur qui se forme sous la peau ou à l'intérieur du corps.

# L

**l'** → ① et ② **le**

① **la** → ① et ② **le**

② **la** **n. m. inv.** Note de musique, la sixième de la gamme. *La est entre sol et si.* — **Au pl.** *Des la.* ◊ homonymes : là, las.

**là** **adv.** **1.** Dans un endroit qui n'est pas celui où l'on est. *Ne reste pas là, viens ici avec nous.* **2.** À l'endroit où l'on est. *Arrêtons-nous là pour déjeuner.* **3.** *Passez par là, c'est plus court,* par cet endroit. **4.** *En ce temps-là,* à l'époque dont nous parlons. **5.** *La confiture est là-haut, sur l'étagère,* dans ce lieu au-dessus. *Je vais là-bas,* plus loin. ◊ homonymes : la, las. ▷ AU-DELÀ, CELA, HOLÀ, PAR-DELÀ, VOILÀ.

**label** **n. m.** Marque posée sur un produit pour en garantir l'origine, la qualité.

**laboratoire** **n. m.** Endroit aménagé pour faire des expériences et des recherches scientifiques. *Il s'est fait faire une prise de sang dans un laboratoire d'analyses médicales.*

**laborieux** **adj.** Qui est long et difficile, demande beaucoup de travail. *La découverte de ce médicament a nécessité de laborieuses recherches.*

**labourer** **v.** (conjug. 1) Creuser et retourner la terre. *Il faut labourer avant de semer.*

► **labour** **n. m.** Travail qui consiste à retourner la terre. → **labourage.** *Un cheval de labour,* c'est un cheval utilisé pour ce travail.

► **labourage** **n. m.** Labour. *Le paysan a fini le labourage de ses champs.*

► **laboureur** **n. m.** Paysan qui laboure.

**labyrinthe** **n. m.** Ensemble compliqué de chemins, de rues, de galeries ou de couloirs dans lesquels on se perd et d'où l'on a du mal à sortir. → **dédale.** *Un labyrinthe de ruelles.* ↠ illustration p. 576.

labyrinthe

**lac** **n. m.** Grande étendue d'eau à l'intérieur des terres, plus grand qu'une mare ou qu'un étang. *Elle aime canoter sur le lac du bois de Boulogne.* ◊ homonyme : laque. ▷ LACUSTRE.

**lacer** **v.** (conjug. 3) Attacher avec un lacet. *Flora a lacé ses chaussures.* ◊ homonyme : lasser. ▷ DÉLACER, ENTRELACER, LACET.

**lacérer** **v.** (conjug. 6) Mettre en pièces, en lambeaux. → **déchirer.** *Le chat a lacéré le fauteuil en cuir avec ses griffes.*

**lacet** **n. m.** **1.** Cordon étroit que l'on passe dans de petits trous pour attacher une chaussure. → aussi **lacer.** *Julie, fais attention, un de tes lacets est défait !* **2.** *La route fait des lacets jusqu'au sommet de la colline,* des virages à angle aigu qui se suivent.

① **lâche** **adj.** Qui manque de courage, recule devant le danger. → **peureux, poltron.** *Elle est trop lâche pour se dénoncer.* ‖ contr. **brave, courageux, intrépide, vaillant** ‖ — **N.** *Quel lâche !*

▶ **lâchement** **adv.** *Les soldats ont fui lâchement devant l'ennemi.* ‖ contr. **courageusement** ‖.

▶ **lâcheté** **n. f.** Manque de courage devant le danger. ‖ contr. **audace, bravoure, courage, intrépidité, vaillance** ‖ *Il a préféré mentir, par lâcheté.*

② **lâche** **adj.** Pas serré. *Le nœud est trop lâche, il va se défaire.*

**lâcher** **v.** (conjug. 1) **1.** Cesser de tenir. *Flora a lâché le plat et il s'est cassé,* elle l'a laissé tomber. **2.** *Le chasseur lâche ses chiens contre le lièvre,* il les lance à sa poursuite. **3.** Se casser brusquement. *La corde a lâché.*

▶ **lâcheur** **n. m.,** **lâcheuse** **n. f.** Personne qui abandonne ceux envers qui elle s'était engagée. *Anne devait nous aider, mais elle n'est pas venue. Quelle lâcheuse !* ▷ ② LÂCHE, RELÂCHE, RELÂCHEMENT, RELÂCHER.

**laconique** **adj.** Qui est exprimé en peu de mots. → **bref.** *Il nous a adressé une réponse laconique.*

**lacrymogène** **adj.** *Les policiers ont envoyé du gaz lacrymogène sur les manifestants,* du gaz qui pique les yeux et la gorge et qui fait pleurer.

**lacté** **adj.** **1.** *Le bébé mange une bouillie lactée,* une bouillie qui contient du lait. **2.** *La Voie lactée,* c'est la grande traînée blanche et floue, formée de milliers d'étoiles et de corps célestes, que l'on aperçoit dans le ciel quand la nuit est claire. → aussi **galaxie.**

**lacune** **n. f.** *Il a de graves lacunes dans ses connaissances,* il ignore beaucoup de choses qu'il devrait savoir. → **insuffisance.**

**lacustre** **adj.** Situé dans un lac ou au bord d'un lac. *Les cités lacustres étaient des villages dont les maisons étaient construites sur pilotis au-dessus de l'eau.*

**lagon** **n. m.** Petit lac d'eau de mer entre la terre et un récif de corail.

**lagune** **n. f.** Étendue d'eau salée séparée de la mer par une étroite bande de sable. *La ville de Venise, en Italie, est construite sur une lagune.*

**laïc** **n. m.**, **laïque** **n. f.** et **adj.** **1. n.** Personne qui ne fait pas partie du clergé. *L'entretien de l'église est assuré par des laïcs.* **2. adj.** Indépendant de toute religion. *L'enseignement laïque. Luc va dans une école laïque.* ‖ contr. **religieux** ‖.

▶ **laïcité** **n. f.** *La laïcité de l'État,* c'est son indépendance par rapport à la religion.

**laid** **adj.** Désagréable à regarder. → **affreux, hideux, horrible, vilain.** *Sa cousine est très laide.* ‖ contr. **beau, joli** ‖ ◊ homonymes : laie, lait, les.

▶ **laideur** **n. f.** Caractère de ce qui est laid. *Sa femme est d'une laideur repoussante.* ‖ contr. **beauté** ‖ ▷ ENLAIDIR.

**laie** **n. f.** Femelle du sanglier. *La laie et ses marcassins.* ◊ homonymes : laid, lait, les.

**laine** **n. f.** Matière souple provenant du poil des moutons. *Des chaussettes de laine.*

▶ **lainage** **n. m.** **1.** Tissu de laine. *Un manteau en lainage.* **2.** Vêtement de laine tricotée. *Mets un lainage, il ne fait pas chaud.*

▶ **laineux** **adj.** Qui contient beaucoup de laine. *Une étoffe laineuse.*

▶ **lainier** **adj.** Relatif à la laine. *L'industrie lainière.*

**laïque** → **laïc**

**laisse** **n. f.** Lanière que l'on attache au collier d'un chien pour le tenir. *Il promène son chien en laisse.*

**laisser** **v.** (conjug. 1) **1.** *Laissez-moi passer,* ne m'empêchez pas de passer. **2.** *Anne a laissé toute sa purée,* elle ne l'a pas mangée. **3.** *Il laissera sa voiture à la gare,* il ne la prendra pas. **4.** *L'été, nous laissons le chien à des amis,* nous le leur confions en partant. **5.** *Le pâtissier nous a laissé deux gâteaux pour le prix d'un,* il nous les a vendus à un prix avantageux. **6.** *Il faut laisser cuire le poulet pendant une heure,* le faire cuire sans y toucher. *Julie a laissé tomber ses lunettes,* elle les a fait tomber sans le faire exprès. **7.** *Laissez-vous aller,* détendez-vous. *Ne te laisse pas faire !* ne cède pas !

▶ **laisser-aller** **n. m. inv.** Manque d'effort, de soin. *Il y a du laisser-aller dans son travail.* → **relâchement.**

▶ **laissez-passer** **n. m. inv.** Papier officiel autorisant une personne à circuler librement dans un endroit gardé. *Le journaliste montre son laissez-passer au policier.* — **Au pl.** *Des laissez-passer.* ▷ DÉLAISSER.

**lait** **n. m.** Liquide blanc, très nourrissant, produit par les mamelles des femelles de certains animaux et par les seins des femmes qui viennent d'avoir un bébé. *Alex a bu un café au lait. Ce fromage est fait avec du lait de vache et du lait de brebis.* ◊ homonymes : laid, laie, les.

▸ **laitage** **n. m.** Aliment fabriqué avec du lait. *Les yaourts et le fromage blanc sont des laitages.* ▷ ALLAITEMENT, ALLAITER, LAITERIE, LAITEUX, LAITIER, PETIT-LAIT.

**laitance** **n. f.** Liquide blanc produit par les poissons mâles, qui contient des milliers de spermatozoïdes. *Le mâle couvre de sa laitance les œufs du poisson femelle pour les féconder.*

**laiterie** **n. f.** Usine dans laquelle on traite le lait pour le conserver ou le transformer en beurre.

**laiteux** **adj.** Blanc comme du lait. *Le bébé a la peau laiteuse.*

**laitier** **n. m.** et **adj.**, **laitière** **n. f.** et **adj.**
▭ **n.** Personne qui ramasse le lait dans les fermes ou qui le livre chez les commerçants.
▭ **adj. 1.** *Ils ont un troupeau de vaches laitières,* de vaches élevées pour leur lait et non pour leur viande. **2.** *Le beurre, le fromage, la crème sont des produits laitiers,* des produits faits avec du lait.

**laiton** **n. m.** Alliage de cuivre et de zinc, de couleur jaune. *Un fil de laiton.*

**laitue** **n. f.** Salade à feuilles tendres.

**laïus** [lajys] **n. m.** Familier. Discours. *Il nous a fait un laïus interminable à la fin du dîner.*

**lama** **n. m.** Animal au pelage roux et blanc et aux grandes oreilles, qui ressemble à un petit chameau sans bosse et vit dans les montagnes d'Amérique du Sud. *Le poil du lama sert à faire de la laine.*

lama

**lambeau** **n. m.** Morceau d'un tissu déchiré. *Yves s'est battu et maintenant sa chemise est en lambeaux.*

**lambin** **adj.** Familier. Lent. *Luc est un peu lambin.* ‖ contr. **rapide, vif** ‖ — **N.** *Dépêche-toi Anne ; quelle lambine !*

▸ **lambiner** **v.** (conjug. 1) Familier. Agir avec lenteur et mollesse. → **traîner.**

**lambris** **n. m.** Panneau en bois ou en marbre qui recouvre les murs ou le plafond d'une pièce et sert de décoration.

**lame** **n. f. 1.** Partie tranchante d'un couteau, d'un outil servant à couper ou à tailler. *La lame d'un poignard.* **2.** *Une lame de rasoir,* c'est un petit rectangle d'acier très coupant que l'on met dans un rasoir. **3.** Bande plate et mince d'une matière dure. *Les lames du parquet grinçaient à chaque pas.* → **latte.** **4.** Vague. *Une lame de fond a emporté le nageur,* une vague très forte venant du fond de l'eau.

▶ **lamelle** **n. f.** Petite lame très mince. *Il a placé une fourmi sur une lamelle de verre pour l'examiner au microscope.*

se **lamenter** **v.** (conjug. 1) Se plaindre. → **geindre, gémir.** *Elle ne cesse de se lamenter sur son sort.* ‖ contr. se **réjouir** ‖.

▶ **lamentable** **adj.** Très mauvais. → **déplorable, pitoyable.** *Anne a eu une note lamentable en français.* ‖ contr. **excellent** ‖.

▶ **lamentations** **n. f. pl.** Suite de paroles dites pour se plaindre. *Cesse tes lamentations !*

**laminer** **v.** (conjug. 1) *On lamine le métal pour le transformer en plaques, en tôles, en barres ou en tubes,* on le comprime fortement.

▶ **laminoir** **n. m.** Machine composée de deux gros rouleaux d'acier tournant en sens inverse entre lesquels on fait passer le métal à laminer.

**lampe** **n. f.** Appareil d'éclairage. *L'abat-jour de sa lampe de chevet est blanc. La lampe ne marche plus, il faut changer l'ampoule.*

▶ **lampadaire** **n. m.** Lampe montée sur un très haut pied et qui sert à éclairer une pièce ou une rue. → aussi **réverbère.**

▶ **lampion** **n. m.** Lanterne en papier coloré. *C'est la fête au village, on a suspendu des lampions dans les rues.*

**lamproie** **n. f.** Poisson au corps très allongé sans écailles, qui ressemble à une anguille. *Certaines lamproies vivent dans la mer, d'autres dans les rivières.*

**lance** **n. f.** **1.** Arme formée d'un long manche terminé par une pointe en fer. → aussi **javelot,** ① **pique.** *Le chevalier transperça son ennemi d'un coup de lance.* **2.** *Une lance à eau,* c'est un tube métallique placé au bout d'un tuyau d'arrosage pour aider à diriger le jet. *Les pompiers éteignent l'incendie avec leur lance.* ▷ ② ÉLAN, ÉLANCÉ, ÉLANCER, S'ÉLANCER, LANCÉE, LANCE-FLAMMES, LANCEMENT, LANCE-PIERRES, ① et ② LANCER, LANCEUR, RELANCER.

**lancée** **n. f.** Vitesse que l'on a prise. → ② **élan.** *Le coureur a continué sur sa lancée, il ne s'est pas arrêté à la ligne d'arrivée.*

**lance-flammes** **n. m. inv.** Engin de combat servant à projeter des liquides enflammés. — **Au pl.** *Des lance-flammes.*

**lancement** **n. m.** **1.** *Le lancement de la fusée a été retransmis à la télévision,* l'envoi de la fusée dans l'espace. **2.** *La publicité est nécessaire au lancement d'un produit,* pour faire connaître un produit, pour le lancer.

**lance-pierres** **n. m. inv.** Instrument à deux branches muni d'un gros élastique dont on se sert pour lancer des pierres. → **fronde.** — **Au pl.** *Des lance-pierres.*

① **lancer** **v.** (conjug. 3) **1.** Envoyer loin de soi avec force. *Des voyous ont lancé des cailloux dans la vitrine.* **2.** *Le navire en détresse a lancé un appel,* il l'a émis. **3.** Mettre en mouvement. *Le train était lancé à toute vitesse.* **4.** Faire connaître en mettant en valeur. *C'est ce film qui a lancé ce comédien,* qui l'a rendu célèbre. *On lance une nouvelle* *marque de yaourts,* on fait de la publicité pour la faire connaître. → aussi **lancement.** **5.** *Julie s'est lancée à la poursuite de son chien,* elle s'est mise à courir derrière lui. → se **précipiter.**

▶ ② **lancer** **n. m.** Épreuve sportive qui consiste à lancer quelque chose le plus loin possible. *Le lancer du poids, du disque, du javelot, du marteau.*

▶ **lanceur** **n. m.,** **lanceuse** **n. f.** Athlète spécialisé dans les lancers. *Elle est lanceuse de poids.*

**lancinant** **adj.** *Mamie a une douleur lancinante dans l'épaule,* une douleur vive qui disparaît et revient sans cesse.

**landau** **n. m.** [pl. *landaus*] Voiture d'enfant à capote, dans laquelle le bébé est couché. → aussi **poussette.** *Son petit frère est dans son landau.*

**lande** **n. f.** Grande étendue de terre où ne poussent que certaines plantes sauvages comme les ajoncs, la bruyère et les genêts. → aussi **garrigue, maquis.** *La lande bretonne.*

**langage** **n. m.** **1.** Emploi d'un ensemble de signes permettant de communiquer. *La parole et l'écriture constituent le langage des hommes.* **2.** Façon de parler particulière à une personne ou à un groupe de personnes. *Le mot « joujou » appartient au langage des enfants.* → **langue.**

**lange** **n. m.** Morceau de tissu de laine ou de coton dont on enveloppait les bébés autrefois.

▶ **langer** **v.** (conjug. 3) *Autrefois on langeait les bébés,* on les enveloppait dans des langes. → **emmailloter.**

**langoureux** **adj.** Tendre et rêveur. *Il jette à sa fiancée des regards langoureux.* — **Au fém.** *langoureuse.*

**langouste** **n. f.** Animal marin de couleur grise, avec de longues antennes mais sans pinces, à la différence du homard. ➺ planche Crustacés. *Ils mangent une excellente langouste grillée.*

▶ **langoustine** **n. f.** Petit animal marin gris, à pinces longues et étroites. *Des beignets de langoustines.*

**langue** **n. f.** **1.** Organe charnu, placé dans la bouche, qui sert à goûter les aliments et à parler. *Julie s'est brûlé la langue en mangeant sa soupe.* **2.** *Yves a la langue bien pendue,* il est bavard. *Anne ne sait pas tenir sa langue,* garder un secret. *Cette femme est une mauvaise langue,* elle dit du mal des autres. **3.** Ensemble des mots et des règles qu'on utilise pour parler, comprendre ce qui est dit, écrire et lire. *Les Français et les Anglais ne parlent pas la même langue. Sa langue maternelle est le chinois,* la langue qu'il a apprise quand il a commencé à parler. *L'italien est une langue vivante,* une langue que l'on parle actuellement. *Le latin est une langue morte,* une langue que l'on ne parle plus. **4.** Ensemble de mots particuliers employés par certaines personnes ou à certains moments. → **langage** et aussi **jargon.** *La langue des notaires est parfois difficile à comprendre.*

▶ **languette** **n. f.** Objet plat, souple et allongé qui ressemble à une petite langue. *Les chaussures à lacets ont une languette sous les lacets.* ▷ LANGAGE.

**languir** **v.** (conjug. 2) **1.** *La conversation languissait,* elle manquait d'entrain. → **traîner.** **2.** *Ne me fais pas languir, raconte-moi toute l'histoire,* ne me fais pas attendre.

▶ **langueur** **n. f.** Manque d'activité ou d'énergie. *Il est allongé sur le ca-*

*napé dans une pose pleine de langueur.*

▶ **languissant** adj. Qui manque d'énergie, d'entrain. *Elle parla d'une voix languissante.* ▷ LANGOUREUX.

**lanière** n. f. Longue et étroite bande de cuir, de tissu, de plastique. → **courroie.** *Des lanières de sandales.*

**lanterne** n. f. 1. Boîte à parois transparentes dans laquelle on place une lumière. *Une lanterne en fer forgé.* 2. *L'automobiliste a allumé ses lanternes,* les lampes des phares de sa voiture qui donnent l'éclairage le plus faible. → **veilleuse.**

**laper** v. (conjug. 1) *Le chat lape le lait dans son écuelle,* il le boit à coups de langue.

**lapereau** n. m. Jeune lapin. *Une lapine et ses lapereaux.*

**lapider** v. (conjug. 1) *La foule a lapidé l'assassin,* elle l'a tué en lui lançant des pierres.

**lapin** n. m., **lapine** n. f. Petit animal rongeur herbivore, au pelage beige, fauve ou blanc, très doux, et aux longues oreilles. → aussi **lapereau** et **lièvre.** *Les lapins d'élevage vivent dans des clapiers.*

**laps** [laps] n. m. *Il a dû attendre un laps de temps assez long,* un espace de temps, une durée.

**lapsus** [lapsys] n. m. *Yves a fait un lapsus, il a dit « au revoir » quand il est arrivé,* il a employé un mot à la place d'un autre sans le faire exprès.

**laquais** n. m. Autrefois, serviteur qui portait l'uniforme de la maison de son maître. → **valet** et aussi **livrée.**

**laque** n. f. 1. Peinture brillante qui a l'aspect du vernis. *La carrosserie de la voiture est recouverte de laque.* 2. Produit que l'on vaporise sur les cheveux pour faire tenir la coiffure. ◊ homonyme : lac.

▶ **laquer** v. (conjug. 1) 1. *Les murs de la salle de bains sont laqués,* ils sont recouverts de laque. 2. *Elle se laque les cheveux,* elle vaporise de la laque dessus.

**larcin** n. m. Vol d'un objet de peu de valeur.

**lard** n. m. Épaisse couche de graisse que le porc a sous la peau. *Une omelette au lard.*

▶ **larder** v. (conjug. 1) 1. *Le boucher larde le rôti,* il met des lardons à l'intérieur. 2. *L'assassin a lardé sa victime de coups de couteau,* il l'a percée de nombreux coups de couteau.

▶ **lardon** n. m. Petit morceau de lard dont on se sert en cuisine. *Une salade aux lardons.*

**large** adj., n. m. et adv.

▭ adj. 1. Grand dans le sens de la largeur. *Une avenue est plus large qu'une ruelle.* ‖ contr. **étroit** ‖ 2. Qui n'est pas serré. *Julie aime les pantalons larges.* → **ample.** 3. Important. *Il y a une large part de mensonge dans ce qu'il dit.* ‖ contr. **petit** ‖ 4. *Mes parents ont les idées larges,* ils admettent que les autres puissent penser et agir autrement qu'eux. 5. *Elle est très large avec ses petits-enfants,* elle leur donne beaucoup d'argent. → **généreux.**

▭ n. m. 1. Largeur. *La pièce a 4 mètres de long et 3 mètres de large.* 2. *Dans cette voiture, on est au large,* on a beaucoup de place. 3. La haute mer. *Le bateau a gagné le large.*

▭ adv. *Ce voyage reviendrait à 5 000 francs en comptant large,* sans compter précisément et en comptant plutôt un peu plus.

▸ **largement** **adv.** *Alex avait largement de quoi payer son livre,* il avait plus d'argent que nécessaire. *Nous sommes arrivés largement en avance,* très en avance.

▸ **largesse** **n. f.** Don généreux. *Ce n'est pas son genre de faire des largesses.*

▸ **largeur** **n. f. 1.** La plus petite dimension d'une surface. *La table a 2 mètres de longueur sur 80 centimètres de largeur.* → **large. 2.** *La largeur d'esprit,* c'est la tolérance, la compréhension. || contr. **étroitesse** ||. ▷ ÉLARGIR, ÉLARGISSEMENT.

**larguer** **v.** (conjug. 1) **1.** *Les matelots larguent les amarres,* ils les détachent pour que le bateau puisse partir. **2.** Laisser tomber. *L'avion a largué des bombes sur la ville.* → **lâcher.**

**larme** **n. f. 1.** Goutte d'eau salée qui coule des yeux. *Flora a du chagrin, elle est en larmes.* → **pleurs. 2.** Petite quantité de liquide. *Je veux bien encore une larme de whisky.*

▸ **larmoyer** **v.** (conjug. 8) *Ses yeux larmoyaient à cause du vent,* ils étaient pleins de larmes.

**larve** **n. f.** Forme que prennent certains animaux avant de devenir adultes. *La chenille est la larve du papillon, le têtard celle de la grenouille.*

**larynx** **n. m.** Organe situé à l'intérieur du cou et qui contient les cordes vocales.

**las** [lɑ] **adj. 1.** Très fatigué, incapable de faire un effort supplémentaire. *Anne était très lasse après cette longue journée.* → **épuisé, harassé. 2.** *Je suis lasse de t'entendre te plaindre,* j'en ai assez. ◊ homonymes : la, là. ▷ DÉLASSEMENT, DÉLASSER, INLASSABLE, INLASSABLEMENT, LASSANT, LASSER, LASSITUDE.

**laser** [lazɛʀ] **n. m.** Rayon de lumière très concentré, utilisé dans de nombreuses techniques, notamment en médecine. — *Ils ont une platine laser,* qui lit des disques compacts avec un rayon laser.

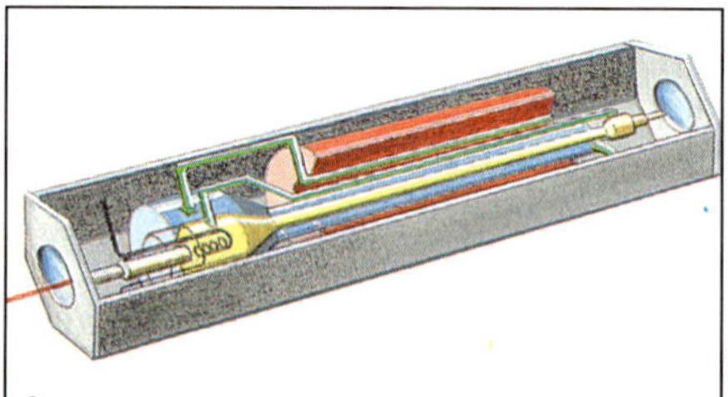

laser

**lasser** **v.** (conjug. 1) Fatiguer en ennuyant. *Elle lasse tout le monde avec ses histoires interminables.* — *Les enfants ne se lassent jamais de jouer,* ils n'en ont jamais assez. ◊ homonyme : lacer.

▸ **lassant** **adj.** Fatigant. *C'est lassant de devoir toujours répéter les mêmes choses !*

▸ **lassitude** **n. f. 1.** Grande fatigue. *Malgré sa lassitude, il se remit à travailler.* **2.** Ennui et découragement. *Il a cédé à ses enfants par lassitude.*

**lasso** **n. m.** Longue corde terminée par un nœud coulant. *Les cow-boys attrapent les chevaux sauvages au lasso.* **Au pl.** *Des lassos.*

**latent** **adj.** *La révolte était latente,* elle ne se manifestait pas, restait cachée mais n'allait pas tarder à éclater.

**latéral** adj. Situé sur le côté. *La voiture emprunta l'allée latérale.* — Au masc. pl. *latéraux.* ▷ BILATÉRAL, ÉQUILATÉRAL, UNILATÉRAL.

**latex** n. m. Liquide visqueux, parfois un peu blanc, qui forme la sève de certains arbres. *On recueille le latex de l'hévéa pour fabriquer le caoutchouc.*

**latin** n. m. Langue que les Romains parlaient autrefois. *De nombreux mots français viennent du latin.* — Adj. *Un livre de grammaire latine.*

**latitude** n. f. 1. Distance qui sépare un point du globe terrestre de l'équateur. *Paris est à 48° de latitude Nord.* → **parallèle** et aussi **longitude.** 2. Possibilité de faire comme l'on veut. → **liberté.** *Vous avez toute latitude de refuser,* vous pouvez très bien refuser.

**latte** n. f. Long morceau de bois mince et étroit. *Les lattes du parquet.* → **lame.**

**lauréat** n. m., **lauréate** n. f. Personne qui a remporté un prix dans un concours. → **gagnant, vainqueur.** *Les lauréats du prix Nobel.*

**laurier** n. m. Arbuste dont les feuilles allongées et brillantes ne tombent pas en hiver. *Mamie met du thym et du laurier dans la soupe.*

**lavable** adj. *Ce pantalon est lavable en machine,* on peut le laver dans la machine. *Cette peinture est lavable,* on peut la laver sans l'abîmer.

**lavabo** n. m. Cuvette à hauteur de table fixée au mur, munie de robinets et d'un système de vidange, servant à faire sa toilette. *Flora se lave les mains dans le lavabo.*

**lavage** n. m. *Mon pull a déteint au lavage,* quand on l'a lavé.

**lavande** n. f. Plante à fleurs bleues qui sentent très bon. *Un savon à la lavande.*

**lave** n. f. Matière pâteuse et noirâtre qui sort brûlante d'un volcan en éruption. *Une coulée de lave a dévasté le village.*

**laver** v. (conjug. 1) Nettoyer avec de l'eau et éventuellement du savon ou de la lessive. *Luc lave la voiture de ses parents. Anne s'est lavé les dents.* — *Julie s'est lavée avant de se coucher,* elle a fait sa toilette.

▸ **lave-glace** n. m. Appareil qui envoie un jet d'eau sur le pare-brise d'une voiture. — Au pl. *Des lave-glaces.*

▸ **lave-linge** n. m. inv. Machine à laver le linge. — Au pl. *Des lave-linge.*

▸ **laverie** n. f. Local équipé de machines où l'on peut venir laver son linge en payant. → aussi **blanchisserie.**

▸ **lavette** n. f. Ce mot est employé en Suisse. Gant de toilette.

▸ **laveur** n. m., **laveuse** n. f. Personne dont le métier est de laver quelque chose. *Le laveur de carreaux vient tous les mois.*

▸ **lave-vaisselle** n. m. inv. Machine à laver la vaisselle. — Au pl. *Des lave-vaisselle.*

▸ **lavoir** n. m. Bassin aménagé pour laver le linge. *Autrefois, on allait laver son linge au lavoir du village.*

▷ DÉLAVÉ, LAVABLE, LAVAGE.

**laxatif** adj. *Il prend une tisane laxative,* qui relâche l'intestin et purge légèrement. — N. m. *Quand on est constipé, on prend des laxatifs.* → **purgatif.**

**layette** n. f. Ensemble des vêtements d'un bébé. *Elle a tricoté sa layette quand elle était enceinte.*

① **le** article défini m., **la** article défini f., **les** article défini pl. *Le singe et la guenon ont* *mangé toutes les bananes. Il a perdu l'appétit.* → aussi **au, du.** ▷ LENDEMAIN, LEQUEL, SUR-LE-CHAMP, SURLENDEMAIN.

② **le** **pronom m.,** **la** **pronom f.,** **les** **pronom pl.** Pronoms personnels de la 3e personne, compléments d'objet direct représentant un nom ou un pronom qui vient d'être exprimé ou va l'être. *C'est Julie, je la reconnais. Je l'entends mais je ne le vois pas. Où sont mes clés, où les ai-je mises ?*

**leader** [lidœʀ] **n. m.** Ce mot vient de l'anglais. **1.** Chef d'un parti politique. *Les leaders de l'opposition.* **2.** Concurrent qui est en tête. *Le leader de la course.*

**lécher** **v.** (conjug. 6) *Flora lèche sa glace,* elle passe la langue dessus. ▷ se POURLÉCHER.

**leçon** **n. f. 1.** Ce qu'un élève doit apprendre et savoir. *Luc apprend sa leçon d'histoire et fera ensuite ses devoirs.* **2.** Cours donné par un professeur. *Anne suit des leçons de piano.* **3.** *J'aimerais que cela te serve de leçon,* que cette expérience désagréable te fasse comprendre ce qu'il aurait fallu faire pour que tu ne recommences pas la même erreur.

**lecteur** **n. m.,** **lectrice** **n. f. 1.** Personne qui lit. *Ce journal a de nombreux lecteurs.* **2. n. m.** *Un lecteur de cassettes,* c'est un appareil qui reproduit les sons enregistrés sur une cassette. → **baladeur** et aussi **magnétophone.**

**lecture** **n. f.** *Anne aime la lecture,* elle aime lire. *Mamie fait la lecture à ses petits-enfants,* elle leur lit des histoires. *Ce livre est très difficile, ce n'est pas une lecture pour toi,* ce n'est pas un texte pour toi. *Je vous ai apporté de la lecture,* des livres et des journaux.

**légal** **adj.** Conforme à la loi, fixé par la loi. *Il est entré en France de façon légale.* ‖ contr. **illégal** ‖ — **Au masc. pl.** *légaux.*

▸ **légalement** **adv.** Suivant la loi. *Les députés ont été élus légalement.*

▸ **légaliser** **v.** (conjug. 1) Rendre légal, autoriser par une loi. *La contraception a été légalisée en France en 1967.*

▸ **légalité** **n. f.** Ce qui est conforme à la loi. ‖ contr. **illégalité** ‖ *Il faut toujours respecter la légalité.* ▷ ILLÉGAL, ILLÉGALITÉ.

**légataire** **n. m.** et **f.** Personne à qui on lègue ses biens, sa fortune. → **héritier.**

**légende** **n. f. 1.** Récit inventé que l'on se raconte de génération en génération. → **conte, histoire.** *La légende dit que le château est hanté.* **2.** Petit texte qui explique l'image, sous une photo ou un dessin. *La légende indique qu'il s'agit de Paris, en 1920.*

▸ **légendaire** **adj. 1.** Qui n'existe que dans les légendes, qui n'existe pas réellement. *L'ogre est un personnage légendaire.* → **fabuleux, imaginaire.** ‖ contr. **historique** ‖ **2.** Bien connu. *Ses colères sont légendaires.* → **célèbre.**

**léger** **adj. 1.** Qui a peu de poids, se soulève facilement. *Ma valise est très légère.* ‖ contr. **lourd, pesant** ‖ **2.** Peu abondant. *Elle a pris un repas léger,* qui ne pèse pas sur l'estomac. → **frugal.** ‖ contr. **copieux** ‖ **3.** Vif et gracieux. *Flora a une démarche souple et légère.* **4.** Mince, fin. *Une légère couche de neige recouvrait le sol.* ‖ contr. **épais** ‖ *Anne portait une robe légère.* ‖ contr. **chaud** ‖ **5.** Peu important. → **faible.** *Le gâteau a un léger* *goût de brûlé.* || contr. **fort** || **6.** Irresponsable. → **inconséquent.** *Il est un peu léger d'avoir laissé son bébé tout seul.* || contr. **sérieux** || **7.** *Il a pris sa décision à la légère,* sans réfléchir, avec insouciance.

▸ **légèrement** **adv.** **1.** Sans excès. *Dînez légèrement et couchez-vous de bonne heure.* **2.** *Julie s'est habillée légèrement,* avec des vêtements légers. **3.** À peine. *Luc est légèrement plus jeune que Flora,* un petit peu. *Le cheval était légèrement blessé.* || contr. **grièvement** || **4.** Sans réfléchir suffisamment. *Il a agi légèrement,* à la légère.

▸ **légèreté** **n. f.** **1.** Caractère de ce qui ne pèse pas lourd. *Cette table est d'une grande légèreté.* || contr. **lourdeur** || **2.** Aisance dans les mouvements. *Flora marche avec légèreté.* **3.** Finesse. *La légèreté d'un tissu.* **4.** Manque de sérieux. → **insouciance.** *Il a fait preuve de légèreté en ne vérifiant pas ses comptes.* ▷ ALLÉGÉ, ALLÉGER.

**légion** **n. f.** **1.** Chez les anciens Romains, armée composée de soldats à pied et à cheval. *Les légions de Jules César conquirent la Gaule.* **2.** *Il s'est engagé dans la Légion étrangère,* dans une troupe d'élite française composée de volontaires français et étrangers soumis à une discipline très stricte et envoyés dans les combats les plus durs.

▸ **légionnaire** **n. m.** **1.** Soldat d'une légion romaine. **2.** Soldat de la Légion étrangère. *Les légionnaires ont un képi blanc et une ceinture bleue.*

**Légion d'honneur** **n. f.** *La Légion d'honneur,* c'est une décoration que l'on reçoit, en France, en récompense des services que l'on a rendus au pays.

**législatif** **adj.** *L'Assemblée nationale et le Sénat sont des chambres législatives,* qui votent les lois. → aussi **exécutif.** *Les élections législatives,* ce sont les élections des députés.

**législation** **n. f.** Ensemble des textes de lois qui s'appliquent dans un pays. *La législation française et la législation anglaise sont différentes.*

**légitime** **adj.** **1.** Reconnu par la loi. || contr. **illégitime** || *Elle n'est pas sa femme légitime,* ils ne sont pas mariés. **2.** Juste, compréhensible. *Tes reproches sont légitimes.* → **fondé.** *Quand il a tiré sur le voleur qui le menaçait, il était en état de légitime défense,* son acte était interdit par la loi mais compréhensible dans ce cas-là. ▷ ILLÉGITIME.

**léguer** **v.** (conjug. 6) *Il a légué tous ses biens à sa fille avant de mourir,* il les lui a donnés en faisant un testament.

▸ **legs** [lɛg] **n. m.** Don que l'on fait par testament. *Il a fait un legs à sa fille.* → aussi **légataire.**

**légume** **n. m.** Plante dont on mange certaines parties. *La salade, les épinards et les carottes sont des légumes verts.*

**leitmotiv** [lajtmɔtif] ou [lɛtmɔtif] **n. m.** Ce mot vient de l'allemand. Phrase, idée qui revient sans cesse. *La lutte contre la pollution, c'est son leitmotiv.* → **refrain.** — **Au pl.** *Des leitmotiv* ou *des leitmotive.*

**lémurien** **n. m.** Singe à museau de renard qui habite les régions tropicales. *Les lémuriens vivent surtout la nuit.*

lémurien

**lendemain** **n. m.** Jour qui suit celui dont il est question. *Le lendemain de son arrivée, il est tombé malade. Cela peut changer du jour au lendemain,* en très peu de temps.

**lent** **adj.** Qui met beaucoup de temps à faire quelque chose. || contr. **prompt, rapide** || *Anne est lente à comprendre ce qu'on lui dit. Ce train s'arrête tout le temps, il est très lent.*

▶ **lentement** **adv.** Avec lenteur. *Flora écrit lentement.* || contr. **rapidement, vite** ||.

▶ **lenteur** **n. f.** Manque de rapidité, de vivacité. *Le cortège avançait avec lenteur.* ▷ RALENTI, RALENTIR, RALENTISSEMENT.

**lente** **n. f.** Œuf de pou.

**lentille** **n. f. 1.** *Les lentilles,* ce sont des légumes secs qui se présentent sous la forme de petites graines rondes et plates, brunes ou vertes. **2.** Petit disque de verre qui sert à voir plus gros. *Les lentilles d'un télescope. Il porte des lentilles (de contact),* des verres qui corrigent la vue et qui s'appliquent directement sur l'œil. → aussi **verre** de contact.

**léopard** **n. m.** Panthère d'Afrique au pelage tacheté de jaune et de noir. ⋙ planche Félins. *Les léopards sont des fauves solitaires. Elle a une veste de léopard,* en peau de léopard.

**lèpre** **n. f.** Maladie grave et très contagieuse qui se caractérise par des boursouflures rouges et des plaies sur la peau.

▶ **lépreux** **n. m.,** **lépreuse** **n. f.** Personne qui a la lèpre. *Le docteur Albert Schweitzer soignait les lépreux en Afrique noire.*

**lequel** **m. sing.,** **laquelle** **f. sing.,** **lesquels** **m. pl.,** **lesquelles** **f. pl.** Pronoms relatifs et interrogatifs. *Le lit dans lequel j'ai dormi est trop étroit. La personne à laquelle vous venez de parler est la directrice,* à qui vous venez de parler. *Parmi ces chaussettes, lesquelles sont à toi ?* → aussi **auquel, duquel.**

**les** → ① et ② **le**

**léser** **v.** (conjug. 6) *Quand les enfants ont partagé les bonbons, Anne a été lésée,* elle n'a pas reçu ce à quoi elle avait droit. → **défavoriser, désavantager.**

**lésiner** **v.** (conjug. 1) *Elle lésine sur la nourriture,* elle dépense le moins d'argent possible pour se nourrir.

**lésion** **n. f.** Blessure due à une maladie ou à un accident, qui abîme une partie du corps. *Il a eu une lésion au cerveau à la suite d'une embolie.*

**lessive** **n. f. 1.** Produit, le plus souvent en poudre, que l'on dissout dans l'eau pour laver le linge. *Un baril* *de lessive.* **2.** *Faire la lessive,* c'est laver le linge. **3.** *Elle étend la lessive sur une corde à linge,* le linge qui vient d'être lavé.

▶ **lessiver** **v.** (conjug. 1) *Lessiver un mur,* c'est le nettoyer avec de la lessive.

▶ **lessiveuse** **n. f.** Grande bassine dans laquelle on lavait le linge autrefois en le faisant bouillir.

**lest** **n. m.** Poids dont on charge un navire, un véhicule pour le rendre plus stable. *En ballon, on lâche du lest pour monter plus haut.* ◇ homonyme : leste.

▶ **lester** **v.** (conjug. 1) Charger de lest. *Les marchandises qui lestent le cargo sont au fond de la cale.* ▷ DÉLESTER.

**leste** **adj.** Souple et vif dans ses mouvements. *Il marchait d'un pas leste.* → **alerte.** || contr. **lourd** || ◇ homonyme : lest.

**léthargie** **n. f.** Engourdissement, torpeur. *Il est difficile de l'arracher à sa léthargie.*

**lettre** **n. f. 1.** Chacun des signes de l'alphabet qui note les sons du langage parlé. *Il y a 26 lettres dans l'alphabet français. Yves a écrit son nom en toutes lettres,* sans abréviation. — *Elle a suivi mon conseil à la lettre,* exactement, dans tous ses détails. **2.** Texte écrit que l'on adresse à quelqu'un pour lui faire part de quelque chose. *Il a répondu à ma lettre.* **3.** *Elle veut faire des études de lettres après son bac,* de la littérature, de la philosophie, de l'histoire ou des langues. → aussi **littéraire.** ▷ ILLETTRÉ, PÈSE-LETTRE.

**leucémie** **n. f.** Très grave maladie du sang. *Lorsqu'on a une leucémie, on a trop de globules blancs dans le sang.*

① **leur** **pronom personnel inv.** Pronom personnel de la 3e personne du pluriel employé comme complément d'objet indirect. *La maîtresse leur a donné un devoir de calcul,* à elles, à eux. → aussi **lui.** ◇ homonyme : leurre.

② **leur** **adj. possessif sing.,** **leurs** **adj. possessif pl.** Qui est à eux, à elles ; qui sont à eux, à elles. *Ils partent en voyage avec leur fils. Les enfants ont rangé leurs cahiers.* → aussi ① **son.**

③ **leur** **pronom possessif** et **n. m.**

▭ **pronom possessif.** *Le leur, la leur,* la personne ou la chose qui est à eux, à elles. *Notre maison est voisine de la leur. Mes enfants sont plus âgés que les leurs.*

▭ **n. m. 1.** *Ils y ont mis du leur,* ils ont fait un effort. **2. n. m. pl.** *Ils veulent habiter près des leurs,* près de leurs parents, de leurs enfants.

**leurre** **n. m.** Tromperie, illusion. *Cet espoir n'était qu'un leurre.* ◇ homonymes : ①, ② et ③ leur.

▶ se **leurrer** **v.** (conjug. 1) *Il ne faut pas se leurrer, ce travail ne sera pas facile,* il ne faut pas se faire d'illusions.

**levain** **n. m.** Pâte dans laquelle on a mis de la levure. *Le boulanger mélange le levain à la pâte pour que le pain gonfle.*

**levant** **adj.** *Flora contemple la mer au soleil levant,* au moment où le soleil se lève. || contr. **couchant** ||.

**levée** **n. f. 1.** Moment où le facteur retire les lettres de la boîte aux lettres pour les acheminer vers leur destination. *Il court poster sa lettre avant la* *prochaine levée.* **2.** *Faire une levée,* c'est ramasser les cartes des autres lorsqu'on gagne un coup. → **pli. 3.** Digue de terre ou de pierres. *Une levée retient les eaux du lac.*

① **lever** **v.** (conjug. 5) **1.** Faire monter. *Il lève les vitres de sa voiture.* → **remonter.** ‖ contr. **baisser** ‖ *Je lève mon verre à votre santé.* **2.** Mettre une partie du corps plus haut qu'elle n'est d'habitude. *Julie lève le doigt, elle veut répondre. Le chien a levé la patte contre un arbre,* il a uriné. **3.** *Le chasseur a levé un lièvre,* il l'a fait sortir de son gîte, à la chasse. **4.** Faire cesser. *La maîtresse a levé la punition,* elle l'a supprimée. *Le président lève la séance,* il déclare qu'elle est terminée. **5.** *Le roi a levé une armée,* il a recruté des soldats pour partir en guerre. **6.** Commencer à sortir de terre. *Le blé lève.* → **pousser.** **7.** *La pâte lève,* elle gonfle sous l'effet de la fermentation.
▸ se **lever** **v. 1.** Se mettre debout. *Levez-vous, voici la directrice.* ‖ contr. s'**asseoir** ‖ **2.** Sortir de son lit. *Elle s'est levée tôt, ce matin.* ‖ contr. se **coucher** ‖ **3.** *Le soleil se lève à six heures,* il apparaît à l'horizon. **4.** *Le vent s'est levé,* il a commencé à souffler. ▷ ÉLEVAGE, ÉLÉVATEUR, ÉLÉVATION, ÉLEVÉ, ÉLEVER, s'ÉLEVER, ÉLEVEUR, ENLÈVEMENT, ENLEVER, LEVAIN, LEVANT, LEVÉE, ② LEVER, LEVIER, LEVURE, PONT-LEVIS, PRÉLÈVEMENT, PRÉLEVER, RELÈVE, RELEVÉ, RELEVER, SOULÈVEMENT, SOULEVER, SURÉLEVER.

② **lever** **n. m. 1.** Moment où un astre se lève. *Il regarde le lever du soleil.* ‖ contr. **coucher** ‖ **2.** Action de sortir de son lit. *Prendre un comprimé au lever et au coucher.* **3.** *Ils sont arrivés au théâtre juste avant le lever du rideau,* juste avant le début du spectacle.

**levier** **n. m. 1.** Barre très rigide que l'on met sous un objet lourd pour le faire basculer. *Il s'est servi d'un bâton comme levier.* **2.** *Le levier de vitesse d'une voiture,* c'est la manette qui commande la boîte de vitesses.

**levraut** **n. m.** Petit du lièvre. *La hase et ses levrauts.*

**lèvre** **n. f.** Chacune des deux parties charnues, roses, qui entourent la bouche. *Elle s'est mis du rouge à lèvres. Il mange du bout des lèvres,* sans appétit.

**lévrier** **n. m.** Chien à longues pattes, au corps très fin, agile et rapide, avec lequel on chasse le lièvre. ⋙ planche Chiens.

**levure** **n. f.** Produit que l'on met dans la pâte pour la faire lever.

**lexique** **n. m. 1.** Petit dictionnaire. *Luc cherche un mot dans son lexique français-anglais.* **2.** Ensemble des mots d'une langue. *Le mot « yes » ne fait pas partie du lexique français.* → **vocabulaire.**

**lézard** **n. m.** Petit reptile à quatre pattes, à longue queue effilée, au corps allongé et recouvert d'écailles. *La queue des lézards se détache et re-*

**lézard**

*pousse. Elle a une ceinture en lézard,* en peau de lézard.

▶ **lézarder** v. (conjug. 1) Familier. Se chauffer au soleil en restant sans rien faire. *Il lézarde sur la terrasse toute la journée.*

**lézarde** n. f. Fente profonde, étroite et irrégulière dans un mur, un plafond. *Il y a une lézarde dans la façade de cette vieille maison.* → **fissure.**

▶ **lézardé** adj. Fendu par une ou plusieurs lézardes. *La façade de la maison est lézardée.*

**liaison** n. f. 1. Rapport entre deux choses. *Le commissaire a fait la liaison entre les deux événements.* → **lien.** 2. Action de prononcer deux mots qui se suivent en unissant la dernière consonne du premier mot à la première voyelle du mot suivant. *Il lit à haute voix en faisant les liaisons.* 3. Communication établie entre plusieurs personnes. *Le pilote reste en liaison avec la tour de contrôle.* 4. Communication régulière entre deux villes. *Des vols quotidiens assurent la liaison entre Paris et Genève.*

**liane** n. f. Plante possédant de longues tiges souples qui grimpent et s'accrochent aux arbres, surtout dans la forêt tropicale. *Le singe se balance au bout d'une liane.*

**liasse** n. f. Paquet de papiers ou de billets de banque attachés ensemble. *Il a sorti une liasse de billets de sa poche.*

**libeller** v. (conjug. 1) *Le client a libellé son chèque à l'ordre du restaurant,* il l'a rédigé selon les règles établies.

**libellule** n. f. Insecte à tête ronde, à corps allongé et aux quatre ailes transparentes. ↠ planche Insectes. *Les libellules volent le plus souvent au-dessus de l'eau.*

**libéral** adj. 1. *Les professions de médecin, d'avocat ou d'architecte sont des professions libérales,* que l'on exerce librement, sans avoir de patron. 2. *Julie a des parents très libéraux,* qui respectent les idées des autres. → **tolérant.** 3. *Ce pays a un gouvernement libéral,* qui respecte la liberté de chacun. ‖ contr. **totalitaire, tyrannique** ‖.

**libérer** v. (conjug. 6) 1. Mettre en liberté. *On a libéré deux prisonniers.* → **relâcher.** 2. Dégager de ce qui gêne. *Il faudrait pousser ces chaises pour libérer le passage.* 3. *Libérer un pays,* c'est le délivrer de l'occupation d'un peuple étranger. *Les Américains ont libéré la France en 1944.* 4. *Excusez-moi je n'ai pas pu me libérer plus tôt,* me dégager de mes occupations.

▶ **libérateur** n. m., **libératrice** n. f. Personne qui libère.

▶ **libération** n. f. 1. Mise en liberté. *Le gouvernement a exigé la libération des otages,* il a exigé qu'on les relâche. 2. *La Libération,* c'est, en France, la période où les territoires qui étaient occupés par les troupes allemandes pendant la Seconde Guerre mondiale ont été libérés. *La Libération a mis fin à l'Occupation.*

**liberté** n. f. 1. Droit de faire, de penser et de dire ce que l'on veut. *Si tu n'es pas d'accord, tu as toute liberté de refuser,* tu es libre de refuser. *Les peuples luttent pour la liberté, contre la tyrannie.* 2. Situation d'un être qui n'est pas enfermé. *On a accordé la liberté provisoire au prisonnier. Elle élève des oiseaux en liberté dans le jardin.* ‖ contr. **captivité** ‖.

**libraire** n. m. et f. Personne dont le métier est de vendre des livres. *Anne est allée chez la libraire acheter une bande dessinée.*

▸ **librairie** n. f. Magasin où l'on vend des livres. *Il va à la librairie acheter un dictionnaire.*

**libre** adj. 1. Qui fait, pense et dit ce qu'il veut. → aussi **liberté.** *Je me sens libre comme l'air,* tout à fait libre. *Si tu ne veux pas venir, tu es libre de refuser,* tu as le droit de refuser. 2. *Elle est sortie de prison, elle est libre,* elle n'est plus emprisonnée. 3. *Êtes-vous libre ce soir ?* sans occupations ? || contr. **pris** || *J'ai du temps libre,* du temps que je peux occuper comme je veux. 4. *Un pays libre,* c'est un pays qui n'est pas dirigé par un tyran ou par un autre pays. → **indépendant.** 5. *Elle va dans une école libre,* qui ne dépend pas entièrement de l'État. → **privé.** 6. *Ce taxi est libre, nous pouvons le prendre,* il n'y a pas de passagers dedans. || contr. **occupé** || *Allons-y, la voie est libre !*

▸ **librement** adv. 1. Sans que ce soit interdit par la loi ou par un règlement. *Vous pouvez circuler librement dans le parc.* 2. Avec franchise. *Je vous ai parlé très librement.*

▸ **libre-service** n. m. Magasin où l'on se sert soi-même. *Elle a acheté du beurre dans un libre-service.* → aussi **hypermarché, supermarché.** — Au pl. *Des libres-services.*

**licence** n. f. 1. Diplôme d'études supérieures. *Il fait une licence d'histoire.* 2. Autorisation que donne l'Administration pour exercer un commerce ou un sport. *Pour exporter du foie gras à l'étranger, il faut une licence.* → **permis.**

▸ ① **licencié** n. m., **licenciée** n. f. 1. Personne qui a une licence (sens 1). *C'est une licenciée en droit.* 2. Personne appartenant à une fédération sportive. *La Fédération française de judo compte de nombreux licenciés.*

**licencier** v. (conjug. 7) Renvoyer de son travail. *L'usine a licencié cent personnes.* → **congédier.** || contr. **embaucher, engager, recruter** ||.

▸ ② **licencié** n. m., **licenciée** n. f. Personne qui a été renvoyée de son travail. *Le nombre des licenciés s'accroît.*

▸ **licenciement** n. m. Renvoi. *Il a reçu sa lettre de licenciement.*

**lichen** [likɛn] n. m. Végétal formé de l'association d'un champignon et d'une algue, qui ressemble à la mousse. *Les lichens poussent sur les pierres et les troncs d'arbres.*

lichen

**licorne** n. f. Animal imaginaire qui a le corps d'un cheval, la tête d'un cheval ou d'un cerf, une barbiche et une corne unique au milieu du front.

**lie** n. f. *La lie du vin,* c'est l'ensemble des particules qui se déposent au fond d'une bouteille ou d'un tonneau. ◇ homonyme : lit.

**liège** n. m. Matière légère, imperméable et élastique qui vient de

licorne

l'écorce de certains arbres. *Le bouchon d'une bouteille de champagne est en liège.* ▷ CHÊNE-LIÈGE.

**lier** v. (conjug. 7) 1. Attacher. *On a lié les mains du prisonnier.* ‖ contr. **délier, détacher** ‖ 2. *« Ces deux crimes sont liés », dit le commissaire,* il y a un rapport entre eux. *L'odeur de la lavande est liée à son enfance.* 3. *Elle est liée par sa promesse,* elle est obligée de la tenir. 4. *Leur goût commun pour la musique les a liés,* les a unis, rapprochés. — *Flora s'est liée d'amitié avec Julie,* elles sont devenues amies.

▸ **lien** n. m. 1. Chose longue et flexible qui sert à attacher. *Le bandit défit ses liens et s'enfuit.* 2. Rapport entre deux choses. *Ces deux assassinats ont un lien.* 3. Relation entre deux personnes. *Il y a un lien de parenté entre Yves et Julie.* ▷ ALLIAGE, ALLIANCE, ALLIÉ, S'ALLIER, DÉLIER, LIAISON, LIANE, LIASSE, RALLIEMENT, RALLIER, RELIER, RELIEUR, RELIURE.

**lierre** n. m. Plante rampante et grimpante à feuilles luisantes toujours vertes. *Le mur du jardin est couvert de lierre.* ⤜ planche Plantes.

① **lieu** n. m. [pl. *lieux*] 1. Endroit, place. *Pouvez-vous me préciser l'heure et le lieu du rendez-vous ?* 2. *La fête aura lieu sur la place,* elle se passera sur la place. *Le concert n'a pas eu lieu,* il n'y a pas eu de concert. 3. *Tout s'est bien passé, il n'y a pas lieu de s'inquiéter,* il n'y a pas de raison de s'inquiéter. 4. *Cet incident a donné lieu à de nombreuses discussions,* il a provoqué de nombreuses discussions. 5. *Ce sac lui tient lieu de cartable,* il lui sert de cartable. 6. *Vous feriez mieux de travailler au lieu de jouer,* plutôt que de jouer. 7. *Il ne dit que des lieux communs,* des choses banales que tout le monde dit. ◊ homonyme : lieue. ▷ CHEF-LIEU, LIEU-DIT, MILIEU, NON-LIEU.

② **lieu** n. m. [pl. *lieus*] Poisson qui vit près des côtes de l'océan Atlantique.

**lieu-dit** n. m. Lieu qui, à la campagne, porte un nom qui rappelle une particularité du paysage ou un événement qui s'y est passé. *Ils habitent le lieu-dit « les Trois-Fontaines ».* — **Au pl.** *Des lieux-dits.*

**lieue** n. f. Ancienne mesure de distance qui valait environ 4 kilomètres. *Le Petit Poucet a chaussé les bottes de sept lieues de l'Ogre.* — *J'étais à cent lieues d'imaginer cela,* je ne l'imaginais pas du tout. ◊ homonymes : ① et ② lieu.

**lieutenant** n. m. Officier dont le grade est juste au-dessous de celui de capitaine.

▸ **lieutenant-colonel** n. m. Officier dont le grade est juste au-dessous de celui de colonel. — **Au pl.** *Des lieutenants-colonels.*

**lièvre** n. m. Animal rongeur qui ressemble au lapin et vit en liberté. *La fe-*

*melle du lièvre s'appelle la hase et ses petits, les levrauts. — Il ne faut pas courir deux lièvres à la fois,* essayer d'atteindre deux buts en même temps. ▷ BEC-DE-LIÈVRE.

**ligament** **n. m.** Ensemble de fibres qui relient les os d'une articulation. *Il s'est distendu un ligament du genou en sautant.*

**ligaturer** **v.** (conjug. 1) Serrer, fixer avec un lien spécial. *Le chirurgien a ligaturé une artère.*

**ligne** **n. f. 1.** Trait continu, allongé et fin. *Elle trace des lignes sur le sol pour jouer à la marelle.* **2.** Trait qui sépare. *Le coureur a franchi la ligne d'arrivée.* **3.** Forme d'un objet ou du corps d'une personne. *Cette voiture a une belle ligne. Elle mange très peu, elle fait attention à sa ligne,* elle veut rester mince. **4.** Trajet emprunté par un autobus, un métro, un train, un avion. *La ligne de métro n$^o$ 4 est fermée. Il est pilote de ligne.* **5.** Fil de nylon muni d'un hameçon. *Il aime beaucoup la pêche à la ligne.* **6.** Fils ou câbles conduisant l'électricité. *Il a deux lignes téléphoniques.* **7.** *Il s'est trompé sur toute la ligne,* il s'est complètement trompé. **8.** Suite de mots disposés, dans une page, sur une ligne horizontale. *Elle a lu le texte de la première à la dernière ligne,* entièrement. ▷ ALIGNEMENT, ALIGNER, INTERLIGNE, LIGNÉE, RECTILIGNE, SOULIGNER.

**lignée** **n. f.** Ensemble des descendants d'une personne. *Il est le dernier d'une lignée de marins.*

**ligneux** **adj.** *Quand un arbrisseau pousse, sa tige devient ligneuse,* elle devient du bois.

**ligoter** **v.** (conjug. 1) *Les voleurs ont ligoté le gardien,* ils l'ont attaché solidement de manière à ce qu'il ne puisse plus se servir de ses bras ni de ses jambes.

**ligue** **n. f.** Association pour améliorer la condition physique ou morale de l'homme. *La Ligue des droits de l'homme se bat contre la torture.*

► se **liguer** **v.** (conjug. 1) S'unir contre quelqu'un ou quelque chose. *Ils se sont tous ligués contre leur camarade.*

**lilas** **n. m.** Arbuste aux fleurs en grappes très parfumées, violettes ou blanches.

**limace** **n. f.** Petit animal au corps mou, sans coquille, qui avance en rampant. *La limace est un mollusque.*

**limande** **n. f.** Poisson de mer ovale et plat, plus large que la sole.

**lime** **n. f.** Outil de métal qui sert à user en frottant. *Une lime à ongles.*

► **limer** **v.** (conjug. 1) User, polir avec une lime. *Elle se lime les ongles.* ▷ ÉLIMÉ.

**limier** **n. m. 1.** Grand chien que l'on utilise pour la chasse à courre. *Le limier cherche le gibier avant la chasse.* **2.** Personne qui suit une piste. *Sherlock Holmes est un fin limier.*

**limite** **n. f. 1.** Endroit où une étendue se termine. *La rivière marque la limite de la propriété.* **2.** Début ou fin d'une période. *N'attendez pas la dernière limite pour vous inscrire.* **3.** Point au-delà duquel on ne peut pas aller. *Il a nagé jusqu'à la limite de ses forces. Ma patience a des limites !* → **borne. 4.** *On peut, à la limite, y aller à pied,* au pire, à la rigueur.

► **limiter** v. (conjug. 1) Enfermer dans des limites. *En France, on a limité la vitesse sur les autoroutes à 130 km/h.* — *Elle n'a pas rangé sa chambre, elle s'est limitée à faire son lit,* elle a seulement fait son lit. → se **borner.**

► **limitation** n. f. *Il n'a pas respecté la limitation de vitesse,* la vitesse que l'on n'a pas le droit de dépasser sur la route. ▷ DÉLIMITER, ILLIMITÉ.

**limitrophe** adj. *La Suisse et l'Italie sont des pays limitrophes,* qui ont une frontière commune.

**limon** n. m. Mélange de sable, de fines particules calcaires et de débris végétaux et animaux qu'un cours d'eau dépose sur ses rives au moment des crues. → **alluvions.** *Le limon est très fertile.*

**limonade** n. f. Boisson gazeuse incolore faite d'eau légèrement sucrée et acidulée.

**limpide** adj. 1. Clair, transparent. *L'eau qui jaillit de la source est limpide.* ‖ contr. **trouble** ‖ 2. Facile à comprendre. *Cette explication est limpide.* → **clair.** ‖ contr. **obscur** ‖.

► **limpidité** n. f. 1. Clarté, transparence. *La limpidité de l'eau de source.* 2. *La limpidité d'une explication,* sa clarté.

**lin** n. m. Plante à fleurs bleues dont la graine est utilisée pour faire de l'huile et dont la tige sert à faire du fil. *Un pantalon en lin blanc,* en fil de lin. ▷ LINCEUL, LINOLÉUM.

**linceul** n. m. Grand morceau de tissu dans lequel on enveloppe les morts, pour les mettre en terre. *Après sa mort, le Christ a été mis dans un linceul.*

**linge** n. m. 1. *Le linge,* c'est l'ensemble des pièces de tissu qui servent dans une maison (draps, serviettes, nappes) ou les sous-vêtements et les vêtements en tissu léger (chemises, tee-shirts, chaussettes, etc.). *Il met son linge sale dans la machine à laver. Elle étend le linge sur le séchoir.* 2. En Suisse. *Un linge,* c'est une serviette de toilette. *Un linge de bain.*

► **lingerie** n. f. *La lingerie,* c'est l'ensemble des sous-vêtements et des vêtements de nuit des femmes. ▷ LAVE-LINGE, SÈCHE-LINGE.

**lingot** n. m. Masse de métal qui a la forme du moule dans lequel on l'a coulé. *Des lingots d'or.*

**linguistique** [lɛ̃gɥistik] n. f. Science qui étudie la langue (sens 3).

**linoléum** [linɔleɔm] n. m. Revêtement de sol imperméable. — Au pl. *Des linoléums.* — On dit familièrement *du lino.*

**linotte** n. f. Petit oiseau au plumage brun et rouge. — *Flora est une tête de linotte,* elle est très étourdie.

**linteau** n. m. *Le linteau d'une porte ou d'une fenêtre,* c'est la pièce horizontale de bois, de pierre ou de métal, qui forme la partie supérieure de l'ouverture et soutient la maçonnerie. — Au pl. *Des linteaux.*

**lion** n. m., **lionne** n. f. Grand animal carnivore à pelage fauve qui vit en Afrique et en Asie. ⋙ planche Félins. *Les lions ont une grande crinière alors que les lionnes n'en ont pas. Le lion rugit.*

► **lionceau** n. m. Petit du lion et de la lionne. *La lionne nourrit ses lionceaux.*

**liquéfier** v. (conjug. 7) *La chaleur du soleil a liquéfié le goudron,* l'a rendu liquide. — *Le beurre s'est liquéfié.* → **fondre.**

**liqueur** **n. f.** Boisson sucrée et aromatisée, à base d'alcool. *De la liqueur de cassis.*

**liquide** **adj.** et **n. m.**

▭ **adj. 1.** *Le beurre devient liquide quand on le chauffe,* il coule, il fond. → aussi se **liquéfier. 2.** *De l'argent liquide,* c'est de l'argent sous forme de pièces et de billets. *Il paie par chèque car il n'a pas assez d'argent liquide.*

▭ **n. m. 1.** *L'eau et le lait sont des liquides,* des corps qui s'écoulent. → aussi **fluide, gaz, solide. 2.** *Il va à la billetterie prendre du liquide,* de l'argent liquide.

**liquider** **v.** (conjug. 1) **1.** *Le marchand de vêtements liquide ses stocks,* il les vend à bas prix. **2.** Familier. *Les bandits ont liquidé le chauffeur car il en savait trop,* ils l'ont tué pour s'en débarrasser. → **éliminer.**

► **liquidation** **n. f. 1.** Vente au rabais. *Sur la vitrine, il y a écrit : « liquidation avant travaux ».* **2.** Familier. *Les bandits ont procédé à la liquidation d'un témoin gênant,* ils l'ont tué pour s'en débarrasser.

① **lire** **v.** (conjug. 43) **1.** Suivre des yeux ce qui est écrit en le comprenant. *Cette petite fille ne sait pas encore lire.* → aussi **lecture. 2.** *J'ai lu ta lettre,* j'ai pris connaissance de ce qu'il y avait dedans. **3.** Dire à haute voix un texte écrit. *Elle lit une histoire à ses enfants.* **4.** *La peur se lisait dans ses yeux,* on voyait dans ses yeux des signes indiquant qu'il avait peur. ◊ homonyme : lyre. ▷ ILLISIBLE, LISIBLE, LISIBLEMENT, RELIRE.

② **lire** **n. f.** Monnaie italienne. *Ce gâteau coûte mille lires.*

**lis** **n. m.** Grande fleur blanche très parfumée, à tige très droite. *La fleur de lis était l'emblème des rois de France.* — On écrit aussi *lys.* ◊ homonyme : lisse.

**lis**

**liseré** [lizʀe] **n. m.** Ruban étroit que l'on coud au bord d'un vêtement.

**liseron** **n. m.** Plante grimpante à fleurs blanches en forme d'entonnoir. ⋙ planche Plantes.

**lisible** **adj.** *Il a une écriture très lisible,* facile à lire. ‖ contr. **illisible** ‖.

► **lisiblement** **adv.** *Écris lisiblement !* d'une manière lisible.

**lisière** **n. f. 1.** Bord, limite d'un terrain. *Les sangliers viennent rôder à la lisière de la forêt, le soir.* → **orée. 2.** Bordure limitant un tissu, de chaque côté, dans le sens de la longueur. *Le tissu ne s'effiloche pas du côté de la lisière.*

**lisse** **adj.** *Il a la peau du visage toute lisse quand il vient de se raser,* unie, sans rien qui dépasse quand on la touche. ‖ contr. **rugueux** ‖ ◊ homonyme : lis.

► **lisser** **v.** (conjug. 1) Rendre lisse. *L'oiseau lisse ses plumes avec son bec.*

**liste** **n. f.** Suite de mots inscrits les uns au-dessous des autres. *Elle a fait la liste de ce qu'elle devait acheter.*

**lit** **n. m. 1.** Meuble sur lequel on se couche pour dormir. *Allez, les enfants, au lit !* allez vous coucher ! *Anne est toujours de mauvaise humeur au saut du lit,* au réveil. *Flora fait son lit avant de partir pour l'école,* elle remet les draps et les couvertures comme il faut. **2.** Creux du sol dans lequel coule un cours d'eau. *À la fonte des neiges, le torrent est sorti de son lit.* ◊ homonyme : lie.

▶ **literie** **n. f.** Ensemble des objets qui garnissent un lit (matelas, oreiller, draps, couverture...). ▷ S'ALITER, COUVRE-LIT, DESSUS-DE-LIT, LITIÈRE, WAGON-LIT.

**lithographie** **n. f.** Reproduction d'un dessin. *Il y a deux lithographies accrochées au mur du salon.* — On dit familièrement *une litho.*

**litière** **n. f. 1.** Paille que l'on répand sur le sol d'une écurie ou d'une étable pour que les animaux puissent s'y coucher. *Le fermier change la litière des vaches.* **2.** Sorte de sable dans lequel les chats font leurs besoins. *Il a acheté de la litière pour son chat.*

**litige** **n. m.** Désaccord entre deux personnes qui veulent conclure une affaire. *Le tribunal a arbitré le litige.*

▶ **litigieux** **adj.** *Une affaire litigieuse,* c'est une affaire qui provoque un désaccord.

**litre** **n. m. 1.** Unité de mesure de capacité pour les liquides. *Le réservoir contient vingt litres* (20 l) *d'essence.* **2.** Contenu d'une bouteille d'un litre. *Elle a bu un litre d'eau.* ▷ CENTILITRE, DÉCALITRE, DÉCILITRE, HECTOLITRE.

**littéraire** **adj.** *Il écoute une émission littéraire à la radio,* qui parle de littérature, de livres. *Elle fait des études littéraires,* elle fait des études de lettres.

**littérature** **n. f.** *La littérature,* c'est l'ensemble des œuvres des écrivains. *Les pièces de Molière comptent parmi les grandes œuvres de la littérature française.*

**littoral** **n. m.** [pl. *littoraux*] Bord de mer, côte. *Les orangers poussent sur le littoral méditerranéen.*

**livide** **adj.** Extrêmement pâle. *Elle était livide de peur.* → **blême.**

**living** [liviŋ] **n. m.** Ce mot vient de l'anglais. Pièce de séjour qui sert à la fois de salle à manger et de salon. — **Au pl.** *Des livings.*

**livraison** **n. f.** *Il attend la livraison de son nouveau congélateur,* il attend que les employés du magasin lui apportent à domicile le congélateur qu'il vient d'acheter. → aussi **livrer, livreur.**

① **livre** **n. m. 1.** Assemblage de feuilles imprimées réunies par une couverture. → fam. **bouquin.** *Alex lit un livre passionnant. Elle achète des livres anciens. J'ai perdu mon livre d'histoire.* **2.** *La caissière inscrit les dépenses dans son livre de comptes,* dans un gros cahier. → **registre.** ▷ LIVRET.

② **livre** **n. f.** Un demi-kilogramme ou cinq cents grammes. *Une livre d'abricots.*

③ **livre** **n. f.** Monnaie de la Grande-Bretagne et d'autres pays (Égypte, Liban, Chypre, Turquie, etc.).

**livrée** **n. f.** Uniforme que portent les domestiques dans certaines maisons. *Les laquais du roi avaient une livrée bleue.*

**livrer** v. (conjug. 1) **1.** *Demain, on doit lui livrer un réfrigérateur,* lui apporter à domicile le réfrigérateur qu'il a acheté. **2.** Remettre entre les mains de quelqu'un. *Les policiers ont livré le voleur à la justice. — Le meurtrier s'est livré à la police,* il s'est rendu. **3.** Dénoncer. *Il n'a pas voulu livrer ses complices.* → **donner. 4.** *Julie a livré son secret à Yves,* elle le lui a confié. → **dévoiler.** — *Anne ne se livre pas facilement,* elle ne se confie pas facilement.
▷ DÉLIVRANCE, DÉLIVRER, LIVRAISON, LIVREUR.

**livret** n. m. **1.** Petit livre mince. → **carnet.** *Un livret scolaire,* c'est un carnet où les professeurs inscrivent les notes et les appréciations. *Un livret de famille,* c'est un livre mince où sont inscrites les dates de naissance, de mariage et de mort de chaque membre d'une famille. **2.** *Le livret d'un opéra,* c'est le texte sur lequel a été écrite la musique.

**livreur** n. m., **livreuse** n. f. Personne qui apporte à domicile une marchandise que l'on a achetée.

**lobe** n. m. *Le lobe de l'oreille,* c'est le petit bout arrondi et charnu, au bas de l'oreille.

**local** adj. et n. m.
▭ adj. **1.** *Quand il est en province, il lit les journaux locaux,* de la région. **2.** *On lui a fait une anesthésie locale pour lui enlever une verrue,* une anesthésie à l'endroit où était la verrue.
▭ n. m. [pl. *locaux*] Pièce où l'on peut s'installer pour travailler. *Il cherche un local pour développer ses photos.*

▸ **localement** adv. *Demain le temps sera localement brumeux,* il sera brumeux dans certains endroits.

▸ **localiser** v. (conjug. 1) **1.** Déterminer l'endroit précis où se trouve quelque chose. *La tour de contrôle a localisé l'avion ennemi.* **2.** *L'infection s'est localisée dans le rein,* elle est uniquement dans le rein. ‖ contr. se **généraliser** ‖.

▸ **localité** n. f. Petite ville, village. *Il est né dans une localité du Poitou.*

**locataire** n. m. et f. Personne qui paie un loyer pour habiter dans un logement. → aussi ② **louer** et **propriétaire.**

**location** n. f. **1.** *Ils ont trouvé une maison en location pour les vacances,* une maison qu'ils vont louer. *Il a une voiture de location,* une voiture qu'il a louée. **2.** *Le bureau de location du théâtre ouvre à 11 heures,* le bureau où l'on réserve les places à l'avance.

**locomotion** n. f. *L'avion, le train, la voiture et la bicyclette sont des moyens de locomotion,* des moyens qui servent à se déplacer. → **transport.**

**locomotive** n. f. Machine qui tire les trains. → aussi **motrice.**

**locution** n. f. *Une locution,* c'est un groupe de mots toujours employés ensemble. « *Prendre garde* » *est une locution verbale.*

**loden** [lɔdɛn] n. m. Manteau en tissu de laine épais et imperméable. — **Au pl.** *Des lodens.*

**loge** n. f. **1.** Petit appartement, au rez-de-chaussée d'un immeuble, où vit le gardien. *Le facteur a déposé le courrier dans la loge.* **2.** Petite pièce où les artistes changent de costume, se maquillent et se reposent, dans les coulisses d'une salle de spectacle. *Des admirateurs sont venus féliciter la chanteuse dans sa loge.* **3.** Compartiment contenant plusieurs sièges, dans une salle de spectacle. *Une loge de balcon. — Quand l'incendie s'est déclaré, elle était aux premières loges,* bien placée pour le voir. ▷ DÉLOGER, LOGEMENT, LOGER, LOGEUR, LOGGIA, LOGIS.

**logement** **n. m.** Endroit où l'on habite. *Un logement de quatre pièces.* → **appartement.**

**loger** **v.** (conjug. 3) **1.** Habiter. *Ils logent à six dans cet appartement.* → **vivre. 2.** *Il a du mal à se loger,* à trouver un logement. **3.** Abriter, héberger. *Ils ont logé un ami pour la nuit.* **4.** Faire entrer, faire pénétrer. *Il lui a logé une balle dans le cœur. — La flèche est venue se loger dans le tronc d'arbre.*

▸ **logeur** **n. m., logeuse** **n. f.** Personne qui loue des chambres meublées.

**loggia** [lɔdʒja] **n. f.** Balcon couvert. *On a déjeuné dans la loggia.*

**logiciel** **n. m.** Programme d'ordinateur.

**logique** **adj.** et **n. f.**

▭ **adj. 1.** Conforme au bon sens, à la raison. *Ton raisonnement est logique.* → **cohérent. 2.** Qui raisonne avec justesse. *Vous n'êtes pas logique, si vous n'aimez pas cette voiture, achetez-en une autre plutôt que de reprendre la même !*

▭ **n. f.** Manière de raisonner juste, bon sens. *C'est dans la logique des choses.* ▷ ILLOGIQUE, LOGICIEL.

**logis** **n. m.** Endroit où l'on habite. → **demeure, maison.** *Il a quitté le logis familial.*

**loi** **n. f. 1.** *La loi,* c'est l'ensemble des règles établies par la société qui indiquent ce qui est autorisé et ce qui est interdit. *Porter une arme sur soi, sans autorisation, est interdit par la loi.* → aussi **légal. 2.** Règle établie par le Parlement, que tout le monde doit respecter. *Ce sont les députés et les sénateurs qui votent les lois.* **3.** Règle qui permet d'expliquer des phénomènes naturels. *Newton a découvert la loi de la pesanteur.* ▷ DÉLOYAL, HORS-LA-LOI, LOYAL, LOYALEMENT, LOYAUTÉ.

**loin** **adv. 1.** À une grande distance de l'endroit où l'on est. *Il travaille loin de chez lui.* ‖ contr. **près** ‖ *On aperçoit au loin des sommets couverts de neige,* dans le lointain. **2.** À une grande distance dans le temps. *L'été est encore loin. Il n'est pas loin de minuit,* il est presque minuit. **3.** *Il n'est pas bête, loin de là !* au contraire. **4.** *Ce garçon ira loin, je vous le dis !* il réussira. **5.** *Cette affaire peut vous mener loin,* avoir de graves conséquences. **6.** *Elle a échappé à un grave accident, elle revient de loin,* elle a couru un grand danger.

**lointain** **adj.** et **n. m.**

▭ **adj. 1.** Qui est à une grande distance. *Il est parti dans un pays lointain.* → **éloigné.** ‖ contr. **proche, voisin** ‖ **2.** Vague. *Il n'y a qu'une ressemblance lointaine entre les deux sœurs.*

▭ **n. m.** *On distingue la maison, là-bas, dans le lointain,* au loin.

**loir** **n. m.** Petit animal rongeur, à poil gris et à queue touffue. — *Flora dort comme un loir,* elle dort profondément. ⋙ illustration p. 598.

**loisir** **n. m. 1.** Temps que l'on a pour faire facilement quelque chose. *Elle n'a pas le loisir de lire, elle a trop de travail.* **2.** *Il a beaucoup de loisirs,* de

loir

moments libres pendant lesquels il peut se distraire. 3. *Le football et la natation sont ses loisirs préférés,* ses distractions préférées.

**lombaire** adj. Situé dans le bas du dos. *Il a des douleurs lombaires.* → aussi **lumbago.**

**long** adj., n. m. et adv.
▭ adj. 1. Grand dans la longueur. *Il a un long nez.* 2. Dont la grande dimension est importante par rapport aux autres dimensions. *La mariée était en robe longue.* ‖ contr. **court** ‖ 3. *Cette voiture est longue de trois mètres,* elle a trois mètres de long. 4. Qui dure longtemps. *Elle resta un long moment sans rien dire.* ‖ contr. **bref** ‖ 5. *Le feu est long à s'éteindre,* lent à s'éteindre.
▭ n. m. Longueur. *La table a 2 mètres de long et 1 mètre de large. Anne court le long de la rivière. Il est tombé de tout son long,* allongé par terre.
▭ adv. 1. Beaucoup. *Il en sait long sur cette affaire.* 2. *À la longue, elle s'est habituée à vivre seule,* avec le temps, petit à petit. ▷ ALLONGER, LONGER, LONGÉVITÉ, LONGITUDE, LONGTEMPS, LONGUEMENT, LONGUEUR, LONGUE-VUE, PROLONGATION, PROLONGEMENT, PROLONGER, RALLONGE, RALLONGER.

**longer** v. (conjug. 3) *Alex longe la rivière,* il marche le long de la rivière. *La route longe la mer,* elle suit le bord de la mer.

**longévité** n. f. Longue durée de vie. *Les carpes ont une très grande longévité.*

**longitude** n. f. Distance qui sépare un point du globe terrestre d'une ligne imaginaire qui va du pôle Nord au pôle Sud en passant par la ville anglaise de Greenwich. *Paris est à 48° 52' de latitude nord et 2° 20' de longitude est.* → aussi **méridien.**

**longtemps** adv. et n. m.
▭ adv. Pendant un long moment. *Je t'ai attendu longtemps.* → **longuement.**
▭ n. m. 1. *Il est parti depuis longtemps,* depuis un long moment. *Attends-moi, je n'en ai pas pour longtemps.* 2. *Elle est déjà venue ici il y a longtemps. Voilà bien longtemps que je ne l'ai pas vu.*

**longuement** adv. Pendant un long moment. *Nous avons longuement parlé ensemble.* → **longtemps.** ‖ contr. **brièvement** ‖.

**longueur** n. f. 1. Dimension la plus longue. → aussi **largeur.** *Le tuyau d'arrosage a 20 mètres de longueur,* de long. 2. *Elle travaille à longueur de journée,* toute la journée sans s'arrêter. 3. Durée trop longue. *La longueur de l'attente l'a épuisé.* 4. *Ce film est intéressant mais il y a des longueurs,* des passages trop longs.

**longue-vue** n. f. Instrument en forme de tube qui grossit les objets et permet de voir très loin. → aussi **jumelles.** — Au pl. *Des longues-vues.*

**looping** [lupiŋ] n. m. Acrobatie qui consiste à faire une boucle dans le ciel avec un avion. *L'avion faisait des loopings au-dessus de la foule.*

**lopin** **n. m.** Petit morceau de terrain. *Il cultive un lopin de terre derrière sa maison.*

**loquace** **adj.** Qui parle beaucoup. → **bavard.** *Ton ami n'est pas loquace.*

**loque** **n. f.** *Ce pantalon tombe en loques, il faut le jeter,* il est très usé, il tombe en morceaux.

**loquet** **n. m.** Petite tige de métal mobile qui sert à fermer une porte. *Il a abaissé le loquet.* → aussi **targette, verrou.**

**lorgner** **v.** (conjug. 1) Regarder quelque chose avec envie. *Yves lorgne le morceau de gâteau qui reste.* → **guigner ;** fam. **loucher.**

▶ **lorgnon** **n. m.** Paire de lunettes sans branches qui tient sur le nez grâce à un ressort. *Au début du 20e siècle, on portait un lorgnon.*

**loriot** **n. m.** Petit oiseau au plumage jaune et noir qui vit dans les régions tempérées et tropicales.

**lors** **adv.** *Ils se sont connus lors d'un voyage en Italie,* au moment où ils faisaient ce voyage. → aussi **depuis** lors.

▶ **lorsque** **conjonction.** Quand. *Lorsque tu auras fini ce livre, tu me le prêteras. J'allais sortir lorsqu'il a téléphoné,* au moment où il a téléphoné.
▷ ALORS, ALORS QUE.

**losange** **n. m.** Figure géométrique à quatre côtés égaux dont les angles ne sont pas forcément droits.

① **lot** **n. m.** Argent ou objet que l'on gagne dans une loterie. *Il a gagné le gros lot,* le lot le plus important.

▶ **loterie** **n. f.** Jeu de hasard où l'on distribue des billets numérotés et où des lots sont donnés à ceux qui sont désignés par le sort. *Il a acheté un billet de loterie.* → **tombola.**

② **lot** **n. m. 1.** Partie d'une chose que l'on a partagée. *Pour vendre son terrain, le propriétaire l'a divisé en lots.* → **parcelle, portion. 2.** Paquet de marchandises de la même sorte. *Elle a donné un lot de vêtements à la Croix-Rouge.*

▶ **lotir** **v.** (conjug. 2) Partager en lots. *Il a loti son terrain.*

▶ **lotissement** **n. m.** Grand terrain divisé en parcelles que l'on vend pour y construire des maisons. *Les deux frères ont acheté des terrains dans le même lotissement au bord de la mer.*

**lotion** **n. f.** Liquide utilisé pour rafraîchir ou soigner le visage, le corps, les cheveux. *Après s'être rasé, il se met une lotion sur les joues.*

**loto** **n. m. 1.** Jeu de société où l'on tire des numéros au hasard avec lesquels il faut remplir le plus vite possible une carte portant les numéros correspondants. *Ils font une partie de loto.* — Dans beaucoup de pays, ce jeu s'appelle *le bingo.* **2.** Sorte de loterie organisée par l'État, en France. *La télévision donne les résultats du loto.*

**lotte** **n. f.** Poisson dont le corps est presque cylindrique et la peau épaisse, gluante et couverte d'écailles. *Il mange de la lotte à l'américaine.*

**lotus** **n. m.** Plante à fleurs blanches ou bleues qui ressemble au nénuphar.

**louable** **adj.** Qui mérite d'être loué. *Il a fait de louables efforts pour ranger ses affaires.* → **méritoire.**

**louange** **n. f.** *À la suite de ce succès on l'a couvert de louanges,* de compliments, de félicitations. → aussi **éloge.** || contr. **critique** ||.

① **louche** **adj.** Pas clair et malhonnête. *Cette affaire est louche.* → **suspect, trouble.** *Cet individu a l'air louche,* bizarre et inquiétant.

② **louche** **n. f.** Grande cuillère à long manche destinée à servir la soupe.

**loucher** **v.** (conjug. 1) **1.** Avoir les deux yeux qui ne regardent pas dans la même direction. *Julie louche légèrement.* **2.** Familier. *Yves louche sur le dessert,* il le regarde avec insistance parce qu'il en a envie. → **guigner, lorgner.**

① **louer** **v.** (conjug. 1) **1.** Déclarer digne d'admiration, de grande estime. *On loue les pompiers pour leur courage.* → **féliciter.** || contr. **blâmer, critiquer** || **2.** *Je me loue d'avoir accepté son aide,* j'en suis très content. → se **féliciter.** || contr. se **repentir** ||. ▷ LOUABLE, LOUANGE.

② **louer** **v.** (conjug. 1) **1.** Donner en location. *Au mois d'août, elle a loué son appartement à des Américains,* elle leur a permis d'y habiter et, en échange, ils lui ont versé une somme d'argent. **2.** Prendre en location. *Il a loué un appartement à Limoges,* il y habite en payant un loyer au propriétaire. → aussi **locataire, location, loyer.** *Elle a loué une voiture.* **3.** Réserver en payant. *Elle a loué deux places de concert.* → **retenir.**

**louis** **n. m.** *Un louis d'or,* c'est une ancienne pièce d'or française.

**loup** **n. m. 1.** Animal sauvage à museau pointu qui ressemble à un gros chien et se nourrit de viande. *La femelle du loup s'appelle la louve. Les loups vivent en bande. — Alex a une faim de loup,* il a très faim. **2.** *Un vieux loup de mer,* c'est un marin qui a beaucoup d'expérience. **3.** Poisson argenté à chair délicieuse qui vit dans la Méditerranée. → ② **bar. 4.** Petit masque de satin ou de velours noir que l'on porte sur les yeux. ▷ CHIEN-LOUP, LOUP-GAROU, LOUVE, LOUVETEAU, VESSE-DE-LOUP.

**loupe** **n. f.** Instrument formé d'un verre bombé à travers lequel on voit les objets agrandis. *L'horloger examine le mécanisme de la montre avec une loupe.*

**loup-garou** **n. m.** Homme qui, selon la légende, se transforme en loup la nuit et erre dans la campagne. — **Au pl.** *Des loups-garous.*

**lourd** **adj.** et **adv.**

▭ **adj. 1.** Difficile à porter à cause de son poids. → **pesant.** *Ton cartable est très lourd.* || contr. **léger** || **2.** Difficile à supporter. *La directrice a de lourdes responsabilités.* → **écrasant. 3.** *Le temps est lourd, aujourd'hui,* chaud, orageux et oppressant. **4.** *J'ai mal dormi, ce dîner était trop lourd,* difficile à digérer. → **indigeste. 5.** *Luc a le sommeil lourd, le bruit ne le réveille pas,* il dort d'un sommeil profond. **6.** *Cette phrase est lourde de sous-entendus,* pleine, remplie de sous-entendus. **7.** *Elle a une silhouette lourde,* massive, trapue. **8.** *Il fait des plaisanteries un peu lourdes,* maladroites.

▭ **adv.** Beaucoup. *Cette valise pèse lourd.*

► **lourdaud** **adj.** Maladroit et lourd dans ses mouvements et sa conduite. *Anne est un peu lourdaude.* → **balourd.** — **N.** *C'est une lourdaude.*

► **lourdement** **adv.** Maladroitement. *Il a insisté lourdement pour res-*

*ter dîner. Tu te trompes lourdement,* beaucoup.

► **lourdeur** n. f. *Il a des lourdeurs d'estomac,* il a du mal à digérer.
▷ ALOURDIR, POIDS LOURD.

**loutre** n. f. Petit animal au pelage brun épais et court et aux pattes palmées, qui vit dans l'eau et sur la terre. *Les loutres se nourrissent de poissons, de grenouilles et d'oiseaux. Elle porte une veste de loutre,* en poils de loutre.

loutre

**louve** n. f. Femelle du loup. *La louve allaite ses louveteaux puis leur apprend à chasser.*

► **louveteau** n. m. 1. Petit du loup et de la louve. *La louve vient de mettre bas six louveteaux.* 2. Jeune scout de moins de douze ans.

**louvoyer** v. (conjug. 8) Naviguer en zigzag pour utiliser un vent qui vient de face. *Le voilier louvoie au plus près,* il remonte le vent.

se **lover** v. (conjug. 1) S'enrouler pour dormir. *Le chat s'est lové dans un fauteuil.* → se **pelotonner.**

**loyal** adj. *Julie est une amie loyale,* honnête et sincère, qui n'essaie pas de tricher. ‖ contr. **déloyal, hypocrite** ‖ — **Au masc. pl.** *loyaux.*

► **loyalement** adv. Honnêtement, sans tricher. *Les deux ennemis ont combattu loyalement.*

► **loyauté** n. f. Honnêteté, droiture. *Le chevalier a reconnu avec loyauté les mérites de son adversaire.*

**loyer** n. m. Somme d'argent que le locataire verse au propriétaire pour lui louer un appartement. *Il paie son loyer au début de chaque mois.*

**lubie** n. f. Idée, envie capricieuse, parfois un peu folle. → **caprice.** *Sa dernière lubie est d'avoir un boa chez lui.*

**lubrifier** v. (conjug. 7) *Il a lubrifié le moteur de la tondeuse,* il l'a graissé, huilé pour qu'il fonctionne mieux.

► **lubrifiant** n. m. Produit qui sert à graisser, à huiler. *L'huile est un lubrifiant.*

**lucarne** n. f. Petite fenêtre percée dans le toit d'une maison. *Il regarde les oiseaux par la lucarne du grenier.*

**lucide** adj. 1. *Anne est intelligente et très lucide,* elle voit clairement les choses qui se passent et les comprend. → **clairvoyant, perspicace.** 2. *Il est revenu de son évanouissement mais il n'est pas encore entièrement lucide,* il n'a pas l'esprit clair, il n'a pas toute sa tête. → **conscient.**

► **lucidité** n. f. 1. Qualité d'une personne qui voit clairement les choses et les comprend bien. *Elle a analysé la situation avec une grande lucidité.* 2.

Fonctionnement normal de l'esprit. *Le malade n'a plus toute sa lucidité.* → **raison.** ▷ EXTRA-LUCIDE.

**luciole** **n. f.** Insecte ailé et lumineux qui ressemble au ver luisant.

**lucratif** **adj.** Qui rapporte beaucoup d'argent. *Un travail lucratif.* — **Au fém.** *lucrative.*

**lueur** **n. f. 1.** Lumière faible. *Il essaie de lire à la lueur d'une bougie.* **2.** Éclat vif dans le regard. *Elle eut une lueur de colère dans les yeux.* → **éclair. 3.** Légère trace. *Il reste une lueur d'espoir.*

**luge** **n. f.** Petit traîneau utilisé pour glisser sur la neige.

**lugubre** **adj.** Très triste. *Il parle d'un ton lugubre.* → **sinistre.** ‖ contr. **gai** ‖.

**lui** **pronom personnel. 1.** Pronom personnel de la troisième personne du singulier masculin et féminin, complément. → aussi ① **leur.** *Le chat avait faim, je lui ai donné à manger,* à lui. *J'ai croisé Flora et je lui ai parlé,* à elle. **2.** Pronom personnel de la troisième personne du singulier masculin, sujet. *Yves, lui aussi, aime beaucoup le chocolat.* **3.** *Il a pris lui-même la décision de partir,* personnellement.

**luire** **v.** (conjug. 38) Briller. *Le soleil luit. Son front luisait de sueur.*

▶ **luisant** **adj. 1.** Brillant. *Le chien a le poil luisant.* **2.** *Un ver luisant,* c'est un insecte qui brille la nuit en émettant une lumière jaune-vert. — **Au pl.** *Des vers luisants.* ▷ LUEUR, RELUIRE, RELUISANT.

**lumbago** [lɔ̃bago] **n. m.** Douleur dans le bas du dos. *Elle a souvent des lumbagos.* → aussi **lombaire.**

**lumière** **n. f. 1.** Ce qui éclaire naturellement les objets. *Il n'y a pas beaucoup de lumière dans cette pièce.* → **clarté. 2.** Ce qui éclaire artificiellement les objets. *Allume la lumière, il fait sombre.* → **éclairage. 3.** *Le commissaire cherche à faire toute la lumière sur ce crime,* il cherche toutes les explications nécessaires pour le comprendre.

**luminaire** **n. m.** Appareil d'éclairage. *Les lampes, les lampadaires, les lustres et les spots sont des luminaires.*

**lumineux** **adj. 1.** Qui brille dans l'obscurité. *Ce réveil a des chiffres lumineux. Dans la nuit, on voit de loin l'enseigne lumineuse du cinéma.* **2.** Clair. *Cet appartement est très lumineux.*

▶ **luminosité** **n. f.** Clarté brillante. *Il aime la luminosité du ciel méditerranéen.* → **éclat.**

**lunatique** **adj.** *Flora est un peu lunatique,* son humeur change sans que l'on comprenne pourquoi. → **capricieux, fantasque.**

**lunch** [lœntʃ] ou [lœ̃ʃ] **n. m.** Ce mot vient de l'anglais. Repas léger. *Un lunch de mariage.* → **buffet, cocktail.** — **Au pl.** *Des lunchs* ou *des lunches.*

**lundi** **n. m.** Jour de la semaine entre le dimanche et le mardi. *Les enfants ont cours de dessin tous les lundis matin.*

**lune** **n. f.** Planète qui tourne autour de la Terre et reçoit sa lumière du Soleil. *Un croissant de lune brille dans le ciel. Ils se promènent au clair de lune,* dans la lumière qu'elle envoie sur la

Terre la nuit quand elle brille. *La fusée a atterri sur la Lune,* a aluni. — *Yves est souvent dans la lune,* distrait, rêveur. *Il ne faut pas demander la lune,* des choses impossibles.

► **lunaire** **adj.** De la Lune. *Le sol lunaire.*

► **luné** **adj.** Familier. *Bien luné, mal luné,* de bonne humeur, de mauvaise humeur. *Julie est mal lunée aujourd'hui.* ▷ ALUNIR, ALUNISSAGE, LUNATIQUE.

**lunette** **n. f. 1.** *Les lunettes,* ce sont deux verres mis sur une monture munie de branches que l'on place devant les yeux pour mieux voir ou se protéger les yeux. *Luc porte des lunettes. Elle a deux paires de lunettes de soleil.* **2.** *Une lunette,* c'est un instrument d'optique qui permet de voir des objets très éloignés. *On observe les étoiles avec une lunette astronomique.* → **télescope** et aussi **jumelles, longue-vue.**

il y a belle **lurette** **adv.** Familier. Très longtemps. *Il y a belle lurette que les automobiles ont remplacé les voitures à chevaux.*

**luron** **n. m.**, **luronne** **n. f.** *Mon voisin est un joyeux luron,* un homme gai qui aime bien la vie.

**lustre** **n. m.** Appareil d'éclairage à plusieurs lampes que l'on suspend au plafond.

**lustrer** **v.** (conjug. 1) **1.** Rendre brillant, luisant. *Le chat lustre son poil en le léchant.* **2.** Rendre brillant par le frottement. *L'usure a lustré son pantalon.*

**luth** **n. m.** Ancien instrument de musique à cordes. *Au 16e siècle, les poètes récitaient leurs poèmes en s'accompagnant au luth.* ◊ homonyme : lutte.

**luth**

► **luthier** **n. m.** Artisan qui fabrique des instruments de musique à cordes. *Le luthier répare les violons, les guitares et les contrebasses.*

**lutin** **n. m.** Petit personnage imaginaire, espiègle et malicieux. → **farfadet, gnome.** *Les lutins portent un bonnet pointu.*

**lutte** **n. f. 1.** Sport consistant à renverser l'adversaire et à le maintenir à terre. **2.** Combat entre deux adversaires. *Les rebelles ont abandonné la lutte.* → **bataille, guerre. 3.** Action, effort énergique. *Les chercheurs poursuivent leur lutte contre le cancer.* ◊ homonyme : luth.

► **lutter** **v.** (conjug. 1) **1.** Combattre à la lutte. *Les deux athlètes luttent corps à corps.* **2.** *Les médecins luttent contre le sida,* ils s'efforcent de le vaincre.

► **lutteur** **n. m.**, **lutteuse** **n. f. 1.** Athlète qui pratique la lutte. *Cet homme a des épaules de lutteur.* **2.** Personne énergique qui aime se battre contre les choses. *Il a un tempérament de lutteur.*

**luxation** **n. f.** Déplacement d'un os hors de son articulation. *Il s'est fait une luxation de l'épaule.*

**luxe** **n. m. 1.** Manière de vivre d'une personne qui aime s'entourer de choses très chères ou qui ne sont pas nécessaires. *Elle aime le luxe. Ils sont descendus dans un hôtel de grand luxe,* un bel hôtel où l'on est très bien servi et qui coûte très cher. **2.** *Elle s'est payé le luxe de lui dire ses quatre vérités,* elle s'est permis de le faire et cela lui a été très agréable.

▸ **luxueux** **adj.** *Leur salle de bains est luxueuse,* magnifique. → **fastueux, somptueux.** || contr. **simple** ||.

**luxer** **v.** (conjug. 1) *Flora s'est luxé l'épaule,* l'os de l'épaule est sorti de sa place normale. → ② **déboîter, démettre.** ▷ LUXATION.

**luxuriant** **adj.** *La forêt vierge a une végétation luxuriante,* une végétation composée de plantes et d'arbres très nombreux et très serrés, qui poussent très haut. → **exubérant, touffu.**

**luzerne** **n. f.** Plante à petites fleurs violettes qui sert de nourriture à certains animaux.

**lycée** **n. m.** Établissement scolaire où les élèves font leurs études de la seconde à la terminale. *Elle est en terminale au lycée Faidherbe.*

▸ **lycéen** **n. m.**, **lycéenne** **n. f.** Élève d'un lycée.

**lymphatique** **adj.** Mou et lent. *Un adolescent lymphatique.* → **indolent.** || contr. **actif, énergique** ||.

**lymphe** **n. f.** Liquide incolore qui est dans le corps. *La lymphe nourrit les cellules.*

**lyncher** **v.** (conjug. 1) *La foule en colère a voulu lyncher l'assassin,* le tuer sans qu'il ait été jugé.

**lynx** **n. m.** Animal sauvage à oreilles pointues garnies d'un pinceau de poils, qui ressemble à un gros chat. ⋙ planche Félins. — *Yves a des yeux de lynx,* une très bonne vue, une vue perçante.

**lyre** **n. f.** Ancien instrument de musique à cordes. *Les poètes grecs de l'Antiquité récitaient leurs poèmes en s'accompagnant à la lyre.* ◊ homonymes : ① et ② lire.

▸ **lyrique** **adj. 1.** Plein d'enthousiasme et d'émotion. *Il est lyrique quand il parle de sa jeunesse.* **2.** *Un artiste lyrique,* c'est un chanteur ou une chanteuse d'opéra ou d'opérette.

**lys** → **lis**

# M

**m'** → **me, moi**

**ma** → **mon**

**macabre** **adj.** *Il a raconté des histoires macabres,* où il est question de la mort, de cadavres.

**macadam** [makadam] **n. m.** Revêtement de route fait de pierres concassées et de sable tassé au rouleau compresseur. *Le macadam est recouvert de goudron.*

**macaque** **n. m.** Singe d'Asie au corps trapu et au museau proéminent.

**macaron** **n. m. 1.** Gâteau sec, rond, fait avec de la poudre d'amandes et du blanc d'œuf. *Des macarons au chocolat.* **2.** Natte de cheveux roulée sur l'oreille. *Elle portait des macarons.*

**macaroni** **n. m.** *Des macaronis,* ce sont des pâtes en forme de tube. *Elle mange un gratin de macaronis.*

**macédoine** **n. f. 1.** *De la macédoine de légumes,* c'est un plat composé d'un mélange de légumes cuits coupés en morceaux. → **jardinière. 2.** *De la macédoine de fruits,* c'est un dessert composé de fruits divers coupés en petits morceaux et servis dans un sirop. → **salade.**

**macérer** **v.** (conjug. 6) Tremper longtemps dans un liquide. *Elle fait macérer des cerises dans de l'eau-de-vie.*

**mâche** **n. f.** Plante à petites feuilles allongées qui se mange en salade.

**mâcher** **v.** (conjug. 1) **1.** Écraser avec ses dents avant d'avaler. *Mâche bien ta viande !* → **mastiquer. 2.** Triturer longuement dans sa bouche sans avaler. *Il mâche du chewing-gum.* **3.** *Elle n'a pas mâché ses mots,* elle a dit franchement ce qu'elle pensait. ▷ MÂCHOIRE, MÂCHONNER, REMÂCHER.

**machette** **n. f.** Grand couteau à lame épaisse servant à couper les branches, utilisé surtout dans les pays tropicaux. ⋙ illustration p. 606.

**machiavélique** [makjavelik] **adj.** Rusé, perfide et calculateur. *Une manœuvre machiavélique.*

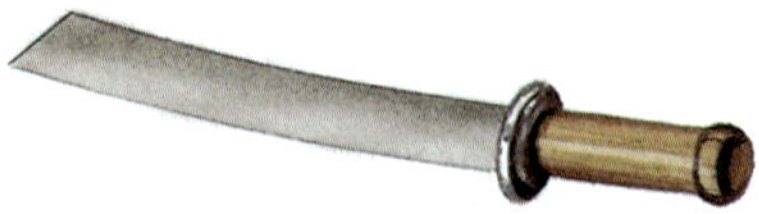
machette

**mâchicoulis** n. m. Balcon percé d'ouvertures au sommet des murailles ou des tours des châteaux forts. *On lançait des projectiles du haut des mâchicoulis.*

**machin** n. m. Familier. Objet dont on ignore le nom. → **chose, truc.** *Qu'est-ce que c'est que ce machin ?*

**machinal** adj. *Quand je pars, j'éteins la lampe d'un geste machinal,* d'un geste que je fais sans y penser, sans réfléchir, comme si j'étais une machine. → **automatique, mécanique.** ‖ contr. **volontaire** ‖ — **Au masc. pl.** *machinaux.*

▸ **machinalement** adv. D'une façon machinale. *Il a fermé machinalement la porte.* → **automatiquement, mécaniquement.**

**machination** n. f. Ensemble de manœuvres secrètes destinées à nuire à quelqu'un. *Il a été victime d'une machination.* → **complot, intrigue.**

**machine** n. f. Appareil qui transforme l'énergie pour produire un travail. *À la ferme, il y a des machines agricoles. Elle a mis en marche la machine à laver. La secrétaire tape une lettre à la machine,* à la machine à écrire. *Le commandant est descendu dans la salle des machines,* dans la salle où se trouvent les machines qui font avancer un navire.

▸ **machinerie** n. f. Ensemble de machines. *Pour changer les décors au théâtre, il faut une machinerie très complexe.*

▸ **machinisme** n. m. Emploi généralisé de machines dans les usines. *Au 20ᵉ siècle, le machinisme a transformé l'industrie.*

▸ **machiniste** n. m. et f. Personne qui s'occupe des changements de décors, des trucages, au théâtre et au cinéma. ▷ MACHIN, MACHINAL, MACHINALEMENT, MACHINATION.

**macho** [matʃo] n. m. Homme qui pense que les hommes sont supérieurs aux femmes et veut les dominer. *Son mari est un vrai macho.*

**mâchoire** n. f. **1.** Chacun des deux os de la bouche, en forme d'arc, dans lesquels sont implantées les dents. *La mâchoire supérieure est fixe et la mâchoire inférieure est mobile.* → **maxillaire. 2.** Chacune des pièces d'un outil qui, en se rapprochant, peuvent serrer un objet. *Les mâchoires d'un étau.*

**mâchonner** v. (conjug. 1) Mâcher longuement ou mordre à petits coups, machinalement. *Il mâchonnait le bout de son crayon.* → **mordiller.**

**maçon** n. m. Ouvrier qui construit des maisons.

▸ **maçonnerie** n. f. **1.** Travaux de construction d'un édifice. *Les ouvriers d'une entreprise de maçonnerie creusent les fondations de l'immeuble.* **2.** Partie de la construction faite par le maçon avec des pierres ou des briques assemblées par du ciment ou du béton. *La maçonnerie du garage est solide.*

**maculé** adj. Couvert de taches, sali. *Les chaussures d'Alex sont maculées de boue.*

**madame** n. f. [pl. *mesdames*] **1.** Nom donné à une femme qui est mariée ou qui a été mariée. « *Au revoir, mesdames* », *dit la vendeuse aux deux clientes qui sortent du magasin.* « *Chère madame* », *écrit Yves à son professeur de piano. Cette lettre est adressée à Madame Brun (Mme Brun).* **2.** Titre donné par respect à certaines femmes mariées ou pas. *Voici Madame la Directrice.*

**madeleine** n. f. Petit gâteau bombé à pâte moelleuse, cuit dans un moule en forme de coquille. *Il trempe une madeleine dans son thé.*

**mademoiselle** n. f. [pl. *mesdemoiselles*] Nom donné aux jeunes filles et aux femmes non mariées. « *Bonjour mesdemoiselles* », *dit le boulanger à Anne et à Flora. Ce paquet est adressé à Mademoiselle Mangin (Mlle Mangin).*

**madrier** n. m. Poutre très épaisse. *Des madriers de chêne soutiennent le toit de la grange.*

**maestria** [maɛstrija] n. f. Maîtrise, aisance et perfection dans l'exécution d'une œuvre d'art ou d'un exercice. *Le violoniste a joué ce concerto avec maestria.* → **brio, virtuosité.**

**maffia** n. f. Groupe secret dont les membres prennent des places importantes dans la société et s'enrichissent par des moyens interdits par la loi. *La maffia de la drogue.* — On écrit aussi *mafia.*

**magasin** n. m. **1.** Endroit où l'on vend des marchandises. → **boutique.** *Il y a un magasin d'alimentation en face de l'école.* → aussi **libre-service, hypermarché, supermarché.** *Flora regarde les poupées dans la vitrine du magasin de jouets.* **2.** *Il est allé faire des courses dans un grand magasin,* un magasin sur plusieurs étages où l'on peut acheter toutes sortes de choses. **3.** Endroit où sont stockées des marchandises. *Nous n'avons plus cet article en magasin.* → **entrepôt, réserve.** ▷ EMMAGASINER.

**magazine** n. m. **1.** Journal généralement illustré. → **revue.** *En attendant son tour, chez le dentiste, elle lit un magazine.* **2.** Émission régulière de radio ou de télévision sur un sujet particulier. *Il regarde un magazine littéraire à la télévision.*

**mage** n. m. et adj. **1.** n. m. Personne qui pratique les sciences occultes, la magie. → **devin, sorcier.** **2.** adj. *Les Rois mages,* ce sont les personnages qui, selon l'Évangile, guidés par une étoile, vinrent adorer Jésus dans sa crèche. *Les Rois mages s'appelaient Gaspard, Melchior et Balthazar.*

▶ **magie** n. f. Art de faire des choses qui semblent inexplicables, avec des paroles et des gestes mystérieux. *Les alchimistes du Moyen Âge utilisaient la magie pour essayer de fabriquer de l'or.* → **sorcellerie.** *Le magicien fait des tours de magie.*

▶ **magique** adj. *La fée transforma la citrouille en carrosse d'un coup de baguette magique,* avec une baguette qui a des pouvoirs extraordinaires.

▶ **magicien** n. m., **magicienne** n. f. Personne qui fait des tours de magie. *Le magicien a fait sortir des tourterelles de son chapeau.* → aussi **illusionniste, prestidigitateur.**

**magistral** adj. *Ce financier a réussi un coup magistral,* un coup de maître, un très beau coup. — Au masc. pl. *magistraux.*

**magistrat** n. m. Fonctionnaire chargé de rendre la justice. *Les juges sont des magistrats.*
▸ **magistrature** n. f. *Il fait carrière dans la magistrature,* il est magistrat.

**magma** n. m. Matière visqueuse qui se trouve au centre de la Terre et qui est formée de roches en fusion. *La lave qui sort des volcans provient du magma.*

**magnanime** [maɲanim] adj. *Le vainqueur s'est montré magnanime, il a épargné les vaincus,* il a pardonné les outrages et il a été bienveillant envers les vaincus. → **généreux, noble.**

**magnésium** n. m. Métal blanc argenté, très léger, qui brûle à l'air avec une flamme éblouissante. *La lumière d'un flash est un éclair de magnésium.*

**magnétique** adj. 1. *L'aimant a des propriétés magnétiques,* il attire le fer. 2. *Une bande magnétique,* c'est une bande enduite d'une matière spéciale sur laquelle on enregistre les sons avec un magnétophone ou les sons et les images avec un magnétoscope. 3. *Cette femme a un regard magnétique,* un regard qui attire et fascine.
▸ **magnétiser** v. (conjug. 1) 1. *L'aimant magnétise le fer,* il l'attire à lui. → **aimanter.** 2. *Ce brillant avocat a magnétisé l'assemblée,* il a exercé une très forte influence sur elle. → **fasciner.**
▸ **magnétisme** n. m. 1. *Le magnétisme,* c'est la propriété qu'ont les aimants d'attirer le fer. 2. *Ce chanteur exerce sur les femmes un véritable magnétisme,* un très grand charme, une fascination.

**magnétophone** n. m. Appareil qui permet d'enregistrer et de reproduire des sons. *Il écoute une cassette des Beatles sur son magnétophone.*

**magnétoscope** n. m. Appareil qui permet d'enregistrer des images et des sons sur une bande magnétique et de les repasser à la télévision. → aussi **caméscope** et **vidéo.** *Luc enregistre une émission de télévision avec le magnétoscope de son père.*

magnétoscope

**magnificence** n. f. Beauté magnifique, pleine de grandeur. *Ce château est meublé avec magnificence.* → **splendeur.**

**magnifique** adj. D'une beauté éclatante. *Quel magnifique coucher de soleil !* → **splendide, superbe.**

**magnolia** [maɲɔlja] n. m. Arbre à feuilles luisantes et à grosses fleurs blanches très parfumées.

**magnum** [magnɔm] n. m. Grosse bouteille contenant un litre et demi. *Des magnums de champagne.*

**magot** n. m. Somme d'argent que l'on a amassée et mise en réserve. *Il s'est fait voler le magot qu'il cachait sous son matelas.*

**maharajah** [maaʀadʒa] n. m. Prince hindou. — Au pl. *Des maharajahs.*

**mai** **n. m.** Cinquième mois de l'année. *Le mois de mai a 31 jours.* ◊ homonymes : mais, mets.

**maigre** **adj. 1.** *Cette jeune fille est maigre,* elle n'a pas beaucoup de graisse. → **mince. 2.** *Pour ne pas grossir, elle mange des yaourts maigres,* des yaourts qui ne contiennent pas de matières grasses. → aussi **allégé. 3.** Peu important, médiocre. *Avec son maigre salaire, il a du mal à faire des économies.*

▶ **maigreur** **n. f.** État d'une personne maigre. *Après sa maladie, il était d'une maigreur effrayante.*

▶ **maigrichon** **adj.** Un peu maigre. *Flora est maigrichonne.* || contr. **grassouillet** ||.

▶ **maigrir** **v.** (conjug. 2) Devenir maigre, perdre du poids. → s'**amincir.** *Depuis qu'elle fait un régime, elle a maigri de dix kilos.* || contr. **grossir** ||.
▷ AMAIGRI, AMAIGRISSANT, AMAIGRISSEMENT.

**maille** **n. f. 1.** *Les mailles,* ce sont les petites boucles de laine ou de fil qui forment un tissu plus ou moins serré. *Elle s'est arrêtée de tricoter pour compter les mailles.* **2.** *Le poisson s'est faufilé à travers les mailles du filet,* il est passé par les trous formés par chaque maille. ▷ MAILLON.

**maillet** **n. m.** Marteau en bois. *Il enfonce les piquets de sa tente avec un maillet.*

**maillon** **n. m.** Anneau d'une chaîne. → **chaînon.**

**maillot** **n. m. 1.** Vêtement souple et collant, fait d'une seule pièce, que l'on porte à même la peau pour faire de la danse ou de la gymnastique. → **justaucorps.** *Un maillot de danseur.* **2.** Vêtement couvrant le buste, que portent les sportifs. *Les cyclistes portent un numéro sur leur maillot.* **3.** *Elle a emporté ses deux maillots de bain à la plage,* ses deux costumes de bain. **4.** *Autrefois, les bébés étaient enveloppés dans des maillots,* dans des langes qui leur entouraient le corps jusqu'aux aisselles. ▷ EMMAILLOTER.

**main** **n. f.** Partie du corps située au bout du bras, qui sert à toucher et à saisir les objets. *Chacune des deux mains possède cinq doigts. Anne donne la main à sa sœur pour traverser la rue. Il serre la main à ses invités. Les artisans travaillent de leurs mains,* manuellement. *Je vais te donner un coup de main,* je vais t'aider. *J'ai pris ce que j'avais sous la main,* ce que j'avais à ma portée. *Je n'arrive pas à remettre la main sur ce livre,* à le retrouver. *Le facteur a remis le colis en mains propres à son destinataire,* à son destinataire en personne. *Les deux adversaires en sont venus aux mains,* ils se sont mis à se battre. ◊ homonyme : maint. ▷ BAISEMAIN, ESSUIE-MAIN, MAIN-D'ŒUVRE, MAIN-FORTE, MAINTENIR, MAINTIEN, en un TOURNEMAIN.

**mainate** **n. m.** Oiseau noir à bec orange, capable d'imiter la voix humaine.

**main-d'œuvre** **n. f. 1.** Travail d'un ou de plusieurs ouvriers. *Il faut compter quatre heures de main-d'œuvre pour démonter ce moteur.* **2.** Ensemble des ouvriers. *Cette usine emploie beaucoup de main-d'œuvre étrangère.* — **Au pl.** *Des mains-d'œuvre.*

**main-forte** **n. f.** *Prêter main-forte à quelqu'un,* c'est l'aider.

**maint** **adj.** *Elle avait déjà emprunté cette route maintes fois,* de nombreuses fois. ◊ homonyme : main.

**maintenant** adv. Tout de suite, à présent. *Il faut partir maintenant si nous voulons être à l'heure.*

**maintenir** v. (conjug. 22) 1. Tenir dans une même position, empêcher de bouger. *Maintiens ce clou bien droit pendant que tu l'enfonces.* 2. Faire durer un état. *Il est difficile de maintenir la paix dans ce pays.* 3. Affirmer avec force. *Alex maintient qu'il a dit la vérité.* → **soutenir.**

▶ **maintien** n. m. 1. Façon de se tenir. → **attitude, posture, tenue.** *Les mannequins ont un maintien très étudié.* 2. Action de faire durer. *La police veille au maintien de l'ordre.*

**maire** n. m. Personne élue par le conseil municipal pour diriger les affaires d'une commune. *Le maire est aidé dans son travail par des adjoints.* ◊ homonymes : mer, mère.

▶ **mairie** n. f. Bâtiment où se trouvent les bureaux du maire et de l'administration de la commune. *Les mariés sortent de la mairie.* → aussi **hôtel** de ville.

**mais** conjonction et adv. 1. conjonction. *Mais* s'emploie pour annoncer une idée contraire à celle qui a été exprimée. *Anne aimerait bien avoir un chien, mais sa mère n'aime pas les animaux.* 2. adv. *Mais* s'emploie pour renforcer ce qu'on dit. *Mais où est donc passé Luc ?* ◊ homonymes : mai, mets.

**maïs** [mais] n. m. Plante qui a une longue tige, de larges feuilles pointues et des grains serrés sur un gros épi cylindrique. *La ferme est entourée de champs de maïs. Les poules mangent du maïs,* des grains de maïs.

**maison** n. f. 1. Bâtiment qui sert d'habitation. → aussi **château, ferme, pavillon, résidence, villa.** *Ils ont une maison au bord de la mer.* 2. L'endroit où l'on habite. → **domicile.** *Ce matin, Yves n'est pas allé en classe, il est resté à la maison,* il est resté chez lui. 3. *Pour le dessert, le patron du restaurant nous propose des tartes maison,* faites à la maison et non achetées à l'extérieur. 4. Bâtiment qui sert à un usage particulier. *Une maison de retraite,* c'est un établissement où vivent des personnes âgées. *Une maison d'arrêt,* c'est une prison. *La maison des jeunes et de la culture.* 5. Entreprise commerciale. *La maison sera fermée au mois d'août.* → **firme, société.**

▶ **maisonnée** n. f. Toutes les personnes qui habitent la même maison, toute la famille. *Toute la maisonnée était réunie autour de l'arbre de Noël.*

**maître** n. m. et adj., **maîtresse** n. f. et adj. ▭ n. 1. Personne qui exerce une autorité sur quelqu'un. *Le tyran règne en maître absolu.* 2. *Le maître et la maîtresse de maison,* ce sont les personnes qui habitent cette maison et décident de ce qu'on y fait. 3. Personne qui possède un animal domestique. *Le chien court au-devant de son maître.* 4. *Être maître de soi,* c'est garder le contrôle de soi-même, se dominer. *Elle est restée maîtresse d'elle-même,* elle est restée calme. 5. Personne qui enseigne aux enfants. → **instituteur.** *Julie aime bien sa maîtresse.* 6. Grand artiste, grand écrivain, ou grand savant. *La Joconde est un tableau de maître. Il a réussi un coup de maître,* une action très brillante, un coup très bien réussi. 7. n. f. *Il a une maîtresse,* il a des relations sexuelles avec une femme qui n'est pas sa femme légitime. → aussi **amant.** 8. n. m. Titre que l'on donne à un notaire, un avocat, une avocate. *J'en parlerai à Maître Lecomte.*

▭ **adj.** *La pièce maîtresse de sa collection est un timbre rare du Brésil,* la pièce la plus importante. ◊ homonymes : mètre, mettre.

▸ **maître chanteur** **n. m.** Personne qui exerce un chantage sur quelqu'un. — **Au pl.** *Des maîtres chanteurs.*

▸ **maîtrise** **n. f. 1.** *La maîtrise de soi* ou *la maîtrise,* c'est la qualité de celui qui sait se contrôler, se dominer. *Dans cette situation difficile, elle a montré une parfaite maîtrise.* → **calme, sang-froid. 2.** Groupe de chanteurs, chorale. *La maîtrise de l'église Sainte-Marie.* **3.** Habileté, perfection. *Ce tableau a été exécuté avec une très grande maîtrise.*

▸ **maîtriser** **v.** (conjug. 1) **1.** Se rendre maître de quelqu'un ou de quelque chose par la force. *Le cow-boy a maîtrisé le cheval sauvage. Les pompiers ont réussi à maîtriser l'incendie.* **2.** Contenir, dominer. *Elle voudrait maîtriser son émotion et ne pas pleurer.* → **vaincre.** — *Allons, maîtrisez-vous !* dominez-vous ! ▷ CONTREMAÎTRE.

**majesté** **n. f. 1.** Titre que l'on donne aux souverains. → aussi **sire.** *Sa Majesté la Reine d'Angleterre.* **2.** Grandeur, noblesse dans l'attitude, l'allure. *Il avançait avec un air de majesté.* → aussi **majestueux.**

▸ **majestueux** **adj. 1.** *Elle avait une démarche majestueuse,* lente et solennelle. **2.** *L'Amazone est un fleuve majestueux,* d'une beauté pleine de noblesse. → **grandiose.**

**majeur** **adj.** et **n. m.**

▭ **adj. 1.** *Il fait froid et la majeure partie des gens est enrhumée,* la plupart sont enrhumés. **2.** *Sa préoccupation majeure est sa santé,* sa principale préoccupation. **3.** *En France, on est majeur à 18 ans,* on atteint l'âge de la majorité. → aussi **mineur.**

▭ **n. m.** Le plus grand doigt de la main. → **médius.** *Le majeur est le doigt du milieu.* ▷ MAJORITÉ.

**major** **n. m. 1.** Officier supérieur. *Le major est chargé de l'administration.* **2.** Candidat reçu premier au concours d'une grande école. *Elle est major de sa promotion.*

▸ **majorette** **n. f.** Fillette ou jeune fille en uniforme militaire de fantaisie. *Les majorettes défilaient au son de la fanfare.* ▷ ÉTAT-MAJOR.

**majorer** **v.** (conjug. 1) Augmenter. *Le prix du billet a été majoré de 10 %.* → **hausser, relever.** ‖ contr. **baisser, diminuer** ‖.

▸ **majoration** **n. f.** Augmentation. *Il y aura une majoration du prix de l'essence le mois prochain.* → **hausse.** ‖ contr. **baisse, diminution** ‖.

**majorité** **n. f. 1.** *Ce candidat a obtenu la majorité aux élections,* il a obtenu plus de la moitié des voix. **2.** Le plus grand nombre. *La majorité des Français prend ses vacances en août,* la plupart. ‖ contr. **minorité** ‖ **3.** Âge à partir duquel une personne devient responsable de ses actes devant la loi et a le droit de voter. *En France, la majorité est fixée à 18 ans.*

**majuscule** **n. f.** *Julie a écrit son nom en majuscules,* en grandes lettres d'une forme particulière. → **capitale.** ‖ contr. **minuscule** ‖.

**mal** **adv., adj. inv.** et **n. m.**

▭ **adv. 1.** D'une manière qui n'est pas

satisfaisante. *Cela commence mal !* || contr. **bien** || *Il est tout pâle, il va se trouver mal,* il va s'évanouir, avoir un malaise. **2.** Autrement qu'il ne convient. *Ces enfants sont mal élevés. Elle est mal habillée.* **3.** Contrairement à la morale. *Il a mal agi.* **4.** *Tu ne ferais pas mal de te dépêcher,* tu ferais bien de te dépêcher. **5.** *Il y a pas mal de monde ici,* il y a beaucoup de monde.
▭ **adj. inv. 1.** Contraire à la morale. *Je n'ai rien fait de mal.* **2.** *Ces photos ne sont pas mal du tout,* elles sont plutôt réussies.
▭ **n. m.** [pl. *maux*] **1.** Souffrance, douleur. *Elle a des maux de tête. Alex a mal aux dents. Aïe ! tu m'as fait mal !* **2.** Maladie. *Couvre-toi, tu vas prendre mal !* **3.** Difficulté, peine. *Il a du mal à ouvrir la porte. Elle s'est donné beaucoup de mal pour lui apprendre à lire.* **4.** *Il dit du mal de tout le monde,* des choses méchantes. **5.** *Le mal,* c'est ce que l'on ne doit pas faire, ce qui est contraire à la morale. *À 8 ans, on sait distinguer le bien du mal.* ▷ DEMI-MAL, MALADRESSE, MALADROIT, MALADROITEMENT, MALAISE, MALAISÉ, MALCHANCE, MALCHANCEUX, MALENCONTREUX, MALENTENDU, MALFAISANT, MALFAITEUR, MALFAMÉ, MALFORMATION, MALGRÉ, MALHABILE, MALHONNÊTE, MALHONNÊTETÉ, MALICE, MALICIEUX, ② MALIN, MALINTENTIONNÉ, MALMENER, MALNUTRITION, MALODORANT, MALPROPRE, MALSAIN, MALTRAITER, MALVEILLANCE, MALVEILLANT.

**malade** **adj.** Qui souffre d'une maladie. *Yves a attrapé froid et il est tombé malade.* || contr. bien **portant, valide** || — **N.** *La malade sera bientôt guérie.*

▶ **maladie** **n. f. 1.** Trouble de l'organisme. *La varicelle est une maladie contagieuse. Il a attrapé une grave maladie.* **2.** Manie. *Elle a la maladie du rangement.*

▶ **maladif** **adj. 1.** *Luc est d'une pâleur maladive,* qui indique qu'il est malade. **2.** *Elle a une peur maladive des araignées,* une peur anormale, impossible à contrôler.

**maladresse** **n. f. 1.** Manque d'adresse. *Il a renversé son verre par maladresse.* || contr. **habileté** || **2.** Manque de délicatesse, de tact. *Elle lui a fait de la peine par maladresse.*

**maladroit** **adj. 1.** Qui manque d'adresse. → **malhabile.** || contr. **adroit, habile** || *Une serveuse maladroite a laissé tomber une pile d'assiettes.* — **N.** *La maladroite a tout cassé.* **2.** Qui manque de tact, de délicatesse. *Elle est très maladroite, elle dit toujours ce qu'il ne faut pas dire.*

▶ **maladroitement** **adv.** Avec maladresse. *Cette lettre est maladroitement rédigée.*

**malaise** **n. m. 1.** Sensation pénible et vague provoquée par un trouble du fonctionnement du corps. *Il faisait si chaud qu'elle a eu un malaise,* elle s'est trouvée mal. → aussi s'**évanouir. 2.** Sentiment de gêne incontrôlable provoqué par une situation. *Luc éprouve un malaise inexplicable quand il doit parler devant les autres élèves de la classe.* → **angoisse, gêne.**

**malaisé** **adj.** Difficile. → **ardu.** *Il est malaisé de démêler le vrai du faux dans ce qu'il dit.* || contr. **aisé, facile** ||.

**malaria** **n. f.** Maladie grave transmise par certains moustiques des pays tropicaux. → **paludisme.**

**malaxer** **v.** (conjug. 1) Pétrir une matière pour qu'elle devienne plus molle et pour qu'elle soit bien mélangée. *Elle malaxe longuement la pâte à tarte.*

**malchance** n. f. Manque de chance. *Julie a eu la malchance de tomber malade le jour de la fête de l'école.* → fam. **déveine, guigne.**

▶ **malchanceux** adj. Qui n'a pas de chance. *On a donné un lot de consolation aux joueurs malchanceux.* — Au fém. *malchanceuse.*

**mâle** n. m. et adj. 1. n. m. Animal de sexe masculin. *Le coq est le mâle de la poule. La chatte a eu trois petits : deux mâles et une femelle.* — Adj. *La chatte a eu deux chatons mâles.* 2. adj. Caractéristique de l'homme. → **viril.** *Il a une voix mâle.* → aussi **masculin.** || contr. **efféminé** ||.

**malédiction** n. f. 1. Ensemble de paroles par lesquelles on souhaite du mal à quelqu'un en appelant sur lui la colère d'une puissance supérieure. *La méchante fée avait jeté une malédiction sur la princesse.* → aussi **maudire.** || contr. **bénédiction** || 2. Malheur qui semble provoqué par le sort. *La sécheresse est une malédiction qui s'acharne sur certains pays.* → **calamité, fatalité.** || contr. **chance** ||.

**maléfice** n. m. Pratique magique dont le but est de nuire. *Il croit qu'il a été victime d'un maléfice.* → **sortilège.**

▶ **maléfique** adj. *Les sorcières ont un pouvoir maléfique,* elles ont le pouvoir de faire du mal. → aussi **malfaisant.** || contr. **bénéfique** ||.

**malencontreux** adj. Qui se produit à un mauvais moment. → **ennuyeux, fâcheux.** *Une panne malencontreuse nous a retardés.*

**malentendu** n. m. *Il y a un malentendu entre ces deux personnes,* elles croient s'être comprises, mais elles n'ont pas compris la même chose. → **méprise, quiproquo.**

**malfaisant** adj. Qui fait du mal. *Ces lectures exercent une influence malfaisante sur les enfants.* → **nuisible.**

**malfaiteur** n. m. Bandit, voleur. → **brigand, gangster.** *La police a arrêté une bande de dangereux malfaiteurs.*

**mal famé** → **famé**

**malformation** n. f. Défaut que présente une partie du corps humain à la naissance. *Ce bébé a une malformation cardiaque.*

**malgré** prép. 1. *J'ai surpris leur conversation malgré moi,* sans le vouloir, involontairement. 2. *Elle veut aller à la plage malgré la pluie,* bien qu'il pleuve. → en **dépit** de. *Nous réussirons malgré tout,* quoi qu'il arrive.

**malhabile** adj. Maladroit. *Les gestes de cet enfant sont encore malhabiles.* → **gauche.** || contr. **adroit, habile** ||.

**malheur** n. m. 1. Événement pénible, triste. → **catastrophe, épreuve.** *Sa mort a été un grand malheur pour tous ses amis.* || contr. **bonheur** || 2. Malchance. *Si tu as le malheur de casser ce vase, gare à toi ! Les gens superstitieux pensent que cela porte malheur de passer sous une échelle.* 3. Ennui. *Julie a eu un petit malheur.* → **désagrément, souci.**

▶ **malheureux** adj. 1. Qui n'est pas heureux. *Ce chien est malheureux dans un appartement. Flora a l'air malheureux.* → **triste.** — N. *Ce médecin aide les malheureux.* 2. Malchanceux. *« Heureux au jeu, malheureux en amour » dit le proverbe.* 3. Qui a des conséquences regrettables. *Il a eu un mot malheureux.* 4. Sans importance.

*En voilà des histoires pour une malheureuse assiette !* → **insignifiant, misérable.**

▶ **malheureusement** **adv.** Par malheur. *Il aimerait bien regarder la télévision, mais malheureusement elle est cassée.* || contr. **heureusement** ||.

**malhonnête** **adj.** *Ce commerçant est malhonnête,* il vole ou trompe les gens. → **déloyal, voleur.**

▶ **malhonnêteté** **n. f.** Caractère d'une personne malhonnête. *Ce garagiste est d'une grande malhonnêteté.* || contr. **honnêteté** ||.

**malice** **n. f.** Tournure d'esprit d'une personne qui aime se moquer des autres sans méchanceté. *Sa réponse avait une pointe de malice et de moquerie.*

▶ **malicieux** **adj.** *Julie est très malicieuse,* elle aime faire des farces, se moquer. → **espiègle.**

① **malin** **adj.** Rusé, capable de se tirer d'embarras. *Elle est maligne comme un singe.* → **astucieux, débrouillard.** || contr. **nigaud** || — Familier. *Ce n'est pas malin d'avoir fait cela,* ce n'est pas intelligent.

② **malin** **adj.** *Une tumeur maligne,* c'est une tumeur très dangereuse, qui peut entraîner la mort. || contr. **bénin** ||.

**malingre** **adj.** Faible et fragile. *Un enfant malingre.* → **chétif.**

**malintentionné** **adj.** *La voisine est malintentionnée à mon égard,* elle a l'intention de me nuire. → **malveillant.** || contr. **bienveillant** ||.

**malle** **n. f. 1.** Grand bagage rigide, en bois ou en métal. → aussi **valise.** *Les vieux vêtements sont dans une malle au grenier.* **2.** *La malle arrière d'une voiture,* c'est le coffre.

▶ **mallette** **n. f.** Petite valise plate. *Le médecin de campagne transporte ses instruments dans une mallette.*

**malléable** **adj. 1.** Que l'on peut aplatir et étirer facilement. *L'or est le plus malléable des métaux.* **2.** Qui se laisse diriger, influencer. *Une enfant malléable.* → **docile.**

**malmener** **v.** (conjug. 5) Traiter durement. *Les cambrioleurs ont malmené la caissière.* → **brutaliser, maltraiter.**

**malnutrition** **n. f.** Nourriture insuffisante ou mal équilibrée. *Les enfants des pays pauvres souffrent de malnutrition.*

**malodorant** **adj.** Qui sent mauvais. *Ces poubelles sont malodorantes.* → **nauséabond.**

**malotru** **n. m.**, **malotrue** **n. f.** Personne grossière, mal élevée. *Un malotru m'a bousculé sans s'excuser.* → **goujat, mufle.**

**malpropre** **adj.** Sale. *Des vêtements malpropres.* || contr. **propre** ||.

**malsain** **adj. 1.** Mauvais pour la santé. *Ce climat humide et chaud est malsain.* || contr. **sain** || **2.** *Une curiosité malsaine,* anormale, qui se complaît dans le mal. → **morbide, pervers.**

**malt** **n. m.** *Le malt,* c'est un ensemble de céréales (surtout de l'orge) que l'on fait germer artificiellement et puis sécher. *Le malt est utilisé dans la fabrication de la bière. Il aime le whisky pur malt.*

**maltraiter** **v.** (conjug. 1) Traiter avec brutalité, faire du mal. *Il maltraite son chien.* → **brutaliser.**

**malveillant** adj. Hostile, méchant. → **malintentionné.** *Des gens malveillants ont crevé les pneus de ma moto.*

▸ **malveillance** n. f. Intention de faire du mal. → **hostilité.** *Des voyous ont saccagé le magasin par pure malveillance.* || contr. **bienveillance** ||.

**maman** n. f. Nom affectueux que l'on donne à sa mère. *Yves a couru se réfugier dans les bras de sa maman. Anne joue au papa et à la maman.*

**mamelle** n. f. Organe des femelles des mammifères qui sécrète le lait. → aussi **pis** et **sein.** *Les chatons sont accrochés aux mamelles de leur mère.*

▸ **mamelon** n. m. 1. Bout du sein d'une femme. 2. Sommet arrondi d'une colline. *Le village est construit sur un mamelon.*

**mamie** n. f. Nom affectueux que les enfants donnent à leur grand-mère.

**mammifère** n. m. Animal qui a un squelette et un cerveau développés, qui respire par des poumons et dont la femelle a des mamelles. *L'homme est un mammifère. Le chat, le cheval, le kangourou sont des mammifères.*

**mammouth** n. m. Gigantesque éléphant de l'ère quaternaire, couvert de poils, qui vivait encore il y a 10 000 ans. *Les mammouths avaient de grandes défenses recourbées.*

**manager** [manadʒœʀ] n. m. Ce mot vient de l'anglais. Personne qui dirige une entreprise ou qui organise le travail d'un sportif ou d'un artiste. → aussi **entraîneur** et **imprésario.** *Le manager d'un boxeur.*

① **manche** n. f. 1. Partie d'un vêtement qui entoure le bras. *Un pull à manches longues.* 2. Chacune des deux parties liées d'un jeu. *Après la première manche, on joue la seconde manche puis la belle.* → aussi **set.** 3. *Une manche à air,* c'est un grand tuyau de tissu qui indique dans quelle direction souffle le vent. ▷ EMMANCHURE, ① MANCHETTE, MANCHON.

② **manche** n. m. 1. Partie allongée d'un outil par laquelle on le tient. *Le manche d'une pioche. Le manche d'un couteau. Un manche à balai.* 2. Partie allongée d'un violon, d'une guitare, le long de laquelle sont tendues les cordes. ▷ EMMANCHER.

① **manchette** n. f. Extrémité de la manche d'une chemise garnie d'un revers. *Des boutons de manchettes.*

② **manchette** n. f. Gros titre en première page d'un journal. *Les manchettes de tous les journaux annonçaient l'événement.*

**manchon** n. m. Étui de fourrure dans lequel on glisse ses mains pour les protéger du froid.

**manchot** adj. et n. m. 1. adj. À qui il manque une main ou les deux, un bras ou les deux. *Elle est manchote depuis son accident.* 2. n. m. Oiseau du pôle Sud, aux pattes palmées, au plumage noir et blanc, qui vit en colonie. ⋙ planche Oiseaux. *Le manchot a les ailes trop courtes pour pouvoir voler.* → aussi **pingouin.**

**mandarine** n. f. Fruit doux et parfumé qui ressemble à une petite orange et dont la peau se détache facilement. *Un quartier de mandarine.* ⋙ illustration Agrumes.

**mandat** n. m. 1. Document qui permet d'envoyer de l'argent par la poste.

# MAMMIFÈRES

musaraigne
hérisson
échidné
taupe
roussette
lémur
opossum
gorille
tamarin
mandrill
tatou
marmotte
paresseux
kangourou

zèbre
renard
éléphant
ours
lamantin
morse
baleine bleue
otarie

*Elle a touché un mandat de 2 000 francs.* **2.** Fonction, charge confiée à une personne élue. *Un député exerce son mandat pendant cinq ans.*

**mandibule** **n. f.** Chacune des parties du bec des oiseaux ou de la bouche des insectes qui sert à attraper et à couper les aliments.

**mandoline** **n. f.** Instrument de musique qui ressemble à une petite guitare bombée.

**mandragore** **n. f.** Plante dont la racine fourchue ressemble à un corps humain.

**manège** **n. m. 1.** Attraction constituée de chevaux de bois ou de petites voitures qui tournent autour d'un axe et sur lesquels on monte. *Elle a fait un tour de manège.* **2.** Lieu où l'on dresse et où l'on monte les chevaux. *Il apprend à monter à cheval dans un manège.* **3.** Façon habile d'agir pour obtenir ce que l'on veut. → **manœuvre.** *J'ai vite compris son petit manège.*

manège

**manette** **n. f.** Poignée ou levier que l'on manœuvre à la main. *L'hôtesse de l'air abaisse la manette qui commande l'ouverture des portes.*

**manger** **v.** (conjug. 3) Avaler, pour se nourrir, un élément solide après l'avoir mâché. *Yves mange un bifteck et des frites. Flora ne mange pas beaucoup. On prend ses repas dans la salle à manger.* → aussi ① **déjeuner,** ① **dîner.**

► **mangeable** **adj.** Bon à manger. *Cette viande est trop dure, elle n'est pas mangeable.*

► **mangeoire** **n. f.** Récipient qui contient la nourriture de certains animaux domestiques (les chevaux, les bestiaux, la volaille). ▷ GARDE-MANGER, IMMANGEABLE.

**mangouste** **n. f.** Petit mammifère carnivore d'Afrique et d'Asie qui ressemble à une belette. *Les mangoustes tuent les serpents et les rats.*

**mangue** **n. f.** Gros fruit ovale, à peau lisse de couleur jaune orangé, à chair jaune et parfumée et à très grand noyau. ↠ planche Fruits exotiques. *Les mangues poussent dans les pays tropicaux.*

**maniable** **adj.** Facile à manier, à utiliser. *Ce petit tournevis est très maniable.* → **pratique.**

**manie** **n. f.** Habitude bizarre, souvent agaçante. *Elle a des manies de petite vieille.*

► **maniaque** **adj.** et **n. m.** et **f. 1. adj.** Attaché à ses habitudes d'une manière exagérée. *Il est maniaque, il remet toujours les objets à la même place.* **2. n. m.** et **f.** Malade mental. → **fou.** *La police a arrêté un maniaque qui rôdait dans le parc.*

**manier** **v.** (conjug. 7) **1.** Remuer, déplacer. *Il faut manier ce paquet avec précaution. Le caissier manie de grosses sommes d'argent,* de grosses sommes d'argent lui passent entre les mains. **2.** Se servir de quelque chose. *Les mousquetaires maniaient l'épée avec adresse.*

▶ **maniement** **n. m.** Façon d'utiliser. → **manipulation.** *Pendant leur service militaire, les soldats apprennent le maniement des armes.* ▷ MANIABLE.

**manière** **n. f. 1.** Façon. *Il y a de nombreuses manières d'accommoder les restes. Je n'aime pas la manière dont tu me parles. Il est parti tôt de manière à ne pas arriver en retard.* **2.** *En voilà des manières!* cette façon de se comporter n'est pas bien. **3.** *Elle fait toujours des manières avant d'accepter une invitation,* elle se fait prier, elle fait des histoires.

▶ **maniéré** **adj.** *Cette femme est très maniérée,* elle manque de simplicité, de naturel. || contr. **naturel, simple** ||.

**manifeste** **adj.** Évident. → **certain.** *Sa mauvaise humeur est manifeste,* elle ne fait aucun doute.

▶ **manifestement** **adv.** Sans aucun doute. → **visiblement.** *Elle prend manifestement plaisir à embêter son frère.*

▶ **manifester** **v.** (conjug. 1) **1.** Faire connaître d'une manière évidente. → **exprimer.** *Il a violemment manifesté son désaccord. — La varicelle se manifeste par une éruption de boutons.* **2.** Se rassembler et défiler pour exprimer son opinion. *Les grévistes ont manifesté devant le ministère.*

▶ **manifestant** **n. m.**, **manifestante** **n. f.** Personne qui participe à une manifestation. *Les manifestants ont défilé en criant des slogans.*

▶ **manifestation** **n. f. 1.** Manière de montrer ce que l'on ressent. → **démonstration.** *Il a été accueilli par des manifestations de joie.* **2.** Rassemblement et défilé organisés pour exprimer son opinion. *Ils sont allés à une manifestation contre le racisme.* — On dit familièrement *une manif.*

**manigance** **n. f.** Manœuvre secrète, sans grande importance. *Je n'aime pas beaucoup toutes ces manigances.*

▶ **manigancer** **v.** (conjug. 3) Comploter, préparer en secret. *Qu'est-ce qu'ils peuvent bien encore manigancer?*

**manille** **n. f.** Jeu de cartes où les cartes les plus fortes sont le dix puis l'as. *Ils jouent à la manille.*

**manioc** **n. m.** Plante des régions tropicales dont la racine fournit le tapioca. *La racine du manioc est riche en amidon.*

**manipuler** **v.** (conjug. 1) **1.** Prendre dans ses mains avec soin. *Dans son laboratoire, le chercheur manipule des éprouvettes.* **2.** Prendre et transporter. *À la poste, on manipule des centaines de colis par jour.*

▶ **manipulation** **n. f.** *Les chimistes font des manipulations,* ils manient des instruments et des produits chimiques pour faire des expériences.

**manivelle** **n. f.** Levier que l'on actionne avec la main et qui sert à faire tourner un mécanisme. *Autrefois, on faisait démarrer les voitures à la manivelle.*

**mannequin** **n. m. 1.** Sorte de statue représentant une personne grandeur nature. *Les mannequins qui se trouvent dans les vitrines sont habillés*

*et portent des perruques.* **2.** Personne dont le métier est de porter sur elle de nouveaux modèles de vêtements pour les présenter aux clients. *Elle est mannequin et pose pour des photos.*

**manœuvrer** **v.** (conjug. 1) **1.** Effectuer une manœuvre sur un bateau ou avec une voiture. *Il a dû manœuvrer longtemps pour réussir à garer sa voiture.* **2.** Manier pour faire fonctionner. *Le marin manœuvre le gouvernail.* **3.** Employer des moyens adroits pour obtenir ce que l'on désire. *Julie a bien manœuvré ; son père a fini par lui acheter la poupée qu'elle voulait tant avoir.*

► ① **manœuvre** **n. f. 1.** Mouvement d'un véhicule que l'on gare. *Elle fait des manœuvres pour se garer.* **2.** Mouvement à effectuer pour faire fonctionner quelque chose. *Le pilote a commencé les manœuvres d'atterrissage.* **3.** Exercice militaire. *Les soldats font des manœuvres.* **4.** Moyen plus ou moins honnête utilisé pour atteindre un but. → **intrigue, machination.** *Il a obtenu ce poste de directeur par d'habiles manœuvres.*

► ② **manœuvre** **n. m.** Ouvrier qui n'a pas de qualification professionnelle particulière. *Il travaille sur un chantier comme manœuvre.*

**manoir** **n. m.** Petit château, à la campagne.

**manomètre** **n. m.** Appareil qui sert à mesurer la pression d'un gaz ou d'un liquide.

**manquer** **v.** (conjug. 1) **1.** Ne pas être là lorsqu'il le faudrait. *Il manque une fourchette sur la table.* **2.** *Flora pense à son père qui est en voyage, il lui manque,* elle regrette qu'il ne soit pas là. **3.** *Yves a manqué l'école hier,* il n'y est pas allé. **4.** *Cette purée manque de sel,* il n'y a pas suffisamment de sel dedans. **5.** *Si je pars, je ne manquerai pas de vous avertir,* je le ferai sûrement. **6.** *Les voleurs ont manqué leur coup,* ils ne l'ont pas réussi. → **rater.** **7.** *Le tireur a manqué la cible,* il ne l'a pas atteinte. **8.** *Elle a manqué son train,* elle n'est pas arrivée à temps pour le prendre. → **rater.**

▶ **manquant** **adj.** Qui manque. *Il faut commander les livres manquants.*

▶ **manque** **n. m.** Insuffisance. *Cet enfant souffre d'un manque de calcium.* → **carence.** ▷ IMMANQUABLE.

**mansarde** **n. f.** Pièce située sous le toit et dont un mur est en pente.

**manteau** **n. m.** **1.** Vêtement chaud, à manches, que l'on met par-dessus les autres vêtements, pour sortir. *Elle a mis son manteau de fourrure.* — **Au pl.** *Des manteaux.* **2.** En Suisse. *Un manteau de pluie,* c'est un imperméable. **3.** *Le manteau de la cheminée,* c'est le rebord de la cheminée au-dessus du foyer. ▷ PORTEMANTEAU.

**mante religieuse** **n. f.** Insecte vert ou roux à tête triangulaire. ⤜ planche Insectes. *La mante religieuse femelle dévore souvent le mâle après l'accouplement.* ◊ homonyme : menthe.

**mantille** **n. f.** Écharpe de dentelle que l'on porte sur la tête. *Les Espagnoles portaient souvent des mantilles noires.*

**manucure** **n. m.** et **f.** Personne dont le métier est de soigner les mains, les ongles. *Elle s'est fait faire les ongles par la manucure.* → aussi **pédicure.**

① **manuel** **adj.** Qui se fait à la main, qui exige le travail des mains. *Le cordonnier exerce un métier manuel.* ‖ contr. **intellectuel** ‖ — **Au fém.** *manuelle.*

② **manuel** **n. m.** Livre de classe. *Un manuel d'histoire.*

**manufacture** **n. f.** Usine où l'on fabrique des objets qui nécessitent une main-d'œuvre très qualifiée. *La manufacture de porcelaine de Sèvres est renommée.*

**manuscrit** **adj.** et **n. m.**

▭ **adj.** Écrit à la main. *Il m'a envoyé une lettre manuscrite,* non tapée à la machine.

▭ **n. m.** **1.** Livre écrit à la main, avant l'invention de l'imprimerie. **2.** Texte qui n'est pas encore imprimé. *L'écrivain a envoyé le manuscrit de son roman à son éditeur.*

**manutention** **n. f.** Travail qui consiste à déplacer des caisses de marchandises pour les stocker dans un magasin ou les expédier.

▶ **manutentionnaire** **n. m.** et **f.** Personne qui fait des travaux de manutention. *Les manutentionnaires ont chargé le camion de livraison.*

**mappemonde** **n. f.** Carte représentant la Terre, sous forme de deux cercles côte à côte. → **planisphère.**

**maquereau** **n. m.** Poisson de mer au dos vert et bleu. ⤜ planche Poissons. *Il mange des filets de maquereau au vin blanc.* — **Au pl.** *Des maquereaux.*

**maquette** **n. f.** Modèle réduit. *Yves fait des maquettes d'avion.*

**maquignon** **n. m.** Marchand de chevaux.

**maquiller** **v.** (conjug. 1) **1.** Mettre des produits de beauté, des fards sur le visage pour l'embellir ou en modifier les traits. *Elle s'est maquillé les yeux. — Le comédien se maquille dans sa loge.* → aussi se **farder.** **2.** Modifier l'apparence d'une chose pour qu'on ne la reconnaisse pas. *Les bandits ont maquillé la voiture volée.*

▸ **maquillage** **n. m.** *Elle a de nombreux produits de maquillage,* des produits de beauté qui lui servent à se maquiller. → aussi **cosmétique.** ▷ DÉMAQUILLANT, DÉMAQUILLER.

**maquis** **n. m. 1.** Terrain couvert d'arbustes et de buissons touffus, dans les régions méditerranéennes. *Dans le maquis corse, il pousse de la lavande et du romarin.* **2.** *Prendre le maquis,* c'était, pendant la Seconde Guerre mondiale, se joindre à des groupes de résistants qui luttaient contre l'ennemi dans des lieux difficiles d'accès.

▸ **maquisard** **n. m.** Résistant qui a pris le maquis.

**marabout** **n. m.** Grand oiseau au plumage gris et blanc, qui a un gros jabot. *Les marabouts sont des échassiers.*

**maraîcher** **n. m.** et **adj.**, **maraîchère** **n. f.** et **adj. 1. n.** Personne qui cultive des légumes pour les vendre. *Dans la région de Nantes il y a beaucoup de maraîchers.* **2. adj.** *La culture maraîchère,* c'est la culture des légumes.

**marais** **n. m.** Terrain couvert d'eau stagnante où poussent des roseaux. → aussi **étang, marécage.**

**marathon** **n. m. 1.** Course à pied, sur route, de 42,195 km. *Il a remporté le marathon de Paris.* **2.** Épreuve qui demande une grande endurance. *Un marathon de danse.*

**marâtre** **n. f.** Mauvaise mère, méchante avec ses enfants.

**maraudeur** **n. m.**, **maraudeuse** **n. f.** Personne qui vole les fruits et les légumes dans les champs ou les jardins.

**marbre** **n. m.** Belle pierre dure veinée de couleurs variées, qui se polit bien. *La cathédrale a des colonnes de marbre rose.*

▸ **marbré** **adj.** Qui présente des taches, des veines, semblables à celles du marbre. *Le corps de la victime était marbré de traces de coups.*

▸ **marbrure** **n. f.** Marque sur la peau, semblable aux taches du marbre.

**marc** [maʀ] **n. m. 1.** Ce qui reste des fruits quand on les a pressés. *On fait du vin avec le jus du raisin et de l'alcool avec le marc.* **2.** Eau-de-vie obtenue à partir du marc de raisin. *Il boit du marc de champagne.* **3.** *Le marc de café,* c'est la substance noirâtre qui reste quand on a fait passer l'eau chaude sur le café moulu. ◊ homonyme : mare.

**marcassin** **n. m.** Petit sanglier qui n'a pas encore deux ans. → aussi **laie.**

**marchand** **n. m.** et **adj.**, **marchande** **n. f.** et **adj.**

▭ **n.** Personne dont le métier est de vendre des marchandises. → **commerçant, vendeur.** *Un marchand de chaussures.*

▭ **adj. 1.** *Une rue marchande,* c'est une rue où il y a de nombreux commer-

marcassin

çants. **2.** *La marine marchande,* c'est la marine de commerce.

► **marchander** **v.** (conjug. 1) Essayer d'acheter une chose moins cher que le prix indiqué, en discutant avec le vendeur. *Il a eu cinq kilos de tomates pour le prix de quatre en marchandant.*

► **marchandage** **n. m.** Discussion pour acheter ou vendre au meilleur prix. *Il a réussi à faire baisser le prix après un long marchandage.*

► **marchandise** **n. f.** Produit que l'on peut acheter ou vendre. *Ce commerçant a des marchandises de bonne qualité.*

**marche** **n. f. 1.** Action de marcher, d'avancer en faisant des pas. *Il a ralenti sa marche pour que ses camarades puissent le rattraper. Ils font de longues marches en montagne.* → **promenade. 2.** Déplacement dans une direction déterminée. *Elle est assise dans le sens de la marche du train. La voiture a fait marche arrière.* **3.** Fonctionnement. *Cette machine est en état de marche. Il a mis le moteur en marche.* **4.** *Elle lui a indiqué la marche à suivre pour s'inscrire à l'université,* elle lui a dit tout ce qu'il y a à faire. **5.** Chacune des surfaces planes où l'on pose le pied dans un escalier. *Elle monte les marches quatre à quatre.*

**marché** **n. m. 1.** Endroit où les marchands installent leur étalage, certains jours fixes, pour vendre leurs marchandises. *Il a acheté des légumes au marché. Elle fait son marché deux fois par semaine,* elle achète les produits alimentaires nécessaires à la vie quotidienne, elle fait les courses. **2.** Ensemble des achats et des ventes concernant un produit, dans une région déterminée. *Le marché de l'automobile est en pleine expansion.* **3.** Accord, affaire. *Cette entreprise a conclu un marché avec les Japonais.* **4.** *Cet endroit est affreux et par-dessus le marché il pleut,* et en plus il pleut. ◊ homonyme : marcher. ▷ BON MARCHÉ, HYPERMARCHÉ, SUPERMARCHÉ.

**marchepied** **n. m.** Marche ou série de marches fixée à l'extérieur d'une voiture ou d'un train, qui sert à y monter facilement.

**marcher** **v.** (conjug. 1) **1.** Se déplacer en bougeant les jambes et les pieds tout en restant en contact avec le sol. *Il marche à grand pas. Elle aime marcher dans la forêt.* → se **promener. 2.** Mettre le pied sur quelque chose. *Il est interdit de marcher sur les pelouses. Il m'a marché sur le pied.* **3.** Fonctionner. *La télévision ne marche plus.* **4.** Avoir de bons résultats. *Ses affaires marchent bien.* ◊ homonyme : marché.

► **marcheur** **n. m.**, **marcheuse** **n. f.** Personne qui peut marcher longtemps, sans se fatiguer. *Julie est bonne marcheuse.* ▷ DÉMARCHE, MARCHE, MARCHEPIED.

**mardi** n. m. 1. Jour de la semaine qui succède au lundi et vient avant le mercredi. *Tous les mardis, Luc va à son cours de piano.* 2. *Les enfants se sont déguisés pour le Mardi gras,* le jour qui précède le début du Carême et où l'on fête d'habitude le carnaval.

**mare** n. f. 1. Petite étendue d'eau immobile. → **flaque.** *Yves attrape des grenouilles dans la mare.* 2. Grande quantité de liquide répandu. *Le blessé baignait dans une mare de sang.* ◊ homonyme : marc.

**marécage** n. m. Terrain gorgé d'eau où ne poussent que des plantes qui aiment l'humidité. *Les marécages sont couverts de roseaux.* → aussi **marais.**

▶ **marécageux** adj. *Un terrain marécageux,* c'est un terrain gorgé d'eau dans lequel on s'enfonce. — Au fém. *marécageuse.*

**maréchal** n. m. [pl. *maréchaux*] Titre donné à certains généraux qui ont ainsi la plus haute dignité de l'armée.

▶ **maréchal-ferrant** n. m. Artisan qui forge les fers et les pose sous les sabots des chevaux, des ânes, des mulets et des bœufs. — Au pl. *Des maréchaux-ferrants.*

**marée** n. f. 1. Mouvement de la mer dont le niveau monte et descend deux fois par jour. *Alex ramasse des coquillages à marée basse. À marée haute, la mer recouvre entièrement la plage.* → aussi **flux** et **reflux.** 2. *Les goélands ont été décimés par la marée noire,* par la nappe de mazout échappée des soutes d'un pétrolier et qui vient polluer la côte. 3. *Une marée humaine accueillit le pape à sa descente d'avion,* un très grand nombre de personnes l'accueillit.

▶ **mareyeur** n. m., **mareyeuse** n. f. Personne qui achète le poisson aux pêcheurs pour l'expédier aux marchands de poisson. ▷ RAZ-DE-MARÉE.

**marelle** n. f. Jeu d'enfants où l'on pousse un objet dans des cases tracées sur le sol, en sautant à cloche-pied. *Anne et Julie jouent à la marelle.*

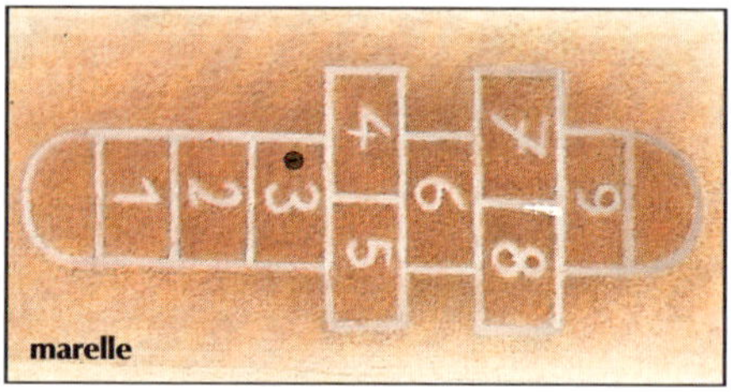
marelle

**margarine** n. f. Matière grasse faite avec des plantes, qui ressemble au beurre.

**marge** n. f. 1. Espace blanc autour d'un texte écrit ou imprimé. *La maîtresse corrige les devoirs en mettant des remarques dans la marge.* 2. *Les clochards vivent en marge de la société,* à l'écart, sans se mêler à la société. 3. *Ces quelques jours de délai nous laissent de la marge pour nous décider,* ils nous laissent un intervalle de temps.

▶ **margelle** n. f. *La margelle d'un puits,* c'est le rebord de pierre qui entoure le puits.

**marginal** n. m., **marginale** n. f. Personne qui vit en marge de la société, ne suit pas les règles de vie de la majorité. *Les marginaux tiennent avant tout à leur liberté.*

**marguerite** n. f. Fleur des champs à cœur jaune et à pétales blancs. → aussi **pâquerette.**

**mari** n. m. *Le mari de Brigitte est pilote,* l'homme avec lequel Brigitte est mariée. → **époux.** *Brigitte et Pierre sont mari et femme.*

▶ **mariage** **n. m. 1.** Union légitime d'un homme et d'une femme. → aussi **matrimonial.** *Flora voudrait faire un mariage d'amour.* **2.** Cérémonie du mariage. → **noce.** *Ils nous ont invités à leur mariage.* **3.** Union de plusieurs choses. *Un joli mariage de couleurs.*

▶ **marier** **v.** (conjug. 7) Unir un homme et une femme en célébrant le mariage. *C'est l'adjoint du maire qui les a mariés.*

▶ se **marier** **v. 1.** S'unir par le mariage. *Ils se sont mariés l'année dernière.* **2.** Aller bien ensemble. *Le bleu et le vert se marient bien.*

▶ **marié** **n. m.**, **mariée** **n. f.** Personne dont on célèbre le mariage. *Elle a une jolie robe de mariée. Les jeunes mariés sont partis en voyage de noces,* ceux qui se sont mariés récemment. ▷ se REMARIER.

**marin** **adj.** et **n. m.**

▭ **adj. 1.** De la mer. *Les algues sont des plantes marines.* **2.** De la navigation sur la mer. *Elle consulte une carte marine. Yves a le pied marin,* il sait garder l'équilibre sur un bateau.

▭ **n. m.** Homme dont le métier est de naviguer sur la mer. → **matelot** et aussi **loup** de mer, ① **mousse.**

▶ **marine** **n. f.** et **adj. inv.**

▭ **n. f. 1.** Tout ce qui concerne la navigation sur mer. *Luc a visité le musée de la marine.* **2.** Ensemble des navires de commerce ou de guerre d'un pays. → **flotte.** *La marine française. Un officier de marine.*

▭ **adj. inv.** *Elle a une robe bleu marine,* bleu foncé, de la couleur des uniformes de la marine. ▷ MARINIER, SOUS-MARIN.

**mariner** **v.** (conjug. 1) Tremper dans un liquide épicé, souvent à base de vin, pendant plusieurs heures. *Cette viande doit mariner pendant douze heures.*

**marinier** **n. m.**, **marinière** **n. f.** Personne dont le métier est de conduire les péniches, les bateaux, sur les fleuves et les canaux pour transporter des marchandises. → **batelier.**

**marionnette** **n. f.** Poupée représentant un animal ou un personnage, que l'on fait bouger. *Luc est allé voir un spectacle de marionnettes.* → aussi **guignol.**

**maritime** **adj.** Qui est au bord de la mer, subit l'influence de la mer. → aussi **océanique.** *La Bretagne a un climat maritime et l'Alsace un climat continental.*

**marjolaine** **n. f.** Plante sauvage utilisée dans la cuisine comme aromate.

**mark** **n. m.** Monnaie allemande. *En arrivant à Berlin, il a changé ses francs contre des marks.*

**marketing** [maʀkətiŋ] **n. m.** Ce mot vient de l'anglais. Ensemble des techniques que l'on utilise pour mieux vendre un produit commercial.

**marmaille** **n. f.** Familier. Groupe de jeunes enfants bruyants. *Nos amis sont venus avec toute leur marmaille.*

**marmelade** **n. f.** Sorte de confiture dans laquelle les fruits sont écrasés. *De la marmelade d'oranges.*

**marmite** **n. f.** Grand récipient muni d'un couvercle et de deux anses dans lequel on fait bouillir de l'eau, cuire des aliments. → ② **cocotte, faitout.** *Elle* *fait du pot-au-feu dans une grande marmite.*

▶ **marmiton** **n. m.** Jeune aide-cuisinier.

**marmonner** **v.** (conjug. 1) Murmurer entre ses dents d'une façon confuse. *Il marmonna quelques excuses.* → **bredouiller, grommeler.**

**marmot** **n. m.** Familier. Jeune enfant. *Elle a deux marmots.*

**marmotte** **n. f.** Petit animal rongeur, ressemblant à un écureuil à la fourrure épaisse. ⤜ planche Mammifères. *La marmotte hiberne, elle peut dormir huit mois par an. Anne a dormi comme une marmotte,* elle a dormi profondément.

**maroquinerie** **n. f.** Fabrication d'objets en cuir et magasin où l'on vend ces objets. *Elle s'est acheté un portefeuille dans une maroquinerie.*

**marotte** **n. f.** Idée fixe, manie. *Sa nouvelle marotte, c'est de faire des mots croisés.*

**marquer** **v.** (conjug. 1) **1.** Signaler par une marque. *Le berger a marqué ses moutons au fer rouge.* **2.** Laisser des marques, des empreintes. *Tes doigts marquent sur la vitre. Ce que tu lui as dit l'a beaucoup marqué,* cela lui a fait une forte impression. **3.** Exprimer un sentiment. *Elle marque une préférence pour son fils aîné.* → **manifester, montrer.** **4.** Indiquer. *L'horloge marque 5 heures.* **5.** *L'équipe adverse a marqué un point,* elle a obtenu un point. *Le footballeur a marqué un but,* il a mis le ballon dans les buts. **6.** Accentuer, souligner. *Quand on apprend à jouer du piano, on utilise un métronome qui marque la mesure.*

▶ **marquant** **adj.** Qui marque, qui laisse un souvenir fort. *Cette rencontre a été l'un des événements marquants de sa vie.* → **mémorable.**

▶ **marque** **n. f. 1.** Signe que l'on fait sur une chose pour la distinguer ou servir de repère. *Avant de planter le clou, il a fait une marque sur le mur.* **2.** Signe, preuve. *Il m'a prêté sa voiture, c'est une marque de confiance.* **3.** Nom qui est propre à un fabricant. *Quelle est la marque de cet aspirateur ?* ▷ DÉMARCATION, DÉMARQUER.

**marqueterie** [maʀkɛtʀi] **n. f.** Assemblage de morceaux de bois en feuilles minces, de couleurs et de formes diverses, appliqués sur un meuble. *Une table en marqueterie.*

**marquis** **n. m.,** **marquise** **n. f.** Personne qui a un titre de noblesse inférieur à celui de duc et supérieur à celui de comte. *La marquise sortit à cinq heures.*

**marraine** **n. f.** Femme qui, le jour du baptême d'un enfant, le tient sur les fonts baptismaux et s'engage à veiller sur lui. *Le parrain et la marraine.* → aussi **filleul.**

**marron** **n. m.** et **adj. inv. 1. n. m.** Fruit comestible du châtaignier. → **châtaigne.** *Ils mangent de la dinde aux marrons.* **2. adj. inv.** D'une couleur brune. *Elle a des chaussures marron.*

▶ **marronnier** **n. m.** Grand arbre d'ornement. *Au printemps les marronniers sont en fleurs.*

**mars** **n. m.** Troisième mois de l'année. *Le printemps commence le 21 mars.*

**marsouin** **n. m.** Animal marin qui ressemble à un petit dauphin. *Les marsouins sont des mammifères.*

**marsupial** n. m. [pl. *marsupiaux*] Animal dont les petits naissent à l'état de fœtus et finissent de se développer dans une poche extérieure, sur le ventre de la mère. *Le kangourou et le koala sont des marsupiaux.*

**marteau** n. m. **1.** Outil qui sert à frapper, constitué d'un manche en bois auquel est fixée une masse en métal. *Il enfonce des clous avec un marteau.* — *Un marteau-piqueur,* c'est un outil qui fonctionne avec un moteur et sert à défoncer le sol. *On entend le bruit des marteaux-piqueurs jusqu'ici.* **2.** Disque lourd en métal tenu par un fil d'acier, que l'on lance après avoir tourné sur soi-même. *Le lancement du marteau est un sport.*

**marteler** v. (conjug. 5) **1.** Frapper à coups de marteau. *Le forgeron martèle le fer sur l'enclume.* **2.** Frapper fort et à coups répétés sur quelque chose. *Les bottes des soldats martelaient le sol.*

► **martèlement** n. m. Succession de bruits qui fait penser aux chocs répétés du marteau.

**martial** adj. **1.** *Il a traversé la cour d'un pas martial,* conquérant et fier. **2.** *Le judo et le karaté sont des arts martiaux,* des sports de combat d'origine japonaise.

**martien** n. m., **martienne** n. f. Habitant supposé de la planète Mars.

① **martinet** n. m. Oiseau très petit au plumage brun qui ressemble à une hirondelle. *Les martinets peuvent voler à 200 km/heure.*

② **martinet** n. m. Petit fouet constitué d'un manche et de plusieurs fines lanières de cuir.

**martingale** n. f. Bande de tissu placée horizontalement dans le dos d'un vêtement. *La martingale d'un manteau.*

**martin-pêcheur** n. m. Petit oiseau roux et bleu, qui vit au bord de l'eau et se nourrit de poissons, de têtards et de larves d'insectes. ⤜ planche Oiseaux. — **Au pl.** *Des martins-pêcheurs.*

**martre** n. f. Petit animal agile, au corps allongé, au museau pointu, au pelage brun, de la même famille que la fouine et la zibeline. *Les martres sont recherchées pour leur fourrure.*

**martyr** n. m., **martyre** n. f. **1.** Personne qui souffre ou meurt pour sa religion ou pour un idéal. *Parmi les premiers chrétiens certains furent des martyrs que l'on jetait aux lions qui les dévoraient.* **2.** Personne que l'on maltraite. → **souffre-douleur.** — **Adj.** *Les enfants martyrs sont parfois battus à mort.*

► **martyre** n. m. Très grande souffrance. → **calvaire.** *Il a souffert le martyre pendant sa maladie.*

► **martyriser** v. (conjug. 1) Maltraiter, torturer. *Ce chien a été martyrisé, il est devenu très craintif.*

**mas** [ma ou mas] n. m. Ferme ou maison de campagne traditionnelle, en Provence. ◊ homonyme : mât.

**mascarade** n. f. Mise en scène trompeuse qui laisse croire que l'on agit avec justice et sérieux alors qu'il n'en est rien. *Ce procès n'est qu'une mascarade.*

**mascotte** n. f. Animal, personne ou objet porte-bonheur. → **fétiche.** *Ce hamster est la mascotte de la classe.*

**masculin** adj. **1.** Propre à l'homme, au mâle. || contr. **féminin** || *Être pompier* *est un métier masculin. Elle a une coiffure un peu masculine.* **2.** *Les noms masculins,* ce sont des noms comme *chêne, roseau, voyage* qui sont précédés au singulier des articles *le* ou *un.* — **N. m.** *Le masculin et le féminin de l'adjectif « propre » sont identiques.*

**masochiste** **adj.** Qui trouve du plaisir à souffrir. *Il faut être masochiste pour aimer se baigner dans l'eau glacée.* — On dit familièrement *maso.*

**masque** **n. m. 1.** Objet que l'on se met sur le visage pour se déguiser. *Flora a mis un masque de chat pour le Mardi gras.* → aussi **loup. 2.** Objet qui sert à protéger les yeux, le visage. *Pour faire de la plongée sous-marine, il met un masque, un tuba et des palmes.*

masque

▶ **masqué** **adj. 1.** Couvert d'un masque. *Il a été kidnappé par des hommes masqués.* **2.** *Ils sont invités à un bal masqué,* un bal où l'on porte des masques. → aussi **costumé.**

▶ **masquer** **v.** (conjug. 1) **1.** Cacher à la vue. *L'entrée du souterrain est masquée par des branches.* **2.** Dissimuler sous une fausse apparence. *Il ne faut pas masquer la vérité.* ▷ DÉMASQUER.

**massacrer** **v.** (conjug. 1) **1.** Tuer avec sauvagerie un grand nombre de personnes ou de bêtes qui ne peuvent pas se défendre. *Les soldats ennemis ont massacré tous les habitants du village.* **2.** Abîmer, saccager. *Les chiens ont massacré les plates-bandes.*

▶ **massacre** **n. m. 1.** Tuerie d'un grand nombre de personnes ou d'animaux. → **carnage.** *On essaie d'arrêter le massacre des éléphants en interdisant d'exporter de l'ivoire.* **2.** Fait d'abîmer quelque chose par maladresse. *Il a coupé le gâteau n'importe comment, c'est un massacre.*

▶ **massacrant** **adj.** *Il est d'une humeur massacrante,* de très mauvaise humeur, d'une humeur de chien.

**massage** **n. m.** Action de frotter, presser, pétrir une partie du corps pour la soigner. *Le kinésithérapeute fait des massages.* → aussi ② **masser.**

① **masse** **n. f. 1.** Grande quantité. *Le barrage retient une masse d'eau considérable.* → **volume. 2.** Réunion de nombreuses personnes ou de nombreuses choses. *J'ai une masse de documents sur ce sujet.* → **foule. 3.** *Ils ont accouru en masse,* tous ensemble, en un groupe très nombreux. **4.** *Ce genre de film plaît à la masse,* à la majorité des gens, au grand public.

▶ ① **masser** **v.** (conjug. 1) Rassembler en une masse. *Le berger a massé les moutons dans l'enclos. — La foule s'est massée sur le trottoir pour voir passer le président.* ▷ AMAS, AMASSER, ① et ② MASSIF, MASSIVEMENT, RAMASSAGE, RAMASSER, RAMASSIS.

② **masse** **n. f.** Gros maillet. *Le sculpteur tape avec sa masse sur une pointe pour attaquer la pierre.* ▷ MASSUE.

② **masser** **v.** (conjug. 1) Frotter, pétrir une partie du corps, pour la soigner.

*Les sportifs se font masser avant et après les compétitions.*

▶ **masseur** n. m., **masseuse** n. f. Personne dont le métier est de faire des massages. → **kinésithérapeute.** ▷ MASSAGE.

① **massif** adj. 1. *De l'or massif,* c'est de l'or qui occupe tout le volume d'un objet, qui n'est pas un revêtement. *Son bracelet n'est pas en or massif, il est juste plaqué or.* 2. Gros, épais, lourd. *Des colonnes massives.* 3. Qui est fait ou qui est donné en grande quantité. *Il a pris une dose massive de somnifères.*

▶ **massivement** adv. En masse, en grand nombre. *Ils ont répondu massivement à cet appel.*

▶ ② **massif** n. m. 1. Groupe compact de fleurs ou d'arbres. *Un massif de roses.* 2. Groupe de montagnes qui forment un gros bloc. *Les Alpes représentent le plus grand massif montagneux d'Europe.*

**massue** n. f. Gros bâton court à tête très épaisse et arrondie, servant d'arme. → **gourdin.** *Ils l'ont assommé à coups de massue.*

**mastic** n. m. Pâte qui colle et durcit en séchant. *On fixe les vitres aux fenêtres avec du mastic.*

**mastiquer** v. (conjug. 1) 1. Broyer longuement avec les dents. → **mâcher.** *Elle mastique un chewing-gum.*

**mastodonte** n. m. 1. Énorme animal fossile qui ressemblait à un éléphant. *Les mastodontes avaient quatre défenses.* 2. Personne ou objet énorme. *Ce bulldozer est un vrai mastodonte.*

**masure** n. f. Vieille maison en très mauvais état.

**mat** [mat] adj. 1. Qui n'est pas brillant ou poli. *De la peinture mate.* 2. *Elle a la peau mate,* assez foncée. ‖ contr. **clair** ‖ 3. *Un bruit mat,* c'est un bruit qui ne résonne pas. → **sourd.**

**mât** [mɑ] n. m. 1. Longue pièce de métal ou de bois dressée sur un bateau, qui porte les voiles ou divers appareils. *Les caravelles avaient trois mâts.* 2. Long poteau. *Il installe le mât de la tente.* ◊ homonyme : mas.

**matador** n. m. Homme chargé de tuer le taureau dans une corrida. → aussi **torero.**

**match** n. m. Compétition sportive. *Notre équipe a gagné le match de football.* — Au pl. *Des matchs* ou *des matches.*

**matelas** n. m. Grand coussin long et large, généralement posé sur un sommier, sur lequel on s'allonge pour dormir. *Pour faire son lit, il borde les draps et les couvertures de chaque côté du matelas.* → aussi **literie.**

▶ **matelassé** adj. Rembourré. *Une veste en tissu matelassé.*

**matelot** n. m. Homme qui travaille sur un bateau pour faire les manœuvres. → **marin.**

**mater** v. (conjug. 1) Rendre docile, obéissant. → **dompter, dresser.** *L'armée a maté les rebelles.*

se **matérialiser** v. (conjug. 1) Devenir réel. *Ce projet va se matérialiser dans un mois.*

**matériau** n. m. Toute matière qui sert à construire, à fabriquer un objet. *Les maisons traditionnelles sont construites avec des matériaux particuliers à chaque région.*

① **matériel** **adj.** **1.** *On a la preuve matérielle que l'accident d'avion est dû à un attentat,* une preuve faite d'éléments que l'on peut voir, toucher. → **tangible.** **2.** *L'accident n'a fait que des dégâts matériels,* des dégâts qui concernent uniquement les objets, pas les personnes. **3.** *Le confort matériel,* c'est le confort obtenu grâce aux choses que l'on possède, à l'argent.

▶ **matériellement** **adv.** En fait, pratiquement. *Il m'est matériellement impossible d'être ici dans une heure.*

▶ ② **matériel** **n. m.** Ensemble des objets qui servent à quelque chose. *Il a emporté son matériel de pêche en vacances.*

**maternel** **adj.** **1.** Propre à une mère. *La petite chatte a déjà l'instinct maternel.* **2.** *Voici mon grand-père maternel,* le père de ma mère. → aussi **paternel.** **3.** *L'école maternelle,* c'est l'école où vont les enfants de deux à six ans. **4.** *Le français est ma langue maternelle,* la première langue que j'ai apprise quand j'étais enfant.

**maternité** **n. f.** **1.** Hôpital ou clinique où les femmes vont accoucher. **2.** *Le congé de maternité,* c'est le congé qu'a une femme lorsqu'elle attend un enfant et après son accouchement.

**mathématique** **n. f.** *Les mathématiques,* ce sont le calcul, l'algèbre, l'arithmétique, la géométrie. — On dit familièrement *les maths.*

▶ **mathématicien** **n. m.**, **mathématicienne** **n. f.** Personne dont le métier est de faire des mathématiques.

**matière** **n. f.** **1.** *La matière,* c'est ce dont sont faits les objets, les corps. *Le centre de la Terre est constitué de matière en fusion.* **2.** *Une matière,* c'est une substance, dont est faite une chose, que l'on peut distinguer des autres. *Le beurre, l'huile, la margarine sont des matières grasses.* **3.** *Une matière première,* c'est quelque chose que l'on trouve dans la nature et que l'homme peut transformer pour faire des objets. *Le bois est une matière première avec laquelle on peut faire des meubles.* **4.** Partie de ce que l'on apprend à l'école. → **discipline.** *L'histoire est la matière préférée de Luc. Anne s'intéresse aux matières scientifiques.* **5.** *L'entrée en matière d'un discours,* c'est son commencement.

**matin** **n. m.** Début de la journée. → **matinée.** || contr. **soir** || *Tous les matins, dès qu'il se réveille, il écoute la radio. Il viendra demain matin mais ne restera pas l'après-midi.*

▶ **matinal** **adj.** **1.** Du matin. *Elle fait sa gymnastique matinale.* **2.** *Vous êtes bien matinaux aujourd'hui !* vous vous êtes levés bien tôt !

▶ **matinée** **n. f.** **1.** Première partie de la journée qui va du lever du soleil à midi. → **matin.** *Il a plu toute la matinée.* — *Faire la grasse matinée,* c'est se lever tard. **2.** Spectacle qui a lieu l'après-midi. *Nous allons au théâtre, dimanche, en matinée.*

**matou** **n. m.** [pl. *matous*] Gros chat mâle. *Deux matous se battent dans la cour.*

**matraque** **n. f.** Bâton qui sert à frapper. → **gourdin.** *Le voleur a assommé le gardien d'un coup de matraque.*

▶ **matraquer** **v.** (conjug. 1) Frapper avec une matraque. *Le bandit a matraqué sa victime.*

▶ **matraquage** **n. m.** Répétition continuelle d'une information. *On parle de cette lessive partout, c'est du matraquage publicitaire.*

**matrimonial** adj. Qui concerne le mariage. *Pour trouver une femme, il s'est adressé à une agence matrimoniale,* une agence qui fait se rencontrer des gens qui veulent se marier. *Ils ont des ennuis matrimoniaux.* → **conjugal.**

**maturité** n. f. 1. État de ce qui est mûr. *On cueille les fruits quand ils sont arrivés à maturité.* 2. Sérieux que l'on doit avoir quand on est adulte. *Elle manque de maturité.* 3. En Suisse. Examen qui est l'équivalent du baccalauréat français. *Il a passé sa maturité.* — On dit familièrement *matu.*

**maudire** v. (conjug. 2 ; sauf au participe passé *maudit*) Souhaiter du mal à quelqu'un. *La vieille dame maudissait le garnement qui l'avait fait tomber.* || contr. **bénir** ||.

▶ **maudit** adj. Détestable, exaspérant. *Cette maudite panne nous a fait perdre une heure.*

**maugréer** v. (conjug. 1) Manifester son mécontentement en grognant. → **ronchonner.** *Yves, de mauvaise humeur, a maugréé toute la journée.*

**mausolée** n. m. Somptueux tombeau de très grandes dimensions. *On peut visiter le mausolée de Lénine à Moscou.*

**maussade** adj. 1. Triste et de mauvaise humeur. *Julie était maussade et ne voulait même pas jouer avec Anne.* 2. *Le temps est maussade aujourd'hui,* il est gris et triste.

**mauvais** adj. et adv.

▭ adj. 1. Qui a un défaut ou peu de valeur. → aussi **pire.** *Ce vin est vraiment mauvais.* || contr. **bon** || *Ce tissu est de mauvaise qualité. J'ai vu un mauvais film,* un film mal fait, pas intéressant. *Il est mauvais élève. Julie est mauvaise en orthographe.* → **faible,** ② **nul.** 2. Méchant, désagréable. *Luc regarde la maîtresse avec un air mauvais. Cette femme est une mauvaise langue,* elle dit des méchancetés sur les gens. 3. Pénible. *J'ai une mauvaise nouvelle à vous annoncer. C'est une mauvaise plaisanterie,* une plaisanterie qui n'est pas amusante.

▭ adv. *Les poubelles sentent mauvais,* elles ne sentent pas bon. *Il fait mauvais,* il ne fait pas beau temps.

**mauve** adj. D'une couleur violet pâle. *Alex a des chaussettes mauves.*

**mauviette** n. f. Personne peureuse, sans force ni courage. *Il s'est laissé insulter sans rien dire, quelle mauviette !*

**maxillaire** n. m. Os des mâchoires. *Lorsqu'on ouvre la bouche, le maxillaire inférieur s'abaisse.*

**maximal** adj. Le plus grand. || contr. **minimal** || *La vitesse maximale autorisée sur autoroute est de 130 kilomètres à l'heure.* → **maximum.** — Au masc. pl. *maximaux.*

**maxime** n. f. Phrase qui donne une règle de conduite. « *Il faut prendre la vie comme elle vient* » *est une maxime.* → aussi **dicton, proverbe.**

**maximum** n. m. et adj. 1. n. m. La plus grande quantité. *Julie a emporté le maximum d'affaires.* || contr. **minimum** || *Il sera là dans une heure au maximum,* au plus. 2. adj. Le plus grand. → **maximal.** *La température maximum ne dépassera pas 10 degrés.* — On peut dire aussi *la température maxima.* Le pluriel est *maximums* ou *maxima.*

**mayonnaise** n. f. Sauce froide et épaisse, composée de jaune d'œuf, d'huile et de moutarde mélangés. *Ils ont mangé du poulet froid avec de la mayonnaise.*

**mazout** **n. m.** Liquide tiré du pétrole, utilisé comme combustible. → **fuel.** *Leur maison est chauffée au mazout, la nôtre à l'électricité.*

**mazurka** **n. f.** Danse populaire polonaise et air sur lequel on la danse. *Les mazurkas de Chopin.*

**me** **pronom.** Pronom personnel de la première personne du singulier, complément. → aussi **je, moi.** *Je me lave les mains. Tu me le diras demain. Qui m'a appelé ? Me voici de retour.*

**méandre** **n. m.** Courbe que fait un cours d'eau. *La Seine fait de nombreux méandres entre Paris et Le Havre.*

**mécanique** **n. f.** et **adj.**

▭ **n. f.** Science de la construction et du fonctionnement des machines.

▭ **adj. 1.** Qui fonctionne grâce à un mécanisme. *Anne a une poupée mécanique qui avance toute seule quand on tourne la clé qu'elle a dans le dos. Julie a emprunté l'escalier mécanique,* l'escalier roulant. → aussi **escalator. 2.** Qui concerne le moteur. *Sa voiture a des ennuis mécaniques,* des ennuis de moteur. **3.** Fait à la machine et non à la main. *Un tapis mécanique.* **4.** Automatique. *Le soldat a salué d'un geste mécanique,* sans y penser. → **machinal.**

▸ **mécaniquement** **adv.** *Elle s'est lavée mécaniquement,* sans réfléchir. → **machinalement.**

▸ **mécanicien** **n. m., mécanicienne** **n. f. 1.** Personne qui entretient et répare les machines et les moteurs. *Le mécanicien est en train de changer la batterie de la voiture.* — On dit familièrement *mécano.* **2.** Personne qui conduit la locomotive d'un train.

**mécanisme** **n. m.** Ensemble des pièces qui permettent à un appareil, une machine, un moteur, de fonctionner. *Le mécanisme d'un réveil.*

**mécène** **n. m.** Personne riche qui aide les artistes, les écrivains. *Un mécène a fait exposer les tableaux des jeunes artistes de notre ville.*

▸ **mécénat** **n. m.** *Léonard de Vinci travailla en France grâce au mécénat de François Ier,* grâce à sa protection et à son aide financière.

**méchant** **adj.** Qui cherche et prend plaisir à faire du mal. → **mauvais, vilain.** *Souvent, pendant la récréation, les grands sont méchants avec les petits.* ‖ contr. **bon, gentil** ‖ *N'ayez pas peur, cette chienne n'est pas méchante,* elle ne mord pas. — **N.** *À la fin du film, les méchants sont punis.*

▸ **méchamment** **adv.** Pour faire du mal. *Il lui a répondu méchamment.* ‖ contr. **gentiment** ‖.

▸ **méchanceté** **n. f. 1.** Intention de faire du mal. → **cruauté, malveillance.** *Il a dénoncé son camarade par pure méchanceté.* ‖ contr. **bonté, gentillesse** ‖ **2.** Parole ou action méchante. *Elle lui a encore dit une méchanceté.*

**mèche** **n. f. 1.** Cordon de fil qui dépasse d'une bougie et que l'on fait brûler. *Il allume la mèche de la bougie. Vendre la mèche,* c'est trahir un secret. **2.** Tige de métal que l'on enfile au bout d'une perceuse pour faire des trous. → aussi **vrille. 3.** Petit paquet de cheveux. *Julie a une mèche qui lui tombe sur les yeux.* → aussi **épi.**

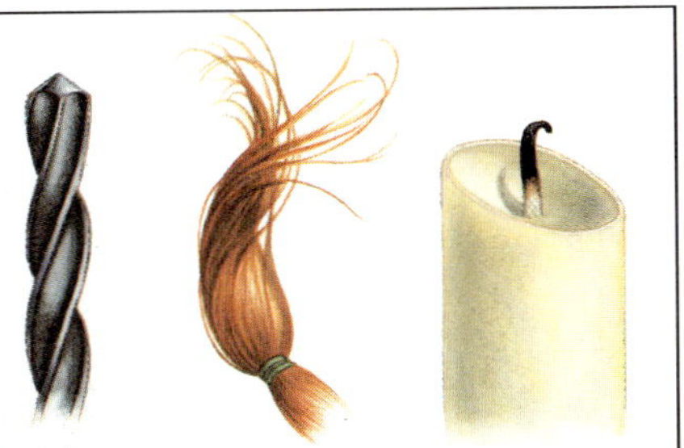
mèche

**méchoui** **n. m.** Mouton rôti entier à la broche. *Dimanche, nous avons mangé un méchoui.* — **Au pl.** *Des méchouis.*

**méconnaître** **v.** (conjug. 57) Ne pas reconnaître la valeur de quelqu'un ou de quelque chose. → **ignorer, mésestimer.** *Les critiques méconnaissent le talent de ce jeune peintre.* || contr. **apprécier** ||.

▸ **méconnaissable** **adj.** Qui est si changé qu'on ne peut le reconnaître. *Il est méconnaissable depuis sa maladie.*

▸ **méconnu** **adj.** Mal connu, pas apprécié à sa juste valeur. *Cette excellente comédienne est malheureusement méconnue.*

**mécontent** **adj.** Pas content, fâché, contrarié. || contr. **content** || *Julie est mécontente de ne pas aller chez Anne.* || contr. **enchanté, ravi, satisfait** || — **N.** *L'augmentation des prix fait des mécontents.*

▸ **mécontentement** **n. m.** Le fait d'être mécontent. *Les mauvais résultats scolaires de ses enfants sont autant de sujets de mécontentement.* → **contrariété.** || contr. **contentement** ||.

▸ **mécontenter** **v.** (conjug. 1) Rendre mécontent. → **contrarier, fâcher.** *Cette loi mécontente tout le monde.*

**médaille** **n. f. 1.** Petit bijou plat comme une pièce de monnaie. *Flora a une médaille et une petite croix suspendues à sa chaîne.* **2.** Pièce de métal décorative donnée en récompense à un sportif. *Il a remporté la médaille d'or du 100 mètres aux Jeux olympiques.*

▸ **médaillon** **n. m.** Bijou en forme de petite boîte plate qui peut s'ouvrir. *On peut mettre une photo ou une mèche de cheveux dans un médaillon.*

**médecin** **n. m.** Personne dont le métier est de soigner les malades. → **docteur.** *Le médecin a vacciné Julie contre la rougeole. Elle est médecin.*

▸ **médecine** **n. f.** Science qui a pour objet de prévenir et de soigner les maladies de l'homme. *Alex aimerait faire des études de médecine.*

**média** **n. m.** Moyen de communication par lequel les informations sont données au public. *Les journaux, la radio et la télévision sont les principaux médias.* ▷ MÉDIATIQUE.

**médian** **adj.** Qui est au milieu. *Une ligne blanche médiane partage la chaussée.*

▸ **médiane** **n. f.** Ligne droite qui joint le sommet d'un triangle au milieu du côté opposé. ⋙ planche Géométrie.

**médiation** **n. f.** Intervention destinée à mettre d'accord deux personnes ou deux pays. → **arbitrage.** *La paix a été* *signée grâce à la médiation d'un organisme international.*

**médiatique** adj. *Un personnage médiatique,* c'est quelqu'un dont on parle dans les médias et que le public connaît.

**médical** adj. Qui concerne la santé, la médecine. *Tous les ans, on passe une visite médicale,* on est examiné par un médecin. — Au masc. pl. *médicaux.*

**médicament** n. m. Produit préparé pour soigner. → **remède.** *Je vais à la pharmacie acheter les médicaments que le médecin m'a prescrits.* → aussi **ordonnance.**

**médicinal** adj. *Une plante médicinale,* c'est une plante qui contient des substances qui soignent, servent de médicament. — Au masc. pl. *médicinaux.*

**médiéval** adj. Qui date du Moyen Âge. *Flora s'intéresse beaucoup à l'histoire médiévale. On peut visiter des châteaux médiévaux en France.* → aussi **moyenâgeux.**

**médiocre** adj. Assez mauvais. *Luc a des résultats médiocres en classe.* → **faible.** || contr. **bon, excellent** ||.
▶ **médiocrement** adv. Assez peu, assez mal. *Il gagne médiocrement sa vie.* || contr. **bien** ||.
▶ **médiocrité** n. f. Insuffisance. → **faiblesse.** *La rédaction de Luc était d'une médiocrité consternante.*

**médire** v. (conjug. 37 ; sauf *vous médisez*) Dire du mal. *Il médit toujours de ses voisins.*
▶ **médisance** n. f. Chose méchante mais vraie que l'on dit sur quelqu'un. *Personne n'est à l'abri de ses médisances.* → aussi **calomnie.**

**méditer** v. (conjug. 1) Réfléchir longuement et profondément. *Les philosophes méditent sur la vie et la mort.*
▶ **méditation** n. f. Réflexion profonde. *Il est en pleine méditation.*
▷ PRÉMÉDITATION, PRÉMÉDITÉ, PRÉMÉDITER.

**méditerranéen** adj. Qui se rapporte à la Méditerranée. *La Côte d'Azur est dans la région méditerranéenne.*

**médium** [medjɔm] n. m. Personne censée communiquer avec les morts. — Au pl. *Des médiums.*

**médius** n. m. Doigt du milieu de la main, le plus long. → **majeur.**

**méduse** n. f. Animal marin formé d'une masse transparente gélatineuse sous laquelle se trouvent la bouche et les tentacules. *Yves s'est fait piquer par une méduse.*

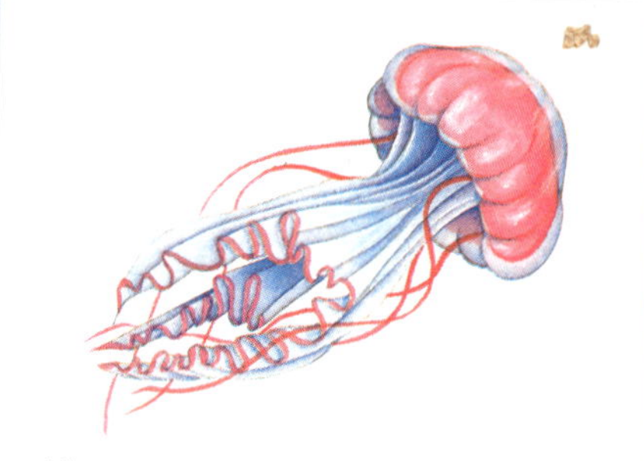

méduse

**médusé** adj. Très étonné. → **stupéfait.** *Nous sommes restés médusés par cette nouvelle.*

**meeting** [mitiŋ] n. m. Ce mot vient de l'anglais. Réunion publique. *Les ou-*

*vriers en grève ont organisé un meeting devant l'usine.* → **rassemblement.**

**méfait** n. m. 1. Mauvaise action. → **faute.** *On ne compte plus les méfaits de ces voyous.* 2. Effet dangereux. *On l'a mis en garde contre les méfaits de l'alcool et du tabac.* || contr. **bienfait** ||.

se **méfier** v. (conjug. 7) Ne pas avoir confiance. *Méfiez-vous de lui, il est hypocrite.* → se **défier.**

▸ **méfiance** n. f. Attitude de celui qui se méfie. → **défiance.** *J'éprouve la plus grande méfiance à son égard,* je n'ai pas confiance en lui.

▸ **méfiant** adj. Qui a tendance à se méfier de tout. → **soupçonneux.** *Elle est devenue méfiante en vieillissant.* || contr. **confiant** ||.

**mégalomane** adj. Qui exagère et enjolive tout ce qui le concerne et a une ambition démesurée. *Yves se voit déjà président de la République, il est complètement mégalomane.* — On dit familièrement *mégalo.*

par **mégarde** adv. Sans le vouloir. *J'ai pris son écharpe par mégarde,* par inadvertance. || contr. ① **exprès** ||.

**mégère** n. f. Femme méchante et hargneuse.

**mégot** n. m. Reste d'une cigarette qui a été fumée. *Le cendrier est rempli de vieux mégots.*

**meilleur** adj. 1. Comparatif de supériorité de *bon. La tarte de Mamie est meilleure que celle de Maman.* || contr. **pire** || 2. Superlatif de supériorité de *bon. Flora est la meilleure amie d'Anne.* — N. *Alex est le meilleur de la classe en français.*

**mélancolie** n. f. Tristesse vague accompagnée de rêverie. *Mamie pense à sa jeunesse avec mélancolie.*

▸ **mélancolique** adj. Un peu triste. *Ce temps pluvieux nous rend mélancoliques.* → **cafardeux, sombre, triste.** || contr. **gai, joyeux** ||.

**mélange** n. m. Ensemble de choses différentes mêlées. *La pâte à crêpes est un mélange d'œufs, de lait et de farine.*

▸ **mélanger** v. (conjug. 3) 1. Mettre ensemble des choses différentes de manière à former un tout. → **mêler.** *Mélangez le beurre et la farine dans la casserole.* || contr. **séparer** || — *L'huile et l'eau se mélangent mal.* 2. Confondre. *Tu mélanges tout !*

▸ **mélangeur** n. m. Robinet qui mélange directement l'eau chaude et l'eau froide.

**mélasse** n. f. Sirop qui provient de la fabrication du sucre.

**mêler** v. (conjug. 1) Mettre ensemble des choses différentes. → **mélanger.** *Yves a mêlé tous les fils,* il les a mis en désordre. → **emmêler.**

▸ se **mêler** v. 1. Se joindre. *Julie s'est mêlée à notre groupe.* 2. *Ne te mêle pas de ce qui ne te regarde pas,* ne t'en occupe pas.

▸ **mêlée** n. f. 1. Combat désordonné. *La dispute avec les voyous s'est terminée en mêlée générale.* 2. Au rugby, moment où les joueurs de chaque équipe se groupent autour du ballon. ▷ DÉMÊLÉ, DÉMÊLER, EMMÊLER, ENTREMÊLER, MÉLANGE, MÉLANGER, PÊLE-MÊLE.

**mélèze** n. m. Arbre de la famille des conifères, qui ressemble au sapin mais perd ses aiguilles en hiver. ⋙ planche Arbres. *Une forêt de mélèzes.*

**mélodie** n. f. Suite de notes qui forment un air de musique. *La mélodie de cette chanson est très jolie.*

▶ **mélodieux** adj. *Flora a une voix mélodieuse,* agréable à entendre. → **harmonieux.**

**mélodrame** n. m. Pièce de théâtre dans laquelle l'histoire, très triste, est invraisemblable et les caractères des personnages très exagérés. *Le jeune premier amoureux, l'héroïne persécutée et le traître sont les personnages habituels du mélodrame.* — On dit familièrement *mélo.*

▶ **mélodramatique** adj. *Une situation mélodramatique,* c'est une situation digne d'un mélodrame, qui ressemble à un mélodrame.

**mélomane** n. m. et f. Amateur de musique. *C'est une mélomane, elle va souvent au concert.*

**melon** n. m. 1. Gros fruit rond, à l'écorce vert clair et à la chair orangée juteuse et sucrée. *Nous mangerons du melon pour commencer le repas.* 2. *Un chapeau melon,* c'est un chapeau d'homme en feutre rigide, rond et bombé.

**mélopée** n. f. Chant monotone et mélancolique.

**membrane** n. f. Peau très mince et très souple qui enveloppe un organe, recouvre une cavité du corps. *Les méninges sont des membranes qui entourent et protègent le cerveau.*

**membre** n. m. 1. Chacune des quatre parties du corps qui s'attachent au tronc. *Les bras sont les membres supérieurs et les jambes les membres inférieurs du corps humain. Les ailes et les pattes des animaux sont des membres.* 2. Personne qui fait partie d'un groupe, d'un club, d'une association, d'un parti. *Tous les membres de la famille seront réunis pour Noël. La mère de Luc est membre de l'association des parents d'élèves.* → **adhérent.** ▷ REMEMBREMENT.

**même** adj., pronom et adv.

▭ adj. 1. Identique, semblable. *Anne et Julie ont la même écharpe jaune.* || contr. **différent** || *Yves est dans la même classe que Luc.* || contr. **autre** || *Il a gardé la même chemise trois jours,* il n'en a pas changé. 2. *Ils sont arrivés en même temps,* ensemble. 3. *Mamie est la bonté même,* elle est très bonne. *Je le ferai moi-même,* seul. *Elles ont réussi par elles-mêmes,* par leurs propres moyens.

▭ pronom. *Anne regarde la ceinture de Julie, elle aimerait avoir la même,* une ceinture semblable. *Cela revient au même,* c'est pareil.

▭ adv. 1. *Tout le monde dansait, même Mamie,* Mamie aussi. 2. *Je vous attends ici-même,* exactement ici. 3. *Quand même,* malgré tout. *Luc est malade mais il va quand même à l'école.* → **néanmoins, pourtant.** 4. *Les campeurs couchaient à même le sol,* directement sur le sol. 5. *Je ne suis pas à même de vous renseigner,* je n'en suis pas capable, je ne suis pas en mesure de le faire.

**mémento** [memɛ̃to] n. m. Agenda. *Il note ses rendez-vous sur son mémento.* — Au pl. *Des mémentos.*

① **mémoire** n. f. 1. Ce qui permet de se souvenir. *Luc a une bonne mémoire. Anne a eu un trou de mémoire en récitant sa poésie,* elle a oublié un passage. 2. *La mémoire d'un ordinateur,* c'est le mécanisme qui permet de conserver les informations dont on aura besoin et dont on se servira plus tard. *L'informaticien met une information en mémoire.* **3.** *Un monument a été élevé à la mémoire des victimes,* en souvenir d'eux et en leur honneur.

② **mémoire** **n. m.** Texte qu'un étudiant écrit sur un sujet précis. *Il a écrit un mémoire sur la faune mexicaine.*

▶ **Mémoires** **n. m. pl.** Livre qu'une personne écrit pour raconter sa vie et les événements auxquels elle a participé. → **autobiographie.**

**mémorable** **adj.** Dont on garde longtemps le souvenir. → **inoubliable.** *C'était le jour mémorable où Alex s'était perdu.*

**menacer** **v.** (conjug. 3) **1.** Chercher à faire peur, à intimider. *Les gangsters menaçaient le caissier avec un revolver.* **2.** Être sur le point de se produire. *Le ciel se couvre, l'orage menace d'éclater.*

▶ **menaçant** **adj.** Destiné à faire peur. *Les bandits avaient un air menaçant.* ‖ contr. **rassurant** ‖.

▶ **menace** **n. f.** **1.** Parole ou geste destiné à montrer à quelqu'un qu'on est décidé à lui faire du mal. *Il a reçu des lettres de menace.* **2.** Danger. *Certains pays vivent sous la menace d'un tremblement de terre.*

**ménage** **n. m.** **1.** Ensemble des travaux qu'il faut faire pour tenir propre l'intérieur d'une maison. *Anne fait le ménage dans sa chambre,* elle nettoie et range sa chambre. *Ils ont une femme de ménage,* une employée qui fait le ménage chez eux. **2.** Les deux personnes d'un couple qui vivent ensemble. *Ils forment un ménage uni.* — *Les chiens et les chats ne font pas toujours bon ménage,* ils ne s'entendent pas toujours bien.

▶ ① **ménager** **adj.** Qui concerne la maison, son entretien. *Elle n'aime pas les travaux ménagers.* → **domestique.**

▶ **ménagère** **n. f.** Femme qui s'occupe de sa maison. *C'est une excellente ménagère.* ▷ ÉLECTROMÉNAGER, REMUE-MÉNAGE.

② **ménager** **v.** (conjug. 3) **1.** *Sa grand-mère doit ménager ses forces,* économiser ses forces en se reposant. — *Tu dois te ménager,* te reposer. **2.** Traiter avec douceur. *Au karaté, Alex ne ménage pas ses adversaires.* **3.** Installer. *Il a ménagé un escalier intérieur entre les deux appartements.* → **aménager.** **4.** Organiser. *La secrétaire du directeur nous a ménagé une entrevue.* → **arranger.**

▶ **ménagement** **n. m.** Douceur et égards avec lesquels on traite quelqu'un. *On lui a annoncé la mauvaise nouvelle avec ménagement,* en faisant attention.

**ménagerie** **n. f.** Endroit où sont rassemblés les animaux d'un cirque.

**mendier** **v.** (conjug. 7) Demander de l'argent en tendant la main. *Un clochard mendiait à la sortie du métro.*

▶ **mendiant** **n. m.**, **mendiante** **n. f.** Personne qui demande la charité.

▶ **mendicité** **n. f.** *Le malheureux en était réduit à la mendicité,* à mendier.

**mener** **v.** (conjug. 5) **1.** Conduire en accompagnant ou en commandant. *Le général a mené ses troupes à la victoire.* **2.** Être en tête. *Notre équipe mène 2 buts à 0.* **3.** Diriger. *Elle mène sa vie comme elle veut. Le commissaire mène l'enquête.* **4.** Permettre d'aller quelque part. *Cette route mène à la ferme,* elle y va.

► **meneur** **n. m.**, **meneuse** **n. f. 1.** Personne qui dirige, entraîne les autres. *La police a arrêté les meneurs.* **2.** *Un meneur de jeu* organise et anime des jeux. ▷ AMENER, se DÉMENER, EMMENER, MALMENER, PROMENADE, PROMENER, PROMENEUR, RAMENER, SURMENAGE, SURMENER.

**menhir** **n. m.** Grande pierre dressée verticalement datant de l'époque préhistorique. → aussi **dolmen.**

**méninge** **n. f. 1.** Chacune des membranes qui entourent le cerveau et la moelle épinière. **2.** Familier. *Tu ne t'es pas fatigué les méninges,* le cerveau, l'esprit.

► **méningite** **n. f.** Grave maladie du cerveau.

**menotte** **n. f. 1.** Main. *Anne a ses menottes gelées.* — Ce sont les enfants qui emploient ce mot ou des personnes qui s'adressent à des enfants. **2.** *Les menottes,* ce sont les bracelets en métal réunis par une chaîne que l'on fixe aux poignets des prisonniers.

**mensonge** **n. m.** Chose fausse dite dans l'intention de tromper. *Yves a dit un mensonge,* il a menti.

► **mensonger** **adj.** Qui trompe. *Le témoin a fait une déclaration mensongère,* il a menti. ‖ contr. **sincère** ‖.

**mensualité** **n. f.** Somme que l'on verse ou que l'on reçoit chaque mois. *Il paye ses impôts par mensualités.*

**mensuel** **adj.** Qui se fait, a lieu tous les mois. *Elle est abonnée à une revue mensuelle,* qui paraît une fois par mois. ▷ BIMENSUEL.

**mensurations** **n. f. pl.** Mesures principales du corps. *La couturière prend les mensurations de sa cliente.*

**mental** **adj. 1.** Qui se fait dans l'esprit, de tête, sans écrire. *Alex est bon en calcul mental.* **2.** *Les malades mentaux,* ce sont des personnes qui ont l'esprit dérangé. → **aliéné, fou.** *On soigne les maladies mentales dans des hôpitaux psychiatriques,* on y soigne les maladies qui atteignent l'esprit.

► **mentalement** **adv. 1.** Intérieurement. *Anne se récite sa leçon mentalement,* sans l'écrire et sans la dire à voix haute. **2.** Du point de vue de l'esprit. *Il n'a pas été atteint mentalement.* ‖ contr. **physiquement** ‖.

► **mentalité** **n. f.** État d'esprit, façon de penser d'un ensemble de personnes. *Les mentalités ont beaucoup évolué depuis le Moyen Âge.*

**menteur** **n. m.**, **menteuse** **n. f.** Personne qui ment, qui a l'habitude de dire des mensonges, d'inventer des histoires pour tromper. *Méfie-toi de ce qu'elle dit, c'est une menteuse.* — **Adj.** *Il est très menteur.* ‖ contr. **franc** ‖.

**menthe** **n. f.** Plante qui sent très bon, dont on se sert pour parfumer des plats, des bonbons et pour faire

menthe

des tisanes et des sirops. *Du thé à la menthe.* ◊ homonyme : mante.

**mention** **n. f. 1.** *Le journaliste a fait mention des grèves de transport,* il les a signalées, en a parlé. **2.** Mot ou groupe de mots qui apporte une précision. *Remplissez ce questionnaire en rayant les mentions inutiles.* **3.** Appréciation favorable donnée lors d'un examen. *Il a eu son bac avec mention bien.*

▶ **mentionner** **v.** (conjug. 1) Indiquer. → **signaler.** *N'oubliez pas de mentionner votre date de naissance.*

**mentir** **v.** (conjug. 16) Affirmer que quelque chose est vrai tout en sachant que c'est faux. → aussi **mensonge.** *Anne a menti à ses parents.* ▷ DÉMENTI, DÉMENTIR, MENTEUR.

**menton** **n. m.** Partie du visage située au-dessous de la bouche. *Elle a un double menton,* des plis sous le menton.

① **menu** **adj. 1.** Petit et mince. *Flora est toute menue.* → **fin.** ‖ contr. **corpulent** ‖ **2.** *Le cuisinier coupe le lard en menus morceaux,* en tout petits morceaux. **3.** *Les menus détails,* ce sont les petits détails sans importance. ▷ S'AMENUISER.

② **menu** **n. m. 1.** Ensemble des plats servis au cours d'un repas. *Au restaurant, nous avons pris le menu à 80 francs.* → aussi **carte. 2.** Liste des opérations affichées sur l'écran d'un ordinateur et parmi lesquelles on peut choisir.

**menuet** **n. m.** Danse ancienne des 17e et 18e siècles.

**menuisier** **n. m.** Personne dont le métier est de travailler le bois et de fabriquer des meubles, des portes, etc. *Un menuisier est venu remplacer les fenêtres.* → aussi **ébéniste.**

▶ **menuiserie** **n. f.** Travail du bois pour la fabrication des meubles et pour la décoration.

se **méprendre** **v.** (conjug. 58) Se tromper. *Ces frères jumeaux se ressemblent à s'y méprendre. Elle s'est méprise sur mon compte.*

▶ **méprise** **n. f.** Erreur. *Au téléphone, on a pris Alex pour une fille, quelle méprise !* → **malentendu, quiproquo.**

**mépriser** **v.** (conjug. 1) **1.** *Il méprise tout le monde,* il considère que tous les autres lui sont inférieurs, il ne trouve personne digne de son estime. ‖ contr. **admirer, apprécier** ‖ **2.** *Le dompteur mit sa tête dans la gueule du lion, méprisant le danger,* n'y prêtant pas attention. → **dédaigner.**

▶ **mépris** **n. m. 1.** *Elle n'a que du mépris pour cet homme,* elle le considère indigne d'estime. → **dédain.** ‖ contr. **admiration, respect** ‖ **2.** *Les sauveteurs ont plongé, au mépris du danger,* sans tenir compte du danger. → en **dépit** de.

▶ **méprisable** **adj.** *C'est une personne vraiment méprisable,* qui mérite d'être méprisée. ‖ contr. **admirable, respectable** ‖.

▶ **méprisant** **adj.** Qui manifeste du mépris. *Elle est très méprisante.* → **arrogant, dédaigneux, hautain.**

**mer** **n. f.** Vaste étendue d'eau salée qui recouvre une grande partie de la Terre. → **océan.** *Le bateau est en pleine mer. Ils passent leurs vacances au bord de la mer. Marseille est un port de la mer Méditerranée, Boulogne un port de la mer du Nord.* ◊ homonymes : maire, mère. ▷ AMERRIR, AMERRISSAGE, OUTREMER, OUTRE-MER.

**mercenaire** **n. m.** Soldat qui combat pour de l'argent dans les rangs d'une armée étrangère.

**mercerie** **n. f.** Magasin où l'on vend tout ce qui sert à la couture. *Elle est allée à la mercerie acheter du fil et des boutons.*

① **merci** **n. m.** Terme de politesse utilisé pour remercier. *Dis merci à la dame. Mille mercis pour votre accueil. « Voulez-vous du café ? — Non, merci ! »* ▷ REMERCIEMENT, REMERCIER.

② **merci** **n. f. 1.** *On est toujours à la merci d'un accident,* on risque toujours d'avoir un accident. **2.** *Ils se sont livrés un combat sans merci,* un combat impitoyable.

**mercier** **n. m.,** **mercière** **n. f.** Personne qui vend des articles qui servent à la couture. ▷ MERCERIE.

**mercredi** **n. m.** Jour de la semaine entre le mardi et le jeudi. *Luc va à la piscine tous les mercredis après-midi.*

**mercure** **n. m.** Métal liquide et brillant qui augmente de volume avec la chaleur. *Quand on a de la fièvre, le mercure monte dans le thermomètre.*
► **mercurochrome** **n. m.** Nom déposé. Liquide rouge utilisé pour désinfecter les petites blessures. *Mets du mercurochrome sur ta coupure.*

**mère** **n. f. 1.** Femme qui a un ou plusieurs enfants. → **maman**, et aussi **maternel.** *Luc doit venir avec son père et sa mère.* **2.** Femelle qui a un ou plusieurs petits. *Où est la mère de ces chiots ?*
◊ homonymes : maire, mer. ▷ ARRIÈRE-GRAND-MÈRE, BELLE-MÈRE, GRAND-MÈRE.

**merguez** **n. f.** Petite saucisse très épicée. *Ils ont mangé du couscous avec des brochettes d'agneau et des merguez.*

merguez

**méridien** **n. m.** Demi-cercle imaginaire qui va du pôle Nord au pôle Sud. *On calcule les longitudes à partir du méridien qui passe à Greenwich, en Angleterre.* → aussi **parallèle.**

**méridional** **adj.** Situé au sud. *L'Espagne et l'Italie font partie de l'Europe méridionale, le Danemark et la Suède de l'Europe septentrionale. Il a l'accent méridional,* l'accent du Midi. — **N.** *Les Marseillais sont des méridionaux,* des gens du sud de la France.

**meringue** **n. f.** Gâteau très léger fait de blancs d'œufs battus en neige et de sucre.

**mérinos** [meʀinos] **n. m.** Mouton de race espagnole, à la laine blanche très abondante et très fine.

**merise** **n. f.** Petite cerise sauvage au goût acide.
► **merisier** **n. m.** Cerisier sauvage dont le bois est utilisé en ébénisterie. *Une armoire en merisier.*

**mérite** **n. m. 1.** *On peut vanter les mérites des pompiers,* leurs qualités qui les rendent estimables. **2.** *Anne a du mérite de faire ses devoirs alors qu'elle est malade,* elle est digne d'être récompensée et admirée.

▶ **mériter** **v.** (conjug. 1) **1.** *Julie a bien travaillé, elle mérite des compliments,* elle y a droit, elle en est digne. **2.** *Ce monument mérite le détour,* cela vaut la peine de faire un détour pour le voir.

▶ **méritant** **adj.** *Ces personnes qui se dévouent pour les autres sont bien méritantes,* elles ont du mérite.

▶ **méritoire** **adj.** Digne d'éloge. → **louable.** *Yves fait des efforts méritoires pour avoir une bonne note en dictée.* || contr. **blâmable** ||.

**merlan** **n. m.** Poisson de mer vivant en bancs et pêché près des côtes. *Nous avons mangé des filets de merlan.*

**merle** **n. m.** Oiseau dont le mâle a un plumage noir et un bec jaune. *On entendait un merle siffler.*

**mérou** **n. m.** [pl. *mérous*] Gros poisson des mers chaudes, dont la chair est très bonne. *Les pêcheurs ont rapporté des mérous.*

**merveille** **n. f.** **1.** Chose très belle, admirable. *Cette robe brodée est une merveille.* **2.** *Ce médicament a fait merveille,* a eu de très bons résultats. **3.** *Flora et Anne s'entendent à merveille,* s'entendent très bien, à la perfection.

▶ **merveilleusement** **adv.** Parfaitement. *Tout va merveilleusement bien.* → **admirablement.**

▶ **merveilleux** **adj.** **1.** Étonnant par son côté magique, surnaturel. *Un conte merveilleux.* → **fantastique.** **2.** Très beau, admirable. → **extraordinaire.** *Un paysage merveilleux.* — **Au fém.** *merveilleuse.* ▷ ÉMERVEILLEMENT, ÉMERVEILLER.

**mes** → **mon**

**mésange** **n. f.** Petit oiseau passereau au chant très mélodieux, qui se nourrit d'insectes. ⋙ planche Oiseaux. *Une mésange bleue s'est posée sur le rebord de la fenêtre.*

**mésaventure** **n. f.** Aventure désagréable, fâcheuse. *Il lui est arrivé de nombreuses mésaventures.*

**mesdames, mesdemoiselles** → **madame, mademoiselle**

**mésentente** **n. f.** Mauvaise entente. *Leur mésentente ne devrait pas se prolonger.* → **brouille, désaccord.**

**mésestimer** **v.** (conjug. 1) Ne pas apprécier à sa juste valeur. → **méconnaître.** *L'alpiniste a mésestimé la difficulté et il a dévissé.* → **sous-estimer.**

**mesquin** **adj.** Qui a l'esprit étroit, s'attache aux petits détails sans importance. *Elle est mesquine.* || contr. **généreux** ||.

▶ **mesquinerie** **n. f.** Caractère d'une personne, d'une action mesquine. *Il a fait preuve de mesquinerie.*

**message** **n. m.** Information transmise. *Elle lui a laissé un message sur son répondeur.*

▶ **messager** **n. m.**, **messagère** **n. f.** Personne qui apporte un message.

▶ **messageries** **n. f. pl.** Organisme chargé de transporter des marchandises.

**messe** **n. f.** Principale cérémonie du culte catholique. *Yves va à la messe tous les dimanches.*

**Messie** **n. m.** Envoyé de Dieu. *Pour les chrétiens, Jésus-Christ est le Messie.*

**messieurs** → **monsieur**

**mesure** n. f. 1. Dimension. *Le peintre prend les mesures de la pièce. Le tailleur prend les mesures de son client.* → **mensurations.** 2. *Les unités de mesure,* ce sont les unités qui servent à calculer les dimensions. *Le gramme est l'unité de mesure des poids.* 3. *Les mesures d'une partition musicale,* ce sont ses divisions. → aussi **rythme.** *Ils dansent en mesure,* en cadence. 4. Quantité normale. *Tu dépasses la mesure,* tu exagères. *Il n'a pas le sens de la mesure,* il ne sait pas se modérer. 5. Proportion. *Je serai là de bonne heure dans la mesure du possible,* si c'est possible. 6. Moyen d'agir. *Le gouvernement a pris des mesures pour venir en aide aux victimes des inondations.* 7. *Je ne suis pas en mesure de vous répondre,* je n'en ai pas la possibilité, je n'en suis pas capable.

▸ **mesuré** adj. Qui agit avec modération. *Elle est restée mesurée dans ses paroles.*

▸ **mesurer** v. (conjug. 1) 1. Prendre des mesures. *Le peintre mesure la pièce.* 2. Avoir pour taille. *Son père mesure un mètre quatre-vingts.* 3. *Il n'a pas mesuré la difficulté,* il ne l'a pas évaluée, ne s'est pas rendu compte de son importance. 4. *Luc s'est mesuré à Yves,* il s'est battu avec lui pour se comparer à lui. ▷ DÉMESURÉ, DEMI-MESURE.

**métairie** n. f. Domaine agricole exploité par un locataire qui partage la récolte avec le propriétaire. → aussi **métayer.**

**métal** n. m. [pl. *métaux*] Matière, le plus souvent dure et brillante, que l'on extrait des minerais. *Le fer et l'aluminium sont des métaux.* → aussi **alliage.**

▸ **métallique** adj. En métal. *Une armoire métallique.*

▸ **métallisé** adj. *Sa voiture est gris métallisé,* d'une couleur obtenue avec une peinture spéciale qui a l'éclat du métal.

▸ **métallurgie** n. f. Ensemble des industries et des techniques qui permettent de fabriquer des objets en métal. → aussi **sidérurgie.**

▸ **métallurgique** adj. *Une usine métallurgique,* c'est une usine où l'on travaille le métal.

▸ **métallurgiste** n. m. Ouvrier qui travaille dans la métallurgie. — On dit familièrement *un métallo.*

**métamorphose** n. f. 1. Transformation subie par le corps de certains animaux. *La grenouille est le résultat des métamorphoses du têtard.* 2. Grand changement. *On la reconnaît à peine avec cette nouvelle coiffure, c'est une véritable métamorphose.*

▸ **métamorphoser** v. (conjug. 1) 1. *La chenille s'est métamorphosée en papillon,* elle a complètement changé de forme. → se **transformer.** 2. *L'amour l'a métamorphosé,* l'a transformé.

**métaphore** n. f. Comparaison imagée. *« La vie nous sourit » est une métaphore.*

**métayer** n. m. Paysan qui exploite une métairie. ▷ MÉTAIRIE.

**météo** n. f. et adj. inv. 1. n. f. Météorologie. *Il écoute les prévisions de la météo à la radio.* 2. adj. inv. Météorologique. *Les conditions météo sont trop mauvaises pour atterrir.*

**météore** n. m. Phénomène lumineux qui se produit dans le ciel quand un corps venu de l'espace traverse l'atmosphère. *On peut voir des météores la nuit,* des étoiles filantes.

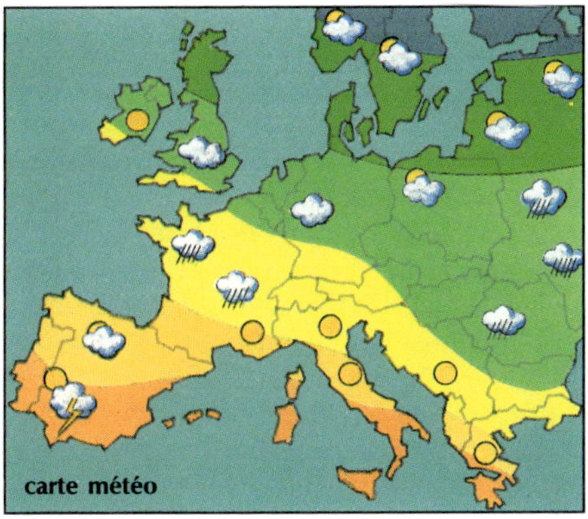


▸ **météorite** n. m. ou f. Pierre tombée de l'espace et qui traverse l'atmosphère. *En tombant, les météorites creusent un cratère dans le sol.*

**météorologie** n. f. Science qui, en étudiant ce qui se passe dans l'atmosphère, permet de prévoir le temps qu'il va faire. → **météo.** *La Météorologie nationale,* c'est un service qui s'occupe de la prévision du temps.

▸ **météorologique** adj. Qui concerne le temps. *Quelles sont les prévisions météorologiques ?* → **météo.**

**méthode** n. f. 1. Ordre logique que l'on suit pour faire quelque chose. *Alex range ses petites voitures avec méthode.* 2. Moyen. → **procédé.** *Quelle méthode utilisez-vous pour vous débarrasser des poux ?* 3. Livre qui contient les règles élémentaires à suivre pour apprendre quelque chose. *Son professeur lui a conseillé d'acheter une méthode de guitare.*

▸ **méthodique** adj. Organisé, ordonné. *Anne est très méthodique.* ‖ contr. ① **brouillon** ‖.

▸ **méthodiquement** adv. Avec méthode. *Flora range ses affaires de classe méthodiquement.*

**méticuleux** adj. Qui fait attention à tous les détails. → **minutieux, soigneux.** *Elle est très méticuleuse dans son travail, elle ne laisse rien au hasard.* ‖ contr. **négligent** ‖.

**métier** n. m. 1. Travail que l'on fait et pour lequel on gagne de l'argent. → **profession.** *Il exerce le métier de plombier.* 2. *Un métier à tisser,* c'est une machine qui sert à fabriquer des tissus.

**métis** n. m., **métisse** n. f. Personne dont le père et la mère ne sont pas de la même race. *L'enfant d'un Chinois et d'une Brésilienne est un métis.* → aussi **mulâtre.** — Adj. *Un enfant métis.*

**mètre** n. m. 1. Unité de longueur. *Il mesure un mètre quatre-vingts (1,80 m). Un mètre carré.* → **carré.** *Un mètre cube.* → **cube.** 2. Règle ou ruban gradué qui mesure au moins un mètre. → **centimètre.** *La couturière prend les mesures avec son mètre.*
◊ homonymes : maître, mettre.

▸ **métrage** n. m. *Le métrage d'un film,* c'est la longueur de la pellicule. *Il a tourné un court métrage,* un film qui dure moins d'un quart d'heure.

▸ **métrique** adj. *Le système métrique,* c'est le système de mesure qui a le mètre pour base. ▷ CENTIMÈTRE, DÉCAMÈTRE, DÉCIMÈTRE, KILOMÉTRAGE, KILOMÈTRE, KILOMÉTRIQUE, MILLIMÈTRE, MILLIMÉTRÉ, MILLIMÉTRIQUE.

**métro** n. m. Chemin de fer électrique, souvent souterrain, dans une grande ville. *Elle prend le métro pour aller à son bureau.* — *Métro* est l'abréviation de *métropolitain.*

**métronome** n. m. Instrument qui marque la mesure d'un morceau de musique. *Flora suit le rythme du mé-*

*tronome en jouant son morceau au piano.*

métronome

**métropole** n. f. **1.** Grande ville qui n'est pas forcément la capitale d'un pays. *Lyon et Toulouse sont des métropoles régionales françaises.* **2.** Partie d'un État où se trouve la capitale. *Il n'est pas né en métropole, il est né à la Martinique.*

▶ **métropolitain** adj. *Le territoire métropolitain,* c'est la partie d'un État où se trouve la capitale. *Lille et Marseille sont en France métropolitaine, pas Fort-de-France.*

**mets** n. m. Aliment préparé pour un repas. → **plat.** *Le cassoulet est son mets préféré.* ◊ homonymes : mai, mais. ▷ ENTREMETS.

**mettre** v. (conjug. 56) **1.** Faire passer dans un endroit. → **placer.** *Mets tes affaires ailleurs. Je mets le vase sur la table.* → **poser.** *Il met deux sucres dans son café.* → **ajouter.** *Flora mettra mes lettres à la poste.* **2.** *Julie mit son manteau et partit,* elle enfila son manteau. **3.** *Luc mettait la table,* il disposait la vaisselle et les couverts sur la table pour le repas. ‖ contr. **débarrasser** ‖ **4.** Faire passer dans une autre position, un autre état. *Mettons la planche debout. Mettez la phrase au futur. Yves met la radio en marche,* il la fait fonctionner. **5.** *Ils ont mis deux heures pour venir,* il leur a fallu deux heures. ◊ homonymes : maître, mètre.

▶ se **mettre** v. **1.** S'installer. *Anne s'est mise au lit,* elle s'est couchée. *Luc s'est mis à côté de Flora. Yves ne savait plus où se mettre,* il était très gêné. **2.** S'habiller. *Aujourd'hui, Julie s'est mise en pantalon.* **3.** Changer de position, d'état. *Mets-toi debout. Yves s'est mis en colère.* **4.** *Flora s'est mise à apprendre ses leçons,* elle a commencé à le faire.

▶ **mettable** adj. *Cette robe est encore mettable,* on peut encore la mettre, la porter sans être ridicule ou mal à l'aise. ‖ contr. **immettable** ‖.

▶ **metteur** n. m. *Le metteur en scène,* c'est la personne qui dirige la réalisation d'un film ou la représentation sur scène d'une pièce de théâtre. → aussi **réalisateur.** ▷ DÉMETTRE, DÉMISSION, DÉMISSIONNER, ÉMETTEUR, ÉMETTRE, ÉMISSION, ENTREMISE, IMMETTABLE, MISE, MISER, REMETTRE, REMISE, RETRANSMETTRE, RETRANSMISSION, SOUMETTRE, SOUMIS, SOUMISSION, TRANSMETTRE, TRANSMISSIBLE, TRANSMISSION.

① **meuble** adj. *Une terre meuble,* c'est une terre que l'on peut labourer facilement.

② **meuble** n. m. Objet qui sert à aménager une maison. *Les sièges, les armoires, les commodes, les tables, les lits sont des meubles.* → aussi **mobilier.**

▶ **meubler** v. (conjug. 1) **1.** Garnir de meubles. *Elle a meublé le salon avec goût.* **2.** Occuper. *Il chantait pour meubler le silence.* ▷ AMEUBLEMENT.

**meugler** **v.** (conjug. 1) *Les vaches meuglent,* elles poussent leur cri. → **beugler, mugir.**

▸ **meuglement** **n. m.** Cri des bovins. → **beuglement, mugissement.**

① **meule** **n. f.** Gros tas de foin, de paille. *Une meule de foin.*

② **meule** **n. f. 1.** Grosse pierre dure qui sert à moudre. **2.** Roue en pierre dure qui sert à affûter les lames.

▸ **meulière** **adj. f.** *La pierre meulière,* c'est une pierre rugueuse employée pour la construction. *Leur pavillon est en pierre meulière.*

**meunier** **n. m.**, **meunière** **n. f.** Personne dont le métier est de fabriquer de la farine dans un moulin.

**meurtre** **n. m.** Action de tuer volontairement quelqu'un. → **assassinat, crime, homicide.** *Il a été condamné pour le meurtre de sa femme.*

▸ **meurtrier** **n. m.**, **meurtrière** **n. f.** Personne qui a commis un meurtre. → **assassin, criminel.** *La police recherche le meurtrier.* — **Adj.** *Cette route est meurtrière,* de nombreuses personnes y sont mortes.

▸ **meurtrière** **n. f.** Fente verticale, dans une muraille, qui permet de tirer sur l'ennemi. → aussi **créneau** et **mâchicoulis.** *Les meurtrières d'un château fort.*

**meurtri** **adj.** Où il y a des traces de coup, de blessure. *Julie est tombée, elle a les genoux tout meurtris.*

▸ **meurtrissure** **n. f.** Trace de coup sur la peau. → **blessure, contusion.** *Ses jambes sont couvertes de meurtrissures.*

**meute** **n. f.** Troupe de chiens dressés pour la chasse à courre. *Le cerf était poursuivi par la meute hurlante.*
▷ AMEUTER.

**mi** **n. m. inv.** Note de musique entre ré et fa. *Des mi bémols.* ◊ homonyme : mie.

**mi-** Préfixe qui signifie « moitié de, à moitié ». *Le chat a les yeux mi-clos,* à moitié fermés. *À la mi-avril,* au milieu du mois d'avril, vers le 15 avril. *À mi-voix,* d'une voix faible.

**miauler** **v.** (conjug. 1) *Le chat miaule,* il pousse son cri.

▸ **miaulement** **n. m.** Cri du chat.

**mica** **n. m.** Roche composée de feuilles brillantes et transparentes.

**Mi-Carême** **n. f.** Fête qui a lieu un jeudi au milieu du Carême, pour laquelle les enfants se déguisent.

**miche** **n. f.** Gros pain rond.

à **mi-chemin** **adv.** Au milieu du chemin, du trajet. *Il s'est mis à pleuvoir à mi-chemin.*

**micmac** **n. m.** Familier. Suite de manœuvres compliquées et suspectes. → **manigance.** *Qu'est-ce que c'est que ces micmacs ?*

**micro** **n. m. 1.** Appareil qui permet d'amplifier les sons, de les transmettre ou de les enregistrer. *Parlez bien devant le micro.* — *Micro* **est l'abréviation de** *microphone.* **2.** Micro-ordinateur. — **Au pl.** *Des micros.*

**micro-** Préfixe qui signifie « petit ».

**microbe** **n. m.** Être vivant tout petit qu'on ne peut voir qu'au microscope et qui provoque des maladies. → aussi **virus.**

▶ **microbien** adj. *Il a une maladie microbienne,* causée par un microbe.

**microfilm** n. m. Film qui reproduit un document sur une très petite surface. *Les espions ont photographié les plans de la fusée sur microfilm.*

**micro-onde** n. f. Onde de très petite longueur. *Un four à micro-ondes réchauffe très rapidement les aliments.*

**micro-ordinateur** n. m. Petit ordinateur. — Au pl. *Des micro-ordinateurs.* — On dit aussi *un micro.*

**microscope** n. m. Instrument d'optique qui grossit les objets et permet de voir ce qui est invisible à l'œil nu. *Julie regarde un cheveu au microscope.*

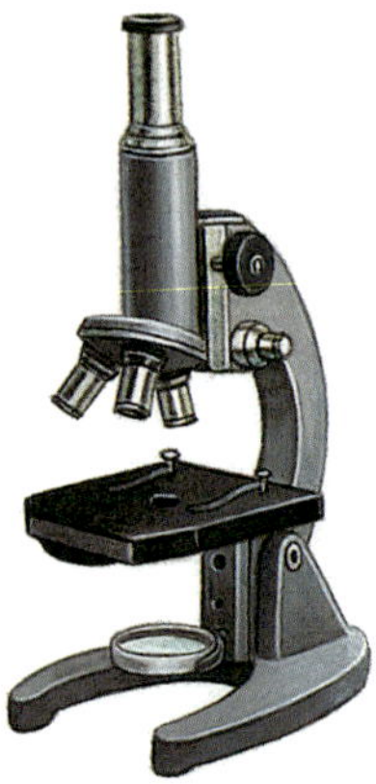
microscope

▶ **microscopique** adj. 1. Si petit qu'on ne peut le voir qu'au microscope. *Les virus et les microbes sont microscopiques.* 2. Très petit. → **minuscule.** *Leur appartement est microscopique.*

**microsillon** n. m. Disque au sillon très petit, qui tourne à 45 ou 33 tours par minute. *Les microsillons sont de plus en plus remplacés par les disques compacts.*

**midi** n. m. 1. Milieu du jour, entre le matin et l'après-midi. *Il déjeune à midi et demi,* à 12 heures 30. 2. *Le Midi,* c'est le sud de la France. *Il est originaire du Midi.* → aussi **méridional.** ▷ APRÈS-MIDI.

**mie** n. f. Partie molle à l'intérieur du pain. *Il fait griller une tranche de pain de mie,* d'un pain à la mie dense et abondante et à la croûte peu épaisse. → aussi ② **toast.** ◇ homonyme : mi.

**miel** n. m. Produit sucré que fabriquent les abeilles à partir des fleurs. *Flora mange des bonbons au miel.*

▶ **mielleux** adj. Doux et hypocrite. → **doucereux.** *Il a répondu d'une voix mielleuse.*

**mien** pronom possessif et n. m. 1. Pronom possessif de la première personne du singulier. *Voici tes chaussures; où sont les miennes?* où sont mes chaussures? *Ton frère est en classe avec le mien,* avec mon frère. 2. n. m. *J'y ai mis du mien,* j'ai fait un effort. 3. n. m. pl. *Les miens,* ce sont mes parents, ma famille, mes amis. *Je vais passer Noël avec les miens.*

**miette** n. f. 1. Petit morceau de pain, de gâteau. *La nappe est couverte de miettes.* 2. Petit morceau. *L'assiette s'est cassée, elle est en miettes.* ▷ ÉMIETTER.

**mieux** adv., adj. et n. m.

▭ adv. 1. *Mieux* est le comparatif de supériorité de *bien.* D'une manière meilleure. *Luc travaille mieux que son frère.* || contr. **plus mal** || *Anne a été ma-*

*lade mais elle va mieux. Tu ferais mieux de te taire,* tu aurais intérêt à te taire. **2.** *Mieux* est le superlatif de *bien.* De la meilleure manière. *Elle est la mieux payée de l'équipe. Au mieux, il arrivera demain,* dans le meilleur des cas. *Fais pour le mieux,* aussi bien que possible.

▭ **adj.** *Il est mieux sans barbe,* il est plus beau. *Enlève ta veste, tu seras mieux,* tu seras plus à l'aise.

▭ **n. m.** *Il fait de son mieux,* aussi bien qu'il peut. *Il y a du mieux dans son travail. Je m'attendais à mieux.* || contr. **pire** ||.

**mièvre** **adj.** Agréable mais un peu fade, sans vigueur. *Elle a lu un roman d'amour un peu mièvre.*

**mignon** **adj. 1.** Joli, charmant, gracieux. *Flora est très mignonne.* || contr. **laid** || **2.** Aimable, gentil. *Sois mignonne, va fermer la porte.* || contr. **vilain** ||.

**migraine** **n. f.** Mal de tête. *Il a la migraine.*

**migrateur** **adj.** *Les animaux migrateurs,* ce sont les animaux qui se déplacent suivant les saisons. — **Au fém.** *migratrice.*

**migration** **n. f. 1.** Déplacement de personnes qui quittent un pays ou une région pour s'installer ailleurs. → **émigration, immigration.** *Les famines du Moyen Âge provoquèrent de grandes migrations.* **2.** Déplacement des animaux selon les saisons. → aussi **migrateur.** *Les cigognes commencent leur migration vers l'Afrique à la fin de l'été.*

**mijoter** **v.** (conjug. 1) **1.** Cuire très doucement, à petit feu. *Le cuisinier fait mijoter le lapin.* **2.** Familier. Préparer en secret. *Anne et Julie ont mijoté un mauvais coup.*

**mil** **n. m.** Céréale cultivée en Afrique. *On pile le mil pour faire de la farine.* ◊ homonymes : ① et ② mille.

**milan** **n. m.** Oiseau rapace au plumage brun foncé, à la queue et aux ailes très longues. *Les milans ont un vol très lent.*

**mile** [majl] **n. m.** Ce mot vient de l'anglais. Mesure de longueur anglaise et américaine qui vaut 1 609 mètres.

**milice** **n. f.** Troupe de civils qui remplace ou renforce une armée ou une police régulières. *Les milices d'autodéfense sont interdites par la loi.*

**milieu** **n. m. 1.** Partie d'une chose située à égale distance de ses bords, de ses extrémités. → **centre.** *Une table basse est au milieu du salon. Julie s'est coiffée avec la raie au milieu.* **2.** Moment situé à distance égale du début et de la fin. *L'été commence au milieu de l'année.* **3.** Entourage d'une personne. *Ils sont d'un milieu aisé,* ils sont nés dans une famille riche. **4.** Environnement naturel d'un être vivant. *Les champignons croissent en milieu humide.* → aussi **écologie.** — **Au pl.** *Des milieux.*

**militaire** **adj.** et **n. m. 1. adj.** Relatif à l'armée. *Le pays a engagé des opérations militaires.* **2. n. m.** Personne qui fait partie de l'armée. → **soldat.** *Les gendarmes sont des militaires.*

**militer** **v.** (conjug. 1) Être membre actif d'un parti, d'un syndicat, d'une organisation et se battre pour une cause. *Elle milite pour la paix dans le monde.*

▶ **militant** n. m., **militante** n. f. Membre actif d'une organisation, d'un parti. *Une militante syndicale.*

① **mille** n. m. Unité de distance utilisée par les marins, qui vaut 1 852 mètres. *Le bateau n'est qu'à quelques milles de la côte.* ◊ homonymes : mil et ② mille.

② **mille** adj. inv. 1. Dix fois cent (1 000). *Un kilomètre fait mille mètres. La ville compte trois mille deux cents habitants.* — N. m. inv. *Deux fois cinq cents font mille.* 2. Une grande quantité, un grand nombre. *Encore mille mercis. Je te l'ai déjà dit mille fois.*

▶ **millefeuille** n. m. Gâteau fait de couches superposées de pâte feuilletée et de crème. *Luc aime beaucoup les millefeuilles.*

▶ **millénaire** adj. Qui a mille ans ou plus. *Les pyramides d'Égypte sont millénaires.* — N. m. Période de mille ans. *L'an 2001 marque le début du troisième millénaire de l'ère chrétienne.*

▶ **mille-pattes** n. m. inv. Petit animal formé de 21 anneaux et possédant 42 pattes. *Julie a trouvé des mille-pattes sous l'écorce d'un vieil arbre.*

▶ **millésime** n. m. Date inscrite sur une pièce de monnaie, une bouteille. *Quel est le millésime de ce champagne ?* ▷ MILLIARD, MILLIARDAIRE, MILLIÈME, MILLIER, MILLION, MILLIONNAIRE.

**millet** n. m. Céréale à grains très petits.

**milliard** n. m. Mille millions (1 000 000 000). *Il y a près de six milliards d'hommes sur terre.*

▶ **milliardaire** n. m. et f. Personne très riche, qui a un ou plusieurs milliards (de francs, de dollars...). *Le château a été acheté par un milliardaire japonais.* — Adj. *Elle est milliardaire.* → aussi **millionnaire.**

**millième** adj. et n. m. 1. adj. Qui vient au rang numéro mille. *Le millième spectateur aura une place gratuite.* 2. n. m. Chacune des parties d'un tout divisé en mille parts égales. *Il possède deux cent trois millièmes de cet immeuble.*

**millier** n. m. Environ mille. *Des milliers de visiteurs sont attendus.*

**milligramme** n. m. Millième partie du gramme. *Il a récupéré deux milligrammes (2 mg) d'or.*

**millimètre** n. m. Millième partie du mètre. *Dix millimètres (10 mm) font un centimètre.*

▶ **millimétré** adj. *Le papier millimétré,* c'est un papier quadrillé par des lignes espacées les unes des autres d'un millimètre.

▶ **millimétrique** adj. Millimétré. *Il a fait son graphique sur du papier millimétrique.*

**million** n. m. Mille fois mille (1 000 000). *Son disque s'est vendu à deux millions d'exemplaires.*

▶ **millionnaire** n. m. et f. Personne qui possède un ou plusieurs millions (de francs, de dollars...). → aussi **milliardaire.** *Il a épousé une millionnaire.* — Adj. *Elle est millionnaire.*

**mime** n. m. et f. Acteur qui ne s'exprime que par les gestes et les attitudes, sans parler. *Les enfants ont assisté au spectacle donné par des mimes.*

▶ **mimer** v. (conjug. 1) Reproduire par des gestes, des mimiques, sans paroles. *Luc mime la maîtresse.* → **imiter, singer.**

▶ **mimétisme** n. m. 1. Imitation involontaire et machinale de quelqu'un.

*Par mimétisme, le bébé fait les mêmes grimaces que son grand frère.* **2.** Possibilité qu'ont certains animaux de se rendre semblables au milieu environnant pour se protéger. *Le caméléon change de couleur par mimétisme.*

▶ **mimique** **n. f.** Geste, attitude ou expression du visage qui sert à exprimer quelque chose. *Anne a fait une mimique de dégoût.* ▷ PANTOMIME.

**mimosa** **n. m.** Arbre de la famille de l'acacia, à petites fleurs jaunes très parfumées en forme de boules. *Le mimosa pousse dans les régions chaudes.*

**minable** **adj.** Familier. Très médiocre, mauvais. → **lamentable.** *Ses résultats scolaires sont minables.* ǁ contr. **excellent** ǁ.

**minaret** **n. m.** Tour d'une mosquée.

**minauder** **v.** (conjug. 1) Faire des mines, des manières, pour plaire ou attirer l'attention. *Cesse de minauder !*

**mince** **adj. 1.** Fin, peu épais. *La cloison entre les deux pièces est trop mince.* ǁ contr. **épais** ǁ **2.** Svelte, élancé. *Sa mère est mince.* ǁ contr. **fort, gros** ǁ **3.** Peu important. → **insignifiant.** *Il ne reste qu'un mince espoir de les retrouver.* → **maigre.**

▶ **minceur** **n. f.** Finesse. *Cette femme est d'une minceur remarquable.* ▷ AMINCIR, AMINCISSANT.

① **mine** **n. f. 1.** Apparence, aspect extérieur. *Il a une mine revêche.* → **air.** *Flora faisait mine de s'intéresser à ce que disait son père,* elle faisait semblant. **2.** Aspect du visage. *Anne est malade, elle a très mauvaise mine.* **3.** *Elle fait des mines,* elle fait des manières, a une attitude affectée. ▷ MINAUDER, MINOIS.

② **mine** **n. f.** Petit bâton qui laisse une trace sur le papier et qui forme la partie centrale d'un crayon. *Yves taille la mine de son crayon.*

③ **mine** **n. f.** Endroit du sol, plus ou moins profond, d'où l'on extrait du charbon, des minerais, en grande quantité. → **gisement.** *Il y a des mines de diamants en Afrique du Sud.*

▶ ① **miner** **v.** (conjug. 1) Affaiblir. *La maladie l'a miné.* → **ronger.** ▷ MINERAI, MINÉRAL, MINÉRALOGIE, ① MINEUR, MINIER.

④ **mine** **n. f.** Engin explosif. *Le char a sauté sur une mine.*

▶ ② **miner** **v.** (conjug. 1) Poser une mine. *Les résistants ont miné le pont.*

**minerai** **n. m.** Roche qui contient des substances que l'on peut extraire. *La bauxite est le minerai dont on extrait l'aluminium.*

**minéral** **n. m.** et **adj.**

▭ **n. m.** [pl. *minéraux*] Corps formé de matière non vivante qui fait partie de l'écorce terrestre. *Les roches, les métaux, les pierres précieuses sont des minéraux.*

▭ **adj. 1.** Fait de matière inerte, non vivante. *Le pétrole et le charbon sont des matières minérales.* — **Au masc. pl.** *minéraux.* **2.** *De l'eau minérale,* c'est de l'eau qui contient des matières minérales.

▶ **minéralogie** **n. f.** Science qui étudie les minéraux. *La minéralogie est une branche de la géologie.*

**minéralogique** **adj.** *La plaque minéralogique d'une voiture,* c'est la plaque portant le numéro d'immatriculation.

**minet** **n. m.,** **minette** **n. f.** Familier. Chat, chatte. « *Minet, minet, viens ici !* »

① **mineur** **n. m.** Ouvrier qui travaille dans une mine.

② **mineur** **adj. 1.** Qui n'a pas beaucoup d'importance. → **secondaire.** *Ce n'est qu'un problème mineur.* || contr. **capital, important, majeur** || **2.** *Une personne mineure,* c'est un jeune homme ou une jeune fille qui n'a pas encore 18 ans. *Elles sont mineures.* || contr. **majeur** || — **N.** *Ce film est interdit aux mineurs,* aux moins de 18 ans. ▷ MINORITÉ.

**mini-** Préfixe qui signifie « petit ».

**miniature** **n. f. 1.** Tableau de très petites dimensions. **2.** *Des objets en miniature* ou *des objets miniatures,* ce sont des reproductions d'objet en petit, en réduction. → **modèle** réduit. *Il joue avec des animaux miniatures.*

**minier** **adj.** Qui concerne les mines (→ ③ **mine**). *Un gisement minier,* d'où l'on peut extraire du minerai. *Une région minière,* où il y a des mines.

**minijupe** **n. f.** Jupe très courte.

**minimal** **adj.** Le plus petit. *Les températures minimales atteindront moins 10 degrés,* les températures les plus faibles. → **minimum.** || contr. **maximal** || — **Au masc. pl.** *minimaux.*

**minime** **adj.** et **n. m.** et **f. 1. adj.** Très petit, peu important. → **faible, infirme.** *Cela ne coûte qu'une somme minime.* **2. n. m.** et **f.** Jeune sportif qui a entre 13 et 15 ans. *Elle fait partie de l'équipe des minimes.*

▶ **minimiser** **v.** (conjug. 1) Diminuer l'importance de quelque chose. *Il ne faut pas minimiser le rôle qu'il a eu.* || contr. **exagérer** ||.

**minimum** **n. m.** et **adj. 1. n. m.** La plus petite quantité, le plus petit nombre. *Il a fait le minimum d'efforts.* || contr. **maximum** || *Les travaux dureront deux mois au minimum,* au moins deux mois. **2. adj.** Le plus petit. → **minimal.** *La température minimum sera de 2 degrés.* — On peut dire aussi *la température minima.* Le pluriel est *minimums* ou *minima.*

**ministère** **n. m. 1.** Ensemble des ministres et des secrétaires d'État d'un gouvernement. *Le Premier ministre a formé son ministère.* **2.** Administration qui dépend d'un ministre. *Le ministère de l'Agriculture.* **3.** Fonction d'un ministre. *Son ministère a duré deux ans.*

▶ **ministériel** **adj.** Relatif au gouvernement. *La troisième République a connu de nombreuses crises ministérielles,* des crises au sein du gouvernement.

**ministre** **n. m.** Personne nommée par le président de la République à la tête d'un ministère. *Elle est ministre de la Santé. Voici le Premier ministre,* le chef du gouvernement.

**minitel** **n. m.** Nom déposé. Terminal d'ordinateur branché sur le téléphone, fourni par les P.T.T.

**minitel**

# MINÉRAUX

soufre

galène

rose des sables

quartz

améthyste

opale

topaze

aigue-marine
(béryl)

tourmaline

talc

kaolin

lazurite

**minium** [minjɔm] **n. m.** Peinture orange qui protège le fer contre la rouille. *Le peintre a passé les volets au minium.*

**minois** **n. m.** Visage jeune et charmant. *Julie a un joli petit minois.* → **frimousse.**

**minorité** **n. f. 1.** Très petit nombre. *Ce film n'intéressera qu'une minorité de spectateurs.* ‖ contr. **majorité** ‖ **2.** Période pendant laquelle une personne est trop jeune pour être responsable de ses actes devant la loi. *Le Régent gouverna la France pendant la minorité de Louis XV.* → aussi ② **mineur.**

**minoterie** **n. f.** Usine où l'on moud les grains pour faire de la farine. → aussi **moulin.**

**minuit** **n. m.** Heure du milieu de la nuit, la douzième après midi. *On entendit sonner les 12 coups de minuit. Il est rentré à minuit dix (0 h 10).*

**minuscule** **adj.** et **n. f. 1. adj.** Très petit. → **infime, microscopique.** *Le colibri est un oiseau minuscule.* ‖ contr. **énorme, immense** ‖ **2. n. f.** Petite lettre. *Écrivez votre prénom en minuscules.* ‖ contr. **capitale, majuscule** ‖.

**minute** **n. f. 1.** Unité de mesure du temps d'une durée de 60 secondes. *Il y a 60 minutes dans une heure. La récréation dure 15 minutes,* un quart d'heure. **2.** Court moment. *Attends-moi deux minutes,* un instant.

► **minuter** **v.** (conjug. 1) Organiser selon un horaire précis. *Son emploi du temps est minuté.*

► **minuterie** **n. f.** Éclairage électrique qui s'arrête automatiquement au bout d'un certain temps. *La minuterie de l'escalier s'est éteinte.*

► **minuteur** **n. m.** *Le minuteur d'un four,* c'est un dispositif qui sonne et arrête le four après un temps déterminé.

**minutie** **n. f.** Très grand soin apporté aux plus petits détails. *Un philatéliste classe ses timbres avec minutie.* ‖ contr. **négligence** ‖.

► **minutieux** **adj.** Qui s'applique, fait attention. → **méticuleux, soigneux.** *Flora est très minutieuse.*

**mirabelle** **n. f.** Petite prune ronde et jaune. *Une tarte aux mirabelles.*

**miracle** **n. m. 1.** Événement extraordinaire où l'on croit reconnaître une intervention divine. *La légende raconte le miracle de saint Nicolas qui aurait ressuscité trois enfants.* **2.** Événement exceptionnel, très étonnant, à peine croyable. *Il est sorti indemne de l'accident, par miracle.*

► **miraculeux** **adj. 1.** Obtenu par un miracle, grâce à une intervention de Dieu. *La guérison de ce malade serait miraculeuse.* **2.** Qui fait un effet inespéré et merveilleux. *Il n'y a pas de remède miraculeux pour soigner les rhumes.*

**mirage** **n. m.** Paysage imaginaire qui apparaît dans le désert comme un reflet dans l'eau. *Les mirages sont causés par l'échauffement de l'air.*

**mire** **n. f. 1.** *La ligne de mire,* c'est la ligne droite imaginaire qui va de l'œil du tireur à l'objet qu'il vise. *Le faisan est dans la ligne de mire du chasseur.* **2.** *Il était le point de mire,* le centre d'intérêt que tout le monde regardait.
◊ homonyme : myrrhe.

se **mirer** **v.** (conjug. 1) Se regarder, se refléter. *La montagne se mire dans le lac.* ▷ MIRAGE, MIRE, MIROIR, MIROITER.

**mirobolant** **adj.** Familier. Trop beau pour être vrai. *Cet acteur a touché une somme mirobolante pour ce film.*

**miroir** **n. m.** Objet qui a une surface polie où la lumière se réfléchit et les images se reflètent. → ① **glace** et aussi **tain.** *Julie se regarde dans le miroir de la salle de bains.*

**miroiter** **v.** (conjug. 1) **1.** Réfléchir la lumière avec des reflets scintillants. → **étinceler, scintiller.** *La mer miroitait au soleil.* **2.** *On lui a fait miroiter qu'il serait à la place d'honneur,* on lui a présenté cet avantage pour l'attirer.

**misaine** **n. f.** *Le mât de misaine,* c'est le mât situé à l'avant d'un voilier. *Le mât de misaine d'une goélette.*

**misanthrope** **n. m.** et **f.** Personne qui n'aime pas la compagnie des gens. *C'est une vieille misanthrope.* — **Adj.** *Il est devenu misanthrope.*

**mise** **n. f. 1.** Action de mettre. *Voici l'époque de la mise en bouteilles du vin. Il a assuré la mise en scène de ce film,* sa réalisation. **2.** Manière d'être habillé. *Anne a soigné sa mise pour la fête de l'école.* **3.** Argent que l'on joue dans un jeu. → **enjeu.** *Les joueurs ont déposé leur mise sur le tapis.*

► **miser** **v.** (conjug. 1) Jouer de l'argent. → **parier.** *Il avait misé 300 francs sur le cheval gagnant.*

**misère** **n. f. 1.** Grande pauvreté. *Il a fini sa vie dans la misère.* ‖ contr. **opulence, richesse** ‖ **2.** Événement malheureux, douloureux. → **malheur.** *Il lui arrive toujours des misères.*

► **misérable** **adj. 1.** Qui fait pitié, qui indique la misère. *Ils vivent dans des conditions misérables,* dans une grande pauvreté. → **pitoyable. 2.** Sans valeur. → **insignifiant.** *Que d'histoires pour un misérable billet de 20 francs !* → **malheureux.**

► **misérablement** **adv.** Très pauvrement. *Ils vivent misérablement.*

► **miséreux** **adj.** Qui donne une impression de misère. *Il vivait dans un quartier miséreux,* très pauvre. — **N.** *Une miséreuse faisait la quête dans le métro.*

**miséricorde** **n. f.** Pardon, pitié. *Les pécheurs implorent la miséricorde divine.* → **indulgence.**

**misogyne** **adj.** Qui méprise les femmes. *Il est un peu misogyne.* — **N.** *Quel affreux misogyne !*

**missel** **n. m.** Livre de messe.

**missile** **n. m.** Fusée portant une bombe. *L'avion a largué un missile.*

**mission** **n. f. 1.** Ce que l'on est chargé de faire. → **tâche.** *Il s'est bien acquitté de sa mission.* **2.** Organisation religieuse chargée de propager la religion chrétienne dans les pays païens. *Des religieux fondèrent des missions en Afrique et en Asie jusqu'au 19e siècle.* **3.** *Une mission scientifique,* c'est un groupe de savants chargés d'une étude, d'une recherche.

► **missionnaire** **n. m.** Religieux qui fait partie d'une mission. *Le père Charles de Foucauld était missionnaire au Sahara.*

**missive** **n. f.** Lettre. *Il a reçu une longue missive.*

**mistral** **n. m.** [pl. *mistrals*] Vent froid et violent qui souffle dans le sud-est de la France, du nord vers la mer.

**mitaine** **n. f.** Gant qui ne couvre pas le bout des doigts. *Une paire de mitaines.*

**mite** n. f. Petit papillon blanc qui ronge le tissu, la laine, la fourrure. ◊ homonyme : mythe.

▶ **mité** adj. Rongé par les mites. *Son pull-over est tout mité.*

▶ **miteux** adj. D'aspect misérable. *Cette chambre d'hôtel est miteuse.* → **minable.** ▷ ANTIMITE.

**mi-temps** n. f. inv. 1. Pause au milieu d'un match. *À la mi-temps, les deux équipes étaient à égalité.* 2. Chacune des deux parties d'un match. *Il a marqué un but à la fin de la première mi-temps.* — Au pl. *Des mi-temps.* 3. *À mi-temps,* pendant la moitié du temps normal. *Elle travaille à mi-temps.*

**mitigé** adj. Familier. *On lui a fait des compliments mitigés,* des compliments mêlés de critiques.

**mitonner** v. (conjug. 1) *Il nous mitonne un bon pot-au-feu,* il le prépare longuement avec soin.

**mitoyen** adj. *Un mur mitoyen,* c'est un mur qui sépare deux propriétés et appartient aux deux. *Leurs maisons sont mitoyennes,* elles ont un mur mitoyen.

**mitraille** n. f. Décharge d'obus ou de balles. *Les soldats fuyaient sous la mitraille ennemie.*

▶ **mitrailler** v. (conjug. 1) 1. Envoyer des balles en grand nombre. *Les soldats mitraillaient l'ennemi.* 2. Familier. *Le photographe mitraille la vedette,* il prend des photos d'elle sans arrêt.

▶ **mitraillette** n. f. Arme automatique portative qui tire rapidement un grand nombre de balles.

▶ **mitrailleur** adj. m. *Il est armé d'un pistolet mitrailleur,* d'une mitraillette.

▶ **mitrailleuse** n. f. Arme automatique posée à terre qui tire rapidement un grand nombre de balles.

**mitre** n. f. Haute coiffure triangulaire portée par le pape et les évêques dans certaines cérémonies.

mitre

**mitron** n. m. Apprenti boulanger ou pâtissier.

**mixeur** n. m. Appareil ménager servant à broyer et mélanger les aliments. *Elle passe les légumes au mixeur pour faire de la soupe.* — On écrit aussi *mixer.*

**mixte** adj. *Une école mixte,* c'est une école où il y a des filles et des garçons.

**mixture** n. f. Mélange peu appétissant. *Cette mixture est imbuvable.*

**Mlle** → **mademoiselle**

**Mme** → **madame**

**mobile** adj. et n. m.

▭ adj. 1. Qui peut bouger, que l'on peut déplacer. *La mâchoire inférieure est mobile.* ‖ contr. **fixe** ‖ 2. *Pâques est une fête mobile,* une fête qui n'est pas toujours à la même date.

▭ n. m. 1. Objet décoratif constitué de plusieurs éléments suspendus en équilibre. *Elle a accroché un mobile au-dessus du berceau.* **2.** Ce qui pousse à agir. → **motif, raison.** *Connaît-on le mobile du crime ?* ▷ IMMOBILE, IMMOBILISER, IMMOBILITÉ, MOBILITÉ.

**mobilier** **n. m.** Ensemble des meubles d'une habitation. → **ameublement.** *Un mobilier rustique.*

**mobiliser** **v.** (conjug. 1) *Il a été mobilisé dès la déclaration de guerre,* il a été appelé à l'armée pour combattre. || contr. **démobiliser** ||.

▶ **mobilisation** **n. f.** *À l'annonce de la guerre, il y a eu une mobilisation générale,* tous les hommes valides en âge de combattre ont été appelés sous les drapeaux. ▷ DÉMOBILISATION, DÉMOBILISER.

**mobilité** **n. f.** Caractère de ce qui bouge, se déplace. *Les nomades sont des populations caractérisées par la mobilité.* || contr. **immobilité** ||.

**mobylette** **n. f.** Marque déposée. Vélomoteur. *En France, on doit attendre d'avoir 14 ans pour rouler à mobylette.*

**mocassin** **n. m.** Chaussure basse sans lacets. *Une paire de mocassins.*

**moche** **adj.** Familier. Pas agréable à regarder. → **laid, vilain.** *Sa cousine est vraiment moche.* || contr. **beau, joli** ||.

① **mode** **n. f.** **1.** Manière de s'habiller, goût particulier d'une époque, d'un moment. *La mode est aux jupes courtes cet été.* **2.** *Luc aime les tripes à la mode de Caen,* les tripes comme on les fait à Caen. ▷ DÉMODÉ, se DÉMODER.

② **mode** **n. m.** **1.** Façon, manière. *Lisez bien le mode d'emploi avant de brancher la machine,* la feuille sur laquelle on explique la façon de se servir de la machine. → **notice.** **2.** Manière dont le verbe exprime une action dans la phrase. *En français, les six modes sont l'indicatif, l'impératif, le subjonctif, l'infinitif, le conditionnel et le participe.*

**modèle** **n. m.** **1.** Objet que l'on doit reproduire par le dessin. *Voici la cafetière qui a servi de modèle à Yves pour son dessin.* **2.** Exemple à suivre. *Flora est un modèle de sagesse.* — **Adj.** *Luc est un élève modèle.* → **parfait.** **3.** Sorte, genre. *De nouveaux modèles de voitures sortent chaque année.* **4.** *Un modèle réduit,* c'est un petit objet que l'on fabrique en reproduisant un plus grand. *Alex construit avec son père des modèles réduits d'avions.* → **maquette** et aussi **miniature.**

▶ **modélisme** **n. m.** Construction de modèles réduits, de maquettes. *Il est passionné de modélisme.*

**modeler** **v.** (conjug. 5) Donner une forme. → **façonner.** *Le potier modèle l'argile pour faire un vase. Anne joue avec de la pâte à modeler.*

▶ **modelage** **n. m.** *À la crèche, les enfants font du modelage,* ils font des objets en pâte à modeler.

**modérer** **v.** (conjug. 6) Réduire à une juste mesure, rendre moins excessif. → **diminuer.** *Il faudrait modérer vos dépenses.*

▶ **modération** **n. f.** Absence d'exagération, d'excès. → **mesure.** *Buvez et mangez avec modération.* || contr. **abus** ||.

▶ **modéré** **adj.** Éloigné de tout excès. → **raisonnable.** *Ce commerçant pratique des prix modérés.* || contr. **excessif** ||.

▶ **modérément** **adv.** Sans excès. *Le malade doit manger modérément.*

**moderne** **adj.** Qui correspond à l'époque actuelle, est de notre temps.

→ **nouveau.** *Ils ont des meubles modernes.* || contr. **ancien** || *Elle aime la musique moderne.* → **contemporain.** || contr. **classique** || *Ses parents ont des idées modernes.* || contr. **archaïque, démodé** ||.

▶ **moderniser** **v.** (conjug. 1) Rendre moderne. *Il a modernisé son installation téléphonique,* il l'a transformée en utilisant des techniques modernes. → **rénover.**

▶ **modernisation** **n. f.** *La modernisation d'une usine.* → **rénovation.**

▶ **modernisme** **n. m.** Goût de ce qui est moderne.

**modeste** **adj. 1.** Peu important. *Il a des revenus modestes,* il ne gagne pas beaucoup d'argent. **2.** *Malgré sa réussite, il est resté modeste,* il ne se vante pas. → **simple.** || contr. **orgueilleux, prétentieux, vaniteux** ||.

▶ **modestie** **n. f.** Qualité d'une personne qui reste modérée dans l'appréciation qu'elle a d'elle-même. → **humilité.** *Elle n'étale jamais ses succès, par modestie.* || contr. **fierté, orgueil, prétention, vanité** ||.

**modifier** **v.** (conjug. 7) Transformer sans changer complètement. *L'auteur a modifié la fin de son roman.*

▶ **modification** **n. f.** Changement, transformation. *Il y a eu quelques modifications dans son contrat.*

**modique** **adj.** *Anne a acheté un baladeur d'occasion pour une somme modique,* peu élevée. → **faible.**

**modiste** **n. f.** Fabricante et marchande de chapeaux de femme. → aussi **chapelier.**

**moduler** **v.** (conjug. 1) **1.** Chanter en changeant de ton, d'intensité. *Yves module « Au clair de la lune » en sifflant.* **2.** Adapter. *On module les tarifs des chemins de fer selon l'âge des passagers et les dates où l'on voyage.*

▶ **modulation** **n. f.** Nuance que l'on donne à sa voix en chantant. *Les modulations du chant du rossignol.*

**moelle** [mwal] **n. f. 1.** Matière grasse et molle qui se trouve à l'intérieur des os. *Elle met un os à moelle dans le pot-au-feu.* **2.** *La moelle épinière,* c'est le cordon nerveux qui part du cerveau et passe à l'intérieur de la colonne vertébrale.

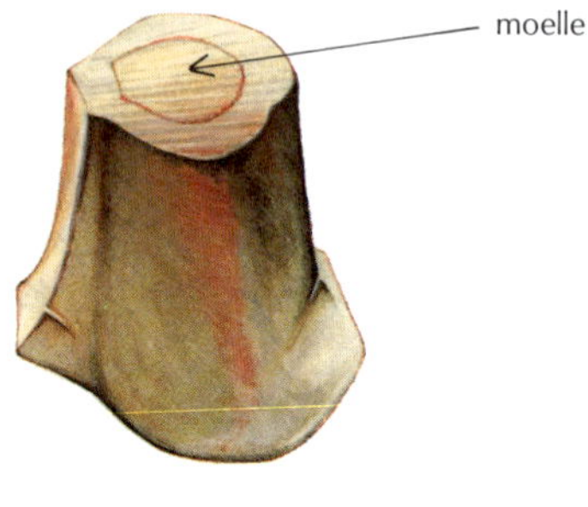


**os à moelle**

▶ **moelleux** [mwalø] **adj.** *Cette couverture en cachemire est moelleuse,* douce au toucher. *Elle a mis sur le canapé des coussins moelleux,* dans lesquels on s'enfonce confortablement.

**moellon** [mwalɔ̃] **n. m.** Pierre de construction. *Un mur en moellons.*

**mœurs** [mœʀ] **n. f. pl.** Habitudes de vie, manière de vivre. → **coutume, usage.** *Cet ethnologue étudie les mœurs des tribus d'Amazonie.*

**mohair** **n. m.** Poil de la chèvre angora avec lequel on fait de la laine très douce. *Anne a un pull en mohair.*

**moi** **pronom** Pronom personnel masculin et féminin de la première personne du singulier, utilisé pour renforcer le sujet ou comme complément. *Moi, je ne viens pas. Donne-moi la main. Je rentre chez moi. Donne-m'en. Je le lui dirai moi-même.* ◊ homonyme : mois.

**moignon** **n. m.** Ce qu'il reste d'un membre amputé. *On a adapté une jambe artificielle sur son moignon.*

**moindre** **adj.** Plus petit. *Luc nous a raconté sa journée dans les moindres détails.* ▷ AMOINDRIR.

**moine** **n. m.** Religieux qui vit en communauté et suit les règles de son ordre. → aussi **monastère.**

**moineau** **n. m.** Petit oiseau brun. *Les moineaux sont nombreux dans les villes.*

**moins** **adv.** et **prép.**

▭ **adv. 1.** *Elle est moins grande que son frère,* elle est plus petite que lui. *J'ai pris le moins de bagages possible,* aussi peu que possible. ‖ contr. **plus** ‖ **2.** *Julie a moins de 10 ans,* elle n'a pas encore 10 ans. *Mets moins de sucre dans ton chocolat,* mets-en une quantité inférieure. **3.** *Luc a un an de moins que son frère,* il est plus jeune d'un an. **4.** *Nous n'arriverons pas à l'heure, à moins de partir tout de suite,* sauf si nous partons tout de suite. **5.** *Elle a 35 ans, du moins c'est ce qu'elle dit,* ou plutôt c'est ce qu'elle dit. **6.** *Il pèse au moins 100 kilos,* au minimum 100 kilos. → **bien.**

▭ **prép. 1.** En soustrayant. *Douze moins deux égale dix* (12 - 2 = 10). *Il est 11 heures moins 5,* 10 heures 55 minutes. **2.** *Le jour de Noël, il faisait moins dix degrés (-10°),* dix degrés au-dessous de zéro.

**moire** **n. f.** Tissu aux reflets changeants, avec des parties mates et des parties brillantes.

**mois** **n. m. 1.** Chacune des douze divisions de l'année. *Il prend ses vacances au mois de juillet.* **2.** Période d'environ 30 jours. *Cela fait 2 mois qu'ils ont déménagé.* **3.** Salaire correspondant à un mois de travail ou somme à payer chaque mois. *Il a touché son mois.* ◊ homonyme : moi.

**moisir** **v.** (conjug. 2) S'abîmer à cause de l'humidité, en se couvrant de petits champignons. *Ferme bien le pot, sinon la confiture va moisir.*

► **moisi** **adj.** Attaqué par la moisissure. *De la confiture moisie.* — **N. m.** *Ce pain a un goût de moisi.*

► **moisissure** **n. f.** Couche de petits champignons formant une sorte de mousse bleuâtre ou verdâtre. *Le roquefort contient des moisissures.*

**moisson** **n. f. 1.** Récolte des céréales. *Les paysans font la moisson dès le mois de juillet,* ils récoltent les céréales. **2.** Céréales récoltées. *La moisson a été bonne cette année.*

► **moissonner** **v.** (conjug. 1) Récolter les céréales. *Le fermier moissonne le champ de blé.*

► **moissonneur** **n. m.**, **moissonneuse** **n. f. 1.** Personne qui fait la moisson. **2. n. f.** *Une moissonneuse,* c'est une machine agricole qui moissonne automatiquement. *La moissonneuse-batteuse coupe les épis, les bat, rejette la paille et entasse le grain.*

**moite** **adj.** Légèrement humide de sueur. *Il a toujours les mains moites.* ‖ contr. **sec** ‖.

**moitié** n. f. 1. Chacune des deux parties égales d'un tout. → **demi.** *5 est la moitié de 10.* || contr. **double** || 2. *La bouteille est à moitié vide,* elle est à demi vide. *Yves s'est à moitié endormi devant la télévision,* il s'est presque endormi.

**moka** n. m. 1. Café d'Arabie. *Une tasse de moka.* 2. Gâteau fourré de crème au beurre parfumée au café.

**mol** → **mou**

**molaire** n. f. Grosse dent du fond de la bouche, qui sert à broyer. *L'adulte a 12 molaires.* ▷ PRÉMOLAIRE.

**môle** n. m. 1. Construction qui protège l'entrée d'un port des grosses vagues. → **digue, jetée.** 2. Quai d'embarquement. *Les marchandises sont entassées sur le môle.*

**molécule** n. f. La plus petite partie d'un corps qui peut exister seule. *Une molécule est formée d'atomes.*

**molester** v. (conjug. 1) Maltraiter. → **brutaliser.** *Des voyous ont molesté la vieille dame pour lui prendre son sac.*

**molette** n. f. Petite roue dentée. *On allume un briquet en tournant la molette. Il serre un écrou avec une clé à molette,* une clé dont on règle l'écartement des mâchoires avec une roulette.

**molle** → **mou**

**mollement** adv. Sans énergie ni vigueur. *Yves travaille mollement.*

**mollesse** n. f. Manque d'énergie, de vitalité. || contr. **vivacité** || *Ils dirent avec mollesse qu'ils n'étaient pas d'accord.*

① **mollet** adj. m. *Un œuf mollet,* c'est un œuf cuit dans sa coquille jusqu'à ce que le blanc soit bien pris et le jaune encore liquide. *Les œufs mollets sont moins cuits que les œufs durs mais davantage que les œufs à la coque.*

② **mollet** n. m. Partie arrière de la jambe, charnue, entre la cheville et le genou. *Alex a les mollets musclés.*

**molletonné** adj. Doublé, garni d'un tissu moelleux. *Mamie a une robe de chambre molletonnée.*

**mollir** v. (conjug. 2) 1. Devenir mou. → **ramollir.** *Le beurre mollit quand il n'est pas dans le réfrigérateur.* || contr. **durcir** || 2. Perdre sa force, sa violence. *Le vent a molli.* → **faiblir.**

**mollusque** n. m. Animal au corps mou, le plus souvent recouvert d'une coquille calcaire. *Les escargots, les moules et les huîtres sont des mollusques.*

**moment** n. m. 1. Espace de temps assez court. → **instant.** *Je suis à vous dans un moment,* dans peu de temps. *Il n'en a que pour un moment,* il n'en a pas pour longtemps. *Elle n'a pas un moment à elle. N'attends pas le dernier moment pour faire tes devoirs. Ce n'est pas le moment de la déranger.* 2. *Luc passera au moment du dîner,* pendant le dîner. *L'avion va décoller d'un moment à l'autre,* bientôt. *En ce moment, il fait beau,* actuellement. 3. *Le téléphone a sonné au moment où Yves allait sortir,* juste comme il allait sortir. *Du moment qu'elle est d'accord, je n'ai rien à dire,* si elle est d'accord.

▸ **momentané** adj. Qui ne dure qu'un moment. → **bref, court, passager, temporaire.** *Les travaux n'occasionneront qu'une gêne momentanée.* || contr. **durable** ||.

▶ **momentanément** adv. Pour un court moment. *Le trafic est momentanément interrompu en raison d'un accident.* → **provisoirement.**

**momie** n. f. Cadavre embaumé. *Les momies des pharaons étaient enroulées dans des bandelettes de toile.*

**mon** adj. possessif m., **ma** adj. possessif f., **mes** adj. possessif pl. Qui est à moi, m'appartient, me concerne. → aussi **mien.** *Je vous présente mon frère, ma sœur, mon amie Julie et mes parents.* ◇ homonyme : mont. ▷ MADAME, MADEMOISELLE, MONSIEUR.

**monarchie** n. f. État dont le chef est un roi. → **royauté.** *L'Espagne et la Belgique sont des monarchies.*

▶ **monarchique** adj. *L'Angleterre est un État monarchique.*

▶ **monarchiste** n. m. et f. Partisan de la monarchie. → **royaliste.**

▶ **monarque** n. m. Souverain d'une monarchie. → **empereur, roi.** *Louis XIV était un monarque absolu.*

**monastère** n. m. Lieu où vivent des moines. → aussi **abbaye, couvent.**

**monastère**

**monceau** n. m. Gros tas. → **amas, amoncellement.** *Il y a un monceau d'habits sur le lit de Julie.* — Au pl. *Des monceaux.*

**monde** n. m. 1. Tout ce qui existe. → **univers.** *D'après la Bible, Dieu a créé le monde.* 2. La Terre. *Il a fait le tour du monde en bateau. Elle participe aux championnats du monde de natation.* 3. *Elle a mis au monde deux enfants,* elle leur a donné naissance. *Anne est venue au monde en hiver,* elle est née en hiver. 4. La haute société. *C'est une femme du monde.* → aussi **mondain.** 5. *Il y a trop de monde dans le métro à cette heure-ci,* trop de gens. *Dis bonjour à tout le monde,* à toutes les personnes qui sont là. 6. Milieu social. *Les comédiens appartiennent au monde du spectacle.*

▶ **mondain** adj. Qui concerne la haute société. *Ils mènent une vie très mondaine,* ils voient beaucoup de gens en vue.

▶ **mondial** adj. Qui concerne le monde entier. → **universel.** *Il s'intéresse à l'actualité mondiale.* → **international.** *Les records mondiaux ont été battus.*

▶ **mondialement** adv. *Cet acteur est mondialement connu,* il est connu dans le monde entier.

**monétaire** adj. Relatif à la monnaie. *Le franc est l'unité monétaire française.*

**mongolien** adj. *Un enfant mongolien,* c'est un enfant atteint d'une très grave malformation qui empêche son développement normal. — Au fém. *mongolienne.*

**moniteur** n. m., **monitrice** n. f. 1. Personne qui enseigne certaines activités. *La monitrice d'auto-école lui apprend à conduire.* 2. *Il est moniteur dans une colonie de vacances,* il est chargé de surveiller et de s'occuper des enfants.

**monnaie** n. f. 1. Argent d'un pays. *La monnaie française est le franc.* →

aussi **monétaire.** **2.** Différence entre la somme d'argent que l'on donne pour acheter un objet et le prix de cet objet. *La boulangère s'est trompée en rendant la monnaie.* **3.** Ensemble des pièces et billets de banque de faible valeur. *Je n'ai qu'un billet de 500 francs, je vais faire de la monnaie,* échanger ce billet contre l'équivalent en pièces et en billets de plus faible valeur.

▶ **monnayer** **v.** (conjug. 8) Échanger contre de l'argent. *Le maître chanteur a réussi à monnayer son silence.* ▷ FAUX-MONNAYEUR, PORTE-MONNAIE.

**monocle** **n. m.** Verre de lunette que l'on coince sous le sourcil. *Le vieux colonel portait un monocle.*

**monogame** **adj.** Qui n'a qu'un seul mari ou une seule femme légitime à la fois. → aussi **bigame, polygame.**

**monologue** **n. m.** Scène d'une pièce de théâtre à un seul personnage qui parle seul. *Il y a de nombreux monologues dans les tragédies de Corneille et de Racine.*

**monoplan** **n. m.** Avion qui n'a qu'une seule paire d'ailes.

**monopole** **n. m.** *En France, l'État a le monopole du tabac et des allumettes,* seul l'État peut fabriquer et vendre des cigarettes et des allumettes.

▶ **monopoliser** **v.** (conjug. 1) Utiliser pour soi tout seul. → **accaparer.** *Anne monopolise le téléphone dès qu'elle arrive chez elle.*

**monoski** **n. m.** *Alex apprend à faire du monoski,* à skier en mettant les deux pieds sur un seul ski.

**monosyllabe** **n. m.** Mot qui n'a qu'une syllabe. « *Oui* », « *non* », « *tiens* », « *ah* » *sont des monosyllabes.*

**monotone** **adj.** Qui ne change pas, est toujours pareil. → **uniforme.** *Sa vie est monotone,* il ne lui arrive jamais rien d'extraordinaire. ‖ contr. **varié** ‖.

▶ **monotonie** **n. f.** Caractère de ce qui est monotone et lassant. *Ce travail est d'une grande monotonie,* il faut toujours faire les mêmes choses. ‖ contr. **diversité, variété** ‖.

**monsieur** **n. m.** [pl. *messieurs*] **1.** Titre que l'on donne à un homme et qui précède son nom. *Mesdames, mesdemoiselles, messieurs, bonjour! Je passe la parole à monsieur le Maire. Monsieur Dupont (M. Dupont).* **2.** Homme. *Un monsieur et une dame sont passés vous voir.*

**monstre** **n. m.** et **adj.**

▭ **n. m.** **1.** Être imaginaire qui fait peur. *Les dragons sont des monstres.* **2.** Être vivant anormal. *Un mouton à cinq pattes est un monstre.* **3.** Personne effrayante. *C'est un monstre de méchanceté.*

▭ **adj.** Très important. *J'ai un travail monstre,* j'ai beaucoup de travail.

▶ **monstrueux** **adj.** **1.** Abominable. *Il a commis un crime monstrueux.* → **épouvantable, horrible.** *Il est d'une laideur monstrueuse.* **2.** Très grand ou très gros. → **gigantesque.** *Cette ville a atteint une taille monstrueuse.*

**mont** **n. m.** Montagne. *Le mont Blanc.* ◇ homonyme : mon.

▶ **montagne** **n. f.** Importante élévation de terrain. *Les Alpes et les Pyrénées sont des chaînes de montagnes.*

▶ **montagnard** **n. m.,** **montagnarde** **n. f.** Personne qui vit en montagne.

▶ **montagneux** **adj.** Où il y a des montagnes. *La Corse est une île montagneuse.* ▷ S'AMONCELER, AMONCELLEMENT,

AMONT, MONCEAU, MONTICULE, PASSE-MONTAGNE, PROMONTOIRE.

**montage** **n. m.** Assemblage des parties d'un objet. *Le montage de ce meuble vendu en kit est très simple.*

**montant** **n. m.** et **adj.**

▭ **n. m. 1.** Total d'un compte. → **somme.** *Le montant des travaux s'élève à 5 000 francs.* **2.** Barre verticale dans laquelle s'encastrent des barreaux. *Les montants d'une échelle.*

▭ **adj.** *La plage est étroite à marée montante,* quand la mer va vers le rivage. ‖ contr. **descendant** ‖.

**monte-charge** **n. m. inv.** Appareil servant à monter des marchandises, des objets lourds. → aussi **ascenseur.** *Les caisses sont transportées du sous-sol au premier étage par le monte-charge.* — **Au pl.** *Des monte-charge.*

**montée** **n. f. 1.** Chemin qui monte. → **côte.** *Yves est descendu de vélo au milieu de la montée.* ‖ contr. **descente** ‖ **2.** Ascension. *L'ascenseur est tombé en panne pendant la montée.* **3.** Augmentation. *Les gens se plaignent de la montée des prix.* → **hausse.** ‖ contr. **baisse** ‖.

**monter** **v.** (conjug. 1) **1.** Aller du bas vers le haut. *Les enfants sont montés au grenier.* ‖ contr. **descendre** ‖ *Luc a monté la côte à vélo.* → **gravir, grimper. 2.** Porter vers le haut. *Le facteur a monté un télégramme.* **3.** *Alex sait monter à cheval,* il sait faire du cheval. **4.** Passer du grave à l'aigu. *Sa voix monte très haut.* **5.** Augmenter. *Les prix ont beaucoup monté.* ‖ contr. **baisser** ‖ **6.** Progresser. *Son père a monté en grade,* il a obtenu un meilleur poste. **7.** *La mer monte,* elle se rapproche du rivage. **8.** *Les frais se montent à 3 000 francs,* ils atteignent 3 000 francs. **9.** Assembler les différentes parties d'un tout. *Ce meuble est à monter soi-même.* **10.** *Il a monté une société de livraison,* il l'a créée et organisée. ▷ DÉMONTABLE, DÉMONTAGE, DÉMONTÉ, DÉMONTER, INSURMONTABLE, MONTAGE, MONTANT, MONTE-CHARGE, MONTÉE, ① et ② MONTURE, REMONTANT, REMONTÉE, REMONTE-PENTE, REMONTER, REMONTOIR, SURMONTER.

**montgolfière** **n. f.** Ballon gonflé à l'air chaud, auquel est suspendue une nacelle. *Le premier vol d'une montgolfière date de 1783.*

**montgolfière**

**monticule** **n. m.** Petite bosse de terrain.

**montre** **n. f.** Petite boîte à cadran qui indique l'heure. *Ma montre retarde.*

**montrer** **v.** (conjug. 1) **1.** Faire voir. *Anne montre ses photos à Luc. — Ne te cache plus, montre-toi !* **2.** Indiquer. *Pouvez-vous me montrer le chemin pour aller à la poste ? Il ne faut pas montrer les gens du doigt.* **3.** Laisser voir, laisser paraître. *Yves a montré qu'il était courageux.* → **prouver.** || contr. **cacher** || — *Flora s'est montrée très gentille avec mes amis.* **4.** Faire comprendre. → **expliquer.** *Montre-moi comment marche cette machine.* ▷ DÉMONTRER, REMONTRANCE, REMONTRER.

① **monture** **n. f.** Animal que l'on monte. *Le cavalier descendit de sa monture.*

② **monture** **n. f.** Partie d'une paire de lunettes qui maintient les verres. *Ses lunettes ont une monture en écaille.*

**monument** **n. m. 1.** Édifice remarquable. *Il y a de nombreux monuments à visiter à Paris.* **2.** *Un monument aux morts,* c'est une construction élevée à la mémoire des morts d'une guerre.

▸ **monumental** **adj.** Très grand. *La porte d'entrée du château est monumentale.* — **Au masc. pl.** *monumentaux.*

se **moquer** **v.** (conjug. 1) **1.** *Anne et Julie se sont moquées de Luc,* elles ont ri de lui, l'ont tourné en ridicule. **2.** Essayer de tromper, ne pas parler sérieusement. *Je ne te crois pas, tu te moques de moi.* **3.** Ne pas se soucier. *Tu peux dire ce que tu veux, je m'en moque,* cela m'est égal.

▸ **moquerie** **n. f.** Plaisanterie par laquelle on se moque. → **raillerie.**

▸ **moqueur** **adj.** Ironique. *Julie regardait les autres avec un air moqueur.* — **Au fém.** *moqueuse.*

**moquette** **n. f.** Tapis fixé au sol, qui couvre toute la surface d'une pièce. *Une moquette pure laine.*

**moraine** **n. f.** Ensemble des débris de roche entraînés par un glacier. *La moraine est composée de limon, de graviers et de blocs de pierre.*

**moral** **adj.** et **n. m.**

▭ **adj. 1.** Qui concerne les mœurs, les règles de bonne conduite. *Les principes moraux permettent de faire ce qui est bien.* **2.** Qui est juste et montre l'exemple à suivre. *La fin de l'histoire est très morale : les bandits vont en prison.* || contr. **immoral** || **3.** Qui concerne l'esprit, la pensée. → **mental.** *Le malade fait preuve d'une grande force morale.* || contr. **physique** ||.

▭ **n. m.** *Le blessé a gardé bon moral,* il est resté optimiste, a supporté ce qui lui arrivait.

▸ **morale** **n. f. 1.** Ce qui permet de distinguer le bien du mal et de faire ce qui est bien. *Le crime est contraire à la morale.* **2.** *Julie déteste qu'on lui fasse la morale,* qu'on la sermonne. **3.** *La morale d'une histoire,* c'est la leçon que l'on peut en tirer. *À la fin des fables de La Fontaine, il y a toujours une morale.* → **moralité.**

▸ **moralement** **adv.** *Elle a beaucoup souffert moralement,* dans son esprit. || contr. **physiquement** ||.

▸ **moralisateur** **adj.** *La directrice parle souvent sur un ton moralisateur,* sur le ton de quelqu'un qui fait la morale. — **Au fém.** *moralisatrice.*

▸ **moraliste** **n. m.** et **f.** Écrivain qui réfléchit sur la conduite des hommes et propose une morale. *La Fontaine fut un grand moraliste.*

▸ **moralité** **n. f. 1.** Qualité d'une personne qui a des principes moraux. *C'est un homme sans moralité,* qui se conduit mal. **2.** Enseignement que l'on peut tirer d'une histoire. → **morale.** *La moralité d'une fable.* ▷ DÉMORALISER, IMMORAL.

**morbide** adj. *Il a une imagination morbide,* anormale et malsaine.

**morceau** n. m. 1. Partie. → **bout.** *Luc a mangé un morceau de pain. Anne met deux morceaux de sucre dans son chocolat. L'assiette s'est cassée en mille morceaux.* 2. Air de musique. *Luc apprend un nouveau morceau de piano.*

▶ **morceler** v. (conjug. 4) Partager en plusieurs parties. *Le terrain a été morcelé en plusieurs lots.*

▶ **morcellement** n. m. Partage. *Le morcellement d'un domaine.*

**mordoré** adj. Brun avec des reflets dorés. *Une écharpe mordorée.*

**mordre** v. (conjug. 41) 1. Blesser avec les dents. *Ce chien n'a jamais mordu personne.* 2. Enfoncer les dents. *Julie mord dans la pomme.* 3. Ronger. *L'acide mord le métal.* → **entamer.** 4. *Un poisson a mordu à l'hameçon,* il s'y est laissé prendre.

▶ **mordant** adj. Qui fait de la peine, peut vexer. → **blessant.** *Il lui a répondu avec une ironie mordante.*

▶ **mordiller** v. (conjug. 1) Mordre légèrement. *Anne mordillait son crayon.* ▷ DÉMORDRE, MORS, MORSURE.

se **morfondre** v. (conjug. 41) S'ennuyer en attendant. *Anne s'est morfondue une heure avant que Julie n'arrive.*

① **morgue** n. f. Air hautain et méprisant. → **arrogance.** *Sa morgue le fait détester de tous.*

② **morgue** n. f. Endroit où l'on dépose provisoirement le corps des gens qui viennent de mourir. *La victime a été transportée à la morgue.*

**moribond** adj. Qui est en train de mourir. → **mourant.** *La malade est moribonde.* — N. *Le moribond respirait de plus en plus difficilement.*

**morille** n. f. Champignon au chapeau brun très étroit, ressemblant un peu à une éponge, au goût très parfumé. ⋙ planche Champignons. *Le cuisinier a préparé un poulet aux morilles.*

**morne** adj. Maussade et triste. *Une morne journée de pluie.* ‖ contr. **gai** ‖.

**morose** adj. Triste et sombre. *Julie était d'humeur morose.* ‖ contr. **gai, joyeux** ‖.

▶ **morosité** n. f. Tristesse, manque d'entrain. → **mélancolie.**

**morphine** n. f. Produit tiré de l'opium, que l'on utilise pour calmer les très fortes douleurs. *La morphine est dangereuse si l'on en abuse.* → aussi ① **héroïne.**

**morphologie** n. f. 1. Forme, aspect extérieur d'un être vivant. *Il a une morphologie d'athlète.* 2. Étude de la forme des mots. *La morphologie permet de rapprocher les mots « froid » et « refroidir ».*

**mors** [mɔʀ] n. m. Petite barre de métal que l'on passe dans la bouche d'un cheval et qui sert à le diriger. *Le cheval a pris le mors aux dents,* il s'est emballé. ◊ homonyme : mort.

① **morse** n. m. Gros animal des mers polaires, ressemblant un peu au phoque, dont la gueule est munie de deux grosses défenses. → aussi **otarie** et **phoque.** ⋙ planche Mammifères.

② **morse** n. m. Système de signaux utilisant des points et des traits et servant à envoyer des messages. *Le bateau en détresse a envoyé un message en morse.*

**morsure** n. f. Blessure faite en mordant. *La morsure de certains serpents est mortelle.*

① **mort** n. f. Arrêt de la vie. → **décès.** *La mort de son chat lui a fait beaucoup de peine.* → **disparition.** *L'assassin a été condamné à mort. — Anne en veut à mort à Luc,* elle a énormément de rancune contre lui. ◊ homonyme : mors.

► ② **mort** adj. 1. Qui a cessé de vivre. *Il y a un rat mort dans le fossé.* 2. *Flora était morte de fatigue,* très fatiguée. 3. Hors d'usage. *Il faut changer les piles de la radio, elles sont mortes.* 4. *Le latin est une langue morte,* une langue que l'on ne parle plus. || contr. **vivant** ||.

► ③ **mort** n. m., **morte** n. f. Personne qui n'est plus en vie. *L'accident a fait deux morts et trois blessés. Prions pour les morts.* → **défunt.** *Le malade était pâle comme un mort.* → **cadavre.**

► **mortalité** n. f. Nombre de personnes qui meurent. *La mortalité infantile a beaucoup diminué dans les pays riches.* || contr. **natalité** ||.

► **mortel** adj. 1. Qui doit mourir un jour. *Tous les êtres vivants sont mortels.* || contr. **éternel, immortel** || 2. Qui entraîne la mort. *Une morsure de vipère peut être mortelle.* 3. Qui souhaite la mort. *La mangouste est l'ennemie mortelle des serpents.* 4. Très ennuyeux. → **lugubre, sinistre.** *Cette soirée était mortelle.*

► **mortellement** adv. 1. De manière à causer la mort. *Le soldat a été mortellement blessé,* il a été blessé à mort. 2. Énormément. *Nous nous sommes mortellement ennuyés,* nous nous sommes ennuyés à mourir.

**mortadelle** n. f. Gros saucisson de porc et de bœuf.

① **mortier** n. m. Bol dans lequel on broie certaines matières. *On pile de l'ail dans un mortier à l'aide d'un pilon.*

② **mortier** n. m. Canon à angle de tir courbe.

③ **mortier** n. m. Mélange de ciment et de sable délayé dans de l'eau, utilisé en maçonnerie pour lier les pierres entre elles.

**mortifier** v. (conjug. 7) Blesser moralement. → **humilier, vexer.** *La remarque de la maîtresse l'a mortifié.*

**mort-né** adj. Mort à la naissance. *La chienne a mis bas deux chiots mort-nés.* — Au fém. *mort-née.*

**mortuaire** adj. Qui concerne les morts. *On transporte les cercueils dans des fourgons mortuaires.*

**morue** n. f. Gros poisson des mers froides, de la même famille que le colin et le merlan. *La morue peut se manger fraîche, séchée ou salée.* → aussi **cabillaud.**

**morve** n. f. Liquide visqueux qui sort du nez. *Le bébé avait la morve au nez.*

**mosaïque** n. f. Assemblage de petits carreaux de pierres de couleurs différentes formant un dessin. *Dans les maisons romaines, le sol était en mosaïque.*

**mosquée** n. f. Bâtiment où les musulmans vont prier. *On doit se dé-*

*chausser avant d'entrer dans une mosquée.*

mosquée

**mot** n. m. 1. La plus petite partie d'une phrase qui a un sens même si on l'emploie seule. *« Chat » est un mot de 4 lettres. Que veut dire ce mot? Anne et Flora sont toutes les deux habillées en rouge aujourd'hui, on dirait qu'elles se sont donné le mot,* qu'elles se sont mises d'accord. 2. Parole. *J'ai deux mots à te dire,* j'ai à te parler. *Elle veut toujours avoir le dernier mot,* elle veut toujours avoir raison. *Il a toujours le mot pour rire,* il fait sans cesse des plaisanteries. 3. Court message. *Il nous a laissé un mot sur la porte.* ▷ À DEMI-MOT, MOTUS.

**motard** n. m. 1. Personne qui conduit une moto. → **motocycliste.** 2. Gendarme à moto. *Deux motards l'ont arrêté pour excès de vitesse.*

**motel** n. m. Hôtel situé au bord d'une grande route, destiné aux automobilistes qui peuvent garer leur voiture devant leur chambre.

① **moteur** adj. Capable de produire un mouvement. *Les nerfs moteurs permettent aux muscles de faire des mouvements. Les voiliers utilisent la force motrice du vent pour avancer.*

▶ ② **moteur** n. m. Appareil qui, en transformant l'énergie, fait fonctionner une machine ou permet de faire tourner les roues d'un véhicule. *Il faut changer le moteur du réfrigérateur. Cette voiture a un moteur Diesel.* ▷ BIMOTEUR, CYCLOMOTEUR, MOTRICE, QUADRIMOTEUR, VÉLOMOTEUR.

**motif** n. m. 1. Raison, cause. *Quel est le motif de ton absence?* 2. Dessin qui décore. *Un tissu à motifs géométriques.* ▷ MOTIVATION, MOTIVÉ, MOTIVER.

**motion** n. f. Proposition faite par un membre d'une assemblée. *L'Assemblée nationale n'a pas voté la motion rédigée par un député de l'opposition.*

**motiver** v. (conjug. 1) 1. Expliquer quelque chose en donnant la raison, le motif. *Toute absence doit être motivée.* 2. Pousser à agir. *La maîtresse sait motiver ses élèves.*

▶ **motivé** adj. *Elle n'est pas assez motivée pour faire un régime amaigrissant,* elle n'a pas assez de raisons qui la pousseraient à le faire.

▶ **motivation** n. f. Ce qui pousse à agir, à faire quelque chose. *On ne comprend pas toujours les motivations des gens.*

**moto** n. f. Véhicule qui a deux roues et un moteur puissant. → **motocyclette.** *Il fait de la moto. Elle a participé à une course de motos.*

▶ **moto-cross** n. m. inv. Course de motos sur un parcours accidenté. *Ils font du moto-cross en forêt.* — Au pl. *Des moto-cross.* ▷ MOTARD.

moto

**motoculteur** n. m. Petit engin à moteur à deux roues, dirigé à la main pour de petits travaux agricoles. *Il retourne la terre de son jardin avec un motoculteur.*

**motocyclette** n. f. Moto. → aussi **cyclomoteur.** *Les premières motocyclettes ont été fabriquées vers 1880.*

**motocycliste** n. m. et f. Personne qui conduit une moto. → **motard.**

**motorisé** adj. 1. Équipé d'un moteur. *Un engin motorisé.* 2. Transporté par des véhicules à moteur. *Les troupes motorisées seront là pour le défilé du 14 Juillet.*

**motrice** n. f. Voiture à moteur qui entraîne les autres voitures d'un train. → aussi **locomotive.**

**motte** n. f. 1. *Le soc de la charrue retourne des mottes de terre,* des morceaux de terre compacte. 2. *Une motte de beurre,* c'est un gros bloc de beurre que les crémiers détaillent en le vendant au poids. ▷ RASE-MOTTES.

**motus** [mɔtys] interjection. *Motus* s'emploie pour demander à quelqu'un de ne pas répéter quelque chose. *Motus et bouche cousue !* silence !

① **mou** adj. m., **molle** adj. f. 1. Qui change facilement de forme quand on appuie dessus. *À la chaleur, le beurre devient mou.* || contr. **dur** || *Elle aime les coussins mous,* dans lesquels on s'enfonce facilement. → **moelleux.** 2. Qui manque d'énergie, de vitalité. → **indolent, nonchalant.** *Flora se sent molle ce matin, elle n'a envie de rien faire.* || contr. **actif, énergique** || — N. *C'est un mou,* un homme sans énergie. ◇ homonymes : moue, moût. ▷ AMOLLIR, MOLLEMENT, MOLLESSE, ① MOLLET, MOLLETONNÉ, MOLLIR, MOLLUSQUE, RAMOLLIR.

② **mou** n. m. [pl. *mous*] Poumon des animaux de boucherie. *Les chats mangent du mou.*

**mouchard** n. m., **moucharde** n. f. Personne qui dénonce quelqu'un. → **délateur.** *Le terroriste a été dénoncé à la police par un mouchard.* → **indicateur.**

► **moucharder** v. (conjug. 1) Familier. Dénoncer quelqu'un, répéter ce que quelqu'un a fait ou dit. → **rapporter.** *Il a mouchardé ses camarades.*

**mouche** n. f. 1. Insecte noir qui a deux ailes et une trompe. ⋙ planche Insectes. *Une mouche s'est posée sur le fromage. — Pendant l'examen, on aurait entendu une mouche voler,* il y avait un silence profond. *Quelle mouche l'a piqué ?* pourquoi s'est-il mis brusquement en colère ? *Flora ne ferait pas de mal à une mouche,* elle est très gentille. 2. *Le tireur a fait mouche,* il a tiré au centre de la cible.

► **moucheron** n. m. Petite mouche. *Luc a un moucheron dans l'œil, il faut le lui enlever.*

► **moucheté** adj. Parsemé de petites taches rondes. *Les léopards ont une fourrure fauve mouchetée de noir.*

se **moucher** v. (conjug. 1) Souffler avec force par le nez en pressant les narines l'une après l'autre, pour débarrasser le nez des mucosités qui l'encombrent. *Yves est très enrhumé, il se mouche tout le temps.*

▶ **mouchoir** n. m. Morceau de tissu ou de papier dans lequel on se mouche. → aussi **pochette.**

**moudre** v. (conjug. 47) Écraser les grains pour en faire de la poudre. *Il moud le café avec un moulin à café électrique.* ▷ MOULIN, MOULINET, MOULINETTE, MOULU, MOUTURE, RÉMOULEUR, VERMOULU.

**moue** n. f. Grimace que l'on fait en avançant les lèvres. *Anne fait la moue, elle boude.* ◊ homonymes : mou, moût.

**mouette** n. f. Oiseau de taille moyenne, au plumage gris pâle, aux pattes palmées et aux ailes longues et pointues, qui vit au bord de la mer ou des fleuves. ➳ planche Oiseaux. → aussi **goéland.** *Une mouette s'est posée sur l'eau.*

**moufle** n. f. Gant dans lequel seul le pouce est séparé des autres doigts. *Yves met des moufles pour skier.*

**mouflon** n. m. Animal ruminant sauvage, proche du mouton. *Les mouflons mâles ont des cornes recourbées vers l'arrière.*

**mouiller** v. (conjug. 1) **1.** Mettre en contact avec de l'eau. → **humecter.** *La rosée mouille l'herbe,* elle la rend humide. *La voiture nous a mouillés en roulant dans une flaque.* → **arroser, asperger, tremper.** ‖ contr. **sécher** ‖ — *Le linge s'est mouillé sous la pluie.* **2.** *Le capitaine a mouillé l'ancre,* il a jeté l'ancre. *Le bateau mouille dans la baie,* il y est arrêté.

▶ **mouillage** n. m. Endroit abrité où un bateau peut jeter l'ancre, mouiller.

▶ **mouillé** adj. Humide. *La serviette est encore mouillée.* ‖ contr. **sec** ‖.

▶ **mouillette** n. f. Petit morceau de pain long et mince. *Flora trempe une mouillette beurrée dans son œuf à la coque.*

① **moule** n. f. Petit coquillage à la coquille noire allongée, qui se fixe sur les rochers. ➳ planche Crustacés et coquillages. *Les enfants sont allés ramasser des moules.*

② **moule** n. m. Objet creux dans lequel on verse une pâte pour lui donner une forme. *Il tapisse le moule à tarte de pâte feuilletée. Le sculpteur coule l'argile dans le moule.*

▶ **moulage** n. m. Objet fabriqué à partir d'un moule. *Un moulage en plâtre.*

▶ **mouler** v. (conjug. 1) **1.** Fabriquer un objet avec un moule. *Le boulanger moule les baguettes en déposant la pâte à pain dans un demi-rouleau en métal.* **2.** *Cette robe la moule,* épouse les formes de son corps, colle à son corps.

▶ **moulant** adj. Collant, ajusté. *Une robe moulante.* ▷ DÉMOULER, MOULURE.

**moulin** n. m. **1.** Appareil servant à réduire en poudre. *Il a un moulin à café électrique.* **2.** Bâtiment dans lequel une meule moud le grain pour en faire de la farine ou écrase les olives pour en extraire l'huile. *Le vent fait tourner les ailes du moulin à vent.*

▶ **moulinet** n. m. **1.** Petit appareil fixé sur une canne à pêche, sur lequel s'enroule le fil. **2.** Mouvement rapide en forme de cercle. *Le professeur de gymnastique faisait des moulinets avec les bras.*

▶ **moulinette** n. f. Nom déposé. Moulin à légumes ou à viande. *Mamie passe des pommes de terre à la moulinette pour faire de la purée.*

**moulu** adj. Réduit en poudre. *Elle a acheté du poivre en grains et du poivre moulu.*

**moulure** n. f. Ornement en creux ou en relief, sur un plafond, un mur, une porte, un meuble.

**mourir** v. (conjug. 19) **1.** Cesser de vivre. → **décéder, périr.** *Son chien est mort hier.* **2.** Ressentir une sensation très vivement. *Flora meurt d'envie d'aller au cinéma,* elle le souhaite ardemment. *Je mourais de soif,* j'avais très soif. *On s'ennuie à mourir ici,* on s'ennuie beaucoup, mortellement. **3.** Diminuer. *Le feu meurt dans la cheminée,* il s'éteint doucement.

▶ **mourant** adj. Qui est en train de mourir. → **moribond.** *La vieille femme est mourante.* — N. *Le mourant a demandé à voir un prêtre.* ▷ CROQUE-MORT, IMMORTALISER, IMMORTALITÉ, IMMORTEL, ①, ② et ③ MORT, MORTALITÉ, MORTEL, MORTELLEMENT, MORT-NÉ, MORTUAIRE, NATURE MORTE.

**mouron** n. m. Plante à toutes petites fleurs rouges ou blanches. *Les oiseaux mangent du mouron blanc, mais pas du rouge car il est toxique.*

**mousquetaire** n. m. Soldat noble qui était chargé de protéger le roi. *Les mousquetaires étaient des cavaliers.*

**mousqueton** n. m. Boucle à ressort qui se referme toute seule. *Les parachutes sont fixés avec des mousquetons.*

① **mousse** n. m. Jeune garçon qui apprend le métier de marin.

mousqueton

② **mousse** n. f. Plante généralement verte, rase et douce, constituée de courtes tiges, qui tapisse le sol, les pierres, les arbres. *Le rocher est couvert de mousse.* ▷ MOUSSU.

③ **mousse** n. f. **1.** Petites bulles très serrées. → aussi **écume.** *Quand on verse de la bière dans un verre, il se forme de la mousse. Ce shampooing fait beaucoup de mousse.* **2.** Crème à base de blancs d'œufs en neige. *Une mousse au chocolat.* **3.** Caoutchouc spongieux. *Un matelas en mousse.*

▶ **mousser** v. (conjug. 1) Faire de la mousse. *Cette lessive mousse beaucoup.*

▶ **moussant** adj. Qui fait de la mousse. *Il utilise une crème à raser moussante.*

▶ **mousseux** adj. et n. m. **1.** adj. *Cette bière est trop mousseuse,* elle fait trop de mousse. **2.** n. m. Vin fermenté qui ressemble au champagne. *Ils ont bu une bouteille de mousseux.*

**mousseline** n. f. Tissu léger et fin de coton, de soie ou de laine. *Elle portait une robe en mousseline de soie.*

**mousseron** n. m. Petit champignon à chapeau et à lamelles, qui pousse en cercle dans les haies et les clairières. ➼ planche Champignons. *Une omelette aux mousserons.*

**mousson** n. f. Vent d'Asie qui souffle en été de la mer vers la terre et en hiver de la terre vers la mer.

**moussu** adj. Couvert de mousse. *Des rochers moussus.* → aussi ② **mousse.**

**moustache** n. f. 1. Poils qui poussent entre le nez et la lèvre supérieure de l'homme. *Son père a une petite moustache.* 2. Longs poils de la lèvre supérieure de certains animaux. *Les moustaches du chat sont très sensibles.*

▶ **moustachu** adj. Qui porte une moustache. *Un homme moustachu.*

**moustique** n. m. Insecte ailé qui vit dans les lieux humides et dont la piqûre est douloureuse. ⋙ planche Insectes. *Flora s'est fait piquer par un moustique.* → aussi ② **cousin.**

▶ **moustiquaire** n. f. Rideau très fin qui protège des moustiques. *Le lit du bébé était recouvert d'une moustiquaire.*

**moût** n. m. Jus de raisin, de poire ou de pomme qui n'a pas encore fermenté. *Le moût sort du pressoir.* ◊ homonymes : mou, moue.

**moutarde** n. f. 1. Crème jaunâtre au goût piquant préparée avec les graines d'une plante appelée aussi moutarde. *Luc mange de la viande froide avec de la moutarde et des cornichons.* 2. inv. Couleur jaune foncé. *Yves porte des chaussettes moutarde.*

**mouton** n. m. 1. Animal au poil épais et frisé. → aussi **agneau, bélier, brebis.** *Les moutons bêlent. Le berger mène paître son troupeau de moutons. — Anne mange des côtelettes de mouton.* 2. Flocon de poussière. *Il y a beaucoup de moutons sous le lit.* 3. Petite vague surmontée d'écume. *La mer est agitée, regarde tous ces moutons !*

**mouture** n. f. Façon dont quelque chose est moulu. *Il a acheté du café à mouture fine,* moulu très fin.

**mouvant** adj. *Des sables mouvants,* ce sont des sables gorgés d'eau dans lesquels on s'enfonce.

**mouvement** n. m. 1. Changement de position. → **déplacement.** *L'astronome observe le mouvement des astres.* 2. Geste. *Le professeur de gymnastique montre les mouvements à faire.* 3. Réaction. *Yves a eu un mouvement d'agacement,* il a manifesté son agacement. *Anne a eu un bon mouvement,* elle s'est montrée gentille et amicale. 4. Organisation. *Il appartient à un mouvement syndical.* → **formation.** 5. Partie d'un morceau de musique. *Cette sonate comporte trois mouvements.* 6. Ce qui donne l'impression de la vie. *Il y a du mouvement dans ce film,* il y a de l'action.

▶ **mouvementé** adj. *Leur voyage a été mouvementé,* il s'est passé beaucoup de choses au cours de leur voyage. *Il mène une vie mouvementée.* ‖ contr. **calme, paisible** ‖.

**mouvoir** v. (conjug. 27) Mettre en mouvement. *La roue du moulin est mue par l'eau. — La vieille dame, percluse de rhumatismes, pouvait à peine se mouvoir,* faire des mouvements, bouger. ▷ MOUVANT, MOUVEMENT, MOUVEMENTÉ.

① **moyen** adj. 1. Qui se trouve au milieu, entre deux extrêmes. *Julie est de taille moyenne,* elle n'est ni grande, ni petite. 2. *Julie est au cours moyen,* dans le cours qui est entre le cours élémentaire et la sixième. 3. Qui n'est ni bon, ni mauvais. *Ses résultats scolaires sont moyens.* → **passable.** **4.** Que l'on calcule en faisant une moyenne. *Il roule à une vitesse moyenne de 100 km/heure.* → aussi **moyenne.** ▷ MOYEN ÂGE, MOYENÂGEUX, MOYENNE, MOYENNEMENT.

② **moyen** **n. m. 1.** Procédé qui permet de parvenir à ce que l'on veut. *Flora a trouvé un moyen pour attacher ses cheveux,* elle a trouvé comment faire. *Luc a ouvert la bouteille au moyen d'un décapsuleur,* à l'aide d'un décapsuleur, grâce à un décapsuleur. **2.** *Un moyen de transport,* c'est ce qui permet de transporter des personnes ou des choses d'un endroit à un autre. *L'avion, le train, le bateau, la voiture sont des moyens de transport. La presse, la radio, la télévision sont des moyens de communication.* → aussi **média.** **3.** *Il a beaucoup de moyens, mais il est paresseux,* il a beaucoup de capacités, de qualités pour réussir. **4.** *Je n'ai pas les moyens d'acheter une maison,* je n'ai pas assez d'argent. ▷ MOYENNANT.

**Moyen Âge** **n. m.** Période de l'histoire qui va de la chute du dernier empereur romain en 476, marquant la fin de l'Antiquité, jusqu'au 15e siècle, où commence la Renaissance. *Les églises romanes et les cathédrales gothiques ont été construites au Moyen Âge.* → aussi **médiéval.**

► **moyenâgeux** **adj.** Que l'on pourrait croire dater du Moyen Âge. → **archaïque.** *Ils utilisent des techniques moyenâgeuses.*

**moyennant** **prép.** *J'accepte de faire ce travail, moyennant un bon salaire,* en échange d'un bon salaire.

**moyenne** **n. f. 1.** Vitesse obtenue en divisant le nombre de kilomètres parcourus par le nombre d'heures mis à les parcourir. *Il a roulé à une moyenne de 90 km/heure.* → aussi ① **moyen.** **2.** La moitié des points que l'on peut obtenir à un devoir, un examen. *Flora a eu la moyenne à sa dictée,* elle a eu 10 sur 20.

**moyennement** **adv.** Ni peu, ni beaucoup. *J'ai trouvé ce livre moyennement intéressant.*

**moyeu** **n. m.** Partie centrale d'une roue. — **Au pl.** *Des moyeux.*

**mucosité** **n. f.** Liquide épais produit par les muqueuses. *Quand on est enrhumé, on a le nez encombré de mucosités.* → aussi **morve.**

**muer** **v.** (conjug. 1) **1.** Changer de peau, de plumage ou de poil. *Les serpents, les crustacés, les araignées muent.* **2.** Changer de voix. *Les garçons muent à l'adolescence,* leur voix d'enfant devient une voix d'adulte.

► **mue** **n. f. 1.** *Il a trouvé la mue d'une vipère,* la peau laissée par une vipère qui a mué. **2.** Transformation de la voix d'un adolescent. *Il est à l'âge de la mue.*

**muet** **adj. 1.** Qui n'est pas capable de parler. *Elle est muette de naissance.* — **N.** *Les muets communiquent par gestes.* **2.** Qui se tait, reste silencieux. *Elle était muette de peur.* → aussi **mutisme.** **3.** *Un film muet,* c'est un film sans paroles. ‖ contr. **parlant** ‖ **4.** Qui ne se fait pas entendre dans la prononciation. *Il y a un e muet à la fin de « moue ». On fait la liaison devant un h muet.* ‖ contr. **aspiré** ‖. ▷ SOURD-MUET.

**muezzin** [mɥɛdzin] **n. m.** Musulman chargé d'appeler les fidèles à la prière, du haut du minaret de la mosquée.

① **mufle** **n. m.** Bout du museau de certains animaux. *Le mufle du bœuf.*

② **mufle** **n. m.** Homme grossier et mal élevé. → **goujat.** *Quel mufle !*

▶ **muflerie** **n. f.** Attitude d'un mufle. *Sa muflerie est impardonnable.*

**mugir** **v.** (conjug. 2) **1.** *La vache mugit,* elle pousse son cri. → **beugler, meugler. 2.** Faire entendre un bruit sourd et prolongé. *La sirène, annonçant l'incendie, mugissait.*

▶ **mugissement** **n. m. 1.** Cri d'un animal qui mugit. → **beuglement, meuglement.** *Les mugissements des vaches.* **2.** Bruit sourd et prolongé. *Le mugissement des vagues.*

**muguet** **n. m.** Plante dont les petites fleurs blanches en forme de clochettes sont groupées en grappes. ➳ planche Fleurs. *On offre des brins de muguet le jour du 1er mai.*

**mulâtre** **n. m.,** **mulâtresse** **n. f.** Personne née de parents qui sont l'un noir et l'autre blanc. → aussi **métis.** *Une mulâtresse brésilienne.*

① **mule** **n. f.** Pantoufle qui ne couvre pas le talon. *Une paire de mules.*

② **mule** **n. f.** Animal femelle, né d'une jument et d'un âne, ou d'une ânesse et d'un cheval. *Il est allé dans la montagne à dos de mule.*

▶ ① **mulet** **n. m.** Animal mâle, né d'une jument et d'un âne, ou d'une ânesse et d'un cheval. *Les mulets ne peuvent pas se reproduire.*

▶ **muletier** **adj.** *Un chemin muletier,* c'est un chemin étroit et escarpé. — **Au fém.** *muletière.*

② **mulet** **n. m.** Poisson de mer comestible, au corps cylindrique, qui vit en bancs le long du littoral.

**mulot** **n. m.** Petit rongeur qui vit dans les haies et les bois, appelé aussi *rat des champs. Le mulot a une queue plus longue que son corps.*

mulot

**multicolore** **adj.** De toutes les couleurs. *L'habit d'Arlequin est multicolore.* → **bariolé.**

**multiple** **n. m.** et **adj. 1. n. m.** *6 et 27 sont des multiples de 3,* des nombres qu'on obtient en multipliant un autre nombre par trois. **2. adj.** Nombreux. *Il n'est pas venu pour de multiples raisons.* ‖ contr. **unique** ‖.

▶ **multiplication** **n. f.** Opération qui consiste à multiplier deux nombres. ‖ contr. **division** ‖ *Pour savoir le prix de trois bonbons à 20 centimes, on fait la multiplication : trois fois vingt égale soixante (3 × 20 = 60).*

▶ **multiplicande** **n. m.** Nombre que l'on multiplie, dans une multiplication. *Dans « 4 × 3 », 4 est le multiplicande.*

▸ **multiplicateur** **n. m.** Nombre qui multiplie, dans une multiplication. *Dans « 4 x 3 », 3 est le multiplicateur.*

▸ **multiplier** **v.** (conjug. 7) **1.** Faire une multiplication. ǁ contr. **diviser** ǁ *Quand on multiplie 4 par 3, on additionne trois fois le nombre quatre.* **2.** *Julie multiplie les bêtises,* elle en fait beaucoup.

**multitude** **n. f.** Grand nombre, grande quantité. *La ville est visitée par une multitude de touristes.* → **foule.**

**muni** **adj.** Équipé. *Cette voiture est munie d'un essuie-glace arrière.*

**municipal** **adj.** Qui appartient à une commune. → **communal.** *Voici les conseillers municipaux de notre ville. Luc va à la piscine municipale.*

▸ **municipalité** **n. f.** Ensemble des personnes qui administrent, gèrent une commune. *Le maire est à la tête de la municipalité.*

se **munir** **v.** (conjug. 2) Prendre avec soi. *Munissez-vous d'une bonne paire de gants pour faire du ski.*

▸ **munitions** **n. f. pl.** Explosifs et projectiles servant au chargement des armes à feu. *Les rebelles se sont rendus car ils n'avaient plus de munitions.* ▷ DÉMUNIR, MUNI, se PRÉMUNIR.

**muqueuse** **n. f.** Membrane, toujours un peu humide, qui enveloppe certains organes. *La bouche, le nez, l'estomac sont tapissés d'une muqueuse.* → aussi **mucosité.**

**mur** **n. m.** **1.** Construction verticale qui s'élève sur une certaine longueur et qui sert à soutenir un bâtiment, à enclore ou à séparer. *Les murs de l'immeuble sont en béton. Un petit mur de pierre entoure le jardin.* **2.** Côté du mur qui se trouve à l'intérieur d'un bâtiment. → **cloison.** *Luc a mis des posters sur les murs de sa chambre.* **3.** *L'avion a franchi le mur du son,* il a dépassé la vitesse du son. ◊ homonymes : mûr, mûre. ▷ EMMURER, MURAILLE, MURAL, MURER, MURET.

**mûr** **adj.** **1.** *Un fruit mûr,* c'est un fruit qui a atteint son plein développement. *Cette pêche est trop mûre.* → **blet.** ǁ contr. **vert** ǁ **2.** *Mon père est un homme mûr,* un adulte. → aussi **maturité.** **3.** *Anne est très mûre pour son âge,* elle est très raisonnable et réfléchie. ◊ homonymes : mur, mûre. ▷ MÛREMENT, MÛRIR.

**muraille** **n. f.** *Il ne reste du château fort que des murailles en ruines,* des murs épais et élevés. → aussi **rempart.**

**mural** **adj.** *Une peinture murale,* c'est une peinture faite sur un mur. *Une pendule murale,* c'est une pendule accrochée au mur. — **Au masc. pl.** *muraux.*

**mûre** **n. f.** Petit fruit sauvage noir qui pousse sur les ronces. *De la confiture de mûres.* ◊ homonymes : mur, mûr.

**mûrement** **adv.** *J'ai mûrement réfléchi,* j'ai réfléchi longuement et sérieusement.

**murer** **v.** (conjug. 1) Fermer définitivement par un mur. *Les fenêtres de l'immeuble inhabité ont été murées.* → **boucher, condamner.**

**muret** **n. m.** Petit mur.

**mûrier** **n. m.** Arbre des pays chauds dont les feuilles servent à nourrir les vers à soie.

**mûrir** **v.** (conjug. 2) **1.** Devenir mûr. *Les blés mûrissent en été.* **2.** Devenir plus réfléchi, raisonnable. *Yves a beaucoup mûri en un an.*

**murmure** **n. m.** Bruit de voix léger, sourd et continu. *On entend un murmure dans le fond de la classe.*

▶ **murmurer** **v.** (conjug. 1) **1.** Dire à voix basse. → **chuchoter, susurrer.** *Anne murmure un secret à l'oreille de Flora.* **2.** Protester, grogner. *Julie obéit sans murmurer.*

**musaraigne** **n. f.** Petit animal au museau allongé et aux dents pointues, qui se nourrit d'insectes, de vers et de petits œufs. ⤜ planche Mammifères. *La musaraigne est de la même famille que la souris.*

**musarder** **v.** (conjug. 1) Perdre son temps à faire des choses sans importance. → **flâner, traîner.** *Elle a musardé toute la journée.*

**musc** **n. m.** Liquide à l'odeur très forte qui provient des glandes de certains animaux et qui sert à la fabrication des parfums.

**muscade** **n. f.** Graine de la grosseur d'une olive, utilisée comme épice. *Le cuisinier râpe une muscade dans la sauce.* — On dit aussi *une noix de muscade.*

**muscat** **n. m.** **1.** Raisin très sucré et très parfumé. **2.** Vin très sucré fait avec ce raisin, qui se boit en apéritif. *Elle a bu un verre de muscat.*

**muscle** **n. m.** Organe formé de fibres qui produit des mouvements en se contractant. *Les cyclistes ont les muscles des jambes très développés.*

▶ **musclé** **adj.** Pourvu de muscles bien visibles et puissants. *Cet athlète a un beau corps musclé.*

▶ **muscler** **v.** (conjug. 1) Pourvoir de muscles puissants. *Le tennis muscle les bras et les jambes. — Elle fait de la gymnastique pour se muscler.*

**musculaire** **adj.** Qui concerne les muscles. *Il s'est fait une déchirure musculaire,* il s'est déchiré un muscle.
▷ INTRAMUSCULAIRE.

**musculature** **n. f.** Ensemble des muscles du corps.

**muse** **n. f. 1.** *Les neuf Muses* étaient neuf déesses grecques qui protégeaient et inspiraient les artistes. **2.** Femme qui inspire un artiste. *George Sand fut la muse du poète Musset et du musicien Chopin.*

**museau** **n. m.** Partie avant, allongée et plus ou moins pointue, de la tête de certains animaux. *Le chien avance le museau et renifle sa pâtée.* → aussi **groin,** ① **mufle, truffe.** — **Au pl.** *Des museaux.*
▷ MUSELER, MUSELIÈRE.

**musée** **n. m.** Bâtiment où l'on rassemble des collections d'objets qui ont un intérêt historique, scientifique ou artistique, afin de les montrer au public. *On peut voir de nombreux tableaux très célèbres au musée du Louvre, à Paris.* ▷ MUSÉUM.

**museler** **v.** (conjug. 4) Emprisonner le museau d'un animal pour l'empêcher de mordre. *Le policier muselle son chien dans les lieux publics.*

▶ **muselière** **n. f.** Appareil dont on entoure le museau de certains animaux pour les empêcher de mordre.

*Entrée interdite aux chiens ne portant pas de muselière.*

muselière

① **musette** n. f. *En France, le 14 Juillet, il y a des bals musettes dans les rues,* des bals populaires où l'on danse au son de l'accordéon.

② **musette** n. f. Sac de toile qui se porte souvent en bandoulière.

**muséum** [myzeɔm] n. m. Musée consacré aux sciences naturelles. *Luc a vu un squelette de dinosaure au muséum.* — Au pl. *Des muséums.*

**music-hall** [myzikol] n. m. Ce mot vient de l'anglais. Établissement qui présente des spectacles de variétés avec des chanteurs, des fantaisistes, des acrobates, des jongleurs, des prestidigitateurs, etc. *Ils sont allés au music-hall.* — Au pl. *Des music-halls.*

**musique** n. f. Ensemble de sons combinés de manière harmonieuse. *Te souviens-tu de la musique de ce film ?* → **air.** *Il joue de la musique de jazz. Le piano et le violon sont des instruments de musique.*

▸ **musical** adj. 1. *Il a fait des études musicales,* de musique. 2. *Une comédie musicale,* c'est une pièce de théâtre ou un film dont les paroles sont chantées. — Au masc. pl. *musicaux.*

▸ **musicien** n. m., **musicienne** n. f. Personne dont le métier est de composer ou de jouer de la musique. *Mozart et Bach sont de célèbres musiciens.* → **compositeur.** *L'orchestre est composé de cinquante musiciens.* → aussi **virtuose.**

**mustang** n. m. Cheval sauvage d'Amérique du Nord. *Le cow-boy a capturé un mustang.*

**musulman** adj. *La religion musulmane,* c'est la religion fondée par Mahomet, dont le dieu est Allah. → **islam.** *Ils sont musulmans,* de religion musulmane. — N. *Les musulmans vont prier à la mosquée.*

**mutant** n. m. Dans les romans et les films de science-fiction, être extraordinaire résultant des transformations supposées pouvant survenir chez l'homme. *Après la catastrophe atomique, la Terre n'était plus peuplée que de mutants.*

**muter** v. (conjug. 1) Nommer à un autre poste, dans une autre ville ou un autre pays. *Son père a été muté à Toulouse.*

▸ **mutation** n. f. 1. Changement. *L'informatique est un secteur de l'industrie en pleine mutation.* → **évolution.** 2. Changement de lieu de travail. *Il a demandé sa mutation à Lille.*

**mutiler** v. (conjug. 1) Rendre infirme en privant de l'usage d'un membre ou d'un organe. *Il a été mutilé des deux jambes, à la guerre.* → aussi **amputer.**

▸ **mutilé** n. m., **mutilée** n. f. Personne qui a perdu l'usage d'un membre ou d'un organe à la guerre ou dans un accident. *Ces places assises sont réservées en priorité aux mutilés de guerre.*

**mutin** **n. m.** Soldat, marin ou prisonnier qui se révolte contre ses supérieurs ou ses gardiens. → **rebelle.** *Les mutins se sont finalement rendus.*

▶ se **mutiner** **v.** (conjug. 1) Se révolter collectivement contre l'autorité. *Les soldats ont refusé d'obéir aux ordres et se sont mutinés.*

▶ **mutinerie** **n. f.** Révolte collective. *Une mutinerie a éclaté dans la prison.*

**mutisme** **n. m.** Refus de parler. *Il refuse de sortir de son mutisme,* de son silence. → aussi **muet.**

**mutuel** **adj.** Qui implique un échange. *Ils se vouent une haine mutuelle,* ils se haïssent l'un l'autre. → **réciproque.**

▶ **mutuelle** **n. f.** Société d'assurances privée qui ne fait pas de bénéfices et qui est gérée par ses adhérents.

▶ **mutuellement** **adv.** *Les deux complices s'accusaient mutuellement,* chacun accusait l'autre. → **réciproquement.**

**mycologie** **n. f.** Étude des champignons.

**mygale** **n. f.** Grosse araignée velue qui se creuse un abri dans le sol. *La piqûre de la mygale est très grave.*

**myope** **adj.** Qui ne voit pas bien de loin. *Yves porte des lunettes car il est myope.*

**myosotis** [mjozɔtis] **n. m.** Plante à petites fleurs bleues qui pousse dans les lieux humides. *Flora a cueilli des myosotis dans le jardin.*

mygale

**myriade** **n. f.** Très grand nombre, quantité immense. *Les nuits de pleine lune, on peut voir des myriades d'étoiles dans le ciel.*

**myrrhe** **n. f.** Résine odorante fournie par un arbuste d'Asie. *On dit que les Rois mages offrirent à Jésus de l'or, de l'encens et de la myrrhe.* ◊ homonyme : mire.

**myrtille** **n. f.** Petit fruit rond et noir qui pousse sur des arbrisseaux en montagne. *Une tarte aux myrtilles.*

**mystère** **n. m. 1.** Chose que l'on ne peut arriver à comprendre. *Comment le prisonnier a-t-il pu s'évader ? C'est encore un mystère pour la police.* → **énigme. 2.** *Anne et Julie doivent manigancer quelque chose, elles font des mystères,* elles font des cachotteries.

▶ **mystérieux** **adj. 1.** Difficile à comprendre, à expliquer. *Cette disparition est bien mystérieuse.* → **incompréhensible, inexplicable.** ‖ contr. **clair, évident** ‖ **2.** Qui cache un secret. *Ils avaient un air mystérieux.*

► **mystérieusement** adv. D'une façon incompréhensible. *Mes lunettes ont mystérieusement disparu.*

**mysticisme** n. m. Attitude de l'esprit par laquelle l'homme se rapproche le plus possible de la divinité.

**mystifier** v. (conjug. 7) *Mystifier quelqu'un,* c'est le tromper en se servant de sa naïveté et de sa confiance. → **duper.** *Luc et Yves ont mystifié Anne en lui racontant qu'ils avaient vu une soucoupe volante.*

► **mystification** n. f. Tromperie. → **farce.** *Les naïfs sont souvent victimes de mystifications.*

**mythe** n. m. Récit merveilleux qui donne une explication du monde et des phénomènes naturels en mettant en scène des dieux et des personnages imaginaires. → **légende.** *La conquête de la Toison d'or par les Argonautes est un mythe grec.* ◊ homonyme : mite.

► **mythique** adj. *Lancelot du Lac est un personnage mythique,* un personnage qui n'a pas vraiment existé. → **fabuleux, imaginaire, légendaire.** ‖ contr. **historique, réel** ‖.

► **mythologie** n. f. Ensemble des mythes et des légendes d'un peuple. *Hercule est un héros de la mythologie romaine.*

► **mythologique** adj. *Zeus est un dieu mythologique grec,* de la mythologie grecque.

**mythomane** adj. Qui ne peut s'empêcher de raconter des histoires fausses et d'y croire. *Elle est mythomane.* — N. *C'est un mythomane.*

# N

**n'** → **ne**

**na !** interj. Familier. Mot qu'un enfant ajoute à la fin d'une phrase pour s'opposer, montrer qu'il est le plus fort. *C'est bien fait pour toi, na !*

**nacelle** n. f. Grand panier suspendu au-dessous d'un ballon, dans lequel se tiennent les passagers.

**nacre** n. f. Matière brillante, d'un blanc rosé, qui tapisse l'intérieur de la coquille de certains coquillages, et dont on fait des bijoux, des boutons. *Les boutons de sa chemise sont en nacre.*

► **nacré** adj. Qui a l'aspect, la couleur de la nacre. *Elle se met du vernis à ongles nacré.*

**nager** v. (conjug. 3) **1.** Avancer dans l'eau en faisant certains mouvements sans que les pieds touchent le fond. *Anne ne sait pas encore nager. Luc nage le crawl.* → aussi **natation. 2.** *Flora nage dans ce manteau,* elle est trop au large dans ce manteau parce qu'il est trop grand. → **flotter.**

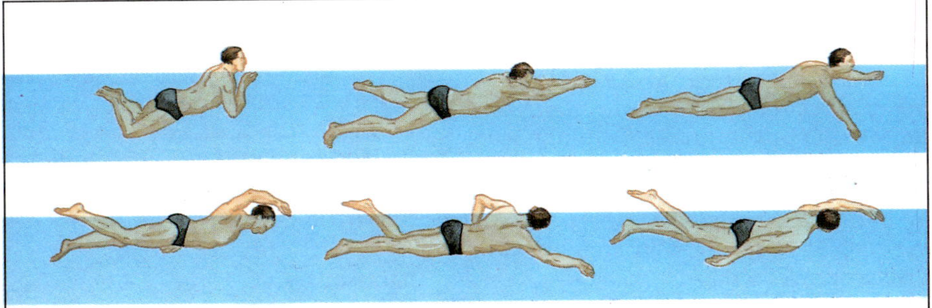

**nage**

▶ **nage** **n. f. 1.** Manière de nager. *Ses nages favorites sont la brasse et le crawl.* **2.** *Julie est en nage,* elle transpire, elle est couverte de sueur.

▶ **nageoire** **n. f.** Organe court et plat qui permet aux poissons et à certains animaux marins, comme les baleines et les phoques, d'avancer et de se diriger dans l'eau. ➳ planche Poissons. *Une nageoire est formée d'une membrane tendue sur des os très fins.*

▶ **nageur** **n. m.,** **nageuse** **n. f.** Personne ou animal qui nage, qui sait nager. *L'ours est un bon nageur. Il y a plusieurs maîtres nageurs à la piscine,* des professeurs de natation. ▷ SURNAGER.

**naguère** **adv.** Il y a peu de temps. → **récemment.** *Naguère il travaillait encore, aujourd'hui, il est à la retraite.*

**naïf** **adj.** Qui croit tout ce qu'on dit. *Elle est vraiment trop naïve !* → **crédule, niais.** ▷ NAÏVEMENT, NAÏVETÉ.

**nain** **n. m.** et **adj.,** **naine** **n. f.** et **adj. 1. n. m.** et **f.** Personne beaucoup plus petite que la normale. || contr. **géant** || *Blanche-neige a été recueillie par les sept nains.* **2. adj.** *Anne a un lapin nain,* un lapin qui restera très petit même lorsqu'il aura atteint l'âge adulte.

**naître** **v.** (conjug. 59) **1.** Venir au monde. *Napoléon est né à Ajaccio le 15 août 1769.* || contr. **mourir** || *L'infirmière s'occupe du bébé qui vient de naître,* du nouveau-né. **2.** Commencer à exister. *Une grande amitié naquit entre elles.* || contr. **finir** || **3.** *Ce projet est né d'une discussion entre deux architectes,* il s'est formé à la suite d'une discussion. → **résulter.**

▶ **naissance** **n. f. 1.** Venue au monde. *La naissance du bébé est prévue en mars. Quelle est ta date de naissance ?* || contr. **mort** || **2.** Commencement, apparition. *La naissance de leur amitié date des vacances.* || contr. **fin** || **3.** Endroit où commence quelque chose. *Luc a un grain de beauté à la naissance du cou.* ▷ INNÉ, MORT-NÉ, NÉ, NOUVEAU-NÉ, RENAISSANCE, RENAÎTRE.

**naïvement** **adv.** Avec une trop grande confiance. *Il a cru naïvement qu'on allait l'aider.*

**naïveté** **n. f.** Trop grande confiance. → **crédulité.** *Elle avait la naïveté de croire qu'elle pourrait réussir sans travailler.*

**naja** **n. m.** Serpent très venimeux d'Afrique et d'Asie, appelé aussi *cobra* ou *serpent à lunettes.* → **cobra.**

**napalm** **n. m.** Essence solidifiée. *Des bombes au napalm.*

**naphtaline** [naftalin] **n. f.** Produit qui éloigne les mites. *Elle a mis des boules de naphtaline dans les placards.*

① **nappe** **n. f.** Grande étendue de liquide ou de gaz qui forme une couche sur terre ou sous terre. *Des nappes de brouillard gênaient la circulation.*

▶ **napper** **v.** (conjug. 1) *Elle nappe le gâteau d'une couche de chocolat chaud,* elle le recouvre.

② **nappe** **n. f.** Linge qui sert à couvrir la table du repas. *Julie pose les assiettes sur la nappe.*

▶ **napperon** **n. m.** Petit linge que l'on place sous un vase, une assiette, pour décorer ou pour protéger. *Il y a un napperon de dentelle au centre de la table.*

**narcisse** **n. m.** Fleur blanche au cœur jaune vif, qui sent très bon. ➳ planche Fleurs. *Un bouquet de narcisses.*

**narcissisme** **n. m.** Très grande attention que l'on se porte à soi-même. *Julie se regarde sans cesse dans la glace, c'est du narcissisme.*

**narcotique** **n. m.** Produit qui engourdit et fait dormir. → **somnifère.** *L'opium et la morphine sont des narcotiques.*

**narguer** **v.** (conjug. 1) Braver avec un air insolent et méprisant. → **défier, provoquer.** *Le gangster nargue la police en lui envoyant des lettres anonymes.*

**narine** **n. f.** Chacune des deux ouvertures du nez. → aussi **naseau.**

**narquois** **adj.** Moqueur et malicieux. *Il nous regardait d'un air narquois.* → **goguenard, ironique.** — **Au fém.** *narquoise.*

**narrer** **v.** (conjug. 1) Raconter.
▸ **narrateur** **n. m.**, **narratrice** **n. f.** Personne qui raconte. → **conteur.**
▸ **narration** **n. f.** Exercice qui consiste à raconter une histoire, un événement, par écrit. *La maîtresse a donné à ses élèves un sujet de narration.* → **rédaction.**

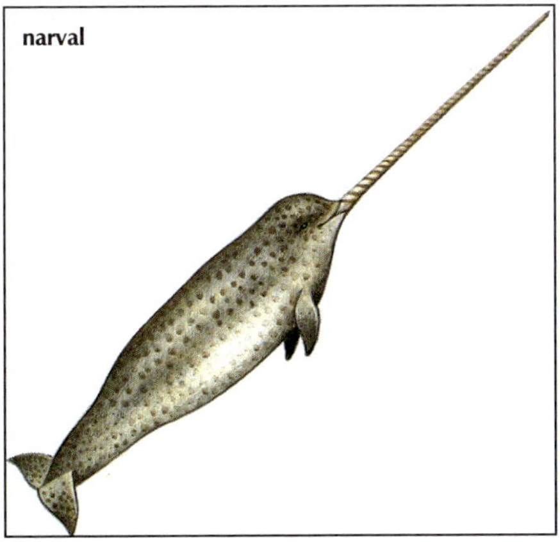
narval

**narval** **n. m.** [pl. *narvals*] Grand animal marin de la famille des baleines, qui porte une longue défense sur le devant de la tête. *Les narvals sont chassés pour leur huile.*

**nasal** **adj.** Du nez. *La cloison nasale sépare les deux narines.* — **Au masc. pl.** *nasaux.*

**naseau** **n. m.** Narine du cheval, du bœuf et du taureau. *Les poneys soufflaient bruyamment par leurs naseaux.*

**nasillard** **adj.** *Une voix nasillarde,* c'est une voix qui semble venir du nez. *Des sons nasillards sortaient du haut-parleur.*

**natal** **adj.** Où l'on est né. *Elle passe ses vacances dans sa maison natale.* — **Au masc. pl.** *natals.*
▸ **natalité** **n. f.** Nombre d'enfants qui naissent dans un pays, par rapport au nombre d'habitants. *L'Inde a une très forte natalité.* → aussi **démographie.** || contr. **mortalité** ||.

**natation** **n. f.** Sport qui consiste à nager. *Yves fait beaucoup de natation.*

**natif** **adj.** Originaire. *Elle est native de Corse,* elle y est née.

**nation** **n. f.** Ensemble que forment un peuple, le pays où il habite et son gouvernement. → **État, pays.** *La nation française.*
▸ **national** **adj. 1.** Qui appartient à une nation. || contr. **étranger, international** || *La production nationale d'électricité a augmenté. La fanfare joue l'hymne national.* — **Au masc. pl.** *nationaux.* **2.** *Une route nationale,* c'est une route importante qui traverse une grande partie du pays. *La voiture a quitté la*

*route nationale pour prendre une route départementale.* — **N. f.** *La nationale 7 passe à Aix-en-Provence.*

▶ **nationaliser** **v.** (conjug. 1) Donner à l'État la propriété de biens qui appartenaient à des propriétaires privés. *Cette banque a été nationalisée,* elle n'appartient plus à un propriétaire privé, mais à l'État.

▶ **nationalisation** **n. f.** *L'État a décidé de procéder à la nationalisation de nombreuses usines,* de devenir propriétaire de nombreuses usines en les nationalisant.

▶ **nationaliste** **n. m.** et **f.** Personne qui place son pays au-dessus des autres. *C'est un nationaliste farouche.* — **Adj.** *Il est très nationaliste.*

▶ **nationalité** **n. f.** Lien juridique qui rattache une personne à la nation à laquelle elle appartient. *Elle a la nationalité française,* elle est française.

▷ INTERNATIONAL.

**natte** **n. f. 1.** Tapis de paille. *Les Japonais dorment sur des nattes.* **2.** Assemblage de trois longues mèches de cheveux entrecroisées et retenues par une attache. → **tresse.** *Flora s'est fait une natte.*

natte

▶ **natter** **v.** (conjug. 1) Tresser. *Elle se natte les cheveux chaque matin.*

① **naturaliser** **v.** (conjug. 1) Accorder la nationalité du pays à un étranger. *Elle vit en France depuis plus de 5 ans et elle s'est fait naturaliser française,* elle est devenue citoyenne française.

② **naturaliser** **v.** (conjug. 1) *Naturaliser un animal,* c'est conserver un animal mort en lui donnant l'apparence de la vie. → **empailler.**

**naturaliste** **n. m.** et **f.** Savant qui s'occupe de sciences naturelles. *Les naturalistes sont des spécialistes de botanique et de zoologie.*

**nature** **n. f. 1.** Tout ce qui existe sur Terre et qui n'est pas fabriqué par l'homme. → **monde, univers.** *Les écologistes s'occupent de la protection de la nature.* **2.** *La nature est belle en automne,* la campagne, le paysage. **3.** Ce qui caractérise un être, une chose ou un sentiment. *La nature humaine,* c'est ce que l'homme a de particulier, ce qu'il a de plus que les animaux. *Quelle est la nature de ce sol ? Flora est jalouse de nature,* elle a un caractère jaloux. → **tempérament.** **4.** *Payer en nature,* c'est payer avec des objets au lieu de payer avec de l'argent.

▶ **naturel** **adj.** et **n. m.**

▭ **adj. 1.** Qui fait partie de la nature. *La pluie et la neige sont des phénomènes naturels. Les sciences naturelles,* ce sont les sciences qui étudient les choses de la nature : l'homme, les animaux, les plantes et les roches. **2.** Qui n'a pas été modifié par l'homme. *Elle porte une chemise en soie natu-*

*relle.* || contr. **artificiel** || **3.** Normal. *C'est naturel de pleurer quand on est triste.* || contr. **anormal** || **4.** Simple, spontané. *Anne a l'air très naturel sur cette photo.* || contr. **guindé** ||.

▭ **n. m. 1.** Caractère, tempérament. *Elle est d'un naturel méfiant,* elle est méfiante de nature. **2.** Simplicité avec laquelle on se comporte. *Sur la photo, Julie sourit avec naturel,* sans avoir l'air de se forcer.

▶ **naturellement** **adv. 1.** *Les cheveux de Flora frisent naturellement,* c'est leur nature de friser. **2.** Évidemment, forcément. *Naturellement, Yves est en retard.*

▶ **nature morte** **n. f.** Peinture qui représente des objets et des animaux sans vie. *Chardin a peint de célèbres natures mortes.* ▷ DÉNATURER, ② NATURALISER, NATURALISTE, SURNATUREL.

**naufrage** **n. m.** *Le bateau a fait naufrage,* il a coulé, il a sombré.

▶ **naufragé** **n. m.**, **naufragée** **n. f.** Personne se trouvant dans un bateau qui a fait naufrage. *Les naufragés ont été hissés à bord des canots de sauvetage.*

**nausée** **n. f.** Envie de vomir. *Cette odeur de poubelle me donne la nausée.*

▶ **nauséabond** **adj.** Écœurant. *Cette odeur est nauséabonde.* → **fétide.**

**nautile** **n. m.** Mollusque à coquille nacrée, en spirale, qui vit dans l'océan Pacifique.

**nautique** **adj.** *Les sports nautiques,* ce sont des sports qui consistent à se déplacer sur l'eau, à naviguer. *L'aviron et la planche à voile sont des sports nautiques. L'été, Alex fait du ski nautique,* du ski sur l'eau.

**naval** **adj.** Qui se rapporte aux navires. *On construit des navires dans les chantiers navals. L'amiral a été tué au cours d'un combat naval,* au cours d'un combat entre navires de guerre.

**navet** **n. m. 1.** Légume rond, blanc ou mauve, qui se mange cuit. *Le cuisinier a préparé un canard aux navets.* **2.** Mauvais film.

**navette** **n. f. 1.** *La navette d'un métier à tisser,* c'est la bobine allongée que l'on passe dans un sens puis dans l'autre, entre les fils, pour tisser. — *Faire la navette entre deux endroits,* c'est aller et venir régulièrement entre ces deux endroits. **2.** Petit car, train ou bateau qui fait l'aller et retour entre deux lieux, sur une courte distance. *Il y a une navette entre l'aéroport et l'hôtel.* **3.** *Une navette spatiale,* c'est un engin capable d'aller dans l'espace et de revenir sur la Terre.

navette spatiale

**naviguer** **v.** (conjug. 1) **1.** *Le bateau naviguait vers l'Irlande,* se déplaçait sur l'eau, en direction de l'Irlande. **2.** Voyager comme marin sur un bateau.

*Ce vieux loup de mer a navigué sur toutes les mers du globe.*

▸ **navigable** **adj.** Où l'on peut naviguer. *Le Rhône est navigable entre Lyon et Marseille.*

▸ **navigant** **adj.** Dont le métier est de travailler à bord d'un avion. *Le pilote, les hôtesses et les stewards font partie du personnel navigant.* → aussi **équipage.**

▸ **navigateur** **n. m.**, **navigatrice** **n. f.** **1.** Marin qui fait de longs voyages sur la mer. *Christophe Colomb était un grand navigateur.* **2.** Personne qui s'occupe de la direction à suivre, dans un bateau ou un avion. *Le navigateur et le radio sont assis dans la cabine de pilotage de l'avion.*

▸ **navigation** **n. f.** **1.** Déplacement en mer à bord d'un bateau. *Un fort vent d'ouest gêne la navigation en mer du Nord.* **2.** *La navigation aérienne,* c'est la circulation des avions.

**navire** **n. m.** Grand bateau destiné à naviguer en pleine mer. *Les cargos et les paquebots sont des navires de commerce.*

**navrant** **adj.** Désolant, contrariant. *C'est une histoire navrante.*

**navré** **adj.** Désolé. *Je suis navrée de vous déranger à cette heure-ci.*

**nazi** **n. m.**, **nazie** **n. f.** Membre du parti du dictateur allemand Hitler. *Les nazis ont commis des crimes atroces pendant la Seconde Guerre mondiale.* — **Adj.** *Sous le régime nazi, six millions de Juifs ont été exterminés.*

▸ **nazisme** **n. m.** Doctrine du dictateur allemand Hitler. → aussi **fascisme.** *Le nazisme est fondé sur le racisme, dirigé surtout contre les Juifs, et il encourage la violence et la guerre.* — On dit aussi *le national-socialisme.*

**ne** **adv.** Mot qui se place devant un verbe pour indiquer la négation et qui est souvent suivi de *jamais, pas, plus* ou *rien. Ce bébé ne pleure jamais. À ta place, je n'hésiterais pas. Il ne veut plus partir. Elle n'a rien compris.* ▷ NAGUÈRE, N'EST-CE-PAS.

**né** **adj.** *Cette petite fille est une comédienne née,* elle a des dons innés pour le théâtre. ◊ homonyme : nez.

**néanmoins** **adv.** Malgré cela. → **cependant, pourtant.** *Yves est paresseux, néanmoins il n'est pas trop mauvais élève.*

**néant** **n. m.** **1.** *Tous ses espoirs ont été réduits à néant,* à rien. **2.** *Signes particuliers : néant,* rien à signaler. ▷ ANÉANTIR, ANÉANTISSEMENT, FAINÉANT.

**nébuleux** **adj.** **1.** Couvert de nuages. *Le ciel est nébuleux.* → **nuageux.** ‖ contr. **clair** ‖ **2.** Difficile à comprendre, confus. *Ses explications étaient nébuleuses.* → **obscur.** ‖ contr. **clair, précis** ‖.

▸ **nébuleuse** **n. f.** Nuage de gaz et de poussière, dans l'espace. *Certaines nébuleuses sont opaques et cachent les étoiles.*

**nécessaire** **adj.** et **n. m.**

▭ **adj.** Très utile, essentiel. *Emporte tout ce qui te sera nécessaire,* tout ce dont tu auras besoin. ‖ contr. **inutile, superflu** ‖ *Elle a les qualités nécessaires pour être un bon professeur.* → **indispensable.**

▭ **n. m.** **1.** Ce qui est indispensable pour vivre. *Dans ce pays si pauvre, beaucoup de gens manquent du nécessaire.* **2.** Ce qu'il faut faire et qui suffit. *Nous ferons le nécessaire pour que* *tout se passe bien.* **3.** Boîte ou étui renfermant les objets indispensables à la toilette, à un ouvrage, etc. *Son nécessaire à couture est dans l'armoire.*

▶ **nécessairement** **adv.** Obligatoirement. → **forcément.** *Pour aller en Irlande, il faut nécessairement traverser la mer.*

**nécessité** **n. f.** Chose indispensable. → **obligation.** *Dormir est une nécessité pour l'organisme.*

▶ **nécessiter** **v.** (conjug. 1) Exiger, demander. *Ce travail nécessite une grande attention.*

▶ **nécessiteux** **adj.** *Une personne nécessiteuse,* c'est une personne qui manque du nécessaire.

**nécrologie** **n. f.** Texte qui raconte la vie d'une personne qui vient de mourir.

▶ **nécrologique** **adj.** *Le journal a consacré un article nécrologique au grand comédien disparu,* un article qui retrace sa vie.

**nécropole** **n. f.** Grand cimetière de l'Antiquité.

**nectar** **n. m.** **1.** Liquide sucré que contiennent les fleurs et les feuilles. *Les abeilles butinent le nectar des fleurs.* **2.** Boisson délicieuse. *Ce vin est un vrai nectar.*

**nef** **n. f.** **1.** Partie centrale d'une église, située entre le portail et le chœur. **2.** Autrefois, navire à voiles.

**néfaste** **adj.** **1.** *Certaines personnes pensent que le vendredi 13 est un jour néfaste,* un jour où il arrive des malheurs. ‖ contr. **faste** ‖ **2.** Mauvais, nuisible. *Ce climat humide et chaud vous est néfaste.*

① **négatif** **adj.** **1.** *Sa réponse a été négative,* il a répondu non. ‖ contr. **affirmatif** ‖ **2.** Qui ne fait que des critiques. *Je lui ai demandé ce qu'il pensait et il s'est montré très négatif.* ‖ contr. **constructif, positif** ‖.

② **négatif** **n. m.** *Un négatif,* c'est une pellicule développée sur laquelle on voit en clair ce qui devrait être sombre et en sombre ce qui devrait être clair. *On tire une photo à partir du négatif.*

**négation** **n. f.** *« Non » est un adverbe de négation,* un adverbe qui sert à nier. ‖ contr. **affirmation** ‖.

**négliger** **v.** (conjug. 3) *Elle néglige sa santé,* elle n'y fait pas attention, elle pense que cela n'a pas d'importance. → se **désintéresser.** — *Cet homme se néglige,* il est mal habillé et sale.

▶ **négligé** **n. m.** *On lui reproche le négligé de ses vêtements,* le laisser-aller de sa tenue.

▶ **négligeable** **adj.** Sans importance. → **insignifiant.** *C'est un détail négligeable.* ‖ contr. **important** ‖.

▶ **négligemment** **adv.** Sans mettre de soin à ce que l'on fait, sans faire attention. *Julie a négligemment posé son cartable au milieu de la pièce.* ‖ contr. **soigneusement** ‖.

▶ **négligence** **n. f.** Manque de soin, d'attention ou de prudence. *Il oublie souvent ses rendez-vous, par négligence.* → **désinvolture.** ‖ contr. **attention** ‖.

▶ **négligent** **adj.** *Une personne négligente,* c'est une personne qui n'apporte pas de soin, d'attention à ce qu'elle fait. ‖ contr. **attentif** ‖ *L'incendie a été causé par des campeurs négligents.*

**négoce** **n. m.** Commerce. *Cet homme s'était enrichi dans le négoce des épices.*

▶ **négociant** **n. m.**, **négociante** **n. f.** Personne qui fait du commerce en gros. → **grossiste.** *Un négociant en vins.* ‖ contr. **détaillant** ‖.

**négocier** **v.** (conjug. 7) Discuter afin de se mettre d'accord. *Les deux chefs d'État ont négocié un traité de paix.*

▶ **négociation** **n. f.** Suite de discussions que l'on entreprend pour arriver à un accord. *Les deux pays ont engagé des négociations.*

**nègre** **n. m.**, **négresse** **n. f.** Homme ou femme de race noire. → **noir.** — Ce mot est péjoratif.

▶ **négrier** **n. m.** Autrefois, personne qui achetait et vendait les esclaves noirs. *Les négriers allaient capturer les Noirs en Afrique pour les vendre en Amérique.* → aussi ② **traite.**

**neige** **n. f. 1.** Eau gelée qui tombe du ciel en flocons blancs et légers, lorsqu'il fait froid. *Il est tombé de la neige cette nuit. Alex et Yves ont fait une bataille de boules de neige.* — *Les enfants sont partis en classe de neige,* ils sont partis à la montagne où ils continuent à étudier avec leur maîtresse et pratiquent les sports d'hiver. **2.** *Des œufs en neige,* ce sont des blancs d'œufs battus qui forment une mousse.

▶ **neiger** **v.** (conjug. 3) *Il a beaucoup neigé cette nuit,* il est tombé beaucoup de neige.

▶ **neigeux** **adj.** Couvert de neige. *Les skieurs dévalent les pentes neigeuses.* ▷ CHASSE-NEIGE, DÉNEIGER, ENNEIGÉ, ENNEIGEMENT, PERCE-NEIGE.

**nénuphar** **n. m.** Plante à grandes feuilles rondes et à fleurs blanches ou jaunes, qui pousse dans l'eau.

**néologisme** **n. m.** Mot nouveau. *Le mot « caméscope » est un néologisme.*

nénuphar

**néon** **n. m.** Gaz qui sert à éclairer. *Une enseigne lumineuse au néon signale le cinéma.*

**néophyte** **n. m.** et **f.** Personne qui pratique depuis peu une technique, un art. *Luc fait du piano depuis la rentrée, c'est un néophyte.* → **novice.**

**nerf** [nɛʀ] **n. m. 1.** *Les nerfs,* ce sont les filaments qui relient chaque partie du corps au cerveau et à la moelle épinière. *Les nerfs servent à sentir, à voir, à entendre et à bouger. Elle est à bout de nerfs,* elle est très énervée et fatiguée. *Flora a eu une crise de nerfs,* elle a pleuré et crié. **2.** Ligament, tendon des muscles. *Cette viande est pleine de nerfs,* elle est nerveuse. **3.** *Alex a du nerf,* il est actif et dynamique.

▶ **nerveux** **adj. 1.** *Une personne nerveuse,* c'est une personne qui est excitée, agitée. ‖ contr. **calme** ‖ *Elle se sentait un peu nerveuse.* → **énervé. 2.** Qui se rapporte aux nerfs. *Le système nerveux,* c'est l'ensemble formé par les nerfs, le cerveau et la moelle épinière. **3.** *Cette viande est nerveuse,* elle est pleine de nerfs, trop dure. **4.** *Une voiture nerveuse,* c'est une voiture qui avance très vite dès qu'on accélère un tout petit peu.

▶ **nervosité** **n. f.** Énervement, irritation. ‖ contr. **calme** ‖ *Elle est d'une grande nervosité aujourd'hui.* ▷ ÉNERVANT, ÉNERVÉ, ÉNERVEMENT, ÉNERVER, NERVURE.

**nervure** **n. f.** *Les nervures d'une feuille,* ce sont les fines lignes en relief à la surface de la feuille.

**n'est-ce pas** **adv.** Expression qui sert à interroger quelqu'un, à lui demander son avis. *Tu es de mon avis, n'est-ce pas ?*

**net** [nɛt] **adj.** et **adv.**
▭ **adj. 1.** Propre. *Cette chemise n'est pas très nette.* || contr. **sale** || *Il voulait en avoir le cœur net,* ne plus avoir de doute. **2.** *Le poids net d'une marchandise,* c'est son poids sans l'emballage. || contr. **brut** || **3.** Clair et précis. *Sa réponse a été nette.* || contr. **confus, évasif** || **4.** Évident, indiscutable. *Il y a une nette amélioration du temps depuis hier.* **5.** *Règle le téléviseur pour que l'image soit plus nette,* pour que l'on voie bien tous les détails. || contr. **flou** ||.
▭ **adv.** Tout d'un coup, brusquement. *La voiture s'arrêta net.*

► **nettement** **adv. 1.** D'une manière claire, visible. *On voit très nettement le mont Blanc à l'horizon.* **2.** *La voiture roulait nettement trop vite,* beaucoup trop vite.

► **netteté** **n. f. 1.** Clarté et précision. *Le professeur explique les choses avec netteté.* **2.** *Ces photos sont d'une grande netteté,* très nettes, on voit bien chaque détail.

► **nettoyer** **v.** (conjug. 8) Rendre net, propre. *La femme de ménage nettoie la salle de bains. Il a donné son manteau à nettoyer.*

► **nettoyage** **n. m.** *Elle a fait un grand nettoyage de printemps,* elle a nettoyé à fond sa maison.

① **neuf** **adj. inv.** Huit plus un (9). *Il y avait neuf personnes dans la salle. Julie a 9 ans* [nœvɑ̃]. — **N. m. inv.** *Ils habitent au 9, rue Didot,* au numéro 9.

► **neuvième** **adj.** et **n. m. 1. adj.** Qui succède au huitième. *Anne habite au neuvième étage.* **2. n. m.** *Yves a mangé les trois neuvièmes* ($\frac{3}{9}$ ou 3/9) *du gâteau,* trois parts du gâteau qui était divisé en neuf.

② **neuf** **adj.** et **n. m.**
▭ **adj. 1.** Qui vient d'être acheté ou qui n'a pas encore servi. *Flora a mis ses chaussures neuves.* || contr. **vieux** || *Il s'est acheté une voiture neuve.* || contr. d'**occasion** || **2.** Nouveau. *Alors, quoi de neuf, aujourd'hui ?*
▭ **n. m.** *Il n'achète que du neuf,* que des choses neuves. *Cet appartement a été refait à neuf,* il a été refait complètement. → aussi **rénover.**

**neurasthénie** **n. f.** Maladie qui se manifeste par une grande tristesse, un grand abattement. → **dépression.** *Il souffre de neurasthénie depuis plusieurs années.*

► **neurasthénique** **adj.** *Elle est neurasthénique,* triste sans raison précise. → **dépressif.**

**neurologie** **n. f.** Partie de la médecine qui s'occupe du système nerveux.

► **neurologue** **n. m.** et **f.** Médecin spécialiste du système nerveux.

**neurone** **n. m.** Cellule nerveuse.

**neutraliser** **v.** (conjug. 1) *Les policiers ont neutralisé le malfaiteur,* ils l'ont empêché d'agir, l'ont rendu inoffensif.

**neutralité** **n. f.** État d'une personne ou d'un pays qui ne prend pas parti. *Pendant la Seconde Guerre mondiale, la Suisse a observé la plus stricte neutralité.*

**neutre** **adj.** *La Suisse et la Suède sont des pays neutres,* qui ne prennent pas parti pendant les guerres. *Au cours du match, l'arbitre doit rester neutre,* il ne doit favoriser aucun joueur, aucune équipe. → **impartial.** ▷ NEUTRALISER, NEUTRALITÉ.

**neuvième** → ① **neuf**

**névé** **n. m.** Masse de neige dure, en haute montagne, qui se transforme parfois en glacier.

**neveu** **n. m.** Fils du frère ou de la sœur. *Il a trois neveux et deux nièces.* → aussi **oncle, tante.**

**névralgie** **n. f.** Douleur ressentie sur le trajet d'un nerf. *Elle a une névralgie faciale.*

**nez** **n. m. 1.** Partie qui dépasse du visage, entre le front et la bouche, et qui sert à sentir et à respirer. → aussi **narine** et **odorat.** *Yves a un grand nez. Luc se met des gouttes dans le nez.* → aussi **nasal.** *Anne saigne du nez. Julie mène son grand-père par le bout du nez,* elle lui fait faire tout ce qu'elle veut. *Je me suis trouvé nez à nez avec lui,* face à face. *Elle fourre toujours son nez partout,* elle est très curieuse. *Quand je lui ai dit cela, il m'a ri au nez,* il s'est moqué de moi sans se cacher. **2.** Partie avant. *L'avion piqua du nez.* ◊ homonyme : né. ▷ CACHE-NEZ, PIED DE NEZ.

**ni** **conjonction.** *Ni,* accompagné de *ne,* indique qu'on ajoute quelque chose de négatif dans une phrase négative. *Je ne prends ni lait ni sucre dans mon thé,* pas de lait et pas de sucre non plus. ◊ homonyme : nid.

**niais** **adj.** Bête et naïf. *Luc a fait une réflexion un peu niaise.*

► **niaiserie** **n. f.** Parole bête. → **bêtise, sottise.** *Arrête de dire des niaiseries !*

① **niche** **n. f.** Farce. → **blague.** *Alex est très taquin et fait souvent des niches à ses camarades.*

② **niche** **n. f. 1.** Abri en forme de petite maison, où couche un chien. *Le chien dort dans sa niche.* **2.** Renfoncement dans l'épaisseur d'un mur, où l'on met un objet décoratif. *La statuette était placée dans une niche.*

niche

**nicher** **v.** (conjug. 1) **1.** Faire son nid. *La plupart des oiseaux nichent dans les arbres.* **2.** *Se nicher,* c'est se blottir, se cacher. *Anne a couru se nicher dans les bras de son père.*

► **nichée** **n. f.** Ensemble d'oiseaux de la même couvée qui sont encore au nid. *Une nichée de poussins.* → **couvée.**

**nickel** **n. m.** Métal inoxydable, d'un blanc argenté.

► **nickelé** [nikle] **adj.** Recouvert de nickel. *Le guidon de la bicyclette est nickelé.*

**nicotine** **n. f.** Produit dangereux qui se trouve dans le tabac. *La nicotine* *jaunit les doigts et les dents des fumeurs.*

**nid** **n. m.** Abri que les oiseaux construisent pour pondre, couver leurs œufs et élever leurs petits. *Les hirondelles ont fait leur nid sous le toit.* ◊ homonyme : ni. ▷ DÉNICHER, ② NICHE, NICHÉE, NICHER.

**nièce** **n. f.** Fille du frère ou de la sœur. *Elle a deux nièces et un neveu.* → aussi **oncle, tante.**

**nier** **v.** (conjug. 7) *Nier quelque chose,* c'est dire que cette chose n'est pas vraie. || contr. **affirmer** || *Alex et Yves ont nié avoir fait une farce à leurs camarades. L'accusé, pris en flagrant délit, continue à nier,* à dire que ce n'est pas lui le coupable. ▷ INDÉNIABLE, RENIER.

**nigaud** **adj.** Un peu bête et naïf. → **niais.** || contr. **malin** || *Elle est un peu nigaude.* → fam. **gourde.** — **N.** *Quel grand nigaud !* ▷ ATTRAPE-NIGAUD.

**n'importe qui, n'importe quoi** → ① **importer**

**nitrate** **n. m.** Produit chimique avec lequel on fait des engrais, des médicaments et des explosifs.

**nitroglycérine** **n. f.** Explosif très puissant. *La dynamite contient de la nitroglycérine.*

**niveau** **n. m. 1.** Hauteur jusqu'à laquelle s'élève un liquide, par rapport à un plan horizontal. *La ville est à 500 mètres au-dessus du niveau de la mer. On vérifie le niveau d'huile d'une voiture avec une jauge.* — **Au pl.** *Des niveaux.* **2.** Degré d'intelligence et de connaissances. *Le niveau de la classe est très bon,* il n'y a que de bons élèves. **3.** *Le niveau de vie,* c'est la manière dont vivent les gens, en fonction de l'argent qu'ils gagnent et de l'économie du pays où ils habitent. *Les Américains du Nord ont un meilleur niveau de vie que les Africains.*

**niveler** **v.** (conjug. 4) Supprimer les creux et les bosses. → **aplanir, égaliser.** *L'érosion nivelle les reliefs.*

► **nivellement** **n. m.** Action de niveler, d'égaliser. *Le nivellement d'un terrain.* ▷ DÉNIVELLATION.

**noble** **adj.** et **n. m.** et **f. 1. adj.** Beau et généreux. *Son geste est très noble.* || contr. **mesquin** || **2. n. m.** et **f.** Personne qui appartenait autrefois à la plus haute classe de la société. → **aristocrate.** *Les nobles possédaient des châteaux et des terres.* || contr. **roturier** ||.

► **noblement** **adv.** D'une manière noble, élevée et généreuse. *Il a agi noblement.*

► **noblesse** **n. f. 1.** Grandeur et générosité. *Il a fait preuve de sentiments d'une grande noblesse.* **2.** *La noblesse,* c'était la classe la plus élevée de la société, composée des nobles. → **aristocratie.** *Avant la Révolution de 1789, la noblesse avait de nombreux privilèges.*

**noce** **n. f. 1.** *Ce vieux couple vient de fêter ses noces d'or,* ses 50 ans de mariage. **2.** *Une noce,* c'est la fête qui suit le mariage. *Ils sont invités à une noce à la campagne.* **3.** *Il aime bien faire la noce,* faire la fête, s'amuser.

**nocif** **adj.** *Une chose nocive,* c'est une chose qui peut faire beaucoup de mal. → **dangereux, nuisible.** *Fumer est nocif pour la santé.* || contr. **bienfaisant, bon** ||.

**noctambule** **n. m.** et **f.** Personne qui aime s'amuser ou sortir la nuit.

**nocturne** **adj.** et **n. m.** et **f.**
▭ **adj. 1.** Qui a lieu pendant la nuit. *Ils ont porté plainte contre leurs voisins qui faisaient du tapage nocturne.* **2.** *Les animaux nocturnes,* ce sont ceux qui vivent la nuit et dorment le jour. *La chouette est un animal nocturne.* || contr. **diurne** ||.
▭ **n. 1. n. f.** Ouverture le soir assez tard d'un magasin ou d'une exposition. *Le supermarché est ouvert en nocturne le vendredi jusqu'à 22 heures.* **2. n. m.** Morceau de piano au ton un peu mélancolique. *Le pianiste joue des nocturnes de Chopin.*

**noël** **n. m. 1.** Fête que les chrétiens célèbrent le 25 décembre en souvenir de la naissance du Christ. *Julie a eu de nombreux cadeaux pour Noël. Un arbre de Noël,* c'est un sapin que l'on décore avec des guirlandes et des boules multicolores, au moment de Noël. **2.** *Un noël,* c'est un cantique que l'on chante à Noël. *Luc chante des noëls.*

**nœud** **n. m. 1.** *Faire un nœud,* c'est entrelacer les deux bouts d'un fil, d'une corde ou d'un ruban, de manière à les resserrer si on tire sur les extrémités. *Il fait son nœud de cravate devant la glace. Luc fait les nœuds de ses chaussures,* il en noue les lacets. **2.** Point très important. *Voilà le nœud du problème.* **3.** *Un nœud ferroviaire,* c'est un endroit où se croisent de nombreuses lignes de chemin de fer. **4.** Partie très dure à l'intérieur d'un arbre, qui forme des cercles dans le bois. **5.** Unité de vitesse des bateaux. *Un nœud équivaut à 1 mille à l'heure ou 1,8 km/h.*

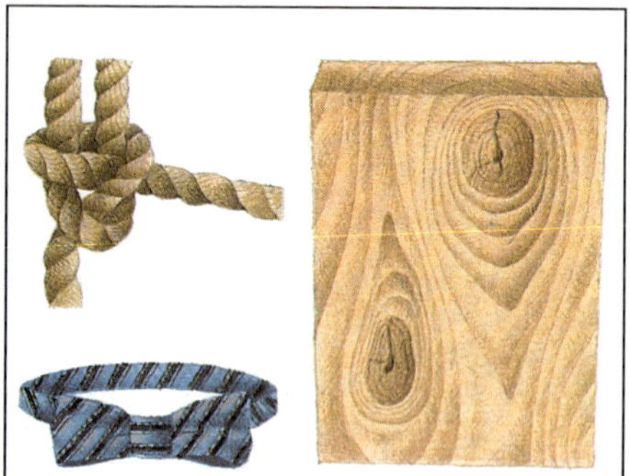
nœud

**noir** **adj.** et **n. m., noire** **adj.** et **n. f.**
▭ **adj. 1.** De la couleur la plus foncée qui existe. *Julie a vu un chat noir. Anne a les yeux noirs,* brun très foncé. **2.** Sombre, sans lumière. *La nuit, il fait noir. Il faisait nuit noire,* il n'y avait ni lune ni étoiles. || contr. **clair** || **3.** Triste, sombre. *Tu as des idées noires aujourd'hui.* **4.** *La race noire,* c'est la race des gens dont la peau est très foncée. *Les Maliens appartiennent à la race noire. Flora a une amie noire.* — **N.** Personne de race noire. *Le facteur est un Noir. Cette chanteuse est une Noire américaine.* → aussi **nègre.**
▭ **n. m. 1.** Couleur noire. *Le noir est la couleur du deuil. Les photos de mariage de ses grands-parents sont en noir et blanc.* || contr. en **couleurs** || **2.** Obscurité. *Flora a peur du noir.* **3.** *Il voit tout en noir, aujourd'hui,* tout lui semble triste.

► **noirâtre** **adj.** D'une couleur foncée, presque noire. *L'eau de la mare était noirâtre.*

► **noircir** **v.** (conjug. 2) **1.** Rendre noir. *La fumée noircit les murs.* **2.** Décrire en exagérant le mauvais côté. *Tu noircis un peu trop la situation !*

▶ **noire** n. f. Note de musique qui vaut la moitié d'une blanche. *Deux croches valent une noire.*

**noisette** n. f. Petit fruit brun clair contenu dans une coque. *L'écureuil fait provision de noisettes pour l'hiver.*
▶ **noisetier** n. m. Arbuste qui produit les noisettes.

**noix** n. f. Fruit du noyer contenu dans une coquille ovale très dure. *On gaule les noix en automne.* ▷ CASSE-NOIX, ② NOYER.

**nom** n. m. 1. Mot qui sert à désigner une personne. *Écris ton nom de famille et ton prénom en haut de la page.* 2. Mot qui sert à désigner un animal, un lieu, un objet. *Je ne me souviens plus du nom de sa rue. Tarzan est le nom que Julie a donné à son chien.* 3. Mot qui sert à désigner les êtres et les choses de la même espèce. *Quel est le nom de cette fleur ?* → **appellation, désignation.** 4. Mot qui peut être le sujet d'un verbe, qui peut être précédé d'un article et accompagné d'un adjectif. *« Chat » et « gomme » sont des noms communs, « Belgique », « Anne » et « Balzac » sont des noms propres.* ◊ homonyme : non. ▷ DÉNOMMÉ, DÉNOMMER, NOMMÉMENT, NOMMER, PRÉNOM, PRONOM, RENOM, RENOMMÉ, RENOMMÉE, SURNOM, SURNOMMER.

**nomade** n. m. et f. Personne qui n'a pas d'habitation fixe. *Les nomades du désert se déplacent à dos de chameau.* ‖ contr. **sédentaire** ‖.

**nombre** n. m. 1. Ce qui sert à compter. *217 est un nombre de 3 chiffres.* 2. Ensemble plus ou moins grand de personnes ou de choses. *Quel est le nombre d'habitants de Paris ? Il y avait un grand nombre de personnes,* beaucoup de personnes. *Il était au nombre des invités,* parmi les invités. 3. Catégorie grammaticale du singulier et du pluriel. *L'adjectif s'accorde en genre et en nombre.*
▶ **nombreux** adj. En grand nombre. *Flora a fait de nombreuses fautes dans sa dictée.* ▷ DÉNOMBRER, INNOMBRABLE, en SURNOMBRE.

**nombril** [nɔ̃bʀil] ou [nɔ̃bʀi] n. m. Petite cicatrice ronde au milieu du ventre, à l'endroit où a été coupé le cordon qui rattachait le bébé à sa mère.

**nominal** adj. *L'institutrice a fait la liste nominale des élèves,* la liste de leurs noms. — Au masc. pl. *nominaux.*

**nomination** n. f. Le fait de nommer ou d'être nommé officiellement à une fonction, à un emploi. *Il espère obtenir sa nomination à Marseille.*

**nommer** v. (conjug. 1) 1. Citer, en disant le nom. → **désigner, indiquer.** *Nommez 10 mammifères.* 2. Choisir pour remplir une fonction. *Elle a été nommée institutrice en banlieue parisienne.* 3. *Il se nomme Pierre Dubois,* il s'appelle comme cela.
▶ **nommément** adv. Par son nom. *Le voleur a été nommément dénoncé par ses complices.*

**non** adv. *Non* sert à exprimer le refus, la négation. ‖ contr. **oui** ‖ *Tu viens avec nous ? – Non ! Mais non ! Non merci. Il a dit que non.* → aussi **nier.** *C'est pour moi et non pour toi.* → **pas.** *C'est ainsi, que tu le veuilles ou non. Moi non plus.* ◊ homonyme : nom. ▷ NON-CONFORMISTE, NON-LIEU, NON-SENS, NON-VIOLENCE, NON-VIOLENT, SINON.

**nonagénaire** adj. *Ce vieux monsieur est nonagénaire,* il a 90 ans au moins. — N. *C'est une alerte nonagénaire.*

**nonante** **adj. inv.** et **n. m. inv.** Ce mot est employé en Belgique et en Suisse. Quatre-vingt-dix (90).

**nonchalant** **adj.** Qui n'a pas beaucoup d'énergie, d'ardeur. → **indolent.** || contr. **vif** || *Elle est très nonchalante.* → **mou.** *Luc marche d'un pas nonchalant.*

► **nonchalance** **n. f.** Mollesse, manque d'énergie. *Elle se leva avec nonchalance.* || contr. **entrain, vivacité** ||.

**non-conformiste** **n. m.** et **f.** Personne qui ne se conforme pas à ce que font habituellement les autres gens. — **Adj.** *Ils sont non-conformistes.* → **anticonformiste, original.**

**non-lieu** **n. m.** Décision par laquelle le juge déclare qu'il n'y a pas lieu de continuer les poursuites contre l'accusé. *Le prévenu a bénéficié d'un non-lieu.* — **Au pl.** *Des non-lieux.*

**nonne** **n. f.** Religieuse.

**non-sens** **n. m. inv.** Absurdité. *C'est un non-sens de faire cela.* — **Au pl.** *Des non-sens.*

**non-violent** **adj.** *Une manifestation non-violente,* c'est une manifestation où les gens disent ce qu'ils pensent sans utiliser la violence. → **pacifiste.** — **N.** *Les non-violents,* ce sont les personnes qui refusent d'avoir recours à la violence pour persuader leurs adversaires. *C'est une non-violente convaincue.*

► **non-violence** **n. f.** Doctrine de ceux qui refusent d'utiliser la violence dans une action politique.

**nord** **n. m.** et **adj. inv.**

▭ **n. m. 1.** *Le nord,* c'est l'un des 4 points cardinaux, celui qui correspond à la direction du pôle de l'hémisphère où se trouve l'Europe. || contr. **sud** || *Leur chambre est exposée au nord. La Belgique est au nord de la France.* **2.** *Le Nord,* c'est la région de France située le plus au nord. *Lille est dans le Nord.* **3.** Partie nord d'un pays, d'un continent. *L'Algérie est en Afrique du Nord.*

▭ **adj. inv.** Qui se trouve au nord. *L'hémisphère Nord. Le pôle Nord.*

► **nordique** **adj.** *La Suède, la Norvège, le Danemark et la Finlande forment les pays nordiques,* les pays du nord de l'Europe. → **septentrional.**

**normal** **adj.** Qui n'a rien de particulier, qui est comme les autres. *La température est normale pour la saison. C'est normal d'être fatigué à la fin de la journée.* || contr. **anormal, exceptionnel, spécial** || — **Au masc. pl.** *normaux.*

► **normalement** **adv.** D'une manière normale. *Tout se passe normalement. Normalement, il rentre déjeuner tous les jours.* → **habituellement.**

**norme** **n. f. 1.** État habituel, qui correspond à la majorité des cas. *Travailler 8 heures par jour, c'est la norme.* **2.** *Les normes,* ce sont les règles auxquelles on doit se conformer pour fabriquer des objets. *Les constructeurs de voitures doivent respecter les normes de sécurité.* ▷ ANORMAL, NORMAL, NORMALEMENT.

**nos** → **notre**

**nostalgie** **n. f.** Tristesse vague, causée par le regret de quelque chose qui est fini ou que l'on n'a pas eu. → **mélancolie.** *Il garde la nostalgie de son enfance à la campagne.*

► **nostalgique** **adj.** Triste, mélancolique. *Une chanson nostalgique.*

**notable** **adj.** et **n. m. 1. adj.** Digne d'être remarqué. *Flora a fait des progrès no-*

*tables en orthographe.* → **important. 2. n. m.** Personne importante. *Le maire, le curé et le notaire font partie des notables du village.* → **personnalité.**

**notaire** **n. m.** Personne dont le métier est de garantir devant la loi une vente, un contrat entre deux personnes. → aussi **clerc.** *Les actes de vente sont signés chez le notaire.* → aussi **étude.**

**notamment** **adv.** En particulier. *Il a fait froid cet hiver, notamment en Alsace.* → **particulièrement, spécialement.**

**notation** → ② **note**

① **note** **n. f. 1.** Signe représentant un son, qui sert à écrire la musique. *Do, ré, mi, fa, sol, la, si sont les 7 notes de la gamme.* **2.** Son figuré par une note. *Luc a fait une fausse note.* **3.** *Ce rouge met une note de couleur dans la pièce,* une touche de couleur.

② **note** **n. f. 1.** Petite remarque en bas d'une page ou à la fin d'un livre, qui explique le texte. *Les mots difficiles sont expliqués en note.* **2.** *Prenez des notes pendant le cours,* écrivez les idées principales pour vous en souvenir. **3.** Papier sur lequel est écrit ce que l'on doit payer. → **facture.** *Une note de restaurant.* → **addition. 4.** Chiffre qui représente l'appréciation du professeur sur le travail de l'élève. *Yves a eu une bonne note en histoire.*

▶ **noter** **v.** (conjug. 1) **1.** Inscrire. *Julie a noté l'adresse de ses amis dans son carnet.* **2.** Remarquer. *Je n'ai rien noté d'anormal.* → **constater. 3.** Mettre une note. *Ce professeur note les devoirs.*

▶ **notation** **n. f.** *La notation des devoirs,* c'est la façon dont ils sont notés. *La notation musicale,* c'est la représentation des sons musicaux par les notes écrites. ▷ ANNOTATION, ANNOTER, NOTAIRE.

**notice** **n. f.** Petit texte qui explique comment se servir d'un appareil. *Lisez bien la notice,* le mode d'emploi.

**notifier** **v.** (conjug. 7) Annoncer de manière officielle. *Le directeur lui a notifié son renvoi.*

**notion** **n. f. 1.** *Il a quelques notions de russe,* quelques rudiments. **2.** *Je n'ai pas la moindre notion de l'heure qu'il est,* je n'en ai pas la moindre idée.

**notoire** **adj.** Connu d'un grand nombre de personnes. *Il est d'une bêtise notoire.*

**notoriété** **n. f.** Renommée, réputation. *Les parfums français ont une grande notoriété à l'étranger.* → **célébrité, renom.**

**notre** **adj. possessif.** Qui est à nous. *Voilà notre maison. La maîtresse nous a rendu nos devoirs.*

**nôtre** **pronom possessif** et **n. m. 1. pronom possessif.** L'être ou la chose qui est à nous. *Ils ont leurs soucis et nous, les nôtres. Votre voiture est là, mais je ne vois pas la nôtre.* **2. n. m.** *Nous y mettrons du nôtre,* nous ferons un effort. **3. n. m. pl.** *Les nôtres,* ce sont nos parents, nos amis. *J'espère que vous serez des nôtres,* que vous serez avec nous.

**nouer** **v.** (conjug. 1) **1.** Unir en faisant un nœud. *Luc noue les lacets de ses baskets.* → **attacher. 2.** *Elle avait la gorge nouée par l'émotion,* la gorge serrée.

▶ **noueux** **adj. 1.** *Ce vieil arbre a un tronc noueux,* où il y a beaucoup de nœuds. **2.** *Grand-père a des mains noueuses,* aux articulations enflées, à cause de l'âge et des rhumatismes. ▷ DÉNOUEMENT, DÉNOUER, RENOUER.

**nougat** **n. m.** Confiserie faite d'amandes, de sucre cuit et de miel. *Le nougat de Montélimar est très réputé.*

**nougat**

**nouille** **n. f.** *Les nouilles,* ce sont des pâtes coupées en lanières minces. *Luc aime les nouilles à la sauce tomate.*

**nourrice** **n. f.** Femme dont le métier est de garder de très jeunes enfants. *Chaque matin, elle conduit son bébé chez la nourrice.*

► **nourricier** **adj.** *Les parents nourriciers d'un enfant,* ce sont ses parents adoptifs. — **Au fém.** *nourricière.*

**nourrir** **v.** (conjug. 2) **1.** Allaiter. *Elle a nourri son bébé pendant 2 mois.* **2.** Donner à manger. *Julie nourrit son chat matin et soir. — Les oiseaux se nourrissent d'insectes.* **3.** Donner de quoi vivre, de quoi subsister. *Ils avaient bien du mal à nourrir leur nombreuse famille.* → **élever. 4.** *Il nourrissait l'espoir de s'installer à l'étranger,* il l'espérait.

► **nourrissant** **adj.** Qui nourrit beaucoup. *La choucroute est un plat nourrissant.* → **nutritif.**

► **nourrisson** **n. m.** Bébé qui se nourrit surtout de lait.

► **nourriture** **n. f.** Ensemble des aliments servant à nourrir l'organisme. *Anne aime beaucoup la nourriture de la cantine.* ▷ NOURRICE, NOURRICIER.

**nous** **pronom personnel. 1.** Pronom sujet de la première personne du pluriel, représentant la personne qui parle et une ou plusieurs autres. → **on.** *Il y a longtemps que nous ne nous sommes pas vus, toi et moi. Lui et moi, nous sommes d'accord.* **2.** Pronom complément. *Il ne nous a pas vus,* moi et ceux qui sont avec moi. **3.** *Nous-mêmes,* nous et personne d'autre. *Nous avons tout fait nous-mêmes.*

**nouveau** **adj., n. m.** et **adv., nouvelle** **adj.** et **n. f.**

▭ **adj. 1.** Qui n'existait pas avant, qui vient d'apparaître. ‖ contr. **ancien, vieux** ‖ *Voici les nouveaux modèles de voiture.* → **récent.** *C'est la saison des pommes de terre nouvelles. Voici le nouvel hôpital. Où allez-vous pour le nouvel an ? Julie a une nouvelle robe.* **2.** Original. *Il peint dans un style tout à fait nouveau.* → **neuf.**

▭ **n. 1.** Personne qui vient d'arriver dans une école, un bureau. *La nouvelle avait l'air intimidé.* **2. n. m.** *Est-ce qu'il y a du nouveau depuis hier?* a-t-on appris de nouvelles choses ?

▭ **adv. 1.** *De nouveau,* pour la seconde fois, une fois de plus. *Il pleut de nouveau.* → **encore. 2.** *À nouveau,* une nouvelle fois. *Il est à nouveau au chômage.*

► **nouveau-né** **n. m.** Enfant qui vient de naître. → **bébé, nourrisson.** *Il ne supporte pas les cris des nouveau-nés.* — **Adj.** *Une génisse nouveau-née.*

► **nouveauté** **n. f. 1.** *La nouveauté,* c'est ce qui est nouveau. *Il est sensible au charme de la nouveauté.* **2.** *Une nouveauté,* c'est une chose nouvelle.

*Le libraire a mis en vitrine toutes les nouveautés,* les livres qui viennent de paraître. ▷ ① NOUVELLE, NOUVELLEMENT, RENOUVEAU, RENOUVELABLE, RENOUVELER, RENOUVELLEMENT.

**nouvel** → **nouveau**

① **nouvelle** **n. f. 1.** Événement arrivé récemment et que l'on vient d'apprendre. *Connaissez-vous la nouvelle ? J'ai une bonne nouvelle à vous annoncer.* **2.** *Les nouvelles,* ce sont les informations que donnent les journaux, la radio, la télévision. *Il écoute les nouvelles chaque jour.* **3.** *Les nouvelles,* ce sont les renseignements récents sur une personne ou une chose. *Je suis sans nouvelles d'eux.*

▶ **nouvellement** **adv.** Depuis peu de temps. *La vitrine a été nouvellement refaite.* → **récemment.**

② **nouvelle** **n. f.** Histoire courte avec peu de personnages. *Cet écrivain vient de faire paraître un recueil de nouvelles.*

**novice** **adj.** Sans expérience. *Il est encore novice dans le métier,* il commence à l'apprendre. → **inexpérimenté.** — **N.** *C'est une novice au volant.* → **débutant, néophyte.**

**novembre** **n. m.** Onzième mois de l'année. *Le 11 novembre, on fête l'armistice de 1918.*

**noyade** **n. f.** Mort par asphyxie sous l'eau. *Le maître nageur l'a sauvé de la noyade.*

**noyau** **n. m. 1.** Partie dure qui se trouve dans certains fruits. *Des noyaux de pêche.* **2.** *Le noyau de l'atome,* c'est sa partie centrale. → aussi **nucléaire. 3.** Petit groupe de personnes qui s'apprécient, s'aiment bien. *Un petit noyau d'amis.* ▷ DÉNOYAUTER.

① **noyer** **v.** (conjug. 8) **1.** Tuer en plongeant dans un liquide. *Il a noyé trois chatons.* — *Luc a failli se noyer,* mourir asphyxié sous l'eau. → aussi **noyade. 2.** Recouvrir d'eau. *L'inondation a noyé les prés.* → **inonder, submerger. 3.** Perdre, embrouiller. *Il nous a noyés sous un flot de paroles.*

▶ **noyé** **adj. 1.** Mort en se noyant. *Ce monument a été construit à la mémoire des marins noyés en mer.* — **N.** *Les pompiers ont repêché une noyée,* une femme qui s'est noyée. **2.** Dépassé par une difficulté, perdu. *Flora n'arrive plus à suivre en mathématiques, elle est complètement noyée.* ▷ NOYADE.

② **noyer** **n. m.** Grand arbre qui donne des noix. *Ce pré est planté de noyers. Il est assis sur un tabouret en noyer,* en bois de noyer.

**nu** **adj. 1.** Sans aucun vêtement. || contr. **habillé** || *N'entre pas, je suis toute nue. Yves est sorti nu-pieds.* — **N. m.** *Il peint des nus,* il représente des corps humains dévêtus. **2.** Sans décoration, sans ornement. *Les murs étaient complètement nus,* sans aucune décoration. **3.** *On ne peut pas distinguer les microbes à l'œil nu,* sans utiliser de microscope. ◊ homonyme : nue. ▷ DÉNUÉ, DÉNUEMENT, VA-NU-PIEDS.

**nuage** **n. m. 1.** Amas de fines gouttelettes d'eau qui se maintiennent en suspension dans l'atmosphère. *Le ciel était chargé de nuages. Anne est souvent dans les nuages,* elle est souvent distraite. → dans la **lune. 2.** Amas de vapeur ou de petites particules qui empêche de voir. *Il y avait un nuage de fumée dans la pièce.* **3.** *Leur bonheur est sans nuages,* rien ne le trouble.

▶ **nuageux** **adj.** Couvert de nuages. *Le ciel est nuageux aujourd'hui.* || contr. **clair, serein** || — **Au fém.** *nuageuse.*

**nuance** n. f. 1. Chacun des degrés par lesquels peut passer une même couleur. *Le bleu ciel et le bleu marine sont des nuances de bleu.* → ② **ton.** 2. Petite différence. *Il y a quand même une nuance entre mentir et se taire !*

▶ **nuancer** v. (conjug. 3) Exprimer en tenant compte des différences. *Il faut nuancer un peu ta pensée.*

▶ **nuancé** adj. *Elle a des opinions nuancées,* des opinions qui tiennent compte des différences, des détails. ‖ contr. **tranché** ‖.

**nucléaire** adj. 1. *L'énergie nucléaire,* c'est l'énergie libérée par le noyau de l'atome quand il se désintègre. 2. *Une centrale nucléaire,* c'est une centrale qui utilise l'énergie nucléaire. → **atomique.** ▷ THERMONUCLÉAIRE.

**nudisme** n. m. *Faire du nudisme,* c'est vivre tout nu, au grand air.

▶ **nudiste** n. m. et f. Personne qui fait du nudisme. *Ils passent leurs vacances dans un camp de nudistes.*

**nudité** n. f. État d'une personne nue. *Elle cache sa nudité dans un peignoir.*

**nue** n. f. Nuage. *Porter quelqu'un aux nues,* c'est faire son éloge avec un grand enthousiasme. *Tomber des nues,* c'est être très surpris. ◇ homonyme : nu.

▶ **nuée** n. f. Grande quantité d'animaux, de personnes formant comme un nuage. *Une nuée de moustiques.* ▷ NUAGE, NUAGEUX.

**nuire** v. (conjug. 38) Faire du tort, du mal. *Il a fait cela avec l'intention de nuire. Le tabac nuit à la santé.*

▶ **nuisance** n. f. Ensemble d'inconvénients provoqués par la société industrielle, qui rendent la vie malsaine ou pénible. *Le bruit et la pollution sont des nuisances.*

▶ **nuisible** adj. Dangereux, nocif. ‖ contr. **bienfaisant** ‖ *L'abus d'alcool est nuisible à la santé. Les animaux nuisibles,* ce sont les animaux venimeux, parasites ou destructeurs et ceux qui transmettent des maladies.

**nuit** n. f. 1. Temps qui s'écoule entre le coucher et le lever du soleil et pendant lequel il fait noir. ‖ contr. **jour** ‖ *Je n'ai pas dormi de la nuit. Le hibou est un oiseau de nuit,* qui vit la nuit. → aussi **nocturne.** 2. Obscurité. *En hiver, il fait nuit très tôt.* ▷ MINUIT.

① **nul** adj. et pronom. 1. adj. Pas un. *Garde ce livre pour toi, je n'en ai nul besoin.* → **aucun.** 2. pronom. Pas une personne. *Nul ne sait où il est.* → **personne.**

▶ **nullement** adv. Pas du tout. *Ce bruit ne me gêne nullement.*

② **nul** adj. 1. *Les deux équipes ont fait match nul,* il n'y a eu ni gagnant ni perdant. 2. Mauvais. *Ce devoir est vraiment nul. Anne est nulle en dessin.* ‖ contr. **fort** ‖.

▶ **nullité** n. f. 1. Manque de talent, de connaissances, de savoir-faire. *Il est d'une parfaite nullité en anglais.* 2. Personne nulle. *C'est une vraie nullité en sport.* ▷ ANNULATION, ANNULER.

**numéral** adj. *« Deux » et « quatrième » sont des adjectifs numéraux,* des adjectifs qui indiquent le nombre et le rang. → aussi ② **cardinal** et **ordinal.**

**numérateur** n. m. Chiffre placé au-dessus de la barre d'une fraction. *Dans la fraction $\frac{2}{5}$, 2 est le numérateur et 5 le dénominateur.*

**numération** n. f. Manière de représenter les nombres, de compter. *La numération décimale a pour base le chiffre 10.*

**numérique** adj. *La supériorité numérique des ennemis était écrasante,* leur supériorité en nombre.

**numéro** n. m. 1. Nombre attribué à une chose pour la distinguer parmi les choses semblables ou pour la classer. *Le billet numéro (n° ) 4250 est gagnant. Donne-moi ton numéro de téléphone.* 2. Exemplaire d'un journal ou d'une revue. *Tous les numéros de la revue sont épuisés.* 3. Petit spectacle faisant partie d'un programme de cirque ou de music-hall. *Les acrobates ont fait un prodigieux numéro de trapèze volant.*

► **numéroter** v. (conjug. 1) Marquer d'un numéro. *Julie numérote les pages de son cahier de musique.*

**numismate** n. m. et f. Spécialiste des médailles et des monnaies anciennes.

► **numismatique** n. f. Étude des médailles et des monnaies anciennes.

**nuptial** adj. Qui se rapporte à la cérémonie du mariage. *La bénédiction nuptiale aura lieu à 11 heures.* — Au masc. pl. *nuptiaux.*

**nuque** n. f. Partie arrière du cou. *Yves croise les mains derrière la nuque.*

**nurse** [nœʀs] n. f. Femme chargée de s'occuper des enfants dans une famille riche. → **gouvernante.**

**nutritif** adj. *Les aliments nutritifs,* ce sont les aliments qui nourrissent beaucoup. → **nourrissant.** — Au fém. *nutritive.*

**nutrition** n. f. Transformation et utilisation des aliments dans l'organisme. *Cet enfant souffre de troubles de la nutrition.* ▷ MALNUTRITION.

**nylon** n. m. Textile synthétique. *Elle a un collant en nylon.*

**nymphe** n. f. Déesse des eaux, des bois et des montagnes, dans les légendes de la Grèce ancienne.

# O

**oasis** [ɔazis] **n. f.** ou **m.** Endroit, dans un désert, où il y a de l'eau et de la végétation. *La caravane a fait halte dans une oasis.*

**obéir** **v.** (conjug. 2) *Obéir à quelqu'un,* c'est faire ce qu'il ordonne. *Julie n'obéit pas toujours à sa mère.* || contr. **désobéir** ||.

▸ **obéissance** **n. f.** Le fait d'obéir. *Les enfants doivent obéissance à leurs parents.*

▸ **obéissant** **adj.** Qui obéit facilement. → **docile.** *Une petite fille obéissante.* ▷ DÉSOBÉIR, DÉSOBÉISSANCE, DÉSOBÉISSANT.

**obélisque** **n. m.** Colonne de pierre à 4 faces, se terminant par une petite pyramide. *L'obélisque de la place de la Concorde, à Paris.*

**obèse** **adj.** *Une personne obèse,* c'est une personne très grosse. *À force de trop manger, elle est devenue obèse.* || contr. **maigre** ||.

▸ **obésité** **n. f.** État d'une personne anormalement grosse. *Elle suit un traitement contre l'obésité.* || contr. **maigreur** ||.

**obélisque**

**objecter** **v.** (conjug. 1) *Je n'ai rien à objecter à cela,* je n'ai rien à dire contre cela.

▸ **objecteur de conscience** **n. m.** Jeune homme qui refuse de faire son service militaire parce qu'il ne veut pas s'entraîner à faire la guerre. *Les objecteurs de conscience sont non-violents.* ▷ OBJECTION.

① **objectif** **n. m.** But que l'on s'est fixé. *Nous avons réalisé nos objectifs.*

② **objectif** **n. m.** Ensemble de lentilles que l'on adapte sur un appareil photo ou une caméra pour obtenir une image des objets que l'on photographie. ▷ TÉLÉOBJECTIF.

③ **objectif** **adj.** Qui juge les choses comme elles sont réellement, sans se laisser influencer par ses idées personnelles. ‖ contr. **partial, subjectif** ‖ *Un juge doit être objectif.* → **impartial.** — **Au fém.** *objective.*

▶ **objectivement** **adv.** Sans parti pris. *Le journaliste a relaté objectivement les faits.*

▶ **objectivité** **n. f.** Qualité d'une personne qui ne prend pas parti. → **impartialité.** *Ce journal manque d'objectivité.*

**objection** **n. f.** Ce que l'on répond pour s'opposer à une proposition avec laquelle on n'est pas d'accord. → aussi **objecter.** *Je partirai ce soir, si tu n'y vois pas d'objection.* → **inconvénient, obstacle.**

**objet** **n. m. 1.** Chose. *Une lampe est un objet fragile. À quoi sert cet objet bizarre ?* **2.** But. *Quel est l'objet de votre visite ?* **3.** *Dans la phrase : « Julie a invité Flora, « Flora » est le complément d'objet direct du verbe ; dans la phrase : « Luc répond à sa mère », « mère » est le complément d'objet indirect du verbe.*

① **obliger** **v.** (conjug. 3) *La maîtresse a obligé Yves à refaire son problème,* elle l'y a forcé. *Nous sommes obligés de partir,* nous devons partir.

▶ **obligation** **n. f.** Nécessité. *Les élèves doivent faire signer leur carnet de notes, c'est une obligation. Je suis dans l'obligation d'y aller,* je dois y aller.

▶ **obligatoire** **adj.** Imposé par la loi. → **indispensable, nécessaire.** ‖ contr. **facultatif** ‖ *L'école est gratuite et obligatoire pour tous les enfants.*

▶ **obligatoirement** **adv.** Nécessairement. *Vous devez obligatoirement composter votre billet avant de monter dans le train.*

② **obliger** (conjug. 3) *Vous m'obligeriez beaucoup en ne parlant de cela à personne,* vous me rendriez service, vous me feriez plaisir.

▶ **obligeant** **adj.** Qui rend volontiers service. *C'est une personne très obligeante.* → **complaisant, serviable.**

▶ **obligeance** **n. f.** Disposition à rendre service. *Voulez-vous avoir l'obligeance de fermer la porte ?* → **amabilité.**

▶ **obligations** **n. f. pl.** Devoirs que l'on a envers quelqu'un qui vous a rendu service. *J'ai des obligations envers lui car il m'a beaucoup aidé.* ▷ DÉSOBLIGEANT.

**oblique** **adj.** Qui n'est ni vertical ni horizontal. *Les rayons obliques du soleil couchant.*

▶ **obliquer** **v.** (conjug. 1) Prendre une direction oblique. *La voiture obliqua vers la droite.* → **tourner.**

**oblitérer** **v.** (conjug. 6) *Ces timbres ont été oblitérés,* ils ont été marqués d'un cachet spécial pour qu'on ne puisse pas s'en resservir.

**obnubiler** **v.** (conjug. 1) Obséder. *Il est obnubilé par l'examen qu'il doit passer,* il ne pense qu'à cela.

**obole** **n. f.** Petite somme d'argent que l'on donne pour contribuer à quelque chose. *Pour la fête du village, chacun avait apporté son obole.*

**obscène** adj. Indécent et grossier. *Le voyou a fait un geste obscène.*

▶ **obscénité** n. f. Grossièreté. *Il dit des obscénités.*

**obscur** adj. 1. Privé de lumière. → **noir, sombre.** *Cette pièce est obscure.* ‖ contr. **clair, lumineux** ‖ 2. Difficile à comprendre. *Il prononça des paroles obscures.* → **incompréhensible.** 3. Inconnu. *C'est l'œuvre d'un obscur écrivain.* ‖ contr. **célèbre** ‖.

▶ **obscurcir** v. (conjug. 2) Rendre obscur. *Ce papier peint obscurcit la pièce.* → **assombrir.** ‖ contr. **éclaircir, illuminer** ‖ — *Le ciel s'obscurcit, il va pleuvoir.*

▶ **obscurément** adv. Vaguement, confusément. *Elle sentait obscurément qu'il y avait un danger.*

▶ **obscurité** n. f. Absence de lumière. *La pièce était plongée dans l'obscurité.* → **noir.**

**obséder** v. (conjug. 6) Tourmenter sans cesse l'esprit. → **obnubiler,** et aussi **obsession.** *La peur d'échouer l'obsédait.*

▶ **obsédant** adj. Qui occupe sans arrêt l'esprit. *Une idée obsédante.*

**obsèques** n. f. pl. Enterrement. → **funérailles.** *Les obsèques auront lieu demain.*

**obséquieux** adj. Trop poli et trop empressé. *Il a des manières obséquieuses.* → **servile.**

**observer** v. (conjug. 1) 1. Considérer avec attention afin de connaître, d'étudier. *Luc passe des heures à observer les insectes. Yves observait ses voisins.* → **épier.** 2. Constater, remarquer. *Je n'ai rien observé d'anormal.* 3. Obéir à une loi, une règle. *Il faut observer le règlement.* → **respecter.** ‖ contr. **violer** ‖.

▶ **observateur** adj. Qui sait observer. *Flora est très observatrice,* elle remarque tout.

▶ **observation** n. f. 1. *Elle a l'esprit d'observation,* elle sait observer. 2. Remarque, commentaire. *Je ferai plusieurs observations sur ce qui vient d'être dit.* 3. Critique, reproche. *Julie ne supporte aucune observation.*

▶ **observatoire** n. m. Endroit aménagé spécialement pour observer le ciel et les astres. *Le télescope de l'observatoire est braqué sur la Grande Ourse.*

**obsession** n. f. Idée, image qui tourmente sans cesse l'esprit. → **hantise,** et aussi **obséder.** *Sa peur d'être cambriolé est devenue une véritable obsession.* → idée **fixe.**

**obstacle** n. m. 1. Objet qui empêche de passer. *Le camion a heurté un obstacle. Une course d'obstacles,* c'est une course où les chevaux ont à sauter des haies, des barres, etc. 2. Ce qui empêche la réalisation d'une chose. *Il a dû surmonter beaucoup d'obstacles avant de réussir.* → **difficulté.**

s'**obstiner** v. (conjug. 1) Persister dans une idée, une décision sans vouloir en changer malgré les obstacles. *Elle s'obstine à vouloir jouer de la flûte alors qu'elle n'a aucun don pour la musique.* → s'**acharner,** s'**entêter.**

▶ **obstination** n. f. Acharnement, entêtement. *Flora refuse avec obstination qu'on lui coupe les cheveux.* → **insistance.**

▶ **obstinément** adv. Avec obstination, entêtement. *Le bébé refuse obstinément de manger sa bouillie.*

**obstruer** v. (conjug. 1) Boucher. *Un gros camion obstrue la rue.* → **barrer, encombrer.**

**obtempérer** v. (conjug. 6) Obéir. *L'automobiliste a obtempéré à l'ordre de l'agent et s'est arrêté.*

**obtenir** v. (conjug. 22) Réussir à avoir. *Il a obtenu une réduction sur le prix de sa voiture.* → aussi **obtention.**

**obtention** n. f. *Il ira à l'étranger après l'obtention de son diplôme,* quand il aura obtenu son diplôme.

① **obtus** [ɔpty] adj. *Un angle obtus,* c'est un angle plus grand qu'un angle droit. → aussi **aigu.**

② **obtus** [ɔpty] adj. Borné, stupide. *Elle est un peu obtuse.*

**obus** n. m. Projectile creux de forme allongée, rempli d'explosif. *La façade a été abîmée par des éclats d'obus.*

**oc** n. m. *La langue d'oc,* c'est la langue parlée dans le Midi de la France, où « oui » se disait « oc » au Moyen Âge. → **occitan,** et aussi **oïl.** ▷ OCCITAN.

**occasion** n. f. **1.** Circonstance qui se présente au bon moment et qui permet de faire une chose. *J'ai déjà eu l'occasion de le rencontrer. Julie a organisé un goûter à l'occasion de son anniversaire,* pour son anniversaire. **2.** *Il a acheté une voiture d'occasion,* une voiture qui n'est pas neuve. **3.** *J'ai acheté cette jupe en solde, c'était une occasion,* une bonne affaire.

► **occasionnel** adj. Qui se produit par hasard, quand l'occasion se présente. || contr. **habituel** || *Ils ont eu des dépenses occasionnelles.*

► **occasionnellement** adv. Dans de rares circonstances. *Elle conduit occasionnellement.* → **exceptionnellement.**

► **occasionner** v. (conjug. 1) Causer. *Cette situation leur a occasionné bien des soucis.*

**occident** n. m. **1.** Ouest. *Le soleil se lève à l'orient et se couche à l'occident.* **2.** *L'Occident,* c'est l'Europe de l'Ouest et l'Amérique du Nord.

► **occidental** adj. **1.** Qui est à l'ouest. *Ajaccio est sur la côte occidentale de la Corse.* **2.** Qui se rapporte à l'Occident. *Les pays occidentaux.* — N. *Les Canadiens et les Espagnols sont des Occidentaux,* des habitants de l'Occident.

**occitan** n. m. Langue d'oc. → **oc.** — Adj. *La poésie occitane.*

**occulte** adj. *Les sciences occultes,* ce sont les sciences comme la magie, l'astrologie, l'alchimie qui font intervenir des forces secrètes qui ne sont reconnues ni par la science ni par la religion.

**occuper** v. (conjug. 1) **1.** Remplir un espace. *La grosse dame occupe deux places à elle toute seule.* → **prendre. 2.** Habiter un endroit. *Ils occupent le dernier étage de la maison.* **3.** *L'ennemi a occupé notre pays,* il l'a envahi et en a pris possession. **4.** *Il occupe ses soirées à lire,* il les emploie à lire. → **meubler.**

► s'**occuper** v. **1.** Se distraire. *Elle trouve toujours de quoi s'occuper.* **2.** Prendre en main, se charger de. *Laisse cela, je m'en occupe !* **3.** *Une jeune fille s'est occupée des enfants,* elle les a gardés, a pris soin d'eux.

► **occupant** n. m., **occupante** n. f. **1.** Personne qui occupe un lieu. *Les occupants de l'immeuble.* → **habitant.**

2. Ennemi qui occupe un pays. *Les occupants ont quitté le pays.*

▶ **occupation** n. f. 1. Activité qui occupe le temps. *La mère d'Yves ne travaille pas, mais elle a de nombreuses occupations.* 2. *L'Occupation,* c'est la période de la Deuxième Guerre mondiale pendant laquelle les Allemands ont occupé la France. *Il est né pendant l'Occupation.*

▶ **occupé** adj. 1. Très pris. *Le directeur est très occupé et ne peut vous recevoir pour l'instant.* 2. *Les toilettes sont occupées,* il y a quelqu'un dedans. ‖ contr. **libre** ‖ ▷ INOCCUPÉ, PRÉOCCUPANT, PRÉOCCUPATION, PRÉOCCUPER.

**océan** n. m. Vaste étendue d'eau salée qui couvre une grande partie de la surface de la Terre. → **mer.** *Biarritz est au bord de l'océan Atlantique.*

▶ **océanique** adj. *Le climat océanique,* c'est le climat des régions qui subissent l'influence de l'océan.

▶ **océanographie** n. f. Étude des mers et des océans.

**ocelot** n. m. Grand chat sauvage au pelage roux tacheté de brun, qui vit en Amérique centrale et en Amérique du Sud. ⋙ planche Félins. *Elle a une veste d'ocelot,* en fourrure d'ocelot.

**ocre** n. m. Couleur d'un brun jaune ou orangé. *Le mur est d'un bel ocre.* — **Adj. inv.** *Ces façades sont ocre.*

**octante** adj. inv. et n. m. inv. Ce mot est employé en Suisse. Quatre-vingts (80). → **huitante.**

**octave** n. f. Intervalle de huit notes formant la gamme. *Yves a la main trop petite pour jouer une octave.*

**octobre** n. m. Dixième mois de l'année. *Le mois d'octobre a 31 jours. Il est né le 12 octobre.*

**octogénaire** n. m. et f. Personne qui a quatre-vingts ans. *Une octogénaire.* — **Adj.** *Son grand-père est octogénaire.*

**octogone** n. m. Figure géométrique qui a huit côtés. ⋙ planche Géométrie.

**octroyer** v. (conjug. 8) Accorder en faisant une faveur. *Le directeur de l'usine a octroyé une semaine de vacances supplémentaire au personnel.*

**oculaire** adj. 1. Relatif à l'œil. *Elle a des troubles oculaires.* → **visuel.** 2. *Un témoin oculaire,* c'est un témoin qui a vu de ses propres yeux. *La police recherche des témoins oculaires du hold-up.*

**oculiste** n. m. et f. Médecin spécialiste des yeux. → **ophtalmologiste.**

**ode** n. f. Long poème.

**odeur** n. f. Ce que l'on sent avec le nez. *Il y a une bonne odeur de lavande dans le placard.* → **parfum.** *La bouche d'égout dégage une odeur infecte.* → **émanation, puanteur.**

**odieux** adj. 1. Qui inspire le dégoût et l'indignation. *Un crime odieux.* → **ignoble.** 2. Très désagréable. → **détestable, insupportable.** *Leur fille est odieuse.* ‖ contr. **adorable, charmant, gentil** ‖.

**odorant** adj. Qui dégage une odeur. *Les violettes sont des fleurs très odorantes.* ‖ contr. **inodore** ‖ ▷ DÉODORANT, MALODORANT.

**odorat** n. m. Sens par lequel on perçoit les odeurs. *Les chiens ont l'odorat très développé.* → **flair** et aussi **olfactif.**

**odyssée** n. f. Voyage riche en événements et en aventures. *Raconte-nous ton odyssée !*

**œdème** [edɛm] **n. m.** Gonflement d'une partie du corps. *Ses jambes sont très enflées, elle a un œdème.*

**œil** **n. m.** [pl. *yeux*] **1.** Organe de la vue. *Yves a les yeux bleus. Flora n'a pas fermé l'œil de la nuit,* elle n'a pas dormi. *Il n'a sûrement pas fait tout ça pour tes beaux yeux,* juste pour te faire plaisir, gratuitement. *Sa bosse grossit à vue d'œil,* d'une manière très visible. **2.** Regard. *Elle l'a suivi des yeux jusqu'au bout de l'allée. Jette un coup d'œil par la fenêtre,* regarde rapidement. *Anne a beaucoup grandi, cela saute aux yeux,* cela se voit beaucoup, c'est évident. **3.** *Cela n'a aucun intérêt à ses yeux,* selon son appréciation.

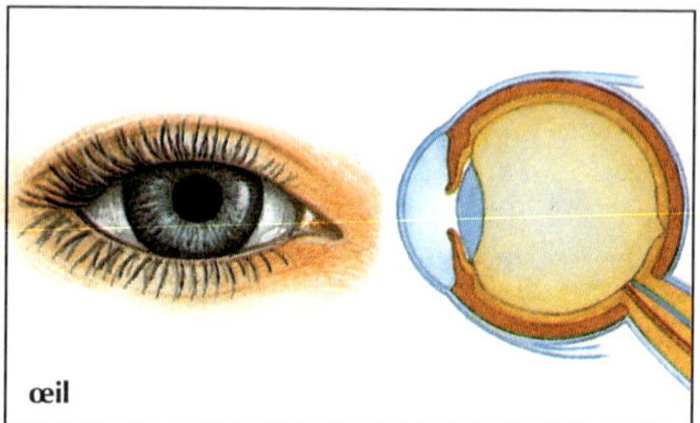

œil

▸ **œil-de-bœuf** **n. m.** Petite fenêtre ronde ou ovale. — **Au pl.** *Des œils-de-bœuf.*

▸ **œillade** **n. f.** Clin d'œil complice ou de coquetterie. *Julie a lancé une œillade à Luc.*

▸ **œillère** **n. f.** Plaque de cuir qui empêche un cheval de voir sur le côté. *Il a mis des œillères au cheval de labour.* — *Avoir des œillères,* c'est ne pas voir certaines choses parce que l'on a l'esprit étroit ou que l'on est de parti pris. ▷ CLIN D'ŒIL, TROMPE-L'ŒIL.

① **œillet** **n. m.** Petit trou dans un tissu ou dans du cuir, souvent entouré de métal ou de plastique, dans lequel on passe un lacet ou un bouton. *Il passe des lacets neufs dans les œillets de ses chaussures.*

② **œillet** **n. m.** Fleur très odorante de couleur rouge, rose ou blanche. *Un bouquet d'œillets.*

**œsophage** **n. m.** Partie du tube digestif qui va de la bouche à l'estomac. *En se contractant, les muscles de l'œsophage font descendre les aliments dans l'estomac.*

**œuf** **n. m.** **1.** Corps plus ou moins gros, dur et arrondi, que pondent les femelles des oiseaux et qui contient un germe. *L'hirondelle couve ses œufs dans son nid. Alex mange des œufs durs,* des œufs de poule cuits dans leur coquille jusqu'à ce que le blanc et le jaune soient durs. **2.** Produit des femelles ovipares, comme les poissons, les serpents et les grenouilles. *Nous avons mangé des œufs d'esturgeon.* → **caviar.** — On prononce *un œuf* [œ̃nœf], *des œufs* [dezø].

**œuvre** **n. f.** **1.** Résultat d'un travail, d'une action. *La décoration de la classe est l'œuvre des élèves. Julie a fini son dessin, elle est fière de son œuvre.* **2.** Livre écrit par un écrivain, objet réalisé par un artiste, musique composée par un musicien. *« Le Lion » est une œuvre de J. Kessel.* → **ouvrage.** *Mozart a composé de nombreuses œuvres. Les tableaux et les sculptures sont des œuvres d'art.* **3.** Ensemble de ce qui est fait par un écrivain, un artiste. *L'œuvre de Victor Hugo est très abondante.* **4.** *Les pom-*

*piers ont tout mis en œuvre pour éteindre rapidement l'incendie,* ils ont employé tous les moyens nécessaires. ▷ CHEF-D'ŒUVRE, DÉSŒUVRÉ, DÉSŒUVREMENT, MAIN-D'ŒUVRE, ① et ② MANŒUVRE, MANŒUVRER.

**offense** **n. f.** Parole ou action qui fait de la peine à quelqu'un en le vexant, en le blessant. → **affront, insulte, outrage.** *Il lui a fait une offense en oubliant de l'inviter.*

▶ **offenser** **v.** (conjug. 1) Faire de la peine en faisant ou disant quelque chose qui vexe, qui blesse. → **blesser, froisser, humilier, vexer.** *Je ne voulais pas vous offenser.*

▶ **offensant** **adj.** *Il lui a fait une remarque offensante,* une remarque qui lui a fait de la peine, l'a blessé.

▶ **offensif** **adj.** Qui sert à attaquer. *Des armes offensives.* ‖ contr. **défensif** ‖.

▶ **offensive** **n. f.** Attaque. *L'armée est passée à l'offensive.* ▷ INOFFENSIF.

**office** **n. m. 1.** Rôle qu'une personne doit remplir, qu'une chose doit jouer. *Le médicament a fait son office : la fièvre est tombée. Parfois, le gardien de l'immeuble fait office de plombier,* il sert de plombier. **2.** *Flora a été désignée d'office pour effacer le tableau,* sans qu'elle l'ait demandé. **3.** Organisme, bureau. → **agence.** *Pour de plus amples renseignements, adressez-vous à l'office du tourisme.* **4.** *J'ai eu recours à ses bons offices,* à ses services. **5.** Cérémonie religieuse. *Ils vont à l'office de 11 heures.*

**officiel** **adj. 1.** *Il vous faut une autorisation officielle pour entrer,* une autorisation qui vient d'une autorité reconnue. *La nouvelle n'est pas encore officielle,* elle n'est pas encore certifiée par les autorités. ‖ contr. **officieux** ‖ **2.** *Le Président est en visite officielle à l'étranger,* il fait une visite organisée par les autorités du pays. **3.** *Le maire est un personnage officiel,* qui représente l'autorité. — **N. m.** *La voiture des officiels était précédée par des motards.*

▶ **officiellement** **adv.** *Il n'a pas été averti officiellement,* d'une manière officielle, par les autorités.

**officier** **n. m.** Militaire dont le grade est égal ou supérieur à celui de sous-lieutenant. ▷ SOUS-OFFICIER.

**officieux** **adj.** Qui n'est ni annoncé ni confirmé par les autorités. *La nouvelle est encore officieuse.* ‖ contr. **officiel** ‖.

**offrir** **v.** (conjug. 18) **1.** Donner en cadeau. *Luc a offert une cassette à Julie. Ils se sont offert des vacances somptueuses.* **2.** Proposer. *Elle nous a offert de nous héberger pour la nuit.* **3.** Présenter. *Cette solution offre de nombreux avantages.*

▶ **offrande** **n. f.** Argent que l'on donne par charité. → **don.** *Elle a déposé son offrande dans le tronc, à l'entrée de l'église.*

▶ **offre** **n. f.** Proposition. *J'accepte votre offre avec plaisir.*

**offusquer** **v.** (conjug. 1) Choquer. *Sa grossièreté a offusqué tout le monde.*

**ogive** **n. f. 1.** Arc qui soutient la voûte d'une église gothique. *La croisée d'ogives,* c'est la partie de la voûte où se croisent deux arcs, à leur sommet. **2.** Partie avant d'un projectile, en forme de cône. *Le missile était équipé* *d'une ogive nucléaire,* d'une tête contenant des bombes atomiques.

ogive

**ogre** **n. m.**, **ogresse** **n. f.** Géant, géante des contes de fées à l'aspect effrayant, qui mange les enfants. — *Luc mange comme un ogre,* énormément.

**oh !** **interj.** Mot qui sert à exprimer la surprise, l'admiration, l'indignation, l'impatience. *Oh ! que c'est beau !* ◊ homonymes : au, eau, haut.

**oie** **n. f.** Gros oiseau au long cou, au bec large, aux pattes palmées et aux plumes blanches ou grises. → aussi **jars.** *On gave les oies pour faire du foie gras.* — *Il est bête comme une oie,* très bête. ▷ PATTE-D'OIE.

**oignon** [ɔɲɔ̃] **n. m.** **1.** Bulbe d'une plante à l'odeur forte et au goût un peu piquant. *Elle fait revenir des oignons dans une poêle.* **2.** Bulbe de certaines plantes. *Il plante des oignons de tulipes.*

**oïl** [ɔjl] **n. m.** *La langue d'oïl,* c'est la langue que l'on parlait au Moyen Âge, en France, dans les régions situées au nord de la Loire où « oui » se disait « oïl ». → aussi **oc.**

**oiseau** **n. m.** Animal au corps couvert de plumes, pourvu de deux ailes, de deux pattes et d'un bec, capable de voler. ⤞ planche p. 706. *La chouette est un oiseau de nuit. Les oiseaux pondent leurs œufs dans leur nid.* — *Il y a 50 kilomètres à vol d'oiseau d'ici à Lyon,* en ligne droite. ▷ OISILLON.

**oiseux** **adj.** Qui ne sert à rien, qui ne mène à rien. → **inutile, vain.** *Ils se sont lancés dans une discussion oiseuse.* ‖ contr. **important, utile** ‖.

**oisif** **adj.** *Une personne oisive,* c'est une personne qui ne travaille pas, n'est pas occupée. *Elle ne reste jamais oisive,* elle ne reste jamais sans rien faire. → **désœuvré, inactif.**

► **oisiveté** **n. f.** *Il vit dans l'oisiveté,* il ne travaille pas. → **désœuvrement.**

**oisillon** **n. m.** Très jeune oiseau.

**oléagineux** **adj.** Qui contient de l'huile. *L'arachide et le tournesol sont des plantes oléagineuses.* — **N. m.** *Le colza et l'olive sont des oléagineux.*

**oléoduc** **n. m.** Gros tuyau qui sert à transporter du pétrole. → **pipeline.**

**olfactif** **adj.** *Le sens olfactif,* c'est le sens qui permet de percevoir les odeurs. → aussi **odorat.** — **Au fém.** *olfactive.*

**olive** **n. f.** Petit fruit ovale, verdâtre, à peau lisse et à noyau, qui devient noir quand il est mûr. *Elle assaisonne la salade avec de l'huile d'olive.*

▶ **olivier** n. m. Arbre au tronc noueux et aux feuilles vert pâle, dont le fruit est l'olive. *On cultive l'olivier dans les régions méditerranéennes.*

olivier

**olympique** adj. *Les Jeux olympiques,* ce sont des rencontres sportives qui ont lieu tous les quatre ans dans un pays différent, auxquelles participent des athlètes du monde entier. *Il est champion olympique,* il a remporté une épreuve aux Jeux olympiques.

**ombilical** adj. *Le cordon ombilical,* c'est le cordon de chair qui relie le bébé à sa mère quand il est dans son ventre. *À la naissance, on coupe le cordon ombilical et il se forme une cicatrice, le nombril.* — Au fém. *ombilicale.* Au masc. pl. *ombilicaux.*

**ombrage** n. m. 1. Ombre que donnent des branches et des feuilles. *Ce marronnier fait un ombrage agréable.* 2. *Anne a pris ombrage de la remarque de la maîtresse,* elle l'a mal prise et en a été vexée.

▶ **ombragé** adj. *Un endroit ombragé,* c'est un endroit où il y a de l'ombre.

▶ **ombrageux** adj. Qui se vexe facilement. → **susceptible.** *Anne a un caractère ombrageux.* — Au fém. *ombrageuse.*

**ombre** n. f. 1. Zone sombre formée par une chose opaque qui empêche les rayons du soleil de passer. *Viens t'asseoir à l'ombre sous le parasol. Il fait 30° à l'ombre.* 2. Image que projette un corps ou un objet éclairé par le soleil ou par une autre lumière. *L'ombre d'un chat se dessine sur le mur.* 3. *Il n'y a pas l'ombre d'un doute,* c'est absolument certain.

▶ **ombrelle** n. f. Petit parapluie léger dont les femmes se servaient autrefois pour se protéger du soleil. → aussi **parasol.** ▷ OMBRAGE, OMBRAGÉ, OMBRAGEUX, PÉNOMBRE.

**omelette** n. f. Plat composé d'œufs battus cuits dans une poêle. *Mamie a fait une omelette aux champignons.*

**omettre** v. (conjug. 56) Oublier. *Le commissaire avait omis un détail : l'assassin était gaucher.*

▶ **omission** n. f. *Il y a de nombreuses omissions dans le compte rendu de la séance,* de nombreuses choses que l'on a oublié de mentionner. → **oubli.**

**omnibus** n. m. Train qui s'arrête dans toutes les gares. *Les omnibus sont moins rapides que les express.* — Adj. *Il a pris un train omnibus.*

# OISEAUX

bec
menton
joue
rémiges secondaires
croupion
poitrine
griffes ou serres
rectrices externes
colibri
hirondelle
albatros
mouette rieuse
grive musicienne
bergeronnette
mésange
rouge-gorge
pie
toucan
martin-pêcheur
perruche
héron cendré

hibou grand-duc
aigle royal
pigeon biset
buse variable
geai
coucou
pivert
cigogne
grue cendrée
perdrix rouge
grand tétras
kiwi
autruche
canard colvert
manchot

**omnisports** adj. Où l'on pratique tous les sports. *Il fait de la gymnastique dans une salle omnisports.*

**omnivore** adj. Qui mange toutes les sortes d'aliments, se nourrit aussi bien de plantes que de viande. *L'homme et le porc sont omnivores.*

**omoplate** n. f. Os plat et triangulaire de l'épaule, en haut du dos. *La victime a été retrouvée avec un couteau planté entre les deux omoplates.*

**on** pronom. Pronom personnel indéfini de la troisième personne, sujet. **1.** Les gens. *On dit qu'il va se marier.* **2.** Quelqu'un. *On a frappé à la porte.* ▷ ON-DIT, QU'EN-DIRA-T-ON.

**once** n. f. **1.** Ancienne mesure de poids valant environ 30 grammes, encore utilisée en Grande-Bretagne et au Canada. **2.** Petite quantité. *Il n'a pas une once de bon sens.* → **grain.**

**oncle** n. m. Le frère du père ou de la mère, ou le mari de la tante. → **tonton** et aussi **neveu, nièce.**

**onctueux** adj. *Une crème onctueuse,* c'est une crème qui n'est ni trop liquide ni trop épaisse et procure une sensation de douceur.

**onde** n. f. **1.** *Lorsque l'on jette un caillou dans l'eau, il se forme des ondes à la surface de l'eau,* des cercles, les uns dans les autres, qui se propagent sur l'eau. **2.** *Les ondes,* ce sont les vibrations produites par un émetteur, qui transportent les sons. *Il écoute la radio sur ondes courtes.* **3.** *Cette chanson passe souvent sur les ondes,* à la radio. ▷ MICRO-ONDE, ONDULATION, ONDULÉ, ONDULER.

**ondée** n. f. Pluie soudaine qui ne dure pas longtemps. → **averse.** *Ce n'est qu'une ondée.*

**on-dit** n. m. inv. Bruit qui court. → **racontar, ragot, rumeur.** *D'après les on-dit, il serait très malade.*

**onduler** v. (conjug. 1) **1.** Remuer en s'élevant et en s'abaissant comme font les vagues. *Le blé ondule sous le vent.* **2.** *Ses cheveux ondulent,* ils bouclent légèrement en faisant de petits crans.
► **ondulé** adj. *Le toit du hangar est en tôle ondulée,* il est fait dans une tôle présentant des plis arrondis.
► **ondulation** n. f. **1.** Mouvement de ce qui s'élève et s'abaisse tour à tour. *L'ondulation des vagues.* **2.** Suite de creux et de bosses. *Les ondulations d'un chemin de terre.*

**onéreux** adj. Qui coûte beaucoup d'argent. → **cher.** *Ces vacances ont été onéreuses.* || contr. **bon marché** ||.

**ongle** n. m. Partie dure, en corne, qui recouvre le bout des doigts et des orteils. *Elle se met du vernis à ongles.*
► **onglée** n. f. *Les skieurs ont souvent l'onglée,* ils ont souvent très mal au bout des doigts à cause du froid.

**onguent** n. m. Pommade grasse. *Il met un onguent sur sa brûlure.* → **crème.**

**onirique** adj. *Ce paysage est onirique,* il est merveilleux comme dans un rêve.

**onomatopée** n. f. Mot dont le son imite le bruit de ce qu'il représente. *« Plouf », « boum », « pan » sont des onomatopées.*

**onyx** n. m. Pierre rare, variété d'agate, présentant des parties de couleurs différentes. *Il y a un cendrier en onyx sur la table du salon.*

**onze** adj. inv. Dix plus un (11). *Il a onze ans. La maîtresse a ouvert son livre au chapitre onze.* — N. m. inv. *Onze plus deux égale treize.*

▶ **onzième** adj. et n. m. 1. adj. Qui vient tout de suite après le dixième. *Il habite au onzième étage.* 2. n. m. Partie d'un tout divisé en onze parts égales. *Les trois onzièmes de la tarte.*

**opale** n. f. Pierre précieuse blanche aux reflets multicolores. ⋙ planche Minéraux.

▶ **opaline** n. f. Matière blanche ou colorée qui ressemble à du verre. *Les roses sont dans un vase en opaline.*

**opaque** adj. Qui ne laisse pas passer la lumière. *La fenêtre de la salle de bains est en verre opaque.* ‖ contr. **translucide, transparent** ‖.

**opéra** n. m. 1. Pièce de théâtre entièrement chantée et accompagnée de musique. *Mozart a composé de nombreux opéras.* 2. Théâtre où l'on joue des opéras et où l'on présente des ballets. *L'Opéra de Lille.* ▷ OPÉRETTE.

**opérer** v. (conjug. 6) 1. Produire un effet. *Le remède commence à opérer.* → **agir.** 2. Faire. *La voiture a opéré un demi-tour à vive allure.* → **accomplir, exécuter.** 3. Ouvrir le corps ou un organe pour en enlever une partie, le soigner ou le modifier. *Le chirurgien a opéré Julie de l'appendicite.*

▶ **opérateur** n. m., **opératrice** n. f. Personne qui fait fonctionner un appareil. *Dans certains endroits où le téléphone n'est pas automatique, on demande le numéro de téléphone à une opératrice.*

▶ **opération** n. f. 1. Acte à accomplir en vue d'obtenir un résultat. *Dans la construction d'une voiture, la plupart des opérations sont effectuées par des machines.* 2. *En calcul, il y a quatre opérations,* l'addition, la soustraction, la multiplication et la division. 3. *Le général a pris l'initiative des opérations,* des manœuvres militaires, des combats. 4. Action d'ouvrir le corps pour enlever une partie malade ou la soigner. → **intervention** chirurgicale. *Le chirurgien est en salle d'opération.* 5. *Il a fait une bonne opération en achetant son appartement,* il a fait une bonne affaire.

▶ **opérationnel** adj. Qui peut fonctionner, être mis en service. *Cette machine n'est pas encore opérationnelle.*
▷ COOPÉRANT, COOPÉRATIF, COOPÉRATIVE, COOPÉRER.

**opérette** n. f. Pièce de théâtre gaie, accompagnée de musique, dont certains dialogues sont chantés. → aussi **opéra.** *Offenbach est l'auteur de nombreuses opérettes.*

**ophtalmologiste** n. m. et f. Médecin spécialiste des yeux. → **oculiste.**

**opiniâtre** adj. Acharné, obstiné. *Ils ont réussi grâce à un travail opiniâtre.*

▶ **opiniâtreté** n. f. Acharnement, persévérance. *L'opiniâtreté des sauveteurs a permis de retrouver des survivants.*

**opinion** n. f. 1. Manière de penser. *Je ne partage pas votre opinion sur ce sujet.* → **avis, idée, point de vue.** *Elle a une bonne opinion de vous,* elle pense du bien de vous, elle vous apprécie. 2. *L'opinion publique* ou *l'opinion,* c'est l'ensemble des gens et ce qu'ils pensent. *L'opinion publique a été alertée par les médias.*

**opium** [ɔpjɔm] **n. m.** Drogue tirée d'une plante, le pavot. → aussi **morphine.** *Ces toxicomanes fument de l'opium.*

▶ **opiomane** **n. m.** et **f.** Personne qui fume ou mange de l'opium.

**opportun** **adj.** *Julie est partie au moment opportun,* au bon moment, au moment favorable. ‖ contr. **inopportun** ‖.

▶ **opportunément** **adv.** *Luc est arrivé opportunément,* au bon moment.

▶ **opportunité** **n. f.** *Ils s'interrogent sur l'opportunité de cette démarche,* ils se demandent si le moment est bien choisi pour faire cette démarche.

▶ **opportuniste** **n. m.** et **f.** Personne qui tire profit des circonstances, sans scrupule. *On ne peut pas compter sur elle, c'est une opportuniste.* ▷ INOPPORTUN.

**opposer** **v.** (conjug. 1) **1.** Mettre face à face dans un combat. *Le match oppose notre équipe à celle du village voisin.* **2.** Placer en face pour faire obstacle. *À tous ces reproches, il a opposé un silence obstiné.* **3.** Comparer pour faire ressortir les différences. *On oppose souvent le comportement des chiens et celui des chats.* ‖ contr. **rapprocher** ‖.

▶ **s'opposer** **v. 1.** Empêcher, interdire. *Ses parents se sont opposés à son mariage.* ‖ contr. **permettre** ‖ **2.** Contraster. *Le rouge et le noir sont deux couleurs qui s'opposent violemment.*

▶ **opposant** **n. m.**, **opposante** **n. f.** Personne qui n'est pas d'accord avec la politique du gouvernement. *Les opposants fomentent un complot.* → **adversaire.**

▶ **opposé** **adj.** et **n. m.**

▭ **adj. 1.** *Flora a collé un poster sur le mur opposé à la fenêtre,* sur le mur qui est en face de la fenêtre. *Luc et Yves sont partis dans des directions opposées,* dans deux directions allant en sens inverse. → **contraire. 2.** Très différent. *Les deux sœurs ont des caractères opposés.* ‖ contr. **identique, semblable** ‖ **3.** Hostile. *Elle était opposée à tout changement.* ‖ contr. **favorable** ‖.

▭ **n. m. 1.** *Souvent, Alex dit une chose et il fait l'opposé,* il fait le contraire. **2.** *Ici c'est la poste, la gare est à l'opposé,* elle est de l'autre côté.

▶ **opposition** **n. f. 1.** Désaccord, conflit. *Alex est en opposition avec ses parents.* **2.** *Le professeur de français a fait opposition à mon passage dans la classe supérieure,* il l'a empêché. **3.** *L'opposition,* c'est l'ensemble des personnes qui ne sont pas d'accord avec la politique du gouvernement. *Il est membre d'un parti de l'opposition.*

**oppresser** **v.** (conjug. 1) *La chaleur l'oppressait,* gênait sa respiration.

▶ **oppressant** **adj.** Qui étouffe, gêne la respiration. → **étouffant.** *Il faisait une chaleur oppressante.* → **écrasant, suffocant.**

▶ **oppresseur** **n. m.** Personne qui exerce une autorité trop grande. → **tyran.** *Le peuple opprimé s'est révolté contre l'oppresseur.*

▶ **oppression** **n. f. 1.** Autorité excessive et injuste. → **tyrannie.** *La population tente de résister à l'oppression de ce régime tyrannique.* **2.** Sensation d'un poids qui empêche de respirer.

**opprimer** **v.** (conjug. 1). Écraser sous le poids d'une autorité trop grande et injuste. *Le seigneur du village opprimait les paysans.*

▶ **opprimé** **n. m.**, **opprimée** **n. f.** Personne victime d'un oppresseur. *Les opprimés se révolteront.* — **Adj.** *Ce peuple opprimé s'est révolté.*

**opter** v. (conjug. 1) Choisir. *Pour quelle solution allez-vous opter ?* ▷ ADOPTER, ADOPTIF, ADOPTION, OPTION.

**opticien** n. m., **opticienne** n. f. Personne qui fabrique et vend des objets et des appareils qui servent à mieux voir. *Chez un opticien, on peut acheter des lunettes, des verres de contact, des loupes, des microscopes, des jumelles.*

**optimisme** n. m. Attitude d'une personne qui prend toujours les choses du bon côté. *Elle envisage l'avenir avec optimisme.* ‖ contr. **pessimisme** ‖.

▸ **optimiste** adj. Qui prend les choses du bon côté, pense que tout va bien et que tout se passera bien. *Julie reste toujours optimiste.* ‖ contr. **pessimiste** ‖ — N. *C'est une optimiste.*

**option** n. f. Choix. *Le latin est une matière à option,* c'est une matière facultative, que l'on choisit si l'on veut.

**optique** adj. et n. f.

▭ adj. De l'œil, de la vision. *Le nerf optique relie l'œil au cerveau.*

▭ n. f. 1. Science qui étudie la lumière et les lois de la vision. *Les lunettes, les loupes, les microscopes sont des instruments d'optique.* 2. Manière de voir les choses. *Pour apprécier les contes de fées, il faut se placer dans l'optique des enfants.* → **point de vue.**

**opulence** n. f. Grande richesse. *Les milliardaires vivent dans le luxe et l'opulence.* ‖ contr. **misère, pauvreté** ‖.

▸ **opulent** adj. 1. Très riche. *Il est issu d'une famille opulente.* ‖ contr. **pauvre** ‖ 2. *Elle a une poitrine opulente,* une grosse poitrine. → **fort.**

**opus** [ɔpys] n. m. Indication utilisée pour désigner un morceau de musique avec son numéro, dans l'œuvre d'un compositeur.

**opuscule** n. m. Petit livre. → **brochure.** *Il a lu un opuscule sur les vampires.*

① **or** n. m. Métal précieux jaune et brillant. *Julie a une bague en or. — Elle a acheté une commode Louis XVI à prix d'or,* très cher. *Ils roulent sur l'or,* ils sont très riches. *Flora a un cœur d'or,* elle est gentille et généreuse. ◊ homonyme : hors. ▷ DORÉ, DORER, DORURE, MORDORÉ, ORFÈVRE.

② **or** conjonction. Mot qui sert à lier deux propositions en montrant l'arrivée d'un élément nouveau, plus ou moins en opposition avec ce qui précède. *Luc doit nous montrer le chemin, or il n'est pas encore arrivé.* → **mais.**

**oracle** n. m. Réponse que faisaient les dieux, dans l'Antiquité, à ceux qui venaient les interroger. *Les oracles étaient interprétés par les prêtres.*

**orage** n. m. Trouble violent dans l'atmosphère qui se manifeste par des éclairs, du tonnerre, une très forte pluie et du vent. *Le ciel s'assombrit, l'orage va éclater. — Il y a de l'orage dans l'air,* il va y avoir une dispute.

▸ **orageux** adj. 1. *Le temps est orageux,* il va y avoir de l'orage. 2. *Ils ont eu une discussion orageuse,* une discussion violente et agitée. → **houleux.** ‖ contr. **calme, paisible** ‖.

**oral** adj. 1. Qui se fait de vive voix et non par écrit. *L'examen comporte des épreuves orales et des épreuves écrites.* — N. m. *Il a passé l'oral de son examen,* la partie de l'examen où il a été interrogé de vive voix. *Le résultat des oraux sera donné dans une heure.* 2. *Ce médicament est à prendre par voie orale,* par la bouche.

▸ **oralement** **adv.** *Répondez oralement,* par la parole. → **verbalement.** || contr. par **écrit** ||.

**orange** **n. f.** et **adj. inv. 1. n. f.** Fruit rond, assez gros, d'un jaune un peu rouge. ➳ illustration Agrumes. *Anne boit du jus d'orange.* **2. adj. inv.** D'une couleur formée par la combinaison du jaune et du rouge. → **orangé.** *Des gants orange.*

▸ **orangé** **adj.** D'une couleur proche de l'orange. *Des fleurs orangées.*

▸ **orangeade** **n. f.** Boisson faite de jus d'orange, de sucre et d'eau. *Veux-tu de l'orangeade ou de la citronnade ?*

▸ **oranger** **n. m.** Arbre fruitier qui donne les oranges.

▸ **orangeraie** **n. f.** Plantation d'orangers. *Il y a beaucoup d'orangeraies au Maroc.*

▸ **orangerie** **n. f.** Bâtiment dans lequel on met à l'abri, pendant l'hiver, des orangers cultivés dans des pots.

**orang-outan** [ɔʀɑ̃utɑ̃] **n. m.** Grand singe d'Asie, à longs poils d'un brun roux et aux bras très longs. *Les orangs-outans vivent dans les arbres.* — On écrit aussi *orang-outang.*

**orang-outan**

**orateur** **n. m.**, **oratrice** **n. f.** Personne qui prononce un discours. *C'est un bon orateur,* il parle bien en public.

**orbite** **n. f. 1.** Courbe que décrit un astre ou un satellite autour d'un astre. *La Terre parcourt son orbite autour du Soleil en 365 jours 6 heures et 9 minutes.* **2.** Chacun des deux trous du crâne dans lesquels se trouvent les yeux. ▷ EXORBITÉ.

**orchestre** [ɔʀkɛstʀ] **n. m. 1.** Groupe de musiciens jouant d'instruments différents. *Nous écoutions un concerto pour piano et orchestre. Le chef d'orchestre dirige les musiciens.* **2.** Rez-de-chaussée d'une salle de spectacle. *Il a réservé deux fauteuils d'orchestre.*

**orchidée** [ɔʀkide] **n. f.** Fleur rare très recherchée qui pousse dans les pays chauds et humides. ➳ planche Fleurs.

**ordinaire** **adj.** et **n. m.**

▭ **adj. 1.** Habituel. *Avec sa maladresse ordinaire, il m'a marché sur les pieds.* → **coutumier.** || contr. **exceptionnel, extraordinaire** || **2.** De la qualité la plus courante. *Mettez-vous de l'essence ordinaire ou du super dans votre voiture ?*

▭ **n. m. 1.** Ce qui est habituel. *Cette robe n'est pas commune, elle sort de l'ordinaire.* **2.** *D'ordinaire, il se lève plus tôt,* d'habitude, le plus souvent. *Il est plus aimable qu'à l'ordinaire.*

▸ **ordinairement** **adv.** Habituellement. *Ordinairement, les trains arrivent à l'heure.* → **généralement.** ▷ EXTRAORDINAIRE, EXTRAORDINAIREMENT.

**ordinal** **adj.** *Un adjectif numéral ordinal,* c'est un adjectif qui indique le rang, l'ordre d'une chose ou d'une personne dans un ensemble. *« Troisième », « vingt-cinquième » sont des adjectifs numéraux ordinaux.* → aussi ② **cardinal.**

**ordinateur** **n. m.** Machine électronique, dotée de moyens de calcul très rapides, pouvant résoudre des problèmes très complexes. *L'informaticien entre un programme dans la mémoire de l'ordinateur.* → aussi **informatique.** ▷ MICRO-ORDINATEUR.

**ordination** **n. f.** Cérémonie au cours de laquelle un homme devient prêtre.

① **ordonnance** **n. f.** Arrangement. → **disposition.** *La maîtresse attire l'attention de ses élèves sur l'ordonnance des mots dans la phrase.* → aussi ① **ordonner.**

② **ordonnance** **n. f. 1.** Papier sur lequel le médecin inscrit les médicaments qu'il prescrit. *Le pharmacien lit l'ordonnance.* **2.** *Une ordonnance ministérielle,* c'est une décision du gouvernement. **3.** Autrefois, soldat au service d'un officier.

① **ordonner** **v.** (conjug. 1) **1.** Mettre dans un certain ordre. *Le maire a ordonné les différentes parties de son discours. — Mes souvenirs s'ordonnent et se précisent.* → s'**organiser. 2.** *Son grand frère a été ordonné prêtre,* il a reçu le sacrement qui fait de lui un prêtre. → aussi **ordination.**

▶ **ordonné** **adj.** *Flora est une petite fille ordonnée,* elle a de l'ordre, elle range ses affaires. ‖ contr. **brouillon, désordonné** ‖.

▶ **ordonnée** **n. f.** Coordonnée verticale qui sert, avec l'abscisse, d'élément de repère pour définir la position d'un point dans un plan. ▷ COORDONNÉE, COORDONNER, DÉSORDONNÉ, ① ORDONNANCE, SUBORDONNÉ, SUBORDONNER.

② **ordonner** **v.** (conjug. 1) Donner un ordre. → **commander.** *Je t'ordonne de te taire. Le médecin lui a ordonné des antibiotiques.* → **prescrire.** ▷ ② ORDONNANCE.

① **ordre** **n. m. 1.** Disposition régulière. *Les mots d'un dictionnaire sont rangés dans l'ordre alphabétique.* → **classement. 2.** Qualité d'une personne qui range les choses à leur place. *Anne a de l'ordre,* elle est ordonnée. *Luc met de l'ordre dans sa chambre,* il la range. ‖ contr. **désordre** ‖ **3.** Organisation de la société, respect des lois. *La police assure le maintien de l'ordre.* **4.** Catégorie. *Le prix de cette robe est de l'ordre de 1 000 francs.* **5.** Ensemble de moines ou de religieuses obéissant à certaines règles. *Ce moine appartient à l'ordre des bénédictins. — Il est entré dans les ordres,* il a été ordonné prêtre. ▷ DÉSORDRE.

② **ordre** **n. m.** Acte qui manifeste l'autorité. *La maîtresse donne à ses élèves l'ordre de se taire,* elle le leur ordonne. *Le soldat obéit aux ordres de ses supérieurs.* → **commandement, consigne.** *Il a plusieurs employés sous ses ordres,* qui lui sont inférieurs dans la hiérarchie et qu'il dirige. *Restez là jusqu'à nouvel ordre,* pour le moment, jusqu'à ce qu'un fait nouveau vienne changer la situation. ▷ CONTRORDRE.

**ordures** **n. f. pl.** Déchets dont on se débarrasse. → **immondices.** *Les éboueurs ramassent les ordures.* → aussi **poubelle.**

▶ **ordurier** **adj.** Très grossier. *Il a tenu des propos orduriers.* → **obscène.**

*C'est une femme ordurière,* qui dit des grossièretés. ▷ VIDE-ORDURES.

**orée** n. f. *L'orée du bois,* c'est la bordure, la lisière du bois.

**oreille** n. f. *Les oreilles,* ce sont les organes, situés de chaque côté de la tête, qui servent à entendre. → aussi **ouïe.** *Yves a les oreilles décollées. Julie n'écoutait que d'une oreille,* distraitement. *Prêtez l'oreille,* écoutez bien. *Mamie est un peu dure d'oreille,* elle est un peu sourde. *Luc fait la sourde oreille,* il fait semblant de ne pas entendre. *Tu nous casses les oreilles,* tu fais trop de bruit. *Anne s'est fait tirer l'oreille pour ranger sa chambre,* elle s'est fait prier. *Flora a dressé l'oreille,* elle s'est mise à écouter attentivement.

▸ **oreiller** n. m. Coussin, carré ou rectangulaire, sur lequel on pose la tête pour dormir. → aussi **traversin.** *Dans son lit, Luc a des draps jaunes et une taie d'oreiller assortie.* ▷ OREILLONS, PERCE-OREILLE.

**oreillette** n. f. Chacune des deux cavités supérieures du cœur. *Les oreillettes et les ventricules.*

**oreillons** n. m. pl. Maladie contagieuse due à un virus qui donne mal aux oreilles et fait enfler le cou. *Flora a eu les oreillons.*

d'**ores et déjà** adv. Dès maintenant, dès aujourd'hui. *La maison n'est pas terminée mais on peut d'ores et déjà voir l'aspect qu'elle aura.*

**orfèvre** n. m. Personne qui fabrique ou vend des objets en métal précieux. *Cette théière en argent a été achetée chez un grand orfèvre.*

**organe** n. m. Partie du corps qui a une fonction particulière. *L'œil est l'organe de la vue.*

▸ **organique** adj. Qui provient d'un être vivant. *Le jardinier utilise des engrais organiques.* ‖ contr. **chimique** ‖ ▷ DÉSORGANISATION, DÉSORGANISER, ORGANISATEUR, ORGANISATION, ORGANISÉ, ORGANISER, ORGANISME, RÉORGANISER.

**organiser** v. (conjug. 1) **1.** Préparer selon un plan précis, mettre sur pied. *La maîtresse a organisé un pique-nique avec tous ses élèves.* **2.** *S'organiser,* c'est aménager son emploi du temps de manière à être plus efficace. *Il perd beaucoup de temps, il ne sait pas s'organiser.*

▸ **organisé** adj. **1.** *Ils sont allés au Japon en voyage organisé,* ils ont fait un voyage en groupe où tout est prévu et préparé et se déroule selon un ordre déterminé. **2.** *C'est une femme organisée,* qui sait aménager son temps.

▸ **organisateur** n. m., **organisatrice** n. f. Personne qui prépare, organise. *Les organisateurs du spectacle ont été félicités.*

▸ **organisation** n. f. **1.** Préparation. *L'organisation du pique-nique était parfaite.* **2.** *Il y a une bonne organisation dans le service,* les choses sont bien organisées. **3.** Groupe de personnes qui travaillent ensemble dans un but commun. *Il fait partie d'une organisation humanitaire.*

**organisme** n. m. **1.** Le corps humain. *Le manque de sommeil diminue la résistance de l'organisme.* **2.** Être vivant. *Les plantes sont des organismes.* **3.** Ensemble de services et de bureaux où les gens travaillent dans un but commun. *Un syndicat d'initiative est un organisme chargé de s'occuper du tourisme d'une région.*

**organiste** n. m. et f. Personne qui joue de l'orgue.

**orge** n. f. Plante portant un épi entouré de longues barbes. *L'orge est une céréale qui sert à fabriquer de la bière.*

**orgelet** n. m. Petit bouton sur le bord de la paupière.

**orgie** n. f. Repas long et bruyant où les gens mangent et boivent trop et se tiennent mal. *Le banquet s'est terminé en orgie.*

**orgue** n. m. Grand instrument de musique à vent, composé de nombreux tuyaux et de plusieurs claviers. *Une vieille dame joue de l'orgue pendant la messe.* — Au pluriel, *orgue* est un nom féminin. *Les grandes orgues de la cathédrale de Chartres.* ▷ ORGANISTE.

**orgueil** n. m. Sentiment qu'une personne a d'avoir plus de valeur que les autres. → **prétention, vanité.** *Il est d'un orgueil démesuré.* || contr. **humilité, modestie** ||.

▶ **orgueilleux** adj. Qui se pense supérieur aux autres. → **fier, prétentieux, vaniteux.** *Elle est orgueilleuse comme un paon,* très orgueilleuse. || contr. **humble, modeste** || — N. *Quel orgueilleux !* ▷ S'ENORGUEILLIR.

**orient** n. m. 1. Est. *Le soleil se lève à l'orient et se couche à l'occident.* 2. *L'Orient,* c'est l'Asie et certains pays du bassin méditerranéen.

▶ **oriental** adj. 1. *Bastia est sur la côte orientale de la Corse,* sur la côte est. 2. *L'Égypte et le Japon sont des pays orientaux,* des pays d'Orient. — N. *Ce sont des Orientaux,* des habitants de l'Orient.

**orienter** v. (conjug. 1) 1. Disposer par rapport à une direction. *La chambre de Luc est orientée au sud.* 2. Diriger dans une certaine direction. *Ses professeurs l'ont orienté vers des études scientifiques.* 3. *Une boussole aide à s'orienter,* à déterminer l'endroit où l'on se trouve par rapport aux points cardinaux. → se **repérer.**

▶ **orientable** adj. *Le poste de radio a une antenne orientable,* que l'on peut diriger dans le sens que l'on veut.

▶ **orientation** n. f. 1. *Julie n'a pas le sens de l'orientation,* elle ne sait pas se repérer par rapport aux points cardinaux. 2. Direction que l'on prend dans ses études. *Il ne sait quelle orientation choisir après son bac.* ▷ DÉSORIENTER.

**orifice** n. m. Ouverture. → **trou.** *Il faudrait agrandir l'orifice de ce tube.*

**oriflamme** n. f. Drapeau.

**originaire** adj. *Sa mère est originaire du Brésil,* elle est née au Brésil. → **natif.**

**original** adj. et n. m., **originale** adj. et n. f.

▭ adj. 1. Un peu bizarre. *Julie a une robe originale,* qui ne ressemble pas aux autres robes. → **excentrique.** *Luc fait toujours des cadeaux originaux,* qui sortent de l'ordinaire. || contr. **banal, commun** || 2. *Le film est en version originale,* il n'est pas doublé, il est dans la langue où il a été tourné.

▭ n. 1. Personne qui ne se conduit pas comme tout le monde. *C'est une originale.* 2. n. m. Document ou tableau fait par l'auteur, qui n'est pas une copie. *Photocopiez ces lettres, gardez les doubles et rendez-moi les originaux.*

▶ **originalité** n. f. Caractère de ce qui ne ressemble pas à autre chose. || contr. **banalité** || *Ta rédaction manque d'originalité.*

**origine** n. f. **1.** *Sa mère est d'origine suisse,* les ancêtres de sa mère étaient suisses. → **ascendance. 2.** *Beaucoup de mots français sont d'origine grecque ou latine,* ils viennent du grec ou du latin. → **étymologie. 3.** Commencement. *À l'origine, il était un simple employé.* **4.** Cause. *L'injustice est à l'origine de leur révolte.*

▶ **originel** adj. Qui date du début. → **initial.** *Cette sculpture est tellement ancienne qu'on ne voit plus sa forme originelle.* → **primitif.** ▷ ORIGINAIRE.

**oripeaux** n. m. pl. Vêtements bizarres, extravagants et vieux.

**orme** n. m. Grand arbre à feuilles dentelées. *Une allée d'ormes longe la rivière.*

▶ **ormeau** n. m. Petit orme. *Une allée d'ormeaux.*

**orner** v. (conjug. 1) Décorer. *Des broderies ornent le col de son chemisier.*

▶ **ornement** n. m. Ce qui décore. → **décoration.** *Le mur est tout blanc, sans aucun ornement.*

▶ **ornemental** adj. Qui décore. → **décoratif.** *L'azalée est une plante ornementale.* — Au masc. pl. *ornementaux.*

**ornière** n. f. Trace profonde creusée par les roues d'un véhicule dans un chemin de terre.

**ornithologie** n. f. Science qui étudie les oiseaux.

▶ **ornithologue** n. m. et f. Spécialiste des oiseaux.

**ornithorynque** n. m. Animal d'Australie à bec de canard, à longue queue plate, aux pattes palmées munies de griffes, qui vit à la fois sur terre et dans l'eau, et pond des œufs.

ornithorynque

**oronge** n. f. Champignon appelé aussi *amanite.* → **amanite.**

**orphelin** n. m., **orpheline** n. f. Enfant dont les parents sont morts. *C'est un orphelin.* — Adj. *Elle a été orpheline à 8 ans,* ses parents sont morts quand elle avait 8 ans.

▶ **orphelinat** n. m. Établissement où l'on recueille les orphelins.

**orphéon** n. m. Fanfare. *Il fait partie de l'orphéon du village.*

**orteil** n. m. Doigt de pied. *L'homme a dix orteils.*

**orthodontiste** n. m. et f. Dentiste spécialisé dans le redressement des dents. *L'orthodontiste va mettre un appareil à Flora.*

**orthodoxe** adj. *La religion orthodoxe,* c'est la religion des chrétiens d'Orient qui ne reconnaît pas l'autorité du pape. *L'Église orthodoxe s'est séparée de l'Église catholique romaine au 11^e^ siècle.* — N. *Il y a des orthodoxes* *en Grèce et en Russie,* des chrétiens de religion orthodoxe.

**orthographe** n. f. Manière correcte d'écrire les mots. *Alex fait des fautes d'orthographe.*

▶ **orthographier** v. (conjug. 7) Écrire correctement, en suivant les règles. *On orthographie souvent mal mon nom de famille.*

▶ **orthographique** adj. *Le français a de nombreuses difficultés orthographiques,* d'orthographe.

**orthopédique** adj. *Un appareil orthopédique,* c'est un appareil qui corrige une malformation des os.

**orthophoniste** n. m. et f. Personne dont le métier est de corriger les défauts de prononciation. *Cet enfant ne bégaye plus grâce au travail d'une orthophoniste.*

**ortie** n. f. Plante dont les feuilles piquent et donnent de petits boutons quand on les touche. *Les feuilles d'ortie sont couvertes de poils qui contiennent un liquide irritant.*

**ortolan** n. m. Petit oiseau à la chair délicieuse. *Des ortolans farcis.*

**orvet** n. m. Sorte de lézard sans pattes qui ressemble à un petit serpent. *Les orvets se nourrissent de limaces et de vers de terre.*

**os** n. m. Chacune des parties dures et rigides qui forment le squelette de l'homme et des animaux vertébrés. *Le chien ronge l'os du gigot. Elle n'a plus que la peau sur les os,* elle est très maigre. — On prononce *un os* [œɔs], *des os* [dezo]. ▷ DÉSOSSER, OSSATURE, OSSELETS, OSSEMENTS, OSSEUX, OSSUAIRE.

**oscar** n. m. Récompense, prix obtenu dans un concours. *Ce film a remporté plusieurs oscars.*

**osciller** v. (conjug. 1) **1.** Avoir un mouvement régulier dans un sens puis dans l'autre. *Le balancier de la pendule oscille régulièrement.* **2.** Hésiter. *Elle oscille entre les deux solutions.*

▶ **oscillation** n. f. Mouvement de va-et-vient régulier. → **balancement.** *Les oscillations du balancier.*

**oseille** n. f. Plante dont les feuilles, au goût acide, se mangent cuites. *Mamie a fait de la soupe à l'oseille.*

**oser** v. (conjug. 1) Avoir l'audace, le courage de faire quelque chose. *Anne n'ose pas traverser la rue toute seule. Luc a osé mentir à la directrice,* il a eu l'insolence de le faire.

**osier** n. m. Sorte de saule dont on utilise les petites branches pour faire des paniers. → aussi **vannerie.** *Le pain est dans une corbeille en osier.*

**ossature** n. f. **1.** Ensemble des os d'une personne ou d'un animal. *Il a une ossature massive.* → **squelette.** **2.** Ensemble des poteaux et des poutres qui soutiennent un bâtiment. → **charpente.**

**osselets** n. m. pl. *Yves joue aux osselets,* à un jeu qui consiste à lancer en l'air et à rattraper sur le dos de la main des objets en métal ou en plastique qui imitent de petits os.

**ossements** n. m. pl. Os desséchés d'un cadavre d'homme ou d'animal. *On a retrouvé des ossements de mammouth dans une grotte.*

**osseux** adj. **1.** Qui concerne les os. *Il a une maladie osseuse,* des os. **2.** *Elle a* *des mains osseuses,* des mains maigres dont les os se voient beaucoup.

**ossuaire** **n. m.** Endroit où sont conservés des ossements humains. *L'ossuaire d'un monastère.* → aussi **catacombes.**

**ostensiblement** **adv.** Sans se cacher, avec l'intention de se faire remarquer. *Il haussa ostensiblement les épaules.* || contr. **discrètement** ||.

**ostentation** **n. f.** *Yves regardait sa montre avec ostentation,* en cherchant à bien faire voir aux autres ce qu'il faisait. || contr. **discrétion** ||.

**ostréiculteur** **n. m.,** **ostréicultrice** **n. f.** Personne qui élève des huîtres.

**ostréiculture** **n. f.** Élevage des huîtres.

**otage** **n. m.** Personne qui est faite prisonnière et qui ne sera libérée que lorsque son ravisseur aura obtenu ce qu'il exige. *Des journalistes ont été pris en otages. Les terroristes ont menacé de tuer les otages.*

**otarie** **n. f.** Animal marin ressemblant à un phoque mais avec de petites oreilles et un cou plus allongé. ⤜ planche Mammifères. *L'otarie vit dans l'océan Pacifique et dans les mers de l'hémisphère Sud.*

**ôter** **v.** (conjug. 1) **1.** Enlever. *Il ôta son chapeau et s'assit.* → **retirer.** *Cet accident lui a ôté l'envie de faire de la moto.* **2.** Retrancher. *6 fois 8 égale 48, j'ôte 3, il reste 45.* → **soustraire.** **3.** *Ôte-toi de là,* pousse-toi, sors de là.

**otite** **n. f.** Maladie de l'oreille. *Yves a souvent des otites.*

**oto-rhino-laryngologiste** **n. m.** et **f.** Médecin spécialiste des oreilles, du nez et de la gorge. — On dit aussi *oto-rhino* ou *O.R.L.* [ɔɛʀɛl] — **Au pl.** *Des oto-rhino-laryngologistes, des oto-rhinos, des O.R.L.*

**ou** **conjonction.** **1.** *On peut aller à New York en avion ou en bateau,* aussi bien en avion qu'en bateau. **2.** *Entre ou sors, mais ferme la porte,* soit tu entres, soit tu sors. **3.** *Il restait cinq ou six enfants,* environ cinq enfants. ◊ homonymes : hou, houe, houx, où.

**où** **adv.** et **pronom. 1. adv. interrogatif.** En quel lieu, en quel endroit ? *Où est Julie ? Dis-moi où tu vas.* **2. pronom relatif.** *Flora nous décrit le village où elle est née. C'est l'heure où il fait le plus chaud,* l'heure à laquelle il fait le plus chaud. ◊ homonymes : hou, houe, houx, ou.

**ouailles** **n. f. pl.** Les fidèles d'une paroisse. *Le curé fait un sermon à ses ouailles.* → **paroissien.**

**ouate** **n. f.** Coton spécialement préparé qui sert pour la toilette et les pansements. *Un morceau d'ouate.* — On peut dire *la ouate* ou *l'ouate.* ◊ homonyme : watt.

► **ouaté** **adj.** Où il n'y a presque pas de bruit. → **feutré.** *Le brouillard enveloppait la ville d'une atmosphère ouatée.*

**oublier** **v.** (conjug. 7) **1.** Ne plus se souvenir. *J'ai oublié son nom.* || contr. se **rappeler,** se **souvenir** || **2.** Ne pas penser. *Anne oublie souvent son cartable à l'école,* elle ne pense pas à le prendre, elle le laisse là-bas. *Il a oublié de nous prévenir.* → **omettre.** **3.** Cesser volontairement de penser à quelque chose de désagréable. *Oublie tes soucis et viens danser.*

▶ **oubli** n. m. 1. Absence de souvenirs. *Ce chanteur, si célèbre autrefois, est tombé dans l'oubli,* tout le monde l'a oublié. 2. Chose que l'on aurait dû faire et que l'on a oublié de faire. → **négligence, omission.** *Excusez-moi de ne pas vous avoir prévenus : c'est un oubli.*

▶ **oubliette** n. f. Cachot souterrain où l'on enfermait autrefois les prisonniers. *Le seigneur a fait jeter son rival dans les oubliettes du château.* ▷ INOUBLIABLE.

**oued** n. m. En Afrique du Nord, cours d'eau souvent à sec qui peut se gonfler d'eau rapidement. *Les oueds algériens.*

**ouest** n. m. Un des quatre points cardinaux. *Le Soleil se couche à l'ouest.* → **couchant, occident.** *Rennes est une ville de l'ouest de la France.* — Adj. inv. *Ajaccio est sur la côte ouest de la Corse.* → **occidental.**

**ouf !** interj. Mot qui exprime le soulagement. *Ouf ! elle est partie, bon débarras.*

**oui** adv. *Oui* sert à indiquer que l'on affirme ou que l'on accepte quelque chose. *Tu pars déjà ? Oui.* || contr. **non** || ◊ homonyme : ouïe.

**ouï-dire** n. m. inv. *Je l'ai appris par ouï-dire,* je l'ai appris par des bruits qui courent, je l'ai entendu dire.

**ouïe** n. f. 1. *L'ouïe,* c'est le sens qui permet d'entendre les sons. *Anne a l'ouïe fine,* elle entend très bien. → **oreille,** et aussi **audition.** 2. *Les ouïes,* ce sont les deux ouvertures situées de chaque côté de la tête d'un poisson, par lesquelles il respire. ◊ homonyme : oui.

**ouille !** interj. Mot qui sert à exprimer que l'on a mal. → **aïe !** *Ouille ! tu m'as marché sur le pied.* ◊ homonyme : houille.

**ouïr** v. (conjug. 10 ; *ouïr* ne s'emploie qu'à l'infinitif et au participe passé) Entendre, écouter. *J'ai ouï dire qu'ils allaient se marier,* je l'ai entendu dire. ▷ INOUÏ, OUÏ-DIRE, OUÏE.

**ouistiti** n. m. Petit singe à longue queue touffue. *Les ouistitis vivent en Amérique du Sud, dans les arbres de la forêt tropicale.* ➻ planche Mammifères.

**ouragan** n. m. Forte tempête accompagnée d'un vent très violent. *L'ouragan a tout emporté sur son passage.* → aussi **cyclone, tornade, typhon.**

**ourler** v. (conjug. 1) Faire un ourlet. *Mamie a ourlé la nappe qu'elle a brodée.*

▶ **ourlet** n. m. Bord d'un tissu replié et cousu. *Cette jupe est trop longue, il faut refaire l'ourlet.*

**ours** n. m. 1. Grand animal au pelage épais, brun, gris ou blanc, au museau allongé et aux pattes armées de griffes. ➻ planche Mammifères. 2. Homme grincheux qui ne parle à personne et aime être seul.

▶ **ourse** n. f. Femelle de l'ours.

▶ **ourson** n. m. Petit de l'ours. *L'ourse protège ses oursons.*

**oursin** n. m. Petit animal marin rond, à la carapace brun foncé hérissée de piquants. *L'oursin est un fruit de mer délicieux.*

**oursin**

**oust !** **interj.** Mot que l'on emploie pour dire à quelqu'un de s'en aller ou de se dépêcher. *Allez oust ! sors de là !* — On écrit aussi *ouste.*

**outil** **n. m.** Objet que l'on utilise pour faire un travail manuel. *Le tournevis et le marteau sont dans la boîte à outils.*

▶ **outillage** **n. m.** Ensemble des outils ou des machines qui servent à exécuter un travail. *Le plombier est venu avec son outillage.* → **matériel.**

▶ **outillé** **adj.** *Il n'est pas outillé pour réparer sa voiture,* il n'a pas les outils nécessaires.

**outrage** **n. m.** Parole ou acte très offensant. → **affront, injure, insulte, offense.** *Il m'a fait l'outrage de ne pas me croire.*

▶ **outrager** **v.** (conjug. 3) Offenser gravement. → **injurier, insulter.** *Ces insinuations l'ont outragé.*

**outrance** **n. f.** Exagération dans les paroles ou le comportement. → **excès.** *Elle était maquillée à outrance,* elle était beaucoup trop maquillée.

① **outre** **n. f.** Sac en peau de bouc ou de chameau servant à transporter une boisson.

② **outre** **prép. et adv.**
▭ **prép.** En plus de. *Outre les bagages, il y avait le panier du chat à emporter.*
▭ **adv. 1.** *En outre,* en plus de cela. *C'est un excellent peintre et en outre un musicien remarquable.* **2.** *Outre mesure,* excessivement. → **trop.** *J'espère que le voyage ne vous a pas fatigués outre mesure.* **3.** *Luc a passé outre l'interdiction de ses parents,* il n'en a pas tenu compte.

▶ **outré** **adj. 1.** Exagéré. *Julie a fait une description outrée de la façon dont la directrice était habillée,* en exagérant certains détails. **2.** Indigné, scandalisé. *Anne était outrée de la grossièreté de cet élève.* ▷ OUTRANCE, OUTREMER, OUTRE-MER, OUTREPASSER.

**outremer** **n. m.** Couleur d'un bleu intense, un peu violet. — **Adj. inv.** *Il a des yeux outremer.*

**outre-mer** **n. m.** *Les départements d'outre-mer,* ce sont les départements situés au-delà des mers, par rapport à la métropole. *La Martinique est un département d'outre-mer.*

**outrepasser** **v.** (conjug. 1) *Elle a outrepassé ses droits,* elle est allée au-delà de ce qui est permis.

**outsider** [awtsajdœʀ] **n. m.** Ce mot vient de l'anglais. Dans une course, cheval ou concurrent qui n'est pas parmi les favoris. *Le prix a été remporté par un outsider.* — **Au pl.** *Des outsiders.*

**ouvert** **adj. 1.** *Entrez, la porte est ouverte,* elle laisse le passage. ‖ contr.

**fermé** || *Le magasin restera ouvert dimanche,* on pourra y aller. **2.** Aimable et franc. || contr. **renfermé** || *Julie a le visage ouvert.*

▶ **ouvertement** **adv.** Sans se cacher. *Luc a dit ouvertement ce qu'il pensait.*

▶ **ouverture** **n. f. 1.** Action d'ouvrir. *Ce cambrioleur est spécialisé dans l'ouverture des coffres-forts.* || contr. **fermeture** || **2.** *Quelles sont les heures d'ouverture du musée ?* les heures pendant lesquelles le musée est ouvert. **3.** Mise en fonctionnement. *L'ouverture du nouveau restaurant aura lieu demain.* → **inauguration.** *Il attend impatiemment l'ouverture de la chasse,* le premier jour où l'on a le droit de chasser. **4.** Passage permettant d'entrer dans un lieu. → **accès.** *Cette pièce a de nombreuses ouvertures.* → **fenêtre, porte.**

**ouvrable** **adj.** *Un jour ouvrable,* c'est un jour de la semaine qui n'est ni un dimanche ni un jour de fête. || contr. **férié** || *Ce train n'est en service que les jours ouvrables.*

**ouvrage** **n. m. 1.** Travail. → **besogne, tâche.** *Il est temps de se mettre à l'ouvrage,* de se mettre à travailler. **2.** *Les aiguilles sont dans la boîte à ouvrage,* la boîte où l'on range ce qui sert aux travaux de couture. **3.** Livre. *Il a lu un ouvrage de philosophie.*

▶ **ouvragé** **adj.** Très orné, travaillé avec soin. *Un meuble très ouvragé.*

**ouvrant** **adj.** *Une voiture à toit ouvrant,* c'est une voiture dont le toit peut s'ouvrir.

**ouvre-boîte** **n. m.** Instrument qui sert à ouvrir les boîtes de conserve. — **Au pl.** *Des ouvre-boîtes.*

**ouvreur** **n. m.,** **ouvreuse** **n. f.** Personne qui place les spectateurs dans une salle de spectacle. *Il donne un pourboire à l'ouvreuse.*

**ouvrier** **n. m.,** **ouvrière** **n. f.** Personne qui travaille de ses mains et reçoit un salaire. *Elle est ouvrière à l'usine. C'est un ouvrier agricole.* — **Adj.** *Les revendications ouvrières,* des ouvriers.

**ouvrir** **v.** (conjug. 18) **1.** Déplacer les éléments d'une ouverture pour permettre de passer ou de voir. *Ouvre la fenêtre pour aérer le salon.* || contr. **fermer** || — *La porte s'ouvre automatiquement.* **2.** Ôter l'obstacle qui sépare l'intérieur de l'extérieur. *Anne ouvre une bouteille de soda.* → **décapsuler. 3.** Faire une plaie en coupant. *Luc s'est ouvert le genou en tombant.* **4.** *L'épicerie ouvre à 8 heures,* les clients peuvent y entrer à partir de 8 heures. **5.** Écarter des parties qui sont l'une contre l'autre. *Flora ouvre son livre à la page 30.* **6.** Percer. *Le maçon a ouvert une fenêtre dans le grenier.* **7.** Commencer. *Le maire ouvrira la cérémonie par un discours.* — *Une nouvelle parfumerie s'est ouverte dans notre rue,* s'est installée. ▷ ENTROUVRIR, OUVERT, OUVERTEMENT, OUVERTURE, OUVRANT, OUVRE-BOÎTE, OUVREUR, RÉOUVERTURE.

**ovaire** **n. m.** Chacune des deux glandes qui servent à la reproduction chez la femme et la femelle des animaux. *Les ovaires produisent les ovules.*

**ovale** **adj.** Qui a une forme courbe et allongée comme celle d'un œuf. ⤐ planche Géométrie. *On joue au rugby avec un ballon ovale.*

**ovation** **n. f.** Ensemble d'applaudissements et de cris en l'honneur de quelqu'un. → **acclamation.** *Les specta-*

*teurs lui ont fait une ovation quand il est entré en scène.*

**overdose** [ɔvœʀdoz] **n. f.** Ce mot vient de l'anglais. Dose de drogue excessive qui provoque la mort. *Ce jeune toxicomane est mort d'une overdose.* — On dit aussi *surdose.*

**ovin** **adj.** *Il existe différentes races ovines,* de moutons. — **N. m.** *Les moutons et les chèvres sont des ovins.*

**ovipare** **adj.** *Un animal ovipare,* c'est un animal qui se reproduit en pondant des œufs. *Les oiseaux, la plupart des poissons et des insectes sont ovipares.* — **N.** *Les ovipares et les vivipares.*

**ovni** **n. m.** Objet volant non identifié. *Les soucoupes volantes sont des ovnis.*

**ovule** **n. m.** Cellule reproductrice chez la femme et la femelle des animaux. *L'ovule est fécondé par le spermatozoïde et produit l'œuf.*

**oxyde** **n. m.** *La rouille est un oxyde de fer,* une substance composée de fer et d'oxygène. *Les voitures dégagent de l'oxyde de carbone,* un gaz composé de carbone et d'oxygène.

► s'**oxyder** **v.** (conjug. 1) S'abîmer au contact de l'oxygène de l'air en se recouvrant d'une couche d'oxyde. *L'argent noircit en s'oxydant.*

► **oxydation** **n. f.** *La rouille est le résultat de l'oxydation du fer.*

**oxygène** **n. m.** Gaz invisible et inodore que l'on trouve dans l'air. *L'oxygène est indispensable à la vie.*

► **oxygéné** **adj.** *Elle s'éclaircit les cheveux avec de l'eau oxygénée,* un liquide contenant beaucoup d'oxygène.

**ozone** **n. m.** Gaz bleu et odorant qui se forme dans l'air et protège des rayons du soleil.

# P

**pacha** n. m. Gouverneur de province dans l'ancien Empire turc. — *Alex aime faire le pacha,* il aime se faire servir.

**pachyderme** n. m. Gros animal à la peau épaisse. *Les éléphants, les rhinocéros et les hippopotames sont des pachydermes.*

**pacifier** v. (conjug. 7) Ramener la paix. *L'armée a pacifié le pays, après plusieurs années de guerre civile.*

▶ **pacifique** adj. **1.** Qui aime la paix, le calme. *Flora est une petite fille pacifique.* → **tranquille.** || contr. **agressif, belliqueux** || **2.** *La France entretient des relations pacifiques avec ses voisins,* des relations qui se passent dans la paix.

▶ **pacifiste** n. m. et f. et adj. **1.** n. m. et f. Partisan de la paix. *C'est une pacifiste convaincue.* → aussi **non-violent. 2.** adj. *Une manifestation pacifiste,* c'est une manifestation pour la paix.

**pacotille** n. f. *Des bijoux de pacotille,* ce sont des bijoux qui n'ont aucune valeur. → **toc.**

**pacte** n. m. Accord. *Ces pays ont conclu un pacte.* → **alliance, traité.**

▶ **pactiser** v. (conjug. 1) Conclure un pacte, un accord. *Les ennemis ont fini par pactiser.*

**pactole** n. m. Source de grande richesse.

**paella** n. f. Plat espagnol composé de riz cuit avec du poisson, des crustacés, de la viande et des légumes.

**pagaie** [pagɛ] n. f. Petite rame à bout large et court, que l'on tient à deux mains. *On se sert d'une pagaie dans un canoë.*

▶ **pagayer** [pageje] v. (conjug. 8) Ramer avec une pagaie.

**pagaille** n. f. Grand désordre. *Toutes ses affaires sont en pagaille.* — On peut écrire aussi *pagaïe.*

**paganisme** n. m. Religion de ceux qui ne sont ni juifs, ni chrétiens, ni musulmans. → aussi **païen.**

① **page** n. m. Jeune noble au service d'un roi, d'un prince, d'un seigneur, d'une grande dame.

② **page** n. f. **1.** Chacun des deux côtés d'une feuille de papier. *Un livre de 500 pages. Ouvrez votre dictionnaire page 42.* **2.** Feuille de papier. *Anne a arraché une page de son cahier.* → **feuillet.** — *Il faut tourner la page,* oublier le passé, passer à autre chose. **3.** Passage d'une œuvre d'un écrivain ou d'un musicien. *Les plus belles pages de Victor Hugo.*

**pagne** n. m. Morceau de tissu qui se noue autour de la taille. *Les Tahitiennes portent des pagnes.*

**pagode** n. f. Temple consacré au culte de Bouddha. *Une pagode chinoise.*

pagode

**paie** → **paye**

**paiement** [pɛmɑ̃] n. m. Action de payer. *Il faut présenter une pièce d'identité pour tout paiement par chèque.* → **règlement.** — On écrit aussi *payement* [pɛjmɑ̃].

**païen** adj. Qui est d'une religion autre que juive, chrétienne ou musulmane, ou qui est sans religion. → aussi **paganisme.** *Les missionnaires partirent évangéliser les peuples païens.* — N. *Une païenne.*

① **paillasse** n. f. Partie plate d'un évier, à côté de la cuve. *La vaisselle s'égoutte sur la paillasse.*

② **paillasse** n. f. Matelas rempli de paille. *Le clochard dormait sur une paillasse.*

▸ **paillasson** n. m. Petit tapis épais et rugueux placé devant le seuil d'une maison pour s'essuyer les pieds.

**paille** n. f. **1.** *La paille sert de litière aux vaches,* les tiges des céréales une fois séparées du grain. — *Ils ont été ruinés et sont maintenant sur la paille,* ils sont dans la misère. **2.** Petit tuyau servant à boire en aspirant. *Alex boit sa grenadine avec une paille.*

▸ **paillé** adj. *Une chaise paillée,* c'est une chaise garnie de paille.

▸ **paillote** n. f. Hutte, case de paille. ⋙ planche Habitations. *Ces tribus vivaient dans des paillotes.* ▷ EMPAILLER, ② PAILLASSE, PAILLASSON, REMPAILLER.

**paillette** n. f. Petite lamelle de matière brillante. *Elle a mis sa robe à paillettes pour le réveillon.*

▸ **pailleté** adj. Orné de paillettes. *Une robe pailletée.*

**pain** n. m. **1.** Aliment à base de farine, d'eau et de levain, cuit au four. *On achète du pain à la boulangerie.* — *Luc a du pain sur la planche,* il a beaucoup de travail. **2.** Sorte de gâteau. *Flora mange un pain au chocolat pour son goûter. Yves aime beaucoup le pain d'épice,* un gâteau fait avec de la farine de seigle, du miel et du sucre. ◊ homonyme : pin. ▷ GAGNE-PAIN, GRILLE-PAIN.

① **pair** n. m. **1.** *Le chevalier traître fut jugé par ses pairs,* par ses égaux, des hommes du même rang que lui. **2.** *C'est un cuisinier hors pair,* sans égal. **3.** *Sa peur va de pair avec sa lâcheté,* elles vont ensemble. **4.** *Ils emploient une jeune fille au pair,* une jeune fille qu'ils logent et qu'ils nourrissent en échange du travail qu'elle fait dans la maison. ◊ homonymes : paire, père.

② **pair** **adj.** *2, 4, 12, 54 sont des nombres pairs,* divisibles par 2. ▷ ② IMPAIR.

**paire** **n. f. 1.** Ensemble de deux choses semblables allant par deux. *Une paire de chaussures.* **2.** Objet formé de deux parties symétriques. *Une paire de ciseaux.* ◊ homonymes : ① et ② pair, père.

**paître** **v.** (conjug. 57 ; n'est pas conjugué au passé simple ni aux temps composés) Manger de l'herbe. → **brouter.** *Les vaches paissaient dans le grand pré.* ▷ se REPAÎTRE, REPU.

**paix** **n. f. 1.** Absence de conflit. *La vie est plus agréable en temps de paix.* || contr. **guerre** || *Les partisans de la paix dans le monde ont manifesté.* → aussi **pacifiste. 2.** Traité qui fait cesser une guerre. *Les deux pays ont signé la paix.* **3.** Calme. *Elle préfère la paix de la campagne à l'agitation de la ville.* → **tranquillité.** *Il débranche le téléphone pour avoir la paix,* pour qu'on le laisse tranquille. ◊ homonymes : paie, pet.

▶ **paisible** **adj.** Calme, tranquille. *Anne est d'un naturel paisible.* → **pacifique.** || contr. **agressif** || *Cette île est un endroit paisible.*

▶ **paisiblement** **adv.** *Le bébé dormait paisiblement,* d'une manière calme. ▷ APAISANT, APAISEMENT, APAISER.

**palabre** **n. f.** Discussion très longue sans aucun intérêt. *Assez de palabres, il faut prendre une décision.*

▶ **palabrer** **v.** (conjug. 1) Discuter sans fin. *Les conseillers municipaux ont palabré la moitié de la nuit.*

**palace** **n. m.** Hôtel de luxe.

① **palais** **n. m. 1.** Grand château somptueux. *La reine d'Angleterre habite le palais de Buckingham, à Londres.* **2.** *Le palais de justice,* c'est le bâtiment où siègent les tribunaux. ◊ homonyme : palet.

② **palais** **n. m.** Partie supérieure de l'intérieur de la bouche. *Luc s'est brûlé le palais en mangeant sa soupe.*

**palan** **n. m.** Appareil qui peut soulever et déplacer de très lourdes charges au bout d'un câble.

**pale** **n. f.** Partie plate d'une hélice. *Les pales du ventilateur brassent de l'air en tournant.* ◊ homonyme : pâle. ▷ PALET, PALETTE.

**pâle** **adj. 1.** *Yves était tout pâle,* son visage avait perdu ses couleurs, était presque blanc. **2.** *Des couleurs pâles,* ce sont des couleurs claires. *Des chaussettes vert pâle.* || contr. **vif** || ◊ homonyme : pale. ▷ PÂLEUR, PÂLICHON, PÂLIR, PÂLOT.

**palefrenier** **n. m.** Personne dont le métier est de s'occuper des chevaux.

**paléontologie** **n. f.** Science qui étudie les êtres vivants de l'époque préhistorique.

**palet** **n. m.** Petit objet plat et rond que l'on lance. *Flora joue à la marelle avec un palet.* ◊ homonymes : ① et ② palais.

**palette** **n. f.** Plaque sur laquelle on étale et mélange ses couleurs pour peindre. *Le peintre s'est installé dehors avec son chevalet et sa palette.*

**palétuvier** **n. m.** Grand arbre des régions tropicales dont les racines sont en partie aériennes.

**pâleur** **n. f.** *Le malade est d'une pâleur cadavérique,* il est très pâle.

**pâlichon** **adj.** Un peu pâle. → **pâlot.** *Anne est pâlichonne ce matin.*

**palier** **n. m. 1.** Plate-forme située entre deux séries de marches d'un escalier. → **étage.** *Elle est amie avec ses voisins de palier,* avec les personnes dont l'appartement donne sur le même palier que le sien. **2.** *La maladie évolue par paliers,* en s'arrêtant de temps en temps. ◇ homonyme : pallier.

**pâlir** **v.** (conjug. 2) **1.** Devenir pâle. *Il a pâli de colère.* || contr. **rougir** || **2.** Perdre son éclat, sa couleur. *Les rideaux foncés pâlissent au soleil.*

**palissade** **n. f.** Clôture faite de planches. *Une palissade empêche les curieux d'entrer dans le chantier.*

**palissandre** **n. m.** Bois très dur d'une couleur violacée, nuancée de noir et de jaune, qui vient de Madagascar et d'Amérique tropicale. *Une armoire en palissandre.*

**pallier** **v.** (conjug. 7) *Yves suit des cours particuliers pour pallier ses insuffisances en mathématiques,* pour les compenser, y remédier. ◇ homonyme : palier.

▸ **palliatif** **n. m.** Mesure insuffisante qui n'a qu'un effet passager. *Ce n'est pas la solution, ce n'est qu'un palliatif.*

**palmarès** **n. m.** Liste des personnes qui ont remporté un prix. *Le nom de cet acteur figure au palmarès du festival.*

**palme** **n. f. 1.** Feuille de palmier. *Les palmes poussent en bouquet au sommet du tronc.* **2.** Symbole de la victoire. *Ce film a remporté la palme d'or.* **3.** Chaussure de caoutchouc ressemblant à une nageoire, que l'on utilise pour nager plus vite ou pour nager sous l'eau. *Mets ton masque, ton tuba et tes palmes et plonge !*

▸ **palmé** **adj.** *Le canard a des pattes palmées,* des pattes dont les doigts sont réunis par une membrane.

▸ **palmeraie** **n. f.** Plantation de palmiers.

▸ **palmier** **n. m.** Arbre des régions chaudes qui porte de grandes feuilles en éventail à son sommet. *Les dattiers et les cocotiers sont des palmiers.*

**palmipède** **adj.** *Un oiseau palmipède,* c'est un oiseau qui a les pieds palmés. — **N. m.** *Le cygne, la mouette, l'oie sont des palmipèdes.*

**palombe** **n. f.** Pigeon sauvage du sud-ouest de la France. → **ramier.** *On chasse la palombe dans les Landes.*

**pâlot** **adj.** Un peu pâle. → **pâlichon.** *Flora était pâlotte après sa grippe.*

**palourde** **n. f.** Coquillage ovale, gris ou beige. *Nous avons mangé des palourdes farcies.*

**palper** **v.** (conjug. 1) Examiner en tâtant. *Le médecin palpe le ventre du malade.*

**palpiter** **v.** (conjug. 1) *Son cœur palpitait de joie,* il battait très fort.

▸ **palpitant** **adj.** Très intéressant. → **passionnant.** *Mamie raconte une histoire palpitante.*

▸ **palpitation** **n. f.** Battement trop rapide du cœur. *Le café peut provoquer des palpitations.*

**paludisme** **n. m.** Maladie provoquée par la piqûre de certains moustiques des pays chauds, qui donne de fortes fièvres. *Il a eu une crise de paludisme à son retour d'Afrique.* → **malaria.**

se **pâmer** **v.** (conjug. 1) Être comme paralysé par une sensation très agréable. *Julie s'est pâmée d'admiration devant son cadeau.* → s' **extasier.**

**pampa** **n. f.** Grande plaine, en Amérique du Sud. *On élève de grands troupeaux dans les pampas d'Argentine.*

**pamphlet** [pɑ̃flɛ] **n. m.** Texte écrit contre les institutions ou contre une personne connue. *Un député de l'opposition a écrit un pamphlet contre le gouvernement.*

**pamplemousse** **n. m.** Gros fruit rond et jaune au goût acide. ⤞ illustration Agrumes. *Du jus de pamplemousse.*

**pan** **n. m. 1.** Partie flottante d'un vêtement. *Le chien a tiré le pan de l'imperméable avec ses dents.* **2.** *Il reste un pan de mur à peindre,* un morceau de mur. ◊ homonyme : paon. ▷ PANNEAU.

**panacée** **n. f.** Remède qui guérit tout, moyen qui résout tous les problèmes. *Les somnifères ne sont pas une panacée.*

**panache** **n. m. 1.** Bouquet de plumes ornant une coiffure. *Les chevaliers portaient un panache à leur casque.* **2.** *Les militaires avaient du panache dans leurs uniformes rutilants,* ils avaient fière allure.

**panaché** **adj.** et **n. m. 1. adj.** Formé de plusieurs choses différentes. *Une glace panachée vanille-fraise.* **2. n. m.** Boisson faite d'un mélange de bière et de limonade.

**panaris** [panaʀi] **n. m.** Bouton rempli de pus, près d'un ongle. → aussi **abcès.**

**pancarte** **n. f.** Écriteau sur lequel une indication est inscrite. *Devant la maison en construction, il y a une pancarte : « chantier interdit au public ».*

**pancréas** [pɑ̃kʀeɑs] **n. m.** Glande allongée, située derrière l'estomac, qui fait partie de l'appareil digestif.

**panda** **n. m.** Gros animal noir et blanc, aux yeux entourés de taches noires, qui ressemble à un ours et vit en Chine et au Tibet. *Les pandas se nourrissent de pousses de bambou.*

**panda**

**pané** **adj.** Recouvert de miettes de pain, de chapelure. *Il y avait des escalopes panées à la cantine.*

**panégyrique** **n. m.** *Faire le panégyrique de quelqu'un,* c'est dire beaucoup de bien de lui. → **éloge.**

**panier** **n. m. 1.** Sac, souvent en osier, à une ou deux anses. → aussi **corbeille.** *Elle prend son panier pour aller faire les courses.* → **cabas.** *Ces vieux papiers sont à mettre au panier,* à jeter. **2.** *Un* *panier à salade,* c'est un récipient métallique qui sert à égoutter la salade. **3.** Filet ouvert fixé à un panneau dans lequel on doit envoyer le ballon au basket. *Le joueur a fait un panier,* il a marqué un but.

**panique** **n. f.** Grande peur, souvent collective. *Les passants ont été pris de panique en voyant l'incendie.* → **affolement.**

▶ **paniquer** **v.** (conjug. 1) Familier. Avoir peur. → s'**affoler.** *Ne paniquez pas, les pompiers vont arriver.*

**panne** **n. f.** Arrêt anormal du fonctionnement d'un mécanisme, d'un moteur. *Sa voiture est tombée en panne. Il y a eu une panne d'électricité,* une coupure accidentelle de courant. ▷ DÉPANNAGE, DÉPANNER, DÉPANNEUR, DÉPANNEUSE.

**panneau** **n. m. 1.** Plaque portant des inscriptions. *Ce panneau de signalisation, au bord de la route, indique la vitesse à ne pas dépasser.* **2.** Surface plane entourée d'une bordure. *Une porte est un panneau mobile.* — **Au pl.** *Des panneaux.*

**panonceau** **n. m.** Petit panneau. → **pancarte.** — **Au pl.** *Des panonceaux.*

**panoplie** **n. f.** Déguisement avec tous les accessoires. *Pour Noël, Anne a eu une panoplie d'infirmière.*

**panorama** **n. m.** Paysage que l'on voit tout autour de soi. *Il y a un très beau panorama du haut de la colline.*

▶ **panoramique** **adj.** *Du haut de la tour Eiffel, on a une vue panoramique de Paris,* une vue d'ensemble.

**panosse** **n. f.** Ce mot est employé en Suisse. Serpillière.

**panse** **n. f.** Première poche de l'estomac des ruminants.

**panser** **v.** (conjug. 1) **1.** Soigner en faisant un pansement. *L'infirmière a pansé la blessure d'Yves.* **2.** Donner des soins de propreté à un cheval. *Le garçon d'écurie pansait la jument.* ◊ homonymes : ① et ② pensée, penser.

▶ **pansement** **n. m.** Ce que l'on met sur une blessure pour la protéger (coton, compresse, gaze, bande, sparadrap). *Luc met un pansement adhésif sur sa coupure.*

**pantalon** **n. m.** Culotte longue. *Hier, Julie était en pantalon.*

**panthère** **n. f.** Animal féroce au pelage jaune tacheté de noir ou tout noir, de la famille des félins, qui vit en Afrique et en Asie. → aussi **léopard** et **jaguar.** ⋙ planche Félins.

**pantin** **n. m.** Marionnette articulée. *Pinocchio était un pantin de bois.*

**pantois** **adj.** Très étonné. → **stupéfait.** *Leur sans-gêne nous a laissés pantois.*

**pantomime** **n. f.** Pièce de théâtre mimée, sans paroles.

**pantoufle** **n. f.** Chaussure d'intérieur, que l'on met pour rester chez soi. → **chausson.** *Mets ta chemise de nuit et tes pantoufles.*

▶ **pantouflard** **adj.** Familier. *Elle est très pantouflarde,* elle aime bien rester chez elle, ne rien changer à ses habitudes. → **casanier.**

**paon** [pɑ̃] **n. m.** Grand oiseau vert et bleu dont le mâle a une longue queue qu'il peut redresser et étaler comme un éventail. ⤜ planche Oiseaux. *Regarde ce paon qui fait la roue.* ◊ homonyme : pan.

paon

**papa** n. m. Nom affectueux que l'on donne à son père. *Bonne nuit, papa ! Où sont ton papa et ta maman ?*

**papaye** [papaj] n. f. Fruit des pays chauds, ressemblant à un gros melon allongé, à la chair rouge orangé. ⤜ planche Fruits exotiques. *Un sorbet à la papaye.*

**pape** n. m. Chef de l'Église catholique. → aussi **pontife.** *Le pape est élu par les cardinaux.*

▶ **papal** adj. Du pape. *La résidence papale est le palais du Vatican, à Rome.* → **pontifical.** — Au masc. pl. *papaux.*

▶ **papauté** n. f. Fonction de pape, temps pendant lequel un pape est en fonction. → **pontificat.** *L'histoire de la papauté,* du gouvernement de tous les papes.

**paperasse** n. f. Papier que l'on considère comme inutile, sans intérêt, sans valeur et prenant trop de place. *J'ai jeté toutes ces paperasses qui m'encombraient.*

▶ **paperasserie** n. f. Accumulation de papiers sans intérêt.

**papetier** n. m., **papetière** n. f. Personne qui tient une papeterie.

▶ **papeterie** [papɛtʀi] n. f. Magasin où l'on vend tout ce qui est nécessaire pour écrire et dessiner, les fournitures pour l'école et le bureau. *Julie a acheté des cahiers et des enveloppes à la papeterie.*

**papi** n. m. Nom affectueux que l'on donne à son grand-père. *Bonjour papi et mamie !*

**papier** n. m. **1.** Feuille fabriquée à partir de végétaux réduits en pâte et séchés, servant à écrire et à emballer. *Le papier à cigarettes est très fin.* **2.** Document. *Le policier lui a demandé ses papiers d'identité,* des documents écrits prouvant son identité (carte d'identité, passeport, permis de conduire). **3.** Feuille très mince qui sert à envelopper. *Elle met le reste de viande dans du papier d'aluminium.*
▷ COUPE-PAPIER, PRESSE-PAPIERS.

**papille** n. f. *La langue est recouverte de papilles,* de petits points en relief qui permettent de sentir le goût des aliments.

**papillon** n. m. **1.** Insecte aux grandes ailes colorées. → aussi **chenille** et **chrysalide.** *Luc a un filet à papillons.* **2.** *Un nœud papillon,* c'est un nœud plat que l'on passe sous le col d'une chemise en guise de cravate.

**papillote** n. f. Morceau de papier qui sert à envelopper des aliments pour les faire cuire au four. *Le cuisinier a fait des rougets en papillotes.*

# PAPILLONS

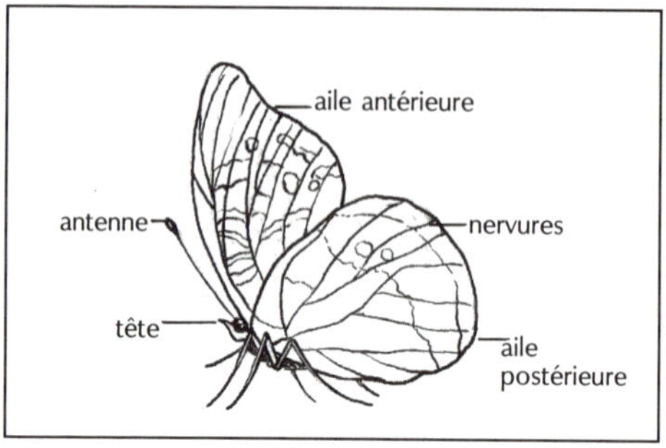

gamma

petit
paon de nuit

argus
d'Eugène

proserpine

zygène

safrané

cuivré
écarlate

sphinx
tête-de-mort

azuré du
serpolet

paon de jour

vulcain

faux apollon

morio

grand mars

monarque

pacha à deux queues

machaon

**papilloter** v. (conjug. 1) *Ses yeux papillotent,* ils s'ouvrent et se ferment très vite. → **cligner.**

**papoter** v. (conjug. 1) Bavarder, dire des choses sans grand intérêt. *Elle papote avec sa voisine.*

**paprika** n. m. Piment en poudre. *Elle a fait du bœuf au paprika.*

**papyrus** n. m. 1. Plante qui pousse au bord du Nil, dont la tige servait aux anciens Égyptiens à fabriquer des feuilles pour écrire. *Des papyrus en pot.* 2. Manuscrit écrit sur papyrus. *Les plus anciens papyrus datent de 3 000 ans avant Jésus-Christ.*

papyrus

**pâque** n. f. Fête juive qui commémore le départ des Juifs d'Égypte. ◊ homonyme : Pâques.

**paquebot** n. m. Grand bateau. ⋙ planche Bateaux. *Ils ont fait une croisière aux Antilles sur un paquebot.*

**pâquerette** n. f. Petite marguerite blanche et rose à cœur jaune, qui pousse au printemps. *La pelouse était couverte de pâquerettes.*

**Pâques** n. f. pl. et n. m. 1. n. f. pl. Fête chrétienne qui commémore la résurrection du Christ. *Joyeuses Pâques !* 2. n. m. Le jour de Pâques. *Pâques est toujours un dimanche.* ◊ homonyme : pâque.

**paquet** n. m. 1. Objet enveloppé dans un emballage. *Le facteur a apporté un paquet.* → **colis.** 2. *J'ai acheté un paquet de café,* du café dans un emballage de papier ou de carton. 3. Grande quantité. *Des paquets de mer,* ce sont de grosses vagues. ▷ DÉPAQUETER, EMPAQUETER.

**par** prép. 1. Indique le lieu. *Flora regarde par la fenêtre. Nous passerons par Pau.* 2. Indique le temps. *Ils sont partis par un beau matin d'été.* 3. Indique la fréquence. *Il prend ce médicament trois fois par jour.* 4. Indique le moyen, la manière. *Il est venu par le train. Répondez par oui ou par non.* 5. Introduit un complément d'agent. *Luc a été interrogé par la maîtresse.* ◊ homonyme : part. ▷ PARCE QUE, PAR-DELÀ, PARDESSUS, PARFOIS, PARSEMÉ, PARTERRE, PARTOUT, PASSE-PARTOUT.

**parabole** n. f. Récit de l'Évangile qui contient un enseignement et sert d'exemple.

**parachever** v. (conjug. 5) Terminer avec soin. *Elle parachève son gâteau en le décorant avec des fruits confits.*

**parachute** n. m. Objet formé d'un grand morceau de tissu qui, en se déployant, ralentit la chute d'une personne qui saute d'un avion en vol. *Le pilote de l'avion en flammes a sauté en parachute.*

► **parachuter** v. (conjug. 1) Lâcher en parachute. *L'avion a parachuté les soldats près des lignes ennemies.*

► **parachutisme** n. m. Sport qui consiste à sauter en parachute. → aussi **parapente.**

► **parachutiste** n. m. et f. Personne qui fait du parachutisme.

① **parade** **n. f.** Manière d'éviter un coup, de le parer. → **défense.** *Le catcheur a trouvé la parade à l'attaque de son adversaire.*

② **parade** **n. f. 1.** Défilé militaire où les soldats sont en grande tenue. → ② **revue.** *La parade du 14 Juillet.* **2.** *Il a mis son habit de parade,* son plus bel habit qu'il porte pour une occasion importante.

▶ **parader** **v.** (conjug. 1) Se montrer en se faisant remarquer. → se **pavaner.** *Anne parade avec sa nouvelle robe devant ses amies.*

**paradis** **n. m. 1.** Lieu de bonheur où les chrétiens pensent que vont les âmes de ceux qui l'ont mérité. → **ciel.** || contr. **enfer** || **2.** Endroit très agréable. *Cette île déserte est un paradis !*

▶ **paradisiaque** **adj.** *Cette région est paradisiaque,* très belle et très agréable. → **délicieux, enchanteur.**

**paradoxe** **n. m.** Opinion qui s'oppose à ce que pensent généralement la plupart des gens. *Il a le goût du paradoxe.*

▶ **paradoxal** **adj.** Bizarre et contradictoire. *C'est paradoxal de passer ses vacances à la mer et de préférer la montagne.* — **Au masc. pl.** *paradoxaux.*

**parafe** → **paraphe**

**paraffine** **n. f.** Matière blanche, solide, tirée du pétrole. *La paraffine sert à fabriquer les bougies.*

**parages** **n. m. pl.** *J'entends miauler, le chat doit être dans les parages,* dans les environs.

**paragraphe** **n. m.** Morceau de texte qui commence et finit par un passage à la ligne. *Lisez les deux premiers paragraphes du chapitre.*

**paraître** **v.** (conjug. 57) **1.** Se montrer. *Un sourire parut sur ses lèvres.* → **apparaître.** **2.** Être édité, mis en vente. *Son prochain roman doit paraître dans un an. Cette revue paraît une fois par mois.* **3.** Avoir l'air. → **sembler.** *Julie paraissait contente de ses cadeaux. Mon père paraît jeune,* il fait jeune. **4.** *Il paraît que Luc va redoubler sa classe,* on le dit. ▷ APPARAÎTRE, COMPARAÎTRE, DISPARAÎTRE, DISPARU, PARUTION, RÉAPPARAÎTRE, REPARAÎTRE, TRANSPARAÎTRE.

**parallèle** **adj., n. f.** et **m.**

▭ **adj.** *Ces deux rues sont parallèles,* elles vont dans la même direction et ne se coupent jamais. *La rue Carnot est parallèle à la rue Danton.*

▭ **n. f.** *Des parallèles,* ce sont des lignes qui sont toujours à égale distance l'une de l'autre, vont dans la même direction et ne se coupent jamais. ⋙ planche Géométrie.

▭ **n. m. 1.** Cercle imaginaire parallèle à l'équateur. → aussi **tropique.** *Montréal et Milan sont sur le même parallèle,* ces villes sont à la même latitude. → aussi **méridien.** **2.** Comparaison. *On peut faire un parallèle entre ces deux événements.*

▶ **parallèlement** **adv.** En même temps. *Il travaille dans un garage et continue ses études parallèlement.*

▶ **parallélépipède** **n. m.** Objet qui a six faces parallèles deux à deux. *Une boîte à chaussures est un parallélépipède.*

▶ **parallélisme** **n. m.** *Il fait vérifier le parallélisme des roues de sa voiture,* que les roues sont bien parallèles.

▶ **parallélogramme** **n. m.** Figure géométrique qui a quatre côtés parallèles deux à deux. *Un losange et un carré sont des parallélogrammes.*

**paralyser** v. (conjug. 1) 1. *Être paralysé,* c'est ne plus pouvoir bouger son corps ou une partie de son corps, à la suite d'une maladie ou d'un accident. *Il est paralysé des deux jambes.* 2. Rendre incapable de bouger, de réagir. *La peur la paralysait.* 3. Empêcher de fonctionner. *Une grève paralyse l'usine.*

▸ **paralysé** adj. Incapable de bouger. *Il a les jambes paralysées.* — N. Infirme atteint de paralysie. → **paralytique.**

▸ **paralysie** n. f. Incapacité de bouger le corps ou une partie du corps, à la suite d'une maladie ou d'un accident. *Il est atteint d'une paralysie des membres inférieurs.*

▸ **paralytique** n. m. et f. Personne qui, à la suite d'un accident ou d'une maladie, ne peut plus bouger. → **paralysé.**

**parapente** n. m. Sport qui consiste à se jeter du haut d'une falaise ou d'une montagne avec un parachute rectangulaire. → aussi **deltaplane.**

**parapet** n. m. Petit mur qui empêche de tomber. *Le parapet d'un pont.*

**paraphe** n. m. Signature simple. *Le médecin met son paraphe au bas de l'ordonnance.* — On peut écrire aussi *parafe.*

**parapluie** n. m. Objet portatif formé d'un tissu imperméable et d'un manche, qui sert à se protéger de la pluie. → aussi **baleine.** *Ouvre ton parapluie, il commence à pleuvoir.*

**parasite** n. m. 1. Être qui vit sur ou dans le corps d'un autre et en tire sa nourriture. *Le pou est un parasite de l'homme.* — Adj. *Le ténia est un ver parasite.* 2. Personne qui vit aux dépens des autres. → **pique-assiette.** 3. *Des parasites,* ce sont des bruits qui perturbent les émissions de radio ou de télévision.

**parasol** n. m. Objet ressemblant à un grand parapluie qui protège du soleil. *Ne reste pas au soleil, viens sous le parasol !*

**paratonnerre** n. m. Tige de fer, fixée au toit et reliée au sol, qui protège des effets de la foudre. *Un paratonnerre a été installé sur le clocher de l'église.*

**paravent** n. m. Suite de panneaux articulés qui sert à isoler ou à protéger des courants d'air. *Dans sa chambre, Alex a un lavabo caché par un paravent.*

paravent

**parc** n. m. 1. Grand jardin. *Ils se sont promenés dans le parc du château.* 2. *Un parc naturel,* c'est une zone où la végétation et les animaux sont protégés. *Le parc des Pyrénées.* 3. *Un parc à huîtres,* c'est un bassin où l'on élève

des huîtres. **4.** *Un parc de stationnement,* c'est un terrain réservé au stationnement des voitures. → **parking.**
▷ PARCMÈTRE, PARQUER.

**parcelle** **n. f.** Très petite partie. *Les enfants cultivent une parcelle du jardin.*

**parce que** **conjonction.** Exprime la cause. *Je mange parce que j'ai faim.* → ① **car.**

**parchemin** **n. m.** Peau de mouton ou de chèvre spécialement préparée pour écrire dessus. *Au Moyen Âge, les moines écrivaient sur des parchemins.*

**parcimonie** **n. f.** *Anne donne ses bonbons avec parcimonie,* elle en donne peu.

**parcmètre** **n. m.** Appareil qui mesure le temps de stationnement payant pour les voitures. *Il a mis 10 francs dans le parcmètre.*

**parcourir** **v.** (conjug. 11) **1.** Aller partout. *Cet été, nous parcourrons l'Irlande,* nous irons d'un bout à l'autre de l'Irlande. **2.** *Il nous reste 100 kilomètres à parcourir,* il nous reste à effectuer cette distance. **3.** Lire rapidement. *Il a parcouru son journal avant le dîner.*

► **parcours** **n. m.** Trajet. *L'autobus a changé de parcours en raison des travaux.*

**par-delà** **prép.** *Par rapport à la France, l'Espagne est par-delà les Pyrénées,* de l'autre côté des Pyrénées.

**pardessus** **n. m.** Manteau d'homme. *Un pardessus en cachemire.*

**pardonner** **v.** (conjug. 1) **1.** *Pardonner quelque chose à quelqu'un,* c'est ne pas lui en vouloir, ne pas lui en tenir rigueur. *La maîtresse ne pardonne pas à Luc d'avoir été insolent.* **2.** Excuser. *Pardonnez-moi de vous déranger.*

► **pardon** **n. m. 1.** *Anne a demandé pardon à son père,* elle lui a dit qu'elle regrettait ce qu'elle avait fait et lui a demandé de l'excuser. **2.** Formule de politesse. *Pardon madame, pourriez-vous me dire l'heure ?* excusez-moi.

► **pardonnable** **adj.** Qui peut être pardonné. *C'est une erreur bien pardonnable.* ▷ IMPARDONNABLE.

**pare-balles** **adj. inv.** *Les policiers ont des gilets pare-balles,* des gilets qui protègent des balles.

**pare-brise** **n. m. inv.** Grande vitre à l'avant d'un véhicule, qui protège du vent, de la pluie et des poussières. — **Au pl.** *Des pare-brise.*

**pare-chocs** **n. m. inv.** Partie en métal ou en plastique placée à l'avant et à l'arrière d'un véhicule pour le protéger des chocs. *Les voitures roulaient pare-chocs contre pare-chocs,* très près les unes des autres.

**pare-feu** **n. m. inv.** Sorte de petit paravent que l'on met devant une cheminée pour empêcher les étincelles de sauter et de mettre le feu à la pièce. — **Au pl.** *Des pare-feu.*

**pareil** **adj.** et **n. m.,** **pareille** **adj.** et **n. f.**
▭ **adj. 1.** Semblable. → **identique.** *Leurs vélos sont pareils.* ‖ contr. **différent** ‖ **2.** De cette nature. *Je n'avais jamais eu une peur pareille.* → **tel.**
▭ **n. 1.** *Elle n'a pas sa pareille pour inventer des histoires,* elle est unique, personne n'est comme elle. **2. n. f.** *S'il m'accuse, je lui rendrai la pareille,* je lui ferai la même chose. ▷ DÉPAREILLÉ.

**parent** n. m., **parente** n. f. 1. *Les parents,* ce sont le père et la mère. *Les parents de Julie sont très sévères.* 2. Personne de la famille. *C'est un parent éloigné de mon mari.* → **cousin.**

► **parenté** n. f. Rapport existant entre les personnes d'une même famille. *Ils n'ont aucun lien de parenté.* ▷ APPARENTÉ, S'APPARENTER, ARRIÈRE-GRANDS-PARENTS, BEAUX-PARENTS, GRANDS-PARENTS.

**parenthèse** n. f. Chacun des deux signes de ponctuation qui encadrent un mot, un groupe de mots ou une phrase qu'il n'est pas indispensable de lire pour comprendre l'ensemble. *Dans la phrase « c'est sa sœur (jumelle) », le mot « jumelle » est mis entre parenthèses.*

**paréo** n. m. Grand morceau de tissu dans lequel on se drape. *Elle a mis un paréo par-dessus son maillot de bain.*

**parer** v. (conjug. 1) 1. *Le boxeur a paré le coup de son adversaire,* il l'a évité. 2. *Avec cet anorak, Flora est parée contre le froid,* elle en est protégée. 3. *Les sauveteurs ont paré au plus pressé,* ils ont d'abord fait face à ce qui était le plus urgent. ▷ IMPARABLE, ① PARADE, PARE-BALLES, PARE-BRISE, PARE-CHOCS, PARE-FEU.

se **parer** v. (conjug. 1) S'habiller avec recherche. *La princesse s'était parée de ses plus beaux atours.* ▷ APPARAT, DÉPARER, ② PARADE, PARADER, PARURE.

**paresse** n. f. Comportement d'une personne qui ne fait pas d'efforts, n'a pas envie de travailler, de se fatiguer. ǁ contr. **dynamisme, énergie** ǁ *Il est d'une grande paresse.*

► **paresseux** adj. et n. m. 1. adj. Qui ne fait pas d'efforts, aime ne rien faire. *Julie est très paresseuse, elle n'a pas fait ses devoirs.* — N. *Quelle paresseuse !* → **fainéant.** 2. n. m. Animal très lent qui vit dans les arbres des pays tropicaux. ⋙ planche Mammifères.

► **paresser** v. (conjug. 1) Rester sans rien faire. *Anne a paressé toute la matinée dans son lit.*

**parfait** adj. Sans défaut, aussi bien que possible. *Elle est d'une beauté parfaite.*

► **parfaitement** adv. *Flora savait ses leçons parfaitement,* très bien. *Ils sont parfaitement heureux,* totalement. ▷ ① IMPARFAIT.

**parfois** adv. De temps en temps, dans certains cas. → **quelquefois.** *Nous allons parfois au cinéma le dimanche.* ǁ contr. **jamais, toujours** ǁ *Elle est parfois gaie, parfois triste.* → **tantôt.**

**parfum** n. m. 1. Odeur agréable. *Le parfum des roses.* → **arôme.** 2. Produit liquide que l'on met sur soi pour sentir bon. *Elle s'est mis du parfum.* → aussi eau de **toilette.** 3. Goût. *À quel parfum veux-tu ta glace ?*

► **parfumer** v. (conjug. 1) 1. Remplir d'une odeur agréable. → **embaumer.** *La lavande parfume le linge.* 2. Mettre du parfum. *Anne parfume sa lettre. — Julie s'est parfumée.*

► **parfumé** adj. *Un gâteau parfumé au café,* c'est un gâteau dans lequel on a mis du café pour lui donner du goût. → **aromatisé.**

► **parfumerie** n. f. Magasin où l'on vend du parfum et des produits de beauté.

► **parfumeur** n. m., **parfumeuse** n. f. Personne qui tient une parfumerie.

**pari** n. m. Jeu dans lequel on s'engage à donner quelque chose à la personne qui a raison. *Anne et Luc ont fait un pari.*

▶ **parier** v. (conjug. 7) 1. Faire un pari. *Yves a parié un album de bandes dessinées avec Julie qu'il gagnerait la course.* 2. Affirmer en étant sûr d'avoir raison. *Je te parie que Luc va encore arriver en retard.*

▶ **parieur** n. m., **parieuse** n. f. Personne qui parie de l'argent sur les chevaux, aux courses. → **turfiste.**

**paria** n. m. Personne tenue à l'écart et méprisée par tout le monde. *Elle est traitée en paria par les habitants du village.*

**parjure** n. m. 1. Faux serment. *Le témoin a commis un parjure,* il a menti alors qu'il avait juré de dire la vérité. 2. Personne qui viole son serment.

**parka** n. f. ou m. Manteau court imperméable, muni d'une capuche. *Une* ou *un parka.*

**parking** [paʀkiŋ] n. m. Ce mot vient de l'anglais. Parc de stationnement pour les voitures. *Il a garé sa voiture dans un parking souterrain.*

**parlant** adj. 1. *Le premier film parlant date de 1927,* un film où l'on entend parler les acteurs. || contr. **muet** || 2. Qui n'a pas besoin d'être expliqué, commenté. *Les élections ont été un triomphe pour le maire, les chiffres sont parlants.*

**Parlement** n. m. Ensemble des personnes élues qui votent les lois. *Le Parlement français est constitué de l'Assemblée nationale et du Sénat.* → aussi **législatif.**

▶ **parlementaire** adj. et n. m. et f. 1. adj. Qui concerne le Parlement. *Les débats parlementaires.* 2. n. m. et f. Membre du Parlement. → **député, sénateur.** *Un parlementaire européen.*

**parlementer** v. (conjug. 1) Discuter avec l'adversaire pour se mettre d'accord. *Le ministre a parlementé avec le chef des rebelles.* → **négocier.**

**parler** v. (conjug. 1) 1. S'exprimer avec des mots. *Ma petite sœur n'a qu'un an, elle ne parle pas encore. Anne et Julie étaient en train de parler.* → **bavarder.** *Parlez-moi de vos projets,* dites-moi des choses à ce sujet. *De quoi parle ce livre ?* quelle en est l'histoire, que raconte-t-il ? 2. *Il parle l'anglais et l'allemand,* il peut s'exprimer dans ces langues. — *L'espagnol se parle en Argentine,* c'est la langue que l'on y emploie. 3. *Ils parlent de s'associer,* ils disent en avoir l'intention. 4. Avouer. *L'assassin a parlé : il a dénoncé ses complices.*

▶ **parleur** n. m. *Un beau parleur,* c'est une personne qui aime faire de belles phrases mais n'agit pas.

▶ **parloir** n. m. Salle où sont reçus les visiteurs dans un lycée, un couvent, une prison.

▶ **parlote** n. f. Conversation sans intérêt. *Elle fait la parlote avec sa voisine.* ▷ FRANC-PARLER, HAUT-PARLEUR, PARLANT, PARLEMENTER, POURPARLERS, REPARLER.

**parmesan** n. m. Fromage italien très dur. *Anne met du parmesan dans ses spaghettis.*

**parmi** prép. Au milieu de. *Luc s'est assis parmi les invités.*

**parodie** n. f. Imitation amusante. *Ils ont fait la parodie d'une tragédie de Racine.* → aussi **pastiche.**

▶ **parodier** v. (conjug. 7) Imiter une œuvre ou un auteur d'une manière comique. *Cet imitateur parodie les hommes politiques.*

**paroi** n. f. 1. Surface intérieure d'un récipient. *Du tartre s'est déposé sur les* *parois de la bouilloire.* **2.** Face verticale d'un rocher, d'une montagne, d'une falaise. *Les alpinistes ont escaladé la paroi rocheuse. Les parois de la caverne sont recouvertes de peintures préhistoriques.*

**paroisse** **n. f.** Territoire qui dépend d'un curé ou d'un pasteur. *Le curé de la paroisse a organisé une kermesse.*

▸ **paroissial** **adj.** De la paroisse. *La fête paroissiale.* **Au masc. pl.** *paroissiaux.*

▸ **paroissien** **n. m.,** **paroissienne** **n. f.** Personne qui dépend d'une paroisse. *L'abbé Jean a fait un sermon à ses paroissiens.* → **ouailles.**

**parole** **n. f. 1.** Possibilité de communiquer par le langage. *Les animaux ne sont pas doués de la parole,* ils ne peuvent pas parler. *Le directeur a pris la parole,* il s'est mis à parler. *Ne me coupe pas la parole !* ne m'interromps pas quand je parle ! **2.** Mot, phrase que l'on prononce. *Le président a eu une parole aimable pour chacun.* **3.** Texte. *Je me souviens de l'air de cette chanson, mais pas des paroles.* **4.** Promesse sur l'honneur. *Il m'a donné sa parole qu'il viendrait.*

▸ **parolier** **n. m.** Personne qui écrit des paroles de chansons. → **auteur.**
▷ PORTE-PAROLE.

**paroxysme** **n. m.** Le plus haut point. *La douleur a atteint son paroxysme.*

**parpaing** [paʀpɛ̃] **n. m.** Bloc de ciment ou de plâtre servant à construire des murs. → aussi **brique.** *Un mur en parpaings.*

**parquer** **v.** (conjug. 1) **1.** Mettre dans un terrain entouré d'une clôture. *Le fermier a parqué ses moutons.* **2.** *Il a parqué sa voiture,* il l'a garée dans un parc de stationnement.

**parquet** **n. m.** Sol recouvert de lattes de bois assemblées. → **plancher.** *Le parquet du salon est ciré.*

**parquet**

**parrain** **n. m.** Homme qui s'engage, le jour du baptême d'un enfant, à l'aider et à le protéger. *Mon parrain et ma marraine.* → aussi **filleul.**

**parricide** **n. m.** et **f. 1. n. m.** Meurtre de son père ou de sa mère. *Il a commis un parricide.* **2. n. m.** et **f.** Personne qui a tué son père ou sa mère. *La parricide a été arrêtée.*

**parsemé** **adj.** Couvert çà et là. *Un ciel parsemé d'étoiles. Une pelouse parsemée de pâquerettes.*

**part** **n. f. 1.** Morceau. *Coupe le gâteau en huit parts.* **2.** *Les enfants ont pris part aux préparatifs de la fête,* ils y ont participé. **3.** *Le directeur nous a fait part de sa décision,* il nous l'a annoncée. **4.** *Je viens vous voir de la part de Mme Dubois,* c'est elle qui m'envoie vous voir. **5.** *Il ne peut emmener son chien nulle part,* en aucun endroit. || contr. **partout** || *Ce restaurant est fermé, allons autre part,* ailleurs. *Je les ai déjà vus quelque part,* dans un lieu dont je ne me souviens plus. **6.** *Je n'irai pas chez eux : d'une part je suis fatigué et d'autre part je ne les aime pas,* d'abord je suis fatigué et puis aussi je ne les aime pas. **7.** *Pour sa part, Anne est contente,* en ce qui la concerne, personnellement. **8.** *À part Yves, tous les invités sont arrivés,* sauf Yves. *La maîtresse a pris Julie à part pour lui parler,* elle lui a parlé seule à seule. *Les baleines sont des mammifères à part,* un peu spéciaux, différents des autres. **9.** *Il y a des platanes de part et d'autre de la route,* de chaque côté. ◊ homonyme : par.

▸ **partage** **n. m.** Division en parts. → **répartition.** *Le notaire a fait le partage des meubles entre les héritiers.*

▸ **partager** **v.** (conjug. 3) **1.** Diviser en parts. *Mamie partage le gâteau en six. Yves a partagé son croissant avec Flora,* il lui en a donné un morceau. **2.** *Anne et sa sœur partagent la même chambre,* elles occupent la même chambre. *Je ne partageais pas son avis,* je n'étais pas du même avis que lui. *Nous partageons votre tristesse,* nous y prenons part. ▹ en APARTÉ, COMPARTIMENT, en CONTREPARTIE, DÉPARTAGER, FAIRE-PART, IMPARTIAL, IMPARTIALITÉ, INSÉPARABLE, PARCELLE, PARTI, PARTIAL, PARTIALITÉ, PARTICIPANT, PARTICIPATION, PARTICIPE, PARTICIPER, se PARTICULARISER, PARTICULARITÉ, PARTICULE, PARTICULIER, PARTICULIÈREMENT, ① et ② PARTIE, PARTIEL, PARTIELLEMENT, PARTISAN, PARTITION, la PLUPART, QUOTE-PART, RÉPARTIR, RÉPARTITION, SÉPARATION, SÉPARÉMENT, SÉPARER.

en **partance** **adv.** *L'avion en partance pour Londres,* celui qui va partir pour Londres, à destination de Londres.

**partant** **n. m.,** **partante** **n. f.** Concurrent au départ d'une course. *Il y a deux favoris parmi les vingt partants du tiercé.*

**partenaire** **n. m.** et **f.** Personne avec qui on est allié contre d'autres joueurs. *Il a remporté le tournoi de bridge avec sa partenaire.* || contr. **adversaire** ||.

**parterre** **n. m.** Partie d'un jardin ou d'un parc où l'on a planté des fleurs ou des arbustes de façon régulière. *Des parterres de bégonias.*

**parti** **n. m.** **1.** Organisation qui regroupe les personnes qui ont les mêmes opinions politiques. *Il appartient à un parti de gauche.* **2.** *Luc a pris le parti des filles,* il les a défendues. *Nous avons pris le parti d'en rire,* nous avons décidé qu'il valait mieux en rire, nous nous y sommes résignés. *Anne a un parti pris contre le latin,* elle a une idée préconçue contre le latin alors qu'elle n'en a jamais fait. → **préjugé.** *Il est de parti pris,* il a des idées toutes faites, il est partial. **3.** *Elle sait tirer parti de tous les vieux bouts de tissu,* elle sait les utiliser. ◊ homonymes : ① et ② partie.

▸ **partial** **adj.** Qui prend parti pour ou contre quelqu'un, sans souci de justice ni de vérité. *La maîtresse n'est pas partiale.* || contr. **impartial** || — **Au masc. pl.** *partiaux.*

▸ **partialité** **n. f.** Attitude d'une personne qui favorise ceux qu'elle préfère. *L'arbitre a été accusé de partialité.* || contr. **impartialité** ||.

**participer** **v.** (conjug. 1) Prendre part. *Les parents d'Alex ont participé à un jeu télévisé.*

▸ **participation** **n. f.** **1.** *La participation aux élections a été faible,* peu de gens ont voté. **2.** Collaboration. *Je vous remercie de votre participation.*

▸ **participant** **n. m.**, **participante** **n. f.** Personne qui prend part à quelque chose. *Tous les participants à la tombola gagneront un lot.*

▸ **participe** **n. m.** Forme du verbe. *« Parlant » est le participe présent du verbe parler, « parlé » est son participe passé.*

se **particulariser** **v.** (conjug. 1) Se distinguer des autres par quelque chose de spécial, de particulier. → se **singulariser.** *Julie s'est particularisée en ne venant pas à la fête.*

**particularité** **n. f.** Caractère qui rend différent, unique en son genre. → aussi **particulier.** *Le hibou a la particularité d'avoir une aigrette.*

**particule** **n. f. 1.** Très petit élément. *L'atome est constitué de particules.* **2.** Préposition *de,* ou *du,* placée devant un nom de famille souvent d'origine noble. *La comtesse de Ségur avait un nom à particule.*

**particulier** **adj.** et **n. m.**, **particulière** **adj.** et **n. f.**

▭ **adj. 1.** Qui ne ressemble à rien d'autre. → **propre, spécial.** *La lumière de l'aube est particulière.* ‖ contr. **ordinaire** ‖. **2.** Qui ne concerne qu'une personne ou qu'une chose. *Ceci est un cas particulier.* → **individuel.** *Ils ont chacun une chambre particulière.* → **personnel.** ‖ contr. **collectif** ‖ *Anne prend des cours particuliers de français,* des cours pour elle toute seule. *Ils se sont parlé en particulier,* seul à seul. **3.** *Julie est bonne en mathématiques, en particulier en géométrie,* spécialement en géométrie.

▭ **n. m.** et **f.** Personne seule, qui agit en son nom. *Elle a acheté sa voiture à un particulier.*

▸ **particulièrement** **adv. 1.** Surtout. → **spécialement.** *Luc aime le cinéma, particulièrement les films d'aventures.* **2.** D'une manière extraordinaire. *Il a particulièrement plu cet été,* beaucoup.

① **partie** **n. f. 1.** Morceau. *Mamie n'a raconté qu'une partie de l'histoire. Luc passe la plus grande partie de son temps à lire.* **2.** *Yves fait partie de la chorale,* il est au nombre de ses membres. **3.** Domaine particulier. *La cuisine, c'est sa partie.* → **spécialité.**
◊ homonyme : parti.

▸ **partiel** **adj.** Pas complet. *On n'a encore que les résultats partiels des élections.* — **Au fém.** *partielle.*

▸ **partiellement** **adv.** D'une manière incomplète. *Ils ont partiellement remboursé leur emprunt.* ‖ contr. **intégralement** ‖.

② **partie** **n. f. 1.** Personne engagée dans un procès. *L'avocat de la partie adverse.* **2.** *Prendre quelqu'un à partie,* c'est l'attaquer, l'insulter.

③ **partie** **n. f.** Durée d'un jeu jusqu'à ce qu'il y ait un gagnant. *Ils font une partie d'échecs.* → aussi **match.**

**partir** **v.** (conjug. 16) **1.** S'en aller, quitter un endroit. *Luc est parti à pied. Ils doivent partir pour Rome,* aller à Rome. *Anne part en vacances demain.* **2.** *L'affaire est mal partie,* elle a mal commencé. **3.** Être lancé. *Le coup de feu part quand on appuie sur la gâchette.* **4.** Disparaître. *Cette tache partira au lavage.* **5.** *La piscine est ouverte à partir de 9 heures,* dès ce moment. *Nous avons eu du brouillard à partir de Lille,* depuis cet endroit. ▷ DÉPART, en PARTANCE, PARTANT, REPARTIR.

**partisan** **n. m.**, **partisane** **n. f.** **1.** Personne qui prend parti. *Un partisan du socialisme.* || contr. **adversaire** || — **Adj.** *Ils sont partisans d'accepter.* **2. n. m.** Combattant qui n'appartient pas à l'armée régulière en temps de guerre. → **franc-tireur** et aussi **maquisard.** *Un groupe de partisans a attaqué le train.*

**partition** **n. f.** Morceau de musique écrite. *Le pianiste jouait sans partition,* de mémoire.

partition

**partout** **adv.** Dans tous les endroits. *J'ai cherché mes lunettes partout.* || contr. nulle **part** ||.

**parure** **n. f.** Ensemble de très beaux vêtements et de bijoux. *La princesse portait sa plus belle parure.*

**parution** **n. f.** Moment où un livre est publié. → **publication, sortie** et aussi **paraître.** *J'ai acheté ce roman le jour de sa parution.*

**parvenir** **v.** (conjug. 22) **1.** Arriver à destination. *Ma lettre ne lui est jamais parvenue.* **2.** Réussir. *Je suis si fatiguée que je ne parviens pas à me lever.* **3.** *Les tomates sont parvenues à maturité,* elles sont arrivées à maturité.

▶ **parvenu** **n. m.**, **parvenue** **n. f.** Personne qui est devenue riche rapidement et aime montrer qu'elle a beaucoup d'argent. *Ce sont des parvenus.*

**parvis** **n. m.** Place devant une église, une cathédrale. → aussi **esplanade.** *Les mariés ont été pris en photo sur le parvis de l'église.*

① **pas** **n. m.** **1.** Action de mettre un pied devant l'autre pour avancer. *Mon petit frère a fait ses premiers pas,* il a commencé à marcher. — *Faire les cent pas,* c'est attendre en marchant de long en large. **2.** Trace laissée par un pied humain. *J'ai vu des pas dans la neige. Anne est revenue sur ses pas pour regarder la vitrine.* **3.** Longueur d'un pas. *C'est à deux pas d'ici,* tout près. **4.** Façon de marcher. *Les soldats marchent au pas,* tous ensemble, au même rythme. *Alex marchait d'un bon pas,* il marchait vite. **5.** *Le pas de la porte,* c'est l'entrée d'une maison. → **seuil.** *Le chien s'est couché sur le pas de la porte.*

② **pas** **adv.** *Ne... pas* sert à exprimer la négation. → ③ **point.** *Il ne veut pas venir.* ▷ N'EST-CE PAS.

**passable** **adj.** Ni bon ni mauvais. → **moyen.** *Alex a des notes passables.*

**passage** **n. m.** **1.** *Savez-vous quelles sont les heures de passage de l'autobus ?* à quel moment il passe. *Luc est allé chez Julie et il a acheté du pain au passage,* en passant devant la boulangerie. *Elle est de passage à Bruxelles,* elle y fait un court séjour. **2.** *Yves a été* *reçu à son examen de passage,* un examen qui permet de passer dans la classe supérieure. **3.** Endroit où l'on peut passer. *Il a pris le passage souterrain. Le passage à niveau est fermé,* l'endroit où la route croise la voie ferrée. *Traverse au passage clouté !* **4.** Morceau d'un texte, d'un film, d'une chanson, etc. → **extrait.**

① **passager** **n. m.,** **passagère** **n. f.** Personne transportée à bord d'une voiture, d'un train, d'un avion, d'un bateau. *Bienvenue à nos passagers !*

② **passager** **adj.** Qui ne dure pas longtemps. → **court.** *Une douleur passagère.* || contr. **durable, tenace** ||.

① **passant** **n. m.,** **passante** **n. f.** Personne qui passe dans la rue. *Luc demande son chemin à un passant.* — **Adj.** *Une rue passante,* c'est une rue où passent beaucoup de gens.

② **passant** **n. m.** Lanière de tissu ou de cuir cousue verticalement sur un vêtement à l'endroit de la taille, afin d'y faire passer une ceinture.

**passe** **n. f. 1.** *Il a dit le mot de passe,* le mot secret qu'il faut savoir pour pouvoir passer. **2.** *Le footballeur fait une passe à son partenaire,* il lui passe le ballon. **3.** *Ce comédien est en passe de devenir célèbre,* il est sur le point de devenir célèbre. *Ils ont traversé une mauvaise passe,* une période de difficultés.

**passé** **n. m. 1.** Ce qui est arrivé avant maintenant. *Mamie évoque le passé avec son amie d'enfance.* **2.** *Les temps du passé,* ce sont les temps du verbe qui indiquent que l'action ou l'état exprimé par le verbe se situe dans le passé. *Le passé composé, le passé simple, l'imparfait et le plus-que-parfait sont des temps du passé.*

**passe-droit** **n. m.** Faveur accordée à quelqu'un, qui lui permet de faire quelque chose d'interdit. — **Au pl.** *Des passe-droits.*

**passe-montagne** **n. m.** Bonnet qui enveloppe complètement la tête et le cou en ne laissant voir que le visage. → **cagoule.** — **Au pl.** *Des passe-montagnes.*

**passe-partout** **n. m. inv.** Clé qui ouvre plusieurs serrures. *La femme de chambre de l'hôtel a un passe-partout.* — **Au pl.** *Des passe-partout.*

**passe-passe** **n. m. inv.** *Le prestidigitateur fait des tours de passe-passe,* il fait disparaître des objets et les fait réapparaître comme par magie.

**passeport** **n. m.** Pièce d'identité qui permet d'aller à l'étranger.

**passer** **v.** (conjug. 1) **1.** Avancer sans s'arrêter. *Les vaches regardent passer les trains.* **2.** Venir dans un lieu et y rester peu de temps. *Anne est passée me voir. Ils sont passés par l'Allemagne,* ils ont traversé ce pays. **3.** *Le café est en train de passer,* l'eau traverse le filtre. **4.** *Ce film passera à la télévision,* il sera projeté. **5.** Être accepté, admis. *Julie passe en CM1.* **6.** Aller. *Passons à table !* **7.** *Le temps passe vite,* il s'écoule vite. **8.** Disparaître. *La douleur va passer.* → **partir. 9.** *Alex a passé un examen,* il en a subi les épreuves. **10.** *Anne a passé la journée au lit,* elle est restée dans son lit. **11.** *La femme de ménage passe l'aspirateur,* elle l'utilise. **12.** Donner. *Passe-moi ton assiette.* **13.** *Le dessus-de-lit a passé,* sa couleur a perdu de son éclat.

► se **passer** **v. 1.** Se produire, avoir lieu. *L'histoire se passe en l'an 2000. Tout s'est bien passé.* **2.** *On peut se passer de vin*, on peut vivre sans vin, on n'en a pas besoin. ▷ DÉPASSÉ, DÉPASSEMENT, DÉPASSER, IMPASSE, LAISSEZ-PASSER, OUTREPASSER, ① PAS, PASSABLE, PASSAGE, ① et ② PASSAGER, ① et ② PASSANT, PASSE, PASSÉ, PASSE-DROIT, PASSE-MONTAGNE, PASSE-PARTOUT, PASSE-PASSE, PASSEPORT, PASSERELLE, PASSE-TEMPS, PASSEUR, PASSOIRE, REPASSAGE, ①, ② et ③ REPASSER, SURPASSER, TRÉPAS, TRÉPASSER.

**passereau** **n. m.** *Les passereaux*, ce sont des oiseaux de petite taille. *L'alouette, l'hirondelle, le moineau sont des passereaux.*

**passerelle** **n. f. 1.** Pont étroit réservé aux piétons. *Empruntez la passerelle pour traverser la voie ferrée.* **2.** Escalier qui permet d'accéder à un avion ou à un bateau. **3.** *Le commandant du bateau est sur la passerelle*, la plate-forme au-dessus des cabines.

**passe-temps** **n. m. inv.** Occupation agréable. *La lecture est son passe-temps favori.* — **Au pl.** *Des passe-temps.*

**passeur** **n. m.**, **passeuse** **n. f. 1.** Personne qui fait traverser une étendue d'eau quand il n'y a pas de pont. **2.** Personne qui fait traverser une frontière à des gens qui ne sont pas en règle.

**passible** **adj.** *Il est passible d'une amende*, il mérite d'avoir une amende.

**passif** **adj.** *Une personne passive*, c'est une personne qui ne réagit pas, manque d'énergie et d'initiative. || contr. **actif** ||. ▷ PASSIVEMENT, PASSIVITÉ.

① **passion** **n. f.** *Le fruit de la passion*, c'est le fruit d'une plante tropicale. ↠ planche Fruits exotiques. *Un sorbet aux fruits de la passion.*

② **passion** **n. f. 1.** Amour très fort. *Roméo et Juliette s'aimaient avec passion.* **2.** *Il a la passion des voyages*, il aime beaucoup voyager. *Le cinéma, c'est sa passion.*

► **passionner** **v.** (conjug. 1) Intéresser très vivement. *Le film a passionné les enfants.* → **captiver, enthousiasmer.** — *Yves se passionne pour les ours*, il s'y intéresse beaucoup.

► **passionnant** **adj.** Très intéressant. *Une histoire passionnante.* → **captivant, palpitant.** || contr. **ennuyeux** ||.

► **passionné** **n. m.**, **passionnée** **n. f.** Personne qui aime beaucoup quelque chose. *Alex est un passionné de ski.* → **fanatique.**

► **passionnel** **adj.** *Un crime passionnel*, c'est un crime provoqué par la jalousie ou le dépit d'une personne passionnément amoureuse. — **Au fém.** *passionnelle.*

► **passionnément** **adv.** *Ils s'aiment passionnément*, avec passion.

**passivement** **adv.** *Il se laissait faire passivement*, sans réagir.

**passivité** **n. f.** Caractère d'une personne qui subit les choses sans réagir. *Sa passivité est exaspérante.* → aussi **passif.**

**passoire** **n. f.** Récipient percé de trous qui laissent passer les liquides. *Elle égoutte les pâtes dans la passoire.*

**pastel** **n. m. 1.** Bâtonnet fait d'une pâte colorée et durcie, utilisé comme un crayon de couleur. *Le dessinateur a fait un portrait au pastel.* **2.** Œuvre faite au pastel. *Il a une collection de pastels.* **3. inv.** *Des couleurs pastel*, ce sont des couleurs douces et claires. *Des chaussettes bleu pastel.*

**pastèque** n. f. Gros fruit ovale à la peau lisse et verte et à la chair rose. *Des tranches de pastèque et de melon.*

pastèque

**pasteur** n. m. Personne qui dirige le culte dans la religion protestante. *Elle est pasteur.*

**pasteuriser** v. (conjug. 1) *Pasteuriser un liquide,* c'est le chauffer à haute température, puis le refroidir brusquement, pour détruire les microbes et augmenter sa durée de conservation. → aussi **stériliser.** — *Un litre de lait pasteurisé.*

**pastiche** n. m. Imitation du style et de la manière d'un écrivain, d'un artiste. → aussi **parodie.**

**pastille** n. f. 1. Petit bonbon rond et plat. *Des pastilles à l'anis.* 2. En Suisse. Cachet, comprimé.

**pastis** [pastis] n. m. Boisson alcoolisée à l'anis, que l'on prend à l'apéritif.

**patate** n. f. 1. *Une patate douce,* c'est la racine d'une plante des pays chauds, au goût sucré agréable. 2. Familier. Pomme de terre. *Deux kilos de patates.*

**pataud** adj. Maladroit et lourd dans ses mouvements. → **gauche.** *La petite panthère est encore pataude.*

**patauger** v. (conjug. 3) Marcher dans l'eau, la boue. *Les enfants aiment patauger dans les flaques.*

**patchwork** [patʃwœʀk] n. m. Ce mot vient de l'anglais. Assemblage de morceaux de tissus différents cousus les uns aux autres. *Un dessus-de-lit en patchwork.*

patchwork

**pâte** n. f. 1. Mélange plus ou moins épais, à base de farine, que l'on mange cuit. *De la pâte à tarte.* 2. *Les pâtes,* ce sont des morceaux de pâte de diverses formes que l'on mange après les avoir fait cuire dans de l'eau bouillante. → **macaroni, nouille, ravioli, spaghetti, vermicelle.** *Un gratin de pâtes.* 3. Mélange plus ou moins mou. *De la pâte à modeler. Des pâtes de fruits,* des friandises faites avec des fruits. ▷ EMPÂTÉ, PÂTÉE, PÂTEUX, PÂTISSERIE, PÂTISSIER.

**pâté** n. m. 1. Viande hachée et épicée, cuite dans une terrine, que l'on mange froide. *Une boîte de pâté pur porc.* **2.** *Anne et Flora habitent dans le même pâté de maisons,* dans un ensemble de maisons formant un bloc délimité par des rues. **3.** *Sur la plage, Julie fait des pâtés de sable,* elle moule du sable mouillé avec un seau. ◊ homonyme : pâtée.

**pâtée** **n. f.** Mélange épais dont on nourrit les animaux. *Le chien mange sa pâtée.* ◊ homonyme : pâté.

**patelin** **n. m.** Familier. Village. *Ils passent leurs vacances dans un petit patelin, en Normandie.* → fam. **bled.**

**patère** **n. f.** Crochet fixé à un mur qui sert à suspendre des vêtements. → **portemanteau.** *Il accroche son imperméable à la patère.*

**paternalisme** **n. m.** Attitude exagérément bienveillante, imitant celle d'un père envers ses enfants, qui n'est en fait qu'un moyen de dominer et de renforcer son autorité. *Ce patron traite ses employés avec paternalisme.*

**paternel** **adj.** Du père. *Ma grand-mère paternelle,* c'est la mère de mon père. → aussi **maternel.**

**paternité** **n. f.** **1.** Le fait d'être père d'un enfant. → aussi **maternité.** **2.** Le fait d'être l'auteur d'une œuvre, d'une idée. *Un savant américain revendique la paternité de cette invention.*

**pâteux** **adj.** *La sauce est pâteuse,* elle est trop épaisse, comme de la pâte.

**pathétique** **adj.** Émouvant et triste. → **bouleversant, poignant.** *Les rescapés racontaient le naufrage sur un ton pathétique.*

**pathologique** **adj.** *Son amaigrissement est pathologique,* il est dû à une maladie.

**patibulaire** **adj.** Sinistre et inquiétant. *Le bandit avait une mine patibulaire,* qui faisait peur.

① **patient** **adj.** Qui sait garder son calme et ne se décourage jamais. *Soyez patients, je reviens tout de suite.* || contr. **impatient** ||.

► **patiemment** [pasjamɑ̃] **adv.** Avec calme, sans s'énerver. *Elle attendait son tour, patiemment.* || contr. **impatiemment** ||.

► **patience** **n. f.** **1.** Qualité d'une personne qui reste calme, attend sans s'énerver, va jusqu'au bout de ce qu'elle a entrepris sans se décourager. || contr. **impatience** || *Je n'ai pas eu la patience de vous attendre. La maîtresse fait preuve de beaucoup de patience avec ses élèves.* **2.** *Les puzzles et les réussites sont des jeux de patience,* des jeux solitaires qui consistent à mettre en ordre tous les éléments de l'ensemble.

► **patienter** **v.** (conjug. 1) Attendre avec patience. *Veuillez patienter un instant.* || contr. s'**impatienter** || ▷ IMPATIEMMENT, IMPATIENCE, IMPATIENT, IMPATIENTER.

② **patient** **n. m.**, **patiente** **n. f.** Client d'un médecin. → aussi **malade.**

**patin** **n. m.** **1.** *Un patin à glace,* c'est une chaussure sous laquelle est fixée une lame qui permet de glisser sur la glace. *Luc fait du patin à glace,* il patine avec des patins à glace. **2.** *Un patin à roulettes,* c'est une semelle munie de petites roues qui permettent de se déplacer sur le sol en roulant. → **roller.** *Yves fait du patin à roulettes,* il patine avec des patins à roulettes.

► **patiner** **v.** (conjug. 1) **1.** Faire du patin à glace ou du patin à roulettes. *Les enfants patinaient sur le lac gelé.* **2.** *Les roues de la voiture patinent sur le ver-*

patineur

*glas,* elles tournent sans que la voiture avance.

► **patinage** **n. m.** Sport qui consiste à patiner. *Le championnat de patinage artistique.*

► **patineur** **n. m.**, **patineuse** **n. f.** Personne qui fait du patinage.

► **patinoire** **n. f.** Piste de glace aménagée pour faire du patin à glace.

► **patinette** **n. f.** Jouet composé d'une planche montée sur deux roues et d'un guidon. → **trottinette.**

**patine** **n. f.** Couleur et aspect que prennent certains objets en vieillissant. *La patine d'une vieille armoire.*

**patio** [patjo] **n. m.** Cour intérieure d'une maison de style espagnol. — **Au pl.** *Des patios.*

**pâtir** **v.** (conjug. 2) *Alex n'a pas trop pâti du divorce de ses parents,* il n'en a pas subi de conséquences trop fâcheuses. → **souffrir.**

**pâtisserie** **n. f. 1.** Gâteau. *Yves aime beaucoup les pâtisseries.* **2.** Magasin où l'on fabrique et vend des gâteaux. *Une boulangerie-pâtisserie.*

► **pâtissier** **n. m.**, **pâtissière** **n. f.** Personne qui fabrique et vend des gâteaux.

**patois** **n. m.** Langue particulière à une région. → aussi **dialecte.** *Dans ce village, les paysans parlent patois.*

**pâtre** **n. m.** Berger.

**patriarche** **n. m.** Homme le plus âgé d'une famille et considéré comme son chef.

**patrie** **n. f.** Pays auquel on appartient ou auquel on a le sentiment d'appartenir, parce que l'on y est né ou que l'on y vit. *Ces opposants politiques ont dû fuir leur patrie.*

▸ **patriote** n. m. et f. Personne qui aime sa patrie et le prouve par ses actes. *Une patriote.* — **Adj.** *Il est très patriote.*

▸ **patriotique** adj. *« La Marseillaise » est un chant patriotique,* un chant qui exprime l'amour de la patrie.

▸ **patriotisme** n. m. Amour de la patrie qui peut conduire à la défendre si elle est attaquée. *Il lutta contre l'envahisseur par patriotisme.* ▷ APATRIDE, COMPATRIOTE, S'EXPATRIER, RAPATRIEMENT, RAPATRIER.

**patrimoine** n. m. 1. Ensemble des biens dont on hérite de ses parents. → **héritage.** 2. Ensemble de toutes les richesses que nous ont laissées nos ancêtres. *Le château de Versailles fait partie du patrimoine artistique français.*

① **patron** n. m., **patronne** n. f. 1. Saint, sainte qui protège une ville, un pays, une église, une profession ou les personnes qui portent son nom. *Saint Yves est le patron des avocats.* 2. Personne qui dirige une entreprise, a des employés. → **chef.** *Le patron de l'usine a reçu les délégués du personnel.*

▸ **patronage** n. m. 1. Soutien apporté par une personne ou un organisme. *Le gala a été placé sous le haut patronage du président de la République.* 2. Organisation de loisirs pour les enfants. *Le mercredi, Julie va au patronage de la paroisse.*

▸ **patronal** adj. 1. *La fête patronale d'un village,* c'est la fête de son saint patron. 2. *Les syndicats patronaux,* ce sont les syndicats de patrons d'entreprise.

▸ **patronat** n. m. Ensemble des chefs d'entreprise.

▸ **patronner** v. (conjug. 1) Soutenir, donner sa protection. *Ce concert est patronné par une station de radio et une chaîne de télévision.*

② **patron** n. m. Modèle en papier qui représente, à leurs vraies dimensions, les différentes parties d'un vêtement et que l'on pose sur le tissu à découper. *Le patron d'une robe.*

**patrouille** n. f. Petit groupe chargé de surveiller. *Le cambrioleur a été arrêté par une patrouille de police. Des soldats sont partis en patrouille de reconnaissance.*

▸ **patrouiller** v. (conjug. 1) *Les douaniers patrouillaient le long de la frontière,* ils surveillaient en se déplaçant par petits groupes.

① **patte** n. f. 1. *Les pattes d'un animal,* ce sont ses membres. *Le chien fait le beau en se dressant sur ses pattes arrière.* 2. Petite bande. → **languette.** *Son portefeuille se ferme par une patte de cuir.*

▸ **patte-d'oie** n. f. Carrefour d'où partent plusieurs routes. — **Au pl.** *Des pattes-d'oie.* ▷ MILLE-PATTES.

② **patte** n. f. Ce mot est employé en Suisse. Chiffon.

**pâture** n. f. Nourriture d'un animal. *Les biches cherchent leur pâture dans la forêt.*

▸ **pâturage** n. m. Pré où le bétail vient paître. *Le fermier mène ses vaches au pâturage.*

**paume** n. f. 1. L'intérieur, le creux de la main. *Anne tient un œuf dans la paume de sa main.* 2. *Le jeu de paume,* c'est un ancien sport qui consistait à se renvoyer une balle avec la paume de la main. *Le jeu de paume est l'ancêtre du tennis.*

**paupière** **n. f.** Repli de peau qui protège l'œil. *Les paupières sont bordées de cils.*

**paupiette** **n. f.** Tranche de viande roulée et farcie. *Des paupiettes de veau.*

**pause** **n. f.** Arrêt de courte durée. *Nous avons fait une pause de dix minutes au milieu de la réunion.* ◊ homonyme : pose.

**pauvre** **adj. 1.** *Une personne pauvre,* c'est une personne qui n'a pas assez d'argent pour vivre dans de bonnes conditions. → aussi **misérable.** *Elle est si pauvre qu'elle doit mendier.* || contr. **riche** || — **N.** *On a fait une collecte pour les pauvres du quartier.* → **indigent, miséreux. 2.** *Cette terre est pauvre,* elle produit peu. || contr. **fertile** || **3.** Qui fait pitié. → **malheureux.** *Ce pauvre enfant est orphelin.* — **N.** *La pauvre, elle n'a vraiment pas de chance !*

▸ **pauvrement** **adv.** *Ils vivent pauvrement,* sans assez d'argent.

▸ **pauvreté** **n. f.** État dans lequel est une personne qui n'a pas assez d'argent. → **misère.** *Ce quartier est d'une grande pauvreté.* || contr. **richesse** ||.

▷ APPAUVRIR.

se **pavaner** **v.** (conjug. 1) Marcher avec orgueil pour se faire remarquer. *Anne se pavane avec sa nouvelle robe.* → **parader.**

**pavé** **n. m. 1.** Petit bloc de pierre, taillé pour revêtir le sol. *Luc n'aime pas rouler sur les pavés à bicyclette.* **2.** Chose qui a la forme d'un bloc. *Un pavé de bœuf au poivre.*

▸ **paver** **v.** (conjug. 1) Couvrir avec des pavés, des dalles. *On doit paver ce chemin.* — *Une rue pavée.*

**pavillon** **n. m. 1.** Maison avec un jardin. → **villa.** *Ils habitent un pavillon en banlieue.* **2.** *Le pavillon de l'oreille,* c'est la partie visible de l'oreille. **3.** Drapeau que l'on hisse sur un bateau pour indiquer sa nationalité ou faire des signaux. *Il navigue sous pavillon belge.*

pavillon

**pavoiser** **v.** (conjug. 1) Orner de drapeaux à l'occasion d'une fête. *On pavoise les édifices publics les jours de fête nationale.* — Familier. *Il n'y a pas de quoi pavoiser,* se réjouir.

**pavot** **n. m.** Plante cultivée pour ses fleurs blanches, mauves ou rouges et ses graines. *L'opium est extrait du pavot blanc.*

pavot

**payer** v. (conjug. 8) **1.** *Payer quelqu'un*, c'est lui donner l'argent qu'on lui doit. *Les salariés sont payés à la fin du mois.* **2.** *Payer quelque chose*, c'est donner de l'argent en échange d'un objet ou d'un service. *Combien as-tu payé tes chaussures ?* → **acheter.** *C'est demain qu'il faut payer ses impôts.* → **régler.** *Paierez-vous par chèque ou en liquide ?* **3.** Subir les conséquences désagréables de quelque chose. *Ils ont payé cher leurs erreurs.* **4.** Être profitable. *On dit que le crime ne paie pas.*

▸ **payable** adj. *Cette machine est payable à la livraison*, elle doit être payée à la livraison.

▸ **payant** adj. **1.** Qu'il faut payer. *L'entrée est payante.* || contr. **gratuit** || **2.** Qui rapporte. *Ses efforts ont été payants.*

▸ **paye** [pɛj] n. f. Argent donné en échange du travail. → **salaire.** *Il vient de toucher sa paye.* — On écrit aussi *paie* [pɛ].

▸ **payeur** n. m., **payeuse** n. f. Personne qui paye ce qu'elle doit. *Ce client est un mauvais payeur.* ▷ PAIEMENT.

**pays** n. m. **1.** Territoire bordé de frontières et dirigé par un gouvernement. → **État, nation.** *La Belgique est un pays d'Europe.* **2.** Région. *Ce petit rosé est un vin de pays*, un vin produit dans la région.

▸ **paysage** n. m. Partie d'une région que l'on voit d'un endroit. *Dans le train, Julie aime regarder le paysage qui défile.*

▸ **paysagiste** n. m. et f. Peintre qui peint des paysages.

▸ **paysan** n. m., **paysanne** n. f. Personne qui cultive la terre et élève des animaux. → **agriculteur, cultivateur, fermier.** *Il est issu d'une famille de paysans.* — Adj. *Les revendications paysannes*, des paysans. ▷ ARRIÈRE-PAYS, DÉPAYSEMENT, DÉPAYSER.

**P.-D.G.** [pedeʒe] n. m. inv. Président-directeur général. *Le nouveau P.-D.G. de la société.* — Au pl. *Des P.-D.G.*

**péage** n. m. **1.** Prix à payer pour pouvoir utiliser certaines routes, certains ponts. *Une autoroute à péage.* **2.** Endroit où l'on paie sur une autoroute. *Le péage est dans 10 kilomètres.*

**peau** n. f. **1.** Enveloppe extérieure du corps des hommes et des animaux. *Les bébés ont la peau douce.* — *N'avoir que la peau sur les os*, c'est être très maigre. *Se mettre dans la peau d'un personnage*, c'est essayer de se mettre à sa place. **2.** Cuir, fourrure. *Une veste en peau de mouton.* **3.** Enveloppe des fruits. *Enlève la peau de la pêche,* pèle-la. *Yves a glissé sur des peaux de bananes.* **4.** *La peau du lait,* c'est la pellicule qui se forme sur le lait bouilli. ◊ homonyme : pot.

▶ **Peau-Rouge** **n. m.** et **f.** Indien, Indienne d'Amérique du Nord. *Les Peaux-Rouges se peignaient le visage.*

**peccadille** **n. f.** Petite faute sans importance. *La maîtresse ne nous punit pas pour des peccadilles.*

① **pêche** **n. f.** Fruit du pêcher, au gros noyau très dur, à la chair juteuse et à la peau veloutée. → aussi **brugnon.** ▷ ① PÊCHER.

② **pêche** **n. f.** **1.** *Il va à la pêche,* il va essayer d'attraper du poisson. *Luc aime la pêche à la ligne.* **2.** Poissons pêchés. *Il a rapporté une belle pêche aujourd'hui.*

**péché** **n. m.** Chose défendue par la religion chrétienne. → **faute.** *Mentir est un péché. Les catholiques confessent leurs péchés à un prêtre.* ◊ homonymes : pécher, ① et ② pêcher.

▶ **pécher** **v.** (conjug. 6) Commettre un péché. *Elle a péché par orgueil.*

▶ **pécheur** **n. m.,** **pécheresse** **n. f.** Personne qui a commis des péchés. ◊ homonyme : pêcheur.

① **pêcher** **n. m.** Arbre fruitier qui donne des pêches. *Les fleurs du pêcher sont roses.* ◊ homonymes : péché, pécher.

② **pêcher** **v.** (conjug. 1) Prendre du poisson. *Il a pêché deux truites.*

▶ **pêcheur** **n. m.,** **pêcheuse** **n. f.** Personne qui va à la pêche pour son plaisir ou pour gagner sa vie. ◊ homonyme : pécheur. ▷ MARTIN-PÊCHEUR, ② PÊCHE, REPÊCHER.

**pectoral** **adj.** **1.** Qui concerne la poitrine. *Yves prend un sirop pectoral parce qu'il tousse,* un sirop qui combat les maladies des poumons et des bronches. — **N. m. pl.** *Il fait de la natation pour développer ses pectoraux,* pour développer les muscles qu'il a sur la poitrine. **2.** *Les nageoires pectorales,* ce sont les nageoires situées de chaque côté du corps du poisson, en arrière des ouïes.

**pécule** **n. m.** Somme d'argent économisée peu à peu. *La vieille dame avait un joli pécule.* → aussi **magot.**

**pécuniaire** **adj.** *Ils ont des ennuis pécuniaires,* des ennuis d'argent. → **financier.**

**pédagogie** **n. f.** Science de l'éducation. *Les instituteurs suivent des cours de pédagogie,* ils apprennent à enseigner.

▶ **pédagogique** **adj.** *Une méthode pédagogique,* c'est une façon d'enseigner.

▶ **pédagogue** **n. m.** et **f.** Personne qui a le sens de l'enseignement, qui sait apprendre aux autres. *La maîtresse de Julie est une excellente pédagogue.*

**pédale** **n. f.** Pièce sur laquelle on appuie avec le pied pour faire tourner une roue ou pour actionner un mécanisme. *L'automobiliste appuie sur la pédale de frein et s'arrête.*

▶ **pédaler** **v.** (conjug. 1) Actionner les pédales d'une bicyclette. *Yves pédale fort dans la côte.*

▶ **pédalier** **n. m.** Mécanisme formé par les pédales, le pignon et la roue dentée d'une bicyclette. *Le pédalier entraîne la chaîne.*

▶ **pédalo** **n. m.** Marque déposée. Petite embarcation à flotteurs que l'on fait avancer en pédalant. *Alex fait du pédalo sur le lac.* — **Au pl.** *Des pédalos.*

**pédant** **adj.** *Elle est pédante,* elle étale tout ce qu'elle sait avec prétention.

**pédestre** **adj.** Qui se fait à pied. *Une randonnée pédestre.*

**pédiatre** **n. m.** et **f.** Médecin qui soigne les enfants. *La pédiatre a vacciné le bébé contre le tétanos.*

**pédicure** **n. m.** et **f.** Personne dont le métier est de prendre soin des pieds. *Il va chez la pédicure parce qu'il a un cor au pied.* → aussi **manucure.**

**pedigree** [pedigʀe] **n. m.** Ce mot vient de l'anglais. Origine des parents d'un animal de pure race. *Son chien a un beau pedigree.*

**pègre** **n. f.** Ensemble des voleurs et des criminels. *Il a recruté un tueur à gages dans la pègre du port.*

**peigner** **v.** (conjug. 1) Coiffer avec un peigne. *Anne peigne sa poupée.* — *Julie s'est peignée devant la glace.*

▶ **peigne** **n. m.** Objet muni de dents, qui sert à démêler et lisser les cheveux. *Flora se donne un coup de peigne,* elle se coiffe rapidement. — *Passer quelque chose au peigne fin,* c'est en examiner minutieusement tous les détails, tous les recoins. *La police a passé la ville au peigne fin pour retrouver l'assassin.* ▷ DÉPEIGNER.

**peignoir** **n. m.** Vêtement ample en tissu éponge, que l'on met en sortant du bain.

**peindre** **v.** (conjug. 52) **1.** Couvrir, colorer avec de la peinture. *Les volets de la maison sont peints en bleu.* **2.** Représenter par la peinture des choses réelles ou imaginées. *Cézanne a peint beaucoup de natures mortes.* **3.** Décrire, montrer. *Ce livre peint très bien la vie des gens d'autrefois.* ▷ DÉPEINDRE, PEINTRE, PEINTURE, REPEINDRE.

① **peine** **n. f.** Punition prévue par la loi, infligée à toute personne qui a commis une faute. *La peine de mort a été abolie en France en 1981.* ◊ homonymes : pêne, penne.

② **peine** **n. f.** **1.** Chagrin, tristesse. *Julie a fait de la peine à sa mère.* ‖ contr. **joie, plaisir** ‖ **2.** Effort, fatigue. *Ce travail m'a donné beaucoup de peine. Ce n'est pas la peine de crier comme ça,* c'est inutile. **3.** *On entend à peine le bruit de la rue,* presque pas, très peu. *J'étais à peine réveillé quand le téléphone a sonné,* je me réveillais tout juste. **4.** Difficulté, embarras. *Cette vieille dame a de la peine à marcher,* elle marche difficilement.

▶ **peiner** **v.** (conjug. 1) **1.** Avoir de la peine, du mal. *La voiture peinait dans la montée.* **2.** Faire de la peine à quelqu'un. → **attrister.** *Sa mort nous a beaucoup peinés.*

**peintre** **n. m.** **1.** *Un peintre en bâtiment,* c'est quelqu'un qui fait les peintures d'une maison. **2.** Artiste qui fait de la peinture. *Manet est un grand peintre du 19ᵉ siècle.*

**peinture** **n. f.** **1.** Couleur dont on recouvre quelque chose. → aussi **peindre.** *Le peintre applique une seconde couche de peinture sur le mur. Alex a eu une boîte de peinture pour sa fête.* → aussi **gouache.** **2.** *Elle aurait aimé faire de la peinture,* être peintre. → aussi **aquarelle.** *Une exposition de peinture,* de tableaux. **3.** Description. *Ce roman est une bonne peinture du milieu du cinéma.*

▸ **peinturlurer** v. (conjug. 1) Familier. Peindre maladroitement avec des couleurs criardes. *La barrière est peinturlurée en rouge vif.*

**péjoratif** adj. *Un mot péjoratif,* c'est un mot qui exprime une idée négative, qui déprécie ce dont on parle. *« Chauffard » est un mot péjoratif.* — Au fém. *péjorative.*

**pelage** n. m. Fourrure, poil d'un animal. *Ce chat a un beau pelage tigré.* → aussi **toison.**

**pêle-mêle** adv. En désordre, en vrac. *Julie a jeté pêle-mêle ses livres de classe sur la table.*

**peler** v. (conjug. 5) **1.** Enlever la peau. → **éplucher.** *Elle pèle une orange.* **2.** Perdre le dessus de la peau par petits morceaux. *Anne a le nez qui pèle.*

**pèlerin** n. m. Personne qui se rend dans un lieu saint pour prier. *Au Moyen Âge, de nombreux pèlerins allaient à pied à Saint-Jacques-de-Compostelle.*

▸ **pèlerinage** n. m. Voyage que l'on fait pour aller prier dans un lieu saint. *Lourdes est un célèbre lieu de pèlerinage dédié à la Vierge.*

**pèlerine** n. f. Grand manteau sans manches, souvent avec un capuchon. → aussi **cape.** *Autrefois, les écoliers portaient une pèlerine.*

**pélican** n. m. Grand oiseau des régions chaudes, au long bec crochu muni d'une poche où il emmagasine sa nourriture. *Le pélican peut avoir trois mètres d'envergure.*

**pelisse** n. f. Manteau ou imperméable doublé de fourrure.

**pelle** n. f. Outil formé d'une plaque mince fixée à un manche. *Yves creuse un trou dans le sable avec une pelle. On sert les parts de gâteaux avec une pelle à tarte.*

▸ **pelletée** n. f. Contenu d'une pelle. *Des pelletées de terre.*

▸ **pelleteuse** n. f. Pelle mécanique qui sert à charger et déplacer les matériaux.

pelleteuse

**pellicule** n. f. **1.** Petite écaille de peau morte qui se détache du cuir chevelu. *Il utilise un shampooing contre les pellicules.* **2.** Fine couche. *Une pellicule de glace recouvrait l'étang.* **3.** Feuille mince recouverte d'un produit sensible à la lumière, que l'on utilise pour faire de la photo et du cinéma. *Il a acheté des rouleaux de pellicule couleur.*

**pelote** n. f. **1.** *Une pelote de laine,* c'est une boule de laine enroulée sur elle-même. *Le chaton joue avec la pelote de laine.* **2.** *Une pelote d'épingles,* c'est un petit coussin sur lequel on plante des aiguilles et des épingles. **3.** *La pelote basque,* c'est un jeu dans lequel les joueurs envoient une balle rebondir contre un mur. ▷ se PELOTONNER.

**peloton** [plɔtõ] **n. m. 1.** Groupe de coureurs, dans une course. *Ce cycliste est en tête du peloton.* **2.** *Un peloton d'exécution,* c'est un groupe de soldats chargé de fusiller un condamné.

se **pelotonner** **v.** (conjug. 1) Se rouler en boule. *Julie se pelotonne au fond de son lit.* → se **blottir.**

**pelouse** **n. f.** Terrain couvert de gazon. *Le jardinier tond les pelouses du parc.*

**peluche** [plyʃ] **n. f. 1.** *Une bête en peluche,* c'est un jouet d'enfant en fausse fourrure représentant un animal. *Flora dort avec son ours en peluche.* **2.** Familier. Petit poil qui se détache d'un tissu. *Ce pull laisse des peluches.*

► **pelucheux** **adj. 1.** Doux et poilu comme la peluche. *Une couverture en laine douce et toute pelucheuse.* **2.** Familier. Qui laisse des peluches. *Ce tissu de mauvaise qualité est devenu pelucheux.*

**pelure** **n. f.** Peau d'un fruit ou d'un légume pelé. → **épluchure.** *Des pelures de pomme.*

**pénal** **adj.** *Le Code pénal,* c'est un règlement qui fixe les peines infligées aux accusés. *Les juges appliquent le Code pénal.* — **Au masc. pl.** *pénaux.*

► **pénaliser** **v.** (conjug. 1) Infliger une peine. *Il a été pénalisé pour excès de vitesse.*

► **pénalisation** **n. f.** Punition infligée pendant un match de football à un joueur qui n'a pas respecté une règle. *L'arbitre a infligé une pénalisation au joueur trop brutal.*

► **pénalité** **n. f.** Sanction, punition. *Les fraudeurs s'exposent à des pénalités.*

**penalty** [penalti] **n. m.** Ce mot vient de l'anglais. Au football, pénalisation grave. — **Au pl.** *Des penalties* ou *des penaltys.*

**penaud** **adj.** Honteux. *Julie est restée toute penaude d'avoir été prise en faute.* || contr. **fier** ||.

**pencher** **v.** (conjug. 1) **1.** Être oblique, incliné. *Le bateau penchait dangereusement.* **2.** Faire aller vers le bas. → **incliner.** *Anne penche la tête pour parler à Flora.* — *Anne se penche vers Flora,* elle baisse le haut du corps. **3.** *Beaucoup de savants se sont penchés sur ce mystère,* ils l'ont examiné, ont cherché à le comprendre.

► **penchant** **n. m. 1.** Tendance. *Yves a un penchant à la paresse.* **2.** *Jules a un penchant pour sa cousine,* il est un peu amoureux d'elle. → **faible.**

**pendable** **adj.** *Il nous a joué un tour pendable,* un très mauvais tour.

**pendaison** **n. f.** Manière d'exécuter un condamné à mort en le pendant. *En Grande-Bretagne, la pendaison a existé jusqu'en 1965.*

① **pendant** **n. m.** *Des pendants d'oreilles,* ce sont de longues boucles d'oreilles. *Elle a des pendants d'oreilles en diamant.*

② **pendant** **adj.** Qui pend. *Le cocker est un chien à oreilles pendantes.*

③ **pendant** **prép. 1.** Durant. *Il a plu pendant toutes les vacances. Je l'ai at-*

*tendu pendant deux heures.* **2.** *Julie et Anne bavardaient pendant que la maîtresse écrivait au tableau,* tandis que la maîtresse écrivait. ▷ CEPENDANT.

**pendre** **v.** (conjug. 41) **1.** Être suspendu, fixé par le haut. *Une ampoule pendait au plafond.* **2.** Accrocher, suspendre. *Luc a pendu son blouson à la patère.* **3.** Tuer en suspendant par le cou à l'aide d'une corde. *Autrefois, on pendait les condamnés.* → aussi **pendaison.** — *Il s'est suicidé en se pendant.*

▶ **pendentif** **n. m.** Bijou suspendu à une chaîne. *Un pendentif en or.*

▶ **penderie** **n. f.** Placard où l'on suspend ses vêtements. *Elle a rangé sa veste dans la penderie.*

▶ **pendu** **n. m.,** **pendue** **n. f.** Personne morte par pendaison.

▶ ① **pendule** **n. m.** Objet suspendu par un fil et qui oscille autour d'un point fixe. *Les mouvements d'un pendule.* ▷ ② DÉPENDRE, PENDAISON, ① et ② PENDANT, ① SUSPENDRE, SUSPENDU, ① SUSPENSION.

② **pendule** **n. f.** Petite horloge que l'on pose sur un meuble ou que l'on accroche au mur. *La pendule de la cheminée sonna midi.*

pendule

▶ **pendulette** **n. f.** Petite pendule portative. → aussi **réveil.**

**pêne** **n. m.** Partie de la serrure qui se déplace quand on tourne la clé. ◊ homonymes : peine, penne.

**pénétrer** **v.** (conjug. 6) **1.** Entrer. *Les cambrioleurs pénétrèrent sans bruit dans la maison.* **2.** Parvenir à comprendre. *Nous n'avons pas pu pénétrer son secret.* → **découvrir.**

▶ **pénétrant** **adj.** **1.** *Une pluie pénétrante,* c'est une pluie qui pénètre, transperce les vêtements. **2.** *L'homme avait un regard pénétrant,* aigu, perçant.

▶ **pénétration** **n. f.** Facilité à comprendre les choses. *Il a une grande pénétration d'esprit.* → **clairvoyance, perspicacité.**

▶ **pénétré** **adj.** *Il est pénétré de son importance,* convaincu d'être quelqu'un d'important. ▷ IMPÉNÉTRABLE.

**pénible** **adj.** **1.** Qui donne de la peine. → **dur, fatigant.** *Un travail pénible.* ‖ contr. **facile, reposant** ‖ **2.** Qui fait de la peine. *Elle a connu des moments pénibles dans sa vie.* → **cruel, éprouvant.** ‖ contr. **agréable** ‖.

▶ **péniblement** **adv.** **1.** Avec peine, effort. *Le cyclomoteur monte péniblement la côte.* → **difficilement.** ‖ contr. **facilement** ‖ **2.** À peine, tout juste. *Julie arrive péniblement à obtenir la moyenne en histoire.*

**péniche** **n. f.** Long bateau à fond plat, qui sert à transporter les marchandises sur les fleuves et sur les canaux. → **chaland.** *La péniche franchit l'écluse.* ⋙ planche Bateaux.

**pénicilline** **n. f.** Médicament qui combat les infections. → aussi **antibiotique.** *Une piqûre de pénicilline.*

**péninsule** **n. f.** Grande presqu'île entourée par la mer de tous les côtés sauf un. *L'Italie et la Grèce sont des péninsules.*

**pénis** [penis] **n. m.** Sexe de l'homme. → **verge.** *Le pénis et les testicules forment les organes génitaux externes de l'homme.*

**pénitence** **n. f. 1.** Punition, peine. *Comme pénitence, Yves a été privé de dessert.* **2.** *Quand ils se confessent, les catholiques font pénitence,* ils se repentent de leurs péchés en promettant à Dieu de ne pas recommencer.

▶ **pénitencier** **n. m.** Prison, bagne. *À l'île de Ré, il y a un célèbre pénitencier.*

▶ **pénitent** **n. m.,** **pénitente** **n. f.** Personne qui va se confesser.

▶ **pénitentiaire** **adj.** Qui a rapport aux prisonniers. *Un établissement pénitentiaire,* c'est une prison.

**penne** **n. f.** Grande plume des ailes et de la queue des oiseaux. *Les pennes recouvrent le duvet.* ◊ homonymes : peine, pêne.

**pénombre** **n. f.** Lumière très faible. *Il distingua une forme dans la pénombre.*

**pensable** **adj.** *Ce n'est pas pensable d'agir comme cela,* on ne peut pas l'imaginer, l'envisager. ‖ contr. **impensable** ‖.

**pensant** **adj.** Capable de penser. *Les hommes sont des êtres pensants.*

**pense-bête** **n. m.** Objet, marque qui sert à se rappeler ce que l'on risque d'oublier. *Il s'est mis un pense-bête pour ne pas oublier de prendre son médicament.* — **Au pl.** *Des pense-bêtes.*

① **pensée** **n. f. 1.** Ce que l'on pense. *Je vais te dire vraiment ma pensée.* → **idée, opinion. 2.** Ce que l'on a dans l'esprit quand on réfléchit ou quand on se souvient. *Elle avait l'air perdue dans ses pensées. Je vous envoie mes plus affectueuses pensées,* mon plus affectueux souvenir. **3.** *Les enfants sont excités à la pensée des vacances,* à la perspective des vacances.

② **pensée** **n. f.** Fleur aux pétales veloutés, souvent violette ou jaune. ⋙ planche Fleurs.

**penser** **v.** (conjug. 1) **1.** Former des pensées, des idées dans son esprit. → **raisonner, réfléchir.** *Seuls les humains pensent.* **2.** *Penser à quelque chose,* c'est l'avoir à l'esprit. *Julie pense aux vacances qui approchent. Pense à faire tes devoirs avant d'aller jouer,* n'oublie pas de les faire. **3.** Avoir une opinion. *Je pense que tu as tort.* **4.** *Luc pense devenir ingénieur plus tard,* il en a l'intention. ◊ homonymes : panser, ① et ② pensée.

▶ **penseur** **n. m.** Homme qui réfléchit sur les grands problèmes de l'humanité, du monde. *Les philosophes sont des penseurs.*

▶ **pensif** **adj.** Absorbé dans ses pensées. *Anne regarde le feu d'un air pensif.* → **rêveur, songeur.** — **Au fém.** *pensive.* ▷ ARRIÈRE-PENSÉE, IMPENSABLE, PENSABLE, PENSANT, PENSE-BÊTE, ① PENSÉE.

① **pension** **n. f.** Somme d'argent que touche régulièrement une personne. → **allocation.** *Les retraités touchent une pension.* → **retraite.** *Une femme divorcée qui a la garde de ses enfants perçoit de son ex-mari une pension alimentaire.*

▶ **pensionné** **n. m.,** **pensionnée** **n. f.** Ce mot est employé en Belgique. Personne à la retraite. → **retraité.**

② **pension** n. f. 1. *Ils sont à l'hôtel en pension complète,* tous les repas sont compris dans le prix. → aussi **demi-pension.** 2. École où l'on habite et où l'on prend ses repas. *Elle a fait toutes ses études en pension.* → **internat, pensionnat.** 3. *Une pension de famille,* c'est un hôtel simple à l'ambiance familiale.

► **pensionnaire** n. m. et f. 1. Élève nourri et logé dans l'école où il fait ses études. → **interne.** *Les pensionnaires peuvent sortir le week-end.* 2. Personne qui est en pension chez quelqu'un ou à l'hôtel. *Les pensionnaires de l'hôtel déjeunent entre midi et 14 heures.*

► **pensionnat** n. m. École privée où les élèves sont logés et nourris. → **internat, pension.** *Elles ont fait leurs études dans le même pensionnat.* ▷ DEMI-PENSION, DEMI-PENSIONNAIRE.

**pensum** [pɛ̃sɔm] n. m. Travail ennuyeux. *Recopier ce carnet d'adresses, quel pensum !*

**pentagone** n. m. Figure géométrique qui a cinq côtés et cinq angles.

**pente** n. f. Surface inclinée, qui monte ou qui descend. → **côte, descente.** *Alex a descendu cette pente, à skis, en dix minutes.* ▷ APPENTIS, PARAPENTE, REMONTE-PENTE, SOUPENTE.

**pénurie** n. f. Manque de ce qui est nécessaire. ‖ contr. **abondance** ‖ *Dans les pays désertiques, il y a pénurie d'eau.*

**pépier** v. (conjug. 7) *Les jeunes oiseaux pépient,* ils poussent de petits cris. → **gazouiller.**

**pépin** n. m. Petite graine que l'on trouve dans certains fruits. *Les pommes, les poires, les agrumes et le raisin ont des pépins.* ▷ ÉPÉPINER.

**pépinière** n. f. Terrain où l'on fait pousser de jeunes arbres avant de les replanter ailleurs.

► **pépiniériste** n. m. et f. Personne qui fait pousser de jeunes arbres dans une pépinière.

**pépite** n. f. Morceau d'or pur. *Les chercheurs d'or ont trouvé des pépites dans la rivière.*

pépite

**perçant** adj. 1. *Les lynx ont une vue perçante,* très bonne. 2. *Le bébé pousse des cris perçants,* très aigus, qui font mal aux oreilles.

**percée** n. f. 1. Ouverture qui permet de passer ou d'avoir un point de vue. *Une percée dans les arbres permettait d'apercevoir la mer.* → **trouée.** 2. *Les troupes ont réussi une percée dans les lignes ennemies,* les troupes ont traversé les lignes ennemies.

**percement** n. m. Action de percer, de faire une ouverture. *Le percement d'un tunnel.*

**perce-neige** n. m. ou f. inv. Fleur blanche en forme de clochette, qui pousse à la fin de l'hiver. *Les perce-*

*neige commencent à fleurir, c'est le printemps !*

**perce-oreille** **n. m.** Insecte qui porte une espèce de pince à l'extrémité de l'abdomen. *Les perce-oreilles vivent sous les pierres ou dans les fruits.*

**percepteur** **n. m.** Personne chargée de recueillir l'argent des impôts ou des amendes. → aussi ① **perception.**

**perceptible** **adj.** Qui peut être perçu par la vue ou par l'ouïe. *Une étoile à peine perceptible à l'œil nu.* → **visible.** *Un son bien perceptible.* → **audible.** || contr. **imperceptible** ||.

① **perception** **n. f.** Bureau du percepteur.

② **perception** **n. f.** Ce qui permet de connaître le monde extérieur par les sens. → **sensation.** *Les yeux, le nez, les oreilles et la langue sont des organes de perception.*

**percer** **v.** (conjug. 3) **1.** Faire un trou. → **perforer, trouer.** *Il a percé un trou dans le mur.* **2.** Ouvrir, creuser. *Le tunnel a été percé à travers la roche.* **3.** Traverser. *Le soleil perce les nuages.* **4.** Parvenir à découvrir. *Nul n'a réussi à percer le mystère.* → **pénétrer.** **5.** *Le bébé a une dent qui perce,* qui pousse à travers la gencive.

▸ **perceuse** **n. f.** Outil qui sert à percer des trous. *Une perceuse électrique.* ▷ PERÇANT, PERCÉE, PERCEMENT, PERCE-NEIGE, PERCE-OREILLE, TRANSPERCER.

① **percevoir** **v.** (conjug. 28) Recevoir de l'argent. *L'État perçoit des taxes sur l'essence, l'alcool et le tabac.*

② **percevoir** **v.** (conjug. 28) **1.** Sentir, éprouver par les organes des sens. *On percevait une vague lueur au loin.* → **apercevoir, distinguer.** *Il perçut un léger bruit.* **2.** Discerner, saisir. *Il croyait percevoir de l'inquiétude dans sa voix.* ▷ APERCEVOIR, APERÇU, INAPERÇU.

① **perche** **n. f.** Poisson d'eau douce, à chair délicate. *La perche a une épine sur le dos.*

② **perche** **n. f.** **1.** Bâton long et mince. *Le saut à la perche,* c'est le saut en hauteur réalisé à l'aide d'une perche. **2.** *Tendre la perche à quelqu'un,* c'est l'aider à se tirer d'embarras. *Comme Flora avait du mal à répondre à la question, la maîtresse lui a tendu la perche.*

▸ **perchiste** **n. m.** et **f.** Personne qui pratique le saut à la perche.

se **percher** **v.** (conjug. 1) Se tenir sur un endroit élevé. *Les poules se perchent pour dormir.*

▸ **perchoir** **n. m.** Endroit où se perchent les oiseaux domestiques. *Le perroquet est juché sur son perchoir.*

**perclus** **adj.** *La vieille dame est percluse de rhumatismes,* elle a de la peine à bouger à cause de ses rhumatismes.

**percolateur** **n. m.** Appareil qui fait du café automatiquement.

**percussion** **n. f.** *Le tambour, les cymbales et la grosse caisse sont des instruments à percussion,* sur lesquels on frappe pour obtenir des sons. → aussi **batterie.** ⋙ planche Instruments de musique.

**percuter** **v.** (conjug. 1) Heurter violemment. *La voiture a percuté un arbre.*

▸ **percutant** **adj.** Frappant. *Cet avocat utilise des arguments percutants.*

**perdre** **v.** (conjug. 41) **1.** Ne plus avoir en sa possession. *Julie a perdu son* *stylo.* → **égarer.** *Il a perdu beaucoup d'argent dans cette affaire.* **2.** Avoir le dessus dans une épreuve, un jeu. *Yves est mauvais joueur, il déteste perdre.* **3.** Cesser d'avoir. *Les arbres perdent leurs feuilles en automne. Elle commença à perdre patience,* à s'énerver. **4.** *Perdre quelqu'un,* c'est en être séparé. *Elle vient de perdre sa mère,* sa mère vient de mourir. **5.** *Se perdre,* c'est ne plus retrouver son chemin. → s'**égarer.** *Ils se sont perdus dans la forêt.* **6.** *C'est trop compliqué, on s'y perd,* on n'y comprend plus rien. **7.** Ne pas faire bon usage de quelque chose. *Il n'y a pas un instant à perdre.*

▶ **perdant** **adj.** *Alex a tiré un numéro perdant à la loterie,* un numéro qui l'a fait perdre. ‖ contr. **gagnant** ‖ — **N.** *Julie est mauvaise perdante,* elle n'aime pas perdre.

▶ **perdition** **n. f.** *Le bateau est en perdition,* il va sombrer.

▶ **perdu** **adj. 1.** Égaré. *Le bureau des objets perdus.* **2.** Écarté, isolé. *Un coin perdu, en pleine nature.* **3.** Sur le point de mourir. *La malade se savait perdue.* ▷ DÉPERDITION, ÉPERDU, ÉPERDUMENT, PERTE.

**perdreau** **n. m.** Jeune perdrix. — **Au pl.** *Des perdreaux.*

**perdrix** [pɛʀdʀi] **n. f.** Oiseau de taille moyenne, au plumage gris et roux, à queue courte. ➳ planche Oiseaux. *Le chasseur a tué deux perdrix. Ils mangent des perdrix aux choux.*

**père** **n. m. 1.** Homme qui a un ou plusieurs enfants. *Il est le père de Flora.* → **papa.** *C'est un père de famille.* **2.** Inventeur, créateur d'une chose. *Les frères Lumière sont les pères du cinéma.* **3.** Nom donné à certains religieux. *Le père Durand est le curé de la paroisse.* ◇ homonymes : pair, paire. ▷ ARRIÈRE-GRAND-PÈRE, BEAU-PÈRE, GRAND-PÈRE.

**pérégrination** **n. f.** Déplacement, voyage. *Les pérégrinations d'Ulysse sont racontées dans l'« Odyssée ».*

**péremptoire** **adj.** Sans réplique. *Il lui a ordonné d'un ton péremptoire de rentrer immédiatement.*

**perfection** **n. f.** Caractère de ce qui est parfait, sans défaut. *Ce travail est proche de la perfection. Elle nage à la perfection,* très bien, remarquablement.

▶ **perfectionner** **v.** (conjug. 1) Rendre meilleur, plus proche de la perfection. → **améliorer.** *Il prend des cours de crawl pour perfectionner son style. — Ce séjour en Angleterre lui a permis de se perfectionner en anglais.*

▶ **perfectionné** **adj.** *Une machine très perfectionnée,* c'est une machine qui possède les mécanismes les plus modernes. → **sophistiqué.**

▶ **perfectionnement** **n. m. 1.** Amélioration qui rend un objet plus moderne. *L'appareil photo de Luc possède tous les perfectionnements.* **2.** *Elle suit des cours de perfectionnement en russe,* pour se perfectionner en russe. ▷ IMPERFECTION.

**perfide** **adj. 1.** Qui trahit celui qui lui fait confiance. → **déloyal.** *C'est un homme perfide.* **2.** Dangereux, nuisible sans que cela ne se voie. *Elle fait des insinuations perfides.*

▶ **perfidie** **n. f.** Traîtrise. *Il est capable de toutes les perfidies.*

**perforer** **v.** (conjug. 1) Percer de trous. → **trouer.** *La balle lui a perforé l'intestin.*

▶ **perforation** **n. f.** Ouverture accidentelle. *Une perforation du tympan.*

**performance** n. f. Résultat obtenu par un athlète dans une compétition. *Ce skieur a réalisé la meilleure performance de l'épreuve.*

**perfusion** n. f. Injection lente et continue de médicaments ou de sang dans les veines. *Le malade est sous perfusion.*

**pergola** n. f. Petite construction, dans un jardin, qui sert de support aux plantes grimpantes. → **tonnelle.** *Ils sont assis sous la pergola.*

pergola

**péricliter** v. (conjug. 1) Aller vers la ruine. → **décliner.** || contr. **prospérer** || *L'entreprise a rapidement périclité.*

**péril** n. m. 1. Danger. *Le pompier a sauté dans les flammes au péril de sa vie,* en risquant sa vie. 2. *Faites-le à vos risques et périls,* en acceptant d'en subir les conséquences.

▶ **périlleux** adj. Dangereux. *Les alpinistes ont tenté une ascension périlleuse. Le trapéziste a exécuté un saut périlleux,* où le corps fait un tour complet sur lui-même.

**périmé** adj. Qui n'est plus valable. *Mon passeport est périmé.* || contr. **valide** ||.

**périmètre** n. m. Ligne qui délimite le contour d'une figure. *Le périmètre d'un cercle.* → **circonférence.**

**période** n. f. Espace de temps. *L'école est fermée pendant la période des vacances.*

▶ **périodique** adj. et n. m. 1. adj. Qui se reproduit à intervalles réguliers. *Flora a des crises d'asthme périodiques.* 2. n. m. *Un périodique,* c'est un journal, une revue qui paraît à intervalles réguliers. *Les quotidiens et les hebdomadaires sont des périodiques.*

▶ **périodiquement** adv. À intervalles réguliers. *Ces champs sont périodiquement inondés par le fleuve.*

**péripétie** n. f. Événement imprévu. *Un voyage plein de péripéties.*

**périphérie** n. f. Ensemble de quartiers éloignés du centre d'une ville. *L'usine est installée dans la périphérie de Lyon.*

▶ **périphérique** adj. Situé à la périphérie. *À Paris, un boulevard périphérique fait le tour de la ville.*

**périphrase** n. f. Groupe de mots, expression désignant une chose qui pourrait être nommée par un seul mot. *« La capitale de la France » est une périphrase pour dire « Paris ».*

**périple** n. m. Long voyage. *Ils ont fait un périple au Canada.*

**périr** v. (conjug. 2) Mourir par accident. *Deux marins ont péri noyés.*

▶ **périssable** adj. *Les denrées périssables,* ce sont des denrées qui s'abîment facilement. ▷ DÉPÉRIR, IMPÉRISSABLE.

**périscope** n. m. Appareil formé d'un tube et de miroirs permettant de voir par-dessus un obstacle. *Les sous-marins sont équipés de périscopes.*

**périscope**

**péristyle** **n. m.** Rangée de colonnes autour d'un bâtiment ou de la cour intérieure d'un bâtiment. *Les temples antiques étaient entourés d'un péristyle.*

**péritel** **adj. inv.** *Une prise péritel,* c'est une prise qui permet de brancher un téléviseur à un autre appareil. *Le magnétoscope est relié au téléviseur par une prise péritel.*

**perle** **n. f. 1.** Petite boule brillante et dure formée de couches de nacre sécrétées par les huîtres, dont on fait des bijoux. *Un collier de perles.* **2.** Petite boule percée d'un trou. *Les enfants enfilent des perles de bois.* **3.** Personne très remarquable. *Cette cuisinière est une perle.*

▶ **perler** **v.** (conjug. 1) Former de petites gouttes. *La sueur perlait sur son front.*

▶ **perlier** **adj.** *Une huître perlière,* c'est une huître qui peut sécréter des perles.

**permanent** **adj.** Qui dure sans changer. → **constant, perpétuel.** *J'ai une douleur permanente dans l'épaule.* ǁ contr. **fugitif, passager** ǁ.

▶ **permanence** **n. f. 1.** Service qui permet à des bureaux de fonctionner sans interruption. *Quelques employés assuraient la permanence de l'entreprise.* **2.** Salle où travaillent les élèves quand ils n'ont pas cours. *Julie apprend ses leçons en permanence.* → aussi **étude. 3.** *Le commissaire porte une arme sur lui en permanence,* de façon constante. → **constamment, toujours.**

▶ **permanente** **n. f.** Traitement qui permet de faire onduler les cheveux. *Elle s'est fait faire une permanente.*

**perméable** **adj.** Qui laisse passer un liquide. *Le calcaire est une roche perméable.* ǁ contr. **imperméable** ǁ.

**permettre** **v.** (conjug. 56) **1.** Donner à quelqu'un le droit de faire quelque chose. → **autoriser.** *Elle a permis à sa fille de sortir jusqu'à minuit.* **2.** Rendre une chose possible. *Le ciel clair permet de bien voir les étoiles.* **3.** *Il se croit tout permis,* il croit qu'il a le droit de tout faire.

▶ **permis** **n. m. 1.** Papier qui donne le droit de faire une chose. *Les chasseurs doivent avoir un permis de chasse.* **2.** *Le permis de conduire,* c'est le certificat qu'il faut avoir pour conduire une voiture, un camion ou une moto. *Il vient de passer son permis de conduire,* l'examen qui donne le droit de conduire une voiture.

▶ **permission** **n. f. 1.** Autorisation de faire quelque chose. *Elle a donné à ses enfants la permission de sortir.* **2.** Congé accordé à un militaire. *Il a eu une permission ce week-end.*

▸ **permissionnaire** **n. m.** Soldat en permission. *Les permissionnaires ne sont pas en uniforme.*

**permuter** **v.** (conjug. 1) Mettre une chose à la place d'une autre. *Si on permute les deux chiffres de 58, on obtient 85.* → **intervertir.**

▸ **permutation** **n. f.** *La permutation de deux lettres.*

**pernicieux** **adj.** Mauvais, malfaisant. *Boire et fumer sont des habitudes pernicieuses.* → **nocif, nuisible.**

**péroné** **n. m.** Os de la jambe. → aussi **tibia.** *Il a une fracture du péroné.* ➻ planche Corps humain.

**pérorer** **v.** (conjug. 1) Parler d'une manière très prétentieuse. *Julie pérorait au milieu de ses amies.*

**perpendiculaire** **adj.** *Des lignes perpendiculaires,* ce sont des lignes qui se coupent en formant un angle droit. *Le boulevard de la Gare est perpendiculaire à la rue Gambetta.* — **N. f.** *Une perpendiculaire,* c'est une droite qui coupe une autre droite en formant un angle droit. ➻ planche Géométrie.

**perpétrer** **v.** (conjug. 6) *Un crime horrible a été perpétré,* a été commis.

**perpétuel** **adj. 1.** Qui ne s'arrête jamais. → **incessant.** *Il y a une agitation perpétuelle dans la ville.* **2.** Qui se reproduit très souvent. *Elle nous fatigue avec ses jérémiades perpétuelles.* → **continuel.**

▸ **perpétuellement** **adv.** Constamment, sans arrêt. *Il est perpétuellement en retard.*

**perpétuer** **v.** (conjug. 1) *Perpétuer une tradition,* c'est la faire durer, la maintenir. — *Les espèces se perpétuent.*

à **perpétuité** **adv.** Pour toujours. *Ce dangereux criminel a été condamné à la prison à perpétuité,* à rester en prison jusqu'à la fin de sa vie.

**perplexe** **adj.** Hésitant, indécis, embarrassé. *Anne ne sait pas quelles chaussures mettre, elle est perplexe.*

▸ **perplexité** **n. f.** Incertitude, embarras. *Luc lisait le menu avec perplexité, sans pouvoir se décider.*

**perquisition** **n. f.** Fouille faite par la police. *Les policiers ont fait une perquisition au domicile du suspect.*

▸ **perquisitionner** **v.** (conjug. 1) Faire une perquisition. → **fouiller.** *La police a perquisitionné mais n'a pu trouver aucun indice.*

**perron** **n. m.** Escalier se terminant par une plate-forme devant la porte d'entrée d'une maison. *Elle accueille ses invités sur le perron.*

**perroquet** **n. m.** Oiseau au plumage très coloré, au gros bec recourbé, capable d'imiter la voix humaine. *Les perroquets s'apprivoisent très facilement.*

**perruche** **n. f.** Petit oiseau à longue queue et au plumage coloré, ressemblant au perroquet. ➻ planche Oiseaux. *Ils ont un couple de perruches en cage.*

**perruque** **n. f.** Fausse chevelure. *Autrefois, les hommes portaient une perruque poudrée.*

**persécuter** **v.** (conjug. 1) Tourmenter sans relâche par des traitements injustes et cruels. *Louis XIV a persécuté les protestants.*

▸ **persécution** **n. f.** Mauvais traitements infligés à une personne ou à un groupe de gens. *Certains peuples ont subi d'atroces persécutions.*

**persévérer** v. (conjug. 6) Continuer ce que l'on fait sans jamais se décourager. *Flora a fait des progrès, mais il faut qu'elle persévère dans son effort.* → **persister.** || contr. **abandonner, renoncer** ||.

► **persévérance** n. f. Obstination dans ce que l'on fait. *Le russe est une langue très difficile ; il faut beaucoup de persévérance pour l'apprendre.*

► **persévérant** adj. *Une personne persévérante,* c'est une personne qui poursuit son effort sans se décourager. *Anne est persévérante, elle réussira sûrement.*

**persienne** n. f. Volet percé de fentes. *Elle a fermé les persiennes pour maintenir la fraîcheur dans la pièce.*

persienne

**persil** [pɛʀsi] n. m. Plante dont on utilise les feuilles pour donner du goût aux aliments. *Il a mis du persil dans la salade de tomates.*

**persister** v. (conjug. 1) **1.** Persévérer, s'obstiner dans ce que l'on fait ou ce que l'on pense. || contr. **renoncer** || *Le suspect persiste à nier sa participation au hold-up.* **2.** Durer, rester malgré tout. *Si la douleur persiste, consultez le médecin.* || contr. **cesser** ||.

► **persistance** n. f. *Devant la persistance du mauvais temps, ils ont renoncé à pique-niquer,* parce que le mauvais temps durait.

► **persistant** adj. Durable, tenace. *Luc souffre d'une douleur persistante au genou.* || contr. **passager** || *Le sapin est un arbre à feuilles persistantes,* qui ne tombent pas. || contr. **caduc** ||.

**personnage** n. m. **1.** Personne qui a une grande importance dans la société ou dans l'histoire. *Jeanne d'Arc est un personnage historique.* **2.** Personne qui est représentée dans un roman, une pièce de théâtre ou un film. → **héros.** *Les personnages d'un roman. Une pièce à deux personnages.*

**personnaliser** v. (conjug. 1) Donner à une chose un caractère personnel pour qu'elle ait l'air bien à soi. *Yves a personnalisé sa chambre en collant sur les murs les affiches qu'il aime.*

**personnalité** n. f. **1.** *La personnalité,* c'est ce qui fait qu'une personne est elle-même et non une autre. *Julie a une forte personnalité,* elle a beaucoup de caractère. **2.** *Une personnalité,* c'est une personne importante ou connue. *Les personnalités du monde du spectacle.* → **célébrité.**

① **personne** pronom indéfini. Aucun être humain. || contr. **quelqu'un** || *Il n'y a personne. Que personne ne sorte ! Elle fait les tartes aux pommes comme personne,* comme personne d'autre.

② **personne** **n. f. 1.** Être humain. *Une famille de quatre personnes.* **2.** *Le ministre en personne a assisté à la cérémonie,* le ministre lui-même. → **personnellement. 3.** En grammaire, *la première personne* désigne celui ou ceux qui parlent, *la deuxième personne* celui ou ceux à qui l'on parle, *la troisième personne* celui ou ceux dont on parle. *« Nous dormons » est le verbe dormir conjugué à la première personne du pluriel.*

▶ **personnel** **adj.** et **n. m.**

▭ **adj. 1.** Ce qui appartient en propre à une personne, qui est bien à lui. → **individuel, particulier, privé.** || contr. **collectif, commun** || *Ses affaires personnelles sont rangées dans sa chambre.* **2.** *Les pronoms personnels* désignent des personnes. *« Je », « tu », « il » sont des pronoms personnels sujets, « le » « lui » et « leur » des pronoms personnels compléments.*

▭ **n. m.** Ensemble des personnes qui travaillent dans une entreprise. *Le personnel de cette usine compte plusieurs centaines d'employés.*

▶ **personnellement** **adv. 1.** En personne, soi-même. *Je tiens à m'occuper de cette affaire personnellement.* **2.** *Personnellement, je ne suis pas d'accord avec cela,* en ce qui me concerne, quant à moi.

▶ **personnifier** **v.** (conjug. 7) Représenter sous l'aspect d'une personne. *Molière a personnifié l'avarice sous les traits d'Harpagon.* ▷ IMPERSONNEL, PERSONNAGE, PERSONNALISER, PERSONNALITÉ, PÈSE-PERSONNE.

**perspective** **n. f. 1.** Façon de dessiner un objet en donnant l'impression de profondeur dans l'espace. *Alex a dessiné la maison en perspective.* **2.** Idée qu'une chose va se produire. *La perspective des vacances rend les enfants tout joyeux. Il a beaucoup de projets en perspective,* en vue.

**perspicace** **adj.** Capable de deviner les choses. → **fin, subtil.** *C'est une femme très perspicace.*

▶ **perspicacité** **n. f.** Finesse d'esprit, subtilité. *Elle a une grande perspicacité.*

**persuader** **v.** (conjug. 1) Convaincre de faire quelque chose. *Julie a persuadé sa mère de lui acheter une nouvelle jupe.* || contr. **dissuader** ||.

▶ **persuadé** **adj.** Convaincu, absolument sûr. *Elle est persuadée d'avoir raison.*

▶ **persuasif** **adj.** Qui sait persuader, convaincre. → **convaincant.** *Anne est très persuasive quand elle veut quelque chose.*

▶ **persuasion** **n. f.** *Il a une grande force de persuasion,* il sait bien persuader les gens, les convaincre. || contr. **dissuasion** ||.

**perte** **n. f. 1.** *Julie est contrariée par la perte de son stylo,* elle est contrariée de l'avoir égaré. → aussi **perdre.** *L'entreprise a subi de grosses pertes cette année,* elle a perdu beaucoup d'argent. || contr. **bénéfice, profit** || **2.** *Yves a été très affecté par la perte de son grand-père,* par sa mort. **3.** *La mer s'étend à perte de vue,* aussi loin que l'on peut voir. **4.** *Tu te démènes en pure perte,* inutilement. **5.** *Il a été renvoyé avec perte et fracas,* brutalement, sans ménagement.

**pertinent** **adj.** Rempli de bon sens. → **judicieux.** *Votre remarque est très pertinente.*

▶ **pertinemment** **adv.** *Tu savais pertinemment que j'allais refuser,* tu le savais très bien.

**perturber** **v.** (conjug. 1) Empêcher de fonctionner normalement. *Des tra-*

*vaux perturbent la circulation sur l'autoroute.*

▶ **perturbateur** n. m., **perturbatrice** n. f. Personne qui provoque le trouble, le désordre. *Julie et Anne, les deux perturbatrices de la classe, ont été mises à la porte du cours.*

▶ **perturbation** n. f. Trouble, désordre. *La grève des pilotes a provoqué de nombreuses perturbations dans le trafic aérien.* ▷ IMPERTURBABLE.

**pervenche** n. f. Petite plante à fleurs bleu-mauve. *Les pervenches poussent dans les bois et au creux des haies.* — Adj. inv. *Bleu pervenche,* du bleu des pervenches. *Des yeux bleu pervenche.*

**pervers** adj. Qui aime faire le mal. *Elle est un peu perverse.*

**pervertir** v. (conjug. 2) *Pervertir quelqu'un,* c'est le faire changer en mal, le rendre mauvais. *Tout cet argent l'a perverti.* → **corrompre.**

**peser** v. (conjug. 5) **1.** Calculer le poids. *La postière a pesé le paquet. — Jules se pèse chaque semaine.* **2.** Avoir pour poids. *Flora pèse 30 kilos.* **3.** *Avant de prendre sa décision, il a longuement pesé le pour et le contre,* il a réfléchi aux avantages et aux inconvénients. **4.** Être pénible à supporter. *La solitude lui pesait.* **5.** Avoir de l'importance, compter. *Son avis a beaucoup pesé dans ma décision.*

▶ **pesant** adj. **1.** Qui donne une impression de lourdeur. *L'éléphant a une démarche pesante.* **2.** Pénible à supporter. *Il régnait dans la pièce un silence pesant.*

▶ **pesamment** adv. D'une manière pesante. *Il se laissa tomber pesamment sur la chaise.*

▶ **pesanteur** n. f. *La pesanteur,* c'est la force qui entraîne les objets vers le centre de la Terre et qui fait qu'ils ont un poids. *Les lois de la pesanteur.* → ② **gravité.** ‖ contr. **apesanteur** ‖.

▶ **pesée** n. f. Opération par laquelle on calcule un poids. *À sa dernière pesée, le bébé faisait 5 kilos.*

▶ **pèse-lettre** n. m. Petite balance pour peser les lettres. — Au pl. *Des pèse-lettres.*

▶ **pèse-personne** n. f. Balance plate à cadran gradué. *Le cadran des pèse-personnes est gradué jusqu'à 120 kilos.* ▷ APESANTEUR, SOUPESER.

**peseta** n. f. [peseta] ou [pezeta] Monnaie espagnole. *Arrivé en Espagne, il a changé des francs en pesetas.*

**pessimisme** n. m. Façon qu'une personne a de prendre les choses du mauvais côté, d'être persuadée que les choses tourneront mal. ‖ contr. **optimisme** ‖ *Elle était d'humeur sombre et voyait l'avenir avec pessimisme.*

▶ **pessimiste** adj. Mécontent du présent et inquiet de l'avenir. *Il est très pessimiste de nature.* ‖ contr. **optimiste** ‖ — N. *C'est une pessimiste.*

**peste** n. f. **1.** Très grave maladie contagieuse. *Au Moyen Âge, les épidémies de peste ont fait des millions de victimes.* **2.** Femme, fillette insupportable. *Quelle petite peste, cette Julie !*

▶ **pester** v. (conjug. 1) Manifester son mécontentement, sa mauvaise humeur par des paroles. *Il pesta contre sa voiture qui ne démarrait pas.* ▷ PESTIFÉRÉ.

**pesticide** n. m. Produit chimique qui protège les cultures des parasites.

**pestiféré** n. m., **pestiférée** n. f. Personne atteinte de la peste. — *Tout le monde le fuit comme un pestiféré,* comme s'il avait la peste.

**pestilentiel** adj. *L'odeur d'œufs pourris est pestilentielle,* infecte. → **fétide.**

**pet** n. m. Familier. Gaz provenant de l'intestin, qui s'échappe par l'anus. *L'âne lâcha une série de pets.* ◊ homonymes : paie, paix. ▷ PÉTARADE, PÉTARADER, PÉTARD, PÉTER, PÉTILLANT, PÉTILLER.

**pétale** n. m. Chacune des parties colorées qui forment la corolle d'une fleur. ⋙ planche Fleurs. *La rose épanouie perdait un à un ses pétales.*

**pétanque** n. f. Jeu de boules. *Dans le Midi, on joue à la pétanque.*

**pétarade** n. f. Suite de détonations. *On entend au loin les pétarades d'une moto.*

▶ **pétarader** v. (conjug. 1) Faire entendre une pétarade. *La moto démarra en pétaradant.*

**pétard** n. m. Petite quantité d'explosif contenue dans un emballage. *Des voyous ont fait exploser des pétards dans la rue.*

**péter** v. (conjug. 6) Familier. Faire un pet. *Quelqu'un péta bruyamment dans la salle.*

**pétiller** v. (conjug. 1) **1.** Faire de petits bruits secs. *Le feu pétille dans la cheminée.* → **crépiter. 2.** Faire de petites bulles. *Le champagne pétillait dans les verres.* **3.** Briller d'un éclat vif. *Les yeux d'Yves pétillent de malice.*

▶ **pétillant** adj. **1.** Qui contient de petites bulles. *Alex boit de l'eau pétillante.* → **gazeux. 2.** Qui brille avec éclat. *Anne avait les yeux pétillants de joie.*

**petit** adj., n. m. et adv. **petite** adj. et n. f.
▭ adj. **1.** Qui a une taille inférieure à la moyenne. *Flora est petite pour son âge.* || contr. **grand** ||. **2.** Jeune. *La sœur de Luc est trop petite pour savoir lire.* || contr. **âgé** ||. **3.** Faible, léger. *On entend de petits bruits dans le grenier.* **4.** Peu important. *Une petite entreprise familiale.* || contr. **gros** ||. **5.** *Petit* exprime l'affection. *Mais oui, ma petite Julie !*
▭ n. **1.** Jeune être humain. *La sœur de Luc est à l'école maternelle, dans la section des petits. Cette petite est adorable.* **2.** Jeune animal. *La chatte a eu des petits.*
▭ adv. *Petit à petit,* peu à peu. *Petit à petit, Flora a appris à nager.*

▶ **petitesse** n. f. *Il se plaint de la petitesse de son appartement,* que son appartement soit petit. → **exiguïté.**
▷ PETIT-BEURRE, PETIT-GRIS, PETIT-LAIT, RAPETISSER.

**petit-beurre** n. m. Petit gâteau sec, fait au beurre. *Un paquet de petits-beurre.*

**petite-fille** n. f. Fille d'un fils ou d'une fille. *Mamie a emmené ses deux petites-filles au théâtre.*

**petit-fils** n. m. Fils d'un fils ou d'une fille. *Louis XVI était le petit-fils de Louis XV,* Louis XV était son grand-père. — Au pl. *Des petits-fils.*

**petit four** n. m. Très petit gâteau, frais ou sec, sucré ou salé. *Au cocktail, il y avait du champagne et des petits fours.*

**petit-gris** n. m. Fourrure gris bleu d'un écureuil d'Europe du Nord et de Sibérie. *Une couverture en petit-gris.* — Au pl. *Des petits-gris.*

**pétition** n. f. Demande écrite, signée par plusieurs personnes. *Les écologistes ont fait une pétition contre l'installation d'une centrale nucléaire.*

**petit-lait** n. m. Liquide clair qui se sépare du lait caillé.

**petit pois** → **pois**

**petits-enfants** **n. m. pl.** Enfants d'un fils ou d'une fille. *Ces grands-parents s'occupent beaucoup de leurs petits-enfants.*

**petit-suisse** **n. m.** Petit fromage frais à la crème, en forme de cylindre. *Yves mange des petits-suisses.*

**pétrel** **n. m.** Oiseau palmipède très vorace, qui vit en haute mer. *Les pétrels vivent en colonies.*

pétrel

**pétrifier** **v.** (conjug. 7) Rendre immobile, incapable de bouger. *Flora était pétrifiée de peur.*

**pétrin** **n. m.** Grand récipient dans lequel les boulangers pétrissent le pain. *Un pétrin mécanique.*

**pétrir** **v.** (conjug. 2) *Pétrir de la pâte,* c'est la presser, la remuer. *Elle pétrit la pâte à tarte avec ses doigts.*

**pétrole** **n. m.** Liquide visqueux que l'on tire du sous-sol et qui est utilisé comme source d'énergie. *On a découvert un gisement de pétrole. Le pétrole raffiné donne de l'essence, du mazout et sert à fabriquer les matières plastiques.*

► **pétrolier** **adj.** et **n. m. 1. adj.** *Les produits pétroliers,* ce sont les produits fabriqués à partir du pétrole. *Les compagnies pétrolières exploitent et vendent le pétrole.* **2. n. m.** Navire équipé pour transporter le pétrole. ⤜ planche Bateaux. *Les pétroliers mesurent plus de 300 mètres de long.*

► **pétrolifère** **adj.** Qui contient du pétrole. *Des terrains pétrolifères.*

**pétulant** **adj.** Vif et exubérant. *Julie est une petite fille pétulante.*

**pétunia** **n. m.** Plante à fleurs roses, violettes ou blanches. *Elle a planté des pétunias sur le balcon.*

**peu** **adv. 1.** Pas beaucoup, en petite quantité. *Elle mange peu, le soir.* || contr. **beaucoup** || **2.** Pas très. *Cette vendeuse est peu aimable.* || contr. **très** || **3.** *Sur la plage il y a peu de gens,* un très petit nombre de gens. **4.** *Elle ajoute un peu de sel dans la soupe,* une petite quantité de sel. || contr. **beaucoup** ||. **5.** *Un peu,* légèrement. *Flora est un peu timide.* **6.** *Peu à peu,* progressivement, petit à petit. *Le chaton s'enhardit peu à peu.* **7.** *Le médecin sera là sous peu,* bientôt. **8.** *Ils ont déménagé depuis peu,* il n'y a pas longtemps.

**peuple** **n. m. 1.** Ensemble de personnes habitant le même pays, ayant la même langue, la même culture et les mêmes traditions. → **nation, population.** *Le peuple français.* **2.** *Le peuple,* c'est la partie la plus nombreuse et la plus défavorisée de la population. → aussi **populace.** *Le peuple de Paris s'est soulevé en 1871.*

► **peuplade** **n. f.** Petit groupe de gens qui vivent en tribus, dans une société qui n'est pas industrialisée. *Les peuplades d'Amazonie.*

▸ **peupler** **v.** (conjug. 1) Habiter un pays, une région. *Autrefois, seuls les Indiens peuplaient l'Amérique.*

▸ **peuplé** **adj.** Où il y a des habitants. *Tokyo et Mexico sont parmi les villes les plus peuplées du monde.*

▸ **peuplement** **n. m.** Installation d'habitants dans une région. *Le peuplement de la ville remonte aux Romains.* ▷ DÉPEUPLER, REPEUPLER, SURPEUPLÉ, SURPEUPLEMENT.

**peuplier** **n. m.** Arbre élancé, assez haut, qui a de petites feuilles et pousse dans des endroits humides et frais. *La rivière est bordée de peupliers.* ⤞ planche Arbres.

**peur** **n. f. 1.** Émotion que l'on ressent en face d'un danger ou d'une menace. → **crainte, frayeur, terreur.** *Flora a peur des chiens. L'orage lui fait peur. Luc a toujours peur d'arriver en retard.* → aussi **craindre. 2.** *Il rentre les coussins à l'intérieur, de peur que la pluie ne les mouille,* pour éviter cela.

▸ **peureux** **adj.** Qui a facilement peur. *Flora est assez peureuse.* → **craintif, poltron ;** fam. **froussard.** || contr. **brave, courageux** || ▷ APEURÉ.

**peut-être** **adv.** Indique la possibilité. *Nous irons peut-être à la campagne dimanche. Peut-être qu'il fera beau.* || contr. **sûrement** ||.

**phacochère** **n. m.** Grand animal d'Afrique, qui ressemble au sanglier.

**phalange** **n. f.** Chaque partie du doigt, soutenue par un os. ⤞ planche Corps humain. *Le pouce et le gros orteil ont deux phalanges ; les autres doigts en ont trois.*

**pharaon** **n. m.** Roi de l'Égypte ancienne. *Toutankhamon et Ramsès II furent de célèbres pharaons.*

pharaon

**phare** **n. m. 1.** Haute tour munie d'une très forte lumière servant à guider les bateaux, la nuit. *La lumière du phare balayait la mer.* **2.** Lumière placée à l'avant d'une voiture pour éclairer la route, la nuit. *Il a fait régler les phares de sa voiture.* ◊ homonyme : fard. ▷ GYROPHARE.

**pharmaceutique** **adj.** *Les produits pharmaceutiques,* ce sont les produits vendus en pharmacie, les médicaments. *Les laboratoires pharmaceutiques fabriquent les médicaments.*

**pharmacie** **n. f. 1.** Magasin où l'on vend des médicaments et des produits pour la toilette. *Les pharmacies ont une croix verte comme enseigne.* **2.** Ensemble des médicaments. *L'armoire à* *pharmacie est dans la salle de bains.* **3.** Science des médicaments. *Il fait des études de pharmacie.*

▸ **pharmacien** n. m., **pharmacienne** n. f. Personne qui tient une pharmacie.

**pharynx** n. m. Endroit au fond de la bouche, où arrive l'œsophage. *Les amygdales sont situées dans le pharynx.*

**phase** n. f. **1.** Chacun des moments d'une action, d'une évolution. → **période, stade.** *Les différentes phases d'une maladie.* **2.** *Les phases de la Lune,* ce sont ses différents aspects. *La nouvelle Lune, le croissant, le premier quartier, le dernier quartier et la pleine Lune sont les différentes phases de la Lune.*

**phénix** n. m. Oiseau merveilleux qui, d'après la légende, vivait plusieurs siècles. *Le phénix mourait brûlé, puis renaissait de ses cendres.*

**phénomène** n. m. *Un phénomène,* c'est une chose qui se passe et que l'on voit, que l'on sent, dont on se rend compte. *La pluie, le vent et les marées sont des phénomènes naturels. Le vieillissement est un phénomène normal.*

▸ **phénoménal** adj. Étonnant, surprenant. *C'est un enfant d'une intelligence phénoménale.* — Au masc. pl. *phénoménaux.*

**philanthrope** n. m. et f. Personne qui consacre son argent ou son énergie à améliorer le sort des hommes.

**philatélie** n. f. Connaissance des timbres-poste et goût que l'on a pour les collectionner. *Luc est passionné de philatélie.*

▸ **philatéliste** n. m. et f. Personne qui collectionne les timbres-poste.

**philosophe** n. m. et f. **1.** Personne qui s'occupe de philosophie. *Les philosophes grecs de l'Antiquité.* **2.** Personne qui prend les choses avec optimisme. *Même quand les choses ne vont pas comme il veut, Jules pense que tout s'arrangera : c'est un philosophe.* — Adj. *Elle est très philosophe.*

▸ **philosophie** n. f. **1.** Science qui étudie les grands problèmes de l'homme, de la vie. *Il est professeur de philosophie dans un lycée.* — On dit familièrement *la philo.* **2.** Sagesse, optimisme. *Il prend toujours les choses avec philosophie.*

▸ **philosophique** adj. *Il lit des ouvrages philosophiques,* de philosophie.

**philtre** n. m. Boisson magique destinée à rendre amoureux. *Tristan et Iseult ont bu un philtre d'amour.* ◊ homonyme : filtre.

**phobie** n. f. Peur maladive et irraisonnée d'une chose précise. *Anne a la phobie des araignées.*

**phonétique** n. f. et adj. **1.** n. f. Étude des sons du langage. **2.** adj. Qui se rapporte aux sons du langage. *L'alphabet phonétique sert à noter les sons d'une langue.*

**phoque** n. m. Gros animal des mers froides, à fourrure rase, aux pattes avant palmées. *Les phoques sont des mammifères.* → aussi **otarie.** ◊ homonyme : foc.

**phosphate** n. m. Produit chimique contenant du phosphore. *Les phosphates servent d'engrais.*

**phosphore** n. m. Produit chimique que l'on trouve dans la nature, qui brille dans l'obscurité et qui s'enflamme très facilement.

▶ **phosphorescent** adj. Qui brille dans l'obscurité. *Les vers luisants sont phosphorescents.* — Au fém. *phosphorescente.*

**photo** n. f. et adj. inv. 1. n. f. Photographie. *Luc a fait développer ses photos de vacances.* 2. adj. inv. Photographique. *Ce journaliste a trois appareils photo.*

▶ **photocopie** n. f. Copie d'un document par reproduction photographique. *Il existe des photocopies en noir et blanc et des photocopies en couleur.*

▶ **photocopier** v. (conjug. 7) Faire une photocopie. *La maîtresse a photocopié le schéma en 25 exemplaires.*

▶ **photocopieur** n. m. Machine à photocopier. *Le photocopieur est en panne.* — On dit aussi *une photocopieuse.*

**photogénique** adj. *Julie est très photogénique,* elle est très bien en photo.

**photographie** n. f. 1. Technique qui permet d'obtenir une image des objets par l'action de la lumière sur un film. *Elle fait de la photographie.* 2. *Une photographie,* c'est une image photographique, un cliché. → **photo.**

▶ **photographe** n. m. et f. Personne qui prend des photos. *Elle est photographe de mode.*

▶ **photographier** v. (conjug. 7) Prendre en photo. *Il photographie surtout des paysages.*

▶ **photographique** adj. *Un appareil photographique,* c'est un appareil qui sert à prendre des photos. → aussi appareil **photo.**

**phrase** n. f. Suite de mots ayant un sens, qui commence par une majuscule et qui se termine par un point. *Une phrase comprend un sujet, un verbe et souvent un complément.* → aussi **proposition.** *« Il pleut. » est une phrase affirmative, « Quel temps fait-il ? » est une phrase interrogative et « Il ne fait pas beau. » est une phrase négative.* ▷ PÉRIPHRASE.

**physionomie** n. f. Aspect du visage. → ② **air, expression.** *Elle a une physionomie sympathique.*

▶ **physionomiste** adj. *Quelqu'un de physionomiste,* c'est quelqu'un qui est capable de reconnaître au premier coup d'œil le visage d'une personne qu'il a vue très peu de temps ou il y a longtemps.

① **physique** n. f. et adj. 1. n. f. Science qui étudie les propriétés et les lois de la nature. *La mécanique et l'électricité sont des parties de la physique.* 2. adj. *Un phénomène physique,* c'est un phénomène que peut étudier la physique. *La chute des corps est un phénomène physique.*

▶ **physicien** n. m., **physicienne** n. f. Personne dont le métier est d'étudier la physique. *Galilée et Einstein furent de grands physiciens.*

② **physique** adj. et n. m. 1. adj. Du corps. → **corporel.** *Alex aime l'effort physique. La culture physique,* c'est la gymnastique. 2. n. m. *Le physique,* c'est l'aspect du corps et du visage. *Elle a un physique agréable.*

▶ **physiquement** adv. 1. D'un point de vue physique. || contr. **moralement** || *Ce travail est pénible physiquement.* 2. En ce qui concerne l'aspect du corps et du visage. *Mamie est encore très bien physiquement.*

**piaffer** v. (conjug. 1) 1. *Les chevaux piaffaient,* ils frappaient le sol avec leurs sabots avant. 2. *C'est bientôt l'heure de la sortie, les enfants piaffent d'impatience,* ils s'agitent, sont impatients.

**piailler** v. (conjug. 1) *Les oisillons piaillent dans leur nid,* ils poussent de petits cris aigus. → **piauler.**

▶ **piaillement** n. m. Petit cri aigu. *On entend les piaillements des moineaux dans la cour.*

**piano** n. m. Instrument de musique à clavier, dont les cordes sont frappées par des marteaux. ⋙ planche Instruments de musique. *Anne joue du piano.*

▶ **pianiste** n. m. et f. Musicien, musicienne qui joue du piano. *La pianiste se produira en concert, demain.*

▶ **pianoter** v. (conjug. 1) Tapoter sur quelque chose avec les doigts. *Il pianotait nerveusement sur la table.*

**piauler** v. (conjug. 1) Pousser de petits cris. → **piailler.** *Les poussins piaulent autour de la poule.*

**pic** n. m. 1. Outil pointu à manche, utilisé pour creuser le roc ou casser des cailloux. *Un pic de mineur.* 2. Montagne au sommet très pointu. *L'avion survole les pics enneigés des Alpes.* ◊ homonymes : ① et ② pique.

**à pic** adv. 1. Verticalement. *La falaise s'élève à pic au-dessus de la mer.* → aussi **à-pic.** *Le bateau a coulé à pic,* droit au fond de l'eau. 2. Familier. Au bon moment, à propos. *Tu tombes à pic, j'avais justement besoin de toi.*

**pichenette** n. f. Petit coup donné avec un doigt. → **chiquenaude.** *D'une pichenette, elle a enlevé un grain de poussière sur sa veste.*

**pichet** n. m. Petit pot muni d'un bec et d'une anse. *Ce pichet en grès contient du cidre.*

pichet

**pickpocket** [pikpɔkɛt] n. m. Ce mot vient de l'anglais. Voleur qui opère en glissant la main dans la poche ou dans le sac des gens. *Un pickpocket a profité de la bousculade pour lui voler son portefeuille.* — Au pl. *Des pickpockets.*

**picorer** v. (conjug. 1) *Les poules picorent du grain,* elles le piquent avec leur bec.

**picoter** v. (conjug. 1) Piquer légèrement. *La fumée lui picotait la gorge.*

▶ **picotement** n. m. Sensation de légères piqûres. *J'ai des picotements dans le nez.*

**pic-vert** → **pivert**

① **pie** n. f. Oiseau au plumage noir et blanc et à longue queue. ⋙ planche Oiseaux. *Les pies jacassent. — Julie est bavarde comme une pie,* très bavarde. ◊ homonymes : ① et ② pis.

▶ ② **pie** adj. inv. *Un cheval pie,* à robe noire et blanche ou fauve et blanche. *Des chevaux pie.*

① **pièce** n. f. 1. Chacune des parties qui forment un ensemble. *Ce puzzle comprend cent pièces.* 2. Morceau de tissu destiné à réparer, consolider. *Alex a une pièce à son jean.* 3. *Le chien a mis en pièces l'ours en peluche de Flora,* il l'a déchiqueté, mis en morceaux. 4. *Ces ananas se vendent à la pièce,* un par un. *Ces verres valent dix francs pièce,* chacun. 5. *Les cygnes nagent sur la pièce d'eau,* sur le bassin. 6. *Une pièce montée,* c'est un gâteau à plusieurs étages, généralement fait de petits choux à la crème. *On sert souvent des pièces montées pour les mariages et les communions.* 7. *Une pièce d'identité,* c'est un papier officiel qui prouve qui on est. *La carte d'identité, le passeport et le permis de conduire sont des pièces d'identité.*
▷ DEUX-PIÈCES, RAPIÉCER.

② **pièce** n. f. Partie d'un appartement ou d'une maison délimitée par des cloisons ou des murs. *Un appartement de quatre pièces.*

③ **pièce** n. f. Petit rond de métal, plat, qui sert à payer. *Dans son porte-monnaie, Anne a une pièce de dix francs et deux pièces de cinq francs.*
► **piécette** n. f. Petite pièce. *Des piécettes de dix centimes.*

④ **pièce** n. f. 1. Texte écrit pour être joué au théâtre. *« L'Avare » est une pièce de Molière.* 2. Morceau de musique. *Luc joue au piano une petite pièce de Mozart.*

① **pied** n. m. 1. Partie du corps située au bas de la jambe, qui sert à marcher et à se tenir debout. *Anne est pieds nus. Yves donne un coup de pied dans le ballon. Ce n'est pas très loin, nous irons à pied,* en marchant. — *Elle a les pieds sur terre,* elle est réaliste. *Il les attendait de pied ferme,* sans crainte, fermement. *La maîtresse a mis sur pied une bibliothèque pour la classe,* elle l'a organisée. Familier. *J'ai fait des pieds et des mains pour obtenir ce renseignement,* je me suis démené. 2. *L'eau est très profonde ici, on n'a plus pied,* on ne sent plus avec les pieds le contact avec le sol. — *L'élève n'a pas su répondre à la question et il a complètement perdu pied,* il s'est troublé, il a perdu son assurance. 3. Emplacement des pieds. *Le chat s'est endormi au pied du lit de Flora.* 4. Partie d'une chose qui touche le sol. *De la menthe pousse au pied du vieux mur.* 5. Partie d'une chose qui sert de support. *Il boit le vin dans des verres à pied. La chaise a un pied cassé.*
► **pied-à-terre** [pjetatɛʀ] n. m. inv. Logement que l'on occupe en passant, à l'occasion. — Au pl. *Des pied-à-terre.*
► **piédestal** n. m. [pl. *piédestaux*] 1. Support. *Le piédestal d'une statue.* → **socle.** 2. *Mettre quelqu'un sur un piédestal,* c'est l'admirer beaucoup.
▷ d'ARRACHE-PIED, CALE-PIED, à CLOCHE-PIED, CONTRE-PIED, COUP-DE-PIED, CROCHE-PIED, MARCHE-PIED, de PLAIN-PIED, TRÉPIED, VA-NU-PIEDS.

② **pied** n. m. 1. Mesure de longueur valant environ 30 centimètres et utilisée dans l'aviation. *L'avion vole à 1 500 pieds.* 2. *Il traite tout le monde sur un pied d'égalité,* d'égal à égal. 3. Syllabe d'un vers. *Un vers de douze pieds s'appelle un alexandrin.*
► **pied de nez** n. m. Geste de moquerie consistant à étendre la main, les doigts écartés et en appuyant le pouce sur son nez. — Au pl. *Des pieds de nez.*

**piège** n. m. 1. Engin servant à attraper des animaux. *Les braconniers ont* *posé des pièges dans la forêt.* **2.** Manœuvre organisée contre quelqu'un pour l'attraper par surprise. → **traquenard.** *Les policiers ont tendu un piège aux gangsters.*

▶ **piéger** **v.** (conjug. 3 et 6) **1.** Attraper avec un piège. *Le braconnier a piégé plusieurs lièvres.* **2.** Installer un système qui fait exploser un objet. *Les terroristes ont piégé une voiture.*

▶ **piégé** **adj.** *Le colis piégé a explosé.*

**pierre** **n. f. 1.** Matière dure qui se trouve dans le sol. *La digue est faite de blocs de pierre.* **2.** Morceau de rocher. → aussi **caillou.** *De grosses pierres sont tombées de la falaise.* **3.** *Les pierres précieuses,* ce sont des minéraux très rares qui valent très cher et dont on fait des bijoux. *Le diamant, l'émeraude, le rubis et le saphir sont des pierres précieuses.*

▶ **pierreries** **n. f. pl.** Pierres précieuses. *La princesse portait un diadème serti de pierreries.* → **joyau.**

▶ **pierreux** **adj.** Couvert de pierres. *Un chemin pierreux mène à la ferme.* — **Au fém.** *pierreuse.* ▷ EMPIERRER, LANCE-PIERRES.

**piété** **n. f.** Caractère d'une personne pieuse. → **dévotion, ferveur.** *C'est une femme d'une grande piété.*

**piétiner** **v.** (conjug. 1) **1.** Avancer très lentement ou rester sur place au lieu d'avancer. *Une foule énorme piétinait à l'entrée du parc d'attractions.* **2.** Écraser avec les pieds. *Il est interdit de piétiner les plates-bandes.* **3.** Ne faire aucun progrès. *L'enquête piétine.*

① **piéton** **n. m.** Personne qui circule à pied. *Les piétons doivent marcher sur les trottoirs.*

▶ ② **piéton** **adj.** Réservé aux piétons. → **piétonnier.** *Dans le centre ville, beaucoup de rues sont piétonnes.*

▶ **piétonnier** **adj.** Réservé aux piétons. → ② **piéton.** *Des rues piétonnières.*

**piètre** **adj.** Médiocre. *Il a obtenu un piètre résultat. Ce n'est qu'une piètre consolation.*

**pieu** **n. m.** Morceau de bois dont l'un des bouts est pointu de façon à pouvoir être enfoncé dans le sol. → **piquet.** — **Au pl.** *Des pieux.* ◊ homonyme : pieux.

**pieuvre** **n. f.** Gros mollusque marin qui a huit tentacules munis de ventouses. → **poulpe** et aussi **calamar.**

**pieux** **adj.** Qui est très attaché à la religion. *C'est une femme très pieuse, elle va à la messe tous les jours.* ‖ contr. **impie** ‖. ◊ homonyme : pieu.

**pigeon** **n. m.** Oiseau au bec légèrement crochu, aux ailes courtes, au plumage blanc, gris ou brun. ⤞ planche Oiseaux. → **colombe, palombe, ramier** et aussi **tourterelle.** *Les pigeons roucoulent. Les pigeons voyageurs sont dressés pour porter des messages.*

▶ **pigeonnier** **n. m.** Petit bâtiment en hauteur où l'on élève des pigeons. *Les pigeonniers sont percés de niches qui abritent les pigeons.*

**pigment** **n. m.** Produit coloré. *La chlorophylle des feuilles est un pigment vert.*

① **pignon** **n. m.** Partie haute et triangulaire du mur d'une maison, entre les deux pentes du toit. *Les pignons* *sont sur le côté ou sur la façade d'une maison.*

pignon

② **pignon** n. m. Roue dentée d'un engrenage. *La chaîne de la bicyclette entraîne le pignon de la roue arrière.*

① **pile** n. f. 1. Tas plus haut que large d'objets mis les uns sur les autres. *Il a une pile de livres sur son bureau.* 2. *Les piles d'un pont,* ce sont les piliers qui le soutiennent. *Les piles sont sous les arches du pont.* ▷ EMPILER, PILIER, PILORI, PILOTIS.

② **pile** n. f. Appareil qui fournit de l'électricité à partir de l'énergie chimique. *Cette lampe de poche marche avec des piles.*

③ **pile** n. f. et adv. 1. n. f. *Le côté pile d'une pièce de monnaie,* c'est l'envers. ‖ contr. **face** ‖ *Jouer à pile ou face,* c'est jeter une pièce en l'air pour décider entre deux choses, selon que la pièce retombe d'un côté ou de l'autre. 2. adv. Familier. *Il est midi pile,* exactement midi. → ① **juste.** *La voiture s'est arrêtée pile au feu rouge,* elle s'est arrêtée net.

**piler** v. (conjug. 1) Écraser en tout petits morceaux. → **broyer.** *Elle pile des amandes pour faire un gâteau.* ▷ PILON, PILONNER.

**pileux** adj. *Le système pileux,* c'est l'ensemble des poils et des cheveux.

**pilier** n. m. Poteau qui soutient un bâtiment. → **colonne.** *L'église a de beaux piliers de style gothique.*

**piller** [pije] v. (conjug. 1) Voler et détruire tout ce qu'il y a dans un endroit. → **dévaster, saccager.** *Rome fut pillée par les Vandales au 5e siècle.*

► **pillage** n. m. Ensemble de vols et de dégâts commis de façon violente. *Les soldats se sont livrés au pillage.* → aussi **razzia,** ② **sac.**

► **pillard** n. m., **pillarde** n. f. Personne qui pille. *La ville était la proie des pillards.*

**pilon** n. m. Instrument long et lourd à bout arrondi, qui sert à piler. *Elle écrase des amandes dans un mortier avec un pilon.*

► **pilonner** v. (conjug. 1) Écraser sous les bombes. *Les bombardiers ont pilonné la ville.*

**pilori** n. m. Poteau auquel on attachait les criminels sur la place publique.

**pilote** n. m. 1. Marin qui aide les capitaines à conduire les navires dans les ports. 2. Personne qui conduit un avion ou une voiture de course. *Le pilote a réussi à poser l'avion dans un champ. Elle est pilote de course.*

► **piloter** v. (conjug. 1) 1. Conduire en tant que pilote. *Il aimerait apprendre à piloter un avion.* 2. Servir de guide. *Elle nous a pilotés dans Paris.* → **guider.**

► **pilotage** n. m. 1. Manœuvre d'un pilote de bateau. *Le pilotage est diffi-*

*cile dans ce port.* 2. Conduite d'un avion, d'un hélicoptère. *L'avion a atterri en pilotage automatique.* ▷ COPILOTE.

**pilotis** **n. m.** Ensemble de pieux enfoncés en terre sur lesquels on bâtit une maison. *On construit les maisons sur pilotis quand le terrain est très humide.*

**pilule** **n. f. 1.** *Une pilule,* c'est un médicament en forme de petite boule que l'on avale. *Des pilules pour la toux.* → aussi **comprimé, gélule. 2.** *La pilule,* c'est un médicament que prend une femme pour ne pas avoir d'enfant. *Elle prend la pilule.* → aussi **contraception.**

**pimbêche** **n. f.** Femme ou petite fille prétentieuse et désagréable.

**piment** **n. m.** Fruit des régions chaudes au goût très fort, brûlant, que l'on utilise comme épice. → aussi **poivron.**

**pimpant** **adj.** *Julie est toute pimpante, ce matin,* élégante et gracieuse. → **fringant.**

**pin** **n. m.** Arbre qui produit de la résine et dont les aiguilles sont toujours vertes. ↠ planche Arbres. *Anne ramasse des pommes de pin.* ◊ homonyme : pain. ▷ PINÈDE.

**pinacle** **n. m.** *Ses amis le portent au pinacle,* disent beaucoup de bien de lui, le louent.

**pince** **n. f. 1.** Instrument formé de deux branches, qui sert à saisir les objets et à les serrer. → **tenaille.** *Il a arraché le clou avec une pince. Les pinces à linge servent à suspendre le linge.* **2.** Extrémité des pattes de certains crustacés comme le homard, la langouste ou le crabe. *Yves mange des pinces de crabe.*

**pinceau** **n. m.** Instrument composé d'une touffe de poils au bout d'un manche, qui sert à étaler de la peinture. — **Au pl.** *Des pinceaux.*

**pincer** **v.** (conjug. 3) **1.** Serrer très fort entre les doigts ou entre deux objets. *Julie a pincé Alex au bras. Anne s'est pincé le doigt dans la porte.* **2.** *Elle pince les lèvres pour ne pas rire,* elle les rapproche et les rend plus minces.

► **pincé** **adj.** *Il m'a répondu d'un air pincé,* d'un air mécontent et prétentieux.

► **pincée** **n. f.** Quantité de poudre que l'on peut prendre entre les doigts. *Il faut ajouter une pincée de sel dans la sauce.*

► **pincement** **n. m.** *Il a eu un pincement au cœur en voyant sa fille partir pour un mois,* il a eu un court moment d'angoisse et de douleur.

► **pince-sans-rire** **n. m.** et **f. inv.** Personne qui dit des choses drôles avec un air très sérieux. — **Au pl.** *Des pince-sans-rire.*

► **pincettes** **n. f. pl.** Longue pince qui sert à remuer les bûches dans le feu. — *Il n'est pas à prendre avec des pincettes,* il est de très mauvaise humeur. ▷ PINCE.

**pinède** **n. f.** Plantation de pins.

**pingouin** **n. m.** Gros oiseau de mer aux pattes palmées qui a un plumage noir et blanc. *Les pingouins vivent sur les banquises du pôle Nord.* → aussi **manchot.**

**ping-pong** [piŋpɔ̃g] **n. m. inv.** Tennis de table. *Les enfants ont fait plusieurs parties de ping-pong.*

**pingre** **adj.** Avare. *Elle est très pingre.*

**pin's** [pins] **n. m.** Ce mot vient de l'anglais. Petit insigne décoratif qui se pique sur un vêtement. *Elle collectionne les pin's.*

**pinson** **n. m.** Oiseau au plumage bleu verdâtre et au bec court, qui chante bien. *Flora est gaie comme un pinson,* elle est très gaie.

**pintade** **n. f.** Oiseau de la taille d'une poule, qui a un plumage sombre avec des taches claires. *Il chasse la pintade et le faisan.*
▸ **pintadeau** **n. m.** Petit de la pintade. *Des pintadeaux rôtis.*

**pinte** **n. f.** Mesure que l'on emploie pour les liquides en Grande-Bretagne, aux États-Unis et au Canada. *Il a bu une pinte de bière.*

**pioche** **n. f. 1.** Outil formé d'un manche au bout duquel est fixé un fer dont une extrémité est pointue et l'autre aplatie et tranchante. *Le terrassier creuse le sol avec une pioche.* **2.** Tas de cartes ou de dominos où l'on pioche pendant la partie. *Il a pris une carte dans la pioche.*
▸ **piocher** **v.** (conjug. 1) **1.** Creuser avec une pioche. *Le jardinier pioche la terre.* **2.** *Tout est là, piochez dans le tas,* fouillez dans le tas et saisissez ce que vous voulez. **3.** Prendre une carte ou un domino dans un tas. *Julie a dû piocher deux fois.*

**piolet** **n. m.** *Les alpinistes taillent des marches dans la glace avec leur piolet,* avec un instrument qui ressemble à une petite pioche légère.

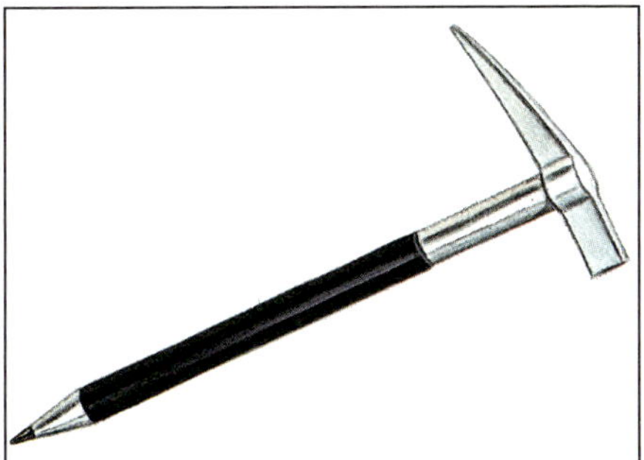
piolet

① **pion** **n. m.** Pièce du jeu de dames et de divers autres jeux. *Yves et Alex placent leurs pions sur le damier.*

② **pion** **n. m., pionne** **n. f.** Familier. Personne qui surveille les élèves, dans un lycée ou un collège. → **surveillant.**

**pionnier** **n. m., pionnière** **n. f. 1. n. m.** Personne qui s'installe dans une région que personne n'a encore jamais habitée. → **colon. 2. n. m.** et **f.** Personne qui, la première, fait une chose nouvelle. *Hélène Boucher est une pionnière de l'aviation.*

**pipe** **n. f.** Petit tuyau terminé à un bout par une partie évasée dans laquelle on met du tabac que l'on fume. *Jules fume la pipe.*
▸ **pipeau** **n. m.** Sorte de petite flûte. — **Au pl.** *Des pipeaux.* ▷ PIPETTE.

**pipeline** [pajplajn] ou [piplin] **n. m.** Canalisation qui sert au transport de gaz ou de liquides sur de longues distances. *Le pétrole est transporté par pipelines.* → **oléoduc.**

**piper** v. (conjug. 1) **1.** *Elle l'a écouté sans piper,* sans dire un mot. **2.** *Les cartes sont pipées,* elles sont truquées.

**pipette** n. f. Petit tube gradué qui sert à prélever un peu de liquide pour faire une expérience dans un laboratoire.

**pipi** n. m. Familier. Urine. *Yves a fait pipi derrière un arbre.*

**piquant** adj. et n. m. **1.** adj. Qui donne une sensation de piqûre. *Cette sauce est très piquante.* **2.** n. m. Sorte d'épine ou de poil dur de certaines plantes ou de certains animaux. *Le hérisson a dressé ses piquants.*

① **pique** n. f. Arme formée d'un long bâton muni d'un fer plat et pointu. → **lance.** ◇ homonyme : pic.

▸ ② **pique** n. m. Marque du jeu de cartes représentée par un fer de pique noir. *La dame de pique.*

en **piqué** adv. *L'avion est descendu en piqué,* presque à la verticale.

**pique-assiette** n. m. et f. inv. Personne qui se fait inviter sans cesse. → **parasite.** — Au pl. *Des pique-assiette.*

**pique-nique** n. m. Repas en plein air dans la nature. *Nous avons fait un pique-nique dans la forêt.* — Au pl. *Des pique-niques.*

▸ **pique-niquer** v. (conjug. 1) Faire un pique-nique. *Les enfants ont pique-niqué au bord de la rivière.*

**piquer** v. (conjug. 1) **1.** Percer légèrement la peau avec une pointe. *Flora s'est piqué le doigt avec une épingle.* **2.** Enfoncer une aiguille. *Le médecin a piqué Alex dans le dos,* il lui a fait une piqûre. **3.** *Un moustique m'a piqué,* a enfoncé son dard dans ma peau. **4.** Donner une sensation de piqûre. *La fumée pique les yeux.* → **irriter.** **5.** Percer pour attraper. *Il pique le morceau de viande avec sa fourchette.* **6.** Coudre à la machine. *Elle a bâti l'ourlet avant de le piquer.* **7.** Familier. Avoir brusquement. *Julie a piqué une crise parce qu'elle ne trouvait plus son cartable.* **8.** Familier. Voler. *On m'a piqué mon stylo.* → fam. **chiper,** ② **faucher.** **9.** *Il se pique de littérature russe,* il prétend connaître la littérature russe. **10.** Tomber, descendre brusquement. *L'avion piquait, faisait un looping et remontait.*

▸ **piquet** n. m. **1.** Petit pieu. *Luc enfonce les piquets de la tente.* **2.** *Il y a un piquet de grève devant l'entrée de l'usine,* un groupe de grévistes qui reste sur place pour veiller à ce que la grève soit bien suivie.

▸ **piquette** n. f. Vin ou cidre de mauvaise qualité, qui pique.

▸ **piqûre** n. f. **1.** Petite blessure faite par un objet ou un animal qui pique. *Il a des piqûres de moustiques sur les jambes.* **2.** *Une piqûre,* c'est une suite de points faits à la machine ou à la main, qui sert de couture ou d'ornement sur un vêtement, un sac, etc. **3.** Introduction de l'aiguille d'une seringue dans une partie du corps, pour prélever du sang ou pour injecter un médicament. *Le médecin lui a fait une piqûre pour l'endormir.* ▷ À-PIC, MARTEAU-PIQUEUR, PIC, à PIC, PICORER, PICOTEMENT, PICOTER, PIQUANT, ① et ② PIQUE, en PIQUÉ, PIQUE-ASSIETTE, REPIQUER.

**piranha** [piʀana] n. m. Petit poisson carnassier des fleuves d'Amérique du Sud qui est extrêmement vorace. ➳ planche Poissons.

**pirate** n. m. **1.** Bandit qui pillait les navires. → aussi **corsaire.** *Les pirates*

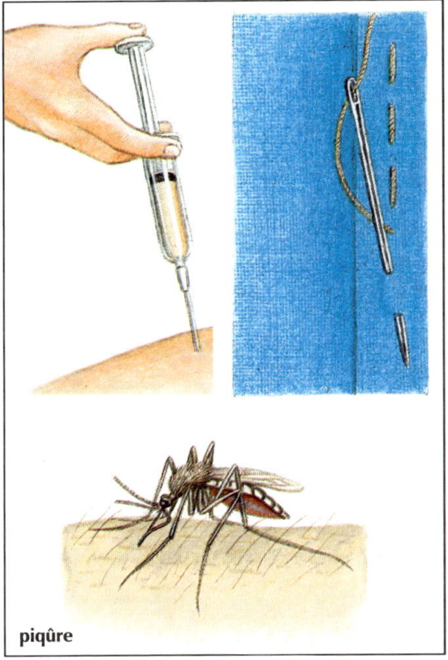
piqûre

*écumaient les mers.* **2.** *Un pirate de l'air,* c'est une personne qui prend en otage l'équipage et les passagers d'un avion.

▶ **pirater** **v.** (conjug. 1) *Pirater une cassette ou un livre,* c'est en faire un double, illégalement.

▶ **piraterie** **n. f.** Pillage fait par les pirates.

**pire** **adj. 1.** Plus mauvais, plus pénible. *La situation est pire que je ne croyais,* elle est encore plus grave. ‖ contr. **meilleur** ‖ *C'est bien pire que la dernière fois.* → ② **pis.** ‖ contr. **mieux** ‖ **2.** Le plus mauvais. *Elle a les pires ennuis avec sa voiture,* les plus graves ennuis. — **N. m.** *On a réussi a éviter le pire.* ▷ EMPIRER.

**pirogue** **n. f.** Longue barque étroite et plate que l'on fait avancer avec une pagaie. *On utilise des pirogues en Afrique et en Océanie.*

**pirouette** **n. f.** Tour ou demi-tour que l'on fait sur soi-même, sans changer de place, en pivotant sur le talon ou la pointe d'un seul pied. *Le danseur a fait une série de pirouettes.*

① **pis** **n. m.** Mamelle d'une vache, d'une brebis ou d'une chèvre. ◊ homonymes : ① et ② pie.

② **pis** **adv.** et **adj. 1. adv.** De plus en plus mal. *Le malade va de mal en pis.* **2. adj.** Plus mauvais, plus grave. *C'est bien pis que vous ne pensez.* → **pire.**

▶ **pis-aller** [pizale] **n. m. inv.** Moyen, solution que l'on adopte faute de mieux. *Ce n'est qu'un pis-aller, nous trouverons mieux par la suite.* — **Au pl.** *Des pis-aller.*

**pisciculture** **n. f.** Élevage des poissons.

**piscine** **n. f.** Grand bassin dans lequel on nage. *Yves et Flora sont allés à la piscine hier.*

**pissenlit** **n. m.** Plante que l'on trouve dans les prés, qui a des feuilles longues et dentées et des fleurs jaunes. *Une salade de pissenlit.*

**pistache** **n. f.** Graine verdâtre que l'on mange salée ou que l'on utilise pour faire des crèmes, des glaces, etc. *Des chocolats fourrés à la pistache.*

**piste** **n. f. 1.** *Le chien suit la piste d'un lièvre,* les traces laissées par un lièvre. *La police est sur la piste des ravisseurs,* elle a des indications qui la guident pour retrouver les ravisseurs. **2.** Terrain aménagé pour une course sportive. *La piste d'un vélodrome.* **3.** Partie circulaire d'un cirque où le spectacle se déroule. *Les lions sont entrés en piste.* **4.** Terrain aménagé pour un usage particulier. *Une piste de ski. Une piste cyclable. Une piste d'atterrissage.* ▷ DÉPISTER.

**pistil** [pistil] **n. m.** Partie de la fleur qui reçoit le pollen. ⤐ planche Fleurs. *Le pistil contient les graines qui donnent les fruits.*

**pistole** **n. f.** Ancienne monnaie d'or d'Espagne et d'Italie.

**pistolet** **n. m. 1.** Petite arme à feu. → **revolver.** *Le gangster a tiré un coup de pistolet.* **2.** En Belgique. Petit pain rond.

① **piston** **n. m.** Pièce qui se déplace dans un tube par un mouvement de va-et-vient. *Dans une pompe à vélo, il y a un piston.*

② **piston** **n. m.** Familier. Recommandation venant de personnes importantes, qui aide à obtenir un poste, un avancement. *Il a été nommé directeur par piston.*
▶ **pistonner** **v.** (conjug. 1) *Il a été pistonné par le ministre,* il a eu une recommandation du ministre. → **appuyer.**

**pitance** **n. f.** Nourriture insuffisante ou de mauvaise qualité. *Le clochard mange sa maigre pitance.*

**piteux** **adj.** Pitoyable. *Il a eu un accident, sa moto est en piteux état.* — **Au fém.** *piteuse.*

**pitié** **n. f.** *Elle a eu pitié de ce vieux mendiant et lui a donné de l'argent,* elle a été émue par sa misère et a voulu faire quelque chose pour l'aider. → **compassion.**

**piton** **n. m. 1.** Clou ou vis dont la tête forme un anneau ou un crochet. **2.** *Un piton rocheux,* c'est un sommet de montagne très élevé et très pointu. → **pic.** ◊ homonyme : python.

**pitoyable** **adj.** Qui inspire la pitié. → **déplorable, lamentable, piteux.** *Ce pauvre chien est dans un état pitoyable.* ▷ IMPITOYABLE.

**pitre** **n. m.** Personne qui fait rire par des plaisanteries, des grimaces. *Arrête de faire le pitre !* → **clown.**
▶ **pitrerie** **n. f.** *Il fait sans cesse des pitreries,* des plaisanteries, des grimaces pour amuser. → **clownerie.**

**pittoresque** **adj.** Qui attire l'attention par son aspect original. *Ce vieux quartier est très pittoresque.* ‖ contr. **banal** ‖.

**pivert** **n. m.** Oiseau jaune et vert qui frappe l'écorce des arbres avec son bec pour en faire sortir les larves d'insectes dont il se nourrit. ⤐ planche Oiseaux. — On écrit aussi *pic-vert.*

**pivoine** **n. f.** Grosse fleur rouge, rose ou blanche. ⤐ planche Fleurs.

**pivot** **n. m.** Pièce d'un mécanisme sur laquelle s'emboîte une autre pièce qui peut ainsi tourner. *L'aiguille d'une boussole repose sur un pivot.*
▶ **pivoter** **v.** (conjug. 1) Tourner comme autour d'un pivot. *Luc a pivoté sur ses talons et fait demi-tour.*

**pizza** [pidza] **n. f.** Tarte salée italienne faite de pâte à pain et recouverte de tomates, de jambon, de fromage, etc. — **Au pl.** *Des pizzas.*
▶ **pizzeria** [pidzeʀja] **n. f.** Restaurant où l'on sert des pizzas.

**placard** **n. m.** Armoire aménagée dans un mur et fermée par une porte.

**placarder** **v.** (conjug. 1) *On a placardé sur la porte du restaurant un avis in-*

*terdisant de fumer,* on l'a collé sur la porte. → **afficher.**

**place** **n. f. 1.** Espace entouré de bâtiments. *Il habite sur la place de l'Église.* **2.** *Une place forte,* c'est une forteresse. **3.** *Yves est très énervé, il ne tient pas en place,* il bouge sans arrêt. *Le commissaire s'est rendu sur place,* là où l'événement s'est produit. **4.** Endroit qu'une personne ou une chose occupe. *Où sont mes lunettes ? Elles ne sont pas à leur place.* **5.** Siège. *Il a réservé deux places de train.* **6.** Espace inoccupé. *Il n'y a plus de place dans ce placard. J'ai eu du mal à trouver une place pour garer ma voiture.* **7.** *Se mettre à la place de quelqu'un,* c'est imaginer qu'on est dans sa situation. *À ta place, je m'en irais,* si j'étais toi. **8.** Rang dans un classement. *Flora a eu la première place en rédaction,* elle a été classée première. **9.** Emploi. *L'employé de la bijouterie a perdu sa place,* il a été renvoyé. **10.** *Nous ne pouvons pas vous rembourser, mais choisissez un autre article à la place,* au lieu de cet article, pour remplacer cet article.

► **placer** **v.** (conjug. 3) **1.** Conduire quelqu'un à une certaine place. *L'ouvreuse nous a placés au premier rang.* **2.** Mettre une chose quelque part. *Il a placé l'escabeau sous le plafonnier pour changer l'ampoule.* **3.** *Il est si bavard qu'on ne peut pas placer un mot quand il parle,* on ne peut rien dire. **4.** *Placer de l'argent,* c'est le confier à une banque pour qu'il rapporte des intérêts.

► **placement** **n. m. 1.** *Vous avez fait un bon placement,* vous avez bien placé votre argent, il va vous rapporter de bons intérêts. → **investissement. 2.** *Un bureau de placement,* c'est un organisme qui se charge de trouver du travail à ceux qui cherchent un emploi. ▷ DÉPLACÉ, DÉPLACEMENT, DÉPLACER, EMPLACEMENT, IRREMPLAÇABLE, REMPLAÇANT, REMPLACEMENT, REMPLACER, REPLACER.

**placide** **adj.** Doux et calme. *C'est un homme placide.*

**plafond** **n. m. 1.** *Le plafond du salon est orné de moulures,* la partie supérieure de la pièce, opposée au plancher. **2.** *Le gouvernement a fixé un plafond pour le prix de l'essence,* un maximum que l'on ne peut pas dépasser.

► **plafonner** **v.** (conjug. 1) *Cet avion plafonne à 5 000 mètres,* il ne peut pas voler à une altitude supérieure.

► **plafonnier** **n. m.** Lampe fixée au plafond.

**plage** **n. f. 1.** Étendue plate de sable ou de galets, au bord de la mer. *Ils sont allés à la plage se baigner.* **2.** *La plage arrière d'une voiture,* c'est l'endroit plat situé sous la vitre arrière.

**plagier** **v.** (conjug. 7) *Il n'a rien écrit d'original, il n'a fait que plagier Victor Hugo,* le copier.

**plaid** [plɛd] **n. m.** Couverture en lainage écossais.

**plaider** **v.** (conjug. 1) Défendre une cause devant un tribunal. *L'avocat plaide pour son client.*

► **plaidoirie** **n. f.** Discours que fait un avocat pour défendre son client. *L'avocat a fait une longue plaidoirie.*

► **plaidoyer** **n. m.** Défense passionnée. *Ce livre est un plaidoyer en faveur de l'égalité des races.*

**plaie** **n. f.** Blessure dans la chair. *Il faut désinfecter la plaie.*

**plaindre** **v.** (conjug. 52) **1.** *Je plains ces malheureux qui dorment dehors en* *hiver*, j'ai pitié d'eux, je suis triste pour eux. **2.** *Julie a mal au ventre, elle se plaint*, elle exprime sa douleur. *Ils se sont plaints au gardien du bruit que faisaient leurs voisins*, ils ont exprimé leur mécontentement.

▶ **plaignant** **n. m.**, **plaignante** **n. f.** Personne qui dépose une plainte en justice. ▷ COMPLAINTE, PLAINTE, PLAINTIF.

**plaine** **n. f.** Grande étendue de pays plat et peu élevé. *La Belgique est un pays de plaines.*

de **plain-pied** **adv.** *Le salon ouvre de plain-pied sur le jardin*, au même niveau.

**plainte** **n. f. 1.** *Il a porté plainte contre ses voisins*, il les a accusés devant la justice. **2.** *Julie a été très courageuse pendant qu'on lui refaisait son pansement, on n'a pas entendu une seule plainte*, un seul gémissement. ◊ homonyme : plinthe.

▶ **plaintif** **adj.** *Elle parle d'une voix plaintive*, douce et faible comme si elle se plaignait. → **geignard.**

**plaire** **v.** (conjug. 54) **1.** *Ce film m'a beaucoup plu*, je l'ai trouvé intéressant et beau. — *Ils se sont plu dès qu'ils se sont vus*, ils ont été séduits l'un par l'autre. **2.** *Passe-moi le pain, s'il te plaît*, si cela ne te dérange pas. **3.** *Luc se plaît beaucoup à la montagne*, il aime y être. ▷ COMPLAISANCE, COMPLAISANT, se COMPLAIRE, DÉPLAIRE, DÉPLAISANT, PLAISANCE, PLAISANT, PLAISANTER, PLAISANTERIE, PLAISANTIN, PLAISIR.

**plaisant** **adj.** et **n. m.**

▭ **adj. 1.** Agréable, charmant. *C'est une femme plaisante.* ‖ contr. **déplaisant** ‖ **2.** Amusant. *Il nous est arrivé une aventure plaisante.*

▭ **n. m.** *Un mauvais plaisant*, c'est une personne qui fait des farces de mauvais goût. → **plaisantin.**

▶ **plaisance** **n. f.** *Un bateau de plaisance*, c'est un bateau qui sert à naviguer pour son plaisir et non pour son travail.

▶ **plaisancier** **n. m.** Personne qui pratique la navigation pour son plaisir.

▶ **plaisanter** **v.** (conjug. 1) **1.** Dire des choses qui font rire. *Elle aime bien plaisanter.* **2.** *La directrice ne plaisante pas avec la discipline*, elle la prend très au sérieux.

▶ **plaisanterie** **n. f.** Chose que l'on dit pour amuser, pour faire rire. *Yves aime bien faire des plaisanteries.* → **farce.**

▶ **plaisantin** **n. m.** Personne qui fait des plaisanteries ou des farces de mauvais goût. → mauvais **plaisant.**

**plaisir** **n. m.** Impression agréable que l'on a quand on est content. → **bien-être, contentement.** *Quel plaisir d'être en vacances !* → **bonheur, joie.** ‖ contr. **tristesse** ‖ *L'appétit d'Antoine fait plaisir à voir. Voulez-vous venir avec nous ? — Avec plaisir*, volontiers.

① **plan** **adj.** *L'eau au repos est une surface plane*, plate, lisse. ◊ homonyme : plant.

▶ ② **plan** **n. m. 1.** Surface plane. *Les camions montent dans le bateau par un plan incliné.* **2.** *Sur la photo, Julie est au premier plan*, à l'avant de la photo. *Un gros plan*, c'est une image rapprochée d'un objet ou d'un visage, au cinéma. ▷ APLANIR, ARRIÈRE-PLAN, BIPLAN, MONOPLAN, PLANER, PLANEUR.

③ **plan** **n. m. 1.** Dessin qui représente un bâtiment ou une ville vus du dessus. *Il cherche une rue sur le plan.* **2.** *Avant de commencer une rédaction,* *il faut en faire le plan,* définir la façon dont se suivent les paragraphes. **3.** Projet. *Yves et Luc ont élaboré un plan pour les prochaines vacances.* ▷ PLANIFICATION, PLANIFIER.

**planche** **n. f. 1.** Morceau de bois plat, long et étroit. → **latte.** *Il a acheté des planches pour faire une étagère. Une planche à pain,* c'est une planche sur laquelle on pose le pain pour le couper. **2.** *Anne fait la planche,* elle se laisse flotter sur le dos. **3.** *Il a toujours rêvé de monter sur les planches,* de faire du théâtre. **4.** Feuille d'un livre qui comporte uniquement des dessins. *Une planche de champignons.* **5.** *Une planche à roulettes,* c'est une planche munie de roulettes sur laquelle on peut se déplacer. → **skate. 6.** *Une planche à voile,* c'est une planche munie d'une voile que l'on fait avancer sur l'eau.

▶ **plancher** **n. m.** Sol d'une pièce, souvent fait de planches. → **parquet** et aussi **plafond.**

**plancton** **n. m.** Ensemble de très petits animaux qui vivent dans l'eau. *Les baleines se nourrissent de plancton.*

**planer** **v.** (conjug. 1) **1.** Voler sans battre des ailes. *L'aigle plane au-dessus de la vallée.* **2.** *L'avion descendait en planant,* en volant sans moteur. → aussi **planeur. 3.** *Un danger plane sur la ville,* il est là et la menace.

**planète** **n. f.** Corps qui tourne autour du Soleil. *Mercure, Vénus, la Terre, Mars, Jupiter, Saturne, Uranus, Neptune et Pluton sont les neuf planètes du système solaire.*

▶ **planétaire** **adj. 1.** *Le système planétaire,* c'est l'ensemble des planètes. **2.** *La pollution est un problème planétaire,* qui concerne la planète Terre tout entière. → **mondial.** ▷ INTERPLANÉTAIRE.

**planeur** **n. m.** Avion léger, sans moteur, fait pour planer. ↠ planche Avions.

**planifier** **v.** (conjug. 7) Organiser quelque chose en suivant un plan. *La maîtresse a planifié le travail de la classe pour la semaine.*

▶ **planification** **n. f.** Organisation selon un plan. *La planification des vacances.*

**planisphère** **n. m.** Carte qui représente toute la Terre. → **mappemonde.**

**planning** [planiŋ] **n. m.** Ce mot vient de l'anglais. Programme de travail. *Elle a fait son planning pour la semaine.* — **Au pl.** *Des plannings.*

**plant** **n. m.** Plante jeune destinée à être repiquée ou qui vient de l'être. *Il repique des plants de salade.* ◊ homonymes : ① et ② plan.

① **plante** **n. f.** *La plante du pied,* c'est le dessous du pied.

▶ **plantaire** **adj.** *Luc a une verrue plantaire,* sur la plante du pied.

**planter** **v.** (conjug. 1) **1.** Mettre une plante dans la terre. *Ils ont planté des sapins.* → aussi **repiquer.** ‖ contr. **arracher, déraciner** ‖ **2.** Enfoncer. *Elle plante un clou dans le mur. Le chien a planté ses crocs dans le mollet de Julie.* **3.** Mettre debout, droit. *Elle a planté la tente au bord de la rivière.* — *Ils se sont plantés devant moi pour m'empêcher de passer,* ils sont restés debout, immobiles devant moi.

▶ **plantation** **n. f. 1.** Ensemble de plantes cultivées. → **culture.** *L'orage a abîmé les plantations.* **2.** Grande exploitation agricole où l'on cultive des produits tropicaux. *Une plantation d'ananas.*

► ② **plante** n. f. *Alex étudie les plantes des pays tempérés,* les végétaux de ces pays-là. → aussi **flore, végétation** et **botanique.** *Il y a une plante verte dans le salon,* une plante sans fleurs qui reste toujours verte.

► **planteur** n. m. Personne qui possède une plantation dans les pays tropicaux. *Un planteur de café.* ▷ IMPLANTATION, IMPLANTER, PLANT, TRANSPLANTATION, TRANSPLANTER.

**plantureux** adj. *Un repas plantureux,* c'est un repas très abondant. → **copieux.** — Au fém. *plantureuse.*

**plaquer** v. (conjug. 1) 1. *Ce bracelet est plaqué or,* il est recouvert d'une mince couche d'or. 2. *Les policiers ont plaqué le voleur au sol,* ils l'ont appuyé contre le sol avec force.

► **plaque** n. f. 1. Feuille d'une matière rigide, plate et peu épaisse. *La table est recouverte d'une plaque de verre.* 2. *Yves a acheté deux plaques de chocolat.* → **tablette.** 3. Tache plus ou moins grande. *Elle a des plaques rouges sur le visage.*

► **plaquette** n. f. Petite plaque. *Il a acheté une plaquette de beurre. Les plaquettes de freins sont usées.* ▷ CONTRE-PLAQUÉ.

**plasma** n. m. *Le plasma sanguin,* c'est la partie liquide du sang. → **sérum.**

**plastic** n. m. Explosif qui a la consistance du mastic. *Un attentat au plastic.* ◊ homonymes : ① et ② plastique. ▷ PLASTIQUAGE, PLASTIQUER.

**plastifier** v. (conjug. 7) Couvrir d'une couche de plastique. *Elle a fait plastifier son permis de conduire.*

① **plastique** adj. *La sculpture, l'architecture, le dessin, la peinture sont des arts plastiques,* des arts qui recherchent la beauté des formes. ◊ homonyme : plastic.

② **plastique** adj. *La matière plastique,* c'est une matière artificielle qui peut être moulée. *Un seau en matière plastique.* — N. m. *Des couverts en plastique.*

**plastiquer** v. (conjug. 1) *Des terroristes ont plastiqué la villa du ministre,* ils l'ont fait exploser avec du plastic.

► **plastiquage** n. m. Attentat au plastic. *Le plastiquage d'un monument.*

**plastron** n. m. Partie d'une chemise qui recouvre la poitrine.

① **plat** adj. 1. Sans creux ni bosses. *Il pêche dans une grande barque à fond plat.* 2. *On mange la viande dans des assiettes plates,* peu profondes. ‖ contr. **creux** ‖ 3. Peu épais, mince. *La sole est un poisson plat. Elle porte des chaussures plates,* à talons peu élevés. 4. *Cet écrivain a un style plat,* banal, sans originalité. 5. *Pose ton cahier bien à plat pour écrire,* pose-le horizontalement. *Le pneu est à plat,* il est dégonflé.

► ② **plat** n. m. 1. Partie plate d'une chose. *Le plat de la main,* c'est la paume et les doigts étendus. 2. Plongeon où le corps arrive dans l'eau à plat. *Il a fait un plat dans la piscine.* ▷ APLATIR, OMOPLATE, PLATEAU, PLATE-BANDE, PLATE-FORME, ① PLATINE, PLATITUDE.

③ **plat** n. m. 1. Grande assiette dans laquelle on sert les aliments à table. *Elle pose le plat brûlant sur la table.* 2. Contenu d'un plat. *Yves a fini le plat.* 3. Aliment préparé pour être mangé. *Le*

# PLANTES

népenthès

dionée

renoncule

roseau

plante caillou

cactus colonnaire

opuntia

lierre

palmier

liseron

caoutchouc

*cassoulet est un plat du Sud-Ouest de la France.* ▷ DESSOUS-DE-PLAT.

**platane** n. m. Grand arbre au feuillage épais, à écorce lisse se détachant par plaques irrégulières. ➳ planche Arbres. *L'avenue est bordée de platanes.*

**plateau** n. m. 1. Objet plat qui sert à poser et à transporter des objets. *Le serveur apporte les consommations sur un plateau. Le plateau d'une balance,* c'est la partie plate sur laquelle on pose les poids ou les choses que l'on veut peser. 2. Étendue de pays assez plate, dominant les environs. *Du plateau, on a une belle vue sur la ville.* 3. Endroit où sont plantés les décors et où jouent les comédiens, au théâtre, dans un studio de cinéma. *Les acteurs sont sur le plateau.* — Au pl. *Des plateaux.*

**plate-bande** n. f. Bande de terre cultivée, dans un jardin. *Le jardinier sarcle les plates-bandes.*

**plate-forme** n. f. 1. Surface plane, horizontale, construite à une hauteur plus ou moins grande. *Les personnes qui exploitent le pétrole dans la mer du Nord travaillent sur des plates-formes.* 2. Partie ouverte, à l'arrière de certains autobus. *Il aime bien voyager sur la plate-forme.* On peut écrire aussi *plateforme.*

① **platine** n. f. *La platine d'une chaîne stéréo,* c'est le support plat sur lequel on pose le disque. *Une platine laser.*

② **platine** n. m. Métal précieux, d'un blanc grisâtre. *Une montre en platine.*

**platitude** n. f. *Il débite des platitudes depuis une demi-heure,* il dit des banalités, des choses sans intérêt.

platine

**plâtre** n. m. 1. *Le plâtre,* c'est une poudre blanche qui, mélangée à de l'eau, forme une pâte dure en séchant. 2. *Les plâtres ne sont pas encore secs,* les parties de la maison recouvertes de plâtre. 3. *Luc s'est cassé la jambe, on lui a mis un plâtre,* une enveloppe de plâtre qui maintient sa jambe immobile.

▶ **plâtrer** v. (conjug. 1) 1. *Il a plâtré les fissures du plafond,* il les a couvertes de plâtre. 2. *On lui a plâtré le bras,* on lui a mis un plâtre au bras.

▶ **plâtrier** n. m. Ouvrier qui travaille le plâtre pour en recouvrir les murs ou faire d'autres travaux.

**plausible** adj. Que l'on peut croire. → **vraisemblable.** *Les raisons qu'il a données pour expliquer son retard sont très plausibles.*

**play-back** [plɛbak] n. m. inv. Ce mot vient de l'anglais. *Il chante en play-back devant les caméras,* il fait semblant de chanter pendant que l'on passe une bande magnétique sur laquelle la chanson a été enregistrée auparavant.

**plèbe** n. f. *La plèbe,* c'était la classe populaire, dans l'Antiquité romaine.

**plébiscite** n. m. Vote dans lequel on doit répondre par oui ou par non à une question posée par la personne qui dirige le pays. → **référendum.**

**plein** **adj., n. m., prép.** et **adv.**

▭ **adj. 1.** Rempli. *Le cinéma est plein.* || contr. **vide** || *Ma valise est pleine à craquer. Ta jupe est pleine de taches. Julie est pleine de courage, ce matin.* **2.** *La jument est pleine,* elle attend un petit. **3.** Total, entier. *C'est la pleine lune. Elle travaille à plein temps.* **4.** *Yves s'est réveillé en pleine nuit,* au milieu de la nuit. *Il a tiré en plein milieu de la cible,* exactement au milieu.

▭ **n. m. 1.** *Il s'est arrêté à une station-service pour faire le plein,* pour remplir complètement le réservoir de sa voiture. **2.** *La fête bat son plein,* est à son point culminant.

▭ **prép.** et **adv.** En grande quantité. *Il a de l'argent plein les poches.* — Familier. *Il y a plein de monde,* beaucoup de monde.

▸ **pleinement** **adv.** Entièrement. *Il est pleinement satisfait de ses vacances.* → **complètement, totalement.**

▸ **plénitude** **n. f.** Totalité. *Malgré son âge, il a gardé la plénitude de ses facultés intellectuelles.* ▷ TERRE-PLEIN, TROP-PLEIN.

**pléthore** **n. f.** Excès. || contr. **pénurie** || *Il y a pléthore de choux-fleurs cette année,* il y en a trop.

**pleurer** **v.** (conjug. 1) **1.** Verser des larmes. *Anne est tombée et elle s'est mise à pleurer. Yves pleure de rire en regardant les clowns.* **2.** Regretter. *Il pleure sa mère disparue.*

▸ **pleurs** **n. m. pl.** Larmes. *Flora est en pleurs,* elle pleure.

▸ **pleurnicher** **v.** (conjug. 1) Pleurer sans raison ou se plaindre sur un ton geignard. → **geindre.** *Julie pleurniche en disant qu'elle a mal au ventre.*

▸ **pleurnichard** **n. m., pleurnicharde** **n. f.** Personne qui pleurniche. *La maîtresse n'aime pas les pleurnichards.*

**pleurésie** **n. f.** Maladie des poumons.

**pleutre** **n. m.** *Cet homme est un pleutre,* un lâche, un poltron. — **Adj.** *Luc n'est pas pleutre.*

**pleuvoir** **v.** (conjug. 23) **1.** *Il pleut,* il tombe de l'eau de pluie. *Il pleut à verse. Il pleut à torrents.* **2.** S'abattre. *Les coups pleuvaient sur le boxeur.*

**plexiglas** [plɛksiglas] **n. m.** Marque déposée. *La porte est en plexiglas,* en plastique dur transparent imitant le verre.

**pli** **n. m. 1.** Endroit d'un tissu ou d'un papier qui a été plié ou froissé. *Elle repasse le pli de son pantalon.* **2.** *Le coiffeur fait une mise en plis à sa cliente,* il enroule ses cheveux mouillés autour de rouleaux pour leur donner une forme. **3.** Lettre. *On vient d'apporter un pli urgent.* **4.** Cartes que le gagnant ramasse. *Il a fait le dernier pli.* → **levée.** ◇ homonyme : plie.

▸ **plier** **v.** (conjug. 7) **1.** Mettre en double, une ou plusieurs fois. *Plie ta serviette.* || contr. **déplier** || **2.** Rabattre les parties d'un objet articulé. *Elle plie la chaise longue. — Ce lit peut se plier.* **3.** Se courber. *La branche plie sous le poids des fruits.* → **ployer.** **4.** *Il faut se plier aux circonstances,* s'y adapter par force, s'y soumettre.

▸ **pliable** **adj.** *Luc a un vélo pliable,* qui peut être plié facilement.

▸ **pliant** **n. m.** et **adj. 1. n. m.** Siège dont les pieds se replient. *Il pêche assis sur un pliant.* **2. adj.** *Elle a acheté des* *chaises pliantes,* qui peuvent se plier. ▷ DÉPLIANT, DÉPLIER, PLISSÉ, PLISSEMENT, PLISSER, PLIURE, REPLI, REPLIER.

**plie** n. f. Poisson plat qui a les yeux à droite, appelé aussi *carrelet.* ◊ homonyme : pli.

plie

**plinthe** n. f. Petite bande de bois fixée au bas d'une cloison. *Les fils électriques passent derrière la plinthe.* ◊ homonyme : plainte.

**plisser** v. (conjug. 1) **1.** Faire des plis. *La couturière plisse un morceau de tissu autour de la taille de Flora.* **2.** *Anne plisse les yeux,* elle les ferme à demi.

▸ **plissé** adj. Formé de plis. *Elle a mis une jupe plissée.*

▸ **plissement** n. m. Déformation de la surface de la Terre due à une pression produisant un ensemble de plis. *Les Alpes sont apparues à la suite du plissement alpin.*

**pliure** n. f. Endroit où un pli est formé. *Il a déchiré la feuille en suivant la pliure.*

**plomb** n. m. **1.** Métal lourd, gris-bleu, mou, qui se travaille facilement. *La conduite d'eau est en plomb. Il a une collection de soldats de plomb.* **2.** *Les cartouches des chasseurs sont remplies de plombs,* de petites boules de plomb. **3.** *Les plombs,* ce sont des fils de plomb qui fondent quand le courant électrique est trop fort et qui évitent ainsi les courts-circuits. → **fusible.** *Les plombs ont sauté.*

▸ **plomber** v. (conjug. 1) **1.** Garnir de plombs. *Le pêcheur a plombé sa ligne.* **2.** *Plomber une dent,* c'est boucher une dent cariée avec un alliage spécial.

▸ **plombage** n. m. *Le dentiste a fait un plombage,* il a plombé une dent.

▸ **plomberie** n. f. Ensemble des tuyaux et des canalisations.

▸ **plombier** n. m. Personne qui installe et répare les installations sanitaires. *Le plombier est venu réparer la fuite.*

**plonger** v. (conjug. 3) **1.** Descendre au fond de l'eau. *Le sous-marin plongea.* **2.** Se jeter à l'eau, la tête et les bras en avant. *Yves a plongé du grand plongeoir.* **3.** Faire entrer dans un liquide. *Elle plonge les assiettes dans l'eau. — Julie s'est plongée dans un bain chaud.* **4.** *Votre question m'a plongé dans l'embarras,* m'a mis brusquement dans l'embarras. — *Elle s'est plongée dans la lecture du journal.*

▸ **plongeant** adj. *Du haut de la colline, on a une vue plongeante sur la rivière,* une vue de haut en bas.

▸ **plongée** n. f. *Le sous-marin est en plongée,* il est sous l'eau. *L'été, Jules fait de la plongée sous-marine,* il va sous l'eau pour explorer les fonds marins ou pour pêcher.

► **plongeoir** **n. m.** Tremplin au-dessus de l'eau.

► **plongeon** **n. m.** Saut dans l'eau, la tête et les bras en avant. *Yves a réussi un beau plongeon.*

► **plongeur** **n. m.,** **plongeuse** **n. f.** *Des plongeurs sont allés repérer l'épave,* des hommes qui travaillent sous l'eau. → **homme-grenouille.**

**ployer** **v.** (conjug. 8) Se courber. *Les branches du poirier ploient sous le poids des fruits.* → **plier.** ▷ DÉPLOIEMENT, DÉPLOYER.

**pluie** **n. f.** Eau qui tombe en gouttes des nuages sur la terre. → aussi **pleuvoir.** *Il est parti à l'école sous une pluie battante. — Ce livre est ennuyeux comme la pluie,* très ennuyeux. ▷ PARAPLUIE.

**plume** **n. f. 1.** Chacun des éléments effilés qui recouvrent la peau des oiseaux. → aussi **duvet.** *Le pigeon lisse ses plumes. Elle a un oreiller en plumes.* **2.** Petite lame de métal, terminée en pointe, adaptée à un stylo, et qui, enduite d'encre, sert à écrire. *Son stylo a une plume en or.*

**plume**

► **plumage** **n. m.** Ensemble des plumes d'un oiseau. *Le corbeau a un plumage noir.*

► **plumeau** **n. m.** Ustensile formé d'un manche au bout duquel sont fixées des plumes, et qui sert à enlever la poussière. — **Au pl.** *Des plumeaux.*

► **plumer** **v.** (conjug. 1) *La fermière plume le poulet avant de le faire cuire,* elle lui enlève ses plumes en les arrachant une à une.

► **plumet** **n. m.** Touffe de plumes qui orne un chapeau.

► **plumier** **n. m.** Boîte dans laquelle on range les crayons, les stylos. ▷ PORTE-PLUME.

la **plupart** **n. f. 1.** *La plupart du temps, je rentre à pied du bureau,* ordinairement. **2.** Le plus grand nombre. *La plupart des invités sont partis après minuit.* → **majorité.**

**pluriel** **n. m.** *Un nom se met au pluriel quand il désigne plusieurs personnes ou plusieurs choses.* || contr. **singulier** ||.

① **plus** **adv.** et **prép.** Généralement *plus* se prononce [ply] devant une consonne, [plys] devant une voyelle et en fin de phrase. **1.** *Yves est plus âgé que son frère. Prends-en plus.* → **davantage.** || contr. **moins** || **2.** *Plus l'heure avance, plus j'ai sommeil.* **3.** *La directrice est plus ou moins sévère selon les jours,* sa sévérité varie. **4.** *Plus de la moitié des élèves de la classe sont des filles,* il y a une majorité de filles. *Il était plus de minuit quand il est rentré,* il était minuit passé. **5.** *Une seconde de plus et le lait débordait,* une seconde supplémentaire. **6.** *Ce chat-là est le plus beau.* **7.** *Deux plus trois font cinq* (2 + 3 = 5).

► ② **plus** **adv.** On prononce toujours [ply]. *Luc n'est pas là et Yves non plus,* ni l'un ni l'autre ne sont là. *Les oiseaux ne chantent plus,* ils ont arrêté de chanter. *Je ne la verrai plus jamais.* ▷ la PLUPART, SURPLUS.

**plusieurs** adj. indéfini pl. Plus d'un. *Julie a invité plusieurs amies à goûter. Il est déjà allé plusieurs fois au Canada.*

**plus-que-parfait** [plyskəparfɛ] n. m. Temps composé du passé dans lequel l'auxiliaire est à l'imparfait. *Dans la phrase : « Je lui avais tout expliqué », le verbe « expliquer » est au plus-que-parfait de l'indicatif.*

**plutonium** [plytɔnjɔm] n. m. Métal radioactif utilisé pour produire de l'énergie nucléaire. *On fabrique des bombes atomiques avec du plutonium.*

**plutôt** adv. 1. De préférence. *Je prendrai l'avion plutôt que le train.* 2. Assez. *Anne est plutôt grande pour son âge.*

**pluvial** adj. *Les eaux pluviales,* ce sont les eaux de pluie. — Au masc. pl. *pluviaux.*

**pluvieux** adj. *La Normandie est une région pluvieuse,* où il pleut beaucoup. || contr. **sec** ||.

**pneu** n. m. [pl. *pneus*] Enveloppe de caoutchouc qui entoure une roue. *Les pneus de ton vélo sont à plat, il faut les regonfler.*

**pneumatique** adj. 1. *Un matelas pneumatique,* c'est un long coussin en toile enduite de caoutchouc, rempli d'air, sur lequel on peut s'allonger et aller dans l'eau. 2. *Un marteau pneumatique,* c'est un instrument qui fonctionne à l'air comprimé et sert à défoncer le sol. → **marteau-piqueur.**

**pneumonie** n. f. Maladie des poumons.

**poche** n. f. 1. Partie d'un vêtement dans laquelle on peut mettre des objets que l'on porte sur soi. *Il se promène, les mains dans les poches. Luc a une lampe de poche,* une lampe de petites dimensions qui peut tenir dans une poche. *Flora s'est acheté une bande dessinée avec son argent de poche,* l'argent que ses parents lui donnent pour ses dépenses. 2. Compartiment d'un sac, d'un cartable, d'un portefeuille. *Il a mis sa gourde dans une des poches de son sac à dos.* 3. Petite déformation en forme de bosse. *Ce pantalon fait des poches aux genoux. — Jules a des poches sous les yeux,* le dessous des yeux gonflé. → aussi **cerne.** 4. Cavité remplie d'un liquide. *Un abcès est une poche de pus.*

► **pochette** n. f. 1. *Une pochette de disque,* c'est l'enveloppe qui le protège. 2. Petit mouchoir qui dépasse de la poche de poitrine d'un veston. *Il a une pochette assortie à sa cravate.*

▷ EMPOCHER.

**pocher** v. (conjug. 1) Cuire dans un liquide très chaud sans faire bouillir. *Il a poché le poisson dans un court-bouillon.*

► **poché** adj. *Luc s'est battu et il est revenu avec un œil poché,* un œil gonflé dont le tour est devenu bleu à cause du coup qu'il a reçu.

**pochoir** n. m. Feuille de carton ou de métal découpée par endroits, sur laquelle on passe une brosse ou un pinceau pour peindre des dessins, des inscriptions. *Les motifs de ce tissu sont faits au pochoir.*

**podium** [pɔdjɔm] n. m. Estrade sur laquelle monte le vainqueur d'une compétition sportive. *Les champions olympiques sont montés sur le podium pour recevoir leurs médailles.*

pochoir

① **poêle** [pwal] **n. m.** Appareil de chauffage dans lequel on brûle du combustible. *Un poêle à mazout.* ◇ homonyme : poil.

② **poêle** [pwal] **n. f.** Récipient rond et plat en métal, à petits bords et muni d'un long manche, dans lequel on fait frire les aliments.

▸ **poêlon** **n. m.** Casserole en métal ou en terre, à manche creux, dans laquelle on fait revenir ou mijoter les aliments. *Un poêlon à fondue.*

**poème** **n. m.** Texte poétique en vers ou en prose. → **poésie.** *Flora récite un poème.*

**poésie** **n. f. 1.** Art d'évoquer des impressions, des sentiments ou de décrire des objets grâce à l'harmonie des sons et au rythme des mots. *La poésie peut être en vers ou en prose.* → aussi **poète. 2.** Poème. *Anne apprend une poésie par cœur.* **3.** Beauté émouvante. *Ces ruines au coucher du soleil sont pleines de poésie.*

**poète** **n. m.** Écrivain qui fait des poèmes. *Baudelaire est un grand poète.*

**poétique** **adj. 1.** *Il lit les œuvres poétiques de Musset,* les poèmes de Musset. **2.** D'une beauté émouvante. *C'est une histoire très poétique.* → **romantique.**

**poids** **n. m. 1.** Ce que pèse une personne, un animal ou une chose. *Le poids de cette statue est de 100 kilos. Jules a pris du poids,* il a grossi. **2.** Objet de métal servant à peser certaines choses. *L'épicier a rajouté un poids sur le plateau de la balance.* **3.** Masse de métal qu'un sportif lance le plus loin possible. *Il est champion de lancer du poids.* **4.** Sensation de lourdeur, de pesanteur. *J'ai un poids sur l'estomac.* **5.** *Elle est écrasée par le poids des soucis,* par le lourd fardeau que représentent ses soucis. *Cela m'ôte un poids de la conscience,* un souci, un remords. **6.** *C'est un argument de poids,* qui a de la force, de l'importance. ◇ homonymes : pois, poix.

▸ **poids lourd** **n. m.** Très gros camion. *Les poids lourds pèsent plus de trois tonnes et demie.* ▷ CONTREPOIDS.

**poignard** **n. m.** Arme à lame courte et large, très pointue du bout. *Il a reçu un coup de poignard.*

▸ **poignarder** **v.** (conjug. 1) Frapper de coups de poignard.

**poignant** **adj.** Qui cause une émotion très forte et très pénible. → **déchirant, émouvant, pathétique.** *Des adieux poignants.*

**poigne** **n. f.** Force que l'on a dans le poignet, dans la main. *Il faut de la poigne pour dévisser ce couvercle.*

▸ **poignée** **n. f. 1.** Quantité de matière que peut contenir une main fermée. *On lançait des poignées de riz sur le passage des mariés.* **2.** Partie d'un objet qui sert à le tenir avec la main.

*La poignée d'une valise. Une poignée de porte.* **3.** *Il a donné une poignée de main à tous les invités,* il leur a serré la main. **4.** *Une poignée de mécontents s'est mise à siffler le chanteur,* un petit nombre de mécontents.

▶ **poignet** **n. m. 1.** Articulation qui réunit l'avant-bras à la main. *Elle s'est foulé le poignet.* **2.** Extrémité d'une manche couvrant le poignet. *Ses poignets de chemise sont élimés.* ▷ EMPOIGNADE, EMPOIGNER.

**poil** **n. m. 1.** Chacun des filaments qui recouvrent la peau de certains animaux et, en divers endroits, celle des humains. *Ce chien perd ses poils. Jules a des poils sur la poitrine. — Les poils de ma brosse à dents sont en nylon.* **2.** *Le poil,* c'est l'ensemble des poils des animaux. → **pelage.** *Le poil des chats est très doux.* ◊ homonymes : ① et ② poêle.

▶ **poilu** **adj.** Couvert de poils nombreux et apparents. → **velu.** *Jules a la poitrine et les jambes très poilues.* ▷ à REBROUSSE-POIL.

**poinçon** **n. m.** Instrument de métal pointu servant à percer et à graver. *Le cordonnier fait des trous dans une ceinture avec un poinçon.*

▶ **poinçonner** **v.** (conjug. 1) *Les bijoux en or et en argent sont poinçonnés,* gravés d'une marque.

**poindre** **v.** (conjug. 49) *Le jour commence à poindre,* à apparaître.

**poing** **n. m.** Main fermée. *Ils se sont battus à coups de poing.* ◊ homonymes : ①, ② et ③ point.

① **point** **n. m. 1.** Endroit, lieu. *Cette chaîne de magasins a de nombreux points de vente. Ils sont revenus à leur point de départ. — Yves est très gourmand, c'est son point faible,* sa faiblesse. **2.** La plus petite partie d'espace possible. *Les deux droites se coupent en un point A. Le bateau n'est plus qu'un point à l'horizon.* **3.** *Le capitaine fait le point,* il calcule la position du navire en mer. **4.** *Le levier de vitesse est au point mort,* aucune vitesse n'est enclenchée. **5.** Petit signe rond. *Une phrase est terminée par un point. N'oublie pas les points sur les i et les j.* **6.** Chacune des unités d'une notation. *Il manque deux points à Alex pour avoir la moyenne. L'équipe adverse a marqué un point.* **7.** *Elle est partie au point du jour,* au moment où le jour se levait, allait poindre. **8.** *Vous arrivez à point,* au bon moment. *Cette viande est cuite à point,* elle n'est ni trop saignante ni trop cuite. **9.** *Cet appareil n'est pas encore au point,* il ne fonctionne pas encore. **10.** *L'enquête en est toujours au même point,* elle n'a pas avancé. **11.** Degré. *Je ne l'ai jamais vu énervé à ce point.* **12.** *J'étais sur le point de sortir,* j'allais sortir. ◊ homonyme : poing. ▷ EMBONPOINT, POINTAGE, POINT DE VUE, ② POINTER, POINTILLÉ, POINTILLEUX, ROND-POINT.

② **point** **n. m. 1.** Piqûre faite dans un tissu avec une aiguille et du fil. *Elle a bâti l'ourlet à grands points.* **2.** *Le point mousse est un point de tricot,* une manière de tricoter.

③ **point** **adv. de négation.** *Ne... point* sert à exprimer la négation. *Malgré les apparences, elle n'est point sotte.* → ② **pas.**

**pointage** **n. m.** *Chaque matin, la maîtresse fait le pointage des élèves,* elle pointe leur nom sur une liste.

**point de vue** **n. m. 1.** Endroit d'où l'on a une belle vue. *Au sommet de la colline, il y a un beau point de vue.* **2.**

*Je ne partage pas ton point de vue sur ce sujet,* je ne suis pas de ton avis. → **position.**

**pointe** n. f. **1.** Extrémité pointue d'un objet servant à percer, à piquer. *Elle a cassé la pointe de son aiguille.* **2.** Partie extrême qui s'avance. *Il y a un phare à la pointe de l'île.* **3.** *Anne marche sur la pointe des pieds pour ne pas faire de bruit,* elle marche sur l'extrémité des pieds. *La danseuse fait des pointes,* elle se tient en équilibre sur la pointe des pieds. **4.** Très petite quantité. *Elle a mis une pointe d'ail dans la sauce.* **5.** *Il y a beaucoup de monde dans le métro aux heures de pointe,* aux heures où un grand nombre de voyageurs l'utilisent en même temps. → aussi **affluence.** **6.** *L'électronique est une technique de pointe,* une technique très nouvelle.

▸ ① **pointer** v. (conjug. 1) **1.** Dresser en pointe. *Le chat pointe les oreilles.* **2.** S'élever en formant une pointe. *Le clocher pointe vers le ciel,* il se dresse.
▷ POINTU.

② **pointer** v. (conjug. 1) **1.** Diriger. *Le bandit pointait son arme sur le policier.* **2.** Marquer chaque élément d'une liste pour faire un contrôle. *La maîtresse pointe les noms des élèves.* → aussi **pointage.** **3.** Enregistrer son heure d'arrivée et son heure de départ. *À l'usine, les ouvriers pointent.*

**pointillé** n. m. Ligne formée de petits points qui se suivent. *Sur la carte, les frontières sont en pointillé.*

**pointilleux** adj. Très minutieux et exigeant. → **tatillon.** *La directrice est très pointilleuse sur les horaires.*

**pointu** adj. Terminé en pointe. *La mine d'un crayon bien taillé est pointue.* ‖ contr. **arrondi** ‖.

**pointure** n. f. Taille des chaussures, des gants ou des chapeaux. *Quelle pointure faites-vous ? — Je chausse du 38.*

**poire** n. f. Fruit qui contient des pépins et qui a une forme allongée et ventrue. *Une tarte aux poires.*

▸ **poirier** n. m. **1.** Arbre à fleurs blanches que l'on cultive pour ses fruits, les poires. **2.** *Alex fait le poirier,* il se tient en équilibre, la tête au sol.

**poireau** n. m. Légume de forme allongée qui a des feuilles vertes et un pied blanc. *Nous avons mangé des poireaux vinaigrette.*

**pois** n. m. **1.** *Elle écosse des petits pois,* des graines rondes et vertes contenues dans une gousse, que l'on mange comme légume. **2.** *Les pois chiches,* ce sont des graines rondes et jaunes contenues dans une gousse. *On met des pois chiches dans le couscous.* **3.** *Les pois de senteur,* ce sont des fleurs roses, bleues ou blanches très parfumées. ⤞ planche Fleurs. **4.** Petit rond. *Elle porte une robe noire à pois blancs.* ◇ homonymes : poids, poix.

**poison** n. m. et f. **1.** n. m. Substance dangereuse pour la santé qui peut provoquer la mort. *L'arsenic est un poison violent.* **2.** n. m. et f. Familier. Personne désagréable, insupportable. *Quelle poison, cette Julie !* → **peste.**
▷ ANTIPOISON, CONTREPOISON, EMPOISONNEMENT, EMPOISONNER, EMPOISONNEUR.

**poisser** v. (conjug. 1) Salir avec une matière collante. *Flora s'est poissé les doigts avec de la confiture.*

▸ **poisseux** adj. Collant. *Après avoir mangé des bonbons, les enfants avaient les mains poisseuses.*

**poisson** **n. m.** Animal qui a des nageoires et vit dans l'eau. ⋙ planche Poissons. *Le brochet est un poisson d'eau douce, le turbot est un poisson de mer. Anne a des poissons rouges dans un aquarium. Les poissons respirent avec leurs branchies. Le pêcheur a pris du poisson. — Cet automobiliste nous a fait une queue de poisson,* il s'est rabattu brusquement devant nous après nous avoir doublés. *Les enfants aiment faire des poissons d'avril,* des farces que l'on fait le 1er avril.

▶ **poissonnerie** **n. f.** Boutique où l'on vend des poissons, des coquillages et des crustacés. *Il a acheté des crabes à la poissonnerie.*

▶ **poissonneux** **adj.** *Cette rivière est très poissonneuse,* elle contient beaucoup de poissons.

▶ **poissonnier** **n. m.**, **poissonnière** **n. f.** Personne qui vend des poissons et des fruits de mer. *La poissonnière a écaillé les daurades.*

**poitrail** **n. m.** [pl. *poitrails*] Devant du corps du cheval et de quelques autres animaux, entre l'encolure et les pattes avant.

**poitrine** **n. f.** **1.** Partie du corps située entre les épaules et l'abdomen qui contient le cœur et les poumons. → **buste, thorax, torse.** **2.** Seins d'une femme. *Elle a une grosse poitrine.*

**poivre** **n. m.** Épice au goût fort et piquant faite avec les fruits d'un arbuste des régions tropicales. *Elle met du sel et du poivre dans la sauce.*

▶ **poivrer** **v.** (conjug. 1) Assaisonner de poivre. *Elle a salé et poivré le rôti.*

▶ **poivron** **n. m.** Piment doux, vert, rouge ou jaune.

**poix** **n. f.** Matière visqueuse qui contient de la résine. ◊ homonymes : poids, pois. ▷ POISSER, POISSEUX.

**poker** [pɔkɛʀ] **n. m.** Jeu de cartes où l'on mise de l'argent. *Ils jouent au poker.*

**polaire** **adj.** Propre aux régions qui se trouvent autour du pôle Nord et du pôle Sud. *Le climat polaire est très rigoureux. Les ours polaires sont blancs.*

**polariser** **v.** (conjug. 1) *Cet enfant est si turbulent qu'il polarise l'attention,* il attire l'attention, on ne regarde plus que lui.

**polaroïd** [pɔlaʀɔid] **n. m.** Marque déposée. Appareil photographique qui développe instantanément la photo que l'on vient de prendre. *Quand on photographie avec un polaroïd, on peut regarder tout de suite ses photos.*

**polder** [pɔldɛʀ] **n. m.** Terrain plus bas que le niveau de la mer que l'on a entouré de digues pour l'assécher et le cultiver. *La Hollande est une région de polders.*

**pôle** **n. m.** **1.** Chacun des deux points de la surface terrestre qui se trouvent aux deux extrémités de l'axe imaginaire autour duquel la Terre tourne sur elle-même. *Le pôle Nord et le pôle Sud.* **2.** *Les Esquimaux habitent au pôle Nord,* dans la région située près de ce pôle. **3.** *Le train fantôme est le pôle d'attraction de la fête foraine,* l'endroit qui attire tout le monde. ▷ POLAIRE, POLARISER.

**polémique** **n. f.** Discussion très violente. *Ces deux équipes de chercheurs ont engagé une polémique sur la découverte du virus du sida.*

① **poli** **adj.** *Flora est très polie*, très bien élevée. ▷ IMPOLI, IMPOLITESSE, POLIMENT, POLITESSE.

② **poli** **adj.** Lisse et brillant. *Des cailloux bien polis.* ‖ contr. **rugueux** ‖.

① **police** **n. f.** Organisation chargée d'assurer l'ordre public, de faire respecter les lois de la vie en société. *Comme il entendait des hurlements, le gardien de l'immeuble a appelé la police. Un agent de police règle la circulation au carrefour.* ▷ POLICIER.

② **police** **n. f.** *Il a souscrit à une police d'assurance pour sa voiture*, à un contrat d'assurance.

**polichinelle** **n. m.** *Un polichinelle*, c'est un pantin qui a une bosse dans le dos et une bosse devant. — *C'est le secret de Polichinelle*, c'est un faux secret que tout le monde connaît.

**policier** **n. m.** et **adj.**

▭ **n.m.** Personne qui appartient à un service de police. *Des policiers en uniforme accompagnaient le commissaire.*

▭ **adj. 1.** *Une enquête policière est en cours*, une enquête de police. *Les chiens policiers*, ce sont des chiens dressés pour aider les policiers dans leur travail. **2.** *Il lit un roman policier*, où il est question de crimes mystérieux et d'enquêtes de la police.

**poliment** **adv.** D'une manière polie. *Réponds poliment.*

**poliomyélite** **n. f.** Maladie très grave de la moelle épinière qui s'accompagne généralement de paralysie. *Il existe un vaccin contre la poliomyélite.* — On dit familièrement *la polio*.

**polir** **v.** (conjug. 2) Frotter pour rendre lisse et brillant. *Il polit le dessus de la table avec du papier de verre.* → **poncer.** ▷ DÉPOLI, ② POLI.

**polisson** **n. m.**, **polissonne** **n. f.** Enfant farceur et désobéissant. *Vous serez punis, petits polissons !* — **Adj.** *Elle est polissonne.*

**politesse** **n. f.** Ensemble de règles sur la façon de se comporter et de parler que l'on suit quand on est bien élevé. → **courtoisie.** *« S'il vous plaît » et « merci » sont des formules de politesse.* → aussi ① **poli.**

**politique** **n. f.** et **adj.**

▭ **n. f.** Manière de gouverner un pays et de mener les relations avec les autres pays. *Pendant la campagne électorale, les candidats expliquent quelle sera leur politique.*

▭ **adj. 1.** *Elle n'a pas les mêmes opinions politiques que son mari*, elle n'est pas d'accord avec lui sur la façon dont un pays doit être gouverné. **2.** *Les hommes politiques*, ce sont ceux qui participent au gouvernement ou qui pourraient y participer. → aussi **politicien.**

▶ **politicien** **n. m.**, **politicienne** **n. f.** Personne qui a une activité politique au gouvernement ou dans l'opposition. ▷ APOLITIQUE.

**polka** **n. f.** Danse polonaise très rythmée.

**pollen** [pɔlɛn] **n. m.** Poussière formée de petits grains produits par les étamines des fleurs et qui, une fois sur le pistil, donne naissance à un fruit. *Les insectes et le vent transportent le pollen d'une fleur à l'autre.*

**polluer** **v.** (conjug. 1) Salir en rendant malsain et dangereux. *Les gaz produits par les voitures polluent l'atmosphère des villes.*

# POISSONS

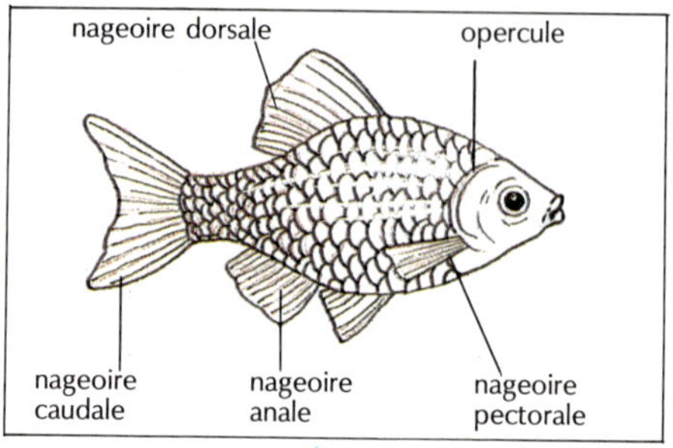

**poisson-néon**

**poisson-clown**

**chirurgien**

**piranha**

**poisson-ange**

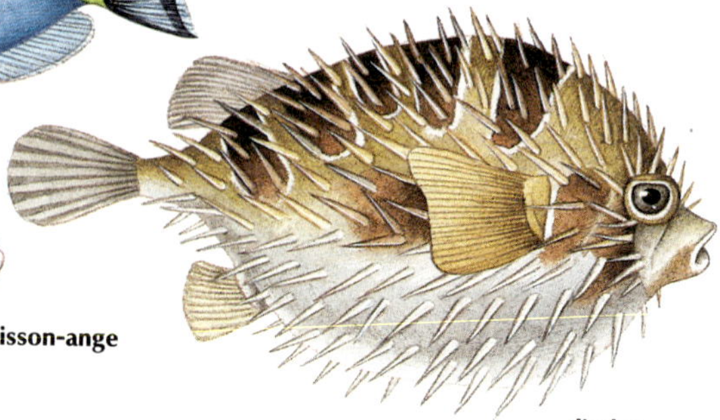
**diodon**

**truite**

**carpe**

**brochet**

sardine
anguille
maquereau
saumon
thon
poisson-scie
raie
requin

▸ **pollution** **n. f.** Fait d'être pollué. *On ne peut pas se baigner dans la rivière à cause de la pollution.*

**polo** **n. m.** **1.** Sport dans lequel les joueurs, à cheval, poussent une balle de bois avec des maillets à long manche. **2.** Chemise en tricot qui ne s'ouvre pas entièrement. *On enfile un polo par la tête.* ▷ WATER-POLO.

polo

**polochon** **n. m.** Familier. Traversin.

**poltron** **n. m.**, **poltronne** **n. f.** Personne qui manque de courage. *C'est un poltron.* — **Adj.** *Elle est poltronne.* → **lâche, peureux.** || contr. **courageux** ||.

**polyculture** **n. f.** Culture de plusieurs produits sur un même domaine ou dans la même région.

**polyester** **[pɔliɛstɛʀ]** **n. m.** Tissu synthétique. *Une robe en polyester.* → **nylon.**

**polygame** **n. m.** et **f.** Homme qui a plusieurs femmes ou femme qui a plusieurs maris à la fois. *Les musulmans peuvent être polygames.*

**polyglotte** **adj.** *Elle est polyglotte,* elle parle plusieurs langues.

**polygone** **n. m.** Figure de géométrie qui a plusieurs côtés. *Le trapèze, le losange, le triangle sont des polygones.*

**polystyrène** **n. m.** Matière plastique très légère, généralement blanche. *Le pâtissier a mis la glace dans une boîte en polystyrène.*

**polytechnicien** **n. m.**, **polytechnicienne** **n. f.** Élève de l'École polytechnique, une grande école d'ingénieurs.

**polythéiste** **adj.** *La religion romaine était polythéiste,* elle admettait l'existence de plusieurs dieux.

**polyvalent** **adj.** *Un professeur polyvalent,* c'est un professeur qui enseigne plusieurs matières. *Une salle polyvalente,* c'est une salle dans laquelle on peut avoir diverses activités.

**pommade** **n. f.** Crème grasse que l'on met sur la peau pour soigner ou soulager la douleur. *Anne met de la pommade sur ses piqûres de moustiques.*

**pomme** **n. f.** **1.** Fruit du pommier, rond et contenant des pépins. *Elle croque une pomme.* **2.** *La pomme de* *pin*, c'est le fruit du pin. **3.** *Une pomme d'arrosoir*, c'est le bout percé de trous qui s'adapte au bec d'un arrosoir. **4.** *La pomme d'Adam*, c'est la petite bosse que les hommes ont à l'avant du cou.

▶ **pommeau** **n. m.** Bout arrondi de la poignée d'une épée. — **Au pl.** *Des pommeaux.*

▶ **pomme de terre** **n. f.** Tubercule que l'on mange et qui pousse sous terre. *Des pommes de terre frites.* → **frite.** *De la purée de pommes de terre.*

▶ **pommelé** **adj.** *Un cheval pommelé*, c'est un cheval à la robe couverte de taches rondes grises ou blanches.

▶ **pommette** **n. f.** Haut de la joue, au-dessous de l'œil. *Il a les pommettes saillantes.*

▶ **pommier** **n. m.** Arbre fruitier à fleurs roses qui donne des pommes.

① **pompe** **n. f. 1.** *Ils se sont mariés en grande pompe*, avec faste. **2.** *Les pompes funèbres*, c'est l'entreprise qui s'occupe des enterrements. → aussi **croque-mort.**

▶ **pompeux** **adj.** Solennel et un peu ridicule. → **grandiloquent.** *Le ministre a fait un discours pompeux.* — **Au fém.** *pompeuse.*

② **pompe** **n. f.** Appareil qui aspire et renvoie du liquide ou de l'air. *Il a arrêté sa voiture devant la pompe à essence pour faire le plein. Alex regonfle ses pneus avec sa pompe à vélo.*

▶ **pomper** **v.** (conjug. 1) Aspirer avec une pompe. *Pour vider le bassin, on a pompé l'eau.*

▶ **pompier** **n. m.** Homme dont le métier est de combattre les incendies. → **sapeur-pompier.** *Il y a le feu, il faut appeler les pompiers.*

▶ **pompiste** **n. m.** et **f.** Personne qui distribue l'essence dans une station-service. ▷ SAPEUR-POMPIER.

**pompon** **n. m.** Boule de fils de laine. *Les marins ont un bonnet à pompon rouge.*

se **pomponner** **v.** (conjug. 1) *Elle se pomponne avant de sortir*, elle se fait belle. → se **bichonner.**

**ponce** **adj. f.** *Une pierre ponce*, c'est une pierre très légère et poreuse qui sert à frotter la peau pour la rendre lisse.

▶ **poncer** **v.** (conjug. 3) Frotter pour rendre lisse avec un produit ou un appareil spécial. → **polir.** *Il ponce le plafond avant de le repeindre.*

▶ **ponceuse** **n. f.** Machine qui sert à poncer.

**poncho** [pɔ̃tʃo] **n. m.** Manteau formé d'un grand morceau de tissu avec un trou au centre pour passer la tête.

**poncho**

**poncif** **n. m.** Idée très banale, sans originalité. → **banalité, cliché, lieu** commun. *Ce roman est bourré de poncifs.*

**ponction** **n. f. 1.** *Faire une ponction*, c'est retirer un liquide du corps en l'aspirant avec une seringue. 2. Prélèvement d'argent. *L'achat de cette voiture a fait une grosse ponction dans ses économies.*

**ponctuel** adj. 1. *Il est toujours ponctuel à ses rendez-vous,* il arrive toujours à l'heure. → **exact.** 2. *Elle a fait des critiques ponctuelles,* qui portaient sur des points précis.

▶ **ponctualité** n. f. Qualité d'une personne qui arrive à l'heure. → **exactitude.**

**ponctuer** v. (conjug. 1) Mettre des signes de ponctuation dans un texte. *Ponctuez bien votre dictée.*

▶ **ponctuation** n. f. *Le point, le point d'interrogation, la virgule, les parenthèses sont des signes de ponctuation,* des signes qui permettent de séparer les éléments qui forment une phrase, ou les phrases entre elles.

**pondéré** adj. Équilibré et calme dans ses jugements. *C'est une femme très pondérée.*

▶ **pondération** n. f. Équilibre et calme dans les jugements. *Ce médecin fait toujours preuve de pondération.*

**pondre** v. (conjug. 41) *Les oiseaux, les reptiles et les poissons pondent des œufs,* ils font des œufs qu'ils déposent dans un nid selon les espèces. → aussi **ovipare.**

▶ **pondeuse** n. f. Poule élevée pour ses œufs. *Cette poule est une bonne pondeuse,* elle pond beaucoup d'œufs. ▷ PONTE.

**poney** n. m. Cheval d'une race de très petite taille. *Anne fait une promenade à dos de poney.* — Au pl. *Des poneys.*

① **pont** n. m. 1. Construction qui permet de franchir un cours d'eau, une voie ferrée ou une route. *Un pont de pierre franchit la rivière.* → aussi **viaduc.** 2. *Un pont aérien,* c'est une liaison par avion, installée d'urgence et fonctionnant de façon ininterrompue, pour acheminer des vivres, des secours ou évacuer des réfugiés, dans une zone dangereuse. 3. *Faire le pont,* c'est avoir un jour de congé supplémentaire entre deux jours fériés. ▷ PONT-LEVIS, PONTON.

poney

② **pont** n. m. Plancher recouvrant la coque d'un bateau. *Les paquebots ont souvent plusieurs ponts.* ▷ ENTREPONT.

**ponte** n. f. Action de pondre. *Pour la plupart des oiseaux, la saison de la ponte est au printemps.*

**pontife** n. m. *Le souverain pontife,* c'est le pape.

▶ **pontifical** adj. *Une messe pontificale,* c'est une messe célébrée par le pape. → **papal.** — Au masc. pl. *pontificaux.*

▶ **pontificat** n. m. Règne d'un pape. *Sous le pontificat de Paul VI.*

**pont-levis** n. m. Pont pouvant se lever ou s'abaisser au-dessus du fossé d'un château fort. *On a relevé le pont-levis pour empêcher les assaillants d'entrer.* — **Au pl.** *Des ponts-levis.*

**ponton** **n. m.** Sorte de plate-forme flottant sur l'eau. *Un ponton de bois servait de débarcadère.*

**pop** [pɔp] **adj. inv.** Ce mot vient de l'anglais. *La musique pop,* c'est une musique très rythmée qui vient d'Angleterre et des États-Unis. ◊ homonyme : pope.

**pop-corn** [pɔpkɔʀn] **n. m. inv.** Ce mot vient de l'anglais. *Les pop-corn,* ce sont des grains de maïs soufflés que l'on mange sucrés ou salés.

**pope** **n. m.** Prêtre de l'Église orthodoxe. *Les popes ont le droit de se marier.* ◊ homonyme : pop.

**popeline** **n. f.** Tissu de coton ou de soie, fin et serré. *Une chemise en popeline.*

**populace** **n. f.** *La populace,* c'est le peuple. — Ce mot est méprisant.

**populaire** **adj. 1.** Qui appartient au peuple. *Il emploie des expressions populaires.* **2.** Apprécié par un grand nombre de gens. *Ce chanteur est très populaire.* **3.** *Ils habitent un quartier populaire,* habité par les gens du peuple. ‖ contr. **bourgeois** ‖.

▶ **popularité** **n. f.** Considération, faveur. *La popularité du chef de l'État est en baisse.* ▷ IMPOPULAIRE.

**population** **n. f.** Ensemble des habitants d'un pays, d'une région, d'une ville. *La population de Paris est de plus de deux millions d'habitants.* ▷ SURPOPULATION.

**populeux** **adj.** *Des villes populeuses,* ce sont des villes très peuplées.

**porc** [pɔʀ] **n. m.** Animal au corps épais, au museau terminé par un groin, élevé pour sa chair et pour sa peau. → **cochon** et aussi **truie.** *Le jambon et le saucisson sont de la viande de porc. Il a une valise en peau de porc.* ◊ homonymes : pore, ① et ② port.

▶ **porcelet** **n. m.** Jeune porc. *La truie a eu dix porcelets.* ▷ PORC-ÉPIC, PORCHERIE, PORCIN.

**porcelaine** **n. f.** Matière blanche, fine et fragile avec laquelle on fabrique de la vaisselle et des bibelots. → aussi **kaolin.** *La porcelaine de Limoges est très réputée.*

**porc-épic** [pɔʀkepik] **n. m.** Petit animal sauvage plus gros que le hérisson, au corps recouvert de piquants longs et épais. *Les porcs-épics vivent en Afrique, en Asie et dans le sud de l'Europe.*

porc-épic

**porche** **n. m.** Partie couverte d'un bâtiment, qui abrite la porte d'entrée. *Surpris par la pluie, ils se sont abrités sous le porche d'un immeuble.*

**porcherie** **n. f.** Bâtiment où l'on élève des porcs.

**porcin** adj. Qui concerne les porcs. *Le sanglier appartient à la race porcine.* — N. m. *Dans cette ferme, on pratique l'élevage des porcins.*

**pore** n. m. Petit trou de la peau. *Les pores permettent à la sueur de s'écouler à la surface de la peau.* ◊ homonymes : porc, ① et ② port.

▶ **poreux** adj. *Le calcaire est une matière poreuse,* qui laisse passer l'eau. ‖ contr. **imperméable** ‖.

**pornographique** adj. *Des films pornographiques,* ce sont des films qui montrent des choses obscènes, indécentes. → aussi **érotique.**

**porphyre** n. m. Roche volcanique, souvent rouge sombre. *Des colonnes de porphyre.*

① **port** n. m. Endroit aménagé au bord de la mer ou d'un fleuve pour abriter les navires. *Rouen est un port fluvial, Marseille un port maritime. Après leur journée de pêche, les bateaux sont rentrés au port.* — *Les voyageurs sont arrivés à bon port,* ils sont arrivés à destination sans accident. ◊ homonymes : porc, pore. ▷ AÉROPORT, HÉLIPORT, PASSEPORT, PORTUAIRE.

② **port** n. m. 1. *À moto, le port du casque est obligatoire,* il faut porter un casque. 2. Prix du transport d'une lettre ou d'un colis. *Le port du colis a été payé par l'expéditeur.*

**portable** adj. 1. Que l'on peut porter, mettre sur soi. *Cette robe est encore portable.* → **mettable.** 2. Transportable. → **portatif.** *Un ordinateur portable.*

**portail** n. m. [pl. *portails*] Grande porte à l'entrée d'un jardin, d'un parc, d'une église. *Le portail était ouvert.*

**portant** adj. 1. *Malgré son âge, cette vieille dame est encore très bien portante,* en parfaite santé. 2. *Un des bandits a tiré sur un policier à bout portant,* le bout de l'arme touchant presque le policier.

**portatif** adj. Qui peut être transporté facilement. → **portable.** *Une machine à écrire portative.*

**porte** n. f. 1. Panneau que l'on peut faire pivoter ou glisser pour permettre l'ouverture et la fermeture d'un bâtiment, d'une pièce, d'un meuble ou d'un véhicule. *Mamie ferme la porte de la maison à double tour. Alex a été mis à la porte du cours de français,* il a été mis dehors, renvoyé. 2. *Les portes d'une ville,* ce sont les endroits par lesquels on peut y entrer. *La porte Dauphine, à Paris.* ▷ PORTAIL, PORTE-FENÊTRE, PORTIER, PORTIÈRE, PORTILLON.

en **porte-à-faux** adv. En déséquilibre. *La pile de livres est en porte-à-faux sur le bord de la table.*

**porte-avions** n. m. inv. Grand bateau de guerre qui sert à transporter des avions. — Au pl. *Des porte-avions.*

**porte-bagages** n. m. inv. Support plat sur un vélo ou une moto, qui permet de transporter des objets ou des personnes. — Au pl. *Des porte-bagages.*

**porte-bonheur** n. m. inv. Objet qui est supposé porter bonheur. *Le trèfle à quatre feuilles et le fer à cheval sont des porte-bonheur.*

**porte-cartes** n. m. inv. Portefeuille dans lequel on range ses papiers d'identité. — Au pl. *Des porte-cartes.*

porte-avions

**porte-clés** n. m. inv. Anneau ou étui qui sert à tenir ensemble plusieurs clés. *Luc collectionne les porte-clés.*

**porte-documents** n. m. inv. Serviette plate qui sert à ranger des papiers, des dossiers. — Au pl. *Des porte-documents.*

**portée** n. f. 1. Ensemble de petits qu'une femelle de mammifère a en une fois. *Les chattes peuvent avoir plusieurs portées par an.* 2. Les cinq lignes horizontales et parallèles sur lesquelles sont écrites les notes de musique. 3. *Passe-moi le pain, la corbeille est juste à ta portée,* tu peux facilement l'atteindre. *Ces études ne sont pas à sa portée,* il n'est pas capable de les faire. *On ne mesure pas toujours la portée de ce que l'on dit,* l'effet, les conséquences.

**porte-fenêtre** n. f. Fenêtre qui descend jusqu'au sol et qui sert de porte. — Au pl. *Des portes-fenêtres.*

**portefeuille** n. m. Étui muni de poches où l'on range des billets de banque. *On achète les portefeuilles dans des maroquineries.* → aussi **porte-cartes.**

**portemanteau** n. m. Crochet fixé au mur ou ensemble de crochets fixés à un pied et servant à suspendre des vêtements. *Accroche ta veste au portemanteau.* → aussi **patère.** — Au pl. *Des portemanteaux.*

**porte-monnaie** n. m. inv. Petit sac où l'on range des pièces de monnaie. → ① **bourse.** *Anne a mis son argent dans son porte-monnaie.* — Au pl. *Des porte-monnaie.*

**porte-parole** n. m. inv. Personne qui parle au nom de quelqu'un ou d'un groupe. *Le porte-parole du gouvernement.* — Au pl. *Des porte-parole.*

**porte-plume** n. m. inv. Tige au bout de laquelle est enfoncée une plume. *Autrefois, les écoliers écrivaient avec des porte-plume.*

**porter** v. (conjug. 1) 1. Supporter un poids. *Il porte son bébé sur ses épaules.* 2. *C'est une responsabilité lourde à porter,* à supporter. 3. Prendre pour mettre quelque part. *Les infirmiers portent le blessé sur une civière.* 4. Avoir sur soi. *Luc porte des lunettes. Hier, Julie portait un pantalon. Flora porte un joli prénom,* elle a un joli prénom. 5. *Les juments portent onze mois,* elles ont leur poulain dans leur ventre pendant onze mois. 6. *Elle a porté plainte pour vol,* elle a déposé une plainte au commissariat. *Les trèfles à quatre feuilles portent bonheur.* 7. *La discussion a porté sur l'éducation,* elle a eu l'éducation pour sujet. 8. *Alex a une voix qui porte loin,* qui s'entend de loin. 9. Avoir de l'effet. *Les remarques que je lui ai faites ont* *porté*, ont eu une influence. **10.** *Malgré son âge, le grand-père d'Yves se porte très bien*, il va très bien, il est en bonne santé.

▸ **porte-savon** **n. m.** Petit support où l'on pose le savon. — **Au pl.** *Des porte-savons.*

▸ **porte-serviettes** **n. m. inv.** Support où l'on suspend les serviettes de toilette. — **Au pl.** *Des porte-serviettes.*

▸ **porteur** **n. m.** et **adj. 1. n. m.** Personne qui porte les bagages des voyageurs. *Il héla un porteur sur le quai de la gare.* **2. adj.** *Elle est porteuse d'une maladie contagieuse*, elle risque de la transmettre.

▸ **porte-voix** **n. m. inv.** Appareil qui amplifie la voix. *Pour se faire entendre de tous, il dut crier dans un porte-voix.* — **Au pl.** *Des porte-voix.* ▷ AÉROPORTÉ, APPORT, APPORTER, DÉPORTATION, DÉPORTÉ, DÉPORTER, EMPORTEMENT, EMPORTER, EXPORTATEUR, EXPORTATION, EXPORTER, IMPORTATEUR, IMPORTATION, ② IMPORTER, INSUPPORTABLE, ② PORT, PORTABLE, PORTANT, PORTATIF, en PORTE-À-FAUX, PORTE-AVIONS, PORTE-BAGAGES, PORTE-BONHEUR, PORTE-CARTES, PORTE-CLÉS, PORTE-DOCUMENTS, PORTÉE, PORTEFEUILLE, PORTEMANTEAU, PORTE-MONNAIE, PORTE-PAROLE, PORTE-PLUME, RAPPORT, RAPPORTER, ① et ② RAPPORTEUR, REMPORTER, REPORT, ② REPORTER, SUPPORT, SUPPORTABLE, ① SUPPORTER, TRANSPORT, TRANSPORTER, TRANSPORTEUR, TRIPORTEUR.

**portier** **n. m.** Personne qui surveille les entrées et les sorties à la porte d'un bâtiment. *Le portier d'un hôtel donne les clés des chambres et renseigne les clients.*

**portière** **n. f.** Porte d'une voiture ou d'un wagon. *Le train va partir ; attention à la fermeture automatique des portières !*

**portillon** **n. m.** Petite porte à battant assez bas. *Il y a un portillon à l'entrée du square.*

**portion** **n. f. 1.** Part. → **morceau, ration.** *Yves a mangé deux portions de tarte.* **2.** Partie. *Anne fait pousser des radis dans une portion du jardin qui lui est réservée.* ▷ DISPROPORTION, DISPROPORTIONNÉ, PROPORTION, PROPORTIONNÉ, PROPORTIONNEL.

**portique** **n. m.** Barre horizontale soutenue par des poteaux, à laquelle sont suspendus des agrès. *Dans le parc, il y a un portique avec une balançoire, un trapèze et des anneaux.*

**porto** **n. m.** Vin sucré du Portugal. *Elle a bu un verre de porto.*

**portrait** **n. m. 1.** Dessin, peinture ou photo qui représente une personne. **2.** *Julie est le portrait de son père*, elle lui ressemble beaucoup. **3.** Description d'une personne. *Elle nous a fait de lui un portrait irrésistible.*

**portuaire** **adj.** D'un port. *Les installations portuaires.*

**poser** **v.** (conjug. 1) **1.** Mettre. *Il pose son verre sur la table. — L'oiseau s'est posé sur une branche.* ‖ contr. s'**envoler** ‖ *L'avion se posera à 10 h 50*, il atterrira. ‖ contr. **décoller** ‖ **2.** Installer. *Ils ont fait poser de la moquette dans leur chambre.* **3.** *Poser une question*, c'est interroger. *La maîtresse a posé une question à Flora.* **4.** *Faites l'addition mentalement, sans la poser*, sans écrire les nombres. **5.** Ne pas bouger quand on doit être photographié ou pris comme modèle pour être peint ou dessiné. *Les mannequins posent pour les photographes.* **6.** *Il a posé sa candidature pour un poste à l'étranger*, il s'est déclaré candidat.

▸ **pose** **n. f. 1.** Installation. *La pose de ce papier peint est très facile.* **2.** Attitude. *Le mannequin garde la pose de-*

*vant le photographe*, il reste immobile.
◊ homonyme : pause.

▶ **posé** **adj.** Calme et sérieux. *Flora est une petite fille posée.*

▶ **posément** **adv.** Calmement. *Réfléchissons posément.*

▶ **poseur** **n. m.**, **poseuse** **n. f.** Personne qui n'est pas naturelle. *Quelle poseuse, cette fille !* — **Adj.** *Ils sont un peu poseurs.*

▶ **position** **n. f. 1.** Manière de se tenir. → **attitude.** *Tu es assis dans une position inconfortable.* **2.** Place. *Le favori est arrivé en seconde position.* **3.** Endroit où l'on se trouve. *Le bateau donne sa position par radio.* **4.** Point de vue. *Voilà ma position sur cette affaire.* → **avis.** ▷ APPOSER, APPOSITION, DÉPOSER, DÉPOSITAIRE, DÉPOSITION, DÉPÔT, DÉPOTOIR, ENTREPOSER, ENTREPÔT, EXPOSANT, EXPOSÉ, EXPOSER, EXPOSITION, S'INTERPOSER, JUXTAPOSER, OPPOSANT, OPPOSÉ, OPPOSER, S'OPPOSER, OPPOSITION, REPOS, REPOSANT, ① et ② REPOSER, SUPERPOSER, SUPPOSER, SUPPOSITION.

**positif** **adj. 1.** *Sa réponse a été positive*, il a dit oui. → **affirmatif.** ‖ contr. **négatif** ‖ **2.** Plus grand que zéro. *Les nombres positifs sont précédés du signe +.* **3.** *Ma cutiréaction est positive*, il y a une inflammation à l'endroit où elle a été faite. **4.** *Il a un esprit positif*, qui donne la préférence aux faits, aux réalités. → **constructif.** ‖ contr. **négatif** ‖. ▷ SÉROPOSITIF.

**posséder** **v.** (conjug. 6) **1.** Avoir à soi. *Ils possèdent une grande propriété à la campagne.* **2.** Connaître parfaitement. *Le conférencier possédait bien son sujet.* ▷ DÉPOSSÉDER.

**possesseur** **n. m.** Personne qui possède un bien. → **propriétaire.** *Il est possesseur d'une très jolie maison.*

**possessif** **adj.** *Les adjectifs et les pronoms possessifs* indiquent à qui appartient une chose. *Dans la phrase : « Prête-moi ton crayon, j'ai perdu le mien », « ton » est un adjectif possessif et « le mien » un pronom possessif.* — **Au fém.** *possessive.*

**possession** **n. f. 1.** *Ce document n'est pas en ma possession*, je ne l'ai pas. **2.** Chose possédée. → **bien.** *Cette belle maison est la possession d'un célèbre acteur de cinéma*, elle est à lui.

**possible** **adj.** et **n. m.**

▭ **adj. 1.** Qui peut être fait, réalisé. → **faisable.** *C'est très possible de faire ce travail en une heure.* ‖ contr. **impossible** ‖ **2.** *Il est possible que je ne sois pas là demain*, il se peut que je ne sois pas là. *C'est possible*, peut-être. **3.** *Flora s'applique le plus possible*, le plus qu'elle peut. *J'aimerais partir le plus tôt possible*, dès que je pourrai.

▭ **n. m.** *Je ferai tout mon possible pour t'aider*, tout ce que je pourrai faire.

▶ **possibilité** **n. f. 1.** Chose possible, qui peut arriver. *Il faut envisager toutes les possibilités.* **2.** *Les élèves de cette classe ont la possibilité de partir en classe de neige*, ils le peuvent. ▷ IMPOSSIBILITÉ, IMPOSSIBLE.

① **poste** **n. f. 1.** Service public chargé de distribuer le courrier. *Ce colis a été expédié par la poste.* **2.** Bâtiment qui abrite la poste. *La poste est juste à côté*, le bureau de poste.

▶ **postal** **adj.** De la poste. *En France, les camions postaux sont jaunes.*

▶ ① **poster** **v.** (conjug. 1) Mettre à la poste. *J'ai posté ma lettre hier.* ▷ POSTIER.

② **poste** **n. m. 1.** Lieu où l'on doit être. *La sentinelle est à son poste.* **2.** *Le poste de police*, c'est l'endroit où se tiennent les policiers de service. *Le poste de pilotage d'un avion,* c'est l'endroit où se tient le pilote. **3.** Emploi. *Le père de Luc occupe un poste d'ingénieur dans une entreprise d'informatique.* **4.** Appareil qui reçoit ou émet des émissions. *Un poste de radio. Un poste de télévision.* → **téléviseur.**

▸ ② **poster** **v.** (conjug. 1) **1.** Placer dans un endroit précis. *L'inspecteur a posté des policiers en civil devant l'immeuble.* **2.** *Se poster,* c'est s'installer pour surveiller. *Anne s'est postée devant la fenêtre pour guetter l'arrivée de Julie.*

③ **poster** [pɔstɛʀ] **n. m.** Ce mot vient de l'anglais. Affiche servant à décorer. *Alex a mis des posters sur les murs de sa chambre.*

**postérieur** **adj. 1.** Qui est derrière, à l'arrière. *Les ours peuvent se tenir debout sur leurs pattes postérieures.* || contr. **antérieur** || **2.** Qui a lieu après. → **ultérieur.** *Cet événement est postérieur à la naissance de Julie.*

a **posteriori** → **a posteriori**

**postérité** **n. f.** *Les œuvres des grands artistes passent à la postérité,* à l'ensemble des personnes qui sont nées après eux.

**posthume** **adj.** *Le dernier roman de cet écrivain est posthume,* il a été publié après sa mort.

**postiche** **adj.** Faux. *Le voleur avait une barbe postiche.*

**postier** **n. m.,** **postière** **n. f.** Personne qui travaille à la poste.

① **postillon** **n. m.** Conducteur d'une diligence. → ① **cocher.**

② **postillon** **n. m.** Goutte de salive que l'on envoie en parlant. *Arrête de m'envoyer des postillons !*

**post-scriptum** [pɔstskʀiptɔm] **n. m. inv.** Petit texte situé à la fin d'une lettre, après la signature. *Sa lettre comportait plusieurs post-scriptum.* — *Post-scriptum* s'écrit en abrégé *P.-S.* [peɛs].

**postuler** **v.** (conjug. 1) *Il a postulé un emploi de comptable,* il l'a demandé, sollicité.

**posture** **n. f. 1.** Position du corps. *Les postures du yoga.* **2.** *Être en mauvaise posture,* c'est être dans une situation difficile.

**pot** **n. m. 1.** Récipient. *Un pot de confiture. Un pot à eau.* **2.** *Le bébé est sur le pot,* le récipient dans lequel il fait ses besoins. **3.** *Le pot d'échappement de la voiture est crevé,* le tuyau par où s'échappent les gaz brûlés. **4.** *Parle franchement, au lieu de tourner autour du pot,* au lieu de ne pas dire directement ce que tu as à dire. ◊ homonyme : peau. ▷ EMPOTÉ, POT-AU-FEU, POT-DE-VIN, POTÉE, POTERIE, POTICHE, POTIER.

**potable** **adj.** *Cette eau n'est pas potable,* on ne peut pas la boire.

**potage** **n. m.** Bouillon dans lequel on a fait cuire des légumes coupés en morceaux. → **soupe.** *Un potage aux poireaux.*

**potager** **adj. 1.** *Un jardin potager,* c'est un jardin où l'on cultive des légumes et des fruits. — **N. m.** *Il plante des salades dans le potager.* **2.** *Les plantes potagères,* ce sont les plantes dont on peut manger certaines parties. *Les carottes et les navets sont des plantes potagères.* → aussi **légume.**

**potasse** n. f. Produit chimique blanc qui se dissout dans l'eau. *La potasse est utilisée comme engrais.*

**pot-au-feu** n. m. inv. Plat fait de viande de bœuf qui a bouilli avec des légumes. — Au pl. *Des pot-au-feu.*

pot-au-feu

**pot-de-vin** n. m. Somme d'argent que l'on donne en plus du prix convenu dans un marché, ou pour obtenir quelque chose de façon illégale. — Au pl. *Des pots-de-vin.*

**poteau** n. m. Pilier enfoncé dans le sol. *Les poteaux électriques,* ce sont les piliers qui soutiennent les fils électriques. → **pylône.**

**potée** n. f. Plat de viande de porc ou de bœuf bouillie, accompagnée de légumes. *De la potée aux choux.*

**potelé** adj. Dodu, grassouillet. *Des bébés potelés.* || contr. **maigre** ||.

**potence** n. f. Instrument de supplice fait de deux poutres perpendiculaires soutenant une corde à laquelle on pendait les condamnés. → **gibet.**

**potentiel** n. m. Capacité à produire. *Ce pays a un grand potentiel industriel.* → **puissance.**

**poterie** n. f. **1.** Fabrication d'objets en terre cuite. *Anne fait de la poterie.* **2.** Objet en terre cuite. *Les plus anciennes poteries datent de 7 000 ans avant Jésus-Christ.*

**poterne** n. f. Porte cachée dans le mur d'un château fort ou d'une forteresse. *La poterne était souvent située sous le pont-levis.*

**potiche** n. f. Grand vase de porcelaine. *Julie a cassé la potiche chinoise du salon.*

**potier** n. m. Personne qui fabrique et vend des poteries. *Le potier façonne la terre sur un tour et la fait cuire dans un four.*

**potin** n. m. *Des potins,* ce sont des commérages, des ragots. *Elle adore raconter des potins.*

**potion** n. f. Médicament liquide qui se boit. *Une potion calmante.*

**potiron** n. m. Grosse citrouille. *De la soupe au potiron.*

**pot-pourri** n. m. Morceau de musique formé de plusieurs airs à la suite. — Au pl. *Des pots-pourris.*

**pou** n. m. [pl. *poux*] Très petit insecte parasite qui vit dans les cheveux. *Luc a attrapé des poux à l'école.* ◊ homonyme : pouls. ▷ POUILLEUX.

**poubelle** n. f. Récipient dans lequel on jette les ordures. *Les poubelles sont ramassées par les éboueurs. On a jeté les restes à la poubelle.*

**pouce** n. m. **1.** Le doigt le plus court et le plus gros. *Flora suce encore son* *pouce. Se tourner les pouces,* c'est rester sans rien faire. — *Pouce !* est une interjection que l'on prononce en mettant le pouce en l'air quand on veut interrompre un jeu. *« Pouce ! » dit Alex au milieu de la partie, « mon lacet s'est défait ».* **2.** Ancienne mesure de longueur valant un peu moins de 3 centimètres. *Il n'a pas bougé d'un pouce depuis tout à l'heure,* il n'a pas bougé du tout.

**poudre** **n. f. 1.** Matière moulue en grains très fins. *Du sucre en poudre.* **2.** Produit de maquillage que l'on se met sur la peau avec une houppette ou un gros pinceau. *Elle se remet un peu de poudre avant de sortir.* **3.** Mélange destiné à exploser. *Il y a de la poudre dans les cartouches.*

► **poudrer** **v.** (conjug. 1) Mettre de la poudre. *Autrefois, on se poudrait les cheveux.* — *Elle se poudre devant la glace.*

► **poudreux** **adj.** *La neige fraîche est poudreuse,* très fine, comme la poudre.

► **poudrier** **n. m.** Boîte à poudre. *Elle remit la houppette dans le poudrier.*

► **poudrière** **n. f.** Endroit où l'on garde les explosifs. *Ce pays est une vraie poudrière,* il risque de s'y passer des choses très violentes.

**pouf** **n. m.** Gros coussin posé sur le sol, qui sert de siège.

**pouffer** **v.** (conjug. 1) *Anne et Julie ont pouffé de rire quand Luc est tombé par terre,* elles ont éclaté de rire malgré elles.

**pouilleux** **adj.** Très pauvre et sale. → **misérable.** *Des maisons pouilleuses.*

**poulailler** **n. m.** Abri pour les poules. *Le soir, la fermière enferme les poules dans le poulailler.*

**poulain** **n. m.** Petit du cheval et de la jument, mâle ou femelle, jusqu'à l'âge de deux ans et demi. *Le poulain galope dans le pré.* → aussi **pouliche.**

① **poule** **n. f. 1.** Oiseau de basse-cour, à ailes courtes et arrondies, portant une petite crête. → aussi **coq** et **poussin.** *La poule noire a pondu un œuf.* **2.**

*Une poule d'eau,* c'est un oiseau de la taille d'un pigeon. *Une poule faisane,* c'est la femelle du faisan. **3.** *Une poule mouillée,* c'est une personne peureuse. → **mauviette.**

▶ **poulet** **n. m.** Petit de la poule, âgé de 3 à 10 mois, plus grand que le poussin. *Du poulet rôti.* ▷ POULAILLER.

② **poule** **n. f.** Groupe d'équipes de rugby qui doivent se rencontrer au cours d'un championnat. *L'équipe de notre ville est en poule A.*

**pouliche** **n. f.** Jeune jument de plus de 30 mois. → aussi **poulain.**

**poulie** **n. f.** Petite roue sur laquelle passe une corde ou une chaîne et qui sert à soulever une charge.

**poulpe** **n. m.** Animal marin à huit tentacules munis de ventouses. → **pieuvre.** *Les poulpes sont des mollusques.*

**pouls** [pu] **n. m.** Battement du sang dans les artères, que l'on sent très bien au poignet. *Le docteur prend le pouls du malade.* ◊ homonyme : pou.

**poumon** **n. m.** *Les poumons,* ce sont les deux organes situés dans la cage thoracique qui servent à respirer. *La pneumonie et la tuberculose sont des maladies des poumons.* → aussi **pulmonaire.** ▷ S'ÉPOUMONER.

**poupe** **n. f.** Arrière d'un bateau. ‖ contr. **proue** ‖.

**poupée** **n. f.** Jouet représentant une personne. *Flora joue à la poupée.*

▶ **poupon** **n. m.** **1.** Bébé. *Un beau poupon.* **2.** Poupée représentant un bébé. → **baigneur.** *Un poupon en caoutchouc.*

▶ **pouponner** **v.** (conjug. 1) S'occuper d'un bébé. *Elle adore pouponner.*

▶ **pouponnière** **n. f.** Endroit où sont gardés les très jeunes enfants. → **crèche.**

**pour** **prép.** et **n. m. inv.**

▭ **prép.** **1.** *Pour* indique le but, la conséquence. *Il a téléphoné pour prendre rendez-vous.* → **afin** de. *Je l'ai appelé pour qu'il vienne m'aider. Prends ce sirop pour la toux.* → **contre.** **2.** *Pour* indique la destination. *Ils sont partis pour l'Espagne.* **3.** *Pour* indique une date, une durée. *Flora a des devoirs pour demain.* **4.** *Pour* indique le choix. *Ils ont voté pour le même candidat.* **5.** *Pour* indique l'échange. *Elle s'est acheté une robe pour 500 francs.* **6.** *Pour* indique la cause. *Le cinéma est fermé pour travaux.* **7.** En ce qui concerne. *Pour ma part, je n'ai plus faim. Elle est bien pour son âge.*

▭ **n. m. inv.** *Le pour et le contre.* → **contre.** ▷ POURBOIRE, POURCENTAGE, POURQUOI, POURTANT.

**pourboire** **n. m.** Petite somme d'argent que le client donne en plus du prix, à la personne qui l'a servi. *Il a donné un pourboire au chauffeur de taxi.* → aussi **service.**

**pourcentage** **n. m.** Proportion pour cent. *Dix pour cent* (10 %) *des élèves redoubleront,* sur 100 élèves, 10 redoubleront.

**pourceau** **n. m.** Cochon, porc. — **Au pl.** *Des pourceaux.*

**pourchasser** **v.** (conjug. 1) Poursuivre, chasser. *Le chat pourchasse les souris dans le grenier.*

se **pourlécher** **v.** (conjug. 6) Se passer la langue sur les lèvres en signe de plaisir avant ou après un bon repas. *Yves se pourlèche déjà à la vue de l'énorme gâteau.*

**pourparlers** **n. m. pl.** Discussions, négociations entre plusieurs États ou plusieurs personnes. *Les pourparlers entre les deux pays sont en cours.*

**pourpoint** **n. m.** Veste que les hommes portaient autrefois.

**pourpre** **n. f.** et **n. m. 1. n. f.** Colorant rouge tiré d'un coquillage. *Les Phéniciens utilisaient la pourpre.* **2. n. m.** Couleur rouge foncé. *Des rideaux d'un beau pourpre.* — **Adj.** *Des rideaux pourpres.* ▷ S'EMPOURPRER.

**pourquoi** **adv.** et **conjonction. 1. adv.** Pour quelle raison. *Pourquoi pleures-tu, Flora ? Dis-moi pourquoi tu n'es pas venu.* **2. conjonction** *Yves s'est réveillé en retard ce matin, c'est pourquoi il n'est pas là,* c'est pour cette raison qu'il n'est pas là.

**pourrir** **v.** (conjug. 2) Se décomposer, se gâter. *Les fruits ont pourri.*

▸ **pourri** **adj.** *Des tomates pourries.*

▸ **pourriture** **n. f.** Matière en train de pourrir. *Il régnait une affreuse odeur de pourriture.*

**poursuivre** **v.** (conjug. 40) **1.** *Le chien poursuit le lièvre,* il court derrière lui pour le rattraper. → **pourchasser. 2.** *Il a poursuivi un de ses voisins en justice,* il a porté plainte contre lui. **3.** Continuer sans s'arrêter. *Elle poursuivit son récit sans se troubler.* || contr. **abandonner, arrêter** || — *La discussion s'est poursuivie tard dans la nuit,* elle a continué tard dans la nuit.

▸ **poursuite** **n. f. 1.** *Le chien se lança à la poursuite du chat,* il le poursuivit, courut après lui. **2.** *Engager des poursuites contre une personne,* c'est lui faire un procès.

▸ **poursuivant** **n. m.**, **poursuivante** **n. f.** Personne qui en poursuit une autre. *Le voleur a été rattrapé par ses poursuivants.*

**pourtant** **adv.** Cependant, néanmoins. *Il est fatigué, et pourtant il rentre de vacances.*

**pourtour** **n. m.** *Le pourtour de la place est planté d'arbres,* la partie qui en fait le tour est plantée d'arbres.

**pourvoir** **v.** (conjug. 25) **1.** Fournir le nécessaire. *Le père de Luc pourvoit seul à l'entretien de la famille,* c'est lui seul qui gagne l'argent nécessaire. → **assurer, subvenir. 2.** *La maison est pourvue des appareils ménagers les plus modernes,* elle les a. ▷ DÉPOURVU, au DÉPOURVU.

**pourvu que** **conjonction.** *Pourvu qu'il fasse beau dimanche !* espérons qu'il fera beau.

① **pousser** **v.** (conjug. 1) Se développer, grandir. *Les cheveux de Flora ont beaucoup poussé. Les feuilles poussent.*

▸ **pousse** **n. f.** Bourgeon. *Au printemps, les arbres se couvrent de jeunes pousses.* ▷ ① REPOUSSER.

② **pousser** **v.** (conjug. 1) **1.** Faire bouger en appuyant. *Il poussa la porte et entra.* || contr. **tirer** || *Une jeune femme poussait un landau.* **2.** *Yves pousse ses camarades à faire des bêtises,* il les entraîne à en faire. → **encourager, inciter. 3.** *Julie pousse parfois sa mère à bout,* elle l'exaspère. **4.** *Se pousser,* c'est s'écarter pour laisser de la place. *Allons, poussez-vous un peu pour que tout le monde puisse entrer.* **5.** Faire entendre. *Le bébé pousse des hurlements,* il crie.

▸ **poussée** **n. f. 1.** Force exercée en poussant. *La porte s'ouvrit sous la* *poussée*. 2. *Alex a eu une poussée de fièvre dans la nuit,* il a eu un brusque accès de fièvre.

▶ **poussette** n. f. Petite voiture d'enfant que l'on pousse devant soi. *Luc promène sa petite sœur dans sa poussette.* ▷ REPOUSSANT, ② REPOUSSER.

**poussière** n. f. Débris de terre ou de saleté qui flottent dans l'air et se déposent sur les objets. *La voiture soulève des nuages de poussière. Les meubles sont couverts de poussière.*

▶ **poussiéreux** adj. Couvert de poussière. *Des livres poussiéreux.* — Au fém. *poussiéreuse.*

**poussif** adj. 1. Qui manque de souffle. *Une vieille jument poussive.* 2. Qui fonctionne mal. *Un moteur poussif.*

**poussin** n. m. Petit de la poule et du coq, qui vient de sortir de l'œuf. → aussi **poulet.** *Les poussins sont couverts d'un duvet jaune ou gris.*

**poutre** n. f. Grosse et longue pièce de bois qui sert de support dans une construction. *Un plafond aux poutres apparentes.*

▶ **poutrelle** n. f. Barre de fer allongée, que l'on utilise dans les charpentes métalliques. *Le toit du hangar repose sur des poutrelles d'acier.*

**poutser** v. (conjug. 1) Ce mot est utilisé en Suisse. Nettoyer.

① **pouvoir** v. (conjug. 33) 1. Avoir la possibilité. *Yves peut rester longtemps sous l'eau sans respirer,* il en est capable. 2. Avoir le droit, la permission. *Julie a pu aller au cinéma mardi soir.* 3. Risquer. *Prends un parapluie, il pourrait pleuvoir.* 4. *Il se peut qu'elle vienne demain,* c'est possible, cela pourrait arriver. 5. *Je n'en peux plus,* je suis très fatigué ou j'en ai assez.

▶ ② **pouvoir** n. m. 1. Capacité, faculté. *Les bêtes n'ont pas le pouvoir de parler.* 2. Autorité, puissance. *C'est un homme qui a beaucoup de pouvoir.* 3. Possibilité de gouverner un pays. *Il y a eu un coup d'État et les militaires ont pris le pouvoir.* 4. *Les pouvoirs publics,* ce sont les personnes qui gouvernent. 5. *Le pouvoir d'achat,* c'est la possibilité d'acheter des choses selon l'argent que l'on a. *Dans les pays pauvres, le pouvoir d'achat est très faible.* ▷ IMPUISSANCE, IMPUISSANT, PEUT-ÊTRE, PUISSANCE, PUISSANT, SAUVE-QUI-PEUT.

**praire** n. f. Coquillage arrondi, dont on mange la chair. → aussi **palourde.** *Des praires farcies.*

**prairie** n. f. Terrain couvert d'herbe. → **pré.** *Les vaches broutent l'herbe de la prairie.* → **pâturage.**

**praline** n. f. 1. Bonbon fait d'une amande grillée trempée dans du sucre bouillant. *Les pralines sont roses ou brunes.* 2. En Belgique et en Suisse. Bonbon au chocolat. *Une boîte de pralines.*

praline

▶ **praliné** adj. Parfumé à la praline. *Une glace pralinée.*

**praticable** adj. *Un chemin praticable,* c'est un chemin où l'on peut passer facilement. *La route est praticable seulement l'été.* || contr. **impraticable** ||.

**praticien** n. m., **praticienne** n. f. Docteur en médecine dont le métier est de soigner les malades, non de faire de la recherche. → **médecin.**

① **pratique** n. f. 1. *La pratique,* c'est ce qui permet de mettre en application des choses que l'on a apprises et qui donne des résultats que l'on peut voir. || contr. **théorie** || *C'est par la pratique que l'on apprend un métier.* 2. *Il met toujours ses décisions en pratique,* il les applique, les réalise toujours. 3. *Une pratique,* c'est une manière habituelle d'agir. → **procédé, usage.** *La vente à crédit est une pratique courante.*

▶ ② **pratique** adj. 1. *Il a beaucoup de sens pratique,* il sait bien se débrouiller dans toutes les situations de la vie courante, résoudre toutes les difficultés. *Après le cours, nous ferons des travaux pratiques,* des exercices, des expériences où l'on mettra en application ce que l'on aura appris. 2. Facile à utiliser. *Cet ouvre-boîte est très pratique.* → **commode.**

▶ **pratiquant** adj. *Une personne pratiquante,* c'est une personne qui fait exactement tout ce que sa religion lui demande de faire. → aussi **pratiquer.** *Ils sont catholiques pratiquants.*

▶ **pratiquement** adv. Dans la réalité, dans les faits. *Ton idée est bonne mais, pratiquement, elle est difficile à réaliser.* || contr. **théoriquement** ||.

▶ **pratiquer** v. (conjug. 1) 1. *Il pratique le golf et le tennis,* il en fait régulièrement. 2. Faire. *Il faut pratiquer un trou dans le mur.* → **ménager.** 3. Faire exactement ce qui est exigé par sa religion. *Ils sont catholiques, mais ils ne pratiquent pas,* ils ne vont pas à la messe, etc. ▷ IMPRATICABLE, PRATICABLE, PRATICIEN.

**pré** n. m. Terrain où pousse de l'herbe qui sert à nourrir le bétail. → **prairie**, et aussi **champ.** *Il y a des marguerites dans les prés.*

**pré-** Préfixe qui signifie « avant, d'avance ».

**préalable** adj. Qui a lieu avant. *Avant d'obtenir ce poste, il a eu plusieurs entretiens préalables avec son futur patron.* — N. m. *Au préalable,* auparavant, d'abord.

**préambule** n. m. Début d'un texte ou d'un discours, qui en annonce le sujet. → **introduction**, entrée en **matière.** *L'avocat a fait un long préambule avant de commencer sa plaidoirie.*

**préau** n. m. Partie couverte d'une cour d'école. *L'école dispose de deux préaux.*

**préavis** n. m. Avertissement officiel, donné à l'avance, de ce que l'on va faire. *Le locataire qui quitte un appartement doit donner un préavis de trois mois à son propriétaire,* il doit prévenir le propriétaire trois mois avant de quitter les lieux.

**précaire** adj. Qui n'est pas sûr. *Il est d'une santé précaire.* → **fragile.** || contr. **solide** ||.

**précaution** n. f. 1. Ce que l'on fait pour éviter un mal ou un ennui. *Il vaut mieux prendre une assurance au cas où vous seriez malade à l'étranger, c'est une sage précaution.* 2. Prudence. *Ce produit est dangereux, il faut le manier avec précaution.*

**précéder** v. (conjug. 6) **1.** *Je vous précède pour vous montrer le chemin,* je marche devant vous. || contr. **suivre** || **2.** Exister, avoir lieu avant. *Le roman est précédé d'une préface de l'auteur.*

▸ **précédent** adj. et n. m. **1.** adj. Qui vient avant. *Je l'avais vu la semaine précédente,* la semaine d'avant celle dont on parle. || contr. **suivant** || *Le jour précédent,* c'est la veille du jour dont il est question. **2.** n. m. *Un précédent,* c'est une chose qui a déjà eu lieu et qui peut servir d'exemple. *Cette décision va créer un précédent. — Il a obtenu un succès sans précédent,* un succès extraordinaire, jamais vu.

▸ **précédemment** adv. Avant, auparavant. *J'avais déjà lu ce livre précédemment.* || contr. **après, ultérieurement** ||.

**précepte** n. m. Règle de morale. *Aimer son prochain est un précepte de la morale chrétienne.*

**précepteur** n. m., **préceptrice** n. f. Professeur particulier d'un enfant qui ne va pas à l'école. *Autrefois, dans les familles riches, les enfants étaient instruits par des précepteurs.*

**prêcher** v. (conjug. 1) **1.** Faire un sermon. *Le prêtre prêche du haut de la chaire.* → aussi **prédicateur.** **2.** Recommander, conseiller. *Les écologistes prêchent le respect de la nature.*

**précieux** adj. **1.** Qui a une grande valeur, vaut très cher. *L'or est un métal précieux.* **2.** Que l'on apprécie beaucoup, à quoi on donne du prix. *Votre amitié m'est très précieuse.* **3.** Qui manque de naturel. *Il a des manières précieuses.* || contr. **simple** ||.

▸ **précieusement** adv. Soigneusement. *Elle a conservé précieusement toutes les lettres de ses amis.*

**précipice** n. m. Trou très profond, aux parois presque verticales. → **gouffre, ravin.** *La voiture est tombée au fond du précipice.*

**précipitations** n. f. pl. Chutes de pluie, de grêle ou de neige. *La météo annonce de fortes précipitations pour demain.*

**précipiter** v. (conjug. 1) **1.** Faire tomber vers un endroit bas et profond. *L'assassin a précipité sa victime du haut d'une tour. — Une femme s'est précipitée du 6^e^ étage,* elle s'est jetée du 6^e^ étage. **2.** Faire se produire avant le moment prévu. → **avancer.** *Il a dû précipiter son départ.* → **brusquer.** || contr. **retarder** || **3.** *Se précipiter,* s'élancer brusquement, se hâter. *Dès que la cloche sonne, les élèves se précipitent vers la sortie.* → se **ruer.**

▸ **précipitamment** adv. Très vite, à la hâte. *Il est parti précipitamment.* → **brusquement.** || contr. **lentement, tranquillement** ||.

▸ **précipitation** n. f. Trop grande hâte. *Il ne faut pas agir avec précipitation.*

▸ **précipité** adj. **1.** Très rapide. *On entendit des pas précipités.* || contr. **lent** || **2.** Qui se fait trop vite, sans prendre le temps nécessaire. *Son départ a été trop précipité, il n'a pas eu le temps de régler toutes ses affaires.* → **hâtif.**

**précis** adj. **1.** Clair et détaillé. || contr. **flou, imprécis, vague** || *Ce guide donne des renseignements précis sur chaque ville.* **2.** Exact, juste. *Elle a pris les mesures précises de la pièce. La réunion commencera à 9 heures précises,* exactement à 9 heures. → **juste** ; fam.③ **pile.**

▸ **précisément** adv. **1.** D'une manière précise, claire. *Il a répondu précisément à la question.* **2.** Justement.

*Julie a eu pour Noël précisément le cadeau qu'elle souhaitait.*

▶ **précisier** v. (conjug. 1) **1.** Expliquer de manière plus précise, plus nette. *Précisez le sens de votre question.* **2.** *Se préciser,* c'est devenir plus précis, plus net. *Les choses se précisent peu à peu.*

▶ **précision** n. f. **1.** Clarté, netteté. *Ce plan de la ville est d'une grande précision.* **2.** *Le commissaire a demandé au suspect des précisions sur son emploi du temps ce jour-là,* des détails, des explications supplémentaires. ▷ IMPRÉCIS, IMPRÉCISION.

**précoce** adj. **1.** Qui se produit plus tôt que d'habitude. *L'hiver est précoce, cette année.* ‖ contr. **tardif** ‖ **2.** *Un enfant précoce,* c'est un enfant plus avancé que les autres enfants de son âge.

▶ **précocité** n. f. *Ce petit garçon était d'une grande précocité,* il était en avance pour son âge.

**préconçu** adj. *Une idée préconçue,* c'est une idée toute faite, un préjugé que l'on adopte sans réfléchir. *C'est une femme très conformiste qui a beaucoup d'idées préconçues.*

**préconiser** v. (conjug. 1) Conseiller vivement. → **recommander.** *Le médecin lui a préconisé le repos.*

**précurseur** n. m. et adj. m. **1.** n. m. Personne qui est la première à faire une œuvre ou une découverte reprise plus tard par d'autres. *Pasteur a été un précurseur de la biologie moderne.* **2.** adj. m. *Un signe précurseur,* c'est un signe qui annonce quelque chose. *L'arrivée des hirondelles est un signe précurseur du printemps.*

**prédateur** n. m. Animal qui chasse d'autres animaux pour se nourrir. → aussi **proie.** *Les félins et les rapaces sont des prédateurs.*

**prédécesseur** n. m. *Le directeur de l'école est plus jeune que son prédécesseur,* que celui qui occupait ce poste avant lui. ‖ contr. **successeur** ‖.

**prédicateur** n. m. Personne qui prêche. *Le prédicateur monte en chaire pour faire son sermon.*

**prédiction** n. Ce qui est prédit. → **prophétie.** *Les prédictions d'une voyante.*

**prédilection** n. f. Préférence très nette. *Yves a une prédilection pour le chocolat.* → **faible.**

**prédire** v. (conjug. 37) Annoncer qu'un événement va se produire, comme si on connaissait l'avenir. → aussi **prédiction.** *Une voyante lui a prédit qu'il serait célèbre.*

**prédisposer** v. (conjug. 1) *Les membres de cette famille sont prédisposés aux maladies cardiaques,* ils risquent plus que d'autres d'en avoir.

**prédominer** v. (conjug. 1) Être le plus important. *Parmi toutes ses qualités, c'est le courage qui prédomine.*

**préfabriqué** adj. *Des éléments préfabriqués,* ce sont des éléments de construction qui sont fabriqués en série pour être assemblés ensuite sur place. *Une maison préfabriquée,* c'est une maison construite avec des éléments préfabriqués.

**préface** n. f. Texte placé au début d'un livre et qui sert à le présenter aux lecteurs. → **avant-propos, introduction.** *La préface de ce roman anglais a été écrite par le traducteur.*

▸ **préfacer** v. (conjug. 3) Présenter par une préface. *Un écrivain célèbre a préfacé ce livre d'art.*

**préfectoral** adj. *Une décision préfectorale,* c'est une décision qui vient du préfet. — Au masc. pl. *préfectoraux.*

**préfecture** n. f. 1. Bâtiment qui abrite les bureaux du préfet et des gens qui travaillent avec lui. *Pour obtenir ce papier, adressez-vous à la préfecture.* 2. Ville où sont installés les bureaux du préfet. *Créteil est la préfecture du Val-de-Marne.* → **chef-lieu.** ▷ SOUS-PRÉFECTURE.

**préférer** v. (conjug. 6) Aimer mieux. *Il préfère le thé au café. Je préférerais que tu viennes demain.*

▸ **préféré** adj. Le plus aimé. *Anne écoute ses chansons préférées,* celles qui lui plaisent le plus.

▸ **préférable** adj. Qui mérite d'être préféré, choisi. *Cette solution est préférable à l'autre.*

▸ **préférence** n. f. 1. Fait de préférer une chose à une autre. *Il faut respecter les préférences de chacun. Faisons comme tu veux, je n'ai pas de préférence,* cela m'est égal. 2. *Appelez-moi le soir de préférence,* plutôt le soir.

**préfet** n. m. Personne nommée par le président de la République pour représenter le gouvernement à la tête du département. → aussi **préfecture.** — Depuis 1982, on dit *commissaire de la République.* ▷ SOUS-PRÉFET.

**préfigurer** v (conjug. 1) Donner une idée de ce qui n'existe pas encore. → **annoncer.** *Certains romans de science-fiction préfigurent ce que sera la vie dans l'avenir.*

**préfixe** n. m. Élément placé au début d'un mot et qui sert à former un autre mot dont le sens est différent. *Le mot « incapable » est formé du préfixe « in- » et de l'adjectif « capable ».* → aussi **suffixe.**

**préhistoire** n. f. Époque très ancienne, située avant l'histoire, quand les hommes ne savaient pas écrire. *Les hommes de la préhistoire fabriquaient des outils.* → aussi **préhistorique.**

**préhistorique** adj. Qui appartient à la préhistoire. *Le mammouth et le dinosaure sont des animaux préhistoriques.*

**préjudice** n. m. *Cette affaire lui a causé un gros préjudice,* lui a fait beaucoup de tort.

▸ **préjudiciable** adj. Qui cause un préjudice, un tort. *Le tabac est préjudiciable à la santé.* → **nuisible.**

**préjugé** n. m. Avis que l'on a sans avoir réfléchi ni vérifié, idée préconçue. *Avant de le connaître, j'avais des préjugés contre lui, et maintenant je le trouve très sympathique.*

se **prélasser** v. (conjug. 1) Se reposer, rester sans rien faire. *Elles se sont prélassées toute la journée au soleil.*

**prélat** n. m. Haut personnage du clergé, dans l'Église catholique. *Les cardinaux et les évêques sont des prélats.*

**prélever** v. (conjug. 5) Prendre une partie. *Il a prélevé de l'argent sur son compte pour payer ses impôts.*

▸ **prélèvement** n. m. *On lui a fait un prélèvement de sang,* on lui en a pris un peu.

**préliminaire** adj. Qui vient avant une autre chose plus importante. *Après les explications préliminaires,* *passons au véritable sujet de la discussion.*

▸ **préliminaires** **n. m. pl.** Discussions qui précèdent un accord. *Il y a eu de longs préliminaires avant la signature de la paix.*

**prélude** **n. m. 1.** Petit morceau de musique. *Luc joue un prélude de Chopin.* **2.** Point de départ. *Cette rencontre fut un prélude à une grande amitié.*

**prématuré** **adj. 1.** Qui se produit trop tôt. *Cette décision est un peu prématurée.* → **hâtif.** || contr. **tardif** || **2.** *Un enfant prématuré,* c'est un enfant qui naît avant la date prévue. — **N.** *Le prématuré a été mis en couveuse.*

▸ **prématurément** **adv.** Trop tôt. *Elle n'a pas connu sa mère qui est morte prématurément.*

**prémédité** **adj.** *Le crime avait été prémédité,* préparé à l'avance.

▸ **préméditation** **n. f.** *Le meurtre a été commis avec préméditation,* l'assassin l'avait préparé.

**prémices** **n. f. pl.** Premiers signes. *Voici les prémices du printemps.*

**premier** **adj.** et **n. m.**, **première** **adj.** et **n. f.**

▭ **adj. 1.** Qui vient d'abord, est au commencement. *Le premier janvier* (1^er^ janvier) *est le premier jour de l'année.* || contr. **dernier** || **2.** Qui se présente avant les autres. *Prenez la première rue à droite.* → **prochain. 3.** Qui est meilleur que les autres. *Luc est premier en français.* **4.** *3 et 17 sont des nombres premiers,* des nombres que l'on ne peut diviser que par eux-mêmes ou par 1, pour obtenir un nombre entier.

▭ **n. 1.** *Anne est arrivée la première chez Julie,* elle est arrivée avant les autres. *Luc est le premier de la classe,* le meilleur. **2. n. m.** *Ils habitent au premier,* au premier étage.

▸ **premièrement** **adv.** D'abord. *Julie a deux bonnes raisons d'être contente : premièrement, c'est son anniversaire, et deuxièmement, c'est mercredi.*

**prémolaire** **n. f.** Dent qui se trouve entre les canines et les molaires. *L'homme adulte a huit prémolaires.*

**prémonition** **n. f.** Pressentiment qu'une chose va arriver. *Il n'a pas voulu prendre cet avion, car il dit avoir eu une prémonition.*

**prémonitoire** **adj.** *Un rêve prémonitoire,* c'est un rêve au cours duquel on voit des choses qui vont vraiment se réaliser plus tard.

se **prémunir** **v.** (conjug. 2) Se protéger. *Alex a mis son anorak fourré pour se prémunir contre le froid.*

**prendre** **v.** (conjug. 58) **1.** Mettre dans sa main. *Flora a pris un livre sur l'étagère.* **2.** Mettre avec soi. *Prends ton parapluie, il pleut !* **3.** Considérer. *Il prend les choses avec bonne humeur. Il n'aime pas qu'on le prenne pour un idiot. — Il se prend vraiment au sérieux.* **4.** Faire sien. *Luc a pris l'habitude de boire un verre de lait le matin. Je téléphonerai demain pour prendre rendez-vous.* **5.** *Dans l'obscurité, Flora a pris Yves pour Alex,* elle les a confondus. **6.** Absorber. *Ce médicament est à prendre avant chaque repas.* **7.** Employer. *Ce travail me prendra du temps.* **8.** Attraper. *Le pêcheur a pris une truite.* **9.** Conquérir. *Le tyran a pris le pouvoir.* → s'**emparer. 10.** Surprendre. *Le voleur a été pris en flagrant délit.* **11.** Utiliser. *Ils prendront l'avion demain.* **12.** *Le bébé a pris du poids*, il a grossi. **13.** *Ils s'en sont pris à tout le monde*, ils ont attaqué tout le monde. **14.** *Tu t'y prends mal avec ce couteau*, tu t'en sers mal. **15.** Durcir. *La mayonnaise commence à prendre.* **16.** *Les bûches sont humides, le feu ne prend pas*, ne s'allume pas. ▷ EMPRISE, ENTREPRENANT, ENTREPRENDRE, ENTREPRENEUR, ENTREPRISE, IMPRENABLE, se MÉPRENDRE, MÉPRISE, PRIS, PRISE, REPRENDRE, REPRIS DE JUSTICE, ① REPRISE, SURPRENANT, SURPRENDRE, SURPRISE.

**prénom** **n. m.** Nom qui précède le nom de famille. *Son prénom est Julie.*

**préoccuper** **v.** (conjug. 1) Occuper complètement l'esprit, donner du souci. *La santé de son mari la préoccupe beaucoup. — Il avait l'air très préoccupé*, inquiet.

▸ **préoccupant** **adj.** Qui cause du souci. *Cette affaire est très préoccupante.* → **grave, inquiétant, sérieux.** ‖ contr. **rassurant** ‖.

▸ **préoccupation** **n. f.** Souci, inquiétude. *Son travail lui donne de graves préoccupations.*

**préparer** **v.** (conjug. 1) **1.** Faire tout ce qu'il faut pour qu'une chose soit prête. *Je préparerai mes bagages demain.* **2.** *Il prépare son examen*, il travaille pour être prêt à le passer. **3.** *Se préparer*, c'est s'arranger pour être prêt. *Julie, prépare-toi, il est temps de partir !*

▸ **préparatifs** **n. m. pl.** Ce que l'on fait pour préparer quelque chose. *Il a commencé ses préparatifs de départ.*

▸ **préparation** **n. f.** *La préparation de ce plat n'est pas longue*, ce n'est pas long de le préparer.

▸ **préparatoire** **adj.** **1.** Qui sert à préparer quelque chose. *Avant de faire ce voyage, ils ont assisté à une réunion préparatoire.* **2.** *Le cours préparatoire*, c'est la première classe de l'enseignement primaire.

**prépondérant** **adj.** Qui a plus de poids, d'importance que les autres. *Cet homme a une influence prépondérante dans son pays.*

▸ **prépondérance** **n. f.** Supériorité. *La prépondérance d'un pays sur ses voisins.*

**préposé** **n. m.**, **préposée** **n. f.** **1.** Employé. *Voici la préposée au vestiaire*, celle qui est chargée de s'occuper du vestiaire. **2.** Facteur. *Le préposé a apporté le courrier.*

**préposition** **n. f.** Mot invariable qui relie un complément au mot dont il dépend. *« À », « avec », « dans », « de », « par », « pour », « sous », « sur » sont des prépositions.*

**prérogative** **n. f.** Avantage, privilège qu'une personne a grâce à sa fonction ou à son état. *Autrefois, les nobles jouissaient de nombreuses prérogatives.*

**près** **adv.** **1.** À une petite distance. ‖ contr. **loin** ‖ *J'habite tout près*, à côté. *Flora habite près de l'école.* **2.** *Il est près de midi*, pas loin de midi. *Près de la moitié des élèves étaient absents*, environ la moitié des élèves. **3.** *La salle était à peu près vide*, presque vide. **4.** *Elle était près de pleurer*, sur le point de le faire. ◊ homonymes : ① et ② prêt. ▷ AUPRÈS de.

**présage** **n. m.** Signe qui annonce l'avenir. *Les Grecs et les Romains croyaient aux présages.*

▸ **présager** **v.** (conjug. 3) Annoncer, laisser prévoir. *Ces gros nuages noirs ne présagent rien de bon.*

**presbyte** **n. m.** et **f.** Personne qui ne voit pas bien de près. *Une presbyte.* — **Adj.** *Avec l'âge, on devient presbyte.*

**presbytère** **n. m.** Maison du curé. → **cure.** *Le presbytère est juste à côté de l'église.*

**prescription** **n. f.** Ordre, recommandation. *Le malade doit suivre les prescriptions du médecin.*

**prescrire** **v.** (conjug. 39) Recommander, ordonner. *Le médecin a prescrit au patient des antibiotiques.*

① **présent** **n. m.** et **adj.**

▭ **n. m. 1.** Partie du temps qui est en train de se passer. *Vivons dans le présent, ne pensons plus au passé.* → aussi **avenir. 2.** Temps du verbe qui indique que l'action est en train de se passer. *Mettez les phrases suivantes au présent de l'indicatif.* **3.** *À présent,* maintenant, de nos jours. ‖ contr. **autrefois** ‖ *Jusqu'à présent, nous n'avons pas à nous plaindre.*

▭ **adj. 1.** *Être présent,* c'est être là. *Aujourd'hui, tous les élèves sont présents.* ‖ contr. **absent** ‖ *Elle était présente à la réunion.* **2.** *Le moment présent,* c'est le moment qui est en train de se passer. *Profitons du moment présent.*

▸ **présence** **n. f.** Le fait d'être là. *Votre présence n'est pas indispensable pour le moment. L'accusé ne parlera qu'en présence de son avocat,* que lorsque son avocat sera là. ‖ contr. **absence.** ‖

② **présent** **n. m.** Cadeau. *Le roi fit à la princesse un magnifique présent.*

**présenter** **v.** (conjug. 1) **1.** *Présenter une personne à une autre,* c'est la lui faire connaître en disant son nom. *Il a présenté sa fiancée à ses parents.* **2.** Faire connaître au public. *Sur cette chaîne, c'est une jeune femme qui présente le journal télévisé de 20 heures.* **3.** Montrer. *Il a présenté ses papiers au gendarme.* **4.** Disposer pour montrer. *Ce plat est bien présenté.* **5.** *Il s'est présenté aux élections,* il a été candidat. **6.** *Elle a profité de l'occasion qui se présentait,* qui survenait, s'offrait.

▸ **présentable** **adj.** Digne d'être présenté, d'un bel aspect. *Ce gâteau est excellent, mais il n'est pas très présentable,* pas très joli à voir.

▸ **présentateur** **n. m., présentatrice** **n. f.** Personne qui présente une émission de radio, de télévision, un spectacle. *La présentatrice annonce le programme de la soirée.*

▸ **présentation** **n. f. 1.** *Je vais faire les présentations,* présenter les gens les uns aux autres. **2.** Apparence, aspect. *Yves a soigné la présentation de son devoir.*

▸ **présentoir** **n. m.** Support sur lequel on expose des objets à vendre. *Les livres sont exposés sur des présentoirs.* ▹ ② PRÉSENT, REPRÉSENTANT, REPRÉSENTATIF, REPRÉSENTATION, REPRÉSENTER.

**présentoir**

**préserver** v. (conjug. 1) Protéger. *La crème solaire préserve des coups de soleil.*

▶ **préservatif** n. m. Enveloppe de caoutchouc qui se met sur le sexe de l'homme au moment des rapports sexuels pour se protéger de certaines maladies comme le sida et pour empêcher d'avoir des enfants. → aussi **contraception.**

▶ **préservation** n. f. Sauvegarde. *Cette organisation lutte pour la préservation des espèces animales en danger.*

**président** n. m., **présidente** n. f. 1. Personne qui dirige les discussions, le travail, dans une réunion. *Le président du tribunal a levé la séance.* 2. *Le président-directeur général,* c'est la personne qui dirige une entreprise, une société. → **P.-D.G.** 3. *Le président de la République,* c'est le chef de l'État. *Le président de la République a nommé un nouveau Premier ministre.*

▶ **présidence** n. f. Fonction de président. *La présidence de la République est la plus haute charge de l'État.*

▶ **présidentiel** adj. *L'élection présidentielle aura lieu dans un mois,* l'élection du président de la République. ▷ VICE-PRÉSIDENT.

**présider** v. (conjug. 1) Occuper la place de président. *Le maire préside le conseil municipal.*

**présomptueux** adj. Qui a une trop bonne opinion de lui-même. → **prétentieux.** || contr. **modeste** || *Un jeune homme présomptueux.* — Au fém. *présomptueuse.*

**presque** adv. À peu près, pas tout à fait. *Cela fait presque une heure que je t'attends. Elle ne boit presque jamais d'alcool.*

▶ **presqu'île** n. f. Terre entourée d'eau de tous les côtés sauf un. → **péninsule.** *La presqu'île de Quiberon est très étroite.*

**pressant** adj. 1. Urgent. *Il a de pressants besoins d'argent.* 2. *Une demande pressante,* c'est une demande faite avec insistance.

**presse** n. f. 1. Machine qui sert à écraser un objet ou à y laisser une empreinte. 2. Machine à imprimer. *Autrefois, on imprimait avec une presse à bras.* 3. *La presse,* c'est l'ensemble des journaux. *Toute la presse a commenté l'événement.*

**pressé** adj. 1. Qui n'a pas beaucoup de temps, doit se dépêcher. *C'est une femme très occupée, toujours pressée.* 2. Urgent. *Ce travail est très pressé.*

**presse-citron** n. m. Appareil servant à presser les citrons et les oranges. — Au pl. *Des presse-citrons.*

**pressentir** v. (conjug. 16) Sentir à l'avance, deviner. *Il avait pressenti le danger.*

▶ **pressentiment** n. m. Impression, intuition que l'on a d'une chose avant qu'elle ne se produise. → **prémonition.** *Il avait le pressentiment que les choses finiraient mal.*

**presse-papiers** n. m. inv. Objet lourd que l'on pose sur des papiers pour les maintenir. — Au pl. *Des presse-papiers.*

① **presser** v. (conjug. 1) 1. *Presser un fruit,* c'est en faire sortir le jus. *Julie presse des citrons pour se faire une citronnade. — Luc boit une orange pressée,* le jus d'une orange que l'on a pressée. 2. Appuyer sur quelque chose. *Il pressa le bouton de la son-*

*nette.* 3. *Les gens se pressaient devant l'entrée du magasin,* ils s'entassaient, se serraient les uns contre les autres.
▷ PRESSE, PRESSE-CITRON, PRESSE-PAPIERS, PRESSION, PRESSOIR, PRESSURER, PRESSURISÉ.

② **presser** v. (conjug. 1) 1. *Elle sentit qu'on la suivait et elle pressa le pas,* elle marcha plus vite. → **accélérer.** ‖ contr. **ralentir** ‖ 2. *Rien ne presse,* nous avons tout notre temps. *Allons, le temps presse !* il faut faire vite. 3. *Se presser,* c'est se dépêcher. → se **hâter.** *Presse-toi un peu, tu vas être en retard.*
▷ EMPRESSÉ, EMPRESSEMENT, PRESSANT, PRESSÉ.

**pressing** [pʀesiŋ] n. m. Ce mot vient de l'anglais. Magasin où l'on effectue le nettoyage et le repassage des vêtements à la vapeur. → aussi **teinturerie.** — Au pl. *Des pressings.*

**pression** n. f. 1. *D'une pression du doigt, elle referma la boîte,* en appuyant légèrement avec son doigt. 2. *Le baromètre donne la pression atmosphérique,* le poids de l'air dans l'atmosphère. 3. *Une pression,* c'est un bouton qui se ferme quand on appuie dessus. *La robe de Julie est fermée devant par des pressions.* 4. *Ils ont essayé de faire pression sur lui,* d'exercer leur influence, leur autorité sur lui pour le forcer à agir.

**pressoir** n. m. Machine servant à presser des fruits ou des graines pour en extraire le jus. *On presse le raisin dans un pressoir pour faire du vin.*

**pressurer** v. (conjug. 1) Exploiter. *Au Moyen Âge, les serfs étaient pressurés par les seigneurs.*

**pressurisé** adj. *Dans un avion, la cabine est pressurisée,* elle est maintenue à une pression normale.

**prestance** n. f. Allure, aspect qui en impose. *C'est un homme très grand, qui a beaucoup de prestance.*

**preste** adj. Rapide et adroit. → **leste.** ‖ contr. **lent, maladroit** ‖ *D'un geste preste, Alex attrapa le ballon.*

**prestidigitateur** n. m., **prestidigitatrice** n. f. Personne qui fait des tours de magie. → **illusionniste.** *Le prestidigitateur a fait sortir un lapin du chapeau.*

► **prestidigitation** n. f. Art de faire des tours de magie. *Un numéro de prestidigitation.*

**prestige** n. m. *Le métier de pompier a beaucoup de prestige auprès des petits garçons,* il provoque leur admiration et leur respect.
► **prestigieux** adj. Qui impressionne et provoque l'admiration. *Paris et Rome sont des villes prestigieuses.*

**présumer** v. (conjug. 1) 1. Croire, supposer. *Je présume qu'il sait ce qu'il fait.* — *L'assassin présumé a été arrêté,* celui que l'on suppose être l'assassin. 2. *L'alpiniste a dû renoncer à* *atteindre le sommet, il avait trop présumé de ses forces,* il avait trop compté sur ses forces, il les avait surestimées. → aussi **présomptueux.**

① **prêt** **adj.** **1.** *Anne est prête à partir pour l'école,* elle est en état de partir. **2.** *Passons à table, le dîner est prêt,* préparé, en état d'être mangé. ◊ homonyme : près. ▷ S'APPRÊTER.

② **prêt** **n. m.** *La banque lui a consenti un prêt,* elle lui a prêté de l'argent. → aussi **emprunt.**

**prétendre** **v.** (conjug. 41) **1.** Vouloir, avoir l'intention. *La maîtresse prétend être obéie.* **2.** Affirmer, soutenir. *Alex prétendait qu'il avait fait son exercice tout seul.*

▶ **prétendant** **n. m.** Jeune homme qui fait la cour à une jeune fille. *Elle a de nombreux prétendants.*

▶ **prétendu** **adj.** *Il a invoqué une prétendue grippe pour ne pas venir,* il a fait croire qu'il avait la grippe. → aussi **soi-disant.**

▶ **prétentieux** **adj.** Vaniteux, trop content de soi. → **orgueilleux.** *Elle est un peu prétentieuse.* || contr. **modeste** ||.

▶ **prétention** **n. f.** **1.** Ambition. *Il avait la prétention de présider la réunion.* **2.** Vanité. *C'est un homme d'une grande prétention.* → aussi **prétentieux.** || contr. **modestie** ||.

**prêter** **v.** (conjug. 1) **1.** Mettre une chose à la disposition de quelqu'un à condition qu'elle soit rendue. || contr. **emprunter** || *Flora prête volontiers ses affaires. La banque lui a prêté de l'argent.* → aussi ② **prêt.** **2.** *Il ne faut pas prêter attention à tout ce qu'il dit,* il ne faut pas faire attention. *Il nous a gentiment prêté son aide,* il nous a aidés. **3.** Attribuer. *Vous me prêtez des intentions que je n'ai pas.* **4.** *Sa maladresse prête à rire,* fait rire. ▷ ② PRÊT.

**prétexte** **n. m.** Fausse raison que l'on donne à une action. *Pour Alex, tous les prétextes sont bons pour ne pas travailler. Il n'est pas venu, sous prétexte qu'il était fatigué,* en donnant cette raison.

▶ **prétexter** **v.** (conjug. 1) Donner comme prétexte. *Elle a prétexté une grippe pour ne pas aller à la réunion.*

**prêtre** **n. m.** Homme qui appartient au clergé. *Le prêtre célèbre la messe.* → aussi **ecclésiastique.**

**preuve** **n. f.** **1.** *Une preuve,* c'est ce qui prouve qu'une chose est vraie. → aussi **probant.** *Le commissaire a la preuve que le principal suspect est le coupable.* **2.** *Flora a fait preuve de courage chez le dentiste,* elle a montré qu'elle avait du courage. **3.** *Avant d'avoir des responsabilités, il lui faudra faire ses preuves,* il lui faudra prouver sa valeur. **4.** *La preuve d'une opération,* c'est le calcul qui vérifie qu'elle est juste. *Pour vérifier qu'une multiplication est juste, on fait la preuve par 9.*

**preux** **n. m.** Chevalier très brave. *Roland, le neveu de Charlemagne, était un preux.*

**prévaloir** **v.** (conjug. 29) **1.** L'emporter. *Dans un vote, c'est l'opinion de la majorité qui prévaut.* **2.** *Se prévaloir,* c'est se vanter. *Il ne se sont jamais prévalus de leur supériorité.*

**prévenir** **v.** (conjug. 22) **1.** Dire à l'avance, faire savoir. → **avertir.** *Ils nous a prévenus de son arrivée.* **2.** Informer, mettre au courant. *Il y a le feu, prévenez vite les pompiers !* **3.** *Les vac-*

*cins préviennent les maladies,* ils permettent d'éviter de les attraper. → aussi **préventif.**

► **prévenant** adj. *Elle est très prévenante avec ses invités,* elle va au-devant de leurs désirs, elle est pleine d'attentions.

► **prévenance** n. f. Attention délicate, gentillesse que l'on a envers quelqu'un. *Luc entoure sa grand-mère de prévenances.*

**préventif** adj. Qui permet d'éviter ce qui peut arriver de fâcheux. *Les vaccins ont un rôle préventif.* — Au fém. *préventive.*

**prévention** n. f. 1. Précaution, mesure que l'on prend pour éviter que des choses fâcheuses n'arrivent. *La prévention routière permet de limiter les accidents de la route.* 2. Préjugé. *Au début, elle avait des préventions contre lui.*

**prévenu** n. m., **prévenue** n. f. Personne soupçonnée d'être coupable d'un délit. → aussi **inculpé.** *La prévenue a été en prison jusqu'au jugement.*

**prévisible** adj. Que l'on peut prévoir. *Le dénouement du film était prévisible.* ‖ contr. **imprévisible** ‖.

**prévision** n. f. Ce que l'on peut prévoir. → **pronostic.** *Voici les prévisions météorologiques,* les indications que l'on peut donner sur le temps qu'il va faire dans les jours à venir.

**prévoir** v. (conjug. 24) 1. Imaginer à l'avance qu'un événement peut se produire. *J'avais bien prévu qu'il ne viendrait pas.* 2. Organiser à l'avance, décider pour l'avenir. *La commune a prévu de construire de nouveaux logements. La réception est prévue pour 500 personnes.*

► **prévoyant** adj. Qui sait prévoir, s'organiser. *Elle est prévoyante et met un peu d'argent de côté chaque mois au cas où elle aurait des dépenses imprévues.* ‖ contr. **imprévoyant** ‖.

► **prévoyance** n. f. Qualité d'une personne qui sait prévoir. *Elle fait toujours preuve de prévoyance.* ‖ contr. **imprévoyance** ‖.

**prier** v. (conjug. 7) 1. S'adresser à Dieu. *Dans l'église, les fidèles priaient avec ferveur.* 2. Demander avec insistance. *Je vous prie de bien vouloir m'excuser.*

► **prie-Dieu** n. m. inv. Siège bas sur lequel on s'agenouille pour prier. *Des prie-Dieu garnis de velours.*

► **prière** n. f. 1. Paroles avec lesquelles on s'adresse à Dieu. *Yves dit ses prières avant de se coucher.* 2. Demande insistante. *Prière de ne pas fumer,* ne fumez pas, s'il vous plaît.

**primaire** adj. 1. *L'enseignement primaire,* c'est l'enseignement que l'on reçoit à l'école, du cours préparatoire au cours moyen deuxième année. *Julie est encore à l'école primaire, elle est en CE2.* → aussi **secondaire.** 2. *L'ère primaire,* c'est la plus ancienne période de formation de la Terre. *Les poissons et les reptiles sont apparus à l'ère primaire.*

**primate** n. m. Mammifère qui a le cerveau développé et qui peut saisir des objets avec ses mains. *Le chimpanzé et l'homme sont des primates.*

① **prime** n. f. 1. Somme d'argent qu'une personne reçoit parfois en plus de son salaire. *Le personnel de l'usine a reçu une prime de fin d'année.* → **gratification.** 2. *Avec ce baril de lessive, on reçoit un pin's en prime,* en supplément.

▶ ① **primer** **v.** (conjug. 1) Distinguer par une récompense. *Ce film a été primé au festival de Cannes.*

② **prime** **adj.** *De prime abord,* au premier abord, à première vue. *De prime abord, Jules est assez froid.*

▶ ② **primer** **v.** (conjug. 1) L'emporter, dominer. *Chez elle, c'est la gentillesse qui prime.*

▶ **primesautier** **adj.** Qui suit son premier mouvement. → **spontané.** *Elle est gaie et primesautière.*

▶ **primeur** **n. f.** *Nous avons eu la primeur de la nouvelle,* nous avons été les premiers à l'apprendre.

▶ **primeurs** **n. f. pl.** Fruits et légumes qui mûrissent avant la saison normale. *Ces primeurs ont poussé dans des serres.*

▶ **primevère** **n. f.** Plante aux fleurs jaunes, qui fleurit au début du printemps. *Un bouquet de primevères.* → aussi **coucou.**

**primitif** **adj. 1.** Premier, initial. *La couleur primitive de ce jean était noire, maintenant elle est grise.* **2.** *Les hommes primitifs,* ce sont les premiers hommes, les hommes préhistoriques. *Les hommes primitifs vivaient de la cueillette et de la chasse. Il existe encore des sociétés primitives,* des groupes d'hommes qui n'ont pas beaucoup évolué. ‖ contr. **civilisé** ‖.

**primordial** **adj.** Très important. → **capital, essentiel.** *Les vitamines ont une importance primordiale pour l'organisme.* ‖ contr. **secondaire** ‖ — **Au masc. pl.** *primordiaux.*

**prince** **n. m. 1.** Fils de roi ou membre d'une famille royale. *Le prince héritier du royaume.* **2.** Souverain d'une principauté. *Le prince de Monaco.*

▶ **princesse** **n. f.** Fille d'un roi, d'un prince ou femme d'un prince.

▶ **princier** **adj.** Digne d'un prince. *Il nous a reçus d'une manière princière.*

▶ **principauté** **n. f.** État gouverné par un prince. *La principauté d'Andorre est située entre la France et l'Espagne.*

① **principal** **adj.** et **n. m.**

▭ **adj. 1.** Le plus important. *Ce plan n'indique que les rues principales. Citez-moi les principaux fleuves de ce pays.* ‖ contr. **secondaire** ‖ **2.** *La proposition principale,* c'est, dans une phrase, la proposition dont dépendent des propositions subordonnées. *Dans la phrase « je crois qu'il dort », « je crois » est la proposition principale.* → aussi **proposition** et **subordonnée.**

▭ **n. m.** *Le principal,* c'est la chose la plus importante. *Ils sont contents, c'est le principal.* → **essentiel.**

▶ **principalement** **adv.** Par-dessus tout, avant les autres choses. → **surtout.** *Julie en voulait principalement à sa mère.*

② **principal** **n. m.** [pl. *principaux*] Personne qui dirige un collège. → **directeur** et aussi **proviseur.**

**principe** **n. m. 1.** Règle de conduite. *Elle est fidèle à ses principes.* **2.** Loi scientifique. *Le principe d'Archimède est l'un des grands principes de la physique.* **3.** *En principe, ils rentrent de vacances demain,* ils rentrent normalement demain. → **théoriquement.**

**printemps** **n. m.** Saison qui vient après l'hiver et avant l'été. *Au printemps, la température s'adoucit et la végétation renaît.*

▶ **printanier** **adj.** Qui évoque le printemps. *Les températures sont* *printanières,* elles sont douces comme au printemps.

**priorité** **n. f.** *Les voitures qui viennent de droite ont la priorité,* elles ont le droit de passer en premier.

▶ **prioritaire** **adj.** *Les ambulances sont des véhicules prioritaires,* qui ont le droit de passer les premiers.

**pris** **adj. 1.** Occupé. *Cette place est prise.* ‖ contr. **libre** ‖ *Je ne peux pas venir dîner chez vous ce soir, je suis pris.* **2.** *Il a la gorge prise,* enflammée. **3.** *La crème est prise,* elle a épaissi. → aussi **prendre.**

**prise** **n. f. 1.** Action de prendre. *Le 14 juillet 1789 est la date de la prise de la Bastille,* c'est le jour où le peuple s'est emparé de la Bastille. **2.** *Le pêcheur a fait une belle prise,* il a attrapé un gros poisson. **3.** *Yves vient d'apprendre une nouvelle prise de judo,* une nouvelle façon d'attraper son adversaire. **4.** *L'alpiniste cherche des prises sur la paroi à pic,* il cherche des appuis. *Il ne faut pas lâcher prise,* cesser de tenir ce à quoi l'on se tient. **5.** *Ces enfants sont si désinvoltes que l'on n'a pas prise sur eux,* on n'arrive pas à agir sur eux. **6.** *Branche la lampe dans la prise (de courant),* dans le dispositif qui établit un contact électrique. **7.** *On a fait une prise de sang à Flora,* on lui a pris un peu de sang pour l'analyser.

**prisé** **adj.** *L'honnêteté est une qualité très prisée,* à laquelle on accorde du prix, de la valeur.

**prisme** **n. m.** Objet transparent à facettes qui réfléchit et décompose la lumière. *À travers un prisme, on peut voir un à un tous les composants de la lumière.*

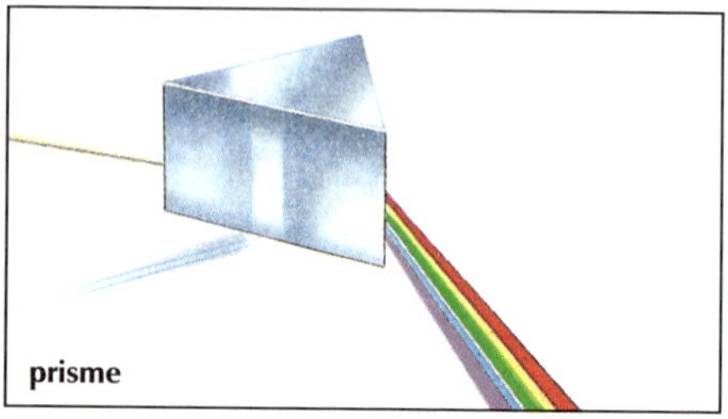

prisme

**prison** **n. f.** Endroit où l'on enferme les condamnés et les prévenus qui vont être jugés. *Les voleurs ont été mis en prison.*

▶ **prisonnier** **n. m., prisonnière** **n. f.** Personne que l'on a enfermée dans une prison. → **détenu.** *Le prisonnier va être bientôt libéré.* — **Adj.** *Le renard n'a pas réussi à se dégager du piège, sa patte est restée prisonnière.* ▷ EMPRISONNEMENT, EMPRISONNER.

**privé** **adj. 1.** *Le parc du château est privé,* le public n'a pas le droit d'y aller. ‖ contr. **public** ‖ **2.** *Il ne parle jamais de sa vie privée,* de sa vie personnelle, intime. **3.** *Alex est élève dans un cours privé,* un cours dont les professeurs ne dépendent pas de l'État.

**priver** **v.** (conjug. 1) **1.** Empêcher de profiter d'un avantage, de quelque chose d'agréable. *Anne a été privée de dessert.* **2.** *Elle se prive pour ne pas grossir,* elle s'impose de manger très peu.

▶ **privation** **n. f.** Absence, manque de choses nécessaires. *Ils ont souffert de privations pendant la guerre.*

**privilège** **n. m.** Droit, avantage particulier accordé à une personne ou à un groupe de gens. *Avant la Révolution de 1789, les nobles avaient de nombreux privilèges.*

▸ **privilégié** adj. Qui bénéficie de privilèges. *Avant la Révolution, le clergé et la noblesse étaient des classes privilégiées.* ‖ contr. **défavorisé** ‖ — N. *Quelques privilégiés ont pu assister à la cérémonie.*

**prix** n. m. 1. Ce que coûte quelque chose. → **valeur.** *Le prix de l'essence a augmenté. Ce manteau est hors de prix,* très cher. 2. Importance, valeur accordée à quelque chose. *J'attache beaucoup de prix à votre jugement. Malgré le mauvais temps, Julie a voulu à tout prix mettre ses chaussures neuves,* elle l'a voulu absolument, coûte que coûte. 3. Récompense donnée aux meilleurs, dans une compétition. *Il a eu le premier prix d'histoire.* ▷ COMMISSAIRE-PRISEUR, MÉPRIS, MÉPRISABLE, MÉPRISANT, MÉPRISER, PRISÉ.

**probable** adj. Qui a beaucoup de chances d'arriver, de se produire. → **vraisemblable.** *Il est probable qu'elle viendra avec nous. Il est peu probable qu'il parte avant minuit.*

▸ **probablement** adv. Sans doute. → **vraisemblablement.** *Je serai probablement en retard.*

▸ **probabilité** n. f. Chance qu'un événement a de se produire. *Il y a de fortes probabilités qu'il gagne les élections.* ▷ IMPROBABLE.

**probant** adj. Qui prouve quelque chose. *Les raisons qu'il nous a données de son absence ne sont pas très probantes.* → **convaincant.**

**probité** n. f. Grande honnêteté. → **intégrité.** *Une femme d'une grande probité.*

**problème** n. m. 1. Difficulté qu'il faut résoudre. *Ils ont de gros problèmes d'argent. Le départ du professeur d'histoire pose un problème à la directrice.* 2. Exercice de mathématiques qui consiste, en faisant des calculs, à donner la solution aux questions posées. *Luc lit l'énoncé du problème.*

▸ **problématique** adj. Qui pose des problèmes, n'est pas certain. *Sa réussite au bac est problématique.*

**procéder** v. (conjug. 6) *Procéder à quelque chose,* c'est exécuter minutieusement quelque chose qui est long à faire. *La police a procédé à une enquête.* → **faire.** *Procédons par ordre,* agissons en prenant les problèmes les uns après les autres.

▸ **procédé** n. m. 1. Méthode, manière de faire. *Un nouveau procédé de fabrication.* 2. Manière d'agir à l'égard des autres. *Personne n'apprécie ses procédés.* → **comportement, conduite.**

▸ **procédure** n. f. Suite de formalités qu'il faut remplir. *Quelle est la procédure à suivre ?*

**procès** n. m. 1. *Il a fait un procès à ses voisins,* il les a attaqués en justice. 2. Déroulement d'un jugement. *Il y avait beaucoup de monde au procès de ce grand criminel.* ▷ PROCÈS-VERBAL.

**procession** n. f. Défilé religieux qui se fait en chantant des cantiques et en priant.

**processus** [pʀɔsesys] n. m. Façon de se dérouler, de se développer. → **mécanisme.** *Cette maladie évolue toujours suivant le même processus.*

**procès-verbal** n. m. 1. Contravention. *L'agent de police lui a dressé un* *procès-verbal.* **2.** Compte rendu d'une réunion. — **Au pl.** *Des procès-verbaux.*

① **prochain** **adj. 1.** Qui suit immédiatement. *Il rentre la semaine prochaine. Je descends au prochain arrêt.* → **suivant.** || contr. **précédent** || **2.** Qui est près de se produire. *J'irai le voir à la prochaine occasion.*

▸ **prochainement** **adv.** Dans peu de temps, bientôt. *Ils vont se marier prochainement.*

② **prochain** **n. m.** *Il faut aider son prochain,* les autres. → **autrui.**

**proche** **adj.** et **n. m.** et **f.**

▭ **adj. 1.** À faible distance, très près. *Le stade est proche de l'école.* || contr. **éloigné** || **2.** Peu éloigné dans le temps. *Les vacances sont proches.* **3.** *C'est un ami très proche,* très intime.

▭ **n. m.** et **f.** *Les proches,* ce sont les membres de la famille. *Tous ses proches l'ont abandonné.* ▷ APPROCHANT, APPROCHE, APPROCHER, RAPPROCHEMENT, RAPPROCHER.

**proclamer** **v.** (conjug. 1) **1.** Reconnaître officiellement. *Napoléon a été proclamé empereur en 1804.* **2.** Affirmer publiquement et avec force. *L'accusé proclamait son innocence.* → **clamer, crier.**

▸ **proclamation** **n. f.** Annonce. → **publication.** *La proclamation des résultats de l'examen aura lieu demain.*

**procréation** **n. f.** Action de mettre au monde des enfants.

**procuration** **n. f.** *Il a voté par procuration,* il a donné à quelqu'un d'autre un papier l'autorisant à voter à sa place.

**procurer** **v.** (conjug. 1) **1.** Faire obtenir, fournir. *Il nous a procuré des places pour le match.* **2.** Apporter, causer. *Le jardinage lui procure beaucoup de plaisir.*

**procureur** **n. m.** Magistrat chargé de l'accusation, dans un procès. *Le procureur a demandé la peine maximale.*

**prodigalité** **n. f.** *À force de prodigalités, il a dépensé toute sa fortune,* à force de faire des dépenses excessives.

**prodige** **n. m. 1.** Événement extraordinaire, miraculeux. *Qu'il soit encore en vie après cet accident tient du prodige.* → **miracle. 2.** Action très difficile qui émerveille. *Vous avez fait des prodiges !* **3.** Personne qui a des dons extraordinaires. *Ce pianiste est un jeune prodige.* — **Adj.** *Mozart était un enfant prodige.*

▸ **prodigieux** **adj.** Extraordinaire, étonnant. *Ils ont fait preuve d'une audace prodigieuse.*

▸ **prodigieusement** **adv.** Extraordinairement. *Il est prodigieusement riche.*

**prodigue** **adj.** *C'est un homme prodigue,* très dépensier. || contr. **avare, économe** ||.

▸ **prodiguer** **v.** (conjug. 1) Donner sans compter, en grand nombre. *Sa mère lui avait pourtant prodigué des recommandations.* ▷ PRODIGALITÉ.

**producteur** **adj.** et **n. m.**, **productrice** **adj.** et **n. f.**

▭ **adj.** *Les pays producteurs de pétrole,* qui produisent du pétrole.

▭ **n. m.** et **f. 1.** Personne ou entreprise qui produit ce qui sera acheté. *Les producteurs de vin de la région de Bordeaux.* || contr. **consommateur** || **2.** *Un* *producteur de cinéma,* c'est la personne qui trouve de l'argent pour faire un film.

**productif** adj. *Un sol productif,* c'est un sol qui produit beaucoup. — Au fém. *productive.*

**production** n. f. 1. *La production,* c'est ce qui est produit par l'agriculture ou par l'industrie. *La production automobile est en hausse.* 2. *Le blé, l'orge, le maïs sont des productions du sol,* des produits du sol. ▷ SUPERPRODUCTION, SURPRODUCTION.

**produire** v. (conjug. 38) 1. Causer, provoquer. *Cette nouvelle a produit sur lui une vive impression.* 2. Donner, fournir. *Cet arbre produit de beaux fruits.* 3. Faire exister grâce à un travail. *Ce pays produit 10 millions de tonnes d'acier par an.* ‖ contr. **consommer** ‖ 4. *Produire un film ou une émission de télévision,* c'est fournir l'argent nécessaire à sa réalisation. 5. *Une chose incroyable s'est produite ce matin,* est arrivée, a eu lieu.

▶ **produit** n. m. 1. Chose produite par la nature ou fabriquée grâce à un travail. *Le pétrole est un produit du sous-sol.* → **production.** *Elle a acheté des produits de beauté.* 2. *Le produit d'une multiplication,* c'est son résultat. ▷ SOUS-PRODUIT.

**proéminent** adj. *Il a un nez proéminent,* un grand nez, qui forme un relief important. → **saillant.**

**profane** n. m. et f. Personne qui n'est pas initiée, qui ne connaît rien dans un domaine. *C'est une profane en musique.* ‖ contr. **connaisseur** ‖ — Adj. *Elle est profane en la matière.*

▶ **profaner** v. (conjug. 1) Traiter sans respect un objet ou un lieu qui est sacré. *Des vandales ont profané plusieurs tombes.*

**proférer** v. (conjug. 6) Dire d'une voix forte, violemment. *Il est parti en proférant des injures.*

**professeur** n. m. Personne qui enseigne une matière. *Le professeur de chimie est une femme.*

▶ **professorat** n. m. Métier de professeur. *Elle se destine au professorat.* → **enseignement.**

**profession** n. f. 1. *Elle fait profession de ses opinions politiques,* elle les déclare publiquement. 2. *Quelle est votre profession ?* votre métier.

▶ **professionnel** adj. 1. Qui concerne le métier. *Elle a des soucis professionnels.* 2. *Il est footballeur professionnel,* c'est son métier de jouer au football. — N. *Cette joueuse de tennis est une professionnelle.* ‖ contr. **amateur** ‖.

**profil** n. m. Visage vu de côté. *Il a un profil anguleux.*

▶ se **profiler** v. (conjug. 1) Se montrer avec des contours précis. → se **découper,** se **dessiner,** se **détacher.** *Le clocher se profile à l'horizon.*

**profit** n. m. 1. Avantage. *Il a su tirer profit de ses lectures.* → **bénéfice.** *Elle pourra mettre à profit ses connaissances dans son nouveau métier,* elle pourra les utiliser. 2. *Le charcutier a fait de gros profits cette année,* il a gagné beaucoup d'argent. ‖ contr. **perte** ‖.

▶ **profiter** v. (conjug. 1) 1. *Il faut profiter de l'occasion,* en tirer avantage. *Les voleurs ont profité de l'obscurité pour s'enfuir.* 2. *Vos conseils m'ont bien profité,* m'ont été utiles.

▶ **profitable** adj. Utile, suivi d'un résultat. *Cette expérience leur a été profitable.* → **bénéfique.**

▶ **profiteur** n. m., **profiteuse** n. f. Personne qui tire profit du malheur des autres. *Pendant les guerres, il y a toujours des profiteurs.*

**profond** adj. 1. *Dans la cour de la ferme, il y a un puits très profond,* un puits dont le fond est très éloigné des bords. 2. Très grand, très intense. *Il dort d'un sommeil profond.* 3. Qui va au fond des choses. *Le savant est plongé dans de profondes réflexions.*

▶ **profondément** adv. *Respirez profondément,* à fond. *Je me suis profondément ennuyé,* extrêmement.

▶ **profondeur** n. f. Distance qui va du fond jusqu'au bord. *La piscine a 3 mètres de profondeur.* ▷ APPROFONDIR.

**profusion** n. f. Grande quantité. *Le long du chemin, il y a des mûres à profusion,* en abondance.

**progéniture** n. f. Ensemble des enfants d'une personne, des petits d'un animal. *La chatte surveille sa progéniture.*

**programme** n. m. 1. Sorte de journal annonçant et décrivant les spectacles, les émissions. *Elle consulte le programme de télévision. Quel est le programme de ce soir sur la première chaîne ?* quelles sont les émissions annoncées ? 2. Ensemble des matières enseignées. *La philosophie est au programme des classes terminales.* 3. *Les candidats aux élections exposent leur programme pendant la campagne électorale,* ils expliquent leurs projets et les buts qu'ils voudraient atteindre s'ils étaient élus. 4. *Le programme d'un ordinateur,* c'est l'ensemble des informations que l'on entre dans l'ordinateur pour qu'il puisse résoudre des problèmes.

▶ **programmer** v. (conjug. 1) 1. Inclure dans l'ensemble des émissions de télévision ou de radio. *Ce film est programmé à une heure trop tardive.* 2. *Programmer un ordinateur,* c'est lui donner un programme.

▶ **programmation** n. f. 1. *La programmation de cette émission a été changée,* le moment où l'émission devait être diffusée a changé. 2. *La programmation d'un ordinateur,* c'est l'ensemble des opérations que l'on fait pour programmer un ordinateur.

**progrès** n. m. 1. Amélioration, développement en bien. *Anne a fait des progrès en histoire. La médecine a fait de grands progrès depuis le début du siècle.* 2. *Le progrès,* c'est l'évolution de la civilisation, qui doit rendre la vie plus facile, plus agréable.

▶ **progresser** v. (conjug. 1) 1. Se développer. *L'épidémie progresse très rapidement.* || contr. **régresser** || 2. S'améliorer, faire des progrès. *Alex a progressé en français.*

▶ **progressif** adj. *Une évolution progressive,* c'est une évolution qui se fait peu à peu, régulièrement.

▶ **progressiste** adj. *Cet homme politique a des idées progressistes,* il est favorable au progrès et veut faire des réformes pour que la société soit plus juste. — N. *C'est une progressiste.*

▶ **progressivement** adv. Petit à petit. *En automne, les jours diminuent progressivement.*

**progression** n. f. Mouvement en avant. *La progression des glaciers est très lente.*

**prohibitif** adj. *Ce magasin vend les légumes à des prix prohibitifs,* beaucoup trop élevés. → **excessif.** — **Au fém.** *prohibitive.*

**proie** **n. f. 1.** Animal qu'un autre animal attrape pour le manger. *Le renard s'est jeté sur sa proie et l'a dévorée. L'aigle est un oiseau de proie,* un oiseau qui se nourrit de proies vivantes. → **rapace** et aussi **prédateur. 2.** *Le château est la proie des flammes,* le feu le détruit. **3.** *Ce malheureux est en proie au désespoir,* il est tourmenté par le désespoir.

**projecteur** **n. m. 1.** Appareil qui envoie une lumière très forte. → **spot.** *La scène du théâtre est éclairée par des projecteurs.* **2.** Appareil qui sert à projeter des images sur un écran. *Il a installé son projecteur pour passer des diapositives.*

**projecteur**

**projectile** **n. m.** Objet que l'on lance à la main ou avec une arme. *Des voyous ont lancé des projectiles dans la vitrine. Les balles de fusil sont des projectiles.*

**projection** **n. f. 1.** *L'éruption du volcan a commencé par des projections de cendres,* des cendres lancées au loin avec force. → aussi ② **projeter. 2.** *Ils ont assisté à la projection d'un film sur le Japon,* à son passage sur l'écran.

① **projeter** **v.** (conjug. 4) *Ils projettent de passer leurs vacances en Italie,* ils ont l'intention de le faire.

► **projet** **n. m. 1.** Intention. *Quels sont vos projets pour cet été ?* → ③ **plan.** *Elle fait des projets de vacances.* **2.** *Ce film est encore à l'état de projet,* il n'est pas encore réalisé.

② **projeter** **v.** (conjug. 4) **1.** Jeter avec force. *L'arrêt brutal de l'autobus nous a projetés en avant.* **2.** *Il projette ses photos de vacances,* il envoie les images sur un écran à l'aide d'un projecteur. → **passer.**

**prolétaire** **n. m.** et **f.** Personne qui n'a que son salaire pour vivre, qui gagne peu d'argent et ne possède pas de capitaux. || contr. **capitaliste** et aussi **bourgeois** ||.

► **prolétariat** **n. m.** *Le prolétariat,* c'est la classe sociale des prolétaires.

**proliférer** **v.** (conjug. 6) Devenir de plus en plus nombreux, abondant. *Le gibier prolifère dans cette région.* → se **multiplier.**

► **prolifération** **n. f.** Multiplication rapide. *Avec la chaleur, il y a eu une prolifération de guêpes.*

**prolifique** **adj.** *Les lapins sont prolifiques,* ils se reproduisent rapidement.

**prolixe** **adj.** *Une personne prolixe,* c'est une personne qui parle trop longtemps quand elle dit quelque chose. → **bavard, verbeux.**

**prologue** **n. m.** Première partie d'un roman, d'une pièce ou d'un film, où l'auteur explique ce qui s'est passé avant l'action proprement dite. → aussi **épilogue.**

**prolonger** v. (conjug. 3) **1.** Faire durer plus longtemps. *Il a prolongé son séjour d'une semaine.* **2.** Faire aller plus loin. *On a prolongé l'autoroute.*

▶ **prolongation** n. f. **1.** Temps supplémentaire. *Il a obtenu une prolongation de congé de huit jours.* **2.** Période qui prolonge un match de football quand les deux équipes sont à égalité. *Il a fallu jouer les prolongations.*

▶ **prolongement** n. m. **1.** Augmentation de longueur. *Les ouvriers travaillent au prolongement de l'autoroute.* **2.** *Tendez le bras dans le prolongement du corps,* dans la direction qui prolonge le corps.

**promener** v. (conjug. 5) Faire faire un tour. *Il promène son chien. — Le dimanche, ils vont se promener en forêt.* → fam. se **balader.**

▶ **promenade** n. f. *Ils sont allés faire une promenade en voiture,* se promener en voiture. → **tour ;** fam. **balade.**

▶ **promeneur** n. m., **promeneuse** n. f. Personne qui se promène à pied. → aussi **flâneur.** *Ils ont rencontré des promeneurs dans la forêt.*

**promettre** v. (conjug. 56) **1.** *Il a promis à son fils de l'emmener aux États-Unis,* il s'est engagé à le faire. **2.** *Anne s'est promis de beaucoup travailler cette année,* elle en a fait le projet, elle en a l'intention.

▶ **promesse** n. f. Ce que l'on s'engage à faire. *Il tient toujours ses promesses.*

▶ **prometteur** adj. *Ce comédien a fait des débuts prometteurs,* qui permettent d'espérer qu'il sera bientôt très célèbre. — Au fém. *prometteuse.*

**promiscuité** n. f. Situation qui oblige des personnes à vivre côte à côte alors qu'elles n'en ont pas envie. *Elle n'aime pas la promiscuité des dortoirs.*

**promontoire** n. m. Pointe de terre élevée qui s'avance dans la mer. → **cap.** *Le phare est sur un promontoire.*

**promoteur** n. m., **promotrice** n. f. Personne qui fait construire des immeubles pour les vendre ensuite. — On dit aussi *un promoteur immobilier.*

**promotion** n. f. **1.** *Il a obtenu une promotion,* un poste plus important et mieux payé. → **avancement,** et aussi **promouvoir. 2.** *Elle a acheté des savonnettes en promotion,* des savonnettes pour lesquelles le magasin faisait de la publicité et qui étaient vendues moins cher pendant un certain temps.

**promouvoir** v. (conjug. 27) **1.** Donner à quelqu'un un grade plus élevé ou un poste plus important. *Elle a été promue chef de service.* → aussi **promotion. 2.** *Il faut promouvoir la recherche médicale,* faire en sorte qu'elle se développe. → **encourager.**

**prompt** [pʀɔ̃] adj. Rapide. *Anne a été prompte à réagir.* ‖ contr. **lent** ‖.

▶ **promptitude** [pʀɔ̃tityd] n. f. Rapidité, vivacité. *La promptitude de sa riposte les a surpris.* ‖ contr. **lenteur** ‖.

**promulguer** v. (conjug. 1) *Promulguer une loi,* c'est la rendre officielle, la faire connaître à tout le monde.

**prôner** v. (conjug. 1) *Ils prônent la tolérance,* ils la recommandent avec insistance. → **vanter.**

**pronom** n. m. Mot qui a la même fonction qu'un nom et qui souvent remplace un mot ou un groupe de mots. *Il y a des pronoms personnels* (ex. *je, tu, il, se*), *des pronoms relatifs* (ex. *qui, dont*), *des pronoms démonstratifs* (ex. *ceci, cela*), *des pronoms interrogatifs* (ex. *qui, quoi*), *des pronoms indéfinis* (ex. *rien, tout*), *des pronoms possessifs* (ex. *le mien, le vôtre*).

**pronominal** **adj.** *« Se fâcher » est un verbe pronominal,* un verbe devant lequel il y a un pronom personnel. *Les verbes pronominaux se conjuguent avec l'auxiliaire « être ».*

**prononcer** **v.** (conjug. 3) **1.** *Le maire a prononcé un discours,* il l'a dit. **2.** *Ce mot est difficile à prononcer,* il est difficile d'en articuler toutes les syllabes. — *« Haut » et « eau » se prononcent de la même façon.* **3.** *Les médecins ont examiné le malade, mais ils ne peuvent pas encore se prononcer,* dire ce qu'ils pensent, donner leur avis.

▸ **prononciation** **n. f.** Manière dont un mot, un son est prononcé. *« Chair » et « cher » ont la même prononciation.*

**pronostic** **n. m.** *Il s'est trompé dans ses pronostics,* dans ses prévisions.

**propagande** **n. f.** Action menée pour influencer, pour faire partager des idées. *Les partis politiques font de la propagande avant les élections.*

**propager** **v.** (conjug. 3) **1.** *Ce sont les journaux qui ont propagé la nouvelle,* qui l'ont fait connaître. → **diffuser, répandre.** **2.** *L'incendie se propage,* s'étend, gagne du terrain.

▸ **propagation** **n. f.** *La propagation de l'épidémie a été très rapide,* l'épidémie s'est étendue très rapidement.

▷ PROPAGANDE.

**propane** **n. m.** Gaz dont on se sert pour chauffer. *Une bouteille de propane.*

**prophète** **n. m.,** **prophétesse** **n. f.** Personne inspirée par Dieu qui prédit l'avenir et révèle des vérités cachées. *Isaïe est un grand prophète de la Bible. Mahomet est le prophète des musulmans.*

▸ **prophétie** **n. f.** Ce qui est annoncé par les personnes qui prétendent connaître l'avenir. *Je ne crois pas à tes prophéties.* → **prédiction.**

▸ **prophétique** **adj.** *Il a prononcé des paroles prophétiques,* il a annoncé des choses qui sont arrivées par la suite.

**propice** **adj.** Favorable. *Il faut choisir le moment propice pour s'en aller.* → **opportun.**

**proportion** **n. f. 1.** *Cette maison a de belles proportions,* ses dimensions les unes par rapport aux autres sont harmonieuses. **2.** Quantité d'une chose par rapport à une autre ou à un ensemble. *Il y a une proportion égale de réussites et d'échecs à cet examen.* **3.** *Dans ce pays, la pauvreté a pris des proportions considérables,* elle a beaucoup augmenté.

▸ **proportionné** **adj.** *La punition était proportionnée à la faute,* elle avait un rapport normal avec la faute.

▸ **proportionnel** **adj.** *La taille des enfants est proportionnelle à leur âge,* elle est en rapport avec leur âge, elle change avec leur âge.

**propos** **n. m. 1.** Parole. *Ils échangent des propos injurieux.* **2.** *Je vous écris à propos de votre fille,* au sujet de votre fille. *Il se met en colère à tout propos,* pour un rien. **3.** *Je te cherchais, tu arrives à propos !* à point, au bon moment. **4.** But que l'on se fixe. → **intention.** *Mon propos était de vous convaincre.*

▶ **proposer** v. (conjug. 1) 1. Présenter, offrir. *À la fin du dîner, on nous a proposé plusieurs desserts. Yves a proposé à sa mère d'aller faire les courses.* 2. *Ils se proposent de visiter l'Espagne cet été,* ils en ont l'intention.

▶ **proposition** n. f. 1. Offre. *J'accepte votre proposition, je rentre en voiture avec vous.* 2. *Une proposition,* c'est un morceau de phrase qui contient un verbe. *Dans la phrase : « Alex regarde les chevaux qui courent », « Alex regarde les chevaux » est la proposition principale et « qui courent » est la proposition subordonnée.* ▷ À-PROPOS, AVANT-PROPOS.

① **propre** adj. Qui n'a aucune trace de saleté. *Cette chemise est propre.* → **impeccable, net.** ‖ contr. **sale** ‖.

▶ ① **proprement** adv. D'une manière propre. *Essaie de manger proprement.* ‖ contr. **salement** ‖.

▶ **propreté** n. f. *Ces trottoirs sont d'une grande propreté,* ils sont très propres. ‖ contr. **saleté** ‖ ▷ MALPROPRE.

② **propre** adj. et n. m.

▭ adj. 1. Qui appartient à une personne en particulier. *Je l'ai vu de mes propres yeux. Elle est venue par ses propres moyens,* en se débrouillant toute seule. *L'insouciance est un défaut propre à la jeunesse,* particulier à la jeunesse. 2. *Un nom propre,* c'est un nom qui ne désigne qu'une seule personne ou une seule chose. *« Lyon » est un nom propre, « lion » est un nom commun.* 3. *Le sens propre d'un mot,* c'est son premier sens. *La « teigne » au sens propre est une maladie, une « teigne » au sens figuré est une personne très méchante.* 4. *Cette viande est propre à la consommation,* elle peut être consommée. ‖ contr. **impropre** ‖.

▭ n. m. *Le rire est le propre de l'homme,* c'est la qualité qui le caractérise, ce qui lui appartient en propre.

▶ ② **proprement** adv. *À proprement parler,* en appelant les choses par leur nom exact. *Cette maison n'est pas à proprement parler un taudis, mais elle est quand même très misérable.*

▶ **propriété** n. f. 1. *Cet agriculteur a l'entière propriété de sa ferme,* il en est propriétaire. 2. Belle maison avec un grand jardin. *Ils ont une propriété de famille dans le Midi.* 3. Qualité qui caractérise une chose. *L'eau a comme propriété de bouillir à 100°.*

▶ **propriétaire** n. m. et f. Personne qui possède quelque chose. *Rendez ce chien à son propriétaire. Le locataire paie le loyer au propriétaire,* à celui à qui appartient l'appartement, la maison. ▷ AMOUR-PROPRE, APPROPRIÉ, S'APPROPRIER, COPROPRIÉTAIRE, COPROPRIÉTÉ, EXPROPRIER, IMPROPRE.

**propulser** v. (conjug. 1) Faire avancer en poussant. *L'avion est propulsé par des moteurs à réaction.*

▶ **propulsion** n. f. *Un sous-marin à propulsion nucléaire,* c'est un sous-marin qui avance grâce à l'énergie nucléaire.

**prosaïque** adj. Qui manque d'idéal, de noblesse. *Nous menons une vie prosaïque.* → **banal, ordinaire.**

**proscrire** v. (conjug. 39) Interdire. *La religion musulmane proscrit l'alcool.* ‖ contr. **autoriser** ‖.

▶ **proscrit** n. m., **proscrite** n. f. Personne chassée de son pays. → **exilé.**

**prose** n. f. Façon de parler ou d'écrire ordinaire, sans faire de vers. *Les romans sont écrits en prose.*

**prosélytisme** n. m. *Cette secte fait du prosélytisme,* elle cherche à convertir les gens, à faire des adeptes.

**prospecter** v. (conjug. 1) *Des ingénieurs prospectent le sol pour trouver du pétrole,* ils étudient, ils examinent le sol.

▶ **prospection** n. f. Recherche dans le sol pour trouver des richesses naturelles. *Les compagnies pétrolières font de la prospection sous les mers.*

**prospectus** [pʀɔspɛktys] n. m. Papier sur lequel est imprimée une publicité. *Il a trouvé de nombreux prospectus dans sa boîte à lettres.*

**prospère** adj. Qui est en plein épanouissement. *Il jouit d'une santé prospère.* → **florissant.** *Cette région est très prospère.* → **opulent, riche.**

▶ **prospérer** v. (conjug. 6) Se développer. *Cette entreprise prospère,* elle marche bien. || contr. **péricliter** ||.

▶ **prospérité** n. f. Essor, progrès. *Cette industrie est en pleine prospérité.*

se **prosterner** v. (conjug. 1) S'incliner très bas pour marquer son respect. *Le prêtre se prosterne devant l'autel.*

**prostitution** n. f. *Se livrer à la prostitution,* c'est avoir des relations sexuelles avec quelqu'un pour de l'argent et le faire souvent.

**prostré** adj. Abattu, accablé. *Elle demeura prostrée à l'annonce de cette nouvelle.*

**protagoniste** n. m. et f. Personne qui joue le rôle le plus important dans une affaire. → **héros.** *Les protagonistes du drame avaient leur photo en première page.*

**protecteur** n. m. et adj., **protectrice** n. f. et adj. 1. n. Personne qui protège, défend les autres. *Dans la cour de récréation, Alex s'est fait le protecteur des petits.* → **défenseur.** 2. adj. *La société protectrice des animaux,* c'est un organisme qui protège les animaux contre les mauvais traitements.

**protection** n. f. 1. *Yves a pris sa petite sœur sous sa protection,* il la protège. 2. Chose qui sert à protéger. *Les gants sont une bonne protection contre le froid.*

**protéger** v. (conjug. 3 et 6) 1. *Yves protège sa sœur,* il la défend du danger. 2. Mettre à l'abri. *Ton imperméable te protège de la pluie.*

**protéine** n. f. Substance nourrissante contenue dans la viande, le poisson, les œufs. *Le sportif mange des aliments riches en protéines.*

**protestant** n. m., **protestante** n. f. Chrétien qui appartient à une religion réformée qui ne reconnaît pas l'autorité du pape. *Les protestants vont au temple pour assister au culte.* — Adj. *La religion protestante.*

▶ **protestantisme** n. m. Religion des protestants. *Le protestantisme est apparu au 16e siècle avec l'opposition de Luther et de Calvin au pape.*

**protester** v. (conjug. 1) 1. Déclarer avec force que l'on n'est pas d'accord. *Ils ont protesté avec indignation contre cette injustice.* 2. *L'accusé protestait de son innocence,* il affirmait qu'il était innocent.

▶ **protestation** n. f. 1. Manifestation de désaccord. *Il fit un geste de protestation.* || contr. **approbation** || 2. Déclaration, manifestation. *Je ne crois pas beaucoup à ses protestations d'amitié.*

**prothèse** n. f. Appareil qui remplace un membre ou un organe. *On* *l'a amputé d'une jambe et on lui a mis une prothèse.*

**protocole** **n. m.** Ensemble de règles que l'on doit observer dans les cérémonies et les réunions officielles. → ② **étiquette.**

**prototype** **n. m.** Modèle unique d'un objet qui n'est pas encore fabriqué en série. *Un prototype de voiture.*

**protubérance** **n. f.** Petite partie en relief. → **saillie.** *La bosse qu'il s'est faite sur le front forme une protubérance.*

**proue** **n. f.** Avant d'un bateau. *La proue du voilier fend les vagues.* || contr. **poupe** ||.

**prouesse** **n. f.** Action remarquable. → **exploit.** *Tout le monde admire les prouesses de cet aviateur.*

**prouver** **v.** (conjug. 1) **1.** Démontrer que quelque chose est vrai. *Il n'a pas pu prouver son innocence.* **2.** *Yves a prouvé qu'il était courageux,* il en a fait la preuve. → **montrer.**

**provenir** **v.** (conjug. 22) **1.** Venir. *Ces oranges proviennent du Maroc.* **2.** Avoir son origine. *Cette douleur provient du foie.*

► **provenance** **n. f.** Endroit d'où vient une chose. *L'avion en provenance de Rome vient d'atterrir.*

**proverbe** **n. m.** Phrase qui exprime une vérité générale, un conseil de sagesse. → aussi **dicton, maxime.** *« Rien ne sert de courir, il faut partir à point » est un proverbe.*

► **proverbial** **adj.** Bien connu. *Le courage des pompiers est proverbial.* — **Au masc. pl.** *proverbiaux.*

**providence** **n. f.** Sagesse de Dieu qui dirige et protège tout ce qu'Il a créé. *Les croyants s'en remettent à la providence.*

► **providentiel** **adj.** *Ton arrivée est providentielle,* elle se produit au bon moment, par un heureux hasard, pour me tirer d'embarras.

**province** **n. f. 1.** Région, avec ses traditions et ses coutumes. *La Normandie et la Bretagne sont des provinces françaises.* **2.** *La province,* c'est l'ensemble de la France, excepté Paris et sa banlieue. *Il habite en province.*

► **provincial** **adj.** *Il aime la vie provinciale,* que l'on a quand on habite en province. — **N.** *Les provinciaux,* ce sont les personnes qui habitent en province.

**proviseur** **n. m.** Personne qui dirige un lycée. → **directeur**, et aussi ② **principal.**

**provision** **n. f. 1.** Réunion de choses utiles que l'on garde pour plus tard. → **réserve, stock.** *Il y a une provision de craies dans le placard de la classe. Il a fait provision de bois pour l'hiver.* **2.** *Elle est allée faire ses provisions,* acheter les choses nécessaires à la vie de tous les jours. → **commission, course.** **3.** *Il a fait un chèque sans provision,* sans avoir assez d'argent sur son compte en banque. ▷ APPROVISIONNÉ, APPROVISIONNEMENT, APPROVISIONNER.

**provisoire** adj. Destiné à être remplacé. *Ces baraquements sont des installations provisoires.* ‖ contr. **définitif** ‖.

▶ **provisoirement** adv. Pour peu de temps. *Pendant que l'on repeint sa chambre, elle dort provisoirement dans le salon.* → **momentanément.** ‖ contr. **définitivement** ‖.

**provoquer** v. (conjug. 1) **1.** *C'est une fuite de gaz qui a provoqué l'explosion,* qui en est la cause. → **causer, entraîner. 2.** *Arrête, ne le provoque pas,* ne le pousse pas à réagir avec dureté ou violence. → **exciter.**

▶ **provocant** adj. *Il a une attitude provocante,* qui pousse à réagir violemment. → **agressif.**

▶ **provocateur** n. m., **provocatrice** n. f. Personne qui pousse les autres à la violence. *Des provocateurs ont fait dégénérer la manifestation en émeute.*

▶ **provocation** n. f. *Ne réponds pas aux provocations de ces voyous,* à leurs paroles et à leurs actes qui poussent à réagir violemment.

**proximité** n. f. **1.** *Il habite à proximité de la gare,* tout près de la gare. **2.** *La proximité des vacances excite les enfants,* le fait que les vacances soient proches dans le temps.

**prudent** adj. Qui fait attention au danger. *Elle est très prudente au volant.*

▶ **prudemment** adv. En faisant attention. *Il conduit prudemment.* ‖ contr. **imprudemment** ‖.

▶ **prudence** n. f. Qualité de celui qui réfléchit aux conséquences de ses actes, fait ce qu'il faut pour empêcher qu'arrivent des ennuis et évite de faire des choses dangereuses. *Il a eu la prudence de se faire vacciner avant de partir en vacances.* ▷ IMPRUDEMMENT, IMPRUDENCE, IMPRUDENT.

**prune** n. f. Petit fruit de forme ronde ou allongée, à chair juteuse et sucrée, contenant un noyau. → aussi **mirabelle, quetsche.**

▶ **pruneau** n. m. **1.** Prune séchée de couleur noire. *Il mange du lapin aux pruneaux.* **2.** En Suisse. Quetsche. *Une tarte aux pruneaux.*

▶ ① **prunelle** n. f. Petite prune bleu foncé, de goût âcre.

▶ **prunier** n. m. Arbre fruitier qui produit les prunes.

② **prunelle** n. f. Petit rond noir au centre de l'œil. → ② **pupille.** — *Il tient à sa voiture comme à la prunelle de ses yeux,* il y tient plus qu'à tout.

**P.-S.** → **post-scriptum**

**psaume** n. m. Chant religieux. *À la fin de la messe, les fidèles ont chanté un psaume.*

**pseudo...** Préfixe qui signifie « faux ».

**pseudonyme** n. m. Faux nom que l'on choisit pour cacher son identité. *Il écrit ses romans sous un pseudonyme.*

**psychanalyse** [psikanaliz] n. f. Méthode qui permet de soigner certains troubles psychologiques en faisant parler le malade de choses graves qu'il avait peut-être oubliées. *Freud est le fondateur de la psychanalyse.* → aussi **psychothérapie.**

▸ **psychanalyser** v. (conjug. 1) *Psychanalyser une personne,* c'est, pour le psychanalyste, la faire parler en l'écoutant dans le but de la soigner.

▸ **psychanalyste** n. m. et f. Personne qui soigne par la psychanalyse.

**psychiatre** [psikjatʀ] n. m. et f. Médecin qui s'occupe des maladies mentales.

▸ **psychiatrie** n. f. Partie de la médecine qui s'occupe des maladies mentales.

▸ **psychiatrique** adj. *Un hôpital psychiatrique,* c'est un hôpital où l'on soigne les malades mentaux. → aussi **interner.**

**psychologie** [psikɔlɔʒi] n. f. Science qui étudie ce qui se passe dans l'esprit des gens, leurs sentiments, leurs réactions. *Il s'intéresse à la psychologie de l'enfant.* 2. Qualité d'une personne qui comprend les sentiments et les attitudes des autres et peut prévoir leurs réactions. *Elle manque de psychologie.* → **intuition, finesse.**

▸ **psychologique** adj. *Il a des problèmes psychologiques,* dans son esprit. ‖ contr. **physique** ‖.

▸ **psychologue** n. m. et f. et adj. 1. n. m. et f. Personne spécialiste de psychologie. *Si un enfant a des difficultés en classe, il peut aller voir un psychologue scolaire.* 2. adj. Qui comprend les autres et prévoit leurs réactions. *Elle n'est pas très psychologue, elle dit souvent des choses blessantes.*

**psychothérapie** n. f. Traitement qui aide à résoudre les problèmes psychologiques d'une personne, en la faisant parler. *Il suit une psychothérapie.* → aussi **psychanalyse.**

**puanteur** n. f. Très mauvaise odeur.

**puberté** n. f. Ensemble des transformations du corps et de l'esprit qui se produisent au moment du passage de l'enfance à l'adolescence. *À la puberté, la voix des garçons devient plus grave.*

**pubis** [pybis] n. m. Partie qui forme un triangle au bas du ventre. *Les poils du pubis.*

**public** adj. et n. m.

▭ adj. 1. *La construction de cette bibliothèque est une réalisation d'intérêt public,* qui concerne et intéresse tout le monde. → **commun, général.** 2. Ouvert à tous. *On entre gratuitement dans un jardin public.* ‖ contr. **privé** ‖ *Cette vente aux enchères est publique.*

▭ n. m. 1. L'ensemble de la population. *Le musée est ouvert au public de 9 h à 18 h.* 2. *Le chanteur a été applaudi par le public,* par les spectateurs. → **assistance.** 3. *Il a pris la parole* *en public,* devant un certain nombre de personnes réunies. ▷ PUBLIQUEMENT.

**publication** n. f. 1. Action de faire connaître à tous. *La publication des résultats du concours aura lieu demain.* 2. *Ce roman a eu beaucoup de succès dès sa publication,* dès le moment où il a été publié. → **parution, sortie.** 3. *Elle est abonnée à des publications scientifiques,* à des revues, des journaux scientifiques.

**publicité** n. f. 1. Art de faire connaître un produit au public pour mieux le vendre. *Cette marque fait beaucoup de publicité.* 2. Image, texte, film qui sert à faire vendre un produit. *Flora regarde les publicités à la télévision.* — On dit familièrement *la pub.*

▶ **publicitaire** adj. Qui fait la publicité d'un produit. *Ce comédien joue aussi dans des films publicitaires.*

**publier** v. (conjug. 7) 1. Annoncer en public. *Les résultats seront publiés demain.* 2. Fabriquer et mettre en vente un livre. *Cet éditeur publie des romans policiers.* → **éditer.** 3. Faire paraître un document. *Sa photo a été publiée en première page du journal.* ▷ PUBLICATION.

**publiquement** adv. En public. *Elle l'a injurié publiquement.*

**puce** n. f. 1. Petit insecte parasite de l'homme et de quelques animaux. ➻ planche Insectes. *Yves a été piqué par une puce. — Son air bizarre nous a mis la puce à l'oreille,* il nous a intrigués, a éveillé nos soupçons. 2. *Le marché aux puces,* c'est un marché où l'on vend des choses anciennes et des objets d'occasion. 3. *Une puce électronique,* c'est un tout petit élément qui stocke des informations et qui se trouve dans des ordinateurs, des cartes bancaires, etc. *Une carte à puce.*

▶ **puceron** n. m. Petit insecte parasite des plantes.

**pudding** [pudiŋ] n. m. Ce mot vient de l'anglais. Gâteau fait avec de la farine, des œufs, de la graisse de bœuf, des raisins secs et des épices.

**pudeur** n. f. 1. Gêne qu'une personne éprouve à montrer son corps. *Par pudeur, Julie change de maillot en s'enveloppant dans une serviette.* 2. Délicatesse, discrétion. *Il cachait son chagrin par pudeur.*

**pudique** adj. *Julie est très pudique,* elle a de la pudeur.

**puer** v. (conjug. 1) Sentir très mauvais. → **empester.** *Ce fromage pue.* ▷ PUANTEUR.

**puéricultrice** n. f. Personne dont le métier est de s'occuper de bébés et de très jeunes enfants.

**puéril** adj. Indigne d'un adulte, qui ne convient qu'à un enfant. *Il a eu une réaction puérile.* → **infantile.**

**pugilat** n. m. Bagarre à coups de poing.

**puis** adv. 1. Après cela, dans le temps qui suit. → **ensuite.** *Il a mangé une pomme, puis du raisin.* 2. *Je n'ai pas le temps, et puis cela m'embête,* et d'ailleurs. ◊ homonyme : puits. ▷ DEPUIS, PUISQUE.

**puiser** v. (conjug. 1) 1. *Autrefois on allait puiser de l'eau au puits,* tirer de l'eau. 2. Prendre dans une réserve. *Il a puisé dans ses économies pour s'acheter un blouson.*

**puisque** conjonction. *Puisque* indique la cause. *Puisque vous êtes ici, restez dîner.*

**puissant** adj. **1.** Qui a du pouvoir, qui commande à beaucoup de gens et décide beaucoup de choses. *Un homme riche et puissant.* **2.** Qui a de la force physique. *Il a des muscles puissants.* **3.** Qui a de l'énergie, de la puissance. *Elle a une voiture puissante.*

▶ **puissance** n. f. **1.** Force, autorité d'un pays. *L'Empire romain a étendu sa puissance jusqu'en Orient.* **2.** *La puissance d'une ampoule électrique,* c'est l'intensité de la lumière qu'elle produit. *La puissance d'une voiture,* c'est la force de son moteur. **3.** *Les grandes puissances,* ce sont les pays les plus riches et les plus forts.

▶ **puissamment** adv. Extrêmement. *Il est puissamment riche.*

**puits** n. m. **1.** Construction autour d'un trou profond pratiqué dans le sol pour atteindre une nappe d'eau souterraine. *Elle va au puits tirer de l'eau.* **2.** Trou creusé dans le sol ou le sous-sol pour exploiter un gisement. *Le forage d'un puits de pétrole.* ◊ homonyme : puis. ▷ PUISER.

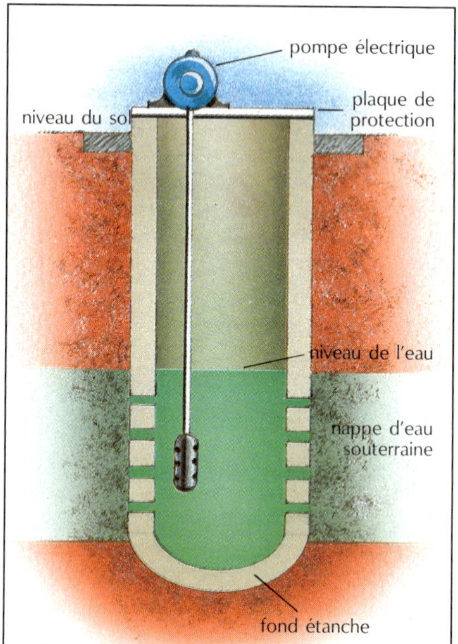

**puits**

**pull-over** [pulɔvœʀ] ou [pylɔvɛʀ] n. m. Ce mot vient de l'anglais. Vêtement tricoté en laine ou en coton qui couvre le haut du corps et que l'on enfile par la tête. — Au pl. *Des pull-overs.* — On dit aussi *un pull* [pyl], *des pulls.*

**pulluler** v. (conjug. 1) Être en très grand nombre. *Les grenouilles pullulent dans cet étang.* → **grouiller.**

**pulmonaire** adj. Qui concerne les poumons. *La tuberculose est une maladie pulmonaire.*

**pulpe** n. f. **1.** *La pulpe d'un fruit,* c'est sa chair. **2.** *La pulpe des dents,* c'est le tissu qui remplit l'intérieur des dents.

**pulsation** n. f. Battement du cœur ou des artères. → **pouls.** *On constate une accélération des pulsations pendant un effort.*

**pulvériser** v. (conjug. 1) **1.** Projeter un liquide en fines gouttelettes. → **vaporiser.** *Elle pulvérise de l'insecticide sur les rosiers.* **2.** Réduire en petits morceaux. *Le pare-brise a été pulvérisé.*

▶ **pulvérisateur** n. m. Appareil qui sert à projeter un liquide en fines gouttelettes. → **atomiseur, vaporisateur.**

▶ **pulvérisation** n. f. Projection en poudre ou en fines gouttelettes. *Il se fait des pulvérisations dans la gorge.*

**puma** **n. m.** Animal sauvage d'Amérique, de la famille des félins, à pelage fauve et sans crinière, appelé aussi *couguar.* ⋙ planche Félins.

① **punaise** **n. f.** Petit insecte plat qui sent très mauvais. ⋙ planche Insectes. *Les punaises se cachent dans les fentes des planchers.*

② **punaise** **n. f.** Petit clou à tête plate et à pointe courte. *Elle fixe un dessin au mur avec des punaises.*

① **punch** [pɔ̃ʃ] **n. m.** Boisson à base de rhum et de citron. — **Au pl.** *Des punchs.*

② **punch** [pœnʃ] **n. m.** Capacité d'un boxeur à porter des coups secs et efficaces. *Ce boxeur manque de punch.*

**punir** **v.** (conjug. 2) *La directrice a sévèrement puni Alex,* elle lui a infligé une punition parce qu'il avait mal agi. || contr. **récompenser** ||.

▶ **punition** **n. f.** Chose désagréable que l'on fait subir à une personne punie. → **sanction** et aussi ① **peine.** *Pour ta punition, tu resteras dans ta chambre.* || contr. **récompense** ||.

▶ **punitif** **adj.** *Ils ont organisé une expédition punitive contre les rebelles,* une expédition destinée à les punir. ▷ IMPUNI.

① **pupille** **n. m.** et **f.** Enfant orphelin ou abandonné qui est pris en charge par un tuteur.

② **pupille** **n. f.** Partie noire, au milieu de l'œil. → ② **prunelle.** *Dans le noir, les pupilles s'agrandissent.*

**pupitre** **n. m.** Petite table inclinée sur laquelle on pose un livre ou une partition de musique.

**pur** **adj. 1.** Qui n'est mélangé à rien d'autre. *Une veste en pure laine.* **2.** Non pollué. *Il respire l'air pur de la montagne.* **3.** *Julie a dit la pure vérité,* la stricte vérité.

▶ **purement** **adv.** Uniquement. *Il a fait des études purement scientifiques. Elle nous a purement et simplement menti,* sans aucun doute possible.

▶ **pureté** **n. f.** *Cette eau est d'une grande pureté.* → **limpidité.** ▷ ÉPURATION, ÉPURER, IMPUR, IMPURETÉ, PURIFIER, PUR-SANG.

**purée** **n. f.** Légumes bouillis et écrasés. *De la purée de carottes. Du rôti avec de la purée,* avec de la purée de pommes de terre.

**purgatoire** **n. m.** Dans la religion catholique, lieu où, après la mort, les âmes expient leurs péchés avant d'aller au paradis.

**purger** **v.** (conjug. 3) **1.** Vider de son contenu. *Il faut purger les conduites d'eau quand il risque de geler.* → **vidanger. 2.** Donner un produit contre la constipation. → aussi **purgatif.** *L'infirmière a purgé le malade. — Les chats se purgent en mangeant de l'herbe.* **3.** *Le malfaiteur est en prison, il purge une peine de cinq ans,* il a cinq ans de prison à faire.

▶ **purgatif** **n. m.** Remède qui lutte contre la constipation. → **laxatif, purge.** — **Adj.** *Une tisane purgative.*

▶ **purge** **n. f. 1.** Évacuation d'un gaz ou d'un liquide qui empêche un appareil de bien fonctionner. *Le robinet de purge du radiateur fuit.* **2.** Remède qui lutte contre la constipation. → **laxatif, purgatif.**

**purifier** **v.** (conjug. 7) Rendre pur, enlever les impuretés. *On filtre l'eau pour la purifier.*

**purin** **n. m.** Liquide qui s'écoule du fumier. *Le purin est un bon engrais.*

**puritain** **adj.** Qui est très strict sur la morale, qui respecte rigoureusement les principes. *Il a reçu une éducation puritaine.* → **austère, rigide.**

**pur-sang** **n. m. inv.** Cheval de course de pure race. — **Au pl.** *Des pur-sang.*

**purulent** **adj.** Qui produit ou contient du pus. *Une plaie purulente.*

**pus** **n. m.** Liquide jaunâtre qui contient des microbes et se forme aux endroits du corps qui sont infectés. *Un bouton plein de pus.* → aussi **pustule** et **purulent, suppurer.**

**pusillanime** **adj.** Craintif. → **timoré.** *Un enfant pusillanime.* || contr. **audacieux** ||.

**pustule** **n. f.** Bouton plein de pus.

**putois** **n. m.** Petit animal sauvage à fourrure brune, qui sent très mauvais. — *Crier comme un putois,* très fort.

se **putréfier** **v.** (conjug. 7) Se décomposer, pourrir. *Cette viande commence à se putréfier.*

▶ **putréfaction** **n. f.** Pourriture. *On a trouvé dans la cave un rat en putréfaction,* en train de se décomposer.

**putride** **adj.** *Une odeur putride,* c'est une odeur de pourriture.

**putsch** [putʃ] **n. m.** Coup d'État. *Le gouvernement a été renversé par un putsch militaire.* — **Au pl.** *Des putschs.*

**puzzle** [pœzl] ou [pyzl] **n. m.** Jeu composé de morceaux que l'on doit assembler pour faire un dessin. *Flora fait un puzzle.*

**pygmée** **n. m.** et **f.** Personne d'une race de très petite taille qui habite en Afrique, dans la forêt équatoriale.

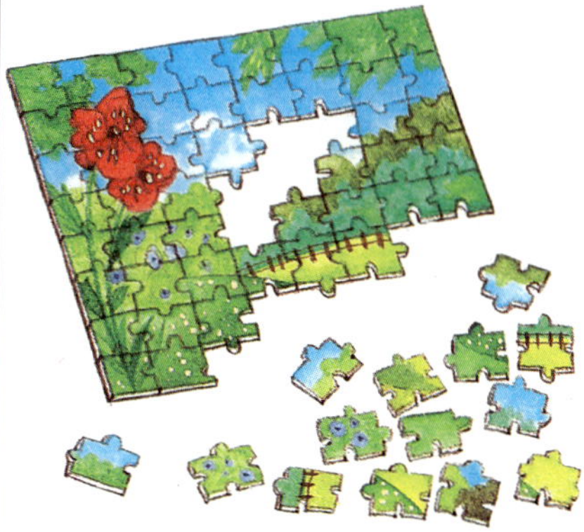

puzzle

**pyjama** **n. m.** Vêtement de nuit composé d'une veste et d'un pantalon. *Elle dort en pyjama.*

**pylône** **n. m.** Poteau en fer ou en béton soutenant des câbles électriques ou des antennes. *La voiture a heurté un pylône électrique.*

**pyramide** **n. f.** Monument dont la base est un carré et dont les quatre faces sont des triangles. *Les pyramides d'Égypte servaient de tombeaux aux pharaons.*

**pyrex** **n. m.** Marque déposée. Verre très résistant pouvant aller au feu. *Un plat en pyrex.*

**pyromane** **n. m.** et **f.** Personne qui allume des incendies par plaisir. → **incendiaire.**

**python** **n. m.** Très grand serpent d'Asie et d'Afrique, non venimeux, qui broie entre ses anneaux les animaux dont il se nourrit, avant de les avaler. → aussi **boa.** ◇ homonyme : piton.

# Q

**quadragénaire** [kwadʀaʒenɛʀ] n. m. et f. Personne qui a entre 40 et 50 ans. — Adj. *Elle est quadragénaire.*

**quadrige** [kadʀiʒ] n. m. Char antique à deux roues, tiré par quatre chevaux.

**quadrilatère** [kwadʀilatɛʀ] ou [kadʀilatɛʀ] n. m. Figure géométrique qui a quatre côtés. *Le carré, le losange, le rectangle, le parallélogramme sont des quadrilatères.*

**quadrille** [kadʀij] n. m. Danse que l'on dansait autrefois, à plusieurs couples.

**quadriller** [kadʀije] v. (conjug. 1) 1. Tracer des lignes droites qui se coupent perpendiculairement en formant des carreaux. *Il a quadrillé une feuille de papier pour faire une grille de mots croisés.* 2. *La police a quadrillé le quartier pour empêcher les malfaiteurs de s'enfuir,* elle l'a divisé en secteurs et a réparti des policiers dans chacun de ces secteurs pour avoir un plus grand contrôle.

► **quadrillé** adj. *Du papier quadrillé,* c'est du papier à carreaux.
► **quadrillage** n. m. 1. *Du papier à petit quadrillage,* c'est du papier à petits carreaux. 2. *La police a ordonné le quadrillage du quartier,* elle a ordonné de le quadriller.

**quadrimoteur** [kwadʀimɔtœʀ] ou [kadʀimɔtœʀ] n. m. Avion qui a quatre moteurs.

**quadriréacteur** [kwadʀiʀeaktœʀ] ou [kadʀiʀeaktœʀ] n. m. Avion qui a quatre réacteurs.

**quadrupède** [kwadʀypɛd] ou [kadʀypɛd] adj. Qui a quatre pattes. *Les moutons sont quadrupèdes.* — N. m. *Le chat est un quadrupède.*

**quadruple** [kwadʀypl] ou [kadʀypl] n. m. et adj. 1. n. m. *Quatre-vingts est le quadruple de vingt,* le produit de vingt multiplié par quatre. 2. adj. *Il a photocopié ce texte en quadruple exemplaire,* en quatre exemplaires.
► **quadrupler** v. (conjug. 1) Multiplier par quatre. *Le pays a quadruplé sa production de riz.*

**quai** n. m. 1. Plate-forme longeant une voie ferrée. *Les voyageurs se pressent sur le quai du métro.* 2. Dans un port, plate-forme aménagée au bord de l'eau où les bateaux peuvent accoster. → **débarcadère, embarcadère.** *Le navire est à quai,* rangé le long du quai. 3. Route, voie qui borde un cours d'eau. *Les quais de la Seine.*

**qualifier** v. (conjug. 7) 1. Désigner, caractériser par un mot, une expression. *Le maire a qualifié l'attitude des pompiers d'héroïque.* 2. *Elle est tout à fait qualifiée pour faire ce travail,* elle a les qualités, les capacités nécessaires pour le faire. 3. *Notre équipe s'est qualifiée pour la finale,* elle va y participer.

► **qualificatif** adj. et n. m. 1. adj. *Un adjectif qualificatif,* c'est un adjectif qui caractérise, qui qualifie un nom. *« Courageux », dans « cet enfant a été courageux », est un adjectif qualificatif.* — Au fém. *qualificative.* 2. n. m. Mot ou groupe de mots servant à qualifier quelqu'un ou quelque chose. *Il a employé des qualificatifs élogieux pour parler de sa femme.*

► **qualification** n. f. 1. *Il a les qualifications nécessaires pour faire ce travail,* l'expérience, les diplômes nécessaires. 2. *Notre équipe de football a remporté le match de qualification pour la finale,* le match qui l'a qualifiée pour la finale. ▷ DISQUALIFICATION, DISQUALIFIER, INQUALIFIABLE.

**qualité** n. f. 1. *La qualité d'un produit,* c'est ce qui fait qu'il est bon ou mauvais. *Il n'achète que des chaussures de bonne qualité.* 2. Trait de caractère auquel on attache de la valeur. *La générosité et le courage sont des qualités.* || contr. **défaut** || 3. *Je m'adresse à vous en ma qualité de chef du gouvernement,* en tant que chef du gouvernement.

**quand** adv. et conjonction. 1. adv. À quel moment. *Quand partez-vous ?* 2. conjonction. Lorsque, au moment où. *Yves n'aime pas quand son père se met en colère.*

**quant à** [kɑ̃ta] prép. *Il est originaire de Bretagne, quant à sa femme elle est du Midi,* en ce qui concerne sa femme.

► **quant-à-soi** n. m. inv. *Avec les gens qu'elle connaît peu, elle reste sur son quant-à-soi,* elle garde ses distances, elle est réservée.

**quantité** n. f. 1. *Quelle quantité d'œufs faut-il pour faire ce gâteau ?* combien en faut-il ? 2. *Il possède des quantités de livres,* de nombreux livres. 3. *Elle a des robes en quantité,* en grand nombre, elle en a beaucoup.

**quarante** adj. inv. Quatre fois dix (40). *Elle a quarante ans.* → aussi **quadragénaire.** *Ouvrez votre livre page quarante.* — N. m. inv. Le nombre quarante. *Quarante et deux font quarante-deux.*

► **quarantaine** n. f. 1. Groupe d'environ quarante personnes ou quarante choses semblables. *Il a une quarantaine de cravates.* 2. Âge d'environ quarante ans. *Elle a la quarantaine.* 3. Isolement, dont la durée n'est pas toujours la même, que l'on impose aux voyageurs, aux animaux et aux marchandises pour éviter la contagion. *Le médecin du service de santé a mis le navire en quarantaine.*

► **quarantième** adj. et n. m. 1. adj. Qui vient après le trente-neuvième. *Il a eu la quarantième place au concours.* 2. n. m. Partie d'un tout qui est divisé en quarante parties égales. *Les trois quarantièmes.*

**quart** n. m. *Un quart,* c'est une partie d'un tout divisé en quatre parties égales. *Trois est le quart de douze. Elle n'a pas fait le quart de ce qu'elle voulait faire. Il part tous les matins à sept heures et quart* (7 h 15). *La bouteille est aux trois quarts pleine.* ◊ homonymes : car, carre.

▶ **quart d'heure** n. m. Durée de quinze minutes. *Il a trois quarts d'heure de retard.*

▶ ① **quartier** n. m. 1. *Elle coupe sa pomme en quartiers,* en morceaux représentant le quart de la pomme. *Les quartiers d'une orange,* ce sont les tranches découpées naturellement dans la pulpe. 2. Chacune des quatre phases de la Lune. *La Lune est dans son premier quartier,* seul le premier quart est éclairé par le Soleil. ▷ QUATRE-QUARTS.

② **quartier** n. m. Partie d'une ville. *Ce quartier est très animé.*

**quartz** [kwaʀts] n. m. Roche transparente et très dure, formée de cristaux. ⋙ planche Minéraux. *Une montre à quartz* contient une lame de quartz qui vibre et fait ainsi fonctionner le mécanisme.

**quasi** [kazi] adv. Presque, pour ainsi dire. *On a retrouvé l'animal quasi mort de faim.* → fam. **quasiment.** *Elle a perdu la quasi-totalité de ses affaires.*

▶ **quasiment** adv. Familier. À peu près, presque. *Nous avons quasiment le même âge.*

**quaternaire** [kwatɛʀnɛʀ] adj. *L'ère quaternaire,* c'est la période où est apparu l'homme, il y a environ un million d'années.

**quatorze** adj. inv. Dix plus quatre (14). *Yves a mangé quatorze chocolats. Le magasin ouvre à 14 heures,* à 2 heures de l'après-midi. — N. m. inv. Le nombre quatorze. *Sept et sept font quatorze.*

▶ **quatorzième** adj. et n. m. 1. adj. Qui vient après le treizième. *Il a eu la quatorzième place en histoire.* 2. n. m. Partie d'un tout qui est divisé en quatorze parties égales. *Les deux quatorzièmes d'un gâteau.*

**quatre** adj. inv. Trois plus un (4). *Dans les pays tempérés, il y a quatre saisons.* — *Alex mange comme quatre,* il mange énormément. *Elle s'est mise en quatre pour préparer cette fête,* elle s'est donné beaucoup de mal. *Il monte l'escalier quatre à quatre,* très vite, en montant plusieurs marches à la fois. — N. m. inv. Le nombre quatre. *Quatre et deux font six.*

▶ **quatrain** n. m. Strophe de quatre vers.

▶ **quatrième** adj. et n. f. 1. adj. Qui succède au troisième. *Il habite au quatrième étage.* 2. n. f. Classe de l'enseignement secondaire. *Elle entre en quatrième.*

▶ **quatre-quarts** n. m. inv. Gâteau dans lequel il y a le même poids de beurre, de farine, d'œufs et de sucre. — Au pl. *Des quatre-quarts.*

▶ **quatre-quatre** n. f. ou m. inv. Automobile dont les quatre roues sont entraînées par le moteur et qui roule sur n'importe quel terrain. → aussi **jeep.** — Au pl. *Des quatre-quatre.* ⋙ planche Voitures.

▶ **quatre-saisons** n. f. inv. *Une marchande de quatre-saisons* vend des fruits et des légumes qu'elle transporte dans une voiture à bras.

▶ **quatre-vingt(s)** adj. Quatre fois vingt (80). *Mon arrière-grand-père a*

quatuor

*plus de quatre-vingts ans. Luc a quatre-vingt-cinq soldats de plomb.* — **N. m.** *Soixante et vingt font quatre-vingts.* — *Quatre-vingts* ne prend pas d's quand il est suivi d'un autre nombre.

▸ **quatre-vingt-dix** **adj. inv.** Neuf fois dix (90). → **nonante.** *Cette dame a vécu jusqu'à quatre-vingt-dix ans.* — **N. m. inv.** *Dix fois neuf égale quatre-vingt-dix.*

**quatuor** [kwatɥɔʀ] **n. m. 1.** Morceau de musique écrit pour quatre instruments. *Les quatuors à cordes de Beethoven.* → aussi **quintette, trio. 2.** Groupe de quatre musiciens qui exécutent un quatuor.

**que** **pronom, conjonction** et **adv.**

▭ **pronom. 1.** *Que* est utilisé dans les interrogations. *Que se passe-t-il ?* quelle chose ? *Qu'est-ce que tu veux ?* **2.** *Que* est utilisé dans les subordonnées relatives et désigne une personne ou une chose. *C'est lui que j'aime. Faites ce que vous voulez.*

▭ **conjonction. 1.** *Que* introduit une subordonnée complétive. *Je sais qu'il est là. Il pense que tout ira bien.* **2.** *Que* s'emploie dans les comparaisons. *Il est plus grand que moi.* **3.** *Que* s'emploie avec *ne. Elle n'a que 5 ans.* **4.** *Que,* suivi d'un subjonctif, exprime un ordre ou un souhait. *Que personne ne sorte !*

▭ **adv.** Comme, combien. *Qu'il fait froid, ce matin ! Que c'est beau !*

**quel** **adj.** et **pronom.**

▭ **adj. 1. adj. interrogatif.** *Quelle heure est-il ? Quels livres as-tu achetés ?* **2. adj. exclamatif.** *Quelle jolie robe !*

▭ **pronom interrogatif.** *Quelle est la plus grande des deux ?* qui, laquelle est la plus grande ? ▹ AUQUEL, DUQUEL, LEQUEL, QUELCONQUE, QUELQUE, QUELQUE CHOSE, QUELQUEFOIS, QUELQU'UN, QUELQUES-UNS.

**quelconque** **adj. 1.** Médiocre, ordinaire. *Ce restaurant est très quelconque.* **2.** *Il n'est pas venu pour une raison quelconque,* pour une raison qu'il n'a pas précisée.

**quelque** **adj. 1.** *Depuis quelque temps, elle a mauvaise mine,* depuis un certain temps. *J'ai quelque peine à te croire,* un peu de peine. **2.** *Elle a invité quelques amis à dîner,* un petit nombre d'amis.

▸ **quelque chose** pronom m. *Il cache quelque chose dans sa main,* il cache une chose. *Elle a préparé quelque chose de bon pour le dîner.*

▸ **quelquefois** adv. Parfois, de temps en temps. *Elle va quelquefois à la piscine avec lui.*

▸ **quelqu'un** pronom m. Une personne. *Quelqu'un a sonné.* → **on.** *J'ai entendu quelqu'un crier.*

▸ **quelques-uns** pronom m. pl., **quelques-unes** pronom f. pl. Un petit nombre, plusieurs. *Quelques-uns des spectateurs sont partis avant la fin. Montre-moi quelques-unes de ces photos.*

**quémander** v. (conjug. 1) Demander en insistant. *Il n'arrête pas de quémander de l'argent.*

**qu'en-dira-t-on** n. m. sing. *Elle a toujours fait ce qui lui plaisait sans se soucier du qu'en-dira-t-on,* de ce que les gens pensent et disent d'elle.

**quenelle** n. f. Petit rouleau de pâte légère mélangée à un hachis de poisson, de volaille ou de veau. *Des quenelles de brochet.*

**quenotte** n. f. Dent. — Ce mot appartient au langage des enfants.

**quenouille** n. f. Petit bâton entouré de fibres de laine ou de coton que les femmes filaient autrefois en les déroulant sur le fuseau. → aussi **rouet.**

**querelle** n. f. Dispute. *Une querelle a éclaté entre les parents de Flora. Chercher querelle à quelqu'un,* c'est être agressif et chercher à provoquer une dispute avec lui.

▸ se **quereller** v. (conjug. 1) Se disputer. *Yves et sa sœur se querellent souvent.* → fam. se **chamailler.**

▸ **querelleur** adj. *Elle est très querelleuse,* elle aime les querelles, les disputes.

**quérir** v. (ce verbe n'existe qu'à l'infinitif) *Le roi ordonna d'aller quérir un médecin,* d'aller chercher un médecin.

**question** n. f. **1.** Demande que l'on adresse à quelqu'un pour avoir une réponse. → **interrogation.** *La maîtresse a posé une question à Julie.* **2.** Sujet, problème. *Il a abordé les divers aspects de la question. Cette décision remet tout en question,* remet tout en cause. **3.** *Il a été question de vous dans la discussion,* on a parlé de vous. *Il est question que la directrice soit remplacée l'année prochaine.* **4.** *Voici la personne en question,* celle dont il s'agit.

▸ **questionnaire** n. m. Liste de questions. *Il faut remplir ce questionnaire.* → aussi **formulaire.**

▸ **questionner** v. (conjug. 1) Poser des questions. → **interroger.** *L'inspecteur a questionné les suspects sur leur emploi du temps le soir du crime.*

**quête** n. f. **1.** Collecte d'argent destinée à une œuvre pieuse ou charitable. *Ils font la quête pour les handicapés.* **2.** *Elle s'est mise en quête d'un nouvel appartement,* à la recherche d'un nouvel appartement.

▸ **quêter** v. (conjug. 1) Faire la quête. *Ils quêtent pour la recherche contre le cancer.*

**quetsche** [kwɛtʃ] n. f. Prune allongée de couleur violet sombre. *Une tarte aux quetsches.*

**queue** n. f. **1.** Partie qui prolonge vers l'arrière le corps de certains animaux. *Les chiens remuent la queue en signe de joie. — Cette histoire n'a ni queue ni tête,* elle n'a aucun sens, elle est absurde. **2.** Tige d'une fleur ou d'un fruit. *Elle a coupé la queue des tulipes avant de les mettre dans un vase.* **3.** *La queue d'une casserole,* c'est son manche. **4.** *Alex est monté dans le wagon de queue,* dans le dernier wagon. **5.** File de personnes qui attendent. *Il y a la queue devant le cinéma. Les gens font la queue.* ▷ TÊTE-À-QUEUE.

**qui** **pronom. 1.** Pronom interrogatif sujet ou complément désignant des personnes. *Qui te l'a dit ? Qui sont ces gens ? À qui parles-tu ?* **2.** Pronom relatif sujet ou complément désignant des personnes ou des choses. *L'homme qui vient de passer est chauve. Prenez la rue qui monte. La personne à qui j'ai parlé est italienne.*

► **quiconque** **pronom indéfini.** N'importe qui. *Tu le sais mieux que quiconque.* ▷ QUI-VIVE, SAUVE-QUI-PEUT.

**quiche** **n. f.** Tarte salée garnie d'un mélange d'œufs, de crème et de lardons. — On dit aussi *une quiche lorraine.*

**quidam** [kidam] **n. m.** Individu que l'on ne connaît pas. *Deux quidams demandent à te voir.*

**quiétude** **n. f.** Calme, tranquillité. *Elle aime la quiétude des soirées au coin du feu.* ‖ contr. **agitation** ‖.

**quignon** **n. m.** *Un quignon de pain,* c'est un morceau de pain contenant beaucoup de croûte.

① **quille** **n. f.** Morceau de bois ou de plastique long et rond que l'on doit renverser avec une boule lancée à la main. *Il joue aux quilles.*

quille

② **quille** **n. f.** Partie d'un bateau située sous la coque, dans le sens de la longueur, et qui sert à l'équilibrer.

**quincaillier** **n. m.**, **quincaillière** **n. f.** Personne qui tient une quincaillerie.

► **quincaillerie** **n. f.** Magasin où l'on vend des outils, des ustensiles de ménage.

**quinconce** **n. m.** *Il a planté les pommiers en quinconce,* il les a disposés par groupe de cinq, quatre formant un carré et le cinquième se trouvant au milieu.

**quinine** **n. f.** Médicament contre le paludisme.

**quinquagénaire** [kɛ̃kaʒenɛʀ] **n. m.** et **f.** Personne qui a entre 50 et 60 ans. — **Adj.** *Elle est quinquagénaire.*

**quintal** **n. m.** [pl. *quintaux*] Poids de cent kilos. *Cette région produit 40 quintaux de blé à l'hectare.*

**quinte** **n. f.** *Une quinte de toux,* c'est un accès de toux.

**quintette** [kɛ̃tɛt] ou [kɥɛ̃tɛt] **n. m. 1.** Œuvre de musique écrite pour cinq instruments ou cinq voix. « *La Truite* » *de Schubert est un quintette.* → aussi **quatuor, trio. 2.** Orchestre de jazz composé de cinq musiciens.

**quintuple** **n. m.** *100 est le quintuple de 20,* 100 vaut cinq fois 20.

► **quintupler** **v.** (conjug. 1) **1.** Multiplier une chose par cinq. *Le fermier a quintuplé sa production de lait en dix ans.* **2.** Devenir cinq fois plus grand. *Les prix ont quintuplé.*

**quinze** **adj. inv.** et **n. m. inv.**

▭ **adj. inv.** Quatorze plus un (15). *Elle a quinze ans. Il arrive dans quinze jours,* dans deux semaines.

▭ **n. m. inv. 1.** Le nombre quinze. *Deux fois quinze font trente.* **2.** Équipe de quinze joueurs, au rugby. *Le quinze de France.*

► **quinzaine** **n. f. 1.** Groupe d'environ quinze personnes ou quinze choses semblables. *Une quinzaine de personnes attendaient l'autobus.* **2.** Durée de quinze jours ou de deux semaines. *Il a fait beau pendant la première quinzaine de mars.*

► **quinzième** **adj.** et **n. m. 1. adj.** Qui suit le quatorzième. *Jeanne d'Arc a vécu au quinzième siècle.* **2. n. m.** Partie d'un tout divisé en quinze parties égales. *Un quinzième des voyageurs est descendu.*

**quiproquo** [kipʀɔko] **n. m.** Erreur que l'on fait quand on prend une personne ou une chose pour une autre. → **malentendu, méprise.** *Il a pris ma sœur pour ma mère, quel quiproquo !* — **Au pl.** *Des quiproquos.*

**quitte** **adj. 1.** *Être quitte envers quelqu'un,* c'est ne plus rien lui devoir. *Anne a rendu à Luc l'argent qu'il lui avait prêté, ils sont quittes.* **2.** *L'accident n'a pas été grave, il en a été quitte pour la peur,* il a juste eu peur. **3.** *Essayons de passer, quitte à faire demi-tour plus loin,* au risque de faire demi-tour.

► **quittance** **n. f.** Papier qui reconnaît que l'on a payé ce que l'on devait. *Le locataire a reçu sa quittance de loyer.* ▷ ACQUIT, ACQUITTEMENT, ACQUITTER.

**quitter** **v.** (conjug. 1) **1.** Laisser quelqu'un en partant. *Je te quitte. À bientôt ! — Anne et Julie se sont quittées au coin de la rue,* elles se sont séparées. **2.** S'en aller d'un endroit. *Ils ont quitté la France pour s'installer en Australie.* **3.** Cesser de faire quelque chose que l'on faisait. → **abandonner.** *Il a quitté son emploi. Allô, ne quittez pas, je vous passe madame Leduc !* restez en ligne, ne raccrochez pas !

**qui-vive** **n. m. inv.** *Être sur le qui-vive,* c'est être sur ses gardes, se méfier. *Les sentinelles sont restées toute la nuit sur le qui-vive.*

**quoi** **pronom. 1.** Pronom interrogatif. *À quoi penses-tu ?* à quelle chose. *Je ne vois pas en quoi cela te gêne,* de quelle façon cela te gêne. **2.** Pronom relatif. *Je ne sais quoi penser. Voilà de quoi je voulais te parler.* **3.** *Quoi ! tu oses me dire ça !* comment ! **4.** *Je viendrai quoi qu'il arrive,* quelle que soit la chose qui puisse arriver.

► **quoique** **conjonction.** Bien que, alors que. *Luc est venu, quoique ses parents le lui aient interdit.*

**quolibet** **n. m.** Plaisanterie, moquerie. *Le chanteur sortit de scène sous les quolibets du public.*

**quota** n. m. Pourcentage déterminé à l'avance. *L'importation de voitures étrangères est soumise à des quotas.*

**quote-part** [kɔtpaʀ] n. f. Ce que chacun doit donner ou recevoir. *Chacun a payé sa quote-part.* — Au pl. *Des quote-parts.*

**quotidien** adj. et n. m. 1. adj. De chaque jour. *Le vieux monsieur fait sa promenade quotidienne dans le parc.* → **journalier.** 2. n. m. Journal qui paraît tous les jours, sauf le dimanche éventuellement. *Un quotidien du soir.*

▶ **quotidiennement** adv. Tous les jours. *Ils se téléphonent quotidiennement.*

**quotient** [kɔsjɑ̃] n. m. Résultat d'une division. *Le quotient de 20 par 4 est 5.*

# R

**rabâcher** v. (conjug. 1) Répéter tout le temps quelque chose d'une manière ennuyeuse. → **radoter.** *Il rabâche toujours les mêmes choses.* → **ressasser.**

▶ **rabâchage** n. m. *Ce qu'il raconte n'est que du rabâchage.*

**rabaisser** v. (conjug. 1) *Elle essaie toujours de rabaisser sa sœur,* de la présenter moins bien qu'elle n'est pour qu'elle soit mal jugée. → **dénigrer.**

▶ **rabais** n. m. Diminution faite sur le prix d'une chose. → **réduction, remise** et aussi ② **solde.** *La vendeuse lui a fait un rabais de 50 francs.*

**rabattre** v. (conjug. 41) **1.** Mettre à plat. *Il rabat le col de son pardessus.* **2.** Diminuer en enlevant. *La vendeuse n'a pas voulu rabattre un centime du prix demandé.* **3.** Forcer à aller dans une direction. *Les chasseurs rabattent le gibier. — La voiture s'est rabattue après avoir doublé,* elle s'est remise brusquement sur le côté de la route. **4.** *Ne pouvant s'offrir une voiture neuve, elle s'est rabattue sur une occasion,* elle l'a choisie faute de mieux.

▶ **rabat** n. m. Partie d'une chose que l'on peut replier. *Son manteau a des poches à rabat.*

▶ **rabat-joie** n. m. et f. inv. Personne qui empêche les autres de s'amuser. → **trouble-fête.** *Quel rabat-joie !* ‖ contr. **boute-en-train** ‖ — **Au pl.** *Des rabat-joie.*

**rabbin** n. m. Chef religieux d'une communauté juive. *Le rabbin célèbre les cérémonies à la synagogue.*

**râble** n. m. *Le râble du lapin,* c'est le bas de son dos.

▶ **râblé** adj. Qui a le dos large et musclé. *Un homme râblé.* → **trapu.**

**rabot** n. m. Outil de menuisier qui sert à égaliser une surface de bois.

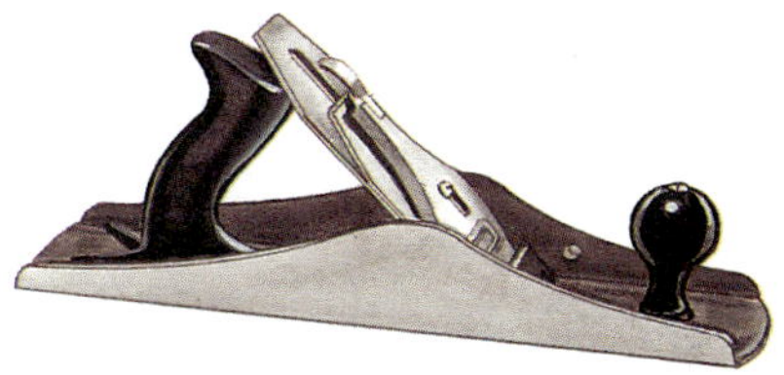

**rabot**

*Quand on passe le rabot, on enlève des copeaux de bois.*

► **raboter** v. (conjug. 1) Rendre lisse en passant le rabot. *Il faut raboter le bas de la porte.*

**rabougri** adj. *La plante est rabougrie,* mal développée.

**rabrouer** v. (conjug. 1) *Luc rabroue toujours sa petite sœur,* il lui parle méchamment, lui répond durement. → **rudoyer ;** fam. **rembarrer.**

**racaille** n. f. Ensemble de gens malhonnêtes, peu recommandables. *Il fréquente la racaille.*

**raccommoder** v. (conjug. 1) 1. Réparer en cousant. *Il faudrait raccommoder ces chaussettes trouées.* → **repriser.** 2. Familier. *Anne et Flora s'étaient fâchées mais elles se sont raccommodées,* elles se sont réconciliées.

► **raccommodage** n. m. Réparation de vêtements. *Mamie fait du raccommodage.*

**raccompagner** v. (conjug. 1) *Mon père a raccompagné Julie en voiture,* il l'a emmenée jusqu'à chez elle.

**raccorder** v. (conjug. 1) Relier. *Le plombier raccorde les deux tuyaux,* il les fait communiquer. — *La route se raccorde à l'autoroute après le pont,* elle la rejoint.

► **raccord** n. m. 1. Pièce qui relie deux éléments. *Le plombier place un raccord entre les deux tuyaux.* 2. *Le peintre a fait un raccord sur le mur,* il a remis de la peinture là où il en manquait.

► **raccordement** n. m. *Les wagons sont sur une voie de raccordement,* une voie ferrée qui en relie deux autres.

**raccourcir** v. (conjug. 2) 1. Rendre plus court. *Ma jupe est trop longue, il faut la raccourcir.* ‖ contr. **rallonger** ‖ 2. Devenir plus court. *En automne, les jours raccourcissent.* → **diminuer.**

► **raccourci** n. m. Chemin plus court que le chemin ordinaire. *Prenons ce raccourci.*

**raccrocher** v. (conjug. 1) 1. Accrocher de nouveau. *Raccroche ce manteau qui est tombé.* 2. Mettre fin à une conversation téléphonique en reposant le combiné. *Il lui dit au revoir et raccrocha.* ‖ contr. **décrocher** ‖ 3. *Anne a failli tomber mais elle s'est raccrochée à mon bras,* elle s'est retenue à mon bras. → se **rattraper.**

**race** n. f. 1. Groupe d'êtres humains qui ont certains caractères physiques communs comme la couleur de la peau, la forme du squelette, etc. *Les Chinois sont de race jaune.* 2. Catégorie. *Il y a de nombreuses races de chats.* → **espèce.** *C'est un chien de race,* un chien qui a un pedigree.

► **racé** adj. *Un animal racé,* c'est un animal qui a les qualités de sa race. *Une jument racée.* ▷ RACIAL, RACISME, RACISTE.

**rachat** n. m. Achat de quelque chose que l'on a déjà vendu. *Le promoteur vend l'immeuble avec faculté de rachat.* → aussi **racheter.**

**racheter** v. (conjug. 5) 1. Acheter de nouveau. *Rachète du pain, il n'y en a pas assez.* 2. Acheter à quelqu'un ce qu'il a lui-même acheté. *Je lui ai racheté sa voiture.* 3. *Racheter ses erreurs,* c'est les réparer et les faire oublier. — *Anne s'est rachetée par des gentillesses.*

**rachitique** adj. Qui a le squelette mal formé, mal développé. *Un enfant rachitique.*

**racial** adj. Relatif à la race. *Des émeutes raciales ont éclaté dans le sud du pays,* des émeutes entre des personnes de races différentes. — **Au masc. pl.** *raciaux.*

**racine** n. f. **1.** Partie d'un arbre ou d'une plante qui s'enfonce dans la terre. *Les carottes sont des racines.* **2.** Partie d'une dent qui s'enfonce dans la gencive. *Les molaires ont trois racines.* **3.** *La racine carrée d'un nombre,* c'est le nombre dont le carré est égal à ce nombre. *4 est la racine carrée de 16.* ($\sqrt{16} = 4$). **4.** *« Bataille » et « combat » ont la même racine : « battre »,* ils viennent du même mot. ▷ DÉRACINER, ENRACINÉ.

**racisme** n. m. Croyance en la supériorité d'une race sur les autres qui conduit à mépriser les races différentes de la sienne. → aussi **apartheid** et **ségrégation.**

▶ **raciste** n. m. et f. Personne qui n'aime pas les personnes des autres races. *C'est une raciste.* — **Adj.** *Il a des idées racistes.* → aussi **antisémite.**

**racket** [ʀakɛt] n. m. Ce mot vient de l'anglais. *Faire du racket,* c'est extorquer de l'argent aux gens en les menaçant. ◊ homonyme : raquette.

**racler** v. (conjug. 1) Frotter vigoureusement avec quelque chose de dur. → **gratter.** *Il faut racler le fond de la casserole.* → **récurer.**

▶ **raclette** n. f. Plat suisse fait de fromage que l'on chauffe et dont on racle au fur et à mesure la partie ramollie pour la manger.

**racoler** v. (conjug. 1) Attirer par tous les moyens. *Le marchand de fruits racole des clients en leur offrant des fraises.*

**raconter** v. (conjug. 1) *Raconter quelque chose,* c'est en faire le récit. *Mamie nous a raconté l'histoire de Boucle d'or. Raconte-moi ce qui s'est passé.*

▶ **racontar** n. m. Chose méchante, souvent fausse, que l'on dit au sujet de quelqu'un. → **cancan, potin, ragot.** *Il ne faut pas croire ce qu'elle dit, ce ne sont que des racontars.*

**racorni** adj. Devenu dur comme de la corne. *Cette viande est immangeable, elle est toute racornie.*

**radar** n. m. Appareil qui permet de savoir où se trouve un objet que l'on ne voit pas. *La position des avions dans le ciel est contrôlée par des radars. Sur les routes, la vitesse des voitures peut être surveillée par radar.*

radar

**rade** n. f. Grand bassin donnant sur la mer, dans lequel s'abritent les bateaux. *La rade de Brest peut recevoir de très gros navires.*

**radeau** n. m. Embarcation faite de morceaux de bois assemblés. *Les nau-*

*fragés réussirent à construire un radeau.* — **Au pl.** *Des radeaux.*

**radiateur** **n. m. 1.** Appareil de chauffage. *Un radiateur électrique.* **2.** Appareil qui refroidit un moteur. *Le garagiste vérifie le niveau d'eau du radiateur du camion.*

① **radiation** **n. f.** Énergie qui se propage sous forme d'ondes. → **rayonnement.** *Après l'explosion d'une bombe atomique, des radiations se propagent.* → aussi **irradier.**

② **radiation** **n. f.** Suppression du nom d'une personne sur une liste, un registre. → aussi **radier.**

① **radical** **n. m.** [pl. *radicaux*] Partie d'un mot qui veut dire quelque chose et que l'on retrouve dans plusieurs mots. « *Popul-* » *est le radical de* « *populaire* » *et de* « *population* » *et signifie* « *peuple* ».

② **radical** **adj. 1.** Qui s'attaque à la cause de ce que l'on veut changer. *Le gouvernement a pris des mesures radicales pour lutter contre la drogue.* **2.** Complet, total. *C'est un changement radical.* — **Au masc. pl.** *radicaux.*

▶ **radicalement** **adv.** Complètement, totalement. *Nous sommes radicalement opposés à ce projet.* → **absolument.**

**radier** **v.** (conjug. 7) Enlever d'une liste. *Les membres du club qui n'auront pas payé leur cotisation à la date prévue seront radiés.* → aussi ② **radiation.**

**radieux** **adj. 1.** *Le soleil est radieux,* il brille d'un grand éclat. → **éclatant. 2.** Rayonnant de bonheur. *La mariée était radieuse.*

① **radio** **n. f. 1.** Émission et transmission de sons par le moyen des ondes. → **radiodiffusion.** *Anne écoute la radio.* **2.** Appareil qui reçoit les émissions de radio, appelé aussi *poste de radio. Luc a emporté la radio dans la salle de bains.* → aussi **transistor** et **tuner. 3.** Photographie de l'intérieur du corps par le moyen des rayons X. → **radiographie.** *On lui a fait une radio des poumons.*
▷ AUTORADIO.

② **radio** **n. m.** Personne qui assure les liaisons par radio à bord d'un bateau ou d'un avion. *Le pilote et le radio sont à bord.*

**radioactif** **adj.** Qui émet des rayonnements dangereux. *Le radium et l'uranium sont des matières radioactives.*

▶ **radioactivité** **n. f.** Propriété qu'a une substance d'émettre des rayonnements. *La radioactivité d'un noyau atomique.*

**radiodiffusé** **adj.** Retransmis par la radio. *Un concert radiodiffusé.* → aussi **télévisé.**

▶ **radiodiffusion** **n. f.** Émission et transmission de programmes par le moyen des ondes. → ① **radio** (sens 1). *Les premières émissions françaises de radiodiffusion eurent lieu à Paris en 1920.*

**radiographie** **n. f.** Photographie de l'intérieur du corps par le moyen des rayons X. → ① **radio** (sens 3). *On lui a fait une radiographie du bassin.*

▶ **radiographier** **v.** (conjug. 7) Faire une radiographie. *Le radiologue lui a radiographié les poumons.*

**radiologue** **n. m.** et **f.** Médecin qui fait des radiographies.

**radiophonique** **adj.** *Ils participent à un jeu radiophonique,* un jeu qui passe à la radio.

**radis** n. m. Racine d'une plante potagère, à chair blanche et à peau rose ou blanche. *Une botte de radis.*

**radium** [ʀadjɔm] n. m. Métal radioactif que l'on trouve dans plusieurs minerais.

**radius** n. m. Os de l'avant-bras. ➳ planche Corps humain. *Le radius et le cubitus.*

**radoter** v. (conjug. 1) Répéter toujours la même chose. → **rabâcher.** *Cesse de radoter !*

▶ **radotage** n. m. *Ses radotages agacent tout le monde.*

se **radoucir** v. (conjug. 2) **1.** Devenir plus doux, se calmer. *Son ton s'est radouci,* il est devenu plus aimable. ‖ contr. se **durcir** ‖ **2.** *Le temps se radoucit,* il se réchauffe.

▶ **radoucissement** n. m. *On a observé un radoucissement des températures,* un réchauffement.

**rafale** n. f. **1.** Coup de vent soudain et brutal. → **bourrasque.** *Le vent soufflait par rafales.* **2.** Série de coups de feu tirés très rapidement. *On entendit une rafale de mitraillette.*

**raffermir** v. (conjug. 2) Rendre plus ferme. *Ces exercices de gymnastique raffermissent les muscles du ventre.* ‖ contr. **ramollir** ‖.

**raffiner** v. (conjug. 1) *Raffiner une matière,* c'est séparer les éléments qui la composent pour obtenir un produit pur. *On obtient l'essence en raffinant le pétrole.*

▶ **raffinage** n. m. Opération qui permet de raffiner une matière. *Le raffinage du sucre le rend plus blanc.*

▶ **raffiné** adj. **1.** Traité par raffinage. *Du sucre raffiné.* **2.** Qui montre beaucoup de goût, de délicatesse. *Il a des manières raffinées.* ‖ contr. **grossier** ‖.

▶ **raffinement** n. m. *Elle s'habille avec raffinement,* avec beaucoup de soin et de goût. → **recherche.**

▶ **raffinerie** n. f. Usine où l'on transforme certains produits en les raffinant. *Une raffinerie de pétrole.*

**raffoler** v. (conjug. 1) Aimer à la folie. *Luc raffole des gâteaux au chocolat.* → **adorer.**

**rafistoler** v. (conjug. 1) Familier. Réparer tant bien que mal. *Alex a rafistolé le phare de son vélo avec du fil de fer.*

**rafle** n. f. Arrestation de toutes les personnes présentes dans un endroit. *Il a été pris dans une rafle de police.*

**rafraîchir** v. (conjug. 2) **1.** Rendre frais, refroidir un peu. *La pluie a rafraîchi l'atmosphère.* ‖ contr. **réchauffer** ‖ — *Le temps s'est rafraîchi.* **2.** Donner une sensation de fraîcheur. *Ce plongeon dans la piscine m'a rafraîchi. — Voulez-vous vous rafraîchir ?* boire une boisson fraîche. **3.** Rendre la fraîcheur du neuf à une chose qui a vieilli. *Il faudrait rafraîchir la peinture du salon.*

▶ **rafraîchissant** adj. Qui donne une sensation de fraîcheur. *Une boisson rafraîchissante.*

▶ **rafraîchissement** n. m. **1.** Baisse de la température. *La pluie a provoqué un léger rafraîchissement.* **2.** Boisson fraîche sans alcool. *Elle sert des rafraîchissements à ses amis.*

**ragaillardir** v. (conjug. 2) Redonner des forces à une personne découragée ou fatiguée. → **réconforter, revigorer.** *Un bon grog vous ragaillardira.*

**rage** n. f. **1.** Maladie mortelle causée par un virus et transmise par la morsure de certains animaux, surtout des renards et des chiens. *Mon chien est vacciné contre la rage.* **2.** Violente colère. *Yves était fou de rage d'avoir perdu la partie.* **3.** *Il a une rage de dents,* un mal de dents insupportable. **4.** *Faire rage,* c'est se déchaîner, atteindre la plus grande violence. *L'incendie faisait rage.*

▶ **rager** v. (conjug. 3) Familier. Être très en colère. → **enrager.** *Cela me fait rager.*

▶ **rageur** adj. Qui montre de la mauvaise humeur. *Elle parlait d'un ton rageur.* → **hargneux.** — Au fém. *rageuse.* ▷ ENRAGÉ, ENRAGER.

**ragot** n. m. Familier. Bavardage malveillant. → **cancan, potin, racontar.** *Elle aime bien faire des ragots.*

**ragoût** n. m. Plat composé de morceaux de viande et de légumes cuits ensemble dans une sauce. *Un ragoût de mouton.*

**ragoûtant** adj. Appétissant. *Cette choucroute n'est pas très ragoûtante.* || contr. **dégoûtant** ||.

**raid** n. m. **1.** Attaque par surprise. *Un raid aérien a détruit la ville.* **2.** Longue course qui met à l'épreuve la résistance du matériel et l'endurance des participants. *Un raid à moto.* ◊ homonyme : raide.

**raide** adj. **1.** Qui manque de souplesse. *Il marche avec une canne parce qu'il a une jambe raide,* une jambe qu'il ne peut pas plier. *Anne a les cheveux raides,* plats et lisses. || contr. **frisé** || **2.** Tendu au maximum. *Le funambule marche sur une corde raide.* **3.** Très incliné. *Le sentier est en pente raide.* **4.** *Les soldats sont tombés raides morts,* ils sont morts brusquement. ◊ homonyme : raid.

▶ **raideur** n. f. État de ce qui est raide. *Son accident lui a laissé une certaine raideur dans le dos.* || contr. **souplesse** ||.

▶ **raidillon** n. m. Partie d'un chemin en pente raide. *La ferme est au bout de ce raidillon.*

▶ **raidir** v. (conjug. 2) Faire devenir raide. *L'athlète raidit ses muscles avant de sauter.* → **contracter.**

① **raie** n. f. **1.** Ligne ou bande tracée sur quelque chose. *Un pull rouge à raies blanches.* → **rayure.** **2.** Ligne qui sépare les cheveux. *Anne se fait souvent la raie au milieu.* ▷ RAYÉ, RAYER, RAYURE.

② **raie** n. f. Poisson de mer au corps aplati en forme de losange et à la queue hérissée de piquants. ⋙ planche Poissons. *Luc mange de la raie au beurre noir.*

**rail** [ʀɑj] n. m. *Les rails,* ce sont les barres d'acier parallèles installées sur des traverses, qui constituent une voie ferrée sur laquelle roulent les trains. ▷ AUTORAIL, DÉRAILLEMENT, DÉRAILLER, DÉRAILLEUR.

**railler** v. (conjug. 1) Tourner en ridicule. *Le baron raillait souvent ses amis,* il se moquait d'eux.

▶ **raillerie** n. f. Plaisanterie, moquerie.

▶ **railleur** adj. Moqueur. *Un air railleur,* ironique. — Au fém. *railleuse.*

**rainette** n. f. Petite grenouille aux doigts munis de ventouses. *Souvent, les rainettes se confondent avec les feuilles sur lesquelles elles sont posées.* ◊ homonyme : reinette.

**rainure** n. f. Fente longue et étroite. *L'aiguille est tombée dans une rainure du parquet.*

**raisin** n. m. Fruit de la vigne, constitué de grains réunis en grappes. *Il*

rainette

*existe du raisin blanc et du raisin noir. Le raisin sert à faire le vin.*

**raison** n. f. 1. Ce qui permet de comprendre, de juger et d'agir comme il faut. → **esprit, intelligence.** *Elle a perdu la raison,* elle est devenue folle. *7 ans est l'âge de raison,* l'âge à partir duquel on sait ce que l'on doit faire. 2. *Avoir raison,* c'est faire ou dire ce qu'il faut, ne pas se tromper. *Tu as eu raison de prendre un parapluie car il va pleuvoir.* || contr. **tort** || *Je lui donne raison,* je l'approuve. 3. Cause, motif. *Il est parti sans donner de raison,* sans dire pourquoi. *L'avion n'a pas décollé en raison du brouillard,* à cause du brouillard. 4. *Se faire une raison,* c'est se résigner à admettre ce que l'on ne peut changer. *Tu ne peux pas sortir avec de la fièvre, il faut te faire une raison,* en prendre ton parti.

▸ **raisonnable** adj. 1. Qui pense et agit avec sagesse et raison. → **sage, sensé.** *Sois raisonnable, ne pleure plus et retourne te coucher !* 2. *Un prix raisonnable,* c'est un prix qui n'est pas exagéré. || contr. **excessif** ||.

▸ **raisonnablement** adv. D'une manière sensée. *Après tout ce qu'il a déjà fait pour nous, on ne peut, raisonnablement, lui demander davantage.*

▸ **raisonnement** n. m. Activité de l'esprit qui fait s'enchaîner des idées pour aboutir à une conclusion. *Le résultat du problème n'est pas bon : le raisonnement est juste mais les opérations sont fausses.* → **démonstration.**

▸ **raisonner** v. (conjug. 1) 1. Faire un raisonnement. *Anne raisonne déjà très bien.* 2. *Raisonner quelqu'un,* c'est chercher à l'amener à être raisonnable. — *L'amour ne se raisonne pas,* il ne peut être contrôlé par la raison.
◊ homonyme : résonner. ▷ DÉRAISONNER.

**rajeunir** v. (conjug. 2) 1. Faire paraître plus jeune. *Ta coiffure te rajeunit.* 2. Paraître plus jeune. *Il a rajeuni de 10 ans depuis qu'il a maigri.* || contr. **vieillir** ||.

▸ **rajeunissement** n. m. *Elle a suivi une cure de rajeunissement,* une cure qui sert à paraître plus jeune. || contr. **vieillissement** ||.

**rajouter** v. (conjug. 1) Ajouter de nouveau. *Yves rajoute du sel dans sa soupe.*

**rajuster** v. (conjug. 1) 1. Remettre en bonne place, en ordre. *Il rajusta sa cravate et sonna.* 2. *Le patron de l'usine a rajusté les salaires,* il les a relevés pour qu'ils suivent l'augmentation des prix. — On dit aussi *réajuster.*

▸ **rajustement** n. m. *Le rajustement des salaires,* c'est l'augmentation des salaires proportionnelle à l'augmentation des prix. — On dit aussi *réajustement.*

**râle** n. m. Bruit anormal fait en respirant. → aussi **râler.**

**ralentir** v. (conjug. 2) Aller plus lentement. *Les voitures ralentissent en approchant du feu rouge.* || contr. **accélérer** ||.

▸ **ralenti** n. m. 1. Vitesse la plus faible à laquelle tourne un moteur. *Le* *garagiste règle le ralenti de la voiture.* 2. *Passer un film au ralenti*, c'est le faire passer plus lentement que la vitesse normale. *On a repassé au ralenti le moment où le footballeur marque un but.*

▸ **ralentissement** n. m. Le fait d'aller moins vite. *Les travaux provoquent un ralentissement de la circulation.* || contr. **accélération** ||.

**râler** v. (conjug. 1) 1. Faire entendre un bruit rauque anormal en respirant. *Les blessés râlaient sur le bord de la route.* 2. Familier. Montrer sa mauvaise humeur en grognant. → fam. **ronchonner, rouspéter.** *Elle râle dès qu'on lui demande un service.*

▸ **râleur** n. m., **râleuse** n. f. Familier. Personne qui montre tout le temps sa mauvaise humeur. *Quelle râleuse !* — Adj. *Yves est très râleur.* ▷ RÂLE.

**rallier** v. (conjug. 7) 1. *Rallier un endroit*, c'est le rejoindre et s'y regrouper. *Les soldats rallieront le camp demain.* 2. Unir pour une cause commune, mettre d'accord. *Cet homme politique a rallié tous les mécontents.* 3. *Les conseillers municipaux se sont ralliés à l'avis du maire*, ils l'ont approuvé et l'ont adopté.

▸ **ralliement** n. m. 1. *Le point de ralliement*, c'est l'endroit où l'on doit se regrouper. *Notre point de ralliement, c'est la place de l'église.* 2. Adhésion. *Il espère obtenir le ralliement des opposants.*

**rallonger** v. (conjug. 3) 1. Rendre plus long. *Anne a grandi, sa mère doit lui rallonger ses jupes.* || contr. **raccourcir** || 2. Devenir plus long. *En automne, les nuits rallongent.* || contr. **diminuer** ||.

▸ **rallonge** n. f. 1. Planche qui sert à agrandir une table dans le sens de la longueur. *Nous serons 10 à table, il faudra mettre la rallonge.* 2. Fil électrique qui sert à en prolonger un autre qui est trop court. *La prise de courant est trop éloignée de la télévision, il faut une rallonge.*

**rallumer** v. (conjug. 1) Allumer de nouveau. *Il ralluma son cigare. — Les lumières se sont rallumées à la fin du film.*

**rallye** n. m. Compétition dans laquelle les concurrents doivent se retrouver à un endroit déterminé après des étapes très éprouvantes. *Un rallye automobile.*

**ramadan** n. m. Mois pendant lequel les musulmans ne doivent ni manger, ni boire, ni fumer entre le lever et le coucher du soleil.

**ramage** n. m. Chant des oiseaux. *Le ramage des rossignols.*

**ramages** n. m. pl. Dessins représentant des rameaux, des branches fleuries. *Une robe à ramages.*

**ramasser** v. (conjug. 1) 1. Prendre par terre. *Pourrais-tu ramasser le cahier que j'ai fait tomber ?* 2. Prendre pour mettre ensemble. *La maîtresse a ramassé les devoirs.* → **relever.** 3. *Le chat se ramasse avant de sauter*, il se met en boule.

▸ **ramassage** n. m. *Le ramassage des ordures ménagères est effectué par les éboueurs.*

▸ **ramassis** n. m. Tas. *Leur bande est un ramassis de mauvais élèves.*

**rambarde** n. f. Rampe servant de garde-fou sur un pont, une jetée, une passerelle de bateau. *Les passagers se tenaient à la rambarde.* → **bastingage.**

① **rame** n. f. Longue barre de bois à bout plat que l'on manœuvre pour faire avancer une barque. → **aviron.** *Il a traversé la Manche à la rame,* en ramant.

② **rame** n. f. File de wagons attachés les uns aux autres. *Une rame de métro.*

**rameau** n. m. Petite branche. *La colombe de la paix tient un rameau d'olivier dans son bec.* — Au pl. *Des rameaux.*

**ramener** v. (conjug. 5) **1.** *Ramener quelqu'un,* c'est le faire revenir avec soi à l'endroit où il était avant. *Elle a ramené sa fille de l'école en voiture.* **2.** Faire renaître. *Le nouveau gouvernement a ramené l'ordre dans le pays.* → **rétablir.**

**ramer** v. (conjug. 1) Manœuvrer les rames d'un bateau. *Il ramait contre le courant.*

▸ **rameur** n. m., **rameuse** n. f. Personne qui rame. *Il y avait plusieurs rangs de rameurs sur les galères.* ▷ ① RAME.

**ramier** n. m. Gros pigeon sauvage. → **palombe.**

ramier

se **ramifier** v. (conjug. 7) **1.** Se partager en plusieurs petites branches, en rameaux. **2.** Se subdiviser. *Les veines se ramifient en vaisseaux sanguins.*

▸ **ramification** n. f. Division en branches, en vaisseaux plus petits.

**ramollir** v. (conjug. 2) Rendre mou, plus mou. *La chaleur ramollit le beurre.* ‖ contr. **raffermir** ‖ — *Les biscuits se sont ramollis à cause de l'humidité,* ils sont devenus mous.

**ramoner** v. (conjug. 1) Nettoyer le conduit d'une cheminée pour en enlever la suie. *Il faut faire ramoner la cheminée tous les ans.*

▸ **ramonage** n. m. *Le ramonage des cheminées est obligatoire,* on doit faire ramoner les cheminées.

▸ **ramoneur** n. m. Personne dont le métier est de ramoner les cheminées.

**rampe** n. f. **1.** Chemin en pente par où passent les voitures pour entrer dans un parking ou en sortir. **2.** Barre sur laquelle on s'appuie le long d'un escalier. *Tiens bien la rampe, l'escalier est glissant !* **3.** *La fusée est sur la rampe de lancement,* la construction en pente d'où est lancée une fusée. **4.** Rangée de lumières disposées au bord d'une scène de théâtre.

**ramper** v. (conjug. 1) **1.** Avancer en se traînant sur le ventre. *Les serpents se déplacent en rampant.* **2.** S'abaisser, s'humilier. *Il rampe devant son patron.*

**rance** adj. *Le beurre est devenu rance,* il a pris en vieillissant un goût et une odeur désagréables.

▸ **rancir** v. (conjug. 2) Devenir rance. *L'huile a ranci.*

**ranch** [ʀɑ̃tʃ] n. m. Ce mot vient de l'anglais. Grande ferme où l'on élève du bétail, aux États-Unis. — Au pl. *Des ranchs* ou *des ranches.*

**rancœur** n. f. Amertume que l'on éprouve à la suite d'une déception, d'une injustice. → **rancune.** *Son échec lui inspira des propos pleins de rancœur.*

**rançon** n. f. 1. Prix exigé en échange de la liberté d'une personne prise en otage. *Les ravisseurs demandent une forte rançon.* 2. Inconvénient qui est provoqué par un avantage. *Les vedettes ne peuvent pas sortir sans être reconnues, c'est la rançon de la gloire.*

▶ **rançonner** v. (conjug. 1) Demander de l'argent en menaçant. *Les brigands rançonnaient les voyageurs des diligences.*

**rancune** n. f. Souvenir mêlé de haine et de désir de vengeance, que l'on garde de quelqu'un qui vous a fait du mal, de la peine. → **rancœur, ressentiment.** *Yves a de la rancune contre Luc qui n'a pas gardé son secret.*

▶ **rancunier** adj. Qui éprouve facilement de la rancune. *Julie est rancunière.* → **vindicatif.**

**randonnée** n. f. Longue promenade. → **excursion.** *Ils ont fait une randonnée en montagne.*

▶ **randonneur** n. m., **randonneuse** n. f. Personne qui fait des randonnées.

**rang** n. m. 1. Ligne de personnes ou de choses les unes à côté des autres. *Les enfants marchent dans la rue en rang par deux. Anne est assise au troisième rang.* → **rangée.** 2. Place dans un classement. *La France et l'Italie occupent les premiers rangs mondiaux de la production de vin.* 3. Place d'une personne dans la société. *Le ministre a été reçu avec tous les honneurs dus à son rang.*

▶ **rangée** n. f. Suite de personnes ou de choses disposées sur la même ligne. → **rang.** *Une double rangée d'arbres borde la route.*

▶ **ranger** v. (conjug. 3) 1. Mettre une chose à sa place. *Anne range ses chaussures dans le placard.* 2. Mettre de l'ordre dans un endroit. *Luc a rangé sa chambre.*

▶ se **ranger** v. 1. Se mettre en rang. *Rangez-vous par trois !* 2. S'écarter pour laisser le passage. *La voiture s'est rangée pour laisser passer l'ambulance.*

▶ **rangement** n. m. *Yves fait du rangement,* il met de l'ordre, il range.
▷ ARRANGEANT, ARRANGEMENT, ARRANGER, DÉRANGÉ, DÉRANGEMENT, DÉRANGER.

**ranimer** v. (conjug. 1) 1. Faire reprendre conscience à une personne évanouie. *Les pompiers ont ranimé le blessé.* → aussi **réanimation.** 2. Redonner de la force. *Il faut ranimer le feu.*

**rap** n. m. Ce mot vient de l'anglais. Style de musique dont les paroles sont dites rapidement sur un air très rythmé. *Un chanteur de rap.* ◊ homonyme : râpe.

**rapace** n. m. Oiseau au bec puissant, recourbé, et aux fortes griffes, qui mange les petits animaux qu'il chasse. *L'aigle et le hibou sont des rapaces.* → oiseau de **proie.**

**rapatrier** v. (conjug. 7) Faire rentrer dans son pays. *Les prisonniers de guerre ont été rapatriés après la signature du traité de paix.*

▶ **rapatriement** n. m. *Le rapatriement des prisonniers a été rapide,* on les a rapatriés rapidement.

**râpe** n. f. Instrument rugueux qui sert à râper des légumes, du fromage ou à polir du bois. *Une râpe à fromage.*

*Une râpe de menuisier.* ◊ homonyme : rap.

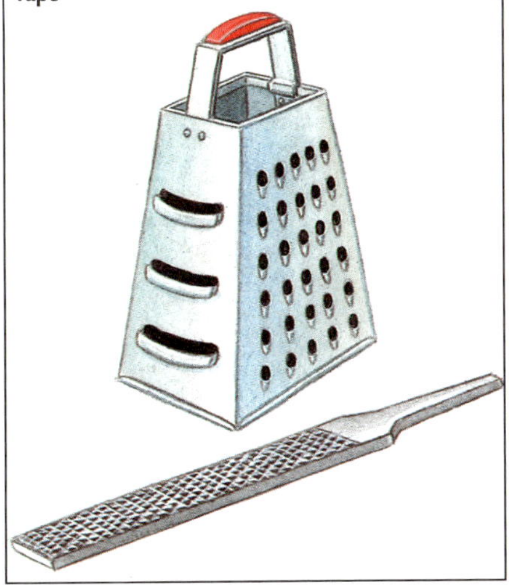


▶ **râper** v. (conjug. 1) Réduire en petits morceaux allongés. *Elle râpe du gruyère pour faire un gratin.*

▶ **râpé** adj. 1. Coupé en petits morceaux allongés. *Luc aime beaucoup les carottes râpées.* 2. Très usé. → **élimé.** *Un vieux manteau tout râpé.*

▶ **râpeux** adj. Rugueux comme une râpe. *Les chats ont une langue râpeuse.* ǁ contr. **lisse** ǁ.

**rapetisser** v. (conjug. 1) 1. Faire paraître une chose plus petite qu'elle n'est. *La distance rapetisse les objets.* ǁ contr. **agrandir** ǁ 2. Devenir plus petit. *On rapetisse en vieillissant.* ǁ contr. **grandir** ǁ.

**raphia** n. m. Ficelle faite avec les feuilles d'un palmier. *Des sets de table en raphia.*

① **rapide** adj. 1. Qui bouge, se déplace vite. *Il a une voiture rapide. Le martinet est le plus rapide des animaux.* ǁ contr. **lent** ǁ 2. Qui prend peu de temps, est vite fait. *Nous lui ferons une visite rapide. Sa guérison a été rapide.* → **prompt.**

▶ ② **rapide** n. m. 1. Partie d'une rivière où le courant est très fort et où se forment des tourbillons. *Ils ont descendu des rapides en kayak.* 2. Train qui s'arrête peu et roule vite. *Le rapide de 13 h 48.*

▶ **rapidement** adv. À grande vitesse, en peu de temps. → **vite.** *Elle a rapidement compris ce qui se passait.* ǁ contr. **lentement** ǁ.

▶ **rapidité** n. f. Le fait de faire quelque chose, de parcourir une distance en peu de temps. → **vitesse.** *Le coureur est parti avec la rapidité de l'éclair.* ǁ contr. **lenteur** ǁ.

**rapiécer** v. (conjug. 3 et 6) Réparer en mettant une pièce de tissu. *C'est la troisième fois qu'elle rapièce le jean de sa fille.*

**rapine** n. f. Vol, pillage. *Les brigands vivaient de rapines.*

**rappeler** v. (conjug. 4) 1. Appeler une personne ou un animal pour le faire revenir. *Luc rappelle son chien en le sifflant.* 2. Appeler de nouveau au téléphone. *Julie n'est pas encore rentrée, rappelle-la plus tard.* 3. Remettre en mémoire. *Rappelez-moi votre nom.* 4. Faire penser à quelque chose. *L'Irlande me rappelait la Bretagne.* 5. *Se rappeler quelque chose,* c'est l'avoir dans sa mémoire. → se **souvenir.** *Je ne me rappelle plus bien mon rêve.*

▶ **rappel** n. m. 1. *Le gouvernement ordonne le rappel des exilés,* il ordonne qu'on les fasse revenir. 2. Applaudissements qui rappellent un artiste sur scène à la fin du spectacle. *Il y a eu cinq rappels à la fin de la pièce.* **3.** *On a fait à Flora une piqûre de rappel contre le tétanos,* un nouveau vaccin prolongeant l'action du précédent. **4.** *L'alpiniste descend en rappel,* en ramenant vers lui une corde double.

**rapporter** **v.** (conjug. 1) **1.** Apporter une chose là où elle était, la remettre à sa place. *N'oublie pas de me rapporter mes clés.* → **rendre. 2.** Apporter quelque chose en revenant d'un endroit. *Ses grands-parents lui ont rapporté un éventail d'Espagne.* **3.** Produire des bénéfices. *L'argent bien placé rapporte des intérêts.* **4.** Répéter ce que l'on a entendu. *Je ne fais que rapporter les paroles d'Alex. La maîtresse n'aime pas qu'on rapporte,* qu'on dénonce ses camarades. → fam. **moucharder. 5.** *Se rapporter à quelque chose,* c'est avoir un lien, un rapport avec cette chose. *Cet exercice se rapporte à ce que nous avons étudié hier pendant le cours.*

▶ **rapport** **n. m. 1.** Argent que rapporte quelque chose. → **gain, profit.** *Il vit du rapport de ses terres.* **2.** Texte qui expose et explique comment une chose s'est passée ou doit se passer. → **exposé.** *Les policiers ont rédigé un rapport sur l'accident.* → **compte rendu. 3.** Lien entre deux choses, deux faits. *Y a-t-il un rapport entre notre dispute et son départ ?* → **relation. 4.** *Ils entretiennent de bons rapports avec leurs voisins,* de bonnes relations. **5.** *Anne est petite par rapport à Julie,* si on les compare.

▶ ① **rapporteur** **n. m.** Instrument de géométrie en forme de demi-cercle gradué, qui sert à mesurer les angles.

▶ ② **rapporteur** **n. m., rapporteuse n. f.** Personne qui répète des choses pour faire du mal, qui dénonce les autres. *Méfie-toi d'elle, c'est une rapporteuse !*

**rapprocher** **v.** (conjug. 1) **1.** Mettre plus près. → **approcher.** *Yves rapproche sa chaise de celle de Luc.* ‖ contr. **éloigner** ‖ — *Anne et Julie se sont rapprochées l'une de l'autre.* **2.** Faire approcher d'un temps à venir. *Chaque minute qui passait nous rapprochait des vacances.* **3.** Rendre des personnes plus proches, plus amies. *Leur maladie les a rapprochés.* **4.** *Se rapprocher de quelque chose,* c'est en être près par la ressemblance. *Ce n'est pas la même couleur mais c'est celle qui s'en rapproche le plus.*

▶ **rapprochement** **n. m.** *Il y a un rapprochement à faire entre ces deux événements,* une relation, un rapport.

**rapt** **n. m.** Enlèvement d'une personne. → **kidnapping.** *Les auteurs du rapt ont demandé une rançon.* → aussi **ravisseur.**

**raquette** **n. f. 1.** Instrument qui sert à lancer la balle dans certains jeux comme le tennis, le ping-pong, etc. *Les cordes de sa raquette de tennis ne sont pas assez tendues.* **2.** Large semelle que l'on attache à des chaussures pour marcher dans la neige. *Le trappeur a chaussé ses raquettes.* ◊ homonyme : racket.

**rare** **adj. 1.** Dont il existe peu d'exemplaires. *Il collectionne les papillons rares.* ‖ contr. **commun, courant** ‖ **2.** Qui se produit peu souvent. *Nous sommes allés à la plage les rares fois où il n'a pas plu.* ‖ contr. **fréquent, nombreux** ‖ **3.** Peu abondant. *En raison de la sécheresse, l'herbe était rare.* → **clairsemé.**

raquette

▶ **rarement** adv. Peu souvent. *Ils vont très rarement au cinéma.* || contr. **fréquemment** ||.

▶ **rareté** n. f. *Un timbre d'une grande rareté,* très rare.

▶ **rarissime** adj. Extrêmement rare. *L'occasion de voir un ours en liberté est rarissime.*

▶ se **raréfier** v. (conjug. 7) Devenir rare. *L'oxygène se raréfie en altitude.*

**ras** adj. 1. Très court. *Les militaires ont les cheveux ras.* 2. *L'avion a atterri en rase campagne,* en pleine campagne, dans un endroit sans arbres ni maisons. 3. *Le verre est rempli à ras bord,* jusqu'au niveau du bord. 4. *Un pull-over ras du cou,* c'est un pull-over dont l'encolure s'arrête à la base du cou. ◊ homonyme : rat.

▶ **rasade** n. f. Contenu d'un verre rempli à ras bord. *Il a bu une rasade de whisky.*

**rascasse** n. f. Poisson à la tête hérissée d'épines, que l'on peut manger. *La rascasse est un poisson de la Méditerranée.*

**raser** v. (conjug. 1) 1. Couper le poil au ras de la peau. *Il s'est rasé la moustache. — Il se rase tous les matins.* 2. Démolir complètement. *La maison a été rasée après les bombardements.* 3. Passer tout près. *L'avion a rasé le clocher de l'église.* 4. Familier. Ennuyer. *Tu nous rases avec tes histoires interminables.*

▶ **rase-mottes** n. m. inv. *L'avion vole en rase-mottes,* en volant tout près du sol.

▶ **raseur** n. m., **raseuse** n. f. Familier. Personne qui ennuie. *Quel vieux raseur !*

▶ **rasoir** n. m. Instrument qui sert à raser les poils. *Un rasoir électrique.*

▷ RAS, RASADE.

**rassasier** v. (conjug. 7) Satisfaire entièrement la faim de quelqu'un en lui donnant à manger. *C'est difficile de rassasier Luc, il a toujours faim.*

**rassembler** v. (conjug. 1) Mettre ensemble, au même endroit. *Rassemble tes affaires et mets-les dans ton cartable. — Les manifestants se sont rassemblés sur la place.* → se **regrouper.** || contr. se **disperser** ||.

▶ **rassemblement** n. m. Groupe de personnes. → **attroupement.**

**rasséréner** v. (conjug. 6) Ramener au calme une personne inquiète, énervée. *Sa lettre nous a rassérénés.* → aussi **serein.**

**rassis** adj. *Du pain rassis,* c'est du pain qui n'est plus frais. → **dur.**

**rassurer** v. (conjug. 1) Rendre la confiance. → **tranquilliser.** *Le médecin* *nous a rassurés : Flora sera bientôt guérie.* || contr. **affoler, inquiéter** || — *Rassure-toi, tout se passe bien.*

▸ **rassurant** adj. Qui redonne confiance, tranquillise. *Nous avons reçu des nouvelles rassurantes.*

**rat** n. m. **1.** Petit rongeur à museau pointu et longue queue, plus gros que la souris. *Il y a des rats dans les égouts.* **2.** *Les petits rats de l'Opéra,* ce sont de jeunes danseurs et danseuses. ◇ homonyme : ras. ▷ RATON.

se **ratatiner** v. (conjug. 1) Devenir plus petit et ridé. *Les pommes se sont ratatinées.*

**ratatouille** n. f. Plat composé de tomates, de courgettes, d'aubergines et de poivrons cuits dans de l'huile d'olive.

**rate** n. f. Organe situé en arrière de l'estomac, sous le diaphragme, à gauche. *On a dû lui enlever la rate.*

**râteau** n. m. Outil de jardinage formé d'un long manche auquel est fixée une pièce de métal garnie de dents. *Le jardinier ramasse les feuilles de l'allée avec un râteau.* → aussi **ratisser.** — **Au pl.** *Des râteaux.*

**râtelier** n. m. **1.** Sorte d'échelle installée horizontalement contre un mur, derrière laquelle on met le fourrage pour le bétail. *Le râtelier de l'étable.* **2.** Familier. Dentier.

**rater** v. (conjug. 1) **1.** Manquer ce que l'on voulait atteindre. *Le chasseur a raté le lièvre. Si tu ne te dépêches pas, tu vas rater ton train.* **2.** Ne pas réussir. *Mamie a raté son gâteau.*

▸ **raté** n. m. Bruit anormal que fait un moteur. *Sa moto a des ratés.*

**ratifier** v. (conjug. 7) Approuver officiellement. *Le président de la République a ratifié l'accord entre les deux pays.*

▸ **ratification** n. f. *La ratification du traité de paix a été signée,* le traité a été ratifié.

**ration** n. f. Quantité de nourriture distribuée à une personne ou un animal pendant une journée. *Les chevaux ont eu leur ration d'avoine.* ▷ RATIONNEMENT, RATIONNER.

**rationnel** adj. Conforme au bon sens, à la raison. *Cette pièce a été aménagée de façon rationnelle.*

▸ **rationnellement** adv. D'une manière rationnelle, méthodique. *Il a organisé son travail rationnellement.*

**rationner** v. (conjug. 1) Distribuer en quantité limitée. *Les naufragés ont rationné l'eau potable et les vivres.*

▸ **rationnement** n. m. *La grande sécheresse a rendu nécessaire le rationnement de l'eau,* l'usage de l'eau a été limité.

**ratisser** v. (conjug. 1) **1.** Nettoyer à l'aide d'un râteau. *Le jardinier ratisse les allées du parc.* **2.** Fouiller avec soin et partout. *Les policiers ont ratissé le quartier.*

**raton** n. m. **1.** Jeune rat. **2.** *Un raton laveur,* c'est un petit animal carnassier d'Amérique du Nord, au pelage épais et à la longue queue tigrée, qui lave les aliments avant de les manger. *Les ratons laveurs se nourrissent de poissons et de mollusques.*

**rattacher** v. (conjug. 1) **1.** Attacher ce qui s'est détaché. *Rattache le chien !* **2.** Mettre en relation. → **relier.** *On peut rattacher ces deux idées l'une à l'autre.*

raton laveur

3. Annexer. *La Guyenne fut rattachée à la France en 1472,* elle fait partie de la France depuis cette date.

▶ **rattachement** n. m. *Le rattachement de la Bretagne à la France date du 16e siècle.*

**rattraper** v. (conjug. 1) **1.** Attraper ce que l'on a laissé échapper. *Les gendarmes ont rattrapé les prisonniers évadés.* → **reprendre. 2.** Récupérer. *Luc rattrape son retard en mathématiques grâce à l'aide de son frère.* → **regagner. 3.** Rejoindre. *Partez devant, je vous rattraperai en courant.*

▶ se **rattraper** v. **1.** *Anne a trébuché et s'est rattrapée à une branche,* elle s'est retenue à une branche. → se **raccrocher. 2.** Agir pour réparer une erreur, une maladresse. *Il a failli dire une grossièreté mais il s'est rattrapé à temps.*

▶ **rattrapage** n. m. *La maîtresse donne à Yves des cours de rattrapage,* des cours qui l'aident à rattraper son retard.

**rature** n. f. Trait qui barre une lettre ou un mot écrit, pour l'annuler. *Ta dictée est remplie de ratures.*

▶ **raturer** v. (conjug. 1) Barrer, rayer un mot. *Alex a raturé plusieurs mots dans sa rédaction.*

**rauque** adj. *Il a une voix rauque,* grave et voilée. → **éraillé.**

**ravages** n. m. pl. Dégâts très importants. *L'incendie a fait des ravages.*

▶ **ravager** v. (conjug. 3) Faire des dégâts très importants. *La guerre a ravagé le pays.* → **dévaster, saccager.**

① **ravaler** v. (conjug. 1) *Ravaler un mur,* c'est le nettoyer, le réparer et le repeindre. *La façade de l'immeuble doit être ravalée.*

▶ **ravalement** n. m. Nettoyage et réparation des murs extérieurs d'un bâtiment. *Des échafaudages ont été installés pour le ravalement de l'église.*

② **ravaler** v. (conjug. 1) S'empêcher d'exprimer un sentiment. *Luc ravala sa colère et se tut.*

**rave** n. f. Plante dont on mange la racine. *Les navets, les radis et les betteraves sont des raves.* ▷ BETTERAVE.

rave

**ravi** adj. Très content. → **enchanté.** *Flora est ravie de ses cadeaux.*

**ravier** **n. m.** Petit plat creux et allongé dans lequel on présente des hors-d'œuvre. *Les carottes râpées sont dans un ravier.*

**ravigoter** **v.** (conjug. 1) Familier. Redonner des forces, de la vigueur. → **revigorer.** *Un peu d'air frais va vous ravigoter.*

**ravin** **n. m.** Petite vallée étroite qui a des pentes abruptes. *Une vache est tombée au fond du ravin.*

**raviner** **v.** (conjug. 1) *Les eaux ravinent le sol,* elles y creusent des sillons. — *Un visage raviné,* c'est un visage marqué de rides profondes.

**ravioli** **n. m.** *Les raviolis,* ce sont de petits carrés de pâte farcis de viande, de légumes ou de fromage. *Des raviolis à la sauce tomate.*

① **ravir** **v.** (conjug. 2) Plaire beaucoup. → **enchanter, enthousiasmer.** *Le spectacle a ravi les enfants. Ce chapeau vous va à ravir,* il vous va très bien, à merveille.

▶ **ravissant** **adj.** Très joli. *Sa mère est ravissante.*

▶ **ravissement** **n. m.** Émotion ressentie par une personne qui éprouve une grande joie. → **enchantement.** *Ils l'ont écouté chanter avec ravissement.*

▷ RAVI.

② **ravir** **v.** (conjug. 2) Enlever de force. *L'aigle a ravi sa proie.*

▶ **ravisseur** **n. m.**, **ravisseuse** **n. f.** Personne qui a enlevé quelqu'un. → aussi **rapt.** *Les ravisseurs ont fixé le montant de la rançon.*

se **raviser** **v.** (conjug. 1) Changer d'avis. *Flora voulait aller à la piscine, mais elle s'est ravisée quand il s'est mis à pleuvoir.*

**ravitailler** **v.** (conjug. 1) Fournir des vivres, du matériel. → **approvisionner.** *Un avion a ravitaillé les réfugiés,* il leur a apporté ce qu'il leur fallait. — *Ils se sont ravitaillés avant de prendre la mer,* ils ont fait leurs courses.

▶ **ravitaillement** **n. m.** Provisions, réserves. *Ils sont partis en montagne avec du ravitaillement pour plusieurs jours.*

**raviver** **v.** (conjug. 1) Rendre plus vif en faisant revivre. *Le souvenir de cette injustice a ravivé sa colère.*

**rayer** **v.** (conjug. 8) **1.** Laisser en creux la trace d'une raie. *Le diamant raye le verre.* → aussi **rayure. 2.** Faire un trait sur une lettre, un mot, un groupe de mots que l'on veut supprimer. → **barrer, raturer.** *J'ai rayé son ancien numéro de téléphone.*

▶ **rayé** **adj. 1.** Qui a des rayures. *Une cravate rayée.* **2.** Qui a une ou plusieurs éraflures. *Un disque rayé.*

① **rayon** **n. m. 1.** Gâteau de cire fait par les abeilles dans une ruche. *Les abeilles déposent le miel dans les rayons.* → aussi **alvéole. 2.** Planche d'un meuble de rangement. *Le livre que tu cherches est sur le rayon du bas de la bibliothèque.* → **étagère. 3.** Partie d'un magasin réservée à une sorte de marchandise. *Où est le rayon du bricolage ?*

▶ **rayonnage** **n. m.** Étagère d'un meuble de rangement. *Ses livres sont rangés sur des rayonnages.*

② **rayon** **n. m. 1.** Trace de lumière en ligne droite. *Un rayon de soleil.* **2.** Radiation. *Les appareils de radiographie utilisent les rayons X.* **3.** Tige de métal qui joint le centre de la roue à la jante. *Son écharpe s'est prise dans les rayons* *de la roue arrière de son vélo.* **4.** *Le rayon d'un cercle,* c'est la ligne que l'on peut tracer du centre jusqu'à n'importe quel point de la circonférence. ⋙ planche Géométrie. *Le rayon est égal à la moitié du diamètre.*

▶ **rayonner** **v.** (conjug. 1) **1.** Montrer que l'on est content, heureux. *La mariée rayonnait de bonheur.* **2.** Partir d'un point central. *Dans le parc, il y a une fontaine d'où rayonnent de petites allées.*

▶ **rayonnant** **adj.** *Les gagnants étaient rayonnants,* ils montraient qu'ils étaient contents. → **radieux.**

▶ **rayonnement** **n. m. 1.** Ensemble des radiations émises par un astre. *Le rayonnement solaire est une source d'énergie.* **2.** Influence. *Cet écrivain a beaucoup fait pour le rayonnement de la langue française dans le monde.*

**rayure** **n. f. 1.** Bande de couleur sur un fond d'une autre couleur. *Un pull vert à rayures blanches.* → **raie. 2.** Fine rainure. → **éraflure.** *Des rayures ont été faites sur sa voiture pendant la nuit.*

**raz-de-marée** **n. m. inv.** Vague isolée très haute et très violente, qui pénètre dans les terres. *Les raz-de-marée sont provoqués par des tremblements de terre ou des éruptions volcaniques.*

**razzia** **n. f.** Attaque de pillards. — **Au pl.** *Des razzias.*

**ré** **n. m. inv.** Note de musique, entre do et mi. *Des ré bémols.*

**réacteur** **n. m.** Moteur d'avion à réaction. *Cet avion a quatre réacteurs.*
▷ QUADRIRÉACTEUR, TURBORÉACTEUR.

**réaction** **n. f. 1.** Façon de répondre à une action. → aussi **réagir.** *Luc a souvent des réactions violentes.* **2.** Mouvement politique qui s'oppose au progrès. **3.** *Un avion à réaction,* c'est un avion dont les moteurs chassent les gaz vers l'arrière, ce qui projette l'avion, par réaction, vers l'avant. → aussi **réacteur.**

▶ **réactionnaire** **adj.** Qui s'oppose au progrès. *Une politique réactionnaire.* → aussi **conservateur.**

se **réadapter** **v.** (conjug. 1) S'adapter à nouveau à quelque chose dont on a perdu l'habitude. *Elle a eu du mal à se réadapter au travail après sa longue maladie.*

**réagir** **v.** (conjug. 2) **1.** Prendre une certaine attitude en réponse à une action, à une parole. → aussi **réaction.** *Comment a-t-il réagi à cette nouvelle ?* **2.** S'opposer, lutter. *Il ne faut pas se laisser faire, il faut réagir !*

**réajuster** → **rajuster** (sens 2)

**réaliser** **v.** (conjug. 1) **1.** Faire exister vraiment. *Il a réalisé son vieux rêve d'ouvrir un hôtel. — Ses prévisions se sont réalisées.* **2.** *Réaliser un film,* c'est le mettre en scène, le diriger. **3.** Familier. Se rendre compte. *Est-ce que tu réalises la gravité de tes bêtises ?* en as-tu conscience ?

▶ **réalisable** **adj.** Possible. *Un projet réalisable.* → **faisable.**

▶ **réalisateur** **n. m.,** **réalisatrice** **n. f.** Personne qui prépare, dirige et met en scène un film, une émission. *Un réalisateur de cinéma.* → **cinéaste.**

▶ **réalisation** **n. f. 1.** Exécution. *Il a besoin d'argent pour la réalisation de son projet.* **2.** *Il participe à la réalisation du film,* à sa mise en scène. ▷ IRRÉALISABLE.

**réaliste** **adj.** *C'est un homme réaliste,* qui voit les choses comme elles sont vraiment. ‖ contr. **idéaliste** ‖ ▷ SURRÉALISTE.

**réalité** n. f. 1. Ce qui existe vraiment, réellement. *Son témoignage est conforme à la réalité.* 2. *Cet homme si gentil était en réalité un dangereux criminel,* en fait il était dangereux.

**réanimation** n. f. Action qui consiste à aider une personne dont le cœur ou la respiration vient de s'arrêter. *Le blessé est en salle de réanimation.* → aussi **ranimer.**

**réapparaître** v. (conjug. 57) Apparaître de nouveau. → **reparaître.** *La lune a réapparu après le passage des nuages.*

**réapparition** n. f. Le fait de réapparaître. *Le soleil a fait sa réapparition après l'averse.*

**rébarbatif** adj. Qui dégoûte par son aspect désagréable, ennuyeux. *Ces études sont rébarbatives.* → **rebutant.**

**rebattre** v. (conjug. 41) *Il nous rebat les oreilles avec cette histoire,* il nous en parle tout le temps.

▸ **rebattu** adj. *C'est un sujet rebattu,* dont on a beaucoup parlé, sur lequel on a déjà dit tout ce qu'il y a à dire.

**rebelle** adj. 1. Qui se révolte, s'oppose aux autorités. → **révolté.** *Des troupes rebelles entourent le palais présidentiel.* — N. *Des rebelles ont été faits prisonniers.* 2. *Ces élèves sont rebelles à tout effort,* ils refusent d'en faire. → **réfractaire.**

▸ se **rebeller** v. (conjug. 1) Se révolter. *L'armée s'est rebellée.*

▸ **rébellion** n. f. Révolte. *Le gouvernement a mis fin à la rébellion.*

se **rebiffer** v. (conjug. 1) Familier. Refuser de continuer à faire quelque chose, à obéir. → se **révolter.** *Elles se sont rebiffées à la première occasion.*

**reboiser** v. (conjug. 1) Replanter des arbres dans un endroit. *On a reboisé la colline après l'incendie.*

▸ **reboisement** n. m. *Le reboisement d'une région.*

**rebondi** adj. De forme arrondie. *Julie a les joues rebondies.*

**rebondir** v. (conjug. 2) 1. Faire un bond après avoir touché un obstacle. *Le ballon a rebondi trois fois.* 2. Prendre un nouveau développement après un arrêt. *L'audition d'un témoin a fait rebondir l'enquête.*

▸ **rebond** n. m. Mouvement d'une balle qui rebondit. *Il a renvoyé la balle avant le rebond.*

▸ **rebondissement** n. m. Développement imprévu. *Un film à rebondissements,* où il se passe beaucoup de choses.

**rebord** n. m. Bord qui dépasse. *Elle a mis des pots de fleurs sur le rebord de la fenêtre.*

**reboucher** v. (conjug. 1) Boucher ce qui a été ouvert, débouché. *Rebouche bien le tube de dentifrice.*

à **rebours** adv. *Compter à rebours,* c'est compter à l'envers pour arriver à zéro. *La fusée va bientôt partir, le compte à rebours a commencé.*

**rebrousser** v. (conjug. 1) 1. *Les chats n'aiment pas qu'on leur rebrousse le poil,* qu'on leur relève le poil dans le sens contraire à sa position naturelle. 2. *Ils ont rebroussé chemin,* ils sont revenus sur leurs pas.

▶ à **rebrousse-poil** **adv.** En relevant le poil dans le sens contraire au sens normal. *Il caresse le chat à rebrousse-poil.*

**rébus** [ʀebys] **n. m.** Devinette faite d'une suite de dessins, de signes, d'images, qui représentent chacun une syllabe. *Flora a déchiffré le rébus.*

rébus

**rebut** **n. m.** *Ils ont mis leur vieux buffet au rebut,* ils s'en sont débarrassés.

**rebuter** **v.** (conjug. 1) Décourager, dégoûter. *L'énoncé du problème l'a rebuté.* ‖ contr. **attirer** ‖.

▶ **rebutant** **adj.** Difficile et ennuyeux. *Un livre rebutant.* → **rébarbatif.**

**récalcitrant** **adj.** Qui résiste avec entêtement. *Un âne récalcitrant.* ‖ contr. **docile** ‖.

**recaler** **v.** (conjug. 1) Familier. Refuser à un examen. *Il a été recalé au bac.* ‖ contr. **recevoir** ‖.

**récapituler** **v.** (conjug. 1) Répéter quelque chose en le résumant, en n'en citant que les points les plus importants. *Récapitulons ce qui s'est passé.*

▶ **récapitulation** **n. f.** *Le maire a fait la récapitulation des travaux à effectuer dans la commune.*

**receler** **v.** (conjug. 5) **1.** Contenir. *Le sous-sol de la région recèle des fossiles.* → **renfermer. 2.** Garder chez soi des objets volés. *Receler des objets volés est interdit par la loi.*

▶ **recel** **n. m.** Fait de garder chez soi des objets volés. *Il a été accusé de recel de bijoux.*

▶ **receleur** **n. m.**, **receleuse** **n. f.** Personne qui garde des objets volés. *Les cambrioleurs ont déposé leur butin chez un receleur.*

**recenser** **v.** (conjug. 1) Compter avec précision les habitants d'un endroit. → **dénombrer.** *On recense la population française tous les 7 ans.*

▶ **recensement** **n. m.** Opération qui consiste à compter les habitants. *Le recensement de la population d'un pays.*

**récent** **adj.** Qui s'est produit il y a peu de temps. *Leur mariage est très récent.* ‖ contr. **ancien, vieux** ‖.

▶ **récemment** **adv.** Il y a peu de temps. → **dernièrement.** *Ils se sont vus récemment.*

**récépissé** **n. m.** Papier qui prouve qu'on a bien reçu une lettre, un paquet, de l'argent. → **reçu.** *Veuillez signer le récépissé.*

**récepteur** **n. m.** Appareil qui reçoit et amplifie les sons ou les images envoyés par un émetteur. *Le récepteur téléphonique permet de recevoir les communications.*

**réception** **n. f. 1.** *Je te répondrai dès la réception de ta lettre,* dès que j'aurai reçu ta lettre. *Un accusé de réception,* c'est un papier qui prouve qu'une lettre recommandée a bien été reçue. **2.** *Mes parents ont donné une réception,* ils ont reçu leurs amis, leurs relations. **3.** Endroit où l'on reçoit les clients dans un hôtel. *N'oubliez pas de déposer la clé de votre chambre à la réception.*

**récession** **n. f.** Diminution des ventes, des investissements, de la production dans un pays. → **crise** économique. || contr. **expansion** ||.

**recette** **n. f. 1.** Total des sommes d'argent reçues. *La caissière du magasin compte la recette de la journée.* || contr. **dépense** || **2.** Manière de préparer un plat. *Mamie ne donne à personne sa recette du canard aux cèpes.*

**recevoir** **v.** (conjug. 28) **1.** Se voir donner, adresser quelque chose. *Flora a reçu une lettre d'Yves.* || contr. **envoyer** || **2.** Être atteint par quelque chose. *Si tu continues, tu vas recevoir une paire de gifles.* **3.** *Julie reçoit ses amis à goûter,* elle les accueille chez elle. **4.** *Il a été reçu à son examen,* il y a été admis, il l'a réussi. || contr. **recaler** ||. ▷ REÇU.

de **rechange** **adj.** Qui sert à remplacer en cas de besoin. *Le garagiste attend une pièce de rechange,* une pièce destinée à remplacer la pièce abîmée.

**réchapper** **v.** (conjug. 1) *Réchapper de quelque chose,* c'est se tirer de quelque chose de dangereux. *Quel accident ! Pas un seul passager n'en a réchappé !*

**recharger** **v.** (conjug. 3) *Le chasseur recharge son fusil,* il remet des cartouches dedans.

► **recharge** **n. f.** *Une recharge de stylo,* c'est un petit réservoir cylindrique contenant de l'encre. → **cartouche.**

► **rechargeable** **adj.** *Ce briquet est rechargeable,* on peut remettre du gaz ou de l'essence dedans quand il est vide. || contr. **jetable** ||.

**réchaud** **n. m.** Petit fourneau qui sert à chauffer et à cuire les aliments. *Un réchaud électrique.*

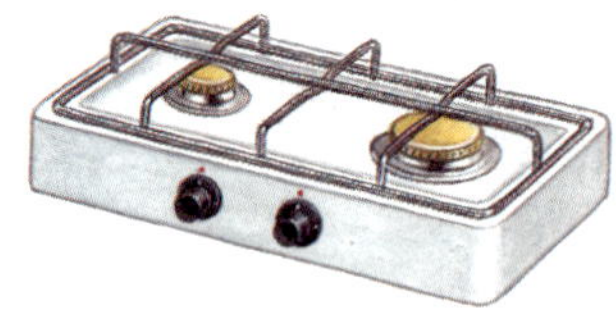
**réchaud**

**réchauffer** **v.** (conjug. 1) Chauffer à nouveau ce qui s'est refroidi. *Mamie réchauffe la soupe.* || contr. **refroidir** ||.

► se **réchauffer** **v. 1.** Avoir chaud de nouveau. *Anne s'est réchauffée devant la cheminée.* **2.** Devenir plus chaud. *Le temps s'est réchauffé depuis hier.* || contr. se **rafraîchir** ||.

► **réchauffement** **n. m.** *Il y a eu un léger réchauffement de la température,* la température s'est un peu élevée. || contr. **rafraîchissement, refroidissement** ||.

**rêche** **adj.** Rude au toucher. → **rugueux.** *Cette étoffe est rêche.* || contr. **doux, moelleux** ||.

**rechercher** **v.** (conjug. 1) Chercher activement à découvrir, à retrouver. *La police recherche les auteurs de l'attentat.*

► **recherche** **n. f. 1.** Effort pour retrouver quelqu'un ou quelque chose. *Le prisonnier évadé a échappé aux recherches de la police. Je suis à la re-*

*cherche de mes lunettes,* je les cherche partout. **2.** *La recherche,* c'est l'ensemble des travaux scientifiques qui contribuent à la découverte de connaissances nouvelles. → aussi **chercheur.** **3.** *Elle s'habille avec recherche,* avec raffinement, en y apportant un grand soin.

**rechigner** **v.** (conjug. 1) Manifester sa mauvaise volonté. *Yves aide sa mère en rechignant.* → **renâcler.**

**rechute** **n. f.** *À peine guérie de son angine, Anne a fait une rechute,* elle a eu à nouveau une angine.

▶ **rechuter** **v.** (conjug. 1) Recommencer à être malade alors que l'on venait de guérir. *Julie est sortie trop tôt et elle a rechuté.*

**récidive** **n. f.** Le fait de commettre une nouvelle infraction après avoir été condamné. *Il a été condamné pour vol avec récidive.*

▶ **récidiver** **v.** (conjug. 1) Recommencer à commettre la même faute. *Les malfaiteurs, à peine sortis de prison, ont récidivé.*

▶ **récidiviste** **n. m.** et **f.** Personne qui commet une nouvelle fois la même faute.

**récif** **n. m.** Rocher à peine recouvert par la mer. *Le bateau s'est échoué sur des récifs.*

**récipient** **n. m.** Objet creux qui sert à contenir des matières solides ou liquides. *Les plats, les bocaux, les bouteilles sont des récipients.*

**réciproque** **adj.** et **n. f.** **1. adj.** *Anne et Julie se font une confiance réciproque,* elles se font toutes les deux confiance l'une à l'autre. → **mutuel.** **2. n. f.** *La réciproque,* c'est le contraire. → **inverse.** *Flora aide toujours Yves, mais la réciproque n'est pas vraie,* Yves n'aide pas toujours Flora.

▶ **réciproquement** **adv.** *Luc et Alex se rendent service réciproquement,* l'un à l'autre. → **mutuellement.** *Tu m'aimes bien, et réciproquement,* et je t'aime bien. → **vice versa.**

**réciter** **v.** (conjug. 1) Dire à haute voix et de mémoire. *Julie récite ses leçons.*

▶ **récit** **n. m.** Histoire que l'on raconte. *Luc nous a fait le récit de ses aventures.*

▶ **récital** **n. m.** [pl. *récitals*] Séance au cours de laquelle un artiste se produit en public. → **représentation.** *Le pianiste donne trois récitals dans la région.*

▶ **récitation** **n. f.** Texte, poème que l'on doit apprendre par cœur et réciter. *Yves est en train d'apprendre sa récitation.*

**réclame** **n. f.** *Ces produits sont en réclame,* ils sont vendus à prix réduit. → **promotion.**

**réclamer** **v.** (conjug. 1) Demander en insistant. *La directrice réclame le silence.*

▶ **réclamation** **n. f.** Demande insistante pour faire reconnaître ses droits. → aussi **revendication.** *Adressez-vous au service des réclamations.*

**reclasser** **v.** (conjug. 1) Classer à nouveau. *Toutes les fiches sont mélangées, il faut les reclasser.*

**réclusion** **n. f.** Emprisonnement. → **détention.** *Il a été condamné à 5 ans de réclusion.*

**recoiffer** **v.** (conjug. 1) Coiffer de nouveau. *Anne recoiffe sa poupée.* — *Julie s'est recoiffée avant de partir.*

**recoin** n. m. Coin caché. *Anne et Yves ont exploré tous les recoins du grenier.*

**recoller** v. (conjug. 1) **1.** Coller quelque chose qui s'est décollé. *Il faut recoller l'étiquette.* **2.** Réparer en mettant de la colle. *Alex recolle le vase cassé.*

**récolte** n. f. Action de ramasser ou de cueillir les produits de la terre. *La récolte du maïs a été bonne cette année.* → aussi **cueillette, moisson, vendange.**

▶ **récolter** v. (conjug. 1) Ramasser et cueillir les fruits, les légumes, les céréales. *On récolte les betteraves en automne.*

**recommander** v. (conjug. 1) **1.** Demander avec insistance. → **conseiller.** *Je vous recommande d'être prudents.* **2.** *Il a été chaudement recommandé auprès du ministre,* on est intervenu en sa faveur auprès du ministre. *Les dentistes recommandent ce dentifrice,* ils en vantent les avantages.

▶ **recommandable** adj. Que l'on peut fréquenter. *Un individu peu recommandable.*

▶ **recommandation** n. f. Conseil. *Sa mère lui fait des recommandations avant de partir.*

▶ **recommandé** adj. *Une lettre recommandée,* c'est une lettre pour laquelle on paye une taxe afin qu'elle soit remise en mains propres à son destinataire.

**recommencer** v. (conjug. 3) **1.** Refaire depuis le début. *Anne a dû recommencer son dessin parce qu'il était trop sale.* **2.** Reprendre. *Les cours recommencent en septembre. — Il recommençait à pleuvoir.*

**récompenser** v. (conjug. 1) Donner quelque chose à quelqu'un qui le mérite pour lui montrer qu'on est content. *Ses parents lui ont offert un jouet pour la récompenser de ses bonnes notes.*

▶ **récompense** n. f. Cadeau donné à quelqu'un parce qu'il a fait quelque chose de bien. *Il donnera 1 000 francs de récompense à qui retrouvera son chien.*

**réconcilier** v. (conjug. 7) *Jules était fâché avec sa sœur, je les ai réconciliés,* je les ai remis d'accord. — *Ils se sont réconciliés.* ‖ contr. se **brouiller** ‖.

▶ **réconciliation** n. f. *Leurs disputes finissent toujours par des réconciliations,* ils se réconcilient toujours. ‖ contr. **brouille** ‖.

**reconduire** v. (conjug. 38) Raccompagner. *Nous reconduirons Flora chez elle après le dîner.* → **ramener.**

**réconforter** v. (conjug. 1) **1.** Redonner du courage. *Tes paroles m'ont réconforté.* → **soutenir. 2.** Redonner des forces. *Après ces heures de marche, un thé bien chaud va vous réconforter.* → **ragaillardir.**

▶ **réconfortant** adj. *Il nous a donné des nouvelles réconfortantes,* qui redonnent du courage, de l'énergie.

▶ **réconfort** n. m. Ce qui redonne du courage. *À la mort de son père, les témoignages de sympathie lui ont apporté un grand réconfort.*

**reconnaître** v. (conjug. 57) **1.** *Reconnaître quelqu'un ou quelque chose,* c'est savoir qui c'est ou ce que c'est, parce qu'on l'a déjà vu. *Elle n'a pas reconnu Yves tout de suite tellement il a grandi. — Malgré dix ans de séparation, ils se sont reconnus immédiatement.* **2.** *Il a reconnu qu'il s'était* *trompé,* il l'a admis. **3.** *Des éclaireurs sont partis reconnaître le terrain,* l'examiner. **4.** *La France a reconnu la Chine populaire en 1964,* elle a admis officiellement son existence.

▶ **reconnaissable** **adj.** Facile à reconnaître. *Julie est reconnaissable à ses cheveux roux et frisés.*

▶ **reconnaissance** **n. f. 1.** *Des soldats sont partis en reconnaissance,* ils sont allés examiner les lieux. **2.** Sentiment affectueux que l'on éprouve envers la personne qui a fait quelque chose de gentil et de généreux pour vous. → **gratitude.** *Il éprouve de la reconnaissance envers ses grands-parents qui l'ont élevé.* || contr. **ingratitude** ||.

▶ **reconnaissant** **adj.** Qui éprouve de la reconnaissance, de la gratitude. *Je vous suis très reconnaissante de m'avoir aidée.* || contr. **ingrat** ||.

**reconquête** **n. f.** Action de s'emparer de nouveau d'un pays en combattant. *La reconquête de la région a été longue.*

**reconstituer** **v.** (conjug. 1) *Pour tourner ce film, on a dû reconstituer un village gaulois,* le construire exactement comme il était autrefois.

▶ **reconstitution** **n. f.** *Après l'enquête, la police essaie de faire la reconstitution du crime,* elle fait revivre les différents épisodes du crime pour comprendre le déroulement des faits.

**reconstruire** **v.** (conjug. 38) Construire de nouveau ce qui a été démoli. *Après la guerre, on a entièrement reconstruit ce quartier.*

**reconvertir** **v.** (conjug. 2) *Reconvertir une usine,* c'est la transformer pour qu'elle fabrique des produits différents parce que les conditions économiques ont changé. *On a reconverti la fabrique de tanks en usine d'automobiles.*

**recopier** **v.** (conjug. 7) Écrire à nouveau ce que l'on a déjà écrit. *Anne a recopié sur son cahier l'exercice qu'elle avait fait au brouillon.*

**record** **n. m.** Meilleur résultat jamais atteint auparavant. *Ce coureur a battu le record du monde du cent mètres.*

**recoucher** **v.** (conjug. 1) *Elle a recouché sa fille après lui avoir donné son biberon,* elle l'a remise au lit. — *Flora s'est levée pour aller boire et s'est recouchée aussitôt.*

**recoudre** **v.** (conjug. 48) Coudre ce qui est décousu. *Elle a recousu un bouton.*

**recouper** **v.** (conjug. 1) **1.** Couper de nouveau. *Il a recoupé des tranches de rôti.* **2.** *Votre témoignage recoupe celui de la boulangère,* il coïncide avec le témoignage de la boulangère et le confirme.

▶ **recoupement** **n. m.** Rencontre de renseignements venant de sources différentes qui permet de vérifier un fait. *En faisant un recoupement, la police s'est aperçue que l'alibi de l'accusé était faux.*

**recourber** **v.** (conjug. 1) Rendre courbe. *Il recourbe la branche pour cueillir les fruits.*

**recourir** **v.** (conjug. 11) *Il a recouru à un expert pour connaître la valeur de son tableau,* il lui a demandé son aide, il a fait appel à lui.

▶ **recours** **n. m. 1.** *Elle a eu recours à une agence pour trouver un appartement,* elle a fait appel à une agence. →

s'**adresser.** **2.** Dernier moyen efficace. *Ce traitement est notre dernier recours contre la maladie.*

**recouvrer** **v.** (conjug. 1) **1.** *Mamie a recouvré ses forces,* elle les a retrouvées après les avoir perdues. **2.** *Le percepteur recouvre les impôts,* il reçoit le paiement des impôts. → **percevoir.**

▸ **recouvrement** **n. m.** *Le percepteur est chargé du recouvrement des impôts,* de les percevoir.

**recouvrir** **v.** (conjug. 18) **1.** Couvrir de nouveau ce qui est découvert. *Il a recouvert son enfant endormi,* il a remis une couverture sur lui. **2.** Couvrir complètement. *Elle a recouvert les murs du salon de papier peint.*

**récréation** **n. f.** Moment pendant lequel les élèves peuvent se détendre, s'amuser. *Luc joue aux billes pendant la récréation.*

se **récrier** **v.** (conjug. 7) Protester en s'exclamant. *Flora s'est récriée quand on l'a accusée d'avoir menti.*

**récrimination** **n. f.** Plainte, protestation. *Ses récriminations perpétuelles agacent tout le monde.*

se **recroqueviller** **v.** (conjug. 1) Se replier sur soi-même. *Julie s'est recroquevillée sous les couvertures.*

**recrudescence** **n. f.** Nouvelle augmentation plus grave, après une accalmie. *On s'attend à une recrudescence des combats.*

**recrue** **n. f.** Soldat qui vient d'arriver dans l'armée. → **conscrit.** *Les nouvelles recrues s'installent dans leur dortoir.*

▸ **recruter** **v.** (conjug. 1) Engager. *Le patron du café a recruté un nouveau serveur.* → **embaucher.**

▸ **recrutement** **n. m.** *Il s'occupe du recrutement des nouveaux collaborateurs,* il s'occupe de les engager.

**rectangle** **n. m.** Figure géométrique qui a quatre angles droits et dont les côtés sont égaux deux à deux. ➺ planche Géométrie. *Dessinez un rectangle de 20 centimètres de long sur 10 centimètres de large.*

**rectangulaire** **adj.** Qui a la forme d'un rectangle. *Une table rectangulaire.*

**rectifier** **v.** (conjug. 7) Rendre exact. → **corriger.** *Il a rectifié le résultat de son opération.*

▸ **rectification** **n. f.** Correction. *Le journaliste a fait une rectification dans son article.*

**rectiligne** **adj.** En ligne droite. *Une allée rectiligne mène au château.* ‖ contr. **sinueux** ‖.

**recto** **n. m.** Première page d'une feuille de papier. → **endroit.** ‖ contr. **verso** ‖ *Le début du questionnaire est au recto. La feuille est imprimée recto verso,* des deux côtés. — **Au pl.** *Des rectos.*

**rectum** [ʀɛktɔm] **n. m.** Dernière partie de l'intestin qui aboutit à l'anus. *On prend généralement sa température dans le rectum.*

**reçu** **n. m.** Papier prouvant que l'on a reçu quelque chose. *On signe un reçu au livreur qui apporte un paquet.*

**recueillir** **v.** (conjug. 12) **1.** Rassembler, réunir. *Ils ont recueilli beaucoup d'argent en faisant leur collecte.* **2.** Accueillir chez soi une personne qui est dans le malheur ou un animal abandonné. *Elle recueille tous les chiens errants.*

▶ **recueil** **n. m.** Livre qui réunit plusieurs textes. *Un recueil de contes.*

se **recueillir** **v.** (conjug. 12) S'isoler en soi-même pour réfléchir ou prier. *Il va souvent se recueillir sur la tombe de sa mère.*

▶ **recueillement** **n. m.** État d'une personne qui s'isole du monde extérieur pour méditer ou prier. *Yves assiste à la messe avec recueillement.*

**reculer** **v.** (conjug. 1) **1.** Aller vers l'arrière. *Il recule pour laisser passer sa femme.* || contr. **avancer** || — *Elle s'est reculée pour admirer le tableau.* **2.** Renoncer à faire quelque chose parce que c'est trop difficile. *Il faut y aller, il est trop tard pour reculer.* **3.** Mettre plus loin en arrière. *Elle recule sa chaise.* **4.** Reporter à plus tard. *Il a reculé la date de son départ.* → **différer, repousser, retarder.**

▶ **recul** **n. m. 1.** Pas en arrière. *Il eut un mouvement de recul en voyant l'énorme bête.* **2.** *Anne prend du recul pour regarder l'affiche,* elle recule.

▶ à **reculons** **adv.** En reculant, en allant en arrière. *Luc s'amuse à marcher à reculons.*

**récupérer** **v.** (conjug. 6) **1.** Retrouver une chose que l'on avait perdue ou prêtée. *J'ai récupéré le livre qu'Alex m'avait emprunté.* **2.** *Laisse-moi le temps de récupérer,* de retrouver des forces. **3.** Recueillir, rassembler des choses qui seraient perdues. *Le garagiste récupère des pièces sur les vieilles voitures.*

▶ **récupération** **n. f.** *Il a réparé sa voiture avec des pièces de récupération,* des pièces qu'il a récupérées.

**récurer** **v.** (conjug. 1) Nettoyer en frottant. *Elle récure une casserole.*

**recycler** **v.** (conjug. 1) **1.** *Recycler une chose,* c'est lui faire subir un traitement pour pouvoir l'utiliser à nouveau. *On recycle les eaux usées. — Il écrit sur du papier recyclé.* **2.** *Se recycler,* c'est suivre des cours pour s'adapter à un nouveau travail.

▶ **recyclage** **n. m.** Formation que l'on suit pour acquérir de nouvelles connaissances ou s'adapter à un nouveau travail. *Des cours de recyclage.*

**rédacteur** **n. m.**, **rédactrice** **n. f.** Personne dont le métier est de rédiger des textes. *Elle est rédactrice dans un journal.*

**rédaction** **n. f. 1.** Action ou manière de rédiger un texte. *La rédaction de cet article a demandé trois heures.* **2.** Texte que l'on rédige en classe pour s'exercer à écrire. *Anne est première en rédaction.*

**reddition** **n. f.** Le fait de se rendre, de reconnaître qu'on est vaincu. → **capitulation.** *La reddition du chef des rebelles a mis fin à la guerre.*

**redescendre** **v.** (conjug. 41) **1.** Descendre après être monté. *Ils sont montés en ascenseur et ils sont redescendus à pied.* **2.** Mettre en bas une chose qui avait été montée. *Elle a redescendu les valises du grenier.*

**redevable** **adj.** *Il est redevable de sa réussite au professeur qui l'a formé,* il lui doit sa réussite.

**redevance** **n. f.** *On paie chaque année une redevance pour la télévision,* on paie une somme d'argent. → **taxe.**

**rédiger** **v.** (conjug. 3) Écrire un texte. *Elle a rédigé un article pour une revue d'art.* → aussi **rédacteur.**

**redingote** **n. f.** Très longue veste fendue derrière que portaient les hommes autrefois.

redingote

**redire** **v.** (conjug. 37) **1.** Dire plusieurs fois. → **répéter.** *Il redit toujours la même chose.* **2.** Dire ce qu'un autre a déjà dit. *Redis-le après moi.* **3.** *Elle trouve à redire à tout,* elle trouve des critiques à faire sur tout.

**redite** **n. f.** Chose répétée inutilement. *Évitez les redites dans vos rédactions.* → **répétition.**

**redonner** **v.** (conjug. 1) **1.** Rendre à quelqu'un ce qu'on lui avait pris, ce qu'il n'avait plus. *Redonne-moi mon livre !* → **rendre, restituer.** *Il nous a redonné du courage.* **2.** Donner de nouveau. *Redonne du gâteau à Julie.*

**redoubler** **v.** (conjug. 1) **1.** *Redoubler une classe,* c'est la recommencer. **2.** Recommencer de plus belle. *La pluie a redoublé.* **3.** *Il redouble d'amabilité,* il montre encore plus d'amabilité.

► **redoublant** **n. m.,** **redoublante** **n. f.** Élève qui redouble une classe.

► **redoublement** **n. m.** Le fait d'être double. *Attention au redoublement de la lettre « d » dans le mot reddition.*

**redoute** **n. f.** Petit bâtiment fortifié, isolé. → aussi **blockhaus.**

**redouter** **v.** (conjug. 1) Avoir peur. → **craindre.** *Il redoute l'avenir. Elle redoute d'apprendre la vérité.*

► **redoutable** **adj.** Dont on doit avoir peur, qu'il faut redouter. *C'est un adversaire redoutable.* → **dangereux.** || contr. **inoffensif** ||.

**redoux** **n. m.** Radoucissement de la température au milieu de l'hiver.

**redresser** **v.** (conjug. 1) **1.** Remettre dans une position droite. *Il a redressé le piquet de la tente.* || contr. **incliner, pencher** || — *En se redressant, Yves s'est cogné la tête.* **2.** Redonner sa forme normale. *Le garagiste a redressé le pare-chocs de la voiture.* || contr. **tordre** || — *L'économie du pays s'est redressée,* elle a retrouvé son niveau normal. **3.** *Elle a su redresser la situation,* rattraper les erreurs qui avaient été faites.

► **redressement** **n. m.** Retour à un niveau normal. *Le redressement de l'économie a été difficile.*

► **redresseur** **n. m.,** **redresseuse** **n. f.** *Un redresseur de torts,* c'est une personne qui veut venger les innocents et punir les coupables. → **justicier.**

**réduction** **n. f.** **1.** Diminution. *Le libraire fait une réduction de 10 % à ses bons clients,* une diminution de prix. → **rabais, remise, ristourne.** || contr. **augmen-**

**tation** || **2.** Reproduction dans un format plus petit. *Cette photo est une réduction de la photo originale.* || contr. **agrandissement** || *Il a fabriqué une ferme en réduction,* en miniature.

**réduire** **v.** (conjug. 38) **1.** Rendre plus petit, moins important. → **diminuer.** *Le conducteur réduit sa vitesse.* || contr. **augmenter** || **2.** Mettre dans un état désagréable. → **amener.** *On l'a réduit au silence par des menaces.* → **contraindre.** *Ce pauvre homme en est réduit à mendier.* **3.** *Le mixeur a réduit les pommes de terre en purée,* il les a écrasées, broyées. **4.** *Mes économies se réduisent à quelques centaines de francs,* elles consistent seulement en quelques centaines de francs.

▶ ① **réduit** **adj.** **1.** Reproduit à petite échelle. *Il fabrique des modèles réduits d'avion.* **2.** *Un tarif réduit,* c'est un tarif moins élevé que le tarif normal.

▶ ② **réduit** **n. m.** Petite pièce sombre. → **cagibi.**

**rééducation** **n. f.** Ensemble de soins qui permettent de retrouver l'usage d'une partie du corps blessée ou atteinte par la maladie. *Après son accident de ski, il a suivi plusieurs séances de rééducation.*

**réel** **adj.** Qui existe vraiment. → **vrai.** *Les journaux rapportent des faits réels.* → **authentique.** *C'est une histoire réelle.* || contr. **fictif, imaginaire, irréel** ||.

▶ **réellement** **adv.** En réalité. *Cet homme a réellement existé.* → **vraiment.**

▷ IRRÉEL.

**réélire** **v.** (conjug. 43) Élire de nouveau. *Le maire a été réélu facilement.*

**refaire** **v.** (conjug. 60) **1.** Faire de nouveau ce que l'on a déjà fait. → **recommencer.** *Je referai un voyage l'année prochaine.* **2.** Remettre en état. *Ils refont le magasin.*

**réfection** **n. f.** Réparation, remise à neuf. *Le pont est en réfection.*

**réfectoire** **n. m.** Salle à manger dans un bâtiment où des personnes vivent en groupe. → aussi **cantine.** *Les moines prennent leur repas dans le réfectoire.*

**référendum** [ʀefeʀɛ̃dɔm] **n. m.** Vote de tous les électeurs servant à approuver ou à rejeter une proposition du gouvernement. → **plébiscite.** — **Au pl.** *Des référendums.*

se **référer** **v.** (conjug. 6) *Elle se réfère souvent à l'avis de son mari,* elle lui demande souvent son avis. → **recourir.**

▶ **référence** **n. f.** **1.** Indication de l'auteur d'une citation et de l'ouvrage dont elle est tirée. *La référence se trouve à la fin de la citation.* **2.** *Le candidat a de bonnes références,* il a des attestations lui servant de recommandation pour trouver du travail.

**refermer** **v.** (conjug. 1) Fermer ce qui était ouvert. *Il referma son livre et le posa sur la table.*

**réfléchir** **v.** (conjug. 2) **1.** *Les miroirs réfléchissent l'image des objets,* ils la renvoient. → **refléter.** — *Les montagnes se réfléchissent dans le lac.* **2.** Faire usage de la réflexion. → **penser.** *Réfléchis avant de répondre !*

▶ **réfléchi** **adj.** Qui réfléchit avant d'agir. → **raisonnable, sérieux.** *Anne est une petite fille très réfléchie.* || contr. **étourdi** || *Tout bien réfléchi, nous viendrons par le train,* réflexion faite.

**reflet** **n. m.** **1.** Image réfléchie. *Luc voit son reflet dans la vitrine.* **2.** Effet brillant produit par la lumière qui se réfléchit. *La moire est un tissu à reflets changeants.* **3.** Expression, image. *On dit que les yeux sont le reflet de l'âme.*

▶ **refléter** **v.** (conjug. 6) **1.** Réfléchir l'image d'un objet. *Le miroir reflète la lumière des bougies. — La lune se reflétait dans l'eau.* → se **réfléchir.** **2.** Exprimer, manifester. *Son visage reflète une grande tristesse.*

**réflexe** **n. m.** **1.** Réaction automatique et très rapide d'une partie du corps quand elle est excitée. *Quand il fait froid ou que l'on a peur, les poils de la peau se hérissent : c'est un réflexe.* **2.** Geste très rapide que l'on fait sans y penser. *Elle a eu le réflexe de freiner pour éviter le chien.*

**réflexion** **n. f.** **1.** *La réflexion de la lumière,* c'est le phénomène par lequel elle est réfléchie, renvoyée. → aussi **reflet.** **2.** Le fait d'examiner au fond de soi une idée, un problème. → aussi **méditation.** *Il a demandé une semaine de réflexion avant de prendre sa décision,* il a demandé une semaine pour réfléchir. *Réflexion faite, je pars demain,* après avoir bien réfléchi. **3.** Observation, remarque. *Elle fait sans cesse des réflexions désagréables.*

**refluer** **v.** (conjug. 1) Aller en sens contraire, se retirer. *La foule refluait vers la sortie.* || contr. **affluer** ||.

**reflux** **n. m.** Mouvement de la marée descendante. *Le flux et le reflux.*

**réforme** **n. f.** **1.** Ensemble de changements servant à améliorer quelque chose. *Le gouvernement a entrepris de grandes réformes sociales.* **2.** *La Réforme,* c'est le mouvement religieux qui fonda le protestantisme au 16$^{e}$ siècle.

▶ ① **réformer** **v.** (conjug. 1) Changer en mieux. → **améliorer.** *Le président de la République veut réformer la constitution.*

▶ **réformateur** **n. m.**, **réformatrice** **n. f.** Personne qui fait des réformes. *Ce chef d'État est un grand réformateur.*

② **réformer** **v.** (conjug. 1) *Jules a été réformé,* il a été déclaré inapte au service militaire.

**refouler** **v.** (conjug. 1) **1.** Faire reculer, repousser. *L'armée a refoulé les envahisseurs.* **2.** Retenir en soi. → **réprimer.** *Il refoulait ses larmes.*

**réfractaire** **adj.** **1.** *Elle est réfractaire à la discipline du pensionnat,* elle refuse de s'y soumettre. → **rebelle.** **2.** *Une matière réfractaire,* c'est une matière qui résiste à de très hautes températures. *Un four à poterie en briques réfractaires.*

**refrain** **n. m.** **1.** Partie d'une chanson qui se répète après chaque couplet. *On a tous repris le refrain en chœur.* **2.** Paroles que quelqu'un répète sans cesse. *Elle se plaint de sa santé, c'est toujours le même refrain.* → **rengaine.**

**refréner** [ʀəfʀene] **v.** (conjug. 6) Réprimer, retenir. *Il refrène mal son impatience.*

**réfrigérateur** **n. m.** Sorte d'armoire qui sert à conserver les aliments au froid. *Elle a mis le beurre dans le réfrigérateur.* → **frigidaire** et aussi **congélateur.** — On dit familièrement *frigo.*

**refroidir** **v.** (conjug. 2) **1.** Devenir plus froid ou moins chaud. *À table ! la soupe va refroidir. — Le temps s'est refroidi.* → se **rafraîchir.** || contr. se **réchauffer** || **2.** *Sa remarque désagréable m'a refroidi,* a diminué mon enthousiasme.

▶ **refroidissement** n. m. *On annonce un refroidissement de la température pour les jours prochains,* on prévoit un abaissement de la température. ‖ contr. **réchauffement** ‖.

**refuge** n. m. **1.** Endroit où l'on est protégé, à l'abri du danger. *Le chat a trouvé refuge sous le lit.* **2.** En haute montagne, abri où les alpinistes peuvent passer la nuit.

▶ se **réfugier** v. (conjug. 7) Se mettre à l'abri, ou en sécurité quelque part. *Anne a couru se réfugier dans les bras de son père.*

▶ **réfugié** n. m., **réfugiée** n. f. Personne qui a fui son pays pour échapper à un danger. *Ces réfugiés ont demandé asile à la France.*

**refuser** v. (conjug. 1) **1.** Ne pas accepter. *Luc refuse d'obéir,* il ne veut pas obéir. ‖ contr. **accepter** ‖ **2.** *Elle a été refusée à son bac,* elle n'a pas été reçue. → **recaler.**

▶ **refus** n. m. *Quand il a demandé une augmentation, il s'est heurté à un refus,* on la lui a refusée. ‖ contr. **acceptation** ‖.

**réfuter** v. (conjug. 1) *Réfuter un argument,* c'est montrer qu'il est faux. ▷ IRRÉFUTABLE.

**regagner** v. (conjug. 1) **1.** Reprendre, retrouver ce que l'on avait perdu. → **rattraper.** *Le cheval a regagné du terrain.* **2.** Revenir, retourner à un endroit. *Après la récréation, les élèves regagnent leur classe.*

**regain** n. m. **1.** Herbe qui repousse dans une prairie qui vient d'être fauchée. **2.** Retour, renouveau. *Depuis quelque temps, ce restaurant connaît un regain d'activité.*

**régal** n. m. [pl. *régals*] Nourriture très bonne. *Cette tarte aux pommes est un vrai régal.*

▶ se **régaler** v. (conjug. 1) Manger quelque chose de très bon avec grand plaisir. *Les enfants se sont régalés au goûter d'anniversaire de Flora.*

**regarder** v. (conjug. 1) **1.** Observer, examiner. *Elle regarde le paysage par la fenêtre du train. — Julie se regarde souvent dans la glace.* **2.** Être orienté, tourné dans une direction. *La ferme regarde vers l'ouest.* **3.** *Il se mêle toujours de ce qui ne le regarde pas,* de ce qui ne le concerne pas. **4.** *Achetez ce qui vous plaît, ne regardez pas à la dépense,* ne faites pas attention à ce que vous dépensez. → aussi **regardant.**

▶ **regard** n. m. Expression des yeux de quelqu'un qui regarde. *Il la suivait du regard. Elle lui a lancé un regard furieux.*

▶ **regardant** adj. *Elle est très regardante,* très économe.

**régate** n. f. Course de bateaux à voiles ou à rames.

**régent** n. m., **régente** n. f. Personne qui gouverne un pays à la place d'un souverain qui n'a pas encore l'âge de régner ou qui est absent. *Anne d'Autriche a été régente pendant la minorité de son fils Louis XIV.*

▶ **régence** n. f. Gouvernement exercé par un régent ou une régente.

▶ **régenter** v. (conjug. 1) Diriger avec autorité. *Elle régente tout le monde.*

**régie** n. f. Entreprise gérée par l'État. *La Régie française des tabacs fabrique toutes les cigarettes françaises et les distribue dans les bureaux de tabac.*

① **régime** n. m. **1.** Manière dont un État est organisé. *Jusqu'en 1789, la*

*France a vécu sous un régime monarchique.* **2.** Manière de se nourrir en mangeant seulement certains aliments. *Elle suit un régime pour maigrir.* **3.** *Le régime d'un fleuve,* c'est la quantité d'eau qui s'écoule par seconde selon la saison et le climat. **4.** *Le régime d'un moteur,* c'est la vitesse à laquelle il tourne.

② **régime** **n. m.** *Un régime de bananes,* c'est l'ensemble des bananes poussant en grappe sur la même tige.

**régiment** **n. m.** Troupe de soldats commandée par un colonel.

**région** **n. f.** Partie d'un pays. *Le nord de la France est une région très peuplée.*

► **régional** **adj.** Particulier à une région. *En Bretagne, les coutumes régionales sont encore très vivantes.* — **Au masc. pl.** *régionaux.*

**registre** **n. m.** Cahier où sont notés des noms ou des chiffres. *Le secrétaire de mairie inscrit les naissances, les mariages et les décès sur le registre d'état civil.* ▷ ENREGISTREMENT, ENREGISTRER, ENREGISTREUR.

**règle** **n. f. 1.** Instrument allongé servant à tirer des traits et à mesurer des longueurs. *Il souligne une phrase avec sa règle.* **2.** Formule qui indique ce qu'il faut faire dans un cas précis. → **loi, principe.** *La maîtresse explique les règles d'accord du participe passé. Je connais la règle du jeu,* la manière dont il faut jouer. **3.** *Ses papiers sont en règle,* ils sont établis conformément à la loi. ▷ DÉRÉGLER, RÉGLABLE, RÉGLAGE, RÈGLEMENT, RÉGLEMENTAIRE, RÉGLEMENTER, RÉGLER.

**règlement** **n. m. 1.** Ensemble de règles que l'on doit respecter. *Les promeneurs sont soumis au règlement du jardin public.* **2.** *Le règlement du conflit est imminent,* le conflit va être résolu bientôt. **3.** Paiement. *Le règlement se fait à la caisse.*

► **réglementaire** **adj.** Conforme au règlement. *Ce paquet ne peut pas être envoyé par la poste car il n'a pas une taille réglementaire.*

► **réglementer** **v.** (conjug. 1) Imposer un ensemble de règles. *On a réglementé le stationnement les jours de marché.*

► **réglementation** **n. f.** Ensemble de règlements. *La vente de l'alcool est soumise à une réglementation.*

**régler** **v.** (conjug. 6) **1.** Fixer exactement. → **établir.** *Dans un voyage organisé, le programme de la journée est réglé d'avance.* **2.** *Le garagiste a réglé le carburateur,* il l'a mis au point pour qu'il fonctionne. ‖ contr. **dérégler** ‖ **3.** *Cette affaire n'est pas encore réglée,* terminée. → **résoudre.** **4.** *Elle a réglé ses achats en espèces,* elle les a payés en espèces.

► **réglable** **adj.** Que l'on peut régler, mettre dans la position voulue. *Des étagères réglables.*

► **réglage** **n. m.** Opération qui permet de régler un appareil ou un mécanisme. *Le réglage du chauffage se fait à l'aide d'un bouton.*

**règles** **n. f. pl.** Écoulement de sang d'une durée de quelques jours qui se produit chaque mois chez la femme, à partir de l'âge où elle peut avoir des enfants. → aussi **puberté.** *Elle a eu ses règles. Une femme n'a plus de règles lorsqu'elle est enceinte.*

**réglisse** **n. f.** et **m. 1. n. f.** Plante qui a une racine sucrée. *La réglisse a des fleurs blanches, violettes ou bleues.* **2.**

**n. m.** Bonbon fait de réglisse. *Alex mange un réglisse.*

réglisse

**règne** **n. m. 1.** Période pendant laquelle un souverain exerce son pouvoir. *Les lycées ont été créés sous le règne de Napoléon I^er^.* **2.** *Le règne animal, le règne végétal et le règne minéral,* ce sont les trois grandes divisions de la nature.

► **régner** **v.** (conjug. 6) **1.** *Cléopâtre a régné en Égypte au 1^er^ siècle avant Jésus-Christ,* elle a exercé son pouvoir. **2.** Exister, s'être établi quelque part. *Un profond silence régnait dans le château.*

**regonfler** **v.** (conjug. 1) Gonfler une chose qui s'est dégonflée. *Il regonfle les pneus de son vélo.*

**regorger** **v.** (conjug. 3) *Le sol regorge d'eau,* il en contient une grande quantité.

**régresser** **v.** (conjug. 1) Diminuer. → **reculer.** *La vaccination a fait régresser la variole.* || contr. se **développer, progresser** ||.

► **régression** **n. f.** Diminution. → **recul.** *La maladie est en régression.* || contr. **progression** ||.

**regretter** **v.** (conjug. 1) **1.** Éprouver de la tristesse en pensant à quelque chose que l'on a eu et que l'on n'a plus. *Mamie regrette sa jeunesse. Quand vous serez partis, nous vous regretterons,* nous nous attristerons de votre absence. **2.** Être mécontent d'avoir fait quelque chose. *Je regrette d'avoir acheté ces chaussures.* **3.** *Nous regrettons de vous avoir fait attendre,* nous vous demandons de nous en excuser.

► **regret** **n. m. 1.** Sentiment de tristesse causé par la perte de ce que l'on aimerait avoir encore. → **nostalgie.** *Elle quitte chaque fois son père avec regret. Il est parti à regret,* contre son désir, à contrecœur. **2.** Mécontentement ou chagrin d'avoir fait quelque chose. → **remords.** *Je n'éprouve aucun regret d'avoir manqué cette soirée.*

► **regrettable** **adj.** Qui est à regretter. *C'est une erreur regrettable.* → **fâcheux.**

**regrouper** **v.** (conjug. 1) Grouper de nouveau ce qui était dispersé. *Le chien regroupe le troupeau en aboyant. — Les élèves se sont regroupés autour du professeur.*

**régulariser** **v.** (conjug. 1) Rendre régulier. *Le barrage a régularisé le régime du fleuve.*

**régularité** **n. f. 1.** Caractère régulier, égal. *Luc fait preuve d'une grande régularité dans son travail.* **2.** Conformité aux règles. *La régularité des élections a été mise en cause.* ▷ IRRÉGULARITÉ.

**régulier** adj. **1.** Qui ne varie pas, se répète de la même façon. *Le train roule à une vitesse régulière.* → **égal.** *Elle mène une vie régulière,* elle a des habitudes et n'en change pas. **2.** *Il a une écriture régulière,* bien formée et nette. **3.** *Ces élections sont tout à fait régulières,* conformes à la loi.

► **régulièrement** adv. Selon un rythme constant. *Il se fait couper les cheveux régulièrement.* ▷ IRRÉGULIER.

**réhabiliter** v. (conjug. 1) **1.** *Réhabiliter un condamné,* c'est reconnaître publiquement son innocence et lui faire retrouver ses droits et l'estime de tous. *Galilée avait été condamné par l'Église, mais il a été réhabilité.* **2.** *Par leur bonne conduite, les prisonniers se sont réhabilités,* ils se sont rachetés.

**rehausser** v. (conjug. 1) Rendre plus haut. → **surélever.** *Il a rehaussé le mur du jardin.*

**rein** n. m. **1.** Chacun des deux organes qui filtrent le sang pour éliminer les déchets et produisent l'urine. → aussi **rognon.** **2.** *Il a souvent mal aux reins,* dans la partie inférieure du dos. → aussi **lumbago.**

**reine** n. f. **1.** Femme d'un roi ou femme qui gouverne un royaume. *La reine d'Angleterre.* **2.** Seule femelle qui pond, chez les abeilles, les guêpes, les fourmis. *Il n'y a qu'une reine dans une ruche.* ◊ homonymes : rêne, renne.

► **reine-claude** n. f. Prune verte à chair fondante. — **Au pl.** *Des reines-claudes.*

► **reine-marguerite** n. f. Plante à fleurs roses, mauves ou jaunes. — **Au pl.** *Des reines-marguerites.*

**reinette** n. f. Variété de pomme très parfumée. ◊ homonyme : rainette.

reine-marguerite

**réintégrer** v. (conjug. 6) *Le malade a réintégré sa chambre après l'opération,* il est revenu dans sa chambre.

**réitérer** v. (conjug. 6) Faire de nouveau, faire plusieurs fois. *Je vous réitère ma demande.* → **renouveler.**

**rejaillir** v. (conjug. 2) *Le scandale a rejailli sur sa famille,* il s'est reporté sur elle. → **retomber.**

**rejeter** v. (conjug. 4) **1.** Jeter en sens inverse une chose que l'on a reçue ou que l'on a prise. *Le pêcheur a rejeté le poisson à la mer.* **2.** *Anne est arrivée en retard et elle essaie d'en rejeter la responsabilité sur son frère,* de faire retomber la responsabilité sur lui. **3.** *Il a rejeté notre offre,* il l'a refusée. → **décliner.**

► **rejet** n. m. **1.** Refus. *Le rejet de sa demande de visa a contrarié ses plans de voyage.* **2.** Nouvelle pousse. → **rejeton.** *Des rejets ont poussé sur cette plante que l'on croyait morte.*

► **rejeton** n. m. Nouvelle pousse. → **rejet.**

**rejoindre** v. (conjug. 49) **1.** *Il a rejoint sa famille pour le week-end,* il est allé la retrouver. — *Ils doivent se rejoindre chez Jules.* → se **retrouver. 2.** *Yves a rejoint Alex qui marchait devant,* il l'a rattrapé. **3.** *Il est temps de rejoindre la maison,* d'y retourner. **4.** *Ce sentier rejoint la route,* il arrive en contact avec la route. — *Ces deux rues se rejoignent plus loin.*

**réjouir** v. (conjug. 2) Rendre heureux, joyeux. *L'approche de Noël réjouit Flora.*|| contr. **attrister** || — *Luc se réjouit de partir en vacances,* il en éprouve de la joie.

▸ **réjouissance** n. f. **1.** Joie que partage tout le monde. *Les occasions de réjouissance ne manquent pas.* **2.** Distraction. *Quel est le programme des réjouissances aujourd'hui ?*

▸ **réjouissant** adj. *Voilà une nouvelle réjouissante,* qui fait plaisir. || contr. **désolant** ||.

**relâcher** v. (conjug. 1) **1.** Rendre moins serré. → **desserrer, détendre.** *Il a relâché les sangles de son sac à dos.* **2.** Laisser faiblir. *Au bout d'une heure de cours, on relâche son attention.* — *La discipline se relâche,* elle devient moins rigoureuse. **3.** *Ils ont relâché les prisonniers,* ils les ont remis en liberté. → **libérer. 4.** *Le cargo a relâché à Marseille,* il a fait escale à Marseille.

▸ **relâche** n. f. **1.** *Il travaille sans relâche,* sans s'arrêter, sans répit. **2.** *Dans ce théâtre, le jour de relâche est le lundi,* le jour de fermeture.

▸ **relâchement** n. m. Diminution. *La directrice se bat contre le relâchement de la discipline.*

**relais** n. m. **1.** *Une course de relais,* c'est une course disputée entre des équipes de plusieurs coureurs qui se remplacent à une distance déterminée. **2.** *Quand tu seras fatigué de conduire, je prendrai le relais,* je te remplacerai. → aussi **relayer. 3.** *Un relais de télévision,* c'est un dispositif qui transmet des émissions envoyées par un émetteur.

**relancer** v. (conjug. 3) **1.** *Yves a relancé le ballon à Alex,* il le lui a lancé après l'avoir reçu. → **renvoyer. 2.** Remettre en marche, en activité. *Le gouvernement essaie de relancer l'activité économique du pays,* de lui redonner de l'élan.

**relater** v. (conjug. 1) Raconter en détail. *Le témoin a scrupuleusement relaté les faits.*

**relatif** adj. **1.** *Ils ont eu une discussion relative à l'éducation des enfants,* concernant l'éducation des enfants. **2.** *Cet endroit est d'une relative propreté,* il n'est ni vraiment propre, ni vraiment sale. **3.** *Un pronom relatif,* c'est un pronom qui introduit une proposition subordonnée en la reliant à un mot de la proposition principale. *Qui, que, quoi, dont, où, lequel sont des pronoms relatifs.*

▸ **relativement** adv. *Il est relativement honnête,* à peu près honnête.

**relation** n. f. **1.** *Il y a une relation entre la végétation et le climat d'un pays,* il y a un lien entre eux. → **rapport. 2.** *Il a des relations professionnelles avec des banquiers,* il les fréquente à cause de son travail. *Elle s'est mise en relation avec le directeur du journal,* elle a pris contact avec lui. **3.** *Ils ont organisé un cocktail auquel ils ont invité toutes leurs relations,* les personnes qu'ils connaissent mais avec lesquelles ils ont des liens moins forts qu'avec des amis. → **connaissance.**

se **relaxer** **v.** (conjug. 1) Se détendre, se reposer. → se **décontracter.** *Il se relaxe en écoutant de la musique.*

▸ **relaxation** **n. f.** Repos. *J'ai besoin d'un moment de relaxation.* → **détente.**

**relayer** **v.** (conjug. 8) *Le policier est venu relayer son collègue qui montait la garde devant l'immeuble,* il est venu prendre sa suite, le remplacer. → **relever.** — *Les infirmières se sont relayées au chevet du malade.* ▷ RELAIS.

**reléguer** **v.** (conjug. 6) *Il a relégué son vieux lit au grenier,* il l'y a mis pour s'en débarrasser.

**relent** **n. m.** Mauvaise odeur. *On sent des relents de friture.*

**relever** **v.** (conjug. 5) **1.** Remettre debout. *Alex a relevé Flora qui était tombée. — Aide-moi à me relever !* **2.** Ramasser. *La maîtresse relève les cahiers.* **3.** Diriger vers le haut. → **remonter.** *Il relève le col de son pardessus.* **4.** Donner plus de goût. *Les épices relèvent la sauce.* **5.** Remarquer. *La maîtresse a relevé trois fautes dans la dictée d'Yves.* → **noter.** **6.** *Un employé est venu relever le compteur d'électricité,* il a noté le chiffre du compteur correspondant à la quantité d'électricité utilisée. **7.** *L'équipe de nuit est venue relever l'équipe de jour,* la remplacer. → **relayer.**

▸ **relevé** **n. m.** *Un relevé de banque,* c'est un papier sur lequel sont notées les dépenses qui ont été faites et la somme d'argent qui reste sur un compte bancaire.

▸ **relève** **n. f.** Remplacement d'une personne par une autre. *La sentinelle a pris la relève.*

**relief** **n. m.** **1.** *Le relief,* c'est l'ensemble des creux et des bosses qui couvrent la surface de la Terre. *Sur cette carte de la Suisse on distingue bien le relief,* les montagnes et les vallées. **2.** *Les pièces de monnaie sont imprimées en relief,* avec un dessin et une inscription en saillie. **3.** *L'éclairage du musée met bien les objets en relief,* il les fait ressortir, les met en évidence. ▷ BAS-RELIEF.

**relier** **v.** (conjug. 7) **1.** *Relier un livre,* c'est attacher ensemble les feuilles qui le composent et les couvrir avec une couverture rigide. **2.** Attacher ensemble. *Les alpinistes sont reliés par une corde.* **3.** Faire communiquer. *Cette route relie les deux villes.* → **raccorder.**

▸ **relieur** **n. m.**, **relieuse** **n. f.** Personne dont le métier est de relier des livres. ▷ RELIURE.

**religieux** **adj.** et **n. m.**, **religieuse** **adj.** et **n. f.**

▭ **adj. 1.** Qui se rapporte à la religion. *Pâques et Noël sont des fêtes religieuses.* **2.** *C'est une femme très religieuse,* qui pratique sa religion avec assiduité. → **pieux.**

▭ **n. m.** et **f.** Personne qui a consacré sa vie à Dieu et vit dans un couvent. → **moine.** *Elle a été en pension chez des religieuses.* → **nonne, sœur.**

**religion** **n. f.** Croyance en un dieu unique ou en plusieurs dieux. *Ils pratiquent la religion catholique, leurs voisins sont de religion musulmane.*

**reliquat** [ʀəlika] **n. m.** Ce qui reste d'une somme à payer ou à percevoir. *Je te verserai le reliquat de mes dettes le mois prochain.* → **reste.**

**relique** **n. f.** Morceau du corps d'un saint ou objet ayant appartenu à un saint ou au Christ, auquel on rend un culte. *On vénère les reliques au cours d'une cérémonie.*

**relire** v. (conjug. 43) **1.** Lire ce que l'on vient d'écrire pour le vérifier, le corriger. *Luc relit sa lettre avant de la mettre dans l'enveloppe.* **2.** Lire une deuxième fois. *J'ai relu ce livre avec plaisir.*

**reliure** n. f. Couverture rigide d'un livre. *Ce livre a une reliure en cuir.*

**reluire** v. (conjug. 38) Briller. *Il cire ses chaussures puis les fait reluire avec une brosse.*

**remâcher** v. (conjug. 1) *Il remâche ses soucis,* il y pense sans cesse. → **ruminer.**

**remanier** v. (conjug. 7) Modifier. *Le Premier ministre a remanié le gouvernement,* il en a modifié la composition.

se **remarier** v. (conjug. 7) Se marier de nouveau. *Elle s'est remariée après son divorce.*

**remarquer** v. (conjug. 1) *Elle a tout de suite remarqué la nouvelle coiffure de sa sœur,* son attention a été attirée par elle. *Julie aime bien se faire remarquer,* attirer l'attention sur elle.

▶ **remarquable** adj. Digne d'être remarqué. *Ce prestidigitateur est d'une adresse remarquable.*

▶ **remarquablement** adv. D'une manière remarquable. *Elle est remarquablement intelligente.*

▶ **remarque** n. f. **1.** Observation comportant une critique. *Le directeur du magasin a fait une remarque à la vendeuse.* → **réflexion.** **2.** Note portant sur un point auquel il faut faire attention. *Il y a des remarques sur les difficultés grammaticales à la fin du texte.*

**remballer** v. (conjug. 1) Remettre dans son emballage, ranger. *À la fin du marché, les commerçants remballent ce qu'ils n'ont pas vendu.*

**rembarquer** v. (conjug. 1) Embarquer à nouveau. *Après l'escale, les passagers de l'avion ont rembarqué.*

**rembarrer** v. (conjug. 1) Familier. Repousser brutalement quelqu'un, l'envoyer promener. → **rabrouer.** *Elle a rembarré son frère qui lui demandait un service.*

**remblayer** v. (conjug. 8) **1.** *Les ouvriers remblaient le fossé,* ils le bouchent avec de la terre et des pierres. **2.** *Les cantonniers remblaient la route,* ils la surélèvent.

▶ **remblai** n. m. *La voie ferrée est posée sur un remblai,* sur un amas de terre et de pierres qui sert à la surélever.

**rembourrer** v. (conjug. 1) *Ces coussins sont bien rembourrés,* ils sont remplis d'une matière molle et confortable.

**rembourser** v. (conjug. 1) Rendre de l'argent. *Prête-moi 100 francs, je te les rembourserai demain. La vendeuse n'a pas voulu lui rembourser son achat.*

▶ **remboursement** n. m. *Si vous n'utilisez pas votre billet de train, vous pouvez obtenir son remboursement,* vous pouvez vous le faire rembourser.

se **rembrunir** v. (conjug. 2) Prendre un air sombre. *À ces mots, son visage s'est rembruni.*

**remède** n. m. **1.** Produit utilisé pour soigner une maladie ou soulager un malaise. → **médicament.** *Ce sirop est un* *remède contre la toux.* **2.** *Le cinéma est un bon remède contre l'ennui,* cela aide à ne pas s'ennuyer.

▶ **remédier** **v.** (conjug. 7) Trouver une solution à ce qui ne va pas. *Pour remédier au chomâge, il faudrait relancer l'économie.* → **pallier.** ▷ IRRÉMÉDIABLE.

**remembrement** **n. m.** Réunion de petites parcelles de terrain en un grand domaine. *Le remembrement des terres sert à agrandir la surface des champs et à améliorer la culture.*

se **remémorer** **v.** (conjug. 1) Se rappeler, se souvenir. *J'essaie de me remémorer tous les détails de cette histoire.*

**remercier** **v.** (conjug. 7) **1.** *Je te remercie de ton invitation,* je te dis merci, je te témoigne ma reconnaissance. *Je vous remercie de m'avoir aidé.* **2.** *Le boulanger a remercié un de ses employés,* il l'a congédié. → **renvoyer.**

▶ **remerciement** **n. m.** *Après avoir passé le week-end chez eux, elle leur a écrit une lettre de remerciement,* une lettre pour les remercier.

**remettre** **v.** (conjug. 56) **1.** Mettre un objet à la place où il était. *Il a remis son briquet dans sa poche.* **2.** Mettre à nouveau un vêtement que l'on avait enlevé. *Elle remit son manteau et partit.* **3.** Mettre quelque chose dans l'état où il était. *Remets le moteur en marche. Julie a remis tout en ordre.* **4.** *Elle s'est remise à travailler,* elle a recommencé à travailler. **5.** Mettre une seconde fois, ajouter. *Il faudrait remettre de l'eau dans la théière.* **6.** Donner. *Le facteur a remis le colis à son destinataire.* **7.** Reporter à plus tard. *Il a dû remettre son départ à la semaine prochaine.* → ② **repousser.** **8.** *Flora s'est remise rapidement de son opération,* elle s'est rétablie rapidement. **9.** *Je n'y connais rien, je m'en remets à vous,* je vous fais totalement confiance.

▶ **remise** **n. f.** **1.** *La remise en marche du moteur a été difficile,* l'action de le remettre en marche. **2.** *La remise des prix aux gagnants se fera demain,* les prix leur seront remis demain. → **distribution.** **3.** Diminution de prix. *Cette boutique fait une remise à ses meilleurs clients.* → **rabais, réduction.** **4.** Endroit où l'on peut abriter des voitures, ranger des objets divers. *Les outils de jardinage sont dans la remise.*

**réminiscence** **n. f.** Souvenir imprécis. *Je n'ai que de lointaines réminiscences de ce voyage.*

**rémission** **n. f.** **1.** *Je vous donne encore 24 heures, sans rémission,* sans plus d'indulgence. **2.** Diminution momentanée d'un mal. *Il a eu des moments de rémission pendant sa maladie.*

**remonter** **v.** (conjug. 1) **1.** Monter de nouveau après être descendu. *Il remonte chercher ce qu'il a oublié.* ‖ contr. **redescendre** ‖ **2.** Augmenter après avoir diminué. *La température remonte.* **3.** Relever. *Elle remonte les vitres de sa voiture.* ‖ contr. **baisser** ‖ **4.** *Le bateau remonte le fleuve,* il navigue en allant vers la source. **5.** *Ce château remonte au 16e siècle,* il date du 16e siècle. **6.** *Il remonte la vieille horloge,* il tend le ressort qui la fait fonctionner. **7.** Remettre en place les pièces d'un mécanisme. *Le garagiste remonte le carburateur du camion.* **8.** *Buvez, ce* *verre d'alcool vous remontera,* il vous redonnera des forces. *Elle lui a remonté le moral,* elle lui a redonné du courage alors qu'il était triste, déprimé.

▶ **remontant** **n. m.** Médicament ou boisson qui redonne des forces quand on est fatigué. → **fortifiant.** *La vitamine C est un bon remontant.*

▶ **remontée** **n. f. 1.** *Ils ont effectué la remontée de la rivière en canoë,* ils ont remonté la rivière en canoë. **2.** *Les télésièges, les téléskis et les téléphériques sont des remontées mécaniques,* des appareils qui permettent aux skieurs de monter en haut des pistes.

▶ **remonte-pente** **n. m.** Câble servant à hisser les skieurs en haut d'une pente au moyen de perches. → **téléski.** — **Au pl.** *Des remonte-pentes.*

▶ **remontoir** **n. m.** Petite pièce servant à remonter un mécanisme. *Pour remonter une montre, on tourne le remontoir.*

**remontrer** **v.** (conjug. 1) *En remontrer à quelqu'un,* c'est montrer qu'on lui est supérieur, vouloir lui donner des leçons.

▶ **remontrance** **n. f.** *La directrice a fait des remontrances à Alex,* elle lui a fait des observations, des reproches.

**remords** **n. m.** Sentiment de regret mêlé de honte que l'on éprouve quand on a mal agi. *Elle a des remords d'avoir puni son fils injustement.*

**remorquer** **v.** (conjug. 1) Tirer derrière soi un véhicule sans moteur ou en panne. *La dépanneuse a remorqué la voiture jusqu'au garage.*

▶ **remorque** **n. f.** Véhicule tiré par un autre. *Une remorque est attachée à l'arrière de la voiture.* → aussi **caravane.**

**remorque**

▶ **remorqueur** **n. m.** Petit bateau très puissant qui peut remorquer de gros bateaux. ⋙ planche Bateaux. ▷ SEMI-REMORQUE.

**rémouleur** **n. m.** Personne dont le métier est d'aiguiser les lames des instruments tranchants. *Le rémouleur aiguise les couteaux sur sa meule.*

**remous** **n. m. 1.** Mouvement de l'eau qui tourbillonne. → **tourbillon.** *La baignade est interdite sur cette plage car les remous y sont dangereux.* **2.** Agitation dans une foule. *Le discours du maire provoqua des remous dans la salle.*

**rempailler** **v.** (conjug. 1) Garnir un siège avec de la paille. *Elle a fait rempailler des chaises.*

**rempart** **n. m.** Grosse muraille qui entoure un château fort ou une ville fortifiée. *Les remparts de Carcassonne sont très célèbres.*

**remplacer** **v.** (conjug. 3) **1.** Mettre une chose à la place d'une autre. *Elle aimerait remplacer les rideaux par des* *stores. Il veut remplacer sa vieille voiture.* → **changer.** **2.** Faire le travail de quelqu'un à sa place. *Quand le docteur Junot est en vacances, c'est un autre médecin qui le remplace.*

▶ **remplaçant** n. m., **remplaçante** n. f. Personne qui en remplace une autre dans son travail. *Je suis la remplaçante du docteur Junot.*

▶ **remplacement** n. m. **1.** *Il s'est acheté un nouveau parapluie en remplacement de celui qu'il avait perdu,* pour le remplacer. **2.** *Cette secrétaire fait un remplacement,* elle remplace une autre secrétaire. → **intérim.**

**remplir** v. (conjug. 2) **1.** Rendre plein. *Il remplit une casserole d'eau chaude.* ‖ contr. **vider** ‖ — *La salle se remplissait à vue d'œil.* **2.** *Elle a rempli soigneusement le questionnaire,* elle l'a complété par des indications. **3.** *Mon cœur s'est rempli de joie,* je suis devenu joyeux. **4.** *Elle remplit la fonction de maire,* elle est maire. → **exercer.**

▶ **remplissage** n. m. *Les ouvriers effectuent le remplissage de la cuve,* ils la remplissent.

**remporter** v. (conjug. 1) **1.** Emporter ce que l'on avait apporté. *Anne remporte les livres qu'elle avait prêtés à Flora.* **2.** Obtenir. *Alex a remporté le premier prix de dessin.*

**remuer** v. (conjug. 1) **1.** Faire changer de position. → **déplacer, mouvoir.** *Les chiens remuent la queue quand ils sont contents.* **2.** *Elle remue la salade,* elle la mélange à la sauce. → **tourner.** **3.** Bouger, mouvoir son corps. *Luc est très agité, il remue tout le temps.* — Familier. *Allez, remue-toi, tu vas être en retard !* dépêche-toi !

▶ **remuant** adj. Turbulent, agité. *C'est une enfant très remuante.*

▶ **remue-ménage** n. m. inv. Agitation désordonnée et bruyante. *Les voisins font un de ces remue-ménage !* → **chahut.**

**rémunérer** v. (conjug. 6) Payer. → **rétribuer.** *Ce travail n'est pas très bien rémunéré.*

▶ **rémunérateur** adj. *Un travail rémunérateur,* c'est un travail qui est bien payé. — Au fém. *rémunératrice.*

▶ **rémunération** n. f. Somme d'argent que reçoit une personne pour un travail. → **rétribution.** *Il a une rémunération importante.* → **salaire.**

**renâcler** v. (conjug. 1) Montrer son mécontentement devant quelque chose que l'on est obligé de faire. → **rechigner.** *Il a accepté cette corvée sans renâcler.*

**renaissance** n. f. **1.** Nouvel essor que prend une chose après une période où elle s'était affaiblie. *On assiste à une renaissance de l'artisanat.* → **renouveau.** **2.** *La Renaissance,* c'est, en Europe, la période historique qui va de la fin du 14$^{e}$ siècle à la fin du 16$^{e}$ siècle.

**renaître** v. (conjug. 59) **1.** Recommencer à vivre ou à se développer. *L'espoir renaît.* **2.** Reprendre des forces, avoir de nouveau du courage. *Sous le soleil d'été, elle se sent renaître.*

**renard** n. m., **renarde** n. f. Mammifère à la tête fine, au museau pointu, aux oreilles triangulaires et à la queue très touffue. → aussi **fennec.** *Le renard glapit.*

**renchérir** v. (conjug. 2) *Il renchérit sur tout ce que dit sa sœur,* il l'approuve et va encore plus loin en paroles.

**rencontrer** v. (conjug. 1) **1.** *Elle a rencontré sa cousine en faisant ses courses,* elle s'est trouvée par hasard en sa présence. — *Elles se sont rencontrées chez le boucher.* **2.** *Notre équipe de football rencontrera demain les champions en titre,* elle jouera contre eux. **3.** *Ils se sont rencontrés l'été dernier,* ils ont fait connaissance.

▶ **rencontre** n. f. **1.** *Il est allé à la rencontre de sa mère,* au-devant d'elle pour l'accueillir. **2.** Partie, match. *L'arbitre a sifflé la fin de la rencontre.*

**rendement** n. m. Quantité produite par rapport à la surface cultivée ou par rapport au matériel utilisé. *Il faudrait moderniser ces machines pour améliorer leur rendement.* → **efficacité.**

**rendez-vous** n. m. inv. Rencontre convenue entre plusieurs personnes, dans un endroit et à un moment qu'elles ont fixés. *Ils ont rendez-vous à la piscine à 2 heures. Le dentiste reçoit sur rendez-vous.* — Au pl. *Des rendez-vous.*

se **rendormir** v. (conjug. 16) Recommencer à dormir après avoir été réveillé. *La chatte a ouvert un œil et s'est rendormie.*

**rendre** v. (conjug. 41) **1.** Redonner à quelqu'un ce qu'on lui a pris ou ce qu'on a reçu. *Je te rendrai ce livre demain.* **2.** Produire, avoir un rendement. *Ces terres rendent peu.* **3.** Faire devenir. *Ces enfants me rendent folle.* **4.** *Vercingétorix s'est rendu à César,* il s'est soumis en rendant ses armes. → **capituler.** **5.** *Chaque matin, elle se rend à son bureau,* elle va à son bureau.
▷ COMPTE RENDU, RENDEMENT, RENDEZ-VOUS.

**rêne** n. f. Chacune des courroies fixées sur un harnais, avec lesquelles le cavalier dirige sa monture. *Le postillon tire sur les rênes pour que les chevaux de la diligence s'arrêtent.*
◊ homonymes : reine, renne.

**renégat** n. m., **renégate** n. f. Personne qui a renié sa religion.

**renfermer** v. (conjug. 1) **1.** Contenir, avoir à l'intérieur. *Ce coffret renferme des pièces d'or.* **2.** *Il s'est renfermé en lui-même,* il ne livre rien de ses sentiments.

▶ ① **renfermé** adj. *C'est une jeune fille assez renfermée,* qui ne montre pas ses sentiments. || contr. **expansif, ouvert** ||.

▶ ② **renfermé** n. m. Mauvaise odeur d'un endroit mal aéré. *Le placard sent le renfermé.*

**renflé** adj. Gros et rond. → **bombé.** *Un vase aux formes renflées.*

**renflouer** v. (conjug. 1) **1.** *Les ouvriers du chantier naval essaient de renflouer cette épave,* de la remettre en état de naviguer. **2.** *Plusieurs banques sont prêtes à renflouer cette entreprise,* à la sortir de ses difficultés financières en lui fournissant de l'argent.

**renfoncement** n. m. Endroit formant un creux. → **coin, recoin.** *Il a mis l'armoire dans le renfoncement.*

**renforcer** v. (conjug. 3) **1.** Rendre plus solide. *Il a cloué deux planches sur la porte de la cave pour la renforcer.* → **consolider.** *Cela renforce mes soupçons,* cela les confirme. **2.** Rendre plus efficace. *De nouveaux skieurs sont venus renforcer l'équipe.*

▶ **renforcement** n. m. *Les joueurs souhaitent le renforcement de leur équipe,* ils souhaitent que leur équipe soit renforcée.

► **renfort** n. m. *Le général a demandé des renforts,* des soldats et du matériel pour renforcer l'armée.

**renfrogné** adj. Tendu, crispé par le mécontentement. → **maussade.** *La boulangère a un air renfrogné.* || contr. **aimable, enjoué** ||.

**rengaine** n. f. 1. Chanson que l'on a trop entendue et qui est devenue lassante. *Il écoute une vieille rengaine à la radio.* 2. *Avec elle, c'est toujours la même rengaine,* ce sont les mêmes paroles et les mêmes idées qui reviennent tout le temps. → **refrain.**

se **rengorger** v. (conjug. 3) Montrer que l'on est content de soi en prenant un air vaniteux. *Ce comédien se rengorge quand il voit qu'on l'a reconnu.*

**renier** v. (conjug. 7) Renoncer à une chose à laquelle on aurait dû rester fidèle. *Il a renié ses opinions par peur d'être emprisonné.*

**renifler** v. (conjug. 1) 1. Aspirer fort par le nez pour sentir. *Le chien renifle les traces du cerf.* 2. Faire entrer de l'air par le nez en faisant du bruit. *Cesse de renifler et mouche-toi.*

**renne** n. m. Animal qui ressemble à un gros cerf aux bois aplatis et qui vit dans les régions froides de l'hémisphère Nord. *Les Lapons élèvent des troupeaux de rennes.* ◊ homonymes : reine, rêne.

**renom** n. m. Bonne réputation. → **célébrité.** *Ce restaurant a acquis un certain renom.*

► **renommé** adj. Réputé. → **célèbre.** *La cuisine française est renommée dans le monde entier.* || contr. **inconnu** ||.

► **renommée** n. f. Célébrité. → **notoriété.** *Pasteur est un savant de renommée mondiale.*

renne

**renoncer** v. (conjug. 3) Décider de ne pas faire, de ne pas continuer. *Il a dû renoncer à son voyage. Je renonce à comprendre, c'est trop difficile !*

**renoncule** n. f. Petite fleur sauvage aux couleurs vives.

**renouer** v. (conjug. 1) 1. Nouer une chose qui est dénouée. *Il renoue les lacets de ses chaussures.* 2. *Elle a renoué avec une amie d'enfance,* elle a repris des relations avec elle.

**renouveau** n. m. Vigueur nouvelle. → **renaissance.** *L'opéra connaît un renouveau depuis quelque temps.*

**renouveler** v. (conjug. 4) 1. Remplacer une chose qui a déjà servi par une chose nouvelle. *Il ouvre la fenêtre pour renouveler l'air de la pièce.* → **changer.** — *La peau se renouvelle sans arrêt.* 2. *Elle a renouvelé son abonnement qui allait expirer,* elle a fait les démarches nécessaires pour qu'il soit prolongé. **3.** *Je souhaite que cet incident ne se renouvelle pas,* qu'il ne recommence pas. → se **reproduire.**

▸ **renouvelable** **adj.** *Le bail de cet appartement est renouvelable tous les trois ans,* on peut le prolonger au bout de trois ans.

▸ **renouvellement** **n. m.** **1.** *Le libraire a procédé au renouvellement des stocks,* il a remplacé les livres qui avaient été vendus. **2.** *Elle a demandé le renouvellement de sa carte de travail,* elle a demandé que sa carte soit refaite pour être encore valable.

**rénover** **v.** (conjug. 1) Remettre à neuf. *Cet immeuble a été entièrement rénové.*

▸ **rénovation** **n. f.** Remise à neuf. → **restauration.** *Des architectes travaillent à la rénovation de ce vieux quartier.*

**renseigner** **v.** (conjug. 1) Donner un renseignement, une information. → **informer.** *Je cherche la poste, pouvez-vous me renseigner ? — Elle s'est renseignée sur les horaires de train.*

▸ **renseignement** **n. m.** Chose que l'on fait savoir à quelqu'un. → **information.** *L'agence de voyages m'a donné des renseignements utiles.*

**rente** **n. f.** Argent que rapporte régulièrement ce que l'on possède. *Elle a des rentes.*

▸ **rentable** **adj.** *Ce restaurant est très rentable,* il fait des bénéfices.

▸ **rentabiliser** **v.** (conjug. 1) Rendre rentable. *Il a rentabilisé ses investissements,* ses investissements lui ont fait gagner de l'argent.

▸ **rentabilité** **n. f.** *La rentabilité de ce placement est bonne,* ce placement rapporte assez d'argent.

▸ **rentier** **n. m.**, **rentière** **n. f.** Personne qui vit de ses rentes, sans travailler.

**rentrer** **v.** (conjug. 1) **1.** Entrer dans un endroit d'où l'on est sorti. *J'ai vu un homme sortir de la maison puis y rentrer précipitamment.* **2.** Revenir chez soi. *Tu es rentré tard hier.* **3.** Mettre à l'intérieur, à l'abri. *Rentre les parasols, il commence à pleuvoir.* ‖ contr. **sortir** ‖ **4.** *Elle est rentrée dans ses frais,* elle a récupéré l'argent qu'elle avait dépensé. *Tout est rentré dans l'ordre,* l'ordre est revenu. **5.** Entrer avec force quelque part. *La voiture est rentrée dans un arbre.* **6.** S'enfoncer, s'emboîter. *La clé rentre dans la serrure.*

▸ **rentrée** **n. f.** **1.** *La rentrée des classes,* c'est la période qui suit les vacances d'été, où les élèves retournent en classe. *Demain, c'est la rentrée.* **2.** *Une rentrée d'argent,* c'est une somme d'argent que l'on reçoit, que l'on encaisse.

**renverser** **v.** (conjug. 1) **1.** Faire tomber. *L'automobiliste a renversé un piéton. Yves a renversé son verre. — La tasse s'est renversée.* **2.** *Les militaires ont renversé le gouvernement,* ils l'ont obligé à démissionner. **3.** Incliner en arrière. *Julie renverse la tête.*

▸ **renversant** **adj.** *Une nouvelle renversante,* c'est une nouvelle qui étonne énormément.

▸ à la **renverse** **adv.** *Le clown est tombé à la renverse,* en arrière, sur le dos.

▸ **renversement** **n. m.** **1.** Changement complet. *À la fin du film, on assiste à un renversement de la situation.* → **retournement.** **2.** Chute, écroulement. *Le renversement du régime a bouleversé le pays.*

**renvoyer** **v.** (conjug. 8) **1.** Faire retourner une personne là où elle était. *Luc est guéri, on peut le renvoyer en classe.*

2. Faire partir, mettre à la porte. → **congédier, licencier.** *Le boucher a renvoyé un de ses employés.* 3. Relancer un objet que l'on a reçu. *Il renvoie le ballon d'un coup de pied.* 4. Faire reporter quelque chose à quelqu'un. *La lettre a été renvoyée à l'expéditeur.*

▶ **renvoi** n. m. 1. Mise à la porte. → **licenciement.** *La directrice a décidé le renvoi d'un élève.* → **exclusion.** 2. Indication, dans un livre, invitant le lecteur à se reporter à une autre page. *Après la définition d'un mot, il peut y avoir un renvoi à un synonyme.* 3. Rot. *Le bébé a eu un renvoi.*

**réorganiser** v. (conjug. 1) Organiser d'une autre manière. *Nous avons réorganisé notre voyage.*

**réouverture** n. f. Le fait d'ouvrir à nouveau un établissement qui a été quelque temps fermé. *La réouverture du magasin se fera en septembre.*

**repaire** n. m. 1. Cachette qui sert d'abri aux animaux sauvages. → **antre, tanière.** *La panthère attendait la nuit dans son repaire.* 2. Lieu qui sert de refuge à des individus dangereux. *Cette auberge est un repaire de contrebandiers.* ◊ homonyme : repère.

se **repaître** v. (conjug. 57) *Les hyènes se repaissent de charognes,* elles se nourrissent de charognes. → aussi **repu.**

**répandre** v. (conjug. 41) 1. Disperser, laisser tomber une chose qui s'étale. *Le camion a répandu son chargement sur la route. — Le pétrole s'est répandu sur la plage.* 2. *Le poêle répand une douce chaleur,* il produit une chaleur qui s'étend autour de lui. → **dégager.** — *Une odeur infecte s'est répandue dans la pièce.* 3. *Les journaux ont répandu la nouvelle,* ils l'ont fait connaître à tous. — *Le bruit s'est répandu qu'il était mort.*

**reparaître** v. (conjug. 57) Se montrer de nouveau. *Après la pluie, le soleil reparaît.* → **réapparaître.**

**réparer** v. (conjug. 1) 1. Remettre en bon état. *Il a réparé sa moto.* 2. *Pour réparer ses torts, il lui a envoyé des fleurs,* pour supprimer les conséquences fâcheuses de ses erreurs.

▶ **réparable** adj. Que l'on peut réparer. *Cette voiture est encore réparable.* ‖ contr. **irréparable** ‖.

▶ **réparateur** n. m. et adj., **réparatrice** n. f. et adj. 1. n. m. et f. Personne dont le métier est de réparer les objets. *J'ai dû appeler le réparateur de télévisions.* 2. adj. *Après ce long voyage, il a dormi d'un sommeil réparateur,* d'un sommeil qui redonne des forces.

▶ **réparation** n. f. Travail que l'on fait pour réparer quelque chose. *Combien coûtera la réparation de cette montre ?* ▷ IRRÉPARABLE.

**reparler** v. (conjug. 1) Parler à nouveau de quelque chose ou de quelqu'un. *On reparlera de ce problème demain.*

**repartie** [ʀəpaʀti] n. f. Réponse rapide et juste. *Alex a de la repartie.*

**repartir** v. (conjug. 16) 1. Partir pour l'endroit d'où l'on vient. *À peine arrivé, il faut déjà repartir.* 2. Partir à nouveau après un temps d'arrêt. *Le chef de gare agite un drapeau et le train repart.*

**répartir** v. (conjug. 2) 1. Partager. → **distribuer.** *Elle a réparti le travail entre Anne, Flora et Luc. Ils se sont réparti* *les livres.* **2.** Étaler dans le temps. *Le stage est réparti sur trois semaines.*

▶ **répartition** n. f. Partage. → **distribution.** *Elle a fait la répartition des tâches.*

**repas** n. m. Nourriture que l'on prend à heures régulières. → aussi ② **déjeuner,** ② **dîner,** ② **goûter,** ① **souper.** *Il a fait un repas léger à midi.*

① **repasser** v. (conjug. 1) **1.** Passer de nouveau. *Il n'est pas repassé par le même chemin.* → **revenir. 2.** *Il doit repasser son bac l'année prochaine,* se présenter de nouveau à l'examen.

② **repasser** v. (conjug. 1) Effacer les faux plis du linge, le rendre lisse à l'aide d'un *fer à repasser. Elle repasse une nappe. — Ce tissu se repasse facilement.*

▶ **repassage** n. m. *Elle a fini le repassage,* elle a repassé tout le linge.

③ **repasser** v. (conjug. 1) *Anne repasse ses leçons,* elle les relit, les révise. → **revoir.**

**repêcher** v. (conjug. 1) **1.** Retirer de l'eau. *Son chapeau est tombé dans l'étang et il l'a repêché de justesse.* **2.** *Le jury a repêché ce candidat,* il l'a reçu à l'examen alors qu'il n'avait pas le nombre de points suffisant.

**repeindre** v. (conjug. 52) Peindre à neuf. *Il a repeint son appartement.*

se **repentir** v. (conjug. 16) Regretter d'avoir fait une chose, en se disant qu'on ne recommencera plus. *Flora s'est repentie d'avoir menti à son père.*

▶ **repentir** n. m. Regret de ce que l'on a fait. → **remords.** *Son repentir est sincère.*

**répercuter** v. (conjug. 1) **1.** Renvoyer un son dans une autre direction. *Les montagnes répercutent l'écho.* **2.** *La bonne humeur de Julie se répercute sur ses amis,* se transmet à ses amis, a une influence sur eux.

▶ **répercussion** n. f. Effet, conséquence. *Ce climat chaud a des répercussions sur la santé.*

**repère** n. m. **1.** Marque qui permet de retrouver un endroit. *Il trace des repères sur le mur avant de suspendre son tableau.* **2.** *Les phares servent de points de repère aux bateaux,* d'endroits précis à partir desquels ils peuvent se retrouver. ◊ homonyme : repaire.

▶ **repérer** v. (conjug. 6) **1.** Situer avec précision, par rapport à des points de repère. *Les pirates ont repéré l'emplacement du trésor.* **2.** Familier. Trouver, découvrir. *J'ai repéré un coin tranquille pour pique-niquer.* **3.** *On se repère difficilement dans la forêt,* on a du mal à se retrouver, à savoir où l'on est.

**répertoire** n. m. **1.** Carnet, cahier dans lequel on classe des choses par ordre alphabétique. *Il cherche un numéro dans son répertoire téléphonique.* **2.** *Le répertoire d'un artiste,* c'est l'ensemble des œuvres qu'il a l'habitude de jouer, de chanter. *Ce pianiste a de nombreux concertos de Mozart à son répertoire.*

**répéter** v. (conjug. 6) **1.** Dire une chose que l'on a déjà dite. → **redire.** *Tu répètes toujours la même chose. Je vous ai répété cent fois de ne pas toucher à cet appareil.* **2.** Dire ce qu'un autre a déjà dit. *C'est un secret, ne le répète à personne.* **3.** Refaire quelque chose que l'on a déjà fait. *Il faut répéter l'expérience.* → **recommencer. 4.** *Les comédiens répètent,* ils jouent sans public pour mettre la pièce au point.

▸ **répétition** n. f. **1.** Chose que l'on a déjà dite ou écrite. *Essaie d'éviter les répétitions dans ta rédaction.* **2.** Séance de travail au cours de laquelle les comédiens, les musiciens, les chanteurs s'exercent avant de jouer en public. *La pièce a demandé deux mois de répétitions.*

**repeupler** v. (conjug. 1) Peupler de nouveau un endroit qui s'est dépeuplé. *Des immigrés sont venus repeupler la région en s'y installant.*

**repiquer** v. (conjug. 1) Mettre en terre ce qui a été semé ailleurs. *Le jardinier repique des salades.*

**répit** n. m. Détente, repos. *Je n'ai pas eu un instant de répit depuis hier. Il travaille sans répit,* sans arrêt.

**replacer** v. (conjug. 3) Remettre une chose à sa place. *Il a replacé le livre dans la bibliothèque.* → **ranger.**

**replet** adj. Bien en chair, un peu gras. → **dodu, grassouillet.** *La boulangère est une petite femme replète.*

**replier** v. (conjug. 7) **1.** Plier une chose qui avait été dépliée. *Il replia son journal.* **2.** Ramener en pliant ce qui a été déployé. *L'oiseau replie ses ailes.* **3.** *Les troupes se replient,* elles reculent en bon ordre.

▸ **repli** n. m. **1.** Pli profond ou pli qui se répète. *Flora s'est cachée dans les replis du rideau.* **2.** Recul, retraite. *Le général ordonna le repli des troupes.*

① **réplique** n. f. Copie d'une œuvre d'art. *Les Romains ont fait de nombreuses répliques de statues grecques.*

② **réplique** n. f. **1.** Réponse vive marquant un désaccord. → **repartie, riposte.** *La réplique d'Yves ne se fit pas attendre.* **2.** Ce qu'un acteur doit dire en réponse aux paroles qui lui sont adressées quand il joue une pièce, un film. *Elle a oublié sa réplique.*

▸ **répliquer** v. (conjug. 1) Répondre à quelqu'un avec vivacité. *Alex a obéi sans répliquer.*

**répondre** v. (conjug. 41) **1.** Faire connaître ce que l'on pense à quelqu'un qui s'est adressé à vous. *Il n'a pas voulu répondre à ma question. Anne a répondu à la lettre de son oncle. Elle lui a répondu qu'elle viendrait demain.* **2.** Réagir à quelque chose. *Le chien répond à l'appel de son nom. J'ai essayé de lui téléphoner, cela ne répond pas.* **3.** *Manger tous les jours répond à un besoin,* correspond à un besoin. **4.** *Vous pouvez lui confier ce travail, je réponds de lui,* je garantis qu'il fera ce qu'il faut, je m'engage pour lui.

▸ **répondant** n. m. *Quand j'ai emprunté de l'argent à la banque, mon frère m'a servi de répondant,* il s'est engagé à rembourser à ma place si je ne pouvais pas le faire. → **caution.**

▸ **répondeur** n. m. Appareil que l'on branche sur un téléphone et qui donne une réponse enregistrée. *Il a laissé un message sur le répondeur.*

▸ **réponse** n. f. **1.** Ce que l'on dit ou écrit pour répondre à quelqu'un. *Luc a donné la bonne réponse. Elle a reçu une réponse à sa lettre.* **2.** Réaction à quelque chose. *J'ai sonné, mais il n'y a pas eu de réponse.*

**report** n. m. *Il a demandé le report de la réunion,* que la réunion ait lieu plus tard, soit reportée à plus tard.

**reportage** n. m. Article ou émission où un journaliste raconte ce qu'il a vu

répondeur

et entendu. *Anne regarde un reportage sur l'Afrique à la télévision.*

① **reporter** [ʀəpɔʀtɛʀ] **n. m.** Journaliste qui fait des reportages. *Le reporter interviewe les témoins de la catastrophe.*

② **reporter** **v.** (conjug. 1) **1.** Renvoyer à plus tard. *En raison des vacances, la réunion a été reportée à la rentrée.* → **remettre** et aussi **report. 2.** *À la mort de son mari, elle a reporté toute son affection sur son fils,* elle a donné à son fils toute son affection. **3.** *Pour trouver le sujet que vous cherchez dans ce livre, reportez-vous à la table des matières,* cherchez dans la table des matières où il en est question dans le livre.

① **reposer** **v.** (conjug. 1) Poser une chose que l'on a soulevée. *Julie a bu son jus d'oranges, puis a reposé son verre sur la table.*

② **reposer** **v.** (conjug. 1) **1.** *La maison repose sur des pilotis,* elle est construite sur pilotis. **2.** *Ce que tu dis ne repose sur rien,* ce n'est pas prouvé, fondé. **3.** Enlever la fatigue. *Quelques jours de vacances me reposeront.* → **délasser, détendre. 4.** *Elle s'est un peu reposée après le déjeuner,* elle a pris du repos. **5.** *Il se repose entièrement sur son assistant* , il lui fait entièrement confiance.

▶ **repos** **n. m. 1.** Délassement, détente. *Après ce travail difficile, il a pris un peu de repos,* il s'est reposé. **2.** *C'est un métier de tout repos,* qui ne donne aucun mal.

▶ **reposant** **adj.** Qui enlève la fatigue, détend. *Ces vacances ont été très reposantes.*

① **repousser** **v.** (conjug. 1) Pousser à nouveau. *Au printemps, les feuilles repoussent.*

② **repousser** **v.** (conjug. 1) **1.** Pousser en arrière. *Luc s'est levé et a repoussé sa chaise.* **2.** Faire reculer. *Charles Martel a repoussé les Arabes à Poitiers, en 732.* **3.** Refuser d'accepter. *Elle est très têtue et repousse tous les conseils.* || contr. **accepter** || **4.** Remettre à plus tard. *La réunion a été repoussée au mois prochain.* → ② **reporter.**

▶ **repoussant** **adj.** Dégoûtant, répugnant. *Flora trouve que les crapauds sont des bêtes repoussantes.*

**répréhensible** **adj.** *Mentir et voler sont des actes répréhensibles,* qui méritent d'être blâmés, condamnés. → **blâmable, condamnable.** || contr. **louable** ||.

**reprendre** **v.** (conjug. 58) **1.** Prendre une autre fois. *Yves a repris de la tarte.* **2.** Prendre de nouveau. → **rattraper.** *La police a repris le prisonnier qui s'était évadé.* **3.** Recommencer après une interruption. *Les cours reprendront en septembre.* **4.** *Reprendre quelqu'un,* c'est le corriger quand il se trompe. *La maîtresse reprend les élèves quand ils font des fautes en parlant. — Julie a* *fait une faute de français, mais elle s'est reprise aussitôt,* elle a rectifié. **5.** *On ne m'y reprendra plus à rendre service à des gens ingrats,* je ne recommencerai plus.

**représailles** **n. f. pl.** Ce que l'on fait pour se venger quand on a été attaqué. *Si Yves exaspère Alex, gare aux représailles !*

**représenter** **v.** (conjug. 1) **1.** Faire apparaître dans l'esprit par une image. → **montrer.** *Ce dessin représente un paysage de montagne.* **2.** Être le signe, le symbole. *Ces points rouges sur la carte représentent les villes.* → **symboliser.** **3.** Constituer. *Ces travaux représentent une grosse dépense,* ils correspondent à une grosse dépense. **4.** *Représenter une pièce,* c'est la jouer. *Les élèves de la classe représenteront « l'Avare » de Molière.* **5.** *Représenter quelqu'un,* c'est agir à sa place. *Les députés représentent le peuple.* **6.** *Se représenter une chose,* c'est l'imaginer. *Elle se représentait très bien la scène.*

▸ **représentant** **n. m.,** **représentante** **n. f. 1.** Personne qui représente quelqu'un, agit en son nom. *Les députés sont les représentants de leurs électeurs.* **2.** Personne dont le métier est de rendre visite aux gens, au nom d'une société, pour leur vendre des produits. *Elle est représentante en produits de beauté.*

▸ **représentatif** **adj.** *Julie et Anne sont bien représentatives des filles de 10 ans,* elles en sont des exemples typiques.

▸ **représentation** **n. f.** Spectacle joué sur une scène de théâtre. *La représentation commencera à 20 heures.*

**répression** **n. f.** Punition. *La justice s'occupe de la répression des crimes et des délits,* elle les punit. → aussi **réprimer.**

**réprimande** **n. f.** Reproche. *Son père lui a fait des réprimandes pour ses mauvais résultats en classe.* → **remontrance.** ‖ contr. **compliment, félicitation** ‖.

▸ **réprimander** **v.** (conjug. 1) Faire des réprimandes. → **gronder.** *La maîtresse a réprimandé Anne et Julie qui bavardaient pendant le cours.* ‖ contr. **complimenter** ‖.

**réprimer** **v.** (conjug. 1) **1.** Empêcher de se manifester, de s'exprimer. *Elle réprima un bâillement d'ennui.* **2.** Punir. *L'armée a durement réprimé la révolte.* → aussi **répression.**

**repris de justice** **n. m.** Individu qui a plusieurs fois été condamné par la justice. → **récidiviste.** *Parmi les auteurs du hold-up, il y a plusieurs repris de justice.*

① **reprise** **n. f. 1.** *La reprise des cours aura lieu le 5 septembre,* les cours reprendront le 5 septembre. **2.** *Ce skieur a été champion du monde à plusieurs reprises,* plusieurs fois. **3.** Partie d'un match de boxe. → **round.** *Les boxeurs ont une minute de repos entre chaque reprise.* **4.** *Cette voiture est nerveuse, elle a de bonnes reprises,* elle accélère facilement après avoir ralenti.

② **reprise** **n. f.** Raccommodage sur un tissu déchiré ou troué. *Luc a une reprise à son short.*

▸ **repriser** **v.** (conjug. 1) Raccommoder. *Elle reprise des chaussettes.*

**réprobateur** **adj.** Qui exprime la réprobation. *Yves a un air réprobateur.* → **désapprobateur.** — **Au fém.** *réprobatrice.*

**réprobation** **n. f.** Jugement très sévère que l'on porte sur une personne ou une chose qui déplaît profondément. → aussi **réprouver.** *Sa conduite a suscité la réprobation générale.* → **désapprobation.** || contr. **approbation** ||.

**reprocher** **v.** (conjug. 1) **1.** *Reprocher quelque chose à quelqu'un,* c'est lui exprimer son mécontentement à propos d'une chose dont on le juge coupable ou responsable. → **blâmer.** *Luc reproche à ses parents leur sévérité.* **2.** *Elle s'est reproché son mouvement d'humeur,* elle s'en est sentie coupable.

▶ **reproche** **n. m.** Remontrance, réprimande. || contr. **compliment, félicitation** || *Il m'a fait de nombreux reproches.*

▷ IRRÉPROCHABLE.

**reproducteur** **adj.** *Les organes reproducteurs,* ce sont les organes qui servent à la reproduction des êtres vivants. → aussi **génital.** — **Au fém.** *reproductrice.*

**reproduction** **n. f. 1.** Copie d'un objet. *Ce livre contient des reproductions de tableaux.* **2.** *La reproduction,* c'est le phénomène qui permet aux êtres vivants de donner naissance à d'autres êtres vivants de la même espèce. *Les abeilles permettent la reproduction des fleurs en transportant le pollen.* → aussi se **reproduire.**

**reproduire** **v.** (conjug. 38) **1.** Imiter. *Le perroquet reproduit la voix humaine.* **2.** Faire exister à de nombreux exemplaires. *L'imprimerie permet de reproduire des textes à des milliers d'exemplaires.*

▶ se **reproduire** **v. 1.** Donner naissance à des êtres vivants de la même espèce que la sienne. *Les êtres humains, les animaux et les plantes se reproduisent.* → aussi **reproducteur, reproduction.** **2.** Se produire de nouveau. → **recommencer.** *Cette erreur ne se reproduira plus.* → se **renouveler.**

**réprouver** **v.** (conjug. 1) Condamner sévèrement. → **blâmer, désapprouver,** et aussi **réprobation.** *Elle réprouve les fréquentations de son fils.* || contr. **approuver** ||.

**reptile** **n. m.** Animal vertébré qui a des écailles ou une carapace. *Les serpents, les lézards, les crocodiles et les tortues sont des reptiles.*

**repu** **adj.** Qui a mangé à sa faim. → **rassasié.** || contr. **affamé** || *Le bébé a bu tout son biberon ; il est repu.*

**république** **n. f.** Régime politique qui a un président et un parlement élus. *La France est devenue une république en 1792. Le président de la République française est élu au suffrage universel.*

▶ **républicain** **adj.** Qui appartient à la république. *Les institutions françaises sont républicaines.*

**répugner** **v.** (conjug. 1) **1.** Faire horreur. *L'idée même de manger lui répugnait.* **2.** Ne pas aimer. *Elle répugne toujours à punir ses enfants.*

▶ **répugnant** **adj.** Qui dégoûte, fait horreur. → **dégoûtant.** *Tes mains sont d'une saleté répugnante.* || contr. **ragoûtant** ||.

▶ **répugnance** **n. f.** Dégoût très vif. → **répulsion.** *Elle débouche l'évier avec répugnance.*

**répulsion** **n. f.** Profond dégoût. → **répugnance.** *Anne a de la répulsion pour les cafards.* || contr. **attirance** ||.

**réputation** **n. f.** *La directrice a la réputation d'être sévère,* on dit qu'elle est sévère. *Ce restaurant a une excellente réputation,* il est connu comme excellent. → aussi **réputé.**

**réputé** **adj.** Connu, célèbre. *Une pianiste réputée donnera un concert demain.*

**requérir** **v.** (conjug. 21) **1.** Réclamer au nom de la loi. *Le procureur a requis un an de prison pour l'accusé.* → aussi **réquisitoire. 2.** Demander, réclamer. *Ce travail requiert beaucoup d'attention.* ▷ REQUIS, RÉQUISITIONNER, RÉQUISITOIRE.

**requête** **n. f.** Demande pressante. → **prière.** *Il a fini par céder à la requête de ses enfants.*

**requiem** [ʀekɥijɛm] **n. m. inv.** Chant religieux à la mémoire des morts. *Mozart a composé un célèbre requiem.* — **Au pl.** *Des requiem.*

**requin** **n. m.** Très grand poisson carnivore, puissant et vorace. ⋙ planche Poissons. *Les requins ont d'énormes mâchoires aux dents acérées.*

**requis** **adj.** *Vous ne remplissez pas les conditions requises pour ce poste,* les conditions qui sont exigées, obligatoires.

**réquisitionner** **v.** (conjug. 1) *Les autorités ont réquisitionné des fermes pour loger les sinistrés,* elles ont exigé qu'on mette les fermes à leur disposition.

**réquisitoire** **n. m.** Discours prononcé contre l'accusé, dans un tribunal. *Le procureur a prononcé le réquisitoire.*

**rescapé** **n. m., rescapée** **n. f.** Personne qui a échappé à un accident ou à une catastrophe. *Un chalutier a recueilli les rescapés du naufrage.*

à la **rescousse** **adv.** Au secours, à l'aide. *Alex a appelé son grand frère à la rescousse.*

**réseau** **n. m. 1.** Ensemble de voies de communication, de lignes électriques ou téléphoniques. *Les inondations ont affecté le réseau routier de toute la région.* **2.** Organisation secrète. *Ils ont fait partie de réseaux de résistance.*

**réséda** **n. m.** Plante aux fleurs très parfumées disposées en grappes. *Le réséda entre dans la composition de nombreux parfums.*

**réséda**

**réservation** **n. f.** *Faire une réservation,* c'est retenir une place ou une chambre pour une date précise. *Il a annulé sa réservation sur le vol Lyon-Madrid.*

① **réserve** **n. f. 1.** *Il a émis quelques réserves sur le projet,* il a dit qu'il n'était pas tout à fait d'accord. *Julie a une admiration sans réserve pour son père,* elle l'admire totalement. **2.** Provision. *Yves a une réserve de chocolats dans sa table de nuit.* **3.** Territoire où les plantes et les animaux sont protégés. *La chasse et la pêche sont interdites dans la réserve.*

② **réserve** **n. f.** Attitude d'une personne discrète qui se garde de tout excès. → **retenue.** *Flora fait preuve de réserve avec les gens qu'elle connaît mal.*

▶ **réservé** **adj.** *Une personne réservée,* c'est une personne qui manifeste de la réserve, de la retenue.

**réserver** **v.** (conjug. 1) **1.** Retenir d'avance ce que l'on veut avoir plus tard. → **louer.** *Dans ce restaurant très connu, il faut réserver sa table plusieurs jours à l'avance.* **2.** *Les trottoirs sont réservés aux piétons,* ils ne doivent servir qu'à eux. **3.** Procurer, apporter. *La journée nous a réservé bien des surprises.*

▶ **réservoir** **n. m.** Bassin ou récipient pouvant contenir un liquide que l'on garde. *Le réservoir d'essence d'une voiture.* ▷ RÉSERVATION, ① RÉSERVE.

**résider** **v.** (conjug. 1) **1.** Habiter. → **demeurer.** *Ils résident en banlieue.* **2.** Se trouver. *C'est là que réside la difficulté.*

▶ **résidence** **n. f.** Endroit où l'on habite. *Leur résidence principale est à Paris, leur résidence secondaire en Bretagne.*

▶ **résidentiel** **adj.** *Un quartier résidentiel,* c'est un quartier qui ne comporte que des maisons et des immeubles réservés à l'habitation. — **Au fém.** *résidentielle.*

**résidu** **n. m.** Reste. *Le goudron est un des résidus de la distillation du pétrole.*

se **résigner** **v.** (conjug. 1) Accepter sans protester une chose pénible. → **consentir.** *Ils se sont résignés à rentrer.*

▶ **résignation** **n. f.** Le fait d'accepter sans protester. ‖ contr. **révolte** ‖ *Elle a accepté sa maladie avec résignation.*

**résilier** **v.** (conjug. 7) *Il a résilié son contrat auprès de la compagnie d'assurances,* il y a mis fin.

**résine** **n. f.** Produit collant et visqueux qui s'écoule de certains arbres. *Les conifères produisent de la résine.*

▶ **résineux** **n. m.** Arbre qui produit de la résine. *Les sapins et les mélèzes sont des résineux.*

**résister** **v.** (conjug. 1) **1.** Ne pas céder, ne pas casser. *La vitre a résisté au choc.* **2.** Supporter. *Les chameaux résistent bien à la soif.* **3.** Lutter, s'opposer. *La ville a résisté longtemps avant de se rendre,* elle s'est défendue.

▶ **résistance** **n. f. 1.** Force pour supporter la fatigue, les épreuves. → **endurance.** *Alex peut marcher des heures ; il a une grande résistance.* **2.** Le fait de lutter, de résister. *Le voleur s'est laissé arrêter sans opposer aucune résistance.* **3.** *La Résistance,* c'était une organisation de Français qui luttaient contre l'Occupation allemande pendant la Seconde Guerre mondiale.

▶ **résistant** **adj.** et **n. m.**, **résistante** **adj.** et **n. f. 1. adj.** Solide. *Ce tissu est très résistant.* ‖ contr. **fragile** ‖ *Julie est très résistante,* elle supporte l'effort prolongé. → **endurant. 2. n.** Personne qui était dans la Résistance, sous l'Occupation allemande. *Un groupe de résistants.* → aussi **maquisard.** ▷ IRRÉSISTIBLE.

**résolu** **adj.** Qui sait prendre une décision et n'en change pas. *Elle était calme et résolue.* || contr. **indécis** ||.

▸ **résolument** **adv.** Avec force. → **énergiquement.** *Il s'opposa résolument au projet.*

**résolution** **n. f.** Décision. *En ce début d'année, Luc a pris de bonnes résolutions,* il s'est décidé fermement à bien faire, à se corriger.

**résonner** **v.** (conjug. 1) **1.** Retentir avec un écho. *Sa voix résonnait dans la grotte.* **2.** *La cour résonnait de cris d'enfants,* elle en était pleine. ◊ homonyme : raisonner.

**résorber** **v.** (conjug. 1) **1.** *Se résorber,* c'est disparaître peu à peu. *L'hématome que Flora avait au genou s'est résorbé.* **2.** Faire disparaître, supprimer. *Le gouvernement a pris des mesures pour résorber le chômage.*

**résoudre** **v.** (conjug. 51) *Résoudre un problème,* c'est trouver sa solution. *L'énigme n'est toujours pas résolue.*

se **résoudre** **v.** (conjug. 51) Se décider, après avoir bien réfléchi. *Ils se sont résolus à tout abandonner.* ▷ RÉSOLU, RÉSOLUMENT, RÉSOLUTION.

**respect** [ʀɛspɛ] **n. m. 1.** Attitude et sentiment d'une personne qui a de la considération pour quelqu'un en raison de son âge, de sa valeur. *Elle a beaucoup de respect pour son vieux professeur.* **2.** *L'arbitre veille au respect des règles du jeu,* il veille à ce que les joueurs suivent les règles du jeu. **3.** *Le policier tenait l'homme en respect avec son arme,* il le maintenait à distance, l'empêchait d'agir.

▸ **respecter** **v.** (conjug. 1) **1.** Manifester du respect. *On doit respecter les personnes âgées.* **2.** *Respecter une règle,* c'est lui obéir, s'y conformer. *Il faut respecter les limitations de vitesse.*

▸ **respectable** **adj.** Digne de respect. → **honorable.** *Sa grand-mère est une dame d'un âge respectable.* ▷ RESPECTUEUX.

**respectif** **adj.** *Tous les enfants retournèrent à leurs places respectives,* chacun à sa place.

▸ **respectivement** **adv.** Dans l'ordre. *Alex, Luc et Yves ont respectivement 8, 9 et 10 ans.*

**respectueux** **adj.** Qui témoigne du respect. *Elle s'adresse à ses supérieurs sur un ton respectueux.* || contr. **insolent** || — **Au fém.** *respectueuse.*

**respirer** **v.** (conjug. 1) **1.** Faire entrer de l'air dans les poumons et le rejeter. *Respirez profondément !* → aussi **expirer, inspirer.** **2.** Avoir un moment de calme. *Je n'ai pas eu le temps de respirer depuis ce matin.* **3.** *Son visage respirait la joie,* exprimait la joie.

▸ **respiration** **n. f.** Fonction du corps qui consiste à absorber de l'oxygène et à rejeter du gaz carbonique. *Alex retint un moment sa respiration.*

▸ **respiratoire** **adj.** Qui permet la respiration. *Les poumons et la trachée font partie de l'appareil respiratoire.* ▷ IRRESPIRABLE.

**resplendir** **v.** (conjug. 2) Briller d'un vif éclat. *Il fait beau ; le soleil resplendit.*

▸ **resplendissant** **adj.** Très brillant. → **éclatant.** *Le soleil est resplendissant. Quelle mine resplendissante, Julie !* quelle bonne mine !

**responsable** adj. 1. Qui a commis une faute et doit réparer le tort causé. *Le conducteur responsable de l'accident était ivre.* — N. *La responsable a été punie.* 2. *Les parents sont responsables de leurs enfants,* ils doivent veiller sur eux et répondre d'eux.

▸ **responsabilité** n. f. 1. Obligation de réparer le tort que l'on a causé. *L'enquête a établi la responsabilité du conducteur.* 2. Obligation d'accepter les conséquences de ses actes. *Chacun doit prendre ses responsabilités.* ▷ IRRESPONSABLE.

**resquiller** v. (conjug. 1) Entrer sans payer ou sans attendre son tour. *Il a resquillé dans le métro.*

▸ **resquilleur** n. m., **resquilleuse** n. f. Personne qui resquille. *Un resquilleur s'est fait prendre par le contrôleur.*

**ressac** [ʀəsak] n. m. Retour violent des vagues sur elles-mêmes, après avoir heurté un obstacle. *On entend le bruit du ressac contre la falaise.*

se **ressaisir** v. (conjug. 2) Être de nouveau maître de soi, retrouver son calme. *Elle a failli se mettre en colère, mais elle s'est ressaisie juste à temps.*

**ressasser** v. (conjug. 1) Répéter sans cesse. → **rabâcher.** *En vieillissant, il ressasse toujours les mêmes histoires.*

**ressembler** v. (conjug. 1) 1. Avoir des traits communs. *Luc ressemble à sa mère.* — *Julie et sa sœur se ressemblent comme deux gouttes d'eau.* 2. *Cela ne lui ressemble pas,* ce n'est pas son habitude.

▸ **ressemblance** n. f. *La ressemblance entre sa sœur et lui est frappante,* ils se ressemblent de façon frappante. || contr. **différence** ||.

▸ **ressemblant** adj. *Ce portrait est très ressemblant,* il ressemble beaucoup au modèle.

**ressemeler** v. (conjug. 4) Garnir d'une semelle neuve. *Les cordonniers ressemellent les chaussures.*

▸ **ressemelage** n. m. *Ces bottes ont besoin d'un bon ressemelage,* elles ont besoin d'être ressemelées.

**ressentiment** n. m. Rancœur, rancune que l'on ressent au souvenir de torts que l'on a subis. *Il a gardé un vif ressentiment de cette injustice.*

**ressentir** v. (conjug. 16) 1. Éprouver. → **sentir.** *Il ressentait de la sympathie pour cette jeune fille.* 2. *Elle s'est longtemps ressentie de cette opération,* elle en a senti les effets longtemps.

**resserre** n. f. Pièce où l'on range des provisions ou des outils. → **remise.** *Les outils de jardinage sont rangés dans la resserre.*

**resserrer** v. (conjug. 1) 1. Serrer davantage. *Elle resserre sa ceinture d'un cran.* || contr. **desserrer** || 2. *Se resserrer,* c'est devenir plus étroit. *À cet endroit, la vallée se resserre.* → se **rétrécir.**

**resservir** v. (conjug. 14) 1. Servir de nouveau un plat. *Elle ressert du gigot à ses enfants.* 2. Être encore utilisable. *Ne jette pas ces vêtements, ils peuvent resservir.*

① **ressort** n. m. 1. Objet d'acier qui peut se tendre et se détendre en produisant un mouvement. *Ce lit a un* *matelas à ressorts.* **2.** Énergie, force. *Je n'ai pas de ressort aujourd'hui.*

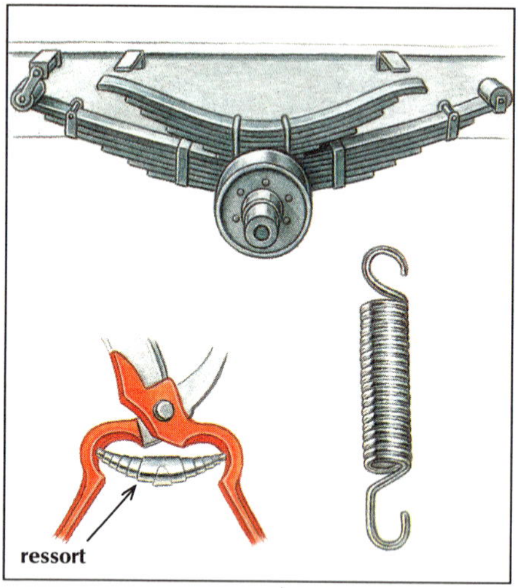


② **ressort** **n. m. 1.** *En dernier ressort,* en définitive, finalement. *En dernier ressort, il a fait appel à nous.* **2.** *Cette affaire est du ressort de la police,* elle regarde la police, relève de sa compétence.

► **ressortissant** **n. m.,** **ressortissante** **n. f.** Personne qui vit dans un autre pays que le sien. *Les ressortissants français en Afrique.*

**ressortir** **v.** (conjug. 16) **1.** Sortir d'un endroit après y être entré. *Il est entré dans la maison puis en est ressorti une heure après.* **2.** Être bien visible. *Ces fleurs blanches ressortent mieux sur ce fond rouge.* **3.** Apparaître comme conséquence. *Il est ressorti de cette conversation que nous étions entièrement d'accord.*

**ressource** **n. f. 1.** Possibilité, recours. *Si vous ne trouvez pas ce livre, vous avez la ressource de le commander.* **2.** *Cette famille est presque sans ressources,* elle a très peu de moyens pour vivre. **3.** *Les ressources d'un pays,* ce sont ses richesses naturelles. *Les ressources minières de la région sont abondantes.*

**ressusciter** **v.** (conjug. 1) Redevenir vivant. *Selon l'Évangile, le Christ est ressuscité le troisième jour après sa mort.* → aussi **résurrection.**

**restant** **n. m.** et **adj. 1. n. m.** Ce qui reste. *Voici un acompte sur ce que je vous dois ; je paierai le restant dans un mois.* → **reste. 2. adj.** *Elle a reçu une lettre poste restante,* une lettre qu'elle est allée chercher à la poste.

**restaurer** **v.** (conjug. 1) **1.** Faire exister à nouveau ce qui a disparu. → **rétablir.** *Les royalistes veulent restaurer la monarchie.* **2.** *Restaurer une œuvre d'art,* c'est la remettre en état. *La cathédrale a été restaurée.*

► ① **restaurateur** **n. m.,** **restauratrice** **n. f.** Personne dont le métier est de restaurer des œuvres d'art. *Il est restaurateur de tableaux anciens.*

► ① **restauration** **n. f. 1.** *La Restauration,* ce fut le rétablissement de la royauté en France, avec les règnes de Louis XVIII et de Charles X, de 1814 à 1830. **2.** Remise en état. *La restauration de la cathédrale a duré un an.*

se **restaurer** **v.** (conjug. 1) Reprendre des forces en mangeant. *Les alpinistes se restaurent avant de repartir.*

► **restaurant** **n. m.** Endroit où l'on sert des repas. *Flora et ses parents sont allés dîner au restaurant.*

► ② **restaurateur** **n. m.,** **restauratrice** **n. f.** Personne qui tient un restaurant.

▸ ② **restauration** **n. f.** *Il travaille dans la restauration,* il est restaurateur. ▷ WAGON-RESTAURANT.

**rester** **v.** (conjug. 1) **1.** Être quelque part, passer du temps dans un endroit. → **demeurer.** *Ils sont restés un mois au Canada.* **2.** Continuer d'être. *Le magasin restera ouvert tout l'été.* **3.** *Il reste un peu de café,* il y en a encore. **4.** *Restons-en là,* n'en parlons plus. **5.** *Tout est prêt pour la fête, reste à savoir s'il fera beau,* on ne sait pas s'il fera beau.

▸ **reste** **n. m. 1.** Ce qui reste. *Yves a fait la plus grande partie de ses devoirs à l'étude, il fera le reste chez lui.* → **restant. 2.** *En vacances, elle lit et le reste du temps, elle se promène,* aux autres moments. **3.** *Dimanche soir, nous mangerons les restes,* la nourriture qui reste, ce qui n'a pas été mangé. ▷ RESTANT.

**restituer** **v.** (conjug. 1) Rendre à quelqu'un quelque chose qui lui appartient. *Julie a restitué à Alex le stylo qu'elle lui avait emprunté.*

**restreindre** **v.** (conjug. 52) Diminuer. *Ils ont restreint leurs dépenses.* ‖ contr. **accroître** ‖ — *Il va falloir se restreindre,* dépenser moins.

▸ **restreint** **adj.** Limité, étroit. *Ils vivent dans un espace restreint.*

**restriction** **n. f. 1.** *Le projet a été adopté sans restriction,* sans réserve. **2.** *Des restrictions,* ce sont des privations, en temps de pénurie. → **rationnement.** *Toute la population souffre des restrictions pendant les guerres.*

**résulter** **v.** (conjug. 1) Être le résultat. *Son échec résulte de son manque de travail.* → **découler, provenir.**

▸ **résultat** **n. m. 1.** Conséquence. *Sa réussite est le résultat de ses efforts.* → **aboutissement. 2.** Manière dont une chose se termine. *Sais-tu quel est le résultat du match de football ?* **3.** Solution d'une opération. *Flora a trouvé le résultat de la division.*

**résumer** **v.** (conjug. 1) Abréger, redire en moins de mots. → **condenser.** *Résumez ce texte en dix lignes.*

▸ **résumé** **n. m.** Texte qui en résume un autre. → **abrégé.** *Les élèves doivent faire un résumé de « Barbe-Bleue » en une demi-page.*

**résurrection** **n. f.** Retour à la vie. → aussi **ressusciter.** *À Pâques, les chrétiens fêtent la résurrection du Christ.*

**rétablir** **v.** (conjug. 2) **1.** Faire exister de nouveau. *La police a rétabli l'ordre.* → **ramener. 2.** *Après sa bronchite, Julie s'est vite rétablie,* elle a retrouvé la santé. → **guérir.**

▸ **rétablissement** **n. m. 1.** *La maîtresse a enfin obtenu le rétablissement du silence,* elle a obtenu que le silence se rétablisse. **2.** Guérison. *Le rétablissement du malade a été rapide.*

**retaper** **v.** (conjug. 1) **1.** Arranger, réparer. *Ils ont retapé une vieille ferme.* **2.** Familier. *Elle s'est vite retapée, après cet accident,* elle a retrouvé la santé. → se **rétablir.**

**retarder** **v.** (conjug. 1) **1.** Mettre en retard. *Nous avons été retardés par les embouteillages.* **2.** Reporter à plus tard. → **différer, reculer, repousser.** *Le départ de l'avion a été retardé d'une heure.* **3.** *Cette pendule retarde de cinq minutes,* elle indique cinq minutes de moins que l'heure réelle. ‖ contr. **avancer** ‖.

▸ **retard** **n. m. 1.** *Yves est souvent en retard à l'école,* il arrive après l'heure prévue. || contr. en **avance** || 2. *Ma montre a pris du retard,* elle retarde.

▶ **retardataire** n. m. et f. Personne qui arrive en retard. *Les retardataires doivent attendre l'entracte pour entrer dans la salle de concert.*

▶ **retardement** n. m. *Une bombe à retardement,* c'est une bombe qui explose un certain temps après avoir été posée, grâce à une minuterie.

**retenir** v. (conjug. 22) 1. Empêcher de partir, faire rester. *La directrice de l'école a été retenue plus longtemps que prévu par les parents d'élèves.* 2. Maintenir en place, attacher. *Les cheveux d'Anne sont retenus sur la nuque par une barrette.* 3. *Elle s'est retenue pour ne pas éclater de rire,* elle s'en est empêchée. 4. Garder. *On retient de l'argent sur son salaire pour payer les cotisations sociales.* 5. Faire une retenue dans une opération. *Je pose 4 et je retiens 2.* 6. Réserver. *Il a retenu une chambre d'hôtel à Cannes.* 7. Garder dans sa mémoire. *Je n'ai pas retenu son nom.*

**retentir** v. (conjug. 2) Résonner. *Les cloches de l'église retentissent.*

▶ **retentissant** adj. 1. Qui fait beaucoup de bruit, retentit. *Il y eut un bruit retentissant.* 2. *Le film a eu un succès retentissant,* très grand. → **éclatant.**

▶ **retentissement** n. m. *Cet événement a eu un grand retentissement dans le monde,* il a provoqué beaucoup de réactions.

**retenue** n. f. 1. Prélèvement d'une somme sur un salaire. *Les retenues servent à payer les cotisations sociales.* 2. Chiffre que l'on retient pour le compter dans la colonne suivante, dans une opération. *Ton addition est fausse, tu as oublié la retenue.* 3. Punition qui consiste à garder un élève à l'école, alors qu'il n'a pas cours. *Julie a été gardée en retenue.* 4. Réserve, discrétion. *Flora a beaucoup de retenue.*

**réticent** adj. Hésitant. *Elle s'est montrée très réticente avant d'accepter.*

▶ **réticence** n. f. Hésitation, réserve. *On sentait une certaine réticence dans ses paroles.*

**rétif** adj. *Un cheval rétif,* c'est un cheval qui refuse d'avancer, d'obéir. *Cette jument est rétive.* || contr. **docile** ||.

**rétine** n. f. Membrane qui tapisse le fond de l'œil. *La rétine reçoit des impressions lumineuses et les transmet au nerf optique.*

**retirer** v. (conjug. 1) 1. Enlever, ôter. *Anne retire son manteau et ses gants. On lui a retiré son permis de conduire.* → aussi **retrait.** 2. Faire sortir. *Il a retiré 500 francs à la banque.* 3. *Je retire ce que j'ai dit,* je reviens sur ce que j'ai dit, je me rétracte. → **annuler.** || contr. **maintenir** || 4. *Elle retire beaucoup de joies de son métier,* elle en a beaucoup.

▶ se **retirer** v. 1. *Ils se sont retirés à la campagne,* ils sont allés y vivre pour être tranquilles. *Elle s'est retirée des affaires,* elle les a quittées. → aussi **retraite.** 2. *La mer se retire,* elle descend. || contr. **monter** ||.

▶ **retiré** adj. Isolé, loin de tout. *Elle vit dans un endroit retiré.*

**retomber** v. (conjug. 1) 1. Toucher le sol après s'être élevé. *La fusée est retombée dans la mer.* → **redescendre.** *Le chat a glissé mais est retombé sur ses pattes.* 2. *C'est sur lui que retombent toutes les responsabilités,* c'est lui qui a toutes les responsabilités.

▶ **retombées** n. f. pl. 1. *Les retombées radioactives sont très dangereuses,* les matières radioactives qui retombent après l'explosion d'une bombe atomique. 2. Conséquences. → **répercussion.** *Cette découverte a eu de nombreuses retombées dans la vie de tous les jours.*

**rétorquer** v. (conjug. 1) Répondre. → **répliquer.** *Alex a rétorqué à la maîtresse que la dictée était trop difficile.*

**retors** [ʀətɔʀ] adj. Rusé, malin. *Elle est retorse en affaires,* très habile.

**retoucher** v. (conjug. 1) Modifier pour améliorer. *Le photographe a retouché la photo. Elle a fait retoucher sa jupe qui était trop large.*

▶ **retouche** n. f. Modification faite pour corriger, améliorer. *Elle a fait faire des retouches à sa robe.*

**retourner** v. (conjug. 1) 1. Tourner de l'autre côté, dans l'autre sens. *Elle retourne l'escalope dans la poêle. — Luc se retourne dans son lit sans pouvoir s'endormir.* 2. *Quand Flora entendit son nom, elle se retourna,* elle se tourna vers la personne qui l'appelait. 3. *Comme cette lettre n'était pas pour lui, il l'a retournée à l'expéditeur,* il la lui a renvoyée. 4. *Retourner quelque part,* c'est aller à l'endroit d'où l'on vient ou dans un endroit où l'on est déjà allé. *Ils aimeraient retourner en Grèce.*

▶ **retour** n. m. 1. *Je t'appellerai à mon retour,* quand je serai rentré. 2. *Il m'a répondu par retour du courrier,* immédiatement, par le courrier qui a suivi mon envoi. 3. Réapparition. *La météo annonce le retour du soleil.* 4. *Je te fais tes divisions, en retour tu m'aideras à faire ma rédaction,* en échange tu m'aideras.

▶ **retournement** n. m. *Un retournement de situation,* c'est un brusque changement. → **renversement.**

**retracer** v. (conjug. 3) Raconter de façon vivante. *Cette histoire retrace la vie d'un village au 19e siècle.*

**rétracter** v. (conjug. 1) *Le chat rétracte ses griffes,* il les rentre.

se **rétracter** v. (conjug. 1) Revenir sur ce que l'on a dit. → se **dédire.** *L'accusé a avoué, puis s'est rétracté.*

**retrait** n. m. 1. *Il a eu un retrait de permis de conduire pour excès de vitesse,* on lui a retiré son permis de conduire. 2. *La maison est construite en retrait de la route,* à l'écart.

▶ ① **retraite** n. f. 1. *L'armée a battu en retraite,* elle s'est repliée, a reculé. 2. *Une retraite aux flambeaux,* c'est un défilé, la nuit, avec des lampions.

▶ ② **retraite** n. f. 1. *Le grand-père de Luc a pris sa retraite à 65 ans,* il s'est arrêté de travailler. *Il est à la retraite.* 2. Argent que l'on touche quand on est à la retraite. *Il touche une bonne retraite.*

▶ **retraité** n. m., **retraitée** n. f. Personne qui est à la retraite. *Un couple de retraités. —* Adj. *Elle est retraitée depuis un an.*

**retrancher** v. (conjug. 1) 1. Enlever. → **ôter, soustraire.** *Si on retranche 4 de 12, on obtient 8.* ‖ contr. **additionner, ajouter** ‖ 2. *L'armée ennemie s'est retranchée dans la montagne,* elle s'y est mise à l'abri.

▶ **retranchement** n. m. Position où l'on est protégé de l'ennemi. → **défense, fortification.** *L'armée était protégée par de solides retranchements.*

**retransmettre** v. (conjug. 56) *La télévision a retransmis le match en direct,* elle l'a diffusé.
▶ **retransmission** n. f. *Il écoute la retransmission d'un concert à la radio,* sa diffusion.

**rétrécir** v. (conjug. 2) **1.** Rendre plus étroit. *La couturière a rétréci la jupe de Julie.* ‖ contr. **élargir** ‖ **2.** Devenir plus étroit. *Le pull de Luc a rétréci au lavage. — Après le tournant, le chemin se rétrécit.* → se **resserrer.**
▶ **rétrécissement** n. m. *Un panneau indique un rétrécissement de la chaussée,* il indique que la chaussée se rétrécit. ‖ contr. **élargissement** ‖.

**rétribuer** v. (conjug. 1) *Ce travail est bien rétribué,* bien payé. → **rémunérer.**
▶ **rétribution** n. f. Argent que l'on reçoit pour un travail. → **rémunération, salaire.** *Elle ne reçoit aucune rétribution quand elle travaille pour des œuvres de bienfaisance.*

**rétro** adj. inv. Qui imite une mode, un style plus ancien. *Elle porte des robes rétro.*

**rétrograder** v. (conjug. 1) **1.** Passer la vitesse inférieure, en conduisant un véhicule. *Avant le virage, il rétrograda de troisième en seconde.* **2.** Perdre tout ce qu'on a acquis, régresser. ‖ contr. **progresser** ‖ *Notre équipe a rétrogradé en deuxième division,* elle a reculé de la première à la deuxième division.
▶ **rétrograde** adj. Qui s'oppose au progrès. *Cette vieille dame a des idées rétrogrades.* ‖ contr. **avancé** ‖.

**rétrospectif** adj. *En voyant qu'il aurait pu tomber dans le ravin, il a eu une peur rétrospective,* il a eu peur après coup.
▶ **rétrospective** n. f. Présentation de l'ensemble des œuvres d'un artiste. *Ce musée présente une rétrospective des tableaux de Picasso.*
▶ **rétrospectivement** adv. Après coup. *Il a eu très peur rétrospectivement.*

**retrousser** v. (conjug. 1) Replier une chose vers le haut. → **relever.** *Le chien retrousse ses babines et montre les dents.*
▶ **retroussé** adj. *Julie a le nez retroussé,* court et au bout relevé.

**retrouver** v. (conjug. 1) **1.** Trouver ce que l'on cherchait et que l'on n'avait plus. *Anne a retrouvé sa montre sous son lit.* **2.** Rejoindre. *Partez devant, je vous retrouverai dans une heure. — Julie et Anne se sont retrouvées chez Flora.* → se **réunir. 3.** *Après la mort de son mari, elle s'est retrouvée bien seule,* elle a été bien seule.
▶ **retrouvailles** n. f. pl. Moment où l'on se retrouve après une séparation. *Ils ont fêté leurs retrouvailles.*

**rétroviseur** n. m. Petit miroir qui permet au conducteur de voir derrière lui sans avoir à se retourner. *Avant de doubler, il regarde dans le rétroviseur.*

**rétroviseur**

**réunifier** v. (conjug. 7) Rendre son unité à ce qui l'avait perdue. *Le Viêtnam a été réunifié en 1976.*

**réunir** v. (conjug. 2) **1.** Mettre ensemble. → **grouper, rassembler.** *La grand-mère de Julie a réuni ses enfants et ses petits-enfants pour Noël.* **2.** *Se réunir,* c'est se retrouver. *Réunissons-nous pour en discuter.*

► **réunion** n. f. Ensemble de personnes qui se rassemblent. *Le père de Luc a une réunion importante ce matin. La grand-mère de Julie adore les réunions de famille.*

**réussir** v. (conjug. 2) **1.** Obtenir un bon résultat. ‖ contr. **échouer** ‖ *Je veux bien essayer, mais je ne suis pas sûr de réussir.* **2.** *Le coureur a réussi à dépasser tous ses concurrents,* il y est parvenu. **3.** *Les vacances te réussissent, tu as une mine superbe,* les vacances te font du bien.

► **réussite** n. f. **1.** Succès. *C'est une belle réussite !* ‖ contr. **échec** ‖. **2.** Jeu de cartes où l'on joue seul. *Flora aime bien faire des réussites.*

**revaloir** v. (conjug. 29) Rendre la pareille. *Je te remercie de m'avoir aidé, je te revaudrai cela,* je t'aiderai à mon tour quand l'occasion se présentera.

**revanche** n. f. **1.** *Prendre sa revanche,* c'est se venger, reprendre l'avantage. *Notre équipe a perdu le match, mais elle va prendre sa revanche !* **2.** Partie, match qui donne au perdant une chance de gagner. *Tu as perdu la première manche, nous allons faire la revanche.* **3.** *En revanche,* en contrepartie. *Luc est mauvais en français, en revanche il est excellent en calcul.*

**rêvasser** v. (conjug. 1) Penser à des choses vagues, rêver à moitié. *Anne rêvasse au lieu de travailler.*

**rêve** n. m. **1.** Suite d'images formant souvent une histoire, qui se présentent à l'esprit quand on dort. → **songe,** et aussi **cauchemar.** *Dors bien, fais de beaux rêves !* **2.** Chose que l'on aimerait bien faire ou avoir. *Le rêve de Flora serait d'avoir beaucoup d'animaux.*

**rêvé** adj. Idéal. *Les vacances toute l'année et pas d'école, ce serait la vie rêvée pour Alex !*

**revêche** adj. Qui est désagréable, a mauvais caractère. *Une vieille femme revêche.* → **acariâtre.** ‖ contr. **agréable, avenant** ‖.

**réveiller** v. (conjug. 1) Éveiller, tirer du sommeil. *Flora a été réveillée par l'orage. — Anne se réveille tous les matins à 7 heures.* ‖ contr. s'**endormir** ‖.

► **réveil** n. m. **1.** Moment où l'on se réveille. *Yves est souvent de mauvaise humeur au réveil.* **2.** Petite pendule munie d'une sonnerie qui se déclenche à l'heure où l'on veut être réveillé. *Le réveil de Julie a sonné à 8 heures.*

**réveillon** n. m. Repas de fête que l'on fait la nuit de Noël et la nuit du 31 décembre. *Il y avait de la dinde pour le réveillon du jour de l'An.*

► **réveillonner** v. (conjug. 1) Faire un réveillon. *Chaque année, Luc réveillonne chez sa grand-mère.*

**révéler** v. (conjug. 6) **1.** Faire connaître ce qui était inconnu ou secret. → **dévoiler, divulguer.** *Alex a pris Yves à part pour lui révéler un secret.* **2.** *Ce travail s'est révélé plus facile qu'on ne pen-*

*sait,* on s'est rendu compte, petit à petit, qu'il était plus facile qu'on ne pensait. → se **montrer.**

▶ **révélateur** adj. Significatif. *Son silence est révélateur.* — Au fém. *révélatrice.*

▶ **révélation** n. f. Chose que l'on dévoile, fait connaître. *Le témoin a fait des révélations à la police.*

**revenant** n. m. Mort qui est supposé revenir errer sur terre. → **fantôme, spectre.** *Il croit aux histoires de revenants.*

**revendiquer** v. (conjug. 1) Réclamer une chose à laquelle on pense avoir droit. *Les grévistes revendiquent une augmentation de salaire.*

▶ **revendication** n. f. Réclamation. *Le patron a écouté les revendications du personnel.*

**revendre** v. (conjug. 41) Vendre une chose que l'on a achetée. *Il a revendu sa vieille voiture pour en acheter une neuve.*

**revenir** v. (conjug. 22) **1.** Venir de nouveau. *Je reviendrai demain.* → ① **repasser.** **2.** Rentrer. *Les enfants reviennent de l'école à 16 heures.* **3.** *Son nom me revient, maintenant !* je m'en souviens alors que je l'avais oublié. **4.** *Flora, qui s'était évanouie, est revenue à elle,* elle a repris conscience. **5.** *Vraiment, je n'en reviens pas !* je suis très étonné. **6.** Familier. Plaire. *Sa tête ne me revient pas.* **7.** Coûter. *Ce voyage nous est revenu assez cher.* **8.** *Il ne reviendra pas sur sa décision,* il n'en changera pas. **9.** *Faites revenir du beurre et des oignons dans une poêle,* faites-les dorer.

▶ **revenu** n. m. Argent dont on dispose. *Il a de gros revenus. On paie un impôt sur le revenu.*

**rêver** v. (conjug. 1) **1.** Faire un rêve. *Yves a rêvé qu'il était attaqué par un ours.* **2.** Laisser aller son imagination. → **rêvasser.** *À quoi penses-tu, Anne, tu rêves ?* **3.** Souhaiter. *Alex rêve d'être en vacances toute l'année.* ▷ RÊVASSER, RÊVE, RÊVÉ, RÊVERIE, RÊVEUR.

**réverbérer** v. (conjug. 6) Renvoyer la lumière ou la chaleur. *Le mur blanc réverbère la lumière.* → **réfléchir.**

▶ **réverbération** n. f. *Luc est ébloui par la réverbération du soleil sur la neige,* par le reflet du soleil sur la neige. → **réflexion.**

▶ **réverbère** n. m. Lampadaire qui sert à éclairer les rues.

**reverdir** v. (conjug. 2) Redevenir vert. *Au printemps, les arbres reverdissent.*

**révérence** n. f. Salut que l'on fait en inclinant le buste et en pliant les genoux. *Autrefois, les dames de la Cour faisaient la révérence devant la reine.*

**révérer** v. (conjug. 6) Manifester du respect. → **honorer, respecter.** *Les chrétiens révèrent Dieu.*

**rêverie** n. f. Chose qui vient à l'esprit quand on laisse aller son imagination. → **songerie.** *Anne était plongée dans une profonde rêverie.*

**revers** n. m. **1.** Côté opposé au côté principal d'un objet. → **envers.** *Le revers d'une feuille de papier.* → **dos, verso.** — *C'est le revers de la médaille,* c'est le côté désagréable de la chose. **2.** Au tennis et au ping-pong, coup de raquette effectué avec le dos de la main en avant. *Ce joueur a un excellent revers.* **3.** Partie d'un vêtement qui forme un repli. *Il porte un pantalon à revers.* **4.** Événement malheureux. *Il a eu beaucoup de revers dans sa vie.*

**réversible** adj. *Un imperméable réversible,* c'est un imperméable qui

peut être porté à l'endroit et à l'envers.
▷ IRRÉVERSIBLE.

**revêtir** v. (conjug. 20) 1. Mettre un vêtement. *Les invités avaient revêtu leurs plus beaux atours pour le bal.* 2. Recouvrir une surface pour décorer ou protéger. *Les routes sont revêtues de bitume.*

▶ **revêtement** n. m. Matière qui recouvre une surface. *La moquette et le linoléum sont des revêtements de sol.*

**rêveur** adj. Qui se laisse souvent aller à la rêverie. *Anne est une enfant rêveuse.* — N. *C'est un doux rêveur !*

**revient** n. m. *Le prix de revient d'un objet,* c'est ce qu'un objet coûte au fabricant tous frais compris. *Le prix de vente est égal au prix de revient augmenté du bénéfice.*

**revigorer** v. (conjug. 1) Redonner de la vigueur, de la force. → **ragaillardir.** *Ce petit café m'a revigoré.*

**revirement** n. m. Changement brusque d'opinion ou de décision. *Personne ne s'attendait à ce revirement.*

**réviser** v. (conjug. 1) 1. Revoir ce que l'on a appris. *Flora révise une dernière fois sa leçon.* → ③ **repasser.** 2. Vérifier le fonctionnement d'un objet. *Il fait régulièrement réviser sa voiture.*

▶ **révision** n. f. 1. *Il fait des révisions avant son examen,* il revoit ce qu'il a appris. 2. Examen par lequel on vérifie qu'un objet, qu'un mécanisme fonctionne bien. *Il a laissé sa voiture au garage pour la révision des 10 000 kilomètres.*

**revivre** v. (conjug. 46) 1. Vivre de nouveau. *Je n'aimerais pas revivre cette expérience.* 2. Retrouver ses forces, son énergie. *Au printemps, on se sent revivre.* 3. Évoquer de manière vivante. *Dans « Notre-Dame de Paris », Victor Hugo fait très bien revivre le Moyen Âge.*

**révocation** n. f. Annulation d'une décision, d'une loi. → aussi **révoquer.** *La révocation de l'édit de Nantes par Louis XIV date de 1685.*

**revoir** v. (conjug. 30) 1. Voir de nouveau. *Il a revu par hasard un vieil ami d'enfance.* 2. Voir de nouveau par le souvenir. *Elle revoyait la scène.* 3. Réviser. *Flora revoit une dernière fois ses leçons.* → ③ **repasser.**

▶ au **revoir** interj. Mots que l'on dit en quittant quelqu'un que l'on doit revoir. *Au revoir, à demain !*

se **révolter** (conjug. 1) 1. Refuser d'obéir. → s'**insurger,** se **soulever.** *Le peuple se révolta contre le tyran.* 2. S'indigner. *Anne se révolte toujours contre l'injustice.*

▶ **révoltant** adj. Qui provoque l'indignation, la colère. *Il est d'une mauvaise foi révoltante.*

▶ **révolte** n. f. 1. Soulèvement d'un groupe de gens contre ceux qui les gouvernent. *Au Moyen Âge, il y avait de nombreuses révoltes chez les serfs exploités par les seigneurs.* 2. Mouvement d'indignation, de colère. *Cette punition injuste a provoqué des sursauts de révolte dans la classe.*

▶ **révolté** adj. Indigné, en révolte contre quelqu'un ou quelque chose. *Je suis révolté par son attitude.*

**révolu** adj. Passé, terminé. *C'est une époque révolue. Elle a quinze ans révolus,* elle a entre 15 et 16 ans.

**révolution** n. f. 1. Tour complet que fait un astre autour d'un autre. *La ré-*

*volution de la Terre autour du Soleil s'effectue en une année.* **2.** Changement brutal de régime politique. *La Révolution française de 1789 a provoqué la chute de la royauté et l'avènement de la république.* **3.** Changement profond. *Les impressionnistes ont opéré une révolution dans la peinture.*

▶ **révolutionnaire** **adj.** et **n. m.** et **f.**
▭ **adj. 1.** De la révolution. *Dans le calendrier révolutionnaire les semaines comptaient dix jours.* **2.** *L'automobile et le téléphone ont été des inventions révolutionnaires,* qui ont apporté des changements considérables.
▭ **n. m.** et **f.** Personne qui fait une révolution. *Robespierre, Danton et Marat étaient des révolutionnaires.*

▶ **révolutionner** **v.** (conjug. 1) Transformer complètement. *La machine à vapeur a révolutionné l'industrie.*

**revolver** [ʀevɔlvɛʀ] **n. m.** Arme à feu automatique, à canon court, que l'on tient d'une seule main. → aussi **pistolet.** *On entendit un coup de revolver.*

**revolver**

**révoquer** **v.** (conjug. 1) **1.** Chasser de son poste. *Ce fonctionnaire malhonnête a été révoqué.* **2.** Annuler une décision, une loi. *Louis XIV révoqua l'édit de Nantes en 1685.* ▷ IRRÉVOCABLE, RÉVOCATION.

① **revue** **n. f.** Journal épais, souvent illustré, paraissant à intervalles réguliers. → **périodique.** *Elle lit des revues féminines.* → **journal, magazine.**

② **revue** **n. f. 1.** Défilé militaire. *La revue du 14 Juillet.* **2.** *Nous avons passé en revue les différents problèmes,* nous les avons examinés un par un.

se **révulser** **v.** (conjug. 1) *Elle s'est évanouie et ses yeux se sont révulsés,* ses yeux se sont retournés de telle sorte qu'on n'en voyait plus que le blanc.

**rez-de-chaussée** **n. m. inv.** *L'appartement est au rez-de-chaussée,* au niveau de la rue, du sol. — **Au pl.** *Des rez-de-chaussée.*

**rhabiller** **v.** (conjug. 1) Habiller quelqu'un qui était déshabillé. *Flora déshabille et rhabille sa poupée pendant des heures. — Après s'être baignée dans la piscine, elle s'est rhabillée dans sa cabine.*

**rhétorique** **n. f.** Art de bien parler, de faire des discours. *Autrefois, on étudiait la rhétorique à l'école.*

**rhinocéros** **n. m.** Gros animal d'Afrique et d'Asie, à peau très épaisse, portant une ou deux cornes sur le nez. *Les rhinocéros sont des herbivores qui vivent dans la savane et les régions marécageuses.*

**rhizome** **n. m.** Tige de certaines plantes, qui pousse sous la terre. *Des rhizomes d'iris.*

**rhododendron** [ʀɔdɔdɛ̃dʀɔ̃] **n. m.** Arbuste à fleurs roses ou rouges, qui res-

rhinocéros

semble beaucoup à l'azalée. *Un massif de rhododendrons.*

**rhubarbe** n. f. Plante à larges feuilles, dont la tige au goût acide peut se manger. *Mamie a fait de la compote de rhubarbe.*

**rhum** [ʀɔm] n. m. Alcool fabriqué avec du jus de canne à sucre. *Yves mange un baba au rhum.*

**rhumatisme** n. m. Douleur dans les articulations. *La grand-mère de Julie a des rhumatismes.*

**rhume** n. m. Maladie sans gravité qui fait éternuer et se moucher très souvent. *Alex a pris froid sous l'averse et a attrapé un gros rhume.* ▷ S'ENRHUMER.

**ribambelle** n. f. Familier. Grand nombre. *Luc a une ribambelle de cousins.*

**ricaner** v. (conjug. 1) Rire bêtement ou pour se moquer. *Flora a trébuché et Yves a ricané méchamment.*

▶ **ricanement** n. m. Rire bête ou méprisant. *Cessez vos ricanements idiots !*

**riche** adj. 1. Qui a beaucoup d'argent, possède beaucoup de choses. || contr. **pauvre** || *Ils sont très riches.* — N. *Les riches et les pauvres.* 2. *Dans la vallée, le sol est très riche,* très fertile. 3. *Les fruits sont riches en vitamines,* ils en contiennent beaucoup.

▶ **richesse** n. f. 1. *C'était un roi d'une fabuleuse richesse,* très riche. || contr. **pauvreté** || 2. *Les richesses d'un pays,* ce sont ses ressources. *Le pétrole constitue la principale richesse du sous-sol de ce pays.*

▶ **richissime** adj. Extrêmement riche. ▷ ENRICHIR, ENRICHISSEMENT.

**ricochet** n. m. *Yves fait des ricochets dans la mare,* il lance des cailloux à la surface de l'eau en les faisant rebondir.

▶ **ricocher** v. (conjug. 1) Rebondir, faire des ricochets. *Le caillou a ricoché plusieurs fois sur le lac.*

**rictus** [ʀiktys] n. m. Sorte de grimace. *En se tordant la cheville, Julie eut un rictus de douleur.*

**ride** n. f. 1. Petit pli de la peau sur le visage et sur le cou. *Mamie a des rides sur le front.* 2. Petit pli à la surface de l'eau. *La mer était calme ; il n'y avait pas une ride.*

**rideau** n. m. 1. Morceau de tissu fin et transparent suspendu à une fenêtre pour tamiser la lumière ou isoler une pièce de l'extérieur. *Le soir, Flora ferme les volets de sa chambre et tire les rideaux.* → aussi **tringle.** 2. Grande draperie qui sépare la scène de la salle, dans un théâtre. *Le rideau se lève, la pièce va commencer.*

**rider** v. (conjug. 1) 1. *Se rider,* c'est se marquer de rides. *Quand on vieillit, le visage se ride.* 2. Marquer de plis une surface liquide. *Le vent ridait légèrement la mer.*

▸ **ridé** **adj.** Marqué de rides. *Il a la peau toute ridée.* ▷ DÉRIDER, RIDE.

**ridicule** **adj.** et **n. m.**

▭ **adj. 1.** Qui donne envie de rire, de se moquer. *Quel chapeau ridicule !* → **grotesque. 2.** Absurde, idiot. *Ce serait ridicule de rester chez soi avec ce beau temps.* **3.** Insignifiant, dérisoire. *Il a acheté cette maison pour un prix ridicule.*

▭ **n. m. 1.** *Il n'a vraiment pas le sens du ridicule,* de ce qui est ridicule. **2.** *Tu tournes tout en ridicule,* tu te moques de tout.

▸ **ridiculiser** **v.** (conjug. 1) Rendre ridicule. *Il a ridiculisé sa femme en public. — Tu te ridiculises, avec cette robe !*

**rien** **pronom** et **n. m.**

▭ **pronom indéfini. 1.** Aucune chose. ‖ contr. **quelque chose** ‖ *Allume, je ne vois rien. Alex n'a peur de rien. Flora n'a rien dit du tout. Cela ne fait rien,* cela n'est pas grave, cela n'a pas d'importance. *Il n'y a rien d'intéressant à la télévision ce soir.* **2.** *Luc a attendu Yves pour rien,* inutilement.

▭ **n. m. 1.** Peu de chose. *Flora pleure pour un rien. Il perd son temps à des riens,* à des bêtises. **2.** *Il a fini le plat en un rien de temps,* en très peu de temps. ▷ VAURIEN.

**rieur** **adj.** Qui rit souvent. *Un visage rieur.* → **gai, souriant.** — **Au fém.** *rieuse.*

**rigide** **adj. 1.** Dur, qui ne se déforme pas. *Un livre à couverture rigide.* ‖ contr. **souple, mou** ‖ **2.** Rigoureux, strict. *Elle a reçu une éducation très rigide.*

**rigolade** **n. f.** Familier. *Il a pris cela à la rigolade,* il s'en est amusé, l'a pris comme une plaisanterie.

**rigole** **n. f. 1.** Petit fossé qui sert à l'écoulement de l'eau. → aussi **caniveau.** *Les campeurs ont creusé une rigole autour de leur tente.* **2.** Petit filet d'eau qui ruisselle. *La pluie fait des rigoles sur le sol.*

**rigoler** **v.** (conjug. 1) Familier. Rire, s'amuser. *Yves a fait rigoler toute la classe.*

▸ **rigolo** **adj.** Familier. Drôle, amusant. → **marrant.** *C'est rigolo, ce que tu dis ! Il raconte des histoires rigolotes.* ▷ RIGOLADE.

**rigueur** **n. f. 1.** Grande sévérité. *Les coupables ont été châtiés avec rigueur. Tu m'as fait de la peine, mais je ne t'en tiens pas rigueur,* je ne t'en veux pas. **2.** Dureté, caractère pénible d'une chose. *Au Canada, la rigueur de l'hiver est très grande.* **3.** Exactitude, précision. *Elle fait preuve de rigueur dans son travail.* **4.** *À cette réception, la tenue de soirée est de rigueur,* elle est obligatoire. **5.** *À la rigueur, on peut commencer la réunion sans lui,* s'il faut vraiment commencer la réunion, si c'est indispensable.

▸ **rigoureux** **adj. 1.** Dur à supporter. → **rude.** *L'hiver a été rigoureux.* **2.** Très précis. *Le raisonnement mathématique est rigoureux.*

▸ **rigoureusement** **adv.** D'une manière rigoureuse, stricte. *Il est rigoureusement interdit de fumer.* → **absolument.**

**rillettes** **n. f. pl.** Pâté fait de viande de porc ou d'oie hachée et cuite dans la graisse. *Un sandwich aux rillettes.*

**rimer** **v.** (conjug. 1) *« Épice » rime avec « réglisse »,* ce mot se termine par le même son. *Tout cela ne rime à rien,* n'a aucun sens.

► **rime** n. f. Dernier mot d'un vers qui finit par le même son que le dernier mot d'un autre vers.

**rincer** v. (conjug. 3) Nettoyer à l'eau pure. *Elle lave les verres, puis les rince. Julie s'est rincé les cheveux à l'eau froide.*

► **rinçage** n. m. *La machine à laver fait plusieurs rinçages avant l'essorage,* elle rince plusieurs fois le linge.

**ring** [RiŋN] n. m. Ce mot vient de l'anglais. Estrade carrée entourée de cordes où se déroule un match de boxe ou de catch. *Les boxeurs sont montés sur le ring.* — Au pl. *Des rings.*

**riposte** n. f. Réaction de défense très rapide. *La riposte de l'ennemi a été foudroyante.* → **contre-attaque.**

► **riposter** v. (conjug. 1) 1. Répondre vivement pour se défendre. → **répliquer.** *Yves a riposté qu'il ne rangerait pas sa chambre.* 2. Réagir à une attaque en attaquant à son tour. *L'ennemi a immédiatement riposté à l'attaque.* → **contre-attaquer.**

① **rire** v. (conjug. 36) 1. Montrer de la gaieté par l'expression du visage et le souffle qui sort de la bouche par petites secousses sonores. *La farce a réussi, les enfants éclatent de rire. Anne rit aux éclats.* 2. S'amuser. *Alex aime mieux rire que travailler.* → fam. **rigoler.** 3. *Flora est susceptible ; elle n'aime pas qu'on rie d'elle,* qu'on se moque d'elle.

► ② **rire** n. m. Ce que fait une personne qui rit. *Yves a un rire très sonore. Anne et Julie ont eu une crise de fou rire,* elles ne pouvaient plus s'empêcher de rire.

► **risée** n. f. Moquerie. *Avec ce chapeau ridicule, elle est la risée de tout le monde,* tout le monde se moque d'elle.

► **risible** adj. Qui donne envie de rire, de se moquer. → **ridicule, grotesque.** *Ses mensonges sont risibles tellement ils sont gros.* ▷ DÉRISION, DÉRISOIRE, PINCE-SANS-RIRE, RIEUR, SOURIANT, ① et ② SOURIRE.

**ris** [Ri] n. m. *Le ris de veau,* c'est une glande située dans le cou du veau. *Ils ont mangé des ris de veau.* ◊ homonyme : riz.

**risque** n. m. Danger possible. *Cette escalade présente beaucoup de risques. Les pompiers prennent des risques pour combattre les incendies.*

► **risquer** v. (conjug. 1) 1. Courir un danger. *Les alpinistes risquent parfois leur vie,* ils mettent leur vie en danger. 2. Pouvoir. *Le vent risque de rallumer l'incendie.*

► **risque-tout** n. m. et f. inv. Personne audacieuse qui oublie la prudence. *Alex et Yves sont des risque-tout.*

**rissoler** v. (conjug. 1) *Faites rissoler les oignons dans la poêle,* faites-les dorer dans la graisse chaude.

**ristourne** n. f. Réduction faite sur un prix. → **remise.** *La vendeuse m'a fait une ristourne de 10 %.*

**rite** n. m. 1. Ensemble des cérémonies en usage dans une religion. *Luc a été baptisé selon le rite catholique.* 2. Habitude. *Chez eux, tous les dimanches, on mange du poulet, c'est un rite.*

► **rituel** adj. 1. Qui fait partie d'un rite. *Des chants rituels accompagnent la danse des Indiens.* 2. Habituel. *Tous les matins, Jules fait sa promenade rituelle autour du lac.*

**ritournelle** **n. f.** Air, chanson avec des couplets et un refrain répétés sans cesse.

**rivage** **n. m.** Partie de la terre qui borde la mer. → **côte, littoral.** *Le bateau s'approche du rivage.*

**rival** **n. m.** [pl. *rivaux*], **rivale** **n. f.** Personne qui lutte contre d'autres pour gagner. → **adversaire, concurrent.** *Le champion de tennis a battu un à un tous ses rivaux.* — **Adj.** *Les deux équipes rivales se rencontreront demain.*

▶ **rivaliser** **v.** (conjug. 1) Se battre, lutter. *Notre équipe ne peut pas rivaliser avec la vôtre, elle est trop faible.*

▶ **rivalité** **n. f.** Lutte qui oppose des rivaux. *La rivalité entre deux équipes adverses.* → **concurrence.**

**rive** **n. f.** Partie de la terre qui borde un cours d'eau, un lac ou un étang. → **berge, bord.** *Les rives du fleuve sont marécageuses.*

▶ **riverain** **n. m.**, **riveraine** **n. f.** **1.** Personne qui habite sur la rive d'un cours d'eau, d'un lac. *Les crues du fleuve ont inondé les maisons des riverains.* **2.** *Stationnement interdit, sauf aux riverains,* sauf aux personnes qui habitent cette rue. ▷ DÉRIVATIF, DÉRIVE, ① DÉRIVER, DÉRIVEUR, RIVAGE, RIVIÈRE.

**river** **v.** (conjug. 1) **1.** Assembler par des clous spéciaux. → aussi **rivet.** *Il a rivé deux plaques de tôle.* **2.** *Yves avait les yeux rivés sur le gâteau,* il ne le quittait pas des yeux.

▶ **rivet** **n. m.** Sorte de clou aux extrémités aplaties, servant à fixer très solidement. *Ces plaques de tôle sont fixées les unes aux autres par des rivets.*

**rivière** **n. f.** Cours d'eau qui se jette dans un autre cours d'eau. → aussi **fleuve.** *Les enfants se sont baignés dans la rivière.*

**rixe** **n. f.** Violente bagarre. *Il y avait une rixe dans la rue.*

**riz** **n. m.** Céréale des pays chauds et humides, dont les grains contiennent de l'amidon. *Beaucoup de pays d'Asie produisent du riz. Nous avons mangé de la poule au riz.* ◊ homonyme : ris.

▶ **rizière** **n. f.** Terrain recouvert d'eau où l'on cultive le riz.

**robe** **n. f.** **1.** Vêtement de femme fait d'une seule pièce, de longueur variable, avec ou sans manches. *Julie porte une robe d'été très courte.* **2.** Vêtement long et ample porté par les avocats et les magistrats. **3.** *Une robe de chambre,* c'est un vêtement long et large, à manches, que l'on porte pour rester chez soi. → aussi **peignoir.** *Elle enfila sa robe de chambre par-dessus son pyjama.* **4.** Pelage de certains animaux. *La panthère a une robe tachetée.* ▷ GARDE-ROBE.

**robinet** **n. m.** Dispositif qui permet d'ouvrir ou de fermer le passage à un liquide ou à un gaz. *Julie ouvre à fond le robinet d'eau chaude.*

**robot** **n. m.** **1.** Mécanisme qui peut remplacer dans certains cas le travail de l'homme. *Les usines automobiles utilisent des robots.* **2.** *Le commissaire a établi un portrait-robot du criminel,* un portrait reconstitué à partir des témoignages. — **Au pl.** *Des portraits-robots.*

▶ **robotisé** **adj.** *Une usine robotisée,* c'est une usine équipée de robots.

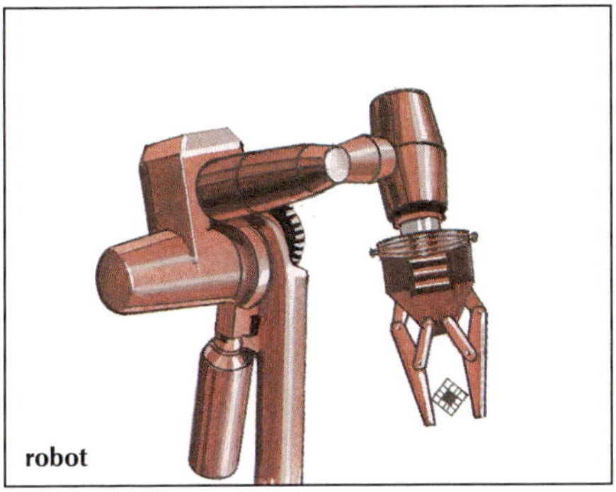
robot

**robuste** adj. Fort et résistant. → **vigoureux.** *Alex est un garçon robuste. Anne a une santé robuste.*

► **robustesse** n. f. Solidité. ‖ contr. **fragilité** ‖ *La robustesse d'une machine.*

**roc** n. m. Matière rocheuse et dure. *Des marches ont été taillées dans le roc.* ◊ homonyme : rock.

► **rocaille** n. f. Amas de pierres disposées de manière à décorer un jardin. *Des pensées et des myosotis poussaient au milieu de la rocaille.*

► **rocailleux** adj. **1.** Plein de pierres. → **caillouteux, pierreux.** *Un petit chemin rocailleux mène à la ferme.* **2.** *Il a une voix rocailleuse,* une voix rauque.

**rocambolesque** adj. *Yves a raconté à ses amis une histoire rocambolesque,* une histoire pleine de péripéties incroyables.

**roche** n. f. **1.** Matière très dure. → **pierre.** *La roche affleurait sous le chemin de terre.* **2.** Matière qui forme l'écorce terrestre. *Le basalte est une roche volcanique. — C'est clair comme de l'eau de roche,* c'est évident.

► **rocher** n. m. Bloc de pierre. *Les enfants escaladent les rochers.*

► **rocheux** adj. Formé de rochers. *Une côte rocheuse.* ▷ ROC, ROCAILLE, ROCAILLEUX.

**rock** n. m. Ce mot vient de l'anglais. Musique très rythmée, qui vient d'Amérique. *Alex aime le rock.* ◊ homonyme : roc.

► **rocker** [ʀɔkœʀ] n. m. Ce mot vient de l'anglais. Chanteur de rock.

**rocking-chair** [ʀɔkiŋtʃɛʀ] n. m. Ce mot vient de l'anglais. Fauteuil à bascule. *Julie se balance dans le rocking-chair du salon.* — Au pl. *Des rocking-chairs.*

**rodéo** n. m. En Amérique du Nord, fête au cours de laquelle des cavaliers essaient de maîtriser un cheval sauvage ou un taureau. *Les cow-boys participent à des rodéos.*

**roder** v. (conjug. 1) *Roder une voiture neuve,* c'est l'utiliser avec douceur pour que les pièces du moteur s'adaptent bien les unes aux autres. ◊ homonyme : rôder.

► **rodage** n. m. *Sa voiture est encore en rodage,* elle n'est pas encore rodée.

**rôder** v. (conjug. 1) Errer dans un lieu avec de mauvaises intentions. *Un drôle d'individu rôde dans le quartier depuis quelques jours.* ◊ homonyme : roder.

► **rôdeur** n. m., **rôdeuse** n. f. Personne qui rôde.

**rogner** v. (conjug. 1) **1.** Couper sur les bords. *Le relieur rogne les feuillets du livre.* **2.** *Rogner sur une somme d'argent,* c'est en enlever une petite partie par mesquinerie. ▷ ROGNURE.

**rognon** n. m. Rein d'un animal. *Nous avons mangé des rognons de veau et des rognons de porc.*

**rognure** n. f. *Les rognures d'ongles,* ce sont des morceaux d'ongles coupés, rognés.

**roi** n. m. 1. Souverain qui gouverne un pays. → **monarque,** et aussi **prince, reine.** *Les rois se succèdent de père en fils.* → aussi **dynastie.** *Le roi Louis XIV avait tous les pouvoirs. Il est roi d'Espagne.* 2. *La fête des Rois,* c'est une fête chrétienne qui rappelle la visite des Rois mages à Jésus. *Lors de la fête des Rois, le 6 janvier, on mange de la galette des Rois.* 3. Carte à jouer portant la figure d'un roi. *Le roi de cœur.* ▷ ROYAL, ROYALEMENT, ROYALISTE, ROYAUME, ROYAUTÉ.

**roitelet** n. m. Oiseau à huppe jaune plus petit que le moineau. *Le roitelet est un passereau.*

**rôle** n. m. 1. Texte que dit un acteur. *Les comédiens doivent apprendre leur rôle par cœur. L'actrice principale de la pièce joue le rôle d'une espionne,* elle joue le personnage d'une espionne. 2. Influence que l'on a. *Il a eu un rôle très important dans cette affaire. Le professeur a pour rôle d'enseigner.* → **fonction.**

**roller** [ʀɔlœʀ] n. m. Ce mot vient de l'anglais. Patin à roulettes auquel est fixée une chaussure. *Anne a des rollers. Elle fait du roller,* elle patine avec des rollers.

① **roman** n. m. Récit où est racontée une histoire imaginée. *« Le Lion », de Joseph Kessel, est un roman d'aventures.*

► **romancier** n. m., **romancière** n. f. Personne qui écrit des romans. ▷ ROMANESQUE.

② **roman** adj. *L'art roman,* c'est l'art du Moyen Âge en Europe, avant l'art gothique. *La ville de Vézelay est célèbre pour sa basilique romane.*

**romance** n. f. Chanson sentimentale.

**romanesque** adj. Digne d'un roman. *Yves invente des histoires romanesques.*

**romanichel** n. m., **romanichelle** n. f. Nomade qui vit dans une roulotte ou une caravane. → **bohémien, gitan.** *Des romanichels nous ont vendu des paniers en osier.*

**romantique** adj. 1. Qui fait rêver et remplit d'émotion. *Un paysage romantique.* 2. Sentimental. *Une jeune fille romantique.*

**romarin** n. m. Petit arbuste à l'odeur agréable dont on utilise les feuilles pour parfumer certains plats. *Elle met du thym et du romarin dans le ragoût.*

**rompre** v. (conjug. 41) 1. Casser, briser. *Le bateau a rompu ses amarres. Les enfants applaudirent à tout rompre quand les clowns firent leur entrée,* ils applaudirent très fort. — *La corde s'est rompue,* elle a cassé. 2. Faire cesser. → **interrompre.** *Le bruit du moteur rompit le silence.* 3. *Rompre avec quelqu'un,* c'est se fâcher avec lui. *Il a rompu avec toute sa famille.*

► **rompu** adj. 1. *Cet alpiniste est rompu aux longues marches en montagne,* il en a l'habitude. 2. *Les deux amis discutent à bâtons rompus,* ils parlent de choses et d'autres en changeant sans arrêt de sujet. ▷ ININTERROMPU, INTERROMPRE.

**ronce** **n. f.** Arbuste épineux qui donne des mûres. *Le chemin était envahi par les ronces.*

ronce

**ronchonner** **v.** (conjug. 1) Familier. Protester en manifestant sa mauvaise humeur. → **grogner, râler.** *Alex obéit en ronchonnant.*

**rond** **adj., adv.** et **n. m.**

▭ **adj. 1.** Qui a la forme d'un cercle ou d'une boule. *La Terre est ronde.* → **sphérique.** *Ils se sont assis autour d'une table ronde.* → **circulaire. 2.** Arrondi, voûté. *Il a le dos rond.* **3.** Gros et petit. *Elle est un peu ronde.* ‖ contr. **maigre** ‖ **4.** *Un chiffre rond,* c'est un nombre entier, sans décimales, se terminant de préférence par un ou plusieurs zéros. *Cela fait 100 francs tout ronds,* exactement 100 francs.

▭ **adv.** *Cela ne tourne pas rond,* il y a quelque chose qui ne va pas.

▭ **n. m. 1.** Cercle, circonférence. *Il fait des ronds de fumée avec son cigare. Les enfants sont assis en rond par terre.* **2.** Objet rond. *Un rond de serviette,* c'est un anneau servant à tenir serrée et enroulée une serviette de table.

▸ **ronde** **n. f. 1.** Danse où plusieurs personnes se tiennent la main et tournent en formant un cercle. *Les enfants se sont pris par la main et font une ronde.* **2.** Note de musique ronde, blanche et sans queue. *Une ronde vaut 2 blanches ou 4 noires.* **3.** *La maison est très isolée : il n'y a personne à la ronde,* tout autour, dans les environs. **4.** Visite de surveillance. *Les vigiles font leur ronde dans l'usine.*

▸ **rondelet** **adj.** Un peu rond, un peu gras. → **dodu, potelé.** *Flora est bien rondelette.* ‖ contr. **maigrichon** ‖.

▸ **rondelle** **n. f.** Petite tranche ronde. *Des rondelles de saucisson.*

▸ **rondement** **adv.** Vite et efficacement. *L'affaire a été rondement menée.*

▸ **rondeur** **n. f.** Forme ronde d'une partie du corps. *La rondeur des joues d'un bébé.*

▸ **rondin** **n. m.** Morceau de bois rond. *Le bûcheron habitait une maison forestière en rondins.*

▸ **rond-point** **n. m.** Place ronde d'où partent plusieurs routes ou rues. *Le rond-point des Champs-Élysées, à Paris.* — **Au pl.** *Des ronds-points.* ▷ ARRONDIR.

**ronflant** **adj.** Familier. *Quand il parle, il emploie des mots ronflants,* de grands mots qui font beaucoup d'effet. → **grandiloquent, pompeux.**

**ronfler** **v.** (conjug. 1) **1.** Faire du bruit avec le nez en respirant pendant son sommeil. *Il ronfle si fort qu'on l'entend dans toute la maison.* **2.** Faire un bruit qui ressemble à celui d'une personne qui ronfle. → **ronronner, vrombir.** *Le feu a pris et le poêle commence à ronfler.*

▸ **ronflement** **n. m. 1.** Bruit que fait une personne qui ronfle. *On entend* *des ronflements à travers la cloison.* **2.** Bruit régulier qui ressemble à celui d'une personne qui ronfle. *Le ronflement du moteur s'affaiblit et le bateau disparut à l'horizon.* → **vrombissement.**

**ronger** **v.** (conjug. 3) **1.** User en coupant avec les dents par petits morceaux. *Le chien rongeait son os. Anne se ronge les ongles.* **2.** Détruire peu à peu. *La rouille ronge le fer.* → **attaquer.** — *Elle était rongée de remords,* torturée par le remords.

► **rongeur** **n. m.** Petit animal aux incisives tranchantes, qui ronge ses aliments. *Le lapin, le hamster et l'écureuil sont des rongeurs.*

**ronron** **n. m.** Petit grondement régulier que fait le chat avec sa gorge quand il est content. → **ronronnement.**

► **ronronner** **v.** (conjug. 1) Faire entendre des ronrons. *Le chat ronronne sur son coussin.* — *Le moteur ronronne,* il fait un bruit régulier.

► **ronronnement** **n. m.** **1.** Bruit du chat qui ronronne. → **ronron.** **2.** Bruit régulier d'une machine, d'un moteur.

**roquefort** **n. m.** Fromage de brebis, au goût très fort et dont la pâte contient des moisissures bleu-vert.

**roquet** **n. m.** Petit chien qui aboie pour un rien.

**roquette** **n. f.** Petite fusée qui se dirige toute seule et qui est utilisée contre les chars.

**rosace** **n. f.** Grand vitrail rond. *Cette cathédrale a de magnifiques rosaces.*

**rosbif** **n. m.** Rôti de bœuf. *Il mange une tranche de rosbif.*

rosace

① **rose** **n. f.** Fleur à la tige garnie d'épines, qui sent très bon. *Il a acheté un bouquet de roses rouges.*

rose

► ② **rose** **adj.** et **n. m.** **1. adj.** Rouge très pâle. *Elle a des chaussettes roses.* **2. n. m.** Couleur rouge pâle. *Flora aime le rose.*

► **rosé** adj. Légèrement teinté de rose. *Un verre de vin rosé.* ◊ homonyme : rosée. ▷ ROSACE, ROSERAIE, ROSETTE, ROSIER.

**roseau** n. m. Plante à tige droite et lisse, qui pousse dans l'eau. ⤚ planche Plantes. *Le chasseur est à l'affût derrière les roseaux, au bord de l'étang.*

**rosée** n. f. Fines gouttelettes d'eau qui se déposent la nuit sur le sol et la végétation. *L'herbe était humide de rosée.* ◊ homonyme : rosé.

**roseraie** n. f. Terrain planté de rosiers.

**rosette** n. f. Insigne en forme de petite rose. *Il a la rosette de la Légion d'honneur.* → **décoration.**

**rosier** n. m. Petit arbre épineux qui donne des roses. *L'églantine est la fleur d'un rosier sauvage.*

**rosse** n. f. Familier. Personne dure et méchante. *Quelle vieille rosse !*

**rosser** v. (conjug. 1) Battre violemment. *Il s'est fait rosser par des voyous.*

**rossignol** n. m. Oiseau au chant très harmonieux. *Le rossignol est un petit passereau.*

**rot** n. m. Familier. *Le bébé fait un rot,* il rejette par la bouche des gaz qui viennent de l'estomac. → **renvoi.**

**rotation** n. f. Mouvement tournant. *L'alternance du jour et de la nuit est due à la rotation de la Terre sur elle-même.*

**rôti** n. m. Morceau de viande que l'on fait cuire à feu vif. *Il mange du rôti de bœuf.* → **rosbif.** *Elle a acheté deux rôtis de porc.*

**rotin** n. m. Tige souple d'un palmier grimpant que l'on utilise pour faire des meubles. *Une table en rotin.*

**rôtir** v. (conjug. 2) Cuire à feu vif. *Le gigot rôtit dans le four. — Il y a du poulet rôti pour le dîner.*

► **rôtissoire** n. f. Four où l'on fait rôtir la viande. *Un mécanisme fait tourner la broche de la rôtissoire.* ▷ RÔTI.

**rotonde** n. f. Partie arrondie d'un bâtiment. *La rotonde est surmontée d'une coupole.*

**rotule** n. f. Petit os rond et plat sur le devant du genou. ⤚ planche Corps humain. *Le sportif s'est luxé la rotule.*

**roturier** n. m., **roturière** n. f. Personne qui n'est pas d'origine noble. *La princesse avait épousé un roturier.*

**rouage** n. m. Chacune des petites roues d'un mécanisme. *Les rouages d'une montre.*

**roublard** adj. Familier. Rusé et pas toujours honnête. *Cette commerçante est un peu roublarde.*

► **roublardise** n. f. Familier. Conduite d'une personne roublarde.

**rouble** n. m. Monnaie utilisée dans l'ex-U.R.S.S.

**roucouler** v. (conjug. 1) *Les pigeons et les tourterelles roucoulent,* ils poussent leur cri.

► **roucoulement** n. m. Cri du pigeon et de la tourterelle.

**roue** n. f. **1.** Cercle qui tourne sur un axe et permet à un véhicule de rouler. *Les roues de l'avion ont touché le sol.* **2.** Cercle qui tourne sur lui-même et transmet le mouvement à un objet. →

**poulie, rouage.** *La chaîne du vélo passe sur une roue dentée.* **3.** *Le paon fait la roue,* il déploie en rond les plumes de sa queue. ◊ homonyme : roux.

▶ **rouet** **n. m.** Instrument constitué d'une roue et d'une pédale, qui servait autrefois à filer. ▷ DEUX-ROUES, DÉROULEMENT, DÉROULER, ENROULER, ROUAGE, ROULANT, ROULEAU, ROULEMENT, ROULER, ROULETTE, ROULIS, ROULOTTE.

**roué** **adj.** Habile et rusé. *C'est un homme d'affaires très roué.* → **malin.** || contr. **naïf** ||.

**rouer** **v.** (conjug. 1) *Rouer quelqu'un de coups,* c'est le frapper très fort.

**rouge** **adj., n. m.** et **adv.**

▭ **adj.** De la couleur du sang, du rubis, du coquelicot. *Il boit du vin rouge. Le chat observe les poissons rouges qui tournent dans le bocal.*

▭ **n. m.** **1.** La couleur rouge. *Le feu passe au rouge, les voitures s'arrêtent.* **2.** Produit employé pour se maquiller. *La maîtresse a mis du rouge à lèvres et du rouge à joues.* → **fard.**

▭ **adv.** *Il a vu rouge,* il est entré dans une colère terrible.

▶ **rougeâtre** **adj.** Légèrement rouge. *Une lumière rougeâtre.*

▶ **rougeaud** **adj.** *Une personne rougeaude,* c'est une personne qui a le teint rouge.

▶ **rouge-gorge** **n. m.** Petit oiseau au plumage rouge vif sur la gorge et la poitrine. ⤜ planche Oiseaux. *Les rouges-gorges sont des passereaux.*

▶ **rougeole** **n. f.** Maladie contagieuse pendant laquelle la peau se couvre de taches rouges. *Flora a été vaccinée contre la rougeole.*

▶ **rougeoyer** **v.** (conjug. 8) Prendre une teinte rouge. *Le ciel rougeoie au coucher du soleil.*

▶ **rouget** **n. m.** Poisson de mer de couleur rose. *Une friture de rougets.*

▶ **rougeur** **n. f.** Tache rouge sur la peau. *Le malade avait des rougeurs sur tout le corps.*

▶ **rougir** **v.** (conjug. 2) Avoir le visage qui devient rouge parce que l'on a chaud, que l'on est ému ou que l'on se sent coupable. *Anne rougit dès que la maîtresse lui parle.* || contr. **pâlir** || ▷ INFRA-ROUGE, PEAU-ROUGE.

**rouille** **n. f.** Matière brun-rouge qui se forme sur le fer quand il est exposé à l'humidité. *Le minium protège le fer contre la rouille.*

▶ **rouiller** **v.** (conjug. 1) Se couvrir de rouille. *Les outils ont rouillé sous la pluie.*

**rouler** **v.** (conjug. 1) **1.** Se déplacer en tournant sur soi-même. *Des billes ont roulé sous l'armoire.* **2.** Se déplacer grâce à des roues ou des roulettes. *La voiture roulait trop vite.* **3.** Mettre en rouleau. *Ils ont roulé le tapis du salon pour pouvoir danser. — Un pull à col roulé,* c'est un pull dont le col est enroulé sur lui-même. **4.** *Les enfants se sont roulés dans l'herbe,* allongés dans l'herbe, ils se tournaient d'un côté et de l'autre. **5.** Familier. *Elle a payé son aspirateur trop cher, elle s'est fait rouler,* elle a été trompée par la personne qui le lui a vendu.

▶ **roulant** **adj.** **1.** *Julie apporte le café sur la table roulante,* une table que l'on peut déplacer grâce à ses roulettes. **2.** *Un escalier roulant,* c'est un escalier mobile qui permet de monter et de descendre sans gravir les marches. → aussi **escalator.** *Un tapis roulant,* c'est une longue bande souple qui se déplace sur des rouleaux pour transporter des objets ou des personnes. *Les passagers de l'avion récupèrent leurs bagages qui* *arrivent sur le tapis roulant.* **3.** *L'ennemi devait faire face à un feu roulant,* un tir ininterrompu.

▶ **rouleau** **n. m. 1.** Bande enroulée en forme de cylindre. *Des rouleaux de papier peint.* **2.** Grosse vague. *La mer faisait des rouleaux.* **3.** Objet en forme de cylindre. *Elle étale la pâte à tarte à l'aide d'un rouleau à pâtisserie.*

▶ **roulement** **n. m. 1.** Bruit continu et sourd. *On entend au loin des roulements de tambour.* **2.** *Les ouvriers de l'usine travaillent par roulement,* en se relayant, à tour de rôle.

▶ **roulette** **n. f. 1.** Petite roue. *Un berceau à roulettes.* **2.** Instrument formé d'une pointe qui tourne très vite dont se sert le dentiste pour soigner les dents cariées. → ② **fraise.** *Flora n'aime pas qu'on lui passe la roulette.* **3.** Jeu de hasard où une petite boule est lancée dans une cuvette et se pose sur une case numérotée. *On joue à la roulette au casino.*

▶ **roulis** **n. m.** Mouvement d'un côté à l'autre que la mer impose à un bateau. → aussi **tangage** et **houle.** *Le vent se lève, il va y avoir du roulis.*

▶ **roulotte** **n. f.** Voiture aménagée comme une maison. *Les forains vivent dans des roulottes.* → **caravane.**

**round** [ʀund] ou [ʀawnd] **n. m.** Ce mot vient de l'anglais. Partie d'un match de boxe. *Le boxeur a été mis K.-O. au deuxième round.* → ① **reprise.**

**roupie** **n. f.** Monnaie de l'Inde et du Pakistan.

**rouquin** **adj.** Familier. Qui a les cheveux roux. *Une petite fille rouquine.* — **N.** *Une rouquine.*

**rouspéter** **v.** (conjug. 6) Familier. Manifester sa mauvaise humeur, son mécontentement. → **râler.** *Elle rouspète tout le temps.*

**rousseur** **n. f.** *Julie a des taches de rousseur,* des taches rousses sur la peau.

**roussi** **n. m.** Odeur d'une chose qui a un peu brûlé. *Cela sent le roussi dans la cuisine.*

**route** **n. f. 1.** Voie de communication importante. *Prenez la première route à gauche.* **2.** Chemin à suivre. *Le conducteur regarde sa route sur une carte.* **3.** Voyage. *En route !* partons ! **4.** *Il met le moteur en route,* en marche.

▶ **routier** **adj.** et **n. m. 1. adj.** Relatif aux routes. *Le conducteur du car consulte une carte routière,* une carte sur laquelle les routes sont indiquées. **2. n. m.** Personne dont le métier est de conduire un camion sur de longs trajets. → **camionneur.** *Le routier a pris une auto-stoppeuse.* ▷ AUTOROUTE, DÉROUTE, DÉROUTER.

**routine** **n. f.** Habitude si souvent répétée qu'elle devient automatique. *Luc ne supporte pas la routine.*

**roux** **adj.** D'une couleur entre le brun, l'orange et le rouge. *En automne, les arbres sont roux. Julie est rousse,* elle a les cheveux roux. — **N.** *Sa femme est une jolie rousse.* ◊ homonyme : roue. ▷ ROUQUIN, ROUSSEUR, ROUSSI.

**royal** **adj. 1.** Du roi. *La jeune fille a été présentée à la famille royale.* **2.** Digne d'un roi. → **magnifique.** *Il a fait des cadeaux royaux à sa femme.*

▶ **royalement** **adv.** D'une manière somptueuse. *Les invités ont été reçus royalement.*

▶ **royaliste** **n. m.** et **f.** Partisan de la monarchie. → **monarchiste.** *C'est une* *royaliste convaincue.* — **Adj.** *Un journal royaliste.*

**royaume** **n. m.** État gouverné par un roi. *Le royaume de Belgique.*

**royauté** **n. f.** Pouvoir royal. → **monarchie.** *La Révolution française a provoqué la chute de la royauté.*

**ruade** **n. f.** Mouvement brusque que les chevaux ou les ânes font en lançant en arrière leurs membres postérieurs. → aussi **ruer.** *La jument a lancé une ruade.*

**ruban** **n. m. 1.** Étroite bande de tissu. *Anne attache ses cheveux avec un ruban.* **2.** Bande mince et étroite d'une matière souple. *Un rouleau de ruban adhésif.*

**rubéole** **n. f.** Maladie très contagieuse pendant laquelle la peau se couvre de taches rouges. *Flora n'est pas encore vaccinée contre la rubéole.*

**rubis** **n. m.** Pierre précieuse de couleur rouge. *C'est en Birmanie que l'on trouve les plus beaux rubis.*

**rubrique** **n. f.** Ensemble des articles d'un journal consacrés à un sujet. *Il lit la rubrique des faits divers.*

**ruche** **n. f.** Petite maison construite par l'homme pour abriter les abeilles. → aussi **alvéole, rayon.** *On enfume la ruche pour récolter le miel.*

**rude** **adj. 1.** Simple et un peu brutal. *Il a des manières rudes.* → **grossier.** || contr. **délicat, raffiné** || **2.** Dur à supporter. → **pénible.** *L'hiver sera rude.* → **rigoureux.** || contr. **doux** || **3.** Dur au toucher. → **rugueux.** *Sa barbe est rude.*

**ruche**

▸ **rudement** **adv. 1.** Avec dureté, sans ménagement. *Elle parle rudement à ses enfants.* → **sèchement. 2.** Familier. Très, beaucoup. *C'était rudement bon.*

▸ **rudesse** **n. f.** Dureté, sévérité. *Il nous traite avec rudesse.* || contr. **douceur, gentillesse** ||.

▸ **rudoyer** **v.** (conjug. 8) Traiter rudement, avec des paroles dures. → **maltraiter.** *Il rudoie ses employés.*

**rudiments** **n. m. pl.** Connaissances élémentaires. → **base.** *Yves a appris des rudiments de solfège.*

▸ **rudimentaire** **adj.** Peu développé. *Anne a des connaissances rudimentaires en anglais.* → **élémentaire.**

**rue** **n. f.** Voie bordée de maisons, dans une ville ou un village. → aussi **avenue, boulevard.** *Fais attention en traversant la rue.* → aussi **chaussée, trottoir.** *Ils habitent 3 rue Hoche.*

▸ **ruelle** **n. f.** Petite rue. *Une ruelle obscure.*

**ruer** **v.** (conjug. 1) *Le cheval rue,* il lance violemment ses pattes postérieures vers l'arrière. → aussi **ruade.**

▶ **se ruer** **v.** S'élancer avec violence, se précipiter. → **foncer.** *Dès la fin du cours, les enfants se sont rués vers la sortie.*

▶ **ruée** **n. f.** Mouvement d'un grand nombre de personnes qui s'élancent dans la même direction. *Le premier jour des vacances, c'est la ruée vers les gares.* ▷ RUADE.

**rugby** **n. m.** Ce mot vient de l'anglais. Sport d'équipe dans lequel il faut poser un ballon ovale derrière la ligne de but de l'adversaire, ou le faire passer entre les poteaux de but. *Ils ont assisté à un match de rugby.*

▶ **rugbyman** **n. m.** Joueur de rugby. — **Au pl.** *Des rugbymans* ou *des rugbymen.*

**rugir** **v.** (conjug. 2) *Les fauves rugissent,* ils poussent leur cri.

▶ **rugissement** **n. m.** Cri d'un fauve. *Le lion poussa un terrible rugissement.*

**rugueux** **adj.** Rude au toucher. → **râpeux, rêche.** *Le chat se frotte contre l'écorce rugueuse de l'arbre.* || contr. **lisse** ||.

**ruine** **n. f. 1.** *Des ruines,* ce sont les restes d'un bâtiment détruit. → **décombres, vestige.** *Il y a de nombreuses ruines antiques en Grèce.* **2.** *La vieille maison tombait en ruine,* elle s'écroulait. **3.** Perte de l'argent, des biens que l'on possède. *Cet homme d'affaires a fait de mauvais placements, il est maintenant au bord de la ruine.*

▶ **ruiner** **v.** (conjug. 1) Faire perdre tout son argent. *Les mauvaises affaires qu'il a faites l'ont ruiné.* || contr. **enrichir** || — *Elle s'est ruinée en jouant aux courses,* elle a perdu tout son argent.

▶ **ruineux** **adj.** Qui fait perdre tout son argent. *Des dépenses ruineuses.*

**ruisseau** **n. m.** Petit cours d'eau. *Un ruisseau traverse le champ.* — **Au pl.** *Des ruisseaux.*

**ruisseler** **v.** (conjug. 4) Couler en formant de petits ruisseaux. *La pluie ruisselle sur les vitres.*

▶ **ruisselant** **adj.** *Anne était ruisselante de sueur,* elle était trempée de sueur.

▶ **ruissellement** **n. m.** Mouvement de l'eau qui ruisselle.

**rumeur** **n. f. 1.** Bruit de voix que l'on ne distingue pas bien. → **brouhaha.** *Une rumeur s'élevait dans le public.* **2.** Nouvelle peu sûre qui se répand, bruit qui court. *On dit qu'elle attend un bébé, mais ce n'est qu'une rumeur.*

**ruminer** **v.** (conjug. 1) **1.** *Les vaches ruminent,* elles mâchent l'herbe qui revient de l'estomac avant de l'avaler définitivement. **2.** Penser sans arrêt à la même chose désagréable. *Il rumine tous les reproches qu'elle lui a faits.* → **remâcher.**

▶ **ruminant** **n. m.** Mammifère qui rumine. *Les vaches, les moutons, les cerfs, les chameaux sont des ruminants.*

**rumsteck** [ʀɔmstɛk] **n. m.** Viande de bœuf. *Une tranche de rumsteck.* — On écrit aussi *romsteck.*

**rupestre** **adj.** *Les grottes de Lascaux sont célèbres pour leurs peintures rupestres,* leurs peintures exécutées sur la paroi rocheuse.

**rupture** **n. f. 1.** Fait de se casser. *La*

*rupture des fils télégraphiques est due aux fortes chutes de neige.* → aussi **se rompre**. **2.** Arrêt brusque d'une chose qui durait. → **interruption.** *La guerre a causé la rupture des relations diplomatiques entre ces deux pays.* **3.** Séparation entre des personnes qui s'aimaient. → **brouille.** *Leur rupture a été très douloureuse.*

**rural** **adj.** Qui concerne la campagne. *Ils habitent une commune rurale,* un village à la campagne. || contr. **urbain** || — **Au masc. pl.** *ruraux.*

**ruse** **n. f.** Ce que l'on fait pour tromper. → **feinte, stratagème, subterfuge.** *Luc a trouvé une ruse pour ne pas faire ses devoirs.*

► **rusé** **adj.** Qui fait preuve d'habileté pour tromper. → **malin.** *Julie est très rusée.*

► **ruser** **v.** (conjug. 1) Agir avec ruse. *Il va falloir ruser pour réussir.*

**rustine** **n. f.** Marque déposée. Petite rondelle de caoutchouc qui sert à réparer une chambre à air de bicyclette.

**rustique** **adj.** *Des meubles rustiques,* ce sont des meubles solides et de formes simples, fabriqués à la campagne ou dans le style traditionnel de la campagne.

**rustre** **n. m.** Homme grossier et brutal. → **brute, goujat, malotru, mufle.** *Ce rustre m'a bousculé sans s'excuser.*

**rut** [ʀyt] **n. m.** Période pendant laquelle les animaux cherchent à s'accoupler. *La biche était en rut.*

**rutilant** **adj.** Brillant. *Il conduisait une rutilante voiture de sport.*

**rythme** **n. m.** **1.** Mouvement d'une musique. → **cadence.** *Le rythme de la valse.* **2.** Mouvement régulier. *Le médecin prend le pouls du malade pour connaître son rythme cardiaque,* pour savoir à quelle vitesse bat son cœur. → **allure.**

► **rythmer** **v.** (conjug. 1) **1.** Soumettre à un rythme régulier. *Les vagues rythment le mouvement du bateau.* **2.** Marquer le rythme. *Le chanteur tape dans ses mains pour rythmer sa chanson.*

► **rythmique** **adj.** *La danse rythmique,* c'est une forme de danse qui tient de la danse classique et de la gymnastique.

# S

**s'** → **se** et ① **si**

**sa** → ① **son**

**sabbat** **n. m. 1.** Repos que les juifs observent le samedi. *Le jour du sabbat est consacré au culte.* **2.** Dans les légendes anciennes, réunion nocturne de sorciers et de sorcières.

**sable** **n. m.** Ensemble de petits grains de roche ou de coquillages écrasés. *Une plage de sable fin.*

▶ ① **sabler** **v.** (conjug. 1) Couvrir de sable. *On a sablé la route enneigée.*

▶ **sableux** **adj.** Qui contient du sable. *L'eau du torrent est sableuse.*

▶ **sablier** **n. m.** Instrument qui sert à mesurer le temps, à l'aide de sable s'écoulant d'un récipient dans un autre. *Mamie se sert d'un sablier pour mesurer le temps de cuisson des œufs à la coque.*

▶ **sablonneux** **adj.** Couvert de sable. *Nous avons pique-niqué dans une clairière sablonneuse.* ▷ S'ENSABLER.

**sablé** **n. m.** et **adj. 1. n. m.** Petit gâteau sec qui se casse facilement. *Anne mange des sablés.* **2. adj.** *Une pâte sablée,* c'est une pâte à tarte qui se casse facilement. ◊ homonymes : ① et ② sabler.

① **sabler** → **sable**

② **sabler** **v.** (conjug. 1) *Sabler le champagne,* c'est boire du champagne pour fêter quelque chose.

**sabord** **n. m.** Ouverture dans le côté d'un navire permettant le passage de la bouche des canons.

▶ **saborder** **v.** (conjug. 1) *Les pirates sabordèrent le navire,* ils le percèrent pour le couler.

**sabot** **n. m. 1.** Chaussure faite d'un morceau de bois creusé. *Elle met des sabots pour jardiner.* **2.** Corne qui entoure l'extrémité des doigts de certains animaux. *Les chevaux, les moutons, les vaches ont des sabots.* ⋙ illustration page suivante.

**saboter** **v.** (conjug. 1) **1.** *Saboter un travail,* c'est le faire vite et mal. *Yves a saboté sa rédaction.* → **bâcler. 2.** *Saboter une chose,* c'est l'abîmer pour que l'on ne puisse plus s'en servir. *Des terroristes ont saboté l'avion.*

► **sabotage** n. m. *L'accident d'avion est dû à un sabotage.*

► **saboteur** n. m., **saboteuse** n. f. Personne qui fait du sabotage.

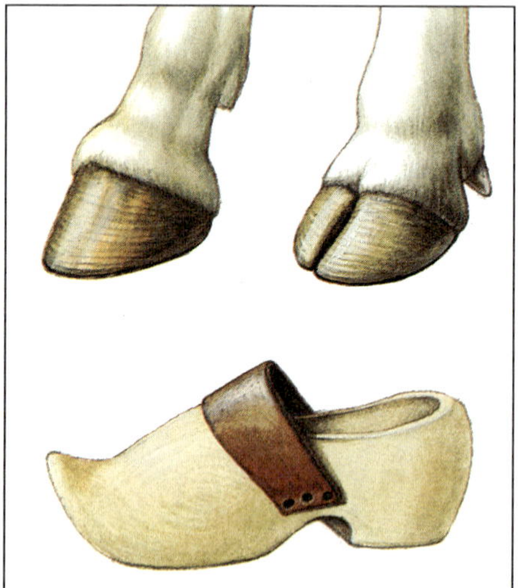

sabot

**sabre** n. m. Grande épée pointue, tranchante d'un seul côté. *Le cavalier brandissait son sabre.*

① **sac** n. m. Objet fabriqué dans une matière souple, qui sert à transporter diverses choses. *La vendeuse met les bonbons dans un sac en papier. Elle a mis son portefeuille et ses clés dans son sac à main. Les campeurs rangent leurs affaires dans leur sac à dos. — Le voleur a été pris la main dans le sac,* sur le fait, en train de voler. → en flagrant **délit.** ▷ BESACE, CUL-DE-SAC, SACHET, SACOCHE.

② **sac** n. m. Pillage. *Rome fut mise à sac par les Wisigoths en 410.*

► **saccager** v. (conjug. 3) 1. Piller, ravager. *Les envahisseurs saccagèrent la ville.* 2. Abîmer. *Des voyous ont saccagé le jardin public.*

► **saccage** n. m. *Toutes les fleurs ont été piétinées, quel saccage !*

**saccade** n. f. Mouvement brusque et irrégulier. → **à-coup, secousse.** *La voiture avança par saccades et s'immobilisa.*

► **saccadé** adj. Brusque et irrégulier. *Le pantin fait des gestes saccadés.*

**sacerdoce** n. m. Fonction, travail du prêtre. *L'abbé Moulin exerce son sacerdoce depuis 10 ans.*

**sachet** n. m. Petit sac. *Elle met un sachet de thé à infuser dans la théière.*

**sacoche** n. f. Sac solide, de forme simple. *Yves a accroché des sacoches au porte-bagages de son vélo.*

**sacrer** v. (conjug. 1) *Charlemagne fut sacré empereur en l'an 800,* il fut déclaré solennellement empereur, au cours d'une cérémonie religieuse.

► **sacre** n. m. Cérémonie religieuse par laquelle l'Église déclare un homme souverain ou évêque. *Le sacre des rois de France avait lieu à Reims.*

► **sacré** adj. 1. *Une chose sacrée,* c'est une chose que l'on respecte parce qu'elle concerne la religion. → **saint.** *L'Ancien et le Nouveau Testament sont les livres sacrés des chrétiens.* 2. Très important. *Pour moi, l'amitié est sacrée.*

► **sacrement** n. m. Cérémonie chrétienne très importante, instituée par Jésus-Christ. *Le baptême, le mariage, l'extrême-onction sont des sacrements.* ▷ CONSACRER, SACRIFICE, SACRIFIER, SACRILÈGE, SACRISTAIN, SACRISTIE.

**sacrifice** n. m. 1. Offrande que l'on fait à un dieu. *Les Anciens tuaient des* *animaux qu'ils offraient en sacrifice.* 2. *Faire un sacrifice,* c'est se priver volontairement de quelque chose. *Ses parents ont fait des sacrifices pour lui payer ses études.*

▶ **sacrifier** v. (conjug. 7) 1. Offrir en sacrifice. *Les Anciens sacrifiaient des animaux à leurs dieux.* → **immoler.** 2. *Il a sacrifié sa santé à son travail,* il a négligé sa santé au profit de son travail qu'il a fait passer avant. 3. *Se sacrifier,* c'est renoncer à prendre soin de soi pour s'occuper des autres. → se **dévouer.** *Elle s'est sacrifiée pour sa famille.*

**sacrilège** n. m. Crime commis contre une chose sacrée. → aussi **blasphème.** *Cambrioler une église est un sacrilège.*

**sacristie** n. f. Pièce située dans une église, où l'on range les objets qui servent à la messe. *Le prêtre et les enfants de chœur s'habillent dans la sacristie.*

▶ **sacristain** n. m. Homme qui s'occupe de l'entretien de l'église. *Le sacristain range les vases sacrés.*

**sadisme** n. m. Comportement d'une personne qui aime faire souffrir. *C'est du sadisme d'arracher les ailes d'une mouche.*

▶ **sadique** adj. Qui prend du plaisir à faire souffrir les autres. → aussi **masochiste.** *Julie est sadique, elle s'amuse à piquer son chat avec une épingle.* — N. *C'est une sadique.*

**safari** n. m. Expédition de chasse, en Afrique noire. *Dans un safari-photo, on se contente de photographier les animaux.*

**safran** n. m. Poudre orangée, d'origine végétale, utilisée en cuisine pour parfumer les plats. *Les escalopes étaient accompagnées de riz au safran.*

**sagace** adj. Qui comprend vite et a de l'intuition. → **clairvoyant, perspicace, subtil.** *Anne a un esprit sagace.*

▶ **sagacité** n. f. Qualité d'une personne sagace. → **finesse, perspicacité.** *Il raisonne avec sagacité.*

**sagaie** n. f. Lance des tribus primitives. → **javelot.** *Le chasseur toucha l'antilope avec sa sagaie.*

**sage** adj. 1. Réfléchi et raisonnable. → **prudent, sensé, sérieux.** *Il m'a donné un sage conseil.* 2. Calme et obéissant. *Nous emmènerons les enfants au zoo s'ils sont bien sages.* || contr. **turbulent** || *Luc a été sage comme une image.*

▶ **sage-femme** n. f. Femme dont le métier est d'aider les femmes à accoucher. — **Au pl.** *Des sages-femmes.*

▶ **sagesse** n. f. 1. Bon sens et prudence. *Il a agi avec sagesse.* → aussi **modération.** 2. Obéissance et tranquillité. *Yves est d'une sagesse exemplaire aujourd'hui.* ▷ S'ASSAGIR.

**saigner** v. (conjug. 1) 1. Perdre du sang. *Alex saigne du nez.* 2. *Saigner un animal,* c'est l'égorger pour qu'il perde tout son sang jusqu'à ce qu'il meure.

▶ **saignant** adj. *Flora mange son bifteck saignant,* peu cuit.

▶ **saignement** n. m. *Luc a souvent des saignements de nez.* → **hémorragie.**

**saillir** v. (conjug. 13) Former une bosse. *Ses veines saillent sur le dos de sa main,* elles sont en relief.

▶ **saillant** adj. Qui est en avant. *Anne a les pommettes saillantes.* → **proéminent.**

▶ **saillie** n. f. Partie d'une chose qui dépasse, fait une bosse. *Le chat s'est installé sur une pierre en saillie.*

**sain** **adj.** **1.** En bonne santé. *Yves a des dents saines.* || contr. **malade** || **2.** Bon pour la santé. → **salubre.** *L'air de la montagne est très sain.* || contr. **insalubre, malsain** || **3.** Bon et normal. *Il a des idées saines sur la question.* ◊ homonymes : saint, sein. ▷ ASSAINIR, ASSAINISSEMENT, MALSAIN.

**saindoux** **n. m.** Graisse de porc fondue. *Il fait frire le poisson dans du saindoux.*

**sainfoin** **n. m.** Plante à fleurs rouges ou jaunes, que l'on cultive pour nourrir les bêtes. *Le sainfoin a une très longue racine.*

**saint** **n. m.** et **adj.**, **sainte** **n. f. et adj.**
▭ **n.** Personne à qui l'Église catholique voue un culte après sa mort parce qu'elle a mené une vie exemplaire. *Sur les tableaux, les saints sont représentés avec des auréoles. Saint Pierre fut le premier pape.*
▭ **adj.** **1.** *C'est une sainte femme,* c'est une femme bonne et généreuse, qui mène une vie parfaite. **2.** *Au catéchisme, on apprend l'histoire sainte,* l'histoire religieuse. **3.** Sacré. *Les Lieux saints,* ce sont les lieux où vécut Jésus. ◊ homonymes : sain, sein.

► **sainteté** **n. f.** **1.** Qualité d'une personne qui mène une vie exemplaire. *Le roi Louis IX avait une réputation de sainteté.* **2.** *Sa Sainteté,* c'est le titre donné au pape.

► **saint-bernard** **n. m.** Grand chien de montagne à poil long, que l'on dresse à porter secours aux gens perdus en montagne. ⋙ planche Chiens. *Un saint-bernard a retrouvé les skieurs égarés.* — **Au pl.** *Des saint-bernard* ou *des saint-bernards.* ▷ TOUSSAINT.

**saisir** **v.** (conjug. 2) **1.** Attraper avec la main, rapidement ou avec force. → **empoigner.** *Le gardien de but a saisi le ballon. — Julie s'est saisie d'une paire de ciseaux,* elle l'a prise. **2.** *Saisir l'occasion,* c'est en profiter. *Luc saisit le moindre prétexte pour ne pas travailler.* **3.** Comprendre. *Julie n'a pas bien saisi l'explication de la maîtresse.* **4.** Surprendre d'une manière désagréable. *Alex fut saisi de peur en voyant le rat. Le froid nous a saisis.* **5.** *Le tribunal a été saisi de cette affaire,* on la lui a confiée. **6.** *Le texte a été saisi,* il a été enregistré dans la mémoire de l'ordinateur.

► **saisie** **n. f.** **1.** *L'huissier a ordonné une saisie,* il a ordonné que l'on prenne les meubles de la personne qui n'avait pas payé ses dettes. **2.** Enregistrement d'informations dans une mémoire d'ordinateur.

► **saisissant** **adj.** Très étonnant. → **frappant, troublant.** *La ressemblance entre les deux sœurs est saisissante.*

► **saisissement** **n. m.** Effet causé par une impression brutale. *Yves resta muet de saisissement devant le père Noël.* ▷ se DESSAISIR, INSAISISSABLE, se RESSAISIR.

**saison** **n. f.** **1.** Chacune des quatre grandes époques de l'année. *Le printemps, l'été, l'automne et l'hiver sont les quatre saisons.* **2.** Période. *C'est bientôt la saison des soldes.*

► **saisonnier** **adj.** Qui n'existe qu'à certaines périodes de l'année. *Le ski de fond est une activité saisonnière.* ▷ ARRIÈRE-SAISON, QUATRE-SAISONS.

**salade** **n. f.** **1.** Plante cultivée pour ses feuilles que l'on mange généralement crues avec de la vinaigrette. *La laitue et la scarole sont des salades.* **2.** Plat froid fait d'un mélange de légumes, de viandes, d'œufs ou de poisson servi avec de la vinaigrette. *Vou-*

*lez-vous une salade de pommes de terre ou des tomates en salade ?* **3.** *Une salade de fruits,* c'est un dessert composé de fruits coupés en morceaux servis avec du sirop.

▶ **saladier** **n. m.** Grand plat creux dans lequel on sert la salade.

**salaire** **n. m.** Argent que l'on reçoit régulièrement pour son travail. → **appointements, rémunération.** *Il a demandé une augmentation de salaire.* → aussi **salarié.**

**salamandre** **n. f.** Petit animal noir taché de jaune, qui peut vivre à l'air ou dans l'eau, et dont la peau lisse sécrète un liquide venimeux. *La salamandre est un batracien qui a la forme d'un lézard.*

salamandre

**salami** **n. m.** Gros saucisson sec haché fin. *Le charcutier coupe des tranches de salami.*

**salant** **adj.** *Un marais salant,* c'est un bassin creusé sur les côtes pour recueillir le sel de la mer.

**salarié** **n. m.,** **salariée** **n. f.** Personne qui reçoit un salaire en échange de son travail. *L'entreprise compte deux cents salariés.*

**sale** **adj.** **1.** Couvert de crasse, de poussière. → **crasseux, dégoûtant, malpropre.** *Change de pull, il est sale.* ǁ contr. **propre** ǁ **2.** Très désagréable. *Quel sale temps !* → **mauvais.** ◊ homonyme : salle.

▶ **salement** **adv.** *Les cochons mangent salement,* d'une manière sale, en salissant. ǁ contr. **proprement** ǁ.

▶ **saleté** **n. f.** **1.** État d'une chose sale. *Sa maison est d'une saleté repoussante.* ǁ contr. **propreté** ǁ **2.** Chose sale. *Le chat a fait des saletés dans la cuisine.* → **cochonnerie.** ▷ SALIR, SALISSANT.

**saler** **v.** (conjug. 1) Mettre du sel. *N'oublie pas de saler l'eau des pâtes !*

▶ **salé** **adj.** et **n. m.** **1. adj.** Qui contient du sel. *L'eau de mer est salée. La soupe est trop salée,* on a mis trop de sel dedans. **2. n. m.** *Du petit salé,* c'est un morceau de porc assaisonné avec du sel.

▶ **salière** **n. f.** Petit pot dans lequel on met du sel et que l'on place sur la table du repas. ▷ DESSALER, SALANT.

**salir** **v.** (conjug. 2) Rendre sale. → **souiller, tacher.** *Julie a sali son pantalon. — Anne s'est salie en jouant.*

▶ **salissant** **adj.** **1.** Qui devient vite sale. *Cette robe blanche est très salissante.* **2.** Qui salit. *La mécanique est un travail salissant.*

**salive** **n. f.** Liquide que l'on a naturellement dans la bouche. → aussi **bave.** *La salive contient des substances qui aident à digérer.*

▶ **saliver** **v.** (conjug. 1) Produire de la salive. *L'odeur du gâteau en train de cuire fait saliver les enfants.*

**salle** **n. f.** Pièce plus ou moins grande. *On dîne dans la salle à manger. Va te laver les mains dans la salle de bains. La salle de cinéma était pleine.* ◊ homonyme : sale.

▸ **salon** **n. m.** **1.** Pièce où l'on reçoit les invités. *Passons au salon pour prendre le café.* **2.** *Un salon de coiffure,* c'est une boutique de coiffeur. *Un salon de thé,* c'est une pâtisserie où l'on peut s'asseoir à une table pour consommer. **3.** Exposition. *Tous les ans a lieu le Salon du Livre.*

**salopette** **n. f.** Vêtement formé d'un pantalon et d'une partie à bretelles qui recouvre la poitrine. *Anne s'est mise en salopette.*

**salpêtre** **n. m.** Poudre blanche qui couvre les murs humides. *Les murs de la cave sont couverts de salpêtre.*

**salsifis** [salsifi] **n. m.** Plante cultivée pour ses longues racines charnues que l'on mange. *Luc a mangé du rôti de veau avec des salsifis.*

**saltimbanque** **n. m.** et **f.** Personne qui fait des tours d'adresse, des acrobaties, en public. *Des saltimbanques se sont produits à la fête du village.*

**salubre** **adj.** Bon pour la santé. → **sain.** *Le climat de la région est salubre.* || contr. **insalubre, malsain** ||. ▷ INSALUBRE.

**saluer** **v.** (conjug. 1) **1.** Dire bonjour en faisant un salut. *Alex salue Yves d'un signe de tête.* **2.** Accueillir. *L'entrée de l'équipe sur le stade fut saluée par des applaudissements.*

① **salut** **n. m.** Le fait d'échapper à la mort, au danger. *Pris dans la tempête, il ne dut son salut qu'à la solidité de son bateau.*

▸ **salutaire** **adj.** Bon, utile. → **bénéfique, bienfaisant.** *Vos conseils lui ont été salutaires.*

② **salut** **n. m.** Geste que l'on fait ou parole que l'on dit lorsque l'on rencontre quelqu'un. *Anne fait un grand salut de la main à Luc.*

▸ **salutation** **n. f.** *Transmettez à vos parents mes meilleures salutations,* faites-leur un salut de ma part. ▷ SALUER.

**salve** **n. f.** Ensemble de coups de feu ou de coups de canon tirés en même temps ou l'un après l'autre. *L'arrivée de l'amiral fut saluée par une salve de coups de canon.*

**samba** **n. f.** Danse à deux temps d'origine brésilienne.

**samedi** **n. m.** Jour de la semaine entre le vendredi et le dimanche. *Flora passe nous voir tous les samedis après-midi.*

**samouraï** [samuʀaj] **n. m.** Guerrier japonais d'autrefois. *Les samouraïs étaient au service d'un seigneur.*

samouraï

**sanatorium** [sanatɔʀjɔm] **n. m.** Maison où l'on soigne les tuberculeux, au grand air. *Les sanatoriums sont généralement en montagne.*

**sanction** n. f. Punition, condamnation. *La directrice de l'école prendra des sanctions contre les élèves insolents.*

▶ ① **sanctionner** v. (conjug. 1) Punir. *Les mauvais élèves ont été sanctionnés.* ‖ contr. **récompenser** ‖.

② **sanctionner** v. (conjug. 1) Confirmer officiellement. *Le baccalauréat sanctionne la fin des études secondaires.*

**sanctuaire** n. m. Endroit consacré aux cérémonies religieuses. *Les églises et les temples sont des sanctuaires.*

**sandale** n. f. Chaussure légère faite d'une semelle retenue par des lanières qui passent sur le dessus du pied. *Flora a mis des sandales en cuir.*

▶ **sandalette** n. f. Sandale très légère. *Anne met des sandalettes pour aller à la plage.*

**sandwich** [sɑ̃dwitʃ] n. m. Casse-croûte composé de deux tranches de pain entre lesquelles il y a des aliments froids. *Un sandwich au jambon.*— Au pl. *Des sandwichs* ou *des sandwiches.*

**sang** n. m. Liquide rouge qui circule à travers le corps, dans les veines et les artères. *Un adulte a environ 5 litres de sang dans le corps. Mon sang n'a fait qu'un tour,* j'ai réagi immédiatement. *Flora se fait du mauvais sang,* elle s'inquiète.◇ homonymes : cent, sans.

▶ **sang-froid** n. m. Maîtrise de soi, contrôle de ses émotions qui permet de garder son calme. *Les pompiers doivent garder leur sang-froid.*

▶ **sanglant** adj. 1. Couvert de sang. *L'épée du chevalier était sanglante.* → **ensanglanté.** 2. Qui fait couler beaucoup de sang. → **meurtrier.** *Les combats ont été sanglants.* ▷ ENSANGLANTÉ, EXSANGUE, PUR-SANG, SANGSUE, SANGUIN, SANGUINAIRE, SANGUINOLENT.

**sangle** n. f. Bande large et plate, très solide, qui sert à attacher ou à tenir serré. → **courroie.** *Le cavalier vérifie les sangles de la selle de son cheval.*

**sanglier** n. m. Porc sauvage à la peau épaisse garnie de poils très durs, vivant dans les forêts. → aussi **laie** et **marcassin.** *Il est à la chasse au sanglier.*

**sanglot** n. m. Respiration brusque et bruyante quand on pleure très fort. *Anne a éclaté en sanglots.*

▶ **sangloter** v. (conjug. 1) Pleurer avec des sanglots. *Flora consolait Yves qui sanglotait.*

**sangria** n. f. Boisson glacée à base de vin rouge sucré et de fruits macérés.

**sangsue** [sɑ̃sy] n. f. Gros ver qui colle à la peau et suce le sang. *La sangsue a deux ventouses.*

**sanguin** adj. Qui concerne le sang. *Les veines et les artères sont des vaisseaux sanguins.*

**sanguinaire** adj. Qui aime faire couler le sang. → **cruel.** *Néron était un tyran sanguinaire.*

**sanguinolent** adj. Couvert de sang. *L'infirmière enlève la compresse sanguinolente.*

**sanitaire** adj. 1. Qui concerne la santé de tous, l'hygiène. *Des équipes sanitaires ont été envoyées sur les lieux de l'accident.* 2. *Les lavabos, les baignoires, les toilettes sont des appareils* *sanitaires,* des appareils qui distribuent et évacuent l'eau dans les maisons.

**sans** **prép. 1.** Exprime le manque, la privation. *Elle est venue sans ses enfants.* || contr. **avec** || *Ne reste pas sans rien faire !* **2.** *Sans que,* conjonction. *Flora a fait la vaisselle sans qu'on le lui ait demandé,* alors qu'on ne le lui avait pas demandé. ◊ homonymes : cent, sang.

▶ **sans-abri** **n. m.** et **f. inv.** Personne qui n'a plus de logement. *Les inondations ont fait de nombreux sans-abri.*

▶ **sans-gêne** **adj. inv.** et **n. m. inv. 1. adj. inv.** *Elles sont sans-gêne,* elles agissent avec une trop grande familiarité, sans penser qu'elles peuvent gêner les autres. **2. n. m. inv.** Impolitesse d'une personne qui ne se gêne pas pour les autres. → **désinvolture.** *Il est d'un sans-gêne incroyable.* ▷ PINCE-SANS-RIRE.

**sansonnet** **n. m.** Étourneau.

**santal** **n. m.** [pl. *santals*] Arbre d'Afrique et d'Asie, au bois précieux, dont on extrait un parfum. *Du savon au santal.*

**santé** **n. f. 1.** Bon état, bon fonctionnement du corps. *Fumer est mauvais pour la santé.* **2.** *Anne est en bonne santé,* elle se porte bien. *Bonne année, bonne santé !*

**santon** **n. m.** Petit personnage de terre cuite servant à décorer les crèches de Noël.

**saoul** → **soûl**

**saper** **v.** (conjug. 1) Creuser pour faire s'écrouler. *La mer a sapé la falaise.*

**sapeur-pompier** **n. m.** Pompier. *Les sapeurs-pompiers ont éteint l'incendie.*

**saphir** **n. m. 1.** Pierre précieuse transparente et bleue. *Elle avait une bague ornée d'un saphir.* **2.** Petite pointe au bout du bras d'un électrophone qui frotte sur le sillon d'un disque.

**sapin** **n. m.** Arbre résineux qui reste toujours vert et dont les feuilles sont des aiguilles. → aussi **conifère.** ⤜ planche Arbres. *Les enfants ont décoré le sapin de Noël.*

**sarabande** **n. f.** *Julie et ses amis font la sarabande,* ils font beaucoup de bruit en courant, en sautant.

**sarbacane** **n. f.** Tube creux dans lequel on souffle pour lancer de petits projectiles. *Luc lance des boulettes de papier avec une sarbacane.*

**sarcasme** **n. m.** Moquerie méchante. *Je ne veux pas entendre tes sarcasmes.*

▶ **sarcastique** **adj.** Moqueur et méchant. → **sardonique.** *Il lui adressa un sourire sarcastique.*

**sarcler** **v.** (conjug. 1) Arracher les mauvaises herbes. → **désherber.** *Le jardinier sarcle le potager.*

**sarcophage** **n. m.** Cercueil de pierre. *Les momies des pharaons étaient déposées dans des sarcophages.*

**sardine** **n. f.** Petit poisson de mer que l'on mange frais ou conservé dans l'huile. ⤜ planche Poissons. *Yves aime beaucoup les sardines grillées.*

**sardonique** **adj.** *Un rire sardonique,* c'est un rire moqueur et méchant. → **sarcastique.**

**sari** n. m. Long morceau de soie ou de coton dans lequel se drapent les femmes indiennes. — Au pl. *Des saris.*

sari

**sarment** n. m. Branche de vigne qui porte les grappes de raisin. *Le vigneron taille les sarments.*

**sarrasin** n. m. Céréale à petits grains, appelée aussi *blé noir. Mamie a fait des crêpes avec de la farine de sarrasin.*

**sarrau** n. m. [pl. *sarraus*] Blouse de travail large et courte.

**sas** [sas] n. m. Petite pièce fermée par deux portes hermétiques, permettant le passage entre deux pièces ou entre une pièce et le milieu extérieur. *Les cosmonautes sortent de la fusée par un sas.*

**satané** adj. Qui donne l'occasion de se plaindre. → **maudit.** *Je suis arrivé en retard à cause de ces satanés embouteillages.*

**satanique** adj. Qui fait penser au diable, paraît inspiré par le diable. → **démoniaque, diabolique.** *Il a un rire satanique.*

**satellite** n. m. **1.** Astre qui tourne autour d'une planète. *La Lune est le satellite de la Terre.* **2.** Engin que l'on lance de la Terre à l'aide d'une fusée pour qu'il tourne autour de la Terre. *Les satellites permettent de retransmettre des émissions télévisées ou de faire des observations météorologiques.*

à **satiété** [asasjete] adv. *Nous avons mangé à satiété,* jusqu'à ce que nous n'ayons plus faim.

**satin** n. m. Tissu de soie lisse et brillant. *Le dessus-de-lit est en satin.*

▸ **satiné** adj. Qui a l'aspect du satin. *La peinture de la cuisine est satinée.*

**satire** n. f. Critique moqueuse. *Ce film est une satire violente de la publicité.*

▸ **satirique** adj. *Une œuvre satirique,* c'est une œuvre qui critique en se moquant. *Il fait des dessins satiriques pour les journaux.*

**satisfaction** n. f. **1.** Contentement, joie que l'on éprouve quand les choses sont exactement comme on veut. *Cet élève donne entière satisfaction à ses professeurs.* **2.** Ce qui donne de la joie, du plaisir. *La publication de son roman a été une grande satisfaction pour lui.* || contr. **contrariété** || **3.** *Les manifestants n'ont pas obtenu satisfaction,* ils n'ont pas obtenu ce qu'ils réclamaient.

**satisfaire** v. (conjug. 60) **1.** *Satisfaire quelqu'un,* c'est lui plaire, lui convenir. *Son métier la satisfait.* **2.** Contenter. *Mamie satisfait tous les désirs de ses petits-enfants.* → **exaucer. 3.** *Le candidat ne satisfaisait pas à toutes les conditions,* il ne les remplissait pas.

▶ **satisfaisant** adj. Qui satisfait, correspond à ce que l'on souhaite. → **acceptable, bon.** *Les résultats scolaires de Julie sont satisfaisants.*

▶ **satisfait** adj. Qui a ce qu'il veut. *Flora est satisfaite de son sort.* → **content.**

**saturé** adj. 1. Qui ne peut contenir plus, est complètement rempli. *La terre était saturée d'eau.* 2. *Il est saturé de romans policiers,* il en est dégoûté tellement il en a lu.

▶ **saturation** n. f. *L'autoroute arrive à saturation,* elle ne peut pas contenir plus de voitures.

**sauce** n. f. Liquide plus ou moins épais qui accompagne certains plats. *Luc aime beaucoup les pâtes à la sauce tomate.*

▶ **saucière** n. f. Récipient dans lequel on sert les sauces. *Une saucière en argent.*

**saucisse** n. f. Charcuterie faite de viande de porc hachée entourée d'un boyau, qui se mange cuite. *Nous avons mangé des saucisses aux lentilles.*

▶ **saucisson** n. m. Grosse saucisse cuite ou séchée, qui se mange généralement froide. *Alex s'est coupé quelques rondelles de saucisson.*

① **sauf** prép. À l'exception de. → **excepté.** *Tout le monde était là, sauf Anne.* → **hormis.**

② **sauf** adj. Qui n'a pas été blessé ni tué. → **indemne.** *Les marins sont rentrés au port sains et saufs.* — **Au fém.** *sauve.* ▷ SAUVEGARDE, SAUVEGARDER, SAUVE-QUI-PEUT, SAUVER, SAUVETAGE, SAUVETEUR, à la SAUVETTE, SAUVEUR.

**sauge** n. f. Plante dont certaines variétés sont utilisées pour aromatiser les plats.

**saugrenu** adj. Bizarre et inattendu. *Anne a souvent des idées saugrenues.*

**saule** n. m. Arbre qui pousse dans les endroits humides. ⋙ planche Arbres. *La rivière était bordée de saules.*

saule

**saumâtre** adj. *Une eau saumâtre,* c'est un mélange d'eau douce et d'eau de mer, qui a un goût légèrement salé.

**saumon** n. m. Poisson de mer à chair rose qui remonte les fleuves pour pondre. ⋙ planche Poissons. *Luc aime beaucoup le saumon fumé.*

**saumure** n. f. Eau très salée dans laquelle on conserve certains aliments. *Les olives sont conservées dans la saumure.*

**sauna** **n. m.** Endroit où l'on prend des bains de vapeur. *Elle va au sauna une fois par semaine.*

**saupoudrer** **v.** (conjug. 1) Couvrir d'une matière réduite en poudre. *Flora saupoudre ses fraises de sucre.*

**saur** **adj. m.** *Un hareng saur,* c'est un hareng salé et fumé. ◊ homonyme : sort.

**saurien** **n. m.** Reptile au corps couvert d'écailles. *Les lézards, les crocodiles et les caméléons sont des sauriens.*

**saut** **n. m. 1.** Mouvement par lequel on s'élève au-dessus du sol. *Luc fait du saut en longueur.* **2.** *Yves a fait un saut chez sa grand-mère,* il y est allé rapidement et n'y est pas resté longtemps. ◊ homonymes : sceau, seau, sot.

▶ **sauter** **v.** (conjug. 1) **1.** S'élever un court instant au-dessus du sol. *Alex a sauté par-dessus la chaise.* **2.** S'élancer d'un endroit élevé. *Yves aimerait sauter en parachute.* **3.** Se précipiter. → **bondir.** *Julie saute au cou de son père.* **4.** Exploser. *Le train avait sauté sur une mine.* **5.** Omettre. *Flora a sauté une page en lisant,* il y a une page qu'elle n'a pas lue. **6.** *Le cuisinier fait sauter des pommes de terre,* il les fait cuire à feu vif dans de la matière grasse. → **revenir, rissoler.**

▶ **saute** **n. f.** Changement brusque. *Julie a souvent des sautes d'humeur.*

▶ **saute-mouton** **n. m.** Jeu où l'on saute par-dessus quelqu'un qui se tient courbé. *Les enfants ont joué à saute-mouton.*

▶ **sauterelle** **n. f.** Insecte vert ou gris qui se déplace en sautant sur ses pattes de derrière qui sont très longues. → aussi **criquet.**

▶ **sautiller** **v.** (conjug. 1) Faire de petits sauts. *Un moineau sautillait sur le rebord de la fenêtre.*

▶ **sautoir** **n. m.** Très long collier. *Un sautoir de perles.* ▷ ASSAUT, PRIMESAUTIER, SOUBRESAUT, SURSAUT, SURSAUTER.

**sauvage** **adj. 1.** *Un animal sauvage,* c'est un animal qui vit en liberté dans la nature. *La belette est un animal sauvage.* ‖ contr. **apprivoisé, domestique** ‖ **2.** *Une plante sauvage,* c'est une plante qui pousse sans être cultivée. *Anne a cueilli des fleurs sauvages,* des fleurs des champs. **3.** *Un endroit sauvage,* c'est un endroit qui n'est pas habité par les hommes. *Ils aiment camper dans des régions sauvages.* **4.** *Il existe encore des tribus sauvages,* des tribus qui ne connaissent pas nos civilisations. → **primitif.** ‖ contr. **civilisé** ‖ **5.** Qui n'aime pas rencontrer des gens qu'il ne connaît pas. *C'est un enfant très sauvage.* → **timide.** ‖ contr. **sociable** ‖ **6.** *Les enfants poussaient des cris sauvages,* des cris stridents, inhumains. → **barbare.** — **N.** *Ces gens sont vraiment des sauvages,* des brutes.

▶ **sauvagement** **adv.** D'une manière barbare. *Des voyous ont attaqué sauvagement la vieille dame.* → **cruellement.**

▶ **sauvagerie** **n. f.** Grande cruauté. → **barbarie.** *Le pauvre homme a été frappé avec sauvagerie.*

**sauvegarde** **n. f.** Protection. *Les écologistes veillent à la sauvegarde de la nature.* → **défense.**

▶ **sauvegarder** **v.** (conjug. 1) Protéger. *Une association s'est constituée pour sauvegarder le vieux quartier de la ville.* → **préserver.**

**sauver** **v.** (conjug. 1) **1.** Faire échapper à un danger, à la mort. *Le baigneur a* *pu sauver l'enfant qui était en train de se noyer.* **2.** *Se sauver,* c'est s'enfuir pour échapper à un danger ou à quelque chose de désagréable. *Les cambrioleurs se sont sauvés par les toits.*

▶ **sauve-qui-peut** **n. m. inv.** Fuite désordonnée où chacun se tire d'affaire comme il peut, sans s'occuper des autres. → **débandade.** *Ce fut un sauve-qui-peut général.* — **Au pl.** *Des sauve-qui-peut.*

**sauvetage** **n. m.** *Il a participé au sauvetage des naufragés,* il a aidé à les sauver.

**sauveteur** **n. m.** Personne qui participe à un sauvetage. *Les sauveteurs ont ramené les alpinistes pris dans l'avalanche.*

à la **sauvette** **adv.** Très vite, sans attirer l'attention.

**sauveur** **n. m.** Personne qui sauve ou a sauvé quelqu'un. *Vous êtes mon sauveur, sans vous je serais perdu !*

**savane** **n. f.** Vaste prairie des régions tropicales où poussent de hautes herbes. *De nombreux fauves vivent dans la savane.*

**savant** **adj.** et **n. m.**

▭ **adj.** **1.** Qui sait beaucoup de choses. *Sa mère est très savante en histoire.* → **érudit.** **2.** *Des animaux savants,* ce sont des animaux que l'on a dressés à faire des exercices. *Au cirque, nous avons vu un numéro de chiens savants.* **3.** Compliqué, que tout le monde ne comprend pas. *Cette explication est trop savante pour moi.* ‖ contr. **simple** ‖.

▭ **n. m.** Personne qui contribue au progrès d'une science. *Pasteur et Marie Curie furent de grands savants.*

**savate** **n. f.** Vieille chaussure, vieille pantoufle. *Il aime bien rester chez lui en savates.*

**saveur** **n. f.** Goût. *Cette viande est sans saveur.*

① **savoir** **v.** (conjug. 32) **1.** *Je ne sais pas l'âge de sa mère,* je ne le connais pas. ‖ contr. **ignorer** ‖ *Je sais que Julie doit venir,* je suis au courant de cela. *Fais-moi savoir à quelle heure tu arrives,* communique-moi l'heure de ton arrivée. **2.** Connaître par l'étude ou par l'intelligence. *Anne ne savait pas ses leçons. Jules sait parler anglais,* il a appris l'anglais et il peut le parler. *Flora ne sait pas nager,* elle n'a pas appris à nager. **3.** *Yves sait ce qu'il veut,* il n'hésite pas, il se décide rapidement et facilement. **4.** Pouvoir. *Je ne saurais me passer de lui.*

▶ ② **savoir** **n. m.** Ensemble des connaissances. → **culture, instruction.** *Cet homme a un grand savoir.*

▶ **savoir-faire** **n. m. inv.** Habileté. → **adresse, compétence.** *Il a du savoir-faire.*

▶ **savoir-vivre** **n. m. inv.** Connaissance des règles de la politesse, bonne éducation. *Ces malotrus manquent de savoir-vivre.*

**savon** **n. m.** Morceau moulé de produit qui sert à laver. *Un savon à la lavande.*

▶ **savonner** **v.** (conjug. 1) Laver en frottant avec du savon. *Il savonne le bébé dans son bain.* — *Julie s'est savonnée sous la douche.*

▶ **savonnette** **n. f.** Petit savon. *Elle se lave les mains avec une savonnette parfumée à l'eau de Cologne.*

▶ **savonneux** **adj.** Qui contient du savon. *Elle fait tremper ses bas dans de l'eau savonneuse.* ▷ PORTE-SAVON.

**savourer** **v.** (conjug. 1) Manger lentement pour apprécier le goût. → **déguster.** *Luc savoure sa glace.*

▶ **savoureux** **adj.** Qui a bon goût. *Ces fraises sont savoureuses.*

**saxophone** **n. m.** Instrument de musique à vent, en cuivre. ⤜ planche Instruments de musique. *Il joue du saxophone.*

**saynète** **n. f.** Petite pièce de théâtre très courte. *Tous les élèves ont préparé des saynètes pour la fête de l'école.* → aussi **sketch.**

**sbire** **n. m.** Personne sans scrupule qui exécute les ordres qu'on lui donne, quels qu'ils soient. *Le chef du gang était là avec ses sbires.*

**scabreux** **adj.** *Il raconte souvent des histoires scabreuses,* des histoires qui peuvent choquer, ne sont pas très convenables. → **trivial.**

**scalp** **n. m.** Peau du crâne, avec les cheveux, que les Indiens arrachaient à leurs ennemis.

**scalpel** **n. m.** Petit couteau très tranchant utilisé pour les dissections. → aussi **bistouri.** *Il a disséqué une souris avec un scalpel.*

**scalper** **v.** (conjug. 1) Arracher la peau du crâne avec les cheveux. *Les Indiens scalpaient leurs ennemis morts ou vivants.* ▷ SCALP.

**scandale** **n. m.** **1.** Chose condamnable et révoltante. *Les coupables n'ont pas été punis, c'est un scandale.* **2.** Protestation bruyante faite en public. *Un client du restaurant a fait un scandale parce qu'il a trouvé un ver dans la salade.* → **esclandre.**

▶ **scandaleux** **adj.** Révoltant, honteux. *Quelle conduite scandaleuse !*

▶ **scandaliser** **v.** (conjug. 1) Choquer. → **révolter.** *L'attitude des accusés a scandalisé le jury.* → **indigner.**

**scander** **v.** (conjug. 1) *Les manifestants scandaient des slogans,* ils prononçaient les mots en détachant les syllabes sur un certain rythme.

**scanner** [skanɛʀ] **n. m.** Ce mot vient de l'anglais. Appareil de radiographie qui, grâce à un ordinateur, permet de reconstituer sur un écran les images de l'intérieur du corps. ⤜ illustration page suivante.

**scaphandre** **n. m.** Équipement composé d'une combinaison et d'un casque qui permet de respirer sous l'eau ou dans l'espace. *Le plongeur met son scaphandre pour aller voir l'épave du sous-marin.*

▶ **scaphandrier** **n. m.** Plongeur équipé d'un scaphandre. → aussi **homme-grenouille.** *Le scaphandrier a remonté une amphore à la surface.*

**scarabée** **n. m.** Insecte noir à reflets bruns et dorés, qui a des cornes sur la tête. ⤜ planche Insectes. *Le scarabée est un coléoptère qui se nourrit d'excréments.*

**scarlatine** **n. f.** Maladie contagieuse qui commence par une angine, puis se manifeste par une forte fièvre et des plaques rouges sur la peau et dans la bouche. *Luc a eu la scarlatine.*

**scarole** **n. f.** Salade à larges feuilles croquantes.

**sceau** **n. m.** Cachet officiel avec lequel on fait une marque sur des documents importants. → aussi **sceller.** *Le roi apposa son sceau sur la lettre.* — **Au pl.** *Des sceaux.* ◊ homonymes : saut, seau, sot.

scanner

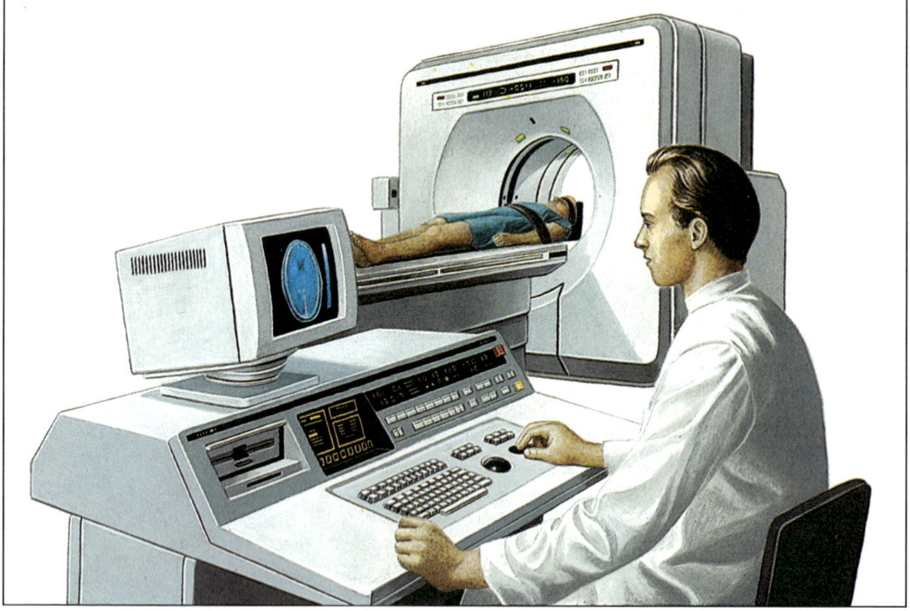

**scélérat** n. m., **scélérate** n. f. Personne qui fait le mal. → **bandit, criminel.** *Je n'ai pas confiance en lui, c'est un scélérat.*

**sceller** v. (conjug. 1) **1.** Marquer avec un sceau. *Le roi scella sa lettre.* **2.** Fermer parfaitement. *On scelle les boîtes de conserve.* **3.** Fixer avec du ciment ou du plâtre. *La grille est scellée dans le sol.* ◊ homonyme : seller. ▷ DESCELLER.

**scénario** n. m. Texte qui décrit exactement ce qui se passe dans un film. *Il est l'auteur de nombreux scénarios.* → aussi **script.**

► **scénariste** n. m. et f. Personne qui écrit des scénarios. *C'est une célèbre scénariste.*

**scène** n. f. **1.** Endroit du théâtre où jouent les comédiens. *Toute la troupe est sur scène.* → aussi **planche, plateau.** **2.** *Mettre en scène une pièce de théâtre,* c'est faire un spectacle d'après le texte de la pièce. → aussi **réaliser.** *La mise en scène est faite par le metteur en scène.* **3.** Partie d'une pièce de théâtre. *Lisez la scène 3 de l'acte II.* **4.** Action d'une pièce. *La scène se passe à Venise, au 18e siècle.* **5.** Événement qui ressemble à une scène de théâtre. *L'accident a été terrible, j'étais témoin de la scène.* **6.** Explosion de colère. *Luc nous a fait une scène,* il nous a fait de violents reproches. *Mes parents ont souvent des scènes de ménage,* des disputes bruyantes. ◊ homonyme : saine.

**sceptique** **adj.** Qui ne croit pas facilement quelque chose, qui doute. → **incrédule, méfiant.** *Je suis très sceptique quant à tes chances de réussite.* ◊ homonyme : septique.

▶ **scepticisme** **n. m.** Attitude d'une personne sceptique. ‖ contr. **conviction** ‖.

**sceptre** **n. m.** Bâton qui est le signe du pouvoir d'un souverain. *Le roi tenait son sceptre à la main.*

**schéma** **n. m.** Dessin simplifié. *La maîtresse a fait au tableau un schéma de l'appareil respiratoire.*

▶ **schématique** **adj.** Très simplifié. *Voici un plan schématique de la ville.*

**schiste** **n. m.** Roche composée de feuilles superposées qui se détachent facilement. *L'ardoise est un schiste.*

**schuss** [ʃus] **n. m.** Descente à ski en suivant la plus grande pente. *Le skieur descend la pente tout schuss,* sans freiner.

**sciatique** **n. f.** Douleur violente qui suit le trajet d'un nerf allant de la hanche jusqu'au pied. *Mamie a souvent des crises de sciatique.*

**scie** **n. f.** Outil ou machine qui sert à découper des matières dures, grâce à une lame dentée. *Une scie à bois. Une scie à métaux.* ◊ homonymes : ci, si, six.

**sciemment** [sjamɑ̃] **adv.** En connaissance de cause, en sachant ce que l'on fait. → **volontairement.** *Elle ne nous a pas dit bonjour sciemment.* → **consciemment.** ‖ contr. **involontairement** ‖.

**science** **n. f.** **1.** *Les sciences,* ce sont les matières comme les mathématiques, la physique, la biologie, où l'on fait des calculs ou des expériences qui permettent de décrire avec précision ce que l'on étudie. *Les sciences naturelles étudient les êtres vivants et la nature.* **2.** *La science,* c'est l'ensemble des connaissances. *La science a fait d'énormes progrès au 20^e^ siècle.*

▶ **science-fiction** **n. f.** *Un roman ou un film de science-fiction* raconte des histoires qui se déroulent dans le monde futur tel qu'on peut l'imaginer. → **anticipation.**

**scientifique** **adj.** **1.** Qui concerne les sciences. *Les chercheurs font des travaux scientifiques.* **2.** Précis et rigoureux. *La maîtresse nous a donné l'explication scientifique du tonnerre.*

**scier** **v.** (conjug. 7) Couper avec une scie. *Le menuisier sciait des planches.*

▶ **scierie** **n. f.** Usine où l'on scie du bois pour faire des planches. ▷ SCIE, SCIURE.

**scinder** **v.** (conjug. 1) Couper. → **diviser.** *Cette affaire a scindé le conseil municipal en deux clans. — L'équipe s'est scindée en deux.* → aussi **scission.**

**scintiller** **v.** (conjug. 1) Briller en faisant de petits éclats. *Les étoiles scintillent dans la nuit.*

▶ **scintillant** **adj.** Qui brille, scintille. *Un tissu scintillant.* → **brillant.**

▶ **scintillement** **n. m.** Éclat brillant. *Le scintillement d'un diamant au soleil.*

**scission** **n. f.** Division dans un groupe de personnes. *Le désaccord a provoqué la scission de leur parti.* → aussi **scinder.**

**sciure** **n. f.** Poussière produite par le bois que l'on scie. *Le menuisier balaye la sciure qui couvre le sol de son atelier.*

**sclérose** **n. f.** *Il souffre d'une sclérose artérielle,* d'une maladie qui se manifeste par le durcissement des artères.

**scolaire** adj. Qui concerne l'école, l'enseignement. *Flora a de bons résultats scolaires. Un collège est un établissement scolaire.*

**scolarité** n. f. Période pendant laquelle on fait ses études. *En France, la scolarité est obligatoire jusqu'à 16 ans.*

**scoliose** n. f. Déformation de la colonne vertébrale. *Si tu ne te tiens pas droit, tu risques d'avoir une scoliose.*

**scolopendre** n. f. Petit animal dont le corps est formé de 21 anneaux portant chacun une paire de pattes. → **mille-pattes.** *La morsure de certaines scolopendres est dangereuse.*

**scoop** [skup] n. m. Ce mot vient de l'anglais. Nouvelle importante donnée pour la première fois. *La reine va abdiquer, c'est un scoop !*

**scooter** [skutœʀ] ou [skutɛʀ] n. m. Ce mot vient de l'anglais. Moto à petites roues, avec une carrosserie qui forme un plancher et qui monte jusqu'au guidon. *Luc est trop jeune pour faire du scooter.*

**scorbut** [skɔʀbyt] n. m. Maladie causée par le manque de vitamine C, qui se manifeste par la chute des dents. *Autrefois, les marins risquaient d'avoir le scorbut parce qu'ils ne mangeaient pas de fruits.*

**score** n. m. Compte des points au cours d'un match. *Le score final est de 3 à 2.*

**scories** n. f. pl. Déchets que l'on obtient après avoir fondu du minerai ou brûlé du charbon. *Les terrils du Nord sont formés de scories.*

scooter

**scorpion** n. m. Petit animal dont la queue est armée d'un aiguillon crochu et venimeux et qui vit dans les régions chaudes. *La piqûre de certains scorpions est mortelle.*

**scotch** n. m. Marque déposée. Ruban de plastique adhésif transparent. *Yves cherche son rouleau de scotch.*

▸ **scotcher** v. (conjug. 1) Coller avec du ruban adhésif. *Anne a scotché une photo de Luc sur le mur de sa chambre.*

**scout** n. m. Jeune garçon qui fait partie d'une organisation qui lui offre des activités de plein air et des jeux, tout en perfectionnant son éducation morale. → aussi **louveteau.** *Ce week-end, des scouts ont campé tout près d'ici.* — Adj. *Une chanson scoute.*

▸ **scoutisme** n. m. Mouvement qui réunit des jeunes et qui complète leur éducation morale et physique. *Yves aimerait faire du scoutisme.*

**scribe** n. m. Homme dont le métier était d'écrire, dans l'Antiquité. *Les scribes égyptiens écrivaient sur du papyrus.*

**script** n. m. 1. Type d'écriture à la main qui ressemble aux caractères d'imprimerie. *Alex écrit souvent en script.* 2. Texte d'un film, d'une émission comprenant les dialogues et les indications pour la mise en scène. → aussi **scénario.** ◊ homonyme : scripte.

▶ **scripte** n. f. Femme dont le métier est de noter tous les détails d'une scène d'un film, au fur et à mesure qu'on tourne. *La scripte assiste le réalisateur.* ◊ homonyme : script.

**scrupule** n. m. Inquiétude que l'on a quand on se demande si on doit faire une chose ou non. *J'avais scrupule à vous déranger,* j'hésitais à le faire. *C'est un homme sans scrupule,* il agit sans se poser de problèmes moraux.

**scrupuleux** adj. Qui est exigeant sur le plan moral. *La caissière du restaurant est d'une honnêteté scrupuleuse.*

▶ **scrupuleusement** adv. Avec exactitude, d'une manière scrupuleuse. *Il rembourse ses dettes scrupuleusement.*

**scruter** v. (conjug. 1) Examiner, observer avec une grande attention. *Le capitaine du bateau scrute l'horizon avec sa longue-vue.*

**scrutin** n. m. Vote au moyen de bulletins déposés dans une boîte fermée. *Le député a été élu au premier tour de scrutin.*

**sculpter** [skylte] v. (conjug. 1) Tailler une matière dure pour en faire une œuvre d'art. *Cette statue a été sculptée dans le marbre.*

▶ **sculpteur** n. m. Personne qui fait des sculptures. *Michel-Ange et Rodin furent de grands sculpteurs.*

▶ **sculpture** n. f. 1. Art qui consiste à sculpter des matériaux. *Il fait de la sculpture sur bois,* il sculpte le bois. 2. Œuvre d'art obtenue en sculptant. *On peut admirer de nombreuses sculptures égyptiennes au musée du Louvre.* → aussi **bas-relief, statue.**

**se** pronom. Pronom personnel réfléchi de la troisième personne du singulier et du pluriel. *Yves se lève tôt. Le clocher s'aperçoit de loin. Les oiseaux se sont envolés.* ◊ homonyme : ce.

**séance** n. f. 1. Réunion de travail où l'on discute. *Les députés assistent aux séances de l'Assemblée nationale.* 2. *Nous sommes allés au cinéma, à la séance de 16 heures,* au spectacle qui commence à 16 heures.

① **séant** n. m. *Être sur son séant,* c'est être assis. *Anne se mit sur son séant,* elle s'assit.

② **séant** adj. Convenable, décent. *Il n'est pas séant de partir avant la fin de la réunion,* cela ne se fait pas.

**seau** n. m. Récipient plus haut que large, muni d'une anse. *La serpillière est dans un seau en plastique.* — **Au pl.** *Des seaux.* ◊ homonymes : saut, sceau, sot.

**sébile** n. f. Petite coupe avec laquelle on mendie. *Un clochard tendait sa sébile devant l'église.*

**sec** adj. et n. m.

▭ adj. 1. Qui n'est pas imprégné de liquide. *Le linge sera bientôt sec.* ‖ contr. **humide, mouillé** ‖ *La terre est trop sèche. Le climat de cette région est sec,* c'est une région où il ne pleut pas. 2. *Des légumes et des fruits secs,* ce sont des légumes et des fruits que l'on a débarrassés de leur humidité pour les conserver. ‖ contr. **frais** ‖ *Il met des raisins secs dans le cake.* 3. Sans rien d'autre. *Le mendiant mangeait du*

*pain sec.* **4.** Désagréable. *Sa lettre était très sèche.* || contr. **aimable** || **5.** *Ce vin blanc est sec,* il n'est pas sucré. || contr. **doux** ||.
▭ **n. m. 1.** Endroit à l'abri de l'humidité. *Ces biscuits sont à conserver au sec.* **2.** *Le torrent est à sec,* il n'a plus d'eau. *Ce manteau doit être nettoyé à sec,* sans eau. ▷ ASSÈCHEMENT, ASSÉCHER, DESSÈCHEMENT, DESSÉCHER, SÉCHAGE, SÈCHE-CHEVEUX, SÈCHE-LINGE, SÈCHEMENT, SÉCHER, SÉCHERESSE, SÉCHOIR.

**sécateur** **n. m.** Gros ciseaux qui servent au jardinage. *Le jardinier taille les rosiers avec un sécateur.*

sécateur

**sécession** **n. f.** *Une partie de la population a fait sécession,* elle s'est séparée de l'État auquel elle appartenait pour former un autre État.

**séchage** **n. m.** *Cette peinture est à séchage rapide,* elle sèche rapidement.

**sèche-cheveux** **n. m. inv.** Appareil électrique que l'on tient à la main et qui sèche les cheveux mouillés en envoyant de l'air chaud. — **Au pl.** *Des sèche-cheveux.*

**sèche-linge** **n. m. inv.** Machine qui sèche le linge. — **Au pl.** *Des sèche-linge.*

**sèchement** **adv.** Avec froideur, sans douceur. *Il lui a répondu sèchement.*

**sécher** **v.** (conjug. 6) **1.** Devenir sec. *Elle a mis du linge à sécher dehors.* **2.** Rendre sec. *Le froid sèche la peau.* → **dessécher.** *Anne se sèche les cheveux.* — *Sèche-toi vite !*

**sécheresse** **n. f.** Manque de pluie. *Si la sécheresse continue, la récolte sera mauvaise.*

**séchoir** **n. m.** *Un séchoir à linge,* c'est un assemblage de fils sur lesquels on met du linge à sécher.

**second** **adj.** et **n. m.**, **seconde** **adj.** et **n. f.**
▭ **adj. 1.** Qui vient après le premier. → **deuxième.** *Il habite au second étage.* **2.** Qui vient après le meilleur. *Elle voyage en seconde classe,* une classe moins luxueuse et moins chère que la première classe.
▭ **n. 1. n. m.** Personne qui en aide une autre. → **adjoint, assistant.** *Elle est le second du directeur.* **2. n. f.** Classe de l'enseignement secondaire entre la troisième et la première. *Il est en seconde.*
► **secondaire** **adj. 1.** Peu important. *Il joue un rôle secondaire dans ce film.* **2.** *L'enseignement secondaire,* c'est l'enseignement qui suit l'enseignement primaire. **3.** *L'ère secondaire,* c'est la période pendant laquelle sont apparus les oiseaux et les premiers mammifères sur la Terre.
► **seconder** **v.** (conjug. 1) *Elle seconde le directeur,* elle l'aide, elle l'assiste.

**seconde** **n. f. 1.** Soixantième partie de la minute. *Il y a 60 secondes dans* *une minute.* **2.** Temps très court. *J'en ai pour deux secondes.*

**secouer** **v.** (conjug. 1) **1.** Remuer dans tous les sens plusieurs fois. *Secouez le flacon avant l'emploi.* → **agiter.** **2.** Ébranler. *Elle a été très secouée par son opération.* → **choquer.** ▷ SECOUSSE.

**secourir** **v.** (conjug. 11) *Les pompiers ont secouru un enfant qui se noyait,* ils lui sont venus en aide.

▶ **secourable** **adj.** *Une personne secourable,* c'est une personne qui est toujours prête à aider les autres.

▶ **secourisme** **n. m.** Méthode de sauvetage pour venir en aide aux blessés. *Il a suivi des cours de secourisme.*

▶ **secouriste** **n. m.** et **f.** Personne qui a appris à venir en aide aux blessés et qui a un brevet de secourisme. → aussi **sauveteur.**

▶ **secours** **n. m. 1.** Tout ce qui aide une personne en danger à s'en sortir. *Elle a appelé au secours. Ils sont venus à son secours.* **2.** Aide constituée de personnes ou de matériel que l'on envoie à des victimes. *Le gouvernement a fait parvenir des secours aux victimes des inondations.* **3.** *Il a remplacé son pneu crevé par la roue de secours,* par la roue de rechange.

**secousse** **n. f.** Mouvement brusque qui secoue. *Le camion a démarré après plusieurs secousses.*

**secret** **n. m.** et **adj.**

▭ **n. m. 1.** Chose que l'on ne doit dire à personne. *Je vais te confier un secret.* **2.** Moyen connu seulement de quelques personnes. *On ne sait pas ce que contient cette boisson, c'est le secret de fabrication.* **3.** *Il est venu nous voir en secret,* en cachette, sans que personne ne le sache.

▭ **adj. 1.** *Elle met ses documents secrets dans un coffre,* les documents qui doivent rester cachés. → **confidentiel.** **2.** *Ils sont sortis du château par le passage secret,* un passage qui est connu de peu de personnes et qui est difficile à trouver. **3.** *Flora est très secrète,* elle ne se confie pas facilement.

**secrétaire** **n. m.** et **f. 1.** Personne dont le métier est de s'occuper du courrier, répondre au téléphone, classer des dossiers. *Elle est secrétaire de direction.* **2.** **n. m.** *Un secrétaire,* c'est un meuble à tiroirs, avec un panneau que l'on peut rabattre et qui sert de table pour écrire.

▶ **secrétariat** **n. m. 1.** Bureau et service où travaillent les secrétaires. *Demandez les formulaires au secrétariat.* **2.** Métier de secrétaire. *Elle fait du secrétariat.*

**sécréter** **v.** (conjug. 6) *Les glandes salivaires sécrètent la salive,* elles produisent la salive.

▶ **sécrétion** **n. f.** *La sueur est une sécrétion du corps,* une substance produite par le corps.

**secte** **n. f. 1.** Groupe de personnes qui ont des croyances particulières à l'intérieur d'une religion. *La secte des témoins de Jéhovah.* **2.** Petit groupe fermé dont les adeptes suivent un chef spirituel qui leur dicte sa doctrine en exerçant un pouvoir absolu. *Il a donné tout son argent à une secte.*

▶ **sectaire** **adj.** *Cette femme est très sectaire,* elle n'admet pas que l'on n'ait pas les mêmes idées qu'elle. → **intolérant.**

**secteur** **n. m. 1.** Partie d'un territoire. *Les enfants qui habitent dans le secteur de la mairie vont à l'école*

*Jules-Ferry.* → **quartier.** **2.** *Le secteur privé,* c'est l'ensemble des entreprises qui ne dépendent pas de l'État. *Le secteur public,* c'est l'ensemble des entreprises qui dépendent de l'État.

**section** **n. f. 1.** *Il fait partie de la section syndicale de l'usine,* du groupe de gens inscrits à un syndicat dans cette usine. *Une section militaire,* c'est un groupe d'une trentaine de soldats commandé par un lieutenant. **2.** *Les lignes d'autobus sont divisées en sections,* en parties qui comportent plusieurs stations.

▶ **sectionner** **v.** (conjug. 1) Couper. *Le cambrioleur avait sectionné le fil du téléphone.*

**séculaire** **adj.** Qui existe depuis au moins cent ans. *Il y a des arbres séculaires dans le parc.* → aussi **centenaire.**

**sécuriser** **v.** (conjug. 1) Donner une impression de sécurité. → **rassurer.** *Elle laisse une lampe allumée pour sécuriser sa fille qui a peur dans le noir.*

**sécurité** **n. f. 1.** Situation tranquille ne présentant aucun danger. *Ici, nous serons en sécurité.* **2.** *La Sécurité sociale,* c'est une organisation de l'État qui rembourse une partie des dépenses dues aux maladies ou aux accidents. ▷ INSÉCURITÉ.

**sédentaire** **adj. 1.** *Il a un travail sédentaire,* un travail qui ne l'oblige pas à se déplacer. **2.** *Un peuple sédentaire,* c'est un peuple qui vit toujours au même endroit. ‖ contr. **nomade** ‖.

**sédiment** **n. m.** Dépôt fait de débris de roches usées par l'eau, la glace ou le vent. *Les sédiments fluviaux.* → **alluvions.**

**sédition** **n. f.** Révolte, soulèvement. → **insurrection.** *L'armée a durement réprimé la sédition.*

**séducteur** **n. m.**, **séductrice** **n. f.** Personne qui emploie tous les moyens pour plaire. → aussi **séduire.** *Cette femme est une grande séductrice.*

**séduction** **n. f.** Pouvoir d'une personne qui séduit. *Jules exerce une grande séduction sur les femmes.*

**séduire** **v.** (conjug. 38) Plaire énormément. *Il l'a tout de suite séduite en la faisant rire.*

▶ **séduisant** **adj.** *Cette jeune fille est très séduisante,* elle plaît beaucoup.

**segment** **n. m.** *Un segment de droite,* c'est un morceau de ligne droite limité par deux points.

**ségrégation** **n. f.** *La ségrégation raciale,* c'est la séparation complète établie entre les personnes de races différentes dans un même pays. *L'Afrique du Sud pratiquait la ségrégation raciale.* → **apartheid.**

**seiche** **n. f.** Petit animal marin qui projette un liquide noir quand il est attaqué. → **calamar.** *L'os de seiche,* c'est la coquille intérieure de la seiche.

**seigle** **n. m.** Plante dont les épis garnis de poils contiennent des grains gris qui produisent de la farine. *Du pain de seigle.*

**seigneur** **n. m.** Noble dont dépendaient une terre et ses occupants. *Les seigneurs habitaient des châteaux.*

**sein** **n. m. 1.** Mamelle de la femme. *Elle a de gros seins.* → aussi **poitrine.** *Elle donne le sein à son bébé,* elle l'allaite. **2.** *Il y a des désaccords au sein de* *l'équipe,* dans l'équipe. ◊ homonymes : sain, saint.

**séisme** **n. m.** Tremblement de terre. → aussi **sismique.**

**seize** **adj. inv.** Quinze plus un (16). *Julie a ramassé seize escargots dans le jardin.* — **N. m. inv.** *Vingt moins quatre font seize.*

▶ **seizième** **adj.** et **n. m.** **1. adj.** Qui vient après le quinzième. *La piscine est au seizième étage.* **2. n. m.** Partie d'un tout divisé en seize parts égales. *Yves a mangé les trois seizièmes du gâteau.*

**séjour** **n. m.** Temps assez long que l'on passe dans un endroit. *Il est rentré reposé de son séjour à la montagne.*

▶ **séjourner** **v.** (conjug. 1) Rester quelque temps dans un endroit. *Elle a séjourné un mois en Bretagne.*

**sel** **n. m.** **1.** Matière blanche que l'on utilise pour assaisonner, saler les aliments. *Il met du sel et du poivre sur sa viande.* — *Elle est venue mettre son grain de sel dans la conversation,* elle est venue dire ce qu'elle pensait alors qu'on ne lui demandait pas son avis. **2.** Ce qui donne de l'intérêt. *Ce récit ne manque pas de sel,* d'esprit, d'humour. ◊ homonymes : celle, ① et ② selle.

**sélectif** **adj.** Qui choisit ce qui convient le mieux. *Ce classement est sélectif.* — **Au fém.** *sélective.*

**sélection** **n. f.** *Pour recruter un nouvel employé, le boucher a dû faire une sélection parmi dix candidats,* il a dû choisir celui qui convenait le mieux. → **choix.**

▶ **sélectionner** **v.** (conjug. 1) Choisir ce qu'il y a de mieux. *Le jury de lecteurs a sélectionné trois romans.*

**self-service** **n. m.** Ce mot vient de l'anglais. Restaurant dans lequel le client se sert lui-même. — **Au pl.** *Des self-services.* — On dit familièrement *un self.*

① **selle** **n. f.** *Les selles,* ce sont les excréments des humains. ◊ homonymes : celle, sel.

② **selle** **n. f.** **1.** Morceau de cuir que l'on met sur le dos d'un cheval pour servir de siège au cavalier. *Il vérifie les sangles de la selle avant de monter à cheval.* **2.** Petit siège d'un vélo, d'une moto. *Elle règle la hauteur de la selle.*

▶ **seller** **v.** (conjug. 1) *Seller un cheval,* c'est lui mettre une selle. ◊ homonyme : sceller.

▶ **sellette** **n. f.** Familier. *Être sur la sellette,* c'est être la personne que l'on interroge et que l'on juge.

▶ **sellier** **n. m.** Fabricant et marchand de selles, de harnais. ◊ homonyme : cellier.

**selon** **prép.** **1.** En prenant pour modèle. → **conformément** à, **suivant.** *Il a agi selon vos désirs.* **2.** D'après. *Selon la météo, il va neiger.* **3.** *Il dînera avec nous ou non, selon l'heure à laquelle il arrivera,* en fonction de l'heure à laquelle il arrivera.

**semailles** **n. f. pl.** Travail qui consiste à semer. *Les semailles et les moissons.*

**semaine** **n. f.** **1.** Période de sept jours que l'on fait commencer le lundi. *Nous nous verrons en fin de semaine.* → aussi **week-end.** *À la semaine prochaine ! Ce journal paraît une fois par semaine.* → aussi **hebdomadaire.** **2.** Durée de sept jours. *Elle a pris deux semaines de vacances.*

**sémaphore** **n. m.** Appareil qui permet d'envoyer des signaux aux bateaux, aux trains.

**sembler** **v.** (conjug. 1) Avoir l'air. → **paraître.** *La maison semble abandonnée. Il m'a semblé entendre du bruit,* j'ai eu l'impression d'entendre du bruit.

▸ **semblable** **adj.** et **n. m. 1. adj.** *Elle veut un pull semblable au mien,* un pull qui ressemble au mien. → **analogue, comparable, similaire.** ‖ contr. **différent** ‖ *Ils ont des goûts semblables.* **2. n. m.** *Elle passe sa vie à s'occuper de ses semblables,* des autres, de son prochain.

▸ **semblant** **n. m.** *Flora faisait semblant de dormir,* elle se donnait l'apparence de quelqu'un qui dort. → aussi **feindre, simuler.** ▷ INVRAISEMBLABLE, INVRAISEMBLANCE, RESSEMBLANCE, RESSEMBLANT, RESSEMBLER, VRAISEMBLABLE, VRAISEMBLABLEMENT, VRAISEMBLANCE.

**semelle** **n. f. 1.** Dessous de la chaussure. *Luc a des mocassins à semelle de cuir.* **2.** Morceau de feutre, de liège que l'on met à l'intérieur d'une chaussure. *Il met une semelle dans ses bottes parce qu'elles sont trop grandes.* **3.** *Anne ne quitte pas sa mère d'une semelle,* elle reste tout le temps avec elle. ▷ RESSEMELAGE, RESSEMELER.

**semer** **v.** (conjug. 5) **1.** Mettre des graines dans la terre pour qu'elles donnent des plantes. *Il sème du blé.* **2.** Répandre. *Des voyous sèment la terreur dans le village.*

▸ **semence** **n. f.** Graine que l'on sème. *Il trie les semences pour sélectionner les meilleures graines.* ▷ CLAIRSEMÉ, ENSEMENCER, PARSEMÉ, SEMAILLES, SEMIS.

**semestre** **n. m.** Période de six mois. *Il y a deux semestres dans une année.* → aussi **trimestre.**

▸ **semestriel** **adj.** *Il est abonné à une revue semestrielle,* une revue qui paraît tous les six mois.

**sémillant** **adj.** Vif et gai. → **fringant.** *Une sémillante jeune fille.*

**séminaire** **n. m. 1.** École où étudient les futurs prêtres catholiques. *Il a fait ses études dans un séminaire.* **2.** Réunion de personnes qui étudient un sujet. *Elle est allée à un séminaire de zoologie.* → **colloque.**

▸ **séminariste** **n. m.** Élève d'un séminaire, qui se prépare à devenir prêtre.

**semi-remorque** **n. m.** Gros camion formé d'une cabine où se trouve le moteur, et d'une grande remorque. — **Au pl.** *Des semi-remorques.*

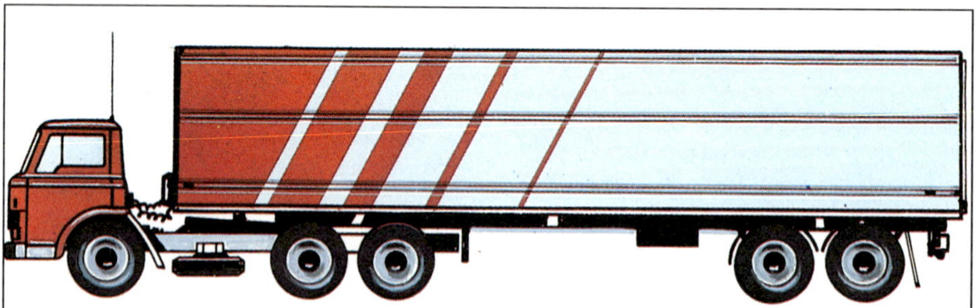

**semi-remorque**

**semis** **n. m.** Terrain où l'on a semé des graines. *Le jardinier arrose les semis de salades.*

**semonce** **n. f. 1.** Reproche. → **réprimande.** *Yves a reçu une sérieuse semonce.* **2.** *Le navire ennemi continua sa route malgré les coups de semonce,* les coups de canon lui donnant l'ordre de s'arrêter.

**semoule** **n. f.** Sorte de farine faite de morceaux de grains de blé dur. *Elle fait un gâteau de semoule.*

**sempiternel** **adj.** Continuel et lassant. → **perpétuel.** *Il nous ennuie avec ses sempiternelles récriminations.*

**Sénat** **n. m.** Assemblée qui vote les lois, en France, et dont les membres sont élus par les députés et les conseillers généraux. *Les lois sont votées par l'Assemblée nationale, puis par le Sénat.* → aussi **Parlement.**

► **sénateur** **n. m.** Personne qui fait partie du Sénat. → aussi **parlementaire.**

**sénile** **adj.** Propre aux vieillards, à la vieillesse. || contr. **juvénile** || *Les mains du vieil homme avaient un léger tremblement sénile.*

**senior** **n. m.** et **f.** Sportif de la catégorie des adultes, entre 20 et 35 ans. *L'équipe des seniors a gagné.* → aussi **junior.**

① **sens** [sɑ̃s] **n. m.** Direction. *Cette rue est à sens unique. On ferme le robinet en le tournant dans le sens des aiguilles d'une montre. Les cambrioleurs ont laissé la maison sens dessus dessous* [sɑ̃dsydsu], dans un grand désordre. ▷ à CONTRESENS.

② **sens** [sɑ̃s] **n. m. 1.** *Les sens,* c'est ce qui permet à l'homme et aux animaux de sentir, de percevoir les objets. *La vue, l'ouïe, l'odorat, le goût et le toucher sont les cinq sens.* **2.** *Alex a le sens de l'orientation,* il sait s'orienter d'instinct, sans l'avoir appris. **3.** *Mamie a du bon sens,* elle est capable de bien juger, de savoir ce qui est raisonnable. **4.** *En un certain sens, il a bien fait,* d'un certain point de vue. **5.** *Quel est le sens de ce mot ?* sa signification.

► **sensation** **n. f. 1.** Impression que l'on a à partir de ce que l'on sent. *Il éprouve une sensation de faim. Elle avait la sensation d'être suivie.* **2.** *Son entrée a fait sensation,* elle a fait une forte impression sur les gens.

► **sensationnel** **adj.** Familier. Formidable. *Il a eu une idée sensationnelle.*

► **sensé** **adj.** Raisonnable. *Cette femme est très sensée.* → **sage.** *Il nous a fait une réponse sensée.* ◊ homonyme : censé.

► **sensibiliser** **v.** (conjug. 1) *Le gouvernement veut sensibiliser les jeunes au problème du sida,* il veut qu'ils y soient sensibles, qu'ils en prennent conscience.

► **sensibilité** **n. f. 1.** *Anne a beaucoup de sensibilité,* elle réagit très fort à ce qu'elle sent, à ce qui lui arrive. || contr. **insensibilité** || *C'est une œuvre pleine de sensibilité,* d'émotion, de sentiment. **2.** *Cette balance est d'une grande sensibilité,* elle réagit à de petits changements.

► **sensible** **adj. 1.** Capable de percevoir. *L'oreille des chiens est sensible aux ultrasons.* **2.** Douloureux au moindre contact. *Il a les pieds sensibles.* **3.** Émotif, impressionnable. *Anne est une enfant très sensible.* **4.** *Cette pellicule photographique est très sensible à la lumière,* elle y réagit beaucoup. **5.** *Les prix ont baissé de fa-*

*çon sensible,* d'une façon suffisante pour qu'on le remarque. → **notable.**

▸ **sensiblement** **adv.** **1.** À peu près. *Yves et Luc sont sensiblement de la même taille.* **2.** Assez pour être remarqué. *La situation s'est sensiblement améliorée.*

▸ **sensuel** **adj.** *Une personne sensuelle,* c'est une personne qui aime le plaisir que procurent les sens, les sensations. ▷ CONTRESENS, INSENSÉ, INSENSIBILISER, INSENSIBILITÉ, INSENSIBLE, INSENSIBLEMENT, NON-SENS.

**sentence** **n. f.** Décision d'un juge. → **jugement, verdict.** *Le juge a prononcé sa sentence.*

**senteur** **n. f.** Odeur agréable. → **parfum.** *La senteur des violettes.*

**sentier** **n. m.** Chemin étroit. *Un sentier mène au village à travers la forêt.*

**sentiment** **n. m.** **1.** Ce que l'on éprouve, ce que l'on ressent. → **émotion, passion.** *L'amour est un sentiment très fort. Luc manifeste peu ses sentiments.* **2.** Impression. *Elle éprouvait un sentiment de solitude.*

▸ **sentimental** **adj.** *Une personne sentimentale,* c'est une personne sensible et rêveuse. — **Au masc. pl.** *sentimentaux.*

**sentinelle** **n. f.** Soldat qui surveille ce qui se passe. *Des sentinelles montent la garde devant le palais.* → aussi **guérite.**

**sentir** **v.** (conjug. 16) **1.** Connaître quelque chose par des sensations. → **percevoir.** *J'ai senti un courant d'air. — Elle se sent mieux.* **2.** Avoir la sensation de quelque chose grâce à l'odorat. *Je sens une odeur de brûlé.* **3.** Avoir une impression, un pressentiment. *Il sentait le danger approcher.* **4.** *Luc a fait sentir à Flora qu'elle était de trop,* il a fait en sorte qu'elle s'en rende compte. **5.** Dégager une odeur. *Ce fromage sent mauvais,* ce fromage pue. ▷ ASSENTIMENT, CONSENTEMENT, CONSENTIR, PRESSENTIMENT, PRESSENTIR, SENTEUR, SENTIMENT, SENTIMENTAL, RESSENTIMENT, RESSENTIR.

**seoir** **v.** (conjug. 26 ; ne se conjugue qu'à la 3e personne) *Cette robe lui seyait à merveille,* elle lui allait bien, l'avantageait. ▷ BIENSÉANCE, ② SÉANT, SEYANT.

**sépale** **n. m.** Chacune des petites pièces du calice d'une fleur, situées à la base des pétales. ⋙ planche Fleurs.

**séparer** **v.** (conjug. 1) **1.** *Elle a séparé Yves et Luc qui se battaient,* elle les a éloignés l'un de l'autre. ‖ contr. **rassembler, réunir** ‖ — *Les parents d'Anne se sont séparés l'année dernière,* ils se sont quittés. **2.** Considérer comme étant à part. *Il a toujours séparé sa vie privée et sa vie professionnelle.* → **dissocier.** ‖ contr. **confondre** ‖ **3.** *Une cloison sépare les deux pièces,* elle est entre les deux pièces, elle les isole l'une de l'autre. **4.** *Le fleuve se sépare en deux bras,* il se divise en deux bras.

▸ **séparation** **n. f.** **1.** *Anne a souffert de la séparation de ses parents,* de ce que ses parents se sont séparés. **2.** *Une haie sert de séparation entre les deux jardins,* elle les sépare.

▸ **séparément** **adv.** De façon séparée, à part l'un de l'autre. *Le commissaire a interrogé les deux témoins séparément.* ‖ contr. **ensemble** ‖.

**sept** [sɛt] **adj. inv.** Six plus un (7). *Il y a sept jours dans la semaine.* — **N. m. inv.** *Elle a tiré le sept de cœur.* ◊ homonymes : cet, cette, set.

▸ **septante** **adj. inv.** et **n. m. inv.** Ce mot est employé en Suisse et en Belgique. Soixante-dix. ▷ SEPTENNAT, SEPTIÈME.

**septembre** **n. m.** Neuvième mois de l'année. *L'automne commence le 23 septembre.*

**septennat** **n. m.** Durée de sept ans d'une fonction. *Le septennat du président de la République française.*

**septentrional** **adj.** Situé au nord. *Le Danemark fait partie de l'Europe septentrionale, le Portugal de l'Europe méridionale.* — **Au masc. pl.** *septentrionaux.*

**septième** [sɛtjɛm] **adj.** et **n. m.** **1. adj.** Qui vient après le sixième. *Juillet est le septième mois de l'année.* **2. n. m.** Partie d'un tout qui est divisé en sept parties égales. *Elle a mangé les six septièmes du gâteau.*

**septique** **adj.** *Une fosse septique,* c'est une fosse où les excréments qui viennent des W.-C. sont traités afin d'éviter les odeurs et les risques de maladies. ◊ homonyme : sceptique.

**septuagénaire** **adj.** *Elle est septuagénaire,* elle a entre soixante-dix et quatre-vingts ans. — **N.** *Des septuagénaires.*

**sépulture** **n. f.** Lieu où est enterré un mort. *Dans l'ancienne Égypte, les pyramides servaient de sépulture aux pharaons.*

**séquelles** **n. f. pl.** Troubles qui persistent après une maladie ou un accident. *Cette chute lui a laissé des séquelles.*

**séquence** **n. f.** Suite d'images qui forment une scène dans un film. → **scène.**

**séquestrer** **v.** (conjug. 1) *Les ravisseurs ont séquestré l'enfant,* ils l'ont maintenu enfermé sans en avoir le droit.

▸ **séquestration** **n. f.** *La séquestration des otages a duré plusieurs mois,* les otages ont été séquestrés pendant plusieurs mois.

**séquoia** [sekɔja] **n. m.** Très grand arbre d'Amérique du Nord, de la famille du sapin, qui peut vivre très longtemps. *Certains séquoias de Californie atteignent 120 mètres de haut.*

**séquoia**

**serein** adj. 1. Pur et calme, sans nuages. *Le ciel était serein.* 2. Calme et tranquille. → **paisible.** *La directrice est restée sereine pendant toute la discussion.* ◊ homonyme : serin.

▶ **sérénité** n. f. Calme, tranquillité d'esprit. *Il a supporté cette douloureuse épreuve avec sérénité.* ▷ RASSÉRÉNER.

**sérénade** n. f. Concert qui se donnait autrefois la nuit sous la fenêtre d'une femme aimée.

**serf** [sɛʀ] n. m. Au Moyen Âge, paysan qui dépendait entièrement du seigneur dont il travaillait la terre. *Les serfs étaient soumis à de nombreuses corvées.* ◊ homonymes : cerf, serre, serres.

**sergent** n. m. Sous-officier du grade le plus bas.

**série** n. f. 1. Suite, succession de choses semblables. *Ils nous ont posé une série de questions.* 2. *Les voitures sont fabriquées en série,* en grand nombre, à la chaîne, toutes sur le même modèle.

**sérieux** adj. et n. m.

▭ adj. 1. *Ce médecin a un visage sérieux,* qui ne sourit pas. → **grave.** 2. *Anne est une élève sérieuse,* appliquée. → **consciencieux.** 3. *La méningite est une maladie sérieuse,* grave, inquiétante.

▭ n. m. 1. Qualité d'une personne appliquée, consciencieuse. *Elle fait preuve de sérieux dans son travail.* 2. *Il avait du mal à garder son sérieux,* à s'empêcher de rire. 3. *Il prend ce qu'on lui dit très au sérieux,* il y attache de l'importance.

▶ **sérieusement** adv. 1. Sans rire, sans plaisanter. *Écoute-moi, je te parle sérieusement.* 2. Avec application. → **consciencieusement.** *Il ne travaille pas très sérieusement.* 3. Fortement. → **gravement.** *Il est sérieusement blessé.* → **grièvement.**

**serin** n. m. Petit oiseau au plumage jaune. → **canari.** ◊ homonyme : serein.

▶ **seriner** v. (conjug. 1) Familier. Répéter sans arrêt. *Il serine toujours les mêmes histoires.*

**seringue** n. f. Petite pompe terminée par une aiguille qui sert à injecter un liquide dans le corps. *On fait les piqûres avec une seringue.*

**serment** n. m. Promesse solennelle faite en invoquant quelque chose de sacré ou une valeur morale. *Dans un procès, les témoins font le serment de dire la vérité.*

**sermon** n. m. 1. Discours que fait un prêtre dans une église, au cours d'une cérémonie religieuse. *Le curé monte en chaire pour faire son sermon.* 2. Discours souvent long et ennuyeux destiné à réprimander quelqu'un. *Mon père m'a fait un sermon.*

▶ **sermonner** v. (conjug. 1) Faire des reproches, des remontrances. *Il a sermonné son fils.* → faire la **morale.**

**séropositif** adj. *Elle a fait le test du sida et elle est séropositive,* elle a dans son sang des signes de la maladie.

**serpe** n. f. Outil tranchant à large lame recourbée, terminé par un manche, servant à tailler les branches des arbres. *Le jardinier élague la haie à la serpe.*

▶ **serpette** n. f. Petite serpe.

**serpent** n. m. Animal au corps cylindrique très allongé et couvert d'écailles, dépourvu de pattes, qui se déplace en rampant. *Les serpents sont des reptiles. Les morsures de serpents peuvent être très dangereuses.*

▶ **serpenter** v. (conjug. 1) Aller dans un sens puis dans un autre. *La rivière serpente dans la plaine,* elle fait des méandres.

▶ **serpentin** n. m. Petit rouleau de papier coloré qui se déroule quand on le lance.

**serpillière** n. f. Chiffon de grosse toile servant à laver le sol. *Elle passe la serpillière dans la cuisine.*

**serpolet** n. m. Thym.

**serre** n. f. Construction vitrée, quelquefois chauffée, où l'on cultive les plantes qui craignent le froid. ◊ homonymes : cerf, serf, serres.

**serrer** v. (conjug. 1) 1. Tenir fort en pressant. *Elle lui a serré la main.* 2. *Il serre les boulons de la roue,* il les visse à fond. 3. Comprimer. *Ces chaussures me serrent les pieds.* 4. *Dans le métro, aux heures d'affluence, les gens sont serrés,* ils sont les uns contre les autres. — *Julie se serre contre sa mère,* elle se blottit contre elle.

▶ **serres** n. f. pl. Griffes très puissantes des oiseaux de proie. *L'aigle a emporté un lapin dans ses serres.* ◊ homonymes : cerf, serf, serre. ▷ DESSERRER, RESSERRER.

**serrure** n. f. Dispositif qui permet d'ouvrir une porte ou un tiroir à l'aide d'une clé. *Elle regarde par le trou de la serrure.*

▶ **serrurier** n. m. Personne qui fait ou répare les serrures et fabrique les clés.

▶ **serrurerie** n. f. Métier du serrurier.

**sertir** v. (conjug. 2) *Le joaillier sertit un diamant dans une monture d'or,* il le fixe dans la monture.

**sérum** [seʀɔm] n. m. 1. Liquide jaunâtre qui se sépare d'un caillot de sang coagulé. → **plasma.** *Le sang est composé de globules et de sérum.* 2. Liquide tiré du sang et destiné à lutter contre certains microbes. → **vaccin.** *Un sérum antitétanique.* — Au pl. *Des sérums.*

**servante** n. f. Autrefois, femme employée comme domestique. → **bonne.** *Les servantes et les valets.*

**serveur** n. m., **serveuse** n. f. Personne qui sert les clients dans un café ou un restaurant. *Il a laissé un pourboire à la serveuse.*

**serviable** adj. Toujours prêt à rendre service aux autres. *Elle est très serviable.* → **complaisant, obligeant.**

**service** n. m. 1. Travail que l'on a à accomplir. *Le facteur prend son service à 7 heures.* 2. Groupe de personnes qui travaillent ensemble. → aussi **bureau.** *Adressez-vous au service après-vente.* 3. *Le service (militaire),* c'est le temps qu'un jeune homme doit passer dans l'armée. *Jules a fait son service dans la marine.* 4. Travail de celui qui sert les clients. *Le service est rapide dans ce restaurant.* 5. Somme d'argent, destinée au serveur ou à la serveuse d'un restaurant, qui correspond à un certain pourcentage de l'addition. *Menu à 150 francs, service compris.* → aussi **pourboire.** 6. *Flora aime bien rendre service,* aider, être utile. 7. *Le distributeur de billets est hors service,* il ne fonctionne pas. 8. Ensemble de pièces de vaisselle assorties. *Ils ont* *un service à café en porcelaine,* un assortiment de tasses à café et de soucoupes en porcelaine. **9.** En Suisse. *Les services,* ce sont les couverts (fourchettes, couteaux, cuillères).

**serviette** **n. f. 1.** Morceau de tissu dont on se sert à table ou pour la toilette. *Elle emporte une serviette de bain à la piscine.* **2.** Porte-documents. *Il transporte ses dossiers dans une serviette en cuir.* → **attaché-case.** ▷ PORTE-SERVIETTES.

**servile** **adj.** Trop soumis. *Il répond à son chef sur un ton servile.* → **obséquieux.**

**servir** **v.** (conjug. 14) **1.** *La vendeuse sert sa cliente,* elle lui donne ce qu'elle demande. — *Si tu veux de la purée, sers-toi,* prends-en. **2.** Aider, être utile. *Son excellente mémoire l'a bien servi.* **3.** *À quoi sert cet outil ?* à quoi est-il utile ? *Ne pleure pas, cela ne sert à rien.* **4.** *Cette pièce sert de débarras,* elle est utilisée pour cela. **5.** *Il se sert d'une calculette pour faire ses comptes,* il utilise une calculette.

▶ **serviteur** **n. m.** Domestique. *Le châtelain avait de nombreux serviteurs.* ▷ DESSERVIR, LIBRE-SERVICE, RESSERVIR, SERVANTE, SERVEUR, SERVIABLE, SERVICE, STATION-SERVICE.

**servitude** **n. f. 1.** Esclavage. *Ces peuples sont maintenus dans la servitude.* ‖ contr. **liberté** ‖ **2.** Contrainte, obligation. *Il y a beaucoup de servitudes dans ce métier.*

**ses** → ① **son**

**session** **n. f.** *La session d'un examen,* c'est la période pendant laquelle on peut le passer. *Il y a une session en juin et une autre en septembre.*

**set** [sɛt] **n. m. 1.** Partie d'un match de tennis, de ping-pong ou de volley-ball. → **manche.** *Il a gagné la finale en trois sets.* **2.** *Un set de table,* c'est une sorte de grand napperon que l'on place sous l'assiette de chacun. ◊ homonymes : cet, cette, sept.

**setter** [setɛʀ] **n. m.** Chien de chasse à poils longs. ⤜ planche Chiens.

**seuil** **n. m. 1.** Entrée d'une maison. **2.** Commencement. *Nous voici au seuil de l'année nouvelle.*

**seul** **adj. 1.** Sans personne avec soi. *Depuis la mort de son mari, elle vit seule. Il se sent un peu seul.* → **solitaire.** *Le bébé veut manger tout seul,* sans aide. **2.** Unique. *Flora a un seul pantalon, mais beaucoup de jupes. Le cinéma est plein, il n'y a plus une seule place.* — **N.** *Alex a été le seul à donner la bonne réponse.* **3.** *Seuls les enfants peuvent monter sur le manège,* seulement eux.

▶ **seulement** **adv. 1.** Uniquement. *Il reste des places seulement au premier rang.* **2.** Mais. *Il aimerait bien sortir plus souvent, seulement il a trop de travail.*

**sève** **n. f.** Liquide qui circule dans les plantes et qui les nourrit. *La sève monte dans les feuilles au printemps.*

**sévère** **adj. 1.** Exigeant et dur. *La directrice de l'école est très sévère,* elle punit facilement. ‖ contr. **indulgent** ‖ **2.** Sans fantaisie. *Elle a une coiffure sévère.* → **austère, strict.** **3.** Très grave. *Notre équipe a essuyé une sévère défaite.*

▶ **sévèrement** **adv.** Durement, avec sévérité. *Yves a été sévèrement puni par son père.*

▶ **sévérité** **n. f.** Caractère d'une personne sévère. *Ils font preuve de sévérité avec leurs enfants.* ‖ contr. **indulgence** ‖.

**sévices** **n. m. pl.** Violences, mauvais traitements. *On l'accuse d'avoir exercé des sévices sur des enfants.*

**sévir** **v.** (conjug. 2) **1.** Punir sévèrement. *La maîtresse a dû sévir contre les élèves qui perturbaient la classe.* **2.** Faire des ravages. *La famine sévit dans de nombreux pays.*

**sevrer** **v.** (conjug. 5) *Le bébé vient d'être sevré,* on a cessé de l'alimenter uniquement avec du lait.

▸ **sevrage** **n. m.** *Le sevrage d'un bébé se fait à partir de l'âge de 2 mois.*

**sexagénaire** **adj.** *Il est sexagénaire,* il a entre 60 et 70 ans. — **N.** *Une sexagénaire.*

**sexe** **n. m. 1.** Ce qui fait que l'on distingue l'homme de la femme ou le mâle de la femelle. *Luc est un enfant du sexe masculin.* **2.** Partie du corps située entre les cuisses et qui est différente chez les hommes et chez les femmes. *Le sexe de l'homme est le pénis, celui de la femme, la vulve.* → aussi **testicules** et **vagin.**

▸ **sexiste** **adj.** *Une attitude sexiste,* c'est l'attitude d'une personne qui considère systématiquement que les hommes sont supérieurs aux femmes.

▷ HOMOSEXUEL, SEXUEL, SEXUELLEMENT.

**sextant** **n. m.** Appareil qui permet de mesurer la hauteur du soleil à partir d'un navire afin de déterminer sa position en mer.

**sexuel** **adj. 1.** *Les organes sexuels,* ce sont les organes génitaux, qui servent à la reproduction. → aussi **sexe. 2.** *Les relations sexuelles,* ce sont les relations physiques entre des personnes qui se plaisent.

▸ **sexuellement** **adv.** *Les maladies sexuellement transmissibles,* ce sont les maladies qui se transmettent par les relations sexuelles.

**seyant** **adj.** *Elle porte une robe très seyante,* qui lui va très bien.

**shampooing** **n. m. 1.** Lavage des cheveux. *Il se fait deux shampooings par semaine.* **2.** Produit qui sert à se laver les cheveux. *Il utilise un shampooing contre les pellicules.*

**shérif** **n. m.** Chef de la police d'une ville, aux États-Unis.

**shoot** [ʃut] **n. m.** Ce mot vient de l'anglais. Au football, coup de pied violent dans le ballon.

▸ **shooter** **v.** (conjug. 1) Donner un violent coup de pied dans un ballon de football. *L'ailier a shooté dans le but.*

**short** **n. m.** Culotte courte. *Alex portait un short et une chemisette.* → aussi **bermuda.**

**show** [ʃo] **n. m.** Ce mot vient de l'anglais. Spectacle de variétés avec une seule vedette. *Il a participé à des shows télévisés.* ◇ homonyme : chaud.

① **si** **conjonction 1.** *Si* sert à introduire une condition, une hypothèse. *Si j'avais su, je ne serais pas venu. Apporte-moi une chaise, s'il te plaît.* **2.** *Si* sert à introduire une proposition de style indirect. *Elle se demandait s'il viendrait au rendez-vous.* ◇ homonymes : ci, scie, six. ▷ SINON.

② **si** **adv. 1.** *Si* sert à s'opposer à ce que quelqu'un vient de dire à la forme négative. *Tu ne viens pas avec nous ? — Si, j'arrive !* **2.** Tellement, autant. *Pas si vite ! Jamais elle ne s'était sentie si heureuse.* → **aussi. 3.** *Si* est utilisé dans les comparaisons. → **aussi.** *On n'est jamais si bien servi que par soi-même.* ▷ SITÔT.

③ **si** **n. m. inv.** Note de musique. *Luc a joué un la au lieu d'un si.* — **Au pl.** *Des si.*

**siamois** **adj. 1.** *Un chat siamois,* c'est un chat à poils ras et aux yeux bleus. *Ils ont une chatte siamoise.* **2.** *Des frères siamois,* ce sont des jumeaux qui naissent attachés l'un à l'autre.

**sibyllin** **adj.** Obscur, difficile à comprendre. → **énigmatique.** *La sorcière prononça une phrase sibylline.*

**sida** **n. m.** Maladie très grave provoquée par un virus qui se transmet par le sperme ou par le sang.

**sidérer** **v.** (conjug. 6) Étonner beaucoup. → **ébahir, époustoufler.** *Cette nouvelle nous a sidérés.*

**sidérurgie** **n. f.** Industrie qui produit la fonte, le fer et l'acier. → aussi **métallurgie.**

► **sidérurgique** **adj.** *Une usine sidérurgique.*

**siècle** **n. m.** Période de cent ans. *Le 20ᵉ siècle s'achèvera en l'an 2000.*

**siège** **n. m. 1.** Meuble qui sert à s'asseoir. *Les chaises, les fauteuils, les tabourets et les bancs sont des sièges.* **2.** *Le siège d'une entreprise,* c'est l'endroit où se trouvent la direction et les principaux bureaux. **3.** *Faire le siège d'une ville,* c'est s'établir devant pour essayer de s'en emparer. → aussi **assiéger. 4.** Place à gagner dans une élection. *Le parti a perdu des sièges à l'Assemblée nationale.*

► **siéger** **v.** (conjug. 3 et 6) *Les députés ont siégé toute la nuit,* ils sont restés toute la nuit en séance de travail.

▷ ASSIÉGER, TÉLÉSIÈGE.

**sien** **pronom possessif** et **n. m.,** **sienne** **pronom possessif** et **n. f.**

▭ Pronom possessif de la troisième personne du singulier. *Julie a perdu son stylo, Anne lui a prêté le sien,* celui qui est à elle.

▭ **n. 1. n. m.** *Il y a mis du sien,* il a fait un effort. **2. n. m. pl.** *Il est mort entouré de l'affection des siens,* de ses parents et amis. **3. n. f. pl.** *La chatte a encore fait des siennes,* des bêtises.

**sieste** **n. f.** Repos pris après le repas de midi. *Grand-père fait toujours une petite sieste.*

**siffler** **v.** (conjug. 1) **1.** Produire un son aigu en faisant sortir l'air par la bouche. *Luc ne sait pas siffler. Anne sifflait « Au clair de la lune ».* **2.** *Yves siffle son chien,* il le fait venir en sifflant. *Le policier a sifflé l'automobiliste,* il l'a fait s'arrêter en soufflant dans un sifflet. **3.** *Le public a sifflé le chanteur,* il a montré qu'il ne l'aimait pas en sifflant.

► **sifflement** **n. m.** Son produit en sifflant. *Un sifflement admiratif.*

► **sifflet** **n. m.** Petit instrument formé d'un tuyau court qui produit des sons aigus quand on souffle dedans. *L'arbitre a donné un coup de sifflet.*

► **siffloter** **v.** (conjug. 1) Siffler négligemment, sans faire attention. *Elle sifflotait en préparant le dîner.*

**sigle** **n. m.** Abréviation d'un groupe de mots formée en prenant la première lettre de chacun de ses mots. *« H. L. M. » est le sigle de « habitation à loyer modéré ».*

**signal** **n. m.** [pl. *signaux*] **1.** Geste ou bruit fait par quelqu'un pour indiquer le moment d'agir. *Le professeur de gymnastique a donné le signal du départ de la course.* **2.** Signe qui donne une information. *Un passager du train a tiré le signal d'alarme.*

▶ **signalement** **n. m.** Description permettant de reconnaître une personne. *La police a donné le signalement de l'assassin.*

▶ **signaler** **v.** (conjug. 1) **1.** Annoncer par un signal. *Ce panneau signale un virage dangereux.* **2.** Faire remarquer en attirant l'attention. *Je te signale que tu as mis deux chaussettes différentes.* **3.** *Julie s'est signalée par sa rapidité à la course,* elle s'est fait remarquer.

▶ **signalisation** **n. f.** Ensemble des signaux d'une route, d'une voie ferrée. *Il faut respecter la signalisation. Le panneau de signalisation est tombé,* le panneau indicateur.

**signataire** **n. m.** et **f.** Personne qui signe ou qui a signé. *Les signataires de la pétition ont été très nombreux.*

**signature** **n. f.** *La signature d'une personne,* c'est son nom écrit à la main par elle-même pour approuver ou valider ce qui est écrit. *Sa signature est illisible.*

**signe** **n. m. 1.** Ce qui montre, prouve quelque chose. *Cette brume est signe de beau temps.* → **indice, marque.** *La fièvre est signe d'infection. Voici un cadeau en signe d'amitié.* → **gage, preuve, témoignage. 2.** Geste destiné à faire savoir quelque chose. *Anne me fait signe d'entrer. En entrant dans l'église, Luc fait le signe de croix,* il porte sa main au front, à la poitrine et à chaque épaule, en souvenir de la crucifixion de Jésus. **3.** Représentation de quelque chose. → **symbole.** *La virgule est un signe de ponctuation. Le signe « – » signifie « moins ».* **4.** *Alex est du signe du Lion,* d'après les astrologues, il est sous l'influence de la constellation du Lion. → aussi **zodiaque.** ◊ homonyme : cygne.

▶ **signer** **v.** (conjug. 1) Écrire son nom, mettre sa signature. *Elle a signé son chèque.*

▶ se **signer** **v.** Faire le signe de croix. *Flora s'est signée avant de faire sa prière.*

▶ **signifier** **v.** (conjug. 7) **1.** Avoir un sens. *Que signifie ce mot ?* que veut-il dire ? **2.** Faire savoir. *Il nous a signifié ses intentions.*

▶ **significatif** **adj.** Qui exprime clairement quelque chose, qui renseigne clairement. → **révélateur.** *Sa réponse est significative.*

▶ **signification** **n. f.** Ce que signifie une chose. *Quelle est la signification de ce mot ?* que veut-il dire ? → ② **sens.**

▷ DÉSIGNATION, DÉSIGNER, INSIGNE, INSIGNIFIANT, SIGNAL, SIGNALEMENT, SIGNALER, SIGNALISATION, SIGNATAIRE, SIGNATURE.

**silence** **n. m. 1.** Fait de ne pas parler. *Gardez le silence !* taisez-vous ! **2.** Absence de bruit. *Le silence régnait dans la montagne.*

▶ **silencieux** **adj.** et **n. m.**

▭ **adj. 1.** Où il n'y a pas de bruit. → **tranquille.** *Ils habitent une rue silencieuse.* ‖ contr. **bruyant** ‖ **2.** Qui reste sans parler. *Julie ne peut rester silencieuse bien longtemps.* → **muet.**

▭ **n. m.** Dispositif qui diminue le bruit. *Les pots d'échappement des voitures sont équipés d'un silencieux.*

▶ **silencieusement** **adv.** Sans parler, sans faire de bruit. *Anne range ses affaires silencieusement,* en silence. ‖ contr. **bruyamment** ‖.

**silex** **n. m.** Roche très dure. *Les hommes préhistoriques faisaient du*

# INDICATIONS

Zone réservée au stationnement des véhicules

Parc de stationnement payant

Circulation à sens unique

Passage pour piétons (signal de position)

Ralentisseur (signal de position)

Arrêt d'autobus

Priorité par rapport à la circulation venant en sens inverse

Indication des voies affectées à chaque sens de circulation sur la chaussée suivie

Vitesse conseillée

Fin de vitesse conseillée

Signalisation par voie

Entrée d'autoroute

Route pour automobiles (vitesse maximale autorisée 110 km/h)

Chemin sans issue

Route ouverte. Chaînes ou pneus à neige recommandés

Route fermée. Section ouverte jusqu'au lieu indiqué

Poste d'appel d'urgence

Emplacement pour pique-nique

Installations accessibles aux handicapés physiques

Installations diverses

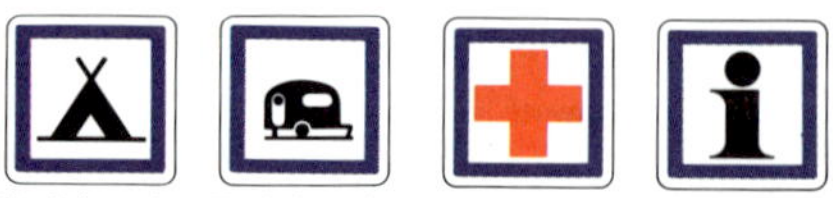

Terrain de camping pour tentes

Terrain de camping pour caravanes

Poste de secours

Informations relatives aux services ou activités touristiques



# OBLIGATIONS

Contournement obligatoire de l'obstacle : par la droite

Contournement obligatoire de l'obstacle : par la gauche

Direction obligatoire à la prochaine intersection : tout droit

Direction obligatoire à la prochaine intersection : à droite

Directions obligatoires à la prochaine intersection : tout droit ou à gauche

Directions obligatoires à la prochaine intersection : à gauche ou à droite

Chemin obligatoire pour cavaliers

Piste ou bande obligatoire pour les cycles sans remorque

Vitesse minimale obligatoire

Chaînes à neige obligatoire sur au moins deux roues motrices

Voie réservée aux véhicules de transport en commun des services réguliers

Chemin obligatoire pour piétons

Fin de vitesse minimale obligatoire

Fin de l'obligation de l'usage des chaînes à neige

Fin de voie réservée aux véhicules des services réguliers de transport en commun

Obligation dont la nature est mentionnée par une inscription sur le panneau

# PRIORITÉS

céder le passage aux véhicules débouchant de la ou des routes situées à sa droite

Intersection avec une route dont les usagers doivent céder le passage

Cédez le passage à l'intersection. Signal avancé

Cédez le passage à l'intersection. Signal de position

Arrêt à l'intersection. Signal avancé

Marquez un temps d'arrêt à l'intersection et cédez le passage. Signal de position

Indication du caractère prioritaire d'une route

Fin du caractère prioritaire d'une route

Panonceaux-schémas représentant par un schéma l'intersection qui va être abordée et indiquant par un trait large les branches prioritaires . La branche verticale dans la moitié inférieure du panonceau représente la route sur laquelle il est implanté.

# DANGERS

Virage à droite

Succession de virages — le 1er est à droite — le 1er est à gauche

Ralentisseur

Chaussée rétrécie par la gauche

Chaussée rétrécie

Pont mobile

Cassis ou dos d'âne

Passages d'animaux sauvages

Chaussée particulièrement glissante

Descente dangereuse

Débouché sur un quai ou une berge

Passage pour piétons

Endroits fréquentés par les enfants

Dangers pour lesquels il n'existe pas de panneaux correspondants

Passage à niveau Demi-Barrières à fonctionnement automatique

Annonce de feux tricolores

Circulation dans les deux sens

Risque de chute de pierres ou de présence de pierres tombées sur la route

Passage à niveau sans barrières ni demi-barrières

Débouché de cyclistes ou cyclomotoristes venant de droite ou de gauche

Traversée d'une aire de danger aérien

Vent latéral

Carrefour à sens giratoire avec priorité aux usagers circulant sur l'anneau

# INTERDICTIONS

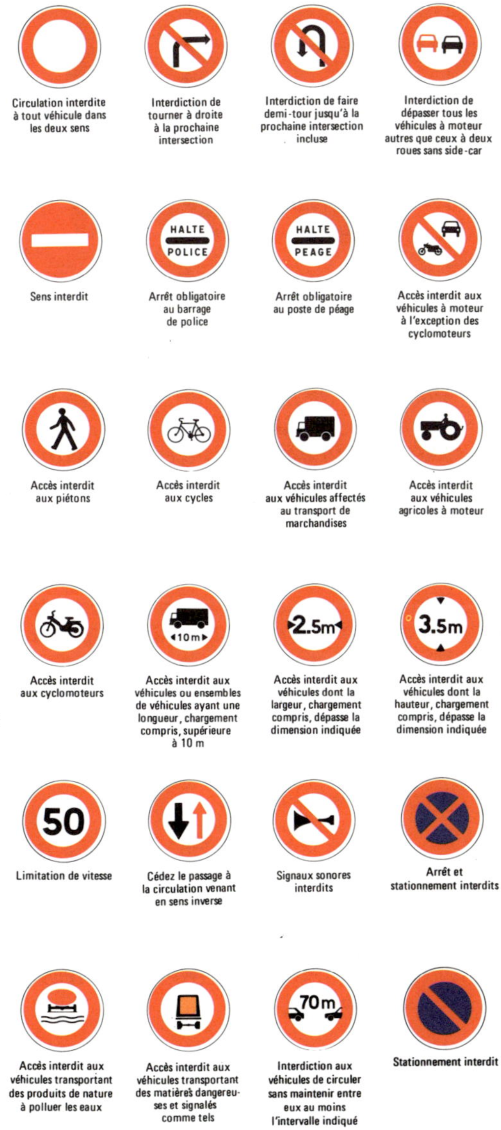


Circulation interdite à tout véhicule dans les deux sens

Interdiction de tourner à droite à la prochaine intersection

Interdiction de faire demi-tour jusqu'à la prochaine intersection incluse

Interdiction de dépasser tous les véhicules à moteur autres que ceux à deux roues sans side-car

Sens interdit

Arrêt obligatoire au barrage de police

Arrêt obligatoire au poste de péage

Accès interdit aux véhicules à moteur à l'exception des cyclomoteurs

Accès interdit aux piétons

Accès interdit aux cycles

Accès interdit aux véhicules affectés au transport de marchandises

Accès interdit aux véhicules agricoles à moteur

Accès interdit aux cyclomoteurs

Accès interdit aux véhicules ou ensembles de véhicules ayant une longueur, chargement compris, supérieure à 10 m

Accès interdit aux véhicules dont la largeur, chargement compris, dépasse la dimension indiquée

Accès interdit aux véhicules dont la hauteur, chargement compris, dépasse la dimension indiquée

Limitation de vitesse

Cédez le passage à la circulation venant en sens inverse

Signaux sonores interdits

Arrêt et stationnement interdits

Accès interdit aux véhicules transportant des produits de nature à polluer les eaux

Accès interdit aux véhicules transportant des matières dangereuses et signalés comme tels

Interdiction aux véhicules de circuler sans maintenir entre eux au moins l'intervalle indiqué

Stationnement interdit

*feu en frottant deux silex l'un contre l'autre.*

silex

**silhouette** **n. f. 1.** Forme sombre dont on ne voit que les contours. *La silhouette de la maison se découpe à l'horizon.* **2.** Allure d'une personne. *Mamie a une silhouette encore jeune.*

**sillage** **n. m.** Trace que laisse un bateau derrière lui quand il avance.

**sillon** **n. m. 1.** Longue tranchée faite dans la terre par une charrue. *L'agriculteur sème le grain dans les sillons.* **2.** Fine ligne creuse sur la surface d'un disque, gravée pour l'enregistrement. → aussi **microsillon.**

▸ **sillonner** **v.** (conjug. 1) Parcourir en tous sens. *Les pirates sillonnaient les mers.* ▷ MICROSILLON.

**silo** **n. m.** Grand réservoir dans lequel on conserve des céréales, du fourrage. *Des silos à maïs.*

**simagrées** **n. f. pl.** Manières un peu ridicules faites pour tromper. *Arrête ces simagrées !*

**similaire** **adj.** À peu près semblable. → **équivalent.** *Ces produits sont similaires.*

**similitude** **n. f.** Grande ressemblance. *La similitude de leurs réponses laisse à penser qu'ils ont copié l'un sur l'autre.*

**simoun** **n. m.** Vent violent très chaud et très sec qui souffle dans le désert. → aussi **sirocco.**

**simple** **adj. 1.** *Une personne simple,* c'est une personne qui ne fait pas de manières et qui n'est pas prétentieuse. *Ils sont restés très simples.* **2.** Qui n'est constitué que d'une partie. *Il a pris un aller simple pour Bordeaux,* il a pris juste l'aller, pas le retour. *Prenez une feuille simple.* ‖ contr. **double** ‖ *Le présent est un temps simple du verbe,* un temps sans auxiliaire. ‖ contr. **composé** ‖ **3.** Facile à comprendre. *C'est un jeu très simple.* ‖ contr. **compliqué, difficile** ‖ **4.** *Elle portait une robe noire toute simple,* sans complications ni ornements. **5.** *Le passage de la douane est une simple formalité,* ce n'est qu'une formalité et rien de plus.

▸ **simplement** **adv. 1.** Sans complication. *Il nous a reçus très simplement.* **2.** Seulement. *Je venais simplement te dire bonjour.*

▸ **simplet** **adj.** Qui a une intelligence un peu inférieure à la normale. *Elle est simplette.*

▸ **simplicité** **n. f. 1.** Qualité d'une chose facile à comprendre ou à utiliser. *Les règles du jeu de dames sont d'une grande simplicité.* ‖ contr. **complication** ‖ **2.** *Elle les a reçus à dîner en toute simplicité,* sans façon, sans cérémonie.

▸ **simplifier** **v.** (conjug. 7) Rendre plus facile, plus simple. → **faciliter.** *Les appareils ménagers simplifient la vie.* ‖ contr. **compliquer** ‖.

▸ **simplification** **n. f.** Action de rendre plus simple. *Arrondissez au* *chiffre supérieur pour la simplification des calculs.* || contr. **complication** ||.

▶ **simpliste** **adj.** *Son raisonnement est trop simpliste,* il ne considère qu'un aspect des choses et simplifie exagérément.

**simulacre** **n. m.** Ce qui n'a que l'apparence de ce qu'il semble être. *L'ennemi s'est rendu après un simulacre de combat.* → aussi **semblant.**

**simuler** **v.** (conjug. 1) Faire paraître vrai quelque chose qui ne l'est pas. *Alex a simulé un mal de tête pour ne pas aller à l'école,* il a fait semblant d'avoir mal à la tête. → **feindre.**

▶ **simulation** **n. f.** *Sa maladie n'est qu'une simulation,* elle n'est pas réelle.

**simultané** **adj.** *Le coup de tonnerre et la panne d'électricité ont été simultanés,* ils se sont produits en même temps. || contr. **successif** ||.

▶ **simultanément** **adv.** En même temps. *Le feu a pris simultanément dans la cave et dans le grenier.* || contr. **successivement** ||.

**sincère** **adj.** **1.** *Luc est un garçon sincère,* il dit ce qu'il pense avec bonne foi. → **franc, loyal.** || contr. **hypocrite, menteur** || **2.** *Sa joie était sincère,* réelle, véritable.

▶ **sincèrement** **adv.** Vraiment et franchement. *Il l'aime sincèrement.*

▶ **sincérité** **n. f.** **1.** Qualité d'une personne qui pense ce qu'elle dit. → **franchise, loyauté.** *Il nous a parlé en toute sincérité.* || contr. **hypocrisie** || **2.** Caractère de ce qui est réellement pensé ou senti. *Il doute de la sincérité des sentiments de sa fiancée.*

**sinécure** **n. f.** Emploi bien payé où il n'y a presque rien à faire. *Ce travail n'est pas une sinécure.*

**singe** **n. m.** Animal très évolué qui a la face souvent nue, les membres inférieurs plus petits que les membres supérieurs, des mains, et souvent une longue queue qui peut saisir des objets. → aussi **guenon.** *Le chimpanzé, le gorille, le macaque, l'orang-outan, le ouistiti sont des singes.*

▶ **singer** **v.** (conjug. 3) Imiter en se moquant. *Luc singeait la maîtresse en train de chanter.*

▶ **singerie** **n. f.** Grimace. *Arrête de faire des singeries !*

se **singulariser** **v.** (conjug. 1) Se faire remarquer par quelque chose de bizarre. *Anne s'est singularisée en s'habillant en rouge.*

**singularité** **n. f.** Ce qui est particulier à quelqu'un ou à quelque chose. → **particularité.** *Cet appareil photo a la singularité de fonctionner sous l'eau.*

**singulier** **adj.** et **n. m.** **1. adj.** Digne d'être remarqué à cause de son aspect étrange. → **bizarre, curieux, original.** *Julie a eu la singulière idée de baigner son chat.* || contr. **banal** || **2. n. m.** *Un mot se met au singulier quand il désigne une seule chose ou une seule personne.* || contr. **pluriel** ||.

▶ **singulièrement** **adv.** **1.** Bizarrement. *Il s'est conduit singulièrement.* **2.** Beaucoup, très. *Il fait singulièrement froid pour la saison.*

① **sinistre** **adj.** **1.** Qui fait peur. → **effrayant, inquiétant.** *La nuit, le plancher fait des craquements sinistres.* **2.** Très triste. *Luc avait l'air sinistre.* → **lugubre.**

▶ ② **sinistre** **n. m.** Événement catastrophique, comme un incendie, une inondation, un tremblement de terre, etc. *Les sauveteurs sont arrivés sur les lieux du sinistre.*

► **sinistré** **adj.** Qui a subi un sinistre. *La région sinistrée attend des secours.* — **N.** *Les villages voisins ont accueilli les sinistrés,* les victimes du sinistre.

**sinon** **conjonction.** **1.** Si ce n'est. *Que pouvait-il faire sinon appeler les pompiers ?* **2.** Ou alors. → **autrement.** *Dépêche-toi, sinon je ne t'attends pas.*

**sinueux** **adj.** *La route est sinueuse,* elle forme des courbes. ‖ contr. **droit, rectiligne** ‖.

► **sinuosité** **n. f.** Ligne courbe.

**sinus** [sinys] **n. m.** Cavité des os du visage qui sont au-dessus et au-dessous des yeux. *Flora a les sinus enflammés.*

► **sinusite** **n. f.** Inflammation des sinus. *La sinusite donne mal à la tête.*

**siphon** **n. m.** **1.** Tuyau recourbé qui sert à l'écoulement de l'eau sous un évier ou un lavabo. *Le siphon empêche les mauvaises odeurs de remonter.* **2.** Tuyau recourbé qui sert à transvaser un liquide. *Le garagiste vide le réservoir d'essence avec un siphon.* **3.** Bouteille remplie d'eau gazeuse sous pression.

**sire** **n. m.** Titre donné à un souverain quand on lui parle. → **majesté.** ◊ homonyme : cire.

① **sirène** **n. f.** Être imaginaire à tête et buste de femme et à queue de poisson. *« La Petite Sirène » est un conte d'Andersen.*

② **sirène** **n. f.** Appareil qui fait un bruit fort et prolongé pour donner un signal. *Les voitures des pompiers sont équipées d'une sirène.*

**sirocco** **n. m.** Vent très chaud et très sec qui souffle du Sahara. → aussi **simoun.**

**sirop** **n. m.** **1.** Boisson très sucrée et épaisse qui se boit mélangée avec de l'eau. → aussi **sirupeux.** *Julie boit du sirop de fraise.* **2.** Médicament liquide très sucré. *Luc a pris du sirop contre la toux.*

► **siroter** **v.** (conjug. 1) Familier. Boire à petites gorgées, en savourant. → **déguster.** *Il sirotait son whisky.*

**sirupeux** **adj.** Qui a la consistance épaisse du sirop. *Une boisson sirupeuse.*

**sismique** **adj.** *Une secousse sismique a été ressentie dans la région,* une secousse provoquée par un tremblement de terre. → aussi **séisme.**

**site** **n. m.** Paysage beau ou pittoresque. *Cette ville est un site touristique très visité.*

► **situer** **v.** (conjug. 1) Placer. → **localiser.** *La ville de Nice est située au bord de la Méditerranée.*

► **situation** **n. f.** **1.** Emplacement. *Cette ville a une situation privilégiée.* **2.** Ensemble de circonstances. *La situation financière de l'entreprise n'est pas bonne. « Quelle est sa situation de famille ? — Il est célibataire. »* **3.** Emploi. → **place.** *Son père a une belle situation.*

**sitôt** **adv.** **1.** Aussitôt. *Sitôt couchée, elle s'est endormie.* **2.** *Il ne recommencera pas de sitôt,* pas avant longtemps.

**six** **adj.** Cinq plus un (6). *Son petit frère a six ans.* — **N. m.** *Deux fois trois font six.* ◊ homonymes : ci, scie, si.

► **sixième** **adj.** et **n. m.** et **f.**

▭ **adj.** Qui succède au cinquième. *Luc est arrivé sixième.*

▭ **n. 1. n. m.** Partie d'un tout divisé en six parts égales. *Yves a mangé un sixième du gâteau.* **2. n. f.** Première classe de l'enseignement secondaire. *Julie entrera en sixième (6^e) l'année prochaine.*

**skaï** [skaj] **n. m.** Nom déposé. Matière synthétique qui imite le cuir. *Le canapé est recouvert de skaï.*

**skateboard** [skɛtbɔʀd] **n. m.** Ce mot vient de l'anglais. Planche à roulettes. *Luc fait du skateboard.* — On dit aussi *un skate.*

**sketch** [skɛtʃ] **n. m.** Ce mot vient de l'anglais. Pièce comique très courte, souvent jouée par un petit nombre d'acteurs. → **saynète.** — **Au pl.** *Des sketchs* ou *des sketches.*

**ski** **n. m. 1.** Long patin très étroit que l'on chausse pour glisser sur la neige. *Il a loué une paire de skis.* — *Anne aime faire du ski,* glisser sur la neige à l'aide de skis. *Alex fait du ski de fond,* du ski qui se pratique sur terrain plat. **2.** *Le ski nautique,* c'est un sport qui consiste à glisser sur l'eau avec des skis en étant tiré par un bateau.

▸ **skier** **v.** (conjug. 7) Faire du ski. *Anne skie très bien.*

▸ **skiable** **adj.** Où l'on peut skier. *Cette station de ski a un domaine skiable étendu.*

▸ **skieur** **n. m.,** **skieuse** **n. f.** Personne qui fait du ski. ▷ MONOSKI, TÉLÉSKI.

**skipper** [skipœʀ] **n. m.** Ce mot vient de l'anglais. Personne qui commande sur un bateau de croisière ou de course.

**slalom** [slalɔm] **n. m.** Épreuve de ski dans laquelle le skieur descend le plus vite possible en zigzaguant entre des piquets plantés dans la neige.

slalom

**slip** **n. m.** Culotte que l'on porte comme sous-vêtement ou comme maillot de bain.

**slogan** **n. m.** Phrase courte et frappante, souvent répétée, que l'on utilise dans la publicité ou la politique, pour attirer l'attention. *Les manifestants scandaient des slogans.*

**slow** [slo] **n. m.** Ce mot vient de l'anglais. Danse lente à pas glissés que l'on danse à deux. — **Au pl.** *Des slows.*

**smash** [smaʃ] **n. m.** Ce mot vient de l'anglais. Au tennis, au ping-pong, au volley-ball, coup qui rabat violemment une balle haute. *Il a fait un smash.* — **Au pl.** *Des smashs* ou *des smashes.*

**smoking** [smɔkiŋ] **n. m.** Ce mot vient de l'anglais. Tenue de soirée habillée, composée d'un veston à revers de soie et d'un pantalon orné d'un galon de soie le long de la jambe. *Il était en smoking.*

**snack-bar** n. m. Ce mot vient de l'anglais. Café-restaurant où l'on sert rapidement des repas simples et légers, à toute heure. *Ils ont déjeuné dans un snack-bar.* — Au pl. *Des snack-bars.* — On dit aussi *un snack, des snacks.*

**snob** n. m. et f. Ce mot vient de l'anglais. Personne qui, dans ses manières, ses goûts et ses relations, veut absolument avoir l'air distingué. *C'est une snob.* — Adj. *Ses parents sont très snobs.*

▶ **snobisme** n. m. Attitude et manière d'être des snobs. *Ils jouent au golf par snobisme.*

**sobre** adj. 1. Qui mange peu et boit peu d'alcool. *Il faut être sobre quand on conduit.* 2. Simple et discret. *Sa robe était très sobre.* || contr. **excentrique** ||.

▶ **sobrement** adv. 1. *Il boit sobrement,* avec modération. 2. Avec discrétion et simplicité. *Elle s'habille sobrement.* → **simplement.**

▶ **sobriété** n. f. 1. Comportement d'une personne ou d'un animal sobre. *C'est un homme d'une grande sobriété.* 2. Simplicité et discrétion. *Les spectateurs ont apprécié la sobriété du décor.*

**sobriquet** n. m. Surnom donné à quelqu'un pour se moquer de lui. *Elle est si laide qu'on lui a donné le sobriquet de « la guenon ».*

**soc** n. m. Grosse lame pointue d'une charrue qui ouvre les sillons dans la terre et permet de labourer.

**sociable** adj. Qui aime la compagnie des autres. *Julie est une petite fille très sociable.* || contr. **sauvage** ||.

**social** adj. 1. Qui concerne la société. *Les sciences sociales étudient la société.* 2. *Le gouvernement a pris des mesures sociales,* des mesures qui doivent améliorer les conditions de vie des personnes défavorisées. — Au masc. pl. *sociaux.*

▶ **socialisme** n. m. Doctrine de ceux qui sont partisans d'améliorer le sort des gens les plus modestes et veulent rendre la société plus juste en faisant passer l'intérêt collectif avant les intérêts particuliers. → aussi **communisme.**

▶ **socialiste** n. m. et f. Partisan du socialisme. *Les socialistes ont remporté les élections dans ce pays.* — Adj. *Il est membre du parti socialiste.*

**société** n. f. 1. Groupe organisé d'êtres vivants. *Les abeilles et les fourmis vivent en société.* → **colonie.** 2. Ensemble d'hommes vivant dans un pays à un moment donné et devant respecter les mêmes lois. → **collectivité, communauté.** *Les marginaux vivent en dehors de la société.* 3. *Les enfants ont joué à des jeux de société,* à des jeux qui se jouent à plusieurs. 4. Entreprise commerciale. → **compagnie, établissement, firme, maison.** *Il travaille dans une société de location de voitures.* 5. Association. → **club, organisation.** *Il appartient à une société secrète.*

▶ **sociétaire** n. m. et f. Personne qui fait partie d'une société, d'une association. *Il est sociétaire d'un club de tennis.*

**sociologie** n. f. Science qui étudie les sociétés humaines.

**socle** n. m. Partie sur laquelle repose une construction, une statue. → **support.** *La colonne est posée sur un socle de marbre.* → **piédestal.**

**socquette** **n. f.** Chaussette courte, arrivant à la cheville. *Flora avait des socquettes blanches.*

**soda** **n. m.** Boisson à base d'eau gazeuse et de sirop de fruits. *Anne a bu du soda à l'orange.* — **Au pl.** *Des sodas.*

**sœur** **n. f. 1.** *Flora est la sœur d'Yves,* elle a les mêmes parents que lui. → aussi **frère.** *Luc a deux sœurs.* **2.** Religieuse. *Bonjour ma sœur.* ▷ BELLE-SŒUR, DEMI-SŒUR.

**sofa** **n. m.** Lit de repos pouvant servir de siège. → aussi **canapé, divan.** *Yves a fait la sieste sur le sofa du salon.*

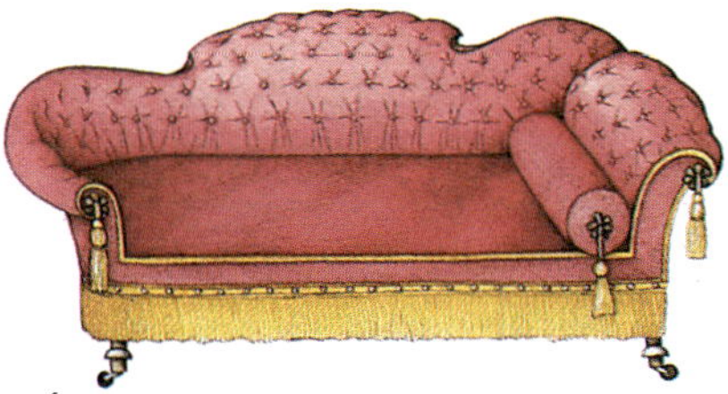
**sofa**

**soi** **pronom.** Pronom personnel masculin et féminin de la troisième personne du singulier, utilisé comme complément. *Cela fait du bien de rentrer chez soi. Cela va de soi,* c'est évident. *Il vaut mieux compter sur soi-même que sur les autres.* ◊ homonymes : soie, soit.

▶ **soi-disant** **adj. inv.** et **adv. 1. adj. inv.** *Cela m'a été prédit par une soi-disant voyante,* une personne prétendant être voyante. → **prétendu. 2. adv.** *Luc n'a soi-disant pas eu le temps de faire ses devoirs,* il prétend qu'il n'a pas eu le temps. ▷ QUANT-À-SOI.

**soie** **n. f. 1.** Tissu très fin, très doux et brillant, fait à partir d'un fil produit par la chenille d'un papillon, appelée *ver à soie. Un foulard en soie.* **2.** Poil long et rude du porc et du sanglier. *Une brosse en soies de sanglier.* ◊ homonymes : soi, soit.

▶ **soierie** **n. f.** Tissu de soie. *Cette soierie est parfaite pour faire des rideaux.* ▷ SOYEUX.

**soif** **n. f. 1.** Besoin et envie de boire. *Après leur longue promenade, ils avaient faim et soif.* **2.** Fort désir. *Il a soif d'indépendance.* ▷ ASSOIFFÉ.

**soigner** **v.** (conjug. 1) **1.** Prendre soin. *Elle soigne les fleurs de son jardin.* || contr. **négliger** || **2.** Apporter du soin, de l'application à ce que l'on fait. *Soigne ton travail, Yves !* || contr. **bâcler** || **3.** S'occuper de rétablir la santé d'une personne malade. *Le médecin qui le soigne est une femme.* → **traiter.**

▶ **soigné** **adj. 1.** Fait avec soin, application. *Ce menuisier fait un travail soigné.* **2.** *C'est une femme soignée,* qui fait attention à son aspect, est toujours propre et impeccable.

▶ **soigneux** **adj.** Qui prend soin des choses, y fait attention. *Flora est très soigneuse, elle range toujours bien ses affaires.* || contr. **négligent** ||.

▶ **soigneusement** **adv.** Avec soin. *Alex plie soigneusement son pantalon.*

**soin** **n. m. 1.** Attention que l'on apporte à ce que l'on fait. → **application.** *Luc a fait sa rédaction avec soin.* **2.** *Le jardinier prend soin de la pelouse,* il s'en occupe soigneusement. **3.** *Alex avait pris soin de nous avertir,* il avait pensé à le faire. **4.** *Le blessé a été transporté à l'hôpital pour y recevoir des soins,* pour y être soigné. *Elle est aux petits soins pour son mari,* elle est très attentionnée.

**soir** **n. m.** Moment de la journée entre l'après-midi et la nuit, quand le soleil est couché. → **soirée.** *Au revoir, à demain soir !* || contr. **matin** ||.

▸ **soirée** **n. f. 1.** Dernière partie de la journée qui va de la fin du jour jusqu'au moment où l'on se couche. *Yves a lu toute la soirée.* **2.** Réception qui a lieu le soir. *Ils donnent souvent des soirées.* ▷ BONSOIR.

**soit** **conjonction** et **adv.**

▭ **conjonction** [swa]. **1.** Ou. *Ils doivent venir en mars, soit le 14, soit le 15.* || contr. **ni** || **2.** À savoir. *Cette revue paraît un mois sur deux, soit six fois par an.* → **c'est-à-dire.** ◊ homonymes : soi, soie.

▭ **adv.** [swat]. Admettons, d'accord. → **bon.** *Tu veux partir, eh bien soit ! va-t'en !*

**soixante** **adj. inv.** Six fois dix (60). *Ma grand-mère a soixante ans.* — **N. m. inv.** *Ils habitent au 60, rue de l'Église.*

▸ **soixantaine** **n. f. 1.** Groupe d'environ 60 personnes, 60 animaux ou 60 choses semblables. *Elle pèse une soixantaine de kilos.* **2.** Âge d'environ 60 ans. *Papi a la soixantaine.*

▸ **soixantième** **adj.** et **n. m. 1. adj.** *Il est arrivé soixantième sur cent concurrents.* **2. n. m.** *Il a reçu un soixantième de l'héritage,* une partie de l'héritage qui a été divisé en 60 parts égales.

▸ **soixante-dix** **adj. inv.** Soixante plus dix (70). → **septante.** *Sa poupée mesure soixante-dix centimètres.* — **N. m. inv.** *Dix fois sept font soixante-dix.*

**soja** **n. m.** Plante dont une espèce ressemble au haricot et qui sert à l'alimentation des hommes et du bétail. *Elle utilise de l'huile de soja.*

soja

① **sol** **n. m. 1.** Partie de la Terre qui est à la surface. → **terrain, terre.** *Ici, le sol se prête bien à la culture du maïs.* **2.** Surface sur laquelle on marche. *Le sol de la cuisine est recouvert de carrelage.* ◊ homonyme : sole. ▷ ENTRESOL, SOUS-SOL.

② **sol** **n. m. inv.** Note de musique, entre le fa et le la. — **Au pl.** *Des sol.*

**solaire** **adj. 1.** Qui concerne le Soleil. *Le système solaire comprend le Soleil et les planètes qui tournent autour de lui.* **2.** Qui fonctionne grâce au soleil. *Leur maison est équipée d'un chauffage solaire.* **3.** Qui protège du soleil. *Sur la plage, Anne se met de la crème solaire.*

**soldat** **n. m.** Homme qui est dans l'armée. → **militaire.** *Il a fait son service militaire comme simple soldat,* comme militaire non gradé.

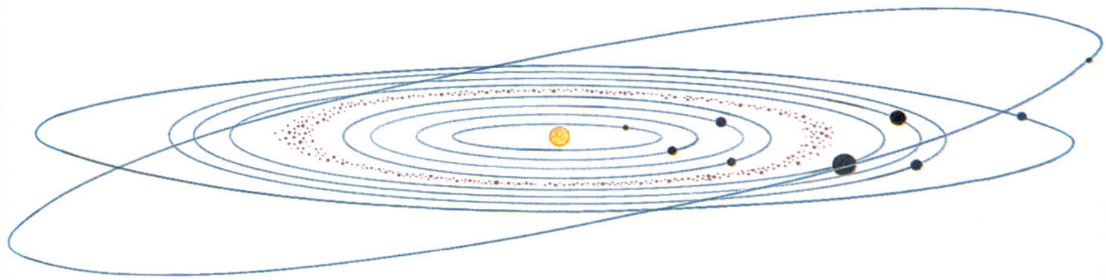

le système solaire

① **solde** n. f. Salaire versé à un militaire. ▷ SOLDAT.

② **solde** n. m. 1. Somme qu'il reste à payer. *Vous devez payer 20 % à la commande et le solde à la livraison.* 2. *Ce manteau est en solde,* il est vendu avec une réduction. *Ces soldes sont intéressants,* ces produits vendus au rabais.

**solder** v. (conjug. 1) 1. Vendre au rabais. *En été, le marchand de chaussures solde les bottes.* 2. *Ses efforts se sont soldés par un échec,* ils ont abouti à un échec. ▷ ② SOLDE.

**sole** n. f. Poisson de mer plat et ovale, qui ressemble à la limande. *Nous avons mangé des filets de sole à la crème.* ◊ homonymes : ① et ② sol.

**soleil** n. m. 1. *Le Soleil,* c'est l'astre qui donne lumière et chaleur à la Terre, et autour duquel tournent les planètes du système solaire. *Le Soleil est situé à 150 millions de kilomètres de la Terre.* 2. Lumière et chaleur que le Soleil envoie. *Ne reste pas trop longtemps au soleil ! Flora a mis ses lunettes de soleil,* des lunettes qui protègent ses yeux du soleil. ▷ ENSOLEILLÉ.

**solennel** [sɔlanɛl] adj. 1. Célébré en public, au cours d'une cérémonie. *Des honneurs solennels ont été rendus aux sauveteurs héroïques.* 2. Fait avec grand sérieux. *Il lui a fait la promesse solennelle de ne plus jamais lui mentir,* il s'y est engagé. 3. Trop cérémonieux. *Le maire a fait son discours sur un ton solennel.* → **pompeux.**

▸ **solennellement** [sɔlanɛlmɑ̃] adv. *La nouvelle mairie a été inaugurée solennellement.*

**solfège** n. m. Façon dont on écrit et lit la musique. *Apprendre le solfège est indispensable pour jouer du piano.*

**solfier** v. (conjug. 7) Chanter en disant le nom des notes de musique. → aussi **solfège.**

**solidaire** adj. 1. *Des personnes solidaires,* ce sont des personnes qui se soutiennent entre elles. *Les étudiants se sont déclarés solidaires des lycéens qui manifestaient.* 2. *Des choses solidaires,* ce sont des choses qui dépendent les unes des autres, sont liées. *Les deux roues avant de la voiture sont solidaires.*

▸ **solidarité** n. f. Relation entre des personnes solidaires. *Les ouvriers de l'usine se sont mis en grève par solidarité avec ceux qui étaient licenciés.* ▷ se DÉSOLIDARISER.

**solide** **adj.** **1.** *Une chose solide,* c'est une chose qui ne se casse pas facilement, qui résiste aux chocs et à l'usure. → **résistant.** *Attention, cette chaise n'est pas très solide.* || contr. **fragile** ||. **2.** *Une personne solide,* c'est une personne forte et robuste, qui ne tombe pas facilement malade. *Alex est un garçon solide.* || contr. **faible** || **3.** Qui n'est ni liquide ni gazeux. *Quand il gèle, l'eau devient solide.* — **N. m.** *La glace est un solide,* un corps qui n'est ni un liquide ni un gaz.

▶ **solidement** **adv.** *Luc attache solidement le paquet sur le porte-bagages de son vélo.*

▶ se **solidifier** **v.** (conjug. 7) Prendre une consistance solide. → **durcir.** *Sous l'effet du gel, l'eau s'est solidifiée.* || contr. s'**évaporer,** se **liquéfier** ||.

▶ **solidité** **n. f.** Qualité de ce qui ne s'use pas rapidement et ne se casse pas facilement. *Ces skis sont d'une grande solidité.* → **robustesse.** || contr. **fragilité** || ▷ CONSOLIDER.

**soliste** **n. m.** et **f.** Musicien ou chanteur qui interprète tout seul un morceau. *C'est une grande soliste de concerts.* → aussi **solo.**

**solitaire** **adj.** et **n. m.**

▭ **adj.** **1.** Qui vit seul, évite la compagnie des autres. *L'ours est un animal solitaire.* **2.** Où l'on est seul. *Il habite un endroit solitaire dans la forêt.* → **isolé.**

▭ **n. m.** Diamant monté seul sur une bague. *Il lui a offert un solitaire.*

**solitude** **n. f.** Situation d'une personne qui est seule, vit seule. *La solitude lui fait peur.* → aussi **solitaire.**

**solive** **n. f.** Chacune des grandes barres de bois ou de fer sur lesquelles sont fixées les planches du plancher.

**solliciter** **v.** (conjug. 1) Demander. *Elle a sollicité l'aide de ses amis.*

▶ **sollicitude** **n. f.** Attention et gentillesse. *Le médecin écoute ses malades avec sollicitude.* || contr. **indifférence** ||.

**solo** **n. m.** Morceau joué ou chanté par un seul interprète. *Il a exécuté un solo de batterie.* → aussi **soliste.** — **Au pl.** *Des solos.*

**solstice** **n. m.** Jour de l'année où le Soleil se trouve le plus loin de l'équateur. *Le solstice d'été est le jour le plus long de l'année, le solstice d'hiver le jour le plus court.*

**soluble** **adj.** Qui peut fondre dans un liquide. → aussi se **dissoudre.** *Le sucre est soluble dans l'eau.*

① **solution** **n. f.** Liquide contenant une matière dissoute. *L'eau de mer est une solution de sel.*

② **solution** **n. f.** **1.** *Luc a trouvé la solution du problème de mathématiques,* il a réussi à obtenir le résultat en suivant le bon raisonnement et en faisant les bonnes opérations. → aussi **résoudre.** **2.** Moyen par lequel on peut se sortir d'une difficulté. *Il faut envisager toutes les solutions possibles.*

**solvable** **adj.** *Il est solvable,* il peut payer ce qu'il doit.

**sombre** **adj.** **1.** Où il y a peu de lumière, qui est peu éclairé. → **obscur.** *Cette pièce est très sombre.* || contr. **clair** || **2.** Foncé. *Il portait un costume sombre.* **3.** Triste et inquiet. *Alex avait l'air sombre.* || contr. **gai** || **4.** Inquiétant. *L'avenir est sombre.* || contr. **rassurant** || ▷ ASSOMBRIR.

**sombrer** **v.** (conjug. 1) **1.** *Le bateau a sombré,* il a cessé de flotter et s'est en-

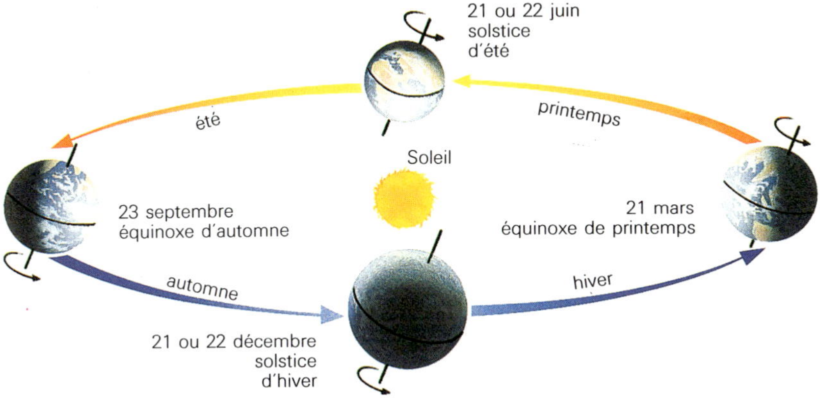


solstice

foncé dans l'eau. → **couler.** 2. S'enfoncer sans pouvoir résister. *Anne a sombré dans le sommeil,* elle s'est endormie très vite et profondément.

**sommaire** adj. et n. m.
▭ adj. 1. Très court et très simple. *La maîtresse nous a donné une explication sommaire de la circulation du sang.* 2. Très rapide et sans formalités. → **expéditif.** *Le cow-boy a été condamné à mort après un jugement sommaire.*
▭ n. m. Table des matières comprenant le résumé des chapitres d'un livre, d'une revue. *Le sommaire est au début du livre.*

▶ **sommairement** adv. D'une façon courte, simple et rapide. → **brièvement.** *Il a exposé sommairement son projet.*

**sommation** n. f. Ordre impératif. → aussi **sommer.** *Les policiers ont tiré sur le bandit après la troisième sommation,* après lui avoir demandé trois fois de se rendre.

① **somme** n. f. 1. Résultat d'une addition. *12 est la somme de 7 et 5.* 2. Ensemble de choses qui s'ajoutent. *En somme, il n'a pas assez travaillé,* tout bien considéré. 3. Quantité d'argent. *Il a gagné une grosse somme au loto.*

② **somme** n. f. *Les ânes et les chameaux sont des bêtes de somme,* des bêtes qui portent des charges sur leur dos.

③ **somme** n. m. *Luc a fait un petit somme après le déjeuner,* il a dormi.

▶ **sommeil** n. m. État dans lequel on est lorsque l'on dort. *Anne avait sommeil,* elle avait envie de dormir.

▶ **sommeiller** v. (conjug. 1) Dormir légèrement ou peu de temps. *Le malade sommeille sur son lit.* ▷ ASSOMMANT, ASSOMMER, ENSOMMEILLÉ.

**sommelier** n. m., **sommelière** n. f. Personne dont le métier est de s'occuper de la cave, des vins et des alcools dans un restaurant. *Le sommelier nous a conseillé de prendre un bordeaux rouge.*

**sommer** v. (conjug. 1) Demander avec force. → **ordonner.** *La maîtresse a* *sommé les élèves de se taire.* ▷ SOMMATION.

**sommet** **n. m. 1.** Point le plus élevé. *Le mont Blanc est le plus haut sommet de France.* → **cime. 2.** Degré le plus élevé. *Cet artiste est au sommet de sa gloire.* → **faîte.** *Les trois pays ont organisé une conférence au sommet,* une réunion entre les chefs d'État ou les chefs de gouvernement. **3.** Endroit où se coupent deux côtés d'une figure géométrique. *Un triangle a trois sommets.*

**sommier** **n. m.** Partie d'un lit sur laquelle est posé le matelas. *Un sommier à ressorts.*

**sommité** **n. f.** Personnage important dans un domaine, une science. *Les sommités de la médecine se sont réunies,* les médecins les plus éminents.

**somnambule** **n. m.** et **f.** Personne qui se lève et marche pendant son sommeil. *Une somnambule.* — **Adj.** *Il est somnambule.*

**somnifère** **n. m.** Médicament qui fait dormir. → **narcotique, soporifique.** *Elle prend des somnifères tous les soirs.*

**somnoler** **v.** (conjug. 1) Dormir à moitié. *Julie a somnolé pendant tout le voyage.*

► **somnolent** **adj.** À moitié endormi. *Ce sirop contre la toux peut rendre somnolent.*

► **somnolence** **n. f.** État d'une personne qui dort à moitié. *Après le déjeuner, Mamie a été prise d'une douce somnolence.*

**somptueux** **adj.** Luxueux, beau et cher. → **fastueux, magnifique.** *Ils ont une villa somptueuse au bord de la mer.*

① **son** **adj. possessif m.,** **sa** **adj. possessif f.,** **ses** **adj. possessif pl.** Qui est à lui ou à elle, lui appartient, le ou la concerne. → **sien.** *Il a apporté tous ses instruments de musique : son tambour, son harmonica, sa flûte et sa harpe.*

② **son** **n. m.** Ce que l'on entend. → **bruit.** *J'ai reconnu Yves au son de sa voix.*

③ **son** **n. m.** Ce qu'il reste de l'enveloppe des grains de céréales une fois moulues. *Elle mange du pain au son.*

**sonate** **n. f.** Morceau de musique pour un ou deux instruments. *Une sonate pour piano de Mozart.*

**sonde** **n. f. 1.** Instrument qui sert à mesurer la profondeur de l'eau. **2.** Appareil qui sert à forer le sol et à savoir ce qu'il y a dedans. *On utilise des sondes pour chercher du pétrole.*

► **sonder** **v.** (conjug. 1) **1.** Reconnaître au moyen d'une sonde. *On a sondé la mer et on a trouvé du pétrole.* **2.** *Sonder quelqu'un,* c'est chercher à savoir ce qu'il pense, ses intentions.

► **sondage** **n. m. 1.** *Les sondages ont permis de trouver du pétrole,* l'exploration du sol à l'aide d'une sonde. **2.** *On peut prévoir le résultat des élections grâce à des sondages d'opinion,* grâce aux enquêtes faites auprès de certaines personnes pour savoir ce que pense l'ensemble de la population. ▷ INSONDABLE.

**songer** **v.** (conjug. 3) *Songer à quelque chose,* c'est y penser. *À quoi songes-tu ? Il faudrait songer à rentrer.*

► **songe** **n. m.** Rêve. *La princesse fit un songe merveilleux.*

► **songerie** **n. f.** Rêverie. *Flora est perdue dans sa songerie.*

► **songeur** **adj.** Rêveur. *Tu es bien songeuse, Julie !* → **pensif.** *Il a un air songeur.*

**sonner** v. (conjug. 1) 1. Résonner, tinter. *Les cloches sonnaient à toute volée.* → **carillonner.** *Le réveil a sonné.* 2. Faire résonner. *Autrefois, on sonnait le tocsin en cas de danger.* 3. Faire fonctionner une sonnerie. *Sonnez avant d'entrer.* 4. *Le malade a sonné l'infirmière,* il l'a appelée en faisant fonctionner une sonnerie.

▶ **sonnerie** n. f. Bruit d'une chose qui sonne. *La sonnerie du téléphone retentit.*

▶ **sonnette** n. f. Mécanisme qui déclenche une sonnerie. *J'ai entendu un coup de sonnette.* ▷ INSONORISER, RÉSONNER, ② SON, SONORE, SONORISATION, SONORISER, SONORITÉ, SUPERSONIQUE, ULTRASON, UNISSON.

**sonnet** n. m. Petit poème de quatorze vers disposés en quatre strophes. *Les sonnets de Ronsard.*

**sonore** adj. 1. Qui résonne fort. *Il a un rire sonore.* → **éclatant, retentissant.** 2. Qui renvoie bien le son. *Cette pièce est très sonore.* 3. *Ceci est un répondeur, parlez après le signal sonore,* le bruit spécial qui indique que l'on peut parler.

▶ **sonoriser** v. (conjug. 1) *La salle des fêtes a été sonorisée,* elle a été équipée d'un matériel (haut-parleurs, micros) qui diffuse le son.

▶ **sonorisation** n. f. *La sonorisation de cette salle est parfaite,* l'installation qui diffuse le son (haut-parleurs, micros, etc.). — On dit familièrement *la sono.*

▶ **sonorité** n. f. Qualité du son. *Ce piano a une belle sonorité.*

**sophistiqué** adj. 1. Qui a une allure très recherchée, très artificielle. *Sa mère est une femme sophistiquée.* ‖ contr. **naturel, simple** ‖ 2. Très perfectionné. *Il a acheté un appareil photo sophistiqué.*

**soporifique** n. m. et adj. 1. n. m. Produit qui fait dormir. → **somnifère.** *Les voleurs ont mis un soporifique dans la pâtée du chien.* 2. adj. Qui endort, ennuie. *Cette musique est soporifique.*

**soprano** n. m. et f. Chanteur, chanteuse dont la voix a un timbre aigu. — Au pl. *Des sopranos.* — Quand il s'agit d'une femme, on dit souvent *une soprane.*

**sorbet** n. m. Glace à l'eau, sans lait ni crème, souvent à base de jus de fruit. *Flora a pris un sorbet à la pomme et au cassis.*

▶ **sorbetière** n. f. Appareil qui sert à faire les sorbets et les glaces.

**sorbier** n. m. Arbre à petits fruits orangés.

**sorcellerie** n. f. Magie pratiquée par les sorciers. *Jeanne d'Arc fut accusée de sorcellerie et brûlée vive.* — *C'est de la sorcellerie !* c'est une chose inexplicable, extraordinaire !

**sorcier** n. m., **sorcière** n. f. Personne qui pratique la magie, qui jette des sorts. → aussi **mage.** *Les sorcières des contes de fées sont souvent laides et méchantes.* — Adj. Familier. *Tu dois pouvoir y arriver, ce n'est pas sorcier,* ce n'est pas difficile.

**sordide** adj. 1. Très sale. *Ils habitent un taudis sordide.* → **pouilleux.** 2. Répugnant, moralement ignoble. *Il est d'une avarice sordide.*

**sorgho** n. m. Céréale cultivée dans les pays chauds.

**sornettes** n. f. pl. Paroles qui ne sont pas sérieuses, qui ne reposent sur rien. → **balivernes.** *N'écoute pas ces sornettes !*

**sort** n. m. 1. Ce qui arrive à quelqu'un, du fait du hasard ou du destin. *Il est mécontent de son sort.* **2.** *Tirer au sort,* c'est désigner par le hasard. *Les gagnants de la tombola seront tirés au sort.* **3.** *La sorcière a jeté un sort à la princesse,* elle a attiré le malheur sur elle par la sorcellerie, elle l'a ensorcelée. ◊ homonyme : saur. ▷ SORTILÈGE.

**sorte** **n. f. 1.** Ensemble de personnes ou de choses ayant quelque chose en commun. → **catégorie, espèce, genre, variété.** *Ce magasin vend toutes sortes d'articles de sport. Elle portait une sorte de turban,* quelque chose qui ressemblait à un turban. **2.** *Il s'est comporté de telle sorte qu'il a exaspéré tout le monde,* de telle manière qu'il a exaspéré tout le monde. **3.** *Fais en sorte d'être à l'heure,* arrange-toi pour cela. ▷ ASSORTIMENT, ASSORTIR.

**sortie** **n. f. 1.** Endroit par où l'on sort. ‖ contr. **entrée** ‖ *La sortie est au fond, à droite. Où est la sortie de secours du cinéma ?* → **issue. 2.** Moment où des personnes sortent. *C'est l'heure de la sortie.* **3.** *Le film est annoncé, on attend prochainement sa sortie,* on attend qu'il soit présenté au public.

**sortilège** **n. m.** Influence magique que peut exercer un sorcier. *La princesse était victime des sortilèges de la méchante fée.*

**sortir** **v.** (conjug. 16) **1.** Aller hors d'un lieu, à l'extérieur. ‖ contr. **entrer** ‖ *Elle sort de sa chambre et ferme la porte.* **2.** Aller au spectacle ou dîner dehors. *Ils sont très mondains, ils sortent beaucoup.* **3.** *Flora sort de chez Julie,* elle en vient. **4.** *Le film sort la semaine prochaine,* il sera présenté au public la semaine prochaine. **5.** Emmener dehors. *Il sort son chien matin et soir.* **6.** *Le chat sort ses griffes,* il les montre, les fait apparaître. ‖ contr. **rentrer** ‖. **7.** Familier. *Je ne m'en sors pas, de ce travail !* je n'en viens pas à bout. ▷ RESSORTIR, SORTIE.

**S.O.S.** [ɛsoɛs] **n. m.** Signal de détresse. *Le navire en perdition a lancé un S.O.S.*

**sosie** **n. m.** Personne qui ressemble exactement à une autre. *Elle est le sosie d'une actrice de cinéma.*

**sot** **adj.** Bête, stupide. *Elle est gentille, mais un peu sotte.* ◊ homonymes : saut, sceau, seau.

► **sottise** **n. f. 1.** Bêtise, stupidité. *Il est d'une grande sottise.* **2.** Chose stupide. *Tu dis des sottises.* → **ânerie, idiotie.**

**sou** **n. m.** [pl. *sous*] **1.** Ancienne pièce de monnaie qui valait 5 centimes. **2.** *Je n'ai plus un sou,* je n'ai plus d'argent. ◊ homonymes : soûl, sous. ▷ GRIPPE-SOU.

**soubassement** **n. m.** Base des murs d'un bâtiment. *Le soubassement repose sur les fondations.*

**soubresaut** **n. m.** Mouvement brusque et involontaire. → **sursaut.** *Yves eut un soubresaut en voyant la directrice entrer dans la classe.*

**souche** **n. f. 1.** Partie du tronc et des racines qui reste quand un arbre a été coupé. *Ils se sont assis sur une souche pour se reposer.* **2.** *Leur famille est de souche bretonne,* d'origine bretonne. **3.** *Il note le montant et la date du chèque sur la souche,* la partie qui reste fixée au carnet quand on détache le chèque. → **talon.**

① **souci** **n. m. 1.** Inquiétude, tracas. *Il a de nombreux soucis. Je me fais du souci pour elle,* je m'inquiète, me tracasse. **2.** *Il a le souci de bien faire son travail,* il veille à bien le faire.

▶ se **soucier** **v.** (conjug. 7) S'inquiéter, se préoccuper. *Elle ne se soucie pas de ce que l'on pense d'elle,* cela lui est égal.

▶ **soucieux** **adj.** *La mère de Luc paraît soucieuse,* elle a l'air inquiet, préoccupé. ▷ INSOUCIANCE, INSOUCIANT.

② **souci** **n. m.** Petite plante à fleurs jaunes ou orangées. *Il y a des plates-bandes de soucis dans le jardin.*

**soucoupe** **n. f. 1.** Petite assiette qui se place sous une tasse. **2.** *Certaines personnes croient à l'existence des soucoupes volantes,* d'objets volants mystérieux. → aussi **ovni.**

**soudain** **adj.** et **adv. 1. adj.** Brusque, subit. *Sa mort a été soudaine.* **2. adv.** Tout d'un coup. → **soudainement.** *Soudain, la pluie se mit à tomber.*

▶ **soudainement** **adv.** Tout d'un coup, brusquement. *Cette idée m'est venue soudainement.*

**souder** **v.** (conjug. 1) *Le plombier soude les deux tuyaux au chalumeau,* il les fait tenir ensemble en faisant fondre leurs deux extrémités ou en coulant dessus du métal fondu.

▶ **soudure** **n. f.** Endroit où deux métaux ont été soudés. *Cette soudure est presque invisible.*

**soudoyer** **v.** (conjug. 8) *Le prisonnier a voulu soudoyer un gardien,* le payer, l'acheter pour qu'il fasse quelque chose d'interdit.

**souffler** **v.** (conjug. 1) **1.** Faire sortir de l'air par la bouche ou par le nez. *Inspirez, soufflez !* → **expirer.** *Luc souffle sur les braises pour ranimer le feu.* **2.** *Le vent souffle,* il produit un courant d'air. **3.** *Julie a soufflé toutes les bougies de son gâteau d'anniversaire,* elle les a éteintes en envoyant sur les flammes de l'air qu'elle a rejeté par la bouche. **4.** *Alex souffle la réponse à Flora,* il la lui dit à voix basse. → **chuchoter.**

▶ **soufflé** **n. m.** Plat léger qui gonfle en cuisant au four. *Mamie a préparé un soufflé au fromage.*

▶ **souffle** **n. m. 1.** Air rejeté par la bouche. *Les spectateurs retenaient leur souffle en regardant le numéro des trapézistes.* → **respiration. 2.** Mouvement de l'air. *Il fait très chaud, il n'y a pas un souffle d'air.*

▶ **soufflerie** **n. f.** Machine qui sert à souffler de l'air. *La pièce est aérée par une soufflerie.*

▶ **soufflet** **n. m. 1.** Instrument qui sert à envoyer de l'air. *Jules attise les braises avec un soufflet.* **2.** *Les wagons sont reliés entre eux par des soufflets,* des parties souples et pliantes.

**soufflet**

▶ **souffleur** **n. m.** Personne chargée de souffler leur texte aux comédiens qui ont un trou de mémoire, au théâtre. *Autrefois, le souffleur se tenait dans un trou situé sur le devant de la scène.* ▷ BOURSOUFLÉ, ESSOUFFLEMENT, ESSOUFFLER.

**souffrir** **v.** (conjug. 18) **1.** Avoir mal, éprouver de la douleur. *Il a beaucoup souffert pendant sa maladie. Flora n'a pas trop souffert du divorce de ses pa-*

rents. → **pâtir.** 2. *Les plantes ont souffert de la sécheresse de ces derniers mois,* elles ont été abîmées par la sécheresse.

▶ **souffrance** n. f. 1. Douleur. *Il a enduré de grandes souffrances sans jamais se plaindre.* 2. *Le paquet est resté plusieurs jours en souffrance à la poste,* il était à la poste et son destinataire n'est pas venu le chercher.

▶ **souffrant** adj. Un peu malade. *Julie est souffrante, elle a un peu mal à la gorge.*

▶ **souffre-douleur** n. m. inv. Personne que l'on fait souffrir par plaisir. *Il est le souffre-douleur de sa sœur aînée.* — Au pl. *Des souffre-douleur.*

▶ **souffreteux** adj. Qui a une mauvaise santé. → **maladif.** *Une petite fille pâle et souffreteuse.*

**soufre** n. m. Matière jaune citron que l'on trouve dans la nature. ➳ planche Minéraux. *En brûlant, le soufre produit des vapeurs suffocantes.*

**souhaiter** v. (conjug. 1) Désirer, espérer. *Je souhaite vous revoir bientôt. Il nous a souhaité de bonnes vacances.*

▶ **souhait** n. m. Désir, vœu. *Il a exprimé le souhait de la retrouver en bonne santé. On dit « À vos souhaits ! » à quelqu'un qui éternue.*

▶ **souhaitable** adj. *Elle a toutes les qualités souhaitables pour faire ce métier,* toutes les qualités que l'on peut souhaiter. → **désirable.**

**souiller** v. (conjug. 1) Salir, tacher. *Des taches de vin souillaient la nappe.*

▶ **souillon** n. f. Femme sale, négligée. *C'est une vraie souillon.*

**souk** n. m. Marché couvert, dans les pays arabes. — Au pl. *Des souks.*

**soûl** [su] adj. Ivre. *Après quelques verres de champagne, elle était un peu soûle.* — On écrit parfois *saoul, saoule.* ◊ homonymes : sou, sous. ▷ se SOÛLER.

**soulager** v. (conjug. 3) Calmer, apaiser. *L'aspirine soulage la douleur. Je suis soulagé de savoir qu'il est bien arrivé.*

▶ **soulagement** n. m. État d'une personne qui est soulagée, apaisée. *Il poussa un soupir de soulagement.*

se **soûler** v. (conjug. 1) Devenir soûl. → s'**enivrer.** *Ils se sont soûlés au whisky.*

**soulever** v. (conjug. 5) 1. Lever à une faible hauteur. *L'haltérophile soulève des poids très lourds.* 2. Faire s'élever. *La voiture soulevait des nuages de poussière.* 3. *Le peuple se souleva contre le tyran,* se révolta contre le tyran. 4. Déclencher, provoquer. *Le discours du président a soulevé l'enthousiasme général.*

▶ **soulèvement** n. m. Révolte. *Le soulèvement du peuple fut sévèrement réprimé par l'armée.*

**soulier** n. m. Chaussure. *Il a mis de gros souliers de marche.*

**souligner** v. (conjug. 1) 1. Tirer un trait sous un mot. *Soulignez les verbes.* 2. Faire remarquer avec insistance. *Tous les journaux ont souligné l'importance de l'événement.*

**soumettre** v. (conjug. 56) 1. Obliger à obéir. *L'armée a soumis les rebelles. — Ceux qui refusèrent de se soumettre furent exécutés.* 2. *Tous les citoyens d'un pays sont soumis aux mêmes lois,* ils y sont assujettis, ils doivent s'y plier. 3. *Je vais vous soumettre le problème,* vous en parler pour que vous me donniez votre avis.

▶ **soumis** adj. Docile, obéissant. *C'est une femme soumise. Il a un air soumis.*

▶ **soumission** n. f. Obéissance. *Les rebelles ont fait acte de soumission,* ils se sont soumis.

**soupape** n. f. Partie d'un appareil qui peut bouger pour laisser passer un gaz, un liquide. → **clapet, valve.** *Dans un moteur de voiture, les soupapes règlent l'entrée et la sortie des gaz.*

**soupçon** n. m. 1. *On ne connaît pas encore l'identité du criminel, mais la police a des soupçons,* elle croit savoir qui c'est. 2. *Elle a remis un soupçon de sel dans la sauce,* un petit peu de sel.

▶ **soupçonner** v. (conjug. 1) Avoir des soupçons. → **suspecter.** *Anne soupçonne son frère de lui avoir pris son stylo,* elle pense qu'il est coupable de cela.

▶ **soupçonneux** adj. Plein de soupçons. → **méfiant.** *Il regarde tout le monde d'un air soupçonneux.* — Au fém. *soupçonneuse.*

**soupe** n. f. Aliment liquide plus ou moins épais, souvent à base de légumes écrasés dans de l'eau. → **bouillon, potage.** *Une soupe aux poireaux.*

▶ ① **souper** n. m. 1. Dîner que l'on prend très tard, la nuit. 2. En Suisse. Repas du soir. → ② **dîner.**

▶ ② **souper** v. (conjug. 1) 1. Dîner très tard. *Ils sont allés au théâtre, puis ils ont soupé.* 2. En Suisse. Prendre le repas du soir. → ① **dîner.**

▶ **soupière** n. f. Plat large et profond, dans lequel on sert la soupe.

**soupente** n. f. Petite pièce aménagée sous un escalier ou dans la hauteur d'une pièce. *La soupente sert de placard à balais.*

**soupeser** v. (conjug. 5) *Luc soupesa la grosse valise,* il en évalua le poids en la soulevant.

**soupirail** n. m. [pl. *soupiraux*] Très petite fenêtre pratiquée au bas d'un mur extérieur pour donner de l'air et de la lumière au sous-sol. *Les soupiraux de la cave ont des barreaux.*

soupirail

**soupirer** v. (conjug. 1) Pousser un soupir. *Alex soupire en faisant ses devoirs.*

▶ **soupir** n. m. Respiration longue et profonde. *Julie s'ennuie et pousse de gros soupirs. Il eut un soupir de soulagement. — Le malade a rendu le dernier soupir,* il est mort.

▶ **soupirant** n. m. Amoureux. *Anne a deux soupirants.*

**souple** adj. 1. *Une matière souple,* c'est une matière qui se plie et se courbe facilement sans se casser. *Le caoutchouc est souple.* → **flexible.** ‖ contr. **rigide** ‖ 2. *Une personne souple,* c'est une personne dont le corps est capable de se plier et de se mouvoir sans effort dans toutes les positions.

*Les danseurs et les acrobates sont très souples.* **3.** *Flora a un caractère très souple,* un caractère qui s'adapte facilement aux gens et aux situations.

▸ **souplesse** **n. f. 1.** *Les chats sont des animaux d'une grande souplesse,* au corps très souple. ‖ contr. **raideur** ‖ **2.** *Il manque parfois de souplesse dans ses rapports avec les autres,* il n'a pas un caractère très souple, très accommodant. ▷ ASSOUPLIR, ASSOUPLISSEMENT.

**source** **n. f. 1.** Eau qui sort du sol. *Il boit de l'eau de source.* **2.** *La source d'un fleuve,* c'est l'endroit où il prend naissance. *La Loire prend sa source au mont Gerbier-de-Jonc.* **3.** Origine, cause. *Ce retard est la source de tous mes ennuis.* **4.** *Il est parti, je le sais de source sûre,* je l'ai appris par des personnes bien informées.

**sourcil** [suʀsi] **n. m.** Ligne de poils au-dessus des yeux. *La maîtresse est mécontente, elle fronce les sourcils.*

▸ **sourcilier** **adj.** *L'arcade sourcilière,* c'est l'os qui est au-dessus de l'œil et qui est recouvert par le sourcil.

▸ **sourciller** **v.** (conjug. 1) Manifester son émotion ou son mécontentement. *Il écouta l'histoire jusqu'au bout, sans sourciller.*

**sourd** **adj. 1.** Qui n'entend pas ou entend mal. → aussi **surdité.** *Il est devenu un peu sourd. Alex fait la sourde oreille quand sa mère l'appelle,* il fait comme s'il n'entendait pas. — **N.** *Les sourds sont souvent capables de lire les paroles sur les lèvres de ceux qui leur parlent.* **2.** *Elle est restée sourde à toutes ses prières,* elle a refusé de les entendre. **3.** *On entendit un bruit sourd,* étouffé, peu sonore. **4.** *Anne ressentait une douleur sourde dans la jambe,* vague et continue. ‖ contr. **aigu** ‖.

▸ **sourdement** **adv.** Avec un bruit sourd. *Le tonnerre grondait sourdement, au loin.*

▸ **sourdine** **n. f.** Petit appareil qui amortit le son d'un instrument de musique. *Quand il joue du piano, il met la sourdine pour ne pas faire trop de bruit. — On entend la radio en sourdine,* faiblement, pas très fort.

▸ **sourd-muet** **n. m., sourde-muette** **n. f.** Personne qui est à la fois sourde et muette. *Les sourds-muets communiquent entre eux par gestes.* ▷ ASSOURDIR, ASSOURDISSANT.

**souriant** **adj.** *Flora est souriante,* elle sourit, elle est aimable.

**souriceau** **n. m.** Petit de la souris. *Une portée de souriceaux.*

**souricière** **n. f.** Piège à souris.

① **sourire** **v.** (conjug. 36) **1.** Prendre une expression rieuse avec la bouche et les yeux pour montrer que l'on est content ou que l'on veut être aimable. *La vendeuse sourit à la cliente qui vient d'entrer.* **2.** *La chance sourit à Jules : il a gagné au loto,* la chance le favorise. **3.** *La perspective de garder sa petite sœur ne souriait pas à Luc,* ne lui faisait pas plaisir. → **plaire.**

▸ ② **sourire** **n. m.** Expression du visage quand il sourit. *Flora a un joli sourire.*

**souris** **n. f. 1.** Petit animal rongeur à longue queue, plus petit que le rat. *Le chat chasse les souris.* **2.** Pièce d'un ordinateur qui permet d'intervenir sur l'écran. ▷ CHAUVE-SOURIS, SOURICEAU, SOURICIÈRE.

**sournois** **adj.** Qui dissimule ce qu'il pense ou ce qu'il sait, dans une intention malveillante. → **hypocrite.** ‖ contr. **franc** ‖ *C'est une petite fille sournoise.*

**sous** prép. 1. *Le chat s'est réfugié sous l'armoire,* en-dessous de l'armoire. || contr. **sur** || 2. *J'ai mis ma lettre sous enveloppe,* à l'intérieur d'une enveloppe. 3. *Les branches ploient sous le poids des fruits,* à cause de leur poids. 4. *L'école est sous la responsabilité de la directrice,* la directrice en a la responsabilité. 5. *Sous la Révolution, il y a eu beaucoup de massacres,* à l'époque de la Révolution. ◊ homonymes : sou, soûl. ▷ DESSOUS.

**sous-alimenté** adj. Qui n'a pas assez à manger. *Il y a beaucoup d'enfants sous-alimentés en Afrique.*

**sous-bois** n. m. Partie de la forêt où la végétation pousse sous les arbres. *De nombreux champignons poussent dans les sous-bois.*

**souscrire** v. (conjug. 39) 1. S'engager à payer. *Ils ont souscrit à une encyclopédie en cours de publication.* → aussi **souscription.** 2. Donner son adhésion. → **consentir.** *La police refuse de souscrire aux exigences des ravisseurs.*

▶ **souscription** n. f. *Ce dictionnaire en plusieurs volumes est vendu par souscription,* les gens qui l'achètent s'engagent à le payer alors qu'ils ne l'ont pas encore en leur possession.

**sous-cutané** adj. *Une piqûre sous-cutanée,* c'est une piqûre qui se fait sous la peau.

**sous-développé** adj. *Les pays sous-développés,* ce sont les pays qui sont pauvres parce que leur agriculture et leur industrie ne sont pas assez développées. — On dit plutôt *les pays en voie de développement.*

**sous-entendu** n. m. Chose que l'on laisse deviner sans la dire vraiment. → **allusion, insinuation.** *Ces paroles sont pleines de sous-entendus.*

**sous-estimer** v. (conjug. 1) Estimer au-dessous de sa valeur, de son importance. || contr. **surestimer** || *Luc a perdu le match de tennis car il avait sous-estimé son adversaire.*

**sous-marin** adj. et n. m. 1. adj. Situé sous la surface de la mer. *La flore sous-marine.* 2. n. m. Navire qui peut naviguer sous l'eau. → **submersible.** *Les sous-marins sont en plongée.* ↠ planche Bateaux.

**sous-officier** n. m. Militaire au grade moins élevé que l'officier. *Le sergent et l'adjudant sont des sous-officiers.*

**sous-préfecture** n. f. Ville où habite le sous-préfet et où sont installés ses bureaux. — Au pl. *Des sous-préfectures.*

**sous-préfet** n. m. Fonctionnaire qui représente le gouvernement dans une partie du département, l'arrondissement. — Au pl. *Des sous-préfets.*

**sous-produit** n. m. Produit obtenu au cours de la fabrication d'un premier produit. *Les matières plastiques et les textiles synthétiques sont des sous-produits du pétrole.*

**sous-sol** n. m. 1. Partie du sol qui se trouve loin sous la surface. *Le sous-sol de ce pays est riche en charbon.* 2. Partie d'une construction située au-dessous du niveau du sol, mais qui n'est pas une cave. *Les parkings de l'immeuble sont au sous-sol.* — Au pl. *Des sous-sols.*

**sous-titre** n. m. 1. Titre placé après le titre principal. *Le sous-titre d'un livre est imprimé en caractères plus petits.* 2. Texte qui traduit les dialogues d'un film, au bas de l'image. *Le film est présenté en version originale avec des sous-titres, il n'est pas doublé.*

**soustraction** **n. f.** Opération par laquelle on retranche un nombre d'un autre. || contr. **addition** ||.

**soustraire** **v.** (conjug. 50) **1.** Retrancher par soustraction un nombre d'un autre. *Si on soustrait 10 de 15, il reste 5.* → **enlever, ôter.** || contr. **additionner, ajouter** || **2.** *Il ne s'est jamais soustrait à ses engagements,* il n'a jamais cherché à y échapper.

**sous-verre** **n. m. inv.** Photo ou gravure placée entre une plaque de verre et un carton rigide. — **Au pl.** *Des sous-verre.*

**sous-vêtement** **n. m.** Vêtement qui se porte sous les autres vêtements. *Les slips, les soutiens-gorge et les caleçons sont des sous-vêtements.*

**soutane** **n. f.** Longue robe boutonnée devant, portée par les prêtres catholiques. *Le pape porte une soutane blanche.*

**soute** **n. f.** Partie d'un navire ou d'un avion où l'on met les bagages et les marchandises.

**soutenir** **v.** (conjug. 22) **1.** Servir de support, d'appui. → **porter, supporter.** *De grosses poutres soutiennent le toit.* **2.** Aider à se tenir debout. *L'infirmière soutient le malade pour lui faire faire quelques pas.* **3.** Réconforter, aider. *Dans son malheur, ses amis l'ont beaucoup soutenu.* **4.** *Luc soutient toujours sa sœur quand elle est attaquée,* il prend son parti. **5.** Affirmer, prétendre. *Le témoin soutient avoir vu le suspect au moment du crime.* **6.** *Je suis fatigué, j'ai du mal à soutenir mon attention,* à la maintenir en éveil.

**souterrain** **adj.** et **n. m. 1. adj.** Situé au-dessous du niveau du sol. *Pour traverser l'avenue, empruntez le passage souterrain. Les taupes creusent des galeries souterraines.* **2. n. m.** Tunnel, galerie sous la terre. *Les souterrains d'un château.*

**soutien** **n. m.** Aide, appui. *Ses amis lui ont apporté tout leur soutien.*

► **soutien-gorge** **n. m.** Sous-vêtement de femme, qui couvre et maintient les seins. — **Au pl.** *Des soutiens-gorge.*

**soutirer** **v.** (conjug. 1) **1.** *Le vigneron soutire du vin,* il le transvase du tonneau dans un autre récipient. **2.** Obtenir grâce à la ruse ou à l'insistance. *Le commissaire a soutiré des renseignements au gardien,* il les lui a arrachés habilement.

se **souvenir** **v.** (conjug. 22) Avoir présent dans la mémoire, se rappeler. || contr. **oublier** || *Je me souviendrai toujours de ce jour-là. Il ne se souvient pas d'avoir dit cela.*

► **souvenir** **n. m. 1.** Mémoire. *Il a gardé le souvenir de cet événement.* **2.** Moment dont on se souvient. *Mamie aime bien raconter à ses petits-enfants ses souvenirs de jeunesse.* **3.** Objet qui fait se souvenir d'une personne ou d'un endroit. *Il a rapporté de nombreux souvenirs de ses voyages.*

**souvent** **adv.** À intervalles assez rapprochés. → **fréquemment.** *Il pleut souvent en cette saison. Je ne le vois pas très souvent. Le plus souvent, il rentre tard,* généralement, habituellement. || contr. **jamais, rarement** ||.

**souverain** n. m. et adj., **souveraine** n. f. et adj.
▭ n. Chef d'un royaume ou d'un empire. → aussi **empereur, impératrice, monarque, reine, roi.**
▭ adj. 1. *Dans une démocratie, le peuple est souverain,* c'est le peuple qui décide. 2. *Ces pastilles sont souveraines contre la toux,* elles sont très efficaces. 3. Extrême, total. *Il a un mépris souverain pour les autres.*
▸ **souverainement** adv. Extrêmement, très. *Il est souverainement méprisant.*
▸ **souveraineté** n. f. Pouvoir, autorité. *Dans une démocratie, le peuple exerce sa souveraineté en votant.*

**soyeux** adj. Doux et brillant comme de la soie. *Ce chat a une fourrure soyeuse.*

**spacieux** adj. Grand, vaste. *Sa chambre est très spacieuse.*

**spaghetti** n. m. *Les spaghettis,* ce sont des pâtes longues et fines. *Yves mange des spaghettis à la sauce tomate.*

**sparadrap** [spaʀadʀa] n. m. Tissu collant utilisé pour faire des pansements.

**spasme** n. m. Contraction brusque et involontaire d'un muscle. → aussi **convulsion, crampe.** *La peur peut provoquer des spasmes de l'estomac.*
▸ **spasmodique** adj. Dû à des spasmes. *Elle fut prise de frissons spasmodiques.*

**spatial** adj. *Les engins spatiaux,* ce sont les engins qui voyagent dans l'espace. *Les cosmonautes ont effectué un voyage spatial,* un voyage à travers l'espace. → aussi **cosmique, interplanétaire.**

**spatule** n. f. Instrument formé d'un manche et d'une large lame. *Le vitrier applique du mastic avec une spatule. La spatule d'un ski,* c'est son avant recourbé.

spatule :
① de vitrier, ② de sculpteur, ③ de cuisinier

**speaker** [spikœʀ] n. m., **speakerine** [spikʀin] n. f. Ce mot vient de l'anglais. Personne qui annonce des émissions de radio ou de télévision. → **présentateur.**

**spécial** adj. 1. Particulier. *Pour patiner, il faut des chaussures spéciales,* des chaussures faites exprès pour cela. 2. Inhabituel, étrange. *Julie prend une voix spéciale quand elle parle à son chat.* — Au masc. pl. *spéciaux.*
▸ **spécialement** adv. 1. Exprès. *J'ai fait ce gâteau spécialement pour toi.* 2. En particulier, surtout. *Il aime les animaux, spécialement les chiens.*
▸ **spécialiser** v. (conjug. 1) *Ce médecin est spécialisé dans les maladies du cœur,* il soigne uniquement les maladies du cœur. — *Il s'est spécialisé dans la recherche.*
▸ **spécialisation** n. f. *Pour faire ce métier, il faut plusieurs années de spécialisation,* il faut une formation spéciale de plusieurs années.
▸ **spécialiste** n. m. et f. 1. Personne qui connaît très bien un travail, un do-

maine particulier. → **expert.** *Un économiste est un spécialiste de l'économie.* **2.** Médecin spécialisé dans une partie de la médecine. || contr. **généraliste** || *Il est allé consulter un spécialiste de la gorge.*

▶ **spécialité** **n. f. 1.** Domaine que l'on connaît le mieux. *La spécialité de ce médecin est la cardiologie.* **2.** Plat particulier à un pays, une région. *La paella est une spécialité espagnole.*

**spécifier** **v.** (conjug. 7) Indiquer de façon précise. → **préciser.** *Il n'a pas spécifié le jour de son départ.*

**spécifique** **adj.** *L'éther a une odeur spécifique,* une odeur particulière, qui n'appartient qu'à lui.

**spécimen** [spesimɛn] **n. m.** Exemple qui représente bien les choses de la même espèce. → **échantillon.** *Voici quelques spécimens de champignons.*

**spectacle** **n. m. 1.** Ensemble des choses que l'on voit. → **tableau, vision.** *Après le passage des cambrioleurs, la maison offrait un triste spectacle.* **2.** Ce que l'on montre au public pour le distraire (films, pièces de théâtre, ballets, etc.). *Julie a vu un spectacle de marionnettes.*

**spectaculaire** **adj.** Qui impressionne, frappe, étonne celui qui regarde. *Cet exercice au trapèze volant est vraiment spectaculaire.* → **impressionnant.**

**spectateur** **n. m.,** **spectatrice** **n. f. 1.** Témoin d'un événement. *Anne a été spectatrice de l'accident.* **2.** Personne qui assiste à un spectacle, à une compétition sportive ou à une cérémonie. *Les spectateurs applaudirent à tout rompre.* ▷ TÉLÉSPECTATEUR.

① **spectre** **n. m.** Fantôme, revenant. *Il était pâle comme un spectre.*

② **spectre** **n. m.** Suite de couleurs provenant de la décomposition de la lumière du soleil. *L'arc-en-ciel montre les 7 couleurs du spectre.*

**spéculer** **v.** (conjug. 1) Faire des opérations de commerce en jouant sur le fait que les prix montent et baissent. *Quand on spécule, on achète au moment où les prix sont bas et on revend quand ils remontent.*

▶ **spéculateur** **n. m.,** **spéculatrice** **n. f.** Personne qui spécule.

▶ **spéculation** **n. f.** Opération commerciale fondée sur le fait que les prix montent et baissent. *Ce promoteur a fait de la spéculation sur les terrains à bâtir.*

**spéléologie** **n. f.** Exploration des grottes, des gouffres et des rivières souterraines.

▶ **spéléologue** **n. m.** et **f.** Personne qui explore les grottes, les gouffres et les rivières souterraines. *Une équipe de spéléologues vient de passer un mois sous terre.*

**sperme** **n. m.** Liquide visqueux et blanchâtre produit par les organes sexuels des hommes et des animaux mâles, qui sert à la reproduction.

▶ **spermatozoïde** **n. m.** Cellule reproductrice contenue dans le sperme. → aussi **ovule.**

**sphère** **n. f. 1.** Figure géométrique qui a la forme d'une boule. ⤜ planche Géométrie. *La Terre a la forme d'une sphère aplatie aux deux pôles.* **2.** Domaine, milieu. *C'est quelqu'un de très connu dans la sphère du cinéma.*

▶ **sphérique** **adj.** En forme de sphère. → **rond.** *Un ballon de football* *est sphérique.* ▷ ATMOSPHÈRE, ATMOSPHÉRIQUE, HÉMISPHÈRE, PLANISPHÈRE, STRATOSPHÈRE.

**Sphinx** **n. m.** Monstre antique imaginaire, représenté en Grèce avec un corps de lion, des ailes et une tête de femme, et en Égypte avec un corps de lion et une tête d'homme.

Sphinx

**spirale** **n. f.** Ligne courbe qui tourne sur elle-même autour d'un axe. *Un ressort est un fil de métal enroulé en spirale. Yves a un cahier à spirale,* un cahier dont les pages sont reliées par une spirale de métal.

**spiritisme** **n. m.** *Faire du spiritisme,* c'est essayer de communiquer avec les esprits des morts.

**spirituel** **adj.** **1.** *La vie spirituelle,* c'est la vie de l'esprit, de l'âme. **2.** *Une personne spirituelle,* c'est une personne drôle, qui a de l'esprit. *Il fait des plaisanteries très spirituelles,* des plaisanteries pleines d'esprit.

**spiritueux** **n. m.** Boisson alcoolisée. *Il tient un commerce de vins et spiritueux.*

**splendeur** **n. f.** Chose très belle, splendide. *Cette bague est une splendeur.* → **merveille.**

**splendide** **adj.** Magnifique, superbe. || contr. **horrible** || *Ils ont un appartement splendide.* → **somptueux.** *Quel temps splendide !*

**spolier** **v.** (conjug. 7) *Il a été spolié de son héritage par ses frères et sœurs,* il en a été privé brutalement et de façon malhonnête. → **déposséder.**

**spongieux** **adj.** Qui est mou et retient l'eau, comme une éponge. *Après la pluie, la terre était spongieuse.*

**sponsor** **n. m.** Ce mot vient de l'anglais. Personne ou entreprise qui donne de l'argent pour financer un projet dans le domaine du sport ou de la culture. → aussi **mécène.**

▶ **sponsoriser** **v.** (conjug. 1) Ce mot vient de l'anglais. Financer un projet dans le domaine du sport ou de la culture. *Le match est sponsorisé par une célèbre compagnie d'assurances.*

**spontané** **adj.** **1.** *Le coupable a fait des aveux spontanés,* sans y être obligé. **2.** *Julie est une enfant spontanée,* qui agit avec naturel, sans calcul.

▶ **spontanéité** **n. f.** Caractère d'une personne spontanée, naturelle et directe. *Flora est réservée, elle manque un peu de spontanéité.*

▶ **spontanément** **adv.** Avec spontanéité. *Le coupable s'est présenté spontanément à la police,* de lui-même.

**sporadique** **adj.** Qui se produit çà et là, à intervalles irréguliers. *Des mou-*

*vements de grève sporadiques ont perturbé le trafic aérien.* || contr. **constant, fréquent** ||.

**sport** **n. m.** Exercice physique pratiqué régulièrement. *Yves pratique plusieurs sports : la natation, le football et le tennis. Ils sont allés aux sports d'hiver en février,* ils sont allés à la montagne pour pratiquer les sports de neige et de glace, comme le ski, la luge, le patin à glace.

▶ **sportif** **adj. 1.** Relatif au sport. *Il a participé à une compétition sportive.* **2.** *Yves et Alex sont des garçons sportifs,* qui font du sport. — **N.** *C'est un grand sportif.* ▷ OMNISPORTS.

**spot** [spɔt] **n. m.** Ce mot vient de l'anglais. **1.** Petit projecteur. *La cuisine est éclairée par des spots.* **2.** *Un spot publicitaire,* c'est un message publicitaire, à la radio ou à la télévision. *Le film est entrecoupé de spots publicitaires.*

**sprint** [spʀint] **n. m.** Ce mot vient de l'anglais. Moment où les coureurs vont le plus vite possible, à la fin d'une course.

▶ **sprinter** [spʀinte] **v.** (conjug. 1) Ce mot vient de l'anglais. Accélérer à la fin d'une course.

**squale** [skwal] **n. m.** Grand poisson marin au corps allongé. *Les requins sont des squales.*

**square** [skwaʀ] **n. m.** Petit jardin public au milieu d'une place. *Les enfants jouent dans le square.*

**squatter** [skwatœʀ] ou [skwatɛʀ] **n. m.** Ce mot vient de l'anglais. Personne qui s'installe dans un logement vide, sans en avoir le droit. *Les squatters occupent l'immeuble qui doit être démoli bientôt.*

**squelette** **n. m.** Ensemble des os du corps. *Le squelette de l'homme compte 208 os.*

▶ **squelettique** **adj.** Très maigre. *Après sa maladie, Alex était squelettique.*

**stable** **adj. 1.** Qui ne change pas, est toujours dans le même état. *Le temps est stable, il fait beau depuis une semaine.* **2.** Qui tient en équilibre. *Attention, cette échelle n'est pas très stable.*

▶ **stabiliser** **v.** (conjug. 1) Rendre stable. *Les prix ont été stabilisés,* ils ne changent plus.

▶ **stabilité** **n. f.** État de ce qui est stable, de ce qui ne bouge pas, ne change pas. *Vérifie la stabilité de l'échelle avant de monter dessus.* ▷ DÉSTABILISER, INSTABLE.

① **stade** **n. m.** Terrain de sport. *Les deux équipes de football s'affrontent sur le stade.*

② **stade** **n. m.** Moment, étape dans ce qui change, évolue. *La chenille passe par plusieurs stades avant de devenir papillon.*

**stage** **n. m.** Période pendant laquelle on se forme, on se prépare à une activité ou à un métier ou pendant laquelle on se perfectionne. *Yves a suivi un stage de voile, cet été.*

▶ **stagiaire** **n. m.** et **f.** Personne qui suit un stage.

**stagner** [stagne] **v.** (conjug. 1) **1.** *De l'eau qui stagne,* c'est de l'eau qui reste immobile, sans couler. → **croupir.** **2.** Ne pas changer, ne pas évoluer. *Il ne fait aucun progrès : il stagne dans sa médiocrité.*

▶ **stagnant** adj. *Les eaux des marais sont des eaux stagnantes,* des eaux qui ne coulent pas. → **dormant.**

▶ **stagnation** n. f. Immobilité, arrêt. *Le gouvernement s'inquiète de la stagnation de la production.*

**stalactite** n. f. Colonne de calcaire qui se forme à partir du plafond d'une grotte. → aussi **stalagmite.**

**stalagmite** n. f. Colonne de calcaire qui se forme à partir du sol d'une grotte. → aussi **stalactite.**

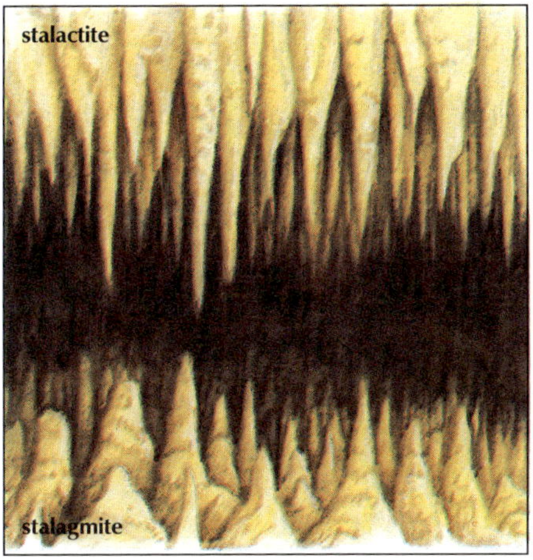


**stalle** n. f. 1. Siège de bois, à haut dossier, dans le chœur d'une église. 2. Compartiment réservé à un cheval, dans une écurie. → **box.** *Le palefrenier a ramené le cheval dans sa stalle.*

**stand** [stɑ̃d] n. m. 1. *Un stand de tir,* c'est un endroit aménagé pour tirer sur des cibles. *Les stands de tir d'une fête foraine.* 2. Endroit réservé à un commerçant, dans une foire, une exposition, une fête. 3. Sur un circuit automobile, endroit où les voitures peuvent s'arrêter pendant la course. *La voiture n° 20 s'est arrêtée à son stand pour changer de pneus.*

① **standard** adj. inv. Qui appartient au modèle courant. *Il a toujours eu des voitures standard, jamais de voitures de luxe.*

▶ **standardiser** v. (conjug. 1) Rendre standard. *On n'a pas standardisé les prises de courant dans tous les pays,* les prises de courant ne sont pas toutes identiques.

▶ **standardisation** n. f. *La standardisation permet de trouver plus facilement des pièces détachées.*

② **standard** n. m. Appareil qui permet de faire communiquer les postes téléphoniques d'une administration, d'une entreprise, avec l'extérieur. *Il faut passer par le standard pour appeler l'extérieur.*

▶ **standardiste** n. m. et f. Personne dont le métier est de répondre au téléphone et de passer les communications. « *Veuillez patienter* », *demanda la standardiste.*

**standing** [stɑ̃diŋ] n. m. Ce mot vient de l'anglais. Niveau de vie. *Ils ont un standing élevé. Ils habitent un immeuble de grand standing,* de luxe.

**star** n. f. Ce mot vient de l'anglais. Vedette de cinéma. → **étoile.** *Il est devenu une star internationale.*

**starter** [staʀtɛʀ] n. m. Ce mot vient de l'anglais. Dispositif qui aide le moteur d'une voiture à démarrer. *N'oublie pas de mettre le starter.*

**station** n. f. 1. Le fait de rester dans une certaine position. *La station debout lui est pénible.* 2. Endroit réservé à l'arrêt de certains véhicules. *Une sta-*

*tion de taxis. Une station d'autobus.* → **arrêt.** **3.** Lieu où l'on séjourne dans un but précis. *Ils font du ski dans une station de sports d'hiver des Alpes. Biarritz est une station balnéaire,* une ville touristique au bord de la mer. **3.** *Une station météorologique,* c'est un endroit aménagé pour faire des observations scientifiques sur le temps. **4.** *Une station de radio ou de télévision,* c'est l'ensemble des installations de l'émetteur.

▶ **stationnaire** adj. *Le malade est dans un état stationnaire,* dans un état qui n'évolue pas.

▶ **stationner** v. (conjug. 1) Rester à la même place, sur la voie publique. *On ne peut pas stationner dans cette rue,* on ne peut pas y garer sa voiture.

▶ **stationnement** n. m. *Le stationnement est interdit sur la place,* on ne peut pas y stationner, y garer sa voiture.

▶ **station-service** n. f. Endroit où l'on vend de l'essence. *Cette station-service est ouverte 24 heures sur 24.* — **Au pl.** *Des stations-service.*

**statistique** n. f. *Les statistiques,* ce sont des chiffres qui permettent de comparer ou d'expliquer certaines choses dans un domaine particulier. *On peut faire des statistiques sur les prix, le chômage, les naissances, les décès, etc.*

**statue** n. f. Sculpture qui représente une personne ou un animal en entier. *Une statue équestre représente un personnage à cheval.* ◊ homonyme : statut.

▶ **statuette** n. f. Petite statue. *Une statuette d'ivoire est posée sur la cheminée.*

**statuer** v. (conjug. 1) Prendre une décision officielle. *Le tribunal a statué sur le cas de l'accusé.*

**statu quo** [statykwo] n. m. inv. État actuel des choses. *Comme personne n'était d'accord, on a maintenu le statu quo.* — **Au pl.** *Des statu quo.*

**stature** n. f. Taille et allure générale. *Il a une stature d'athlète.*

**statut** n. m. **1.** Situation d'une personne dans la société, dans un groupe, définie par des règles. *Les instituteurs ont le statut de fonctionnaire.* **2.** *Les statuts d'une association,* ce sont les règles qui lui permettent de fonctionner. ◊ homonyme : statue.

**steak** [stɛk] n. m. Ce mot vient de l'anglais. Morceau de bœuf que l'on fait griller. → **bifteck.** *Luc a mangé un steak avec des frites.*

**stèle** n. f. Pierre qui porte des inscriptions. *Une stèle funéraire.*

**sténo** n. f. Sténographie. *La secrétaire a pris une lettre en sténo.*

**sténodactylo** n. m. et f. Personne qui connaît la sténo et sait taper à la machine. *Elles sont sténodactylos dans une compagnie d'assurances.*

**sténographie** n. f. Écriture simplifiée qui permet de noter les paroles aussi vite qu'elles sont prononcées. → **sténo.**

▶ **sténographier** v. (conjug. 7) Noter en sténo. *La secrétaire a sténographié les lettres que lui a dictées son patron.*

**steppe** n. f. Grande plaine au climat sec et à la végétation très pauvre. *Les Huns venaient des steppes de l'Asie centrale.*

**stère** n. m. Unité de mesure de volume valant un mètre cube. *Ils ont commandé 3 stères de bois.*

**stéréo** **n. f.** et **adj. inv. 1. n. f.** Stéréophonie. *Cette station de radio émet en stéréo.* **2. adj. inv.** Stéréophonique. *Ils ont deux chaînes stéréo.*

**stéréophonie** **n. f.** Façon d'enregistrer et de reproduire les sons qui donne l'impression qu'ils viennent de plusieurs endroits. → **stéréo.**

▶ **stéréophonique** **adj.** Qui utilise le principe de la stéréophonie. → **stéréo.**

**stéréotype** **n. m.** Idée toute faite. → **cliché.** *Son discours était rempli de stéréotypes.*

▶ **stéréotypé** **adj.** *Une formule stéréotypée,* c'est une formule toute faite.

**stérile** **adj. 1.** Qui ne peut pas se reproduire. *Le mulet est un animal stérile.* ‖ contr. **fécond** ‖ **2.** *Une terre stérile,* c'est une terre que l'on ne peut pas cultiver, où rien ne pousse. ‖ contr. **fertile** ‖ **3.** *Tous ses efforts sont demeurés stériles,* ils n'ont eu aucun résultat. → **inutile, vain. 4.** Sans microbe. *Luc a mis un pansement stérile sur sa plaie.*

▶ **stériliser** **v.** (conjug. 1) Enlever les microbes. → **désinfecter.** *On stérilise toujours les instruments dont se sert le chirurgien pour opérer. — Le lait stérilisé peut se conserver longtemps.* → aussi **pasteurisé.**

▶ **stérilisation** **n. f.** *On pratique la stérilisation du lait en le faisant bouillir,* on le stérilise.

▶ **stérilité** **n. f. 1.** Incapacité de se reproduire, d'avoir des enfants. *Elle a suivi un traitement contre la stérilité.* ‖ contr. **fécondité** ‖ **2.** *Les paysans se plaignent de la stérilité du sol,* ils se plaignent que le sol soit stérile, qu'il n'y pousse rien. ‖ contr. **fertilité** ‖.

**sternum** [stɛʀnɔm] **n. m.** Os plat au milieu de la poitrine. ⋙ planche Corps humain. *Sept paires de côtes sont attachées au sternum.* — **Au pl.** *Des sternums.*

**stéthoscope** **n. m.** Appareil qui permet d'écouter les bruits de l'intérieur du corps. *Le médecin ausculte le malade avec son stéthoscope.*

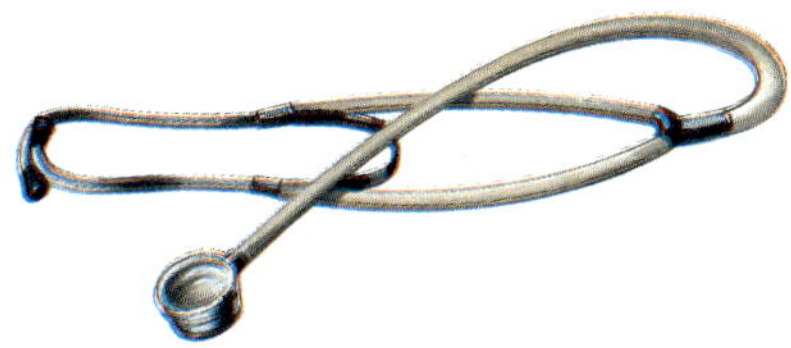

stéthoscope

**steward** [stjuwaʀd] ou [stiwaʀt] **n. m.** Ce mot vient de l'anglais. Homme qui sert les boissons et les repas aux passagers d'un avion ou d'un bateau. *Les stewards et les hôtesses de l'air nous ont accueillis à bord de l'avion.*

**stimuler** **v.** (conjug. 1) Encourager. *Les compliments de la maîtresse stimulent Flora.* ‖ contr. **décourager** ‖.

▶ **stimulant** **adj.** et **n. m. 1. adj.** Encourageant. *Les bonnes notes sont stimulantes.* **2. n. m.** Produit qui excite ou augmente l'activité. *Le café et le thé sont des stimulants.* → **excitant.**

**stipuler** **v.** (conjug. 1) Faire savoir, dire avec précision. *L'annonce stipule que le candidat doit parler l'allemand.* → **préciser, spécifier.**

**stock** **n. m.** Marchandise en réserve. *Les stocks sont entreposés dans une salle spéciale.*

▶ **stocker** **v.** (conjug. 1) Garder en stock, en réserve. → **entreposer.** *Les* *conserves sont stockées dans un placard de la cuisine.*

**stoïque** **adj.** Courageux et impassible. *Il resta stoïque sous les insultes.*

**stop** **interj.** et **n. m.**
▭ **interj.** Cri qui ordonne de s'arrêter. *Stop ! N'allez pas plus loin,* arrêtez-vous. → **halte.**
▭ **n. m. 1.** Panneau du code de la route qui oblige à s'arrêter. *Les voitures doivent respecter les stops.* **2.** Familier. Auto-stop. *Ils ont traversé la France en faisant du stop.*

► **stopper** **v.** (conjug. 1) S'arrêter. *Les manifestants ont fait stopper le train.*

▷ AUTO-STOP, AUTO-STOPPEUR.

**store** **n. m.** Rideau fait de tissu épais, ou de lattes de métal, de bois ou de plastique, que l'on déroule devant une fenêtre. *Luc baisse le store de sa chambre pour se protéger du soleil.*

**strabisme** **n. m.** *Alex a un léger strabisme,* il louche légèrement.

**strangulation** **n. f.** Étranglement. *Vercingétorix est mort par strangulation.*

**strapontin** **n. m.** Petit siège attaché à un endroit fixe, qui se replie. *Les strapontins du métro.*

**stratagème** **n. m.** Moyen habile. → **ruse.** *Yves a trouvé un stratagème pour ne pas être interrogé quand il n'a pas appris ses leçons.* → **subterfuge.**

**strate** **n. f.** Couche de terrain dans le sol. *La coupe du sous-sol montre bien les strates qui se superposent.* → aussi **stratifié.**

**stratégie** **n. f.** Manière d'organiser une guerre, une bataille. *Le général explique à ses officiers sa stratégie pour la prochaine bataille.* → aussi **tactique.**

► **stratégique** **adj.** *Un port est un point stratégique,* un endroit qui a un grand intérêt militaire.

**stratifié** **adj.** Disposé en couches superposées, en strates. *La falaise est formée de roches stratifiées.*

**stratosphère** **n. f.** Couche supérieure de l'atmosphère, située entre 12 et 50 kilomètres de la surface de la Terre.

**stress** **n. m.** Ce mot vient de l'anglais. Angoisse, anxiété. *La précipitation du départ provoque souvent le stress.*

**strict** [stʀikt] **adj. 1.** *Les ordres sont stricts,* ils doivent être absolument respectés. *C'est la stricte vérité,* la vérité telle qu'elle est. → **pur. 2.** *C'est un homme très strict,* très sévère. **3.** *N'emportez que le strict nécessaire,* emportez juste le nécessaire, le minimum.

**strident** **adj.** *Un bruit strident,* c'est un bruit très aigu et très fort. *Les enfants poussaient des cris stridents.* — **Au fém.** *stridente.*

**strie** **n. f.** Petite rayure. *Ce coquillage est marqué de stries.*

► **strié** **adj.** Marqué de stries. *Une coquille striée.*

**strip-tease** [stʀiptiz] **n. m.** Ce mot vient de l'anglais. Spectacle au cours duquel une personne se déshabille en musique. *Le numéro de strip-tease d'un cabaret.* — **Au pl.** *Des strip-teases.*

**strophe** **n. f.** Ensemble de plusieurs vers séparés des autres, dans un poème. *Un sonnet est formé de quatre strophes.*

**structure** **n. f.** Manière dont les parties d'une chose sont assemblées, organisées. *Les géologues étudient la structure de la Terre.*

**stuc** **n. m.** Matière qui imite le marbre. *La cheminée du salon est en stuc.*

**studieux** **adj.** Qui travaille avec application, aime étudier. *Anne est une élève studieuse.*

**studio** **n. m. 1.** Appartement formé d'une seule pièce. *Ils habitent un studio.* **2.** Endroit aménagé pour tourner des films ou faire des enregistrements. *Cette scène du film a été tournée en studio. J'ai visité des studios de télévision.*

**stupéfaction** **n. f.** Étonnement qui rend incapable d'agir. → **stupeur.** *L'incident plongea tout le monde dans la plus profonde stupéfaction.*

**stupéfait** **adj.** Étonné au point de ne plus pouvoir réagir. *Elle est restée stupéfaite de ce qu'il lui a dit.* → **abasourdi, interdit.**

**stupéfier** **v.** (conjug. 7) Étonner de manière à laisser sans réaction. *Ce qu'il a réussi à faire me stupéfie.*

▶ **stupéfiant** **adj.** et **n. m. 1. adj.** Très étonnant. *Cette nouvelle est stupéfiante.* **2. n. m.** Drogue. *Le trafic de stupéfiants est sévèrement puni par la loi.*

**stupeur** **n. f.** Étonnement profond qui laisse sans réaction. → **stupéfaction.** *Elle est restée muette de stupeur.*

**stupide** **adj.** Idiot, sans intelligence. || contr. **intelligent** || *Ce film est stupide.*

▶ **stupidité** **n. f. 1.** Bêtise. *Il est d'une grande stupidité.* || contr. **intelligence** || **2.** Chose stupide. *Julie regarde des stupidités à la télévision.*

**style** **n. m. 1.** Manière d'écrire. *Ce romancier a un style très particulier.* **2.** Ensemble des caractères d'une œuvre d'art qui la fait ressembler à d'autres du même genre ou de la même époque. *L'architecture de style roman est plus simple que celle de style gothique.* **3.** Façon de se comporter. *C'est bien dans le style de Julie d'être aussi insolente.* **4.** Élégance dans les mouvements. *Ce nageur a un très beau style.*

▶ **stylé** **adj.** *Le personnel de cet hôtel est très stylé,* il sert la clientèle de manière impeccable.

▶ **stylisé** **adj.** Représenté avec des formes simplifiées. *Les rideaux ont été confectionnés dans un tissu orné de fleurs stylisées.*

▶ **styliste** **n. m.** et **f.** Personne qui crée des modèles pour l'habillement et l'ameublement. *Elle est styliste dans une maison de couture.*

**stylet** **n. m.** Poignard à lame mince et pointue.

**stylo** **n. m.** Objet servant à écrire avec de l'encre. *Un stylo à encre écrit avec une plume et un stylo à bille avec une petite bille de métal.* — **Au pl.** *Des stylos.*

**suaire** **n. m.** Morceau de tissu dans lequel on enveloppe un mort. → **linceul.**

**suave** **adj.** Doux et agréable. *Ces fleurs ont un parfum suave.*

**subalterne** **adj.** Inférieur, peu important. *Il occupe un emploi subalterne dans une usine.* — **N.** *Il est odieux avec ses subalternes,* ceux qui sont sous ses ordres. → **subordonné.**

**subdiviser** **v.** (conjug. 1) Diviser une chose qui a déjà été divisée. *Le livre* *est divisé en chapitres qui sont eux-mêmes subdivisés en paragraphes.*

▶ **subdivision** n. f. *Les paragraphes sont des subdivisions à l'intérieur des chapitres,* des divisions plus petites que les chapitres.

**subir** v. (conjug. 2) Supporter quelque chose parce qu'on y est obligé. *Le suspect a subi un interrogatoire de police. Il vient de subir une opération,* il vient d'être opéré.

**subit** adj. Qui se produit brusquement. → **soudain.** *Une vague de froid subite s'est abattue sur le pays.*

▶ **subitement** adv. Sans que l'on ne s'y attende. *Il est mort subitement.*

**subjectif** adj. Particulier à une personne. *Les goûts sont subjectifs.* → **personnel.** *C'est une opinion subjective, qui n'engage que toi.* || contr. ③ **objectif** ||.

**subjonctif** n. m. Mode du verbe que l'on trouve surtout dans les propositions subordonnées. *Dans la phrase « il faut que je parte », le verbe « partir » est au subjonctif.*

**subjuguer** v. (conjug. 1) Séduire vivement. *Le conférencier a subjugué son auditoire,* il l'a beaucoup intéressé.

**sublime** adj. Très beau, admirable. *Cette musique est sublime.*

**submerger** v. (conjug. 3) **1.** Inonder. *Les prés ont été submergés par le fleuve.* **2.** *Il est submergé de travail,* il est débordé, il a trop de travail.

**submersible** n. m. Sous-marin. ▷ INSUBMERSIBLE.

**subodorer** v. (conjug. 1) Deviner quelque chose qui n'est pas clair. *Le commissaire subodore quelque chose de louche dans ce vol.*

**subordination** n. f. *« Quand » et « si » sont des conjonctions de subordination,* des conjonctions qui relient une proposition subordonnée à la principale.

**subordonner** v. (conjug. 1) **1.** Placer sous l'autorité de quelqu'un. *Elle est subordonnée à son chef de service,* elle est sous ses ordres. **2.** *Notre excursion est subordonnée au temps qu'il fera,* elle dépend de lui.

▶ **subordonné** adj. et n. m., **subordonnée** adj. et n. f. **1.** adj. *Une proposition subordonnée,* c'est une proposition qui dépend de la proposition principale. *Dans la phrase « je crois qu'il dort », « qu'il dort » est la proposition subordonnée.* **2.** n. m. et f. *Il est très dur avec ses subordonnés,* les personnes qui sont sous ses ordres. → **subalterne.** || contr. **supérieur** ||.

**subrepticement** adv. Par surprise, sans se faire remarquer. *Le voleur est entré dans la maison subrepticement.*

**subside** n. m. Argent versé pour aider. *L'association reçoit des subsides de la commune.* → **subvention.**

**subsidiaire** adj. *Il n'a pas répondu à la question subsidiaire,* à la question supplémentaire qui sert à départager les gagnants d'un concours.

**subsister** v. (conjug. 1) **1.** Continuer d'exister malgré tout. *Il subsiste peu de choses de l'ancien château.* → **rester.** **2.** Survivre. *Il a du mal à subsister avec le peu d'argent qu'il gagne.*

▶ **subsistance** n. f. Ce qui permet de vivre, de se nourrir. *Quels sont vos moyens de subsistance ?*

**substance** n. f. **1.** Matière. → **corps.** *L'or est une substance précieuse.* **2.** *C'est, en substance, ce qu'il a dit,* c'est en résumé ce qu'il a dit.

▸ **substantiel** adj. 1. Nourrissant. *Luc a pris un petit déjeuner substantiel avant de partir pour l'école.* → **copieux.** 2. Important. *Il a eu une augmentation de salaire substantielle.*

**substantif** n. m. Nom. *« Table » et « bol » sont des substantifs.*

**substituer** v. (conjug. 1) *À la cantine, Yves s'est amusé à substituer le sel au sucre,* à mettre le sel à la place du sucre. — *Le premier adjoint se substitue au maire quand il est absent,* il le remplace.

▸ **substitution** n. f. Remplacement. *Il a été condamné pour substitution de documents,* pour avoir mis un document à la place d'un autre.

**subterfuge** n. m. Moyen habile utilisé pour échapper à quelque chose. → **stratagème.** *Alex a trouvé un subterfuge pour ne pas faire cette corvée.*

**subtil** adj. 1. Fin et intelligent. *C'est une femme subtile.* 2. Difficile à percevoir. *Entre ces deux nuances, la différence est subtile.*

▸ **subtilité** n. f. Caractère d'une personne subtile. *Il fait des remarques d'une grande subtilité.*

**subtiliser** v. (conjug. 1) Voler adroitement sans que cela ne se voie. *On lui a subtilisé son portefeuille dans le métro.*

**subvenir** v. (conjug. 22) *Elle subvient seule aux besoins de ses enfants,* elle seule leur fournit de quoi vivre. → **pourvoir.**

**subvention** n. f. Argent donné par l'État ou par une association pour aider. → **subside.** *L'école perçoit une subvention de la commune.*

▸ **subventionner** v. (conjug. 1) Accorder une subvention. *Ce théâtre est subventionné par le ministère de la Culture,* il reçoit une subvention.

**suc** n. m. 1. Liquide qui est à l'intérieur des plantes. *Les abeilles aspirent le suc des fleurs.* 2. *Le suc gastrique,* c'est le liquide fabriqué par l'estomac, qui sert à la digestion. ▷ SUCCULENT.

**succédané** n. m. Produit qui en remplace un autre. → **ersatz.** *Ce pâté est un succédané de foie gras.*

**succéder** v. (conjug. 6) Venir après, se produire après. *Un jour, il succèdera à son père à la tête de l'entreprise familiale,* il prendra la succession de son père. ‖ contr. **précéder** ‖ — *Les députés se sont succédé à la tribune,* ils sont venus les uns après les autres.

**succès** n. m. 1. Résultat heureux. → **réussite.** *Il a passé son permis de conduire avec succès,* il l'a eu. ‖ contr. **échec** ‖ 2. *Avoir du succès,* c'est plaire. *Ce film a eu beaucoup de succès.* ▷ INSUCCÈS.

**successeur** n. m. Personne qui succède à quelqu'un. → aussi **succession.** *Elle est le successeur de son père à la tête de l'usine.* ‖ contr. **prédécesseur** ‖.

**successif** adj. *Quand il était petit, Luc a eu plusieurs maladies successives,* qui se sont suivies.

▸ **successivement** adv. L'un après l'autre. *On a entendu successivement plusieurs détonations.*

**succession** n. f. 1. Suite, série. *Elle a été retardée par une succession de contretemps.* 2. Transmission des biens, appartenant à une personne qui vient de mourir, à ses héritiers.

*Les héritiers doivent payer à l'État des droits de succession.* **3.** *Elle a pris la succession de son père,* elle lui a succédé. → aussi **successeur.**

**succinct** [syksɛ̃] **adj.** Dit ou écrit en peu de mots. → **bref, sommaire.** *Il nous a fait un exposé succinct de la situation.* — **Au fém.** *succincte* [syksɛ̃t].

**succion** [sysjɔ̃] **n. f.** Action de sucer, d'aspirer. *Le bébé fait un bruit de succion en tétant.*

**succomber v.** (conjug. 1) **1.** Mourir. *Le soldat a succombé à ses blessures.* **2.** Ne pas résister. *Il a succombé à la tentation.* → **céder.**

**succulent adj.** D'un goût délicieux. → **excellent, savoureux.** *Cette tarte est succulente.*

**succursale n. f.** Établissement, magasin qui dépend d'un autre. *Cette chaîne de magasins a des succursales dans de nombreuses villes.*

**sucer v.** (conjug. 3) **1.** Faire fondre dans la bouche. *Yves suce un caramel.* **2.** *Flora suce encore son pouce,* elle le met dans la bouche et le tète.

▸ **sucette n. f.** Bonbon à sucer fixé au bout d'un bâton. ▷ SUCCION.

sucette

**sucre n. m. 1.** Matière blanche, à saveur très douce, provenant de la *betterave à sucre* ou de la *canne à sucre,* qui fond dans l'eau et que l'on utilise dans les desserts, les gâteaux et les bonbons. *Elle a mis du sucre en poudre dans son yaourt.* **2.** Morceau de sucre. *Il met deux sucres dans son café.*

▸ **sucrer v.** (conjug. 1) Mettre du sucre. *Elle ne sucre jamais son thé.*

▸ **sucré adj.** Qui contient du sucre, a le goût du sucre. *Le miel est sucré.*

▸ **sucrerie n. f. 1.** Usine où l'on fabrique le sucre. **2.** Friandise à base de sucre. *Yves aime les sucreries.*

▸ **sucrier adj.** et **n. m. 1. adj.** *Les betteraves sucrières,* ce sont les betteraves qui fournissent du sucre. **2. n. m.** Récipient où l'on met le sucre. *Elle a posé un sucrier en argent sur la table.*

**sud n. m.** et **adj. inv.**

▭ **n. m. 1.** L'un des quatre points cardinaux, opposé au nord. *La maison est exposée au sud.* → **midi. 2.** *Le Sud,* c'est la partie sud d'un pays, d'un continent. *Nice est une ville du sud de la France.* → **midi.** *Le Pérou est en Amérique du Sud.*

▭ **adj. inv.** Qui se trouve au sud. *L'Argentine est dans l'hémisphère sud.*

**suer v.** (conjug. 1) Être en sueur. → **transpirer.** *Sous l'effort, il suait à grosses gouttes.*

▸ **sueur n. f.** Liquide qui sort de la peau lorsque l'on a très chaud, que l'on a fait un effort physique ou que l'on a peur. *Alex a tellement couru qu'il est en sueur,* en nage. *Sa chemise est trempée de sueur.* → **transpiration.**

**suffire v.** (conjug. 37) **1.** *Son salaire suffit à faire vivre sa famille,* il est assez important pour cela. *Alex et Yves, arrêtez de vous battre, cela suffit !* en voilà assez ! **2.** *Pour faire démarrer la machine, il suffit d'appuyer sur un bouton,* il n'y a qu'à appuyer sur un bouton.

▶ **suffisant** **adj. 1.** *Elle n'a pas la somme suffisante pour faire ce voyage,* la somme qu'elle peut mettre ne suffit pas. **2.** *Elle est suffisante,* elle a une trop haute idée d'elle-même. → **prétentieux, vaniteux.**

▶ **suffisamment** **adv.** Assez. *Yves ne travaille pas suffisamment.* ▷ INSUFFISAMMENT, INSUFFISANCE, INSUFFISANT.

**suffixe** **n. m.** Élément qui se place après un radical, à la fin d'un mot, pour former un dérivé. *« -able » est le suffixe du mot « aimable ».* → aussi **préfixe.**

**suffoquer** **v.** (conjug. 1) **1.** Avoir du mal à respirer. → **étouffer.** *On suffoque dans cette pièce, ouvrez la fenêtre !* **2.** *Il était suffoqué par tant d'insolence,* il en avait le souffle coupé de surprise.

▶ **suffocant** **adj.** Qui empêche de respirer. *Il faisait une chaleur suffocante.* → **étouffant.**

**suffrage** **n. m. 1.** *Le suffrage universel,* c'est un système de vote dans lequel tous les citoyens majeurs peuvent voter. *En France, le président de la République est élu au suffrage universel.* **2.** *Un suffrage,* c'est une voix dans une élection. *Le candidat le mieux placé a obtenu 40 % des suffrages.* **3.** Opinion favorable. *L'idée a rallié tous les suffrages,* elle a plu à tout le monde.

**suggérer** **v.** (conjug. 6) Donner l'idée. → **proposer,** et aussi **suggestion.** *Mamie a suggéré que nous allions nous promener après le déjeuner.*

**suggestion** **n. f.** Idée que l'on propose. → **proposition,** et aussi **suggérer.** *Toute la classe approuva la suggestion de Julie.*

**suicide** **n. m.** Action de se donner la mort volontairement. *Très déprimé, le malade a fait une tentative de suicide,* il a essayé de se tuer.

▶ **suicidaire** **adj.** *C'est suicidaire d'agir ainsi,* c'est très imprudent, cela ne peut mener qu'à un échec.

▶ se **suicider** **v.** (conjug. 1) Se tuer volontairement. *Elle s'est suicidée d'un coup de revolver.*

**suie** **n. f.** Matière noire déposée par la fumée. *Les ramoneurs ont enlevé la suie qui tapissait l'intérieur de la cheminée.*

**suif** **n. m.** Graisse des animaux ruminants. *Le suif servait autrefois à fabriquer des chandelles et du savon.*

**suinter** **v.** (conjug. 1) S'écouler goutte à goutte. *Un peu de sang suintait de la plaie.*

▶ **suintement** **n. m.** Écoulement goutte à goutte. *Les murs de la cave se couvrent de moisi à cause du suintement de l'eau.*

**suite** **n. f. 1.** Série, succession d'événements. *Nous avons été retardés par une suite d'incidents.* **2.** Ce qui suit, qui vient après. *Mamie nous racontera la suite de l'histoire demain.* **3.** Conséquence, effet. *Il est mort des suites d'une longue maladie.* **4.** *Le roi est apparu, avec sa suite,* avec les gens qui l'accompagnent, avec son escorte. **5.** *Yves a mangé trois gâteaux à la suite,* les uns après les autres. **6.** *Il est resté infirme à la suite d'un accident,* à cause d'un accident. **7.** *Flora est ren-*

*trée chez elle tout de suite après l'école*, immédiatement après.

① **suivant** **adj.** Qui vient immédiatement après, qui suit. *La fin de l'article est à la page suivante.* || contr. **précédent** ||.

② **suivant** **prép.** Conformément à. *Yves est arrivé en retard à l'école suivant son habitude*, selon son habitude.

**suivi** **adj.** Régulier, continu. *Pour bien jouer d'un instrument de musique, il faut un travail suivi.*

**suivre** **v.** (conjug. 40) **1.** Aller derrière. *Les mariés marchaient devant et le cortège suivait.* || contr. **précéder** || — *Les voitures se suivent sur l'autoroute*, elles roulent les unes derrière les autres. **2.** Se produire après. *Il y a eu un éclair et le tonnerre a suivi.* → **succéder.** **3.** *Si on suit ce sentier, on arrive au bord d'un lac*, si on marche le long de ce sentier. *Le chemin suit la voie ferrée*, il la longe. **4.** *Je suivrai tes conseils*, je m'y conformerai. *Tu devrais suivre l'exemple de ton frère*, tu devrais faire comme lui. **5.** *Luc suit des cours de piano*, il prend des cours de piano. **6.** *Alex suit un match de tennis à la télévision*, il le regarde. **7.** *En CM2, Flora a du mal à suivre en classe*, à rester au niveau de la classe. ▷ ENSUITE, S'ENSUIVRE, POURSUITE, POURSUIVANT, POURSUIVRE, SUITE, ① et ② SUIVANT, SUIVI.

① **sujet** **adj.** *La mère d'Anne est sujette aux migraines*, elle en a souvent.

② **sujet** **n. m.** *Le roi était très aimé de ses sujets*, des personnes soumises à son autorité. ▷ ASSUJETTIR.

③ **sujet** **n. m.** **1.** Ce dont il s'agit, dans une conversation, un récit. → **thème.** *Ils ont abordé de nombreux sujets au cours de leur conversation*, ils ont abordé de nombreuses questions. *Elle se fait du souci au sujet de son fils*, à propos de lui. **2.** Motif, cause. *L'argent est un éternel sujet de dispute entre eux.* **3.** Groupe du nom avec lequel le verbe s'accorde. *Dans la phrase « Le vent souffle », « le vent » est le sujet du verbe « souffler ».*

**sultan** **n. m.** Souverain musulman. *Autrefois, en Turquie et au Maroc, il y avait des sultans.*

① **super-** Préfixe qui indique le plus haut degré, la supériorité, qui se place devant un mot pour en renforcer le sens. → aussi **archi-, extra-, hyper-** (ex. *supermarché, supersonique*).

② **super** **adj. inv.** Familier. Très bien, magnifique. *Ses amies sont super.*

③ **super** **n. m.** Supercarburant. *Il a fait le plein de super.*

**superbe** **adj.** Très beau, magnifique, splendide. *Elle est revenue de vacances avec une mine superbe. Il fait un temps superbe.* || contr. **affreux, horrible** ||.

**supercarburant** **n. m.** Essence de qualité supérieure. → ③ **super.**

**supercherie** **n. f.** Tromperie, imposture. *Une supercherie a été découverte au musée : un célèbre tableau avait été remplacé par un faux.*

**superficie** **n. f.** Surface, étendue. *Ils ont un terrain de 800 mètres carrés de superficie.*

► **superficiel** **adj.** **1.** Peu profond. *La coupure qu'Alex s'est faite au doigt est superficielle.* **2.** Sommaire, vague. *Ses connaissances en allemand sont superficielles.* || contr. **approfondi** ||.

**superflu** **adj.** Qui n'est pas absolument nécessaire, utile. *Si vous voulez* *faire des économies, il faut éviter les dépenses superflues.* || contr. **indispensable, nécessaire** ||.

**supérieur** **adj.** et **n. m.**, **supérieure** **adj.** et **n. f.**

▭ **adj. 1.** Situé plus haut. *Les chambres sont à l'étage supérieur.* || contr. **inférieur** || **2.** Plus grand. *Luc a eu une note supérieure à la moyenne,* au-dessus de la moyenne. **3.** Plus fort, meilleur. *Notre équipe était supérieure à l'équipe adverse.*

▭ **n.** *La directrice de l'école est la supérieure des instituteurs,* elle est au-dessus d'eux, elle peut leur donner des ordres. || contr. **subordonné** ||.

► **supériorité** **n. f.** Qualité de ce qui est supérieur à quelque chose ou à quelqu'un. *Le résultat du match a prouvé la supériorité de leur équipe.* || contr. **infériorité** ||.

**superlatif** **n. m.** *Le superlatif d'un adjectif* exprime le degré le plus élevé de l'adjectif. *« Très grand », « la plus belle », « le moins bon » sont des superlatifs de « grand », « beau » et « bon ». « Le meilleur » et « le pire » sont les superlatifs irréguliers de « bon » et de « mauvais ».*

**supermarché** **n. m.** Grand magasin où l'on se sert soi-même. → aussi **hypermarché.** *Elle fait ses courses au supermarché une fois par semaine.*

**superposer** **v.** (conjug. 1) Poser l'un au-dessus de l'autre. *Le marchand de légumes superpose les cageots de légumes.* → **empiler.** — *Ils dorment dans des lits superposés,* des lits disposés l'un au-dessus de l'autre.

**superproduction** **n. f.** Film, spectacle réalisé à grands frais. *Ce film est une superproduction américaine.*

**supersonique** **adj.** *Un avion supersonique,* c'est un avion qui peut dépasser la vitesse du son.

**superstitieux** **adj.** *Une personne superstitieuse,* c'est une personne qui croit aux présages et pense que certaines choses portent bonheur ou malheur. *Flora ne passe jamais sous une échelle car elle est superstitieuse.*

**superstition** **n. f.** Croyance aux présages et au fait que certaines choses portent bonheur ou malheur. *Il a misé sur le cheval numéro 13 par superstition.*

**superviser** **v.** (conjug. 1) Contrôler rapidement sans vérifier les détails. *Le chef de service supervise le travail de ses employés.*

**supplanter** **v.** (conjug. 1) Prendre la place d'une personne ou d'une chose. → **remplacer.** *Le cinéma parlant a supplanté le cinéma muet.*

**suppléer** **v.** (conjug. 1) Remédier à un défaut en le compensant. *Sa rapidité supplée à son manque de force.*

► **suppléant** **adj.** Qui remplace une personne dans son travail. *Une institutrice suppléante fait la classe quand notre maîtresse est malade.* — **N.** *Voici ma suppléante.* → **remplaçant.**

**supplément** **n. m. 1.** Ce qui est ajouté à un chose déjà complète. *Les employés ont reçu un supplément de salaire à la fin de l'année.* **2.** Somme d'argent à payer en plus du prix normal. *Il y a un supplément à payer pour ce train.*

► **supplémentaire** **adj.** En plus de ce qui est habituel. *Comme il faisait froid, Mamie a mis une couverture supplémentaire sur son lit.*

**supplication** n. f. Prière par laquelle on supplie. *Le vainqueur refusa d'écouter les supplications des vaincus.*

**supplice** n. m. 1. Punition qui cause de grandes souffrances physiques. *Au Moyen Âge, les condamnés devaient subir de terribles supplices.* → aussi **torture.** 2. Cruelle souffrance morale. *L'attente des résultats de l'examen est un supplice.*

**supplier** v. (conjug. 7) Prier humblement avec insistance. → **implorer.** *Je t'en supplie, écoute-moi.* ▷ SUPPLICATION.

① **supporter** v. (conjug. 1) 1. Soutenir, porter un poids. *Des poutres supportent le plafond.* 2. Subir et accepter des choses pénibles. *Je ne supporte pas que l'on me mente.* 3. *La vieille dame ne supportait pas les chats,* elle ne tolérait pas leur présence. 4. *Ce bois supporte l'humidité,* il y résiste.
► **support** n. m. Ce qui soutient quelque chose. *La maquette est fixée sur un support de bois.*
► **supportable** adj. *Cette douleur est très supportable,* on peut la supporter car elle n'est pas trop forte. || contr. **insupportable** ||.

② **supporter** [sypɔʀtɛʀ] n. m. Ce mot vient de l'anglais. Personne qui encourage des sportifs dans leur effort. *Les supporters de l'équipe se sont regroupés sur les gradins.*

**supposer** v. (conjug. 1) 1. Admettre quelque chose sans en être sûr. → **imaginer, penser, présumer.** *Je suppose que tu es déjà au courant de la nouvelle.* 2. *Avouer ses erreurs suppose du courage,* il faut du courage pour le faire. → **exiger, réclamer.**
► **supposition** n. f. Chose que l'on imagine sans pouvoir affirmer qu'elle est vraie. → **hypothèse.** *Ce ne sont que des suppositions.*

**suppositoire** n. m. Médicament que l'on introduit dans l'anus. *Un suppositoire à l'eucalyptus.*

**suppression** n. f. *Ce régime est favorable à la suppression de la liberté de la presse,* il veut supprimer cette liberté.

**supprimer** v. (conjug. 1) 1. Faire disparaître. *On va supprimer la cloison entre les deux pièces.* 2. Enlever d'un ensemble. *Flora a supprimé tout un passage de sa rédaction.* → aussi **suppression.**

**suppurer** v. (conjug. 1) *La plaie suppure,* il en sort du pus.

**supputer** v. (conjug. 1) Calculer en faisant des suppositions. → **évaluer.** *Il supputait ses chances de réussite.*

**suprême** adj. 1. Qui est au-dessus des autres. *Le souverain représente l'autorité suprême,* l'autorité la plus élevée, la plus haute. 2. *Yves a gagné la course dans un suprême effort,* dans un dernier effort, un effort désespéré.
► **suprématie** n. f. Domination. *La suprématie de notre équipe est incontestable.* → **supériorité.**

① **sur** prép. 1. *Les clés sont sur la table,* la table leur sert de support. || contr. **sous** || 2. *Je n'ai pas d'argent sur moi,* avec moi. 3. *Un élève sur vingt devra redoubler,* un parmi vingt. 4. *Prenez sur la droite,* allez dans cette direction. *Le chasseur a tiré sur le lièvre,* dans la direction du lièvre. 5. *J'ai appris quelque chose sur Anne,* à son sujet. **6.** *Sur le moment, je n'y ai pas pensé,* juste à ce moment-là. ◊ homonyme : sûr. ▷ SUR-LE-CHAMP.

② **sur** **adj.** Acide. *Ces pommes sont sures.*

**sûr** **adj. 1.** Qui sait avec certitude, est assuré de ne pas se tromper. *Anne était sûre d'avoir raison,* elle en était convaincue. → **certain. 2.** En qui on peut avoir confiance. *Flora est une amie sûre,* une amie sur qui on peut compter. **3.** Sans danger. *Ce quartier n'est pas très sûr la nuit,* on n'y est pas en sécurité. **4.** Évident. *Ils vont venir, c'est sûr.* || contr. **douteux** || *Luc et Yves arriveront ensemble, bien sûr,* évidemment. ◊ homonymes : ① et ② sur. ▷ ① et ② ASSURANCE, ASSURÉ, ASSURÉMENT, ① et ② ASSURER, RASSURANT, RASSURER, SÛREMENT, SÛRETÉ.

**surabondant** **adj.** Trop abondant. *La récolte de pommes a été surabondante cette année.*

▸ **surabondance** **n. f.** Trop grande abondance. *Alex racontait l'histoire avec une surabondance de détails.*

**suraigu** **adj. m.,** **suraiguë** **adj. f.** Très aigu. *Elle a une voix suraiguë.* → **strident.**

**suranné** **adj.** Ancien et démodé. → **désuet, vieillot.** *Mamie a des goûts surannés.*

**surcharger** **v.** (conjug. 3) **1.** Charger d'un poids trop lourd, de trop de choses. *La cheminée est surchargée de bibelots.* **2.** *Le professeur a surchargé ses élèves de travail,* il leur en a trop donné. → **accabler.**

▸ **surcharge** **n. f.** Charge excessive ajoutée à la charge normale. *Le conducteur du car avait pris des passagers en surcharge. Nous avons une surcharge de travail.* → **surcroît.**

**surchauffer** **v.** (conjug. 1) Chauffer à l'excès. *Ne surchauffe pas ta chambre !*

▸ **surchauffé** **adj. 1.** Trop chauffé. *On étouffait dans ce wagon surchauffé.* **2.** *Les esprits étaient surchauffés,* surexcités.

**surclasser** **v.** (conjug. 1) Être nettement meilleur que les autres. *Yves surclasse tous ses camarades à la course.* → **surpasser.**

**surcroît** **n. m.** Ce qui vient s'ajouter à ce que l'on a déjà. → **excédent, supplément.** *Les fêtes de fin d'année donnent un surcroît de travail aux commerçants.* → **surcharge.**

**surdité** **n. f.** Infirmité dont souffre une personne sourde. *Mamie est atteinte d'une légère surdité.*

**sureau** **n. m.** Petit arbre à baies rouges ou noires. *On peut facilement évider les tiges de sureau et en faire des flûtes.* — **Au pl.** *Des sureaux.*

**surélever** **v.** (conjug. 5) Donner plus de hauteur. *Ils ont surélevé leur maison d'un étage.* → **rehausser.**

**sûrement** **adv.** D'une manière certaine. *Ils viendront sûrement demain.* → **certainement, probablement.**

**surenchère** **n. f.** Enchère plus élevée que la précédente. *Il y a eu trop de surenchères, le meuble est devenu inabordable.*

**surestimer** **v.** (conjug. 1) Estimer au-dessus de sa valeur. *Le candidat avait surestimé ses capacités et il a échoué.* || contr. **sous-estimer** ||.

**sûreté** **n. f.** Absence de danger. → **sécurité.** *Ferme la porte à double tour pour plus de sûreté. Ses bijoux sont en sûreté dans un coffre.*

**surexcité** adj. Très excité, énervé. *Flora, surexcitée, guettait l'arrivée du père Noël.* → **survolté.**

**surf** [sœʀf] n. m. Ce mot vient de l'anglais. Sport qui consiste à se laisser porter par de grosses vagues, debout sur une planche.

**surface** n. f. 1. Face apparente, visible. *La surface de l'eau au repos est horizontale.* 2. Superficie. *Son appartement a une surface de 100 mètres carrés. Calculez la surface d'un rectangle de 3 centimètres sur 12.* → **aire.**

**surfait** adj. Inférieur à sa réputation, surestimé. *J'ai trouvé sa beauté surfaite.*

**surgeler** v. (conjug. 5) Congeler très rapidement. *Dans cette usine, on surgèle des légumes.*

► **surgelé** adj. Qui a été congelé rapidement pour être conservé. *J'ai acheté des courgettes surgelées.* — N. m. Produit surgelé. *Où est le rayon des surgelés ?*

**surgir** v. (conjug. 2) Apparaître brusquement. *Un avion surgit des nuages. Des difficultés peuvent encore surgir.*

**surhumain** adj. Qui semble au-dessus des forces d'un homme normal. *Flora a fait un effort surhumain pour ne pas s'endormir pendant le cours.*

**sur-le-champ** adv. Aussitôt, immédiatement. *Il raccrocha et partit sur-le-champ.*

**surlendemain** n. m. Jour qui suit le lendemain. *Le malade s'est levé le surlendemain de son opération.* → aussi **après-demain.**

**surmener** v. (conjug. 5) Fatiguer de façon excessive. *Il a trop de travail, il est surmené. — Ne vous surmenez pas !* ne travaillez pas trop !

► **surmenage** n. m. Fatigue due à un excès de travail. *Il a eu un congé de maladie pour surmenage.*

**surmonter** v. (conjug. 1) 1. Être placé au-dessus. *Un baldaquin surmontait le lit du comte.* 2. Vaincre en faisant un effort. *Anne a surmonté sa peur et elle est descendue toute seule à la cave.*

**surnager** v. (conjug. 3) Flotter à la surface d'un liquide. *Des détritus surnageaient dans le port.*

**surnaturel** adj. Que l'on ne peut expliquer par les lois de la nature. → **magique.** *Une sorcière a des pouvoirs surnaturels.* — Au fém. *surnaturelle.*

**surnom** n. m. Nom donné à quelqu'un à la place de son vrai nom. *« Œil de lynx » est le surnom de Luc parce qu'il a une très bonne vue.* → aussi **sobriquet.**

► **surnommer** v. (conjug. 1) Donner un surnom. *Ils ont surnommé leur camarade « Mangouste ».*

**en surnombre** adv. En trop, en plus du nombre autorisé. *Le chauffeur de taxi a refusé de prendre un passager en surnombre.* → aussi **surcharge.**

**suroît** n. m. 1. Vent qui souffle du sud-ouest. 2. Chapeau imperméable de marin.

**surpasser** v. (conjug. 1) Être meilleur que les autres. → **surclasser.** *Julie surpasse tous ses camarades à la brasse. — Aujourd'hui, la cuisinière s'est surpassée,* elle a fait encore mieux que d'habitude.

**surpeuplé** adj. Où il y a trop d'habitants. *Ils habitent une banlieue surpeuplée.*

▶ **surpeuplement** n. m. État d'un lieu où il y a trop d'habitants. *Le surpeuplement des grandes villes.* → aussi **surpopulation.**

**surplomb** n. m. Partie d'un mur, d'une paroi qui dépasse par rapport à la base. *Le balcon est en surplomb.* → **saillie.**

▶ **surplomber** v. (conjug. 1) Dominer en se trouvant au-dessus. *Des rochers surplombent la mer.*

**surplus** n. m. Ce qui est en plus de la quantité voulue. → **excédent.** *Le surplus de la récolte sera envoyé dans les pays où règne la famine.*

**surpopulation** n. f. Population trop nombreuse pour les ressources d'un pays. *Une trop forte natalité provoque la surpopulation.* → aussi **surpeuplement.**

**surprendre** v. (conjug. 58) 1. Prendre sur le fait. *On l'a surpris en train de voler des bonbons.* 2. Arriver, se produire sans qu'on ne s'y attende. *La pluie nous a surpris à mi-chemin.* 3. Étonner, stupéfier. *Les réactions d'Yves surprennent toujours sa mère.*

▶ **surprenant** adj. Inattendu. → **étonnant.** *J'ai appris une nouvelle surprenante.*

▶ **surprise** n. f. 1. *La sentinelle a été attaquée par surprise,* alors qu'elle ne s'y attendait pas. 2. Étonnement. *Luc poussa un cri de surprise.* 3. Cadeau ou plaisir fait à quelqu'un qui ne s'y attend pas. *Nous lui avons préparé une surprise pour sa fête.*

**surproduction** n. f. Production trop importante. *La surproduction entraîne la baisse des prix.*

**surréaliste** adj. *L'art surréaliste,* c'est un art né au début du 20e siècle, utilisant le rêve et l'imaginaire plutôt que la réalité. *Salvador Dali était un peintre surréaliste.*

**sursaut** n. m. Mouvement involontaire que l'on fait en se redressant brutalement. *Anne eut un sursaut en entendant frapper à la porte. Yves s'est réveillé en sursaut,* brusquement.

▶ **sursauter** v. (conjug. 1) Avoir un sursaut. *Julie sursauta en entendant sonner son réveil.*

**sursis** n. m. Remise à une date postérieure. → **délai.** *Le frère de Julie a obtenu un sursis pour faire son service militaire,* il le fera après l'âge normal. *L'escroc a été condamné à trois mois de prison avec sursis,* il ne fera cette peine que s'il est condamné à nouveau.

**surtout** adv. 1. Avant tout. *Surtout ne dites rien !* 2. Principalement. *Alex aime le sport, surtout le football.* → **spécialement.**

**surveiller** v. (conjug. 1) 1. *Surveiller quelqu'un,* c'est l'observer en faisant attention pour contrôler ce qu'il fait ou lui éviter un danger. *Anne surveille son petit frère qui prend son bain.* **2.** Veiller à ce que tout se déroule comme il faut. *Le cuisinier surveille la cuisson du soufflé.*

▶ **surveillance** **n. f.** Le fait d'observer en faisant attention. *Le suspect est sous la surveillance de la police.*

▶ **surveillant** **n. m.**, **surveillante** **n. f.** Personne qui surveille les élèves, assure la discipline. → fam. ② **pion.** *Une surveillante lui a confisqué son ballon.*

**survenir** **v.** (conjug. 22) Arriver brusquement, de façon imprévue. *Si un problème survenait, téléphonez-moi.* → se **produire.**

**survêtement** **n. m.** Blouson et pantalon destinés à être portés sur une tenue de sport. *Le coureur a mis son survêtement après la course.* → aussi **jogging.**

**survie** **n. f.** Le fait de rester en vie. *Les rescapés ont dû leur survie à la rapidité des secours.*

**survivre** **v.** (conjug. 46) **1.** *Survivre à quelqu'un,* c'est continuer à vivre après sa mort. *Louis XIV survécut à son fils et à ses petits-enfants.* **2.** Échapper à la mort. *Un seul passager de l'avion a survécu à l'accident.*

▶ **survivance** **n. f.** Ce qui reste d'une chose disparue. *Les feux de la Saint-Jean sont une survivance des anciennes fêtes agricoles.*

▶ **survivant** **n. m.**, **survivante** **n. f.** Personne qui a échappé à la mort là où d'autres sont mortes. *Il n'y a aucun survivant parmi les passagers de l'avion.* → **rescapé.**

**survoler** **v.** (conjug. 1) **1.** Voler au-dessus. *L'avion a survolé les Alpes.* **2.** Lire, examiner rapidement. *Anne n'a fait que survoler sa leçon d'histoire.*

▶ **survol** **n. m.** *Le survol des zones militaires est interdit,* on n'a pas le droit de voler au-dessus de ces zones.

**survolté** **adj.** Très énervé. → **surexcité.** *Après cette journée entière sans sortir, les enfants étaient survoltés.*

**sus** [sys] **adv. 1.** *Le bataillon a couru sus à l'ennemi,* il a attaqué l'ennemi. **2.** *Les taxes sont en sus,* en plus du prix indiqué.

① **susceptible** **adj.** *Mes projets de vacances sont susceptibles de changer,* ils peuvent changer.

② **susceptible** **adj.** Qui se vexe facilement. *Flora est très susceptible, on ne peut lui faire aucune remarque.*

▶ **susceptibilité** **n. f.** Caractère d'une personne susceptible. *Elle est d'une grande susceptibilité.*

**susciter** **v.** (conjug. 1) Provoquer, faire naître. → **soulever.** *Le projet du maire a suscité l'intérêt de tous les habitants du village.*

**suspect** **adj. 1.** *Une personne suspecte,* c'est une personne qui fait naître des soupçons. → **louche.** *Un individu suspect rôdait derrière la gare.* — **N.** *La police interroge des suspects.* **2.** *Une chose suspecte,* c'est une chose dont on se méfie. *Un colis suspect a été déposé devant sa porte.*

▶ **suspecter** **v.** (conjug. 1) Tenir pour suspect. → **soupçonner.** *L'inspecteur suspecte le témoin d'avoir menti.*

① **suspendre** **v.** (conjug. 41) *Suspendre une chose,* c'est la faire tenir de manière à ce qu'elle pende. *Luc a suspendu sa veste au portemanteau.* —

*L'acrobate se suspend au trapèze par les pieds.*

▶ **suspendu** adj. *Un pont suspendu,* c'est un pont soutenu par des câbles.

▶ ① **suspension** n. f. 1. *Cette voiture a une bonne suspension,* elle a un système qui amortit bien les chocs. → **amortisseur.** 2. Appareil d'éclairage suspendu au plafond. → **lustre.** *Il y a une jolie suspension dans le salon.*

② **suspendre** v. (conjug. 41) 1. Arrêter. → **interrompre.** *Le président a suspendu la séance pendant 20 minutes.* 2. *Suspendre quelqu'un,* c'est lui retirer ses fonctions pendant un certain temps. *La fédération de football a suspendu pour un mois ce joueur trop violent.*

▶ en **suspens** adv. *La question est toujours en suspens,* on ne lui a pas encore trouvé de réponse. *Les travaux sont restés en suspens,* ils sont arrêtés pour le moment.

▶ ② **suspension** n. f. 1. Arrêt, interruption. *Les deux pays ont décidé la suspension des combats.* 2. *Le chauffard a eu une suspension de permis de conduire,* on lui a retiré son permis de conduire pendant un certain temps.

**suspense** [syspɛns] n. m. Ce mot vient de l'anglais. Moment d'une histoire où l'on a peur en attendant la suite. *Hitchcock a réalisé de nombreux films à suspense.*

**suspicion** n. f. Méfiance envers des gens que l'on soupçonne de quelque chose. *L'inspecteur regardait le témoin avec suspicion.* → **défiance.**

**susurrer** v. (conjug. 1) Dire tout doucement. → **chuchoter, murmurer.** *Anne susurre des secrets à Flora.*

**suture** n. f. *Des points de suture,* ce sont des points que l'on fait pour recoudre une plaie.

**suzerain** n. m., **suzeraine** n. f. Au Moyen Âge, seigneur qui avait remis une partie de ses terres à un vassal. → aussi **fief.** *Le vassal devait obéissance et fidélité à son suzerain.*

**svelte** adj. Mince et élancé. *Sa mère est une jeune femme svelte.* ‖ contr. **lourd, massif, trapu** ‖.

**sweat-shirt** [switʃœʀt] ou [swɛtʃœʀt] n. m. Ce mot vient de l'anglais. Pull-over en coton épais molletonné, serré à la taille et aux poignets. *Anne portait un jean rouge et un sweat-shirt blanc.* — Au pl. *Des sweat-shirts.*

**syllabe** n. f. Groupe de consonnes et de voyelles que l'on prononce d'un seul coup. *Le mot « grelot » a deux syllabes.* ▷ MONOSYLLABE.

**sylviculture** n. f. Culture, mise en valeur et entretien des forêts.

**symbole** n. m. 1. Ce qui représente quelque chose d'abstrait. *La colombe est le symbole de la paix.* → **emblème.** 2. Signe qui correspond à une chose précise. *Le signe « x » est le symbole de la multiplication. O est le symbole chimique de l'oxygène.*

▶ **symbolique** adj. Qui constitue un symbole. *La poignée de mains des deux chefs ennemis est symbolique,* elle est importante pour ce qu'elle représente et non pour ce qu'elle est réellement.

▶ **symboliser** v. (conjug. 1) Représenter par un symbole. *La balance symbolise la justice,* elle en est le symbole.

**symétrie** n. f. Caractère d'une chose que l'on peut diviser en deux parties semblables de part et d'autre d'une ligne ou par rapport à un centre. *Les ailes du château ont été construites avec symétrie.*

► **symétrique** adj. *La partie gauche et la partie droite du corps sont symétriques,* elles sont semblables et opposées. ▷ ASYMÉTRIQUE, DISSYMÉTRIQUE.

**sympathie** n. f. Attirance spontanée que l'on éprouve pour une personne avec laquelle on pense que l'on va bien s'entendre. → **amitié, bienveillance.** *Mon père a beaucoup de sympathie pour nos voisins.* ‖ contr. **antipathie** ‖.

► **sympathique** adj. Pour qui on éprouve de la sympathie. → **agréable, aimable.** *Sa tante est une femme très sympathique.* ‖ contr. **antipathique** ‖ — On dit familièrement *sympa.*

► **sympathiser** v. (conjug. 1) S'entendre bien rapidement. *Luc et Yves ont sympathisé dès qu'ils se sont vus.*

**symphonie** n. f. Long morceau de musique composé pour un grand orchestre. *Beethoven a composé neuf symphonies.*

► **symphonique** adj. *Un orchestre symphonique,* c'est un orchestre composé des musiciens nécessaires pour jouer une symphonie.

**symptôme** n. m. Signe qui permet de reconnaître une maladie. *Les courbatures et la fièvre sont des symptômes de la grippe.*

**synagogue** n. f. Bâtiment où ont lieu les cérémonies religieuses juives. *Ils se sont mariés à la synagogue.*

**synchroniser** v. (conjug. 1) *Synchroniser un film,* c'est faire concorder le son et l'image, sans qu'il y ait de décalage.

**syncope** n. f. Arrêt ou ralentissement des battements du cœur et de la respiration, accompagné d'une perte de connaissance. → **évanouissement.** *Elle a eu une syncope.*

**syndical** adj. *Le patron a reçu les délégués syndicaux,* les délégués des syndicats.

► **syndicaliste** n. m. et f. Membre actif d'un syndicat. *Les syndicalistes ont distribué des tracts appelant à la grève.*

**syndicat** n. m. 1. Groupement de personnes qui veulent défendre ensemble leurs intérêts communs. *Il appartient à un syndicat de cheminots.* 2. *Un syndicat d'initiative,* c'est un organisme destiné à développer le tourisme dans une localité et à renseigner les visiteurs. *Demandez des brochures sur la région au syndicat d'initiative.*

se **syndiquer** v. (conjug. 1) S'inscrire à un syndicat. *Tous les ouvriers de l'usine se sont syndiqués.*

**synonyme** n. m. Mot qui a le même sens qu'un autre. *« Beau » est un synonyme de « joli ».* — Adj. *« Rusé » et « malin » sont synonymes.*

**syntaxe** n. f. Partie de la grammaire qui étudie la construction des phrases, les relations entre les mots, les règles d'accord, etc.

**synthèse** n. f. 1. *Le journaliste a fait la synthèse des idées exprimées par les participants au débat,* il les a regroupées de façon ordonnée et cohérente. 2. *Un produit de synthèse,* c'est un produit obtenu de manière artificielle à partir des éléments qui le constituent. → aussi **synthétique.**

► **synthétique** adj. Fabriqué par synthèse et non pas obtenu naturellement. → **artificiel.** *Cette lessive n'abîme pas les textiles synthétiques.* ‖ contr. **naturel** ‖.

▸ **synthétiseur** **n. m.** Appareil électronique qui crée des sons.

**système** **n. m.** **1.** Ensemble d'éléments qui fonctionnent ensemble et forment un tout organisé. *Le cerveau, la moelle épinière et les nerfs composent le système nerveux.* **2.** Moyen utilisé pour arriver à un but. → **méthode.** *La maîtresse a essayé un nouveau système de notation.*

▸ **systématique** **adj.** Organisé avec ordre et méthode. *Les gendarmes ont procédé à une fouille systématique de la région.* → **méthodique.**

synthétiseur

# T

**t'** → **te, toi**

**ta** → ① **ton**

**tabac** [taba] **n. m. 1.** Plante haute à larges feuilles. *Un champ de tabac.* **2.** Produit fait avec les feuilles de cette plante séchées et préparées pour être fumées. *Il a acheté du tabac pour sa pipe.* **3.** Boutique où l'on peut acheter du tabac, des cigarettes, des cigares, des allumettes. *Elle est allée au tabac acheter un paquet de cigarettes.*

tabac

▸ **tabagie** **n. f.** Endroit rempli de fumée de cigarette. *C'est une tabagie ici, ouvrez la fenêtre !*

▸ **tabagisme** **n. m.** Abus de tabac. *Le tabagisme est une des causes du cancer du poumon.*

▸ **tabatière** **n. f.** Boîte dans laquelle on met du tabac en poudre que l'on prise.

**table** **n. f. 1.** Meuble fait d'un plateau posé sur des pieds. *La table de la salle à manger est ronde. Flora met la table,* elle pose sur la table ce qu'il faut pour manger. → mettre le **couvert.** *C'est l'heure de se mettre à table,* de prendre un repas. **2.** *Le directeur du collège a organisé une table ronde avec les professeurs,* une réunion pour discuter de sujets précis. **3.** *Anne consulte la table des matières de son livre d'histoire,* la liste des chapitres. → aussi **index, sommaire. 4.** *Luc apprend ses tables de multiplication,* les tableaux des multiplications des nombres avec le résultat. *Il récite la table de multiplication par 3.*

▸ **tableau** **n. m. 1.** Peinture faite sur un support rigide. → **toile.** « *La Jo-*

*conde » est un tableau de Léonard de Vinci. Ce musée possède une belle collection de tableaux abstraits.* **2.** Récit. → **description.** *Il a brossé un rapide tableau de la situation.* **3.** Panneau sur lequel on met des informations. *La liste des candidats est inscrite sur le tableau d'affichage. La maîtresse a écrit l'énoncé du problème au tableau.* **4.** *Le tableau de bord d'un véhicule,* c'est l'endroit où sont les compteurs, les voyants et les commandes. **5.** Série de renseignements disposés en listes, selon un ordre strict et très clair. *Des tableaux de conjugaison.*

▶ **tabler** **v.** (conjug. 1) *Je table sur son aide,* je compte dessus.

▶ **tablette** **n. f. 1.** Petite étagère. *Luc pose sa brosse à dents sur la tablette au-dessus du lavabo.* **2.** Aliment présenté sous la forme d'une petite plaque rectangulaire. *Luc et Anne partagent une tablette de chocolat. Yves a acheté des chewing-gums en tablettes.*

▶ ① **tablier** **n. m.** Plancher d'un pont. ▷ S'ATTABLER.

② **tablier** **n. m.** Vêtement qui couvre le devant du corps et protège les autres vêtements. *Mets un tablier pour faire la vaisselle !*

**tabou** **adj.** *Un sujet tabou,* c'est un sujet dont on n'ose pas parler. *Chez eux, la politique est un sujet tabou.* — **Au fém.** *taboue.* **Au masc. pl.** *tabous* ou *tabou.*

**tabouret** **n. m.** Siège à pieds, sans bras ni dossier. *Flora monte sur un tabouret pour attraper le pot de confiture.*

**tache** **n. f. 1.** Marque d'une couleur différente. *Julie a les joues couvertes de taches de rousseur.* **2.** Marque sale. → **trace.** *Flora s'est fait une tache d'encre sur son tee-shirt.*

▶ **tacher** **v.** (conjug. 1) Salir en faisant des taches. *Luc a taché son jean. — Anne s'est tachée en faisant de la peinture.*

▶ **tacheté** **adj.** Couvert de petites taches. *Le léopard a un pelage tacheté.*
▷ DÉTACHANT, ② DÉTACHER.

**tâche** **n. f.** Travail à faire. → **besogne, ouvrage.** *Elle n'aime pas les tâches ménagères.*

▶ **tâcher** **v.** (conjug. 1) Faire des efforts. → s'**efforcer, essayer.** *Tâche d'arriver à l'heure ! Tâchez que cela ne se reproduise plus !* faites en sorte que cela ne se reproduise plus. || contr. **éviter** ||.

**tacheté** → **tache**

**tacite** **adj.** Qui n'est pas exprimé. *Il m'a donné son accord tacite,* sans rien dire ni écrire. → **implicite.**

**taciturne** **adj.** Qui ne parle pas beaucoup. → **silencieux.** *C'est un enfant taciturne.* || contr. **bavard** ||.

**tacot** **n. m.** Familier. Vieille voiture qui n'avance pas.

**tact** **n. m.** Délicatesse dans les rapports avec les autres, qui permet d'éviter de vexer ou de faire de la peine. *On lui a annoncé la mauvaise nouvelle avec tact.*

**tactique** **n. f.** Manière de mettre un plan à exécution. → **stratégie.** *Les footballeurs ont changé de tactique au milieu du match.*

**taffetas** **n. m.** Tissu de soie. *Elle a une robe du soir en taffetas.*

**tag** **n. m.** Ce mot vient de l'anglais. Dessin représentant une signature qui se veut décorative, fait de nombreuses fois sur des murs, des voitures de métro, etc. *Le mur de l'école est couvert de tags.* → **graffiti.**

tag

**taie** **n. f.** Enveloppe de tissu dans laquelle on met un oreiller. *Elle a acheté des draps et des taies d'oreiller assortis.*

**taillader** **v.** (conjug. 1) Faire des coupures dans la peau. *Il s'est tailladé le menton en se rasant.*

① **taille** **n. f.** Impôt payé autrefois au seigneur par les serfs et les roturiers. *La taille a été abolie en 1789.*

② **taille** **n. f. 1.** Hauteur du corps humain. *Sa taille est de 1,50 m. Tu es de taille à te défendre,* tu es assez fort pour cela. **2.** Grandeur d'un vêtement. *Ce pantalon est trop petit, il faudrait la taille au-dessus.* **3.** Grandeur. → **dimension.** *Sa photo est de la taille d'un timbre-poste.*

③ **taille** **n. f.** Partie du corps entre les côtes et les hanches. *Luc avait de l'eau jusqu'à la taille.* → **ceinture.**

④ **taille** **n. f.** Action de tailler. *La façade de l'immeuble est en pierre de taille,* en pierre taillée spécialement pour la construction.

**tailler** **v.** (conjug. 1) **1.** Couper pour donner une certaine forme. *Julie taille ses crayons de couleur. Le jardinier a taillé les ifs de l'allée.* **2.** Découper des morceaux de tissu pour faire un vêtement en les assemblant. → **couper.** *La couturière a taillé une robe.*

► **taillé** **adj. 1.** *Il est taillé en athlète,* son corps est celui d'un athlète. → **bâti.** **2.** Coupé. *Il a les cheveux taillés en brosse.*

► **taille-crayon** **n. m.** Instrument qui sert à tailler les crayons. — **Au pl.** *Des taille-crayons.*

► **tailleur** **n. m. 1.** Homme dont le métier est de faire des vêtements sur mesure pour les hommes. → aussi **couturière.** **2.** Ouvrier qui façonne une matière en la taillant. *Il est tailleur de diamants.* **3.** Costume de femme composé d'une veste et d'une jupe de même tissu. *Elle portait un tailleur de flanelle.* **4.** *S'asseoir en tailleur,* c'est s'asseoir par terre, les jambes repliées à plat sur le sol, les genoux écartés et les pieds croisés.

► **taillis** **n. m.** Partie d'un bois où il n'y a que de petits arbres. → **fourré.**

▷ ENTAILLE, ENTAILLER, TAILLADER, ④ TAILLE.

**tain** **n. m.** Couche de métal que l'on applique sur une plaque de verre pour en faire un miroir. *Le tain est à base d'étain ou de mercure.* ◊ homonymes : teint, thym.

**taire** **v.** (conjug. 54) **1.** *Se taire,* c'est garder le silence. *Julie s'est tue quand la maîtresse l'a regardée.* || contr. **parler** || *Tais-toi !* arrête de parler, de crier ou de chanter. **2.** *Taire une chose,* c'est ne pas la dire. *Anne est incapable de taire un secret.* → **cacher.** || contr. **révéler** ||.

**talc** **n. m.** Poudre blanche qui absorbe l'humidité. ⋙ planche Minéraux. *Flora met du talc sur ses pieds.* ▷ TALQUER.

**talent** **n. m.** Qualité qui permet de réussir dans un domaine. → **aptitude, capacité, don.** *C'est un auteur de talent.*
▶ **talentueux** **adj.** Qui a du talent. *Une comédienne talentueuse.*

**talisman** [talismɑ̃] **n. m.** Objet qui porte bonheur grâce à ses pouvoirs magiques. *Cette patte de lapin est son talisman.* → **amulette, fétiche, porte-bonheur.**

**talkie-walkie** [tokiwoki] ou [tɔlkiwɔlki] **n. m.** Ce mot vient de l'anglais. Petit appareil émetteur-récepteur de radio, portatif, qui permet de communiquer à faible distance. *Les deux veilleurs de nuit gardent le contact grâce à leurs talkies-walkies.*

**talon** **n. m. 1.** Ce qu'il reste d'une feuille de carnet quand on en a détaché une partie. *Elle inscrit le montant de ses achats sur le talon de son carnet de chèques.* → **souche. 2.** Arrière du pied. *Marchez sur les talons, sans poser la pointe du pied par terre !* **3.** Partie d'une chaussette, d'un bas ou d'une chaussure, au niveau du talon. *Ces chaussettes ont un talon renforcé. Elle ne met jamais de chaussures à talons hauts.*
▶ **talonner** **v.** (conjug. 1) Suivre de très près, en poursuivant. *Les policiers talonnent le voleur.*

**talquer** **v.** (conjug. 1) Mettre du talc. *Elle talque ses gants de caoutchouc après avoir fait la vaisselle.*

**talus** **n. m.** Terrain en pente très inclinée, le long d'un chemin ou d'un champ. *Un talus borde la voie ferrée.*

**tamanoir** **n. m.** Grand animal d'Amérique du Sud qui a une langue fine et visqueuse avec laquelle il capture les fourmis dont il se nourrit. → **fourmilier.** *Le tamanoir est un mammifère qui peut mesurer 2,50 mètres.*

tamanoir

**tamaris** [tamaʀis] **n. m.** Arbuste à petites fleurs roses en épis. *Une allée de tamaris.*

**tambour** **n. m. 1.** Instrument de musique fait d'un cylindre fermé de chaque côté par une peau tendue sur laquelle on tape avec des baguettes. → aussi grosse **caisse, tam-tam, timbale.** *Un roulement de tambour annonce le début de la cérémonie. — L'affaire a été menée tambour battant,* très rapidement. *Il est parti sans tambour ni trompette,* discrètement, sans attirer l'attention. **2.** Personne qui joue du tambour. **3.** Cylindre qui tourne dans un lave-linge.
▶ **tambourin** **n. m.** Petit tambour muni de grelots. ⋙ planche Instruments de musique.
▶ **tambouriner** **v.** (conjug. 1) Faire du bruit en tapant régulièrement sur un

objet dur. *Quelqu'un tambourine à la porte.*

**tamis** [tami] **n. m.** Instrument formé d'un grillage fin tendu sur un cadre, qui retient les gros morceaux d'un mélange. → **crible, passoire.** *Il passe le sable au tamis pour enlever les cailloux.*

▶ **tamiser** **v.** (conjug. 1) Passer au tamis. *Le maçon tamise le sable.*

▶ **tamisé** **adj. 1.** *De la farine tamisée,* c'est de la farine passée au tamis. **2.** *Une lumière tamisée,* c'est une lumière rendue moins forte, adoucie. *Cet abat-jour donne un éclairage tamisé.* || contr. ② **cru** ||.

**tampon** **n. m. 1.** Petit morceau de tissu ou de coton roulé en boule ou pressé. *Il imbibe d'alcool un tampon de ouate.* **2.** Morceau de caoutchouc portant une inscription. → **cachet.** *L'employé de mairie donne un coup de tampon sur la fiche d'état civil.* **3.** *Les voitures de chemin de fer sont munies de tampons à l'avant et à l'arrière,* de dispositifs en métal qui amortissent les chocs.

▶ **tamponner** **v.** (conjug. 1) **1.** Essuyer, nettoyer avec un tampon. *Tamponnez doucement la blessure.* **2.** Apposer un tampon. *Votre autorisation doit être tamponnée par le directeur.* **3.** *Les deux voitures se sont tamponnées au carrefour,* elles se sont heurtées violemment.

▶ **tamponneur** **adj.** *Des autos tamponneuses,* ce sont de petites voitures électriques que l'on fait se heurter sur une piste. *Les enfants ont fait un tour d'autos tamponneuses à la fête foraine.*

**tam-tam** [tamtam] **n. m.** Tambour d'Afrique noire sur lequel on tape avec les mains. — **Au pl.** *Des tam-tams.*

tam-tam

**tanche** **n. f.** Poisson d'eau douce comestible, à la peau sombre et gluante.

**tandem** [tɑ̃dɛm] **n. m.** Bicyclette qui a deux sièges et deux pédaliers placés l'un derrière l'autre. *Les parents d'Alex font du tandem le dimanche.*

**tandis que** **conjonction. 1.** Pendant que. *Anne apprend sa récitation tandis que Julie fait des divisions.* **2.** Alors que, au contraire. *Alex ne pense qu'à s'amuser tandis que sa sœur, elle, travaille.*

**tangage** **n. m.** Mouvement d'un bateau dont l'avant et l'arrière s'enfoncent dans l'eau l'un après l'autre. → aussi **roulis.**

**tangent** **adj. 1.** Qui touche une ligne ou une surface en un seul point. *Tracez une droite tangente à ce cercle,* une droite qui touche le cercle en un seul point. — **N. f.** *Une tangente,* c'est une droite tangente. **2.** Familier. Fait de justesse. *Il a réussi, mais c'était tangent,* c'était juste, il a bien failli échouer.

**tangible** adj. Que l'on peut toucher, voir. → **concret, réel.** *Il n'y a pas de preuve tangible de l'existence des extra-terrestres.*

**tango** n. m. Danse originaire d'Argentine, sur un rythme à deux temps. *C'est un bon danseur de tango.* — Au pl. *Des tangos.*

**tanguer** v. (conjug. 1) *Le bateau tanguait,* il se balançait d'avant en arrière. ▷ TANGAGE.

**tanière** n. f. Trou, caverne où se réfugie une bête sauvage. → **antre, gîte, repaire, terrier.** *Le renard est rentré dans sa tanière.*

**tank** n. m. Char d'assaut. *Les tanks ennemis ont encerclé la ville.*

tank

**tanner** v. (conjug. 1) 1. *Tanner une peau,* c'est la préparer pour en faire du cuir. 2. Familier. *Luc tanne son père pour avoir des rollers,* il le lui demande avec insistance en l'agaçant pour qu'il finisse par céder.

► **tannage** n. m. Action de tanner. *Le tannage empêche les peaux de pourrir.*

► **tannerie** n. f. Endroit où l'on tanne les peaux.

► **tanneur** n. m., **tanneuse** n. f. Personne dont le métier est de tanner les peaux.

**tant** adv. 1. À un tel point. → **tellement.** *Il souffre tant qu'il est resté couché.* 2. Une quantité que l'on ne précise pas. *Il gagne tant par mois.* 3. Autant. *Yves frappait tant qu'il pouvait.* 4. *Il a réparé sa voiture tant bien que mal,* ni bien ni mal et avec peine. 5. *Il a donné son avis en tant que médecin,* il a donné son point de vue de médecin. → **comme.** 6. *Tant qu'à changer de voiture, il en a acheté une neuve,* puisqu'il fallait en changer. 7. *Anne est guérie, tant mieux !* c'est bien, je m'en réjouis. *Luc n'est pas venu, tant pis !* c'est dommage. 8. *Alex reste jouer dehors tant que sa mère ne l'appelle pas,* aussi longtemps qu'elle ne l'appelle pas. ◇ homonymes : taon, temps. ▷ AUTANT, POURTANT, TANTÔT.

**tante** n. f. Sœur du père ou de la mère, ou femme de l'oncle. *Anne a deux tantes.* → aussi **neveu, nièce.** ◇ homonyme : tente.

**tantôt** adv. Parfois. *Julie est d'humeur changeante : tantôt elle rit, tantôt elle boude,* à certains moments elle rit, à certains moments elle boude.

**taon** [tɑ̃] n. m. Grosse mouche dont la femelle suce le sang des animaux et des hommes. *Flora a été piquée par un taon.* ◇ homonymes : tant, temps.

**tapage** n. m. 1. Bruit violent et désordonné. → **chahut, tintamarre, vacarme.**

*Les supporters de l'équipe faisaient un tapage infernal.* **2.** *On a fait beaucoup de tapage autour de ce procès,* on en a trop parlé.

▶ **tapageur** **adj.** Qui se fait remarquer. *Ils vivent dans un luxe tapageur,* dans un luxe qui attire l'attention. — **Au fém.** *tapageuse.*

**taper** **v.** (conjug. 1) **1.** Donner des coups. → **frapper.** *Il tape sur le clou avec un marteau. Julie a tapé sa petite sœur.* **2.** *Ce bruit me tape sur les nerfs,* m'énerve beaucoup, m'agace. **3.** Écrire avec une machine à écrire. *La secrétaire a tapé trois lettres.* → **dactylographier** et aussi **saisir.**

▶ **tape** **n. f.** Coup donné avec le plat de la main. → **claque.** *Il lui a donné une petite tape sur l'épaule.* ▷ RETAPER, TAPAGE, TAPAGEUR, TAPOTER.

en **tapinois** **adv.** En se cachant. → en **catimini,** à la **dérobée, discrètement.** *Yves et Luc se sont approchés de Flora en tapinois.*

**tapioca** **n. m.** Farine de manioc cuite et séchée. *Mamie a préparé du potage au tapioca.*

**tapir** **n. m.** Animal de la taille d'un petit cochon, dont le nez se prolonge en courte trompe. *Les tapirs sont des mammifères d'Asie du Sud-Est et d'Amérique tropicale.*

se **tapir** **v.** (conjug. 2) Se cacher en se blottissant. → se **terrer.** *Le chat s'est tapi sous le buffet.* ▷ en TAPINOIS.

**tapis** **n. m.** Morceau de tissu épais dont on recouvre le sol d'une pièce. *Julie a fait tomber son verre sur le tapis du salon.* → aussi **moquette.**

▶ **tapisser** **v.** (conjug. 1) Couvrir de tissu, de tapisserie, de papier peint. → **recouvrir.** *Elle a tapissé sa chambre avec de la toile de jute.*

▶ **tapisserie** **n. f.** Panneau décoratif fait de motifs tissés. *Les tapisseries d'Aubusson et des Gobelins sont réputées.*

▶ **tapissier** **n. m.** Personne dont le métier est de recouvrir de tissu certains meubles et de confectionner des rideaux, des coussins, etc. *Le tapissier doit recouvrir nos fauteuils.*

**tapoter** **v.** (conjug. 1) Frapper légèrement en donnant de petits coups. *Il lui tapota la joue affectueusement.*

**taquet** **n. m.** Morceau de bois qui sert à bloquer, à caler.

**taquin** **adj.** Qui aime bien taquiner. *Anne est très taquine.*

▶ **taquiner** **v.** (conjug. 1) S'amuser à agacer gentiment. *Luc aime bien taquiner sa grand-mère.*

▶ **taquinerie** **n. f.** Ce que l'on fait ou dit pour taquiner. *Ce n'était pas méchant, c'était juste une taquinerie.*

**tarabiscoté** **adj.** Trop compliqué. *Cette phrase est tarabiscotée.*

**tarabuster** **v.** (conjug. 1) Tourmenter sans cesse, importuner. *Cesse de tarabuster ta sœur !* → **harceler, houspiller.** *Cette idée me tarabuste.* → **tracasser.**

**tard** **adv.** **1.** Après le moment habituel, après un temps trop long. *Anne aime se lever tard.* ‖ contr. **tôt** ‖ *Ils sont rentrés tard dans la nuit,* à une heure avancée. *Je saurai la vérité tôt ou tard,* je la saurai forcément, même si je ne sais pas quand. **2.** *Nous verrons cela plus tard,* dans l'avenir. → **après, ultérieurement.** ◇ homonymes : ① et ② tare.

▶ **tarder** **v.** (conjug. 1) **1.** Être lent à venir, se faire attendre. *Sa réponse n'a* *pas tardé.* **2.** Attendre avant de commencer à faire quelque chose. *Viens sans tarder,* viens tout de suite. || contr. se **dépêcher,** se **hâter,** se **presser** || *Ils ne devraient plus tarder à arriver,* ils vont arriver bientôt. **3.** *Il me tardait de partir,* j'avais hâte de partir.

▶ **tardif** **adj.** **1.** Qui a lieu tard. *Il est rentré à une heure tardive.* → **avancé.** **2.** *Cette année, les fraises ont été tardives,* elles ont mûri plus tard que d'habitude. || contr. **hâtif, précoce** || ▷ S'ATTARDER, RETARD, RETARDATAIRE, à RETARDEMENT, RETARDER.

① **tare** **n. f.** Grave défaut. *Son chien a une tare : il est sourd.* ◊ homonyme : tard.

▶ **taré** **adj.** Atteint d'une tare, souvent héréditaire.

② **tare** **n. f.** Poids de l'emballage pesé avec une marchandise.

**tarentule** **n. f.** Grosse araignée venimeuse des pays chauds.

**targette** **n. f.** Petit verrou plat. *Tire la targette pour ouvrir la porte du grenier.*

se **targuer** **v.** (conjug. 1) Parler de soi et de ses mérites avec exagération. → se **vanter.** *Flora s'est targuée d'y arriver.*

**tarif** **n. m.** Prix fixé. *Le coiffeur a augmenté ses tarifs.* ▷ DEMI-TARIF.

**tarir** **v.** (conjug. 2) **1.** Cesser de couler, d'avoir de l'eau. *Ses larmes ne tarissaient pas. — La source s'est tarie.* **2.** *Il ne tarit pas d'éloges sur ses enfants,* il n'arrête pas d'en parler d'une façon élogieuse. ▷ INTARISSABLE.

**tarot** **n. m.** *Les tarots,* ce sont de longues cartes à jouer portant des figures spéciales, que l'on utilise pour prédire l'avenir ou pour jouer à un jeu de cartes appelé *tarot. Un jeu de tarots comprend 78 cartes.*

tarot

**tarte** **n. f.** Gâteau fait d'un fond de pâte garni de fruits, de légumes ou de crème. *Une tarte aux fraises.*

▶ **tartelette** **n. f.** Petite tarte pour une personne. *Des tartelettes aux framboises.*

**tartine** **n. f.** Tranche de pain que l'on recouvre de beurre, de confiture ou d'une pâte facile à étaler. *Luc a mangé deux tartines beurrées.*

▶ **tartiner** **v.** (conjug. 1) Étaler sur du pain. *Du fromage à tartiner.*

**tartre** **n. m.** **1.** Dépôt jaunâtre qui se forme sur les dents. *Il faut se laver les dents pour éviter la formation du tartre.* **2.** Croûte calcaire formée par l'eau qui bout. *La bouilloire est pleine de tartre.* ▷ DÉTARTRER, ENTARTRER.

**tas** **n. m.** **1.** Quantité d'objets mis les uns sur les autres. → **amas, monceau.** *Un tas de cailloux.* **2.** Grand nombre. *Alex s'intéresse à des tas de choses.* ◊ homonyme : ta. ▷ ENTASSEMENT, ENTASSER, TASSER.

**tasse** n. f. Petit récipient muni d'une anse, qui sert à boire. *Anne pose les tasses à café sur la table. Flora a bu une tasse de thé,* le contenu d'une tasse. — *Le nageur a bu la tasse,* il a avalé involontairement de l'eau en se baignant.

**tasser** v. (conjug. 1) 1. *Il tasse le tabac dans sa pipe,* il appuie sur le tabac pour le comprimer le plus possible. 2. *Aux heures de pointe, les gens sont tassés dans le métro,* ils sont très serrés les uns contre les autres. → **entasser.**

**tatami** n. m. Tapis spécial couvrant le sol des salles où l'on pratique des sports comme le judo ou le karaté. — Au pl. *Des tatamis.*

**tâter** v. (conjug. 1) 1. Toucher une chose avec la main, pour savoir comment elle est. → **palper.** *Yves tâtait les murs pour retrouver son chemin dans le noir.* 2. *Julie tâte le terrain avant de demander une faveur à son père,* elle essaie de voir dans quelles dispositions il est. → **sonder.** 3. *Je ne sais que choisir, je me tâte,* je m'interroge, j'évoque toutes les possibilités.

▶ **tatillon** adj. Trop attaché aux détails, trop minutieux. → **pointilleux.** *La mère de Luc est tatillonne.*

▶ **tâtonner** v. (conjug. 1) 1. Tâter les objets autour de soi pour se guider. *Anne tâtonnait dans le noir et elle a trébuché.* 2. Hésiter, faire divers essais. *Les chercheurs tâtonnent longtemps avant de faire des découvertes.*

▶ **tâtonnement** n. m. *L'enquête a abouti après bien des tâtonnements,* des tentatives pour essayer de trouver la solution.

▶ à **tâtons** adv. En tâtonnant. → à l'**aveuglette.** *Yves a trouvé la sortie à tâtons.*

**tatou** n. m. [pl. *tatous*] Animal d'Amérique du Sud, sans dents, dont le corps est recouvert d'une carapace et qui peut se rouler en boule. *Le tatou est un mammifère qui se nourrit d'insectes et de petits animaux.*

**tatouer** v. (conjug. 1) Graver un dessin dans la peau en projetant une encre indélébile au moyen de piqûres très rapprochées. *Le marin s'est fait tatouer une sirène sur la poitrine.*

▶ **tatouage** n. m. Dessin indélébile gravé dans la peau. *Il avait des tatouages sur les bras.*

▶ **tatoué** adj. *Il a le dos tatoué,* qui porte un tatouage. *Il a une sirène tatouée sur la poitrine,* gravée par le procédé du tatouage.

**taudis** n. m. Maison misérable, sans confort. *Ils vivaient dans un taudis.*

**taupe** n. f. Petit animal qui vit sous terre en creusant de longues galeries. ⋙ planche Mammifères.

▶ **taupinière** n. f. Petit tas de terre rejeté par la taupe qui creuse sa galerie.

**taureau** n. m. Mâle de la vache. → aussi **bœuf.** *Ils ont assisté à une course de taureaux.*

▶ **tauromachie** n. f. Art de combattre les taureaux dans l'arène. → aussi **corrida** et **torero.**

**taux** n. m. Proportion. *Le taux de mortalité infantile a beaucoup baissé dans les pays riches.* → **pourcentage.** *La banque prête de l'argent à un taux d'intérêt de 15 %,* elle fait payer 15 francs d'intérêts pour 100 francs prêtés. ◊ homonyme : tôt.

**tavelé** adj. Marqué de petites taches. *Une poire tavelée.*

**taverne** **n. f.** Restaurant d'autrefois où l'on pouvait boire et manger. → **auberge.**

① **taxer** **v.** (conjug. 1) *Taxer un produit*, c'est faire payer un impôt dessus à l'acheteur. *Les boissons alcoolisées et les cigarettes sont fortement taxées.*

▶ **taxe** **n. f.** Somme versée à l'État. → **contribution, impôt,** et aussi **redevance.** *Ce prix est donné toutes taxes comprises (T.T.C.),* il comprend le montant de ce qui doit être versé à l'État.
▷ DÉTAXER.

② **taxer** **v.** (conjug. 1) Accuser. *Elle taxe son voisin de méchanceté.*

**taxi** **n. m.** Voiture conduite par un chauffeur, munie d'un compteur indiquant le prix de la course, et dans laquelle on monte pour faire un trajet. *Ils ont pris un taxi pour aller à la gare. Il est chauffeur de taxi.*

**taxidermiste** **n. m.** et **f.** Personne dont le métier est d'empailler les animaux.

**te** **pronom personnel.** Pronom personnel de la deuxième personne du singulier, complément. → aussi **toi, tu.** *Je te vois. Il t'a parlé. Tu t'habilleras après.*

**technique** [tɛknik] **n. f.** et **adj.**

▭ **n. f.** Ensemble des procédés, des méthodes qui permettent de fabriquer des objets, d'arriver à un résultat déterminé. *Les progrès que la technique a faits au 20e siècle sont fascinants.*

▭ **adj. 1.** Qui concerne un domaine particulier. *Chaque métier a son vocabulaire technique.* **2.** *Il suit un enseignement technique,* qui prépare à un métier de technicien. **3.** *Le train s'est arrêté à cause d'un incident technique,* à cause du mauvais fonctionnement du matériel.

▶ **technicien** **n. m.**, **technicienne** **n. f.** Personne spécialisée dans une technique. *Des techniciens sont venus vérifier les ordinateurs.*

**technologie** **n. f.** Étude des techniques, des machines et des matériaux. *Il est professeur de technologie dans un collège.*

**teck** **n. m.** Bois brun très dur et très lourd qui ne pourrit pas. *Le banc qui est dans le jardin est en teck.* — On écrit aussi *tek.*

**teckel** **n. m.** Petit chien aux pattes courtes, de la même famille que le basset. ➻ planche Chiens.

**tee-shirt** [tiʃœʀt] **n. m.** Ce mot vient de l'anglais. Maillot de corps en coton, en forme de T, qui couvre le haut du corps. *Julie était en jean et en tee-shirt.* — **Au pl.** *Des tee-shirts.*

**teigne** **n. f. 1.** Maladie du cuir chevelu qui fait tomber les cheveux. *La teigne est causée par un champignon microscopique.* **2.** Personne très méchante. → **peste.** *Quelle sale teigne !*

**teindre** **v.** (conjug. 52) Donner une nouvelle couleur. *Elle a teint sa jupe en noir. Il se teint les cheveux. — Elle s'est teinte en blonde,* elle a teint ses cheveux. — *Il a les cheveux teints.*

▶ **teint** **n. m.** Couleur et aspect de la peau du visage. *Flora a le teint mat.*
◊ homonymes : tain, thym.

▶ **teinte** **n. f.** Couleur. → **coloris, nuance,** ② **ton.** *Cette robe existe dans différentes teintes.*

▶ **teinter** **v.** (conjug. 1) Colorer légèrement. *Il teinte son eau avec un peu de vin. — Le ciel se teintait de rose.*
◊ homonyme : tinter.

▶ **teinté** adj. Légèrement coloré. *Mamie a des lunettes aux verres teintés.*

▶ **teinture** n. f. 1. Action de teindre. *Elle s'est fait une teinture,* elle s'est teint les cheveux. 2. Produit qui sert à teindre. *Elle plonge son pull-over dans la teinture.*

▶ **teinturier** n. m., **teinturière** n. f. Personne dont le métier est de teindre et de nettoyer les vêtements. *Il a porté un costume chez le teinturier.*

▶ **teinturerie** n. f. Magasin où l'on teint, nettoie et repasse les vêtements. *Mon manteau est à la teinturerie.* → **pressing,** et aussi **blanchisserie.** ▷ DÉTEINDRE.

**tel** adj. 1. Semblable, du même genre. → **pareil.** *Il ne s'attendait pas à une telle réaction.* 2. *Il faut prendre les gens tels qu'ils sont,* comme ils sont. 3. *Les choses sont restées telles quelles,* dans l'état où elles étaient, sans changement. 4. Si grand, si fort. *Il a eu une peur telle qu'il est parti en courant. Rien de tel que la marche pour se délasser,* rien n'est aussi efficace que la marche pour cela. ▷ TELLEMENT.

**télé** n. f. Familier. Télévision. *Anne regarde la télé en rentrant de l'école.* — Au pl. *Des télés.* ▷ TÉLÉFILM, TÉLÉSPECTATEUR.

**télécabine** n. f. Ensemble de petites cabines suspendues à un câble. *Prenez la télécabine pour aller en haut des pistes.* → aussi **téléphérique** et **télésiège.**

**télécommander** v. (conjug. 1) Commander de loin. → **téléguider.** *La mise à feu de la fusée est télécommandée.*

▶ **télécommande** n. f. *La télécommande de la télévision,* c'est un petit appareil qui permet de régler la télévision et de changer de chaîne de loin, sans se déplacer.

**télécabine**

▶ **télécommandé** adj. Que l'on fait fonctionner de loin. *Un aiguillage télécommandé.*

**télécommunication** n. f. Ensemble des moyens qui permettent de communiquer et de faire passer des informations à des personnes éloignées. *Le téléphone, le fax et la télévision font partie des télécommunications.*

**téléfilm** n. m. Film fait pour la télévision. *Il a joué dans plusieurs téléfilms.*

**télégramme** n. m. Message écrit, généralement court, transmis très rapidement par les services de la poste. → **dépêche.** *Le jour de leur mariage, ils ont reçu beaucoup de télégrammes.*

**télégraphe** n. m. Système permettant de transmettre très rapidement des messages au loin, sans utiliser le téléphone.

▶ **télégraphier** v. (conjug. 7) Envoyer un télégramme. *Il a télégraphié qu'il ne pouvait pas venir.*

▶ **télégraphique** adj. 1. *Un message télégraphique,* c'est un message envoyé par le télégraphe. **2.** *Il écrit en style télégraphique,* dans un style abrégé, sans faire de vraies phrases, comme dans un télégramme.

▸ **télégraphiste** **n. m.** et **f.** Employé de la poste qui apporte les télégrammes.

**téléguider** **v.** (conjug. 1) Guider de loin. → **télécommander.**

▸ **téléguidé** **adj.** *Luc a une voiture téléguidée,* qu'il dirige à distance, sans la toucher. → **télécommandé.**

**télématique** **n. f.** Ensemble des techniques qui associent l'informatique et les télécommunications. *Le minitel utilise les possibilités de la télématique.*

**téléobjectif** **n. m.** Objectif d'un appareil photo qui agrandit l'image et sert à photographier de loin. *Les lions ont été pris en photo au téléobjectif.*

**télépathie** **n. f.** Communication à distance seulement par la pensée.

**téléphérique** **n. m.** Système de transport, en montagne, formé d'une cabine suspendue à un câble. *Les skieurs ont pris le téléphérique.* → aussi **télécabine, télésiège.** — On écrit aussi *téléférique.*

**téléphone** **n. m.** Appareil qui permet de transmettre au loin et de recevoir de loin des sons par l'intermédiaire de circuits électriques. *Donne-moi ton numéro de téléphone. Il m'a appelé au téléphone.*

▸ **téléphoner** **v.** (conjug. 1) Communiquer par le moyen du téléphone. *Téléphone-moi dès que tu seras arrivé.* → **appeler.**

▸ **téléphonique** **adj.** *Elle a appelé d'une cabine téléphonique,* d'une cabine aménagée pour téléphoner.

**télescope** **n. m.** Instrument qui permet d'observer des objets très éloignés. *Les astronomes observent les astres au télescope.*

**télescoper** **v.** (conjug. 1) Rentrer dans un véhicule avec un choc violent. → **tamponner.** *Le train a télescopé un camion au passage à niveau. — Les deux voitures se sont télescopées.*

▸ **télescopage** **n. m.** *Le télescopage a fait plusieurs victimes.*

**télescopique** **adj.** Dont les éléments s'emboîtent les uns dans les autres. *Elle a un parapluie télescopique,* un parapluie pliant.

**télésiège** **n. m.** Téléphérique constitué par une série de sièges suspendus à un câble. → aussi **télécabine.**

**téléski** **n. m.** Câble muni de perches qui sert à tirer les skieurs en haut des pistes. → **remonte-pente.**

**téléspectateur** **n. m.**, **téléspectatrice** **n. f.** Personne qui regarde la télévision. *Plusieurs millions de téléspectateurs ont regardé le match.*

**télévisé** **adj.** Retransmis par la télévision. *Il regarde le journal télévisé de 20 heures.*

**téléviseur** **n. m.** Poste qui permet de recevoir la télévision. *Ils ont deux téléviseurs et un magnétoscope.*

**télévision** **n. f.** **1.** Système qui permet de transmettre des images. *Une caméra de télévision.* **2.** Programme, émission transmise par télévision. *Anne regarde beaucoup la télévision.* → fam. **télé.** **3.** Poste qui permet de recevoir la télévision. → **téléviseur.** *La télévision est cassée.*

**télex** [telɛks] **n. m.** Appareil qui permet de transmettre à distance des textes tapés à la machine. *Il a envoyé un message par télex.* → aussi **fax.**

**tellement** adv. À un tel degré. → ② **si.** *Il fait tellement froid qu'il ne sort pas. Elle a tellement changé que je ne la reconnaissais pas.* → **tant.**

**téméraire** adj. Audacieux au point d'être imprudent. → **hardi.** *Yves était bien téméraire de vouloir escalader la falaise.* ‖ contr. **prudent, timoré** ‖.

**témérité** n. f. Audace excessive. → **hardiesse.** *Il a agi avec témérité, sans réfléchir.* ‖ contr. **prudence** ‖.

**témoigner** v. (conjug. 1) 1. Dire officiellement qu'on a vu ou entendu quelque chose. → **attester, certifier,** et aussi **témoin.** *Les personnes qui avaient vu l'assassin s'enfuir ont témoigné à son procès.* 2. Faire connaître, montrer. → **manifester.** *Ils nous ont témoigné leur sympathie.*

▶ **témoignage** n. m. 1. Déclaration faite par un témoin. *Le témoignage du chauffeur de taxi est capital.* 2. Ce qui montre quelque chose. → **manifestation, preuve, signe.** *Reçois ce cadeau en témoignage de mon amitié.*

**témoin** n. m. Personne qui a assisté à quelque chose sans forcément le vouloir. *Elle est le seul témoin du hold-up.* → aussi **témoigner.**

**tempe** n. f. Côté de la tête, entre le coin de l'œil et le haut de l'oreille. *Son père a les tempes grisonnantes,* il a des cheveux grisonnants sur les tempes.

**tempérament** n. m. 1. Caractère d'une personne. *Flora est d'un tempérament réservé.* → **nature.** 2. *Acheter quelque chose à tempérament,* c'est le payer en plusieurs fois. → à **crédit.**

**tempérance** n. f. Qualité d'une personne qui mange et boit modérément. *Il fait preuve de tempérance.*

**température** n. f. 1. Degré de chaleur ou de froid. *La température extérieure est de 20 degrés, il fait bon.* 2. Chaleur du corps. *Anne prend sa température,* elle vérifie avec un thermomètre si elle a de la fièvre.

**tempérer** v. (conjug. 6) Rendre moins excessif, plus doux. → **adoucir, atténuer.** *Essaie de tempérer ton agressivité !* → **modérer.**

▶ **tempéré** adj. Ni très chaud, ni très froid. *La France jouit d'un climat tempéré.* → **doux.** ▷ TEMPÉRANCE.

**tempête** n. f. Vent très fort, souvent accompagné d'orage. → **bourrasque, cyclone, ouragan, tourmente.** *Ce n'est pas le moment de partir en mer, la tempête fait rage.*

**temple** n. m. 1. Bâtiment religieux, consacré au culte d'une divinité. → aussi **église, mosquée, pagode, synagogue.** *Les Grecs et les Romains construisirent de nombreux temples.* 2. Lieu de culte des protestants. *Il va au temple tous les dimanches.*

**tempo** [tɛmpo] n. m. Vitesse à laquelle on doit exécuter un morceau de musique.

**temporaire** adj. Qui ne dure qu'un moment limité. → **momentané, passager, provisoire.** *Il a trouvé un emploi temporaire pour le mois de juillet.* ‖ contr. **définitif, permanent, perpétuel** ‖.

▶ **temporairement** adv. Pour un temps. → **momentanément, provisoirement.** *Le magasin est fermé temporairement pour travaux.* ‖ contr. **définitivement** ‖.

**temporiser** **v.** (conjug. 1) Attendre un moment plus favorable pour agir en faisant traîner les choses en longueur. → **tergiverser.** *L'ennemi, à bout de forces, cherchait à temporiser.*

① **temps** **n. m. 1.** Durée. *Il faut du temps pour faire un gâteau. Nous partons dans peu de temps,* bientôt. *Le temps a passé vite. Je n'ai pas eu le temps de t'écrire. Flora parle tout le temps,* sans arrêt. *Prends ton temps,* ne te dépêche pas. **2.** Moment, date. *En ce temps-là, les enfants étaient plus naïfs.* → **époque.** *C'est bientôt le temps des vendanges.* → **saison.** *Elle est fatiguée ces temps-ci,* en ce moment. **3.** *Il est temps de se décider,* le moment est venu. *Anne est arrivée juste à temps,* juste assez tôt. *Luc et Yves ont éclaté de rire en même temps,* ensemble et au même moment. *Alex va de temps en temps à la bibliothèque,* quelquefois. **4.** Forme du verbe qui indique si l'action a eu lieu dans le passé, se passe dans le présent ou se produira dans l'avenir. *Conjuguez le verbe « salir » à tous les temps de l'indicatif.* **5.** Division de la mesure, en musique. *La valse est une danse à trois temps.* ◊ homonymes : tant, taon. ▷ CONTRETEMPS, ENTRE-TEMPS, LONGTEMPS, MI-TEMPS, PASSE-TEMPS, PRINTANIER, PRINTEMPS.

② **temps** **n. m.** Aspect du ciel, température de l'air, vent qu'il y a à un moment donné. → aussi **météorologie.** *Quel temps fera-t-il demain ? Le temps est orageux. Ils ont eu beau temps pendant leurs vacances.*

**tenable** **adj.** Où l'on peut se tenir, rester. *Il fait trop chaud dans cette pièce, ce n'est pas tenable.* → **supportable.** || contr. **insupportable, intenable** ||.

**tenace** **adj. 1.** Qui dure, ne part pas. → **persistant.** *L'odeur de friture est particulièrement tenace.* **2.** Qui persévère malgré les difficultés. → **ferme, opiniâtre.** *Ce médecin est un chercheur tenace.*

▸ **ténacité** **n. f.** Caractère d'une personne tenace. *C'est un homme d'une ténacité à toute épreuve.* → **obstination.**

**tenailles** **n. f. pl.** Pince qui sert à arracher des clous.

▸ **tenailler** **v.** (conjug. 1) Faire souffrir en tourmentant. *Le remords tenaillait l'assassin.* → **torturer.**

**tenancier** **n. m.**, **tenancière** **n. f.** Personne qui s'occupe d'un établissement soumis à une surveillance particulière. *Les policiers ont interrogé la tenancière de l'hôtel.* → **patron.**

① **tenant** **adj.** *Sa proposition a été acceptée séance tenante,* tout de suite, sur-le-champ.

② **tenant** **n. m.**, **tenante** **n. f. 1.** *Le tenant d'un titre sportif,* c'est celui qui le détient. *La finale opposera la tenante du titre à une inconnue.* **2. n. m.** *Ils possèdent un domaine de 15 hectares d'un seul tenant,* d'une seule pièce, en un seul morceau.

**tendance** **n. f.** Ce qui fait que l'on se comporte d'une certaine façon. → **disposition, penchant.** *Alex a une certaine tendance à ne rien faire en classe,* il y est enclin.

▸ **tendancieux** **adj.** Qui déforme la vérité, manifeste des préjugés. → **partial.** *Ce journal présente les informations d'une façon tendancieuse.* || contr. **impartial, objectif** ||.

**tendeur** **n. m.** Câble élastique qui sert à tendre, à fixer. *Yves fait tenir le* *panier sur le porte-bagages de son vélo avec des tendeurs.*

**tendon** **n. m.** Extrémité d'un muscle qui le rattache à un os. *Le tendon d'Achille attache les muscles de la jambe au talon.*

① **tendre** **v.** (conjug. 41) **1.** *Yves tend la corde,* il tire sur elle pour la rendre droite. **2.** Déplier complètement. → **déployer.** *Le pêcheur a tendu ses filets.* **3.** Recouvrir. *Il a tendu les murs du salon de tissu à fleurs.* **4.** Avancer ou allonger une partie du corps. *Luc me tend la main pour me dire bonjour.* **5.** Avancer quelque chose vers quelqu'un pour le lui donner. *La maîtresse tend une image à Flora.* **6.** *Les relations entre les deux pays se sont tendues,* elles sont devenues difficiles.

▶ **tendu** **adj.** Contracté, préoccupé, soucieux. *Elle était tendue en attendant le résultat de son examen.* ‖ contr. **détendu** ‖. ▷ DÉTENDRE, DÉTENDU, DÉTENTE, ÉTENDRE, S'ÉTENDRE, ÉTENDU, ÉTENDUE, EXTENSIBLE, EXTENSION, TENDON, TENSION, TENTURE.

② **tendre** **v.** (conjug. 41) Avoir un but et s'en rapprocher. → **viser.** *La situation tend à s'améliorer,* elle évolue en s'améliorant. ▷ TENDANCE, TENDANCIEUX.

③ **tendre** **adj. 1.** Qui présente peu de résistance. → **mou.** *Cette viande est très tendre.* ‖ contr. **dur** ‖ → aussi **tendreté. 2.** Affectueux et doux. *Elle est tendre avec ses petits-enfants.* → aussi **tendresse.**

▶ **tendrement** **adv.** Avec tendresse. *Il aime ses enfants tendrement.*

▶ **tendresse** **n. f.** Affection tendre. → **amour.** *Il regarde sa femme avec tendresse.* ‖ contr. **dureté, froideur** ‖.

▶ **tendreté** **n. f.** *Cette viande est d'une grande tendreté,* elle est tendre. ▷ ATTENDRI, ATTENDRIR, ATTENDRISSANT, ATTENDRISSEMENT.

**ténèbres** **n. f. pl.** Obscurité profonde. *D'épaisses ténèbres enveloppaient le château.* ‖ contr. **lumière** ‖.

▶ **ténébreux** **adj.** Mystérieux et dangereux. *Alex raconta une ténébreuse histoire de fantômes.* → **sombre.**

**teneur** **n. f.** Ce que contient une chose. *Ce minerai a une forte teneur en plomb,* il contient beaucoup de plomb.

**ténia** **n. m.** Long ver qui vit en parasite dans l'intestin des mammifères, appelé aussi *ver solitaire.*

ténia

**tenir** **v.** (conjug. 22) **1.** Garder à la main ou dans ses bras sans faire tomber. *Il tenait sa casquette à la main.* **2.** Faire rester en place. → **maintenir, retenir.** *Une courroie tient les livres.* **3.** Faire rester dans un état. *Ce manteau tient chaud.* **4.** *Tiens !* marque l'étonnement. *Tiens ! vous voilà !* **5.** *Je le tenais en estime,* je l'estimais. **6.** *De qui tenez-vous cette histoire ?* qui vous l'a racontée ? **7.** Occuper un espace. *Ce buffet tient trop de place. Cette voiture tient bien la route,* elle ne s'écarte pas de la direction que son conducteur veut lui faire suivre. **8.** S'occuper de quelque chose. *Ils tiennent un restaurant,* ils le dirigent. → **gérer.** **9.** *Il tient de drôles de propos,* il dit de drôles de choses. **10.** *On peut se fier à lui, il tient sa parole,* il y est fidèle. *Tiendras-tu ta promesse ?* **11.** Rester en place. *Mes lunettes ne tiennent pas, elles glissent tout le temps.* **12.** Être solide. *Fais un double nœud à tes lacets, cela tiendra mieux.* **13.** Résister. *Tiens bon !* ne cède pas. **14.** Croire. *Je la tiens pour une femme honnête.* → **considérer.** **15.** *N'y tenant plus, Flora a ouvert le paquet,* étant trop impatiente. **16.** *Nous ne tiendrons pas tous dans la voiture,* nous ne pourrons pas tous y entrer. **17.** *Elle a tenu à vous inviter,* elle l'a absolument voulu.

▶ se **tenir** **v.** **1.** *Luc et Flora se tenaient par la main.* **2.** *Tiens-toi à la rampe,* appuie-toi sur elle, accroche-toi à elle. **3.** Rester, demeurer. *Les enfants se sont tenus tranquilles tout l'après-midi. Tiens-toi droite !* **4.** *S'en tenir à quelque chose,* c'est ne rien vouloir savoir de plus. *Tenons-nous-en aux faits.* ▷ CONTENANCE, CONTENANT, CONTENIR, CONTENU, DÉCONTENANCER, DÉTENIR, DÉTENU, ENTRETENIR, S'ENTRETENIR, ① et ② ENTRETIEN, INSOUTENABLE, INTENABLE, MAINTENIR, MAINTIEN, OBTENIR, RETENIR, RETENUE, SOUTENIR, SOUTIEN, SOUTIEN-GORGE, TENABLE, TENACE, TÉNACITÉ, TENAILLER, TENAILLES, TENANCIER, ① et ② TENANT, TENEUR, TENU, TENUE.

**tennis** [tenis] **n. m.** et **f.** **1.** **n. m.** Sport dans lequel deux ou quatre joueurs se renvoient une balle avec des raquettes, par-dessus un filet. *On joue au tennis sur un court.* — *Le tennis de table,* c'est un jeu qui ressemble au tennis mais où l'on doit faire rebondir une petite balle légère sur une table. → **ping-pong.** **2.** **n. m.** ou **f.** Chaussure de sport basse, à semelle de caoutchouc. *Julie a des tennis blanches en cuir.* → aussi ① **basket.**

**ténor** **n. m.** Chanteur qui a la voix d'homme la plus aiguë. *Il est ténor à l'Opéra.* ‖ contr. **basse** ‖.

**tension** **n. f.** **1.** Manière dont une chose est tendue. *Si la tension d'un élastique est trop forte, il se casse.* **2.** Pression du sang. *Le médecin lui a pris sa tension.* **3.** *La tension augmente entre les deux pays,* leurs relations sont de plus en plus tendues.

**tentacule** **n. m.** Long bras souple de certains mollusques. *La pieuvre se déplace grâce à ses tentacules munis de ventouses.*

**tente** **n. f.** Abri de toile tendue sur des mâts et des piquets, que l'on peut monter et démonter. *Les campeurs ont planté leur tente près du ruisseau.*
◇ homonyme : tante.

① **tenter** **v.** (conjug. 1) Faire envie. → **attirer.** *Ces chocolats me tentent trop, cache-les.* ‖ contr. **dégoûter** ‖.

▶ **tentant** **adj.** Séduisant, attirant. *Sa proposition est très tentante.* → **alléchant.**

▶ **tentation** **n. f.** Envie à laquelle il est difficile de résister. *Anne n'a pu résister à la tentation d'ouvrir la lettre destinée à son frère.*

② **tenter** **v.** (conjug. 1) Essayer. *Un prisonnier a tenté de s'évader.*

▶ **tentative** **n. f.** Essai en vue d'obtenir un résultat. *Je fais encore une tentative, et si j'échoue je renonce.*

**tenture** **n. f.** Tissu tendu le long d'un mur ou d'une porte. *Une tenture dissimule la porte.* → aussi **rideau.**

**tenu** **adj.** **1.** Obligé. *Un médecin est tenu au secret professionnel.* **2.** Entretenu. *Sa maison est très bien tenue.*
◇ homonyme : tenue.

**ténu** **adj.** Très mince, très fin. *Les fils des toiles d'araignées sont ténus.* ▷ ATTÉNUANT, ATTÉNUER.

**tenue** **n. f. 1.** Manière dont un établissement est géré. *Cet hôtel se signale par sa bonne tenue.* **2.** Façon de se tenir, de se conduire. *Yves a une mauvaise tenue en classe : il bavarde et n'écoute pas.* **3.** Façon d'être habillé. *Une tenue de soirée,* c'est une robe du soir ou un smoking. *Une tenue de sport,* ce sont des vêtements de sport. **4.** *Cette voiture a une bonne tenue de route,* elle reste dans la direction que son conducteur veut lui faire suivre, sans déraper. → aussi **tenir** la route.

**ter** **adj. inv.** Troisième. *Il habite au 10 ter de la rue des Vignes,* au numéro qui vient après le 10 bis.

**térébenthine** **n. f.** *Le peintre nettoie ses pinceaux à l'essence de térébenthine,* avec un produit fabriqué à partir de la résine de pin.

**tergal** **n. m.** [pl. *tergals*] Marque déposée. Tissu synthétique qui ne se froisse pas. *Un pantalon de tergal.*

**tergiverser** **v.** (conjug. 1) Hésiter, avoir du mal à se décider. *Le temps presse, ce n'est plus le moment de tergiverser.*

① **terme** **n. m. 1.** *Nous voilà au terme du voyage,* à la fin du voyage. *Le bébé est né avant terme,* avant la date prévue. *Il faut mettre un terme à cette situation,* la faire cesser. **2.** *Il a des projets à court terme,* des projets qui doivent se réaliser bientôt. *Elle a fait un emprunt à long terme,* un emprunt qu'elle va rembourser sur une longue période. **3.** Loyer. *Dans cet immeuble, le terme se paie tous les trimestres.*
◊ homonyme : thermes.

② **terme** **n. m. 1.** Mot ou expression. *Je ne trouve pas le terme exact. Il connaît beaucoup de termes de marine.* **2.** *Nous sommes en bons termes avec nos voisins,* nous avons de bonnes relations avec eux, nous nous entendons bien avec eux.

**terminer** **v.** (conjug. 1) **1.** Faire arriver à sa fin. → **achever, finir.** *Luc a terminé ses devoirs.* ‖ contr. **commencer, entreprendre** ‖ **2.** Être la dernière partie d'une chose. *Un feu d'artifice termina la fête. — La phrase se termine par un point.* ‖ contr. **débuter** ‖.

▶ **terminaison** **n. f.** *La terminaison d'un mot,* c'est sa fin. → **finale.** *Les terminaisons de l'imparfait sont : -ais, -ais, -ait, -ions, -iez, -aient.*

▶ ① **terminal** **adj.** Final. *Les classes terminales du lycée.* → aussi **terminale. — Au masc. pl.** *terminaux.*

▶ ② **terminal** **n. m.** [pl. *terminaux*] Appareil qui permet d'entrer en contact avec un ordinateur central. *L'écran et le clavier d'un terminal.* → **console.**

▶ **terminale** **n. f.** Dernière classe du lycée. *Elles sont toutes les deux en terminale.*

▶ **terminus** **n. m.** Dernière station d'une ligne de chemin de fer, de cars ou de bus. *Terminus ! Tout le monde descend !* ▷ INTERMINABLE.

**termite** **n. m.** Insecte qui vit en société et qui ronge le bois. ⤔ planche Insectes. *La reine d'une colonie de termites peut pondre dix mille œufs par jour.*

▸ **termitière** **n. f.** Nid de termites. *Les termitières peuvent mesurer jusqu'à six mètres de hauteur.*

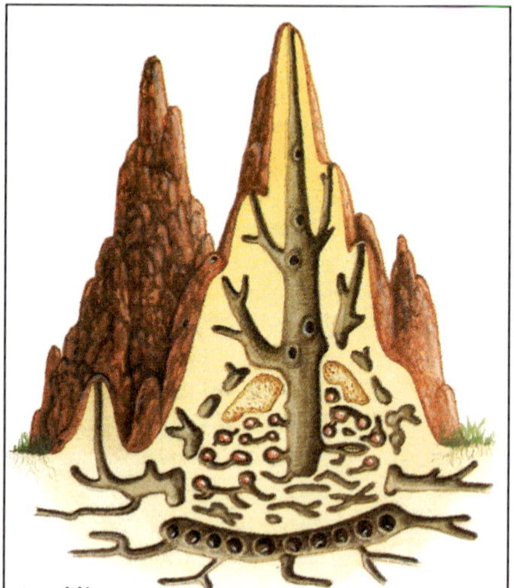
termitière

**terne** **adj. 1.** Sans éclat, sans reflet. *Les femelles des oiseaux ont un plumage plus terne que celui des mâles.* ‖ contr. **éclatant, vif** ‖ **2.** Ennuyeux, sans intérêt. *C'était un personnage terne,* sans originalité. *La conversation était terne.*

▸ **ternir** **v.** (conjug. 2) Rendre terne. *La poussière ternit les meubles. — Les couleurs du tableau se sont ternies au fil des ans.*

**terrain** **n. m. 1.** Sol. *Le terrain est marécageux. Ils ont un véhicule tout terrain,* un véhicule qui peut rouler hors des routes, sur toutes sortes de sols. → aussi **jeep, quatre-quatre. 2.** *Les deux adversaires ont trouvé un terrain d'entente,* ils sont parvenus à s'entendre. **3.** Espace, étendue de terre. *Ils ont acheté un terrain pour y faire construire une maison.* **4.** Endroit aménagé pour un usage particulier. *Un terrain de camping.*

**terrasse** **n. f. 1.** Plate-forme, au sommet d'un immeuble ou d'une maison, qui sert de toit. *Une piscine a été aménagée sur la terrasse.* **2.** Plate-forme en plein air qui prolonge un étage de maison ou d'immeuble, grand balcon. *Il a un appartement avec une terrasse.* **3.** Partie d'un café ou d'un restaurant qui est sur le trottoir. *En été, il y a toujours du monde à la terrasse des cafés.* **4.** *Dans les pays méditerranéens, on pratique la culture en terrasses,* sur des parcelles de terrains qui forment des sortes d'escaliers, à flanc de colline ou de montagne.

**terrassement** **n. m.** *Des travaux de terrassement gênent la circulation,* des travaux qui consistent à creuser et à déplacer la terre.

**terrasser** **v.** (conjug. 1) **1.** *Le boxeur a terrassé son adversaire,* il l'a jeté à terre. **2.** *Il a été terrassé par une crise cardiaque,* il est mort brusquement d'une crise cardiaque.

**terrassier** **n. m.** Ouvrier employé aux travaux de terrassement. *Les terrassiers creusent le sol avec un bulldozer.*

**terre** **n. f. 1.** Planète où vivent les hommes. *La Terre tourne autour du Soleil. Il a parcouru la terre entière,* le monde entier. **2.** Surface sur laquelle vivent les hommes, les animaux et les plantes. *Il y a eu un tremblement de terre au Japon. Flora est tombée par terre. Le métro passe sous terre.* **3.** Matière qui est à la surface de la planète

Terre. *La charrue retourne la terre.* → ① **sol.** **4.** Terrain cultivable. *Il a acheté un lopin de terre.* **5.** Territoire, zone. *Les explorateurs ont découvert des terres encore inconnues.* **6.** *Les marins sont descendus à terre,* ils ont débarqué.

▶ **terre à terre** adj. inv. Qui ne pense qu'aux choses matérielles de la vie de tous les jours et manque de poésie. *Tes préoccupations sont bien terre à terre.*

▶ **terreau** n. m. Engrais naturel fait de terre et de plantes en décomposition. → **humus.** *Le jardinier met du terreau sur les parterres de fleurs.* ▷ ATTERRER, ATTERRIR, ATTERRISSAGE, DÉTERRER, ENTERREMENT, ENTERRER, EXTRA-TERRESTRE, MÉDITERRANÉEN, PARTERRE, PIED-À-TERRE, POMME DE TERRE, SOUTERRAIN, TERRAIN, TERRASSE, TERRASSEMENT, TERRASSER, TERRASSIER, TERRE-PLEIN, se TERRER, TERRESTRE, TERREUX, TERRIEN, TERRIER, TERRIL, TERRINE, TERRITOIRE, TERRITORIAL, TERROIR.

**terre-plein** n. m. Portion de terrain surélevée. *Le terre-plein central de l'autoroute est couvert de gazon.* — Au pl. *Des terre-pleins.*

se **terrer** v. (conjug. 1) Se cacher dans un endroit couvert ou souterrain. *Le lièvre apeuré s'est terré dans son gîte.* → se **tapir.**

**terrestre** adj. **1.** De la planète Terre. *Les montagnes sont les reliefs de l'écorce terrestre.* **2.** Qui vit sur la terre, le sol. *Les chevaux sont des animaux terrestres, les poissons des animaux aquatiques.*

**terreur** n. f. Très grande peur. → **effroi, épouvante, frayeur.** *Les souris lui inspirent une véritable terreur. Des bandes armées semaient partout la terreur.*

**terreux** adj. **1.** *Ces champignons ont un goût terreux,* un goût de terre. **2.** *Elle avait le teint terreux,* terne, blafard. — Au fém. *terreuse.*

**terrible** adj. **1.** Qui fait peur, remplit de terreur. → **affreux, effrayant, effroyable, épouvantable, horrible.** *L'incendie de Londres, en 1666, fut une terrible catastrophe.* **2.** Très fort, très pénible. *Il fait une chaleur terrible.* **3.** Insupportable, turbulent. *Ces enfants sont vraiment terribles, ils ne font que des bêtises.* **4.** Familier. Extraordinaire, formidable. *Yves a un appétit terrible.*

▶ **terriblement** adv. Extrêmement, énormément. *C'est une affaire terriblement compliquée.* → **très.**

**terrien** adj. et n. m., **terrienne** adj. et n. f. **1.** adj. Qui possède des terres. *Ce sont de petits propriétaires terriens.* **2.** n. Habitant de la Terre. *Dans ce roman de science-fiction, les terriens se battent contre les martiens.*

**terrier** n. m. Abri creusé dans la terre par certains animaux. → **tanière.** *Le renard sort de son terrier.*

**terrifier** v. (conjug. 7) Frapper de terreur. → **effrayer, terroriser.** ‖ contr. **rassurer** ‖ *Les rugissements du lion terrifiaient Anne.*

▶ **terrifiant** adj. Qui terrifie. → **effrayant, effroyable.** *Il nous a raconté une histoire terrifiante.*

**terril** [tɛʀil] n. m. Colline formée par les déblais d'une mine. *Dans le nord de la France, on voit beaucoup de terrils.*

**terrine** n. f. **1.** Récipient assez profond, en terre cuite, fermé par un couvercle. *Elle fait cuire un pâté dans une terrine.* **2.** Pâté cuit dans une terrine. *Cette terrine de lièvre est succulente.*

**territoire** n. m. Étendue de terre sur laquelle vivent des êtres vivants. *Les* *troupes ennemies ont envahi notre territoire.*

**territorial** adj. Qui fait partie d'un territoire. *Les eaux territoriales,* c'est la partie de la mer qui borde un pays et qui appartient à ce pays — **Au masc. pl.** *territoriaux.*

**terroir** n. m. Petite partie d'une province. *Ce vieux paysan a l'accent du terroir,* l'accent de la région où il vit.

**terroriser** v. (conjug. 1) Frapper de terreur, faire vivre dans la terreur. → **effrayer, épouvanter, terroriser.** *Les colères de mon père me terrorisent. Julie est terrorisée par l'orage.*

▶ **terrorisme** n. m. Actes de violence faits dans un but politique. *Les attentats, les enlèvements et les détournements d'avions sont des actes de terrorisme.*

▶ **terroriste** n. m. et f. Personne qui participe à des actes de terrorisme. *Les terroristes ont exécuté les otages.* — Adj. *Un attentat terroriste,* c'est un attentat commis par des terroristes.

**tertiaire** adj. *L'ère tertiaire,* c'est la période qui a succédé à l'ère secondaire, il y a 70 millions d'années, et où sont apparues des chaînes de montagnes comme les Alpes. → aussi **primaire, quaternaire, secondaire.**

**tertre** n. m. Petit monticule au sommet aplati.

**tes** → **ton**

**tesson** n. m. Débris de verre ou de terre cuite. *Yves s'est blessé en marchant sur un tesson de bouteille.*

**test** n. m. 1. Examen qui permet de juger l'intelligence ou le caractère d'une personne. *Le psychologue a fait passer des tests à tous les enfants de la classe.* 2. Essai. *La voiture a été soumise à des tests de contrôle.*

▶ **tester** v. (conjug. 1) 1. Soumettre à un test. *Le psychologue a testé les enfants.* 2. Essayer, expérimenter. *Les voitures neuves sont testées avant d'être vendues.* ▷ ALCOOTEST.

**testament** n. m. 1. Texte par lequel une personne prévoit de donner ses biens après sa mort. *Il a fait son testament devant notaire.* 2. *L'Ancien et le Nouveau Testament,* ce sont les deux parties de la Bible.

**testicule** n. m. Glande qui sert à la reproduction chez les hommes et les animaux mâles. *Les testicules produisent des spermatozoïdes.*

**tétanos** n. m. Maladie très grave dans laquelle les muscles se contractent très fort et font très mal. *Elle s'est fait vacciner contre le tétanos.* ▷ ANTITÉTANIQUE.

**têtard** n. m. Petit de la grenouille qui a une grosse tête et un corps fin, et qui vit dans l'eau. *Peu à peu les têtards se métamorphosent et deviennent des grenouilles.*

têtard

**tête** n. f. 1. Partie du corps qui contient le cerveau et les principaux organes des sens. *Il met son chapeau sur sa tête. Julie a mal à la tête.* → **crâne.** — *Yves tient tête à sa mère,* il s'oppose à elle, lui résiste. **2.** *L'accusé a sauvé sa tête,* sa vie. **3.** Visage, figure, face. *Il a une tête sympathique. Julie fait la tête,* elle boude. **4.** Coup de tête dans la balle, au football. *Alex fait une tête et passe la balle à Yves.* **5.** Esprit, cerveau. *Tu as une idée derrière la tête,* tu penses à quelque chose de précis. *Il a pris peur et a perdu la tête,* il s'est affolé. *Il est parti sur un coup de tête,* sans réfléchir. *Elle a fait l'addition de tête,* mentalement, sans la poser. **6.** Personne. *Le repas est revenu à 100 francs par tête.* **7.** Partie haute d'une chose. *Les jardiniers coupent la tête des arbres.* → **cime.** **8.** Partie avant d'une chose. *Il est monté en tête du train. Luc est à la tête de sa classe,* il est le premier.

▸ **tête-à-queue** **n. m. inv.** *La voiture a fait un tête-à-queue,* elle a fait un demi-tour sur elle-même, en dérapant. — **Au pl.** *Des tête-à-queue.*

▸ **tête-à-tête** **n. m. inv.** Entrevue de deux personnes qui se trouvent seules ensemble. *J'ai eu un tête-à-tête avec lui.* — **Au pl.** *Des tête-à-tête.*

▸ en **tête à tête** **adv.** *Ils ont dîné en tête à tête,* seuls tous les deux.

▸ **tête-bêche** **adv.** *Ils ont dormi tête-bêche dans le même lit,* le long l'un de l'autre, les pieds de l'un du côté de la tête de l'autre. ▷ APPUI-TÊTE, CASSE-TÊTE, EN-TÊTE, ENTÊTÉ, ENTÊTEMENT, S'ENTÊTER, TÊTU, À TUE-TÊTE.

**téter** **v.** (conjug. 6) Boire en suçant le sein ou une tétine de biberon. *Le veau tète le lait de la vache. L'enfant tète sa mère.*

▸ **tétée** **n. f.** Repas d'un nourrisson. *Le bébé prend six tétées par jour.*

▸ **tétine** **n. f.** Bouchon en caoutchouc d'un biberon, que tète le bébé.

**têtu** **adj.** Qui refuse de changer d'idée. → **entêté, obstiné.** *Julie est têtue comme une mule.*

**texte** **n. m.** Suite de phrases écrites. *Le texte de la dictée est long.*

▸ **textuellement** **adv.** Mot pour mot. *Je te répète textuellement ce qu'il m'a dit.* → **exactement.** ▷ CONTEXTE.

**textile** **adj.** et **n. m.** **1. adj.** *Les matières textiles,* ce sont les matières qui servent à faire les tissus. *Le coton et la soie sont des matières textiles. L'industrie textile,* c'est l'industrie de la fabrication des tissus. **2. n. m.** Matière qui sert à faire des tissus. *La laine est un textile naturel, le nylon un textile artificiel.*

**T. G. V.** **n. m. inv.** Train à grande vitesse. *Il a pris le T.G.V. pour Lyon.*

**thé** **n. m.** **1.** Feuilles séchées d'un petit arbre d'Asie qui sert à faire une boisson. *L'Inde, la Chine et Sri Lanka sont de grands producteurs de thé.* **2.** Boisson obtenue en faisant infuser des feuilles de thé dans de l'eau bouillante. *Le matin, elle boit du thé.* ▷ THÉIÈRE.

**théâtre** **n. m.** **1.** Art qui consiste à jouer une histoire devant des spectateurs. *Elle voudrait faire du théâtre.* → aussi **acteur, comédien.** *Les comédies et les tragédies sont des pièces de théâtre.* **2.** Bâtiment où ont lieu les spectacles de théâtre. *Ce soir, nous allons au théâtre,* nous allons dans une salle de spectacle voir jouer une pièce de théâtre. **3.** *Un coup de théâtre,* c'est un changement brusque et inattendu. *Son départ précipité a été un vrai coup de théâtre.* **4.** Endroit où se passe un événement. *La ville a été le théâtre d'une célèbre bataille.*

► **théâtral** **adj.** *Une représentation théâtrale,* c'est la représentation d'une pièce de théâtre. — **Au masc. pl.** *théâtraux.* ▷ AMPHITHÉÂTRE.

**théière** **n. f.** Récipient dans lequel on prépare et on sert le thé. *Elle ébouillante la théière avant d'y mettre le thé.*

**thème** **n. m. 1.** Idée sur laquelle on parle ou on réfléchit. *Le thème de la discussion était l'éducation des enfants.* → **sujet. 2.** *Il est bon en thème anglais,* en traduction écrite du français en anglais. → aussi **version.**

**théologie** **n. f.** Étude de la religion.

**théorème** **n. m.** Règle de mathématiques que l'on peut démontrer.

**théorie** **n. f. 1.** Ensemble d'idées qui expliquent quelque chose. *Ce savant a bâti une nouvelle théorie de l'univers.* → **doctrine, système. 2.** Manière abstraite de voir les choses. || contr. ① **pratique** || *En théorie, cette idée est bonne, mais elle est difficile à appliquer.* → en **principe.**

► **théorique** **adj.** *Il a une connaissance théorique de ce domaine,* une connaissance abstraite. || contr. ② **pratique** ||.

► **théoriquement** **adv.** En principe. *Théoriquement, c'est Luc qui aurait dû gagner le match, mais, en fait, c'est Alex qui l'a emporté.*

**thérapeutique** **adj.** Qui permet de guérir. *Les médicaments ont une action thérapeutique.*

**thermes** **n. m. pl.** Bâtiment où l'on venait prendre des bains, dans l'Antiquité. ◊ homonymes : ① et ② terme.

► **thermal** **adj.** *Une eau thermale,* c'est une eau qui sert à soigner certaines maladies. *Évian et La Bourboule sont des stations thermales,* des villes où l'on fait des cures d'eau thermale. — **Au masc. pl.** *thermaux.*

**thermique** **adj.** Qui concerne la chaleur. *L'énergie thermique,* c'est la production de chaleur. *Une centrale thermique,* c'est une centrale qui produit de l'électricité à partir de la chaleur.

**thermomètre** **n. m.** Instrument qui sert à mesurer la température. *Il gèle, le thermomètre indique –2°.*

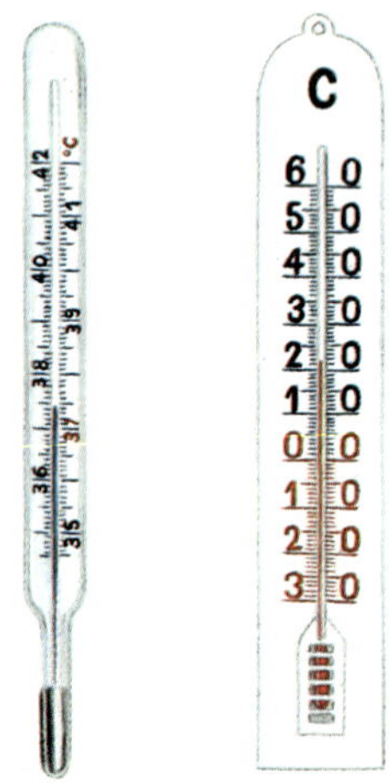


**thermomètre**

**thermonucléaire** **adj.** *Une bombe thermonucléaire,* c'est une bombe atomique à hydrogène, très puissante.

**thermos** [tɛʀmos] **n. m.** ou **f.** Marque déposée. Récipient qui permet de garder un liquide à la même température pendant plusieurs heures. *Elle a mis du thé chaud dans un thermos.* — On dit aussi *une bouteille thermos.*

**thermostat** **n. m.** Appareil qui permet de maintenir constamment la même température. *Il a réglé le thermostat de la chaudière sur 20 degrés.*

**thésauriser** **v.** (conjug. 1) Amasser de l'argent pour se faire un trésor. → **économiser, épargner.** *Il n'achète rien, il thésaurise.* ‖ contr. **dépenser** ‖.

**thèse** **n. f.** Opinion, théorie que l'on pense vraie et que l'on défend. *Je ne suis pas d'accord avec la thèse qu'il soutient.* ▷ HYPOTHÈSE.

**thon** **n. m.** Grand poisson de mer à chair ferme. ⤜ planche Poissons. *On pêche le thon en haute mer.* ◊ homonyme : ton.

▶ **thonier** **n. m.** Bateau servant à la pêche au thon. ⤜ planche Bateaux.

**thorax** **n. m.** Partie du corps humain située entre le cou et l'abdomen, qui contient le cœur et les poumons. → **poitrine, torse.** ⤜ planche Corps humain. *Quand on respire, on gonfle le thorax.*

▶ **thoracique** **adj.** *La cage thoracique,* c'est le thorax.

**thuya** **n. m.** Arbre qui ressemble au cyprès. *Une allée de thuyas menait au château.*

**thym** [tɛ̃] **n. m.** Plante à odeur forte et agréable que l'on utilise en cuisine. *Elle met du thym et du laurier dans la ratatouille.* ◊ homonymes : tain, teint.

**thyroïde** **n. f.** Glande située dans le cou qui joue un rôle important dans la croissance.

**tibia** **n. m.** Os du devant de la jambe. ⤜ planche Corps humain. → aussi **péroné.**

**tic** **n. m.** Geste automatique que l'on répète sans le faire exprès. *Elle cligne sans arrêt des yeux, c'est un tic nerveux.* ◊ homonyme : tique.

**ticket** **n. m.** Petit morceau de carton ou de papier qui donne le droit d'entrer dans un lieu, qui prouve que l'on a payé. → **billet.** *Elle a acheté un carnet de tickets de métro.*

**tic-tac** **n. m. inv.** Bruit sec et répété d'une horloge, d'un réveil ou d'une montre. *Le tic-tac du réveil l'empêchait de dormir.* — **Au pl.** *Des tic-tac.*

**tiède** **adj.** Un peu chaud, ni chaud ni froid. *Julie se lave les dents à l'eau tiède.* ‖ contr. **brûlant, glacé** ‖.

▶ **tiédeur** **n. f.** Température de ce qui est tiède. *Il aime la tiédeur des soirées de printemps.*

▶ **tiédir** **v.** (conjug. 2) Devenir tiède. *Il laisse tiédir son café avant de le boire.*

**tien** **pronom possessif** et **n. m.** **1.** Pronom possessif de la deuxième personne du singulier. *Ce sont mes affaires, occupe-toi des tiennes,* de ce qui te concerne. **2. n. m.** *Tu y as mis du tien,* tu as fait un effort. **3. n. m. pl.** *Il faut penser aux tiens,* à tes parents, tes amis.

**tiens !** → **tenir**

**tiers** **adj.** et **n. m.**

▭ **adj.** **1.** *Les pays du tiers monde,* ce sont les pays les plus pauvres du monde, situés en Afrique, en Asie et en Amérique du Sud. **2.** *Une tierce personne a servi de témoin aux deux automobilistes,* une troisième personne a servi de témoin.

▭ **n. m.** **1.** Troisième personne. *Ils ne se disputent jamais devant des tiers,* devant des étrangers. **2.** *Le tiers,* c'est la partie d'une chose divisée en trois parts égales. *Yves a mangé les deux tiers de la tarte.*

▶ **tiercé** **n. m.** Pari où l'on doit dire quels sont les trois chevaux qui gagneront, dans une course. *Il joue au tiercé chaque semaine.*

**tige** **n. f. 1.** Partie allongée d'une plante, qui commence au-dessus de la racine et qui porte les feuilles. *Les tulipes ont une longue tige souple.* → **queue. 2.** *Une tige de métal,* c'est une barre de métal mince et longue.

**tignasse** **n. f.** Familier. Chevelure touffue et mal peignée. *Julie a une abondante tignasse rousse.*

**tigre** **n. m., tigresse** **n. f.** Grand félin d'Asie au pelage jaune-roux rayé de noir. ⇻ planche Félins. *Le tigre est un dangereux carnassier.*

▶ **tigré** **adj.** *Un chat tigré,* c'est un chat au pelage marqué de bandes foncées.

**tilleul** **n. m.** Grand arbre dont les fleurs blanches ou jaune pâle sentent très fort. ⇻ planche Arbres. *Une allée de tilleuls mène au château. Elle boit du tilleul,* une infusion faite avec les fleurs du tilleul.

① **timbale** **n. f.** Sorte de tambour dont la caisse est arrondie. ⇻ planche Instruments de musique. *Les timbales sont des instruments à percussion.*

② **timbale** **n. f.** Gobelet de métal. *Une timbale d'argent.*

① **timbre** **n. m. 1.** Son particulier d'une voix ou d'un instrument de musique. → **sonorité.** *Il aime le timbre grave de la contrebasse.* **2.** Sonnette. *Yves actionne le timbre de sa bicyclette.*

▶ ① **timbré** **adj.** *Jules a une voix bien timbrée,* une voix qui a un beau timbre.

② **timbre** **n. m. 1.** *Un timbre* ou *un timbre-poste,* c'est un petit morceau de papier collant qui sert à payer l'envoi du courrier par la poste. *Alex colle le timbre sur l'enveloppe. Luc collectionne les timbres.* → aussi **philatélie. 2.** Marque, cachet que doivent porter certains documents. *Un timbre fiscal est collé à l'intérieur de chaque passeport.*

▶ **timbrer** **v.** (conjug. 1) **1.** Coller des timbres. → **affranchir.** *Luc a timbré sa lettre avant de la poster.* **2.** Marquer d'un tampon, d'un cachet. *La postière timbre le courrier.* → **tamponner.**

▶ ② **timbré** **adj. 1.** *Une enveloppe timbrée,* c'est une enveloppe qui porte un timbre. **2.** *Du papier timbré,* c'est un document qui porte un timbre, un tampon de l'administration.

**timide** **adj.** Qui manque de confiance en soi, qui n'ose pas faire les choses. *Anne est un peu timide.* ‖ contr. **audacieux, hardi** ‖.

▶ **timidement** **adv.** De façon timide. *Yves a demandé timidement la permission de sortir.*

▶ **timidité** **n. f.** Caractère d'une personne timide. ‖ contr. **audace** ‖ *Elle essaie de surmonter sa timidité.* ▷ INTIMIDATION, INTIMIDER.

**timonier** **n. m.** Homme qui tient le gouvernail d'un navire. *Le timonier garde le cap.*

**timoré** **adj.** Qui a peur du changement et ne veut pas prendre de risques. → **craintif, pusillanime, timide.** ‖ contr. **audacieux, entreprenant, hardi** ‖ *Flora est une petite fille assez timorée.*

**tinter** **v.** (conjug. 1) Produire des sons clairs et aigus. *Il fit tinter la monnaie dans sa poche.* ◊ homonyme : teinter.

▶ **tintement** **n. m.** Bruit d'une chose qui tinte. *On entend au loin le tintement des cloches de l'église.*

▶ **tintamarre** **n. m.** Ensemble de bruits désagréables. → **tumulte, va-**

**carme.** *On entend le tintamarre des klaxons dans la rue.*

**tique** **n. f.** Insecte parasite de certains animaux (chien, bœuf, mouton). *Les tiques sucent le sang.* ◊ homonyme : tic.

**tir** **n. m. 1.** *Alex fait du tir à l'arc,* il lance des flèches avec un arc. **2.** Coup de pied dans un ballon. → **shoot.** *Yves a réussi un tir au but,* il a envoyé le ballon dans le but.

**tirade** **n. f.** Longue suite de phrases dites par un personnage dans une pièce de théâtre. *Il y a de nombreuses tirades célèbres dans les tragédies de Corneille.*

**tirage** **n. m. 1.** Mouvement de l'air qui est attiré par le feu. *Le tirage de la cheminée est excellent.* **2.** Nombre de livres, de journaux imprimés en une fois. *Le tirage de ce quotidien est de 500 000 exemplaires par jour.* **3.** *Les gagnants seront départagés par tirage au sort,* ils seront tirés au sort.

**tirailler** **v.** (conjug. 1) **1.** Tirer à petits coups dans plusieurs directions. *Il tiraillait nerveusement sa moustache.* **2.** *Je suis tiraillé entre deux envies,* j'hésite entre les deux sans arriver à choisir.

▸ **tiraillement** **n. m.** Crampe, douleur. *Elle a des tiraillements dans la jambe.*

▸ **tirailleur** **n. m.** Soldat isolé qui tire sur l'ennemi pour le harceler.

**tirant d'eau** **n. m.** Hauteur de la coque d'un bateau, entre la surface de l'eau et la quille. *Le bateau a 1,50 m de tirant d'eau.*

**tiré** **adj.** *Elle avait les traits tirés,* marqués par la fatigue.

**tire-bouchon** **n. m.** Instrument qui sert à ouvrir les bouteilles fermées par un bouchon de liège. — *Les cochons ont une queue en tire-bouchon,* une queue en spirale comme la tige d'un tire-bouchon. — **Au pl.** *Des tire-bouchons.*

à **tire-d'aile** **adv.** En donnant des coups d'ailes rapides, sans s'arrêter. *L'oiseau s'est envolé à tire-d'aile.*

**tirelire** **n. f.** Boîte percée d'une fente dans laquelle on met les pièces de monnaie que l'on veut économiser. *Julie a 100 francs dans sa tirelire.*

**tirer** **v.** (conjug. 1) **1.** Déplacer en amenant vers soi. *Dans le train, un voyageur a tiré le signal d'alarme.* **2.** Faire bouger sur le côté pour ouvrir ou fermer. *Elle a tiré les rideaux pour se protéger du soleil.* **3.** Faire avancer en déplaçant derrière soi. → **traîner.** *La voiture tirait une caravane.* ‖ contr. **pousser** ‖ **4.** *Le spectacle tire à sa fin,* il est presque fini. **5.** *Ce bleu tire sur le vert,* il se rapproche du vert. **6.** Envoyer au loin un projectile avec une arme à feu. *Le gangster a tiré un coup de pistolet sur le policier. Le chasseur a tiré un lièvre,* il l'a visé avec son fusil. **7.** Faire sortir une chose de l'endroit où elle est. → **enlever, retirer, sortir.** *Luc a tiré un mouchoir de sa poche.* **8.** Choisir au hasard. *C'est Flora qui a tiré le numéro gagnant. Les sujets d'examen sont tirés au sort.* **9.** *Une voyante lui a tiré les cartes,* lui a prédit l'avenir en consultant les cartes. **10.** *Ils s'en sont bien tirés,* ils s'en sont bien sortis. **11.** Extraire. *On tire de l'huile des olives.* **12.** *Il a bien su tirer parti de la situation,* l'exploiter, en profiter. **13.** Tracer. *Yves tire un trait à la fin de son devoir.* **14.** Imprimer. *Ce livre a été tiré à 10 000 exemplaires.*

▶ **tiret** **n. m.** **1.** Petit trait horizontal qui sert à couper un mot et qui se place en fin de ligne. *Le tiret indique que le mot n'est pas fini.* **2.** Dans un dialogue écrit, petit trait horizontal qui indique qu'une autre personne parle.

▶ **tirette** **n. f.** Tablette que l'on peut tirer dans certains meubles.

▶ **tireur** **n. m.**, **tireuse** **n. f.** **1.** Personne qui tire avec une arme à feu. *C'est un très bon tireur.* **2.** *Une tireuse de cartes,* c'est une femme qui prédit l'avenir en interprétant les cartes. → **cartomancienne.**

▶ **tiroir** **n. m.** Partie d'un meuble en forme de boîte que l'on tire pour l'ouvrir. *Elle range ses pull-overs dans les tiroirs de la commode.*

▶ **tiroir-caisse** **n. m.** Tiroir d'une caisse de magasin où l'argent est enfermé et qui s'ouvre automatiquement quand on appuie sur un bouton. *La caissière met l'argent dans le tiroir-caisse.* — **Au pl.** *Des tiroirs-caisses.*

▷ ATTIRANCE, ATTIRANT, ATTIRER, ÉTIRER, FRANC-TIREUR, RETIRÉ, RETIRER, se RETIRER, SOUTIRER, TIR, TIRAGE, TIRAILLEMENT, TIRAILLER, TIRAILLEUR, TIRANT D'EAU, TIRÉ, TIRE-BOUCHON, à TIRE D'AILE.

**tisane** **n. f.** Boisson chaude à base de plantes. → **infusion.** *Elle boit une tasse de tisane.*

**tison** **n. m.** Reste d'un morceau de bois brûlé, encore incandescent. → aussi **braise.** *Il souffle sur les tisons pour ranimer le feu.*

▶ **tisonnier** **n. m.** Longue barre de fer qui sert à attiser le feu. *Elle remue les braises avec le tisonnier.*

**tisser** **v.** (conjug. 1) Fabriquer un tissu en entrelaçant des fils. *On tisse sur un métier à tisser.* — *Les araignées tissent leur toile,* elles la fabriquent.

▶ **tissage** **n. m.** Action de tisser. *Le tissage de la laine.*

▶ **tisserand** **n. m.**, **tisserande** **n. f.** Ouvrier qui fabrique des tissus sur un métier à tisser.

▶ **tissu** **n. m.** **1.** Assemblage souple de fils entrelacés. → **étoffe.** *La soie est un tissu doux et brillant.* **2.** *L'histoire qu'il nous a racontée est un tissu de mensonges,* une suite de mensonges.

**titre** **n. m.** **1.** Nom d'un livre, d'un poème, d'une chanson ou d'un film. *Quel est le titre de ce roman ? Les titres des journaux,* ce sont les phrases écrites en gros caractères qui présentent les articles. → aussi ② **manchette.** **2.** Qualité de gagnant, de champion. *Ce sportif détient le titre de champion du monde de ski.* **3.** *Un titre de transport,* c'est un billet, un ticket ou une carte qui permet de voyager. **4.** *Elle vient d'être engagée à titre de secrétaire,* comme secrétaire, en tant que secrétaire. *J'y ai droit au même titre que toi,* de la même manière que toi. **5.** *Il s'est plaint à juste titre,* avec raison.

▷ SOUS-TITRE.

**tituber** **v.** (conjug. 1) Marcher en allant de travers. → **chanceler, vaciller.** *L'ivrogne marchait en titubant.*

**titulaire** **adj.** **1.** *Elle est titulaire de son poste,* ce poste lui a été attribué officiellement. ‖ contr. **auxiliaire, suppléant** ‖ **2.** *Il est titulaire du permis de conduire,* il a son permis de conduire.

▶ **titulariser** **v.** (conjug. 1) Rendre une personne titulaire de son poste. *Ce fonctionnaire vient d'être titularisé.*

① **toast** [tost] **n. m.** *Nous portons un toast à l'heureux gagnant,* nous levons notre verre et buvons en son honneur.

② **toast** [tost] **n. m.** Tranche de pain de mie grillée. *Le matin, elle boit du thé et mange des toasts beurrés.*

**toboggan** **n. m.** Piste inclinée sur laquelle on s'amuse à se laisser glisser. *Flora descend à toute allure sur le toboggan.*

**toc** **n. m.** Imitation d'une matière précieuse. *Ce bracelet n'est pas en or, c'est du toc !* c'est du faux. ◊ homonyme : toque.

**tocsin** **n. m.** Sonnerie de cloche qui donne l'alarme. *Autrefois, on sonnait le tocsin en cas d'incendie.*

**toge** **n. f. 1.** Grand morceau de tissu dans lequel se drapaient les Romains. **2.** Grande robe noire portée par les avocats quand ils plaident.

toge

**toi** **pronom personnel** Pronom personnel masculin et féminin de la deuxième personne du singulier. *Toi, tu restes ici. C'est toi qui l'as voulu. Mets-toi là. Elle est plus petite que toi. J'irai sans toi. C'est à toi de jouer.* ◊ homonyme : toit. ▷ TUTOIEMENT, TUTOYER.

**toile** **n. f. 1.** Tissu simple et solide. *Luc porte un pantalon de toile bleue.* **2.** Tableau d'un peintre. *Elle admire les toiles exposées au musée.* **3.** *Une toile d'araignée,* c'est le réseau de fils que fabrique l'araignée. *L'araignée a tissé sa toile entre deux arbustes.*

**toilette** **n. f. 1.** *Faire sa toilette,* c'est se laver. *Julie fait sa toilette avant de s'habiller. Ses affaires de toilette sont sur l'étagère. Une eau de toilette,* c'est un parfum léger. **2.** *Une toilette,* c'est l'ensemble des vêtements que porte une femme. *Les invitées portaient d'élégantes toilettes.*

**toilettes** **n. f. pl.** Endroit où l'on fait ses besoins. → **cabinet, waters, W.-C.** *Les toilettes du café sont au sous-sol.*

**toise** **n. f.** Grande règle verticale qui sert à mesurer la taille. *À la visite médicale, l'infirmière fait passer chaque enfant sous la toise.*

► **toiser** **v.** (conjug. 1) *Elle toisa le nouveau venu des pieds à la tête,* elle le regarda avec mépris de haut en bas. → **dévisager, examiner.**

**toison** **n. f.** Pelage laineux des moutons.

**toit** **n. m. 1.** Dessus d'un bâtiment, qui le protège. → **toiture.** *Dans le Midi, les maisons ont des toits de tuiles.* **2.** Dessus de la carrosserie d'un véhicule. *Cette voiture a un toit ouvrant.* ◊ homonyme : toi.

► **toiture** **n. f.** *Il faut refaire la toiture de la maison,* le toit.

**tôle** **n. f.** Feuille de fer ou d'acier. *Le toit du garage est en tôle ondulée.*

**tolérer** **v.** (conjug. 6) **1.** Permettre une chose qui pourrait ou devrait être interdite. → **autoriser.** || contr. **défendre, interdire** || *On tolère le stationnement sur le trottoir de l'avenue.* **2.** Supporter avec patience. *Je ne tolère pas que tu me parles sur ce ton.* → **admettre.**

► **tolérable** **adj.** *Ton insolence n'est pas tolérable,* on ne peut pas la tolérer, la supporter. || contr. **intolérable** ||.

► **tolérance** **n. f.** Qualité d'une personne qui respecte les idées ou les façons d'agir différentes des siennes. *Il faut faire preuve de tolérance à l'égard d'autrui.* || contr. **intolérance** ||.

► **tolérant** **adj.** *C'est une femme très tolérante,* qui respecte les idées différentes des siennes. || contr. **intolérant** ||

▷ INTOLÉRABLE, INTOLÉRANCE, INTOLÉRANT.

**tollé** **n. m.** Cris de protestation. → **huées.** *L'élimination d'un des joueurs déclencha un tollé général dans le public.* || contr. **acclamation, ovation** ||.

**tomate** **n. f.** Fruit rouge de forme arrondie que l'on mange comme légume, cru ou cuit. *Elle a préparé une salade de tomates. Il mange des spaghettis avec de la sauce tomate,* avec de la sauce à la tomate.

**tombe** **n. f.** Fosse creusée dans la terre, où l'on enterre un mort. → **sépulture.** *Il est allé au cimetière se recueillir sur la tombe de sa mère.*

► **tombal** **adj.** *Une pierre tombale,* c'est une dalle de pierre qui recouvre une tombe. *Le nom du défunt est gravé sur la pierre tombale.* — **Au masc. pl.** *tombaux.*

► **tombeau** **n. m.** Monument élevé sur une tombe. → aussi **caveau, mausolée.** *Yves est allé visiter le tombeau de Napoléon, aux Invalides. — Elle roule à tombeau ouvert,* très vite. — **Au pl.** *Des tombeaux.*

**tomber** **v.** (conjug. 1) **1.** Faire une chute. *Flora est tombée par terre de tout son long. Je tombe de sommeil,* j'ai du mal à me tenir debout tellement je suis fatigué. **2.** Descendre très vite vers le sol. *La neige tombe depuis deux jours.* **3.** *En hiver, la nuit tombe tôt,* elle arrive tôt. **4.** Baisser. *La température est tombée au-dessous de zéro.* → **descendre.** **5.** Devenir. *Elle est tombée malade.* **6.** Arriver, se produire. *Cette année, Noël tombe un lundi. Te voilà, Luc, cela tombe bien !* **7.** *Je suis tombé sur lui dans la rue,* je l'ai rencontré par hasard.

► **tombée** **n. f.** *Ils ont marché jusqu'à la tombée de la nuit,* jusqu'à ce que la nuit arrive. → aussi **crépuscule.**

► **tombereau** **n. m.** Benne d'un camion qui peut basculer vers l'arrière. *On a déchargé deux tombereaux de sable,* le contenu de deux tombereaux.

▷ RETOMBÉES, RETOMBER.

**tombola** **n. f.** Loterie où l'on gagne des objets. *Julie et Anne vendent des billets de tombola pour la kermesse de l'école.*

**tome** **n. m.** *Ce dictionnaire comporte six tomes,* six volumes. ◊ homonyme : tomme.

**tomette** **n. f.** Petit carreau plat de brique rouge, à six côtés. *Le sol des maisons provençales est souvent recouvert de tomettes.*

**tomme** **n. f.** Fromage de Savoie à pâte dure. ◊ homonyme : tome.

① **ton** **adj. possessif m.,** **ta** **adj. possessif f.,** **tes** **adj. possessif pl.** Qui est à toi, t'appartient. → aussi **tien.** *Ton frère, ta sœur, tes parents et ton amie Lucie t'attendent dehors.* ◊ homonyme : thon.

② **ton** **n. m. 1.** Façon de parler qui, selon le son et la vitesse, exprime les sentiments que l'on ressent. → **intonation.** *Elle répondit d'un ton sec.* **2.** Hauteur des sons émis par la voix, dans le chant. *Tous les chanteurs de la chorale chantent dans le même ton.* **3.** *Elle s'habille avec une élégance de bon ton,* comme il faut. **4.** Couleur. → **coloris, nuance, teinte.** *Flora aime beaucoup les tons clairs.*

▶ **tonalité** **n. f. 1.** Qualité du son. *Cette chaîne a une bonne tonalité.* **2.** Son que l'on entend quand on décroche le téléphone. *L'appareil est en dérangement, il n'y a pas de tonalité.*

▷ ENTONNER, INTONATION, MONOTONE, MONOTONIE.

**tondre** **v.** (conjug. 41) **1.** Couper à ras le poil d'un animal ou les cheveux d'une personne. *Le berger a tondu les moutons.* **2.** Couper très court. *Le jardinier tond la pelouse.*

▶ **tondeuse** **n. f. 1.** Instrument qui sert à tondre le poil ou les cheveux. *Le coiffeur lui rase la nuque avec une tondeuse.* **2.** *Une tondeuse à gazon,* c'est une machine qui coupe l'herbe.

▷ TONSURE, TONTE.

**tonifier** **v.** (conjug. 7) Rendre plus fort, plus dynamique. → **fortifier.** *Ce bain glacé l'a tonifié.*

**tonique** **adj.** Qui donne de l'énergie, du tonus, stimule. *L'air marin est tonique.* → **stimulant, vivifiant.**

**tonitruant** **adj.** *Il a une voix tonitruante,* très forte.

**tonnage** **n. m.** *Le tonnage d'un navire,* c'est le volume de marchandises qu'il peut transporter. → aussi **capacité.**

**tonne** **n. f. 1.** Unité de poids valant mille kilos. **2.** Familier. Grande quantité. *Elle a épluché des tonnes de légumes.*

▶ ① **tonneau** **n. m.** Unité de volume utilisée pour mesurer le tonnage des bateaux. *Un bateau de 200 tonneaux.*

▷ TONNAGE.

② **tonneau** **n. m. 1.** Grand récipient en bois, cerclé de fer, plus large au milieu qu'aux extrémités. *On fait vieillir le vin dans des tonneaux.* → **barrique, fût.** **2.** Tour complet que fait une voiture quand elle se renverse. *La voiture a fait trois tonneaux.*

▶ **tonnelet** **n. m.** Petit tonneau. *Un tonnelet d'eau-de-vie.*

▶ **tonnelier** **n. m.** Fabricant de tonneaux.

**tonnelle** **n. f.** Petit abri au sommet arrondi, fait d'un treillage sur lequel grimpent des plantes. → aussi **pergola.** *Nous nous sommes mis à l'ombre sous la tonnelle du jardin.*

**tonner** **v.** (conjug. 1) *Il tonne,* il y a du tonnerre.

▶ **tonnerre** **n. m. 1.** Bruit de la foudre qui accompagne l'éclair pendant un orage. *On entendit un coup de tonnerre.* **2.** Bruit très fort. *Le chanteur entra en scène sous un tonnerre d'applaudissements.* ▷ PARATONNERRE.

**tonsure** **n. f.** Petit cercle rasé, au sommet du crâne. *Les moines portent la tonsure.*

**tonte** **n. f.** *Voici l'époque de la tonte des moutons,* l'époque où on les tond.

**tonton** **n. m.** Nom affectueux que les enfants donnent à leur oncle.

**tonus** [tɔnys] **n.m.** Énergie, dynamisme. *Ces vitamines redonnent du* *tonus aux gens fatigués.* → **vigueur** et aussi **tonique.**

**topaze** **n. f.** Pierre précieuse jaune et transparente. ⋙ planche Minéraux.

**topographie** **n. f.** Relief d'un terrain. *La topographie d'une région.*

**toquade** **n. f.** Caprice, goût passager pour quelque chose. → **engouement, lubie.** *Il veut apprendre le vol à voile : c'est sa dernière toquade.*

**toque** **n. f.** Coiffure assez haute et sans bords. *Une toque de fourrure.* ◊ homonyme : toc.

**torche** **n. f. 1.** Bâton enduit de résine ou de cire que l'on enflamme pour éclairer. → **flambeau.** *Des porteurs de torches ouvraient la procession.* **2.** *Une torche électrique,* c'est une lampe électrique portative, de forme cylindrique.

**torchis** [tɔʀʃi] **n. m.** Mélange de terre et de paille utilisé dans la construction. *Des murs en torchis.*

**torchon** **n. m. 1.** Morceau de tissu qui sert à essuyer la vaisselle. *Elle essuie les verres avec un torchon propre.* → aussi **essuie-main, serviette. 2.** En Belgique. Serpillière.

**tordre** **v.** (conjug. 41) **1.** Déformer un objet en tournant les deux extrémités en sens contraire. *Elle tord les draps mouillés pour les essorer.* **2.** Plier un objet rigide. *Le vent tordait les branches.* **3.** Plier brutalement une articulation. *Julie s'est tordu la cheville.* **4.** *Elle se tord de douleur sur son lit,* elle se plie en deux de douleur.

▸ **tordant** **adj.** Familier. Très drôle, très amusant. *Il nous a raconté des histoires tordantes.* ▷ CONTORSION, ENTORSE, ENTORTILLER, TORSADE, TORSION, TORTICOLIS, TORTILLARD, TORTILLER, TORTUEUX.

**torero** [tɔʀeʀo] **n. m.** Homme qui affronte le taureau, dans une corrida.

torero

*Plusieurs toreros se sont succédé dans l'arène.* → aussi **matador.**

**tornade** **n. f.** Vent extrêmement violent qui dévaste tout sur son passage. → **cyclone, ouragan.**

**torpeur** **n. f.** État d'une personne à moitié endormie. → **assoupissement, somnolence.** *Allongée au soleil, elle sentait une douce torpeur l'envahir.*

**torpille** **n. f. 1.** Engin explosif à moteur que l'on lance dans l'eau. *Des torpilles ont coulé le navire.* **2.** Poisson qui ressemble à la raie et qui produit des décharges électriques pour paralyser ses proies.

▸ **torpiller** **v.** (conjug. 1) *Le sous-marin a torpillé le navire,* il l'a fait exploser en lançant des torpilles.

▸ **torpilleur** **n. m.** Bateau de guerre qui lance des torpilles.

**torréfier** **v.** (conjug. 7) Faire griller. *On torréfie le tabac pour le faire sécher et le café pour lui donner de l'arôme.*

▶ **torréfaction** **n. f.** *La torréfaction du tabac,* c'est le fait de le torréfier, de le faire griller.

**torrent** **n. m. 1.** Cours d'eau rapide et irrégulier, à pente très forte. *Un torrent dévale la montagne.* **2.** *Il pleut à torrents,* très fort.

▶ **torrentiel** **adj.** *Les inondations ont été provoquées par des pluies torrentielles,* par de très fortes pluies.

**torride** **adj.** Extrêmement chaud. *En Afrique, il fait souvent une chaleur torride.* → **brûlant.**

**torsade** **n. f.** Rouleau de fils tordus ensemble, qui sert de décoration. *Les rideaux sont retenus par des torsades de soie. Anne s'est fait une torsade avec ses cheveux,* elle a enroulé ses cheveux sur eux-mêmes.

**torse** **n. m.** Haut du corps humain, entre le cou et la taille. ⋙ planche Corps humain. → **buste, poitrine.** *Alex est torse nu.*

**torsion** **n. f.** *Yves a immobilisé Luc par une torsion du bras,* en lui tordant le bras.

**tort** **n. m. 1.** Mauvaise conduite ou mauvaise action. *Le coupable a reconnu ses torts.* **2.** Erreur. *Ce serait un tort de ne pas venir avec nous.* **3.** *Ces médisances lui ont fait du tort,* lui ont nui, porté préjudice. **4.** *Tu as tort de dire cela,* tu commets une erreur en le faisant. ‖ contr. **raison** ‖ **5.** *Le commissaire l'a soupçonné à tort,* il s'est trompé en le soupçonnant. *Julie parle souvent à tort et à travers,* sans réfléchir. **6.** *L'automobiliste qui a provoqué l'accident est dans son tort,* il est en faute. ‖ contr. ③ **droit** ‖.

**torticolis** **n. m.** Douleur dans le cou qui empêche de tourner la tête.

**tortiller** **v.** (conjug. 1) **1.** Tourner en faisant plusieurs tours. *Flora tortillait une mèche de ses cheveux.* **2.** *Arrête de te tortiller sur ta chaise !* de te tourner d'un côté et de l'autre sur toi-même.

▶ **tortillard** **n. m.** Petit train qui va très lentement et qui fait de nombreux détours.

**tortionnaire** **n. m.** Personne qui torture. → **bourreau.** *Le prisonnier n'a rien avoué à ses tortionnaires.*

**tortue** **n. f.** Animal dont le corps est enfermé dans une carapace d'où sortent la tête, munie d'un bec corné, et quatre pattes courtes. *Les tortues sont des reptiles terrestres ou marins.*

tortue

**tortueux** **adj.** *Les rues de la vieille ville sont tortueuses,* elles font de nombreux détours. → **sinueux.** ‖ contr. **rectiligne** ‖.

**torture** **n. f. 1.** Souffrance physique que l'on fait subir à une personne pour lui faire avouer ce qu'elle refuse de dire. → **supplice.** *Le prisonnier a dénoncé ses complices sous la torture.* **2.** Souffrance très pénible à endurer. *Cette attente interminable est une véritable torture.* → **martyre, tourment.**

▶ **torturer** **v.** (conjug. 1) **1.** Faire subir des tortures. *Les otages ont été atrocement torturés.* **2.** Faire beaucoup souffrir. *La jalousie le torturait.*

**tôt** **adv.** Avant le moment habituel ou normal. *Je me suis levé tôt ce matin,* de bonne heure. ‖ contr. **tard** ‖ *Les invités sont arrivés plus tôt que prévu. Ce travail sera fini dans huit jours au plus tôt,* pas avant huit jours. *Venez le plus tôt possible,* dès que possible. *Il ne recommencera pas de si tôt,* pas avant longtemps. ◊ homonyme : taux. ▷ AUSSITÔT, BIENTÔT, SITÔT, TANTÔT.

**total** **adj.** et **n. m. 1. adj.** Complet, absolu. *J'ai une totale confiance en lui.* → **entier.** — **Au masc. pl.** *totaux.* **2. n. m.** Le nombre total, la quantité totale. *Le total des dépenses s'élève à 1 200 francs.* → **montant, somme.** — **Au pl.** *Des totaux.*

▶ **totalement** **adv.** Complètement, tout à fait. *Yves est totalement guéri de son angine.* → **entièrement.**

▶ **totaliser** **v.** (conjug. 1) Avoir au total. *Le joueur qui totalise le plus de points a gagné.*

▶ **totalité** **n. f.** Ensemble de toutes les parties d'un tout. *Il a dépensé la totalité de la somme,* toute la somme. ‖ contr. **fraction, partie** ‖.

▶ **totalitaire** **adj.** *Un régime totalitaire,* c'est un régime politique dans lequel un seul parti gouverne sans admettre d'opposition. *Les régimes totalitaires sont des dictatures.*

**totem** [tɔtɛm] **n. m.** Animal protecteur d'un clan. *Cette tribu indienne a un aigle pour totem.*

totem

**toucan** **n. m.** Oiseau d'Amérique du Sud, à très gros bec et aux couleurs vives. ⋙ planche Oiseaux.

① **toucher** **v.** (conjug. 1) **1.** Entrer en contact. *Elle touche le radiateur pour s'assurer qu'il est chaud. Le chasseur a touché le lièvre,* il l'a atteint, blessé par balle. **2.** Être tout proche. *Le presbytère touche l'église.* — *Ces deux maisons se touchent.* **3.** Entrer en contact avec quelqu'un, par lettre ou par téléphone. → **contacter, joindre.** *Où peut-on vous toucher pendant les vacances ?* **4.** Recevoir. *Il touche son salaire le 30 du mois.* **5.** Émouvoir. *Votre gentillesse m'a beaucoup touché.* **6.** *Ne touche pas à ces fils électriques, c'est dangereux,* ne pose pas la main sur eux. **7.** *L'été touche à sa fin,* il se termine.

▶ ② **toucher** **n. m.** Sens qui permet de sentir et de reconnaître avec la peau. *Le velours est doux au toucher.*

▸ **touchant** adj. Émouvant. *Cette histoire est très touchante.*

▸ ① **touche** n. f. 1. Secousse que donne un poisson qui mord à l'hameçon. *Le pêcheur a senti une touche au bout de la ligne.* 2. Couleur posée d'un coup de pinceau. *Le peintre ajouta une touche de bleu sur la toile.*

▸ ② **touche** n. f. Petit levier que l'on frappe avec les doigts sur un clavier. *Les touches blanches et les touches noires d'un piano. Les touches d'un clavier de machine à écrire.* ▷ RETOUCHE, RETOUCHER.

**touffe** n. f. Groupe de poils, de brins réunis à la base. *Les enfants ont arraché des touffes d'herbe.*

▸ **touffu** adj. Épais, dense. *Il a une barbe touffue.* || contr. **clairsemé** ||.

**toujours** adv. 1. Tout le temps, sans cesse. → **constamment, continuellement.** *Anne est toujours en retard.* || contr. **jamais** || 2. *Cela fait une heure que je l'attends et il n'est toujours pas là,* et encore maintenant il n'est pas là. 3. De tout temps. *Julie a toujours aimé les chats.* 4. *Il est parti pour toujours,* définitivement, à tout jamais.

**toupet** n. m. Familier. Audace. → fam. **culot.** *Il a eu le toupet de me demander de l'argent. Il ne manque pas de toupet ! Quel toupet !*

**toupie** n. f. Jouet formé d'un cône qui reste en équilibre sur sa pointe en tournant.

① **tour** n. f. 1. Construction en hauteur qui domine un bâtiment. *Le château est flanqué de deux tours.* → aussi **donjon, tourelle.** 2. Construction élevée, beaucoup plus haute que large. *Du haut de la tour Eiffel, on voit tout Paris. Ils habitent au 20^e^ étage d'une tour.* → aussi **gratte-ciel.** ▷ TOURELLE.

② **tour** n. m. 1. Circonférence, pourtour. *Quel est ton tour de taille ?* 2. *Le gardien a fait le tour de la maison,* il a tourné autour. *Alex aimerait faire le tour du monde,* parcourir le monde, voyager dans le monde entier. 3. Promenade. *Il fait beau, allons faire un tour !* 4. Mouvement tournant. *Elle a donné deux tours de clé pour fermer la porte.* 5. Exercice difficile, qui demande de l'habileté. *Le prestidigitateur fait des tours de magie. Il a accompli un tour de force,* un exploit. 6. Farce, blague. *Yves a joué un tour à Luc en lui cachant son livre.* 7. *Julie, c'est ton tour de jouer,* c'est à toi. *La maîtresse interroge les élèves à tour de rôle,* l'un après l'autre. 8. *Le chanteur a été très applaudi à la fin de son tour de chant,* de son récital. 9. Façon dont une situation évolue. → **tournure.** *Les choses ont pris un tour inquiétant.*

③ **tour** n. m. Machine tournante qui permet de fabriquer des objets. *Les potiers font de la poterie avec un tour.* → aussi **tourneur.**

**tourbe** n. f. Matière formée par la décomposition de plantes qui pourrissent à l'abri de l'air. *On peut se chauffer en brûlant de la tourbe séchée.*

▸ **tourbière** n. f. Marécage d'où l'on extrait la tourbe. *Il y a des tourbières en Irlande.*

**tourbillon** n. m. *La voiture soulevait des tourbillons de poussière,* de la poussière qui s'élevait en tournant rapidement. *Ici, la rivière fait de dange-*

*reux tourbillons,* l'eau tourne sur elle-même en produisant un courant dangereux.

▶ **tourbillonner** v. (conjug. 1) Former des tourbillons. *La neige tourbillonnait devant la porte.* → **tournoyer.**

**tourelle** n. f. 1. Petite tour. *Les tourelles d'un château.* 2. *La tourelle d'un tank,* c'est la partie qui tourne, sur laquelle se trouve le canon.

**tourisme** n. m. *Cet été, nous avons fait du tourisme en Bretagne,* nous avons voyagé pour notre plaisir et avons visité la Bretagne.

▶ **touriste** n. m. et f. Personne qui voyage pour son plaisir. *Le groupe de touristes est accompagné d'un guide.*

▶ **touristique** adj. Fait pour les touristes. *Elle a acheté un guide touristique de l'Italie. Rome est une ville touristique,* une ville qui attire les touristes.

**tourment** n. m. Grave souci, tracas. *Cette démarche lui a donné bien du tourment.*

▶ **tourmente** n. f. Violente tempête. *Le bateau a été pris dans la tourmente.*

▶ **tourmenter** v. (conjug. 1) Faire souffrir volontairement. → **maltraiter.** *Julie, arrête de tourmenter ce pauvre chat ! — Ne vous tourmentez pas, tout ira bien,* ne vous faites pas de souci. → se **tracasser.**

**tournage** n. m. *Le tournage d'un film,* c'est le fait de faire un film, de le tourner. → **réalisation.** *Le tournage a duré trois mois.*

**tournant** n. m. Endroit où une route fait une courbe. → **virage.** *Ralentissez, ce tournant est dangereux.*

**tourne-disque** n. m. Appareil qui sert à écouter des disques. → aussi **électrophone,** ① **platine.** — Au pl. *Des tourne-disques.*

**tournedos** n. m. Tranche de filet de bœuf. *Ils ont commandé deux tournedos grillés.*

**tournée** n. f. 1. *Le facteur fait sa tournée,* il distribue le courrier selon un itinéraire qui est toujours le même. 2. *Une tournée théâtrale,* c'est un voyage effectué par une compagnie de théâtre pour jouer une pièce dans différents endroits. *La troupe est partie en tournée à l'étranger.*

en un **tournemain** adv. Très vite, en un instant. *Les bagages furent faits en un tournemain.*

**tourner** v. (conjug. 1) 1. Bouger autour d'un axe. *La clé tourne dans la serrure.* 2. Faire bouger, faire pivoter. *Tournez la poignée vers la gauche pour ouvrir. Elle tourne la salade,* elle la remue pour la mélanger à la sauce. 3. Bouger en décrivant une courbe. *La Terre tourne autour du Soleil.* 4. *J'ai la tête qui tourne,* je suis étourdi. 5. Fonctionner. *Le moteur tourne,* il marche. *Il y a quelque chose qui ne tourne pas rond,* qui ne va pas. 6. Diriger en sens inverse. *Anne tourna la tête vers la porte.* 7. Changer de direction. *Au prochain feu, tu tourneras à droite.* 8. *Voilà une bonne manière de tourner la difficulté,* de l'éviter en la contournant. 9. *Ce film a été tourné en Afrique,* il a été fait en Afrique. 10. Fabriquer avec un tour. *Le potier tourne un vase.* 11. *Tu tournes tout en ridicule,* tu donnes à tout un aspect ridicule. 12. *Le temps tourne à l'orage,* il devient orageux. 13. *Leur aventure a bien tourné,* elle s'est bien terminée. **14.** *Le lait a tourné,* il est devenu aigre. ▷ ALENTOURS, AUTOUR, CONTOUR, CONTOURNER, DEMI-TOUR, DÉTOUR, DÉTOURNÉ, DÉTOURNEMENT, DÉTOURNER, ENTOURAGE, ENTOURER, POURTOUR, RETOUR, RETOURNEMENT, RETOURNER, ② et ③ TOUR, TOURISME, TOURISTE, TOURISTIQUE, TOURNAGE, TOURNANT, TOURNE-DISQUE, TOURNÉE, en un TOURNE-MAIN, TOURNESOL, TOURNEUR, TOURNEVIS, TOURNIQUET, TOURNIS, TOURNOIEMENT, TOURNOYER, TOURNURE.

**tournesol** **n. m.** Plante à grosse fleur jaune qui se tourne vers le soleil. ⋙ planche Fleurs. *On fait de l'huile de table avec le tournesol.*

**tourneur** **n. m.** Ouvrier qui travaille sur un tour. *Un tourneur sur métaux fabrique des pièces métalliques.* → aussi ③ **tour.**

**tournevis** [tuʀnəvis] **n. m.** Outil qui sert à visser et à dévisser des vis.

**tourniquet** **n. m.** Appareil formé d'une croix qui tourne en ne laissant passer qu'une personne à la fois. *Il faut passer par un tourniquet pour entrer dans le supermarché.*

**tournis** [tuʀni] **n. m.** Familier. Vertige. *Arrête de bouger, tu me donnes le tournis.*

**tournoi** **n. m. 1.** Au Moyen Âge, combat entre deux chevaliers armés de lances. → **joute. 2.** Compétition sportive. *Alex a remporté le tournoi de ping-pong.*

**tournoyer** **v.** (conjug. 8) Tourner en faisant des cercles. → **tourbillonner.** *Les feuilles mortes tournoyaient en tombant.*

▸ **tournoiement** **n. m.** Mouvement de ce qui tournoie. *Luc observe le tournoiement des flocons de neige.*

**tournure** **n. f. 1.** *Je n'aime pas la tournure que prend cette affaire,* la façon dont elle évolue. **2.** *Il a une drôle de tournure d'esprit,* une drôle de façon de voir les choses. **3.** Forme d'une phrase, expression. *N'employez pas de tournures trop compliquées dans vos rédactions.*

**tourteau** **n. m.** Gros crabe de l'Atlantique, à carapace brune, lisse et large. ⋙ planche Crustacés et coquillages. *La chair des tourteaux est délicate.*

**tourterelle** **n. f.** Oiseau qui ressemble au pigeon, mais qui est plus petit. *Un couple de tourterelles roucoule dans le jardin.*

**tous** → **tout**

**Toussaint** **n. f.** Fête catholique de tous les saints. *La Toussaint se fête le 1er novembre.*

**tousser** **v.** (conjug. 1) Chasser de l'air par la bouche en faisant un bruit qui part de la gorge. → aussi **toux.** *Anne a une bronchite, elle tousse sans arrêt.*

▸ **toussoter** **v.** (conjug. 1) Tousser sans faire beaucoup de bruit. *Il toussota pour signaler sa présence.*

▸ **toussotement** **n. m.** Petite toux.

① **tout** **adj., pronom et adv.**

▭ **adj. 1.** Complet, entier. *Il a plu toute la journée. J'ai tout mon temps. Tout le monde est content.* **2.** *Tous les amis de Julie étaient là pour son anniversaire,* l'ensemble de ses amis. ‖ contr. **aucun, nul** ‖ **3.** *Ils s'écrivent toutes les semaines,* chaque semaine. **4.** *Un cadeau sera remis à toute personne qui présentera ce bon,* à n'importe quelle personne. → **quiconque.**

▭ **pronom 1.** *Les enfants de la classe savent tous lire et écrire,* l'ensemble des enfants sait lire et écrire. **2.** L'ensemble des choses. *Il sait tout faire.* ‖ contr. **rien** ‖ *Cela fera cent francs en tout,* au total. *Elle est gentille comme tout,* elle est très gentille.

▭ **adv. 1.** Entièrement, complètement. *Sa voiture est toute neuve. Flora était tout étonnée. Ces chatons sont tout jeunes.* — On écrit toujours *tout* devant un adjectif masculin et devant un adjectif féminin commençant par une voyelle ou un *h* muet. **2.** *Tout à fait,* complètement, entièrement. *Ce n'est pas tout à fait pareil.* → **absolument, exactement.** ◇ homonyme : toux.

► ② **tout** **n. m.** [pl. *touts*] **1.** *Le tout,* c'est l'ensemble des choses. *Le marchand nous a vendu le tout pour cent francs.* **2.** *Un tout,* c'est un ensemble formé de plusieurs parties. *Les membres d'une même famille forment un tout.* **3.** *Le tout est de ne pas s'énerver,* le plus important est de ne pas s'énerver. → **principal. 4.** *Il ne fait pas froid du tout,* il ne fait absolument pas froid. **5.** *Il a changé du tout au tout,* complètement.

► **tout-à-l'égout** **n. m. inv.** Ensemble de tuyaux qui envoient les eaux sales d'une maison dans les égouts. — **Au pl.** *Des tout-à-l'égout.*

► **toutefois** **conjonction** et **adv.** Cependant, néanmoins. *Ce devoir est bon, toutefois l'orthographe laisse à désirer.*

► **tout-venant** **n. m.** Tout ce qui se présente. *Il n'a pas choisi, il a pris le tout-venant.* ▷ FAITOUT, FOURRE-TOUT, PARTOUT, PASSE-PARTOUT, RISQUE-TOUT, SURTOUT, TOUJOURS, TOUSSAINT, VA-TOUT, à tout VENANT.

**toux** **n. f.** Bruit que l'on fait quand on tousse. *Luc a eu un violent accès de toux.* → **quinte.** *Anne prend du sirop contre la toux.* ◇ homonymes : ① et ② tout. ▷ TOUSSER, TOUSSOTEMENT, TOUSSOTER.

**toxique** **adj.** Dangereux pour la santé. → aussi **poison.** *Les voitures rejettent des gaz toxiques. Ce champignon est toxique.* → **vénéneux.**

► **toxicomane** **n. m.** et **f.** Personne qui se drogue. → **drogué.** *Dans cet hôpital, on soigne des toxicomanes.* ▷ DÉSINTOXICATION, DÉSINTOXIQUER, INTOXICATION, INTOXIQUER.

**trac** **n. m.** Peur que l'on ressent avant de parler en public ou de passer un examen. *Beaucoup de comédiens ont le trac avant de monter sur scène.*

**tracasser** **v.** (conjug. 1) Donner du souci, tourmenter. *Ses ennuis de santé le tracassent beaucoup.* — *Tout ira bien, ne vous tracassez pas,* ne vous faites pas de souci. → s'**inquiéter.**

► **tracas** **n. m.** Souci, tourment. *Ce déménagement nous a donné bien du tracas.*

► **tracasserie** **n. f.** Petit ennui, petite difficulté sans importance. *Que de temps perdu avec les tracasseries administratives !*

**tracer** **v.** (conjug. 3) **1.** Dessiner avec des traits. *La maîtresse a tracé un cercle au tableau.* **2.** Indiquer un chemin en faisant une trace. *Le bateau trace un sillage dans la mer.*

► **tracé** **n. m.** *Sur cette carte, le tracé des autoroutes est en rouge,* le dessin du parcours des autoroutes est représenté par une ligne rouge.

► **trace** **n. f. 1.** Empreinte laissée par le passage d'un être vivant ou d'un objet. *Il y avait des traces de pneus sur le sol.* **2.** Marque, tache. *Il y a des traces de rouge à lèvres sur ce verre.* **3.** Reste. *Les archéologues retrouvent les traces des civilisations disparues.* → **vestige. 4.** *On a retrouvé des traces de poison dans l'estomac de la victime,* on a retrouvé de très petites quantités de poison. ▷ RETRACER.

**trachée** n. f. Conduit qui va de la gorge aux bronches, par où passe l'air que l'on respire. — On dit aussi *la trachée-artère.*

**tract** n. m. Feuille de papier sur laquelle sont imprimées des idées que l'on veut faire connaître. *Les grévistes distribuent des tracts pour expliquer les raisons de leur grève.*

**tractation** n. f. Discussion longue au cours de laquelle on négocie pour obtenir quelque chose. → **négociation.** *Après d'interminables tractations, un marché s'est conclu entre les deux partenaires.*

**tracteur** n. m. Véhicule à moteur qui sert à tirer des remorques ou des machines agricoles.

tracteur

**traction** n. f. Force qui permet de tirer. *La plupart des trains utilisent la traction électrique,* sont tirés par des locomotives électriques. *Cette voiture est à traction avant,* le moteur fait tourner ses roues avant.

**tradition** n. f. Coutume, usage qui se transmet de génération en génération. *C'est une tradition de se souhaiter « bonne année » le 1er janvier.*

▸ **traditionnel** adj. Qui se fait, a lieu selon la tradition. *Ils ont assisté au traditionnel défilé du 14 Juillet.* — Au fém. *traditionnelle.*

**traduire** v. (conjug. 38) **1.** Exprimer dans une langue ce qui était dans une autre. *L'interprète traduit en français le discours du ministre suédois.* **2.** Exprimer, montrer. *Sa voix traduisait une grande émotion. — La crise se traduit par un chômage important.*

▸ **traducteur** n. m., **traductrice** n. f. Personne dont le métier est de traduire des textes. → aussi **interprète.** *Elle est traductrice de romans policiers.*

▸ **traduction** n. f. *La traduction de ce roman est bonne,* ce roman est bien traduit. → aussi **thème, version.** ▷ INTRADUISIBLE.

**trafic** n. m. **1.** Circulation des véhicules. *Il y a beaucoup de trafic dans les grandes villes. Le trafic aérien a beaucoup augmenté,* la circulation des avions est beaucoup plus importante. **2.** Commerce interdit par la loi. *Le trafic de drogue est sévèrement puni.*

▸ **trafiquer** v. (conjug. 1) **1.** Se livrer à un commerce interdit. *Les contrebandiers trafiquaient des cigarettes,* ils faisaient le trafic des cigarettes. **2.** Modifier de manière anormale ou illégale. *Il a trafiqué le moteur de sa voiture pour qu'elle aille plus vite.*

▸ **trafiquant** n. m., **trafiquante** n. f. Personne qui fait du trafic. *De gros trafiquants de drogue viennent d'être arrêtés.*

**tragédie** n. f. **1.** Pièce de théâtre dont les héros ont un destin malheureux. → aussi **tragique.** *Corneille et Racine ont écrit de nombreuses tragédies.* || contr. **comédie** || **2.** Événement dramatique. *Le naufrage du « Titanic » fut une terrible tragédie.*

**tragique** adj. 1. *Corneille est un auteur tragique,* un auteur de tragédies. 2. Dramatique, terrible. *Un tragique incendie a fait plusieurs dizaines de morts.*

▶ **tragiquement** adv. D'une façon tragique. *L'aventure aurait pu finir tragiquement.*

**trahir** v. (conjug. 2) 1. *Trahir quelqu'un,* c'est l'abandonner, le dénoncer. *L'assassin a trahi ses complices.* → **livrer.** *Cet espion a trahi son pays.* → aussi **traître.** 2. *Ses forces le trahissaient,* le lâchaient. 3. Faire connaître une chose qui aurait dû rester cachée. *C'est mal de trahir un secret,* de le divulguer. → **révéler.** 4. *Se trahir,* c'est laisser apparaître malgré soi ce qu'on voulait cacher. *Elle s'est trahie en posant cette question.*

▶ **trahison** n. f. *Le soldat fut exécuté pour trahison,* pour avoir trahi son pays.

① **train** n. m. 1. Ensemble formé par une locomotive et les wagons qu'elle traîne. → aussi **chemin de fer.** *Il a pris le train de 20 h 17. Le train entre en gare.* 2. *Un train de péniches descend le fleuve,* une file de péniches remorquées descend le fleuve. 3. *Le train d'atterrissage,* c'est l'ensemble des roues d'un avion. ⤜ planche Avions. *Le pilote a rentré le train d'atterrissage après le décollage.*

② **train** n. m. 1. Allure, vitesse. *À ce train-là, ce travail ne sera jamais fini.* 2. *Le train de vie,* c'est la façon dont on dépense son argent pour la vie courante. *Ils ont un train de vie élevé,* ils dépensent beaucoup pour vivre. 3. *Alex est en train de lire une bande dessinée,* il le fait précisément en ce moment. ▷ BOUTE-EN-TRAIN, ENTRAIN, TRAIN-TRAIN.

**traîner** v. (conjug. 1) 1. Tirer derrière soi. *Le camion traîne une remorque. Julie traîne la jambe en marchant,* elle marche avec peine. — *Le blessé s'est traîné jusqu'à la porte,* il y est arrivé péniblement. 2. Pendre par terre en balayant le sol. *Sa longue jupe traînait par terre.* 3. Être posé n'importe où, sans ordre. *Anne est très désordonnée, elle laisse traîner toutes ses affaires.* 4. Durer trop longtemps. *La réunion a traîné pendant des heures.* 5. S'attarder. *Yves et Alex traînent en revenant de l'école.*

▶ **traînard** n. m., **traînarde** n. f. Personne qui reste en arrière d'un groupe qui marche. *Dépêchez-vous, les traînards !*

▶ **traîne** n. f. Bas d'un manteau ou d'une robe qui traîne à terre. *La traîne d'une robe de mariée.*

▶ à la **traîne** adv. En arrière d'un groupe qui marche. *Flora est restée à la traîne, il faut l'attendre !*

▶ **traîneau** n. m. Véhicule fait pour glisser sur la neige. → aussi **luge.** *Les traîneaux des Esquimaux sont tirés par des chiens.*

▶ **traînée** n. f. Longue trace. *La traînée lumineuse d'une comète.* ▷ ① TRAIN, ENTRAÎNANT, ① ENTRAÎNER.

**train-train** n. m. Ensemble des occupations qui se répètent tous les jours. → **routine.** *Il ne se passe rien de spécial en ce moment, c'est le train-train quotidien.*

**traire** v. (conjug. 50) *La fermière trait les vaches tous les jours,* elle presse leurs pis pour en faire sortir le lait. ▷ ① TRAITE, TRAYEUSE.

**trait** n. m. 1. Petite ligne. *Soulignez les verbes d'un trait rouge.* 2. *Les traits,* ce sont les lignes du visage. *Flora a les traits fins.* 3. *Un trait de caractère,* c'est ce qui permet de reconnaître la personnalité de quelqu'un, de le différencier des autres personnes. **4.** *Un trait de génie,* c'est une idée géniale. **5.** *Julie s'intéresse à tout ce qui a trait au cinéma,* à tout ce qui concerne le cinéma, s'y rapporte. **6.** *Luc vida son verre d'un trait,* en une seule fois. **7.** *Un animal de trait,* c'est un animal qui sert à tirer des voitures. *Des chevaux de trait.* ◊ homonyme : très. ▷ TRAIT D'UNION.

**traitant** adj. *C'est notre médecin traitant,* le médecin qui nous soigne habituellement, s'occupe de nous. → aussi **traiter.**

**trait d'union** n. m. Petit trait horizontal qui se place entre les différentes parties d'un mot composé. *Le mot « arc-en-ciel » comporte deux traits d'union.*

① **traite** n. f. Action de traire. *La traite des vaches s'effectue à la main ou à la machine.*

② **traite** n. f. **1.** *La traite des nègres,* c'était, autrefois, le commerce des esclaves noirs. **2.** Papier qui indique la somme que l'on doit payer à une certaine date pour un achat à crédit.

③ **traite** n. f. *Nous avons fait la route d'une seule traite,* en une seule fois, sans nous arrêter.

**traiter** v. (conjug. 1) **1.** Agir d'une certaine façon avec quelqu'un. *Il traite ses enfants durement,* il est dur avec eux. **2.** Soigner. *On arrive à traiter certains cancers.* **3.** *Alex a traité Julie d'idiote,* il l'a insultée en lui disant qu'elle était idiote. **4.** *Ces cultures sont traitées aux insecticides,* elles sont soumises à leur action. **5.** *Ce livre traite de l'éducation,* son sujet est l'éducation. **6.** *Le gouvernement refuse de traiter avec les rebelles,* de discuter avec eux. → **négocier, parlementer.**

► **traité** n. m. **1.** Livre qui traite d'un sujet. *Un traité de mathématiques.* → ② **manuel. 2.** Accord entre des pays. → **pacte.** *Les deux pays ont signé un traité de paix.*

► **traitement** n. m. **1.** Façon de se conduire envers quelqu'un. *Cet animal a subi de mauvais traitements,* il a été maltraité. **2.** Manière de soigner un malade. *Le médecin a donné au malade un nouveau traitement.* **3.** Salaire d'un fonctionnaire.

► **traiteur** n. m. Personne dont le métier est de cuisiner des plats à emporter et à manger chez soi. *Certains charcutiers sont aussi traiteurs.* ▷ INTRAITABLE, MALTRAITER, TRAITANT.

**traître** n. m. et adj.

▭ n. m. Personne qui trahit. *Les traîtres ont été fusillés. Prendre quelqu'un en traître,* c'est agir avec lui de façon perfide et sournoise, sans le prévenir de ce que l'on va faire.

▭ adj. **1.** Coupable de trahison. *On l'a accusé d'avoir été traître à sa patrie.* ‖ contr. **fidèle, loyal** ‖ **2.** *Yves ne sait pas un traître mot de sa leçon,* pas un seul.

► **traîtrise** n. f. Action par laquelle on trahit. *Il s'est rendu coupable de traîtrise.* ‖ contr. **fidélité, loyauté** ‖.

**trajectoire** n. f. Chemin suivi par un objet qui se déplace. *Les ingénieurs ont calculé la trajectoire de la fusée.*

**trajet** n. m. Chemin à parcourir d'un lieu à un autre. → **itinéraire, parcours.** *Il a une heure de trajet pour aller de chez lui à son bureau.*

**trame** n. f. **1.** Ensemble des fils d'un tissu qui sont passés dans le sens de la largeur. *Ce vieux manteau est usé* *jusqu'à la trame.* **2.** *La trame d'une histoire,* c'est le déroulement des événements. *La trame de ce roman policier est très compliquée.* → **intrigue.**

▸ **tramer** **v.** (conjug. 1) Comploter, manigancer. *Les conspirateurs ont tramé un complot.*

**trampoline** **n. m.** Grande toile tendue par des ressorts, sur laquelle on fait des sauts. *Julie saute et rebondit sur le trampoline.*

trampoline

**tramway** [tʀamwɛ] **n. m.** Grand véhicule de transport en commun, à l'intérieur d'une ville, qui circule sur des rails et avance grâce au courant électrique. → aussi **trolleybus.** — On dit familièrement *tram* [tʀam].

**trancher** **v.** (conjug. 1) **1.** Couper avec un instrument dur et fin. *Le boucher a tranché la tête du poulet.* **2.** Régler une question en faisant un choix. *En cas de désaccord entre les conseillers municipaux, c'est toujours le maire qui tranche.* **3.** Faire un contraste. *Le rouge de sa jupe tranche avec le noir de sa veste.*

▸ **tranchant** **adj.** et **n. m.**

▭ **adj.** **1.** *Un instrument tranchant,* c'est un instrument qui coupe très bien. → **coupant.** *Les ciseaux sont des instruments tranchants.* **2.** *Il a répondu d'un ton tranchant,* dur et sans réplique. → **catégorique, péremptoire.**

▭ **n. m.** Côté mince et coupant d'un instrument tranchant. *Il aiguise le tranchant du couteau.*

▸ **tranche** **n. f.** Morceau mince coupé dans la largeur. *Luc a mangé deux tranches de jambon.*

▸ **tranché** **adj.** *Elle a des opinions tranchées sur tout,* des opinions nettes et catégoriques.

▸ **tranchée** **n. f.** Trou long et étroit, creusé dans le sol. → **fossé.** *Les canalisations de la rue sont enfouies dans une tranchée.* ▷ RETRANCHEMENT, RETRANCHER.

tramway

**tranquille** **adj. 1.** Calme, paisible. *Ils habitent un quartier tranquille.* || contr. **bruyant** || **2.** *Flora est une enfant tranquille,* sage, qui ne remue pas beaucoup et ne fait pas de bruit. || contr. **agité, nerveux** || **3.** *Les enfants, restez tranquilles ou je vais me fâcher!* soyez gentils, sages. **4.** *Julie, laisse ce chat tranquille!* laisse-le en paix, ne l'ennuie pas. **5.** *Tout se passera bien, soyez tranquilles,* ne vous inquiétez pas. || contr. **anxieux, inquiet** ||.

▶ **tranquillement** **adv.** Calmement, paisiblement. *Luc joue tranquillement dans sa chambre.*

▶ **tranquilliser** **v.** (conjug. 1) Calmer. → **rassurer.** *Ton coup de téléphone m'a tranquillisé.* || contr. **affoler, inquiéter** || — *Tout ira bien, tranquillisez-vous,* ne vous faites pas de souci. || contr. se **tracasser** ||.

▶ **tranquillisant** **n. m.** Médicament qui calme, rend moins nerveux. *Il prend trop de tranquillisants.* → **calmant.**

▶ **tranquillité** **n. f.** Calme. *Elle tient à sa tranquillité. Vous pouvez partir en toute tranquillité,* sans vous faire de souci.

**transaction** **n. f.** Marché conclu entre un acheteur et un vendeur. *Les achats et les ventes sont des transactions commerciales.* → **échange.**

**transat** [trɑ̃zat] **n. m.** Chaise longue en toile. *Elle s'est assise au soleil dans un transat.*

**transatlantique** **n. m.** Paquebot qui traverse l'Atlantique, entre l'Europe et l'Amérique.

**transcrire** **v.** (conjug. 39) Reproduire des mots dans une langue ayant un alphabet différent ou dans un code secret. *Luc a transcrit son nom en arabe.*

**transe** **n. f.** Vive inquiétude, grande peur. → **anxiété, tourment.** *Les candidats sont dans les transes en attendant la proclamation des résultats.*

**transférer** **v.** (conjug. 6) Faire changer de lieu. *Le siège de cette banque a été transféré à Strasbourg.*

▶ **transfert** **n. m.** Déplacement d'un lieu dans un autre. → **transport.** *Le prisonnier s'est évadé pendant son transfert.*

**transfigurer** **v.** (conjug. 1) Transformer en donnant une beauté éclatante et inhabituelle. → **transformer.** *Le bonheur l'a transfiguré.*

**transformer** **v.** (conjug. 1) **1.** Changer, modifier, donner une autre forme. *On a complètement transformé ce magasin. La fée a transformé la citrouille en carrosse. — La chenille se transforme en papillon.* → se **métamorphoser.** **2.** *Transformer un essai, au rugby,* c'est envoyer le ballon, que l'on a posé au sol, entre les poteaux du but adverse.

▶ **transformation** **n. f. 1.** Opération par laquelle on transforme. *Des centrales permettent la transformation de l'énergie hydraulique en électricité.* **2.** Changement apporté. *Ils ont fait des transformations dans leur appartement,* ils ont fait des aménagements, des travaux.

▶ **transformateur** **n. m.** Appareil qui permet de modifier la tension d'un courant électrique. — On dit souvent *un transfo.*

**transfusion** **n. f.** *Ce blessé a perdu beaucoup de sang, il faut lui faire une transfusion,* lui faire passer dans les veines le sang d'une autre personne.

**transgresser** **v.** (conjug. 1) Ne pas respecter un ordre, une règle. → **désobéir,**

**enfreindre, violer.** *Un criminel est un homme qui transgresse les lois.*

**transhumance** **n. f.** Déplacement du bétail qui va dans la montagne en été. *Les troupeaux ont commencé la transhumance.*

**transi** **adj.** Engourdi par le froid. *Julie a reçu la pluie, elle est transie.*

**transiger** **v.** (conjug. 3) Faire des concessions. → **céder.** *Les terroristes refusent de transiger. Tu dois rentrer avant minuit, je ne transigerai pas sur ce point.* ▷ INTRANSIGEANCE, INTRANSIGEANT.

**transistor** **n. m.** Poste de radio portatif.

**transit** [tʀɑ̃zit] **n. m.** *Les passagers en transit attendent dans la salle d'embarquement,* les passagers qui font escale dans un pays pour repartir dans un autre et ne passent pas les contrôles de police ni de douane.

**transitif** **adj.** « *Manger* », « *apprendre* », « *donner* » *sont des verbes transitifs,* des verbes qui peuvent avoir un complément d'objet. — **Au fém.** *transitive.* ▷ INTRANSITIF.

**transition** **n. f.** Passage progressif d'un état à un autre. *L'automne fait la transition entre l'été et l'hiver.* → aussi **transitoire.** *Elle est passée du rire aux larmes sans transition,* brusquement.

**transitoire** **adj.** *L'adolescence est une période transitoire entre l'enfance et l'âge adulte,* une période qui ne dure pas, qui fait la transition. → **passager.** ‖ contr. **durable, permanent** ‖.

**translucide** **adj.** *La vitre de la salle de bains est translucide,* elle laisse passer la lumière mais ne permet pas de distinguer nettement les objets à travers. → aussi **transparent.**

**transmettre** **v.** (conjug. 56) **1.** Faire passer d'une personne à l'autre. *Je lui transmettrai le message. Anne a transmis la rougeole à son frère. — Cette maladie se transmet facilement,* elle est contagieuse. **2.** Faire passer d'un endroit à un autre. *Le métal transmet la chaleur.* → **conduire.**

► **transmissible** **adj.** *Le sida est une maladie sexuellement transmissible,* qui se transmet sexuellement.

► **transmission** **n. f. 1.** Le fait de transmettre. *Je me charge de la transmission du message.* **2.** Déplacement d'un endroit à un autre. *Sur une bicyclette, la transmission du mouvement du pédalier se fait par la chaîne.* **3.** *On a eu la même idée en même temps, c'est de la transmission de pensée,* de la communication directe entre les esprits sans passer par la parole. → aussi **télépathie.**

**transparaître** **v.** (conjug. 57) Se montrer à travers quelque chose. → **apparaître, paraître.** *Le jour transparaît à travers les rideaux. La joie transparaissait sur son visage,* était visible.

**transparent** **adj.** *L'eau du torrent est transparente,* elle laisse passer la lumière et laisse voir nettement ce qui est au fond. → **limpide.**

► **transparence** **n. f.** Qualité d'un corps transparent. *La transparence de l'eau permet de voir les poissons.* → **limpidité.**

**transpercer** **v.** (conjug. 3) **1.** Percer de part en part. *Il transperça son ennemi d'un coup d'épée.* **2.** Passer au travers, pénétrer. *Une pluie fine transperçait les vêtements.* → **traverser.**

**transpirer** v. (conjug. 1) 1. Être en sueur. → **suer.** *Il transpire à grosses gouttes.* 2. Finir par être connu. *La nouvelle a transpiré.*

▶ **transpiration** n. f. Sécrétion de la sueur par les pores de la peau. *Elle met du déodorant pour supprimer les odeurs de transpiration.*

**transplanter** v. (conjug. 1) 1. Sortir une plante de terre pour la planter ailleurs. *Ils ont transplanté de jeunes sapins.* → **repiquer.** 2. *Transplanter un organe,* c'est l'enlever à quelqu'un pour le mettre dans le corps d'un malade. *On peut sauver des cardiaques en leur transplantant un cœur.* → aussi **greffer.**

▶ **transplantation** n. f. *On lui a fait une transplantation cardiaque,* on lui a transplanté un cœur. → aussi **greffe.**

**transporter** v. (conjug. 1) 1. Déplacer d'un endroit à un autre en portant. *Le blessé a été immédiatement transporté à l'hôpital.* 2. Enchanter. → **enthousiasmer.** *Cette nouvelle nous a transportés de joie.*

▶ **transport** n. m. Manière de déplacer des personnes ou des choses sur une distance assez longue. *Ce train assure le transport des voyageurs et des marchandises entre Paris et Lyon. La voiture, l'avion, le bateau sont des moyens de transport. Les transports en commun,* ce sont le train, le métro, l'autobus, etc.

▶ **transporteur** n. m. Personne qui se charge de transporter des marchandises. *Un transporteur routier.*

**transvaser** v. (conjug. 1) Faire couler d'un récipient dans un autre. *Le sommelier transvase le vin dans une carafe.*

**transversal** adj. *Une rue transversale,* c'est une rue qui en coupe une autre perpendiculairement. — Au masc. pl. *transversaux.*

**trapèze** n. m. 1. Figure géométrique qui a quatre côtés dont deux sont parallèles. 2. Appareil de gymnastique composé d'une barre de bois horizontale suspendue par les extrémités à deux cordes. *Les acrobates font du trapèze volant,* ils sautent d'un trapèze à un autre en se balançant.

▶ **trapéziste** n. m. et f. Acrobate qui fait du trapèze.

**trappe** n. f. 1. Trou fait dans un plancher ou un plafond et fermé par un panneau. *Il ouvre la trappe pour descendre à la cave.* 2. Piège pour les animaux, formé d'un trou recouvert de branchages. *Un tigre était pris dans la trappe.* → aussi **chausse-trape.**

▶ **trappeur** n. m. Homme dont le métier est de chasser des animaux pour vendre leur fourrure, en Amérique du Nord. ▷ ATTRAPE, ATTRAPER, RATTRAPAGE, RATTRAPER.

**trapu** adj. *Ce rugbyman est trapu,* petit et large. → **épais, râblé.** ‖ contr. **élancé, mince** ‖.

**traquer** v. (conjug. 1) *Les chiens traquent le renard,* ils le poursuivent en resserrant toujours le cercle autour de lui.

▶ **traquenard** n. m. Piège. → **guet-apens.** *Le malfaiteur a été pris dans le traquenard tendu par la police.*

**traumatiser** v. (conjug. 1) Choquer violemment. *La mort de son père l'a complètement traumatisé.*

▶ **traumatisme** n. m. 1. Choc, trouble provoqué par un coup, une blessure grave. *Une chute sur la tête peut causer un traumatisme crânien.*

2. Choc provoqué par une émotion violente. *La séparation des parents peut être un traumatisme pour les enfants.*

**travailler** v. (conjug. 1) 1. Avoir un métier. *Elle ne s'est jamais arrêtée de travailler.* 2. Faire une chose avec un certain effort, pour obtenir un résultat utile. *Il a été recalé à son bac parce qu'il n'a pas assez travaillé.* 3. Modifier une chose par une action suivie. *Les agriculteurs travaillent la terre.* → **cultiver.** *Yves travaille son morceau de piano.* → **étudier.** 4. Se déformer, se modifier. *La porte ne ferme plus parce que le bois a travaillé sous l'effet de l'humidité.*

▶ **travail** n. m. [pl. *travaux*] 1. Activité qui permet de gagner de l'argent. → **emploi, profession.** *Il a changé de travail l'année dernière.* 2. *Ces élèves sont surchargés de travail,* de devoirs, de leçons. 3. Activité faite en vue d'un résultat utile. *Cette réparation demande quatre heures de travail.* 4. *Des travaux,* ce sont des choses à faire qui demandent du temps et des moyens techniques. *Elle n'aime pas les travaux ménagers. Ils font des travaux dans leur appartement.* → **transformation.** 5. *La découverte du vaccin contre la rage a été le résultat des travaux de Pasteur,* de ses recherches.

▶ **travailleur** n. m. et adj., **travailleuse** n. f. et adj. 1. n. Personne qui exerce un métier. *Les menuisiers sont des travailleurs manuels.* 2. adj. *Anne est très travailleuse,* elle travaille beaucoup et aime travailler.

**travée** n. f. 1. Rangée de tables ou de sièges placés les uns derrière les autres. *Vous êtes assis dans la travée centrale.* 2. Partie d'une voûte ou d'un pont comprise entre deux piliers. *Les travées latérales d'une église.*

① **travers** n. m. 1. *Flora s'est endormie en travers du lit,* dans le sens de la largeur. 2. *Il se fraye un chemin à travers la foule,* au milieu de la foule. *Je le vois à travers la vitre,* par la vitre. 3. *La toile de la tente est usée, la pluie passe au travers,* elle la traverse. 4. *Il a mis sa casquette de travers,* sur le côté. *Elle a compris de travers,* elle a mal compris.

▶ ② **travers** n. m. Défaut. *Tout le monde a ses petits travers.*

**traverse** n. f. 1. Morceau de bois ou de métal posé en travers d'un assemblage. *Les traverses de chemin de fer maintiennent l'écartement des rails.* 2. *Il est passé par des chemins de traverse,* par des raccourcis.

**traverser** v. (conjug. 1) 1. Passer à travers. → **percer, transpercer.** *Il a traversé la cloison avec sa perceuse.* 2. Aller d'un bord à l'autre. *Alex attend que le feu soit rouge pour traverser la rue.* 3. Aller d'un bout à l'autre d'une période. *Luc traverse une mauvaise passe.* 4. *Une idée m'a traversé l'esprit,* m'est passée par l'esprit.

▶ **traversée** n. f. Action de traverser une grande étendue. *Ils ont fait la traversée du désert en quatre-quatre.*

**traversin** n. m. Long coussin cylindrique qui tient toute la largeur du lit. → fam. **polochon.** *Flora dort avec un traversin sous son oreiller.*

se **travestir** v. (conjug. 2) Se déguiser. *Les enfants se sont travestis pour le carnaval.*

**trayeuse** n. f. Petite machine pour traire les vaches.

**trébucher** v. (conjug. 1) 1. Perdre l'équilibre en marchant, faire un faux pas. *Il a trébuché contre une pierre et il est tombé.* → **buter.** 2. Être arrêté par une difficulté. *Alex trébuche sur les mots difficiles.*

**trèfle** n. m. 1. Petite plante dont les feuilles ont trois parties. *Julie cherche des trèfles à quatre feuilles dans le pré.* 2. Dans un jeu de cartes, l'une des quatre couleurs dont la marque est un trèfle noir. *Le roi de trèfle.*

trèfle

**treille** n. f. Tonnelle sur laquelle pousse de la vigne. *Ils déjeunent à l'ombre de la treille.*

▸ **treillage** n. m. Assemblage de lattes croisées. *Les poiriers poussent en espalier, appuyés à un treillage.*

▸ ① **treillis** n. m. Assemblage de lattes de bois ou de fils de fer croisés. *Le poulailler est fermé par un treillis métallique.*

② **treillis** n. m. Tenue militaire de combat en grosse toile très solide. *Des soldats en treillis.*

**treize** adj. inv. Dix plus trois (13). *Elle a treize ans. Il est 13 heures,* une heure de l'après-midi. — N. m. inv. Le nombre treize. *Certains pensent que le treize porte malheur.*

▸ **treizième** adj. et n. m. 1. adj. Qui vient après le douzième. *Elle travaille dans le treizième arrondissement, à Paris.* 2. n. m. Partie d'un tout qui est divisé en treize parties égales. *Chacun des treize voleurs a eu un treizième du butin.*

**tréma** n. m. Signe formé de deux points que l'on met sur les voyelles *e, i, u,* pour indiquer que la voyelle qui précède doit être prononcée séparément (ex. *Noël* [nɔɛl], *héroïque* [eʀɔik], *aiguë* [egy]).

**trembler** v. (conjug. 1) 1. Être agité par une suite de petits mouvements répétés. *Anne tremble de froid.* → **frissonner, grelotter.** *La terre a tremblé,* elle a été agitée par des secousses. 2. Avoir peur. *Les élèves tremblent devant la directrice.*

▸ **tremblant** adj. Qui tremble. *Julie est tremblante de fièvre.* → **frissonnant.**

▸ **tremblement** n. m. 1. Mouvement de ce qui tremble. *Il fut pris d'un violent tremblement.* → **frémissement, frisson.** 2. *Un tremblement de terre,* c'est une suite de secousses qui agitent la terre. → aussi **séisme.**

▸ **tremble** n. m. Peuplier à écorce lisse et au tronc droit, dont les feuilles tremblent au moindre souffle de vent.

▸ **trembloter** v. (conjug. 1) Trembler légèrement. *La flamme des bougies tremblote.*

**trémolo** n. m. Tremblement d'émotion. *Il raconte ses malheurs avec des trémolos dans la voix.*

se **trémousser** v. (conjug. 1) S'agiter avec de petits mouvements vifs et réguliers. → **remuer,** se **tortiller.** *Flora se trémoussait sur sa chaise.*

**tremper** **v.** (conjug. 1) **1.** Mouiller complètement. *L'averse a trempé les fauteuils de jardin.* || contr. **sécher** || — *J'ai longtemps marché sous la pluie, je suis trempé.* **2.** Mettre dans un liquide. *Il trempe son croissant dans son café.* **3.** Rester plongé dans un liquide. *Elle a mis du linge à tremper.* **4.** *Plusieurs personnes ont trempé dans cette escroquerie,* y ont participé, ont été complices. ▷ DÉTREMPER.

**tremplin** **n. m.** Planche sur laquelle on prend son élan pour sauter. *Yves plonge dans la piscine du haut du tremplin.* → **plongeoir.**

**trente** **adj. inv.** Trois fois dix (30). *Il a trente ans.* — **N. m. inv.** Le nombre trente. *Vingt-huit et deux font trente.*

▸ **trentaine** **n. f. 1.** Groupe d'environ trente personnes ou trente choses semblables. *Le chenil abrite une trentaine de chiens.* **2.** Âge d'environ trente ans. *Elle a dépassé la trentaine.*

▸ **trentième** **adj.** et **n. m. 1. adj.** *Il est arrivé trentième à l'épreuve de ski.* **2. n. m.** Partie d'un tout qui est divisé en trente parties égales. *Dix est le trentième de trois cents.*

**trépasser** **v.** (conjug. 1) Mourir. → **décéder.** *Le vieillard a trépassé dans la nuit.*

▸ **trépas** **n. m.** *Passer de vie à trépas,* c'est mourir.

**trépidant** **adj.** Très agité, très rapide. *Les Parisiens ont une vie trépidante.* || contr. **calme, tranquille** ||.

**trépidation** **n. f.** Vibration rapide. *On entend les trépidations d'un marteau-piqueur.*

**trépied** **n. m.** Support à trois pieds. *Il a posé son appareil photo sur un trépied.*

**trépigner** **v.** (conjug. 1) Frapper des pieds par terre plusieurs fois de suite. *Flora trépigne d'impatience.*

**très** **adv.** À un très haut degré. → **bien, fort.** *Mamie est très gentille. Je suis très en retard. Yves mange très vite.*
◊ homonyme : trait.

**trésor** **n. m. 1.** Ensemble d'objets précieux accumulés et cachés. *On a découvert un trésor au fond du vieux puits.* **2.** *Le musée du Louvre renferme des trésors artistiques,* des objets d'une grande valeur.

▸ **trésorier** **n. m.,** **trésorière** **n. f.** Personne qui s'occupe de l'argent d'un club, d'une association.

▸ **trésorerie** **n. f.** Argent dont dispose une entreprise. → **finance.** *La boucherie a des difficultés de trésorerie.*

**tressaillir** **v.** (conjug. 13) Éprouver un tressaillement. → **sursauter.** *Il tressaille au moindre bruit.*

▸ **tressaillement** **n. m.** Ensemble de petits mouvements brusques et involontaires qui agitent le corps sous l'effet d'une émotion ou d'une sensation inattendue. *Un léger tressaillement le parcourut.* → **frémissement, tremblement.**

**tresse** **n. f.** Assemblage de trois longues mèches de cheveux entrelacées. → **natte.** *Anne a une grande tresse dans le dos.*

▸ **tresser** **v.** (conjug. 1) **1.** Mettre en tresse. → **natter.** *Elle tresse ses cheveux.* **2.** Faire un objet en entrecroisant des fils ou des brins. *Les gitans tressent des paniers d'osier.*

**tréteau** **n. m.** Long support à quatre pieds. *Il a posé une planche sur des tréteaux pour faire une table.*

**treuil** **n. m.** Appareil composé d'un cylindre autour duquel s'enroule un câble, et qui permet de tirer des poids très lourds. *On remonte l'ancre des gros bateaux à l'aide d'un treuil.*

treuil

**trêve** **n. f. 1.** Arrêt provisoire des combats pendant une guerre, une lutte. *Les combattants ont observé une trêve au moment de Noël.* **2.** Arrêt d'une chose pénible. *Elle a travaillé sans trêve pendant tout le week-end,* sans arrêt.

**tri** **n. m.** Action de trier. *Elle a fait le tri de ses vieux vêtements.*

**triage** **n. m.** *Une gare de triage,* c'est une gare où l'on sépare, puis où l'on regroupe, les wagons de marchandises pour former des convois.

**triangle** **n. m. 1.** Figure géométrique à trois côtés. ↠ planche Géométrie. *Un triangle isocèle a deux côtés égaux.* **2.** Instrument de musique fait d'une tige d'acier repliée en triangle sur laquelle on frappe avec une baguette. ↠ planche Instruments de musique.

**triangulaire** **adj.** En forme de triangle. *Le bateau a une voile triangulaire.*

**tribord** **n. m.** Côté droit d'un bateau, quand on regarde vers l'avant. *Terre à tribord !* → aussi **bâbord.**

**tribu** **n. f.** Dans les sociétés non industrialisées, groupe de familles descendant d'un même ancêtre, vivant sous l'autorité d'un même chef et partageant les mêmes croyances. *En Amérique, certaines tribus indiennes s'opposèrent vigoureusement à l'installation des Blancs sur leurs terres.* ◊ homonyme : tribut.

**tribulations** **n. f. pl.** Aventures plus ou moins désagréables. → **mésaventure.** *Il n'est pas au bout de ses tribulations.*

**tribunal** **n. m.** [pl. *tribunaux*] **1.** Endroit où l'on rend la justice. *Il a été convoqué au tribunal pour son divorce.* → **palais** de justice. **2.** Ensemble des personnes qui rendent la justice. *L'accusé a comparu devant le tribunal.* → aussi **magistrat.**

**tribune** **n. f. 1.** Partie d'un stade, d'un champ de courses, où il y a des gradins. *Le public s'entasse dans les tribunes.* **2.** Endroit surélevé, estrade d'où l'on peut parler au public. *L'orateur est monté à la tribune pour faire son discours.*

**tribut** **n. m.** *Dans l'Antiquité, le pays vaincu devait payer un tribut au vainqueur,* lui donner de l'argent, de la nourriture, des esclaves. ◊ homonyme : tribu.

► **tributaire** **adj.** Dépendant. *L'Europe est tributaire des pays tropicaux pour le café.*

**tricher** v. (conjug. 1) **1.** Ne pas respecter les règles d'un jeu, pour gagner. *Je ne veux plus jouer avec lui, il triche.* **2.** *Il a triché à l'examen,* il a copié sur son voisin ou sur un livre.

▶ **tricherie** n. f. Tromperie au jeu. *Il a gagné par tricherie.* — On dit familièrement *triche. C'est de la triche !*

▶ **tricheur** n. m., **tricheuse** n. f. Personne qui triche au jeu ou à un examen.

**tricolore** adj. **1.** Qui a trois couleurs. *Des feux tricolores règlent la circulation.* **2.** *Le maire a ceint son écharpe tricolore,* son écharpe aux couleurs du drapeau français (bleu, blanc, rouge).

**tricoter** v. (conjug. 1) Faire des rangs de mailles de laine ou de coton au moyen de longues aiguilles (les *aiguilles à tricoter*), de manière à obtenir une étoffe très souple. *Elle tricote un pull-over à sa fille.*

▶ **tricot** n. m. **1.** Action de tricoter. *Mamie fait du tricot.* **2.** Vêtement tricoté que l'on porte sur le haut du corps. → **chandail, gilet, pull-over.** *Il fait froid, mets un tricot.*

**tricycle** n. m. Sorte de petit vélo à trois roues dont deux à l'arrière. → aussi **triporteur.**

**trident** n. m. Fourche à trois dents. *Neptune, le dieu de la mer, est toujours représenté avec un trident à la main.*

**trier** v. (conjug. 7) **1.** Choisir dans un ensemble en éliminant certaines choses, spécialement ce qui est mauvais. *Elle trie les fraises avant de faire la tarte.* **2.** Faire plusieurs groupes dans un ensemble, sans rien éliminer. *À la poste, on trie le courrier par destination.* ▷ TRI, TRIAGE.

**trille** n. m. Battement très rapide sur deux notes voisines. *On entend les trilles du rossignol.*

**trimaran** n. m. Voilier formé d'une coque centrale et de deux petites coques parallèles réunies par une armature rigide. → aussi **catamaran.**

**trimbaler** v. (conjug. 1) Familier. Transporter avec soi. → **traîner.** *Il va falloir trimbaler ce gros paquet toute la journée.*

**trimer** v. (conjug. 1) Familier. Travailler avec effort à quelque chose de pénible. *Il a trimé dur pour s'en sortir.*

**trimestre** n. m. Période de trois mois. → aussi **semestre.** *Le premier trimestre de l'année scolaire va de la rentrée aux vacances de Noël.*

▶ **trimestriel** adj. Qui arrive tous les trois mois. *Il est abonné à une revue trimestrielle.*

**tringle** n. f. Tige horizontale de bois ou de métal qui sert de support. → **barre.** *Des tringles à rideaux.*

**trinquer** v. (conjug. 1) Heurter légèrement son verre contre celui d'une autre personne avant de boire ensemble. *Trinquons à la victoire de notre équipe !*

**trio** n. m. **1.** Morceau de musique pour trois instruments ou trois chanteurs. *Il écoute un trio pour piano, violon et violoncelle.* → aussi **quatuor, quintette.** **2.** Groupe de trois musiciens qui jouent ensemble. **3.** Groupe de trois personnes. *Julie, Anne et Flora forment un joyeux trio.* — **Au pl.** *Des trios.*

**triomphe** n. m. **1.** Victoire éclatante. *Il a remporté un triomphe aux der-*

*nières élections.* || contr. **défaite** || **2.** *On a porté le capitaine de l'équipe en triomphe,* on l'a hissé au-dessus de la foule pour le faire acclamer. **3.** *Ce spectacle est un triomphe,* un grand succès.

▶ **triomphal** **adj.** Accompagné d'honneurs, d'acclamations. *Ce chanteur a reçu un accueil triomphal aux États-Unis.* → **enthousiaste.** — **Au masc. pl.** *triomphaux.*

▶ **triompher** **v.** (conjug. 1) **1.** Vaincre. *Il a triomphé de ses adversaires.* **2.** Manifester sa joie d'avoir réussi, crier victoire. *Ne triomphe pas trop vite !* → **pavoiser.**

▶ **triomphant** **adj.** Qui montre sa joie d'avoir gagné. *Le vainqueur souriait d'un air triomphant.*

**tripes** **n. f. pl.** Morceaux de boyaux de ruminants préparés pour être mangés. *Des tripes à la mode de Caen.*

**triple** **adj.** et **n. m. 1. adj.** Qui se présente comme trois. *Il a un triple menton,* qui fait trois plis. **2. n. m.** Quantité trois fois plus grande. *Il a revendu la maison le triple de son prix d'achat.*

▶ **tripler** **v.** (conjug. 1) **1.** Multiplier par trois. *Il a triplé ses revenus en cinq ans.* **2.** Devenir trois fois plus grand. *Mon doigt a triplé de volume.*

▶ **triplé** **n. m.,** **triplée** **n. f.** *Des triplés,* ce sont trois enfants nés en même temps de la même mère.

**triporteur** **n. m.** Tricycle muni d'une caisse pour le transport des marchandises.

**tripoter** **v.** (conjug. 1) Familier. Toucher avec insistance, machinalement. → **triturer.** *Cesse de te tripoter les cheveux !*

**trique** **n. f.** Gros bâton utilisé pour frapper. → **gourdin, matraque.**

**triste** **adj. 1.** Qui a du chagrin, de la peine. *Julie est triste d'avoir perdu son chat.* → **malheureux.** || contr. **content, gai, heureux, joyeux** || **2.** Qui répand la tristesse. *Ce temps gris est triste.* → **maussade, sinistre. 3.** Qui fait de la peine. *Je dois vous annoncer une triste nouvelle.*

▶ **tristement** **adv.** D'un air triste. *Il baissait tristement la tête.* || contr. **gaiement, joyeusement** ||.

▶ **tristesse** **n. f.** Chagrin, peine. *La tristesse se lisait dans ses yeux.* || contr. **gaieté, joie** || ▷ ATTRISTER.

**triton** **n. m.** Petit animal qui ressemble à la salamandre; avec une queue aplatie.

**triturer** **v.** (conjug. 1) **1.** Écraser. *Les molaires triturent les aliments.* → **broyer. 2.** Toucher machinalement. → fam. **tripoter.** *Il triturait nerveusement ses clés.*

**trivial** **adj.** Vulgaire, grossier. → **choquant.** *Il fait des plaisanteries triviales.* — **Au masc. pl.** *triviaux.*

**troc** **n. m.** Échange d'une chose contre une autre, sans utiliser d'argent. *Yves fait du troc avec Alex.* → aussi **troquer.**

**troène** **n. m.** Petit arbre à fleurs blanches qui sentent bon.

**troglodyte** **n. m.** et **f.** Personne qui habite une grotte ou une maison faite dans une paroi de rocher. *En Chine, on trouve encore des maisons de troglodytes.*

**trognon** **n. m.** Ce qui reste quand on a enlevé ce qui se mange dans une pomme, une poire, un chou, une salade. *Un trognon de pomme.*

**troïka** [tʀɔika] n. f. Grand traîneau russe, tiré par trois chevaux qui sont les uns à côté des autres.

**trois** adj. Deux plus un (3). *Il revient dans trois jours.* — N. m. Le nombre trois. *Un, deux, trois, partez !*

▶ **troisième** adj. Qui vient après le deuxième. *L'ascenseur s'est arrêté au troisième étage.* → aussi **tiers.**

**trolleybus** [tʀɔlɛbys] n. m. Autobus qui fonctionne à l'électricité grâce à une perche reliée à des fils électriques aériens. → aussi **tramway.**

**trombe** n. f. 1. *Des trombes d'eau se sont abattues sur le village,* des pluies torrentielles. → **déluge.** 2. *Il a démarré en trombe,* très vite.

**trombone** n. m. 1. Instrument de musique à vent, au son plus grave que la trompette. *Le trombone à coulisse est utilisé dans les orchestres de jazz.* 2. Petit morceau de fil de fer, replié en deux boucles, qui sert à attacher des feuilles de papier ensemble. *Il a attaché les deux pages de son rapport avec un trombone.*

**trompe** n. f. 1. Cor de chasse. *Lors des chasses à courre, les chasseurs sonnent de la trompe.* 2. Partie allongée du nez de l'éléphant. *L'éléphant peut aspirer de l'eau avec sa trompe pour la boire ou pour s'en asperger.*
▷ TROMPETTE, TROMPETTISTE.

**tromper** v. (conjug. 1) 1. *Le vendeur a essayé de nous tromper,* de nous induire en erreur en nous mentant. → **berner, duper, mystifier.** 2. Échapper à une surveillance. *Le prisonnier a trompé la vigilance de ses gardiens.* 3. *Tout le monde peut se tromper,* faire une erreur, se méprendre. *Je me suis trompé de route.*

▶ **tromperie** n. f. Mensonge, tricherie. → **duperie, mystification.** *Ce ne sont pas des croissants pur beurre, il y a tromperie sur la marchandise.*

▶ **trompe-l'œil** n. m. inv. Peinture décorative qui veut faire croire que l'objet qui est peint existe réellement, en relief. *On peint des fenêtres en trompe-l'œil sur les façades des immeubles.* — Au pl. *Des trompe-l'œil.*
▷ DÉTROMPER, TROMPEUR.

**trompette** n. f. Instrument de musique à vent. *Il joue de la trompette.* ⋙ planche Instruments de musique. — *Elle a un nez en trompette,* un nez retroussé.

▶ **trompettiste** n. m. et f. Musicien qui joue de la trompette. *Il est trompettiste de jazz.*

**trompeur** adj. Qui n'est pas vrai, qui induit en erreur. → **faux, mensonger.** *Les apparences sont souvent trompeuses.*

**tronc** n. m. 1. Partie de l'arbre comprise entre le sol et les branches les plus basses. *Le tronc est recouvert d'écorce.* 2. Partie du corps humain où sont fixés la tête, les bras et les jambes. 3. Boîte percée d'une fente où l'on met l'argent que l'on donne, dans une église. *Il a mis 50 francs dans le tronc, pour les pauvres.*

▶ **tronçon** n. m. 1. Partie coupée d'un objet, plus longue que large. *Il débite les branches en tronçons pour faire des bûches.* 2. Partie d'une route. *On a ouvert un nouveau tronçon d'autoroute.*

▶ **tronçonner** v. (conjug. 1) Couper en tronçons. *Le bûcheron tronçonne un arbre.*

▶ **tronçonneuse** n. f. Scie à moteur utilisée pour tronçonner. *Il débite des* *branches à la tronçonneuse.* ▷ TRONQUER.

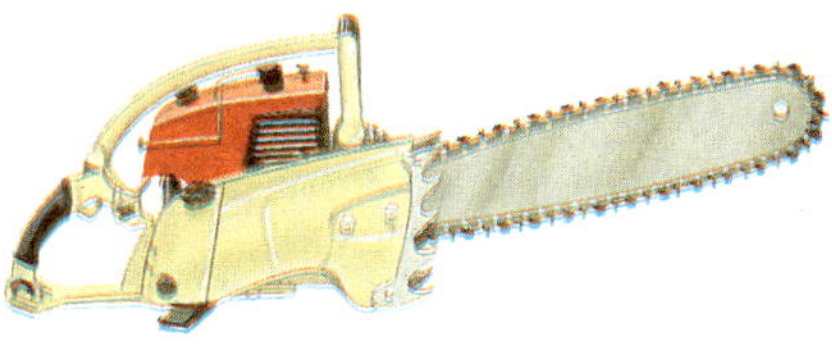

tronçonneuse

**trône** **n. m. 1.** Siège élevé sur lequel s'assied un souverain pendant les cérémonies. *La reine a pris place sur le trône.* **2.** Pouvoir d'un souverain. *Une lutte sans merci oppose les prétendants au trône.*

► **trôner** **v.** (conjug. 1) **1.** Être assis sur un trône. *Le roi trône au milieu de ses sujets.* **2.** Être dans un endroit bien visible. *Un nouveau vase trône sur la cheminée.* ▷ DÉTRÔNER.

**tronquer** **v.** (conjug. 1) *On a tronqué cette citation,* on en a coupé une partie.

**trop** **adv. 1.** Plus qu'il ne faudrait. → **excessivement.** *Ce film est trop long. J'ai trop mangé. Luc a trop chaud.* **2.** Beaucoup, très. *Vous êtes trop aimable.* → **bien. 3.** *Tu fais trop de bruit,* plus de bruit qu'il ne faut. ◊ homonyme : trot. ▷ TROP-PLEIN.

**trophée** **n. m.** Objet que l'on rapporte d'un combat ou d'une compétition et qui montre que l'on a gagné. *Le vainqueur de la course a reçu un trophée en argent.*

**tropique** **n. m. 1.** *Les tropiques,* ce sont deux cercles imaginaires qui font le tour de la Terre au-dessus et au-dessous de l'équateur. *Le tropique du Cancer et le tropique du Capricorne.* **2.** *Les tropiques,* ce sont les régions de la Terre situées près des deux tropiques. *Il fait chaud et humide toute l'année sous les tropiques.*

► **tropical** **adj. 1.** *La végétation tropicale est très dense et luxuriante,* la végétation des pays situés près des tropiques. **2.** *Il fait une chaleur tropicale,* il fait très chaud. → **torride.** — **Au masc. pl.** *tropicaux.*

tropique

**trop-plein** **n. m. 1.** Quantité d'eau en trop. *Le trop-plein du lac se déverse dans un canal.* **2.** Dispositif permettant à l'eau qui est en trop de s'écouler. *Quand il y a trop d'eau dans la baignoire, cette eau s'écoule par le trop-plein.* — **Au pl.** *Des trop-pleins.*

**troquer** **v.** (conjug. 1) Échanger. *Yves a troqué des billes contre un pin's.* ▷ TROC.

**trotter** **v. 1.** Aller au trot. *Le poulain trotte dans le pré.* **2.** Marcher rapidement à petits pas. *Le petit garçon trottait aux côtés de sa mère.* **3.** *Cet air me* *trotte dans la tête,* je l'ai dans la tête, il m'obsède.

▶ **trot** [tʀo] **n. m.** Allure du cheval entre le pas et le galop. *La jument est partie au trot.* ◊ homonyme : trop.

▶ **trotteuse** **n. f.** Aiguille d'une montre qui marque les secondes.

▶ **trottiner** **v.** (conjug. 1) **1.** Trotter à petits pas. *Le poulain, fatigué, est revenu en trottinant.* **2.** Marcher à petits pas pressés. *Flora trottinait derrière son père.*

▶ **trottinette** **n. f.** Jouet composé d'une petite planche montée sur deux roues et d'un guidon au bout d'une tige. *Anne fait de la trottinette.* → **patinette.**

▶ **trottoir** **n. m.** Partie surélevée, sur le côté d'une rue, réservée aux piétons. *Les piétons marchent sur le trottoir et les voitures circulent sur la chaussée.*

**trou** **n. m.** [pl. *trous*] **1.** Endroit où le sol forme un creux. → **cavité, excavation.** *Le chien creuse un trou dans le jardin.* **2.** Ouverture dans une chose. *Il a fait un trou dans sa chaussette.* ▷ BOUCHE-TROU, TROUÉE, TROUER.

**troubadour** **n. m.** Poète qui chantait ses poèmes, au Moyen Âge. *Les troubadours vivaient dans le sud de la France et parlaient la langue d'oc.* → aussi **trouvère.**

**troubler** **v.** (conjug. 1) **1.** Rendre moins clair. → **obscurcir.** *Aucun nuage ne troublait le bleu du ciel.* **2.** Rendre moins net. *L'émotion troublait sa voix.* **3.** Bouleverser, déranger. → **perturber.** *Le bruit de l'orage a troublé mon sommeil.* **4.** Impressionner, émouvoir. → **déconcerter.** *Julie ne se laisse pas facilement troubler. Un détail troubla le commissaire,* le rendit perplexe. — *L'accusé répondit sans se troubler,* sans s'émouvoir.

▶ ① **trouble** **adj.** **1.** *L'eau des flaques est trouble,* elle n'est pas claire, pas limpide. **2.** *La télévision est mal réglée, l'image est trouble,* elle n'est pas nette. **3.** *C'est une affaire trouble,* un peu louche.

▶ ② **trouble** **n. m.** **1.** État d'une personne émue. *Anne, rougissante, a du mal à cacher son trouble.* **2.** Mauvais fonctionnement d'un organe. *Il a des troubles intestinaux.* **3.** *Des troubles ont éclaté à la frontière,* une agitation provoquée par des gens qui se révoltent. → **émeute.**

▶ **trouble-fête** **n. m.** et **f. inv.** Personne qui empêche les autres de s'amuser. *C'est une vraie trouble-fête.* → **rabat-joie.** — **Au pl.** *Des trouble-fête.*

**trouer** **v.** (conjug. 1) Faire un trou. *Luc a troué sa chaussette.* → **percer.**

▶ **trouée** **n. f.** Large ouverture qui permet de passer ou de voir. *La piste de ski fait une trouée parmi les arbres.*

**trouille** **n. f.** Familier. Peur. *J'ai la trouille.* → fam. **frousse.**

**troupe** **n. f.** **1.** Groupe important de soldats. *Des éclaireurs précèdent le gros de la troupe. Nos troupes ont été victorieuses,* notre armée. **2.** Groupe de personnes ou d'animaux. *Elle est venue avec une troupe d'amis.* → **bande.** **3.** Groupe de comédiens qui jouent ensemble. *La troupe est en tournée.*

▶ **troupeau** **n. m.** Groupe d'animaux domestiques élevés ensemble. *Des troupeaux de vaches.* ▷ ATTROUPEMENT, S'ATTROUPER.

**trousse** **n. f.** **1.** Étui dans lequel on range des choses dont on a besoin.

*Alex met son stylo, sa gomme et son compas dans sa trousse.* **2.** *Le voleur a la police à ses trousses,* la police le poursuit.

▶ **trousseau** **n. m. 1.** *Un trousseau de clés,* c'est plusieurs clés attachées ensemble. — **Au pl.** *Des trousseaux.* **2.** Ensemble des vêtements et du linge dont on a besoin. *Elle prépare le trousseau de son fils qui va en pension.*

**trouver** **v.** (conjug. 1) **1.** Apercevoir, rencontrer ce que l'on cherchait. *Ça y est, j'ai trouvé mes lunettes!* ‖ contr. **perdre** ‖ **2.** Réussir à avoir. *Il a trouvé un nouvel appartement.* **3.** Découvrir une chose sans l'avoir cherchée. *Elle a trouvé un parapluie dans l'autobus.* **4.** Imaginer, inventer. *Yves trouve toujours une excuse pour ses retards.* **5.** Éprouver. *Julie trouve un malin plaisir à embêter son frère.* **6.** Estimer. *Je la trouve très intelligente.* → **juger.**

▶ se **trouver** **v. 1.** Être situé. *Cette maison se trouve à la sortie du village.* **2.** Se sentir. *Elle s'est trouvée mal,* elle s'est évanouie.

▶ **trouvaille** **n. f. 1.** Chose trouvée par hasard. *J'ai fait une trouvaille au marché aux puces.* **2.** Idée originale, invention. *La rédaction de Flora était pleine de trouvailles.* ▷ INTROUVABLE, RETROUVAILLES, RETROUVER.

**trouvère** **n. m.** Poète qui chantait ses poèmes, au Moyen Âge. *Les trouvères vivaient dans le nord de la France et parlaient la langue d'oïl.* → aussi **troubadour.**

**truand** **n. m.** Individu malhonnête qui organise des vols, fait du trafic, etc. → **bandit, gangster, malfaiteur.** *La police a arrêté une bande de truands.*

**truc** **n. m. 1.** Façon habile d'agir. → **moyen.** *Je vais t'apprendre un bon truc pour ouvrir les bocaux.* **2.** Familier. Chose. → **machin.** *Qu'est-ce que c'est que ce truc ?*

▶ **trucage** **n. m.** Procédé employé au cinéma pour créer une illusion, des effets spéciaux. — On écrit aussi *truquage.* ▷ TRUQUER.

**truchement** **n. m.** *J'ai obtenu ces renseignements par le truchement d'un ami,* par l'intermédiaire d'un ami.

**truculent** **adj.** *Cet homme est une personne truculente,* une personne qui étonne et amuse par ses excès.

**truelle** **n. f.** Outil de maçon, fait d'une lame plate triangulaire. *La truelle sert à étendre le ciment.*

**truffe** **n. f. 1.** Champignon noir, au goût très délicat, qui pousse sous la terre. ⋙ planche Champignons. *On met des morceaux de truffes dans le foie gras.* **2.** *Une truffe (en chocolat),* c'est un bonbon fait de beurre et de chocolat mélangés. **3.** Bout du museau du chien. *Le cocker a posé sa truffe humide sur le genou d'Anne.*

▶ **truffé** **adj. 1.** Garni de truffes. *Du foie gras truffé.* **2.** Rempli. *Cette dictée est truffée de fautes.*

**truie** **n. f.** Femelle du porc. → aussi **verrat.** *La truie a mis bas huit porcelets.*

**truite** **n. f.** Poisson de rivière au corps ovale dont la chair est succulente. ⋙ planche Poissons.

**truquer** **v.** (conjug. 1) Changer pour tromper, donner une fausse apparence. *Il a truqué les cartes pour être sûr de gagner.* → **falsifier.**

▶ **truquage** → **trucage**

**tsar** **n. m.** Empereur de Russie. *Le dernier tsar fut Nicolas II.*

**tsé-tsé** **n. f. inv.** *La mouche tsé-tsé,* c'est une mouche d'Afrique dont la piqûre transmet la maladie du sommeil. — **Au pl.** *Des mouches tsé-tsé.*

**tu** **pronom personnel.** Pronom personnel sujet représentant la deuxième personne du singulier. → aussi **te, toi.** *Tu es jeune. As-tu bien dormi ?*

① **tuba** **n. m.** Gros instrument de musique à vent. ⤳ planche Instruments de musique. — **Au pl.** *Des tubas.*

② **tuba** **n. m.** Tube qui sert à respirer quand on nage la tête sous l'eau.

**tube** **n. m. 1.** Cylindre creux, long et mince. *L'eau coule dans un tube de plastique.* → **tuyau. 2.** *Le tube digestif,* c'est l'ensemble des conduits par où passent les aliments que l'on mange. *L'œsophage, l'estomac et l'intestin font partie du tube digestif.* **3.** Petit emballage cylindrique, souple ou rigide, fermé par un bouchon. *Le tube de dentifrice est vide.*

**tubercule** **n. m.** Racine arrondie d'une plante. *La pomme de terre est un tubercule.*

**tuberculeux** **adj.** Qui est atteint de la tuberculose. *Une enfant tuberculeuse.* — **N.** *Les tuberculeux sont soignés dans des sanatoriums.*

**tuberculose** **n. f.** Maladie contagieuse qui atteint surtout les poumons. *La tuberculose est provoquée par le bacille de Koch.* → aussi **tuberculeux.**

**tuer** **v.** (conjug. 1) **1.** Faire mourir. *L'assassin a tué sa victime d'un coup de couteau.* → **assassiner, exécuter.** *Il a tué deux lièvres à la chasse.* **2.** *Elle fume une cigarette pour tuer le temps,* pour passer le temps. **3.** Fatiguer, épuiser. *Ce bruit me tue.*

▸ se **tuer** **v. 1.** Se suicider. *Elle s'est tuée en se jetant par la fenêtre.* **2.** Mourir accidentellement. *Ils ont failli se tuer en voiture.* **3.** Se donner beaucoup de mal. *Je me tue à vous le répéter.* → s'**évertuer.**

▸ **tuerie** **n. f.** Massacre d'un très grand nombre de personnes. *Cette guerre a été une affreuse tuerie.* → **carnage, hécatombe.**

▸ à **tue-tête** **adv.** D'une voix très forte. *Yves chante à tue-tête.*

▸ **tueur** **n. m., tueuse** **n. f.** Personne dont le métier est de tuer. *Un tueur de bestiaux.* — *Il a une tête de tueur,* d'assassin.

**tuile** **n. f.** Plaque de terre cuite qui sert à couvrir les toits.

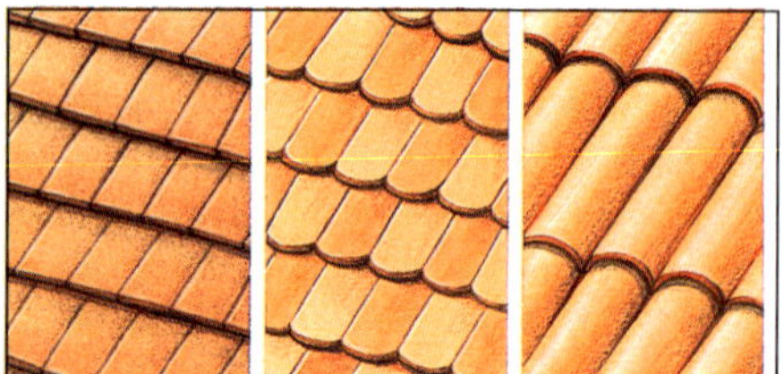

tuile

**tulipe** **n. f.** Fleur aux couleurs vives. ⤳ planche Fleurs. *Il y a d'immenses champs de tulipes aux Pays-Bas.*

**tulle** **n. m.** Tissu léger et transparent. *La mariée portait un voile de tulle.*

**tuméfié** **adj.** Enflé de façon anormale. *Le boxeur avait le visage tuméfié par les coups.*

**tumeur** **n. f.** Grosseur anormale qui se forme à la surface de la peau ou à l'intérieur du corps. *Il a une tumeur au cerveau.*

**tumulte** **n. m.** Désordre bruyant. → **brouhaha, chahut, vacarme.** *On n'arrive pas à se faire entendre dans ce tumulte.*

► **tumultueux** **adj.** Agité et bruyant. *La réunion a été tumultueuse.* → **orageux.** || contr. **calme** ||.

**tuner** [tynɛʀ] **n. m.** Ce mot vient de l'anglais. Radio branchée sur une chaîne haute fidélité. — **Au pl.** *Des tuners.*

**tunique** **n. f.** **1.** Longue chemise droite que l'on portait dans l'Antiquité. *Les anciens Grecs portaient des tuniques.* **2.** Longue chemise droite descendant jusqu'à mi-cuisse. *Elle portait un pantalon et une tunique.*

**tunnel** **n. m.** Passage creusé sous la terre. *Le tunnel sous la Manche.*

**turban** **n. m.** Longue bande de tissu enroulée autour de la tête. *En Inde, certains hommes portent un turban.*

**turbine** **n. f.** Moteur qui tourne grâce à la force de l'eau ou d'un gaz. *L'eau du barrage fait fonctionner les turbines de la centrale électrique.*

**turbot** **n. m.** Gros poisson de mer plat et ovale dont la chair est très bonne. *Le turbot n'a pas d'écailles, mais son corps est couvert de saillies osseuses et de taches.*

**turbulent** **adj.** Remuant et bruyant. *Julie est une enfant turbulente.* || contr. **calme, sage** ||.

**turfiste** [tœʀfist] ou [tyʀfist] **n. m.** et **f.** Personne qui aime les courses de chevaux et fait des paris. *Les turfistes se retrouvent à l'hippodrome pour le tiercé.*

**turpitude** **n. f.** Action ou parole honteuse, malhonnête. *Qui a pu commettre une pareille turpitude ?*

**turquoise** **n. f.** Pierre précieuse d'un bleu-vert assez clair. *Un collier de turquoises.* — **Adj. inv.** *Des yeux bleu turquoise,* bleu-vert comme cette pierre.

**tutelle** **n. f.** *Si un enfant perd ses parents, on le met sous la tutelle d'un autre adulte,* on le confie à un tuteur.

**tuteur** **n. m.**, **tutrice** **n. f.** **1.** Personne qui est responsable d'un mineur. *Si les parents meurent, l'enfant est confié à un tuteur.* → aussi **tutelle.** **2.** **n. m.** Tige de bois, de plastique ou de métal que l'on fixe dans le sol pour soutenir une plante. *Il fait grimper des plants de haricots sur des tuteurs.*

**tutoyer** **v.** (conjug. 8) *La maîtresse tutoie ses élèves mais elle vouvoie la directrice,* elle dit « tu » à ses élèves. — *Quand nous nous connaîtrons mieux, nous nous tutoierons.*

► **tutoiement** **n. m.** *Jules et sa voisine ont adopté le tutoiement,* ils se disent « tu ».

**tutu** **n. m.** Jupe très courte des danseuses de ballet. *Les danseuses portaient des tutus de tulle rose.*

**tuyau** **n. m.** Tube creux dans lequel on fait passer un liquide ou un gaz. → aussi **canalisation, conduit.** *Le jardinier arrose les fleurs avec un tuyau d'arrosage.* — **Au pl.** *Des tuyaux.*

► **tuyauterie** **n. f.** Ensemble des tuyaux d'une installation. *Le plombier a vérifié la tuyauterie du chauffage central.*

**tweed** [twid] **n. m.** Ce mot vient de l'anglais. Épais tissu de laine. *Jules portait une veste de tweed.*

**tympan** n. m. Membrane située au fond du conduit de l'oreille. *Les sons font vibrer le tympan.*

**type** n. m. 1. Sorte, modèle. *Ce type de voiture est peu courant.* 2. Ensemble des caractères physiques propres à une population. *Il a le type asiatique.* 3. *Elle est le type même de la femme d'affaires,* elle a toutes les caractéristiques de la femme d'affaires. 4. Familier. Homme, individu. → **bonhomme.** *C'est un drôle de type.*

▶ **typique** adj. Caractéristique. *Il a l'habillement typique des garçons de son âge.* ▷ PROTOTYPE, STÉRÉOTYPE, STÉRÉOTYPÉ.

**typhon** n. m. Cyclone des mers de Chine et de l'océan Indien. → **ouragan.** *Les typhons provoquent des raz-de-marée.*

**typographe** n. m. et f. Personne dont le métier est d'assembler les caractères d'imprimerie pour faire un texte. *Autrefois les typographes composaient les textes avec des caractères en plomb.*

▶ **typographie** n. f. Manière d'imprimer un texte, choix des caractères. *La typographie de ce texte est très claire.*

**tyran** n. m. 1. Personne qui gouverne un pays de manière absolue, par la force. → **despote, dictateur.** *Une révolution a renversé le tyran.* 2. Personne très autoritaire. *Cet enfant est un véritable tyran.*

▶ **tyrannie** n. f. Gouvernement absolu et cruel. *Le peuple s'est soulevé contre la tyrannie.*

▶ **tyrannique** adj. Autoritaire. *Son mari est tyrannique.*

▶ **tyranniser** v. (conjug. 1) Abuser de son pouvoir ou de sa force. → **persécuter.** *Julie tyrannise son petit frère.*

**tzigane** n. m. et f. *Les Tziganes,* ce sont les membres d'un peuple nomade venu d'Europe centrale. → **bohémien, gitan.** — Adj. *La musique tzigane,* c'est une musique populaire, originaire de Hongrie, où dominent les violons. — On écrit aussi *tsigane.*

# U

**ubiquité** [ybikɥite] **n. f.** *Je n'ai pas le don d'ubiquité,* je ne peux pas être dans plusieurs endroits à la fois.

**ulcère** **n. m.** Plaie qui ne se cicatrise pas. *Il a un ulcère à l'estomac.*

**ulcérer** **v.** (conjug. 6) Blesser profondément, faire beaucoup de peine. *Votre manque de confiance m'a ulcéré.*

**U. L. M.** [yɛlɛm] **n. m. inv.** (abréviation de *Ultra Léger Motorisé*) Petit avion très léger à une ou deux places. — **Au pl.** *Des U. L. M.*

U. L. M.

**ultérieur** **adj.** Qui arrivera plus tard. → **futur, postérieur.** *Son départ est reporté à une date ultérieure.* ‖ contr. **antérieur** ‖.

► **ultérieurement** **adv.** Plus tard. *La réunion aura lieu ultérieurement.* → **après, ensuite.** ‖ contr. **auparavant,** ① **avant, précédemment** ‖.

**ultimatum** [yltimatɔm] **n. m.** Dernières conditions accompagnées de menaces, présentées pour obtenir quelque chose. *Les terroristes ont adressé un ultimatum au gouvernement.* — **Au pl.** *Des ultimatums.*

**ultime** **adj.** Dernier, final. *Dans un ultime effort, le naufragé a atteint le rivage.* ‖ contr. **premier** ‖.

**ultrason** **n. m.** Son trop aigu pour qu'un homme puisse l'entendre. *Les chiens et les chats perçoivent les ultrasons.*

**ultraviolet** **adj.** *Les rayons ultraviolets,* ce sont des rayons semblables aux rayons lumineux, mais que l'on ne peut pas voir.

**ululer** → **hululer**
▸ **ululement** → **hululement**

**un** **adj., article indéfini** et **pronom indéfini.**
▭ **adj.** *Cette bouteille contient un litre d'eau. Il est une heure. J'ai le numéro 1,* le premier numéro. — **N. m.** Le chiffre un (1). *Un et un font deux.*
▭ **article indéfini.** *Il y a un homme dehors. Il a mangé une tartine. Je veux une sucette et des bonbons.* → aussi ② **des.**
▭ **pronom indéfini.** *Rome est une des plus belles villes que je connaisse. Les uns sont arrivés en train, les autres en voiture.* ▷ CHACUN, DÉSUNION, DÉSUNIR, QUELQUES-UNS, QUELQU'UN, RÉUNIFIER, RÉUNION, RÉUNIR, TRAIT D'UNION, UNANIME, UNANIMITÉ, UNI, UNIFICATION, UNIFIER, UNION, UNIQUE, UNIQUEMENT, UNIR, UNITAIRE, UNITÉ.

**unanime** **adj. 1.** *Ce film est excellent, les critiques sont unanimes,* ils sont tous du même avis. **2.** Qui est fait par tous, en même temps. *Sa plaisanterie provoqua un éclat de rire unanime.* → **général.**
▸ **unanimité** **n. f.** *Le maire a été élu à l'unanimité,* par tous les votants sans exception.

**uni** **adj. 1.** D'une seule couleur. *Anne porte une robe unie.* **2.** *Ils forment une famille unie,* dont tous les membres s'entendent bien.

**unifier** **v.** (conjug. 7) **1.** *Les compagnies d'aviation essaient d'unifier les tarifs aériens,* de les rendre semblables. **2.** Unir pour faire un tout. *L'Italie a été unifiée au 19ᵉ siècle.*
▸ **unification** **n. f.** Le fait d'unifier. *L'unification de l'Italie a été tardive.*

① **uniforme** **adj.** Qui ressemble beaucoup aux autres. *Julie et ses amis ont des goûts uniformes,* ils ont les mêmes goûts.
▸ **uniformément** **adv.** De la même façon d'un bout à l'autre. *Le paysage était uniformément plat.*
▸ ② **uniforme** **n. m.** Habillement qui est le même pour toutes les personnes d'un groupe. *Les hôtesses de l'air portent un uniforme. Le policier était en uniforme.* || contr. en **civil** ||.
▸ **uniformiser** **v.** (conjug. 1) Rendre semblables ou presque semblables. → **unifier.** *On a uniformisé les programmes scolaires.*
▸ **uniformité** **n. f.** Absence de changement, caractère de ce qui ne varie pas. *On se plaint souvent de l'uniformité de la vie quotidienne.* || contr. **diversité, variété** ||.

**unijambiste** **n. m.** et **f.** Personne qui n'a plus qu'une jambe.

**unilatéral** **adj. 1.** Qui se fait d'un seul côté. *Cette rue est en stationnement unilatéral,* on ne peut y stationner que d'un seul côté. → aussi **bilatéral. 2.** *Le maire a pris une décision unilatérale,* il a pris cette décision seul, sans demander l'avis des autres. — **Au masc. pl.** *unilatéraux.*

**union** **n. f. 1.** Entente, accord entre plusieurs personnes. *L'union règne dans ce couple.* || contr. **désunion** || **2.** *Les États-Unis sont une union d'États,* un groupement de plusieurs États. → **fédération.**

**unique** **adj. 1.** Seul. *C'est mon unique chapeau. Luc est fils unique,* il n'a ni frère, ni sœur. *Cette rue est à sens unique.* || contr. **double** || **2.** Seul de son genre et très différent des autres. → **exceptionnel.** *Cette œuvre est unique en son genre.*

▶ **uniquement** **adv.** Seulement. *Il a voulu uniquement leur faire une farce.*

**unir** **v.** (conjug. 2) **1.** Mettre ensemble. → **rapprocher, réunir.** *Il faut unir des mots pour former une phrase.* **2.** Lier. *Une grande amitié unit Anne et Julie. — Les deux pays se sont unis pour lutter contre l'envahisseur.* **3.** Relier. *Des lignes aériennes unissent les continents.* **4.** *Alex unit l'intelligence à beaucoup de gentillesse,* il a ces deux qualités à la fois. → **allier, associer, joindre.**

**unisson** **n. m.** Son unique produit par plusieurs voix ou plusieurs instruments en même temps. *Ils chantent à l'unisson.*

**unitaire** **adj. 1.** *Le prix unitaire de ces sucettes est de 2 francs,* le prix de chaque sucette. **2.** *Nous avons agi dans un esprit unitaire,* en cherchant à être unis.

**unité** **n. f. 1.** État de ce qui forme un tout. *Le gouvernement essaie de maintenir l'unité dans le pays.* **2.** *Est-ce que vous vendez ces marrons glacés à l'unité ?* un par un. **3.** Élément qui sert à former les nombres. *Le nombre trente est composé de trente unités.* **4.** Grandeur servant de base pour mesurer d'autres grandeurs. *Le mètre est une unité de longueur.* **5.** Groupe de militaires commandés par un même chef. *Une unité d'infanterie.*

**univers** **n. m. 1.** Ensemble de tout ce qui existe. → **monde, nature.** *L'homme rêve de se rendre maître de l'univers.* **2.** Ensemble des hommes qui sont sur la Terre. *L'univers entier craint la guerre nucléaire.*

▶ **universel** **adj.** Qui concerne toutes les personnes et toutes les choses. → **général.** *Il s'intéresse à l'histoire universelle,* à l'histoire de tous les peuples.

**université** **n. f.** Endroit où l'on fait des études supérieures, après le baccalauréat. *Il est professeur à l'université de Caen.* → aussi **faculté.**

▶ **universitaire** **adj.** *Les étudiants déjeunent au restaurant universitaire,* au restaurant qui dépend de l'université.

**uppercut** [ypɛʀkyt] **n. m.** Ce mot vient de l'anglais. Coup porté de bas en haut, à la boxe. — **Au pl.** *Des uppercuts.*

**uranium** [yʀanjɔm] **n. m.** Métal radioactif dur et gris qui sert de combustible dans les centrales nucléaires.

**urbain** **adj.** De la ville. || contr. **rural** || *Le métro est un moyen de transport urbain.*

**urbanisation** **n. f.** Transformation d'un endroit en ville. *L'urbanisation de la région est due à l'installation de plusieurs usines.*

**urbanisme** **n. m.** Étude de l'aménagement des villes. *L'urbanisme permet de rendre les villes plus agréables à vivre.*

▶ **urbaniste** **n. m.** et **f.** Personne dont le métier est d'aménager des villes, des quartiers. → aussi **architecte.**

**urgent** **adj.** Dont il faut s'occuper tout de suite, sans attendre. → **pressé.** *J'ai un travail urgent à faire.*

▶ **urgence** **n. f. 1.** Nécessité d'agir vite. *En cas d'urgence, appelez ce numéro. Il doit être opéré d'urgence,* sans attendre. **2.** Malade qu'il faut soigner tout de suite. *Le médecin a été appelé pour une urgence.*

**urine** n. f. Liquide jaune qui se forme dans le rein et qui est rejeté à l'extérieur du corps après avoir été dans la vessie. → fam. **pipi.** *On lui a fait une analyse d'urines.*

▶ **uriner** v. (conjug. 1) Rejeter de l'urine à l'extérieur du corps. → fam. faire **pipi.**

▶ **urinoir** n. m. Endroit où les hommes vont uriner. *Dans les toilettes pour hommes, il y a des urinoirs.*

**urne** n. f. 1. Boîte dont le couvercle est muni d'une fente et dans laquelle on met son bulletin de vote. 2. Vase. *Quand on brûle un cadavre, on recueille ses cendres dans une urne.*

**urticaire** n. f. Éruption sur la peau de petits boutons rouges qui démangent. *Cette crise d'urticaire est due à une allergie.*

**us** [ys] n. m. pl. *On doit respecter les us et coutumes du pays dans lequel on vit,* les habitudes, les usages traditionnels. ▷ ① USAGE.

① **usage** n. m. Habitude, coutume. → **us.** *En montagne, l'usage veut que celui qui descend laisse passer celui qui monte. Il a enlevé son chapeau en entrant dans l'église, comme il est d'usage,* comme cela se fait habituellement.

① **user** v. (conjug. 1) *User d'une chose,* c'est l'utiliser, l'employer. *Il a usé de son influence pour obtenir ce qu'il voulait.*

▶ ② **usage** n. m. 1. Emploi, utilisation. *Un couteau est un objet d'usage courant,* que l'on utilise couramment. *Je te donne mon vélo car je n'en ai plus l'usage,* je ne m'en sers plus. 2. *Les animaux n'ont pas l'usage de la parole,* ils ne peuvent pas parler. 3. *L'espion avait fait usage de faux papiers,* il s'était servi de faux papiers. 4. *Cet outil a plusieurs usages,* il sert à plusieurs choses. *Mon réveil est hors d'usage,* il ne peut plus servir. 5. *Une pommade à usage externe,* c'est une pommade qu'il ne faut utiliser que sur la peau.

▶ **usager** n. m. Personne qui utilise un service public. → **utilisateur.** *Les usagers du téléphone sont satisfaits du perfectionnement des appareils.*
▷ ABUS, ABUSER, DÉSABUSÉ, INUSITÉ, USITÉ, USUEL.

② **user** v. (conjug. 1) 1. *User une chose,* c'est l'abîmer à force de s'en servir. *Il a usé son manteau jusqu'à la corde. — Ces chaussures se sont usées très vite.* → se **détériorer.** 2. Consommer. *Sa voiture use beaucoup d'huile.* 3. Diminuer, rendre plus faible. *La lecture m'a usé la vue.*

▶ **usé** adj. Abîmé à force d'avoir servi. *Cette veste est très usée.* → **élimé, râpé.**

▶ **usagé** adj. Qui a beaucoup servi sans être forcément abîmé. *Elle donne ses vêtements usagés aux pauvres.* → **défraîchi, vieux.** ▷ INUSABLE, USURE.

**usine** n. f. Grand bâtiment ou ensemble de bâtiments où l'on fabrique des objets avec des machines. → **fabrique, manufacture,** et aussi **industrie.** *Une usine d'automobiles.*

▶ **usiner** v. (conjug. 1) Fabriquer avec une machine. → **façonner.** *Cette pièce du moteur est usinée à l'étranger.*

**usité** adj. *Ce mot est très usité,* il est employé très couramment. → **courant, usuel.**

**ustensile** **n. m.** Objet dont on se sert dans la maison. *Les casseroles sont des ustensiles de cuisine.*

**usuel** **adj.** Utilisé habituellement. → **courant, ordinaire.** *Une cafetière est un objet usuel. Ce dictionnaire contient les mots usuels.* — **Au fém.** *usuelle.*

**usufruit** **n. m.** *Elle a l'usufruit de sa maison,* elle a le droit d'y habiter gratuitement, sans en être propriétaire. → **jouissance.**

**usure** **n. f. 1.** Action d'user. *Le frottement provoque l'usure des semelles de chaussures.* **2.** État d'une chose usée. *Elle a cousu une pièce sur le pantalon de son fils, pour en cacher l'usure.*

**usurier** **n. m., usurière** **n. f.** Personne qui autrefois prêtait de l'argent en exigeant des intérêts excessifs et illégaux.

**usurper** **v.** (conjug. 1) *Le roi d'Angleterre Richard III usurpa le pouvoir,* il s'en empara sans en avoir le droit.

▶ **usurpateur** **n. m., usurpatrice** **n. f.** Personne qui s'est attribué quelque chose sans en avoir le droit.

**ut** [yt] **n. m. inv.** Autre nom de la note de musique *do.* → **do.** *La 5^e^ symphonie de Beethoven est en ut mineur.* — **Au pl.** *Des ut.*

**utérus** [yteʀys] **n. m.** Organe, dans le ventre de la femme et de la femelle des mammifères, où se développe le bébé ou le petit avant sa naissance.

**utile** **adj.** Qui sert à quelque chose, qui rend service. *Ce parapluie m'a été bien utile.* || contr. **inutile** || *Luc cherche toujours à se rendre utile,* à aider, à rendre service.

▶ **utilement** **adv.** D'une manière utile. *Elle a employé son argent utilement.*

▶ **utiliser** **v.** (conjug. 1) Employer. *Il utilise sa voiture pour les vacances.*

▶ **utilisable** **adj.** Qu'on peut utiliser. *Cette vieille chaise est encore utilisable.* || contr. **inutilisable** ||.

▶ **utilisateur** **n. m., utilisatrice** **n. f.** Personne qui utilise une chose. → **usager.** *Cette machine est livrée avec une notice à l'intention de l'utilisateur.*

▶ **utilisation** **n. f.** Emploi, usage. *Ce produit est d'une utilisation facile.*

▶ **utilité** **n. f.** Qualité d'une chose utile. *Cet instrument est d'une grande utilité.*

▶ **utilitaire** **adj.** *Cet emplacement est réservé aux véhicules utilitaires,* aux camions, aux cars, aux tracteurs.

▷ INUTILE, INUTILEMENT, INUTILISABLE, INUTILISÉ, INUTILITÉ.

**utopie** **n. f.** Chose impossible à réaliser. → **rêve.** *Un monde où personne ne serait malade ni malheureux est une utopie.*

▶ **utopique** **adj.** Irréalisable. *Ce projet est complètement utopique.*

# V

**vacances** **n. f. pl.** Jours pendant lesquels on ne travaille pas. → **congé.** *Ils vont passer leurs vacances à la montagne.*

▶ **vacancier** **n. m.**, **vacancière** **n. f.** Personne qui est en vacances. *Les vacanciers envahissent les plages en été.*

**vacant** **adj.** *Après le départ des locataires, l'appartement est resté vacant,* il n'a pas été occupé. → **disponible, libre.**
▷ VACANCES, VACANCIER.

**vacarme** **n. m.** Grand bruit. → **tapage, tintamarre, tumulte.** *Quel vacarme dans la rue !*

**vaccin** **n. m.** Produit fabriqué à partir d'un microbe, qui empêche d'attraper la maladie causée par ce microbe. → aussi **sérum.** *Le médecin lui a fait un vaccin contre le tétanos.*

▶ **vacciner** **v.** (conjug. 1) Faire un vaccin. *Le médecin a vacciné Anne contre la poliomyélite.*

▶ **vaccination** **n. f.** Administration d'un vaccin. *Certaines vaccinations sont obligatoires.*

**vache** **n. f.** Gros animal domestique qui donne du lait. → aussi **taureau** et **veau.** *La vache est un ruminant. Le soir, on ramène les vaches à l'étable pour les traire.*

**vaciller** **v.** (conjug. 1) Pencher d'un côté puis de l'autre en risquant de tomber. → **chanceler.** *Épuisé, il vacillait sur ses jambes. La flamme de la bougie vacille,* elle tremble en menaçant de s'éteindre.

▶ **vacillant** **adj.** Tremblant, chancelant. *Il monta l'escalier d'une démarche vacillante.* ‖ contr. **ferme** ‖.

**vadrouille** **n. f.** Familier. Promenade sans but précis. → fam. **balade.** *Ils sont partis en vadrouille.*

**va-et-vient** **n. m. inv.** **1.** Mouvement de gens qui vont et viennent, entrent et sortent. → **allées et venues, passage.** *Le samedi, il y a un va-et-vient continuel dans le café.* **2.** Installation électrique qui permet d'allumer et d'éteindre une lumière à partir de plusieurs endroits. — **Au pl.** *Des va-et-vient.*

**vagabond** **n. m.** Personne sans travail et sans maison. → **clochard.** *Un vagabond a dormi dans le hall de l'immeuble.*

▸ **vagabondage** **n. m.** Le fait de vivre sans travail, sans maison. *Sans papiers ni argent, il a été arrêté pour vagabondage.*

▸ **vagabonder** **v.** (conjug. 1) Aller d'un endroit à l'autre, sans but. → **errer, traîner.** *Flora laissait vagabonder son imagination.* → **vaguer.**

**vagin** **n. m.** Canal qui, chez la femme et la femelle des mammifères, va de l'utérus à l'extérieur du sexe. *Le vagin est un organe sexuel féminin.*

**vagir** **v.** (conjug. 2) *Les nouveau-nés vagissent,* ils poussent des cris.

▸ **vagissement** **n. m.** Cri de l'enfant qui vient de naître.

① **vague** **n. f. 1.** Masse d'eau qui se soulève et s'abaisse. *La mer est agitée aujourd'hui, les vagues sont énormes.* → **lame. 2.** Grande quantité. → **afflux.** *Une première vague de touristes est arrivée samedi.* **3.** *En juillet, il y a eu une vague de chaleur,* une période de temps très chaud.

▸ **vaguelette** **n. f.** Petite vague.

② **vague** **adj.** Imprécis, mal défini. → **flou.** *Je n'ai de lui qu'un vague souvenir.* ‖ contr. **net, précis** ‖ — **N. m.** *Anne regardait dans le vague,* elle regardait sans rien fixer.

▸ **vaguement** **adv.** De façon vague, imprécise. *Il m'a vaguement expliqué où il habite.* ‖ contr. **nettement** ‖.

**vaguer** **v.** (conjug. 1) Aller au hasard. → **errer, vagabonder.** *Laisse vaguer ton imagination.*

**vahiné** **n. f.** Femme de Tahiti.

**vaillant** **adj. 1.** Brave, courageux. *Le vaillant chevalier a délivré la princesse.* ‖ contr. **lâche** ‖ **2.** *Je n'ai plus un sou vaillant,* je n'ai plus du tout d'argent.

▸ **vaillamment** **adv.** Avec courage. → **bravement, courageusement.** *Ils se sont vaillamment battus contre l'ennemi.*

▸ **vaillance** **n. f.** Bravoure et courage. ‖ contr. **faiblesse, lâcheté** ‖.

**vain** **adj. 1.** Sans efficacité, inutile. *Tous nos efforts ont été vains,* ils n'ont servi à rien. **2.** Qui ne repose sur rien. *Ses espérances étaient vaines.* → **illusoire.** ‖ contr. **fondé** ‖ ◊ homonymes : vin, vingt.

▸ **en vain** **adv.** Sans résultat. → **inutilement, vainement.** *Je t'ai téléphoné plusieurs fois, mais en vain.* ▹ VAINEMENT.

**vaincre** **v.** (conjug. 42) **1.** Remporter une victoire sur quelqu'un. → **battre, défaire.** *Notre armée a vaincu l'ennemi.* → **écraser, triompher. 2.** Faire reculer ou disparaître. *Anne doit vaincre sa timidité pour parler en public.* → **surmonter.**

▸ **vaincu** **adj.** Qui a subi une défaite. → **perdant.** *L'équipe vaincue.* ‖ contr. **gagnant, victorieux** ‖ — **N.** *Malheur aux vaincus !* ‖ contr. **vainqueur** ‖.

▸ **vainqueur** **n. m.** Personne qui a gagné, a remporté une victoire. → **gagnant.** *La coupe a été remise au vainqueur du tournoi.* ‖ contr. **perdant, vaincu** ‖.

**vainement** **adv.** Inutilement, sans succès. → en **vain.** *J'ai vainement cherché mes lunettes toute la matinée,* je les ai cherchées sans les trouver.

**vair** **n. m.** Fourrure d'un écureuil gris. *La reine portait un manteau de vair.* ◊ homonymes : ver, verre, vers, vert.

① **vaisseau** **n. m.** *Les vaisseaux sanguins,* ce sont les conduits dans lesquels circule le sang à l'intérieur du corps. *Les artères et les veines sont des vaisseaux sanguins.* → aussi **capillaire** et **vasculaire.**

② **vaisseau** **n. m. 1.** Grand bateau d'autrefois. → **bâtiment, navire.** *Les vaisseaux du roi.* **2.** *Un vaisseau spatial,* c'est un engin destiné à voyager dans l'espace.

**vaisselle** **n. f. 1.** Ensemble des récipients qui servent à présenter la nourriture et à manger. *Une vaisselle de porcelaine.* **2.** *Faire la vaisselle,* c'est laver tous les ustensiles utilisés pour préparer, servir et prendre le repas.

▶ **vaisselier** **n. m.** Meuble dans lequel on expose la vaisselle. → aussi **buffet.** ▷ LAVE-VAISSELLE.

**val** **n. m.** [pl. *vaux* ou *vals*] Vallée. *Le Val de Loire.* — *Ils sont toujours par monts et par vaux,* en train de se promener à travers tout le pays, partout. ▷ AVAL, DÉVALER, VALLÉE, VALLON, VALLONNÉ, à VAU-L'EAU.

**valable** **adj. 1.** Qui remplit les conditions nécessaires et exigées. *Un passeport est valable cinq ans.* → **valide.** || contr. **périmé** || **2.** À quoi on peut accorder de la valeur. → **acceptable, sérieux.** *As-tu une excuse valable ?*

**valet** **n. m. 1.** Domestique, serviteur. → **laquais.** *Le valet est aux ordres de son maître.* **2.** Carte à jouer représentant un jeune homme. *Le valet de pique.*

**valeur** **n. f. 1.** Prix que vaut quelque chose si on veut l'échanger. *Elle a des bijoux de grande valeur. Ce timbre n'a aucune valeur,* il ne vaut rien. *Cette robe la met en valeur,* l'avantage réellement. **2.** Qualité d'une chose ou d'une personne à laquelle on accorde de l'intérêt, de l'estime. → **mérite.** *C'est un homme de valeur.* **3.** Quantité approximative. *Ajoutez la valeur d'une cuillerée à soupe de farine.* → **équivalent.**

▶ **valeureux** **adj.** Brave et courageux. → **vaillant.** *Nos valeureux soldats ont remporté une belle victoire.* — **Au fém.** *valeureuse.*

① **valide** **adj.** En bonne santé, capable d'effort physique. *Ce vieil homme est encore très valide.* || contr. **invalide, malade** || ▷ INVALIDE, INVALIDITÉ.

② **valide** **adj.** En règle, conforme au règlement. → **valable.** *Ce billet d'avion est valide deux mois.*

▶ **valider** **v.** (conjug. 1) Rendre valide. *Il faut composter le billet de train pour le valider.*

▶ **validité** **n. f.** Caractère de ce qui est valide. *La validité d'un passeport est de cinq ans.*

**valise** **n. f.** Bagage rectangulaire, plat et rigide, muni d'une poignée pour qu'on puisse le porter à la main. *Elle a fait sa valise,* elle a mis ses affaires à emporter dans une valise. ▷ DÉVALISER.

**vallée** **n. f. 1.** Couloir formé par un cours d'eau entre deux montagnes ou deux collines. *Le village est au fond de la vallée.* → **vallon.** **2.** Région arrosée par un cours d'eau. *La vallée du Rhône.*

**vallon** **n. m.** Petite vallée.

▶ **vallonné** **adj.** Où il y a des collines et des vallons. *La région est très vallonnée.*

**valoir** **v.** (conjug. 29) **1.** Avoir une certaine valeur, pouvoir être vendu un certain prix. → **coûter.** *Leur maison vaut 3 millions.* **2.** Avoir des qualités, des mérites. *Ces pommes de terre ne valent rien,* elles sont mauvaises. **3.** *Il vaudrait mieux partir tout de suite,* cela serait préférable. **4.** *L'inaction ne lui vaut rien,* ne lui réussit pas, lui est nuisible. **5.** *Allez voir le château, il en vaut la peine,* il mérite qu'on prenne la peine d'y aller. *Ce restaurant vaut le détour.* **6.** *Le règlement vaut pour tout le monde,* il est valable pour tout le monde, s'applique à tous. **7.** *Cette histoire lui a valu des ennuis,* lui a procuré des ennuis. ▷ DÉVALORISER, DÉVALUATION, DÉVALUER, ÉQUIVALENCE, ÉQUIVALENT, ÉQUIVALOIR, ÉVALUATION, ÉVALUER, POLYVALENT, PRÉVALOIR, REVALOIR, VALABLE, VALEUR, VALEUREUX, ② VALIDE, VALIDER, VALIDITÉ, VALORISER, VAURIEN.

**valoriser** **v.** (conjug. 1) Augmenter la valeur, le prix. *L'implantation d'un espace vert a valorisé leur appartement.* || contr. **dévaloriser** ||.

**valse** **n. f. 1.** Danse à trois temps, où les couples de danseurs évoluent en tournant sur eux-mêmes. **2.** Musique sur laquelle on peut danser la valse. *Les valses de Chopin.*

► **valser** **v.** (conjug. 1) Danser la valse. *Il ne sait pas valser.*

► **valseur** **n. m.,** **valseuse** **n. f.** Personne qui valse. *Il est bon valseur,* il danse bien la valse.

**valve** **n. f. 1.** Chacune des deux parties de la coquille de certains mollusques, comme les huîtres et les moules. **2.** Système qui permet à l'air ou à un liquide de passer dans un seul sens. *Dévisse la valve pour regonfler le pneu de ton vélo.*

**vampire** **n. m. 1.** Fantôme qui sort la nuit de sa tombe pour aller sucer le sang des vivants. *Dracula est le plus célèbre héros des histoires de vampires.* **2.** Grande chauve-souris d'Amérique du Sud, qui suce le sang des animaux.

**van** [vɑ̃] **n. m.** Petit camion qui sert à transporter des chevaux. ◊ homonyme : vent.

**vandale** **n. m.** et **f.** Personne qui fait exprès de casser et d'abîmer des choses, pour s'amuser. *Des vandales ont saccagé la cabine téléphonique.*

► **vandalisme** **n. m.** Destruction faite pour le plaisir. *Des actes de vandalisme ont été commis cette nuit dans le parking.*

**vanille** **n. f.** Plante exotique dont le fruit donne un produit très parfumé. *Une glace à la vanille.*

**vanille**

► **vanillé** **adj.** Parfumé à la vanille. *Du sucre vanillé.*

**vanité** **n. f.** Défaut d'une personne qui est trop contente d'elle-même et qui s'en vante. → **orgueil, prétention.** *Il tire vanité de ses succès.* || contr. **modestie** ||.

▶ **vaniteux** **adj.** Trop fier de soi. → **orgueilleux, prétentieux, suffisant.** *Elle est très vaniteuse.* || contr. **modeste** ||.

**vanne** **n. f.** Panneau vertical qui laisse s'écouler l'eau quand on le soulève et l'empêche de passer quand on le baisse. *Les vannes d'une écluse.*

**vanné** **adj.** Familier. Très fatigué. → fam. **crevé.** *Flora est rentrée vannée de la piscine.*

**vannerie** **n. f.** Fabrication d'objets en osier ou en rotin tressé. *Yves a fait de la vannerie en classe.*

**vantail** **n. m.** [pl. *vantaux*] Panneau d'une porte ou d'une fenêtre. → **battant.** *L'église a une porte à deux vantaux.*

**vanter** **v.** (conjug. 1) **1.** Parler de quelque chose en en disant du bien. → **louer.** *Il nous a vanté les qualités de sa voiture.* || contr. **dénigrer** || **2.** *Il n'a pas pu y arriver tout seul, il se vante,* il parle de lui en exagérant ce qu'il a fait. *Anne s'est vantée d'avoir eu 10 à sa dictée,* elle en a tiré vanité. → se **flatter,** se **targuer.** ◊ homonyme : venter.

▶ **vantard** **adj.** Qui a l'habitude de se vanter, d'exagérer ce qu'il réussit à faire. *Julie est un peu vantarde.*

▶ **vantardise** **n. f.** Défaut d'une personne qui exagère ce qu'elle a fait. → **fanfaronnade.**

**va-nu-pieds** **n. m.** et **f. inv.** Personne très pauvre et mal habillée. → **misérable.** *Habille-toi proprement, tu as l'air d'une va-nu-pieds !* — **Au pl.** *Des va-nu-pieds.*

**vapeur** **n. f.** **1.** Ensemble de fines gouttelettes d'eau qui sont dans l'air. *Quand l'eau bout, elle se transforme en vapeur. Julie mange des pommes vapeur,* des pommes de terre cuites à la vapeur. *Les bateaux à vapeur naviguaient grâce à l'énergie produite par la vapeur.* **2.** Produit à l'état de gaz. *Des vapeurs d'essence.*

**vaporeux** **adj.** Léger, fin et transparent. *Une chemise de nuit vaporeuse.*

**vaporiser** **v.** (conjug. 1) Projeter en fines gouttelettes. *Le jardinier vaporise de l'insecticide sur le lierre.* → **pulvériser.**

▶ **vaporisateur** **n. m.** Petit appareil qui sert à répandre un liquide en fines gouttelettes. → **atomiseur, pulvérisateur.** *Un vaporisateur à parfum.*

**vaquer** **v.** (conjug. 1) *Luc vaquait à ses occupations,* il s'occupait, faisait ce qu'il avait à faire.

**varan** **n. m.** Grand lézard carnivore d'Afrique et d'Asie.

**varappe** **n. f.** *L'été, ils font de la varappe,* ils escaladent des rochers.

**varech** [vaʀɛk] **n. m.** Algues rejetées par la mer, qu'on récolte sur le rivage. → **goémon.** *Le varech sert à faire de l'engrais.*

**vareuse** **n. f.** Veste courte en toile, qui ne s'ouvre pas devant. *Une vareuse de marin.*

**variable** **adj.** Qui peut changer. → **changeant, incertain, instable.** *La météo annonce un temps variable pour demain.*

**variante** **n. f.** *La morale de cette fable a une variante,* une autre version d'une forme un peu différente.

**variation** **n. f.** Modification. → **changement.** *Dans le désert, les variations* *de température sont très fortes,* les écarts, les différences de température.

**varice** n. f. Veine gonflée. *Mamie a des varices qui la font souffrir.*

**varicelle** n. f. Maladie contagieuse, causée par un virus, qui donne des boutons sur tout le corps.

**varier** v. (conjug. 7) **1.** Faire changer, rendre un peu différent. *Il faut varier les menus.* **2.** Se modifier. *Le temps varie d'heure en heure.* → **changer. 3.** Être différent. *Les traditions varient d'une région à l'autre.*

▶ **varié** adj. Qui présente des éléments distincts. → **divers.** *Nous vous proposons comme entrée des hors-d'œuvre variés.*

▶ **variété** n. f. **1.** Caractère de ce qui contient des éléments différents. → **diversité.** *Ce paysage manque de variété.* **2.** Sorte. → **type.** *Il existe de nombreuses variétés de roses.* → **espèce. 3.** *Un spectacle de variétés,* c'est un spectacle composé de numéros variés. → aussi **music-hall.** ▷ INVARIABLE, VARIABLE, VARIANTE, VARIATION.

**variole** n. f. Maladie contagieuse très grave qui donne de nombreux boutons. → petite **vérole.** *La variole a quasiment disparu.*

**vasculaire** adj. Qui concerne les vaisseaux sanguins. *Il a une maladie vasculaire.*

① **vase** n. m. Récipient dans lequel on met des fleurs coupées. *Un vase en cristal.* ▷ ÉVASÉ, TRANSVASER.

② **vase** n. f. Boue qui se dépose au fond de l'eau stagnante. *La barque s'est enlisée dans la vase.*

▶ **vaseux** adj. Plein de vase. *Une mare vaseuse.* ▷ S'ENVASER.

**vaseline** n. f. Pommade incolore très grasse.

**vasistas** [vazistas] n. m. Petit panneau pouvant s'ouvrir séparément en haut d'une porte ou d'une fenêtre.

**vasque** n. f. Bassin peu profond qui recueille l'eau d'une fontaine. *Une vasque en marbre.*

**vassal** n. m. [pl. *vassaux*] Homme à qui un seigneur donnait une terre, au Moyen Âge. *Les vassaux juraient fidélité à leur seigneur.* → aussi **fief, suzerain.**

**vaste** adj. Très grand. *Une vaste forêt.* → **étendu.** *Une maison très vaste.* → **spacieux.**

**va-tout** n. m. inv. *Jouer son va-tout,* c'est risquer tout ce que l'on a, prendre un grand risque, jouer le tout pour le tout. — Au pl. *Des va-tout.*

**vaudou** n. m. [pl. *vaudous*] Religion de l'île d'Haïti dans laquelle les pratiques de sorcellerie se mêlent aux pratiques chrétiennes. — Adj. inv. *Des cérémonies vaudou.*

à **vau-l'eau** adv. *Tous mes projets s'en vont à vau-l'eau,* ils sont à l'abandon, ils n'aboutiront pas.

**vaurien** n. m., **vaurienne** n. f. Petit voyou. *Ce n'est qu'un vaurien !*

**vautour** n. m. Grand oiseau rapace au bec crochu, qui mange des cadavres et des détritus. → **charognard** et aussi **condor.** *Les vautours ont une tête et un cou sans plumes.*

se **vautrer** v. (conjug. 1) S'étendre en se roulant tout à son aise. *Julie se vautrait sur le canapé.*

à la **va-vite** adv. Vite et mal. *Yves a fait sa rédaction à la va-vite.*

vautour

**veau** n. m. Petit de la vache, âgé de moins d'un an, mâle ou femelle. → aussi **génisse.** *Regarde les veaux qui tètent leur mère ! — Yves a mangé une escalope de veau à la crème.*

① **vedette** n. f. Petit bateau rapide à moteur. *La vedette de la police.*

② **vedette** n. f. 1. Artiste célèbre. → **star.** *Une vedette de cinéma.* 2. *Julie cherche toujours à se mettre en vedette,* à se faire remarquer, à attirer l'attention sur elle.

**végéter** v. (conjug. 6) Vivre sans évoluer, sans rien faire d'intéressant, rester dans la médiocrité. → **vivoter.** *Il végète dans son bureau.*

▸ **végétal** n. m. [pl. *végétaux*] Être vivant qui se nourrit sur place d'eau et de minéraux puisés dans la terre. → **plante.** *Les arbres et les champignons sont des végétaux.* → aussi **botanique.** — Adj. *L'huile d'olive est une huile végétale,* qui provient d'une plante.

▸ **végétarien** adj. Qui ne mange ni viande ni poisson. *Elle est végétarienne.* — N. *C'est un végétarien.*

▸ **végétatif** adj. *Depuis son accident, il mène une vie végétative,* une vie inactive qui fait penser à celle d'une plante.

▸ **végétation** n. f. Ensemble de plantes qui poussent dans un endroit. → **flore.** *La végétation est luxuriante dans la région.*

▸ **végétations** n. f. pl. Petites peaux qui se développent au fond du nez et de la gorge et qui gênent la respiration. *Alex a été opéré des amygdales et des végétations.*

**véhément** adj. Violent et passionné. *La maîtresse a fait des reproches véhéments aux élèves indisciplinés.*

▸ **véhémence** n. f. *Le maire s'est opposé avec véhémence à ce projet,* avec force et violence. → **virulence.**

**véhicule** n. m. Engin qui permet de se déplacer ou de transporter des objets. *Les voitures, les camions, les motos sont des véhicules.*

▸ **véhiculer** v. (conjug. 1) Transporter dans un véhicule. *Il a véhiculé toute la famille et les bagages jusqu'à la gare.*

① **veille** n. f. Jour qui précède le jour dont on parle. → aussi **hier.** *Cette lettre est arrivée la veille de mon départ.* ‖ contr. **lendemain** ‖ ▷ AVANT-VEILLE.

② **veille** n. f. Moment sans sommeil pendant le temps où l'on devrait dormir. *Il a passé de longues veilles à préparer ses examens.*

▸ **veillée** n. f. Moment de la soirée entre le repas du soir et le coucher. *Autrefois, on passait la veillée au coin du feu.*

▸ **veiller** v. (conjug. 1) 1. Rester éveillé pendant le temps où l'on devrait dormir. *Anne a veillé pour apprendre ses leçons.* **2.** *Une garde-malade veille le vieillard,* elle reste auprès de lui et s'en occupe. **3.** Faire attention. *Veillez à bien fermer le robinet. Elle veillait sur son petit frère.* → **surveiller.**

▶ **veilleur** **n. m.** *Le parking est gardé par un veilleur de nuit,* un gardien qui est de service la nuit. → **vigile.**

▶ **veilleuse** **n. f. 1.** Petite lampe qui reste allumée. *Ils laissent une veilleuse dans la chambre du bébé.* **2.** *Les veilleuses d'une voiture,* ce sont les lampes des phares qui donnent la lumière la plus faible. → **lanterne.** ▷ ÉVEIL, ÉVEILLÉ, ÉVEILLER, RÉVEIL, RÉVEILLER, RÉVEILLON, RÉVEILLONNER, SURVEILLANCE, SURVEILLANT, SURVEILLER.

① **veine** **n. f.** Familier. Chance. *Il a eu beaucoup de veine dans sa vie.*

▶ **veinard** **adj.** Familier. Qui a de la chance. → fam. **verni.** *Luc est veinard.* || contr. **malchanceux** || — **N.** *Quelle veinarde !* ▷ DÉVEINE.

② **veine** **n. f. 1.** Vaisseau sanguin dans lequel circule le sang qui revient au cœur. → aussi **artère.** *L'infirmière pique la veine du bras pour faire une prise de sang.* **2.** Ligne de couleur dans le bois ou la pierre. *Ce marbre rose est parcouru de veines blanches.*

▶ **veiné** **adj.** *Le marbre est veiné,* il est parcouru de lignes colorées. ▷ INTRAVEINEUX.

**vêler** **v.** (conjug. 1) *La vache vêle,* elle donne naissance à un veau.

**véliplanchiste** **n. m.** et **f.** Personne qui pratique la planche à voile.

**velléité** **n. f.** Intention, désir qui n'aboutit pas à une action. *Yves a eu des velléités de faire du judo.*

▶ **velléitaire** **adj.** *Elle est velléitaire,* elle ne va jamais au bout de ses intentions parce qu'elle n'a pas de volonté.

**vélo** **n. m.** Bicyclette. *Julie est partie faire du vélo.* — *Vélo* est un peu plus familier que *bicyclette.*

▶ **vélodrome** **n. m.** Piste pour les courses cyclistes.

▶ **vélomoteur** **n. m.** Vélo équipé d'un petit moteur. → **cyclomoteur.** *On ne peut pas faire de vélomoteur avant d'avoir quatorze ans.*

**vélocité** **n. f.** Vitesse et agilité. *Il faut faire de nombreux exercices au piano pour jouer avec vélocité.*

**velours** **n. m.** Tissu très doux dont un côté est formé de poils courts et serrés. *Luc a mis un pantalon en velours côtelé.* — *Le chat fait patte de velours,* il ne sort pas ses griffes.

▶ **velouté** **adj.** et **n. m. 1. adj.** Doux au toucher. *Les pêches ont une peau veloutée.* **2. n. m.** Potage onctueux. *Un velouté d'asperges.*

**velu** **adj.** Couvert de poils. → **poilu.** *L'athlète avait la poitrine velue.*

**vénal** **adj.** *Une personne vénale,* c'est une personne prête à faire des choses malhonnêtes pour de l'argent. || contr. **désintéressé, incorruptible, intègre** || — **Au masc. pl.** *vénaux.*

à tout **venant** **adv.** À tout le monde, à chacun. *Il raconte sa vie à tout venant.*

**vendange** **n. f.** Cueillette du raisin qui sert à faire le vin. *On fait les vendanges en automne.*

▶ **vendanger** **v.** (conjug. 3) Récolter le raisin pour faire du vin. *Les vignerons ont vendangé leurs vignes très tôt cette année.*

▶ **vendangeur** **n. m.**, **vendangeuse** **n. f.** Personne qui fait la récolte du raisin.

**vendetta** **n. f.** Coutume corse selon laquelle les membres de la famille de la victime doivent se venger sur les membres de la famille du meurtrier. — Au pl. *Des vendettas.*

**vendre** v. (conjug. 41) 1. Donner quelque chose à quelqu'un contre de l'argent. *Le boucher vend de la viande.* || contr. **acheter** || 2. Trahir, dénoncer. *Le cambrioleur a vendu tous ses complices.* → **livrer.**

▶ **vendeur** n. m., **vendeuse** n. f. Personne qui vend quelque chose. *Le vendeur de l'appartement n'a pas encore trouvé d'acheteur. La vendeuse de chaussures sert une cliente.* → **commerçant, marchand.** ▷ REVENDRE, VENTE.

**vendredi** n. m. Jour de la semaine, entre le jeudi et le samedi. *Alex a un cours de solfège tous les vendredis matin.*

**vénéneux** adj. Qui contient du poison. *Un champignon vénéneux.* → **toxique.** || contr. **comestible** || — Au fém. *vénéneuse.*

**vénérer** v. (conjug. 6) Aimer et respecter. → **adorer, révérer.** *Les Bretons vénèrent sainte Anne.*

▶ **vénérable** adj. Très respectable. *Un vieillard vénérable.*

▶ **vénération** n. f. Respect admiratif. → **adoration, culte.** *Il a une véritable vénération pour sa grand-mère.*

**vénerie** n. f. Art de la chasse à courre.

**venger** v. (conjug. 3) *Venger une personne*, c'est punir celui qui lui a fait du mal. *Le chevalier vengea son roi.* — *Elle s'est vengée de lui*, elle lui a fait autant de mal qu'il lui en avait fait.

▶ **vengeance** n. f. Action de faire du mal à une personne qui en a fait à une autre. *Ma vengeance sera terrible !* → aussi **vendetta.**

▶ **vengeur** n. m. Personne qui venge, punit. *Yves s'est fait le vengeur des petits*, il les venge. → aussi **vindicatif.** — Adj. *Des paroles vengeresses*, qui montrent que l'on veut se venger.

**venin** n. m. Poison produit par certains animaux qui l'injectent en piquant ou en mordant. *Les vipères et les scorpions ont du venin.*

▶ **venimeux** adj. Qui a du venin. *Un serpent venimeux.* — Au fém. *venimeuse.*

**venir** v. (conjug. 22) 1. Se déplacer. *Viens chez moi. Le plombier doit venir réparer la fuite.* 2. *Cet avion vient de Berlin*, il est parti de Berlin. → **arriver.** *Ce vase vient de Chine*, il en provient. 3. *Luc venait de sortir*, il était sorti depuis très peu de temps. 4. *Venons-en à la question des vacances*, parlons-en, abordons ce sujet. *Où veux-tu en venir ?* que cherches-tu en fin de compte ? *Ils en sont venus aux mains*, ils ont fini par se battre. 5. Arriver, se produire. → **survenir.** *Il faut prendre les choses comme elles viennent. Anne est venue au monde un dimanche*, elle est née un dimanche. ▷ ADVENIR, ALLÉES ET VENUES, AVENIR, BIENVENU, BIENVENUE, INTERVENIR, PARVENIR, PARVENU, PROVENANCE, PROVENIR, REVENANT, REVENIR, REVENU, REVIENT, SUBVENIR, SURVENIR, TOUT-VENANT, VA-ET-VIENT, à tout VENANT, VENUE.

**vent** n. m. 1. Mouvement naturel de l'air. *Le vent du nord souffle sur la ville. Il y a du vent aujourd'hui.* — *Julie est passée en coup de vent*, très rapidement. *C'est une jeune femme dans le vent*, à la mode. 2. *J'ai eu vent de leur projet*, j'en ai entendu parler. 3. *Toutes ces belles promesses, ne t'y trompe pas, ce n'est que du vent*, ce n'est pas sérieux. 4. *La trompette, la flûte, la cornemuse sont des instru-*

*ments à vent,* des instruments de musique dans lesquels on souffle pour en faire sortir des sons. ◊ homonyme : van. ▷ COUPE-VENT, ÉVENTAIL, ÉVENTER, PARAVENT, VENTER, VENTILATEUR, VENTILATION, VENTILER, VOL-AU-VENT.

**vente** **n. f.** Le fait d'échanger quelque chose contre de l'argent. *Sa maison est en vente,* elle est à vendre.

**venter** **v.** (conjug. 1) *Il vente,* il y a du vent. *Nous viendrons qu'il pleuve ou qu'il vente,* quel que soit le temps. ◊ homonyme : vanter.

**ventiler** **v.** (conjug. 1) Faire circuler de l'air. *Laisse la porte et la fenêtre ouvertes pour ventiler la pièce.* → **aérer.**

▶ **ventilateur** **n. m.** Appareil muni d'une hélice qui crée un courant d'air.

▶ **ventilation** **n. f.** *Un vasistas assure la ventilation de la salle de bains.* → **aération.**

**ventouse** **n. f. 1.** Organe de certains animaux, qui leur permet de se fixer à ce qu'ils touchent. *Les sangsues et les pieuvres ont des ventouses.* **2.** Rondelle de caoutchouc qui permet de fixer un objet, sans colle ni clou, sur une surface lisse, juste en appuyant dessus. *Des fléchettes à ventouse.*

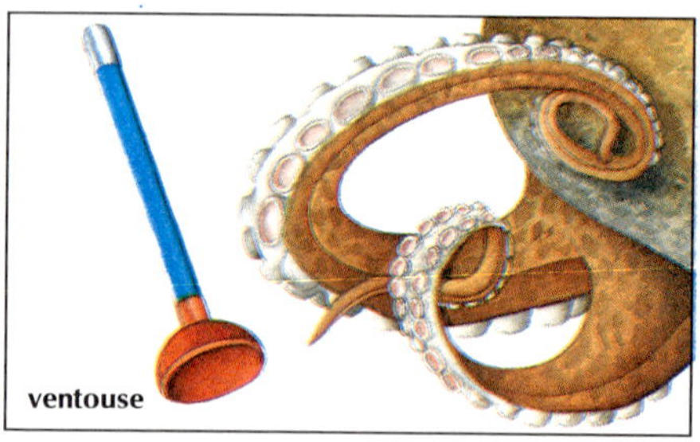
**ventouse**

**ventre** **n. m.** Partie du bas du tronc de l'homme et des mammifères, qui contient l'intestin. → **abdomen.** *Julie a mangé trop de chocolat, elle a mal au ventre. Le ventre du chat est très doux.* — *Alex dort à plat ventre,* allongé sur le ventre. ‖ contr. sur le **dos** ‖.

▶ **ventral** **adj.** Du ventre. *La femelle du kangourou porte son petit dans sa poche ventrale.* — **Au masc. pl.** *ventraux.* ▷ BAS-VENTRE, ÉVENTRER, VENTRU.

**ventricule** **n. m.** Chacune des deux cavités inférieures du cœur. → aussi **oreillette.**

**ventriloque** **n. m.** et **f.** Personne qui arrive à parler sans bouger les lèvres, avec une voix qui semble venir du ventre. *Le ventriloque faisait parler une marionnette.*

**ventripotent** **adj.** Qui a un gros ventre. *Une femme ventripotente.* → **bedonnant, ventru.**

**ventru** **adj.** Qui a un gros ventre. → **ventripotent.** *Elle est ventrue.*

**venue** **n. f.** *Nous attendons sa venue,* nous attendons qu'il vienne. → **arrivée** et aussi **allées et venues.**

**vêpres** **n. f. pl.** Office catholique célébré l'après-midi. *Il est allé aux vêpres.*

**ver** [vɛʀ] **n. m.** Petit animal au corps allongé et mou, sans pattes. *La viande était pleine de vers.* → **asticot.** *Les vers de terre sont cylindriques et de couleur rougeâtre. Il a eu le ver solitaire.* → **ténia.** *Les fils de soie sont fabriqués par une chenille appelée ver à soie.* — *Elle lui a tiré les vers du nez,* elle a réussi à le faire parler, à lui faire dire ce qu'elle voulait savoir. ◊ homonymes : vair, verre, ① et ② vers, vert. ▷ VÉREUX, VERMOULU.

**véracité** **n. f.** Le fait d'être vrai. *L'inspecteur croit à la véracité de ce té-*

*moignage.* → **authenticité, exactitude, sincérité.**

**véranda** **n. f.** Galerie vitrée le long d'une maison. *En hiver, elle met les plantes dans la véranda.*

**verbe** **n. m. 1.** Mot qui exprime une action ou un état, et dont la forme varie selon le sujet, le temps et le mode. *Conjuguez le verbe « sortir » à l'imparfait de l'indicatif.* **2.** *Elle a le verbe haut,* elle parle fort.

▶ **verbal** **adj. 1.** Qui concerne le verbe. *« Mangeons » et « faites » sont des formes verbales,* des formes des verbes conjugués. **2.** Fait en parlant, sans écrire. *Ils ont conclu des accords verbaux.* → **oral.**

▶ **verbalement** **adv.** Par la parole. → **oralement.** *Ils s'y sont engagés verbalement,* de vive voix. || contr. par **écrit** ||.

▶ **verbaliser** **v.** (conjug. 1) Dresser un procès-verbal. *L'agent de police a verbalisé pour stationnement interdit.*

▶ **verbeux** **adj.** Qui dit les choses en trop de mots. *Un discours verbeux.* || contr. **concis** || *Des explications verbeuses.*

▶ **verbiage** **n. m.** Trop grande quantité de paroles qui ne disent pas grand-chose. *Ce discours n'est qu'un verbiage creux.* ▷ PROCÈS-VERBAL.

**verdâtre** **adj.** D'une couleur verte un peu sale. *L'eau de la mare est verdâtre.*

**verdeur** **n. f.** Force et vigueur de la jeunesse, chez une personne âgée. *Son arrière-grand-père n'a rien perdu de sa verdeur.*

**verdict** **n. m.** Décision, jugement. → **sentence.** *Le tribunal a rendu son verdict : l'accusé est acquitté.*

**verdir** **v.** (conjug. 2) Devenir vert. *Les blés verdissent. Luc a verdi de peur.*

**verdoyant** **adj.** Très vert, où la végétation abonde. *La région est très verdoyante.*

**verdure** **n. f.** Ensemble des arbres, des plantes, des feuilles, de l'herbe. → **végétation.** *Ils se sont reposés dans la verdure.*

**véreux** **adj. 1.** Plein de vers. *Une pomme véreuse.* **2.** Malhonnête. *Un homme d'affaires véreux.*

① **verge** **n. f.** Baguette de bois souple. *L'ogre battait sa femme à coups de verge.*

② **verge** **n. f.** Sexe de l'homme et des mammifères mâles. → **pénis.**

**verger** **n. m.** Terrain planté d'arbres fruitiers. *Les pommiers et les poiriers du verger donnent des fruits excellents.*

**verglas** **n. m.** Mince couche de glace sur le sol. *La voiture a dérapé sur une plaque de verglas.*

▶ **verglacé** **adj.** Couvert de verglas. *Attention, la route est verglacée !*

sans **vergogne** **adv.** Sans honte, sans scrupule. *Luc a menti à ses parents sans vergogne.*

**vergue** **n. f.** Long morceau de bois fixé en travers du mât d'un bateau, qui soutient la voile.

**véridique** **adj.** Vrai, exact. → **authentique.** *C'est une histoire véridique.* || contr. **faux, mensonger** ||.

**vérifier** **v.** (conjug. 7) Examiner une chose pour voir si elle est vraie, exacte, comme elle doit être. → **contrôler.** *Alex vérifie qu'il a bien fermé le robinet du lavabo.*

▸ **vérifiable** adj. Que l'on peut vérifier. *L'emploi du temps du suspect est vérifiable.*

▸ **vérification** n. f. *Le policier lui a demandé ses papiers pour vérification d'identité,* pour vérifier son identité. → **contrôle.**

**vérité** n. f. Ce qui est vrai, correspond à la réalité. *Dis-moi la vérité,* ne mens pas. *En vérité, Julie n'avait rien vu,* en fait.

▸ **véritable** adj. Vrai, réel. *Flora a une chaîne en or véritable.* || contr. **faux** || *Luc est un véritable ami,* un ami digne de ce nom.

▸ **véritablement** adv. Effectivement, réellement. → **vraiment.** *Toute cette histoire est véritablement scandaleuse.*

**verlan** n. m. Façon de parler très familière consistant à inverser les syllabes de certains mots. *En verlan, « pourri » se dit « ripou ».*

① **vermeil** adj. Rouge vif. *La princesse avait les lèvres vermeilles.*

▸ ② **vermeil** n. m. Argent recouvert d'une couche d'or un peu rouge. *Des couverts en vermeil.*

**vermicelle** n. m. Pâtes à potage en forme de fils très minces. *Du potage au vermicelle.*

**vermifuge** n. m. Médicament qui tue les vers de l'intestin.

**vermillon** n. m. Rouge vif un peu orangé. *Une robe d'un beau vermillon.* — Adj. inv. *Des chaussettes vermillon.*

**vermine** n. f. Insectes parasites de l'homme et des animaux, comme les poux, les puces et les punaises. *Un vieux matelas, sur un tas d'ordures, grouillait de vermine.*

**vermisseau** n. m. Petit ver. *Les poules picoraient des vermisseaux.*

**vermoulu** adj. Mangé par les vers. *Un escalier vermoulu mène au grenier.*

**vernis** n. m. Produit brillant, transparent ou coloré, que l'on passe sur une surface pour la protéger ou l'embellir. *La coque du bateau est recouverte d'une couche de vernis. Elle s'est mis du vernis à ongles rouge.*

▸ **vernir** v. (conjug. 2) Couvrir de vernis. *Le peintre vernit son tableau.*

▸ **verni** adj. 1. Recouvert de vernis. *Flora a mis ses chaussures vernies.* 2. Familier. Qui a de la chance. → fam. **veinard.** *Julie est vraiment vernie, elle a encore gagné à la tombola.*

▸ **vernissage** n. m. Inauguration d'une exposition de peinture. *Ils sont invités à un vernissage.*

▸ **vernissé** adj. Enduit de vernis. *Des tuiles vernissées.*

**vérole** n. f. *Mirabeau avait le visage marqué par la petite vérole,* la variole.

**verrat** n. m. Porc mâle. → aussi **truie.**

**verre** n. m. 1. Matière fabriquée, dure, cassante et transparente. *Les vitres des fenêtres sont en verre.* → aussi ② **glace.** *Une bouteille en verre.* 2. Morceau de verre. *Le verre de la montre protège le cadran. Elle porte des lunettes avec des verres teintés.* 3. Récipient en verre dans lequel on boit. *Julie a cassé un verre en cristal. Luc boit un verre d'eau,* le contenu d'un verre.
◇ homonymes : vair, ver, ① et ② vers, vert.

▶ **verrerie** n. f. Usine où l'on fabrique du verre ou des objets en verre.

▶ **verrier** n. m. Ouvrier qui travaille dans une verrerie.

▶ **verrière** n. f. Toit en verre. *Un chat est passé à travers la verrière.*

▶ **verroterie** n. f. Verre coloré, imitant les pierres précieuses, dont on fait des bijoux et des objets décoratifs. *Un bracelet en verroterie.* ▷ SOUS-VERRE.

**verrou** n. f. [pl. *verrous*] Système de fermeture, formé d'un morceau de métal que l'on fait coulisser pour bloquer une porte. → aussi **targette.** — *Le voleur est sous les verrous,* il est en prison.

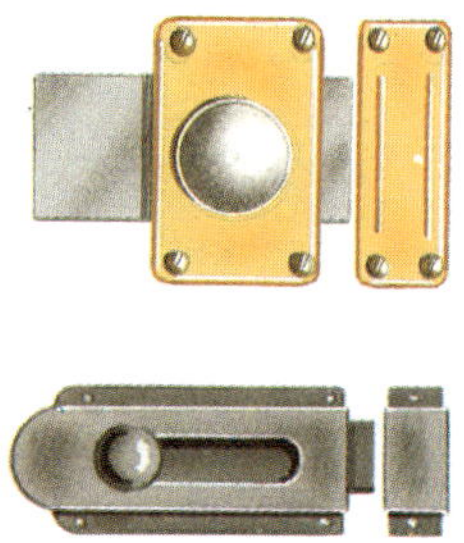
verrou

▶ **verrouiller** v. (conjug. 1) Fermer à l'aide d'un verrou. *N'oubliez pas de verrouiller votre porte ce soir !*

**verrue** n. f. Petite boule dure qui pousse sous la peau. *La grosse dame avait une verrue sur le nez.*

① **vers** n. m. Ligne d'un poème. *Ces deux vers riment entre eux.* ◊ homonymes : vair, ver, verre, vert. ▷ VERSET.

② **vers** prép. 1. En direction de. *Julie regardait vers nous.* 2. Aux environs de. *Nous nous arrêterons vers Lyon,* près de Lyon. 3. *Luc viendra vers midi,* aux alentours de midi, quand il sera à peu près midi.

**versant** n. m. Pente d'une montagne. *Les alpinistes ont escaladé le versant nord de la montagne.*

**versatile** adj. Qui change facilement d'avis. → **changeant, inconstant.** *C'est un homme versatile.* ‖ contr. **entêté, opiniâtre** ‖.

**verser** v. (conjug. 1) 1. Faire couler un liquide d'un récipient que l'on incline. *Il verse du vin dans les verres. Verse-moi à boire, s'il te plaît.* 2. Répandre. *Ce malheur nous a fait verser de nombreuses larmes.* 3. Donner de l'argent pour payer. *Il faut verser 1 000 francs à la commande. Son salaire est versé sur son compte en banque.* 4. Basculer et tomber sur le côté. *La voiture a versé dans le fossé.* → se **renverser.**

▶ à **verse** adv. *Il pleut à verse,* très fort. → aussi **averse.**

▶ **versé** adj. Savant et expérimenté. *Elle est très versée en histoire.*

▶ **versement** n. m. Action de verser de l'argent. → **paiement.** *Ils ont payé leur canapé en trois versements.*

▶ **verseur** adj. Qui sert à verser. *La cafetière a un bec verseur.* — **Au fém.** *verseuse.* ▷ AVERSE, DÉVERSER, RENVERSANT, à la RENVERSE, RENVERSEMENT, RENVERSER.

**verset** n. m. Paragraphe d'un texte sacré. *Le prêtre cite un verset de la Bible.*

**version** n. f. 1. Traduction dans sa propre langue d'un texte écrit dans une langue étrangère. *La sœur d'Alex a fait une version latine,* elle a traduit un texte latin en français. → aussi **thème.** 2. *Le film est en version originale,* il n'est pas doublé. 3. Manière de raconter ce qui s'est passé. *La police écoute les différentes versions des faits.*

**verso** **n. m.** Envers d'une feuille de papier. → **dos.** *Lisez la suite au verso.* ‖ contr. **recto** ‖ — **Au pl.** *Des versos.*

**vert** **adj. 1.** De la couleur de l'herbe. *La chlorophylle donne aux plantes leur couleur verte.* — **N. m.** *Le feu est passé au vert. Anne a une jupe vert amande.* **2.** Pas mûr. *Les tomates sont encore vertes.* **3.** *Des légumes verts,* ce sont des légumes que l'on consomme frais, non séchés. ‖ contr. **sec** ‖ **4.** Encore fort et plein d'énergie malgré son âge. *Mon arrière-grand-père est encore très vert.* → aussi **verdeur.** ◇ homonymes : vair, ver, verre, ① et ② vers.

▸ **vert-de-gris** **n. m. inv.** Dépôt verdâtre qui se forme sur le cuivre et le bronze exposés à l'humidité. *Les grilles du parc sont recouvertes de vert-de-gris.* ▷ VERTEMENT.

**vertèbre** **n. f.** Chacun des os qui forment la colonne vertébrale. *L'homme a 33 vertèbres séparées par des disques.*

▸ **vertébral** **adj.** Des vertèbres. *La colonne vertébrale.* — **Au masc. pl.** *vertébraux.*

▸ **vertébré** **n. m.** Animal qui a une colonne vertébrale. *Les mammifères, les oiseaux, les poissons sont des vertébrés.* ▷ INVERTÉBRÉ.

**vertement** **adv.** Vivement, rudement. *Yves s'est fait reprendre vertement par la maîtresse.*

**vertical** **adj.** Qui forme un angle droit avec une surface horizontale. *Un fil à plomb permet de vérifier que les murs sont bien verticaux.* — **N. f.** *Une verticale,* une ligne verticale.

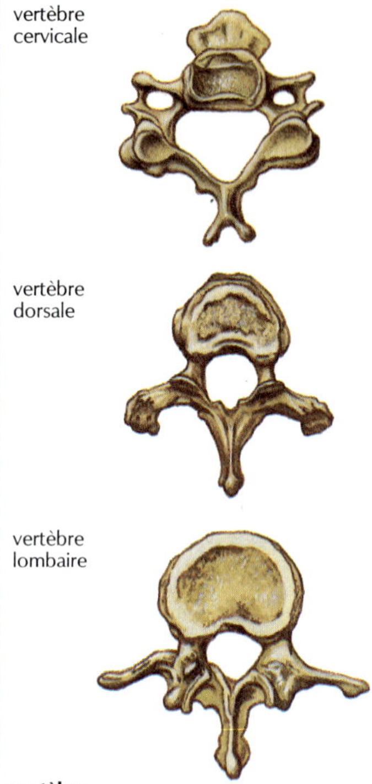


**vertèbre**

▸ **verticalement** **adv.** En suivant une ligne verticale. *Je cherche un mot de six lettres à placer verticalement dans ma grille de mots croisés,* de haut en bas. ‖ contr. **horizontalement** ‖.

**vertige** **n. m.** Impression que tout tourne autour de soi, qui fait perdre l'équilibre. *Anne ne peut pas aller sur le balcon du 5ᵉ étage, elle a le vertige.*

▸ **vertigineux** **adj.** Qui pourrait donner le vertige. *Les chamois grimpent à des hauteurs vertigineuses.*

**vertu** **n. f. 1.** Qualité morale. *L'honnêteté et le courage sont des vertus.*

|| contr. **vice** || 2. Pouvoir de produire un effet. *Certaines plantes ont des vertus calmantes.* → **propriété.** 3. *Les élèves ont été renvoyés en vertu du règlement,* au nom du règlement, en raison du règlement.

► **vertueux** adj. Qui a des qualités morales. → **honnête, moral, sage.** *Ils ont une manière de vivre vertueuse.*

**verve** n. f. *Luc raconte ce qui lui est arrivé avec verve,* d'une manière vivante, brillante et pleine de fantaisie. → **brio.**

**verveine** n. f. Plante dont les feuilles servent à faire de la tisane. *Voulez-vous une infusion de verveine ou de tilleul ?*

**vésicule** n. f. *La vésicule biliaire,* c'est une petite poche près du foie, qui contient la bile.

**vesse-de-loup** n. f. Champignon qui forme une petite boule blanche et que l'on peut manger quand il est jeune. *En vieillissant, les vesses-de-loup se remplissent de poussière brune.*

**vessie** n. f. Poche située dans le bas du ventre dans laquelle s'accumule l'urine. *La vessie de l'homme peut contenir de 150 à 300 millilitres d'urine.*

**veste** n. f. Vêtement ouvert devant, qui couvre le haut du corps et les bras et qui se porte par-dessus d'autres vêtements. → **veston.** *Jules a mis une veste à carreaux.* ▷ VESTON.

**vestiaire** n. m. 1. Lieu où l'on laisse les vêtements que l'on porte seulement à l'extérieur. *Vous pouvez laisser votre manteau et votre parapluie au vestiaire.* 2. Local où l'on se change dans un gymnase, une piscine. *Après le match, les joueurs sont retournés dans les vestiaires.*

**vestibule** n. m. Pièce d'entrée d'une maison ou d'un appartement. → **entrée.** *Une personne vous attend dans le vestibule.* → **antichambre.**

**vestige** n. m. Ce qui reste d'une chose ancienne, détruite ou disparue. → **reste, ruine, trace.** *On a découvert les vestiges d'une chapelle romane dans la cour du château.*

**vestimentaire** adj. Qui concerne les vêtements. *Julie soigne toujours sa tenue vestimentaire,* la façon dont elle est habillée.

**veston** n. m. Veste d'un costume d'homme.

**vêtement** n. m. Ce que l'on met sur son corps pour le couvrir et le protéger. → **habit.** *Il fait froid, mettez des vêtements chauds !* → aussi **vêtir.**

**vétéran** n. m. 1. Ancien combattant. *Les vétérans de la guerre de 1939-1945.* 2. Personne qui fait une chose depuis longtemps et qui est pleine d'expérience. *La directrice de l'école est un vétéran de l'enseignement.* 3. Sportif de plus de 35 ans.

**vétérinaire** n. m. et f. Médecin qui soigne les animaux. *Le vétérinaire a vacciné mon chien contre la rage.*

**vétille** n. f. Chose sans importance. → **détail.** *Ils se sont fâchés pour une vétille.* → **broutille.**

**vêtir** v. (conjug. 20) Couvrir de vêtements. → **habiller.** *Julie était vêtue d'un jean et d'un tee-shirt. — Anne s'est* *vêtue chaudement,* elle s'est habillée chaudement. ▷ DÉVÊTIR, REVÊTEMENT, REVÊTIR, SOUS-VÊTEMENT, SURVÊTEMENT, VÊTEMENT.

**veto** **n. m. inv.** *Le maire a mis son veto à ce projet,* il s'y est opposé et a refusé qu'il se réalise. — **Au pl.** *Des veto.*

**vétuste** **adj.** Vieux et en mauvais état. *Ils habitent une maison vétuste.*

▶ **vétusté** **n. f.** État d'une chose abîmée par le temps. → **délabrement.** *L'escalier est d'une vétusté qui le rend dangereux.*

**veuf** **n. m.,** **veuve** **n. f.** Personne dont la femme ou le mari est mort. *Il s'est remarié avec une veuve.* — **Adj.** *Ma grand-mère a été veuve très jeune.*

▶ **veuvage** **n. m.** Situation d'une personne veuve. *Il s'est remarié après une année de veuvage,* un an après la mort de sa femme.

**veule** **adj.** Lâche, faible, peureux, sans volonté. *Il est veule et hypocrite.* ‖ contr. **énergique, ferme** ‖.

**vexer** **v.** (conjug. 1) *Vexer quelqu'un,* c'est lui faire de la peine et le fâcher en l'attaquant dans son amour-propre. → **blesser, froisser, humilier, mortifier, offenser.** *Anne a vexé Yves en lui disant qu'il ne savait pas raconter les histoires. Flora est vexée que personne ne l'écoute. — Julie se vexe facilement,* elle est très susceptible.

▶ **vexant** **adj.** Qui blesse l'amour-propre. → **blessant, humiliant.** *Yves m'a dit des choses très vexantes.*

▶ **vexation** **n. f.** Blessure d'amour-propre. *Elle lui a trop fait subir de vexations.*

▶ **vexatoire** **adj.** *Ils ont pris des mesures vexatoires,* faites exprès pour blesser l'amour-propre.

**via** **adv.** *Le train va de Brest à Paris, via Rennes,* en passant par Rennes.

① **viabilité** **n. f.** État d'une route sur laquelle on peut rouler. *Des travaux doivent améliorer la viabilité de ce chemin.*

**viable** **adj.** Qui peut vivre, durer un certain temps. *Ce chaton est né trop tôt, il n'est pas viable.*

▶ ② **viabilité** **n. f.** État de ce qui peut vivre, durer. *La viabilité de cette entreprise est douteuse,* ses chances de réussite sont incertaines.

**viaduc** **n. m.** Pont très long sur lequel passe une route ou une voie ferrée. *Le train va franchir le viaduc.*

viaduc

**viager** **adj.** et **n. m.** **1. adj.** *Une rente viagère,* c'est une somme d'argent que l'on touche régulièrement jusqu'à ce que l'on meure. **2. n. m.** *La vieille dame a vendu sa maison en viager,* elle touche de l'argent régulièrement de l'acheteur et en recevra jusqu'à sa mort.

**viande** **n. f.** Chair des mammifères et des oiseaux, que l'on mange. *La viande rouge,* c'est la viande de bœuf, de mouton, de cheval. *La viande* *blanche,* c'est la viande de veau ou de porc et la volaille. *Les végétariens ne mangent pas de viande.* → aussi **carnassier** et **carnivore.**

**vibrer** **v.** (conjug. 1) **1.** Trembler très rapidement. *Le plancher du bateau vibre quand on met le moteur en marche.* **2.** Être très ému, exalté. *La plaidoirie de l'avocat a fait vibrer les jurés.*

▶ **vibrant** **adj.** Pathétique, émouvant. *Un discours vibrant.*

▶ **vibration** **n. f.** Mouvement et bruit d'une chose qui vibre. *Les vibrations d'une moto.* → **trépidation.**

**vicaire** **n. m.** Prêtre qui aide le curé d'une paroisse.

**vice** **n. m.** Grave défaut. *Il fume, c'est son seul vice.* || contr. **vertu** || *La maison est humide : cela vient d'un vice de construction.* ▷ VICIÉ, VICIEUX.

**vice-président** **n. m.,** **vice-présidente** **n. f.** Personne qui assiste le président ou la présidente et qu'elle remplace quand il le faut. *Le vice-président des États-Unis.* — **Au pl.** *Des vice-présidents.*

**vice versa** [viseveʀsa] ou [visvɛʀsa] **adv.** Aussi dans l'autre sens. → **réciproquement.** *Il prépare le dîner quand sa femme doit rentrer tard et vice versa.*

**vicié** **adj.** Impur et malsain. → **pollué.** *L'air des villes est vicié.* || contr. **pur, sain** ||.

**vicieux** **adj.** **1.** *Un cheval vicieux,* c'est un cheval qui n'est pas docile. → **rétif.** **2.** Mauvais, rempli d'erreurs. → **fautif, incorrect.** *Un raisonnement vicieux.* — **Au fém.** *vicieuse.*

**vicinal** **adj.** *Un chemin vicinal,* c'est une route étroite qui relie deux villages. — **Au masc. pl.** *vicinaux.*

**vicissitudes** **n. f. pl.** Choses bonnes et surtout mauvaises qui se succèdent dans la vie. *Leur couple a tenu bon face aux vicissitudes de l'existence.*

**vicomte** **n. m.,** **vicomtesse** **n. f.** Titre de noblesse au-dessous de celui de comte. *Le vicomte est le fils aîné du comte.*

**victime** **n. f.** **1.** Personne tuée ou blessée. *L'accident a fait trois victimes.* **2.** Personne qui est maltraitée par quelqu'un, qui souffre de quelque chose qu'elle subit. *Il a été victime d'un attentat.*

**victoire** **n. f.** Succès obtenu dans une bataille ou une compétition. *Notre équipe a remporté une belle victoire.* → **triomphe.** || contr. **défaite, échec** ||.

**victorieux** **adj.** Qui a remporté une victoire. *L'équipe victorieuse a été acclamée.* || contr. **perdant, vaincu** || *Les gagnants avaient un air victorieux.* → **triomphant** et aussi **vainqueur.**

**victuailles** **n. f. pl.** Nourriture, provisions. → **vivres.** *Ils ont emporté un panier de victuailles pour le pique-nique.*

**vidange** **n. f.** Action de vider. *Le mécanicien fait la vidange du réservoir d'huile de la voiture.*

▶ **vidanger** **v.** (conjug. 3) Enlever le liquide qui est dans un réservoir. *Le plombier vidange le chauffe-eau avant de le réparer.*

**vide** **adj.** et **n. m.**

▭ **adj.** Où il n'y a rien. *La bouteille est vide.* || contr. **plein, rempli** || *Le cinéma était vide,* il n'y avait personne. — *Luc* *se sentait la tête vide,* il ne pouvait penser à rien.

▭ **n. m. 1.** Espace où il n'y a rien. *Je ne peux pas regarder du haut de la falaise, j'ai peur du vide. Le maçon comble les vides entre les pierres du muret. Elle a fait le vide autour d'elle,* elle a fait fuir tout le monde. **2.** *Ces cacahuètes sont sous vide,* elles sont dans un emballage d'où on a enlevé l'air. **3.** *L'autobus est parti à vide,* sans passagers. *Le moteur tourne à vide,* sans produire l'effet attendu.

**vidéo** **n. f.** et **adj. inv. 1. n. f.** Technique qui permet d'enregistrer des images et des sons sur une bande magnétique au moyen d'un magnétoscope ou d'un caméscope et de les reproduire sur un téléviseur. *Il a filmé les premiers pas de ses enfants en vidéo.* **2. adj. inv.** *Une bande vidéo,* c'est une bande magnétique sur laquelle sont enregistrés des images et des sons que l'on passe ensuite sur un téléviseur. *Luc a des jeux vidéo,* des jeux qui transmettent à un écran des images que l'on commande électroniquement.

▸ **vidéocassette** **n. f.** Cassette contenant une bande vidéo qui permet d'enregistrer des images et des sons grâce à un magnétoscope ou un caméscope et de les reproduire sur un téléviseur. *Anne a enregistré sur vidéocassette un film qui est passé à la télévision.* — On dit aussi *une cassette vidéo.*

**vider** **v.** (conjug. 1) **1.** Rendre vide en enlevant ce qu'il y a dedans. *Vide le cendrier dans la poubelle.* ‖ contr. **garnir, remplir** ‖ *Le poissonnier vide la truite,* il en enlève les boyaux. — *L'évier se vide rapidement.* **2.** Enlever ce qui remplit. *Julie n'a pas vidé l'eau de la baignoire.*

▸ **vide-ordures** **n. m. inv.** Tuyau vertical dans lequel on peut jeter les ordures, dans un immeuble. — **Au pl.** *Des vide-ordures.* ▷ ÉVIDER, VIDANGE, VIDANGER, VIDE.

**vie** **n. f. 1.** Ce qui caractérise l'homme, les animaux et les plantes qui naissent, respirent, se nourrissent, se reproduisent et meurent. → aussi **vivre.** *Le moineau, bien que blessé, était toujours en vie.* ‖ contr. **mort** ‖ *Les pompiers lui ont sauvé la vie.* **2.** Temps compris entre la naissance et la mort. *Elle n'avait jamais été aussi heureuse de sa vie.* **3.** Ce que l'on fait pendant le temps où l'on est vivant. *La maîtresse nous a raconté la vie de Christophe Colomb.* **4.** Partie des activités, de ce que l'on fait. *Il ne mélange pas sa vie professionnelle et sa vie privée.* **5.** Ce qu'il faut pour vivre. *La vie est de plus en plus chère,* les prix augmentent. ▷ EAU-DE-VIE, SURVIE, ② VIABILITÉ, VIABLE.

**vieillard** **n. m.** Homme très vieux. *Un vieillard centenaire. Une maison de repos pour vieillards,* pour des hommes et des femmes très âgés.

**vieille** → **vieux**

**vieillerie** **n. f.** Objet vieux et usé. *Jette donc toutes ces vieilleries !*

**vieillesse** **n. f.** Dernière partie de la vie, pendant laquelle on est âgé. *Il a eu une vieillesse heureuse, entouré de ses nombreux petits-enfants.*

**vieillir** **v.** (conjug. 2) **1.** Devenir vieux, de plus en plus vieux. *Il a beaucoup vieilli cette année.* **2.** Faire paraître plus vieux. *Cette coiffure la vieillit.* ‖ contr. **rajeunir** ‖.

▸ **vieillissement** **n. m.** Le fait de vieillir. *Elle se met une crème pour lutter contre le vieillissement de la peau.*

**vieillot** adj. Vieux et démodé. → **désuet, suranné.** *Elle a une coiffure un peu vieillotte.*

**vielle** n. f. Ancien instrument de musique à cordes et à roue. *La roue de la vielle frotte les cordes comme un archet.*

vielle

**vierge** adj. 1. Qui n'a jamais eu de relations sexuelles. *Jeanne d'Arc est morte vierge.* 2. Qui n'a jamais été touché, sali. *Prenez une feuille vierge,* où rien n'a été écrit. *Il a acheté une cassette vierge,* sur laquelle rien n'a été enregistré. 3. *Alex rêve d'explorer la forêt vierge,* la forêt tropicale dans laquelle il est difficile de pénétrer.

**vieux** adj. et n. m., **vieille** adj. et n. f.
▭ adj. 1. Qui a vécu longtemps, qui est à l'âge de la vieillesse. → **âgé.** *Ma grand-mère est vieille.* ‖ contr. **jeune** ‖ *Leur chien est mort très vieux.* — On dit *un homme vieux* mais *un vieil homme.* 2. *Luc est plus vieux que sa sœur,* il est plus âgé qu'elle. 3. *Nos mères sont de vieilles amies,* elles sont amies depuis longtemps. 4. Qui existe depuis longtemps. *Il aime les vieux meubles.* → **ancien.** *Sa voiture est très vieille.* ‖ contr. **neuf, nouveau, récent** ‖.
▭ n. 1. Personne âgée. *Un couple de vieux.* → **vieillard.** 2. Familier. *Mon vieux, ma vieille* sont des termes d'affection. *Allez, ma vieille, ça va s'arranger !* 3. n. m. Familier. *Son père a pris un coup de vieux,* il a vieilli rapidement. ▷ VIEILLARD, VIEILLERIE, VIEILLESSE, VIEILLIR, VIEILLISSEMENT, VIEILLOT.

**vif** adj. et n. m.
▭ adj. 1. Qui est rapide dans ses mouvements et ses réactions. → **alerte, éveillé.** *Julie est une petite fille vive et intelligente.* ‖ contr. **mou** ‖ 2. Qui s'emporte facilement. *Il a été un peu vif dans la discussion.* → **brusque.** 3. *Anne a l'esprit vif,* elle comprend vite. *Yves a une vive imagination,* une grande imagination. 4. Vivant. *Jeanne d'Arc a été brûlée vive.* 5. Fort et intense. *Luc a ressenti une vive douleur en se tordant la cheville.* ‖ contr. **faible** ‖ *Flora a un tee-shirt rouge vif.* ‖ contr. **pâle** ‖ 6. *L'air vif m'a surpris,* l'air frais et pur. → **vivifiant.**
▭ n. m. 1. *La photo a été prise sur le vif,* sans poser, dans une attitude naturelle. 2. *Yves a été piqué au vif,* au point le plus sensible. 3. *Entrons dans le vif du sujet,* parlons du point le plus important. ▷ RAVIVER, VIVACITÉ, VIVEMENT.

**vigie** n. f. Marin qui surveille la mer du haut du mât ou de l'avant du bateau. *La vigie aperçut un bateau de pirates.*

**vigilant** adj. Qui surveille avec beaucoup d'attention. → **attentif.** *Soyez vigilants, ne laissez pas entrer n'importe qui !*

► **vigilance** n. f. Surveillance très attentive. *Les cambrioleurs ont trompé la vigilance du gardien.*

**vigile** n. m. Gardien, surveillant. *Le centre commercial est surveillé par des vigiles.*

**vigne** n. f. 1. Petit arbuste dont le fruit est le raisin. → aussi **cep, sarment.**

*La Bourgogne est une région où l'on cultive la vigne.* **2.** Champ planté de vignes. → **vignoble.** **3.** *La vigne vierge,* c'est une plante décorative qui pousse le long des murs. *La façade de la maison est recouverte de vigne vierge.*

vigne

▶ **vigneron** **n. m.,** **vigneronne** **n. f.** Personne qui cultive la vigne et fait du vin. → **viticulteur.** *Il est vigneron dans le Beaujolais.*

▶ **vignoble** **n. m.** Terrain planté de vignes. *Le Bordelais est une région de vignobles.*

**vignette** **n. f.** **1.** Étiquette imprimée qui prouve que l'on a payé quelque chose. *Les automobilistes doivent acheter une vignette tous les ans.* **2.** Petite illustration dans un livre.

**vigogne** **n. f.** Petit lama au pelage fin d'un jaune roux, qui vit sur les hauts plateaux d'Amérique du Sud. *Il a un pardessus en laine de vigogne.*

**vigoureux** **adj.** Plein de vigueur. → **fort, puissant, robuste, solide.** *C'est une femme vigoureuse.* → **énergique.**

▶ **vigoureusement** **adv.** Avec force. → **énergiquement.** *Anne se frotte vigoureusement le dos dans son bain.*

**vigueur** **n. f.** **1.** Force, puissance. → **énergie.** *Ils se serrèrent la main avec vigueur,* vigoureusement. **2.** *Cette loi est déjà en vigueur,* elle est en usage, en application.

**vil** **adj.** Qui inspire le mépris. → **méprisable.** *Il a eu une attitude vile.* ◊ homonyme : ville. ▷ S'AVILIR.

① **vilain** **adj.** **1.** Qui n'est pas gentil. → **méchant.** *Flora a été vilaine avec sa sœur et elle a été punie.* **2.** Désagréable à voir. → **laid.** *Il a de vilaines dents.* ‖ contr. **beau, joli** ‖ **3.** *Nous avons eu un vilain temps,* du mauvais temps. → **sale.** ▷ VILENIE.

② **vilain** **n. m.** Paysan libre, au Moyen Âge. *Les serfs et les vilains.*

**vilebrequin** **n. m.** **1.** Outil formé d'une mèche et d'une manivelle, qui sert à percer des trous. **2.** Barre de métal qui relie les bielles d'un moteur de voiture. → aussi **bielle.**

**vilenie** **n. f.** Action méprisable. *Le traître fut puni de ses vilenies.*

**villa** **n. f.** Maison entourée d'un jardin. → aussi **pavillon.** *Ils ont loué une villa avec piscine pour les vacances.*

**village** **n. m.** Groupe de maisons à la campagne, plus petit qu'une ville mais plus grand qu'un hameau, qui possède une mairie, des commerçants, des artisans, etc. → **bourg, bourgade, localité.** *Ils habitent un village de montagne.*

▶ **villageois** **n. m.,** **villageoise** **n. f.** Habitant d'un village. *Les villageois se sont réunis sur la place de l'église.*

**ville** **n. f.** Grand groupe de maisons, avec de nombreuses rues et de nombreux habitants. → **cité.** *Lyon est une* *grande ville française.* → aussi **urbain.** ◊ homonyme : vil. ▷ BIDONVILLE.

**villégiature** **n. f.** Séjour de repos. *Ils sont en villégiature au bord de la mer.*

**vin** **n. m.** Boisson alcoolisée faite avec du raisin. *Il préfère le vin rouge au vin blanc.* ◊ homonymes : vain, vingt.

▶ **vinaigre** **n. m.** Liquide piquant obtenu à partir de vin ou d'alcool, qui sert à assaisonner. *Mamie utilise du vinaigre de cidre.*

▶ **vinaigrette** **n. f.** Sauce faite avec de l'huile et du vinaigre. *Elle a préparé des poireaux vinaigrette.* ▷ AVINÉ, POT-DE-VIN, VINICOLE, VINIFICATION.

**vindicatif** **adj.** Qui veut se venger. → **rancunier.** *Julie est vindicative, elle ne se laisse pas faire.*

**vingt** **adj. inv.** Deux fois dix (20). *Marc a vingt ans.* — **N. m. inv.** *Son anniversaire est le 20 mai.* ◊ homonymes : vain, vin.

▶ **vingtaine** **n. f.** Groupe d'environ vingt personnes ou vingt choses semblables. *Il me reste à lire une vingtaine de pages de mon livre.*

▶ **vingtième** **adj.** et **n. m. 1. adj.** Qui suit le dix-neuvième. *Ils habitent dans le vingtième arrondissement de Paris.* **2. n. m.** Partie d'un tout divisé en vingt parts égales. *Il a bu les onze vingtièmes de la bouteille.* ▷ QUATRE-VINGT(S), QUATRE-VINGT-DIX.

**vinicole** **adj.** *L'Alsace est une région vinicole,* une région où l'on produit du vin. → **viticole.**

**vinification** **n. f.** Transformation du jus de raisin en vin. *La vinification se fait sous l'action de la fermentation.*

**viol** **n. m.** Acte de violence par lequel un homme force une femme à avoir des relations sexuelles avec lui. *Il a été condamné pour viol.* → aussi **violer.** ◊ homonyme : viole.

**violacé** **adj.** D'une couleur presque violette. *Yves avait les mains violacées à cause du froid.*

**violation** **n. f.** Le fait de ne pas respecter quelque chose de sacré, d'entrer dans un lieu où l'on n'a pas le droit d'aller. *Il y a eu violation de la loi.* → **infraction.**

**viole** **n. f.** Instrument de musique à cordes et à archet, utilisé autrefois. *La viole est apparue en France au 15e siècle.* ◊ homonyme : viol. ▷ VIOLON, VIOLONCELLE, VIOLONCELLISTE, VIOLONISTE.

**violent** **adj. 1.** *Son mari est très violent,* il a des sentiments très forts qu'il ne contrôle pas et devient facilement brutal quand il est en colère. || contr. **calme, doux** || **2.** Très fort, terrible. *Une violente tempête est annoncée.*

▶ **violemment** **adv.** Avec violence. → **brutalement.** *Le bateau a heurté violemment le quai.* || contr. **doucement** ||.

▶ **violence** **n. f.** Force brutale. *Les voyous lui ont arraché son sac avec violence.* → **brutalité.** || contr. **douceur** || *La tempête a été d'une rare violence.* ▷ NON-VIOLENCE, NON-VIOLENT.

**violer** **v.** (conjug. 1) **1.** Ne pas respecter. → **enfreindre, transgresser.** *Les criminels violent les lois.* || contr. **observer** || **2.** *Des sépultures ont été violées,* elles ont été ouvertes et traitées sans respect. → **profaner. 3.** *Il a violé une femme,* il a eu des relations sexuelles avec elle alors qu'elle ne le voulait pas, en la menaçant. ▷ VIOL, VIOLATION.

**violette** n. f. Petite fleur de couleur violette qui pousse au printemps. *Il lui a offert un bouquet de violettes.*

▶ **violet** adj. D'une couleur qui est un mélange de bleu et de rouge. *Yves a des chaussettes violettes.* — N. m. La couleur violette. *Son foulard est d'un joli violet.* ▷ ULTRAVIOLET.

**violon** n. m. Instrument de musique à quatre cordes que l'on frotte avec un archet, et que l'on tient entre l'épaule et le menton. ⋙ planche Instruments de musique. — *Il faudrait accorder vos violons !* il faudrait vous mettre d'accord !

▶ **violoniste** n. m. et f. Personne qui joue du violon. *Paganini fut un grand violoniste italien.*

▶ **violoncelle** n. m. Instrument de musique qui ressemble à un gros violon, dont on joue assis en le tenant entre les jambes. *Le violoncelle a des sons plus graves que le violon.* ⋙ planche Instruments de musique.

▶ **violoncelliste** n. m. et f. Personne qui joue du violoncelle.

**vipère** n. f. Serpent venimeux, à la tête triangulaire, qui vit dans les terrains ensoleillés couverts de broussailles. *Il s'est fait mordre par une vipère.*

vipère

**virage** n. m. Partie d'une route qui tourne. → **tournant.** *Attention, virage dangereux !*

**viral** adj. Provoqué par un virus. *La grippe est une maladie virale.* — Au masc. pl. *viraux.*

**virer** v. (conjug. 1) **1.** Changer de direction en tournant. *Le bateau a viré à droite à la sortie du port.* **2.** Changer, se transformer. → **tourner.** *Le dos du livre a viré au jaune,* il est devenu jaune. **3.** *Virer de l'argent sur un compte en banque,* c'est faire passer de l'argent d'un compte sur un autre. *Son salaire est viré sur son compte tous les mois.*

▶ **virement** n. m. *Il est payé par virement,* l'argent qu'il doit recevoir est viré sur son compte.

▶ **virevolter** v. (conjug. 1) Tourner rapidement sur soi-même. *Les couples de danseurs virevoltaient, emportés par la musique.* ▷ REVIREMENT, VIRAGE.

**virgule** n. f. **1.** Signe de ponctuation qui sert à séparer des mots ou des groupes de mots, à l'intérieur d'une phrase (,). — *Le point-virgule* ( ;) s'utilise à la place du point entre deux phrases dont le sens est lié. **2.** Signe qui précède la décimale dans un nombre décimal. *Il y a une virgule dans 2,4.*

**viril** adj. Qui a les caractéristiques que l'on attribue plus spécialement aux hommes. → **courageux, énergique, mâle.** *Il a eu une attitude virile devant le danger.*

▶ **virilité** n. f. Ensemble des qualités qui correspondent à l'image traditionnelle de l'homme. *Ce boxeur est d'une grande virilité.*

**virtuel** adj. Qui est possible, a toutes les conditions pour pouvoir être réalisé. → **potentiel.** *La réussite de ce projet n'est encore que virtuelle.* || contr. **effectif, réel** ||.

**virtuose** **n. m.** et **f.** Personne qui joue d'un instrument de musique avec très grand talent. *C'est une virtuose du piano.*

▶ **virtuosité** **n. f.** Talent, habileté du virtuose. → **brio, maîtrise.** *Le pianiste a exécuté ce morceau avec virtuosité.*

**virulent** **adj.** Très violent. → **véhément.** *Ce film a suscité des critiques virulentes.* || contr. **mesuré, modéré** ||.

▶ **virulence** **n. f.** *Les députés ont protesté avec virulence,* avec violence. → **véhémence.** || contr. **douceur, modération** ||.

**virus** [viʀys] **n. m.** Organisme microscopique, encore plus petit qu'un microbe, qui cause une maladie. *La rage est provoquée par un virus.* ▷ VIRAL.

**vis** [vis] **n. f.** Tige de métal pointue que l'on enfonce en tournant. *L'étagère est fixée au mur par quatre vis.* ▷ DÉVISSER, TOURNEVIS, VISSER.

**visa** **n. m.** Cachet spécial mis sur un passeport, qui autorise l'entrée dans un pays. *Il faut un visa pour aller dans ce pays.* — **Au pl.** *Des visas.*

**visage** **n. m. 1.** Partie avant de la tête de l'homme. → **face, figure.** *Julie a un visage rond et expressif. Flora cherchait dans la foule un visage connu,* quelqu'un qu'elle connaissait. **2.** Aspect d'une chose. *Au cours de leur voyage, ils ont vu le vrai visage de l'Afrique.* ▷ DÉVISAGER.

en **vis-à-vis** **adv.** *Luc et Flora se sont assis en vis-à-vis,* l'un en face de l'autre.

**viscère** **n. m.** Organe qui est à l'intérieur du corps. *Le cerveau, le cœur, les poumons, l'estomac sont des viscères.*

▶ **viscéral** **adj. 1.** *Une cavité viscérale,* c'est une cavité dans laquelle il y a un viscère. **2.** *Flora a une peur viscérale des araignées,* une peur profonde qu'elle ne peut expliquer ni surmonter. — **Au masc. pl.** *viscéraux.*

**viser** **v.** (conjug. 1) **1.** Diriger une arme vers le but à atteindre. *Le chasseur visa le chevreuil à la tête et tira.* **2.** Chercher à obtenir. *Elle vise le poste de directeur général.* **3.** Concerner. *Cette remarque vise tous les élèves,* elle s'applique à tous les élèves.

▶ **visée** **n. f.** Objectif, but. *Elle a des visées ambitieuses.*

▶ **viseur** **n. m.** Partie d'un appareil par où l'on regarde pour viser une cible ou cadrer une photo. *Le viseur d'un appareil photo.*

**visible** **adj. 1.** Que l'on peut voir. → **apparent.** *Les microbes ne sont pas visibles à l'œil nu.* || contr. **invisible** || **2.** Évident. → **manifeste.** *Sa déception était visible,* elle se voyait.

▶ **visiblement** **adv.** D'une façon visible, évidente. → **manifestement.** *Visiblement, Yves n'a pas envie de venir.* → **apparemment.**

▶ **visibilité** **n. f.** Possibilité de voir. *Avec ce brouillard, la visibilité est nulle,* on ne voit rien.

**visière** **n. f.** Partie d'une casquette ou d'un képi qui abrite le haut du visage et les yeux. *La visière de sa casquette lui protège les yeux du soleil.*

**vision** **n. f. 1.** Vue. *Mamie porte des lunettes car elle a des troubles de la vision.* **2.** Manière de voir les choses, de penser. *Flora n'a pas une vision réa-*

*liste de l'avenir.* **3.** Chose que l'on voit en imagination. → **hallucination, rêve.** *Yves dit qu'il a vu une soucoupe volante, il a dû avoir des visions.*

▶ **visionnaire** **n. m.** et **f.** Personne qui a des visions, croit voir des choses surnaturelles.

▶ **visionneuse** **n. f.** Appareil qui sert à examiner des films ou des diapositives.

**visiter** **v.** (conjug. 1) Aller voir. *Ils ont visité les États-Unis en voiture,* ils ont parcouru les États-Unis en voiture.

▶ **visite** **n. f. 1.** Le fait d'aller voir quelqu'un et de rester avec lui un certain temps. *Flora et ses parents ont rendu visite à Jules. J'ai reçu la visite d'une amie.* **2.** *Le médecin est parti faire ses visites,* examiner les malades chez eux. **3.** Le fait de se rendre dans un lieu et de le parcourir, le visiter. *La visite du château est gratuite.*

▶ **visiteur** **n. m.,** **visiteuse** **n. f. 1.** Personne qui va voir quelqu'un chez lui pour lui rendre visite. *Elle reconduisit ses visiteurs jusqu'à la porte.* **2.** Personne qui visite un endroit. *Le musée est ouvert aux visiteurs à partir de 10 heures.*

**vison** **n. m.** Petit animal qui ressemble au putois, dont la fourrure est très recherchée. *Elle a un manteau de vison.*

**visqueux** **adj.** *Un liquide visqueux,* c'est un liquide épais qui coule difficilement. → **collant, gluant, poisseux.** *Le goudron est une matière visqueuse.*

**visser** **v.** (conjug. 1) **1.** Faire tenir avec des vis. *L'électricien a vissé l'interrupteur dans le mur.* **2.** Serrer en tournant. *Alex visse le couvercle du bocal de cornichons.* ‖ contr. **dévisser** ‖.

vison

**visuel** **adj.** Qui concerne la vue. *Anne a une excellente mémoire visuelle,* elle se souvient bien de tout ce qu'elle voit.

**vital** **adj. 1.** Qui est nécessaire pour vivre. *La respiration est une fonction vitale.* **2.** Très important. → **essentiel, fondamental.** *La faim dans le monde et la pollution sont des problèmes vitaux.*

▶ **vitalité** **n. f.** Énergie, dynamisme. *Ces enfants sont pleins de vitalité.*

**vitamine** **n. f.** Substance indispensable au bon fonctionnement de l'organisme, que l'on trouve en petites quantités dans les aliments. *Les oranges sont riches en vitamine C.*

**vite** **adv. 1.** En parcourant un grand espace en peu de temps. *Marchons plus vite !* ‖ contr. **lentement** ‖ **2.** En peu de temps. *Julie comprend vite ce qu'on lui explique.* → **rapidement. 3.** Au bout d'une courte durée. *Les travaux seront vite terminés.* → **bientôt.**

▶ **vitesse** **n. f. 1.** Distance parcourue divisée par le temps mis à la parcourir. *La voiture roulait à la vitesse de 100 kilomètres à l'heure.* → **allure. 2.** Le fait de parcourir une distance, de faire quelque chose en peu de temps. → **rapidité.** *L'avion prend de la vitesse.*

*Anne admire la vitesse avec laquelle Julie range ses affaires.* → **hâte, promptitude. 3.** *Le changement de vitesse d'une voiture,* c'est le mécanisme qui permet d'aller plus ou moins vite en réglant l'effort fourni par le moteur. *Il enclenche la première vitesse pour démarrer, puis passe en seconde.* ▷ à la VA-VITE.

**viticole** **adj.** *La Bourgogne est une région viticole,* une région où l'on cultive la vigne pour faire du vin. → **vinicole.**

**viticulteur** **n. m.,** **viticultrice** **n. f.** Personne qui cultive la vigne pour produire du vin. → **vigneron.**

**viticulture** **n. f.** Culture de la vigne.

**vitre** **n. f.** Plaque de verre qui garnit une fenêtre ou une porte. → **carreau.** *Elle fait les vitres,* elle les nettoie.

▶ **vitrail** **n. m.** [pl. *vitraux*] Panneau fait de morceaux de verre colorés qui forment un dessin. *Les vitraux de la cathédrale sont magnifiques.* → aussi **rosace.**

**vitrail**

▶ **vitré** **adj.** *Une porte vitrée donne sur le jardin,* une porte garnie d'une vitre.

▶ **vitreux** **adj.** Terne, sans éclat. *Les poissons morts ont l'œil vitreux.* — **Au fém.** *vitreuse.*

▶ **vitrier** **n. m.** Homme qui vend des vitres et les pose. *Le vitrier a remplacé un carreau dans la cuisine.*

▶ **vitrifier** **v.** (conjug. 7) *Ils ont vitrifié le parquet du salon,* ils l'ont recouvert d'une matière plastique transparente pour le protéger.

▶ **vitrine** **n. f. 1.** Partie vitrée d'un magasin où l'on expose les objets à vendre. → **devanture.** *Elle regarde les chaussures exposées en vitrine.* **2.** Petite armoire vitrée où l'on expose les objets de collection. *Ils ont mis des statuettes africaines dans une vitrine.*

**vitriol** **n. m.** Produit très dangereux qui détruit les choses en les rongeant. *Autrefois, on jetait du vitriol au visage de ses rivaux que l'on voulait défigurer pour se venger.*

**vitupérer** **v.** (conjug. 6) Protester en criant. → **vociférer.** *La vieille dame vitupère contre les enfants mal élevés.*

**vivable** **adj.** Avec qui l'on peut vivre. → **supportable.** || contr. **invivable** || *Son mari n'est pas vivable.*

**vivace** **adj. 1.** *Le houx est une plante vivace,* une plante qui vit plus de deux années. **2.** Durable, tenace. → **persistant.** *Il garde un souvenir vivace de leur première rencontre.*

**vivacité** **n. f. 1.** Qualité de ce qui est vif, rapide, animé. *Les enfants répondent avec vivacité aux questions de la maîtresse.* → **entrain, rapidité.** || contr. **lenteur** || *Yves a une grande viva-*

*cité d'esprit,* il comprend vite. **2.** Intensité, éclat. *Les couleurs de la tapisserie ont gardé leur vivacité, malgré les années.*

① **vivant** **adj. 1.** Qui vit. *Les homards vivants sont bleus.* || contr. **mort** || **2.** *Les plantes et les animaux sont des êtres vivants,* qui naissent, se reproduisent et meurent. → **animé. 3.** Plein de vie. → **vif.** *Julie est une enfant très vivante.* **4.** Plein d'animation, de gaieté. *Ces rues sont très vivantes les jours de marché.* **5.** Utilisé de nos jours, actuel. *L'anglais est une langue vivante, le latin une langue morte.*

▸ ② **vivant** **n. m.** *Ce roman a été publié du vivant de l'auteur,* pendant qu'il était vivant.

**vivarium** [vivaʀjɔm] **n. m.** Cage vitrée où l'on garde de petits animaux vivants. — **Au pl.** *Des vivariums.*

**vivat** **n. m.** Cri d'acclamation. *Le coureur a été accueilli à l'étape par des vivats.* || contr. **huées** ||.

**vive** **interj.** Mot qui sert à montrer que l'on a de l'admiration pour quelqu'un, de l'enthousiasme pour quelque chose. *Vive les vacances !* || contr. à **bas** ||.

**vivement** **adv. 1.** D'une manière vive, avec vivacité. → **rapidement.** *Le chat s'est enfui vivement dans les taillis.* **2.** D'un ton vif. *Elle lui a répliqué vivement.* **3.** Beaucoup, fortement. → **profondément.** *Nous regrettons vivement son absence.* **4.** Mot qui sert à formuler un souhait. *Vivement dimanche ! Vivement qu'il s'en aille !*

**vivier** **n. m.** Endroit aménagé pour élever des poissons ou des crustacés, ou pour les garder vivants après les avoir pêchés. *Le maître d'hôtel a choisi un gros homard dans le vivier du restaurant.*

**vivifiant** **adj.** Stimulant. → **tonique.** *L'air de la mer est vivifiant.*

**vivipare** **adj.** *Un animal vivipare,* c'est un animal dont les petits naissent déjà formés. *La souris, le requin, l'homme sont vivipares.* — **N.** *Les vivipares et les ovipares.*

**vivisection** **n. f.** Dissection d'animaux vivants, faite pour les étudier. *La Société protectrice des animaux s'est élevée contre la pratique de la vivisection.*

**vivoter** **v.** (conjug. 1) Vivre avec peu d'argent, en ne faisant pas grand-chose. *Il vivote tant bien que mal.* → **végéter.**

① **vivre** **v.** (conjug. 46) **1.** Être en vie, être vivant. *Certains arbres peuvent vivre des centaines d'années. Julie respire la joie de vivre.* **2.** Passer sa vie dans un endroit. → **habiter.** *Elle a vécu à Rome pendant dix ans.* **3.** Passer sa vie d'une certaine façon. *Elle vit seule. Yves est facile à vivre,* il a bon caractère. **4.** Avoir ce qu'il faut pour se nourrir, se loger. *Il travaille pour vivre.* **5.** Avoir, passer. *Il a vécu une enfance heureuse à la campagne.*
▹ BON VIVANT, INVIVABLE, QUI-VIVE, REVIVRE, SAVOIR-VIVRE, SURVIVANCE, SURVIVANT, SURVIVRE, VIVABLE, VIVACE, ① et ② VIVANT, VIVAT, VIVE, VIVOTER, ② VIVRE, VIVRIER.

② **vivre** **n. m. 1.** *L'hôtelier assure le vivre et le couvert à ses clients,* il leur assure la nourriture et le logement. **2.** *Il est parti en mer avec des vivres pour quinze jours,* avec des aliments, de la nourriture pour quinze jours. → aussi **victuailles.** — *Il a coupé les vivres à son fils,* il ne lui donne plus d'argent.

▶ **vivrier** **adj.** *Les cultures vivrières,* ce sont les cultures de produits qui servent à l'alimentation.

**vizir** **n. m.** Ministre, du temps de l'Empire turc.

**vocabulaire** **n. m.** Ensemble de mots. *Les enfants enrichissent tous les jours leur vocabulaire,* l'ensemble des mots qu'ils connaissent.

**vocal** **adj.** Écrit pour le chant. *Il écoute beaucoup de musique vocale.* — **Au masc. pl.** *vocaux.*

▶ **vocalise** **n. f.** *La cantatrice fait des vocalises,* elle chante une suite de sons pour exercer sa voix.

**vocation** **n. f.** Attirance, goût pour un métier, une activité. *Elle a une vocation pour la danse depuis toujours.*

**vociférer** **v.** (conjug. 6) Parler en criant, avec colère. → **hurler, vitupérer.** *Le gardien est sorti de sa loge en vociférant.*

**vodka** **n. f.** Eau-de-vie faite avec de l'orge ou du seigle fermentés. *Il y a de la vodka russe et de la vodka polonaise.*

**vœu** **n. m. 1.** Souhait que s'accomplisse quelque chose. *Anne a vu passer une étoile filante et elle a fait un vœu. Son vœu a été exaucé. Au début de l'année, on envoie ses vœux à ses amis,* ses souhaits de bonheur. **2.** Promesse faite à Dieu. *Les moines font vœu de pauvreté.*

**vogue** **n. f.** *Ce restaurant est très en vogue,* il est très à la mode pour le moment. ‖ contr. **démodé** ‖.

**voguer** **v.** (conjug. 1) Avancer sur l'eau, naviguer. *Le navire voguait sur les flots.*

**voici** **prép.** *Voici* sert à présenter une personne ou une chose. → aussi **voilà.** *Voici ma chambre et voilà la tienne. Voici la pluie,* la pluie arrive. — En principe, *voici* désigne quelque chose qui est proche.

**voie** **n. f. 1.** Endroit par où l'on passe pour aller quelque part. → **chemin, passage.** *L'explorateur se fraie une voie à travers la forêt vierge.* **2.** Endroit aménagé pour les transports. *Les autoroutes sont des voies de communication.* **3.** Partie d'une route sur laquelle peut rouler une file de voitures. *Il a emprunté une route à quatre voies.* **4.** Chemin que l'on suit dans la vie, direction. *Il n'a pas encore trouvé sa voie. Tu es sur la bonne voie,* tu es en train de réussir. **5.** *On protège les espèces animales en voie de disparition,* celles qui sont en train de disparaître.
◇ homonyme : voix. ▷ CLAIRE-VOIE, se FOURVOYER.

**voilà** **prép.** *Voilà* sert à présenter une personne ou une chose. → aussi **voici.** *Le voilà, là-bas, c'est lui. Voilà un taxi,* un taxi arrive. *Voilà ce que c'est que de ne pas obéir.* — En principe, *voilà* désigne quelque chose qui est assez éloigné.

① **voile** **n. m. 1.** Morceau de tissu qui cache le visage. *Certaines musulmanes portent un voile.* **2.** Tissu fin qui recouvre la tête. *Le voile de la mariée est en tulle.* **3.** Tissu très léger et fin. *Elle a acheté du voile de coton pour faire des rideaux.* **4.** Ce qui rend la vision moins nette. *Un voile de brume couvrait la campagne.*

▶ **voilette** **n. f.** Petit voile transparent, attaché à un chapeau de femme, qui peut couvrir le visage.

▶ **voiler** **v.** (conjug. 1) Rendre moins clair, moins visible. *Le brouillard voile* *l'horizon. — Le ciel se voile en fin d'après-midi.* ▷ DÉVOILER, ② VOILE, se VOILER, VOILIER, VOILURE.

② **voile** **n. f. 1.** Morceau de toile qui permet à un bateau d'avancer lorsque le vent souffle dedans. *Le navigateur hisse la voile.* **2.** Sport qui consiste à naviguer sur des bateaux à voiles. *Luc apprend à faire de la voile.*

▶ **voilier** **n. m.** Bateau à voiles. ⋙ planche Bateaux.

▶ **voilure** **n. f.** Ensemble des voiles d'un bateau. *Quand le vent souffle fort, on réduit la voilure.*

se **voiler** **v.** (conjug. 1) Se déformer. *La roue du vélo s'est voilée sous le choc.* → se **fausser.**

**voir** **v.** (conjug. 30) **1.** Percevoir par les yeux. *Les chats voient très bien la nuit. Je l'ai vu la première !* → **apercevoir, distinguer.** *Allons voir si Flora est prête. — Yves se voyait dans la glace. Cette tache se voit encore*, elle est encore visible. **2.** Imaginer, se représenter. *Je te verrais bien sur un cheval.* **3.** Être spectateur de quelque chose. → **assister.** *J'ai vu deux films cette semaine. Il en a vu bien d'autres !* il a connu des choses pires. **4.** Se trouver en présence de quelqu'un. *Je ne veux voir personne aujourd'hui. — Anne et Julie se voient tous les jours.* **5.** Regarder attentivement, examiner. *Nous allons voir ce que nous pouvons faire.* **6.** Se rendre compte, comprendre. *Quand il a vu qu'il avait tort, Alex est devenu tout rouge.* → **constater.** *Vous voyez ce que je veux dire.* **7.** *Est-ce que cela a quelque chose à voir avec ton voyage ?* est-ce que cela a un rapport avec ton voyage ? ◊ homonyme : voire. ▷ AUDIOVISUEL, CLAIRVOYANT, ENTREVOIR, ENTREVUE, IMPRÉVISIBLE, IMPRÉVOYANCE, IMPRÉVOYANT, IMPRÉVU, INVISIBLE, LONGUE-VUE, POINT DE VUE, PRÉVISIBLE, PRÉVISION, PRÉVOYANCE, PRÉVOYANT, RÉTROVISEUR, REVOIR, au REVOIR, ① et ② REVUE, SUPERVISER, TÉLÉVISÉ, TÉLÉVISEUR, TÉLÉVISION, VISÉE, VISER, VISEUR, VISIBILITÉ, VISIBLEMENT, VISION, VISIONNAIRE, VISIONNEUSE, VISITE, VISITER, VISITEUR, VISUEL, VOICI, VOILÀ, ①, ② et ③ VOYANT, VU, VUE.

**voire** **adv.** Et même. *Ce médicament est inefficace, voire dangereux.* ◊ homonyme : voir.

**voirie** **n. f.** Service municipal qui s'occupe du nettoyage des rues et des places publiques. *Les employés de la voirie enlèvent les ordures.*

**voisin** **adj.** et **n. m.**, **voisine** **adj.** et **n. f.**
▭ **adj. 1.** Proche, à peu de distance. *Il y a quelqu'un dans la pièce voisine.* ‖ contr. **éloigné** ‖ **2.** Semblable, similaire. *Ils ont des idées assez voisines.* ‖ contr. **différent** ‖.
▭ **n. 1.** Personne qui habite tout près. *Jules a aidé sa voisine de palier à changer les plombs.* **2.** Personne qui est juste à côté. *Flora a emprunté une gomme à sa voisine de droite.*

▶ **voisinage** **n. m. 1.** Ensemble des voisins. *Ses cris ont ameuté tout le voisinage.* **2.** Alentours, environs. *À la campagne, Julie connaît tous les enfants du voisinage.* ▷ AVOISINANT.

**voiture** **n. f. 1.** Véhicule à quatre roues et à moteur qui permet de transporter quelques personnes. → **automobile.** *Il a garé sa voiture devant l'école.* **2.** *Le brocanteur transporte des meubles dans une voiture à bras*, un véhicule à roues qu'il tire en marchant. *Les diligences sont des voitures à cheval*, des véhicules tirés par des chevaux. *Elle promène son bébé dans une voiture d'enfant.* → **landau, poussette. 3.** Partie d'un train dans laquelle sont transportés des voyageurs. → **wagon.**

*Il a retenu une place dans une voiture de première classe.*

**voix** n. f. 1. Ensemble des sons produits par la gorge et la bouche de l'homme. *Jules a une voix grave. Anne a chuchoté quelque chose à voix basse. Quand elle est en colère, la maîtresse élève la voix,* elle parle plus fort. *Flora, émue, est restée sans voix,* elle ne pouvait plus parler. *Je les préviendrai de vive voix,* en leur parlant et non par écrit. 2. *Il faut écouter la voix de la raison,* ce que la raison nous dit de faire. 3. *Le maire a obtenu la majorité des voix aux élections,* la majorité des électeurs a voté pour lui. → **suffrage.** 4. *Dans « Julie chante une chanson » le verbe est à la voix active,* le verbe exprime une action accomplie par le sujet. *Dans « cette chanson est chantée par Julie », le verbe est à la voix passive,* le sujet subit l'action exprimée par le verbe. ◇ homonyme : voie. ▷ PORTE-VOIX.

① **vol** n. m. 1. Déplacement dans l'air. *Un cormoran prit son vol. Elle a attrapé la balle au vol,* elle l'a attrapée rapidement au passage. → **volée.** 2. Voyage d'un avion. *Il y a une heure de vol entre Paris et Genève.* 3. Groupe d'oiseaux qui volent ensemble. *Un vol d'oies sauvages a traversé le ciel.*

② **vol** n. m. 1. Action de voler, de dérober quelque chose à quelqu'un. *On a commis un vol à la bijouterie.* 2. *Faire payer un gâteau si cher, c'est du vol !* c'est trop cher. → **escroquerie.**

**volage** adj. Qui change facilement de sentiments. → **frivole, inconstant.** *Cette jeune femme est un peu volage.*

**volaille** n. f. 1. *La volaille,* c'est l'ensemble des oiseaux de basse-cour élevés pour leurs œufs et leur chair (les poules, les canards, les oies, etc.). *La fermière nourrit la volaille au grain.* 2. *Une volaille,* c'est un oiseau de basse-cour. → **volatile.** *Ils mangent une volaille rôtie.*

▸ **volailler** n. m. Marchand de volailles.

① **volant** adj. 1. Capable de voler. *Il y a des poissons volants dans les mers chaudes.* 2. *Une feuille volante,* c'est une feuille de papier isolée.

poisson volant

② **volant** n. m. 1. Petit objet léger, muni de plumes, fait pour être lancé en l'air et renvoyé avec une raquette. 2. Bande de tissu qui orne le bord d'un vêtement, d'un objet. *Elle porte une robe à volants.*

③ **volant** n. m. Objet circulaire avec lequel le conducteur oriente les roues avant d'une voiture. *Il tourne le volant à gauche puis à droite pour se garer. Elle se mit au volant et démarra.*

# VOITURES

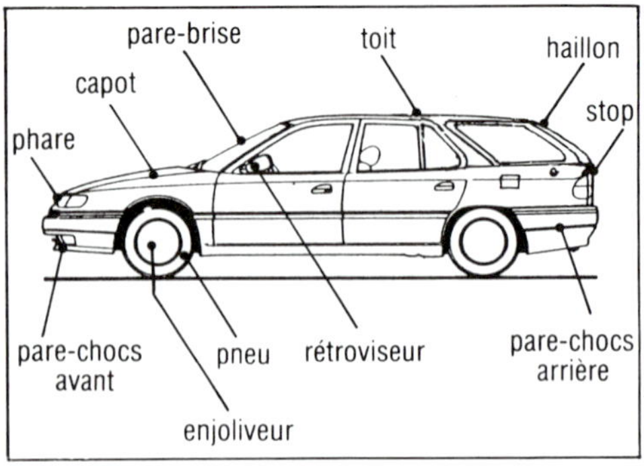

**Mardem**

**Fiat Cinquecento**

**Coupé Honda Civic**

**Peugeot 309 berline**

**Citroën XM**

**Rolls Royce**

4 × 4 Mitsubishi Pajero

Renault Espace

Mitsubishi Voyager

Ferrari F 40

Cabriolet Porsche

Peugeot 905

**volatil** adj. Qui s'évapore facilement. *L'essence est volatile.* ◊ homonyme : volatile.

▸ se **volatiliser** v. (conjug. 1) **1.** S'évaporer. *L'éther se volatilise très vite.* **2.** Disparaître. *Où est mon stylo ? Il ne s'est pourtant pas volatilisé !* → s'**envoler.**

**volatile** n. m. Oiseau de basse-cour. → **volaille.** *On entend caqueter et glousser les volatiles.* ◊ homonyme : volatil.

**vol-au-vent** n. m. inv. Croûte de pâte feuilletée garnie de viande ou de poisson en sauce, avec des champignons, des quenelles. — Au pl. *Des vol-au-vent.*

**volcan** n. m. Montagne d'où peuvent sortir des matières brûlantes fondues. *Le volcan est en éruption.*

▸ **volcanique** adj. D'un volcan. *Une éruption volcanique a détruit la ville de Pompéi, en Italie, en l'an 79.*

▸ **volcanologue** n. m. et f. Spécialiste qui étudie les volcans. — On dit aussi *un* ou *une vulcanologue.*

**volée** n. f. **1.** Groupe d'oiseaux qui volent ensemble. *Une volée de moineaux s'est abattue sur le champ.* **2.** *Il referma la porte à toute volée,* très fort. **3.** *Alex a attrapé la balle à la volée,* en l'air, au vol. **4.** Suite de coups forts et rapprochés. *Le chien a reçu une volée de coups de bâton.*

① **voler** v. (conjug. 1) **1.** Se déplacer dans l'air grâce à des ailes. *Les hirondelles volent bas ce soir. L'avion vole à très haute altitude.* **2.** Effectuer des vols en avion. *Ce pilote a cessé de voler parce que sa vue baissait.* **3.** Se déplacer en l'air. *Le vent fait voler la poussière.* **4.** *La vitre a volé en éclats,* elle s'est cassée et ses éclats sont partis loin. **5.** Aller très vite. *Alex a volé au secours de son frère.* ▷ CERF-VOLANT, ENVOL, S'ENVOLER, SURVOL, SURVOLER, ① VOL, VOLAILLE, VOLAILLER, ① et ② VOLANT, VOLATIL, VOLATILE, se VOLATILISER, VOL-AU-VENT, VOLÉE, VOLETER, VOLIÈRE.

② **voler** v. (conjug. 1) **1.** Prendre ce qui appartient à autrui. → s'**approprier, dérober,** s'**emparer, ravir, subtiliser ;** fam. **chiper,** ② **faucher, piquer.** *Les cambrioleurs ont volé plusieurs tableaux. Yves s'est fait voler son porte-monnaie.* **2.** Rouler. *Elle s'est fait voler en achetant ce vieux meuble.* → **escroquer.** ▷ ANTIVOL, ② VOL, VOLEUR.

**volet** n. m. **1.** Panneau de bois ou de métal qui protège une fenêtre. → **persienne.** *Le soir, elle ferme les volets.* **2.** Partie d'un objet qui se replie. *Le permis de conduire français a trois volets.*

**voleter** v. (conjug. 4) Voler à petits coups d'ailes, en changeant souvent de direction. → **voltiger.** *Des papillons voletaient autour de la lampe.*

**voleur** n. m., **voleuse** n. f. **1.** Personne qui vole les choses qui appartiennent aux autres. → **cambrioleur, pickpocket.** *La police n'a pas retrouvé les voleurs.* **2.** Personne qui vend les choses trop cher. *Ce brocanteur est un voleur.* → **escroc.**

**volière** n. f. Grande cage où les oiseaux peuvent voler.

**volley-ball** [vɔlɛbol] n. m. Ce mot vient de l'anglais. Sport dans lequel deux équipes de six joueurs doivent se renvoyer un ballon au-dessus d'un filet. *Un match de volley-ball.* — On dit aussi *volley.*

**volontaire** adj. **1.** Qui a de la volonté. *Flora est une petite fille têtue et* *volontaire.* || contr. **faible, velléitaire** || **2.** Dû à la volonté. *Le commissaire a laissé son chapeau chez celui qu'il pense être le coupable, mais c'est un oubli volontaire.* → **délibéré, intentionnel.** || contr. **involontaire** || **3.** Qui fait une chose parce qu'il le veut bien. *Qui est volontaire pour effacer le tableau ?* — **N.** *Le bureau de vote cherche des volontaires pour dépouiller les bulletins.*

▶ **volontairement** **adv.** Exprès, en sachant ce que l'on fait. *Le pickpocket a volontairement bousculé la vieille dame.* ▷ INVOLONTAIRE.

**volonté** **n. f. 1.** Qualité d'une personne qui veut les choses avec énergie et fermeté. *Cette femme a beaucoup de volonté.* → **caractère, fermeté. 2.** Ce qu'une personne veut. *Les élèves doivent respecter les volontés de la directrice.* **3.** *Il y avait du champagne à volonté,* autant qu'on en voulait. → à **discrétion. 4.** *Yves a mis de la mauvaise volonté à ranger sa chambre,* il l'a fait sans enthousiasme, de mauvaise grâce.

**volontiers** **adv.** Avec plaisir. *Yves prête volontiers son vélo,* il le prête de bon gré. *Voulez-vous dîner avec nous ? – Volontiers.* → **oui.**

**volt** **n. m.** Unité qui sert à mesurer la force d'un courant électrique. *Cet appareil fonctionne en 220 volts.*

▶ **voltage** **n. m.** Nombre de volts pour lequel un appareil électrique fonctionne normalement. *Le voltage n'est pas le même dans ces deux pays.* ▷ SURVOLTÉ.

**volte-face** **n. f. inv. 1.** Brusque demi-tour. *Elle a fait volte-face et l'a regardé droit dans les yeux.* **2.** Brusque changement d'opinion. → **revirement.** *Cet homme politique a fait de nombreuses volte-face.*

**voltiger** **v.** (conjug. 3) Voler ici et là. *Les feuilles mortes voltigent au vent.*

▶ **voltige** **n. f.** Exercice d'acrobatie à la corde, au trapèze ou à cheval. *Les trapézistes ont exécuté un fantastique numéro de voltige.*

**volubile** **adj.** Très bavard. *Anne est extrêmement volubile ce matin.* || contr. **muet, silencieux** ||.

▶ **volubilité** **n. f.** *Il raconte son voyage avec volubilité,* en parlant beaucoup et très vite.

① **volume** **n. m. 1.** Partie de l'espace qu'occupe une chose. *Ma cheville a tellement enflé qu'elle a doublé de volume. Cette armoire occupe un grand volume dans la pièce,* elle prend beaucoup de place. **2.** Quantité totale. *Le volume des dépenses a augmenté.* **3.** Force, puissance d'un son. *La radio fait trop de bruit, baisse le volume.*

▶ **volumineux** **adj.** Gros, encombrant. *Une caisse volumineuse.*

② **volume** **n. m.** Livre. *Luc regarde les volumes alignés dans la bibliothèque. Il a un dictionnaire en deux volumes.* → **tome.**

**volupté** **n. f.** Grand plaisir. *Elle se plongea avec volupté dans un bain chaud.*

▶ **voluptueux** **adj.** Qui procure un grand plaisir. *Ces fleurs dégagent une odeur voluptueuse.*

**volute** **n. f.** *Des volutes de fumée s'élevaient dans l'air,* de la fumée enroulée en spirale.

**vomir** **v.** (conjug. 2) **1.** Rejeter ce que l'on a mangé. → **rendre.** *Anne a eu mal au cœur et elle a vomi.* **2.** Projeter au-dehors. *Le volcan vomissait de la lave en fusion.*

▶ **vomissement** **n. m.** Action de vomir. *Il a été pris de vomissements.* → aussi **nausée.**

▶ **vomitif** **n. m.** Produit qui fait vomir. *On peut donner des vomitifs aux personnes qui ont avalé du poison.*

**vorace** **adj.** Qui mange énormément. *Ce chien est très vorace.*

▶ **voracement** **adv.** Avec voracité. *Le chien s'est jeté voracement sur la viande crue.*

▶ **voracité** **n. f.** Avidité à manger. → **gloutonnerie, goinfrerie.** *Yves a dévoré son croissant avec voracité.*

**vos** → **votre**

**vote** **n. m. 1.** L'opinion que l'on a exprimée en votant. → **voix, suffrage.** *Le soir des élections, chaque parti compte les votes qui lui sont favorables.* **2.** Action de voter. → **élection.** *Le vote s'est déroulé dans le calme. Le conseil municipal a procédé au vote du budget,* il a voté le budget.

▶ **votant** **n. m.** Personne qui participe à un vote. *Les votants ont mis leur bulletin dans l'urne.*

▶ **votation** **n. f.** Ce mot est employé en Suisse. Action de voter. → **vote.**

▶ **voter** **v.** (conjug. 1) **1.** Exprimer son opinion par un vote, lors d'une élection. *En France, on a le droit de voter à 18 ans. Il a voté pour le candidat de son parti.* **2.** *Les députés votent les lois,* ils les font accepter par un vote.

**votre** **adj. possessif.** Qui est à vous. → aussi **mon, ton, son, notre, leur.** *Vous oubliez votre écharpe et vos gants !*

**vôtre** **pronom possessif** et **n. m.**

▭ **pronom possessif.** L'être ou la chose qui est à vous. *Rendez-moi mes chaussures et reprenez les vôtres.*

▭ **n. m. 1.** *Il faut que vous y mettiez un peu du vôtre,* que vous fassiez un effort. **2. n. m. pl.** *Je serai des vôtres ce soir,* je serai parmi vous.

**vouer** **v.** (conjug. 1) **1.** Consacrer. *Elle a voué son temps à aider les handicapés.* **2.** *Alex voue une grande admiration à son oncle,* il l'admire beaucoup. **3.** Destiner à un sort désagréable. → **condamner.** *Ce quartier est voué à la démolition.* ▷ DÉVOUÉ, DÉVOUEMENT, se DÉVOUER.

**vouloir** **v.** (conjug. 31) **1.** Désirer, souhaiter très fort. *Je veux bien une tasse de thé. Je voudrais voir le directeur. N'aie pas peur de ce chien, il ne te veut pas de mal,* il n'a pas l'intention de te faire du mal. **2.** *Flora en veut à son frère de s'être moqué d'elle,* elle garde de la rancune contre lui. **3.** *Je ne veux pas de tes cadeaux,* je n'ai pas envie de les accepter. **4.** *Je veux bien aller à la piscine avec toi,* je suis d'accord pour y aller. → **accepter, consentir.** **5.** *Le moteur ne veut pas démarrer,* il ne démarre pas. **6.** *Que veut dire ce mot ?* que signifie-t-il ?

**vous** **pronom personnel.** Pronom personnel de la deuxième personne du pluriel, sujet et complément. **1.** *Vous* désigne plusieurs personnes auxquelles on s'adresse. *Je vous donne 50 francs à chacun. À vous deux, vous y arriverez bien,* tous les deux. **2.** *Vous* s'emploie par politesse pour désigner une seule personne à laquelle on s'adresse. *Je vous remercie, monsieur.* ▷ GARDE-À-VOUS, RENDEZ-VOUS, VOUVOIEMENT, VOUVOYER.

**voûte** **n. f.** Plafond arrondi. *La voûte de l'église est recouverte de mosaïques.*

▶ **voûté** **adj. 1.** Couvert d'une voûte. *La cave est voûtée.* **2.** Qui a le dos courbé. *Une vieille dame voûtée.*

**vouvoyer** v. (conjug. 8) *Vouvoyer quelqu'un,* c'est lui dire « vous ». *La maîtresse tutoie ses élèves mais vouvoie la directrice.*

▶ **vouvoiement** n. m. *Avec son patron, il utilise le vouvoiement,* il lui dit « vous ». → aussi **tutoiement.**

**voyage** n. m. 1. Déplacement d'une personne qui va dans un lieu assez éloigné. *Ils ont fait un voyage en Italie. Elle aimerait partir en voyage.* 2. Déplacement destiné à transporter des objets. *Il a fallu trois voyages pour monter les valises dans l'appartement.*

▶ **voyager** v. (conjug. 3) Faire un voyage. *Elle préfère voyager par le train. Il a beaucoup voyagé,* il a fait de nombreux voyages.

▶ **voyageur** n. m., **voyageuse** n. f. 1. Personne qui fait un voyage. *Les voyageurs pour Lausanne doivent monter en tête du train.* 2. *Un voyageur de commerce,* c'est un représentant qui voyage pour rendre visite à ses clients.

① **voyant** n. m., **voyante** n. f. Personne qui prédit l'avenir. → **devin** et aussi **cartomancienne.** *La voyante lisait l'avenir dans une boule de cristal.*

② **voyant** n. m. Petite lumière qui s'allume pour signaler qu'un appareil marche ou ne marche pas. *Le voyant rouge du tableau de bord indique qu'il n'y a plus assez d'huile dans le moteur.*

③ **voyant** adj. Qui attire le regard, qui est visible de loin. → **criard, éclatant.** *Elle porte une robe de couleur voyante.* || contr. **discret** ||.

**voyelle** n. f. Lettre qui représente un son du langage qui résonne dans la bouche. → aussi **consonne.** *A, e, i, o, u, y, sont les six voyelles de l'alphabet.*

**voyou** n. m. [pl. *voyous*] Garçon mal élevé qui traîne dans les rues. → **garnement, vaurien.** *Il s'est fait attaquer par des voyous.*

en **vrac** adv. 1. Au poids. *Il achète le café en vrac plutôt qu'en paquet.* 2. En désordre. *Julie a posé ses affaires en vrac sur la table.*

**vrai** adj., n. m. et adv.

▭ adj. 1. Qui correspond à la vérité. → **certain, exact, sûr, véritable.** || contr. **faux** || *Ce que je vous raconte est une histoire vraie.* → **réel, véridique.** *Il est vrai que ce film n'est pas drôle.* 2. Qui est réellement ce qu'il a l'air d'être, qui n'est pas une imitation. *Il a une chemise en vraie soie.* || contr. **artificiel** || 3. *Les personnages de cette pièce sont vrais,* ils sont naturels, ils ont l'air d'exister.

▭ n. m. 1. Vérité, réalité. *Il est souvent difficile de reconnaître le vrai du faux dans ce qu'il raconte.* 2. *À dire vrai, Julie ne savait plus pourquoi elle boudait,* pour parler franchement.

▭ adv. *Ces fleurs artificielles font vrai,* elles ont l'air naturelles.

▶ **vraiment** adv. 1. En vérité, en réalité. → **effectivement, réellement, véritablement.** *Tu es vraiment allé là-bas?* 2. *Vraiment* souligne une affirmation. → **franchement, sincèrement.** *Vraiment, tu exagères !*

▶ **vraisemblable** adj. Probablement vrai, apparemment vrai. → **plausible.** *Je n'ai pas vérifié, mais cela est très vraisemblable.*

▶ **vraisemblablement** adv. Probablement, sans doute. *À l'heure qu'il est, il est vraisemblablement arrivé.*

▶ **vraisemblance** n. f. *Cette histoire est d'une parfaite vraisemblance,* elle est tout à fait crédible. ▷ INVRAISEMBLABLE, INVRAISEMBLANCE.

**vrille** n. f. 1. Petite pousse qui s'enroule autour d'un support et permet à la plante de grimper. *Les vrilles de la vigne vierge.* 2. Outil fait d'une tige de métal en forme de vis. → **mèche.** *Il fait un trou dans la planche avec une vrille.* 3. *L'avion est descendu en vrille,* en tournant sur lui-même.

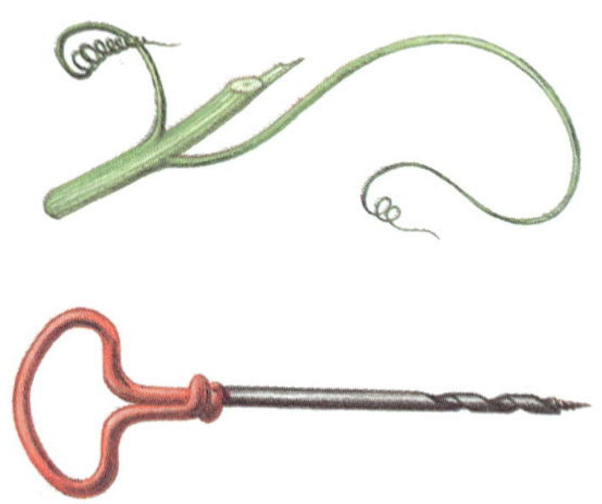
vrille

**vrombir** v. (conjug. 2) Produire un bourdonnement. *Le moteur du bolide vrombissait.* → **ronfler.**

▶ **vrombissement** n. m. Bruit de ce qui vrombit. → **ronflement.** *On entendait le vrombissement du moteur.*

**vu** adj., n. m. et prép. 1. adj. *Elle est bien vue par son patron,* elle est bien considérée par lui. 2. n. m. *Le voyou a volé un disque au vu et au su de tout le monde,* devant tout le monde, sans se cacher. → aussi **ouvertement.** 3. prép. *Vu son humeur, je ne lui demande rien,* étant donné son humeur.

▶ **vue** n. f. 1. Sens par lequel on voit. *L'œil et le nerf optique sont les organes de la vue.* 2. Manière de voir. → **vision.** *Jules a une bonne vue.* 3. Manière de regarder. *À première vue, le problème semble facile,* quand on le regarde pour la première fois. *Je la connais de vue,* je sais la reconnaître si je la vois, mais je ne la connais pas davantage. *La ville s'agrandit à vue d'œil,* rapidement. 4. Ce que l'on peut voir. *D'ici, on a une belle vue.* → **panorama.** 5. *Luc se réjouit à la vue de son père,* en le voyant. 6. Image, photo. *Yves a accroché une vue de Rome dans sa chambre.* 7. Idée. *Nous n'avons pas les mêmes vues.* 8. *Elle économise en vue d'un voyage,* pour faire un voyage.

**vulgaire** adj. 1. Qui manque de distinction. *Cette femme est vulgaire.* || contr. **distingué, raffiné** || 2. *Ce n'est pas un tableau de Renoir, c'est une vulgaire copie,* ce n'est qu'une copie. 3. *« Gueule-de-loup » est le nom vulgaire du muflier,* son nom courant, le nom que tout le monde connaît.

▶ **vulgairement** adv. 1. Avec vulgarité. *Elle s'habille vulgairement.* 2. Dans le langage courant. *Le ténia est appelé vulgairement ver solitaire.*

▶ **vulgariser** v. (conjug. 1) Mettre à la portée de tous, expliquer de telle façon que tout le monde comprenne. *Cette émission de télévision a pour but de vulgariser la recherche scientifique.*

▶ **vulgarisation** n. f. *Cette revue de médecine est un ouvrage de vulgarisation,* un ouvrage qui met la médecine à la portée de tous.

▶ **vulgarité** n. f. Manque de distinction et de délicatesse. *Elle est d'une grande vulgarité.* || contr. **distinction** ||.

**vulnérable** adj. 1. Fragile, facile à blesser. *Les crabes sont vulnérables lorsqu'ils muent.* 2. Faible, facile à rendre malheureux. *Elle est très vulnérable depuis son divorce.*

**vulve** n. f. Organe génital externe de la femme et de la femelle des mammifères.

# W X Y Z

**wagon** **n. m.** Voiture de chemin de fer, tirée par une locomotive. *Ce train comporte plusieurs wagons de marchandises.* — On dit plutôt *une voiture* pour les voyageurs.

► **wagon-lit** **n. m.** Voiture de chemin de fer pour les voyageurs, dont les compartiments contiennent des lits et un lavabo. *Ils sont allés à Venise en wagon-lit.* — **Au pl.** *Des wagons-lits.*

► **wagonnet** **n. m.** Petit chariot qui se déplace sur des rails et qui transporte le charbon dans les mines.

► **wagon-restaurant** **n. m.** Voiture de chemin de fer aménagée en restaurant. *Elle a déjeuné au wagon-restaurant.* — **Au pl.** *Des wagons-restaurants.*

**walkman** [wɔkman] **n. m.** Marque déposée. Ce mot vient de l'anglais. Baladeur. — **Au pl.** *Des walkmans.*

**wassingue** [wasɛ̃g] **n. f.** Ce mot est utilisé dans le nord de la France et en Belgique. Serpillière.

**water-polo** [watɛʀpolo] **n. m.** Ce mot vient de l'anglais. Sorte de hand-ball qui se joue dans l'eau et où s'opposent deux équipes de sept nageurs.

**walkman**

**waters** [watɛʀ] **n. m. pl.** Endroit où l'on fait ses besoins. → **cabinet, toilettes, W.-C.** *Elle est allée aux waters.*

**watt** [wat] **n. m.** Unité qui sert à mesurer la puissance de l'électricité. *Une ampoule de 100 watts.* ◊ homonyme : ouate.

**W.-C.** [dubləvese] ou [vese] **n. m. pl.** Endroit où l'on fait ses besoins. → **cabinet, toilettes, waters.** *Il est aux W.-C.*

**week-end** [wikɛnd] **n. m.** Ce mot vient de l'anglais. Congé de fin de semaine comprenant le samedi et le dimanche. *Ils partent en week-end à la campagne.* — **Au pl.** *Des week-ends.*

**western** [wɛstɛʀn] **n. m.** Ce mot vient de l'anglais. Film dont l'action se passe au Far-West et qui raconte des histoires de cow-boys et d'Indiens. *Luc aime beaucoup les westerns.*

**whisky** [wiski] **n. m.** Ce mot vient de l'anglais. Alcool fort, de couleur orangée, fait à base de grain. *Il boit son whisky avec de l'eau gazeuse.* — **Au pl.** *Des whiskys* ou *des whiskies.*

# X

**xénophobe** **adj.** *Une personne xénophobe,* c'est une personne qui est hostile aux étrangers. → aussi **raciste.**

▸ **xénophobie** **n. f.** Hostilité aux étrangers. → aussi **racisme.** *Celui qui refuse d'engager des étrangers dans son entreprise fait preuve de xénophobie.*

**xylophone** **n. m.** Instrument de musique formé de lames de bois ou de métal sur lesquelles on frappe avec deux petits marteaux. *Il joue du xylophone dans un orchestre de jazz.*

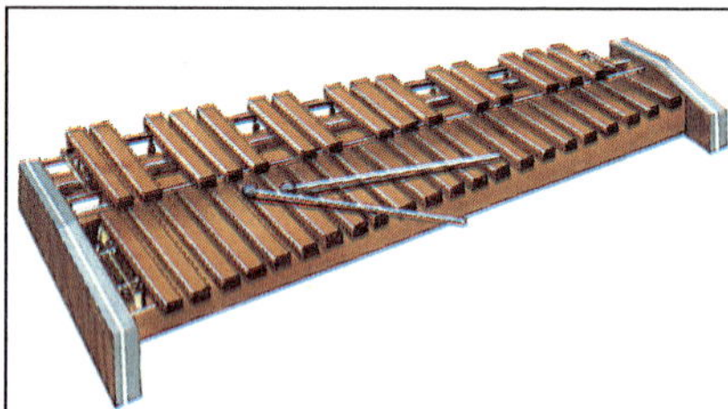

xylophone

# Y

**y** **adv.** et **pronom. 1. adv.** Dans cet endroit. *Passe chez moi ce soir, j'y serai certainement.* **2. pronom.** *Y* est un pronom qui correspond à un complément introduit par *à. Je renonce à tout, et j'y renonce de bon cœur. Que veux-tu que j'y fasse ?*

**yacht** [jɔt] **n. m.** Bateau de plaisance, à voiles ou à moteur, utilisé pour faire des croisières. *Ils ont fait le tour du monde sur un yacht.* — **Au pl.** *Des yachts.*

▸ **yachting** [jɔtiŋ] **n. m.** Navigation de plaisance sur un yacht.

**yack** [jak] **n. m.** Gros bœuf des hauts plateaux de l'Asie centrale. *Les yacks ont une longue toison soyeuse et des cornes recourbées.*

yack

**yankee** [jɑ̃ki] **n. m.** et **f.** Surnom donné aux Américains des États-Unis. *Les habitants d'Amérique du Sud aiment peu les yankees.*

**yaourt** [jauʀt] **n. m.** Lait caillé par un ferment spécial. *Flora aime beaucoup les yaourts aux fraises.* — **On dit aussi** *yoghourt* [jɔguʀt].

**yard** [jaʀd] **n. m.** Ce mot vient de l'anglais. Unité de mesure anglaise valant environ 90 centimètres.

**yen** [jɛn] **n. m.** Monnaie utilisée au Japon. — **Au pl.** *Des yens.* ◊ homonyme : hyène.

**yeux** → **œil**

**yoga** **n. m.** Gymnastique d'origine hindoue. *Le yoga aide à mieux maîtriser son corps et son esprit.*

**youyou** **n. m.** [pl. *youyous*] Petit canot assez large. *Ils regagnent le navire à bord d'un youyou.*

yoyo

**yo-yo** **n. m. inv.** Jouet formé de deux disques emboîtés l'un dans l'autre que l'on fait monter et descendre le long d'une ficelle. *Anne joue au yo-yo.* — **Au pl.** *Des yo-yo.*

# Z

**zapper** **v.** (conjug. 1) Ce mot vient de l'anglais. Passer rapidement d'une chaîne de télévision à l'autre.

**zèbre** **n. m.** Animal qui ressemble à un âne et dont le pelage est rayé de noir et de blanc. ⋙ planche Mammifères. – *Luc a filé comme un zèbre,* très vite.

► **zébré** **adj.** Marqué de rayures parallèles qui rappellent le pelage du zèbre. *Julie avait la main zébrée d'égratignures.*

► **zébrure** **n. f.** Marque de coup de forme allongée. *Les coups de fouet laissent des zébrures sur la peau.*

**zébu** **n. m.** Grand bœuf d'Afrique et d'Asie qui a une bosse sur le dos, près de l'encolure. *Les zébus sont des animaux dociles que l'on domestique facilement.*

zébu

**zèle** **n. m.** Énergie que l'on met à faire un travail que l'on aime ou à servir une personne à laquelle on est dévoué. → **dévouement, empressement.** *Alex travaille avec zèle.* → **application, ardeur.** || contr. **négligence** ||.

► **zélé** **adj.** Plein de zèle. *Cette femme est une secrétaire zélée.*

**zénith** **n. m.** Point du ciel juste au-dessus de la personne qui regarde. *Luc regarde l'étoile qui est au zénith. Le Soleil était à son zénith,* à son plus haut point.

**zéro** **n. m. 1.** Nombre qui représente un ensemble vide (0). *Deux moins deux égalent zéro.* **2.** Aucun. *Julie a eu zéro faute à sa dictée.* **3.** Point à partir duquel on compte ou on mesure quelque chose. *Le thermomètre est descendu au-dessous de zéro.* **4.** *Yves a eu zéro à sa rédaction,* il a eu la note la plus basse. — **Au pl.** *Des zéros.*

**zeste** **n. m.** Petit morceau d'écorce de citron ou d'orange. *Elle met des zestes d'orange dans la mousse au chocolat.*

**zézayer** **v.** (conjug. 8) Prononcer les *j* comme des *z* et les *ch* comme des *s*. → **zozoter.** *Anne zézaie un peu.*

▶ **zézaiement** **n. m.** Défaut de prononciation d'une personne qui zézaie. *Il a un léger zézaiement.*

**zibeline** **n. f.** Petit animal voisin de la martre, qui a une très belle fourrure.

**zigzag** **n. m.** Ligne qui forme des angles aigus. *La route fait des zigzags.* → **lacet.**

▶ **zigzaguer** **v.** (conjug. 1) Faire des zigzags, aller de travers. *Le vélo s'est mis à zigzaguer et Flora est tombée.*

**zinc** [zɛ̃g] **n. m.** Métal dur d'un blanc bleuâtre. *Les gouttières sont en zinc.*

**zizanie** **n. f.** Discorde. → **brouille.** *Il cherche à semer la zizanie dans notre groupe d'amis.*

**zodiaque** **n. m.** Zone du ciel dans laquelle on voit le Soleil se déplacer au cours de l'année et qui est divisée en douze parties égales. *Il y a douze signes du zodiaque,* douze figures qui

**les signes du zodiaque**

correspondent aux constellations qui occupent ces douze parties du ciel (le Taureau, les Gémeaux, le Cancer, le Lion, etc.). *En astrologie, les signes du zodiaque président à la destinée de chacun et servent à établir les horoscopes.*

**zona** **n. m.** Éruption de boutons en forme de plaques qui font très mal. *Il a un zona.*

**zone** **n. f.** Partie d'une surface. *La zone côtière est très fertile,* les terrains qui bordent la côte. *La zone industrielle se développe,* la partie de la ville où sont implantées les industries.

**zoo** [zo] ou [zoo] **n. m.** Parc où l'on peut voir des animaux rares, exotiques. *Yves est allé au zoo de Vincennes.* — **Au pl.** *Des zoos.*

**zoologie** **n. f.** Science qui étudie les animaux. *L'ornithologie est une partie de la zoologie.*

▸ **zoologique** **adj.** *Un jardin zoologique,* c'est un endroit où l'on peut voir des animaux rares, exotiques. → **zoo.**

**zoom** [zum] **n. m.** Ce mot vient de l'anglais. Objectif d'appareil photo ou de caméra qui sert à rapprocher ou à éloigner ce que l'on veut photographier ou filmer. *Cette photo de lions a été prise au zoom.*

**zouave** **n. m.** **1.** Autrefois, soldat algérien de l'armée française en Algérie. *Les zouaves portaient des culottes bouffantes.* **2.** Familier. *Faire le zouave,* c'est faire le malin, faire le pitre. → faire le **clown.**

**zozoter** **v.** (conjug. 1) Familier. Zézayer. *Il zozote un peu.*

**zut** **interj.** Mot qui sert à montrer que l'on n'est pas content, que l'on est déçu ou agacé. *Zut ! la mine de mon crayon est cassée.*

# PETIT ATLAS DU MONDE

# Les pays du monde

GLACIAL
ARCTIQUE
CANADA
Cercle Polaire Arctique
Alaska (E.-U.)
RUSSIE
Moscou
UKRAINE
MOLDAVIE
GÉORGIE
Tbilissi
AZERBAÏDJAN
Erevan
ARMÉNIE
Bakou
Ankara
TURQUIE
CHYPRE
SYRIE
Damas
LIBAN
IRAK
Bagdad
ISRAËL
Amman
JORDANIE
KOWEIT
Koweit
ARABIE SAOUDITE
Riyadh
BAHREIN
QATAR
E.A.U.
Mascate
OMAN
ÉGYPTE
SOUDAN
San'aa
YEMEN
Djibouti
DJIBOUTI
Addis Abeba
ÉTHIOPIE
SOMALIE
Mogadiscio
OUGANDA
Kampala
KENYA
Nairobi
Bujumbura
TANZANIE
Dodoma
MALAWI
Lilongwe
MOZAMBIQUE
Maputo
Mbabane
SWAZILAND
Maseru
LESOTHO
KAZAKHSTAN
Alma-Ata
Bichpek
KIRGHIZISTAN
OUZBÉKISTAN
Tachkent
TURKMÉNISTAN
Achkhabad
Douchanbe
TADJIKISTAN
Téhéran
IRAN
Kaboul
AFGHANISTAN
Islamabad
PAKISTAN
Oulan Bator
MONGOLIE
CHINE
Beijing (Pékin)
CORÉE DU NORD
Pyongyang
Séoul
CORÉE DU SUD
JAPON
Tokyo
I. Nampo (Japon)
I. Bonin (Japon)
I. Volcano (Japon)
I. Minami Tori (Japon)
OCÉAN
Tropique du Cancer
NÉPAL
Katmandou
New Delhi
BHOUTAN
Thimphu
Dacca
BANGLADESH
INDE
MYANMAR (BIRMANIE)
Yangon
Hanoï
LAOS
Vientiane
VIETNAM
THAÏLANDE
Bangkok
CAMBODGE
Phom Penh
Taïpeh
TAÏWAN
Manille
PHILIPPINES
Iles Mariannes (E.-U.)
I. Guam (E.-U.)
I. Palau (E.-U.)
ÉTATS FÉDÉRÉS DE MICRONÉSIE
Ile Socotra (Yémen)
Iles Laquedives (Inde)
I. Andaman (Inde)
I. Nicobar (Inde)
Colombo
SRI LANKA
ILES MALDIVES
Mahé
Bandar Seri Begawan
BRUNEI
Kuala Lumpur
MALAYSIA
SINGAPOUR
PACIFIQUE
Équateur
INDONÉSIE
Jakarta
PAPOUASIE-NOUVELLE GUINÉE
Port Moresby
ILES SALOMON
Honiara
SEYCHELLES
Victoria
COMORES
Moroni
OCÉAN
Mayotte (Fr.)
Ile Tromelin (Fr.)
MADAGASCAR
Antananarivo
Port Louis
MAURICE
Réunion (Fr.)
I. Bassas da India (Fr.)
I. Europe (Fr.)
INDIEN
VANUATU
Port Vila
I. Loyauté (Fr.)
Nouvelle-Calédonie (Fr.)
Tropique du Capricorne
AUSTRALIE
Canberra
Tasmanie
NOUVELLE-ZÉLANDE
Wellington
I. Chatham (N.-Z.)
I. Antipodes (N.-Z.)
I. Bounty (N.-Z.)
I. Auckland (N.-Z.)
I. Macquarie (Aust.)
Nlle Amsterdam (Fr.)
St-Paul (Fr.)
Crozet (Fr.)
Kerguelen (Fr.)
Ile du Prince Edouard (Afr. du Sud)
Cercle Polaire Antarctique

# L'Europe

FRANCE nom de pays
frontière internationale
Paris nom de capitale
fleuve et rivière
Nantes nom de ville
lac
Échelle des hauteurs en mètres
sommet
Pays présentés sur d'autres pages
3000 m
2000 m
1000 m
200 m
Niveau de la mer
En dessous du niveau de la mer
0 150 300 450 600 km
Cercle Polaire Arctique
OCÉAN GLACIAL ARCTIQUE
Reykjavík
ISLANDE
Iles Féroé (Danemark)
Iles Shetland
Trondheim
NORVÈGE
SUÈDE
Bergen
Oslo
Stockholm
Göteborg
MER DU NORD
Ben Nevis 1343 m
Glasgow
Edimbourg
Belfast
ROYAUME-UNI
DANEMARK
Copenhague
Malmö
Dublin
IRLANDE (EIRE)
Liverpool
Manchester
Birmingham
PAYS-BAS
Cardiff
Amsterdam
Londres
Tamise
Brême
Hambourg
Berlin
Gdansk
POLOGNE
Rotterdam
Manche
BELGIQUE
Anvers
ALLEMAGNE
Poznan
Iles Anglo-Normandes (Royaume-Uni)
Lille
Bruxelles
Cologne
Bonn
Leipzig
Dresde
OCÉAN ATLANTIQUE
Rouen
Paris
Seine
LUX.
Luxembourg
Francfort
Prague
RÉPUBLIQUE TCHÈQUE
Nantes
Loire
Strasbourg
Rhin
Stuttgart
Munich
Vienne
Bratislava
Golfe de Biscaye
FRANCE
Zürich
Salzbourg
Berne
LIECH.
Vaduz
AUTRICHE
Bordeaux
Genève
SUISSE
Graz
Lyon
Mt Blanc 4808 m
Alpes
Ljubjana
Zagreb
Bilbao
Milan
SLOVÉNIE
CROATIE
Garonne
Toulouse
Turin
Pô
Rhône
Porto
Ebre
Douro
Pyrénées
Aneto 3404 m
Gênes
Venise
BOSNIE-HERZÉGOVINE
ST-MARIN
Marseille
Sarajevo
ANDORRE
Madrid
Saragosse
ITALIE
Lisbonne
Tage
Barcelone
Corse
Rome
MER ADRIATIQUE
PORTUGAL
ESPAGNE
Valence
Sardaigne
Naples
Séville
Iles Baléares
MER TYRRHÉNIENNE
GIBRALTAR (Royaume-Uni)
Grenade
Détroit de Gibraltar
Málaga
MER MÉDITERRANÉE
Palerme
Sicile
Etna 3274 m
MER IONIENNE
MAROC
ALGÉRIE
TUNISIE
MALTE
La Valette

MER DE BARENTS
Cap Nord
Cercle Polaire Arctique
Monts Oural
Ob
FINLANDE
Tampere
Helsinki
Saint-Pétersbourg
Tallinn
ESTONIE
LETTONIE
Riga
Moscou
Perm
Tcheliabinsk
Oufa
Kazan
Gorki
Samara
RUSSIE
Vilnius
Minsk
BIÉLORUSSIE
KAZAKHSTAN
Oural
Don
Kiev
Kharkov
Volgograd
Volga
UKRAINE
Dniepr
Donetsk
Dniepropetrovsk
Dniestr
OUZBÉKISTAN
MOLDAVIE
Kichinev
Odessa
MER D'AZOV
Crimée
MER CASPIENNE
TURKMÉNISTAN
Caucase
ROUMANIE
Bucarest
Danube
MER NOIRE
GÉORGIE
Tbilissi
Bakou
BULGARIE
Sofia
Plovdiv
Skopje
ARMÉNIE
Erevan
AZERBAÏDJAN
Ararat 5165 m
Istanbul
Bosphore
Thessalonique
Ankara
TURQUIE
Plateau d'Asie Mineure
Taurus
Dardanelles
Izmir
Adana
IRAN
MER ÉGÉE
Rhodes
CHYPRE
SYRIE
IRAK
Crète
LIBAN

# L'Asie du Nord

La France à la même échelle
OCÉAN ARCTIQUE
Cercle Polaire Arctique
Détroit de Béring
MER DE BÉRING
Monts de la Kolyma
Monts de Verkhoïansk
Kamtchatka
MER D'OKHOTSK
Plateau de Sibérie centrale
Lena
Aldan
Angara
Krasnoïarsk
Lac Baïkal
Irkoutsk
Monts Saïan
Monts Iablonovy
Amour
Khabarovsk
Sakhaline
Kouriles
OCÉAN PACIFIQUE
Hokkaïdo
Sapporo
Mandchourie
Harbin
Vladivostok
JAPON
Hondo
MER DU JAPON
Fuji Yama 3776 m
Tokyo
Kyoto
Osaka
Sikok
Kiou Siou
Oulan Bator
MONGOLIE
Khingan
Désert de Gobi
Shenyang
CORÉE DU NORD
Pyongyang
Séoul
CORÉE DU SUD
Beijing (Pékin)
Tianjin
Qingdao
Grande Muraille
Huang He
MER JAUNE
Lanzhou
Xian
Zengzhou
Nanking
Shanghaï
CHINE
Wuhan
MER DE CHINE ORIENTALE
Riou Kiou
Tropique du Cancer
Chengdu
Chongqing
Lhassa
Gongga 7590 m
Chang Jiang
Taïpeh
TAÏWAN (Formose)
Kunming
Xi Jiang
Guangzhou (Canton)
Macao (Port.)
Hong Kong (R.-U.)
Mékong
MYANMAR (BIRMANIE)
VIÊTNAM
LAOS
Haïnan
MER DE CHINE MÉRIDIONALE
PHILIPPINES

# L'Asie du Sud-Est

# L'Asie du Sud-Ouest

# L'Afrique

CAP VERT
Praia
Dakar
SÉNÉGAL
OCÉAN ATLANTIQUE
FRANCE
ITALIE
SLOVÉNIE
CROATIE
BOSNIE-HERZÉGOVINE
YOUGOSLAVIE
MACÉDOINE
ALBANIE
ROUMANIE
BULGARIE
GRÈCE
UKRAINE
RUSSIE
KAZAKHSTAN
GÉORGIE
AZERBAÏDJAN
ARMÉNIE
TURKMÉNISTAN
TURQUIE
IRAN
PORTUGAL
ESPAGNE
MER MÉDITERRANÉE
Détroit de Gibraltar
Tanger
Rabat
Casablanca
Melila (Esp.)
Oran
Alger
Annaba
Constantine
Carthage
Tunis
Sfax
TUNISIE
Tripoli
Misurata
Benghazi
Alexandrie
CHYPRE
SYRIE
LIBAN
ISRAËL
IRAK
Canal de Suez
Le Caire
Guizeh
Les Pyramides
JORDANIE
KOWEÏT
BAHREIN
QATAR
ARABIE SAOUDITE
Tropique du Cancer
Ile de Madère (Port.)
Iles Canaries (Esp.)
Marrakech
Toubkal 4165 m
Haut-Atlas
Béchar
MAROC
Grand Erg Occidental
Ouargla
Grand Erg Oriental
El Aiun
ALGÉRIE
Ahaggar (Hoggar)
Tahat 2918 m
Tamanrasset
LIBYE
El Fayoum
Nil
ÉGYPTE
Louxor
Assouan
Lac Nasser
Désert de Libye
MER ROUGE
Sahara
Tibesti
Ténéré
Bilma
Aïr
MAURITANIE
Nouakchott
MALI
Tombouctou
Gao
Agadez
NIGER
TCHAD
Désert de Nubie
Port Soudan
Sénégal
Dakar
SÉNÉGAL
Banjul
GAMBIE
Bissau
GUINÉE BISSAU
GUINÉE
Conakry
Freetown
SIERRA LEONE
Monrovia
LIBÉRIA
Kankan
CÔTE D'IVOIRE
Bouaké
Yamoussoukro
Abidjan
Bamako
Niger
Mopti
Sahel
Niamey
BURKINA
Ouagadougou
Volta
GHANA
Kumasi
Accra
TOGO
Lomé
BÉNIN
Porto-Novo
Lagos
Ibadan
Sokoto
Kano
NIGERIA
Bénoué
Enugu
Port Harcourt
Mt Cameroun 4095 m
Malabo
CAMEROUN
Douala
Yaoundé
Adamaoua
Lac Tchad
Ndjamena
Chari
Logone
Abéché
Darfour
CENTRAFRIQUE
Bangui
Uele
Khartoum
Nil Bleu
Nil Blanc
Albara
En Nahud
SOUDAN
Malakal
Sobat
Bahr el Djebel
Wau
Juba
Asmara
Ras Dachan 4620 m
Desé
Addis Abeba
ÉTHIOPIE
Harer
DJIBOUTI
Djibouti
Golfe d'Aden
Berbera
YÉMEN
SOMALIE
Mogadiscio
KENYA

OCÉAN
ATLANTIQUE
OCÉAN
INDIEN
OCÉAN INDIEN
Équateur
São Tomé
Libreville
CONGO
Mbandaka
Kisangani
Kisumu
Kismayou
Port-Gentil
GABON
Zaïre
Ruwenzori 5119 m
Kigali
RWANDA
Nairobi
Uhuru 5895 m (Kilimandjaro)
Brazzaville
Bujumbura
Mwanza
BURUNDI
Mombasa
Kinshasa
ZAÏRE
Hauts-Plateaux d'Afrique Orientale
Zanzibar
Cabinda (Angola)
Matadi
Kananga
Kalemie
Dodoma
Dar es Salaam
TANZANIE
Luanda
Iringa
Kasama
La France à la même échelle
Lubumbashi
Iles Glorieuses (Fr.)
Benguela
MALAWI
Pemba
ANGOLA
ZAMBIE
Lilongwe
Mayotte (Fr.)
Antsiranana
Lubango
Lusaka
MOZAMBIQUE
Mahajanga
Maramba
Harare
Quelimane
Toamasina
Canal de Mozambique
ZIMBABWE
Antananarivo
Sofala
Bulawayo
NAMIBIE
Iles Bassas da India (Fr.)
MADAGASCAR
Windhoek
BOTSWANA
Serowe
Walvis Bay (Afrique du Sud)
Ile Europa (Fr.)
Inhambane
Toliara
Désert de Namib
Désert du Kalahari
Gaborone
Pretoria
Tropique du Capricorne
Maputo
Keetmanshoop
Johannesburg
Mbabane
Cap Sainte Marie
SWAZILAND
Maseru
Mt aux Sources 3299 m
LESOTHO
Durban
RÉUNION
OCÉAN INDIEN
0 50 km
AFRIQUE DU SUD
Drakensberg
Le Cap
Cap de Bonne Espérance
Cap des Aiguilles
Port Elizabeth
GUINÉE nom de pays
Conakry nom de capitale
Kankan nom de ville
sommet
frontière internationale
frontière internationale contestée
fleuve et rivière
lac
Échelle des hauteurs en mètres
3000 m
2000 m
1000 m
200 m
Niveau de la mer
En dessous du niveau de la mer
Pays présentés sur d'autres pages
0 250 500 750 1 000 km

# L'Amérique du Nord

La France
à la même échelle
San Francisco
Californie
Grand
Bassin
Mt Whitney
4420 m
Salt Lake
City
Montagnes Rocheuses
Denver
Mt Elbert
4401 m
Colorado
Arkansas
Platte
Hollywood
Los Angeles
San Diego
Phoenix
Ciudad
Juarez
Sierra Madre
Rio Grande
Grandes Plaines
ÉTATS-UNIS
Kansas
City
St-Louis
Chicago
Detroit
Cleveland
Pittsburgh
Indianapolis
Illinois
Ohio
Mississippi
Tennessee
Alabama
Red
Lac Érié
Niagara
Appalaches
New York
Philadelphie
Baltimore
Washington
Mt Mitchell
2038 m
Atlanta
Savannah
Dallas
Houston
San Antonio
La Nouvelle-
Orléans
Floride
Cap Kennedy
Miami
OCÉAN
ATLANTIQUE
Tropique du Cancer
Détroit de Floride
BAHAMAS
Golfe du Mexique
Monterrey
MEXIQUE
León
Guadalajara
Mexico
Citlaltepec
5650 m
Puebla
Acapulco
Cap
San Lucas
Yucatan
BELIZE
GUATEMALA
HONDURAS
EL SALVADOR
NICARAGUA
COSTA RICA
PANAMA
CUBA
RÉPUBLIQUE
DOMINICAINE
HAÏTI
JAMAÏQUE
MER DES
CARAÏBES
Clipperton (Fr.)
OCÉAN PACIFIQUE
COLOMBIE
0° Équateur
ÉQUATEUR
CANADA nom de pays
Ottawa nom de capitale
Québec nom de ville
calotte glaciaire
frontière internationale
frontière internationale
contestée
Red fleuve et rivière
lac
sommet
Échelle des hauteurs en mètres
3000 m
2000 m
1000 m
200 m
Niveau
de la mer
En dessous
du niveau
de la mer
Pays présentés
sur d'autres pages
0
250
500
750
1 000 km

# L'Amérique du Sud

PACIFIQUE
OCÉAN
ATLANTIQUE
Tropique du Capricorne
Tropique du Capricorne
PARAGUAY
Asunción
CHILI
ARGENTINE
URUGUAY
Antofagasta
Tucumán
Córdoba
Mendoza
Rosario
Valparaíso
Santiago
Buenos Aires
Montevideo
Porto Alegre
São Paulo
Rio de Janeiro
Aconcagua 6958 m
Gran Chaco
Pampa
Patagonie
Salado
Paraná
Colorado
Rio Negro
Chubut
Santa Cruz
Iles Falkland (R.-U.)
Punta Arenas
Détroit de Magellan
Terre de Feu
Ushuaia
Cap Horn
Détroit de Drake
BRÉSIL nom de pays
Brasília nom de capitale
Recife nom de ville
zone glaciaire
frontière internationale
frontière internationale contestée
Paraná fleuve et rivière
lac
sommet
Échelle des hauteurs en mètres
3000 m
2000 m
1000 m
200 m
Niveau de la mer
En dessous du niveau de la mer
Pays présentés sur d'autres pages
0 250 500 750 1 000 km

# L'Océan Pacifique et l'Océan Indien

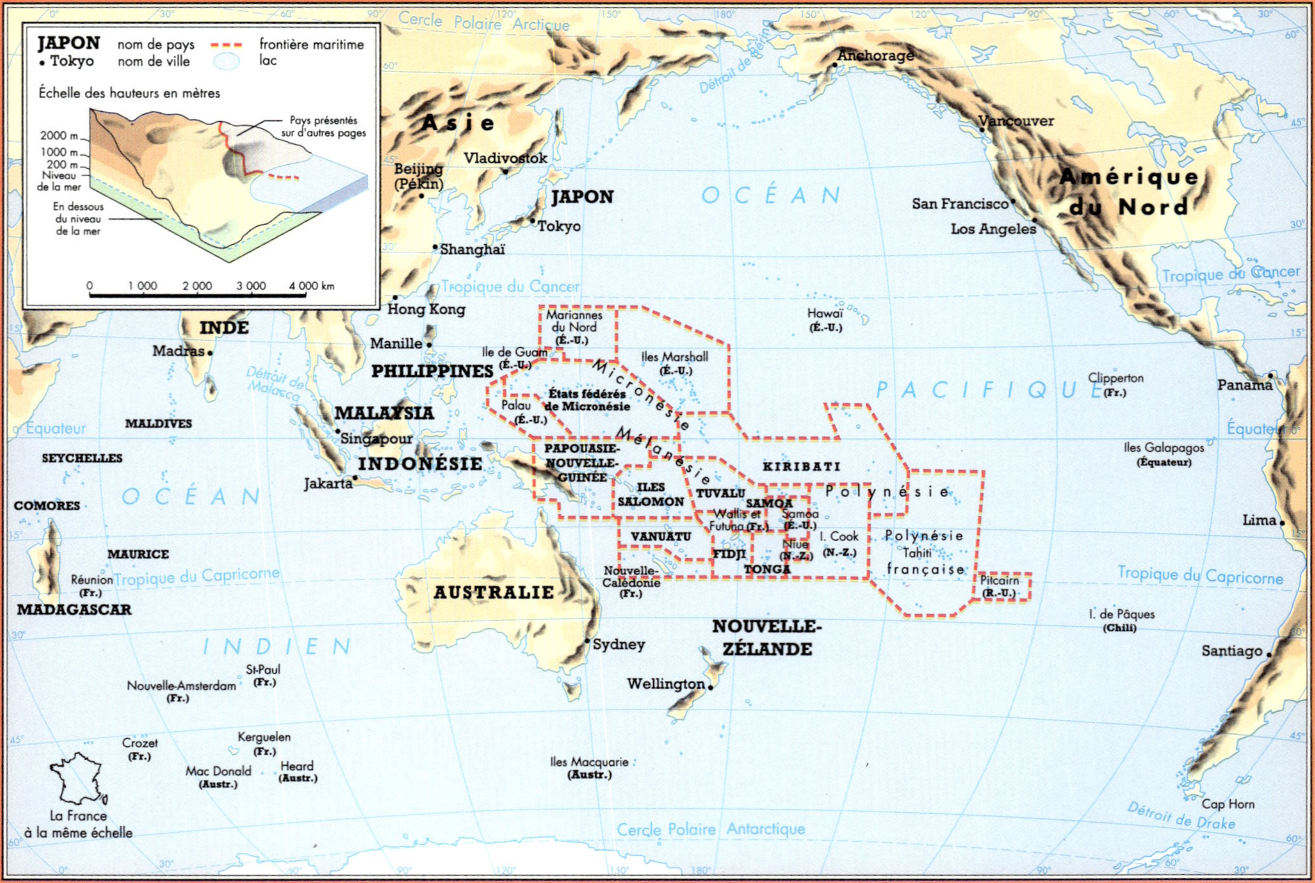

# Les régions polaires

**ISLANDE** nom de pays ou de continent

• **Thule** nom de ville

*Yukon* fleuve

▲ sommet

☐ étendue glaciaire

Échelle des hauteurs en mètres

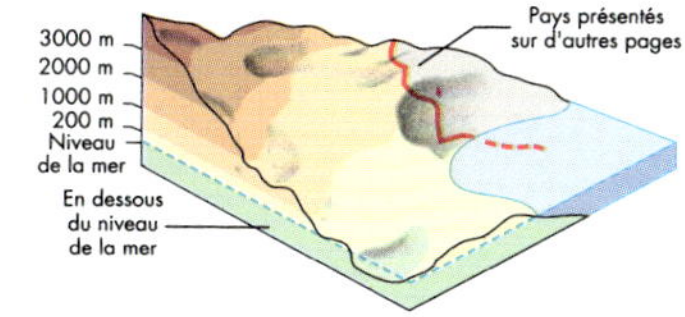


la France à la même échelle

0 500 1 000 1 500 2 000 km

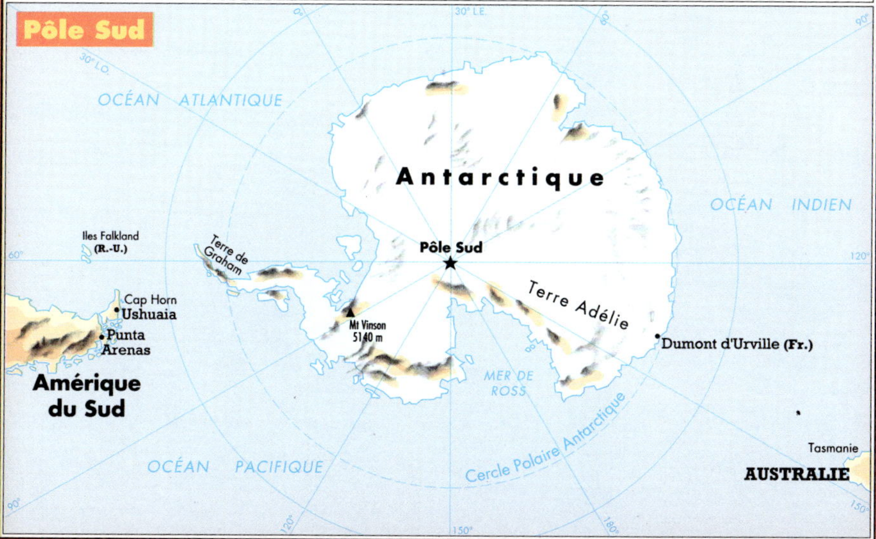

# Les fuseaux horaires

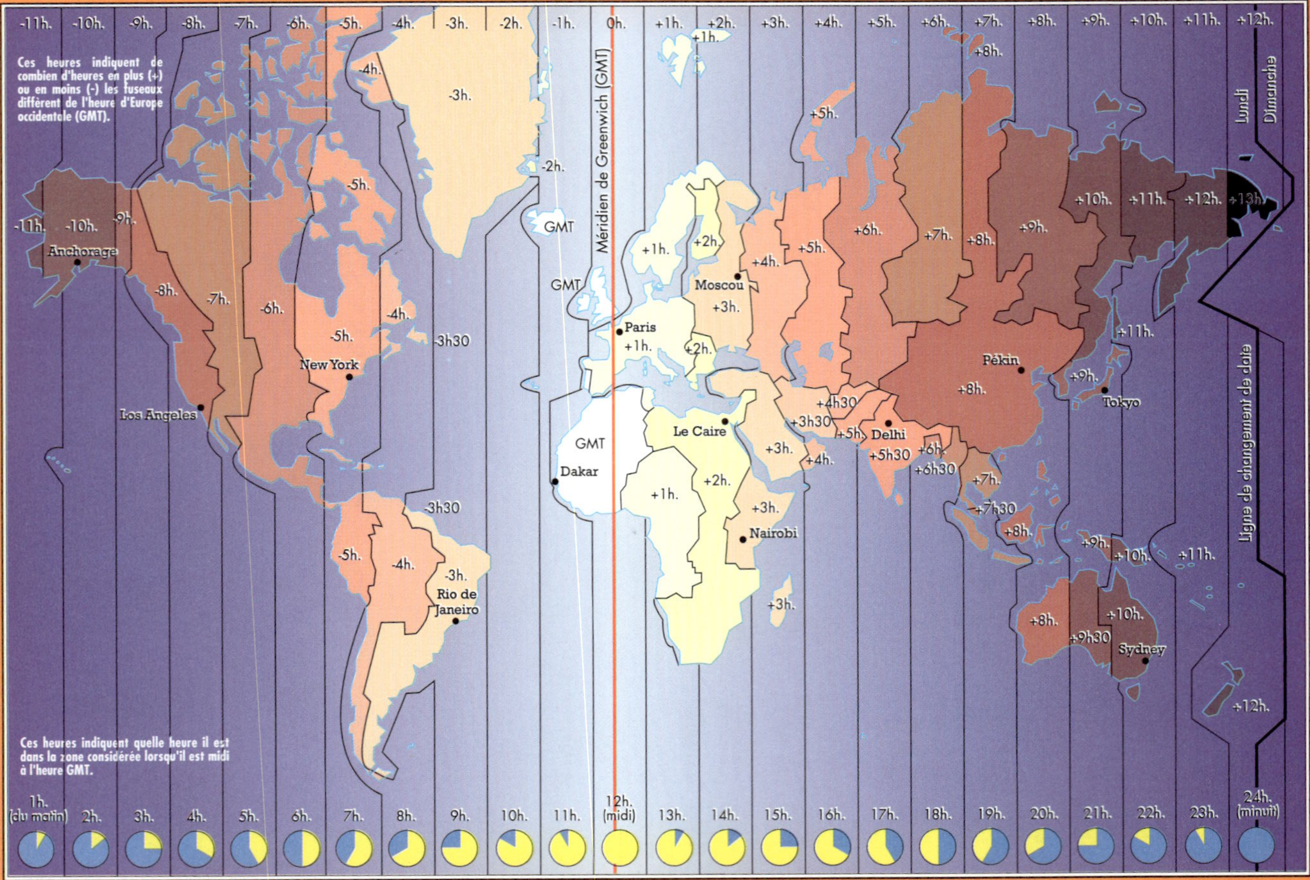

# les conjugaisons des verbes

**Dans les articles du dictionnaire, on indique la conjugaison d'un verbe par un numéro après l'entrée. Par exemple, à l'article *ciseler*, on écrit conjugaison 5. Le numéro 5 correspond à un type de verbes et ceux qui sont conjugués sont des exemples : ainsi *geler* est l'exemple des verbes en *-eler* qui prennent un accent : *je gèle, nous gelons*, par opposition aux verbes du type 4 qui n'en prennent pas et doublent le *l (appeler)*. Il faut donc suivre le modèle donné par l'exemple : *je gèle → je cisèle ; nous gelons → nous ciselons*.**

## INDICATIF

### présent

| | |
|---|---|
| j' | arrive |
| tu | arrives |
| il, elle | arrive |
| nous | arrivons |
| vous | arrivez |
| ils, elles | arrivent |

### passé composé

| | |
|---|---|
| je | suis arrivé |
| tu | es arrivé |
| il, elle | est arrivé, ée |
| nous | sommes arrivés |
| vous | êtes arrivés |
| ils, elles | sont arrivés, ées |

### imparfait

| | |
|---|---|
| j' | arrivais |
| tu | arrivais |
| il, elle | arrivait |
| nous | arrivions |
| vous | arriviez |
| ils, elles | arrivaient |

### plus-que-parfait

| | |
|---|---|
| j' | étais arrivé |
| tu | étais arrivé |
| il, elle | était arrivé, ée |
| nous | étions arrivés |
| vous | étiez arrivés |
| ils, elles | étaient arrivés, ées |

### passé simple

| | |
|---|---|
| j' | arrivai |
| tu | arrivas |
| il, elle | arriva |
| nous | arrivâmes |
| vous | arrivâtes |
| ils, elles | arrivèrent |

### passé antérieur

| | |
|---|---|
| je | fus arrivé |
| tu | fus arrivé |
| il, elle | fut arrivé, ée |
| nous | fûmes arrivés |
| vous | fûtes arrivés |
| ils, elles | furent arrivés, ées |

### futur simple

| | |
|---|---|
| j' | arriverai |
| tu | arriveras |
| il, elle | arrivera |
| nous | arriverons |
| vous | arriverez |
| ils, elles | arriveront |

### futur antérieur

| | |
|---|---|
| je | serai arrivé |
| tu | seras arrivé |
| il, elle | sera arrivé, ée |
| nous | serons arrivés |
| vous | serez arrivés |
| ils, elles | seront arrivés, ées |

## CONDITIONNEL

### présent

| | |
|---|---|
| j' | arriverais |
| tu | arriverais |
| il, elle | arriverait |
| nous | arriverions |
| vous | arriveriez |
| ils, elles | arriveraient |

### passé

| | |
|---|---|
| je | serais arrivé |
| tu | serais arrivé |
| il, elle | serait arrivé, ée |
| nous | serions arrivés |
| vous | seriez arrivés |
| ils, elles | seraient arrivés, ées |

REMARQUE - Les verbes ***jouer, tuer,*** etc., sont réguliers (exemple : *je joue, je jouerai ; je tue, je tuerai*).

## SUBJONCTIF

| présent | | passé | |
|---|---|---|---|
| **que** | **j'arrive** | **que je** | **sois arrivé** |
| **que tu** | **arrives** | **que tu** | **sois arrivé** |
| **qu'il, qu'elle** | **arrive** | **qu'il, qu'elle** | **soit arrivé, ée** |
| **que nous** | **arrivions** | **que nous** | **soyons arrivés** |
| **que vous** | **arriviez** | **que vous** | **soyez arrivés** |
| **qu'ils, qu'elles** | **arrivent** | **qu'ils, qu'elles** | **soient arrivés, ées** |

| imparfait | | plus-que-parfait | |
|---|---|---|---|
| **que j'** | **arrivasse** | **que je** | **fusse arrivé** |
| **que tu** | **arrivasses** | **que tu** | **fusses arrivé** |
| **qu'il, qu'elle** | **arrivât** | **qu'il, qu'elle** | **fût arrivé, ée** |
| **que nous** | **arrivassions** | **que nous** | **fussions arrivés** |
| **que vous** | **arrivassiez** | **que vous** | **fussiez arrivés** |
| **qu'ils, qu'elles** | **arrivassent** | **qu'ils, qu'elles** | **fussent arrivés, ées** |

## IMPÉRATIF

| présent | passé |
|---|---|
| **arrive** | **sois arrivé** |
| **arrivons** | **soyons arrivés** |
| **arrivez** | **soyez arrivés** |

## PARTICIPE

| présent | passé |
|---|---|
| **arrivant** | **arrivé, ée** |
| | **étant arrivé, ée** |

## INFINITIF

| présent | passé |
|---|---|
| **arriver** | **être arrivé, ée** |

## INDICATIF

### présent

| | |
|---|---|
| je me | repose |
| tu te | reposes |
| il, elle se | repose |
| nous nous | reposons |
| vous vous | reposez |
| ils, elles se | reposent |

### passé composé

| | |
|---|---|
| je me | suis reposé |
| tu t' | es reposé |
| il, elle s' | est reposé, ée |
| nous nous | sommes reposés |
| vous vous | êtes reposés |
| ils, elles se | sont reposés, ées |

### imparfait

| | |
|---|---|
| je me | reposais |
| tu te | reposais |
| il, elle se | reposait |
| nous nous | reposions |
| vous vous | reposiez |
| ils, elles se | reposaient |

### plus-que-parfait

| | |
|---|---|
| je m' | étais reposé |
| tu t' | étais reposé |
| il, elle s' | était reposé, ée |
| nous nous | étions reposés |
| vous vous | étiez reposés |
| ils, elles s' | étaient reposés, ées |

### passé simple

| | |
|---|---|
| je me | reposai |
| tu te | reposas |
| il, elle se | reposa |
| nous nous | reposâmes |
| vous vous | reposâtes |
| ils, elles se | reposèrent |

### passé antérieur

| | |
|---|---|
| je me | fus reposé |
| tu te | fus reposé |
| il, elle se | fut reposé, ée |
| nous nous | fûmes reposés |
| vous vous | fûtes reposés |
| ils, elles se | furent reposés, ées |

### futur simple

| | |
|---|---|
| je me | reposerai |
| tu te | reposeras |
| il, elle se | reposera |
| nous nous | reposerons |
| vous vous | reposerez |
| ils, elles se | reposeront |

### futur antérieur

| | |
|---|---|
| je me | serai reposé |
| tu te | seras reposé |
| il, elle se | sera reposé, ée |
| nous nous | serons reposés |
| vous vous | serez reposés |
| ils, elles se | seront reposés, ées |

## CONDITIONNEL

### présent

| | |
|---|---|
| je me | reposerais |
| tu te | reposerais |
| il, elle se | reposerait |
| nous nous | reposerions |
| vous vous | reposeriez |
| ils, elles se | reposeraient |

### passé

| | |
|---|---|
| je me | serais reposé |
| tu te | serais reposé |
| il, elle se | serait reposé, ée |
| nous nous | serions reposés |
| vous vous | seriez reposés |
| ils, elles se | seraient reposés, ées |

## SUBJONCTIF

| présent | | passé | |
|---|---|---|---|
| que je me | repose | que je me | sois reposé |
| que tu te | reposes | que tu te | sois reposé |
| qu'il, qu'elle se | repose | qu'il, qu'elle se | soit reposé, ée |
| que nous nous | reposions | que nous nous | soyons reposés |
| que vous vous | reposiez | que vous vous | soyez reposés |
| qu'ils, qu'elles se | reposent | qu'ils, qu'elles se | soient reposés, ées |

| imparfait | | plus-que-parfait | |
|---|---|---|---|
| que je me | reposasse | que je me | fusse reposé |
| que tu te | reposasses | que tu te | fusses reposé |
| qu'il, qu'elle se | reposât | qu'il, qu'elle se | fût reposé, ée |
| que nous nous | reposassions | que nous nous | fussions reposés |
| que vous vous | reposassiez | que vous vous | fussiez reposés |
| qu'ils, qu'elles se | reposassent | qu'ils, qu'elles se | fussent reposés, ées |

## IMPÉRATIF

| présent | passé |
|---|---|
| repose-toi<br>reposons-nous<br>reposez-vous | On n'utilise pas le passé de l'impératif des verbes pronominaux. |

## PARTICIPE

| présent | passé |
|---|---|
| se reposant | s'étant reposé, ée |

## INFINITIF

| présent | passé |
|---|---|
| se reposer | s'être reposé, ée |

## INDICATIF

### présent

| | |
|---|---|
| je | finis |
| tu | finis |
| il, elle | finit |
| nous | finissons |
| vous | finissez |
| ils, elles | finissent |

### passé composé

| | |
|---|---|
| j' | ai fini |
| tu | as fini |
| il, elle | a fini |
| nous | avons fini |
| vous | avez fini |
| ils, elles | ont fini |

### imparfait

| | |
|---|---|
| je | finissais |
| tu | finissais |
| il, elle | finissait |
| nous | finissions |
| vous | finissiez |
| ils, elles | finissaient |

### plus-que-parfait

| | |
|---|---|
| j' | avais fini |
| tu | avais fini |
| il, elle | avait fini |
| nous | avions fini |
| vous | aviez fini |
| ils, elles | avaient fini |

### passé simple

| | |
|---|---|
| je | finis |
| tu | finis |
| il, elle | finit |
| nous | finîmes |
| vous | finîtes |
| ils, elles | finirent |

### passé antérieur

| | |
|---|---|
| j' | eus fini |
| tu | eus fini |
| il, elle | eut fini |
| nous | eûmes fini |
| vous | eûtes fini |
| ils, elles | eurent fini |

### futur simple

| | |
|---|---|
| je | finirai |
| tu | finiras |
| il, elle | finira |
| nous | finirons |
| vous | finirez |
| ils, elles | finiront |

### futur antérieur

| | |
|---|---|
| j' | aurai fini |
| tu | auras fini |
| il, elle | aura fini |
| nous | aurons fini |
| vous | aurez fini |
| ils, elles | auront fini |

## CONDITIONNEL

### présent

| | |
|---|---|
| je | finirais |
| tu | finirais |
| il, elle | finirait |
| nous | finirions |
| vous | finiriez |
| ils, elles | finiraient |

### passé

| | |
|---|---|
| j' | aurais fini |
| tu | aurais fini |
| il, elle | aurait fini |
| nous | aurions fini |
| vous | auriez fini |
| ils, elles | auraient fini |

## SUBJONCTIF

| présent | | passé | |
|---|---|---|---|
| que je | finisse | que j' | aie fini |
| que tu | finisses | que tu | aies fini |
| qu'il, qu'elle | finisse | qu'il, qu'elle | ait fini |
| que nous | finissions | que nous | ayons fini |
| que vous | finissiez | que vous | ayez fini |
| qu'ils, qu'elles | finissent | qu'ils, qu'elles | aient fini |

| imparfait | | plus-que-parfait | |
|---|---|---|---|
| que je | finisse | que j' | eusse fini |
| que tu | finisses | que tu | eusses fini |
| qu'il, qu'elle | finît | qu'il, qu'elle | eût fini |
| que nous | finissions | que nous | eussions fini |
| que vous | finissiez | que vous | eussiez fini |
| qu'ils, qu'elles | finissent | qu'ils, qu'elles | eussent fini |

## IMPÉRATIF

| présent | passé |
|---|---|
| finis | aie fini |
| finissons | ayons fini |
| finissez | ayez fini |

## PARTICIPE

| présent | passé |
|---|---|
| finissant | fini, e |
| | ayant fini |

## INFINITIF

| présent | passé |
|---|---|
| finir | avoir fini |

| | | INDICATIF<br>présent | <br>imparfait |
|---|---|---|---|
| **3** | **placer** | je place<br>nous plaçons | je plaçais<br>nous placions |
| | REMARQUE — Les verbes en ***-ecer*** (ex : *dépecer*) se conjuguent comme ***placer*** et ***geler.*** Les verbes en ***-écer*** (ex. : *rapiécer*) se conjuguent comme ***céder*** et ***placer.*** | | |
| | **bouger** | je bouge<br>nous bougeons | je bougeais<br>nous bougions |
| | REMARQUE - Les verbes en ***-éger*** (ex. : *protéger*) se conjuguent ***comme bouger*** et ***céder.*** | | |
| **4** | **appeler** | j'appelle<br>nous appelons | j'appelais<br>nous appelions |
| | **jeter** | je jette<br>nous jetons | je jetais<br>nous jetions |
| **5** | **geler** | je gèle<br>nous gelons | je gelais<br>nous gelions |
| | **acheter** | j'achète<br>nous achetons | j'achetais<br>nous achetions |
| | et les verbes en ***-emer*** (ex. : *semer*), ***-ener*** (ex. : *mener*), ***-eser*** (ex. : *peser*), ***-ever*** (ex. : *lever*), etc.<br>REMARQUE - Les verbes en ***-ecer*** (ex. : *dépecer*) se conjuguent comme ***geler*** et ***placer.*** | | |
| **6** | **céder** | je cède<br>nous cédons | je cédais<br>nous cédions |
| | et les verbes en ***-é*** + consonnes(s) + ***-er*** (ex. : *célébrer, lécher, déléguer, préférer,* etc.).<br>REMARQUE - Les verbes en ***-éger*** (ex. : *protéger*) se conjuguent comme ***céder*** et ***bouger***. Les verbes en ***-écer*** (ex. : *rapiécer*) se conjuguent comme ***céder*** et ***placer.*** | | |
| **7** | **épier** | j'épie<br>nous épions | j'épiais<br>nous épiions |
| **8** | **noyer** | je noie<br>nous noyons | je noyais<br>nous noyions |
| | et les verbes en ***-uyer*** (ex. : *appuyer*).<br>REMARQUE - ***envoyer*** fait au futur : *j'enverrai,* et au conditionnel : *j'enverrais.* | | |
| | **payer**<br>et tous les verbes en ***-ayer*** | je paie ou je paye<br>nous payons | je payais<br>nous payions |

| futur | passé simple | participe passé | subjonctif présent |
|---|---|---|---|
| je placerai<br>nous placerons | je plaçai<br>nous plaçâmes | placé, ée | que je place<br>que nous placions |
| je bougerai<br>nous bougerons | je bougeai<br>nous bougeâmes | bougé, ée | que je bouge<br>que nous bougions |
| j'appellerai<br>nous appellerons | j'appelai<br>nous appelâmes | appelé, ée | que j'appelle<br>que nous appelions |
| je jetterai<br>nous jetterons | je jetai<br>nous jetâmes | jeté, ée | que je jette<br>que nous jetions |
| je gèlerai<br>nous gèlerons | je gelai<br>nous gelâmes | gelé, ée | que je gèle<br>que nous gelions |
| j'achèterai<br>nous achèterons | j'achetai<br>nous achetâmes | acheté, ée | que j'achète<br>que nous achetions |
| je céderai<br>nous céderons | je cédai<br>nous cédâmes | cédé, ée | que je cède<br>que nous cédions |
| j'épierai<br>nous épierons | j'épiai<br>nous épiâmes | épié, ée | que j'épie<br>que nous épiions |
| je noierai<br>nous noierons | je noyai<br>nous noyâmes | noyé, ée | que je noie<br>que nous noyions |
| je paierai ou je payerai<br>nous paierons ou payerons | je payai<br>nous payâmes | payé, ée | que je paie ou paye<br>que nous payions |

# conjugaison 9 aller

## INDICATIF

| présent | | passé composé | |
|---|---|---|---|
| je | vais | je | suis allé |
| tu | vas | tu | es allé |
| il, elle | va | il, elle | est allé, ée |
| nous | allons | nous | sommes allés |
| vous | allez | vous | êtes allés |
| ils, elles | vont | ils, elles | sont allés, ées |

| imparfait | | plus-que-parfait | |
|---|---|---|---|
| j' | allais | j' | étais allé |
| tu | allais | tu | étais allé |
| il, elle | allait | il, elle | était allé, ée |
| nous | allions | nous | étions allés |
| vous | alliez | vous | étiez allés |
| ils, elles | allaient | ils, elles | étaient allés, ées |

| passé simple | | passé antérieur | |
|---|---|---|---|
| j' | allai | je | fus allé |
| tu | allas | tu | fus allé |
| il, elle | alla | il, elle | fut allé, ée |
| nous | allâmes | nous | fûmes allés |
| vous | allâtes | vous | fûtes allés |
| ils, elles | allèrent | ils, elles | furent allés, ées |

| futur simple | | futur antérieur | |
|---|---|---|---|
| j' | irai | je | serai allé |
| tu | iras | tu | seras allé |
| il, elle | ira | il, elle | sera allé, ée |
| nous | irons | nous | serons allés |
| vous | irez | vous | serez allés |
| ils, elles | iront | ils, elles | seront allés, ées |

## CONDITIONNEL

| présent | | passé | |
|---|---|---|---|
| j' | irais | je | serais allé |
| tu | irais | tu | serais allé |
| il, elle | irait | il, elle | serait allé, ée |
| nous | irions | nous | serions allés |
| vous | iriez | vous | seriez allés |
| ils, elles | iraient | ils, elles | seraient allés, ées |

## SUBJONCTIF

| présent | | passé | |
|---|---|---|---|
| que j' | aille | que je | sois allé |
| que tu | ailles | que tu | sois allé |
| qu'il, qu'elle | aille | qu'il, qu'elle | soit allé, ée |
| que nous | allions | que nous | soyons allés |
| que vous | alliez | que vous | soyez allés |
| qu'ils, qu'elles | aillent | qu'ils, qu'elles | soient allés, ées |

| imparfait | | plus-que-parfait | |
|---|---|---|---|
| que j' | allasse | que je | fusse allé |
| que tu | allasses | que tu | fusses allé |
| qu'il, qu'elle | allât | qu'il, qu'elle | fût allé, ée |
| que nous | allassions | que nous | fussions allés |
| que vous | allassiez | que vous | fussiez allés |
| qu'ils, qu'elles | allassent | qu'ils, qu'elles | fussent allés, ées |

## IMPÉRATIF

| présent | passé |
|---|---|
| **va** (sauf dans *vas-y*) | **sois allé** |
| **allons** | **soyons allés** |
| **allez** | **soyez allés** |

## PARTICIPE

| présent | passé |
|---|---|
| **allant** | **allé, ée** |
| | **étant allé, ée** |

## INFINITIF

| présent | passé |
|---|---|
| **aller** | **être allé, ée** |

| | | INDICATIF présent | INDICATIF imparfait |
|---|---|---|---|
| **10** | **haïr** | je hais<br>il, elle hait<br>nous haïssons<br>ils, elles haïssent | je haïssais<br><br>nous haïssions |
| **11** | **courir** | je cours<br>il, elle court<br>nous courons<br>ils, elles courent | je courais<br><br>nous courions |
| **12** | **cueillir** | je cueille<br>il, elle cueille<br>nous cueillons<br>ils, elles cueillent | je cueillais<br><br>nous cueillions |
| **13** | **assaillir** | j'assaille<br>il, elle assaille<br>nous assaillons<br>ils, elles assaillent | j'assaillais<br><br>nous assaillions |
| **14** | **servir** | je sers<br>il, elle sert<br>nous servons<br>ils, elles servent | je servais<br><br>nous servions |
| **15** | **bouillir** | je bous<br>il, elle bout<br>nous bouillons<br>ils, elles bouillent | je bouillais<br><br>nous bouillions |
| **16** | **partir** | je pars<br>il, elle part<br>nous partons<br>ils, elles partent | je partais<br><br>nous partions |
| | **sentir** | je sens<br>il, elle sent<br>nous sentons<br>ils, elles sentent | je sentais<br><br>nous sentions |

| futur | passé simple | participe passé | subjonctif présent |
|---|---|---|---|
| je haïrai<br>nous haïrons | je haïs<br>nous haïmes | haï, ie | que je haïsse<br>que nous haïssions |
| je courrai<br>nous courrons | je courus<br>nous courûmes | couru, ue | que je coure<br>que nous courions |
| je cueillerai<br>nous cueillerons | je cueillis<br>nous cueillîmes | cueilli, ie | que je cueille<br>que nous cueillions |
| j'assaillirai<br>nous assaillirons | j'assaillis<br>nous assaillîmes | assailli, ie | que j'assaille<br>que nous assaillions |
| je servirai<br>nous servirons | je servis<br>nous servîmes | servi, ie | que je serve<br>que nous servions |
| je bouillirai<br>nous bouillirons | je bouillis<br>nous bouillîmes | bouilli, ie | que je bouille<br>qu'il, qu'elle bouille<br>que nous bouillions |
| je partirai<br>nous partirons | je partis<br>nous partîmes | parti, ie | que je parte<br>que nous partions |
| je sentirai<br>nous sentirons | je sentis<br>nous sentîmes | senti, ie | que je sente<br>que nous sentions |

| | | INDICATIF présent | INDICATIF imparfait |
|---|---|---|---|
| **17** | **fuir** | je fuis<br>il, elle fuit<br>nous fuyons<br>ils, elles fuient | je fuyais<br><br>nous fuyions |
| **18** | **couvrir** | je couvre<br>il, elle couvre<br>nous couvrons<br>ils, elles couvrent | je couvrais<br><br>nous couvrions |
| **19** | **mourir** | je meurs<br>il, elle meurt<br>nous mourons<br>ils, elles meurent | je mourais<br><br>nous mourions |
| **20** | **vêtir** | je vêts<br>il, elle vêt<br>nous vêtons<br>ils, elles vêtent | je vêtais<br><br>nous vêtions |
| **21** | **acquérir** | j'acquiers<br>il, elle acquiert<br>nous acquérons<br>ils, elles acquièrent | j'acquérais<br><br>nous acquérions |
| **22** | **venir** | je viens<br>il, elle vient<br>nous venons<br>ils, elles viennent | je venais<br><br>nous venions |
| verbes en ***-oir*** | | | |
| **23** | **pleuvoir** (impersonnel) | il pleut | il pleuvait |
| **24** | **prévoir** | je prévois<br>il, elle prévoit<br>nous prévoyons<br>ils, elles prévoient | je prévoyais<br><br>nous prévoyions |
| **25** | **pourvoir** | je pourvois<br>il, elle pourvoit<br>nous pourvoyons<br>ils, elles pourvoient | je pourvoyais<br><br>nous pourvoyions |

| futur | passé simple | participe passé | subjonctif présent |
|---|---|---|---|
| je fuirai<br>nous fuirons | je fuis<br>nous fuîmes | fui, e | que je fuie<br>que nous fuyions |
| je couvrirai<br>nous couvrirons | je couvris<br>nous couvrîmes | couvert, e | que je couvre<br>que nous couvrions |
| je mourrai<br>nous mourrons | je mourus<br>nous mourûmes | mort, e | que je meure<br>que nous mourions |
| je vêtirai<br>nous vêtirons | je vêtis<br>nous vêtîmes | vêtu, ue | que je vête<br>que nous vêtions |
| j'acquerrai<br>nous acquerrons | j'acquis<br>nous acquîmes | acquis, e | que j'acquière<br>que nous acquérions |
| je viendrai<br>nous viendrons | je vins<br>nous vînmes | venu, ue | que je vienne<br>que nous venions |
| il pleuvra | il plut | plu (invariable) | qu'il pleuve |
| je prévoirai<br>nous prévoirons | je prévis<br>nous prévîmes | prévu, ue | que je prévoie<br>que nous prévoyions |
| je pourvoirai<br>nous pourvoirons | je pourvus<br>nous pourvûmes | pourvu, ue | que je pourvoie<br>que nous pourvoyions |

| | | INDICATIF présent | INDICATIF imparfait |
|---|---|---|---|
| **26** | **asseoir** | j'assois ou j'assieds<br>il, elle assoit ou<br>il, elle assied<br>nous assoyons ou<br>nous asseyons<br>ils, elles assoient ou<br>ils, elles asseyent | j'assoyais ou j'asseyais<br><br>nous assoyions ou<br>nous asseyions |
| **27** | **mouvoir** | je meus<br>il, elle meut<br>nous mouvons<br>ils, elles meuvent | je mouvais<br><br>nous mouvions |

REMARQUE - ***émouvoir*** et ***promouvoir*** font au participe passé *ému, ue ; promu, ue.*

| | | INDICATIF présent | INDICATIF imparfait |
|---|---|---|---|
| **28** | **recevoir** | je reçois<br>il, elle reçoit<br>nous recevons<br>ils, elles reçoivent | je recevais<br><br>nous recevions |
| | **devoir** | je dois | je devais |
| **29** | **valoir** | je vaux<br>il, elle vaut<br>nous valons<br>ils, elles valent | je valais<br><br>nous valions |
| | **équivaloir** | | |
| | **prévaloir** | | |
| | **falloir** (impersonnel) | il faut | il fallait |
| **30** | **voir** | je vois<br>il, elle voit<br>nous voyons<br>ils, elles voient | je voyais<br><br>nous voyions |
| **31** | **vouloir** | je veux<br>il, elle veut<br>nous voulons<br>ils, elles veulent | je voulais<br><br>nous voulions |
| **32** | **savoir** | je sais<br>il, elle sait<br>nous savons<br>ils, elles savent | je savais<br><br>nous savions |
| **33** | **pouvoir** | je peux ou je puis<br>il, elle peut<br>nous pouvons<br>ils, elles peuvent | je pouvais<br><br>nous pouvions |

| futur | passé simple | participe passé | subjonctif présent |
|---|---|---|---|
| j'assoirai ou j'assiérai ou j'asseyerai<br>nous assoirons | j'assis<br>nous assîmes | assis, e | que j'assoie ou que j'asseye<br>que nous assoyions ou que nous asseyions |
| je mouvrai<br>nous mouvrons | je mus<br>nous mûmes | mû, mue, mus | que je meuve<br>que nous mouvions |
| je recevrai<br>nous recevrons | je reçus<br>nous reçûmes | reçu, ue | que je reçoive<br>que nous recevions |
| je devrai | je dus | dû, due, dus | que je doive |
| je vaudrai<br>nous vaudrons | je valus<br>nous valûmes | valu, ue | que je vaille<br>que nous valions |
| | | équivalu (invariable) | |
| | | prévalu, ue | que je prévale |
| il faudra | il fallut | fallu (invariable) | qu'il faille |
| je verrai<br>nous verrons | je vis<br>nous vîmes | vu, ue | que je voie<br>que nous voyions |
| je voudrai<br>nous voudrons | je voulus<br>nous voulûmes | voulu, ue | que je veuille<br>que nous voulions |
| je saurai<br>nous saurons | je sus<br>nous sûmes | su, ue | que je sache<br>que nous sachions |
| je pourrai<br>nous pourrons | je pus<br>nous pûmes | pu (invariable) | que je puisse<br>que nous puissions |

# avoir

## INDICATIF

### présent

| | |
|---|---|
| j' | ai |
| tu | as |
| il, elle | a |
| nous | avons |
| vous | avez |
| ils, elles | ont |

### passé composé

| | |
|---|---|
| j' | ai eu |
| tu | as eu |
| il, elle | a eu |
| nous | avons eu |
| vous | avez eu |
| ils, elles | ont eu |

### imparfait

| | |
|---|---|
| j' | avais |
| tu | avais |
| il, elle | avait |
| nous | avions |
| vous | aviez |
| ils, elles | avaient |

### plus-que-parfait

| | |
|---|---|
| j' | avais eu |
| tu | avais eu |
| il, elle | avait eu |
| nous | avions eu |
| vous | aviez eu |
| ils, elles | avaient eu |

### passé simple

| | |
|---|---|
| j' | eus |
| tu | eus |
| il, elle | eut |
| nous | eûmes |
| vous | eûtes |
| ils, elles | eurent |

### passé antérieur

| | |
|---|---|
| j' | eus eu |
| tu | eus eu |
| il, elle | eut eu |
| nous | eûmes eu |
| vous | eûtes eu |
| ils, elles | eurent eu |

### futur simple

| | |
|---|---|
| j' | aurai |
| tu | auras |
| il, elle | aura |
| nous | aurons |
| vous | aurez |
| ils, elles | auront |

### futur antérieur

| | |
|---|---|
| j' | aurai eu |
| tu | auras eu |
| il, elle | aura eu |
| nous | aurons eu |
| vous | aurez eu |
| ils, elles | auront eu |

## CONDITIONNEL

### présent

| | |
|---|---|
| j' | aurais |
| tu | aurais |
| il, elle | aurait |
| nous | aurions |
| vous | auriez |
| ils, elles | auraient |

### passé

| | |
|---|---|
| j' | aurais eu |
| tu | aurais eu |
| il, elle | aurait eu |
| nous | aurions eu |
| vous | auriez eu |
| ils, elles | auraient eu |

## SUBJONCTIF

| présent | | passé | |
|---|---|---|---|
| que j' | aie | que j' | aie eu |
| que tu | aies | que tu | aies eu |
| qu'il, qu'elle | ait | qu'il, qu'elle | ait eu |
| que nous | ayons | que nous | ayons eu |
| que vous | ayez | que vous | ayez eu |
| qu'ils, qu'elles | aient | qu'ils, qu'elles | aient eu |

| imparfait | | plus-que-parfait | |
|---|---|---|---|
| que j' | eusse | que j' | eusse eu |
| que tu | eusses | que tu | eusses eu |
| qu'il, qu'elle | eût | qu'il, qu'elle | eût eu |
| que nous | eussions | que nous | eussions eu |
| que vous | eussiez | que vous | eussiez eu |
| qu'ils, qu'elles | eussent | qu'ils, qu'elles | eussent eu |

## IMPÉRATIF

| présent | passé |
|---|---|
| aie<br>ayons<br>ayez | L'impératif passé n'est pas utilisé. |

## PARTICIPE

| présent | passé |
|---|---|
| ayant | eu, eue<br>ayant eu |

## INFINITIF

| présent | passé |
|---|---|
| avoir | avoir eu |

| | | INDICATIF présent | INDICATIF imparfait |
|---|---|---|---|
| **35** | **conclure** | je conclus<br>il, elle conclut<br>nous concluons<br>ils, elles concluent | je concluais<br><br>nous concluions |
| **36** | **rire** | je ris<br>il, elle rit<br>nous rions<br>ils, elles rient | je riais<br><br>nous riions |
| **37** | **dire** | je dis<br>il, elle dit<br>nous disons<br>vous dites<br>ils, elles disent | je disais<br><br>nous disions |
| | **suffire** | vous suffisez | |
| **38** | **nuire** | je nuis<br>il, elle nuit<br>nous nuisons<br>ils, elles nuisent | je nuisais<br><br>nous nuisions |
| | **conduire** | | |
| **39** | **écrire** | j'écris<br>il, elle écrit<br>nous écrivons<br>ils, elles écrivent | j'écrivais<br><br>nous écrivions |

REMARQUE - ***exclure*** se conjugue comme ***conclure*** : participe passé *exclu, ue* ; ***inclure*** se conjugue comme ***conclure*** sauf au participe passé : *inclus, use.*

REMARQUE - ***médire, contredire, dédire, interdire, prédire*** se conjuguent comme ***dire*** sauf *médisez, contredisez, dédisez, interdisez, prédisez.*

REMARQUE - ***confire*** se conjugue comme ***suffire*** sauf au participe passé : *confit, e.*

et les verbes : ***luire, reluire, construire, cuire, déduire, détruire, enduire, induire, instruire, introduire, produire, réduire, séduire, traduire.***

| futur | passé simple | participe passé | subjonctif présent |
|---|---|---|---|
| je conclurai<br>nous conclurons | je conclus<br>nous conclûmes | conclu, ue | que je conclue<br>que nous concluions |
| je rirai<br>nous rirons | je ris<br>nous rîmes | ri (invariable) | que je rie<br>que nous riions |
| je dirai<br>nous dirons | je dis<br>nous dîmes | dit, e | que je dise<br>que nous disions |
| | | suffi (invariable) | |
| je nuirai<br>nous nuirons | je nuisis<br>nous nuisîmes | nui (invariable) | que je nuise<br>que nous nuisions |
| | | conduit, e | |
| j'écrirai<br>nous écrirons | j'écrivis<br>nous écrivîmes | écrit, e | que j'écrive<br>que nous écrivions |

| | | INDICATIF présent | INDICATIF imparfait |
|---|---|---|---|
| **40** | **suivre** | je suis<br>il, elle suit<br>nous suivons<br>ils, elles suivent | je suivais<br><br>nous suivions |
| **41** | **rendre** | je rends<br>il, elle rend<br>nous rendons<br>ils, elles rendent | je rendais<br><br>nous rendions |
| | et les verbes en ***-andre*** (ex. : *répandre*), ***-erdre*** (ex : *perdre*), ***-ondre*** (ex. : *répondre*), ***-ordre*** (ex. : *mordre*). | | |
| | **rompre** | il, elle rompt | il, elle rompait |
| | **battre** | je bats<br>il, elle bat<br>nous battons<br>ils, elles battent | je battais<br><br>nous battions |
| **42** | **vaincre** | je vaincs<br>il, elle vainc<br>nous vainquons<br>ils, elles vainquent | je vainquais<br><br>nous vainquions |
| **43** | **lire** | je lis<br>il, elle lit<br>nous lisons<br>ils, elles lisent | je lisais<br><br>nous lisions |
| **44** | **croire** | je crois<br>il, elle croit<br>nous croyons<br>ils, elles croient | je croyais<br><br>nous croyions |
| **45** | **clore** | je clos<br>il, elle clôt<br>ils, elles closent | je closais (contesté) |

| futur | passé simple | participe passé | subjonctif présent |
|---|---|---|---|
| je suivrai<br>nous suivrons | je suivis<br>nous suivîmes | suivi, ie | que je suive<br>que nous suivions |
| je rendrai<br>nous rendrons | je rendis<br>nous rendîmes | rendu, ue | que je rende<br>que nous rendions |
| il, elle rompra | il, elle rompit | rompu, ue | qu'il, qu'elle rompe |
| je battrai<br>nous battrons | je battis<br>nous battîmes | battu, ue | que je batte<br>que nous battions |
| je vaincrai<br>nous vaincrons | je vainquis<br>nous vainquîmes | vaincu, ue | que je vainque<br>que nous vainquions |
| je lirai<br>nous lirons | je lus<br>nous lûmes | lu, ue | que je lise<br>que nous lisions |
| je croirai<br>nous croirons | je crus<br>nous crûmes | cru, ue | que je croie<br>que nous croyions |
| je clorai (rare) | (n'existe pas) | clos, e | que je close |

| | | INDICATIF présent | INDICATIF imparfait |
|---|---|---|---|
| **46** | **vivre** | je vis<br>il, elle vit<br>nous vivons<br>ils, elles vivent | je vivais<br><br>nous vivions |
| **47** | **moudre** | je mouds<br>il, elle moud<br>nous moulons<br>ils, elles moulent | je moulais<br><br>nous moulions |
| **48** | **coudre** | je couds<br>il, elle coud<br>nous cousons<br>ils, elles cousent | je cousais<br><br>nous cousions |
| **49** | **joindre** | je joins<br>il, elle joint<br>nous joignons<br>ils, elles joignent | je joignais<br><br>nous joignions |
| **50** | **traire** | je trais<br>il, elle trait<br>nous trayons<br>ils, elles traient | je trayais<br><br>nous trayions |
| **51** | **absoudre** | j'absous<br>il, elle absout<br>nous absolvons<br>ils, elles absolvent | j'absolvais<br><br>nous absolvions |
| **52** | **craindre** | je crains<br>il, elle craint<br>nous craignons<br>ils, elles craignent | je craignais<br><br>nous craignions |
| | **peindre** | je peins<br>il, elle peint<br>nous peignons<br>ils, elles peignent | je peignais<br><br>nous peignions |

REMARQUE - ***dissoudre*** se conjugue comme ***absoudre ;*** ***résoudre*** se conjugue comme ***absoudre,*** mais le passé simple *je résolus* est courant. Il a deux participes passés : *résolu, ue (problème résolu)* et *résous, oute (brouillard résous en pluie).*

| futur | passé simple | participe passé | subjonctif présent |
|---|---|---|---|
| je vivrai<br>nous vivrons | je vécus<br>nous vécûmes | vécu, ue | que je vive<br>que nous vivions |
| je moudrai<br>nous moudrons | je moulus<br>nous moulûmes | moulu, ue | que je moule<br>que nous moulions |
| je coudrai<br>nous coudrons | je cousis<br>nous cousîmes | cousu, ue | que je couse<br>que nous cousions |
| je joindrai<br>nous joindrons | je joignis<br>nous joignîmes | joint, e | que je joigne<br>que nous joignions |
| je trairai<br>nous trairons | (n'existe pas) | trait, e | que je traie<br>que nous trayions |
| j'absoudrai<br>nous absoudrons | j'absolus (rare) | absous, oute | que j'absolve<br>que nous absolvions |
| je craindrai<br>nous craindrons | je craignis<br>nous craignîmes | craint, e | que je craigne<br>que nous craignions |
| je peindrai<br>nous peindrons | je peignis<br>nous peignîmes | peint, e | que je peigne<br>que nous peignions |

| | | INDICATIF présent | INDICATIF imparfait |
|---|---|---|---|
| **53** | **boire** | je bois<br>il, elle boit<br>nous buvons<br>ils, elles boivent | je buvais<br><br>nous buvions |
| **54** | **plaire** | je plais<br>il, elle plaît<br>nous plaisons<br>ils, elles plaisent | je plaisais<br><br>nous plaisions |

REMARQUE - Le participe passé de ***plaire, complaire, déplaire,*** est invariable.

| | | présent | imparfait |
|---|---|---|---|
| | **taire** | il, elle tait | |
| **55** | **croître** | je croîs<br>il, elle croît<br>nous croissons<br>ils, elles croissent | je croissais<br><br>nous croissions |

REMARQUE - ***accroître*** et ***décroître*** ne prennent un accent circonflexe que sur l'***i*** suivi d'un ***t*** : *j'accrois, elle décrut ; accru, ue ; décru, ue ;* et aux 1^re^ et 2^e^ personnes du pluriel du passé simple.

| | | présent | imparfait |
|---|---|---|---|
| **56** | **mettre** | je mets<br>il, elle met<br>nous mettons<br>ils, elles mettent | je mettais<br><br>nous mettions |
| **57** | **connaître** | je connais<br>il, elle connaît<br>nous connaissons<br>ils, elles connaissent | je connaissais<br><br>nous connaissions |
| **58** | **prendre** | je prends<br>il, elle prend<br>nous prenons<br>ils, elles prennent | je prenais<br><br>nous prenions |
| **59** | **naître** | je nais<br>il, elle naît<br>nous naissons<br>ils, elles naissent | je naissais<br><br>nous naissions |

REMARQUE - ***renaître*** n'a pas de participe passé.

| futur | passé simple | participe passé | subjonctif présent |
|---|---|---|---|
| je boirai<br>nous boirons | je bus<br>nous bûmes | bu, ue | que je boive<br>que nous buvions |
| je plairai<br>nous plairons | je plus<br>nous plûmes | plu (invariable) | que je plaise<br>que nous plaisions |
| | | tu, ue | |
| je croîtrai<br>nous croîtrons | je crûs<br>nous crûmes | crû, crue, crus | que je croisse<br>que nous croissions |
| je mettrai<br>nous mettrons | je mis<br>nous mîmes | mis, e | que je mette<br>que nous mettions |
| je connaîtrai<br>nous connaîtrons | je connus<br>nous connûmes | connu, ue | que je connaisse<br>que nous connaissions |
| je prendrai<br>nous prendrons | je pris<br>nous prîmes | pris, e | que je prenne<br>que nous prenions |
| je naîtrai<br>nous naîtrons | je naquis<br>nous naquîmes | né, e | que je naisse<br>que nous naissions |

# conjugaison **60** faire

## INDICATIF

### présent

| | |
|---|---|
| je | fais |
| tu | fais |
| il, elle | fait |
| nous | faisons |
| vous | faites |
| ils, elles | font |

### passé composé

| | |
|---|---|
| j' | ai fait |
| tu | as fait |
| il, elle | a fait |
| nous | avons fait |
| vous | avez fait |
| ils, elles | ont fait |

### imparfait

| | |
|---|---|
| je | faisais |
| tu | faisais |
| il, elle | faisait |
| nous | faisions |
| vous | faisiez |
| ils, elles | faisaient |

### plus-que-parfait

| | |
|---|---|
| j' | avais fait |
| tu | avais fait |
| il, elle | avait fait |
| nous | avions fait |
| vous | aviez fait |
| ils, elles | avaient fait |

### passé simple

| | |
|---|---|
| je | fis |
| tu | fis |
| il, elle | fit |
| nous | fîmes |
| vous | fîtes |
| ils, elles | firent |

### passé antérieur

| | |
|---|---|
| j' | eus fait |
| tu | eus fait |
| il, elle | eut fait |
| nous | eûmes fait |
| vous | eûtes fait |
| ils, elles | eurent fait |

### futur simple

| | |
|---|---|
| je | ferai |
| tu | feras |
| il, elle | fera |
| nous | ferons |
| vous | ferez |
| ils, elles | feront |

### futur antérieur

| | |
|---|---|
| j' | aurai fait |
| tu | auras fait |
| il, elle | aura fait |
| nous | aurons fait |
| vous | aurez fait |
| ils, elles | auront fait |

## CONDITIONNEL

### présent

| | |
|---|---|
| je | ferais |
| tu | ferais |
| il, elle | ferait |
| nous | ferions |
| vous | feriez |
| ils, elles | feraient |

### passé

| | |
|---|---|
| j' | aurais fait |
| tu | aurais fait |
| il, elle | aurait fait |
| nous | aurions fait |
| vous | auriez fait |
| ils, elles | auraient fait |

## SUBJONCTIF

| présent | | passé | |
|---|---|---|---|
| que je | fasse | que j' | aie fait |
| que tu | fasses | que tu | aies fait |
| qu'il, qu'elle | fasse | qu'il, qu'elle | ait fait |
| que nous | fassions | que nous | ayons fait |
| que vous | fassiez | que vous | ayez fait |
| qu'ils, qu'elles | fassent | qu'ils, qu'elles | aient fait |

| imparfait | | plus-que-parfait | |
|---|---|---|---|
| que je | fisse | que j' | eusse fait |
| que tu | fisses | que tu | eusses fait |
| qu'il, qu'elle | fît | qu'il, qu'elle | eût fait |
| que nous | fissions | que nous | eussions fait |
| que vous | fissiez | que vous | eussiez fait |
| qu'ils, qu'elles | fissent | qu'ils, qu'elles | eussent fait |

## IMPÉRATIF

| présent | passé |
|---|---|
| fais | aie fait |
| faisons | ayons fait |
| faites | ayez fait |

## PARTICIPE

| présent | passé |
|---|---|
| faisant | fait, e |
| | ayant fait |

## INFINITIF

| présent | passé |
|---|---|
| faire | avoir fait |

# être

## INDICATIF

### présent

| | |
|---|---|
| je | suis |
| tu | es |
| il, elle | est |
| nous | sommes |
| vous | êtes |
| ils, elles | sont |

### passé composé

| | |
|---|---|
| j' | ai été |
| tu | as été |
| il, elle | a été |
| nous | avons été |
| vous | avez été |
| ils, elles | ont été |

### imparfait

| | |
|---|---|
| j' | étais |
| tu | étais |
| il, elle | était |
| nous | étions |
| vous | étiez |
| ils, elles | étaient |

### plus-que-parfait

| | |
|---|---|
| j' | avais été |
| tu | avais été |
| il, elle | avait été |
| nous | avions été |
| vous | aviez été |
| ils, elles | avaient été |

### passé simple

| | |
|---|---|
| je | fus |
| tu | fus |
| il, elle | fut |
| nous | fûmes |
| vous | fûtes |
| ils, elles | furent |

### passé antérieur

| | |
|---|---|
| j' | eus été |
| tu | eus été |
| il, elle | eut été |
| nous | eûmes été |
| vous | eûtes été |
| ils, elles | eurent été |

### futur simple

| | |
|---|---|
| je | serai |
| tu | seras |
| il, elle | sera |
| nous | serons |
| vous | serez |
| ils, elles | seront |

### futur antérieur

| | |
|---|---|
| j' | aurai été |
| tu | auras été |
| il, elle | aura été |
| nous | aurons été |
| vous | aurez été |
| ils, elles | auront été |

## CONDITIONNEL

### présent

| | |
|---|---|
| je | serais |
| tu | serais |
| il, elle | serait |
| nous | serions |
| vous | seriez |
| ils, elles | seraient |

### passé

| | |
|---|---|
| j' | aurais été |
| tu | aurais été |
| il, elle | aurait été |
| nous | aurions été |
| vous | auriez été |
| ils, elles | auraient été |

## SUBJONCTIF

| présent | | passé | |
|---|---|---|---|
| que je | sois | que j' | aie été |
| que tu | sois | que tu | aies été |
| qu'il, qu'elle | soit | qu'il, qu'elle | ait été |
| que nous | soyons | que nous | ayons été |
| que vous | soyez | que vous | ayez été |
| qu'ils, qu'elles | soient | qu'ils, qu'elles | aient été |

| imparfait | | plus-que-parfait | |
|---|---|---|---|
| que je | fusse | que j' | eusse été |
| que tu | fusses | que tu | eusses été |
| qu'il, qu'elle | fût | qu'il, qu'elle | eût été |
| que nous | fussions | que nous | eussions été |
| que vous | fussiez | que vous | eussiez été |
| qu'ils, qu'elles | fussent | qu'ils, qu'elles | eussent été |

## IMPÉRATIF

| présent | passé |
|---|---|
| sois<br>soyons<br>soyez | L'impératif passé n'est pas utilisé. |

## PARTICIPE

| présent | passé |
|---|---|
| étant | été<br>ayant été |

## INFINITIF

| présent | passé |
|---|---|
| être | avoir été |

# les noms propres de lieux avec les adjectifs et les noms communs correspondants

Aux noms propres de lieux correspondent des noms communs et des adjectifs. Par exemple, au nom féminin ***Allemagne*** correspondent

1. l'adjectif ***allemand*** **:** *les musiciens allemands; le peuple allemand;*
2. le nom ***Allemand, Allemande*** qui désigne
   - un citoyen de l'Allemagne : *un Allemand, une Allemande, les Allemands* (toujours avec une majuscule dans ce cas);
   - la langue allemande : *elle parle l'allemand* (toujours avec une minuscule).

*On trouvera ci-dessous une liste des noms de pays, de quelques noms de villes, de provinces ou de régions avec les adjectifs et les noms communs qui leur correspondent.*

**Afghanistan :** afghan, afghane.
**Afrique :** africain, africaine.
**Afrique du Sud :** sud-africain, sud-africaine.
**Albanie :** albanais, albanaise.
**Alger :** algérois, algéroise.
**Algérie :** algérien, algérienne.
**Allemagne :** allemand, allemande.
**Alsace :** alsacien, alsacienne.
**Amérique :** américain, américaine.
**Amsterdam :** amstellodamien, amstellodamienne.
**Andorre :** andorran, andorrane.
**Angleterre :** anglais, anglaise.
**Anjou :** angevin, angevine.
**Antigua-et-Barbuda :** antiguais et barbudien, antiguaise et barbudienne.
**Antilles :** antillais, antillaise.
**Anvers :** anversois, anversoise.
**Arabie Saoudite :** saoudien, saoudienne.
**Argentine :** argentin, argentine.
**Arménie :** arménien, arménienne.
**Asie :** asiatique.
**Athènes :** athénien, athénienne.
**Australie :** australien, australienne.
**Autriche :** autrichien, autrichienne.
**Auvergne :** auvergnat, auvergnate.
**Azerbaïdjan :** azerbaïdjanais, azerbaïdjanaise.

**Bahamas :** bahamien, bahamienne.
**Bahreïn :** bahreïnien, bahreïnienne.
**Bangladesh :** bangladais, bangladaise.
**Barbade :** barbadien, barbadienne.
Pays **Basque :** basque, basquaise.
**Belgique :** belge.
**Belize :** bélizien, bélizienne.
**Bénin :** béninois, béninoise.
**Berlin :** berlinois, berlinoise.
**Berry :** berrichon, berrichonne.
**Bhoutan :** bhoutanais, bhoutanaise.
**Biélorussie :** biélorusse.
**Birmanie :** birman, birmane.
**Bolivie :** bolivien, bolivienne.
**Bordeaux :** bordelais, bordelaise.
**Bosnie-Herzégovine :** bosniaque.
**Botswana :** botswanéen, botswanéenne.
**Bourgogne :** bourguignon, bourguignonne.
**Brabant :** brabançon, brabançonne.
**Brésil :** brésilien, brésilienne.
**Bretagne :** breton, bretonne.
**Brunei :** brunéien, brunéienne.
**Bruxelles :** bruxellois, bruxelloise.
**Bulgarie :** bulgare.
**Burkina :** burkinabé.
**Burundi :** burundais, burundaise.

**Cambodge :** cambodgien, cambodgienne.
**Cameroun :** camerounais, camerounaise.
**Canada :** canadien, canadienne.
**Cap-Vert :** cap-verdien, cap-verdienne.
République **Centrafricaine :** centrafricain, centrafricaine.
**Cévennes :** cévenol, cévenole.
**Chili :** chilien, chilienne.
**Chine :** chinois, chinoise.
**Chypre :** chypriote ou cypriote.
**Colombie :** colombien, colombienne.
**Comores :** comorien, comorienne.
**Congo :** congolais, congolaise.
**Corée :** coréen, coréenne.
**Corse :** corse.
**Costa Rica :** costaricain, costaricaine.
**Côte-d'Ivoire :** ivoirien, ivoirienne.
**Croatie :** croate.
**Cuba :** cubain, cubaine.

**Danemark :** danois, danoise.
**Djibouti :** djiboutien, djiboutienne.
République **Dominicaine :** dominicain, dominicaine.
**Dominique :** dominiquais, dominiquaise.

**Écosse :** écossais, écossaise.
**Égypte :** égyptien, égyptienne.
**Émirats arabes unis :** émirien, émirienne.
**Équateur :** équatorien, équatorienne.
**Espagne :** espagnol, espagnole.
**Estonie :** estonien, estonienne.
**États-Unis :** américain, américaine.
**Éthiopie :** éthiopien, éthiopienne.
**Europe :** européen, européenne.

**Fidji :** fidjien, fidjienne.
**Finlande :** finlandais, finlandaise.
**Flandres** ou **Flandre :** flamand, flamande.
**France :** français, française.
**Fribourg :** fribourgeois, fribourgeoise.

**Gabon :** gabonais, gabonaise.
Pays de **Galles :** gallois, galloise.
**Gambie :** gambien, gambienne.
**Gascogne :** gascon, gasconne.
**Gaule :** gaulois, gauloise.
**Genève :** genevois, genevoise.
**Géorgie :** géorgien, géorgienne.
**Ghana :** ghanéen, ghanéenne.
**Grande-Bretagne :** britannique.
**Grèce :** grec, grecque.
**Grenade :** grenadien, grenadienne.
**Guadeloupe :** guadeloupéen, guadeloupéenne.
**Guatemala :** guatémaltèque.
**Guinée :** guinéen, guinéenne.
**Guinée-Bissau :** bissao-guinéen, bissao-guinéenne.

**Guinée équatoriale :** équato-guinéen, équato-guinéenne.
**Guyana :** guyanien, guyanienne.
**Guyane :** guyanais, guyanaise.

**Hainaut :** hainuyer, hainuyère.
**Haïti :** haïtien, haïtienne.
**Hollande :** hollandais, hollandaise.
**Honduras :** hondurien, hondurienne.
**Hongrie :** hongrois, hongroise.

**Île-de-France :** francilien, francilienne.
**Inde :** indien, indienne.
**Indonésie :** indonésien, indonésienne.
**Iran :** iranien, iranienne.
**Iraq** ou **Irak :** iraquien, iraquienne.
**Irlande :** irlandais, irlandaise.
**Islande :** islandais, islandaise.
**Israël :** israélien, israélienne.
**Italie :** italien, italienne.

**Jamaïque :** jamaïquain, jamaïquaine.
**Japon :** japonais, japonaise.
**Jordanie :** jordanien, jordanienne.
**Jura :** jurassien, jurassienne.

**Kazakhstan :** kazakh, kazakhe.
**Kenya :** kényan, kényane.
**Kirghizistan :** kirghiz, kirghize.
**Kiribati :** kiribatien, kiribatienne.
**Koweït :** koweïtien, koweïtienne.

**Laos :** laotien, laotienne.
**Lesotho :** lesothan, lesothane.
**Lettonie :** letton, lettone.
**Liban :** libanais, libanaise.
**Liberia :** libérien, libérienne.
**Libye :** libyen, libyenne.
**Liechtenstein :** liechtensteinois, liechtensteinoise.
**Liège :** liégeois, liégeoise.
**Lille :** lillois, lilloise.
**Limousin :** limousin, limousine ou limougeaud, limougeaude.
**Lituanie :** lituanien, lituanienne.
**Londres :** londonien, londonienne.
**Lorraine :** lorrain, lorraine.
**Luxembourg :** luxembourgeois, luxembourgeoise.
**Lyon :** lyonnais, lyonnaise.

**Macédoine :** macédonien, macédonienne.
**Madagascar :** malgache.
**Madrid :** madrilène.
**Maghreb :** maghrébin, maghrébine.
**Malaisie :** malaisien, malaisienne.
**Malawi :** malawien, malawienne.
**Maldives :** maldivien, maldivienne.
**Mali :** malien, malienne.
**Malte :** maltais, maltaise.
**Maroc :** marocain, marocaine.
**Marseille :** marseillais, marseillaise.
îles **Marshall :** marshallais, marshallaise.
**Martinique :** martiniquais, martiniquaise.
**Maurice :** mauricien, mauricienne.
**Mauritanie :** mauritanien, mauritanienne.
**Mexique :** mexicain, mexicaine.
**Micronésie :** micronésien, micronésienne.
**Moldavie :** moldave.
**Monaco :** monégasque.
**Mongolie :** mongol, mongole.
**Montenegro :** monténégrin, monténégrine.
**Montréal :** montréalais, montréalaise.
**Moscou :** moscovite.
**Mozambique :** mozambicain, mozambicaine.

**Namibie :** namibien, namibienne.
**Nauru :** nauruan, nauruane.
**Népal :** népalais, népalaise.
**New York :** new-yorkais, new-yorkaise.
**Nicaragua :** nicaraguayen, nicaraguayenne.
**Niger :** nigérien, nigérienne.
**Nigeria :** nigérian, nigériane.
**Normandie :** normand, normande.
**Norvège :** norvégien, norvégienne.
**Nouvelle-Calédonie :** néo-calédonien, néo-calédonienne.
**Nouvelle-Zélande :** néo-zélandais, néo-zélandaise.

**Oman :** omanais, omanaise.
**Ouganda :** ougandais, ougandaise.
**Ouzbékistan :** ouzbek, ouzbèke.

**Pakistan :** pakistanais, pakistanaise.
**Panama :** panaméen, panaméenne.
**Papouasie-Nouvelle-Guinée :** papouan-néo-guinéen, papouane-néo-guinéenne.
**Paraguay :** paraguayen, paraguayenne.
**Paris :** parisien, parisienne.
**Pays-Bas :** néerlandais, néerlandaise.
**Perche :** percheron, percheronne.
**Pérou :** péruvien, péruvienne.
**Philippines :** philippin, philippine.
**Picardie :** picard, picarde.
**Poitou :** poitevin, poitevine.
**Pologne :** polonais, polonaise.
**Polynésie :** polynésien, polynésienne.
**Portugal :** portugais, portugaise.
**Provence :** provençal, provençale.

**Qatar :** qatarien, qatarienne.
**Québec :** québécois, québécoise.

**Réunion :** réunionnais, réunionnaise.

**Rome :** romain, romaine.
**Roumanie :** roumain, roumaine.
**Royaume-Uni :** britannique.
**Russie :** russe.
**Rwanda :** rwandais, rwandaise.

**Saint-Christophe-et-Niévès :** kitticien et névicien, kitticienne et névicienne.
**Sainte-Lucie :** saint-lucien, saint-lucienne.
**Saint-Marin :** saint-marinais, saint-marinaise.
**Saint-Vincent-et-les-Grenadines :** saint-vincentais et grenadin, saint-vincentaise et grenadine.
**Salomon :** salomonais, salomonaise.
**Salvador :** salvadorien, salvadorienne.
**Samoa occidentales :** samoan, samoane.
**Sao Tomé-et-Principe :** sao-toméen, sao-toméenne.
**Sarre :** sarrois, sarroise.
**Savoie :** savoyard, savoyarde.
**Scandinavie :** scandinave.
**Sénégal :** sénégalais, sénégalaise.
**Serbie :** serbe.
**Seychelles :** seychellois, seychelloise.
**Sierra Leone :** sierra-léonais, sierra-léonaise.
**Singapour :** singapourien, singapourienne.
**Slovaquie :** slovaque.
**Slovénie :** slovène.
**Somalie :** somalien, somalienne.
**Soudan :** soudanais, soudanaise.
**Sri Lanka :** sri-lankais, sri-lankaise.
**Suède :** suédois, suédoise.
**Suisse :** suisse ou helvétique.
**Suriname** ou **Surinam :** surinamais, surinamaise.
**Swaziland :** swazi, swazie.
**Syrie :** syrien, syrienne.

**Tadjikistan :** tadjik, tadjike.
**Tahiti :** tahitien, tahitienne.
**Tanzanie :** tanzanien, tanzanienne.
**Tchad :** tchadien, tchadienne.
République **Tchèque :** tchèque.
**Thaïlande :** thaïlandais, thaïlandaise.
**Tibet :** tibétain, tibétaine.
**Togo :** togolais, togolaise.
**Tonga :** tonguien, tonguienne.
**Touraine :** tourangeau, tourangelle.
**Trinité-et-Tobago :** trinidadien, trinidadienne.
**Tunis :** tunisois, tunisoise.
**Tunisie :** tunisien, tunisienne.
**Turkménistan :** turkmène.
**Turquie :** turc, turque.
**Tuvalu :** tuvaluan, tuvaluane.

**Ukraine :** ukrainien, ukrainienne.
**Uruguay :** uruguayen, uruguayenne.

**Valais :** valaisan, valaisane.
Canton de **Vaud :** vaudois, vaudoise.
**Venezuela :** vénézuélien, vénézuélienne.
**Vienne :** viennois, viennoise.
**Viêt Nam :** vietnamien, vietnamienne.
**Vosges :** vosgien, vosgienne.

**Wallonie :** wallon, wallonne.

**Yémen :** yéménite.
**Yougoslavie :** yougoslave.

**Zaïre :** zaïrois, zaïroise.
**Zambie :** zambien, zambienne.
**Zimbabwe :** zimbabwéen, zimbabwéenne.

# les noms de nombres

| chiffres arabes | | chiffres romains |
|---|---|---|
| 1 | *un* | I |
| 2 | *deux* | II |
| 3 | *trois* | III |
| 4 | *quatre* | IV |
| 5 | *cinq* | V |
| 6 | *six* | VI |
| 7 | *sept* | VII |
| 8 | *huit* | VIII |
| 9 | *neuf* | IX |
| 10 | *dix* | X |
| 11 | *onze* | XI |
| 12 | *douze* | XII |
| 13 | *treize* | XIII |
| 14 | *quatorze* | XIV |
| 15 | *quinze* | XV |
| 16 | *seize* | XVI |
| 17 | *dix-sept* | XVII |
| 18 | *dix-huit* | XVIII |
| 19 | *dix-neuf* | XIX |
| 20 | *vingt* | XX |
| 21 | *vingt et un* | XXI |
| 22 | *vingt-deux* | XXII |
| 23 | *vingt-trois* | XXIII |
| 30 | *trente* | XXX |
| 31 | *trente et un* | XXXI |
| 32 | *trente-deux* | XXXII |
| 40 | *quarante* | XL |
| 41 | *quarante et un* | XLI |
| 42 | *quarante-deux* | XLII |
| 50 | *cinquante* | L |
| 51 | *cinquante et un* | LI |
| 52 | *cinquante-deux* | LII |
| 60 | *soixante* | LX |
| 61 | *soixante et un* | LXI |
| 62 | *soixante-deux* | LXII |
| 70 | *soixante-dix* | LXX |
| 71 | *soixante et onze* | LXXI |
| 72 | *soixante-douze* | LXXII |
| 80 | *quatre-vingts* | LXXX |
| 81 | *quatre-vingt-un* | LXXXI |
| 82 | *quatre-vingt-deux* | LXXXII |

| chiffres arabes | | chiffres romains |
|---|---|---|
| 90 | *quatre-vingt-dix* | XC |
| 91 | *quatre-vingt-onze* | XCI |
| 100 | *cent* | C |
| 101 | *cent un* | CI |
| 102 | *cent deux* | CII |
| 200 | *deux cents* | CC |
| 201 | *deux cent un* | CCI |
| 202 | *deux cent deux* | CCII |
| 300 | *trois cents* | CCC |
| 301 | *trois cent un* | CCCI |
| 302 | *trois cent deux* | CCCII |
| 400 | *quatre cents* | CD |
| 500 | *cinq cents* | D |
| 999 | *neuf cent quatre-vingt-dix-neuf* | IM |
| 1 000 | *mille* | M |
| 1 001 | *mille un* | MI |
| 1 002 | *mille deux* | MII |
| 1 100 | *mille cent* ou *onze cents* | MC |
| 1 200 | *mille deux cents* ou *douze cents* | MCC |
| 2 000 | *deux mille* | MM |

**Au-delà de *deux mille*, on n'emploie guère les chiffres romains.**

| | |
|---|---|
| 9 999 | *neuf mille neuf cent quatre-vingt-dix-neuf* |
| 10 000 | *dix mille* |
| 99 999 | *quatre-vingt-dix-neuf mille neuf cent quatre-vingt-dix-neuf* |
| 100 000 | *cent mille* |
| 100 001 | *cent mille un* ou *cent mille et un* |
| 100 002 | *cent mille deux* |
| 101 000 | *cent un mille* |
| 1 000 000 | *un million* |
| 1 000 000 000 | *un milliard* |

REMARQUE - Les composés des adjectifs numéraux cardinaux s'écrivent avec des traits d'union (exemple : *dix-sept, quatre-vingt-un*), sauf si entrent dans leur composition les mots *et, cent* ou *mille,* lesquels ne sont jamais précédés ou suivis de trait d'union (exemple : *cent sept, vingt et un, trois mille vingt-deux*).

# TABLE DES PLANCHES THÉMATIQUES



Imprimé en Italie par G. Canale & C. S.p.A. - Borgaro T.se (Torino)